Rudolf Kappeler

Die baurechtliche Regelung bestehender Gebäude

Rudolf Kappeler
Dr. iur., Rechtsanwalt

Die baurechtliche Regelung bestehender Gebäude

Das postfinite Baurecht

Schulthess § Zürich 2001

© Schulthess Juristische Medien AG, Zürich 2001
ISBN 3 7255 4083 7

Meiner lieben Ruth

Vorwort

Die Verfasser der wichtigsten Lehrbücher zum allgemeinen Verwaltungsrecht der Schweiz (Fritz Fleiner, Zaccaria Giacometti, Fritz Gygi, Ulrich Häfelin/Georg Müller, Thomas Fleiner, André Grisel, Blaise Knapp, Pierre Moor, Tobias Jaag, Hans Rudolf Schwarzenbach) bringen zwar auch Beispiele aus dem Baurecht zur Sprache, doch geschieht dies eher nur vereinzelt, eingestreut neben bedeutend mehr Bezugnahmen auf andere Rechtsbereiche. Von der Aufgabe her gesehen, welche diese Autoren mit ihrem Werk verfolgen, ist dies durchaus begreiflich und richtig. Für einen im Baurecht tätigen Juristen leitet dies aber fürs Erste einmal von dem ab, was er sucht.

Das liess in mir das Verlangen entstehen, das allgemeine Verwaltungsrecht einmal ganz mit Blick allein auf das Bauwesen und möglichst unter Verzicht auf «Abschweifungen» darzustellen. Allerdings erkannte ich da gleich, dass ich dabei entweder nur eine schlechte Wiederholung der Arbeiten von Leo Schürmann/Peter Hänni und Walter Haller/Peter Karlen bieten oder aber vom hiefür nötigen Arbeitsaufwand her schlechthin überfordert würde. Hieraus erwuchs dann mein Entschluss zu einer wesentlichen Einengung der darzustellenden Materie.

Der im Baurecht tätige Jurist findet dort, wo er sich mit den Rechtsfragen bei bereits bestehenden Gebäuden zu befassen hat, in diesen letzteren Werken zwar bei vielen Themen auch Angaben hiezu, doch wiederum eher nur verzettelt und zufällig, neben einer Menge von Entscheiden und Lehrmeinungen zum Bauen auf der so genannten «grünen Wiese». Daher reifte in mir der Entschluss, das Steuer gewissermassen um 180 Grad herumzureissen und das allgemeine Verwaltungsrecht einmal ganz mit Blick eingeengt auf den von mir als postfinites Baurecht (siehe nachfolgend) bezeichneten Teil der Rechtsordnung zu beschreiben.

Ich bin mir vollauf bewusst, dass dieses Konzentrationsbestreben seine Tücken hat. Schliesslich hängt auch im Recht (fast) alles mit (fast) allem zusammen. Man könnte ja auch noch auf die Idee verfallen, das allgemeine Verwaltungsrecht nur gerade aus dem Blickwinkel desjenigen im Bauwesen tätigen Juristen zu schreiben, welcher sich mit Umbauten in einem bestehenden Gebäude befassen muss. Das Ende davon wären dann literarische Produktionen von der Art «Kleiner Rechtsberater für den Hobby-Baumann». Hoffentlich bleibe ich in den nachfolgenden Ausführungen davor verschont.

Ein wesentliches Anliegen war mir, die Leserinnen und Leser zum räumlichen, dreidimensionalen Denken anzuhalten. Nicht zu vermeiden war bei meinem Arbeitsziel allerdings eine Menge abstrakter Unterscheidungen, welche den im Alltag tätigen Juristen doch wieder von dem etwas abdrängen kann, was er gerade braucht. Um ihm dabei behilflich zu sein, dass er trotzdem direkter auf sein augenblickliches Ziel zusteuern kann, habe ich die folgende Zweiteilung der Darstellungsweise gewählt: Im «oberen» Text, nicht demjenigen in den Fussnoten, versuche ich den roten Faden zu bieten, während im «unteren» Text, in den Fussnoten, die erläuternden Bemerkungen zu allfälligen Knoten im roten Faden untergebracht sind. Die Zweiteilung zwischen «oberem» und «unterem» Text ist also nicht diejenige zwischen eigenen Ausführungen einerseits sowie Verweisen und Zitatstellen anderseits.

Meine Ausführungen konzentrieren sich auf die Gesetzgebung und Rechtssprechung der deutschschweizerischen Kantone; dabei steht der Kanton Zürich eindeutig im Zentrum. Diese weitgehende Ausserachtlassung der Regelungen der französisch- und italienischsprachigen Schweiz ist ein eindeutiger Mangel dieser Arbeit. Um dieses Buch in seinem Umfang nicht noch mehr anschwellen zu lassen, kam ich leider nicht um diese Einschränkung herum. Hoffentlich füllt bald ein Jüngerer als ich diese Lücke aus. Eine sich im Wesentlichen auf die deutschsprachigen Texte beschränkende Arbeit verdient den Namen Schweizerisches Baurecht nicht.

Inhaltsübersicht

Die Begriffe präfinites und postfinites Baurecht	1–4

Allgemeiner Teil

Grundlegung	
Die Gebäude und ihre Existenzphasen	7–50
Der Bewerb und seine Existenzphasen	51–65
Das Verhältnis der Gebäude zum Bewerb, die Immissionen	66–78
Die 15 allgemeinen Gesichtspunkte des postfiniten Baurechts	79–223
Das postfinite Baurecht und die allgemeinen Rechtsgrundsätze	225–303
Das postfinite Baurecht und die Freiheitsrechte	304–309
Das postfinite Baurecht und die Eigentumsgarantie	310–402

Besonderer Teil

Das deklariert postfinite Baurecht des Kantons Zürich	
PBG § 357 I	403–495
Die sektoralen Vorschriften des PBG	496–757
Die sektoralen Vorschriften des übrigen kantonalen Rechts	758–776
Das deklariert postfinite Baurecht der Zürcher Gemeinden	777–794
Das deklariert postfinite Baurecht des Bundes	
RPG Art. 22, 24, 24a, 24b, 24c, 24d und 37a sowie 16, 16a, 16b u.a.	795–940
Im übrigen Bundesrecht	941–968

Die normative Unklarheit

Zum undeklariert postfiniten Baurecht	969–977
Entstehung der normativen Unklarheit und Thesen hiezu	979–991

Anhang

Die Wörter Besitzstands- und Bestandesgarantie	993–1054
Sachregister	1055–1071

Inhaltsverzeichnis

Vorwort	VII
Inhaltsübersicht	IX
Literaturverzeichnis	LIX

Einleitung: Die Begriffe präfinites und postfinites Baurecht — 1

I. Vorbemerkungen — 1
II. Zu den beiden Begriffen — 1
III. Der gegenwärtige Zustand des postfiniten Baurechtes — 2

Erster Teil
Allgemeiner Teil — 5

Erstes Kapitel: Grundlegung — 7

Erster Abschnitt: Die Gebäude — 7

§ 1 Die Bauten, Anlagen und Gebäude — 7
    I. Ableitung des Gebäudebegriffes aus dem Bautenbegriff — 7
        A. Zu den Elementen des Bautenbegriffes — 7
        B. Zum zusätzlichen Element des Gebäudebegriffes — 9
        C. Weitere Erfordernisse an den Gebäudebegriff? — 10
            a) Schutz von «Sachen» — 11
            b) Schutz gegen andere «äussere Einflüsse» (als solche atmosphärischer Art) — 11
            c) Vorhandensein von «Dach und Wand» oder «Dach allein» — 11
            d) «Sich selbst Tragen» — 11
            e) «Oberhalb des Bodens», «oberirdisch» — 12
            f) Zugehörige Bauteile — 12
            g) Erfordernis der «erheblichen Beeinflussung der Umwelt» bzw. «Einwirkung auf die Nachbarschaft» bzw. «Beeinflussung der Vorstellungen über die Nutzungsordnung» — 12
        D. Zusammenfassung — 13
    II. Zur Gebäudedefinition in der Praxis, juristischen Literatur und Gesetzgebung — 30
        A. Zur Praxis und juristischen Literatur — 14
            1. Ausgangslage — 14
            2. Frühe zürcherische Verwaltungspraxis — 14
            3. Definitionen in der juristischen Literatur — 15
        B. Zu den gesetzlichen Gebäudedefinitionen — 18
        C. Zur bundesgerichtlichen Praxis — 18
    III. Zum praktischen Wert der Gebäudedefinition — 19
        A. Allgemeines, Zum Begriffspaar Gebäude – Grube — 21
        B. Beispiele aus dem Graubereich (normative Unklarheit) — 21

		IV. Das Verhältnis zwischen Gebäuden, Bauten und Anlagen	23
		A. Zweiteilige Gliederungen	23
		B. Andere Gliederungen	24

§ 2 Die Existenzphasen der Gebäude — 28

    I. Allgemeines zu den Existenzphasen der Gebäude — 28
        A. Ausgangslage — 28
        B. Die Energieeinsätze — 28
        C. Zur Abhängigkeit vom Willensentscheid — 29
    II. Zur Entstehungs-, Bestandes- und Untergangsphase der Gebäude — 30
        A. Zur Entstehungsphase — 30
        B. Zur Bestandesphase — 31
        C. Zur Untergangsphase — 32
    III. Zu den Änderungsphasen — 33
        A. Der Änderungsbegriff im Allgemeinen — 34
        B. Zur Identitätsfrage — 35
        C. Die Änderungsarten — 37
            1. Allgemeines — 37
            2. Die räumlich unterschiedenen Änderungen — 37
                a) Zu den Kombinationen von Änderungsarten — 41
            3. Die zeitlich unterschiedenen Änderungen — 42
            4. Zu den anderweitig unterschiedenen Änderungen — 43
        D. Allgemeine Bemerkungen zur Terminologie — 43

§ 3 Zu den sekundären Neubauten — 45

    I. Zum Zwischenbereich — 45
    II. Zu den fünf Arten von sekundären Neubauten — 45
        A. Die Umgestaltung — 45
        B. Der Wiederbau (Repetier- und Differenzwiederbau) — 46
        C. Der Anschlussbau — 47
        D. Der Dependenzbau — 47
        E. Der Dislokationsbau — 47
    III. Gegenüberstellung von sekundären und primären Neubauten — 48
        A. Allgemeines — 48
        B. Zum Problem der Identität — 48
        C. Zweck der Unterscheidung bauliche Änderung – sekundärer Neubau — 49
        D. Zur Terminologie — 49

§ 4 Gemeinsame Bemerkungen zu den Existenzphasen der Gebäude und zu den sekundären Neubauten — 50

Zweiter Abschnitt: Der Bewerb — 51

§ 1 Der Bewerb als solcher — 51

    I. Zur Ableitung des Bewerbes aus dem menschlichen Verhalten — 51
    II. Die Bewerbsarten — 53
        A. Allgemeines — 53
        B. Gliederung der Bewerbungen allein mit Kriterien, welche sich auf die materiellen Immissionen beziehen — 53
            1. Unterscheidung der Bewerbungen von der aktiven Seite aus gesehen — 53

		2. Unterscheidung der Bewerbungen von der passiven Seite aus gesehen	54
	C.	Unterscheidung der Bewerbungen mit primär auf ideelle Immissionen bezüglichen Kriterien	55

§ 2 Die Existenzphasen des Bewerbes — 56
- I. Allgemeines — 56
- II. Der Anfang oder die Erstaufnahme des Bewerbes — 56
- III. Die Ausübung des Bewerbes — 56
- IV. Das Ende oder die Einstellung/Stilllegung des Bewerbes — 57
- V. Die Änderung des Bewerbes — 57
  - A. Allgemeines — 57
  - B. Die Arten der Änderungen des Bewerbes — 58
    1. Änderungskriterien — 58
    2. Zum Ablauf der Änderung — 59
    3. Hauptsächliche Gliederung (eingreifend – nicht eingreifend) — 60
- VI. Das Hinzubewerben und das Stilllegen des Bewerbes — 62

§ 3 Zu den sekundären Neubewerbungen — 63
- I. Zum Zwischenbereich — 63
- II. Zu den fünf Arten von sekundären Neubewerbungen — 63
  - A. Umnutzung — 63
  - B. Wiederbewerb nach langem Leerstehen — 63
  - C. Expansionsbewerb — 64
  - D. Dependenzbewerb — 64
  - E. Dislokationsbewerb — 64
- III. Allgemeines — 64

Dritter Abschnitt: Das Verhältnis von Gebäuden und Bewerbungen zueinander — 66

§ 1 Zur Lage von Gebäuden und Bewerbungen zueinander — 66
- I. Zur grundsätzlichen Auseinanderhaltung von Gebäude und Bewerb — 66
- II. Zur Lage von Gebäude und Bewerb zueinander — 66
  - A. Zum Räumlichen — 66
  - B. Zum Zeitlichen — 67
- III. Schwierigkeiten bei der Zuweisung zum Gebäude oder Bewerb — 67
  - A. Situation — 67
  - B. Warnung — 68

§ 2 Zur gegenseitigen Abhängigkeit von Gebäuden und Bewerbungen — 69
- I. Differenzierungen — 69
- II. Praktische Schwierigkeiten — 70

§ 3 Kombination von baulichen und bewerbsmässigen Transformationen — 71
- Der Unterhalt — 71

§ 4 Die Immissionen — 73
- I. Allgemeines — 73
- II. Die Arten von Immissionen von Gebäuden und Bewerbungen derselben — 74

	A.	Die materiellen Immissionen (zufügende – wegnehmende [entziehende – entblössend])	74
	B.	Die ideellen Immissionen	75
		a) Lokal bedeutsame ideelle Immissionen	75
		b) Personal bedeutsame ideelle Immissionen	76
III.	Gemeinsame Bemerkungen		77

Zweites Kapitel: Die 15 allgemeinen Gesichtspunkte des postfiniten Baurechtes 79

§ 1 Die Hauptgliederung der Regelungen 79
    I. Ausgangslage 79
        A. Allgemeines 79
        B. In Betracht gezogene Gliederungen 79
    II. Gliederung nach der Beziehung der Regelung zu Freiheit und Bindung 81
        A. Hauptgliederung (Abbruch – Bewerbstillegung; Hinzubau – Hinzubewerb; Fortbestehenlassen – Weiterbewerben; Verbot, Gebot, Erlaubnis) 81
        B. Einfache und kombinierte Regelungen 84

§ 2 Zur Rechtswidrigkeit und Rechtsgemässheit im postfiniten Baurecht 85
    I. Zur Eigenart der Rechtswidrigkeit 85
        A. Ausgangslage 85
        B. Charakterisierung 85
    II. Auf welche Regelungskomplexe bezieht sich die Rechtswidrigkeit? 87
    III. Die zwei Funktionen von Rechtswidrigkeit im postfiniten Baurecht 89
    IV. Systematik der in Betracht kommenden Situationen 91
        A. Fragestellungen 91
        B. Mögliche Kombinationen 91
    V. Die Gründe für das Baurechtswidrigwerden 92
        A. Vom Bauaktiven bzw. dessen Rechtsvorgänger zu verantwortende Baurechtswidrigkeiten 92
        B. Anderweitig zu verantwortende Baurechtswidrigkeiten 93
    VI. Auf welche Situationen ist die Regelung für baurechtswidrige Gebäude bzw. Bewerbungen anwendbar? 96
        A. Eindeutige Fälle 96
        B. Fragliche Besonderheiten 96
        C. Zusätzliche Fragen 97
            1. Bei fehlerhaft erteilten Baubewilligungen 97
            2. Bei Ausnahmebewilligungen 97
            3. Bei zusammengebauten Gebäuden 98
            4. Bei Unvordenklichkeit 98
    VII. Zum Wechsel von der Baurechtswidrigkeit zur Baurechtgemässheit 99
    VIII. Auf welche Existenzphase bezieht sich die Baurechtswidrigkeit? 99
    IX. Zur Deutung der Zulässigkeit des Andauerns von «rechtswidrigen» Situationen, Nebeneinander – Einschluss 101
        Welcher Annahme ist der Vorzug zugeben? 103

§ 3	**Zur Abhängigkeit der Verbote und Gebote vom Bauwillen des Bauaktiven**	104
§ 4	**Die Anpassungspflicht**	105
I.	Allgemeines	105
	A. Zur Problemstellung	105
	B. Zur Jetzt- und zur Vorherrechtsmassgeblichkeit	105
	C. Zur Eigenaktivitätsabhängigkeit der Anpassungspflicht	107
II.	Zur bedingten Anpassungspflicht im Besonderen	107
	A. Begriffliches	107
	1. Noven	107
	2. Novenzentrierte Neubauten- bzw. Neubewerbsrechtmassgeblichkeit	107
	3. Erfüllungs- und annäherungsweise Anpassungspflicht	108
	4. Interne und externe Anpassungspflicht	108
	5. Kombinationsmöglichkeiten	109
	B. Zur Anpassungsfrist	109
	C. Zur Interessenlage	110
§ 5	**Zum Verbot von Immissionen**	112
I.	Allgemeines	112
	A. Zur Verbietbarkeit/Nichtverbietbarkeit von Immissionen allgemein	112
	B. Zur normativen Ausgangslage	113
	C. Beschränkung der Erörterung	114
	D. Zu den zwei grundverschiedenen Fragestellungen	114
II.	Zur Nichtverbietbarkeit von personal bedeutsamen ideellen Immissionen	114
	A. Verhältnis zur Glaubens- und Gewissensfreiheit, persönlichen Freiheit und Niederlassungsfreiheit	114
	B. Verhältnis zur Rechtsgleichheit, zum Willkürverbot sowie zur Handels- und Gewerbefreiheit	115
	C. Kein Freipass für andere Immissionen	115
III.	Zu den Verboten der den Quartier-/Zonencharakter betreffenden lokal bedeutsamen ideellen Immissionen: Zur Legiferierungskompetenz	116
	A. Zur Zeit bis zum Inkrafttreten des RPG am 1. Januar 1980	116
	1. Allgemeines	116
	2. Zu den verschiedenen Ausformungen der Verbotsmöglichkeit	117
	a) Zuständigkeit zu Verboten von etwas, das nur Nicht-Durchschnittsmenschen als Störung empfinden: nein	117
	b) Zuständigkeit zu generellen Verboten von etwas, das nicht jetzt, wohl aber in dem vom Gemeinwesen für die Zukunft vorgesehenen Rahmen stört: ja	117
	c) Zuständigkeit zu generellen Verboten von Betrieben, welche zu einer Grupppe gehören, welche meistens stört: ja	119
	d) Zuständigkeit zu generellen Verboten von Betrieben, welche jetzt nicht stören, aber ein zu einer Störung führendes Potential in sich enthalten: ja	121
	e) Zuständigkeit für generelle Verbote von etwas, wofür die Zone nicht bestimmt ist und das auch nicht dem dient, wofür die Zone bestimmt ist: ja	123
	f) Zuständigkeit für generelle Verbote in Abhängigkeit vom Charakter eines Quartiers/einer Zone: ja	124

	g)	Zuständigkeit zum generellen Verbot vom Konkurrenten bei Liegenschaftserwerb/-miete: nein	130
	h)	Zuständigkeit zu generellen Verboten, nur wenn das Verbotene zu einem Quartierzerfall führt: nein	130
B.	Zur Regelung seit Inkrafttreten des RPG		131
C.	Zur Regelung seit Inkrafttreten des USG		131
D.	Zur Regelung seit dem Entscheid des ZH-Verwaltungsgerichtes vom 9. Dezember 1998		133

IV. Zur Kompetenz von Exekutive und Richter bezüglich der den Quartier-/Zonencharakter betreffenden, lokal bedeutetsamen Immissionen — 134
V. Zusammenfassende Bemerkungen — 139
VI. Weitere Präjudizien — 139
   A. Kasuistik — 140
     1. Mit Aktualität von lokal und personal bedeutsamen ideellen Immissionen — 140
       a) Leibstandard — 140
       b) Weltanschauliches — 140
       c) Sozialstandard — 140
       d) Moralisches — 140
       e) Strafrechtswidriges — 141
     2. Mit Aktualität nur von lokal bedeutsamen, aber nicht von personal bedeutsamen ideellen Immissionen — 141
       a) Zu Betrieben der Produktion, des Handels und der Lagerung — 141
       b) Zu Gastwirtschafts- und Beherbergungsbetrieben — 141
       c) Zu öffentlichen Dienstleistungen — 142
       d) Zu den privaten Dienstleistungen — 142
       e) Zum Freizeitverhalten — 142

§ 6 Die Ausschaltung des Neubaurechtes — 144
I. Ausgangsüberlegungen — 144
II. Für die Ausschaltung in Betracht kommende Regelungen — 145
III. Gründe für die generalklauselmässige Regelungsweise mit Neubaurechtausschaltung — 146
IV. Vorbehalte bezüglich der generalklauselmässigen Ordnung mit Neubaurechtausschaltung — 147
V. Bedeutsamkeit der Unterscheidung wegen Dispenserfordernis — 149
VI. Zu den Arten der Ausschaltung des Neubaurechtes — 153
VII. Öffnung von Tür und Tor für behördliche Willkür? — 153
VIII. Verschärfung oder Lockerung gegenüber dem präfiniten Baurecht? — 154

§ 7 Die Dispenskompetenz im postfiniten Baurecht — 155
I. Allgemeines — 155
II. Die Situation im postfiniten Baurecht als solchem — 156
   A. Das Bestehen eines Gebäudes, die Ausübung eines Bewerbes als besonderes Verhältnis im Sinne der Ausnahmebewilligungsregelung? — 156
   B. Die vier verschiedenen Situationen im postfiniten Baurecht — 157
     1. Fragestellung — 157
     2. Zu den einzelnen Situationen — 157

		a)	Zur Dispensierung von der jetzt geltenden globalen oder sektoralen Änderungsregelung	157
		b)	Zur Berücksichtigung früher erteilter Ausnahmebewilligungen	158
		c)	Zur nachträglichen Erteilung von Ausnahmebewilligungen für Vergangenes	159
		d)	Zur Erteilung von Ausnahmebewilligungen für Künftiges	159

§ 8 **Der Widerruf im postfiniten Baurecht** 160
    I. Allgemeines zu Widerruf und Unwiderrufbarkeit 160
    II. Die Situation im geschriebenen und ungeschriebenen Recht 161
        A. Allgemeines 161
        B. Widerrufbarkeit 161
        C. Unwiderrufbarkeit 162
        D. Zum Verhältnis der beiden «Sätze» bezüglich Widerrufbarkeit/Unwiderrufbarkeit 164
    III. Dem Widerruf ähnliche Situationen 164

§ 9 **Die Zuständigkeit zur Legiferierung im postfiniten Baurecht** 167
    I. Zur Zuständigkeit der Kantone 167
    II. Zur Zuständigkeit des Bundes 167
    III. Zur Zuständigkeit der Gemeinden 168
        A. Zum Inhalt ihrer Zuständigkeit 168
        B. Zur Zweckmässigkeit der kommunalen Legiferierungskompetenz im postfiniten Baurecht 170
    IV. Der Einfluss von Gebäuden und Bewerbungen auf die Festsetzung von planungsrechtlichen Festlegungen 171
        A. Behinderung durch bestehende Gebäude und Bewerbungen 171
            1. Ausgangslage 171
            2. Zur Regelung im PBG 171
            3. Zur Regelung im RPG 172
        B. Bestehende Gebäude und Bewerbungen als Voraussetzung planungsrechtlicher Festlegungen 173

§ 10 **Das postfinite Baurecht und die Bewilligungsbedürftigkeit** 174
    I. Terminologische Vorbemerkungen 174
    II. Zum Wesen der Bewilligungsbedürftigkeit 175
        A. Aufgabenerfüllung durch Gemeinwesen/Private; repressive/präventive Kontrolle; Schwellenwert 175
        B. Beschaffung des rechtlichen Gehörs an Nicht-Bauaktive 176
        C. Bewilligungsbedürftigkeit und materielles Recht 176
        D. Notwendigkeit, dass der Betroffene selbst darauf kommt 177
        E. Polizeierlaubnis 179
        F. Wohlerworbenes Recht? 180
    III. Die bewilligungsbedürftigen Existenzphasen von Gebäuden und Bewerbungen 181
        A. Allgemeine Bemerkungen 181
        B. Zur Regelung der Bewilligungsbedürftigkeit im Einzelnen 181
            1. Zu den baulichen Geschehensgruppen 181
                a) Zum Fortbestehenlassen von Gebäuden 181
                b) Zu den Änderungen 183
                α) Zu den Reparaturen 183
                β) Zu den Renovationen 183

		γ)	Zu den Montierungen	184
		δ)	Zum Innenumbau	184
		δ')	Zum Aussenumbau	184
		ε')	Zum Auf-, An- und Subbau (Unterkellerung)	184
		c)	Zum Abbruch	184
		d)	Zum Rückbau	186
		e)	Zur Umgestaltung sowie zum Repetierwieder-/Differenzwieder-, Anschluss-, Dependenz- und Dislokationsbau	186
	2.	Zu den bewerbsmässigen Geschehensgruppen		186
		a)	Zur Weiterausübung von Bewerbungen	186
		b)	Zu den Bewerbsänderungen	187
		c)	Zu den Bewerbstilllegungen	189
		d)	Zu den Umnutzungen, Wiederbewerbungen nach langem Leerstehen, Bewerbsexpansionen, Bewerbsdependenzen und Bewerbsdislokationen	189

- IV. Verfahren bei Bewilligungsbedürftigkeit — 190
  - A. Allgemeines — 190
  - B. Erforderliche Pläne — 190
  - C. Aussteckung (Baugespann) — 191
  - D. Ausschreibung — 192
- V. Allgemeine normative Bemerkungen — 192
  - A. Praktische Folgen zu enger oder zu weiter Festlegung der Bewilligungsbedürftigkeit — 192
  - B. Zu den Möglichkeiten der Ausweitung der Bewilligungsbedürftigkeit — 193
  - C. Grundsätzlicher Unterschied zwischen den Voraussetzungen der Bewilligungsbedürftigkeit und solchen materieller Vorschriften — 194

§ 11 Das postfinite Baurecht und die Beweislastverteilung — 195
- I. Problemstellung — 195
  - A. Der (retrospektive) Beweis — 195
  - B. Der prospektive «Beweis», die Wahrscheinlichmachung — 196
- II. Zur Beweislastverteilung — 197
  - A. Ausgangslage — 197
  - B. Besondere Beweislastverteilungen — 199

§ 12 Zur Vollstreckung im postfiniten Baurecht — 200
- I. Allgemeines — 200
  - A. Ausgangslage — 200
  - B. Zu den sechs Etappen der Vollstreckung — 200
  - C. Zu den Vorkommnissen — 201
- II. Zum Verhältnis zu den allgemeinen Rechtsgrundsätzen — 201
  - A. Das Gebot des öffentlichen Interesses — 202
  - B. Der Grundsatz der Gesetzmässigkeit — 202
  - C. Das Gebot der Rechtsgleichheit — 202
  - D. Das Gebot der Verhältnismässigkeit — 202
  - E. Das Gebot von Treu und Glauben — 204
  - F. Das Gebot der Nichtrückwirkung — 205
- III. Zur Anfechtung durch Nachbarn — 205
- IV. Zum Erfordernis der Beurteilung durch den Richter — 206

§ 13	Zum Verhältnis der Global- zu den Sektoralregelungen des postfiniten Baurechtes	207
§ 14	Die Erlaubniserfordernisse der Regelungen des materiellen postfiniten Baurechtes im Verhältnis zum materiellen präfiniten Baurecht	209
	I. Allgemeines	209
	II. Zu den Gleichsetzungsregelungen	210
	A. Beispiele	210
	B. Gründe für die Gleichsetzungsregelung	210
	III. Zu den Lockerungsregelungen	212
	A. Allgemeines	212
	B. Gründe für die Lockerungsregelung	213
	C. Zu einigen Sonderfällen	216
	IV. Zu den Verschärfungsregelungen	216
	A. Beispiele	216
	B. Gründe für Verschärfungsregelungen	217
	C. Zu einzelnen Sonderfällen	218
	IV. Zu den eigenständigen Regelungen (sui generis)	219
	A. Allgemeines	219
	B. Zur Gliederung im Einzelnen	219
	1. Unterscheidung bezüglich Vorkommen/Nichtvorkommen von Regelungselementen	219
	2. Unterscheidung bezüglich der Bestimmtheit des Elementinhaltes	220
§ 15	Die deklarierten und undeklarierten Erscheinungsformen des postfiniten Baurechtes	221
	I. Die verschiedenen Arten	221
	II. Zu den möglichen materiellen Regelungen in den verschiedenen Auftretensarten	223

Drittes Kapitel 225

Erster Abschnitt: Das Verhältnis des postfiniten Baurechts zum Verfassungsrecht des Bundes 225

	I. Allgemeines	225
	II. Zum Wesen der materiellen allgemeinen Rechtsgrundsätze	225
	III. Das Verhältnis von Regelungen unter sich	226

Zweiter Abschnitt 227

Erster Unterabschnitt: Das Verhältnis zu den allgemeinen Rechtsgrundsätzen 227

§ 1	Zum Gebot der umfassenden Interessenabwägung bei normativer Unklarheit	227
	I. Zur Vorstellung von Gewichtung, Aufaddierung und Saldierung	227
	II. Das Gebot der umfassenden Interessenabwägung als solches	227
	A. Allgemeines	227

		B. Zur Methode der umfassenden Interessenabwägung	228
		1. «Niemanden schädigen» als Ausgangssituation	228
		2. Erfordernis der Gesamtbeurteilung	228
		3. Kein Rechtssatz im engeren Sinne	229
		4. Zu besonderen Schwierigkeiten	230
		a) Bildhaftigkeit der Gewichtung	230
		b) Vergleich von Unvergleichbarem	230
		c) Fluktuationen in Zeit und Raum	230
		d) Nahtstellen von Interessenbereichen	230
		e) Unsicherheit über die «rechnerische» Methode und überwiegende Interessen	231
		C. Einschränkungen	232
		D. Unterschied zum Gebot der Verhältnismässigkeit	233
	III.	Zur normativen Unklarheit im engeren Sinne und zu ihrer Klärung	233
		A. Vorbemerkungen	233
		B. Zu den Anweisungen zur Interessenabwägung	234
		1. Problematik	234
		2. Zu den einzelnen Anweisungen für die Interessenabwägung	236
		C. Zur Vermeidung von Missverständnissen	238
		1. Beachtlichkeit der allgemeinen Rechtsgrundsätze und Freiheitsrechte sowie der in gesetzlichen Regelungen zum Ausdruck gelangenden Wertungen	238
		2. Auflistung allgemeiner Erfahrungssätze	239
	IV.	Anwendung des Gebotes der umfassenden Interessenabwägung auf den Spezialfall kollidierender Interessen von Bauaktiven und Nachbarn	241
		A. Zur Eigenart der Wahrnehmung der Interessen Privater	241
		B. Besondere Überlegungen bei dieser Interessenabwägung	242
		C. Zur Aktivlegitimation des Nachbarn und zu den Nachbareinsprachen	244
	V.	Zur Methodik der Folgerung aus der Interessenabwägung	248
§ 2	**Das postfinite Baurecht und das Erfordernis des öffentlichen Interesses**		**249**
	I.	Der Inhalt des Erfordernisses des öffentlichen Interesses	249
	II.	Verfassungsrechtliche Stellung des Erfordernisses des öffentlichen Interesses	251
	III.	Berührungspunkte zwischen dem Erfordernis des öffentliches Interesses und den Regelungen des postfiniten Baurechtes	251
§ 3	**Das postfinite Baurecht und das Erfordernis der Gesetzmässigkeit**		**255**
	I.	Der Inhalt des Erfordernisses der Gesetzmässigkeit	255
		A. Allgemeines	255
		B. Zum Erfordernis der klaren, eindeutigen gesetzlichen Grundlage	259
	II.	Mit dem Erfordernis der gesetzlichen Grundlage nicht ohne weiteres kongruente Grundsätze	265
	III.	Zur verfassungsrechtlichen Stellung des Erfordernisses	266
§ 4	**Das postfinite Baurecht und das Rechtsgleichheitgebot**		**267**
	I.	Der Inhalt des Rechtsgleichheitgebotes	267

	II.	Mit dem Rechtsgleichheitgebot nicht ohne weiteres kongruente Grundsätze	267
	III.	Verfassungsrechtliche Stellung des Rechtsgleichheitsgebotes	269
	IV.	Berührungspunkte mit dem postfiniten Baurecht	270

§ 5 Das postfinite Baurecht und das Willkürverbot 273
    I.   Der Inhalt des Willkürverbotes   273
    II. Verfassungsrechtliche Stellung des Willkürverbotes   273
    III. Berührungspunkte mit dem postfiniten Baurecht   274

§ 6 Das postfinite Baurecht und der Grundsatz der Verhältnismässigkeit 276
    I.   Der Inhalt des Grundsatzes der Verhältnismässigkeit   276
        A. Allgemeines   276
        B. Zur Anrufbarkeit   276
        C. Situationen   278
    II. Verfassungsrechtliche Stellung des Grundsatzes   278
    III. Berührungspunkte des Grundsatzes der Verhältnismässigkeit mit den Regelungen des postfiniten Baurechtes   279

§ 7 Das postfinite Baurecht und der Grundsatz von Treu und Glauben 280
    I.   Der Inhalt des Grundsatzes von Treu und Glauben   280
    II. Verfassungsrechtliche Stellung des Grundsatzes von Treu und Glauben   281
    III. Berührungspunkte mit dem postfiniten Baurecht   281
        A. Fundstellen   281
        B. Situationen   282
            1. Fraglich, ob Verstoss von Seiten des Gesetzgebers   282
                Situationen   282
            2. Fraglich, ob Verstoss von Seiten der Verwaltung   284
                Auskünfte, Vorentscheide   284
            3. Fraglich, ob Verstoss von Seiten des Privaten und/oder der Verwaltung   286
    IV. Gesamtwürdigung   288

§ 8 Das postfinite Baurecht und das Gebot der Nichtrückwirkung 290
    I.   Die Arten des Gebotes der Nichtrückwirkung   290
        A. Allgemeines   290
        B. Die drei verschiedenen Konzeptionen   291
    II. Mit dem Gebot der Nichtrückwirkung nicht ohne weiteres kongruente Grundsätze   294
    III. Verfassungsrechtliche Stellung des Gebotes der Nichtrückwirkung   294
    IV. Berührungspunkte mit dem postfiniten Baurecht   295
    V. Gesamtbeurteilung   297

§ 9 Das postfinite Baurecht und das Rechtssicherheitsgebot 299
    I.   Der Erkennbarkeits-, Stabilitäts- und Praktikabilitätsaspekt des Rechtssicherheitsgebotes   299
    II. Mit dem Rechtssicherheitsgebot nicht ohne weiteres kongruente Grundsätze   300
        A. Im Verhältnis zum Erkennbarkeitsaspekt   300
        B. Im Verhältnis zum Stabilitätsaspekt   300

III.	Verfassungsrechtliche Stellung des Rechtssicherheitsgebotes	301
IV.	Berührungspunkte des Rechtssicherheitsgebotes mit dem postfiniten Baurecht	302

Zweiter Unterabschnitt: Das postfinite Baurecht und die Freiheitsrechte 304

I.	In Betracht kommende Freiheitsrechte1	304
	A. Zum Verhältnis zur Handels- und Gewerbefreiheit sowie zur Vertragsfreiheit	304
	B. Zum Verhältnis zur Glaubens-, Gewissens- und Kultusfreiheit	305
	C. Zum Verhältnis zur Pressefreiheit	306
	D. Zum Verhältnis zur Vereins- und Versammlungsfreiheit	306
	E. Zum Verhältnis zur Niederlassungs- und Ehefreiheit	306
	F. Zum Verhältnis zur Sende- und Empfangsfreiheit bezüglich Radio und Fernsehen	307
	G. Zum Verhältnis zur persönlichen Freiheit	308
II.	Zu den Kollisionsmöglichkeiten im Allgemeinen	309

Dritter Unterabschnitt: Das Verhältnis des postfiniten Baurechtes zur Eigentumsgarantie 310

§ 1 Zu den zwei Umschreibungsarten der Eigentumsgarantie als solcher 310

I.	Zu den beiden Arten der Umschreibung der Eigentumsgarantie	310
II.	Zur Eigentumsgarantie als Summe von Voraussetzungen	310
	A. Allgemeines	310
	B. Kritik	311
III.	Die Eigentumsgarantie als Zusammenfassung von Instituts-, Bestandes- und Wertgarantie	314
	A. Allgemeines	314
	B. Zur Institutsgarantie	314
	1. Allgemeines	314
	2. Die im Einzelnen geschützten Regelungen	315
	C. Zur Bestandesgarantie	317
	D. Zur Wertgarantie	319
	E. Bemerkungen zu allen drei Garantien	321

§ 2 Zum Garantiebegriff 323

I.	Allgemeines	323
II.	Zehn rechtliche Vorkehrungen zur Vergrösserung der Wahrscheinlichkeit der Einhaltung von Versicherungen, Abmachungen	325
	A. Die Verpflichtung des primär Verpflichteten zu Zusatz- bzw. Ersatzleistungen	325
	B. Verpflichtung von Dritten	327
	C. Ahndung	327
	D. Erschwerung der Verjährung oder Verwirkung des Rechtes der Behörden, einzuschreiten	327
	E. Revisionserschwerung	328
	F. Kontrollgänge der Behörde	328
	G. Zustimmungserfordernis der Behörde	328
	H. Mehrstufigkeit des Streitentscheidungsverfahren	329

	J.	Speditive Streitentscheidung durch den Richter	329
	K.	Entscheid durch höchste Instanzen	329
III.	Zum Gebrauch des Wortes Garantie	330
	A.	Allgemeines	330
	B.	Zu den drei vorgeschlagenen Beschränkungen	330
		1. Zum Erfordernis der Ausserordentlichkeit	330
		2. Zum Erfordernis der Eindeutigkeit	330
		3. Zum Erfordernis der Willkommenheit	330
IV.	Anwendung auf die Regelungen von Kontinuität/ Transformation von Gebäuden bzw. Bewerbungen	331
V.	Versuch einer eigenen Systematik des Garantiebegriffes für das postfinite Baurecht	332
	A.	Vorbemerkungen	332
	B.	Tatbeständliches	333
	C.	Exposition	334
		Einige weitere Bemerkungen hiezu	335
		a) Zur Zuständigkeit	335
		b) Zur Kantonsbezogenheit	336
		c) Zum Revisionserfordernis	337
		d) Zum Verhältnis Revisions-/Entschädigungserfordernis	337
		e) Zur Abstimmungsstrategie	337
		f) Zum Informationsgehalt der Tabelle	338
		g) Beispiele	339

§ 3 Zur Basis der Pflicht des Gemeinwesens, Eigentumsbeschränkungen zu entschädigen — 340

I.	Die bundesgerichtliche Umschreibung mit den vier Blöcken	340
	A.	Allgemeines	340
	B.	Zu den einzelnen Blöcken	341
		1. Der Schwereblock	341
		2. Der Sonderopferblock	341
		3. Der Baumöglichkeitsblock	341
		a) Sachlicher Teil	341
		b) Zeitteil	342
		4. Der Wahrscheinlichkeitsblock	343
II.	Die Umschreibung mit der bestimmungsgemässen Wirtschaftlichkeit	343
	A.	Allgemeines	343
	B.	Das Verhältnis der Bestimmungsgemässheits- zur Vierblockformulierung	343
	C.	Allgemeines zur Bestimmungsgemässheit und Wirtschaftlichkeit	344
		1. Subjektive Seite	344
		2. Objektive Seite	344
	D.	Zur Kritik der Bestimmungsgemässheitsformulierung	345
		1. Zur Bestimmungsvorstellung an sich	345
		2. Zur ökonomischen Bedeutung der Einbussen	345
		3. Zum Verhältnis zur Wertgarantie	346
		4. Zum Verhältnis zum Staatsverständnis	346
		5. Zur Überprüfbarkeit	346
		6. Zum Verhältnis zur landwirtschaftlichen Nutzung	347
III.	Abhängigkeit der Entschädigungspflicht von weiteren Umständen?	348
	A.	Abhängigkeit vom (Nicht-)Einbruch in gefestigten Verkehrswert?	348

	B.	Abhängigkeit vom (nicht) planerischen, sondern polizeilichen Charakter?	348
	C.	Abhängigkeit vom Gewicht des öffentlichen Interesses?	349
	D.	Abhängigkeit von Dringlichkeit und Befristung bzw. Nichtdringlichkeit/Nichtbefristung?	350
	E.	Abhängigkeit von der (Grösse der/nicht grossen) Zahl der betroffenen Eigentümer bzw. Bewerbträger?	351
	F.	Abhängigkeit von der (Schwäche/Stärke der) Finanzkraft des Gemeinwesens?	351
	G.	Abhängigkeit von der (Stärke/Schwäche der) finanziellen Lage des Betroffenen?	352
	H.	Abhängigkeit von der (Ablehnung/Zustimmung der) allgemeinen Rechtsanschauung zur Entschädigungspflicht?	353
	J.	Abhängigkeit von der Möglichkeit einer formellen Enteignung mit gleichem materiellem Ergebnis?	353
	K.	Abhängigkeit von (gesetzlicher/einzelaktmässiger) Festsetzungsform	353
IV.		Versuch einer Umschreibung der Entschädigungspflicht ausgehend von RPG Art. 24 ff	354

§ 4 Die Anwendung der Eigentumsgarantie auf die vier einschränkenden Hauptkategorien des postfiniten Baurechtes 356

Vorbemerkung 356
I. Zum Abbruchgebot und zum Bewerbstilllegungsgebot 356
   A. Zur Beurteilung im Lichte der bundesgerichtlichen Praxis 356
   B. Zu einzelnen Situationen 357
   C. Weitere Gesichtspunkte 361
II. Zum Hinzubau- und zum Hinzubewerbgebot 362
   A. Zur Beurteilung im Licht der bundesgerichtlichen Praxis 362
   B. Zu einzelnen, besonderen Situationen 363
III. Zum Abbruch- und zum Bewerbstilllegungsverbot 365
   A. Allgemeines 365
   B. Zur Beurteilung im Lichte der bundesgerichtlichen Praxis 366
   C. Zu einzelnen, besonderen Situationen 369
      1. Zur Entschädigungspflicht bei Abbruch- bzw. Bewerbstilllegungsverboten aus Gründen des Wohnungsbestandesschutzes 369
      2. Zur Entschädigungspflicht bei Abbruch- bzw. Bewerbstilllegungsverboten aus Gründen des Baudenkmalschutzes 371
         a) Allgemeines 371
         b) Zum Sonderopferblock im Besonderen 371
         c) Zur Frage nach der weiteren Möglichkeit einer bestimmungsgemässen, wirtschaftlich guten und sinnvollen Nutzung im Besonderen, Zur Tragweite des baulichen Zustands 374
         d) Zu den das Äussere und Innere des Gebäude betreffenden Verboten 375
         e) Zum Erfordernis der Entscheidreife 376
         f) Zur Rechtsliteratur 378
         g) Zusammenfassende Bemerkungen 380
         α) Zur Rechtsliteratur 380
         β) Zur Judikatur 381
      3. Zu den Abbruch- bzw. Bewerbstilllegungsverboten aus anderen Gründen 384

IV.	Zum Hinzubau- und zum Hinzubewerbverbot	384
	A. Allgemeines	384
	B. Zur Beurteilung im Licht der bundesgerichtlichen Praxis	384
	C. Zu einzelnen, besonderen Situationen	387
	1. Zu den Reparaturen und Renovationen	387
	Judikatur und Literatur	387
	2. Zu den Montierungen, kleineren Um-, Auf-, Sub- und Anbauten	388
	Judikatur und Literatur	389
	α) Gebäude bzw. Bewerb bisher baurechtgemäss	389
	β) Gebäude bzw. Bewerb bei Gesuchsbehandlung baurechtswidrig	390
	3. Zu den grösseren Um-, Auf-, Sub- und Anbauten	391
	Judikatur und Literatur	391
	α) Gebäuden bzw. Bewerbungen bisher baurechtgemäss	391
	β) Gebäuden bzw. Bewerbungen bei Gesuchsbehandlung baurechtswidrig	392
	4. Zur Umgestaltung	392
	Judikatur und Literatur	392
	5. Zum Wiederbau	393
	a) Zum Wiederbau nach freiwilliger Zerstörung (Abbruch)	393
	Judikatur und Literatur	394
	b) Zum Wiederbau nach unfreiwilliger Zerstörung	394
	Judikatur und Literatur	395
	c) Zum Wiederbau nach Ruin infolge Vernachlässigung oder kriminellem Eingriff	395
	6. Zum Anschlussbau	395
	Judikatur und Literatur	396
	7. Zum Dependenzbau	396
	Judikatur und Literatur	396
	8. Zum Dislokationsbau	397
	Judikatur und Literatur	397
	α) Zur freiwilligen Dislokation	397
	β) Zur unfreiwilligen baulichen Dislokation	398
	9. Zu den bewerbsmässigen Änderungen und zum sekundären Neubewerb	398
	a) Zur Bewerbintensivierung, -ausweitung und -auswechslung	398
	b) Zur Umnutzung	399
	c) Zum Wiederbewerb nach langem Leerstehen	399
	Judikatur und Rechtsliteratur	400
	d) Zur Bewerbsexpansion, -dependenz und -dislokation	400
V.	Zur Entschädigungspflicht bei den bedingten Anpassungspflichten	400

Zweiter Teil
Besonderer Teil   403

Erstes Kapitel: Die postfiniten Vorschriften des Kantons Zürich   405

Erster Abschnitt: Die postfiniten Vorschriften des PBG   405

Erster Unterabschnitt: Die globale postfinite Vorschrift PBG § 357 — 405

Zu den Vorläuferregelungen von PBG § 357 — 405
- I. Zu § 57 der «Bauordnung» von 1863 — 405
  - A. Zum Wortlaut — 405
  - B. Siedlungspolitische Situation — 406
  - C. Zur Praxis hiezu — 406
- II. Zu § 116 des Baugesetzes in der Fassung von 1893 — 406
  - A. Zum Wortlaut — 406
  - B. Zur siedlungspolitischen Lage — 407
  - C. Zur Praxis hiezu — 407
- III. Zu § 116 des Baugesetzes in der Fassung von 1907 — 408
  - A. Zur siedlungspolitischen Lage — 408
  - B. Zum Wortlaut — 408
  - C. Zur Auslegung und Praxis hiezu — 408
- IV. Zu den Texten der von 1907 bis 1943 erfolglos gebliebenen Versuche von Totalrevisionen — 409
- V. Zu § 116 des Baugesetz in der Fassung von 1943 — 410
  - A. Zur siedlungspolitischen Lage — 410
  - B. Zum Wortlaut — 410
  - C. Zur Auslegung und Praxis — 411
  - D. Gesamtwürdigung von § 116 in der Fassung von 1943 — 412

PBG § 357 in der Fassung von 1975 — 414
- I. Zur siedlungspolitischen Situation — 414
- II. Zu den Gesetzgebungsmaterialien für PBG § 357 von 1975 — 414
  - A. Zum Vorentwurf der Baudirektion vom Dezember 1972 — 414
  - B. Zum Antrag des Regierungsrates an den Kantonsrat vom 5. Dezember 1973 — 415
  - C. Zu den Beratungen in der Kommission des Kantonsrates 1974/1975 — 415
- III. Zur Auslegung und Praxis — 416
  - A. Zum ersten Absatz von PBG § 357 in der Fassung von 1975 — 416
    1. Zur räumlichen und zeitlichen Geltung — 416
    2. Zu den «Bauten» und «Nutzungen» (Vorher-Zustand) — 417
    3. Zu den «Bauvorschriften», welchen das Gebäude bzw. der Bewerb «widerspricht» — 418
    4. Zu den «baulichen Massnahmen» — 419
    5. Zu den «baurechtlich beachtlichen Nutzungsänderungen» — 422
    6. Zu «auf Veranlassung des Eigentümers» — 423
    7. Zu «Eintritt keiner weiteren Verschlechterung» — 423
    8. Zum Erfordernis «keine Verletzung eines anderen öffentlichen Interesses» — 424
    9. Zu «sind ... nur gestattet» — 425
    10. Zu den weiteren Gesichtspunkten — 425
        a) Zum Verhältnis der Erfordernisse von PBG § 357 I (1975) zu altBauG § 116 I und II sowie zu PBG § 357 II erster und zweiter Satz (1975) — 425
        b) Zur Ausschaltung des Neubautenrechtes und zum Verhältnis zu Letzterem — 426
        c) Zum Verhältnis Globalregelung zu Sektoralregelung — 426
        d) Zur Nichtaktualität von Ausnahmebewilligungen — 427

　　　　　e) Zur Legiferierungskompetenz der Gemeinden bezüglich
　　　　　　 PBG § 357　　　　　　　　　　　　　　　　　　　　　　428
　　　　　f) Zu den Gebäuden bzw. Bewerbungen, welche den
　　　　　　 Bauvorschriften nicht widersprechen　　　　　　　　　　 428
　　　　　g) Zur materiellen Enteignung　　　　　　　　　　　　　　 428
　　B. Zum zweiten Absatz, erster Satz von PBG § 357 in der Fassung
　　　　von 1975　　　　　　　　　　　　　　　　　　　　　　　　　428
　　　1. Zur räumlichen und zeitlichen Geltung　　　　　　　　　　　 428
　　　2. Zu den «Bauten und Anlagen» (Vorher-Zustand)　　　　　　　 428
　　　3. Zu «den Nutzungsvorschriften widersprechen»　　　　　　　　428
　　　4. Zu den «Umbauten und … Erweiterungen» (Nachher-Zustand)　 430
　　　5. Zum Erfordernis «auf Veranlassung des Eigentümers»　　　　　431
　　　6. Zum Erfordernis «kein Entgegenstehen überwiegender öffentlicher
　　　　　Interessen»　　　　　　　　　　　　　　　　　　　　　　　432
　　　7. Zur Angemessenheit der Erweiterungen　　　　　　　　　　　433
　　　8. Zu «gestattet sein»　　　　　　　　　　　　　　　　　　　　436
　　　9. Zu den weiteren Gesichtspunkten　　　　　　　　　　　　　 436
　　　　　a) Zum Verhältnis der Erfordernisse von PBG § 357 II erster
　　　　　　 Satz (1975) zu altBauG § 116 I und II sowie zu PBG § 357 II
　　　　　　 zweiter Satz (1975)　　　　　　　　　　　　　　　　　　436
　　　　　b) Zur Ausschaltung des Neubautenrechtes und zum Verhältnis
　　　　　　 zu Letzterem　　　　　　　　　　　　　　　　　　　　　437
　　　　　c) Zum Verhältnis von Global- zu Sektoralregelungen　　　　 437
　　　　　d) Zur Nichtaktualität von Ausnahmebewilligungen　　　　　 437
　　　　　e) Zur Legiferierungskompetenz der Gemeinden bezüglich PBG
　　　　　　 § 357 II erster Satz (1975)　　　　　　　　　　　　　　　437
　　　　　f) Nichtanwendbarkeit auf Gebäude und Bewerbungen, welche
　　　　　　 den Nutzungsvorschriften entsprechen.　　　　　　　　　 438
　　C. Zum zweiten Absatz, zweiter Satz von PBG § 357 in der Fassung
　　　　von 1975　　　　　　　　　　　　　　　　　　　　　　　　　438
　　　1. Zum räumlichen und zeitlichen Geltungsbereich　　　　　　　438
　　　2. Zu den «bestehenden Betrieben»　　　　　　　　　　　　　　438
　　　3. Zu den «den zonenbedingten Immissionsvorschriften wider-
　　　　　sprechenden» Betrieben　　　　　　　　　　　　　　　　　439
　　　4. Zu «den Vorschriften über die allgemeinen Schranken der
　　　　　Eigentums- und Besitzesausübung»　　　　　　　　　　　　440
　　　5. Zum «lediglich (diesen Vorschriften) unterstehen»　　　　　　 442
　　　6. Zu den weiteren Gesichtspunkten　　　　　　　　　　　　　 442
　　　　　a) Zum Verhältnis der Erfordernisse von PBG § 357 II zweiter
　　　　　　 Satz (1975) zu altBauG § 116 I und II　　　　　　　　　　442
　　　　　b) Zur Ausschaltung des Neubautenrechtes und dem Verhältnis
　　　　　　 zu Letzterem　　　　　　　　　　　　　　　　　　　　　442
　　　　　c) Zum Verhältnis von Global- zu Sektoralregelungen　　　　 442
　　　　　d) Nichtaktualität der Ausnahmebewilligung　　　　　　　　 443
　　　　　e) Zur Legiferierungskompetenz der Gemeinden bei
　　　　　　 PBG § 357 II zweiter Satz (1975)　　　　　　　　　　　　443
　　　　　f) Nicht geregelte Situationen　　　　　　　　　　　　　　　443
　　D. Zum dritten Absatz von PBG § 357 in der Fassung von 1975　　　443

PBG § 357: Zur Revision von 1983　　　　　　　　　　　　　　　　444

PBG § 357: Zur Revision von 1984   445
    I.   Zu § 2 der regierungsrätlichen Einführungsverordnung
         zum RPG vom 19. Dezember 1979/22. Dezember 1982   445
    II.   Zur Volksinitiative «für eine einfache Planung und weniger Bürokratie»
         und zur Überführung ins Gesetzesrecht vom 20. Mai 1984   445

PBG § 357 in der Fassung von 1991   447
    I.   Vorgeschichte   447
         A. Zur siedlungspolitischen Lage   447
         B. Zur Einzelinitiative von Martin Steiger und Luzius Huber
            von 1987   447
         C. Zu den Gesetzgebungsmaterialien für den Text von 1991   449
    II.   Zur Auslegung von PBG § 357 I (1991) und zur Praxis hiezu   451
         A. Zum ersten Satz von PBG § 357 I   451
            1. Zum räumlichen und zeitlichen Geltungsbereich   451
            2. Zu den «bestehende Bauten und Anlagen» (Vorher-Zustand)   451
            3. Zu den «Bauten und Anlagen», «die Bauvorschriften
              widersprechen»   452
            4. Zu «umbauen, erweitern» (Transformation, Nachher-Zustand)   453
            5. Zu «anderen Nutzungen zuführen» (Transformation, Nachher-
              Zustand)   456
              a)   Stellungnahme des Verwaltungsgerichtes   456
              b)   Kritik   458
              c)   Weitere Bemerkungen   463
            6. Zu «auf Veranlassung des Eigentümers»   463
            7. Zu «Nicht-Entgegenstehen überwiegender öffentlicher oder
              nachbarlicher Interessen»   464
              Kasuistik   465
            8. Zu «Bauten und Anlagen», die «sich für eine zonengemässe
              Nutzung nicht eignen» (Vorher- und Nachher-Zustand)   466
            9. Zu «dürfen»   469
            10. Zu den weiteren Gesichtspunkten   469
              a)   Zum Verhältnis der Erfordernisse von PBG § 357 I (1991) zu
                  denjenigen von PBG § 357 I und II erster und zweiter Satz (1975)
                  sowie derjenigen von PBG § 357 I (1991) unter sich   469
              b)   Zur Ausschaltung des Neubautenrechtes und zum Verhältnis
                  zu Letzterem   470
                 α)   Erleichterte Erfordernisse als Auslegungsziel   470
                 β)   Zur Unausweichlichkeit der Annahme der Neurechtsausschaltung   471
                 γ)   Die Auswirkungen der Ausschaltung des Neubautenrechtes   471
                    α')   Keine Öffnung für Willkürakte   471
                    β')   Massgeblichkeit des Konzeptes der Regelung, nicht einer allfälligen
                       Maximal- oder Minimalziffer   472
                    γ')   Belanglosigkeit des Unterschiedes bei konzeptionell formulierten
                       Grundanforderungen an Gebäude   473
                    δ')   Kompensierbarkeit von Verschlechterungen und Verbesserungen   474
                    ε')   Nicht-Aktualität von Ausnahmebewilligungen   474
                 δ)   Wie weit harmoniert diese Auffassung mit der verwaltungs-
                    gerichtlichen Praxis?   474
              c)   Zum Verhältnis von Globalregelung und Sektoralregelungen   476
              d)   Zur Nicht-Aktualität von Ausnahmebewilligungen   477

	e)	Zur Legifierierungskompetenz der Gemeinden bezüglich PBG 357 I (1991)	478
	f)	Nichtanwendbarkeit auf Gebäude und Bewerbungen, welche den Bauvorschriften entsprechen	478
	g)	Prozessuales	478
	α)	Zur Aktivlegitimation	478
	β)	Zur Beweislast	478
	γ)	Zur richterlichen Kognition	479
	h)	Zur materiellen Enteignung	479

B. Zum zweiten Satz von PBG 357 I (1991): Zum Vorbehalt der «für neue oder weitergehende Abweichungen von Vorschriften ... erforderlichen Ausnahmebewilligungen» — 479

III. Zum zweiten Absatz von PBG § 357 (1991) und zur Praxis hiezu — 481
IV. Zum dritten Absatz von PBG § 357 (1991) und zur Praxis hiezu — 481
   A. Allgemeines — 481
   B. Auslegung und Praxis — 482
     1. Zum räumlichen und zeitlichen Geltungsbereich — 482
     2. Zu den beachtlichen widersprochenen Vorschriften — 482
     3. Zu «umgebaut, erweitern und anderen Nutzungen zugeführt werden» — 482
     4. Zur «die baurechtliche Bewilligung» — 482
     5. Zu «Verbesserungen gegenüber dem bisherigen Zustand ..., die im öffentlichen Interesse liegen» — 483
     6. Zu «(Verbesserungen), die ... nach den Umständen zumutbar sind» — 483
     7. Zu «(die baurechtliche Bewilligung) kann verlangen» — 484
     8. Zu den weiteren Gesichtspunkten — 484
V. Zum vierten Absatz von PBG § 357 (1991) und zur Praxis hiezu — 484
VI. Die übergangsrechtliche Regelung von Art. III vierter Absatz des PBG-Revisions-Gesetzes vom 1. September 1991 — 484

PBG § 357: Zu den Revisionsbegehren nach 1991 — 486
I. Zur Situation in den exklusiven Industrie- und Gewerbezonen — 486
II. Zur Einzelinitiative von Robert Wolfer — 487
III. Zum zurückgewiesenen Revisionsantrag des Regierungsrates vom 24. Oktober 1995 — 488
   A. Zur Antragstellung — 488
   B. Zum Inhalt des Antrages im Einzelnen — 489
   C. Zur Zurückweisung — 490

PBG § 357: Gesamtwürdigung — 491
I. Im Hinblick auf die siedlungspolitische Gesamtlage — 491
II. Weder Privilegierung noch zu grosse Härte der Regelung von 1975 — 491
III. Zum Vergleich der Fassung von 1975 und derjenigen von 1991 — 492
IV. Verpasste Chancen — 494
V. Zur Rechtfertigung der Ausführlichkeit der Darstellung der globalen postfiniten Regelung — 495

Zweiter Unterabschnitt: Die sektoralen deklariert postfiniten Vorschriften des PBG — 496

PBG § 101: Zur Regelung der Änderungen bei von Bau- und Niveaulinien betroffenen Gebäuden — 496

I.	Allgemeines	496
	A. Zu den Baulinien	496
	1. Der Zweck der Baulinien	496
	2. Zum Erfordernis des öffentlichen Interesses und der Verhältnismässigkeit	498
	3. Zum Verhältnis zum Rechtsgleichheitsgebot	500
	4. Zur materiellen Enteignung	500
	B. Zu den Niveaulinien	502
	C. Zu den weiteren Ausführungen	502
II.	Zu den Vorläuferregelungen von PBG § 101	503
	A. Zur Bauordnung von 1863	503
	B. Zu altBauG § 120 von 1893	503
III.	Zu PBG § 101	503
	A. Zum Text	503
	B. Zur Auslegung von PBG § 101 und zur Praxis hiezu	504
	1. Zum ersten Absatz	504
	a) Zu «Bauten und Anlagen»	504
	b) Zu «baulinienwidrig»	505
	c) Zu «unterhalten und modernisiert werden»	506
	d) Zu «entsprechend dem bisherigen Verwendungszweck (unterhalten und modernisiert werden)»	506
	e) Zu «im Baulinienbereich»	506
	f) Zu «dürfen … (unterhalten und modernisiert werden)»	507
	g) Zu weiteren Gesichtspunkten	507
	2. Zum zweiten Absatz von PBG § 101	507
	a) Allgemeines	507
	b) Zur ersten Regelung	508
	α) Zu «weitergehende Vorkehren»	508
	β) Zu «wenn die Baulinie in absehbarer Zeit nicht durchgeführt werden soll»	508
	γ) Zu «sind nur zu bewilligen»	510
	δ) Zu «mit sichernden Nebenbestimmungen zur baurechtlichen Bewilligung (erteilte Bewilligung)»	510
	ε) Weitere Gesichtspunkte	510
	c) Zur zweiten Regelung	511
	α) Zu «(es wird) mit sichernden Nebenbestimmungen … ausgeschlossen), dass das Gemeinwesen bei Durchführung der Baulinie den entstandenen Mehrwert zu entschädigen hat»	511
	β) Zu «(das im übrigen in PBG §101 Gesagte gilt nur,) wenn (die Entschädigungspflicht des Gemeinwesens) (durch Anmerkung) vor Baubeginn im Grundbuch (ausgeschlossen wird)»	513
	γ) Zu weiteren Gesichtspunkten	513

PBG § 117: Zur Regelung der Änderungen von Gebäuden im Werkplanbereich   516

PBG §§ 203 lit. c, 204 und 207: Zum Baudenkmalschutz   517

I.	Zum Gesetzestext	517
	A. Ausgangslage	517
	B. Zur Regelung im alten Baugesetz	517
	C. Zu den Regelungen im PBG	518
	1. Vorbemerkungen	518

		2. Zum Text von 1975	518
		3. Zum Text von 1991	519
	II.	Zur Auslegung dieser Vorschriften und zur Praxis hiezu	521
		A. Vorbemerkungen	521
		B. Zur Frage der Schutzwürdigkeit gemäss PBG §§ 203 und 207	521
		1. Allgemeine Bemerkungen	521
		2. Zur Frage der Verhältnismässigkeit	523
		3. Zum Verhältnis zur Eigentumsgarantie	524
		C. Zu den Pflichten des Gemeinwesens als Gebäudeigentümer gemäss PBG § 204	524
		D. Zu den Pflicht des privaten Eigentümers und zu deren Übergang auf das Gemeinwesen nach PBG § 207	525

PBG § 226: Zur Regelung der Immissionen — 526

  I. Zur Ausgangslage — 526
  II. Zum Vorläufer von PBG § 226: altBauG § 96 — 526
    A. Zum Text — 526
    B. Zur Auslegung von § 96 und zur Praxis hiezu — 526
  III. Zu PBG § 226 selbst — 527
    A. Zum Text — 527
    B. Zur Auslegung von PBG § 226 und zur Praxis hiezu bis zum 31. Dezember 1984 — 528
      1. Vorbemerkungen — 528
      2. Zum ersten Absatz erster Satz — 528
        a) Zum «(Treffen/Nichttreffen von baulichen und betrieblichen Massnahmen) bei der Eigentums- und Besitzausübung» — 528
        b) Zu «(den) baulichen und betrieblichen Massnahmen, um Einwirkungen auf die Umgebung möglichst gering zu halten» — 528
        c) Zum «(Nicht-)Zumutbar-Sein» dieser Geringhalte-Massnahmen — 529
        d) Zu «jedermann ist verpflichtet» — 529
      3. Zum ersten Absatz zweiter Satz — 529
        a) Zum «(Anpassen/Nichtanpassen von) Vorkehren (an die) technische Entwicklung» — 529
        b) Zu «(nicht) in zeitlich und sachlich angemessener Weise» — 530
        c) Zu «er hat … anzupassen» — 530
      4. Zum zweiten Absatz — 530
        a) Zu «Bauten, Anlagen, Ausstattungen, Ausrüstungen und Betriebsflächen» — 530
        b) Zur «Benützung» — 530
        c) Zu «(es wird/wird nicht) in einer nach den Umständen übermässigen Weise auf die Umwelt eingewirkt» — 530
        d) Zu «(es) darf nicht (eingewirkt werden)» — 531
      5. Zum dritten Absatz — 531
      6. Zum vierten Absatz — 532
      7. Zum fünften Absatz — 532
    C. Zur Auslegung von PBG § 226 und zur Praxis hiezu seit dem 1. Januar 1985 — 532

PBG § 228 I: Zur Regelung des Unterhaltes — 535

  I. Zur Ausgangslage — 535
  II. Zum Vorläufer von PBG § 228 I: altBauG § 123 — 535

III.	Zu PBG § 228 I	535
	A. Zum Text	535
	B. Zur Auslegung von PBG § 228 I und zur Praxis hiezu	536
	1. Zu «Grundstücke, Bauten, Anlagen, Ausstattungen und Ausrüstungen»	536
	a) Zu «Grundstücke»	536
	b) Zu «Bauten, Anlagen»	536
	c) Zu «Austattungen, Ausrüstungen»	536
	2. Zu «unterhalten»	536
	3. Zu «sind zu (unterhalten)»	536
	4. Zu «weder Personen noch Eigentum Dritter gefährdet werden»	537
	5. Zu «dürfen weder ... noch»	537
	6. Zur Regelung, welche bezüglich des Unterhaltes von Gebäuden zum Zuge käme, wenn PBG § 228 I nicht gälte	537

PBG § 228 II: Zum Verbot baurechtswidriger Parzellierungen und Grenzverlegungen (Mutationen) — 539

I.	Ausgangslage	539
II.	Zur Regelung im Einzelnen	540
	A. Zur Regelung im alten Baugesetz	540
	B. Zum PBG von 1975	541
	1. Zum Text	541
	2. Zur Auslegung von PBG § 228 II und zur Praxis hiezu	541

PBG §§ 229 und 230: Zur Inanspruchnahme von Nachbarparzellen zu Bauarbeiten (Hammerschlagsrecht) — 543

I.	Zur Ausgangslage	543
II.	Zur Regelung im alten Baugesetz	543
III.	Zur Regelung im PBG	543
	A. Zu den Materialien	543
	1. Zum Text von 1975	543
	2. Zum Text von 1991	544
	B. Zur Auslegung der §§ 229 und 230 und zur Praxis hiezu	545

PBG § 232: Zu den Montierungen des Gemeinwesens an Gebäuden — 546

I.	Ausgangslage	546
II.	Zur Regelung im alten Baugesetz	546
III.	Zur Regelung in PBG § 232	546
	A. Zu den Materialien	546
	B. Zur Auslegung von § 232 und zur Praxis hiezu	547

PBG § 233 II in Verbindung mit § 233 I sowie den §§ 234 und 235: Zum Verbot der nachteiligen Beeinflussung noch fehlender planungsrechtlicher Festlegungen — 549

I.	Ausgangslage	549
	Zum Widerstreit der Interessen	549
II.	Zur Regelung im alten Baugesetz	549
III.	Zur Regelung im PBG	551
	A. Zu den Materialien	551
	1. Zum Text von 1975	551
	2. Zum Text von 1984	553

	3. Zum Text von 1991	554
	B. Zur Auslegung und Praxis zu PBG § 233 II in Verbindung mit §§ 233 I und 234	555
	Kasuistik	557

PBG § 233 II in Verbindung mit den §§ 233 I, 234, 236 und 237: Zum Erschliessungserfordernis   560
  I. Ausgangslage   560
  II. Zur Regelung im alten Baugesetz   560
  III. Zur Regelung im PBG   561
   A. Zu den Materialien   561
   B. Zur Auslegung und Praxis zu PBG § 233 II in Verbindung mit den §§ 233 I, 236 und 237   562

PBG § 238: Zu den ästhetischen Anforderungen   566
  I. Zur Ausgangslage   566
  II. Zu den Materialien   566
   A. Zur Regelung im alten Baugesetz   566
   B. Zur Regelung im PBG   566
  III. Zur Auslegung von PBG 238 und zur Praxis hiezu   567

PBG § 239 I, II erster Satz/erster Teil und III erster Satz: Zum Verbot von Gefährdung und gesundheitlicher Beeinträchtigung durch den Gebäudebestand   568
  I. Ausgangslage   568
  II. Zur Regelung im alten Baugesetz   568
  III. Zur Regelung im PBG   568
   A. Zu den Materialien   568
   B. Zur Auslegung von PBG § 239 I, II erster Satz/erster Teil sowie III erster Satz und zur Praxis hiezu   569

PBG § 239 II erster Satz/zweiter Teil und zweiter Satz: Zum Gebot der einwandfreien Entsorgung des beim Abbruch anfallenden Materiales   571
  I. Zur Ausgangslage   571
  II. Zur Regelung im alten Baugesetz   571
  III. Zur Regelung im PBG   571
   A. Zu den Materialien   571
    1. Zum Text von 1975   571
    2. Zum Text von 1991   571
    3. Zum Text von 1994   572
   B. Zur Auslegung von § 239 II erster Satz/zweiter Teil sowie zweiter Satz und zur Praxis hiezu   572

PBG § 239 III zweiter Satz/erster Teil: Zum Gebot der ausreichenden Gebäudeisolierung um Energie zu sparen   574
  I. Zur Ausgangslage   574
  II. Zur Regelung im alten Baugesetz   574
  III. Zur Regelung im PBG   574
   A. Zu den Materialien   574
    Zum Text von 1975   574

	B. Zur Auslegung von § 239 III zweiter Satz/erster Teil und zur Praxis hiezu	575

PBG § 239 III zweiter Satz/zweiter Teil: Zum Gebot des fachgemässen Betriebes von Ausstattungen und Ausrüstungen ... 576
    I.   Zur Ausgangslage ... 576
    II. Zur Regelung im alten Baugesetz ... 576
    III. Zur Regelung im PBG ... 576
        A. Zu den Materialien ... 576
        B. Zur Auslegung von § 239 III zweiter Satz/zweiter Teil und zur Praxis hiezu ... 577

PBG § 239 IV: Zum Gebot der Rücksichtnahme auf die Behinderten und Gebrechlichen bei dem Publikum zugänglichen Gebäuden ... 578
    I.   Zur Ausgangslage ... 578
    II. Zur Regelung im alten Baugesetz ... 578
    III. Zur Regelung im PBG ... 578
        A. Zu den Materialien ... 578
           1. Zum Text von 1975 ... 578
           2. Zum Text von 1991 ... 579
    IV. Zur Auslegung von § 239 IV und zur Praxis hiezu ... 579

PBG §§ 242 und 243: Zum Fahrzeugabstellplatzerfordernis ... 581
    I.   Ausgangslage ... 581
    II. Zum Vorläufer von PBG §§ 242 f: altBauG § 60a ... 581
        A. Zu den Materialien ... 581
        B. Zur Auslegung von altBauG § 60a und zur Praxis hiezu ... 583
    III. Zu PBG § 242 in der Fassung von 1975 ... 583
        A. Zur Ausgangslage ... 583
        B. Zu den Materialien ... 584
        C. Zur Auslegung von PBG §§ 242 f in der Fassung von 1975 und zur Praxis hiezu ... 586
    IV. Zu den PBG §§ 242 f in der Fassung von 1987 ... 587
        A. Zur Ausgangslage ... 587
        B. Zu den Materialien ... 587
        C. Zur Auslegung von PBG §§ 242 f in der Fassung von 1987 und zur Praxis hiezu ... 588
    V. Zu PBG §§ 242 f in der Fassung von 1991 ... 588
        A. Zur Ausgangslage ... 588
        B. Zu den Materialien ... 588
        C. Zur Auslegung von PBG § 243 in der Fassung von 1991 und zur Praxis hiezu ... 590
           1. Zum ersten Absatz ... 590
               a) Zu «Bauten und Anlagen» sowie «Nutzungen» ... 590
               b) Zu «Neuerstellung von Bauten und Anlagen», «allgemeine bauliche Änderungen», «Nutzungsänderungen» ... 590
               c) Zu «(bauliche Änderungen) die einen erheblichen Teil der Baute oder Anlage erfassen oder durch die eine wesentlich andere Nutzung als bisher ermöglicht wird» (erster Absatz lit. b) ... 591
               d) Zu «(Nutzungsänderungen) die voraussichtlich wesentlich andere Verkehrsbedürfnisse schaffen» (erster Absatz lit. c) ... 593

		e)	Zu «Abstellflächen [für Verkehrsmittel, insbesondere Motorfahrzeuge] sind (zu schaffen/nicht zu schaffen)»	594
		f)	Zu «(Abstellflächen) sind im gebotenen Ausmass (zu schaffen)»	595
		ε)	Weitere Gesichtspunkte	596
	2.	Zum zweiten Absatz von PBG § 243 in der Fassung von 1991		598
		a)	Zum ersten Satz	598
		α)	Zu «bestehende Bauten und Anlagen»	598
		β)	Zu «der bisherige Zustand bewirkt (nicht) regelmässig Verkehrsstörungen oder andere Übelstände»	598
		γ)	Zu «die Beschäftigtenparkplätze (überschreiten/überschreiten nicht) die festgesetzte Gesamtzahl erheblich»	599
		δ)	Zu «ohne Zusammenhang mit Änderungen»	599
		ε)	Zu «(es) kann … die Aufhebung oder Schaffung von Abstellplätzen verlangt werden»	600
		b)	Zum zweiten Satz von PBG § 243 II in der Fassung von 1991	600
		α)	Zu «die Verpflichtung (ist) nach den Umständen technisch und wirtschaftlich (nicht) zumutbar»	600
		β)	Zu «(die Verpflichtung) muss (zumutbar sein)»	600

Anhang: Zur Regelung der Abstellplätze in der Stadt Zürich — 601
    1. Zur Ausgangslage — 601
    2. Zu den Materialien — 601
    3. Zur Auslegung und Praxis zur Verordnung vom 11. Dezember 1996 — 602

PBG § 248: Zu den Kinderspielplätzen, Freizeit- und Pflanzgärten sowie Ruheflächen — 604
    I. Zur Ausgangslage — 604
    II. Zur Regelung im alten Baugesetz — 604
    III. Zur Regelung im PBG — 604
        A. Zu den Materialien — 604
            1. Zum Text von 1975 — 604
            2. Zum Text von 1991 — 605
        B. Zur Auslegung von PBG § 248 und zur Praxis hiezu — 605

PBG § 249: Zu den Abstellplätzen für die Kehrichtbeseitigung — 607
    I. Zur Ausgangslage — 607
    II. Zur Regelung im alten Baugesetz — 607
    III. Zur Regelung im PBG — 607
        A. Zu den Materialien — 607
            1. Zum Text von 1975 — 607
            2. Zum Text von 1991 — 608
        B. Zur Auslegung von PBG § 249 und zur Praxis hiezu — 608

PBG § 274 in Verbindung mit § 270 III: Zum ausserordentlichen Gebäudeabstand gegenüber Hauptgebäuden mit ungewöhnlich nahem Abstand von der Grenze und zum Näherbaurecht — 610
    I. Zur Ausgangslage — 610
    II. Was gilt bei infolge Näherbaurecht ungewöhnlich naher Lage eines Gebäudes an der Grenze? PBG § 274 I und II erster Teil — 611
        A. Vorbemerkung — 611
        B. Zur Regelung des Näherbaurechtes in PBG § 270 III — 613

1.	Zu den Materialien	613
	a) Zur Regelung im alten Baugesetz	613
	b) Zur Regelung im PBG	614
	α) Zur Fassung von 1975	614
	β) Zur PBG-Revision von 1984	614
	γ) Zur PBG-Revision von 1991	614
	c) Zur Verordnungsrevision von 1992	615
2.	Zur Auslegung von PBG § 270 III und zur Praxis hiezu	616
	a) Zu «(es kann)ein Näherbaurecht begründet werden»	616
	b) Zu «durch nachbarliche Vereinbarung»	616
	α') Zur psychologischen Ausgangslage	616
	β') Zum Gültigkeitserfordernis der Schriftlichkeit	617
	γ') Zum Erfordernis der leichten Feststellbarkeit des Inhaltes des Schriftstückes	618
	γ) Zu den fünf weiteren Gültigkeitserfordernissen	619
	α') Zum Erfordernis der Dauergeltung des Näherbaurechtes	619
	β') Zum Erfordernis des Erfülltseins der in der nachbarlichen Abmachung genannten Bedingungen für den Baubeginn	619
	γ') Zum Erfordernis der Ausdrücklichkeit der behördeseitigen Anerkennung des Näherbaurechtes	620
	δ') Zum Erfordernis der Herauslesbarkeit des wesentlichen Inhaltes der Baurechtsbeziehung aus der Baubewilligung	620
	ε') Zum Erfordernis der genügenden Publizität der Näherbaurechtsbeziehung	621
	c) Zum «Vorbehalt einwandfreier wohnhygienischer und feuerpolizeilicher Verhältnisse»	621
	d) Zu weiteren Gesichtspunkten	622
	α) Zur Regelung bei Einheit des Eigentums	622
	β) Es geht im Verhältnis zu den Baubehörden ausschliesslich um öffentliches Recht	622
C. Zur Unbeachtlichkeit von Näherbaurechten gemäss PBG § 274 II erster Teil		623
1.	Zu den Materialien	623
	a) Zur Regelung gemäss altem Baugesetz	623
	b) Zur Regelung im PBG	623
2.	Zur Auslegung von PBG § 274 II erster Teil und zur Praxis hiezu	625
	a) Zum ersten Absatz	625
	α) Zum «nachbarlichen Gebäude»	625
	β) Zum Gebäude, welches «näher an der Grenze (steht), als es nach den Bauvorschriften zulässig ist»	625
	γ) Zum «Grenzabstand, den das neue Bauvorhaben benötigt»	625
	δ) Zum «kantonalrechtlichen Mindest(grenz)abstand» und zur «Summe»	625
	ε) Zu «genügt»	625
	b) Zum zweiten Absatz	626
	α) Zur «Begünstigung»	626
	β) Zur «Erklärung des Eigentümers des nunmehrigen Baugrundstückes gegenüber der Baubehörde, er habe Kenntnis davon, dass er wegen des nachbarlichen Näherbaues selbst einen grösseren Grenzabstand werde einhalten müssen»	626
	γ) Zu «gilt nicht»	626

		δ)	Zu den weiteren Gesichtspunkten	626
		α')	Zur Rückgängigmachung und zum sonstigen Dahinfallen der Erklärung	626
		β')	Zur Frage der Dispensierbarkeit bei fehlender Vereinbarung	627
		γ')	Zum baurechtlichen Status der Parzellen auf beiden Seiten	627
		α'')	Zum baurechtlichen Status der Parzelle mit dem – aufgrund des Näherbaurechtes – erstellten Gebäude	627
		β'')	Zum baurechtlichen Status des «nunmehrigen Baugrundstückes»	628
		δ')	Zur Aktivlegitimation des Mieter	628
	D.	Allgemeine Kritik		629
III.	Was gilt bei infolge Grenzänderung ungewöhnlich naher Lage eines Gebäudes an der Grenze gemäss PBG § 274 I und II zweiter Teil?			630
	A.	Zur Ausgangssituation		630
	B.	Zu den Materialien		630
		1. Zur Regelung im alten Baugesetz		630
		2. Zur Regelung im PBG		630
	C.	Zur Auslegung von PBG § 274 zweiter Teil und zur Praxis hiezu		630
		1. Zum ersten Absatz		630
		2. Zum zweiten Absatz zweiter Teil: Zur Unbeachtlichkeit von Grenzänderungen		630
		a)	Zur «Grenzänderung»	630
		b)	Zur «Ungenügendmachung eines vorher ausreichenden Abstandes (durch die Grenzänderung)»	631
		c)	Zur «Nachträglichkeit der Grenzänderung»	631
		d)	Zu «die Begünstigung gilt nicht»	631
		e)	Zu den weiteren Gesichtspunkten	632
		α)	Zum baurechtlichen Status der Parzellen auf beiden Seiten	632
		β)	Zur Zulässigkeit von Ausnahmebewilligungen	632
		γ)	Zur Aktivlegitimation des Mieters	632
IV.	Was gilt bei aus anderen Gründen ungewöhnlich naher Lage eines Gebäudes an der Grenze?			632

PBG § 275: Zur Dachgeschossdefinition — 633

I.	Zur Ausgangslage		633
II.	Zur Regelung im alten Baugesetz		633
III.	Zur Regelung im PBG		634
	A.	Zu den Materialien	634
		1. Zum Text von 1975	634
		2. Zum Text von 1984	635
		3. Zum Text von 1991	636
	B.	Zur Auslegung von PBG § 275 und zur Praxis hiezu	637

PBG §§ 286 und 287: Zum Grenzbau und zum Grenzbaurecht bei Hauptgebäuden — 639

I.	Ausgangslage		639
II.	Zur Regelung im alten Baugesetz		640
III.	Zur Regelung im PBG		641
	A.	Zu den Materialien	641
		1. Zur Fassung von 1975	641
		2. Zur Revision von 1984	642
		3. Zur Revision von 1991	642
	B.	Zur Auslegung der PBG §§ 286 f und zur Praxis hiezu	643

PBG § 288 (aufgehoben): Zu den Abstandsvorschriften für Subalterngebäude — 646
  I. Zur Ausgangslage — 646
  II. Zur Regelung im alten Baugesetz — 646
  III. Zur Regelung im PBG — 647
    A. Zu den Materialien — 647
      1. Zur Fassung von 1975 — 647
      2. Zur Revision von 1984 — 648
      3. Zur Revision von 1991 — 648
    B. Zur Auslegung des (aufgehobenen) PBG § 288 und zur Praxis hiezu — 649

PBG §§ 289, 290 und 291: Zu den Grenzfassaden und Brandmauern — 651
  I. Zur Ausgangslage — 651
  II. Zur Regelung im alten Baugesetz — 651
  III. Zur Regelung im PBG — 652
    A. Zu den Materialien — 652
      Zum Text von 1975 — 652
    B. Zur Auslegung von PBG §§ 289 und 291 und zur Praxis hiezu — 654

PBG § 294 (aufgehoben): Zur Regelung der Nutzweise der Gebäude — 655
  I. Ausgangslage — 655
  II. Zur Regelung im alten Baugesetz — 655
  III. Zur Regelung im PBG — 655

PBG § 295: Zu den mit «Brennstoffen …, die Luftverschmutzungen bewirken», betriebenen Heizungen — 657
  I. Zur Ausgangslage — 657
  II. Zur Regelung im alten Baugesetz — 657
  III. Zur Regelung im PBG — 657
    A. Zu den Materialien — 657
      1. Zur Fassung von 1975 — 657
      2. Zur Revision von 1983 — 658
      3. Zur Revision von 1991 — 659
      4. Zur Revision von 1995 — 659
    B. Zur Auslegung von PBG § 295 und zur Praxis hiezu — 660

PBG § 296: Zu den Beförderungsanlagen — 661
  I. Zur Ausgangslage — 661
  II. Zur Regelung im alten Baugesetz — 661
  III. Zur Regelung im PBG — 661
    A. Zu den Materialien — 661
    B. Zur Auslegung von PBG § 296 und zur Praxis hiezu — 662

PBG § 307: Zum «Wiederaufbau» — 664
  I. Zur Ausgangslage — 664
  II. Zur Vorläuferregelung im alten Baugesetz und im Einführungsgesetz zum ZGB — 665
  III. Zur Regelung von PBG § 307 in der Fassung von 1975 — 667
    A. Zu den Materialien — 667

	B. Zur Auslegung von PBG § 307 in der Fassung von 1975 und zur Praxis hiezu	668
	1. Allgemeines	668
	2. Zum ersten Absatz	669
	a) Zu «(ein) ganz oder teilweise zerstörtes Gebäude»	669
	b) Zu «für den Wiederaufbau»	669
	c) Zu «Die Bauvorschriften gelten»	669
	3. Zum zweiten Absatz	669
	a) Zu «ob und inwieweit das zerstörte Gebäude an der alten Stelle und im alten Umfang (nicht) wieder aufgebaut (wird)»	669
	b) Zu «(es) darf (in diesem Sinne wiederaufgebaut/nicht wiederaufgebaut werden)»	670
	c) Zu «Entscheide der Baubehörden darüber (ob wiedergebaut werden dürfe)»	670
	d) Zu «(solche Entscheide) können von einem Dritten (während der Zeit gemäss Rz 2484 f) nicht angefochten werden»	670
	e) Zu «Zustellung (dieser Entscheide erfolgte/erfolgte nicht) innert zwei Jahren nach der Zerstörung»	671
	f) Zur allgemeinen Kritik dieser Regelung	672
	4. Zum dritten Absatz	672
IV.	Die Regelung von PBG § 307 in der Fassung von 1984	673
	A. Zu den Materialien	673
	B. Zur Auslegung von PBG § 307 in der Fassung von 1984 und zur Praxis hiezu	673
V.	Zur Regelung von PBG § 307 PBG in der Fassung von 1991	674
	A. Zu den Materialien	674
	B. Zur Auslegung von § 307 in der Fassung von 1991 und zur Praxis hiezu	675
	1. Allgemeines	675
	2. Zum ersten Absatz	676
	a) Zum ersten Satz	676
	α) Zu «Gebäude, welche durch Brand oder andere Katastrophen ganz oder teilweise zerstört worden sind»	676
	β) Zu «der Wiederaufbau von Gebäuden»	676
	γ) Zu «(es stehen/stehen nicht) überwiegende öffentliche oder nachbarliche Interessen entgegen»	676
	δ) Zu «das Baugesuch (wird/wird nicht) innert drei Jahren seit der Zerstörung eingereicht»	676
	ε) Zu «(der Wiederaufbau) ist (unter bestimmten Bedingungen) gestattet»	677
	b) Zum ersten Absatz, zweiter Satz	677
	α) Zum ersten Halbsatz	677
	α') Zu «der Ersatzbau (entspricht/entspricht nicht) dem zerstörten Gebäude hinsichtlich Art, Umfang und Lage»	677
	β') Zu «(der Ersatzbau) hat (so zu entsprechen)»	677
	β) Zum zweiten Halbsatz	678
	α') Zu «es wird (k)eine Verbesserung herbeigeführt»	678
	β') Zu «(der Ersatzbau hat dem zerstörten Gebäude so zu entsprechen) sofern nicht (eine Verbesserung herbeigeführt wird)»	678
	3. Zum zweiten Absatz	679

	a)	Zum ersten Teilsatz	679
	α)	Zu «der Eigentümer (des zerstörten Gebäudes) kann … gegenüber Bauvorhaben Dritter Rechtsmittel ergreifen»	679
	β)	Zu «(der Eigentümer kann ein Rechtsmittel ergreifen,) wie wenn sein Gebäude noch stände»	680
	b)	Zum zweiten Teilsatz des zweiten Absatzes	681
	α)	Zu «der Wiederaufbau (ist/ist nicht) rechtskräftig verweigert worden»	681
	β)	Zu «es sei denn …»	681
VI.	Zum Verhältnis von PBG § 307 zu anderen Vorschriften		682
	A. Zum Verhältnis zu PBG § 357 und RPG Art. 24 f		682
	1. Bis zum 1. Januar 1980		682
	2. Vom 1. Januar 1980 bis 1982/1984		682
	3. Von 1982/1984 bis zum 1. Februar 1992		683
	4. Vom 1. Januar 1992 bis zum 1. Januar 2001		684
	5. Ab dem 1. Januar 2000		685
	B. Zum Verhältnis zu den ästhetischen Anforderungen		685
VII.	Gesamtbeurteilung		685

PBG § 309 I lit. a–d und l–n: Zur Bewilligungsbedürftigkeit von Änderungen und anderen Transformationen bei Gebäuden 686

I.	Vorbemerkungen	686
II.	Zur Regelung im alten Baugesetz	686
III.	Zur Regelung im PBG	687
	A. Zu den Materialien	687
	1. Zur Fassung von 1975	687
	2. Zur Revision von 1984	688
	3. Zur Fassung von 1991	688
	B. Zur Auslegung von PBG § 309 und zur Praxis hiezu	690
	1. Zu lit. a	690
	2. Zu lit. b	691
	3. Zu lit. c	692
	4. Zu lit. d	693
	5. Zu lit. e	693
	6. Zu lit. i	693
	7. Zu lit. l	693
	8. Zu lit. m	694
	9. Zu lit. n	694
	10. Zum Verfahren	694

PBG § 309 I lit. e: Zur Bewilligungsbedürftigkeit von Grenzänderungen 695

I.	Ausgangslage	695
II.	Zur Regelung im alten Baugesetz	695
III.	Zur Regelung im PBG	695
	A. Zu den Materialien: Zur bis heute geltenden Fassung von 1975	695
	B. Zur Auslegung von PBG § 309 I lit. e und zur Praxis hiezu	696

PBG § 319 I: Zu den Fristen für die Behandlung von Baugesuchen 698

I.	Ausgangslage	698
II.	Zur Regelung im alten Baugesetz	698
III.	Zur Regelung im PBG	698

	A. Zu den Materialien		698
	1. Zur Fassung von 1975		698
	2. Zur Revision von 1984		699
	3. Zur Fassung von 1991		699
	4. Zur Fassung von 1997		699
	5. Zur Zeit nach 1997		700
	B. Zur Auslegung von PBG § 319 I und zur Praxis hiezu		700

PBG § 322 I: Zur Gültigkeitsdauer der Baubewilligung, beginnend bei Abbruch — 702

I.	Zur Ausgangslage		702
II.	Zur Regelung im alten Baugesetz		702
III.	Zur Regelung im PBG		702
	A. Zu den Materialien		702
	1. Zur Fassung von 1975		702
	2. Zur Revision von 1984		703
	3. Zur Fassung von 1991		703
	B. Zur Auslegung von PBG § 322 I und zur Praxis hiezu		704
	Kasuistik		704

PBG § 327 I: Zur Anzeigepflicht bei Abbrüchen — 705

PBG § 346: Zur Planungszone — 706

I.	Ausgangslage		706
II.	Zu den Materialien		707
	A. Zum Bundesrecht		707
	B. Zur Regelung im zürcherischen Recht		708
	1. Zur Regelung im alten Baugesetz		708
	2. Zur Regelung im PBG		708
	a) Zur Fassung von 1975		708
	b) Zur Fassung von 1984		709
	c) Zur Fassung von 1991		709
III.	Zur Auslegung von PBG § 346 und zur Praxis hiezu		710
	A. Zu den schützbaren Planungen		710
	B. Zu den schützbaren Gebieten		711
	C. Zum erforderlichen Entwicklungsstand der schützbaren Planung		711
	D. Zu den verhinderbaren Vorkehrungen		711
	E. Zur (Nicht-)Wiederholbarkeit von Planungszonen gemäss PBG § 346		712
	F. Zur Verweigerung gemäss PBG §§ 233 und 234 nach Ablauf der Planungszone gemäss PBG § 346		712
	G. Zur Dauer der Bausperre nach PBG § 346, insbesondere bei Vorkommen von Bausperren aus anderen Gründen		712
	H. Zum Verhältnis von PBG § 346 zu RPG Art. 27		713
	I. Zum Verhältnis zu den bereits erteilten Baubewilligungen		713
	K. Planungszone nach PBG § 346 und Natur- und Heimatschutzmassnahme		713
	L. Zur Zuständigkeit		713
	M. Zum Entzug der aufschiebenden Wirkung		713
	N. Zur Frage der materiellen Enteignung		714

PBG § 357 I–III: Zur globalen, stark separiert deklariert postfiniten Regelung — 715

PBG § 357 IV: Zu den Energiesparvorkehrungen — 715
    I. Ausgangslage — 715
    II. Zu den Materialien — 716
    III. Zur Auslegung von PBG § 357 IV in der Fassung von 1983/1991 und zur Praxis hiezu — 717
        A. Allgemeines — 717
        B. Zum ersten Satz — 717
            1. Allgemeines — 717
            2. Zu den «bestehenden Bauten und Anlagen» — 718
            3. Zu den «Bauvorschriften, die eine zweckmässige Anpassung an Vorschriften … nicht zulassen» — 719
            4. Zu den «Vorschriften im überwiegenden öffentlichen Interesse» — 720
            5. Zur «Milderung (der eine Anpassung nicht zulassenden Bauvorschriften) durch Verordnung» — 721
            6. Zum «Mildern-Können» — 722
        C. Zum zweiten Satz — 722
            1. Allgemeines — 722
            2. Zur «Nichtbenachteiligung, zur nicht unzumutbaren Benachteiligung und zur unzumutbaren Benachteiligung der Nachbarn» — 723
            3. Zum «Nicht-Benachteiligen-Dürfen» — 723
        D. Zum dritten Satz — 724
            1. Allgemeines — 724
            2. Zu «Solange keine Verordnung darüber besteht» — 724
            3. Zur «(Zulässigkeit der) Anpassungen im Einzelfall» — 724
        E. War die Einfügung von PBG § 357 IV rechtlich notwendig? — 725

PBG § 358: Zum Befehl der Missstandsbehebung — 727
    I. Zu den Vorläufern im Baugesetz von 1893 — 727
        A. Zu den Texten — 727
        B. Zur Auslegung von altBauG §§ 122 und 124 sowie zur Praxis hiezu — 727
    II. Zum jetzt geltenden PBG § 358 — 728
        A. Zum Text von 1975 — 728
        B. Zur Auslegung von PBG § 358 und zur Praxis hiezu — 728
            1. Zu «vorschriftswidrige Bauten und Anlagen» — 728
            2. Zu «(es liegen) erhebliche polizeiliche Missstände (vor)» — 728
            3. Zu «(es werden polizeiliche Missstände) beseitigt(/nicht beseitigt)» — 729
            4. Zu «(es finden) Verbesserungen (statt/nicht statt)» — 730
            5. Zu «(Verbesserungen) können angeordnet werden» — 730
            6. Zu «(es wird) von Amtes wegen», «unabhängig von Änderungsbegehren des Grundeigentümers (angeordnet)» — 731
        C. Gesamtwürdigung — 731

Dritter Unterabschnitt: Zu den die Organe des Gemeinwesens betreffenden Ermächtigungsregelungen des delariert postfiniten Baurechtes — 732

Zur Regelung der Kernzone gemäss PBG § 50 — 732
- I. Ausgangslage — 732
- II. Zur Regelung im alten Baugesetz — 732
- III. Zur Regelung im PBG — 732
  - A. Zu den Materialien — 732
    1. Zum Text von 1975 — 732
    2. Zum geltenden Text von 1991 — 734
  - B. Zur Auslegung von PBG § 50 und zur Praxis hiezu — 735
- IV. Zur Anwendung der Kompetenzvorschriften bezüglich Kernzonen — 739
  - A. Vorbemerkungen — 739
  - B. Zu einigen auf PBG § 50 gestützten kommunalen Regelungen — 741
    1. Allgemeine Ausrichtung am bisherigen Gebäudebestand — 741
       - a) Verlassen des Parzellenrasters — 741
         - α) Gebäude mit Profilerhaltungspflicht für Nachfolgebaute — 741
         - β) Gebäude mit Stellenwerterhaltungspflicht für Nachfolgebaute — 742
         - γ) Gebäude mit besonderen ästhetischen Anforderungen an Nachfolgebauten — 743
         - δ) Gebäude ohne besondere Anforderungen — 743
    2. Weitere materielle Anforderungen an Änderungen und sekundäre Neubauten bzw. Erstbewerbungen — 743
       - a) Allgemeine Einordnungsanforderungen — 743
       - b) Anforderungen an Fassaden und vorspringende Gebäudeteile — 743
       - c) Anforderungen an Dächer — 743
       - d) Anforderungen an von aussen sichtbare Montierungen (Reklamen, Sonnenkollektoren) — 744
       - e) Anforderungen an Umschwunggestaltung — 744
       - f) Anforderungen an Bewerb — 744
    3. Materielle Anforderungen an Abbrüche — 744
    4. Erweiterung der Bewilligungsbedürftigkeit — 744
    5. Die weit ausholende postfinite Regelung der Stadt Uster — 744
  - C. Schlussbemerkungen — 745

Zur Regelung Quartiererhaltungszone gemäss PBG § 50a — 746
- I. Ausgangslage — 746
- II. Zur Regelung im alten Baugesetz — 746
- III. Zur Regelung im PBG — 746
  - A. Zum geltenden Text von 1991 — 746
  - B. Zur Auslegung von PBG § 50a und zur Praxis hiezu — 747
    1. Zum ersten Absatz — 747
    2. Zu PBG § 50a II — 750
- IV. Zu den Quartiererhaltungszonen im Einzelnen — 750
  - A. In der Stadt Zürich im Besonderen — 750
    1. Zur Situation gemäss Bauordnung von 1991/1992 — 750
    2. Zu den Quartiererhaltungszonen gemäss Notbauordnung der kantonalen Baudirektion von 1995 — 751
       - a) Kommunales oder kantonales Recht? — 751
       - b) Zur Differenzierung der Zonen — 751
       - c) Zu den Regelungen im Einzelnen — 751
         - α) Zur Regelung der Gebäudehöhe, Geschosszahl und Gebäudelänge — 751
         - β) Zu den Fassaden und vorspringenden Gebäudeteilen — 752

γ) Zum Dach: ausser der Traufhöhenregelung von Art. 18f III nichts besonderes.
Zu den von aussen sichtbaren Installationen: nicht besonderes. 752
δ) Zur Regelung der Abstände und Zahlenverhältnisse 752
ε) Zum Umschwung und den Höfen 752
ζ) Zum Bewerb 753
η) Zum Abbruch: ausser Art. 18f IV erster Satz, zweiter Satzteil nichts besonderes.
Zur Erweiterung der Bewilligungsbedürftigkeit: nichts besonderes.
Weitere Regelungen: nichts besonderes. 753
3. Zu den Quartiererhaltungszonen vom 7. Juni 2000 753
B. Zu Quartiererhaltungszonen in weiteren Gemeinden 753

Zum Quartierplan gemäss PBG §§ 123 ff 754
I. Ausgangslage 754
II. Text gemäss PBG von 1991 755

Zu weiteren Ermächtigungen des PBG zur Setzung von deklariert postfinitem Baurecht 757

Zweiter Abschnitt: Das übrige deklariert postfinite Baurecht des Kantons Zürichs 758

Zum (aufgehobenen) Gesetz über die Erhaltung von Wohnungen für Familien 758
I. Ausgangslage 758
II. Zu den Materialien 759
   A. Zum Gesetz vom 30. Juni 1974 759
   B. Bestrebungen um Revision des WEG von 1974 bis 1991 761
   C. Die Motionen auf Liberalisierung bzw. Aufhebung des WEG von 1995 763
   D. Die Wohnschutz-Initiative von 1996 763
   E. Zur Volkabstimmung vom 27. September 1998 764
III. Zur Auslegung des WEG und zur Praxis hiezu 764
   A. Zum Zweck und zur Eigenart des WEG 764
   B. Hauptstreitpunkte 765
   C. Verhältnis des WEG zum PBG und zum Wohnanteilplan (WAP) 765
   D. Zu den Tatbeständen 767
IV. Schlussbemerkungen 767

Zum weiteren kantonalen, deklariert postfiniten Baurecht 768
I. Allgemeines 768
II. Zu den einzelnen Materien 768
   A. Kantonale Gesundheitsgesetzgebung 768
   B. Kantonale Feuerpolizeigesetzgebung 768
   C. Kantonale Energiegesetzgebung 769
   D. Kantonale Wassergesetzgebung 769
   E. Kantonale Abfallgesetzgebung 770
   F. Kantonale Strassengesetzgebung 770
   G. Kantonale Landwirtschafts- und Waldgesetzgebung 771

H.	Kantonale Denkmalschutzgesetzgebung	772
I.	Kantonale Gesetzgebung zur Förderung des Wohnungsbaues und des Wohnungseigentums	772
K.	Kantonale Gastwirtschaftsgesetzgebung	773
L.	Kantonale Gesetzgebung für das Unterhaltungsgewerbe	773
M.	Kantonale Enteignungsgesetzgebung	773
N.	Kantonale Gesetzgebung über die Gebäudeversicherung	774
O.	Kantonale Steuergesetzgebung	774
P.	(Aufgehobene) Verordnung vom 29. November 1972 zum Bundesbeschluss über dringliche Massnahmen auf dem Gebiete der Raumplanung vom 17. März 1972	775
Q.	(Aufgehobene) Einführungsverordnung zum RPG vom 19. Dezember 1979/22. Dezember 1982	775
R.	Verwaltungsrechtspflegegesetz vom 24. Mai 1959 §§ 43 II lit. b und 44 lit. b	776

Zweites Kapitel: Das deklariert postfinite Baurecht der Zürcher Gemeinden 777

Die deklariert postfiniten Vorschriften in den Bauordnungen 777

- I. Vorbemerkungen 777
- II. Zu den globalen, deklariert postfiniten Vorschriften der Bauordnungen 777
  - A. Allgemeines 777
  - B. Beispiele 777
    1. Die Für-sich-Regelungen 777
       - a) Vorbemerkung 777
       - b) Fundorte 778
         - α) Bauordnung Stadt Zürich 1946 Art. l III 778
         - β) Bauordnung Stadt Winterthur 1968 § 2 779
    2. Zu den globalen Mehrausnützungsverboten 779
    3. Zur Erweiterung der Dispenskompetenz 780
    4. Zu den Auflistungsregelungen 780
- III. Zu den sektoralen Vorschriften der Bauordnungen 782
  - A. Zu den zonenfremden Gebäuden bzw. Bewerbungen samt Änderung und sonstiger Transformation derselben 782
    1. Zu den Begriffen zonenfremd und zonengemäss 782
    2. Beispiele 782
       - a) Für zonenfremde Betriebe in der Wohnzone 782
       - b) Zonenfremde Gebäude bzw. Bewerbungen in der Industrie- und Gewerbezone 782
         - α) Bauordnung Stadt Zürich 782
         - β) Bauordnung Stadt Winterthur 1968 § 60 III 783
       - c) Zonenfremde Gebäude bzw. Bewerbungen in der Freihaltezone 783
         - α) Bauordnung Stadt Zürich 783
         - β) Bauordnung Stadt Winterthur von 1968 784
  - B. Zu den Betrieben im Besonderen 784
    1. Bauordnung Stadt Zürich 784
    2. Bauordnung Stadt Winterthur 786
    3. Regelungen weiterer Gemeinden 787

	C.	Zum Dachstockausbau	787
		1. Vorbemerkungen	787
		2. Beispiele	788
	D.	Zur Befreiung von den Beschränkungen der Einrichtung von Wohn- und Arbeitsräumen sowie Freihalteziffern	789
	E.	Zur Einhaltung der Wohnanteilsregelung	789
		1. Vorbemerkungen	789
		2. Im Einzelnen	790
	F.	Zur Einhaltung der Nutzungsziffern bei Parzellierungen	791
	G.	Zur Abstandsregelung	792
	H.	Zum Gebäudeabbruch	793
	I.	Zur Erleichterung von Änderungen bei Denkmalschutzobjekten	793
	J.	Zu den Kernzonen- und Quartiererhaltungszonenvorschriften	793

Zu kommunalen, deklariert postfiniten Vorschriften ausserhalb der Bauordnungen — 794

Drittes Kapitel: Das deklariert postfinite Baurecht des Bundes — 795

Erster Abschnitt: Die deklariert postfiniten Vorschriften des Raumplanungsgesetzes — 795

Zu den Materialien des RPG — 795
- I. Zur Ausgangslage — 795
- II. Zu dem vom Volk am 4. Oktober 1974 verworfenen RPG — 795
- III. Zur Fassung von 1979 — 797
- IV. Zu den RPG-Verordnungen von 1981, 1986 und 1989 — 799
- V. Zur ersten Revision des RPG (1995) — 800
- VI. Zur Verordnung von 1996 — 800
- VII. Zur zweiten Revision des RPG (1998) — 801
- VIII. Zur Verordnung vom 28. Juni 2000 — 804

Zu RPG Art. 22 I — 805
- I. Zum Tatbestand des Textes — 805
  - A. Zu «Bauten und Anlagen» — 805
  - B. Zu «errichtet oder geändert werden» — 806
- II. Zur Rechtsfolge im Text — 807
  - A. Zu «behördliche Bewilligung» — 807
  - B. Zu «dürfen nur» — 807
- III. Zum Aussertextlichen — 807

Zu RPG Art. 22 II und III — 808
- I. Zum zweiten Absatz lit. a: Zur Bewilligungsvoraussetzung «dem Zweck der Nutzungszone entsprechen» — 808
  - A. Vorbemerkungen — 808
    1. Beschränkung auf das postfinite Baurecht — 808
    2. Zum Zweck der Zonen im Allgemeinen — 809
    3. Zur Einreihung der zitierten Präjudizien — 809
    4. Zu einigen vor allem bei den Nicht-Wohnzonen vorkommendem Kriterien für den Entscheid erlaubt/verboten. — 810

	a) Erfordernis des Selbstbewirtschafters	810
	b) Erfordernis der Existenzsicherheit	810
	γ) Erfordernis der angemessenen Grösse	811
	δ) Erfordernis des aktuellen Bedürfnisses	811
	ε) Erfordernis der Ausübung zu Erwerbszwecken	811
	ζ) Erfordernis der Stelle, an welcher die Störung am geringsten ist	811
	η) Kein notwendiges Erfordernis: einzig infrage kommende Stelle	812
	φ) Keine hinreichenden Gründe	812

B. Zur Zonengemässheit in der Landwirtschaftszone im Allgemeinen — 813
   1. Zu den verschiedenen ländlichen Bewerbsarten — 813
      α) Arten weiterer gewerblicher Tätigkeiten — 813
      β) Die Arten des Wohnens — 814
      γ) Arten uneigentlicher landwirtschaftlicher Tätigkeiten — 815
   2. Zum Verhältnis der Zonengemässheit zur Standortgebundenheit und anderen Erfordernissen — 815
   3. Zu Bauvorhaben für im traditionellen Sinne landwirtschaftliche/ gärtnerische Zwecke — 816

C. Zu den Bauvorhaben für drei atypische ländliche Produktionsarten in der Landwirtschaftszone — 816
   1. Zu den Bauvorhaben für die bodenunabhängige Produktion zur Existenzsicherung — 816
   2. Zu Bauvorhaben für zwar nicht landwirtschaftliche, aber dem Landwirtschaftsbetrieb nahe Gewerbe zur Existenzsicherung — 816
   3. Zu den Bauvorhaben für örtliches Kleingewerbe — 816
   4. Kasuistik — 817

D. Zu den Bauvorhaben für acht atypische Wohnarten in der Landwirtschaftszone — 817
   1. Zu Bauvorhaben für das Wohnen der abtretenden landwirtschaftlichen Generation (Altenteil, Stöckli) — 817
   2. Zu Bauvorhaben für den zur Existenzsicherung einen auswärtigen Nebenerwerb ausübenden Leiter des Landwirtschaftsbetriebes — 818
   3. Zu Bauvorhaben für das Wohnen von nicht landwirtschaftlich tätigen Familienangehörigen des jetzigen oder früheren Leiters des Landwirtschaftsbetriebes — 820
   4. Zu Bauvorhaben für den persönlichen Bedarf des nicht landwirtschaftlich tätigen Eigentümers des Landwirtschaftsbetriebes, welchen jener durch einen Pächter/Betriebsleiter führen lässt — 820
   5. Zu Bauvorhaben für den weiterhin landwirtschaftlich Tätigen, welcher sein landwirtschaftliches Wohnhaus verkauft hat — 821
   6. Zu Bauvorhaben für ganzjährigen Aufenthalt von nicht landwirtschaftlich tätigen, nicht mit dem landwirtschaftlichen Betriebsleiter verwandten Menschen — 822
      Zur rechtlichen Durchsetzbarkeit — 823
      Kasuistik — 823
   7. Zu Bauvorhaben für nicht ganzjähriges Wohnen von nicht landwirtschaftlich tätigen Menschen — 825
   8. Zu Bauvorhaben für das Wohnen von sonstigen Menschen, deren Anwesenheit landwirtschaftlich nicht nötig ist — 825

E. Zu Bauvorhaben für ungewöhnliche ländliche Zwecke in der Landwirtschaftszone — 825

		1. Zu Bauvorhaben für sozial-medizinische Therapie mit Einbezug landwirtschaftlicher Tätigkeit in Wohngemeinschaften	825
		2. Zu Bauvorhaben für hobbymässigen Pflanzenanbau	826
		3. Zu Bauvorhaben für die Reittier- und sonstige Liebhabertierhaltung	827
		4. Zu Bauvorhaben für die Pflege von Golfrasen und sonstige Sportanlagen	828
	F.	Zur Zonengemässheit in landwirtschaftszonenähnlichen Zonen und Nicht-Bauzonen	828
	G.	Zur Zonengemässheit in den Bauzonen	829
II.	Zum zweiten Absatz lit. b: Zur Bewilligungsvoraussetzung «Land erschlossen»		829
III.	Zum dritten Absatz: «Vorbehalt der übrigen Voraussetzungen des Bundesrechts und des kantonalen Rechts»		830
IV.	Zu den weiteren Gesichtspunkten		830
	Verfahrensrechtliches		830

Zu RPG Art. 23   832

I.	Zum Text	832
II.	Zur Auslegung	832

Zu RPG Art. 24   834

I.	Zum Text	834
II.	Zur Auslegung	834
	A. Zu «Bauten und Anlagen»	834
	B. Zu «errichten» sowie zu «ihren Zweck ändern»	835
	C. Zur Lage «ausserhalb der Bauzonen»	835
	D. Zur Voraussetzung «der Zweck (der Bauten und Anlagen) erfordert einen Standort ausserhalb der Bauzonen» gemäss lit. a	837
	E. Zur Voraussetzung «kein Entgegenstehen überwiegender Interessen» gemäss lit. b	842
	F. Zum Passus «abweichend von Artikel 22 Absatz 2 Buchstabe a» bzw. zum Erfordernis der Erschlossenheit	846
	G. Zum Vorbehalt der «Voraussetzungen des Bundesrechts und des kantonalen Rechts» (durch Verweis von RPG Art. 24 auf Art. 22 III)	846
	H. Zu «(es) können Bewilligungen erteilt werden»	847
	I. Zu «Ausnahmen»	847
	K. Weitere Gesichtspunkte	848
	1. Zur Regelung der Änderung nicht zonenkonformer, aber standortgebundener Gebäude/Anlagen	848
	2. Unmittelbar anwendbares Recht	850
	3. Zum Erfordernis des Planungsverfahrens	850
	4. Prozessuales	851
	a) Zur Aktivlegitimation	851
	b) Zur Beweislast	851
	c) Zur Kognition	852
	d) Zur Vollstreckung	852
	5. Zur Frage der materiellen Enteignung	852
	6. Zur kantonalen Legiferierungskompetenz	852

Zu RPG Art. 24a   853

I.	Zum Text	853

	II.	Zur Auslegung		853
		A. Zum ersten Absatz		853
			1. Zu «es erfordert die Änderung des Zwecks einer Baute oder Anlage ausserhalb der Bauzonen keine baulichen Massnahmen im Sinne von Artikel 22 Absatz 1»	853
			2. Zu «es entstehen (durch diese Zweckänderung) keine neuen Auswirkungen auf Raum, Erscheinung und Umwelt»	853
			3. Zu «(diese Zweckänderung) ist nach keinem anderen Bundeserlass unzulässig»	854
			4. Zu «die Bewilligung ist zu erteilen»	854
		B. Zum zweiten Absatz		854
			1. Zur «(Erteilung der) Ausnahmebewilligung»	854
			2. Zu «ist zu erteilen»	854
			3. Zum «Vorbehalt, dass bei veränderten Verhältnissen von Amtes wegen neu verfügt wird»	855

Zu RPG Art. 24b — 856

- I. Zum Text — 856
- II. Zur Auslegung — 856
  - A. Zum ersten Absatz — 856
    - 1. Zum ersten Satz — 856
      - a) Zu «landwirtschaftlichem Gewerbe» — 856
      - b) Zu «(dieses Gewerbe kann) ohne eine zusätzliche Einkommensquelle nicht weiterbestehen» — 857
      - c) Zu «bauliche Massnahmen zur Einrichtung eines betriebsnahen nichtlandwirtschaftlichen Nebenbetriebes in bestehenden Bauten und Anlagen» — 859
      - d) Zu «(solche bauliche Massnahmen) können bewilligt werden» — 860
    - 2. Zum ersten Absatz, zweiter Satz — 860
      - Zu «die Anforderung nach Artikel 24 Buchstabe a muss nicht erfüllt sein» — 860
  - B. Zum zweiten Absatz — 861
    - Zum Erfordernis der «(Führung des Nebenbetriebes) vom Bewirtschafter des landwirtschaftlichen Gewerbes» — 861
  - C. Zum dritten Absatz — 862
    - Zur Anmerkung des Nebenbetriebes im Grundbuch — 862
  - D. Zum vierten und fünften Absatz — 862

Zu RPG Art. 24c und 37a — 863

- I. Zum Text — 863
- II. Zur Auslegung und Praxis zum Text von 1979 bis 1998 — 863
  - A. Fragestellungen — 863
  - B. Zur Frage «Nur Legiferierungs- oder auch Einzelfallregelung?» — 864
    - 1. Allgemeines zum Problem — 864
    - 2. Zur Regelung bei fehlendem kantonalem Ausführungsrecht — 865
  - C. Zur Legiferierungskompetenz der Kantone — 871
    - 1. Zum Umfang dieser Kompetenz — 871
      - α) Zum verhaltensrechtlichen Zuständigkeitsbereich — 872
        - α') Allgemein — 872
        - β') Zum Erfordernis Vereinbarkeit mit den wichtigen Anliegen der Raumplanung — 873
      - β) Zum verfahrensrechtlichen Zuständigkeitsbereich — 874

2.	Welches waren die verfahrensmässigen Besonderheiten der Setzung solcher genereller Regelungen?	874
	a) Zu «das kantonale Recht»	874
	b) Zu «gestatten»	875
	c) Zu «kann» gestatten	875
	d) Zur Genehmigungsbedürftigkeit	875
3.	Beispiele für kantonales Ausführungsrecht	875
4.	Zu den vor dem RPG entstandenen kantonalen Regelungen	877
5.	Zur allgemeinen Würdigung der Legiferierungskompetenz der Kantone gemäss RPG Art. 24 II (Fassung von 1979)	878
	a) Zum Umfang	878
	b) Zur Opportunität	878

III. Zur Auslegung des Textes von 1998 — 879
   A. Zum ersten Absatz — 879
      a) Zu «bestimmungsgemäss nutzbare Bauten und Anlagen» — 879
      b) Zu «ausserhalb Bauzonen» — 879
      c) Zu «nicht mehr zonenkonform» — 879
      d) Zu «werden in ihrem Bestand grundsätzlich geschützt» — 879
   B. Zum zweiten Absatz erster Satz — 880
      1. Kategoriales — 880
      2. Zu «Bauten und Anlagen» — 880
      3. Zu «erneuern, teilweise ändern, massvoll erweitern oder wieder aufbauen» — 880
         a) Gemeinsames — 880
         b) Im Einzelnen — 883
         α) Zum Erneuern — 883
         β) Zum teilweisen Ändern — 883
         α') Zum Begriff «teilweise» — 883
         β') Kasuistik zum baulichen teilweisen Ändern (ohne Fälle von «Wiederaufbauten») — 885
         α") Bewilligung als baulich teilweises Ändern rechtmässig — 885
         β") Bewilligung als baulich teilweises Ändern rechtswidrig (ohne Fälle von zwar teilweiser Änderung, aber Unvereinbarkeit mit den wichtigen Anliegen der Raumplanung — 885
         γ') Kasuistik zum bewerbsmässigen teilweisen Ändern — 887
         δ') Kasuistik betreffend Etappierung — 888
         ε') Verschiedenes — 889
         γ) Zum massvollen Erweitern — 890
         δ) Zum «Wiederaufbau» — 890
         α') Zum Begriff — 890
         β') Verordnung 2000 Art. 42 — 890
         γ') Kasuistik — 891
         α") Bewilligung als Wiederbau rechtmässig (ohne Fälle von Zonengemässheit und Standortgebundenheit) — 891
         β") Bewilligung als Wiederbau rechtswidrig (inkl. Fälle des Vorliegens einer Wiederbaute, aber Unvereinbarkeit mit den wichtigen Anliegen der Raumplanung) — 892
         ε) Zu den Dislokationsbauten bzw. -bewerbungen im Besonderen — 893
      4. Zu «sofern (die Gebäude) rechtmässig erstellt oder geändert worden sind» — 894

		5. Zu «zonenwidrig»/«nicht mehr zonenkonform» und Anwendbarkeit auf nicht zonenkonforme, aber standortgebundene Gebäude	894
		6. Zu «ausserhalb der Bauzonen»	895
		7. Zu «können mit Bewilligung der zuständigen Behörde»	895
	C.	Zum zweiten Absatz, zweiter Satz Zum «in jedem Fall» geltenden Vorbehalt «Vereinbarkeit mit den wichtigen Anliegen der Raumplanung»	896
		1. Zur Formulierung als Vorbehalt	896
		2. Zu den wichtigen und unwichtigen Anliegen	896
		3. Zur Vereinbarkeit	897
		4. Vergleich mit RPG Art. 24 lit. b	898
		5. Kasuistik	899
	D.	Wo ist RPG Art. 24 c nicht anwendbar?	899
IV.	Zu den vor dem 1. Januar 1980 erstellten gewerblich genutzten Bauten gemäss RPG Art. 37a		901
	A.	Zum Text	901
	B.	Zur Ausgangslage	902
	C.	Zur Auslegung	902
		1. Zu «Zweckänderungen gewerblich genutzter Bauten und Anlagen (ausserhalb der Bauzonen)»	902
		2. Zu «vor dem 1. Januar 1980 erstellt worden»	903
		3. Zu «seither als Folge von Änderungen der Nutzungspläne zonenwidrig geworden»	903
		4. Zu den «Voraussetzungen des Zulässig-Seins»	904
		5. Zu «der Bundesrat regelt»	904
	D.	Gesamtwürdigung	906

Zu RPG Art. 24d

I.	Zum Text		908
II.	Zur Auslegung		908
	A.	Zum ersten Absatz	908
		1. Zu den «landwirtschaftlichen Wohnbauten»	908
		2. Zum «in ihrer Substanz erhalten Sein» (Vorher-Zustand)	909
		3. Zu «landwirtschaftsfremde Wohnnutzungen zulassen» (Nachher-Zustand)	909
		4. Zum zugelassenen Ausbaustandard (Nachher-Zustand)	910
		5. Zu «das kantonale Recht»	911
		6. Zu «kann zulassen»	911
		7. Weitere Bemerkungen	911
	B.	Zum zweiten Absatz	912
		1. Zu «als schützenswert anerkannte Bauten und Anlagen»	912
		2. Zur «vollständigen Zweckänderung»	912
		3. Zur «Unterschutzstellung von der zuständigen Behörde»	913
		4. Zu «(es) kann ihre dauernde Erhaltung nicht anders sichergestellt werden»	913
		5. Zu «das kantonale Recht»	913
		6. Zu «kann … zulassen»	914
		7. Weitere Bemerkungen	914
	C.	Zum dritten Absatz	914
		1. Zu «Bewilligungen nach den Absätzen 1 und 2 dürfen … nur erteilt werden, wenn»	914

908

	D. Zum Verhältnis der Verordnung 2000 Art. 39 zu RPG Art. 24d		916

Zu den weiteren deklariert postfiniten Vorschriften des RPG 921
- I. Zu RPG Art. 16 — 921
  - A. Zum Text — 921
  - B. Bemerkungen hiezu — 921
- II. Zu RPG Art. 16a — 926
  - A. Zum Text — 926
  - B. Zur Ausgangssituation — 926
  - C. Zur Auslegung — 930
    1. Zum ersten Absatz, erster Satz — 930
       - a) Zu «Bauten und Anlagen, die zur landwirtschaftlichen Bewirtschaftung oder für den produzierenden Gartenbau nötig sind» — 930
         - α) Zu «Bauten und Anlagen» — 930
         - β) Zur «landwirtschaftlichen Bewirtschaftung» — 930
         - γ) Zum «produzierenden Gartenbau» — 931
         - δ) Zum «Nötig-Sein» — 931
       - b) Zu «zonenkonform» — 932
    2. Zum ersten Absatz, zweiter Satz — 932
       - a) Zum «Vorbehalt der engeren Umschreibung der Zonenkonformität im Rahmen von Artikel 16 Absatz 3» — 932
    3. Zum zweiten Absatz — 932
       - a) Zu «Bauten und Anlagen, die der inneren Aufstockung eines landwirtschaftlichen oder eines dem produzierenden Gartenbau zugehörigen Betriebs dienen» — 932
         - α) Zu «Bauten und Anlagen» — 932
         - β) Zur «inneren Aufstockung» — 932
         - γ) Zu «landwirtschaftlicher Betrieb» — 934
         - δ) Zu «dem produzierenden Gartenbau zugehöriger Betrieb» — 934
         - ε) Zu «dienen» — 934
       - b) Zu «bleiben in jedem Fall zonenkonform» — 934
    4. Zum dritten Absatz — 934
       - a) Zu «Bauten und Anlagen, die über die innere Aufstockung hinausgehen» — 934
       - b) Zu «Bauten und Anlagen, die erstellt werden sollen» — 935
       - c) Zu den «Gebieten der Landwirtschaftszone, die vom Kanton in einem Planungsverfahren dafür freigegeben werden» — 935
         - α) Zur Freigabe im Planungsverfahren — 935
         - β) Zur Freigabe durch den «Kanton» — 935
- III. Zu RPG Art. 16b — 936
  - A. Zum Text — 936
  - B. Zur Ausgangssituation — 936
  - C. Zur Auslegung — 936
    1. Zum ersten Satz — 936
       - a) Zu «Bauten und Anlagen» — 936
       - b) Zu den «nicht mehr zonenkonform verwendeten (Bauten und Anlagen)» — 937
       - c) Zu den «(Bauten und Anlagen), für die eine Nutzung im Sinne von Artikel 24–24d nicht zulässig ist» — 937
       - d) Zu «(Bauten und Anlagen) dürfen nicht mehr benutzt werden» — 937

	2.	Zum zweiten Satz	937
IV.	Zu RPG Art. 25		938
	A.	Zum Text	938
	B.	Zur Auslegung	939
V.	Zu RPG Art. 25a		939
VI.	Zu RPG Art. 34		939
	A.	Zum Text	939
	B.	Zur Auslegung	940
VII.	Zu RPG Art. 37a		940
VIII.	Zu Verordnung 2000 Art. 33		940

Zweiter Abschnitt: Das übrige deklariert postfinite Baurecht des Bundes 941

Das deklariert postfinite Baurecht des Gewässerschutzgesetzes 941

I.	Zu den Materialien		941
	1.	Zur verfassungsrechtlichen Grundlage	941
	2.	Zum Gesetz von 1971	941
	3.	Zum Gewässerschutzgesetz von 1991	944
II.	Zur Auslegung und Praxis		945

Das deklariert postfinite Baurecht des Umweltschutzgesetzes 946

I.	Allgemeines		946
II.	Zu den genannten Artikeln		947
	A.	Zu USG Art. 16	947
	B.	Zu USG Art. 17	949
	C.	Zu USG Art. 18	949
	D.	Zu USG Art. 20	950
	E.	Zu USG Art. 30	951

Weiteres deklariert postfinites Baurecht des Bundes 952

I.	Geltendes Recht		952
	A.	Allgemeines	952
	B.	Zu den einzelnen Gesetzen	952
		1. Zum Bundesgesetz über den Natur- und Heimatschutz vom 1. Juli 1966	952
		2. Zum Bundesgesetz über die Landwirtschaft vom 24. April 1998 und zum Bundesgesetz über das bäuerliche Bodenrecht vom 4. Oktober 1993	954
		3. Zum Tierschutzgesetz vom 9. März 1978	956
		4. Zum Eisenbahngesetz vom 20. Dezember 1957	956
		5. Zum Bundesgesetz über die Nationalstrassen vom 8. März 1960	957
		6. Zum Bundesgesetz über die baulichen Massnahmen im Zivilschutz vom 4. Oktober 1963	958
		7. Zum Bundesgesetz über die Arbeit in Industrie, Gewerbe und Handel (Arbeitsgesetz) vom 13. März 1964	959
		8. Zum Bundesgesetz über elektrischen Schwach- und Starkstromanlagen vom 24. Juni 1902	960
		9. Zu BV Art. 24octies IV, dritter Satz, Energiegesetzgebung	960
		10. Zum Bundesgesetz über die friedliche Verwendung der Atomenergie vom 23. Dezember 1959	962

11. Wohnbau- und Eigentumsförderungsgesetz vom 4. Oktober 1974 — 962
12. Zum Bundesgesetz über die Enteignung vom 20. Juni 1930, mit Verordnungen — 963
13. Zum Bundesgesetz über die Luftfahrt vom 21. Dezember 1948 — 963
14. Zur Verordnung des Eidg. Departementes für Umwelt, Verkehr, Energie und Kommunikation zur Postverordnung vom 29. Oktober 1997 — 963
15. Zum Bundesgesetz über Lebensmittel und Gebrauchsgegenstände vom 9. Oktober 1902 — 964
16. Zu BV Art. 8 IV, Rücksichtnahme auf Behinderte — 964
17. Zum Bundesgesetz über den Erwerb von Grundstücken durch Personen im Ausland vom 16. Dezember 1983 — 965
18. Zur Verordnung über die Sicherheit von Aufzügen vom 23. Juni 1999 — 965
19. Zur Verordnung über explosionsgefährliche Stoffe vom 26. März 1990 — 965

II. Vorschriften mit deklariert postfinitem Baurecht, welches früher gegolten hat — 965
A. Dringlicher Bundesbeschluss über die Bekämpfung der Teuerung durch Massnahmen auf dem Gebiete der Bauwirtschaft vom 13. März 1963 mit Verordnung und dringlicher Bundesbeschluss zur Stabilisierung des Baumarktes vom 25. Juni 1971/ 20. Dezember 1972, je mit Verordnung — 965
B. Bundesbeschluss über dringliche Massnahmen im Gebiete der Raumplanung vom 17. März 1972 mit Verordnung vom 29. März 197227 — 966
C. Bundesbeschluss über die Sperrfrist für die Veräusserung nicht-landwirtschaftlicher Grundstücke und die Veröffentlichung von Eigentumsübertragungen von Grundstücken vom 6. Oktober 1989 — 967

Dritter Teil
Die normative Unklarheit — 969

Erstes Kapitel: Zum undeklariert postfiniten Baurecht — 971

I. Allgemeines — 971
II. Besonders in Betracht kommende Regelungen — 972
III. Sonderfälle — 972
IV. Zum deklariert präfiniten Baurecht — 976

Zweites Kapitel: Zur Entscheidung bei Unklarheit im postfiniten Baurecht — 979

§ 1 Zu den Besonderheiten des Entstehens normativer Unklarheit im postfiniten Baurecht — 979
I. Zur Ausgangslage — 979
II. Zu den vier Erscheinungsformen normativer Unklarheit (unbestimmte Gesetzesbegriffe, Ermessensoffenheit, Lücken, Vorschriftenkollision) — 979

	III.	Gründe für das Zustandekommen normativer Unklarheit	980
		a) Spezialitätenfalle	981
		b) Zu enge Modellvorstellung	981
		c) Vernachlässigung des Zeitmomentes	981
		d) Legiferierungsversäumnis	982
		e) Schachspielvergleich	982
		f) Doppelklicksituation	982
		g) Prinzipienschlaglochsituation	983
		h) Vollstreckungssituation	983
		i) Tendenz normativer Äusserungen schlechthin	983
		k) Psychologische Erscheinungen	984
§ 2	**Zehn Thesen zur Klärung bei normativer Unklarheit**		985
	I.	Erfordernis des Bewusstseins der normativen Rolle, welche eine Regelung spielt	985
	II.	Notwendigkeit der Zuweisung des Unklarheitsbereiches zu einem bestimmten Rechtskreis	985
	III.	Relativ geringe Bedeutung von Einschränkungen in erlaubenden Generalklauseln	986
	IV.	Möglichkeit der Nichtgeltung von Neubautenvorschriften für Änderungen	987
	V.	Selbstkorrektur harter postfiniter Vorschriften	987
	VI.	Argumentation mit der Klärungsanweisung oft einziges Deutungsmuster	988
	VII.	Berücksichtigung der Kognitionsbefugnis der Rechtsmittelinstanzen	988
	VIII.	Warnung zur Vorsicht bei der Übernahme von Präjudizien aus anderen Kantonen	989
	IX.	Zur demokratischen Aufweichung des postfiniten Baurechtes	990
	X.	Empfehlung zur vollen Ausschöpfung der in der notwendigen Interessenabwägung liegenden Möglichkeiten	991

Anhang
Zu den Wörtern Besitzstands- und Bestandesgarantie 993

§ 1	**Allgemeines**		993
	I.	Zum Wort Besitzstandsgarantie	993
	II.	Zum Wort Bestandesgarantie	995
	III.	Besitzstandsgarantie und Bestandesgarantie als Synonyma	996
	IV.	Fundstellen	997
		A. In der Literatur	997
		B. In Entscheiden	999
		C. In Gesetzestexten	1000
	V.	Unbestimmtheit der mit dem Wort verbundenen Vorstellungen	1002
	VI.	Notwendigkeit der Auseinandersetzung mit den beiden Wörtern	1003
	VII.	Zur Ausdrucksweise in dieser Arbeit	1003

§ 2	**Zur Problemstellung**	1004
	I. Einleitende Bemerkungen	1004
	II. Kritik	1005
	A. Zum angenommenen Wirklichkeitsausschnitt	1005
	1. Bauten (Gebäude) und Bewerbungen	1005
	2. Beibehaltung, Änderung, vereinzelt auch Identitätsauswechslung	1005
	B. Zur angenommenen Zulässigkeit, vereinzelt auch Unzulässigkeit	1005
	C. Zum angenommenen Spannungsfeld und Ausgleich	1006
	1. Zum Spannungsfeld	1006
	2. Ausgleich im Spannungsfeld als Einwirkung auf Regelungen	1007
	D. Nicht erfasste Gesichtspunkte	1009
	a) Auslassung von Situationen ohne intertemporale Problematik	1009
	b) Zur Auslassung der Situationen ohne Wohlerworbenheit	1009
	c) Folgerungen	1010
§ 3	**Die verschiedenen Auffassungen von der Besitzstands-/ Bestandesgarantie**	1011
	I. Die Besitzstands-/Bestandesgarantie als Aspekt von Regelungen von bundesverfassungsrechtlichem Rang	1011
	A. Als Aspekt der Eigentumsgarantie	1011
	B. Als Aspekt eines allgemeinen Rechtsgrundsatzes	1012
	1. Als Aspekt des Rechtsgleichheitsgebotes	1012
	2. Als Aspekt des Verhältnismässigkeitsgrundsatzes	1012
	3. Als Aspekt des Vertrauensschutzprinzipes	1013
	4. Als Aspekt des Grundsatzes der Nichtrückwirkung	1013
	5. Als Aspekt des Rechtssicherheitsgebotes	1014
	C. Als Aspekt weiterer Regelungen von bundesverfassungsrechtlichem Rang?	1014
	II. Die Besitzstandsgarantie als Sicherung gegen unzuständigerweise festgesetzte Eigentumsbeschränkungen	1014
	III. Die Besitzstands-/Bestandesgarantie als zusätzliche Dispensregelung	1015
	A. Inhalt	1015
	B. Belegstellen, insbesondere bei Martin Pfisterer	1015
	a) Zum Gegensatzpaar Abweichung vom geltenden Recht auf alle Zeiten hinaus oder langfristige Erhaltung des geltenden Rechts	1016
	b) Zum Gegensatzpaar Bezogenheit auf Einzelfall oder Erfassung aller rechtmässig erstellten Gebäude	1017
	c) Zum Gegensatzpaar Erfordernis einer ausdrücklichen Vorschrift oder Geltung auch ohne eine solche	1018
	d) Zum Gegensatzpaar Übergangsrechtlichkeit oder Nichtübergangsrechtlichkeit	1018
	e) Zum Gegensatzpaar Erfordernis einer Härte oder Fehlen einer solchen	1018
	f) Zum Gegensatzpaar Starrheit oder Offenheit	1019
	IV. Die Besitzstands-/Bestandesgarantie als Widerrufserschwerung	1019
	A. Bedeutung	1019
	B. Belegstellen, insbesondere bei Martin Pfisterer	1020
	α) Zum Gegensatzpaar Starrheit – Offenheit	1022
	α') Interessenabwägung	1022
	β') Wahl des Zeitpunktes des Widerrufes	1022

				γ')	Abhängigkeit vom Verhalten des Bauaktiven	1023

          γ') Abhängigkeit vom Verhalten des Bauaktiven — 1023
          δ') Bei fehlender Baubewilligung — 1023
        β) Zum Gegensatzpaar «das objektive Recht ohne Verletzung der Rechtssicherheit durchsetzend» – «das objektive Recht nicht oder nur unter Verletzung der Rechtssicherheit durchsetzend» — 1023
        γ) Zum Gegensatzpaar «zeitlich gemässigt, schonungsvoll» – «zeitlich nicht gemässigt, nicht schonungsvoll» — 1024
        δ) Zum Gegensatzpaar «intertemporalrechtlich» – «nicht intertemporalrechtlich» — 1024
  V. Die Besitzstands-/Bestandesgarantie als Etikett für andere Regelungen — 1024
    A. Allgemeines — 1024
    B. Fundstellen — 1025
  VI. Die Besitzstands-/Bestandesgarantie als Anweisung zur Klärung unklarer normativer Situationen — 1025
    A. Allgemeines — 1025
      1. Umschreibung — 1025
      2. Klärung im Normalfall der Unklarheit — 1025
      3. Möglichkeiten des Inhaltes einer besonderen Klärungsanweisung — 1026
      4. Inhalt abweichender Klärungsanweisungen — 1026
      5. Zur rechtlichen Qualifikation einer besonderen Klärungsanweisung — 1026
      6. Belegstellen — 1027
  VII. Zur Besitzstands-/Bestandesgarantie als Beweislastregelung zugunsten des Bauaktiven — 1033
    A. Inhalt — 1033
    B. Belegstellen — 1033
  VIII. Die Besitzstands-/Bestandesgarantie als eigenständiger, neuartiger allgemeiner Rechtsgrundsatz — 1034
    A. Allgemeines — 1034
      Umschreibung — 1034
    B. Möglichkeiten einer eigenständigen, materiellen Regelung von verfassungsrechtlichem Rang — 1035
    C. Belegstellen — 1036
      Allgemeines — 1036

§ 4 Gesamtbeurteilung — 1040
  I. Zusammenzug — 1040
  II. Gesamtkritik — 1042
    A. Nicht weiterführende Redeweise — 1042
    B. Beschränkte terminologische Reichweite der Vorstellungen von «Bestand» und «Besitz» — 1042
    C. Falsche Hemmung, etwas beim Namen zu nennen — 1044
    D. Unklarheit bezüglich normativer Wirkungsweise — 1045
    E. Unnötige inhaltlichen Abweichungen von etablierten Regelungen — 1045
      1. Zur Besitzstands-/Bestandesgarantie als zusätzliche Dispensmöglichkeit — 1045
      2. Zur Besitzstands-/Bestandesgarantie als Widerrufserschwerung — 1045
      3. Zur Besitzstands-/Bestandesgarantie als Anweisung zur Klärung normativer Unklarheit in Abweichung vom Auslegungskanon und/oder ohne umfassende Interessenabwägung — 1046
        a) Auflistung/Anweisung — 1046
        b) Kein Bedürfnis nach anderer Klärungsmethode — 1046

		4. Zur Besitzstands-/Bestandesgarantie als eigenständige Beweisregelung	1047
		5. Zur Besitzstands-/Bestandesgarantie als neuartiger, eigenständiger, allgemeiner Rechtsgrundsatz	1047
		a) Überflüssigkeit	1047
		b) Bei der Anerkennung zusätzlicher allgemeiner Rechtsgrundsätze ist Zurückhaltung geboten	1048
	F.	Illusionen weckender Wortlaut	1049
	G.	Die Besitzstands-/Bestandesgarantie als blosse Leerstelle in juristischen Argumentationen	1050
III.		Andere Ausdrucksweise	1052

Sachregister   1055

Literaturverzeichnis

(Auswahl berücksichtigter Publikationen. Wo ein Autor mit mehr als einem Werk aufgeführt ist, wird nur unter Nennung von Name und Vorname sowie des *kursiv* gedruckten Titelteiles zitiert.)

I. Juristische Publikationen

Aemisegger, Heinz, *Leitfaden* zum Raumplanungsgesetz, Nr. 25 der Schriftenfolge VLP, Bern 1980
– Raumplanung und Entschädigungspflicht, *Materielle Enteignung* – Vertrauensschutz, Nr. 36 der Schriftenfolge VLP, Bern 1983
Aemisegger, Heinz/**Kuttler,** Alfred/**Moor,** Pierre/**Ruch,** Alexander, Kommentar zum Bundesgesetz über die Raumplanung, Zürich 1999
Aubert, Gabriel, La Protection du patrimoine architectural en droit genevois, in: RDAF 1977, S. 78
Bandli, Christoph, Bauen ausserhalb der Bauzonen (Art. 24 RPG), Grüsch 1989
Barblan, Mario, Bewilligungserfordernis und Zulässigkeitsvoraussetzungen von Bauten ausserhalb der Bauzonen nach dem Recht des Bundes und der Kantone, St. Gallen 1991
Beeler, Urs, Die widerrechtliche Baute, Zürich 1984
Bernet, Felix, Rechtliche Probleme der Pflege von Kulturdenkmälern durch den Staat, unter besonderer Berücksichtigung der Verhältnisse im Kanton Zürich, Zürich 1975
Binswanger, Hans-Christoph, Eigentum und Eigentumspolitik, Zürich 1978
Bösch, Peter, Der Wohnanteilplan der Stadt Zürich – Erfahrungen und Anwendungsprobleme, in: DISP Nr. 83 1986 S. 22 ff
Bühler, Theodor, Der Natur- und Heimatschutz nach schweizerischen Rechten, Zürich 1973
Eidgenössisches Justiz- und Polizeidepartement (EJPD)/Bundesamt für Raumplanung, neuer Name: Bundesamt für Raumentwicklung, *Erläuterungen* zum Bundesgesetz über die Raumplanung, Bern 1981
– 29 x 24 1980–1985. 29 Bundesgerichtsentscheide *zu Art. 24 RPG* (Ausnahmen ausserhalb der Bauzonen), Bern 1986
– 23 x 5 1980–1986. 23 Bundesgerichtsentscheide *zu Art. 5 RPG* (materielle Enteignung), Bern 1987
– Totalrevision der Verordnung über die Raumplanung, Erläuternder Bericht vom Juni 2000
Cottier, Thomas, Die Verfassung und das Erfordernis der gesetzlichen Grundlage, 2. Aufl., Chur 1991
Dicke, Detlev, Die Abbruchverfügung, in: BR 1981 S. 23 f
Diggelmann, Hansruedi/**Muri,** Marcel/**Bartl,** Franz, Rechtliche Aspekte der Siedlungserneuerung, Projekt Baurecht (Bundesamt für Konjunkturfragen), Bern 1991
Dilger, Peter, Raumplanungsrecht der Schweiz, Dietikon 1982
Egger, Hans, Einführung in das Zürcherische Baurecht, 3. Aufl., Zürich 1970
Feuerstein, Nicola, Das Sonderopfer bei Eigentumsbeschränkungen, Diss., St. Gallen 1993
Finkelnburg, Klaus/**Karsten Ortloff,** Michael, Öffentliches Baurecht, Bd. I: Bauplanungsrecht, 2. Aufl., München 1990, S. 14 ff
Flach, Robert E., Baulinien im schweizerischen Recht, Winterthur 1979
Fleiner, Thomas, Grundzüge des allgemeinen und schweizerischen Verwaltungsrechtes, Zürich 1977

Frey, Fritz, Die Erstellungspflicht für Motorfahrzeuge nach zürcherischem Recht, Winterthur 1987
Friedrich, Rudolf/**Spühler,** Karl/**Krebs,** Ernst, Bauordnung der Stadt Winterthur, Winterthur 1970
Fries, David, Reverse in der zürcherischen Baurechtspraxis, Bd. 1, Allgemeiner Teil (ohne Grundbuchrecht), Zürich 1990
Fritzsche, Christoph/**Bösch,** Peter, Zürcher Planungs- und Baurecht, 1. Aufl., 1992, 2. Aufl., Zürich 2000
Geissbühler, Hermann, Raumplanungsrecht, Eigentumsordnung und Verfassungsrevision, Bern 1981
Giacometti, Zaccaria, Allgemeine Lehren des rechtsstaatlichen Verwaltungsrechtes, Zürich 1960
Good-Weinberger, Charlotte, Die Ausnahmebewilligung im Baurecht, insbesondere nach § 220 PBG des zürcherischen Planungs- und Baugesetzes, Zürich 1991
Grisel, André, Traité de droit administratif, Neuenburg 1984
Gut, Urs, Die materielle Enteignung, Zürich 1969
Gygi, Fritz, Verwaltungsrecht, Eine Einführung, Bern 1986
Gyr, Peter, Materielle Enteignung durch Eigentumsbeschränkungen, die dem Denkmal-, Altstadt- oder Heimatschutz dienen, in: Basler Juristische Mitteilungen, Basel 1994, S. 1 f
Häfelin, Ulrich/**Müller,** Georg, Grundriss des Allgemeinen Verwaltungsrechtes, 2. Aufl., Zürich 1993
Haller, Walter/**Karlen,** Peter, Raumplanungs- und Baurecht nach dem Recht des Bundes und des Kantons Zürich, 1. Aufl., 1990, 2. Aufl., 1992, 3. Aufl., Zürich 1999
Hänni, Peter, Das abgebrannte *Badehäuschen* – Besitzstandsgarantie und materielle Enteignung bei der Frage des Wiederaufbaues, in: Recht 1991, S. 102 f
– Verfassungsrechtliche Probleme im Zusammenhang mit der Sprengung des *Hotels Alpina* in Gstaad, in: BR 1997 Heft 3, S. 82 f
Hangartner, Yvo, Grundsätzliche Probleme der Eigentumsgarantie und der Entschädigungspflicht in der Denkmalpflege, in: Rechtsfragen zur Denkmalpflege, St. Gallen 1973
Heer, Peter, Die raumplanungsrechtliche Erfassung von Bauten und Anlagen im Nichtbaugebiet, Zürich 1996
Hess, Heinz/**Weibel,** Heinrich, Das Enteignungsrecht des Bundes, Kommentar, Bd. I und II, Bern 1986
Hess, Jürg, Der Denkmalschutz im zürcherischen Planungs- und Baugesetz, Diss., Zürich 1986
Hodel, Max Ernst, Zur Wertentwicklung altüberbauter Grundstücke mit Erneuerungsinvestition in Zürcher Ortschaften unter Schutzverordnungen, in: ZBl 1975 S. 49, 62 f
Huber, Felix, Die Ausnützungsziffer, Zürich 1986
Imboden, Max/**Rhinow,** René A., Schweiz. Verwaltungsrechtsprechung, Bd. I und II, Basel 1976; **Rhinow,** René A./**Krähenmann,** Beat, Ergänzungsband, Basel 1990
Imholz, Robert, Die *Denkmalschutz*bestimmungen des zürcherischen Planungs- und Baugesetzes, in: ZBl 1977 S. 481 f, ferner: DISP Nr. 67 1982 S. 40
– Der *Heimatschutz* nach Zürcher Planungs- und Baugesetz, in: PBG aktuell 1995 Heft 4 S. 5 f
Institut für Denkmalpflege an der ETH Zürich, Ställe, Scheunen, Stadel. Die Erhaltung landwirtschaftlicher Bauten als Rechtsproblem, Zürich 1991
Jaag, Tobias, Verwaltungsrecht des Kantons Zürich, 2. Aufl., Zürich 1999
Jagmetti, Riccardo, in: Kommentar zur Bundesverfassung der Schweizerischen Eidgenossenschaft vom 29. Mai 1874, hrsg.von Jean-François Aubert u.a., Zürich 1987, zu Art. 22^{quater}
Karlen, Peter, Planungspflicht und Grenzen der Planung, insbesondere bezüglich der Nutzung *leerstehenden Gebäudevolumens* ausserhalb des grossräumigen Siedlungsgebietes, in: ZBJV 1994 S. 117 f

- Raumplanung und Umweltschutz, Zur *Harmonisierung* zweier komplexer Staatsaufgaben, in: ZBl 1998 S. 145, 152

Keller, Konrad/**Schnewlin,** Bliss/**Sauter,** Karl/**Vollenweider,** Walter/**Pfister,** Walther/**Levi,** Robert, Rechtsprobleme von Stadtgemeinden, Zürich 1961

Kloepfer, Michael, Grundrechte als Entstehenssicherung und Bestandesschutz, München 1970

Knapp, Blaise, *Restricitions* de droit public à la propriété privée, Dixième journée juridique, 10. Oktober 1970, Freiburg i.Ü. 1970

- *Grundlagen* des Verwaltungsrechts, Bd. I, 1992, Bd. II, Basel/Frankfurt a.M. 1993

Koch, Richard A., Das Strassenrecht des Kantons Zürich, Zürich 1997

Kölz, Alfred, *Kommentar* zum Verwaltungsrechtspflegegesetz des Kantons Zürich, Zürich 1978

- *Intertemporale*s Verwaltungsrecht, in: ZSR 1983 Heft 2

Kölz, Alfred/**Häner,** Isabelle, Verwaltungsverfahren und Verwaltungsrechtspflege des Bundes, Zürich 1993

Kuttler, Alfred, Welcher *Zeitpunkt* ist für die Beurteilung der Frage, ob eine materielle Enteignung vorliegt, massgebend? in: ZBl 1975 S. 496, 506

- *Eigentumsbeschränkungen,* die einer materiellen Enteignung gleichkommen, in: Staatsorganisation und Staatsfunktionen, Basel 1982, S. 645 f
- *Materielle Enteignung* aus der Sicht des Bundesgerichts, in: ZBl 1987 S. 185
- Orientierungspunkte zur Revision des Zürcher PBG, in: ZBl 1990 S. 289 ff
- Wann ist für die Bewilligung von Bauten und Anlagen in Nichtbauzonen *Artikel 24 RPG* anzuwenden?, in: Festschrift für Martin Lendi, Zürich 1998, S. 337–353

Lendi, Martin, Planungsrecht und *Eigentum*, in: ZSR 1976 II S. 1

- *Recht und Politik* in der Raumplanung, Nr. 31 der Schriftenreihe zur Orts- in: Regional- und Landesplanung, Bern 1984
- Die bestehende Baute, in: DISP Nr. 106 1991

Lendi, Martin/**Elsasser,** Hans, Raumplanung in der Schweiz, Zürich 1991

Leutenegger, Paul, Das formelle Baurecht der Schweiz, Zürich 1978

Maag, Jakob/**Müller,** Hans, Kommentar zum zürcherischen Baugesetz, Zürich 1907

Mäder, Christian, Das Baubewilligungsverfahren, Zürich 1991

- Die Anfechtung baurechtlicher Entscheide durch Nachbarn unter besonderer Berücksichtigung der neueren Rechtsprechung des Zürcher Verwaltungsgerichtes, in: PBG aktuell Heft 3 S. 5 ff

Meer, Lorenz, Denkmalpflege und Raumplanung, in: BR 1989 Heft 1 S. 4 f

Meier-Hayoz, Arthur, Kommentar zum Sachenrecht/Eigentum, Systematischer Teil und Allgemeine Bestimmungen, Art. 641–654 ZGB, 5. Aufl., Bern 1981

Monteil, Viktor, Bauvorschriften im Interesse des Heimatschutzes und materielle Enteignung, in: ZBl 1963 S. 457

Müller, Georg, in: *Kommentar zur Bundesverfassung* der Schweizerischen Eidgenossenschaft vom 29. Mai 1974, hrsg. von Jean-François Aubert u.a., Zürich 1987, zu Art. 4 und 22ter

- *Privateigentum* heute, vom Sinn des Eigentums und seiner verfassungsrechtlichen Gewährleistung, in: ZSR 1981 Heft 1
- *Baupflicht* und Eigentumsordnung, in: Festschrift für Ulrich Häfelin zum 65. Geburtstag, Zürich 1989

Müller, Jörg P., in: Kommentar zur Bundesverfassung der Schweizerischen Eidgenossenschaft vom 29. Mai 1974, hrsg. von Jean-François Aubert u.a., Zürich 1987, Einleitung zu den Grundrechten, S. 1 ff

Müller, Peter, Aktuelle Fragen des eidgenössischen und kantonalen Raumplanungsrechtes, in: ZBl 1983 S. 193 f

Müller, Peter/**Rosenstock,** Peter/**Wipfli,** Peter/**Zuppinger,** Werner, Kommentar zum Zürcher Planungs- und Baugesetz vom 7. September 1975, Wädenswil 1985

Müller, Thomas, Die erleichterte Ausnahmebewilligung unter besonderer Berücksichtigung der Verhältnisse im Kanton Zürich (Art. 24 Abs. 2 RPG mit § 357 Abs. 3 PBG), Zürich 1991

Nationales Forschungsprogramm «Nutzung des Bodens in der Schweiz» (NFP 22, Programmleiter Rudolf Häberli, Liebefeld-Bern), Heft 57 Siedlungsbegrenzung Schweiz, Bern 1990

– Haushälterische Bodennutzung bei der Realisierung von Bauvorhaben (Hans Jakob Bernath, Werner Schlegel, Andreas Gerber), Bern 1991

– Haushälterische Bodennutzung? Vorschläge für eine massgeschneiderte Ortsplanung (Suzanne Michel), Bern 1991

Pfammatter, Otto, Zulässige Bauten und Anlagen ausserhalb der Bauzonen, insbesondere nach Art. 29 RPG, Diss., Freiburg i.Ü. 1976

Pfisterer, Martin, Die Anwendung neuer Bauvorschriften auf bestehende Bauten und Anlagen, insbesondere die Besitzstandsgarantie, Diessenhofen 1979

Pfisterer, Thomas, Die Vorschriften über einen minimalen *Wohnanteil* in Kerngebieten und anderen Wohn- und Gewerbezonen, vorab im Kanton Aargau, in: Mélanges Henri Zwahlen, Lausanne 1977 S. 459 f

– *Entwicklung* und Perspektiven der bundesgerichtlichen Praxis zur materiellen Enteignung, in: ZBl 1988 S. 469 ff, 519 ff

Reichlin, Paul, Rechtsfragen der Landesplanung, in: ZSR 1947 S. 171a, 332a

Riva, Enrico, Hauptfragen der materiellen Enteignung, Bern 1990

Ruch, Martin, Materielle Enteignung oder Schaden, in: ZBl 1983 S. 535 ff

Ruckstuhl, François, Der Rechtsschutz im zürcherischen Planungs- und Baurecht, in: ZBl 1985 S. 281 f

Ruoss Fierz, Magdalena, Massnahmen gegen illegales Bauen, unter besonderer Berücksichtigung des Zürcherischen Rechts, Zürich 1999

Rüssli, Markus, Die Heimschlagsrechte des Zürcherischen Planungs- und Baugesetzes, Zürich 1996

Sameli, Katharina, Treu und Glauben im öffentlichen Recht, in: ZSR 1977 II S. 384

Schaumann, Wilfried, Die Landesplanung im schweizerischen, französischen, englischen Recht, Zürich 1950

Schläpfer, Kaspar, Die Erhaltung von Wohnraum nach den Vorschriften von Stadt und Kanton Zürich, Zürich 1978

Schmid-Lenz, Werner, Die Besitzstandsgarantie baurechtswidriger Gebäude in Bauzonen, in: BR 1990 Heft 3 S. 60

Schürmann, Leo, Zulässigkeit von Aufstockungsbetrieben in der Landwirtschaftszone, EJPD/Bundesamt für Raumplanung, Bern 1990

Schürmann, Leo/**Hänni,** Peter, Planungs-, Bau- und besonderes Umweltschutzrecht, 3. Aufl., Bern 1994

Sieber, Roman, Die bauliche Verdichtung aus rechtlicher Sicht, Diss., Freiburg i.Ü. 1996

Spühler, Karl, Die Nutzung *leeren Gebäudevolumens* ausserhalb der Bauzonen, in: ZBJV 1989 S. 337 ff

– Wann sind *Grundsätze* der Lebenserfahrung allgemein Rechtssätze?, in: SJZ 1997 S. 392

Stoller, Hans, Planungs- und Baugesetz des Kantons Zürich, Zürich 1989

von Tscharner, Raymund M., Probleme der Eigentumsgarantie und der Entschädigungspflicht in der Praxis der Denkmalpflege, in: Rechtsfragen der Denkmalpflege, St. Gallen 1981

Vallender, Klaus A., Ausnahmen von der Nutzungsordnung: Theoretische Grundlagen, in: Veröffentlichungen des Schweiz. Institutes für Verwaltungskurse an der Handelshochschule St. Gallen, Bd. 24, St. Gallen 1986, S. 63 ff
Vogel, Philippe, La protection des monuments historiques, Lausanne 1982
Weber-Dürler, Beatrice, Vertrauensschutz im öffentlichen Recht, Basel/Frankfurt a.M. 1983
Winzeler, Christoph, Grundfragen des neuen baselstädtischen Denkmalschutzrechtes, in: BJM 1982 S. 169
Wolf, Robert/**Kull,** Erich, Erläuterungen zur Revision vom 1. September 1991 aus rechtlicher Sicht, Nr. 58 der Schriftenfolge VLP, Bern 1992
Wolfer, Robert, Die verwaltungsrechtliche Einsprache des Dritten nach Zürcherischem Recht, Zürich 1970
Zaugg, Aldo, *Kommentar* zum Baugesetz des Kantons Bern vom 7. Juni 1970, Bern 1971
– *Kommentar* zum Baugesetz des Kantons Bern vom 9. Mai 1985, Bern 1987
Zimmerli, Ulrich, Der Grundsatz der *Verhältnismässigkeit* im öffentlichen Recht, in: ZSR 1978 II S. 105 ff
– Die Rechtssprechung des Bundesgerichtes zur *materiellen Enteignung*, in: ZBl 1974 S. 137, 154
Zimmerlin, Erich, Bauordnung der *Stadt Aarau,* Aarau 1960
– Zum Problem der *zeitlichen Geltung* im Baupolizei- und Bauplanungsecht, in: ZSR 1969 S. 429 f
– Baugesetz des Kantons Aargau, *Kommentar,* 1. Aufl., 1976, 2. Aufl., Aarau 1985
Zürcher, François, Le maniement des concepts juridiques indéterminés au carrefour de la bonne foi et de la légalité, deux exemples tirés du droit de la construction, in: Abus de droit et bonne foi, Freiburg i.Ü. 1994, S. 219–246

Rechtstheoretische und linguistische Literatur

Burckhardt, Walther, Methode und System des Rechts, Zürich 1936
Busse, Dietrich, Juristische Semantik, Grundfragen der juristischen Interpretationstheorie in sprachwissenschaftlicher Sicht, Berlin 1993
– Verständlichkeit von Gesetzestexten – ein Problem der Formulierungstechnik?, in: Zeitschrift Gesetzgebung heute, Bern 1994, S. 29–47
Bydlinski, Franz, Juristische Methodenlehre und Rechtsbegriff, 2. Aufl., Wien/New York 1991
Germann, Oskar A., Probleme und Methoden der Rechtsfindung, 2. Aufl., Bern 1967
Kaufmann, Arthur/**Hassemer,** Winfried (Hrsg.), Einführung in Rechtsphilosophie und Rechtstheorie der Gegenwart, 5. Aufl., Heidelberg 1989
Larenz, Karl, Methodenlehre der Rechtswissenschaft, 6. Aufl., München 1991

Einleitung
Die Begriffe präfinites und postfinites Baurecht

I. Vorbemerkungen

In den Jahren seit dem zweiten Weltkrieg sind in der Schweiz mehr Gebäude erstellt worden als seit dem Altertum über das ganze Mittelalter hinweg bis zum Jahre 1945[1,2]. Daher wird an der Gesamtzahl der Gebäude der Anteil derjenigen, welche ohne oder mit Eingriffen fortbestehen, immer grösser und der Anteil derjenigen, welche neuerstellt werden, immer kleiner. Man hat schon gesagt, unsere Städte, insbesondere Zürich, seien fertig gebaut. Das ist, allerdings leicht übertrieben, richtig, wenn man nur das Bauen in bisher noch unüberbaut gebliebenen Parzellen als Bauen auffasst. Falsch ist es jedoch, wenn man unter Bauen auch die baulichen Änderungen (Reparaturen, Renovationen, Montierungen, Um-, Auf-, An-, Sub- und Rückbauten), die bewerbsmässigen Änderungen (Intensivierung, Ausweitung und Auswechslung von Bewerbungen), die Abbrüche, Bewerbseinstellungen sowie die Umgestaltungen, Wieder-, Anschluss-, Dependenz- und Dislokationsbauten, die Umnutzungen, Wiederaufnahmen von Bewerbungen nach langem Leerstehen, die Expansions-, Dependenz- und Dislokationsbewerbungen versteht.

II. Zu den beiden Begriffen

1. Mit dem Ausdruck präfinites Baurecht bezeichne ich den Komplex derjenigen Regelungen, welche die bis zum Zeitpunkt X stattfindenden baulichen und auf Gebäude bezogenen bewerbsmässigen[3] Vorgänge und Zustände ordnen. Bei den Gebäuden ist dies der Zeitpunkt, an dem das Gebäude nach seiner Erstellung gemäss den Plänen des Bauaktiven erstmals fertig dasteht und, falls das Erfordernis einer behördlichen Abnahme

---

[1] Siehe hiezu und zum Folgenden: Hannes Wüest und Christian Gabathuler, Bauliche Erneuerung – eine Chance für die Raumplanung (Informationsheft Raumplanung, 1986, Heft 3, S. 3–7); ferner: dieselben, Bauwerk Schweiz, Grundlagen und Perspektiven zum Bau- und Immobilienmarkt der 90er Jahre, 1989 sowie: Siedlungserneuerung als Herausforderung, Das «Bauwerk Schweiz» in den 90er Jahren, NZZ vom 20. Juni 1989, S. 21. Im Weiteren: Bericht 57 des Nationalen Forschungsprogrammes «Boden» 1990; Bericht des Bundesamtes für Konjunkturfragen: Rechtliche Aspekte der Siedlungserneuerung/Projekt Baurecht 1990 (Projektleiter: Hansruedi Diggelmann), Themenbericht des Nationalen Forschungsprogrammes «Boden», Haushälterische Bodennutzung bei der Realisierung von Bauvorhaben (H.J. Bernath, W. Schlegel und A. Gerber), 1991.
[2] In der Schweiz gab es 1998 mehr als 2,2 Millionen Gebäude; deren Gebäudeversicherungswert entspricht rund 1'2 Billionen Franken. Für die wichtigsten Unterhalts- und Erneuerungsarbeiten sind jährlich 12 bis 15 Milliarden Franken aufzuwenden; erwünscht wäre allerdings ein Aufwand von 20 bis 25 Milliarden Franken. Das ist bereits mehr als der heutige Aufwand für den «Neubau auf der grünen Wiese» von jährlich 17 Milliarden Franken.
[3] Zum Grund, weshalb ich dem Wort Bewerb den Vorzug vor dem sonst gebräuchlichen Wort Nutzung gebe siehe Rz 219.

gilt, diese erfolgt ist. Bei den auf Gebäude bezogenen bewerbsmässigen Vorgängen und Zuständen ist dies der Zeitpunkt, an dem der Bewerb nach den Plänen des Bauaktiven erstmals voll geschieht und, falls das Erfordernis einer behördlichen Abnahme gilt, diese erfolgt ist. Man kann hier auch vom *Neubauten- und Erstbewerbsrecht* sprechen. Die Regelungen, welche die baulichen und bewerbsmässigen Vorgänge und Zustände nach dem Zeitpunkt X ordnen, bezeichne ich als das postfinite Baurecht[4].

3   2. Die Regelung der Vorgänge, welche stattfinden nach Inangriffnahme der Bauarbeiten und der Aufnahme des Bewerbs bis zum Zeitpunkt X, rechne ich dem frühesten Ingangkommen zum präfiniten Baurecht; das gilt insbesondere für Planänderungen während des Bauvorganges, dem Ingangkommen des Bewerbs. Ebenfalls zum präfiniten Baurecht rechne ich die Regelungen, welche sich ergeben, wenn beim Erfordernis einer behördlichen Abnahme die Behörde diese verweigert.

4   3. Zum postfiniten Baurecht rechne ich nicht nur die Regelungen des Fortbestehenlassens[5] und Änderns von Bauten, sondern auch diejenigen des Abbruches von Bauten, ferner diejenigen der auf ein Gebäude folgenden Bauten mit einer andern Identität (sekundäre Neubauten). Sodann rechne ich hiezu nicht nur die Regelungen der Weiterausübung und Änderung eines Bewerbs von Gebäuden, sondern auch diejenigen der Stilllegung des Bewerbs, ferner diejenige des auf einen Bewerb folgenden weiteren Bewerbs mit anderer Identität (sekundäre Erstbewerbungen).

5   4. Damit die vorliegende Arbeit nicht uferlos wird, beschränke ich mich bei den Bauten auf die Gebäude. Die übrigen Bauten, also die Anlagen[6], wie Strassen, Wege, Brücken, Eisenbahnen, Flugplätze, Seilbahnen, Skilifte, Bootslandeplätze, Stützmauern, Einfriedungen, Stauddämme, Wasserkraftwerke, Wasser-, Strom- und Gasleitungen, Kanalisationen, Richtstrahlantennen, Reklameanlagen, Kiesgruben, Abfallsammelplätzen usw lasse ich unerwähnt, obwohl sich auch hier weitgehend ähnliche Fragen stellen. Dementsprechend wird nur der Bewerb von Gebäuden, nicht auch derjenige der übrigen Bauten (Anlagen) behandelt.

III. Der gegenwärtige Zustand des postfiniten Baurechtes

6   1. Trotz des riesigen Bestandes an bereits vorhandenen Gebäuden sind sowohl die Gesetzgebung als auch die Rechtsprechung und die Lehre ganz auf die Regelung der Ersterstellung von Gebäuden in bisher unüberbaut gewesenem Gelände, also von primä-

---

[4] Die Vorsilbe «post» stammt von lateinisch «post» im Sinne von «nach». Dies hat nichts mit der Post zu tun (letzteres Wort stammt von ponere, posita = stellen, Gestelltes, Stelle). «Finit» kommt von «finitum», das ist das Perfektpartizip von lateinisch «finire» im Sinne von beenden, vollenden.

[5] Warum ich nicht einfach von Fortbestehen oder Bestand von Bauten spreche, wird in Rz 151 f dargelegt.

[6] Ich unterscheide durchwegs *nicht* zwischen «Bauten» und «Anlagen» (wie dies in Art. 22 RPG geschieht, siehe Rz 50 f), sondern ich sehe in den Bauten den Oberbegriff, welcher in die Unterbegriffe Gebäude und (Nichtgebäude =) Anlagen unterteilt wird.

ren Neubauten ausgerichtet. Wenn Änderungen und sonstige Transformationen davon zur Sprache kommen, dann geschieht dies meistens nur beiläufig oder unter Verzicht auf grundsätzliche Unterscheidungen, ganz auf die Besonderheiten des jeweiligen Falles bezogen, ad hoc. Das postfinite Baurecht fristet in der Jurisprudenz ein eigentliches Aschenbrödeldasein.

2. Man könnte lange darüber nachsinnen, warum es mit der gedanklichen Durchdringung des postfiniten Baurechtes so schlecht bestellt ist. Als Erklärung kommen für mich die beiden folgenden Möglichkeiten in Betracht:

a) Das Interesse der Menschen wird bedeutend stärker durch das Ganz-Neue als durch die Änderung von etwas bereits Bestehendem geweckt. Vorhaben wie die von Oscar Niemeyer entworfene neue Hauptstadt von Brasilien, Brasilia, inmitten des Urwaldes, und der im Jahre 1955 im Hinblick auf die Expo 1964 mit der Schrift «Achtung: die Schweiz» formulierte Vorschlag von Lucius Burckhardt, Max Frisch und Markus Kutter für die Gründung einer neuen Stadt faszinieren Planer und Architekten von jeher stärker als die Probleme, welche ein bereits seit langem bestehender Siedlungskomplex aufwirft; dabei wird wahrscheinlich geahnt, wie ungleich schwieriger es meistens ist, Aufgaben der letztern Art zu lösen.

b) Dass das postfinite Baurecht gedanklich nur wenig durchdrungen ist[7], hängt aber möglicherweise auch damit zusammen, dass die sich mit dem Baurecht befassenden Parlamentarier, wenn sie einmal die Regelung der primären Neubauten durchdebattiert haben, von dieser Arbeit so erschöpft sind, dass die verbliebene Energie und Legiferierungslust bezüglich der Änderungen und sonstigen Transformationen nur noch zu wenigen zusammenwischenden Sätzen ausreicht. Dabei sollte aber auf die Durchdiskutierung der Regelung der primären Neubauten immer noch ein gleichwertiger zweiter Teil für das postfinite Baurecht nachfolgen. Hier liegen siedlungspolitisch und wirtschaftlich mindestens gleich wichtige, wegen des mit Sicherheit immer aktueller werdenden mittel- und langfristigen Erneuerungsbedarfes vielleicht sogar noch grössere Aufgaben als beim Neubau «auf der grünen Wiese»[8]. Letzterer entspricht allerdings eher der heutigen Wegwerf- und Tabula-rasa-Mentalität.

---

[7] Ich habe in den Fünfzigerjahren versucht, eine Art System des Änderungsrechtes aufzustellen (vgl. meinen Artikel «Änderungen bestehender Gebäude» im Zentralblatt für Staats- und Gemeindeverwaltung 1959, S. 33–46 und 65–78). Es ist jedoch seither so viel Wasser die Limmat hinuntergeflossen, dass jener Artikel heute auf weiten Strecken überholt ist. In der Folge haben sich Erich Zimmerlin, Martin Pfisterer und Werner Schmid-Lenz eingehend mit Fragen des postfiniten Baurechtes beschäftigt.

[8] Eigentlich hätte bei der Beschäftigung mit Baurechtsfragen schon lange eine Gewichtsverlagerung zum postfiniten Baurecht stattfinden sollen. Bereits seit langem ist in den Bauämtern die Zahl der Baugesuche, welche sich auf die Erstellung von Neubauten beziehen, geringer als die Zahl derjenigen, welche die Änderung bestehender Gebäude betreffen. Auch wenn bei der Quantifizierung gewisse Unsicherheiten bestehen und Neubauten im Allgemeinen kostspieliger sind als Änderungen, so sollten doch folgende Zahlen zu denken geben: Laut den Zürcher Statistischen Nachrichten, Gebäude- und Wohnungsbau 1997, Gebäude- und Wohnungsbestand Ende 1997, 1998, Bericht 1, entstanden im Jahre 1997 404 Wohnungen aus Neubauten, 252 Wohnungen aus Umbau (Saldo) und 49 aus Zweckänderungen ohne bauliche Änderung (Saldo); 121 gingen durch Abbruch verloren. Gemäss

10 3. Man kann nicht sagen, dass heute das Bewusstsein für die Problematik des postfiniten Baurechtes grösser sei als früher. Für den Kanton Zürich trifft eher das Gegenteil zu. Während die Baugesetze von 1863, 1893 und 1943/1959 noch eigene, wohl durchstrukturierte Kapitel über die bestehenden Gebäude aufwiesen[9], ist die hauptsächlichste Vorschrift des postfiniten Baurechtes, PBG § 357, in den Beratungen des kantonalen Parlamentes in den allerletzten Titel des Planungs- und Baugesetzes, denjenigen mit der Überschrift «Einführungs- und Schlussbestimmungen», hier in den Abschnitt mit der Überschrift «Übergangsbestimmung», als ginge es hier nur um intertemporalrechtliche Fragen, verbannt worden (Rz 1468). Das war eine legislatorische Fehlleistung, fast eher ein Kahlschlag als eine Weiterentwicklung im postfiniten Baurecht. Ein in dieser Materie nicht versierter Rechtssuchender findet diese Vorschrift kaum selbst; zudem ist an ihr 1983, 1984 und 1991 so viel hineingepackt und auch noch darum herumrevidiert worden, dass jetzt nur schwer auszumachen ist, was hier gilt und was nicht; PBG § 357 ist heute eine hoffnungslos überladene Vorschrift (vgl. Rz 1740 ff).

11 4. Allerdings ist mir im Laufe der vorliegenden Arbeiten auch schon der Gedanke aufgestiegen, ob es überhaupt möglich sei, die Änderungen und weitern Transformationen von Gebäuden und deren Bewerbungen legislatorisch wirklich in den Griff zu bekommen, ohne dass man sich dabei in bald wieder einmal überholte Details verliert. Würde diese Vermutung zutreffen, so läge hierin aber so etwas wie eine Kapitulation der Jurisprudenz; denn auch die Änderungen und sonstigen Transformationen bestehender Gebäude bilden einen wesentlichen Teil des Bauwesens.

12 5. Sofern es mir mit der vorliegenden Arbeit nicht gelungen ist, juristisch etwas mehr Licht in diese Materie zu bringen, so hoffe ich, damit wenigstens jüngere Juristinnen und Juristen angeregt zu haben, sich auf den Weg zur Erreichung dieses Ziel zu machen. Vielleicht gelingt es ihnen besser, aus dem Aschenbrödel-Dasein des postfiniten Baurechtes dasjenige einer Königsbraut zu machen.

---

einem Hinweis in PBG aktuell 1996 Heft 2 S. 19 behandelte das Bauamt Uster/ZH 1995 151 Baugesuche; davon betraffen 92 «Umbauten» und nur 59 «Neubauten».

[9] Auch der von Walter Vollenweider verfasste Vorentwurf der Baudirektion von 1972 für ein neues Baugesetz und der Antrag des Regierungsrates an den Kantonsrat von 1974 ist noch etwas weniger ausgeprägt (Rz 1466 f).

Erster Teil

Allgemeiner Teil

Erstes Kapitel: Grundlegung

Erster Abschnitt: Die Gebäude

§ 1 Die Bauten, Anlagen und Gebäude

I. Ableitung des Gebäudebegriffes aus dem Bautenbegriff

A. Zu den Elementen des Bautenbegriffes

Eine Baute kann definiert werden als konkret-statisch[1] aus Materialien bestehende und daher sinnlich wahrnehmbare, unbelebte, von Menschen geschaffene, grosse, dauerhafte, ortsfeste Gegebenheit[2, 3, 4]. Eine Baute ist

---

[1] «Baute» ist das statische Pendant zum dynamisch zu verstehenden Bauen. Beide lassen sich unter dem Wort Bau im engern Sinne zusammenfassen. Diesem gegenüber steht der Bewerb (Rz 218).

[2] Im Französischen ist wohl das Pendant zu Bauten einerseits und Gebäuden/Anlagen anderseits: constructions einerseits und bâtiments/installations anderseits, im Italienischen costruzioni einerseits und edifici/impianti anderseits.

[3] Bis zu einem gewissen Grad entspricht der Bautenbegriff dem Werkbegriff nach OR Art. 58. Karl Oftinger/Emil W. Stark, Schweizerisches Haftpflichtrecht, Besonderer Teil, Bd. II/1, S. 184 ff, eine eindrückliche Analyse und Auflistung. Jede Baute ist wohl ein solches Werk, aber nicht jedes solche Werk ist eine Baute (vgl. auch Arthur Meier-Hayoz, Kommentar ZGB zu Art. 674 N. 8). Keine Baute, wohl aber ein Werk, ist zB ein Trampelpfad über eine Wiese, ein nicht für die Erstellung eines Gebäudes ausgehobener Graben im Gelände, die von einer Seilbahnstation wegführende, mit Fähnchen markierte Skipiste.

[4] Zur sprachlichen Herkunft (Etymologie) von «bauen»: Im Duden Herkunftswörterbuch, 11. Aufl., steht unter diesem Stichwort im Wesentlichen Folgendes:
– Zurückgehend auf ein altgermanisches Verb (althochdeutsch buan, mittelhochdeutsch buwen), gehört es mit verwandten Wörtern in andern indogermanischen Sprachen zur indogermanischen Wurzel bheu-, «wachsen», «gedeihen», «entstehen», «werden», «sein», «wohnen» (vgl. zB griechisch phyesthai, «wachsen», «werden», physis, «Natur»; lateinisch fuisse, «gewesen sein», futurus, «künftig», altindisch bhàvati, «ist», «wird»). — Im germanischen Sprachbereich sind verwandt die Einzahlformen von sein: «bin», «bist», ferner Bau, Bauer im Sinne von Käfig.
– Die erwähnte Wurzel ist wahrscheinlich identisch mit der dem Wort Beule zugrundeliegenden, lautnachahmenden indogermanischen Wurzel bheu- oder beu-, «blasen», «aufblasen», «schwellen». Die Bedeutungen «wachsen», «gedeihen», «entstehen», «werden», «sein», «wohnen» haben sich demnach aus der Bedeutung «schwellen», «strotzen» entwickelt. Der Bauer im Sinne von Landwirt ist nicht direkt vom Verb bauen abgeleitet, sondern gehört zum althochdeutschen bur «Haus», wovon auch der bereits erwähnte Bauer im Sinne von Käfig abstammt. In der mittelalterlichen ländlichen Sozialordnung bezeichnete «Bauer» den vollberechtigten Hofbesitzer, im Gegensatz zum nur hier Wohnenden.
– Auf die indogermanische Wurzel bheu-, beu- sollen auch die Wörter bös (aufgeblasen), Busen, Bausch (davon pauschal) und Böschung zurückgehen.
Das sind alles in allem recht interessante sprachliche Vorfahren. Sie lassen viele Saiten anklingen, welche bis heute mit dem Bau zu tun haben!

- nie nur ein gedankliches Gebilde; es muss immer Material vorhanden sein[5];
- nie eine Gegebenheit, welche allein durch das Wirken von Naturkräften, und seien es Tiere oder Pflanzen, zustandegekommen ist[6, 7];
- nie etwas, das ein einzelner Mensch oder zwei Menschen mit ausgestreckten Armen umfangen können. Die selbstverständliche Folge des beträchtlichen Umfanges ist, dass die Umgebung durch Sonnenlicht- oder Luftfernhaltung, Überlagerung, Pressung der freien Bodenfläche oder Verstellung der Aussicht beeinflusst, der Raum äusserlich verändert wird[8, 9];
- nie etwas ohne weiteres Verschiebbares; damit man es verschieben kann, ist zumindest eine grosse Anstrengung von zwei starken Erwachsenen oder eine maschinelle Einrichtung nötig[10];
- nie etwas, das von vorneherein nur eine kurze Zeit lang vorhanden ist;
- nie etwas, das auf andern Bauten steht; steht etwas auf einer Baute, so ist es entweder ein Bestandteil eben dieser Baute oder eine blosse Installation.

14 Weitere Differenzierungen der Baute sind ohne weiteres möglich, zum Beispiel darnach,

- zu «wahrnehmbar»:
  - mit welchen Sinnen die Baute wahrnehmbar ist[11];
  - ob die Baute über dem Boden sichtbar oder unsichtbar ist;
- zu «unbelebt»:
  - ob die Baute aus Material besteht, welches ursprünglich lebendig war, oder nur aus solchem, welches von Anfang an tot gewesen ist[12];
- zu «von Menschen geschaffen», «künstlich geschaffen»:

---

[5] Bloss projektierte Bauten, selbst wenn sie in genauen Plänen dargestellt und bereits bewilligt wurden, sind keine Bauten. Auch völlig abgetragene Bauten sind keine Bauten mehr, selbst wenn sie noch auf Fotos, Zeichnungen usw. abgebildet sind. Sonderfälle bilden die zur Erstellung eines Gebäudes ausgehobenen Gruben (Rz 2593) sowie durch Elementarereignisse zerstörte Gebäude (Rz 2454 ff).

[6] Anhäufungen von Felsbrocken und Baumstämmen infolge Lawinenniedergängen oder Bergstürzen, dachähnliche Gebilde infolge des Wildwuchses von Bäumen und Sträuchern, Termitentürme, Ameisenhaufen, Fuchshöhlen sind keine Bauten.

[7] Die Bibel (2. Korinther, 5. Kapitel, 1. Vers) stellt unserer «irdischen Zeltwohnung» die «Wohnung von Gott, ein Haus, nicht von Menschenhand gebaut» gegenüber.

[8] Einen einzelnen Grenzstein kann man zwar leicht allein umfassen. Doch bildet ein solcher meistens einen Bestandteil eines sich über ein weiteres Gebiet erstreckenden Vermessungssystems von Grenzsteinen; insoweit kann das Ganze als Baute aufgefasst werden.

[9] Wo eine Baute nur dank einer Stützmauer stabil ist, gehört auch diese zur Baute.

[10] Klaviere, Büffets, Waschmaschinen, Kühlschränke, Grosscomputer usw. in Gebäuden sind allein schon deshalb keine Bauten, weil sie nicht direkt auf dem (Erd-)Boden stehen. Anders verhielte es sich, wenn sie im Freien aufgestellt wären. Das tut aber doch wohl kaum jemand.

[11] Das Ansehen-Können, sei es von aussen und von innen oder – wie bei vollständig unterirdischen Bauten – nur von innen, also das Visuelle, ist die wichtigste Art der Wahrnehmung von Bauten. Möglich, aber weniger wichtig, sind das Hören-Können (zB infolge des Knisterns von Balken und Blechen bei Temperaturschwankungen oder Belastungsverschiebung), das Riechen-Können (zB Ausdünsten von Holz, Beton, Kunststoffplatten), das Betasten-Können (von rauher oder glatter Oberfläche); unwichtig ist jedoch das Schmecken-Können. Wenn man von Gebäuden etwas hört oder riecht, dann stammt es meistens nicht vom Gebäude selbst, sondern von seinem Bewerb.

[12] ZB Stroh, Schilf, Holz usw. einerseits – anderseits Gestein, Metall, Zement, Ton, Glas, Kunststoff usw.

- ob die Baute vom Eigentümer oder von Dritten (Gemeinwesen – andere) geschaffen worden ist;
- ob die Baute nur von Hand und mit einfachem Werkzeug oder unter wesentlichem Beizug von Maschinen («mit Hilfe der Technik») geschaffen worden ist;
- ob die Baute im Wesentlichen von der einheimischen Bevölkerung oder unter Beizug von Auswärtigen[13] geschaffen worden ist;
- ob die Baute im wesentlichen auf der Baustelle oder anderswo angefertigt und dann hieher transportiert worden ist[14];

– zu «gross»:
- ob die Baute eher vertikal oder horizontal, brocken- oder strangförmig ausgerichtet ist[15];

– zu «dauerhaft»:
- ob die Baute für eine unbeschränkte oder nur eine beschränkte Zeit besteht;
- ob die Baute vor oder nach einem bestimmten Zeitpunkt erstellt worden ist[16];

– zu «ortsfest»:
- ob die Baute in den Boden fundiert ist oder infolge ihres grossen Gewichtes darauf festsitzt[17, 18];
- ob die Baute ober- oder unterirdisch liegt.

B. Zum zusätzlichen Element des Gebäudebegriffes

1. Für eine weitere Unterscheidung der Bauten erweist sich diejenige nach dem Zweck als besonders ergiebig[19]. Alles, was Menschen schaffen, wird mit Absicht geschaffen, sonst handelt es sich beim Entstehenden nicht um eine Schaffung. Die Absicht besteht darin, das Geschaffene zu verwenden, zu gebrauchen, zu benützen; das Geschaffene soll zu etwas geeignet sein; das heisst, es soll hiezu nicht nur minimal, sondern gut verwendbar ist; das Geschaffene soll zu etwas dienen, es ist zu etwas bestimmt. Man spricht hier vom Zweck des Geschaffenen[20]. Alles Geschaffene hat einen Zweck. Man kann hier zwi-

15

---

[13] ZB Muratori aus Italien, Bauleute aus dem Vorarlberg und Süddeutschland für die Barockkirchen von Einsiedeln und St. Gallen.
[14] Präfabrikation aller Betonteile, Fertighausbau.
[15] Vertikal/brockenförmig: zB Gebäude (oft kubisch, kubusähnlich); vertikal/strangförmig: zB Einfriedungen; horizontal/brockenförmig: zB Autoabstellplätze im Freien; horizontal/strangförmig: zB Strassen, Wege, Geleise, Leitungen.
[16] Alte – neue Bauten.
[17] Statt von «fundiert» könnte man auch von «leicht- oder schwerverschiebbar», von «immobil» oder von «unbeweglich» sprechen. Vgl. aber die Beweglichkeit gemäss Rz 208 mit FN 10.
[18] An Bauten ist das meiste fest, stabil, fix (Ausnahmen: zB Türflügel, Fensterläden, Storen usw.), weder flüssig (Ausnahme: zB in den Röhren befindliches Wasser) noch gasförmig (Ausnahme: die von Boden, Wänden und Decken umgebene oder in den Baustoffen eingeschlossene Luft) noch staubförmig herumwirbelnd (Ausnahmen: zB von den Wänden und Decken abfallende, kleine Mineralpartikel, sich vom Verputz lösende Fasern von Spritzasbest; siehe Rz 2059).
[19] Vgl. John Lyons, Einführung in die moderne Linguistik, S. 467: «Wörter, die sich auf künstlich geschaffene Gegenstände (Artefakte) beziehen, (können) nicht anders als durch Bezugnahme auf Zweck oder normale Funktion des referierten Objektes definiert werden, zB ... Haus ‹ein Gebäude, in dem Menschen wohnen›. Dies gilt jedoch für den Wortschatz insgesamt.»
[20] Zur Problematik des Zweckbegriffes: Georg Henrik von Wright, Normen, Werte, Handlungen, S. 123 ff.

schen einem subjektiven und einem objektiven Zweck des Geschaffenen unterscheiden. Der subjektive Zweck entspricht der Absicht des schaffenden Menschen; der objektive Zweck entspricht dem, wozu gemeinhin das Geschaffene verwendbar ist. Das gilt auch für Bauten.

16   2.   Wichtig für den Menschen sind zweifellos Raumausschnitte, welche gegen atmosphärische Einwirkungen mehr oder weniger geschützt sind und worin ein erwachsener Mensch aufrecht stehen kann.

17   3.   Eine besonders wichtige Gruppe von Bauten sind daher Bauten mit mindestens einem Raumstück, in welches sich ein erwachsener Mensch hineinbegeben, worin er aufrecht stehen kann und worin er vor äusseren atmosphärischen Einwirkungen mehr oder weniger geschützt, abgeschirmt ist. Dieses Raumstück kann auch als lichte Höhe bezeichnet werden, auch wenn es darin meistens dunkel ist oder seitlich Wände fehlen. Unter Hineingehen ist ein aufrechtes Schreiten, kein Klettern oder Kriechen, gemeint. Dieser Gestaltung entsprechende Bauten kann man als Gebäude bezeichnen. Beim Schutz gegen atmosphärische Einwirkung handelt es sich um den Schutz gegen Regen, Schnee, Hagel, Wind, Besonnung oder Durchzug; dieser Schutz erfolgt durch ein Dach mit oder ohne Wand; den Raum unter dem Dach kann man in beiden Fällen als Zwischenraum auffassen. Der Mensch kann sich nur aufhalten, wo er etwas Festes unter den Füssen hat; auch die abschirmende Substanz muss auf etwas Festem stehen. Es gehört deshalb immer ein (Erd-)Boden dazu, sei es gerade darunter oder unterhalb eines weiteren Bauteils. Wo rundherum Wände bestehen, muss immer auch mindestens eine Öffnung vorliegen, durch welche man sich in den Raum hinein- bzw. wieder herausbegeben kann: Das sind die Türen und Fenster. Ferner hat jedes Gebäude mindestens einen horizontalen Abschnitt. Man spricht hier von Geschoss. Beim Vorliegen von mehr als einem Geschoss muss auch eine Treppe oder sonst eine Vorrichtung vorhanden sein, mittels welcher man vom unteren zum oberen Geschoss gelangen kann[21]. Das alles braucht in der Definition aber nicht erwähnt zu werden.

C.   Weitere Erfordernisse an den Gebäudebegriff?[22]

18   1.   Es ist offensichtlich fürs Erste gleichgültig, ob die Baute aus ursprünglich lebendigem oder immer schon unbelebtem Material, nur von Hand und mit einfachem Werkzeug oder auch wesentlich unter Beizug von Maschinen, von der einheimischen Bevölkerung oder von Auswärtigen, durchwegs auf dem Bauplatz oder wesentlich anderswo geschaffen worden ist, im Boden fundiert oder infolge des Gewichtes festsitzt, sich nur oberirdisch oder auch unterirdisch erstreckt. Wo es sich um ein Gebäude handelt, ist jedoch wegen des Erfordernisses, dass ein erwachsener Mensch darin aufrecht stehen kann, immer auch das Erfordernis der aufrechten Dimension gegeben, sei sie nun brocken- oder strangförmig. Was fundiert und gross ist, existiert meistens auch längere Zeit. Wo es für das

---

[21]   ZB Leiter, Flaschenzug, Lift.
[22]   Gemäss Duden, Bedeutungswörterbuch, Stichwort «Gebäude», ist ein Gebäude ein «grösserer Bau, in dem meist Büros, Schulen, Wohnungen o.ä. untergebracht sind». Das hilft für die weitern Abklärungen nicht viel weiter.

Zutreffen von etwas zu Definierendem auf dasselbe herauskommt, ob eine Eigenschaft vorliegt oder nicht, dort hat es keinen Sinn, diese Eigenschaft in eine Definition einzugliedern. Daher sehe ich, mit Ausnahme des Kriteriums der Dauerhaftigkeit wegen seiner kategorialen Tragweite, davon ab, diese Unterscheidungen in der Gebäudedefinition zum Ausdruck zu bringen.

2. In der Rechtsprechung und juristischen Literatur (siehe auch Rz 34) werden oft andere Bedingungen für das Vorliegen von Gebäuden genannt, als die vorhin aufgeführten. Diese seien nachfolgend der Reihe nach beschrieben: 19

a) Schutz von «Sachen»

Überall dort, wo ein erwachsener Mensch aufrecht stehen kann und er mehr oder weniger gegen atmosphärische Einwirkung abgeschirmt ist, können auch «Sachen», Gegenstände etwelcher Bedeutung, eingestellt werden und sind auch sie mehr oder weniger gegen atmosphärische Einwirkungen geschützt. Dasselbe gilt auch weitgehend für Tiere. Daher ist es für die Definition des Gebäudes nicht nötig, zu verlangen, dass in einer solchen Baute auch Sachen eingestellt werden können und diese sodann mehr oder weniger gegen atmosphärische Einwirkungen abgeschirmt sind. Das ergibt sich alles von selbst. Vereinzelt wird auch die Möglichkeit zum Einstellen von Tieren erwähnt.

b) Schutz gegen andere «äussere Einflüsse» (als solche atmosphärischer Art)

An den atmosphärischen Einflüssen ist typisch, dass sie von aussen her erfolgen. Dass es auch noch andere «äussere Einflüsse» gibt, steht fest. In Betracht kommen etwa der Schutz vor Lärm, unangenehmen Gerüchen, Blendung oder auch davor, dass jemand ungewollt in etwas hineinfährt, hineinstürzt, mit Diebesabsicht eindringt, sich unberechtigterweise hier aufhält, unerwünschten Einblick nimmt usw. Was allein hiegegen und nicht auch gegen atmosphärische Einflüsse schützt, zB ein Prellbock, ein Geländer, eine Einfriedigung, eine Grenzmauer, ist zwar eine Baute, aber kein Gebäude; es ist höchstens ein Teil davon. 20

c) Vorhandensein von «Dach und Wand» oder «Dach allein»

Gelegentlich wird hervorgehoben, ein Gebäude liege nur dort vor, wo der Raumausschnitt, in welchem ein erwachsener Mensch aufrecht stehen kann, ein Dach und eine Wand oder zumindest ein Dach mit Tragkonstruktion aufweise. Ich halte dafür, dass ein Raumausschnitt, in welchem solches nicht zutrifft, überhaupt nicht gegen äussere atmosphärische Einflüsse schützt. Die Nennung des Bauteiles Dach/Wand ist deshalb nicht erforderlich. 21

d) «Sich selbst Tragen»

Verschiedentlich wird zum Ausdruck gebracht, dass ein Gebäude eine «sich selbst tragende» Gegebenheit sei. Damit kann nur gemeint sein, dass das, was als Gebäude angesprochen wird, selbst auf dem (Erd-)Boden feststehen müsse, dass es also nicht genüge, wenn das so Angesprochene seinerseits auf einer Baute stehe oder seitlich auskragend fest an eine solche angeschlossen sei, dass letzten Endes, vom Boden aus beurteilt, jenes nur durch Vermittlung dieser Baute getragen werde. Hier geht es jedoch nicht um das 22

Verhältnis von Gebäude zu Gebäude, sondern um dasjenige eines Bestandteiles, insbesondere eines Balkons oder Erkers zum Gebäude als Ganzem, allenfalls auch um dasjenige einer keinen Bestandteil des Gebäudes bildenden Installation zum Gebäude. Derartiges gehört nicht in die Definition des Gebäudes. Balkone und Erker sind selbstverständlich keine Gebäude, sondern Gebäudeteile. Pergolas auf einem Flachdach können Gebäudeteile oder blosse Installationen sein.

e) «Oberhalb des Bodens», «oberirdisch»

23 Verschiedentlich wird das Gebäude als eine oberhalb des Bodens befindliche, oberirdische Gegebenheit bezeichnet. Das könnte zur Annahme verleiten, dass unterirdische Gegebenheiten keine Gebäude seien. Zu einer solchen Einschränkung besteht jedoch meines Erachtens keinerlei Anlass, weil der Bodenraum ebenfalls, wenn auch nicht allein, wichtig ist und sich dort Menschen seit jeher gut schützen konnten; man denke an Höhlenbewohner; man denke etwa an Matera in Unteritalien.

f) Zugehörige Bauteile

24 In der Gebäudedefinition von Hans Müller/Ernst Fehr und Erich Zimmerlin/Ernst Kistler (Rz 33) erscheinen auch die «zugehörigen Bauten» bzw. die «Bauteile und Hilfsmittel». Dies dient kaum der Klärung. Wenn damit Bestandteile gemeint sind, gehören sie selbstverständlich zum Gebäude; dass ein Gebäude Bestandteile haben kann, braucht in der Gebäudedefinition nicht zum Ausdruck zu gelangen. Wenn jedoch Zubehörden gemeint sind, ist es selbstverständlich, dass sie nicht zum Gebäude gehören.

g) Erfordernis der «erheblichen Beeinflussung der Umwelt» bzw. «Einwirkung auf die Nachbarschaft» bzw. «Beeinflussung der Vorstellungen über die Nutzungsordnung»

25 Gelegentlich wird für das Vorliegen eines Gebäudes verlangt, dass die Baute «geeignet (sei), die Umgebung erheblich zu beeinflussen, sei es durch Fernhaltung von Sonnenlicht und Luft oder die Überlagerung der freien Bodenfläche», oder dass die Baute «wegen ihrer Konstruktion oder Zweckbestimmung auf die Nachbarschaft einwirkt» oder dass die Baute «geeignet (sei), die Vorstellung über die Nutzungsordnung[23] zu beeinflussen, sei es, dass sie den Raum äusserlich erheblich verändern, die Erschliessung belasten oder die Umwelt beeinträchtigen»[24].

26 Nun ist aber offensichtlich, dass eine wahrnehmbare, zwar unbelebte, aber von Menschen geschaffene, grosse, dauerhafte, ortsfeste Gegebenheit, also eine Baute, nie darum herumkommt, die Umgebung zu beeinflussen, auf die Nachbarschaft einzuwirken, den

---

[23] So BGE 113 Ib 315 f (Unterägeri/ZG). Gemeint ist wohl der Zweck der «Nutzungsordnung».
[24] EJPD S. 272 f, Christoph Mäder, S. 83. Beide berufen sich auf Martin Pfisterer, S. 142. Dieser äussert sich hier allerdings etwas anders. Auch BGE 113 Ib 315 f (nicht fest im Boden verankerte Beton-Aufbereitungsanlage in Unterägeri/ZH) sowie Walter Haller/Peter Karlen S. 116 N. 7 beziehen sich auf diese Umschreibung, desgleichen BGE 119 Ib 445 (Pyramiden für Urnengräber auf der Alp Spielmannda, Cerniat/FR). Im BGE 123 II 256, 259 (Schweizer Heimatschutz c. Pilatusbahn und Gemeinde Hergiswil/NW, betr. Beleuchtung) wurde die Anwendbarkeit von RPG Art. 22 mit dieser Begründung bejaht.

Raum äusserlich zu verändern, und sei es nur durch Schattenwurf, Abhaltung der Durchlüftung, Erschwerung des Versickerns von Regen- und Schmelzwasser, Verstellung der Aussicht. Das trifft selbst dann zu, wenn die Baute aus durchsichtigem Glas oder luftdurchlässigem Material geschaffen worden ist oder sich sogar für einen freien Durchblick und Winddurchzug offenhält. Zur Belastung der Erschliessung kommt es ebenfalls praktisch immer, auch wenn die Baute nur von wenigen ruhigen Leuten und nur kurzfristig besucht wird; man denke an die Errichtungsphase.

Die mit den Formulierungen «erhebliche Beeinflussung der Umwelt», «Einwirkung auf die Nachbarschaft» usw. verbundenen Vorstellungen haben nun aber eine eindeutig negative Ausrichtung. Wer diese Formulierungen verwendet, wird ja kaum je auf die Idee verfallen, bei einer sich positiv auf die Umwelt auswirkenden Beeinflussung, Einwirkung auf die Nachbarschaft usw. liege kein Gebäude vor[25]. 27

Allgemein ist zu sagen: Es ist unzweckmässig, semantische Grundfestsetzungen – hier die Definition des Gebäudebegriffes – an Bedingungen zu binden, die bei Erlaubnissen das gute Tun, bei Verboten das schlechte Tun charakterisieren[26]. 28

Ich halte deshalb dafür, dass auch diese Formulierung keine sinnvolle Präzisierung des Gebäudebegriffes bietet.

D. Zusammenfassung

Es genügt deshalb, das Gebäude wie folgt zu definieren: Ein Gebäude ist jede statisch-konkrete, aus Material bestehende und damit wahrnehmbare, unbelebte, vom Menschen geschaffene, grosse, dauerhafte, ortsfeste Gegebenheit mit mindestens einem Raumstück[27], in welchen ein erwachsener Mensch hineingehen, wo sich dieser aufrecht aufhalten kann und wo eine mehr oder weniger weitgehende Abschirmung gegen unerwünschte atmosphärische Einwirkungen besteht[28, 29]. 29

Vereinfacht könnte man auch sagen: Ein Gebäude ist eine Baute mit mindestens einem Raumstück, in welches ein erwachsener Mensch hineingehen, wo sich dieser aufrecht aufhalten kann und wo eine Abschirmung gegen atmosphärische Einwirkungen besteht.

---

[25] Dass dabei das sonst eher mit positiven Vorstellungen verbundene Wort «sich eignen» verwendet wird, ändert am Gesagten nichts Wesentliches. Es wäre wohl zutreffender, wenn hier von «die Möglichkeit besitzen», oder gar von «im Verdacht stehen» gesprochen würde.
[26] In diesem Sinne Ota Weinberger, S. 226.
[27] Damit ein solches Raumstück entsteht, sind keine seitlichen Wände nötig. Es genügt bereits ein Pfosten, welcher pilzartig ein Dach trägt.
[28] Die Folge dieser Definition ist, dass zB Strassen, Wege, Geleiseanlagen, Kanäle, Leitungen, Einfriedungen usw. von vorneherein keine Gebäude sind, weil sie im Innern keine lichte Höhe aufweisen. Ein Bienenhaus, ein Kaninchenstall, eine Briefkastenkombination usw. würden zwar eine lichte Höhe im Innern aufweisen, jedoch nur eine solche, in welcher ein erwachsener Mensch nicht aufrecht stehen kann. Zu einer umfassenden Darstellung des Baurechtes würde selbstverständlich auch die Erörterung der hierauf bezüglichen Regelungen gehören, welche in dieser Arbeit aber ausbleibt.
[29] Wo Menschen gegen atmosphärische Einwirkungen geschützt sind, sind es auch Tiere und Fahrnis. Der Schutz vor atmosphärischen Einwirkungen ist oft auch ein Schutz vor Lärm, Gerüchen, Staub, Einblick Dritter, Eindringen Dritter, Diebstahl usw. Ein solcher Schutz ist jedoch kein Erfordernis für das Vorliegen eines Gebäudes.

II. Zur Gebäudedefinition in der Praxis, juristischen Literatur und Gesetzgebung[30]

A. Zur Praxis und juristischen Literatur

1. Ausgangslage

30 Lange fehlte in der deutschschweizerischen Gesetzgebung, auf jeden Fall im alten Zürcher Baugesetz, eine Gebäudedefinition. Eine solche wurde erst im Laufe der Zeit durch die Praxis, meistens in der Form von Rekursentscheiden der Verwaltung, herausgearbeitet und dann von der juristischen Literatur weitergebildet. Erst sehr spät fand die Gebäudedefinition in die Gesetzgebung Aufnahme. Ich beginne deshalb nachfolgend mit der Darstellung der frühen Praxis im Kanton Zürich, gebe dann den sich zum Gebäudebegriff äussernden Autoren das Wort, erörtere hierauf die im Kanton Zürich vorkommende gesetzliche Definition und schliesse mit der Erwähnung verschiedener neuerer Verwaltungs- und Gerichtsentscheide aus verschiedenen Kantonen.

2. Frühe zürcherische Verwaltungspraxis

31 Die älteste mir bekannte, aus der Wende vom 19. zum 20. Jahrhundert stammende, rechtsverbindlich gewordene Gebäudedefinition aus der deutschsprachigen Schweiz stammt vom Regierungsrat des Kantons Zürich und lautet wie folgt:

– Ein Gebäude ist ein Werk, das bestimmt ist, einen nicht unbeträchtlichen Teil des Luftraumes zum Schutze von Menschen oder Sachen äussern, hauptsächlich atmosphärischen Einflüssen mehr oder weniger abschliessend zu entziehen und das, im Boden eingelassen oder auf demselben durch eigenes Gewicht feststehend, sich selbst trägt[31, 32].

---

[30] Der Bauten- und Gebäudebegriff spielt nicht nur im öffentlichen, sondern auch im Privatrecht eine Rolle. Siehe zu Letzterem: Robert Haab, Kommentar ZGB, N. 14 ff zu Art. 667, N. 1 zu Art. 674, N. 5 zu Art. 675. Arthur Meier-Hayoz, Kommentar ZGB, N. 9 ff zu Art. 647c, N. 6 f zu Art. 674, N. 2 ff zu Art. 675 und N. 65 f zu Art. 685 f und Karl Oftinger/Emil W. Stark, Schweizerisches Haftpflichtrecht, Besonderer Teil II, S. 186 ff. Unterschiede bestehen, sind aber nicht gross.

[31] Gemäss Jakob Maag/Hans Müller, zu § 125 N. 1 stammt diese Formulierung im Wesentlichen vom Stadtrat von Zürich und wurde vom Regierungsrat mit Beschluss Nr. 18 von 1903 leicht modifiziert übernommen. Der Stadtrat hatte als Gebäude auch noch ein «Werk», welches «auf ein bereits bestehendes Gebäude» eingelassen wurde, als Gebäude angesehen; der Regierungsrat liess dies weg und nannte dafür als Alternative: Werk auf dem Boden «durch eigenes Gewicht feststehend». Zuvor hatte der Bezirksrat das Gebäude wie folgt definiert: «jedes Werk der Baukunst, das geschlossene Räume enthält und ein Ganzes ausmacht». Das wurde von Jakob Maag/Hans Müller als zu eng angesehen, «da es auch Gebäude ohne geschlossene Räume gibt». – Ich vermute, dass es sich bei der Definition des Stadtrates nicht um eine eigene Kreation, sondern um eine Entlehnung aus Deutschland handelte.

[32] Siehe auch ZH-Regierungsrat in Geschäftsbericht 1929 Grundsätzliche Entscheide Nr. 51; ferner ZH-RRB 3963/1963: dieser wurde bestätigt durch Verwaltungsgerichtsentscheid vom 28. Februar 1964, publiziert in ZBl 1964 S. 290 (Klärbecken der ARA in Meilen); ferner Verwaltungsgerichtsentscheid vom 28. Februar 1969 publiziert in ZBl 1969 S. 433 ff (Zufahrtsrampe zu rückwärtiger Unterniveaugarage); BGE 99 Ia 120/121 (Wohnwagen auf Standplatz am Greifensee/ZH).

Die Unterschiede zur obigen Definition sind wohl nur redaktionell: Statt von Gegebenheit, Baute, ist von «Werk» die Rede; die Zwecksetzung gelangt beim Regierungsrat sprachlich direkter zum Ausdruck («… bestimmt …»), ist aber auch in meiner Formulierung vorhanden; statt vom Innern, in welchem ein erwachsener Mensch aufrecht stehen kann, wird beim Regierungsrat von «einem nicht unbeträchtlichen Teil des Luftraumes» gesprochen; mit der Hervorhebung des «Luftraumes» sollen kaum unterirdische Gebäude und Gebäudeteile vom Gebäudebegriff ausgeschlossen werden; es geht hier wohl um eine Nennung pars pro toto; zu den andern als atmosphärischen äussern Einflüssen: Rz 20; wenn beim Regierungsrat davon die Rede ist, dass «ein Teil des Luftraumes zum Schutz vor gewissen Einflüssen entzogen» werde, so ist dies gleichbedeutend mit meiner Aussage, dieser Teil werde von diesen Einflüssen abgeschirmt; zur Differenzierung der Ortsfestigkeit «im Boden eingelassen» und «auf demselben durch eigenes Gewicht feststehend» Rz 14. Zum «Sich selbst Tragen» siehe Rz 22.

Spätere Gebäudedefinitionen bezeichnen als Gebäude eine Baute, «wenn ein gewisser Umfang besteht, der geeignet ist, die Umgebung erheblich zu beeinflussen, sei es durch Verdrängung von Licht und Luft oder die Überlagerung der freien Bodenfläche, oder wenn die (Baute) wegen ihrer Konstruktion oder Zweckbestimmung auf die Nachbarschaft einwirkt; feste Verbindung mit Boden ist Nebensache»[33]. 32

Seit dem 2. Weltkrieg ist eine Tendenz zur Ausweitung des Gebäudebegriffes gegenüber dem Stand zu Beginn des Jahrhunderts festzustellen. 33

So wurden als Gebäude bezeichnet alle Bauten, welche die in Rz 31 aufgeführte Definition erfüllen, «weiterhin auch jedes Bauwerk, das im Boden eingelassen sich selbst trägt»[34]. Das Vorhandensein eines Raumausschnittes, in welchem ein erwachsener Mensch aufrecht stehen kann und worin einigermassen ein Schutz gegen äussere atmosphärische Einwirkungen besteht, scheint nicht mehr verlangt zu werden. Etwas später kommt auch eine Gebäudedefinition vor, nach welcher Bauten als Gebäude behandelt werden können, die entweder der erstgenannten Definition oder der zweitgenannten entsprechen; es darf sich allerdings nicht bloss um eine Mauer oder Einfriedigung handeln[35].

3. Definitionen in der juristischen Literatur

a)   Aus allen oder einem Teil der in Rz 31 ff wiedergegebenen Elemente der Gebäudedefinition sind die Äusserungen folgender, mehrheitlich im Kanton Zürich ansässiger Autoren gebildet: 34

---

[33] ZH-RRB 2036/1910, 2682/1925, 2064/1929, 133/1932, 1228/1932, 1735/1939, 2083/1946, 325/1954, 3762/1956. In ZH-RRB 3963/1963, betreffend Klärbecken der ARA in Meilen, heisst es allerdings, dass «die bewerbungsbedingte Einwirkung auf die benachbarten Grundstücke für sich allein kein hinreichendes Element der Gebäudeeigenschaft» bilde. Hievon abgesehen sei die Einwirkung «in der Regel … sehr gering» (?). Gleichwohl wurde der Gebäudecharakter verneint, weil die Becken «einen bloss unbeträchtlichen, kaum wahrnehmbaren Teil des Luftraumes erfassen» (Umfassungsmauern ragen wenige Zentimeter über den Boden hinaus, der fahrbare Reinigungsrechen mit Brücke und Geländer darüber ist nur 1 m hoch).
[34] ZH-RRB 1735/1939, 225/1952 und 325/1954. Christian Mäder, S. 86 FN 30, sieht bei Othmar Herter, Baubewilligung und Baueinsprache nach zürcherischem Recht, Diss., Zürich 1941, S. 26, eine auf der Praxis zu ZH-altBauG § 125 beruhende Ausweitung des Gebäudebegriffes auf das, was später das RPG und ZH-PBG als «Bauten und Anlagen» bezeichnen. Rz 2526 ff.
[35] ZH-RRB 3762/1956.

– Jakob Maag/Hans Müller, die Kommentatoren des alten Zürcher Baugesetzes, 1907, haben sich meines Wissens in der juristischen Literatur in der deutschsprachigen Schweiz erstmals mit dem Gebäudebegriff auseinandergesetzt. Dies geschah in ihren vorne in Rz 31 bereits erwähnten Ausführungen in N. 1 zu § 125.
– Hans Müller/Erich Fehr, Das Baupolizeirecht in der Schweiz, 1913, haben auf S. 6 die damalige zürcherische Praxis zum Gebäudebegriff mit folgenden Worten wiedergeben: «Unter Gebäuden versteht man im allgemeinen unter oder über dem Erdboden errichtete Bauten, welche Räume zum Schutz von Menschen oder Sachen gegen aussen mehr oder weniger abschliessen, samt allen zugehörigen Bauteilen.» Bemerkenswert ist hieran, dass einerseits ausdrücklich auch unterirdische Bauten in den Gebäudebegriff einbezogen werden und dass anderseits kein Hinweis auf die Ortsfestigkeit und auf das, wovor geschützt werden soll, vorkommt. Die Autoren betrachten wohl die Notwendigkeit einer Ortsfestigkeit und des Schutzes vor atmosphärischen Einflüssen als selbstverständlich. Keine neue Aussage bedeutet der Hinweis auf die «zugehörigen Bauteile». Teile eines Gebäudes gehören immer zum Gebäude.
– Othmar Herter, FN 34, 1941, S. 36 gibt nur die Gebäudedefinition gemäss ZH-RRB 1735/1939 und 325/1954 wieder.
– Hans Egger, 1958/1964/1970, äussert sich auf S. 12 wie folgt: «Unter Gebäude ist jede bauliche ober- oder unterirdische Einrichtung zu verstehen, welche bestimmt ist, einen Raum gegen äussere, namentlich atmosphärische Einflüsse mehr oder weniger vollständig abzuschliessen; ... zu den Merkmalen eines Gebäudes gehört namentlich ein gewisser Umfang, der geeignet ist, die Umgebung zu beeinflussen, sei es durch Luft- und Lichtverdrängung, Überlagerung der freien Bodenfläche oder durch Einwirkungen auf die Nachbarschaft wegen Konstruktion oder Zwecksetzung». Der Ausdruck «bauliche Einrichtung» ist wohl mit «Baute» gleichzusetzen. Als «Raum» ist hier erst ein Raumstück, nicht bereits ein Gebilde mit Dach zu verstehen. Hans Egger hält ausserhalb der Definition noch fest, dass es für das Vorliegen eines Gebäudes keine Rolle spiele, aus welchem Material die Konstruktion bestehe, ob es sich um eine vorfabrizierte Konstruktion handle, ob sie leicht oder schwer transportabel sei, ob sie ein Fundament aufweise oder nicht, welches die zeitliche Dauer des Bestandes der Baute sei, ob Wände vorhanden seien. Hingegen muss nach Hans Egger auf jeden Fall «ein mehr oder weniger Schutz bietendes Dach vorhanden sein, wobei das gewählte Material unerheblich ist»[36, 37].
– Erich Zimmerlin, Kommentar BauO, Aarau 1960, S. 53, bezeichnet unter Bezugnahme auf Ernst Kistler[38] als Gebäude «jede unter oder über dem Boden errichtete Baute, die ihrem Zweck nach unbeweglich, dazu dienen kann, Menschen und Sachen Schutz namentlich gegen atmosphärische Einflüsse zu gewähren, samt Bauteilen und Hilfsvorkehren», wobei feste Verbindung mit dem Boden nicht erforderlich sei, es vielmehr genüge, wenn das Werk zu seiner Fortbewegung in seiner Gesamtheit ungeeignet sei. Eigenständig ist hier die letztere Passage. Im Kommentar 1976 f, S. 66 und 1985, S. 63 verwendet Erich Zimmerlin im Wesentlichen die Definition des ZH-Regierungsrates von 1903. Allerdings steht der Begriff der Baute im Zentrum seiner Ausführungen.

---

[36] «Es genügt ein von Pfosten getragenes Dach.»
[37] Nach Hans Egger, mit Verweis auf ZH-RRB 102/1949, sind demzufolge Pergola, freistehende Benzintanksäulen usw. keine Gebäude.
[38] Ernst Kistler, Baupolizei und Baupolizeirecht im Kanton Aargau, Diss., Bern 1926, S. 29.

– Rudolf Friedrich/Karl Spühler/Ernst Krebs, 1970, äussern sich auf S. 24 ungefähr gleich zum Gebäudebegriff wie Hans Egger. Sie beziehen die Definition des Zürcher Regierungsrates von 1903 jedoch stärker in ihre Umschreibung ein. Sie heben hervor, dass unter den Gebäudebegriff «nicht nur eigentliche Häuser» fallen. Zum Erfordernis eines Daches erklären sie jedoch: «Ein eigentliches Dach ist nicht unbedingt notwendig, kann doch in gewissen Fällen ein wirksamer Schutz vor äussern Einflüssen auch ohne ein solches erfolgen; so fallen auch unüberdachte Futtersilos unter den Gebäudebegriff, nicht aber Bassins, Klärbecken[39]... Nicht begriffsnotwendig sind Seitenwände (RRB Nr. 4487/1963). Eine blosse Pergola ist kein Gebäude; sobald jedoch mit dem Zweck des Schutzes von Sachen an einer Pergola bauliche Änderungen (teilweise Seitenwände, Dach oder dergl.) angebracht werden, fällt sie unter den Gebäudebegriff.»
– Paul B. Leutenegger, 1974, S. 100 f übernimmt ebenfalls weitgehend die Ausführungen von Hans Egger. Er bezeichnet neu das Gebäude als «unbeweglich», erwähnt auch den Schutz von «Tieren», berücksichtigt beim Schutz vor äussern Einwirkungen auch denjenigen von «Immissionen jeder Art» und hebt hervor, dass die Raumstücke «von Menschen betreten werden können». Prägnant ist sein Satz: «Gebäude ist umbauter Raum.»[40] Ferner: «Wände sind nicht Voraussetzung, doch muss in jedem Fall ein Dach, auch wenn dieses nur auf Pfosten steht, vorhanden sein.» Das Gebäude ist nach Paul B. Leutenegger «selbständig benutzbar»; was damit gemeint ist, sehe ich nicht.
– Martin Pfisterer, 1979, nimmt auf S. 139 ff zwar eingehend zu den «Bauten und Anlagen» Stellung, gibt aber keine allein die Gebäude betreffende Definition[41].
– Peter Dilger, 1982, äussert sich auf S. 230 ungefähr gleich zum Gebäudebegriff wie Hans Egger; er bezieht jedoch die Definition des ZH-Regierungsrates von 1903 noch stärker in seine Umschreibung ein.
– Christian Mäder, 1991, S. 83 f. Hier findet sich, im Verhältnis zu den hier genannten Publikationen, die umfassendste Auseinandersetzung mit den Begriffen «Bauten und Anlagen» sowie «Gebäuden». Ich verwende diese weitestgehend bei der Nennung von Beispielen.
– Christoph Fritzsche/Peter Bösch, Zürcher Planungs- und Baurecht, 1992, S. 106 und 170, geben im Wesentlichen nur § 2 der Zürcher Allgemeinen Bauverordnung (Rz 36 ff) wieder.

b) Keine besondere Bedeutung scheinen die folgenden Autoren dem Gebäudebegriff beizumessen: Aldo Zaugg (1971, 1987), EJPD Erläuterungen (1981), Leo Schürmann (1981, 1984), Walter Haller/Peter Karlen (1990/1992) und Robert Wolf/Erich Kull (1992). Auf jeden Fall erscheint im Inhaltsverzeichnis der baurechtlichen Werke der Genannten weder das Wort «Gebäude» für sich allein genommen noch ein Hinweis auf den «Gebäude-

---

[39] Die von den Autoren hiefür unter Hinweis auf ZH-RRB 3963/1963 und ZH-Verwaltungsgerichtsentscheid vom 28. Februar 1964, abgedruckt in ZBl 1964 S. 290 ff, gegebene Begründung («da diese einen bloss unbeträchtlichen Teil des Luftraumes erfassen») überzeugt allerdings nicht; denn zumindest zusammen mit dem im Boden gelegenen Raumausschnitt wäre der erfasste Raumausschnitt beträchtlich.
[40] Hingegen gibt er auf S. 139 folgende Definition für die «Bauten und Anlagen»: Dieser «Sammelbegriff» umfasst «alle künstlich geschaffenen und auf Dauer angelegten Einrichtungen ..., die in einer bestimmten festen Beziehung zum Erdboden stehen».
[41] Unter Hinweis auf Paul Siegenthaler in: MBVR 1966 S. 289 ff.

begriff». Das überrascht insoweit nicht, als die Baugesetze der «Heimatkantone» von Aldo Zaugg (Bern) und Leo Schürmann (Solothurn) sowie das eidgenössische Raumplanungsgesetz den Gebäudebegriff auch nicht definieren.

B. Zu den gesetzlichen Gebäudedefinitionen

36 1. Wie bereits erwähnt, enthält das alte Zürcher Baugesetz keine Definition des Gebäudes. Solche fehlen auch noch heute in den Baugesetzgebungen der anderen Deutschschweizer Kantone. Dabei erscheint dieses Wort an zahlreichen Stellen. Das Feststehen dessen, was damit gemeint ist, wird einfach, allerdings etwas voreilig, vorausgesetzt.

37 2. Im Kanton Zürich findet sich jedoch seit 1977 in der auf das PBG abgestützten regierungsrätlichen Allgemeinen Bauverordnung[42] in § 1 die folgende Gebäudedefinition:

> «Bauten und Anlagen im Sinne des Planungs- und Baugesetzes sind:
> a) Bauten, die im Boden eingelassen oder mit einer gewissen Ortsbezogenheit darauf stehend ihrem Umfang nach geeignet sind, die Umgebung durch Luft- und Lichtverdrängung, Überlagerung einer freien Bodenfläche oder durch sonstige Einwirkungen zu beeinflussen;
> b) alle planungs- und baurechtlich bedeutsamen äusserlichen Veränderungen von Grundstücken oder deren Nutzung.»

38 Darauf folgt eine längere Aufzählung von Beispielen («namentlich») von «Bauten und Anlagen», beginnend mit «Gebäuden und ihnen gleichgestellte Bauwerke». Sodann heisst es in § 2 der gleichen Verordnung in der Fassung von 1977:

> «Gebäude und ihnen gleichgestellte Bauwerke sind solche Bauten und Anlagen, die einen Raum zum Schutz von Menschen oder Sachen gegen äussere, namentlich atmosphärische Einflüsse mehr oder weniger vollständig abschliessen.
> Nicht als Gebäude oder ihnen gleichgestellte Bauwerke gelten solche Bauten und Anlagen, deren grösste Höhe nicht mehr als 1,5 m beträgt und die eine Bodenfläche von höchstens 2 m² überlagern[43].»

39 Alles in allem scheinen mir die §§ 1 und 2 der Allgemeinen Bauverordnung keine geglückte Gebäudedefinition zu sein[44, 45].

C. Zur bundesgerichtlichen Praxis

40 Das Bundesgericht hat sich meines Wissens zum Gebäudebegriff als solchem nie geäussert. Hingegen hatte es oft Gelegenheit, zum Passus «Bauten und Anlagen» in RPG Art. 22 und 24 Stellung zu beziehen. In BGE 120 Ib 379, 383 f (i.S. Ciba-Geigy AG Umbauten für gentechnische Produktion des Medikamentes Hirundin) erklärte es hiezu unter Bezugnahme auf das EJPD Erläuterungen, Art. 24, N. 4 Folgendes:

---

[42] Vom Regierungsrat erstmals beschlossen am 22. Juni 1977, LS 700.2.
[43] Siehe FN 63.
[44] Die hiezu bestehenden Präjudizien nehmen allerdings an der Formulierungsweise dieser Vorschriften keinen Anstoss: vgl. ZH-BEZ 1982 Nr. 34 (Baurekurskommission I), BEZ 1989 Nr. 34 (Baurekurskommission II) und BEZ 1991 Nr. 37 (Verwaltungsgerichtsentscheid vom 23. August 1991).
[45] Die §§ 1 und 2 der Allgemeinen Bauverordnung befriedigen umso weniger, als sie eigentlich mit dem die Bewilligungsbedürftigkeit von Bauten festlegenden ZH-PBG § 309 korrespondieren sollten. Das tun sie aber seit der Revision von 1991 nicht mehr. Rz 2526 f.

«Der bundesrechtliche Begriff ‹Bauten und Anlagen› ist vom Gesetzgeber nicht näher umschrieben. Nach der Rechtsprechung gelten als ‹Bauten und Anlagen› jedenfalls jene künstlich geschaffenen und auf Dauer angelegten Einrichtungen, die in bestimmter Beziehung zum Erdboden stehen und die Nutzungsordnung zu beeinflussen vermögen, weil sie entweder den Raum äusserlich erheblich verändern, die Erschliessung belasten oder die Umwelt beeinträchtigen (BGE 119 Ib 222 E. 3. S. 226 [Hängegleiterlandeplatz Ingenbohl/SZ], 118 Ib 1 E. 2.c S. 9 [Misoxer Kraftwerk Curciusa/GR], 49 E. 2 S. 51 f [Drahtmaschenzaun Überstorf/FR], 116 Ib 131 E. 3 [Gewächshaus, Wangen-Brüttisellen/ZH], 113 Ib 314 E. 2b [Betonaufbereitungsanlage Unterägeri]).»

Auffällig ist an diesen Zitaten, dass sich mit Ausnahme von BGE 116 Ib 131 keines auf ein Gebäude bezieht, in BGE 120 Ib 379 ff aber eindeutige bauliche Änderungen in eindeutigen Gebäuden zu beurteilen waren. Weitere Ausführungen hiezu finden sich bei der Erörterung von RPG Art. 22/24 in Rz 3667 f, 3761 f. 41

III. Zum praktischen Wert der Gebäudedefinition

A. Allgemeines

1. Es bezeichnen im Baurecht wohl wenige Begriffe eine Vorstellung, bei deren Zutreffen, «der Fall-Sein»[46] so häufig ein Sachverhalt eine bestimmte Rechtsfolge auslöst, wie der Gebäudebegriff. Dabei kann das Wort Gebäude in der Vorschrift vorkommen oder nicht vorkommen[47, 48]. 42

2. Das Gebäude ist, neben Blumen, Bäumen und Tieren, etwas vom ersten, was ein Kind ausserhalb seiner Beziehung zu Mutter und Vater sowie den übrigen Mitmenschen erkennen und bezeichnen kann. Dass das erste hiefür verwendete Wort allerdings wohl nie Gebäude sondern Haus, zürichdeutsch Huus, ist, ändert am Gesagten nichts Wesent- 43

---

[46] Vgl. die Ausdrucksweise von Ludwig Wittgenstein, Tractatus logico-philosophicus, Nr. 1 und 2.
[47] So statuierte zB ZH-altBauG § 125 die Pflicht zur Einholung einer Baubewilligung ausdrücklich bloss für die Erstellung und Änderung von Gebäuden. Doch wurden schon früh auch gebäudeähnliche Bauten als einer Bewilligung bedürftig erklärt. Wenn eine Vorschrift sich auf Bauten (und Anlagen) bezieht, dann spielt es für deren Anwendbarkeit selbstverständlich keine Rolle, ob eine Baute als Gebäude oder als Anlage zu qualifizieren sei; sie kommt in beiden Fällen zum Zuge.
[48] In ZH-RRB Nr. 2376/1987 (BEZ 1987 Nr. 42), bestätigt durch das ZH-Verwaltungsgericht am 1. Oktober 1987 (RB 1987 Nr. 76, ausführlicher in BEZ 1987 Nr. 35) wurde entschieden, dass eine 2 m hohe Mauer (kein Gebäude) den von PBG § 263 I (in der Fassung von 1974) geforderten Abstand von der Gewässergrenze grundsätzlich in gleicher Weise wie ein Gebäude einhalten müsse, obwohl die Vorschrift selbst weder von Gebäuden, Bauten noch Anlagen sprach. Es war jedoch im Vorgängerparagraphen und im regierungsrätlichen Antrag zu diesem § 263 noch von Bauten die Rede. Beachtenswert ist die vorgebrachte historische, systembezogene und teleologische Interpretation. – Im erwähnten RRB heisst es sodann, allerdings nur als obiter dictum: «Gegenüber Nachbargebäuden müssen nur Gebäude den (Grenz-)Abstand wahren [§ 260 PBG]». Dieser Paragraph wie auch die zugehörigen §§ 269 f. sprechen nur von Gebäuden. Hier wird also eine Ausweitung auf Anlagen abgelehnt. Im Urteil des Bundesgerichtes vom 16. Februar 1994 (ZBl 1995 S. 182–186) stand die Frage zur Diskussion, ob ein bei einer Tankstelle in St. Moritz/GR zu Werbezwecken aufgestellter Reklametotem den Grenzabstand einhalten müsse. Das Bundesgericht ging der Antwort jedoch aus formellrechtlichen Überlegungen aus dem Weg.

liches[49, 50]. Aber auch Erwachsene können in weitaus den meisten Fällen ohne jede Unsicherheit sofort sagen: Das ist ein Gebäude und das ist kein Gebäude. Trotzdem bereitet die Definition des Gebäudes Schwierigkeiten. Es könnten daran die meisten sprachphilosophischen und sprachtheoretischen Probleme abgehandelt werden[51]. Mangels Kompetenz muss ich darauf verzichten.

44 3.   Es ist offensichtlich, dass im Bundesrecht unter einem Gebäude nicht unbedingt dasselbe verstanden wird wie im kantonalen Recht, dass darunter im Recht des Kantons A nicht unbedingt dasselbe verstanden wird wie im Kanton B, dass darunter im Gesetz a nicht dasselbe verstanden wird wie im Gesetz b, ja dass sogar in ein und demselben Gesetz a in den verschiedenen Kapiteln oder Paragraphen das Wort Gebäude Verschiedenes bedeutet.

45 Man muss sich deshalb auch bei Vorliegen einer Gebäudedefinition immer für die Möglichkeit offen halten, dass selbst beim Vorkommen einer das Wort Gebäude verwendenden Vorschrift diese nicht zum Zuge kommt, obwohl alle Elemente der Gebäudedefinition erfüllt sind (wenn unter Gebäude dort etwas Engeres verstanden wird), oder umgekehrt, dass die Vorschrift zum Zuge kommt, obwohl nicht alle Elemente der Gebäudedefinition erfüllt sind (wenn unter Gebäude dort etwas Weiteres verstanden wird).

---

[49] Das Wort «Haus» kommt im ZH-Baurecht fast nur in Zonenbezeichnungen, zB in Einfamilien-, Landhaus-, Mehrfamilienhauszone sowie in den Vorschriften über terrassierte Blöcke vor: die Terrassenhäuser. Dabei würde sich das Wort «Haus» von seiner etymologischen Herkunft her bestens zur Bezeichnung dessen eignen, worum es bei Gebäuden geht, denn gemäss Duden, Herkunftswörterbuch, stammt das Wort Haus von der indogermanischen Wurzel (s)keu- ab, welche auf bedecken, verhüllen hindeutet; bei der ersten germanischen Lautverschiebung wurde das k zu h; auch die Wörter Hort und Hose gehen auf die gleiche Wurzel zurück. Der Grund, weshalb das Wort Haus im ZH-Baurecht trotzdem so wenig vorkommt, hängt wahrscheinlich damit zusammen, dass mit Haus fast immer eine Baute von erheblichem Wert bezeichnet wird; es braucht daneben aber eine Sammelbezeichnung, welche auch Hütten, Schuppen, kleine Werkstätten, Ställe usw. umfasst. Hiezu eignet sich das Wort Gebäude besser.

[50] In der Statistik (vgl. Zürcher statistische Nachrichten, Gebäude- und Wohnungsbau 1997, Gebäude und Wohnungsbestand Ende 1997, Bericht 1/1998) wird zwischen Bauten mit Wohnungen (Einfamilienhäuser, Mehrfamilienhäuser, Wohnhäuser mit Geschäftsräumen, übrige Wohnhäuser, Nutzbauten mit Wohnungen) und reinen Nutzbauten unterschieden; in der Stadt Zürich soll es 1997 52'311 von der kantonalen Gebäudeversicherung erfasste Gebäude gegeben haben, hievon waren 34'526 Gebäude mit Wohnungen und 17'785 ohne Wohnungen; von den Letzteren lagen 6'397 Gebäude «unterhalb der Minimalkriterien» (oberirdisch 25 m^2 Grundfläche oder 75 m^3 Rauminhalt bzw. unterirdisch 1'000 m^2 Grundfläche oder 3'000 m^3 Rauminhalt); zu den Letzteren zählt das Statistische Amt: Fabrik-/Werkstatt-/Laborgebäude, Gewerbe-/Büro-/Geschäftshäuser, Lagergebäude, Magazine, Schul-/Kultusgebäude, Theater, Museen, Turnhallen, Gastgewerbegebäude, Nebengebäude für Spitäler/Heime/Anstalten, Gebäude für Verkehrsbetriebe/ Feuerwehr/ Militär/ Zivilschutz, Garten-/Weekendhäuser, Klubhütten, Landwirtschafts-/Gärtnereigebäude, Ateliergebäude, Verkaufspavillons, Kioske, Garagengebäude, Autoeinstellhallen, Parkhäuser, Tankstellen, Servicegebäude, Bedürfnisanstalten, Transformatoren-/Pumpstationen, Silos.

[51] Es ist denn auch wohl kein Zufall, dass gemäss Merill R. und Jaakko Hintikka, Untersuchungen zu Wittgenstein, übersetzt von Joachim Schulte, Frankfurt a.M. 1990, der «Durchbruch» im Denken von Ludwig Wittgenstein im Zusammenhang mit der Frage stand: «Was nun ist die Beziehung zwischen einem Namen und dem benannten Gegenstand, etwa dem Haus und seinen Namen?»

1. Kapitel   Erster Abschnitt   § 1

4.   Zudem darf man sich keiner Illusion hingeben: Man kann sich bei der Gebäude- 46
definition noch so um Präzision bemühen, es wird immer einen Graubereich geben, innerhalb welchem unklar ist, ob jetzt ein Gebäude anzunehmen sei oder nicht (Rz 49). Es gibt nun einmal keine Wörter, deren Bedeutung absolut eindeutig und schon gar nicht eineindeutig ist[52].

5.   Bei dieser Ausgangslage hilft im konkreten Fall oft auch eine Gebäudedefinition 47
nicht viel weiter; es bleibt meistens ein erheblicher Graubereich übrig[53]. Von hier aus gesehen, wirkt es nicht als grosse Lücke, dass die in Rz 34 erwähnten Autoren sich nicht zum Gebäudebegriff äussern. Gleichwohl halte ich dafür, dass das Gebäude im Baurecht eine derart wichtige Rolle spielt, dass in einer umfassenden Darstellung desselben die Auseinandersetzung mit seinem Begriff eine unverzichtbare Aufgabe bleibt[54].

6.   Zum Begriffspaar Gebäude – Grube

Es könnte der Anschein bestehen, dass das Gebäude einerseits und die Grube anderseits 48
ein besonders typisches Gegensatz-Begriffspaar sei: Das Gebäude ist weitgehend die Folge des *Hinein*stellens von Material in den Boden-/Wasser-/Luftraum, wo dieses Material bisher nicht vorhanden war; demgegenüber ist die Grube die Folge davon, dass dort, wo bisher Boden war, Boden weggeführt worden ist. Gegen die Betonung dieses Gegensatzes sprechen jedoch Erscheinungen wie der Kailasha-Tempel in Ajanta (Indien) und die St. Georgs-Kirche in Lalibela (Äthiopien). Beide bestehen im Wesentlichen aus denjenigen Bodenteilen, welche *nicht* aus dem Fels herausgehauen worden sind. Vgl. auch Rz 184 FN 58.

B.   Beispiele aus dem Graubereich (normative Unklarheit)

1.   Nachfolgend werden die häufigsten Beispiele aus dem sich bei der Gebäude- 49
definition nach Rz 29 ergebenden Graubereich aufgeführt. Dabei wird immer davon ausgegangen, dass sich die Gegebenheit unmittelbar auf dem Boden befindet; sonst handelt es sich allenfalls nur um einen Gebäudebestandteil oder eine Installation auf, an oder im Gebäude. Bei allem Aufgezählten gibt es immer eine grössere oder kleinere lichte Höhe im Inneren. Was nicht als Gebäude, Gebäudeteil oder Installation in Betracht kommt, ist meistens aber trotzdem eine Baute. Der jeweils in Klammern gesetzte Ausdruck weist auf das für den Gebäudecharakter kritische Definitionselement hin; ja bedeutet: Es handelt sich um ein Gebäude; nein bedeutet: Es handelt sich um kein Gebäude[55].

---

[52] Siehe die in Rz 979 zitierten Äusserungen des Sprachwissenschaftlers Dietrich Busse.
[53] Bezüglich des Bautenbegriffes wäre Ähnliches zu sagen. Doch sind hier im Allgemeinen die Auswirkungen des Graubereiches bei der Unterscheidung zwischen selbständigen Bauten und Nichtbauten weniger dramatisch, Sonderfälle ausgenommen; zB die bisweilen zwischen Nachbarn heftig umstrittene Frage, ob ein Gartensitzplatz, Gartencheminée, Planschbecken, eine Kinderrutschbahn, -schaukel, -kletteranlage, Werkzeugtruhe, ein Kleintiergehege, Bienenhaus, Misthaufen, eine Kompostierungsgrube eine (abstandspflichtige und/oder bewilligungsbedürftige bzw. -fähige) Baute sei oder nicht. Siehe auch BGE 119 Ib 445 (Pyramiden für Urnengräber auf Freiburger Alp).
[54] Zum Begriff des Begriffes: Helmut Seiffert, Wissenschaftstheorie, Band 1, S. 40 ff.
[55] Wo keine Belegstelle angegeben ist, kann eine solche häufig der Publikation von Christian Mäder, S. 83–88, entnommen werden.

- Fahrnisbauten wie Hütten, Buden, Baracken, Schrebergartenhäuschen (Ortsfestigkeit): ja (die ZH-Verordnung über Bauten im Wald vom 12. Juli 1962 [921.35] spricht in § 1 lit. a von «Hütten und anderen Gebäuden»);
- Unterstand als auf Pfosten oder Säulen stehendes Dach ohne Umwandung zeitlich unbeschränkt an gleicher Stelle befindlich (Abschirmung): ja (ZH-Regierungsrat, Geschäftsbericht 1925 Nr. 30, ZH-BEZ 1988 Nr. 55); wenn zeitlich beschränkt an gleicher Stelle befindlich (Dauerhaftigkeit, Abschirmung) eher nein;
- Verkaufsstände zeitlich unbeschränkt an gleicher Stelle befindlich (Ortsfestigkeit): ja; wenn zeitlich beschränkt an gleicher Stelle befindlich (Dauerhaftigkeit, Ortsfestigkeit): eher nein;
- regelmässig kurz an einer bestimmten Stelle stationierter Verkaufswagen (Dauerhaftigkeit, Ortsfestigkeit): nein;
- Fest- oder Zirkuszelte, Tribünen, Bühnen, grosse Theaterkulisse für einzelne Aufführung, Sportanlass im Freien (Dauerhaftigkeit, Ortsfestigkeit): eher nein (ZH-RB 1996 Nr. 83; Christian Mäder, N. 201);
- Wohnwagen, Wohnmobil auf Rädern stehend (Dauerhaftigkeit, Ortsfestigkeit): eher nein; wenn aufgebockt (Dauerhaftigkeit, Ortsfestigkeit): ja (BGE 99 Ia 113 f, Grüningen/ZH, ZH-RB 1972 Nr. 85);
- Wohncontainer als Asylantenunterkunft (Dauerhaftigkeit, Ortsfestigkeit): ja (Entscheid des ZH-Verwaltungsgerichtes vom 16. November 1991 in: BEZ 1991 Nr. 1);
- Kinderspielhütte (Grösse, Dauerhaftigkeit, Ortsfestigkeit, Zugänglichkeit, darin aufrecht stehen): nein (RB 1982 Nr. 145, BEZ 1982 Nr. 21);
- grosses Weinfass (Grösse, Dauerhaftigkeit, Ortsfestigkeit, Zugänglichkeit): eher ja;
- Pergola ohne Seitenwand (Abschirmung[56]): nein; wenn mit einer Seitenwand (Abschirmung): eher ja; zwei und mehr Seitenwände (Abschirmung): ja (Hans Egger, S. 12, ZH-RB 1981 Nr. 142, BEZ 1982 Nr. 34);
- Gestänge (Wäscheaufhängevorrichtung) mit über Schiene ausfahrbarem verstellbarem Lamellendach (Grösse, Abschirmung): nein (Entscheid der Baurekurskommission I in: BEZ 1989 Nr. 34); wenn Sonnenstore: eher nein (Entscheid der ZH-Baurekurskommission II in: BEZ 1982 Nr. 34);
- unüberdeckte Garagenrampe als Betonkonstruktion, Fussgängerbrücke, Aussichtskanzel, wenn je mit lichter Höhe darunter (Abschirmung): eher ja; sonst: eher nein (allerdings wurde im Entscheid des ZH-Verwaltungsgerichtes vom 28. Februar 1969 ZBl 1969 S. 433 f für eine zu einem Parkhaus führende Rampe sowohl der Gebäude- als auch der Gebäudebestandteilcharakter verneint, obwohl eine Stütze auf der Garagendecke stand; hingegen bejahte die Baurekurskommision III [BEZ 1997 Nr. 12, entgegen ZH-Baurekurskommission I in: BEZ 1988 Nr. 54] den Gebäudebestandteilcharakter bei einer Aussentreppe, welche baulich und funktionell mit dem Gebäude eng verbunden ist);
- Futtersilos (Möglichkeit für einen Erwachsenen, hineinzugehen): eher ja;
- Betonaufbereitungsanlage (Ortsfestigkeit, Zugänglichkeit): keine Stellungnahme, ob Gebäude, aber «Baute oder Anlage» bejaht (BGE 113 Ib 315 Unterägeri/ZG);
- mit Folien überspannte Beete (Ortsfestigkeit, Dauerhaftigkeit): eher nein;

---

[56] Eine Schutzwirkung ergibt sich höchstens aus den Efeu- oder Rebranken darüber.

- Brotofen (Grösse, Zugänglichkeit, darin aufrecht stehen): offengelassen, aber bejaht, dass die «Parzellenordnung» einzuhalten ist (ZH-Verwaltungsgerichtsentscheid vom 19. Februar 1987 in: BEZ 1987 Nr. 2, Rz 2371 mit FN 3;
- Gartencheminées (Grösse, Zugänglichkeit, darin aufrecht zu stehen, ZH-RB 1983 Nr. 105): nein;
- Materiallagertanks (Zugänglichkeit, darin aufrecht stehen): eher ja;
- Gerätekiste (Grösse): nein (vgl. BGE 112 Ib 407, Allschwil/BL, Frau E.M.);
- freistehende Tanksäule mit unterirdischem Tank (Zugänglichkeit, darin aufrecht stehen): eher nein (BlZR 1933 Nr. 121; privatrechtlich);
- Klärbecken (Abschirmung): nein (Entscheid des ZH-Verwaltungsgerichtes vom 28. Februar 1964, Meilen/ZH, ZBl 1964 S. 290 f FN 33);
- Bretterbeige, so arrangiert, dass darunter ständig lichte Höhe vorliegt, wenn diese niedriger als Grösse eines erwachsenen Menschen (Ortsfestigkeit): nein; sonst: ja (ZBl 1962 S. 237);
- ausgediente, im Freien aufgestellte Eisenbahnwagen, Flugzeuge, Autobusse (Ortsfestigkeit): ja;
- Wertstoffsammelstelle (Zugänglichkeit, darin aufrecht stehen): nein (ZH-RB 1994 Nr. 83).

IV. Das Verhältnis zwischen Gebäuden, Bauten und Anlagen

A. Zweiteilige Gliederungen

Wenn man als Gebäude die Bauten mit mindestens einem innerhalb von sich selbst befindlichen Raumstück bezeichnet, welches eine lichte Höhe von der Grösse eines erwachsenen Menschen aufweist und wo eine mehr oder weniger weitgehende Abschirmung gegen atmosphärische Einwirkungen besteht, so wird damit zugleich zum Ausdruck gebracht, dass es auch Bauten gibt, welche innerhalb von sich selbst keine solchen Raumstücke aufweisen. Zu deren Bezeichnung eignet sich meines Erachtens am besten das Wort «Anlage», wenn man nicht zum Verlegenheitsausdruck «andere Baute» oder «übrige Baute»[57] greifen will. Damit stehen sich Gebäude und Anlagen gegenüber. Der Oberbegriff hiezu sind die Bauten. Das führt zu folgender Einteilung:

```
            Bauten
           /      \
      Gebäude    Anlagen
```

Dem entspricht auch der Bautenbegriff des ZGB im 19. Titel, 2. Abschnitt, A. III. Art. 671 ff einigermassen.

---

[57] So Christian Mäder, S. 87 N. 183.

B. Andere Gliederungen

51 1. a) Die Unterteilung der Bauten in Gebäude einerseits und Anlagen anderseits entspricht nun allerdings keineswegs der im schweizerischen Baurecht vorherrschenden Gliederung. Es wird zwar verschiedentlich gesagt, der Gebäudebegriff sei enger als derjenige der Bauten[58], doch sieht man die Gliederung meistens anders. Insbesondere beruhen das RPG und das Zürcher PBG auf einer andern Systematik. Diese gehen nicht vom Begriff der «Baute», sondern von demjenigen der «Bauten und Anlagen» aus[59].

52 b) Dabei stellt sich fürs Erste einmal die Frage, ob mit diesem Ausdruck, gebildet aus zwei mit einem «und» verbundenen Hauptwörtern (Substantiva), eine einzige Vorstellung, eine in sich ungeteilte Menge «Bauten und Anlagen» oder aber nacheinander zwei separate Vorstellungen, nämlich einerseits «Bauten» und anderseits «Anlagen» (man beachte die unterschiedliche Stellung der Anführungszeichen!) gemeint seien[60]. In RPG Art. 22 und 24 geht es wohl eher um die Bezeichnung einer einzigen Vorstellung durch zwei, mit einem «und» verbundene Hauptwörter, im Zürcher PBG wahrscheinlich grossenteils desgleichen[61]. In diesem Fall muss man sich fürs Erste noch keine Gedanken darüber machen, ob die Gebäude eher zu den Bauten oder eher zu den Anlagen zu schlagen seien; sie gehören einfach zur ungeteilten Menge «Bauten und Anlagen».

53 c) Doch gleich anschliessend stellt sich die Frage, wie man den nicht zu den Gebäuden gehörenden Teil der mit «Bauten und Anlagen» bezeichneten Menge benennen wolle. Die Benennung mit «Bauten» scheidet dabei wohl schon allein deshalb als ungeeignet aus, weil ein Gebäude sicher eher zu den «Bauten» als zu den «Anlagen» gehört; zudem würde dann der Oberbegriff zu «Gebäude» und «Bauten» «Bauten und Anlagen» lauten, was kurios wäre. Die Benennung des nicht zu den Gebäuden gehörenden Teiles der ungeteilten Menge «Bauten und Anlagen» mit «Anlagen» würde jedoch dazu führen, dass der Ausdruck «Bauten und Anlagen» der Oberbegriff für «Gebäude» und «Anlagen» wäre; man spräche dann besser gerade schon im Oberbegriff von «Gebäuden und Anlagen», wobei «Bauten» in der Grosseinteilung dann keine Verwendung mehr fände.

54 d) Die sprachliche Situation wird nochmals dadurch kompliziert, dass man im RPG auch noch von «gebäudeähnlichen Objekten» spricht, allerdings nicht im Gesetzestext,

---

[58] So zB Arthur Meier-Hayoz an den in FN 30 genannten Stellen, ferner Paul B. Leutenegger auf S. 100 f.
[59] Dasselbe gilt auch für das Eisenbahngesetz Art. 18 und 18a (Rz 4114). Vgl. hiezu Martin Pfisterer, S. 139–146. Im AG-altBauG nimmt wegen § 10 der Bauten-Begriff allerdings eine recht zentrale Stellung ein. Das eidg. Gewässerschutzgesetz von 1991 unterscheidet allerdings in Art. 18 zwischen «kleinen Gebäuden und Anlagen» (Rz 4079).
[60] Im erstgenannten Fall würde es sich um eine dem Ausdruck «Treu und Glauben» vergleichbare Formulierung handeln. Martin Pfisterer spricht auf S. 139 von einem «Sammelbegriff» und «Doppelbegriff». In der Linguistik bezeichnet man diese Erscheinung als Hendiadyoin; das bedeutet in freier Übersetzung aus dem Griechischen «das eine durch zwei».
[61] Vgl. die §§ 40, 65, 219, 232, 233 und 239. In den §§ 222, 226, 228 und 230 allerdings, wo zwischen «Bauten» und «Anlagen» kein «und», sondern ein Komma steht und unmittelbar anschliessend noch von «Ausstattungen» und «Ausrüstungen» die Rede ist, handelt es sich wohl eher um den Ausdruck zweier aufeinander folgender Vorstellungen. Zu den §§ 1 und 2 der ZH-Allgemeinen Bauverordnung siehe Rz 36 f.

sondern in den Erläuterungen des EJPD[62, 63]. Diese gehören sicher nicht zu den «Gebäuden», sonst wären sie nicht bloss ihnen ähnlich, sondern ihnen gleich[64]. Wenn man hier versuchen wollte, alle diese Ausdrücke «Bauten», «Anlagen» und «gebäudeähnliche Objekte» bzw. «den Gebäuden gleichgestellte Bauwerke» in ein widerspruchsloses oder zumindest nicht allzu stark gegen den üblichen Sprachgebrauch verstossendes System zu bringen, so sähe dieses wohl etwa wie folgt aus:

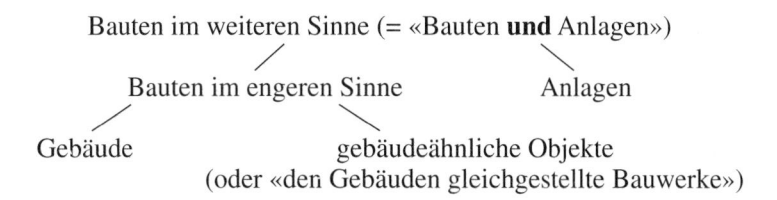

```
                    Bauten im weiteren Sinne (= «Bauten und Anlagen»)
                   /                                              \
          Bauten im engeren Sinne                               Anlagen
         /                       \
    Gebäude              gebäudeähnliche Objekte
                  (oder «den Gebäuden gleichgestellte Bauwerke»)
```

f)   Eine nochmals andere Gliederung ergäbe sich, wenn man unter «Bauten und Anlagen» alle bau- oder planungsrechtlich relevanten äusserlichen Veränderungen von Grundstücken oder von deren Nutzung verstehen wollte, die nicht unter den Gebäudebegriff fallen[65]. Nicht nur käme es hier zu einem Wechsel von der statischen zur dynamischen Betrachtungsweise («Veränderungen»!), sondern es stünde über den «Gebäuden» sowie den «Bauten und Anlagen» der Oberbegriff «bau- oder planungsrechtlich relevante äusserliche Veränderungen von Grundstücken oder von deren Nutzung». Das scheint mir von vorneherein verfehlt.

55

g)   Für diese begrifflich verworrene Situation werden folgende Gründe genannt[66]:

56

– es bestehe eine «Weite und Unbestimmtheit des Begriffsinhaltes» von «Bauten und Anlagen»,
– der Ausdruck gewinne «fassbare Gestalt ... erst aus dem Zweck der einzelnen Gesetze – der Bau- und Planungsgesetze, der Gewässerschutzgesetze, der Natur- und Heimatschutzgesetze zum Beispiel»,
– es wäre eine «Abgrenzung (nämlich zwischen Bauten und Anlagen) ohne praktische Bedeutung» und
– man wolle «den Kantonen Freiheit bei der nähern Ausgestaltung» gewähren.

Daher wird auch im Verzicht auf eine Legaldefinition im RPG, im Fehlen einer klaren Auseinanderhaltung von «Bauten» und «Anlagen» im RPG und in den §§ 1 und 2 der Zürcher Allgemeinen Bauverordnung sowie in der Veramalgamierung von «Bauten» und

57

---

[62] Siehe dort N. 4–7 zu Art. 22.
[63] In ZH-Allgemeine Bauverordnung § 2 war in der Fassung von 1977 von «Gebäuden und/oder ihnen gleichgestellten Bauwerken» die Rede; dieser Ausdruck wurde 1991 durch «Gebäude» allein und durch «Bauten und Anlagen» ersetzt. Rz 36 f.
[64] Bzw. den Gebäuden nicht bloss gleichgestellte Bauwerke; auch sie wären direkt Gebäude.
[65] Vgl. Christian Mäder, S. 84 FN 21. Siehe auch die Bemerkungen zu den §§ 1 und 2 der ZH-Allgemeinen Bauverordnung in FN 63 f.
[66] Vgl. hiezu und zum Folgenden: EJPD Erläuterungen, S. 272 f und Christian Mäder, S. 83–85.

«Anlagen» kein Mangel gesehen. Man kommt jedoch m.E. in der Praxis ohnehin nicht darum herum, eine Aufspaltung vorzunehmen. Indem man Unbestimmtes miteinander verbindet, wird weder das eine noch das andere und schon gar nicht beides zusammen klarer. Die Freiheit der Kantone hätte auch auf begrifflich einwandfreie Art gewahrt werden können.

58 M.E. spielt das Gebäude im Baurecht eine so wichtige Rolle und bedarf es einer so vielfachen weitern Verästelung, dass ihm im System eine Stellung «weiter oben», näher beim Stamm des umgestülpten Begriffsbaumes gebührt. Die gebäudeähnlichen Objekte bzw. die Gebäuden gleichgestellten Bauwerke schlägt man dann besser zu den Anlagen[67].

59 2. Wenig überzeugend ist sodann die Gliederung der «Bauten und Anlagen» in den §§ 1 und 2 der Zürcher Allgemeinen Bauverordnung. Es wird hiezu auf Rz 36 f und die FN 47 verwiesen.

60 3. Die Unterteilung der Bauten in Gebäude einerseits und Anlagen anderseits entspricht auch nicht der Gliederung gemäss Umweltschutzgesetz (Rz 4081 f). Gemäss dessen Art. 7 VII sind «Anlagen ... Bauten, Verkehrswege und andere ortsfeste Einrichtungen sowie Terrainveränderungen. Den Anlagen sind Geräte, Maschinen, Fahrzeuge, Schiffe und Luftfahrzeuge gleichgestellt». Hier bilden die Anlagen den allerobersten Begriff. Das führt meines Erachtens zu folgender Gliederung[68]:

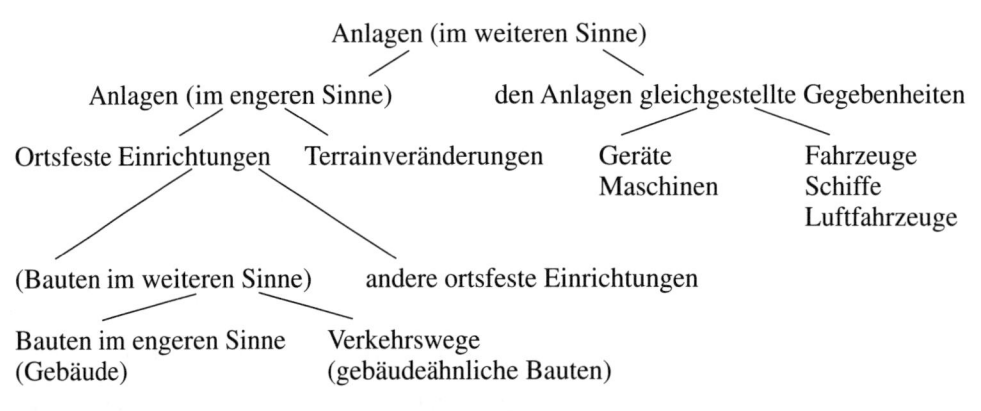

```
                        Anlagen (im weiteren Sinne)
                       /                          \
        Anlagen (im engeren Sinne)       den Anlagen gleichgestellte Gegebenheiten
       /                    \
Ortsfeste Einrichtungen   Terrainveränderungen   Geräte        Fahrzeuge
       /        \                                Maschinen     Schiffe
      /          \                                             Luftfahrzeuge
(Bauten im weiteren Sinne)   andere ortsfeste Einrichtungen
    /          \
Bauten im engeren Sinne   Verkehrswege
(Gebäude)                 (gebäudeähnliche Bauten)
```

Die in Klammern gesetzten Ausdrücke kommen in USG Art. 7 nicht vor. Es ist bedauerlich, dass zwei inhaltlich so eng zusammenhängende Gesetze wie das RPG und das USG in der Begriffsbestimmung derart stark voneinander abweichen. Der Grund hiezu mag in dem in Rz 4080 und 4081 aufgeführten Umstand liegen.

---

[67] Das ergäbe dann im Stamm der «Anlagen» die Unterteilung in gebäudeähnliche und nicht gebäudeähnliche Anlagen bzw. den Gebäuden gleichgestellte und den Gebäuden nicht gleichgestellte Anlagen. Es würde sich bei den gebäudeähnlichen Anlagen wahrscheinlich lediglich um diejenigen Bauten handeln, welche zwar innerhalb ihrer selbst einen Schutz vor atmosphärischen Einflüssen bieten, das hiezu in Betracht kommende Raumstück aber weniger lichte Höhe als die Grösse eines erwachsenen Menschen aufweist (im Kanton ZH: weniger als 1,5 m).
[68] Vgl. Kommentar USG, zu Art. 7 VII N. 17.

4. M.E. befriedigen weder die Gliederung gemäss RPG und Zürcher PBG mit den «Bauten und Anlagen» als Ausgangsbegriff noch diejenige gemäss USG mit den «Anlagen» als Ausgangsbegriff. Ich werde nachfolgend stets vom Begriff der Bauten ausgehen, welcher sich einerseits in die «Gebäude» und anderseits in die «Anlagen» unterteilt. M.E. sollte der Ausdruck «Bauten und Anlagen» fallen gelassen und allein durch «Bauten» als Ausgangsbegriff ersetzt werden.

§ 2 Die Existenzphasen der Gebäude

I. Allgemeines zu den Existenzphasen der Gebäude

A. Ausgangslage

142   1.   Alles hat seine Zeit, eine Zeit des Anfanges[1], eine Zeit des Daseins und eine Zeit des Endes. Das ist auch bei den Gebäuden nicht anders. Es lassen sich hier eine Entstehungsphase, eine Bestandesphase und eine Untergangsphase unterscheiden. Man kann von Existenzphasen sprechen. Diese Phasen können ganz oder teilweise real bereits in der Vergangenheit oder erst in der Zukunft liegen[2]. Die zeitliche Reihenfolge ist immer Entstehung – Bestand – Untergang[3]. Eine Umkehrung der Reihenfolge ist – selbstverständlich – nicht möglich.

143   2.   Die Bestandesphase wird bisweilen, aber nicht immer, durch eine, zwei oder mehr Änderungsphasen überlagert. Diese befinden sich fast immer zeitlich im Innern und nicht am Rand der Bestandesphase. Man kann bei Vorliegen von Änderungsphasen die Bestandesphasen I, II, III usw. unterscheiden[4]. Die Änderungsphasen enden zeitlich, je nach Betrachtungsweise, entweder mit dem Ende der jeweiligen Bestandesteilphase oder sie überlappen zwei davon.

144   3.   Vor der Entstehungs- und nach der Untergangsphase liegt nichts gerade Interessierendes vor. Dieses hat auf jeden Fall eine andere Identität[5]. In Betracht kommt zB vorher ein altes Einfamilienhaus, nachher ein Hochhaus.

B. Die Energieeinsätze

145   Sie können nach folgenden Kriterien unterteilt werden:

1. Es findet kein Energieeinsatz statt (a) oder es findet ein Einsatz von Energie statt (b).

---

[1] Hier befindet sich, rein bildhaft gesprochen, etwas «in statu nascendi», im Status des Geborenwerdens.

[2] Von einer bloss virtuellen Existenz kann man bei Gebäuden sprechen, welche nur auf Zeichnungen, Gemälden, Fotos, Plänen, Modellen dargestellt, aber weder je verwirklicht worden sind noch je verwirklicht werden. Vgl. auch Rz 13 mit FN 5.

[3] Bisweilen dauert die Bestandesphase nur während einer so kurzen Zeit, dass es scheint, die Entstehungsphase werde unmittelbar von der Untergangsphase abgelöst, zB wenn ein Gebäude bei seiner Erstellung einstürzt. Die Bestandesphase ist hier aber ebenfalls mitzudenken.

[4] Es ist eine Ausnahme, dass sich an die Entstehungsphase direkt eine von einer Änderungsphase überlagerte Bestandesphase anschliesst; das ist der Fall der vollständigen Fehlplanung; «Meister, die Arbeit ist fertig, kann ich sie gleich wieder flicken?» Ebenfalls ist es selten, dass eine von einer Änderungsphase überlagerte Bestandesphase direkt durch die Untergangsphase abgelöst wird; das ist der Fall beim Einsturz eines Gebäudes infolge Umbauarbeiten. Zwischen zwei Änderungsphasen besteht meistens ein zeitlicher Zwischenraum, es sei denn, die Änderungsbedürfnisse hätten sich bereits während der Änderungsphase gewandelt.

[5] Zum Begriff der Identität siehe Rz 167 ff.

2. Im Falle von 1.b: Die Energie wird direkt durch die Natur eingesetzt[6] (a) oder die Energie wird durch das Tätigwerden von Menschen eingesetzt (b).
3. Im Falle von 2.a: Die durch die Natur eingesetzte Energie wirkt entweder kontinuierlich[7] (a) oder schlagartig[8] (b).
4. Im Falle von 2.b: Der Einsatz von Energie durch den Menschen betrifft die Phase als unbeabsichtigte Nebenwirkung (a)[9] oder aber diese Betroffenheit ist das angestrebte Ziel des Energieeinsatzes durch den Menschen (b)[10].
5. Im Falle von 4.b: Der Energieeinsatz erfolgt ohne Zufuhr von Material[11] und ohne Verwendung von Gerätschaften[12] (a) oder aber der Energieeinsatz erfolgt unter Zufuhr von Material und unter Verwendung von Gerätschaften (b) oder aber unter Verwendung von Gerätschaften, aber ohne Zufuhr von Material (c) oder aber unter Zufuhr von Material, aber ohne Verwendung von Gerätschaften (d).

C. Zur Abhängigkeit vom Willensentscheid

Bei der Untergangs- und bei der Änderungsphase kann man, je nach der Abhängigkeit dieses Geschehens von einem Willensentscheid von Menschen, zwischen einer Untergangs- bzw. Änderungsphase im weiteren Sinne und einer solchen im engeren Sinne unterscheiden. **146**

Das führt dann zu einer Zweiteilung in Untergangs- bzw. Änderungsphasen im weiteren Sinne (gewollt und nicht gewollt) und einer solchen im engeren Sinne (nur gewollt)[13]. **147**

---

[6] ZB Gravitationskraft, kinetische Energie (Bewegung), weitere physikalische Kräfte (zB Dilatation, Osmose), chemische Reaktionen (zB infolge Säuregehalt, Bimetallismus), Wärme, Licht, Schall, Magnetismus, Elektrizität, ionisierende Strahlung.

[7] In Betracht kommen: Herunterfallen von Gebäudeteilen infolge statischer Fehlkonstruktion, Zerreissung oder Zerdrückung von Material infolge Dilatation, Zersetzung, Abbröckeln, Abbrechen von Material infolge Verwitterung (zB durch Sonnenbestrahlung, Regen, Wind, Luft- und Bodenfeuchtigkeit, Pflanzenbefall [zB Hausschwamm, Moos, Efeu], Tierfrass [zB Hausbock, Termiten]).

[8] In Betracht kommen: Schäden infolge Sturm, Erdrutsch, Steinschlag, Lawinen, Überschwemmung, Blitzschlag, Erdbeben, nicht von Menschen zu verantwortende Feuersbrunst usw.

[9] ZB infolge Abnützung durch Bewerb, Beschädigung infolge Unvorsichtigkeit.

[10] Die Energie wird freigesetzt durch Menschen, früher auch Zugtiere, durch Verbrennung von Benzin, Dieselöl, Kohle, Holz und Erdgas sowie durch Bezug von Elektrizität aus Leitungen ab Kraftwerken zum Betrieb von Motoren, Dampfmaschinen und Heizanlagen, Entzündung von Sprengstoff.

[11] In Betracht kommen: Holz, Naturgestein, Kunststein, Zement, Wasser, Metall in Gestalt von Stangen, Platten, Blechen, Rohren, Nägeln, Schrauben usw., Ziegel, Stroh, Schilf, Glas, Keramik, PVC, Dichtungsmaterial, Wand- und Bodenbeläge, Verputzmaterial, Malfarbe. Dieses Material wird häufig in Raumabschnitte eingefügt, wo vorher nur Luft, Boden, Wasser oder Pflanzen (Bäume, Sträucher, Gras) vorhanden war, was dann verdrängt oder gar zerstört wird.

[12] In Betracht kommen: Werkzeug (Schaufel, Beil, Säge, Hammer, Meissel, Spitzhacke); Maschinen (Bagger, Trax, Kran, Kompressor, Dampfwalze), Fahrzeuge, Gleit- und Putzmittel hiefür, Gerüste, Abschrankungen, Messgeräte usw.

[13] Bei der Entstehungsphase und der Bestandesphase drängt sich keine solche Unterscheidung auf; denn bei der Entstehungsphase von Gebäuden ist die Abhängigkeit von einem Willensentscheid immer voll gegeben, da ohne einen solchen kein Gebäude entsteht; eine Gebäude kann nicht im eigentlichen Sinne «wachsen»; bei der Bestandesphase geht der Willensentscheid definitionsgemäss immer, auch bei Gebäuden, höchstens auf ein Weiterbestehenlassen, nicht aber in einen Energieeinsatz. «Bestand» darf nicht mit «Bewerb» verwechselt werden.

II. Zur Entstehungs-, Bestandes- und Untergangsphase der Gebäude

A. Zur Entstehungsphase

148 1. Die Phase des Entstehens, der Entstehung eines Gebäudes ist dadurch gekennzeichnet, dass es aus einem «Nichts» zu einem «Etwas» kommt. Da aber aus nichts nichts werden kann, ist die Entstehung nur möglich, wenn von aussen Energie und Material hinzukommen. Beim Wort «Entstehung» ist daher primär an eine dynamische und nur sekundär an eine statische Erscheinung zu denken. Bei der Entstehung eines Gebäudes ist neben der Zufuhr von Material nach Rz 145 immer auch menschliche Energie mit im Spiel; aus der Natur allein entsteht kein Gebäude[14]. Dabei geht es immer um einen die Entstehung anstrebenden Einsatz von menschlicher Energie; ein Gebäude entsteht nie nur als unbeabsichtigte Nebenwirkung eines auf ein anderes Ziel gerichteten Einsatzes von menschlicher Energie. Die Entstehung eines Gebäudes ist deshalb immer auch die Erstellung oder Errichtung eines Gebäudes[15]. Statt von Entstehungsphase kann man deshalb auch von Erstellungsphase sprechen. Diese kann bestehen im Wegstossen von Humus, Ausheben der Baugrube, Einmessen des Schnurgerüstes, Anlegen des Fundamentes, Hochführen des Rohbaues mit Mauern, Wänden, Böden, Decken, Dach usw. Ausbauen des Innern, Auftragen des Verputzes, Anstreichen der Farbe, Bearbeiten der Umgebung usw[16]. Dabei gelangen die in FN 11 und 12 genannten Materialien und Gerätschaften zur Anwendung. Die Entstehungsphase ist regelmässig mit Immissionen, wie Lärm, Staub, Rauch, Erschütterung, Benzin-/Dieselölgestank, verbunden. Sie dauert bisweilen nur wenige Tage, meistens aber Wochen und Monate, wenn nicht Jahre oder gar Jahrzehnte[17]. Am Schluss der Entstehungsphase werden meistens die Gerätschaften sowie die übrig gebliebenen hinzugeführten Materialien weggeführt.

149 2. Die Erstellung eines Gebäudes wird entweder von demjenigen veranlasst, welcher sein späterer (erster) Eigentümer sein wird, oder aber von einem Bauaktiven (Architekt, Generalunternehmer usw.), welcher für den Verkauf baut[18]. Sie erfolgt regelmässig freiwillig[19].

---

[14] Es wäre denn, man wollte auch Termitenstöcke, Fuchshöhlen, Vogelnester, Ameisenhaufen usw. als Gebäude bezeichnen.
[15] RPG Art. 22 I spricht von «errichten» (Rz 3667 f), ZH-PBG § 309 lit. a von «Erstellung». Erstellen, Erstellung und errichten, Errichtung sind wohl gleichbedeutend. Dgl. Christian Mäder, S. 96 FN 60.
[16] Ob bereits das Fällen von Bäumen vor Vorliegen einer rechtskräftigen Baubewilligung, vor oder nach Einreichung des Baugesuches, einen Baubeginn darstelle und deshalb ohne vorherige Bewilligung unzulässig sei: Rz 2597.
[17] Man denke an den Bau der grossen gotischen Kathedralen.
[18] Architekt, Ingenieur, Handwerker, Unternehmer usw., welche ein Gebäude erstellen, ohne dessen Eigentümer zu werden, tun jenes auf Veranlassung des Eigentümers. Eine ersatzvornahmeweise Erstellung eines Gebäudes durch das Gemeinwesen ist in Fällen von FN 19 denkbar.
[19] Eine unfreiwillige Erstellung eines Gebäudes kommt allenfalls dort in Betracht, wo ein Bauzwang gilt, zB wo es um eingezontes, erschlossenes Bauland geht, welches der Eigentümer horten will, obwohl Wohnungsknappheit besteht.

3. Damit es rechtmässig zur Entstehungsphase eines Gebäudes kommen kann, sind **150** meistens eine vorherige behördliche Baubewilligung[20] und, zur Überprüfung, ob alle auf den Baubeginn gestellten Bedingungen erfüllt sind, auch noch eine Baufreigabe sowie eine Schnurgerüst- sowie Rohbauabnahme erforderlich. Das Ende der Entstehungsphase ist oft durch eine behördliche Bezugs- und Schlussabnahme, Ersteres im Hinblick auf die Erfüllung der wohnhygienischen und sicherheitsmässigen Erfordernisse, markiert[21, 22]. Es gibt auch Baubewilligungen, auf welche keine Entstehungsphase folgt[23].

B. Zur Bestandesphase

1. Auf die Phase der Entstehung folgt die Phase des Weiter- oder Fortbestandes eines **151** Gebäudes. Hier kommt es an sich zu keinem Einsatz von Energie und zu keiner Zufuhr von Material. Es werden keine Gerätschaften eingesetzt. Es bleibt grundsätzlich alles beim bereits Vorhandenen. Alles steht still, nichts läuft[24]. Beim Wort «Bestand» ist daher primär an eine statische und nur sekundär an eine dynamische Erscheinung zu denken. Die Bestandesphase dauert so lange, als die Identität des Gebäudes vorhanden ist[25]. Sie wird, wie bereits erwähnt, bisweilen teilweise von einer, zwei oder mehr Änderungsphasen überlagert; das ergibt dann eine Bestandesteilphase I, II, III usw. (Rz 143). Die Bestandesphase ist, bezogen auf das Gebäude allein, also ohne Bewerb, eine fast immissionslose Phase, wenn man von der durch das Gebäude bewirkten Bodenpressung und Behinderung von Besonnung, Durchlüftung und Aussicht absieht[26]. Sie dauert im Allgemeinen Jahre, Jahrzehnte, ja sogar Jahrhunderte, hört aber immer einmal auf.

2. Da das Recht nur menschliches Verhalten regelt, geht es hier primär nicht um den **152** Fortbestand, sondern um das Fortbestehen lassen. Dieses kann, aus der Sicht des Eigentümers, freiwillig oder unfreiwillig, unbedingt oder bedingt unfreiwillig erfolgen[27]. Die Vorstellung, dass andere als der Eigentümer und das Gemeinwesen (als Gesetzesanwender) ein Gebäude fortbestehen lassen, liegt eher fern.

3. Zur Rechtmässigkeit der Bestandesphase braucht es, nachdem die behördliche Bau- **153** abnahme erfolgt ist, bis zu deren Schluss im Allgemeinen keine weitere behördliche Bewilligung mehr, sei es, weil man davon ausgeht, mit der Baubewilligung sei zugleich auch die Bewilligung für das Fortbestehenlassen erteilt, sei es, weil Letzteres nicht als

---

[20] RPG Art. 22 I (Rz 3667 f) und PBG §§ 309 ff (Rz 2526 f).
[21] Die behördliche Abrechnung über die Bewilligungs-, Anschluss- und sonstigen Gebühren, die Schätzung des Gebäudewertes durch die amtliche Gebäudeversicherung, die Aufnahme des Gebäudes in der amtliche Vermessungswerk usw. sind dabei weniger typisch.
[22] Siehe PBG aktuell 1995, Heft 4, S. 36 ff: praxisbezogenes Interview von Beatrice Lustenberger mit den Winterthurer Baukontrolleuren Hans Tobler und Ernst Schwander.
[23] Baubewilligungen erlöschen meistens nach einer bestimmten Zeit, wenn sie nicht ausgeübt werden (ZH-PBG § 322: nach 3 Jahren; Rz 2583).
[24] Es findet höchstens ein Ersatz von Bauteilen statt, welche verschwunden oder schadhaft geworden sind. Das sind aber Reparaturen; diese zähle ich zur Änderungsphase. Rz 176.
[25] Zum Begriff der Identität siehe Rz 167 ff.
[26] Rz 14 mit FN 11.
[27] Rz 152. Die Tafel «Hunde verboten» richtet sich nicht an die Hunde, sondern an deren Halter.

wiederum bewilligungsbedürftig angesehen wird (Rz 682 f). Anders verhält es sich meistens nur, wenn entweder die Baubewilligung zeitlich befristet oder mit einer Resolutivbedingung erteilt worden ist, ferner wenn die Unterhaltspflicht vernachlässigt und dieser nun nachgelebt werden soll.

C. Zur Untergangsphase

154 1. Die Phase des Unterganges folgt auf die Bestandesphase[28]. Beim Untergang fällt die Identität des Gebäudes dahin[29]. Es gibt keinen Untergang, ohne dass Energien einwirken. Es geht daher bei der Untergangsphase um eine primär dynamische und nur sekundär statische Erscheinung. Die einwirkenden Energien können direkt aus der Natur stammen (Rz 145) oder vom Menschen eingesetzt sein. Der Untergang kann das rechtmässig oder unrechtmässig angestrebte Ziel oder eine blosse Nebenwirkung des Einsatzes menschlicher Energie sein. Im erstern Fall kann man von einem Abbruch sprechen. Das Erfordernis der Energieeinwirkung hat die Untergangsphase mit der Entstehungs- und der Änderungsphase, nicht aber mit der Bestandesphase gemeinsam; bei der Untergangsphase kann jedoch die Energieeinwirkung, nicht wie bei der Entstehungs- und Änderungsphase, auch eine nicht von Menschen angestrebte sein. Beim Abbruch wird das seinerzeit bei der Erstellung oder Änderung des Gebäudes zugeführte Material, soweit es noch vorhanden ist, vom bisherigen Standort wieder entfernt, soweit es nicht einfach frei liegen oder als Ruine stehen bleibt oder mit Boden zugeschüttet wird. Neues Material wird, ausser Brennstoff für den Betrieb von Motoren und Sprengstoff, kaum zugeführt. Hingegen werden Gerätschaften benötigt[30]. Es kommt dabei zB zum Abdecken des Daches, Entfernen der Fensterläden, Abtrennen der Wasser-, Abwasser-, Strom- und Gasleitungen vom Versorgungs-/Entsorgungsnetz[31], Einreissen von Decken, Seitenwänden und Geschossböden usw. Das Erfordernis der Energieeinwirkung gilt auch für den Untergang infolge Vernachlässigung des Gebäudeunterhaltes. Im Falle, dass der Untergang das angestrebte Ziel des Energieeinsatzes des Gebäudeeigentümer ist, spricht man meist von Abbruch, bisweilen auch von Schleifung. Die Untergangsphase ist meist mit Immissionen, wie Lärm, Staub, Rauch, Erschütterung und Benzin-/Dieselölgestank, verbunden. Sie dauert oft nur einige Stunden oder Tage, sie kann sich aber auch über Jahre erstrecken, dies besonders bei Vernachlässigung des Gebäudeunterhaltes.

155 2. Die für die Untergangsphase erforderliche, menschliche Energie kann vom Eigentümer (mit Einschluss seiner Angehörigen, der von ihm beigezogenen Bauunternehmer,

---

[28] Zum scheinbaren direkten Anschluss der Untergangs- an die Entstehungsphase siehe FN 3.
[29] Zum Problem der Identität siehe Rz 167 ff.
[30] Dabei kommen von den in FN 12 aufgezählten Gerätschaften vor allem die Spitzhacke, der Kompressor und der Bagger, ferner Lastwagen in Betracht.
[31] Nur gerade diese Vorkehrungen werden bisweilen vom Eigentümer vorgenommen, um zu verhindern, dass unbefugte Dritte in ein zum Abbruch bestimmtes und daher leerstehendes Gebäude einziehen, was den nachherigen Abbruch verzögern kann (sogenannte «Hausbesetzungen»). Dabei stellt sich die Frage, ob das Kappen der Leitungen bereits als Abbruchbeginn zu werten sei (Rz 2526 f); die Bejahung hat rechtliche Konsequenzen, wo ohne Baubewilligung nicht abgebrochen werden darf. Vgl. die dramatischen politischen Auseinandersetzungen 1993 bezüglich der der Firma Bührle gehörenden Wohlgroth-Liegenschaft in Zürich 5. Vgl. auch BR 1996 S. 82 Nr. 172.

Handwerker, Architekten, Ingenieure usw. sowie der Mieter und Pächter) oder vom Gemeinwesen[32] oder einem unerlaubt handelnden Drittprivaten ausgehen[33]. Geht die Energie vom Eigentümer aus, so kann dies freiwillig oder unfreiwillig geschehen[34].

3. Der Übergang von einem gut unterhaltenen Gebäude bis zu seinem Verschwinden kann ausserhalb eines Abbruches über folgende Stadien erfolgen: ungenügend unterhaltenes Gebäude – baufälliges Gebäude – baulich abbruchreifes Gebäude – Ruine[35]. 156

4. Damit es rechtmässig zur Untergangsphase eines Gebäudes kommen kann, ist bisher nur in den wenigen Fällen eine behördliche Bewilligung erforderlich gewesen (Rz 2526 f). Allerdings braucht es je länger desto mehr eine solche, wo es sich um unter Denkmalschutz stehende Gebäude oder doch um solche mit erhöhtem ästhetischen Wert handelt (Rz 1843 f), ferner dort, wo die Vernichtung zinsgünstigen Wohnraumes und gewerblicher Lokalitäten gebremst werden soll (Rz 3118 f). Nur in wenigen Fällen kommt es am Schluss der Untergangsphase noch zu einem zusätzlichen behördlichen Akt, etwa in dem Sinne, dass das ordnungsgemässe Aufräumen und Entsorgen des Abbruchmaterials kontrolliert wird[36]. 157

5. Der Abbruch ist ein wichtiges, jedoch wenig beachtetes Thema der Urbanistik und Denkmalpflege, ein Grundbegriff städtischen Bauens; er muss Teil der Gesamtprojektierung sein[37]. 158

III. Zu den Änderungsphasen

Wie bereits erwähnt, ist die Bestandesphase öfters durch eine, zwei oder mehr Änderungsphasen überlagert. Wie die Überlagerung im Einzelnen in Erscheinung tritt, ist in Rz 151 näher dargestellt. Nachfolgend geht es darum, den Inhalt der Änderungsphasen zu erläutern. 159

---

[32] ZB ersatzvornahmeweiser Abbruch durch das Gemeinwesen.
[33] Zu denken ist hier an die kriminelle Zerstörung oder Beschädigung durch Dritte.
[34] Es wird zB dem Eigentümer der Abbruch baurechtswidriger Gebäudeteile befohlen, sei es unbedingt oder nur, wenn er selbst bauen will; siehe Rz 446 f.
[35] Ob man von Ruine nur sprechen will, wo höchstens noch einzelne Umfassungsmauern mit eingestürztem Dach und eingebrochenen Böden hochragen oder auch schon dort, wo ein Gebäude zwar noch steht, Umfassungsmauern, Dach und Böden jedoch arg defekt sind, ist Ansichtssache.
[36] Vgl. auch ZH-PBG § 239 II und USG allgemein. BR 1995 S. 70 Nr. 208: Hier wurde der von einer Abbruchliegenschaft stammende Bauschutt für die Kofferung eines Flurweges verwendet, was gegen USG Art. 7 VI und 30 IV (Rz 4081 ff) verstösst.
[37] So in einem Bericht über den Urbanistik-Kongress an der Römer Universität La Sapienza von 1995 in der NZZ Nr. 178 vom 4. August 1995.

A. Der Änderungsbegriff im Allgemeinen[38]

160 1. a) Mit dem Verb «ändern» und mit seiner Substantivierung «Änderung» ist immer die Vorstellung von einem Zustand vor einem Zeitpunkt und einem Zustand nach diesem Zeitpunkt, also die Vorstellung von zwei verschiedenen Zuständen sowie die Vorstellung von einem Wechsel zwischen diesen beiden Zuständen, verbunden. Ohne einen solchen Wechsel handelt es sich einfach um verschiedene Zustände zu gleichen oder verschiedenen Zeiten. Beim Wort «Änderung» ist daher primär an eine dynamische und nur sekundär an eine statische Erscheinung zu denken.

161 b) Dabei wird zunächst einmal nur gerade an den Wechsel vom einen zum andern Zustand gedacht, ohne Berücksichtigung der Energien, welche diesen Wechsel bewirken. Selbstverständlich gibt es aber ohne Einwirkung von Energien keinen Wechsel. Ich spreche hier von Änderung im intransitiven Sinne, zum Unterschied zur Änderung im transitiven Sinne, wo es um die Bewirkung eines solchen Wechsels geht[39, 40].

162 2. In der Änderungsphase der Gebäude kommt es weitgehend zu den gleichen Vorgängen wie in der Entstehungsphase (Rz 148), jedoch meist in einem bedeutend kleineren räumlichen Umfang. Die Änderungsphase dauert denn im Allgemeinen auch weniger lang als die Entstehungsphase eines Gebäudes, oft auch nur wenige Tage. Änderungen sind oft erst möglich, nachdem zuvor ein Gebäudeteil lokal eng begrenzt abgebrochen, «herausgespitzt» wurde.

163 3. a) Den Zustand vor dem ins Auge gefassten Zeitpunkt kann man als die Startsituation, den Status a quo oder den Vorher-Zustand und denjenigen nachher als die Zielsituation, den Status ad quem oder den Nachher-Zustand der Änderung bezeichnen. Dazwischen liegt die Transformation. Hier interessiert vor allem die auf ein bewusstes Tun von Menschen, einen Akt, zurückzuführende Transformation (Änderung im engern Sinne).

164 b) An sich kann man auch dort von einem Wechsel zwischen einem Zustand vor und nach einem Zeitpunkt sprechen, wo die primär ins Auge gefasste Gegebenheit vorher überhaupt noch nicht vorhanden ist, sondern erst nachher vorliegt, oder aber umgekehrt, wenn sie vorher vorhanden ist, aber nachher nicht mehr vorliegt. Im erstgenannten Falle geht es um die Entstehung der Gegebenheit, bei aktiver Betrachtungsweise als deren Erstellung bezeichnet; im zweitgenannten Falle geht es jedoch um den Untergang der Gegebenheit, bei aktiver Betrachtungsweise als deren Zerstörung oder Abbruch bezeich-

---

[38] Mit dem Änderungsbegriff sowie demjenigen der Identität hat sich von hoher philosophischer Warte aus Erwin Tegtmeier, Grundzüge einer kategorialen Ontologie, Dinge, Eigenschaften, Beziehungen, Sachverhalte, Freiburg (Breisgau), München 1992, S. 76 ff, 82 ff auseinandergesetzt; dasselbe tat Georg Henrik von Wright aus einer spezifisch normlogischen Sicht in: Norm und Handlung, eine logische Untersuchung, 1979 (Übersetzung aus dem Englischen von Norm and Action, A logical Enquiry, London 1963); er schuf eine «Logik der Veränderung» (S. 32–45).
[39] Das Verb «verändern» und seine Substantivierung «Veränderung» bringen, abgesehen von der starken transitiven Ausrichtung mit der Vorsilbe «ver-» nichts Zusätzliches zum Ausdruck.
[40] Im Deutschen wird bei der intransitiven Verwendung des Wortes «ändern» häufig die reflexive Form «sich ändern» verwendet, während im Englischen das Wort «to change» auch hiefür vorherrscht.

net. Nachfolgend geht es jedoch primär um den Wechsel zwischen zwei Zuständen, in welchen die ins Auge gefasste Gegebenheit sowohl vor als nach dem Zeitpunkt vorhanden ist, auch wenn sie verschwände, sofern man sie nicht am Verschwinden hinderte. Ich beschränke den Ausdruck Änderung auf einen solchen Wechsel.

c) Es kann auch innerhalb der Entstehungsphase und der Untergangsphase zu einem Wechsel von Zuständen im vorgenannten Sinne kommen, zB Ersteres bei einer Umprojektierung eines Bauvorhabens nach erteilter Baubewilligung[41], Letzteres bei einem sicherheitsbedingten Umprogrammieren des Vorgehens beim Gebäudeabbruch. 165

4. Die Änderungsphase benötigt, sobald sie einen bestimmten Umfang erreichen soll, wie die Entstehungsphase, eine behördliche Baubewilligung und eine Baufreigabe, um rechtmässig begonnen werden zu können. Der Schluss der Änderungsphase ist oft ebenfalls durch eine behördliche Bauabnahme, weniger häufig auch durch eine Bezugsbewilligung markiert (Rz 647 ff, 2526 ff). 166

B. Zur Identitätsfrage

1. Es gehört zu den erkenntnistheoretisch und sprachphilosophisch heikelsten Fragen, wie lange bezüglich einer in Änderung befindlichen Gegebenheit noch Identität vorliege[42]. Das ist bei der Frage nach der Identität von Gebäuden nicht anders. Nur solange bei einem Gebäude Identität vorhanden ist, kann man von einem Bestehen, Weiter-, Fortbestehen oder von einer Änderung des Gebäudes sprechen. Reisst die Identität ab, so steht nachher fürs Erste einmal ein Nichts oder etwas anderes da, zB ein (sekundärer) Neubau. 167

2. Gemäss dem Eintrag in Meyers Neuem Lexikon zu «Form» sind die Begriffe «Materie» (hyle), «Form» (eidos) und «Steresis» von Aristoteles im Zusammenhang mit der Darstellung des Problems des Werdens, der Bewegung, der Veränderung eingeführt worden; es handle sich hier um die Grundprinzipien des Werdens. Die Materie liege dem sich Verändernden zugrunde, die Steresis sei der Zustand vor oder zu Beginn des Werdens und die Form betreffe den Zustand, den das sich Verändernde einnimmt. 168

3. Erwin Tegtmeier legt a.a.O. (FN 38) auf S. 76 ff eine eindrückliche Analyse des Änderungs- und Identitätsbegriffes vor. Für ihn endet bei jeder Änderung eine Entität («Seinseinheit», ein «Individuum») und beginnt eine neue. Er schreibt: 169

> S. 76:
> «Dass ein Ding sich verändert, heisst nicht, dass es Eigenschaften, die es besitzt, verliert und dafür andere neu bekommt, sondern, dass es aufeinanderfolgende zeitliche Teile hat, von denen der frühere eine Eigenschaft besitzt, die der spätere nicht besitzt und der spätere eine Eigenschaft aufweist, die dem früheren fehlt.»

---

[41] Vgl. ZH-BEZ 1995 Nr. 13: Ein mit einer Compactus-Installation bewilligtes Mehrfamilienhaus wird zwar erstellt, aber ohne Compactus-Installation.
[42] Vgl. den Entscheid des ZH-Verwaltungsgerichtes vom 14. Februar 1995; Erwin Tegtmeier, a.a.O, FN 38, insbesondere S. 74–92.

S. 87:
«Zu jedem Ding gehören viele zeitlich ineinander verschachtelte Individuen.»

S. 88:
«Bei jeder Veränderung endet ... ein Individuum und beginnt ein neues.»

Um die Identität dennoch wahren zu können, geht Erwin Tegtmeier somit davon aus, dass beim Sprechen von Änderung («Veränderung») immer mindestens drei numerisch verschiedene Entitäten («Dinge») mitzudenken sind: diejenige Entität, welche bis zur Änderung vorlag, diejenige Entität, welche nach der Änderung vorliegt und diejenige Entität, welche über die ganze Zeit hinweg vorliegt. Er erläutert dies am Beispiel der Kaulquappe. Man kann sicher nicht sagen, dass eine Kaulquappe ein Frosch sei, aber auch nicht, dass ein Frosch eine Kaulquappe sei; sicher sind aber sowohl eine Kaulquappe als auch ein Frosch Lebewesen[43].

170 4. Die Argumentationsweise von Erwin Tegtmeier scheint fürs Erste einmal ohne praktischen Nutzen für das Baurecht zu sein, dies insbesondere wegen der Annahme von mindestens drei Entitäten bei jeder Änderung. Indessen gebe ich Folgendes zu bedenken: Wenn man es ablehnt, einen wesentlichen Unterschied zwischen der Entität vor der Änderung und derjenigen nach der Änderung anzuerkennen, dann frage ich: Warum verfällt der Gesetzgeber dann aber überhaupt auf die Idee, bei der Änderung mitreden zu wollen? Unwesentliches würde nun wirklich nicht der Regelung durch das Gemeinwesen bedürfen. Wenn man aber davon ausgeht, dass das, was geändert wird, als solches auch nachher noch fortbesteht, dann denkt man sich, bei Anerkennung der Bedeutsamkeit der Änderung, zwangsläufig drei numerisch verschiedene Entitäten.

171 5. Im postfiniten Baurecht spielt der Begriff der Identität eine erhebliche Rolle; statt von Identität spricht man auch von Wesensgleichheit. Bei den Aussagen hiezu handelt es sich allerdings meistens um Tautologien. Diese laufen etwa so: a) in einem ersten Argumentationsschritt heisst es, die Identität/Wesensgleichheit beziehe sich auf «Umfang, Erscheinung und Bestimmung ... des Bauwerkes»[44]; b) sodann wird in einem zweiten Schritt von der «Wahrung des Umfanges, der Erscheinung und der Bestimmung in den wesentlichen Zügen» gesprochen; c) in einem dritten Schritt wird schliesslich nur noch gesagt, Umfang, Erscheinung und Bestimmung blieben in den wesentlichen Zügen gewahrt, wenn die Identität erhalten werde, nicht aber, wenn die Identität wegen der Auswirkungen des Neuen auf Umfang, Erscheinung und Bestimmung nicht erhalten werde[45, 46].

---

[43] Hier geht es um die verschiedenen zeitlichen Teile einer Entität. Daneben unterscheidet Erwin Tegtmeier auch räumliche Teile (S. 89 ff). Als Beispiel nennt er hier eine «Kirche»; wenn der Turm abgebrochen wird, dann stehen nur noch ein Versammmlungslokal und ein namentlich nicht besonders bezeichnetes Gebäude da; wenn das Versammlungslokal abgebrochen wird, dann stehen hier nur noch ein Turm und das gleiche nicht besonders bezeichnete Gebäude da.

[44] Vgl. EJPD Erläuterungen, zu RPG Art. 24, N. 35; mit Bejahung hievon im BGE 107 Ib 237 ff (Lenzerheide/GR, betr. Sporthotel La Riva), BGE 108 Ib 53 f (Unterbach-Meiringen/BE), BGE 110 Ib 264 ff (Maiensässgebäude Gemeinde X./GR) und ZH-RB 1994 Nr. 71.

[45] Diese Aussagen beziehen sich allerdings direkt nur auf die Unterscheidung zwischen teilweiser und nicht teilweiser Änderung, verbleiben also im Innern der Änderung; sie dürfen aber wohl auch auf die Unterscheidung zwischen Änderung und (sekundärem) Neubau bezogen werden.

C. Die Änderungsarten

1. Allgemeines

Es gibt viele Arten des Wechsels von Zuständen eines – identisch bleibenden – Gebäudes vor und nach einem ins Auge gefassten Zeitpunkt. Diese lassen sich in folgende Hauptgruppen einteilen: 172

– die räumlich unterschiedenen Änderungen,
– die zeitlich unterschiedenen Änderungen und
– die anderweitig unterschiedenen Änderungen.

Im Vordergrund stehen dabei nachfolgend die Änderungen im engern Sinne, also diejenigen Erscheinungen, bei welchen von aussen menschliche Energie zu eben dem angestrebten Ziel eingesetzt wird, wobei das Gebäude als solches bestehen bleiben soll. Rz 145.

2. Die räumlich unterschiedenen Änderungen

a)   Zur Ortsänderung: Die Änderung kann darin bestehen, dass ein Zustand von einem Ort zu einem andern Ort wechselt. Da die in dieser Arbeit im Vordergrund stehenden Bauten bzw. Gebäude durch ihre Ortsfestigkeit charakterisiert sind, bilden solche Änderungen die Ausnahme. Hier handelt es sich zudem eher um sekundäre Neubauten (Dislokationsbauten; Rz 208).   173

b)   Zu den Änderungen mit Verbleib an Ort und Stelle: Eine Änderung besteht meistens darin, dass eine grundsätzlich an Ort und Stelle verbleibende Gegebenheit ihre räumliche Ausdehnung nicht wechselt oder wechselt, sei Letzteres in ihrem Inneren, sei es in ihrem Äusseren aber nur mit Vergrösserung oben oder seitlich oder unten oder mit Verkleinerung oben oder seitlich oder unten. Die Änderungen können deshalb bei den Gebäuden auch nach folgenden räumlichen Kriterien gegliedert werden, und zwar in erster Linie danach, ob eine Volumenveränderung vorliege oder nicht.   174

c)   Es liegt keine Volumenänderung vor:

α)   es kommt nur etwas dazu, das vorher schon einmal vorhanden war, dann aber infolge innerer Zersetzung, Naturgewalt von aussen, Verwitterung, Abnützung, Unvorsichtigkeit, krimineller Einwirkung usw. verschwunden oder minderwertig geworden ist: Das ist die Reparatur oder es kommt etwas dazu, das vorher nicht vorhanden war (siehe weiter β);

β)   es kommt zu keinem Eingriff in die Gebäudestruktur: Das ist die Renovation oder es kommt zu einem Eingriff in die Gebäudestruktur: der Umbau;

oder aber   175

---

[46] Gemäss BGE 108 Ib 53 ff (Unterbach-Meiringen/BE) vertritt das BE-Verwaltungsgericht die Auffassung, dieser Identitätsbegriff berge die «Gefahr einer weitgehend konturlosen und den Keim der Willkür in sich tragenden Billigkeitsinterpretation». Das Bundesgericht erklärt, «diese Gefahr (sei) in der Tat nicht zu verkennen». Bei Tautologien ist solches aber meines Erachtens unvermeidbar. Es kommt alles auf die umfassende Interessenabwägung an.

d) Es liegt eine Volumenänderung vor:

α) es kommt zu einer Volumenverkleinerung: der Rückbau oder es kommt zu einer Volumenvergrösserung (siehe weiter β);

β) es kommt zu einer Volumenvergrösserung ohne Schaffung von lichter Höhe[47]: die Montierung (siehe weiter γ) oder es kommt zu einer Volumenvergrösserung mit Schaffung von lichter Höhe (siehe weiter δ und ε);

γ) die Montierung erfolgt entweder entlang von Mauern, Wänden, Böden, Decken als Beschichtung oder als Herausständerung (Auf- oder Anständerung) oder als Anschluss an Werkleitungen;

δ) es kommt zu einer Volumenvergrösserung in der Horizontale: der Anbau oder es kommt zu einer Vergrösserung in der Vertikale (siehe weiter ε);

ε) es kommt zu einer Vergrösserung nach oben: der Aufbau oder es kommt zu einer Vergrösserung nach unten: der Subbau.

176 e) Zu diesen Änderungsarten ist im Einzelnen Folgendes zu sagen:

α) α') Eine **Reparatur** liegt dort vor, wo bei einem Gebäude menschliche Energie eingesetzt und Material hinzugefügt oder wo Erstere allein eingesetzt wird, damit das Gebäude wieder so wird, wie es vorher war. Bei einer Reparatur wird nichts Neues hinzugeführt, auf jeden Fall nichts, das in der gleichen Art nicht schon früher, damals noch unverdorben vorhanden gewesen wäre. Dass etwas früher Vorhandenes nicht mehr oder nicht mehr unverdorben vorhanden ist, bildet meist die Folge von Abnützung durch Bewerb, chemische Zersetzung, Verwitterung, Sturm, krimineller Einwirkung. Sonst liegt keine Reparatur, sondern eine Renovation, eine Montierung, ein Um-, An-, Auf-, Sub- oder Rückbau vor. Die bei der Reparatur verwendeten Materialien bestehen oft aus Holz, Gips, Backsteinen, Kunststeinen, Ziegeln, Metall in Gestalt von Nägeln, Schrauben, Rohren, Drähten, Blechen, Glas in Gestalt von Scheiben, Malfarbe, Papier, Textilien, Kunststoff (PVC), Tapeten, sonstiges Bedeckungsmaterial. Das Material wird meist nur an einzelnen Stellen des Gebäudes, nicht über grössere Teile des Gebäudes hinweg hinzugefügt. Häufig wird etwas ersetzt. Siehe auch die Bemerkungen zum Unterhalt (Rz 330, hier FN 4).

177 β') Eine **Renovation** liegt dort vor, wo bei einem Gebäude menschliche Energie eingesetzt und Material hinzugefügt wird, damit das Gebäude den zur Zeit geltenden Bedürfnissen besser dient, als dies bei Andauern des bisherigen, an sich erträglichen Zustandes der Fall gewesen wäre. Bei einer Renovation wird etwas dem derzeitigen technischen oder modischen Stand besser Entsprechendes herbeigeführt. Doch geschieht dies ohne jede Änderung des Gebäudevolumens, aber auch ohne einen Eingriff in die Gebäudestruktur. Sonst ist es eine Montierung, ein Umbau, Aufbau, Subbau, Anbau oder Rückbau. Das verwendete Material ist meist dasselbe wie bei der Reparatur, doch erfolgt die Hinzufügung im Allgemeinen über grössere Strecken. Die Übergänge sind allerdings dort gleitend, wo zB früher vorhandene Materialien nicht mehr auf dem Markt erhältlich sind oder früher angewandte Techniken von den heutigen Handwerkern nicht mehr be-

---

[47] Unter lichter Höhe verstehe ich ein überdecktes Raumstück, in welches man etwas hineinstellen kann. Wenn die lichte Höhe so gross ist, dass ein erwachsener Mensch von normaler Statur darin aufrecht stehen kann, so spricht man von Begehbarkeit.

herrscht werden. Je nachdem ob die Renovation sich auf das Äussere oder das Innere des Gebäudes beschränkt, kann man von *Aussen-* oder *Innenrenovation* sprechen.

β) α') Eine **Montierung** ist entweder eine *Beschichtung* oder eine Beständerung oder eine Werkanschliessung. – Eine Beschichtung liegt dort vor, wo bei einem Gebäude menschliche Energie eingesetzt und Material von aussen auf die Umfassungsmauern, Wände, Böden, Decken, das Dach oder unter das Fundament aufgetragen wird. Der Grund für die Beschichtung besteht im Bemühen, eine statische Verstärkung und/oder eine bessere Isolation gegen den Feuchtigkeitseinbruch von aussen nach dem Gebäudeinnern, den Wärmeabfluss aus dem Gebäudeinnern nach aussen zu erzielen; es wird in keiner Weise die Schaffung von vermehrter lichter Höhe oder gar Begehbarkeit bezweckt. Sonst käme es zu einem Auf-, Sub- oder Anbau. Das verwendete Material besteht meistens aus Holz, Naturstein, Kunststein, Ziegeln, Kunststoff (PVC) in Gestalt von Platten oder Füllmaterial. Von einer *Beständerung* kann gesprochen werden, wo Kamine, Entlüftungsvorrichtungen, Beleuchtungskörper, Blitzableiter, Aufhängevorrichtungen, Antennen, Fahnenstangen, Hinweisschilder, Reklamevorrichtungen, Statuen, Trog-/Herdkombinationen, schwere Maschinen usw. auf dem Dach, an den Umfassungsmauern oder im Gebäudeinnern installiert werden; je nachdem ist es eine Auf- oder Anständerung. Der Übergang zur blossen Möbelierung ist im letztern Falle oft fliessend. – Eine *Werkanschliessung* liegt vor, wo ein Gebäude mit dem Leitungssystem einer Wasser-/Strom-/Gasversorgung verbunden wird.

178

β') Ein **Umbau** liegt dort vor, wo bei einem Gebäude menschliche Energie eingesetzt und Material hinzugefügt wird, damit sich die Struktur des Gebäudes ändert. Doch geschieht dies ohne jede Änderung des Gebäudevolumens. Es werden zB interne Wände beseitigt, neue eingesetzt, Tür- oder Fensteröffnungen neu angebracht oder zugemauert, Zimmer im Dach- oder Untergeschoss neu angelegt, Treppenläufe verschoben usw. Das dabei hinzugefügte Material ist von der gleichen Art wie bei den Reparaturen, jedoch geschieht die Hinzufügung meist in grösserem Umfange; auch wird vorhandenes Material bisweilen entfernt. Bei Änderung des Gebäudevolumens würde es sich um einen Auf-, Sub-, An- oder Rückbau handeln. Wo sich der Umbau auf das Gebäudeinnere beschränkt, kann man von einem *Innenumbau* sprechen[48]. Wo der Umbau darin besteht, dass innerhalb der lichten Höhe des Gebäudes neue Mauern, Wände, Decken usw. eingesetzt werden, kann man von *Einbau* sprechen[49]. Wo innerhalb der lichten Höhe des Gebäudes ein Umbau erfolgt, um einen qualitativ anspruchsvolleren Bewerb zu ermöglichen (nicht eingreifend/eingreifend; Rz 305 f), kann man von *Ausbau* sprechen[50]. Kommt es jedoch infolge der Änderung zu einem Identitätswechsel, so liegt bereits eine Umgestaltung vor (Rz 200).

179

---

[48] Von Aussenumbau zu sprechen hat kaum einen Sinn, wenn bei diesem Wort nicht an An- und Aufbauten gedacht wird, was sich ohnehin nicht empfiehlt, oder wenn man damit nicht einen Umbau bezeichnen will, durch welchen Fenster oder Türen in die sonst ungeändert stehen bleibende Umfassungsmauer oder Dachfläche eingelassen werden.
[49] Wenn in einer Küche eine Trog-/Herd-/Schrankkombination, in einer Werkstatt eine schwere Maschine installiert wird, handelt es sich hier eher um eine Montierung/Beständerung.
[50] ZB, wenn in einem Schopf eine Werkstatt, in einem Estrich Schlafkammern eingerichtet werden. Die Anfügung eines Balkons oder Erkers an ein bestehendes Gebäude ist ein Anbau, kein Ausbau.

180 γ') Ein **Aufbau** liegt dort vor, wo bei einem Gebäude menschliche Energie eingesetzt und Material hinzugefügt wird, um das Volumen des bisherigen Gebäudes nach oben in den bisherigen Luftraum hinein zu vergrössern, und zwar unter Schaffung von zusätzlicher lichter Höhe, meistens in begehbarer Höhe[51]. Das hinzugefügte Material ist an sich von der gleichen Art wie bei den Reparaturen, Renovationen und Umbauten, doch nehmen dabei Holz, Stein, Backstein, Kunststein, Zement, Eisen, Eisenbeton, Ziegel nicht nur relativ einen grösseren Teil der gesamthaft hinzugeführten Materialien ein, sondern sie sind auch absolut gesehen meistens viel umfangreicher. Wenn durch den Aufbau über einen grossen Teil des darunter liegenden Gebäudevolumens begehbare, lichte Höhe geschaffen wird, kann man von *Aufstockung* sprechen[52]. Kommt es dabei zu einem Wechsel der Identität, so liegt eine Umgestaltung vor (Rz 200 ff).

181 δ') Ein **Subbau** liegt dort vor, wo bei einem Gebäude menschliche Energie eingesetzt und Material hinzugefügt wird, um das Volumen des bisherigen Gebäudes nach unten in das bisherige Erdreich hinein zu vergrössern, und zwar unter Schaffung von zusätzlicher lichter Höhe. Das hinzugefügte Material ist an sich von der gleichen Art wie bei den Reparaturen, Renovationen und Umbauten, doch nehmen dabei Naturstein, Backstein, Kunststein, Zement, Eisen, Eisenbeton nicht nur relativ einen grösseren Teil der gesamthaft hinzugeführten Materialien ein, sondern sie sind auch absolut gesehen meistens viel umfangreicher. Wenn durch den Subbau über einen grossen Teil des darunter liegenden Gebäudevolumens begehbare lichte Höhe geschaffen wird, kann man von *Unterkellerung* sprechen[53].

182 ε') Ein **Anbau** liegt dort vor, wo bei einem Gebäude menschliche Energie eingesetzt und Material hinzugefügt wird, um das Volumen des bisherigen Gebäudes seitlich in den bisherigen Luftraum hinein zu vergrössern, und zwar unter Schaffung von zusätzlicher lichter Höhe, meistens sogar mit Begehbarkeit. Beim Anbau kommt es immer zu einer zusätzlichen Inspruchnahme von Bodenfläche sowie dem Luftraum darüber, allenfalls auch von Erdreich; jeder Anbau führt, im Unterschied zum Um-, Auf- und Subbau, zu einer Verkleinerung der noch nicht überbaut gewesenen Fläche. Das hinzugefügte Material ist an sich von der gleichen Art wie bei den Reparaturen, Renovationen und Umbauten, doch nehmen dabei Holz, Stein, Backstein, Kunststein, Zement, Eisen, Eisenbeton, Ziegel nicht nur relativ einen grösseren Teil der gesamthaft hinzugeführten Materialien ein, sondern sie sind auch absolut gesehen meistens viel umfangreicher. Der Anbau kann

---

[51] ZB Lukarne in vorhandenem Satteldach, Satteldach auf bisherigem Flachdach, Liftgehäuse auf Flachdach, weiteres Geschoss. Wegen der oft fehlenden Überdeckung passt das Kamin nicht genau hieher; es lässt sich eher als Montierung im Sinne einer Aufständerung auffassen.

[52] Siehe auch die «Aufstockung» gemäss RPG Art. 16b (Rz 4042 ff). Das Wort Aufbau bezeichnet in der Umgangssprache eine weitere und eine engere Vorstellung: einerseits jedes bauliche Dachkonstrukt, unabhängig davon, ob es gleichzeitig mit der Erstellung des Gebäudes oder erst nachträglich angebracht worden ist, anderseits aber nur das in diesem Sinne nachträglich angebrachten Dachkonstrukt. In dieser Arbeit wird das Wort Aufbau nur für die nachträgliche Anbringung eines Dachkonstruktes verwendet.

[53] Ein Subbau (unterirdische Garage und Lagerräume) kommt in BGE 122 II 246, 250 f (SBB-Kreisdirektion III c. First Church of Christ, Scientist, Zürich) zur Sprache, allerdings nur im Zusammenhang mit der Entschädigungsfestlegung für die Enteignung einer Tunnelservitut im Hinblick auf die Erschwerung und Verteuerung bei einem künftigen Neubau nach Abbruch des jetzigen Gebäudes.

gegen die Strasse zu, seitlich oder rückwärtig erfolgen⁵⁴,⁵⁵. Weist das Neue eine eigene Identität auf, so handelt es sich bereits um einen Anschlussbau (Rz 206 f).

γ)　Ein **Rückbau** liegt vor, wo bei einem Gebäude bisher vorhandene Materialien, insbesondere Holz, Naturstein, Backstein, Zement, Eisen, Eisenbeton, unter Einsatz menschlicher Energie weiträumig entfernt werden und an deren Stelle Luft tritt, um das Gebäudevolumen merklich zu verkleinern. Es bleibt aber vom Gebäude noch Beträchtliches erhalten. Sonst würde es sich um einen Abbruch handeln. 183

f)　Zu den Kombinationen von Änderungsarten

Die vorstehend beschriebenen Änderungsarten Reparatur, Renovation, Montierung, Umbau, Aufbau, Subbau, Anbau und Rückbau können an sich auf verschiedene Weise zu Zweier-, Dreiergruppen usw. zusammengefasst werden. Das kann zB mit Reparatur, Renovation, Montierung und (kleinem) Umbau geschehen, was sich dann gesamthaft als *Erneuerung* oder *Modernisierung* bezeichnen lässt. 184

Im postfiniten Baurecht wird sodann öfters und an zentraler Stelle der Begriff der **Erweiterung** verwendet, besonders im Zusammenhang mit gewerblichen/industriellen Betrieben (vgl. Rz 1565 f). Eine solche kann man als Kombination von Um-, Auf- und Anbau, oft auch noch eingreifenden Bewerbsänderungen in Gestalt von Bewerbsintensivierung und Bewerbsausweitung, auffassen⁵⁶,⁵⁷,⁵⁸. Ratsam finde ich solche Zusammenfassungen nicht, da häufig nicht klar ist, was hier zusammengefasst wird und was nicht. Man zählt besser alle gemeinten Arten im Einzelnen auf, auch wenn der Satz dadurch länger wird. Genauigkeit ist wichtiger als Kürze⁵⁹. Noch komplexer ist der vor allem im Umweltschutzrecht wichtige Ausdruck «Sanierung»⁶⁰.

---

[54] Das Wort Anbau bezeichnet in der Umgangssprache eine weitere und eine engere Vorstellung: einerseits jeden seitlich eines Baukörper stehenden, mit diesem baulich verbundenen Baukörper, unabhängig davon, ob er gleichzeitig mit der Erstellung dieses Baukörpers oder erst nachträglich angebracht worden ist, andererseits aber nur den in diesem Sinne nachträglich angebrachten Baukörper. In dieser Arbeit wird das Wort Anbau nur für die nachträgliche Anbringung eines Baukörpers verwendet; bei Belanglosigkeit des Unterschiedes zwischen Gleichzeitigkeit und Nachträglichkeit wird jedoch von Annex gesprochen.

[55] Aus ähnlichen Gründen wie in FN 52 und 54 ist das Wort «Vorbau» für einen strassenseitig an ein Gebäude anschliessendes Bauvolumen problematisch, denn auch hier steht nicht von vorneherein fest, ob das Präfix räumlich oder zeitlich zu verstehen sei.

[56] Im BGE vom 7. März 1962 (Amriswil/TG, ZBl 1962 S. 7, 11) heisst es, die «bauliche Erweiterung» umfasse auch «Umbauten und Ausbauten».

[57] Richard Koch, S. 106, sieht in der «Erweiterung» einen Gegensatz zu «Anbau». Nach meiner Terminologie handelt es sich bei der «Erweiterung» von Richard Koch vermutlich um einen «Anschlussbau» oder eine Umgestaltung, also um einen sekundären Neubau.

[58] In einem Entscheid des Aargauer Verwaltungsgerichtes vom 11. Juli 1975 (ZBl 1976 S. 64, 71) finden sich interessante, aber diskutable Ausführungen zur Erweiterung im Allgemeinen und zu dem als ein Negativum aufgefassten Begriff der Kiesgrube. Beim Gebäude gehe es um eine «Wahrung der Substanz», nur die erst «angebrochene», nicht aber die bereits «ausgebeutete» Kiesgrube «bestehe». Bei der Weiterausbeutung kann es zu dislokationsähnlichen Erscheinungen kommen («Weiterfressen»). Vgl. Rz 48.

[59] Verfehlt ist es, Um-, Auf- und Anbau zusammengefasst als Umbau im weiteren Sinne oder gar als Umbau schlechthin zu bezeichnen, wie dies oft in Spezialgesetzgebungen geschieht.

185 g) Die Abhebung derjenigen baulichen Vorkehrungen, welche noch als blosse Änderung zu qualifizieren sind, von sekundären Neubauten, insbesondere der Umgestaltung, ist nicht leicht. Werner Schmid-Lenz (S. 66) bemerkt zu recht: «Bauliche Massnahmen, welche die blosse Erhaltung eines Hauses übertreffen, (sind) nicht zuverlässig danach zu klassieren, ob Organisation und Konstruktion einer Baute das Bisherige noch erkennen lassen oder nicht. Sieht man von Abbruchliegenschaften ab, so ist es tatsächlich nicht ungewöhnlich, selbst baufällige Häuser den heutigen Komfortansprüchen anzupassen.»

3. Die zeitlich unterschiedenen Änderungen

186 a) Die Änderung kann in der Transformation von einem Zustand zu einem als zeitlich unmittelbar darauf folgend angesehenen Zustand bestehen, zB vom Gebäudezustand vor dem jetzt aktuellen Umbau zu demjenigen unmittelbar nachher. Die Änderung kann aber auch unter Überspringen von einem oder mehr Zuständen bestimmt werden, zB der Transformation vom Gebäudezustand vor dem vorletzten Umbau zum Gebäudezustand nach dem jetzt aktuellen Umbau (Rz 3926).

187 b) Bei der vergangenen Änderung liegen sowohl die Startsituation, der Vorherzustand, als auch die Zielsituation, der Nachherzustand, in der Vergangenheit, zB der Umbau vom Jahre 1987. Bei der gegenwärtigen Änderung liegt die Startsituation in einer sich allenfalls bis heute erstreckenden Vergangenheit und die Zielsituation in einer näheren oder ferneren Zukunft.

188 c) Im Baubewilligungsverfahren ist bei dem mit dem Wort Änderung bezeichneten Wechsel zwischen zwei Zuständen der frühere Zustand meistens ein zur Zeit der Beurteilung vorliegender Zustand und der spätere Zustand ein erst nach erteilter Bewilligung eintretender künftiger Zustand. In den folgenden drei Fällen wird jedoch, wo die Zielsituation noch nicht vorliegt, auf eine im Zeitpunkt der Beurteilung bereits nicht mehr vorhandene Startsituation abgestellt:

– wenn das Ausmass einer zulässigen Änderung beschränkt ist und die Beschränkung nicht durch zeitliche Etappierung («Salamitaktik») vereitelt werden soll: Hier wird oft vom Zustand vor der ersten, bereits vorgenommenen Änderung ausgegangen;

---

[60] In der Denkmalpflege wird ausser von Renovation, Umbau und Ausbau (mit abweichender Bedeutung) auch von Fertigstellung, Restaurierung, Purifizierung, Ergänzung, Rekonstruktion, Konservierung, Sanierung und Flicken, bisweilen verbunden mit dem Wort «sanft», gesprochen. Es geht hier häufig um das Verhältnis zum Zustand zur Zeit der Erstellung des Gebäudes oder zum Zustand, wie er nachher im Laufe der Jahrzehnte oder Jahrhunderte «gewachsen» ist. Bei der Definition spielen interessante, divergierende kulturhistorische Auffassungen eine Rolle, weshalb einzelne dieser Begriffe bisweilen eine engagiert auf- oder abwertende Bedeutung besitzen. Es kann hier nicht genauer darauf eingetreten werden. Vgl. hiezu: Franz Scherrer im Artikel «Renovieren ist Trumpf» in der NZZ vom 28. Oktober 1987 Nr. 250, Hanno-Walter Kruft im Artikel «Rekonstruktion oder Restauration, zum Wiederaufbau zerstörter Architektur» in der NZZ vom 3./4. Juli 1993 Nr. 151, André Fässler im Artikel «Wohin steuert die Denkmalpflege?» in der Zeitschrift Heimatschutz 1993, Heft 3, S. 1 und Heinz Horat im Artikel «Die Denkmalpflege und der Umgang mit dem Vorhandenen» in der NZZ vom 30./31. Juli 1994 Nr. 176.

- wenn nach Vornahme einer eigenmächtigen Änderung um Bewilligung nachgesucht wird: Hier wird vom Zustand vor der eigenmächtig vorgenommenen Änderung ausgegangen;
- wenn ein Gebäude durch ein Naturereignis zerstört worden ist und wieder gebaut werden soll: Hier wird oft zum Zustand vor Eintritt des Naturereignisses ausgegangen (vgl. ZH-PBG § 307, Rz 2454 ff).

Im ersten und zweiten Fall kann es für ein gegenwärtiges Vorhaben zu einer Verweigerung kommen, obwohl dieses für sich allein genommen zu bewilligen wäre; im dritten Fall kann es für ein gegenwärtiges Vorhaben zu einer Bewilligung kommen, obwohl das Vorhaben ein Ausmass erreicht, welches ohne das Vorausgehen der Zerstörung des Gebäudes durch ein Naturereignis verweigert werden müsste.

4.   Zu den anderweitig unterschiedenen Änderungen

Anderweitige Kriterien der Unterscheidung von Änderungen sind: 189

a) der Vorher-Zustand des Gebäudes (zB Wohnhaus, landwirtschaftliches Gebäude, baurechtgemäss/baurechtswidrig);
b) die Verursachung der Änderung (zB freiwilliger Entscheid des privaten Eigentümers, Befehl des Gemeinwesens);
c) Quantität der Änderung (gross – klein);
d) Immissionsträchtigkeit der Änderung (ja – nein);
e) Wert des befriedigten Bedürfnisses (Notwendigkeit, Annehmlichkeit);
f) finanzielle Kriterien (Wertvemehrung ja – nein);
g) Nachher-Zustand des Gebäudes (zB Bürohaus);
h) raumplanerische Kriterien (zB Zonengemässheit ja – nein).

D.   Allgemeine Bemerkungen zur Terminologie

Bei den aufgezählten Begriffen ist durchwegs Folgendes zu beachten: Es wird nicht im Geringsten behauptet, dass bei Vorkommen der Wörter Renovation, Umbau, Aufbau, Anbau usw. in einem Gesetz jene stets im aufgeführten Sinne verstanden werden müssten[61].   190

---

[61] Dies gilt insbesondere nicht für die in den Spezialgesetzgebungen vorkommenden Wörter. Im BGE (II. Zivilabteilung) vom 30. Mai 1991 (Stadt Zürich, ZBGR 1991 S. 244 f) heisst es zum (aufgehobenen) Bundesbeschluss über eine Sperrfrist für die Veräusserung nicht landwirtschaftlicher Grundstücke und die Veröffentlichung von Eigentumsübertragungen von Grundstücken (Rz 4141a) Art. 4 I lit. c, ein Umbau liege nur vor, «wenn dadurch neuer Wohn- oder Geschäftsraum geschaffen bzw. nicht mehr verwendbarer Raum seiner Zweckbestimmung wieder zugeführt wird (qualitatives Kriterium) oder wenn ein bestehendes Gebäude grundlegend umgestaltet wird, so dass es einem Neubau nahekommt und dabei die Aufwendungen ein erhebliches Ausmass erreichen (quantitatives Kriterium)». Siehe auch Bundesgesetz über den Erwerb von Grundstücken durch Personen im Ausland (Rz 4138a und Erläuterungen und Wegleitung des Bundesamtes für Justiz in: ZBGR 1998 S. 56 ff, 63 ff), wo von «zu erneuernden Hotels» (Aparthotels) im Stockwerkeigentum die Rede ist. Nochmals eine Welt für sich sind in Reglementen für Wasserversorgungs- und Abwasserentsorgungsanlagen die Umschreibungen der baulichen Vorkehrungen betreffend Entstehen der Anschlusspflicht und Fälligwerden von Anschlussgebühren (RB 1977 Nr. 110, umfassender in: ZBl 1977 S. 536, Wädenswil/ZH: Hier heisst es, der Umbaubegriff besitze «keine klar umrissene Bedeutung»). Rz 3250. Sodann

Es geht hier vielmehr um die Aufstellung einer Terminologie, mit welcher zur Deutung der im Gesetz tatsächlich vorkommenden Begriffe von aussen an das positive Recht herangetreten werden kann. Es handelt sich hier in einem gewissen Sinne um künstliche, metajuristische Begriffe.

---

ist an die Mehrwertsrealisierung bezüglich Planungsmehrwertsbeiträgen (vgl. Pius Meyer, Die Planungsmehrwertsabschöpfung gemäss Art. 45 des Entwurfes zum Raumplanungsgesetz, ZBl 1974 S. 1 ff, insb. S. 7) und Eigentümerbeiträge beim Bau von Strassen und Leitungen (vgl. ZH-Strassengesetz § 62 lit. g, Rz 3179), ferner an die gemäss ZH-Steuergesetz § 30 II (Rz 3190) von den Einnahmen aus Grundeigentum abziehbaren Ausgaben für bauliche Vorkehrungen zu denken.

§ 3 Zu den sekundären Neubauten

I. Zum Zwischenbereich

Zwischen baulichen Vorkehrungen, welche eindeutig zu den in Rz 172 ff dargestellten Änderungen bestehender Gebäude gehören, und Neubauten, welche auf bisher unüberbaut gebliebenem Boden[1], räumlich getrennt von einem andern Gebäude, stattfinden und welche weder einer Betriebsvergrösserung noch einer Betriebsverlegung dienen, gibt es einen Zwischenbereich von baulichen Vorkehrungen, bei welchen nicht von vorneherein feststeht, ob sie zu den Änderungen oder den Neubauten gerechnet oder als separate Gruppe behandelt werden sollen. Es wird hiezu auf die Bemerkungen von Werner Schmid-Lenz vorne in Rz 185 verwiesen.

199

II. Zu den fünf Arten von sekundären Neubauten

Es lassen sich folgende Arten unterscheiden:

200

A. Die Umgestaltung

1. Hier werden die Umfassungsmauern und das Dach eines Gebäudes weitgehend beibehalten, jedoch werden typische Teile im Innern herausgebrochen und anders in anderer Lage wieder erstellt, zB Geschossböden, Decken, Treppenhaus, Dachstuhl, Umdisponierung des Hauseinganges, dies mehrfach kombiniert, oder es werden vollwertige Geschosse hinzugefügt oder abgebrochen[2]. Ein anschaulicher Ausdruck hiefür ist auch: Aushöhlung oder Auskernung[3]. Der mit dem Wort «Umgestaltung» bezeichnete Sachverhalt variiert im Laufe der Zeit[4].

---

[1] Dazu kann man auch Boden rechnen, welcher einmal in der Antike, im Mittelalter oder in der frühen Neuzeit überbaut war, wobei von den damaligen Gebäuden (Römische Villa, alemannischer Hof, im 18. Jahrhundert aufgelassene Siedlung [Wüstung] usw. nur noch Fundamentreste übrig sind. Hier stellen sich bei der Erteilung von Baubewilligungen oft heikle denkmalschützerische Probleme.

[2] Vgl. ZH-Regierungsrat, Geschäftsbericht 1957, Grundsätzlicher Entscheid Nr. 24. Extremfall einer Umgestaltung.

[3] Vgl. Erich Zimmerlin, Bauordnung der Stadt Aarau, S. 56. Der gleiche Autor stellt im Kommentar zum Aargauer Baugesetz 1977 in N. 2 zu § 150 allerdings die Umgestaltung weitgehend dem Umbau gleich: «Bei Umgestaltungen oder Umbauten wird die Substanz einer Baute verändert ... Umgestaltungen oder Umbauten sind alle Änderungen einer Baute, wobei es nicht darauf ankommt, ob deren äussere Form gleich bleibt, vergrössert oder verkleinert wird.» Ich werde zwar für diese Aussage zitiert (vgl. ZBl 1959 S. 34 f), doch handelt es sich hier nicht um meine Auffassung. Richtig an der Formulierung von Erich Zimmerlin ist allerdings, dass Umgestaltungen auch vorkommen können, wo das bisherige Volumen weder vergrössert noch verkleinert wird. In der Judikatur trifft man auf das Wort Umgestaltung ungefähr in der oben umschriebenen Weise: in AGVE 1947 S. 276, ZH-Regierungsratsentscheid vom 13. Dezember 1962 (ZBl 1963 S. 180 ff), ZH-Verwaltungsgerichtsentscheide vom 24. August 1965 (RB 1965 Nr. 90), vom 13. Mai 1981 (BEZ 1981 Nr. 3), vom 7. November 1986 i.S. R.Sch. gegeben Dr. M.N. (nicht publiziert) und vom 5. Dezember 1986 (BEZ 1987 Nr. 5). BGE 113 Ia 306 (Richterswil/ZH) und Walter Haller/Peter Karlen, Rz 796 und 798 sprechen von «Umgestaltung im Gebäudeinnern», wahrscheinlich eher in Anlehnung an Erich Zimmerlin.

201 2. Umgestaltungen sind vom Bauablauf her oft sehr kompliziert und verursachen Kosten, welche fast den Aufwand für einen Totalabbruch mit Wiederbau erreichen oder gar überschreiten. Dass der Eigentümer trotzdem nicht einfach zuerst einmal alles abbricht, sondern versucht, alte Bauteile weiterzuverwenden, hat seinen Grund meistens weniger im Bemühen um Materialrecycling oder in seiner Anhänglichkeit an das Frühere, sondern in rechtlichen Vorstellungen: Viele hoffen, damit die grösseren Baumöglichkeiten des alten Rechtes bezüglich Abständen, Gebäudehöhen, Baulinien usw. in die heutige Zeit hinüberretten zu können. Das ist zwar meist illusionär.

202 3. Ob das der Umgestaltung unterzogene Gebäude, betriebswirtschaftlich gesehen, bereits amortisiert ist oder nicht, spielt rechtlich nur, aber immerhin, soweit eine Rolle, als dies ein Indiz für den gegenwärtigen Verkehrswert sein kann. Letzten Endes entscheidend ist es aber nicht, denn es kommt vielmehr darauf an, welchen Verkehrswert die Parzelle mit dem Gebäude heute tatsächlich hat, seien die Anlagekosten nun buchhalterisch auf Null abgeschrieben oder nicht. Es muss grundsätzlich dem Eigentümer einer Altbaute (oder einer Ruine) überlassen werden, ob er die diese bildenden Mauern, Hölzer, Eisen, Scheiben usw. weiterverwenden will oder nicht[5].

B. Der Wiederbau

203 1. Beim Wiederbau, auch Ersatzbau genannt, gehen zuerst die typischen Teile des Gebäudes, zB Umfassungswände, Böden, Decken, Treppenhaus, Dachstuhl bis auf wenige Reste oder ganz unter und werden nachher wieder errichtet. Der Grund des Unterganges kann im Abbruchentschluss des Eigentümers, in einer Vernachlässigung des Unterhaltes oder aber einem Naturereignis wie Erdrutsch, Lawinengang, Überschwemmung, Feuersbrunst, Erdbeben usw. oder in einer unerlaubten Einwirkung bestehen[6]. Stimmt der Ersatz ziemlich genau mit dem vorherigen Gebäude überein, so kann man ihn als *Repetierwiederbau* bezeichnen, weicht er jedoch davon stark ab, wird er als *Differenzwiederbau*[7] bezeichnet. Rz 1402 f, 2454 ff, 3931 f.

---

[4] Vgl. den Entscheid des ZH-Verwaltungsgerichtes vom 19. Dezember 1995 (BEZ 1996 Nr. 3) betreffend verschiedene Abgrenzungen zwischen Änderung und Umgestaltung.

[5] Peter Müller, S. 211 f und das ZH-Verwaltungsgericht im Entscheid vom 5. Dezember 1986 (BEZ 1987 Nr. 5, S. 13) unter Bezugnahme auf Peter Müller, vertreten allerdings bezogen auf einen «Totalumbau» (wohl gleichbedeutend mit Umgestaltung wie vorstehend) die Auffassung, es werde das Verbot der Rechtsumgehung verletzt, wenn dabei finanzielle und bautechnische Erschwernisse in Kauf genommen werden, welche jene einer Neuerrichtung erreichen oder gar übersteigen, nur um die für Neubauten geltenden Vorschriften nicht einhalten zu müssen. Mir scheint dieses Argument der Rechtsumgehung verfehlt. Vgl. auch die Kritik von Walther Burckhardt, System, S. 289 f, an der Vorstellung «Umgehung eines Gesetzes». Qui iure suo utitur neminem laedit. Die entscheidende Frage ist allerdings: Worin besteht das ius? Werner Schmid-Lenz, S. 66 lehnt die Vorstellung eines Rechtsmissbrauches ebenfalls ab, allerdings vor allem aus den in Rz 185 aufgeführten Gründen.

[6] Vgl. das Verbot des Wiederbaues eines von unbekannten Dritten zerstörten Häuschens in einem Ried im Entscheid des ZH-Regierungsrates Nr. 1294/1995 (BEZ 1996 Nr. 5).

[7] Zur – «recht schwierigen» – Abgrenzung eines Wiederbaues gegenüber Umbau/Umgestaltung vgl. BGE 102 I b 215 f (Waldstatt/AR; noch in Anwendung des GwschG 1972 [Rz 4073 f] ergangen).

2. Bisweilen liegen zwischen dem Untergang des früheren Gebäudes und der Realisierung des Wiederbaues Monate, wenn nicht Jahre oder Jahrzehnte. In der Zwischenzeit sieht man an der Stelle des früheren Gebäudes oft nur noch Fundamentteile, eingestürzte, zerrissene oder durchlöcherte Umfassungsmauern, mit oder ohne Dach, Böden, grosse Steinhaufen, eine Ruine. Das ist stets eine unbeabsichtigte Zwischenphase. 204

3. Dass der Eigentümer nicht einfach zuerst einmal alle Überreste wegräumt und dann neu baut, hat seinen Grund in den gleichen Überlegungen wie bei der Umgestaltung (Rz 201). 205

C. Der Anschlussbau

Ein Anschlussbau ist mehr als ein Anbau[8]. Bei einem Anschlussbau kann es zu einem zweiten Gebäude kommen, doch muss dies nicht der Fall sein. 206

Hier werden satt an die Umfassungswand eines bereits bestehenden und bestehen bleibenden Gebäudes ein oder mehr vollwertige Geschosse mit eigenem Eingang und mit allfällig für die Höhenüberwindung nötiger Treppe erstellt, sei es ohne oder mit eigener Brandmauer (Rz 22, 2416 f). Der Anschlussbau schliesst entweder nur einseitig oder aber zweiseitig an bereits bestehende Gebäude an. Letzteres trifft zu, wenn ein Anschlussbau in eine Gebäudereihe hineingesetzt wird. Das ist bei Blockrandüberbauungen in städtischen Verhältnissen häufig.

D. Der Dependenzbau

Hier ist ein für einen bestimmten Zweck dienendes Gebäude schon vorhanden, aber für diesen Zweck zu klein geworden, weshalb an einer andern Stelle in der gleichen Parzelle, im gleichen Parzellenkomplex oder aber anderswo (mit gleichen oder anderen Vorschriften) neu gebaut wird, unter Weiterbestand des vorerwähnten Gebäudes. Man kann auch von einem Filialbau sprechen. 207

E. Der Dislokationsbau

Hier wird ein für einen bestimmten Zweck dienendes Gebäude verlassen und es wird an einer andern Stelle in der gleichen Parzelle, im gleichen Parzellenkomplex oder anderswo (mit gleichen oder anderen Vorschriften) neu gebaut. Auslöser hiefür können sein: Die alte Stelle gefällt dem Eigentümer nicht mehr oder der Wegzug drängt sich aus rechtlichen Gründen auf[9]. Bisweilen werden Gebäude ohne oder mit Baudenkmalcharakter[10] 208

---

[8] Zur Abgrenzung von Anschlussbauten gegenüber Anbauten vgl. den ZH-Verwaltungsgerichtsentscheid vom 6. März 1992 (BEZ 1992 Nr. 12, Rz 1627). Ich vermeide das Wort «Wiederaufbau» um den Wiederbau klar vom Aufbau nach Rz 180 zu trennen.
[9] Vgl. Rz 1407.
[10] Benno Furrer, Die Bauernhäuser der Kantone Schwyz und Zug, 1994, S. 103 und 509 f: «Die ländlichen Bauten, Wohnhäuser mit eingeschlossen, sind keineswegs so unverrückbare Elemente der Kulturlandschaft zu betrachten, als die sie vielleicht erscheinen mögen. Verschiedene Untersuchungen weisen darauf hin, dass Abbau, Transport über grössere Distanzen und Wiederaufbau an einem andern Orte in den meisten Gegenden als etwas durchaus Gewohntes erlebt wurde.» In Kanada ist

unter grossem technischem Aufwand verschoben, um Platz für andere Bauten zu schaffen; hier kann man auch bei Beibehaltung des Profils und der Struktur des Gebäudes kaum mehr von einer blossen Änderung sprechen. Rz 173.

III. Gegenüberstellung von sekundären und primären Neubauten

A. Allgemeines

209 In den Fällen von Rz 200 ff kann man bei den neu vorhandenen Gebäuden von sekundären Neubauten sprechen, sekundär deshalb, weil sie zeitlich auf ein oder mehrere vorherige Gebäude folgen. Im Gegensatz dazu kann man von einem primären Neubau oder einer Ersterstellung sprechen, wenn ein Gebäude auf bisher unüberbaut gebliebenem Boden, getrennt von einem anderen Gebäude erstellt wird und wenn das Gebäude weder einer Betriebsvergrösserung noch einer Betriebsverlegung dient. Die Regelungen für die primären Neubauten gehören zum präfiniten Baurecht, diejenigen für die sekundären Neubauten, zusammen mit denjenigen für das Fortbestehenlassen und die Änderungen sowie dem Abbruch, zum postfiniten Baurecht (Rz 2).

B. Zum Problem der Identität

210 1. Bauliche Änderungen sind, wie bereits erwähnt, dadurch bestimmt, dass nach ihrer Vornahme kein anderes Gebäude dasteht, die Identität des bisherigen Gebäudes fortdauert (Rz 167). Bei den primären Neubauten entsteht demgegenüber immer ein neues Gebäude, eine neue Identität.

211 2. Die Umgestaltung, der Wiederbau, der Anschlussbau der Dependenzbau und der Dislokationbau können ebenfalls mit dem Identitätsbegriff in Zusammenhang gebracht werden. Man sagt dann zB dass nach Vornahme dieser baulichen Vorkehrungen ein Gebäude mit einer andern Identität bestehe, sei es, dass das vorherige Gebäude nicht mehr fortbestehe (bei Umgestaltung, Wiederbau und Dislokationsbau), sei es dass das vorherige Gebäude abseits weiterbestehe (bei Anschlussbau und Dependenz-/Dislokationsbau). Diese Aussagen erfolgen meistens spontan, ohne dass man sich lange Gedanken darüber macht, was hinter dem Begriff der Identität steckt, wo es nicht um Menschen geht. Ich verweise hiezu auf die Ausführungen in Rz 167 ff.

ein solches Dislozieren von gewöhnlichen Einfamilienhäusern (House Moving) auch heute keine Seltenheit. In der Schweiz sollte allerdings heute, wenn irgendwie möglich, ein Baudenkmal an seinem bisherigen Standort verbleiben; die Dislokation in ein Freilichtmuseum à la Ballenberg bei Brienzwiler/BE ist immer ein Notbehelf. Aus neuerer Zeit sind an geringfügigen Verschiebungen zu erwähnen: die Bärengasse-Häuser in Zürich 1, das Haus zur Gerwe in Gersau/SZ.

C. Zweck der Unterscheidung bauliche Änderung – sekundärer Neubau

Man sollte in einer Fachsprache keine neuen Begriffe prägen, ohne dass man sich darüber im Klaren ist, wozu dies dienen kann. Hiezu ist Folgendes zu sagen: 212

1. Im positiven Recht sind die Verbots-/Gebots-/Erlaubnisvorschriften für typische Neubauten und typische Änderungen häufig verschieden streng (Rz 804 f). Hier haben das Gemeinwesen und der Nachbar eines Bauaktiven, welcher eine bauliche Vorkehrung vornehmen will, unter Umständen ein Interesse daran, die bauliche Vorkehrung eher den Neubauten zuzurechnen, wenn die Neubauvorschrift die strengere ist; der Bauaktive, welcher die bauliche Vorkehrung vornehmen will, hat jedoch ein Interesse daran, die bauliche Vorkehrung eher den Änderungen zuzurechnen, wenn die Änderungsvorschrift die largere ist. Die Unterscheidung zwischen Änderung und sekundärem Neubau soll hiezu das für die Argumentation nötige Vokabular liefern.

2. Man muss sich dabei allerdings immer bewusst bleiben, dass mit der Aussage, es liege ein anderes Gebäude, eine andere Identität vor, und mit der Zuweisung baulicher Vorkehrungen zur Kategorie der sekundären Neubauten bereits eine Weichenstellung in der Anwendung des positiven Rechtes vorgenommen wird, welche im Bereiche von Vorschriften mit unbestimmten Elementen fragwürdig ist und sich nach einer wirklich umfassenden Interessenabwägung als korrekturbedürftig erweisen kann. Diese Gefahr ist unvermeidbar. Es müssen beim Beginn von Argumentationen immer irgendwo Anker ausgeworfen, Pfosten eingeschlagen werden. 213

D. Zur Terminologie

Was ich in Rz 190 zu den Wörtern Renovation, Umbau, Aufbau, Anbau usw. gesagt habe, ist auch hier zu wiederholen. Die in Rz 200–208 verwendeten Wörter nehmen *nicht* für sich in Anspruch, die massgebliche Auslegung all jener Stellen im positiven Recht zu bieten, welche die gleichen Worthülsen verwenden. 214

§ 4 Gemeinsame Bemerkungen zu den Existenzphasen der Gebäude und zu den sekundären Neubauten

215 1. Die Geschehnisse, welche zu den vier Existenzphasen der Gebäude in Rz 148 ff, 159 ff und zu den sekundären Neubauten in Rz 200 ff erörtert werden, lassen sich auch durch andere Kriterien gliedern.

Ausgangspunkt ist dabei die Vorstellung eines baulichen **Eingriffs** in die Welt durch die primäre Erstellung von Gebäuden, durch die Änderung derselben, durch deren Abbruch und durch die sekundäre Erstellung von Gebäuden. Dem steht die Vorstellung des blossen **Fortbestehenlassens** von Gebäuden gegenüber, welches durch keinen – weitern – Eingriff in die Welt gekennzeichnet ist.

216 2. Diese weite Vorstellung wird für die Zwecke der vorliegenden Arbeit eingeschränkt durch diejenige eines Eingriffes allein in bereits bestehende Gebäude. Als solche Eingriffe kommen dann nur noch in Betracht: einerseits das **Hinzubauen**, wozu die Änderung von Gebäuden (inkl. Rückbau nach Rz 183 und Bauteilentfernung nach Rz 217) nach Rz 176 ff und das sekundäre Neubauen nach Rz 176 ff gehören, und anderseits der **Abbruch** nach Rz 154 gehören. Das Hinzubauen und der Abbruch im weiteren Sinne können zusammen als **Transformation** bezeichnet werden.

217 3. Viele Montierungen, Um-, Auf-, Sub-, Rückbauten, Umgestaltungen, Wieder- und Anschlussbauten sind nur möglich, indem bisher vorhanden gewesene Gebäudeteile (zB Mauern, Wände, Böden, Decken, Stützen, Verputz, Getäfer, Tapeten, Spannteppiche, Rohre, Dachhaut usw.) entfernt (zum Teil «ausgespitzt») werden; dabei kann es zu einer Rückversetzung in den Rohbauzustand kommen[1]; meistens geht es aber nur darum, einen einwandfreien Zusammenschluss, eine Verstätung zwischen den alten und neuen Gebäudeteilen bzw. einen einwandfreien Abschluss von freigelegten Gebäudeteilen zu bewerkstelligen. Diese Entfernung rechne ich als notwendige Vorbereitung der soeben erwähnten neun baulichen Geschehnissen zu diesen selbst und nicht zum Abbruch; ebenfalls nicht zum Abbruch zähle ich den Rückbau nach Rz 183 und die Bauteilentfernung.

---

[1] So bei Umgestaltungen, vgl. ZH-BEZ 1990 Nr. 9 (BRK I).

Zweiter Abschnitt
Der Bewerb

§ 1 Der Bewerb als solcher

I. Zur Ableitung des Bewerbes aus dem menschlichen Verhalten

1. Mit dem Wort Bewerb bezeichne ich ein menschliches Verhalten, welches in einem Tun oder einem Unterlassen besteht[1]. Das Handeln kann auf die Nachbarn willkommen, unwillkommen oder neutral einwirken oder überhaupt nicht einwirken; das Unterlassen kann ohne ein Handeln eines Dritten oder infolge eines solchen erfolgen, sei es infolge Behelligung durch einen Dritten oder als Duldung desselben. Der Bewerb ist immer auf die Elemente Boden/Wasser/Luft sowie die darin oder darauf befindlichen Pflanzen, Tiere oder Bauten bezogen. Bewerbungen haben also immer ein Objekt. Nachfolgend spreche ich nur noch vom Bewerb in Bezug auf Bauten und hier schwergewichtig in Bezug auf Gebäude, nicht aber vom Bewerb in Bezug auf Felder, Äcker, Wiesen, Wälder, Gruben usw.

2. Der Grund, weshalb ich das Wort Bewerb[2] und nicht Nutzung[3] verwende, liegt darin, dass der letztere Ausdruck eine zu grosse Nähe zu «Ausnützung» und auch zur

---

[1] Kaum ein anderer Denker hat die allgemeine Problematik des Verhaltens, der Handlungen und Unterlassungen von Menschen so grundsätzlich angegangen wie der «Euklid» der Normlogik, Georg Henrik von Wright. Siehe das schon in Rz 160 mit FN 38 zitierte Werk sowie: Normen, Werte und Handlungen, Frankfurt a.M. 1994. Er erklärt auf S. 47 des erstgenannten Werkes: «Ich finde es erstaunlich, dass der Begriff der menschlichen Handlung als solcher in der Philosophie relativ wenig diskutiert wird. Für die verwandten Begriffe ‹Tätigkeit› und ‹Verhalten› gilt dasselbe. Die für diese Begriffe relevante traditionelle philosophische Diskussion konzentriert sich auf das Problem der sogenannten Willensfreiheit. In dieser Diskussion wird nur allzu oft für selbstverständlich gehalten, dass es klar ist, was Handlung ist. Tatsächlich lässt sich aber zeigen, dass ein Grossteil dessen, was über das Problem der Freiheit gesagt worden ist, einfach uninteressant ist, das es auf einem logisch defizienten Begriff des Handelns beruht.»

[2] Sprachgeschichtlich, siehe Duden, Herkunftswörterbuch unter Kolonne «werben», kommt das Wort werben von althochdeutsch hwerban. Das bedeutet «sich drehen», «bewegen», «umtun», «bemühen». Wirbel, Gewerbe, Erwerb, Werft sind damit verwandt. In den Innerschweizer Mundarten bedeutet «worblen» das Wenden des gemähten, aber noch nicht ganz trockenen Grases mit einer Gabel. Die in «Bewerb» enthaltene Vorsilbe be- bezeichnet zunächst rein räumlich die Richtung eines Vorganges, dann allgemein die Einwirkung auf eine Sache oder Person. Das ist genau das, was es in diesem Zusammenhang für das Verhältnis zwischen Mensch und Bauten zu bezeichnen gilt. Dass der Nicht-Baurechtler beim Wort bewerben vielleicht zuerst an eine Stellenbewerbung oder an die Brautwerbung denkt, ist hinzunehmen. Als Plural von «der Bewerb» verwende ich nicht «Bewerbe», sondern «Bewerbungen».

[3] Das Wort nutzen/nützen geht gemäss Duden, Herkunftswörterbuch auf das mittelhochdeutsche (ge)niessen, althochdeutsch (gi)niozan zurück, welches seinerseits von der indogermanischen Wurzel neud- abstammt, die fangen, ergreifen bedeutet. Da das, was man fängt, einem gehört, entwickel-

Anstrebung eines finanziellen Gewinnes aufweist. Das ist zwar auch ein wichtiger Aspekt, aber nur einer neben andern, welche hier zur Sprache kommen; das Wohnen ist *nicht* dadurch gekennzeichnet, auch nicht das «Sich-im-Freien-Ergehen».

220 3.   Während Bauten stets primär konkret-statisch sinnlich wahrnehmbare, unbelebte, vom Menschen geschaffene, grössere, mehr oder weniger dauerhafte, fest an einem Ort verbleibende Wirklichkeitsausschnitte sind[4], handelt es sich beim Bewerb immer um primär konkret-dynamisch sinnlich wahrnehmbare, durch lebende Menschen und Tiere oder Menschen allein geschehende, sowohl grosse als auch kleine, nur kurzfristig gleich bleibende, ihre Stelle im Raum laufend wechselnde Wirklichkeitsausschnitte. Der konkret-statische (aber gleichwohl nicht bodenfeste) Anteil des Bewerbes (verwendete Geräte, Möbel, Wäsche, Bücher, Material usw.) ist gering; es fehlt für ihn ein besonderes Wort[5]. Daher eignet sich die bei den Gebäuden im Vordergrund stehende räumliche Charakterisierung beim Bewerb viel weniger für eine Systematisierung, obwohl der Bewerb weitgehend gebäudebezogen ist. Hier kommt der Zwecksetzung und der Bewirkung von Immissionen eine grosse Bedeutung bei der Gliederung zu. Das sind zwar zwei Kriterien, welche auch bei den Gebäuden eine Rolle spielen, die aber, abgesehen vom Zweck des Schutzes gegen Witterungseinflüsse, Immissionen und Eindringen von Dritten, doch eher zweitrangig sind. Es liegt deshalb im Wesen der Bewerbungen, dass sie sich weniger leicht in Griff nehmen oder gar in ein Koordinatennetz einspannen lassen als die Gebäude. Hier oszilliert immer alles stark.

221 4.   Folgende Verhaltensweisen können zum Bewerb gezählt werden:
1. sich hineinbegeben, dort aufhalten, hindurchbegeben;
2. etwas hineinstellen, dort stehen lassen, verarbeiten;
3. natürliche Früchte daraus ziehen;
4. Substanz wegnehmen;
5. das Vorhandene pflegen;
6. das Vorhandene geniessen[6]:
    a) wohnen (essen, trinken, lesen, schreiben, spielen, musizieren, basteln, Gespräche führen, Radio hören, fernsehen, schlafen usw.) und haushalten (Kochen, Waschen, Putzen, Einkaufengehen, Disponieren usw.);
    b) erwerbstätig sein für sich und die Seinen;
    c) kommunizieren (die Kinder erziehen, zusammenkommen, um zu beraten, zu diskutieren, gemeinsam zu lernen/lehren, sich höheren geistigen Interessen zu widmen, Besuche zu empfangen, zu feiern usw.);
    d) Freizeit verbringen (spazieren, Theater, Konzerte, Kino, Sportanlässe besuchen);
    e) von hier aus dorthingehen und hieher zurückkehren;
    f) das Vorhandene ansehen und von hier aus die Aussicht geniessen;

---

ten sich daraus die Bedeutungen innehaben, benutzen, gebrauchen, Freude daran haben. Das sind zwar auch keine unpassenden «Stammeltern»; diejenigen von be-werben treffen aber besser das Gemeinte.

[4] Rz 13 f.
[5] Man könnte diesen Teil des Bewerbes zur Betonung des Statischen mit der Wortschöpfung «Beworb» bezeichnen.
[6] Dazu gehören auch Verhaltensweisen, welche mühsam sind.

g) das Vorhandene geistig gestalten (abzeichnen, fotografieren, beschreiben, beplanen).

Nur in einem erweiterten Sinne wird man auch zum Bewerb zählen: das Ändern von Vorhandenem (7.), das Abwehren des Eindringens von andern und anderem (8.), das Verfügen über Vorhandenes unter Lebenden (9.) und das Vererben von Vorhandenem (10.); im Bereich des Geniessens (6.): hiefür Anträge an Behörden stellen (h), Vorhandenes als Wert in das eigene Vermögen einsetzen (i). Gar nicht zum Bewerb gehören die Erstellung, das Fortbestehenlassen und der Abbruch eines Gebäudes, sei es durch den Eigentümer, die Behörde oder Dritte. 222

II. Die Bewerbsarten

A. Allgemeines

Die Gliederung der Bewerbungen erfolgt mit Kriterien, welche 223
– sich entweder allein auf die materiellen Immissionen beziehen, und zwar auf die zufügenden, sei es von der aktiven Seite (Rz 224) oder von der passiven Seite (Rz 225) aus gesehen, oder
– die Gliederung der Bewerbungen erfolgt primär mit auf die immateriellen Immissionen bezogenen Kriterien; die materiellen Immissionen sind hier nur sekundär von Bedeutung (Rz 229 ff), oder
– es werden überhaupt keine immissionsbezogenen Kriterien für die Gliederung der Bewerbungen verwendet.

B. Gliederung der Bewerbungen allein mit Kriterien, welche sich auf die materiellen Immissionen beziehen

1. Unterscheidung der Bewerbungen von der aktiven Seite aus gesehen

Die älteste und wohl auch wichtigste Gliederung der Bewerbungen im Baurecht ist diejenige nach dem Pegel der vom Bewerb ausgehenden, zufügenden materiellen Immissionen (zB Rauch, Russ, Staub, üble Düfte, Lärm, Erschütterung, Kohlenmonoxid, Stickstoffoxide, Schwefeldioxid, flüchtige organische Verbindungen, Elektrosmog). Letztere können für die Umgebung, Nachbarschaft nicht störende/belästigende/beeinträchtigende oder aber leicht, mässig oder stark störende/belästigende/beeinträchtigende materielle Immissionen sein. Bei dieser Graduierung denkt man meistens nur an die von Betrieben ausgehenden Immissionen, obwohl auch von Bewerbungen, welche nicht als Betriebe aufgefasst werden können, solche Immissionen ausgehen können (vgl. lärmiges Wohnen). Betriebe, welche beim Bewerb diese Immissionen nicht erzeugen oder erzeugen, sind nicht störende, leicht, mässig oder stark störende Betriebe (Rz 346). Je nach Zonierung sind solche Betriebe erlaubt oder verboten. Man spricht hier oft von polizeilichen Immissionsre- 224 gelungen; dies im Unterschied zu den planerischen, wohlfahrtpolitischen oder zonenbedingten Immissionsregelungen (siehe Rz 478)[7].

2. Unterscheidung der Bewerbungen von der passiven Seite aus gesehen

225 a) Während in Rz 224 der Bewerb, von welchem Auswirkungen ausgehen, also ein aktiver Aspekt im Vordergrund steht, geht es nachfolgend primär um die Einwirkungen auf den Träger eines Bewerbes, von diesem aus betrachtet, also um einen passiven Aspekt. Wichtig ist hier, ob, und wenn ja, wie stark der Träger eines Bewerbes für die nachteiligen Auswirkungen von ihn treffenden Immissionen anfällig ist[8]. Bedeutsam ist dabei insbesondere die gesundheitliche Anfälligkeit. So motiviert ist das Verbot des Wohnbewerbes in Industrie- und Gewerbezonen, in welchen stark störende Betriebe zulässig sein sollen. Der Zweck einer solchen Zone besteht darin, eine Ansiedlungsmöglichkeit für Betriebe zu schaffen, welche in allen anderen Zonen, vor allem wegen der Erzeugung stark störender Immissionen, verboten sind. Liesse man den Wohnbewerb in solchen Industrie- und Gewerbezonen zu, so würde entweder eine gesundheitliche Schädigung der dort Wohnenden in Kauf genommen oder die Betriebe dürften sich auch hier nicht frei entfalten; damit wäre der Zonenzweck illusorisch. Beim Verbot von Wohnungen in solchen Industrie- und Gewerbezonen geht es um das liberalstaatlich gar nicht so einfache Problem des Schutzes vor sich selbst[9].

226 b) Ein Bewerb darf nur dann wegen der Immissionsempfindlichkeit seines Trägers verboten werden, wenn Grund zur Annahme besteht, dass der Träger nicht von sich aus diese Zone meidet. Hierin liegt eine zusätzliche Rechtfertigung von Wohnbauverboten in der Industriezone; denn wegen der hier möglicherweise niedrigeren Mietzinse bestünde sonst die Gefahr, dass trotz immissionsmässig prekärer Situation hier gewohnt würde.

227 Zum Verbot von Dienstleistungsbetrieben in der Industrie- und Gewerbezone (FN 10, Rz 527 mit FN 48, 1075 mit FN 2) ist Folgendes zu sagen: Seit der Computerisierung unterscheiden sich Dienstleistungs- und Produktionsbetriebe je länger desto weniger voneinander; zudem sind die in Dienstleistungsbetrieben tätigen Menschen stets erwachsen und halten sich nur noch während höchstens acht Stunden täglich hier auf; sie sind also von vornherein nicht so intensiv den Immissionen ausgesetzt, wie dies für die hier Wohnenden zuträfe, unter denen auch mit der Anwesenheit von Kindern zu rechnen ist.

228 Werden in Industrie- und Gewerbezonen Dienstleistungsbetriebe verboten, so handelt es sich oft um eine verbrämte, marktpolitisch orientierte Vorkehrung zur Abhaltung zahlungskräftiger Landkäufer[10]. Bedenken hiegegen sind ausser unter dem Gesichts-

---

[7] Zu den polizeilichen Immissionsregelungen gehören ZH-PBG § 226 (Rz 1868 ff). Damit verwandt, aber als dem Privatrecht zugehörig aufgefasst, ist ZGB Art. 684.
[8] Ein Kapitel für sich ist die Frage, wie weit das Kirchengeläute, ferner das Läuten von Kuhglocken, für die Bewohner in der Nachbarschaft als Störung aufzufassen ist. Vgl. SJZ 1992 S. 183 f.
[9] Siehe Werner Zuppinger, Der Schutz gegen sich selbst im Polizeirecht, Diss., Zürich 1956.
[10] Nach Paul Reichlin, ZSR 1947, S. 197a FN 14 (unter Berufung auf den damaligen Zürcher Stadtbaumeister Steiner) zwang «die Gefahr der Infiltration von Wohnbauten in noch rein erhaltene Industriegebiete der Stadt Zürich» zur Vorwegnahme der «Industrieplanung».

punkt der Handels- und Gewerbefreiheit (Rz 1075 mit FN 2) sowie der Eigentumsgarantie (Rz 1206 ff) insbesondere dann angebracht, wenn das Verbot der Dienstleistungsbetriebe nicht als vom Gesetzgeber ausgedrückt oder nicht als Ergebnis einer umfassenden Interessenabwägung im normativen Unklarheitsbereich angesehen werden kann.

C. Unterscheidung der Bewerbungen mit primär auf ideelle Immissionen bezüglichen Kriterien

1. Für die Unterscheidung der Bewerbungen mit primär auf ideelle (immaterielle) Immissionen bezüglichen Kriterien können die gleichen Kriterien verwendet werden, welche in Rz 341 zur Gliederung der ideellen (immateriellen) Immissionen zum Zuge kommen, also: 229

– mit einem lokal bedeutsamen Kriterium: Rz 342 f;
– mit einem personal bedeutsamen Kriterium: Rz 344.

2. Wie bei den Bewerbungen bezüglich der materiellen Immissionen (Rz 224) ist bei den Bewerbungen bezüglich der ideellen (immateriellen) Immissionen zu unterscheiden zwischen Bewerbungen, von welchen solche Immissionen ausgehen, und Bewerbungen, welche von solchen Immissionen unangenehm betroffen werden. Auch hier ist zwischen ideell immissionsträchtigen und -schwachen sowie ideell immissionsresistenten und -empfindlichen Bewerbungen zu unterscheiden. 230

3. Bewerbungen mit das Ortsbild betreffenden, lokal bedeutsamen, ideellen Immissionen spielen nur eine geringe Rolle. In Betracht kommen zB (verunstaltendes) Behängen der Gebäude mit Lumpen/Girlanden/Lämpchen, Zudecken von Löchern mit Wellblech, Abdichten von Fenstern mit zerbrochenen Scheiben durch Karton/Plastik, Anhäufen von Unrat um die Gebäude herum. Es geht hier durchwegs um Fragen der Ästhetik. Bewerbungen mit personal bedeutsamen ideellen Immissionen und Bewerbungen mit den Quartier-/Zonencharakter betreffenden, lokal bedeutsamen, ideellen Immissionen kommen separat in Rz 492 f und 495 f näher zur Sprache. 231

§ 2 Die Existenzphasen des Bewerbes

I. Allgemeines

287   1.   Wie bei den Gebäuden, lassen sich bei den Bewerbungen eine Anfangs-, eine «Bestandes-», besser Vorhandenseins-, und eine Endphase unterscheiden. Diese Phasen erscheinen logisch zwangsläufig immer in dieser Reihenfolge. Nur ganz selten folgt auf die Anfangs- gerade die Endphase[1]. Öfters kommen bei Bewerbungen auch noch eine oder mehrere Änderungsphasen dazu. Diese überlagern die Vorhandenseinsphase analog den baulichen Änderungsphasen bezüglich der Bestandesphase (Rz 142 f)[2].

288   2.   Bei den Bewerbungen kann man die Anfangsphase auch als die Erstaufnahme des Bewerbes und die Vorhandenseinsphase als Weiterausübung des Bewerbes bezeichnen. Bei der Endphase kann man von Einstellung oder Stilllegung[3] des Bewerbes sprechen, wenn es infolge eines Entschlusses von Menschen zu einem Ende kommt.

II. Der Anfang oder die Erstaufnahme des Bewerbes

289   1.   Der Anfang oder die Erstaufnahme des Bewerbes läuft in der verhältnismässig kurzen Zeitspanne ab, während der der künftige Träger des Bewerbes mit seinen Möbeln, Kleider-, Wäsche-, Geschirr- und Besteckstücken, Teppichen, Büchern, Bildern, Geräten, seinem Werkzeug, seinen Maschinen, seinen Materialien usw. in das Gebäude einzieht und er mit dem, wozu er hieher gelangt ist, noch nicht richtig begonnen hat. Diese Phase schliesst mit dem Beginn der Ausübung des Bewerbes ab (Rz 291 f).

290   2.   Vor der Erstaufnahme des Bewerbes muss meistens eine Einzugsbewilligung vorliegen, welcher eine Bauabnahme, dieser eine Rohbauabnahme, dieser eine Schnurgerüstabnahme, dieser eine Baubewilligung vorangegangen sein muss (Rz 704).

III. Die Ausübung des Bewerbes

291   1.   Die Ausübung des Bewerbes besteht im unveränderten Weiterführung des Verhaltens des Bewerbträgers unmittelbar nach der Bewerbsaufnahme. Es geht hier um die in

---

[1] ZB am Tage, an welchem jemand mit seinem Betrieb in ein Gebäude eingezogen ist, zieht er gerade wieder aus.
[2] Denkbar ist aber auch, dass die Änderungsphase gerade auf die Anfangsphase folgt oder dass an sie gerade die Endphase anschliesst. Im ersteren Fall handelt es sich um den Entschluss, den Erstbewerb anders auszuführen als ursprünglich angenommen, im letzteren Fall um den Entschluss, sowohl den vorübergehend angestrebten neuen Bewerb nicht zu realisieren als auch den bisherigen Bewerb einzustellen.
[3] Denkbar wäre auch die Bezeichnung «Aufgabe des Bewerbes». Das gibt jedoch zur Verwechslung mit der normativ aufgefassten Aufgabe Anlass. Eher wäre die Bezeichnung «Preisgabe» angezeigt. Doch tönt dies zu emotional.

Rz 221 f aufgezählten Bewerbsweisen, zusammengefasst vor allem im Wohnen, in der Landwirtschaft, im Gewerbe-, Industrie- und Dienstleistungsbetrieb und im Gemeinschaftsleben. Die Weiterausübung des Bewerbes setzt ein ständiges, weiteres Verhalten von Menschen im Gebäude voraus. Hört dieses Verhalten auf, sei es aus eigenem Entschluss des Bewerbers oder infolge Einwirkung von Naturkräften oder von Dritten, so endet der Bewerb, sackt er in sich zusammen.

2. Während der Zeit der unveränderten Weiterausübung des Bewerbes braucht es im Allgemeinen keine weitere behördliche Bewilligung[4]. Siehe Rz 704.

292

IV. Das Ende oder die Einstellung/Stilllegung des Bewerbes

1. Zum Ende oder zur Einstellung des Bewerbes oder eindeutiger (weil man auch ein Auto in eine Garage einstellen kann) zu deren Stillegung kommt es, wenn der Träger der Bewerbes mit seinen Möbeln, Kleider-, Wäsche-, Geschirr- und Besteckstücken, Teppichen, Büchern, Bildern, Geräten, seinem Werkzeug, seinen Geräten, Maschinen, seinen Materialien usw. gesamthaft und für immer das Gebäude verlässt, niemand neu in das Gebäude einzieht und höchstens noch minderwertige Gegenstände (zB Abraum, defekte Maschinen) zurückbleiben. Das Gebäude steht dann leer. Darauf folgt oft als deutlicher Hinweis auf die Bewerbseinstellung im baulichen Bereich das Entfernen der Fensterläden, «Abhängen» der Wasser-, Strom- und Gaszuleitungen (soweit vorhanden), woran sich dann das Abdecken des Daches, das Einreissen der Wände und Geschossböden usw anschliesst. Sonst aber kann man oft erst im Nachhinein, wenn Monate, vielleicht sogar Jahre verflossen sind, feststellen, ob wirklich eine Bewerbseinstellung erfolgt sei[5].

293

2. Bis heute braucht es zur rechtmässigen Realisierung des Entschlusses der Bewerbseinstellung keiner behördlichen Bewilligung. Es erfolgt auch keine behördliche Kontrolle, ob der bisherige Bewerber das Gebäude samt Umgelände aufgeräumt verlassen hat[6].

294

V. Die Änderung des Bewerbes

A. Allgemeines

1. Wie in Rz 220 dargelegt wurde, steht beim Bewerb, anders als bei den Gebäuden, der dynamische Aspekt im Vordergrund. Da der Bewerb immer vor allem ein Geschehen

295

---

[4] Anders verhält es sich, wenn die Bewilligung für den Bewerb befristet oder mit einer Resolutivbedingung versehen ist. Gemäss BGE vom 11. Mai 1960 (ZBl 1961 S. 75) betrifft das Baurecht nicht nur «la construction comme telle ... mais aussi l'utilisation subséquente». Zitiert nach Hans Christoph Binswanger, S. 11.
[5] Rz 315, 3931.
[6] Allerdings wird neuerdings im Gemeinderat der Stadt Zürich, aber auch anderswo, verlangt, dass das Gemeinwesen in Zeiten von Wohnungsknappheit leerstehende Wohnungen unter Fristsetzung für eine Wiedervermietung «enteignen» soll. Siehe auch BGE 119 Ia 348 f, welcher für den Kanton Genf die Verfassungsmässigkeit solcher Enteignungen bejaht.

ist, in welchem voraussetzungsgemäss immer etwas «läuft», «oszilliert», «in Bewegung ist», sich «regt», sich «wandelt», sich «ändert», stellt die Änderung eines Bewerbes die Dynamik einer Dynamik dar. Das bedeutet, dass die Änderung eines Gebäudes und die Änderung eines Bewerbes gedanklich nicht auf der genau gleichen Ebene stehen[7].

296 2. Wie bei der Änderung von Gebäuden ist auch bei derjenigen von Bewerbungen grundsätzlich davon auszugehen, dass nach Abschluss der Änderungsphase grundsätzlich etwas vom Vorhergehenden Verschiedenes vorliegt, die Identität der davon betroffenen Gegebenheit aber weiterbesteht, was immer auch darunter zu verstehen sei. Die Änderung des Bewerbes beendet diese als solche nicht, sondern es löst eine Bewerbsart diejenige Bewerbsart ab, welche vorher stattgefunden hat.

297 3. Wegen der Kumulation der Dynamik jeden Bewerbes und ontologischer Besonderheit der Identitätserhaltung trotz Änderung ist eine Systematisierung der Änderung von Bewerbungen viel schwieriger als diejenige der Änderung von Gebäuden. Für Bewerbsänderungen ist typisch, dass sie oft ohne genau angebbaren Beginn und ohne genau angebbares Ende gewissermassen schleichend eintreten und aufhören.

298 4. Die Änderung des Bewerbes läuft in der verhältnismässig kurzen Zeitspanne ab, während der der Träger des Bewerbes seine Utensilien für den bisherigen Bewerb ganz oder teilweise wegschafft und er oder ein anderer Träger die für den neuen Bewerb benötigten Utensilien einbringt. Ist dies geschehen, ist die Bewerbsänderung beendet.

299 5. Vor dem Einbringen der genannten Utensilien muss bei grossen Änderungen eine behördliche Bewilligung vorangegangen sein. Sonst aber fehlt ein der Bauabnahme entsprechender behördlicher Akt.

B. Die Arten der Änderungen des Bewerbes

1. Änderungskriterien

300 Die Änderungsarten des Bewerbes können mit den folgenden Kriterien gegliedert werden. Im Vordergrund stehen dabei die folgenden Gesichtspunkte:

– Immissionsträchtigkeit/-empfindlichkeit: grösser, gleich, kleiner;
– Gefährlichkeit: grösser, gleich, kleiner;
– Belastung der Infrastruktur: grösser, gleich, kleiner;
– räumlicher Bereich, in welchem der neue Bewerb stattfindet: bisher da nein, neu da ja oder umgekehrt;
– zeitlicher Bereich, in welchem der neue Bewerb stattfindet: bisher kurzfristig, neu längerfristig oder umgekehrt, bisher zu unproblematischen Zeiten, neu zu problematischen Zeiten oder umgekehrt;

---

[7] Ich würde es deswegen als angezeigt ansehen, bei den Gebäuden und Bewerbungen für diese Phase verschiedene Wörter zu verwenden, zB Änderung nur bei den Gebäuden, Wechsel jedoch bei den Bewerbungen. Indessen hat sich der Ausdruck «Änderung» auch bei den Bewerbungen, «Nutzungen» so eingebürgert, dass ich auf diese sprachliche Differenzierung verzichte.

- Trägerschaft: Gemeinwesen M, N, O – Privater A, B, C[8]; in ihrer wirtschaftlichen Existenz bedroht – nicht bedroht;
- Zahl der bewerbenden Menschen: nur einzelne, wenige, viele, sehr viele[9, 10];
- Frequenz des Bewerbgeschehens;
- Wert des befriedigten Bedürfnisses: Notwendigkeit, Nützlichkeit, Angenehmheit;
- finanzielle Zielrichtung des Bewerbes: gemeinnützig, eigengewinnstrebig;
- Kategorien-/Spartenzugehörigkeit;
- Baurechtswidrigkeit des Bisherigen: ja, nein;
- Anwendbarkeit der gleichen, nicht der gleichen materiellen Regelungen bzw. von solchen mit gleichen, nicht gleichen Rechtsfolgen[11].

2. Zum Ablauf der Änderung

a) Es wird dort, wo eine Graduierung vorgenommen werden kann, darauf abgestellt, ob eine Zu- oder Abnahme eintritt, und dort, wo es um ein Gegensatzpaar geht, ob von der einen auf die andere Seite einer Kategorie hinübergewechselt wird, zB von einem solchen ohne besondere Immissionen zu einem solchen mit Lärmimmissionen, von einem solchen ohne Feuers-/Explosionsgefahr zu einem solchen mit diesen Gefahren, von einem solchen mit geringem Abwasseranfall zu einem solchen mit viel Abwasseranfall, vom Bewerb ganz innerhalb des Gebäudes zu einem solchen auch ausserhalb des Gebäudes, von einem solchen auf einer Geschossfläche von 50 m^2 zu einem solchen auf 200 m^2, von einem solchen nur Werktags zur Tageszeit zu einem solchen auch zur Nachtzeit oder an Sonn- und Feiertagen, von einem solchen des Gemeinwesens zu einem solchen von Privaten, von einem solchen eines Landwirtes zu einem solchen eines Nichtlandwirtes, von einem solchen der Landwirtschaft zu einem solchen der Nichtlandwirtschaft, von einem solchen des Wohnens zu einem solchen eines Gewerbes, von einem solchen der Industrie zu einem solchen eines Dienstleistungsbetriebes (Büros), von einem solchen der Schreinerei zu einem solchen des Garagenbetriebes, von einem solchen mit Anwendbarkeit der materiellen Regelung e zu einem solchen mit Anwendbarkeit der materiellen Regelung f usw. usf. und in umgekehrter Richtung oder ohne Wechsel.

301

---

[8] Bei der Veräusserung von gemäss ZH-PBG § 204 von Gesetzes wegen geschützten Baudenkmälern durch das Gemeinwesen an Private ist im Kaufvertrag für den weiterhin ausreichenden Schutz zu sorgen; vgl. Robert Imholz in: PBG aktuell 1994 Heft 4 S. 7. Rz 1855 f.

[9] Das ZH-Verwaltungsgericht erklärte allerdings eher überraschend in einem Entscheid vom 3. Oktober 1991 bezüglich einer Asylantenunterkunft, dass, wenn eine «sehr intensive Belegung des Gebäudes vorliegt, die Bewerbungsart ... davon unberührt» bleibt (ZBl 1992 S. 184, 186). Diese Aussage erfolgte vermutlich primär deshalb, weil das Verwaltungsgericht die Bewilligung auf jeden Fall gegen die Beschwerden der Nachbarn schützen wollte.

[10] Im BGE vom 27. Januar 1983 (betr. Erweiterung einer in einer alten Villa [Kunstgalerie] untergebrachten Privatschule mit 48 Schülern zu einer solchen mit 80 Schülern, Kanton Basel-Stadt [der Umfang der Verordnungskompetenz des Regierungsrates kommt dabei auch zur Sprache]; ZBl 1983 S. 504 ff) wird die Bewilligungsbedürftigkeit als gegeben angesehen, weil «die neue geänderte Nutzung nach Massgabe des jeweiligen Rechts andere Rechtsfolgen haben kann». Zustimmend zitiert von Mario Barblan, S. 56 ff.

[11] Das ZH-Verwaltungsgericht bestätigt in dem in FN 9 zitierten Entscheid, dass in einer Wohnzone mit Gewerbeerleichterung bei der Umnutzung eines Gewerbegebäudes zu Wohnzwecken das Gebäude «die Privilegierung hinsichtlich Grenz- und Gebäudeabstände verliert».

302 b) α) Der Wechsel bezüglich Trägerschaft, Bedürfnisrang, finanzieller Art, Kategorie-/Spartengehörigkeit oder Anwendbarkeit bestimmter materieller Regelungen ist nicht gleichbedeutend mit vermehrter Immissionsträchtigkeit, Gefährlichkeit und Infrastrukturbelastung. Es gibt Wechsel in jenen Gesichtspunkten, welche keine Verschlechterung betreffend Immissionsträchtigkeit, Gefährlichkeit, Infrastrukturbelastung usw. bewirken und es gibt in Letzterem einen Wechsel, ohne dass hinsichtlich Trägerschaft, Bewertungsrang, Kategorie-/Spartenzugehörigkeit oder Anwendbarkeit materieller Vorschriften ein Wechsel eintritt. Es geht insbesondere nicht an, von vornherein bestimmte Kategorien/Sparten zu bilden und dann im Falle von normativer Unklarheit (Rz 4160 ff) ohne weitere Überprüfung im Einzelfall zu sagen, der vorherige Bewerb gehöre auf die eine, der nachherige aber auf die entgegengesetzte Seite einer Kategorie/Sparte, und daraus abzuleiten, dass deshalb nur ein Verbot in Frage komme[12]. Man könnte die Kategorien/Sparten so weit verfeinern, dass eine bewerbsmässige Änderung überhaupt nicht mehr ohne Spartenwechsel möglich wäre[13]. Es geht hier um den beim Beschrieb von Handlungen häufigen Ziehharmonika-Effekt.

303 β) Etwas anders verhält es sich bezüglich Baurechtswidrigkeit. Zwar bedeutet auch der Wechsel von einem baurechtswidrigen Bewerb zu einem andern baurechtswidrigen Bewerb nicht zwingend vermehrte Immissionsträchtigkeit, Gefährlichkeit und Infrastrukturbelastung; es kommt dabei jedoch immer zu einer Erneuerung, Novierung des Makels der Baurechtswidrigkeit, dessentwegen der Gedanke an die Zuweisung zu einer strengeren Regelungskategorie nicht abwegig ist, wenn er durch eine Interessenabwägung gestützt wird.

304 γ) Die finanzielle Stärke des Trägers des Bewerbes ist richtigerweise höchstens für die Beurteilung von Bedeutung, wie weit die Behörde bei der Statuierung von Auflagen und Bedingungen mit Mühen- und Kostenfolgen gehen könne, ohne mit dem Gebot der Verhältnismässigkeit in Konflikt zu geraten. Sonst aber wird dieses Kriterium besser auf Steuer- und Sozialfürsorgerecht verspart.

3. Hauptsächliche Gliederung

305 a) Auf den obigen Unterscheidungen beruhen die üblichsten Einteilungen der Bewerbsänderungen, die da sind:

– eingreifende – nicht eingreifende Zweckänderung[14];

---

[12] Rz 504 f, 509 f. Auch bei einem Verbleib in der genau gleichen Bewerbsart/Sparte kann durchaus eine wesentliche Verstärkung der Immissionen (zB Einsatz von mehr oder störenderen Maschinen, häufigerer Zuliefer- oder Kundenverkehr, längere Produktionszeit), der Gefährlichkeit (zB Verwendung von mehr explosivem Material) oder der Infrastrukturbelastung (zB Bedarf an mehr Frischwasser und Strom, Anfall von mehr verschmutztem Abwasser) eintreten.
[13] Ein Betrieb produzierte zB ursprünglich Tüllstoffe für Damenkleider; als die Nachfrage hiernach zurückging, stellte er feine Gewebe für die Fernhaltung von Staubpartikeln in den Luftansaugkanälen von Flugzeugmotoren her. War das ein rechtlich relevanter Spartenwechsel?
[14] Auffällig ist, wie bei diesen Formulierungen plötzlich vom Bewerb bzw. von der Nutzung/Ausnützung zum Zweck derselben hinübergewechselt wird. Ein Zweck ist ein rein gedankliches Gebilde ohne jede räumlich-zeitliche Situierung. Genau gesehen ändert nichts am Zweck selbst. Vielmehr findet ein Wechsel in der Zurechnung einer Gegebenheit von einem weiterhin vorhandenen Zweck zu einem anderen, ebenfalls schon vorher vorhanden gewesenen Zweck statt. Zum Zweck-Mittel-Verhältnis und zum Zielbegriff siehe Georg Henrik von Wright, a.a.O., in FN 1, S. 123 ff.

- wesentliche – unwesentliche Zweckänderungen;
- grosse – kleine Zweckänderung;
- Mehrausnützung (vermehrte Ausnützung) – keine Mehrausnützung[15].

b)   Ich stelle nachfolgend nur noch auf die räumlichen und zeitlichen sowie auf die auf die Immissionsträchtigkeit/-empfindlichkeit, die Gefährlichkeit[16] und die Infrastrukturbelastung bezüglichen Unterscheidungen ab[17]. Dabei bilden die Aspekte Gefährlichkeit und Infrastrukturbelastung nur einen Sonderaspekt der Immissionsträchtigkeit/-empfindlichkeit. Die Gefährlichkeit ist diejenige Immissionsträchtigkeit/-empfindlichkeit, bei welcher das Risiko einer starken und verhältnismässig raschen Einwirkung in die körperliche und/oder psychische Integrität von Menschen besteht (insbesondere durch Brand, Explosion, Ausströmen giftiger Gase usw.); die Infrastrukturbelastung ist diejenige Immissionsträchtigkeit/-empfindlichkeit, bei welcher das Risiko von Verkehrsunfällen, Verkehrsstaus, Beschädigung des Strassen-/Wegkörpers, Zusammenbrüchen der Wasser- und/oder Stromversorgung, Verstopfung/Überlaufen der Abwasserabflüsse, Beschädigung dieser Leitungen gross ist. In diesem Sinne lassen sich die Bewerbsänderungen wie folgt gliedern:

- eingreifende und nicht eingreifende Bewerbsänderung.

306

4. a)   Bei der eingreifenden Bewerbsänderung unterscheide ich:

307

- Bewerbsintensivierung (räumlich durchwegs an der Stelle des bisherigen Bewerbes verbleibend);
- Bewerbsausweitung (räumlich über die Stelle des bisherigen Bewerbes hinausgehend)[18];
- Bewerbsauswechslung (räumlich an der gleichen Stelle eine Bewerbsart aufgebend und eine andere, wenn auch nicht eine radikal andere aufnehmend).

---

[15] Es kommt auch vor, dass ein Gebäude zuerst der Bewerbsart A (zB Wohnen), dann der Bewerbsart B (zB Büro) und später wieder der Bewerbsart A dient. Man kann hier von «Rückführung» sprechen.

[16] In ZH-RB 1973 Nr. 69 erklärte das Verwaltungsgericht, allerdings bei Anwendung des die Bewilligungsbedürftigkeit betreffenden altBauG § 125 III (Rz 2526 f), ob eine eingreifende Zweckänderung vorliege, beurteile sich nicht nur nach der Immissionsstärke der geplanten Verwendungsart, sondern nach den Gefahren, die überhaupt, also auch im Innern des Gebäudes, abgewehrt werden müssen.

[17] Der Gesichtspunkt des Anwendbarwerdens anderer materieller Regelungen erscheint mir für eine weitere Gliederung ungeeignet. Es ist nicht einzusehen, weshalb in jedem Fall, da andere Regelungen anwendbar werden (zB zuerst solche des Wohnbewerbs, dann solche für gewerbliche Betriebe) jedes Mal von einer eingreifenden bewerbsmässigen Änderung gesprochen werden muss. Es ist durchaus denkbar, dass auf Bewerb nach der Änderung andere materielle Regelungen anwendbar sind und trotzdem keine Immissions-, Gefahren-, Infrastrukturbelastungs- oder Ertrags-Vermehrung eintritt, und umgekehrt, oder dass solches eintritt, obwohl weiterhin die gleichen materiellen Regelungen anwendbar bleiben.

[18] Die Ausweitung bezieht sich auf den Raumausschnitt, in welchem der fragliche Bewerb neu geschieht. Diese kann innerhalb oder auch ausserhalb des bisherigen Gebäudes erfolgen. Eine Ausweitung bewirkt fast immer auch eine Mehrausnützung, wenn sie in einem Auf-, An-, Subbau oder in einem bisher leeren Geschoss(teil) stattfindet; denn vorher war hier nur der offene Luftraum, Boden, Estrich oder Keller, und diese wurden vorher meistens weniger intensiv beworben. Ich gebe dem Wort Ausweitung den Vorzug gegenüber dem Wort Erweiterung, weil dieses häufig auch für bauliche Massnahmen verwendet wird; siehe Rz 184. Ich beschränke «Ausweitung» auf die Änderungen des Bewerbes.

Der Übergang von der Bewerbsintensivierung zur Auswechslung derselben ist oft gleitend.

308 b) Für die Beantwortung der Frage, ob eine nicht eingreifende, eine eingreifende intensivierende, eine eingreifende ausweitende oder eine eingreifende auswechselnde bewerbsmässige Änderung vorliege oder nicht, ist es intuitiv von Bedeutung, ob die Quantität bzw. Zugehörigkeit zur Ja- oder Nein-Seite nur in einer einzigen Kategorie nach Rz 300 oder in zwei, drei oder mehr der obigen Kategorien differiere.

309 c) Bei der Zuweisung einer bewerbsmässigen Änderung zur Kategorie der nicht eingreifenden oder eingreifenden, hier der intensivierenden, ausweitenden oder auswechselnden Bewerbsänderungen ist viel Beliebigkeit im Spiel.

310 d) Mario Barblan sieht im neueren Baurecht, insbesondere wegen des RPG, darin einen wesentlichen Unterschied zum früheren Baurecht, dass dieses bei der Umschreibung der bewilligungsbedürftigen Zweckänderungen vorrangig auf die Immissionsträchtigkeit abstellte, während jetzt der funktionale Gesichtspunkt im Vordergrund stehe (S. 70–85, 94–97). Seines Erachtens ist eine Änderung dann bewilligungsbedürftig, wenn es zu einem Funktionswechsel kommt. Ich bezweifle, dass damit an Klarheit in der Umschreibung der Bewilligungsbedürftigkeit viel gewonnen ist. Die Funktion einer Änderung bekommt man noch weniger in den Griff als den Wechsel bei den Immissionen, der Gefährlichkeit oder der Infrastrukturbelastung. Es ist auf jeden Fall eine Gesamtschau nötig.

311 5. Die Begriffsumschreibungen in Rz 305 dürfen nicht so verstanden werden, als wollte ich behaupten, immer wenn in einem Gesetz dieser oder jener Ausdruck verwendet werde, sei er so wie dort dargelegt zu verstehen. Die Situation ist ähnlich wie diejenige bei der Umschreibung der baulichen Änderungen in Rz 190 mit FN 61.

IV. Das Hinzubewerben und das Stilllegen des Bewerbes

312 Was in Rz 215 bezüglich Hinzubauen und Abbruch gesagt wurde, gilt analog auch für das Hinzubewerben und die Stilllegung von Bewerbungen. Je nachdem, ob die bisherige Art des Bewerbes nach dessen Stilllegung verschwindet oder weiter ausgeübt wird, lassen sich unterscheiden:

– Änderung ohne vorherige Bewerbsstilllegung: Es wird im bisher vom Bewerb nicht erfassten Raumstück hinzubeworben; hiezu gehört die Bewerbsausweitung;
– Änderung nach vorheriger Bewerbsstilllegung: Es wird in einem schon bisher vom Bewerb erfassten Raumstück nach Aufhören des bisherigen Bewerbes hinzubeworben; hiezu gehört zB die Bewerbsintensivierung und -auswechlung;
– Änderung nach vorheriger Bewerbsstilllegung, ohne dass ein neuer Bewerb folgt: Es ist dies der Übergang zum *Leerstehenlassen* eines Gebäudeteiles oder gar eines ganzen Gebäudes.

§ 3 Zu den sekundären Neubewerbungen

I. Zum Zwischenbereich

Zwischen den bewerbsmässigen Vorkehrungen, welche eindeutig zu den in Rz 300 ff dargestellten bewerbsmässigen Änderungen gehören, und den erstmaligen Bewerbsaufnahmen in einem Gebäude, wobei es sich nicht um Betriebe handelt, welche weiterhin auch anderswo niedergelassen sind oder welche ihre bisherige Niederlassung freiwillig oder unfreiwillig aufgeben mussten, gibt es einen Zwischenbereich von bewerbsmässigen Vorkehrungen, bei welchen nicht von vornehrein feststeht, ob sie zu den bewerbsmässigen Änderungen oder zu den Neubewerbungen gehören oder als separate Gruppe behandelt werden müssen. 313

II. Zu den fünf Arten von sekundären Neubewerbungen

Es lassen sich, in einer gewissen Parallelität zu den sekundären Neubauten, folgende Möglichkeiten des Zwischenbereiches bei den Bewerbungen unterscheiden: 314

A. Umnutzung

Die bisherige Art des Bewerbes wird vollständig aufgegeben und durch einen zu einer wesentlich anderen Bewerbsart gehörenden Bewerb ersetzt (zB die Lagerung landwirtschaftlicher Produkte durch den Landwirt wird durch das Reparieren und Verkaufen von Motorfahrzeugen für Nichtlandwirte abgelöst). Hier kann man von einer Umnutzung sprechen (in Analogie zur Umgestaltung; Rz 200). Umnutzung ist wohl diejenige Transformation, welche hinsichtlich Immissionen, Gefährlichkeit und Belastung der Infrastruktur nachteiliger als die teilweise Änderung im Sinne von RPG Art. 24c II (Rz 3919) ist, bewerbsmässiger Art ist und weder im Wiederbewerb nach langem Leerstehen (Rz 315) noch in einem Expansionsbewerb (Rz 316) besteht.

B. Wiederbewerb nach langem Leerstehen

In einem Gebäude, das schon seit längerer Zeit leer steht, folgt nun ein neuer Bewerb, welcher dem vorherigen entspricht oder nicht entspricht. Hier kann man von einem Wiederbewerb nach langem Leerstehen sprechen. Aus Gründen gemäss Rz 1404 hat ein Gebäude während Jahren oder Jahrzehnten leer gestanden oder nur als Lagerraum für minderwertige Gegenstände gedient; durch das Wirken von Naturkräften und/oder infolge mutwilliger Eingriffe Dritter befindet sich das Gebäude dann oft in einem bedenklichen Zustand; es rinnt das Dach; es fehlen gut verschliessbare Türen und Fenster; Wände sind eingestürzt; die sanitarischen Installationen sind herausgerissen oder zerstört; die Stromzufuhr ist abgesellt; Tapeten sind heruntergerissen; in den offenstehenden Räumen hat sich Unrat angesammelt. Entschliesst sich später jemand, hier wieder zu wohnen oder zu arbeiten, so kann man von einem Wiederbewerb nach langem Leerstehen sprechen (in einer gewissen Analogie zum Wiederbau; Rz 203. Das wird aber meist schon aus gesundheitspolizeilichen Gründen nur dann möglich sein, wenn zumindest umfangreiche Repa- 315 raturen, wenn nicht sogar Renovationen erfolgen. Es handelt sich hier häufig um alte, abgelegene Bauernhäuser, Ställe, Scheunen, Maiensässe oder Rustici (Rz 3974 f). Wiederbewerb nach langem Leerstehen ist wohl derjenige Wiederaufbau im Sinne von RPG Art. 24 c II (Rz 3931), welcher bewerbsmässiger Art ist und weder eine Umnutzung noch einen Expansionsbewerb darstellt.

C. Expansionsbewerb

316 Das Gebäude wurde zwar immer weiter beworben und der künftige Bewerb gehört auch noch zur gleichen oder einer ähnlichen Bewerbssparte, doch geschieht dies räumlich in einem ungleich weiteren räumlichen Umfang als bisher und mit einem stark abweichenden Arbeitsablauf. Hier kann man von einem Expansionsbewerb sprechen (in Analogie zum Anschlussbau; Rz 206). Das ist wohl diejenige Änderung, welche hinsichtlich Immissionen, Gefährlichkeit und der Belastung der Infrastruktur nachteiliger ist als die teilweise Änderung im Sinne von RPG Art. 24c II (Rz 3919 f), bewerbsmässiger Art ist, keinen Wiederbewerb nach langem Leerstehen darstellt und erheblich mehr Raum in Anspruch nimmt als der vorherige Bewerb.

D. Dependenzbewerb

317 Der Bewerb wird in einem Gebäude aufgenommen, weil das dem Bewerb bisher zur Verfügung gestellte Gebäude für den Betrieb zu klein wurde. Der dortige Betrieb wird aber weitergeführt. Hier kann man von einem Dependenz- oder Filialbewerb sprechen (in Analogie zum Dependenzbau; Rz 207).

E. Dislokationsbewerb

317a Wird der Bewerb jedoch in einem Gebäude aufgenommen, weil das dem Bewerb bisher zur Verfügung gestellte Gebäude geräumt wird, zB da der Standort dem Träger nicht mehr zusagt, weil strengere Immissions-/verkehrpolizeiliche Vorschriften in Kraft treten oder weil der Eigentümer gekündigt hat, so kann man von einem Dislokationsbewerb sprechen (in Analogie zum Dislokationsbau; Rz 208).

III. Allgemeines

318 1. Bewerbsmässige Änderungen (Rz 295 f) sind dadurch gekennzeichnet, dass nach ihrer Vornahme kein wesentlich anderer Bewerb vorliegt, die Identität des bisherigen Bewerbes also fortdauert. Bei den primären Neubewerbungen entsteht demgegenüber immer eine neue Identität. Zum Begriff der Identität siehe Rz 167. Wie verhält es sich bei den Bewerbungen gemäss Rz 314–317a? Weil bei den bewerbsmässigen Änderungen eine Dynamik in der Dynamik vorliegt (Rz 295), ist hier eine klare Trennung zwischen noch die gleiche Identität aufweisenden und den nicht mehr die gleiche Identität aufweisenden Bewerbungen kaum möglich. Bei dieser Unterscheidung kommt einem allerdings meistens aus einer ganz anderen Richtung etwas zu Hilfe: Je stärker sich bewerbsmässige Vorkehrungen vom bisherigen Bewerb entfernen, desto grösser ist die Wahrscheinlichkeit, dass damit auch bauliche Vorkehrungen verbunden sind (Rz 329). Deren Vorliegen

macht es dann meist überflüssig, sich lange darüber den Kopf zu zerbrechen, ob ein Identitätswechsel eingetreten sei. Zusammen mit den baulichen Vorkehrungen bleiben dann häufig im Einzelfall keine Zweifel mehr: Es handelt sich um einen Identitätswechsel.

2.   In den Fällen von Rz 314–317a kann man bei den neu vorhandenen Bewerbungen von *sekundären Neubewerbungen* sprechen – sekundär deshalb, weil sie einen klar angebbaren Bezug zu etwas Vorausgehendem besitzen. Im Gegensatz dazu kann man von *primären Neubewerbungen* sprechen, wo ein solcher Bezug fehlt.   **319**

Dritter Abschnitt
Das Verhältnis von Gebäuden und Bewerbungen zueinander

§ 1 Zur Lage von Gebäuden und Bewerbungen zueinander

I. Zur grundsätzlichen Auseinanderhaltung von Gebäude und Bewerb

320 Ich werde nachfolgend versuchen, die Begriffe Gebäude und Bewerb konsequent auseinanderhalten. Ein Gebäude ist dabei nie ein Bewerb und ein Bewerb nie ein Gebäude. Der Bewerb ist auch weder ein Bestandteil noch eine Zugehör eines Gebäudes und umgekehrt.

II. Zur Lage von Gebäude und Bewerb zueinander

A. Zum Räumlichen

321 Gebäude und Bewerb nehmen meistens räumlich nahe beieinander liegende Raumstücke ein.

322 Der Bewerb kann innerhalb eines Gebäudes oder ausserhalb davon, darum herum stattfinden, sei es oberhalb, seitlich oder unterhalb des Gebäudes. Beim Bewerb ausserhalb des Gebäudes bildet der Bewerb einen «Hof», einen Halo um das Gebäude herum. Aus klimatischen Gründen erfolgt in unsern Breitengraden der Bewerb schwergewichtig innerhalb von Gebäuden. Das gilt insbesondere für den Wohnbewerb[1,2]. Soweit der Bewerb in einem Gebäude erfolgt, geschieht dies immer in dessen Raumstücken mit lichten Höhen und Breiten (Rz 15 f)[3], nicht aber innerhalb der festen Substanz des Gebäudes, nicht in den Böden, Mauern, Wänden und Decken. Von den ausserhalb eines Gebäudes stattfindenden Bewerbungen sind das Zu- und Weggehen bzw. -fahren, ferner das Abstellen und Stehenlassen von Autos auf offenen Parkplätzen sowie das Ein- und Aussteigen, verbunden mit lautem Sprechen und Türenschletzen, von Bedeutung (Rz 524).

---

[1] Das Wohnen erfolgt meistens nur saisonmässig beschränkt ausserhalb von Gebäuden (zB Aufenthalt auf Balkonen, Terrassen, Gartensitzplätzen usw.). Ein Wohnen ohne Gebäude ist, ausser bei Nomaden, kaum denkbar.
[2] Bei einem Altmateriallager oder Autofriedhof spielt sich jedoch der Grossteil des Bewerbes ausserhalb von Gebäuden ab, ja oftmals reduzieren sich die Gebäude auf eine blosse Baracke.
[3] ZB Ess- oder Schlafzimmer, Küche, WC/Bad, Estrich, Keller; die Wohnung bildet eine Zusammenfassung von solchen Räumen zu einer Einheit. Der Nicht-Wohnbewerb findet statt in Sälen, Hallen, Werkstatt-, Büro-, Laden-, Laboratoriums-, Kirchen-, Restaurants-, Theaterräumen usw.

B. Zum Zeitlichen

Es geht bei Gebäuden und Bewerbungen meistens um ein zeitlich paralleles Andauern. Gross ist jedoch der Unterschied hinsichtlich des Handelns: Das Andauern von Gebäuden beruht grundsätzlich auf keinem gegenüber dem früheren Handeln des Erstellens des Gebäudes zusätzlichen Tun; das Andauern von Bewerbungen beruht jedoch sehr wohl auf einem gegenüber der Aufnahme der Bewerbungen zusätzlichen Tun. Ohne ein solches hört jeder Bewerb auf[4]. Insoweit geht es beim Andauern des Bewerbes weniger um ein Fortbestehenlassen von etwas früher Entstandenem als um eine Weiterausübung; beim Ändern und bei sekundären Erstbewerbungen geht es weniger um einen Eingriff in etwas Vorhandenes als um eine Ablösung von etwas Bisherigem durch etwas Neues.

323

III. Schwierigkeiten bei der Zuweisung zum Gebäude oder Bewerb

A. Situation

Es ist oft nicht leicht, eine klare Trennlinie zwischen Gebäuden einerseits und Bewerbungen anderseits zu ziehen, auch wenn Erstere primär statisch, Letztere primär dynamisch zu verstehen sind. Gehören zB bei bestehenden Gebäuden die folgenden Gegebenheiten eher zur einen oder zur andern Kategorie?

324

– Anbringung von Angeln für Türen, Fenster und Läden sowie das Einhängen der Flügel von solchen;
– Einhämmern, Einschrauben, Eindübeln von Halterungen für Lampen, Vorhänge, Bilder, Kleiderhaken, Storen, Blumenkistchen, Fahnenstangen, Hinweistafeln, Reklamevorrichtungen, Blitzableitern, Antennen usw. in Mauern, Wänden und das Ein- oder Aufhängen von solchen Gegenständen;
– Bemalen von Mauern/Wänden;
– Anschliessen von Spültrögen, Lavabos, Badewannen, Klosetten, Kochherden usw. an Zu-/Abwasser- und/oder Stromleitungen;
– Befestigen von Kästen an Wänden, Spannteppichen auf Böden.

Die Antwort auf diese Frage ist dort von Bedeutung, wo bestimmte Abstände, Flächen, Höhen oder Längen für Gebäude und Gebäudeteile einzuhalten sind und keine Sonderregelung für die vorgenannten Teile besteht. Die erwähnten Vorkehrungen werden vielleicht besser zu den Montierungen (Beschichtungen/Auf- oder Anständerungen/Werkanschlüssen; Rz 178) gezählt.

---

[4] Ein Gebäude kann auch noch existieren, wenn kein Mensch mehr darin oder darum herum etwas tut. Das geht so lange, bis das Gebäude infolge Verwitterung, chemischer Zersetzung, Tierfrass, Zerstörung durch Naturereignisse usw. untergeht. Ein Bewerb kann jedoch nur so lange existieren, als Menschen handeln, sei es indem sie im Gebäude wohnen, ein Gewerbe betreiben oder sich zu einem anderen Zweck darin aufhalten. Um diesen grundsätzlichen Unterschied hervorzuheben, werde ich nicht einfach vom Fortbestand von Gebäuden und Bewerbungen, sondern vom Fortbestehenlassen von Gebäuden (Rz 152) einerseits und von der Weiterausübung von Bewerbungen anderseits sprechen.

B. Warnung

325 Diese enge Beziehung soll jedoch nie dazu verleiten, Bauten/Gebäude und Bewerb ununterschieden in eine einzige Gegebenheit zusammenfliessen zu lassen. Bauten/Gebäude weisen zwar meistens einen Bewerb auf. Es besteht jedoch durchaus die Möglichkeit, dass Gebäude ohne Bewerb oder Bewerbungen ohne Gebäude[5] existieren. Der übliche Sprachgebrauch macht es einem allerdings schwer, Gebäude und Bewerbungen stets sauber auseinanderzuhalten. Es sei an Ausdrücke wie Kirche, Kloster, Gericht, Theater, Kino, Atelier, Büro usw. erinnert, welche sowohl ein bestimmtes Gebäude bzw. einen bestimmten Gebäudeteil als auch das darin stattfindende Geschehen bezeichnen können. Verwirrend sind auch Ausdrücke wie Einfamilien-, Zweifamilienhaus usw.

---

[5] Erwähnt seien insbesondere das Pflügen, Bewässern, Düngen, Anpflanzen von Äckern, Mähen, Ernten usw.

§ 2 Zur gegenseitigen Abhängigkeit von Gebäuden und Bewerbungen

I. Differenzierungen

1. Jedes Gebäude wird im Hinblick auf einen bestimmten künftigen Bewerb, auf einen bestimmten Zweck erstellt oder später vielleicht einmal geändert. Der vorgesehene oder tatsächliche Bewerb ist eine wichtige Differenzierungsmöglichkeit für Gebäude; sie ist oft noch wichtiger als diejenige der Dimension und Gestalt[1]. Ist das Gebäude dann aber erstellt oder geändert, so kann es durchaus zu einem andern Bewerb als dem ursprünglich vorgesehenen oder aber auch zu einem Leerstehen kommen[2]. Der Grund hiefür kann in einem Streben nach höherem Ertrag[3] oder aber darin liegen, dass für den ursprünglichen Bewerb kein Bedürfnis mehr besteht.

2. Hier sind folgende weitere Unterscheidungen angebracht: Ein Gebäude ist
   - für einen Zweck verwendbar, benutzbar, brauchbar;
   - für einen Zweck geeignet;
   - einem Zweck dienend, ihm dienstbar gemacht;
   - für einen Zweck bestimmt, vorgesehen, ausersehen, einem Zweck gewidmet;
   - für einen Zweck (unbedingt) nötig, erforderlich.

   Es kann sein, dass ein zu einem bestimmten Zweck erstelltes Gebäude hiezu nur mässig oder überhaupt nicht geeignet ist. Das heisst aber nicht, dass die Verwendbarkeit, Benutzbarkeit, Brauchbarkeit schlechthin ausgeschlossen ist. Insoweit kann es dann gleichwohl verwendet werden, wenn auch vielleicht zu einem andern Zweck[4]. Gebäude sind insoweit mulitfunktional, Mehrzweckgebäude. Das trifft sogar meistens für Gebäude zu, welche bei der Erstellung ausgesprochen stark auf eine bestimmte Bewerbsart ausgerichtet gewesen sind. Eine faktische Einschränkung ergibt sich nur daraus, dass das Gebäude für den in Betracht gezogenen Bewerb von der Zahl der sich hier aufhaltenden Menschen und von der benötigten Menge von Gegenständen her zu klein ist, eine zu ungünstige interne Raumeinteilung aufweist, für die Aufstellung der nötigen Maschinen zu wenig tragfähige Böden aufweist, für Kunden zu schwer auffindbar ist usw.[5]

---

[1] Vgl. die Bezeichnungen Wohn-, Mehrfamilien-, Einfamilien- Bauern-, Bürohaus, Fabrik, Scheune.
[2] Siehe FN 5.
[3] Vgl. Wohnhäuser, welche aus Rentabilitätsgründen zu Bürohäusern werden.
[4] So können zB Fabrikhallen zu Theateraufführungen, Schuppen zu Gottesdiensten, Einfamilienhäuser zu Feinmechanikarbeiten, Villen zur Unterbringung von Banken, Versicherungen, Reise- und Werbeagenturen usw. verwendet werden.
[5] Die Mulitfunktionalität der meisten Gebäude lässt sich auch anhand der vor 1789 für die Ordensgemeinschaften der Benediktiner, Dominikaner, Zisterzienser, Franziskaner usw. erstellten Gebäude erläutern. Diese wurden weiterum, nachdem weltliche Fürsten, Städte, Kantone, Staaten usw. sich den Besitz im Zuge der Säkularisierung angeeignet hatten, zur Pflege von körperlich und geistig Kranken, zur Erziehung von Waisen, zur Ausbildung von Lehrern, zur Verwahrung von Gefangenen, zur Unterbringung von grossen Bücher- und museumswürdigen Sammlungsbeständen, Getreidevor-

II. Praktische Schwierigkeiten

328 1. Im baurechtlichen Alltag stellt sich aber bisweilen das folgende Problem: In einer bestimmten Zone sind zB nur Einfamilienhäuser oder nur industrielle Betriebe erlaubt. Ein Bauaktiver will nun aber ernsthaft in einer ausschliesslich für Einfamilienhäuser offenen Zone ein Gebäude als seine künftige Wohnstätte erstellen, welches die Dimension eines Mehrfamilienhauses aufweist oder welchem eine starke Ähnlichkeit mit industriellen oder gewerblichen Gebäuden eigen ist[6]. Oder: Ein Bauaktiver hat sich zur Erzielung eines bestimmten Werbeeffektes darauf festgelegt, für seinen industriellen oder gewerblichen Betrieb ein Gebäude zu erstellen, welches einem Landhaus oder einem mittelalterlichen Schlösschen ähnelt. Hier muss meistens unter Anwendung des überall geltenden «Ästhetik- oder Einordnungsparagraphen» und unter umfassender Interessenabwägung entschieden werden. Zur Problematik der Unterscheidung ganzjährig/nicht ganzjährig bewohnt bei «Ferienhäusern» siehe Rz 3738 f[7].

328a 2. Verschiedentlich wird die gegenseitige Abhängigkeit von Gebäude und Bewerb dadurch gewissermassen in eine einzige Vorstellung zusammengelegt, dass eine Regelung nur für einen bestimmten Gebäudetyp gilt, welcher für einen bestimmten Bewerb verwendbar bzw. hiezu bestimmt ist, zB gelockert nur, wenn es um gewerbliche Betriebe geht, oder verschärft nur, wenn es um den Bau von Ferienhäusern, Zweitwohnungen usw. geht.

---

räten, Weinkelterungen, später auch zur Beherbergung von Touristen, zur Durchführung von Tagungen usw. umfunktioniert, oft mit – vorerst – nur geringen baulichen Änderungen. Die katholische Kirche wäre zwar heute – allerdings auch wegen der durch die Säkularisation bewirkten finanziellen Aderlasse – kaum mehr in der Lage, genügend für den zum Teil riesigen baulichen und vom Staat oft vorbildlich erfüllten Unterhalts- und Restaurierungsbedarf aufzukommen; der Makel der seinerzeitig rechtswidrigen Aneignung bleibt aber bei den im 18. und 19. Jahrhundert vorgenommenen Eingriffen trotzdem bestehen. Baurechtlich gesehen, dürfte das Hinüberwechseln von einem Bewerb zu kirchlichen Zwecken zu einem der erwähnten neuen Bewerbungen nicht nur eine bewerbsmässige Auswechslung gemäss Rz 307, sondern eine Umnutzung nach Rz 314 sein, auch wenn nach wie vor von «Klöstern», «Abteien» usw. gesprochen wird, als wäre in der Zwischenzeit nichts geschehen.

[6] Das ist ein Argument, welches die Nachbarn oft gegen Bauvorhaben im Bauhaus- oder einem sonstigen «modernen» Baustil vorbringen.

[7] Vgl. BGE 124 II 538 f (Maladers/GR). Hier ging es um die ganzjährige Bewohnung eines «Ferienhäuschens»; das Vorliegen einer gesetzlichen Grundlage für eine Verweigerung wurde verneint, Rz 3732 f.

§ 3 Kombination von baulichen und bewerbsmässigen Transformationen

1. So wie es gleichzeitig zu mehr als einer Art baulicher Änderungen und sonstiger Transformationen bzw. bewerbsmässigen Änderungen und sonstiger Transformationen kommen kann, tritt bisweilen, wenn auch nicht immer[1], das Bauliche und Bewerbsmässige zugleich auf. Zwischen diesen beiden Arten besteht insoweit eine Abhängigkeit, als kaum je grössere bauliche Änderungen vorgenommen werden, ohne dass es gleichzeitig auch zu grösseren oder kleineren bewerbsmässigen Änderungen kommt[2]. Aber auch das Umgekehrte gilt. Je grösser die geplante bewerbsmässige Änderung ist, desto wahrscheinlicher ist es auch, dass sie von baulichen Änderungen begleitet sein muss, um ihren Zweck einigermassen erreichen zu können[3]. 329

2. Dass bei einer Kombination von baulicher und bewerbsmässiger Änderung schneller eine nicht mehr als Änderung, sondern bereits als sekundärer Neubau bzw. Erstbewerb zu qualifizierende Transformation auftreten kann, als wenn nur das eine oder andere vorkommt, liegt wohl auf der Hand. Blosser *Unterhalt* lässt sich als Kombination von baulicher Änderung (zB kleine Reparatur, eventuell auch kleine Renovation) und Bewerb auffassen[4]. 330

3. Die Gleichzeitigkeit von baulicher und bewerbsmässiger Änderung wird in den Gerichtsentscheiden oft zu wenig auseinandergehalten[5]. Letzteres ist aber notwendig, 331

---

[1] Beispiele: In einer Wohnung wird die Trennwand zwischen der Stube und dem kleinen Arbeitszimmer herausgebrochen, um beide in ein einziges Zimmer zusammenzulegen. Oder: In eine bisher bewohnte, immer noch sehr gut unterhaltene Villa mit einer zu Repräsentationszwecken bestens geeigneten internen Einteilung zieht eine internationale Werbeagentur ein.

[2] Bauliche Änderungen sind meistens nicht mit bewerbsmässigen Änderungen verbunden, wo es lediglich um Reparaturen, Renovationen und kleinere Umbauten geht (FN 1). Bauliche Änderungen sind jedoch bei Auf-, An- und Subbauten immer von bewerbsmässigen Änderungen begleitet, selbst wo das Gebäude vor- und nachher weiterhin dem ganz gewöhnlichen Wohnen oder einer ganz bestimmten Gewerbeart dient, denn zumindest bezüglich der in den Auf-, An- oder Subbau einbezogenen Luft- und Bodenstücke lag vorher, wenn überhaupt von einem Bewerb gesprochen werden konnte, ein solcher nur insoweit vor, als er in unseren Breitengraden im Freien stattfinden kann. Nachher erfolgt hier aber ein anspruchsvollerer Bewerb.

[3] ZB, wenn in einer alten Fabrikhalle später Theater gespielt werden soll. FN 5.

[4] In Gestalt eines blossen Pflegens (abstauben, auf-/abwaschen, Laub zusammenrechen, Schnee wegschaufeln, Glatteis verhindern, Wände/Decken anstreichen, defekte Beleuchtungskörper auswechseln, Wasser/Strom hinzuführen, Kanalisationsleitungen spülen usw.).

[5] ZB im in BGE 113 Ib 303 ff (Richterswil/ZH) behandelten Fall zogen ein Handelsbetrieb für Dentalgegenstände und ein solcher für Geschenkartikel in ein ausserhalb der Bauzone gelegenes Gebäude ein, welches bisher der Schweinemast gedient hatte; der Betrieb war zuvor aufgrund einer landwirtschaftsrechtlichen Lenkungsmassnahme im Sinne des heutigen SR 916.344 im Einverständnis mit dem Träger (unter Entrichtung einer Entschädigung von Fr. 93'120.–) stillgelegt worden. Zumindest nach dem publizierten Text war hier immer nur von einer «Umwandlung» in einen Lagerraum und zwei Büros sowie von «Zweckänderung», nie aber von einer baulichen Massnahme die Rede. Es dürfte hier jedoch klar sein, dass die (verweigerte) Transformation der ehemaligen Schweinemast in einen Handelsbetrieb nicht ohne aufwendige bauliche Änderungen möglich gewesen war.

weil oft verschiedene Regelungen für bauliche und bewerbsmässige Änderungen gelten. Hier ist es allerdings im Allgemeinen unmöglich, die baulichen und bewerbsmässigen Änderungen je separat zu beurteilen. Vielmehr muss häufig von einem als Einheit zu behandelnden Sachverhalt ausgegangen werden. Auf diesen finden dann aber weder nur die Regelungen der einen noch nur diejenigen der andern Gruppe Anwendung; es kann auch nicht einfach gewissermassen auf das arithmetische Mittel abgestellt werden. Es muss im Gegenteil nach Art des Gesetzgebers (vgl. ZGB Art. 1 II und III) nach einer eigenständigen Regelung gesucht werden, welche alle vernünftigerweise in Betracht zu ziehenden Interessen des Gemeinwesens, des Bauaktiven und seiner Nachbarn (Rz 885 f) berücksichtigt (Fall normativer Unklarheit).

Trotzdem wird dieser Entscheid immer wieder zitiert, wo es um den Beleg für die Unzulässigkeit «reiner» eingreifender Nutzungs- oder Zweckänderungen bei baurechtswidrigen Gebäuden geht.

§ 4 Die Immissionen

I. Allgemeines

1. Von jedem Gebäude und jedem Bewerb desselben, auch von Wohnbewerb, gehen Auswirkungen auf die Umgebung aus[1]. Stellt man sich auf die Seite, von welcher die Auswirkungen ausgehen, so spricht man von *Emissionen*. Stellt man sich jedoch auf die Seite, auf welche die Auswirkungen einwirken, so spricht man von *Immissionen*. Es besteht an sich kein Grund, wieso man bei der Benennung dem einen Standpunkt den Vorzug vor dem anderen geben sollte. Im Baurecht ist jedoch eher üblich, von Immissionen als von Emissionen zu sprechen.

332

2. Wo man von Immissionen spricht, denkt man fast immer an unwillkommene Einwirkungen auf die Umgebung. Mit Immission könnte jedoch an sich auch eine willkommene Einwirkung bezeichnet werden, zB die von einer erfreulichen Gegebenheit ausgehenden optischen Strahlen als deren Sichtbarkeit (Aussicht!). Nachfolgend wird das Wort Immissionen immer so verwendet, dass mit ihm eine negative Bewertung verbunden ist; wo es um eine positive Auswirkung geht, bezieht sich die Immission auf die Behinderung willkommener Auswirkungen.

333

3. Die Immission ist keineswegs ein auf die Auswirkungen von Bewerbungen beschränkter Begriff. Immissionen sind auch die von Gebäuden selbst, vom Bauen, ja sogar von Fahrnisgegenständen, Tieren, Pflanzen sowie den Elementen Luft/Wasser/Erde selbst ausgehenden Einwirkungen. Es wird zwar bisweilen gesagt, aus Gebäuden ergäben sich keine Immissionen[2]. Das ist aber selbst dann nicht ganz richtig, wenn man nur die zufügenden materiellen Immissionen (Rz 338) als Immissionen gelten lassen will; denn es gibt Gebäude mit ärgerlich knisternden Blechfassaden und knarrenden Balken, ferner solche, welche durch ihre Last das Erdreich zum Rutschen oder Einsinken bringen; erst recht ist bei Gebäuden mit Immissionen zu rechnen, wenn man zB an den Schattenwurf und die Behinderung der Durchlüftung, an die Verstellung der Aussicht, eines direkten Zuganges oder an die Beeinträchtigung des Ortsbildes denkt.

334

4. Dass Immissionen von Gebäuden und Bewerbungen unwillkommen sind, ist der Grund dafür, dass die Erstellung, das Fortbestehenlassen und die Änderung von Gebäuden sowie die Aufnahme, die Ausübung und die Änderung von Bewerbungen derselben verboten oder mit Geboten belegt werden (Rz 478 f).

335

5. Im Kreise von Bewerbern mit immissionsträchtigen Bewerbern «stört» der immissionsempfindliche Bewerber, weil auf ihn aus moralischen oder rechtlichen Gründen Rücksicht genommen werden muss. Trotzdem darf er nicht als Störer und sein Vorhandensein

336

---

[1] Rz 151 und 224 ff.
[2] BGE 97 I 357 (Aarau): «Ein Haus oder ein Hausteil können keine Immissionen darstellen.» Die Aussage erfolgt unter Bezugnahme auf BGE 88 II 264 und 334 mit fragwürdigem Bezug auf Erich Zimmerlin, Bauordnung der Stadt Aarau, S. 195 Nr. 1; vgl. auch Rudolf Haab, ZGB Kommentar, Art. 684 Nr. 11/12.

nicht als Immission qualifiziert werden. Zum Störerbegriff siehe Rz 353 und 443: Die Zulassung des Wohn- und des Dienstleistungsbewerbes in Industriezonen wirft hier heikle Fragen auf (Rz 226 f).

II. Die Arten von Immissionen von Gebäuden und Bewerbungen derselben

337 Die Immissionen, welche von Gebäuden und Anlagen sowie von deren Bewerb auf die Umgebung ausgehen, lassen sich fürs Erste einmal grob in materielle und immaterielle Immissionen, nachfolgend ideelle Immissionen genannt, aufgliedern[3]:

A. Die materiellen Immissionen

338 Bei diesen lassen sich unterscheiden:

1. die etwas physikalisch-chemisch Unwillkommenes **zufügenden materiellen Immissionen:** zB Erschütterungen (kinetische Energie), Lärm, Surren, Hitze, Blendung, Magnetismus, Elektorsmog, Radioaktivität, Wasser, Rauch, Staub, Dampf, Dünste, Säure, Lauge, «Gifte», herunterfallende Laubblätter, Tannennadeln, von Dächern abrutschende Schnee- und Eisreste usw.

und

339 2. die etwas physikalisch-chemisch Willkommenes **wegnehmenden materiellen Immissionen**[4].

a) Diese können in der Behinderung des Zutrittes von etwas Willkommenem bestehen; dieser Entzug kann physisch wirksam sein: zB Behinderung der Besonnung (Beschattung), der Durchlüftung (Stickigwerden), des Wasserzuflusses (Verdorren); oder ist nur psychisch wirksam: zB die Behinderung des Eintreffens der von schönen Örtlichkeiten ausgehenden optischen Strahlen (Entzug der Aussicht). Man kann hier von *physisch und psychisch entziehenden materiellen Immissionen* sprechen.

oder

340 b) die wegnehmenden materiellen Immissionen bestehen in der Beseitigung der Abwehr der Einwirkung von etwas Unwillkommenem: Auch diese Wegnahme kann

---

[3] Vgl. Robert Haab, Zürcher Kommentar zum ZGB, Art. 684 N. 67–85; Arthur Meier-Hayoz, Berner Kommentar zum ZGB, Art. 684 N. 46–63; Franz Weber, Das Grundeigentum im Wandel, in: ZBGR 1998 S. 353 ff, hier Abschnitt B. III: «Der privat- und der öffentlichrechtliche Immissionsschutz», S. 372–385.

[4] Hier spricht man auch von «negativen Immissionen». Vgl. Christina M. Schmid-Tschirren, Die negativen Immissionen im schweizerischen Privatrecht, Diss., Bern 1997 (Besprechung in: SJZ 1997 S. 424). Ich meide diesen Ausdruck, weil man bei Beschränkung der Immissionen auf unwillkommene Einwirkungen das Gegenstück dazu, die zufügenden Immissionen nicht gut als die «positiven Immissionen» bezeichnen kann. Zudem ist es mit der Bezeichnung einer Erscheinung als positiv oder negativ immer so eine Sache.

physisch (zB im Abbruch einer baustatisch wichtigen Stütze, im Aushub von Baugruben, was die Wirkung der Schwerkraft im Umfeld verschiebt, in der Beseitigung von Dämmen gegen Überschwemmungen, Verstrebungen gegen Lawinen, Wällen gegen Lärm) oder psychisch (zB «Ausgestelltwerden» des Wohnungsinnern infolge Verkleinerung der Distanz zur nächsten Baute[5]) sein. Man kann hier von *physisch oder psychisch entblössenden materiellen Immissionen* sprechen.

B. Die ideellen Immissionen

1. Das Physikalisch-chemische tritt hier in den Hintergrund. Wichtig sind die durch die Immission bewirkten Empfindungen (zB Gefallen, Ekel, Ärger, Abscheu, Unbehagen, Trauer). Dabei gilt allgemein, dass es hier nicht in erster Linie auf das subjektive Empfinden des Einzelnen, insbesondere nicht auf die Betrachtungsweise besonders empfindsamer bzw. besonders geschulter oder besonderen Denkrichtungen verpflichteter Menschen und auch nicht auf das Volksempfinden, sondern auf objektive, grundsätzliche Werte, auf Durchschnittswerte, auf den Gesamteindruck ankommt[6], was immer auch das bedeuten möge. Die ideellen Immissionen sind schon wie folgt umschrieben worden:

341

> «Ideelle Immissionen sind solche Einwirkungen, welche das seelische Empfinden verletzten beziehungsweise unangenehme psychische Eindrücke erwecken. Sie können die Nachbarn direkt belästigen oder aber indirekte Wirkungen zeigen, indem sie die Vermietbarkeit von Wohnungen erschweren oder den Geschäften ihre Kunden fernhalten.»[7]

2. Zu erwähnen sind hier insbesondere:

342

a) Lokal bedeutsame ideelle Immissionen

α) Mit Bezug auf das *Ortsbild:* Es geht hier um die ästhetische und damit primär optische, visuelle, «oberflächliche» Erscheinung der blossen Masse, des blossen Vorhandenseins von statischen Concreta, insbesondere Bauten/Gebäuden[8]. «Ortsbild» ist hier als Kurzausdruck für «Strassen-, Orts- bzw. Stadt- und Landschaftsbild» oder «bauliche und landschaftliche Umgebung» zu verstehen. Diese Erscheinung ist grundsätzlich ununterbrochen und stets von gleicher Art andauernd, solange es zu keiner

---

[5] BGE 106 Ib 233 (Bern, Nationalstrasse 1, Enteignung von Nachbbarrechten).
[6] Vgl. ZH-RB 1974 Nr. 90.
[7] Zu dieser vom Stadtrat von Zürich stammenden Formulierung erklärt BGE 108 Ia 140, 146 (betr. ZH-Gesetz über das Unterhaltungswesen; Rz 3186): Man kann den «Begriff der ideellen Immissionen durchaus so definieren».
[8] Wegen dieser ausgesprochen optischen Ausrichtung der mit dem Wort «Ortsbild» verbundenen Vorstellungen fordert Andreas Valda, dipl. arch. ETH, in: Heimatschutz 1995/4, S. 45, dezidert dessen Ersetzung durch den Ausdruck «Ortsgestalt» welcher primär die Vorstellung von Figur, Statur, Konstitution, Wuchs, Körper, Wesen, Gebilde hervorrufen soll. Ich bezweifle, dass dieser Ausdruck weniger «schwammig» wäre als das «Ortsbild». Das Wort «Ortsgestalt» dürfte allerdings weniger «in den Köpfen vieler Stimmbürger stecken». In einem demokratischen Staat ist dies jedoch kaum ein Vorteil. Die mit dem Wort «Ortsbild» verbundene Unbestimmtheit ist wohl unvermeidlich, solange man das Bauen auch ästhetisch normieren will. De gustibus non est disputandum. Vgl. hiezu: Jörg K. Grütter, Ist architektonische Schönheit messbar? in: NZZ vom 1. März 1996. Seine Antwort lautet: weder Ja noch Nein.

sichtbaren Änderung oder sonstigen Transformation an den Bauten/Gebäuden und/
oder in der Nachbarschaft kommt. Allerdings spielen der Sonnenstand (Sonnenaufgang, Mittag, Sonnenuntergang, Nacht) und die atmosphärischen Verhältnisse (sonnig, bewölkt, neblig, regnerisch, Schneefall) eine beachtliche Rolle für die Erscheinungsintensität. Wichtig sind die Höhen, Längen und Breiten sowie die Farbe, die Helligkeit und die Zahl der Bauten/Gebäude, ferner ihrer Bestandteile sowie das Verhältnis dieser Fakten zu denjenigen, welche in der Nachbarschaft vorkommen[9].

oder

343 β) Mit Bezug auf den *Quartier-/Nachbarschafts-/Zonencharakter:* Das Quartier und die Nachbarschaft sind eine rein faktisch und räumlich nicht scharf umreissbare, die Nachbarschaft sogar eine mit der Bezugsperson räumlich verschiebbare Grösse, während die Örtlichkeit bei der Zone als baurechtlich begründet anzusehen ist. Ich spreche nachfolgend nur noch vom Quartier- oder Zonencharakter. Es geht hier weder um eine primär visuelle Erscheinung wie beim Ortsbild (Rz 342) noch um eine solche, bei welcher moralische, weltanschauliche usw. Verhältnisse im Vordergrund stehen, wie bei den persönlichen Immissionen (Rz 344 f).

b) Personal bedeutsame ideelle Immissionen

344 Hier lassen sich unterscheiden:

α) Infolge Abweichung von einem gewünschten *leiblichen Standard:* zB Aufenthalt von chronisch Kranken, körperlich oder psychisch schwer Invaliden, Drogenabhängigen, Aidskranken usw., ferner Bestattetsein von Toten;

β) Infolge Abweichung von herrschenden religiösen oder sonstwie *weltanschaulichen Vorstellungen:* zB Versammlung von Menschen, welche nicht der ortsüblichen Religion/Konfession angehören, Sekten-, Ecône-, Scientologieanhänger, Freimaurer, Nudisten usw.;

γ) Infolge Abweichung von einem gewünschten *Sozialstandard:* zB Wohnen/Aufenthalt von Sozialhilfeempfängern, Angehörigen fremdartiger Kulturen, Asylanten[10], Fahrenden, Obdachlosen[11], Gefangenen;

δ) Infolge Abweichung von herrschenden *Moralvorstellungen:*
   – sexuell aufreizendes Verhalten, zB Verkauf von Sexartikeln, Betrieb von Nightclubs[12], Sexkinos, Peepshows[13];
   – Bordellbetrieb;
   – Einzelprostitution;

---

[9] Vgl. die auf ZGB Art. 684 bezüglichen Entscheide des ZH-Obergerichtes vom 24. August 1990 (SJZ 1991 S. 264/5) und des Bundesgerichtes, II. Zivilkammer vom 15. November 1991 (SJZ 1992 S. 237 bezüglich Aufstellung einer gestikulierenden Figur «eines angesehenen zeitgenössischen Künstlers» (Kurt Laurenz Metzler) auf der Terrasse eines Terrassenhauses in Stockwerkeigentum.

[10] Entscheid der ZH-Baurekurskommission III (BEZ 1985 Nr. 13), Entscheid des ZH-Verwaltungsgerichtes vom 11. Juli 1990 (BEZ 1990 Nr. 24) und der ZH-Baurekurskommission III (BEZ 1992 Nr. 8).

[11] Entscheid der ZH-Baurekurskommission I (BEZ 1990 Nr. 18 betr. Notschlafstelle).

[12] BR 1995 S. 65 Nr. 161.

[13] BGE 106 Ia 267 (St. Gallen), BGE 108 Ia 140 ff (Kt. Zürich/Unterhaltungsgesetz).

– suchtförderndes Verhalten, zB Betrieb von Glücksspielkasinos und Automatenspielsalons[14];

ε) Infolge ausserhalb des Baupolizeirechtes liegender *behaupteter Straffälligkeit* eines Verhaltens: zB allenfalls «Gassenzimmer» zum Drogenkonsum unter ärztlicher Aufsicht.

Manche der bei den personal bedeutsamen ideellen Immissionen aufgeführten Verhaltensweisen sind dadurch gekennzeichnet, dass bei objektiver Betrachtung von ihnen eher weniger als mehr materielle Immissionen ausgehen als vom gewöhnlichen Wohnen, Gewerbe usw. Einzelne von ihnen wickeln sich sogar bezüglich Zufügung unwillkommener, Entzug willkommener und Entblössung vor unwillkommenen materiellen Immissionen unbedenklich ab[15]. Ein Vorbehalt ist fast nur dort anzubringen, wo damit erfahrungsgemäss besonders lästige akustische Einwirkungen im Zusammenhang mit dem Zu- und Wegbringerverkehr (zB Zuschlagen von Autotüren, Aufheulenlassen der Motoren, abruptes Starten und Bremsen, Gröhlen, Schwatzen auf der Strasse, Rz 524) oder der bewussten Aufmerksam-Machung (zB Glockenschlag, Lautsprecherruf, Lichtreklame) verbunden sind[16]. 344a

III. Gemeinsame Bemerkungen

1. Die Einwirkungen der Bewerbungen auf die Allgemeinheit und die Nachbarschaft werden meistens mit den Wörtern stören, belästigen, beeinträchtigen und schädigen qualifiziert. Die ersten drei Wörter weisen m.E. keine graduellen Unterschiede auf. Anders verhält es sich mit dem Begriff schädigen. Dieser bedeutet immer einen besonders hohen Grad an Störung, Belästigung, Beeinträchtigung. Mit dem Wort Gefährdung wird eine noch nicht vorhandene, aber wahrscheinlich in Zukunft eintretende unwillkommene Einwirkung bezeichnet. 345

2. Es gibt folgende Grade von als bereits vorhanden gedachten Immissionen: 346
– keine Störung;
– leichte, mässige, starke Störung;
– Schädigung.

Bezüglich des Ortsbildes ist auch oft von (Nicht-)Verunstaltung, (Nicht-)Einpassung die Rede. Das Gegenteil von Störung ist Erhaltung, Schonung, Schutz, Förderung.

3. Der Grad «leichte Störung» wird oft weggelassen. Dabei bleibt meist unklar, wie sein Realitätsbezug auf die Grade «keine Störung» und «mässige Störung» aufgeteilt 347

---

[14] BR 1995 S. 65 Nr. 162, ZH-RB 1980 Nr. 102.
[15] ZH-RB 1980 Nr. 102 erklärt zu einem Spielsalon in der Wohnzone 3: «Dass die Spielautomaten selbst keinen Lärm erzeugen, ist unerheblich.»
[16] ZH-RB 1994 Nr. 91. Nicht in dieses System hinein passt die folgende, unwillkommene Auswirkung: die Verschlechterung der Sichtbarkeit Zugänglichkeit zu Läden und Gaststätten. Vgl. hiezu den privatrechtlichen Fall BGE 114 II 230 (betr. Bauarbeiten der Rentenanstalt an der Bahnhofstrasse/Schützengasse Zürich, ZBGR 1991 S. 159 ff).

wird: alles zu dieser, alles zu jener, teils zu dieser, teils zu jener Störung? Das führt zu Schwierigkeiten, wo die eine Rechtsfolge an «keine Störung» und die andere an «mässige Störung» angeknüpft wird (vgl. den Entscheid des ZH-Verwaltungsgerichtes vom 8. Dezember 1998 in: BEZ 1991 Nr. 1/Winterthur). Mir scheint die nur dreistufige Differenzierung zu grob. M.E. sind vier Stufen nötig.

348 4. Oft wird auch zwischen mässiger und übermässiger Störung unterschieden. Wenn mit der Letzteren einfach die starke Störung gemeint ist, dann lässt sich nichts dagegen einwenden. In einer Zone, in welcher nur «leichte Störungen» zugelassen sind, ist jedoch auch schon die «mässige Störung» eine übermässige Störung. Wegen dieser Zweideutigkeit meide ich den Ausdruck übermässige Störung.

349 5. Betriebe mit keiner oder nur leichter Störung heissen stille Betriebe.

350 6. Die materiellen Immissionen, welche vom Wohnbewerb ausgehen, sind artmässig alle eng verwandt. Es handelt sich meistens um akustische Einwirkungen, seien es Sprech-, Musik- oder Trittschall, Leitungsrauschen, Einlaufenlassen des Bades, bisweilen auch Kochdüfte. Doch können diese Immissionen ganz verschiedene Störgrade aufweisen[17]. Daneben kommt beim Wohnbewerb den von ihm ausgehenden ideellen personenbezogenen Immissionen (Rz 344 f) eine erhebliche Bedeutung zu. Es ist bisher baurechtlich nicht üblich gewesen, hier bezüglich Erlaubnissen/Verboten/Geboten Differenzierungen anzubringen.

351 Die Immissionen bei Nicht-Wohnbewerbungen können artmässig sehr verschieden sein.
352 Neben den Erschütterungen und akustischen Einwirkungen, insbesondere Verarbeitungs-, Maschinen-, Auf- und Ablade- sowie Lastwagenlärm, sind auch Geruchs-Immissionen und solche durch Russ, Staub, Dämpfe, «sauren Regen» usw. häufig.

353 7. Bisweilen wird zwischen dem *Verhaltens- und dem Zustandsstörer* unterschieden, wo derjenige, welcher stört, nicht identisch ist mit demjenigen, welcher die Verfügungsgewalt über das besitzt, wovon die Störung ausgeht. Ersterer ist der Verhaltensstörer, letzterer der Zustandsstörer[18]. Diese Terminologie ist nicht gut gewählt. Rz 443.

354 8. Die Immissionen aus Bewerbungen gehen entweder von der Stelle aus, wohin sich die Besucher, Kunden usw. eines Geschäftes oder einer Veranstaltung letzten Endes begeben (zB Einkaufszentrum, Kino-, Konzertsaal), oder stammen aus den von diesen Besuchern benützten Zu- und Wegfahrtsstrassen und Wegen oder aber aus beidem. Die erstgenannten Immissionen werden oft als *primäre* und die zweitgenannten als *sekundäre Immissionen* bezeichnet. Rz 344a.

---

[17] Vgl. die Wohnimmissionen, welche ausgehen von einer kinderreichen Familie, einem kinderlosen Paar mit vielen Einladungen, einem zurückgezogenen Rentnerehepaar, einer alleinstehenden alten Dame, einem Berufs- oder Hobbymusiker, Bewohnern aus fremden Kulturkreisen mit anderem Lebensrhythmus.
[18] Vgl. BGE 107 Ia 23 f (Küssnacht a.R./SZ).

Zweites Kapitel
Die 15 allgemeinen Gesichtspunkte des postfiniten Baurechtes

§ 1 Die Hauptgliederung der Regelungen

I. Ausgangslage

A. Allgemeines

1. Jedes menschliche Verhalten, auch die Unterlassung, hat Auswirkungen auf die Umwelt, Umgebung, Nachbarschaft; hier aber gibt es Einwirkungen. Für die Zusammenfassung oder Überbrückung von beidem gibt es die Vorstellung des Eingriffes, und damit auch des Nicht-Eingriffes. Zum Eingriff zähle ich auch das Fortbestehenlassen von etwas bereits Vorhandenem sowie die Weiterausübung von etwas bereits Ausgeübtem.

2. Eingriffe fügen entweder etwas hinzu oder sie nehmen etwas weg; es geht hier um nicht vorhanden/vorhanden und vorher/nachher. Das Recht regelt die Eingriffe durch Verbote, Gebote und Erlaubnisse. Unwillkommene Eingriffe werden verboten, willkommene erlaubt oder gar geboten. Willkommen ist der Wechsel vom Schlechten zum Guten, vom Schlechten zum weniger Schlechten und vom Guten zum Besseren; unwillkommen ist der Wechsel vom Guten zum Schlechten, vom Guten zum weniger Guten und vom Schlechten zum Schlechteren.

3. Im Baurecht sind hier für die hinzufügenden Eingriffe von Belang: das primäre Erstellen und das Ändern, sodann das sekundäre Erstellen von Bauten; an wegnehmenden Eingriffen ist der Abbruch zu nennen. Ferner sind von Belang: das primäre Aufnehmen und das Ändern, sodann das sekundäre Aufnehmen von Bewerbungen von Bauten; an wegnehmenden Eingriffen ist die Stilllegung von Bewerbungen zu nennen. Sodann ist an das blosse Fortbestehenlassen von Bauten und die blosse Weiterausübung des Bewerbes von Bauten zu denken.

B. In Betracht gezogene Gliederungen

Nachfolgend werden nur die materiellen Regelungen in Betracht gezogen, nicht aber auch die formellen. Die materiellen Regelungen lassen sich im Baurecht auf Grund der nachstehenden Kriterien gliedern:

1. Hauptgliederung nach der Beziehung der Regelung zu Freiheit/Bindung (Rz 359 ff).

2. Weitere Gliederungen

a) nach dem Gemeinwesen, welches die Regelung festgesetzt hat[1,2], insbesondere Bund, Kanton, Gemeinde;
b) nach dem Adressaten der Regelung: Private, Organe, als Organ handelnde Menschen;
c) nach der Art des geregelten Gebäudes bzw. Bewerbes;
d) nach der Art des Eingriffes (Rz 359 ff);
e) nach der Unterscheidung Regelung des Auslösers, von welchem eine Wirkung ausgeht/Regelung der Auswirkung als solcher (Rz 478);
f) nach der Unterscheidung Verbesserungsgebot/Verschlechterungsverbot;
g) nach der Unterscheidung ausschliessliche/nicht ausschliessliche Geltungsbeanspruchung (Rz 543 f);
h) nach der Unterscheidung Dispensierbarkeit/Nichtdispensierbarkeit (Rz 606 f);
i) nach der Unterscheidung Widerrufbarkeit/Nichtwiderrufbarkeit (Rz 616 f);
k) nach der Unterscheidung Global-/Sonderregelung (Rz 801);
l) nach dem inhaltlichen Verhältnis ihres Regelungsinhaltes zu demjenigen der Regelung für primäre Neubauten bzw. Neubewerbungen (Rz 804 f);
m) nach dem sprachlichen Verhältnis der Vorschrift zum Vorkommen der Neubauvorschriften (Rz 842 f)[3];
n) nach dem Verhältnis zur Formulierung früherer Gesetze (Übernahme/Erstmalsinhalt; Rz 445b, 452b).

---

[1] Völkerrechtliche Konventionen sind für das postfinite Baurecht zwar nicht schlechterdings bedeutungslos. Doch handelt es sich hier (wenn man von den Vorschriften über die Vergabe von Bauarbeiten absieht) einstweilen ausschliesslich um formelles Recht: EMRK Art. 6. Hienach müssen Streitigkeiten zwischen Privaten und Gemeinwesen bezüglich Abbruch-/Bewerbsstilllegungsgeboten bzw. -verboten usw. durch eine unabhängige gerichtliche Behörde in einem fairen und öffentlichen Verfahren beurteilt werden können. BGE 117 Ia 522–530 (Mies/VD betr. Baubewilligungsauflage für Änderung eines zu nahe an der Strasse stehenden Gebäudes, Abbruch mit eigenmächtigem Neubauversuch); BGE 119 Ia 88–98 (Lausanne/VD betr. Unterschutzstellung Bel-Air-Métropole); BGE 120 Ia 209–216 (Kanton LU betr. Planungszonen). Entscheid des Europäischen Gerichtshofes für Menschenrechte vom 28. Juni 1990 i.S. Skärby, Schweden. Dass in Zukunft auch materielles Baurecht aus völkerrechtlichen Konventionen aktuell werden könnte, gelangt in der Botschaft des Bundesrates zur RPG-Revision 1996, S. 550 zum Ausdruck. Für das postfinite Baurecht ist die Wahrscheinlichkeit hiefür jedoch noch gering. Vgl. hiezu allgemein: Tobias Jaag, Der Einfluss des europäischen Rechts auf die Schweiz, in: Festschrift für Professor Roger Zäch zum 60. Geburtstag, Zürich 1999.

[2] Eigene Kategorien bilden die allgemeinen Rechtsgrundsätze (Rz 850 f), die gewohnheitsrechtlichen Regelungen (Max Imboden/René A. Rhinow, Nr. 7B IVc erwähnen «das Verbot neubauähnlicher Umgestaltungen an baurechtswidrigen Gebäuden» als Beispiel von Gewohnheitsrecht) und die allgemeinen Erfahrungssätze (vgl. Karl Spühler, Wann sind Grundsätze der Lebenserfahrung allgemeine Rechtssätze?, in: SJZ 1997 S. 392).

[3] Wie weit Gebote als Verbote aufgefasst werden können, welche die Nichtausführung des Tatbestandes von Geboten verbieten, oder Verbote als Gebote, welche die Nichtausführung des Tatbestandes von Verboten gebieten, bleibt hier offen. Kritisch in dieser Beziehung: Lothar Philipps, Normentheorie, in: Arthur Kaufmann/Winfried Hassemer, S. 281, 283 ff.

II. Gliederung nach der Beziehung der Regelung zu Freiheit und Bindung

A. Hauptgliederung

1. Die Gliederung unter dem Gesichtspunkt von Freiheit und Bindung ist für jede materielle Norm, auch für die rechtliche, zentral. Da sind einerseits die *Bindungsregelungen* und anderseits die *Freiregelungen,* im Baurecht je mit Wirkung für den Gebäudeeigentümer bzw. Bewerbsträger oder aber für die Organe des Gemeinwesens oder aber für die für diese handelnden Menschen. Bindungsregelungen sind Verbote oder Gebote, Freiregelungen sind Erlaubnisse. 359

2. Bei den *Bindungsregelungen* lassen sich für das Baurecht vier Haupttypen unterscheiden: 360

a) **Abbruch- bzw. Bewerbstilllegungsgebot:** Es wird der Abbruch eines Gebäudes oder Gebäudeteiles bzw. die Stilllegung eines Bewerbes oder «Bewerbsteiles» befohlen; anders ausgedrückt: Es wird das Fortbestehenlassen von Gebäuden oder Gebäudeteilen bzw. die Weiterausübung von Bewerbungen oder «Bewerbsteilen» verboten.

Dieses Gebot kommt zB zum Zuge, wo:

– ein polizeilich misslicher Zustand bereits besteht;
– die erforderliche Bewilligung fehlt und kein Anspruch auf nachträgliche Bewilligung besteht;
– eine Bewilligung abgelaufen ist und kein Anspruch auf deren Erneuerung besteht;
– ein Baudenkmal, Strassen-, Orts- oder Landschaftsbild verunstaltet oder ein Biotop geschädigt wird;
– ein Gebäude oder Bewerb der Verwirklichung eines öffentlichen Werkes im Wege steht;
– ein solches Gebot den Reflex einer Anpassungspflicht bildet (Rz 450 f).

b) **Hinzubau- bzw. Hinzubewerbsgebot:** Das «Hinzu-» ist auf zwei Arten zu verstehen: entweder als Hinzufügung zu einem Gebäude- bzw. «Bewerbsteil», welcher bleibt; dies an einer Stelle, wo bisher Luft, seltener Boden oder Wasser war. In Betracht kommen Montierung, Auf-, Sub- und Anbau, Umbau innerhalb des baulich bereits umschlossenen Luftraumes, Bewerbsausweitung. Oder aber als Hinzufügung an einer Stelle, wo bereits ein Gebäude- bzw. «Bewerbsteil» vorlag, welcher aber teilweise abgebrochen bzw. stillgelegt worden ist, aber gleich wieder ausgefüllt wird. In Betracht kommen Reparatur, Renovation, Umbau anstelle von bisherigem Mauerwerk bzw. Bewerbsintensivierung, -auswechslung. Es wird das Hinzubauen bzw. Hinzubewerben befohlen; anders ausgedrückt: Es wird das Unterlassen von Reparieren, Renovieren, Montieren, Umbauen, (Dar-)Auf-, Sub-, Anbauen bei Gebäuden, Gebäudeteilen bzw. das Unterlassen des Änderns von Bewerbungen, «Bewerbsteilen» verboten. – In Betracht zu ziehen sind aber auch das sekundäre Erstellen (Umgestalten, Wiederbauen, Anschlussbauen, Dependenzbauen, Dislokationsbauen) und das sekundäre Aufnehmen von Bewerben (Umnutzung, Wiederbewerb nach langem Leerstehen, Bewerbsexpansion, Dependenzbewerb, Dislokationsbewerb). 361

Dieses Gebot kommt zB zum Zuge, wo:

- etwas gesetzlich oder durch Verwaltungsakt (zB durch seinerzeitige Baubewilligung) Vorgeschriebenes fehlt;
- sonst ein polizeilicher Missstand weiter vorhanden wäre oder entstünde;
- eine Verschönerung für ein Baudenkmal, das Strassen-, Orts- oder Landschaftsbild angestrebt wird;
- eine Knappheit an Wohnungen oder Werkstätten gelindert werden soll;
- ein solches Gebot den Reflex einer Anpassungspflicht bildet (Rz 450 f).

362 c) **Abbruch- bzw. Bewerbstilllegungsverbot:** Es wird das Unterlassen des Abbruches eines Gebäudes, eines Gebäudeteiles bzw. das Unterlassen der Stilllegung eines Bewerbes, eines «Bewerbsteiles» befohlen.

Dieses Verbot kommt zB zum Zuge, wo:

- das Eintreten eines polizeilichen Missstandes verhindert werden soll;
- die Erhaltung eines Baudenkmales, Strassen-, Orts- oder Landschaftbildes oder eines Biotops angestrebt wird;
- die Vermeidung der Vergrösserung der Knappheit an Wohnungen, Werkstätten, Läden usw. angestrebt wird (Rz 3118 f);
- ein solches Verbot den Reflex einer Anpassungspflicht bildet (Rz 450 f).

363 d) **Hinzubau- bzw. Hinzubewerbsverbot:** Zur Bedeutung des «Hinzu-» siehe Rz 361. Es wird das Unterlassen von Reparieren, Renovieren, Montieren, Umbauen, (Dar-)Auf-, Sub-, Anbauen, also ein Hinzubauen bezüglich eines Gebäudes, Gebäudeteiles bzw. das Unterlassen des Hinzubewerbes bezüglich eines Bewerbes befohlen. – In Betracht zu ziehen sind aber auch das sekundäre Erstellen (Umgestalten, Wiederbauen, Anschlussbauen, Dependenzbauen, Dislokationsbauen) und das sekundäre Aufnehmen von Bewerben (Umnutzung, Wiederbewerb nach langem Leerstehen, Bewerbsexpansion, Dependenzbewerb, Dislokationsbewerb).

Dieses Verbot kommt zB zum Zuge, wo:

- das dem Gebäudeeigentümer bzw. Bewerbsträger zustehende Kontingent baulicher Ausnützung bereits voll ausgenützt ist[4];
- das Auftreten eines polizeilichen Missstandes verhindert werden soll;
- die Erhaltung eines Baudenkmales, Strassen-, Orts- oder Landschaftsbildes oder eines Biotops angestrebt wird;
- die Erschwerung einer Enteignung für die Realisierung eines öffentlichen Werkes verhindert werden soll[5];
- ein solches Verbot den Reflex einer Anpassungspflicht bildet (Rz 450 f).

---

[4] ZB die Grenzabstandsminima sowie die Geschosszahl-, Gebäudehöhen- und Gebäudelängenmaxima lassen keine Auf- und Anbauten, die Ausnützungsziffermaxima keine grösseren Umbauten mehr zu.

[5] Erschwerungen treten insbesondere durch die Vornahme wertvermehrender Investitionen ein, können aber auch rein psychologisch begründet sein: Der Widerstand gegen den Abbruch von etwas erst neu Realisiertem ist im Allgemeinen grösser als derjenige gegen den Abbruch von etwas Altem.

Das Hinzubau- bzw. Hinzubewerbsverbot hat in gewissen Situationen einen einengenden, in anderen Situationen einen erhaltenden und in nochmals anderen Situationen einen zerstörerischen Charakter. Im erstgenannten Fall soll verhindert werden, dass ein Maximum überschritten, ein Minimum unterschritten wird; man kann hier von einem *limitierenden* Hinzubau- bzw. Hinzubewerbsverbot sprechen. Im zweitgenannten Fall soll verhindert werden, dass etwas Wertvolles, Knappes verschwindet. Man kann hier vom *konservatorischen* Hinzubau- bzw. Hinzubewerbsverbot sprechen. Im drittgenannten Fall soll dem Gebäudeeigentümer durch die Last des Nicht-Hinzubauenkönnens das Fortbestehenlassen des Gebäudes oder Gebäudeteiles «verleidet» werden; er soll dazu angeregt werden, ein Gebäude ganz oder teilweise abzubrechen bzw. den Bewerb stillzulegen. Man kann hier von einem *destruktorischen* Hinzubau- bzw. Hinzubewerbungsverbot sprechen.

3. Was vorstehend als Gegenstand eines Verbotes oder Gebotes in Erscheinung tritt, kann auch als Gegenstand einer Erlaubnis, also als *Freiregelungen* in Erscheinung treten. Die entsprechenden Regelungen können dann bezeichnet werden:

– **als Abbruch- bzw. Bewerbstilllegungserlaubnis;**
– **als Hinzubau- bzw. Hinzubewerbserlaubnis.**

Hinzu kommt:

– **die Fortbestehenlassens- bzw. Weiterausübungserlaubnis.**

Da sich das Fortbestehenlassens- bzw. Weiterausübungsgebot mit dem Abbruch- bzw. Bewerbstilllegungsverbot und das Fortbestehenlassens- bzw. Weiterausübungsverbot mit dem Abbruch- bzw. Bewerbstilllegungsgebot decken, sind nicht dreimal drei sondern nur sieben Möglichkeiten zu unterscheiden.

Diese Erlaubnisse können keineswegs in einem rechtsfreien Raum ausgeübt werden, auch der Abbruch und die Bewerbsstilllegung nicht. Verbote/Gebote können von anderen Regelungen her kommen.

Die Erlaubnis ist normativ eine sehr komplexe Erscheinung. Dies hängt mit der heiklen Frage zusammen, ob man von einem normativ geschlossenen oder einem normativ offenen System ausgehen soll, und im erstgenannten Fall, ob alles, was nicht verboten ist, erlaubt sei, oder ob alles, was nicht erlaubt ist, verboten sei. Hiezu gehört auch die Unterscheidung in starke und schwache Erlaubnis[6].

4. Wenn man diese Ausführungen auf einen höchstmöglichen Grad der Abstraktion bringen will, kann dies wie folgt geschehen:

Abbruch und Bewerbstillllegung werden mit ./. bezeichnet.
Hinzubauen und Hinzubewerben werden mit + bezeichnet.
Fortbestehenlassen und Bewerbweiterausüben werden mit – bezeichnet.
Verbot mit V, Gebot mit G und Erlaubnis mit E.

---

[6] Stark erlaubt ist ein Verhalten, auf dessen Realisierung ein Recht besteht und welches von einer Pflicht eines anderen begleitet ist, schwach zulässig ist ein Verhalten, welches nicht verboten ist. Zur Unterscheidung im Einzelnen: Georg H. von Wright, Norm und Handlung, S. 93 ff; Ota Weinberger, Der Erlaubnisbegriff und der Aufbau der Normlogik, S. 127 f.

Das ergibt folgende sieben Regelungsmöglichkeiten:

```
        – E
./.V        ./.G        ./.E
+V          +G          +E
```

B. Einfache und kombinierte Regelungen

369 Es gibt Regelungen, welche nur gerade aus einem Verbot, nur gerade aus einem Gebot oder nur gerade aus einer Erlaubnis bestehen. Hier kann man von einfachen Regelungen sprechen. Es gibt aber auch Regelungen, welche aus einem Verbot und einem Gebot, einem Gebot und einer Erlaubnis, einem Verbot und einer Erlaubnis bestehen. Hier kann man von kombinierten Regelung sprechen. Kombinierte Regelungen finden sich meistens in Vorschriften, welche das Wort «nur» in Verbindung mit dem Verb «dürfen» verwenden[7]. Eine typische, kombinierte, das Verhältnis von Bindung und Freiheit betreffende Vorschrift ist sodann die durch das Vorhandensein einer Bauabsicht des Gebäudeeigentümers bzw. Bewerbsträgers bedingte Anpassungspflicht[8]; sie gelangt in Rz 450 f eingehend zur Sprache.

---

[7] Beispiel: «Es dürfen nur Gebäude mit höchstens drei Geschossen erstellt werden»; das ist eine Verbotsregelung für Gebäude mit vier und mehr Geschossen, zugleich aber auch eine Erlaubnisregelung für Gebäude mit ein bis drei Geschossen.
[8] ZB ZH-altBauG § 116 Rz 1431 f, ZH-PBG § 357 Rz 1471 f.

§ 2 Zur Rechtswidrigkeit und Rechtsgemässheit im postfiniten Baurecht

I. Zur Eigenart der Rechtswidrigkeit

A. Ausgangslage

1.　Eine öfters gemachte Aussage zum postfiniten Baurecht lautet etwa so[1]: Wenn das Baugesetz und/oder die Bauordnung revidiert werden, dann kann es dazu kommen, dass einem bereits bestehenden Gebäude «die rechtliche Grundlage entzogen wird», insbesondere dann, wenn das Gebäude zwar den bisherigen Maximal- oder Minimalerfordernissen genügt hat, den neuen jedoch nicht mehr entspricht; hieraus ergibt sich ein «Spannungszustand», ein «Konflikt»; es stehen sich das private, u.U. auch das öffentliche Interesse am Fortbestehenlassen des Gebäudes bzw. an der Weiterausübung des Bewerbes, an der Aufrechterhaltung/Weiterführung des bisherigen Zustandes/Geschehens, an der Rechtssicherheit einerseits und das öffentliche, namentlich planerische Interesse am möglichst raschen und möglichst umfassenden Wirksamwerden des neuen Rechtes anderseits gegenüber. 392

2.　Dabei handelt es sich offensichtlich um eine normative Erscheinung, bei welcher der eine Pol als durch die Tatbestände der Verbots- oder Gebotsregelungen, der andere als durch das Fortbestehenlassen, eventuell auch Ändern dieser nicht entsprechenden Gebäude bzw. das Weiterausüben, eventuell auch Ändern dieser nicht entsprechenden Bewerbungen gebildet gedacht wird. Die Rechtsordnung muss danach trachten, diese «Spannung», diesen «Konflikt» durch den gerechten Einsatz von Verboten, Geboten und Erlaubnissen zu lösen. 393

B. Charakterisierung

1.　Nach verbreiteter Auffassung wird die «Spannung», der «Konflikt» unter anderem durch die Besitzstands-/Bestandesgarantie gelöst. Auf Letztere wird hier nicht eingetreten. Das geschieht separat in Rz 4335 f. Hier sei nur so viel bemerkt: Es handelt sich bei dieser «Spannung», bei diesem «Konflikt» um eine bildhafte Ausdrucksweise. Man muss sich davor hüten, diese Vorstellung zu verdinglichen oder gar zu mystifizieren. Es geht hier «einfach» um eine allfällige Nichtübereinstimmung zwischen Sein und Sollen[2]. 394

---

[1]　Erstmals habe ich diese Auffassung in einem Entscheid des AG-Verwaltungsgerichtes vom 11. Juli 1975 (AGVE 1975 S. 222–234; auch in: ZBl 1976 S. 152) gefunden. Sie kehrt später in einem Entscheid des gleichen Gerichtes vom 25. September 1978 (betr. Süsswarenfabrik; ZBl 1979 S. 585) wieder. Dgl. Entscheid den Baurekurskommission I in: BEZ 1990 Nr. 9. Diese Betrachtungsweise vertritt auch Erich Zimmerlin, Kommentar 1976, zu § 224, N. 4. Eine eingehende Auseinandersetzung mit diesem Gedanken findet sich sodann bei Martin Pfisterer, S. 97, 109 ff, Rz 4389 f. Ferner drücken sich ähnlich aus: Alfred Kölz, S. 191; Martin Lendi, DISP. S. 21 (hier im Kästchen); ZH-Verwaltungsgericht in: RB 1980 Nr. 135.

[2]　In der Normlogik gilt eine Norm als «eingehalten», wenn ihr Inhalt in der Welt wahr ist; verletzt ist sie, wenn ihr Inhalt hier falsch ist.

395 2. Nicht jede Nichtübereinstimmung zwischen Sein und Sollen ist als gleich dramatisch einzuschätzen. Wenn die Nichtübereinstimmung lediglich die Folge einer nach Erstellung des Gebäudes bzw. Aufnahme des Bewerbs durchgeführten Gesetzesrevision ist, dann darf dies im Allgemeinen als leichter Fall qualifiziert werden (Rz 396). Es kommt deshalb nicht von ungefähr, dass hier nicht gesagt wird, das Gebäude bzw. der Bewerb verletze die Vorschrift, verstosse dagegen; ebenso häufig, wenn nicht häufiger, sind etwas weniger harte Redewendungen wie: das Gebäude bzw. der Bewerb halte eine Regelung nicht ein, entspreche einer Regelung nicht[3], widerspreche einer Regelung[4], stehe einer Regelung entgegen, eine Regelung stehe dem Gebäude bzw. dem Bewerb entgegen usw. Aus dem gleichen Grund besteht oft eine gewisse Hemmung, von rechtswidrig, baurechtswidrig zu sprechen; stattdessen kommt oft der Ausdruck nicht baurechtskonform, zonenfremd vor.

396 3. Es gibt viele baurechtswidrige Gebäude, deren Beibehaltung ungleich mehr dem öffentlichen Interesse dient als die Beibehaltung mancher vorschriftgemässer Gebäude; man vergleiche etwa denkmalschutzwürdige Gebäude, welche oft an allen Ecken und Enden dem geltenden Recht widersprechen, mit voll baurechtskonformen Allerweltsbauten aus der Nachkriegszeit. Die Auffassung, das Gesetz verkörpere das Gute schlechthin und jede Abweichung sei ein Übel, ist heute wegen der Häufigkeit und Leichtigkeit von Revisionen, wegen ihres deflationären Charakters ohnehin ins Wanken geraten[5].

397 4. Als eine potenzierte Form von Rechtswidrigkeit ist im Hinblick auf die Verhältnismässigkeit eines Vollstreckungsaktes die bösgläubig realisierte Rechtswidrigkeit aufzufassen; dasselbe gilt für diejenigen, welche in Kenntnis der Tatsache, dass das vorhandene Gebäude bzw. der bisher ausgeübte Bewerb bösgläubig realisiert worden ist, eine Parzelle gekauft haben. Rz 1010.

398 5. Unabhängig vom Aspekt der Bösgläubigkeit besteht die radikalste Erscheinungsform der Baurechtswidrigkeit wohl nicht darin, dass ein Gebäude zB minimale Abstände unter- oder maximale Geschosszahlen/Nutzungsziffern überschreitet, und sei es noch so stark, sondern darin, dass an der Stelle, wo das Gebäude steht, entweder überhaupt kein Gebäude stehen darf oder Gebäude seiner Art verboten sind. Bei Nichtein- bzw. Auszonungen und bei stark auf eine bestimmte Bewerbsart ausgerichteten Zonierungen nach Erstellung eines Gebäudes kommt es hier bezüglich Erlaubt-/Verboten-/Gebotensein des

---

[3] ZH-altBauG § 116 Rz 1431 f.
[4] ZH-PBG § 357 I und II in der Fassung von 1975 (Rz 1466); § 357 I in der Fassung von 1991 (Rz 1699 f).
[5] Folgende Aussage des ZH-Regierungsrates in seinem Antrag zur Revision des PBG von 1991 (Amtblatt 1989 S. 1713 und 1765) trifft in ihrer Nüchternheit wohl das Richtige: Die Zulassung weitergehender Umbauten «trägt der Einsicht Rechnung, dass das planerische Interesse an der kurzfristigen Durchsetzung neuer Bestimmungen bei Altbauten oft nicht gross ist». Erich Kull, früherer Chef-Stellvertreter des Amtes für Raumplanung des Kantons Zürich, erklärte in einem Referat an der Delegiertenversammlung der Regionalplanung Zürich und Umgebung (RZU) markig: «Abweichungen von alten Bauten zum neuen Recht müssen aus planerischer Sicht weder geheilt noch bestraft werden; Planer und Planungsjuristen können mit dem sogenannten Spannungszustand problemlos leben; hoffentlich merken das auch bald die anderen Beteiligten.»

Fortbestehenlassens, Änderns und sonstiger Transformationen von Gebäuden zu besonders heiklen Situationen.

II. Auf welche Regelungskomplexe bezieht sich die Rechtswidrigkeit?

1. Es ist nichts Besonderes dabei, dass im materiellen postfiniten Baurecht öfters von einem das Geltende-Recht-nicht-Einhalten, von einem Dem-geltenden-Recht-widersprechen, von einem Ihm-nicht-entsprechen, von Rechtswidrigkeit, von Inkonformität usw. die Rede ist. Dabei geschieht dies meistens unter Einschränkung des Blickwinkels auf das (kantonale) Baugesetz: kürzer – dieses Gesetz – die (kommunale) Bauordnung, die Bauvorschriften, die Nutzungsvorschriften. Bisweilen wird auch auf eine dem heutigen Rechtsstand vorgängige Regelung abgestellt (Altkriteriumsregelung gemäss Rz 452a). 399

2. Was unter diesen Regelungskomplexen genau zu verstehen sei und ob damit der jeweilige Regelungskomplex als Ganzes oder nur bezüglich einzelner qualifizierter Teile gemeint sei, wird im Besonderen Teil bei der Besprechung der Artikel und Paragraphen näher erörtert, in welchen diese Formulierungen vorkommen (insbesondere Rz 1431 f und 1471 f). Hier nur einstweilen so viel: Die Frage, ob alle Regelungen des Regelungskomplexes oder nur einzelne qualifizierte Teile davon gemeint seien, ist dort von besonderer Bedeutung, wo es sich um Regelungskomplexe handelt, welche nicht leicht nachzählbare, sondern Dutzende von Regelungen enthalten. Das ist zB der Fall, wo einfach die Rede ist vom Baugesetz, von den Bauvorschriften, den Nutzungsvorschriften, den planungsrechtlichen Festsetzungen. Hier ist fürs Erste ungewiss, ob dabei nur an die materiellrechtlichen oder auch an die formellrechtlichen Regelungen und die Bewilligungsbedürftigkeit gedacht werde. Bezüglich der materiellrechtlichen Regelung ist fraglich, ob es um alle materiellrechtlichen Regelungen des angesprochenen Regelungskomplexes gehe oder nur um einen Teil davon. Beim Verweis auf das Baugesetz, die Bauvorschriften, die Nutzungsvorschriften und die planungsrechtlichen Festsetzungen kommen vor allem die Regelungen zu den folgenden sieben Standardgruppen der Themata des materiellen Baurechtes sowie die nachgenannten zwei Hauptgruppen von gebäudespezifischen Gefahren in Betracht: 400

Die sieben Standardgruppen der Themata des materiellen Baurechtes: 401

– das Gebäude als solches: Gebäudehöhe, Firsthöhe, Geschosszahl, Gebäudelänge, Gebäudebreite, Dachgestaltung[6], vorspringende Gebäudeteile[7], Untergeschossfreilegung, Innengestaltung[8];
– das Gebäude im Verhältnis zur Standortparzelle und zu anderen Bauten: Abstände[9], Verhältnisziffern[10];

---

[6] ZB Satteldach/Flachdach, Dachneigung, Dachaufbauten, Dacheinschnitte.
[7] ZB Vortreppen, Balkone, Erker, Vordächer.
[8] ZB Bodenfläche, lichte Höhe, Fenstergrösse von Zimmern, Tür- und Korridorbreiten.
[9] Grenz-, Gebäude-, Strassen-, Fussweg-, Wald- und Gewässerabstände.
[10] Überbauungs-, Ausnützungs-, Baumassen- und Freihalteziffern.

- verkehrsmässige Erschliessung des Gebäudes: Strassen- und Wegbestand der Umgebung, Autoabstellplätze: Rz 2045 f, 2111 f;
- Bestand der Wasser- und Stromzu- sowie Abwasserableitungen[11];
- aktive und passive materielle Immissionen: Rz 332 f, 478 f, 1868 f;
- ästhetische und quartiercharakterliche Einordnung: Rz 341 f, 495 f, 1868 f sowie
- Planungspräjudizierung: Rz 1946 f, 2598 f.

Nicht hiezu zähle ich die formaleren Erfordernisse, wie die Notwendigkeit einer Baubewilligung, einer grundbuchlichen Sicherung von Bauauflagen, einer Zustimmung des nachbarlichen Grundeigentümers, bei öffentlichen Gebäuden einer Krediterteilung durch das zuständige Organ.

402 Unter den zwei Hauptgruppen von gebäudespezifischen Gefahren verstehe ich:

- vom Gebäude und seinem Bewerb ausgehende Gefahren:
 Gefahr für die sich im oder um das Gebäude herum aufhaltenden Menschen, die dortigen Gegenstände: Herunterfallen von Gebäudeteilen infolge konstruktiver Mängel oder mangelhaften Unterhaltes[12], Brandausbruch, Elektroschlag aus Installationen[13], Explosion, Lärmentwicklung in den Räumen, Luft- und Gewässerverschmutzung aus den Räumen, Austreten von Gas aus lecken Leitungen, Loslösung von vergifteten Partikeln ab Wänden und Decken[14] und die Aussendung von elektromagnetischen oder radioaktiven Strahlen durch Installationen[15];
 Gefahr nur für die sich im oder auf dem Gebäude aufhaltenden Menschen: die ungenügende Isolation gegen den Wärmeverlust (Rz 2082 f, 2932) sowie gegen Aussen- und Innenlärm (Rz 4100) und Bodenfeuchtigkeit[16], Gefahr des Absturzes von hohen Gebäudeteilen[17], des Ausrutschens auf Treppen, Eingeklemmtwerden zwischen Bauteilen[18];
 Gefahr nur für die sich ausserhalb des Gebäudes aufhaltenden Menschen und die dortigen Gegenstände: Herunterfallen von Ziegeln sowie von Schnee und Eis von den Dächern.
- von aussen auf die sich im Gebäude und darum herum aufhaltenden Menschen, die dortigen Gegenstände und auf das Gebäude selbst wirkende Gefahren:
 Blitzschlag, Sturm, Bergsturz, Erdrutsch, Überschwemmung, Erdbeben, Übergreifen des Feuers, Hinüberwirken von Explosionen, Einwirkung von Lärm sowie Luft und Gewässerverschmutzung.

---

[11] Wasserversorgung und Abwasserentsorgung sowie Stromversorgung.
[12] ZB infolge Baufälligkeit. Rz 1899 f.
[13] ZB aus dem Betrieb von Maschinen. Rz 2093.
[14] ZB Asbestfasern. Rz 2059.
[15] Vor allem die aus Mobiltelefon-Antennen und der Lagerung von radioaktivem Material ausgehende Strahlung.
[16] Hierunter verstehe ich das Eindringen von Regenwasser durch ein undichtes Dach, von Wasser im Erdreich durch den Boden und die Umfassungsmauern infolge Bergdruck und von überflutendem Wasser bei Überschwemmungen.
[17] ZB von Dächern, Fenstern, Balkonen, Treppen usw. ohne genügende Geländer.
[18] ZB Kleinkinder mit dem Kopf zwischen engen Gitterstäben von Treppen- und Balkongeländern.

III. Die zwei Funktionen von Rechtswidrigkeit im postfiniten Baurecht

1. Wo bezüglich der vorgenannten Regelungen vom Nicht-Einhalten, Nicht-Entsprechen usw. die Rede ist, geschieht dies auch im materiellen postfiniten Baurecht in dem Sinne, dass ein Verbot, eine Untersagung, die Unzulässigkeit, das Nicht-sein-dürfen usw. ausgedrückt wird: Eine bauliche Änderung, welche das Baugesetz nicht einhält, ist verboten, unzulässig usw. Oder es wird die Schaffung von etwas Fehlendem geboten. Das ist die ganz normale Redeweise. 403

2. a) Daneben spielt das Nicht-Einhalten, Nicht-Entsprechen usw. im materiellen postfiniten Baurecht aber auch noch eine ganz andere Rolle. Es geht hier nicht, auf jeden Fall nicht primär, darum, das eine Regelung nicht einhaltende Gebäude bzw. den einer Regelung nicht entsprechenden Bewerb zu verbieten, zu untersagen, als unzulässig zu erklären. Das Gebäude darf an sich durchaus, so wie es bisher dagestanden hat, fortbestehen bzw. ein Bewerb darf an sich durchaus, so wie er bisher ausgeübt worden ist, weiter ausgeübt werden – und trotzdem bringt man das Gebäude bzw. den Bewerb mit der Vorstellung einer normativen Inkonformität in Verbindung. Das geschieht deshalb, weil der Gesetzgeber für diese Gebäude bzw. Bewerbungen eine andere Regelung angewendet haben will als diejenige, welche sonst zum Zuge käme. Der normativen Inkonformität kommt dabei eine weichenstellende Funktion zu: Je nachdem, ob ein Gebäude bzw. ein Bewerb das Baugesetz, die Bauordnung, die Bauvorschriften, die Nutzungsvorschriften usw. nicht einhält oder einhält, kommen für deren Änderungen, deren Beseitigung bzw. Stilllegung verschiedene Regelungen zur Anwendung[19, 20, 21]. 404

b) Die wegen der Weichenstellung durch das Element Baurechtswidrigkeit zum Zuge kommenden Regelungen können für den Gebäudeeigentümer bzw. Bewerbträger strenger, larger oder andersartig sein als die sonst bei der Änderung zum Zuge kommenden Regelungen. Rz 804 ff. 405
Wenn die wegen der Weichenstellung durch das Element Baurechtswidrigkeit zum Zuge kommenden Regelungen larger sind, dann mag dies fürs Erste als unlogisch erschei-

---

[19] Es erklärt zB die ZH-Baurekurskommission in: BEZ 1988 Nr. 40: «Weil das Gebäude gesetzmässig ist, gelangt § 357 PBG nicht zur Anwendung.» Zur Fragwürdigkeit dieser Ausdrucksweise in diesem konkreten Fall siehe Rz 4323.

[20] Eine solche weichenstellende Funktion kann auch anderen Elementen im Tatbestand der materiellen postfiniten Regelung zukommen. Im Grunde genommen kann jedes Element eine solche Funktion ausüben. In grösserem Umfang kommt dies jedoch ausser beim Element der Baurechtswidrigkeit nur noch bei Determinanten bezüglich Verwendungszweck von Gebäuden und Funktionszugehörigkeit von Bewerbungen vor, indem zB verschiedene Regelungskomplexe gelten, je nachdem, ob es um Änderungen bei Wohngebäuden, landwirtschaftlichen Gebäuden oder Gewerbe- und industriellen Betrieben geht. Aber hier besitzt die weichenstellende Funktion eine bescheidenere normative Tragweite.

[21] Man kann sich fragen, ob man, was bis zum Eintritt einer vielleicht nie aktuell werdenden Änderung legal fortbestehen bzw. weiterausgeübt werden darf, überhaupt als baurechtswidrig, verboten, unerlaubt usw. bezeichnen soll. Hans Carl Fickert, Baurecht-Aktuell, S. 319 ff, spricht von einem prekaristischen Zustand. Rz 445a.

nen; man könne doch nicht widerspruchslos für die Änderung eines als baurechtswidrig angesehenen Gebäudes bzw. eines als baurechtwidrig angesehenen Bewerbes eine liberalere Ordnung einführen als für baurechtskonforme Gebäude bzw. Bewerbungen; so etwas sei ja eine Prämierung der Rechtswidrigkeit! Hierauf lässt sich nur erwidern: Doch, man kann so legiferieren und es wird auch so legiferiert. Man kann durchaus einwandfrei für die Änderung von baurechtswidrigen Gebäuden bzw. Bewerbungen eine largere Regelung treffen, weil so eher mit einer wenigstens teilweisen Liquidierung der Baurechtswidrigkeit gerechnet werden kann, als wenn man einen harten Kurs einhält[22]. Rz 810.

406 c)   Es sind aber auch Situationen denkbar, in welchen eine Regelung der Änderung baurechtswidriger Gebäude bzw. Bewerbungen für den Gebäudeigentümer bzw. Bewerbsträger beschwerlicher ist, als wenn er die Baurechtswidrigkeit behebt und im Übrigen alle für die Änderung baurechtsgemässer Gebäude bzw. Bewerbungen geltenden Erfordernisse einhält. Man denke an die Verschärfungsregelungen (Rz 827) und die eigenständigen Regelungen (Rz 836). Hier steht es m.E. dem Gebäudeeigentümer bzw. Bewerbsträger immer frei, sich der für ihn beschwerlicheren Regelung zu entziehen, indem er die bisherige Inkonformität beseitigt und im Übrigen alle Anforderungen der für die Änderung baurechtgemässer Gebäude bzw. Bewerbungen einhält. Man kann hier von der *Möglichkeit des Sich-frei-Änderns* oder von einer *Ausweichklausel* sprechen. Diese kann wohl aufgrund einer umfassenden Abwägung der Interessen des Bauaktiven, des Gemeinwesens und der Nachbarn als stillschweigend geltend angesehen werden, und zwar auch dann, wenn das geschriebene Recht erklärt, baurechtswidrige Gebäude dürften «nur unterhalten und zeitgemäss erneuert werden», wie dies im AG-Baugesetz von 1971, § 224 II, der Fall war, vgl. auch ZH-RB 1999 Nr. 125. Wo die Baurechtswidrigkeit allerdings darin liegt, dass das Gebäude in einer Zone steht, wo überhaupt keine oder keine derartigen Gebäude zulässig sind, dort nützt diese Klausel dem Eigentümer nichts.

407 d)   Erich Zimmerlin, 1985, § 224 N. 7 erklärt: «Die über die Anpassungspflicht ... hinausgehende Angleichung einer altrechtlichen Baute an neues Recht (ist) selbstverständlich statthaft.» Vorstehend geht es allerdings um eine Vorfrage: Kann sich der Bauaktive der Anwendung der strengeren Vorschrift für baurechtswidrige Gebäude bzw. Bewerbungen entziehen, indem er die Baurechtsmängel im Voraus oder gleichzeitig behebt? Die Antwort lautet wohl auch nach Erich Zimmerlin ja!

Martin Pfisterer, S. 97 f, erklärt bei der Erörterung des Entscheides des AG-Verwaltungsgerichtes vom 25. September 1978 (betr. Süsswarenfabrik, ZBl 1979 S. 584): «Es (ist) dem Eigentümer eines altrechtlichen Bauwerkes unbenommen, ... aus freien Stücken eine Anpassung vorzunehmen. Bringt das Vorhaben aber nur teilweise eine Angleichung an das neue Recht mit sich, so hängt seine Zulässigkeit davon ab, ob das öffentliche Interesse an der Verbesserung eindeutig überwiegt. Die Lage der vom Anpassungsvorhaben betroffenen Nachbarn darf dabei gesamthaft gesehen keine Verschlechterung erfahren. Die Teilanpassung ist allerdings ... nur dort zulässig, wo sie objektiv, das heisst vom baulichen Bestand her, gerechtfertigt erscheint. Sonst ist nur ein Neubau im Sinne der Vollanpassung zugelassen. Es liegt ... nicht im Interesse der Rechtsordnung, Abbruchobjekte umbauen und mit ihren Rechtswidrigkeiten noch auf längere Zeit fortbestehen zu lassen.» Das Verwaltungsgericht sprach sich hier für die Erlaubnis aus.

---

[22] Insoweit spielt der Gedanke des Verschwindens der Baurechtswidrigkeit doch sekundär eine Rolle.

e) Bisweilen wird für die Änderung und sonstige Transformation von baurechtswidrigen Gebäuden bzw. Bewerbungen Gleichstellung mit derjenigen für baurechtgemässe Gebäude bzw. Bewerbungen ausgesagt. Hiezu besteht aber nur dort Anlass, wo Zweifel an der Gleichstellung auftauchen können, welche es zu zerstreuen gilt. Rz 805.

f) Wenn ein viergeschossiges Gebäude in einer Zone steht, in welcher höchstens Gebäude mit drei Geschossen erlaubt sind, dann lautet die vorherrschende Auffassung: Es ist nicht nur das oberste Geschoss, sondern das Gebäude als solches baurechtswidrig, denn ein Gebäude bildet eine Einheit[23]. Ähnlich verhält es sich wohl auch mit Gebäuden, welche ein Gebäudehöhenmaximum oder ein Abstandsminimum verletzen. Von Verletzungen der Gebäudelängen- sowie Nutzungsziffernmaxima wird schon von der Konzeption der Regelung her immer das ganze Gebäude betroffen.

IV. Systematik der in Betracht kommenden Situationen

A. Fragestellungen

Die Situationen der Baurechtswidrigkeit lassen sich aufgrund folgender Fragen systematisieren:

– Wurde für die Erstellung des Gebäudes bzw. den Erstbewerb oder für die letzte massgebliche Änderung eine Bewilligung eingeholt: nein (1) – ja (2)?
– Entsprach das Gebäude bzw. der Bewerb bei Erstellung bzw. Erstbewerb oder nach der letzten massgeblichen Änderung den damaligen materiellrechtlichen Regelungen: nein (3) – ja (4)?
– Entspricht das Gebäude bzw. der Bewerb den jetzt geltenden materiellrechtlichen Regelungen: nein (5) – ja (6)?

B. Mögliche Kombinationen

Das ergibt nach der Kombinationslehre die folgenden acht Konstellationen:

– Situation 1–3–5: Gebäude bei Erstellung bzw. Erstbewerb nicht bewilligt, damals materiell rechtswidrig, heute rechtswidrig;
– Situation 1–4–5: Gebäude bei Erstellung bzw. Erstbewerb nicht bewilligt, damals materiell rechtmässig, heute materiell rechtswidrig;
– Situation 1–3–6: Gebäude bei Erstellung bzw. Erstbewerb nicht bewilligt, damals materiell rechtswidrig, heute materiell rechtmässig;
– Situation 1–4–6: Gebäude bei Erstellung bzw. Erstbewerb nicht bewilligt, damals materiell rechtmässig, heute materiell rechtmässig;
– Situation 2–3–5: Gebäude bei Erstellung bzw. Erstbewerb bewilligt; damals materiell rechtswidrig, heute materiell rechtswidrig;
– Situation 2–4–5: Gebäude bei Erstellung bzw. Erstbewerb bewilligt, damals materiell rechtmässig, heute materiell rechtswidrig;

---

[23] Detlev Dicke, BR 1981 S. 23, 29.

- Situation 2–3–6: Gebäude bei Erstellung bzw. Erstbewerb bewilligt, damals materiell rechtswidrig, heute materiell rechtmässig;
- Situation 2–4–6: Gebäude bei Erstellung bzw. Erstbewerb bewilligt, damals materiell rechtmässig, auch heute rechtmässig.

V. Die Gründe für das Baurechtswidrigwerden

412 Die Verantwortlichkeit für die Bewirkung der Baurechtswidrigkeiten liegt entweder bei den Bauaktiven bzw. ihren Rechtsvorgängern selbst oder aber bei anderen Personen.

A. Vom Bauaktiven bzw. dessen Rechtsvorgänger zu verantwortende Baurechtswidrigkeiten

413 1. Der Hauptfall der vom Bauaktiven zu verantwortenden Baurechtswidrigkeit eines baurechtgemäss erstellten oder geänderten Gebäudes bzw. eines baurechtgemäss aufgenommenen oder geänderten Erstbewerbes ist derjenige einer späteren, ohne Einholung der erforderlichen Bewilligung vorgenommenen, also eigenmächtigen, baulichen oder bewerbsmässigen Änderung.

2. Weniger häufige Fälle sind die Folgenden:

414 a) Es wird erst nach Ablauf der Geltung der Baubewilligung mit dem Bauen begonnen. Oder: Ein Gebäude wird erstellt, ohne dass die in der Baubewilligung genannten Auflagen erfüllt werden.

414a b) Ein Gebäude, welches ohne Einhaltung der kantonalen und kommunalen materiellen Vorschriften bewilligungsfrei erstellt werden durfte (zB gestützt auf Militärgesetzgebung), geht durch Verkauf an jemand über, welcher voll der Bewilligungsbedürftigkeit untersteht (BGE 101 Ia 314 f, Ingenbohl/SZ; Rz 1401).

415 c) Infolge Abnützung durch Gebrauch, Verwitterung, chemische Zersetzung, Pilzbefall, Tierfrass bzw. infolge mangelhaften Unterhaltes gerät das Gebäude in einen gesundheits- oder sicherheitspolizeilich bedenklichen Zustand. Rz 1899 f.

416 d) Infolge Parzellierung oder Grenzverlegungen erhält das Gebäude einen ungenügenden Grenzabstand bzw. ist ihm nicht mehr die gemäss Nutzungsziffern erforderliche Grundfläche zuwies[24, 25].

417 e) Ein an sich nötiges und gültiges Näherbaurecht wird später im Einvernehmen zwischen dem Begünstigten und dem Belasteten aufgehoben[26].

---

[24] Hierauf beziehen sich ZH-PBG § 228 II und § 309 lit. e. Rz 1915 f, 2554 f.
[25] Rz 1918 bezüglich Nachführungsgeometer.
[26] ZH-PBG §§ 270 III und 274 II. Rz 2270 f.

f) Infolge nachträglicher Vornahme von Abgrabungen verschiebt sich, bei Massgeblichkeit der Höhe des gewachsenen Bodens als Basis für die Bemessung der Gebäude-Firsthöhe, die Bodenhöhe nach unten, wodurch der an sich unveränderte Gebäudekubus höher wird und u.U. das Gebäudehöhenmaximum nicht mehr einhält[27]. **418**

g) Die in der Bewilligung für ein Gebäude bzw. einen Bewerb gesetzte Frist ist abgelaufen oder eine gesetzte Resolutivbedingung ist eingetreten; der Gebäudeeigentümer lässt das Gebäude aber fortbestehen bzw. der Bewerbsbetreiber übt den Bewerb weiter aus. **419**

B. Anderweitig zu verantwortende Baurechtswidrigkeiten

Die nachfolgend aufgeführten Fälle des Entstehens von Baurechtswidrigkeit können nicht dem Gebäudeeigentümer bzw. dem Bewerbsträger, dem Bauaktiven oder deren Rechtsvorgängern angelastet werden: **420**

1. a) Die Revision von Gesetzen oder Verordnungen in ihrem Wortlaut nach Erstellung des Gebäudes bzw. Aufnahme des Bewerbes bildet den Hauptfall hievon, zB Revision durch Heraufsetzung eines Minimalwertes oder Herabsetzung eines Maximalwertes; bisweilen ist das Baurechtswidrigwerden die Folge der Neudefinierung, etwa der Geschosszahl oder der für die Ausnützungsziffer anrechnungspflichtigen Geschossfläche[28]. Die Revision kann nach Erteilung der Baubewilligung, aber vor deren Rechtskräftigwerden, nach diesem, aber vor Baubeginn, während der Bauarbeiten oder nach deren Abschluss rechtskräftig werden; diese Unterschiede können für den Widerruf bedeutsam sein (Rz 616 f). Auch eine Praxisänderung kann zu einer Baurechtswidrigkeit führen; deren Eintritt ist allerdings meistens schwer festzulegen[29].

b) In den Situationen 1–4–5 und 2–4–5 (gemäss Rz 411) besteht im Revisionsfall die Revision in einer Verschärfung der materiellen Anforderungen, welchen das ursprüngliche oder vorher massgeblich geänderte Gebäude bzw. der ursprüngliche oder vorher massgeblich geänderte Bewerb nicht mehr genügt. **421**

Wenn es jedoch in den Situationen 1–3–6 und 2–3–6 zu einem Wechsel von der Rechtswidrigkeit zur Rechtmässigkeit gekommen ist, dann war dies im Revisionsfall auf eine lockernde Revision zurückzuführen, wobei das ursprüngliche oder das vorher massgeblich geänderte Gebäude bzw. der ursprüngliche oder vorher massgebliche geänderte Bewerb den neuen materiellen Regelungen genügt.

Wenn aber in den Situationen 1–4–6 und 2–4–6 ein Gebäude bei seiner Erstellung bzw. ein Bewerb bei seiner Erstaufnahme materiell rechtmässig war und dies auch heute

---

[27] Entscheid der ZH-Baurekurskommission II in: BEZ 1988 Nr. 40. Ferner Entscheid des ZH-Verwaltungsgerichtes I. Kammer vom 30. November 1995 i.S. E. c. J.E. und Baukommission W. (nicht publiziert). Rz 4153.
[28] Hier werden oft die Auswirkungen der Revision aus abstimmungsstrategischen Gründen verschleiert. Zu den Auswirkungen: Entscheid des ZH-Verwaltungsgerichtes vom 11. Juli 1990 in: BEZ 1990 Nr. 30; Entscheid der ZH-Baurekurskommission III Nr. 113/1992 in: BEZ 1992 Nr. 36.
[29] Zwischen Rz 413 ff und 420 ff liegt der Fall, da Gebäude/Bewerbungen bei ihrem Beginn rechtswidrig waren, in der Zwischenzeit aber eine Regelung galt, welche sie rechtmässig werden liess, worauf dann eine Regelung folgte, welche wiederum Baurechtswidrigkeit bewirkte.

noch ist, dann kann auch hier eine Revision der materiellen Regelungen stattgefunden haben, muss aber nicht. Die Revision führte hier entweder zu einer Lockerung der Anforderungen oder, wenn es zu einer Verschärfung kam, das bisherige Gebäude bzw. der bisherige Bewerb verfügte über eine genügend grosse «Reserve».

Das Umgekehrt-Analoge gilt auch, wenn in den Situationen 1–3–5 und 2–3–5 ein Gebäude bei seiner Erstellung bzw. ein Bewerb bei seiner Erstaufnahme rechtswidrig war und dies auch heute noch ist. Die Revision führte hier entweder zu einer Verschärfung oder es war, wenn es zu einer Lockerung kam, diese nicht ausgiebig genug, um die bisherige Rechtswidrigkeit zum Verschwinden zu bringen.

422 c) Im baurechtlichen Alltag ist bisweilen mit ganzen Ketten von Revisionen und mit um die Zahl der Revisionen plus eins vergrösserte Zahl von Rechtsschichten zu rechnen. Hier können Verschärfungen auf Verschärfungen, Lockerungen auf Lockerungen, Verschärfungen auf Lockerungen und Lockerungen auf Verschärfungen folgen. Ob ein Gebäude bzw. ein Bewerb nur infolge eines einzigen oder infolge von zwei oder mehr Revisionsschüben rechtswidrig ist, spielt im Allgemeinen keine Rolle[30]. Hier stellt bisweilen die Beweisbarkeit des Zeitpunktes der Erststellung eines Gebäudes bzw. der Erstaufnahme eines Bewerbes oder der letzten Änderung hievon heikle Probleme. Rz 722.

423 2. Weniger häufige Fälle eines nicht durch den Bauaktiven bzw. seinen Rechtsvorgänger, sondern eines sonstwie zu verantwortenden Baurechtswidrigwerdens von Gebäuden bzw. Bewerbungen sind die Folgenden:

a) Gegenüber einem Gebäude auf dem Grundstück A, das geändert werden soll, wird auf dem Grundstück B ein Gebäude mit einem ungenügenden Gebäudeabstand erstellt, ohne dass der Eigentümer des Grundstückes A ein nach der einschlägigen Rechtsordnung mögliches Näherbaurecht einräumt. Wenn die Baubehörde ihrer Aufgabe richtig nachkommt, sollten heute solche Situationen nicht mehr neu auftreten (Rz 2253 f).

---

[30] In der Stadt Zürich sind vor allem die folgenden früheren Rechtsschichten der Grund für jetzt vorhandene Baurechtswidrigkeiten: Festsetzung des Baugesetzes von 1893 (Vorher erstellte Gebäude weisen vielfach nur einen Grenzabstand von 2,5 m auf und besitzen Geschosszahlen und/oder Gebäudehöhen, welche den §§ 62 und 69 des alten Baugesetzes nicht entsprechen); erster Schub von Bauordnungen von 1911 und 1931 samt Quartierbauordnungen (Vorher erstellte Gebäude weisen vielfach Abstände, Geschosszahlen, Gebäudehöhen und Dachgestaltungen auf, welche diesen Bauordnungen nicht entsprechen); Erlass der Bauordnung von 1946 (Vorher erstellte Gebäude weisen vielfach Abstände, Geschosszahlen, Dachgestaltungen oder Überbauungsgrade auf, welche dieser Bauordnung nicht entsprechen, oder sie stehen in deren Bauverbotszonen). Das dadurch bewirkte Baurechtswidrigwerden wurde allerdings in der Folge teilweise durch die Lockerungen der Revisionen von 1948, 1953, 1955 sowie 1963 und ff wieder behoben. Ob und wie weit die von den Stimmberechtigten 1992 angenommene, auf dem Rekurswege aber in weitem Umfang aufgehobene, vom Regierungsrat im Übrigen nicht genehmigte Bauordnung von 1992 zu einem Wiederanstieg der Baurechtswidrigkeitsfälle geführt hätte, ist umstritten. Sicher ist jedoch, dass die Notverordnung der Baudirektion von 1995 eher zu einer weiteren Reduktion dieser Fälle führte. Wie es sich mit der vom Gemeinderat am 24. November 1999 verabschiedeten Bauordnung verhält, bleibt abzuwarten.

b)   Die Zufahrt eines Gebäudes, welches bisher knapp hinreichend war, wird eindeu- 424
tig ungenügend, wenn weitere Gebäude an die gleiche Zufahrt angeschlossen werden.
Damit ist auch das Gebäude baurechtswidrig[31].

c)   Ein Gebäude mit einem Betrieb, welcher sich ursprünglich in einem immissions- 425
mässig problemlosen Gebiet befunden hat, wirkt infolge Heranrückens immissionempfindlicher Bewerbungen allmählich störend[32].

d)   Ein Wohngebäude stand früher in einer ruhigen Gegend. Infolge des Ausbaues der 426
neben ihm durchführenden Strasse zu einer Hauptverkehrsstrasse oder wegen des Baues
einer Autobahn/einer neuen Eisenbahntransversale in nächster Nähe wird das Wohnen in
diesem Gebäude gesundheitsschädlich[33].

e)   Ein Gebäude wird nach seiner Erstellung von Baulinien angeschnitten oder fällt 427
ganz zwischen solche[34].

f)   Von einem Grundstück wird in einem Enteignungsverfahren, zB für eine Strassen- 428
verbreiterung, ein Abschnitt abgetrennt. Damit steht das auf dem Grundstück befindliche
Gebäude zu nahe an der Strasse (der minimale Strassenabstand ist nicht mehr eingehalten) oder die Fläche wird zu klein, um den Erfordernissen der Nutzungsziffern zu entsprechen (die Parzelle ist neu übernutzt)[35, 36].

---

[31] Diese Entwicklung sollte Anlass geben entweder zu einem Strassenbau durch die Gemeinde als solche oder zu einem solchen im Quartierplanverfahren nach zürcherischer Art. Bis dahin sollte die behörde keine weiteren Gebäude mehr bewilligen. ZH-RB 1999 Nr. 115: Schliessung der Einfahrt aus einer Hauptstrasse mit viel stärkerem Verkehr.
[32] Rz 1326 mit FN 4.
[33] Vgl. Alfred Kölz, Intertemporales, S. 192; Werner Schmid-Lenz, S. 64: «Auf dem Gebiet der Stadt Zürich befinden sich rund 75 km lange Verkehrsachsen, wo der Lärm die Alarmwerte übertrifft. Während private Einrichtungen unter gleichen Umständen saniert oder stillgelegt werden müssen, gestattet Artikel 20 USG vom Verursacherprinzip abweichende Ersatz-(Schallschutz-)massnahmen. Weil hier die Sanierung ausnahmsweise unterbleibt, muss man sich fragen, ob immissionsempfindliche Nutzungen angrenzender Bauten (Wohnen) mit dem Bundesrecht noch zu vereinbaren sind.» Rz 4081 f. Wichtig sind hier: Priorität, Gravität und Prävisibilität der Störung.
[34] Baulinien sind Regelungen; ihre Festsetzung bedeutet in einem gewissen Sinne immer auch eine Revision. Rz 1751 f.
[35] Sofern sich hieraus rechtliche Nachteile ergeben, sollte diesem Umstand bei der Bemessung der Enteignungsentschädigung Rechnung getragen werden, was aber oft unterbleibt. Rz 3187, 4134.
[36] Hat allerdings jemand ein Gebäude vorzeitig aufgrund einer Baubewilligung mit Quartierplanrevers erstellt und führt nach einem späteren Quartierplanverfahren eine Strasse näher vorbei, als dem minimalen Abstand entspräche, dann liegt der Fall auf der Kippe zwischen einer vom Gebäudeeigentümer zu vertretenden und einer von ihm nicht zu vertretenden Rechtswidrigkeit. Vgl. ZH- Verwaltungsgerichtsentscheid vom 30. August 1988 in: BEZ 1988 Nr. 30. Das kann bei einer Interessenabwägung Folgen haben. Rz 3101.

VI. Auf welche Situationen ist die Regelung für baurechtswidrige Gebäude bzw. Bewerbungen anwendbar?

A. Eindeutige Fälle

429 1. Wo eine besondere Regelung für die Änderung von baurechtswidrigen Gebäuden bzw. Bewerbungen gilt[37], ist es wohl selbstverständlich, dass diese Regelung auf die folgenden Konstellationen (siehe Rz 411) Anwendung findet:

– Erstellung bzw. Erstaufnahme nicht bewilligt, damals baurechtwidrig, auch jetzt baurechtswidrig (Situation 1–3–5);
– Erstellung bzw. Erstaufnahme bewilligt, damals baurechtswidrig, auch jetzt baurechtwidrig (Situation 2–3–5);
– Erstellung bzw. Erstbeaufnahme nicht bewilligt, damals baurechtgemäss, jetzt baurechtswidrig (Situation 1–4–5);
– Erstellung bzw. Erstaufnahme bewilligt, damals baurechtgemäss, jetzt baurechtswidrig (Situation 2–4–5).

430 2. Ebenso eindeutig ist, dass die Regelung für baurechtswidrige Gebäude bzw. Bewerbungen auf folgende Konstellationen keine Anwendung findet:

– Erstellung bzw. Erstaufnahme bewilligt, damals baurechtgemäss, auch jetzt baurechtgemäss (Situation 2–4–6);
– Erstellung bzw. Erstaufnahme bewilligt, damals baurechtswidrig, jetzt baurechtgemäss (Situation 2–3–6).

B. Fragliche Besonderheiten

431 Nicht so eindeutig ist die Antwort auf die Frage der Anwendbarkeit der Regelung für die Änderung baurechtswidriger Gebäude bzw. Bewerbungen jedoch in folgenden Situationen:

– Erstellung bzw. Erstaufnahme nicht bewilligt, damals materiell baurechtgemäss, auch jetzt noch baurechtgemäss (Situation 1–4–6). Bewirkt hier allein schon das Fehlen einer seinerzeitigen Bewilligung die Beurteilung der Änderung gemäss der Regelung für baurechtswidrige Gebäude bzw. Bewerbungen? Der Umstand, dass Baubewilligungen blosse Polizeierlaubnisse sind, spricht hier für ein Nein. Die Bewilligung kann nachgeholt werden.
– Erstellung bzw. Erstbewerbung nicht bewilligt, damals materiell baurechtswidrig, jetzt materiell baurechtgemäss (Situation 1–3–6).

---

[37] Wie dies zB im Kanton Zürich mit der globalen Änderungsregelung von PBG § 357 (Rz 1606 f) oder des auf die Baulinien zugeschnittenen PBG § 101 (Rz 1801 f) der Fall ist.

C. Zusätzliche Fragen

Weitere Differenzierungen in der Beantwortung der Frage «Beurteilung nach der Änderungsregelung für baurechtgemässe oder nach derjenigen für baurechtswidrige Gebäude bzw. Bewerbungen» ergeben sich sodann in folgenden Fällen: 432

1. Bei fehlerhaft erteilten Baubewilligungen

Es geht hier um die Situation 2–3–5 (Erstellung bzw. Erstaufnahme bewilligt, damals baurechtswidrig, auch jetzt noch baurechtswidrig)[38, 39]. Die Fehlerhaftigkeit war dem Bauaktiven damals entweder nicht bekannt oder sie war ihm bekannt bzw. hätte ihm bekannt sein müssen. Dieser Unterschied kann für die Widerrufbarkeit der Bewilligung von Bedeutung sein[40]. Rz 616 f.

2. Bei Ausnahmebewilligungen

a) Ist die Gebäudeerstellung bzw. der Erstbewerb, welche(r) von der Baubehörde unter rechtmässiger Inanspruchnahme ihrer Dispenskompetenz[41] bewilligt worden, als ursprünglich baurechtgemäss oder als ursprünglich baurechtswidrig zu behandeln? Dabei sind die beiden folgenden Möglichkeiten zu unterscheiden: 433

α) Mit der damaligen Ausnahmebewilligung wurde rechtmässig bis zum jetzt geltenden Maximum hinauf bzw. Minimum hinunter vom damals geltenden Recht abgewichen; anders ausgedrückt: Auch heute könnte noch soweit hinauf bzw. so tief hinunter bewilligt werden;

β) Mit der damaligen Ausnahmebewilligung wurde rechtmässig über das jetzt geltende Maximum hinauf bzw. Minimum hinunter vom damals geltenden Recht abgewichen; anders ausgedrückt: Heute könnte selbst unter voller Ausschöpfung der Ausnahmebewilligungskompetenz nicht mehr so weit hinauf bzw. so tief hinunter bewilligt werden.

b) Eine befriedigende Antwort auf die Frage nach der Anwendbarkeit der für baurechtgemässe oder baurechtswidrige Gebäude bzw. Bewerbungen geltenden materiellen Änderungsregelung ist nur möglich, wenn man die sich aus einem Ja oder einem Nein ergebende Konsequenz miteinbezieht: 434

---

[38] Der Grund für eine Bewilligung trotz Baurechtswidrigkeit kann in der mangelhaften fachlichen Ausbildung oder in der Nachlässigkeit der Baubehörde liegen; bisweilen ist diese Anomalie aber auch darauf zurückzuführen, dass die Niederlassung von Leuten oder Betrieben gefördert werden soll, von welchen die Gemeinde die Schaffung von Arbeitsplätzen und/oder hohe Steuereingänge erhofft.

[39] Die formelle Erteilung einer Ausnahmebewilligung unterbleibt bisweilen, um Nachbarn nicht auf die fehlende Konformität mit dem ordentlichen geltenden Recht aufmerksam zu machen. Den Bauaktiven wird damit allerdings oft ein Bärendienst geleistet, wenn die Nachbarn diese Inkonfomität bemerken und es dann erst recht zu Rekursen kommt. Rz 606 f.

[40] Urs Beeler, S. 47 ff, vertritt die Auffassung, die materielle Baurechtswidrigkeit könne erst nach dem formellen Widerruf der Baubewilligung geltend gemacht werden.

[41] Diese kann im seinerzeitigen und im jetzigen Recht ungefähr gleich oder verschieden formuliert sein. Vgl. ZH-altBaugesetz §§ 148/149, PBG § 220.

α) Ist die Regelung für die Änderung bei Baurechtswidrigkeit für den Eigentümer bzw. Bewerbträger strenger als diejenige bei Baurechtgemässheit und fehlt es an einer Dispensmöglichkeit, so ist dem Eigentümer bzw. Bewerbträger wohl auch dann zuzumuten, das strengere Recht einzuhalten, wenn er von früher her im Besitz einer (grosszügigen) Ausnahmebewilligung ist, denn wenn schon diejenigen, deren Gebäude bzw. Bewerb in voller Übereinstimmung mit dem damals geltenden Recht erstellt bzw. aufgenommen worden ist, unter das strengere Recht fallen, dann trifft dies umso mehr für diejenigen zu, welche schon damals nur gestützt auf einen Dispens tätig werden konnten.

β) Ist die Regelung für die Änderung bei Baurechtswidrigkeit jedoch larger als diejenige bei Baurechtsgemässheit, so ist dem Eigentümer bzw. Bewerbträger wohl die früher erteilte Ausnahmebewilligung zugute zu halten, wenn selbst diejenigen, welche bisher ohne Ausnahmbewilligung ihr Gebäude fortbestehen lassen bzw. ihren Bewerb weiter ausüben konnten, in den Genuss der Erleichterung kommen; die seinerzeitige Abweichung konnte ja für das Gemeinwesen kaum besonders nachteilig sein, sonst hätte dieses den Dispens ja nicht gewähren dürfen.

3. Bei zusammengebauten Gebäuden

435 Es ist an sich denkbar, dass bei zwei zusammengebauten Gebäuden bei isolierter Betrachtungsweise das eine in jeder Beziehung baurechtskonform, das andere jedoch baurechtswidrig ist. Hier stellt sich die Frage, ob das erstgenannte Gebäude nach der Regelung für Änderungen an baurechtgemässen oder nach derjenigen an baurechtswidrigen Gebäuden zu beurteilen sei (vgl. Rz 206, 3929, 4155). Dabei sind drei Möglichkeiten zu unterscheiden:

– entweder sind die beiden Gebäude durch Brandmauern getrennt bzw. sie haben je eigene Eingänge/Treppenhäuser oder es fehlt eine solche Trennung;
– entweder stehen beide Gebäude auf demselben Grundstück oder sie stehen auf verschiedenen Grundstücken;
– entweder gehören die beiden Grundstücke dem gleichen Eigentümer oder verschiedenen Eigentümern.

4. Bei Unvordenklichkeit

436 Bisweilen liegt die Erstellung eines Gebäudes bzw. die Aufnahme des Erstbewerbes so weit zurück, dass nicht mehr eindeutig festzustellen ist, ob damals eine Bewilligung erteilt wurde, ob damals überhaupt eine Bewilligung erforderlich war, welches die damals materiell geltende Rechtslage war, wie weit damals die Dispenskompetenz reichte. Man bezeichnet diesen Sachverhalt im Allgemeinen als Unvordenklichkeit[42]. Ist hier in jedem Falle das Vorliegen einer Baubewilligung und Konformität mit dem damaligen materiellen Recht anzunehmen? Hier stellt sich oft das heikle Problem der Beweislast (Rz 722 f).

---

[42] Vgl. Erich Zimmerlin, 1985, § 224 N. 4 b; ZBl 1982 S. 453 Erw. 5.a; AGVE 1978 S. 265; für das Zivilrecht: Peter Liver, Zürcher Kommentar, zu ZGB Art. 733 N. 141 und 146.

VII. Zum Wechsel von der Baurechtswidrigkeit zur Baurechtgemässheit

1. So gut baurechtgemässe Gebäude bzw. Bewerbungen im Laufe der Zeit baurechtswidrig werden können, ist auch die umgekehrte Entwicklung denkbar: Baurechtswidrige Gebäude bzw. Bewerbungen werden im Laufe der Zeit baurechtgemäss. Das geschieht durch eine Art von contrarius actus zu den in den Rz 412–428 dargelegten Geschehnissen. 437

2. a) Folgende Vorkehrungen liegen weitgehend im Entscheidungsbereich des Gebäudeeigentümers bzw. Bewerbsträgers: die Beseitigung von baurechtswidrigen Gebäuden bzw. Teilen davon; die Einstellung baurechtswidriger Bewerbungen; die Erfüllung bisher noch offener Bedingungen und Auflagen der seinerzeitigen Baubewilligung; die Vornahme der polizeilich nötigen Reparatur- und Unterhaltsarbeiten; Wiederaufschütten der zur Baurechtswidrigkeit führenden Abgrabung; die Anbringung von Feuerlöschinstallationen; Doppelverglasungen an den Fenstern der eigenen Wohnung. 438

b) Folgende Vorkehrungen liegen meistens ganz oder vorwiegend ausserhalb des direkten Einflussbereiches des Eigentümers des baurechtwidrigen Gebäudes bzw. des Trägers des baurechtswidrigen Bewerbes: die Lockerung der gesetzlichen Regelung auf dem Revisionswege; die Erteilung einer die Baurechtswidrigkeit legitimierenden Ausnahmebewilligung; die Einräumung fehlender Rechte in einem Quartierplanverfahren; die Rückgängigmachung der zu einem abstands- oder flächenmässigen Ungenügen führenden Grenzziehungen; die Wiedereinholung eines preisgegebenen Näherbaurechtes; der Abbruch des zu nahe stehenden Nachbargebäudes; der Ausbau der zu knapp gewordenen Zufahrt; die Anbringung von Doppelverglasungen an den Fenstern der jenseitigen Wohnungen; die Erstellung von Lärmschutzwänden entlang der störenden Strassen- oder Bahnanlagen. 439

3. Obwohl diese Vorkehrungen die Wiederherstellung der Baurechtgemässheit anstreben, können auch sie nicht in einem gewissermassen rechtsfreien Raum vorgenommen werden. Auch bei ihnen sind die materiell einschlägigen Regelungen zu beachten. Oft ist auch die Durchführung eines Bewilligungsverfahrens nötig. 440

VIII. Auf welche Existenzphase bezieht sich die Baurechtswidrigkeit?

1. a) Bei den materiellen Regelungen des Baurechtes kann man sich fragen, welche Existenzphase eines Gebäudes mit der Aussage angesprochen werde, das Gebäude sei baurechtswidrig. Wenn es zB um ein Gebäude-, Geschosszahl-, Ausnützungsziffernmaximum oder ein Abstandsminimum geht, sind diese Regelungen dann allein deshalb verletzt, weil ein Gebäude zu einer bestimmten Zeit in Über- bzw. Unterschreitung der darin genannten Werte erstellt, geändert wird, oder sind diese Regelungen nur deshalb verletzt, weil man ein so erstelltes Gebäude fortbestehen lässt, oder macht nur beides zusammen die Baurechtswidrigkeit aus? Vereinfacht ausgedrückt: Liegt die Baurechtswidrigkeit in 441

einem Vorgang oder aber in einem Zustand, welcher bis zum Abbruch des Gebäudes oder zu einer genügend lockernden Gesetzesrevision dauert, oder in beidem begründet? Offensichtlich spielt hier die kritische Unterscheidung zwischen Dynamik und Statik hinein.

442 b) Ein Vorgang, welcher in der Vergangenheit stattgefunden hat, kann insoweit mit nichts in der Welt rückgängig gemacht werden; was geschehen ist, ist geschehen; beeinflussen kann man nur noch die heutigen Folgen (Rz 1045). Gegen ein Geschehen oder einen Zustand staatlich einzuschreiten, welcher nicht gegen das Recht verstösst, insoweit also wertneutral ist, bedeutet Willkür. Somit besitzt m.E. die Vorstellung einer Zwangsvollstreckung gegen ein bereits bestehendes baurechtswidriges Gebäude im Baurecht nur dann einen Sinn, wenn man davon ausgeht, dass die Baurechtswidrigkeit im Wesentlichen nicht oder nicht allein im Vorgang der Erstellung oder Änderung, sondern im Fortbestehenlassen eines Gebäudes begründet liegt. Das geltende Baurecht bejaht jedoch die Möglichkeit einer Zwangsvollstreckung (Rz 733 f). Somit muss davon ausgegangen werden, dass die Baurechtswidrigkeit auch oder gar allein im Fortbestehenlassen eines Gebäudes begründet ist.

443 2. a) Das hat nun allerdings Konsequenzen sowohl für das Zwangsvollstreckungs- als auch für das Strafrecht (Rz 733 f). Theorie und Praxis versuchen, ihnen mit den Gegensatzbegriffen Verhaltensstörer und Zustandsstörer[43, 44, 45] sowie Nicht-Dauerdelikt und Dauerdelikt beizukommen. Ein Verhaltensstörer ist jemand, welcher durch sein Verhalten oder durch das Verhalten Dritter, für welche er verantwortlich ist, unmittelbar eine Störung durch ein Gebäude bewirkt; ein Zustandsstörer ist jemand, welcher die rechtliche oder tatsächliche Herrschaft über das störende Gebäude besitzt. Wo zwischen der Herbeiführung einer Störung und der heutigen Störung eine Handänderung stattfindet, ist es nicht sinnvoll, eine Zwangsvollstreckung allein gegen jemanden auszuüben, welcher zwar das störende Gebäude erstellt hat, heute aber darüber keine Herrschaft mehr besitzt; damit würde von ihm, bei Nichtmitmachen des jetzigen Herrschaftsinhabers, Unmögliches verlangt. Eine Zwangsvollstreckung muss sich deshalb in jedem Fall primär (auch) gegen den jetzigen Herrschaftsinhaber richten. Das setzt allerdings voraus, dass er in einem dem Anspruch auf rechtliches Gehör genügenden Umfang in ein allenfalls anfänglich nur gegen den Verhaltenssstörer gerichteten Verfahren einbezogen wurde[46].

444 b) Etwas anders mögen die Verhältnisse für das Strafrecht liegen. Strafen können unter Vorbehalt des Rückwirkungsverbotes ohne weiteres auch für ein vergangenes Geschehen verhängt werden. Die Unterscheidung zwischen Verhaltens- und Zustandsstörer ist hier bedeutungslos. Es kann selbstverständlich auch jemand für die Erstellung eines baurechtswidrigen Gebäudes bestraft werden, welchem das Gebäude heute nicht mehr gehört. Umgekehrt kann auch jemand für ein baurechtswidriges Gebäude bestraft wer-

---

[43] Ulrich Häfelin/Walter Haller, N. 1926–1929. Daneben wird auch noch von Zweckstörer gesprochen, mit welchem eher bloss mittelbare Störer erfasst werden sollen; Ulrich Häfelin/Walter Haller, N. 1930 f.
[44] Enger ist der Begriff des Handlungsstörers, weil er die Störung durch Unterlassung nicht erfasst.
[45] Ich betrachte die Terminologie Verhaltens- und Zustandsstörer als verwirrend. Auch ein Verhalten kann als Zustand und auch ein Zustand als ein Verhalten aufgefasst werden. Rz 353.
[46] BGE 107 Ia 19, 23 (Küssnacht a.R./SZ).

den, welcher dieses nicht erstellt, sondern bereits erstellt erworben hat. Voraussetzung ist jedoch, dass ein Strafrechtstatbestand besteht, welcher auch das Fortbestehenlassen eines baurechtswidrigen Zustandes erfasst[47]. Zusätzlich spielt eine Rolle, ob der jetzige Herrschaftsinhaber das Gebäude ererbt, durch Heirat erworben oder gutgläubig gekauft hat[48].

3.   Die obigen Schwierigkeiten bei Handänderungen spielen bezüglich des baurechtswidrigen Bewerbes an sich keine Rolle, weil ein Bewerb nie weiterexistieren kann, ohne dass neu gehandelt, ohne dass der Bewerb weiter ausgeübt wird (Rz 218 f). Hier stellt sich jedoch die weitere heikle Frage, ob Gebäudehöhen-, Geschosszahl-, Ausnützungsziffernmaxima, Abstandsminima usw. nur gerade die Erstellung und das Fortbestehenlassen von Gebäuden und Gebäudeteilen aus Stein, Beton, Holz, Eisen, Ziegeln, Glas usw. über oder unter einer Limite verbieten oder ob sie auch den Bewerb in den das Maximum überschreitenden bzw. das Minimum unterschreitenden Gebäuden und Gebäudeteilen verbieten. Rz 4152. Hinzu kommen die Schwierigkeiten bei Abstandsminima und Ausnützungsziffernmaxima, welche verschieden hoch sind, je nachdem, ob sich im Gebäude ein Gewerbebetrieb befindet oder nicht.

445

IX.   Zur Deutung der Zulässigkeit des Andauerns von «rechtswidrigen» Situationen

1.   Was rechtswidrig ist, muss an sich verschwinden, aufhören. Das ist bei Vorliegen von polizeilichen Missständen und bei materiell rechtswidrigen Folgen von Eigenmäch-

445a

---

[47]   Das Bundesgericht vertrat in einem Entscheid vom 26. Oktober 1977 (i.S. Heinrich B. c. Gemeinde Davos; publiziert in: ZBl 1978 S. 66 ff) die Auffassung, dass dies bei Art. 86 des Baugesetzes der Landschaft Davos vom 19. November 1961 nicht der Fall sei, weshalb es die im Jahre 1973 erfolgte Überschreitung der Geschosszahlmaxima nicht als Dauerdelikt qualifizierte; das hatte zur Folge, dass der Strafverfolgungsanspruch im Mai 1976 bereits verjährt war. Das Bundesgericht erklärte dabei:
>   Die Vorschriften über die höchstens zulässige Ausnützungsziffer «enthalten Anweisungen, wie ein Grundstück überbaut, und nicht, wie ein Gebäude benutzt werden darf. Während die Verletzung von Benutzungsvorschriften (zB ein Hundehaltungsverbot, öffentlichrechtliche Immissionsverbote, gesundheitspolizeiliche Nutzungsbeschränkungen) als Dauerdelikt bezeichnet werden könnte, ist die Verletzung von Bauvorschriften mit der Fertigstellung der Bauten abgeschlossen».

Diese Äusserung stimmt nicht mit den Bemerkungen in Rz 442 überein. Baurechtlich kann man auf keinen Fall sagen, die Verletzung von Bauvorschriften sei mit der Fertigstellung der Bauten «abgeschlossen». Wenn das Bundesgericht im Weiteren erklärt:
>   «Die Aufrechterhaltung des zonenwidrigen Zustandes (stellt) an und für sich keinen selbständigen strafrechtlichen Unwert dar. Der Tatbestand des zonenwidrigen Bauens umfasst deshalb nur die Herbeiführung des rechtswidrigen Zustandes, aber nicht dessen Aufrechterhaltung.»

so ist diese Aussage nur für das Strafrecht von Bedeutung, nicht aber für das Baurecht (ausser dessen Strafregelungen).

[48]   Wer eine Parzelle mit einem Gebäude kauft, sollte immer abklären, ob hiefür eine Baubewilligung vorliegt, und wenn ja, ob der jetzige Zustand mit der Baubewilligung übereinstimmt. Auch wenn diese schon vor langer Zeit erteilt worden ist und der Verkäufer kein Exemplar mehr davon besitzen will (häufiger Einwand: «Ich gab alles dem Architekten»), lässt sich beim Bauamt meistens eine Kopie beschaffen. Ein gewisser Aufwand ist hiefür durchaus zumutbar. Es geht schliesslich nicht bloss um den Erwerb eines Staubsaugers oder Fotoapparates. Die baurechtliche Sorglosigkeit der Parzellenkäufer ist jedoch im Allgemeinen gross.

tigkeit selbstverständlich. Wieso können aber im Allgemeinen Gebäude fortbestehen bzw. Bewerbungen weiter ausgeübt werden, wenn es zu einer Gesetzesrevision kommt, mit deren Vorschriften das Gebäude bzw. der Bewerb nicht übereinstimmt? Die Zulässigkeit gilt bisweilen ganz oder teilweise auch dann noch weiter, wenn das Gebäude bzw. der Bewerb geändert wird. Es wird auf die Ausführungen zur engeren und weiteren, annäherungs- und erfüllungsweisen Anpassungspflicht in Rz 450 f verwiesen. Hier besteht ein besonderer Erklärungsbedarf.

Man stelle sich die folgende Frage: Muss dort, wo ein Gebäude in der Parzelle A mit dem zur Zeit seiner Erstellung geltenden Grenzabstandsminimum von 3,5 m voll rechtmässig erstellt worden ist, später aber eine Bauordnungsrevision zu einer Heraufsetzung des Minimums auf 5,0 m geführt hat, der Eigentümer das (in der Zwischenzeit nicht in einen polizeilichen Missstand geratene) Gebäude ganz oder teilweise abbrechen oder kann er es unverändert fortbestehen lassen?

Intuitiv würde man hier wohl sofort antworten: Der Eigentümer der Parzelle A darf die näher als 5,0 m an die Grenze heranreichenden Gebäudeteile unverändert fortbestehen lassen; der Eigentümer der Nachbarparzelle B muss solches hinnehmen; die Bauordnungsrevision ist ja nicht durch den Eigentümer der Parzelle A verschuldet worden. Diese Folgerung im Einzelnen zu begründen, ist jedoch gar nicht so einfach.

Steht der Satz «Gebäude müssen einen Grenzabstand von mindestens 5,0 m aufweisen» im Mittelpunkt der Betrachtung, so scheint es mir, dass man unbefangen annehmen müsste: Weder dürfen Gebäude neu näher als 5,0 m von der Grenze errichtet werden noch dürfen Gebäude mit näher als 5,0 m an der Grenze liegenden Teilen unverändert fortbestehen; auch dürfen bestehende Gebäude nicht so geändert werden, dass sie nachher weiterhin näher als 5,0 m an die Grenze heranreichen. Wenn eine Vorschrift des Inhaltes eingeführt wird, dass mit einer Geschwindigkeit von höchstens 120 km/h auf der Autobahn gefahren werden dürfe, dann kommt auch niemand auf die Idee, diese Vorschrift gelte nur für Fahrzeuglenker, welche erst nach Inkrafttreten der Vorschrift den Fahrzeugausweis erhalten oder das Auto gekauft haben, oder nur für Autos, welche nachher produziert worden sind. Warum es sich beim Beispiel mit dem Grenzabstand grundsätzlich anders verhalten sollte, ist nicht ohne weiteres einzusehen.

Wenn es hier trotzdem meistens zu einer Regelung kommt, welche der intuitiv gefundenen entspricht, so ist dies keineswegs die Folge einer oder mehrerer der Klärungsganweisungen gemäss Rz 907. Nicht einmal der Satz «In dubio pro libertate» hilft hier weiter, weil sich hier ja zwei Private gegenüberstehen: der private Gebäudeeigentümer und der private Nachbar. Auch Sätze wie «In maiore minus», «A fortiori» oder das «Argumentum e contrario» lassen einen im Stich. Dasselbe gilt für einen Verweis auf die Sätze von der lex specialis usw., der lex posterior usw. und der lex superior usw., von der Massgeblichkeit des Gesetzeswortlautes, der Materialien usw. sowie vom Gebot, Ausnahmen restriktiv auszulegen; denn voraussetzungsgemäss schweigen hier das Gesetz und die Materialien. Zur sogenannten Besitzstandsgarantie siehe Rz 4335 f.

Die intuitiv gefundene Regelung kann deshalb rational nur das Ergebnis einer umfassenden Interessenabwägung sein, welche zu einer Erlaubnis führt.

445b 2.   Es gibt für diese an sich kuriose Erscheinung m.E. zwei Deutungsmöglichkeiten (ohne dass man deswegen mit der B.garantie argumentieren muss):

a) Die *Nebeneinanderdeutung:* Hier hat das neue, die «Rechtswidrigkeit» auslösende Recht das vorhergehende ausdrücklich oder stillschweigend nicht gesamthaft, sondern nur für denjenigen Bereich aufgehoben, welcher neue Situationen und/oder vorhandene polizeiliche Missstände und/oder frühere Eigenmächtigkeiten betrifft; für bis anhin rechtmässig gewesene, keinen polizeilichen Missstand darstellende Situationen gilt jedoch das alte Recht weiter. Es gelten also nebeneinander Vorschriften, welche vor und solche welche erst mit dem zuletzt in Kraft getretenen Recht gesetzt worden sind.

b) Die *Einschlussdeutung:* Hier gilt nicht Recht weiter, welches vor dem zuletzt in Kraft getretenen Recht (Vorherrecht) gesetzt worden ist, sondern Letzteres hat inhaltlich, sei es offen oder verdeckt, Formulierungen aus dem vor diesem gesetzten, jetzt gesamthaft aufgehobenen Recht übernommen. Man kann hier von Übernahmeinhaltsregelungen sprechen, wenn die Übernahme unverändert erfolgte, und von Übergangsinhaltsregelung, wenn die Anforderungen zwischen denjenigen des jetzt aufgehobenen und denjenigen des jetzt sonst geltenden Rechtes, der Erstmalsinhaltsregelung, liegen (Rz 452). Alle diese Regelungen können im Verhältnis zu denjenigen für primäre Neubauten bzw. Erstbewerbungen gleich streng, strenger, lockerer oder andersartig sein. Sie braucht textlich nicht ausgedrückt zu sein.

445c

3. Welcher Annahme ist der Vorzug zugeben?

M.E. ist die Einschlussdeutung für die Praktikabilität des Rechts günstiger. Genau besehen, sind aber in beiden Fällen die ins Auge gefassten Situationen überhaupt nicht eigentlich «rechtswidrig» (siehe auch FN 21); daher ist das Wort jeweils in Anführungszeichen gesetzt.

445d

§ 3 Zur Abhängigkeit der Verbote und Gebote vom Bauwillen des Bauaktiven

446   1.   Es gibt Verbote und Gebote im postfiniten Baurecht, welche nur zum Zuge kommen, wenn der Gebäudeeigentümer sein Gebäude ändern oder sonstwie transformieren will bzw. wenn der Bewerbträger den Bewerb des Gebäudes ändern oder sonstwie transformieren will; sonst «schlummert» das Verbot/Gebot; die Behörden können zumindest einstweilen nicht gestützt hierauf tätig werden. Das sind die vom Bauwillen des Bauaktiven abhängigen Verbote und Gebote des postfiniten Baurechtes. Hiezu gehören zB im Kanton Zürich die globale Änderungsregelung in: PBG § 357 (Rz 1465 f) und die Sonderänderungsregelung für von Baulinien betroffene Gebäude in: PBG § 101 (Rz 1751 f), ferner das Autoabstellplatzerfordernis in: PBG § 243 I lit. b und c (Rz 2112 f).

447   2.   Daneben gibt es Verbote und Gebote, welche unabhängig davon zum Zuge kommen, ob der Gebäudeeigentümer sein Gebäude ändern oder sonstwie transformieren bzw. der Bewerbträger seinen Bewerb des Gebäudes ändern oder sonstwie transformieren will. Es handelt sich meistens um polizeiliche Missstände, auf deren Beseitigung oder Verhinderung der Entstehung das Gemeinwesen nicht warten will, bis der Gebäudeeigentümer bzw. der Bewerbträger ohnehin eine Änderung vornehmen will. Das sind die vom Bauwillen des Bauaktiven unabhängigen Verbote und Gebote des postfiniten Baurechtes. Hiezu gehören im Kanton Zürich die globale Regelung in: PBG § 358 (Rz 2971 f) und einige Sonderregelungen (zB Autoabstellplatzregelung in: PBG 243 II [Rz 2195 f], Erfordernis von Spiel- und Ruheflächen sowie Gärten in: PBG § 248 II zweiter Satz [Rz 2215 f], das Erfordernis von Sammeleinrichtungen für Kehricht in: PBG § 249 III [Rz 2228 f]).

448   3.   Wo das Verbot/Gebot einer Änderung oder sonstigen Transformation vom Willen des Gebäudeeigentümers bzw. des Bewerbträgers abhängt, tätig zu werden, verlangt das Gemeinwesen von diesen im Allgemeinen baulich etwas Lästigeres, als wenn er eine Leistung im Zusammenhang mit einer von ihm ohnehin vorgesehenen Transformation zu erbringen hat. Im letzteren Fall geht alles im gleichen Zug; das ermöglicht ihm unter anderem bisweilen auch Kostenersparnisse wegen der Möglichkeit der Einholung vorteilhafterer Unternehmerofferten. Bisweilen wird zwar auch Gleichstellung bezüglich der vom Bauwillen des Bauaktiven und der hievon unabhängigen Änderungen und sonstigen Transformationen ausgesagt. Das ist dort der Fall, wo Zweifel an der Gleichstellung bestehen können, welche es zu zerstreuen gilt.

449   4.   Verbote und Gebote, welche unabhängig von einem Bauwillen des Gebäudeeigentümers bzw. des Bewerbträgers zum Zuge kommen, finden sich im Recht der Zwangsvollstreckung (Rz 733). Hier wird aber vorausgesetzt, dass der Gebäudeeigentümer bzw. der Bewerbträger bei dem von ihm an die Hand genommenen Bauen mit dem an ihn gerichteten Verbot/Gebot säumig geworden ist. Es erfolgt dann ein Vollstreckungsbefehl, gemäss welchen vom Gebäudeeigentümer bzw. vom Bewerbträger das Verbotene ohne weitere Bedingung unterlassen bzw. das Gebotene ohne weitere Bedingung getan werden muss. Allenfalls kommt es zu Ersatzvornahme, Rechtsentzug, Realakt und Bestrafung durch das Gemeinwesen. Rz 738 f.

§ 4 Die Anpassungspflicht

I. Allgemeines

A. Zur Problemstellung

1. Eine wichtige Erscheinungsform der materiellen Regelungen des postfiniten Baurechtes ist die Anpassungspflicht. Es geht hier um die folgende Ausgangslage: Ein bereits bestehendes Gebäude bzw. ein bereits ausgeübter Bewerb widerspricht dem jetzt geltenden Recht (zu den Ursachen eines solchen Widerspruches siehe Rz 412–428). Hier stellt sich die Frage, ob der Eigentümer sein Gebäude bzw. der Bewerbträger den Bewerb dem jetzt geltenden Recht anpassen muss und, wenn ja, wann sowie in welchem Umfang dies zu geschehen hat. Die Anpassungspflicht wird bisweilen als eine besondere Art der Vollstreckung (Rz 733 ff) aufgefasst. Die Anpassungspflicht ist voraussetzungsgemäss nur im postfiniten Baurecht von Bedeutung; im präfiniten Baurecht gibt es «nichts» anzupassen. **450**

2. Materielle Regelungen sind entweder von der Ausübung, Vollziehung einer Handlung aus (unter Hintanstellung des Gedankens an ein Ergebnis davon) oder vom Ergebnis einer Handlung aus (unter Hinanstellung des Gedankens an das, was zu diesem Ergebnis führt) formuliert. Die Anpassungspflicht lässt sich eher als zur erstgenannten Art der Regelungen gehörig betrachten, dies im Unterschied etwa zu Gebäudehöhen-/Gebäudelängen-/Abstandsmaxima oder -minima. **451**

B. Zur Jetzt- und zur Vorherrechtsmassgeblichkeit

1. Es stehen sich jetzt geltendes Recht, kurz Jetztrecht, und Recht, welches vor diesem gegolten hat und jetzt nicht mehr gilt, kurz Vorherrecht, und (noch) nicht geltendes Recht gegenüber. Wenn es um die Rechtsanwendung in einem bestimmten Zeitpunkt geht, ist immer das zu diesem Zeitpunkt, das gerade jetzt geltende Recht anzuwenden. Das ist eine Selbstverständlichkeit. Es gilt also kurz ausgedrückt allgemein Jetztrechtsmassgeblichkeit. Ich ziehe das Begriffpaar Jetzt – Vorher der Gegenüberstellung Neu – Alt vor, weil beim Altrecht nicht klar ist, ob hiermit zwar noch geltendes, aber vor langer Zeit gesetztes Recht oder Recht, welches nicht mehr gilt, gemeint ist. **452**

2. Das jetzt geltende Recht ist entweder erst vor kurzem oder aber schon vor längerer bis sehr langer Zeit gesetzt worden. Das Jetzt- und das Vorherrecht ist/war entweder in Verfassung/Gesetz/Verordnung/Vertrag oder durch ständige Gerichts-/Verwaltungspraxis bereits gesetztes Recht oder wegen normativer Unklarheit nicht voll gesetztes Recht. **452a**

3. Sowohl beim erst vor kurzem als auch beim schon vor längerer Zeit gesetzten, jetzt geltenden Recht können Bezüge auf frühere Zeiten eine Rolle spielen. Es lassen sich folgende zwei Gruppen unterscheiden: **452b**

a) α) Regelungen, deren Formulierung von früher geltendem, jetzt aufgehobenem Recht übernommen worden ist[1]; es geht hiebei um eine Übernahme insbesondere derjenigen Formulierungen, welche im Recht vorgekommen sind, das bei Erstellung des Gebäudes bzw. bei Erstaufnahme des Bewerbes gegolten hat; man kann hier von *Übernahmeregelung* sprechen.

Das Gegenstück dazu ist die Regelung mit einer nicht vom früheren Recht übernommenen, sondern eigenen, erstmaligen Formulierung; man kann hier von *Erstmalsregelung* sprechen.

β) *Übergangsregelungen* sind solche Regelungen, deren Strenge hinter derjenigen des sonstigen neuen Rechtes («Ab-jetzt-Regelung») liegt[2]. Es handelt sich dabei entweder um Übernahme- oder um Erstmalsregelungen.

452c b) Regelungen, welche an Rechtswidrigkeit eine bestimmte Rechtsfolge knüpfen (Rz 403), aber diese Rechtswidrigkeit nicht gemäss dem jetzt geltenden Recht, sondern nach einem vorausgegangenen (meist für den Bauaktiven günstigerem) Recht bestimmen[3]; man kann hier vor *Altkriteriumsregelung* sprechen. Es geht hier jeweils um eine Differenzierung, je nachdem, ob das zur Änderung vorgesehene Gebäude vor oder nach einem bestimmten Zeitpunkt (meistens Inkrafttreten des jetzigen Rechtes) erstellt worden ist.

452d 4. Bisweilen tritt ein Gesetz nicht gesamthaft, sondern zeitlich gestaffelt in Kraft. Dann gelten für verwandte Materien nebeneinander vor längerer Zeit und eben erst gesetztes Recht[4]. Vergleichbar damit ist die in Rz 445b geschilderte Situation; bei dieser fehlt aber eine zeitliche Staffelung des Inkrafttretens.

453 5. Eine Erstmalsregelung ist nicht gleichbedeutend mit Massgeblichkeit der Regelungen für Neubauten bzw. Neubewerbungen; es kann sich auch – im Verhältnis zu den hiefür geltenden Regelungen – um Verschärfungs-, Lockerungs- und eigenständige Regelungen für bauliche und/oder bewerbsmässige Änderungen und andere Transformationen nach Rz 804 f handeln.

---

[1] Beispiel: Das ZH-Strassengesetz von 1981 (Rz 3179) gibt in den Schlussbestimmungen unter § 62 zweieinhalb Seiten der Regelungen wieder, welche das Strassengesetz von 1893 in der Fassung von 1959 als §§ 17a–17l für die Grundeigentümerbeiträge an Strassen und Trottoire aufgestellt hatte, und erklärt sie als «vorerst» weitergeltend; sie gelten auch heute noch.

[2] Als Letztere lassen sich das Verbesserungserfordernis und Mehrausnützungsverbot gemäss altBauG § 116 (1943, Rz 1431 f) und das Verschlechterungs- und Zusatzinteressenverletzungsverbot von PBG § 357 I (1975, Rz 1471 f) deuten.

[3] So stellte zB das ZH-altBauG von 1893/1907 für einzelne bauliche Vorkehrungen auf die Rechtswidrigkeit im Verhältnis zur Bauordnung von 1863 ab. Vgl. auch ZH-PBG § 275 bezüglich Geschosszahl/ Kniestock (Rz 2351).

[4] Das war im Kanton Zürich der Fall: Am 1. April 1976 trat das Planungs- und Baugesetz vom 1. September 1975 in Kraft; doch traf dies erst für einzelne Kapitel zu; vom Vorläufergesetz, dem Baugesetz in der Fassung von 1943/1959 (Rz 1431 f), galten bis zum 1. Januar 1978 noch grössere Paragraphenkomplexe weiter. Das führte zum Teil zu grossen Auslegungsschwierigkeiten.

C. Zur Eigenaktivitätsabhängigkeit der Anpassungspflicht

Die Pflicht, eine Situation ganz oder teilweise mit dem Jetztrecht in Übereinstimmung zu bringen, ist entweder abhängig oder unabhängig davon, ob der Eigentümer sein Gebäude bzw. der Bewerbsträger den Bewerb aus eigenem Entschluss ändern will. Im ersten Fall kann man von *unbedingter Anpassungspflicht,* im zweiten von eigenaktivitätsabhängig bedingter oder kurz von *bedingter Anpassungspflicht* sprechen. Je stossender die Baurechtswidrigkeit erscheint[5], umso eher kommt Erstere zum Zuge. Dabei kann es eine Rolle spielen, ob die Unterlassung der Eigenaktivität dem Gemeinwesen an sich gleichgültig ist oder ob deren Stattfinden in die auch vom Gemeinwesen angestrebte Richtung zielt. 454

II. Zur bedingten Anpassungspflicht im Besonderen

A. Begriffliches

1. Noven

a) Der Eigentümer will von sich aus sein baurechtswidriges Gebäude bzw. seinen baurechtswidrigen Bewerb entweder gesamthaft oder nur teilweise ändern. Für den letzteren Fall empfiehlt es sich, die folgenden drei Arten von Gebäudeteilen bzw. «Bewerbsteilen» zu unterscheiden: Gebäudeteile bzw. «Bewerbsteile», welche 455

– der Bauaktive von sich aus ändern will;
– der Bauaktive von sich aus nicht ändern will, wobei der Gebäudeteil bzw. «Bewerbsteil» aber räumlich eng mit demjenigen Gebäudeteil bzw. «Bewerbsteil» verbunden ist, welchen er ändern will;
– der Bauaktive von sich aus nicht ändern will, wobei der Gebäudeteil bzw. «Bewerbsteil» aber räumlich von demjenigen Gebäudeteil bzw. «Bewerbsteil» getrennt liegt, welchen er ändern will.

b) Ich bezeichne als Noven diejenigen Gebäudeteile bzw. «Bewerbsteile», welche der Gebäudeeigentümer bzw. Bewerbsträger von sich aus hinzubauen bzw. -bewerben will, sei es unter blosser Hinzufügung zum Bisherigen, sei es unter vorherigem, teilweisem Abbruch bzw. vorheriger, teilweiser Bewerbstilllegung und nachheriger Hineinsetzung in die entstandene Lücke, allenfalls auch darüber hinaus, sei es unter Offenlassung des entstandenen «Loches». 456

2. Novenzentrierte Neubauten- bzw. Neubewerbsrechtmassgeblichkeit

Eine Regelung verlangt für den Fall des Bauaktivwerdens des Gebäudeeigentümers bzw. des Bewerbsträgers entweder nur die Einhaltung des Neubauten- bzw. Neubewerbsrechtes (genauer: Recht für primäre Neubauten bzw. Neubewerbungen) durch die Noven, wobei das Recht keinen Eingriff in das Bisherige vorschreibt, sei es, weil keine Baurechts- 457

---

[5] Für den Kanton Zürich ist zu erwähnen: PBG § 358 allgemein bei erheblichen polizeilichen Missständen (Rz 2971 ff). Vgl. ferner Rz 447.

widrigkeit besteht, sei es, weil diese fortbestehen bzw. weiterausgeübt werden darf. Man kann hier von novenzentrierter Neubauten- bzw. Neubewerbsrechtsmassgeblichkeit *ohne Anpassungspflicht*[6,7] sprechen. Eine Regelung kann aber auch verlangen, dass das Neubauten- bzw. Neubewerbsrecht nicht nur im Novenbereich eingehalten werde, sondern dass darüber hinaus das vorhandene Baurechtswidrige dem Stand des Neubauten- bzw. Neubewerbsrechts angepasst werde. Man kann hier von novenzentrierter Neubauten- bzw. Neubewerbsrechtsmassgeblichkeit *mit Anpassungspflicht* sprechen.

Es gibt auch eine *missstands-* und eine *eigenmachtzentrierte* Neubauten- bzw. Neubewerbsrechtsmassgeblichkeit.

Das Gegenstück zu diesen zentrierten Massgeblichkeiten ist die *umfassende* Neubauten- bzw. Neubewerbsmassgeblichkeit. Unter «Neubauten» werden hier die primären Neubauten, also die Ersterstellung verstanden.

3. Erfüllungs- und annäherungsweise Anpassungspflicht

458 Die von der Regelung verlangte Anpassung kann so weit «in die Tiefe» gehen, dass am Schluss die volle Baurechtgemässheit vorliegen muss, ob nun vorher Baurechtswidrigkeit bestanden hat oder nicht. Das ist die erfüllungsweise Anpassungspflicht. Es ist aber auch möglich, dass der vom jetzigen Recht für Neubauten bzw. Neubewerbungen verlangte Zustand nur annäherungsweise erreicht werden muss. Das ist die annäherungsweise Anpassungspflicht. In beiden Fällen handelt es sich um ein Verbesserungsgebot[8].

4. Interne und externe Anpassungspflicht

459 a) Die Anpassungspflicht bezieht sich entweder auf denjenigen Bereich, in welchem der Bauaktive aus eigenem Antrieb eine Änderung vornehmen will, oder auf denjenigen, in welchem der Bauaktive aus eigenem Antrieb keine Änderung vornehmen will. Im erstgenannten Fall kann man von *interner Anpassungspflicht,* im zweitgenannten von *externer Anpassungspflicht* sprechen.

460 b) Die Externität der Anpassungspflicht wird rechtlich heikel, wo diese in einen Bereich eingreifen würde, über welchen der Gebäudeeigentümer bzw. der Bewerbsträger

---

[6] Als Anpassungspflicht ohne novenzentrierte Neubauten- bzw. Erstbewerbsrechtsmassgeblichkeit kann man die unbedingte Anpassungspflicht auffassen, weil es keine – vom Gebäudeeigentümer bzw. Bewerbsträger beabsichtigte – Noven im Sinne von Rz 456 gibt.

[7] Novenzentrierte Neubauten- bzw. Erstbewerbsmassgeblichkeit schliesst nicht aus, dass ausserhalb des Novenbereiches gelegene Gebäude- bzw. Bewerbsteile zum Entscheid über Erlaubnis/Verbot rechnerisch einbezogen werden müssen (Rz 4155 f).

[8] Als Verschlechterungsverbot kann man eine Anpassungspflicht bezeichnen, bei welcher die Anpassung zu einem Ergebnis führen muss, bei dem das Gute vom Schlechten nicht mehr aufgewogen wird als bisher; unter dieser Voraussetzung darf auch etwas Schlechtes geschaffen werden, zB eine Überschreitung der Ausnützungsziffer, eine Unterschreitung eines Minimalabstandes. Zur Kompensations(un)möglichkeit siehe Rz 1688.

keine Verfügungsgewalt mehr besitzt, zB weil die Anpassung in der Nachbarparzelle stattzufinden hätte[9].

5. Kombinationsmöglichkeiten

Die Unterscheidung zwischen erfüllungs- und annäherungsweiser Anpassungspflicht (Rz 458) gibt zusammen mit derjenigen der internen und externen Anpassungspflicht (Rz 459 f) die folgenden acht Kombinationsmöglichkeiten:

461

- Pflicht nur zur internen annäherungsweisen Anpassung[10] °;
- Pflicht nur zur internen erfüllungsweisen Anpassung[11] °;
- Pflicht nur zur externen annäherungsweisen Anpassung[12] ∧;
- Pflicht nur zur externen erfüllungsweisen Anpassung[13] ∧;
- Pflicht zur internen und externen annäherungsweisen Anpassung*;
- Pflicht zur internen und externen erfüllungsweisen Anpassung*;
- Pflicht zur internen erfüllungs- und externen annäherungsweisen Anpassung*;
- Pflicht zur internen annäherungs- und externen erfüllungsweisen Anpassung*.

Die mit ° markierten Anpassungspflichten kann man als die engen und die mit * markierten als die weiten Anpassungspflichten bezeichnen. Die mit ∧ bezeichneten Anpassungspflichten stehen dazwischen.

Man kann die Pflicht zur internen und externen erfüllungsweisen Anpassung auch als totale Anpassungspflicht und die übrigen Anpassungspflichten als bloss partielle Anpassungspflichten bezeichnen. Bisweilen sind Anpassungspflichten durch ein Fortbestehenlassens- bzw. Weiterbewerbsgebot ergänzt.

462

B. Zur Anpassungsfrist

1. Sowohl bei der unbedingten als auch bei der bedingten Anpassungspflicht können Fristen gesetzt sein. Bei der unbedingten Anpassungsfrist läuft die Frist ab individuell

463

---

[9] Bezüglich zusammengebauten Gebäuden verschiedener Eigentümer siehe Rz 435 und 2416. Hieraus können sich im Umweltschutzrecht besondere Schwierigkeiten ergeben, zB wenn ein Betrieb für sich allein immissionsmässig die zulässige Limite nicht überschritte, gesamthaft gesehen der Immissionspegel im Quartier aber ohnehin zu hoch liegt. Hier muss über den Massnahmenplan vorgegangen werden. Vgl. BGE 118 Ib 26, 32 (Herisau/AR). Rz 4081 f.

[10] Der Bauaktive will zB einen Abstellraum in einem überzähligen Geschoss zu einem Wohnzimmer ändern; da die Fensterfläche hiefür zu klein ist, muss er diese vergrössern, allerdings nicht bis auf das vom Gesetz für Neubauten verlangte Mass hinauf, weil dies baulich schwierig wäre.

[11] Ein Gebäude unterschreitet zB einen minimal geforderten Abstand; das Gebäude ist durchwegs statt zu Wohn- zu unzulässigen Bürozwecken beworben; der Gebäudeeigentümer will einen den geforderten Abstand nicht unterschreitenden Teil des Gebäudes umbauen; er muss die Büros im Umbauteil in Wohnungen umwandeln; der ungenügende Abstand kann bestehen bleiben.

[12] Das Aula- und Mensagebäude der Kantonsschule X. ist zB nicht behindertengerecht. Geplant ist nur die Schaffung behindertengerechter WCs im Untergeschoss; verlangt wird auch die Erstellung eines behindertengerechten Liftes zum Untergeschoss. Rz 2109.

[13] Ein sonst baurechtgemässes Gebäude unterschreitet zB auf einer Seite den minimalen Abstand; der Gebäudeeigentümer will nur auf der gegenüberliegenden Seite einen Anbau erstellen; er muss jenen ungenügenden Abstand ganz beseitigen.

adressierter behördlicher Aufforderung zur Anpassung, bei der bedingten ab Vornahme der die Anpassungspflicht auslösenden, bewilligten Änderung.

464 2. Es geht dort, wo die Baurechtswidrigkeit allein die Folge einer Gesetzesrevision ist, bei der Befristung zum Teil auch um eine Auswirkung des Verhältnismässigkeitsgebotes (Rz 1008 f). Man spricht hier auch vom Erfordernis der Übergangsgerechtigkeit.

C. Zur Interessenlage

465 1. Der umsichtige Bauaktive nimmt bei Geltung einer bedingten Anpassungspflicht eine Gegenüberstellung der Umtriebe, Kosten, Vermögensverluste und entgangenen Gewinne, welche er bei einer Anpassung erleidet, einerseits und der Umtriebe, Kosten und Gewinnchancen, in deren Genuss er gelangt, wenn er die vorgesehene bauliche oder bewerbsmässige Änderung vornimmt, anderseits vor. Hier ist es schon denkbar, dass der Saldo für ihn negativ ausfällt; eine Entschädigung durch das Gemeinwesen kommt dabei kaum je in Betracht. Rz 1408 f. Dabei wird der Bauaktive meistens auf die Änderung mit Anpassungspflicht verzichten und alles beim Alten lassen. Das könnte für ihn u.U. ebenfalls, wenn auch vielleicht weniger nachteilig sein. Die Folge davon wäre dann oft eine auch nicht im Interesse des Gemeinwesens liegende Verlotterung des Gebäudes.

466 2. Lässt sich der Bauaktive aber nicht von der Verwirklichung seines Vorhabens abbringen und gelingt es ihm, das Gemeinwesen unter Hinweis auf die ihn treffenden Umtriebe, Kosten, Vermögensverluste und entgangenen Gewinne zur Herabsetzung der Anpassungsansprüche zu bewegen, so zahlt, neben dem Gemeinwesen, oft auch der Nachbar eines Bauaktiven den Preis dafür, indem ihm ein geändertes Gebäude bzw. ein geänderter Bewerb nebenan zugemutet wird, welche Bedenken erwecken. Immerhin wird man in vielen Fällen die Interessen des Nachbarn im Verhältnis zu denjenigen des Bauaktiven so beurteilen dürfen: Wenn sich der Bauaktive nicht zur Änderung entschlösse, würde die bisherige Baurechtswidrigkeit voll weiter existieren; auch trifft die Verpflichtung des Bauaktiven zur Anpassung diesen oft härter, als den Nachbarn der Umstand trifft, dass ein baurechtswidriges Gebäude bzw. ein baurechtswidriger Bewerb weiterexistiert. Ersterer muss vielleicht mit grossem Aufwand Gebäudeteile abbrechen, seinen Betrieb umstruktuieren, sich in etwas weniger Gewinnbringendes hineinbegeben; der Nachbar muss jedoch «nur» das, was schon bisher vorhanden war, weiterdulden.

467 3. Allgemein ist zu sagen: Die vom Bauwillen des Bauaktiven abhängigen, also bedingten Anpassungspflichten erfüllen die in sie gesetzten Erwartungen nur beschränkt, wenn sie grundsätzlich für die Gesamtheit der baurechtswidrigen Gebäude bzw. Bewerbungen gelten. Zu hohe, zu lange, zu breite, zu nahestehende Gebäude bleiben fast immer trotz Anpassungspflicht bis zu ihrem von selbst sich ergebenden Untergang stehen. Meistens führen sie nur in ganz speziellen, für die öffentliche Sicherheit und den Umweltschutz besonders wichtigen Sparten zum Ziel.

468 4. Das wirft die Frage auf, ob im Falle von Gebäuden bzw. Bewerbungen, welche infolge Gesetzesrevision oder anderen, nicht durch den Bauaktiven zu vertretenden Gründen baurechtswidrig geworden sind, eine bedingte Anpassungspflicht vor dem Gebot der Verhältnismässigkeit, aber auch vor dem Erfordernis des öffentlichen Interesses standhält[14]. Es lässt sich hierauf keine allgemeingültige Antwort geben. Immerhin ist zu berücksichtigen, dass der Interessengegensatz, welcher hier theoretisch vorgeführt wird, in der Praxis meistens nur stark entschärft zum Tragen kommt, weil die Vorschriften mit unbestimmten Elementen (unbestimmten Gesetzesbegriffen) und Anweisungen zur Ermessensbetätigung, mit welchen die meisten Anpassungspflichtvorschriften formuliert sind, gewissermassen unter der Hand so ausgelegt werden, dass es nach Auffassung sowohl der urteilenden Behörde als auch des Bauaktiven von vornherein zu keinem gestützt auf die Gebote der Verhältnismässigkeit und des öffentlichen Interesses zu korrigierenden Ergebnis kommt. Wie der Nachbar die Angelegenheit bewertet, ist eine andere Frage.

---

[14] Rz 935 f, 1008 f. Bezeichnend ist denn auch, dass im Kanton Zürich die urprünglich weite erfüllungsweise Anpassungspflicht seit dem Jahre 1893 bei jeder Gesetzesrevision etwas mehr gelockert wurde, bis von einer Anpassungspflicht 1991 nur noch wenig übrig blieb. Rz. 1743.

§ 5 Zum Verbot von Immissionen

I. Allgemeines

A. Zur Verbietbarkeit/Nichtverbietbarkeit von Immissionen allgemein

478 1. Dass die wegen ihrer physikalisch-chemischen Beschaffenheit sinnlich wahrnehmbaren Immissionen, welche von Gebäuden und deren Bewerb ausgehen, also die hinzufügenden materiellen Immissionen (Rz 338), verboten werden können, ist grundsätzlich seit jeher unbestritten. Schon nicht mehr ganz unumstritten ist die Rechtslage jedoch bezüglich der physisch oder psychisch wegnehmenden materiellen Immissionen (Rz 339)[1, 2]. Noch weniger gefestigt ist sie bezüglich der ideellen Immissionen (Rz 341 f).

479 2. Dass ideelle Immissionen unter gewissen Voraussetzungen verboten werden können, steht zwar heute fest, allein schon deswegen, weil «eine strenge Scheidung zwischen materiellen und immateriellen Immissionen ... nicht immer möglich (ist)»[3]. Aber lediglich für die auf das Strassen-, Orts- oder Landschaftsbild, kurz Ortsbild oder Ästhetik bezogenen, lokal bedeutsamen ideellen Immissionen im Sinne von Rz 341 f wird die Zulässigkeit von Verboten grundsätzlich allgemein und schon seit langem bejaht[4]. Darüber hinaus ist weiterum anerkannt, dass Bauten und der Bewerb derselben nicht einzig wegen personal bedeutsamen ideellen Immissionen, das heisst nur wegen Abweichungen von leiblichen Standards, weltanschaulichen Wertvorstellungen usw. verboten werden können. Bezüglich Verbietbarkeit/Nichtverbietbarkeit der auf den Quartier-/Zonencharakter bezogenen lokal bedeutsamen ideellen Immissionen (Rz 343) besteht jedoch einige Unsicherheit hinsichtlich Verbietbarkeit/Nichtverbietbarkeit.

480 3. Ich versuche, nachfolgend näher zu begründen, weshalb die personal bedeutsamen, ideellen Immissionen nicht verboten werden dürfen (Rz 492 f), die auf den Quartier-/

---

[1] Bezüglich des Entzuges von Sonne, Licht und Durchlüftung wird der Immissionsgesichtspunkt meist durch denjenigen der Anwendung von dimensionalen Höhen-, Längen- und Breitenmaxima/-minima verdrängt. Bezüglich des Entzuges von Aussicht aus Privatgebäuden herrscht im öffentlichen Recht die Auffassung von der Nichtverbietbarkeit vor (vgl. Rz 914 f; ZH-BEZ 2000 Nr. 51). Bezüglich der entblössenden, wegnehmenden materiellen Immissionen ist die Argumentation auf die Vorschriften für Schutzbauten oder auf die Enteignung von Nachbarrechten ausgerichtet.

[2] Vgl. Hans Giger, Grundsätzliches zum immateriellen Umweltschutz: die Verteidigung der geistig-moralischen Umwelt, in: Schweizerisches Umweltschutzrecht, Zürich 1973, S. 467–497.

[3] BGE 108 Ia 140, 145 (Unterhaltungsgewerbe, Kanton Zürich). Vgl. auch BGE 106 Ia 267 ff (gewerbepolizeiliche Bewilligung für Peep-Show, St. Gallen).

[4] Ein frühes Beispiel einer rein ästhetischen motivierten Vorschrift aus liberalstaatlicher Zeit ist der aus dem Jahre 1893 stammende ZH-altBauG § 57 zweiter Satz; er verlangt, dass bei auf der Baulinie stehenden Gebäuden die seitliche Umfassungsmauer «zu verputzen und mit einer gefälligen Farbe zu versehen ist». Zu erwähnen sind sodann die seit 1911 in grosser Zahl festgesetzten kantonalen und kommunalen Natur- und Heimatschutzverordnungen (Rz 3183) sowie die Ästhetikklauseln zum Schutze des Strassen-, Orts- und Landschaftsbildes in kommunalen Bauordnungen. Seit 1976 PBG § 238.

Zonencharakter bezogenen, lokal bedeutsamen ideellen Immissionen aber trotzdem verbietbar sind (Rz 495 f).

B. Zur normativen Ausgangslage

Die nachfolgend besprochene Problematik wird hauptsächlich durch die folgenden zwei Vorschriftsarten geregelt: 481

a) In negativer oder verbotsmässiger Ausrichtung, mit Vorschriften etwa folgenden Inhaltes: «Die Nachbarschaft/Umgebung darf durch das bauliche/bewerbsmässige Vorhaben nicht/höchstens leicht/höchstens mässig, nicht aber erheblich/höchstens erheblich, nicht aber stark gestört/beeinträchtigt/belästigt werden»; oder: «Sie darf dadurch nicht geschädigt werden»; oder: «Es sind nur nicht störende usw. Vorhaben/Betriebe zulässig». Bisweilen werden nur die von industriellen und gewerblichen Betrieben ausgehenden Auswirkungen erwähnt[5, 6].

b) In positiver oder gebotsmässiger Ausrichtung auf Charakter, Eigenart, Wesen, Zweck, Sinn, Bestimmung des Quartieres, der Zone usw. als Vorschrift etwa folgenden Inhaltes: «Der Charakter/der Zweck/das Wesen/die Eigenart des Quartieres/der Zone besteht in der Ermöglichung guter Bedingungen für das Wohnen/das ruhige, angenehme und gesunde Wohnen/die Land- und Forstwirtschaft/die Industrie und das Gewerbe/ die öffentlichen Arbeiten usw.»; oder: «Die Zone ist für Wohnbauten sowie für Läden und Bauten bestimmt, die vorwiegend und unmittelbar für den Bedarf der umliegenden Wohnquartiere da sind»; oder: «Das bauliche/bewerbmässige Vorhaben muss seinem Wesen nach dem Charakter, Zweck usw. dieses Quartieres/dieser Zone entsprechen/zu ihm/ihr passen/es darf ihm/ihr nicht widersprechen/muss dem Wohnen/dem ruhigen und gesunden Wohnen/der Land- oder Forstwirtschaft usw. dienen»[7]. 482 483

Jeder Zone/Zonierung liegt die Vorstellung eines Zweckes/einer Bestimmung/eines Zieles/eines Charakters/einer Eigenart/eines Wesens ihrer selbst zugrunde. 484

2. Die Regelungen gemäss Rz 481 f sind, sofern es sich nicht um das USG handelt, entweder kantonales Gesetzesrecht (zB im Kanton Zürich die Regelung der materiellen Immissionen in PBG § 226 [Rz 1868 f] sowie die Ästhetikklausel in PBG § 238 [Rz 503, 2056a]) oder kommunales Bauordnungsrecht (Rz 3206 f)[8]. 485

3. Es handelt sich bei der Einteilung nach Rz 481 f noch nicht um diejenige in polizeiliche und planerische Immissionsvorschriften. Diese kommt erst in Rz 501 f zur Sprache. 486

---

[5] So sinngemäss Art. 26 der Bauordnung der Stadt Zürich von 1963 (Rz 3216 f).
[6] Vgl. Opfikon/ZH Bauordnung 1986/1989 Art. 14 (BGE 117 Ib 147).
[7] Vgl. RB 1984 Nr. 76 (Uetikon a.S.).
[8] Vgl. Entscheid des AG-Verwaltungsgerichtes vom 2. Mai 1983 (ZBl 1983 S. 462 f).

C. Beschränkung der Erörterung

487 Ich gestatte mir in dieser Arbeit im Weiteren die grundsätzliche Ausserachtlassung der lokal bedeutsamen, ortsbildbezogenen, ideellen Immissionen, also der Problematik der sogenannten Ästhetikklausel, weil deren Regelung eher auf festerem Boden steht als diejenige der lokal bedeutsamen, quartier-/zonencharakterbezogenen, ideellen Immissionen. Vgl. hiezu Leo Schürmann/Peter Hänni, S. 250 f; Walter Haller/Peter Karlen, N. 675 f.

D. Zu den zwei grundverschiedenen Fragestellungen

488 Bei der Beantwortung der heiklen Fragen gemäss Rz 480 sind m.E. zwei Problemkreise scharf auseinanderzuhalten:

– einerseits: Ist das Gemeinwesen zuständig, auch personal bedeutsame ideelle Immissionen und quartier-/zonencharakterbezogene, lokal bedeutsame, ideelle Immissionen generell zu verbieten? (Frage de lege ferenda);

489 – andererseits: Gilt gemäss Inhalt einer generellen Vorschrift für eine betimmte Parzelle ein Verbot bezüglich personal bedeutsamer, ideeller Immissionen und quartier-/zonencharakterbezogener, lokal bedeutsamer, ideeller Immissionen? (Frage de lege lata).

490 So sehr diese beiden Fragen auseinanderzuhalten sind, so steht doch Folgendes fest: Die Antwort auf die Frage nach der Zuständigkeit wird auch durch diejenige auf die Frage nach der Art und Weise genährt, wie eine als geltend angesehene Regelung auszulegen
491 und wie bei Verweis auf Ermessen, bei Lückenhaftigkeit und bei Vorschriftenkollision vorzugehen sei. Umkehrt wird die Antwort auf die Frage nach dem Inhalt als geltend angesehener Vorschriften auch durch diejenige auf die Frage genährt, wozu das Gemeinwesen, welches die Vorschrift statuiert hat, überhaupt zuständig sei. Es besteht argumentativ ein Rückkopplungseffekt.

II. Zur Nichtverbietbarkeit von personal bedeutsamen ideellen Immissionen

A. Verhältnis zur Glaubens- und Gewissensfreiheit, persönlichen Freiheit und Niederlassungsfreiheit

492 Wenn ein Gebäude bzw. dessen Bewerb allein wegen seines Abweichens von bestimmten weltanschaulichen oder moralischen Vorstellungen, nicht aber wegen Verletzung anderweitiger Vorschriften verboten wird[9], dann liegt hierin zwangsläufig ein Verstoss gegen die Glaubens- und Gewissensfreiheit vor; denn das Verbot betrifft nie einfach von Menschen losgelöste Bauten und Bewerbungen, sondern immer auch die Menschen, welchen die Bauten gehören und welche die Bewerbungen ausüben. Wenn das Verbot für das

---

[9] Das scheint bei dem in ZH-RB 1985 Nr. 104 (nur Leitsatz) beurteilten Vorhaben der Fall gewesen zu sein: Unzulässigkeit des Verbotes eines «grundsätzlich zonenkonformen Kinos nur deshalb, weil dort allenfalls Sexfilme gezeigt werden können». Es fehlt allerdings die Angabe, um was für eine Zone es sich gehandelt habe.

ganze Gemeinwesen gilt, welches das Verbot festgesetzt hat, dann sind damit von vorneherein auch die Niederlassungsreiheit und die persönliche Freiheit betroffen; denn der Betroffene kann dann von vorneherein nirgends rechtmässig so sein wie er es als richtig ansieht, auch nicht, wenn dadurch keine anderen Vorschriften verletzt werden. Die Niederlassungsfreiheit und die persönliche Freiheit sind aber auch verletzt, wenn das Verbot nur für einen Teil dieses Gemeinwesens gilt, im hievon freien Teil aber keine Parzelle tatsächlich zum Leben nach den eigenen moralischen oder weltanschaulichen Wertvorstellungen zur Verfügung steht. Rz 1078, 1083, 1085.

B. Verhältnis zur Rechtsgleichheit, zum Willkürverbot sowie zur Handels- und Gewerbefreiheit

Beim Verbot von personal bedeutsamen ideellen Immissionen, auch denjenigen betreffend leibliche und soziale Standards, liegt jedoch allein ein Verstoss gegen das Rechtsgleichheitsgebot und das Willkürverbot vor, allerdings ein besonders starker; denn während bei einem Verbot wegen bestimmten weltanschaulichen oder moralischen Vorstellungen der davon Betroffene immerhin noch die Möglichkeit hätte, sich dem Verbot zu entziehen, indem er seine weltanschaulichen oder moralischen Vorstellungen preisgäbe (dass ein solches Ansinnen nicht im öffentlichen Interesse liegen kann, steht fest), kann sich jemand von einem den erwünschten leiblichen oder sozialen Standard betreffenden Verbot nicht befreien, ausgenommen die auf selbstverschuldete Armut oder kriminelles Verhalten zurückzuführenden sozialen Standards[10]. Die Frage, ob auch noch die Handels- und Gewerbefreiheit sowie die Eigentumsgarantie verletzt seien, stellt sich dabei nicht einmal mehr. Rz 986 f, 999 f, 1075 f.

493

C. Kein Freipass für andere Immissionen

Dies alles besagt selbstverständlich nicht, dass auf abweichenden weltanschaulichen oder moralischen Vorstellungen beruhende Bauten und Bewerbungen oder solche, welche extrem unangenehme leibliche oder soziale Assoziationen wecken, gewissermassen einen Freipass zur Realisierung besässen. Wenn ein auffälliger Turm des Versammlungslokales einer Sekte oder ein Minarett, der dortige Glockenschlag/Lautsprecherruf, ein besonders plumper Baublock, ein hüttenartiges Konglomerat[11], ein Wohnwagenstandplatz, ein Gefängnis, ein Krematorium usw. in eine ruhige Wohnzone zu liegen kämen, dann sind durchaus Fälle denkbar, in welchen eine Verweigerung wegen Beeinträchtigung des Ortsbildes oder des Quartier-/Zonencharakters angebracht ist.

494

---

[10] Darin lag die Perfidie der nationalsozialistischen Massnahmen gegen Juden, Zigeuner und andere Menschen mit nach Auffassung der Machthaber störender genetischer Erbmasse.
[11] Vgl. die Zaffaraya-Siedlung in Bern.

III. Zu den Verboten der den Quartier-/Zonencharakter betreffenden lokal bedeutsamen ideellen Immissionen: Zur Legiferierungskompetenz

495 Hier ist zu unterscheiden zwischen der Zeit vor Inkrafttreten des RPG (Rz 495 f), der Zeit ab diesem Datum bis zum Inkrafttreten des USG (Rz 529) und der Zeit danach (Rz 530 ff); für den Kanton Zürich ist innerhalb der Letzteren zusätzlich zu unterscheiden zwischen der Zeit vor und nach dem Verwaltungsgerichtsentscheid vom 9. Dezember 1998 (Rz 534).

A. Zur Zeit bis zum Inkrafttreten des RPG am 1. Januar 1980

1. Allgemeines

a) Die Ausgangsbegriffe dieser Kategorie von ideellen Immissionen sind einerseits «das Quartier» oder «die Zone» anderseits «der Charakter» derselben. Der Unterschied zwischen «Quartier» und «Zone» besteht darin, dass das Quartier ein primär faktisch bestimmter Begriff von räumlich nicht scharfer Abgrenzung ist, während die Zone einen kartographisch fix bestimmten Arealbereich betrifft: Zu ihr gehört der ganze Raum, für welchen die die Zone dimensional konstituierenden, aber als solche nicht die Harmonie mit dem Quartier-/Zonencharakter verlangenden Regelungen (zB bezüglich Geschosszahl, Gebäudelänge, Abstände) gelten. Das der menschlichen Psychologie entlehnte Wort «Charakter» lässt sich nicht scharf umschreiben, weil Quartiere/Zonen keine Menschen sind. Statt dessen wird auch von der «Eigenart», dem «Wesen» des Quartiers/der Zone oder vom «Zweck», von der «Bestimmung», vom «Sinn» usw. des Quartiers/der Zone gesprochen. Konturen und Inhalt von alldem sind reichlich unbestimmt.

496 b) Auf jeden Fall besteht verbreitet die Vorstellung, dass Bauten bzw. deren Bewerb in das Quartier/die Zone «passen», dem Charakter/der Eigenart/dem Wesen/des Quartiers/der Zone, dem Zweck der Nutzung, für welche das Quartier/die Zone bestimmt ist, der «Eigenart»/der «Bestimmung» des Quartiers/der Zone «entsprechen», mit dem Quartier-/Zonenzweck «vereinbar sein», mit ihm/ihr «zusammenhängen»/«übereinstimmen»/ «harmonieren»/«konform sein» müssen; es wird Konformität mit dem Wesen/der Art des Quartiers/der Zone verlangt; die Baute bzw. der Bewerb müsse dem «dienen». Dabei wird die Auffassung vertreten, dass diesen Erfordernissen nicht schon Genüge getan werde, wenn keine besonderen materiellen Immissionen vorliegen («Emissionsfreiheit»), die Baute bzw. der Bewerb dem Zonenzweck nicht entgegenstehe, die zonengerechte Nutzung durch sie nicht behindert werde[12].

497 c) α) Die in Rz 496 umschriebenen Vorstellungen sind vorerst praktisch inhaltsleer. Es besteht deshalb bei denjenigen, welche einer Baute bzw. einem Bewerb opponieren, wegen der Vagheit der lokal bedeutsamen, quartier-/zonencharakterbezogenen ideellen Immissionen die Tendenz, wenn immer möglich auf die im Allgemeinen direkter zum Ziel führenden materiellen Immissionen auszuweichen, und sei es auch nur mit vorgeschobe-

---

[12] EJPD-Kommentar zu RPG Art. 22 N. 29.

nen Behauptungen. Wer jedoch gegen ein Verbot ankämpft, will, wenn möglich, mit der Behauptung durchdringen, das Verbot erfolge wegen personal bedeutsamen ideellen Immissionen.

β) Im Laufe der Zeit wurden diese Vorstellungen in der Rechtsprechung in mehreren Schritten entwickelt. Dies geschah zunächst anhand von Vorschriften, welche in Wohnzonen ein Verbot für mässige/erhebliche Störungen/Belästigungen/Beeinträchtigungen, für gemischte Zonen ein solches für starke Störungen/Belästigungen/Beeinträchtigungen/Schädigungen statuierten; diese Verbote waren entweder allgemein oder nur für gewerbliche und industrielle Betriebe ausgesprochen[13]. Die Auslegung dieser Vorschriften war anfänglich noch ganz vom physikalisch-chemisch auf die gegenwärtige Lage ausgerichteten Gesichtspunkt des Begriffes der materiellen Immissionen aus bestimmt, löste sich dann aber im Laufe der Jahre immer mehr davon ab. Die dabei aufgetretenen Ausformungen sind in Rz 500 f dargelegt. 498

d) Die gesetzliche Grundlage für die Statuierung von Immissionsvorschriften durch die Gemeinden finden sich im Kanton Zürich allgemein in PBG §§ 45–49, für die Wohnzonen in § 52, für die Industrie- und Gewerbezonen in den §§ 56–59, für die Zone für öffentliche Bauten in § 60, für die Kernzonen in § 50 (Rz 3022 f), für die Quartiererhaltungszonen in § 50a (Rz 3068 f) und für die Zentrumszonen in § 51. 499

2. Zu den verschiedenen Ausformungen der Verbotsmöglichkeit

a) Zuständigkeit zu Verboten von etwas, das nur Nicht-Durchschnittsmenschen als Störung empfinden: nein

Schon früh war allgemein anerkannt, dass der Gesetzgeber nicht solche Immissionen verbieten kann, welche nur von übersensiblen oder einer bestimmten Aussenseiter-Denkrichtung anhängenden, nicht aber von Durchschnittsmenschen als lästig empfunden werden[13a]. Die Problematik dieses Begriffes lässt sich allerdings nicht aus der Welt schaffen. 500

b) Zuständigkeit zu generellen Verboten von etwas, das nicht jetzt, wohl aber in dem vom Gemeinwesen für die Zukunft vorgesehenen Rahmen stört: ja

Zum Unterschied zwischen polizeilichen und den planungsrechtlichen Immissionsregelungen: 501

α) Etwa seit dem Jahre 1963[14] setzte sich die Auffassung durch, dass der Gesetzgeber bei den Immissionsvorschriften nicht nur «polizeiliche Vorschriften im engeren Sinne», sondern auch solche statuieren kann, welche ein «Element einer durch Bau- und Zonen-

---

[13] Vorschriften solcher Art haben seit dem zweiten Weltkrieg fast in allen Bauordnungen Aufnahme gefunden. Vgl. Bauordnung Stadt Zürich von 1946 Art. 56 und Bauordnung von 1963 Art. 26 (Rz 3217 f).

[13a] Siehe auch BGE 119 II 411, 416 (Basel, betr. Gassenzimmer) und 126 III 223, 226 (Obwald, betr. Hotel mit Bar). Beide Entscheide betreffen das Privatrecht.

[14] Vgl. Rekursentscheid des ZH-Regierungsrates vom 12. September 1963 (Autotransportunternehmen in Wohn- und Gewerbezone Horgen, ZBl 1964 S. 409 ff): Verweigerung durch Gemeinderat; von Bezirksrat und Regierungsrat bestätigt. Rz 1405a.

ordnung festgesetzten Nutzungsordnung» bilden. Diese Vorschriften wurden als planerische, planungsrechtliche oder zonenbedingte Immissionsregelungen bezeichnet[15]. Die Regelungen der erstgenannten Art wollen «bloss die jeweils gebotene Wohn- und Bewerbungsruhe sicherstellen. Sie erschöpfen sich in der negativen Funktion, Störungen oder Gefährdungen der polizeilichen Güter, insbesondere der öffentlichen Ruhe, Ordnung und Gesundheit abzuwehren». Eine Baute bzw. ein Bewerb ist hienach nur (aber immerhin) verboten, wenn mit Sicherheit oder sehr wahrscheinlich intensiv zufügende materielle Immissionen bewirkt werden, also bei einer «konkreten» Gefahr[16]. Die ein Element der Nutzungsordnung bildenden Immissionsvorschriften «gehen (jedoch) darüber hinaus; sie wollen positiv auf eine sinnvoll geordnete Bodennutzung hinlenken, bei der immissionsstarke Betriebe von vorneherein einer bestimmten Zone zugewiesen sind, ohne Rücksicht darauf, ob sie anderswo (nicht in der für sie bestimmten Zone) tatsächlich stören oder nicht.»[17] Ein Verbot kommt hier schon in Betracht, wenn das Vorhaben dem Zonenzweck nicht entspricht, vielleicht überhaupt noch kein Gebäude darum herumsteht, ein Fluss oder eine Eisenbahnlinie daneben verläuft, also auch bei einer bloss «abstrakten Gefahr», oder wenn von einer Industrie- und Gewerbezone nebenan erhebliche Immissionen ausgehen, in der Nähe eine stark befahrene Hauptverkehrsstrasse vorbeiführt[18]. Insoweit gehören sie eher zu den Regelungen der ideellen Immissionen.

502 β) Diese Zweiteilung ist nicht so zu verstehen, dass bei den «polizeilichen Vorschriften im engeren Sinn» nur die materiellen Immissionen und bei den «Element einer Nutzungsordnung bildenden Vorschriften», den planerischen, planungsrechtlichen oder zonenbedingten Vorschriften nur die ideellen Immissionen eine Rolle spielen. Es geht hier nicht um eine Wiederholung der Zweiteilung in materielle und ideelle Immissionen, sondern es kommt ein Zeitmoment hinein. Auf der einen Seite wird eine Legiferierung aufgrund der jeweiligen Lage, auf der anderen Seite jedoch eine solche im Hinblick auf die weitere räumliche Entwicklung vorgenommen. Bei den Vorschriften der erstgenannten Art geht es zwar stets nur um materielle Immissionen, doch kann auch hier zwischen einer Legiferierung im Hinblick auf die jeweilige Lage und einer solchen im Hinblick auf die weitere räumliche Entwicklung unterschieden werden; die Unterscheidung zwischen polizeilichen (eher konkrete Gefahren betreffenden) und planerischen (eher abstrakte Ge-

---

[15] ZH-RB 1969 Nr. 59, RB 1970 Nr. 80, RB 1974 Nr. 93, RB 1976 Nr. 107 (ZBl 1977 S. 137).
[16] Zur Vorstellung eine abstrakten und konkreten Gefahr vgl. Rudolf Kappeler, Der Begriff der Staatsgefährlichkeit, Diss., Zürich 1952, S. 24–44.
[17] Der Passus «einer bestimmten Zone zugewiesen sein» ist ein bei Planern beliebter, aber verschwommener Ausdruck. Er geht oft über die Vorstellung hinaus, dass man einfach für eine bestimmte Zone sagt, was hier erlaubt sei. In ihm klingt bisweilen auch noch der Gedanke mit: Wenn der Bauaktive zum Gemeinwesen komme und frage, wo er sich mit seinem Betrieb niederlassen dürfe, dann weise ihm das Gemeinwesen eine bestimmte Parzelle zu. Das funktioniert aber nur, wenn entweder dem Gemeinwesen diese Parzelle gehört oder andernfalls der private Eigentümer die Parzelle freiwillig zur Verfügung stellt. Das Sprechen von Zuweisungen entspringt einer kollektivistischen Vorstellungswelt.
[18] Vgl. ZH-RB 1969 Nr. 59. Zu den polizeilichen Immissionsvorschriften gehörte im Kanton ZH vor 1976 aBauG § 96 und gehört jetzt PBG § 226 (Rz 1868 f). Zu den ein «Element der ... Nutzungsordnung» bildenden Immissionsvorschriften gehören die in den kommunalen Bauordnungen vorkommenden, nach Zonen bezüglich Störung/Belästigung/Beeinträchtigung differenzierten Verbote. Vgl. Walter Haller/Peter Karlen, N 579, 584.

fahren betreffenden) Vorschriften ist sogar gerade hier besonders aktuell, während sie bei den ortsbild- und den quartier-/zonencharakterbezogenen, lokal bedeutsamen ideellen Immissionen zeitlich eher verschwimmt[19]. Die Bezeichnung der Vorschriften für materielle, im Hinblick auf die künftige räumliche Entwicklung geregelten Immissionen als polizeiliche Vorschriften ist deshalb ungünstig, auch wenn man hier von polizeilichen Vorschriften im weiteren Sinn sprechen will[20].

γ) Ästhetikvorschriften von der Art, wie sie in ZH-PBG § 238 (Rz 479) zu finden sind, gehören weder zu den polizeilichen noch zu den planungsrechtlichen Immissionsregelungen; zu den Ersteren nicht, weil es um keine materiellen Immissionen geht, zu den Letzteren nicht, weil sie Bau und Bewerb nicht auf eine bestimmte Vorstellung von der räumlichen Zukunft hinlenken wollen. Es geht hier m.E. um die – hier nicht weiter besprochenen (Rz 487) – ortsbildbezogenen, lokal bedeutsamen ideellen Immissionen. 503

c) Zuständigkeit zu generellen Verboten von Betrieben, welche zu einer Grupppe gehören, welche meistens stört: ja

Zur Klassenbildung/Kategorisierung/Typisierung/Spartenbildung der Betriebe: 504

α) Mitte der Sechzigerjahre[21] begann man im Hinblick auf die ein «Elemente einer Nutzungsordnung» bildenden Immissionsvorschriften damit, Betriebe/Unternehmungen in Klassen/Kategorien/Typen einzuteilen, mit bestimmten Störgraden zu verbinden und je nachdem zu verbieten oder zu erlauben. Man kann hier auch von Spartenbildung sprechen.
So werden etwa unterschieden und zugelassen bzw. verboten:
– Betriebe, «die ihrem Wesen nach in Wohnquartiere passen, keine über das Wohnen hinausgehende Auswirkungen entfalten und deren Erscheinungsform dem Wohncharakter entspricht»; diese werden als nicht oder nur leicht störende Betriebe bezeichnet;
– Betriebe, «deren Auswirkungen sich im Rahmen herkömmlicher Handwerks- und Gewerbebetriebe halten und sich auf die üblichen Arbeitszeiten beschränken»; diese werden als mässig störende Betriebe bezeichnet;
– Betriebe «mit weitergehenden Auswirkungen»; diese werden als stark störende Betriebe bezeichnet.

β) In der Gerichtspraxis, vor allem des Kantons Zürich (vgl. RB 1969 Nr. 59, 1981 Nr. 138), wurde hiezu eine Liste der verschiedenen Betriebe herausgebildet. So werden etwa gezählt: 505

---

[19] ZH-RB 1982 Nr. 127 = BEZ 1983 Nr. 3, RB 1984 Nr. 75, ZH-Verwaltungsgerichtsentscheid ohne Datum in: BEZ 1997 Nr. 1 S. 6.
[20] Ungünstig ist hiefür m.E. auch die Bezeichnung zonenbedingte Immissionsvorschriften; denn alle nicht für das ganze Gemeindegebiet geltenden Immissionsvorschriften sind zonenbedingt. Besser, aber etwas schwerfällig, ist die Bezeichnung Vorschriften für zukunftsbezogene materielle Immissionen.
[21] Vgl. ZH-RRB Nr. 4927 vom 30. November 1967 (Grundsätzlicher Entscheid im Geschäftsbericht des Regierungsrates 1967) und ZH-RB 1969 Nr. 59 (eigenmächtige Installation einer Kreissäge für eine Schreinerei in einem Gebäude in der Mehrfamilienhauszone, Verweigerung bestätigt).

– zu den nicht oder nur leicht störenden Betrieben: Ladengeschäfte, Spezereiengeschäfte, Milchhandlungen, Bäckereien, Metzgereien, Schuhmachereien, Coiffeursalons, ärztliche Praxisräume, Schneiderateliers, kleinere kaufmännische Betriebe usw.
– zu den mässig störenden Betrieben: Schreinereien, Sägereien, Zimmereien, Wagnereien, Schmieden (ohne Hammerschmieden), Spenglereien, Installationswerkstätten, mechanische Werkstätten, gewerbliche Garagen, Tankstellen, Transportunternehmungen, Gastwirtschaften, Sexgewerbe, Spielsalons[22] usw.
– zu den stark/erheblich störenden Betrieben: die Hammerschmieden[23].

506 γ) α') Diese Aufzählung ist ganz auf Bewerbsarten ausgerichtet, welche als Erwerbstätigkeit bezeichnet werden können und sich auf Betriebe beziehen. Das Wohnen und die Freizeitbeschäftigungen im Freien werden hievon sprachlich nicht erfasst[24]. Bezeichnend ist sodann, dass hier die Bewerbungen bzw. die Betriebe nicht unter Bezugnahme auf eine bestimmte Erzeugung von Lärm, Erschütterung, üblen Gerüchen, Abgasen, Rauch, Russ, Dünsten, Staub oder Strahlung usw. definiert werden. Es stehen hier nur, aber immerhin, Vorstellungen über das physische und psychische Wohlbefinden in einer Siedlung im Vordergrund.

507 β') Es ist hiebei die Meinung[25], dass bei einer nach «abstrakten Gesichtspunkten» vorgenommenen Zuweisung eines Bewerbes zu einer Klasse, Kategorie, zu einem Typen oder einer Sparte bereits im Wesentlichen entschieden werde, ob er aus dieser Zone «verbannt», hier verboten oder erlaubt sei, «ohne Rücksicht auf die konkreten baulichen Vorkehrungen»; ein Vorbehalt sei bei der Zuweisung zu den erlaubten Bewerben nur zu machen, wenn «im konkreten Fall ... fest(stehe), dass die vorgesehene Nutzung aus besonderen Gründen zu unzumutbaren, durch keine baulichen und betrieblichen Massnahmen abzuwendenden Belästigungen der Nachbarn führt oder führen muss; in diesem Falle müsste das ... Vorhaben auf Grund ... von § 226 PBG untersagt werden.» Das ist aber eine korrigierende Einschränkung, welche seit Inkrafttreten des USG nicht mehr gelten kann (Rz 530 f). Zuweisungen in eine andere Kategorie, heisst es weiter, seien zwar nicht vollständig ausgeschlossen, es sei dabei jedoch «Zurückhaltung zu üben», auch wenn die Betriebe sonst «ohne Rechtsverletzung gerechtfertigt wären». Auch hier fehlen die Wörter Lärm, Erschütterung, üble Gerüche, Abgase, Rauch, Russ, Dünste, Staub, Strahlen usw. Es gibt auch keine direkten Hinweise auf einen orstbaulich-ästhetisch-visuellen Bezug.

508 γ) Die in Rz 504 aufgeführten Kriterien für die Einteilung der Betriebe (zB Betriebe, «die ihrem Wesen nach in Wohnquartiere passen») und die in Rz 505 genannten Vertreter

---

[22] Die Aufzählung der zwei letztgenannten Betriebe in dieser Kategorie kommt zB in einem Anhang der Bauordnung von Wädenswil 1984 vor. Eine solche Zuordnung überrascht insoweit, als sich diese Betriebe kaum auf «die üblichen Arbeitszeiten während des Tages beschränken».
[23] Daneben sind wohl wegen ZH-PBG § 52 II noch separat Betriebe zu erwähnen, «die unverhältnismässig Verkehr auslösen».
[24] Das ZH-Verwaltungsgericht argumentiert jedoch in BEZ 1988 Nr. 32 im Zusammenhang mit der hobbymässigen Haltung von Ponys gleichwohl mit den Begriffen nicht/leicht/mässig/stark störend.
[25] ZH-RB 1969 Nr. 59 (FN 27), Entscheid des ZH-Verwaltungsgerichtes vom 21. April 1972 (Baracken für Metallverarbeitung in Wohnzone, ZBl 1972 S. 482 f), ZH-RB 1984 Nr. 75, Entscheid des ZH-Verwaltungsgerichtes vom 22. April 1988 (BEZ 1988 Nr. 32).

bestimmter Betriebsarten (zB Ladengeschäfte, Schreinereien usw.) erscheinen nun aber überhaupt nicht oder nur bruchstückhaft in geltenden Gesetzes- bzw. Bauordnungstexten.

Von 1976 bis zur PBG-Revision von 1991 verhielt es sich allerdings insoweit anders, als damals der in Rz 2426a–d erörterte PBG § 294 mit seiner recht detaillierten Aufzählung zu beachten war.

Schon zuvor, aber auch danach waren klassen-/kategorie-/typen-/spartenmässige Zulassungen in einzelnen Bauordnungen enthalten, meistens nur bezüglich Läden und Gaststätten zur Quartierversorgung in Wohnzonen (vgl. Winterthur, Art. 33 IV, Rz 3216 f; Opfikon Bauordnung 1961, Ziffer 5 7.1. bzw. Bauordnung 1989, Art. 14, Wädenswil, Rz 542a [hier in 2. b)]) und Wohnungen für Abwarts- und Betriebspersonal, dessen ständige Anwesenheit auf Betriebsrücksichtigen erforderlich ist[26].

d) Zuständigkeit zu generellen Verboten von Betrieben, welche jetzt nicht stören, aber ein zu einer Störung führendes Potential in sich enthalten: ja

Zur Objektivierung der Betrachtungsweise: 509

α) Etwas später kam die Auffassung auf, der Gesetzgeber könne das Immissionenproblem besser in Griff bekommen, wenn er nicht nur darauf abstelle, wofür genau ein Bauaktiver ein Gesuch um Bewilligung einreiche, sondern darauf, wie sich erfahrungsgemäss ein solcher Betrieb im Laufe der Jahre entwickle, unabhängig von den jetzigen tatsächlichen oder vorgetäuschten Absichten des Bauaktiven. Mit der in Rz 504 f beschriebenen Klassenbildung/Kategorisierung/Typisierung/Spartenbildung der Betriebe war von Anfang an der Hang zu einer «Objektivierung» verspürbar. Bei Betrieben ein und derselben Kategorie/Sparte/ein und desselben Typs ergeben sich nun aber je nach Grösse, maschineller Ausstattung, Arbeitsmethodik, Auslastungsgrad, persönlichem Führungsstil usw. gerade bezüglich der Immissionen grosse faktische Unterschiede, und dies nicht nur zwischen den verschiedenen Betrieben der gleichen Gruppe heute, sondern auch in ein und demselben Betrieb im Laufe der Zeit. Das ZH-Verwaltungsgericht erklärte zwar in RB 1985 Nr. 85 hiezu:

> «Gewerbliche Betriebe (sind) erfahrungsgemäss einem starken Wandel unterworfen und Umstellungen im Arbeitsablauf, bei den verwendeten Maschinen und Werkzeugen oder bei den Produkten (können) zu stärkeren oder neuen Immissionen führen. Entscheidend sind deshalb nicht in erster Linie die bei der Bewilligungserteilung konkret erkennbaren Einwirkungen, sondern es ist das auf längere Sicht vorhandene Störungspotential in Rechnung zu stellen. Dabei sind gerade bei neu gegründeten Unternehmungen Intensivierungen oder Erweiterungen der Betriebstätigkeit ins Auge zu fassen, die – ohne dass neue bauliche Massnahmen erforderlich wären – den Rahmen des Bisherigen sprengen. (Zum Einwand, der Betrieb weise nur einen geringen Personalbestand auf und ein erheblicher Teil der Arbeit werde ausserhalb der Betriebsstätte geleistet:) Selbst wenn gesichert wäre, dass der Betrieb diesen Rahmen nicht überschreitet, könnte er deswegen nicht als (weniger) störend beurteilt werden … Auch wenn es möglich ist, dass (die Lärmimmissionen) durch zweckmässige Isolation weitgehend eingedämmt werden, ist doch nach allgemeiner Erfahrung damit zu rechnen, dass insbesondere in den wärmeren Jahreszeiten durch Türen und Fenster Lärm nach ausser dringt.»[27]

---

[26] Ähnliches (zuzüglich provisorische Gemeinschaftsunterkünfte für ausländische Arbeitskräfte) galt in der Stadt Zürich bereits gemäss Bauordnung 1963 Art. 40 II und III.

[27] Das Verwaltungsgericht weist im zitierten Entscheid auch darauf hin, dass bei einer grosszügigeren Praxis «unternehmerische Gründe (den Baugesuchssteller) einst dazu zwingen» könnten, die Fläche,

510 Das stellt zweifellos eine für viele Fälle zutreffende Beurteilung dar[28]. Doch wird dabei achtlos an dem Grundsatz vorübergegangen, dass die Behörde einem Bauaktiven nicht unterstellen darf, er wolle bald mehr realisieren, als was er in seinem Gesuch angibt, und dies erst noch ohne Einholung der zusätzlich erforderlichen Bewilligung. Dann darf die Behörde aber auch nicht, etwa aus arbeitsökonomische Gründen, eine Bauverweigerung aussprechen, allein weil der Bauaktive möglicherweise später einmal die Produktion oder den Betrieb vergrössern, die maschinelle Ausstattung und/oder Arbeitsmethodik ändern will oder ein initiativerer Betriebsträger nachfolgt[29]. Die Möglichkeit späterer Ausweitung darf deshalb auch bei der Kategorien-/Typen-/Spartenbildung von vornherein keine Rolle spielen; sie ist jeder Kategorie/jedem Typ/jeder Sparte innewohnend.

511 β)   Nachfolgend wird für einen ganz bestimmten, gemäss Rz 505 zur Kategorie der mässig störenden Betriebe gehörenden Betrieb als nachgewiesen vorausgesetzt, dass er heute und in Zukunft nicht mehr materielle Immissionen bewirke, sich nicht schlechter ins Ortsbild einfüge und nicht weniger zum Quartier-/Zonencharakter passe als ein zur Kategorie der nur leicht störenden Betriebe gehörender Betrieb. Hier fragt sich, was dann die Rechtfertigung für ein Verbot sein könne. Ein Verbot gegen eine solche Kategorie/ einen solchen Typ/eine solche Sparte auszusprechen, einfach weil der Betrieb zu dieser und nicht zu einer anderen Gruppe gehört, wäre willkürlich. Weil für alle Eigentumsbeschränkungen ein öffentliches Interesse vorliegen muss, das Rechtsgleichheitsgebot und die Freiheitsrechte gelten, sehe ich hier eigentlich nur eine einzige ernsthaft in Betracht zu ziehende Legitimierungsmöglichkeit: das Ziel, Interessenten vom Grundeigentumserwerb und/oder vom Abschluss von Mietverträgen abzuhalten, wenn diese in der Regel zahlungsbereiter sind als diejenigen Interessenten, welchen das Gemeinwesen das Land zuhalten möchte. Zur dieser Problematik siehe Rz 520 (mit FN 47), 3733.

512 γ)   Salopp ausgedrückt könnte man sagen: Der Ruf nach Objektivierung der in den Immissionsvorschriften enthaltenen Begriffe ist nichts anderes als das Bestreben, diejenigen Bewerbungen, welche aus der Reihe tanzen, nach den gleichen Kriterien zu beurteilen wie diejenigen, welche in Reih und Glied stehen.

513 δ)   Auch bei der Objektivierung gilt das in Rz 504 f Gesagte: Es handelte sich hier nicht um eine Konzeption, welche der Gesetzgeber zur Regelung der Immissionsprobleme statuiert hatte, sondern um ein Begriffsinstrumentarium, welches die Judikatur und die Rechtslehre zur Klärung der Vorschriften mit den unbestimmten Elementen keine/leichte/mässige/starke Störung/Schädigung entwickelt hatte. Hier gilt Letzteres sogar noch

---

welche nach der jetzt beabsichtigten Verlegung bisher im Freien gestapelter Materialien und ausgeführter Arbeiten in den Neubau hinein nicht mehr hiezu benutzt werde, später doch wieder hiezu zu benützen.

[28] ZH-RB 1985 Nr. 111, RB 1985 Nr. 113 = BEZ 1985 Nr. 22. Vgl. auch ZH-Verwaltungsgerichtsentscheid vom 28. Oktober 1999 (BEZ 1999 Nr. 31 S. 5).

[29] Soweit die objektivierte Methode gerechtfertigt ist, muss allerdings dort, wo ein Bauaktiver in einer Zone, in der nur «nicht störende» Betriebe erlaubt sind, eigenmächtig einen zur Kategorie der störenden Betriebe gehörenden Betrieb (Autoreparaturwerkstätte) einrichtet, welcher sich aber in der Folge faktisch als «nicht störend» erweist, die nachträgliche Baubewilligung gleichwohl verweigert werden; rechtswidriges Verhalten ist nicht «solchermassen zu belohnen» (BGE vom 24. November 1971 Opfikon/ZH, ZBl 1972 S. 242 ff).

verstärkt, weil kein zürcherisches Gesetz, keine zürcherische Bauordnung als solche eine objektivierte Betrachtung verlangte.

ε) Bei der Objektivierung der Kategorien/Typen/Sparten wird leicht vergessen, dass es sich hier eher um eine blosse Summierung von Momentaufnahmen, um eine Eselsleiter für die Auslegung unbestimmter Vorschriftselemente, als um feste Skalen mit Gesetzeskraft handelt. Da von den erwähnten Kategorisierungen/Typisierungen/Spartenbildungen für viele Gesuchsteller Entscheidendes für ihre wirtschaftliche Zukunft abhängt, ist es rechtstaatlich problematisch, wenn die Kategorisierung/Typisierungen/Spartenbildungen wie bisher nur in Gerichtsentscheiden oder in Fachbüchern und Anhängen von Bauordnungen ausserhalb des Rechtskraft besitzenden Teiles niedergelegt sind. Sie sollten, wenn überhaupt, zumindest auf Verordnungsstufe ihren Niederschlag finden[30, 31]. Das ist bisher zumindest im Kanton Zürich nirgends der Fall.

514

e)   Zuständigkeit für generelle Verbote von etwas, wofür die Zone nicht bestimmt ist und das auch nicht dem dient, wofür die Zone bestimmt ist: ja

Zur Funktionalisierung der Betrachtungsweise:

α) Eine beschränkte Lockerung der sich aus der Kategorisierung/Typisierung/Spartenbildung ergebenden Starrheit bahnte sich im Laufe der Jahre beim ZH-Verwaltungsgericht mit dem Ruf nach Funktionalisierung der Elemente der Immissionsvorschriften an[32]. Damit ist der Gedanke verbunden, dass Bewerbsarten, welche funktional einem anderen, erlaubten Bewerb zugeordnet sind, indem sie dessen Ausübung erleichtern, ebenfalls erlaubt sein sollen. Das dient auch der planerisch erwünschten Durchmischung von Quartieren. Eine grössere praktische Bedeutung besitzt hier allerdings nur die Zuordnung einzelner gewerblicher Bewerbsarten zum täglichen Bedarf beim Wohnbewerb. Anerkannt wird von der Gerichtspraxis eine solche Zuordnung bezüglich folgender gewerblichen Tätigkeiten: Bäckereien (aber nicht Grossbäckereien), Schuhmachereien, Coiffeursalons, Schneiderateliers, Ateliers für technische und graphische Berufe, kleinere kaufmännische Betriebe, Arztpraxen usw.; eine solche Zuordnung fehlt aber zB bezüglich Büros

515

---

[30] Es geht hier um die Frage, ob zB hinter dem Wort «Schreinerei» eine feste Realität stehe, deren Vorhandensein oder Nichtvorhandensein in jedem in Betracht kommenden Betrieb objektiv festgestellt werden kann; oder ist der Begriff «Schreinerei» nichts anderes als die Summe aller jener Betriebe, die umgangssprachlich als Schreinerei bezeichnet werden? Dass man bei der Typisierung nicht einfach auf die lexikalisch geläufigen Begriffe wie Schreinerei, Sägerei, Zimmerei usw. abstellen kann, ergibt sich übrigens bereits aus den vorne aufgezählten Typen: Hier wird beim Typus Schmiede aufschlussreich gesagt: «ohne Hammerschmiede». Auch wurden schon bei den Bäckereien die Grossbäckereien ausgeschieden (Rz 505). Ähnliche Differenzierungen drängen sich aber auch bei den weiteren Betrieben auf.

[31] Die von Alexander Ruch in seiner redaktionellen Bemerkung zum Entscheid des AG-Verwaltungsgerichtes vom 2. Mai 1983 (ZBl 1983 S. 462 f) ausgedrückte Unsicherheit der objektivierten, funktionalen Betrachtungsweise hat einiges für sich. Das «ungeschoren davonkommen» von «Freizeit-Betrieben» ist kaum gerechtfertigt; gegen wirklich stilles Gewerbe in Wohnzonen ist aber kaum etwas einzuwenden.

[32] Vgl. RB 1982 Nr. 127 (BEZ 1983 Nr. 3), RB 1984 Nr. 75, RB 1994 Nr. 65, RB 1994 Nr. 73, Entscheid des Verwaltungsgerichtes in: BEZ Nr. 1997 Nr. 1, BGE 117 Ib 147 (Opfikon/ZH).

grosser Dienstleistungsbetriebe und Betrieben des Autooccasionshandels oder Reparaturwerkstätten für Motorräder[33, 34].

516 β) Sodann wurden Bewerbungen der Wohnnutzung zugerechnet, wenn sie in Räumen stattfinden, «die mit einer Wohnung im Zusammenhang stehen, einer freiberuflichen Tätigkeit des Inhabers der Wohnung dienen und nach ihrer Fläche in einem angemessenen Verhältnis zur eigentlichen Wohnfläche stehen»[35].

517 γ) Gemäss ZH-RB 1984 Nr. 75 gelten, «je ausgeprägter eine Zone Wohnzwecken dient, was nach ihrer räumlichen Festsetzung, dem Verhältnis zu den übrigen Zonen, den Immissions- und Ausnützungsbestimmungen sowie den Vorschriften über die Bauweise zu beurteilen ist, um so höhere Anforderungen für die Zulassung einer anderen Nutzung».

f) Zuständigkeit für generelle Verbote in Abhängigkeit vom Charakter eines Quartiers/einer Zone: ja

518 Zur quartier-/zonencharakterbezogenen Betrachtungsweise:

α) Im Laufe der Jahre wurde bezüglich Gebäuden und Bewerbungen in Wohnzonen das entscheidende Kriterium immer mehr darin gesehen, ob sie zum Zonenzweck/zum Wesen der Zone passen, ob es sich um einen Bewerb zur Deckung des alltäglichen Bedarfes in Fussgänger-Distanz von den hier Wohnenden handle[36]. Dabei boten zu dieser Betrachtungsweise verschiedentlich – aber bei weitem nicht überall! – vorkommende Vorschriften die Anregung, wonach es sich in Wohnzonen um Läden und gewerbliche Bauten handeln müsse, «die vorwiegend und unmittelbar dem Bedarf der umliegenden Wohnquartiere dienen»[37]. Es setzte sich die Auffassung durch, dass dieses Erfordernis «auf Grund der allgemein gebotenen Übereinstimmung mit dem Zonenzweck ebenso dort (gelte), wo es in der Bauordnung nicht ausdrücklich festgelegt sei»[38]. Dabei kommt dem Begriff der Fussgänger-Distanz eine wichtige Funktion zu. Wenn eine nicht direkt dem Wohnen dienende Baute bzw. ein nicht direkt dem Wohnen dienender Bewerb dazu bestimmt ist, von Kunden aus einem weiteren Kreis aufgesucht zu werden als von den im Quartier/in der Wohnzone ansässigen Menschen, dann gilt das Verbot an sich unabhängig davon, wie stark oder schwach die mit der Baute bzw. dem Bewerb zusammenhängenden, materiellen und auf das Ortsbild bzw. den Quartier-/Zonencharakter bezogenen, lo-

---

[33] BGE 117 Ib 147, 154 f (Opfikon/ZH betr. Autooccasionshandel).
[34] Hiezu wurde im Entscheid in FN 31 gesagt: «Zum Wohnquartier gehören Einrichtungen, die normalerweise mit vernünftigem Aufwand zu Fuss erreicht werden können.» Den Velo- und Mofa-Händler benötige man wie den Garagisten meist nur sporadisch. Zudem liege es im Wesen seiner Kundschaft, dass sie ihm über weite Distanzen folge. Er habe vielfach ein grosses über mehrere Wohnquartiere reichendes Einzugsgebiet, namentlich wenn er sich auf bestimmte Marken und Geschäfte spezialisiert habe.
[35] Diese Aussage lehnt sich an ZH-PBG § 52 in der Fassung vom 7. September 1975 an; in der Fassung vom 20. Mai 1984 fehlt das Erfordernis des Verwendetseins für eine freiberufliche Tätigkeit.
[36] Für den Kanton ZH-RB 1994 Nr. 73 und der mehrfach zitierte Verwaltungsgerichtsentscheid in: BEZ 1997 Nr. 1 S. 5 f. Rz 524, 541.
[37] Vgl. den in FN 31 erwähnten Entscheid des AG-Verwaltungsgerichtes vom 2. Mai 1983 in ZBl 1983 S. 462–466, mit redaktioneller Bemerkung von Alexander Ruch.
[38] Entscheid des ZH-Verwaltungsgerichtes in: BEZ 1997 Nr. 1.

kal bedeutsamen ideellen Immissionen sind. Es muss auf jeden Fall Quartier-/Zonencharakterbezogenheit vorliegen. Dabei kommt es, ähnlich wie bei der Empfindlichkeit gegenüber materiellen Immissionen, auf «die Bedürfnisse eines hypothetischen Durchschnittsbewohners» an[39].

β)   Bei Zugrundelegung des Kriteriums der Quartier-/Zonencharakterbezogenheit und der Funktionalisierung mit der Fussgängerdistanz ist es eigentlich selbstverständlich, dass in Wohnzonen, selbst bei einer erheblichen Anwesenheit von Nicht-Wohnbewerb, Sexbetriebe von der Art von Sex-Shops, Peep-Shows, Massagesalons oder Bordellen dem Charakter/der Eigenart/dem Wesen/der Bestimmung des Quartiers/der Zone widersprechen und daher verboten sind.   519

γ) α') Die ZH-Baurekurskommission I vertrat nun allerdings in ihren Entscheiden Nrn. 119 und 120/1996 (publiziert in: ZH-BEZ 1996 Nr. 16) die gegenteilige Auffassung. Es handelte sich hier um die Frage, ob das von der Bausektion II der Stadt Zürich ausgesprochene und von den Bauaktiven angefochtene Verbot eines Sex-Massagesalons im bereits bestehenden, zu einer Zone mit einem Minimalanteil von 80% bzw. 83% an Wohnungen (Wohnanteil) gehörenden Gebäude Feldstrasse 141 in Zürich 4 aufzuheben sei. Nach Auffassung der Baurekurskommission I durfte ein solcher Massagesalon in den noch freien 20% bzw. 17% untergebracht werden. Das ZH-Verwaltungsgericht erklärte jedoch, auf Beschwerde der Stadt hin, in dem in BEZ 1997 Nr. 1 publizierten Entscheid, wohl zu Recht (und eher maliziös):   520

> «(Es) kann nicht gesagt werden, dass ein Massagesalon den Bedürfnissen eines Quartiers diene; denn abgesehen vom beschränkten Benutzerkreis werden derartige Einrichtungen aus Gründen der sozialen Kontrolle gerade nicht von den dort ansässigen Bewohnern, sondern von anonymen Auswärtigen aufgesucht. Sodann pflegen solche Dienstleistungen nicht täglich in Anspruch genommen zu werden, jedenfalls weniger häufig als jene der in RB 1994 Nr. 73 verweigerten Poststelle.»

β') Die Ablehnung von Verboten gegenüber dem Sexgewerbe durch die Baurekurskommission I ist zwar nicht Ausdruck von Laxheit, sondern durch bemerkenswerte formal-systematische und allgemein rechtsstaatliche Überlegungen bedingt. Die Baurekurskommission I ist offensichtlich der Auffassung, wenn und soweit einem liberal-demokratischen Gemeinwesen die Kompetenz zur Legiferierung im Bauwesen zustehe, dann gelte dies vollumfänglich nur im materiellen, nicht aber im ideellen Bereich und nur bezüglich Bauten, nicht aber auch bezüglich des Bewerbes von Bauten; bezüglich des ideellen Bereiches und des Bewerbes beschränke sich die Legiferierungskompetenz auf einzelne, eng umgrenzte Bereiche; sodann befürchtet die Baurekurskommission I, dass wenn in einem weltanschaulich oder moralisch nicht allgemein akzeptierten Bereich Verbote für zulässig angesehen würden, wegen des Rechtsgleichheitsgebotes Verbote sich gewissermassen ölfleckartig ausweiten müssten oder könnten. Die Baurekurskommission I macht im Einzelnen geltend: 521

> «Die sogenannten ideellen Immissionen sind mit Ausnahme der Frage der baulich-architektonischen Ästhetik weder Gegenstand des Bundesrechts noch des kantonalen oder kommunalen Baurechts ... In einzelnen Bauordnungen enthaltene ausdrückliche Bestimmungen, wonach (in Wohnzonen) nur Nutzungen zulässig seien, ‹die von ihrer Art her in Wohnzonen passen›, können ... nur raumplanerische Inhalte haben und bieten keine Rechtsgrundlage zur Untersagung von ideellen Auswirkungen. Es ist

---

[39] Entscheid des ZH-Verwaltungsgerichtes in: BEZ 1997 Nr. 1 S. 10.

sach- und systemrichtig, wenn das Baurecht ideelle Immissionen nur im Zusammenhang mit der unmittelbaren Wirkung von Bauten und Anlagen an sich auf die bauliche und landschaftliche Umgebung (Einordnung) erfasst, nicht aber ideelle Auswirkungen, welche aus Nutzung und Benutzung von Gebäuden entstehen.»[40]

522 γ') Diese radikale *Gegenüberstellung von ideellen und nicht-ideellen Immissionen* mit Beschränkung des Baurechtes im Wesentlichen auf die Verhinderung nicht-ideeller Immissionen lässt sich nicht aufrechterhalten. Das zeigt sich schon daraus, dass die Baurekurskommission I selbst im Entscheid BEZ 1996 Nr. 16 für die baulich-architektonische Ästhetik eine «Ausnahme» zugestehen muss. Wenn aber das Baurecht in *einem* Wirklichkeitsausschnitt ideelle Immissionen erfassen kann, warum soll es dies nicht auch noch in andern Wirklichkeitsausschnitten tun können? Zwar steht die baulich-ästhetische Ästhetik «im Zusammenhang mit der unmittelbaren Wirkung von Bauten und Anlagen an sich auf die bauliche und landschaftliche Umgebung (Einordnung)». Wenn man jedoch Aspekte wie Pressung des Bodens durch das Gewicht der Bauten, Verschlechterung der Besonnung, Lichtentzug, Erschwerung der Durchlüftung, Verstellung des Durchblickes, Nachrutschen des Bodens infolge Abgrabungen, Lärm- und Abgasentwicklung aus dem Bauvorgang usw. auf der Seite lässt, so liegt auch hier das Entscheidende für die Zulassung oder Nichtzulassung nicht in «sachlichen», physikalisch-chemischen, sondern in psychischen, psychologischen, wertmässigen und damit ideellen Fakten. Das gilt ganz besonders für den Einordnungsbegriff. Aber auch alle ziffernmässigen Standardregelungen wie Geschosszahl-, Gebäudehöhen-, Firsthöhen-, Gebäudelängen-, Gebäudetiefen-, Zusammenbaumaxima sowie Grenz-, Gebäude-, Strassen-, Waldrand-, Gewässerabstandsminima, die Überbauungs-, Ausnützungs- und Baumassenziffern enthalten ausnahmslos und sehr wesentlich eine ideelle Komponente. Sie sind nie einfach nur Gegenstand von Mathematik, Physik und Vermessungstechnik. Im Baurecht ist zwar von der Motivation her alles materiell, aber auch alles mehr oder weniger ideell.
Wenn die Baurekurskommission I im Entscheid BEZ 1996 Nr. 16 S. 28 erklärt:

«Enthält die kommunale Bauordnung keine detaillierten Regelungen hinsichtlich von Betrieben, sondern ergibt sich aus den Vorschriften einzig und allein deren grundsätzliche Zulässigkeit, so können Betriebe nicht auf Grund der altrechtlichen Typisierung (zonenbedingte Immissionsvorschriften) untersagt werden; vielmehr haben sie sich immissionsrechtlich ausschliesslich am Bundesumweltschutzrecht zu orientieren.»

dann wird damit das Kind mit dem Bade ausgeschüttet. Vorschriften in Bauordnungen, welche zonenbezogen leichte/mässige/starke Störungen verbieten/erlauben, haben zwar seit Inkrafttreten des USG nur noch einen eingeschränkten Anwendungsbereich aber sie sind damit keineswegs einfach «altrechtlich» im Sinne von heute rechtlich unbeachtlich geworden (Rz 530 f).

---

[40] Die Baurekurskommission III bzw. I vertrat schon in zwei früheren Entscheiden bezüglich der Verbietbarkeit von ideellen Immissionen einen ablehnenden Standpunkt: in BEZ 1983 Nr. 11 (hier bezüglich eines Notschlachtlokales in einer Wohnzone) und in BEZ 1985 Nr. 13 (hier allerdings zu Recht im Falle von personal bedeutsamen Immissionen, offenbar ein Fahrendenstandplatz, Rz 542a); hiernach sind «unter baurechtlich relevanten Immissionen stets Beeinträchtigungen physischer Art, wie Lärm, Gerüche, Dünste, Rauchentwicklung, Veränderung der natürlichen Lufttemperatur und -feuchtigkeit, Lichtentzug, Erschütterungen und dergleichen zu verstehen; ... es besteht gemäss ständiger Praxis ... kein Schutz vor sogenannt ideellen Immissionen; ... der Schutz vor ideellen Immissionen (ist) dem heutigen Baurecht wesensfremd bzw. in das legislatorische Gefüge nicht integrierbar.»

Das Verwaltungsgericht erklärt denn auch in BEZ 1997 Nr. 1 S. 11 zu recht: Aus dem Umstand, dass die ideellen Immissionen für das USG nicht relevant sind, «kann ... nicht der Schluss gezogen werden, dass diese Kategorie von Immissionen ... im Planungs- und Baurecht in jeder Hinsicht unbeachtlich blieben».

Dass ideelle Immissionen gerade bezüglich des Sexgewerbes von Belang sind, ergibt sich auch daraus, dass ideelle Immissionen «kraft spezialgesetzlicher Vorschrift (vgl. § 2 Abs. 2 und § 13 Abs. 2 des Unterhaltungsgewerbegesetzes vom 27. September 1981, LS 935.32) einen gewissen Stellenwert haben» (Rz 3186).

Umgekehrt spricht der Umstand, dass zivilrechtlich gegen ideelle Immissionen gestützt auf ZGB Art. 684 vorgegangen werden kann[41], nicht im Geringsten für die Nicht-Geltendmachbarkeit im öffentlichen Recht.

δ') Bezüglich der «in den Bauten und Anlagen sowie in deren Umgebung verkehrenden Personen» ist Folgendes zu sagen: Es besteht eine unaufhebbare *Wechselwirkung zwischen den Gebäuden und den sie bewerbenden Menschen,* weil Gebäude immer einen von Menschen gesetzten Zweck aufweisen und Bewerb immer auch Zweckverfolgung ist (Rz 326 ff). Dem kann sich das Baurecht nie entziehen[42]. Zwar weist ein Wohnhaus meistens eine bestimmte Inneneinteilung, Fassadengliederung und Dachgestaltung[43] und eine industrielle Baute eine davon abweichende Inneneinteilung, Fassadengliederung und Dachgestaltung auf[44]. Doch ist dies nicht der Hauptgrund, weshalb ein Gebäude in einer bestimmten Zone zulässig ist und in einer anderen nicht. Wesentlich ist immer der Bewerb, im Hinblick auf welchen die Konstruktion gewählt wurde. Bezüglich der dem Sexgewerbe dienenden Gebäude besteht nun allerdings folgende Schwierigkeit: Die für das Wohnen geeignete Konstruktion ist meistens auch für das Sexgewerbe geeignet. Mehr als einen Hauseingang, Korridor mit Zimmern, Bade-/Duscheraum, WC und allenfalls eine Küche brauchen wohl auch Massagesalons und Bordelle nicht. Das ist ja auch der Grund, weshalb sich solche Etablissements so unter der Hand in bestehenden Wohnhäusern ansiedeln. Das Wesentliche bleibt aber auch hier der Bewerb.

Fraglich ist höchstens, wie weit der Zusammenhang zwischen Gebäude und Bewerb rund herum noch beachtlich ist. M.E. ist er noch beachtlich, wo es erfahrungsgemäss darum geht, «dass sich die Kunden der Prostituierten nach Schliessung der Salons jeweils noch während einer gewissen Zeit in der Umgebung der Gebäude aufhalten, und sich durch Zurufe und Zuschlagen von Autotüren bemerkbar machen». Wenn man bei diesen Unannehmlichkeiten für die Anwohnerschaft wegen ihres akustischen Gehaltes auf das Umweltschutzrecht verwiesen wäre, könnte dieses ja gar nicht greifen, weil wohl auch keine «Anlagen» im Sinne von USG Art. 7 (Rz 4081 f) vorlägen. Dass in der Umgebung von Vergnügungslokalen, Bars, Spielsalons usw. ähnliche Erscheinungen anzutreffen sind, mag zutreffen, rechtfertigt aber nicht, ein Verbot des Sexgewerbes allein deshalb auszuschliessen, weil man diese Etablissements nicht verbieten kann oder will. Es handelt sich nicht um dasselbe. Für die Umgebung von Schulhäusern, Jugendtreffs, Altersheimen, Kirchen usw. muss von vorneherein ein Sonderregime herrschen können.

523

---

[41] Arthur Meier-Hayoz, Berner Kommentar zum ZGB, Art. 684 N. 72.
[42] Gemäss BGE 99 Ia 604 ff (Kanton Genf, Wohnbaugesetzgebung) betrifft das Baurecht nicht nur «la construction comme telle ... mais aussi l'utilisation subséquente».
[43] Sie ist meistens hinsichtlich Geschosshöhe, Gebäudehöhe und Gebäudelänge kleinmassstäblich und bezüglich Türen und Fenstern feingliedrig.
[44] Hier gilt meistens das Umgekehrte zur vorherigen Fussnote: Grossmassstäblichkeit, Grobgliedrigkeit.

524 ε') Bezüglich *Willkür und Rechtsgleichheitsgebot* brachte die Baurekurskommission I in ihrem Entscheid BEZ 1996 Nr. 16 S. 31 weiter den folgenden Einwand vor:

> «Das Baurecht (ist) nicht dazu da, in die durch die Liberalisierung des Sexualstrafrechtes entstandenen ‹Lücken› zu springen ... Eine auf ideelle Immissionen ausgreifende Anwendung von baurechtlichen Normen (wäre) aus Gründen der Rechtsgleichheit zur Bewertung von Erscheinungsformen gezwungen ..., die in der jüngeren Vergangenheit Gegenstand von Verfolgung durch menschenverachtende politische Systeme waren. Eine differenzierte Behandlung des Verhaltens etwa von je nach ihrer Nationalität mehr oder weniger obszön zur Unzucht anlockenden Prostituierten, von lüstern umherstreichenden Freiern, verelendet aussehenden Süchtigen in und um Drogenanlaufstellen sowie von heruntergekommenen und alkoholisierten Besuchern von Vergnügungslokalen aller Art würde nur noch von diffusen Vorstellungen darüber abhängen, was in einer zürcherischen Stadt- oder Landgemeinde noch als sozialadäquat gelten könne. Nur noch ein kleiner Schritt wäre es von da an, etwa das Verhalten und Auftreten aggressiv missionierender Sekten oder sonst ungewöhnlich auffallender Angehöriger fremder Religionsgemeinschaften unter dem Titel ‹die von ihrer Art her in Wohnzonen passen› zu bewerten.»

Die Baurekurskommission I hatte in ihrem Entscheid BEZ 1996 Nr. 16 auch Folgendes erklärt:

> «Dass sich die Kunden der Prostituierten nach Schliessung der Salons jeweils noch während einer gewissen Zeit in der Umgebung der Gebäude aufhalten und sich durch Zurufe und Zuschlagen von Autotüren bemerkbar machen, ist wie bei den (anderen Vergnügungslokalen, Bars, Spielsalon usw.) in Rechnung zu stellen. Gründe der Rechtsgleichheit verbieten jedoch eine Beurteilung der Lärmimmissionen aller dieser Betriebe anhand von Vorschriften aus unterschiedlichen Rechtsbereichen.»

Das mit Letzterem Gemeinte ist angesichts der zuvor zutreffenden Tatsachenschilderung unklar. Die Baurekurskommission I fährt dann etwas weiter unten wie folgt fort:

> «Schon gar nicht gehören (zu den vom Baurecht erfassten ideellen Immissionen) Aussehen und Aufmachung, Auftreten und Gebaren und sonstiges Verhalten von Personen, die in den Bauen und Anlagen sowie in deren Umgebung verkehren.»

Hiezu nimmt das Verwaltungsgericht im Entscheid BEZ 1997 Nr. 1 S. 11 treffend wie folgt Stellung:

> «Entgegen der Befürchtung der Rekurskommission kann es nicht darum gehen, dass der Gesetzgeber oder die rechtsanwendenden Behörden unter dem Deckmantel von ideellen Immissionen missliebige soziale Verhaltensweisen baurechtlich sanktionieren. Ein solches Unterfangen müsste nicht nur am richtig verstandenen kantonalen Baurecht scheitern, sondern auch am verfassungsrechtlichen Willkürverbot, das sich gleicherweise auf die Sachverhaltsermittlung wie die Rechtsanwendung erstreckt ... Aus dem gleichen Grund müssen blosse Mutmassungen unberücksichtigt bleiben, solange nicht die Lebenserfahrung zeigt, dass die befürchteten Nachteile mit erheblicher Wahrscheinlichkeit tatsächlich eintreten (vgl. RB 1982 Nr. 155 = BEZ 1983 Nr. 6). Was das Sexgewerbe in der Stadt Zürich anbelangt, darf es als notorisch gelten, dass solche Studios, Massagesalons und dergleichen, die über den Rahmen eines am Ort des Wohnsitzes geführten Einpersonenbetriebes hinausgehen, aufgrund von unerwünschten sozialen Begleiterscheinungen wie höheren Immissionen, häufigem Mieterwechsel, Verdrängung von preisgünstigem Wohnraum und damit von Familien, tendenziell höherer Kriminalität, die Wohnqualität beeinträchtigen.»

Dass das Baurecht nicht die Funktion eines Lückenbüssers für ein als zu liberal angesehenes Sexualstrafrecht haben könne, stimmt selbstverständlich. Die Frage lautet jedoch: Konnte vor Inkrafttreten der Revision des Strafgesetzes vom 21. Juni 1991 gegen Bordelle, Massagesalons, Peep-Shows und Sex-Shops in *Wohnzonen* nur auf Grund des Sexualstrafrechtes eingeschritten werden oder war dies auch damals schon aus baurechtlichen

Gründen wegen Störung/Beeinträchtigung/Belästigung des Charakters/der Eigenart/des Wesens des Quartiers/der Zone möglich? Gemäss den Ausführungen in Rz 518 f ist Letzteres zu bejahen. Das Bild der «Lücke» ist insoweit fehl am Platz[45, 46].

Dass sodann eine Eskalation bis hin zu den von der Baurekurskommission I angedeuteten Willkürakten in der neueren Geschichte äusserst bedenklich wäre, braucht nicht näher begründet zu werden. Doch besteht zumindest bei der in Rz 518 ff erörterten Präzisierung (Erfordernis des Bedürfnisses alltäglicher Bedürfnisse in Fussweg-Distanz zur Wohnstelle) keine Gefahr der Realisierung der geschilderten Befürchtung.

δ) *Zur Gemeindekompetenz:* Auch wenn selbst in einem liberal-demokratischen Staat kaum etwas Überzeugendes gegen die grundsätzliche Zuständigkeit des Gemeinwesens zu generellen Verboten von quartier-/zonenbezogenen, lokal bedeutsamen ideellen Immissionen vorgebracht werden kann, stellt sich immerhin die Frage, ob diese Kompetenz nur dem Bund und den Kantonen oder auch den Gemeinden zuerkannt werden könne. Da mehrere, in Rz 481 erwähnte zonenabhängige Verbote von Störungen/Belästigungen/ Beeinträchtigungen von Charakter/Eigenart/Wesen von Quartieren/Zonen, des Zweckes/ der Bestimmung von Zonen schon seit langem in kommunalen Bauordnungen vorkommen, ist zumindest indirekt auch die Legiferierungskompetenz der Gemeinden in diesem Sachbereich bejaht, sei es gestützt auf eine in einem kantonalen Baugesetz enthaltene Delegationsnorm, sei es gestützt direkt auf die Gemeindeautonomie. Es wäre auch nicht einzusehen, wieso die Gemeinde auf das Ortsbild bezügliche lokal bedeutsame ideelle Immissionen von ortsbildbeeinträchtigenden Bauten ohne weiteres verbieten kann, nicht aber die auf den Quartier-/Zonencharakter bezüglichen. Selbst die Zürcher Baurekurskommission I lehnte in ihrem gegenüber dem Einzug der Prostitution in Wohnzonen weitgehend offenen Entscheid BEZ 1996 Nr. 16 die kommunale Legiferierungskompetenz nicht grundsätzlich (wenn auch unter Zugrundelegung einer zu engen Auffassung der zur Raumplanung gehörenden Materie) ab. Das Zürcher Verwaltungsgericht bestätigte diese Gemeindezuständigkeit in BEZ 1997 Nr. 1 S. 9 ausdrücklich[47]. 525

ε) Das Bundesgericht bestätigte mit dem leider nicht publizierten Entscheid vom 26. November 1997 (1 P. 191/1997; besprochen in: PBG aktuell 1998 Heft Nr. 2 S. 40 ff) die Stellungnahme der Stadt und des Verwaltungsgerichtes grundsätzlich, unter Bezugnahme auch auf BGE 117 Ib 147 (Opfikon/ZH, betr. Lastwagengarage) und BGE 114 Ib 214 (Basserdorf/ZH, betr. Toggenburger AG). 526

---

[45] Würde übrigens eine (echte) Lücke vorliegen, so wäre sie aufgrund einer umfassenden Interessenabwägung zu schliessen. Hiezu könnten durchaus Wertungen aus «unterschiedlichen» Rechtsbereichen Berücksichtigung finden. Zu der aus gewissen Formulierungen der Baurekurskommission I herauszuhörenden Abneigung gegen eine «Vermischung» der Wertungen der verschiedenen Rechtsbereiche besteht kein Anlass; denn die Rechtsordnung ist eine in sich geschlossene Einheit.

[46] Eine gewisse Verwandtschaft besteht zu dem in BGE 108 Ia 140 beurteilen Fall. Dieser bezog sich auf die Bewilligungsbedürftigkeit gemäss ZH-Unterhaltungsgewerbe-Gesetz (Rz 3186). Hier wurde trotz weitgehender Zuständigkeit des Bundes bezüglich Arbeitsgesetzgebung (Rz 4120) klargestellt, dass die Kantone ihre baugesetzlichen Kompetenzen weiterhin besitzen.

[47] Hienach kann sich die Stadt Zürich für das Verbot des Massagesalons «mit gutem Grund auf die Gemeindeautonomie (berufen). Dass das Umweltschutzrecht vom Bundesrecht beherrscht wird, änderte nichts an dieser Feststellung.»

g) **Zuständigkeit zum generellen Verbot vom Konkurrenten bei Liegenschaftserwerb/-miete: nein**

527 Zu denken ist insbesondere an Interessenten, welche in Wohnquartieren oder Industrie- und Gewerbezonen als rentabler angesehene Büros einrichten möchten, ferner an «auswärtige Millionäre», welche sich an schönster Lage eine Villa bauen wollen. Hier heisst es dann, dass diese die Bodenpreise und Mietzinse in die Höhe treiben, was das Nicht-mehr-mitmachen-können der einheimischen Familien und Gewerbetreibenden als Käufer oder Mieter zur Folge habe. Rechtfertigen lassen sich so motivierte Verbote aber nur, wenn sie zur Bekämpfung der Wohnungsnot (Art. BV 34^{sexies}, jetzt Art. 108), zum Schutze von wirtschaftlich gefährdeten Wirtschaftszweigen (BV Art. 31bis, jetzt Art. 94 ff), allenfalls auch im Sinne der Gesetzgebung zum Erwerb von Grundstücken durch Personen im Ausland (SR 211.412.41, Rz 4137a) nötig sind. Alles andere wären gewerbliche Betätigungsverbote von der Art, wie sie bis 1848 galten. Im Baurecht sind bisher allerdings noch nie entsprechende Vorschriften zur Statuierung beantragt worden. Derartige Tendenzen kommen eher nur verdeckt bei der Anwendung an sich harmlos klingender Vorschriften mit unbestimmten Regelungselementen zum Ausdruck[48]. Einen Sonderfall bilden Verbote bezüglich des Baues von Ferien-/Zweitwohnungen: BGE 112 Ia 65 ff (Bever/GR) und 117 Ia 141 ff (Sils i.E./GR). Rz 3732 ff.

h) **Zuständigkeit zu generellen Verboten, nur wenn das Verbotene zu einem Quartierzerfall führt: nein**

528 In dem in Rz 520 f zitierten Entscheid der ZH-Baurekurskommission I schimmert der Gedanke durch, das Verbot von Sexbetrieben könnte allenfalls dann rechtlich standhalten, wenn zu befürchten wäre, dass es bei deren Zulasssung konstruktiv und wohnhygienisch zu einem «baulichen Verfall ganzer Quartiere und damit (zur) Verwahrlosung ihrer verarmten Einwohner» käme. Damit wäre dann allerdings die Verbindung zum Baulichen im engen Verständnis, wie dieses die Baurekurskommission I vertritt, wieder gegeben. Weil aber das Bauliche keineswegs so eng aufgefasst werden muss, besteht keinerlei Bedürfnis nach einer solchen Rechtfertigung eines Verbotes[49].

---

[48] Vgl. BGE 111 Ia 27 (Hotel Astoria SA, Genf): Der mit Rücksicht auf die einheimische Hotellerie für Dauergäste beschlossene Passus, wonach die Einrichtung von Passantenhotels verboten gewesen wäre, wurde aufgehoben. Das Bundesgericht hat allerdings in einem Entscheid vom 10. Oktober 1991 (1P.176/1991, Druckerei A. c. Stadt Zürich, nicht publiziert) erklärt: «Es steht ... der ... Zielsetzung nichts entgegen, ... die klassische Industrie- und Gewerbezone vor einer Verdrängung durch die (rentableren) Bürobauten zu schützen.» «Verdrängt» werden zwar nie Zonen, sondern die weniger Zahlungskräftigen. Zu den Dienstleistungsbetrieben in Industrie- und Gewerbezonen allgemein siehe Rz 227 mit FN 10, ferner Rz 1075 mit FN 2.

[49] Ein solcher Zerfall konnte für das Gebiet der Feldstrasse 141 in Zürich 4 nicht festgestellt werden. Das überrascht denn auch nicht, denn Massagesalons, Bordelle usw. bringen ihrem Träger hohe Gewinne ein und geben oft zu eigentlichen Luxusinvestitionen Anlass; bauliche Verlotterung ist hier nicht das Typische. Es kommt hier jedoch darauf an, ob wegen des Einzuges solcher Etablissements in ein Gebiet, in welchem sich viele Bewohner, ohne dass ihnen Überempfindlichkeit, Prüderie, Intoleranz, religiöser Fanatismus, Heuchelei usw. vorgeworfen werden könnten, abgestossen fühlen und deshalb im Laufe der Jahre mehr Leute das Gebiet verlassen, als sich hier neue niederlassen. Dieser Verdrängungseffekt ist das Wesentliche und bei Massagesalons und Bordellen sicher grösser als etwa bei Bars und Spielsalons.

B. Zur Regelung seit Inkrafttreten des RPG

Bis zum Inkrafttreten des RPG am 1. Januar 1980 war die Aussage, Bauten und Bewerbungen müssten dem Charakter/der Eigenart/dem Wesen/der Bestimmung des Quartiers/der Zone entsprechen, in weiten Teilen der Schweiz, auch im Kanton Zürich, lediglich die Folge einer teleogischen Auslegung eher vager normativer Zusammenhänge, etwa mit einem Zonennamen (zB Wohnzone) oder mit einem Satz in der Bauordnung, wonach eine Zone für eine namentlich genannte Bewerbsart (zB für Wohnbauten) bestimmt sei, ruhige und gesunde Wohnverhältnisse ermöglichen oder dem Wohnen diesen solle[50]. Speziellere Aussagen im vorerwähnten Sinne kamen bis dahin im geschriebenen Recht, auf jeden Fall im Kanton Zürich nur ganz vereinzelt vor, etwa in einer Bauordnung. Indem nun aber das RPG in Art. 22 II lit. a (Rz 3674 f) erklärt: «Voraussetzung einer Bewilligung ist, dass a) die Bauten und Anlagen dem Zweck der Nutzungszone entsprechen», hat sich die Rechtslage schlagartig geändert. Es fehlt den Kantonen jetzt die Kompetenz, Bauten zu bewilligen, welche nicht dem Zweck der Nutzungszone entsprechen, was auch immer darunter zu verstehen ist.

529

C. Zur Regelung seit Inkrafttreten des USG

a) Ein eigentlicher Einbruch in die vorstehend erörterte Rechtslage ergab sich aber erst mit dem Inkrafttreten des USG am 1. Januar 1985 (Rz 4081 f). Seit dem Jahre 1988 steht aufgrund der Gerichtspraxis[51] fest, dass alle kantonalen Regelungen ihre Geltung verloren haben, soweit diese hinzufügenden materiellen Immissionen betreffen und für

530

---

[50] Vgl. BGE vom 24. November 1971 (Opfikon/ZH, ZBl 1972 S. 242 f). Wenn in einem Baugesetz oder einer Bauordnung steht, die und die Zone ist für die und die Bauten bzw. Bewerbungen bestimmt, oder wenn eine Zone einen auf einen Bewerb hinweisenden Namen trägt (zB Wohnzone) dann heisst dies nicht zwingend, dass Bauten bzw. Bewerbungen, für welche die Zone nicht bestimmt ist oder welche nicht genannt sind, verboten seien; denn jener Satz kann auch bloss zum Ausdruck bringen, dass jene Bauten bzw. Bewerbungen erwünscht sind und andere keine Förderung verdienen; das kann zB bei der Erteilung von Dispensen (Rz 606 ff) bedeutsam sein.

[51] BGE 113 Ib 393–402, Wohlen/AG, betr. Mosterei/Harassenlager in der Wohnzone W 2, Weiterausübung (Auflagen vom Bundesgericht verschärft); BGE 114 Ib 214, 217, 222, Bassersdorf/ZH, betr. Betonaufbereitungsanlage in der Gewerbezone (Toggenburger AG), Neubau (von der Gemeinde bewilligt, von der Baurekurskommission IV und dem Verwaltungsgericht aber aufgehoben, vom Bundesgericht jedoch zur Neubeurteilung zurückgewiesen); BGE 114 Ib 344, 352, Schaffhausen, betr. Parkhaus in der Altstadt, Neubau (vom Regierungsrat bewilligt, vom Bundesgericht zur Neubeurteilung zurückgewiesen); BGE 115 Ib 461, Schmitten/FR, betr. Schreinereibetrieb und Zivilschutzbaute, teilweise in der Wohnzone I, nur nach USG beurteilt, Änderung (von der lokalen Baubehörde und vom Staatsrat bewilligt, vom Bundesgericht bestätigt); BGE 116 Ia 491–493, Crissier/VD, betr. Dancing, allerdings in einer Industriezone, in welcher auf die Nachbarschaft Rücksicht genommen werden muss (die Verweigerung der Änderung wurde bestätigt); BGE 116 Ib 175, 183, Yvonand/VD, betr. Plastikverarbeitungsbetrieb in der Industriezone, Neubau (der von der Gemeinde bewilligt, von den kantonalen Behörden mit Auflagen positiv verabschiedete Entscheid wird vom Bundesgericht zur Neubeurteilung zurückgewiesen); BGE 117 Ib 147, Opfikon/ZH, betr. Verkaufsplatz für Occasionswagen in der Wohnzone (Verweigerung bestätigt, Änderung); BGE 118 Ia 112, Basel (die vom Verwaltungsgericht geschützte Bewilligung eines «Gassenzimmers» in einem Neubauprovisorium für die Betreuung von Drogenabhängigen wurde in Berücksichtigung von § 133 des Hochbautengesetzes bestätigt). Ferner Walter Haller/Peter Karlen, N. 583–587.

den Bauaktiven larger sind als die Regelungen des USG (Invalidierung durch Derogation); von jenem Datum an können die Kantone und Gemeinden grundsätzlich keine solchen Regelungen mehr festsetzen (sonst Invalidierung durch Repulsion, gemäss Art. 65 mit Aufschub der Letzteren bis zum Zeitpunkt, da der Bundesrat von seiner Verordnungskompetenz Gebrauch gemacht hat). Das USG hat selbständige Bedeutung; es dient nicht bloss als Auslegungshilfe vorher festgesetzter kantonaler Vorschriften[52]. Die in Art. 43 der Lärmschutzverordnung (SR 814.41) verwendeten Begriffe der nicht störenden, mässig störenden und stark störenden Betriebe haben nicht mehr den Sinn, die Betriebsarten wie im bisherigen Immissionsrecht des Kantons Zürich zum Zwecke der Beurteilung im Einzelfall abstrakt zu kategorisieren. Vielmehr wollen sie nur aufzeigen, wie bei der Zuordnung der Empfindlichkeitsstufen zur Zonierung der Bauordnungen vorzugehen sei.

531 b) Bei den Vorschriften, welche quartier-/zonenbezogen Störungen/Beeinträchtigungen/Belästigungen durch Bauten und Bewerbungen verbieten, ist wie sich aus Rz 504 f ergibt, im Laufe der Jahre die Ausrichtung auf materielle Immissionen immer mehr durch diejenige auf die lokal bedeutsamen ideellen Immissionen ergänzt worden; dabei stand der Bezug auf den Quartier-/Zonencharakter im Vordergrund, da der Bezug auf das Ortsbild von separaten Ästhetikparagraphen[53] genügend abgedeckt wurde. Durch das USG wurde somit nur «Urgestein» der immissionsrechtlichen Regelungen herausgehauen, die neueren Sedimente, der raumplanerisch motivierte Regelungsteil für die quartier-/ zonencharakterbezogenen, lokal bedeutsamen ideellen Immissionen hat jedoch unvermindert weiter Bestand. Es handelt sich hier allerdings um den normativ schwerer zu bestimmenden, aber gleich wichtigen Teil; «denn augenscheinlich beeinträchtigen ideelle Immissionen die Wohnqualität ähnlich wie materielle Einwirkungen»[54].

532 c) Die ZH-Baurekurskommission I schildert zwar in BEZ 1996 Nr. 16 das Verhältnis zum USG richtig. Wenn sie allerdings auf S. 27 f erklärt:

> «Ob ... ein einzelner Betrieb in einer bestimmten Zone immissionsrechtlich zulässig sei, hängt allein davon ab, ob er die entsprechenden Belastungsgrenzwerte der jeweiligen Empfindlichkeitsstufe einzuhalten vermag.»

so gelangt hierin eine zu enge Auffassung zum Ausdruck, sobald damit gesagt werden soll, kantonale oder kommunale Verbote von lokal bedeutsamen ideellen Immissionen mit Quartier-/Zonencharakterbezug seien jetzt belanglos. Gemäss Bundesgerichtspraxis behalten die kantonalen Regelungen, vorbehältlich des Verbotes wirtschaftspolitischer Massnahmen, ihre Geltung, soweit es um dem Gemeinwesen unwillkommene ortsbaulich bedeutsame Einwirkungen geht, wie Auslösung eines starken Zu- und Wegbringerverkehrs, besondere Autoabstellplatzbedürfnisse, Gefährdung der Fussgänger, Einpassung ins Ortsbild[55] und wohl auch Sexgewerbe.

---

[52] BGE 113 Ib 399 (Wohlen/AG, Mosterei, hier AG-aBauG § 135 betreffend).
[53] Im Kanton Zürich durch ZH-PBG § 238 Rz 479, 2058a.
[54] Entscheid des ZH-Verwaltungsgerichtes in: BEZ 1997 Nr. 1 S. 11.
[55] BGE 114 Ib 214, 222 f (Toggenburger AG, Basserdorf/ZH).

Zudem wird der immissionsrechtliche Gehalt in einer nicht begründbaren Weise zum raumplanerischen Gehalt in einen Gegensatz gestellt. Sowohl die immissions- als auch die raumplanungsrechtlichen Verbote lassen sich einzig dadurch legitimieren, dass mit ihnen dem Gemeinwesen unerwünschte Einwirkungen abgewehrt werden. Es fehlt trotz den in Rz 4081 f erwähnten verschiedenen Denkweisen an einem kategorialen Gegensatz zwischen Umweltschutz- und Raumplanungsrecht[56, 57].

d) Obwohl das USG im Geruche steht, ein gestrenges Gesetz zu sein, gibt es durchaus Situationen, in welchen eine Baute bzw. ein Bewerb gemäss USG erlaubt, gemäss der ein «Element der Nutzungsordnung» bildenden immissionsrechtlichen Vorschrift jedoch verboten ist. Es gibt aber auch das Umgekehrte: Das gemäss diesen Vorschriften Erlaubte kann gemäss USG verboten sein. Es ist aber auch denkbar, dass eine Bauten gegen die Regelung betreffend die quartier-/zonencharakterbezogenen, lokal bedeutsamen ideellen Immissionen verstösst, nicht aber gegen die ortsbildbezogenen lokal bedeutsamen ideellen Immissionen, also nicht gegen den Ästhetikparagraphen; das Umgekehrte ist jedoch kaum der Fall; ästhetisch Verunstaltendes verstösst wohl meistens auch gegen den Quartier-/Zonencharakter. **533**

D. Zur Regelung seit dem Entscheid des ZH-Verwaltungsgerichtes vom 9. Dezember 1998

Im ZH-Verwaltungsgerichtsentscheid vom 9. Dezember 1998 (BEZ 1999 Nr. 1) ist eine gewisse Distanzierung von der von dieser Instanz früher propagierten funktionalen Betrachtungsweise[58] und damit auch von der damit verbundenen Enge des Quartier-/Zonencharakters festzustellen. Wo Vorschriften in Bauordungen nach dem Muster von Rz 504 f gelten, gehe es beim Passus «nicht störende Gewerbe» zwar nicht um die «Auslegung eines unbestimmten Gesetzesbegriffes des Gemeinderechtes» (sondern offenbar um die Auslegung eines solchen des kantonalen Rechtes). Wegen der seit der PBG-Revision 1991 erweiterten Legiferierungskompetenz der Gemeinden sei aber trotzdem grundsätzlich auf die Auslegung abzustellen[59], welche die Gemeinde einer solchen Regelung gebe, und nicht mangels funktionaler Verbundenheit mit dem Zonenzweck der Betrieb (hier Büros in Winterthur neben dem Hauptsitz) zu verweigern, obwohl er nicht störend ist und **534**

---

[56] Das gelangt auch im ZH-Verwaltungsgerichtsentscheid vom 19. April 1996 (i.S. Parkplätze für Dienstleistungszentrum in Wallisellen/ZH, ZBl 1996 Nr. 11 S. 3 f) mit dem Hinweis auf die «Einheitlichkeit des Lebensraumes» deutlich zum Ausdruck.
[57] Eine gegenteilige Auffassung lässt sich kaum dadurch rechtfertigen, dass für die Abwehr ideeller Immissionen der Zivilweg offenstehe. Dessen Durchstehen ist eine mühsame Angelegenheit. Zudem geht es hier voraussetzungsgemäss um eine Auseinandersetzung zwischen Privaten. Die in diesem Zusammenhang lautende Frage lautet jedoch: Kann auch das Gemeinwesen ein Interesse an einer Abwehr haben? Die Antwort kann nur ja lauten. FN 41.
[58] RB 1982 Nr. 127 = BEZ 1983 Nr. 3, RB 1984 Nr. 75, RB 1994 Nr. 73, RB 1997 Nr. 65, Entscheid des Verwaltungsgerichtes in: BEZ 1997 Nr. 1, hier Zitate von mehreren unveröffentlichten Entscheiden. Rz 518.
[59] Dass eine erweiterte Legiferierungskompetenz auch vermehrte Freiheit in der Auslegung seiner in Ausübung dieser Zuständigkeit gesetzten Regelungen mit sich bringt, ist zwar kein zwingender Gedanke, aber nicht ganz von der Hand zu weisen.

obwohl er weder als Laden noch als eine Gaststätte zur Quartierversorgung qualifiziert werden kann. Wegen «fehlender funktionaler Bindung an den Zonenzweck (könne eine Bewilligung) nur in Ausnahmefällen» verweigert werden. Ein solcher Ausnahmefall liege beim Sexgewerbe (Rz 518 ff) oder bei Betrieben mit einem übermässigen Verkehrsaufkommen und entsprechender Verkehrsgefährdung, nicht aber bei Bürobetrieben vor. Dieser Entscheid kann sich als folgenschwer erweisen. Es wurde vermutlich bis vor kurzem etwas gar unbekümmert mit der Anrufung der funktionalen Betrachtungsweise umgegangen.

IV. Zur Kompetenz von Exekutive und Richter bezüglich der den Quartier-/Zonencharakter betreffenden, lokal bedeutetsamen Immissionen

535 1. Nachfolgend wird nun nicht mehr weiter untersucht, in welchem Umfang die Kantone bzw. Gemeinden zur Legferierung bezüglich der quartier-/zonencharakterbezogenen, lokal bedeutsamen ideellen Immissionen zuständig sind, sondern davon ausgegangen, dass sie so zuständig sind, wie sie tatsächlich im Sinne von Rz 504 f legiferiert haben[60]. Da stellt sich schon die Frage: Wie weit genügen solche generellen, reichlich unbestimmt formulierten Regelungen als gesetzliche Grundlage für Verbote gegenüber quartier-/zonencharakterbezogenen, lokal bedeutsamen ideellen Immissionen von Bauten und Bewerbungen in Einzelfällen?

536 2. Die Baurekurskommission I bringt nun im Entscheid BEZ 1996 Nr. 16 bezüglich der erforderlichen gesetzlichen Grundlage die folgende Auffassung zum Ausdruck:

(S. 28 f) «Auch derartige, nicht immissionsrechtlich motivierte Eigentumsbeschränkungen[61] bedürfen einer ausdrücklichen und unmissverständlichen gesetzlichen Regelung[62]. Der Zonenzweck wird durch die Gesamtheit der planungsrechtlichen und baupolizeilichen Normen, welche die Bauweise, die Nutzweise und die Gestaltungsweise von Bauten, Anlagen und Betrieben allgemein oder spezifisch-zonenbezogen regeln, abschliessend umschrieben. Programmatische Bestimmungen, wie sie in ZH-PBG § 52 I und in einzelnen Bauordnungen vorkommen, etwa des Inhaltes, eine Wohnzone

---

[60] Bauordnung der Stadt Zürich von 1946, Art. 56, ermächtigte die Bausektion II, Vorkehrungen «zu verhindern, wenn deren Zweckbestimmung der Art der Zone widerspricht und eine Belästigung der Nachbarschaft durch Staub, Rauch, Geräusch, Erschütterungen, Ausdünstungen usw. erwarten lässt», dies alles nur hinsichtlich gewerblicher und industrieller Betriebe. Seit der Bauordnung von 1963 werden diese Immissionsarten nicht mehr genannt (vgl. Art. 26 Rz 3217), sondern es wird nur eine erhebliche Belästigung verboten. Weder die Bauordnung von 1991/1992 noch die vom Gemeinderat am 24. November 1999 angenommene neue Bauordnung enthalten eine mit dem USG kollidierende Immissionsregelung.

[61] Gemeint sind wohl die Verbote betreffend ideelle Immissionen.

[62] Gemeint ist wohl «gesetzlichen Grundlage». Das ZH-PBG von 1975 äussert sich bezüglich der materiellen Immissionen in § 226 (Rz 1868 f); dass Zonen für eine besondere Bewerbung «bestimmt» sind, in einer besondern Weise genutzt «werden sollen», einer bestimmten Bewerbung «dienen», für eine bestimmte Bewerbung «benötigt» werden, gelangt für die Bauzonen zum Ausdruck: für die Kernzonen in § 50 (Rz 3022 f), für die Quartiererhaltungszonen in § 50a (Rz 3066), für die Zentrumszonen in § 51, für die Wohnzonen in § 52, für die Industrie- und Gewerbezonen in § 56 und für die Zone öffentlicher Bauten in § 60.

sei vorwiegend für das Wohnen da, statuieren, sofern die Bauordnung in Wohnzonen auch andere Nutzungen als zulässig erklärt, keine zusätzlichen, zu der Gesamtheit aller Zonenvorschriften hinzutretenden Eigentumsbeschränkungen. Die Bezeichnung ‹Wohnzone› ist daher im Grunde genommen überall dort nur teilweise zutreffend, wo auch Nichtwohnnutzungen gestattet sind. In Tat und Wahrheit handelt es sich bei solchen Zonen zumindest um Mischzonen. Wo eine solche Mischzone als ‹Wohnzone› bezeichnet wird, ohne dass ein Wohnanteil festgelegt ist, darf sogar das gesamte Zonengebiet mit Nichtwohnbauten überstellt werden und wird so erlaubterweise aus der ‹Wohnzone› eine Gewerbe- und Dienstleistungszone. Die Betriebe sind lediglich den Immissionsnormen des eidgenössischen Umweltschutzrechtes unterworfen. Auch wo ein Wohnanteil festgesetzt ist, handelt es sich um eine Mischzone, und es können Nichtwohnnutzungen ausserhalb des Wohnanteils nur untersagt werden, wenn die Bauordnung ausdrücklich entsprechende, vor der Eigentumsgarantie und der Rechtsgleichheit standhaltende raumplanerische Anordnungen trifft oder wenn Nichtwohnnutzungen dem Umweltschutzrecht widersprechen. Ein anderer als der durch die einzelnen Zulässigkeits- oder Verbotsnormen der kommunalen Bauordnungen umschriebener Zonenzweck existiert somit in allen diesen Fällen auch dann nicht, wenn eine programmatische Vorschrift erklärt, Wohnzonen seien in erster Linie für Wohnbauten bestimmt (vgl. ZH-PBG § 52 Abs. 1[63]). Es lassen sich daher in derartigen Fällen ohne Verletzung des Legalitätsprinzips, der Eigentumsgarantie und der Gemeindeautonomie[64] nicht weitere, irgendwie geartete Beschränkungen des Bauens und der Nutzung unter dem Titel ‹Zonenzweck› als quasi ungeschriebene Eigentumsbeschränkung in die geltenden zürcherischen Bauordnungen hinein interpretieren. Von einer Minderheit der Bauordnungen, die eine ausdrückliche Regelung etwa in dem Sinne enthalten, dass in bestimmten Zonen nur bestimmte Betriebskategorien zulässig seien, darf nicht auf die übrigen Bauordnungen geschlossen werden. Es darf nicht einfach unterstellt werden, andere Gemeindegesetzgeber hätten im Grunde genommen Gleiches statuieren wollen oder implicite statuiert.»

(S. 30) «Programmartikel (haben) für sich allein keine Aussagekraft und (sind) durch spezielle Nutzungsvorschriften der Gemeinden vollständig relativierbar.»

(S. 30) «(Die) Eigentumsbeschränkung muss ausdrücklich in einem Gesetz hinreichender Bestimmtheit enthalten sein, welches die normativ zu erfassenden Sachverhalte in mehr als bloss diffuser, der Willkür Tür und Tor öffnender Weise zu umschreiben hat. Beschränkungen der angesprochenen Art (Verbot Sexgewerbe) können weder PBG § 52 noch irgendwelchen Zonenüberschriften in Bauordnungen entnommen (werden).»

(S. 32) «PBG § 52 und ähnliche Vorschriften kommunalen Rechts sind keine Generalklauseln, gestützt auf welche missliebige Nutzungen untersagen lassen, welche gänzlich andere Rechtsbereiche beschlagen als das Planungs- und Baurecht.»

3. Zum Vorstehenden ist Folgendes zu sagen:

a) Der Entscheid stellt an sich ein begrüssenswertes Präjudiz dafür dar, dass aus «programmatischen Bestimmungen», Zonennamen wie «Wohnzone» und «Titel(überschriften)» in Baugesetzen und Bauordnungen nicht unbedenklich Eigentumsbeschränkungen abgeleitet werden dürfen und dass man nicht ohne weiteres eine Regelung der Bauordnung der einen Gemeinde in die Bauordnung einer anderen Gemeinde hineininterpretieren bzw. übertragen kann. Auch meine Auffassung ist es, dass nicht alles, wofür eine Zone nicht «bestimmt» ist, was einen «gänzlich anderen Rechtsbereich beschlägt», von vorneherein mitverboten sei; Letzteres gilt selbst dann nicht ohne weiteres, wenn die Zone «in erster Linie»/«vor allem»/«vorab» für diesen Zweck bestimmt ist. Es kann durchaus etwas zulässig sein, wofür die Zone nicht in erster Linie oder überhaupt nicht bestimmt ist.

537

---

[63] Die ZH-BRK I bemerkt hiezu, dass diese Vorschrift «im Übrigen (was heisst das hier?) keine Legaldefinition des Begriffs ‹Wohnzone› gibt».
[64] Zu dieser Erwägung siehe Rz 525.

Indessen ist hier mitzuberücksichtigen, dass das RPG in Art. 1 eine haushälterische Nutzung des «Bodens» vorschreibt, und gemäss Art. 22 II lit. a Voraussetzung einer Bewilligung ist, dass «die Bauten und Anlagen dem Zweck der Nutzungszone entsprechen». Diesem Gebot wird aber nicht entsprochen, wenn eine Bewerbsart zugelassen wird, welche ihrem Wesen nach nicht in eine Zone passt oder erfahrungsgemäss mit derjenigen Bewerbsart nicht vereinbar ist, diejenige Bewerbsart verdrängt, deretwegen eine Zone geschaffen worden ist. Ob ein Bewerb seinem Wesen nach in eine Wohnzone passe, welchen Zweck eine Wohnzone habe und was mit dem Wohnbewerb vereinbar sei oder nicht, ist deshalb nicht einfach rechtlich belanglos. Die «funktionale Betrachtungsweise» darf nicht einfach ausgeschaltet werden.

538 b) Der Entscheid übermarcht von vorneherein, indem er die Erkenntnisse bezüglich der teleologischen und systemorientierten («systematischen») Auslegungsmethode vernachlässigt. Für die Interpretation einer Vorschrift mit unbestimmten Elementen ist immer das ganze normative Umfeld mitzuberücksichtigen, seien es nun eigentliche Verbote, Gebote und Erlaubnisse oder blosse Programmbestimmungen, Namensgebungen und Titelüberschriften[65]. Mit seinem Pochen auf eine «unmissverständliche», «präzise» gesetzliche Grundlage und auf Ausdrücklichkeit nimmt der Entscheid zudem zu einseitig für die grammatikalische Auslegung Partei; das geht in einer Materie, wo wie im Bauwesen im Allgemeinen nicht Sprachspezialisten, knifflige Juristen usw., sondern wie im Baurecht Architekten und Planer, also «Praktiker», den Ton angeben (Rz 4342), ohnehin nicht an. Das muss alles viel differenzierter angesehen werden. Selbstverständlich gibt es auch Verbote, für welche eine nur hinreichende, erkennbare, aber nicht absolut unmissverständlich formulierte gesetzliche Regelung genügt[66]. Ein Vorbehalt ist nur dort anzubringen, wo die Eigentumsbeschränkung einen besonders schweren Eingriff bedeutet, insbesondere, wenn sie über das bisher Übliche hinausgeht (Rz 959 f). Das kann man nun aber beim Verbot des Sexgewerbes in einzelnen Stadtquartieren auch bei Befürwortung grosser sexueller Freizügigkeit nicht behaupten (Rz 541, FN 71).

539 c) Hievon abgesehen setzt sich die Baurekurskommission I hier in Widerspruch zu dem von ihr am 28. September 1990 gefällten sowie vom Verwaltungsgericht am 10. Januar 1991 und vom Bundesgericht am 10. Oktober 1991 bestätigten Entscheid (1.P176/ 1991; leider nirgends publiziert; vgl. Rz 227, 228). Hier wurde die Verweigerung von Büroräumen für Dienstleistungsbetriebe in der Industrie- und Gewerbezone gemäss Bauordnung der Stadt Zürich von 1963 geschützt, obwohl die Zonenvorschriften nur sagten, Gebäude dürften «nur für Zwecke der Industrie- und des Gewerbes erstellt, erweitert oder umgebaut werden» und nirgends zum Ausdruck gelangte, dass Dienstleistungsbetriebe nicht auch zum Gewerbe gehören. Für eine solche eingeengte Auffassung konnten die Vorinstanzen nur eine «langjährige (allerdings gerichtlich kaum belegbare!) Praxis» geltend machen. Büroräume für Dienstleistungsbetriebe in Industriezonen verstiessen jedoch noch im Jahre 1963 viel weniger gegen die herrschenden Vorstellungen von Gut

---

[65] Ulrich Häfelin/Walter Haller, N. 82–85.
[66] Dass die Vorstellung einer absoluten Eindeutigkeit des sprachlichen Ausdruckes linguistisch gesehen eine Illusion ist, wird in Rz 959 f näher erörtert. Es bleibt immer eine gewisse Diffusität; für eine andere Auslegung bleibt Tür und Tor offen.

und Schlecht als das Sexgewerbe in Wohnquartieren. Trotzdem wurde das Verbot geschützt.

d) Dem Entscheid der Baurekurskommission I in BEZ 1996 Nr. 16 liegt wohl die folgende Auffassung zugrunde: Ein Verbot für quartier-/zonencharakterbezogene, lokal bedeutsame ideelle Immissionen von Bauten und Bewerbungen derselben beruht nur dann auf einer ausreichenden gesetzlichen Grundlage, wenn eine der drei folgenden Bedingungen erfüllt ist: 540

- entweder verbietet eine Vorschrift diese Immission unmittelbar, sei es, indem gerade diese Immission allein oder eine diese eindeutig umfassende Gruppe von Immissionen namentlich mit dem Verbot belegt wird (zB Immissionen aus gewerblichen oder industriellen Betrieben);
- oder indem für die Zone gesagt wird, sie habe den Zweck/sei dazu bestimmt, Bauten bzw. Bewerbungen zu dienen, welche dem Zweck/der Bestimmung der streitigen Baute bzw. dem streitigen Bewerb klar entgegengesetzt ist (zB zum ruhigen und gesunden Wohnen bestimmte Zonen) und dabei nicht in beachtlichem Umfang auch noch andere als die bestimmungsgemässen Bauten und Bewerbungen erlaubt sind; es darf sich also um keine typischen Mischzonen handeln; keine Mischzonen liegen vor, wo die erlaubten Bauten bzw. Bewerbungen mit Wörtern wie «nur»/«ausschliesslich»/«in erster Linie»/«vorrangig»/«primär» verbunden sind oder wo für die erlaubten Bauten bzw. Bewerbungen ein verhältnismässig hoher Anteil am Gesamtbewerb verlangt wird, zB mindestens 50%;
- oder indem wenigstens die Zone einen Namen oder eine Initiale trägt, welche, allenfalls zusammen mit anderen Vorschriften, auf einen Zweck/eine Bestimmung hinweist, welche(r) dem Zweck/der Bestimmung der streitigen Baute bzw. dem streitigen Bewerb entgegengesetzt ist (zB «ruhige Wohnzone» oder «We-Z» für Wohnen im empfindlichen Gebiet)[67].

Im Kanton Zürich gab es wohl bis 1996 nur wenige, für Sexgewerbe anfällige Örtlichkeiten, wo eine dieser Bedingungen erfüllt ist[68].

---

[67] Diese Auffassung ist bei der Baurekurskommission I (vgl. BEZ 1994 Nr. 20 S. 29 Ziff. 4.6 und 4.7) wohl mit zwei weiteren Vorstellungen verbunden; erstens, dass die Aufzählung möglicher Zonen im ZH-PBG «abschliessend» zu verstehen sei und somit «die Gemeinden keine eigenen Zonentypen schaffen dürfen», sowie zweitens, dass die «gewerbliche Nutzung nur gesamthaft, nicht aber branchenbezogen beschränkt oder zugelassen werden könne», also «eine nähere Differenzierung zwischen verschiedenen Arten der Arbeitsplatznutzung wie Produktion, Handel, Dienstleistung (ausser in der Industrie- und Gewerbezone) nicht zulässig» sei. Die zweite Auffassung steht im Widerspruch zur bisherigen Praxis bezüglich Klassenbildung/Kategorisierung/Typisierung, Objektivierung/ Funktionalisierung der Betriebe (Rz 504 f, 509 f, 515 f). Auf die erste, mir fragwürdig erscheinende Aussage wird hier nicht weiter eingegangen.

[68] Der von der Baurekurskommission I in BEZ 1996 Nr. 16 und nachher vom Verwaltungsgericht in: BEZ 1997 Nr. 1 beurteilte Fall bezog sich auf eine Liegenschaft, für welche weder die erste noch die dritte Bedingung zutraf (weder die Bauordnung der Stadt Zürich von 1963 noch die – nicht rechtskräftige – von 1991 enthielt hiezu solche Aussagen für die hier massgebliche Wohnzone A); die Bausektion des Stadtrates hätte die zweite Bedingung jedoch wohl als erfüllt betrachtet, weil der Wohnanteilplan hier einen minimalen Anteil von über 50% Wohnen verlangte (hier sogar bisher 80%, seit 1991 83%); der Baurekurskommission I genügte dies jedoch nicht.

541 e)　　Die strenge Auffassung der Baurekurskommission I hätte vielleicht dort etwas für sich, wo es um Verbote von Immissionen aus Bauten und Bewerbungen geht, deren Ausübung nach allgemeiner Einschätzung zu den Menschenrechten gehört oder deren Verbietbarkeit erst in neuerer Zeit aktuell geworden ist. Bezüglich des Sexgewerbes (Führung von Bordellen, erotisch ausgerichteten Massagesalons und Sexshops) trifft aber weder das eine noch das andere zu. Nach dem Bundesgericht ist ja nicht einmal das Verbot der Erstellung von Einkaufszentren[69], ferner dasjenige von Dienstleistungsbetrieben in Industriezonen[70] ein besonders schwerer Eingriff; denn das bedeute nur den Verlust «einer Nutzungsmöglichkeit unter vielen anderen». Dass mit einem Verbot des Sexgewerbes einzelnen hohe finanzielle Gewinne vorenthalten werden, ändert am Gesagten nichts. Von Neuigkeit ist auch keine Spur[71] zu sehen. Fraglich ist höchstens, ob die am 21. Juni 1991 beschlossene Liberalisierung des Sexualstrafrechtes hier nicht einen Umschwung bewirkt habe. Sofern nicht in der seinerzeitigen Revisionsbotschaft des Bundesrates und in den Debatten des National- und Ständerates die Absicht zum Ausdruck gelangt ist, es solle damit auch in die raumplanerische Kompetenz der Kantone eingegriffen werden (was ich nicht geprüft habe), scheidet eine solche Möglichkeit aber von vorneherein aus.

Die von der Baurekurskommission I an das Vorliegen einer genügenden gesetzlichen Grundlage gestellten Anforderungen sind somit bezüglich des Sexgewerbes übertrieben hoch.

Das Verwaltungsgericht erklärt deshalb in BEZ 1997 Nr. 1 zu recht:

(S. 8) «Ob die von der Rekurskommission geforderte präzisere Umschreibung durch den kommunalen Gesetzgeber gerechtfertigt sei, braucht nach dem Gesagten nicht weiter erörtert zu werden. Immerhin ist anzumerken, dass für die grossmehrlich bevorzugten offenen Formulierungen gute Gründe bestehen; namentlich wird den rechtsanwendenden Behörden der nötige Spielraum gewährt, um neuartige Bauvorhaben sachgerecht beurteilen zu können.»

(S. 10) «Eine präzisere gesetzliche Grundlage zu fordern, ... erscheint ... als unpraktikabel; ein derartiges Unterfangen wäre in Anbetracht der vielfältigen denkbaren Nutzungsformen, die überdies in stetem Wandel begriffen sind, von vornherein zum Scheitern verurteilt. Eine nähere Typisierung muss vielmehr dem Zusammenwirken von Verwaltungspraxis und Rechtsprechung überlassen werden.»[72]

(S. 12) Zur Verhinderung der Beeinträchtigung der Wohnqualität in vorrangig dem Wohnen vorbehaltenen Zonen «ist eine spezialgesetzliche Grundlage ... nicht erforderlich»[73].

---

[69] BGE 110 Ia 167, 169 f (Genossenschaft Migros Basel c. Gemeinde Arlesheim/BL) und BGE 102 Ia 104, 114 (Magazine zum Globus AG und Mitbeteiligte c. Landrat Basel-Landschaft).

[70] Siehe Rz 227 FN 10.

[71] Nicht umsonst wird die Prostitution, historisch zu Recht oder zu Unrecht, als das älteste Gewerbe der Welt bezeichnet.

[72] Es gibt wohl keinen Ausdruck, welcher eindeutig nur gerade Bordelle, erotisch ausgerichtete Massagesalons und Sexshops, sonstige Nachtlokale, Massagesalons, Läden usw. aber nicht mitumfasst, und trotzdem nicht von Sex, Erotica, Sittlichkeit, Moral usw. spricht. Wenn die Baurekurskommission I auch für diesen Bereich aus Gründen der Rechtsgleichheit verlangt, dass ein klares Kriterium für die Trennung zwischen Verbotenem und Nichtverbotenem genannt wird, dann ist dies gleichbedeutend mit der Verneinung der Zulässigkeit genereller Verbote von Bordellen, erotisch ausgerichteten Massagesalons und Sexshops; das Recht gelangt hier an sprachliche Grenzen.

[73] In der vom Gemeinderat der Stadt Zürich am 24. November 1999 angenommenen Bauordnung sind nach Art. 16 III, 18 b II und 18 g III «sexgewerbliche Salons und vergleichbare Einrichtungen» verboten, wo ein «Wohnanteil von mindestens 50%» vorgeschrieben ist.

4. Konsequenterweise hob das Verwaltungsgericht den Entscheid der Baurekurskommission I Nrn. 119 und 120 (BEZ 1996 Nr. 16) auf und bestätigte damit das Verbot. Das war im Kanton Zürich aus den in Rz 534 genannten Gründen seit dem Entscheid des ZH-Verwaltungsgerichtes vom 9. Dezember 1998 (BEZ 1999 Nr. 1) noch vermehrt berechtigt. 541a

V. Zusammenfassende Bemerkungen

Indem seit den Fünfzigerjahren bei der Anwendung der Verbote der Störung/Beeinträchtigung/Belästigung durch Immissionen immer mehr eine Zweiteilung der Immissionsvorschriften in im engeren Sinne polizeiliche und in planungsrechtliche Vorschriften vorgenommen wurde (Rz 501 f), bei den Letzteren eine Klassenbildung/Kategorisierung/Typisierung/Spartenbildung der Betriebe (Rz 504 f) mit einer Objektivierung (Rz 509 f)/Funktionalisierung (Rz 515 f) Einzug hielt, und dabei die Vorstellung einer fussgängerdistanzmässigen Quartierbezogenheit Wichtigkeit erlangte (Rz 518), ohne dass im geschriebenen Recht etwas darauf hindeutete, begab sich die Rechtsprechung allerdings immer mehr in eine Grauzone der Rechtsstaatlichkeit. Dieser Eindruck wird noch verstärkt, wenn man sich bezüglich des Erfordernisses der Einhaltung des Quartier-/Zonencharakters vor Augen hält, dass es in jeder Zone zwangsläufig Stellen/Parzellen gibt, welche sich am Rand, in unmittelbarer Nachbarschaft einer anderen Zone befinden. Das Inkrafttreten des RPG im Jahre 1980 verschaffte zwar etwas juristisch festeren Boden unter den Füssen (Rz 529 f); aber es blieb auch jetzt eine grosse Unbestimmtheit zurück. Das Inkrafttreten des USG im Jahre 1985 hat mit seiner Amputation des die materiellen Immissionen betreffenden normativen Gehaltes hieran nichts geändert. Dass die Baurekurskommission I im Entscheid BEZ 1996 Nr. 16 für die hier herrschende Unbestimmtheit ein gutes Gespür hatte, ist nicht zu bestreiten. Sie hat aber trotzdem nicht richtig entschieden und ist daher zu Recht vom Verwaltungsgericht korrigiert worden[74]. 541b

VI. Weitere Präjudizien

Die nachfolgende Gliederung beruht für die zürcherischen Fälle überwiegend auf der Annahme eines vierstufigen Verfahrens (I: Gemeinde, II: kantonale Baurekurskommission; III: kantonales Verwaltungsgericht, IV: Bundesgericht. B bedeutet Bewilligung, V Verweigerung. Der Weiterzug erfolgt durch die jeweils unterlegene Partei (bei den Stufen I–II, II–III und III–IV durch Bauaktive oder Nachbarn, bei den Stufen II–III und III–IV allenfalls auch durch die Gemeinde). Zitiert sind nur Entscheide bezüglich Bewerbsaufnahme in Wohnzonen, nicht aber in Industriezonen oder ausserhalb von Bauzonen (zu Letzterem siehe Rz 3904 ff). 542

---

[74] Das gilt auch, wenn man berücksichtigt, dass das Gebäude Feldstrasse 141 zwar in einer formell als Wohnzone W 4 (später W 5) mit einem Wohnanteil von mindestens 80% (später 83%) bezeichneten Zone liegt, quartiermässig aber in unmittelbarer Nähe der Geleisebündel der Zu- und Wegfahrten des Zürcher Hauptbahnhofes situiert und keineswegs zum Wohnen prädestiniert ist.

A. Kasuistik

1. Mit Aktualität von lokal und personal bedeutsamen ideellen Immissionen

a) Leibstandard

542a
- «Gassenhotel» für Drogenabhängige: Der Rekurs der Nachbarn wurde zwar gutgeheissen, allerdings nur wegen mangelhafter Ausschreibung des Baugesuches (I/B–II/V: Steinwiesplatz Zürich-Hottingen, BEZ 1995 Nr. 8).
- Behindertenheim ist erlaubt (Obiter Dictum in: Entscheid ZH-Baurekurskommission I, BEZ 1985 Nr. 13).
- Spital ist erlaubt (Obiter Dictum in: Entscheid ZH-Baurekurskommission I, BEZ 1985 Nr. 13).
- Friedhof ist erlaubt (Obiter Dictum in: Entscheid ZH-Baurekurskommission I, BEZ 1985 Nr. 13).

b) Weltanschauliches

- freikirchliches Kultusgebäude in Wohnzone 2/Wädenswil ist erlaubt (I/B–II/B): ZH-RB 1980 Nr. 101).
- jüdischer Friedhof (Beispiel: Erweiterung des Friedhofs Friesenberg-Zürich). Vgl. Rz 1397d.
- Versammlungslokal für Zeugen Jehovas vgl. Rz 1078 FN 8.

c) Sozialstandard

- Notschlafstelle (Rz 344 mit FN 11).
- Asylantenunterkunft ist erlaubt, allerdings unter Reduktion der Bewilligungsdauer von 5 auf 3 Jahre (I/B–II/V–III/B: Eulachstrasse Winterthur, ZBl 1992 S.184 ff). Siehe auch Rz 344 mit FN 10.
- Fahrendenstandplatz ist erlaubt (I/B–II/B: ZH-BEZ 1985 Nr. 13).
- Botschaft/Konsulat, Kulturzentrum eines angefeindeten Staates (Beispiel: Türkei-Kurden: ZH-Verwaltungsgerichtsentscheid vom 24. November 1999, in: BEZ 2000 Nr. 1).

d) Moralisches

- Spielsalons sind in Wohnzone W 3 verboten (I/V–II/V–III/V: ZH-RB 1980 Nr. 102). Die Bewilligungsbedürftigkeit ist gesetzlich einführbar: BGE 120 Ia 126 f (Verband der Unterhaltungsautomaten-Branche und Mitbeteiligte c. Kanton Zürich), ferner BR 1995 S. 65, Nr. 162: Kurzzusammenfassung eines Urteiles des GE-Verwaltungsgerichtes.
- Nightclub in Wohnzone ist verboten (BR 1995 S. 65 Nr. 161; Kurzzusammenfassung aus Bundesgerichtsurteil; Änderung).
- Peep-Shows (BGE vom 12. Dezember 1979, Stadt Basel, in: ZBl 1980 S. 229: verbietbar; BGE 106 Ia 267, Stadt St. Gallen: verbietbar); erotische Massagesalons, Bordelle sind in Wohnzonen mit hohem Wohnanteil verboten (I/V–II/B: Entscheid der Baurekurskommission I, publiziert in: ZH-BEZ 1996 Nr. 16; jedoch II/B –III/V: Entscheid

des Verwaltungsgerichtes [Datum unbekannt], publiziert in: ZH-BEZ 1997 Nr. 1 Rz 524, 541; Änderung).
– Wohnen von im Alleingang tätigen Prostituierten in Wohnzone ist erlaubt (Obiter Dictum in vorstehenden Zitaten).
– Kino für Sexfilme: ZH-RB 1985 Nr. 104: als solches erlaubt.

e) **Strafrechtswidriges**
– In ZH-RB 1994 Nr. 91 wird der Einwand, die Führung eines «Gassenzimmers» zu ärztlichen Behandlung Drogenabhängiger verstosse gegen das Strafrecht, mit dem Argument abgewiesen, die Rechtswidrigkeit sei kontrovers, es sei nicht Sache des Verwaltungsgerichtes, «sich hierüber auszulassen». Siehe auch BGE 119 II 411, 416 (Basel, privatrechtlich).

2. **Mit Aktualität nur von lokal bedeutsamen, aber nicht von personal bedeutsamen ideellen Immissionen**

a) **Zu Betrieben der Produktion, des Handels und der Lagerung**
– Autotransportunternehmung in Mehrfamilienhauszone ist verboten (Rekursentscheid des Regierungsrates vom 12. September 1963, ZBl 1964 S. 411 ff; Neubau). 542b
– (Eigenmächtige) Installation einer Kreissäge für eine Schreinerei ist in einem Gebäudes in einer Mehrfamilienhauszone verboten (ZH-RB 1969 Nr. 59; Änderung).
– Einrichtung einer Autoreparaturwerkstätte im Keller eines als Mehrfamilienhaus bewilligten Gebäudes in der Wohnzone W 3 von Opfikon/ZH ist verboten: Das Bundesgericht bestätigte mit Entscheid vom 24. November 1971 die von der Gemeinde ausgesprochene, vom Bezirksrat aber aufgehobene und vom Verwaltungsgericht wiederhergestellte Verweigerung (ZBl 1972 S. 242–244; Änderung).
– Altmaterialhandlung in Wohnzone W 3 in Winterthur ist verboten (I/B–II/B–III/V: RB 1982 Nr. 127 = BEZ 1983 Nr. 4).
– Einrichtung einer Werkstatt für Fahrräder, Motorfahrräder und Motorräder im Garagenannex eines Wohnhauses in der Allgemeinen Wohnzone 3 der Gemeinde S./AG; das AG-Verwaltungsgericht bestätigte mit Entscheid vom 2. Mai 1983 die von der Gemeinde ausgesprochene Verweigerung (ZBl 1983 S. 462–466, mit redaktioneller Bemerkung von Alexander Ruch; FN 31; Änderung).
– kleine Schreinerei in Wohnzone an der Bremgarten-Dietikon-Bahn ist verboten (allgemein: ZH-RB 1985 Nr. 85 = BEZ 1985 Nr. 46; Neubau).
– Grossbäckereien (RB 1984 Nr. 75, Obiter Dictum, offen; Neubau).
– Einkaufszentren (RB 1984 Nr. 75, Obiter Dictum, offen; Neubau).
– Umnutzung zweier Lastwagengaragen samt Vorplatz in Verkaufsplatz für Occasionsautos in Wohnzone W3/65 Opfikon/ZH ist verboten (I/V–II/V–III/V–IV/V: BGE 117 Ib 147–155; Änderung).
– Verkaufsplatz für Occasionsautos verweigert (kein Gebäude: ZH-BEZ 1997 Nr. 1 Zitat).

b) **Zu Gastwirtschafts- und Beherbergungsbetrieben**
– ZH-RB 1976 Nr. 94 = ZBl 1977 S. 158: Das ist ein rein wirtschaftsgesetzlicher Entscheid; die Erlaubtheit von Quartier-Gaststätten in Wohnzonen wird jedoch in RB 1980

Nr. 102 und RB 1984 Nr. 75 unter Bezugnahme hierauf als Obiter Dictum bejaht (Änderung?). Die Baurekurskommission II hob sogar mit Entscheid vom 14. April 1992 (nicht publiziert) die Verweigerung der Erweiterung einer Gartenwirtschaft eines auch als «überregionaler Treffpunkt» dienenden Restaurants auf, obwohl in der Bauordnung (Wädenswil) für diese Zone (W3) eine Sonderregelung für Quartierrestaurants enthalten war; diese habe neben dem USG kaum noch Bedeutung (Rz 530 f); sie wurde aber 1984 in die Bauordnung aufgenommen, nicht um Quartierrestaurants zu verbieten, sondern gerade umgekehrt um sie in einer Zone zu ermöglichen, in welcher sonst nur nicht störende Betriebe erlaubt gewesen wären, Restaurants aber gemäss Praxis als störend galten.
- Hotel/Pensionsbetrieb ist in Bezug auf den Wohnanteilplan der Stadt Zürich anrechenbar, daher erlaubt (allerdings zuerst Entscheid der Baurekurskommission I, BEZ 1988 Nr. 10: I/B –II/V, jedoch Verwaltungsgericht: RB 1988 Nr. 57/BEZ 1988 Nr. 14: II/V–III/B). Im BGE vom 16. Juni 1993, ZBl 1993 S. 560, wurde eine Wohnanteilplanregelung, welche Beherbungsbetriebe nicht anrechnet, geschützt, nachdem der Regierungsrat diese nicht genehmigt hatte; Letzteres stehe im Einklang mit Regelungen anderer Kantone, welche Beherbergungsbetriebe nicht einmal als wohnzonenkonform ansehen (BE: BVR 1991 S. 14 ff und 1988 S. 263; GR: PVG 1977 S. 22).

c) Zu öffentlichen Dienstleistungen

- Unterwerk eines Elektrizitätswerkes in Einfamilienhauszone in OW (Entscheid des Verwaltungsgerichtes in: ZBl 1983 S. 456): «praktisch immissionsfrei» und sich gut in die Umgebung einordnend, trotzdem nur auf dem Wege der Ausnahmebewilligung zulassbar (Neubau).
- Poststelle in der Wohnzone in der Gemeinde Urdorf/ZH, wo sonst eine Poststelle fehlt, ist verboten: ZH-RB 1994 Nr. 73; Neubau).
- Orgelmuseum verweigert (Hinweis in: ZH-BEZ 1997 Nr. 1; Neubau?).

d) Zu den privaten Dienstleistungen

- neue Büros (in Neubau?) neben dem Hauptsitz eines Betriebes in Winterthur/ZH (Entscheid des Verwaltungsgerichtes, BEZ 1999 Nr. 1).

e) Zum Freizeitverhalten

- Jugendtreffpunkte (RB 1984 Nr. 75 Obiter Dictum, offen).
- Tennisanlage für örtliche Bedürfnisse in Wohnzone 2 von Uetikon a.S. ist erlaubt (I/B–II/B–III/B: ZH-RB 1982 Nr. 127 = BEZ 1983 Nr. 3; kein Gebäude).
- Freizeitanlagen (RB 1984 Nr. 75, Obiter Dictum, offen).
- Pferdehaltung (BGE 101 Ia 205–208; Pfeffingen/BL): Die vom Verwaltungsgericht auf Beschwerde einer Nachbarin hin ausgesprochene Verweigerung für zwei Boxen wird vom Bundesgericht aufgehoben, also erlaubt. ZH-RB 1984 Nr. 75 (Obiter Dictum, offen); ZH-Verwaltungsgerichtsentscheid vom 22. April 1988 (BEZ-1988 Nr. 32) und insbesondere vom 29. Januar 1998 (BEZ 1998 Nr. 2) bejahen die Erlaubnis von Boxen für zwei Pferde in einer Wohnzone ebenfalls.

2. Kapitel § 5

Immissionen

	materielle	ideelle		
		lokalbezogene betr.		personalbezogene
		Ortsbild	Quartier-/Zonencharakter	
gegenwartsbezogen beurteilt (repressiv)	1	3	5	7
zukunftsbezogen beurteilt (präventiv)	2	4	6	8

Im Kanton Zürich
Regelung durch

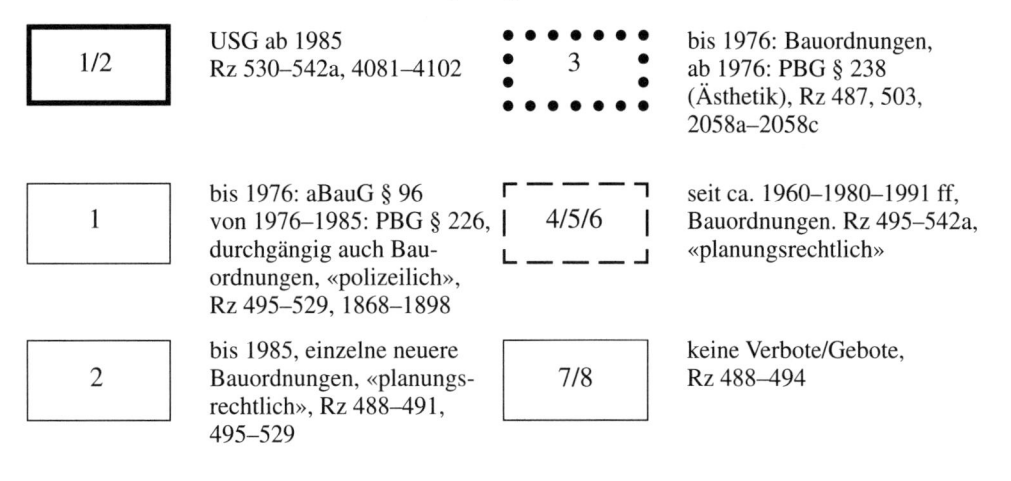

1/2	USG ab 1985, Rz 530–542a, 4081–4102	3	bis 1976: Bauordnungen, ab 1976: PBG § 238 (Ästhetik), Rz 487, 503, 2058a–2058c
1	bis 1976: aBauG § 96 von 1976–1985: PBG § 226, durchgängig auch Bauordnungen, «polizeilich», Rz 495–529, 1868–1898	4/5/6	seit ca. 1960–1980–1991 ff, Bauordnungen. Rz 495–542a, «planungsrechtlich»
2	bis 1985, einzelne neuere Bauordnungen, «planungsrechtlich», Rz 488–491, 495–529	7/8	keine Verbote/Gebote, Rz 488–494

§ 6 Die Ausschaltung des Neubaurechtes

I. Ausgangsüberlegungen

543 1. a) Im postfiniten Baurecht stellt sich dort, wo das Verbot/Gebot oder die Erlaubnis von einer Globalregelung (Rz 801 f) mit unbestimmten Regelungselementen («unbestimmten Gesetzesbegriffen») im Sinne einer Generalklausel abhängt, die folgende Grundsatzfrage:
– Reicht es für das Nichtverbot/Nichtgebot oder die Erlaubnis aus, wenn allein der Globalregelung (unter Berücksichtigung einer allfälligen, die Globalregelung einschränkenden Sektoralregelung) entsprochen wird? Bejahendenfalls wird nachfolgend die Regelung als *Neubautenrechtsausschaltung* bezeichnet.
– Oder müssen neben den Erfordernissen der Globalregelung auch die für Neubauten bzw. Neubewerbungen geltenden Erfordernisse (präfinites Baurecht) eingehalten werden? Ich spreche hier nachfolgend von der *Neubautenrechtskumulation*.

544 b) Im Kanton Zürich waren m.E. der von 1943 bis 1976 geltende altBauG § 116 (Rz 1457 f) und der vom 1. April 1976 bis zum 31. Januar 1992 geltende PBG § 357 I und II (Rz 1465 f) eine das Neubautenrecht grundsätzlich ausschaltende, von der Praxis allerdings nicht klar als solche erkannte Regelung (Rz 1515). Bei der seit dem 1. Februar 1992 geltenden Fassung steht dies zwar nicht mehr so eindeutig fest, trifft aber doch wohl weiterhin zu (Rz 1679 f).

545 2. Die nachfolgenden Ausführungen beruhen auf den folgenden sechs, zum Teil weit auseinanderliegenden Gedanken:
– Es gibt zwei grundsätzlich verschiedene Möglichkeiten der Ordnung eines Wirklichkeitsausschnittes: die Ordnung mit sektoralen Regelungen und die Ordnung mit globalen Regelungen; Letztere bezeichnet man oft als Generalklauseln.
– Die Ordnung mit sektoralen Regelungen ist zwar unter dem Gesichtspunkt der Rechtsstaatlichkeit gut, führt aber bei der Anwendung im Einzelfall oft zu Unzukömmlichkeiten; die Ordnung mit Generalklauseln lässt zwar bei der Anwendung im Einzelfall die Möglichkeit offen, die angemessene Lösung zu finden, sie ist aber unter dem Gesichtspunkt der Rechtsstaatlichkeit oft problematisch.
– Bei der Ordnung des Neubauens bzw. des Neubewerbes und bei derjenigen der Änderung von Gebäuden und Bewerbungen stellen sich zwar ähnliche Fragen mit ähnlichen Antworten, es liegt jedoch keine Identität vor. Der Gedanke von «zweierlei Recht», eines für den Neubau von Gebäuden und den Erstbewerb sowie eines für die Änderung von Gebäuden und Bewerbungen ist deshalb nicht von vornherein abwegig. Rz 804 f, 4148 f.
– Es besteht, bei aller Wichtigkeit der guten Verständlichkeit des Rechtes, ein öffentliches und privates Interesse an einer möglichst knappen Formulierung der Gesetze und Verordnungen.
– Das Gebot des zweckmässigen, haushälterischen Umganges mit dem «Boden» (BV Art. 22ter, neu Art. 75, RPG Art. 1) im Sinne von Boden, Wasser und Luft darüber sowie anderen knappen Rohstoffen verlangt, dass von der bereits vorhandenen Bau-

hülle und -substanz ein optimaler Gebrauch gemacht wird und es zu keinem weiteren Verschleiss kommt, wenn dies nicht nötig ist. Gebäudeabbrüche und Bewerbstillegungen sind als solche primär immer mit Verlusten verbunden; ob Letztere mit Gewinnen aus dem Neuem aufgewogen werden können, steht nie von voneherein fest. Es besteht zudem ein öffentliches Interesse an der bestmöglichen Erhaltung und Weiterentwicklung der von den Privaten erstellten Gebäude und aufgenommenen Bewerbungen, sind die Gebäude und Bewerbungen doch das Substrat der Besteuerung durch das Gemeinwesen und ist deren Schonung auch förderlich für das gute Einvernehmen zwischen den Einwohnern und den Behörden eines Gemeinwesens.

– Wenn ein Verhalten m nur erlaubt ist, wenn a vorliegt, dann ist dies die freiere Regelung, als wenn das Verhalten m nur zulässig ist, wenn a + b vorliegen[1]; sie ist jedoch die strengere Regelung, als wenn das Verhalten m nur zulässig ist, wenn a oder b vorliegt; wenn ein Verhalten m nur verboten ist, wenn c + d vorliegen, dann ist dies die freiere Regelung, als wenn das Verhalten m schon verboten ist, wenn c ohne d oder d ohne c vorliegt.

II. Für die Ausschaltung in Betracht kommende Regelungen

1. In Architektenkreisen wird seit jeher über die sich aus den Höhen-, Längen-, Abstandsvorschriften usw. ergebenden Einschränkungen in der Planung und Projektierung von Gebäuden geklagt. Immer wieder ertönt der Ruf, es solle der ganze Krimkrams durch eine einfache Regelung ersetzt werden, welche nur das verbietet, was dem öffentlichen Interesse schadet, und welche alles andere erlaubt. Es ist dies der Ruf nach einer Ordnung des Baurechtes durch Generalklauseln. Die meisten dieser Postulate entspringen einer Verärgerung über einen oder mehrere selbst durchgestandene Planungsabläufe und teilweise auch einer Allergie gegen alles Rechtliche. Fordert man die Kritiker auf, konkrete Vorschläge zu unterbreiten, wie nach ihrer Auffassung ein solches Baurecht formuliert sein sollte, dann vernimmt man meistens entweder nichts oder es werden Formulierungen vorgetragen, deren Unbrauchbarkeit rechtsstaatlich offensichtlich ist[2]. Die Kritiker wären meistens gerade die Ersten, welche bei einer späteren Anwendung solcher Vorschläge auf ihre Projekte opponieren würden.

2. a) Das soll allerdings nicht ausschliessen, de lege ferenda nach Möglichkeiten zu suchen, um den aus einer allzu speziellen Ordnung im Baurecht resultierenden Unzukömmlichkeiten wenigstens sektoriell mit einer generalklauselhaften Regelungsweise auszuweichen. Hiefür eignet sich m.E. das postfinite Baurecht viel eher als das präfinite Baurecht.

b) Als generalklauselhafte Regelungen der Änderung von Gebäuden und Bewerbungen mit neubautenrechtsausschaltender Wirkung kommen etwa Beschränkungen auf die folgenden Verbotssituationen in Betracht, je einzeln oder kombiniert:

546

547

548

---

[1] Dabei wird vorausgesetzt, dass b kein die Anwendbarkeit von a einschränkendes Element ist; also nicht zB das Attribut «gross» bei «Umbau».
[2] Eine Ausnahme bildet die von den Architekten Martin Steiger und Luzius Huber am 5. August 1987 an den ZH-Kantonsrat eingereichte und von diesem an den Regierungsrat überwiesene, allerdings mit andersartigen Mängeln behaftete Einzelinitiative (Rz 1599 f).

- (dem Interesse der Bauaktiven an der Erlaubnis) Entgegenstehen von überwiegenden (öffentlichen bzw. öffentlichen oder nachbarlichen) Interessen[3];
- keine Vereinbarkeit mit den wichtigen Anliegen der Raumplanung[4];
- keine Erzielung einer angemessenen Verbesserung[5];
- Bezweckung einer (nach dem Baugesetz oder den Bauordnungen) unzulässigen Mehrausnützungen[6];
- Eintritt einer weiteren Verschlechterung[7];
- Verletzung eines «anderen» öffentlichen Interesses[8].

Die Ausschaltung des Neubautenrechtes im Sinne des nichtdeklarierten präfiniten Baurechtes (das deklarierte präfinite Baurecht ist für die postfinite Problematik definitionsgemäss – vorbehältlich Rz 4158 f – von vornherein ausgeschaltet) führt fast immer dazu, dass anstelle von Vorschriften mit geringerer normativer Unklarheit solche von höherer normativer Unklarheit anzuwenden sind.

III. Gründe für die generalklauselmässige Regelungsweise mit Neubaurechtausschaltung

549   1.   Im postfiniten Baurecht geht es voraussetzungsgemäss immer um eine bereits vorhandene Inanspruchnahme von Boden, Wasser, Luft und wichtigen Rohstoffen. Es ist zwar logisch nicht zwingend, zu sagen, dass die weitere Beanspruchung von etwas bereits Beanspruchtem zu weniger Bedenken Anlass gibt, als eine Neubeanspruchung von etwas Knappem im ungefähren Umfange eines bereits Vorhandenen. Intuitiv hat dieser Gedanke jedoch viel für sich.

550   2.   Das Ausmass der Neubeanspruchung ist bei der Änderung von Gebäuden bzw. Bewerbungen voraussetzungsgemäss immer auf den bisherigen Standort beschränkt und häufig auch auf die bisherige Dimension eingeengt (Reparatur, Renovation, Umbau). Überschreitungen der bisherigen Dimension nach oben (Aufbau, Montieren nach oben) führen zwar zu einer zusätzlichen Beanspruchung des Luftraumes, aber relativ und absolut nur geringfügig, jedoch überhaupt zu keiner solchen von Boden; die Überschreitung nach unten (Subbau, Montieren nach unten) beansprucht zwar zusätzlich etwas Boden, aber nur unterirdisch; die seitliche Überschreitung (Anbau, Montieren seitlich) beansprucht allerdings zusätzlichen Boden und Luftraum oberirdisch, jedoch meist sowohl relativ als auch absolut nur geringfügig. In den seltenen Fällen, in welchen es um eine massive Überschreitung der bisherigen Dimension geht, kann gegen eine zu large Ordnung der Riegel geschoben werden, indem hiefür die Regelungen für Änderungen als nicht anwendbar erklärt und die Beurteilung wie beim Neubauen bzw. Neubewerben vorgesehen wird.

---

[3]   RPG 24 I, Rz 3760 f; ZH-PBG § 357 I (Fassung von 1991), Rz 1606 f.
[4]   RPG 24c II (Fassung von 1991), Rz 3904 f; ZH-PBG § 357 II (Fassung von 1991), Rz 1431 f.
[5]   ZH-altBaugesetz § 116 I (Fassung von 1943), Rz 1431 f.
[6]   ZH-altBaugesetz § 116 I (Fassung von 1943), Rz 1431 f.
[7]   ZH-PBG § 357 I (Fassung von 1975), Rz 1490 f.
[8]   ZH-PBG § 357 I (Fassung von 1975), Rz 1504 f.

3.   Das, was der Neubau bzw. der Neubewerb infrastrukturell zum Funktionieren 551
braucht, ist beim bereits bestehenden Gebäude bzw. beim bereits getätigten Bewerb meistens schon in einem gewissen Umfange vorhanden, oft sogar im Übermass, zB Strassen, Wege, Wasser- und Energiezuleitungen, Abwasserableitungen usw. Beim Neubau bzw. beim Neubewerb muss hievon regelmässig zuerst viel neu geschaffen werden. Die Ingebrauchnahme von Reservekapazitäten der Infrastruktur ist gut.

4.   Wenn man die Beanspruchung von gutem landwirtschaftlichem Boden zu nicht- 552
landwirtschaftlichen Zwecken als einen Verlust ansieht, dann bildet jeder nichtlandwirtschaftliche Neubau einen solchen, nicht aber der Um- und Aufbau, und zwar auch der nichtlandwirtschaftliche nicht.

5.   Wenn man die Ursprünglichkeit des Landschaftsbildes als einen Wert an sich an- 553
sieht, dann bildet jeder (primäre) Neubau eine Beeinträchtigung, gleichsam einen Klecks auf einem weissen Tuch[9]. Auch wird damit immer ein Keim oder, wenn man will, ein Infektionsherd für weitere Neubauten und Erstbewerbungen in der Umgebung gelegt. Zwar kommt der Mensch nie darum herum, auf weite Strecken in den Boden, das Wasser, die Luft und die knappen Rohstoffe einzugreifen; das ist die Voraussetzung für seine Existenz und Entfaltung. Aber er sollte wenigstens dort, wo eine solche Beeinträchtigung nicht unbedingt nötig ist, wo er auch mit kleineren Eingriffen noch gut auskommen kann, den Umfang seiner Eingriffe möglichst niedrig halten.

IV. Vorbehalte bezüglich der generalklauselmässigen Ordnung mit Neubaurechtausschaltung

1. a)   Man wird kaum je so weit gehen dürfen, dass man durch eine generalklauselhafte 554
Ordnung der Änderung von Gebäuden und Bewerbungen die für Neubauten und Erstbewerbungen geltende Ordnung schlechterdings ausschaltet, gewissermassen Tabula rasa macht. Sinnvollerweise bleibt es stets bei Vorbehalten nach vier Seiten hin:

α)   Der erste Vorbehalt betrifft die Ausfüllung der Generalklausel. Man wird auch hier zur Auslegung und sonstigen normativen Klärung weiterhin immer den Inhalt der doch meistens das Ergebnis umfangreicher Debatten bildenden Vorschriften für Neubauten und Erstbewerbungen als Konkretisierung des Gewichtes des öffentlichen Interesses, der raumplanerischen Anliegen, dessen was gut oder schlecht ist usw. einbeziehen müssen. Die darin zum Ausdruck gelangenden Wertungen dürfen auch bei Anwendung der Generalklausel nicht übergangen werden[10]. Dabei wird man bei den Vorschriften für Neubauten und Erstbewerbungen unterscheiden dürfen zwischen einerseits denjenigen, welche ziffernmässige Maxima und Minima statuieren, und anderseits denjenigen, welche ziffernlos materiell unter direkter Nennung dessen, was gesollt ist, formuliert sind. Bei der erstgenannten Gruppe wird es leichter möglich sein, ein überwiegendes Bauaktiveninteresse, Vereinbarkeit mit raumplanerischen Anliegen, angemessene Verbesserung, Fehlen einer

---

[9]   Mit jedem weiteren Klecks stösst sein Hinzutreten erfahrungsgemäss auf weniger Ärger.
[10] Oskar Adolf Germann, S. 111 ff, insb. 119 f und 175 ff.

Verschlechterung anzunehmen, obwohl das dort genannte Maximum (leicht) überschritten, das dort genannte Minimum (leicht) unterschritten ist, als in der zweiten Gruppe, wenn das materiell Gesollte direkt genannt ist und eine Abweichung vorkommt.

555 β) Der zweite Vorbehalt betrifft die allgemeinen polizeilichen Erfordernisse. Auch wenn einer postfiniten Regelung des materiellen Baurechtes eine das materielle präfinite Baurecht grundsätzlich ausschaltende Wirkung zuerkannt wird, gilt daneben das Verbot polizeilicher Missstände immer auch hier weiter. Zu denken ist insbesondere an die Anforderungen des Umweltschutzrechtes, des Gewässerschutzes, der Feuerpolizei, der Sicherheit elektrischer Anlagen und der baustatischen Sicherheit. Allerdings besitzt dieser Vorbehalt insoweit keine grosse praktische Bedeutung, als bei Bejahung eines Verstosses in dieser Beziehung kaum ein überwiegendes Bauaktiveninteresse, Vereinbarkeit mit den wichtigen raumplanerischen Anliegen, eine angemessene Verbesserung, das Fehlen einer Verschlechterung angenommen werden kann. Insoweit besteht also wohl weitgehende normative Kongruenz. An dieser fehlt es höchstens, wo in den entsprechenden Erlassen ziffernmässige Maxima oder Minima genannt werden, welche aufgrund neuester technischer Erkenntnisse als nicht mehr gerechtfertigt (zu hoch, zu niedrig) erscheinen.

556 γ) Der dritte Vorbehalt betrifft die Höherrangigkeit anderer postfiniter Regelungen. Dabei ist insbesondere an das Verhältnis zwischen kantonalem und Bundesrecht sowie zwischen kommunalem und kantonalem Recht zu denken.

α') Selbstverständlich vermag eine an sich ausschaltkräftige, allgemeine generalklauselmässige Ordnung niedrigeren postfiniten Rechtes die höherrangigen Vorschriften, welche ausdrücklich oder stillschweigend auch für die Änderung von Gebäuden und Bewerbungen gelten, nicht auszuschalten. So sind selbstverständlich auch bei Annahme der ausschaltkräftigen Geltung der ZH-PBG § 357 I und II gemäss der Fassung von 1975 und 1991 sämtliche bundesrechtlichen Vorschriften über den Umweltschutz, den Gewässerschutz, das Landwirtschaftswesen, die Sicherheit von elektrischen Anlagen usw. unverändert, direkt anzuwenden.

557 β') Ob umgekehrt eine bundesrechtliche, globale generalklauselhafte Ordnung des postfiniten Baurechtes die einschlägigen kantonalrechtlichen Vorschriften, welche ausdrücklich oder stillschweigend auch für die Änderung von Gebäuden und Bewerbungen gelten, ausschalte, ist weniger leicht zu entscheiden. Die Frage stellt sich zB beim generalklauselmässigen, postfiniten RPG Art. 24 II (Fassung von 1979), welches selbst nur das Erfordernis der Vereinbarkeit mit den wichtigen Anliegen der Raumplanung nannte. Muss hier, wenn dieses Erfordernis eingehalten ist, die Bewilligung auf jeden Fall erteilt werden, selbst wenn kantonalrechtliche Vorschriften eine Regelung enthalten, welche in concreto nicht eingehalten ist[11]? Die Antwort auf diese Frage hängt davon ab, ob die bundesrechtliche Regelung als ausschliesslich oder als eine Regelung aufzufassen sei, welche eine verschärfende Ergänzung durch kantonales Recht zulässt. Bei RPG Art. 24 II in der Fassung von 1979 war Letzteres anzunehmen; siehe Rz 3872 f. Von praktischer Bedeutung ist diese Frage allerdings nur, wo, vom räumlichen Geltungsbereich her gese-

---

[11] Hier wird vorausgesetzt, dass die bundesrechtlichen Vorschriften über den Umweltschutz, den Gewässerschutz, das Landwirtschaftswesen, die Sicherheit elektrischer Anlagen usw. auch insoweit eingehalten sind, als diese nicht als «wichtige Anliegen der Raumplanung» gedeutet werden müssen.

hen, die kantonalen Regelungen ausserhalb der Bauzonen überhaupt gelten[12]. Sonst fehlt es überhaupt an einem kantonalen Recht, bei welchem sich die Frage nach der Beachtlichkeit oder Unbeachtlichkeit stellt.

γ') Eine ähnliche Frage stellt sich auch im Verhältnis zwischen generalklauselmässigem, kantonalem, postfinitem Baurecht und generalklauselmässigem, kommunalem oder sektoralem, kommunalem, postfinitem Baurecht. Zu denken ist insbesondere an den Fall, dass das kantonale Recht Änderungen von Gebäuden und Bewerbungen generalklauselmässig einheitlich für den ganzen Kanton regelt, die Gemeinden aber befugt sind, für die Änderung von Gebäuden und Bewerbungen in denkmalschutzmässig motivierten Kernzonen eigene Regelungen aufzustellen. Rz 635 f, 3022, 3046. 558

δ) Der vierte Vorbehalt betrifft gleichrangiges, anderes, jedoch sektorales postfinites Baurecht. Hier ist insbesondere zu denken an generalklauselmässiges postfinites Bundesrecht neben sektoralem postfinitem Bundesrecht sowie an generalklauselmässiges, postfinites kantonales Recht neben sektoralem postfinitem kantonalem Recht[13]. Hier dürfte im Allgemeinen das sektorale Recht das generalklauselmässige nach dem Grundsatz von lex generalis derogat legi speciali in seinem normalen Anwendungsbereich ausschalten, bei aller Fragwürdigkeit dessen, was generell und was speziell sei. Das heisst: Erlaubnis ist nur gegeben, wenn die Erfordernisse des allgemeinen, generalklauselmässigen und des speziellen Rechtes kumulativ eingehalten sind, wobei das allgemeine, generalklauselmässige Recht die Geltung des speziellen Rechtes «aufzuweichen» vermag. 559

V. Bedeutsamkeit der Unterscheidung wegen Dispenserfordernis

1. Hier fragt sich nun, was denn den Unterschied ausmache zwischen einerseits der kumulativen Anwendung der Regelungen für Neubauten und Erstbewerbungen auf die Änderung von Gebäuden und Bewerbungen sowie anderseits einer grundsätzlich die Regelung für Neubauten und Erstbewerbungen ausschaltenden Ordnung. Kommt bei Letzterer nicht auf dem Umwege der Auslegung und sonstigen normativen Klärung dasjenige an Normierung doch wieder hinein, was zuvor mit etwelchem methodologischem Aufwand daraus herausgenommen worden ist? Die Frage ist berechtigt und ich bestreite auch nicht, dass das Resultat der ausschaltenden und der kumulativen Regelungsanwendung in vielen Fällen materiell das Gleiche ist. Wenn mir trotzdem diese Unterscheidung wichtig erscheint, so hat dies seinen Grund in Folgendem: 560

Angenommen, man gelange bei der kumulativen Anwendbarkeit der Ordnung für Neubauten und Erstbewerbungen auf die Änderung von Gebäuden und Bewerbungen in einem konkreten Fall zum Ergebnis, die Regelung für Neubauten bzw. Erstbewerbungen sei objektiv zu streng. Als Beispiele seien etwa genannt: 561

---

[12] An dieser Voraussetzung fehlt es zB überall dort, wo die auf die Neubauten zugeschnittenen Gebäudehöhen-, Längen-, Ausnützungsmaxima, Abstandsminima usw. zB nur für die Wohnzonen gelten.
[13] Im Bundesrecht stellt sich die Frage im Verhältnis zwischen RPG und der Sanierungspflicht gemäss USG Art. 16 ff. Im Kanton Zürich stellt sich die Frage im Verhältnis zwischen dem allgemeinen, generalklauselmässigen PBG §§ 357 I und 101 bezüglich Gebäuden im Baulinienbereich. Rz 1801 f.

- Im bisherigen Estrich des Dachgeschosses eines die maximal zulässige Gebäudehöhe gerade noch einhaltenden, 7,5 m hohen Gebäudes kann ein Wohnzimmer nur dann befriedigend eingerichtet werden, wenn entweder das Dach um 20 cm gehoben oder eine Dachaufbaute in einer Breite erstellt wird, welche das Verhältnis von Dachaufbau- und Fassadenbreite von 1 : 4 gemäss entsprechender Regelung für Neubauten um 25 cm überschreitet.
- Im bisherigen Estrich eines die Ausnützungsziffer von maximal 0,6 bereits voll konsumierenden Gebäudes sollen Wohnzimmer eingerichtet werden, was nach der geltenden Definition der anrechnungspflichtigen Geschossflächen zu einer Ausnützung von 0,7 führen würde.

In solchen Fällen kann eine Bewilligung nur erteilt werden, wenn auch die Möglichkeit der Gewährung eines Dispenses und die Bereitschaft hiezu besteht. An dieser Möglichkeit fehlt es jedoch oft[14]. Rz 606 f.

562 2. a) In die generalklauselmässigen Begriffe von Rz 548 können nun aber alle objektiv das öffentliche Interesse betreffenden Argumente einfliessen, welche für ein Pro oder Contra der Erlaubnis sprechen. Im Vordergrund stehen dabei die folgenden öffentlichen Interessen:

- öffentliche Gesundheit;
- Feuersicherheit;
- Sicherheit vor Einsturz;
- genügend Zutritt von Besonnung und Belüftung;
- Gewässerschutz;
- einwandfreie Zu- und Weggangs-, Zu- und Wegfahrtsverhältnisse;
- Fernhaltung von störenden materiellen Immissionen von Wohnbaugebieten;
- Erhaltung des Strassen-, Orts- und Landschaftsbildes sowie des Zonencharakters.

563 b) Bei diesen öffentlichen Interessen ist nun typisch, dass sie bei der Änderung von bestehenden Gebäuden oft überhaupt nicht nachteilig tangiert werden oder nach erfolgter Änderung nicht stärker tangiert werden als vorher. Das gilt insbesondere für Änderungen, welche innerhalb der im Wesentlichen unverändert bleibenden Gebäudehülle stattfinden. Beispiele:

- In einem bisher als Estrich beworbenen Dachstock wird über dem obersten zulässigen Vollgeschoss und mit einem Kniestock von über 50 cm Höhe eine Wohnung eingerichtet. Solange dabei weder das Dach gehoben oder Dachaufbauten errichtet werden, ergibt sich hieraus für die Nachbarschaft nicht die geringste zusätzliche Beschränkung von Besonnung und Belüftung. Analoges trifft zu, wenn der zusätzliche Bewerb in einem Gebäudeteil erfolgt, der in minimal zulässige Abstände hinein- oder über maximal zulässige Gebäudehöhen hinausragt, oder wenn der zusätzliche Bewerb in einem Gebäude erfolgt, das die zulässige maximale Gebäudelänge oder die Überbauungs-, Ausnützungs- oder Baumassenziffer überschreitet.

[14] Das Vorhandensein einer Dispensmöglichkeit kann – vorbehältlich der Einzelfalltheorie – nicht einfach überall dort als gegeben angesehen werden, wo ein öffentliches Interesse danach bestünde. An einer Dispensmöglichkeit kann es insbesondere bezüglich der Überschreitung der Ausnützungsziffer fehlen (zwar nicht überall). Vgl. allerdings auch Rz 4434.

– In einem Gebäude, in welchen bisher eine Schreinerei ihren Sitz hatte, befindet sich inskünftig eine Spenglerei; nichts deutet darauf hin, dass der neue Betrieb – trotz kategorialer Verschiedenheit nach Rz 504 f – intensivere Immissionen verursacht als der bisherige.
– In einem Gebäude, in welchem sich bisher Büros einer grösseren Zahl verschiedener Firmen befanden, lässt sich inskünftig eine einzige Grossfirma des Dienstleistungsgewerbes nieder; nichts deutet darauf hin, dass inskünftig ein grösseres Verkehrsaufkommen oder ein grösserer Energiebedarf zu erwarten ist.
– In einem nicht denkmalschutzwürdigen Gebäude werden zahlreiche, sich im Wesentlichen auf das Innere beschränkende bauliche Änderungen (keine Umgestaltung; Rz 200 f) vorgenommen; das Strassen-, Orts- oder Landschaftsbild, die Infrastruktur sowie der Zonencharakter werden davon nicht mehr tangiert, als sie schon durch den Bestand des bisherigen Gebäudes tangiert (oder nicht tangiert) waren.

In allen diesen Beispielen ist der Eintritt eines Entgegenstehens überwiegender öffentlicher oder nachbarlicher Interessen, eine Unvereinbarkeit mit den wichtigen Anliegen der Raumplanung und/oder der Eintritt einer Verschlechterung wohl eher zu verneinen.

c) Zu bejahen ist der Eintritt einer Verschlechterung wohl aber bei folgenden Konstellationen: **564**

– Durch die vermehrte Ausnützung innerhalb des bereits bestehenden Gebäudekubus (im erwähnten Dachstock, in den in die minimal zulässigen Abstände hinein- bzw. über die maximal zulässigen Gebäudehöhen hinausreichenden Gebäudeteilen, in einem Gebäude, das die Überbauungs-, Ausnützungs-, Baumassenziffer überschreitet) wird eine Strasse, die bisher gerade noch knapp genügend dimensioniert war, ungenügend oder noch schlechter.
– In einer Zone, in welcher höchstens mässig störende Betriebe erlaubt sind, wird in den bisherigen Räumen, in welchen sich bisher ein nicht störender Betrieb befand, eine Autospenglerei (stark störender Betrieb) eingerichtet.
– Durch die Änderungen an der bisherigen Gebäudekubatur werden die Besonnungs- und Belüftungsverhältnisse für die Nachbarschaft wesentlich verschlechtert oder die Fassade bzw. das Dach präsentieren sich für das Strassen-, Orts- oder Landschaftsbild schlechter.

d) Bei einer Vergrösserung der Gebäudekubatur, bei Auf- und Anbauten ergibt sich **565** zwar für die Nachbarschaft oft eine Verschlechterung der Besonnungs-, Durchlüftungs- oder Aussichtsverhältnisse. Doch ist dies keineswegs zwingend. So tritt zB keine Verschlechterung der Besonnungsverhältnisse für die Nachbarschaft ein, wenn das zur Vergrösserung vorgesehene Gebäude selbst das nördlichste von allen, als nachbarliche Gebäude in Betracht kommenden Gebäuden ist oder wenn das nächstliegende nördliche Nachbargebäude so weit entfernt ist, dass kein Schattenwurf hierauf möglich ist. Eine Verschlechterung der Besonnungsverhältnisse ist dabei noch um so eher ausgeschlossen, wenn das Gelände zwischen den beiden in Betracht kommenden Gebäuden rechtlich oder tatsächlich unüberbaubar ist, weil hier eine Strasse oder ein Bach durchführt[15]. Ferner

---

[15] Zur Problematik der Verschlechterung der Aussicht aus den Nachbargebäuden siehe Rz 339, 914 f.

fällt ein Schattenwurf dann nicht als Verschlechterung ins Gewicht, wenn das beschattete Gebäude auf der beschatteten Umfassungswand keine Fenster oder nur solche zu Sekundärräumen (zB Treppenhaus, WC, Badezimmer) aufweist. Der sich aus einer Änderung ergebende Schattenwurf kann aber dem Bauaktiven auch dort nicht entgegengehalten werden, wo der Bauaktive berechtigt wäre, einen Neubau mit wesentlich mehr schattenwerfender Wirkung zu errichten.

566 e) In Richtung auf eine Erlaubnis lässt sich etwa das Vorliegen der folgenden «guten» bzw. das Fehlen der folgenden «schlechten» Gesichtspunkte, in Richtung auf eine Verweigerung lässt sich etwa das Fehlen der folgenden «guten» bzw. das Vorhandensein der folgenden «schlechten» Gesichtspunkte anführen:

«gute» Gesichtspunkte:
– Schaffung oder Erhaltung von
    – zinsgünstigen Wohnungen für Familien, Betagte und Invalide;
    – Räumlichkeiten für gewerbliche Betriebe, deren Ansässigkeit im Quartier erwünscht ist;
    – Freizeitgelegenheiten, zB Schlittelwiese, Jugendtreffpunkte usw.;
    – Eigenheimen;
– Erhaltung von einwandfreier Bausubstanz, obwohl nicht denkmalschutzwürdig;
– Erhaltung schöner Bäume;
– Erhaltung und Schaffung von verkehrssicheren Schulwegen;
– Erhaltung der Wohnlichkeit des Quartiers im Allgemeinen;
– Schaffung dringend benötigter Asylantenunterkünfte;
– Treu und Glauben im Bauwesen (Rz 1019 f);

«schlechte» Gesichtspunkte:
– Entzug von Besonnung und Aussicht für die Nachbarschaft;
– Überbelastung der Infrastruktur;
– Entstehung von Spielsalons, ferner von Prostitutionsbetrieben, Sexshops usw. (Rz 341 f).

567 5. Es ist bei Vorliegen solcher Konstellationen sehr gut möglich, dass in den Beispielen von Rz 563 trotz Überschreitung der Maxima bzw. Unterschreitung der Minima der Regelungen für Neubauten bzw. Neubewerbungen überwiegende, entgegenstehende Interessen des Bauaktiven, die Vereinbarkeit mit den wichtigen Anliegen der Raumplanung, eine angemessene Verbesserung, keine Verschlechterung usw. aufgrund einer Gesamtbewertung ad hoc bejaht werden kann. Hier braucht es dann zur Bewilligung keinen Dispens und das Fehlen einer solchen Dispensmöglichkeit schadet dem Bauaktiven nicht. Sobald ihm eine Bewilligung erteilt ist, befindet er sich sogar in einer besseren Position, als wenn ihm mit gleichzeitiger Dispensgewährung eine Bewilligung erteilt worden wäre; denn in diesem Fall könnte der Nachbar die Rechtmässigkeit der Ausnahmebewilligung mit dem Argument anfechten, die Voraussetzungen zu deren Erteilung seien nicht erfüllt gewesen. Mit dem Einwand, es stünden der Erlaubnis gewichtigere öffentliche und/oder nachbarliche Interessen entgegen, es liege Unvereinbarkeit mit den wichtigen Anliegen der Raumplanung vor usw., kann der Nachbar jedoch weniger gut durchdringen, wenn er überhaupt zur Geltendmachung dieses Einwandes legitimiert ist.

VI. Zu den Arten der Ausschaltung des Neubaurechtes

1. Denkbar ist eine *vollumfängliche* und eine nur *teilweise* Ausschaltung des Neubaurechtes. Erstere kommt im Zürcher Baurecht kaum vor. Bei Letzerer lassen sich eine *grosse* und eine *kleine* Ausschaltung unterscheiden. Von einer grossen, teilweisen Ausschaltung des Neubaurechtes kann man sprechen, wo das Neubaurecht bei allem ausgeschaltet wird, was für sich allein gesehen nicht das Novum selbst ist, also auch bei den Beziehungen des Novums zum Umliegenden (Rz 457 ff); das ist der Fall der novenzentrierten Neubaurechtmassgeblichkeit mit erfüllungsweiser Anpassungspflicht. Demgegenüber kann man von einer kleinen, teilweisen Ausschaltung des Neubaurechtes sprechen, wo dieses für das ausserhalb der Noven selbst Liegende sowie für die Beziehungen des Novums zum Umliegenden nur teilweise ausgeschaltet wird; es ist dies der Fall der novenzentrierten Neubaurechtmassgeblichkeit mit bloss annäherungsweiser Anpassungspflicht (eng oder weit).

568

2. Von der Frage nach dem Umfang der Ausschaltung des Neubaurechtes zu unterscheiden ist diejenige nach dem Umfang des für das neu Geschaffene (Noven) für sich selbst, ohne Beziehung zum Umliegenden massgeblichen Neubaurecht (Rz 457 f). Es gibt hier zwei Möglichkeiten: einerseits die Massgeblichkeit des ganzen Neubaurechtes, soweit dieses für die Noven beachtliche Aspekte aufweist, und anderseits die Massgeblichkeit nur eines Ausschnittes des Neubaurechtes. Es kann zB sein, dass nur diejenigen Regelungen für die Noven massgeblich sind, welche kein Ausführungsrecht des RPG bilden[16]; hiernach wären massgeblich nur die technischen Normen über bauliche Sicherheit, Verkehrssicherheit, Brandschutz, Hygiene, innere Erschliessung, Ästhetik, Natur- und Heimatschutz, nicht aber die dimensionalen Maxima und Minima, Abstände und Nutzungsziffern.

569

VII. Öffnung von Tür und Tor für behördliche Willkür?

1. Nicht ganz von der Hand zu weisen ist der Einwand, bei der grundsätzlichen Ausschaltung des doch recht detailliert formulierten, sich über viele Paragraphen bzw. Artikel des kantonalen Baugesetzes und der kommunalen Bauordnungen verteilenden Baurechtes durch eine einzige, zwei oder wenig mehr generalklauselmässig nur für die Änderung von Gebäuden und Bewerbungen geltende Regelungen werde der behördlichen Willkür Tür und Tor geöffnet; das könne sich sowohl zugunsten des Gemeinwesens und zum Nachteil des Bauaktiven als auch zum Vorteil des Bauaktiven und zum Nachteil des Nachbarn auswirken. Das ist jedoch der Preis dafür, dass es ungleich schwieriger ist, für die Änderung von Gebäuden und Bewerbungen spezieller gefasste Vorschriften aufzustellen, deren Anwendung in der Vielzahl möglicher Situationen wirklich befriedigt, als dies für die Errichtung von Neubauten der Fall ist. Es ist vielleicht trotz allen rechtsstaatlichen Mängeln, welche generalklauselmässigen Vorschriften eigen sind, immer noch vernünftiger, die Änderung von Gebäuden und Bewerbungen so zu regeln und damit den Weg zu einer befriedigenden Lösung im Einzelfall offenzuhalten, als detailliert formulierte

570

---

[16] Vgl. BGE 125 II 10, 16 (Stäfa/ZH).

Vorschriften zu statuieren und entweder im Einzelfall Ausnahmebewilligungen zu erteilen oder unnötige Härten aufzuerlegen[17].

571 2. Bei alldem ist immer vorausgesetzt, dass die generalklauselmässige Regelung für die Änderung von Gebäuden und Bewerbungen wirklich nur bei Vorkehrungen zum Zuge kommt, welche die Bezeichnung Änderung verdienen und nicht zur Kategorie der sekundären Neubauten (Rz 199 f) und sekundären Erstbewerbungen (Rz 313 f) gehören.

Gewisse flankierende Massnahmen zur Verhinderung eines behördlichen Überbordens sind jedoch gleichwohl nötig.

VIII. Verschärfung oder Lockerung gegenüber dem präfiniten Baurecht?

572 Anknüpfend an das in Rz 545 am Schluss Gesagte, liegt es auf der Hand, dass bei kumulativer Geltung des Erfordernisses «kein Entgegenstehen überwiegender Interessen»[18] und aller für Neubauten bzw. Neubewerbungen geltender Erfordernisse eine Bewilligung für Änderungen schwieriger zu erreichen wäre, als wenn nur das Erfordernis «kein Entgegenstehen usw.» gilt. Im ersteren Fall läge eine eindeutige Verschärfung für die Änderungen von Gebäuden bzw. Bewerbungen gegenüber den Neubauten bzw. Neubewerbungen vor. Neubauten müssten bewilligt werden, selbst wenn im konkreten Fall die öffentlichen Interessen an einer Verweigerung an sich die Interessen des Bauaktiven an einer Bewilligung überwögen, die Änderungen von Gebäuden bzw. Bewerbungen müssten jedoch verweigert werden, selbst wenn die öffentlichen Interessen und diejenigen der Nachbarschaft die Interessen des Bauaktiven an einer Bewilligung nicht überwögen, jedoch die Erfordernisse für Neubauten bzw. Neubewerbungen nicht eingehalten wären. Das würde der heutigen Tendenz, die Änderung bestehender Gebäude und Bewerbungen zu erleichtern, entgegenlaufen.

---

[17] Vgl. die Voten von Peter Müller, Rudolf Friedrich und Walter Vollenweider in der vorberatenden Kommission des ZH-Kantonsrates, Protokoll der Sitzung vom 31. Mai 1974, S. 248 f.
[18] Bzw. Vereinbarkeit mit den wichtigen Anliegen der Raumplanung bzw. angemessene Verbesserung bzw. keine unzulässige Mehrausnützung bzw. keine weitere Verschlechterung.

§ 7 Die Dispenskompetenz im postfiniten Baurecht

I. Allgemeines

1. Die Ausnahmebewilligung, auch Dispens genannt[1], ist insoweit ein Bestandteil des postfiniten Baurechtes, als es um die Frage geht, wie weit der Umstand, dass ein Gebäude bereits besteht bzw. ein Bewerb bereits ausgeübt wird, dafür spricht, dass für eine bauliche bzw. bewerbsmässige Änderung, für einen sekundären Neubau bzw. Neubewerb im Einzelfall von der Pflicht, gewisse Verbote oder Gebote einzuhalten, befreit werden kann[2].

2. Nicht erörtert werden hier jedoch die nachfolgenden Fragen. Die in den Fussnoten angegebenen Entscheide und Literaturstellen sind entweder von grundsätzlicher Bedeutung für das jeweilige Thema oder haben hiezu einen direkten postfiniten Bezug.

a) Welches sind die positiven und negativen Voraussetzungen des Dispenses?[3]
b) Welche Regelungen sind dispensfeindlich?[4]
c) Besteht ein Anspruch auf die Dispensierung bei Vorhandensein der Voraussetzungen?[5]

---

[1] Werke mit Ausrichtung auf das Verwaltungsrecht allgemein: Zaccaria Giacometti, S. 402–423, Max Imboden/René A. Rhinow, dgl. René Rhinow/Beat Krähenmann, Nr. 37, Fritz Gygi, S. 121, 293 f, 303 f, Ulrich Häfelin/Georg Müller, N. 802–842a, Thomas Fleiner-Gerster, S. 233–242, André Grisel, S. 429–443. Publikationen mit Ausrichtung auf das Baurecht im Besonderen: Ermo Zimmermann, Der Baudispens in der Stadt Zürich, 1958, Hans Egger, S. 24–26, Hans-Rudolf Spiess, Die Ausnahmebewilligung in Bauzonen, insbesondere im zürcherischen Baurecht, in: DISP Nr. 86, S. 27–36, Walter Haller/Peter Karlen, N. 878–883, Leo Schürmann/Peter Hänni, S. 265 f, Erich Zimmerlin, Kommentar, 1985, S. 379, Aldo Zaugg, 1987, S. 276–279, Paul B. Leutenegger, S. 274–281, Peter Dilger, S. 103, Christoph Fritzsche/Peter Bösch, S. 193 f, Christian Mäder, Rz 421–428, Charlotte Good-Weinberger, Die Ausnahmebewilligung im Baurecht, insbesondere nach § 220 des zürcherischen PBG, 1990; Thomas Müller, Die erleichterte Ausnahmbewilligung, unter besonderer Berücksichtigung der Verhältnisse im Kanton Zürich (RPG Art. 24 II in Verbindung mit PBG § 357 III, [Fassung von 1991]).

[2] Die Ausnahmebewilligung/Dispens ist eine Erscheinungsform der Invalidierung von Normen in einem Einzelfall, und zwar nicht als Repulsion, sondern als Derogation (im weiteren Sinne) einer bisherigen; betroffen hievon ist nicht eine spezielle, sondern eine generelle Norm. Rz 616 hier FN 2.

[3] Am häufigsten ist das Erfordernis des Vorliegens besonderer Verhältnisse: ZH-RB 1962 Nr. 88, RB 1963 Nr. 100, RB 1964 Nr. 107 (ZBl 1965 S. 276), RB 1964 Nr. 100, RB 1973 Nr. 65, RB 1975 Nr. 110, RB 1975 Nr. 111 (ZBl 1975 S. 459), RB 1981 S. 126, RB 1985 Nr. 83. Wie sehr es bezüglich des Vorhandenseins dieser Dispensvoraussetzungen zu Meinungsverschiedenheiten kommen kann, zeigt der von Walter Haller/Peter Karlen in N. 692 erwähnte Entscheid i.S. Neuüberbauung Stauffacher-Quartier in Zürich 4 anstelle von Abbruchgebäuden (RB 1985 Nr. 103, umfassender in: BEZ 1985 Nr. 4).

[4] Bezüglich Ausnützungsziffer: ZH-RB 1963 Nr. 101, RB 1968 Nr. 51, RB 1984 Nr. 94. Ferner Rudolf Friedrich/Karl Spühler/Ernst Krebs, S. 163 und Rudolf Kappeler, Ausnützungsziffer, ZBl 1989 S. 49 f.

[5] Eher nein. Vgl. BGE 108 Ia 214 (Affoltern a.A./ZH). RB 1976 Nr. 114 (ZBl 1976 S. 554), Max Imboden/René A. Rhinow, Nr. 37 B. IV, Nr. 66 B. III.

d) Sind Dispense ohne textliche Grundlage im Gesetz möglich?[6]
e) Gibt es neben der allgemeinen Dispenskompetenz noch weitere besondere solche Kompetenzen?[7]
f) Wie verhalten sich die kantonalen und die kommunalen Dispenskompetenzen zueinander?[8]
g) Wie verhalten sich Baubewilligung und Dispens zueinander? Gibt es stillschweigende Dispense?[9]
h) Welche der Dispenskompetenz verwandte Regelungen gibt es?[10]
i) Welches ist die Stellung des Nachbarn im Dispensverfahren?[11]
j) Welches sind die für die Dispensierung zuständigen Organe?
k) Welches Verfahren ist bei der Dispensierung einzuhalten?

II. Die Situation im postfiniten Baurecht als solchem

A. Das Bestehen eines Gebäudes, die Ausübung eines Bewerbes als besonderes Verhältnis im Sinne der Ausnahmebewilligungsregelung?

608 Da das geltende Baurecht fast ausschliesslich oder doch grösstenteils auf die Erstellung von Gebäuden auf unüberbauten oder erst infolge Abbruchs gebäudefreier Parzellen ausgerichtet ist, liegt der Gedanke an besondere Verhältnisse bei der Änderung bisheriger Gebäude bzw. Bewerbungen nicht abseits. Dass die Einhaltung der gleichen Regelung bezüglich Neubauten bzw. Neubewerbungen dem Bauaktiven u.U. weniger Mühe und Kosten bereitet als demjenigen, welcher ein Gebäude bzw. einen Bewerb ändern will, ist in Rz 816 dargelegt. Zwar sind Ausnahmebewilligungen auch zulässig, wo es um Sachverhalte geht, welche in grosser Zahl vorkommen. Trotzdem ist es vertretbar zu sagen: Die Tatsache, dass ein Gebäude bereits besteht bzw. ein Bewerb bereits ausgeübt wird, ist nicht als solche bereits als besonderes Verhältnis zu qualifizieren, welches die Befreiung von einer Vorschrift im Einzelfall rechtfertigt[12]. Wo ein Baudenkmal vorliegt, mag es sich allerdings etwas anders verhalten.

---

[6] Eher nein. Vgl. Zaccaria Giacometti, S. 257 f, Max Imboden/René A. Rhinow, Nr. 37 B. II und René A. Rhinow/Beat Krähenmann, Nr. 37 B. II, Rudolf Friedrich/Karl Spühler/Ernst Krebs, S. 161. Siehe ferner BGE 107 Ib 119 (Kanton TG betr. Kanalisationsanschluss), BGE 108 Ia 79 (Lausanne/VD) sowie Walther Burckhardt, System, S. 286 und Peter Müller, S. 213. Vgl. die Bemerkungen zur sogenannten Besitzstands- und Bestandesgarantie in Rz 4434 f.
[7] Ja. ZH-RB 1983 Nr. 85 (BEZ 1983 Nr. 37).
[8] Vgl. ZH-RB 1984 Nr. 94 und RB 1985 Nr. 83.
[9] Vgl. BGE vom 5. September 1997 (Winterthur/ZH, ZBl 1999 S. 218). Die Vorstellung eines stillschweigenden Dispenses ist problemgeladen.
[10] Vgl. Fritz Gygi, S. 85, welcher von «verschleierten» Ausnahmeregelungen spricht.
[11] Vgl. ZH-RB 1963 Nr. 102, RB 1964 Nr. 105 und 107. Siehe auch ZH-PBG § 220 III.
[12] In diesem Sinne BGE 112 Ib 53 (Gemeinde O./SH, betr. Kanalisationsanschlusspflicht). Der Umstand, dass der Bauaktive mit seinem bisherigen Gebäude aus rechtlichen Gründen (Rz 1405a) weichen muss, ist entschädigungsmässig im hierauf bezüglichen Verfahren, nicht durch Erteilung eines Dispenses zu regeln, denn hierin liegt wegen der Vielzahl der Fälle keine Besonderheit. In ZH-RB

B. Die vier verschiedenen Situationen im postfiniten Baurecht

1. Fragestellung

Im postfiniten Baurecht spielen sodann bezüglich Ausnahmebewilligungen die folgenden vier Fragen eine Rolle: **609**

– Erstens: Gibt es eine Regelung, welche die Behörde dazu ermächtigt, für das angestrebte Vorhaben von der Einhaltung einzelner oder mehrerer Bedingungen der globalen oder sektoralen postfiniten Regelung zu dispensieren? Rz 610.
– Zweitens: Welches sind die Auswirkungen bereits früher erteilter Ausnahmebewilligungen für die Beurteilung des jetzigen Vorhabens? Rz 611 f.
– Drittens: Kann im Hinblick auf ein jetziges Vorhaben lange nach der Erstellung eines Gebäudes bzw. der Aufnahme eines Bewerbes für das bereits Vorhandene eine Ausnahmebewilligung mit Auswirkung für die Beurteilung des jetzigen Vorhabens erteilt werden? Rz 614.
– Viertens: Kann die Anwendung der allgemeinen Änderungsregelung mit der Gewährung einer Ausnahmebewilligung für Teile des neuen Bauvorhabens kombiniert werden? Rz 615.

Die Antworten auf die erste und vierte Frage sind dort wichtig, wo die geltende Änderungsregelung als zu eng erscheint. Die Antworten auf die zweite und dritte Frage sind dort wichtig, wo das (jetzige) postfinite Baurecht das Fortbestehenlassen, Ändern oder Abbrechen von Gebäuden bzw. Weiterausüben, Ändern oder Einstellen von Bewerbungen verschieden regelt, je nachdem ob das Gebäude bzw. der Bewerb baurechtgemäss oder baurechtswidrig ist («Weichenstellung» gemäss Rz 404 f).

2. Zu den einzelnen Situationen

a) Zur Dispensierung von der jetzt geltenden globalen oder sektoralen Änderungsregelung

Es steht nicht immer von vornherein fest, ob die in einem Gesetz oder einer Verordnung **610** textlich enthaltene Ermächtigung zur Erteilung von Ausnahmebewilligungen von Vorschriften gemäss Rz 401 f allgemein Anwendung finde. Fehlt es textlich an einem klaren Bezug, so wird zwar die Antwort trotzdem meistens ja lauten (Rz 603, 4434). Nicht so sicher ist jedoch die Dispensmöglichkeit in Bezug auf die globalen oder sektoralen Änderungsregelungen selbst; denn die Ersteren verwenden meistens, trotz ihrer eindeutig positiven oder negativen Ausrichtung, so vage, unbestimmte Termini für die Umschreibung der Bedingungen, dass von deren Erfüllung vernünftiger- und gerechterweise weder entbunden werden darf noch entbunden zu werden braucht[13, 14]. Der Geschickte

---

1963 Nr. 101 Ziffer 1 (Einrichtung von Gästezimmern im Dachgeschoss) erleichterte jedoch das bereits Vorhandensein tendenziell eher die Dispensierung. Die in Rz 4148 f erörterten Fragen bei Anbauten bezüglich Mehrlängen- und bei Aufbauten bezüglich Mehrhöhenzuschlägen betreffen keine Ausnahmesituation, sondern stellen ein Anwendungsproblem bezüglich einer zu wenig ausführlichen Vorschrift dar.

[13] ZB Erfordernis überwiegender Bauaktiveninteressen, des Fehlens entgegenstehender öffentlicher Interessen, der Vereinbarkeit mit den wichtigen Anliegen der Raumplanung, des Entstehens einer

kommt hier immer mehr oder weniger auch ohne Anrufung einer Dispenskompetenz befriedigend zu Rank. Die sektoralen Ausnahmebewilligungskompetenzen stellen jedoch schon ihrerseits eine Regelung für einen Sonderfall dar; Ausnahmen bezüglich Ausnahmen sind aber oft in der Argumentation verwirrend.

b) Zur Berücksichtigung früher erteilter Ausnahmebewilligungen

611 α) Wo die Änderungsregelung verschieden ist je nachdem, ob sich die Änderungen auf Gebäude bzw. Bewerbungen beziehen, welch Letztere aus heutiger Sicht baurechtswidrig sind, stellt sich die Frage, wie es sich verhalte, wenn für die sowohl aus heutiger als auch damaliger Sicht baurechtswidrige Situation seinerzeit eine Ausnahmebewilligung erteilt worden ist. Findet in diesem Falle trotzdem die Regelung für die Änderung baurechtswidriger Gebäude bzw. Bewerbungen Anwendung oder kommt diejenige für Änderungen bei Baurechtgemässheit zum Zuge? Die Frage hat dort eine praktische Bedeutung, wo die Regelung für die Änderungen bei Baurechtswidrigkeit anders lautet als diejenige für die Änderung bei Baurechtgemässheit.

612 β) Für die Beantwortung dieser – intertemporalrechtlichen – Frage ist zu unterscheiden, ob die seinerzeit erteilte Ausnahmebewilligung den ganzen Bereich der heutigen Baurechtswidrigkeit oder nur einen Teil davon abgedeckt habe[15]. Ersteres trifft zu, wenn die Ausnahmebewilligung zu einer Zeit erteilt worden ist, als die die heutige, Baurechtswidrigkeit bewirkende Regelung zumindest inhaltlich schon gleich gegolten hat, Letzteres, wenn seither eine Verschärfung eingetreten ist. Die Antwort kann nicht mit einem Satz zugunsten des Privaten gegeben werden, denn was man dem privaten «Bauaktiven» entgegenkommt, nimmt man oft dem privaten «Nachbarn» weg; auch bei Letzterem geht es um die Eigentumsgarantie (Rz 914 f)[16, 17]. Es reicht auch nicht aus, dass man die Ausnahme-

---

angemessenen Verbesserung, des Fehlens einer Verschlechterung, des Fehlens einer unzumutbaren Beeinträchtigung der Nachbarn.
[14] ZH-RB 1987 Nr. 81: Von den Voraussetzungen der allgemeinen Änderungsregelung PBG § 357 kann nicht über PBG § 220 dispensiert werden. PBG § 220 ermächtigt zu einem Dispens von «Bauvorschriften». Diese sollen nach Christoph Fritzsche/Peter Bösch, S. 147 nur die Vorschriften des IV. Titels, erster Abschnitt des PBG, samt Ausführungsvorschriften, umfassen. PBG § 357 gehört aber nicht hiezu. Das allein würde aber kaum schon genügen, § 357 als ausnahmebewilligungsfeindlich zu qualifizieren. Etwas weiter unten rechnen die gleichen Autoren allerdings auch mit der Möglichkeit, dass sich nach PBG § 357 nicht mehr zulässige Geschehnisse nach PBG § 220 richten. Zur Problematik des Ausdruckes «Bauvorschriften» siehe Rz 1612 f.
[15] Beispiel: Der Grenzabstand musste damals wie heute mindestens 7 m betragen; er beträgt aber nur 4,65 m. Für diese Unterschreibung ist seinerzeit in vollem Umfang eine Ausnahmebewilligung erteilt worden.
[16] Hievon abgesehen, steht nicht immer von vorneherein fest, ob die Änderung bei Baurechtgemässheit für den Bauaktiven die günstigere ist als diejenige bei Baurechtswidrigkeit. Es kann sich auch umgekehrt verhalten.
[17] Entscheid der ZH-Baurekurskommission I, in: BEZ 1983 Nr. 13: Eine Sekundärbaute (Garage), welche vor 28 Jahren gestützt auf eine Ausnahmebewilligung erstellt worden war und auf welcher jetzt eine Terrasse geplant ist, gilt nicht als baurechtswidrig im Sinne von PBG § 357, Rz 1474 f. Ob der

bewilligung als konstitutiven Verwaltungsakt[18] oder gar als wohlerworbenes Recht (Rz 675) ansieht. Aus solchen Begriffen kann man materiell nie mehr herausholen, als zuerst hineingedacht worden ist.

γ) Wo seit der Erteilung der Ausnahmebewilligung eine hievon nicht erfasste Verschärfung der materiellen Anforderungen eingetreten ist, dürfte es klar sein, dass das Vorhaben gemäss den Regelungen für baurechtswidrige Gebäude bzw. Bewerbungen beurteilt werden muss; der Dispens genügt heute ja auf jeden Fall nicht mehr. Deckte die Ausnahmebewilligung jedoch den ganzen Verschärfungsbereich ab, so ist m.E. zu unterscheiden, ob die Änderungsregelung für baurechtgemässe oder diejenige für baurechtswidrige Gebäude bzw. Bewerbungen die strengere ist. Es wird hiezu auf die Ausführungen in Rz 433 f verwiesen. 613

c) Zur nachträglichen Erteilung von Ausnahmebewilligungen für Vergangenes

Es ist hier an Fälle zu denken, in welchen es nach rechtmässiger Erstellung des Gebäudes bzw. Aufnahme des Bewerbes zu einer verschärfenden Revision gekommen ist, ohne dass Eigenmächtigkeit oder eine Ausnahmebewilligung vorausgegangen wäre. M.E. kann eine solche auch für Situationen erteilt werden, welche seit langem bestehen, auch wenn noch keine Ausnahmebewilligung vorausgegangen ist. Die Folge davon ist denn auch hier wohl eher, dass nachher die Regelungen für Änderungen bei Baurechtgemässheit anwendbar sind. 614

d) Zur Erteilung von Ausnahmebewilligungen für Künftiges

Bisweilen wird es als Bedürfnis empfunden, dort wo (vielleicht nur scheinbar) mit der Änderungsregelung nicht die Gesamtheit des Bauvorhabens bewilligt werden kann, aber eine gesamthafte Bewilligung angezeigt erscheint, für einen grösseren oder kleineren Rest noch zusätzlich eine Ausnahmebewilligung zu erteilen[19]. Das ist aber nicht sinnvoll, wo die Änderungsregelung so umfassend formuliert ist, dass alles, woran ein überwiegendes Bauaktiveninteresse nachgewiesen werden kann, Vereinbarkeit mit den wichtigen Anliegen der Raumplanung besteht, eine angemessene Verbesserung eintritt usw., bewilligt werden kann. Das dürfte oft zutreffen. Eine durch eine Ausnahmebewilligung zu behebende Enge besteht erst recht nicht, wenn die Änderungsregelung die für Neubauten geltenden Regelungen grundsätzlich ausschaltet und durch eine eigene Regelung ersetzt. Dieses Problem wird in Rz 543 f genauer besprochen. 615

---

seinerzeitige Dispens die ganz Abweichung abdeckte, kann der Publikation nicht entnommen werden. Auch das ZH-Verwaltungsgericht bejaht in seinem Entscheid vom 19. Dezember 1995 (BEZ 1996 Nr. 3) in dieser Situation die Beurteilung nach Baurechtgemässheit; hier wurde auf einen Dispens der Baudirektion aus dem Jahre 1965 abgestellt.

[18] Für diese Qualifizierung sprechen sich Hans Egger, S. 16 ff und Paul B. Leutenegger, S. 242 Ziffer 1 aus.

[19] ZH-PBG § 357 I zweiter Satz in der Fassung von 1991 sieht eine solche ergänzende Ausnahmebewilligung für den Fall der Anwendbarkeit von § 357 I erster Satz vor. Rz 1700.

§ 8 Der Widerruf im postfiniten Baurecht

I. Allgemeines zu Widerruf und Unwiderrufbarkeit[1]

616 1. Der Widerruf von Baubewilligungen ist insoweit ein Bestandteil des postfiniten Baurechtes, als es um die Aufhebung von Baubewilligungen geht, nachdem ein Gebäude bzw. eine Änderung daran fertig erstellt und behördlich abgenommen worden oder sonstwie als behördlich angenommen zu qualifizieren ist; Analoges gilt für die Bewerbungen[2].

617 2. Dass es zu einem Widerruf der Baubewilligung erst zu einem so späten Zeitpunkt kommt, ist selten. In Betracht zu ziehen sind folgende Situationen:

a) Der Unterhalt des bewilligten Gebäudes ist derart vernachlässigt worden, dass dem Gemeinwesen und den Nachbarn dessen Fortbestand nicht mehr zugemutet werden kann.
b) Die von einem bewilligten Gebäude bzw. Bewerb ausgehenden Immissionen sind im Laufe der Jahre immer stärker geworden, ohne dass die Zwischenstufen baurechtlich erfasst werden konnten.
c) Das früher zonengemässe Wohnen (landwirtschaftlich) oder Gewerbetreiben (industriell) wurde durch Wegzug der bisherigen und Einzug neuer, wesentlich andersartiger Bewerber abgelöst, ohne dass dieser Wechsel baurechtlich erfasst werden konnte.
d) Infolge neuer, früher noch nicht vorhandener Erkenntnisse stellt ein bewilligtes Gebäude bzw. einzelne Teile davon heute einen polizeiwidrigen Missstand dar.
e) Das Umfeld eines bewilligten Gebäudes ist, ohne Zutun des Gebäudeeigentümers, in einem Grade immissionsmässig problematischer (Rz 425 f) geworden, dass sich aus dem Nebeneinander dieses Gebäudes und des neuen Umfeldes ein polizeilicher Missstand ergibt.
f) Ein bewilligtes Gebäude steht der Verwirklichung eines öffentlichen Werkes im Wege.
g) Ein bewilligtes Gebäude ist der Schauplatz krimineller Handlungen, welche drohen, erneut begangen zu werden, wenn das Gebäude nicht abgebrochen wird (vgl. kollektiver Selbstmord von Sonnentemplern in Cheiry/FR 1994).

---

[1] Werke mit Ausrichtung auf das Verwaltungsrecht allgemein: Zaccaria Giacometti, S. 402–423, Max Imboden/René A. Rhinow, Nrn. 41–45 sowie René A. Rhinow/Beat Krähenmann, Nrn. 41–45, Fritz Gygi, S. 121, 293 f, 303 f, Ulrich Häfelin/Georg Müller, N. 802–842a, Thomas Fleiner, S. 233–242, André Grisel, S. 429–443, Yvo Hangartner, Widerruf von Verwaltungsakten bei Meinungswandel der Behörde und Änderung der tatsächlichen Verhältnisse, ZBl 1961 S. 169. Publikationen mit Ausrichtung auf das Baurecht im Besonderen: Hans Egger, S. 24–26, Walter Haller/Peter Karlen, N. 878–883, Leo Schürmann/Peter Hänni, S. 265–266, Erich Zimmerlin, Kommentar, 1985, S. 379, Aldo Zaugg, 1987, S. 276–279, Paul B. Leutenegger, S. 274–281, Peter Dilger, S. 103, Christoph Fritzsche/Peter Bösch, S. 193 f, Christian Mäder, N. 421–428.
[2] Der Widerruf ist eine Erscheinungsform der Invalidierung von Normen in einem Einzelfall, und zwar nicht als Repulsion einer neuen, sondern als Derogation (im weiteren Sinne) einer bisherigen Norm; betroffen ist hievon nicht eine generelle, sondern eine spezielle Norm. Rz 606 mit FN 2.

II. Die Situation im geschriebenen und ungeschriebenen Recht

A. Allgemeines

Nach Zaccaria Giacometti[3] ist die Widerrufbarkeit kein allgemeiner Rechtsgrundsatz, «sondern nur eine Vermutung, die im konkreten Einzelfall der Erhärtung bedarf». Während zur Frage, wann Ausnahmebewilligungen von gesetzlichen oder verordnungsmässigen Regelungen zulässig sind und wann nicht, im geschriebenen Baurecht eine beachtliche Zahl von Vorschriften anzutreffen ist (Rz 606 f), fehlt es an solchen für die Frage, wann im Baurecht ein Verwaltungsakt widerrufen werden könne und wann nicht, weitgehend, wenn man von den in Gesetzen über das Verwaltungsverfahren im Allgemeinen vorkommenden Regelungen absieht. Hingegen gibt es eine ausgedehnte Gerichtspraxis hiezu. Sie beruht im Wesentlichen auf einer Abwägung der einander gegenüberstehenden öffentlichen Interessen am Widerruf einerseits und der privaten Interessen am Nichtwiderruf anderseits. Dabei spielt es eine erhebliche Rolle, ob es sich um ein Dauerrechtsverhältnis handelt und, wenn ja, wie lange dessen Dauer ist. Bei kurzer Dauer ist die Gewichtung der öffentlichen Interessen geringer als bei langer Dauer.

618
619
620
621

B. Widerrufbarkeit

1. Ein Verwaltungsakt kann gemäss bundesgerichtlicher Praxis widerrufen werden, wenn eine der folgenden Bedingungen erfüllt ist:

622

– der zum Widerruf in Betracht gezogene Verwaltungsakt stammt von einem unzuständigen Organ;
– der zum Widerruf in Betracht gezogene Verwaltungsakt ist nicht in einem Verfahren ergangen, in welchem die sich gegenüberstehenden Interessen allseitig zu prüfen und gegeneinander abzuwägen waren;
– das öffentliche Interesse, welches durch die ungenügend beachtete Regelung wahrgenommen wird, ist im Verhältnis zum privaten Interesse an der Aufrechterhaltung des Verwaltungsaktes gewichtiger, ohne dass die Ausserachtlassung des privaten Interesses von einer der materiellen Enteignung ähnlichen Intensität ist, oder
– das öffentliche Interesse, welches durch die ungenügend beachtete Regelung wahrgenommen wird, ist im Verhältnis zum privaten Interesse an der Aufrechterhaltung des Verwaltungsaktes gewichtiger, wobei die Ausserachtlassung des privaten Interesses von einer der materiellen Enteignung ähnlichen Intensität ist und Entschädigungsbereitschaft des Gemeinwesens besteht.

Selbstverständlich darf ein Widerruf willkürlich (à bon plaire) weder ausgesprochen werden noch unterbleiben.

2. Des Öfteren wird die Widerrufbarkeit von Verwaltungsakten nicht von den in Rz 622 aufgeführten Bedingungen abhängig gemacht, sondern es wird, gewissermassen in einem «zweiten Satz», darauf abgestellt, ob eine der folgenden Situationen vorliege[4]:

623

---

[3] Zaccaria Giacometti, Allgemeines Verwaltungsrecht, S. 417 f.
[4] Vgl. Fritz Gygi, S. 308.

a) dem Verwaltungsakt von Anfang an anhaftende Mängel (prozessurale Situationen):
   α) Verletzung wesentlicher Verfahrensvorschriften;
   β) strafbare Einwirkung auf die Entscheidfällung oder irreführende Gesuchsangaben[5];
   γ) versehentliche Nichtberücksichtigung aktenkundiger, erheblicher Tatsachen durch die Behörde[6];
   δ) erst später behebbares Fehlen von Beweismitteln.

b) den Verwaltungsakt erst nachträglich betreffende Mängel (Neusituationsfälle):
   α) Eintreten neuer erheblicher Tatsachen; siehe Yvo Hangartner, a.a.O., S. 169 f.
   β) Eintreten einer neuen Rechtslage[7].

C. Unwiderrufbarkeit

624 1. a) Unwiderrufbarkeit der Baubewilligung gilt, wenn folgende drei bzw. vier Bedingungen kumulativ erfüllt sind:

α) das Organ, welches bewilligt hat, war hiezu zuständig;
β) der Verwaltungsakt ist in einem Verfahren ergangen, in dem die sich gegenüberstehenden Interessen allseitig zu prüfen und gegeneinander abzuwägen waren, insbesondere bei Vorliegen eines eigentlichen Ermittlungs- oder Rechtsmittelverfahrens[8];
γ) das private Interesse, welches mit dem Durchsetzen des nicht genügend beachteten Verbotes, Gebotes beeinträchtigt würde, wiegt mehr als das öffentliche Interesse, welches mit dem Durchsetzen dieses Verbotes, Gebotes wahrgenommen würde[9]; oder aber

---

[5] Vgl. BGE 123 III 191 ff (Luzern, betr. Nötigungsvorwurf eines Bauaktiven gegen den Nachbarn im Zusammenhang mit Zahlung an den Nachbarn zur Erwirkung eines Rechtsmittelrückzuges).

[6] Die Baubehörde übersieht zB bei Erteilung der Baubewilligung, dass das Gemeinwesen selbst früher einmal eine Baubeschränkung mit Dauergeltung festgesetzt hat. Zu einem solchen Übersehen kann es zB kommen, wenn der Ausnützungsrevers weder im Grundbuch angemerkt noch in einem anderen, jederzeit präsenten Register festgehalten wurde. Nach Auffassung von Grundbuchspezialisten wäre ein solcher, von den Bauämtern zu führender Kataster nötig. Die Bauämter wären jedoch m.E. wegen häufiger Parzellierungen ohne Mitwirkung der Grundbuchämter mit dessen Nachführung überfordert. Vgl. hiezu den Entscheid des BE-Regierungsrates vom 16. April 1975 in: ZBGR 1976 S. 349 ff und der BE-Justizdirektion in: ZBGR 1976 S. 354 ff, insb. die redaktionelle Note von Hans Huber auf S. 359 f.

[7] BGE 100 Ib 94, 97 ff (Tanklager Zell/LU, betr. Erweiterung): Der Widerruf wurde wegen seitherigen Inkrafttretens des Gewässerschutzgesetzes und wegen vorgesehener Zuweisung des Areales zur gewässerschutzrechtlichen Zone A bestätigt. Mit der Erweiterung war noch nicht begonnen worden. Ähnlich, aber mit verschärftem Schutz gemäss Bundesbeschluss über dringliche Massnahmen auf dem Gebiete der Raumplanung vom 17. März 1973 (Rz 4141), wurde in BGE 103 Ib 204, 206 (Bauherrengemeinschaft Altenberg/BE) argumentiert.

[8] BGE 107 Ib 35, 38 f (Kanton Tessin): Der gewässerschutzrechtrechtlich begründete Widerruf wurde vom Bundesgericht wegen vorheriger «esauriente procedura» aufgehoben; ähnlich: BGE vom 1. Juni 1983 (Bettmeralp, Blatten/VS, in: ZBl 1984 S. 127 FN 9 und 13).

[9] Im BGE vom 1. Juni 1983 (Bettmeralp, Blatten/VS, in: ZBl 1984 S. 127 ff, FN 13) wurde das öffentliche Interesse an einer «ästhetisch ansprechenden Baugestaltung» verhältnismässig niedrig eingestuft, allerdings weitgehend weil die Gebäude darum herum auch hoch scheine und eine Kaschierung mittels Aufschüttung und Bepflanzung in Betracht komme!

das private Interesse, welches mit dem Durchsetzen des nicht genügend beachteten Verbotes, Gebotes beeinträchtigt würde, wiegt zwar weniger als das öffentliche Interesse, welches mit dem Durchsetzen dieses Verbotes, Gebotes wahrgenommen wird, doch ist das private Interesse so gewichtig, dass seine Ausserachtlassung von einer der materiellen Enteignung ähnlichen Intensität ist, und es besteht keine Entschädigungsbereitschaft des Gemeinwesens.

Fehlt auch nur eine dieser Bedingungen, so ist die Zulässigkeit eines Widerrufes denkbar. Dabei sind die Bedingungen α) und β) wohl regelmässig erfüllt, wenn schon eine Baubewilligung erteilt worden ist. Das Gemeinwesen kann für den Nichteintritt der Bedingung γ) zweite Variante sorgen, indem es eine angemessene Entschädigung leistet.

2. In der Rechtslehre wird ein Verwaltungsakt, ebenfalls gewissermassen in einem «zweiten Satz», auch bei Vorliegen folgender Situationen als unwiderruflich erklärt, wenn das Gemeinwesen die Leistung einer ausreichenden Entschädigung ablehnt[10]:

a) wenn der Verwaltungsakt ein subjektives Recht begründet hat;
b) wenn gestützt auf ihn bereits erheblich mit der Ausübung der eingeräumten Befugnis begonnen worden ist[11];
c) wenn er die Grundlage für den Vollzug der Übertragung von dinglichen Rechte gebildet hat[12] oder
d) wenn er in einem Gerichtsentscheid bestätigt worden ist.

625

---

[10] Vgl. Ulrich Häfelin/Georg Müller, N. 812–825.
[11] In Betracht kommen insbesondere bereits an Ort und Stelle getätigte Neubau- und Hinzubauarbeiten; der reale Baubeginn ist wichtig (aber nicht alles präjudizierend). Eine erhebliche Rolle spielen der Aushub der Baugrube, der Abbruch des Gebäudes oder von wichtigen Teilen davon, ferner der Abschluss von Verträgen über entgeltliche Material- und Arbeitsleistungen Dritter. Im BGE 119 Ia 313 (Kreuzplatzhäuser/Zürich, vgl. auch FN 20) wurden auch als beachtlich anerkannt: Ausarbeitung eines Vorprojektes für einen baurechtlichen Vorentscheid, Durchführung eines Ideenwettbewerbes für eine Gesamtüberbauung, Bereitstellen der Gesuchsunterlagen zum Vorentscheid über die Bewilligungsfähigkeit des aus dem Wettbewerb hervorgegangenen Neubauprojektes, Einreichen eines Gesuches für die Einleitung des Quartierplanverfahrens, Ergreifen von Rechtsmitteln gegen die negativen Entscheide in diesen Gesuchssachen. Am leichtesten ist der Widerruf möglich, bevor die Baubewilligung formell rechtskräftig geworden ist. Hier spricht man bisweilen statt von Widerruf von Rücknahme. Vgl. BGE 90 I 8–17 (Aristorf/BL): Das Gebäude wurde bereits vor Erteilung der Baubewilligung abgebrochen; das Recht des Kantons Basel-Landschaft lässt einen Widerruf nach Baubeginn nicht mehr zu; das Bundesgericht wies den Fall zur weiteren Abklärung an die Vorinstanz zurück, weil diese sich zu wenig dazu geäussert hatte, wie weit die – über den vorzeitigen Abbruch – hinausgehenden Bauarbeiten bis zum Widerruf schon gediehen waren. Hievon abgesehen wäre der Widerruf als zulässig angesehen worden. BGE vom 7. Juli 1965 (Derendingen/SO): Im September 1963 wurde die Baubewilligung für zwei Wohnungen in der Scheune erteilt; im Februar 1964 wurde um Bewilligung für zwei weitere Wohnungen nachgesucht. Die Gemeinde verweigerte und hob im April 1964 die erste Baubewilligung auf. Da erst ca. Fr. 6'000.– für das erste Bauvorhaben investiert waren, bestätigte das Bundesgericht den Widerruf.
[12] Hier ist vorweg an Bewilligungen für den Verkauf von Parzellen an Personen im Ausland oder an Nichtlandwirte sowie an solche für einen Verkauf vor Ablauf von Sperrfristen, ferner an Bewertungen in Landumlegungsverfahren zu denken.

D. Zum Verhältnis der beiden «Sätze» bezüglich Widerrufbarkeit/ Unwiderrufbarkeit

626 M.E. sind bei einem bereits realisierten, behördlich abgenommenen bzw. als angenommen zu betrachtenden Gebäude bzw. Bewerb kaum Situationen denkbar, in welchen gemäss Rz 623 zwar Widerrufbarkeit gälte, sich aber aus Rz 624 Unwiderrufbarkeit ergibt, oder umgekehrt Situationen, in welchen gemäss Rz 624 zwar Unwiderrufbarkeit gälte, sich aber aus Rz 623 Widerrufbarkeit ergibt. Bei den im «zweiten Satz» genannten Situationen handelt es sich weitgehend um Hinweise darauf, was für die Beurteilung der Höhe der Beeinträchtigung der privaten bzw. öffentlichen Interessen im Widerrufsfall/Nichtwiderrufsfall von Bedeutung sein kann, also Gesichtspunkte, welche auch schon nach dem «ersten Satz», wenn auch genereller, eine Rolle spielen. Es wird wohl kaum je ernsthaft für ein bereits fertig dastehendes Gebäude ein Widerruf mit der Begründung erwogen, die Bewilligung habe im Rat nicht das nötige Mehr erhalten, einzelne Mitglieder hätten für ihre Zustimmung Schmiergelder bezogen, es seien gegen eine Bewilligung sprechende Akten übersehen oder solche Beweismittel seien noch nicht zur Hand gewesen. Aktueller kann jedoch der Fall sein, dass vom Bauaktiven vorgesehene Änderungen aus den Bauplänen nicht genügend ersichtlich waren; dann gilt einfach das als bewilligt, was erkennbar war[13].

III. Dem Widerruf ähnliche Situationen

627 1.   Es gibt eine Reihe von Situationen, bei welchen es nicht um das Ausserkrafttreten von Baubewilligungen geht und trotzdem für den Bauaktiven eine dem Widerruf ähnliche Situation vorliegt. Es lassen sich zwölf Kategorien unterscheiden:

a) Der Abbruchbefehl für Gebäude oder Gebäudeteile bzw. der Stillegungsbefehl für Bewerbungen ohne Baubewilligung, wenn die Bewilligung fehlt.
   α) weil das Gebäude bzw. der Bewerb zu einer Zeit realisiert worden ist, als noch keine Bewilligungsbedürftigkeit galt, und heute ein polizeiwidriger Missstand vorliegt;
   β) weil eine Baubewilligung befristet oder resolutiv bedingt erteilt worden ist, nach deren Erlöschen, bei Unzulässigkeit einer Wiederbewilligung.
b) Der Abbruchbefehl wegen eigenmächtigen Bauens bzw. Bewerbaufnehmens[14].

---

[13] Bei Gesuchen um Änderungsbewilligungen sind Unklarheiten besonders häufig. Vgl. BGE 98 Ib 241–252 (Stäfa/ZH): Im Baugesuch betr. Abwasserableitung aus einem Gebäude in Hombrechtikon war nur von «Umbau» die Rede, es war aber ein Abbruch mit Neuerstellung (Wiederbau) vorgesehen. Die Baubehörde wäre zur Einholung zusätzlicher Angaben verpflichtet gewesen. Sie kann sich nicht leicht auf Irreführung berufen. Der Widerruf wurde trotzdem bestätigt, allerdings auch wegen Rechtswandel. Siehe ferner BGE vom 1. Juni 1983 (Bettmeralp, Blatten/VS, in: ZBl 1984 S. 127–131, FN 9): Die Gemeinde bewilligte vorerst, widerrief dann, wogegen der Bauaktive an den Staatsrat gelangte; dieser hob den Widerruf auf, das wurde vom kantonalen Verwaltungsgericht und vom Bundesgericht bestätigt, weil die Baubehörde die planliche Ungenauigkeit hätte erkennen können. Vgl. auch Rz 740 (Entscheid des GE-Tribunal administratif vom 30. Januar 1996).
[14] BGE 107 Ia 121 f (Zürich-Seefeld betr. interne Galerie). Zur zeitlichen Beschränkung der Möglichkeit der Vollstreckung siehe Rz 740.

c) Der Abbruch von bestehenden bewilligten Gebäuden oder Gebäudeteilen bzw. Bewerbstilllegung als Bedingung für die Bewilligung von baulichen oder bewerbsmässigen Änderungen. Es geht hier um die bedingte Anpassungspflicht. Rz 450 f[15].
d) Die Enteignung von bestehenden Gebäuden bzw. Bewerbungen oder Teilen davon. Im Enteignungsverfahren muss voll entschädigt werden[16]. Ob eine Baubewilligung je erteilt worden ist, spielt nur eine Rolle, wo Eigenmächtigkeiten vorkamen.
e) Die auf eine positive behördliche Auskunft folgende Bauverweigerung. Hier fehlt voraussetzungsgemäss eine Baubewilligung, um deren Aufhebung es gehen kann. Zum Gebot von Treu und Glauben siehe Rz 1019 f. Zum Problem der fehlerhaften Auskunft siehe Rz 1030 f.
f) Ein auf einen Vorentscheid folgender Baubescheid, welcher dem Vorentscheid inhaltlich nicht voll entspricht. Ein Vorentscheid ist keine Baubewilligung, wenngleich er ihr auch ähnlich ist. Rz 1033.
g) Die Aufhebung von Baubewilligungen in einem Rechtsmittelverfahren, insbesondere wegen Rekursen der Nachbarn, aber auch des Bauaktiven (bei reformatio in peius). Die Rechtsmittelfrist schliesst es von vorneherein aus, dass sich der Bauaktive bereits irgendwie auf den hierunter fallenden Verwaltungsakt berufen kann[17].
h) Die Verweigerung der erforderlichen Genehmigung einer Baubewilligung. Der Genehmigungsvorbehalt schliesst es von vorneherein aus, dass sich der Bauaktive bereits irgendwie auf den hierunter fallenden Verwaltungsakt berufen kann.
i) Die Forderung nach zusätzlichen Lärmmessungen nach Erteilung der Baufreigabe, ja sogar nach Erstellung/Bezug des Gebäudes[18].
j) Die entgegen einem Vertrag zwischen dem Gemeinwesen und dem Eigentümer unterbleibende Nichtzuteilung einer Parzelle zu einer Bauzone[19].
k) Die spätere Unterschutzstellung, nachdem in einem früheren Provokationsverfahren die Schutzwürdigkeit verneint worden ist[20].

[15] Martin Pfisterer spricht hier von einem «zeitlich gemässigten, schonungsvollen Widerruf». Rz 4448.
[16] Mit Entschädigung des vollen Verkehrswertes sowie von Minderwerten, Umzugskosten, Mehrmieten, Erwerbsausfall, Inkonvenienzen, allenfalls auch Unfreiwilligkeitszuschlag.
[17] ZH-RB 1971 Nr. 58: Die Bausektion II des Stadtrates Zürich erteilte drei Tage vor Inkrafttreten eines strengeren Bauordnungsrechts für die Errichtung einer Sportplatztribüne im Letzigrund eine Bewilligung gemäss bisherigem Recht; das Verwaltungsgericht bestätigte die vom Regierungsrat ausgesprochene Aufhebung.
[18] Gemäss BGE 122 II 65–71 (Kanton Basel-Stadt) handelt es sich hier weder um einen unzulässigen Widerruf noch um eine unzulässige Wiedererwägung. Die Lärmmessungen müssen immer zulässig sein, wenn sie nötig sind.
[19] Vgl. BGE vom 20. Dezember 1994 (Einwohnergemeinde der Stadt Basel/Bürgerspital Basel c. Gemeinde Binningen/BL, in: ZBl 1996 S. 36–45). Die Zuweisung zu einer Nichtbauzone wird bestätigt, obwohl vorher einmal von einer Bauzone «nach Vertrag» die Rede war.
[20] Laut BGE 119 Ib 305, 310 (Kreuzplatzhäuser/Zürich, vgl. auch FN 11) hatte der Stadtrat 1985 in einem denkmalschutzrechtlichen Provokationsverfahren gemäss PBG § 213 in der Fassung von 1975 auf eine Unterschutzstellung verzichtet. 1990 erliess der Stadtrat dann aber aufgrund anderer Einschätzung infolge neuer Begutachtung eine Schutzverordnung. Das wurde als «Widerruf» des Verzichtes von 1985 bewertet. Das Bundesgericht hob diesen «Widerruf» auf; das öffentliche Interesse hieran sei zu wenig begründet und die Beeinträchtigung der Interessen des Bauaktiven im Verhältnis dazu (zu) gross. Das Bundesgericht bezeichnete diesen Akt allerdings nur als «faktischen Widerruf», vermutlich weil sich dieser auf eine Art negativer Verfügung bezog. Nach Zaccaria Giacometti, S. 186, 422 führt die Aufhebung einer Aufhebung im Allgemeinen nicht dazu, dass die zuerst aufgehobene normative Situation wieder gilt.

l) Die spätere Abweichung von in einem Prozess abgegebenen Erklärungen, sich bei etwas behaften zu lassen[21].

628 2. Bisweilen wird im Zusammenhang mit der baurechtlichen Besitzstands-, Bestandesgarantie von Nichtwiderrufbarkeit gesprochen. Hiezu wird in den Rz 4440 f und 4503 f näher Stellung bezogen.

---

[21] In BGE 115 Ib 131–148, 145 f (Feusisberg/SZ, betr. PTT-Richtstrahlantenne Höhronen) wird erklärt, der Zusicherung der PTT, wonach kein weiterer Ausbau beabsichtigt sei, komme eine «nicht zu unterschätzende Bedeutung» zu. Es bleibt allerdings abzuwarten, wie weit das Bundesgericht die PTT bei dieser Erklärung «behaftet», wenn von ihm dereinst wider Erwarten doch noch ein Ausbaugesuch zu beurteilen ist.

§ 9 Die Zuständigkeit zur Legiferierung im postfiniten Baurecht

I. Zur Zuständigkeit der Kantone

1. Der Schwerpunkt der Zuständigkeit zur Legiferierung im postfiniten Baurecht lag ursprünglich vollständig bei den Kantonen, und befindet sich auch jetzt noch überwiegend bei ihnen. Die Kantone können aufgrund ihrer Zuständigkeit gemäss BV Art. 3 selbstverständlich auch in dieser Materie umfassend normierend tätig sein, sofern weder die allgemeinen Rechtsgrundsätze oder Freiheitsrechte dem entgegenstehen noch der Bund die Legiferierungskompetenz an sich gezogen hat.

2. Die wichtigsten kantonalzürcherischen Vorschriften des deklariert postfiniten Baurechtes sind in den Rz 1413–3250 besprochen.

II. Zur Zuständigkeit des Bundes

1. Etwas anders verhält es sich beim Bund. Er kann gemäss BV Art. 3 im postfiniten Baurecht nur legiferierend tätig werden, wo ihn die Bundesverfassung hiezu direkt oder indirekt zuständig erklärt. Die Zuständigerklärung kann im Sinne einer umfassenden, einer bloss fragmentarisch ausschliesslichen Kompetenz oder aber einer blossen Grundsatzgesetzgebungskompetenz erfolgen, mit die kantonalen Regelungen sofort oder erst ab Ausübung der Zuständigkeit durch den Bund entkräftender Wirkung[1].

2. Für das postfinite Baurecht ist die dem Bund durch BV Art. 22^{quater}, neu Art. 75, zugewiesene Zuständigkeit im Raumplanungswesen am wichtigsten. Sehr wichtig sind aber auch die folgenden ihm zukommenden Kompetenzen: im Gewässerschutzwesen (Art. 24bis, neu Art. 76), im Natur- und Heimatschutzwesen (Art. 24^{sexies}, neu Art. 78) und im Umweltschutzwesen (Art. $24^{septies}$, neu Art. 74), ferner im Forst- (Art. 24, neu Art. 77), im Fischerei- und Jagd- (Art. 25, neu Art. 79/80), im Wasserkraftnutzungs- (Art. 24bis, neu Art. 89 ff), im Eisenbahn- (Art. 26, neu Art. 87), im Nationalstrassen- (Art. 36bis, neu Art. 83), im sonstigen Strassen- (Art. 36^{sexies}, 37, neu Art. 82, 84), im Fuss- und Wanderweg- (Art. 37^{quater}, neu Art. 88), im Luftfahrt- (Art. 37ter, neu Art. 87), im Schifffahrts- (24ter, neu Art. 87), im Elektrizitäts- und sonstigen Energie- (Art. 24^{quater}, 24^{octies}, neu Art. 89), im Atomkraft- ($24^{quinquies}$, neu Art. 90), im Rohrleitungs- (Art. 26bis, neu Art. 91), im Post- und Telegrafen- (Art. 36, neu Art. 92, 93), im Landwirtschafts- (Art. 31^{octies}, 32, neu Art. 103, 104), im Wohnbauförderungs- (Art. 34^{sexies}, neu Art. 108), im Fabrikarbeits- (Art. 34, neu Art. 110) und im Militär-/Zivilschutzwesen (Art. 22, 22bis, 23, 23bis, neu Art. 58 f, 61 f). Die Zuständigkeit des Bundes franst aber auch noch in weitere Materien aus[2].

---

[1] Ulrich Häfelin/Walter Haller, N. 312–319.
[2] Man spricht hier oft vom funktionalen Raumplanungsrecht, dies im Unterschied zum nominalen Raumplanungsrecht. Vgl. hiezu insbesondere Martin Lendi, Planungsrecht und Eigentum, S. 83 ff und Walter Haller/Peter Karlen, S. 14, 20 ff.

639 3. Die Zahl der textlich offenkundig auf das postfinite Baurecht zugeschnittenen eidgenössischen Vorschriften, also das deklariert postfinite Baurecht des Bundes, ist gering. Im RPG können nur die – teilweise allerdings sehr wichtigen – Art. 22, 22a, 22b, 24, 24a, 24b, 24c, 24d, 25 und 37a sowie die Art. 23 und 24 der alten und die Art. 36–43 der neuen Verordnung als deklariert postfinites Baurecht genannt werden (Rz 3252–4072). Das eidgenössische Gewässerschutzgesetz berührt das postfinite Baurecht zwar an verschiedenen Stellen, doch ist dabei das Interesse fast ausschliesslich auf den Bereich gerichtet, welcher ausserhalb von Gebäuden liegt (Rz 4073–4080)[3]. Das Umweltschutzrecht bezieht sich auf das postfinite Baurecht, wo es um die Sanierungspflichten (insbesondere Art. 16, 17, 18, 20 und 30; Rz 4081–4102) geht. Im eidgenössischen Natur- und Heimatschutzrecht handelt es sich textlich praktisch nur (aber immerhin) um die Bauten des Bundes sowie Subventionsleistungen an Vorhaben anderer; wichtig sind dabei konzeptionell die Baudenkmäler (Rz 4104–4108). Siehe im Übrigen Rz 4103 und 4109–4141.

III. Zur Zuständigkeit der Gemeinden

A. Zum Inhalt ihrer Zuständigkeit

640 1. Die Gemeinden sind zwar im Bauwesen verhältnismässig weitgehend ermächtigt, zu legiferieren. Ob dies nur im eigenen Wirkungsbereich, also gestützt auf die Gemeindeautonomie[4], oder auch im übertragenen Wirkungsbereich zutrifft, und, wenn Letzteres zutrifft, wo dies der Fall ist, war allerdings lange ungewiss. Doch hat diese Frage wegen der bundesgerichtlichen Praxis, wonach es für die Anrufbarkeit der Gemeindeautonomie mit der staatsrechtlichen Beschwerde allein darauf ankommt, ob der Gemeinde aufgrund der Kantonsverfassung oder der kantonalen Gesetzgebung im Baurecht eine relativ erhebliche Entscheidungsfreiheit zukomme, ihre praktische Bedeutung weitgehend verloren[5].

641 2. a) Im Kanton Zürich war unter der Herrschaft des Baugesetzes von 1893/1943/1959 anerkannt, dass die §§ 68 und 68a[6] die Gemeinden auch zur Festsetzung von Regelungen folgender Art in Bauordnungen[7] ermächtige, von welcher Ermächtigung auch oft Gebrauch gemacht wurde:

– Die Vorschriften dieser Bauordnung gelten für Neu-, Um-, Auf- und Anbauten sowie Aussenrenovationen (Rz 3204 f);
– An Gebäuden, die dieser Bauordnung nicht entsprechen, dürfen Um-, Auf- oder Anbauten nur vorgenommen werden, sofern die neuen Teile für sich dem Baugesetz/der Bauordnung entsprechen[8] (Rz 3193 f);

---

[3] Ausgenommen lecke Tanks in Gebäuden.
[4] Im Kanton Zürich: KV Art. 48.
[5] Vgl. BGE 112 Ia 281–289 (Hombrechtikon/ZH, betr. Zonierung) sowie BGE 117 Ia 352–364 (Kloten/ZH, betr. Materialgewinnungs- und -ablagerungsverordnung). Frühere kommunale Vorschriften des deklariert postfiniten Baurechtes finden sich in Rz 3191 f.
[6] Diese Paragraphen wurden, neben der Gemeindeautonomie von KV Art. 48, als die massgebliche Grundlage für die kommunale Legiferierungskompetenz im Baurecht angesehen.
[7] Ob solches auch ausserhalb eines Bauordnungstextes, also isoliert geschehen konnte, war fraglich.
[8] Vgl. Art. 7a der Bauordnung der Stadt Zürich von 1963/1976; Rz 3232 f.

– In Estrichen von Gebäuden, die vor einem bestimmten Datum erstellt/bezugsfähig worden sind, dürfen Wohnräume und Ateliers für Künstler auch dann eingerichtet werden, wenn sie über der zulässigen Gebäudehöhe oder in einem überzähligen Geschoss liegen (Rz 3232 f);
– Der Fortbestand bzw. der Weiterbetrieb sowie die Erweiterung von gewerblichen und industriellen Betrieben ist gestattet (Rz 3208 f, 3216 f);
– Der Gemeinderat ist berechtigt, Neubauten sowie die Erweiterung, Einrichtung oder Benützung von bestehenden Bauten für gewerbliche oder industrielle Betriebe zu verbieten, wenn deren Zweckbestimmung eine Belästigung der Nachbarschaft, erwarten lässt (Rz 3208, 3216 f)[9].

Das ist allerdings mehr oder weniger alles, was im Kanton Zürich an kommunaler Normenproduktion im postfiniten Baurecht vor dem PBG von 1975 entstanden ist.

b) Nach dem PBG in der Fassung von 1975 war wegen der engeren Umschreibung der die Grundlage für die kommunale Legiferierungskompetenz im Baurecht bildenden §§ 45, 46 und 49 zumindest fraglich, ob die Gemeinden ausser in den Kernzonen gemäss § 50 und der Quartiererhaltungszone gemäss § 50a im postfiniten Baurecht normenproduktiv tätig sein können[10, 11, 12, 13].

642

c) Bei der Revision des PBG von 1991 wurde jedoch die kommunale Rechtsetzungskompetenz durch Neufassung von § 49 wieder etwas erweitert[14]. Es ist somit durchaus möglich, dass die Gemeinden jetzt wieder eine Legiferierungskompetenz im postfiniten Baurecht besitzen[15]. Meines Wissens haben bis heute die Gemeinden von dieser Mög-

643

---

[9] ZH-RB 1968 Nr. 55.
[10] Zweifel ergaben sich insbesondere infolge von BGE vom 14. März 1984 (Bauordnung Uitikon a.A./ZH, in: ZBl 1984 S. 512–517), welcher die restriktive Auslegung der kommunalen Legiferierungskompetenz durch den Regierungsrat schützte. Es ging hier allerdings nicht um eine Problematik des postfiniten Baurechtes. Sodann hat der Regierungsrat (mit Beschluss Nr. 3853 vom 9. Oktober 1985) einer Vorschrift der Gemeinde Kilchberg/ZH folgender Art die Genehmigung verweigert: «Bei Bauten, die vor dem 1. April 1976 bezogen wurden und nicht mehr als drei Wohnungen enthalten, darf das Dachgeschoss voll ausgebaut werden, auch wenn die gemäss Zonenplan vorgesehene Vollgeschosszahl überschritten und die bestehende Ausnützungsziffer um höchstens 15% überschritten wird.» Der Regierungsrat nahm dabei auch Anstoss an der Erhöhung der Ausnützungsziffer.
[11] Für die Kernzonen gemäss § 50 PBG wurde vom ZH-Verwaltungsgericht (RB 1987 Nr. 80) die Kompetenz der Gemeinden bejaht, eine von PBG § 357 abweichende Regelung für Um-, An- und Aufbauten festzusetzen. Rz 1519. Die Aktivlegitimation der Gemeinden bezüglich staatsrechtlicher Beschwerden gegen Entscheide des Verwaltungsgerichtes zu § 357 PBG ist allerdings beschränkt. Vgl. PBG aktuell 1996 Heft 1 S. 26.
[12] Siehe auch die in ein Postulat umgewandelte Motion Elisabeth Schröder und Mitunterzeichner vom 5. November 1986 im Stadtzürcher Gemeinderat (Parlament), bezüglich Änderung von bewerblich genutztem Raum in Wohnungen. Deren Abweisung erfolgte allerdings mit falscher Begründung. Rz 4432 f.
[13] Im Kanton Zürich sind die Gemeinden nicht ermächtigt, Abbrüche für allgemein bewilligungsbedürftig zu erklären (ZH-RB 1981 Nr. 131 = BEZ 1981 Nr. 32; Rz 2547 f).
[14] Vgl. BGE vom 5. September 1997 (Winterthur/ZH, in: ZBl 1999 S. 218 f), allerdings restriktiv bezüglich «Übertragung von Ausnützung» von der einen in eine andere Zone. Vgl. auch den Entscheid des ZH-Verwaltungsgerichtes vom 9. Dezember 1998 (BEZ 1999 Nr. 1).
[15] Diese Kompetenz dürfte allerdings wegen RPG Art. 24 c und d (Rz 3878) und damit wegen PBG § 357 II (in der Fassung von 1991) kaum für Gebäude ausserhalb der Bauzonen gelten.

lichkeit nur im Rahmen der Kernzone und der Quartiererhaltungszone Gebrauch gemacht und auch dies zum Teil nicht rechtskräftig[16].

Meines Wissens sind die Gemeinden auch in den übrigen 25 Kantonen im postfiniten Baurecht nicht in grösserem Umfang legiferierend tätig geworden. Wo in den kantonalen Baugesetzen die kommunale Legiferierungskompetenz im Baurecht durch die Aufführung von Inhaltslisten näher umschrieben wird[17], fehlt regelmässig jeder Hinweis auf die Problematik des postfiniten Baurechtes.

B. Zur Zweckmässigkeit der kommunalen Legiferierungskompetenz im postfiniten Baurecht

644 1. Wenn schon die Gemeinden nicht umfassend Bauvorschriften sollen festsetzen können, dann wäre, von der Materie her beurteilt, an sich eine Einschränkung ihrer Kompetenz eher bezüglich der Neubauten als bezüglich der baulichen und bewerbsmässigen Änderungen am Platz. Im letzten Fall geht es viel eher um eine Angelegenheit von nur lokaler Tragweite als bei den vorangehenden Fällen. Bei Änderungen handelt es sich ja immer um Verhältnisse, welche zumindest im Ansatz schon bisher vorhanden waren. Es fehlt immer an absoluter Novität. Vgl. Rz 148 f mit Rz 162 f.

645 2. Dass die Gemeinden eine allfällig geltende Legiferierungskompetenz im postfiniten Baurecht nicht oder nur sehr zurückhaltend ausüben bzw. dass ihnen diese nicht zuerkannt oder gar aberkannt wird, erscheint mir aber trotzdem gerechtfertigt; denn es handelt sich hier um eine Materie, welche formalgesetzgebungstechnisch schwierig in den Griff zu bekommen ist, wenn gesamthafte Regelungen und nicht nur das Hinauf- oder Hinuntersetzen einzelner Minima- bzw. Maximaziffern angestrebt wird. Die meisten Gemeinden wären entweder bei der Wahrnehmung der ihnen bezüglich Fortbestehenlassen/ Änderung von Gebäuden bzw. Weiterausübung/Änderung von Bewerbungen zugewiesenen Normierungskompetenz überfordert, wenn sie nicht einfach den Text anderer Gemeinden abschreiben wollten. Für die Weiterbildung des postfiniten Baurechtes wäre es verhängnisvoll, wenn jede Gemeinde ihr eigenes Rezept aufstellen könnte. Damit würde der ohnehin grossen Zersplitterung im Baurecht weiter Vorschub geleistet[18].

646 3. Verwandt mit der Frage nach der Zweckmässigkeit der Legiferierungskompetenz der Gemeinden im postfiniten Baurecht ist diejenige nach der Zweckmässigkeit der Übertragung der erstinstanzlichen Anwendung von postfinitem Baurecht an diese. Eine grundsätzliche Ausschaltung der Gemeinden bezüglich dieser Aufgabe kommt bei der Wichtigkeit der Gemeinden in der Schweiz zur Zeit nicht ernsthaft in Frage. Immerhin wurde

---

[16] Vgl. Stadt Zürich gemäss dem Antrag des Stadtrates von 1999.
[17] BE-Baugesetz Art. 69. Auch Aldo Zaugg äussert sich in seinem Kommentar nicht hiezu. Vgl. Erich Zimmerlin, 1985, zu § 145, N. 4; er bemerkt ferner zu § 224 N. 4c unter Bezugnahme auf AGVE 1983 S. 177 Erw. 3.a, dass «das kantonale Recht ... die Besitzstandsgarantie ... abschliessend (regle), so dass die Gemeinden sie weder erweitern noch abschwächen können». Rz 4432 f.
[18] Man kann sich sogar fragen, ob nicht auch die Kantone überfordert sind, wenn von ihnen erwartet wird, dass sie je ihr eigenes postfinites Baurecht festsetzen. Es wäre gar nicht so verfehlt, wenn der Bund auch für Gebäude bzw. Bewerbungen innerhalb der Bauzonen legiferieren wollte.

schon die Auffassung vertreten, dass die erstinstanzliche Anwendung des prä- und postfiniten Rechtes ausserhalb der Bauzonen die Gemeinden ebenfalls überfordere[19]. Der wahre Grund für diese Meinung kann allerdings kaum sein, dass die richtige erstinstanzliche Anwendung des prä- und postfiniten Baurechtes ausserhalb der Bauzonen einen höheren juristischen Ausbildungsgrad erfordere als diejenige innerhalb derselben; eher dürfte wegen der ausserhalb der Bauzonen im Allgemeinen geringeren Dichte der von einem Bauvorhaben betroffenen Nachbarn hinsichtlich Streitigkeiten derselben das Gegenteil zutreffen. Ausschlaggebend sind wohl einerseits die Auffassung, dass die immer knapper werdenden, offenen Fluren ein besonders schützenswertes Gut darstellen, sowie die nicht unberechtigte Befürchtung, dass die kommunalen Behörden wegen ihrer gesellschaftlich-freundschaftlichen Nähe zu den Bauaktiven Bauvorhaben ausserhalb der Bauzonen wegen der Abgelegenheit der Baustelle zu sehr à la légère beurteilen könnten.

IV. Der Einfluss von Gebäuden und Bewerbungen auf die Festsetzung von planungsrechtlichen Festlegungen

A. Behinderung durch bestehende Gebäude und Bewerbungen

1. Ausgangslage

a) Hier wird der Frage nachgegangen, ob und wie weit das Vorhandensein von Gebäuden und Bewerbungen die Schaffung von planungsrechtlichen Festlegungen behindert deren Inhalt den bestehenden Gebäuden bzw. den ausgeübten Bewerbungen widerspricht. Darf zum Beispiel eine Freihaltezone geplant werden, wo nicht der Bewirtschaftung oder dem unmittelbaren Bewerb der Freiflächen dienende Gebäude stehen? Oder darf ein Gebiet, in welchem viele Gebäude mit mehr als drei Geschossen stehen, einer Wohnzone zugeteilt werden, in der höchstens drei Geschosse gestattet sind? Oder ist die Gemeinde befugt, über ein Areal, in welchem bereits mehrere Bürogebäude für Dienstleistungsbetriebe stehen, eine «reine» Industriezone zu legen? Oder dürfen durch bestehende Gebäude hindurch oder unter Umschliessung derselben Baulinien festgesetzt werden? Oder darf ein Gebiet ausserhalb der Bauzonen gelassen werden, obwohl schon einige Gebäude dort stehen? 646a

b) Aus der Erkenntnis heraus, dass bereits vorhandene Gebäude und Bewerbungen spätere planungsrechtliche Festsetzungen erschweren oder gar verunmöglichen können, auch wenn noch so abwehrende Reverse in die Baubewilligung aufgenommen werden, sind die so genannten Präjudizierungsverbote und Planungs-/Projektierungszonen geschaffen worden[20]. Man will es gar nicht darauf ankommen lassen. 646b

2. Zur Regelung im PBG

a) Im PBG gibt es nur periphere Vorschriften, welche mit Rücksicht auf bereits bestehende Gebäude eine bestimmte planungsrechtliche Festlegung ausschliessen oder im Ge- 646c

---

[19] Vgl. die Botschaft zur Revision der RPG in: BBl III 1996 S. 546 (Ziff. 209).
[20] Im Kanton Zürich waren dies im alten Baugesetz die §§ 129 und 20 (Rz 1958 f) sowie § 149 a (Rz 1842), im jetzigen PBG sind es die §§ 233, 234 (Rz 1963 f) sowie 346 (Rz 2598 f).

genteil (wie in altBauG § 14 bezüglich Baulinienziehung) trotz bereits bestehender Gebäude für zulässig erklären. Erwähnt werden können hier lediglich:

α) Im II. Titel mit der Überschrift «Das Planungsrecht» steht seit der PBG-Revision von 1991 (Rz 1601 f) die folgende Vorschrift mit Randtitel:

> «A. Arealüberbauung/II. Anforderungen
> § 71 III
> Arealüberbauungen können auch bereits überbaute Grundstücke umfassen, wenn die Überbauung als ganzes den Anforderungen genügt.»

Ich gehe hier davon aus, die Erklärung eines Gebietes als geeignet für Arealüberbauungen sei auch eine Art planungsrechtliche Festlegung. Es war lange kontrovers, ob auch überbaute Gebiete in Arealüberbauungen einbezogen werden können. Seit der Einfügung dieses dritten Absatzes in § 71 bei der Teilrevision von 1991 besteht daran kein Zweifel mehr.

646d β) Ferner sind PBG §§ 127 und 196 zu erwähnen. Sie verlangen bei der Festsetzung von Quartierplänen und Gebietssanierungen Rücksichtnahme auf bestehende Gebäude und schränken dadurch die Festlegung von Quartierplänen und Gebietssanierungen nach gewissen Richtungen hin ein. Rz 3108 f.

646e b) Das weitgehende Fehlen von Vorschriften, wonach bestehende Gebäude gewisse planungsrechtliche Festlegungen ausschliessen bzw. wonach planungsrechtliche Festlegungen auch über Gebiete mit ihnen widersprechenden Gebäuden möglich sind (wie in ZH-altBauG § 14), bedeutet nicht, dass unter der Herrschaft des PBG der vorhandene Gebäudebestand für die Schaffung von planungsrechtlichen Festlegungen negativ oder positiv bedeutunglos sei. Keineswegs[21]! Doch wird der sich deretwegen ergebende Rechtsakt bzw. das sich deretwegen ergebende Nichthandeln nicht bereits durch den Gesetzgeber in eine bestimmte Richtung geleitet. Vielmehr wird der Entscheid hierüber der Anwendung allgemeiner Grundsätze, insbesondere des Gebotes des öffentlichen Interesses (Rz 935 f), des Erfordernisses der gesetzlichen Grundlage (Rz 942 f), des Rechtsgleichheitsgebotes (Rz 986 f), des Willkürverbotes (Rz 999), des Verhältnismässigkeitsgebotes (Rz 1008 f), des Gebotes des Handelns nach Treu und Glauben (Rz 1019 f), des Gebotes der Nichtrückwirkung (Rz 1041 f) und des Rechtssicherheitsgebotes (Rz 1075 f) im konkreten Fall überlassen.

3. Zur Regelung im RPG

646f Im RPG steht im II. Titel mit der Überschrift «Massnahmen der Raumplanung» folgende Vorschrift mit Randtitel:

---

[21] Vgl. BGE 118 Ia 394, 402 f (Thalwil/ZH, betr. Spazierweg entlang des Zürichsees): Die Anschneidung von Gewerbebauten durch jetzt nicht unbedingt erforderliche Baulinien wurde aufgehoben; für allenfalls später erforderliche könne durch PBG §§ 233 und 234 (Rz 1946, 1975) gesorgt werden. BGE 118 Ia 372 f (Bergstrasse in Männedorf/ZH) hob Baulinien auf, welche ein Wohn- und Gewerbehaus anschnitten, weil nicht genügend abgeklärt war, ob ein Abbruch nötig sei und ob dabei den Anforderungen der Umweltschutzgesetzgebung genügend Rechnung getragen werden könne. Das Verfahren genügte zudem EMRK Art. 6 Ziff. 1 nicht.

«Art. 15 Bauzonen
Bauzonen umfassen Land, das sich für die Überbauung eignet und
a) weitgehend überbaut ist oder
b) voraussichtlich innert 15 Jahren benötigt und erschlossen wird.»

Diese Regelung ist, trotz ihrer bloss definitorischen Formulierung, u.a. so zu verstehen, dass dort, wo ein Gebiet voll, überwiegend, hälftig oder weniger als hälftig jedoch erheblich überbaut ist, keine Nicht-Bauzonen, insbesondere keine Landwirtschaftszonen, aber auch keine Freihaltezonen ohne eine besondere Siedlungsbezogenheit festgelegt werden können. Ein Gebiet ist nur dann weitgehend überbaut, wenn es zum geschlossenen Siedlungsbereich gehört. «Dazu zählen neben überbauten Grundstücken auch Baulücken von untergeordneter Bedeutung sowie unmittelbar an überbaute Areale angrenzende Flächen, die an der Siedlungsqualität teilhaben, welche die sie umgebende Überbauung auszeichnet.»[22, 23]

B. Bestehende Gebäude und Bewerbungen als Voraussetzung planungsrechtlicher Festlegungen

Im Kanton Zürich war zur Zeit der Geltung des alten Baugesetzes das Vorhandensein von Gebäuden oder Bewerbungen grundsätzlich keine Voraussetzung für planungsrechtliche Festlegungen; dementsprechend wucherten die Bauzonen auch in die offene Landschaft hinaus. Gemäss PBG § 47 und RPG Art. 15 sind jedoch Bauzonen nur noch zulässig, sofern entweder ein Gebiet «voraussichtlich innert 15 Jahren für eine Überbauung benötigt und erschlossen wird»[24] oder «das Gebiet bereits weitgehend überbaut ist»[25]. Zu Letzterem äussern sich BGE 121 II 417, 424 (Herrliberg/ZH, betr. Mariafeld), BGE 122 II 326, 333 (Dietikon/ZH) und BGE 123 I 175, 188 (Dübendorf/ZH, betr. Hochbord). Von einem bereits weitgehend überbauten Gebiet kann nur gesprochen werden, wenn der hiezu gehörende Raum eine minimale Ausdehnung besitzt. Bauzonen für nicht über solche verfügende, keine blosse Baulücke darstellende Gebietsabschnitte werden bisweilen etwas spasshaft als Briefmarkenzonen bezeichnet. Bei sehr kleinen, aber bauanreizmässig kritischen, in der offenen Landschaft draussen liegenden Zonen spricht man von Weiler- oder Erhaltungszonen[26]. Deren Erwünschtheit ist raumplanerisch umstritten, auch wenn nur bauliche Änderungen kleineren Umfanges, Repetierwiederbauten und standortgebundene Neubauten zugelassen werden (Rz 4072).

646g

---

[22] Vgl. den Entscheid des ZH-Verwaltungsgerichtes vom 24. Oktober 1995 (BEZ 1995 Nr. 31 S. 25).
[23] BGE vom 12. Dezember 1995, in: ZBl 1997 S. 266, 269 (Glattfelden/ZH).
[24] In ZH-RB 1994 Nr. 69 wurde die Umzonung aus der Reserve- in die Landwirtschaftszone gutgeheissen (mit Bestätigung durch BGE vom 5. Juli 1995), obwohl acht (allerdings unter Vorbehalt) bewilligte Bauten für das Bauhaupt- und Baunebengewerbe stehen. In RB 1996 Nr. 61 ging es um die Frage, ob eine Villa aus den Fünfzigerjahren in einer vom restlichen Siedlungsgebiet abgetrennten Bauzone aus dem Jahre 1984 ausgezont werden dürfe; dies wurde bejaht (und mit BGE vom 16. April 1997 bestätigt), weil das Gebiet innerhalb der Zone IV gemäss Verordnung zum Schutze des Pfäffikersees sowie innerhalb des Perimeters gemäss Bundesinventar der Landschaften von nationaler Bedeutung liegt und überdies an den Perimeter eines Flachmoors von nationaler Bedeutung stösst.
[25] Dieser Passus wurde bei der PBG-Revision von 1991 aus § 47 herausgestrichen, weil er überflüssig zu sein schien.
[26] Die Ausführungen im Bericht zum kantonalen Gesamtplan gemäss Beschluss des ZH-Kantonsrates vom 10. Juli 1978, Ziff. 3.1.2.1 und in demjenigen gemäss Beschluss vom 31. Januar 1995, Ziff. 3.2.3 wirken in diese Richtung. Siehe auch Karl Spühler, leeres Gebäudevolumen, S. 348 f.

§ 10 Das postfinite Baurecht und die Bewilligungsbedürftigkeit

I. Terminologische Vorbemerkungen

647 1. Mit dem Wort Bewilligungsbedürftigkeit[1] wird die Frage umschrieben, ob mit einem Vorhaben erst begonnen werden dürfe, wenn eine behördliche Bewilligung vorliege. Dieser Ausdruck bezeichnet diejenige normative Erscheinung, welche im Allgemeinen Bewilligungspflicht genannt wird. Ich meide jedoch dieses Wort aus folgenden Gründen[2]:

648 Der Ausdruck Bewilligungspflicht suggeriert sprachlich eine Pflicht zur Erteilung einer behördlichen Bewilligung. Eine solche besteht jedoch nur dann, wenn alle Voraussetzungen der Zulässigkeit des Bauvorhabens erfüllt sind. Abzuklären, ob dies der Fall sei, ist aber gerade der Zweck des Bewilligungsverfahrens. Je nachdem lautet das Ergebnis Bewilligung oder Verweigerung. Sind die Voraussetzungen für eine Bewilligung allerdings erfüllt, so besteht eine Pflicht zur Erteilung der Baubewilligung. Aber die Pflicht zur Verweigerung besteht genau gleich, wenn die Voraussetzungen für eine Bewilligung nicht erfüllt sind[3,4].

649 2. Ein verwandter Begriff ist derjenige der Meldebedürftigkeit. Er umschreibt die Frage, ob mit einem Vorhaben erst nach Erstattung einer Meldung an die Baubehörde begonnen werden dürfe. Die zusätzliche Frage, ob auch nach Erstattung der Meldung mit dem Vorhaben sofort begonnen werden dürfe, bleibt dabei noch offen. Der Unterschied spielt eine Rolle bezüglich der Unterscheidung zwischen ordentlichem, vereinfachtem und Anzeigeverfahren (Rz 710).

650 3. Der Unterschied zwischen der Bewilligungs- und der Genehmigungsbedürftigkeit besteht darin, dass beim Erfordernis einer Genehmigung immer bereits ein behördlicher Akt vorliegt, sei es, dass dieser ohne Genehmigung keine Rechtskraft erlangt (konstitutive Genehmigung), sei es, dass die Genehmigung zu seiner vollen Ordnungsgemässheit

---

[1] Eine umfassende, nicht wie hier auf das postfinite Baurecht beschränkte Darstellung der Bewilligungsbedürftigkeit bietet Christian Mäder in seiner vorzüglichen Dissertation von 1991, ferner Paul B. Leutenegger in: Das formelle Baurecht der Schweiz, 1974.

[2] Christian Mäder, S. 75 verwendet zwar meistens den Ausdruck Baubewilligungspflicht, erachtet ihn aber auch nicht als voll zutreffend.

[3] In Bauämtern herrscht allerdings oft die Praxis, einerseits dem Baugesuchsteller die Möglichkeit zur Verbesserung von Mängeln seiner Eingabe einzuräumen und anderseits Baugesuche, für welche verwaltungsintern voraussichtlich ein Antrag auf Verweigerung erfolgen wird, entweder zur Verbesserung an den Gesuchsteller zurückzuweisen oder diesem den Rückzug des Gesuches nahezulegen. Eine Rückweisung ist aber dort, wo die Baugesuchsunterlagen an sich vollständig sind (vgl. ZH-altBauG §§ 127, 128 und 130), nur mit Zustimmung des Gesuchstellers zulässig. Eine ohne dessen Zustimmung erfolgte Rückweisung ist hinsichtlich Weiterzugsmöglichkeit gleich zu behandeln wie eine Verweigerung.

[4] Aus analogen Überlegungen wird auch das Wort «genehmigungspflichtig» abgelehnt, wo es darum geht, dass zB eine von der Gemeindeversammlung beschlossene Bauordnung der Genehmigung durch den Regierungsrat bedarf.

gehört (deklaratorische Genehmigung). Bisweilen vorkommende Formulierungen, wonach die Behörde die von den Privaten vorgelegten Pläne «genehmigt» oder nicht genehmigt, sind zu vermeiden.

II. Zum Wesen der Bewilligungsbedürftigkeit

A. Aufgabenerfüllung durch Gemeinwesen/Private; repressive/präventive Kontrolle; Schwellenwert

1. Das Gemeinwesen erfüllt die ihm obliegenden Aufgaben, die Sorge für das Gemeinwohl, auf zwei Arten: Entweder indem es diese mehr oder weniger selbst erfüllt oder aber indem es zur Aufgabenerfüllung wesentlich auf das Verhalten der Privaten abstellt[5]. Im letzteren Fall gibt es zwei Vorgehensmethoden: Entweder schreitet das Gemeinwesen nur ein, wo gegen die Aufgabenerfüllung verstossen wird bzw. die Gefahr eines solchen Verstosses vorliegt: Das ist die Methode der Repression; oder aber das Gemeinwesen lässt Verhaltensweisen, welche zu einem Verstoss gegen die Aufgabenerfüllung führen können, erst zu, wenn sie ihm zur Prüfung vorgelegt worden sind und das Gemeinwesen keinen Anlass zu Bedenken hat: Das ist die Methode der Prävention. Hiezu gehört die Bewilligungsbedürftigkeit. Dass in diesem Zusammenhang Repression freiheitlicher ist als Prävention, liegt auf der Hand. 651

2. a) Bewilligungsbedürftigkeit für eine bauliche oder bewerbsmässige Vorkehrung, auch für eine Änderung und andere Transformationen, ist umso eher am Platz, je mehr sie voraussichtlich erstmals oder zusätzlich zu einer dem Gemeinwohl abträglichen Einwirkung führt. Wie tief oder wie hoch man die Schwelle anbringen will, von welcher an aufwärts Bewilligungsbedürftigkeit besteht bzw. von welcher an abwärts eine solche fehlt, ist weitgehend dem Ermessen des Gesetzgebers überlassen. Das Gebot der Verhältnismässigkeit und die anderen allgemeinen Rechtsgrundsätze enthalten hiefür nur schwache Anweisungen. 652

b) Das Ausmass der erstmaligen oder zusätzlichen Einwirkungen der Gebäude und Bewerbungen hängt in einem erheblichen Umfang von der räumlichen und zeitlichen Ausdehnung der Letztern ab. Daher kann man bei zumindest durchschnittlicher Bedeutung der Gebäude und Bewerbungen (also weder Kleinstbauten wie Geräteschöpfe noch kurzfristige Provisorien noch hobbymässiger Bewerb) wohl ungefähr von folgender «Stufenleiter» der Verhältnismässigkeit einer Bewilligungsbedürftigkeit ausgehen (Rz 689 ff, 705 ff). Bei den Gebäuden (aufsteigend): Reparatur, kleinere Renovation, kleinere Montierung, kleinerer Innenumbau, grössere Renovation, grösserer Innenumbau, grössere Montierung, Aussenumbau, Auf-/An-/Subbau, Umgestaltung, Repetierwiederbau, Differenzwiederbau, Anschlussbau, Dependenzbau, Dislokationsbau, primärer Neubau. Bei den Bewerbungen (aufsteigend): nicht eingreifende Bewerbsänderung, eingreifende Bewerbsänderung als Bewerbsintensivierung, eingreifende Bewerbsänderung als Bewerbsaus- 653

---

[5] Es ist eine terminologische Frage, ob man auch in diesem Fall noch von Aufgaben des Gemeinwesens sprechen will oder nicht.

weitung, eingreifende Bewerbsänderung als Bewerbsauswechslung, Umnutzung, Wiederaufnahme eines Bewerbes nach langer Bewerbseinstellung, Bewerbsexpansion, Dependenzbewerb, Dislokationsbewerb, primärer Neubewerb. Kleinere Umstellungen in der Stufenleiter sind durchaus denkbar. Das Fortbestehenlassen von Gebäuden und die Weiterausübung des Bewerbes, ferner der Abbruch und der Rückbau sowie die Bewerbstilllegung und die Bewerbsverminderung passen nicht richtig in die Reihenfolge hinein.

B. Beschaffung des rechtlichen Gehörs an Nicht-Bauaktive

654 Die Bewilligungsbedürftigkeit verfolgt aber neben dem Zweck der präventiven Kontrolle auch noch denjenigen, dem von einem baulichen oder bewerbsmässigen Vorhaben betroffenen Nachbarn, seit den Fünfzigerjahren aber auch den im Natur- und Heimatschutz- sowie im Umweltschutzwesen tätigen ideellen Organisationen zu dem von BV Art. 4, neu Art. 7 ff, gebotenen rechtlichen Gehör zu verhelfen.

C. Bewilligungsbedürftigkeit und materielles Recht

655 Ein Verhalten als bewilligungsbedürftig zu erklären, ist sinnlos, wenn es keine materiellrechtlichen Regelungen gibt, welche auf dieses Verhalten anwendbar sind[6]. Die Statuierung der Bewilligungsbedürftigkeit hat nicht automatisch eine Ausweitung des Bestandes von materiellen Regelungen zur Folge[7]. Umgekehrt ist es aber ohne weiteres denkbar, dass für ein Verhalten materiellrechtliche Regelungen gelten, ohne dass dieses Verhalten bewilligungsbedürftig ist[8]. Materiell- und formellrechtliche Regelungen sind normativ auseinanderzuhalten, auch wenn die Letzteren auf die Ersteren ausgerichtet sind. Damit Bewilligungsbedürftigkeit gilt, braucht es deshalb, auch wo materiellrechtliche Regelung gelten, praktisch immer eine besondere Festlegung[9, 10, 11].

---

[6] Da drängt sich allerdings die Frage auf: Wo gibt es schon keinerlei materiellrechtliche Regelungen?
[7] Hingegen ist denkbar, dass das Vorliegen von Bewilligungsbedürftigkeit ein Indiz für die Geltung von materiellen Regelungen ist.
[8] Die Einhaltung der materiellrechtlichen Regelungen kann hier meistens nur im Nachhinein geprüft werden. Der Nachbar kann bei fehlender Bewilligungsbedürftigkeit von Vorkehrungen ein Feststellungsbegehren bezüglich der Vereinbarkeit desselben mit dem materiellen Recht stellen. ZH-RB 1986 Nr. 105; Christian Mäder, S. 79.
[9] Rudolf Friedrich/Karl Spühler/Ernst Krebs, § 1, N. 11, erklären: «Der sachliche Geltungsbereich stimmt nicht mit dem Umfang der Bewilligungspflicht überein.» Das bringt – mit Ausnahme des Wortes Bewilligungspflicht (Rz 647 f) – die Rechtslage prägnant zum Ausdruck.
[10] Im BGE vom 2. Juni 1994 (Küsnacht/ZH, ZBl 1995 S. 281, 284) betreffend Beheizung eines privaten Freiluft-Schwimmbades wehrten sich die Beschwerdeführer – zu Unrecht – gegen die Bewilligungsbedürftigkeit der vorgesehenen Montierungen. Sie nahmen aber nicht hieran Anstoss, sondern an der Anwendung der materiellen Vorschriften.
[11] Das ZH-Verwaltungsgericht folgerte in seinem Entscheid vom 6. September 1968 (ZBl 1969 S. 399) in der umgekehrten Richtung vom Fehlen der Bewilligungsbedürftigkeit auf die Nichtanwendbarkeit einer materiellen Vorschrift, welche von der Baubewilligung handelte: Weil Reparaturarbeiten nicht bewilligungsbedürftig waren, fand das damalige Verbot der ungünstigen Beeinflussung einer künftigen Planung (Rz 1958 f) auf Reparaturarbeiten keine Anwendung. Die Vorschrift stand auch im 10. Abschnitt mit der Überschrift «Baubewilligung und Aufsicht». Diese Einordnung und die Anknüpfung an die Baubewilligung waren systematisch verfehlt; der materielle Gehalt der Regelung stand gleichwohl fest.

D. Notwendigkeit, dass der Betroffene selbst darauf kommt

1. Die Bewilligungsbedürftigkeit ist nur dann im ausreichenden Masse wirksam, wenn **656** die davon Betroffenen von sich aus, ohne dass sie hiezu von der Behörde erst aufgefordert werden, um die Bewilligung nachsuchen. Es hat nur dort einen Sinn, ein Vorhaben als bewilligungsbedürftig zu erklären, wo eine mit den Gepflogenheiten im Land einigermassen vertraute Person von sich aus auf den Gedanken kommt, dass eine Bewilligung erforderlich ist, oder dass sie sich bei einem in der Branche Erfahreneren danach erkundigen muss, ob es eine solche braucht. Von hier aus gesehen, ist es fragwürdig, die Bewilligungsbedürftigkeit an die Anwendbarkeit bestimmter Artikel und Paragraphen eines Gesetzes oder einer Verordnung zu knüpfen. Ganz ohne ein Vorahnen der von einer Regelung Betroffenen ist jedoch rechtlich nie auszukommen. Realistischerweise sollte man aber nur von sehr geringen baurechtlichen Kenntnissen der Bevölkerung ausgehen. Selbst wo solche vorliegen, kommt es zudem oft psychisch zu einer Verdrängung derselben. Es sollte wohl die Bewilligungsbedürftigkeit nur an baurechtliche Gegebenheiten angeknüpft werden, wo eine persönliche Information hierüber erfolgt ist (zB durch Mitteilung der Zugehörigkeit zu einer besonderen Rechtslage mit Erwähnung der Folgen, etwa einer speziellen Zonierung, Baulinienfestlegung oder Unterschutzstellung). Das Gemeinwesen begnügt sich am besten mit blossen Fakten, von welchen im Allgemeinen geahnt wird, dass sie zwar vom Gemeinwesen nicht stets als unerwünscht bewertet werden, dass aber die Möglichkeit einer solchen Qualifikation besteht. Es ist ja gerade der Zweck des Bewilligungsverfahrens, festzustellen, wie es sich rechtlich verhält.

2. Gesetzgebungstechnisch geradezu verfehlt ist es, die Bewilligungsbedürftigkeit **657** eines Vorhabens wesentlich mit dem Bewilligungs- oder Verweigerungsfall selbst zu verquicken, zB in dem Sinne, dass gesagt wird, Vorkehrungen seien nicht bewilligungsbedürftig, «sofern keine gesetzlichen Mindestabstände verletzt werden»[12] oder es sei verboten, «ein Gebäude oder ein Strassen-, Orts- oder Landschaftsbild ohne Bewilligung der zuständigen Behörde zu beseitigen, zu verunstalten, in seiner Wirkung zu beeinträchtigen oder der Allgemeinheit zu entziehen»[13]. Es ist sinnlos, einen Bauaktiven nur dort zur Einreichung eines Baugesuches anzuhalten, wo er mit einer Verweigerung rechnen muss. Bisweilen handelt es sich hier allerdings nicht um die Statuierung einer Bewilligungsbedürftigkeit, sondern um die Einräumung einer Dispenskompetenz. Dieser Unterschied

---

[12] So die frühere ZH-Bauverfahrensverordnung § 4 II b und c (LS 700.6). Gesetzgebungstechnisch verfehlt ist auch ZH-PBG § 309 lit. b mit seiner Anknüpfung der Bewilligungsbedürftigkeit an Nutzungsänderungen bei Räumlichkeiten und Flächen, «denen baurechtliche Bedeutung zukommt». Welcher baurechtliche Laie kann Letzteres schon zutreffend beurteilen? Zu einer verfehlten Anknüpfung an baurechtliche Gegebenheiten kommt es sodann dort, wo die Bewilligungsbedürftigkeit auf eingreifende Bewerbsänderungen eingeschränkt wird und die Trennlinie zwischen «eingreifend» und «nicht eingreifend» unter Verwendung baurechtlicher Kriterien (zB Baurechtswidrigkeit/Baurechtsgemässheit, Anwendbarkeit der gleichen/anderer materiellrechtlicher Regelungen) gezogen wird (Rz 392 ff). Alle diese Formulierungen kommen einer Münchhauseniade gleich.

[13] So die frühere ZH-Verordnung betreffend den Natur- und Heimatschutz von 1912 (§§ 2 I und 5 I). Hienach konnten die Behörden gegen Eingriffe in Schutzobjekte einschreiten, ohne dass eine formelle Unterschutzstellung vorausgegangen war. Vgl. Rudolf Kappeler, Die Unterschutzstellung im Zürcher Natur- und Heimatschutzrecht, SJZ 1959 S. 19 ff.

kann strafrechtlich von Belang sein: Wo ein Bauaktiver bei fehlender Bewilligungsbedürftigkeit eine materiellrechtlich unzulässige Handlung vornimmt, kann er, wenn dies nicht separat verboten ist, nicht bestraft werden, auch wenn er vorher um keinen Dispens nachgesucht hat und auch bei Nachsuchen um einen solchen kein Dispens erteilt worden wäre.

658   3. a) Die richtige Trennlinie zu finden zwischen Vorhaben, welche einer Bewilligung bedürfen, und solchen, bei welchen dies nicht der Fall ist, stellt eine legislatorisch schwierige Aufgabe dar; das gilt insbesondere für das postfinite Baurecht. Aus baurechtlicher Sicht empfiehlt es sich, bei der Umschreibung der Bewilligungsbedürftigkeit von folgender Konzeption auszugehen: Es darf bei jedem Eigentümer einer Parzelle oder zumindest bei denjenigen, welche ein Eigentümer im Allgemeinen zur Ausführung eines Bauvorhabens beizieht (zB Architekt, Ingenieur, Baumeister, Handwerker usw.) das Wissen darum vorausgesetzt werden, dass von der Rechtsordnung für jede Parzelle ein mehr oder weniger eindeutig bestimmtes Kontingent an folgenden sechs maximierten oder minimierten Einwirkungsmöglichkeiten besteht, welches nicht überschritten werden darf:

– Einwirkung auf den Luft-/Boden-/Wasserraum durch Setzung von Bauvolumen;
– Einwirkung auf die Sicherheit von Leben und Gesundheit der im Gebäude und darum herum befindlichen Menschen;
– Einwirkung durch Immissionen auf die Nachbarschaft;
– Einwirkung auf die zu- und wegführenden Strassen, Wege und Leitungen durch deren Benützung;
– Einwirkung auf rare Güter (Landschafts-/Ortsbilder, Baudenkmäler, zinsgünstiger Wohnraum, saubere Elemente Wasser/Luft/Boden) sowie
– Einwirkung auf die vom Gemeinwesen angestrebte Lokalisierung (in Bauzone/Nichtbauzone; Ausschlüsse innerhalb von Bauzonen).

659   Die Bewilligungsbedürftigkeit soll deshalb mit der Auslösung dieser Fakten verknüpft werden. Dabei darf das Bewusstsein vorausgesetzt werden, dass Einwirkungen vom Gemeinwesen erst als bedeutsam angesehen werden, wenn sie einen bestimmten Schwellenwert überschreiten. Es ist dabei gut möglich, dass zwar in der Phase der Erstellung eines Gebäudes bzw. der Erstaufnahme eines Bewerbes oder der Änderungen hievon für die Inangriffnahme von bestimmten Bauarbeiten bzw. Bewerbungen eine Bewilligungsbedürftigkeit besteht, jedoch nicht mehr für das erst spätere Hinüberwechseln innerhalb dieser Fakten[14] oder für die Preisgabe der für die Bewilligungserteilung wichtig gewesenen Fakten[15]. Der nacherige Zustand, das nacherige Geschehen kann aber gleichwohl materiell rechtswidrig sein. Die Bewilligungsbedürftigkeit muss daher inhaltlich vor dem «Umkippen» von der Rechtmässigkeit zur Rechtswidrigkeit einsetzen.

---

[14] ZB Hinüberwechseln zu einer einen grösseren Bedarf an Autoabstellfläche auslösenden Bewerbsart («Nutzweise»). Vgl. Stadtzürcher Parkplatzverordnung von 1989 (Rz 2207, 2213).
[15] In der Baubewilligung ist zB aus feuerpolizeilichen Gründen verlangt, dass bestimmt Türen einen Feuerwiderstand von mindestens 30 Minuten aufweisen müssen (Verordnung über den baulichen Brandschutz § 47 [GS 861.13]); der Eigentümer lässt diese Türen aushängen. Das ist weder eine Reparatur noch eine Renovation und auch kein Umbau, insoweit also auch nicht bewilligungsbedürftig.

b) Ein heikles Problem bildet die mit mehr oder weniger grossen Intervallen eintretende Aufeinanderfolge neuer Einwirkungsmöglichkeiten, welche je für sich einzeln genommen den erwähnten kritischen Schwellenwert nicht überschreiten, dies aber bei ihrer Summierung tun. Hier stellt sich u.U. das Bedürfnis nach Verhinderung von Salamitaktik.   **660**

4. Mario Barblan vertritt auf S. 66 ff, insbesondere 94–98, die Auffassung, mit dem Inkrafttreten des RPG habe eine funktionale Betrachtungsweise ins Baurecht Einzug gehalten; deshalb müsse bei der Ziehung der Trennlinie zwischen bewilligungsbedürftigen und nicht bewilligungsbedürftigen Änderungen von Gebäuden und Bewerbungen die bisherige, primär auf die Immissionsentwicklung ausgerichtet gewesene Betrachtungsweise durch eine funktionale abgelöst werden. Das Wesentliche der funktionalen Betrachtungsweise sei die Ausrichtung auf den Zweck einer Regelung; das Gute soll durch Erlaubnisse, Gebote oder andere Anreize gefördert, das Schlechte durch Verbote oder andere Abhaltungen behindert werden. Bei der Bewilligungsbedürftigkeit sei nur Letzteres von Belang. Schlecht und daher verboten ist im Bauwesen nun aber vor allem das, was in einer unerwünschten Weise den Raum durch die Setzung von Bauvolumen beeinflusst, Gefahren für Leib und Gesundheit im Gebäudeinnern schafft, die Infrastrukturanlagen beansprucht, Immissionen verursacht oder knappe Güter beseitigt. Damit ist aber der Verweis auf die funktionale Betrachtungsweise nichts anderes als die Empfehlung eines Umweges zu etwas, das in Rz 658 direkter zum Ausdruck gelangt. Zudem war auch das Baurecht vor Inkrafttreten des RPG, zumindest im Kanton Zürich, «funktional» ausgerichtet.   **661**

E. Polizeierlaubnis

1. Ordentlicherweise und im Allgemeinen liegt die Baubewilligung bereits vor, wenn der Bauaktive mit seinem Vorhaben beginnt. In irregulären Fällen wird ein Baugesuch aber erst nachträglich eingereicht und die Erteilung der Baubewilligung erfolgt, wenn überhaupt, erst wenn das Gebäude schon teilweise oder ganz besteht bzw. der Bewerb bereits zum Teil oder ganz aufgenommen ist[16].   **672**

2. Die Bewilligungsbedürftigkeit stellt rechtlich ein Polizeiverbot mit Erlaubnisvorbehalt dar[17]. Das heisst, die Ausführung des der Bewilligungsbedürftigkeit unterstehenden Vorhabens ist so lange verboten, als nicht eine rechtskräftige Baubewilligung vorliegt; Letztere muss aber erteilt werden, wenn das Vorhaben mit den übrigen Verboten und Geboten übereinstimmt. Es geht hier deshalb «nur» (aber immerhin) um ein verfahrensmässiges Verbot, eine «reine Überwachungsmassregel», eine «blosse Ordnungsvorschrift», eine «lediglich formelle Beschränkung; sie sagt nichts über die materielle Beschränkung der erwähnten Tätigkeiten aus». Der Wortteil «Polizei-» stellt somit keinen direkten Hinweis auf Polizeigüter wie öffentliche Gesundheit, öffentliche Sicherheit, allgemeine Wohlfahrt usw. dar. «Polizeiverbot mit Erlaubnisvorbehalt» bezieht sich – indirekt – sowohl   **673**

---

[16] Vgl. Christian Mäder, S. 337 ff.
[17] Vgl. Hans Egger, S. 16 f.

auf polizeilich als auch auf planerisch und sozialpolitisch motivierte Bewilligungsbedürftigkeiten[18].

674   3.   Die grosse Mehrzahl der als Baubewilligungen bezeichneten Verwaltungsakte beschränkt sich nicht darauf, die Barriere des «formellen» Polizeiverbotes hochzuziehen, indem gesagt wird, das Gesuch sei bewilligt. Meistens ist mit dieser Aussage die Statuierung von – vor Inangriffnahme des Vorhabens zu erfüllenden – Bedingungen, – danach einzuhaltenden – Auflagen und – weiteren – Präzisierungen verbunden. Insoweit hat die Baubewilligung für den Gesuchsteller nicht nur begünstigende, sondern auch belastende Auswirkungen[19]. Dieser Doppelcharakter ist für die Widerrufbarkeit von Belang (Rz 616 f). Der Bauaktive hat ein Interesse daran, dass später weder die Begünstigung aufgehoben noch belastende Bedingungen, Auflagen oder Präzisierungen hinzugefügt werden; der Nachbar hat jedoch ein Interesse daran, dass die ihm willkommenen Bedingungen, Auflagen oder Präzisierungen nicht gelockert werden.

F.   Wohlerworbenes Recht?

675   1.   Es wird in der Praxis und Literatur oft betont, dass eine Baubewilligung kein subjektives Recht einräume, insbesondere, dass die Baubewilligung nicht als wohlerworbenes Recht zu behandeln sei. Diese Auffassung sollte noch genauer überdacht werden. Ein beachtlicher Teil der Argumentation beruht auf Zirkelschlüssen oder Tautologien. Das kritisiert auch Fritz Gygi auf S. 312 in Verbindung mit S. 164 f. Auf jeden Fall verhält es sich im baurechtlichen Alltag so, dass das Vorliegen einer Baubewilligung für die Bauaktiven in manchen Fällen viel eher ein «Wertpapier» darstellt als die zu deren Verwirklichung erforderlichen Ausweise darüber, dass der Bauaktive über Eigentum, Dienstbarkeiten, Mietverhältnisse bezüglich der Bauparzelle verfügt. Ist der Bauaktive im Besitz einer Baubewilligung, so ist oftmals die Beschaffung jener typischen, subjektiven Rechte im Verhältnis zu den vorangegangenen Mühen zum Erhalt der Baubewilligung eine Bagatelle. Die Bezeichnung der Baubewilligung als «verbindliche und gesicherte Rechtsposition» und als «formalisiertes Recht» im Entscheid des AG-Verwaltungsgerichtes vom 24. September 1996 (ZBl 1998 S. 176, 183) erscheint mir treffend.

676   2.   Beim heutigen Ruf nach «weniger Staat», «Deregulierung» und «Privatisierung» gerät auch die Bewilligungsbedürftigkeit im Baurecht in die Schusslinie der Kritik. Das trifft zwar weniger für die Errichtung von Neubauten, wohl aber für die baulichen und bewerbsmässigen Änderungen zu. Es ist nicht leicht, hier einen voll befriedigenden Kurs einzuhalten.

---

[18] Karl Schläpfer, S. 86.
[19] Christian Mäder, S. 225 ff.

III. Die bewilligungsbedürftigen Existenzphasen von Gebäuden und Bewerbungen

A. Allgemeine Bemerkungen

1. In Rz 142 wird unterschieden zwischen Erstellung (primärer Neubau), Fortbestehenlassen, Abbrechen, Ändern (mit Reparieren, Renovieren, Montieren, Umbauen, Auf-/An-/Subbauen, Rückbauen) sowie sekundärem Neubauen (mit Umgestalten, Repetierwiederbauen, Differenzwiederbauen, Anschlussbauen, Dependenzbauen, Dislokationsbauen) bei den Gebäuden und zwischen Neubewerb, Weiterausüben, Stilllegen, Ändern (nicht eingreifend, eingreifend mit Intensivieren, Ausweiten, Auswechseln) und sekundärem Neubewerb (mit Umnutzung, Wiederaufnahme nach langem Leerstehen, Expansionsbewerb, Dependenzbewerb und Dislokationsbewerb) bei den Bewerbungen. Dies alles sind Handlungen. Der Fortbestand ist als ein Fortbestehenlassen aufzufassen. Jede dieser Handlungen kann einer Bewilligungsbedürftigkeit unterstehen oder es kann eine solche fehlen. 677

2. Vereinzelt wird die Auffassung vertreten, wenn die Errichtung eines Gebäudes, zB eines kleinen Schopfes, nicht bewilligungsbedürftig sei, gelte Gleiches auch für die es betreffenden Änderungen. Diese Aussage ist nur dann richtig, wenn unter Änderungen bloss solche Transformationen verstanden werden, welchen nicht der Charakter eines sekundären Neubaues zukommt. Kleines, Bangloses kann sonst unter der Hand zu Grossem, Bedeutsamem werden. 678

3. Die Bewilligungsbedürftigkeit der Änderungen und der weiteren Transformationen von Gebäuden und Bewerbungen ist wohl der verschommenste Teil der Thematik der Bewilligungsbedürftigkeit. Die Darstellung der Bewilligungsbedürftigkeit der primären Erstellung von Gebäuden beruht im Verhältnis dazu geradezu auf festem Fels[20]. 679

B. Zur Regelung der Bewilligungsbedürftigkeit im Einzelnen

1. Zu den baulichen Geschehensgruppen

a) Zum Fortbestehenlassen von Gebäuden

α) Im Allgemeinen darf der Eigentümer eines Gebäudes, wenn es einmal erstellt und von der Baubehörde als ordnungsgemäss abgenommen worden ist, zeitlich unbeschränkt fortbestehen lassen, es sei denn, die Bewilligung für die Erstellung sei rechtlich einwand- 682

---

[20] Für das präfinite Baurecht darf man sagen: Die primäre Erstellung von Gebäuden ist, wenn es sich nicht um sehr kleine, provisorische oder seitlich offene Gebäude handelt, heute immer bewilligungsbedürftig. Das Fehlen der Bewilligungsbedürftigkeit gelangt zum Ausdruck für sehr kleine Gebäude, für provisorische Gebäude, zB in der ZH-Bauverfahrensverordnung § 1 a: «Bauten und Anlagen, die nach der Allgemeinen Bauverordnung wegen ihrer geringen Ausmasse nicht als Gebäude gelten», lit. c: «Baubaracken ... für eine bestimmte Baustelle und für die Dauer der Bauausführung». BE-Dekret über das Baubewilligungsverfahren Art. 6 h: Frei sind «Fahrnisbauten, wie Festhütten, Zirkuszelte, Tribünen ... bis zu einer Dauer von 3 Monaten».

frei nur als Provisorium (Befristung) oder mit einer Resolutivbedingung belastet erteilt worden, das Gebäude werde für die Erstellung eines öffentlichen Werkes benötigt[21] oder es sei in einen polizeilichen Missstand geraten[22]. In den meisten Fällen kann ein Gebäude aber über Jahre, Jahrzehnte und noch viel länger fortbestehen, ohne dass der Gebäudeeigentümer eine neue Bewilligung einholen müsste, wenn er keine Änderung vornehmen will.

683 β) Ob man deswegen sagen soll, für das Fortbestehenlassen eines Gebäudes sei keine Bewilligung nötig, hängt davon ab, welche Existenzphasen man als von der bei Erstellung (primärer Neubau) eines Gebäudes erforderlichen Bewilligung erfasst ansieht. Ist man der Auffassung, die Baubewilligung sei nur gerade für diejenigen Arbeiten nötig, welche zu einem fertigen Gebäude führen, also nur für die Entstehungsphase[23], und alles, was auf die Fertigstellung und Bauabnahme folge, also die Bestandesphase, werde davon jedoch nicht mehr erfasst, dann ist es konsequent, zu sagen, dass nach dem heute vorherrschenden Rechtsstand für das Fortbestehenlassen des Gebäudes keine Bewilligung nötig sei. Eine einmal erteilte Bewilligung ist später dann nur noch (aber immerhin) als Papier von rechtlicher Bedeutung, mit welchem bewiesen werden kann, was und wieviel aufgrund einer Bewilligung erstellt worden und somit (wahrscheinlich) baurechtskonform ist. Das kann für die Art und Weise eine Rolle spielen, wie spätere Änderungsgesuche zu beurteilen sind (Rz 403 f).

684 γ) Es lässt sich aber auch die Auffassung vertreten, eine Baubewilligung betreffe zwar primär die Entstehungsphase eines Gebäudes, beziehe sich nach dessen Fertigstellung aber sehr wohl auch auf das Fortbestehenlassen. In diesem Fall bedarf auch das Fortbestehenlassen eines Gebäudes einer Bewilligung, doch ist diese als gleichzeitig mit der Bewilligung für die Erstellung erteilt anzusehen. Die Bewilligung für den Fortbestand ist dann unselbständig oder gewissermassen stillschweigend. Für eine solche Deutung spricht der Umstand, dass viele Baubewilligungen Auflagen enthalten, welche erst nach Fertigstellung des Gebäudes, zur Zeit der Ausübung des Bewerbes rechtliche Bedeutung besitzen[24]. Die Auffassung, der bei Bewilligung eines Neubaues ausgesprochene Verwaltungsakt sei auch eine Bewilligung für das Fortbestehenlassen desselben, ist m.E. das Näherliegende[25].

[21] In diesem Fall kommt es im Weiteren zu einer enteignungsrechtlichen Betrachtungsweise.
[22] ZB wegen mangelhafter Baustatik, mangelhaften Unterhaltes, Naturkatastrophe, Explosion usw.
[23] Zu eng äussert sich m.E. das ZH-Verwaltungsgericht in: RB 1993 Nr. 43: «(Es) gehören Sicherheitsvorkehrungen einschliesslich derjenigen für die Baugrube zur Bauausführung und werden daher nach herkömmlichem Verständnis von der – präventiven- Baubewilligung nicht erfasst. Die Bauarbeiten sind lediglich meldepflichtig und sie unterstehen – unabhängig von den zivilen Rechtsbehelfen des Nachbarn – einer repressiven Kontrolle gemäss PBG §§ 326 ff (Mäder, N. 580). Der Bauherr hat die nach den Umständen sich aufdrängenden Sicherheitsvorkehrungen als unmittelbar anwendbare Verhaltensvorschriften ohne weiteres zu beachten.»
[24] Diese sind oft Unterhaltsverpflichtungen oder Klarstellungen negativer Art, indem sie zB Abweichungen von der bewilligten Bewerbsart verbieten (zB Verbot des Bewerbes des nur als Estrich bewilligten Dachgeschosses zu eigentlichen Wohn- oder Arbeitszwecken). Letzteres geschieht häufig in sogenannten Reversen. Vgl. David Fries, S. 30 ff und ZH-BEZ 1988 Nr. 36.
[25] Nach Detlev Dicke, S. 27 nimmt die Baubewilligung «eine Mittelstellung» zwischen «Verfügungen mit einmaligem Vollzug und Verfügungen mit Dauerwirkung» ein; er bezieht den Dauerwirkungsanteil aber wohl eher nur auf den Umstand, dass die Baubewilligung für die ganze Phase der Erstellung eines Gebäudes, welche ein Jahr und länger dauern kann, gilt, nicht aber auch auf die Zeit danach.

δ)   Die vorstehend diskutierte Frage weist eine gewisse Verwandtschaft mit der Frage 685
auf, wer überhaupt oder nach einer Handänderung beim Fortbestehenlassen eines eigenmächtig erstellten oder geänderten Gebäudes als Verhaltens- oder Zustandstörer in Betracht komme und was im Sinne des Strafrechtes ein Dauerdelikt sei. Rz 443 f.

ε)   Nach heute geltendem Recht läuft eine nicht bloss befristet oder resolutiv, also 686
provisorisch erteilte Bewilligung für das Fortbestehenlassen von Gebäuden (sofern man die Existenz einer solchen Bewilligung annimmt) im Regelfall nie ab, gilt also ewig[26]. In Planerkreisen und bei Bodenpolitikern ist jedoch verschiedentlich die Auffassung anzutreffen, dass es wünschenswert wäre, die Geltungsdauer von Bewilligungen für das Fortbestehenlassen von Gebäuden zeitlich allgemein zu beschränken. Genannt wurde schon eine Beschränkung auf eine Geltungsdauer von 60 oder 100 Jahren. Dabei wird meistens die intertemporalrechtlich bedeutsame Frage offen gelassen, was mit den bei Einführung dieser Eigentumsbeschränkung bereits existierenden Gebäuden bewilligungsmässig geschehen müsste. Bei den noch vor Einführung einer Bewilligungsbedürftigkeit realisierten Gebäuden stellt sich die Frage, ob eine Bewilligung nachgeholt werden müsste; bei den seinerzeit mit unbefristeter Bewilligung zugelassenen, ob diese in ihrer Geltungsdauer eingeschränkt werden soll. Eine solche Nachholung bzw. Beschränkung würde zwar dem Gemeinwesen die Durchsetzung neu aktuell werdender Planungen erleichtern, für die freiheitliche Grundstimmung in der Bevölkerung wäre dies jedoch eher nachteilig.

Ich halte dafür, dass ein solcher Wechsel nur auf dem Wege der Revision der Bundes- 687
verfassung, zweckmässigerweise von Art. 22ter oder 22^{quater}, neu Art. 26 und 75, bewerkstelligt werden könnte, und zwar sowohl wenn jede Entschädigungspflicht wegbedungen würde als auch wenn diese nur bei bereits existierenden Gebäuden bzw. Bewerbungen zum Zuge käme. Das heisst: Die zeitliche Unbeschränktheit der Bewilligung des Fortbestehenlassens von Gebäuden ist im Sinne von Rz 1271 f relativ gross (aber nicht absolut) garantiert.

b)   Zu den Änderungen

α)   Zu den Reparaturen

Reparaturen im Sinne von Rz 176 sind kaum je bewilligungsbedürftig. 688

β)   Zu den Renovationen

Kleinere Renovationen, wie sie in Rz 177 umschrieben wurden, sind im Allgemeinen 689
nicht bewilligungsbedürftig, es sei denn, es handle sich um unter Denkmalschutz gestellte Gebäude. Für grössere Renovationen ist aber wohl meistens die Bewilligungsbedürftigkeit gegeben. Diese gilt in Ortsteilen mit einiger denkmalschutzmässiger Relevanz auch bei kleineren Renovationen allgemein, wenn es sich um Aussen-, Fassadenrenovationen handelt.

---

[26] Bei dieser Aussage wird vorausgesetzt, dass die Bewilligung nach Erteilung innert Frist in Angriff genommen und das Vorhaben ohne wesentliche zeitliche Unterbrüche zu Ende geführt wird. Vgl. ZH-PBG §§ 322 und 328. Vgl. den Entscheid des AG-Verwaltungsgerichtes vom 24. September 1996 (ZBl 1998 S. 176).

γ) *Zu den Montierungen*

690 Montierungen in/auf/seitlich/unter einem Gebäude sind nach Rz 178 f in der Regel nicht bewilligungsbedürftig, wenn sie weder Teil einer grösseren Renovation noch eines Aussenumbaus sind. Bisweilen ist die Montierung von Antennen, Reklamevorrichtungen, grellen Lichtquellen, Flutlicht- und Lautsprecherinstallationen, Sonnenkollektoren, Warenautomaten/Schaukästen, Aussenisolationen, Fassadenverkleidungen, Blitzschutzanlagen, Wärmepumpen und -sonden, ortsfesten elektrischen Widerstandsheizungen, Treppenschrägaufzügen und Materialtransportrollbahnen zu einem Gebäude für bewilligungsbedürftig erklärt. Gleiches gilt aus feuerpolizeilichen Gründen für andere Heizanlagen (Rz 2427 f).

δ) *Zum Innenumbau*

691 α') Es besteht eine verbreitete Auffassung, dass der Innenumbau, wie er in Rz 179 umschrieben wurde, nicht bewilligungsbedürftig sei. Hiefür scheint der Umstand zu sprechen, dass von aussen, vom öffentlichen Grund her, das Ergebnis solcher Handlungen nicht eingesehen werden kann; zudem handle es sich um die Intimsphäre; «my home is my castle».

692 β') Diese Auffassung mochte so lange gerechtfertigt sein, als das materielle Baurecht nur feuer- und gesundheitspolizeiliche, und nur wenige, die innere Struktur und den Bewerb eines Gebäudes betreffende Regelungen kannte[27]. Letztere haben jedoch seit den Fünfzigerjahren an Bedeutung stark zugenommen. Erwähnt seien insbesondere jene, welche die Baukubatur vom Verhältnis zwischen den dem Wohnen oder Arbeiten dienenden Geschossflächen zur zugehörigen Parzellenfläche abhängen lassen (Ausnützungsziffer), solche, welche im Hinblick auf eine spätere Enteignung eine Aufwertung von Gebäuden verhindern wollen (Anschneidung durch Baulinien), oder solche, welche Energiesparmassnahmen bei den Installationen verlangen. Sofern man diesen Regelungen das öffentliche Interesse zuerkennt, muss man Gleiches auch bezüglich der Bewilligungsbedürftigkeit des Innenumbaus tun, zumindest dann, wenn es sich um grössere Innenumbauten handelt.

693 γ') Der grössere Innenumbau gilt in der ganzen Schweiz als bewilligungsbedürftig.

δ') *Zum Aussenumbau*

694 Der Aussenumbau, zumindest der grössere, gilt wohl in der ganzen Schweiz als bewilligungsbedürftig.

ε') *Zum Auf-, An- und Subbau (Unterkellerung)*

695 Der Auf- und Anbau sowie der Subbau (Unterkellerung) gilt wohl in der ganzen Schweiz als bewilligungsbedürftig.

c) **Zum Abbruch**

696 α) Angenommen, es handle sich nicht um ein denkmalschutzwürdiges Gebäude, nicht um ein solches mit Räumlichkeiten, an welchen ein für das Gemeinwesen bedeutsamer

---

[27] Dieser Auffassung wurde zwar schon 1898 im Kommentar von Heinrich Stüssi zum damaligen ZH-Baugesetz widersprochen: N. 301 zu § 116.

Mangel herrscht, nicht um ein solches, welches einem an seiner Stelle vorgesehenen Neubau weichen muss, und auch nicht um ein solches, welches subventioniert worden ist. In diesen Fällen sind Gebäudeabbrüche meist nicht bewilligungsbedürftig. Dabei sind die Folgen des Abbruches auch hier für das Gemeinwesen oft bedeutsam, besonders wenn es sich um den Abbruch von Gebäuden in exponierter Lage und/oder von grossem Volumen handelt.

β)   Bewilligungsbedürftigkeit ist jedoch regelmässig gegeben, wo Gebäude denkmalschutzwürdig sind (Rz 1855 f). Die Bewilligungsbedürftigkeit wird meistens in der Unterschutzstellungsverfügung besonders festgehalten. Vereinzelt wird sie für besondere Zonen allgemein vorgesehen. 697

γ)   Ferner liegt Bewilligungsbedürftigkeit für den Abbruch von Gebäuden mit Räumlichkeiten vor, an welchen ein für das Gemeinwesen bedeutsamer Mangel herrscht. Zu denken ist hier insbesondere an den Mangel an Wohnräumen, vor allem an den Mangel mit mietzinsgünstigen Wohnungen für Familien. Rz 3118 f. Wo kein solcher Mangel herrscht, kann vom Vertragsrecht her gesehen die Mieter- und Pächterschutzgesetzgebung reflexweise ein vorübergehendes Hindernis für einen Gebäudeabbruch bilden[28]. 698

δ)   Vereinzelt wird dort, wo ein sekundärer Neubau (Wiederbau nach Rz 203) an die Stelle eines bestehenden Gebäudes treten soll, der Abbruch des Letzteren als Baubeginn für den Neubau angesehen. Das hat zur Folge, dass mit dem Abbruch nicht begonnen werden darf, bevor nicht die Bewilligung für den Neubau rechtskräftig ist[29]. Die Bewilligung für den Neubau ist dann zugleich auch diejenige für den Abbruch. Letzteres gelangt meistens nur nebensächlich zum Ausdruck, etwa indem unter den Bedingungen und Auflagen Unfall- und Sachbeschädigungsverhütungs- sowie Umweltschutzvorkehrungen (insbesondere betreffend Lärm, Staubentwicklung, Abfälle und Abwässer), die Schonung der umliegenden Strassen (insbesondere des Belages und der Randsteine), der Anschlüsse an das öffentlichen Wasser-, Abwasser- und Stromnetz sowie der amtlichen Vermessungspunkte und/oder die einwandfreie Aufräumung der Abbruchstelle nach Beendigung des Abbruches verlangt werden. Solche Bedingungen und Auflagen sind der zentrale Inhalt von Bewilligungen dort, wo ein Gebäude abgebrochen werden soll, ohne dass nachher ein anderes an seine Stelle tritt. 699

ε)   Wo ein Gebäude mit Subventionen erstellt worden ist, liegt es nahe, dass ein Abbruch der Zustimmung der Behörde bedarf, welche die Subvention gewährte. Das ist aber keine baurechtliche Abbruchbewilligung. 700

---

[28] Die Praxis der Mietgerichte ist dort, wo ein Abbruch vorgesehen ist, damit ein Neubau entstehen kann, bei Begehren um richterliche Erstreckung von Mietverhältnissen beim Ausstehen einer rechtskräftigen Baubewilligung für den Neubau besonders mieterfreundlich. Vorher kann auch nicht abgebrochen werden. Siehe hiezu auch allgemein Rz 739 und den dort erwähnten Artikel von Michèle Hubmann.

[29] In der Stadt Zürich wurde auch das Fällen von Bäumen, welche einem Neubau weichen müssen, eine Zeitlang als Baubeginn angesehen. Das hatte zur Folge, dass nach der Einreichung des Baugesuches für den Neubau diese Bäume so lange nicht mehr gefällt werden durften, als keine rechtskräftige Baubewilligung vorlag. Diese Praxis wurde jedoch vom ZH-Verwaltungsgericht mit dem Entscheid vom 15. Juni 1994 (Spross/Zürich-Höngg) als gesetzwidrig erklärt (ZH-RB 1994 Nr. 88).

701 ζ) Selbstverständlich hat der Bauaktive überall, also auch dort, wo der Abbruch nicht bewilligungsbedürftig ist, dafür zu sorgen, dass dabei die Belästigung der Nachbarschaft durch Lärm, Staub und Erschütterung möglichst gering bleibt. Bleibt nach dem Abbruch eine hässliche Baulücke zurück, so kann dem Parzelleneigentümer allenfalls unter Anrufung von Ästhetikvorschriften eine befriedigende, auf den Gebietscharakter und benachbarte Schutzobjekte Rücksicht nehmende Herrichtung befohlen werden. Bestünde ein Depot für solche Arbeiten, so könnte das Gemeinwesen darauf greifen, wenn der Parzelleneigentümer nicht selbst handelt. Vereinzelt wird auch verlangt, dass die «Erstellung eines baurechtlich bewilligten Projektes» anstelle des zum Abbruch vorgesehenen Gebäudes gesichert ist. Zu denken ist hier wohl insbesondere daran, dass der Bauaktive den Nachweis erbringen muss, dass er über die für die Neuerstellung nötigen finanziellen Mittel verfügt. Gehen ihm diese nachträglich aus, wird kaum das Gemeinwesen auf dem Wege der Ersatzvornahme das baurechtlich bewilligte Projekt ausführen wollen. Das Ganze ist gut gemeint, aber schwer praktikabel.

d) Zum Rückbau

702 Der Rückbau ist kaum bewilligungsbedürftig, wo nicht der Abbruch als solcher bewilligungsbedürftig ist.

e) Zur Umgestaltung sowie zum Repetierwieder-/Differenzwieder-, Anschluss-, Dependenz- und Dislokationsbau

703 Auch wenn diese baulichen Geschehensarten nur selten ausdrücklich als bewilligungsbedürftig erklärt werden, dürfte die Bewilligungsbedürftigkeit hier doch wohl in der ganzen Schweiz feststehen.

2. Zu den bewerbsmässigen Geschehensgruppen

a) Zur Weiterausübung von Bewerbungen

704 Der Erstbewerb im Zusammenhang mit einem Neubau – Letzterer ist immer bewilligungsbedürftig – muss stets dem Baugesuch für den Neubau entnommen werden können. Wird der Neubau bewilligt und werden nicht einzelne Bewerbsarten durch Auflagen oder Präzisierungen von der Bewilligung ausgenommen, so gilt die Aufnahme und Weiterausübung der bald nach Bauvollendung im Baugesuch angegebenen Bewerbungen als zeitlich unbeschränkt mitbewilligt. Die Begründung hiefür ist ähnlich wie in Rz 682 f beim Fortbestehenlassen von Gebäuden. Hier geht alles in einem[30]. Der uno-actu-Cha-

---

[30] Schwieriger ist die Frage nach der Bewilligungsbedürftigkeit von Neubewerbungen zu beantworten, welche nicht oder nur nebensächlich im Zusammenhang mit einem Gebäude (zB Garderobe- und Geräteraum) ganz im Freien aktuell werden, zB bei der Anlegung von offenen Sportplätzen, Lagerplätzen für Altmetall im Freien, offenen Verkaufs- oder Ausstellungsplätzen für Automobile, landwirtschaftliche Maschinen, Campingeinrichtungen usw., Open-Air-Theater-, Kino-, Konzertflächen usw., Freizeitparks usw. Das gehört aber nicht zum Gegenstand dieser Arbeit (Rz 5). Hiezu sei nur bemerkt: Verkehrspolizeiliche, gewässerschutzpolizeiliche und umweltschutzrechtliche Regelungen sind hier wichtig.

rakter von Bewilligung für Neubau und Neubewerb wird noch dadurch betont, dass die Baurechtgemässheit von Gebäudeteilen vom darin stattfindenden Bewerb abhängen kann und dass meistens erst in den Neubau eingezogen werden darf, wenn der Neubau hiezu von der Baubehörde freigegeben worden ist.

b) Zu den Bewerbsänderungen

α) Wo die Trennlinie zwischen nicht eingreifenden und eingreifenden Bewerbsänderungen (Rz 305 f)[31] bezüglich Bewilligungsbedürftigkeit verläuft, ist nicht leicht auszumachen; sie wird kaum je in den Gesetzen und Verordnungen näher umschrieben. Weder das Wort «Bewerbsänderung» noch «eingreifend/nicht eingreifend» kommt irgendwo vor. Zwar wird in einigen Fällen statt von «Bewerbsänderung» von «Nutzungsänderung» oder noch vager von «Zweckänderung» gesprochen, doch fehlt dabei häufig eine der Unterscheidung zwischen «eingreifend» und «nicht eingreifend» vergleichbare Graduierung, so dass eigentlich alle Bewerbsänderungen bewilligungspflichtig wären[31a], was aber unverhältnismässig wäre. Wo jedoch eine Graduierung vorliegt, dort fehlt es an Hinweisen, wo die Trennlinie zu ziehen sei. Zudem bleibt meistens unklar, ob mit den bewilligungsbedürftigen Änderungen nur Handlungen gemeint sind, mit welchen bauliche Änderungen verbunden sind. Grundsätzlich ist es wohl zulässig, auch «reine» eingreifende Bewerbsänderungen bei Bewerbsausweitungen oder «reine» eingreifende Bewerbsänderungen bei Bewerbsauswechslung (Rz 307) als bewilligungsbedürftig zu behandeln[32]. Weniger zwingend ist es m.E., die «reine» Bewerbsintensivierung (Rz 307)[33] sowie die Bewerbsstilllegung (Rz 293) stets als bewilligungsbedürftig zu qualifizieren[34]. Bei Vorliegen von Regelungen, welche das zulässige Maximum von Geschosszahlen oder des Verhältnisses zwischen Geschossflächen und Parzellenflächen, das verlangte Minimum

---

[31] Den Bewerb, welcher erstmals nach einer hiezu bestimmten baulichen Änderung geschieht, betrachte ich nicht als Erstbewerb, sondern als bewerbsmässige Änderung; es geht um die Änderung des Bewerbes, welcher vor der baulichen Änderung im gleichen Raumstück oder daran anschliessend stattgefunden hat.

[31a] Vgl. Walter Haller/Peter Karlen, N. 799: «Der Begriff der bewilligungspflichtigen Zweckänderung (erfasst) grundsätzlich alle Änderungen der Nutzungsart.»

[32] BGE 113 Ib 219, 222 f (Hagentobel/AR): «Eine ohne bauliche Vorkehren auskommende Zweckänderung unterliegt der Bewilligungspflicht nur dann nicht, wenn (auch) der neue Verwendungszweck der in der fraglichen Zone zuzulassenden Nutzung entspricht oder sich die Änderung hinsichtlich ihrer Auswirkungen auf Umwelt und Planung als ausgesprochen geringfügig erweist.»

[33] Christian Mäder erwähnt auf S. 90 einen Entscheid der ZH-Baurekurskommission II, wonach keine Bewilligungsbedürftigkeit angenommen wurde, obwohl der zu einer Tankstelle errichtete Schlüsselkasten eine Nutzungsintensivierung von ca. 20–30% bewirkte. Der Vorgang kann auch als Montierung nach Rz 178 qualifiziert werden.

[34] Dass bisweilen ein Vorhaben sehr rasch als eingreifende Bewerbsänderung mit Bewerbsauswechslung und damit als bewilligungsbedürftig bewertet wird, zeigt der Entscheid des ZH-Verwaltungsgerichtes vom 6. Februar 1992 (BEZ 1992 Nr. 1): Eine Gartenbauunternehmung stellte von Zeit zu Zeit ein Gewächshaus zur Durchführung geselliger Anlässe zur Verfügung; damit waren keinerlei bauliche Änderungen verbunden; «ob sich die Auswirkungen als so geringfügig erweisen, dass eine Bewilligungspflicht im Sinne von BGE 113 Ib 223 entfällt, ist im Bewilligungsverfahren zu prüfen.» RPG-24-Fall. Ähnlich streng entschied das ZH-Verwaltungsgericht in: RB 1967 Nr. 59: Eine frühere Wirtschaftsküche in einem alten Hotelgebäude wurde in der Zürcher Altstadt ohne bauliche Änderungen in einen Nachtclub umgewandelt; die Bewilligungsbedürftigkeit wurde bejaht.

von Abständen mit dem Bewerb von Gebäudeteilen oder die Zulässigkeit mit graduierten Unterscheidungen in Verbindung bringen, ist aber auch die Bewilligungsbedürftigkeit von Bewerbsintensivierungen (zB ausnützungsziffermässig privilegierter Bastelraum wird zum Schlafzimmer; in einem Teil einer typischen Wohnung wird eine Arbeitsstätte für den hier Wohnenden eingerichtet, ZH-RB 1996 Nr. 68) nicht ausgeschlossen. Die Übergänge von der Intensivierung zur Auswechslung des Bewerbes sind bisweilen gleitend[35].

706 *β) Kasuistik*
Bei folgenden bewerbsmässigen Änderungen ist die Möglichkeit der Bewilligungsbedürftigkeit wegen Eingriffsstärke in Betracht zu ziehen (siehe auch Rz 2543 bezüglich ZH-PBG § 309 b und Rz 3667 ff bezüglich RPG Art. 22):

– ein gestützt auf die Militärgesetzgebung bewilligungsfrei erstelltes Gebäude wird an einen Privaten zum Weiterbewerb als Einstellhalle verkauft (BGE 101 Ia 314 f, Ingenbohl/SZ [Rz 1401]);
– eine für die Bewohner eines Mehrfamilienhauses bewilligte und erstellte Autoabstellhalle wird mietweise einem Lastenwagenbetrieb überlassen (vgl. in FN 51: RB 1969 Nr. 55);
– Räume einer Zimmerei dienen neu einer Spenglerei (gleiche Sparte gemäss Rz 504, 2545): ZH-RB 1973 Nr. 69;
– eine Fabrikhalle soll zur Durchführung von Theatern, Konzerten, Ausstellungen usw. beworben werden;
– Räumlichkeiten,
  – welche bisher als Materiallager beworben worden sind, sollen neu als Archiv für Büros dienen;
  – in einer Villa, in welcher früher eine Kunstgalerie betrieben und nachher eine Schule für etwa 25 Schüler geführt wurde, sollen neu als Schule für 48 und mehr Schüler dienen (Rz 300 mit FN 10);
  – welche bisher der fabrikmässigen Produktion gedient haben, sollen neu als Karateschule dienen;
  – welche bisher einer Gastwirtschaft ohne Möglichkeit der Bedienung im Freien gedient haben, sollen neu einer solchen dienen, bei welcher diese Möglichkeit besteht (Gartenwirtschaft!);
  – in welchen bisher eine Gastwirtschaft als Pension geführt wurde, sollen neu als öffentliches Café dienen;
  – welche bisher als Kegelstube und Kegelbahn gedient haben, sollen neu als Klublokal dienen;
  – welche bisher als Schreinerei gedient haben, sollen neu zu Kultzwecken dienen;
  (vgl. hiezu die Zitate in Christian Mäder, S. 99 f).

---

[35] Siehe ZH-Verwaltungsgerichtsentscheid vom 6. Februar 1992 in vorheriger Fussnote. BR 1996 S.17 (Nr. 15) = BVR (JAB) 1995 S. 499: Es ist bewilligungsbedürftig, in einem Wohngebäude in einer Wohn- und Gewerbezone jeweils – wenn auch nur während des Winters – eine «Gassenküche» einzurichten, da es nicht ausgeschlossen sei, dass der Bewerb den Zonenvorschriften widerspricht; keine Rolle spiele es, dass gegen übermässige Immissionen auch zivil- und strafrechtlich eingeschritten werden könnte.

Bei folgenden bewerbsmässigen Änderungen ist die Möglichkeit der Bewilligungsbedürftigkeit wegen Vorliegens einer bloss nicht eingreifenden Bewerbsänderungen kaum in Betracht zu ziehen:

– anstelle einer bisher nur forschungsmässigen Herstellung eines Medikamentes wird neu zum routinemässigen Vertrieb produziert (die Bewilligungsbedürftigkeit kann jedoch hier wegen baulicher Änderungen gegeben sein; FN 47);
– im Keller eines Gebäudes in einer ländlichen Wohnzone werden neu fünf Hunde und ein Hahn gehalten (siehe Christian Mäder, S. 100);
– in einer Tankstelle wird neu ein Schlüsselkasten installiert (FN 33).

c) Zu den Bewerbstilllegungen

Keiner Bewilligung bedürfen Bewerbsstilllegungen. Dies gilt wohl selbst dann, wenn es sich um eine Bewerbsart handelt, welche einen Mindestanteil eines Gesamtbewerbes aufweisen muss[36], welche während einer Mindestzeit auszuüben ist[37] oder bezüglich welcher eine Knappheit an Räumlichkeiten herrscht und für deren Gebäude ein Abbruchverbot gilt. Mit Letzterem wird allerdings dessen Zweck nicht erreicht, auch wenn das Gebäude nach einer Bewerbseinstellung stehen bleibt. Zu den aus der Mieter- und Pächterschutzgesetzgebung und aus dem Subventionsrecht resultierenden Besonderheiten siehe Rz 698 und 700.

707

d) Zu den Umnutzungen, Wiederbewerbungen nach langem Leerstehen, Bewerbsexpansionen, Bewerbsdependenzen und Bewerbsdislokationen

α) Hier dürfte wohl im Allgemeinen die Bewilligungsbedürftigkeit bejaht werden, bei den Bewerbsdependenzen und Bewerbsdislokationen aber nur dann, wenn sie in einer Gebäudehülle stattfinden, welche nicht schon bisher einem gleichartigen, allerdings von einem anderen Träger realisierten Bewerb gedient hat; andernfalls erübrigt sich die Einholung einer neuen Bewilligung. Dass der Wiederbewerb nach langem Leerstehen bewilligungsbedürftig ist, rechtfertigt sich dort, wo das Gebäude während einer bedeutend längeren Zeit leergestanden hat, als dass das Ausüben einer Baubewilligung ohne Verwirkungsfolge ruhen kann. Das heisst: Eine allenfalls für den Bewerb vorausgegangene Bewilligung dürfte als längst erloschen angesehen werden, auch wenn eine Bewilligung für das Fortbestehenlassen des Gebäudes noch gilt und das Gebäude noch steht[38].

708

β) Es gibt kaum Umnutzungen oder Wiederbewerbungen nach langem Leerstehen, Expansions-, Dependenz- oder Dislokationsbewerbungen, welche ohne grössere Renovationen, Um-, Auf- oder Anbauten stattfinden. Zumindest bei den Um-, Auf- und Anbauten ist die Bewilligungsbedürftigkeit immer gegeben, möglicherweise auch bei grösseren Renovationen. Weil auch hier «alles im Gleichen geht», werden die Schwierigkeiten bei der Beurteilung der Bewilligungsbedürftigkeit solcher bewerbsmässigen Vorkehrungen meistens praktisch belanglos.

709

---

[36] Der Wohnanteil muss zB 90% der Gesamtbewerbung ausmachen.
[37] Das Gebäude muss zB gänzjährig bewohnt sein.
[38] ZH-RB 1982 Nr. 152: In einem Gebäude, in welchem vor Jahren eine Schreinerei betrieben worden war, das dann lange nur noch als Möbellager diente, sollte wieder eine Schreinerei eingerichtet werden; es wurde die Durchführung des ordentlichen Bewilligungsverfahrens verlangt.

IV. Verfahren bei Bewilligungsbedürftigkeit

A. Allgemeines

710 Die Beurteilung der Baugesuche durch die Behörde erfolgt entweder in einer einzigen Verfahrensart für alle bewilligungsbedürftigen baulichen und bewerbsmässigen Änderungen und Abbrüche/Stilllegungen oder aber, entsprechend der Bedeutung des Vorhabens für die Allgemeinheit und die Nachbarn, in Verfahrensarten von abgestufter Komplexität. Sofern Bewilligungsbedürftigkeit überhaupt gegeben ist, wird bisweilen zwischen ordentlichem, vereinfachtem und Anzeige- oder Meldeverfahren unterschieden. Der Unterschied zwischen ordentlichem und vereinfachtem Verfahren bezieht sich vor allem auf das Erfordernis der Aussteckung und Ausschreibung. Bei Anwendbarkeit des Anzeige- oder Meldeverfahrens braucht es nicht einmal eine formelle Bewilligung; diese kann als stillschweigend erteilt angesehen werden, wenn nicht innert einer bestimmten Frist seit Eingang der Anzeige oder Meldung behördlicherseits opponiert wird. Die baulichen und bewerbsmässigen Änderungen von Gebäuden bilden den Hauptteil der im vereinfachten und im Anzeigeverfahren zur Beurteilung gelangenden Vorkehrungen[39]. Der Schutz der Drittinteressen ist bei den weniger «bürokratischen» Verfahrensarten oft prekär; die Nachbarn erfahren von einem darin behandelten Vorhaben oft erst dann, wenn der streitige Bauteil bereits in Ausführung begriffen ist und bei Rechtswidrigkeit nur noch schwer oder überhaupt nicht mehr gestoppt oder rückgängig gemacht werden kann (vgl. die landesweite Opposition gegen die Erstellung von Mobilfunkantennen im Februar 1999).

B. Erforderliche Pläne

711 1. Während es bei der Erstellung von Gebäuden (Neubau) für die Beurteilung durch die Baubehörde genügt, wenn der baulich vorgesehene Zustand planlich vollständig aufgezeichnet wird, braucht es für die Änderung von Gebäuden hiezu stets auch noch die Wiedergabe des bisherigen baulichen Zustandes. Es wäre für die Baubehörde unzumutbar, mit den Plänen für den Zustand nach der Änderung das bestehende Gebäude abschreiten und so ermitteln zu müssen, inwieweit bisherige Gebäudeteile fortbestehen, wegfallen und/oder hinzukommen sollen. Es braucht hier auf jeden Fall eine planliche

---

[39] Im Kanton Zürich wurde das mit dem PBG von 1975 eingeführte vereinfachte Verfahren bei der Revision der Bauverfahrensverordnung (LS 700.6) von 1997 fallengelassen; es gibt jetzt nur noch das ordentliche und das Anzeigeverfahren: PBG §§ 318 ff, 325; zum Anzeigeverfahren: Bauverfahrensverordnung §§ 3–10. Der Entscheid kann hier an ein einzelnes Mitglied des Kollektivorganes der Exekutive (meistens als Gemeinderat, in Städten als Stadtrat bezeichnet; ihm ist das ordentliche Verfahren zum Entscheid zugewiesen) oder an einen fachkundigen Beamten, zB Bausekretär, delegiert werden; zu alldem ist eine entsprechende Regelung in der Gemeindeordnung erforderlich. Es kommt hier oft nur zu einer behördlichen Bestätigung des Einganges der Unterlagen; das Vorhaben darf wie angezeigt ausgeführt werden, wenn nicht innert 30 Tagen nachher ein abschlägiger Bescheid ergeht, Bedingungen oder Auflagen bekanntgegeben werden oder eine Überweisung ins ordentliche Verfahren erfolgt. Das Anzeigeverfahren ist nur zulässig, sofern «keine zu Rekurs und Beschwerde berechtigenden Interessen beeinträchtigt werden». Vgl. hiezu Carmen Späh/Kathrin Seiler Germanier, in: PBG aktuell 1999 Heft 4 S. 30 f.

Darstellung sowohl des bisherigen als auch des zukünftigen Zustandes. Dabei kann dies auf zwei Arten geschehen; entweder durch zwei im gleichen Massstab und der gleichen Darstellungsweise gezeichnete Plansätze, einer zur Wiedergabe des bisherigen und einer zu derjenigen des künftigen Zustandes. Üblicher ist es jedoch, in ein und demselben Plansatz mit verschiedenen Farben sowohl den bisherigen als auch den zukünftigen Zustand zum Ausdruck zu bringen. Dabei wird meistens verwendet: schwarz für das Bestehenbleibende, gelb für das Wegfallende und rot für das Neue[40]. Analog verhält es sich bei einer Änderung des Bewerbes, wobei der alte und der neue Bewerb innerhalb der hievon beschlagenen Räumlichkeiten in Worten angegeben und dann entsprechend gelb oder rot unterstrichen wird[41].

2. Die Ausarbeitung aussagekräftiger Pläne setzt Erfahrung und Sorgfalt voraus. In der Deutschschweiz konnte die Baubehörde jedoch bisher Pläne nicht allein deshalb zurückweisen, weil der Verfasser nicht über eine fachliche, durch ein Diplom bestätigte Ausbildung verfügt. Hiezu wäre eine «klare und eindeutige gesetzliche Grundlage» erforderlich (Rz 962). 712

C. Aussteckung (Baugespann)

Diejenigen baulichen Vorhaben bei einem bestehenden Gebäude, welche dessen Kubatur oberirdisch ändern, bedürfen grundsätzlich immer der Aussteckung (Baugespann). Das gilt – neben der Erstellung (Neubau) – immer für den Wiederbau, den Anschlussbau sowie den Dependenz- und Dislokationsbau, mit Einschränkungen auch für den Auf- und Anbau, sodann für die Umgestaltung[42]. Es gibt kaum ein Mittel, welches es den Behörden und Nachbarn besser ermöglicht, sich über die räumlichen Auswirkungen des Vorhaben ein zutreffendes Bild zu machen[43], insbesondere was die Beeinträchtigung der Besonnung, Belichtung und Belüftung sowie der Aussicht angeht. Nicht erforderlich ist eine Aussteckung bei Aussen- und Innenumbauten, ferner bei den bewerbsmässigen Änderungen. Sie könnte allerdings bisweilen – in stark reduziertem Umfang – hier ebenfalls für die Entschlussvorbereitung von Nutzen sein. 713

---

[40] Unsicherheiten ergeben sich, wenn eine Türe oder ein Fenster in einer bisher geschlossenen Wand erstellt werden soll. Die neuen Öffnungen wird man eher mit Gelb als mit Rot vermerken, obwohl sich die Anbringung der Türen oder des Fensters kaum je nur auf einen Ausbruch von Mauer beschränkt, sondern Leibungen sowie Tür- und Fensterflügel hinzukommen. Wo neues Mauerwerk an der gleichen Stelle altes ersetzt, wird dies am besten textlich ausgedrückt.
[41] Vgl. zum Ganzen ZH-Bauverfahrensverordnung § 4.
[42] Im Kanton Zürich ist, wenn das Anzeigeverfahren zum Zuge kommt, nicht auszustecken (Bauverfahrensverordnung § 13 II): Das gilt für nachträgliche Anbringung von Vordächern und die Änderung bereits bestehender Vordächer, Balkone, Nischen, Rück- und Vorsprünge, Dachflächenfenster, Dachaufbauten (Lukarnen, Gauben usw.), Dacheinschnitte, Fassadenöffnungen, Dachkamine, Aussenantennen, (eine gewisse Grösse nicht überschreitende) Montierungen zur Nutzung von Sonnenenergie (die Bewilligungsbedürftigkeit gilt jedoch nur in der Kernzone) sowie die Errichtung kleiner Gartenhäuser und Schöpfe.
[43] Aus diesen Gründen erachte ich es als falsch, bei Vorentscheidsgesuchen grundsätzlich keine Aussteckung zu verlangen.

D. Ausschreibung

714 Grundsätzlich sind alle Pläne für bewilligungsbedürftige bauliche und bewerbsmässige Änderungen und weitere Transformationen in dem oder den amtlichen Publikationsorganen mit Angabe des Ortes und der Zeit der Auflage sowie der Konsequenzen eines Stillschweigens (insbesondere der Verwirkung der Rechtsmittelmöglichkeit) auszuschreiben und zur Einsichtnahme bereitzuhalten[44, 45, 46]. Wo eine Aussteckung nötig ist (Rz 713), soll die Ausschreibung erst nach Vorhandensein der Aussteckung erfolgen. Wo eine Behörde erst infolge der Einwendungen von Nachbarn auf einen Rechtsmangel stösst, ist die Bereitschaft, selbst eine noch nicht versandte, aber schon beschlossene Baubewilligung zu widerrufen, oft gleich null. Der Entscheid der Baubehörde über Bewilligung oder Verweigerung sollte deshalb erst nach der (Aussteckung und) Ausschreibung sowie nach Ablauf der Ausschreibungsfrist gefällt werden. Die Behörden vereiteln den Zweck der Ausschreibung und beschneiden den Anspruch auf rechtliches Gehör des Nachbarn, wenn sie in einer anderen Reihenfolge vorgehen[47]. Das gilt auch für Änderungen.

V. Allgemeine normative Bemerkungen

A. Praktische Folgen zu enger oder zu weiter Festlegung der Bewilligungsbedürftigkeit

715 1. Wenn die Bewilligungsbedürftigkeit (neben Neubauten) nur für Umbauten sowie Auf- und Anbauten gilt und dies von den Baubehörden weitgehend als zu locker angesehen wird, ist die Folge davon, dass oft bauliche Änderungen, welche im Sinne von Rz 177 nur zu den grösseren Renovationen gehören, als Umbauten deklariert werden und damit unter die Bewilligungsbedürftigkeit fallen. Wenn jedoch umgekehrt die Bewilligungsbedürftigkeit auch schon für grössere Renovationen gilt und dies von den Baubehörden (mit den Bauaktiven) weitgehend als zu streng angesehen wird, dann ist die Folge davon, dass oft bauliche Änderungen, welche eigentlich zu den grösseren Renovationen gehören, als bloss kleinere Renovation deklariert werden und so aus der Bewilligungsbedürftigkeit herausfallen.

---

[44] Christian Mäder, S. 133 ff.
[45] Im Kanton Zürich sind die in den in FN 42 genannten baulichen Vorkehrungen nicht auszuschreiben (Bauverfahrensverordnung § 13 II).
[46] Entscheid der Baurekurskommission I in: ZH-BEZ 1995 Nr. 8 (Einrichtung eines Gassenhotels für Drogenabhängige als «Pension» am Steinwiesplatz in Zürich-Hottingen): Bei «Nutzungsänderungen kommt der aussagekräftigen Umschreibung des Vorhabens in der Publikation besondere Bedeutung zu, weil es hier zu keiner Aussteckung kommt». (Rz 2545).
[47] Im BGE 120 Ib 379, 383 (Ciba-Geigy AG, Basel, betr. bauliche Innenumbauten für die gentechnische Produktion des Medikamentes Hirundin) stand ein Fall zur Beurteilung, in welchem nicht nur die Baubewilligung erteilt worden war, bevor eine Ausschreibung stattgefunden hatte, sondern eine solche war überhaupt nicht vorgesehen. Das Bundesgericht hiess die dagegen gerichtete Verwaltungsgerichtsbeschwerde wegen Verletzung des rechtlichen Gehörs gut.

2. Das ist ein Beispiel dafür, wie Tatbestand und Rechtsfolge nicht zwei getrennte 716
Welten sind, sondern in ihrem Verständnis inhaltlich voneinander abhängen[48]. Der Geltungsbereich der Bewilligungsbedürftigkeit, wie er in Rz 688 ff und 704 ff bejaht wird, dürfte wohl einem vertretbaren Mittelweg der Strenge entsprechen. Er gilt m.E. auch dort, wo bezüglich der Bewilligungsbedürftigkeit normative Unklarheit infolge Regelungsunbestimmtheit, Ermessensoffenheit, echten Lücken und Regelungskollisionen im Sinne von Rz 4160 f herrscht. Mit der Besitzstandsgarantie hat dies alles nichts zu tun (Rz 4422 f).

B. Zu den Möglichkeiten der Ausweitung der Bewilligungsbedürftigkeit

1. Es kommt im postfiniten Baurecht verhältnismässig oft vor, dass für eine bestimmte 717
Art von baulichen Änderungen die Bewilligungsbedürftigkeit so statuiert ist, dass sprachlich gesehen Zweifel bestehen, ob diese auch noch weitere Transformationsarten umfasst. Öfters werden nur gerade Neu- und Umbauten für bewilligungsbedürftig erklärt. Wie steht es dann mit der Bewilligungsbedürftigkeit des Auf-, An- und Subbaues sowie der Umgestaltung, des Wiederbaues und des Anschlussbaues? Man darf wohl sagen: Bei einem solchen Schweigen des geschriebenen Rechtes gilt im Allgemeinen diejenige Regelung, welcher in Rz 688–703 der Vorzug gegeben wird, wenn keine abweichende Praxis herrscht[49].

2. Des Öfteren gelangt in einem Gesetz oder einer Verordnung textlich nur zum Ausdruck, 718
dass für Neubauten und alle oder gewisse baulichen Änderungen Bewilligungsbedürftigkeit bestehe; über die Bewilligungsbedürftigkeit der Abbrüche wird jedoch geschwiegen. Hier versagen sowohl die grammatikalische als auch die historische Auslegung. Die Bewilligungsbedürftigkeit kann hier nur bejaht wird, wenn aufgrund einer umfassenden Interessenabwägung eine Lückenfüllung zu ihr führt. Das trifft wohl ausserhalb des Bereiches von Gebäuden mit Bedeutung für das Ortsbild, Gebäuden mit Räumen, an welchen ein erheblicher Mangel herrscht, oder von subventionierten Gebäuden kaum je zu. Der Unterschied zwischen (Hinzu-)Bauen und Abbrechen ist gross.

3. Angenommen, die Bewilligungsbedürftigkeit sei für den Neu-, Um-, Auf- und 719
Anbau statuiert, bezüglich Bewerbsänderungen schweige sich das Gesetz jedoch aus. Sind in einem solchen Fall eingreifende bewerbsmässige Änderungen bewilligungsbedürftig? Hier gilt das zum Abbruch Gesagte ähnlich: Die Bewilligungsbedürftigkeit fehlt wohl weitgehend. Der Unterschied zwischen Bauen und Bewerben und damit auch zwischen dem hierauf bezüglichen Ändern ist gross (vgl. Rz 62 f mit 234 f). Indessen kommen 720
men gewichtige bewerbsmässige Änderungen kaum je ohne erhebliche bauliche Ände-

---

[48] Eine ähnliche Situation besteht im materiellen postfiniten Baurecht auch dort, wo die Regelungen als zu locker bzw. zu streng angesehen werden. (Rz 4325).

[49] BGE 100 Ib 86 ff (Udligenswil/LU, Gewässerschutzfall): Obwohl Umbauten nicht direkt als bewilligungsbedürftig erklärt sind, ist auch hiefür ein Gesuch einzureichen.

rungen vor. Damit verliert dann die Frage nach der Bewilligungsbedürftigkeit bewerbsmässiger Änderungen ihre praktische Bedeutung weitgehend [50, 51].

C. Grundsätzlicher Unterschied zwischen den Voraussetzungen der Bewilligungsbedürftigkeit und solchen materieller Vorschriften

721 In Rz 647 ff kommt nur die Frage zur Sprache, ob eine Transformation von Gebäuden oder Bewerbungen derselben einer Bewilligung bedürfe oder nicht. Ich hebe dies deshalb besonders hervor, weil oft unklar ist, ob einfach gesagt werden wolle, eine bauliche oder bewerbsmässige Änderung oder sonstige Transformation sei verboten, weil hiefür (noch) keine Bewilligung vorliegt, oder ob dabei die Bewilligungsbedürftigkeit gar nicht interessiert und es nur um den Entscheid über Erlaubnis oder Verbot geht. Dieser Vermengung leistet der Irrglaube Vorschub, was materiell geregelt sei, müsse auch bewilligungsbedürftig sein (Rz 655).

---

[50] Im Kanton Zürich ist die Bewilligungsbedürftigkeit unter der Herrschaft des alten Baugesetzes bejaht worden. Rz 2543.
[51] In ZH-RB 1969 Nr. 55 wurde der Passus in einer Bauordnung, wonach der Gemeinderat «neue» gewerbliche und industrielle Betriebe, welche stark stören, in die Industriezone zu «verweisen» hat, auch auf die mietweise Überlassung einer für die Bedürfnisse der Bewohner eines Mehrfamilienhauses bewilligten und erstellten Garage an ein Lastwagenunternehmen angewendet, offenbar ohne dass damit bauliche Vorkehrungen verbunden waren; die Verweigerung und Ausweisung durch die Gemeinde wurde bestätigt.

§ 11 Das postfinite Baurecht und die Beweislastverteilung

I. Problemstellung

A. Der (retrospektive) Beweis

1. a) Wie sich aus den Ausführungen in Rz 392, 403 f ergibt, ist es durchaus möglich, dass die materiellen Regelungen des postfiniten Baurechtes verschiedene Rechtsfolgen vorsehen, je nachdem, ob es sich um Gebäude handelt, welche bei Erstellung noch baurechtgemäss oder damals (schon) baurechtswidrig waren, bzw. um Bewerbungen, welche bei ihrer Aufnahme noch baurechtgemäss oder damals (schon) baurechtswidrig waren. Tendenziell gesehen, erfahren die Baurechtssätze im Laufe der Jahrzehnte eher eine Verschärfung als eine Lockerung[1]. Der Bauaktive hat im Allgemeinen in einem Bewilligungs- oder Vollstreckungsverfahren ein Interesse daran, dass für sein Gebäude, seinen Bewerb ein möglichst früher Beginn angenommen wird; für die eine Verweigerung bzw. einen Abbruch bzw. eine Stillegung anstrebenden Behördenmitglieder und Nachbarn jedoch ist es erwünscht, wenn ein möglichst später Beginn hiefür in Betracht kommt[1a].

Was für die Erstellung eines Gebäudes hier gesagt wird, gilt auch für das Fortbestehenlassen und Ändern sowie sonstiges Transformieren; was für die Aufnahme eines Bewerbes gesagt wird, gilt auch für dessen Weiterausübung und Ändern sowie Transformieren.

b) Die Erstellung eines Gebäudes bzw. die Aufnahme eines Bewerbes wie auch die heute zu beurteilende frühere Änderung liegt zeitlich oft viele Jahre, wenn nicht Jahrzehnte zurück. Archive, wenn überhaupt je vorhanden, sind in der Zwischenzeit oft geräumt worden. Das Wissen um die bei der damaligen Erstellung, Aufnahme oder Änderung geltenden materiellen und formellen Regelungen ist oft gering oder überhaupt nicht mehr vorhanden[2].

2. Bei dieser Ausgangslage kann der Entscheid über Erlaubtheit/Verbotensein/Gebotensein der Konformität/Transformation von Gebäuden bzw. Bewerbungen nur richtig getroffen werden, wenn auch feststeht, wer bei Unbeweisbarkeit, dass zu einem bestimmten Zeitpunkt das Gebäude, der streitige Gebäudeteil bereits erstellt war bzw. der Bewerb, der streitige Bewerbsaspekt bereits aufgenommen worden ist, die Folgen zu tragen hat: der Gebäudeeigentümer, der Bewerbsträger oder aber das Gemeinwesen, der Nachbar? Es stellt sich deshalb im postfiniten Baurecht oft die Frage der Beweislast bezüglich dieser tatsächlichen Seite. Daneben ist die rechtliche Seite zu beachten: Wer hat zu be-

---

[1] Für die Geschosszahl-/Gebäudehöhen-/Gebäudelängen- und Nutzungsziffernmaxima sowie die Abstandsminima ist allerdings in den Siebzigerjahren unter dem Ruf «weniger Staat» und «Verdichtung» eine Wende eingetreten, in dem seither vielerorts Maxima hinauf- und Minima heruntergesetzt werden. Bei den globalen Änderungsregelungen (Rz 801 f) ist unabhängig davon mancherorts seit Beginn des 20. Jahrhunderts eine Lockerung auf die andere erfolgt, weil der Gesetzgeber anfänglich in Strapazierung des Rechtsgleichheitsgebotes übermarcht hat und sich zu einem immer grösseren Nachgeben veranlasst sah (Rz 986).

[1a] Anschaulich ist der BGE vom 26. Februar 1999 (in: ZBl 2000 S. 431 ff, Finsterwald/LU, betr. Hochmoor).

weisen, welche materiellen und formellen Regelungen in jenem Zeitpunkt x gegolten haben?

725 Im Zivilprozessrecht werden solche Fragen mit der Beweislastverteilung nach ZGB Art. 8 beantwortet, sofern das ZGB oder OR nicht selbst anderswo Beweislastverteilungen vornimmt oder die Offizialmaxime gilt: Die Beweislast obliegt demjenigen, welcher aus einer Tatsache Rechte ableitet (Verhandlungsmaxime). Die Beweislast trifft im Zivilrecht grundsätzlich immer Private, entweder den privaten Kläger oder den privaten Beklagten. Im Verwaltungsrecht, insbesondere im öffentlichrechtlichen Baurecht, stehen sich jedoch meistens ein Privater, nämlich der Bauaktive allein oder dieser und ein Nachbar, und – in beiden Fällen – eine Behörde gegenüber. Zudem gilt grundsätzlich nicht die Verhandlungsmaxime, sondern der Untersuchungsgrundsatz, ergänzt durch die Mitwirkungspflichten und -rechte des Gesuchstellers. Die Ausgangslage ist deshalb nicht identisch[3].

B. Der prospektive «Beweis», die Wahrscheinlichmachung

726 Beweisen im eigentlichen Sinn des Wortes lässt sich nur etwas, das zur Zeit des Beweises in der Vergangenheit liegt (retrospektiv). Verschiedentlich gilt jedoch im Baurecht eine unterschiedliche Rechtsfolge, je nachdem, ob der Bauaktive in Zukunft ein bestimmtes Verhalten an den Tag legen wird oder nicht. Ob er dies tut, lässt sich niemals beweisen, es kann höchstens wahrscheinlich gemacht werden. Als Beispiele seien erwähnt:

> Das Gesuch um Änderung eines Gebäudes hat nur Chancen, bewilligt zu werden, wenn wahrscheinlich gemacht werden kann,
> a) dass die Immissionen aus der geänderten Ausübung die Nachbarschaft nicht über eine bestimmte Limite hinaus stören werden; oder
> b) dass der Gesuchsteller sein Leben vom geänderten Gebäude aus in einer bestimmten Weise gestalten wird, zB
> – dass er nach der Änderung von hier aus in einem gewissen Mindestumfang Landwirtschaft betreiben wird (Rz 3682 f);
> – dass er mit dem nach der Änderung erzielbaren Ergänzungseinkommen einen landwirtschaftlichen oder gartenbaulichen Betrieb langfristig erhalten will und kann[4];
> – dass er das Gebäude nach der Änderung ganzjährig (nicht bloss ferienhalber) bewohnen wird[5];
> – dass er das Gebäude zu dem von ihm angegebenen Zweck auch tatsächlich bewerben wird, obwohl dies das Gebäude von seiner Struktur her nicht nahelegt (zB wegen dessen nach allgemeiner Auffassung geringen Eignung) oder

---

[2] Im Kanton Zürich findet man allerdings im Kommentar von Hans Maag und Jakob Müller von 1907 zum alten Baugesetz noch viele Hinweise.
[3] ZH-VRG § 60. Max Imboden/René A. Rhinow, Band I, Nr. 88 B (S. 549 f) und insbesondere René A. Rhinow/Beat Krähenmann, Band II, Nr. 88 (S. 297 f). Alfred Kölz/Isabelle Häner, N. 112 f.
[4] RPG 1998 Art. 24 b; Rz 3822 f.
[5] RPG-Verordnung Art. 24 I a; Rz 3264.

– dass der Aufwand für das vom Bauaktiven gewollte (Neubau-)Vorhaben auf die Dauer gesehen unverhältnismässig weniger belastet als das vom Gemeinwesen gewollte (Renovation/Sanierung)[6].

Im Fall a) kann die Wahrscheinlichmachung durch Vergleiche mit ähnlichen, andernorts bereits bestehenden Betrieben, gestützt auf Erfahrungswerte usw. erfolgen.

In den anderen Fällen ist man auf das bisherige Verhalten des Gesuchstellers (zB dessen Berufsausbildung, bisherigen Beruf, Stand der unumgänglichen Vorbereitungen für die Verwirklichung des angegebenen Zieles), wirtschaftliche Prognosen, eindeutige Versprechungen vor allem in schriftvertraglicher Form usw. verwiesen. Sodann kann versucht werden, ein Abweichen von diesen Versprechungen durch Statuierung dagegen gerichteter Nebenbestimmungen in der Baubewilligung und/oder die Anmerkung öffentlichrechtlicher Eigentumsbeschränkungen im Grundbuch (Reverse) zu verhindern. Wie weit auch zu kautions- oder konventionalstrafenähnlichen Regelungen gegriffen werden kann, hängt davon ab, ob hiefür eine ausreichende gesetzliche Grundlage vorhanden ist.

II. Zur Beweislastverteilung

A. Ausgangslage

1. a) Spontan wird man davon ausgehen, dass die Beweislast dafür, dass ein Gebäude vor einem bestimmten Zeitpunkt erstellt oder geändert worden ist bzw. dass ein Bewerb vor einem bestimmten Zeitpunkt aufgenommen oder geändert worden ist, dem Gebäudeeigentümer bzw. dem Bewerbsträger, meistens also dem Bauaktiven obliegt. Er sollte sein Gebäude bzw. seinen Bewerb besser kennen als die Behörde. Geht man dieser Annahme jedoch näher auf den Grund, so ist die Situation komplizierter.

727

b) α) Im Baurecht dürfte das von Peter Sutter bearbeitete «Angreiferprinzip» etwas weiterhelfen[7]. Hiernach hat diejenige Partei den Beweis zu erbringen, «die einen neuen rechtlichen Status anstrebt, (nicht diejenige) Partei, die am aktuellen Besitzstand festhalten möchte». Peter Sutter begründet dies damit, dass ein falsches Urteil eher in Kauf zu nehmen ist, welches sich gegen die erstgenannte Partei auswirkt, weil sie infolge Misslingens

728

---

[6] ZH-Verwaltungsgerichtsentscheid vom 27. September 1996 (ZH-BEZ 1996 Nr. 23): Die evangelisch-reformierte Kirchgemeinde Schwerzenbach wollte aus «rein finanziellen Gründen» ein im 18. Jahrhundert als Bohlenständerbau erstelltes Ackerbauernhaus abbrechen, um einen Neubau für kirchliche Zwecke zu schaffen. Das Verwaltungsgericht bestätigte die auf Rekurs der Zürcher Heimatschutzvereinigung hin ausgesprochene Aufhebung der Baubewilligung durch die Baurekurskommission III unter anderem deshalb, weil die Bauaktive trotz «Aufforderung» kein «Raumprogramm für die geplanten kirchlichen Bauten» eingereicht hatte und «andere überwiegende öffentliche Interessen ... nicht substanziert dargetan» wurden. Es ging hier um einen Fall von PBG § 204 I (Rz 1843 f). Auch PBG § 228 (Rz 1899) wurde erwähnt.
[7] Peter Sutter, Die Beweislastregeln unter besonderer Berücksichtigung des verwaltungsrechtlichen Streitverfahrens, Zürich 1988, S. 149 ff. Siehe auch: Alfred Kölz, Prozessmaximen im schweizerischen Verwaltungsrecht, Zürich 1974, S. 93 ff; er stellt darauf ab, wer (mehr) Interesse an der Feststellung besitze. Ferner: Alfred Bühler, Von der Beweislast im Bauprozess, in: Aktuelle Probleme des privaten und öffentlichen Baurechts, St. Gallen 1994.

des Beweises, dass sie einen Anspruch auf die Herbeiführung des neuen rechtlichen Status besitzt, diesen nicht herbeiführen kann, als wenn sich das falsche Urteil gegen die zweitgenannte Partei auswirkt, weil diese infolge Misslingen des Beweises, dass die erstgenannte Partei den neuen Status nicht herbeiführen darf, einen solchen hinnehmen müsste. Peter Sutter sagt dies im Hinblick auf die Bewilligungsverfahren in den besonders häufigen Fällen der Umwandlung von (früherem) Wohnen in Bürobetrieb[8].

729 β) Die Anwendung des so formulierten Angreiferprinzipes ist dort nicht von vorneherein klar, wo es nicht um die Beantwortung der Frage geht, ob eine jetzt existierende Situation in eine bisher nicht vorhanden gewesene geändert werden dürfe, sondern um diejenige, ob die jetzt existierende Situation zB durch Abbruch/Bewerbsstilllegung rückgängig zu machen sei, weil sie früher eigenmächtig herbeigeführt worden ist[9, 10]. Angenommen, die Voraussetzungen für einen Abbruch-/Bewerbstillegungsbefehl seien an sich materiell erfüllt, wenn das (zuvor eigenmächtig abgebrochene) Gebäude sich in einem guten Zustand befunden hat, jedoch von Dritten stark beschädigt worden ist, nicht aber, wenn jenes baufällig war bzw. wenn die Bewerbsänderung nach einem bestimmten Datum erfolgt ist, nicht aber, wenn diese vorher geschehen ist. Hier obliegt die Beweislast für den Zustand des abgebrochenen Gebäudes bzw. für den Zeitpunkt der Bewerbsänderung beim Gebäudeeigentümer bzw. Bewerbsträger, obwohl diesem heute nichts willkommener wäre, als den jetzigen Zustand beizubehalten. Es kommt für die Beweislastverteilung eben nicht nur auf den jetzigen faktischen Zustand, sondern darauf an, welches der «vorbestandene formell bewilligte oder zumindest materiell bewilligungsfähige Zustand» sei bzw. ob noch zu einer Zeit das Gebäude erstellt bzw. der Bewerb aufgenommen worden ist, als weder Bewilligungsbedürftigkeit noch entgegenstehende materielle Regelungen galten. Insoweit gilt: «Misslingt der Nachweis, so ist zum Nachteil des Bauwilligen vom Nichtbestand einer solchen Nutzung auszugehen.»[11]

---

[8] Dieser Argumentation schloss sich das ZH-Verwaltungsgericht in RB 1990 Nr. 89 an.
[9] Nach der Praxis zum 1998 aufgehobenen ZH-Wohnerhaltungsgesetz (Rz 3118 f) fiel in der Stadt Zürich die Änderung von Wohnungen in Büroräume, wenn die früheren Wohnungen schon vor dem 1. Oktober 1978 als Büros beworben worden waren, nicht unter dessen strenge Anforderungen. An sich wäre zwar die Auffassung vertretbar gewesen, die Änderung ganzer Wohnungen in Büros sei schon vorher als eine eingreifende bewerbsmässige Änderung bewilligungsbedürftig gewesen. Hierum kümmerten sich aber nur die wenigsten und behördlicherseits wurde lange nicht auf die Einholung von Bewilligungen gepocht, bis es um das Jahr 1992 herum zu einem politischen Stimmungsumschwung kam. Wo der Wechsel vom Wohn- zum Bürobewerb ohne Bewilligung geschah, fehlten später dem Eigentümer oft Unterlagen, um dessen genauen Zeitpunkt zu beweisen. Die Folge davon war, dass Büros oft nach Jahren zum Wohnbewerb rückverwandelt werden mussten. Die Verwirkungsfrist für das behördliche Einschreiten von grundsätzlich 30 Jahren (BGE 105 Ib 265 E. 6c, Untersiggenthal/AG, betr. Wald; BGE 107 Ia 121 E. 1b und c, Zürich-Seefeld; ZH-BEZ 1986 Nr. 21; ZH-BEZ 1998 Nr. 3) kam dabei noch nicht zum Zug. Rz 740.
[10] ZH-BEZ 1996 Nr. 5 (Entscheid des Regierungsrates in: RRB Nr. 1294/1995). Hier hatte in einer Landwirtschaftszone mit Moorlandschaftscharakter der Eigentümer eigenmächtig ein «altes Häuschen» abgebrochen und durch ein neues Gartengerätehaus ersetzt. Er behauptete, das «alte Häuschen» habe sich in einem guten Zustand befunden, Dritte hätten es aber vollumfänglich zerstört; er konnte Ersteres aber nicht beweisen. Der Regierungsrat verlangte den Abbruch des neuen Gebäudes. Damit war die Anwendbarkeit von PBG § 307 und RPG Art. 24 II (Fassung von 1979) betreffend Wiederaufbau eines durch Dritte zerstörten Gebäudes indirekt verneint. Rz 2454 f und 3931 f.
[11] ZH-Verwaltungsgerichtsentscheid vom 11. Mai 1994 (VB 94/0044 und 94/0046, nicht publiziert): Für das Attikageschoss eines der Wohnanteilverpflichtung unterstellten Gebäudes war umstritten,

2. Dafür jedoch, welche materiellen und formellen Regelungen im massgeblichen 730
Zeitpunkt gegolten haben, sollte die Beweislast, entsprechend dem Grundsatz, dass das
Gesetz den Behörden bekannt sein muss (iura novit curia), m.E. der Behörde obliegen.

B. Besondere Beweislastverteilungen

1. Das ZH-Verwaltungsgericht erklärte in einem Entscheid vom 23. Oktober 1964 731
(ZBl 1965 S. 176, 179), ob ein angebotener Beweis abzunehmen sei, entscheide sich
nach den Regeln des rechtlichen Gehörs. Ferner werden mit der Bemerkung, die Aktenlage sei für die Entscheidbildung klar genug, Begehren um Durchführung eines Augenscheins meistens abgelehnt; dabei gehen die Gerichte oft etwas gar schnell über den Umstand hinweg, dass gerade in Baurechtsfällen eine Besichtigung an Ort und Stelle häufig aussagekräftiger ist als noch so gute Fotos, Pläne und Skizzen[12].

2. Als Aufforderung zu einer bestimmten Beweislastverteilung wird bisweilen – aller- 732
dings zu Unrecht – die Besitzstands-, Bestandesgarantie aufgefasst. Rz 4477 f.

---

seit wann hier statt gewohnt Schule gehalten wurde. Das Verwaltungsgericht erklärte den «Bauherrn» bezüglich des Stichdatums vom 1. Oktober 1978 beweispflichtig. Entscheid des ZH-Verwaltungsgerichtes vom 29. Januar 1998 (ZH-BEZ 1998 Nr. 2/3): Aus einem früheren Gartenhaus wurde zeitlich unbeweisbar und von aussen nicht ohne weiteres erkennbar ein «Gästehaus» (mit zeitweiliger Wohnnutzung); das Verwaltungsgericht bestätigte den Einstellbefehl der Gemeinde, weil der Bauaktive keinen schlüssigen Beweis dafür erbrachte, dass das Gebäude schon vor dem Inkrafttreten des Gewässsserschutzgesetzes bewohnt wurde.

[12] Die Sachbearbeiter der Rekursinstanzen sehen sich denn auch oft «inoffiziell» den Ort des streitigen Vorhabens an, arbeitsökonomisch vernünftig, rechtsstaatlich aber problematisch. Ich habe in meiner 28-jährigen Tätigkeit als Bauanwalt nie einen Bauprozess geführt, ohne mir zuvor die Örtlichkeit anzusehen. M.E. wäre ich meiner anwaltlichen Sorgfaltspflicht nicht nachgekommen, wenn ich dies unterlassen hätte.

§ 12 Zur Vollstreckung im postfiniten Baurecht

I. Allgemeines

A. Ausgangslage

733 Die Vollstreckungsfrage ist bezüglich der folgenden vier Tatbestände Gegenstand des postfiniten Baurechtes:

1. Zu einem von der Baubehörde formell abgenommenen oder als anerkannt zu betrachtenden Gebäude bzw. zu einem solchen Bewerb ist nachträglich etwas hinzugebaut bzw. hinzubeworben worden, was verboten ist; insoweit soll es vollstreckungsweise zu einem Abbruch- bzw. Stilllegungsbefehl kommen.
2. Zu einem ebensolchen Gebäude bzw. Bewerb wird etwas nicht hinzugebaut bzw. nicht hinzubeworben, dessen Vorhandensein infolge einer verschärften Praxis[1] oder einer Gesetzesrevision oder einer Umstrukturierung des Umfeldes (Rz 425 f) oder einer Auflage in der Baubewilligung[2] jetzt geboten ist; insoweit soll es vollstreckungsweise zu einem Hinzubau- bzw. Hinzubewerbsbefehl kommen.
3. Ein ebensolches Gebäude bzw. ein ebensolcher Bewerb ist ganz oder zum Teil abgebrochen bzw. stillgelegt worden, das Vorhandensein des Abgebrochenen bzw. Stillgelegten ist jedoch geboten; insoweit soll es vollstreckungsweise zu einem (Wieder-)Hinzubau- bzw. Hinzubewerbsbefehl kommen.
4. Es ist in Abweichung von der erteilten Baubewilligung etwas hinzugebaut bzw. hinzubeworben worden, das verboten ist; insoweit soll es zu einem Abbruch- bzw. Stilllegungsbefehl kommen[3].

Ich beschränke mich nachfolgend auf die sich in diesen Vollstreckungsfällen im Besonderen stellenden Fragen.

B. Zu den sechs Etappen der Vollstreckung

734 Bei der Vollstreckung im postfiniten Baurecht ist praktisch an die gleichen sechs Etappen zu denken wie im präfiniten Baurecht[4]. Es sind dies: die Mahnung, der Vollstreckungsbe-

---

[1] ZB weil erst in den Achtzigerjahren die Gesundheitsschädlichkeit von Spritzaspeskt erkannt worden ist.
[2] Bauabnahmen erfolgen allerdings meistens erst, wenn alle Bedingungen und Auflagen der Baubewilligung erfüllt sind.
[3] Das Geschehen vor einer behördlichen Abnahme der bewilligten oder nicht bewilligten erstmaligen Erstellung eines Gebäudes bzw. des als Anerkennung zu betrachtenden Umstandes zähle ich an sich noch zum präfiniten Baurecht. Wo jedoch nach erteilter Baubewilligung, aber noch vor der behördlichen Abnahme, in Abweichung von Ersterer gebaut wird, ohne dass eine neue Bewilligung vorliegt, kann man auch einen Fall des postfiniten Baurechtes sehen.
[4] Zur Vollstreckung allgemein: Ulrich Zimmerli, Abbruchverfügung, S. 69 f; Ulrich Häfelin/Georg Müller, N. 913 ff; Urs Beeler, Die widerrechtliche Baute, Zürich 1984, insbesondere S. 65 f, 75 f, 88 f, 94 f; Magdalena Ruoss Fierz, S. 1 ff. Aus normlogischer Sicht: Georg H. von Wright, Norm und Handlung, S. 122 f.

fehl[5], die Ersatzvornahme[6], die Realakte (hier vor allem Abbrechen und Hinzubauen), der Rechtsentzug[7] und die Bestrafung[8].

Besonderheiten in postfiniter Beziehung liegen beim Vollstreckungsbefehl insoweit vor, als hier nicht immer angeordnet werden kann, ein Gebäude sei gesamthaft abzubrechen bzw. ein Bewerb gesamthaft stillzulegen, sondern es hat bisweilen nur ein teilweiser Abbruch bzw. eine teilweise Stilllegung zu erfolgen. In diesem Fall muss aus dem Befehl entnommen werden können, gegen welche Teile der Abbruch- bzw. Stilllegungsbefehl gerichtet ist und gegen welche nicht.

C. Zu den Vorkommnissen

Die Vollstreckung, an welche im Allgemeinen im Bauwesen vorweg gedacht wird, bezieht sich auf die eigenmächtige, erstmalige Erstellung von Gebäuden bzw. auf die eigenmächtige, erstmalige Ausübung von Bewerbungen, wo bisher noch kein Gebäude stand bzw. noch kein (derartiger) Bewerb ausgeübt wurde. In der Praxis handelt es sich hier zwar meistens nur um die erstmalige Erstellung von Gebäuden kleinerer Art, wie zB Geräte- und Werkstattschuppen, Kleingaragen, Wochendhäuschen usw., und dies meistens in abgelegenen Ortsteilen, etwa an Waldrändern oder Seeufern. Dass es auch gegenüber einem über die Aushebung der Baugrube hinaus gehenden Neubau von Gebäuden grösserer Art zu Vollstreckungsakten kommt, ist sehr selten; denn solche Vorkehren werden meistens gerade von Anfang an von der Baubehörde entweder von sich aus oder auf Anzeige von Nachbarn hin erkannt und abgestoppt. Demgegenüber kommt es zu sehr vielen Fällen eines eigenmächtigen Hinzubauens bzw. Hinzubewerbens in bestehenden Gebäuden, besonders in Dach- und Untergeschossen oder Subalterngebäuden (Ställen, Schuppen, Garagen usw.). 735

II. Zum Verhältnis zu den allgemeinen Rechtsgrundsätzen

Wie bei allen Akten des Gemeinwesens sind auch bei der Vollstreckung die allgemeinen Rechtsgrundsätze zu beachten. Bei der Vollstreckung besitzen folgende allgemeine Rechtsgrundsätze jedoch eine besondere Bedeutung: 736

---

[5] Bezüglich Adressat bei Vorhandensein von Verhaltens- und Zustandsstörern (Rz 443): BGE 107 Ia 19 f (Küssnacht a.R./SZ, betr. Aufhebung von Räumen im Dachgeschoss). Zur Fristsetzung: BGE vom 13. Dezember 1994 (BR 1996 S. 22 Nr. 54, Abbruch von Stall). Zur Kostentragung und Pfandnahme: BGE 100 Ia 348 (Menzingen/ZG, betr. Lagerhalle).
[6] Allgemein: BGE vom 23. Juni 1997 (Kanton Schwyz, betr. Quartierstrassenunterhalt, in: ZBl 1998 S. 138 f).
[7] Hier vor allem Ausweisung (vgl. BE-Verwaltungsgerichtsentscheide vom 22. April 1968 [ZBl 1969 S. 54] und 29. Juni 1970 [ZBl 1971 S. 286]) und Konfiskation.
[8] BGE vom 26. Oktober 1977 (Davos/GR, in: ZBl 1978 S. 66). Rz 444 mit FN 47 und 1010 mit FN 10. Siehe auch ZH-RB 1999 Nr. 126 und ZH-Verwaltungsgerichtsentscheid vom 6. Juli 2000 (in: BEZ 2000 Nr. 41).

A. Das Gebot des öffentlichen Interesses (Rz 935 f)

737 Gegenüber Vollstreckungsakten wird oft der Einwand erhoben, am Abbruch bzw. an der Stilllegung bestehe überhaupt kein öffentliches Interesse, die Abweichung vom Gesetz sei hiefür zu gering, betreffe keine wichtige Regelung.

Kasuistik:
BGE 91 I 97 (Wattwil/SG, betr. Balkon), BGE 98 Ia 271 (Péry/VD), BGE vom 6. Februar 1974 (Menzingen/ZG, betr. Lagerhalle, in: ZBl 1974 S. 257, vgl. auch redaktionelle Bemerkung von Hans Peter Moser), BGE 104 IB 301 (Wald/ZH, betr. aus Scheune wird Ferienhaus), BGE vom 15. März 1978 (Gemeinde X./ZH, in: ZBl 1978 S. 393 f), BGE 108 Ia 216 f (Affoltern a.A./ZH, betr. Anbau), BGE 111 Ib 213, 221 (Gontenschwil/AG), BGE vom 19. Juni 1996 (Gemeinde Z./GL, in: ZBl 1997 S. 364), ZH-RB 1973 Nr. 70, Entscheid des ZH-Verwaltungsgerichtes vom 12. Juni 1987 (Bachs/ZH, in: BEZ 1987 Nr. 22 und ZBl 1988 S. 261), Entscheide des BE-Verwaltungsgerichtes vom 22. April 1968 (Räumung von Wohnung voller Gerümpel, in: ZBl 1969 S. 54) und vom 4. April 1996 (BR 1997 S. 91 Nr. 224). ZH-RB 1999 Nr. 126.

B. Der Grundsatz der Gesetzmässigkeit (Rz 942 f)

738 Gegenüber Vollstreckungsakten wird bisweilen der Einwand erhoben, es fehle an einer ausreichenden gesetzlichen Grundlage, um den Abbruch von so viel Gebäudeteilen bzw. die Stilllegung von so viel Bewerb zeitlich so kurzfristig zu verlangen.

Kasuistik:
Weitgehende Selbstverständlichkeit des Vorhandenseins: BGE 100 Ia 343 (Pazzallo/TI, betr. Abbruchbefehl gegen Aufstockung eines Schopfes/Waschhauses).

C. Das Gebot der Rechtsgleichheit (Rz 986 f)

738a Gegenüber Vollstreckungsakten wird oft der Einwand erhoben, in manchen oder gar vielen anderen Gebäuden werde gegen ähnliches Hinzugebautes bzw. Hinzubeworbenes nicht eingeschritten.

Kasuistik:
BGE 99 I 377, 381 (Volketswil/ZH, betr. Reklametafel), BGE 108 Ia 212 (Gais/AR, kein Vollstreckungsfall). BGE vom 26. Februar 1999 (in: ZBl 2000, S. 437, Finsterwald/LU, betr. Hochmoor): Das Bundesgericht ist nicht an die bundesrechtswidrige Praxis der Kantone gebunden. Vgl. auch: Andreas Auer, L'égalité dans l'inégalité, in: ZBl 1978 S. 281 f.

D. Das Gebot der Verhältnismässigkeit (Rz 1008)

739 Gegenüber Vollstreckungsakten wird oft der Einwand erhoben, es sei unverhältnismässig, zu verlangen, dass so viel abgebrochen bzw. stillgelegt werde.

Kasuistik:
- bezüglich Wichtigkeit der verletzten Regelung und Massivität der Verletzung. Siehe hiezu auch Rz 395 f. Vgl. die Kritik an diesem Gesichtspunkt von Ulrich Zimmerli, Verhältnismässigkeit, S. 106, und Einwände hiegegen im Entscheid des AG-Verwaltungsgericht vom 27. Oktober 1980 (ZBl 1981 S. 32–34, betr. eindeutig rechtswidrigen Lagerplatz für Kunststoffe). Dettlev Dicke, S. 26: «Wenn ... bei einer Höhe von 10,0 m eine Baute mit einer Höhe von 10,03 m errichtet wird, kommt eine Abbruchverfügung nicht in Betracht.»;
- bezüglich fehlender Baubewilligung als einzigem Mangel: rechtfertigt als solcher noch nicht einen Abbruchbefehl (Geschäftsbericht des ZH-Regierungsrates 1957, grundsätzlicher Entscheid Nr. 22). Detlev Dicke, S. 26: «Bei einer formell rechtswidrigen Baute ist eine Abbruchverfügung nur dann unzulässig, wenn die Baute genehmigt werden müsste, nicht aber, wenn sie nur genehmigt werden könnte. Durch wie auch immer geartete Investitionen darf der Bürger die Ermessenskontrolle nicht umstürzen.» Vgl. die redaktionelle Note von Hans Peter Moser zu einem BGE vom 6. Februar 1974 (Menzingen/ZG, betr. Lagerhalle, in: ZBl 1974 S. 257);
- bezüglich Übermassverbot und zumutbare Höhe der wirtschaftlichen Einbusse: Entscheid des ZH-Verwaltungsgerichtes vom 1. April 1965 (Küsnacht/ZH, in: ZBl 1966 S. 226 f); BGE 99 Ia 113 (Grüningen/ZH, Rz 1010 mit FN 6); BGE 101 Ib 313, 315 (Schweiz. Bund für Naturschutz c. X. und GR-Regierungsrat); Entscheid des ZH-Regierungsrates vom 23. Januar 1974 (Gemeinde B./ZH, in: ZBl 1974 S. 349); BGE vom 26. März 1975 (Menzingen/ZG, in: ZBl 1975 S. 515, 520, Rz 1010 mit FN 5); BGE 108 Ia 216 ff (Affoltern a.A./ZH); BGE 111 Ib 213, 225 (Gontenschwil/AG); BGE vom 2. September 1996 (X. c.Y., in: BR 1997 S. 91); ZH-RB 1999 Nr. 125; ZH-Verwaltungsgerichtsentscheid vom 6. Juli 2000 (in: BEZ 2000 Nr. 41). Im BGE vom 9. Mai 1979 (ZBl 1980 S. 70 f, FN 25 in Rz 1034) wurde bezüglich eines eigenmächtig erstellten Anbaues an eine Autoreparaturwerkstätte in der Stadt Zürich dem Abbruchbegehren einer Nachbarin einstweilen nicht stattgegeben, weil damit die wirtschaftliche Existenz des Betroffenen in Frage gestellt worden wäre, die Baute schon lange stand, die Nachbarin einstweilen nicht selbst neu bauen wollte und damit durch das Fortbestehenlassen vorderhand keine grosse Beeinträchtigung erlitt; es wurde jedoch auf den Zeitpunkt hin, da der Träger der Garage wechselt oder die Nachbarin bauen will, der Abbruch als verlangbar erklärt.
- bezüglich rechtliches Gehör: BGE vom 26. Januar 1977 (Laret/GR, betr. Beseitigung der Ruine eines durch eine Lawine zerstörten Ferienhauses, in: ZBl 1977 S. 319 f);
- bezüglich Mitwirkung des Pflichtigen (Austauschbefugnis): BGE 107 Ia 19, 27 (Küssnacht a.R./SZ); BGE 108 Ia 216 (Affoltern a.A./ZH). Vgl. Ulrich Zimmerli, Verhältnismässigkeit, S. 86;
- bezüglich Rechtslockerung statt Vollstreckung: ZH-RB 1963 Nr. 109 (Ausnahmebewilligung); ZH-RRB vom 23. Januar 1974 (Gemeinde B./ZH, Zonenrevision, in: ZBl 1974 S. 348); BGE 102 Ib 69 (Blatten/VS); BGE vom 1. Februar 1978 (Grüningen/ZH, betr. Heusilo, Ausnahmebewilligung, erwähnt in: RB 1977 Nr. 15); ZG-Regierungsratsentscheid vom 18. November 1969 (Zug, Baulinienverschiebung, in: ZBl 1970 S. 490 f);

- bezüglich Schwierigkeiten bei Vollstreckung zur Rückgängigmachung der Verletzung eines Abbruchverbotes, Verzicht auf Wiederherstellung bei Kompensationsleistung siehe Peter Hänni, Hotel Alpina, S. 82. Urteil des BE-Verwaltungsgerichtes vom 18. Mai 1996 (BVR 1997 S. 97; Bericht hiezu in BR 1999 Heft 1 Nr. 30). Ferner: Entscheid des ZH-Verwaltungsgerichtes vom 11. Juni 1991 (Stadt Zürich, betr. Stadtmauer- und Predigerchorreste; ZBl 1991 S. 495 f; Rz 1857);
- bezüglich Bösgläubigkeit: frühere Praxis: BGE 98 I 271 (Péry/VD); BGE 100 Ia 343, 347 (Pazzallo/TI, betr. Aufstockung Schopf/Waschhaus); BGE vom 26. März 1975 (Menzingen/ZG, Stall wurde Wochenendhaus, Rz 1039 mit FN 25, in: ZBl 1975 S. 515, 520); neue Praxis: BGE 101 Ib 313, 317 (Rodung/GR); BGE vom 15. März 1978 (X./ZH, in: ZBl 1978 S. 393 f mit redaktioneller Note von Hans Peter Moser); BGE 108 Ia 216 f (Affoltern a.A./ZH, betr. Anbau); BGE 111 Ib 23, 221 (Gontenschwil/AG, betr. primärer Neubau). BGE vom 22. Juni 1999 (Abbruch, weil ohne Abstand mehr als 0,5 m über den Boden hinaus, in: PBG aktuell 1999 Heft 4 S. 26). Vgl. Referat von Katharina Sameli zu Treu und Glauben im öffentlichen Recht am Schweiz. Juristentag 1977 ZSR;
- bezüglich Nachbarinteressen: BGE 108 Ia 216 (Affoltern a.A./ZH, Anbau); BGE 108 Ia 212 f (Gais/AR, betr. primärer Neubau);
- bezüglich zivilrechtlicher Involviertheit: Entscheid der ZH-Baurekurskommission I (Verhältnis zu Mietrecht, in: BEZ 1993 Nr. 12); siehe hiezu: Michèle Hubmann, Die Durchsetzung des Wohnanteilplanes gegenüber mietrechtlichen Erstreckungsverfahren, in: ZBl 1993 S. 298 ff; BGE vom 22. September 1971 (Samaden/GR, betr. Bau auf Land der Bürgergemeinde, in: ZBl 1972 S. 274); ZH-Verwaltungsgerichtsentscheid vom 12. Juni 1987 (fehlende Rückgriffsmöglichkeit, in: ZBl 1988 S. 261).

E. Das Gebot von Treu und Glauben (Rz 1019 f)

740 Gegenüber Vollstreckungsakten wird oft der Einwand erhoben, aufgrund des vorherigen Verhaltens der Leute vom Bauamt habe damit gerechnet werden dürfen, das Hinzugebaute dürfe weiter bestehen bzw. das Hinzubeworbene dürfe weiter ausgeübt werden.

Kasuistik:
- bezüglich voreiliger Äusserungen von Baubehördemitgliedern: BGE 100 Ia 347 (Pazzallo/TI, betr. Aufstockung von Schopf/Waschhaus); BGE vom 6. Februar 1974 (Menzingen/ZG, betr. Lagerhalle, in: ZBl 1974 S. 257, mit kritischer redaktioneller Bemerkung von Hans Peter Moser, Rz 1039 mit FN 25); BGE vom 22. September 1971 (Samaden/GR, in: ZBl 1972 S. 274); BGE vom 14. Februar 1979 (Gemeinde X./TG, betr. Scheune wurde Wochenendhaus, in: ZBl 1979 S. 309); BGE 111 Ib 213, 221 (Gontenschwil/AG, betr. primärer Neubau);
- bezüglich Äusserungen von nicht zur Baubewilligung kompetenten Behörden: ZH-Verwaltungsgerichtsentscheid vom 12. Juni 1987 (betr. Bienenhaus wurde Wochenendhaus, Besteuerung als Letzteres, Rz 1039 mit FN 24, in: BEZ 1987 Nr. 22, ZBl 1988 S. 261); ZH-Verwaltungsgerichtsentscheid vom 29. Januar 1998 (betr. Gartenhaus wurde Gästehaus, Aufforderung durch kantonale Beamte zum Anschluss an Kanalisation, gebäudeversicherungsmässig als Gästehaus behandelt, in: BEZ 1998 Nr. 3);

– bezüglich Einschreiten erst spät, noch vor/erst nach Ablauf von 30 Jahren seit Verstoss: BGE vom 19. Januar 1979 (Elm/GL, in: ZBl 1979 S. 263); BGE 105 Ib 267 (Untersiggenthal AG, forstrechtlich); BGE 107 Ia 121, 124 (Zürich-Seefeld, betr. gebäudeinterne Galerie, auch: ZBl 1982 S. 89 f); ZH-Verwaltungsgerichtsentscheid vom 22. April 1986 (BEZ 1986 Nr. 21); ZH-Verwaltungsgerichtsentscheid vom 29. Januar 1998 (BEZ 1998 Nr. 3 vorerwähnt). Bei Vorliegen eines polizeilichen Missstandes.

F. Das Gebot der Nichtrückwirkung (Rz 1041 f)

Gegenüber Vollstreckungsakten wird bisweilen der Einwand erhoben, es werde der Abbruch bzw. die Stillegung von etwas schon vor Inkrafttreten der strengeren Vorschriften Realisiertem befohlen (was allerdings nicht mehr bewiesen werden könne) oder das künftige Recht sei milder und lasse dieses zu. 741

Kasuistik:
BGE vom 26. März 1975 (Menzingen/ZG, betr. Stall wird Wochenendhaus, Rz 1039 mit FN 25, in: ZBl 1975 S. 518, kritisch hiezu: Hans Peter Moser in einer redaktionellen Note); BGE 102 Ib 69 (Blatten/VS, betr. neue Alphütten); BGE 104 Ib 301, 305 (Wald/ZH, betr. Scheune wurde Ferienhaus); BGE 108 Ia 216 (Affoltern a.A./ZH, betr. Anbau); BGE vom 15. Oktober 1993 (Kienberg/SO, in: ZBl 1994 S. 84, Feldscheune statt «Sanierung» Abbruch mit Wiederbau). Ulrich Zimmerli, Verhältnismässigkeit, S. 105. Anders jedoch Erich Zimmerlin, zeitliche Geltung, S. 447 Ziff. 3. Detlev Dikke, S. 23, verweist auf den römischrechtlichen Spruch «Dolo fecit qui petit quod statim redditurus sit».

III. Zur Anfechtung durch Nachbarn

Hier ist vor allem an den Fall zu denken, dass ein Bauaktiver eine Bewilligung für die Änderung eines Gebäudes erhalten hat, er dann aber so viel abbricht und hinzubaut, dass es nicht mehr um eine Änderung, sondern einen sekundären Neubau, insbesondere eine Umgestaltung geht, die Baubehörde Letztere aber ebenfalls bewilligt. Kann sich der Nachbar, welcher beim ursprünglichen Bauvorhaben geschwiegen hat, nun ins Verfahren einschalten und geltend machen, das neu Bewilligte sei zu verweigern? 742

Ein Entscheid des LU-Verwaltungsgerichtes vom 14. Mai 1994 (gemäss BR 1997 S. 91 Nr. 228) scheint dies zu verneinen. Hier heisst es: «Der Kreis legitimierter Dritter im Verfahren betreffend Wiederherstellung des gesetzlichen Zustandes reicht nicht über den Kreis derjenigen hinaus, die in einem Baubewilligungsverfahren Parteistellung haben können; wer sich in einem solchen nicht ordnungsgemäss als Partei konstituiert hat, obwohl ihm gegenüber sämtliche Parteirechte gewahrt worden sind, kann später nicht die Wiederherstellung durchsetzen.» Diese Stellungnahme ist m.E. zu allgemein.

IV. Zum Erfordernis der Beurteilung durch den Richter

743 Vollstreckung von Geboten und Verboten ist zwar Exekution par excellence und daher auch Aufgabe der Exekutive. Dementsprechend lief bis in die Sechzigerjahre hinein in der Schweiz die Vollstreckung von Abbruch-/Bewerbstilllegungsgeboten bzw. von Hinzubau-/Hinzubewerbgeboten allein über den «Verwaltungsweg». Das ist infolge EMRK Art. 6 Ziff. 1 jetzt anders.

> BGE 117 I a 523 ff (Mies/VD): Dem Bauaktiven war die Bewilligung für den Umbau eines einen ungenügenden Strassenabstand aufweisenden Gebäudes unter Auferlegung eines Mehrwertsreverses erteilt worden; der Bauaktive brach aber grosse Teile ab und erstellte einen Wiederbau, wiederum mit ungenügendem Strassenabstand; die kantonale Exekutive erliess einen Abbruchbefehl, ohne dass ein Gericht darüber zu befinden hatte; die staatsrechtliche Beschwerde hiegegen wurde allein wegen Missachtung von EMRK Art. 6 Ziff. 1 unter Bezugnahme auf den Skärby-Entscheid des Europäischen Menschenrechtsgerichtshofes gutgeheissen.

§ 13 Zum Verhältnis der Global- zu den Sektoralregelungen des postfiniten Baurechtes

1. Im postfiniten Baurecht des Kantons Zürich, aber auch in demjenigen des Bundes und anderer Kantone, gibt es Vorschriften, welche ausdrücklich die Gesamtheit oder doch einen grossen Teil der bei den Gebäuden und Bewerbungen nach der Erstellung bzw. dem Erstbewerb vorkommenden Existenzphasen (Rz 142 f, 289 f), insbesondere die Änderungen regeln wollen; man kann hier von Globalregelungen des postfiniten Baurechtes sprechen. Für die ganze Schweiz – ausserhalb der Bauzonen – gehört heute RPG Art. 24 und 24 c II dazu (allerdings in nicht ganz klarem Umfang), im Kanton Zürich PBG § 357 (Rz 1465 f)[1]. Daneben gibt es aber auch noch – zwar nicht überall, aber doch verbreitet – Vorschriften, welche nur gerade eine besondere nach der Erstellung bzw. dem Erstbewerb vorkommende Existenzphase bezogen auf eine ganz bestimmte Gebäude- oder Bewerbsart regeln sollen. Im Kanton Zürich gehören heute dazu PBG § 101 für die von Baulinien betroffenen Gebäude (Rz 1801 f), PBG § 242/243 II bezüglich Übelständen bei Autoabstellplätzen (Rz 2139 f) sowie PBG § 307 bezüglich Wiederbau nach Untergang eines Gebäudes (Rz 2454 f)[2]. Man kann hier von Sektoralregelungen sprechen. Das Wesen solcher Regelungen besteht darin, dass sie mindestens ein Tatbestandselement enthalten, welches der Globalregelung fehlt.

801

2. Hier stellt sich nun die Frage, wie sich die Globalregelungen zu den Sektoralregelungen verhalten. Es gibt drei Möglichkeiten[3]:

802

- kumulative Geltung: Eine Bewilligung ist hier nur erhältlich, wenn alle Tatbestandselemente sowohl der Global- als auch der Sektoralregelung erfüllt sind;
- alternative Geltung: Es müssen für eine Bewilligung entweder die Tatbestandselemente der Global- oder aber diejenigen der Sektoralregelung erfüllt sein;
- verdrängende Geltung: Es müssen für eine Bewilligung nur die Tatbestandselemente der Sektoralregelung erfüllt sein[4,5].

Man muss sich davor hüten, die Antwort auf die Frage, welche Geltungsweise zum Zuge komme, zu schnell «formallogisch» mit dem Hinweis auf den Satz «Lex specialis derogat

---

[1] Für die Zeit des alten Baugesetzes ist § 116 zu erwähnen (Rz 1431 f).
[2] Für die Zeit des alten Baugesetzes sind § 120 für die von Baulinien betroffenen Gebäude (Rz 1773) sowie die §§ 117 f (Mauerwerk), 119 (Stellung zur Baulinien), 121 (lichte Höhe von Wohnräumen und Verkaufsmagazinen) und 124 (einsturzgefährdete Gebäude) zu erwähnen.
[3] Vgl. Karl Larenz, S. 266 ff, Franz Bydlinski, S. 465, Ulrich Häfelin/Georg Müller, N. 179/180.
[4] Auch hier kann man Gleichstellungs-, Lockerungs- und Verschärfungs- sowie eigenständige Regelungen unterscheiden, diesmal aber nicht im Verhältnis zwischen Erstell-, Erstaufnahme- und Transformationsregelung (Rz 804 f) oder im Verhältnis zwischen Tranformationen bei baurechtgemässen und baurechtswidrigen Gebäuden bzw. Bewerbungen (Rz 392 f) oder im Verhältnis zwischen vom Willen des Bauaktiven abhängigen und hievon unabhängigen Transformationen (Rz 496 f), sondern zwischen der Global- und der Sektoralregelung.
[5] Dass die Globalregelung eine Sektoralregelung verdrängen kann, ist kaum anzunehmen, denn in diesem Falle wäre die Setzung der Sonderregelung sinnlos gewesen; das ist nicht leichthin zu vermuten.

legi generali» zu geben; es sind hier immer auch Wertungen mit im Spiel[6]. Was dabei von der einen Regelung aus gesehen das Sektorale ausmacht, kann durchaus von der anderen Regelung aus gesehen das Globale bilden[7]. Von Bedeutung ist dabei immer auch, ob die eine Regelung zeitlich vor der anderen und die eine von einem höheren Organ als die andere festgesetzt worden ist[8].

803 3.   In Rz 1808 wird der Frage nachgegangen, wie sich die Globalregelung ZH-PBG § 357 zur Sektoralregelung ZH-PBG § 101, in Rz 2163, wie sich jene Globalregelung zur Sektoralregelung ZH-PBG §§ 233/234, und in Rz 2521, wie sich jene Globalregelung zur Sektoralregelung ZH-PBG § 307 verhalte. Das Verhältnis zwischen RPG Art. 24/24c II zu ZH-PBG § 357 wird in dem Rz 2520 f und 3838 f erörtert.

---

[6] Ulrich Häfelin/Georg Müller, N. 179/180.
[7] Vgl. BGE 96 I 485, 489 f (Verhältnis NSG Art. 45/ElG Art. 8 bei nationalstrassenbedingten Leitungsverlegungen im Kanton AG), BGE 97 I 706, 710 f (Verhältnis NSG Art. 45/ElG Art. 17 bei Schutzmassnahmen infolge Kreuzung Nationalstrasse/Telefonleitung/Hochspannungsleitung). Vgl. Rudolf Kappeler, Rechtsfragen beim Zusammentreffen öffentlicher Werke, in: ZBl 1970 S. 185 ff, 221 ff. Enrico Riva, Kostentragung für den Unterhalt und die Erneuerung von Kreuzungsbauwerken Schiene-Strasse, in: ZBl 1993 S. 333 f.
[8] Auch hiebei soll man nicht zu schnell nach den Sätzen «Lex posterior derogat legi priori» und «Lex superior derogat legi inferiori» («Bundesrecht bricht kantonales Recht») greifen.

§ 14 Die Erlaubniserfordernisse der Regelungen des materiellen postfiniten Baurechtes im Verhältnis zum materiellen präfiniten Baurecht

I. Allgemeines

Die Menge der materiellen Regelungen[1] des postfiniten Baurechtes[2] lässt sich sachspezifisch[3] wie folgt gliedern: Da gibt es einerseits Regelungen, welche für das Fortbestehenlassen, das Ändern, den Abbruch und die weiteren Transformationen von Bauten, insbesondere von Gebäuden, bzw. für die Weiterausübung, die Änderung, die Stilllegung und die weiteren Transformationen von Bewerbungen, insbesondere solcher von Gebäuden, also kurz für Kontinuität bzw. Änderung von Bauten bzw. Bewerbungen, gleich streng bzw. gleich locker sind wie die Regelung für Neubauten bzw. Neubewerbungen, also das präfinite Baurecht[4]; man kann hier von *Gleichsetzungsregelungen* sprechen. Anderseits gibt es Regelungen, welche hierfür im Verhältnis zur Regelung für Neubauten bzw. Neubewerbungen eine abweichende Ordnung statuieren. Die abweichende Ordnung kann darin bestehen, dass im Verhältnis zu den Neubauten bzw. Neubewerbungen eine lockerere oder eine strengere Ordnung gilt. Dabei kann die abweichende Ordnung unter Verwendung von Tatbestandselementen geschehen, welche sich leicht als ein Mehr oder ein Weniger graduieren lassen. Das ist vor allem bei ziffernmäßig oder sonstwie sprachlich eindeutig bestimmten Erfordernissen der Fall, zum Beispiel bezüglich Geschosszahlen, Gebäude-/Firsthöhen, Gebäudelängen/-breiten, Dachgestaltung, Abständen, Nutzungsziffern, Immissionsintensität[5] usw. Hier ist eine Regelung lockerer, wenn die Regelung für Kontinuität/Änderung Erlaubnis ausspricht, wo bezüglich Neubauten bzw. Neubewerbungen ein Verbot gälte. Demgegenüber wäre eine Regelung strenger, wenn die Regelung für Kontinuität/Änderung ein Verbot ausspricht, wo bezüglich Neubauten bzw. Neubewerbungen Erlaubnis gälte. Hier kann man von *Lockerungs- bzw. Verschärfungsregelung* sprechen. Die abweichende Ordnung kann aber auch unter Verwendung von Tatbestandselementen geschehen, welche sich nicht leicht als ein Mehr oder ein Weniger graduieren lassen. Hier kann man von *eigenständigen Regelungen* oder Regelungen sui generis sprechen.

804

---

[1] Zu den postfinit relevanten Regelungen über die Bewilligungsbedürftigkeit siehe Rz 647 f.
[2] Zum Begriff des postfiniten Baurechtes siehe Rz 1 ff.
[3] Wie weit sie sich auch für die Gliederung anderer Materien analog, zB hinsichtlich Strenge im Verhältnis zwischen Regelungen zweier Abschnitte einer solchen anderen Materie eignet, bleibe hier dahingestellt.
[4] Zum präfiniten Baurecht siehe Rz 1 ff.
[5] ZB nicht störend, leicht störend, mässig störend, erheblich störend.

II. Zu den Gleichsetzungsregelungen

A. Beispiele

805 Als Beispiele für eine Gleichsetzungsregelung seien genannt: Für Neubauten und Aufbauten[6] gilt, dass über dem fünften Geschoss keine weiteren Räume zu Wohnzwecken eingerichtet werden dürfen; für Neubauten und Anbauten[7] gilt je ein Grenzabstand von minimal 5,0 m; Auf- und Anbauten im vorgenannten Sinne müssen (zusammen mit den bisherigen Gebäudeteilen) die gleiche Ausnützungsziffer einhalten wie Neubauten.

B. Gründe für die Gleichsetzungsregelung

806 1. An sich liegt es nahe, dass eine bauliche Vorkehrung gleicherweise verboten oder erlaubt ist, ob sie nun im Rahmen einer Neubaute bzw. eines Neubewerbes oder in demjenigen einer späteren Änderung erfolge. Die Gleichsetzung entspricht daher an sich dem *Gleichheitsgebot von BV Art. 4, neu Art. 8,* wonach Gleiches gleich behandelt werden soll. Diese Regelung ist von allgemeiner Tragweite. Sie gilt selbstverständlich auch im Verhältnis zwischen den Eigentümern von bereits bestehenden Gebäuden bzw. Trägern bereits ausgeübter Bewerbungen einerseits und von denjenigen, welche erst bauen wollen bzw. einen Bewerb erst neu aufnehmen wollen. Der Gedanke, dass es zu einer Benachteiligung der Letzteren kommt, wenn die Regelung für Änderungen lockerer ist als diejenige für den Neubau bzw. den Neubewerb, und zu einer Bevorzugung derselben, wenn die Regelung für Änderungen strenger ist, liegt nahe[8].

807 2. Für die Allgemeinheit kommt es vor allem auf den baulichen und bewerbsmässigen Endzustand an. Ob dieser Endzustand gerade von Anfang an in einem einzigen Zuge oder über eine Zwischenetappe angesteuert wird, ist von hier aus gesehen nicht so wichtig. Wenn nun aber nicht die Gleichsetzungs-, sondern die Lockerungsregelung gilt, dann kann der eine oder andere Bauaktive dazu veranlasst werden, zuerst einmal kleiner zu bauen, als seinen langfristigen Bedürfnissen entspricht, nur um auf diese Weise nachher über die Änderung in den Genuss der Vorteile der Lockerungsregelung zu gelangen. Eine

---

[6] Aufbaute gleich Erhöhung eines Gebäudes einige Zeit nach Erstellung desselben. Rz 180.
[7] Anbaute gleich Erstellung einer Annexbaute einige Zeit nach Erstellung der Hauptbaute. Rz 182.
[8] Das ZH-Verwaltungsgericht entschied am 5. März 1965, in: ZBl 1966 S. 49 ff (Spielsalonerrichtung in bestehendem Gebäude an der Zähringerstrasse/Stadt Zürich) folgenden Fall: Vor dem Regierungsrat hatte der Bauaktive gegen die Verweigerung durch die Bausektion II des Stadtrates geltend gemacht, der Zustand, welchem er sein Gebäude auf dem Wege der Änderung zuführen wollte, müsste auf dem Wege eines Neubaues – mittels Ausnahmebewilligung – zugelassen werden. Der Regierungsrat hatte jedoch zu diesem Argument nicht Stellung bezogen. Deshalb machte der Bauaktive vor dem Verwaltungsgericht die Verweigerung des rechtlichen Gehörs geltend. Das Verwaltungsgericht erklärte jedoch – kaum überzeugend –, jenes «sei ein offensichtlich unerhebliches Argument»; es könne deshalb von vorneherein keine Verweigerung des rechtlichen Gehörs vorliegen. Die Verweigerung wurde bestätigt. Ein Anspruch auf die Erteilung einer Ausnahmebewilligung hätte allerdings kaum bestanden (Rz 606 ff). Zudem waren die Erfordernisse von altBauG § 116 (Rz 1431 f) wohl nicht erfüllt.

solche Zweistufigkeit kann aber u.U. unwirtschaftlich, teurer und daher auch aus der Sicht des Gemeinwesens unerwünscht sein. Wenn jedoch statt der Gleichsetzungs- die Verschärfungsregelung gilt, dann kann der eine oder andere Bauaktive dazu veranlasst werden, im ersten Anlauf das Gebäude grösser zu bauen, als es seinen jetzigen Bedürfnissen entspricht, nur um später nicht die Nachteile der Verschärfungsregelung in Kauf nehmen zu müssen. Auch eine solche Vorzeitigkeit der Realisierung kann unwirtschaftlich, teurer und aus der Sicht des Gemeinwesens unerwünscht sein. Zudem kann derjenige, welcher bereits Eigentümer eines Gebäudes ist und um jeden Preis einen bestimmten Gebäudebestand bzw. einen bestimmten Bewerb realisieren will, dieses Ziel auch bei einer Verschärfungsregelung ohne eine solche Verschärfung erreichen, indem er das Gebäude abbricht und einen Neubau errichtet. Das würde höchstens einem auf Neubauten spezialisierten Baugewerbe dienen, im Übrigen aber Gebäudesubstanz vernichten, die noch gut ihren Dienst leistet oder deren Erhaltung im Interesse des Ortsbildes erwünscht wäre. Die Gleichsetzungsregelung hat somit den Vorteil, dass sie den Bauaktiven die *Freiheit im Entscheid* belässt, *zu bauen, wann etwas gebraucht wird oder wann das Bauen am preisgünstigen erscheint.* Allerdings verlangt BV Art. 4, jetzt Art. 8, auch, dass Ungleiches ungleich behandelt werden soll (BGE 94 I 654, Müllheim/TG, betr. Wirtschaftspatent)[9].

3. Im Weiteren kann für die Gleichsetzungsregelung der Vorteil der *Legiferierungsökonomie* vorgebracht werden. Hier ist mit einem einzigen «Satz» von Regelungen für Neubau, Erstbewerb, Kontinuität und Änderung auszukommen. Dem ist jedoch entgegenzuhalten, dass es verschiedene Situationen gibt, in welchen keineswegs auf der Hand liegt, was es bedeutet, die Regelung für den Neubau gelte gleicherweise auch für Änderungen, Rz 4148 f. Hier braucht es dann oft, trotz grundsätzlicher Gleichsetzung, noch eine zusätzliche Präzisierung durch den Gesetzgeber. Zudem ist der Vorteil der Gesetzgebungsökonomie von beschränkter Tragweite.

4. Gegen eine Gleichsetzungsregelung sind die Gründe zu nennen, welche für eine Lockerungs-, eine Verschärfungs- oder eine eigenständige Regelung sprechen.

808

809

---

[9] Im ZH-Verwaltungsgerichtsurteil vom 30. November 1995 (E. c. J.E. in Wädenswil; nicht publiziert) hatte ein Bauaktiver zur Einsparung von Kosten bei einem späteren Anbau an sein Gebäude anlässlich eines nachbarlichen Bauvorhabens in Hanglage tief abgegraben und die so gewonnene ebene Fläche einstweilen als Lagerplatz verwendet. Beim viel späteren Aktuellwerden des Anbaues ging es nun um die Frage, ob nach PBG § 280 I und Allgemeine Bauverordnung § 1 II b die Gebäudehöhe ab dem jetzigen oder demjenigen vor der Abgrabung zu messen sei. Das Verwaltungsgericht bejahte Letzteres, weil der Eigentümer «nicht schlechter gestellt werden (dürfe), als wenn er den Vollausbau in einem Schritt ausführt». Rz 4153. Ähnlich urteilte die Baurekurskommission II in: BEZ 1988 Nr. 40 bezüglich der Abgrabung für eine später erstellte Garageneinfahrt unter einem die Maximalhöhe erreichenden Gebäude.

III. Zu den Lockerungsregelungen

A. Allgemeines

810   1.   Eine Lockerungsregelung liegt dort vor, wo die für Neubauten bzw. Erstbewerbungen geltenden, ziffernmässigen oder sonst leicht graduierbaren Erfordernisse[10] für die Kontinuität/Änderung hinsichtlich der zulässigen Maxima erhöht und/oder bezüglich der zulässigen Minima reduziert werden oder wo ein bei Erlaubnissen für Neubauten bzw. Erstbewerbungen genanntes Erfordernis des Tabestandes ganz wegfällt. Als Beispiele seien genannt: Für Neubauten ist die Geschosszahl auf maximal drei beschränkt, bei bereits bestehenden Gebäuden dürfen aber auch über dem dritten Vollgeschoss eines Gebäudes mit Steildach in einem bisherigen Estrich Wohn- oder Arbeitsräume eingerichtet werden[11]; für Neubauten gilt ein Grenzabstand von 5,0 m, für spätere Anbauten jedoch nur ein solcher von 3,5 m; für Neubauten gilt eine Ausnützungsziffer von maximal 0,6, für spätere Änderungen jedoch eine solche von 0,75 oder die Wohn- und Arbeitsräume im Dachgeschoss sind in der maximal zulässigen Ausnützung nicht anzurechnen, wenn sie in einem Gebäude eingerichtet werden, das vor einem bestimmten, zurückliegenden Datum erstellt worden ist[12]; in einer Weilerzone dürfen keine Neubauten erstellt, jedoch darf bestehender Wohnraum bescheiden erweitert werden[13, 14].

811   2.   Wenn eine materielle Bauvorschrift (zB ein Geschosszahlmaximum oder ein Grenzabstandsminimum) für den Neubau verbietet, dass sich ein Gebäude über eine bestimmte Vertikal- oder Horizontalebene in die Luftsäule hinauf bzw. hinaus erstreckt, so bedeutet dies fürs Erste einmal, dass ober- bzw. ausserhalb dieser Ebenen keinerlei bauliche oder bewerbsmässige Vorkehrungen getroffen werden dürfen. Das hätte nun aber zur Folge, dass wenn zB bei einem Neubau nicht über die Höhe von 12,0 m hinauf gebaut werden darf, in einem bestehenden Gebäude mit einer Höhe von 15,0 m die interne Errichtung oder Verschiebung von Trennwänden in der Höhenlage zwischen 12,0 m und 15,0 m verboten ist[15]. Ähnlich verhält es sich mit den bewerbsmässigen Änderungen. Die

---

[10]   ZB bei Ausnützungsziffer: 0,9/0,6/0,5; im Immissionsrecht: nicht/leicht/mässig/erheblich störend.
[11]   Vgl. die Bauordnung der Stadt Zürich von 1963 in der Fassung vom 4. Februar 1976 Art. 7 a. Stichtag 1. Januar 1975 (Rz 3233 f). Ein ähnliches Lockerungsverhältnis galt im Kanton Zürich vom 1. Februar 1992 bis zum 1. Februar 1997 zugunsten der Einrichtung von Wohn- und Arbeitsräumen in Dach- und Untergeschossen, solange eine Gemeinde ihre Bauordnung noch nicht voll dem PBG angepasst hatte (Rz 1724). Notbauordnung für die Stadt Zürich 1995 Art. 18 f II und IV: Beim Umbau oder Wiederbau von Hauptgebäuden darf die (für Neubauten die äusserste Ausladung bestimmende) Linie 14,0 m hinter der Baulinie bzw. strassenseitigen Baufluct im Umfang des bisherigen Grundrisses überschritten werden.
[12]   Vgl. FN 11.
[13]   Vgl. die Empfehlung in: BGE 114 Ib 152 (Bäretswil/ZH).
[14]   In ZH-RB 1994 Nr. 71 wird erwogen, ob nicht bei Änderungen das quantitative Verhältnis zwischen bisher und inskünftig zu Wohn- oder Arbeitszwecken benutzter Fläche erleichternd berücksichtigt werden sollte; bisher wurde seit dem Fallenlassen der gewässerschutzrechtlichen Viertelsregelung (Rz 4076) auch bei Änderungen immer nur auf qualitative Gesichtspunkte abgestellt und es half der Nachweis nichts, dass die neu beworbene Fläche nur wenig grösser wäre als die bisherige.
[15]   Weniger eindeutig ist die Situation, wo eine Trennwand hier einfach abgebrochen wird, zum aus zwei Zimmern ein einziges zu machen.

Vorschriften für den Neubau enthalten nicht nur ein Verbot, über die genannten Ebenen hinauf bzw. hinaus zu bauen, sondern auch, innerhalb der so geschaffenen Räume zu wohnen, zu arbeiten usw. Das gelangt nur deshalb nicht auch noch besonders zum Ausdruck, weil in unseren Breitengraden ausserhalb baulich geschlossener Räume kaum gewohnt bzw. dauernd gearbeitet werden kann. Wären nun also die materiellen Bauvorschriften für den Neubau gleicherweise auch für Änderungen massgeblich, so hätte dies fürs Erste einmal eine Blockierung von baulichen und bewerbsmässigen Änderungen innerhalb derjenigen Teile der Luftsäule zur Folge, in welche ein Neubau nicht hineinreichen darf, aber ein bereits bestehendes Gebäude hineinreicht. Wo die Nichteinhaltung einer materiellen Bauvorschrift ein Gebäude als Ganzes, also nicht nur in bestimmten Horizontal- oder Vertikaltranchen bauvorschriftswidrig werden lässt und es sich nicht um die Ausnützungsziffer handelt (zB ein Gebäudelängenmaximum oder ein Zusammenbauverbot), wäre das ganze Gebäude von einem Änderungsverbot belegt. Dass dies für den Gebäudeeigentümer hart wäre, liegt auf der Hand. Wenn man dies nicht will, so muss man ausdrücken oder stillschweigend voraussetzen, dass die erwähnten Vorschriften für Neubauten innerhalb bestehender Gebäude nicht gelten. Insoweit liegt ebenfalls im Verhältnis zum präfiniten Baurecht eine Lockerungsregelung vor, allerdings eine solche eigener Art.

B. Gründe für die Lockerungsregelung

1. Für die Lockerungsregelung scheint fürs Erste einmal die *Minderwichtigkeit der* **812**
Änderungen im Verhältnis zu einem Neubau zu sprechen. Weil Änderungen von Gebäuden und ihres Bewerbes die öffentlichen Interessen meistens weniger tangieren als ein Neubau bzw. ein Erstbewerb, lässt sich in verschiedenen Fällen die Auffassung vertreten, die für den Neubau geltenden Regelungen seien für Änderungen zu streng, es rechtfertige sich deshalb eine Lockerung. Gegenüber dieser Betrachtungsweise sind aber Vorbehalte anzubringen. Es gibt immer wieder Änderungen, welche die öffentlichen Interessen bedeutend stärker beschlagen als ein Neubau. Man denke zB an die Änderung von Wohnhäusern in Bürohäuser, von Gebäuden mit Familienwohnungen in teure Zwei- oder Einzimmerwohnungen bzw. in Appartementhäuser oder an bauliche Änderungen am Äusseren von denkmalschutzwürdigen Gebäuden. Hierin liegt oft mehr politischer Zündstoff als in der Erstellung einer Neubaute, insbesondere, wenn es sich bei Letzteren nur um kleine Garagen oder Geräteschöpfe handelt. Zudem läuft die Strenge vieler Bauvorschriften mehr oder weniger parallel zur Bedeutung des von ihnen geregelten Themas für die Allgemeinheit[16]. In diesen Fällen korrigiert sich der Umstand, dass die Änderung eine geringere Bedeutung für die Allgemeinheit aufweist, von selbst. Wo Härten eintreten, liegt der Grund meistens nicht in der Gleichsetzung von Änderungen und Neubauten, sondern in der bereits für den Neubau zu starren oder zu wenig differenzierten Regelung[17].

---

[16] ZB die Regelung, wonach der Grenzabstand der anderthalbfachen Gebäudehöhe entsprechen muss oder wonach das Gebäude eine hinreichende Zufahrt aufweisen muss usw.
[17] Angenommen, man erachte es als zu streng, das Anbauen einer kleinen Garage an ein bestehendes Gebäude nach den auf drei- oder mehrgeschossige Gebäude zugeschnittenen Abstandsvorschriften zu beurteilen, so ist für dieses Ergebnis an sich nicht die Gleichsetzung, sondern der Umstand verantwortlich, dass Sekundärbauten wie kleine Garagen, Geräteschöpfe usw. gehe es nun um die Erstellung im Rahmen eines Neubaues oder einer Änderung nach dem betreffenden Erlass, die gleichen Abstände wie drei- und mehrgeschossige Gebäude einzuhalten haben.

813 2. Sodann spricht für die Lockerungsregelung bisweilen der Umstand, dass derjenige, welcher seine baulichen Bedürfnisse in einem bereits bestehende Gebäude oder unmittelbar darum herum befriedigen will, weniger gegen das raumplanerische Gebot verstösst, *mit* dem noch unüberbauten *Land haushälterisch umzugehen*[18]. Natürlich dürfen daraus weder polizeiliche Missstände noch eine Beeinträchtigung schutzwürdiger Nachbarinteressen resultieren.

814 3. Im Weiteren lässt sich für die Lockerungsregelung bisweilen auch das Interesse an der *Erhaltung denkmalschutzwürdiger Gebäude und Ortsteile* vorbringen. Wenn hier durchwegs bezüglich Gebäudehöhe, Geschosszahl, Dachgestaltung, Baulinien usw. die gleich strenge Regelung wie für Neubauten eingehalten werden müsste, dann käme es vielfach zu einer Störung der ästhetischen Proportionen. Zudem bestünde die Gefahr, dass dort, wo der Eigentümer die Gleichsetzungsregelung als zu hart ansieht, dann oft nicht einfach die Änderung unterbleibt, sondern dass das Gebäude verlottert oder ein Totalabbruch mit Neubau angestrebt wird. Allerdings wird solchen Verhältnissen im Allgemeinen besser auf dem Wege von Sonderbauvorschriften oder der Gewährung einer Ausnahmebewilligung[19] als durch eine generelle Vorschrift Rechnung getragen.

815 4. Aber auch die Besonderheit der *persönlichen Situation,* in welcher sich der Eigentümer eines Gebäudes befindet, kann bisweilen für eine Lockerungsregelung vorgebracht werden.

a) Angenommen, ein Gebäude hält zB das Maximum der Ausnützungsziffer gerade noch ein, ohne Belassung eines konsumierbaren Restes. Hier hat die Gleichsetzungsregelung oft zur Folge, dass in einem bereits vorhandenen Estrich, Keller oder Annex, welcher sich für die Einrichtung eines weiteren Wohnzimmers oder für die Vergrösserung der Werkstatt eignen würden, kein Quadratmeter zusätzlich anrechnungspflichtige Geschossfläche mehr geschaffen werden darf. Das Gebäude ist dann in seinem bisherigen Zustand und seiner bisherigen Bewerbung «eingefroren». Das kann sich aber für den Eigentümer sehr hart auswirken. Da wohnt zB in einem Haus eine Familie, welche sich im Laufe der Jahre vergrössert, heranwachsende Kinder wünschen eigene Zimmer, ein früher auswärts geführtes Büro soll nach Hause verlegt werden oder ein Handwerker benötigt für seine Werkstatt mehr Platz.

816 b) Änderungen bestehender Gebäude sind oft aufwendiger als die Erstellung eines entsprechenden Bauvolumens im Rahmen eines Neubaues. Das hängt damit zusammen, dass bei einem Neubau oft serienmässig hergestellte und dadurch preisgünstigere Materialien verwendet werden können als bei Änderungen. Zudem ist bei diesen oft auch der Bauvorgang komplizierter[20].

---

[18] Vgl. die allgemeine Verpflichtung zum haushälterischen Umgang mit dem Boden in RPG Art. 1 und die Verpflichtung zur Begrenzung der Siedlungen in ihrer Ausdehnung gemäss Art. 3 III. Informationsheft Raumplanung, Jahrgang 1987, Nr. 3.
[19] Im Kanton Zürich wurde solches mit PBG § 220 I d in der Fassung von 1975 nahegelegt; er erklärte eine Ausnahmebewilligung für zulässig, «insbesondere wenn ... dadurch ein Objekt des Natur- und Heimatschutzes besser geschützt werden kann». Dieser Hinweis fehlt in der Fassung von 1991.
[20] Auf diese Unterschiede weisen Peter Müller, S. 211 und Werner Schmid-Lenz, S. 65 hin.

c)   Sodann nehmen Eigentümer bestehender Gebäude oft tagtäglich an einer un- **817**
praktischen Raumeinteilung oder am Fehlen von Komfort Anstoss und streben eine Detailausgestaltung an, wie sie bei Neubauten üblich ist, obwohl ihnen im Altbau an sich wohl ist.

d)   Wenn trotzdem hier durchwegs Gleichsetzung und damit Unmöglichkeit der Rea- **818**
lisierung der privaten Wünsche gilt, dann kann man wohl hierauf ungerührt erwidern: Erstens befinden sich diese Leute immer noch in einer besseren Position als solche, welche überhaupt nicht im eigenen Haus wohnen bzw. ihre Arbeitsstätte haben können und zweitens hätten sie sich halt seinerzeit ein anderes Haus aussuchen müssen oder sie sollen jetzt woandershin ziehen. Dazu ist jedoch Folgendes zu sagen: Ein Umzug an einen anderen Ort könnte die Preisgabe der bisherigen Nähe zum Arbeitsplatz oder zur Schule der Kinder, zur Trennung vom bisherigen Bekannten- oder Kundenkreis, zur Lösung affektiver Bande usw. führen. Hier ist oft von einer Standortgebundenheit ganz eigener Art auszugehen. Zudem lässt sich die Investition des Vermögens in ein Gebäude nicht gleich leicht auswechseln wie ein Wertpapierpaket.

e)   Allerdings fragt sich, ob diesen Besonderheiten nicht besser auf dem Wege der **819**
Erteilung einer Ausnahmebewilligung als auf demjenigen genereller Vorschriften Rechnung getragen würde. Der grundsätzliche Ausschluss des personalen Gesichtspunktes im Baurecht ist der erstgenannten Möglichkeit jedoch auch nicht gewogen.

5.   Eine zwar das Abwasserrecht betreffende, aber allgemein beachtliche, grosso modo **820**
überzeugende Begründung für Lockerungsregelungen findet sich in BGE 98 Ib 241, 248 (Hombrechtikon/ZH). Der Eigentümer eines abwassermässig ungenügend erschlossenen Gebäudes wollte dieses durch einen Neubau ersetzen. Dabei verlangte die Baudirektion statt einer «schrittweisen» Sanierung der Abwasserverhältnisse nach Art. 3 II des Gewässerschutzgesetzes von 1955 eine «totale» nach dessen drittem Absatz (Rz 4020 f). Der Bauaktive wehrte sich dagegen, weil aus dem Neubau weder mehr noch andere Abwässer anfallen würden als aus dem früheren Gebäude. Das Bundesgericht hielt ihm entgegen:

> «Die schrittweise Sanierung im einen und die totale Sanierung im anderen Fall lässt sich begründen: Wer bei einem Umbau eine alte gesetzwidrige Ableitung verbessert, der vermindert eine bisherige Gefahrquelle; wer bei einem Neubau nicht für eine klaglose Beseitigung der Abwässer sorgt, der schafft eine neue Gefahrenquelle. – Auch die wirtschaftliche Situation des Bauherrn ist wohl oft verschieden. Wer über die Mittel für einen Neubau verfügt, der wird sich in der Regel nicht mit dem Umbau eines alten Hauses begnügen. Die gefahrlose Beseitigung der Abwässer gehört zu den normalen Baukosten eines neuen Hauses. Diese Kosten sind dem Bauherrn eines neuen Hauses eher zumutbar als dem Eigentümer eines alten Hauses. Zudem ist bei Neubauten – Ausnahmen vorbehalten – mit einer längeren Lebensdauer zu rechnen als bei Altbauten, die durch Umbau den Bedürfnissen der Gegenwart mehr oder weniger gut angepasst werden.»

6.   Bisweilen ist die Lockerungsregelung nichts anderes als ein *Mittel der Abstim-* **821**
mungsstrategie. Wo beim Erlass einer neuen Bauordnung mit der Opposition von alteingesessenen Eigentümern, vor allem von Gewerbetreibenden, zu rechnen ist, stellt u.U. die Inaussichtstellung einer Lockerungsregelung für die vor einem bestimmten Datum erstellten Gebäude bzw. eröffneten Betriebe den Tropfen Öl dar, welcher in der entscheidenden Abstimmung zum nötigen Mehr führt.

822 7. Gegen die Lockerungsregelung sprechen die Gründe, welche sich für die Gleichstellungsregelung (Rz 805 f) oder gar für die Verschärfungsregelung (Rz 827 f) vorbringen lassen. Es soll zu keinen Privilegien kommen. Rz 986.

C. Zu einigen Sonderfällen

823 1. Nicht ohne weiteres als Lockerungsregelung ist Folgendes zu qualifizieren:

Angenommen, in der Industriezone dürfen nur mässig störende Betriebe eingerichtet werden: Ein bestehender Betrieb liegt gerade hart am Limit für mässig störende Betriebe. Es ist eine bewerbsmässige Änderung vorgesehen, welche zwar für sich genommen nur geringe zusätzliche Immissionen auslösen wird, zusammen mit dem bereits vorhandenen Pegel jedoch das Limit mässig störender Betriebe überschreitet. Ist die bewerbsmässige Änderung gleichwohl gestattet? Für das Umweltschutzrecht (Rz 4081 ff) wird auf BGE 119 Ib 480 ff (Schwerzenbach/ZH) verwiesen, wonach in einem immissionsmässig bereits stark belasteten Gebiet eine nicht bereits für sich selbst übermässige Immissionen bewirkende Änderung nur verboten werden kann, wenn dies im Rahmen eines Massnahmenplanes gemäss LVR Art. 31 I geschieht.

824 2. Was im Verhältnis zur Regelung für Neubauten bei der Regelung für Änderungen als Erleichterung erscheint, ist oft nicht die Folge einer Lockerungs-, sondern einer eigenständigen Regelung. Umgekehrt beruhen eigenständige Regelungen oft nicht nur auf einer anderen Konzeption, sondern können im Ergebnis sowohl Lockerungen wie auch Verschärfungen bewirken!

825 3. Siehe im Weiteren die in Rz 4150 ff aufgeführten schwankenden Zuordnungsfälle im Zusammenhang mit den Mehrlängen- und Mehrhöhenzuschlägen.

826 4. Nur indirekt als Lockerungsregelung für Kontinuität/Änderung ist folgende Regelung zu qualifizieren:

Der Abstand zwischen zwei Neubauten muss mindestens der Summe der für beide Gebäude erforderlichen Grenzabstände entsprechen. Handelt es sich jedoch um den Abstand zwischen einem bereits bestehenden Gebäude, welches den heute hiefür erforderlichen Grenzabstand unterschreitet, so muss der Gebäudeabstand nur mindestens der Summe des Grenzabstandes für die Neubaute und einem reduzierten Grenzabstand für das bereits bestehende Gebäude entsprechen[21].

IV. Zu den Verschärfungsregelungen

A. Beispiele

827 Eine Verschärfungsregelung liegt dort vor, wo die für Neubauten bzw. Erstbewerbungen geltenden, ziffernmässigen oder sonst leicht graduierbaren Erfordernisse für die Konti-

---

[21] In diesem Sinne lautet ZH-PBG § 274. Rz 2291 f.

nuität/Änderung hinsichtlich der zulässigen Maxima reduziert und/oder bezüglich der Minima erhöht werden oder wo bei den Verboten/Geboten genannte Erfordernisses des Tatbestandes ganz wegfallen. Als Beispiele seien genannt: Bei Neubauten sind Dachlukarnen, Gauben usw. zulässig, wenn sie nicht mehr als ¹/₃ der zugehörigen Gebäudelänge aufweisen; bei der Änderung von Gebäuden dürfen in der Dachfläche jedoch nur liegende Dachfenster im Mass von 30 cm x 50 cm angebracht werden[22].

B. Gründe für Verschärfungsregelungen

1. Wenn bei Änderungen von Gebäuden die gleich lockeren Regelungen gelten, ist es denkbar, dass bisweilen plumpe, missproportionierte oder sonstwie hässliche Konstruktionen entstehen. Die *Sorge um die Ästhetik* kann, wenn man solche Änderungen nicht gerade schlechthin verbieten will (Rz 2058a ff), bisweilen zu Verschärfungsregelungen führen. Letztere sind jedoch meistens Bestandteil einer von der allgemeinen Bauordnung ausgesonderten Schutzverordnung oder einer besonderen Zone innerhalb der allgemeinen Bauordnung[23]. 828

2. Für die Verschärfungsregelung wird sodann bisweilen die *Notwendigkeit eines Ausgleiches für das Fortbestehendürfen bzw. Weiterausübendürfen von Vorschriftswidrigkeiten* vorgebracht[23a]. Vorschriftswidrige Gebäude oder Gebäudeteile ermöglichen dem Eigentümer oft an einer Stelle eine Nutzenziehung, wo der Ersteller eines Neubaues nichts an Nutzen zu ziehen hätte[24]. Das kann in Anlehnung an BV Art. 4, neu Art. 8, den Gedanken hervorrufen, wenn der Eigentümer schon insoweit privilegiert sei, dann habe er dafür bei Änderungen in anderer Hinsicht eine Kompensation zu leisten. Solches kann zu einer Verschärfungsregelung oder zu einer eigenständigen Regelung gemäss Rz 836 f führen. Das alles spielt aber nur bei baurechtswidrigen Gebäuden eine Rolle. Wo der Ausgleich, die Kompensation eine sachliche Konnexität mit der Vorschriftswidrigkeit aufweist (zB eine geringere Ausdehnung in der Horizontale erlaubt ist, weil eine Überhöhe weiterbestehen darf), ist dagegen nichts einzuwenden. Doch lässt es die Verschiedenartigkeit zwischen dem Bereich der Vorschriftswidrigkeit und demjenigen der Verschärfung oft als schwierig oder gar unmöglich erscheinen, klar zu sagen, ob jetzt genügend ausgeglichen oder ob überkompensiert worden sei. Zudem besteht die Baurechtswidrigkeit vielleicht erst seit einer vor kurzer Zeit erfolgten Gesetzesrevision, während die jetzt oktroyierte Erschwerung auf Jahre hinaus andauern würde. Dem ganzen Vorgehen haftet deshalb etwas Gekünsteltes an. 829

3. Sodann spricht für die Verschärfungsregelung bisweilen *das öffentliche Interesse an der Beseitigung von Gebäuden oder Gebäudeteilen, welche der Verwirklichung eines* 830

---
[22] Vgl. ferner die (nie in Kraft getretene) Stadtzürcher Bauordnung von 1991 Art. 28 I zweiter Satz: «Die Zahl der bestehenden oberirdischen Geschosse darf oberirdisch nicht überschritten werden.»; das ist eine Verschärfungsregelung, weil bei Neubauten u.U. eine höhere Geschosszahl zulässig ist.
[23] Solche Zonen werden heute oft als «Kernzonen» bezeichnet. Vgl. ZH-PBG § 50; Rz 3022 f.
[23a] So zB ZH-Verwaltungsgericht mit Entscheid vom 17. November 1998 (BEZ 1998 Nr. 2).
[24] In Gebäuden mit überzähligen Geschossen kann zB auch aus der Vermietung der dortigen Räume Gewinn gezogen werden. Ferner verlängert jede Neuinvestition die Existenzzeit eines Gebäudes und damit die Fortdauer einer vorhandenen Rechtswidrigkeit.

öffentlichen Werkes wortwörtlich im Wege stehen, ohne deswegen allein schon baurechtswidrig zu sein. Zu denken ist hier insbesondere an den Strassen- und Kanalbau, an den Bau von Schulhäusern, Spitälern usw. Bau- und Niveaulinien spielen hier eine grosse Rolle[25]. Die Änderung eines Gebäudes oder Gebäudeteiles hat die Tendenz, dessen Bestandesdauer zu verlängern, wird dadurch doch die natürliche Alterung unterbrochen und beginnen neue Zeitläufe für die Haltbarkeit und wirtschaftliche Amortisatierbarkeit der getätigten Investitionen. Es liegt deshalb nahe, Änderungen an solchen Gebäuden, wenn man sie nicht gerade ganz verbieten will, so zu regeln, dass dem Eigentümer möglichst die Lust an der Vornahme von Änderungen vergällt wird. Dies kann durch Verschärfungsregelungen geschehen. Meistens handelt es sich jedoch um eigenständige Regelungen (Rz 836 f). Oft gehen die vom Gemeinwesen in eine solche Regelung gesetzten Erwartungen aber nicht in Erfüllung, weil der Eigentümer letzten Endes doch nicht die Alternative mit den Möglichkeiten Abbruch oder Änderung gemäss Verschärfungsregelung, sondern diejenige mit den Möglichkeiten Verschärfungsregelung oder Verlotternlassen des Gebäudes wählt, mit Bevorzugung der Letzteren[26].

831   Bisweilen wird für die Verschärfungsregelung vorgebracht, es bestehe ein *Spannungszustand zwischen einem bauvorschriftswidrigen Gebäude und dem zur Zeit geltenden Recht, den es zu beseitigen gelte*[27]. Es geht hier um Gebäude, welche vielleicht dem Recht entsprochen haben, das zur Zeit ihrer Erstellung galt, heute aber infolge einer Gesetzesrevision baurechtswidrig sind. Dabei ist zu beachten, dass es Baurechtswidrigkeiten gibt, an deren Beseitigung ein grosses öffentliches Interesse besteht, und solchen, an deren Beseitigung dem Gemeinwesen nicht viel gelegen sein kann (Rz 394 f). Davon ist das gemäss Verhältnismässigkeitsgrundsatz vertretbare Mass an Verschärfung abhängig. Das unter Rz 827 f hinsichtlich der Bestandesdauer von Gebäuden, Verbot, Verschärfungsregelung und der Vergällung der Lust an Änderungen Gesagte gilt hier analog.

832   4.   Die Gründe, welche gegen die Verschärfungsregelung sprechen, sind zugleich die Gründe, welche für die Gleichsetzungs- oder Lockerungsregelung sprechen.

C.   Zu einzelnen Sonderfällen

833   1.   Hier sind die schwankenden Zuordnungsmöglichkeiten im Zusammenhang mit den Mehrlängen- und Mehrhöhenzuschlägen gemäss Rz 4150 f zu erwähnen.

834   2.   Besteht für ein Gebäude schlechthin ein Verbot der Änderung, so kann dies auch als ein Grenzfall der Verschärfungsregelung aufgefasst werden: als die Setzung eines Maximums, das so niedrig ist, dass es überhaupt immer überschritten würde, oder als Setzung eines Minimums, das so hoch ist, dass es überhaupt nie eingehalten wird.

---

[25] Baulinien schneiden oft Gebäude an, welche abgesehen von dieser Anschneidung in keiner Weise baurechtswidrig sind. Rz 1751 f.
[26] Das führt dann immerhin dazu, dass für den Erwerb durch das Gemeinwesen bestimmte Gebäude weniger hoch entschädigt werden müssen. Dabei erregen dann oft jahrelang «Schandfleck-Bauten» den Ärger der Nachbarschaft.
[27] Vgl. AGVE 1975 S. 222–234, auch in: ZBl 1976 S. 152, Erich Zimmerlin, Kommentar, § 224 N. 4, Martin Pfisterer, S. 109, Markus Lendi, DISP, S. 21 im Kästchen.

3. Wo man den Eindruck hat, Vorschriften würden im Ergebnis Änderungen im Ver- 835
hältnis zu den Regelungen für Neubauten bzw. Erstbewerbungen nur erschwert zulassen,
ist dies oft nicht die Folge einer Verschärfungsregelung, sondern diejenige einer eigenständigen Regelung nach Rz 836. Umgekehrt beruhen eigenständige Regelungen oft nicht
nur auf einer anderen Konzeption, sondern können im Ergebnis sowohl Verschärfungen
wie auch Lockerungen bewirken!

IV. Zu den eigenständigen Regelungen (sui generis)

A. Allgemeines

Unter den eigenständigen Regelungen, den Regelungen sui generis, des postfiniten Bau- 836
rechtes verstehe ich diejenigen Regelungen, welche Elemente aufweisen, die sich nicht
einfach als ein Mehr oder Weniger der Erfordernisse für Neubauten bzw. Erstbewerbungen
graduieren lassen. Es handelt sich hier um Regelungen, welche zwar ebenfalls zu einem
Verbot/Gebot oder einer Erlaubnis führen, aber nach einem andersartigen Konzept formuliert sind, sich also sowohl von den Regelungen für Neubauten bzw. Erstbewerbungen
als auch von den Gleichstellungs-, Lockerungs- und Verschärfungsregelungen unterscheiden.

B. Zur Gliederung im Einzelnen

Die eigenständigen Regelungen des postfiniten Baurechtes können sich von den anderen 837
Regelungen entweder bezüglich Vorkommen/Nichtvorkommen von Regelungselementen
oder bezüglich Bestimmtheit des Elementinhaltes unterscheiden:

1. Unterscheidung bezüglich Vorkommen/Nichtvorkommen von Regelungselementen

Die eigenständige Regelung gelangt zu einem Verbot/Gebot oder einer Erlaubnis, wo 838
eine andere Regelung das Gegenteil vorsieht,

a) weil die eigenständige Regelung Elemente enthält, welche eine andere Regelung nicht
   enthält, zB:
   – Erstellung des Gebäudes vor einem bestimmten Datum (Bewerbauswechslung sonst
     verboten[28]);
   – Vergrösserung der Bruttogeschossfläche nur um 15% der bisherigen Baute (Vergrösserung sonst verboten, Rz 3296);
   – Erhaltung des bisherigen Gebäudeprofiles in Kernzonen (Abbruch mit Wiederbau
     sonst verboten, Rz 3053);
   – Benützung nur zu Wohnzwecken oder als Künstlerwerkstätten (Bewerbsausweitung/
     -auswechslung sonst verboten, Rz 3233);

---

[28] ZB die Stadtzürcher Bauordnung von 1963 in der Fassung von 1975 Art. 7a: Der Vollausbau von
Dachgeschossen in Gebäuden mit Steildächern, die vor dem 1. Januar 1975 errichtet und bezugsfähig erklärt worden sind, ist erlaubt, «selbst wenn die zonengemässe Vollgeschosszahl überschritten
wird». Rz 3233 f.

- Wegbedingung des durch die Änderung geschaffenen Mehrwertes durch im Grundbuch anzumerkende Eigentumsbeschränkung/Revers (sonst bauliche Änderung verboten, Rz 1818 f);

839 oder

b) weil die eigenständige Regelung Elemente einer anderen Regelung grossenteils oder gesamthaft unbeachtet lässt und einen eigenen Satz hiefür vorsieht; damit werden Verbot/Gebot oder Erlaubnis von einer ganz anderen Warte aus beurteilt. ZB ist eine Aufbaute nur verboten, wenn überwiegende öffentliche und nachbarliche Interessen entgegenstehen (dann aber auch, wenn die an sich anwendbaren ordentlichen Regelungen für Gebäudehöhe, Geschosszahl, Dachkonstruktionen, Abstände, Ausnützungsziffer usw. nicht eingehalten sind).

2. Unterscheidung bezüglich der Bestimmtheit des Elementinhaltes

840 Es handelt sich bei den Elementen der eigenständigen Regelungen des postfiniten Baurechtes häufig um solche, welche man zu den unbestimmten Regelungselementen («unbestimmte Gesetzes-/Rechtsbegriffe») zählt, zB für die Erlaubnisformulierung: kein Entgegenstehen überwiegender öffentlicher oder nachbarlicher Interessen, Vereinbarkeit mit
841 den wichtigen Anliegen der Raumplanung (mit oder ohne Ausschaltung des Neubaurechtes). Es wäre allerdings falsch, anzunehmen, unbestimmte Regelungselemente kämen nur bei den eigenständigen Regelungen des postfiniten Rechtes vor. Sie sind auch bei den Gleichsetzungs-, Lockerungs- sowie Verschärfungsregelungen[29] und selbstverständlich auch im präfiniten Baurecht anzutreffen[30].

---

[29] Änderungen dürfen zB zu keiner/höchstens zu einer leichten/höchstens zu einer mässigen Belästigung der Nachbarschaft führen.
[30] ZB das Erfordernis, dass Neubauten eine hinreichende Zufahrt aufweisen müssen oder sich gut in das Ortsbild einzufügen haben.

§ 15 Die deklarierten und undeklarierten Erscheinungsformen des postfiniten Baurechtes

I. Die verschiedenen Arten

1. Regelungen bedürfen der Bekanntmachung[1], damit durch sie menschliches Verhalten gelenkt werden kann. Die Bekanntmachung erfolgt fast immer sprachlich in schriftlicher Form (zB im Text von Gesetzen, Entscheiden). Sie kann aber auch rein mündlich stattfinden, besonders dort, wo die Anordnung sofort wirken soll. Bisweilen ist die Bekanntmachung mit nicht sprachlichen Zeichen verbunden, zB Handbewegung (zB des Polizisten), Eintrag in Karten oder Tabellen, nichtbuchstabliche Signete, Farben (zB rot/orange/grün der Verkehrsampel). Hinzu kommt noch die Bekanntmachung durch Bejahung eines traditionellen Regelungsbestandes (zB allgemeine Rechtsgrundsätze, Gewohnheitsrecht).

842

Bei alldem bezieht sich die Bekanntmachung entweder ausdrücklich nur auf den gerade jetzt aktuellen Wirklichkeitsausschnitt oder aber auf einen Wirklichkeitsausschnitt, welcher den gerade jetzt aktuellen Wirklichkeitsausschnitt mitumfasst, ohne aber diesen noch besonders auszudrücken. Im ersteren Fall erscheint die Bekanntmachung bezüglich des jetzt aktuellen Wirklichkeitsausschnittes deklariert, im zweiten Fall nicht deklariert.

2. Auch die Regelungen des postfiniten Baurechtes treten in Vorschriften entweder deklariert oder undeklariert auf.

843

a) Von *undeklarierten* Regelungen des postfiniten Baurechtes spreche ich dort, wo die Regelung in der gleichen Vorschrift auftritt wie diejenige für Neubauten bzw. Neubewerbungen, wobei aber textlich weder auf die Änderung und sonstige Transformationen von Gebäuden bzw. Bewerbungen noch auf Neubauten bzw. Neubewerbungen Bezug genommen wird[2]. Man kann hier von einer neutralen Vorschrift sprechen[3].

b) Es steht im Baurecht nicht bei jeder Vorschrift, welche sich textlich weder auf Neubauten bzw. Neubewerbungen noch auf die Änderung oder sonstige Transformation von Gebäuden bzw. Bewerbungen ausdrücklich bezieht, fest, dass sie auch auf die letzteren Anwendung findet. Es bleibt auch oft offen, ob eine Vorschrift, welche sich textlich nur auf Neubauten bzw. Neubewerbungen bezieht, nicht auch auf die Änderung oder sonstige Transformation von Gebäuden bzw. Bewerbungen Anwendung findet. Es kann nämlich durchaus die Auffassung bestehen, mit der Regelung des Neubaues bzw. des Neubewerbes sei selbstverständlich, nach dem Satz «in maiore minus», auch die Ände-

844

---

[1] Zu diesem Begriff: Georg H. von Wright, Norm und Handlung, S. 100.
[2] In BGE 100 Ib 86, 89 (Udligenswil/LU) wird auf das eidg. Gewässerschutzgesetz von 1971 Art. 20 (Rz 4073 f) Bezug genommen und erklärt, obwohl hier nur vom Bewilligungsbedürfnis für «Gebäude und Anlagen» die Rede ist, sei der Artikel auch auf «Umbauten» anwendbar.
[3] Beispiele aus ZH-PBG § 239 I erster Satz: «Bauten und Anlagen müssen nach Fundation, Konstruktion und Material den anerkannten Regeln der Baukunde entsprechen.» (Rz 2059 f). Stadtzürcher Bauordnung von 1963 Art. 5: «Die Zahl der Vollgeschosse beträgt ... (in der Zone C) höchstens 3.» Art. 9: «Der Grenzabstand bei Fassadenlängen bis zu 12 m beträgt 5 m.»

rung von Gebäuden bzw. Bewerbungen genügend geregelt worden; hiezu brauche es keine zusätzliche Aussage. Vereinzelt wird auch gerade umgekehrt angenommen, die Regelung gelte so selbstverständlich vorallem für Änderungen, dass dies nicht noch besonders ausgedrückt werden müsse[3a]. Oder aber vielleicht bestand die Auffassung, bezüglich der Änderung von Gebäuden bzw. Bewerbungen komme in dem von der Vorschrift behandelten Thema alles darauf an, was eine umfassende Interessenabwägung im Einzelfall ergebe. Was bei der Änderung oder sonstigen Transformation von Gebäuden bzw. Bewerbungen wirklich gilt, ergibt sich auch hier erst aus der Auslegung der Vorschrift.

845   3.   Von *deklarierten* Regelungen des postfiniten Baurechtes spreche ich dort, wo in einer Vorschrift zum Ausdruck gelangt, dass sie für das Fortbestehenlassen, die Änderung oder sonstige Transformation von Gebäuden bzw. die Weiterausübung, die Änderung oder sonstige Transformation von Bewerbungen anwendbar ist. Das deklarierte Auftreten kann entweder stark, mittel oder schwach *separiert* sein. Stark separiert deklariert ist eine postfinite Regelung, wenn sie in einem für das postfinite Recht reservierten Kapitel oder Artikel/Paragraphen des Gesetzes steht[4]; mittel separiert ist sie, wenn sie in einem eigenen Absatz eines Gesetzesartikels/-paragraphen oder in einem eigenen Satz davon steht[5]; schwach separiert ist sie, wenn sie im gleichen Satz wie eine präfinite Regelung steht und nur durch einen eigenen Satzteil zum Ausdruck gelangt[6, 7].

[3a] In ZH-RB 1996 Nr. 68 erklärt das Verwaltungsgericht bezüglich ZH-PBG § 52 I hinsichtlich «Arbeitsräumen, die mit einer Wohnung zusammenhängen und in einem angemessenen Verhältnis zur eigentlichen Wohnfläche stehen»: «(Diese Vorschrift) will in erster Linie der Zweckentfremdung von Wohnraum beggenen ... Es gilt zu vermeiden, dass die Wohnzonen durch grosszügige Gewährung planungswidriger Bewerbungsarten ihrer angestammten Zweckbestimmung beraubt werden.» PBG § 52 I enthält jedoch keinerlei postfinite Deklaration und regelt bereits für primäre Neubauten bzw. Erstbewerbungen die «Zuführung» und nicht erst die spätere «Entfremdung/Beraubung». Allerdings ist dessen Inhalt nur mit textlichen Komplikationen schon bei der Bewilligung primärer Bauvorhaben in den Griff zu bekommen.

[4] ZH-altBauG § 116 stand in dem sieben Paragraphen umfassenden achten Gesetzesabschnitt mit der Überschrift «Änderungen an bestehenden Gebäuden» (Rz 1413 f). Ferner: PBG § 357 (Globalregelung, Rz 1465 f), § 101 (Gebäude im Baulinienbereich, Rz 1751 f), § 243 II (Schaffung/Aufhebung von Abstellplätzen, Rz 2112 f), § 358 (polizeiliche Missstände, Rz 2971 f), allerdings ohne Einordnung in einem eigenen Kapitel für postfinites Baurecht.

[5] PBG § 233 II (Erfordernis der Planungsreife, Rz 1946 f), § 239 II zweiter Satz (Entsorgung von Abbruchmaterial, Rz 2069 f).

[6] ZB ZH-PBG § 239 I: «Bauten und Anlagen ... dürfen weder bei ihrer Erstellung noch durch ihren Bestand Personen oder Sachen gefährden.» (Rz 2059 f) Stadtzürcher Bauordnung von 1963 Art. 26: «Durch die Einrichtung neuer oder die Erweiterung bestehender industrieller und gewerblicher Betriebe darf die Nachbarschaft in den Zonen C, D und E nicht und in den Zonen A und B nicht erheblich belästigt werden.» (Rz 3216 f). ZH-PBG 239 III zweiter Satz: «Im Hinblick auf einen möglichst geringen Energieverbrauch sind Bauten und Anlagen ausreichend zu isolieren sowie Ausstattungen und Ausrüstungen fachgerecht zu erstellen und zu betreiben.» (Rz 2082 f).

[7] Hier stellt sich die Frage: Was ist **ein** Satz und was sind zwei oder mehr Sätze? Wie verhält es sich zB in ZH-PBG § 243 II (Abstellplatzerfordernis, Rz 2112 f) und § 309 (bewilligungsbedürftige Situationen, Rz 2526 f)? Geht es hier bei den verschiedenen, durch Strichpunkte voneinander getrennten, aber vom gleichen Gedanken umfassten Äusserungen um stark, mittel oder schwach separierte postfinite Vorschriften? Zur Problematik des Satz-Begriffes: John Lyons, Einführung in die moderne Linguistik, S. 175–183. Hans Jürgen Heringer, in: Wolf Gewehr/Klaus-Peter Klein (Hrsg.), Grundprobleme der Linguistik, S. 153–159.

4. Die deklarierten Vorschriften des postfiniten Baurechtes bringen die zum Zuge **846**
kommende Regelung entweder direkt oder nur indirekt zum Ausdruck. *Direkt* wird die
Regelung zum Ausdruck gebracht, wenn die Vorschrift gerade sagt, was verboten, geboten oder zulässig sei[8]. Das kann bezüglich der Änderung von Gebäuden und Bewerbungen recht weit umfassend der Fall sein (Globalregelung)[9] oder nur für einzelne Gebäude-, Bewerbs-, Änderungsarten (Sektoralregelung) zutreffen[10].

Indirekt jedoch wird die Regelung zum Ausdruck gebracht, wenn ihr Inhalt erst infolge eines Verweises auf andere Vorschriften oder aus dem weiteren Zusammenhang erkennbar ist. Erkennbarkeit erst nach einem solchen Beizug liegt zB bei Vorschriften folgender Art vor:

– Diese Vorschriften (nämlich PBG §§ 233 I, 234 ff) gelten auch für Umbauten oder Nutzungsänderungen, durch die von den bisherigen Verhältnissen abgewichen wird (so in ZH-PBG § 233 I; vgl. Rz 1946 ff).
– Um-, Auf- oder Anbauten dürfen vorgenommen werden/sind zulässig, wenn/sofern die neuen Teile den Vorschriften des vorliegenden Erlasses (zB Baugesetz, Bauordnung) genügen/entsprechen (vgl. Rz 3204 f).
– Um-, Auf- oder Anbauten dürfen vorgenommen werden/sind zulässig, wenn/sofern sie *für sich* den Vorschriften des vorliegenden Erlasses (zB Baugesetz, Bauordnung) genügen/entsprechen (vgl. Rz 3193 f).
– Die Vorschriften des vorliegenden Erlasses (zB Baugesetz, Bauordnung) gelten/finden Anwendung auf Um-, Auf- und Anbauten jeder Art, eventuell auch auf (Aussen-) Renovationen, eingreifende Zweckänderungen (vgl. Rz 3205).

II. Zu den möglichen materiellen Regelungen in den verschiedenen Auftretensarten

1. Selbstverständlich ist dort, wo eine Regelung des postfiniten Baurechtes undeklariert auftritt, primär nur Gleichstellung mit der Regelung für Neubauten bzw. Neubewerbungen möglich. Sonst könnten von dieser nicht zugleich Neubauten bzw. Neubewerbungen sowie die Änderung von Gebäuden bzw. Bewerbungen «im gleichen Satz» geregelt werden. **847**

2. Gleichstellung gilt aber bisweilen auch dort, wo eine Regelung des postfiniten Baurechtes deklariert (stark, mittel oder schwach separiert) direkt (ohne Verweis) auftritt, etwa um zu klären, dass entgegen möglichen Vermutungen die gleiche Regelung gelte wie für Neubauten bzw. Neubewerbungen. Häufiger handelt es sich jedoch, verglichen mit der Regelung für Neubauten bzw. Neubewerbungen, um eine Lockerungs- oder Verschärfungsregelung oder eine solche eigenständigen Inhalts (Rz 804 ff). Wo eine Regelung des postfiniten Baurechtes jedoch deklariert indirekt (über Verweis) ohne eigene materielle Regelung auftritt, kommt für den letzten Endes massgeblichen Inhalt alles auf die Vorschriften an, auf welche verwiesen wird. **847a**

---

[8] Siehe Beispiele in FN 4.
[9] ZB RPG 24c II (Rz 3848 ff), ZH-PBG § 357 (Rz 1465 f).
[10] ZB ZH-PBG § 101 (nur für Gebäude im Baulinienbereich, Rz 1751 f).

Drittes Kapitel

Erster Abschnitt
Das Verhältnis des postfiniten Baurechts zum Verfassungsrecht des Bundes

I. Allgemeines

1. Unter Bundesverfassungsrecht verstehe ich hier nur die allgemeinen Rechtsgrundsätze (Rz 850 f), die Freiheitsrechte (Rz 1075 f) und die Eigentumsgarantie (Rz 1206 f). Mit den allgemeinen Rechtsgrundsätzen sind die acht liberal-demokratisch-rechtstaatlichen materiellen allgemeinen Rechtsgrundsätze gemeint, die da sind: das Erfordernis des öffentlichen Interesses, das Erfordernis der gesetzlichen Grundlage, das Rechtsgleichheitsgebot, das Willkürverbot, das Verhältnismässigkeitsgebot, das Gebot von Treu und Glauben, das Gebot der Nichtrückwirkung und das Rechtssicherheitsgebot[1]. Auf der Seite lasse ich hier die problematische baurechtliche Besitzstandsgarantie (Rz 4335, 4481 f), die generellen Anweisungen an die Exekutive und Judikative zur Klärung unklarer normativer Situationen (Rz 901 f), die in allen Kantonen vorkommenden baurechtlichen Regelungen (spontaner Rechtsparallelismus) und das restliche materielle Recht der Bundesverfassung[2]. 848

2. Es ist wohl selbstverständlich, dass das geschriebene und ungeschriebene postfinite Baurecht von Bund, Kantonen und Gemeinden der Gesetzes-, Verordnungs- und Verwaltungsaktstufe nur insoweit gelten kann, als es diesen bundesverfassungsrechtlichen Regelungen entspricht. 849

II. Zum Wesen der materiellen allgemeinen Rechtsgrundsätze

1. Wenn man davon absieht, dass die allgemeinen Rechtsgrundsätze mindestens den Rang von Bundesverfassungsrecht, wenn nicht sogar von allgemein-verbindlichem vorpositivem Recht, aufweisen, extrem unbestimmte Regelungselemente verwenden und eher verbots-/gebotsentkräftend als -basierend wirken, so unterscheiden sie sich linguis- 850

---

[1] Liberal-demokratisch-rechtstaatliche formelle allgemeine Rechtsgrundsätze sind zB die Erfordernisse des verfassungs- bzw. gesetzmässigen Richters, des unparteiischen/unbefangenen Richters, des rechtlichen Gehörs, der Beiziehbarkeit eines Anwaltes, der Gleichheit der Verteidigungsmittel, des Verzichtes auf überspitzten Formalismus, der Öffentlichkeit des Verfahrens und der unentgeltlichen Rechtspflege. Letzteres Erfordernis spielt allerdings im Baurecht kaum eine Rolle, weil hier die meisten Parteien für die Prozessführung über genügend eigene Geldmittel verfügen.
[2] Insbesondere ist hier die Fundierung der Bundeskompetenz im Raumplanungswesen gemäss BV Art. 22^{quater}, neu Art. 75, nicht erörtert. Zur Übergangsregelung zum Moorschutzartikel BV Art. 24^{sexies}, siehe Rz 4106.

tisch und normlogisch durch nichts von ganz gewöhnlichen Regelungen. Auch bei ihnen stellt sich das Problem der Auslegung unbestimmter Elemente, der Ermessensbetätigung bei Ermessensoffenheit, der Lückenfüllung und der Kollision mit anderen Vorschriften noch und noch.

851   2.   Nun ist allerdings auch Folgendes zu beachten: Die erwähnten acht materiellen allgemeinen Rechtsgrundsätze, die Freiheitsrechte und die Eigentumsgarantie sind ganz oder weitgehend Prinzipiennormen, Grundsätze, Leitsätze, Maximen. Es sind dies geschriebene oder ungeschriebene offene Normen, die für die unerlässliche richterliche Konkretisierung lediglich Leitplanken setzen oder eine gewisse Zielrichtung vorgeben. Für Prinzipiennormen sind folgende vier Eigenschaften typisch:

– die Prinzipiennorm ist ihrem Wortlaut nach praktisch aussagelos, konturlos;
– die Konkretisierung des Prinzips erfolgt ausschliesslich durch Richterrecht;
– für das Richterrecht sind kaum Grenzen gesetzt;
– durch die fortschreitende Konkretisierung durch Lehre und Praxis kann sich das Richterrecht immer mehr zu einem gesetzesähnlichen «Rahmengesetz» verdichten.

Diese Gedanken haben Isaak Meier und Rudolf Ottomann in ihrer Studie «Prinzipien und Verfahrensmaximen» von 1993 mit Hauptblickrichtung auf das Zivilprozessrecht entwickelt[3]. Sie dürfen aber m.E. auch für das postfinite Baurecht Geltung beanspruchen[4].

III. Das Verhältnis von Regelungen unter sich

852   Ota Weinberger, Norm und Institution, S. 198, bemerkt zu den allgemeinen Rechtsgrundsätzen:

> «(Im Unterschied zu den üblichen Verhaltensregelungen ist es) durchaus möglich, dass auf ein und denselben Fall verschiedene Prinzipien gleichzeitig angewendet werden, die eventuell in entgegengesetzter Richtung wirken, ohne dass dies einen logischen Konflikt der Prinzipien oder die Aufhebung eines von ihnen bedeuten würde. Bei der Anwendung von Grundsätzen gilt nicht ‹alles oder nichts›. Prinzipien bestimmen die Entscheidung mit ihrem relativen Gewicht ... Es muss besonders unterstrichen werden, dass die relative Gewichtung der Prinzipien nicht von der Art ist, dass eines prinzipiell (d.h. in allen Fällen) dem anderen vorgeordnet wäre, sondern dass das relative Gewicht der Prinzipien variiert – gegebenenfalls in Abhängigkeit von den besonderen Umständen des einzelnen Rechtsfalles.»

---

[3] Vgl. hiezu auch die Rezension dieses Werkes durch Stephan V. Berti, in: SJZ 1995 S. 162 f. Beachtlich ist sodann auch Marcel Bolz, Das Verhältnis von Schutzobjekt und Schranken der Grundrechte, Zürich 1991, welcher auf die Überschätzung der normativen Bestimmtheit und eine Unterschätzung der Konkretisierungsbedürftigkeit der Begriffe Schutzobjekt und Schranken hinweist (Besprochen von Urs Saxer, in: ZBl 1994 S. 236 ff). Siehe ferner Karl Larenz, S. 278–436, insbesondere S. 292 ff, 339 ff, 360 ff, 404 ff, 421 f, 429 ff.; Ulrich Schroth, Philosophie und juristische Hermeneutik, in: Einführung in die Rechtsphilosophie und Rechtstheorie der Gegenwart, Heidelberg 1989, S. 306 ff; ferner: Jochen Schneider und Ulrich Schroth, Sichtweisen juristischer Normanwendung, Determination, Argumentation und Entscheidung, im gleichen Band, S. 421 ff; im Weiteren: Franz Bydlinski, S. 132 f, und derselbe, Setzungs- oder Existenzpositivismus (Symposion), Berlin 1994, S. 73, 85 ff; Zaccaria Giacometti, Allgemeiner Verwaltungsrecht, Zürich 1960, S. 226–295.

[4] Aus normlogischer Sicht äussert sich Georg H. von Wright in Norm und Handlung auf den S. 142, 149, 152 f, 156 und 197 ff zum Problem der Normkollision sowie auf S. 29 f zu den Ideal-Regeln, moralischen Prinzipien und moralischen Idealen.

Zweiter Abschnitt

Erster Unterabschnitt
Das Verhältnis zu den allgemeinen Rechtsgrundsätzen

§ 1 Zum Gebot der umfassenden Interessenabwägung bei normativer Unklarheit

I. Zur Vorstellung von Gewichtung, Aufaddierung und Saldierung

1. Es gibt wichtigere und weniger wichtige, gleich- und gegenläufige, private und öffentliche Interessen[1]; die Letzteren sind die Interessen des Gemeinwesens (Rz 936). Bei dieser Unterscheidung drängt sich der Gedanke auf, dass Interessen – bildhaft gesehen – gewogen, mit Gewichten versehen und dann in auf- oder absteigender Folge aneinander gereiht werden können[2]. 885

2. Wenn man Interessen gewichtet, dann liegt es nahe, dass man bei gegenläufigen Interessen die eine Seite mit positiven und die andere Seite mit negativen Punkten versieht und dann eine Aufaddierung der Punkte der gleichlaufenden Interessen vornimmt. Von hier aus ist es dann gedanklich nur noch ein kleiner Schritt, dass alle Interessen saldiert werden. 886

II. Das Gebot der umfassenden Interessenabwägung als solches[3]

A. Allgemeines

1. Die Saldierung der sich entgegenstehenden Interessen ist lediglich der formale Aspekt der materiell vorzunehmenden Interessenabwägung. Es soll nicht einfach der Stärkere gegenüber dem Schwächeren, Faustrecht, sondern Gerechtigkeit obsiegen, was immer auch darunter zu verstehen ist. Das gilt sowohl dort, wo generelle Regelungen gesetzt 887

---

[1] Obwohl in der juristischen Literatur viel von Interesse die Rede ist, findet sich nur selten eine Umschreibung dessen, was darunter zu verstehen ist. Vgl. Arthur Meier-Hayoz, Kommentar ZGB, zu Art. 1, N. 194, 209. Karl Larenz, S. 49 ff, 119 ff; er unterscheidet zwischen Interesse als Begehrung, Massstab und gemessenem Sachverhalt. Franz Bydlinski, S. 114. Andreas von Tuhr/Hans Peter, Allgemeiner Teil des schweizerischen Obligationenrecht, Bd. 1, S. 84, FN 11.

[2] Vgl. Ota Weinberger, Norm und Insitution, Wien 1988, S. 151.

[3] Statt von Gebot der umfassenden Interessenabwägung spricht man auch vom Erfordernis des überwiegenden öffentlichen Interesses. Diese Bezeichnung passt aber nicht zur Proportionalitätsmethode gemäss Rz 898. Zudem könnte die Bezeichnung so verstanden werden, als gälte der zur Zeit des Nationalsozialismus verkündete, unheilvolle Grundsatz «Gemeinnutz geht – in jedem Fall – vor Eigennutz». Zum Begriff überwiegendes öffentliches Interesse siehe auch Rz 896 f.

werden sollen (de lege ferenda), als auch dort, wo es um die Anwendung gesetzter Regelungen (de lege lata) geht, dabei aber wegen des Vorliegens unklarer Regelungselemente, Ermessensoffenheit, Lücken oder Regelungskollisionen normative Unklarheit herrscht. Die Interessenabwägung ist im zweitgenannten Fall insoweit dramatischer als im erstgenannten, weil dort, wo es um die Setzung genereller Regelungen geht, bei Auftreten von Schwierigkeiten weitgehend auf den Setzungsakt verzichtet werden kann; wo aber die Anwendung gesetzter Regelungen im Unklarheitsbereich streitig ist, dort kommt die Behörde wegen der ihr obliegenden Pflicht zum Entscheid in jedem bei ihr anhängigen Fall um eine Stellungnahme nicht herum.

888   2.   Für die gebotene Interessenabwägung bei gesetzten generellen Regelungen im Unklarheitsbereich hat Edward E. Ott eine mir überzeugend erscheinende, in sechs Schritte aufgegliederte Methode entwickelt[4]. Es geht mir nachfolgend nicht darum, diese Methode näher darzulegen, Ergänzungen daran vorzunehmen oder einen abweichenden Vorschlag zu unterbreiten. Ich will lediglich auf einige damit zusammenhängende Punkte hinweisen.

B.   Zur Methode der umfassenden Interessenabwägung

1.   «Niemanden schädigen» als Ausgangssituation

889   Im liberal-demokratischen Rechtsstaat herrscht zwar voraussetzumgsgemäss eine allgemeine Sympathie für verbots- und gebotslose Interessenregelungen[5]. Es gilt aber auch der Grundsatz, dass die Ausübung der Freiheit des einen seine Schranken an der Freiheit der anderen, vor allem des Nachbars, findet. Dies ergibt sich aus dem Prinzip, dass niemand den anderen schädigen soll (neminem laedere). Das gilt sowohl im Verhältnis unter Privaten als auch im Verhältnis zwischen dem Gemeinwesen und den Privaten.

2.   Erfordernis der Gesamtbeurteilung

890   Wenn man in der Abwägung sich gegenseitig ausschliessender Interessen das rechtlich unabdingbare Mittel zur Lösung von Interessengegensätzen sieht, dann drängt es sich geradezu auf, dabei die Gesamtheit der im konkreten Fall bedeutsamen Interessen in die Abwägung einzubeziehen[6]. Es ist eine «Rundumerörterung» nötig, weil nur dies zur

---

[4]   Edward E. Ott, Das Denken des Richters aus der Sicht der juristischen *Methoden*lehre, in: SJZ 1981 S. 381 ff, insbesondere S. 386, sowie derselbe, Gedanken zu Art. 1 ZGB und seiner Anwendung in der *Bundesgerichtspraxis,* in: SJZ 1987 S. 193 ff.

[5]   Diese ist nicht mit der Anweisung «In dubio pro libertate» zu verwechseln; zur logischen Nicht-Stringenz dieses Satzes siehe Rz 907.

[6]   Dass Interessenabwägungen umfassend sein müssen, bestätigen BGE vom 20. September 1995 (Sils-Baselgia/GR, in: ZBl 1997 S. 277), BGE 120 Ia 231 (Pully/VD; für die Nutzungsplanung: RPG Art. 14 ff «exige une pesée globale de tous les intérêts déterminants en relation avec l'utilisation du sol»), BGE 119 Ia 362, 372 (Retschwil/LU), BGE 119 Ia 411, 416 (Nesslau/SG), BGE 118 Ia 172 (Speicher/AR), BGE 117 Ia 301, 307 (Flims/GR; M. [Landwirt] verlangte im Hinblick auf einen Erbgang Auszonung, wurde gutgeheissen), BGE 117 Ib 328 f (EDI c. Kantonalbank Appenzell-Ausserrhoden bezüglich Rodung für Gewerbebauten) und BGE 114 Ia 371, 374 (Aesch/BL c. Einwohnergemeinde Stadt Basel). Desgleichen Georg Müller, Kommentar BV, zu Art. 22ter, N. 42. In diesem Sinne ist wohl auch Ulrich Zimmerli, Verhältnismässigkeit, S. 85 f, zu verstehen.

Konsensfähigkeit führen kann. Sonst verfällt man in Ungerechtigkeit; denn man gibt dann nicht jedem das Seine (suum cuique). Es sind also insbesondere alle Interessen von Bund, Kantonen und Gemeinden sowie von Bauaktiven und deren Nachbarn, auch der bösgläubigen[7], zu berücksichtigen. Voraus-Ausscheidungen und Voraus-Auf- bzw. Voraus-Abwertungen von Interessen sind grundsätzlich abzulehnen. Es geht immer darum, durch wertende Abwägung einen Ausgleich zu finden, welcher die Bedeutung der verschiedenen Positionen richtig gewichtet. Diese Abwägung geschieht in erster Linie durch die Gesetzgebung[8]. Aber wo diese ihren Dienst vorläufig infolge Unbestimmtheit von Regelungselementen, Verweis auf das Ermessen, Lückenhaftigkeit und Vorschriftenkollision versagt, muss der Rechtsanwender selbst handeln, unter Abwägung aller in Betracht kommenden Interessen. Das hat, ausser beim Verweis auf das Ermessen, wo Billigkeit im Einzelfall anzustreben ist, nach der Art des Gesetzgebers zu erfolgen; dieser muss auf Gerechtigkeit ausgerichtet sein[9].

3. Kein Rechtssatz im engeren Sinne

Es handelt sich beim Gebot der umfassenden Interessenabwägung nicht im engeren Sinne des Wortes um einen Rechtssatz, um ein rechtliches Gebot. Vielmehr geht es erkenntnistheoretisch, verstehensmässig jeder Rechtsetzung vor, ist ihr als direkter Ausfluss der Rechtsidee übergeordnet[10]. «Eine richtige Lösung eines Interessenkonfliktes ist im Kern eine Sache der richtigen Gewichtung von Interessen.»[11] Es gibt keine andere, mit der Gerechkeitsidee verträgliche Methode. Die Schwierigkeiten bei deren Durchführung sind jedoch gross[12, 13].

891

---

[7] Katharina Sameli, S. 382 f, Ulrich Zimmerli, Verhältnismässigkeit, S. 106.
[8] J.P. Müller, Kommentar zu BV, Einleitung zu den Grundrechten, Rz 138 ff und 199.
[9] Edward E. Ott, Bundesgerichtspraxis, S. 195 sieht in Folgendem einen wesentlichen Unterschied zwischen der Interessenabwägung durch den Richter und dem Vorgehen des Gesetzgebers: «Der Gesetzgeber wäre frei, die ihm am besten erscheinende Lösung zu wählen; der Richter muss auf das Vertrauen des Rechtsunterworfenen in das Fehlen einer Vorschrift und auf die Rechtssicherheit Rücksicht nehmen.» Hiezu ist Folgendes zu sagen: Das Gebot von Treu und Glauben (Rz 1091 f) gilt für jede Tätigkeit des Gemeinwesens, auch für den Gesetzgeber. Der Grund, weshalb bei der Anwendung von Regelungen mit Verweis auf das Ermessen *nicht* nach Art des Gesetzgebers vorzugehen ist, liegt wohl darin, dass der Gesetzgeber auf die Ermessensbetätigung verweist, weil er der Auffassung ist, mit generellen Regelungen lasse sich keine befriedigende Lösung erzielen. Charles Albert Morand, La pesée globale des interêts, in: Droit de l'environnement et de l'aménagement du territoire, Basel/ Frankfurt a.M. 1996.
[10] Karl Larenz, S. 248.
[11] Robert Alexy, Kritik der diskurstheoretischen Deutung juristischer Rationalität, Institution und Recht, Grazer Internationales Symposion zu Ehren von Ota Weinberger, S. 147. Siehe auch Ulrich Häfelin, Wertung und Interessenabwägung in der richterlichen Rechtsfindung, in: Festschrift für Dietrich Schindler, Zürich 1989, S. 585–596, Edward E. Ott, Bundesgerichtspraxis, S. 193 ff.
[12] Vgl. Jean Druey, Interessenabwägung eine Methode?, in: Festschrift St. Galler Hochschule zum Juristentag 1981, S. 131 ff, 139, 148 ff, David Dürr, Diskursives Recht, Zürich 1993, S. 116, Jörg P. Müller, S. 141.
[13] Georg H. von Wright, Normen, Werte und Handlungen, S. 72, spricht von Metanormen, soweit die Norm nicht im Rechtssystem selbst enthalten ist. Darin, wie weit auch nicht «positiv gesetzte» Normen zu beachten sind, liegt der grosse Unterschied zwischen der setzungspositivistischen und der Methode von Franz Bydlinski, S. 392 ff und derselbe, Symposion, S. 73 sowie von anderen, m.E. überzeugend vertretenen existenzpositivistischen Rechtsbetrachtungen.

4. Zu besonderen Schwierigkeiten

a) Bildhaftigkeit der Gewichtung

892 Interessenabwägung ist wie bereits erwähnt nur ein bildhafter Ausdruck (Rz 885 f). Da die Interessen bzw. Freiheiten immer der subjektiven Einschätzung unterliegen und zudem abstrakt sind, gibt es auch bei noch so sorgfältigem Vorgehen nie klare Abwägeergebnisse[14].

b) Vergleich von Unvergleichbarem

893 Es wird weitgehend Unvergleichbares (Incommensurabilia) miteinander verglichen[15]. Das gilt sowohl im Verhältnis zwischen öffentlichen und privaten Interessen als auch unter diesen selbst.

c) Fluktuationen in Zeit und Raum

894 Es steht dort, wo es um die Kollision zwischen Interessen bzw. Freiheiten von Privaten geht, immer ein Einzelner oder eine genau bestimmbare kleinere Gruppe, zB der oder die Eigentümer der Parzelle I, einer Mehrzahl von Eigentümern benachbarter Parzellen und von Nachbarn ohne Parzelleneigentum gegenüber. Die Zahl der Interessen bzw. Freiheiten beanspruchenden Nachbarn lässt sich, wenn überhaupt, nur schwer ermitteln. Auch sind manche Nachbarn daran nur gerade jetzt interessiert, später aber nicht mehr oder umgekehrt; oder es ist das jeweilige Interesse bzw. die jeweilige Freiheit vielleicht überhaupt erst ihren Kindern ein Anliegen. Überdies stehen sich oft ein Eigentümer oder eine kleine eindeutig bestimmbare Gruppe von Eigentümern mit auf die Parzelle I zentriertem, sowohl heute als auch in Zukunft aktuellem Interesse einer heterogenen und unbestimmt grossen Gruppe von Menschen mit sich diffus auf viele Parzellen oder die ganze Umgebung verteilendem Interesse gegenüber. Es ist unmöglich, eindeutig anzugeben, wie viele Menschen mit ihren Interessen nötig sind, um die entgegenstehenden Interessen des oder der Eigentümer der Parzelle I aufzuwiegen[16].

d) Nahtstellen von Interessenbereichen

895 Die Gewichtung der Interessen wird an den Nahtstellen von räumlich aufgefassten Interessenbereichen, also dort, wo eine Grenze haarscharf durch bestimmte Stellen[17] zwischen

---

[14] Karl Larenz rät auf S. 404 in FN 93 zu Recht von einer «Mathematisierung» des Interessenabwägungsvorganges ab.

[15] Es geht um die Problematik des Vergleichens von Äpfeln und Birnen. Vgl. zB die Einschätzung des Interesses des Eigentümers der Parzelle A, das dortige Wohnhaus in ein Bürohaus umzuwandeln bzw. das dortige schöne alte Riegelhaus abzubrechen einerseits und das Interesse der erfolglos eine preisgünstige Wohnung Suchenden bzw. derjenigen, welchen derartige Zeugen der baulichen Vergangenheit lieb und teuer sind andererseits.

[16] David Dürr, Diskursives Recht, Zur theoretischen Grundlegung rechtlicher Einflussnahme auf überindividuelle Konflikte, Zürich 1994, widmet diesem Thema eine eingehende Untersuchung. In vielem Nachfolgendem habe ich mich davon anregen lassen. Allerdings kommt man auch bei David Dürr an eine Grenze, an welcher sich die Freiheiten nie eindeutig mit Wertpunkten versehen lassen. Daher bleiben seine vielen Diagramme doch weitgehend abstrakt.

[17] Nicht eigentlich «irgendwo», wie oft gesagt wird (zB BGE 117 Ia 418, Dübendorf/ZH).

den für die Ausübung der verschiedenen Interessen reservierten Gebieten gezogen ist, besonders schwierig, zB die Grenze zwischen dem Interessengebiet für die Erstellung von Wohn- und Arbeitsräumlichkeiten (Bauzone) einerseits und dem Interessengebiet für die Erhaltung von Frucht- und Futterfolgeflächen, von Wald, von Moorlandschaften, der Vernetzung von naturnahen Flächen (Nichtbau-Zonen) usw. anderseits. Hier hilft nur ein Vorgehen befriedigend weiter, bei welchem man sich für die Beurteilung sowohl über das für das eine als auch über das für das andere Interesse reservierte Gebiet stellt, nicht aber wenn man dem einen Interesse von vornherein einen Vorrang über das andere Interesse gewährt. Das heisst: Es kann sich das Bedürfnis nach einem rittlings auf der Interessenbereichsgrenze verlaufenden Cordon sanitaire's mit Verpflichtung zur Abstandseinhaltung gegenüber der Zonengrenze stellen. Das ist in der Praxis oft leichter gesagt als getan, besonders dann, wenn unsicher ist, ob, wie und wann die Parzelleneigentümer in den Gebieten (besonders in der Bauzone) von ihren Berechtigungen Gebrauch machen[18].

e) Unsicherheit über die «rechnerische» Methode und überwiegende Interessen

α) Wo von überwiegenden Interessen die Rede ist[19, 20], liegt immer die Vorstellung von einer Zweiseitigkeit vor, wobei die Interessen der einen Seite denjenigen der anderen Seite gewissermassen im Wege stehen. Es herrscht ein Antagonismus.

896

Ein besonders wichtiger Antagonismus ist derjenige zwischen den öffentlichen Interessen auf der einen Seite und den privaten Interessen, aufgeteilt in diejenigen der Bauaktiven und diejenigen der Nachbarn derselben, auf der anderen Seite. Es kann aber auch innerhalb der öffentlichen Interessen sowie innerhalb der privaten Interessen zwischen den Interessen der Bauaktiven und denjenigen der Nachbarn, ja sogar zwischen den Interessen der verschiedenen Nachbarn unter sich zu Gegenläufigkeit kommen.

β) Mit dem Wort überwiegendes Interesse wird ein Dreifaches bezeichnet:

897

– dasjenige Interesse, welches mehr Gewicht als ein, zwei oder mehrere Interessen auf der entgegengesetzten Seite zusammen besitzen;
– dasjenige Interesse, welches zusammen mit allen anderen Interessen der einen Seite mehr Gewicht als alle Interessen auf der entgegengesetzten Seite besitzt. Hier würde man allerdings zutreffender von einem Bestandteil einer Summe von Interessen sprechen, welche die Summe der Gewichte aller Interessen auf der entgegengesetzten Seite überwiegt;
– das Gewicht der Summe aller Interessen der einen Seite, soweit es grösser ist als das Gewicht der Summe aller Interessen der entgegengesetzten Seite. Hier würde man allerdings zutreffender von einem Überschuss der Summe der Gewichte der Interessen der einen Seite über diejenige der Gewichte der Interessen der entgegengesetzten Seite sprechen. Es geht hier um eine abstrakte Grösse.

---

[18] Roman Sieber weist in BR 1996 S. 92 unter Bezugnahme auf BGE 120 Ia 231 (Pully/VD), BGE 118 Ia 158 (Bottmigen/BL), BGE 118 Ia 172 (Speicher/AR) und BGE 117 Ia 432 (Wiesendangen/ZH) darauf hin, dass einerseits das Bundesgericht bei der Zonierung «straffe regionale Gesichtspunkte» einbezieht, aber die «auf den Baulandbedarf abstellende Dynamik dem sich (vorrangig) widersetzt».
[19] ZB RPG Art. 24 I b; ZH-PBG § 357 I und IV in der Fassung von 1991. Rz 1598 f.
[20] Von unterwiegenden Interessen spricht man nie.

898 γ) Es gibt zwei grundsätzlich verschiedene Methoden der Interessenabwägung. Die eine ist die Methode der Alleinmassgeblichkeit des überwiegenden Interesses; man kann auch von der *Entweder-Oder-Methode* sprechen. Hienach fällt das Interesse mit dem grösseren «Gewicht» voll und dasjenige mit dem geringeren «Gewicht» ganz ausser Betracht. Die andere ist die *Proportionalitätsmethode*. Nach ihr können beide Interessen nur, aber immerhin, in demjenigen Umfang verwirklicht werden, der dem Anteil des jeweiligen Interesses am «Gewicht» der Gesamtheit der zu berücksichtigenden Interessen entspricht[21]. Voraussetzung einer solchen teilweisen Interessenbefriedigung ist, dass nicht eine auch noch so geringe Befriedigung des einen Interesses faktisch jede Befriedigung des anderen Interesses verunmöglicht[22]. Bei der Entweder-Oder-Methode darf es aber wegen des Rechtsgleichheitsgebotes mit der Ausschaltung des weniger wiegenden Interesses nicht von vorneherein sein Bewenden haben; allenfalls ist ein Ausgleich durch Entschädigung erforderlich.

C. Einschränkungen

899 Immerhin sind bezüglich des Umfassendseins der in Betracht zu ziehenden Interessen zwei Einschränkungen anzubringen:

– Wenn man mit Georg Müller der Auffassung ist, dass im Bund nicht sämtliche von der öffentlichen Meinung vertretenen Interessen als solche berücksichtigt werden dürfen, sondern hievon nur diejenigen, welche durch die Bundesverfassung anerkannt wurden, dann müssen die nicht von der Bundesverfassung anerkannten öffentlichen Interessen bei der Interessenabwägung ausser Betracht fallen, soweit es um die Zuständigkeit des Bundes geht[23]. Die Abgrenzung in concreto dürfte allerdings schwierig sein.
– Bei der Interessenabwägung sind in jedem Fall die in den Regelungen der Verfassungen und Gesetze von Bund und Kantonen in den klaren Bereichen zum Ausdruck gelangenden Gewichtungen angemessen zu berücksichtigen[24]. Diese dürfen durch den Abwägungsvorgang nicht aus den Angeln gehoben werden.

---

[21] In letzterem Sinne äussert sich m.E. im Ergebnis David Dürr mit den Schnittlinien in seinen Diagrammen.
[22] Es können nicht gleichzeitig das Interesse, einen wirklich schützenswerten Abhang von jeder Überbauung freizuhalten, und dasjenige, hier Einfamilienhäuser zu erstellen, verwirklicht werden. Wohl aber ist folgende Situation denkbar: In einem zehn Hektaren grossen Gebiet besteht ein Interesse, Bauten für Industrie und Gewerbe zu errichten, und ein solches, Bauten für Dienstleistungsbetriebe zu errichten. Angenommen, man gebe dem ersteren Interesse die Gewichtung 3 und dem letzteren Interesse die Gewichtung 2. In diesem Fall kommt wohl nur die Zuteilung von sechs Hektaren an Industrie und Gewerbe sowie von vier Hektaren an Dienstleistungsbetriebe in Betracht. Es wird hier davon ausgegangen, Industrie und Gewerbe seien nicht stark störend und benötigten keine besondere Infrastruktur. In ZH-RB 1979 Nr. 93 (ausführlicher in: ZBl 1980 S. 75) ging es um den Antagonismus zwischen der Einhaltung von PBG § 242 ff durch die Schaffung eines PBG § 238 tangierenden Parkplatzes im Garten eines älteren Wohn- und Geschäftshauses. Das Verwaltungsgericht erklärte: Es ist zu entscheiden, welches Interesse den «Vorrang» hat und «auf welche Weise … dem unterliegenden Interesse bestmöglich Rechnung getragen werden» kann. Also nicht Entweder-Oder! Rz 898.
[23] Georg Müller, Kommentar BV, zu Art. 22ter, Rz 10 f, und Entscheid des ZH-Verwaltungsgerichtes vom 20. November 1991 (BEZ 1992 Nr. 2). Ferner nur das Moorschutzinteresse gemäss BV Art. 24[sexies] V, neu Art. 78 V. Rz 4104 f.
[24] In Verordnungen, in der Rechtsprechung und im Gewohnheitsrecht zum Ausdruck gelangende Gewichtungen sind wohl nur indirekt zu beachten.

D. Unterschied zum Gebot der Verhältnismässigkeit

Das Gebot der umfassenden Interessenabwägung und der Grundsatz der Verhältnismässigkeit verlangen zwar beide eine Interessenabwägung. Sie unterscheiden sich jedoch in Folgendem: Das Gebot der umfassenden Interessenabwägung kommt dort zum Zuge, wo auch nach Anwendung aller üblichen Auslegungsmethoden ein unbestimmter Rest verbleibt, wo auf das Ermessen verwiesen wird, wo eine eigentliche Lücke vorliegt oder wo Vorschriften sich textlich widersprechen, wo man also noch zu überhaupt keinem Ergebnis gelangt ist. Demgegenüber kommt der Grundsatz der Verhältnismässigkeit dort zum Zuge, wo bereits ein Ergebnis gefunden worden ist, das aber einer Feinkorrektur bedarf, um gerecht zu sein.

900

III. Zur normativen Unklarheit im engeren Sinne und zu ihrer Klärung

A. Vorbemerkungen

Zu einer normativen Unklarheit kann es aus drei Gründen kommen:

901

a) Eine zur Anwendung in Betracht kommende Vorschrift enthält unbestimmte Elemente und ist daher auslegungsbedürftig;
b) Auf dem Wege der Auslegung der Vorschrift ist keine volle Klärung zu erreichen, die Vorschrift verweist selbst auf das Ermessen, es besteht eine Lücke oder die allenfalls in Betracht kommenden Vorschriften widersprechen sich;
c) Es steht nicht fest, von welchem Sachverhalt für die Subsumierung unter den Tatbestand und/oder die Rechtsfolge der in Betracht kommenden Regelung auszugehen ist.

Man kann a) bis c) zusammengefasst als normative Unklarheit im weiteren Sinne und b) für sich allein als normative Unklarheit im engeren Sinne bezeichnen.

Das Nachfolgende wird unter der Voraussetzung gesagt, dass sich im Bereich normativer Unklarheit im materiellen postfiniten Baurecht nicht bereits eine Gerichtspraxis gebildet hat. Liegt eine solche bereits vor, wird man, solange nicht das Ungenügen dieser Praxis erwiesen ist, auf sie abstellen müssen. Es wird sich dabei allerdings immer nur um mehr oder weniger punktuelle, noch viele Fragen offenlassende Stellungnahmen handeln. Diese werden im Besonderen Teil dieser Arbeit (Rz 1413–4141) näher geschildert.

Beim Entscheid in normativer Unklarheit besteht häufig eine grosse Ratlosigkeit bzw. Unklarheit. Das Verlangen nach Anweisungen, Anleitungen, Maximen, Instruktionen, Leitlinien, Richtlinien usw., wie vorzugehen sei, liegt deshalb nahe. Man kann drei Arten unterscheiden: zu a) die Auslegungsanweisung, zu b) die Interessenabwägungsanweisung und zu c) die Sachverhaltsermittlungsanweisung. Nachfolgend beschränke ich mich auf die Interessenabwägungsanweisung[25].

---

[25] Zur Auslegungsanweisung (zB Lex posterior/specialis/superior derogat legi priori/generali/inferori; argumentum e contrario, Analogieschluss, in maiore minus, a fortiori, nur/keine grammatische/historische Auslegung, restriktive Auslegung von Ausnahmen usw.) siehe Rz 4455 f, 4462; zur Sachverhaltserhebungsanweisung (zB Beweislastverteilung, in dubio pro reo) siehe Rz 4477. Auch diese

B. Zu den Anweisungen zur Interessenabwägung

1. Problematik

902 a) α) Wo man mit der Auslegung am Ende ist, eine Vorschrift auf das Ermessen verweist, eine Lücke besteht oder sich die in Betracht kommenden Vorschriften widersprechen, ist das Gebot der umfassenden Interessenabwägung primär das einzige, was normativ weiterhilft[26]. Die umfassende Interessenabwägung ist jedoch ein geistig anspruchsvolles Geschäft. Jeder Versuch, mittels Weichenstellungen a priori darum herumzukommen, ist verfehlt, wo nicht das positive Recht selbst eine bestimmte Richtung verlangt. Das Verlangen nach Klärungsanweisungen, Anleitungen, Maximen, Instruktionen, Leitlinien, Richtlinien usw., wie vorzugehen sei, ist deshalb hier besonders gross[27]. Wenn solche Äusserungen aber nicht klar und deutlich als Wiedergabe blosser Erfahrungstatsachen (blosse Deskription) formuliert werden, laufen sie Gefahr, sich ölfleckartig zu normativen Feststellungen (Präskriptionen) auszuweiten, welche eine erst in Gang gesetzte Interessenabwägung vorzeitig abblocken und zu Kurzschlusslösungen (Erlaubnis statt Verbot oder umgekehrt) verleiten. Die Frage stellt sich deshalb, ob es rechtshygienisch nicht das Beste wäre, Verfassungen, Gesetze und Verordnungen sowie die Doktrin würden ganz von solchen Klärungsanweisungen absehen, entspringen diese nun nur rein faktischen oder auch normativen Ambitionen. Klärungsanweisungen sind auf jeden Fall rechtsstaatlich problematische Gebilde; denn auch, wenn sie formell in das positive Recht aufgenommen werden, bleibt die Gefahr von Interessenabwägungsblockierungen und Kurzschlusslösungen bestehen. Die Frage wird im Zusammenhang mit dem Thema Besitzstands-/Bestandesgarantie in Rz 4455 f noch näher erörtert.

β) Von dieser Disqualifizierung der Klärungsanweisungen bezüglich Auslegungsanweisung sollte m.E. nur in einer einzigen Rechtsmaterie eine Ausnahme gemacht werden. Es ist dies allerdings eine sehr wichtige Materie: das Strafrecht. Hier ist aus historischen und liberal-demokratisch-rechtsstaatlichen Gründen die Wegbedingung des (unter Vorbehalt) als eine besondere Auslegungsart auffassbaren Analogieschlusses bei der Bestrafung (nulla poena sine lege) gerechtfertigt[28]. Ein anderes singuläres Prinzip im Strafrecht, «Im Zweifel zugunsten des Angeklagten» (in dubio pro reo), bezieht sich auf die Unklarheit des zu beurteilenden Sachverhaltes. Auslegungs- und Sachverhaltsermittlungsanweisungen kommen hier aber nicht zur Sprache.

Anweisungen enthalten Elemente einer Interessenabwägungsanweisung, zB der Satz von der Lex postior besteht in der Bevorzugung der gegenwärtigen vor den vorherigen Interessen. Walther Burckhardt geht in System, S. 282 f mit den «Sprüchlein» der Auslegungsanweisungen begründeterweise hart ins Gericht.

[26] Damit sei nicht behauptet, dass die Auslegung als solche ohne Interessenabwägung auskomme. Das gilt nicht nur im Rahmen der objektiv-teleologischen, sondern auch der grammatischen und historischen Auslegung. Bei der Erstgenannten beschränkt sich die Interessenabwägung jedoch auf die Wörter und Syntax der auszulegenden Vorschrift; beide sind interessengeleitet. Bei der historischen Auslegung kommt es dadurch zu einer Interessenabwägung, dass der historische Text auf seine Bedeutung für heute befragt werden muss.

[27] Siehe FN 15.

[28] Vgl. Franz Bydlinski, S. 467 ff und Ota Weinberger, Norm und Institution, S. 196 f.

b) α) Allerdings muss im rechtlichen Alltag jede Interessenabwägung einmal zu einem 903
Abschluss kommen, es können nicht endlos neue Interessenkonstellationen auch noch
mit abgewogen werden[29]. Doch sollte eine Abwägung nie vorzeitig abgebrochen werden.
Anzeichen für einen vorzeitigen Abbruch bestehen dort,

– wo ein von einer Partei vorgebrachtes Interesse entweder gar nicht berücksichtigt oder offensichtlich über- oder unterbewertet wird;
– wo ein Interesse unbeachtet bleibt, das zwar von keiner Partei vorgebracht wird, auf welches die Behörde aber selbst stossen müsste;
– wo der Entscheid mit Floskeln, zB mit dem Hinweis auf die Besitzstands-/Bestandesgarantie abgeschlossen wird (Rz 4455 ff, 4520 f).

β) Wo Klärungsanweisungen im positiven Recht angetroffen werden, sind sie ganz 904
normal auszulegen, also nicht wieder unter Berücksichtigung von anderen Klärungsanweisungen. Oft handelt es sich dabei allerdings nur um eine Wiederholung dessen, was
ohnehin gälte. Das ist zB weitgehend in Art. 6 II des Bundesgesetzes über den Natur- und
Heimatschutz (SR 451, Rz 4104 f) der Fall, wo gesagt wird:

«Ein Abweichen von der ungeschmälerten Erhaltung im Sinne der Inventare darf bei der Erfüllung einer Bundesaufgabe nur in Erwägung gezogen werden, wenn ihr bestimmte, gleich- oder höherwertige Interessen von ebenfalls nationaler Bedeutung entgegenstehen.»

γ) Eine Legitimation, mit der Interessenabwägung «kurzen Prozess zu machen», be- 905
steht nur dort, wo das positive Recht selbst eine Klärungsanweisung im Sinne von Rz 907
enthält. Alles andere lässt geistige Unbeholfenheit oder gar Bequemlichkeit vermuten[30].

c) Bereits hier ist Folgendes vorauszuschicken: Weder der blosse Hinweis auf die 906
Ähnlichkeit des zu beurteilenden Problemfalles mit dem typischen Anwendungsfall einer
Vorschrift (zB eines Umbaus mit einem Neubau) noch auf den mit Letzterer verfolgten
Zweck (zB Erhaltung und Schaffung gefälliger Ortsbilder) noch auf das von der Erfahrung gebotene Vorgehen helfen hier weiter[31].

---

[29] Das ist das Problem des von Jürgen Habermas propagierten idealen, von Ota Weinberg in Institution und Recht, Symposion, S. 253 ff als Diskurs der Engel bezeichneten Vorgehens.
[30] Nach Edward E. Ott, Bundesgerichtspraxis, S. 193, 195, 197 wird in den wenigsten Fällen, in welchen eine umfassende Interessenabwägung erfolgen sollte, keine solche befriedigend durchgeführt; er kritisiert, dass der Feststellung von Lücken und Normkollisionen kaum umfassende Interessenabwägungen vorausgehen, sondern eine solche meistens nur im Sinne einer Ergebniskontrolle nachfolgt.
[31] Edward E. Ott, Methoden, S. 382 f, 388 bringt drei köstliche Beispiele: a) Wer im Wald einen ihm bekannten Speisepilz findet und daneben einen ähnlichen, aber ihm unbekannten Pilz sieht, tut gut daran, nicht auf dessen Essbarkeit zu schliessen; b) Wenn ein Medikament zur Anwendung bei Rheuma bestimmt ist, heisst dies nicht, dass es im speziellen Fall keine unangenehme Nebenwirkung hat; c) Wenn ein Uhrmacher gefragt wird, wie er eine Uhr repariere, dann gibt der Hinweis, er mache dies aufgrund seiner Ausbildung als Uhrmacher, keine zusätzliche Information.

2. Zu den einzelnen Anweisungen für die Interessenabwägung

907 a) Die Fragwürdigkeit teilweiser Abweichungen vom Gebot der umfassenden Interessenabweichungen gilt auch für die acht folgenden, bisweilen mit besonderem sprachlichem Pomp auftretenden Prinzipien[32]:

- «Das öffentliche Interesse geht dem privaten Interesse vor.»[33] Oder gerade umgekehrt: «Das private Interesse geht dem öffentlichen Interesse vor.»
- Die Interessenlenkung: «Es dürfen nur gewisse Interessen beachtet werden bzw. gewisse Interessen müssen unbeachtlich bleiben.»; «Es ist nur das eine Interesse zu berücksichtigen.»[34]; «Ein Interesse ist gegenüber seinem realen Gewicht nur reduziert oder aber verstärkt zu berücksichtigen.»[35] Richtigerweise sind jedoch die berührten öffentlichen und privaten Interessen immer vollständig zu ermitteln, umfassend zu berücksichtigen und mit dem ihnen zukommenden Gewicht gegeneinander abzuwägen; dabei sind auch die Aspekte des Vertrauensschutzes mitzuberücksichtigen[36, 37].

907a – Die Objektivierung der Massstäbe: Es darf hienach weder auf die subjektiven Vorstellungen und Wünsche noch auf die Bequemlichkeit, persönliche Zweckmässigkeit oder finanzielle Leistungsfähigkeit des Einzelnen abgestellt werden[38]. Das ist alles auf den ersten Blick sehr einleuchtend und wirkt als nichts anderes denn als eine Anwendung des Rechtsgleichheitsgebotes und des Willkürverbotes. Jene Aufforderung bedeutet jedoch, dass die Eigenart und Bedürfnisse eines Menschen im Einzelfall ausser Acht zu lassen sind und dass es einzig und allein auf den normalen Lauf der Dinge, auf die sich gemäss allgemeiner Lebenserfahrung ergebenden Verhältnisse ankommt. Vgl. die frühere Kategorienbildung bei der immissionsrechtlichen Beurteilung von gewerblichen Betrieben in Rz 505 ff. Zwischen dieser Betrachtungsweise und dem Gebot der umfassenden Interessenabwägung besteht ein offensichtliches Spannungsverhältnis. Das zeigt sich gerade im Baurecht besonders deutlich[39]. Der Ruf nach Objektivität – und Unpersonalität – im Baurecht kann auch übertrieben werden.

---

[32] Siehe hiezu allgemein: Walther Burckhardt, in: Methode und System des Rechtes, S. 277 ff, insb. S. 286.

[33] Vgl. in der Charta von Athen des Internationalen Kongresses der modernen Architekten (CIAM) von 1933 den abschliessenden Punkt der insgesamt 96 Punkte und damit auch der 25 «Schlussfolgerungen und Lehrsätze»: «Das Privatinteresse muss dem Interesse der Allgemeinheit untergeordnet werden» (gemäss: Information zur Raumentwicklung, Heft 6/7, 1995).

[34] ZB Art. 26 der jetzt aufgehobenen Verordnung betreffend die eidgenössische Oberaufsicht über die Forstpolizei (SR 921.01): Unbeachtlichkeit finanzieller Interessen. Oder: BV Art. 24^{sexies} V, neu Art. 75 V: Sind hier nur die Interessen des Moorschutzes zu beachten? Rz 4104.

[35] ZB Nichtberücksichtigung der Interessen derjenigen Privaten, welche eine Baute rechtswidrig erstellt oder geändert haben.

[36] BGE vom 20. September 1995 (Sils-Baselgia/GR, in: ZBl 1997 S. 277). BGE 119 Ia 362, 372 (Retschwil/LU).

[37] Zum Aufhorchen gemahnt eine Motion der Geschäftsprüfungskommission des Nationalrates 1998 mit dem Begehren, der Bundesrat solle die gesetzlichen Grundlagen schaffen, «damit in Fällen, wo sich beim Nationalstrassenbau zwei öffentliche Interessen gegenüberstehen, die Entscheidungskompetenz bei der politischen und nicht wie bis anhin bei der richterlichen Behörde liegt».

[38] So zB BGE 108 Ib 363 (Bonvard/GE), BGE 111 Ib 217 (Gontenschwil/AG), BGE 112 Ib 408 (Allschwil/BL), BGE 117 Ib 383 (Wislikofen/AG), ZH-Regierungsrat in: BEZ 1993 Nr. 23.

[39] Es ist offensichtlich interessenmässig ein grosser Unterschied, ob der Eigentümer eines kleinen Gebäudes zur Befriedigung der rein familiären Raumbedürfnisse im Estrich oder Keller Zimmer ein-

- «Im Zweifel gilt die Freiheit.» (In dubio pro libertate): Dieser Satz hat, als Interessenabwägungsanweisung verstanden, in einem liberal-demokratisch-sozialen Rechtsstaat auf den ersten Blick zwar die Plausibilität für sich, stösst jedoch in der juristischen Literatur, aber auch in der Judikatur, zu Recht auf Zurückhaltung bis Ablehnung[40]. Wie wenig der Satz als Klärungsanweisung in kritischen Fällen weiterhilft, zeigt sich gerade im Baurecht. Behördliche Akte, welche demjenigen, der ein Gebäude erstellen, fortbestehenlassen, ändern, abbrechen oder sekundär neubauen will bzw. welche demjenigen, der einen Bewerb aufnehmen, weiterausüben, stilllegen, ändern oder sekundär neuaufnehmen will, stellen für seinen Nachbarn oft eine Freiheitsbeschränkung dar (Rz 914 f).
- Prioritätsprinzip (Prior tempore potior iure): Wenn zwei Menschen an gegensätzlichen Situationen interessiert sind, dann ist nur diejenige als erlaubt anzusehen, welche schon länger existiert. Das kann zumindest im Baurecht nicht überall gelten, weil die frühere Situation meistens dem natürlichen Ende ohnehin schon näher ist als die spätere.
- «Alles was nicht verboten ist, ist erlaubt.» Oder umgekehrt: «Was nicht erlaubt ist, ist verboten.» Das steht normlogisch keineswegs fest. Es kann sich hier höchstens um eine Formulierungsregel handeln. Der erstgenannte Satz wird bisweilen als liberalrechtsstaatliche Grundnorm bezeichnet.
- «Im Zweifel ist gegen den Verfasser des Textes auszulegen.» (In dubio contra stipulatorem): Dieser Satz hilft hier nicht weiter, weil der Gesetz-/Verordnungsgeber nicht als Stipulator aufgefasst werden kann, da es sich nicht um ein Vertragsverhältnis handelt. Dieser Satz steht auf der Kippe zwischen einer Interessenabwägungs- und Auslegungsweisung (Rz 4113a).
- «Es gilt die Besitzstands-/Bestandesgarantie.» Warum dieses Argument für die Behebung der hier vorausgesetzten normativen Unklarheit belanglos ist, wird in Rz 4455 ff separat dargelegt.

richten will, oder ob der Eigentümer eines «Renditenobjektes» solche baulichen Vorkehrungen beabsichtigt, um zusätzlich vermieten oder verkaufen zu können. Im letzteren Fall geht es lediglich um finanziellen Gewinn, während im zuerst genannten Fall durchaus auch die persönliche Freiheit mit ins Spiel kommt. Zudem ist immer auch noch an die Interessen der Nichteigentümer, der Mieter und Pächter, zu denken. BGE 100 Ib 402 f (Wädenswil/ZH, betr. Wiederbau eines Einfamilienhauses für Geflügelzüchterfamilie) schliesst m.E. «subjektive Gegebenheiten, also Erwägungen persönlicher, familiärer, finanzieller oder ideeller Art» zu kategorisch aus, auch wenn es richtig ist, dass nur Interessen von Bedeutung sein dürfen, «die für jeden Bauherrn unabhängig von seiner Individualität in gleicher Weise gelten».

[40] Zaccaria Giacometti, S. 223, und Jörg P. Müller, N. 21, lassen den Satz nur als Vermutung «zugunsten der Freiheit des Bürgers und zu Lasten des staatlichen Eingriffs» gelten. Walther Burckhardt, Methode, S. 286, lehnt jedoch Vermutungen zur Klärung wichtiger materiellrechtlicher Fragen ab. Negativ äussert sich auch Ulrich Häfelin/Georg Müller, N. 184 ff. Desgleichen Arthur Meier-Hayoz für das Privatrecht in: Kommentar ZGB, zu Art. 1, N. 112 f, 202 («zu schematisch»). Das ZH-Verwaltungsgericht erklärt in: RB 1990 Nr. 89: Diese Maxime «kann in ihrer Allgemeinheit durchaus ernstzunehmende Bedenken wecken, da Freiheitsbeschränkungen immer zugunsten eines anderen schützenswerten Rechtsgutes erfolgen», doch lässt das Verwaltungsgericht die Anweisung als «sinnvoll und verfassungskonform» gelten, wenn sie aufgrund einer umfassenden Interessenabwägung erfolge. Damit wird aber der Anweisung ihre Eigenständigkeit abgesprochen. Das Verwaltungsgericht argumentiert dabei im Weiteren mit dem eine Leitschnur für die Beweislastverteilung bildenden Angreiferprinzip gemäss Peter Sutter, Rz 722 ff.

908 b) Die vorstehenden Prinzipien können im staatlichen (eidgenössischen, kantonalen oder kommunalen) Recht oder im Völkerrecht, Verfassungs-, Gesetzes- oder Verordnungsrecht, im gesetzten oder im Gewohnheitsrecht[41] vorkommen. Sie müssen dann selbstverständlich im Rahmen der Klärung von Vorschriften mit unbestimmten Regelungselementen, mit Anweisung zur Ermessensbetätigung im Lückenbereich und bei der Lösung von Vorschriftenkollisionen zwischen sich widersprechenden Vorschriften mit dem ihnen vom Urheber zugeschriebenen Sinn berücksichtigt werden. In der in diesem Abschnitt behandelten Situation wird jedoch vorausgesetzt, dass man mit diesen Prinzipien zu keiner Klarheit gelangt; es handelt sich hier um das, was nachher kommt.

C. Zur Vermeidung von Missverständnissen

1. Beachtlichkeit der allgemeinen Rechtsgrundsätze und Freiheitsrechte sowie der in gesetzlichen Regelungen zum Ausdruck gelangenden Wertungen

909 Das Vorstehende bedeutet nun aber keineswegs, dass bei den nach durchgeführter Auslegung immer noch notwendigen zusätzlichen Entscheidungen im Bereich der unbestimmten Regelungselemente («unbestimmte Gesetzesbegriffe»), bei der Ermessensausübung, der Lückenfüllung oder der Lösung von Vorschriftenkollisionen der Entscheidende nach seinem eigenen Gutdünken oder gar willkürlich die zur Diskussion stehenden Interessen bewerten darf. Er hat dabei immer die allgemeinen materiellen Rechtsgrundsätze (Erfordernis des öffentlichen Interesses, Willkürverbot, Rechtsgleichheitsgebot, Gebot des Handelns nach Treu und Glauben, Verhältnismässigkeitsprinzip, Nichtrückwirkungsgebot sowie Rechtssicherheitsgebot[42]) sowie die Freiheitsrechte, im postfiniten Baurecht insbesondere die Niederlassungsfreiheit sowie die Handels- und Gewerbefreiheit, ferner die persönliche, die Meinungs-, die Glaubens- und Gewissens-, die Presse-, die Informations-, die Ehefreiheit und selbstverständlich die Eigentumsgarantie zu beachten. Da alle geltenden Gesetzesvorschriften zum Schutz bestimmter Interessen und nicht einfach um des Vorschreibens willen erlassen worden sind, setzen diese Vorschriften voraus, dass der Gesetzgeber die bei ihrem Erlass verfolgten Interessen bereits in einer bestimmten Weise bewertet hat[43]. Diese Bewertungen sind zu übernehmen, so lange der Nachweis nicht erbracht ist, dass es der Vorschrift am öffentlichen Interesse fehle[44, 45].

---

[41] Gerade bezüglich des postfiniten Baurechtes wird in einzelnen Fällen von einer gewohnheitsrechtlichen Basis gesprochen. Martin Pfisterer, S. 208 (das auf die Besitzstandsgarantie bezogene Verbot neubauähnlicher Vorkehrungen an altrechtlich baurechtswidrigen Gebäuden).

[42] Von den acht allgemeinen materiellen Rechtsgrundsätzen ist hier das Erfordernis der gesetzlichen Grundlage nicht erwähnt; denn in diesem Kapitel wird ja vorausgesetzt, dass kein geschriebenes Recht eine Anleitung zum Entscheid enthält.

[43] Die Frage, wie weit dies auch für Interessen gilt, deren Schutz lediglich durch Verordnungen bezweckt wird, bleibt hier offen.

[44] Hiebei geht es meistens nicht nur um ein einziges, sondern um ein Bündel von Interessen. So verfolgt der Gesetzgeber zB beim Erlass von Grenzabstandsvorschriften folgende fünf Interessengruppen: 1. Gesundheitspolizeiliches: genügend Besonnung und Durchlüftung; 2. Feuerpolizeiliches: in einem Brandfall möglichst wenig Funkenwurf vom einen auf das andere Gebäude, Offenhaltung von Raum, damit die Feuerwehr bei einem Brand von der Strassen- auf die rückwärtigen Gebäudeseite gelangen und auch von dort aus den Brand bekämpfen kann; 3. Ortsgestalterisches: aufgelockerte Überbau-

2. Auflistung allgemeiner Erfahrungssätze

a) Interessenabwägungen sind, wie bereits dargelegt, ein schwieriges Geschäft, voller komplexer Gedankengänge. Für solche ist es durchaus nützlich, über einen Vorrat an Überlegungen zu verfügen, welche dabei ratsamerweise angestellt werden. Solche Vorräte können in Merksprüchen oder Stichwörtern oder in einem Topoi-Katalog bestehen. Sie mindern die Gefahr des Vergessenwerdens von beachtlichen Gesichtspunkten, bezeichnen aber keineswegs eine feste Marschroute und schon gar nicht eine solche, welche untrüglich zum Ziel führt. Es handelt sich hier jedoch primär um etwas Didaktisches oder Mnemotechnisches bezüglich Erfahrungen und nicht um etwas Normatives. Allgemeine Erfahrungssätze, wie sie hier verstanden werden, sind keine Regelungen[46]. Sie sind unbeachtlich von dem Augenblick an, da eine andere Erfahrung eintritt[47]. Mit einer Garantie hat dies schon gar nichts zu tun (Rz 1125 f)[48].

910

b) α) Hier nicht durch ein Hinüberwechseln vom faktisch-deskriptiven zum normativ-präskriptiven Bereich zu übermarchen, ist allerdings schneller gesagt als getan, und zwar in beiden Richtungen. Der in der Verwaltung oder beim Gericht Tätige braucht handfeste Richtlinien bei der Anwendung des Rechtes, besonders wenn er keine juristische Schulung durchlaufen hat, wie das bei den meisten Praktikern der Bauämter zutrifft. Es ist das Verdienst von Ulrich Schroth[49], auf dieses Problem hingewiesen zu haben[50]. Er kenn-

911

---

ung, welche auch Platz für Grünflächen dazwischen offenlässt; 4. Friedenswahrendes: Tiefhaltung der von den Bewerbern des einen auf diejenige des anderen Gebäudes hinüberwirkenden Lärm-, Geruchsimmissionen, Erschütterungen usw.; 5. Gerechtigkeitswahrendes: möglichst rechtsgleiche Aufteilung des gesamthaft zur Verfügung stehenden Kontingentes an Baumasse, mit Anknüpfung an das Parzelleneigentum. Bei jedem dieser fünf Gesichtspunkte wird oft, nicht selten aus egoistischen Gründen, die Frage gestellt, ob ihnen wirklich in so hohem Masse entsprochen werden müsse (vgl. die Diskussion um die Wünschbarkeit «baulicher Verdichtung»), ob ihnen statt mittels Grenzabständen nicht anderswie besser Rechnung getragen werden könnte (zB mit der Ausnützungs- oder Baumassenziffer; vgl. Rudolf Kappeler, Die Ausnützungsziffer, Versuch einer Bilanz, in: ZBl 1989 S. 49 ff) usw.

[45] Zwischen der Ablehnung der Vorgewichtung von Interessen nach Rz 890 und der Befürwortung der Berücksichtigung der in Verfassungs- oder Gesetzesvorschriften bestätigten Interessen besteht kein logischer Widerspruch; es liegt kein «Einbruch» in einen von grundsätzlicher Klärungsanweisungsfeindlichkeit beherrschten Bereich vor. Die Wertungen in Verfassung und Gesetzen beruhen voraussetzungsgemäss auf einer Stellungnahme des Gesetzgebers, im Unklarheitsbereich liegt jedoch ebenfalls voraussetzungsgemäss keine andere Stellungnahme des Gesetzgebers vor.

[46] Vgl. jedoch: Karl Spühler, Wann sind Grundsätze der Lebenserfahrung allgemeine Rechtssätze?, in: SJZ 1997 S. 397.

[47] Karl Larenz, S. 288.

[48] Es besteht eine gewisse Verwandtschaft mit den Leitprinzipien, welche Kurt Eichenberger im Referat bzw. Artikel: Zur Problematik der Aufgabenverteilung zwischen Staat und Privaten, in: ZBl 1990 S. 517 ff, insb. S. 535 f, bei Aufgabenwahlentscheiden zur Beachtung empfiehlt: Was zunächst als sichere Hilfe bei Entscheiden erscheint, erweist sich als zusätzliche Mühe; es müssen nur noch mehr Wertungen und Abgrenzungen vorgenommen werden; diese gedankliche Arbeit ist aber unumgänglich, wenn man «zu der Richtigkeit angenäherten Lösungen» vorstossen, wenn man «Unbedachtheiten» vermeiden will; es geht nicht um «erhärtete Faktoren», welche immer und überall von Bedeutung sind.

[49] Ulrich Schroth, Philosophie und juristische Hermeneutik, in: Arthur Kaufmann/Winfried Hassemer (Hrsg.), Einführung, S. 306 ff, insb. S. 329 f.

zeichnet die Thematik mit dem Ausdruck «Zuordnungsregelung zur Wirklichkeit». Es wird dabei von Formulierungen in Gesetzen ausgegangen, mit welchen Sachverhalte gemeint sind, die nicht auf «unmittelbar Beobachtbares» zurückgeführt werden können; sie bezeichnen vielmehr nur «Dispositionen». Ulrich Schroth erörtert das Problem allerdings anhand eines recht weit vom Baurecht entfernt liegenden Sachverhaltes: der Strafbarkeit des im deutschen Gesetz nur mit «Fahren im angetrunkenen Zustand» ausgedrückten Tatbestandes. «Angetrunkener Zustand» ist ein unbestimmtes Regelungselement («unbestimmter Gesetzesbegriff»). Hier besteht die von den deutschen Gerichten geschaffene Wirklichkeitszuweisung, wonach ein Fahren mit einem Alkoholgehalt im Blut von mehr als 0,8 Promille den Tatbestand des «Fahrens in angetrunkenem Zustand» erfülle. Das ist nun ein Sachverhalt, welcher «direkt beobachtet» werden kann. Für das Baurecht lässt sich hier wohl etwa als Beispiel die sogenannte Viertelsregelung nennen: Bereits vor der Aufnahme einer entsprechenden Regelung in die Allgemeine Gewässerschutzverordnung (Rz 4073 f) wurde von der Praxis eine bauliche Änderung in Gebäuden ausserhalb des vom generellen Kanalisationsprojekt erfassten Gebietes als erlaubt erklärt, wenn die dadurch bewirkte Vergrösserung der Wohn- und Gewerbefläche nicht mehr als 25% («ein Viertel») der bisher vorhanden gewesenen Wohn- und Gewerbefläche ausmachte. Wann einem Um-, Auf- oder Anbau «keine überwiegenden (öffentlichen und nachbarlichen) Interessen entgegenstehen», wann er «mit den wichtigen Anliegen der Raumplanung vereinbar» ist, wann er «angemessen» ist, wann er eine «Verbesserung» darstellt, wann eine Zweckänderung «eingreifend» ist, wann sich ein Gebäude für eine zonengemässe Nutzung «nicht eignet» usw., findet man auch bei einem noch so intensiven Starren auf den Um-, Auf- oder Anbau nicht heraus.

912 β) Zuordnungsregeln unterscheiden sich von «normalen» Anwendungskriterien dadurch, dass sich nicht mehr trennen lässt, was normale Begriffspräzisierung und was Beweisregel ist. Da derartige Regeln die Gerichte indirekt binden, wird insoweit die freie richterliche Beweiswürdigung eingeschränkt, die Tat- zur Rechtsfrage. Normativ problematisch ist, wie weit Rechtsmittelgerichte Tatsacheninstanzen mit solchen Zuordnungsregeln in ihrer Beweiswürdigung beschneiden dürfen.

913 γ) Der Übergang von den entsprechend den Ausführungen in Rz 902 f als unerwünscht angesehenen Abwägungsanweisungen zur als blosses Angebot an Argumentationsgesichtspunkten gedachten Erscheinung nach Rz 909 f über die zulässige Wirklichkeitszuweisung gemäss Rz 911 und in umgekehrter Richtung ist gleitend.

---

[50] Auch der Aufsatz von Giovanni Biaggini, Die vollzugslenkende Verwaltungsverordnung: Rechtsnorm oder Faktum? Reflexionen über ein juristisches Chamäleon, in: ZBl 1997 S. 1 ff, enthält interessante Ausführungen zum Problem.

IV. Anwendung des Gebotes der umfassenden Interessenabwägung auf den Spezialfall kollidierender Interessen von Bauaktiven und Nachbarn

A. Zur Eigenart der Wahrnehmung der Interessen Privater

1. Jede Festsetzung oder Verschärfung eines Verbotes des Bauens bzw. Bewerbens auf der Parzelle I schränkt selbstverständlich die Freiheit des Eigentümers derselben ein und beeinträchtigt dessen Interessen. Umgekehrt erweitert tendenziell jede solche Festsetzung eines Verbotes bzw. jede Verschärfung eines solchen die Freiheit des Eigentümers der benachbarten Parzelle II, nützt seinen Interessen, wenn dieser keinerlei Bauabsichten hegt. Jede Einschränkung der Möglichkeiten des Eigentümers der Parzelle II, Behinderungen durch das Bauen bzw. Bewerben auf der Parzelle I abzuwehren, schadet seinen Interessen und schränkt seine Freiheit ein, erweitert jedoch die Freiheit des Eigentümers der Parzelle I. Bauvorschriften tragen deshalb immer einen Januskopf. 914

2. a) Es besteht nun in einem liberal-demokratischen Rechtsstaat ein grosser Unterschied in der Art und Weise, wie die Eigentümer der Parzellen I und II ihre jeweiligen Freiheiten ausüben und ihre Interessen wahren können. Ersterer kann dasjenige, was direkt zu dem von ihm angestrebten Ziel führt, von sich aus unternehmen. Er kann entweder selbst bauen oder Architekten, Ingenieure, Techniker, Bauunternehmer, Handwerker usw. beiziehen und diese die gewünschten Arbeiten ausführen lassen. Sofern er über die nötigen Bewilligungen verfügt und er die zwar zahlreichen, die Durchsetzung seines Zieles aber meistens nicht in Frage stellenden Regelungen befolgt, kann er seine Wünsche selbst voll befriedigen. 915

b) Ganz anders verhält es sich jedoch beim Eigentümer der Parzelle II mit seinen Abwehrrechten. Direkt zu dem von ihm angestrebten Ziel würde führen, dass er Arbeiten auf der Parzelle I mit Brachialgewalt, psychischen Druckmitteln verhindern, bereits erstellte Bauteile abbrechen und die Erstellung, die Änderung bzw. den Abbruch nebenan verunmöglichen würde, sei es durch persönliches Einschreiten, sei es unter Beizug von Hilfskräften. Das zu tun, ist den Nachbarn nun aber offensichtlich auch heute noch nicht gestattet[51], allerdings nicht infolge baurechtlicher Regelungen, sondern, wenn nicht schon bereits aufgrund moralischer Überlegungen, weil ihnen Regelungen des Straf- und Zivilrechtes entgegenstehen (zB StGB Art. 180 ff über die Nötigung, Art. 145 über die Sachbeschädigung, Art.186 über den Hausfriedensbruch, Art. 221 ff über die Verursachung von Einstürzen, Sprengungen; ZGB Art. 641 II über die Abwehr von Eigentumsstörungen, Art. 926 ff über die Abwehr von Besitzesstörungen; OR Art. 41 ff über die Haftung aus unerlaubter Handlung usw.). Der Eigentümer der Parzelle II ist deshalb bei der Verfolgung seines Zieles auf friedliche Vorsprachen, auf das Schreiben von Briefen, das Einreichen von Einsprachen, Rekursen, Beschwerden, Petitionen und Volksinitiativen, ein bestimmtes Verhalten bei der Wahl von Behörden usw., also auf Vorkehrungen eingeschränkt, 916

---

[51] Es ist dies allerdings seit 1980 in manchen Kreisen in beschränktem Umfang Mode geworden. Man denke an die sogenannten «Hausbesetzungen»!

welche vom erstrebten Ziel viel weiter entfernt sind. Das gilt selbst dann, wenn das dem Nachbarn missfallende Geschehen auf der Parzelle I vom Gesetz eindeutig verboten bzw. die ihm missfallende Unterlassung geboten ist[52]. Dem Begriff der Aktivlegitimation des Nachbarn und seiner inhaltlichen Umschreibung kommt hier eine grosse Bedeutung zu.

B. Besondere Überlegungen bei dieser Interessenabwägung

917 1. Es liegt auf der Hand, dass die Interessen des Bauaktiven mit denjenigen seiner Nachbarn kollidieren können. Um dabei die Interessen des Bauaktiven einerseits mit den gegenläufigen Interessen der Nachbarn anderseits abzuwägen, werden ausgesprochen oder unausgesprochen etwa folgende Überlegungen angestellt:

a) Tätigwerden, Aktivität, Errichten von Neuem und Ändern von Vorhandenem verdiene den Vorzug vor dem blossen Fortbestehenlassen bzw. Weiterausüben von Bisherigem. Das Bauen sei Fortschritt, Fortbestehenlassen bzw. Weiterausüben von Bisherigem aber Stillstand. Das ist eine Betrachtungsweise, welche vielleicht für baulich unterentwickelte Gebiete zutreffen mag. Heute aber wird zumindest in Mitteleuropa eher das Zuviel als das Zuwenig an Bauten und an Änderungen derselben zum Problem.

918 b) Die Schaffung von Materiellem, Wirtschaftlichem verdiene den Vorzug vor der Abwehr von Eingriffen auf bloss der Annehmlichkeit des Lebens Dienendem. Das Erstellen und Ändern von Gebäuden gehört eher zur erstgenannten Gruppe, das blosse Fortbestehenlassen von Gebäuden, das Sich-wehren gegen Bauvorhaben nebenan eher zur zweitgenannten. Die Annehmlichkeiten des Lebens können jedoch für das Wohlergehen der Gesellschaft gerade so wichtig sein wie die materiellen, wirtschaftlichen Güter.

919 c) Ein Verbot, welches ein Tun betrifft, sei ein härterer, direkterer Eingriff in die Freiheit, als eine Einschränkung der Abwehrmöglichkeit gegen die Auswirkungen dieses Tuns. Diese Auffassung wird dort relativiert, wo dem Tun eines Einzelnen eine grosse Zahl von Menschen gegenübersteht, auf deren Freiheit sich dieses Tun nachteilig auswirkt.

920 d) Das Interesse daran, später so weiterbauen zu können, wie man beim Kauf der Parzelle, bei der Errichtung des ersten Gebäudes darauf angenommen habe, verdiene mehr Beachtung als dasjenige, dass später nicht um die Parzelle herum anders gebaut werde, als man beim Kauf der Parzelle, bei der Erstellung seines Gebäudes angenommen habe. Ob dies richtig ist, hängt allein davon ab, welche konkreten Angaben vom Gemeinwesen beim Parzellenkauf, bei der Erstellung des ersten Gebäudes bzw. seines Gebäudes gemacht worden sind (Rz 1019 f).

921 e) Das Erstellen und Ändern von Gebäuden gebe den Inhabern von Baugeschäften die Möglichkeit, ihren Betrieb aufrechtzuerhalten, und Arbeitsuchenden, eine Stelle zu

---

[52] Noch viel weniger darf der Eigentümer der Parzelle II gewaltsam gegen das Geschehen in einer anderen Parzelle vorgehen, wenn jenes nicht verboten ist.

finden, was beim Willen, das Bisherige einfach fortbestehen zu lassen, nicht zutreffe. Ersteres ist in einer von Arbeitslosigkeit und Rezession geplagten Zeit volkswirtschaftlich positiv zu werten. Doch stellt sich auch hier die Frage, ob es nicht möglich wäre, Arbeitslosigkeit und Rezession auf eine andere Weise nachhaltiger, mit weniger nachteiligen Auswirkungen zu bekämpfen.

f) Diejenigen Freiheiten, mit welchen öffentliche Interessen parallel laufen, verdienen den Vorzug gegenüber solchen Freiheiten, bei welchen eine solche Parallelität fehlt. Das wäre ein klares Kriterium für die Interessenabwägung, wenn die öffentlichen Interessen eine klar umrissene Grösse wären. Das trifft aber nicht zu. 922

2. Bei der Gegenüberstellung der Interessen des Bauaktiven und derjenigen seiner Nachbarn wird regelmässig vernachlässigt, dass für den Nachbarn eine wesentlich verschiedene Interessenlage vorhanden ist, je nachdem ob die Parzelle des Bauaktiven bisher unüberbaut war oder bereits überbaut ist und ob es beim Nachbarn um eine noch unüberbaute oder eine bereits überbaute Parzelle geht, ferner ob der Nachbar sich selbst mit dem Gedanken trägt, später einmal zu bauen oder ein vorhandenes Gebäude zu ändern. Hieraus ergeben sich bereits acht wesentlich verschiedene Situationen, welche nicht einfach über den gleichen Leisten geschlagen werden dürfen. 923

3. a) Der Gegenüberstellung der Freiheiten und Interessen des Bauaktiven einerseits und seiner Nachbarn anderseits kann nun allerdings entgegengehalten werden, jeder Eigentümer einer Parzelle in der Bauzone komme früher oder später in die gleiche Lage wie der Bauaktive nebenan; dadurch hebe sich die Interessenkollision mit der Zeit von selbst auf. Das trifft für das Verhältnis zwischen den Eigentümern von Parzellen aber höchstens zu, wenn man Jahrzehnte umfassende Zeiträume ins Auge fasst. Ganz anders verhält es sich jedoch, wenn man an den einzelnen Menschen denkt. Nur die wenigsten Eigentümer, welche einmal ein Gebäude auf ihrer Parzelle errichtet oder umfangreich geändert haben, kommen, wenn sie nicht in der Baubranche tätig sind, in ihrem Leben noch einmal in die Lage, ein Gebäude zu errichten oder zu ändern. Nach der Errichtung des Gebäudes oder einer grösseren Änderung desselben gehören fast alle Eigentümer von Parzellen zu den viel zahlreicheren Menschen, die bezüglich eines Gebäudes kein anderes Interesse und keinen anderen Wunsch mehr haben, als dass das Gebäude unverändert fortbesteht und dass die Umgebung so bleibt wie bisher, sei es, weil sie keine zusätzlichen Raumbedürfnisse verspüren, oder sei es, weil ihnen die nötigen Mittel für ein zusätzliches Bauen fehlen. 924

b) Aber auch wenn man Jahrzehnte ins Auge fasst, kann sich für den Nachbarn aus Lockerungen eine Verschlechterung seiner Position ergeben. Nicht selten kommt es nur gerade nebenan (in der anderen Zone) zu lockernden Revisionen oder aber es treten im Zeitraum, bis man selber bauen will, verschärfende Revisionen für einen selber ein. Der Nachteil des Eingeschlossenseins seines niedrigen Gebäudes im Garten durch hohe Blöcke rundherum wird einem nur selten durch einen allgemeinen Anstieg der Landpreise im Quartier ausgeglichen. 925

4. a) Ich wage deshalb die Behauptung: Wer Eigentümer einer bereits überbauten Parzelle ist und welchem sein darauf vorhandenes Gebäude dimensionsmässig genügt, für 926

den ist jede Verschärfung der Geschosszahl-, Höhen-, Gebäudeflächen-, Ausnützungs- oder Baumassenmaxima und Abstandsminima, vereinfachend ausgedrückt jede Abzonung, vorteilhaft und jede Lockerung, vereinfachend ausgedrückt jede Aufzonung, nachteilig. Das gilt auf jeden Fall dort, wo sich eine Parzelle im Inneren der Bauzone befindet und die Änderungen baurechtswidriger Gebäude nicht strenger geregelt sind als diejenigen baurechtgemässer Gebäude. Die Lockerung der genannten Vorschriften ist für den Eigentümer einer bereits überbauten Parzelle, welchem sein darauf befindliches Gebäude genügt, deshalb meistens nachteilig, weil dies auf den Parzellen nebenan den Auslöser für Gebäudeabbrüche mit anschliessendem, grösserem Neubau oder für Auf- und Anbauten und damit für eine bauliche Einkesselung bilden kann. In Rz 1740 ist dargelegt, dass die üblichen Vorschriften für die Änderung baurechtswidriger Gebäude im Allgemeinen nicht strenger sind als diejenigen für die Änderung von baurechtgemässen Gebäuden. Wenn es sich jedoch um einen Eigentümer mit einer bereits überbauten Parzelle am Rande einer Bauzone handelt und sich die Lockerung nur auf die Parzellen jenseits der Zonengrenze bezieht, dann ist dies für den Eigentümer der diesseitigen Parzelle erst recht nachteilig[53].

927 b)   Ich halte dafür, dass Interessenabwägungen zwischen Bauaktiven und Nachbarn eine weitgehend intuitive Angelegenheit ist. Der Grundsatz «Im Zweifel für die Freiheit» (In dubio pro libertate) hilft hier von vornherein nicht weiter, weil es auf beiden Seiten um die Freiheit von Privaten geht. Es ist eine unzulässige Vereinfachung, immer nur von «dem» Grundeigentümer zu sprechen, als hätten sie alle immer das gleiche Interesse bezüglich der baurechtlichen Regelungen. Die Interessen der meisten Parzelleneigentümer decken sich, objektiv betrachtet, viel mehr mit denjenigen der Mieter, wenn man einmal von der Erhebung der Mietzinsen absieht. Das Fortdauern der bisherigen Zinspflicht wird jedoch von den meisten Mietern akzeptiert, wenn sich weder an der gemieteten Wohnung noch an deren Umgebung etwas ändert. Der Spruch «Im Zweifel für die Freiheit» ist im Baurecht nur, aber immerhin, soweit berechtigt, als er in Erinnerung ruft, dass in einem liberal-demokratischen Rechtsstaat auch das Interesse an einer freiheitlichen Grundstimmung ein öffentliches Interesse ist.

C. Zur Aktivlegitimation des Nachbarn und zu den Nachbareinsprachen

928 1.   Wo jemand einen Neubau errichten oder ein Gebäude ändern will, dort entsteht häufig ein gespanntes Verhältnis zum Eigentümer der Nachbarparzelle, besonders dann,

---

[53] Von hier aus gesehen ist es rational nicht nachvollziehbar, wieso es Hauseigentümerverbänden regelmässig gelingt, eine grosse Zahl von Mitgliedern zur Teilnahme an einer Abstimmung mit undifferenzierter Ablehnungsaufforderung zu bewegen, wenn es um eine Verschärfung der Bauvorschriften geht, und mit undifferenzierter Zustimmungsaufforderung, wenn es um die Lockerung der Bauvorschriften geht. Mancher Hauseigentümer hat erst zu spät bemerkt, dass er sich mit dem Unterstützen solcher undifferenzierter Aufforderungen geschadet hat. Es ist hier viel Ideologie mit im Spiel oder aber eine irreale Hoffnung, Lockerungen könnten einem später doch noch einmal irgendwie nützen, bzw. eine irreale Befürchtung, Verschärfungen könnten einem später doch noch einmal irgendwie in die Quere kommen. Hieraus ergibt sich eine ungute Frontstellung: hier Hauseigentümer – dort Mieter.

wenn dort schon ein Gebäude vorhanden ist⁵⁴, ⁵⁵. Das gilt zunächst einmal für die Bauphase: Hier sind auf der Nachbarparzelle die Zertrampelung von Gärten, das Umdrücken von Einfriedigungen, das Verursachen von Rutschungen, ferner Belästigungen durch den Baulärm, Staub, Erschütterungen durch Sprengungen usw. häufig⁵⁶. Noch stärker und dauerhafter ins Gewicht fallen im Allgemeinen der Entzug des Ausblickes ins Grüne und in die weitere Umgebung sowie der Entzug von Besonnung durch das neue Bauvolumen. Später kann es dann zu bewerbsmässigen Einwirkungen kommen. Häufig ist auch ein Verlust von räumlicher Privatsphäre unvermeidlich. Viele Nachbarn empfinden die ganze neue Situation als eine harte Zäsur in ihrem Leben.

2.   In der öffentlichen Diskussion, in welcher die Leute aus der Baubranche oft führend sind, ist man jedoch allzu oft bereit, Nachbareinsprachen, -rekurse und -beschwerden samt und sonders negativ, ja sogar als unmoralisch zu bewerten. Die Bezeichnung als Erpressereinsprachen kommt dabei leicht über die Lippen. In vielen Fällen werden vom Nachbarn aber nur deshalb solche Rechtsmittel ergriffen, weil es der Bauaktive unterlassen hat, sich im Voraus um die Einräumung derjenigen Rechte zu bemühen, deren er nun einmal nach der geltenden Rechtsordnung für die Einhaltung der einschlägigen Vorschriften bedarf. Wenn sich der Nachbar dagegen wehrt, **929**

– dass zu nahe an seine Grenze bzw. an sein Gebäude herangebaut wird,
– dass ein grösseres Gebäude erstellt wird, als der Parzellenfläche entspricht, über welche der Bauaktive gemäss Gebäudeflächen-, Ausnützungs- oder Baumassenziffer mindestens verfügen muss,
– dass vom Bauaktiven eine Privatstrasse oder ein Privatweg als Zufahrt beansprucht wird, an deren Erstellungs- oder Unterhaltskosten er seinen Teil noch nicht geleistet hat,

dann ist die Rechtsmittelergreifung nichts anderes als eine legitime Wahrung eigener Rechte. In solchen Fällen darf man nicht dem einsprechenden Nachbarn einen Vorwurf machen, sondern muss den Bauaktiven rügen, dass er versucht hat, etwas zu bauen, wozu er noch nicht über die nötigen Rechte verfügt.

3. a)   Bisweilen sind die Baubehörden den Bauaktiven gegenüber auch einfach zu nachsichtig. Es geht diesen oft nicht nur darum, bei der Behebung des Mangels an Wohn- und **930**

---

⁵⁴ Das Wort Einsprache wird hier im weiteren Sinne für alle Rechtsmittel verwendet, unabhängig davon, ob die Eingaben an die Behörde gerichtet sind, welche den angefochtenen Verwaltungsakt erlassen hat (Einsprache im engeren Sinne), oder ob sie an eine andere Behörde ergeht.
⁵⁵ Vgl. Christian Mäder, Anfechtung, S. 5 ff, Peter Hänni, Hotel Alpina, S. 82 ff, insbesondere zur Aktivlegitimation der Nachbarn und privater Organisationen mit dauernden Schutzaufgaben bei Abbruch von Schutzobjekten, auch bezüglich Entzug der aufschiebenden Wirkung von Rechtsmitteln.
⁵⁶ Gemäss Arthur Meier-Hayoz, Kommentar ZGB, zu Art. 684, N. 55 sind die Kantone «nicht befugt, eine Regelung von Immissionen zu treffen, die im Verlaufe von Bauarbeiten auftreten, seien sie nun positiver ... oder negativer Art ...; derartige Immission unterstehen zweifellos dem Bundesrecht.» Das bedeutet aber doch wohl nicht, dass vom ZGB aus beurteilte die Kantone die von den Bauarbeiten ausgehenden Immissionen nicht öffentlichrechtlich gegenüber ZGB Art. 684 verschärft regeln dürften. Vgl. hiezu den zivilrechtlichen BGE 114 II 230 (betr. Bauarbeiten der Rentenanstalt an der Bahnhofstrasse/Schützengasse in Zürich, in: ZBGR 1991 S. 159 ff).

gewerblichen Räumen mitzuhelfen, was ihre Pflicht ist, sondern auch darum, in Strapazierung des Satzes, dass sie nicht primär eine Bauverweigerungs-, sondern eine Bewilligungsbehörde seien, Partei- und Vereinskollegen eine Gunst zu erweisen, berufständische Solidarität zu bekunden oder dem Gemeinwesen zu einer (oft nur vermeintlichen) Besserstellung seiner finanziellen Lage zu verhelfen (Ansiedlung von «guten Steuerzahlern»)[57].

931 b) In solchen Fällen sind Nachbarn, wo die Möglichkeit der Beschwerde von Organisationen mit ideeller Zwecksetzung fehlt, oft stellvertretend für das nicht vorhandene Amt des «Staatsanwaltes» in Baurechtsfragen die einzigen Garanten dafür, dass zum Rechten gesehen wird, wo lokale Baubehörden wirken, welche gegenüber Bauaktiven allzu willfährig sind.

932 4. Sodann ist die Einreichung mancher Rechtsmittel gegen die an die Bauaktiven erteilten Baubewilligungen lediglich darauf zurückzuführen, dass die streitigen Vorschriften mit derart unbestimmten Elementen formuliert sind, dass man in guten Treuen verschiedener Auffassung sein kann, ob ein Bauvorhaben die Bauvorschriften einhalte oder nicht.

933 5. Zusammenfassend sei Folgendes bemerkt: Der Vorwurf der Erpressereinsprachen entspringt meistens der unbegründeten Verärgerung der Bauaktiven darüber, dass sie ihre eigene ungenügende Vorbereitung des Bauvorhabens nicht wahrhaben wollen. Dass es bei der Rechtsmittelergreifung durch die Nachbarn (und auch durch ideelle Vereinigungen[58]) zu Missbräuchen kommt, sei allerdings nicht bestritten. Es ist dies jedoch viel weniger Fall, als im Allgemeinen angenommen wird[59, 60]. Wegen der vielen Unklarheiten

---

[57] Gerechtigkeitshalber ist jedoch hervorzuheben, dass Baubehördemitglieder in der Schweiz nur in den allerseltensten Fälle durch ein solches Entgegenkommen eigene finanzielle Vorteile herausholen wollen, sondern dass sie meistens in guten Treuen handeln.

[58] Deswegen den ideellen Vereinigungen die Aktivlegitimation wieder zu entziehen, wie dies seit einigen Jahren aus der Bau- und Immobilienbranche verschiedentlich gefordert wird, wäre falsch. Zu diesem Ergebnis gelangten auch Thierry Tanquerel und Alexandre Flückiger in ihrem Bericht an die Bundesbehörden. Vgl. NZZ vom 4./5. März 2000 Nr. 56. Am 8. Februar 1999 ist allerdings im ZH-Kantonsrat ein Postulat zur Überprüfung der Berechtigung dieser Art von Aktivlegitimation dem Regierungsrat zur Prüfung überwiesen worden.

[59] In einem der ersten Fälle, in welchen das ZH-Verwaltungsgericht eine Ordnungsbusse wegen trölerhafter Rechtsmittelergreifung gestützt auf § 18 des 1959 erlassenen Verwaltungsrechtspflegegesetzes ausgesprochen hatte, verhielt es sich wie folgt: Die Nachbarin hatte sich durch alle Instanzen hindurch gegen die Bewilligung des Neubaues des an ihr Gebäude angebauten Gebäudes im Zürcher Seefeld gewehrt, weil sie befürchtete, dieses Vorhaben schädige sie aus baustatischen Gründen massiv; sie konnte dabei allerdings keine Verletzung von Geschosszahl-, Gebäudehöhen- oder Abstandsvorschriften namhaft machen; die baustatische Thematik wurde nicht als relevanter Einsprachegrund anerkannt. Als dann gestützt auf die rechtskräftige Bewilligung gebaut wurde, kam es im Gebäude dieser Nachbarin zu Senkungen und Rissen, für deren Behebung der Bauaktive sie mit ca. Fr. 180'000.– entschädigen musste.

[60] Ich war während 15 Jahren als Bausekretär in Bauämtern tätig und habe während weiteren 28 Jahren als Bauanwalt Bauaktive, Nachbarn von solchen und auch Gemeinden beraten und vertreten. Ich habe jedoch in dieser Zeit (ausser den Fällen gemäss FN 62) von keinem Geschäft gehört, in welchem der Bauaktive dem Nachbarn für die Erwirkung eines Rechtsmittelrückzuges eine Entschädigung für etwas anderes zahlen musste als ein angemessenes Entgelt für die Einräumung von Näher-

im postfiniten Baurecht (Rz 4160 f) dürfte es hier ohnehin selten sein, dass dem Rechtsmittelergreifer auf den Kopf hin Missbrauch vorgeworfen werden kann. Das beste Mittel, um wirkliche Erpressereinsprachen zu bekämpfen, ist nicht die Einschränkung der Aktivlegitimation der Nachbarn schlechthin, sondern die rasche Beurteilung solcher Eingaben durch die Rechtsmittelinstanzen[61]. Wenn die Rechtslage so eindeutig ist, wie oft behauptet wird, dann sollte einer speditiven Abweisung eigentlich nichts im Wege stehen. Damit verginge «Erpressern» wegen der Kostenfolgen von selbst die Lust an Störmanövern. Die Zusprechung von Entschädigungen an denjenigen, welcher durch die Ergreifung von Rechtsmitteln nachteilig betroffen wird, über eine prozessuale Entschädigung hinaus, ist m.E. abzulehnen, unter OR Art. 41 ff fallende Situationen ausgenommen[62, 63].

---

baurechten, für die Überlassung von Land zu Eigentum, als Zu- und Wegfahrt (Fahrwegdienstbarkeiten), zur Einwerfbarkeit von Fläche in die Berechnung der Gebäudeflächen-, Ausnützungs- oder Baumassenziffer (Ausnützungsreverse) oder zur Deckung der durch die mangelhafte Projektierung ausgelösten Verfahrens- und Anwaltskosten. Es schockiert hier vielleicht, wenn ich sage: Dass hier gezahlt wurde, war weitgehend nichts anderes, als was der nachbarliche Anstand ohnehin gefordert hätte. Um beurteilen zu können, wie es sich bei der Zahlung verhielt, welche kürzlich bezüglich eines Hochhausprojektes in Winterthur für den Rekursrückzug erbracht worden sein soll, fehlt mir als Aussenstehendem ein genügender Einblick. Für die Mitteilung belegter gegenteiliger Erfahrungen bin ich dankbar.

[61] Eine Ausweitung der Aktivlegitimation über die Nachbarn hinaus auf den quivis ex populo, also die Ausgestaltung der Rechtsmittel zu einer Popularbeschwerde, ist ebenfalls abzulehnen. Allerdings ist bisweilen die Ziehung der Trennlinie zwischen dem Nachbarn und dem quivis ex populo nicht einfach. Vgl. auch die Mieteraktivlegitimation in: ZH-RB 1981 Nr. 13 (BEZ 1981 Nr. 34), 1982 Nr. 19 und 1986 Nr. 10.

[62] Siehe zu dieser Problematik Jürg Honegger, Schadenersatz und Baueinsprache, Diss., Zürich 1970, ferner: Robert Wolfer, Die verwaltungsrechtliche Baueinsprache des Dritten nach Zürcherischem Recht, Diss., Zürich 1970. Christian Mäder wehrt sich auf S. 23 f zu Recht gegen eine verallgemeinernde Diffamierung der einsprechenden Nachbarn, auch wenn er feststellt, dass solche Einsprachen «nicht immer mit lauteren Absichten erhoben werden». Ferner: BGE 112 II 32 (Sion/VS, Abweisung einer Schadenersatzforderung von Fr. 260'720.– plus Zins geschützt), BGE 115 II 232 f (Rorschach/SG, Fr. 84'000.–, nicht unsittlich), BGE 123 III 101 ff (Luzern, Fr. 30'000.–, unsittlich, aber nicht rückforderbar; hieran schloss sich gemäss NZZ vom 4. Juni 1997 ein Revisionsverfahren an, weil das Bundesgericht die wegen Genötigtwerden des Bauaktiven durch den Nachbarn erfolgte Bestrafung versehentlich nicht beachtet haben soll; ob Letztere unter genügender Beachtung der Besonderheiten des postfiniten Baurechtes erfolgt ist, kann ich mangels Kenntnis der Aktenlage nicht beurteilen; ich hege allerdings gewisse Zweifel) sowie: ZH-RB 1991 Nr. 6 (Die Erhebung eines nicht von vornherein aussichtslosen Rekurses in der Absicht, ihn gegen Entgelt des Bauherrn allenfalls zurückzuziehen, verstösst nicht gegen das Verbot des Rechtsmissbrauches). Ferner: Jean-Baptiste Zufferey, in: Baurecht, 1990, S. 67 ff, sehr harsch zu BGE 115 II 232, sowie: Simon Schaltegger, Haftung des Nachbarn für Verzögerungsschaden infolge Erhebung von Rechtsmitteln gegen eine Baubewilligung, Bemerkungen zu BGr. 4 C.119/1996 vom 21.1.1997, in: BR 1997 S. 101 f, unter besonderer Berücksichtigung des Umstandes, dass das Bundesgericht an die Einschätzung der Erfolgsaussichten des Rechtsmittels durch die kantonalen Gerichte weitgehend gebunden ist. Am 7. September 1998 lehnte der ZH-Kantonsrat die Überweisung einer Motion Dobler mit hohem Mehr ab, wonach bei «Baueinspracheverfahren» inskünftig angemessene Kosten und Parteientschädigungen auferlegt werden sollten.

[63] Eine solche lag offenbar in dem in SJZ 1997 S. 144 f wiedergegebenen Fall vor.

V. Zur Methodik der Folgerung aus der Interessenabwägung

934 Wo im postfiniten Baurecht unbestimmte Regelungselemente («unbestimmte Gesetzesbegriffe»), Ermessensoffenheit, Lücken oder Normenkollisionen angetroffen werden und man nach der Interessenabwägung gemäss Rz 887 ff zum Ergebnis gelangt, es überwiege das Interesse des Bauaktiven oder aber des Gemeinwesens (allenfalls mit Einschluss der Nachbarn), ist wie folgt weiter vorzugehen:

1. Es ist grundsätzlich entweder eine Erlaubnis (bei Überwiegen der Interessen des Bauaktiven) oder ein Verbot (bei Überwiegen [gegenläufiger] Interessen des Gemeinwesens; allenfalls auch ein Gebot) auszusprechen, unter Berücksichtigung der Möglichkeiten von Ziffer 2 und 3.
2. Es ist rückkopplungsweise mit Ziffer 1 und 3 entweder eine Erstmalsinhalts-, eine Übernahmeinhalts- oder eine Übergangsinhaltsregelung gemäss Rz 452 ff, sei es als Gleichstellungs-, Lockerungs-, Verschärfungs- oder eigenständige Regelung, zu wählen.
3. Es kommt rückkopplungsweise mit Ziffer 1 und 2 entweder keine Anpassungspflicht im Sinne von Rz 455 ff oder eine solche gemäss Rz 458 ff zum Zuge, sei es als enge oder weite, annäherungs- oder erfüllungsweise.
4. Je nachdem ist nun ein Verbot (allenfalls ein Gebot) oder eine Erlaubnis mit zugehörigen Bedingungen/Auflagen auszusprechen.
5. Im Verweigerungsfall oder bei Bewilligung mit strengen Bedingungen/Auflagen ist darüber zu befinden, ob gemäss Rz 1321 ff, 1408 ff eine Entschädigung wegen materieller Enteignung zu leisten sei oder nicht (eher nein).

§ 2 Das postfinite Baurecht und das Erfordernis des öffentlichen Interesses

I. Der Inhalt des Erfordernisses des öffentlichen Interesses

1. Öffentlichrechtliche Freiheits- und Eigentumsbeschränkungen sind nur zulässig, wenn sie im öffentlichen Interesse liegen. Das gilt nicht nur für die Beschränkungen gegenüber dem Eigentümer einer Parzelle für das Verhalten bezüglich dieser Parzelle, insbesondere innerhalb davon, sondern auch für die Beschränkung der Möglichkeit, dass Nachbarn unwillkommene Auswirkungen des Verhaltens in der erstgenannten Parzelle (Rz 914 f) abwehren können.   935

2. a) Obwohl das öffentliche Interesse die allgemeine Voraussetzung für jede staatliche Tätigkeit ist, kann dieser Ausdruck nicht auf eine einfache Formel gebracht werden. Klare Vorstellungen fehlen weitgehend. Ob ein ausreichendes öffentliches Interesse vorliegt, ist oft nur von Fall zu Fall aufgrund der jeweils gegebenen Umstände zu bestimmen. Es handelt sich um einen «unbestimmten Rechtsbegriff», besser um einen «unbestimmten Gesetzesbegriff»[1] oder noch besser um ein unbestimmtes Element einer Regelung; ich würde sogar sagen: Es handelt sich um ein extrem unbestimmtes Element einer Regelung.   936

Jörg P. Müller, N. 128 ff. spricht von Konturlosigkeit der öffentlichen Interessen. In die gleiche Richtung deuten auch die illusionslosen Bemerkungen von Georg Müller im Kommentar BV zu Art. 22ter N. 34 f: «In der Lehre und Praxis herrschen keine klaren Vorstellungen darüber, wann ein öffentliches Interesse vorliegt, das einen Eingriff in das Eigentum gestattet. Oft werden bestimmte Interessen – vor allem private und fiskalische – ausgeschlossen, alle übrigen dagegen unabhängig von ihrer Motivation als öffentliche Interessen betrachtet. Dabei ist nicht zu übersehen, dass private und öffentliche Interessen sich oft kaum unterscheiden lassen, ja manchmal übereinstimmen, und dass etwa im Abgabenrecht fiskalische Interessen Eigentumsbeschränkungen zu legitimieren vermögen. Positive Umschreibungen des öffentlichen Interesses sind im Allgemeinen so vage, dass sie kaum weiterhelfen.» Ulrich Häfelin/Georg Müller, N. 453 ff, weisen auf die sich aus der «zeitlichen und örtlichen Wandelbarkeit» des öffentlichen Interesses ergebende Unmöglichkeit einer «präzisen Definition» hin. Diese Wandelbarkeit gilt m.E. gerade für das postfinite Baurecht.

Fiskalische Interessen des Gemeinwesens sind allerdings nach einer verbreiteten Auffassung keine öffentlichen Interessen. BGE 99 Ia 126 E.8a, 140 (Parkhausbau in Verbier/VS mit Ausnahmebewilligung); BGE 95 I 144 E.b, 150 (Walzenhausen/AR, betr. Sanitärinstallationsmonopol). ZH-RB 1964 Nr. 54 = ZBl 1969 S. 399 ff (betr. Einbau einer Zentralheizung in einem von einer Baulinie angeschnittenen Gebäude). Max Imboden/René A. Rhinow, Nr. 57 B.II.b. Weniger apodiktisch: Max Imboden/René A. Rhinow, Nr. 57 IVb.3 und Nr. 123 B.IV (betr. Mehrwertsrevers siehe Rz 1834 f). Ulrich Häfelin/Georg Müller, N. 463, ZH-Verwaltungsgerichtsentscheid vom 14. Dezember 1997 (ZBl 1999 S. 89 f): «Mit Ausnahme rein fiskalischer Interessen ist grundsätzlich jedes öffentliche

---

[1] Ulrich Häfelin/Georg Müller, N. 450–485 und die auf S. 104 zitierte Literatur.

Interesse – namentlich auch der Denkmalschutz – geeignet, eine Eigentumsbeschränkung zu rechtfertigen.»

937 Wie mannigfaltig und zum Teil auch subtil die öffentlichen Interessen gerade im Bauwesen sein können, ergibt sich einerseits aus dem RPG Art. 1 und 3 sowie für den Kanton Zürich aus PBG § 18, ferner aus folgenden Äusserungen des AG-Verwaltungsgerichtes in seinem Entscheid vom 11. Juli 1975 (ZBl 1976 S. 152, 155):

> «Ein Bauvorhaben ... läuft dem öffentlichen Interesse namentlich zuwider, wenn es die natürliche Eigenart der Landschaft oder das Ortsbild beeinträchtigt, die bäuerliche Bewirtschaftung wesentlich stört (Vermeidung von Immissionsklagen gegen landwirtschaftliche Betriebe), die ober- oder unterirdischen Gewässer gefährdet, die bauliche Entwicklung der Gemeinde benachteiligt oder unwirtschaftliche Aufwendungen für die Erschliessung erfordert ... (oder es) in einer Naturschutzzone, Ruhezone usw. gelegen ist und deren Zweckverwirklichung beeinträchtigt.
>
> ...
>
> Als Richtschnur mag hier dienen, dass nicht ohne Not zerstört werden soll, was in der Landschaft einen festen Platz einnimmt; die Landschaft ist ja auch als von Menschenhand geschaffene Kulturlandschaft zu verstehen. Im Allgemeinen dürfte es sinnvoller sein, bestehende Altbauten zu erhalten – und hier verhältnismässig grosszügig zu sein – als Neubauten zuzulassen. Dies trifft insbesondere für ältere, der Bevölkerung vertraute Bauwerke zu, die eine eigentliche Lücke hinterliessen, wenn sie verschwänden. Dabei kann sich der landschaftliche Wert einer Baute aus einem eidgenössischen, kantonalen oder kommunalen Inventar ergeben; erhaltenswert kann aber auch ein Gebäude sein, das ohne besondere Qualitäten etwa im Sinne des Denkmalschutzes, eine Landschaft mitprägen hilft. Häufig wird es daher unumgänglich sein, dass sich die rechtsanwendende Behörde – in Ergänzung oder anstelle der vorgegebenen Bewertung – selbst ein Urteil über die landschaftliche Bedeutung einer Baute bildet. Sie wird dabei etwa auf den Standort der Baute in der Landschaft (Hügelkuppe usw.), auf die Umgebung, also den Grad der Unversehrtheit der Landschaft (abgelegener Einzelhof, verstecktes Tal), auf den typologischen Wert des Gebäudes oder dessen Veränderung (Reinheit des Types), auf die Qualität der Baute (architektonische oder handwerkliche Leistung usw.) und auf den baulichen Zustand (innen und aussen) abstellen.»

938 b) Die Aussage, für das Verbot/Gebot eines Verhaltens auf der Parzelle A könne ein bestimmtes öffentliches Interesse nachgewiesen werden, ist noch nicht gleichbedeutend mit der Aussage, das Verbot/Gebot halte rechtlich stand. Es kommt immer auch noch darauf an, ob dem nachgewiesenen öffentlichen Interesse nicht andere, gegenläufige öffentliche Interessen, ferner Interessen der Eigentümer der primär betroffenen oder benachbarter Parzellen oder von Nachbarn ohne Parzelleneigentum entgegenstehen.

Umgekehrt ist die Aussage, das Verbot/Gebot eines bestimmten Verhaltens auf der Parzelle A widerspreche einem bestimmten öffentlichen Interesse, ihrerseits nicht gleichbedeutend mit der Aussage, das Verbot/Gebot halte rechtlich nicht stand. Es ist durchaus denkbar, dass das Verhalten auf der Parzelle A einem anderen öffentlichen Interesse entspricht und dieses als höher eingeschätzt werden kann. Das kann dann das Verbot legitimieren[2].

---

[2] Diese Situation trifft zu, wenn ein privates Projekt für die Erstellung von Wohnungen oder ein Bauvorhaben des Gemeinwesens für ein öffentliches Werk den Abbruch von Gebäuden voraussetzt, welche preisgünstige Wohnungen/Arbeitsstätten aufweisen und/oder für das allgemeine Bewusstsein wichtige bauliche Zeugen bilden, oder wenn die neuen Bauten in einen bei der Bevölkerung beliebten Erholungsbereich hineinzuliegen kommen.

3. Bei Gegenläufigkeit der Interessen, betreffen jene nun öffentliche gegen private 939
Interessen oder öffentliche gegen andere öffentliche Interessen oder alles zusammen, hat
eine Interessenabwägung stattzufinden. Was in Rz 885 ff hiezu gesagt worden ist, gilt
auch hier. Zusätzlich sei bemerkt: Bei einer Abwägung von öffentlichen gegenüber privaten Interessen werden noch stärker Äpfel mit Birnen verglichen, als dies beim Vergleich der Interessen des bauaktiven Parzelleneigentümers, der Eigentümer von Nachbarparzellen und von Nachbarn ohne Parzelleneigentum der Fall ist.

II. Verfassungsrechtliche Stellung des Erfordernisses des öffentlichen Interesses

Das Erfordernis des öffentlichen Interesses war bisher für das Baurecht nur in einzelnen 940
Gesetzen und Verordnungen (zB RPG Art. 24 I b, ZH-PBG § 357 I in der Fassung von
1991), jedoch nicht auch in der Bundesverfassung formuliert. Doch steht ausser Zweifel,
dass es der ganzen Rechtsordnung zugrunde liegt, weil ein Gemeinwesen, welches nicht
auf die Verwirklichung öffentlicher Interessen angelegt ist, seinen Zweck verpasst. Man
kann hier von einem «ungeschriebenen Verfassungsprinzip» sprechen[3]. Nach der bundesgerichtlichen Praxis ist sodann das Erfordernis des öffentlichen Interesses eines der vier
Elemente der Eigentumsgarantie im Sinne von Rz 1206 ff. Das Erfordernis des öffentlichen Interesses konnte aber bisher gleichwohl nicht als verfassungsmässiges Recht selbständig mit staatsrechtlicher Beschwerde beim Bundesgericht geltend gemacht werden.
Jetzt ist das Erfordernis in BV Art. 36 II zum Ausdruck gebracht; bemerkenswert ist
dabei die Aussage, dass auch die Rechtfertigung «durch den Schutz von Grundrechten
Dritter» für die Einschränkung von Grundrechten in Betracht kommt.

III. Berührungspunkte zwischen dem Erfordernis des öffentliches Interesses und den Regelungen des postfiniten Baurechtes

1. Ob eine generelle Regelung (Verfassungs-/Gesetzes-/Verordnungsnorm) des post- 941
finiten Baurechtes dem Erfordernis des öffentlichen Interesses genüge, besitzt zwar im
Vorfeld ihrer Festsetzung (de lege ferenda) eine erhebliche Bedeutung, bietet aber bei –
Klarheit ihres Inhaltes – vom Augenblick an, da die Regelung einmal rechtskräftig ist (de
lege lata), kaum noch juristische Probleme. Die Annahme, dass hier das öffentliche Interesse gegeben sei, schlägt zumindest bei (Kantons-)Verfassungen und Gesetzen fast immer alle Zweifel endgültig in den Wind. Das trifft auch für die auf diesen – klaren –
generellen Regelungen beruhenden speziellen Rechtsakten der Anwendungsstufe (insbesondere für Verwaltungsakte und Gerichtsentscheide, etwas weniger jedoch für die
Planungsakte) zu[4, 5]. Vollauf von Bedeutung ist die Frage jedoch im Stadium der Anwen-

---

[3] Ulrich Häfelin/Georg Müller, N. 452 und 466.
[4] Insoweit trifft die Bemerkung von Ulrich Häfelin/Georg Müller, N. 451, zu, wonach «die Voraussetzung des öffentlichen Interesses ... für die Gesetzgebung und Rechtsanwendung von relativ geringer Bedeutung» sei.

dung genereller Regelungen in deren Unklarheitsbereich: Bei unbestimmten Regelungselementen, Ermessensoffenheit, Lücken und Vorschriftenkollisionen – und dieser Bereich ist weit, insbesondere wo Eingriffe in die Grundrechte (Freiheitsrechte, Eigentumsgarantie) zur Diskussion stehen. Hier geht es stets um den sich überlappenden Bereich von mindestens drei Interessen: einem privaten (demjenigen des die Rechtsausübung anstrebenden Bauaktiven) und zwei öffentlichen (demjenigen des Gemeinwesens an der freiheitlichen Atmosphäre und demjenigen, für welches sein Eingriff erfolgt).

942   2. a) Rechtswidrige Situationen haben zwar immer eine negative Komponente. Hingegen geht es zu weit, alles, was auf Beseitigung von Rechtswidrigkeit tendiert, von vorneherein als im öffentlichen Interesse gelegen zu bewerten. Es wird hiezu auf das Kapitel über die Rechtswidrigkeit (Rz 392 f) verwiesen.

943   Dementsprechend liegt auch nicht jedes durch eine Baurechtswidrigkeit bedingte Abbruch- bzw. Bewerbsstilllegungs- oder Hinzubau- bzw. Hinzubewerbsgebot gleich gut im öffentlichen Interesse begründet[6]. Je gravierender der Eingriff ist, welcher vom Abbruch- bzw. Bewerbstillegungsgebot oder von der Anpassungspflicht (Rz 450 f) verlangt wird, desto grösser muss auch das öffentliche Interesse an der Behebung der Baurechtswidrigkeit sein. Immer gegeben ist das öffentliche Interesse am Abbruch- bzw. Bewerbstilllegungsgebot jedoch dort, wo eine die Bezeichnung «polizeilicher Missstand» rechtfertigende Situation vorliegt.

944   b) α) Eine Regelung, welche das Fortbestehenlassen von baurechtswidrigen Gebäuden bzw. die Weiterausübung baurechtswidriger Bewerbungen zulässt, bis zur nächsten vom Gebäudeeigentümer bzw. vom Bewerbsträger selbst angestrebten Änderung, also eine Regelung mit bedingtem Anpassungsgebot, entspricht abstrakt gesehen dem öffentlichen Interesse an der Vollstreckung des geltenden Rechtes weniger, als eine solche, welche die Beseitigung der Baurechtswidrigkeit sofort verlangt. In gravierenden Fällen von Baurechtswidrigkeit gestattet das öffentliche Interesse aber kaum ein Zuwarten mit der Behebung der Baurechtswidrigkeit, bis sich der Gebäudeeigentümer bzw. Bewerbsträger zur Vornahme einer eigenen Änderung entschliesst. Das ist ein Gesichtspunkt, welchen der Nachbar der bedingten Anpassungspflicht allenfalls als fehlendes öffentliches Interesse ankreiden kann.

945   β)   Das Abbruch- bzw. Bewerbstilllegungs- sowie das Hinzubau- bzw. Hinzubewerbsgebot und das Abbruch- bzw. Bewerbstilllegungs- sowie Hinzubau- bzw. Hinzubewerbs-

---

[5] Als postfinite Regelung, welcher das öffentliche Interesse abgeht, wäre allenfalls in Betracht zu ziehen: das generelle Verbot, an schlechthin allen baurechtswidrigen Gebäuden, an deren Erhaltung kein öffentliches Interesse besteht (weder im geringsten denkmalschutzwürdig noch zinsgünstige Wohnungen enthaltend), die aber auch keinen polizeilichen Missstand aufweisen, nicht ästhetisch nachteilig sind oder der Verwirklichung eines öffentlichen Werkes im Wege stehen, irgendwelche Änderungen – ausser einem Abbruch – vorzunehmen.

[6] Die Unterschreitung eines Grenzabstandes ist nicht schlechthin von grosser Tragweite; es kommt vielmehr darauf an, um die Unterschreitung eines wie tiefangesetzten Grenzabstandes es gehe und was für Verhältnisse jenseits der Grenze vorliegen. Anderseits sind Regelungen über den Dachstockausbau, minimale Korridorbreiten, Fahrzeugabstellplätze usw. nicht von vornherein Regelungen von geringer Tragweite. Die jeweilige konkrete Situation ist wichtig.

verbot sind für den Gebäudeeigentümer bzw. den Bewerbsträger härter, wenn sie nicht an die Bedingungen der Vornahme einer eigenen Änderung geknüpft sind, als wenn eine solche Verknüpfung vorliegt; denn im erstgenannten Fall können sie sich der unwillkommenen Massnahme nicht entziehen, wohl aber im zweitgenannten Fall, nämlich indem sie auf die Vornahme der eigenen Änderung verzichten. Dementsprechend ist für den erstgenannten Fall auch ein stärkeres öffentliches Interesse erforderlich. Dieses ist grundsätzlich gegeben, wenn eine erhebliche Baurechtswidrigkeit besteht.

γ)   Bei Fehlen der Baurechtswidrigkeit ist das Abbruch- bzw. Bewerbstilllegungs- sowie das Hinzubau- bzw. Hinzubewerbsgebot vor dem Erfordernis des öffentlichen Interesses nur dann gerechtfertigt, wenn der Zustand, welcher mit dieser Regelung erreicht werden soll, gleich demjenigen ist, für den auch im präfiniten Baurecht ein ausreichendes öffentliches Interesse besteht[7]. **946**

c)   Wo es sich, wie zB bei der bedingten Anpassungspflicht, um eigenständige Regelungen handelt, sind in deren Tatbestands- und Rechtsfolgeumschreibungen oft unbestimmte Regelungselemente, und zwar nicht selten ebenfalls solche mit einer Unbestimmtheit in höchster Potenz, enthalten. Deren Verwendung genügt dem öffentlichen Interesse an eindeutig handhabbaren Gesetzen nur unter Vorbehalt (Rz 1061 f). Doch kommt das Gemeinwesen aus den in Rz 955 genannten Gründen an dieser Klippe kaum vorbei. Zudem lassen sich Regelungen mit derartig unbestimmten Elementen fast immer mühelos so auslegen, dass wenigstens das Ergebnis im öffentlichen Interesse liegt. **947**

d)   Wo bauliche Änderungen, welche weder an den Fassaden noch an der Dachhaut des Gebäudes zu Abweichungen führen, also nach aussen nicht in Erscheinung treten, ferner, wo bewerbsmässige Änderungen («Zweckänderungen») einer Bewilligung bedürfen, welche zu keinen vermehrten Immissionen führen und auch die Erschliessungsanlage nicht zusätzlich belasten, wird oft in Frage gestellt, ob das öffentliche Interesse für diese Einmischung des Gemeinwesens in Interna vorliege. Es ist hier etwa zu denken an: Änderungen der inneren Raumeinteilung durch Erstellen oder Abbrechen von nichttragenden Wänden, Bewerb bisheriger Wohnzimmer neu als Küche, von Estrichräumen als Wohnzimmer usw. Die Auffassung ist denn auch verbreitet, dass Änderungen dieser Art frei sind oder zumindest keiner Bewilligung bedürfen. Zu Letzterem siehe Rz 692. **948**

---

[7] Beispiel: Angenommen, es bestehe ein ausreichendes öffentliches Interesse daran, bei Neubauten die Gebäudelänge auf maximal 30 m zu beschränken: An ein 25 m langes Gebäudes soll an der Westseite ein Anbau von 7 m Länge angefügt werden; hier liegt grundsätzlich ein öffentliches Interesse am Gebot, das Gebäude auf der Ostseite auf eine Breite von 2 m abzubrechen vor. Oder: Die ein Maximum statuierende Ausnützungsziffer betrage 60% der anrechenbaren Parzellenfläche; ein Gebäude konsumiere die sich hieraus ergebende anrechnungspflichtige Geschossfläche gerade voll; der Gebäudeeigentümer will jedoch anstelle eines 10 m² Bodenfläche aufweisenden, bisher nicht anrechnungspflichtig gewesenen Lagerraumes ein Wohnzimmer einrichten; hier liegt grundsätzlich ein öffentliches Interesse daran vor, die Bewerbstilllegung über eine Bodenfläche von 10 m² in einem anderen Gebäudeteil zu verbieten, wenn die Ausnützungsziffer von 60% im öffentlichen Interesse liegt.

949 e) Bisweilen gibt die Frage zu Diskussionen Anlass, ob das Verbot der Niederlassung von Dienstleistungsbetrieben in nicht mehr zur Produktion benötigten Fabrikgebäuden in der Industrie- und Gewerbezone im Zeitalter der Computerisierung, wo sich viele Industriebetriebe immissionsmässig und hinsichtlich Infrastrukturbelastung nicht mehr wesentlich von Dienstleistungsbetrieben unterscheiden, noch im öffentlichen Interesse liege, wenn man es ablehnt, die Reservation von Gebieten für weniger zahlungskräftige Unternehmungen als im öffentlichen Interesse gelegen anzuerkennen. Rz 227 mit FN 10, Rz 520 mit FN 48.

§ 3 Das postfinite Baurecht und das Erfordernis der Gesetzmässigkeit

I. Der Inhalt des Erfordernisses der Gesetzmässigkeit

A. Allgemeines

1. a) Das Erfordernis der Gesetzmässigkeit, auch als Legalitätsprinzip bezeichnet, besagt, dass alle Verwaltungstätigkeit an das Gesetz gebunden sei, dass das Gesetz Massstab und Schranke der Verwaltungstätigkeit bilde, dass alle Verwaltungstätigkeit nur gestützt auf das Gesetz zulässig sei, dass hiefür eine gesetzliche Grundlage erforderlich sei usw. Insbesondere sind Beschränkungen von «Freiheit und Eigentum» nur zulässig, wenn sie auf einer gesetzlichen Grundlage beruhen. Gemeint sind hier formelle Gesetze; hiezu zählen auch diejenigen Beschlüsse, welche sich auf eine in der Verfassung vorgesehene Dringlichkeitskompetenz stützen können (zB BV Art. 89bis, jetzt Art. 165). Das alles gilt auch für die Tätigkeit des Richters, der Gerichte[1]. 950

b) Der Grundsatz, dass für alle Verwaltungstätigkeit eine gesetzliche Grundlage erforderlich sei, kann von zwei Seiten her angegangen werden. Entweder fragt man sich dabei: Welche Verbote, Gebote oder Erlaubnisse sind nur rechtmässig, wenn sie einer bestimmte Anforderungen erfüllenden Vorschrift entsprechen? Oder aber man fragt sich: Welche Verbote, Gebote oder Erlaubnisse sind auch rechtmässig, ohne dass für sie eine eben diese Erfordernisse erfüllende Vorschrift angerufen werden kann? Dass auch im letzteren Fall nicht einfach von einem juristischen Nichts auszugehen ist, sondern ebenfalls ein Verbot, Gebot oder eine Erlaubnis vorliegt, ist wohl selbstverständlich, aber es wird nicht immer daran gedacht. Insoweit ist der Grundsatz, dass für «alle» Verwaltungstätigkeit eine gesetzliche Grundlage erforderlich sei, nur unter Vorbehalt richtig. Das hängt mit der Frage zusammen, ob man in einer Rechtsordnung davon ausgehen soll, sie sei offen oder geschlossen – also, alles nicht Verbotene sei erlaubt (interdiktionales Prinzip), oder aber, alles nicht Erlaubte sei verboten (konzessionales Prinzip). Rein normlogisch gesehen ist – wohl entgegen Hans Kelsen – beides denkbar[2]. Es geht hier lediglich, aber immerhin, um die in einer Rechtsordnung herrschende Vorliebe für die Formulierungsweise. 951

c) Bezüglich Regelungen aus eidgenössischen Gesetzen, Kantonsverfassungen und kantonalen Gesetzen stellt sich die Frage an sich nicht. Diese sind ja selbst die gesetzliche Grundlage. Heikel kann hier nur, aber immerhin, die Verfassungsmässigkeit, insbesondere die Bundesverfassungsmässigkeit sein[3]. 952

---

[2] Vgl. hiezu: Georg H. von Wright, Norm und Handlung, S. 94 f, 190; Franz von Kutschera, Einführung in die Logik der Normen, Werte, Entscheidungen, Freiburg i.Br./München 1973, S. 28 ff, 31; Ota Weinberger, Norm und Institution, S. 192 ff; Franz Bydlinski, S. 236 f und 473 f. Karl Larenz, S. 170 ff. Zum Begriff der abgeleiteten Norm siehe Georg H. von Wright, Norm und Handlung, S. 157 f.

[3] Die Verfassungsmässigkeit von Bundesgesetzen ist allerdings wegen BV Art. 113 III und 114bis III, jetzt Art. 191, immer noch praktisch bedeutungslos.

953 In vollem Umfang stellt sich die Frage nach der gesetzlichen Grundlage jedoch bei allen anderen eidgenössischen, kantonalen und kommunalen Regelungen, also bei allen anderen Rechtsakten von eidgenössischen, kantonalen und kommunalen Parlamenten, des kommunalen Volkes sowie von Verwaltungs- und Gerichtsbehörden. Da das postfinite Baurecht reich an Vorschriften mit unbestimmten Regelungselementen («unbestimmten Gesetzesbegriffen»), Ermessensoffenheit, Lücken sowie Vorschriftenkollisionen ist und weil sich die Legislativen bei dessen Formulierung meist nur wenig Mühe geben (Rz 6 ff), kommt diesem Gesichtspunkt eine grosse praktische Bedeutung zu.

954 Als gesetzliche Grundlage von Verboten, Geboten und Erlaubnissen im postfiniten Baurecht sind schon die 22 folgenden normativen Situationen erwogen worden. Es handelt sich hier nur zu einem kleinen Teil um in einem formellen Gesetz enthaltene normative Situationen; zum Teil handelt es sich um explizite Regelungen, zum Teil um implizite, latente Regelungen; viele von ihnen sind Regelungen mit unbestimmten Elementen oder mit Ermessensoffenheit[4]. Die Aufführung in der nachstehenden Liste bedeutet in keiner Weise eine grundsätzliche Anerkennung der Möglichkeit, dass die genannte normative Situation als gesetzliche Grundlage genüge.

- Notrechtliche Beschlüsse der Bundesversammlung und kantonaler Parlamente, wo die Verfassung hiezu schweigt;
- Verordnungen und Richtlinien, welche lediglich auf der verfassungsmässigen Vollzugskompetenz der Exekutive beruhen;
- Beschlüsse des kommunalen Volkes, zustandegekommen in einer Gemeindeversammlung oder Urnenabstimmung, bzw. Beschlüsse des kommunalen Parlamentes, sei es innerhalb oder ausserhalb der Gemeindeautonomie;
- polizeiliche Generalklausel: Sie ermächtigt die Behörden zur Abwehr unmittelbar drohender, direkter, schwerer, ernsthafter Gefahren für Leib und Leben, wertvolle Sachgüter, wenn zeitliche Dringlichkeit besteht[5];
- Ästhetikklausel in Baugesetzen und Bauordnungen: Sie ermächtigt die Behörde zur Abwehr von Verunstaltungen[6];
- Programm-/Zielnormen, Zweckparagraphen in Gesetzen[7];
- Ausnahmebewilligungskompetenzen (Rz 606 ff)[8];

---

[4] Dass normative Unklarheiten infolge Lücken und Vorschriftenkollision nicht als gesetzliche Grundlage in Betracht kommen, steht wohl von vornherein fest.

[5] Ulrich Häfelin/Walter Haller, N. 319–324.

[6] Entscheid der ZH-Baurekurskommission II (BEZ 1981 Nr. 50): ZH-PBG § 238 I ermächtigt nicht zu denkmalschützerischen Verboten/Geboten (fragwürdig). Entscheid des ZH-Verwaltungsgericht vom 20. August 1998 (ZBl 1999 S. 129): Die Klausel reicht nicht aus, um die Ausführung von Gas- und Wasserinstallationen vom Vorhandensein eines eidg. Meisterdiplomes abhängig zu machen. Vgl. jedoch die kritischen Bemerkungen in der redaktionellen Note von Georg Müller hiezu wegen Vorhandenseins von Ermächtigungen durch Beschluss des Gemeindeparlamentes.

[7] Vgl. Norbert Achterberg, Influenzierende Normen als Normenkategorie, in: Theorie der Normen, Festgabe für Ota Weinberger zum 65. Geburtstag, Berlin 1984, S. 487 ff.

[8] Hiemit lässt sich direkt nur die Befreiung von einem Verbot oder Gebot, aber kein solches selbst begründen; indirekt ist im Bezug hierauf allerdings für Verbote und Gebote in sachkonnexen Nebenbestimmungen von Ausnahmebewilligungen möglich. Nach BGE vom 15. August 1994 (Kanton Obwalden, betr. Abparzellierungsverbot, in: ZBl 1996 S. 321 ff) ist nicht in allen Fällen erforderlich, dass die Nebenbestimmungen ausdrücklich in einem Rechtssatz vorgesehen sind. Die Zulässigkeit

- Ermächtigungsnormen, von welcher kein Gebrauch gemacht worden ist[9];
- baurechtliche Standardregelungen mit Maxima oder Minima: ZB die Vorschrift, wonach der Grenzabstand mindestens 5,0 m betragen müsse, die Gebäudehöhe höchstens 7,5 m betragen dürfe[10];
- die Baubewilligung für ein bestehendes Gebäude[11];
- einleitende Regelungen in Baugesetzen und Bauordnungen folgender Art: «Die Vorschriften des Baugesetzes bzw. der Bauordnung finden auf Neu-, Um-, Auf- und Anbauten Anwendung»[12];
- Anwendungsbestimmungen von der Art der im ZGB Schlusstitel Art. 1 genannten[13];
- die (liberal-rechtsstaatliche) Grundnorm und der Spruch «Im Zweifel für die Freiheit» (Rz 907)[14];
- das Enteignungsrecht des Gemeinwesens[15];
- die Eigentumsgarantie nach BV Art. 22ter, jetzt Art. 26[16];

---

der Nebenbestimmungen könne sich vielmehr auch aus dem mit dem Gesetz verfolgten Zweck ergeben und damit aus einem mit der Hauptanordnung in einem engen Zusammenhang stehenden öffentlichen Interesse hervorgehen. Eine Bewilligung könne insbesondere dann ohne ausdrückliche gesetzliche Grundlage mit einer Nebenbestimmung versehen werden, wenn sie im Lichte der gesetzlichen Bestimmungen verweigert werden könnte. Unzulässig seien hingegen alle Nebenbestimmungen, die sachfremd sind. Vgl. auch BGE 99 Ia 482, 485 ff (Steinmaur/ZH): Der Beseitigungsrevers für einen Gartensitzplatz mit Abschlussmauer und gedecktem Zugang zum Wohnhaus wegen ungünstiger Präjudizierung künftiger Baulinien, an einer Staatsstrasse, wurde bestätigt; Rz 1773 f. Ulrich Häfelin/Georg Müller, N. 719 f, 733 f.

[9] ZB ZH-PBG § 294 (Fassung von 1975), PBG § 357 IV (Fassung von 1991; Rz 1723 f), ZH-BEZ 1987 Nr. 27 (Entscheid der Baurekurskommission III bezüglich Verbot von Spielsalons; Rz 341 f, 496 f).

[10] Allein hieraus kann man kaum herauslesen, dass ein Gebäude mit weniger als 5,0 m Abstand nur geändert werden dürfe, wenn die Umfassungsmauer auf 5,0 m zurückversetzt werde. Eine Anpassungspflicht lässt sich kaum je schlüssig aus baurechtlichen Standardregelungen mit Maxima oder Minima ableiten, welchen das Gebäude widerspricht. Eine gegenteilige Behauptung aufzustellen, geht besonders nicht an, soweit die Änderung ganz oder vorwiegend ausserhalb des unmittelbar baurechtswidrigen Gebäudeteiles (zB abseits des minimal erforderlichen Grenzabstandes, rückseitig) erfolgen soll, Rz 445a ff, 4150 ff.

[11] Aus ihr kann weder herausgelesen werden, dass ein Gebäude stets so fortbestehen müsse, wie es bewilligt worden ist, noch, dass zum bewilligten Umfang herum immer noch eine gewisse Erweiterungsmöglichkeit bestehe; bisherige Baubewilligungen schliessen jedoch einzelne Verbote und Gebote aus, wenn die Behörde jene widerrufen oder zusätzliche Nebenbestimmungen statuieren will. Rz 616 f.

[12] Hier handelt es sich meistens um eine blosse Inhaltsangabe ohne eigenen normativen Gehalt (Rz 3204 f).

[13] Ihnen kann kaum der Charakter einer gesetzlichen Grundlage für Anpassungspflichten zuerkannt werden, auch dort nicht, wo sie in den Text eines Baugesetzes (vgl. ZH-PBG §§ 353 f) oder einer Bauordnung aufgenommen worden sind.

[14] Siehe FN 2 und Rz 907.

[15] Gestützt auf das Enteignungsrecht können zwar Rechte an Gebäuden und solche zu Bewerbungen enteignet werden; das kommt jedoch erst im Rahmen eines den gesetzlichen Erfordernisses genügenden, formellen Enteignungsverfahrens in Betracht.

[16] Diese enthält selbst das Erfordernis der gesetzlichen Grundlage; sie kann deshalb nicht im üblichen Sinne des Wortes als gesetzliche Grundlage *für* Erlaubnisse, Verbote und Gebote in Betracht kommen; sie ist eher *gegen* gewisse Erlaubnisse, Verbote und Gebote gerichtet.

- allgemeinen Rechtsgrundsätze (Rz 935 ff)[17];
- Zumutbarkeit/Unzumutbarkeit[18];
- Gewohnheitsrecht[19];
- bezüglich öffentlicher Abgaben: das Kostendeckungs- und Äquivalenzprinzip[20];
- zu allgemeinen Rechtssätzen gewordene Grundsätze der Lebenserfahrung[21];
- öffentlichrechtliche Verträge[21a];
- ausgearbeitete Entwürfe von Gesetzen, Verordnungen und Planungen[22];
- die Besitzstands-/Bestandesgarantie (Rz 4481 f).

955 d) Die Vorstellung von der «gesetzlichen Grundlage» ist möglicherweise dem Bauen entnommen. Ein Fundament genügt für eine Baute oder es genügt dafür nicht. Das führt zur bildhaften Ausdrucksweise, dass eine Vorschrift oder ein Komplex von Vorschriften als gesetzliche Grundlage für eine generelle oder individuelle Regelung genüge oder nicht. Wie weit dies der Fall ist, wird durch die Auslegung der als gesetzliche Grundlage in Betracht kommenden Vorschriften bestimmt. Die Auslegung geschieht nach den üblichen Interpretationsmethoden: Das sind die grammatikalische, formallogische, historische, teleologische und systemorientierte («systematische») Auslegung.

956 2. a). Weder ist der Erlass von zusätzlichem Gesetzestext gleichbedeutend mit einer Verkleinerung des Freiheitsbereiches noch ist die Straffung von vorhandenem Gesetzestext gleichbedeutend mit einer Vergrösserung des Freiheitsbereiches. Es ist hier zu differenzieren.

Das Gesagte soll am Beispiel der Ausnützungsziffer verdeutlicht werden. Diese ist ein Quotient, welcher in der Teilung bestimmter Geschossflächen als Dividend («über dem Strich») durch bestimmte Landflächen als Divisor («unter dem Strich») besteht,

---

[17] Obwohl allgemeine Rechtsgrundsätze eine positive und eine negative Seite aufweisen (vgl. Franz Bydlinski, S. 481–496), können mit ihnen bestimmte Verbote/Gebote weitgehend nur verhindert, nicht aber begründet werden.
[18] Im BGE 97 I 353, 355 (Aarau/AG, betr. Hochhaus) als gesetzliche Grundlage für Beschränkung der Dachgestaltung verneint.
[19] Ulrich Häfelin/Georg Müller, N. 153–166. Rz 358 mit FN 1.
[20] Gemäss BGE 122 I 279, 289 (Zürcher Parkgebühren) hat dieses Prinzip «den Charakter eines Surrogats für eine ungenügende gesetzliche Grundlage» (!). Siehe Thomas Kappeler, Verfassungsrechtliche Rahmenbedingungen umweltpolitisch motivierter Lenkungsabgaben, Diss., Zürich 2000.
[21] Vgl. Karl Spühler, Wann sind Grundsätze der Lebenserfahrung allgemeine Rechtssätze?, in: SJZ 1997 S. 392 (allerdings mit straf- und zivilrechtlicher/-prozessualer Optik).
[21a] Vgl. BGE vom 25. Februar 1998 (Worb/BE, ZBl 1999 S. 542 f). Verneint als Grundlage für Bindung der Gemeinde bei «Nutzungsplanung».
[22] BGE 89 I 464, 472 (Hemmental/SH): «Noch nicht in Kraft stehendes Recht (hier: Entwurf einer Schutzverordnung) vermag nicht die Grundlage für ein staatliches Handeln abzugeben. Denkbar ist jedoch, dass besondere gesetzliche Vorschriften dem werdenden Recht eine bestimmte Vorwirkung geben.» Eine solche Vorschrift fehlte hier; die Verweigerung von zwei Ferienhäusern wurde aber gleichwohl bestätigt, allerdings nicht gestützt auf eine Bauordnung, sondern auf die Naturschutz- und Heimatschutzkompetenz gemäss EG/ZGB (vgl. jedoch Rz 1039 mit FN 27), wo ein Baubeginn zwei Tage vor Einführung der Bewilligungsbedürftigkeit als rechtsmissbräuchlich bezeichnet und deshalb zu Recht gestoppt wurde). In den Erwägungen wurde jedoch einem Planungsentwurf «als Meinungsäusserung eines Fachmannes» dann doch Rechnung getragen.

wobei ein zahlenmässig fixierter Wert, zB 0,6 bzw. 60%, nicht überschritten werden darf[23].

Wenn nun die gesetzliche Grundlage so revidiert wird, dass im Dividend nicht nur die gewöhnlichen Wohnzimmer, Werkstätten usw., sondern auch offene Treppenhäuser, Laubengänge usw. zur Geschossfläche zu rechnen sind, so besteht die Folge zwar in einer Einengung der Freiheit für den Bauaktiven, indem er jetzt weniger Geschossfläche erstellen darf, jedoch in einer Ausweitung der Freiheit der Eigentümer der Nachbarparzellen[24] und von Nichteigentümern von Parzellen, indem sie jetzt weniger umbauten Raum um sich herum haben, was ihnen meist willkommen ist.

Gerade umgekehrt verhält es sich jedoch, wenn infolge der Revision in den Dividenden wohnungsinterne Einstellräume für häuslichen Vorrat und Hausrat, Bastelräume, Gemeinschaftsräume, häusliche Hallenbäder, Saunaräume, Wintergärten usw. nicht mehr eingerechnet werden müssen.

Wenn jedoch durch eine Revision bewirkt wird, dass im Divisor nicht nur die unmittelbar zur Bauparzelle gehörende Landfläche, sondern auch der halbe Strassenraum davor oder Land in einer Nachbarparzelle, die allenfalls sogar in einer anderen Zone eingeteilt ist, zur Landfläche gerechnet werden kann, so besteht die Folge in einer Ausweitung der Freiheit des Bauaktiven, indem er mehr Geschossfläche erstellen kann, jedoch in einer Einengung der Freiheit der Eigentümer der Nachbarparzellen und der Nichteigentümer von Parzellen[25], indem sie jetzt mehr umbauten Raum um sich herum haben, was meist nicht willkommen ist. Rz 4154.

Gerade umgekehrt verhält es sich jedoch, wenn infolge der Revision in den Divisor innerhalb der Bauparzelle gelegene, zu einer anderen Zone gehörende, Waldabstands-, Strassenbauflächen usw. nicht mehr angerechnet werden dürfen.

b) Man sollte deshalb nicht einfach von Eigentumsbeschränkungen mit auf den Bauaktiven eingeschränktem Blick sprechen. Es sollte immer auch zum Ausdruck kommen, welches die Auswirkungen für Dritte sind. Das ergibt dann folgende Unterscheidung: 957

– bauaktivenbegünstigende, drittbelastende Eigentumsbeschränkung;
– bauaktivenbelastende, drittbegünstigende Eigentumsbeschränkung;
– bauaktiven- und drittbelastende Eigentumsbeschränkung.

c) Die obige Aufstellung zeigt auch, dass eine kürzere Regelung keineswegs von vornherein mehr und eine längere weniger Freiheit bedeutet. Insoweit geht die Klage über zu umfangreiche Gesetze oft ins Leere. 958

B. Zum Erfordernis der klaren, eindeutigen gesetzlichen Grundlage

1. a) Bis zur Zeit, da BGE 91 I 329 f (Barret und Mitbeteiligte c. Staatsrat Neuenburg, betr. Plan d'aménagement) erging, also sicher bis weit ins Jahr 1965 hinein, erforderte 959

---

[23] Neuerdings gibt es auch Ausnützungsziffern, welche den Quotienten festlegen, der (im Hinblick auf eine erwünschte Verdichtung der Siedlungen) nicht unterschritten werden darf. Vgl. ZH-PBG § 49a.
[24] Vorausgesetzt ist hier, dass für diese nicht die gleiche Revision gilt oder aber die gleiche Revision gilt, aber keine Bauabsichten bestehen. Rz 914 ff.
[25] Vorstehende Fussnote gilt hier ebenfalls.

eine Beschränkung von Freiheit und Eigentum, welche tief in die Rechte Privater eingriff und wesentlich über das hinausging, was bisher in der Schweiz als öffentlichrechtliche Eigentumsbeschränkung üblich war, eine klare, eindeutige gesetzliche Grundlage[26]. Zumindest seit dem Jahre 1965 gilt dieses Erfordernis jedoch unabhängig davon, ob der Eingriff herkömmlicher oder nicht herkömmlicher Art ist[27]. Unter gesetzlicher Grundlage wird hier praktisch immer eine vom Gesetzgeber des Bundes bzw. des jeweiligen Kantones, also vom Parlament und Volk oder Parlament allein, im ordentlichen Gesetzgebungsverfahren festgesetzte Vorschrift, also ein formelles Gesetz verstanden, allenfalls auch eine solche Vorschrift, welche das Parlament in einem Dringlichkeitsverfahren gestützt auf die Verfassung festgesetzt hat. Dabei prüft das Bundesgericht das Vorliegen einer klaren, eindeutigen gesetzlichen Grundlage bei schweren Eingriffen frei. Ein immer wiederkehrender Satz lautet dabei ungefähr so: Das Bundesgericht auferlegt sich bei der Überprüfung Zurückhaltung, soweit die Beurteilung von der Würdigung örtlicher oder technischer Verhältnisse abhängt, welche die kantonalen Behörden besser kennen und überblicken, und soweit sich ausgesprochene Ermessensfragen stellen. Wiegt der Eingriff weniger schwer, ist jedoch das Erfordernis der gesetzlichen Grundlage erfüllt, wenn sich der angefochtene Entscheid ohne Willkür auf die von ihm angeführte Norm abstützen lässt.

959a b) Ungefähr gleich bedeutend wie das Erfordernis der klaren gesetzlichen Grundlage ist dasjenige der Ausdrücklichkeit. Solche wird im postfiniten Baurecht verlangt für die Anpassungspflicht gemäss Rz 450 von Erich Zimmerlin, Kommentar, Aarau 1985, § 224, N. 4, und Felix Huber, S. 170.

960 c) α) Von einer klaren, eindeutigen gesetzlichen Grundlage kann wohl nur dort gesprochen werden, wo nur eine einzige und nicht zwei oder mehr gegensätzliche, sachlich

---

[26] Das war der Grund für das Ungültigbleiben vieler Grün- und Landwirtschaftszonen in den Fünfziger- und Sechzigerjahren, besonders in der Stadt Zürich und in Uitikon a.A./ZH. BGE 74 I 147 ff (Lips c. Uitikon a.A./ZH), BGE 77 I 211, 218 f (Rosenberger c. Stadt Zürich). Als schwerer Eingriff gelten gemäss BGE 81 I 31 (Interlaken/BE, betr. Hotelzone), BGE 85 I 231 (Baden/AG, betr. Auflage zur Erstellung von Parkplätzen bei Neubauten), 88 I 176 (Kanton Genf, betr. Beschränkung des Hausabbruches), BGE 89 I 103 f (Ormond-Dessous/VD, betr. Skipistenzone Col des Mosses). Offen gelassen wird, ob es sich beim Verbot, ein Gebäude statt nur ferienhalber ganzjährig zu bewohnen, um einen schweren Eingriff handle in: BGE 124 II 538, 542 (Maladers/GR). Zu den herkömmlichen Eigentumsbeschränkungen wurden jedoch auf bestimmte Baudenkmäler, Strassen- und Ortsbilder, Landschaftsabschnitte usw. beschränkte Natur- und Heimatschutzmassnahmen gezählt: BGE 84 I 175 (Kanton Genf), ZBl 1962 S. 309; BGE 89 I 464, 467 ff (Hemmental/SH). Vgl. hiezu: Max Imboden/René A. Rhinow, 1976, Band I, Nr. 60 B.

[27] BGE 91 I 340 f (Geissler und Mitbeteiligte c. AG-Regierungsrat, betr. Denkmalschutzverordnung), siehe hierzu auch FN auf S. 341 bezüglich «Fallenlassen der zweiten Voraussetzung» in: BGE 91 I 332 Erw. 1.a. Neuere Entscheide: BGE vom 6. November 1991 (Hohe Promenade Zürich, welche als weder zur Altstadt noch zu einem Stadt- oder Dorfkern gehörend die Zuteilung zur Kernzone gemäss Rz 3022 ff als unzulässig angesehen wurde, nicht publiziert), BGE 118 Ia 384, 387 f (Änderungsverbot Küchlin-Theater Basel), BGE 120 Ia 270, 275 (Änderungsverbot Badischer Bahnhof Basel), BGE vom 23. Juni 1995 (Baugenossenschaft für Altstadtsanierung Schaffhausen, betr. Abbruchverbot für Fischerstrassehäuser) in: ZBl 1996 S. 366 f, BGE 124 II 538, 540 ff (Maladers/GR); Kasuisitik bei René A. Rhinow/Beat Krähenmann, Ergänzungsband 1990, Nr. 60 B I.

vertretbare Auffassungen möglich sind. Zu einer solchen einzigen vertretbaren Auffassung gelangt man nur über eine richtige und vollständige Auslegung. Das bedeutet aber nicht, dass nach einer richtigen und vollständigen Auslegung immer nur noch eine einzige, sachlich vertretbare Auffassung vorliege; es können auch dann noch zwei oder mehr sachlich vertretbare Auffassungen bestehen. In beiden Fällen ist man aber an der Wortlaut- bzw. Wortsinngrenze angelangt. Über diese führt voraussetzungsgemäss kein zweiter Anlauf zur Auslegung hinaus. Nachher hilft nur noch eine umfassende Interessenabwägung nach Rz 885 ff weiter, unter Verwendung von Einzel- und Gesamtanalogie sowie von teleologischer Extensionen. Das dann herauskommende Ergebnis beruht gewissermassen auf einer gesetzlichen Grundlage zweiten Grades[28].

β) Es ist an sich selbstverständlich, dass ein Satz nicht weiterreichen kann als bis dorthin, wohin man bei methodisch einwandfreier Auslegung gelangen kann[29]; so weit allerdings reicht der Satz. Ob eine gesetzliche Grundlage vorhanden sei oder nicht, ist primär eine Frage der richtigen Auslegung. Es ist dies eine andere Fragestellung als diejenige, ob für eine öffentliche Eigentumsbeschränkung ein ausreichendes öffentliches Interesse vorhanden sei, Rechtsgleichheit bestehe, Verhältnismässigkeit vorliege usw. Es geht hier um ein ausschliesslich hermeneutisches und kognitives Problem[30]. 961

Ist man einmal bei richtiger und vollständiger Auslegung zum Ergebnis gelangt, es sei eine gesetzliche Grundlage vorhanden, so erübrigt sich die Frage nach dem Vorhandensein der klaren, eindeutigen gesetzlichen Grundlage; man hat dann alles, was man braucht. Wenn man jedoch bei richtiger und vollständiger Auslegung zum Ergebnis gelangt, eine ausreichende gesetzliche Grundlage sei nicht vorhanden, dann hat es auch keinen Sinn, irgendein Vorstadium auch noch als gesetzliche Grundlage zu bezeichnen. Anders verhielte es sich nur, wenn eine Klärungsanweisung die hermeneutisch richtige Auslegung zu blockieren vermöchte. Das ist aber vorerst nicht anzunehmen. Entweder bietet eine Vorschrift eine gesetzliche Grundlage für das, wozu man sie braucht, oder sie bietet dazu keine gesetzliche Grundlage. Es gibt kein Zwischenstadium. 962

Die Rede von der klaren, eindeutigen gesetzlichen Grundlage darf nicht zu dem Missverständnis führen, dass es klare/eindeutige und nicht klare/nicht eindeutige gesetzliche Grundlagen gebe; denn entweder liegt eine gesetzliche Grundlage vor oder es liegt keine vor. 963

Allerdings sind die Fälle häufig, in welchen die einen Menschen vom Vorliegen einer gesetzlichen Grundlage ausgehen, die anderen aber nicht, oder dass ein und derselbe Mensch das eine Mal das Vorliegen einer gesetzlichen Grundlage annimmt, später aber nicht mehr oder umgekehrt. Dasselbe kann auch bezüglich administrativen und gerichtlichen Entscheiden oder Äusserungen in der juristischen Literatur zutreffen. 964

Da jedoch der oder die zum Entscheid verpflichteten, als Organ fungierenden Menschen auf einen bestimmten Zeitpunkt hin Stellung beziehen müssen, ist es schlechter- 965

---

[28] Man könnte vielleicht auch sagen: Eine klare, eindeutige gesetzliche Grundlage ist nur dort anzunehmen, wo der Bauaktive selbst mit einer noch so guten Begründung in einer staatsrechtlichen Beschwerde nicht gegen die von der Behörde vertretene gegenteilige Auslegung aufkommen kann, weil diese vertretbar ist.
[29] Vgl. Fritjof Haft, Recht und Sprache, in: Arthur Kaufmann/Winfried Hassemer (Hrsg.), Einführung in die Rechtsphilosophie und Rechtstheorie der Gegenwart, Heidelberg 1989, S. 233, 239.
[30] Vgl. hiezu auch: Hans Dubs, Die Forderung der optimalen Bestimmtheit belastender Normen, in: ZSR 1974 II 223 ff.

dings unmöglich, vor der Abfassung des Spruches regelmässig grosse Meinungsumfragen durchzuführen oder ausgedehnte Erhebungen bezüglich Präjudizien und Doktrin anzustellen. Daher kann sich die Forderung nach einer klaren, eindeutigen gesetzlichen Grundlage für eingreifende Eigentumsbeschränkungen nur auf die folgenden Fragen beziehen:

– bezüglich Verhaltensregelungen:
Muss das Verhalten, um dessen Verboten-, Geboten- oder Erlaubtsein es geht, in demjenigen Satz eines formellen Gesetzes bekanntgegeben sein, in welchem das Verbot, Gebot oder Erlaubtsein, an welches angeknüpft wird, steht?
oder
Kann/können auch noch benachbarte Sätze, die Stellung des Satzes im System als Ganzes oder die bei der seinerzeitigen Setzung geäusserten Auffassungen berücksichtigt werden?
– bezüglich Ermächtigungsregelungen (für Organ und Verfahren) gilt das Analoge.

966 Die Forderung nach einer klaren, eindeutigen gesetzlichen Grundlage schränkt hier die Möglichkeit des Zum-Zuge-Kommens der zweiten Variante tendenziell ein. Doch befriedigt eine solche Restriktion nach den Lehren der Hermeneutik nicht. Hienach muss immer alles zur Klärung eines Textes Brauchbare beigezogen werden. Alles andere ist eine unzulässige Problemverkürzung. Zur Klärung des «Textformulares» ist ebenso sehr auf den sprachlichen «Kotext» wie wie auf den aussersprachlichen «Kontext» zurückzugreifen (vgl. Dietrich Busse, a.a.O., zu «Textformular»: S. 234, 240, zu «Kotext» und «Kontext»: S. 273 f).

967 Wenn man dabei auf die einen oder anderen Präjudizien oder Lehrmeinungen oder Aussagen in einem Lexikon trifft, welche die gleiche Auffassung vertreten, dann ist dies zwar willkommen. Aber die Auffindung von solchem ist weder eine notwendige noch eine hinreichende Bedingung für die Haltbarkeit des Entscheides.

968 γ) Dem Ruf nach einer klaren, eindeutigen gesetzlichen Grundlage ist derjenige gewissermassen vorgelagert, welcher Bestimmtheit von Rechtsnormen, also Normpräzision, verlangt[31], und dies im Namen des Rechtsstaatlichkeitsprinzipes. Dabei ist allerdings Folgendes zu beachten: Jede Norm, ausnahmslos, hat einen sprachlichen Ausdruck oder ist sogar ein solcher[32]. Das Erfordernis der Bestimmtheit von Rechtsnormen, das Gebot der Normpräzision bedeutet deshalb nichts anderes als die Selbstverständlichkeit, dass etwas, um als Norm gelten zu können, sprachlich ausgedrückt sein müsse; ist es ausgedrückt, so kann es als Norm gelten, ist es nicht ausgedrückt, so kann es nicht als
969 Norm gelten. Es handelt sich deshalb gar nicht um ein Erfordernis oder ein Gebot, welches sich an andere Menschen als die mit Rechtsetzung Beschäftigten richtet; wenn diese ihm nicht entsprechen, dann kann man höchstens sie selbst rügen oder nicht wiederwählen, nicht aber daraus Ungültigkeit des Ausgedrückten folgern. Aber auch bei der Rüge oder Nichtwiederwahl ist Vorsicht am Platz: Beim Ausdruck stösst man schnell an die Grenze der Prävisionsfähigkeit; es bestehen Prognoseschwierigkeiten; zudem müssen «um der Einzelfallgerechtigkeit willen beabsichtigte Normunschärfen hingenommen

---

[31] BGE 109 Ia 273, 283 (Basel-Stadt, strafprozessual). Ulrich Häfelin/Georg Müller, N. 311–314.
[32] Das ist aber nicht gleichbedeutend mit Schriftlichkeit!

werden, sofern sie dadurch ausgeglichen werden können, dass die erforderliche Normkonkretisierung auf der nachfolgenden Rechtserzeugungsstufe vorgenommen wird (und vor allem vorgenommen werden kann)»[33].

δ) Dem jeweiligen Wortlaut bzw. Wortsinn einer gesetzlichen Regelung kommt dabei immer nur die Bedeutung einer Bestimmung der Limite zu, bis zu welcher man noch von Auslegung sprechen kann und von wo an eigentliche Rechtsschöpfung anzunehmen ist. Befindet man sich bereits ausserhalb dieser Limite, so kommt es nur noch (aber immerhin) auf das Ergebnis der allgemeinen Interessenabwägung an. 970

Mit dieser hermeneutischen Frage nicht zu verwechseln ist die prozessualrechtliche Frage, ob ein Richter eine umfassende oder nur eine beschränkte Kognition besitze bzw. ob er zwar eine umfassende Kognition besitze, aber aufgefordert sei, diese zurückhaltend zu handhaben, weil die Vorinstanz mit den örtlichen oder technischen Verhältnissen besser vertraut ist. Je nachdem kann er eine auf einer geltend gemachten gesetzlichen Grundlage beruhende Regelung aufheben oder nicht. 971

2. a) Diejenigen Wirklichkeitsausschnitte, welche nicht als «Kandidaten» für die Delegation der Legiferierung an die Exekutive in Betracht kommen, wo also ein formelles Gesetz nötig ist, sind wohl zugleich diejenigen, für deren Verbot oder Gebot gemeinhin eine klare und eindeutige gesetzliche Grundlage verlangt ist. Gemäss Praxis und Lehre[34] kommt eine solche Delegation umso weniger in Betracht, 972

– je stärker sie in die Freiheit eingreift;
– je grösser die Zahl der von ihr Betroffenen ist;
– je grösser ihre finanzielle Tragweite ist;
– je weniger mit der Akzeptierung durch die Betroffenen zu rechnen ist;
– je weniger sich die von ihnen geregelten Verhältnisse «im Fluss» befinden;
– je weniger Fachwissen zur richtigen Beurteilung nötig ist.

b) M.E. bedeutet das vom Bundesgericht für schwere Eingriffe in die Freiheit und das Eigentum aufgestellte Erfordernis der klaren, eindeutigen gesetzlichen Grundlage nicht eigentlich, dass ein erhöhter Grad des Ausgedrücktseins der Eingriffsmöglichkeit erforderlich sei; denn entweder wird aus dem ganzen normativen Zusammenhang heraus die Eingriffsmöglichkeit ausgedrückt oder nicht. Vielmehr geht es hier um den Ausschluss einzelner oder mehrerer der in Rz 954 aufgeführten normativen Situationen als Begründung für den Entscheid der Frage, ob eine Eingriffsmöglichkeit ausgedrückt sei oder nicht. Es handelt sich hier also um die Bejahung einer Klärungsanweisung bezüglich des Verständnisses einer normativen Situation, also bezüglich der Hermeneutik. Vielleicht spielt auch noch der Gedanke mit, Schlüsse per analogiam seien zu vermeiden oder zurückhaltend zu ziehen[35]. 973

974

---

[33] Vgl. Norbert Achterberg, Influenzierende Normen als Normkategorien, a.a.O., S. 487, 499.
[34] Ulrich Häfelin/Walter Haller, N. 319–324.
[35] Im BGE 98 Ia 35, 41 (Therwilen/BL) wurde, nach einer Auseinandersetzung mit der rechtsstaatlichen Problematik des Analogieschlusses, die Verweigerung der Bewilligung für einen Dacheinschnitt aufgrund einer Vorschrift, welche auf zweigschossigen Gebäuden «Dachaufbauten» verbot, als nicht willkürlich bestätigt; es gehe hier um einen «ähnlichen Tatbestand» (und einen nicht schweren Eingriff); anders verhielt es sich in BGE 97 I 355 (Aarau/AG, betr. Hochhaus), wo das Bundesgericht erklärte, «im Bereiche des Baupolizeirechts (seien) echte Gesetzeslücken, die der Richter mit positi-

975 3. a)   Beim Erfordernis der klaren, eindeutigen gesetzlichen Grundlage für schwere Eigentumsbeschränkungen besteht eine eigenartige Beziehung zwischen der Vorstellung von Klarheit und Schwere. Wenn eine Behörde nach diesem Erfordernis entscheidet und sie in einem konkreten Fall intuitiv eine als schwer zu bewertende Vorkehrung als richtig ansieht, dann wird sie, wenn prima vista eine klare gesetzliche Grundlage hiefür fehlt, kaum auf den als schwer bewerteten Eingriff verzichten, sondern sie wird ihre Anforderungen so weit senken, dass die vorhandene Vorschrift für den Eingriff genügt. Hier werden oft Regelungen als klare gesetzliche Grundlage anerkannt, welchen – objektiv betrachtet – Eindeutigkeit ebensogut abgehen könnte. Ein anschauliches Beispiel hiefür gibt die Beantwortung der Frage, ob die Einquartierung von Dienstleistungsbetrieben in nicht mehr zur Produktion benötigten Fabrikgebäuden in Industrie- und Gewerbezonen erlaubt sein sollen oder nicht: Rz 227 mit FN 10, 527 mit FN 48.

976 b)   Es kommt hier oft zu unzulässigen Zirkelschlüssen bzw. argumentativen Rückkoppelungen. Aufschlussreich ist der Entscheid des ZH-Verwaltungsgerichtes vom 20. August 1998 (ZBl 1999 S. 129 f) betreffend der Frage, ob eine klare, eindeutige gesetzliche Grundlage vorhanden sei, um die Ausführung von Gas- und Wasserinstallationen Unternehmern vorzubehalten, welche das Eidg. Meisterdiplom besitzen; das Verwaltungsgericht bejahte die Schwere des Eingrifffes, verneinte aber die Klarheit/Eindeutigkeit der Regelung. In einer redaktionellen Note äussert sich Georg Müller hiezu kritisch. Vgl. auch FN 6.

977 c)   M.E. verschiebt sich im postfiniten Baurecht beim Ruf nach klarer gesetzlicher Grundlage der Betrachtungsgegenstand von diesem Erfordernis weg zu demjenigen des Erfordernisses des öffentlichen Interesses, des Verhältnismässigkeitsgebotes und der materiellen Enteignung, seltener auch zu demjenigen des Rechtsgleichheitsgebotes und des Gebotes von Treu und Glauben. Hier fallen, wenn man mit der Auslegung nicht mehr weiterkommt, die Entscheide. Sie haben mit der Frage nach Klarheit der gesetzlichen Grundlage direkt nichts mehr zu tun.

978 d)   Gemäss Giovanni Biaggini[36] können «nach der Rechtsprechung des Europäischen Gerichtshofes für Menschenrechte ... unter bestimmten Umständen selbst Grundrechtseingriffe auf Regelungen abgestützt werden, die sich nicht in einem förmlichen Akt der Rechtsetzung niedergeschlagen haben». Das ist eine Stellungnahme, welche es bei der bundesgerichtlichen Forderung nach einer klaren, eindeutigen gesetzlichen Grundlage mitzubedenken gilt.

979 e)   Bezüglich der Forderung nach sprachlicher Präzision sollten zudem die folgenden Ausführungen von Dietrich Busse jeden Juristen nachdenklich stimmen. Dietrich Busse ist derjenige deutschsprachige Linguist, welcher sich wohl bisher am intensivsten mit dem juristischen Sprachgebrauch auseinandergesetzt hat. Er erklärt a.a.O. auf S. 278:

---

ven, das Eigentum einschränkenden Vorschriften ausfüllen müsste und dürfte, kaum denkbar»; gemäss BGE 98 I 41 ging es hier allerdings um eine als «unzulässig erklärte Lückenfüllung», nicht (!) um eine analoge Anwendung.

[36] ZBl 1997 S. 1, 21.

> «Die von Juristen so gerne aufgestellte Forderung nach grösstmöglicher ‹Präzision› oder ‹Explizitheit› der Gesetzesformulierungen erweist sich ... als unerfüllbar. Was von ihren Verfechtern übersehen wird, ist die Tatsache, dass ‹explizit› ein Relationsprädikat ist; ‹absolute› Explizitheit gibt es nicht, sondern eine Formulierung kann stets nur ‹relativ explizit im Verhältnis zu einem als bekannt vorausgesetzten Wissensrahmen› sein. ‹Explizit› nennen wir eine Formulierung dann, wenn sie in dem angestrebten Rezipientenkreis nur solches Wissen voraussetzt, über das seine Angehörigen mit Sicherheit verfügen; das heisst aber nicht, dass nicht über dieselbe Formulierung in einem anderen Rezipientenkreis, der nicht über dasselbe Wissen verfügt, als elliptisch bzw. zu wenig explizit wahrgenommen werden kann. Sprachliches Formulieren kann so stets als ein Anspielen auf vorausgesetzte Wissensrahmen aufgefasst werden. Damit wird aber auch deutlich, dass stets nur ein kleiner Teil der verstehensrelevanten Wissenselemente tatsächlich sprachlich ausgedrückt wird. Dies ist ein Grundmoment sprachlicher Verständigung schlechthin und auch bei Gesetzestexten nicht anders.»

Dietrich Busse lehnt deshalb die Vorstellung einer «Wortsinngrenze», der Abgrenzbarkeit von «Bedeutungskern», «Bedeutungshof» und «Rest der Wirklichkeit», die Unterscheidbarkeit von «Bedeutungsfeststellung» und «Bedeutungsfestlegung» unter Bezugnahme auf Ludwig Wittgenstein ab (S. 190). Er sagt im Weiteren auf S. 213: **980**

> «(Wenn) Wohlbestimmtheit grundsätzlich keine Eigenschaft ist, die Zeichen als abstrakten Mustern zu eigen ist, dann verliert auch der Begriff der ‹Vagheit› oder ‹Unbestimmtheit› (auch mit Porosität bezeichnet) seinen analytischen Sinn; wenn schlechthin alle Sprachzeichen in gewissem Sinne unbestimmt sind (nämlich gegenüber unterschiedlichen Deutungsmöglichkeiten offen), dann ergibt sich aus dieser Eigenschaft kein Abgrenzungskriterium verschiedener Zeichentypen, wie manche Juristen meinen.»

Dietrich Busse bemerkt sodann auf S. 226, vielleicht etwas überheblich, aber nicht ganz ungerechtfertigt: **981**

> «(Das) Vertrauen (der Juristen) in die Verlässlichkeit unserer Sprache und in die Objektivierbarkeit von Interpretationsergebnissen (bzw. Bedeutungsfeststellungen) hat für einen Linguisten etwas Rührendes.»

Auf S. 254 bezeichnet Dietrich Busse die Vorstellung von der Eindeutigkeit der Präzision der Rechtssprache gar als einen «Traum». **982**

II. Mit dem Erfordernis der gesetzlichen Grundlage nicht ohne weiteres kongruente Grundsätze

Soweit die in Rz 954 aufgeführten normativen Situationen von der Lehre und Praxis als ausreichende Grundlage für Erlaubnisse, Verbote und Gebote anerkannt werden, ist damit das Erfordernis der gesetzlichen Grundlage für Freiheits- und Eigentumsbeschränkungen zurückgedrängt. Das gilt auch dort, wo für dringliche, nicht in der Verfassung selbst vorgesehene Parlamentsbeschlüsse materiell auf die Vollzugskompetenzen der Exekutive oder auf die Gemeindeautonomie abgestützte Beschlüsse die polizeiliche Generalklausel und das Gewohnheitsrecht als ausreichende Grundlage anerkannt werden, umso mehr in den übrigen Fällen. **983**

III. Zur verfassungsrechtlichen Stellung des Erfordernisses

984   1.   Dass das Gebot der gesetzlichen Grundlage von Freiheits- und Eigentumsbeschränkungen zumindest den Rang von Bundesverfassungsrecht besitzt, steht fest, obwohl es als solches in der Bundesverfassung bisher nirgends formuliert erschienen ist. In einem gewissen Sinn ist es für einen liberaldemokratischen Rechsstaat sogar als vorpositives und daher nicht aufhebbares Recht zu betrachten. Heute gilt das Gebot auf jeden Fall gemäss BV Art. 36 I. Dabei wird für «schwerwiegende Einschränkungen» die Erwähnung «im Gesetz selbst» verlangt, vorbehältlich «Fälle ernster, unmittelbarer und nicht anders abwendbarer Gefahr».

985   2.   Die Frage nicht nach der gesetzlichen, sondern nach der bundesverfassungsrechtlichen Grundlage ist schon für eine detaillierte Regelung der Änderungen bestehender Gebäude ausserhalb der Bauzonen aufgeworfen worden, weil dem Bund im «Raumplanungswesen» nur die Grundsatzkompetenz zusteht. Im Allgemeinen wird die verfassungsmässige Zuständigkeit des Bundes aber auch hiefür bejaht[37]. Die Rechtfertigung hiefür wird in der Notwendigkeit einer möglichst klaren und haushälterischen Trennung von Bau- und Nichtbaugebiet erblickt.

---

[37] Vgl. Riccardo Giacometti, Kommentar BV, N. 116. Botschaft zum RPG, 1996, S. 550.

§ 4 Das postfinite Baurecht und das Rechtsgleichheitgebot

I. Der Inhalt des Rechtsgleichheitgebotes

Das Rechtsgleichheitgebot verlangt, dass das Gemeinwesen Rechte und Pflichten nach dem gleichen Massstab festsetzt. Ein Gesetz, Verwaltungsakt oder Gerichtsentscheid verletzt die Rechtsgleichheit, wenn er rechtliche Unterscheidungen trifft, für die ein sachlicher Grund in den zu regelnden Verhältnissen nicht ersichtlich ist, oder wenn er Unterscheidungen unterlässt, welche sich aufgrund der Verhältnisse aufdrängen. Gleiches sei nach Massgabe seiner Gleichheit gleich, Ungleiches nach Massgabe seiner Ungleichheit ungleich zu behandeln[1]. «Les situations comparées ne doivent pas nécessairement être identiques en tous points, mais leur similitude doit être établie en ce qui concerne les élements de faits pertinents pour la décision à prendre» (BGE 125 II 166 f, Kanton Genf, betr. Geschäftsagenten in RPG-Angelegenheiten). Diese Sätze erscheinen als völlig unproblematisch.

Es ist jedoch insoweit ein Vorbehalt anzubringen, als zwei Situationen nur dann als zwei verschiedene Situationen aufgefasst werden können, wenn sie sich wenigstens in einem einzigen Merkmal unterscheiden. Insoweit ist der Satz, dass Gleiches gleich behandelt werden müsse, nichts anderes als eine Leerformel. Zudem steht nichts Grundsätzliches einer Gleichbehandlung auch von Ungleichem entgegen[2]. Was das Gleichheitsgebot wirklich bedeutet, lässt sich deshalb nur aufgrund der geschichtlichen Entwicklung in Europa seit der Aufklärung (Französische Revolution 1789 mit dem Ruf nach Egalité und Abschaffung der Privilegien sowie liberaldemokratische Bewegungen in Mitteleuropa im letzten Jahrhundert) sowie der bundesgerichtlichen Praxis angeben[2a]. Es handelt sich hier um ein eher formales Prinzip.

II. Mit dem Rechtsgleichheitgebot nicht ohne weiteres kongruente Grundsätze

1. Es gehört seit Beginn dieses Jahrhunderts zum gesicherten Rechtsbestand, dass die Gemeinden für ihre verschiedenen Gebietsteile verschiedene Regelungen für die Geschosszahl, die Gebäude- und Firsthöhe, die Gebäudelänge, Grenz- und Gebäu-

---

[1] BGE vom 11. November 1991 (Volketswil/ZH, bestätigt Bestrafung wegen Geschwindigkeitsüberschreitung von 20 km/h auf Autobahn, bei Nichtbestrafung von solchen, welche weniger als 15 km/h überschreiten, in: ZBl 1992 S. 233 f), BGE 125 I 1 f (Commune d'Y./VD, aufgehoben: Bemessung der Abwassergebühr allein aufgrund des Gebäudeversicherungswertes, bei Nichtberücksichtigung des tatsächlichen Wasserverbrauches). Ulrich Häfelin/Georg Müller, N. 397–425. André Grisel, S. 358–364, Jörg P. Müller, N. 186, Georg Müller, Kommentar zur BV, zu Art. 4, N. 45.
[2] Der Normlogiker Ota Weinberger, Norm und Institution, S. 224, bezeichnet denn auch diesen Satz als falsch. Er weist darauf hin, dass zB sehr wohl zwei total verschiedene Delikte mit genau der gleichen Strafe belegt werden können. Ablehnend ebenfalls: Rudolf Stranzinger, Gerechtigkeit als vollkommene Pflicht, in: Festschrift für Ota Weinberger, S. 175, 186.
[2a] Vgl. BGE 101 Ia 231, 233 f (Kanton Zürich, betr. Volksinitiative «Rettet Regensberg», Ungültigerklärung wegen Ungleichbehandlung bezüglich bereits erstellter Bauten bestätigt). Rz 1323.

deabstände, seit langem auch für Überbauungs- und Ausnützungsziffern festsetzen und gewerbliche/industrielle Betriebe je nach Immissionsträchtigkeit erlauben oder verbieten können. Das Mittel dazu ist die *Zonierung*. Das führt zwangsläufig dazu, dass eine bestimmte Regelung bis zu einer bestimmten Stelle, der Zonengrenze, gilt und jenseits davon nicht mehr gilt. Dabei lassen sich nur in den wenigsten Fällen topographische Unterschiede unmittelbar dies- und jenseits der Zonengrenze ausmachen. Wenn man zonieren will, dann muss man unbedingt die Zonengrenze an einer bestimmten Stelle ziehen, deren Regelung räumlich beginnen und aufhören lassen, oder man soll die Zonierungsabsicht überhaupt fallen lassen. Parzellen ähnlicher Lage und Art, Parzellen, welche sich in ihrer Funktion für den Eigentümer in nichts unterscheiden, werden dabei völlig verschieden behandelt[3].

990   2.   Die Ziehung der Zonengrenze kann grosse finanzielle Auswirkungen zeitigen: Der Eigentümer der Parzellen diesseits der Grenze kann mit seinem Land in der Folge leicht Hunderttausende von Franken oder mehr verdienen, derjenige der Parzellen jenseits holt aber auch bei grösstem Bemühen nicht mehr als ein paar Hundert Franken heraus. Das Unbefriedigende an dieser Situation besteht m.E. nicht nur darin, dass einem Grundeigentümer die Möglichkeit der Überbauung entzogen worden ist, sondern auch darin, dass dem einen ein grosser Gewinn zufiel und der andere nebenan an einer Wertsteigerung nicht teilnehmen konnte, ohne dass durch die Zusprechung von Entschädigung an den Letzteren und die Auferlegung von Planungswertbeiträgen auf den Ersteren ein Ausgleich geschaffen worden ist. Die Raumplanungsgesetzgebung hat deshalb in den letzten fünfzig Jahren landauf landab vielerorts grosse finanzielle Ungerechtigkeiten bewirkt[4]. Die im Steuerwesen auftretenden Ungereimtheiten sind im Verhältnis dazu meistens Bagatellen.

991   3.   Erstaunlicherweise nehmen die Gerichte, ja auch die öffentliche Meinung, diese Erscheinung gelassen hin. Es ist in der Judikatur ein oft wiederkehrender Satz, dass das Rechtsgleichheitsgebot im Planungswesen nur die «abgeschwächte Bedeutung» eines Willkürverbotes besitze. Ferner heisst es, dies ergebe sich aus dem «Wesen der Ortsplanung»[5], sei aus Gründen der Praktikabilität gerechtfertigt; es genüge, wenn sich die Zonierung durch «vernünftige planerische Gründe rechtfertigen» lasse; in der Raumpla-

---

[3] Nach Wilfried Schaumann, S. 218 f, wäre die Gleichheit/Ungleichheit der «Lage oder Beschaffenheit des betroffenen Grundstückes» der wesentliche Ansatzpunkt für die Unterscheidung zwischen materiell enteignenden und materiell nicht enteignenden Eingriffen. Ich bezweifle, dass das Kriterium der Beschaffenheit viel weiterhilft. Rein technisch gesehen kann man fast überall alles bauen, wo es sich nicht um einen Sumpf oder ein Rutschgelände handelt. Bezüglich Lage siehe Rz 1306.

[4] Allerdings bewirkt die Zonierung bisweilen bei ein und demselben Menschen einen Ausgleich, wenn auch nicht immer auf befriedigende Art: Ein Landwirt aus dem Zürcher Unterland erklärte mir Folgendes: Ich habe zehn Hektaren Land besessen, hievon wurden 980 m^2 einer Bauzone zugeteilt, für welche mir beim Verkauf Fr. 250'000.– bezahlt wurden; die restlichen 9,02 Hektaren verblieben in der Landwirtschaftszone; aus dem hieraus während meines ganzen Lebens Erwirtschafteten konnte ich mir weniger Ersparnisse anlegen als aus dem Verkauf der 980 m^2.

[5] Die Begründung hiefür lautet: Eine differenzierte, dem Baulandbedarf und den örtlichen Gegebenheiten Rechnung tragende sowie mit infrastrukturellen Massnahmen koordinierte Nutzungsplanung kommt nicht darum herum, gleichartig erscheinende Liegenschaften verschiedenen Zonen (insbesondere Bau- und Nichtbauzonen) zuzuweisen.

nung falle das Rechtsgleichheitgebot mit dem Willkürverbot zusammen; es gebe «eine Form der Ungleichheit, wie sie im Bau- und Planungsrecht häufig ist, wenn verschärfte Vorschriften aufgestellt werden»[6, 7]. Auch mag der Gedanke mitspielen, eine allfällig unvermeidliche Rechtsungleichheit werde wenigstens in den krassesten Fällen durch die Leistung einer Entschädigung wettgemacht. Bedenkt man, dass das Rechtsgleichheitsgebot eine zentrale Bedeutung im Kampf um den Übergang vom Ancien Régime zum modernen Verfassungsstaat besessen hatte, dass es gewissermassen den Prototyp eines allgemeinen Rechtsgrundsatzes bildet und zudem in der Bundesverfassung ausdrücklich und selbständig an zentraler Stelle verankert ist, so verdient es diese Besonderheit, in der Rechtslehre noch intensiver untersucht zu werden[8]. Für das postfinite Baurecht ist diese Problematik zwar weniger wichtig, aber sie spielt auch hier eine praktische Rolle, nämlich hinsichtlich der Änderung von Gebäuden, Bewerbungen in Bauzonen einerseits und ausserhalb Bauzonen anderseits, vor allem wegen RPG Art. 23 und 24[9].

992

III. Verfassungsrechtliche Stellung des Rechtsgleichheitsgebotes

Das Rechtsgleichheitsgebot gilt im ganzen Verwaltungsrecht, und zwar sowohl für den Bund, die Kantone als auch die Gemeinden, und zwar sowohl für die Exekutive, die Judikative als auch die Legislative. In einem gewissen Sinne kann man sogar sagen, das Rechtsgleichheitsgebot könne in der Schweiz als einem liberaldemokratischen Gemeinwesen auch auf dem Wege der Revision der Bundesverfassung nicht aufgehoben werden. Damit steht das Rechtsgleichheitgebot (zumindest) auf der Stufe von Bundesverfassungsrecht. Dass es (zumindest) diese Stufe einnimmt, steht allein schon deshalb fest, weil es in BV Art. 4, neu Art. 8, formuliert ist. Das Rechtsgleichheitsgebot ist deshalb, unbeschadet der gemachten logischen und praktischen Vorbehalte, in der Schweiz der in der Bundesverfassung am besten verankerte, altehrwürdigste, typischste, klassischste der allgemeinen Rechtsgrundsätze[10].

993

---

[6] BGE 121 Ia 249 (Wangen-Brüttisellen/ZH), BGE 117 Ia 302, 307 (Flims/GR), BGE 116 Ia 193, 195 (Kappel/ZH), BGE 114 I 254, 257 (Deitgen/SO), BGE 113 Ia 93 444, 456 (Engelberg/OW), BGE 111 Ia 93, 100 (SKA c. Stadt Zürich, betr. Wohnanteilplan), BGE 107 Ib 334, 339 (Marthalen/ZH), BGE 103 Ia 257 (Gretzenbach/SO), BGE 99 Ia 712, 715 (St. Moritz/GR), BGE 97 I 792, 801 (Stadt Zug), BGE 95 I 546, 550 (Stadt Zug). In BGE 122 I 279, 288 (Stadt Zürich, betr. Parkgebühren) wurde gesagt, dem Rechtsgleichheitsgebot komme «insoweit – wie in der Raumplanung – nur eine abgeschwächte Bedeutung zu»! ZH-RB 1996 Nr. 95 (Ellikon/ZH, betr. Entschädigung wegen materieller Enteignung infolge zweimaliger Belastung mit Eigentumsbeschränkung): Dem Grundsatz der rechtsgleichen Behandlung «kommt von vornherein nur eine abgeschwächte Bedeutung zu». Jacques Meylan, La jurisprudence récente en matière de plans d'aménagement, in: ZBl 1971 S. 345 f; André Grisel, Band I, S. 361, Walter Haller/Peter Karlen, N. 120 ff.

[7] Gelegentlich wird die Reduktion des Rechtsgleichheitsgebotes auf das Willkürverbot auch mit der «weitgehend zufälligen Lage» der Parzellen begründet (BGE 95 I 550, Stadt Zug). Es gibt aber wohl kaum manches, das weniger zufällig ist als die Lage einer Parzelle. Diese ist und bleibt immer dort, wo sie liegt, Grenzveränderungen vorbehalten.

[8] Interessante Ansätze finden sich bei Georg Müller, Kommentar zur BV, zu Art. 4, N. 32a.

[9] Vgl. BGE 117 Ia 302, 304 (Flims/GR).

[10] Das von den Befürwortern des New Public Managements in den Vordergrund gestellte Gebot der Kundenorientiertheit steht in einem eigenartigen Spannungsverhältnis zum Rechtsgleichheitsgebot, wie übrigens auch zum Erfordernis des öffentlichen Interesses und der gesetzlichen Grundlage.

IV. Berührungspunkte mit dem postfiniten Baurecht

994 1. Die Eigentümer dürfen Gebäude, welche dem bei ihrer Erstellung geltenden Recht entsprochen haben und seither genügend unterhalten worden sind, fortbestehenlassen, auch wenn sie dem jetzigen Recht nicht mehr entsprechen. Bewerbungen, welche bei ihrer Erstaufnahme dem geltenden Recht entsprochen haben und seither nicht geändert worden sind, dürfen weiterausgeübt werden, auch wenn sie dem jetzigen Recht nicht mehr entsprechen. Hier stellt sich das Problem der Rechtsgleichheit zwischen den Eigentümern bestehender Gebäude bzw. Trägern bereits ausgeübter Bewerbungen und denjenigen, welche ein Gebäude neu erstellen bzw. einen Bewerb erstmals aufnehmen oder Änderungen durchführen wollen[11, 12].

995 2. Änderungen und andere Transformationen von Gebäuden bzw. Bewerbungen dürfen nur nach lockereren, nur nach strengeren oder nur nach anders konzipierten Regelungen als denjenigen für primäres Neubauen bzw. Erstbewerben oder aber nur gleich wie diese Vorhaben realisiert werden. Hier stellt sich das Problem der Rechtsgleichheit zwischen denjenigen, welche diese Transformationen vornehmen wollen, und denjenigen, welche einen primären oder sekundären Neubau errichten bzw. einen Bewerb primär oder sekundär aufnehmen wollen[13, 14]. Wo für die einzelnen Transformationsarten verschiedene Regelungen gelten, stellt sich das Problem der Rechtsgleichheit zwischen denjenigen, welche die verschiedenen Arten von Transformationen vornehmen wollen. Die unterschiedliche Beurteilung ist nur dann einwandfrei, wenn sich die Abweichung durch das Erfordernis des öffentlichen Interesses und das Verhältnismässigkeitsgebot rechtfertigen lässt[15, 16, 17].

---

[11] Dass hierin ein Problem liegt, gelangt darin zum Ausdruck, dass man dabei oft von Bestandes-/Besitzstandsgarantie, ja geradezu von Bestandesprivileg spricht. Vgl. Erich Zimmerli, Kommentar BauG, § 224, N. 4. Rz 4335 ff.

[12] BGE 97 I 792, 800 (Stadt Zug): Es ist mit dem Gebot der Rechtsgleichheit vereinbar, die Pflicht zur Schaffung von Autoabstellplätzen nur den Erstellern von Neu- und Umbauten, nicht aber auch den Eigentümern bestehender Bauten aufzuerlegen; das Bundesgericht äussert allerdings «Bedenken».

[13] Entscheid der ZH-Baurekurskommission I (ZH-BEZ 1990 Nr. 9): Es widerspräche BV Art. 4, neu Art. 8, jemanden, der sein Gebäude «sozusagen in den Rohbauzustand» zurückversetzt (Umgestaltung), anders «als den Ersteller eines Neubaues zu behandeln». Ähnlich das ZH-Verwaltungsgericht in: RB 1992 Nr. 74 (ZH-BEZ 1992 Nr. 14): Es bestünden «unüberwindbare Bedenken», es wäre ein «sachlich nicht gerechtfertigter Vorzug gegenüber dem Ersteller von Neubauten», wenn die neubauähnliche Umgestaltung wie ein Umbau behandelt würde.

[14] Werner Schmid-Lenz, S. 65, weist auf Folgendes hin: «Die Eigentümer von Altbauten haben neben den Vorteilen, die eine Rechtsänderung ... bewirken mag ... auch Nachteile zu tragen, wie etwa ungenügende interne Erschliessung durch Treppen oder Aufzüge, fehlender Platz für sanitäre oder andere Hausinstallationen, Mangel an Parkplätzen. Anderseits lässt sich der rechtliche Rahmen einer geänderten Ordnung durch einen Neubau meistens besser ausfüllen. Es ist deshalb ungerecht, beispielsweise die Wohnnutzung in einem Dachgeschoss als (unzulässiges) Privileg zu beurteilen, wenn doch das alte Haus – das zwar den neuen Abstandsvorschriften nicht mehr entspricht – weniger als die maximal zulässigen Vollgeschosse aufweist.» Vgl. Peter Müller, Aktuelle Fragen, in: ZBl 1983 S. 193, 210 f. Siehe auch Rz 445a.

[15] Erich Kull, Chefstellvertreter des Amtes für Raumplanung des Kantons Zürich, erklärte in einem Referat an der Delegiertenversammlung der Regionalplanung Zürich und Umgebung RZU vom 21. November 1991: «Die ungleiche Behandlung von Alt und Neu ist störend und nur als Übergangslö-

3. **Für die nachgenannten Gebäude bzw. Bewerbskategorien gilt oft eine unterschiedliche postfinite Regelung:** **996**

– gewerbliche/industrielle Gebäude bzw. Bewerbungen – andere Gebäude bzw. Bewerbungen (Rz 1564 f, 3216 f);
– Gebäude mit Familienwohnungen – andere Gebäude (Rz 3118 f);
– landwirtschaftliche Gebäude bzw. Bewerbungen – andere Gebäude bzw. Bewerbungen (Rz 4024 ff, 3760 ff);
– Gebäude bzw. Bewerbungen inner-/ausserhalb von Bauzonen (Rz 3756 f, 3763 f);
– baurechtgemässe – baurechtwidrige Gebäude bzw. Bewerbungen (Rz 392 ff);
– denkmalschutzwürdige Gebäude – andere Gebäude (Rz 1843 ff, 3974 ff);
– vor/nach einem bestimmten Datum erstellte Gebäude bzw. aufgenommene Bewerbungen (Rz 1724);
– Gebäude mit/ohne Steildach (Rz 3232).

Hier stellt sich das Problem der Rechtsgleichheit zwischen den Eigentümern der verschiedenen Gebäudekategorien bzw. zwischen den Trägern der verschiedenen Bewerbskategorien.

4. **Es findet eine Praxisänderung statt.** Hier stellt sich das Problem der Rechtsgleichheit **997**
in der Zeit: Da sind einerseits diejenigen, deren Vorhaben noch nach der alten Praxis realisiert werden mussten/durften, und anderseits diejenigen, deren Vorhaben nach der neuen Praxis realisiert werden müssen/dürfen. Mancher hätte vorher anders disponiert, wenn er gewusst hätte, dass es zu einer Praxisänderung kommt; das lässt sich später in vielen Fällen nicht mehr rückgängig machen. Eine Praxisänderung verstösst nach herrschender Lehre nicht gegen das Rechtsgleichheitsgebot, wenn sie auf ernsthaften und sachlichen Gründen beruht, grundsätzlich erfolgt, das Interesse an der richtigen Rechtsanwendung das Rechtssicherheitinteresse überwiegt und kein Verstoss gegen Treu und Glauben vorliegt[18]. War die frühere Praxis (inklusive unterlassene Baukontrolle) nicht nur weniger vertretbar, sondern schlechthin unbefriedigend oder gar rechtswidrig, so stellt sich das heikle Problem der Rechtsgleichheit im Unrecht. Dieses wirkt sich höchstens

---

sung haltbar.» (Dokumentation, S. 16) Sodann äusserte sich das ZH-Verwaltungsgericht in einem das USG betreffenden Entscheid vom 3. April 1992 gemäss BEZ 1992 Nr. 10 S. 6 wie folgt: «Es wäre in der Regel widersinnig und unter dem Gesichtspunkt der Rechtsgleichheit problematisch, (bei neuen Anlagen) nicht die gleichen Verschärfungen (bezüglich Emissionsbegrenzungen) wie gegenüber den bestehenden Anlagen zur Anwendung zu bringen.» Bezüglich der Problematik der Ungleichbehandlung neuer und alter Anlagen in Belastungsgebieten im USG siehe Ursula Brunner, Zulassungsbeschränkungen für neue Anlagen bei Überschreitungen von Luft-Immissionsgrenzwerten?, in: URP 1990 S. 227 f. Weder die eine noch die andere Stellungnahme darf verallgemeinert werden.

[16] Bei eigenständig konzipierten Regelungen (Regelungen sui generis) ist oft nicht leicht auszumachen, ob sie im Verhältnis zur Regelung für primäre Neubauten bzw. Erstbewerbungen gleich streng, lockerer oder strenger sind. Rz 836 f.

[17] Hier bestehen zB Zweifel, wenn bewerbsmässige Änderungen an/in bisher baurechtswidrig gewesenen Gebäuden bzw. Bewerbungen in andere, wieder baurechtswidrige Bewerbungen immer verboten, Bewerbsintensivierungen, Ausweitungen, Auf-, Anbauten und dergleichen jedoch erlaubt sind. Rz 1629 ff.

[18] Ulrich Häfelin/Georg Müller, N. 417–425.

dort zum Vorteil des Bauaktiven aus, wo die jeweilige Behörde nicht bereit ist, von ihrer bisherigen (zwar nicht gerade gesetzwidrigen, aber unbefriedigenden) Praxis abzurücken. Vgl. BGE 123 II 248, 252 f (Oberägeri/ZG, betr. Rossboden, Stall abgebrochen, Wiederbau von Scheune zu Wohnzwecken). Siehe Andreas Auer, L'égalité dans l'inégalité, in: ZBl 1978 S. 281 ff, Ulrich Häfelin/Georg Müller, N. 412 mit BGE 108 Ia 212, 214a (Gais/AR, «praxisgemäss» statt 2-, 3-geschossig bewilligt, auf Opposition des Nachbarn hin Bewilligung aufgehoben), BGE 99 I 377, 3873 ff (Volketswil/ZH, Entgegen der Praxis zur Verordnung Reklametafel verweigert, musste bewilligt werden). Siehe ferner: BGE vom 12. Mai 1998 (Wangen b. Olten/SO, betr. Bedürfnisnachweis, in: ZBl 2000 S. 135 f).

998 5. Allgemein ist Folgendes zu sagen: Die Gesetzgeber dürften bei der Festsetzung von Vorschriften für Änderungen bestehender Gebäude und bereits ausgeübter Bewerbungen etwas mehr Phantasie und Mut für Abweichungen von den für Neubauten bzw. Erstbewerbungen geltenden Regelungen aufbringen, als dies bisher der Fall war[19]. Sie würden dabei keineswegs von vornherein gegen das Rechtsgleichheitgebot verstossen. Es wäre durchaus vertretbar, dass nebeneinander zwei Rechtskomplexe gälten, wobei der eine nur den Neubau bzw. Erstbewerb und der andere nur das Fortbestehenlassen von Gebäuden bzw. die Weiterausübung des Bewerbes sowie die Änderungen von Gebäuden bzw. Bewerbungen beträfe, und zwar auch mit ziffernmässigen Unterschieden bezüglich Geschosszahl, Gebäude- und Firsthöhe, Gebäudelänge, Überbauungs-, Ausnützungs- und Baumassenziffern. Dabei sollte man nicht auf die baurechtwidrigen Gebäuden bzw. Bewerbungen beschränkt bleiben. Bei baurechtgemässen Situationen können sich die gleichen Probleme ergeben (Rz 4150 ff). Das sind aber Überlegungen im Hinblick auf das künftige Recht (de lege ferenda). Hier geht es jedoch vor allem um das jetzt geltende Recht (de lege lata).

---

[19] Dieser Fehler ist weitgehend auch die Folge des Umstandes, dass die Parlamentarier nach Durchberatung der Vorschriften für Neubauten bzw. Erstbewerbungen keine Lust mehr verspüren, sich auch noch mit dem anderen Komplex, dem postfiniten Baurecht, zu befassen. Rz 9 und 4175.

§ 5 Das postfinite Baurecht und das Willkürverbot

I. Der Inhalt des Willkürverbotes

1. Willkür liegt vor, wenn ein Gesetz, eine Verordnung, ein Verwaltungsakt, ein Gerichtsentscheid oder ein Planungsakt offensichtlich unhaltbar ist. Dies ist insbesondere dann der Fall, «wenn der Entscheid mit der tatsächlichen Situation in klarem Widerspruch steht, eine Norm oder einen unumstrittenen Rechtsgrundsatz krass verletzt oder in stossender Weise dem Gerechtigkeitsgedanken zuwiderläuft»[1]. Willkür liegt aber nicht bereits bei einer Auslegung oder Anwendung von Gesetzesnormen vor, wenn eine andere Auslegung ebenfalls vertretbar ist oder sogar noch zutreffender erscheint. Es kommt auch nicht darauf an, ob hinter dem Rechtsakt eine gute oder eine böse Absicht steckt. Willkür liegt nur vor, wenn das Ergebnis, nicht aber bloss die Begründung unhaltbar ist.

999

2. Gesetze sind eher selten willkürlich, da ihnen stets eine lange Vorbereitungsphase der Beschlussfassung mit dem Erwägen von pro und contra vorausgegangen ist. Wohl aber liegt bisweilen Willkür vor bei Verordnungen sowie Verwaltungsakten, Gerichtsentscheiden und Planungsakten.

1000

3. Es wurde auch schon gesagt: Das Willkürverbot ist das Postulat, keine unbegründeten Normen hinzunehmen. Hievon gibt es keinerlei Ausnahmen. Was dem Willkürverbot widerspricht, kann rechtlich nie Geltung besitzen.

1001

II. Verfassungsrechtliche Stellung des Willkürverbotes

Das Willkürverbot gilt wegen seiner bereits erwähnten wirklich allgemeinen Tragweite selbstverständlich sowohl für den Bund als auch die Kantone als auch die Gemeinden, und zwar sowohl für die Exekutive als auch die Judikative als auch die Legislative. Da die Abschaffung des Willkürverbotes die Verneinung des Rechtsgedankens wäre, darf man wohl ohne weiteres sagen, das Willkürverbot könne in der Schweiz auch nicht auf dem Wege der Revision der Bundesverfassung aufgehoben werden. Höchstens kann seine prozessuale Geltendmachbarkeit eingeschränkt werden. Seit Inkrafttreten der neuen Bundesverfassung mit deren Art. 9, erster Satzteil, sollte die diesbezügliche bisherige restriktive Praxis des Bundesgerichtes wohl der Vergangenheit angehören. Die Widerstände gegen ein Umdenken sind jedoch gross[2].

1002

1003

---

[1] BGE 89 I 460 ff (Kanton Genf, betr. Verbot des Abbruches von Wohnhäusern, solange Wohnungsnot herrscht, mit Möglichkeit von Dispens: «Une disposition cantonale selon laquelle l'autorité cantonale peut [nicht: doit] déroger à une réglementation n'est pas en soi arbitraire.»), BGE 117 Ib 147, 154 (Opfikon/ZH), BGE vom 5. September 1997 (Winterthur/ZH, in: ZBl 1999 S. 218 f), Ulrich Häfelin/Georg Müller, N. 426–432, André Grisel, S. 364–368, Georg Müller, Kommentar BV, zu Art. 4, N. 45–58, Daniel Thürer, in: ZSR 1987 II 413 ff.

[2] Vgl. BGE 126 Ia 81 ff (Waadt) und die Kritik von René A. Rhinow, Von der Mühe des Bundesgerichtes mit der Verfassung, in: NZZ vom 2. Mai 2000 Nr. 101.

III. Berührungspunkte mit dem postfiniten Baurecht

1004 1. Berührungspunkte genereller postfiniter Regelungen mit dem Willkürverbot sind wohl nur dort aktuell, wo auch eine Kollision mit den übrigen allgemeinen Rechtsgrundsätzen in Betracht kommt. Es wird hiezu verwiesen bezüglich Erfordernis des öffentlichen Interesses auf Rz 935 f, bezüglich Erfordernis der gesetzlichen Grundlage auf Rz 950 f, bezüglich Rechtsgleichheitsgebot auf Rz 986 f, bezüglich Verhältnismässigkeitsgebot auf Rz 1008 f, bezüglich Gebot von Treu und Glauben auf Rz 1019 f, bezüglich Rückwirkungsverbot auf Rz 1041 f und bezüglich Rechtssicherheitsgebot auf Rz 1061 f.

1005 2. Im Einzelnen lassen sich wohl die folgenden, eher kuriosen Situationen als willkürlich bewerten:

a) Verbot des Fortbestehenlassens von Gebäuden bzw. der Weiterausübung von Bewerbungen, obwohl die bisherige Situation keinen polizeilichen Missstand darstellt, auch sonst materiell rechtmässig ist und keinem öffentlichen Werk im Wege steht, allein deshalb, weil die Einholung einer Bewilligung seinerzeit zu Unrecht unterblieben, eine befristete Bewilligung oder eine resolutiv bedingte Bewilligung dahingefallen ist, eine erste bzw. weitere Bewilligung aber möglich ist. Rz 739.

b) Gebot des Abbruches von Stadtteilen oder Dörfern, um gigantische Stadt-/Landesplanung zu betreiben[3] oder um die Bevölkerung an zentralen Orten leichter sozialstaatlich in den Griff zu bekommen.

c) Gebot einer Renovation auf einen bestimmten Zeitpunkt hin, unabhängig davon, ob objektiv ein Renovationsbedürfnis bestehe oder nicht[4].

d) Sprachlich allumfassendes Verbot des Hinzubauens bzw. -bewerbens bei baurechtswidrigen Gebäuden bzw. Bewerbungen, obwohl diese keine denkmalschützerische Bedeutung besitzen, kein sozial knappes Gut bilden (zB Familienwohnungen) und nicht der Realisierung eines öffentlichen Werkes im Wege stehen, selbst wenn bei der Änderung die materielle Baurechtswidrigkeit behoben würde. Rz 406.

1006 3. Vor dem Willkürverbot halten jedoch folgende Situationen stand, wenn nicht das Gesetz eine andere Regelung vorsieht:

a) Verbot des Abbruches von Gebäuden bzw. der Stilllegung von Bewerbungen, wenn bezüglich dieser Gebäude bzw. Bewerbungen Denkmalschutzwürdigkeit vorliegt (Rz 1855 f, 3183) oder eine soziale Mangellage herrscht (zB Familienwohnungen; Rz 3118 f).

---

[3] Vgl. in Rumänien die Ära des Diktators Ceaușescu in den Achtzigerjahren.
[4] Vgl. hiezu: In Paris müssen die Gebäudefassaden alle zehn Jahre renoviert werden (Code de la construction et de l'habitation Art. 132). Ich will damit nicht sagen, dass dies eine willkürliche Vorschrift sei. Rz 1899 ff.

b) Verbot des über Reparaturen und Renovationen hinausgehenden Hinzubauens bei Gebäuden bzw. Bewerbungen, die der Realisierung eines öffentlichen Werkes im Wege stehen (Rz 1751 f).

c) Verbot des über Reparaturen und Renovationen hinausgehenden Hinzubauens bei baurechtswidrigen Gebäuden bzw. Bewerbungen, wenn nicht gleichzeitig die Baurechtswidrigkeit voll behoben wird (Rz 450 f).

d) Verbot der Umgestaltung, des Wiederbaues (nach freiwilligem Abbruch und/oder nach Zerstörung durch Naturgewalt oder Dritte) oder des Anschlussbaues, sofern nicht gleichzeitig die bisherige Baurechtswidrigkeit behoben wird (Rz 2454 f), oder Verbot des Dependenz- und Dislokationsbaues, sofern nicht die an Ort und Stelle geltenden Regelungen voll eingehalten werden. **1007**

§ 6 Das postfinite Baurecht und der Grundsatz der Verhältnismässigkeit

I. Der Inhalt des Grundsatzes der Verhältnismässigkeit

A. Allgemeines

1008 Der Grundsatz der Verhältnismässigkeit besagt, dass die vom Gemeinwesen gewählte normative Massnahme zur Verwirklichung des im öffentlichen Interesse liegenden Ziels geeignet und tauglich sein muss; ausserdem hat die gewählte normative Massnahme das schonendste Mittel zur Verwirklichung des fraglichen öffentlichen Interesses zu sein; sodann muss der vom Gemeinwesen angestrebte Vorteil in einem vernünftigen Verhältnis zu den sich hieraus für den Privaten ergebenden Nachteilen stehen[1]. Verlangt sind somit drei Elemente: die Eignung (Geeignetheit) der Massnahme, die Notwendigkeit der Massnahme sowie ein vernünftiges Verhältnis zwischen Eingriffszweck und Eingriffswirkung auf den Betroffenen. Das letztere Element wird auch als Verhältnismässigkeit im engeren Sinne bezeichnet[2]. Andere Bezeichnungen des Grundsatzes der Verhältnismässigkeit sind: Gebot des geringstmöglichen Eingriffs, Übermassverbot und Zumutbarkeitserfordernis[3].

B. Zur Anrufbarkeit

1009 1. Der Verhältnismässigkeitsgrundsatz ist nur von den Privaten anrufbar, nicht aber vom Gemeinwesen, auch nicht zur Legitimierung einer kostengünstigeren Lösung[4]. An Kostengünstigkeit, Sparsamkeit und Effizienz beim Massnahmeneinsatz kann jedoch durchaus ein öffentliches Interesse bestehen.

1010 2. Früher vertrat das Bundesgericht die Auffassung, es könne in einem Vollstreckungsverfahren nur der gut-, nicht aber auch der bösgläubige Bauaktive das Verhältnismässig-

---

[1] BGE 117 Ia 472, 483 (Stadt Basel, betr. Versammlungsverbot). Ulrich Zimmerli, Verhältnismässigkeit, S. 1 ff, Pierre Muller, Le principe de la proportionnalité, in: ZSR 1978 II S. 197 ff, Zaccaria Giacometti, S. 293, 513, 562, 569, Thomas Fleiner, S. 116, André Grisel, S. 448 ff, Fritz Gygi, 1986, S. 173 f, Ulrich Häfelin/Georg Müller, N. 486–520, Karl Larenz, S. 423 f.
[2] Nach Ulrich Häfelin/Georg Müller, N. 514, sollte diese Bezeichnung gemieden werden. Eine Grundangabe für diesen Rat fehlt.
[3] Zum Begriff der Zumutbarkeit: Diese liegt dort vor, wo nach dem Urteil eines vernünftigen und neutralen Dritten der Träger eines Interesses Verständnis dafür aufbringen muss, dass seinem Interesse ein gegenläufiges des Gegenüberstehenden vorgezogen wird; Umgekehrtes gilt bezüglich Unzumutbarkeit. Die eigentliche Schwierigkeit bei dieser Betrachtungsweise liegt nicht darin, dass der Träger des erstwähnten Interesses befürchten kann, der beurteilende Dritte könnte zu seinem eigenen Vorteil oder willkürlich entscheiden; dem liesse sich ein Riegel schieben. Die eigentliche Schwierigkeit liegt viel tiefer: Der Interessensbegriff ist von extremer Subjektivität (Rz 885 mit FN 1); daher ist ihm eigen, dass der Träger grundsätzlich selbst bestimmt, welches Gewicht er seinem Interesse beimisst; jeder Gewichtung durch andere, und sei es durch einen vernünftigen und neutralen Dritten, haftet etwas Widersprüchliches, Bevormundendes an.
[4] BGE 102 Ia 243, 249 (Angensteinerstrasse 28/30 in Basel).

keitsgebot anrufen⁵. Diese Einschränkung lässt sich aber heute allein schon deshalb nicht mehr rechtfertigen, weil nach neuerer Erkenntnis das Verhältnismässigkeitsgebot für die ganze Rechtsordnung gilt und zudem schon gemäss der Eigentumsgarantie nur verhältnismässige Eigentumsbeschränkungen rechtmässig sind (Rz 1207). Dem Bauaktiven muss in einem Vollstreckungsverfahren zumindest die Möglichkeit gegeben werden, vorzubringen, der Abbruch- bzw. Stilllegungs-, Hinzubau- bzw. Hinzubewerbbefehl gehe sachlich zu weit⁶ oder er habe sich missverständlicher behördlicher Äusserungen wegen in gutem Glauben befunden⁷. Jener Praxis ist deshalb zu Recht Kritik erwachsen, insbesondere seitens von Katharina Sameli (ZSR 1977 II S. 382 f) und Ulrich Zimmerli (ZSR 1978 II S. 105 f). Die Praxis ist heute als aufgegeben zu betrachten⁸. Das bedeutet aber nicht, dass der gute oder böse Glaube überhaupt keine Rolle spielen dürfe. Er ist sehr wohl weiter von Belang, aber auf dem Umweg über die Bewertung der Interessen des Bauaktiven. Dieser muss in Kauf nehmen, dass den Interessen des Gemeinwesens an der Wiederherstellung des gesetzmässigen Zustandes zum Schutze der Rechtsgleichheit und der Rechtssicherheit höheres Gewicht beigemessen wird und dass die ihm, dem Bauaktiven, erwachsenden Nachteile nicht oder nur in verringertem Masse berücksichtigt werden⁹. Zudem sollte der bösgläubige Bauaktive grundsätzlich mit einer Bestrafung rechnen müssen¹⁰,¹¹.

---

⁵ BGE 98 Ia 271, 281 (Péry/BE, betr. zu hohen Neubau), BGE 100 Ia 343, 347 (Cimiotti c. Tribunale amministrativo/TI, betr. Aufstockung), BGE vom 26. März 1975 (G. in Menzingen/ZG c. Baudirektion, betr. Befehl des Abbruches von Kamin, moderner Kücheneinrichtung, Infrarotbackofen, Duscheinrichtung, Sauna usw. in einem Stall ausserhalb der Bauzone, dessen Erneuerung zur Haltung von Schafen und Pferden bewilligt worden war, in: ZBl 1975 S. 515, 520). Erich Zimmerlin, Kommentar 1985, zu § 218, N. 4.
⁶ ZB, wenn der Abbruch des ganzen Gebäudes verlangt würde, der Bauaktive aber eigenmächtig nur eine materiell baurechtswidrige Lukarne oder Terrasse erstellt hätte. BGE 99 Ia 113 ff (Grüningen/ZH, betr. Wohnwagen in Schutzzone): Es kann neben der Entfernung des Wohnwagens nicht auch noch die Beseitigung der zugehörigen Abwassergrube verlangt werden, wenn diese noch als Wasserspeicher für die Pflege des Gartens verwendbar ist.
⁷ Die Überprüfbarkeit der Rechtmässigkeit von Vollstreckungsakten ist allerdings allgemein stark eingeschränkt. Der Abbruch- bzw. Einstellbefehl ist jedoch meistens ein erstmaliger, kein Vollstreckungsakt.
⁸ BGE 101 Ib 313, 317 (Schweiz. Bund für Naturschutz c. X. und GR-Regierungsrat, betr. Rodung für zwei Appartmenthäuser). Es wird allerdings hier noch nicht ausdrücklich gesagt, dass auch der Bösgläubige das Verhältnismässigkeitsgebot geltend machen kann; das Vorliegen des guten Glaubens wurde jedoch geprüft, aber verneint. Direkter jedoch: BGE vom 15. März 1978 (Kanton Zürich, in: ZBl 1978 S. 393 f), BGE 108 Ia 216, 218 (Affoltern a.A./ZH). Ferner: BGE 111 Ib 213, 221 (Gontenschwil/AG, hier wurde jedoch der gute Glaube verneint).
⁹ Georg Müller, Kommentar BV, zu Art. 22ter, N. 42.
¹⁰ Die Schwierigkeiten, welchen die Behörde begegnet, wenn sie strafrechtlich gegen einen eigenmächtigen Bauaktiven vorgehen will, zB Verjährungsproblem, gelangen in BGE vom 26. Oktober 1977 (Davos/GR, in: ZBl 1978 S. 66 ff, ein rein strafrechtlicher Entscheid bezüglich der eigenmächtigen Einrichtung von Wohnungen im Estrich eines Neubaues) plastisch zum Ausdruck. Rz 444 mit FN 47.
¹¹ Wenn Ulrich Zimmerli, Verhältnismässigkeit, auf S. 105 erklärt, der Grundsatz der Verhältnismässigkeit verbiete, widerrechtlich erstellte Bauten «sogleich» abbrechen zu lassen, so kann dies wohl kaum bedeuten, die Behörde müsse nach Feststellung der Eigenmächtigkeit eine gewisse Zeit zuwarten, bis sie über das weitere Vorgehen entscheidet. Selbstverständlich muss so schnell als möglich entschieden werden, je schneller desto besser. Aber ebenso selbstverständlich ist, dass in jedem Fall

C. Situationen

1011   1. Die Zahl der vom Verhältnismässigkeitsgrundsatz betroffenen normativen Situationen ist gross. Dementsprechend gross ist auch die Zahl und Differenzierung der zu beachtenden Interessen. Nachfolgend beschränke ich mich im Wesentlichen auf die Sachverhalte Fortbestehenlassen, Änderung und Abbruch von Gebäuden bzw. Weiterausübung, Änderung und Stilllegung von Bewerbungen.

1012   2. Darüber hinaus empfiehlt sich folgende Gliederung der betroffenen Situationen:

a)   Die Ausscheidungssituationen: Eine Interessenabwägung ist nur dort nötig, wo nicht alle in Betracht kommenden Interessen gleichzeitig voll gewahrt werden können, was aber im Recht den Regelfall bilden dürfte. Mit der Interessenabwägung ist mehr oder weniger immer eine Ausscheidung zwischen gewahrten und nicht gewahrten Interessenteilen verbunden. Der Verhältnismässigkeitsgrundsatz verlangt hier, dass weder vorhandene Interessen ganz oder teilweise unbeachtet bleiben noch dass beachtliche Interessen überbewertet werden. Rz 885 ff.

1013   b)   Die Entgeltsituationen: Wo eine Leistung nur gegen Entgelt (zB Gebühr, Entschädigung bei materieller Enteignung) erbracht werden muss, verlangt das Verhältnismässigkeitsgebot, dass das Entgelt relativ dazu nicht zu hoch oder zu niedrig sei.

1014   c)   Die Sanktionsituationen: Wo das Gemeinwesen bei Disqualifizierung eines Sachverhaltes eine Sanktion ausspricht (zB Widerruf, Verwirkung einer Bewilligung, vollstreckungsweiser Abbruch- bzw. Bewerbstilllegungs-, Hinzubau- bzw. Hinzubewerbbefehl, Strafe), verlangt das Verhältnismässigkeitsgebot, dass die Sanktion nicht zu scharf sei.

II. Verfassungsrechtliche Stellung des Grundsatzes

1015   1. Der Grundsatz der Verhältnismässigkeit gilt im ganzen Verwaltungsrecht, und zwar für den Bund, die Kantone und die Gemeinden, und hier für die Exekutive, die Judikative und die Legislative. In einem gewissen Sinne kann man sogar sagen: Der Grundsatz der Verhältnismässigkeit könne in einem liberalen, demokratischen und rechtsstaatlichen Gemeinwesen auch auf dem Wege der Revision der Bundesverfassung nicht aufgehoben werden. Damit steht der Grundsatz der Verhältnismässigkeit (zumindest) auf der Stufe von Bundesverfassungsrecht.

1016   2. Der Grundsatz der Verhältnismässigkeit wurde bisher als ein Ausfluss des Willkürverbotes angesehen. Einzelne Autoren sahen in ihm deshalb auch einzig und allein einen indirekten Ausfluss des Rechtsgleichheitsgebotes von alt BV Art. 4[12]. Andere Autoren

---

eine sorgfältige Güterabwägung stattzufinden hat, sei der Bauaktive nun gut- oder bösgläubig gewesen.

[12] Zaccaria Giacometti, Allgemeines Verwaltungsrecht, S. 287 f, 292 f. Das Verhältnismässigkeitsgebot lässt sich hienach «irgendwie» auf das Willkürverbot und damit auf das Rechtsgleichheitsgebot zurückführen. Auffällig ist hier das für Zaccaria Giacometti recht aussergewöhnliche «irgendwie».

qualifizierten ihn als einen ganz auf ungeschriebenem Recht beruhenden und damit eigenständigen allgemeinen Rechtsgrundsatz[13]. Diese gegensätzliche Betrachtungsweise ist jedoch dadurch etwas entschärft worden, dass das Bundesgericht bisher in ständiger Praxis zu BV Art. 22ter die Verhältnismässigkeit als Voraussetzung von Eigentumsbeschränkungen behandelt hat, ohne dass dies irgendwo stand. Eine Verletzung des Grundsatzes der Verhältnismässigkeit konnte jedoch nicht als solche isoliert mit staatsrechtlicher Beschwerde geltend gemacht werden. Dieser Verstoss war nur, aber immerhin, im Zusammenhang mit alt BV Art. 4, den Freiheitsrechten, der Eigentumsgarantie und anderen verfassungsmässigen Rechten rügbar. Heute ist die Selbständigkeit des Verhältnismässigkeitsgebotes durch BV Art. 36 III gegeben.

III. Berührungspunkte des Grundsatzes der Verhältnismässigkeit mit den Regelungen des postfiniten Baurechtes

1. Auf die sich hier stellenden Fragen wird in den Paragraphen zur Anpassungspflicht (Rz 450 ff), Dispensierung (Rz 606 ff), Widerruflichkeit (Rz 616 ff), Vollstreckung (Rz 733 ff) und Klärung bei normativer Unklarheit (Rz 4319 ff) näher eingetreten. **1017**

2. Zusammenfassend ist Folgendes zu sagen: Der Grundsatz der Verhältnismässigkeit hindert den Gesetzgeber nicht daran, die Behebung eigenmächtig geschaffener, baurechtswidriger Situationen zu gebieten, die unbedingte oder bedingte Anpassungspflicht bei nicht eigenmächtig bewirkter, baurechtswidriger Situation zu statuieren, in solchen Situationen die Weiterdauer der Baurechtswidrigkeit bis zur nächsten Änderung zu dulden, für Änderungen, verglichen mit Neubauten bzw. Erstbewerbungen, erschwerte, erleichterte oder andere Anforderungen zu stellen oder den Abbruch bzw. die Bewerbstilllegung für schützenswerte Gebäude bzw. Bewerbungen zu verbieten; es ist auch denkbar, ein Hinzubauen bzw. Hinzubewerben zu gebieten. Wo es jedoch bei der Anwendung dieser Regelungen durch die Verwaltung oder die Gerichte im Einzelfall zu unbefriedigenden Ergebnissen käme, so wäre grundsätzlich in Erwägung zu ziehen, über das Verhältnismässigkeitsgebot, gewissermassen im Sinne einer Feineinstellung der Rechtsordnung eine Korrektur vorzunehmen. Die Voraussetzungen hiefür dürften allerdings wegen der Massgeblichkeit der vom Gesetzgeber vorgenommenen Ziel- und Mittelbewertungen für die rechtsanwendende Behörde nur selten erfüllt sein. Das Verhältnismässigkeitsgebot wird kaum je gestatten, in einem Gesetz ziffernmässig festgesetzte Minima zu unter- bzw. Maxima zu überschreiten, falls sie gelten. Zudem sind im postfiniten Baurecht unbestimmte Vorschriftselemente («unbestimmte Gesetzesbegriffe») häufig, welche es auch ohne Anrufung des Verhältnismässigkeitsgebotes erleichtern, eine für den Einzelfall gerechte Regelung zu treffen[14]. **1018**

---

[13] André Grisel, S. 350 ff. Wenn der Verhältnismässigkeitsgrundsatz nicht aus BV Art. 4, neu Art. 8, abzuleiten ist, dann muss man auf die Rechtsidee und damit auf das Postulat der Gerechtigkeit zurückgreifen.

[14] Pierre Muller, S. 215, sagt zutreffend: «L'application du principe de la proportionnalité lors du contrôle d'un acte législatif sera limitée.»

§ 7 Das postfinite Baurecht und der Grundsatz von Treu und Glauben

I. Der Inhalt des Grundsatzes von Treu und Glauben

1019 1. Lehre und Praxis bezeichnen Folgendes als Inhalt des Grundsatzes von Treu und Glauben, auch als Prinzip oder Gebot von Treu und Glauben benannt[1]:

- Der Private hat Anspruch auf Schutz seines berechtigten Vertrauens in behördliche Auskünfte und Zusicherungen oder sonstiges, bestimmte Erwartungen begründendes Verhalten der Behörden;
- Die Behörden und die Privaten dürfen sich in ihren öffentlichrechtlichen Beziehungen nicht widersprüchlich verhalten;
- Die Behörden und die Privaten dürfen sich in ihren öffentlichrechtlichen Beziehungen nicht rechtsmissbräuchlich verhalten.

1020 Das Erstgenannte bindet nur die Behörden, das Zweit- und Drittgenannte Behörden und Private[2,3].

1021 2. Es ist für den Anwendungsbereich des Gebotes von Treu und Glauben typisch, dass immer ein früheres zu Recht oder zu Unrecht als Äusserung einer willkommenen normativen Situation deutbares Verhalten seitens des Gemeinwesens und eine reale spätere normative Situation selbst vorliegen. Dabei handelt es sich bei der späteren entweder um die Erfüllung/Nichterfüllung der vorher angenommenen, normativen Situation oder aber um eine Verwirklichung/Nichtverwirklichung der Letzteren. In diesem Paragraphen geht es vor allem um den erstgenannten Fall; Erörterungen zum zweitgenannten Fall finden sich schwergewichtig in Rz 733 ff.

---

[1] Yvo Hangartner, Widerruf und Änderung von Verwaltungsakten bei Meinungswandel der Behörde und bei Änderung der tatsächlichen Verhältnisse, in: ZBl 1961 S. 169 ff, Urs Gueng, Zur Verbindlichkeit verwaltungsbehördlicher Auskünfte und Zusagen, in: ZBl 1970 S. 449 ff, 473 ff, Katharina Sameli, Treu und Glauben im öffentlichen Recht, in: ZSR 1977 II S. 289 ff, François Picot, La bonne foi en droit public, in: ZSR 1977 II S. 115 ff, Beatrice Weber-Dürler, Vertrauensschutz im öffentlichen Recht, Basel/Frankfurt a.M. 1983, dieselbe, Falsche Auskünfte der Behörden, in: ZBl 1991 S. 1 ff, Max Imboden/René A. Rhinow, Nrn. 74–79, René A. Rhinow/Beat Krähenmann, Schweizerische Verwaltungsrechtsprechung, Nrn. 74–79; André Grisel, S. 388 ff, Ulrich Häfelin/Georg Müller, N. 397, 521 ff, Georg Müller, Kommentar BV, zu Art. 4, N. 59–72, François Zürcher (siehe Literaturverzeichnis), Karl Larenz, S. 421 f.

[2] Zaccaria Giacometti leitete das Gebot von Treu und Glauben auf S. 124 vor allem aus dem Rechtsgleichheitsgebot von BV Art. 4, neu Art. 9, ab.

[3] Zaccaria Giacometti erklärt auf S. 222, dass der Satz von Treu und Glauben als Auslegungsregel eine «Gefahr für das Prinzip der Gesetzmässigkeit der Verwaltung ... bedeuten würde». Siehe auch die dortige FN 101 mit dem Hinweis auf die bedenkliche Rolle des Gebotes von Treu und Glauben zur Zeit des nationalsozialistischen Regimes in Deutschland.

II. Verfassungsrechtliche Stellung des Grundsatzes von Treu und Glauben

1. Es ist heute allgemein anerkannt, dass der Grundsatz von Treu und Glauben nicht nur im Zivilrecht – wo er seit der Zeit der Römer von Bedeutung ist, siehe auch ZGB Art. 2 –, sondern auch im ganzen öffentlichen Recht, insbesondere auch im Verwaltungsrecht, gilt, und zwar im Verhältnis zum Bund, den Kantonen und den Gemeinden sowie auf der Verwaltungsakt-, der Verordnungs- und der Gesetzesstufe. In einem gewissen Sinne kann man sogar sagen: Der Grundsatz von Treu und Glauben kann in einem liberalen, demokratischen und rechtstaatlichen Gemeinwesen auch auf dem Wege der Revision der Bundesverfassung nicht aufgehoben werden. Damit steht der Grundsatz von Treu und Glauben (zumindest) auf der Stufe von Bundesverfassungsrecht.

1022

1023

2. Dessen ungeachtet galt der Grundsatz von Treu und Glauben bisher in der bundesgerichtlichen Praxis nicht als ein selbständig mit staatsrechtlicher Beschwerde anrufbarer Rechtssatz, sondern nur, aber immerhin, als ein Teilaspekt des auf BV Art. 4 Abs. 1, neu Art. 8, beruhenden Willkürverbotes[4]. Durch neu BV Art. 9 zweiter Satz hat das Gebot eine wesentliche Verstärkung erfahren[5].

1024

III. Berührungspunkte mit dem postfiniten Baurecht

A. Fundstellen

Das Bauwesen steht im Geruche, dass in ihm etwas raue Sitten und Gebräuche herrschen. Es wäre deshalb nicht überraschend, wenn in ihm Verletzungen des Grundsatzes von Treu und Glauben besonders häufig wären. Sichtet man jedoch die Beispiele, welche jeweils in den Standardwerken und der Spezialliteratur zu diesem Prinzip aufgeführt werden, und scheidet man die sich allein auf das Steuer-, das Sozialversicherungs-, das Beamtenrecht, ferner auf gewisse verfahrensrechtlichen Fragen[6] beziehenden Exemplifikationen aus, so bleiben zwar einige, das Baurecht betreffende Fälle übrig. Diese beziehen sich jedoch grösstenteils auf die Frage Verbleib in der Bauzone oder Auszonung bzw. Nichteinzonung von unüberbautem, aber grob erschlossenem Land, Zuweisung von überbaubarem Land als unüberbaubar in einem Landumlegungsverfahren sowie Erhältlichkeit/ Nichterhältlichkeit einer Baubewilligung für die Erstellung von Neubauten. Das sind alles aber Themata, welche zum präfiniten Recht gehören und daher in dieser Arbeit zum postfiniten Recht nicht näher behandelt werden. Die – bei einem etwas grosszügigen

1025

---

[4] Zaccaria Giacometti spricht auf S. 220 davon, dass das Gebot von Treu und Glauben den Verwaltungsvorschriften immanent und nicht transzendent im Sinne einer obersten Maxime des menschlichen Verhaltens sei.
[5] Ulrich Häfelin/Georg Müller, N. 523 f, BGE 117 Ia 285 f (Adliswil/ZH, betr. Abweichung vom Vorentscheid).
[6] ZB Fristeinhaltung (BGE 115 Ia 12, 18 ff [Vaz-Obervaz/GR]), BGE 110 Ib 332, 337 f [Thônez/GE]), Aktivlegitimation (BGE 110 Ib 332, 337 f [Ellikon a.Rh./ZH], BGE 113 Ia 122 [Vernier/GE, betr. Anfechtung durch Nachbarn]).

Verständnis – zum postfiniten Baurecht gehörenden Entscheide aus den Standardwerken sind nachfolgend aufgelistet, ergänzt um die unter dem Stichwort Treu und Glauben in den Registern des Zentralblattes seit dem Jahre 1968 aufgeführten, die Änderung von Gebäuden bzw. Bewerbungen betreffenden Entscheide sowie unter Hinzufügung einiger weiterer, mir möglich erscheinender Situationen.

B. Situationen

1026 Im postfiniten Bereich kommt es wohl nur bei folgenden Situationen zu Berührungspunkten mit dem Gebot von Treu und Glauben:

1. Fraglich, ob Verstoss von Seiten des Gesetzgebers

a) Situationen

– Die kommunale Bauordnung wird in ihrem Stammtext oder Zonenplan, zB durch Herabsetzung der maximal zulässigen Geschosszahl oder Hinaufsetzung der minimal erforderlichen Abstände, so revidiert, dass ein bestehendes Gebäude bzw. ein bisheriger Bewerb baurechtswidrig wird, was u.U. eine verschärfte Regelung für den Weiterbestand, die Weiterausübung oder die Änderung nach sich zieht;
– Die kantonale Regelung für Änderung, Abbruch wird verschärft. Das trifft an sich alle bereits vorhandenen Gebäude bzw. Bewerbungen.

1027 b) α) Eine gesetzliche Regelung lässt sich neben der Normierung als eine besondere Art behördlicher Auskunft folgenden Inhalts auffassen: So wird inskünftig geurteilt. Damit gerät bei einer solchen Revision der Gedanke von Treu und Glauben, neben demjenigen der Rechtssicherheit, ins Spiel. Es muss nun aber in der Schweiz eigentlich allen, die Neubauten erstellen bzw. Erstbewerbungen aufnehmen wollen, klar sein, dass im Laufe der Zeit strengeres Recht zur Anwendung gelangen kann. Ausser der verfassungsrechtlichen Grundstruktur des Gemeinwesens sind nach heutigem Rechtsverständnis alle Vorschriften revidierbar. Auch kann es immer wieder, auch ohne formelle Revisionen, zu einer Verschärfung der Praxis kommen. Sodann muss stets mit Revisionen gerechnet werden, welche weder vom Parlament noch von der Exekutive ausgehen, sondern über Initiativen aus vorher nicht organisiert gewesenen Kreisen der Bürgerschaft zustandekommen[7]. Das alles ist im schweizerischen Baurecht nicht nur Theorie, sondern Wirklichkeit. Das RPG verlangt sogar in Art. 9 II, die Richtpläne in der Regel alle zehn Jahre gesamthaft zu überprüfen und nötigenfalls zu überarbeiten[8]. Man darf deshalb eigentlich nie mit der Dauerhaftigkeit einer Regelung über die Jahre hinaus rechnen, sondern kann nur auf die Vernunft der rechtsetzenden Organe hoffen, dass sie nicht ohne ausreichenden Grund etwas Neues festsetzen.

1028 β) Allerdings präsentiert sich die Rechtslage für diejenigen, welche bauen bzw. neue Bewerbungen aufnehmen wollen, praktisch doch nicht als so lästig, wie dies auf den ersten Blick scheint, und zwar aus folgenden Gründen:

---

[7] ZB Anwohnerschaft eines bestimmten Ortsteiles (vgl. BGE 89 I 478 f [Niederrohrdorf/AG]).
[8] Noch allgemeiner: ZH-PBG § 9 II, ferner bezüglich Reservezonen: § 65 IV.

– Die Regelungen des postfiniten Baurechtes werden im Laufe der Jahre nicht nur verschärft, sondern oft auch gelockert. Das trifft meist für die primären Vorschriften, zB Geschosszahlmaxima, Abstandsminima, Ausnützungsziffernmaxima, zu; es kann hier zu einem ziffernmässigen Wechsel oder einer Neudefinition kommen[9]; Lockerungen gibt es aber auch bei den sekundären, allgemeinen Änderungsvorschriften[10];
– Die sekundären, globalen Änderungsvorschriften enthalten meistens unbestimmte Regelungselemente, welche im Einzelfall auch für die infolge der Revision baurechtswidrig gewordenen Gebäude bzw. Bewerbungen und bei Verschärfung der sekundären, globalen Vorschriften selbst meist noch eine für den Bauaktiven angemessene Regelung gestatten.

γ)   Von hier aus gesehen ist das Gebot von Treu und Glauben für die gesetzgebenden Organe sowohl im präfiniten als auch im postfiniten Baurecht zumindest heute mehr von deklamatorischer als von praktischer Bedeutung[11]. Es ist mir denn auch kein Fall bekannt, in welchem eine legislative Verschärfung im postfiniten Baurecht je einmal wegen Verstosses gegen den Grundsatz von Treu und Glauben aufgehoben worden wäre[12]. Zudem ist Folgendes zu beachten: Das gesetzgebende Organ wird kaum je selbst Zusicherun- 1029

---

[9]   Hier kam es zwar bis in die Mitte des 20. Jahrhunderts fast ununterbrochen zu Verschärfungen für den Bauaktiven (immer niedrigere Geschosszahlmaxima, immer höhere Abstandsminima). Die Einführung der Ausnützungsziffer führte dann zu einem Stopp dieser Entwicklung. Seither werden die Geschosszahlmaxima und Abstandsminima gemäss dem fragwürdigen Ruf nach verdichtetem Bauen eher wieder gelockert. Siehe hiezu: Rudolf Kappeler, Die Ausnützungsziffer, Versuch einer Bilanz, in: ZBl 1989 S. 49 ff.

[10] Für den Kanton Zürich sei auf die zahlreichen Revisionen der Vorschriften für die Änderung baurechtswidriger Gebäude bzw. Bewerbung (altBauG § 116, PBG § 357) verwiesen. Rz 1740 f. Dies ist eine einzige, sich über ein Jahrhundert erstreckende Kette von Lockerungen zugunsten der Bauaktiven.

[11] Bindung des Gesetzgebers verneint: BGE 107 Ia 36 (Full-Reuenthal/AG): Auszonung aus einer vor 25 Jahren für die Bedürfnisse der Beschwerdeführerin geschaffenen Industriezone widerspricht nicht Treu und Glauben, BGE vom 15. Mai 1991, in: ZBl 1992 S. 26, BGE 119 Ib 138 (Seengen/AG): Eine 15 Jahre alte briefliche Äusserung des Baudirektors stand der Nichteinzonung nicht entgegen. Entscheid des Bundesrates vom 23. August 1978, in: ZBl 1979 S. 167, 172 (Merlischachen/SZ, im Zusammenhang mit dem Bundesbeschluss über dringliche Massnahmen auf dem Gebiete der Raumplanung), BGE vom 25. Februar 1998 (ZBl 1999 S. 542, Worb/BE, betr. Zonenplanung): Eine vertragliche Verpflichtung zu einer dauerhaften Zonenzuweisung ist unstatthaft. Bindung jedoch zurückhaltend bejaht: BGE 102 Ia 336 (Flims/GR, betr. Zonenplanrevision), BGE vom 3. Februar 1995 (Waltensburg-Vuorz/GR): Nichteinzonung von Land, welches früher in einem Meliorationsverfahren als Baulandersatz zugeteilt worden ist, verstösst nicht gegen Treu und Glauben, BGE 119 Ib 397 f (Ried-Brig/VS, betr. Rodung), BGE 118 Ia 151, 159 (Bottmigen/BL, betr. Landschaftsschutzzone). Bindung voll bejaht: BGE vom 20. September 1995 (Sils-Baselgia/GR): Ein im Jahre 1980 mit der Gemeinde und dem Bund abgeschlossener, Baumöglichkeiten genauer umschreibender Dienstbarkeitsvertrag steht nach Treu und Glauben der abweichenden Planung von 1985 entgegen, ferner: Max Imboden/René A. Rhinow, Schweizerische Verwaltungsrechtsprechung, Nr. 74 B XII 466; Fritz Gygi, Verwaltungsrecht, S. 109, Bindung jedoch mit Nachdruck bejaht: Katharina Sameli, a.a.O., FN 1, Beatrice Weber-Dürr, a.a.O., FN 1.

[12] Das Gebot von Treu und Glauben im postfiniten Baurecht wäre wohl eher für den Nachbarn des Bauaktiven als für diesen selbst von Nutzen: Da erstellt jemand in einem Quartier mit durchwegs niedriger Überbauung und viel Grünflächen sowie Zugehörigkeit zur zweigeschossigen Wohnzone für sich ein Einfamilienhaus, um immer hier zu leben; später erfolgt eine Umzonung mit Ermöglichung von bis zu fünfgeschossigen Gebäuden.

gen abgeben; solche gehen, wenn überhaupt, höchstens von der Exekutive aus; damit fehlt es aber von vornherein an der Identität zwischen Versprechendem und Sich-nicht-daran-Haltendem[13].

2. Fraglich, ob Verstoss von Seiten der Verwaltung

a) Situationen

1030
- Entgegen einer behördlich erteilten Auskunft ist die Baubewilligung für eine Änderung nicht erhältlich;
- Entgegen einem Vorentscheid lautet der definitive Beschluss auf Verweigerung des Abbruches mit Neubau bzw. einer sekundären Bewerbsaufnahme[14];
- Bei einer früheren Baulinienfestsetzung war der Abbruch eines Gebäude vorgesehen, später wurde dieses unter Denkmalschutz gestellt[15];
- Gegen ein erst vor kurzem erstelltes Gebäude wird ein Enteignungsverfahren eingeleitet;
- In einer mit Wissen der Gemeindebehörde als Bauland gekauften, in einer rechtskräftigen Bauzone gelegenen Parzelle mit Gebäude wird eine bestockte Fläche später forstrechtlich zu Wald erklärt; damit gerät das Gebäude in das Waldrandabstandsminimum hinein[16].

1031 b) α) Auskünfte der Verwaltungsbehörden sind von Versprechungen derselben zu unterscheiden. Auskünfte können nur entweder richtig oder falsch sein, sie können aber weder erfüllt noch nicht erfüllt werden; auch spielt die Zuständigkeit zur Auskunftserteilung an sich keine Rolle. Anders verhält es sich jedoch bei den Versprechungen: Die Frage der Erfüllung oder Nichterfüllung ist bei ihnen zentral; auch spielt es eine Rolle, ob der Versprechende hiezu zuständig sei oder nicht, ob der Versprechende das Versprochene selbst erfüllen kann oder nicht. Weil jedoch Auskünfte und Versprochenes einen Bezug zur Zukunft haben, steht bisweilen nicht fest, ob nur eine Auskunft oder auch ein Versprechen vorliege.

1032 β) Es ist in einem gewaltenteiligen Gemeinwesen wohl selbstverständlich, dass Versprechen von Verwaltungsbehörden die gesetzgebenden Organe nicht binden können. Doch können auch innerhalb der Verwaltung Zuständigkeitsfragen aktuell werden. Das hängt mit den beiden folgenden Fakten zusammen: In einer Verwaltung können zwar viele Menschen als Behördenmitglieder, Beamte, Angestellte und Arbeiter tätig sein, doch

---

[13] Vgl. Karl Spühler, Der Rechtsschutz von Privaten und Gemeinden im Raumplanungsrecht, in: ZBl 1989 S. 97, 105.

[14] BGE 117 Ia 287 (Adliswil/ZH, betr. Abweichung von schriftlicher, aber keinen Vorentscheid bildender Zusicherung durch Baukommission).

[15] ZH-Verwaltungsgericht vom 24. November 1972 (Stadt Zürich, betr. Sonnen- und Baumwollenhof an der Stadelhoferstrasse, in: ZBl 1973 S. 195 f): Ein Verstoss gegen Treu und Glauben wurde verneint.

[16] Vgl. BGE vom 20. Juni 1990 (Gemeinde A./LU, in: ZBGR 1991 S. 374, allerdings ohne postfinite Problematik): Verstoss gegen Treu und Glauben verneint; frühere Äusserungen, es handle sich nicht um Wald, gingen von Gemeindevertretern, nicht von der kantonalen Volkswirtschaftsdirektion aus; zudem ist die Gemeinde nicht verpflichtet, Käufer auf mögliche Nutzungsbeschränkungen hinzuweisen.

kommt nur wenigen von ihnen die Zuständigkeit zu Verwaltungsakten zu. Wo es nicht um solche von beschränkter Tragweite geht, liegt in der Schweiz zudem die Zuständigkeit meistens nicht bei einem einzelnen Menschen, sondern bei einem Kollegium von drei, vier oder mehr Menschen. Das muss einfach jeder wissen, welcher in einer wichtigeren Angelegenheit wie dem Erstellen eines Gebäudes bzw. der Aufnahme eines bedeutsamen Bewerbes oder der Änderung davon mit einer Verwaltung zu tun. Deshalb verdient keiner, in seinem Glauben geschützt zu werden, wenn er unangemeldet oder vorangemeldet bei jemandem vom Bauamt vorspricht und von diesem sogleich eine positive Auskunft oder die Zusage einer Bewilligung erhält, die sich nachher als falsch bzw. nicht erfüllbar erweist. Das gilt nicht nur für Äusserungen des Bausekretärs, Gemeindeingenieurs oder Gemeinbaumeisters, sondern auch für solche des Chefs des Baudepartementes (Bauvorstand) oder gar des Gemeinde- bzw. Stadtpräsidenten[17].

γ) Die Frage, ob der Verlass auf eine Auskunft, die sich im Nachhinein als falsch erweist, oder auf ein Versprechen, welchem schliesslich vom zuständigen Organ nicht entsprochen wird, durch das Gebot von Treu und Glauben zu schützen sei, muss m.E. zudem verschieden beurteilt werden, je nachdem, ob im betreffenden Kanton das *Rechtsinstitut des Vorentscheides,* auch Vorbescheid genannt, besteht[18]. Im Vorentscheidsverfahren können über Fragen, die für die spätere Bewilligungsfähigkeit eines Bauvorhabens – selbstverständlich auch eines Änderungsvorhabens – grundlegend sind, bei der Baupolizeibehörde Bescheide eingeholt werden, und zwar auf zwei Arten, nämlich entweder mit oder ohne Ausschreibung des Bauvorhabens. Im Verfahren mit Ausschreibung des Bauvorhabens sind die behördlichen Äusserungen hinsichtlich der behandelten Fragen später in gleicher Weise verbindlich wie eigentliche Baubewilligungen. Diese Verbindlichkeit ist jedoch zeitlich beschränkt, zB auf drei Jahre. Wenn jedoch eine Ausschreibung unterbleibt, kann eine nachherige Baubewilligung selbst dann vom Nachbarn mit Erfolg angefochten werden, wenn sie mit der Stellungnahme im Vorentscheid übereinstimmt[19]. **1033**

Es wäre nun aber inkonsequent, auch noch ausserhalb eines eigentlichen Baubewilligungs- oder Vorentscheidverfahrens abgegebene behördlichen Bescheiden, insbesondere den informell durch blosse persönliche Vorsprache, briefliche Eingabe, telefonische Anrufe erwirkten, ohne Rechtsmittelbelehrung und ohne Kostenfolge abgegebenen Äusserungen, für später verbindliche Kraft einzuräumen. Mit der Einführung des Rechtsinstitutes des Vorentscheides ist deshalb die Möglichkeit, durch Anrufung des Grundsatzes von Treu und Glauben behördliche Bescheide mit dem Argument anzufechten, sie **1034**

---

[17] Daran, dass Bürger und Bürgerinnen bei diesen Menschen oft mehr Kompetenzen vermuten, als ihnen gemäss Zuständigkeitsordnung wirklich zustehen, sind rührige Chefbeamte sowie politisch agierende Bauvorstände wegen der Art ihres Auftretens in der Öffentlichkeit allerdings oft nicht unschuldig.

[18] Das ist zB der Fall im Kanton Zürich: PBG §§ 323 f. Hierauf verweist auch BGE 117 Ia 285, 291 (Adliswil/ZH). Weitere Kantone sind von Rudolf Kappeler aufgeführt in: ZBl 1994 S. 72 ff (nicht 1995, wie in der Bibliographie des schweizerischen Rechts vermerkt ist). Siehe dort auch den Artikel: Zur Problematik des baurechtlichen Vorentscheides ohne vorherige Ausschreibung samt aufgeführter Literatur, zusätzlich: Christian Mäder, Rz 503–537.

[19] Die Möglichkeit des ohne vorherige Ausschreibung des Bauvorhabens erteilten Vorentscheides ist leider infolge des BGE vom 9. September 1992, auszugsweise abgedruckt in: ZBl 1994 S. 66–72 und kommentiert auf den S. 72–77, fraglich geworden.

stünden mit früheren, die Bewilligungsmöglichkeit eines Bauvorhabens bejahenden Äusserungen im Widerspruch, stark eingeschränkt, wenn nicht gar auf null herabgesetzt worden.

1035 δ) Auf jeden Fall sind nach der bundesgerichtlichen Praxis behördliche Auskünfte und Versprechungen nur verbindlich, wenn folgende fünf Voraussetzungen kumulativ vorliegen[20]:

– Der Bescheid bezog sich auf einen konkreten, den Anfragenden berührenden Fall (mit Einschluss von Äusserungen auf einem hiefür ausgehändigten, erläuternden Formular);
– Der den Bescheid erteilende Mensch war hiezu zuständig oder die Annahme der Zuständigkeit war vertretbar;
– Für den Anfragenden war die Unrichtigkeit des Bescheides nicht leicht erkennbar;
– Es liegen Dispositionen vor, welche der Anfragende im Vertrauen auf den erhaltenen Bescheid getroffen hat und die sich nicht mehr oder nicht ohne Nachteil rückgängig machen lassen, zB Vertragsabschlüsse, bereits erfolgte Anschaffung von Material; dazu gehört auch die nicht rechtzeitige Ergreifung eines Rechtsmittels infolge falscher Auskunft über den Fristenlauf;
– Es gilt noch die gleiche, tatsächliche und rechtliche Lage wie zur Zeit des Bescheides; belanglos ist jedoch ein blosser Meinungsumschwung der Behörden oder der Bevölkerung.

1036 Unerwähnt ist hier die weitere – wohl selbstverständliche – Bedingung, dass bei der Wiedergutmachung gegenüber demjenigen, der getäuscht worden ist, interessierte Dritte, insbesondere Nachbarn, keine erheblichen Nachteile erleiden[21].

1037 ε) Wenn ein Vorhaben verweigert worden ist, lässt sich daraus nicht ableiten, bei seiner nächsten, leicht modifizierten Einreichung werde die Bewilligung erteilt. Wenn die Erstellung eines Gebäudes bzw. die Aufnahme eines Bewerbes einmal bewilligt worden ist, bedeutet dies noch in keiner Weise, dass auch spätere Änderungen hievon bewilligt werden. Etwas ist zwar nicht nur das, was es gerade jetzt ist, sondern auch das, was es werden kann (Überschuss des Bestehenden im Sinne von Ernst Bloch).

3. Fraglich, ob Verstoss von Seiten des Privaten und/oder der Verwaltung

1038 Es handelt sich hier um Situationen, in welchen auch die Frage aktuell ist, ob nur der Gut- oder auch der Bösgläubige das Verhältnismässigkeitsgebot geltend machen kann (Rz 1010)[22].

---

[20] BGE 117 Ia 287 (Adliswil/ZH, betr. zugesagte Baubewilligung), BGE 116 Ib 187 (Attingen/BL, betr. Waldfeststellungsverfügung).
[21] Entscheid des AG-Verwaltungsgerichtes vom 23. April 1975, S. 424, 429.
[22] Detlev Dicke, BR 1981 S. 24: «Der Bürger (muss) in einem Rechtsstaat wissen, dass die richtige Durchführung des Rechtes die Grundlage der staatlichen Gemeinschaft überhaupt ist. Rechtssicherheit kann nur dem zukommen, der darauf vertraut, im Recht zu sein – nicht aber dem, der darauf vertraut, die Behörden würden nicht einschreiten.»

In Betracht kommende Situationen: 1039

– Der Bauaktive nimmt ohne Bewilligung einen bewilligungsbedürftigen Umbau vor, nachdem er die Gemeinde angefragt hat, ob eine Bewilligung nötig sei; der Auskunfterteilende erklärt, wenn bis zu einem bestimmten Datum keine gegenteilige Meldung eintreffe, könne er mit dem Umbau beginnen; eine solche Meldung unterblieb; nachher verlangte die kantonale Baudirektion die Auferlegung eines Mehrwertreverses[23];
– Die Behörde verlangt den Abbruch eines widerrechtlich erstellten Gebäudes; der Private wehrt sich dagegen, weil der Zustand schon lange gedauert habe und niemanden störe[24];
– Die Behörde verlangt den Abbruch eines ohne Bewilligung und krass materiell baurechtswidrig erstellten Gebäudes; der Private wehrt sich dagegen, weil behördlicherseits gesagt worden sei, eine Bewilligung sei möglich[25];
– Die Behörde verlangt bei einem nur provisorisch oder unter Resolutivbedingung bewilligten Gebäude nach Ablauf der Frist bzw. Eintritt der Resolutivbedingung den Gebäudeabbruch; der Private wehrt sich dagegen, weil die Investitionen noch nicht amortisiert seien, ihm erhebliche Einnahmen entgehen und niemand gestört werde[26];

---

[23] AG-Regierungsrat vom 10. Oktober 1977, in: ZBl 1978 S. 71, 73. Aufhebung des Mehrwertreverses weil nach dem Stillschweigen der Gemeinde nach Treu und Glauben mit dem Umbau begonnen werden durfte.

[24] Entscheid des ZH-Verwaltungsgerichtes vom 12. Juni 1987 (Bachs/ZH, in: ZBl 1988 S. 261, 263 f). Ulrich Häfelin/Georg Müller, a.a.O., Rz 550: Ein von einem früheren Eigentümer eigenmächtig in ein Wochenendhaus umgestaltetes Bienenhaus stand schon fast 20 Jahre lang. Der Beseitigungsbefehl wurde geschützt. Ferner: ZH-Verwaltungsgerichtsentscheid vom 19. September 1978, BGE vom 9. Mai 1979, ZH-Verwaltungsgerichtsentscheid vom 19. Dezember 1979, alle in gleicher Sache, in: ZBl 1980 S. 70, 73 ff. Ohne Bewilligung wurde mit ungenügendem Grenzabstand ein Anbau an eine Autoreparaturwerkstätte gestellt; der Kreisarchitekt soll gesagt haben, eine Bewilligung sei nicht nötig; der Anbau stand schon etwa 15 Jahre, ohne dass die Nachbarin anfänglich reklamierte; der zuerst bedingungslose Abbruchbefehl wurde auf dem Rechtsmittelweg in eine bedingte Zulassung bis entweder Betriebsaufgabe durch den Garagenbesitzer oder Aktuellwerden einer Behinderung der Überbaubarkeit des nachbarlichem Grundstückes eintrifft umgewandelt; mehr zu verlangen, wurde als unverhältnismässig bezeichnet, weil der Garagenbesitzer in seiner Existenzgrundlage gefährdet würde, die Nachbarin bei Fortbestand unter dieser Bedingung jedoch nicht wesentlich beeinträchtigt sei. Das Bundesgericht argumentiert nicht mit dem Gebot von Treu und Glauben (so nur im Register ZBl und Leitsatz). Entscheid des ZH-Verwaltungsgerichtes vom 29. Januar 1998 (BEZ 1998 Nr. 3): Aus einem Gartenhaus ausserhalb der Bauzone wurde ein Gästehaus; die Verweigerung wurde bestätigt.

[25] BGE vom 6. Februar 1974, in: ZBl 1974 S. 257 ff (Menzingen/ZG; siehe hiezu auch: BGE 100 Ia 348 f). An einem Augenschein soll «von Seiten der Baudirektion» erklärt worden sein, die Vollendung der Lagerhalle könne «verantwortet werden»; der Abbruchbefehl verstösst trotzdem nicht gegen das Gebot von Treu und Glauben. Siehe auch die redaktionelle Bemerkung von Hans-Peter Moser auf S. 260. Ähnlich: BGE vom 26. März 1975 (Menzingen/ZG, in: ZBl 1975 S. 515, 517 f). Stall wurde Wochenendhaus. Rz 1010 mit FN 5. Vgl. die redaktionelle Bemerkung von Hans-Peter Moser zur Frage, welches materielle Recht anwendbar sei. Ferner: BGE 98 I 272 (Péry/BE): Neubau in Abweichung von bewilligten Plänen.

[26] Hier stellt sich allerdings die Frage, ob nicht aufgrund einer Neubeurteilung (nicht: Verlängerung des Provisoriums) nochmals neu ein Provisorium oder gar ein Definitivum hätte bewilligt werden müssen.

– Ein Bauaktiver in einer Gemeinde, in welcher bisher Neubauten nicht bewilligungsbedürftig waren, beginnt zwei Tage vor der Festsetzung einer neuen, die Bewilligungsbedürftigkeit einführenden Bauordnung mit etwelchen Bauarbeiten; die Exekutive verlangt die Einstellung der Arbeiten bis nach Durchführung des Bewilligungsverfahrens[27];
– Einem Bauaktiven wird für einen Umbau bewilligt, die Abwässer nach vorangegangener Klärung in einen nahen Bach abzuleiten. Nachher bricht jener das Gebäude ab und erstellt einen Neubau. Jetzt verlangt die Baudirektion die Sammlung der Abwässer in einer geschlossenen Grube mit landwirtschaftlicher Verwertung. Der Grundeigentümer wehrt sich dagegen[28];
– Ein Bauaktiver beginnt mit dem Bau für ein Gebäude, welches ihm von der Gemeinde bewilligt worden ist, das aber krass rechtswidrig ist. Die kantonale Behörde untersagte den Bau[29];
– Die Behörde verlangt von einem Privaten, dessen Gebäude auf einer Baubewilligung mit Quartierplanrevers beruht, Duldung der Durchführung des Quartierplanverfahrens und Übernahme der anfallenden Kosten; der Private wehrt sich, weil er von den vorgesehenen Massnahmen keinen Vorteil habe[30].

Vgl. die m.E. unzutreffende Qualifikation von Umgestaltungen statt Abbruch mit Neubau in Rz 202 mit FN 5.

IV. Gesamtwürdigung

1040 Der Grundsatz von Treu und Glauben hat im postfiniten Baurecht eine praktische Bedeutung, wo es entweder darum geht, einen Rechtssuchenden nach Ablauf von Fristen doch noch zu Wort kommen zu lassen, oder wo nicht anderweitig auffindbare Argumente ihm helfen können. Im letzteren Fall handelt es sich aber meistens um Fehlentscheide. Sonst ist der Grundsatz von Treu und Glauben in den Erwägungen von baurechtlichen Entscheidungen, zumal solchen des postfiniten Baurechtes, einem Meteor vergleichbar, der

---

[27] BGE vom 7. September 1965 (Hägglingen/AG, in: ZBl 1965 S. 498 f). Das wurde nicht als Verstoss gegen das Gebot von Treu und Glauben angesehen; der Einstellbefehl wurde bestätigt und das Verhalten des Bauaktiven als rechtmissbräuchlich bezeichnet. Dieser Fall gehört an sich, da das Gebäude noch nicht fertig erstellt war, zum präfiniten Baurecht. Er wird daher auch nicht als Rückwirkung angesehen. Dem publizierten Entscheid ist nicht zu entnehmen, ob die Gebäude nachher bewilligt worden sind.
[28] BGE 93 I 395 (Hombrechtikon/ZH, in: ZBl 1973 S. 39 ff): Die Baudirektion verstiess mit dem Widerruf der erteilten Bewilligung für die Abwassereinleitung nicht gegen das Gebot von Treu und Glauben, denn statt umgebaut wurde umgestaltet.
[29] ZH-RRB vom 23. Januar 1974 (Gemeinde B./ZH, in: ZBl 1974 S. 349): Es ging um einen Büroneubau mit Bürotrakt; Vorarbeiten im Betrage von Fr. 200'000.– waren bereits getätigt. Die Aufhebung der Bewilligung wurde als gegen das Gebot von Treu und Glaube verstossend erklärt, obwohl Zweifel am guten Glauben der Bauherrschaft bestanden. Die Gemeinde wurde aufgefordert, das Baugebiet unverzüglich einzuzonen und das generelle Kanalisationsprojekt entsprechend zu revidieren. Das ist ein – nicht von einem Gericht gefällter – Fehlentscheid.
[30] Entscheid des ZH-Verwaltungsgerichtes vom 16. Oktober 1973, in: ZBl 1974 S. 170. Ulrich Häfelin/Georg Müller, N. 596. Der Einbezug in das Quartierplanverfahren ist kein Verstoss gegen Treu und Glauben, wohl aber die Weigerung der Beteiligung.

am Himmel aufscheint, aber sogleich wieder ohne Hinterlassung merklicher Spuren verschwindet. Gleichwohl bringt er einen Gedanken zum Ausdruck, auf dessen Beachtung das Recht und der Jurist nicht verzichten dürfen.

§ 8 Das postfinite Baurecht und das Gebot der Nichtrückwirkung

I. Die Arten des Gebotes der Nichtrückwirkung

A. Allgemeines

1041 1. Dem Gebot der Nichtrückwirkung von Vorschriften oder anders ausgedrückt, aber gleichbedeutend, dem Verbot der Rückwirkung von Vorschriften[1], liegen folgende drei Vorstellungen zugrunde[2,3]:

a) Es gibt Sachverhalte von mehr ereignishafter, punktueller Art und solche von Dauerart. Zu den Ersteren gehört zB ein Verstoss gegen die Regeln der Baukunde bei Erstellung oder Änderung eines Gebäudes, eine einmalige Ableitung giftiger Abwässer in einen See, Fluss oder Bach, zu den Letzteren das Fortbestehenlassen eines Gebäudes, die Weiterausübung eines Bewerbes[4].

b) Die Sachverhalte ereignen sich oft eindeutig nur vor dem Inkrafttreten einer Vorschrift oder nur erst nachher. Es gibt aber auch viele Sachverhalte, insbesondere Dauersachverhalte, welche bereits vorher begonnen haben und nachher noch weiter existieren; man spricht hier von nicht abgeschlossenen Sachverhalten. Statt an das Inkrafttreten einer Vorschrift wird bisweilen an deren Festsetzung gedacht.

c) Es gibt – ausser nur früher, aber heute nicht mehr vorhandenen Sachverhalten – solche, bei welchen nur der jetzt vorliegende Zustand von Bedeutung ist und solche, zu

---

[1] Bisweilen spricht man auch einfach vom Grundsatz der Nichtrückwirkung. Um Verbote/Gebote im eigentlichen Sinne des Wortes handelt es sich hier nicht, sondern um die Umschreibung der Geltungsvoraussetzungen.

[2] Vgl. hiezu allgemein: Charles Ott, Der Grundsatz der Nichtrückwirkung von Verwaltungsrechtsnormen, Diss., Zürich 1952; Zaccaria Giacometti, 1960, S. 186 ff; Christoph Zimmerli, Das Verbot rückwirkender Verwaltungsgesetze, Diss., Basel 1967; Erich Zimmerlin, Zeitliche Geltung, S. 429 ff, derselbe, Kommentar, 1985, zu § 224, N. 7; André Grisel, L'application du droit dans le temps, in: ZBl 1975 S. 233 ff; Martin Straub, Das intertemporale Recht bei der Baubewilligung, Diss., Zürich 1976; Thomas Fleiner, 1977, S. 46 ff; Martin Pfisterer, S. 1 ff; Alfred Kölz, Intertemporales Verwaltungsrecht, S. 101 ff; Marco Borghi, Il diritto amministrativo intertemporale, in: ZSR 1983 S. 385 ff; André Grisel, S. 147 ff; Fritz Gygi, Verwaltungsrecht, 1986, S. 111; Ulrich Häfelin/Georg Müller, N. 266 ff; Karl Larenz, S. 424 f; Karl Frei, in: ZBl 1942 S. 299 ff, verband bereits damals ZH-BauG § 116 (Rz 1431 f) mit dem Gesichtspunkt der Rückwirkung.

[3] Ob ein Gebot der Nichtrückwirkung bzw. ein Verbot der Rückwirkung gelte, wurde in neuerer Zeit vor allem im Zusammenhang mit Volksinitiativen auf Revision der Bundesverfassung zu einer politisch brisanten Frage. Zu erwähnen sind insbesondere die Initiative «Stop dem Beton» (verworfen), die «Kleeblattinitiative» bezüglich Nichtweiterbau von Nationalstrassen (verworfen), die «F/A-18-Initiative» bezüglich Ankauf von Militärflugzeugen (verworfen), die «Neuchlen-Anschwilen-Initiative» bezüglich des Verbotes des Baues weiterer Waffenplätze (verworfen), die «Rothenturm-Initiative» bezüglich Moorschutz (angenommen, Rz 4106). Im Kanton Zürich kam es bezüglich der Initiative «Pro Regensberg» zu juristischen Auseinandersetzungen (BGE 101 Ia 233 ff, Rz 988 mit FN 2a).

[4] Es ist selbstverständlich, dass man ein Gebäude nur fortbestehenlassen kann, wenn ein solches zuvor errichtet worden ist, bzw. dass man einen Bewerb nur weiterausüben kann, wenn er vorher aufgenommen worden ist.

welchen darüber hinaus noch die Möglichkeiten gehören, welche mit ihnen realisiert werden können. Zu den erstern gehört zB ein Gebäude so wie es gerade jetzt dasteht, ein Bewerb, so wie er jetzt ausgeübt wird, zu den letztern gehören auch noch in Betracht zu ziehende künftige Zustände, in welche das Gebäude, der Bewerb hinübergeführt werden kann. Im erstern Fall kommt es höchstens noch zu einer beschränkten Ausweitung über den jetzigen Zustand hinaus, zB wenn dieser das Ergebnis von Abnützungs- oder Verwitterungserscheinungen ist, welche durch Reparaturen wieder rückgängig gemacht werden können.

2. Gebäude gehören zu den besonders lange existierenden Sachverhalten. In der Schweiz bestehen die Gebäude meistens während vielen Jahrzehnten, wenn nicht sogar über Jahrhunderte hinweg. Während dieser Zeit kann sich viel an Revisionen der Rechtsordnung abspielen. Die Zeitdauer von Bewerbungen ist im allgemeinen kürzer, aber trotzdem oft noch sehr lang. 1042

3. Erörterungen darüber, ob eine Rückwirkung von Vorschriften vorliege oder nicht, sollten sich wegen des meist sehr langen Andauerns der Existenz von Gebäuden im postfiniten Baurecht besonders aufdrängen. Gleichwohl ist bisher eine vertiefte Auseinandersetzung mit dem Nichtrückwirkungsgebot/Rückwirkungsverbot im Baurecht weitgehend unterblieben. Untersuchungen beschränken sich weitgehend darauf, wie weit neue Vorschriften auf pendente Baugesuche, auf noch in Errichtung befindliche, nicht vollendete Gebäude sowie auf bereits vorhandene Anschlüsse schon bestehender Gebäude an die Wasserversorgungs- und Abwasserleitungen (hier hinsichtlich Gebühren) anwendbar seien[5]. 1043

B. Die drei verschiedenen Konzeptionen

1. Wenn im Verwaltungsrecht vom Gebot der Nichtrückwirkung oder vom Rückwirkungsverbot gesprochen wird, dann bezieht sich dies richtigerweise immer sowohl auf den dem Tatbestand der Regelung zugrunde liegenden Sachverhalt als auch auf den der Rechtsfolge zugrunde liegenden Sachverhalt. Ist der zeitliche Aspekt des Sachverhaltes nur für den Tatbestand der Regelung von Bedeutung, so handelt es sich um eine blosse Anknüpfung[6]. Weder in diesem Fall noch dann, wenn der zeitliche Aspekt des Sachverhaltes nur für die Rechtsfolge von Bedeutung ist[7], handelt es sich von vornherein um eine Rückwirkung. 1044

---

[5] Bei Charles Ott findet sich auf S. 124 ff zusätzlich eine interessante Auseinandersetzung mit dem Sonderfall der subventionierten Gebäude.
[6] Der Versicherungswert eines Gebäudes aus dem Jahre 1997 ist zB massgeblich für die Berechnung der Anschlussgebühren für den Anschluss im Jahre 2000.
[7] Wer zB eine Geldbusse für ein gewerbsmässig ausgeübtes Delikt nicht bezahlt, dem wird eventuell zwangsweise sein Gebäude durch Versteigerung entzogen.

2. Bei der Rückwirkung ist meistens an folgende drei Aussagen zu denken:

1045 a) *Engstes Verständnis:* Eine Regelung gilt für einen Sachverhalt, welcher vor ihrem Inkrafttreten (allenfalls ihrer Festsetzung) bereits abgeschlossen war und heute nicht mehr existiert bzw. wirkt. Man spricht hier bisweilen von «echter Rückwirkung». Erachtet man eine solche Regelung als unzulässig, so spricht man von Rückwirkungsverbot oder vom Gebot der Nichtrückwirkung. Bei diesem Verständnis der Rückwirkung muss man sich Folgendes vor Augen halten: Mit dem Recht soll für das Gemeinwesen Schädliches verhindert und für das Gemeinwesen Nützliches gefördert werden. Wenn das Schädliche bzw. das Nützliche bereits vollständig in der Vergangenheit liegt und keine Änderung beabsichtigt ist, dann kann auch das mit den schärfsten Sanktionen versehene Verbot, der mit den verlockendsten Anreizen versehene Ansporn nichts mehr daran ändern, dass Schädliches, welches sich in der Vergangenheit ereignet hat, als solches nicht mehr aus der Welt geschafft werden kann, und dass Nützliches, welches in der Vergangenheit nicht eingetreten ist, rückwirkend auf jenen Zeitpunkt nicht mehr herbeigeführt werden kann. Vergangen ist und bleibt für immer vergangen. Es wurde deshalb schon gesagt: Ein im wörtlichen Sinne rückwirkender Rechtssatz ist «eine logische Unmöglichkeit», «eine Fiktion»[8]. Insoweit ist eine gemäss dem engsten Verständnis rückwirkende Regelung nur dann sinnvoll, wenn es darum geht, damit für zukünftiges Verhalten eine Wirkung herbeizuführen, wenn also Prävention beabsichtigt ist. Das ist der Fall bei der Bestrafung eines vergangenen, schädlichen Verhaltens im Hinblick auf denselben oder andere Menschen; damit soll – neben anderen Strafzwecken – für die Zukunft ein Wiedereintritt eines solchen Verhaltens verhindert werden. Doch ist dies wegen StGB Art. 2 nur zulässig, wenn sich das bestrafte Verhalten selbst erst nach Inkrafttreten der Verbots-/Gebotsregelung ereignet hat. In Betracht kommt auch die wegen begangener Fehler ausgesprochene Aberkennung einer Berufslizenz für künftige Tätigkeiten. Im Baurecht ist dies nur bezüglich der Bestrafung wegen Verstössen gegen die Regeln der Baukunde und bezüglich Entzug von Diplomen und Lizenzen für Architekten, Ingenieure, Geometer, Berater im Raumplanungswesen (vgl. BGE 125 II 166 f, Genf, betr. Agents d'affaire) usw. aktuell. In all diesen Fällen wird der Präventionseffekt aber nur dann voll erreicht, wenn die Strafregelung oder der Verfall von Lizenzen zeitlich so ausgesprochen wird, dass die davon Betroffenen noch Zeit haben, sich so zu verhalten, dass es nicht zu einer Strafe oder einem Verfall der Lizenz kommt.

1046 b) *Mittleres Verständnis:* Eine Regelung gilt zusätzlich für einen jetzt existierenden Sachverhalt, welcher vor ihrem Inkrafttreten (allenfalls ihrer Festsetzung) begonnen hat und nachher als Dauersachverhalt weiter existiert. Dabei kann dies auf zwei Arten geschehen: Entweder soll die Regelung für den ganzen Sachverhalt oder aber nur für den ab jetzt auftretenden Sachverhaltsteil[9] gelten. Man spricht hier oft von «unechter Rückwirkung». Erachtet man eine solche Regelung als unzulässig, dann spricht man ebenfalls von Rückwirkungsverbot. Die Rückwirkung ist vor allem für Dauersachverhalte von Bedeutung, vereinzelt auch für eher punktuelle Sachverhalte. Der dem mittleren Verständ-

---

[8] Zaccaria Giacometti, S. 187.
[9] Ex nunc et pro futuro. Diese Zweiteilung hat immer etwas Gekünsteltes an sich. Es wurde schon gesagt, der vorherige Existenzteil werde an den nachherigen «angeglichen».

nis der Rückwirkung zugrunde liegende Gedanke beruht zwar auf der an sich richtigen Vorstellung, es existiere etwas weiter, das nicht weiter existieren würde, wenn es nicht schon vor dem Inkrafttreten (allenfalls der Festsetzung) der neuen Regelung geschaffen worden wäre; es komme keine Änderung hinzu; der Vergangenheitsbezug sei deshalb sehr eng. Doch ist zu berücksichtigen, dass es beim Fortbestehenlassen eines Gebäudes bzw. der Weiterausübung eines Bewerbes keineswegs einfach um ein späteres Nichtverhalten geht. Das ist bei der Weiterausübung eines Bewerbes als Vorgang besonders deutlich; er würde trotz des Beginns in der Vergangenheit sofort zu existieren aufhören, wenn der Bewerb nicht nach dem Inkrafttreten (allenfalls der Festsetzung) der neuen Regelung immer wieder neu ausgeübt würde; ob dies in der gleichen Art wie bisher oder anders geschah, ist dabei nicht entscheidend; die Dynamik bleibt. Aber auch das so statisch aussehende Fortbestehenlassen von Gebäuden ist nichts anderes als die Zulassung einer dynamischen Aneinanderreihung von gleichen Zuständen über den Zeitpunkt des Inkrafttretens (allenfalls der Festsetzung) der neuen Regelung hinaus.

c) *Weites Verständnis:* Eine Regelung gilt für die Möglichkeiten der Änderung eines Sachverhaltes, ja sogar einer Neurealisierung des Sachverhaltes (nach einem freiwilligen oder unfreiwilligen Untergang, sei es sofort, sei es erst nach längerer Zeit), welcher schon vor dem Inkrafttreten (allenfalls sogar vor der Festsetzung) der Regelung existiert hat, sei es ohne Einbezug des schon damals Existierenden, sei es mit Einbezug desselben. 1047

Wenn man eine solche, verbietende Regelung als unzulässig ansieht, dann spricht man ebenfalls von Rückwirkungsverbot. Wenn jemand jedoch für den Fall der Annahme der Zulässigkeit den Ausdruck «unechte Rückwirkung» liebt, wird er hier diesen oder den Ausdruck «zulässige Rückwirkung» verwenden. Der dem weiten Verständnis der Rückwirkung zugrunde liegende Gedanke, dass in einem Sachverhalt nicht nur er selbst in seiner heutigen Erscheinung vorkommt, sondern dass er auch noch die mit ihm möglichen Änderungen und sonstigen Geschehnisse nach einem Untergang mit Wiedererstehung erfasst, ist zwar nicht abwegig – alles ist auch das, was es werden kann (vgl. den Überschuss des Bestehenden im Sinne von Ernst Bloch, Rz 1231). Das ist besonderes bei der Frage aktuell, ob die Erweiterung gewerblicher/industrieller Betriebe durch eine Regelung verboten oder erlaubt wird bzw. ob bei normativer Unklarheit ein Verbot oder eine Erlaubnis zum Zug kommt[9a]. Gebäude und Änderung bzw. Bewerb und Änderung stehen zueinander nicht in einer Einbahnbeziehung; vielmehr wirken beide auf das je andere ein; beide sind Subjekt und Objekt. Doch entspricht diese Vorstellung kaum dem Alltagsempfinden. Wenn die mögliche Änderung eintritt, dann wird dies doch weitgehend als etwas Neues, als etwas, das nicht bereits im Vorherigen vorhanden war, angesehen; das gilt erst recht für das Neurealisieren nach dem Untergang von etwas Vorherigem. Siehe zum Repetierwiederbau Rz 200. Dass das Neurealisierte von etwas Bisherigem 1048

[9a] Das ZH-Verwaltungsgericht erklärt in einem Entscheid vom 12. September 1974 (RB 1974 Nr. 82) unter Zitierung von Rudolf Friedrich/Karl Spühler/Ernst Krebs, § 35, N. 3 und Erich Zimmerlin, Stadt Aarau, § 55, N. 2: «Der Fortbestand eines Gewerbebetriebes setzt neben Erneuerung eine angemessene Erweiterung voraus.» Das ist wohl eine allzu dynamikfreundliche Ausdrucksweise. Die zitierten Autoren äussern sich denn auch vorsichtiger. Allerdings war gemäss Erich Zimmerlin schon Hans Huber in einem Gutachten zum Schluss gelangt, eine in der Wohnzone bereits bestehende Fabrik und ihre allfällige *Erweiterung* müsse geduldet werden, sofern nicht polizeiliche Gründe zwingend dagegen sprechen (ZBl 1954 S. 494). Rz 3220 f.

ausgeht, unterscheidet dieses nicht absolut von einem Neubau auf einer bisher unüberbauten Parzelle; auch ein solcher geht von etwas Bisherigem aus; aus nichts wird nichts. Wie weit man hier von Gleichheit, Identität und Verschiedenheit ausgehen will (Rz 167 ff), hängt wahrscheinlich stark von der Psyche des Betrachters ab. Es spielen hier wohl auch archetypische Vorstellungen von Rechtsübertragung durch Berührung eine Rolle. Wie immer es sich aber auch verhalten möge, auf keinen Fall sind Regelungen für die eine Möglichkeit von vornherein auch für die anderen Möglichkeiten angemessen.

1050 3.   Es wird oft zwischen belastender und begünstigender Rückwirkung unterschieden. Ich verfolge diese Differenzierung nicht weiter, weil eine die Bauaktiven belastende Rückwirkung die Nachbarn begünstigen und eine die Letzteren belastende die Bauaktiven begünstigen kann. Dadurch kommt es zu einer weitgehenden Neutralisation.

II. Mit dem Gebot der Nichtrückwirkung nicht ohne weiteres kongruente Grundsätze

1051 1.   Gemäss herrschender Lehre (Rz 1178 f) bestehen für die Bundesverfassung keine anderen Schranken für eine Revision als diejenigen der Beibehaltung der liberalen, demokratischen und föderalistischen Grundstruktur der Eidgenossenschaft, des Erfordernisses der Einheit der Materie, der Auseinanderhaltung von allgemeinen und ausformulierten Anregungen in Verfassungsinitiativen sowie der Unzulässigkeit des Begehrens einer Totalrevision in Verfassungsinitiativen. Das Gebot der Nichtrückwirkung gehört zu keiner dieser Schranken.

1052 2.   Verwaltungsakten kommt, im Unterschied zu den Urteilen der Zivilgerichte, keine materielle Rechtskraft zu. Sie können unter gewissen Voraussetzungen aufgehoben oder widerrufen werden (Rz 616 ff). Für das Strafrecht ist EMRK Art. 7 zu beachten.

III. Verfassungsrechtliche Stellung des Gebotes der Nichtrückwirkung

1053 Das Gebot der Nichtrückwirkung oder das Rückwirkungsverbot ist nicht ein gleich unmittelbarer Ausfluss des Zweckes eines liberaldemokratischen Rechtsstaates; er gilt deshalb nicht für die Stufen des Verwaltungsaktes, der Verordnung, der Planung, der Gesetze und der Verfassung. Insoweit muss es sich nicht unbedingt um Bundesverfassungsrecht handeln. Das Bundesgericht hat denn auch bis heute das Gebot der Nichtrückwirkung nicht als ein selbständiges, verfassungsmässiges Recht, sondern nur als einen Aspekt der Erfordernisse des öffentlichen Interesses, der gesetzlichen Grundlage, des Rechtsgleichheitsgebotes, des Willkürverbotes, des Verhältnismässigkeitsgebotes und des Gebotes von Treu und Glauben anerkannt[10].

---

[10] Siehe hiezu insbesondere: Charles Ott, S. 53 f.

IV. Berührungspunkte mit dem postfiniten Baurecht

Intuitiv beurteilt, treten im postfiniten Baurecht beim Vorkommen von Regelungen folgender Art kritische Berührungspunkte mit dem Gebot der Nichtrückwirkung auf:

1054

1. Berührungpunkte mit dem Gebot der Nichtrückwirkung gemäss dem engsten Verständnis bestehen bei folgenden Regelungen:

a) Nach dem Verstoss gegen Regeln der Baukunde bezüglich einer schon vorher rechtskräftig gewesenen Strafvorschrift greift eine für den Bauaktiven verschärfte Praxis Platz;
b) Bedeutungsloswerden einer vor einer Gesetzesrevision ohne Bewilligung geltenden Zulässigkeit der Errichtung eines Gebäudes bzw. der Aufnahme eines Bewerbes wo das jetzige postfinite Baurecht für Gebäude bzw. Bewerbungen ohne Bewilligung eine strengere Regelung vorsieht als für solche mit Baubewilligung;
c) Bedeutungsloswerden einer vor einer Gesetzesrevision erteilten Ausnahmebewilligung in Fällen, wo das jetzige postfinite Baurecht für baurechtwidrige Gebäude bzw. Bewerbungen eine strengere Regelung vorsieht als für baurechtgemässe. Rz 608 f.

In der Praxis und Lehre[11] wird die Rückwirkung in diesem engen Verständnis nicht schlechterdings als unzulässig erklärt. Eine solche Rückwirkung ist hienach bei kumuliertem Vorliegen der folgenden fünf Gründe zulässig:

– wenn die Rückwirkung durch das Gesetz ausdrücklich angeordnet/klar gewollt wird;
– wenn sie in zeitlicher Beziehung mässig ist (insbesondere voraussehbar war);
– wenn sie zu keinen stossenden Rechtsungleichheiten führt;
– wenn sie sich durch beachtenswerte Gründe (keine fiskalischen) rechtfertigen lässt und
– wenn sie nicht in wohlerworbene Rechte eingreift (Rz 675 f).

Man spricht hier oft von einer – zulässigen – echten Rückwirkung.

2. Berührungspunkte mit dem Gebot der Nichtrückwirkung gemäss dem mittleren Verständnis bestehen bei folgenden Regelungen:

1055

a) – Ein rechtmässig vor einer Gesetzesrevision fertig errichtetes Gebäude bzw. Teile davon müssen wegen Nichtübereinstimmung mit den neuen Regelungen ganz oder teilweise abgerissen bzw. ein rechtmässig vor einer Gesetzesrevision voll aufgenommener Bewerb muss wegen Nichtübereinstimmung mit den neuen Regelungen stillgelegt werden.
– Ein Abbruch- bzw. Bewerbstilllegungsbefehl ergeht, dies aber nicht, weil es in der Zwischenzeit zu einer Gesetzesrevision gekommen ist, sondern zB weil das Gebäude bzw. der Bewerb jetzt der Planung eines öffentlichen Werkes entgegensteht, für welches enteignet werden kann, oder weil die befristete Baubewilligung abgelaufen, eine Resolutivbedingung in einer Baubewilligung eingetreten ist oder in der

---

[11] BGE 113 Ia 412, 425 (Wirtschaftsstrafrecht) und Ulrich Häfelin/Georg Müller, N. 268.

Zwischenzeit die Vorstellungen darüber, was ein polizeilicher Missstand sei, anspruchsvoller geworden sind[12].
- Ob im ersten oder zweiten Fall der Abbruch- bzw. Bewerbstillegungsbefehl rechtlich Stand hält, lässt sich nicht unter Zuhilfenahme der Geltung oder Nichtgeltung des Rückwirkungsgebotes beantworten, sondern einzig danach, ob solche Anordnungen im öffentlichen Interesse liegen, auf einer gesetzlichen Grundlage beruhen, nicht rechtsungleich, nicht willkürlich, nicht unverhältnismässig, nicht gegen Treu und Glauben verstossend seien oder eine materielle Enteignung bewirken (und falls ja, ob entschädigt wird). Es ist nicht einzusehen, wieso nicht die gleiche Argumentationsweise auch dort stattfinden soll, unabhängig davon, ob es in der Zwischenzeit zu einer Gesetzesrevision gekommen ist oder nicht.
b) Bei Inkrafttreten einer Gebührenverordnung: Parzellen mit bereits an die öffentliche Wasserversorgung/Kanalisation angeschlossenen Gebäuden werden mit Anschlussgebühren belastet[13, 14].

1056 3. Berührungspunkte mit dem Gebot der Nichtrückwirkung gemäss dem weiten Verständnis bestehen bei folgenden Regelungen:
a) Ein vor einer Gesetzrevision rechtmässig erstelltes Gebäude bzw. ein vorher rechtmässig aufgenommener Bewerb darf nicht geändert werden, wenn das Gebäude bzw. der Bewerb infolge der Revision gesetzwidrig geworden ist (es sei denn, die Abweichung würde ganz oder teilweise behoben)[15]; hiezu ist im Wesentlichen das Gleiche zu sagen wie in Rz 1055. Dabei ist insbesondere an Verbote/Gebote/Erlaubnisse der Erweiterung gewerblicher/industrieller Betriebe zu denken (Rz 3216 f);
b) Geht ein vor einer Gesetzesrevision rechtmässig erstelltes Gebäude unter (sei es infolge freiem Entscheid des Eigentümers, sei es wegen Feuer, Naturgewalt, Handlung Dritter usw.) und war es infolge der Gesetzesrevision baurechtswidrig, so darf es nicht oder nur unter einschränkenden Bedingungen wieder errichtet werden (Vernei-

---

[12] Die Verwendung von Asbest war zB noch in den Sechzigerjahren im Bauwesen wegen seiner Feuerfestigkeit eine allgemein gelobte Errungenschaft, heute jedoch muss Asbest wegen seiner inzwischen erkannten Krebsförderungsgefahr weit herum entfernt werden. Rz 2059 f. Ähnlich verhält es sich mit dem Abfliessenlassen von verschmutzten Abwässern in Seen, Bäche usw., was noch vor einer Generation weitherum als die wirtschaftlichste Art der Abwasserbeseitigung angesehen wurde. Rz 4073 ff. Oder: Einfahrten aus einer Strasse in eine Parzelle und Ausfahrten aus einer Parzelle in eine Strasse können im Laufe der Jahre infolge der Verkehrszunahme gefährlich werden. Rz 424.
[13] BGE 97 Ia 340 ff (Subingen/SO): Die Gebührenerhebung muss aber innerhalb einer angemessenen Frist nach Inkrafttreten der neuen Regelung erfolgen; sonst kann der Anspruch verwirkt werden.
[14] Überraschenderweise erklärt André Grisel, S. 148, die in BGE 97 I 340 ff bejahte Berechtigung dieser Gebührenerhebung für «discutable», wenn das «Raccordement» schon vorher stattgefunden hat. Er berücksichtigt dabei aber wohl zu wenig, dass das Miteinanderverbinden von Rohren des Werkes und der Gebäude nicht als solches der Grund der Gebührenerhebung war, sondern das, was nachher durch diese Rohre ein- bzw. wegfliesst; Anschlussgebühren sind oft als eine vorweg nicht nur für den künftigen Betrieb und Unterhalt, sondern auch zur Amortisation und Verzinsung der bisherigen Bau- und künftigen Erneuerungskosten erhobene kapitalisierte Jahresgebühr zu deuten. Vgl. Rudolf Kappeler, Die Festsetzung der Abwassergebühr, in: ZBl 1968 S. 463 ff, 487 ff.
[15] Felix Huber, S. 170, bezeichnet die Anpassungspflicht im Bauwesen als Rückwirkung. Er beruft sich dabei auf BGE 107 Ib 196, 203 (Zollzahlungspflicht), BGE 102 Ia 74 (Reglement eines Elektrizitätswerks) und BGE 101 Ia 235 231 ff (Initiative «Pro Regensberg»).

nung des Rechtes der freien Hofstatt, des Brandstattrechtes, Rz 1401); wird ein vor einer Gesetzesrevision aufgenommener Bewerb stillgelegt und war er in diesem Zeitpunkt infolge der Gesetzesrevision baurechtswidrig oder wäre dies nachher geworden, so darf er nicht oder nur unter einschränkenden Bedingungen wieder aufgenommen werden;

c) Wird ein Gebäude als Dependenz- oder Dislokationbau an einer anderen Stelle errichtet bzw. ein Bewerb (Betrieb) als Dependenz- oder Dislokationsbewerb (Rz 207 f) an einer anderen Stelle aufgenommen, so darf dies nicht geschehen, wenn die hiefür festgesetzten Regelungen nicht eingehalten sind;

d) Eine vor einer Gesetzesrevision rechtmässig in Angriff genommene, aber noch nicht abgeschlossene Änderung eines Gebäudes darf nicht zu Ende geführt werden, wenn das Gebäude nach der Änderung gegen die neue Regelung verstiesse (Widerruf der Änderungsbewilligung). Vgl. hiezu die gleichen Bemerkungen vorstehend in Rz 616 f.

Die Zulässigkeit der Rückwirkung im weiten Verständnis, also die Haltbarkeit solcher Verbote, wird in der Praxis und Lehre (FN 2) im Allgemeinen bejaht.

V. Gesamtbeurteilung

1. Auf die Vorstellung des Gebotes der Nichtrückwirkung bzw. des Rückwirkungsverbotes kann ausserhalb des Strafrechtes ohne Nachteil verzichtet werden. Alles, was unter seiner Anrufung an Gutem erreicht werden kann, lässt sich auch aufgrund der sonstigen, allgemeinen Rechtsgrundsätze und der Eigentumsgarantie erreichen[16]. Es geht beim Gebot der Nichtrückwirkung lediglich um einen weiteren Hinweis, was dort, wo Gesetzesbegriffe unbestimmt sind, Ermessensoffenheit gilt, Lücken vorliegen oder Vorschriften kollidieren, bei der ohnehin allgemein geforderten umfassenden Interessenabwägung (Rz 885 ff) auch noch zu beachten sei: Stand eine Vorschrift bei Inangriffnahme des zu beurteilenden Sachverhaltes bereits in kraft bzw. war sie damals schon festgesetzt oder nicht? Wie weit konnte der Bauaktive sich schon danach ausrichten? 1057

2. M.E. ist das Gebot der Nichtrückwirkung kein Rechtssatz, weder ein geschriebener noch ein ungeschriebener, es sei denn, das positive Recht spreche ihn in einem Gesetz für bestimmte Tatbestände aus. Letzteres ist im Strafrecht der Fall: StGB Art. 1 erklärt ausdrücklich: «Nach diesem Gesetz kann nur beurteilt werden, wer nach dessen Inkrafttreten ein Verbrechen oder Vergehen verübt hat.» Zudem ist EMRK Art. 7 Ziff. 1 zu beachten. M.E. handelt es sich beim Gebot der Nichtrückwirkung, zumindest im postfiniten Baurecht, nur um eine stichwortartige Zusammenfassung der Beurteilung von Sachverhalten aufgrund der einschlägigen Regelungen mit dem Ergebnis, dass auf diese Sachverhalte eine neuere Regelung nicht anwendbar sei. In diesem Fall gilt Nichtrückwirkung, und die Rückwirkung ist «verboten». Das ist aber nicht die Folge irgend eines Gebotes der Nichtrückwirkung bzw. Verbotes der Rückwirkung, sondern diejenige der allgemeinen Rechtsgrundsätze: Erfordernis des öffentlichen Interesses, Erfordernis der gesetzli- 1058

---

[16] Charles Ott hebt auf S. 124 die «freiheitliche Konzeption» des Rückwirkungsverbotes hervor. Das gilt sicher für das Strafrecht. Für das Baurecht muss man allerdings auch an die nachbarliche Interessenlage denken. Rz 914 f.

chen Grundlage, Rechtgleichheitsgebot, Willkürverbot, Verhältnismässigkeitsgebot, Gebot von Treu und Glaube, Eigentumsgarantie, Gebot der umfassenden Interessenabwägung bei der Auslegung von Vorschriften mit unbestimmten Gesetzesbegriffen, Gebot der Ermessensbetätigung, Gebot der Ausfüllung von Lücken und Gebot der Lösung von Vorschriftenkollisionen[17].

1059   3. a)   Ob man die Rückwirkungsproblematik unter dem Etikett «intertemporales Recht», «Übergangsrecht» oder «Übergangsgerechtigkeit» behandeln wolle, ist weitgehend Ansichtssache. Für Ersteres sprechen sich Fritz Gygi[18] und Alfred Kölz[18a], für das Zweite das ZH-PBG (Rz 1468) und für Letzteres Martin Pfisterer aus[19, 20, 21].

1060   b)   Die Bemerkung von Alfred Kölz[22], wonach «rechtstechnisch ... die baurechtliche Gesetzgebung dem intertemporalrechtlichen Problem aus dem Wege (geht), indem sie rein begrifflich nur das Sachverhalten ‹Bauen› erfasst, das Problem des Dauersachverhaltes ‹bestehende Bauten› aber beiseite lässt», deutet an sich auf ein wichtiges Problem hin (Rz 441 f). Es kommt allerdings auch darauf an, was man alles als noch zum gleichen Gebäude bzw. zum gleichen Bewerb gehörig ansieht; der Atomisierung sind logisch keine und einer Ausweitung nur entfernte Grenzen gesetzt (Problem der Identität; Rz 167 f). Man spricht m.E. bei der Änderung von Gebäuden bzw. von Bewerbungen derselben, bei der Neurealisierung eines Gebäudes nach einem Gebäudeuntergang bzw. einer Neurealisierung eines Bewerbes nach einer Bewerbstilllegung eher zu viel als zu wenig von Intertemporalität[23].

[17] Zaccaria Giacometti, S. 187: «Das Problem der Rückwirkung von Rechtssätzen ist ... identisch mit der Frage der Lösung von Interessenkonflikten, die im Falle von Rechtsänderungen entstehen.» Dgl. Charles Ott, S. 55 f.
[18] Fritz Gygi, S. 111, spricht bezüglich des Gebotes/Grundsatzes der Nichtrückwirkung von einer «nicht sonderlich treffend(en) Sammelbezeichnung für verschiedene und auseinander zu haltende Tatbestände von Rechtsänderungen».
[18a] Alfred Kölz, Intertemporales, S. 160 ff.
[19] Martin Pfisterer, S. 96, hebt unter Bezugnahme auf den Entscheid des BL-Verwaltungsgerichtes vom 28. Juni 1974 in BJM 1975 S. 101 ff auch den «transitorischen Charakter» des Rückwirkungsverbotes hervor: «Irgendwann in Zukunft soll der gesetzmässige Zustand erreicht werden.»
[20] Das Bundesamt für Konjunkturfragen spricht weder von Intertemporalität noch von Rückwirkung (vgl. S. 85–88).
[21] Gemäss Charles Ott, S. 56, soll Friedrich Karl von Savigny gefordert haben, den Grundsatz/das Gebot der Nichtrückwirkung in die «juristische Rumpelkammer» zu verweisen.
[22] ZSR 1983 II S. 192 FN 362.
[23] Bemerkenswert ist die Rezension von Georg Müller (ZBl 1994 S. 96) der Dissertation von Markus Böckel, Instrumente der Einpassung neuen Rechts in die Rechtsordnung (unter besonderer Berücksichtigung der Unberührtheitsklauseln), Berlin 1993. Die dortige Kritik an den pauschalen Aussagen, wie «Alle dem vorliegenden Gesetz im Widerspruch stehenden Vorschriften sind aufgehoben» (Angstklauseln), trifft ins Schwarze. Siehe auch Peter Häberle, Strukturen und Funktionen von Übergangs- und Schlussbestimmungen als typisches verfassungsrechtliches Regelungsthema und -instrument, in: Festschrift für Martin Lendi, Zürich 1998.

§ 9 Das postfinite Baurecht und das Rechtssicherheitsgebot

I. Der Erkennbarkeits-, Stabilitäts- und Praktikabilitätsaspekt des Rechtssicherheitsgebotes

1. Das Gebot der Rechtssicherheit weist vor allem den Aspekt der Friedenssicherung sowie den Stabilitäts-, den Erkennbarkeits- und den Praktikabilitätsaspekt auf[1]. 1061

2. Mit dem Stabilitätsaspekt des Rechtssicherheitsgebotes gelangt der folgende Gedanke zum Ausdruck: Man soll sich möglichst lange nach den festgesetzten Regelungen ausrichten können; das ist dann der Fall, wenn sie möglichst lange gelten. Ein revisionsmässig bedingter Einbruch in die Rechtssicherheit ist entweder kategorieller Art: Ein Gebäude bzw. ein Bewerb fällt wegen Verschärfung der materiellen Anforderungen gewissermassen ersten Grades, zB Geschosszahl, Grenzabstand von der Kategorie der baurechtgemässen Gebäude bzw. Bewerbungen in diejenige der baurechtswidrigen Gebäude bzw. Bewerbungen (Rz 392 f); oder aber es wird eine Regelung für das Fortbestehenlassen, die Änderung, den Abbruch oder den sekundären Neubau von Gebäuden bzw. die Weiterausübung, die Änderung, das Stilllegen von Bewerbungen oder den sekundären Erstbewerb als solchen, also gewissermassen die materiellen Anforderungen zweiten Grades, revidiert[2]. Bei einem Wechsel von der Baurechtsgemässheit zur Baurechtswidrigkeit findet oft eine Verschärfung statt, doch muss dies nicht so sein (Rz 804 ff); es ist auch denkbar, dass es zu einer Lockerung kommt (Rz 810). Auch hier gilt: Was für den Gebäudeeigentümer bzw. den Bewerbsträger eine Verschärfung bildet, ist für den Nachbarn oft eine Lockerung und umgekehrt (Rz 914). 1062

3. Mit dem Erkennbarkeitsaspekt des Rechtssicherheitsgebotes gelangt der folgende Gedanke zum Ausdruck: Die Vorschriften müssen so formuliert sein, dass möglichst eindeutig und ohne Aufwendung eines «archivalischen Fleisses» erkannt werden kann, was das Gemeinwesen und die Nachbarn von einem verlangen dürfen. 1063

Die Vorschriften sollen zudem «zugänglich» sein, das heisst, der Laie soll von seiner Lebenserfahrung her auf den Gedanken kommen, dass in einem aktuellen Bereich Vorschriften gelten können und dass er sich über deren Inhalt zumindest informieren muss[3]. 1064

Das Rechtssicherheitsgebot ist dann verletzt, wenn die Vorschrift so formuliert ist, dass Unklarheit besteht, was von ihr verlangt wird. Noch kritischer ist es, wo überhaupt nichts oder nur Widersprüchliches ausgedrückt wird. 1065

---

[1] Zum Rechtssicherheitsgebot: Heinz Aemisegger, anlässlich der Besprechung des Werkes von Enrico Riva betreffend materielle Enteignung, in: SJZ 1991 S. 163. Vgl. auch BGE 114 Ia 33 (Hochwald/SO, betr. Zonenänderung), BGE 109 Ia 114 (Teufen/AR, betr. Zonenänderung).
[2] Vgl. im Kanton Zürich die mehrfache Revision der Änderungsregelung altBauG § 116, PBG § 357, Rz 1740.
[3] Auf diese beiden Erfordernisse weist Franz Bydlinski, S. 325 ff, hin. Rz 656 f.

1066   4. Der Praktikabilitätsaspekt bezieht sich auf die Frage, ob eine Regelung von den Behörden überhaupt ohne übermässigen zeitlichen und kostenmässigen Aufwand richtig angewendet werden könne.

II. Mit dem Rechtssicherheitsgebot nicht ohne weiteres kongruente Grundsätze

A. Im Verhältnis zum Erkennbarkeitsaspekt

1067   1. Das Gemeinwesen kommt nicht darum herum, sich auf weite Strecken mit generalklauselhaften Regelungen zu begnügen[4].

      2. Es besteht wegen der Gemeindeautonomie die Möglichkeit, dass die Gemeinden im gleichen Kanton die gleiche Vorschrift verschieden anwenden; ferner besteht wegen des föderalistischen Aufbaus der Eidgenossenschaft die Möglichkeit, dass die Kantone die gleiche Vorschrift verschieden anwenden.

B. Im Verhältnis zum Stabilitätsaspekt

1068   1. Die Regelungen von Verfassung, Gesetz und Verordnung sowie Planungen der Gemeinden, der Kantone und des Bundes sind grundsätzlich jederzeit revidierbar. Eine Ausnahme gilt nur für die verfassungsrechtliche Grundstruktur des Bundes.

      2. Verwaltungsakten und Planungen kommt, im Unterschied zu den Urteilen der Zivilgerichte, keine materielle Rechtskraft zu[5].

      3. Eine Behörde darf von ihrer bisherigen Praxis abweichen, «wenn die neue Lösung besserer Erkenntnis der ratio legis, veränderten äusseren Verhältnissen oder gewandelten Rechtsanschauungen entspricht». Das darf aber nicht in zu schneller Abfolge geschehen und es muss die Bereitschaft bestehen, die neue Praxis in Zukunft einzuhalten[6].

      4. Wo polizeiliche Missstände vorliegen, darf gegen diese eingeschritten werden, unabhängig davon, ob diese schon früher geherrscht haben, erst jetzt aufgetreten sind oder erst jetzt als polizeiliche Missstände angesehen werden.

      5. Auch im liberaldemokratischen Rechtsstaat sind grundsätzlich alle Rechte der Privaten der Möglichkeit einer formellen Enteignung unterworfen.

---

[4] Gemäss Franz Bydlinski, S. 329, haben selbst unnötig vage Vorschriften noch eine gewisse Rechtssicherheitsfunktion; meistens sei noch ein mit Auslegung auffindbarer, geringfügiger normativer «Begriffskern» vorhanden, zumindest werde damit signalisiert, dass eine zu entscheidende Rechtsfrage vorliege.

[5] Wie sehr die Meinungen selbst innerhalb ein und demselben Gericht darüber auseinandergehen können, ob die Zeit für eine Zonenrevision (Verkleinerung der Bauzone) bereits gekommen sei oder nicht, zeigt der Entscheid des ZH-Verwaltungsgerichtes vom 29. Oktober 1996 (ZH-BEZ 1996 Nr. 24), wo die Mehrheit die Planänderung als verfrüht, die Minderheit diese jedoch als bereits zulässig ansah.

[6] Vgl. Ulrich Häfelin/Georg Müller, N. 421.

Wo in einem Einzelfall nicht sowohl dem Rechtssicherheitsgebot als auch diesen Thesen entsprochen werden kann, ist der Entscheid aufgrund einer umfassenden Interessenabwägung zu treffen. Rz 885 f.   **1069**

III. Verfassungsrechtliche Stellung des Rechtssicherheitsgebotes

1. Das Rechtssicherheitsgebot ist als solches nirgends schriftlich festgelegt. Trotzdem steht fest, dass die durch das Rechtssicherheitsgebot zum Ausdruck gebrachten Gedanken für die Gemeinden, die Kantone und den Bund gelten, und zwar auf der Stufe der Verwaltungsakte, auf derjenigen der Verordnungen, auf derjenigen der Planungen, auf derjenigen der Gesetze und auf derjenigen der Verfassungen. Das bedeutet gleichzeitig, dass das Rechtssicherheitsgebot eine Regelung ist, welche als solches nicht aufgehoben werden kann, also nicht revidierbar ist. Das Rechtssicherheitsgebot besitzt deshalb zumindest den Charakter von ungeschriebenem Bundesverfassungsrecht, wenn nicht sogar denjenigen von vorstaatlichem Recht. Dies ist jedoch nur, aber immerhin, so zu verstehen, dass das Rechtssicherheitsgebot als solches nicht aufgehoben werden kann, ohne dass man dabei den Bereich des Rechtes verlässt. Das Recht hat immer den Zweck, Verlässlichkeit, festen Boden unter den Füssen, Sicherheit zu schaffen. Man schafft nur Recht, wenn man diese Wirkung will oder sie von selbst entsteht. Kommt es zu keiner solchen Sicherheit und ist auch keine solche – wenn auch erfolglos – beabsichtigt gewesen, so geht das Geschaffene am Recht überhaupt vorbei[7].   **1070**

2. Trotz dem Gesagten kommt gemäss bundesgerichtlicher Praxis dem Rechtssicherheitsgebot nicht die Bedeutung eines verfassungsmässigen Rechtes zu[8], dessen Verletzung mit der staatsrechtlichen Beschwerde geltend gemacht werden kann[9]. Solches ist nur so weit möglich, als dabei gleichzeitig die vom Erfordernis des öffentlichen Interesses, vom Erfordernis der gesetzlichen Grundlage, dem Rechtsgleichheitsgebot, dem Willkürverbot, dem Verhältnismässigkeitsgebot, dem Gebot von Treu und Glauben und der Eigentumsgarantie erfassten Aspekte geltend gemacht werden können. Es handelt sich damit im Wesentlichen um einen Ausfluss von BV Art. 4, neu Art. 8, und Art. 22ter, neu Art. 26. Hievon abgesehen ist das Rechtssicherheitsgebot nicht viel anderes als ein Bündel von bei einer Interessenabwägung zu berücksichtigenden Überlegungen, vor allem im Sinne des Respektes vor dem Bestehenden, vor dem, was schon bisher getan worden ist. Es ruft zur Vorsicht gegenüber jeder Tabula-rasa-Mentalität auf. Das Rechtssicherheitsgebot nimmt damit eine ähnliche rechtliche Stellung ein wie das Gebot der Nichtrückwirkung[10].   **1071**

3. Soweit man das Rechtssicherheitsgebot beachten muss, wird man ihm grundsätzlich den gleichen Rang einräumen müssen wie den (übrigen) allgemeinen Rechtsgrund-   **1072**

---

[7] Vgl. Franz Bydlinski, S. 325 ff.
[8] Vgl. Ulrich Häfelin/Georg Müller, N. 295a.
[9] Vgl. Hans Marti, Die staatsrechtliche Beschwerde, Basel und Stuttgart 1967, S. 24.
[10] Eine gewisse Verwandtschaft besteht auch zur sogenannten Besitzstandsgarantie und (zur bloss baurechtlichen) Bestandesgarantie. Rz 4481 f.

sätzen. Allerdings ist schon vereinzelt die Auffassung vertreten worden, das Rechtssicherheitsgebot sei u.U. im Verhältnis zum Rechtsgleichheitsgebot stärker, auf Einhaltung des Letzteren könne allenfalls vorübergehend nicht gepocht werden[11].

IV. Berührungspunkte des Rechtssicherheitsgebotes mit dem postfiniten Baurecht

1073 1. Intuitiv beurteilt, ist im postfiniten Baurecht beim Vorkommen von Regelungen folgender Art eine Kollision mit dem Rechtssicherheitsgebot in Betracht zu ziehen:

a) Verbot des Fortbestehenlassen von Gebäuden bzw. der Weiterausübung von Bewerbungen, wenn das Bisherige materiell und formell rechtmässig begonnen worden ist, eine Bewilligung weder befristet noch resolutiv bedingt, sondern definitiv erteilt worden ist, keine polizeilichen Missstände vorliegen und das Gebäude bzw. der Bewerb keinem geplanten öffentlichen Werk (zB Strasse, Schulhaus) im Wege steht;

b) Verbot der Reparatur oder Renovation von Gebäude, welche die gleichen Bedingungen erfüllen;

c) Gebot der Änderung von Gebäuden bzw. Bewerbungen, welche die gleichen Bedingungen erfüllen, wenn der Gebäudeeigentümer bzw. Bewerbsträger nicht selbst eine Änderung beabsichtigt (also der Fall der unbedingten Anpassungspflicht; Rz 450 f) und die Änderungskosten nicht vom Gemeinwesen übernommen werden;

d) Abbruchgebot für Gebäude bzw. Stilllegungsbefehl für Bewerbungen, welche zwar bei Beginn materiell rechtswidrig waren und nie bewilligt worden sind, jedoch schon seit vielen Jahren bestehen bzw. ausgeübt werden und den Baubehörden bekannt sind, obwohl kein polizeilicher Missstand vorliegt und das Gebäude bzw. der Bewerb auch nicht einem geplanten öffentlichen Werk im Wege steht[12].

1074 2. Es gehört zum Wesen des Rechtssicherheitsgebotes, dass es bereits *bisher* Vorhandenes bzw. bereits *bisher* Ausgeübtes schützen will. Dieser Gedanke wird m.E. strapaziert, wenn man auch noch das Verbot grösserer Änderungen, welche aufgrund des bisherigen Rechtes zulässig gewesen wären, zB grössere Um-, Auf-, An- und Subbauten sowie

---

[11] Es ist deshalb nicht von ungefähr, dass das Bundesgericht in BGE 109 Ia 114 (FN 1) zwar vom «Gebot der Rechtssicherheit», daneben aber auch bloss vom «Rechtssicherheitsinteresse» und «Gesichtswinkel der Rechtssicherheit» spricht.
[11] Siehe den Entscheid des ZH-Regierungsrates vom 2. Februar 1994 (ZBl 1994 S. 383): Der Regierungsrat erklärte, die in einer Verordnung der Stadt Winterthur als fixer Prozentsatz des Gebäudeversicherungswertes berechnete Abfallgebühr verstosse sowohl gegen das vom USG geforderte Verursacherprinzip als auch gegen das Rechtsgleichheitsgebot. Trotzdem hob der Regierungsrat eine gestützt auf die Verordnung verlangte Gebühr nicht auf, «da dadurch eine nicht in Kauf zu nehmende Rechtsunsicherheit entstünde». Der Regierungsrat begnügte sich damit, die Stadt einzuladen, «die Änderung der beanstandeten Norm beförderlich in Angriff zu nehmen».
[12] Gemäss Bundesgerichtspraxis ist hier ein Abbruch- bzw. Bewerbstilllegungsbefehl bis zu 30 Jahren nach Entstehung durchsetzbar; nachher aber nicht mehr. Rz 798.

eingreifende bewerbsmässige Änderungen oder gar Umgestaltungen, Wiederbauten usw.[13], als mit dem Rechtssicherheitsgebot kollidierend bezeichnen wollte[14].

---

[13] Bezüglich des Verbotes von Reparaturen und Renovationen siehe Rz 176 f.
[14] Siehe dazu, wie weit das Recht auf solche Handlungen unter dem Gesichtspunkt der Eigentumsgarantie als im Haben von Eigentum als solchem mitenthalten anzusehen sind Rz 1047 mit FN 9a. Zum Verbot des Wiederbaues nach unfreiwilligem Gebäudeuntergang siehe Rz 2454 f.

Zweiter Unterabschnitt
Das postfinite Baurecht und die Freiheitsrechte

I. In Betracht kommende Freiheitsrechte[1]

A. Zum Verhältnis zur Handels- und Gewerbefreiheit sowie zur Vertragsfreiheit

1075 1. Ein gewerbliches/industrielles Handels- oder Dienstleistungsunternehmen kommt in unseren Breitengraden aus klimatischen Gründen nie ohne ein Gebäude aus, und sei es auch nur zur Lagerung der beruflichen Utensilien, der zu bearbeitenden Materialien oder der hergestellten Produkte. Das Fortbestehenlassen eines so beworbenen Gebäudes kann deshalb für den Unternehmer sehr wichtig sein. Es geht hier um Fabriken, Werkstätten, Lagerhallen, Scheunen, Säle für Theater, Konzerte und Kino, Büros, Praxen usw. Es ist aber immer auch damit zu rechnen, dass sich ein vorhandenes Gebäude für die Zwecke des Unternehmers im Laufe der Zeit als ungeeignet strukturiert, zu wenig gesichert oder zu klein erweist. Weil das Unternehmen einem oder mehreren Menschen den Lebensunterhalt und zusätzliche Einnahmen ermöglicht, ist sein Inhaber regelmässig auch an der Weiterausübung des Bewerbes interessiert. Es kann auch sein, dass der Inhaber die bisherige Tätigkeit intensivieren, ausweiten oder qualitativ anders weiterführen will als bisher. Verbote des Fortbestehenlassens von Gebäuden bzw. der Weiterausübung von Bewerbungen, Verbote/Gebote des Hinzubauens bzw. des Hinzubewerbens sowie Verbote/Gebote des Abbruches bzw. der Bewerbstilllegung können deshalb durchaus einen Eingriff in die Handels- und Gewerbefreiheit nach BV Art. 31 Abs. 1, neu Art. 27 und 94 f, bedeuten. Solche sind allerdings vor allem aktuell, wo es um Neubauten für Einkaufszentren und für grosse Bürobetriebe in Wohngebieten geht[2, 3, 4].

---

[1] Vgl. hiezu Georg Müller, Kommentar zur BV, Art. 22ter, N. 8–10.

[2] Vgl. BGE 102 Ia 104–122 (Magazine zum Globus AG, betr. generellen Beschluss des Landrates des Kantons Basel-Landschaft über das Verfahren bei Schaffung neuer Verkaufsflächen. Der gegen Einkaufszentren gerichtete Beschluss wurde mit Vorbehalten geschützt. Der Entscheid argumentiert primär mit der Handels- und Gewerbefreiheit und nur sekundär mit der ebenfalls betroffenen Eigentumsgarantie.) Ferner: BGE 110 Ia 174 (Migros, Basel) und BGE 111 I 99 (SKA, Zürich), Georg Müller, Kommentar, zu Art. 22ter, N. 11. In dieses Kapitel gehört auch die Berücksichtigung der Opposition gegen Dienstleistungsbetriebe in Industriezonen. Rz 227 f mit FN 10, 527 mit FN 48 und 1075 mit FN 2 bezüglich passiver Betroffenheit und Verdrängungseffekt. BV Art. 31, neu Art. 94 ff, verbietet den Kantonen grundsätzlich primär wirtschaftspolitische Massnahmen. BV Art. 31, neu Art. 94 ff, verleiht keine «Konsumfreiheit»; er schützt nur die Erwerbstätigkeit (BGE 102 Ia 121 f). Vgl. auch die in Rz 542a unter lit. d erwähnten Entscheide.

[3] Der GE-Grosse Rat fügte am 10. Oktober 1936 dem Baugesetz eine Vorschrift ein, wonach das kantonale Baudepartement ermächtigt war, die Einrichtung von Detailhandelsgeschäften (Arcades) in Neubauten oder anlässlich von Umbauten zu untersagen, wenn gegen die Neuerstellung solcher Ladenräume entweder ästhetische Erwägungen sprechen oder eine Vermehrung solcher Geschäfte im Hinblick auf die in der nächsten Umgebung bereits bestehenden Betriebe nicht mehr wünschbar erscheint. Das Bundesgericht erklärte diese Regelung auf Beschwerde derjenigen hin, welche im Erdgeschoss eines Gebäudes einen Laden für den Verkauf von Tabak- und Papeterieartikeln sowie Zeitungen einrichten wollten (eingreifende Bewerbsänderung mit Bewerbsauswechslung) mit Ent-

2. Das Thema der Vereinbarkeit mit der Handels- und Gewerbefreiheit wird auch aktuell, sobald die in der Bauzone ein Gewerbe Betreibenden Wettbewerbseinschränkungen unterworfen sind, welche für die ausserhalb der Bauzone ein solches Gewerbe Betreibenden nicht gelten[5]. Das kann gerade im postfiniten Baurecht von Bedeutung sein. **1076**

3. Mit der Handels- und Gewerbefreiheit verwandt erscheint die Vertragsfreiheit. Auch sie kann durch baurechtliche Verbote/Gebote betroffen werden, zB weil bestimmte Räumlichkeiten faktisch nicht mehr vermietet werden können oder sich nicht mehr mieten lassen[6, 7]. **1077**

B. Zum Verhältnis zur Glaubens-, Gewissens- und Kultusfreiheit

1. Was in Rz 1075 gesagt wurde, gilt ähnlich auch für die Angehörigen religiöser Gemeinschaften im Hinblick auf die Gebäude für ihre Gottesdienste (Kirchen, Kapellen, Synagogen, Moscheen, Tempel usw.), sonstigen Zusammenkünfte (Gemeindesäle, Kurslokale usw.) und Organisation (Unterkunft der Geistlichen, des Sekretariates usw.) sowie die in diesen Aktivitäten bestehenden Bewerbungen. Verbote/Gebote können hier die Glaubens-und Gewissensfreiheit nach BV Art. 49 und die Kultusfreihheit nach BV Art. 50, neu Art. 15, aber auch Art. 9 der Konvention zum Schutze der Menschenrechte und Grundfreiheiten (SR 0.101) betreffen[8]. **1078**

---

scheid vom 19. Januar 1940 (!) als verfassungswidrig, dies obwohl der Verband der Detaillisten in einer Eingabe geltend gemacht hatte, die Zulassung bedrohe die Existenz der selbständig erwerbenden Kleinkaufleute (ZBl 1941 S. 83 f).

[4] In dem in FN 12 zitierten BGE 120 Ia 126, 136 ff machten die Beschwerdeführer auch geltend, das Zürcher Geldspielautomatengesetz verletze die Handels- und Gewerbefreiheit. Dieser Einwand wurde ebenfalls verworfen.

[5] Ob es mit dem RPG aufgrund der Revision von 1998 zu einer solchen Wettbewerbsbeeinflussung kommt, ist umstritten. In der Botschaft RPG 1996 S. 550 wird eine Ungleichbehandlung allerdings verneint. Rz 3267 mit FN 16. Rz 3268.

[6] In ZH-RB 1990 Nr. 89 hob das Verwaltungsgericht das Verbot des Bewerbes von bestehenden Räumlichkeiten als Büros statt als Wohnung unter anderem wegen Beschränkung der Vertragsfreiheit auf, dies allerdings in einer Situation, in welcher die Bewerbsverhältnisse vor dem 1. Oktober 1978 nicht mehr bewiesen werden konnten. Rz 722. In diesen Zusammenhang gehört auch die Auflage in Baubewilligungen für die Vermietung von Räumen in bestehenden Gebäuden an Prostituierte, wonach die Mietverträge zur Genehmigung vorzulegen seien. Rz 533 ff.

[7] Bisweilen erfährt ein Bauvorhaben aus Konkurrenzgründen Opposition aus der Nachbarschaft; vgl. den von Simon Schaltegger in BR 1997 S. 101 ff besprochenen Entscheid des Bundesgerichtes vom 21. Juni 1997 (Stadt Zürich, betr. neue Apotheke am Bellevue).

[8] Vgl. den Entscheid der ZH-Baurekurskommission I vom 16. September 1986 (in: ZH-BEZ 1987 Nr. 12 und ZBl 1987 Nr. 509–515). Hier ging es um die Frage, ob für die Israelitische Cultusgemeinde Zürich als Eigentümerin der von ihr zum Abbruch vorgesehenen Synagoge mit Mehrzweckanbau die von ZH-PBG § 204 (Vgl. Rz 1843 ff) für «Körperschaften, Stiftungen und selbständige Anstalten ... des privaten Rechtes, die öffentliche Aufgaben erfüllen» statuierte denkmalschützerische Selbstbindung gelte oder nicht. Die Antwort lautete nein, weil die ICZ im Kanton Zürich staatlich wie zB die reformierte und katholische Kirche anerkannt ist, was in diesem speziellen Fall für sie von etwelchem Vorteil war, weil der Abbruch hier nur aufgrund einer formellen, zur Zeit noch fehlenden Unterschutzstellung verboten werden kann. Vgl. auch die in Rz 542a unter lit. b erwähnten Entscheide.

1079 2. Bei alldem ist immer auch zu berücksichtigen, dass die erwähnten religiösen Gemeinschaften den Fortbestand der Gebäude bzw. die Weiterausübung des Bewerbes und deren Änderung nicht selten nur deshalb wünschen, weil sie sich damit Einnahmen aus Vermietung, Verpachtung und Verkauf verschaffen können, welche sie für ihre weiterhin aktuellen, religiösen und vereinsmässigen Tätigkeiten sowie Werbeaktionen einzusetzen beabsichtigen. Vgl. Rz 1630. Auch insoweit kann eine Beeinträchtigung der aufgezählten Freiheiten vorliegen.

C. Zum Verhältnis zur Pressefreiheit

1080 Das in Rz 1075 Gesagte gilt auch für Redaktoren, Journalisten, Verleger, Drucker und sonstige Verfasser von geschriebenen Texten im Hinblick auf die Gebäude für Redaktion, Druck, Versand und Verlag von Zeitungen, Zeitschriften und Bücher sowie für die in deren Aktivitäten bestehenden Bewerbungen. Bauliche und bewerbsmässige Verbote/Gebote können hier die Pressefreiheit nach BV Art. 55, neu Art. 17, aber auch Art. 10 der Konvention zum Schutze der Menschenrechte und der Grundfreiheiten betreffen. Diese Freiheit dient einerseits den Presseleuten, anderseits denjenigen, welche deren Produkte kennenlernen wollen.

D. Zum Verhältnis zur Vereins- und Versammlungsfreiheit

1081 1. Das in Rz 1075 Gesagte gilt auch für die Angehörigen nicht religiöser, zB politischer, sonstwie weltanschaulicher, künstlerisch tätiger sowie geselliger Vereine im Hinblick auf die Gebäude für Zusammenkünfte, Kurse und Organisation. Bauliche und bewerbsmässige Verbote/Gebote können hier die Vereinsfreiheit nach BV Art. 56, neu in den Art. 22, 23 und 28, aber auch Art. 11 der Konvention zum Schutze der Menschenrechte und Grundfreiheiten betreffen.

1082 2. Das in Rz 1075 Gesagte gilt auch für diejenigen, welche sich in einem Gebäude versammeln wollen, ohne dass dies eine wirtschaftliche, religiöse oder vereinsmässige Tätigkeit ist. Bauliche und bewerbsmässige Verbote/Gebote können hier die Versammlungsfreiheit betreffen. Dies ist allerdings in der Bundesverfassung nicht genannt, gilt aber gleichwohl; in der Konvention zum Schutze der Menschenrechte und Grundfreiheiten ist sie in Art. 11 geregelt.

E. Zum Verhältnis zur Niederlassungs- und Ehefreiheit

1083 1. Nicht selten kommt die folgende Situation vor: Ein Mensch könnte sich an einem bestimmten Ort niederlassen, weil ihm, seiner Familie oder seinen Bekannten ein Gebäude gehört, in welchem er nach Vornahme einzelner baulicher oder bewerbsmässiger Änderungen (zB nach Einrichtung einer Wohnung im Estrich) wohnen möchte. Ein Änderungsverbot kann deshalb, rein faktisch gesehen, die Niederlassungsfreiheit nach BV Art. 45, neu Art. 24, betreffen.

1084 2. Auch ist denkbar, dass nur unter der gleichen Voraussetzung wie in Rz 1083 ein Mann und eine Frau heiraten können, weil es ihnen sonst finanziell unmöglich ist, am für sie massgeblichen Ort ein passendes Heim zu finden. Ein Verbot kann deshalb, faktisch gesehen, die Ehefreiheit nach BV Art. 54, neu Art. 14, aber auch Art. 12 der Konvention zum Schutze der Menschenrechte und Grundfreiheiten beeinträchtigen.

F. Zum Verhältnis zur Sende- und Empfangsfreiheit bezüglich Radio und Fernsehen

Ein Verbot des Installierens von Empfangs- und Sendeantennen für Radio und Fernsehen in Gestänge- oder Parabolspiegelform auf Dächern und an Hauswänden kann die – in der neuen BV in Art. 16 f angesprochene – Empfangs- und Sendefreiheit beeinträchtigen. Es geht hier seltener um das Recht des Einzelnen, Informationen, Meinungen über Radio und Fernsehen verbreiten zu können; hiefür sind die konzessionsrechtlichen Vorschriften des Bundesgesetzes über Radio und Fernsehen Art. 10 ff (SR 784.40) massgeblich; wichtiger ist hier das Recht, solche Äusserungen zu vernehmen. Ein derartiges Recht wird durch Art. 10 der Konvention zum Schutze der Menschenrechte und Grundfreiheiten gestützt, wonach jeder Mensch das Recht hat, Informationen und Ideen mit allen Verständigungsmitteln ohne Rücksicht auf Grenzen zu suchen und zu empfangen. Ferner ist Art. 52 f des Bundesgesetzes über Radio und Fernsehen zu beachten. Aussenantennen werden meistens auf oder an bereits bestehende Gebäude montiert. Rz 159 ff. Wenn Antennenverbote massvoll statuiert und angewendet werden, dürfte sich daraus kaum je eine Verletzung der Handels- und Gewerbefreiheit bzw. der Informations-, Meinungsäusserungs-, Sende- und Empfangsfreiheit ergeben, auch wenn ein Verbot ausgesprochen wird. Ich habe zwar den Eindruck, dass zum Teil in einer eigenartigen Geringschätzung der Bemühungen um den Schutz des Strassen-, Orts- und Landschaftsbildes und einer ebenso eigenartigen Hochschätzung der Lust des Einzelnen, elektronische Sendungen aus der ganzen Welt zu empfangen, entschieden wird. Das Verhältnis zu PBG § 238 (Einordnung ins Ortsbild) ist hier oft unbefriedigend gelöst. Vgl. die Entscheide des ZH-Verwaltungsgerichtes vom 17. Januar 1984 (BEZ 1984 Nr. 28, in: ZBl 1985 S. 70) und vom 19. September 1984 (BEZ 1984 Nr. 29, in: ZBl 1985 S. 76; Walter Haller/Peter Karlen, IV 679) sowie den Entscheid der ZH-Baurekurskommission IV (BEZ 1997 Nr. 18)[9].

1085

---

[9] Antennenverbote sind massvoll, wenn sich diese im Sinne von Art. 52 f des Bundesgesetzes über Radio und Fernsehen (SR 784.40) auf bedeutende Orts- und Landschaftsbilder, geschichtliche Stätten oder Natur- und Kunstdenkmäler beschränken oder wenn ohne eine solche Beschränkung die Grundversorgung mit Radio- und Fernsehsendungen unter zumutbaren Bedingungen (zB durch Anschluss an das Kabelfernsehen) gewährleistet ist, vorbehältlich Ausnahmebewilligungen, wo das Interesse am Empfang der Programme das Interesse am Orts- und Landschaftsschutz überwiegt (BGE 120 Ib 64–69, Küttigen/AG). Siehe auch ZH-PBG § 78: Die Gemeinden können in der Bauordnung für ganze Zonen oder gebietsweise Aussenantennen verbieten, sofern durch andere technische Einrichtung gleichwertige Empfangsmöglichkeiten gewährleistet sind. Der Regierungsrat schlug dem Kantonsrat am 24. Oktober 1995 (Rz 1731 f) vor, diese Vorschrift aufzuheben und dafür der Ästhetiknorm PBG § 238 mehr oder weniger den Text von Art. 53 des Radio- und Fernsehgesetzes einzufügen. Die Revisionsbemühungen sind jedoch ins Stocken geraten. Zum Problem der für die Mobil-Telefone nötigen Antennen: Simon Schaltegger, Die neue NIS-Verordnung und der Versorgungsauftrag der Mobilfunkkonzessionarinnen, in: PBG aktuell 2000 Heft 1 S. 27 ff.

G. Zum Verhältnis zur persönlichen Freiheit

1086 Es gibt viele Tätigkeiten, welche in einem Gebäude stattfinden und/oder zu den baurechtlich relevanten Bewerbungen gehören, aber weder allein wirtschaftlich noch religiös sind und auch sonst von den vorgenannten Freiheiten nicht voll erfasst werden. Sie fallen wohl eher unter den weitern Begriff der persönlichen Freiheit. Diese war zwar bisher in der Bundesverfassung nirgends genannt, findet sich aber in der neuen BV in den Art. 7, 10, 13 und 21. Zu erwähnen sind insbesondere:

1. Die Aufführung von Theaterstücken, Konzerten, Balletten, Filmen usw. sowie Besuch derselben[10];
2. Die Aufstellung bildender Kunst und das Betrachten derselben[11];
3. Die Durchführung von weltanschaulichen, politischen, esoterischen, okkulten usw. Veranstaltungen sowie Besuch derselben;
4. Die Schaffung von Indoor-Freizeitbeschäftigsgelegenheiten (zB Billard, Bowling, Squash, Fitness) sowie der Besuch derselben;
5. Die Schaffung von Geldspielgelegenheiten (zB Salons mit Spielautomaten[12], Kasinos) sowie der Besuch derselben;
6. Der Betrieb von Bordellen, Peep-Shows, Nightclubs, Massagesalons, Sexshops sowie der Besuch derselben[13];
7. Individuelle Prostitution sowie die Inanspruchnahme derselben[14].

1087 Das Verbot des Fortbestehenlassens eines Gebäudes bzw. der Weiterausübung eines Bewerbes, das Verbot des Hinzubauens bzw. Hinzubewerbens sowie das Abbruch- bzw. Einstellungsgebot können durchaus die in diesem Sinne verstandene persönliche Freiheit betreffen (Rz 815 ff). Das wird durch Art. 10 der Konvention zum Schutze der Menschenrechte und Grundfreiheiten gestützt. Es geht hier primär um die persönliche Freiheit derjenigen, welche diese Veranstaltungen durchführen wollen. Im Unterschied zur Handels- und Gewerbefreiheit geht es hier aber auch um die persönliche Freiheit derjenigen, welche die erwähnten Veranstaltungen aufsuchen wollen.

---

[10] Vgl. das baurechtliche Aufsehen wegen der Aufführungen des Musicals «Cats» von Andrew L. Webber sowie weiterer Produktionen in ehemaligen Fabrikhallen in stadtzürcherischen Industriezonen. Rz 1725 ff.

[11] Vgl. die Entscheide betreffend Aufstellung einer Skulptur von Kurt Laurenz Metzler auf der Terrasse eines Terrassengebäudes in Kilchberg/ZH in Rz 342 mit FN 9.

[12] Mit BGE 120 Ia 126, 145 E. 7 wurde der Einwand der Beschwerdeführer, das gesetzliche Spielautomatenverbot im Kanton Zürich verletze u.a. auch die persönliche Freiheit, zurückgewiesen, weil das Spielen an Automaten kaum zu den «elementaren Erscheinungen der Persönlichkeitsentfaltung» gehöre, die Beschränkung «doch eher nebensächlich» sei und zudem auch die persönliche Freiheit bei hinreichender gesetzlicher Grundlage im öffentlichen Interesse eingeschränkt werden könne. Beide Voraussetzungen seien hier erfüllt.

[13] Vgl. die Bemühungen der Behörden, das Sexgewerbe aus Wohnquartieren der Stadt Zürich fernzuhalten. Rz 518 ff. Siehe auch die in Rz 542a unter lit. d erwähnten Entscheide.

[14] Mit persönlicher Freiheit kann auch noch etwas ganz anderes gemeint sein. Bemerkenswert ist Georg Müller, Kommentar BV, Art. 22ter, N. 15; er erwähnt hier die «Enteignung von besonders persönlichkeitsbezogenem Eigentum, die je nach Umfang und Art des Vorgehens vielleicht trotz Entschädigung entwürdigend wirken kann. Möglicherweise wäre hier primär die persönliche Freiheit und nicht das Eigentum verletzt.» Die in Rz 1083 geschilderten Situationen können m.E. in diese Richtung gehen.

II. Zu den Kollisionsmöglichkeiten im Allgemeinen

Bisweilen wird ein Vorhaben durch Setzung genereller Regelungen verhindert oder es wird eine einwandfrei gesetzte Regelung unter Praxisbruch, Fehlauslegung unbestimmter Rechtsatzelemente, falscher Ermessensbetätigung angewendet, eine Lücke wird unrichtig ausgefüllt oder eine Vorschriftenkollision wird unzutreffend gelöst, sodass es zu einem Verbot/Gebot kommt, wo richtigerweise Erlaubnis am Platz wäre. Das ist wohl im Allgemeinen der Fall, wenn die Erschliessung hinreichend ist und keine unzulässigen Immissionen (weder materieller noch ideeller, das Ortsbild [Rz 342] oder den Quartier-/Zonencharakter [Rz 343] betreffender Art) vorliegen. Der Grund für solche baurechtliche Missgriffe kann in der bewussten oder unbewussten Absicht der Fernhaltung von wirtschaftlichen Konkurrenten, von Angehörigen anderer Religionen und Kulturen oder von Menschen, deren Verhalten als amoralisch angesehen wird, liegen. Solche Missgriffe gehören in das Kapitel der Rechtspathologie. Befürchteten Auswüchsen sollte man jedoch in einem liberal-demokratischen Rechtsstaat beikommen, ohne dass die Freiheitsrechte bemüht werden, allein durch richtige Anwendung der Rechtsordnung.

1088

Dritter Unterabschnitt
Das Verhältnis des postfiniten Baurechtes zur Eigentumsgarantie

§ 1 Zu den zwei Umschreibungsarten der Eigentumsgarantie als solcher

I. Zu den beiden Arten der Umschreibung der Eigentumsgarantie

1206 Die Eigentumsgarantie wird umschrieben entweder durch Angabe der Voraussetzungen, welche erfüllt sein müssen, damit eine Eigentumsbeschränkung festgesetzt werden kann, also rechtlich Bestand hat (Rz 1207 ff), oder aber sie wird in die drei Schutzwirkungen Instituts-, Bestandes- und Wertgarantie aufgespalten und über die Deutung dieser drei Schutzwirkungen erläutert (Rz 1218 ff).

II. Zur Eigentumsgarantie als Summe von Voraussetzungen

A. Allgemeines

1207 1. Als Eigentumsgarantie kann die normative Situation bezeichnet werden, wonach die Auswechslung von das Vermögen, insbesondere Gebäude und Bewerbungen derselben, betreffenden, willkommenen normativen Situationen durch unwillkommene, anders ausgedrückt: die Festsetzung von Eigentumsbeschränkungen, nur gestattet ist, wenn die folgenden vier Bedingungen kumulativ erfüllt sind, andernfalls jedoch überhaupt nicht:

– erstens das Vorliegen eines öffentlichen Interesses;
– zweitens das Vorliegen einer gesetzlichen Grundlage;
– drittens die Verhältnismässigkeit zwischen dem verfolgten Ziel und den eingesetzten normativen Vorkehrungen[1];
– viertens die Leistung einer Entschädigung bei materiell enteignend wirkenden Eigentumsbeschränkungen.

Gedacht wird hier an die Auswechslung durch das Gemeinwesen[2].

---

[1] Dieses Erfordernis ist erst seit den Sechzigerjahren in der bundesgerichtlichen Umschreibung thematisiert. Vgl. BGE 93 I 703 ff (Höngg-Zürich, betr. Grossmann); schon ziemlich fest in: BGE 99 Ia 35, 37 (Basel, betr. Genossenschaft Hausbesitzer-Verein) und Ulrich Zimmerli, Verhältnismässigkeit, S. 84. Zu den übrigen Voraussetzungen siehe die in Rz 1294 mit FN 1 genannten Entscheide.

[2] Nicht weiter beachtet wird im Folgenden die durch Private erfolgende Transformation einer willkommenen durch eine unwillkommene normative Situation, zB durch «Hausbesetzer», Sachbeschädiger, Diebe, Veruntreuer, Betrüger usw. Hier geschieht die Erschwerung der Transformation präventiv oder repressiv durch die Belastung des «Auswechslers» mit Schadenersatz, Strafe usw. durch das Gemeinwesen. Auch das ist eine Garantie.

2. Bezüglich des Vorliegens eines öffentlichen Interesses verweise ich auf die Aus- **1208**
führungen in Rz 885 ff, 935 ff, bezüglich des Vorliegens einer gesetzlichen Grundlage
auf die Ausführungen in Rz 943 ff und bezüglich des Vorliegens von Verhältnismässigkeit
zwischen Ziel und Massnahme auf die Ausführungen in Rz 1008 f. Hier muss somit nur
noch erläutert werden, was unter einer materiell enteignend wirkenden Eigentumsbeschränkung und der hiefür zu leistenden Entschädigung zu verstehen sei.

3. Da alle vier Voraussetzungen nur auf dem Wege der Revision der Bundesverfassung, **1209**
allenfalls der Gesetzgebung, abgeschwächt oder aufgehoben werden können, sofern dies
rechtlich überhaupt zulässig wäre (Rz 1220 f, 1257), überdies in gewissen Fällen eine
unter bestimmten Vorbehalten als Schadenersatz zu qualifizierende Entschädigung geleistet
werden müsste (Rz 1248 ff) und die Frage der Erfüllung/Nichterfüllung der Verpflichtung mit staatsrechtlicher Beschwerde an das Bundesgericht weitergezogen werden kann
(Rz 1264), ist die Bezeichnung dieser normativen Situation als Eigentums*garantie* auch
nach der in Rz 1271 ff vertretenen Auffassung berechtigt; es handelt sich auch hienach
um eine echte Garantie[3].

4. Die Eigentumsgarantie betrifft die folgenden acht normative Situationen: **1210**

a) Unterscheidung in objektiver Beurteilung der Schwere:
– nicht schwere Eigentumsbeschränkungen;
– zwar schwere Eigentumsbeschränkung, welche aus dem Eigentum fliessende Befugnisse entzieht, aber keine wesentlichen, wobei der Entzug kein Sonderopfer bewirkt;
– zwar schwere, aber nicht besonders schwere Eigentumsbeschränkung, wobei der Entzug trotzdem ein Sonderopfer bewirkt;
– besonders schwere Eigentumsbeschränkung, welche eine wesentliche, aus dem Eigentum fliessende Befugnis entzieht, wobei der Entzug ein Sonderopfer bewirkt.

b) Unterscheidung aus der Sicht des Betroffenen: **1211**
– zwar unwillkommene, aber nicht geradezu als lästig empfundene Eigentumsbeschränkungen;
– lästig empfundene Eigentumsbeschränkung;
– zwar schwer, aber nicht besonders schwer empfundene Eigentumsbeschränkung;
– besonders schwer empfundene Eigentumsbeschränkung.

B. Kritik

1. Die vorstehende Umschreibung der Eigentumsgarantie bzw. der Voraussetzungen **1212**
für Eigentumsbeschränkungen befriedigt nicht voll, und zwar deshalb nicht, weil sie einerseits nicht das volle Ausmass der geltenden Garantie ausdrückt, anderseits aber auch den
Eindruck erweckt, es bestehe überhaupt keinerlei Gefahr einer Auswechslung der will-

---

[3] Auffällig ist lediglich, dass man nur von Eigentumsgarantie, aber kaum zB von Handels- und Gewerbegarantie, Vereinsgarantie, Pressegarantie usw. spricht, obwohl auch die Erfordernisse an die Abschwächung oder Aufhebung dieser Grundrechte nur durch Verfassungs- und/oder Gesetzesrevision möglich sind. Man spricht auch nicht von Rechtsgleichheits-, Treu- und Glaubensgarantie usw.

kommenen durch eine unwillkommene normative Situation, wo eine Auswechslung durchaus entschädigungslos denkbar ist. Im ersten Fall ist der Garantieanspruch zu bescheiden, im zweiten Fall geht er jedoch zu weit.

1213 2. a) Die obige Umschreibung ist zu bescheiden, da sie den Eindruck erweckt, eine Eigentumsbeschränkung sei in jedem Fall dann zulässig, wenn ein öffentliches Interesse, eine gesetzliche Grundlage und Verhältnismässigkeit zwischen Ziel und Mittel vorliege und in gewissen Fällen eine Entschädigung geleistet werde. Das ist aber nicht der Fall. Es müssen stets auch die weiteren materiellen Voraussetzungen der Bundesverfassung erfüllt sein, die da sind: zB Rechtsgleichheit, Abwesenheit von Willkür, Verträglichkeit mit Treu und Glauben, Rückwirkung nur unter Vorbehalt, Rechtssicherheit, die Freiheitsrechte, die materiellen verfassungsrechtlichen Zuständigkeitserfordernisse der Raumplanung, des Umweltschutzes, des Waldschutzes, des Gewässerschutzes, des Natur- und Heimatschutzes, des Moorschutzes, des Wild- und Fischschutzes usw.[4] Die tatsächlich vorhandene Eigentumsgarantie greift deshalb weiter.

1214 b)   Dass drei der sechs wohletablierten allgemeinen Rechtsgrundsätze (hiezu zähle ich nicht auch das Rückwirkungsverbot [Rz 1041 ff] und auch nicht das Rechtssicherheitsgebot [Rz 1075 ff]) in der Umschreibung der Zulässigkeitsvoraussetzungen nicht besonders erwähnt werden, rechtfertigt man wohl mit der Überlegung, dass das Rechtsgleichheitsgebot, das Willkürverbot und das Gebot des Handelns nach Treu und Glauben in denjenigen des Erfordernisses des ausreichenden öffentlichen Interesses, des Erfordernisses der gesetzlichen Grundlage und des Verhältnismässigkeitsgebotes mehr oder weniger vollständig enthalten seien[5]. Aber auch dann bleibt die Frage offen: Wenn man schon zur sprachlichen Konzentration nicht die restlichen drei allgemeinen Rechtsgrundsätze bei der Aufzählung der Anforderungen an eine Eigentumsbeschränkung nennen will, warum erwähnt man dann das Erfordernis der Verhältnismässigkeit, nicht aber auch dasjenige der Rechtsgleichheit in dieser Kurzformel? Der Grund mag vordergründig darin liegen, dass das Rechtsgleichheitsgebot in BV Art. 4, neu Art. 8, ausdrücklich enthalten ist. Ich vermute aber noch ein Weiteres: Die Kurzformel findet vorweg im Raumplanungsrecht Anwendung. Hier hat die Rechtsgleichheit aber von vornherein einen prekären Stand. Rz 986 f, 989 f.

1215 c)   In der obigen Umschreibung der Eigentumsgarantie bzw. der Anforderung an Eigentumsbeschränkungen gelangt sodann nicht zum Ausdruck, dass die Eigentumsbeschränkung auch dann unzulässig ist, wenn durch sie das Institut des Eigentums als solches

---

[4] Dass man die Erfordernisse dieser materiellen Gruppe von Regelungen kaum je als Erfordernisse von Eigentumsbeschränkungen erwähnt, kommt wohl daher, dass man in ihnen fast immer nur legitime Anlässe für Eigentumsbeschränkungen erblickt und zudem Eigentumsbeschränkungen durch die Kantone im Vordergrund stehen; hier besteht wegen BV Art. 3 voraussetzungsgemäss die Zuständigkeit der Kantone, soweit nicht der Bund zuständig ist. Voraussetzungen für Eigentumsbeschränkungen können jedoch sowohl im Vorhandensein von etwas als auch im Nichtvorhandensein von etwas bestehen. Das Nichtvorhandensein des zur Eigentumsbeschränkung Anlass gebenden Sachverhaltes lässt sich zwanglos auch als Voraussetzung der Zulässigkeit der Eigentumsbeschränkungen verstehen. Man kann hier von negativen Voraussetzungen sprechen.

[5] Das gilt noch vermehrt für das Gebot der Nichtrückwirkung und der Rechtssicherheit.

aufgehoben oder ausgehöhlt würde, wenn ein Eingriff in den «Kern» des Eigentumsbegriffes erfolgte. Solche Eingriffe können nicht einmal bei Revision der Bundesverfassung und bei voller Entschädigung eingeführt werden (Rz 1220 f). Dass zudem bei einem Eingriff in das Institut des Eigentums als solches aus der Sicht des liberal-demokratischen Rechtsstaates wohl fast immer das öffentliche Interessen verneint werden müsste, mag mit ein Grund dafür sein, dass das Erfordernis der Nichtaufhebung bzw. Nichtaushöhlung des Institutes des Eigentums nicht besonders erwähnt wird.

3. Die obige Umschreibung der Eigentumsgarantie bzw. der Anforderungen an Eigentumsbeschränkungen ist jedoch zu weit, weckt falsche Hoffnungen, da sie nicht davor schützt, dass in Verbindung mit einer Revision der Bundesverfassung Eigentumsbeschränkungen eingeführt werden, bei welchen nicht einmal die Anforderungen öffentliches Interesse, gesetzliche Grundlage, Verhältnismässigkeit und Entschädigung nach bisherigem Verständnis voll eingehalten sind. So können durchaus noch innerhalb des liberal-demokratischen Rechtsstaates verbleibend eingeengt werden: das Erfordernis des öffentlichen Interesses und der Verhältnismässigkeit durch Über- bzw. Unterbewertung bestimmter Arten des öffentlichen Interesses (Rz 885 ff, 935 ff), das Erfordernis der gesetzlichen Grundlage durch weitgehende Delegation der Gesetzgebungskompetenz vom Parlament an die Exekutive[6] und/oder die Judikative[7], das Erfordernis der Entschädigung bei materieller Enteignung durch Beschränkung des Entschädigungsanspruches (Rz 1232 ff). 1216

4. Wenn man schon die Eigentumsgarantie bzw. die Anforderungen an Eigentumsbeschränkungen ohne Einbezug aller für die Zulässigkeit der Eigentumsbeschränkung erforderlichen Voraussetzungen umschreiben will, dann muss man sich auch fragen, ob es dann viel Sinn hat, die ohnehin auch unabhängig von der Eigentumsgarantie geltenden Elemente des öffentlichen Interesses, der gesetzlichen Grundlage und der Verhältnismässigkeit in die Umschreibung einzubeziehen. Im Grunde genommen gehören nur die drei folgenden Erfordernisse zu den nicht auch von anderen Regelungen gesetzten Erfordernissen der Eigentumsgarantie: erstens das Erfordernis, dass die Eigentumsbeschränkung das Eigentum als Institution nicht aushöhlt, zweitens das Erfordernis, dass eine Entschädigung geleistet wird, wenn die Eigentumsbeschränkung objektiv einen besonders schweren Eingriff bildet oder, wenn der Eingriff weniger schwer, aber immer noch schwer ist und ohne Entschädigung ein Sonderopfer wäre, und drittens, wenn nicht durch Revision der Bundesverfassung die Erfordernisse des öffentlichen Interesses, der gesetzlichen Grundlage, der Verhältnismässigkeit und der Entschädigungspflicht gelockert werden. Das kann aber nur durch Verfassungs- und Gesetzgebungsakte, nicht aber durch Einzelakte der Verwaltung und Gerichte geschehen. 1217

---

[6] ZB durch Ermächtigung zu selbständigen Verordnungen. Rz 972.
[7] Das ist die zwangsläufige Folge einer weitgehenden Verwendung «unbestimmter Rechtsbegriffe» (Rz 851) in den Gesetzen.

III. Die Eigentumsgarantie als Zusammenfassung von Instituts-, Bestandes- und Wertgarantie

A. Allgemeines

1218 1. Die Instituts-, die Bestandes- und die Wertgarantie werden als die wichtigsten Aspekte der Eigentumsgarantie betrachtet. Es wird ihnen eine Schutzwirkung zugeschrieben. Als solche kann man die Verhinderung des Eintrittes einer für jemanden unwillkommenen normativen Situation oder die Auswechslung einer für jemanden willkommenen normativen Situation durch eine für ihn unwillkommene normative Situation verstehen. Es handelt sich hier immer um eine auf das Vermögen bezügliche, normative Situation. Dabei steht in dieser Arbeit der Bezug auf Gebäude bzw. auf deren Bewerb und auf die Parzellen samt Inhalt im Vordergrund des Interesses.

1219 2. Neben der Instituts-, Bestandes- und Wertgarantie wird bisweilen auch von einer Wesenskerngarantie und einer Besitzstandsgarantie gesprochen. Ich schliesse mich hier der Auffassung von Georg Müller an, wonach diese beiden Garantien, soweit es um das Bundesverfassungsrecht geht, gegenüber den drei anderen Garantien keine neuen Gesichtspunkte zur Sprache bringt[8]. Zur baurechtlichen Bestandes- und Besitzstandsgarantie verweise ich zudem auf den Anhang dieser Arbeit (Rz 4335 ff).

B. Zur Institutsgarantie

1. Allgemeines

1220 a) Mit dem Begriff Institutsgarantie[9] wird die Vorstellung verbunden, dass die den Eigentümern und sonstigen Berechtigten zustehenden Befugnisse nicht landesweit mit grosser Breiten- und Tiefenwirkung durch den eidgenössischen oder kantonalen Verfassungs- oder einfachen Gesetzgeber entzogen werden können; ein gewisses Minimum an Befugnissen, ein Grundbestand an Rechten wie Eigengebrauch, wirtschaftliche Verfügbarkeit, landesweit gesehen, ist jedem legislatorischen Zugriff und wohl auch dem Bundesverfassungsgeber entzogen. Dieser kann nicht grosse, alltägliche Kategorien von Gütern allgemein davon ausschliessen, Privateigentum werden zu können. Man umschreibt dies bildhaft auch wie folgt: Der Gesetzgeber darf das Eigentum nicht «als fundamentale Einrichtung der schweizerischen Privatrechtsordnung beseitigen oder aushöhlen, seiner Substanz berauben, seinen Wesenskern antasten; (er) muss die wesentlichen, sich aus dem Eigentum ergebenden Verfügungs- und Nutzungsrechte wahren.»[10]

1221 b) Hier geht es um das objektive Recht als Komplex genereller Regelungen bezüglich der Herrschaft über wirtschaftliche Güter. Es sind dies insbesondere die Regelungen

---

[8] Georg Müller, Kommentar zur BV, Art. 22ter, N. 14.
[9] Zaccaria Giacometti, S. 512, Ulrich Häfelin/Walter Haller, N. 1355–1357, Ulrich Häfelin/Georg Müller, N. 1576 f, BGE 96 I 558 (Kanton Luzern, betr. Waldabstand), BGE 99 Ia 37 (Genossenschaft Hauseigentümer-Verein Basel, betr. befristetes Abbruchverbot).
[10] Georg Müller, Privateigentum heute, S. 98.

des Sachen- und Obligationenrechtes in seinen grossen Zügen, aber auch solche des Erb-, Steuer- und Baurechtes kommen in Betracht. Adressaten der Institutsgarantie können somit nur der eidgenössische Verfassungs- oder der einfache Gesetzgeber sowie, soweit den Kantonen und Gemeinden Gesetzgebungskompetenzen zustehen, der kantonale und der kommunale Gesetzgeber sein.

c)   Weil die von der Institutsgarantie geschützten Regelungen nicht einmal auf dem Wege der Verfassungsrevision, wohl auch nicht bei Leistung einer Entschädigung[11], ganz aufgehoben werden könnte, handelt es sich um eine die Bezeichnung «Garantie» verdienende Erscheinung (Rz 1265 ff). 1222

d)   Wenn Georg Müller im BV-Kommentar, zu Art. 22ter, N. 14, bezüglich der Institutsgarantie sagt, dass diese nur eine «geringe praktische Bedeutung» besitze und man sich fragen könne, ob sie «überhaupt Massstäbe und Grenzen für die Ausgestaltung der Eigentumsordnung zu setzen vermag», es gehe hier praktisch immer nur um das Verhältnismässigkeitsgebot, so ist hiezu Folgendes zu sagen: Der angesprochene Mangel ist für nur generell mögliche legislatorische Aussagen typisch; aber auch vage Aussagen sind immer noch eher wegleitend als überhaupt keine Aussagen; ganz leer ist die Vorstellung der Institutsgarantie auf jeden Fall nicht, wenn man auch an andere Länder und andere Zeiten denkt: zB an den Ostblock vor 1989. Es geht hier deutlich um die Beschränkung von Eingriffen nicht im Einzelfall, sondern in einer Summierung von Rechten. 1223

2.   Die im Einzelnen geschützten Regelungen

a)   Durch die Institutsgarantie geschützt, d.h. innerhalb der gegenwärtigen Grundstruktur der Eidgenossenschaft nicht von einer Aufhebung auf dem Wege der Revision der Bundesverfassung bedroht, sind die folgenden Komplexe von Regelungen: 1224

α) – die grundsätzlich allgemeine Möglichkeit, dass Private Parzellen («Grundstücke») erwerben und besitzen können[12];
– die grundsätzlich allgemeine Möglichkeit der beliebigen Veräusserbarkeit des Grundeigentums[13];

---

[11] Die Möglichkeit der Aufhebung der Entschädigungspflicht mit Entschädigung wär wohl nur theoretischer Art, da die Leistung einer solchen wegen der riesigen Zahl von in Betracht kommenden Empfängern die finanziellen Kräfte von Bund und Kantonen von vornherein übersteigen würde.
[12] Zulässige Ausnahme: Grundwasser im Kanton Zürich, siehe EG/ZGB (LS 230) § 139 bis zur Fassung vom 2. Februar 1919, jetzt Wasserwirtschaftsgesetz (LS 724.11) § 5. Rz 3176. In einen problematischen Bereich gerät die immer mehr Anhänger gewinnende Auffassung, dass die Baufreiheit nicht (mehr) in der Eigentumsgarantie enthalten sei, sondern dem Grundeigentümer gewissermassen verleihungsweise eingeräumt werde. Vgl. Martin Lendi, Eigentum, in: ZSR 1976 S. 142 ff. Hermann Geissbühler, Raumplanungsrecht, Eigentumsordnung und Verfassungsrevision, S. 90 f. Verfassungsrechtlich fragwürdige Vorstösse: die baselstädtische Volksinitiative von 1960 (ZBl 1960 S. 281), die eidgenössische «Stadt-Land-Initiative gegen die Bodenspekulation» (Botschaft des Bundesrates, BBl 1986 I 153 ff) sowie die eidgenössische Volksinitiative «Grundeigentum geht über in Nutzungs- und Baurechte» (BBl 1997 III 113 ff).
[13] Zulässige Ausnahmen: BGE 88 I 248: Vorkaufsrecht des Gemeinwesens für Land in Freihaltezonen und Zonen für öffentliche Bauten und Anlagen. Einschränkungen des Verkaufes an Nichtlandwirte

β) – die grundsätzlich allgemeine Möglichkeit des Fortbestehenlassens von Gebäuden bzw. der Weiterausübung des Bewerbes derselben, wo keine polizeilichen Missstände vorliegen[14, 15]; dgl. bezüglich kleiner Änderungen;
– die grundsätzlich allgemeine Möglichkeit des Abbruches von Gebäuden bzw. der Stilllegung des Bewerbes derselben aus freiem Entscheid des Eigentümers bzw. des Bewerbträgers[16];
γ) – Besteuerungsordnung ohne konfiskatorischen Charakter[17];
δ) – grundsätzliches Erfordernis eines öffentlichen Interesses für Eigentumsbeschränkungen (Rz 935 ff);
– grundsätzliches Erfordernis einer wenigstens summarischen Zustimmung des Volkes oder einer Volksvertretung zu neuen Eigentumsbeschränkungen (Rz 942 ff);
– grundsätzliches Erfordernis, dass die Eingriffe in die privaten Interessen in einem vernünftigen Verhältnis zu den dadurch verfolgten Zielen des Gemeinwesens stehen (Rz 1008 ff);
– grundsätzliches Erfordernis der Entschädigung bei objektiv schweren Eingriffen in das Eigentum[18].

1225 b) Ausnahmen von Rz 1224 sind solange mit der Institutsgarantie vereinbar, als die Einschränkungen gegenüber dem Freibereich gesamthaft gesehen nicht überwiegen. Kommt es aber zu einem «Umkippen», so ist dies ein revolutionärer Vorgang. Ausserhalb des Vorkommens eines solchen «Umkippens» verstossen die nachfolgend genannten Eigentumsbeschränkungen jedoch m.E. *nicht* gegen die Institutsgarantie:

– Verbot des Abbruches von Gebäuden, des Umbaues und grösserer Änderungen des Bewerbes bezüglich einzelner Kategorien bestehender Gebäude[19];

---

und Nichtverwandte im bäuerlichen Bodenrecht (SR 211.412.11) sowie an Personen mit Wohnsitz im Ausland in der Lex Vonmoos/Furgler/Friedrich (SR 211.412.41).

[14] Zulässige Ausnahmen: nur provisorisch oder resolutiv bewilligte und bewilligbare Gebäude bzw. Bewerbungen nach Ablauf der Bewilligung; Gebäude bzw. Bewerbungen anlässlich einer erheblichen Änderung (Rz 451 ff); Gebäude, welche die Verwirklichung öffentlicher Werke behindern.

[15] Die Beschränkung der Gültigkeit aller Baubewilligungen auf eine bestimmte, lang bemessene Frist stünde aber wohl der Institutsgarantie nicht entgegen.

[16] Ausnahmen sind zulässig in Zeiten von Wohnungsnot bezüglich Wohngebäuden und denkmalschutzwürdiger Gebäuden. Rz 1855 f und 3118 f.

[17] BGE 94 I 116 betr. Wertzuwachssteuer im Kanton Zug.

[18] Es muss aber nicht unbedingt der volle Verkehrswert entschädigt werden. Vgl. FN 29, 30 und 33, ferner Rz 1307 mit FN 20. Weitergehende Entschädigungslosigkeit ist bei zeitlich beschränktem Entzug in eigentlichen Notzeiten denkbar.

[19] Georg Müller, Kommentar BV, zu Art. 22ter, N. 13. Nach ihm steht ein solches Verbot allgemein der Institutsgarantie nicht entgegen, wenn das Gebäude «weder abbruch- noch sanierungsbedürftig ist»; der Grund dieser Einschränkung besteht wohl im Gedanken, dass bei Abbruch-/Sanierungsbedürftigkeit das Abbruchverbot wegen der dabei aktuell werdenden Unterhaltspflichten und Haftungsrisiken unverhältnismässig werden könnte. Dgl. BGE 103 Ia 418 E. 3 (Kanton Schaffhausen, betr. Wohnerhaltungsgesetz). Nicht erwähnt sind die baurechtskonformen und die zwar weder abbruch- noch sanierungsbedürftigen, aber infolge Gesetzesrevision materiell baurechtswidrigen Gebäude. Hier Änderungen generell zu verbieten, ohne dass das Gebäude der Verwirklichung eines öffentlichen Werkes im Wege steht, und den Abbruch, ohne dass die Erhaltung im öffentlichen Interesse (Wohnungserhaltung, Denkmalschutz, Dämpfung der Baukonjunktur) liegt, wäre rechtlich aber fragwürdig, wenn auch solchem die Institutsgarantie nicht unbedingt entgegenstünde.

– die bei der Wertgarantie in Rz 1234 genannten Beispiele.

Im Zusammenhang mit der Ausarbeitung und Diskutierung der Entwürfe der Expertenkommissionen und des Eidgenössischen Justiz- und Polizeidepartementes für eine neue Bundesverfassung spielte die Frage, wie weit die Eigentumsgarantie unter Respektierung der Institutsgarantie revidiert werden könne, eine wichtige Rolle[20]. Die neue Bundesverfassung beruht jedoch diesbezüglich auf dem Status quo[21].

c)   Die Vorstellung einer Institutsgarantie setzt die Bejahung der Frage voraus, ob es überhaupt bundesverfassungsrechtliche Regelungen gebe, welche auf dem Wege einer Revision der Bundesverfassung nicht aufgehoben werden können, insoweit also «ewig» sind. Mir scheint die Bejahung vertretbar. Die Diskussion hierüber erfolgt unter dem Etikett von (materiellen) Schranken der Revision der Bundesverfassung[22]. 1226

d)   Bejaht man das Vorliegen von «ewigem» Bundesverfassungsrecht, so bedeutet eine in Widerspruch damit vorgenommene Auswechslung der willkommenen durch eine unwillkommene normative Situation eine Revolution[23]. 1227

C.   Zur Bestandesgarantie

1. a)   Das Wort Bestandesgarantie[24] findet im Bundesstaatsrecht in zwei wesentlich verschiedenen Wirklichkeitsbereichen Anwendung: einmal als die den Bestand von Kantonen sichernde Garantie[25], sodann aber auch als die das Vermögen von Privaten sichernde Garantie. Bei der Letzteren geht es entweder um die vermögensrechtlichen Ansprüche schlechthin oder es geht praktisch nur um Besoldung- und Rentenansprüche sowie die Weitergeltung von Diplomen. Im kantonalen Verfassungsrecht wird der Ausdruck Bestandesgarantie sodann im Zusammenhang mit der Sicherung des Bestandes der Gemeinden verwendet. Von diesen Garantien wird nachfolgend nur die bundesstaatsrechtliche vermögensmässige Bestandesgarantie behandelt. Darüber hinaus ist auch ohne Beschränkung auf das Bundesstaats- und das kantonale Verfassungsrecht von kantonal- und bundesrechtlicher, baurechtlicher Bestandesgarantie die Rede, welche nochmals wesentlich anders geartet ist, die Bezeichnung als Garantie weitgehend nicht verdient und im Anhang dieser Arbeit behandelt wird (Rz 4335 f). 1228

b)   Mit dem (bundesstaatsrechtlichen, vermögensmässigen) Begriff der Bestandesgarantie ist die Vorstellung verbunden, dass das an einer Baute (Gebäude oder Anlage) 1229

---

[20] Vgl. Georg Müller, Kommentar BV, zu Art. 22ter, N. 23, 36, 37 und 68.
[21] Vgl. Botschaft über eine neue Bundesverfassung vom 20. November 1996, in: BBl 1996 I S. 142, 172 f.
[22] Zu diesem umstrittenen Thema: Fritz Fleiner/Zaccaria Giacometti, Bundesverfassungsrecht, S. 705 f.
[23] Walther Burckhardt, Organisation der Rechtsgemeinschaft, S. 204, Georg Henrik von Wright, Norm und Handlung, S. 196 ff.
[24] Zaccaria Giacometti, Staatsrecht der Kantone, S. 161 f. Ulrich Häfelin/Walter Haller, N. 1358–1364, Ulrich Häfelin/Georg Müller, N. 1578, 1585, 1598.
[25] So zB bei Fritz Fleiner/Zaccaria Giacometti, a.a.O., S. 49 f, Ulrich Häfelin/Walter Haller, N. 1355–1371, Georg Müller, Kommentar zur BV, Art. 22ter, N. 14, Ulrich Häfelin/Georg Müller, N. 1576–1599.

oder an einer Parzelle («Grundstück») samt Inhalt bestehende subjektive Recht als solches für dessen Träger mehr oder weniger unverrückbar «Bestand» habe, also nicht vernichtet und ihm nicht entzogen werden dürfe. Es geht hier also nicht um die Beibehaltung des objektiven Rechtes als Komplex von Regelungen in seinen Grundzügen. Das Recht des A, des B, des C usw. an der Parzelle mit der Kataster-Nummer x, y, z usw., an der darin befindlichen Baute, Fahrnis usw. steht zur Diskussion. Grundsätzlich ist aber in der Schweiz, solange die Institutsgarantie, die allgemeinen Rechtsgrundsätze, die Freiheitsrechte und die Zuständigkeitsordnung der Bundesverfassung eingehalten bleiben, jede Kategorie subjektiver vermögensmässiger Rechte auf dem Wege der formellen Enteignung, unter Leistung von Entschädigung entziehbar, wenn das Recht für die Verwirklichung eines öffentlichen Werkes benötigt wird. Die Bestandesgarantie bedeutet deshalb nicht, dass ein Recht nicht enteignet werden könne.

1230 2. Als Entzug eines subjektiven Rechtes kommen folgende Vorkehrungen des eidgenössischen, kantonalen oder kommunalen Gesetzgebers, der administrativen oder gerichtlichen Behörden von Bund, Kantonen und Gemeinden in Betracht:

– Wegnahme dieses Rechtes von A und Übertragung auf das Gemeinwesen oder einen anderen Privaten (formelle Enteignung)[26];
– blosse Aufhebung des Rechtes des A ohne Übertragung auf jemand anderen, zB Aufhebung des Rechtes des A auf Abwehr gegenüber Immissionen aus benachbarten öffentlichen Werken (formelle Enteignung)[27];
– Einschränkung der Ausübbarkeit des Rechtes des A durch Gesetz oder Planungsakt unter Verbleib des Eigentums bei diesem (bei starken Eingriffen als materielle Enteignung bezeichnet, allenfalls mit Heimschlagsrecht);
– Gebot der vollständigen oder teilweisen Zerstörung einer Baute oder Fahrnis; damit gehen auch die Rechte unter, welche daran vorher bestanden haben.

1231 3. a) Im BGE 96 I 557–560 (Waldabstand von 20 m im Forstgesetz des Kantons Luzern) steht (BGE 95 I 553 Erw. 3 mit Verweisungen):

«Nach der bundesgerichtlichen Rechtsprechung sind öffentlich-rechtliche Eigentumsbeschränkungen mit der Bestandesgarantie vereinbar, wenn sie auf gesetzlicher Grundlage beruhen, im öffentlichen Interesse liegen und, sofern sie in der Wirkung einer Enteignung gleichkommen, gegen Entschädigung erfolgen.»

---

[26] Entgegen Georg Müller, Kommentar BV, zu Art. 22ter, N. 49, gibt es – wegen der Geringfügigkeit von «Umfang und Schwere des Eingriffes» – einen Fall von entschädigungslos möglicher formeller Enteignung: bei der Enteignung von dinglichen Rechten an Privatstrassen, wenn das Gemeinwesen mindestens gleichwertige neue Erschliessungsverhältnisse schafft. Vgl. BGE 95 I 453 ff (Köniz/BE); ZH-RB 1962 Nr. 135 (Flurweg), RB 1963 Nr. 120, RB 1966 Nr. 110 f (jedoch: RB 1970 Nr. 105); Entscheid des ZH-Verwaltungsgerichtes vom 31. März 1982 (ZBl 1983 S. 38, Kanton Zürich, betr. SBB); ferner: Heinz Hess/Heinrich Weibel, Das Enteignungsrecht des Bundes, zu Art. 19, N. 35–38 und 122–124.

[27] Georg Müller, Kommentar BV, zu Art. 22ter, N. 62–64. Interessant ist hier der Hinweis, dass trotz Vorliegens einer formellen Enteignung des Abwehranspruches faktisch nicht voll entschädigt wird, allerdings auf dem Umweg über die Erfordernisse der Voraussehbarkeit, Spezialität und Schwere der Immission.

Ergänzt man diese Aussage mit dem seit den Sechzigerjahren zur Standformulierung hinzugefügten Erfordernis der Verhältnismässigkeit (Rz 1207 mit FN 1), so ergibt sich folgende Umschreibung:

> «Öffentlichrechtliche Eigentumsbeschränkungen sind mit der Bestandesgarantie vereinbar, wenn sie auf gesetzlicher Grundlage beruhen, im öffentlichen Interesse liegen, verhältnismässig sind und, sofern sie in der Wirkung einer Enteignung gleichkommen, gegen Entschädigung erfolgen.»

Diese Umschreibung der Bestandesgarantie entspricht weitgehend derjenigen, welche bei der Auffassung der Eigentumsgarantie als Summe von Voraussetzungen für die Verfassungskonformität von Eigentumsbeschränkungen in Rz 1207 wiedergegeben ist. Etwas ist aber nicht nur das, was es gerade jetzt ist, sondern auch das, was es werden kann (Überschuss des Bestehenden im Sinne von Ernst Bloch). Wie weit die Bestandesgarantie auch Letzteres «garantiert», ist eine offene Frage (Rz 1047).

b) Ulrich Häfelin/Georg Müller erklären in N. 1578 und 1585–1598 nun allerdings, die Bestandesgarantie bedeute, dass ein Eingriff in das Eigentum nur zulässig sei, wenn hiefür eine gesetzliche Grundlage vorhanden sei, ein öffentliches Interesse vorliege und Verhältnismässigkeit gegeben sei. Die Voraussetzung der Leistung einer Entschädigung wird nicht genannt. Rz 1236 f.   1232

D.   Zur Wertgarantie

1. Mit dem Begriff Wertgarantie[28], auch Vermögenswertgarantie genannt, ist die Vorstellung verbunden, dass das Haben des individuellen Rechtes an einem Gut, insbesondere an Gebäuden sowie Parzellen samt Inhalt und damit auch der Wert für dessen Träger im Verhältnis zum Gemeinwesen eine nicht oder kaum schwindende Grösse sein soll, wenn nicht der Träger oder Dritte den Wert mindern. Das verpflichtet das Gemeinwesen zwar nicht, zur Vermeidung von Vermögenseinbussen Konjunkturpolitik zu betreiben, doch gilt Folgendes: Wenn dieser Wert unmittelbar durch Rechtsakte des Gemeinwesens stark gemindert wird, ist dies ohne Revision der Bundesverfassung nur, aber immerhin, zulässig, wenn das Gemeinwesen dafür einen angemessenen Ersatz leistet. Das kann durch Verschaffung von dinglichen Rechten an Gütern, zB Realersatz für enteignetes Land, oder durch Hingabe von Geld für Entwertungen geschehen; denkbar ist aber auch, dass das Gemeinwesen dem Eigentümer das Heimschlagsrecht einräumt oder dass es auf Forderungen, zB bezüglich Erschliessungsbeiträgen, Gebühren, Steuern verzichtet. Aber auch auf dem Wege einer Revision der Bundesverfassung könnte der Wert des Rechtes entschädigungslos nicht ganz aufgehoben werden. Insoweit bedeutet die Wertgarantie grundsätzlich eine grössere oder kleinere Schadenersatzpflicht des Gemeinwesens für objektiv schwere Eingriffe. Aus diesem Grund und wegen Einschränkbarkeit allein auf dem Wege der Revision der Bundesverfassung verdient auch diese Wertgarantie die Bezeichnung als Garantie im Sinne von Rz 1240 ff.   1233

2. Auf dem Wege der Revision der Bundesverfassung, aber nur auf diesem Wege könnten jedoch wohl folgende wertmässig bedeutsamen Regelungen eingeführt werden: 1234

---

[28] Fritz Fleiner/Zaccaria Giacometti, a.a.O., S. 510 f, Ulrich Häfelin/Walter Haller, N. 1365–1369, Ulrich Häfelin/Georg Müller, N. 1557, 1599.

- Beschränkung der Entschädigungspflicht auf einen bestimmten, nicht zu niedrig angesetzten Bruchteil des Verkehrswertes der von der Eigentumsbeschränkung betroffenen Parzelle[29, 30];
- Beschränkung der Entschädigungspflicht auf die Höhe des seinerzeitigen Erwerbspreises, wenn der Erwerb nicht mehr als x Jahre zurückliegt, sonst auf den Verkehrswert vor x Jahren[31];
- Beschränkung der Entschädigungspflicht auf einen bestimmten, hoch angesetzten Gesamtbetrag[32];
- Beschränkung der Entschädigungspflicht auf einen angemessenen, gerechten Betrag[33];
- Gewährung des Heimschlagsrechtes zu einem bei formeller Enteignung zu entrichtenden Preis bei gleichzeitiger Wegbedingung der Entschädigungspflicht bei Nichtausübung des Heimschlagsrechtes[34].

1235 Die Begründung für solche Beschränkungen der Entschädigungspflicht liegt darin, dass der Verkehrswert einer Parzelle, wenn man von Arbeiten wie Pflügen, Eggen, Düngen, Ansäen, Anpflanzen, Bewässern usw. oder Bodenstabilisierungsmassnahmen absieht, weitgehend auf Leistungen zurückzuführen ist, welche das Gemeinwesen oder eine Mehrzahl anderer Menschen erbracht haben. Zudem spielt der Umstand eine Rolle, dass bei weitausgreifenden Eigentumsbechränkungen das Gemeinwesen finanziell kaum in der Lage wäre, alle voll zu entschädigen.

---

[29] Vgl. die mit dem Namen «Drittels-Faustregelung» bezeichnete bundesgerichtliche Entschädigungspraxis: keine Entschädigung, wenn die Ausnützung nicht stärker als bis auf etwa zwei Drittel der bisherigen herabgesetzt wird. Es war auch schon von niedrigeren Limiten die Rede. Vgl. FN 27 und 30, Georg Müller, Kommentar BV, zu Art. 22ter, N. 56, sodann N. 68. Der Verzicht auf den Grundsatz der vollen Entschädigung bei Enteignungen stellt nach diesem Autor ein Wesenselement der Eigentumsgarantie in Frage. Siehe auch Rz 1307 mit FN 20.

[30] Im Kanton Zürich herrschte eine Zeitlang beim damals noch als Verwaltungsgericht tätig gewesen Obergericht die problematische Praxis, dass das vor der Baulinie gelegene Land (der sogenannte Vorgarten) nur zur Hälfte des Verkehrswertes entschädigt werden müsse; vgl. BlZR 1910 Nr. 42 Erw. 6; abgelöst durch den in BlZR 1957 Nr. 120 Erw. II. 3 abgedruckten Entscheid, welcher wieder volle Entschädigung verlangte. Vgl. jedoch den Entscheid des ZH-Verwaltungsgerichtes vom 18. Dezember 1971 in: ZBl 1972 S. 364 ff, ferner: Max Imboden/René A. Rhinow, Bd. II, Nr. 128, S. 919 sowie die Bezugnahme hierauf in: BGE 122 Ia 168, 177 ff (Ernst Rüsch und Wohnbaugenossenschaft Säge c. Bezirk Appenzell).

[31] ZB 20 Jahre, analog der Grundstückgewinnsteuer. Jedoch: BGE vom 31. Dezember 1974 (Gemeinde X./ZH, in: ZBl 1975 S. 161): Die Anlagekosten sind nach der jetzt geltenden Regelung nicht massgeblich.

[32] Im Unterschied zur prozentualen Beschränkung des Eintrittes der Entschädigungspflicht ist die absolute Beschränkung der bisherigen Praxis fremd. Es gilt vielmehr das «Alles-oder-nichts-Prinzip». Dessen Fragwürdigkeit liegt auf der Hand.

[33] Vgl. ZH-Kantonsverfassung Art. 4: Er verlangt bei Enteignung nicht volle, sondern nur «gerechte» Entschädigung. Meines Wissens wurde zur Zeit, als BV Art. 22ter, neu Art. 26, noch nicht galt, im Kanton Zürich, vorbehältlich FN 26 und 30, nie von der Möglichkeit Gebrauch gemacht, die Entschädigung vom Verkehrswert abweichend festzusetzen.

[34] Vgl. BGE 102 Ia 243 ff (Angensteinerstrasse 28/30, Basel): Hier wurde diese Alternative als «mit BV Art. 22ter nicht vereinbar» bezeichnet.

E. Bemerkungen zu allen drei Garantien

1. In Rz 1240 ff wird es als das Wesentliche des Garantiebegriffes bezeichnet, dass bei einem Recht im Interesse der Berechtigten normative Vorkehrungen für die Befolgung durch den verbots- oder gebotsmässig Verpflichteten getroffen werden.

Wenn man nun davon ausgeht, dass die Bestandes- und die Wertgarantie die Umschreibung der Bedingungen sind, welche erfüllt sein müssen, ansonsten der Eigentümer eine Verschlechterung seiner normativen Situation nicht hinzunehmen hat, so ist Folgendes zu sagen:

– Gemäss Bestandesgarantie, wie sie Ulrich Häfelin/Georg Müller in Rz 1232 verstehen, erscheinen die Aussichten für den Berechtigten schlechter, als sie tatsächlich sind; denn der Berechtigte muss eine Verschlechterung nicht schon dann hinnehmen, wenn diese im öffentlichen Interesse liegt, auf einer gesetzlichen Grundlage beruht und verhältnismässig ist; er muss sich vielmehr dort, wo es zu einer materiellen Enteignung kommt, nur dann mit der Verschlechterung abfinden, wenn er auch entschädigt wird.

– Bei Blick auf die Wertgarantie gemäss Rz 1233 erscheinen die Aussichten für den Berechtigten ebenfalls immer schlechter, als sie tatsächlich sind; denn entgegen dem Anschein muss der Berechtigte eine Verschlechterung seiner normativen Situation auch dann nicht akzeptieren, wenn er grosszügig entschädigt wird; er hat sich vielmehr nur dann zu fügen, wenn das von ihm Verlangte auch im öffentlichen Interesse liegt, auf einer gesetzlichen Grundlage beruht und verhältnismässig ist.

Es scheint mir deshalb ratsam, die Bestandesgarantie und die Wertgarantie in eine einzige Garantie zu vereinigen und diese – in Gegenüberstellung zur Institutsgarantie – als Individualrechtsgarantie zu bezeichnen; innerhalb von dieser kann man sodann einen nicht-pekuniären Aspekt (die Erfordernisse des öffentlichen Interesses, der gesetzlichen Grundlage und der Verhältnismässigkeit) und einen pekuniären Aspekt (die Entschädigung) unterscheiden.

2. Es wäre falsch, sich das Verhältnis der drei bzw. zwei Garantien zueinander als alternative Bedingungen für die Zulässigkeit von Eigentumsbeschränkungen vorzustellen. Jede Eigentumsbeschränkung ist nur verfassungskonform, wenn sie kumulativ allen drei bzw. zwei Garantien entspricht. Insoweit ist es zumindest ungenau, wenn bisweilen gesagt wird, die Eigentumsgarantie nach schweizerischem Recht sei nur eine Wertgarantie. Damit eine Eigentumsbeschränkung verfassungskonform ist, darf sie, auch wenn sie keine materielle Enteignung bewirkt, weder einen Verstoss gegen die Institutsgarantie darstellen noch darf ihr das öffentliche Interesse, die gesetzliche Grundlage und die Verhältnismässigkeit fehlen (Bestandesgarantie), solange die Bundesverfassung nicht entsprechend revidiert wird (soweit solches überhaupt möglich ist).

3. Nach heute vorherrschender Auffassung ist allerdings die Leistung einer Entschädigung bei materieller Enteignung nicht eine Voraussetzung der Verfassungsmässigkeit des Eingriffes, sondern eine Folge davon[35]. Das bedeutet aber an sich, dass für die Über-

---

[35] Vgl. zu dieser seit BGE 98 Ia 584–595 (Montreux/VD, allerdings betr. Strom- und Gastarife) entschiedenen «alten Streitfrage»: Ulrich Zimmerli, Materielle Enteignung, ferner: Enrico Riva, S. 99 f, 213 mit N. 1, 229 f, 249 mit N. 14, 262 mit N. 10.

gangszeit zwischen dem Inkrafttreten der Eigentumsbeschränkung und der rechtskräftigen Regelung der Entschädigung der Bestand des Eigentums nur ohne Entschädigung garantiert ist. Wie jedoch bei den obligationenrechtlichen Entschädigungsansprüchen diese zum Vermögen des Geschädigten vom Augenblick der Schädigung an gehören, so ist dies wohl auch für die Ansprüche wegen materieller Enteignung der Fall: Der Anspruch entsteht bereits mit dem Inkrafttreten des Eingriffes, nicht erst mit dessen Anerkennung durch das Gemeinwesen bzw. mit Rechtskraft des Entscheides der Schätzungskommission bzw. des Verwaltungsgerichtes[36].

---

[36] Es geht m.E. bei der Diskussion um zwei Gesichtspunkte: Einerseits um die Frage, wann die Eigentumsbeschränkung in Kraft trete; sie tut dies sofort, nicht erst bei Feststehen einer allfälligen Entschädigungspflicht; andererseits geht es um die prozessualrechtliche Frage der Zulässigkeit von Teilentscheiden im Verfahren betreffend öffentlichrechtliche Eigentumsbeschränkungen: Darf in einem ersten Stadium beschränkt über das Vorliegen des öffentlichen Interesses, der gesetzlichen Grundlage und der Verhältnismässigkeit geurteilt werden oder ist immer auch die Frage der materiellen Enteignung einzubeziehen? Die Aussage «es geht um eine Folge, nicht um eine Voraussetzung der Rechtmässigkeit» bedeutet die Bejahung der Möglichkeit eines solchen Teilentscheides.

§ 2 Zum Garantiebegriff

I. Allgemeines

1. Obwohl der Wortteil «-garantie» in «Eigentumsgarantie» und anderen Teilen des Rechtes eine wichtige Stellung einnimmt, verlieren die Rechtsprechung und die Rechtsliteratur bei dessen Erörterung kaum je viel Worte darüber, was unter «Garantie» eigentlich zu verstehen sei. Dabei handelt es sich hier um ein Wort, welches im Alltag ebenso häufig angewendet wird, wie es nebulos ist. Das gilt für den öffentlichrechtlichen Bereich nicht weniger als für den zivilrechtlichen[1].

2. Im Duden-Bedeutungswörterbuch (1985) heisst es zu Garantie: «Versicherung, dass man für etwas aufkommt, dass etwas den Abmachungen entspricht»[2]. Bei dieser «Versicherung», «Abmachung» stehen sich immer mindestens zwei Personen gegenüber: diejenige, welche die Versicherung ausspricht, und diejenige, welcher die Versicherung gegeben wird. Es kann sich auf beiden Seiten um Private oder um Gemeinwesen bzw. deren Organe handeln. Die eine Seite hat dabei die Pflicht, das «Aufkommen», den Eintritt dessen zu bewirken, wozu die Versicherung abgegeben bzw. was abgemacht worden ist, und die andere hat das Recht, den Eintritt zu verlangen; dabei ist immer auch die Möglichkeit der Nichterfüllung der Pflicht, die Pflichtwidrigkeit ins Auge zu fassen. Unter dem Eintritt einer Pflichtgemässheit ist nicht nur ein Tun, sondern auch die Tatsache einer Unterlassung zu verstehen.

3. Dabei ist das, wofür man aufkommt, das was abgemacht wurde, entweder der Eintritt von etwas Willkommenem oder aber der Nichteintritt von etwas Unwillkommenem. Das Willkommene und das Unwillkommene kann etwas Faktisches sein, zB das

---

[1] Vgl. zur Situation in nicht zum Baurecht gehörenden Materien: Ernst Schneebeli, Aufsatz «Garantien?», in: SJZ 1979 S. 74; Peter Gauch, «Das Werkvertragsrecht», 3. Aufl., N. 934, 1841, 1843 ff, 1876; Georges Scyboz, Aufsatz «Garantievertrag und Bürgschaft», in: Schweizerisches Privatrecht, Zürich, Band IV, S. 321 ff; Beat Kleiner, Bankgarantie, 4. Aufl., Zürich 1990: Garantie sei ein «Modewort» (S. 17), ein «apriorischer Begriff» (S. 19), eine «vorpositivistische Erscheinung» (S. 75). Bezeichnend ist in diesem Zusammenhang auch, welch verschiedenartige Materien im Bundesgesetz über die politischen und polizeilichen Garantien zugunsten der Eidgenossenschaft vom 26. März 1934, dem Garantiegesetz (SR 170.21) zusammengefasst sind. Als primär garantiert kommen so verschiedene Situationen in Betracht wie: keine Beeinträchtigung der politischen Meinungsäusserung sowie Bewegungsfreiheit der Mitglieder der Bundesversammlung und des Bundesrates, keine Schmälerung des Bundesvermögens durch kantonale Steuern und Unruhen, keine Behinderung der Sitzverlegung der Bundesbehörden in Notzeiten. Sekundär sind etwa folgende Leistungen verlangt: Bestrafung der behindernden Personen, Befreiung des Bundes von der Pflicht zur Leistung öffentlicher Abgaben, Pflicht der Kantone zu polizeilichem Aufgebot, Schadenersatzpflicht der Kantone bei Beschädigung von Sachen des Bundes. Vgl. hiezu: Urs Pfander, Garantie innerer Sicherheit, Chur 1991.

[2] Das Wort «Garantie» stammt aus dem Französischen. Hier handelt es sich um eine Weiterbildung eines germanischen Wortes, welches auf das indogermanischen *uer im Sinne von «mit einem Flechtwerk, Zaun, Wall umgeben, verschliessen, bedecken, schützen» zurückgeht und von welchem auch die deutschen Wörter wahren, wehren, Gewähr, gewährleisten stammen. Siehe Duden, Herkunftswörterbuch, 2. Aufl., unter den Stichwörtern Garantie und Gewähr. «Versicherung» und «Abmachung» sind illkokutionäre Sprechakte im Sinne von John R. Searle (Gewehr/Klein [Hrsg.], S. 92 ff).

Fortbestehenlassen eines Gebäudes, dessen Umbau, die Weiterausübung eines Bewerbes, dessen Änderung. Das Willkommene und das Unwillkommene können aber auch etwas Normatives, eine normative Situation sein. In dieser Arbeit interessiert wesentlich auch der Eintritt bzw. Nichteintritt von Letzterem. Es kann sich hier um die Setzung, Geltung, Revision und Aufhebung folgender normativen Situationen handeln:

1243 – positive Akte des Gemeinwesens, nämlich Regelungen in:
– Verfassungen, Gesetzen oder Verordnungen von Bund und Kantonen, autonomen Satzungen von Gemeinden (generellen Regelungen);
– Verwaltungsakten von Bund, Kantonen und Gemeinden (individuelle Regelungen);
– Gerichtsentscheidungen von Bund und Kantonen oder Gemeinden über Rechtsmittel und Klagen (individuelle Regelungen);
– Allgemeinverfügungen von Bund, Kantonen und Gemeinden (zB Zonenordnungen, Unterschutzstellungen, Planungsakte, zwittrige Regelungen);
– öffentlichrechtlichen Verträgen zwischen Bund, Kantonen und Gemeinden.
– negative Akte des Gemeinwesens, nämlich:
– Nichtbehandlung von Gesuchen;
– Nichteinschreiten gegen Rechtswidriges.

1244 Eine willkommene normative Situation besteht in der Erlaubnis bzw. im Gebot des Eintrittes von etwas Willkommenem oder im Verbot des «Aufkommens», Eintrittes von etwas Unwillkommenem, eine unwillkommene normative Situation im Verbot des Eintrittes von etwas Willkommenem oder der Erlaubnis bzw. dem Gebot der Herbeiführung von etwas Unwillkommenem. Der Eintritt geschieht durch die Setzung oder Nichtsetzung von solchen normativen Situationen.

1245 4. Das erlaubte, gebotene oder verbotene Willkommene kann seinerseits eine normative Situation im Sinne einer Erlaubnis, eines Gebotes oder eines Verbotes sein. Hier überlagern sich dann zwei normative Situationen, eine obere und eine untere Schicht. Das ist eine für die vorliegende Arbeit wichtige Sichtweise: das Verhältnis zwischen Bundes- und kantonaler, kantonaler und kommunaler, verfassungs- und gesetzes-, gesetzes- und verordnungs-, allgemeinverfügungs- und einzelverfügungsrechtlicher Regelung.

1246 5. Ich werde im Anhang dieser Arbeit zum Ergebnis gelangen, dass die landläufig mit den Wörtern Besitzstandsgarantie und Bestandesgarantie bezeichneten Erscheinungen die Bezeichnung als Garantie nicht verdienen (Rz 4335 f). Damit man gegen diese meine Schlussfolgerung nun aber nicht einwenden kann, es stimme schon, dass die Erfordernisse der in meinem Sinne verstandenen Garantie die in Betracht gezogenen Bedingungen nicht erfüllen, doch müsse man eben noch andere Erscheinungen miteinbeziehen und dann handle es sich hier sehr wohl um Garantien, ziehe ich den Kreis dessen, was alles als Garantie in Betracht kommt, zuerst einmal sehr weit; dies dient m.E. auch dem Verständnis der hier zur Sprache kommenden Eigentumsgarantie. Doch soll diese Ausweitung nicht im ganzen Umfang geschehen, wie dies in der in Rz 1241 aufgeführten Erklärung des Duden-Herkunftswörterbuches geschieht. Hienach zählt das, wofür man aufkommen muss, das was abgemacht ist, gesamthaft zur Garantie, also auch die Kern-Verpflichtung. Dass eine Zusicherung, Abmachung jedoch, soweit sie gilt, eingehalten werden muss, ist eine Selbstverständlichkeit; das ist ja ihre raison d'être. Ich beschränke deshalb den Inhalt einer Garantie auf denjenigen Teil der Verpflichtung, welche zu etwas zur Kernverpflichtung Hinzutretendes verpflichtet.

6. Die von der Garantie angesprochene, zur Kernverpflichtung hinzukommende Verpflichtung besteht m.E. in Folgendem: Es wird – auch – für die Vergrösserung der Wahrscheinlichkeit des «Aufkommens», Eintrittes des Geschehens gesorgt, die Versicherung gegeben, für das aufzukommen, welches abgemacht worden ist. Die Vergrösserung dieser Wahrscheinlichkeit kann durch faktische Erscheinungen, wie Erziehung, Information durch die Medien, gesellschaftlichen Druck usw., bewirkt werden. Hier interessiert jedoch die durch normative Erscheinungen bewirkte Chancenvergrösserung. Die hier bestehenden zehn Möglichkeiten werden nachfolgend dargelegt. 1247

II. Zehn rechtliche Vorkehrungen zur Vergrösserung der Wahrscheinlichkeit der Einhaltung von Versicherungen, Abmachungen

A. Die Verpflichtung des primär Verpflichteten zu Zusatz- bzw. Ersatzleistungen

1. Die Wahrscheinlichkeit, dass ein Verpflichteter sich abmachungsgemäss verhält, kann verstärkt werden durch die Verpflichtung, dass bei nicht abmachungsgemässem Verhalten der primär Verpflichtete – unter Weitergeltung seiner Hauptverpflichtung – eine Zusatzleistungen zu erbringen hat. In Betracht kommen etwa: Schadenersatz, allenfalls auch Genugtuung in Geld oder anderen Vermögenswerten, Verzugszinsen, Verfall selbst gestellter Pfänder oder Kautionen, Konventionalstrafe, Verfall von Gegenforderungen usw. 1248

2. Das sind zwar alles Leistungen, welche sowohl Private als auch Gemeinwesen erbringen können. Doch werden sie seitens des Gemeinwesens zur Vergrösserung der Wahrscheinlichkeit des «Aufkommens», Eintrittes eines zugesicherten, abmachungsgemässen Verhaltens des Gemeinwesens nur beschränkt eingesetzt; denn 1249

a) Man kann zwischen dem Privaten und dem Gemeinwesen, abgesehen von den seltenen Fällen des Vorliegens eigentlicher Vertragsverhältnisse oder besonderer Treuebeziehungen (Rz 1019 ff), kaum je von Versicherungen, Abmachungen sprechen, welchen nicht entsprochen wird, es wäre denn, man wollte auf einen Contrat social im Sinne von Jean-Jacques Rousseau zurückgreifen.

b) Generelle Regelungen, welche vom Volk oder vom Parlament festgesetzt, revidiert oder aufgehoben werden, sehen kaum je selbst eine Zusatzleistung beim Zum-Zuge-Kommen ihres Inhaltes vor. Eher ist Letzteres bei speziellen Regelungen der Fall. Doch wird hier die Geltendmachung der Zusatzpflicht durch den Umstand erschwert, dass die administrativen und gerichtlichen Organe meistens kollegial organisiert sind und meistens das Mehrheitsprinzip gilt; hier lässt sich der «Schuldige» meistens nicht ausmachen. Das ist allerdings nur von Belang, wo nicht das Gemeinwesen, sondern ein einzelner 1250

Mensch als Organ des Gemeinwesens haftbar gemacht werden soll. Sodann können gegen pflichtwidrige Akte Rechtsmittel ergriffen werden; hat der Private die Frist verpasst, so ist er selbst schuld, hat er sie nicht verpasst, aber keinen Erfolg, so kann auch nicht mit Pflichtwidrigkeit argumentiert werden[3].

1251 c) Wo das Gemeinwesen pflichtwidrig Regelungen getroffen hat, ist die Rückgängigmachung derselben sinnvoller ist als eine Zusatzleistung gemäss Rz 1248 ff. Das Gemeinwesen kann im Verwaltungsrecht grundsätzlich jederzeit die verfehlte Regelung revidieren, wiedererwägen, endlich gegen den Säumigen einschreiten, das verbummelte Gesuch endlich anhandnehmen und damit das geschaffene Unheil wieder einigermassen ins Lot bringen. Vorbehalten bleiben allerdings die Regelungen über die formelle Rechtskraft nach prozessualer Beurteilung und über den Ausschluss der Wiederholung innerhalb bestimmter Fristen[3a].

1252 3. a) Von einer Ersatzpflicht des Gemeinwesens bei Nichteintritt des Abgemachten im Sinne von Rz 1248 ff kann eigentlich nur in den Fällen von materieller Enteignung einigermassen gesprochen werden. Um die Leistung einer Entschädigung bei materieller Enteignung als Zusatzleistung für die Vergrösserung der Wahrscheinlichkeit des Nicht-Eintrittes einer Pflichtwidrigkeit auffassen zu können, müsste allerdings die Setzung der unwillkommenen öffentlichrechtlichen Eigentumsbeschränkung selbst als Pflichtwidrigkeit aufgefasst werden. Diese Qualifikation trifft nun aber nach Schweizerischer Rechtsauffassung von vornherein nicht zu, auf jeden Fall von dem Zeitpunkt an nicht, da eine Entschädigung geleistet wird. Da die herrschende Lehrmeinung die Leistung der Entschädigung nicht als Voraussetzung der Rechtmässigkeit einer Eigentumsbeschränkung, sondern als deren Folge ansieht (Rz 1239), bliebe dann ohnehin kein Zeitraum für eine Pflichtwidrigkeit mehr übrig, in der die Wahrscheinlichkeit des Nichteintrittes durch die Zahlung vergrössert werden könnte. Die Pflichtwidrigkeit müsste daher andersherum begründet werden: Der durch die Eigentumsbeschränkung bewirkte Eingriff ist in schweren Fällen für den Betroffenen ein Schaden. Schaden zu verursachen verstösst aber gegen den über der ganzen Rechtsordnung stehenden und daher auch für das Handeln des Gemeinwesens geltenden Grundsatz, dass niemand geschädigt werden darf, also gegen den Grundsatz des neminem laedere. Rz 889. Dem steht aber doch wohl entgegen, dass die Setzung der materiell enteignenden Eigentumsbeschränkung als eine durch das Interesse des Gemeinwesens geforderte Notwendigkeit angesehen wird.

1253 b) Es liegt wohl näher, Entschädigungen bei materieller Enteignung nicht als Zusatzleistung zur Vergrösserung der Wahrscheinlichkeit des Nichteintrittes einer Pflichtwidrigkeit, sondern als Leistung zur Vermeidung eines dauernden Grolles des belasteten Eigentümers gegen das Gemeinwesen aufzufassen, welches die öffentliche Eigentumsbeschrän-

---

[3] In Betracht kommen allerdings Schadenersatzansprüchen von Bauaktiven bei zu Unrecht verweigerten Baubewilligungen sowie bei säumiger Behandlung von Baugesuchen.

[3a] Zu den Voraussetzungen, dass ein rechtskräftig abgewiesenes Gesuch wieder neu eingereicht werden kann und behandelt werden muss: BGE 100 Ib 368, 371 f (Kanton Wallis), BGE 120 II Ib 42, 46 (Stäfa/ZH).

kung festgesetzt hat. Es geht also letzten Endes um das öffentliche Interesse an der Erhaltung der freiheitlichen Atmosphäre. Die muss sich das Gemeinwesen etwas kosten lassen.

B. Verpflichtung von Dritten

Wenn der primär Verpflichtete seine Kernleistung nicht erbringen will oder kann, dann trifft dies wohl meistens noch vermehrt für die Zusatzleistungen nach Rz 1248 f zu. Hier kann es der Vergrösserung der Wahrscheinlichkeit des «Aufkommens», Eintrittes des pflichtgemässen Verhaltens dienen, wenn ein Dritter verpflichtet ist, für die Kern- und/oder Zusatzleistung aufzukommen. Das ist der typische Fall der Garantie. Der Dritte wird oft als Garant oder Bürge bezeichnet. Auch das kann ein Privater oder ein Gemeinwesen sein. Wenn der Dritte für die Kernverpflichtung aufzukommen hat und seine Leistung darin bestehen soll, dass er den Primärverpflichteten vollstreckungsweise zur Erbringung der Kernleistung zwingt, dann ist solches allerdings wegen des Selbsthilfeverbotes nur einem Gemeinwesen möglich. Die Verpflichtung kantonaler Behörden, rechtswidrige Regelungen der Gemeinden, und diejenige eidgenössischer Behörden, rechtswidrige Regelungen der Kantone zu kassieren bzw. bei ihnen pflichtgemässes Verhalten herbeizuführen, kann auch als eine solche Verpflichtung aufgefasst werden. Allerdings ist es nicht ohne weiteres zutreffend, den Kanton gegenüber den Gemeinden, den Bund gegenüber den Kantonen als Dritte aufzufassen, weil an sich von der Einheit der Rechtsordnung auszugehen ist.

1254

C. Ahndung

Die Wahrscheinlichkeit des «Aufkommens», Eintrittes des pflichtgemässen Verhaltens kann durch die Androhung von Freiheits-, Ehren- und Geldstrafen, Nichtwiederwahl, Nichtbeförderung, Rückversetzung usw. für den Fall des nichtpflichtgemässen Verhaltens vergrössert werden. Man kann auch die Erhebung umweltschutzrechtlicher Lenkungsabgaben hiezu rechnen. Während von Freiheits- und Ehrenstrafen immer nur Menschen getroffen werden können, seien es nun gewöhnliche Menschen oder solche, welche in einer privaten juristischen Person oder einem Gemeinwesen eine Organstellung ausüben, beim Gemeinwesen also Behördenmitglieder, können die übrigen Ahndungen Private und Gemeinwesen treffen. In dem hier interessierenden Zusammenhang ist dieses Vorgehen jedoch wenig aktuell.

1255

D. Erschwerung der Verjährung oder Verwirkung des Rechtes der Behörden, einzuschreiten

Rechte können verjähren oder verwirkt werden. Die Erschwerung der Verjährung oder Verwirkung der Rechte des Gemeinwesens gegenüber dem Privaten stärkt die Wahrscheinlichkeit des «Aufkommens», Eintrittes des pflichtgemässen Verhaltens, zB die Zubilligung überdurchschnittlich langer Fristen, während welcher die Behörden gegen rechtswidrige Bauten einschreiten können. Unterdurchschnittlich kurze Fristen wirken in beiden Fällen eher als eine Abschwächung der Wahrscheinlichkeit des «Aufkommens», Eintrittes rechtgemässen Verhaltens, zum Nachteil des Gemeinwesens und/oder der Nachbarn.

1256

E. Revisionserschwerung

1257 1. Abgesehen von der Grundstruktur des Gemeinwesens können heute alle Regelungen revidiert werden. Fraglich ist höchstens, ob dies leichter oder schwerer möglich ist. Dementsprechend sind Regelungen gegenüber Revisionen mehr oder weniger resistent. Dabei können Revisionen die Eigentumsbeschränkungen – aus der Sicht des Bauaktiven – verschärfen oder lockern[4]. Je nachdem werden Rechtsverstösse seitens der Bauaktiven und der Behörden – in gegenläufiger Richtung – häufiger oder seltener.

1258 2. Eine Revision einer Regelung ist grundsätzlich um so schwerer durchzuführen, je höher die Rechtsstufe und/oder der Rechtskreis in der Normhierarchie steht, zu welchem die Regelung gehört. Am schwersten durchzuführen ist – rechtlich gesehen – die Revision der Bundesverfassung wegen des dabei nötigen Mehrs von Volk und Ständen, am zweitmeisten die Revision von Bundesgesetzen. Es kann zwar sein, dass aus soziologischen oder politischen Gründen eine Revision über das ganze Land hinweg leichter durchzuführen ist als eine solche in einer einzelnen Gemeinde, wegen der Möglichkeit des Überstimmtwerdens. Ähnlich verhält es sich mit der Möglichkeit einer Revision durch das Volk statt durch das Parlament oder durch das Parlament statt durch die Exekutive.

1259 3. Weil erfahrungsgemäss die meisten Organe von der ihnen zustehenden Verbots- bzw. Gebotskompetenz nicht voll Gebrauch machen – und zwar je höher sie sind, umso weniger – kommt es weiterum gegenüber einer Aufhebung der «Freiheit» zu verhältnismässig resistenten Nischen[5].

F. Kontrollgänge der Behörde

1260 Wenn die Behörden die Bauwelt auf Kontrollgängen darauf hin absuchen, ob bereits Pflichtwidrigkeiten eingetreten sind, und für deren Beseitigung sorgen (Rz 733), so wird die Wahrscheinlichkeit pflichtgemässen Verhaltens der Bauaktiven und der Organe des Gemeinwesens grösser. Das ist ein repressives Einschreiten.

G. Zustimmungserfordernis der Behörde

1261 Wenn diejenigen Verhaltensweisen, welche zu einer Pflichtwidrigkeit führen können, vor ihrer Vornahme der Behörde zu melden sind, oder wenn vor deren Vornahme der Behörde ein Gesuch um Bewilligung einzureichen ist (Rz 647 ff), so wird die Wahrscheinlichkeit pflichtgemässen Verhaltens grösser. Das ist ein präventives Einschreiten.

---

[4] Als Eigentumsbeschränkung ist jedoch nicht nur eine Regelung aufzufassen, welche zB dem Bauaktiven verbietet, höher als 12 m zu bauen oder näher als bis auf 3,5 m an die Parzellengrenze heran, sondern auch der Umstand, dass der Nachbar ein Gebäude bis zu einer Höhe von 12 m und/oder nicht weiter entfernt als 3,5 m dulden muss. Rz 914 f.

[5] Lothar Philipp, Normentheorie, in: Arthur Kaufmann/Winfried Hassemer (Hrsg.) spricht hier von «Garantien von Zonen des Unverbotenseins», die sich aus hierarchischen Strukturen ergeben. Es ist eine alte Erfahrung, dass hierarchische Strukturen nicht nur Unfreiheit, sondern auch Freiheit schaffen können.

H. Mehrstufigkeit des Streitentscheidungsverfahren

Wenn in einem Streitverfahren darüber, was rechtens ist, nicht nur eine, sondern zwei oder gar mehr Rechtsmittelinstanzen zu befinden haben, kann dies die Wahrscheinlichkeit vergrössern, dass am Ende ein richtiger Entscheid herauskommt und sich die davon Betroffenen im Weiteren pflichtgemäss verhalten. Insoweit kann auch in der Mehrstufigkeit der Streitentscheidung eine Garantie liegen. RPG Art. 33 II verlangt allgemein mindestens zwei Rechtsmittelinstanzen (inklusive Bund); für den Kanton Zürich gibt es (inklusive Bund) drei. Es ist zwar nicht ausgeschlossen, dass der Entscheid der höheren Instanz Mängel aufweist, welche bei demjenigen der unteren Instanz nicht vorhanden waren[6].

1262

J. Speditive Streitentscheidung durch den Richter

Wenn in einem Streitverfahren darüber, was rechtens ist, ein verfassungsmässiger, von der Exekutive unabhängiger, unparteischer Richter entscheiden kann und dies unter Wahrung des rechtlichen Gehörs sowie beidseitig gleicher Angriffs- und Verteidigungsmittel speditiv geschehen muss, dann kann dies die Wahrscheinlichkeit vergrössern, dass am Ende ein richtiger Entscheid herauskommt und sich die davon Betroffenen im Weiteren pflichtgemäss verhalten. Insoweit kann auch in der Streitentscheidung durch den Richter eine Garantie liegen. Das trifft insbesondere zu, wenn die Überprüfungsbefugnis (Kognition) der höheren richterlichen Instanz nicht auf diejenige von Willkür beschränkt ist, sondern die ganze Rechtsordnung erfasst; noch umfassender ist die Kognition, wo auch der Sachverhalt überprüft werden kann[7]. EMRK Art. 6 verlangt für die hier einschlägigen Streitentscheidungen durchweg die Anrufbarkeit des Richters.

1263

K. Entscheid durch höchste Instanzen

Wenn ein Streit darüber, was rechtens ist, vom gemäss Verfassung höchsten Organ zu entscheiden ist, dann kann dies die Wahrscheinlichkeit vergrössern, dass ein richtiger Entscheid herauskommt und sich die davon Betroffenen im Weiteren pflichtgemäss verhalten. Als ein solches Organ wirkt, soweit nicht ausnahmsweise die Bundesversammlung eingesetzt ist, wie dies aus historischen Gründen im Primarschulwesen der Fall ist[8], in den hier interessierenden Streitfällen das Bundesgericht aufgrund von staatsrechtlichen und Verwaltungsgerichtsbeschwerden gemäss OG Art. 83 ff und 97 ff (SR 173.110). Insoweit kann auch in der Streitentscheidung durch ein solches höchstes Organ eine Garantie liegen. RPG Art. 34 bewirkt in den einschlägigen Streitfällen durchwegs die Anrufbarkeit des höchsten Gerichtes der Schweiz. Eine Überforderung des Letzteren entsteht hier allerdings, wenn zu viele diesem ihre Streitigkeiten unterbreiten wollen[9].

1264

---

[6] Kritisch zum Gewinn bei Mehrstufigkeit Martin Schubarth, Die Zukunft des Bundesgerichtes, in: SJZ 1999 S. 61, 63.
[7] Vgl. Walter Kälin, Die Bedeutung der Rechtsweggarantie für die kantonale Verwaltungsjustiz, in: ZBl 1999 S. 49 f.
[8] BV Art. 27, neu Art. 62, und VwVG Art. 73 I lit. a Ziff. 2 und 79 (SR 172.021).
[9] Kritisch zum Drang, alles nach Lausanne weiterziehen zu können: Martin Schubarth, Die Zukunft des Bundesgerichtes, in: SJZ 1999 S. 61 ff.

III. Zum Gebrauch des Wortes Garantie

A. Allgemeines

1265 Das Wort Garantie gehört zu denjenigen Ausdrücken, welche durch allzu häufigen Gebrauch entwertet werden. Sein Gebrauch ist geradezu inflationär (Rz 1240 mit FN 1).
M.E. sollte das Wort Garantie nur angewendet werden, wo kumulativ eine gewisse Ausserordentlichkeit der Vergrösserung der Wahrscheinlichkeit des Eintrittes dessen vorliegt, wofür der Verpflichtete aufzukommen hat, wo zudem die Rechtswirkung einfach feststellbar ist sowie wo und soweit überdies dem Berechtigten eine willkommene Situation zugehalten wird.

B. Zu den drei vorgeschlagenen Beschränkungen

1. Zum Erfordernis der Ausserordentlichkeit

1266 Es hat wenig Sinn, jede auch noch so allgemeine, mit der Vorstellung einer Rechtsordnung unmittelbar verbundene Vorkehrung, welche der Förderung des Eintrittes pflichtgemässen Verhaltens dient, als Garantie zu bezeichnen. Es sollte stets eine wenigstens minimale Ausserordentlichkeit einer solchen Vorkehrensweise vorliegen[10]. Diese ist m.E. heute nicht mehr schon gegeben, wenn Mehrstufigkeit des Instanzenzuges, speditive Beurteilung durch Richter und Zuständigkeit des Bundesgerichtes gegeben ist; denn dies wird vom RPG und von EMRK Art. 6 durchwegs verlangt.

2. Zum Erfordernis der Eindeutigkeit

1267 Das Wort Garantie sollte sodann m.E. für diejenigen rechtlichen Vorkehrungen reserviert bleiben, wo für Pflichtgemässheit/Pflichtwidrigkeit eine gewisse Eindeutigkeit spricht. Wo zuerst lange juristische Erwägungen mit gegensätzlichen, vertretbaren Lösungsmöglichkeiten angestellt werden müssen, bis man sich zu einem bestimmten Ergebnis durchringen kann, dort hat das Wort Garantie nichts zu suchen. Daran ist bei den Regelungen über Kontinuität/Transformation von Gebäuden bzw. Bewerbungen besonders zu denken, da hier besonders viele unbestimmte Vorschriftselemente, Ermessensoffenheiten, Lücken und Vorschriftenkollisionen vorkommen.

3. Zum Erfordernis der Willkommenheit

1268 Es ist durchaus denkbar, dass in einem konkreten Fall aus dem Bundesverfassungs- oder -gesetzesrecht, meist in Verbindung mit dem übrigen Recht, die Unzulässigkeit des Abbruches eines Gebäudes hervorgeht. Für dessen Eigentümer A handelt es sich hier eindeutig um eine unwillkommene normative Situation. Für dessen Nachbarn B oder auch die Mieter C des Gebäudeeigentümers A kann es sich dabei jedoch sehr wohl um eine willkommene normative Situation handeln (zB weil damit die Gefahr der Verstellung der Aussicht durch einen grösseren Neubau wegfällt, weil Mieter weiterhin hier zu günsti-

---

[10] Das AG-Verwaltungsgericht erklärt in seinem Entscheid vom 11. Juli 1975, in: ZBl 1976 S. 71 f, dass man nicht von Besitzstandsgarantie sprechen könnte, wenn eine kommunale Regelung die kantonale Besitzstandsgarantie einzuschränken vermöchte.

gem Zins wohnen können usw.). Es wäre nun durchaus denkbar, aus der Sicht des Nachbarn B oder Mieters C von einer Garantie zu sprechen. Solches wäre aber aus der Sicht des Gebäudeeigentümers A Zynismus. Das zeigt: Man soll von Garantien nur in jenen Beziehungen sprechen (wenn überhaupt), wo diese dem in Betracht gezogenen willkommen ist. Hier wird jedoch im Baurecht meistens folgende Einschränkung gemacht: Man spricht nur im Verhältnis zum bauaktiven Eigentümer des Gebäudes, welcher von einem Eingriff des Gemeinwesens verschont werden soll, von Garantie[11]. Die Beziehung zur Nachbarschaft (Rz 914 ff) wird dabei meistens ausser Betracht gelassen.

IV. Anwendung auf die Regelungen von Kontinuität/ Transformation von Gebäuden bzw. Bewerbungen

1. Bei den Regelungen von Fortbestehenlassen, Ändern und Abbruch von Gebäuden sowie betreffend sekundärem Neubauen bzw. von Weiterausüben, Ändern und Stilllegen von Bewerbungen sowie betreffend sekundärem Erstbewerben von Gebäuden spielen die folgenden normativen Erscheinungen bezüglich Vergrösserung der Wahrscheinlichkeit des «Aufkommens», Eintrittes dessen, was das Gemeinwesen zugesichert, was es abgemacht hat, eine beachtliche Rolle: 1269

– die Pflicht des Gemeinwesens, bei materieller Enteignung, vielleicht auch bei Verstoss gegen Treu und Glauben, dem Berechtigten eine Entschädigung mit Zins zu leisten (Rz 1248 ff, 1294 ff);
– das Einschreiten eines Dritten, nämlich des Kantons bzw. Bundes gegen pflichtwidriges Setzen von generellen und speziellen Regelungen durch eine Gemeinde bzw. einen Kanton oder bei deren Untätigkeit (Rz 1254);
– die Verordnungs-, allenfalls auch Gesetzes-, ja sogar Verfassungsresistenz gewisser Freiheitsbereiche des bauaktiven Gebäudeeigentümers bzw. Bewerbsträgers (Rz 1257 ff)[12];
– die Unzulässigkeit unfairer, übermässig lang dauernder Verfahren zur Entscheidung des Streites zwischen Verboten-, Geboten- und Erlaubtsein im Baubewilligungsverfahren (Rz 1263);
– die Weiterziehbarkeit der dem bauaktiven Gebäudeeigentümer bzw. Bewerbsträger unwillkommenen Verbote oder Gebote bis an das Bundesgericht, mit bei – schweren Eigentumsbeschränkungen – vollumfänglicher Kognition (Rz 1262 f).

2. Ebenfalls der Vergrösserung der Wahrscheinlichkeit des «Aufkommens», Eintrittes dessen, wozu jemand eine «Versicherung» abgegeben, was er abgemacht hat, dienen die folgenden normativen Erscheinungen; diese sind allerdings mehr nur dem Gemeinwesen, allenfalls auch dem Nachbarn, nicht aber dem Bauaktiven willkommen: 1270

---

[11] Erich Zimmerlin, 1985, § 224, N. 7, spricht allerdings davon, dass mit der Besitzstandsgarantie «Einschränkungen verbunden» sein können. Hier geht es jedoch nur um die Trennlinie zwischen Inhalt und Schranken, ähnlich wie beim Eigentumsbegriff.
[12] Vgl. die analoge Verwendung des Wortes «Resistenz» durch René A. Rhinow, Erworbene und vertragliche Rechte im öffentlichen Recht, in: ZBl 1979 S. 1 ff in Bezug auf wohlerworbene Rechte; Alfred Kölz, Intertemporale, S. 123 ff, FN 14.

- vom Bauaktiven zu leistende Kautionen im Baubewilligungsverfahren (Rz 1248);
- Haftung des jeweiligen Gebäudeeigentümers bzw. Bewerbsträgers, auch wenn er nicht der Verursacher der Pflichtwidrigkeit, der Verhaltensstörer ist (Rz 1248, 1254);
- überdurchschnittlich lange Dauer des Rechtes des Gemeinwesens, gegen Pflichtwidrigkeiten bei Gebäuden bzw. Bewerbungen einzuschreiten (Rz 1256);
- Institutionalisierung einer behördlichen Baukontrolle (Rz 1260);
- Weitreichende Bewilligungsbedürftigkeit von Änderungen von Gebäuden bzw. Bewerbungen (Rz 1261).

V. Versuch einer eigenen Systematik des Garantiebegriffes für das postfinite Baurecht

A. Vorbemerkungen

1271 Nachfolgend wird versucht, die in den Umschreibungen der Eigentumsgarantie als Summe von Voraussetzungen für zusätzliche Eigentumbeschränkungen (Rz 1207 f) und als vereinigte Aspekte der Instituts-, Bestandes- und Wertgarantie (Rz 1218 f) zusammengefassten Gesichtspunkte in ein System zu bringen. Dabei werden lediglich die Gesichtspunkte der Revisionserschwerung (Rz 1257 f) und der Verpflichtung des Gemeinwesens zu Schadenersatz bei der Verschärfung von Eigentumsbeschränkungen (Rz 1248 f, 1254 f) weiterverfolgt. Dabei wird nur diejenige Verpflichtung des Gemeinwesens zu Schadenersatz in Betracht gezogen, welche gemäss bundesgerichtlicher Praxis zum Begriff der enteignungsähnlichen Eigentumsbeschränkung, der materiellen Enteignung zum Zuge kommt[13]. Die weiteren, in Rz 1248 f aufgeführten Möglichkeiten der Vergrösserung der Wahrscheinlichkeit der Einhaltung von Verboten/Geboten werden hingegen nicht mit einbezogen. Der Nichteinbezug erfolgt einerseits, weil nachstehend nur die Garantien zugunsten Privater als Bauaktiver systematisiert werden sollen, nicht aber auch zugunsten Privater als Nachbarn und des Gemeinwesens, anderseits weil sich die Problematik der nicht erfassten Situationen bei den Regelungen von Kontinuität/Transformation von Gebäuden bzw. Bewerbungen ziemlich gleich wie im präfiniten Baurecht stellt[14].

---

[13] Eine sich allfällig aus dem Rechtsgleichheitsgebot (Rz 986 ff), dem Prinzip von Treu und Glauben (Rz 1019 ff) oder der Persönlichen Freiheit (Rz 1087 mit FN 14) ergebende Entschädigungspflicht spielt hier keine Rolle. Vgl. hiezu: Enrico Riva, S. 298 ff, 326 ff, 336 ff sowie die Rezension dieses Werkes durch Heinz Aemisegger, in: SJZ 1991 S. 161. Zur Sprache kommen hier: BGE 114 Ia 33 (Hochwald/SO), BGE 112 Ib 118 (Commugny/VD), BGE 112 Ib 403 (Allschwil/BL) und BGE 110 Ib 32 (Oberstammheim/ZH). Ob die Kantone eine Entschädigungspflicht auch vorschreiben können, wo keine enteignungsähnliche Eigentumsbeschränkung, keine materielle Enteignung vorliegt, ist umstritten. Eher verneinend: BGE 116 Ib 235 (Chur/GR) und ZH-RB 1999 Nr. 165.

[14] Es geht hier um eine ähnliche Problematik wie beim Ausdruck «wohlerworbene Rechte». Siehe hiezu: René A. Rhinow, FN 12. Hier ist im Wesentlichen von Gesetzesbeständigkeit der wohlerworbenen Rechte, von deren Festgenagelt-Sein, von der Erschwerung ihrer Verdrängung, vom Angekettetsein des Gemeinwesens, von der Abschirmung, Sperre gegen ihre Aufhebung, ihrer Widerstandskraft, ihrem Bollwerk-Charakter, ihrer Unwiderruflichkeit, von ihrem Sich-Stemmen gegen Entziehung, von ihrer Unantastbarkeit, Verbürgung, Festigkeit, Unabänderlichkeit die Rede. Obwohl die dabei zur Sprache kommende Problematik mit derjenigen der Besitzstands-/Bestandesgarantie (Rz 4335 f) verwandt ist, verwendet der Autor nur ein einziges Mal und hier erst noch ablehnend den Ausdruck Garantie.

B. Tatbeständliches

1. Es empfiehlt sich m.E. die folgende Gliederung der Tatbestände, auf welche sich die Garantien beziehen: 1272
   - im Vorherzustand des Tatbestandes der Regelung:
     - persönliches und unpersönliches Eigentum an Parzellen und Bauten[15];
     - baureife und nicht baureife Parzellen;
   - im Nachherzustand des Tatbestandes der Regelung:
     - gerechte und ungerechte normative Situation;
     - gesellschaftsbewahrende und gesellschaftsumwälzende normative Situation; bei der gesellschaftsbewahrenden Situation: polizeiliche und wohlfahrtspolitische/planerische Situationen;
     - dringliche und nichtdringliche normative Situationen;
   - allgemein Rechtliches:
     - Gesetzgebung hierüber vorhanden/nicht vorhanden;
     - befristete und nichtbefristete Regelung.

2. Bei den unpersönlich genutzten Parzellen und Bauten ist vorweg an solche Bauten und Parzellen zu denken, welche ausschliesslich als Kapitalanlage dienen, ferner an Grossgrundbesitz. Bei den gesellschaftsumwälzenden Eigentumsbeschränkungen kommen vorweg die Aufhebung des Eigentums am Boden (grössere Parzellen) und weiteren Produktivmitteln (Bergwerke, Kraftwerke, Fabriken und grössere Werkstätten) in Betracht. Bei den gesellschaftsbewahrenden Situationen handelt es sich bei den polizeilichen lediglich um allgemein als Missstand anerkannte Situationen (Einsturz-, Brand-, Krankmachungsgefahr usw.), die wohlfahrtspolitschen/planerischen sind jedoch solche, welche nur bei Zugrundelegung einer bestimmten politischen Weltanschauung schlecht sind. Der Übergang von den wohlfahrtspolitischen, gesellschaftsbewahrenden zu den gesellschaftsumwälzenden Eigentumbeschränkungen ist allerdings gleitend. Je weniger dringlich ein Vorhaben ist, desto geringer wird wohl zur Zeit auch das öffentliche Interesse sein. Vorkehrungen, welche überhaupt nicht im öffentlichen Interesse liegen, können aber von vornherein von keinem Gemeinwesen eingeführt werden (Rz 898 ff). Wo die Verschärfung der Eigentumsbeschränkung dringlich ist, dort sind allerdings stärkere Eingriffe einführbar als bei Nichtdringlichkeit. Ob die Einführung einer gesellschaftsum-   1273

---

[15] In der Schweiz hat bisher die Differenzierung zwischen Eigentumsbeschränkungen, welche das persönliche Eigentum betreffen, und solchen, welche das unpersönliche Eigentum betreffen, bezüglich der Schadenersatzpflicht des Gemeinwesens keine grössere Bedeutung erlangt, wenn man von einzelnen, rein parteipolitischen Vorstössen oder von der (verworfenen) Stadt-Land-Initiative absieht. Rz 1222 mit FN 12. Vgl. EJPD/Bundesamt für Raumplanung, Dokumentation zu «Boden», «Bodenrecht», «Raumordnungspolitik» und «Bodenrechtsreform» vom Dezember 1982. Das heisst: Das unpersönliche Eigentum profitierte bisher in der Praxis immer von der gleichen Garantie wie das persönliche Vermögen. Das ist aber aufgrund der Bundesverfassung nicht zwingend. Beim unpersönlichen Eigentum wäre eine geringere Garantie durchaus verfassungsgemäss. Siehe hiezu auch: Helmut Holzhey/Georg Kohler (Hrsg.), Eigentum und seine Gründe, in: Studia philosophica Supplementum, 12/1983, insbesondere die Beiträge von Franz Furger, S. 129 ff, Robert Nef, S. 199 ff, Georg Müller, S. 249 ff, Georg Kohler, S. 277 ff, Dominik Schmidig, S. 299 ff, Georges Cottier, S. 313 ff.

wälzenden Situationen dringlich oder nicht dringlich ist, hängt davon ab, von was für einer politischen Einstellung auszugehen ist. Für den die bisher vorherrschende politische Einstellung Verneinenden ist die Situation dringlich, für den jene Bejahenden nicht nur nicht dringlich, sondern überhaupt unzulässig. Die Einführung von Ungerechtem ist nie dringlich, sondern überhaupt unzulässig, auch nicht befristet.

C. Exposition

1274 1. a) Eine für den Bauaktiven willkommene normative Situation kann durch eine für ihn unwillkommene normative Situation durch das Gemeinwesen nur ausgewechselt werden, wenn die allgemeinen Rechtsgrundsätze (Rz 885 ff), die Freiheitsrechte (Rz 1075 ff), die Eigentumsgarantie (Rz 1206 ff) und die Zuständigkeit gemäss Bundesverfassung (Rz 1278) eingehalten sowie die in der nachfolgenden Tabelle aufgeführten normativen Vorkehrungen getroffen werden. Bei den allgemeinen Rechtsgrundsätzen sind der Verhältnismässigkeitsgrundsatz sowie das Gebot von Treu und Glauben besonders wichtig. In der Tabelle (Rz 1276) gelangen nur die in Rz 1271 genannten Kriterien Revisions- und Entschädigungsgesichtspunkt zum Ausdruck.

1275 b) Wenn eine für den Bauaktiven bezüglich Kontinuität/Transformation von Gebäuden bzw. Bewerbungen willkommene normative Situation vom Gemeinwesen durch eine für den Bauaktiven unwillkommene normative Situation nur unter den in der rechten Kolonne genannten Bedingungen ersetzt werden kann, liegt die in der linken Kolonne genannte Sicherung vor:

1276 c) Nun zur Tabelle selbst:

Bezeichnung	Zur Möglichkeit der Aufhebung eines Rechtes
absolute Garantie I. Stufe	überhaupt nicht möglich, auch nicht mit Verfassungsrevision und Schadenersatz
obere *grosse* **relative** Garantie* II. Stufe	nur bei Verfassungsrevision und Schadenersatz
untere *grosse* **relative** Garantie III. Stufe	schon bei Verfassungsrevision allein
obere *mittlere* **relative** Garantie* IV. Stufe	nur bei Gesetzesrevision und Schadenersatz

untere *mittlere* **relative** Garantie V. Stufe	schon bei Gesetzesrevision allein
obere *kleine* **relative** Garantie* VI. Stufe	nur bei Verordnungsrevision und Schadenersatz
untere *kleine* **relative** Garantie VII. Stufe (evtl. VIII. Stufe)	schon bei Verordnungsrevision allein
einfache finanzielle Garantie VIII. Stufe (evtl. VII. Stufe)	schon bei Leistung von Schadenersatz
keine Garantie oder blosse Garantieähnlichkeit IX. Stufe	ohne weiteres bei voller Rechtmässigkeit des Aktes des Gemeinwesens (Handlungswilligkeit)

* Kombinierte finanzielle Garantien.

2. Die Systematik in der Tabelle Rz 1276 gibt die Hauptgliederung wieder. Sie ist nicht so zu verstehen, als wollte ich damit behaupten, die Zuscheidung der jeweils aufgeführten normativen Situationen zu einer bestimmten Stufe sei so, wie sie vorgenommen wird, logisch oder auch nur rechtlich zwingend, einzig sinnvoll. Es geht mir lediglich um die Aufzeigung einer Möglichkeit der Systematisierung im Gewimmel der als Garantien bezeichneten normativen Situationen aufgrund der bisherigen Auseinandersetzungen um Eigentums-, Instituts-, Wert-, Besitzstandsgarantie usw. im Baurecht. Die Systematisierung könnte sicher auch noch detaillierter oder andersartig erfolgen[16]. 1277

3. Einige weitere Bemerkungen hiezu

a) Zur Zuständigkeit

α) Eidgenössische Behörden dürfen nicht revidierend tätig werden, wo der Bund nicht gemäss einer besonderen Regelung der Bundesfassung zuständig ist (BV Art. 3). Die kantonalen Behörden dürfen nicht revidierend tätig werden, wo gemäss einer besonderen Regelung der Bundesverfassung der Bund allein zuständig ist oder wo es um die ihm vorbehaltene Grundsatzgesetzgebungskompetenz geht; die Kantone benötigen jedoch für ihre Zuständigkeit keine solche besondere Regelung (BV Art. 3). Die kommunalen Be- 1278

---

[16] Zu denken wäre etwa an den Einbezug der Frage, ob die höhere gegenüber der unteren Instanz eine umfassende oder nur eine auf Rechtsfragen oder gar nur auf Willkür beschränkte Überprüfungsmöglichkeit (Kognition) besitzt.

hörden dürfen nicht revidierend tätig werden, wo die Zuständigkeit beim Kanton oder Bund liegt (Rz 635 ff). Diese Beziehungen sind im Raumplanungswesen besonders wichtig.

1279 β) Wo die Verfassung oder das Gesetz einem Gemeinwesen oder einem Organ desselben eine Zuständigkeit zuweist, bedeutet dies zwar, dass das Gemeinwesen oder das Organ in demjenigen Wirklichkeitsbereich nicht tätig werden darf, welcher von der jeweiligen Zuständigkeit nicht erfasst wird. Es heisst dies jedoch nicht von vornherein, dass das Gemeinwesen oder das Organ im Zuständigkeitsbereich vollumfänglich tätig werden müsse; eine solche Verpflichtung ist insbesondere dort nicht ohne weiteres anzunehmen, wo es um die Festsetzung von generellen Regelungen oder Allgemeinverfügungen geht. Bei den Exekutivbehörden verhält es sich jedoch grossenteils anders; das gilt insbesondere für die Kann-Vorschriften. Die Gerichte müssen jedoch, vorbehältlich Unzuständigkeit von Organen bei Illiquidität unter gleichzeitiger Zuständigkeit eines andern Organes, immer einen Entscheid fällen, wenn sie formell richtig angegangen werden. Sonst aber ist es durchwegs zulässig, dass das Gemeinwesen oder das Organ von der ihm zukommenden Zuständigkeit nicht vollumfänglich Gebrauch macht. Die Gründe für dieses Zurückbleiben sind meistens durch die politischen Mehrheitsverhältnisse bedingt.

b) Zur Kantonsbezogenheit

1280 α) Bezüglich der kantonalen und kommunalen Rechtsakte gilt die Systematik gemäss der Liste in Rz 1276 selbstverständlich jeweils nur gerade für den Kanton mit der entsprechenden Kantonsverfassung bzw. kantonalen Gesetzgebung, für die Gemeinde mit der entsprechenden Bauordnung, Unterschutzstellung usw.

1281 β) Die Zuordnung einer Situation in eine Stufe ist verschieden, je nachdem ob in einem Kanton für die Aufhebung der hierauf bezüglichen normativen Situation bereits – unabhängig von der Bundesverfassung oder einem Bundesgesetz – eine gesetzliche Grundlage gilt oder nicht. Je nachdem kommt es zu einer höheren oder niedrigeren Einstufung.

1282 Es kann wohl davon ausgegangen werden, dass für Folgendes (neben vielem anderem) in allen Kantonen eine gesetzliche Grundlage besteht, und zwar unabhängig vom RPG:

– für Maximal- und Minimalmasse von Gebäuden;
– für das Erfordernis der hinreichenden Erschliessung;
– für Verbote/Gebote betreffend Schutz des Strassen- und Ortsbildes sowie von Baudenkmälern und besonderen Landschaften;
– für die Bewilligungsbedürftigkeit von grösseren baulichen und bewerbsmässigen Änderungen;
– für formelle Enteignungen zur Realisierung öffentlicher Werke;
– für Landumlegung zur Baureifmachung.

Hingegen besteht nicht in allen Kantonen eine gesetzliche Grundlage:

– für die Erhebung von Planungsmehrwertbeiträgen;
– für Verbote der nachteiligen Beeinflussung künftiger Planungen.

c)   **Zum Revisionserfordernis**

α)   Dass es dem Bauaktiven willkommener ist, wenn er bezüglich Kontinuität/Transformation von Gebäuden bzw. Bewerbungen bereits durch die Bundesverfassung statt nur durch ein Gesetz oder durch ein Gesetz statt nur durch eine Verordnung gesichert ist, liegt nahe. Bei den Gesetzen ist jedoch danach zu differenzieren, ob es sich um ein Bundes- oder ein kantonales Gesetz handelt.

β)   Dabei stellt sich die Frage, ob die von den Gemeinden festgesetzten Bauordnungen (mit Zonenplan), oft als autonome Satzungen bezeichnet, als Gesetze oder nur als Verordnungen eingestuft werden sollen. M.E. stehen diese wegen der weitgehenden Bestimmtheit ihres Inhaltes durch kantonale Gesetze den Verordnungen näher als den Gesetzen, auch wenn sie jeweils in Versammlungen oder Urnenabstimmungen des kommunalen Volkes festgesetzt werden.

γ)   Wo die Revision einer Verordnung nötig ist, erfüllt immer auch eine Gesetzesrevision die Voraussetzung; dort wo eine Gesetzesrevision erforderlich ist, erfüllt immer auch die Revision der Bundesverfassung die Voraussetzung[17].

δ)   Die Voraussetzung einer Revision kann bei bisherigem Nichtvorhandensein einer normativen Situation erfüllt werden durch die Festsetzung einer ganz neuen Regelung, durch die Modifikation einer bereits geltenden oder durch einen Praxiswechsel. Am wichtigsten ist hier gesamtschweizerisch eine (heute kaum aktuelle) Revision der Eigentumsgarantie oder etwas tiefer eine (vielleicht schon bald wieder aktuelle) weitere Revision des Raumplanungsgesetzes oder noch weiter unten insbesondere der zugehörigen Verordnung (Rz 3252 ff).

d)   **Zum Verhältnis Revisions-/Entschädigungserfordernis**

Dass es für den Bauaktiven willkommener ist, wenn bezüglich Kontinuität/Transformationen von Gebäuden bzw. Bewerbungen ein Verbot/Gebot nur bei der Revision der Bundesverfassung, von Gesetzen oder von Verordnungen je zuzüglich Schadenersatz möglich ist, als wenn Letzteres auch ohne Schadenersatzleistung zutrifft, liegt auf der Hand. Nicht so eindeutig ist es aber, ob das Erfordernis der blossen Schadenersatzpflicht niedriger einzustufen sei als das Erfordernis der blossen Verordnungs- oder Gesetzesrevision. Die faktisch richtige Einstufung der Sicherung hängt stark von der Finanzkraft und Zahlungswilligkeit des jeweiligen Gemeinwesens ab. Bei finanziell wohlbestallten Gemeinwesen und/oder solchen, welchen das Ausgabenmachen leicht fällt, ist das Erfordernis einer blossen Schadenersatzleistung auch faktisch die niedrigste Sicherung gegen Gebote/Verbote, nicht aber unbedingt bei Gemeinwesen mit angestrengtem Finanzhaushalt; diese revidieren u.U. leichter Verordnungen oder gar Gesetze, als dass sie Entschädigungen leisten[18].

e)   **Zur Abstimmungsstrategie**

α)   Meistens dürfte es um so einfacher sein, die Revision eines Rechtsaktes durchzubringen, je niedriger das Gemeinwesen hierarchisch eingestuft ist. Also: Die Revision

---

[17] Die Problematik der Gesetzgebung für den konkreten Fall (pro re nata) bleibt hier ausgeklammert.
[18] Hier wird nicht an Gesetzesrevisionen zur Wegbedingung der Entschädigungspflicht gedacht.

eines kommunalen Aktes dürfte im Allgemeinen, insbesondere was den Abstimmungskampf betrifft, leichter möglich sein als eine solche eines kantonalen Aktes, und die Revision eines kantonalen Aktes dürfte im Allgemeinen leichter möglich sein als eine solche eines eidgenössischen Aktes. Es kann sich in konkreten Fällen aber auch gerade umgekehrt verhalten, zB eher kann eine bestimmte Eigentumsbeschränkung auf Bundesebene die nötige Zustimmung finden als innerhalb eines bestimmten Kantones oder einer bestimmten Gemeinde.

1289 β) Innerhalb eines Gemeinwesens wird es im Allgemeinen einfacher sein, eine Revision zustandezubringen, wenn allein die Exekutive zuständig ist, als wenn die Kompetenz beim Parlament liegt, und es wird im Allgemeinen einfacher sein, eine Revision durchzubringen, wenn das Parlament zuständig ist, als wenn die Kompetenz beim Volk liegt. Es ist aber immer auch das Umgekehrte denkbar (zB bei den Wohnerhaltungsmassnahmen in den Achtzigerjahren; Rz 3118 f).

f) Zum Informationsgehalt der Tabelle

1290 α) M.E. ist die Gliederung der Eigentumsgarantie im Sinne der Tabelle in Rz 1276 informativer als die Summe der bisher üblichen Definitionen. Sie bringt umfassender und deutlicher (wenn auch immer noch nicht vollständig) zum Ausdruck, welche Voraussetzungen erfüllt sein müssen, damit eine willkommene, eigentumsmässige normative Situation durch eine ebensolche, unwillkommene ausgewechselt werden kann. Die Gliederung umfasst damit nicht nur die Statik, sondern auch die Dynamik des Rechtes. Sie erinnert auch daran, dass es ungarantierte Situationen gibt und dass gewisse Situationen überhaupt nicht rechtmässig ausgewechselt werden können, weil sie absolut garantiert sind. Das ist ein politisch bedeutsames Thema.

1291 β) Was in der juristischen Literatur als Institutsgarantie bezeichnet wird, entspricht m.E. der Sicherung gemäss der I. Stufe (absolute Garantie), allenfalls auch unter Einbezug von Teilen der Sicherung gemäss der II. Stufe. Das was dort Bestandesgarantie heisst, entspricht wohl der Sicherung gemäss der II., III., IV. und V. Stufe kombiniert. Wo von der Wertgarantie die Rede ist, geht es um die Sicherung gemäss der II., IV., VI. und VIII. Stufe kombiniert[19].

1292 γ) Die acht Sicherungen gemäss Rz 1276 beruhen auf einer eher dynamischen, filmischen Vorstellung von der Abschirmung der Freiheit des Parzellen-/Gebäudeeigentümers vor der Einführung von Eigentumsbeschränkungen. Garantien, Sicherungen können aber auch eher statisch als der jeweilige, momentaufnahmenhafte Bestand der sich aus der Rechtsordnung ergebenden Freiheit aufgefasst werden. Hier gibt es nur eine einzige Garantie, Sicherung, nämlich diejenige der Einhaltung der derzeitigen Rechtsordnung. Betreffend Kontinuität/Transformation von Gebäuden bzw. Bewerbungen ist dasjenige Verhalten garantiert/gesichert, welches der derzeitigen Rechtsordnung entspricht, und zwar

---

[19] Das Verhältnis der verschiedenen normativen Situationen zueinander kann ausser nach dem Bild der Stufenfolge auch noch nach dem übereinandergestülpter Glocken oder russische Babuschka-Puppen dargestellt werden. Dabei kann sich die für den Bauaktiven vorteilhafteste Situation entweder zu innerst oder zu äusserst bzw. die für ihn am wenigsten vorteilhafte zu innerst oder zu äusserst befinden.

ist es garantiert/gesichert gegen die Falschanwendung. Das ist die Auswirkung des Erfordernisses der gesetzlichen Grundlage für die Verwaltung und der Bindung des Richters an das Gesetz. Auch damit wird die Wahrscheinlichkeit des Eintrittes des Geschehens, für welches der Private (der Bauaktive bzw. Nachbar) und/oder das Gemeinwesen aufkommen sollen, vergrössert.

g) Beispiele

Zur I. Stufe: Verschontheit vor Unvererblicherklärung bezüglich Grundeigentum oder konfizierender Besteuerung (Rz 1220 f); 1293
Zur II. Stufe: Verschontheit vor Bauverboten über baureife, zum persönlichen Eigentum gehörende Parzellen/Gebäude (FN 15), solange die Bundesverfassung nicht revidiert und keine Entschädigung ausbezahlt wird;
Zur III. Stufe: Verschontheit vor entschädigungslos möglichen Bauverboten über baureife, nicht für öffentliche Werke benötigte, zum unpersönlichen Eigentum gehörende Parzellen/Gebäude (FN 15) oder vor allgemeinen, nicht auf schutzwürdige oder nicht für öffentliche Werke benötigte Parzellen/Gebäude beschränkten Vorkaufsrechten oder vor niedriger Limitierung der Entschädigungszahlung, solange die Bundesverfassung nicht revidiert wird;
Zur IV. Stufe: Verschontheit vor Beschränkung der Geltung von Baubewilligungen auf einige wenige Jahrzehnte, auch wenn es sich um noch gut erhaltene Gebäude handelt, solange das RPG bzw. das kantonale Baugesetz nicht revidiert und bei Abbruchbefehl keine Entschädigung bezahlt wird;
Zur V. Stufe: Verschontheit vor der Einführung von Planungsmehrwertsbeiträgen;
Zur VI. Stufe: Verschontheit vor einer zu einer materiellen Enteignung führenden Zuweisung zu einer Bauverbotszone oder vor einer solchen Herabsetzung der Ausnützungs-/ Baumassenziffer gemäss kommunaler Bauordnung (Rz 1284);
Zur VII. (oder VIII.) Stufe (Rz 1287): Verschontheit vor einer zu keiner materiellen Enteignung führenden Zuweisung zu einer Bauverbotszone oder vor einer solchen Herabsetzung der Ausnützungs-/Baumassenziffer gemäss kommunaler Bauordnung (Rz 1284);
Zur VIII. (oder VII.) Stufe (Rz 1287): Verschontheit vor einer zu einer materiellen Enteignung führenden Unterschutzstellung (Allgemeinverfügung) von gemäss Gesetz schutzwürdigen Parzellen/Gebäuden;
Zur IX. Stufe: Verschontheit vor einer zu keiner materiellen Enteignung führenden Unterschutzstellung (Verwaltungsakt) von gemäss Gesetz schutzwürdigen Parzellen/Gebäuden, Verschontheit vor Bauverweigerungen, wo gemäss Gesetz/Verordnung eine Bewilligung erteilt werden müsste.

§ 3 Zur Basis der Pflicht des Gemeinwesens, Eigentumsbeschränkungen zu entschädigen

I. Die bundesgerichtliche Umschreibung mit den vier Blöcken

A. Allgemeines

1294 1. Aufgrund der geltenden Bundesverfassung ist nach der heutigen bundesgerichtlichen Praxis[1] eine Eigentumsbeschränkung, welche eine materielle Enteignung bewirkt, nur zulässig, wenn eine Entschädigung geleistet wird[2]. Auch dies zeigt, dass die Eigentumsgarantie eine echte Garantie ist (Rz 1240 ff). Die Leistung der Entschädigung wird dabei als Folge der Eigentumsbeschränkung und nicht als Voraussetzung der Rechtmässigkeit derselben aufgefasst (Rz 1239). Welche Eigentumsbeschränkungen eine materielle Enteignung bewirkt, wird im Allgemeinen mit einer Formulierung umschrieben, welche sich in die folgenden vier Blöcke aufteilen lässt: in den Schwereblock, den Sonderopferblock, den Wahrscheinlichkeitsblock und den Baumöglichkeitsblock.

1295 2. Die meisten Eigentumsbeschränkungen, bei welchen die Entschädigungsfrage streitig wird, beruhen unmittelbar auf Verwaltungsakten oder auf einem eine Zwischenform zwischen Gesetz und Verwaltungsakt bildenden Planungsakt, einer Allgemeinverfügung[3]. Hier sind vor allem Schutzverordnungen und Pläne (Ausführungs- [«Nutzungs-»], Baulinien-, Landumlegungspläne) wichtig. Direkt aus einem Gesetz resultierende Eigentumsbeschränkungen lösen kaum je eine Entschädigungspflicht aus[4]. Der Grund hiefür besteht darin, dass solche Eigentumsbeschränkungen meistens eine grosse Zahl von Eigentümern betreffen und nur den Inhalt der Eigentümerbefugnisse umschreiben, diesen aber nicht eigentlich einschränken, wie man zu sagen pflegt. Ich will hier nicht weiter auf die Problematik der Unterscheidung zwischen Eigentumsinhaltsumschreibung und -einengung eintreten. Es geht mir hier nur darum, auf dieses Faktum hinweisen.

---

[1] Zwei Urteile stellvertretend für viele; eines aus dem Jahre 1986: BGE 112 Ib 388, 389 ff (Tägerwilen/TG, betr. Landwirtschaftszone) und eines aus dem Jahre 1993: BGE 119 Ib 124, 128 f (Seengen/AG). Als formulierungsmässige Vorläufer hievon seien erwähnt: BGE 118 Ib 38, 41 f (Flims/GR), BGE 114 Ib 301, 303 (Wohlen/BE c. Bernische Kraftwerke AG) und BGE 112 Ib 396, 398 f (Dullikon/SO, betr. Landwirtschaftszone). Für die Formulierung des Schwere-, Sonderopfer- und Wahrscheinlichkeitsblockes, ferner der ältern, allgemeingültigen Fassung des Baumöglichkeitsblockes habe ich im Wesentlichen auf BGE 112 Ib 388, 389 ff abgestellt, für diejenige der neueren, auf die Zeit der Anpassung des kantonalen Rechtes an das RPG bezogenen, besonderen Fassung des Baumöglichkeitsblockes jedoch auf BGE 118 Ib 38, 41 ff. Ich habe mir dabei textlich gewisse Verkürzungen und Umstellungen erlaubt, welche inhaltlich aber belanglos sein sollten. Einzelne mit «neuer» bezeichnete Einschiebungen sollen auf in späteren Entscheiden gewählte Formulierungen hinweisen. Siehe im Weiteren: Martin Ruch, S. 535–540, Alfred Kuttler, Materielle Enteignung, S. 185 f, Thomas Pfisterer, Entwicklung, S. 469 ff, 519 ff, und das Werk von Enrico Riva, Bern 1990.

[2] Selbstverständlich ist dies nicht die einzige Voraussetzung für die Zulässigkeit der Eigentumsbeschränkung. Rz 1207 ff.

[3] Vgl. hiezu: Ulrich Häfelin/Georg Müller, N. 737 ff, 745 ff, sowie allgemein: Enrico Riva, S. 220 f.

[4] Vgl. Ulrich Zimmerli, Materielle Enteignung, S. 137, 154.

B. Zu den einzelnen Blöcken

1. Der Schwereblock

Eine materielle Enteignung liegt vor, wenn einem Eigentümer der bisherige oder ein voraussehbarer künftiger Gebrauch[5] einer Sache (neuer: seines Grundeigentums) untersagt oder besonders stark eingeschränkt wird, weil dem Eigentümer eine aus dem Eigentum (neuer: Eigentumsinhalt) fliessende wesentliche Befugnis entzogen wird.

1296

2. Der Sonderopferblock

Geht der Eingriff weniger weit, so wird gleichwohl eine materielle Enteignung angenommen (neuer: so kann ausnahmsweise eine Eigentumsbeschränkung einer materiellen Enteignung gleichkommen), falls ein einziger oder einzelne Grundeigentümer so getroffen werden, dass ihr Opfer gegenüber der Allgemeinheit unzumutbar erschiene und es mit der Rechtsgleichheit nicht vereinbar wäre, wenn hiefür keine Entschädigung geleistet würde.

1297

3. Der Baumöglichkeitsblock

a) Sachlicher Teil

1298

α) ältere Fassung[6]:

– positiv:
Bei der Beurteilung der Frage sind gemäss Bundesgericht alle rechtlichen und tatsächlichen Gegebenheiten zu berücksichtigen, welche die Überbauungschancen beeinflussen können. Dazu gehören das im fraglichen Zeitpunkt geltende Bundesrecht[7] sowie die kantonalen und kommunalen Bauvorschriften, der Stand der kommunalen und kantonalen Planung, die Lage und Beschaffenheit des Grundstückes, die Erschliessungsverhältnisse und die bauliche Entwicklung in der Umgebung. Diese verschiedenen Faktoren sind zu gewichten. Dabei ist in erster Linie auf die rechtlichen Gegebenheiten abzustellen.

– negativ:
Als Gründe, die gegen die Überbauung eines Grundstückes in naher Zukunft sprechen, nennt das Bundesgericht beispielsweise das Erfordernis einer Ausnahmebewilligung, einer Änderung in der Zonenplanung, eines Erschliessungs-, Überbauungs-[8]

---

[5] Die Gegenüberstellung «bisheriger – voraussichtlich künftiger Gebrauch» befriedigt sprachlich insoweit nicht, als es auch beim entschädigungspflichtigen, bisherigen Gebrauch um die Entschädigung für das Verbot eines künftigen Gebrauches geht, allerdings um einen solchen, welcher seiner Art nach einem bereits bisher ausgeübten Gebrauch entspricht.
[6] BGE 112 Ib 388, 389 ff (Prosima Immobilien AG c. Tägerwilen/TG, betr. Landwirtschaftszone).
[7] In früheren Entscheiden fehlte dieser Hinweis auf das Bundesrecht.
[8] Im Kanton Zürich kennt man den Ausdruck Überbauungsplan nicht. Der gemäss altBauG §§ 7, 9 und 129 als Bebauungsplan bezeichnete Plan war das, was andernorts als Strassenplan bezeichnet wird. Beim Überbauungsplan ist im Kanton Zürich am ehesten an den Gestaltungsplan gemäss PBG §§ 83 ff zu denken.

oder Gestaltungsplanes, einer Baulandumlegung[9] oder weitergehende Erschliessungsarbeiten. Auch genügen die Erschliessbarkeit einer Parzelle und u.U. selbst deren Erschliessung nicht ohne weiteres, um die Überbaubarkeit in naher Zukunft zu bejahen.

1299 β) neuere, auf die Zeit der Anpassung des kantonalen Rechtes an das RPG bezogene, besondere Fassung[10]:

– Erfordernis der raumplanerischen Grundordnung: Von einer materiellen Enteignung, «kann von vornherein nur dann gesprochen werden, wenn im Zeitpunkt der Rechtskraft der Planungsmassnahme ... eine raumplanerische Grundordnung galt, welche die Berechtigung zum Bauen auf dem fraglichen Grundstück einschloss. Dies trifft zu, wenn die Gemeinde über einen ‹Nutzungsplan› verfügt, der u.a. die Bauzonen in zweckmässiger Weise rechtsverbindlich von den Nichtbauzonen trennt. Bauzonen dürfen nur Land umfassen, das sich für die Überbauung eignet und weitgehend überbaut ist oder voraussichtlich innert 15 Jahren benötigt und erschlossen wird.»
– Nichteinzonung statt Auszonung: Wird bei der erstmaligen Schaffung einer raumplanerischen Grundordnung, welche den verfassungsrechtlichen und gesetzlichen Anforderungen entspricht, eine Liegenschaft keiner Bauzone zugewiesen, so liegt gemäss der vom Bundesgericht zur Klarstellung der Rechtslage befolgten Terminologie in Anwendung der Raumplangesetzgebung eine Nichteinzonung vor, und zwar auch dann, wenn die in Frage stehenden Flächen nach dem früheren, der Revision des Bodenrechtes nicht entsprechenden Recht überbaut werden konnten. Eine Nichteinzonung in eine Bauzone löst grundsätzlich keine Entschädigungspflicht aus.
– Eine Entschädigungspflicht bei Nichteinzonung liegt nur ausnahmsweise vor:
  – bei überbaubarem oder grob erschlossenem Land, wenn das Land von einem gewässerschutzrechtskonformen, generellen Kanalisationsprojekt (GKP) erfasst wird und der Eigentümer für die Erschliessung und Überbauung seines Landes schon erhebliche Kosten aufgewendet hat, wobei diese Voraussetzungen in der Regel kumulativ erfüllt sein müssen[11];
  – bei Lage im weitgehend überbauten Gebiet[12];
  – bei besonderen Gesichtspunkten des Vertrauensschutzes[13].

b) Zeitteil

1300 Für die Prüfung der Frage ist auf die Verhältnisse im Zeitpunkt des Inkrafttretens der Eigentumsbeschränkung abzustellen[14].

---

[9] Im Kanton Zürich ist hier an die Notwendigkeit der Durchführung des sogenannten Quartierplanverfahrens zu denken. PBG §§ 123 ff; Rz 3101 f.
[10] BGE 119 Ib 124, 128 f (M. c. Kanton Aargau, Gemeinde Seengen), BGE 118 Ib 38, 41 f (Geschwister R. c. Flims/GR); BGE 114 Ib 301, 303 (Wohlen/BE c. Bernische Kraftwerke AG), BGE 112 Ib 396, 398 f (Dullikon/SO c. X., Mitbeteiligte und Verwaltungsgericht, betr. Landwirtschaftszone). In keinem dieser Entscheide wird eine materielle Enteignung angenommen.
[11] BGE 105 Ia 330, 338 (Zizers/GR).
[12] BGE 116 Ib 379, 383 f (Weggis/LU), BGE vom 11. November 1997 (Goldach/SG, in: ZBl 1999 S. 33 f).
[13] BGE 112 Ib 403 (Dulliken/SO); Alfred Kuttler, Materielle Enteignung, S. 199.
[14] BGE 111 Ib 81 (Cortaillod/NE), BGE 112 Ib 105 (Commugny/VD), BGE 112 Ib 263 (Stadt St. Gallen, betr. Rehburg), BGE 122 Ib 388 (Tägerwilen/TG).

4. Der Wahrscheinlichkeitsblock

In beiden Fällen ist die Möglichkeit einer zukünftigen, besseren Nutzung der Sache indessen nur zu berücksichtigen, wenn im massgebenden Zeitpunkt anzunehmen war, sie lasse sich mit hoher Wahrscheinlichkeit in naher Zukunft verwirklichen. Unter besserer Nutzung eines Grundstückes ist in der Regel die Möglichkeit (neuer: die in tatsächlicher und rechtlicher Hinsicht gegebene Möglichkeit) seiner Überbauung zu verstehen. 1301

II. Die Umschreibung mit der bestimmungsgemässen Wirtschaftlichkeit

A. Allgemeines

Mit der aus dem Schwere-, Sonderopfer-, Baumöglichkeits- und Wahrscheinlichkeitsblock vorgenommenen Umschreibung der materiellen Enteignung hat das Bundesgericht jedoch noch nicht das letzte Wort bezüglich Entschädigungspflicht gesprochen. Das Bundesgericht erklärt seit dem Denkmalschutzfall BGE 111 Ib 257, 264 ff, 269 vom 10. Juli 1985 (Dr. A. und Dr. K. c. Kanton Basel-Stadt, betr. Angensteinerstrasse 28/30, Rz 1382) immer wieder, mit nur geringfügigen sprachlichen Variationen, dass es bezüglich der Differenzierung zwischen entschädigungslosen und entschädigungspflichtigen Eingriffen darauf ankomme, 1302

> ob weiterhin/nach wie vor eine bestimmungsgemässe, wirtschaftlich sinnvolle und gute[15] Nutzung der betroffenen Parzelle/des betroffenen Grundstückes möglich ist[16].

B. Das Verhältnis der Bestimmungsgemässheits- zur Vierblockformulierung

Das Verhältnis der Bestimmungsgemässheitsformulierung zu der aus den vier Blöcken bestehenden der materiellen Enteignung ist nicht ohne weiteres klar. Aus den mir bekannten Entscheiden habe ich den Eindruck erhalten, dass Erstere bei den Denkmalschutzfällen, Letztere jedoch bei den Nichteinzonungs-/Auszonungsfällen in der Argumentation das grössere Gewicht besitzt. Es verhält sich aber kaum so, dass die in der 1303

---

[15] Bisweilen fehlt der Passus «sinnvoll», bisweilen der Passus «gut».
[16] Diese Formulierung findet sich später auch in den Denkmalschutzentscheiden: BGE 112 Ib 263–270, insb. 267, 269 f (Stadt St. Gallen, betr. Rehburg), BGE vom 4. April 1995 (1A. 95/1994, nicht publiziert, der Sachverhalt ist jedoch im Wesentlichen aus dem vorgängigen Entscheid des ZH-Verwaltungsgerichtes vom 4. März 1994, in: BEZ 1995 Nr. 11, Zürich-Fluntern, betr. Schlössli-Liegenschaft, zu entnehmen; hier ist auch vom Erfordernis einer «wirtschaftlich angemessenen Nutzung» die Rede, S. 13) sowie BGE vom 23. Mai 1995, in: ZBl 1997 S. 179–184 (Männedorf/ZH, betr. «Schwarzes Haus»). Im BGE 117 Ib 262–265 (Genf, betr. Rhône- und Genferseequai) lautet die Formulierung: «Il faut ... vérifier si le propriétaire peut continuer en dépit de la mesure restrictive, de faire de son immeuble un usage conforme à la destination de celui-ci et économiquement rationnel.» Die übliche Formulierung wird auch in BGE 114 Ib 112, 121 (Trimmis/GR) verwendet, wobei es sich hier jedoch nicht um einen Denkmalschutz-, sondern um einen Auszonungs-/Nichteinzonungsfall handelt.

einen Formulierung enthaltenen Gedanken bei Anwendung der in der anderen enthaltenen ausgeschaltet wären; es scheint vielmehr, dass die einen die anderen im Entscheidvorgang anregen sollen. Für das postfinite Baurecht ist die Bestimmungsformulierung die direktere Umschreibung der Voraussetzungen der Entschädigungspflicht.

C. Allgemeines zur Bestimmungsgemässheit und Wirtschaftlichkeit

1. Subjektive Seite

1304 Die Vorstellung von Bestimmungsgemässheit und Wirtschaftlichkeit der Nutzung eines Gebäudes samt zugehöriger Parzelle ist eng mit der Vorstellung vom Zweck eines Gebäudes und der Bedürfnisse von Menschen hienach verbunden. Hier geht es um private Interessen (Rz 885 mit FN 1). Bedürfnisse sind nicht konstant, sondern Schwankungen unterworfen. Es sind an sich vier verschiedene Konstellationen denkbar:

a) Das Bedürfnis, zu welchem das Gebäude erstellt worden ist, besteht nicht mehr.
b) Das Bedürfnis, zu welchem das Gebäude erstellt worden ist, besteht zwar noch, doch es kann im vorhandenen Gebäude nicht mehr befriedigt werden, weil dieses jetzt zu klein oder ungeeignet strukturiert ist.
c) Der Eigentümer strebt nicht mehr die Befriedigung des ursprünglichen Bedürfnisses an, sondern unter Verbleib der Parzelle in seinem Eigentum allein den grösstmöglichen, pekuniären Gewinn (zB statt Wohnungen für den Mittelstand Luxuswohnungen, statt Wohnungen Büros, Spielsalons usw.; hier ertönt oft der Vorwurf der Spekulation).
d) Der Eigentümer hat heute (zB wegen Alter, Krankheit, Wechsel in der Zusammensetzung der Familie, Wechsel der Arbeitsstelle) nicht mehr gerade an diese Parzelle gebundene Bedürfnisse, so dass er das Eigentum an der Parzelle am liebsten zu einem möglichst hohen Preis veräussert.

Im erst- und zweitgenannten Fall ist die Frage wichtig, ob sich das Gebäude für einen anderen Bewerb durch den bisherigen oder einen künftigen Eigentümer eignet, im drittgenannten ist es die Frage, welche anderen Bewerbungen einen höheren Gewinn abwerfen könnten; im viertgenannten Fall ist es die Frage, bei welchen anderen Bewerbungen Kaufinteressenten bereit wären, einen höheren Preis zu entrichten.

2. Objektive Seite

1305 Bei den Gebäuden sind objektiv die folgenden Kategorien zu unterscheiden:

a) Gebäude in einem normal unterhaltenen Zustand;
b) Gebäude in einem schlechten oder sogar baufälligen Zustand;
c) schon seit vielen Jahren zerfallene Gebäude, also nur noch Ruinen[17] und damit überhaupt kein Gebäude mehr.

Thomas Pfisterer, Entwicklung, erklärt auf S. 479: «Bestimmungsgemäss ist der bisherige Gebrauch für den Zweck, zu welchem das Gebäude erstellt wurde»; auf S. 534: «(Es liegt) beispielsweise auf der Hand, dass die Rütliwiese kein Bauland ist.»

---

[17] Das erst kürzlich infolge von Naturereignissen oder kriminellen Handlungen zerstörte Gebäude rechne ich nicht zu den Ruinen, auch wenn nur noch die Grundmauern übrig blieben.

D. Zur Kritik der Bestimmungsgemässheitsformulierung

Die Bestimmungsgemässheitsformulierung ist nicht unproblematisch. **1306**

1. Zur Bestimmungsvorstellung an sich

Peter Saladin, Grundrechte, S. 191 f, Enrico Riva, S. 271 ff, 283 f, sowie die weiteren, von Letzterem in FN 31 zitierten Autoren, insbesondere Hans Huber, sehen in der Bestimmungsgemässheit einer Parzelle, aber auch in der Bedingtheit durch deren Lage und Beschaffenheit, eine Bezugnahme auf die Vorstellungen der viel diskutierten Situationsgebundenheit, der Natur der Sache, der Sozialgebundenheit des Eigentums, der Vocation des Bodens und machen geltend, dass «kein Grundstück sein Schicksal in sich trage», sondern dass es auf die jeweiligen «menschlichen Entscheide» ankomme. Wilfried Schaumann, S. 218 f, 265, 267 f, hat die Vorstellung der Situationsgebundenheit einer Parzelle erstmals zur Sprache gebracht, und zwar gerade auch im Hinblick auf eine Parzelle mit einem «geschichtlich bemerkenswerten Gebäude» (Rz 1380)[18]. Thomas Pfisterer, Entwicklung, bezeichnet die Argumentation zwar als «problematisch», doch sei «ohne dieses Mittel nicht auszukommen». Das philosophisch grundlegende Verhältnis zwischen Sein und Sollen spielt hier mit.

2. Zur ökonomischen Bedeutung der Einbussen

Das Bundesgericht betonte wiederholt, dass die Frage nach dem Vorliegen einer materiellen **1307** Enteignung nicht, zumindest nicht entscheidend danach zu beantworten sei, wie gross die Nutz-/Geschossfläche, der Land-/Ertragswert[19], die Rendite vor und nach der im Streite stehenden Eigentumsbeschränkung sei, auf welchen Prozentsatz gegenüber vorher sich dabei diese Gegebenheiten reduzierten, auf wieviel sich die Einbusse belaufe usw.; solche Gesichtspunkte seien höchstens zur Unterstützung eines auch ohne sie gefundenen Ergebnisses verwendbar, es komme jedoch in erster Linie auf «die Besonderheiten des Einzelfalles» an[20]. Damit wird eigentlich die Entschädigungspflicht wegen materieller

---

[18] Siehe ferner: Victor Montei, S. 462, Rz 1268.
[19] Der Ertragswert ist die Kapitalisierung des jährlichen Nettoertrages zum üblichen Hypothekarzinsfuss. Der Real- oder Substanzwert spielt hier von vornherein keine Rolle. Er ist eine variable, rein theoretische Grösse; der Altbau wird umso stärker entwertet, je mehr sich die Umbau- den Neubaukosten nähern (BS-Verwaltungsgericht vom 13. Juni 1984; Angensteinerstrasse 28/30, Basel, in: ZBl 1985 S. 14, 18).
[20] Die Ablehnung eines fixen Prozentsatzes oder Bruchteiles der Einbusse (zB 20%, Drittelsregelung), unterhalb welchem nie und oberhalb welchem regelmässig eine Entschädigung geschuldet wird, gelangt besonders deutlich in BGE 111 Ib 257, 264 (Angensteinerstrasse 28/30, Basel) zum Ausdruck. Ferner in: BGE 122 I 168, 176 (Eduard Rüsch und Wohnbaugenossenschaft Säge c. Bezirk Appenzell, kein Baudenkmalschutzfall). In BGE 117 Ib 262, 264 (Genf, betr. Rhône- und Genferseequai) wurde eine Reduktion der Geschossfläche um 8% (trotz hochwertiger Lage) als belanglos erklärt.
Im BGE vom 23. Mai 1995, in: ZBl 1997 179, 181 (Männedorf/ZH, betr. «Schwarzes Haus»), lässt das Bundesgericht aber keine Zweifel offen, dass es auch bei bedeutend höheren Einbussen, solche wie sie infolge Nichteinzonung/Auszonung unüberbauten Landes entstehen können, nicht automatisch eine materielle Enteignung annimmt; siehe die dortigen Hinweise auf seine Entscheide: Landschaft Davos (ZBl 86/1985 S. 211 f; von 0,25 auf 0,07 reduziert); ferner: Mühlematter (BGE 97 I

Enteignung auch vom Gedanken an einen Schadenersatz gelöst. Hier frage ich mich allerdings: Wie lässt sich ökonomisch überzeugend davon sprechen, dass nach Inkrafttreten der Eigentumsbeschränkung noch eine «bestimmungsgemässe, wirtschaftlich sinnvolle und gute Nutzung» angenommen werden kann bzw. nicht, ohne dass zuvor auch an diese Unterschiede gedacht wird? Zwar dürfte vorbehaltlos folgendes gelten: Wenn das nachherige Fehlen einer ausreichenden Rendite darauf zurückzuführen ist, dass der Eigentümer die Parzelle beim seinerzeitigen Erwerb spekulativ überzahlt hat (mit nachherigem für ihn ungünstigem Verlauf), dann spielt der Gedanke der Renditendifferenz keine Rolle.

3. Zum Verhältnis zur Wertgarantie

1308 Die grundsätzliche Zurückdrängung der Beachtlichkeit der Nutz-/Geschossflächen-, der Land-/Ertragswert- bzw. der Renditen-Differenz vor und nachher steht zudem in einem gewissen Gegensatz zur Auffassung der Eigentumsgarantie (auch) als Wertgarantie (Rz 1233 f). Zwar bedeutet diese nicht, dass das Gemeinwesen für einen dauernden Erhalt des einmal erreichten Wertes einer Parzelle einstehen müsse. Der Gedanke, dass das Gemeinwesen aber für diejenigen Wertverluste verantwortlich sei, welche es selbst direkt durch Rechtsetzungsakte bewirkt, die im Allgemeinen im Liegenschaftenhandel für den Wert einer Parzelle massgeblich sind, lässt sich nicht einfach von der Hand weisen.

4. Zum Verhältnis zum Staatsverständnis

1309 Das Argumentieren mit der Bestimmungsgemässheit der Nutzung einer Parzelle (mit oder ohne Gebäude) beruht auf der Vorstellung einer objektivierten Zwecksetzung. Was die Bestimmung einer Parzelle ist, hängt hienach im Wesentlichen nicht davon ab, welche künftige Nutzung deren Eigentümer subjektiv als die richtige ansieht, sondern davon, was aufgrund des Gemeinwohles als das Richtige erscheint. Damit kommt es bezüglich der künftigen Verwendung einer Parzelle in einem gewissen Sinne zu einer Bevormundung des Eigentümers. In einem Gemeinwesen, welches auf der liberalen Staatsauffassung beruht und die Marktwirtschaft zur Grundlage hat, ist solches nicht unproblematisch.

5. Zur Überprüfbarkeit

1310 Die Umschreibung mit der Bestimmungsgemässheit wirft aber auch noch ein anderes, stark psychologisch durchwirktes Problem auf: Entweder erklärt der Eigentümer, das Bedürfnis, zu welchem das Gebäude erstellt worden ist, bestehe weiterhin, er brauche keine anderen Räumlichkeiten, er wolle auch nicht dislozieren, eine lukrativere Nutzung locke ihn wegen seiner ideellen Ausrichtung nicht – unabhängig davon ob das Gebäude

---

632; Reduktion des Nutzungsmasses um zwei Drittel); F. SA von Celerina (ZBl 85/1984 S. 366; Bauverbot auf einem Viertel bzw. einem Drittel des Grundstückes); Rudin (erwähnt in: BGE 93 I 338 E. 7; Bauverbot auf zwei Fünfteln des Grundstückes). In BGE 93 I 338 E. 7 (Meggen/LU) ist vom Unüberbaubarwerden von einem Drittel die Rede. In diesem Sinne der Entschädigungslosigkeit lauteten auch schon der BGE vom 18. Juli 1941 (Greifensee/ZH, betr. Wettstein und Suter, in: ZBl 1941 S. 342 ff), BGE vom 3. Juni 1946 (Perroy/VD, betr. Le Fort, in: ZSR 1947 S. 408a f), BGE 82 I 165 ff (Winterthur/ZH, betr. Egger, Gallispitz). Vgl. ferner: BGE I 114 Ib 121 f (Trimmis/GR) und BGE 109 Ib 13 ff (Stadt Bern, betr. Ida Schenker).

einem anderen Bedürfnis überhaupt dienen könnte oder nicht[21]; oder aber der Eigentümer erklärt, das Bedürfnis, zu welchem sein Gebäude erstellt worden ist, bestehe (bald) nicht mehr[22] oder es bestehe zwar noch, könne aber in der vorhandenen Struktur ohne wesentliche Eingriffe nicht mehr befriedigt werden[23], für eine andere Nutzungsart sei das Gebäude ungeeignet[24], bei einem Abbruchverbot müsse er dislozieren, er brauche für seine Familie, seinen Betrieb dringend einen höheren Ertrag aus dem Grundeigentum. Das Gemeinwesen kann oft nur schwer die Ernsthaftigkeit solcher Aussagen überprüfen. Zudem können die Bedürfnisse bei personellem Wechsel schon in naher Zukunft ändern. Es liegt auf der Hand, dass der erstgenannte Eigentümer mit einer Entschädigungforderung weniger Chancen hat als der zweitgenannte; denn dass der Erstgenannte im bisherigen Gebäude verbleiben will, deutet ja eher darauf hin, dass die hier weiterhin mögliche Nutzung doch recht sinnvoll/gut ist.

6. Zum Verhältnis zur landwirtschaftlichen Nutzung

Auch wenn die Möglichkeit einer bestimmungsgemässen, wirtschaftlich sinnvollen und guten Nutzung dort noch angenommen werden kann, wo sich wegen des Abbruchverbotes bei weitem nicht mehr alle Erwartungen des Eigentümers bezüglich seiner Parzelle erfüllen lassen, so heisst dies doch nicht, «dass bei einer unüberbauten Parzelle stets auch eine landwirtschaftliche Nutzung noch als wirtschaftlich sinnvoll angesehen würde; das wäre keine bestimmungsgemässe Nutzung in einer (RPG-konformen) Bauzone.»[25]

1311

---

[21] Diese Situation lag in dem in BGE 122 II 246, 251 (SBB Kreisdirektion III c. First Church of Christ, Scientist) beurteilten Fall vor.

[22] Einen Untergang des ursprünglichen Bedürfnisses gibt es wohl bei Wohnhäusern, auch Patrizierhäusern, und Werkstätten kaum; denn es findet sich immer eine Nachfrage nach zinsgünstigen Wohnungen und Betriebstätten für Handwerker und Kleinindustrielle, auch wenn der Komfort nicht optimal ist. Zudem besteht hier häufig eine gute Verwendbarkeit für Handels-, Lager- und Dienstleistungsbetriebe; die Einlogierung in alten Gebäuden zieht je länger desto mehr auch zahlungskräftige, einen modernen Komfort schätzende Leute an. Heikler kann es werden bei alten Mühlen, Gaststätten, Hotels und Kirchen mit allein auf diese Nutzung ausgerichteten Räumen. Rz 1378 (Kirche Möriken/AG). Max Hodel, S. 49, 62 ff, Rz 1380.

[23] Das Gebäude ist hiefür vielleicht zu klein, weist eine Raumeinteilung auf, welche die Verlegung der Schlafzimmer auf die weniger lärmbelastete Gebäudeseite, den Umbau zu modernen Küchen, Badezimmern, die Installierung eines Liftes, Cheminées, die Umgestaltung zu längeren, breiteren, höheren Werkhallen usw. praktisch ausschliesst. Es kann sich hier um Fragen des Wohnkomforts oder um solche der betrieblichen Notwendigkeit drehen.

[24] Bezüglich Restaurants vgl. BGE 109 Ia 257 ff (Café Odeon/Usterhof, Zürich), bezüglich Hotels vgl. BGE von Anfang 1995 (Hotel Bellerive au Lac, Zürich, gemäss Pressemitteilung), bezüglich Kirchen vgl. BGE vom 20. März 1947 (Reformierte Kirche Möriken/AG, in: ZBl 1947 S. 222–224) und BGE 122 II 246 (First Church of Christ, Scientist; FN 21).

[25] So der BGE vom 23. Mai 1995 (X c. Männedorf/ZH, betr. «Schwarzes Haus» in denkmalschutzmotivierter Kernzone, in: ZBl 1997 S. 177, 181).

III. Abhängigkeit der Entschädigungspflicht von weiteren Umstände?

A. Abhängigkeit vom (Nicht-)Einbruch in gefestigten Verkehrswert?

1312 Das ZH-Verwaltungsgericht definierte bis 1983 die materielle Enteignung als Zerstörung eines gängigen Preises für Land mit gefestigtem Verkehrswert durch Eigentumsbeschränkungen (Entscheid vom 27. Januar 1977, in: ZBl 1977 S. 352, Entscheid vom 29. März 1977, in: ZBl 1977 S. 416 und RB 1977 Nr. 112). Diese Praxis wurde jedoch vom Bundesgericht erstmals mit Entscheid vom 25. November 1981 (Messner c. Gemeinde Hombrechtikon und Verwaltungsgericht, E. 4, in: ZBl 1982 S. 81, 87 ff; BGE 107 Ib 229 ff betrifft auch diesen Fall, diese Erwägung wurde jedoch nicht veröffentlicht!) als bundesrechtswidrig erklärt; im gleichen Sinne lauteten nachher auch BGE 109 I b 114 (Staat Zürich c. Hofstetter, Steinmann, Steiner, Wüest und ZH-Verwaltungsgericht) und BGE 110 Ib 31 E. 3 (Hermann Farner c. Oberstammheim/ZH). Erst nach einigem Widerstreben gab das ZH-Verwaltungsgericht seine Praxis auf. So schlecht war seine Definition allerdings nicht. Vgl. Bemerkungen in Rz 1307 (wirtschaftlich sinnvoll/gut).

B. Abhängigkeit vom (nicht) planerischen, sondern polizeilichen Charakter?

1313 Dass in den typischen Fällen polizeilicher – im Sinne von nicht planerischen/wohlfahrtspolitischen – Eigentumsbeschränkungen keine Entschädigung geleistet werden muss, leuchtet unmittelbar ein, zum Teil auch deshalb, weil dadurch der Eigentümer selbst vor etwas geschützt wird, wovor er vernünftigerweise geschützt sein sollte, wenn es aus der Nachbarschaft kommt[26]. Es wird jedoch allzu unkritisch davon ausgegangen, dass für polizeiliche Eigentumsbeschränkungen schlechthin keine Entschädigung zu leisten sei[27]. Eine solche Aussage verbietet sich aus vier Gründen nicht:

1314 – wegen der Unschärfe der Unterscheidung zwischen polizeilicher und planerischer/wohlfahrtspolitischer Eigentumsbeschränkung;
– weil die gleiche Eigentumsbeschränkung oft polizeiliche und planerische/wohlfahrtspolitische Ziele verfolgt;
– wegen der offensichtlichen Unaktualität der durch Eigentumsbeschränkungen bekämpften polizeilichen Gefahren in vielen konkreten Situationen[28];

---

[26] Hier stellt sich allerdings das Problem der liberalstaatlichen Zulässigkeit eines Schutzes vor sich selbst. Vgl. Werner Zuppinger, Der Schutz vor sich selbst im Polizeibegriff, Diss., Zürich 1956, insb. S. 124 ff.
[27] Das wird von André Grisel (ZBl 1971 S. 24) und von Georg Müller, Kommentar BV, zu Art. 22ter, N. 60 f, an BGE 96 I 128 ff (Zwyssig/Engelberg c. Kanton Obwalden, siehe FN 28) kritisiert. Das Bundesgericht liess allerdings die Möglichkeit offen, dass eine solche Regelung andernorts entschädigungspflichtig sein könne. Siehe auch: Enrico Riva, S. 186 und 207 N. 25.
[28] So war zB der Schutz vor umstürzenden Bäumen an Steilhängen der Hauptgrund für die Gutheissung eines Waldabstandes von 20 m in BGE 96 I 123 ff (Zwyssig/Engelberg c. Kanton Obwalden), neben dem Schutz vor Feuchtigkeit und Waldbrand. Dieser Entscheid wird jedoch regelmässig auch für

– wegen polizeilicher Gefahren, welche ohne eigenes Verschulden an einen herangetragen worden sind[29, 30].

C. Abhängigkeit vom Gewicht des öffentlichen Interesses?

Bisweilen wird angenommen, es bestehe eine umgekehrt proportionale Abhängigkeit zwischen dem Gewicht des öffentlichen Interesses und der Entschädigungspflicht: Je gewichtiger das mit der Eigentumsbeschränkung wahrgenommene öffentliche Interesse ist, desto weniger sei eine Entschädigung geschuldet. Nach einem Entscheid des ZH-Verwaltungsgerichtes vom 14. Dezember 1997 (ZBl 1999 S. 89, 93) darf die Interessenabwägung nicht so erfolgen, dass «unter Umständen überhaupt keine Bauten mehr unter Schutz gestellt werden (können)»; das wäre aber der Fall, wenn «finanzielle Interessen des EigeOtümers an einer möglichst gewinnbringenden Ausnützung seiner Liegenschaft ... das öffentliche Interesse an einer Denkmalschutzmassnahme grundsätzlich ... zu überwiegen» vermöchten; zitiert werden hiefür: BGE 109 Ia 257, 263 (Zürich, betr. Odeon), BGE 118 Ia 384, 393 (Basel, betr. Küchlin-Theater), BGE 120 Ia 270, 285 (Basel, betr. Badischer Bahnhof). Die Abhängigkeit der Entschädigungspflicht vom Gewicht des öffentlichen Interesses (umgekehrt proportional) wird jedoch mehrheitlich abgelehnt[31]. Im zitierten Verwaltungsgerichtsentscheid wird die Frage über eine (verdeckte) Interessenabwägungsanweisung im Sinne von Rz 907 mit derjenigen nach der Entschädigungspflicht vermengt. Siehe bezüglich Entschädigungspflicht bei Denkmalschutz Rz 1363.

1315

Bauordnungen in Flachlandgemeinden dafür zitiert, dass für Waldrandabstandsvorschriften keine Entschädigung zu leisten sei. Zur Kritik an diesem Entscheid siehe auch: Ulrich Zimmerli, Materielle Enteignung, in: ZBl 1974 S. 137, 154 f, welcher eine differenzierte Entschädigungspraxis für Eigentumsbeschränkungen infolge Gesetz und infolge Einzelakt zu befürworten scheint.

[29] Ein immissionsreicher Betrieb (Schweinemästerei) wurde zB vor Jahrzehnten auf offenem Feld rechtmässig aufgenommen und seither unverändert weitergeführt; inzwischen ist die Umgebung mit Wohngebäuden überbaut worden. Die Entschädigungslosigkeit des Weiterausübungsverbotes wäre m.E. nicht mit dem Grundsatz vereinbar, dass gegen den Störer und nicht gegen den «Gestörten» einzuschreiten sei. Rz 353, 425 f, 443. Vgl. Ulrich Häfelin/Georg Müller, N. 1926, 1933a; Enrico Riva, S. 75, 83 mit FN 21, 279. Ähnliche Situation: Neben einem Kiesabbauwerk soll eine Trinkwasserfassung angelegt werden.

[30] Im Einzelfall wird dabei die Vorstellung von Polizeilichkeit gewissermassen der wünschbaren Antwort auf die Frage nach der Entschädigungspflichtigkeit angepasst. Was man nicht entschädigen will, ist polizeilich! Eine eigenartige Zwischenstellung nehmen die umweltschutzgesetzlichen Eigentumsbeschränkungen ein.

[31] Siehe: Enrico Riva, S. 309 f, sowie die dort in FN 7 zitierte Literatur pro und contra. Auch BGE 112 Ib 115 E. 4.d (Commugny/VD) äussert sich negativ. Enrico Riva erklärt richtig, dass das Entschädigungsgebot gemäss BV Art. 22ter «aus den Angeln gehoben» würde, wenn «die Wertgarantie ... unter einen Vorbehalt des öffentlichen Wohl gestellt» wäre. Peter Karlen, ZBl 1998 S. 154 f, weist zwar zu Recht darauf hin, dass das Bundesgericht immer mehr nicht nur «singuläre Objekte» im Sinne von etwas «Einzigartigem» und «selten Gewordenem» als schützbar anerkennt; an der Erhaltung des «Singulären» besteht aber doch wohl ein stärkeres öffentliches Interesse als an der Erhaltung des «Nicht-Singulären»; beim Singulären kommen wohl voraussetzungsgemäss am ehesten Sonderopferfälle vor; es ist nicht ganz klar, ob nach Peter Karlen bei den nicht singulären Objekten die Entschädigungspflicht gleich rasch zum Zuge kommen sollte wie bei den Sonderopferfällen. Damit würde aber die Praxis auf den Kopf gestellt.

1316 Allerdings lässt sich folgender Zusammenhang kaum leugnen: Wenn ein öffentliches Interesse als gewichtig – im Sinne von grosser Tragweite – qualifiziert wird, dann wird einerseits von dem von einem Verbot/Gebot Betroffenen wohl eine erhöhte und nicht zu entschädigende Duldensbereitschaft erwartet; anderseits werden davon wohl besonders viele Leute tangiert. Das Erfordernis der besonderen Härte des Eingriffes bzw. der Besonderheit des Opfers wird damit hinaufgeschraubt. Weil weder die öffentlichen noch die privaten Interessen nach Punkten gewogen werden können (Rz 885), sind diese Überlegungen allerdings weitgehend ein akademisches Spiel.

1317 Ausschlaggebend für die Bejahung oder Verneinung der Frage nach dem Vorliegen einer materiellen Enteignung ist doch wohl meistens die bloss intuitiv nachempfindbare Schwere des Eingriffs in die privaten Interessen, mögen die sie übersteigenden öffentlichen Interessen ihrerseits stark sein oder nicht.

D. Abhängigkeit von Dringlichkeit und Befristung bzw. Nichtdringlichkeit/Nichtbefristung?

1318 1. Bisweilen wird die Auffassung vertreten, für dringliche Eigentumsbeschränkungen sei weniger eine Entschädigung zu leisten als für nicht dringliche. Diese Auffassung ist nicht unproblematisch, wenn sich die Dringlichkeit nicht auf Fälle beschränkt, in welchen ein im überkommenen Sinne polizeilich motivierter Eingriff vorliegt, ein besonders starkes öffentliches Interesse angerufen werden kann und/oder der Akt von Anfang in seiner Geltung zeitlich beschränkt ist[32].

1319 2. Es darf als sicher angesehen werden, dass Eigentumsbeschränkungen, welche nur wenige Jahre gelten, keinen besonders schweren Eingriff bewirken und daher nie entschädigungspflichtig sind, selbst wenn sie in einem vollständigen Bauverbot bestehen und nur einen einzigen oder wenige Eigentümer betreffen. Schwierig ist jedoch die Frage zu beantworten, bei welcher Geltungsdauer das «Umkippen» von der nicht entschädigungspflichtigen zur entschädigungspflichtigen Eigentumsbeschränkung stattfinde[33]. Heikel ist

---

[32] In BGE 89 I 460, 463 (Genf, betr. Société immobilière Rue du Puits-St.Pierre, Rz 1359) zum Gesetz vom 27. Oktober 1961 betreffend Abbruchverbot für Wohngebäude «aussi longtemps que durera la pénurie de logements» wurde die Frage, wie weit in die Zukunft hinein ein solcher Eingriff entschädigungslos reichen dürfe, aufgeworfen, aber einstweilen offen gelassen; denn der Eingriff «n'a pas encore duré suffisamment pour revêtir le caractère de spéciale gravité exigé par la jurisprudence» (Dauer erst etwa ein Jahr); es komme darauf an, wie sich die Behörde und der Eigentümer weiter verhalten; allenfalls könne dannzumal das Abbruchverbot nicht mehr entschädigungslos durchgesetzt werden. Das ist der Gedanke des Noch-nicht-reif-Seins des Entscheides in Rz 1375 f.

[33] Die Rechtsprechung und die Literatur äussern sich nicht eindeutig, wie lange eine schwere Eigentumsbeschränkung höchstens dauern kann, ohne entschädigungspflichtig zu werden. BGE 89 I 460, 463 (Société immobilière Rue du Puits-St. Pierre FN 32). In BGE 109 Ib 22 (Johann Zwieb c. Flims/GR) und BGE 109 Ib 268, 275 f (Kresse c. Staat Zürich, betr. Nordwestumfahrung N 20 in Opfikon) wird eine Dauer von fünf bis zehn Jahren noch nicht als entschädigungspflichtig angesehen. Diese Aussagen wurden im Zusammenhang mit Verboten der nachteiligen Beeinflussung noch ausstehender Planungen sowie bezüglich Enteignungsbann und vorübergehende Enteignung gemacht. Siehe auch den Entscheid des ZH-Verwaltungsgerichtes vom 27. Januar 1977 (Geflügelfarm in Gemeinde Y./ ZH, in: ZBl 1997 S. 351, 353): sicher nicht schon ab einem Jahr materielle Enteignung, auch nicht bei Dauer von fünf Jahren; diskutiert werden hier fünf bis zehn Jahre. Alfred Kuttler erachtet in: Zeitpunkt (ZBl 1975, S. 497, 506) eine Dauer von sechs Jahren als nicht materiell enteignend.

die Lage insbesondere, wo sich die Eigentumsbeschränkung hintennach als überflüssig erweist. Rz 1389 mit FN 45.

3. Dringlichkeit ohne Befristung kann das Gemeinwesen nicht davon befreien, nachträglich das für nicht dringliche Situation geltende Festsetzungsverfahren durchzuführen und diejenigen Entschädigungen zu leisten, welche im Normalfall geschuldet sind. Nichtdringlichkeit/Befristung ist dort eine sachgerechte Kombination, wo es entweder darum geht, mit einer Regelung Erfahrungen zu sammeln, oder wo mit dem späteren Dahinfallen des Regelungsbedürfnisses gerechnet wird. Weder das eine noch das andere bewirkt wohl eine Entschädigungspflicht. 1320

E. Abhängigkeit von der (Grösse der/nicht grossen) Zahl der betroffenen Eigentümer bzw. Bewerbträger?

Es wird bisweilen die Auffassung vertreten, dass die Entschädigungslosigkeit umso eher anzunehmen sei, je mehr Eigentümer bzw. Bewerbträger von einer Eigentumsbeschränkung betroffen werden[34]. Dahinter steht wohl folgender Gedanke: Wenn viele zu entschädigen sind, und sei es auch nur mit einem niedrigen Betrag, so kann die Belastung gleichwohl grösser werden, als wenn nur ein Einzelner oder einige wenige mit einem hohen Betrag zu entschädigen sind. Es ist dies eine vom Kriterium öffentliches Interesse ja/nein (Rz 935 ff, 1315), gesetzliche Grundlage ja/nein (Rz 950 ff), Verhältnismässigkeit ja/nein (Rz 1008 ff) und finanzielle Überforderung des Gemeinwesens ja/nein (Rz 1320b) an sich unabhängige Möglichkeit. Richtig ist daran, dass umso weniger ein Sonderopfer anzunehmen sei, je mehr Eigentümer bzw. Bewerbträger von der Eigentumsbeschränkung betroffen werden. Ganz offen bleibt dabei aber die Frage, welches die Auswirkungen des Zahlenargumentes auf die Lage der Trennlinie zwischen Entschädigungslosigkeit/Entschädigungspflicht gemäss dem Sonderopferblock einerseits und Entschädigungslosigkeit/Entschädigungspflicht gemäss Schwereblock anderseits sind. Zur Lage beim Denkmalschutz siehe Rz 1363 ff. 1320a

F. Abhängigkeit von der (Schwäche/Stärke der) Finanzkraft des Gemeinwesens?

1. Die Auffassung ist verbreitet, dass die Bejahung der Entschädigungspflicht von der Finanzkraft des Gemeinwesens abhängt, welches bei Bejahung der Entschädigungspflicht belastet würde; auf keinen Fall dürfe deswegen eine Gemeinde finanziell ruiniert werden. Zu denken ist hier insbesondere an die Abgrenzung Bauzonen/Nichtbauzonen sowie an den Baudenkmal- sowie den Strassen-, Orts- und Landschaftsschutz. Zum Pro und Contra dieser Auffassung verweise ich auf die S. 153, 309 f sowie 346–349 in Enrico Rivas Werk über die materielle Enteignung. Er scheint die Abhängigkeit eher zu bejahen, 1320b

---

[34] So etwa BGE vom 18. Juli 1941 (Wettstein/ZH, in: ZBl 1941 S. 342; umfassender in: Zeitschrift «Strasse und Verkehr», 1942, Beilage, S. 41 ff). Vgl. jedoch die Ablehnung des Gedankens durch Paul Reichlin, S. 318a–323a. Das Argument scheint auch in BGE 122 II 332 E. 5 lit. c (Dietikon/ZH) auf, und zwar als Legitimierung der Unterscheidung zwischen Nichteinzonung und Auszonung.

mehr aus illusionslosem Realismus als aus Überzeugung. Der gleichen oder einer ähnlichen Auffassung sind seines Erachtens: BGE 55 I 397, 403 (Kanton Zürich, betr. Zinggeler) und BGE 115 Ib 330–344 (Zizers/GR, betr. Meier und Mitbeteiligte) sowie die folgenden Autoren in ihren bei Enrico Riva zitierten Werken: Paul-Henri Steinauer, Peter Saladin, Claude Rouiller, Michael Fajnor, Peter Rosenstock, Christoph Blocher, Emil Kirchhofer, Hans Sigg, Robert Holzach, Zaccaria Giacometti, Victor Monteil, Marius Baschung, Beatrice Weber-Dürler; die Auffassung wird jedoch eher abgelehnt in: BGE 112 Ib 115 (Commugny/VD, betr. Rothuizen), ferner von: Paul Reichlin (S. 318a–328a), Eduard His, Hans Haab, Wilfried Schaumann (mit Differenzierungen), Andreas Hintermann, Hans Huber, Pius Gut, Urs Gueng, Fritz Gygi, Arthur Meier-Hayoz, Detlev Dicke, Leo Schürmann, Blaise Knapp.

1320c 2. Das Verhältnis zwischen Stärke der Finanzkraft des Gemeinwesens und Höhe der zu leistenden Entschädigung kam auch in einem BGE vom 28. April 1998 zur Sprache, allerdings nicht bei der Beurteilung der Entschädigungshöhe (diese stand bereits fest), sondern hinsichtlich der Frage, ob ein Gemeinwesen befugt sei, bei Bekanntwerden der für eine Unterschutzstellung zu erbringenden finanziellen Leistungen diese wieder aufzuheben. Hier wurde die staatsrechtliche Beschwerde des Stadtrates Winterthur gegen die vom ZH-Verwaltungsgericht bestätigte (vgl. ZBl 1998 S. 336–340), zuvor von der Baurekurskommission IV ausgesprochene Aufhebung des Widerrufes der Unterschutzstellung des Gebäudes und Parkes Jakobsbrunnen (ZH-BEZ 1998 Nr. 6) abgewiesen; die Unterschutzstellung blieb damit in Kraft. Der Stadtrat hatte sich zur Aufhebung der Unterschutzstellung entschlossen, nachdem die Stadt Winterthur von der kantonalen Schätzungskommission verpflichtet worden war, wegen materieller Enteignung 3,3 Mio. Franken und weitere 2,7 Mio. Franken für den Heimschlag zu leisten; er sah die Aufhebung aufgrund einer Neubeurteilung für angezeigt, da mit der neu vorgesehenen Zuweisung zur Quartiererhaltungszone ein ausreichender Schutz möglich sei; die eine solche Zone sichernde Projektierungszone war bereits von der Baudirektion genehmigt. Das ZH-Verwaltungsgericht begründete seinen Entscheid damit, die Unterschutzstellung sei weder von Anfang an noch nachträglich fehlerhaft gewesen und die Stadt Winterthur werde – in Berücksichtigung ihrer sonstigen Ausgaben und Einnahmen – durch die Leistung der 6 Mio. Franken finanziell nicht übermässig belastet; die Auffassung von Beatrice Weber-Dürler, Vertrauensschutz, S. 189, wonach ein Verwaltungsakt auch widerrufen werden könne, wenn das Gemeinwesen durch die gesetzliche Ordnung zur selbständigen Wahrung bestimmter öffentlicher Interessen aufgerufen sei, blieb im Gericht in der Minderheit. Das ist ein die Gemeindeautonomie geringschätzender Entscheid.

G. Abhängigkeit von der (Stärke/Schwäche der) finanziellen Lage des Betroffenen?

1320d Grundsätzlich muss die Entschädigungsfrage gleich beantwortet werden, ob nun die Eigentumsbeschränkung einen sehr reichen, einen wohlhabenden, einen mittelständischen oder einen in bescheidenen Verhältnissen lebenden Eigentümer bzw. Bewerbträger trifft. Auch der Unterschied zwischen natürlicher und juristischer Person soll grundsätzlich keine Rolle spielen. Wenn allerdings ein Gebäude von einer Eigentumsbeschränkung betroffen wird, welches das einzige grössere Vermögensobjekt seines Eigentümers ist und eine bescheidene Wohn-/Betriebsstätte für ihn bildet, dann kommt es hier wohl rascher zu einem Sonderopfer, als wo die Eigentumsbeschränkung eines von mehreren, ihm gehörenden Gebäuden betrifft. Vgl. auch Rz 1272 mit FN 15 und Rz 1293 (persönliches Eigentum).

H. Abhängigkeit von der (Ablehnung/Zustimmung der) allgemeinen Rechtsanschauung zur Entschädigungspflicht?

Victor Monteil, S. 462 f, vertritt die Auffassung, dass die Frage, ob eine Entschädigung geschuldet sei, auch davon abhänge, wie sich die Allgemeinheit dazu stellt. Dass «bis heute» (1963!) «kaum ein Grundeigentümer ein Entschädigungsbegehren geltend machte, wenn er durch eine Bauauflage zur Verwendung von Mehrkosten verursachendem Baumaterial verpflichtet wurde», spricht seines Erachtens als solches gegen die Annahme einer materiellen Enteignung; er beruft sich dabei, allerdings nicht überzeugend auf Zaccaria Giacometti und Arthur Meier-Hayoz. Überzeugender in dieser Richtung geht jedoch gesamthaft gesehen die – vorsichtige – Argumentation von Thomas Pfisterer, Entwicklung, S. 535 f, gerade auch bezüglich Denkmalsschutz. Man gerät allerdings bei der Vorstellung einer Pflicht des Einzelnen zur «Einordnung in die Gemeinschaft» bald in ein abschüssiges Gelände. Es fragt sich, wie weit diese Überlegungen zu mehr als der Bestätigung eines bereits gefundenen Ergebnisses ausreichen.

1320e

J. Abhängigkeit von der Möglichkeit einer formellen Enteignung mit gleichem materiellem Ergebnis?

Jürg Hess vertritt die Auffassung[35], wo mit einer Eigentumsbeschränkung das gleiche Ziel erreicht werden soll wie mit der formellen Enteignung einer Dienstbarkeit, dort müsse, weil Letztere nur gegen volle Entschädigung zulässig sei, auch für die Begründung der Eigentumsbeschränkung eine Entschädigung geleistet werden, weil es sonst zu einem gegen die Rechtsgleichheit verstossenden, verpönten Umgehungsgeschäft kommen könnte. Dieser Schluss ist aber schon deshalb nicht zwingend, weil es zumindest ausnahmsweise auch entschädigungslose formelle Enteignungen geben kann. Rz 1230, hier FN 26. Das Gemeinwesen ist bei Letzteren allerdings im Allgemeinen eher grosszügiger als in solchen wegen materieller. Der Auffassung von Jürg Hess liegt m.E. eine zu enge Auffassung der Beziehungen zwischen materieller und formeller Enteignung zugrunde.

1320f

K. Abhängigkeit von (gesetzlicher/einzelaktmässiger) Festsetzungsform

Siehe Rz 1295 mit FN 4.

1320g

---

[35] Jürg Hess, S. 250.

IV. Versuch einer Umschreibung der Entschädigungspflicht ausgehend von RPG Art. 24 ff

1320h 1. Die Frage nach dem Eintritt oder Nichteintritt einer materiellen Enteignung infolge neuer Regelungen bezüglich Kontinuität/Transformation von Gebäuden bzw. Bewerbungen lässt sich aber auch noch von einer anderen Seite her beantworten:

Es ist weder davon auszugehen, dass für den Fall einer gestützt auf RPG Art. 22 und 24 in der Fassung von 1979 auszusprechenden Verweigerung baulicher Vorkehrungen (Rz 3674 ff, 3760 ff) der Bundesgesetzgeber eine Entschädigungspflicht in Betracht gezogen hat noch dass er in missbräuchlichem Auskosten der sich aus (alt) BV Art. 113 III ergebenden Möglichkeiten Gesetze beschloss, welche gegen die Bundesverfassung verstossen. Deshalb kann man RPG Art. 22 und 24 in der Fassung von 1979 in gewissem Sinne als eine Art authentischer Auslegung der Eigentumsgarantie nach BV Art. 22ter auffassen, mit Geltung wohl auch für die Eigentumsgarantie gemäss neuer BV Art. 26. In diesem Sinne lässt sich wohl auch BGE 113 Ia 124 (Vernier/GE) verstehen. Vgl. ferner: Werner Schmid-Lenz, S. 64.

2. Das lässt die folgenden Überlegungen zu:

1320i a) Wenn schon der Bundesgesetzgeber 1979 der Auffassung waren, es könne ausserhalb der Bauzonen die Erneuerung, die teilweise Änderung und der Wiederbau nach RPG Art. 24 II, jetzt Art. 24 c II (Rz 3848 ff) bei Gebäuden, welche keinen dortigen Standort erfordern, trotz ihrer Vereinbarkeit mit den wichtigen Anliegen der Raumplanung, auch bei Nichtentgegenstehen überwiegender öffentlicher Interessen entschädigungslos verboten werden, sofern der jeweilige Kanton nicht solches zulassende Ausführungsvorschriften festgesetzt habe (Rz 3850 ff), und auch das Bundesgericht nie eine andere Auffassung vertreten hat, dann verstösst wohl auch eine kantonale Regelung nicht gegen die Eigentumsgarantie, welche innerhalb der Bauzonen entschädigungslos grössere Um-, Auf-, Sub- und Anbauten, Umgestaltungen, Wieder-, Anschluss-, Dependenz- und Dislokationsbauten an Gebäuden verbietet, die erhebliche Verstösse gegen Bauvorschriften aufweisen, sofern diese Verstösse nicht beseitigt oder wesentlich gemildert werden.

1320k b) Umgekehrt wird man aber wohl auch sagen dürfen: Wenn der Bundesgesetzgeber ausserhalb der Bauzonen Erneuerungen, teilweise Änderungen und Wiederbauten von Gebäuden, deren Zweck keinen dortigen Standort erfordert, erlaubt, sofern sie mit den wichtigen Anliegen der Raumplanung vereinbar sind und der Kanton solches zulassende Ausführungsregelungen festgesetzt hat (Rz 3850 ff), dann würde wohl eine kantonale Regelung, welche innerhalb der Bauzonen selbst das blosse Fortbestehenlassen, Reparaturen und kleinere Renovationen, Um-, Auf- und Anbauten an Gebäuden bzw. kleinere Änderungen bei Bewerbungen verbietet, welche baurechtskonform oder nur leicht baurechtswidrig sind, gegen die Eigentumsgarantie verstossen. Es ist mir jedoch nicht bekannt, dass solche Verbote seit dem Jahre 1980 je einmal aktuell geworden sind[36].

---

[36] Zum problematischen § 224 des alten AG-Baugesetzes siehe Rz 407.

c) Eine gewisse Aktualität entschädigungspflichtiger, kantonaler Regelungen betreffend Änderung und sonstige Transformation von Gebäuden bzw. Bewerbungen besteht höchstens dort, wo ein gegen Abstandsvorschriften verstossendes, gut erhaltenes, kleineres Gebäude so in einer verhältnismässig grossen Parzelle steht, dass es daneben, ohne Abbruch dieses Gebäudes, nicht genügend freien Platz für ein anderes Gebäude hat und Um-, Auf- oder Anbauten an jenem Gebäude nur unter gleichzeitiger Behebung der Baurechtswidrigkeit gestattet sind. Hier würde der Eigentümer einer gleich grossen Parzelle ohne Gebäude von den üblichen Maximal- und Minimalvorschriften möglicherweise weniger hart betroffen. Rz 1366.

§ 4 Die Anwendung der Eigentumsgarantie auf die vier einschränkenden Hauptkategorien des postfiniten Baurechtes

Vorbemerkung

Es gibt nur wenige Entscheide, welche sich direkt zur Frage äussern, ob das Verbot/Gebot einer baulichen oder bewerbsmässigen Änderung eine materielle Enteignung darstelle oder nicht. Wenn ich trotzdem im Folgenden jeweils eine ganze Reihe von Entscheiden aufführe, so geschieht dies aus folgender Überlegung heraus: Bezeichnet ein Entscheid eine bauliche oder bewerbsmässige Änderung trotz gegenteiliger Auffassung als verboten/geboten, so darf man, auch ohne dass im Entscheid von der Entschädigungspflicht die Rede ist, dies als einen Hinweis dafür ansehen, dass dessen Verbot keine materielle Enteignung bewirkt. Bezeichnet jedoch ein Entscheid eine bauliche oder bewerbsmässige Änderung trotz gegenteiliger Auffassung als erlaubt, so darf man, ohne dass im Entscheid von der Entschädigungspflicht die Rede ist, dies als einen Hinweis dafür ansehen, dass dessen Verbot eine materielle Enteignung bewirken würde. Zwingend sind die beiden Schlüsse aber nicht.

I. Zum Abbruchgebot und zum Bewerbstilllegungsgebot

A. Zur Beurteilung im Lichte der bundesgerichtlichen Praxis

1321   Das Gebot des Abbruches eines Gebäudes und dasjenige der Stillegung des Bewerbes (Rz 360)[1] bilden im Wesentlichen eine Untersagung oder Einschränkung eines bisherigen Gebrauchs einer Sache. Der Eingriff dürfte dabei immer schwer sein, selbst wenn es sich nur um ein kleines Gebäude handelt. Man könnte sogar sagen: Die Einleitung der bundesgerichtlichen Umschreibung der materiellen Enteignung mit der Erwähnung der Untersagung oder Beschränkung, des Entzuges einer wesentlichen, aus dem Eigentum fliessenden Befugnis im Schwereblock (Rz 1296) habe gerade und vor allem das Gebot des Abbruches von Gebäuden bzw. der Stillegung von Bewerbungen derselben im Auge. Es ist doch kaum anzunehmen, dass hier bei der Untersagung oder Einschränkung des bisherigen Gebrauches einer Sache vorweg an eine Untersagung oder Einschränkung des Weiterbewirtschaftens von Feldern, Äckern, Wiesen, Wäldern und Gewässern oder Fahrnis oder an deren Veräusserung/Vererbung gedacht worden sei. Demgegenüber spielen der Baumöglichkeits- und der Wahrscheinlichkeitsblock (Rz 1298 f) der bundesgerichtlichen Umschreibung der materiellen Enteignung bei den Abbruch- bzw. Bewerbstilllegungsgeboten kaum ein Rolle, geht es doch hier nicht primär um die Wahrscheinlichkeit eines Hinzubauens bzw. Hinzubewerbens, sondern eher um das Gegenteil. Von etwelchem Belang ist jedoch der Sonderopferblock (Rz 1297).

---

[1] Das entspricht dem Fortbestehenlassens- bzw. Bewerbweiterausübungsverbot aus der «Gegenrichtung» gesehen. Siehe auch: Aldo Zaugg, 1985, S. 290 f; Detlev Dicke, S. 23; Leo Schürmann/Peter Hänni, S. 271; Ulrich Zimmerli, Verhältnismässigkeit, S. 105; Katharina Sameli, S. 332 f; Magdalena Ruoss Fierz, S. 1 ff.

B. Zu einzelnen Situationen

1. a) Bezüglich eines voll baurechtgemässen Gebäudes bzw. Bewerbes liegt ein Abbruch- bzw. Bewerbstilllegungsgebot nur dann im öffentlichen Interesse (und ist sonst unhaltbar), wenn es ein einem öffentlichen Vorhaben im Wege stehendes Gebäude bzw. einen solchen Bewerb betrifft. 1322

b) Es erwachsen dem Gebäudeeigentümer bzw. Bewerbträger bei einem gebotenen Abbruch bzw. einer solchen Bewerbstillegung regelmässig Abbruch- bzw. Stilllegungskosten, Einnahmenausfälle, Vermögensverminderungen. Diese sind bei Rechtmässigkeit des Gebäudes bzw. Bewerbes zu entschädigen. Das ist eigentlich selbstverständlich. 1323

2. Die folgenden Entscheide und Literaturstellen sind im Sinne der Vorbemerkungen zu Rz 1321 ff zu verstehen:

– Entscheid des ZH- Regierungsrates vom 13. Dezember 1962 (Verordnung zum Schutze des Pfäffikersees, Holzschopf/Wochenendhaus, in: ZBl 1963 S. 180 ff): «Beim Erlass der Verordnung ... mussten die Verhältnisse grundsätzlich so hingenommen werden, wie sie im damaligen Zeitpunkt lagen. Die Verordnung vermochte ebensowenig wie andere ähnliche Erlasse eine Sanierung früher begangener Eingriffe in die unberührte Landschaft herbeizuführen, sondern musste sich im wesentlichen darauf beschränken, weitere Verunstaltungen und die Intensivierung der Auswirkungen vorbestehender Störungen zu verhindern.»
– ZH-RB 1974 Nr. 84: «Die bestehenden Gewerbebetriebe sollen weiterhin in Zonen geduldet werden, in welche sie gemäss den allgemeinen Nutzungsvorschriften nicht gehören.» Dieser Entscheid kommt auch in Rz 1543 FN 62 zur Sprache.
– BGE 101 Ia 231, 233 f (Kanton Zürich, zu der wegen des umstrittenen Baues einer Tiefgarage und von Zivilschutzräumen eingereichten Volksinitiative «Rettet Regensberg», welche Abbrüche verlangte): Die Ungültigerklärung der Initiative durch den Kantonsrat wurde bestätigt, allerdings allein, weil sie bezüglich des Abbruchgebotes «eine rechtliche Differenzierung (trifft), die sich sachlich nicht begründen lässt und gegen Art. 4 BV verstösst», nämlich weil sie ein Abbruchgebot nur für Tiefgaragen und Zivilschutzräume statuierte, welche vor dem 15. November 1974 bewilligt, aber erst nachher fertiggestellt worden sind; andere Bauten könnten das Ortsbild aber gleich stark beeinträchtigen. Rz 988.
– BGE 109 Ib 119 (Klosters-Serneus/GR, betr. ein von der Baulinie angeschnittenes Hotel): «Alle bestehenden Bauten ..., welche dem neuen Recht widersprechen, ... können ... bestehen bleiben ...»
– BGE vom 22. März 1989 (Stadt Zürich, in: ZBl 1989 S. 451, 453, betr. Verhältnis von Wohnerhaltungsgesetz und Wohnanteilplan gemäss Bauordnung; Rz 3118 ff): «Der vorgeschriebene Wohnanteil ändert an der bestehenden Nutzung nichts; diese ist ... geschützt.»
– BGE vom 2. Juni 1994 (Küsnacht/ZH, betr. Beheizung von privatem Freiluft- Schwimmbad, in: ZBl 1995 S. 281, 283 ff): nähere Angaben hiezu in Rz 1397c und 1658.
– Bundesrat Kurt Furgler bei der Beratung der verworfenen Fassung des RPG in der Bundesversammlung (Sten. Bull. NR 1974 S. 1099 Rz 3253): Es ist «im kantonalen Recht seit langem anerkannt, dass die Bauten und Anlagen, die einmal rechtmässig

erstellt wurden, auch unter dem neuen Recht, dem sie eventuell widersprechen würden, ... fortbestehen dürfen».
- Martin Pfisterer, S. 93 ff, scheint die obigen Äusserungen von Bundesrat Kurt Furgler zu teilen.
- Erich Zimmerlin, 1985, zu § 224, N. 4b: «Erste Voraussetzung (nämlich des Fortbestehendürfens) ist das Bestehen einer vor Inkrafttreten des neuen Rechtes erstellten Dauerbaute ..., für die – formell – eine rechtskräftige Bewilligung erteilt worden oder die doch – materiell – rechtmässig errichtet worden ist (Zitate) ... (Das gilt auch für) Bauten, die durch den Titel der Urvordenklichkeit gestützt werden.» Zu § 224, N. 4d: Hier unterscheidet Erich Zimmerlin zwischen nicht baufälligen, baufälligen aber technisch nicht abbruchreifen und technisch abbruchreifen Gebäuden. Zu § 224, N. 5a: «Die Wirkung ... besteht vor allem darin, dass der ... geschützten Altbaute der Weiterbestand in ihrer derzeitigen inneren und äusseren Gestaltung und mit ihrer bisherigen Zwecksetzung gewährleistet ist, und zwar grundsätzlich ebenso lange wie bei einer baurechtskonformen Baute. Vorbehalten sind die Schranken des allgemeinen, auch für baurechtskonforme Bauten geltenden Rechtes, v.a. diejenigen des Immissionsschutzes.» Zu § 224, N. 5b: «Gesichert ist die Benutzung der Baute im Rahmen ihrer bisherigen Zweckbestimmung.»
- Detlev Dicke, Die Abbruchverfügung, in: BR 1981 S. 23, 29: «Ändert sich die Sach- oder Rechtslage erst, nachdem die Baute formell und materiell rechtmässig errichtet wurde, ist der Fall denkbar einfach. Ein Widerruf kommt wegen Vollzugs der Bewilligung nicht in Frage. Enteignung oder Duldung sind die einzigen Alternativen.»
- René A. Rhinow/Beat Krähenmann, Nr. 122, XIII, S. 368: «(Es) dürfen gemäss bisherigem Recht erworbene Rechtspositionen auch unter neuem Recht weiter bestehen, obwohl sie diesem nicht mehr entsprechen. (Es soll) im Konflikt zwischen dem öffentlichen Interesse an der raschen und vollständigen Verwirklichung des neuen Rechts und dem privaten Interesse am Fortbestand geschaffener Werte ein Ausgleich (geschaffen werden).»
- Werner Schmid-Lenz, S. 60: «Die zahlreichen Entscheide ... ausserhalb der Bauzonen lassen den ... Schluss zu, dass die Verfassung ... die zeitgemässe Erneuerung unter altem Recht erbauter Häuser garantiert, und zwar auch in den seither überbauten Gebieten. Die bundesrechtliche Mindestgarantie umfasst die Erhaltung des rechtmässigen Bestandes und des bisherigen Gebrauchs einer Baute.»
- Felix Huber, S. 170, begründet die Erlaubnis des Fortbestehenlassens baurechtswidriger Gebäude damit, baurechtliche Vorschriften würden «nur für bauliche Tätigkeiten» gelten. Es ist aber auch das Fortbestehenlassen eines Gebäudes als bauliche Tätigkeit auffassbar. Rz 151 f.
- Richard Koch, S. 48: «(Wo nicht sogleich öffentlichen Interessen durch später statuierte Eigentumsbeschränkungen zum Durchbruch verholfen werden soll), wirkt ... ausgeübte Baubefugnis nach; sie bleibt m.a.W. ihrem Inhaber trotz inzwischen eingetretener Eigentumsbeschränkung[en] zu neuerlicher oder weiterer Betätigung im ursprünglichen Umfang erhalten.»
- Der Stadtrat von Zürich erklärte in einer Weisung für die Gemeindeabstimmung vom 12. Juni 1988 betreffend Volksinitiative für eine Zonenplanänderung im Gebiet Döltschi in Wiedikon unter Bezugnahme auf ein Gutachten von Tobias Jaag für den Fall der Annahme der Initiative: «Gemäss schweizerischer Lehre und Rechtsprechung dürfen Bauten und Anlagen, die einmal rechtmässig erstellt worden sind, auch unter dem neuen Recht fortbestehen, selbst wenn sie ihm widersprechen.»

– Bundesamt für Konjunkturfragen, S. 86: «Das Bestandesvertrauen ... geht dem Recht des Gemeinwesens, neue Vorschriften durchzusetzen, grundsätzlich vor, weil ein Unterhaltsverbot einem verzögert wirkenden Widerruf der Baubewilligung gleichkäme; trotzdem ist es in jedem einzelnen Fall gegenüber allen überwiegenden öffentlichen Interessen abzuwägen ... Der bare Unterhalt ... (ist) auch ohne entsprechendes kantonales Ausführungsrecht ... zu ermöglichen.» S. 140 f: Ausführung de lege ferenda bezüglich einer ortsplanerisch unerwünscht schwach ausgenützten Parzelle: «Die Durchsetzung einer (Weiterbaupflicht geht rechtlich nicht an): Eine bereits getätigte Investitionen müsste mit anderen Worten – zumindest teilweise – unfreiwillig zerstört werden, was nach heutiger Auffassung in aller Regel als unverhältnismässig angesehen wird bzw. erhebliche Entschädigungsleistungen des Gemeinwesens auslösen könnte.» (Nicht erwähnt wird, dass der Eigentümer bei einer Weiterbaupflicht ungewollt hohe Finanzmittel investieren müsste.)

3. Wo es sich jedoch um ein Gebäude bzw. einen Bewerb oder einen Teil davon handelt, für welchen eine Bewilligung, obwohl erforderlich, nie erteilt worden oder eine einmal erteilte Bewilligung abgelaufen ist und wo kein Anspruch auf nachträgliche Bewilligung besteht, also Eigenmächtigkeit oder Säumnis in der Erfüllung von Auflagen der Baubewilligung vorliegt, dort ist wohl selbstverständlich, dass keine Entschädigung wegen materieller Enteignung geleistet werden muss[2]. Bei Entscheiden zu so motivierten Abbruch- bzw. Bewerbstilllegungsgeboten handelt es sich weitgehend um Vollstreckungsbefehle im Sinne von Rz 733 ff: 1324

– BGE 106 Ia 262 ff (Adlikon/ZH, betr. Autofriedhof): Hier wurde das Gebot des Abbrechens bzw. der Stilllegung des bestehenden Sammelplatzes für ausgediente Autos bestätigt, obwohl entgegen dem Regierungsrat angenommen worden war, die Anlage sei im Jahre 1955 rechtmässig angelegt worden, weil damals noch keine Bewilligungsbedürftigkeit galt; das sei aber mit dem Inkrafttreten des Bundesgesetzes über den Schutz der Gewässer gegen Verunreinigung vom 16. März 1955 (Rz 4073 ff) und des kantonalen Gesetzes über die Beseitigung von ausgedienten Fahrzeugen und Schrott vom 4. März 1973 (ZG 712.2, Rz 3178) anders geworden; die neuen materiellen Anforderungen seien nicht erfüllt gewesen; das habe zur Qualifikation als polizeilicher Missstand berechtigt[3].
– Entscheid des GE-Tribunal administratif vom 30. Januar 1996 (gemäss BR 1997 S. 91 Nr. 225): Der Abbruchbefehl für baurechtswidrige Gebäudeteile, welche in den Bau-

---

[2] André Grisel, S. 771; Alfred Kuttler, Eigentumsbeschränkungen, S. 648, derselbe, Materielle Enteignung, S. 193; Georg Müller, Kommentar BV, zu Art. 22ter, FN 131. Frühere Umschreibungen der materiellen Enteignung nannten denn auch stets die Rechtmässigkeit des bisherigen Gebrauches als Voraussetzung für einen Entschädigungsanspruch. Vgl. Enrico Riva, S. 71, 75, 83, 279 zu BGE 69 I 241 f (Erben Müller-Haiber c. Stadt Solothurn). Es ist mir nicht klar, weshalb in der ohnehin umfangreichen Umschreibung gerade auf die Erwähnung dieses Elementes verzichtet worden ist (seit: BGE 91 Ia 329–339; Bevaix/NE, betr. Barret).
[3] Wegen der Bezogenheit auf einen Autofriedhof und nicht auf ein Gebäude ist er kein besonders aufschlussreiches Präjudiz. Siehe auch den BGE vom 7. Juli 1965, in: ZBl 1966 S. 76 ff (Kanton Solothurn).

gesuchsplänen nicht – als zur Änderung vorgesehen (Rz 711) – rot markiert waren, wurde bestätigt. Von Entschädigungspflicht war nicht die Rede.
- Detlev Dicke, Die Abbruchverfügung, in: BR 1981 S. 23, 26: «Wenn ... bei einer Höhe von 10 m eine Baute mit einer Höhe von 10,03 m errichtet wird, kommt eine Abbruchverfügung nicht in Betracht ... Bei einer formell rechtswidrigen Baute ist eine Abbruchverfügung nur dann unzulässig, wenn die Baute genehmigt werden *müsste*, nicht aber, wenn sie nur genehmigt werden *könnte*. Durch wie auch immer geartete Investitionen darf der Bürger die Ermessenskompetenz der Behörden nicht umstürzen.» Von einer Entschädigungspflicht ist nicht die Rede.

1324a

1325
4. Wenn der Abbruch eines Gebäudeteiles als Auflage in einer bereits ausgeübten Bewilligung für bauliche Änderungen enthalten ist, dann kann dessen Entfernung auch nachträglich noch entschädigungslos verlangt werden.

5. Entschädigungslosigkeit des Abbruch- bzw. Bewerbstilllegungsgebotes gilt auch, wo eine Situation aus vom Gebäudeeigentümer bzw. Bewerbträger allein zu verantwortenden Gründen im Laufe der Zeit in einen polizeiwidrigen Zustand geraten ist (Rz 412):
- Enrico Riva, S. 320 f.
- Der FR-Staatsrat beschloss im April 1996 den Abbruch des von der Sonnentempler-Sekte benutzten Bauernhofes in Cheiry, wo am 5. Oktober 1994 24 Sektenangehörige gemeinsam in den Tod gegangen waren; begründet wurde dies nicht mit baurechtlichen Argumenten, sondern mit der Erfordernis der Wiederherstellung der öffentlichen Ordnung; es sollte verhindert werden, dass die Existenz des Gebäudes zur Wiederholung ähnlicher Untaten anregt. Ein nicht baurechtlich motivierter Sonderfall ohne gleichen.

1326
- Vgl. auch: BGE 101 Ib 166, 168 f (Schweizerhalle/BL).

1327
6. Differenzierter zu urteilen ist jedoch, weil es sich «weitgehend um eine Sache der Definition» handelt (vgl. Enrico Riva, S. 323, 325), wo das Entstehen des polizeilichen Missstandes nicht durch den Gebäudeeigentümer bzw. Bewerbträger, sondern durch ein Geschehen in der Nachbarschaft ausgelöst worden ist. Wegleitend sollte sein, dass der Störer und nicht der «Gestörte» die Kosten tragen muss[4]. Vgl. Ulrich Häfelin/Georg Müller, N. 1926, 1933a, Enrico Riva, S. 75, 83 mit FN 21, 279, 320 und 321 mit FN 55. Rz 4095 f.

7. Abbruch- bzw. Bewerbstilllegungsgebote wegen «grünen Missständen» (zB Be-

---

[4] Heranrücken von lärmintensivem Strassen-, Eisenbahn- oder Flugverkehr an Wohnhäuser in bisher ruhiger Lage (BGE vom 30. Mai 1979 [Knonau/ZH], in: ZBl 1980 S. 354 f; BGE 121 II 318 ff, Kanton Genf, 122 II 17 ff, Kanton Genf, und 123 II 481 ff, Kanton Zürich, Rz 4095 f); ferner: Heranrücken neuer Wohnbauweise an alte Backsteinbrennerei (vgl. hiezu den von Enrico Riva, S. 321, FN 55, zitierten Leading Case aus dem Jahre 1915 für das Gebiet von Los Angeles; Hadacheck c. Sebatian, 239, US 394), an alte Schweinemästerei (Staub c. Wetzikon/ZH, in: ZBl 1961 S. 562), an Pferdestallung (BGE vom 23. Oktober 1931, Kanton Waadt, unveröffentlicht, zitiert von Enrico Riva, S. 321 f), neuer Grundwasserfassung an alte Kiesausbeutungsanlagen (BGE 96 I 350 f, Maschwanden/ZH). Vgl. Rz 1314, hier FN 29, und Enrico Riva, S. 83 bei FN 20 f, S. 320 f bei FN 3. Vgl. auch die Situation im Privatrecht: BGE 88 II 10.

einträchtigung eines Baudenkmales, Verunstaltung eines schutzwürdigen Strassen-, Orts- oder Landschaftsbildes, Schädigung eines Biotops) sind wohl nicht entschädigungspflichtig. Durch den – allerdings nicht in die neue BV übernommenen – BV Art. 24^{sexies} V der Übergangsbestimmungen, dem Rothenthurm-Artikel, ist die Entschädigungspflicht für «Anlagen, Bauten und Bodenveränderungen», welche dem Zweck der Moorschutzgebiete widersprechen und nach dem 1. Juni 1983 erstellt worden sind, in einem Spezialfall ausdrücklich verneint (Rz 4104 ff). Vgl. den BGE vom 26. Januar 1977 (Davos-Wolfgang/GR, in: ZBl 1977 S. 319): Das Gebot der Beseitigung der das Landschaftsbild störenden Reste eines durch eine Grosslawine zerstörten Ferienhauses wurde bestätigt. Damit sollte auch ein Wiederbau verunmöglicht werden (Rz 1401).

1328

8. Für unbedingte Abbruch- bzw. Bewerbstilllegungsgebote gegenüber rechtmässig errichteten, keinen polizeilichen Missstand bewirkenden, heute aber allein wegen einer Gesetzesrevision oder strengeren Praxis zu nicht revidierten Vorschriften als baurechtswidrig beurteilten Gebäuden ist eine Entschädigung geschuldet. Grundsätzlich gilt aber Entschädigungslosigkeit, wenn der Abbruch bzw. die Stilllegung als Bedingung in einer Bewilligung für ein Änderungsvorhaben des Bauaktiven gesetzt werden kann (Rz 1408 ff). Vgl. Enrico Riva, S. 322 f. Rz 445a ff.

1329

9. Wo der Gebäudeabbruch bzw. die Bewerbstilllegung im Hinblick auf die Verwirklichung eines öffentlichen Werkes oder eines sonstigen Vorhabens im öffentlichen Interesse erfolgen muss, hat das realisierende Gemeinwesen für den aus dem Abbruch bzw. der Stilllegung dem Gebäudeeigentümer bzw. den Bewerbträger entstehenden Schaden nach den Grundsätzen der formellen Enteignung aufzukommen[5]. Das trifft auch zu, wo es sich um Gebäude bzw. Bewerbungen handelt, welche nicht bewilligt worden, aber materiell rechtmässig sind, oder um solche, deren materielle Rechtswidrigkeit durch eine Gesetzesrevision ausgelöst worden ist.

– BGE 112 Ib 535 (Häggenschwil/SG, Stiftung «die neue zeit» c. Eidgenossenschaft, betr. Naturistenzentrum, Enteignung eines «Wohnhauses» in Grünzone für den Truppenübungsplatz Bernhardzell/SG): Dass für den Einbau von Küchenkombination, Dusche, WC, Massenlager und elektrische Installationen keine Bewilligung vorlag, schloss die Verpflichtung zur vollen Entschädigung nicht aus, da diese Vorkehrungen grossenteils hätten bewilligt werden können und kein Hinweis bestand, «dass die Gemeinde jemals baupolizeiliche Massnahmen» dagegen traf; im Gegenteil: Sie teilte die Parzelle wegen des Naturistenzentrums nicht der Landwirtschafts-, sondern der unter anderem «der Schaffung und Erhaltung von Erholungsanlagen» dienenden Grünzone zu.

C. Weitere Gesichtspunkte

1330

1. Bisweilen wird versucht, die Trennlinie zwischen entschädigungspflichtigen und nicht entschädigungspflichtigen Abbruch- bzw. Bewerbstilllegungsgeboten so zu ziehen, dass zu den Ersteren die «Untersagungen» und zu den Letzteren die «Einschränkungen»

---

[5] Bezüglich «bewilligen können bzw. müssen» vgl. die Bemerkungen von Detlev Dicke in Rz 1324.

gerechnet werden. «Das massgebende Kriterium liegt (jedoch) nicht in der Unterscheidung der Begriffe des Untersagens und des Einschränkens, da deren Übergang ohnehin fliessend ist.»[6]

1331

2. Bei alldem ist Folgendes zu bedenken: Wenn dem Eigentümer von unüberbautem Land gemäss bundesgerichtlicher Praxis entschädigungslos eine Ausnützungsverminderung bis in die Grössenordnung von einem Drittel der bisherigen Ausnützungsmöglichkeit zugemutet werden kann (Rz 1307, hier FN 20), dann ist eigentlich nicht einzusehen, wieso bei Abbruch- bzw. Bewerbstilllegungsgeboten von vornherein jeder Franken der Abbruch- bzw. Bewerbstilllegungskosten und des Wertes des abzubrechenden Gebäudes oder Gebäudeteiles bzw. des weiteren Ertrages des stillzulegenden Bewerbs vergütet werden sollte. Allerdings ist der Verlust eines Frankens, welchen man bisher als Wert besass oder beziehen konnte, schwerer zu ertragen, als ein solcher eines Frankens, welchen man sich erst in Zukunft erwirtschaften könnte. Eine besondere Situation liegt jedoch vor, wo es um den Lebensunterhalt eines Landwirtes oder Kleingewerbetreibenden geht. Es ist aber ein Entgegenkommen nur dort am Platz, wo keine Eigenmächtigkeit des Gebäudeeigentümers bzw. Bewerbträgers mit im Spiel ist.

1332

3. Streitigkeiten über die Entschädigungspflicht bei Abbruch- bzw. Bewerbstilllegungsgeboten sind gerichtlich zu beurteilen.

– BGE 117 Ia 522 ff (Mies/VD): Dieser Entscheid hob den Abbruchbefehl für ein Gebäude auf, dessen Umbau zuvor mit Mehrwertsrevers bewilligt worden ist, bei welchem aber ein weitgehender Abbruch und dann ein Wiederbau stattgefunden hatte; die Aufhebung erfolgte allerdings ausschliesslich, weil der Abbruchbefehl EMRK Art. 6 nicht genügte.

II. Zum Hinzubau- und zum Hinzubewerbgebot

A. Zur Beurteilung im Licht der bundesgerichtlichen Praxis

1333

1. Wie das «Hinzu-» zu verstehen sei, wird in Rz 361 dargelegt: nicht nur als eine Hinzufügung zu etwas bereits Bestehendem und Bestehenbleibendem, sondern auch als das Bauen bzw. Bewerben anstelle eines vorherigen Abbruches bzw. einer vorherigen Bewerbstilllegung.

1334

2. a) Mit einem Hinzubau- bzw. Hinzubewerbgebot[7] wird kein bisheriger Gebrauch der Sache im Sinne des Schwereblockes (Rz 1296) untersagt oder besonders stark eingeschränkt/entzogen, es sei denn, das Hinzuzubauende bzw. Hinzuzubewerbende stehe mit

---

[6] So der Entscheid des BS-Verwaltungsgerichtes vom 13. Juni 1984 (Basel, betr. Angensteinerstrasse 28/30, in: ZBl 1985 S. 14, 16; siehe auch die gleichen Gebäude betreffenden BGE 102 Ia 243 f und 111 Ib 257 ff).

[7] Es ist dies eine Sonderform des Fortbestehenlassens- bzw. des Bewerbeinstellverbotes.

dem Fortbestehenlassen der bisherigen Bauteile bzw. der Weiterausübung des bisherigen Bewerbes in einem nicht zu vereinbarenden Gegensatz[8]. Das Hinzubau- bzw. Hinzubewerbgebot belastet hingegen den Gebäudeeigentümer bzw. den Bewerbträger meist mühemässig und finanziell, wenn er selbst nichts ändern will. Es erschwert ihm vielleicht die von ihm selbst für später einmal beabsichtigten Vorkehrungen oder verteuert sie zumindest. An sich stehen auch die finanziellen Auswirkungen der Verpflichtung zu einem Tun unter dem Schutz der Eigentumsgarantie.

1334a

b) Da es ja das Gemeinwesen ist, welches ein Tätigwerden verlangt, spielen der Baumöglichkeits- und Wahrscheinlichkeitsblock (Rz 1298 f, 1301) hier voraussetzungsgemäss keine Rolle. Etwas anders mag es sich mit dem Sonderopferblock (Rz 1297) verhalten. Sonst aber greift im Allgemeinen die bundesgerichtliche Umschreibung der materiellen Enteignung hier eher ins Leere.

B. Zu einzelnen, besonderen Situationen

1335

1. Bezüglich eines voll baurechtgemässen Gebäudes bzw. Bewerbes liegt ein Hinzubau- bzw. Hinzubewerbsgebot nur dann im öffentlichen Interesse und ist sonst unhaltbar, wenn es sich um eine Weiterbaupflicht zur Erreichung einer ortsbaulich erwünschten Vollausnützung handelt (ein Zurückbleiben hinter dieser wird hier nicht als Baurechtswidrigkeit aufgefasst).

– Das Bundesamt für Konjunkturfragen, S. 140 f, bemerkt de lege ferenda bezüglich einer ortsplanerisch unerwünscht schwach ausgenützten Parzelle: «Die Durchsetzung einer ‹Weiterbaupflicht› (geht rechtlich nicht an). Eine bereits getätigte Investition müsste mit anderen Worten – zumindest teilweise – unfreiwillig zerstört werden, was nach heutiger Auffassung in aller Regel als unverhältnismässig angesehen wird bzw. erhebliche Entschädigungsleistungen des Gemeinwesens auslösen könnte.» Nicht erwähnt wird aber, dass der Eigentümer bei einer Weiterbaupflicht ungewollt hohe Finanzmittel investieren müsste.

Es wird hiezu auf BGE 112 Ia 65, 72 (Bever/GR) und Georg Müller, Baupflicht, verwiesen.

1336

2. a) Der Hauptanwendungsbereich des Hinzubau- bzw. Hinzubewerbsgebotes findet sich deshalb dort, wo es um nicht voll baurechtgemässe Gebäude bzw. Bewerbungen geht, weil z.B. von Anfang an oder erst ab einem späteren Zeitpunkt ein polizeilicher oder «grüner» Missstand vorliegt oder weil erforderliche Bauteile fehlen (baustatisch ungenügende Konstruktion, Geländer an gefährlichen Stellen, Fehlen von Brandsicherungs-, Abwassereinigungs-, Staubfilterungs-, Lärmisolationsanlagen oder es geht um einen zu geringen Wohnanteil, um eine zu kleine Grünfläche oder um zu wenig Autoabstellplätze.

– Gemäss dem BGE 97 I 799 (Zug, betr. Reutemann) bewirkt die Pflicht zur Erstellung

---

[8] In Betracht käme etwa der Fall eines Restaurantes, dessen Attraktivität zu einem wesentlichen Teil in ländlichen, niedrigen, kleinen und verwinkelten, aber der Gastwirtschaftsgesetzgebung (Rz 3185) widersprechenden Räumen besteht.

privater Parkflächen auf jeden Fall solange keine materielle Enteignung, «als die Parkplätze nicht der Öffentlichkeit zur Verfügung gestellt werden müssen und die Baupflicht, wenn ihre Erfüllung mit unverhältnismässigen Kosten verbunden wäre, durch eine sich in bestimmten Grenzen haltende Geldleistung abgegolten werden kann».

1337
b) Soweit sich solche Gebote auf typisch polizeiliche Aspekte des Gesundheits-, Feuersicherheits- oder Umweltschutzwesens beziehen und sie nur das verlangen, was ein umsichtiger, solventer Gebäudeeigentümer bzw. Bewerbträger schon von sich aus unternähme, sie insoweit also von vornherein kein Sonderopfer bewirken, wird eine Entschädigungspflicht kaum je gegeben sein. Ähnlich: Enrico Riva, S. 320 f.

1338
3. Die Hinzubau- bzw. Hinzubewerbsgebote regeln meistens nicht nur das Wo des Bauens bzw. Bewerbens, sondern auch das Wie im Sinne der Regelung der zu verwendenden Materialien und der zu erreichenden Gestaltung. Es handelt sich dabei oft um Gebote, welche nur zum Zug kommen, wenn der Gebäudeeigentümer selbst bauliche Änderungen vornehmen will (Rz 446 f).

Zur Entschädigungsfrage hiezu hat sich bisher am eingehendsten Victor Monteil, S. 457–463, geäussert; das geschah bereits im Jahre 1963. Er fasste dabei die Gebote, in historisch gewachsenen Ortsteilen bestimmte Materialien zu verwenden, zB teureren Naturstein anstatt Beton oder Kunststein, besonders ins Auge; auch ist an teurere Fenster- und Dachkonstruktionen zu denken. Sein Befund lautet: Es besteht keine Entschädigungspflicht für die Mehrkosten. Er begründet dies wie folgt:

– mit Analogie: Bei Ausnützbarkeitsverminderungen besteht für unüberbaute Parzellen trotz des oftmals sich hier stärker auswirkenden Eingriffes weitgehend keine Entschädigungspflicht (Rz 1307, hier FN 20); Entsprechendes gilt auch für die gesundheits-, feuer- und umweltschutzrechtlichen, bisweilen recht erheblichen Eingriffe; diese Argumentationsweise überzeugt aber nur insoweit, als die Entschädigungslosigkeit in jenen Fällen gerechtfertigt ist;
– mit Wertüberlegungen: Ein mit teureren Materialien erstelltes Gebäude ist deswegen nicht weniger wert, im Gegenteil; daher entsteht kein Schaden; das trifft aber nur so lange zu, als nach historisierenden Gebäuden eine ausreichende Nachfrage herrscht;
– mit dem Trittbrettfahrerargument: Das Gebot betrifft einen Aspekt, dessen Vorhandensein in der Nachbarschaft einen Grund für seinen eigenen Wert bildet; der Gedanke lässt sich jedoch nicht überall anwenden;
– mit Verkraftbarkeitsüberlegungen: Meistens machen diese Mehrkosten nur wenige Prozente der ganzen Bausumme aus und drücken deshalb nicht stark; das trifft zu, solange der Eigentümer bzw. der Bewerbsträger finanziell nicht ohnehin am Limit steht;
– mit Bestimmungsgemässheitsüberlegungen: Bisweilen ergibt sich das Hinzubau- bzw. Hinzubewerbgebot aus der Lage oder Beschaffenheit des Gebäudes; zu dieser Vorstellung siehe Rz 1306;
– mit der allgemeinen Rechtsanschauung: Diese spricht nach Victor Monteil für Entschädigungslosigkeit; zu dieser Vorstellung siehe Rz 1320e.

1338a
4. Enrico Riva bemerkt auf S. 287: «Wirkt sich eine staatlich verfügte Leistungspflicht für den Betroffenen nur oder überwiegend belastend aus, stellt sich die Frage der

Entschädigung durchaus.» Er verweist hiezu aber nicht auf einen Entscheid bezüglich «Bauleistung», sondern auf einen solchen bezüglich Besorgung einer Sammlung von Antiquitäten (BGE 113 Ia 376 f, Balli/TI).

1339
5. Zur Bemessung eines allfälligen Entschädigungsanspruches ist im Allgemeinen Folgendes zu beachten:

- wo sich wegen der Erfüllung des Hinzubau- bzw. Hinzubewerbsgebotes ein höherer Mietertrag erzielen lässt, kann dies den Entschädigungsanspruch herabsetzen oder ganz aufheben;
- wo das Gemeinwesen bei einem an sich als materiell enteignend infrage kommenden Hinzubau- bzw. Hinzubewerbsgebot gewisse Dispense zusichert, im Rahmen der Neubautenrechtsausschaltung gemäss Rz 543 ff sonst Verbotenes weiterexistieren darf oder das Gemeinwesen an die Kosten des Mehraufwandes beiträgt, kann dies den Entschädigungsanspruch herabsetzen oder ganz aufheben[9, 10].

III. Zum Abbruch- und zum Bewerbstilllegungsverbot

A. Allgemeines

1340
1. a) Abbruchverbote[11] betreffen entweder das Gebäudeäussere (zB Fassaden, Fenster, Tore, Dach) gesamthaft oder partiell, nur das Gebäudeinnere (zB Innenmauern, Getäfer, Stuckaturen, Kachelöfen usw.) gesamthaft oder partiell oder das Äussere und das Innere zusammen.

1341
b) Bewerbstilllegungsverbote betreffen entweder den Bewerb sämtlicher Räume oder nur diejenigen einzelner Geschosse oder sonstiger Teile.

1342
2. Die Regelung, wonach ein Gebäude, Gebäudeteil nicht abgebrochen bzw. ein Bewerb nicht eingestellt werden darf (Rz 362), beruht bezüglich der Frage nach dem Vorliegen einer materiellen Enteignung auf einem ganz anderen Sachverhalt als das Verbot, in einem bisher unüberbaut gewesenen Landabschnitt («auf der grünen Wiese») einen Neubau zu errichten. In jenem Fall steht immer bereits ein Gebäude da, welches zwar vielleicht über keine ideale Erschliessung, keine gute Lage innerhalb der umliegenden Parzellen und keine einwandfreie Abwasserbeseitigung verfügt, also nicht durchwegs baurechtskonform ist, in welchem man aber immerhin schon bisher schlecht und recht wohnen und arbeiten konnte.

---

[9] Vgl. ZH-PBG §§ 207 II, 217 II lit. a; Rz 1843.
[10] Ulrich Zimmerli, Materielle Enteignung, S. 154, schliesst das Vorliegen einer materiellen Enteignung bei einer solchen Subventionsausrichtung geradezu aus. Wohl auch in diesem Sinne: Alfred Kuttler, Materielle Enteignung, S. 197.
[11] Sie entsprechen zu einem Teil dem Fortbestehenlassens bzw. Weiterbewerbungsgebot. Von einem Abbruch ist nicht nur dort zu sprechen, wo nachher zumindest vorübergehend nichts als freier Luftraum vorhanden ist, sondern auch dort, wo anstelle des bisherigen Materiales sofort neues tritt, wenn auch in anderer Weise. Vielen baulichen Änderungen und sekundären Neubauten geht ein teilweiser Abbruch (eine «Entfernung», insbesondere eine «Ausspitzung» gemäss Rz 217) voraus, wenn vielleicht auch nur an der Ansatzstelle der Änderung. Entsprechendes gilt für die Bewerbeinstellung.

1343 3. Bezüglich eines voll baurechtgemässen Gebäudes bzw. Bewerbes liegt ein Abbruch- bzw. Bewerbstilllegungsverbot nur dann im öffentlichen Interesse und ist sonst unhaltbar, wenn es sich entweder auf das Vorhandensein rechtlich verlangter Teile bezieht (Rz 1296) oder auf erhaltenswerte Gebäudekategorien (Baudenkmäler, 1843 ff, zinsgünstiger Wohn- und Gewerberaum, Rz 3118 ff) oder auf die ortsplanerisch erwünschte Vollausnützung von Parzellen bezieht. Bezüglich baurechtswidriger Gebäude bzw. Bewerbungen oder Teile davon ist jedoch ein Abbruch- bzw. Bewerbstilllegungsverbot nur selten aktuell.

B. Zur Beurteilung im Lichte der bundesgerichtlichen Praxis

1344 1. a) Das erste Kriterium im Schwereblock (Rz 1296), also der Umstand, ob die Untersagung oder Einschränkung eines *bisherigen Gebrauches* des «Grundeigentums» eine wesentliche aus dem Eigentum fliessende Befugnis entziehe, ist bei den Abbruch- bzw. Bewerbstilllegungsverboten belanglos. Es wird hier ja gerade umgekehrt eine Verstetigung des Bisherigen angestrebt. Trotz Verbot können die Parzelle und das Gebäude wie bisher weiter «gebraucht», beworben, vermietet und verkauft werden.

1345 Dass ein Abbruch bzw. eine Bewerbstilllegung entschädigungslos verboten werden kann, wenn sich sonst ein polizeiwidriger Zustand ergäbe (was allerdings nur bei einem Abbruch gesetzlich verlangter Teile aktuell werden kann), ist aber wohl selbstverständlich.

1346 b) Das zweite Kriterium im *Schwereblock* jedoch, also die Frage, ob die Untersagung oder Einschränkung eines *künftigen Gebrauches* des Grundeigentums ein wesentliches, aus dem Eigentum fliessendes Befugnis entziehe, ist bei den Abbruch- bzw. Bewerbstilllegungsverboten von erheblichem Gewicht.

1347 Bisweilen will nämlich der Eigentümer ein Gebäude nur deshalb abbrechen bzw. der Bewerbträger den bisherigen Bewerb nur deshalb nicht weiterausüben, weil das Gebäude, sei es ohne sein Verschulden oder sei es wegen Vernachlässigung der Unterhaltspflicht, in einen schlechten Zustand geraten ist, der Unterhalt zu viel kostet und/oder ein zu hohes Haftungsrisiko besteht. Wenn kein Gebäude mit mietzinsgünstigenWohnungen und kein Baudenkmal vorliegt, wird ein Abbruch bzw. eine Bewerbstilllegung meistens auch dem Gemeinwesen willkommen sein und dieses die Vorkehrungen erlauben; hier verliert die Frage der Entschädigungspflicht jede Aktualität. Dass die Abbruch- bzw. Bewerbstilllegungs- und die Folgekosten dabei voll zulasten des Gebäudeeigentümers bzw.

1348 Bewerbträgers gehen, ist wohl selbstverständlich.

Wenn nun aber kein Abbruch bzw. keine Bewerbstilllegung stattfinden darf, dann hat der Gebäudeeigentümer bzw. Bewerbträger wohl meistens weiter für das Unterhalts- und Haftungsrisiko entschädigungslos aufzukommen, nach dem schon in Rz 1331 erörterten Gedanken, dass das Gemeinwesen dem Privaten nicht jeden Franken einer finanziellen Mehrbelastung vergüten muss. Bisweilen kommt das Gemeinwesen allerdings schon aus Zweckmässigkeitsgründen nicht darum herum, einen Beitrag an Unterhalt und Haftungsfäl-

1349 le zu leisten, weil sonst die Gefahr des Zerfalls zu gross ist.

Meistens führt das Verbot eines Gebäudeabbruches bzw. einer Bewerbstilllegung aber nur wegen einer der vier in Rz 1304 dargelegten Bedürfnissituationen zu einer Auseinandersetzung mit dem Gemeinwesen. Abbruchverbote werfen (ausser wegen Unterhaltskosten und Haftungsrisiko, Rz 1347 f) vor allem wegen ihrer Sperrwirkung (Rz 1334) die folgenden, für die Annahme oder Nichtannahme einer materiellen Enteignung bedeutsamen Fragen auf:

α) Wie eingreifend sind die wirtschaftlichen Nachteile für den Eigentümer in den vier in Rz 1304 umschriebenen Situationen, wenn weder der Eigentümer noch ein anderer am bisherigen Gebäude weiterhin interessiert ist?

β) Wie eingreifend ist ein Verbot, ein in einem für seinen Eigentümer unbefriedigenden Zustand befindliches Gebäude abzubrechen, unabhängig vom Gesichtspunkt der Unterhaltskosten und des Haftungsrisikos (Rz 1347 f), allein im Hinblick auf die dadurch bewirkte Versperrung der Möglichkeit einer wirtschaftlich sinnvollen und guten Nutzung für die Zukunft in dem von diesem Gebäude eingenommenen Landabschnitt?

Hier ist zu unterscheiden, ob der unbefriedigende Zustand die Folge von Naturereignissen (Sturm, Erdrutsch, Steinschlag, Lawinen, Überschwemmung, Erdbeben, unverschuldeter Ausbruch von Feuer), von kriminelle Handlungen Dritter (Brandstiftung, Explosion usw.) oder aber die Folge einer Vernachlässigung des Unterhaltes, einer kriminellen Handlung des Eigentümers ist. Der Antwort auf die Frage, wie weit es gerechtfertigt ist, durch ein Abbruchverbot (bezogen auf das Gebäude im unbefriedigenden Zustand) für die Zukunft eine gleich- oder andersartig wirtschaftlich sinnvolle und gute Nutzung versperren zu lassen, wird beim Hinzubau- bzw. Hinzubewerbverbot nachgegangen (Rz 1387 ff).

γ) Wie eingreifend ist ein Verbot, ein schon vor vielen Jahren zerfallenes Gebäude, also eine Ruine, abzubrechen, unabhängig vom Gesichtspunkt der Unterhaltskosten und des Haftungsrisikos, allein im Hinblick auf die Versperrung der Möglichkeit einer wirtschaftlich sinnvollen und guten Nutzung für die Zukunft in dem von der Ruine eingenommenen Landabschnitt?

Ein solches Gebäude, eine solche Ruine steht dem Eigentümer wortwörtlich im Weg. Hier kommt es gewissermassen zu einer Verdoppelung der Eigentumsbeschränkung: Es liegt einerseits diejenige vor, welche den Gebäudeabbruch mit der Folge der Aufbürdung von Unterhaltskosten und Haftungsrisiko verbietet, und anderseits diejenige, welche den Bau eines Gebäudes oder Gebäudeteiles bzw. die Aufnahme eines Bewerbes auf einer von Gebäuden, Ruinen entledigten Parzelle oder in einem Gebäudeteil ohne diesen Bewerbaspekt verbietet, wenn auch nur durch faktische Versperrung. 1350

Hier gelten an sich bezüglich Entschädigung wegen materieller Enteignung die Ausführungen zum Hinzubau- bzw. Hinzubewerbsverbot in Rz 1387 ff ebenfalls. Doch führt dies nicht zwangsläufig dazu, dass grundsätzlich die – zwar eher fehlende – Entschädigungspflicht wegen Unterhaltslast/Haftungsrisiko und diejenige für das Nichthinzubauen- bzw. Nichthinzubewerben-Dürfen addiert werden müssen. 1351

Bezüglich Gebäuden und Bewerbungen ausserhalb der Bauzone ist zu beachten, dass schon RPG Art. 24 in der Fassung von 1979 dem Eigentümer bzw. Bewerbträger wegen seiner Formulierung mit unbestimmten Elementen beachtliche Möglichkeiten des Wiederbaues nach einem Abbruch offen liess[12]. Aber auch sonst sind Abbruch- bzw. Bewerbstill- 1352

---

[12] Rz 3850 ff. Durch die Revision von 1998 wurde der Freiraum noch vergrössert. Rz 3904 ff, 3974 ff.

legungsverbote meistens mit unbestimmten Vorschriftselementen versehen und enthalten häufig eine Ausnahmebewilligungsklausel. Die volle Tragweite ist daher häufig erst anhand eines fachgemäss ausgearbeiteten Baugesuches zu beurteilen und erweist sich dann oft als harmloser, als sie auf den ersten Blick erschien. Im postfiniten Baurecht gibt es überhaupt öfters Regelungen, welche eine sowohl für die Interessen des Bauaktiven, für diejenigen des Gemeinwesens und auch für diejenigen des Nachbarn massgeschneiderte Lösung ermöglichen; man muss die Vorschriften klug anwenden (Rz 4323, 4325 und 4334).

1353

2. Das Kriterium des *Sonderopferblockes*[13] (Rz 1297), also die Frage, ob nur ein einzelner oder einige wenige Eigentümer betroffen sind, wobei es mit dem Rechtsgleichheitsgebot nicht vereinbar wäre, wenn sie keine Entschädigung erhielten, wirkt fürs Erste einmal dort in Richtung auf eine Bejahung der Entschädigungspflicht, wo sich das Abbruch- bzw. Bewerbstillegungsverbot nicht unmittelbar aus einem Gesetz ergibt und damit voraussetzungsgemäss nicht potenziell eine unbeschränkt grosse Zahl von Eigentümern beschlägt[14]. Die Gesetzgebung zur Erhaltung preis-/zinsgünstigen Wohnraumes trifft jedoch gerade eine solche Vielzahl. Die sich hier stellenden Fragen werden in Rz 1357 f näher erörtert. Noch komplexer ist die Situation jedoch im Denkmalschutzrecht. Die sich hier stellenden Fragen werden in Rz 1363 ff näher erörtert.

1354

3. Das Kriterium des *Baumöglichkeitsblockes* (Rz 1298), also die Frage, ob genügend tatsächliche und rechtliche Gegebenheiten vorliegen, welche die Überbauungschancen positiv beeinflussen, kann bei Abbruch- bzw. Bewerbstillegungsverboten aus folgenden Gründen für die Bejahung der Entschädigungspflicht vorgebracht werden: Der Umstand, dass das vom Verbot betroffene Gebäude bereits vorhanden ist, legt es nahe, geltend zu machen, man könne hier durchaus etwas Rechtes neu bauen, denn das Vorhandensein eines Gebäudes beweise, dass hier die Möglichkeit des Bauens bereits einmal bestanden hat, auch wenn damals noch largere Vorschriften galten; etwas Zusätzliches braucht nicht gerade der Tropfen zu sein, welcher das Fass der Baurechtgemässheit zum Überlaufen bringt. Dem ist jedoch entgegenzusetzen, dass der Eigentümer beim (wegen des Abbruchverbotes) erlaubten Fortbestehenlassen des Gebäudes bzw. bei der (wegen des Bewerbstillegungsverbotes) erlaubten Weiterausübung des Bewerbes oft noch eine zwar nicht maximale, aber doch noch bestimmungsgemässe, wirtschaftlich sinnvolle und gute Nutzung aus dem Gebäude, der Parzelle ziehen kann, Rz 1302 ff. Wenn der Eigentümer radikale Eingriffe in das Gebäude beabsichtigt und er einen grösseren Um-/Auf-/Anbau, eine Umgestaltung, einen Wiederbau nach Abbruch oder einen Anschlussbau vorsieht, welche nicht gestattet sind, ohne dass zuerst die Bauordnung revidiert oder gewichtige Ausnahmebewilligungen erteilt werden, dann spricht dies wiederum gegen das Entstehen einer Entschädigungspflicht. Wegen der Unbestimmtheit vieler Elemente der die Änderungen regelnden Vorschriften, wegen Ermessensoffenheit, Lücken und Normenkollisionen in diesem Bereich (Rz 4160 ff) besteht zudem meist die grundsätzliche Möglichkeit der Vornahme von nicht radikalen Eingriffen, insbesondere in Städten und grösseren Ortschaften, was die Entschädigungspflicht wiederum hinfällig werden lässt.

---

[13] Nicola Feuerstein, S. 1 ff.
[14] Rz 1295 mit FN 4. Die Möglichkeit einer Einzelfallgesetzgebung (lex pro re nata) bleibt hier ausgeschlossen.

1355

4. Das Kriterium des *Wahrscheinlichkeitsblockes* (Rz 1301), also die Frage, ob in Bälde mit der Verwirklichung einer Baumöglichkeit zu rechnen sei, kann bei Abbruch- bzw. Bewerbstilllegungsverboten aus folgenden Gründen für die Bejahung der Entschädigungspflicht vorgebracht werden: In jedem älteren Gebäude, in welches nicht erst vor kurzem aufwendig baulich investiert worden ist[15], schlummert die Möglichkeit, dass es nächstens zur Ersetzung durch etwas Neues abgebrochen wird; in jedem ausgeübten Bewerb schlummert die Möglichkeit, dass er nächstens zur Ersetzung durch etwas Neues stillgelegt wird (Rz 4502 ff). Zudem erfordern die Vorbereitungen für Abbrüche bzw. Bewerbstilllegungen als solche im Allgemeinen nicht viel Arbeit und Zeit; die Behörden können deshalb dem Bauaktiven kaum je mit Erfolg entgegenhalten, er würde für die Verwirklichung seines behaupteten Vorhabens ohnehin noch viel Zeit brauchen[16].

1356

5. Bei alldem ist zu unterscheiden, ob das Abbruch- bzw. Bewerbstilllegungsverbot zur Verhinderung der Verknappung von Gebäuden mit mietzinsgünstigen Wohnungen (Rz 1357 ff), ob die Regelung aus Gründen des Baudenkmalschutzes (Rz 1363 ff) oder aus anderen Gründen (Rz 1386b) getroffen wurde.

C. Zu einzelnen, besonderen Situationen

1. Zur Entschädigungspflicht bei Abbruch- bzw. Bewerbstilllegungsverboten aus Gründen des Wohnungsbestandesschutzes

1357

a) Bei der Verpflichtung, mietzinsgünstige Wohnungen zu erhalten, geht es meistens um Gebäude von beachtlichem finanziellem Wert. An Regelungen stehen hier die Abbruch- bzw. Bewerbstilllegungsverbote im Vordergrund; es kommen aber auch Hinzubau- bzw. Hinzubewerbverbote in Betracht; Letztere beschränken sich auf das Verbot des Hinzubauens von nicht mietzinsgünstigen Wohnungen, von Büros usw. Hinzubau- bzw. Hinzubewerbgebote spielen nur am Rande eine Rolle (insbesondere, wenn vorher verbotswidrig umgebaut bzw. umbeworben wurde). Für die Beantwortung der Frage nach der materiellen Enteignung sind der Schwere- und der Sonderopferblock (Rz 1296 f) von

---

[15] Der Umstand, dass erst vor kurzem erhebliche Beträge in das Gebäude investiert worden sind, war sowohl im BGE vom 4. April 1995 (Zürich-Fluntern, betr. Schlössli-Liegenschaft, Rz 1368: Renovationsaufwand von 2'685'052.50 Franken, ausgeführt zwischen dem Unterschutzstellungsbeschluss und der rechtskräftigen Abschreibung des hiegegen erhobenen Rekurses) als auch im BGE vom 23. Mai 1995 (Männedorf/ZH, betr. «Schwarzes Haus», in: ZBl 1997, S. 179, 183, Rz 1365) mit ein Grund für die Verneinung der materiellen Enteignung. Im Entscheid des ZH-Verwaltungsgerichtes, vom 11. Juni 1998 (Wädenswil, betr. Flora-Liegenschaft, nicht publiziert) wurde jedoch die materielle Enteignung bejaht, nicht zuletzt deshalb, weil zur Wiederbewohnbarmachung des vom früheren Eigentümer arg vernachlässigten Gebäudes Renovationsarbeiten in der Grössenordnung zwischen einer halben und zwei Millionen Franken investiert werden müssten. FN 24, 37 und Rz 1385.

[16] Zum Fall, welcher in BGE 117 Ib 267 (Genf, betr. Häuser am Rhône-Quai) zur Sprache kam (FN 39), ist der umfassenderen Textwiedergabe in Praxis 1992 Nr. 74 zwar zu entnehmen, dass der Kanton vom Bundesgericht vorher, am 27. Juni 1989, zur Bezahlung von 1,4 Mio. Franken für nutzlos gewordene Projektierungskosten und den Schaden, welchen die Verzögerung der schliesslich ausgeführten Bauarbeiten um drei Jahre bewirkt hatte, verurteilt worden war. Hier handelte sich aber um ein Verbot, welches die Behörden erst festgesetzt hatten, als der Eigentümer in guten Treuen schon einen grossen Vorbereitungsaufwand für einen Abbruch mit Neubau getätigt hatte.

besonderem Belang, ferner die Umschreibung gemäss Bestimmungsgemässheit (Rz 1302 f). Wo das Verbot nur zeitlich beschränkt gilt und es sich aus einem Gesetz ergibt, liegt mangels Schwere und mangels Sonderopfer kaum je eine materielle Enteignung vor (Rz 1318 f, hier FN 32 f). Ein Zugsrecht des Gemeinwesens gibt es für Wohnhäuser als solche im Kanton Zürich nicht; auch steht jenem hier weder ein Interventionsrecht noch ein Vorkaufsrecht zu; vgl. allerdings Rz 3126. Der Eigentümer seinerseits besitzt im Kanton Zürich für Wohnhäuser als solche kein Heimschlagsrecht, weder das grosse noch das kleine.

1358

b)   Das Verbot ergibt sich hier meistens direkt aus einem Gesetz (Rz 3118 ff). Damit entschwindet für den Gebäudeeigentümer von vornherein die Hoffung auf Erhalt einer Entschädigung (Rz 1295 mit FN 4). Die Entschädigungspflicht entfällt hier überdies auch deshalb, weil die Gebäude weiterhin wie bisher beworben, vermietet und veräussert werden können und viele andere Eigentümer von der Eigentumsbeschränkung gleicherweise betroffen werden. Zudem enthalten die Gesetze umfangreiche Ausnahmemöglichkeiten oder das Gesetz ist nur von einer beschränkten Geltungsdauer, sodass auch hier die Suppe nicht so heiss gegessen werden muss, wie sie gekocht wurde.

1359

c)   Das Bundesgericht hat in folgenden Fällen direkt oder indirekt die Entschädigungspflicht für ein so motiviertes Abbruchverbot verneint:

– BGE 89 I 460, 463 (Stadt Genf, betr. Société immobilière Rue du Puits, St Pierre 2): Das Gesetz, welches den Abbruch oder Umbau von Wohnhäusern verbietet, um die Wohnungsnot zu bekämpfen, wird bestätigt; «une disposition cantonale selon laquelle l'autorité cantonale *peut* (nicht: doit) déroger à une reglementation n'est pas en soi arbitraire.» Rz 1318 ff, hier FN 32 f. Siehe auch den das gleiche Gesetz betreffenden BGE 89 I 430 (Nouveaux Grands Magasins SA c. Genfer Staatsrat). Siehe ferner: BGE 99 I 604 ff, 621 ff (Kanton Genf).
– BGE 99 Ia 35, 41 (Genossenschaft Hausbesitzer-Verein Basel c. Baselstädtischer Grosser Rat): Ein mit der Wohnungsknappheit begründetes Abbruchverbot wird zwar als «erheblicher Eingriff in die Verfügungsfreiheit der betroffenen Eigentümer» bezeichnet; von materieller Enteignung wird jedoch nichts gesagt.
– BGE 101 Ia 504–516 (Chambre vaudoise immobilière et consorts c. Waadtländer Grand Conseil): Das Abbruchverbot ist mit der Eigentumsgarantie, insbesondere dem Verhältnismässigkeitsprinzip, und mit dem Bundeszivilrecht (trotz Regelungen betreffend Mietzins- und Verkaufspreishöhe) vereinbar. Vgl. Rz 3122 mit FN 8.
– BGE 102 Ia 372–379 (Chambre genevoise immobilière et consort c. Kanton Genf, betr. Mieterschutz, nichts Baurechtliches).
– BGE 103 Ia 417–426 (Schweizer c. Kanton Schaffhausen, betr. Initiative zur Wohnerhaltung).
– BGE 113 Ia 126–146 (Giovanna Armengol et consorts c. Kanton Genf, betr. Bewilligungsbedürftigkeit der Veräusserung von Wohnungen bei Wohnungsknappheit).
– BGE 115 Ia 378–384 (K. AG c. Baudepartement Basel-Stadt, betr. Wohnanteilplan).

1360

Wo die Entschädigungspflicht erwähnt wird, ist sie durchwegs in den Gerichtsentscheiden verneint. Die Verneinung erfolgt zum Teil allein schon deshalb, weil es sich um gesetzlich festgesetzte Eigentumsbeschränkungen handelt (Rz 1295 mit FN 4), weil diese den

Baubehörden die Möglichkeit geben, in heiklen Fällen (Ausnahme-)Bewilligungen zu erteilen und weil die Eigentumbeschränkungen zudem meistens nur für die Dauer der Wohnungsknappheit Geltung für sich beanspruchen.

d) An Literatur zur (verneinten) Entschädigungspflicht bei den Abbruchverboten und Verboten baulicher Änderungen aus Gründen der Wohnerhaltung ist zu nennen:

– Kaspar Schläpfer, Die Erhaltung von Wohnraum nach den Vorschriften von Stadt und Kanton Zürich, Diss., Zürich 1977. Es fehlt eine eigene Auseinandersetzung mit dem Thema Eigentumsgarantie, vgl. S. 64[17].

e) Im Kanton Zürich wurde das Gesetz über die Erhaltung von Wohnungen für Familien vom 30. Juni 1974 (LS 703.2) in der Volksabstimmung vom 27. September 1998 ersatzlos aufgehoben (Rz 3118 f).

2. Zur Entschädigungspflicht bei Abbruch- bzw. Bewerbstilllegungsverboten aus Gründen des Baudenkmalschutzes

a) Allgemeines

Wo es um Abbruch- bzw. Bewerbstilllegungsverbote aus Gründen des Baudenkmalschutzes geht (Rz 1843 ff), ist zunächst einmal das zu berücksichtigen, was allgemein zum Schwereblock bezüglich des künftigen Gebrauches (Rz 1296), zum Sonderopferblock (Rz 1297), zum Baumöglichkeitsblock (Rz 1298 f) und zum Wahrscheinlichkeitsblock (Rz 1301) gesagt worden ist; dies alles bezüglich Parzellen mit darin stehenden Gebäuden.

b) Zum Sonderopferblock im Besonderen

α) Die Zahl der von der Bevölkerung als schutzwürdig angesehenen Bauwerke ist zwar gross[18], doch ist diesen regelmässig der Charme des Seltenwerdens, Besonderen, Einmaligen, Individuellen usw. eigen. Insoweit geht es deshalb häufig um Verbote, welche nur einen einzelnen oder einige wenige Grundeigentümer treffen. Die Verbote werden hier denn auch kaum je nur durch Gesetze festgelegt (Rz 1295 mit FN 4), sondern ergeben sich erst aus auf Gesetzen abgestützten Verwaltungsakten oder aus eine Zwischenform zwischen Gesetz und Verwaltungsakt bildenden Allgemeinverfügungen, den förmlichen Unterschutzstellungen[19].

Es liegt in der Materie des Denkmalschutzes begründet, dass die Verbote/Gebote nie die Gesamtheit der Gebäude in einem grösseren Dorf und schon gar nicht in einer Stadt, sondern nur eine Auswahl davon betreffen. Damit erhält der Sonderopferblock eine besondere Aktualität dort, wo die Auswirkungen der Verbote/Gebote eindeutig nicht beson-

---

[17] Bereits im Jahre 44 nach Christi Geburt wurde in Rom gegen den spekulativen Abbruch von Häusern dekretiert. Zumindest insoweit war schon damals das Eigentum «römischrechtlich» nicht unbeschränkt. Vgl. D. 18.1.52 und SJZ 1963 S. 79, 89.

[18] Siehe auch die lange, zur Verordnung über das Bundesinventar der schützenswerten Ortsbilder (VISOS) vom 9. September 1981 (SR 451.12) gehörende Liste von Örtlichkeiten.

[19] Etwas anders verhielt es sich im Kanton Zürich vor der Festsetzung des PBG von 1975. Siehe FN 22.

ders schwer wiegen, aber doch beachtlich sind, oder wo sie auf der Kippe zwischen schwerem und weniger schwerem Eingriff liegen. Entscheidend für die Antwort ist dabei, wie weit der Kreis gezogen wird, innerhalb welchem zu bestimmen ist, ob nur ein Einzelner bzw. einige wenige hievon betroffen werden. Der Eigentümer hat ein Interesse daran, dass er als mit seiner Last möglichst allein dastehend angesehen wird; demgegenüber tendiert das Gemeinwesen danach, zu zeigen, dass noch viele andere Eigentümer das gleiche Los trifft. Das Bundesgericht hat sich hiezu in folgenden Fällen geäussert:

- BGE 112 Ib 263, 268 f (St. Gallen, betr. Rehburg): Das Sonderopfer wurde verneint, weil ausserhalb der Altstadt noch rund 250 weitere Eigentümer mit gleichen Schutzmassnahmen rechnen mussten. Dabei präzisierte das Bundesgericht die Bemerkung in BGE 108 Ib 352, 355 ff (Wohlen/BE), wonach die Unterschutzstellung eines Gebäudes in einem Strassenzug, der mit einer grösseren Geschosszahl überbaut werden dürfte, möglicherweise zu einem entschädigungspflichtigen Sonderopfer führen könnte, wie folgt: «Eine solche Folgerung (setzt) eine stossende Rechtsungleichheit voraus ... Hievon könnte etwa dann gesprochen werden, wenn in einer Strasse nur gerade *ein* Haus unter Schutz gestellt wurde.» Das war hier nicht der Fall.
- BGE vom 23. Mai 1995 (Männedorf/ZH, betr. «Schwarzes Haus», in: ZBl 1997 S. 179, 183 f): Der Eigentümer verlangte, dass nur gerade auf die Parzellen im eigenen Quartier abgestellt werde. Das Bundesgericht erklärte jedoch unter Bezugnahme auf BGE 112 Ib 263, 269 (St. Gallen, betr. Rehburg) den Beizug der ganzen Kernzone I und II als zulässig. Es wäre «auch nicht so, dass im Falle der Bezeichnung eines einzigen Gebäudes in der ganzen Gemeinde als ‹schwarzes Gebäude› dem Grundeigentümer ohne weiteres ein Sonderopfer zugestanden würde ... In einem solchen Fall wäre seine Situation vielmehr zu vergleichen mit anderen Grundeigentümern, die anders geartete, vielleicht nicht weniger einschränkende Restriktionen zu dulden haben.»[20] Das Vorliegen eines «Sonderopfers im Sinne einer krassen, als unzumutbar erscheinenden Rechtsungleichheit» liegt hier nicht vor.
- BGE vom 2. Juli 1986 (Stadt Bern, betr. Mattenhofquartier, in: ZBl 1987 S. 538 ff): Der Regierungsstatthalter bewilligte den Abbruch der Gebäude der Konsum-Molkerei, erstellt 1906/1907, unter der Bedingung der nachfolgenden Erteilung einer Baubewilligung; der Regierungsrat und das Verwaltungsgericht verlangten ein Abbruchverbot schlechthin; das wurde vom Bundesgericht bestätigt. René A. Rhinow/ Beat Krähenmann, S. 196, zitieren diesen Entscheid als Beleg dafür, dass offen sei, ob solche denkmalschützerischen Verbote im Allgemeinen einen schweren Eingriff bedeuten und bejahendenfalls eine klare gesetzliche Grundlage erfordern.

β) Es kommt gerade bei schutzwürdigen Villen inmitten grosser Gärten oft vor, dass die bauliche Verwertung der Parzelle infolge des Abbruchverbotes in bedeutend weiterem Umfang versperrt ist, als dies die selbstverständliche Folge der üblichen Überbauungs-, Ausnützungs- oder Baumassenziffern und Abstandsregelungen in kommunalen Bauordnungen ist. Der Gedanke an ein Sonderopfer liegt hier zumindest nahe. Das gilt besonders dann, wenn aus den gleichen Gründen wie denjenigen, welche zum Abbruch-

---

[20] Hier ist möglicherweise an nicht denkmalschutzrechtliche Eigentumsbeschränkungen zu denken, zB niedrige Geschosszahl- verbunden mit niedrigen Nutzungsziffernmaxima.

verbot geführt haben, Neubauten von der Altbaute auch noch gerade einen optischen Respektabstand, Schongürtel einhalten müssen oder Bäume stehenzulassen sind[21]. Damit kann die restliche Parzellenfläche für sich selbst genommen unüberbaubar werden.

γ) Bei der Frage, ob ein Sonderopferfall vorliege, stellt das Bundesgericht wesentlich darauf ab, welche denkmalschutzrechtlichen Eigentumsbeschränkungen der Eigentümer beim Erwerb des Gebäudes kannte bzw. hätte kennen müssen. Weil hier subjektive Momente eine erhebliche Rolle spielen, geht es dabei nicht nur um bereits rechtskräftig und definitiv festgelegte Akte, sondern auch um solche, welche beim Erwerb erst in Vorbereitung standen, zB:

– Aufnahme des Gebäudes in ein verwaltungsinternes Schutzregister;
– bereits beschlossene/verfügte, aber wegen Anfechtung noch nicht rechtskräftige Unterschutzstellungen;
– vorsorgliche Unterschutzstellungen;
– Geschütztheitserklärung aller Gebäude und Landabschnitte von besonderer kultureller Qualität allein durch ein kantonales Gesetz[22] oder durch einen dringlichen Bundesbeschluss[23];
– Bezeichnung als «besonderes Haus» (Rz 3052 f), integriert in Text und Plan einer Bauordnung, eines Gestaltungsplanes mit grösserem Geltungsbereich.

Wer sich durch solche Akte nicht von einem Erwerb eines Gebäudes abhalten lässt, ist gemäss bundesgerichtlicher Praxis weniger in der Lage, sich auf ein Sonderopfer zu berufen, als wenn noch nichts dergleichen vorlag.

– Im BGE 112 Ib 267 f (St. Gallen, betr. Rehburg) wurde der Sonderopfercharakter wesentlich mit folgenden Fakten bestritten: Schon 1952 (vor dem Kauf) führte der Stadtrat in einem Beschluss über einen Überbauungs- und Zonenplan für dieses Areal aus, «das klassizistische Sommerhaus ‹Rehburg› solle als besonders typisches St. Galler Bürgerhaus erhalten bleiben»; im Kaufvertrag wurde vermerkt, das Haus gebe der Neuüberbauung «einen besonders ausgeprägten Rahmen»; die historische und künstlerische Bedeutung der Rehburg war dem Eigentümer «von jeher bewusst»; das Gebäude wurde aufgrund des Bundesbeschlusses über dringliche Massnahmen auf dem

---

[21] Vgl. BGE 109 Ia 185 f betreffend die Umgebung des Schlosses Erlach/BE.
[22] Das traf im Kanton Zürich bis zum Inkrafttreten des PBG-Einführungsgesetz zum ZGB § 182 in Verbindung mit der zugehörigen Verordnung von 1912, insbesondere § 5 (Rz 1843 f), zu; hienach galt der Schutz für «Bauwerke, an die sich wichtige geschichtliche Erinnerungen knüpfen oder denen ein erheblicher kunsthistorischer Wert zukommt», ohne dass zuerst eine Spezifizierung durch eine Unterschutzstellung hinzutreten musste. Vgl. Rudolf Kappeler, Die Unterschutzstellung im Zürcher Natur- und Heimatschutzrecht, in: SJZ 1950 S. 17 ff, 35 ff. Entsprechendes gilt an sich im Kanton Zürich gemäss PBG § 204 auch heute noch bezüglich Schutzobjekten, welche im Eigentum des Gemeinwesens und weiterer, öffentliche Aufgaben erfüllender Personen stehen (Rz 1864 f). Für den Kanton St. Gallen ist in diesem Zusammenhang Baugesetz Art. 98 zu erwähnen; vgl. jedoch BGE 112 Ib 265 f (St. Gallen, betr. Rehburg) abschwächend (Rz 1365 und 1368).
[23] Vgl. den Bundesbeschluss über dringliche Massnahmen auf dem Gebiete der Raumplanung (Rz 4141) in Verbindung mit der Verordnung des ZH-Regierungsrates vom 29. November 1972 (Rz 3190a). Vgl. ferner: BGE 109 Ib 13, 17 (Ida Schenker, betr. Löchligut, Bern), 114 Ib 286 (A.P., betr. Aare-Uferweg, Bern), 117 Ib 4, 6 (Hagnau Birsfelden/BL, betr. Christoph Merian-Stiftung) und BGE vom 9. April 1995 (Zürich-Fluntern, betr. Schlössli-Liegenschaft, FN 15, Rz 1302 mit FN 16).

Gebiete der Raumplanung in das Inventar der schützenswerten Kulturobjekte aufgenommen (allerdings 1977 auf Gesuch des Eigentümers wieder daraus entlassen). Das Bundesgericht lehnte es jedoch ab, dem Eigentümer auch den sehr allgemein formulierten SG-BauG Art. 98 entgegenzuhalten.

– Im BGE vom 9. April 1995 (Zürich-Fluntern, betr. Schlössli-Liegenschaft, Rz 1302, hier FN 16) wurde der Einwand des Eigentümers, er erbringe ein Sonderopfer, vor allem damit abgelehnt, dass er wegen der vorsorglichen Unterschutzstellung vom 8. Juli 1987 «wie auch (sein) Rechtsvorgänger seit längerer Zeit ... damit rechnen musste, dass der Abbruch der ... Gebäulichkeiten wegen ihrer denkmalpflegerischen Bedeutung nicht bewilligt würde». Der Kauf erfolgte am 21. Mai 1987, die definitive Unterschutzstellung am 4. Mai 1988[24].

c) Zur Frage nach der weiteren Möglichkeit einer bestimmungsgemässen, wirtschaftlich guten und sinnvollen Nutzung im Besonderen

1369

1370 α) Die Antwort auf die Frage nach der Bestimmungsgemässheit einer wirtschaftlich sinnvollen und guten Nutzung (Rz 1302 ff) hat sich «am bisherigen Zustand zu orientieren»[25]. Gemäss Thomas Pfisterer, S. 479, ist «bestimmungsgemäss ... der bisherige Gebrauch für den Zweck, für den das Gebäude erstellt wurde». Einen solchen Zweck hat ausnahmslos jedes Gebäude[26]. Die Sicht ist bei dieser Formulierung zwar stark rückwärtsgewandt.

1371 *β) Zur Tragweite des baulichen Zustands*

Eine bestimmungsgemässe, wirtschaftlich sinnvolle und gute Nutzung eines Gebäudes ist bisweilen nur deshalb zur Zeit nicht möglich, weil sich das Gebäude in einem schlechten Zustand befindet, sei es infolge von (nicht vom Eigentümer zu verantwortenden) Geschehnissen, wie Feuerbrunst oder Explosion, Naturereignissen, wie Steinschlag, Erdrutsch, Lawinengang, Überschwemmung, Erdbeben, sei es wegen kriminellen Einwirkungen Dritter, sei es wegen Vernachlässigung des Unterhaltes oder nach einer vom Eigentümer zu verantwortenden Feuerbrunst oder Explosion. In den so vom Eigentümer verschuldeten Situationen schliesst es der missliche Zustand nicht aus, dass trotzdem die Entschädigungsfrage so beurteilt wird, wie wenn das Gebäude bereits jetzt wirtschaftlich sinnvoll und gut genutzt werden könnte. Wenn der Eigentümer zwischen dem Zeitpunkt, da die Unterschutzstellung beschlossen/verfügt, von ihm dann aber angefochten worden ist, und dem Zeitpunkt, da die Anfechtung rechtskräftig erledigt ist (infolge Rückzug

---

[24] Das ZH-Verwaltungsgericht bejahte jedoch in einem Entscheid vom 11. Juni 1998 (Wädenswil/ZH, betr. Villa Flora, nicht publiziert, FN 15, 37) das Vorliegen einer materiellen Enteignung und des Heimschlagsrechtes, obwohl der Eigentümer (Bank) beim Kauf wissen musste, dass das Gebäude als schutzwürdig in ein verwaltungsinternes Inventar aufgenommen und später auch noch in der Bauordnung als zwar durch Um- oder Neubau ersetzbar, aber als mit Profilerhaltungspflicht belastetes (braunes) Gebäude bezeichnet worden war. Ein Weiterzug an das Bundesgericht unterblieb.

[25] ZH-RB 1993 Nr. 64 (Männedorf/ZH, betr. «Schwarzes Haus»), bestätigt im BGE vom 23. Mai 1995 (ZBl 1997 S. 179 ff).

[26] Die Vorstellung der Bestimmungsgemässheit ist deshalb bei Gebäuden enger als bei Geländeabschnitten im unüberbauten Zustand (zB blossen Uferabschnitten, Moorlandschaften, aussichtsreichen Geländekuppen).

oder Abweisung), erhebliche Renovationen ausgeführt hat, wird bei der Beantwortung der Frage, ob eine bestimmungsgemässe, wirtschaftlich sinnvolle und gute Nutzung möglich sei, nicht auf den Zeitpunkt vor, sondern auf denjenigen nach Ausführung dieser Arbeiten abzustellen sein[27].

1372

Dass der Eigentümer oder sein Rechtsvorgänger während Jahren ein schutzwürdiges Gebäude im Hinblick auf einen baldigen, nun aber nicht mehr möglichen Abbruch hat verlottern lassen, muss er sich, wie bereits erwähnt, selbst zuschreiben. Wenn sich das zu erhaltende Gebäude allerdings ohne Versäumnis des Eigentümers in einem so schlechten Zustand befindet, dass es ohne die Vornahme erheblicher Unterhalts- und Reparaturarbeiten als Wohnhaus, Bürohaus, Werkstatt, Atelier usw. nicht mehr zumutbar beworben werden könnte, dann stellt sich die Frage, ob das Gemeinwesen den Gebäudeeigentümer bzw. Bewerbträger hiefür zwar nicht im Sinne einer Entschädigung für materielle Enteignung, aber durch Übernahme der nötigen Arbeiten oder subventionsmässig mit einem Kostenbeitrag entlasten soll.

1373

Ist ein Gebäude jedoch schon vor vielen Jahren und Jahrzehnten – aus irgendwelchen Gründen – zu einer Ruine geworden, so wird man kaum je wegen der Möglichkeit, irgendeine Ruine wieder zu einem dem ursprünglichen Gebäude vergleichbaren Gebäude zu machen, im Verbotsfall Entschädigungspflicht annehmen, es sei denn, es wäre wegen des Landwertes als solchem eine materielle Enteignung anzunehmen.

d) Zu den das Äussere und Innere des Gebäude betreffenden Verboten

1374

Abbruchverbote gehören zwar eher zu den nicht entschädigungspflichtigen Eigentumsbeschränkungen, wenn sie im Wesentlichen nur das Äussere eines Gebäudes, dessen Fassaden und Dachhaut, die Erscheinungsweise betreffen, jedoch eher zu den entschädigungspflichtigen, wenn sie sich daneben auch noch auf das Gebäudeinnere beziehen[28]. Die Unterscheidung Äusseres – Inneres darf jedoch nicht überbewertet werden. Auch wenn für ein Gebäude nur die Beibehaltung des bisherigen Kubus und der «Haut» vorgeschrieben ist, so wirkt sich dies immer auch direkt auf seine innere Struktur aus; man kann die Geschossböden/Decken und die hauptsächliche Raumeinteilung (abgesehen von der Zusammenlegung oder Umdisponierung von Zimmern und der Verbreiterung/Verschmälerung interner Korridore) meistens nicht wesentlich verschieben, ohne hiedurch mit der Anordnung der Fenster und Balkontüren in Konflikt zu geraten. Die Festlegung der Kubatur und der äusseren Gestaltungselemente fixiert zumindest in den grossen Zügen auch das Gebäudeinnere[29].

---

[27] So der BGE vom 9. April 1995 (Zürich-Fluntern, betr. Schlössli-Liegenschaft, FN 15).

[28] Abbruchverbote, welche nur das Innere eines Gebäudes, nicht aber auch sein Äusseres betreffen, dürften selten sein. In Betracht kommt etwa die Erhaltung eines historisch wichtigen Saales in einem sonst historisch unwichtigen Gebäude. Vgl. BGE 109 Ia 257 (Zürich, betr. Café Odeon) und 119 Ia 88 (Lausanne/VD, betr. Kino in Bel-Air-Métropol).

[29] Das gelangt im Entscheid des ZH-Verwaltungsgerichtes vom 29. Oktober 1997 (BEZ 1998 Nr. 21) bezüglich des Verhältnisses zwischen Eingangsportal und Treppenhaus deutlich zum Ausdruck. Dass im BGE 91 I 340 ff (Aarau, betr. Rain-Häuser), 111 Ib 257 ff (Basel, betr. Angensteinerstrasse 28/30), 112 Ia 263 ff (St. Gallen, betr. Rehburg) und 117 Ib 262 (Genf, betr. Häuser am Rhône-Quai) besonders auf die fortbestehende Möglichkeit von baulichen Änderungen im Inneren der Gebäude hingewiesen wurde, ist nur als zusätzliches Argument dafür zu verstehen, dass keine Entschädigung zu leisten ist. Dass auch bei Erfassung des Gebäudeinneren durch das Verbot u.U. keine Entschädigung zu leisten ist, wird bestätigt durch den BGE vom 9. April 1996 (Zürich-Fluntern, betr. Schlössli-

e) Zum Erfordernis der Entscheidreife

1375 Wenn eine Parzelle ohne Gebäude mit einem Bauverbot belegt wird, dann steht in der Regel bereits bei Inkrafttreten der Eigentumsbeschränkung fest, in welchem Umfang dem Eigentümer Rechte entzogen werden[30]. Es müssen zur Ermittlung der Differenz zwischen dem, was ohne die Eigentumsbeschränkung inskünftig baulich noch möglich wäre, und dem, was inskünftig nur noch möglich ist, nicht zuerst lange Untersuchungen angestellt werden: Die Differenz besteht im gesamten Ausmass des Wertes des bisher möglich Gewesenen, lediglich um den Restwert gemäss dem jetzt noch Möglichen reduziert. Werden Gebäude jedoch aus Denkmalschutzgründen mit einem Abbruchverbot belegt, so steht damit kaum je auch gerade schon fest, welche Nutzung inskünftig noch möglich ist und welche nicht. Der gegen das Abbruchverbot ankämpfende und eine Entschädigung oder den Heimschlag fordernde Eigentümer wird meistens behaupten, mit dem Gebäude könne jetzt überhaupt nichts Rechtes mehr gemacht werden, während die Vertreter des Gemeinwesens die Tendenz haben werden, das auch in Zukunft Mögliche als noch wirtschaftlich attraktiv zu schildern; je nachdem ist die Voraussetzung für die Entschädigungspflicht gegeben oder fehlt.

1376 Objektiv beurteilt, wird man jedoch meistens sagen müssen: Zuerst muss in solchen Situationen ein Architekt und/oder ein Bauingenieur in kooperativer Kontaktnahme mit den Denkmalschutzfachleuten sowohl den Interessen des Eigentümers als auch des Gemeinwesens gerecht werdende, nicht einfach grob skizzenhafte Pläne und Kostenvoranschläge für im Rahmen der Unterschutzstellung verbleibende Änderungen von Gebäude bzw. Bewerb dem Gemeinwesen vorlegen. Sonst ist es dessen Organen überhaupt nicht möglich, ein vertretbares Urteil darüber zu fällen, ob inskünftig noch eine bestimmungsgemässe oder andersartige, wirtschaftlich sinnvolle und gute Nutzung möglich sein wird. Erst aufgrund solcher Pläne und Kostenvoranschläge kann überhaupt entschieden werden, ob das Vorhaben noch im Einklang mit der Unterschutzstellung, allenfalls auch unter Erteilung von dem Schutzzweck nicht zuwiderlaufenden Ausnahmebewilligungen, realisiert werden kann, sei es ganz auf Rechnung des Eigentümers, sei es unter Beteiligung des Gemeinwesens an den Kosten denkmalschützerischer Sonderleistungen.

1377 Damit verlagert sich die Thematik von der Ebene der Entschädigung wegen materieller Enteignung auf diejenige von Dispensierung und Subventionierung durch das Gemeinwesen. Das heisst aber, dass die Zeit für die Bemessung der Entschädigung wegen materieller Enteignung bei Inkrafttreten des Abbruchverbotes meistens überhaupt noch nicht reif ist. Kaum ein Eigentümer nimmt bereits auf den Entschädigungsprozess hin die Mühen der Ausarbeitung von Plänen und Kostenvoranschlägen im obigen Sinne auf sich und dem Gemeinwesen ist solches in diesem Stadium noch nicht zuzumuten. Ohne solche Unterlagen kann aber weder die Schätzungskommission noch das Verwaltungsgericht einen finanziell verantwortbaren Entscheid treffen. Diese Organe dürfen gar nicht

---

Liegenschaft, FN 15). Auch wenn der BGE 109 Ia 257 (Zürich, betr. Café Odeon) nur die Frage des öffentlichen Interesses und nicht bereits auch diejenige der materiellen Enteignung beurteilte, geht daraus hervor, dass auch die Erfassung des Gebäudeinneren durch eine Unterschutzstellung nicht automatisch zu einer materiellen Enteignung führt.

[30] Ausnahmen mögen bestehen, wo geologische Probleme vorhanden sind. Vgl. den BGE 107 Ib 380 (Gilbert Kocher c. Commune d'Orbe/VD).

anders handeln, als ihren Entscheid einstweilen auszusetzen und damit zu warten, bis mehr Klarheit besteht; der Streitfall ist vorher noch nicht entscheidreif[31].

Dass es hiebei um keine Rechtsverweigerung und Rechtsverzögerung geht, sondern sich ein solches Vorgehen aus der Natur der Sache heraus aufdrängt, gelangt m.E. auch in der bundesgerichtlichen Rechtsprechung zum Ausdruck:

1378

- Im BGE vom 24. März 1947 (Möriken/AG, betr. Reformierte Kirchgemeinde, in: ZBl 1947 S. 222) ging es um die Frage, ob das denkmalschützerisch motivierte Verbot des Abbruches eines Kirchgebäudes, welches offenbar den Bedürfnissen der Kirchgemeinde nicht mehr genügte, haltbar sei. Dabei erklärte das Bundesgericht, diese Unterschutzstellung lasse sich «kaum anders als expropriationsähnliche Massnahme charakterisieren». Doch führte es weiter aus: «Ob und in welchem Masse dies zutrifft, ist zur Zeit nicht zu entscheiden, denn es besteht ja immer noch die Möglichkeit, dass der Regierungsrat für bestimmte bauliche Veränderungen die Bewilligung erteilen kann.» Rz 1380. Im BGE 111 Ib 268 f (Basel, betr. Angensteinerstrasse 28/30) wurde diese Argumentation zustimmend wiederholt[32].
- Im BGE 108 Ib 352 ff (Wohlen/BE) wurde, wie bereits erwähnt (Rz 1364), die «Unterschutzstellung eines einzigen Gebäudes aus einem Strassenzug, der nach der Zonenordnung mit einer grösseren Geschosszahl überbaut werden dürfte» als Beispiel eines Sonderopferfalles genannt; doch wurde dies mit folgender Einschränkung verbunden: Wenn «eine erhebliche Wertverminderung ... nicht durch staatliche Beiträge oder allfällige mögliche Massnahmen in ausreichendem Masse ausgeglichen wird»[33].
- Im BGE 109 Ia 257, 264 (Zürich, betr. Café Odeon) wurde zwar formell nicht die Frage des Eintrittes einer materiellen Enteignung, sondern diejenige des Vorliegens eines genügenden öffentlichen Interesses für die Unterschutzstellung beurteilt. Dabei mass das Bundesgericht den Ausführungen der städtischen Denkmalpflege grosses Gewicht bei, wonach «im Falle eines konkreten Vorhabens geprüft werden müsse, welche baulichen Veränderungen tragbar seien. Sie haben zugesichert, die Denkmalschutzmassnahme flexibel zu handhaben und nach einem Ausgleich zwischen den entgegenstehenden Interessen zu suchen.»
- Im BGE 112 Ib 263, 269 (St. Gallen, betr. Rehburg) machte der Eigentümer unter anderem geltend, das Abbruchverbot bewirke für ihn, wegen der über die Erhaltung der Bausubstanz hinausgehenden Auflagen, ein Sonderopfer. Hierauf erwiderte das Bundesgericht: «Würden in einem solchen Falle keine staatlichen Beiträge ausgerichtet, so wäre eine stossende Rechtsungleichheit nicht auszuschliessen.» Hier lag jedoch nach Auffassung des Bundesgerichtes kein solcher Fall vor.
- Im BGE vom 4. April 1995 (Zürich-Fluntern, betr. Schlössli-Liegenschaft, FN 15) machte der Eigentümer unter anderem ebenfalls geltend, das sowohl das Äussere als

---

[31] Wo das geschützte Gebäude nur einen verhältnismässig kleinen Teil des Landkomplexes einnimmt und der Rest mit einem Bauverbot belastet ist, kann u.U. vorerst nur gerade der Abschnitt ausserhalb des Respektabstandes/Schongürtels heimgeschlagen werden, weil erst hiefür hinsichtlich Entschädigungspflicht genügend Klarheit besteht.
[32] Im Jahre 1947 hielt das Bundesgericht die Frage der Verfassungsmässigkeit einer Eigentumsbeschränkung und diejenige der Entschädigungspflicht verfahrensmässig noch nicht scharf auseinander.
[33] BGE 112 Ib 263, 268 f (St. Gallen, betr. Rehburg) betraf nicht diesen Passus.

auch das Innere des Gebäudes betreffende Abbruchverbot bewirke für ihn, wegen der über die Erhaltung des Bausubstanz hinausgehenden Auflagen, ein Sonderopfer. Hierauf erwiderte das Bundesgericht: Es liegt «in der Regel auch in einem solchen Fall nicht eine stossende Rechtsungleichheit vor, wenn das kantonale Recht die Ausrichtung staatlicher Beiträge an die höheren Unterhaltskosten vorsieht»[34].

1379 Dass letzten Endes in Denkmalschutzfällen erst dann über das Ausmass der finanziellen Leistungspflicht des Gemeinwesens entschieden wird, wenn die dem Betroffenen inskünftig offenen Möglichkeit einigermassen geklärt sind, ist auch ein Ausfluss der allgemeinen Anweisung an das Gemeinwesen, mit dem ihm zur Verfügung stehenden Geldmitteln haushälterisch umzugehen[35]. Das Gemeinwesen wird aber vorsichtigerweise bei der Verabschiedung von Unterschutzstellungsbeschlüssen/-verfügungen Formulierungen wählen, welche die Erteilung von sowohl den Interessen des Bauaktiven als auch des Denkmalschutzes angemessenen Baubewilligungen ermöglichen, also nicht zu stark in Details gehen, deren Durchsetzung später vielleicht als unnötig erscheint[36, 37].

f) Zur Rechtsliteratur

1380 Es haben sich zur Entschädigungsproblematik bei Abbruch- bzw. Bewerbstilllegungsverboten beim Baudenkmalschutz – in chronologischer Reihenfolge – die folgenden Autoren näher geäussert:

– Paul Reichlin, in: ZSR 1947 S. 337a: Er qualifiziert «das Verbot, eine Baute abzubrechen» als «einen starken Eingriff ins Eigentum, der an Intensität ein vollständiges Bauverbot noch übertrifft. Der Eigentümer eines derart geschützten Gebäudes wird

---

[34] Letzteres trifft im Kanton Zürich zu: vgl. PBG §§ 212 III und 217 II lit. a. Ferner: Gesetz über die Finanzierung von Massnahmen für den Natur- und Heimatschutz und für Erholungsgebiete vom 17. Mai 1984 (LS 702.21), insb. § 2 lit. b, und Verordnung über Staatsbeiträge für den Natur- und Heimatschutz und kommunale Erholungsgebiete vom 15. Januar 1992 (LS 701.3), insb. § 2; ferner: kommunale Bereitschaftserklärungen.

[35] Die Situation ist derjenigen vergleichbar, nach welcher Entschädigungsforderungen wegen übermässiger Lärmeinwirkung aus Nationalstrassen abzuweisen sind, solange nicht die bereits beschlossenen technischen Lärmschutzvorrichtungen installiert sind, vgl. BGE 123 II 560 ff (Kanton Luzern c. X. und Y., betr. Sonnenbergtunnel A2 in Kriens). Oder: Wenn die Überbaubarkeit wegen geologischer Probleme noch unklar ist, vgl. BGE 107 Ib 380 f (Gilbert Kocher c. Commune d'Orbe/VD, FN 30). Im BGE 122 II 326, 335 f (Billeter und Mitbeteiligte c. Stadt Dietikon/ZH) wurde für die Umteilung u.a. einer Parzelle mit einem Gebäude aus einer Industrie- in eine kommunale Freihaltezone entgegen der Auffassung von Gemeinde und Kanton die Möglichkeit einer materiellen Enteignung bejaht, jedoch wurde, da zur Zeit Ungewissheit darüber besteht, was gemäss PBG § 357 hier an Änderungen noch möglich ist, und wegen Offenstehen von Planungsfragen, der Fall an das Verwaltungsgericht zum Neuentscheid zurückgewiesen. Ähnliche Schwierigkeiten ergeben sich bei den Anforderungen an den Detaillierungsgrad von denkmalschützerischen Auflagen; siehe hiezu Dominik Bachmann, Ausgewählte Fragen zum Denkmalschutzrecht, in: PBG aktuell 2000 Heft 19 S. 5 ff.

[36] Vgl. den BGE vom 30. September 1996 (1P.509/1996 E. 4d und e, betr. Bäderzone Ennetbaden/AG).

[37] Das ZH-Verwaltungsgericht lehnte es jedoch mit Entscheid vom 11. Juni 1998 (Wädenswil/ZH, betr. Villa Flora) ab, über das Vorliegen einer materiellen Enteignung und des Heimschlagsrechtes erst nach Ausarbeitung detaillierter Pläne sowie nach Abklärung der Möglichkeit von Dispensen und kommunalen Beiträgen hieran zu entscheiden. Ein Weiterzug an das Bundesgericht unterblieb. FN 15 und 35.

nicht nur in die Unmöglichkeit versetzt, seinen Boden so zu nützen, wie es seinem Interesse entspricht, sondern er ist dazu noch verpflichtet, das Gebäude in polizeigemässem Zustande zu halten. Als Werkeigentümer haftet er nach Art. 58 OR für Schaden aus mangelhaftem Unterhalt. Dass es sich hier um einen enteignungsähnlichen Tatbestand handelt, kann nicht zweifelhaft sein.» Der Nestor des Landesplanungsrechtes beruft sich für diese Auffassung auf den BGE betreffend Verbot des Abbruchs der Kirche in Möriken/AG[38]. Die Stellungnahme von Paul Reichlin stimmt mit der heutigen Auffassung von materieller Enteignung nicht mehr überein. Sie geht wohl zu sehr von dem atypischen Fall eines Kirchgebäudes aus, welches der Erfüllung einer gesetzlichen Aufgabe zu dienen hat, und berücksichtigt auch noch nicht die heute oft bestehende Verpflichtung des Gemeinwesens, für überdurchschnittlichen Unterhaltsaufwand von Schutzobjekten aufzukommen (vgl. ZH-PBG § 204, Rz 1843 ff).
- Wilfried Schaumann, Zürich 1950, S. 218, erklärt: «Wer zB ein geschichtlich bemerkenswertes Gebäude erwirbt, muss damit rechnen, dass er bei dessen Nutzung gewisse Beschränkungen in Kauf nehmen muss, für die er – sofern sie ein gewisses Mass nicht übersteigen – keine Entschädigung verlangen kann.» (Rz 1306)
- Victor Monteil, in: ZBl 1963 S. 457, 461–463 (Rz 1238): Er bezieht sich nicht auf Abbruch- bzw. Bewerbstilllegungsverbote, sondern auf die Verpflichtung, beim Hinzubauen bzw. Hinzubewerben aus Denkmalschutzgründen besondere (allenfalls auch teurere) Baumaterialien zu verwenden. Er verneint, dass daraus eine Entschädigungspflicht resultieren könne.
- Arthur Meier-Hayoz, Kommentar ZGB, Zürich 1966, Systematischer Teil, N. 246: «Wie weit der Staat auf das Privateigentum einwirken, ihm soziale Bindungen auferlegen kann, ohne entschädigungspflichtig zu werden, ist in gewissen Grenzen dem zeitlichen Wandel der Anschauungen unterworfen. Was gestern als entschädigungspflichtiger Eingriff erschien, kann heute als entschädigungslose Sozialgebundenheit des Eigentümers angesehen werden.»
- Max Ernst Hodel, in: ZBl 1975, S. 49, 62 ff: Diese wirtschaftswissenschaftlich angelegte Untersuchung zeigt, dass Unterschutzstellungen im Allgemeinen nicht auf den Verkehrswert der Liegenschaft drücken, wie meistens angenommen wird, und dass das Thema Zerstörung durch Brand preismässig nicht ins Gewicht fällt.
- Jürg Hess, Zürich 1986, S. 243 ff: Er bejaht m.E. das Vorliegen eines Sonderopfers bei Abbruchverboten für ein innerhalb der Bauzone gelegenes Denkmal auf S. 251 zu allgemein.
- Georg Müller, Kommentar BV, Zürich 1987, zu Art. 22ter, N. 42, 56: Er verlangt, dass jeweils im konkreten Fall alle auf dem Spiel stehenden Interessen nach den gleichen Gesichtspunkten zu bewerten und gegeneinander abzuwägen sind, und kritisiert, dass in der bundesgerichtlichen Praxis «die bloss finanziellen oder wirtschaftlichen Interessen der Betroffenen» zu wenig berücksichtigt werden.
- Enrico Riva, Bern 1990, S. 272–275, 285: Der Autor kommt hier zwar auf die materielle Enteignung infolge der Abbruchverbote zu sprechen, jedoch nur bezüglich BGE 111 Ib 257 ff (Basel, betr. Angensteinerstrasse 28/30) und BGE 112 Ib 263 ff (St. Gallen, betr. Rehburg).

---

[38] Rz 1378. ZBl 1947 S. 222 f. Hier wurde allerdings gerade noch keine Entschädigung zugesprochen. Ob es später zu einer solchen kam, ist mir nicht bekannt.

- Nicola Feuerstein, St. Gallen 1993, S. 163: Er schliesst die Entschädigungspflicht schlechthin aus, wenn sich die Denkmalschutzmassnahme zur Hauptsache auf das Äussere bezieht (Rz 1374); hingegen könne eine materielle Enteignung vorliegen, wenn «erhebliche Investionen» verlangt werden.
- Peter Gyr, in: Basler Juristische Mitteilungen, 1994, S. 1–36, insb. S. 20 ff, 30 ff: Er weist darauf hin, dass in der jüngeren bundesgerichtlichen Rechtsprechung nur gerade im BGE 113 Ia 368 (Balli/TI, betr. archäologische Sammlung) aus Denkmalschutzgründen eine Entschädigung wegen materieller Enteignung zugesprochen worden ist – und hier handelte es sich um Fahrnis mit qualifizierter Unterhaltsverpflichtung und Ausfuhrverbot!
- Markus Rüssli, Zürich 1996, S. 89: «Die Unterschutzstellung einer Liegenschaft unter Denkmalschutz hat in der Regel, sofern sich die Massnahme zur Hauptsache auf die Erhaltung der Fassade beschränkt,» keine materielle Enteignung zur Folge.
- Peter Karlen, in: ZBl 1998, S. 145, 153 f: Der Autor glaubt, feststellen zu können, und bejaht dies, dass das Bundesgericht in seiner neuesten Praxis dazu übergegangen ist, «die denkmalschützerische Bedeutung des jeweiligen Objekts differenzierter zu prüfen und den finanziellen Interessen des Eigentümers nicht mehr schlechthin voranzustellen». Den Grund hiefür sieht er darin, dass sich der Denkmalschutz «bei weitem nicht mehr nur auf Singuläres erstreckt». Rz 1315, hier FN 31.
- Dominik Bachmann, Ausgewählte Fragen zum Denkmalschutz, in: PBG aktuell 2000 Heft 1 S. 53, äussert sich nicht zur Entschädigungsfrage.

Die nachgenannten Autoren (in alphabetischer Reihenfolge aufgeführt) äussern sich zwar zum Bestehen einer Entschädigungspflicht bei Abbruchverboten für denkmalrechtlich geschützte Gebäude, doch fehlt es, ausser der Zitierung von Entscheiden, an einer eigenen Auseinandersetzung mit der materiellen Thematik:

Heinz Aemisegger, Entschädigungspflicht, S. 98, Gabriel Aubert, S. 78, Felix Bernet, S. 121, Urs Gut, S. 197, Walter Haller/Peter Karlen, N. 514 f, Ivo Hangartner, S. 34, Max Imboden/René Rhinow (obwohl 1976, Nr. 130, lit. f, S. 963, oft in diesem Zusammenhang zitiert wird, kommt hier keine eigene Aussage der Autoren vor), Robert Imholz, Denkmalschutz, S. 40 f, Blaise Knapp, Restrictions, S. 69, Alfred Kuttler, Materielle Enteignung, S. 197, Leo Schürmann/Peter Hänni, S. 501–504, Lorenz Meer, S. 4, Raymund von Tscharner, S. 83 f, Philippe Vogel, S. 173, Chrisoph Winzeler, S. 169, 186, Ulrich Zimmerli, Materielle Enteignung, S. 174.

g) Zusammenfassende Bemerkungen

α) Zur Rechtsliteratur

1381 Mit Ausnahme der fünfzig Jahre zurückliegenden Äusserung von Paul Reichlin hat bisher kein Autor die Entschädigungspflichtigkeit von Abbruch- bzw. Bewerbstilllegungsverboten aus Gründen des Baudenkmalschutzes vorbehaltslos bejaht. Das Äusserste war, dass die Möglichkeit einer materiellen Enteignung grundsätzlich bejaht wurde. Meistens lassen die Autoren aber durchblicken, dass die Entschädigungspflicht wohl entfalle, da die Möglichkeit eines bestimmungsgemässen, wirtschaftlich sinnvollen und guten Gebrauches weiterbestehe. Immer wieder wird betont, es lasse sich zur Frage «schwerer oder leichter Eingriff» generell kaum etwas sagen; es komme vielmehr auf den Einzelfall an. In neuerer Zeit wird allerdings an der bundesgerichtlichen Praxis kritisiert, dass sie die finanziellen und wirtschaftlichen Interessen des Eigentümers den öffentlichen Interessen am Denkmalschutz zu sehr hintanstelle (Georg Müller und Peter Karlen).

β) *Zur Judikatur*

α') Es gibt nur verhältnismässig wenige – publizierte – BGE, in welchen ein Urteil darüber ergeht, ob wegen eines Abbruch- bzw. Bewerbstilllegungsverbotes aus Gründen des Denkmalschutzes eine Entschädigung wegen materieller Enteignung geschuldet wird oder nicht. Nicht publizierten BGE zu dieser Frage kann wohl aus rechtsstaatlichen Gründen von vornherein keine präjudizielle Bedeutung zukommen, wenn sie schon lange vor Inkrafttreten des RPG ergangen sind. Wenn sich in einem – publizierten – BGE Äusserungen zur materiellen Enteignung aus Gründen des Denkmalschutzes finden, dann geschieht dies meistens nur im Zusammenhang mit der Frage, ob ein Abbruch- bzw. Bewerbstilllegungsverbot oder ein Hinzubau- bzw. Hinzubewerbsverbot den Erfordernissen des Vorliegens eines öffentlichen Interesses und der Verhältnismässigkeit entspreche und als solches vor der Eigentumsgarantie standhalte oder nicht: BGE 109 Ia 263 E. 5d (Zürich, betr. Café Odeon), BGE 118 Ia 393 E. 5e (Basel, betr. Küchlin-Theater), BGE vom 18. November 1992 (Zürich, betr. Kino Seefeld, 1P.660/1991, nicht publiziert, FN 40), BGE 120 Ia 285 (Basel, betr. Badischer Bahnhof) und BGE vom 23. Juni 1995 (Schaffhausen, betr. Fischerhäuserstrasse, in: ZBl 1996 S. 373 E. 6.b); solche Äusserungen sind aber hinsichtlich der Entschädigungspflicht als blosse Obiter Dicta zu werten. Sodann gibt es Entscheide, in welchen zwar der kantonalen Vorinstanz vorgeworfen wird, sie hätte es unterlassen, über das Entschädigungsbegehren materiell zu befinden und müsse dies nachholen (BGE 102 Ia 243 und 111 Ib 257 [je Basel, betr. Angensteinerstrasse 28/30] und 122 II 326, 335 [Dietikon/ZH]); als dann aber im erstgenannten Fall der Kanton aufgrund eines Rückweisungsentscheides nochmals hiezu Stellung bezog und zu einer Verneinung der Entschädigungspflicht gelangte, schützte das Bundesgericht dies; im zweitgenannten Fall erklärte das Bundesgericht, für eine endgültige Beurteilung der Entschädigungsfrage müsse wegen PBG § 357 (Rz 1606 ff) die weitere Entwicklung der Planung abgewartet werden.

Wo das Bundesgericht eine vom Kanton zugesprochene Entschädigung bestätigte, lagen «besondere Verhältnisse» vor: Nicht nur handelte es sich um einen Fall, in welchem von der Denkmalschutzmassnahme nicht nur ein Gebäude samt engstem Umschwung, sondern darüber hinaus an sich selbständig überbaubar gewesene Parzellenabschnitte betroffen waren, die Gemeinde die Entschädigungspflicht als solche zuvor anerkannt hatte und es nur noch um die Festlegung der Entschädigungshöhe ging (vgl. den im BGE vom 23. Mai 1995 [Männedorf/ZH, betr. «Schwarzes Haus», in: ZBl 1997 S. 179] erwähnten, aber nicht publizierten Entscheid vom 6. November 1991 [1A.15/1990] zur Villa de Stoutz, «Zum Schönbühl», Kreuzbühlstrasse 36, Zürich). In allen anderen – publizierten – Fällen wurde die Entschädigungspflicht jedoch verneint, sei es zumindest für den jetzigen Stand der Abklärungen, sei es bereits definitiv: BGE 112 Ib 262 ff (St. Gallen, betr. Rehburg), 117 Ib 262 ff (Genf, betr. Häuser am Rhône-Quai), BGE vom 4. April 1995 (Zürich-Fluntern, betr. Schlössli-Liegenschaft, FN 15) und BGE vom 23. Mai 1995 (Männedorf/ZH, betr. «Schwarzes Haus», in: ZBl 1997 S. 179 ff)[39]. Wenn Peter Karlen, in: ZBl 1998

1382

1383

---

[39] Ein von einem Aussenstehenden nicht genügend qualifizierbarer BGE ist das offenbar dem BGE 117 Ib 262 ff (Genf, betr. Häuser am Rhône-Quai) vorausgegangene Urteil mit Zusprechung einer Ent-

S. 155, in Denkmalschutzfällen einen Wandel in der «neuesten» bundesgerichtlichen Praxis glaubt feststellen zu können, so bezieht sich dieser wohl nur auf die vermehrte Berücksichtigung der finanziellen Betroffenheit des Privaten beim Entscheid verhältnismässig/ nicht verhältnismässig und nicht auf die Abgrenzung entschädigungspflichtig/nicht entschädigungspflichtig an sich[40].

1384 β') Verfahren, welche im Wesentlichen vor einem kantonalen Gericht ihren Abschluss gefunden haben, endeten allerdings für den Eigentümer oft günstiger.

- So wurde vom ZH-Verwaltungsgericht mit einem Entscheid vom 5. Februar 1982 für den Heimschlag des unter Denkmalschutz gestellten, ehemaligen *Gasthauses Roter Löwen in Kloten* eine Entschädigung von 851'900.– Franken und für unnütz gewordenen Projektaufwand 35'857.– Franken zugesprochen; da das Vorliegen einer materiellen Enteignung unbestritten war, ging dem Entscheid keine gerichtliche Abklärung des Zutreffens derselben voraus (RB 1982 Nr. 125 bezieht sich auf diesen Entscheid, gibt aber nur den Inhalt bezüglich Verzinsung der Heimschlagsentschädigung wieder); gemäss Jürg Hess, S. 220, schloss der Stadtrat hierauf mit dem Eigentümer dieser Liegenschaft einen entscheidkonformen Kaufvertrag ab; nachdem jedoch in der Gemeindeabstimmung vom 23. Oktober 1983 die Kreditvorlage für diese (gebundene) Ausgabe verworfen worden war, hob der Stadtrat die Unterschutzstellung auf. Vgl. unten den Entscheid des ZH-Verwaltungsgerichtes vom 27. November 1997 (Winterthur, betr. Villa Jakobsbrunnen).
- Zum nicht publizierten BGE vom 6. November 1991 (1A.15/1990), Zürich-Riesbach, betr. Villa de Stoutz «Zum Schönbühl», Kreuzbühlstrasse 36, erwähnt in: BGE vom 23. Mai 1995, Männedorf/ZH, betr. «Schwarzes Haus», in: ZBl 1997 S. 179: Diesen Fall lässt das Bundesgericht nicht als Präjudiz gelten, da es hier nur um die Berechnungsweise der Entschädigung gegangen sei (Lageklassen- oder statistische Methode); wo – wie hier – die Parteien das Vorliegen einer materiellen Enteignung anerkannt hätten, prüfe es nicht «von Amtes wegen, ob der ... zugrundeliegende Eingriff überhaupt eine materielle Enteignung bewirke»; es ging hier um eine Entschädigung in der Grössenordnung von 14,463 Mio. Franken.
- Einem Entscheid des ZH-Verwaltungsgerichtes vom 27. November 1997 betreffend *Villa Jakobsbrunnen mit Park in Winterthur* ist zu entnehmen, dass ihm die rechtskräftige Zusprechung einer Entschädigung von 6 Mio. Franken (3,3 Mio. Franken für materielle Enteignung, Rest für Heimschlagsdifferenz) durch die Schätzungskommission vorlag; das Verwaltungsgericht hatte aber nur darüber zu befinden, ob die Stadt die zu dieser Entschädigungspflicht führende Unterschutzstellung rückgängig machen dürfe; das wurde – nicht ganz überzeugend – verneint und vom Bundesgericht im nicht publizierten Entscheid vom 28. September 1998 (1.P.98/1998) bestätigt, weil die Schutzwürdigkeit immer noch als hoch galt, die Finanzlage der Stadt nicht viel schlechter

---

schädigung von 1,4 Mio. Franken; Letzteres gelangt nur in Praxis 1992 Heft 4 Nr. 74 auf S. 184 zum Ausdruck.

[40] Der von Peter Karlen, in: ZBl 1998 S. 145 ff (Rz 1355 mit FN 16), erwähnte, nicht publizierte BGE vom 18. November 1992 E. 3e (1P.660/1991, Zürich, betr. Kino Seefeld) äussert sich nicht zur Entschädigungsfrage, sondern nur dazu, ob die Unterschutzstellung verhältnismässig sei, was bejaht wurde. Desgleichen verhielt es sich bei dem von ihm dort ebenfalls erwähnten BGE vom 23. Juni 1995 (Gebäude in der Schaffhauser Altstadt, in: ZBl 1996 S. 372 E. 6b).

war als im Zeitpunkt der Unterschutzstellung und kein Notstand vorlag (vgl. den Entscheid der Baurekurskommission IV, in: BEZ 1998 Nr. 6, und den Verwaltungsgerichtsentscheid, in: ZBl 1998 S. 336)[41].

– Ein direkter Entscheid über das Bestehen der materiellen Enteignung und des Heimschlagsrechtes aus Denkmalschutzgründen wurde jedoch vom ZH-Verwaltungsgericht am 11. Juni 1998 gefällt; dem Eigentümer der *Villa Flora, Wädenswil,* wurden 1,74 Mio. Franken wegen materieller Enteignung und weitere 375'000.– Franken bei Ausübung des Heimschlagsrechts zugesprochen; ein Weiterzug an das Bundesgericht unterblieb. Es ist dies für den Kanton Zürich ein singulärer Entscheid; m.E. sprach das Gericht diese Entschädigungen zu grosszügig, zumindest zu früh zu (FN 15, 24 und 37). 1385

γ') Diese vier Stellungnahmen sind m.E. wegen der Besonderheit der Situation, in welche hinein sie gesprochen wurden, kaum als wegleitend für die Entschädigungspraxis zu werten. Die Frage der Entschädigungspflicht bei Abbruch- bzw. Bewerbstillegungsverboten aus Denkmalschutzgründen ist noch nicht völlig geklärt[42, 43]. 1386

δ') Bisweilen «erübrigt» sich die Beurteilung der Entschädigungspflicht, wenn sich der Eigentümer über das Abbruchverbot hinwegsetzt. Welchen Schwierigkeiten das Gemeinwesen begegnet, wenn es hintennach zur Vollstreckung des Abbruchverbotes eine «restitutio in integrum» herbeiführen will, zeigt anschaulich Peter Hänni, Hotel Alpina/Gstaad, S. 82 f, in seiner Besprechung des Entscheides des BE-Verwaltungsgerichtes vom 18. Mai 1998 (Letzterer ist publiziert in BVR 1997 S. 97). Siehe auch den Hinweis in BR 1999 Heft 1 S. 1 Nr. 30 sowie in Rz 739. 1386a

---

[41] Siehe hiezu: Thomas Dreifuss, in: PBG aktuell 1998 Heft 4 S. 16 ff Andreas Kaiser, in: PBG aktuell 1999 Heft 2 S. 5 f. Rz 2627 mit FN 6.

[42] Der Stadtrat von Zürich gab zwar am 19. März 1997 dem Gemeinderat (Stadtparlament) in seiner Antwort auf eine Interpellation, in welcher nach den bei Unterschutzstellungen geleisteten Entschädigungszahlungen gefragt wurde, bekannt, dass in den letzten 15 Jahren jährlich zwischen 20 und 45 Objekte unter Schutz gestellt worden seien, wobei es seit dem Jahre 1986 im Ganzen in acht Fällen zu Entschädigungsleistungen zwischen 150'000.– Franken und 2,7 Mio. Franken gekommen sei. Einer dieser Fälle betrifft den im BGE vom 23. Mai 1995 (Männedorf/ZH, betr. «Schwarzes Haus», in: ZBl 1997 S. 179) erwähnten Fall (1A.15/1990) Zürich, betr. Villa de Stoutz «Zum Schönbühl», Kreuzbühlstrasse 36, Rz 1384. Es wäre interessant, die weiteren sieben Fälle, in welchen der Stadtrat die Entschädigungspflicht anerkannt hatte, auf die Übereinstimmung mit der heutigen bundesgerichtlichen Praxis zu überprüfen. Es steht auch nicht fest, welcher Anteil an den genannten Beträgen auf unnütz gewordene Projektierungskosten und Subventionsleistungen nach Rz 1377 entfällt.

[43] Ähnliches gilt für den Fall, über welchen die NZZ vom 22. Mai 1998 auf S. 56 berichtete: Im Dorfkern von Oberteufen/Gemeinde Freienstein-Teufen steht ein Kleinbauernhaus aus dem Jahre 1841; ein Architekt kaufte diese Liegenschaft für 550'000.– Franken, um das Gebäude abzubrechen und einen Neubau mit ähnlichem Kubus zu erstellen; hierauf wurde das Gebäude 1991 auf Veranlassung der kantonalen Denkmalschutzkommission unter Schutz gestellt; 1994 hob der Gemeinderat die Unterschutzstellung jedoch aus finanziellen Überlegungen wieder auf, wogegen der Zürcher Heimatschutz mit Erfolg rekurrierte; die kantonale Schätzungskommission I verpflichtete die Gemeinde zur Zahlung einer Heimschlagsentschädigung (von Entschädigung wegen materieller Enteignung) von 490'000.– Franken und einer solchen von 130'000.– Franken für aufgelaufene Zinsen; ein Weiterzug an das Verwaltungsgericht unterblieb; dem Vernehmen nach könnte das Gebäude für 100'000.– Franken wieder bewohnbar gemacht werden. Zur Beurteilung der Begründetheit dieser Entscheide wäre es nötig, zu wissen, über welche Rechtslage der Architekt beim Kauf Kenntnis haben musste.

3. Zu den Abbruch- bzw. Bewerbstilllegungsverboten aus anderen Gründen

1386b Bei der Behandlung von Baugesuchen für die Änderung von baurechtswidrigen Gebäuden werden des Öfteren wegen der Ausnützungsziffer für einzelne Gebäudeteile Abbruch- und Bewerbstillegungsverbote statuiert. Zum Beispiel heisst es: Bestimmte Schallschutzvorrichtungen dürfen nie abgebrochen, bestimmte Räume im Unter- oder Dachgeschoss dürfen nie anders denn als Abstell- und Bastelraum beworben werden. Hieraus ergibt sich keine Entschädigungspflicht, wenn die Ausnützungsziffer nicht allzu tief angesetzt ist.

IV. Zum Hinzubau- und zum Hinzubewerbverbot

A. Allgemeines

1387 1. Hinzubau- und Hinzubewerbverbote[44] können drei grundverschiedene Zielsetzungen haben:

– erstens: die Verhinderung, dass ein bestehendes Gebäude, ein bestehender Teil davon bzw. ein bisheriger Bewerb wesentlich anders werde; man kann hier von einem konservatorischen Hinzubau- bzw. Hinzubewerbverbot sprechen; diese Konzeption steht dem Abbruch- bzw. Bewerbstillegungsverbot nahe (Rz 1340 ff);
– zweitens: die Festlegung einer Limite, über welche hinaus, unter welche hinunter nicht gebaut bzw. beworben werden darf; man kann hier von einem limitatorischen Hinzubau- bzw. Hinzubewerbverbot sprechen;
– drittens: die Beschleunigung des Verschwindens eines Gebäudes, Gebäudeteiles bzw. Bewerbaspektes; man kann hier von einem destruktorischen Hinzubau- bzw. Hinzubewerbverbot sprechen.

Die letztere Konzeption steht dem Abbruch- bzw. Bewerbstillegungsgebot nahe (Rz 1321 ff). Dazu, wie das «Hinzu-» zu verstehen ist, siehe Rz 361 und 1333.

1388 2. Bezüglich eines voll baurechtgemässen Gebäudes bzw. Bewerbes liegt ein Hinzubau- bzw. Hinzubewerbsverbot nur dann im öffentlichen Interesse und ist sonst unhaltbar, wenn es um das Verbot der Über- bzw. Unterschreitung von gesetzten Maxima/Minima geht oder um die Erhaltung von Baudenkmälern/knappem Wohnraum oder um das Verhindern eines zusätzlichen «einem öffentlichen Vorhaben im Wege Stehens» geht.

B. Zur Beurteilung im Licht der bundesgerichtlichen Praxis

1389 1. Auch Verbote des Hinzubauens bzw. Hinzubewerbens können, wenn man an die Bemerkungen in Rz 1047 mit FN 9a bezüglich Rückwirkungsproblematik und an die in Rz 1304 und 1349 aufgeführten Interessen des Bauaktiven denkt, durchaus im Sinne des

---

[44] Es ist dies ein Teilaspekt des Fortbestehenlassens- bzw. Weiterausübungsgebotes. Siehe FN 1.

Schwereblockes (Rz 1296) Untersagungen oder besonders starke Einschränkungen des Gebrauchs einer «Sache», und zwar eines künftigen Gebrauches derselben, sein, obwohl es nicht um eine Überbauung auf bisher unüberbautem oder durch Abbruch bzw. Bewerbstilllegung von Gebäuden bzw. Bewerbungen entledigtem Land, sondern um eine Transformation von etwas bereits Vorhandenem bzw. Ausgeübtem geht. Dass es auch dabei zu einem Entzug einer «wesentlichen, aus dem Eigentum fliessenden Befugnis» kommen kann, lässt sich kaum einfach bestreiten. Das gilt vor allem für das Verbot von Reparaturen und Renovationen oder allgemeiner des «Unterhaltes» sowie für Um-, Auf- und Anbauten bei baurechtgemässen Gebäuden, solange es dabei nicht zu einer Überschreitung von Maximal- bzw. zu einer Unterschreitung von Minimalvorschriften kommt. Wenn dabei in den Bestand von Familienwohnungen oder Baudenkmälern eingegriffen wird siehe Rz 1357 ff und 1363 ff. Nicht von vornherein von der Hand zu weisen ist, dass Anbauten bei allein infolge einer Gesetzesrevision baurechtswidrig gewordenen Gebäuden verboten werden, wenn es dabei nicht zu einer Beseitigung der Baurechtswidrigkeit kommt und diese nur aufwendig behoben werden könnte. Wenn das Hinzubauen bzw. Hinzubewerben für weniger als acht Jahre verboten wird, dann liegt zwar kaum jene besondere Schwere vor (Rz 1319)[45].

- Das ZH-Verwaltungsgericht qualifizierte in RB 1972 Nr. 108 (ZBl 1973 S. 37 f) die Umteilung einer 1'535 m^2 grossen, bisher in der Bauzone gemäss Schutzverordnung Regensberg (LS 702.665) gelegenen Parzelle mit einem nicht abbruchreifen Wohnhaus in deren Bauverbotszone als materiell enteignend, obwohl der Eigentümer das Gebäude weiterhin fortbestehen lassen und in einem gewissen Umfang ändern durfte. Es wurde allein mit dem bei einem Abbruch oder sonstigen Untergang nur noch verkleinert erzielbaren Ertragswert, nicht aber damit argumentiert, ob auch ohne Abbruch noch eine bestimmungsgemässe, wirtschaftlich sinnvolle und gute Nutzung möglich blieb. Die Bejahung der Entschädigungspflicht («ex aequo et bono») ist hier allein aus der früher vom ZH-Verwaltungsgericht angewendeten, vom Bundesgericht jedoch abgelehnten und seit 1983 auch vom ZH-Verwaltungsgericht aufgegebenen Entschädigungsformel erklärbar (Rz 1312).
- Das BE-Verwaltungsgericht qualifiziert in einem Entscheid vom 18. April 1994 (BVR/JAB 1995 S. 167 ff, BR 1995 S. 232) die Umzonung einer Parzelle mit einem Gebäude von einer zweigeschossigen Bauzone in eine Erhaltungszone mit der Folge, dass der unüberbaute Parzellenteil nicht mehr überbaut werden kann, trotz Nutzungseinbusse von rund 45%, nicht als materielle Enteignung.
- Paul Reichlin, S. 336a, nennt als Beispiel für eine entschädigungslos zulässige Regelung eine solche, nach welcher bereits bestehende, planwidrige Bauten lediglich unterhalten, nicht aber erweitert werden dürfen.

Bisweilen wird die Auffassung vertreten, Vorschriften, wonach im Erdgeschoss nur Läden und Gaststätten, nicht aber Bankschalter, Anwaltskanzleien, Arztpraxen, Werkstätten

1390

---

[45] Hat eine Bausperre länger als acht Jahre gedauert, wird dann aber auf das öffentliche Bauvorhaben verzichtet, dessentwegen es zu dieser Bausperre gekommen ist, so findet auch nicht mehr eine Abgeltung der zwischenzeitlichen, letzten Endes grundlos gewesenen Behinderung in einem formellen Enteignungsverfahren für jenes Bauvorhaben statt. Hier sollte gleichwohl ein Ausgleich erbracht werden. Rz 1767.

für Möbelrestaurateure, Tapezierer usw. gestattet seien, würden gegen die Eigentumsgarantie verstossen, zumindest aber einen schweren Eingriff darstellen und deshalb eine materielle Enteignung bewirken[46]. Dies wird primär auf die Erstellung von Neubauten bzw. Neubewerbungen bezogen, könnte aber praktisch mindestens so oft, wenn nicht noch öfter auch für das Hinzubauen bzw. Hinzubewerben im Sinne von baulichen oder bewerbsmässigen Änderungen bedeutsam sein. Die Annahme einer materiellen Enteignung des Verbotes ist hier wohl darauf zurückzuführen, dass in der Einschränkung der «Wahlfreiheit» in einer wichtigen Angelegenheit von vornherein ein besonders schwerer Eingriff gesehen wird. Das ist jedoch zu wenig differenziert. Eine materielle Enteignung liegt bei einem bestehenden Gebäude nur vor, wenn die verbleibenden Bewerbsmöglichkeiten nicht mehr «bestimmungsgemäss, wirtschaftlich sinnvoll und gut» (Rz 1302 ff) sind. Das trifft aber keineswegs überall zu.

1391   2.   Es muss eingeräumt werden, dass dort, wo der Eingriff weniger weit geht, im Sinne des *Sonderopferblockes* (Rz 1297) ein einziger oder einzelne Bauaktive davon so betroffen werden können, dass man bei Ablehnung einer Entschädigung an die Grenzen der Zumutbarkeit und der Rechtsgleichheit stösst. Das Gesagte gilt vor allem, wo, wie zB bei Unterschutzstellungen, nur einzelne Gebäude bzw. Bewerbungen aus einer grösseren Menge erfasst werden (Rz 1364 ff). Wenig aktuell ist dieses Kriterium, wo das Verbot ganze Klassen von Gebäuden bzw. Bewerbungen betrifft, zB alle baurechtswidrigen, alle von Baulinien angeschnittenen Gebäude oder alle Gebäude bzw. Bewerbungen in einer grösseren Zone.

1392   3.   Dass im Sinne des *Baumöglichkeitsblockes* (Rz 1298) alle rechtlichen und tatsächlichen Gegebenheiten zu berücksichtigen sind, welche die Transformationschance beeinflussen können, liegt auf der Hand, ebenfalls wiederum, obwohl es sich «nur» um Um-, Auf-, Sub-, Anbauten usw. und nicht um «Überbauungschancen» handelt. Klar ist, dass dabei auch die Lage und Beschaffenheit der Parzelle, die Erschliessungsverhältnisse hinsichtlich Strassen und Werkleitungen, die bauliche Entwicklung in der Umgebung, der Stand der Grundlagen- und Ausführungsplanung[47] sowie der behördlichen Massnahmen hinsichtlich hinreichender Erschliessung, befriedigender Parzellareinteilung, kubischer Dimensionierung (Rz 4146), aber auch allfällige weitere als postfinites Baurecht deklarierte Vorschriften beachtet werden müssen.

1393   Zu den gemäss dem Baumöglichkeitsblock der Formulierung der materiellen Enteignung bedeutsamen Sachverhalten ist allerdings Folgendes zu sagen: Wo ein Hinzubau- bzw. Hinzubewerbsverbot ein in der Bauzone stehendes Gebäude betrifft, liegt meistens, wenn nicht gar volle Unbedenklichkeit, so doch eine gerade noch knapp hinreichende Erschliessung durch Strassen und Versorgungsleitungen sowie ein ebensolcher Anschluss an die Kanalisation vor; das gilt besonders in städtischen Verhältnissen. Der Gebäude-

---

[46] Solche Vorschriften fanden sich in der Bauordnung der Stadt Zürich von 1992 für verschiedene zentrale Quartiere (Art. 47, 51, 53, 56). Hier waren «nur Gaststätten, Läden, Ateliers oder Gewerbebetriebe» zulässig. Die Regelung wurde durch die Baurekurskommission I aufgehoben. Die Regelung wurde durch die Baurekurskommission I aufgehoben. Diese Regelung fand in die Bauordnung 1999 nicht wieder Aufnahme.

[47] Vgl. den Entscheid des VD-Tribunal Administratif vom 14. August 1992 (BR 1996 S. 82 Nr. 172): «La procédure de légalisation d'un plan de quartier présente un caractère aléatoire dû à son assujettissement au contrôle démocratique.»

eigentümer ist hier in der Regel nicht auf eine Revision der Zonenordnung oder auf die Festsetzung eines Gestaltungsplanes angewiesen, um sogar nach einem selbst gewollten Abbruch seines Gebäudes so bauen zu können, wie er es sich wünscht. Auch würde der Bauaktive hiezu kaum je unbedingt eine Ausnahmebewilligung benötigen. Ein noch ausstehendes Landumlegungsverfahren kann ebenfalls kaum je gegen ihn geltend gemacht werden, sind doch die Bauhörden meistens verpflichtet, in einem solchen mit bereits bestehenden Gebäuden schonend umzugehen[48].

Die Rechtslage ist somit bezüglich des Baumöglichkeitsblockes meistens so, dass es bei bloss kleineren Um-, Auf-, Sub- und Anbauten bzw. Bewerbsintensivierungen, -ausweitungen, -auswechslungen für das Gemeinwesen schwierig ist, mit der Behauptung durchzudringen, bei Nichtgeltung des hier ins Auge gefassten Hinzubau- bzw. Hinzuwerbverbotes wäre das Hinzufügen von neuen Gebäudeteilen bzw. Bewerbsaspekten ohnehin nicht sofort erlaubt oder das wäre der Tropfen, welcher das Fass der Baurechtskonformität zum Überlaufen brächte. Das Gemeinwesen vermöchte mit einem solchen Argument umso weniger durchzudringen, wo das in Betracht gezogene Hinzubau- bzw. Hinzubewerbverbot sich höchstens aus einer generalklauselhaft formulierten Globalregelung nach Rz 801 ergibt. 1394

4. Sodann scheint es ohne weiteres möglich, dass die Verbote Änderungen und andere Transformationen von Gebäuden betreffen, welche *im Sinne des Wahrscheinlichkeitsblockes* «sehr wahrscheinlich in naher Zukunft besser genutzt» bzw. Änderungen und andere Transformationen von Bewerbungen, welche «mit hoher Wahrscheinlichkeit in naher Zukunft» lukrativer betrieben werden könnten. Es ist hier sowohl an blosse Änderungen als auch an den Abbruch mit anschliessendem sekundärem Neubau bzw. an die Bewerbstilllegung mit anschliessendem sekundärem Neubewerb zu denken. 1395

C. Zu einzelnen, besonderen Situationen

1. Zu den Reparaturen und Renovationen

a) Geht die in Frage stehende Vorkehrung nicht über blosse Reparatur- und Renovationsarbeiten nach Rz 176 f, «Unterhalt», hinaus, so ist das Verbot entschädigungsmässig einem Abbruch- bzw. Bewerbstilllegungsbefehl in «Raten» gleichzustellen. Zur Regelung des Unterhalts insbesondere im ZH-Recht siehe Rz 1899 ff. 1396

b) Judikatur und Literatur

– ZH-Regierungsratsrekursentscheid vom 13. Dezember 1962, in: ZBl 1963 S. 180: Ein Nichtlandwirt hatte in einer Zone einer Schutzverordnung, wo nur landwirtschaftliche Gebäude zulässig sind, einen Schopf erworben. Der Regierungsrat gestattete ihm das Ersetzen zerschlagener Scheiben und morscher Rahmen bei den bestehenden Fenstern, die Anbringung von Fenstern in den vorhandenen Öffnungen, die Erneuerung verwitterter Bretter und Deckleisten bei der Schopfumwandung, die Anbringung neuer, der Konstruktionsweise und äusseren Erscheinung des Schopfes entsprechender Türen in 1396a

---

[48] Vgl. ZH-PBG § 127. Rz 3103.

einfacher Ausführung. Verboten war jedoch, die neuen Teile mit einem auffälligen Anstrich zu versehen, Fensterläden anzubringen, einen Holz- oder Steinboden zu verlegen, eine Zwischenwand zu erstellen. Das so reduzierte Vorhaben stellte eher nur noch eine Reparatur oder Renovation als einen Umbau dar. Diese «Zurückstutzung» war entchädigungslos zulässig. Für ein Mehreres kam eine Entschädigung nicht in Betracht.
- Paul Reichlin, S. 318a, bejaht unter Verweis auf das «Gewohnheitsrecht» sowie auf Erwin Ruck, in: Festgabe für Speiser, S. 29 f, und BGE 20 796 «die Pflicht, das Grundstück in einem polizeigemässen, den Anforderungen der öffentlichen Sicherheit entsprechenden Zustand zu halten».
- Erich Zimmerlin, Kommentar 1976, § 224, N. 5: «Seinerzeit formell und materiell rechtmässig erstellte, nachträglich aber zu neuen oder geänderten Vorschriften in Widerspruch geratene Bauten ... müssen auch unterhalten werden können. Der Begriff des Unterhaltes (ist) nicht eng auszulegen ... Unter ihn fallen auch gewisse Modernisierungen.»
- Werner Schmid-Lenz, S. 60: «Die zahlreichen Entscheide ... ausserhalb der Bauzonen lassen den ... Schluss zu, dass die Verfassung ausserdem die zeitgemässe Erneuerung unter altem Recht erbauter Häuser garantiert, und zwar auch in den seither überbauten Gebieten ... Der Anspruch auf Unterhalt und Erneuerung ist verfassungsunmittelbar.»[49]
- Robert Imholz, Heimatschutz, S. 19 ff, bezeichnet die Regelung des PBG bezüglich vorsorglichen Schutz von historisch bedeutsamen Gebäuden (§§ 209 ff) als ungenügend, weil gestützt hierauf nicht auch «dringende Instandstellungs-, Unterhalts- oder Sicherungsarbeiten» befohlen werden können. VRG § 6 biete keinen genügenden Ersatz (Rz 1843 ff).
- Bundesamt für Konjunkturfragen, S. 86: «Unterhaltspflichten ... gebieten ..., den einmal bewilligten – selbstredend einwandfreien – Bestand der Baute laufend zu gewährleisten. Wenn sich durch die natürliche Alterung Mängel ergeben, die aufgrund der reinen Unterhaltspflicht behoben werden müssen, kann die Instandhaltung ... nicht ... unterbleiben ... Das Bestandesvertrauen im hier behandelten Umfang geht dem Recht des Gemeinwesens, neue Vorschriften durchzusetzen, grundsätzlich vor, weil ein Unterhaltsverbot einem verzögert wirkenden Widerruf der Baubewilligung gleichkäme; trotzdem ist es in jedem einzelnen Fall gegenüber allen überwiegenden öffentlichen Interessen abzuwägen ... Der bare Unterhalt ... (ist) auch ohne entsprechendes kantonales Ausführungsrecht ... zu ermöglichen.»

2. Zu den Montierungen, kleineren Um-, Auf-, Sub- und Anbauten

1397 a) Das Hinzubauen bzw. Hinzubewerben bei baurechtswidrigen Gebäuden bzw. Bewerbungen ist zwar grundsätzlich entschädigungslos verbietbar, auch wenn die Baurechtswidrigkeit allein auf eine Gesetzesrevision zurückzuführen ist (also weder auf Eigenmacht noch polizeiliche/grüne Missstände), aber die vorhandene Rechtswidrigkeit nicht behoben wird; siehe hiezu auch die Ausführungen zur Anpassungspflicht in Rz 1410 ff.

---

[49] Das ist wohl so zu verstehen, dass ein gesetzliches Verbot des Unterhaltes und der Erneuerung von Gebäuden, welche rechtmässig erstellt wurden, dann aber infolge Rechtsänderung rechtswidrig geworden sind, bei Ausbleiben einer Entschädigung verfassungswidrig wäre.

Besteht die Rechtswidrigkeit lediglich im Fehlen einer Baubewilligung, so kann diese nachgeholt werden.

b) Wo die Statuierung der Vorschriften gemäss Rz 4146 bei unüberbauten Parzellen die Entschädigungspflicht auslöst, dort fehlt dem Eigentümer einer bereits mit einem Gebäude bestückten Parzelle ein Entschädigungsanspruch, wenn die Parzelle in einem Umfang baulich ausgenützt ist, welcher über bzw. unter der Limite liegt, bis auf welche hinab bzw. hinauf entschädigungslos Anforderungen gestellt werden können. Ein Entschädigungsanspruch kann zB bestehen, wo das vorhandene Gebäude zwei Geschosse in einem Gebiet aufweist, in welchem entschädigungslos das Geschosszahlmaximum nicht unter drei gesetzt werden dürfte, aber entweder ein vollumfängliches Bauverbot gilt oder höchstens noch eingeschossige Gebäude erlaubt sind[50].

1397a

c) Judikatur und Literatur

α) Gebäude bzw. Bewerb bisher baurechtgemäss

– BGE 112 Ia 413 f (Gerra Gambarogno/TI): Die Aktivlegitimation des Nachbarn betr. behaupteter Verunstaltung durch Um-/Aufbau (und damit auch Verbotsmöglichkeit) wurde bejaht, weil ausser der Ästhetikvorschrift jede Regelung der «volumetria» fehlte. Es fehlen im publizierten Entscheid Angaben über die Grösse der Vorkehrung.
– ZH-RB 1987 Nr. 80: Die Erlaubnis einer leichten Veränderung von Form, Volumen und Profil eines Gebäudes durch geringfügige Anhebung des Dachfirstes in der Kernzone Küsnacht (Rz 3053) wurde bestätigt, weil es sich um einen zulässigen Umbau handle.
– Entscheid der ZH-Baurekurskommission II (BEZ 1988 Nr. 40): Die Erlaubnis einer Aufbaute auf einem Flachdachgebäude wurde bestätigt. Hier stellte sich das Problem der Gebäudehöhenmessung, weil bereits früher für eine Garageneinfahrt abgegraben worden war. Die Messung wurde so vorgenommen, wie «wenn ... bereits anlässlich der Errichtung der Baute sowohl die Abgrabung als auch die Aufstockung realisiert worden wären». Vgl. Allgemeine Bauverordnung § 5 II b. Weil die Gebäudehöhe damit bauordnungskonform war, fand PBG § 357 keine Anwendung. Rz 4153.
– ZH-RB 1994 Nr. 82, betr. Zweizimmerwohnung in einer Villa in Kilchberg: Der Um- und Anbau zur Schaffung einer Fünfzimmerwohnung ist erlaubt, weil keine neuen Erschliessungsbedürfnisse entstehen; es sei die Zahl, nicht die Grösse der Wohneinheiten massgeblich[51].
– ZH-RB 1997 Nr. 83 (nur Leitsatz): «Nicht jede zusätzliche Wohneinheit führt zu einer wesentlichen Änderung der bisherigen Verhältnisse im Sinn von PBG § 233 II, welche die genügende Zugänglichkeit des Baugrundstückes erneut in Frage zu stellen vermöchte.» (Rz 2045 ff) Es handelt sich hier vermutlich um kleinere Um-, Auf-, Anbauten bei einem bisher genügend erschlossen gewesenen Gebäude.

1397b

---

[50] Das ist die Konstellation, auf welche sich René A. Rhinow/Beat Krähenmann in B.III.a beziehen als Beispiel betreffend entschädigungspflichtiges Bauverbot für «ein überbautes Grundstück ... ohne dass eine Abbruchverpflichtung besteht ..., auch wenn das Gebäude noch nicht abbruchreif ist» (gemäss ZH-Verwaltungsgerichtsentscheid, in: RB 1972 Nr. 108, in: ZBl 1973 S. 37 f; der Entscheid beruht allerdings noch auf der – überholten – ZH-Praxis gemäss Rz 1312).

[51] Diese Betrachtungsweise ist m.E. falsch.

β) Gebäude bzw. Bewerb bei Gesuchsbehandlung baurechtswidrig

1397c
- BGE 113 Ia 119 f (Vernier/GE): Die Erlaubnis, in einem Gebäude mit einem überzähligen Geschoss, ungenügendem Grenzabstand und überschrittener Ausnützungsziffer, in einem ästhetisch mittelmässigen Quartier eine thermische Isolation auf die Fassaden zu montieren sowie das oberste Geschoss abzubrechen und 5–10 cm erhöht wiederherzustellen, wurde, gegen die Opposition des Nachbarn, bestätigt. Argumentation: Was ausserhalb der Bauzone gestattet ist, kann wohl auch innerhalb der Bauzone nicht verboten werden, wenn «le droit (du Canton) ne contient aucune règle précise». Deutschsprachiger Leitsatz: «Da der Umfang, das Erscheinungsbild und der Zweck der Baute ähnlich bleiben und die Nutzung des Bodens nicht geändert wurde, sind ... die Wiederinstandsetzung des Gebälks, des Daches und des oberen Wohnraumes erlaubt.»
- ZH-RB 1989 Nr. 78: Die Erlaubnis der Änderung eines gegen den Wohnanteilplan verstossenden Gebäudes wurde bestätigt, weil die Erweiterung angemessen war und keine überwiegenden öffentlichen Interessen entgegenstanden. Dieser Fall wurde nicht nach PBG § 357 beurteilt.
- BGE vom 2. Juni 1994 (Küsnacht/ZH, betr. Beheizung von privatem Freiluft-Schwimmbad, in: ZBl 1995 S. 281, 283 ff): «(Die) Erwartung, dass ... gewisse bauliche Änderungen vorgenommen werden dürfen(, ist gesichert). Es ist nicht ausgeschlossen, dass bei gewichtigeren Umänderungen der zwischenzeitlich geänderten Rechtsordnung Rechnung getragen werden muss.» Das bedeutet wohl positiv ausgedrückt: Selbst wenn es zu einer zwischenzeitlichen Revision der Rechtsordnung kommt, diese aber nicht als «gewichtig» einzustufen ist, sind «gewisse bauliche Änderungen» erlaubt, sonst aber gilt eine bedingte Anpassungspflicht.
- Entscheid des BL-Verwaltungsgerichtes vom 28. Juni 1974 (BJM 1975 S. 110): «Bauliche Massnahmen, die das Fernziel der Ortsplanung unangemessen hinauszögern, (sind mit der geltenden Ordnung) nicht vereinbar», also unzulässig. Positiv formuliert heisst dies wohl: Das Fernziel der Ortsplanung nicht unangemessen hinauszögernde, bauliche Massnahmen sind zulässig.
- Paul Reichlin, S. 332a, vertritt, allerdings ohne nähere Begründung, unter Bezugnahme auf einen nicht publizierten BGE vom 19. Februar 1932 (Cadola) sowie auf den Rekursentscheid des ZH-Regierungsrates vom 19. März 1933 (ZBl 1933 S. 128, betr. Aufstockung eines viergeschossigen Gebäudes um zwei weitere Geschosse, Verbot aus ästhetischen Gründen) die Auffassung, ein Verbot von «bloss weiteren An- und Aufbauten an bestehenden Häusern» sei nicht entschädigungspflichtig.
- Bundesrat Kurt Furgler bei der Beratung der verworfenen Fassung des RPG in der Bundesversammlung (Sten. Bull. NR 1974 S. 1099): Es ist «im kantonalen Recht seit langem anerkannt, dass die Bauten und Anlagen, die einmal rechtmässig erstellt wurden, auch unter dem neuen Recht, dem sie eventuell widersprechen würden, in gewissem Rahmen ... einen angemessenen Umbau, ja sogar eine Erweiterung ... erfahren dürfen».
- Erich Zimmerlin, Kommentar, Aarau 1985, § 224, N. 5d: «Nur im Verhältnis zum Ganzen unbedeutende, durch zeitgemässe Erneuerung bedingte Gebäudevergrösserungen sind ... gedeckt.» Positiv ausgedrückt heisst dies wohl: Wenn die Gebäudevergrösserung «unbedeutend» und «durch zeitgemässe Erneuerung» bedingt ist, sind auch bei baurechtswidrigen Gebäuden solche Vorkehrungen erlaubt.

- Thomas Pfisterer, S. 459 ff: «Beim partiellen Umbau einer Baute, die nach neuem Recht eine bestimmte Nutzungsdurchmischung einhalten müsste, jedoch von der einen Nutzweise zu wenig Fläche aufweist, wird es als unverhältnismässig betrachtet, das ganze Umbauvolumen für die mangelnde Nutzweise zu binden. Vielmehr hat wenigstens der Neubauteil das erforderliche Verhältnis der Nutzweisen aufzuweisen.» Das bedeutet: Es gilt nur die bedingte, annäherungsweise Anpassungspflicht, und zwar nur die enge (Rz 450 ff).
- Richard A. Koch, S. 48: «Beeinträchtigt ein seinerzeit kraft damaliger Baubefugnis errichtetes Objekt durch seinen Bestand oder seine Nutzung öffentliche Interessen, denen die später statuierten Eigentumsbeschränkungen zum Durchbruch verhelfen sollen, wirken diese ex tunc, gelten also auch für das Ergebnis der vor ihrem Wirksamwerden ausgeübten Baubefugnis ... Kann hingegen ... für eine vorhandene bauliche Einrichtung ein überwiegendes öffentliches Interesse beansprucht werden, darf sie fortbestehen und weiter genutzt und unterhalten (aber nicht erneuert) werden.»
- Der Stadtrat von Zürich erklärte in der Weisung für die Gemeindeabstimmung vom 12. Juni 1988 betreffend Volksinitiative für eine Zonenplanänderung im Gebiet Döltschi in Wiedikon (Zweck: Verhinderung der Erweiterung des dortigen israelitischen Friedhofes) unter Bezugnahme auf ein Gutachten von Tobias Jaag für den Fall der Annahme der Initiative: «Gemäss schweizerischer Lehre und Rechtsprechung (sind bei) Bauten und Anlagen, die einmal rechtmässig erstellt worden sind, selbst wenn sie (dem neuen Recht) widersprechen, ... bauliche Massnahmen und baurechtlich beachtliche Nutzungsänderungen, ja ... sogar Umbauten und angemessene Erweiterungen gestattet.» Die Initiative wurde verworfen.

3. Zu den grösseren Um-, Auf-, Sub- und Anbauten

a) Was in Rz 1388 bezüglich des öffentlichen Interesses an Hinzubau- bzw. Hinzubewerbverboten bei baurechtgemässen Gebäuden bzw. Bewerbungen und in Rz 1396 bezüglich der entschädigungslosen Verbietbarkeit von baulichen bzw. bewerbsmässigen Änderungen sowie Transformationen bei baurechtswidrigen Gebäuden gesagt wurde, gilt hier ebenfalls. **1398**

b) **Judikatur und Literatur**

α) *Gebäude bzw. Bewerb bisher baurechtgemäss*

- ZH-RB 1962 Nr. 114: Das Verbot bzw. die Nichterteilung einer Ausnahmebewilligung für eine störende Aufbaute auf einem schönen Gastwirtschafts- und Hotelgebäude aus dem Jahr 1703 wurde bestätigt. Das Gebäude war nicht formell unter Schutz gestellt, doch hat ein Dachaufbauverbot gegolten. **1398a**
- Entscheid des ZH-Verwaltungsgerichtes vom 30. September 1966 (Stadt Zürich, betr. Lochergut, in: ZBl 1967 S. 320 f): Die Erlaubnis einer Änderung wird bestätigt, weil bei allseitiger Überprüfung der sich aus der Änderung ergebenden Ausnützung keine Überschreitung des nach dem jetzigen Recht maximal zulässigen Ausnützungsmasses resultierte. Der bei der seinerzeitigen Bewilligung der Neubaute auferlegte Ausnützungsrevers führte nicht dazu, dass inskünftig keine Ausnützungserhöhung mehr möglich war (Rz 4155b). «Die Prüfungspflicht wird durch den grundbuchlich angemerkten Ausnützungsrevers nicht eingeschränkt; er hat keine selbständige Rechtswirkung,

sondern macht lediglich ein bestehendes Rechtsverhältnis publik, welches durch ein Bewilligungsgesuch für eine Projektänderung wieder in Frage gestellt werden kann»; der Revers bildet keine «ein- für allemal feststehende Schranke»[52].
- ZH-RB 1986 Nr. 92: Wurde unter dem früheren Recht ein gestalterisch gutes Gebäude durch Ausnahmebewilligung in ähnlicher Weise privilegiert, wie dies nach dem neuen Recht für eine Arealüberbauung möglich wäre, so müssen auch spätere Umbauten erhöhten Gestaltungsanforderungen genügen (Rz 4155).
- BGE vom 6. Oktober 1988 (Stadt Zürich, betr. Architekturbüro mit 25 Mitarbeitern, Klosbachstrasse, in: ZBl 1989 S. 535, in: ZH-RB 1988 Nr. 80 nur Leitsatz): Das Verbot des Ausbaues des zweiten Dachgeschosses wurde bestätigt, weil der Eingriff nicht schwer sei und für die Bauaktiven die Lockerung von Art. 7a I der Bauordnung der Stadt Zürich für «Künstlerwerkstätten» (Rz 3233) eher nicht gelte.

1398b *β) Gebäude bzw. Bewerb bei Gesuchsbehandlung baurechtswidrig*

- BGE vom 22. März 1989 (Stadt Zürich, betr. Wohnanteilplan, in: ZBl 1990 S. 451, 453): Es sind bei bereits vorliegendem Verstoss gegen den Wohnanteilplan «Umbauten verboten, wenn sie den Wohnanteilplan nicht beachten».
- BGE vom 2. Juni 1994 (Küsnacht/ZH, betr. Beheizung von privatem Freiluft-Schwimmbad, in: ZBl 1995 S. 281, 283 f, Rz 4056, 4163): nähere Angaben hiezu in Rz 1397c).
- Paul Reichlin, S. 336 (1943!), nennt als Beispiel für eine entschädigungslose Regelung das «Verbot eines vollständigen Umbaues, ohne dass auf den gesetzlichen Bauabstand zurückversetzt wird».
- Rudolf Friedrich/Karl Spühler/Ernst Krebs, zu § 35, N. 3, bezüglich Erlaubnis von Erneuerung sowie angemessener Erweiterung von zonenwidrigen, gewerblichen und industriellen Gebäuden und Betrieben: Rz 3220 f.
- Erich Zimmerlin, Kommentar, Aarau 1985, § 224, N. 4a: «(Es ist nur) bedingt (erlaubt), baufällige, aber nicht technisch offensichtlich abbruchreife Gebäude zu ändern. Der Begriff der Abbruchreife ist in diesem Zusammenhang wie im Enteignungsrecht im technischen, im Unterschied zum Umlegungsrecht nicht auch im wirtschaftlichen Sinne zu verstehen. Die Anpassung bestehender, ... altrechtlicher Bauten an neue Vorschriften oder gar ihre Beseitigung kann nur im Rahmen ausdrücklicher Rechtsnormen gefordert werden.» Rz 942, 951 f.

4. Zur Umgestaltung

1399 a) Zum Umgestaltungsbegriff siehe Rz 200.

b) Judikatur und Literatur

1399a
- BGE vom 7. Juli 1965 (Derendingen/SO, in: ZBl 1966 S. 76–82): Das Verbot, eine von der Nachbarparzelle einen Abstand von nur 60 cm einhaltende Scheune, nachdem kurz vorher schon Wohnungen in zwei Geschossen bewilligt worden waren, zu einem dreigeschossigen Gebäude umzugestalten, wurde bestätigt. Im Zeitpunkt des Widerru-

---

[52] Wenn ein solches Gesuch allerdings unmittelbar nach Erteilung der mit dem – vorerst akzeptierten – Revers belasteten Bewilligung eingereicht wird, stellt sich die Frage, ob die Baubehörde wegen Eintritts der formellen Rechtskraft darauf schon wieder eintreten müsse.

fes waren erst Arbeiten ausgeführt, deren Rückgängigmachung einen Aufwand von ca. 3'000.– Franken erforderte. Rz 625 – mit FN 11 (Widerruf der ersten Bewilligung).
– Entscheid des ZH-Verwaltungsgerichtes vom 21. März 1989 (BEZ 1989 Nr. 13): Umgestaltungen oder Nutzungsänderungen sind bei einem anlässlich einer Gesetzesänderung rechtswidrig gewordenen Bauwerk nach Ablauf der Lebensdauer desselben verboten, wenn dabei seine Identität nicht gewahrt bleibt; «anders entscheiden hiesse den Schutz des Eigentümers in sachwidriger Weise überdehnen, bestehende widerrechtliche Zustände verewigen und die Durchsetzung von Rechtsänderungen weitgehend verunmöglichen.»
– BGE vom 18. Januar 1990 (Winterthur/ZH, betr. überzählige Autoabstellplätze, in: ZBl 1990 S. 354): Für die aus dem Jahre 1790 stammende Baronenschür in der Winterthurer Altstadt waren grössere bauliche Vorkehrungen vorgesehen. «Massnahmen, die einem Neubau gleichkommen, lassen (die Erlaubnis) für die vorhandenen Bauten und Anlagen ... insoweit entfallen, als diese nicht direkt in das Bauvorhaben einbezogen worden sind, aber in einem funktionellen Zusammenhang zum Projekt stehen.»
– ZH-Baurekurskommission I, in: BEZ 1990 Nr. 9 (noch vor PBG-Revision von 1991): In der Stadt Zürich wollte der Bauaktive ein Gebäude mit Gastarbeiterunterkünften sowie Sauna- und Elektroinstallationsbetriebsräumen, welches aber den vorgeschriebenen Wohnflächenanteil nicht einhielt, in ein Büro- und Wohngebäude transformieren, ohne dass dabei der erforderliche minimale Wohnanteil erreicht worden wäre. Die Baurekurskommission hiess die Auflage der Herbeiführung des Wohnflächenanteiles gut. Sie legte grosses Gewicht darauf, dass bei der Beurteilung nach Räumen und Betriebsbelegung differenziert vorgegangen werde[53].

5. Zum Wiederbau

a) Zum Wiederbau nach freiwilliger Zerstörung (Abbruch)

α) Es liegt wohl auf der Hand, dass dort, wo das Verbot eines primären Neubaues bzw. eines primären Neubewerbes keine materielle Enteignung bewirkt, solches auch nicht der Fall ist, wo es um einen sekundären Neubau bzw. einen sekundären Neubewerb geht. Wer den sekundären Neubau nicht erstellen bzw. den sekundären Neubewerb nicht aufnehmen darf, hat ja meistens noch die Möglichkeit, das bisherige Gebäude fortbestehen zu lassen und weiter wie bisher zu bewerben, also nicht umzugestalten, keinen Wieder-, keinen Anschluss-, keinen Dependenz-, keinen Dislokationsbau zu errichten und das alte Gebäude weiterhin zu bewerben, sich also mit dem Bisherigen zu begnügen. Diese Möglichkeit ist aber demjenigen verschlossen, welcher einen primären Neubau erstellen bzw. einen primären Neubewerb aufnehmen will, wenn er noch nicht über ein Gebäude verfügt bzw. noch nirgends bewerben kann. Das gilt vorbehaltlos, wo es weder um einen Wiederbau nach unfreiwilliger Zerstörung des Gebäudes (Rz 1401) noch um

1400

---

[53] Nicht eindeutig geht aus dem Entscheid hervor, ob es sich bereits beim bisherigen Gebäude um ein solches gehandelt habe, welches im Sinne von PBG § 357 I in der Fassung von 1991 (Rz 1659 f) leicht einem zonengemässen Bewerb hätte zugeführt werden können, also hiezu geeignet war, oder ob diese (negative) Voraussetzung nur deshalb erfüllt gewesen war, weil der Bauaktive ohnehin soviel abbrechen wollte (Umgestaltung?), dass von den restlichen Teilen aus eine zonengemässe Eignung realisiert werden konnte.

einen Dislokationsbau, nachdem der bisherige Standort aus rechtlichen Gründen verlassen werden musste (Rz 1405a), geht.

β) Judikatur und Literatur

1400a
— BGE 99 Ia 482, 487 (Steinmaur/ZH; stammt noch aus der Zeit vor Inkrafttreten des PBG): «Die frühere Existenz eines freiwillig abgebrochenen Hausteils verleiht dem Grundeigentümer ... keinen Anspruch darauf, die betreffende Stelle überhaupt wieder oder unter den gleichen rechtlichen Voraussetzungen neu zu überbauen.»
— ZH-RB 1987 Nr. 80: «Es wäre schwer zu verstehen, dass ein Ersatzbau unter leichteren Bedingungen zulässig wäre als eine blosse Umbaute.»
— Erich Zimmerlin, Kommentar, Aarau 1985, § 224, N. 4: «(Es ist verboten,) anstelle der Altbaute eine neue, dem geltenden Recht erneut widersprechende Baute zu errichten. — Wenn der Eigentümer ein Gebäude ganz verfallen lässt, wenn er ein in ihm eingerichtetes Gewerbe über lange Zeit nicht ausübt, (so ist es verboten, daraus) ein reines Wohnhaus (zu) machen oder in ihm ein neues anderes Gewerbe ein(zu)richten. — (Es ist verboten,) aus von verfallenen, technisch abbruchreifen Bauten übrig gebliebenem Mauerwerk eine den heutigen Vorschriften widersprechende baurechtswidrige Baute zu errichten.»
— Das Hochbauamt der Stadt Zürich verlangt bei Neubauten anstelle eines früheren Gebäudes, dass nicht nur die Baumasse, sondern auch die «Körnung» im Rahmen der im Quartier möglichen und bestehenden Grössenordnung liegt.

b) Zum Wiederbau nach unfreiwilliger Zerstörung

1401 α) Bei der Zerstörung eines Gebäudes durch eine Katastrophe, zB durch Brand, Explosion, Erdrutsch, Überschwemmung, Lawinengang, Erdbeben, besitzt der Eigentümer eines bisherigen Gebäudes ohne den Wiederbau allerdings kein Gebäude mehr. Es ist denn dies auch der Fall, für welchen in der Vergangenheit bei Fehlen eines Verschuldens des Eigentümers immer wieder der Ruf nach Leistung einer Entschädigung ertönte, wenn dem von der Katastrophe Getroffenen der Wiederbau verboten wurde, weil zB das infolge der Katastrophe zerstörte Gebäude der Realisierung eines öffentlichen Werkes im Wege gestanden hatte[54]. Es sind dies jedoch Stellungnahmen aus einer Zeit, da einerseits Feuersbrünste häufig waren und anderseits noch kein leistungsfähiges Feuerwehr- und Versicherungswesen für die Abdeckung des aus dem Brand entstehenden Schadens bestand. Damals waren weitgehend Kommiserationsgründe für die grundsätzliche Zusage einer

---

[54] Vereinzelt wurde sogar schon eine Entschädigung vorgesehen für den Fall, dass der Eigentümer das in einen minimalen Strassenabstand hineinreichende oder von einer Baulinie angeschnittene Gebäude aus eigenem Entschluss abbricht (also kein Katastrophenfall vorliegt) und er mit dem Wiederbau auf den minimalen Strassenabstand, hinter die Baulinie zurückweichen muss. Ich verweise auf das heute aufgehobene ZH-Strassengesetz von 1893 § 32 II, Rz 3179; hienach ist «der Eigentümer für die Baubeschränkung angemessen zu entschädigen, (wenn) die Neubaute innerhalb von fünf Jahren ausgeführt» wird. Es ist mir allerdings nicht bekannt, ob eine solche Entschädigung je einmal ausserhalb eines formellen Enteignungsverfahrens für einen Strassen(aus)bau ausbezahlt worden ist. Möglicherweise dachte der Gesetzgeber hier nur an die Entschädigung für den für die Strassenverbreiterung abzutretenden Landstreifen. Die Entschädigungspflicht wird jedoch in ZBl 1946 S. 63 und durch Paul Reichlin, S. 336a verneint.

Entschädigung wegleitend. Heute liegt eine andere Situation vor. Siehe hiezu die Ausführungen zum Recht der freien Hofstatt und zum Brandstattrecht in Rz 2454 f.

β)   Peter Karlen setzt sich in der Zeitschrift recht 1991 S. 102 ff, detailliert mit dem BGE 107 Ib 233 ff (Egnach/TG) auseinander, in welchem das Verbot des Wiederbaues, ferner mit einem BGE vom 17. September 1987 (ZBl 1989 S. 543 ff), in welchem die Abweisung des Entschädigungsbegehrens bestätigt wurde[55]. M.E. urteilt Peter Hänni bezüglich der Entschädigungsfrage für den Eigentümer zu grosszügig. Wo sozial prekäre Situationen entstehen (was nach dem Abbrennen eines Badehäuschens zwar kaum denkbar erscheint), ist diesen nicht bau-, sondern fürsorgerechtlich Rechnung zu tragen.

1402

γ)   *Judikatur und Literatur*

– Entscheid des ZH-Verwaltungsgerichtes vom 30. Mai 1969 (ZBl 1970 S. 332 ff): Das Verbot des Wiederbaues eines abgebrannten Wochenendhauses, welches in den kommunalen minimalen Waldrandabstand hineinreichte und weder über eine genügende Trinkwasserversorgung noch Abwasserentsorgung verfügte, wurde bestätigt. Der Umstand, dass die private Gebäudeversicherung die Versicherungssumme nur auszahlt, wenn der Wiederbau auf der gleichen Parzelle erfolgt, «berührt den Entscheid über die Baubewilligung nicht». Das nur privatrechtliche Brandstattrecht von ZH-altBauG § 107 war hier unbeachtlich (Rz 2454 f).
– BGE 115 Ib 411–415 vom 29. November 1991 (Eheleute G. c. Schweiz. Eidgenossenschaft): Das Bundesgericht erklärte sich zur einziginstanzlichen Beurteilung der Frage zuständig, ob das Verbot des Wiederbaues eines abgebrannten Maststalles für 250 Kälber gestützt auf eidg. Landwirtschaftsrecht (Rz 4109 f) eine materielle Enteignung bewirke. Über die Antwort findet sich hier nichts.
– Max Imboden/René A. Rhinow, Nr. 130, B. III.a, S. 960: Diese Autoren nennen – ohne nähere eigene Argumentation – als Beispiel eines Bauverbotes mit möglicher Entschädigungspflicht das Verbot des Wiederbaues eines abgebrannten Gebäudes (unter Bezugnahme auf die Revue de droit administratif et fiscal, 1951, S. 41).
– Bundesrat Kurt Furgler (anlässlich der Beratung des ersten, später verworfenen RPG in der Bundesversammlung, Sten. Bull. NR 1974, S. 108, Rz 3253 f): «Sehr weit gehen Kantone, die ... den Wiederaufbau des rechtswidrigen Gebäudes im früheren Umfang bei Zerstörung durch höhere Gewalt ... innert Frist dulden.»

1402a

c)   **Zum Wiederbau nach Ruin infolge Vernachlässigung oder kriminellem Eingriff**

Da es hier um ein Verbot der Wiederherstellung von etwas längst Untergangenem geht, entsteht hieraus kaum je ein Entschädigungsanspruch.

1402b

6.   **Zum Anschlussbau**

a)   Die hier in Betracht zu ziehenden Überlegungen sind primär solche der Baustatik, der Feuersicherheit (Brandmauer, Rz 2416 f) sowie der Ästhetik (Rz 2058a, 4150, 4155).

1403

---

[55] Ähnlich schon der ZH-Verwaltungsgerichtsentscheid vom 30. Mai 1969 (ZBl 1970 S. 332 f) bezüglich eines abgebrannten Wochenendhäuschens im Wald.

b) Judikatur und Literatur

1403a
- ZH-RB 1962 Nr. 109: Die aufgrund eines Dispenses erteilte Erlaubnis, eine Montagehalle an eine bestehende Werkstatthalle in Männedorf in einer Wohnzone anzubauen, welche schon bisher Merkmale einer Gewerbe-, wenn nicht sogar eine Industriezone aufwies, wurde bestätigt, u.a. auch, weil bisher im Freien durchgeführte Arbeiten inskünftig unter einem Dach stattfinden könnten.
- ZH-RB 1963 Nr. 103: Die Erlaubnis, eine Garage an ein Reiheneinfamilienhaus anzubauen, wurde bestätigt, weil keine ästhetische Beeinträchtigung entstand. Rz 4155 mit FN 13.
- ZH-RB 1974 Nr. 82 (Arkadia/Zürich, nur Leitsatz): Die Verweigerung eines Anschlussbaues wurde aus Grenzabstandsüberlegungen bestätigt. «Der Mehrlängenzuschlag im Sinne von Art. 10 Abs. 1 BO Zürich ist im Fall von Anbauten auch für das bestehende Gebäude zu verlangen; doch kann u.U. eine Ausnahmebewilligung gerechtfertigt sein.» Rz 4150 mit FN 8.
- Entscheid des ZH-Verwaltungsgerichtes vom 5. Dezember 1986 (BEZ 1987 Nr. 5): Die Erlaubnis, einen Bau mit einem Volumen von ca. 2'340 m^3 an ein bereits bestehendes Gebäude mit einem Kubus von 1'763 m^3 anzuschliessen, wurde unter Anrufung von ZH-PBG § 357 in der Fassung von 1975 bestätigt. Das war m.E. eine Strapazierung dieser Vorschrift. Rz 1481 f, 4155 mit FN 13.
- ZH-Verwaltungsgerichtentscheid und BGE (ohne Datum, erwähnt in: ZH-PBG aktuell 1996 Heft 4 S. 30; allerdings nicht betreffend Errichtung eines typischen Anschlussbaues, sondern betreffend Satteldachaufbau auf einem Doppel-Einfamilienhaus mit Flachdach in Schwerzenbach): «Eigentümer von Doppel-Einfamilienhäusern (müssen) weitergehende Einschränkungen ihrer Baufreiheit in Kauf nehmen als Eigentümer alleinstehender Bauten, und von Ersteren (kann) ein gewisses Mass an Rücksichtnahme und baulicher Abstimmung auf den bestehenden Zustand verlangt werden.» An dieser Rücksichtnahme fehlte es hier, weil das Gebäude mit dem neuen Satteldach fast doppelt so hoch geworden wäre wie das andere. Rz 4155 mit FN 13.
- ZH-Verwaltungsgerichtsentscheid am 19. Mai 1998 (RB 1998 Nr. 111, auch in Rz 73a mit FN 7a, 206, 1398 und 4155a [Thomas Pfisterer] erörtert): Bei der Erweiterung eines Gebäudes durch einen «Neubau» mit Wohnanteilpflicht, wobei der «Altbau» keine Wohnungen aufweist und Alt- sowie Neubau ihre Selbständigkeit bewahren, «braucht (der Altbau) keinen Wohnanteil einzuhalten».

7. Zum Dependenzbau

1404 a) Zu diesem Begriff siehe Rz 207. Bedeutsam ist, wie weit vom Stammgebäude das Dependenzgebäude zu stehen kommen soll und welche Regelung für die beiden Standorte gilt.

b) Judikatur und Literatur

1404a
- Entscheid des ZH-Regierungsrates vom 10. November 1966 (ZBl 1967 S. 513 f, betr. Nürensdorf/ZH): Die Bewilligung einer Dependenzbaute für eine Schreinerei in einer immissionsmässig als Mischzone zu bezeichnenden Zone wird bestätigt; auf den Einwand des Nachbarn, es dürften zwar gemäss Auflage der Baubewilligung in der Neubaute keine übermässig lärmigen Maschinen aufgestellt werden, wohl aber sei zu be-

fürchten, dass es dazu in den frei werdenden Räumen der Altbaute komme, wurde nicht eingetreten.
- ZH-RB 1974 Nr. 84: Das Verbot von selbständigen Neubauten (wohl insbesondere Dependenzbauten) in Wohnzonen ist abgeleitet aus der Vorschrift, dass den im Zeitpunkt des Inkrafttretens der Bauordnung bestehenden Gewerbebetrieben der «weitere Fortbestand» gewährleistet sei, insbesondere in Wohnzonen, und dass bauliche Veränderungen und Erweiterungen bereits gewerblich beanspruchter Gebäude bewilligt werden. «Die bestehenden Gewerbebetriebe sollen weiterhin in Zonen geduldet werden, in welche sie gemäss den allgemeinen Nutzungsvorschriften nicht gehören. Der Fortbestand eines Gewerbebetriebes setzt neben der Erneuerung eine angemessene Erweiterung voraus ... Eine schrankenlose Erweiterung ist schon tatsächlich, weil der Boden nicht vermehrbar ist, nicht denkbar. Angemessen ist eine Erweiterung, die sich im Vergleich zum Gewerbebetrieb im Zeitpunkt des Inkrafttretens der Bauordnung nicht als übermässig erweist; einem zonenwidrigen Gewerbebetrieb sind insofern rechtliche Schranken gesetzt. Diese Auslegung vermag das Überwuchern von alten, privilegierten Gewerbebetrieben in Wohnzonen einzudämmen und eine Vereitelung des Zonenzwecks zu vermeiden.»
- Martin Pfisterer, S. 110: «Neurechtswidrige Bauvorhaben (müssen) in enger räumlicher Beziehung zum (baurechtwidrigen Bezugs-)Bauwerk stehen, (um erlaubt zu sein). (Dependenzbauten dürfen) an sich nur am ... oder in unmittelbarer Nähe vom alten Standort (errichtet werden).» Das gilt aber nur für den Fall, dass eine lockerere Regelung verlangt wird, als sonst am neuen Standort gälte.
- Bundesamt für Konjunkturfragen, S. 140 f: Es wird auf das Zitat in Rz 1323 verwiesen.

8. Zum Dislokationsbau

a)   Zu diesem Begriff siehe Rz 208. Unter dem Gesichtspunkt der Eigentumsgarantie **1405**
kann hier bedeutsam sein, ob die Dislokation freiwillig oder unfreiwillig erfolgt.

b)   Judikatur und Literatur

α)   Zur freiwilligen Dislokation

- Entscheid des ZH-Verwaltungsgerichtes vom 21. März 1989 (BEZ 1989 Nr. 13 S. 18): **1405a**
«Die (bereits erfolgte, teilweise) Verlegung einer Malerwerkstätte von der N.- an die H.-Strasse, ... wo nur noch ein nicht störender Betrieb geführt werden darf, (ist verboten) ... Es gibt keinen Rechtsgrundsatz, wonach ein Betrieb als bauliche Einheit betrachtet werden muss; vielmehr ist ein Unternehmen so zu strukturieren, dass sich die einzelnen Niederlassungen mit der jeweils anwendbaren Bau- und Zonenordnung vertragen ... Eine – teilweise – Betriebsverlegung auf eine andere Parzelle unterscheidet sich in ihrer raumplanerischen Bedeutung und Auswirkung wesentlich von einer blossen grundstückinternen Verlagerung einer zonenfremden Tätigkeit.»[56]

---

[56] Letztere würde hier wohl als erlaubt angesehen werden, wenn der Bewerb am ersten Ort ursprünglich baurechtgemäss war und nur wegen einer Baurechtsrevision baurechtswidrig geworden ist und am neuen Standort die gleiche Regelung gilt.

- Entscheid des ZH-Regierungsrates (ZH-BEZ 1992 Nr. 4): Das Verbot eines Dislokationsbaues ausserhalb der Bauzone als Ersatz für ein in der Bauzone verkauftes Gebäude wurde bestätigt. RPG-Art. 24 I (Fassung von 1979)-Fall.

β) *Zur unfreiwilligen baulichen Dislokation*

1405b
- BGE 99 Ib 150 (Horgen/ZH): Eine Reparaturwerkstätte für Gesellschafts- und Lastwagen hatte am bisherigen Standort (Zürich-Brunau) aus verkehrspolizeilichen Gründen und wegen Raumknappheit Schwierigkeiten; die Dislokation nach Horgen in die Nähe des Autobahnanschlusses, aber innerhalb des übrigen Gemeindegebiets, wurde von der Gemeinde und von Kanton verweigert, aber wegen Vorliegens eines sachlich begründeten Bedürfnisses (Gewässerschutzgesetz, Rz 4073 ff) vom Bundesgericht zur Neubeurteilung zurückgewiesen.
- ZH-RB 1975 Nr. 111 (ZBl 1975 S. 459): Das mit dem Nicht-Vorliegen besonderer, eine Ausnahmebewilligung rechtfertigender Verhältnisse begründete Verbot wurde bestätigt, nachdem ein in einer exklusiven Industriezone befindliches Gebäude für Schichtarbeiter dem Nationalstrassenbau hatte weichen müssen; das Ersatzgebäude wäre in dieser Zone ebenfalls zonenwidrig gewesen.
- ZH-Verwaltungsgerichtsentscheid vom 28. September 1993 (ZH-BEZ 1994 Nr. 1): Die Bewilligung der Aussiedlung eines Landwirtschaftsbetriebes aus einer Kernzone in das übrige Gemeindegebiet wurde bestätigt.

9. Zu den bewerbsmässigen Änderungen und zum sekundären Neubewerb

a) Zur Bewerbintensivierung, -ausweitung und -auswechslung

1406
- ZH-RB 1972 Nr. 81 (nur Leitsatz): «Verbietet eine Zonenvorschrift die Einrichtung belästigender Betriebe, so lässt sich der Umbau eines gewerblich benützten Baues nicht damit rechtfertigen, dass vom neugestalteten Betrieb allenfalls weniger Immissionen ausgehen würden als vom bisherigen.» Es geht hier um Bewerbsintensivierung und -auswechslung nach Rz 307.
- ZH-RB 1973 Nr. 69: Die Eröffnung einer Autospenglerei in den Räumen einer Zimmerei (Bewerbsauswechslung) schliesst, obwohl beide zur Kategorie der mässig störenden Gewerbe gehören (Rz 504 ff), das Vorliegen einer eingreifenden Zweckänderung nicht aus. Eine solche beurteilt sich nicht nur nach der Immissionsstärke der geplanten Verwendungsart, sondern nach den Gefahren, die überhaupt, auch im Inneren des Gebäudes, abgewehrt werden müssen. Da eine Autospenglerei ganz andere Gefahren schafft, ist die Änderung bewilligungsbedürftig. Unerwähnt ist, ob sie in der Folge verboten wurde.
- BGE vom 12. Dezember 1979 (Stadt Basel, in: ZBl 1980 S. 229 ff): Das Verbot, in einem Haus einen Schauraum für Stützli-Sex einzurichten (Bewerbsauswechslung), wurde bestätigt. Das kantonale Gesetz über Abbruch und Zweckentfremdung von Wohnhäusern bildete die gesetzliche Grundlage; das öffentliche Interesse wurde bejaht, ein Verstoss gegen die Handels- und Gewerbefreiheit verneint. Vgl. Rz 341 ff, 529 ff, 1075 mit FN 6.
- BGE vom 25. November 1981 (Information Raumplanung, 1982, S. 26): Das Verbot in den Räumen einer Fuhrhalterei einen Autospenglereibetrieb einzurichten (Bewerbsauswechslung), wurde bestätigt.

- BGE vom 27. Januar 1983 (Stadt Basel, in: ZBl 1983 S. 504 f): Das Verbot der Erhöhung der Schülerzahl einer in einer herrschaftlichen Villa eingerichteten Schule über 48 hinaus auf 80 (Bewerbsintensivierung, -ausweitung oder -auswechslung) wird bestätigt; vorgängig wird auch bestätigt, dass diese Erhöhung eine bewilligungsbedürftige, bewerbsmässige Änderung sei und dass für die Statuierung der Bewilligungsbedürftigkeit eine gesetzliche Grundlage vorhanden sei, obwohl diese nur in einer Verordnung geregelt sei und das Gesetz nur von «Veränderungen», nicht aber auch von bewerbsmässigen Änderungen spreche. Unbekannt ist mir, wie es sich mit der erstmaligen Einrichtung der Schule in der Villa verhielt.
- Entscheid des TI-Verwaltungsgerichtes vom 23. Dezember 1994 (BR 1996 S. 17 Nr. 13): Der Wechsel von einer Résidence secondaire während fünf Monaten im Jahre 1992 zu einer Résidence primaire von neun Monaten 1993/1994 wurde erlaubt. Changement de destination verneint.
- Entscheid des TI-Staatsrates vom 26. April 1995 (BR 1996 S. 17 Nr. 14): Das Verbot, in bisherigem «bureaux» eine «Salle de réunion des Temoins de Jehovah» für 150 Personen einzurichten, wurde bestätigt.
- Erich Zimmerlin, 1985, § 224, Nr. 5b: «Die (Änderungsmöglichkeit) erstreckt sich nicht auf bau- und raumplanungsrechtlich wesentliche Zweckänderungen. Eine Baute, deren Zweck auch nur teilweise wesentlich geändert wird, untersteht hiefür dem neuen Recht.»

b) Zur Umnutzung

- BGE 101 Ia 314 (Ingenbohl/SZ): Zwei von der Armee gestützt auf die Militärgesetzgebung 1941 bewilligungsfrei erstellte Holzbaracken wurden an eine private Baufirma verkauft, welche sie als Lager bewerben wollte; auch wenn «diese Bauten mit den kantonalen und kommunalen Bauvorschriften nicht vollständig übereinstimmen, (kann) die Beseitigung ... nicht stets verfügt werden».

1407

- BGE vom 18. Januar 1990 (Winterthur/ZH, betr. Baronenscheune, in: ZBl 1990 S. 354): «Ein Recht zur umfassen den Zweckänderung ... ist nicht gewährleistet.» Rz 1399.

c) Zum Wiederbewerb nach langem Leerstehen

α) Im Allgemeinen verhindert das Interesse des Gebäudeeigentümers an einer möglichst umfassenden Vorteilsziehung ausreichend, dass es in zeitlich übermässigem Umfang zu einem volkswirtschaftlich unerwünschten Bewerbsunterbruch, insbesondere zu einem Leerstehen von Gebäuden, kommt. Indessen sind durchaus Situationen denkbar, in welchen Gebäude aus beachtlichen Gründen während Monaten, ja sogar Jahren leerstehen (Rz 315). Erwähnt seien Fälle von:

1408

- Uneinigkeit innerhalb von Erbengemeinschaften über das weitere Vorgehen bezüglich Bauvorhaben;
- langfristiger Landesabwesenheit der Eigentümer;
- frühzeitiger Räumung von Gebäuden, damit bei Vorliegen einer rechtskräftigen Baubewilligung mit dem Abbruch für einen nachherigen Neubau unverzüglich begonnen werden kann und nicht zuerst der Auszug von Mietern abgewartet werden muss, wobei sich die Realisierung des Projektes aus baurechtlichen Gründen (unerwartete Verweigerung der Baubewilligung oder Belastung einer erteilten Baubewilligung mit an-

gefochtenen Bedingungen und Auflagen, Nachbarrekursen) oder aus finanziellen Überlegungen (Aktuellwerden persönlicher finanzieller Schwierigkeiten, einer Übersättigung des Marktes mit Gebäuden der vorgesehenen Art) verzögert. Rz 739.

Hier kommt es dann oft zu illegalem Eindringen Dritter, sogenannten «Hausbesetzungen», was die Situation für das Verhältnis zwischen den Interessen des Gebäudeigentümers, des Gemeinwesens und der Nachbarn zusätzlich kompliziert. Es wird hiezu auf den Hausbesetzungen in der Stadt Genf betreffenden BGE 119 I 28 ff verwiesen.

Es handelt sich hier regelmässig um Gebäude, welche in einen Zustand völliger Baufälligkeit geraten sind, ja sich im Extremfall sogar nur noch als Ruine präsentieren.

β)   Judikatur und Rechtsliteratur

1408a — Entscheid der ZH-Baurekurskommission III (BEZ 1987 Nr. 45): Die Verweigerung der Wiederaufnahme eines zonenwidrigen, branchenmässig gleichen oder ähnlichen Bewerbes wenige Monate nach der Liquidation des vorherigen Betriebes (zB wegen Auszug, Tod oder Konkurs des Bewerbers) wird aufgehoben. Ein belangloser Unterbruch ist die Zeitspanne, welche normalerweise benötigt wird, um bei einem Todesfall, Mieterwechsel, Umbau mit Einschluss der erforderlichen Baubewilligungs- und allenfalls Rechtsmittelverfahren den Bewerb wiederaufzunehmen[57].

d)   Zur Bewerbsexpansion, -dependenz und -dislokation

1409 Die Ausführungen zum Anschluss- (Rz 1403), Dependenz- (Rz 1404) und Dislokationsbau (Rz 1405) gelten hier analog.

V.   Zur Entschädigungspflicht bei den bedingten Anpassungspflichten

1410 1.   Im postfiniten Baurecht ist die Regelung verbreitet, wonach für bauliche und bewerbsmässige Änderungen sowie weitere Transformationen dann und nur dann, wenn der Gebäudeigentümer bzw. der Bewerbsträger siw aus eigenem Entschluss vornimmt, die gleiche Rechtsfolge (Erlaubnis, Verbot, Gebot) eintritt wie gemäss der Regelung für primäre Neubauten bzw. Neubewerbungen in vergleichbarer Situation; das kann für bisherige und neue oder nur für neue Teile (Novenzentriertheit) zutreffen. Es gilt hier die bedingte weite oder enge, erfüllungs- oder annäherungsweise Anpassungspflicht (Rz 450)! Dass eine solche Regelung (Rz 450 ff) keine Ansprüche wegen materieller Enteignung auslösen kann, wenn dies nicht auch bezüglich Neubauten der Fall ist, liegt wohl auf der Hand. Das dürfte selbst dort zutreffen, wo Regelungen im Zusammenhang mit Neubauten leichter einzuhalten sind als im Rahmen von Änderungen und anderen Transformationen[58].

1411 2.   Die Regelung, wonach ein baurechtswidriges Gebäude bzw. ein baurechtswidriger Bewerb nur geändert oder sonstwie transformiert werden darf, wenn dabei gleichzeitig

---

[57]   Es handelt sich hier um einen ausserhalb der Bauzone gelegenen Sachverhalt, also Massgeblichkeit von RPG Art. 24 I und II (Fassung von 1979). Rz 3850 ff.
[58]   ZB neue Vorschriften bezüglich Brandschutz, Energiesparen, Schallisolation.

die bisherigen Mängel ganz oder doch weitgehend behoben werden, ohne dass das Gebäude ganz abgebrochen bzw. der Bewerb ganz eingestellt wird (Rz 1358), führt m.E. nie zu einer materiellen Enteignung.

Es handelt sich hier um die Kombination einer Erlaubnis mit Abbruch- bzw. Bewerbstilllegungsgeboten oder -verboten und Hinzubau- bzw. Hinzubewerbgeboten oder -verboten. Zu einer Entschädigungspflicht kommt es wohl auch dann nicht, wenn die Behebung der Mängel aufwändig ist oder gar den Abbruch des Gebäudes bzw. die Stilllegung des Bewerbes schlechthin erfordert, mit nachheriger Möglichkeit der Neuerstellung bzw. Neubewerbsaufnahme mit den gleichen Anforderungen wie für primäre Neubauten bzw. Erstbewerbungen. Dem Gebäudeeigentümer bzw. Bewerbträger bleibt ja weiterhin die Möglichkeit offen, auf die Transformation zu verzichten, wenn ihm die dadurch ausgelöste Pflicht zu drückend erscheint. Er verfügt auch dann immer noch über die Nutzungsmöglichkeiten, welche ihm das bisherige Gebäude bzw. der bisherige Bewerb bot. Das wird meistens bedeutend mehr sein, als was dem Eigentümer einer nicht überbaubaren Parzelle verbleibt[59]. Damit erweist sich die Eigentumsbeschränkung auch nicht als besonders schwer. Weil sie praktisch immer auf einer generellen, für eine Grosszahl von anderen Gebäudeeigentümern bzw. Bewerbträgern gilt, bürdet die Eigentumsbeschränkung auch kaum je ein Sonderopfer auf.

3. Unabhängig von den Ausführungen in Rz 1409 f schliesst m.E. aber auch die folgende Überlegung das Entstehen einer Entschädigungspflicht infolge bedingter Anpassungspflicht aus. Alle mir bekannten globalen, eine bedingte Anpassungspflicht statuierenden postfiniten Regelungen verwenden unbestimmte Elemente, welche bei der Anwendung eine weitgehende Berücksichtigung der im Einzelfall gegebenen Verhältnisse ermöglichen; die Möglichkeit von «massgeschneiderten Lösungen» bleibt meist offen. Hier muss es bei der Anwendung kaum je zu einer stossenden Tangierung irgendeines der allgemeinen Rechtsgrundsätze und der Eigentumsgarantie kommen, wenn klug vorgegangen wird. Das gilt sowohl für die bloss annäherungsweise als auch für die erfüllungsweise, sowohl für die eng als auch die weit gefasste, bedingte Anpassungspflicht (Rz 450 ff). Damit ist dem Entstehen von Entschädigungsansprüchen des betroffenen Eigentümers bzw. Bewerbträgers von vornherein der Wind aus den Segeln genommen (Rz 4323, 4325 und 4334)[60].

1412

---

[59] Diese Überlegung war im Kanton Zürich zur Zeit des Baugesetzes von 1893 wegleitend für die Regelung, wonach der Eigentümer eines von Baulinien massiv angeschnittenen Gebäudes, im Unterschied zum Eigentümer einer von Baulinien massiv angeschnittenen Parzelle ohne Gebäude, das Heimschlagsrecht nicht ausüben konnte. Vgl. Jakob Maag/Hans Müller, Kommentar zum Baugesetz, zu § 29, N. 8.

[60] Das gilt im Kanton Zürich sowohl für die Fassungen von § 116 von 1893, 1907 und 1943 des alten Baugesetzes als auch für die Fassungen von § 357 von 1975, 1984 und 1991 des PBG (Rz 1740 f). Es ist mir nicht bekannt, dass gestützt auf diese Vorschriften ausgesprochene Verbote/Gebote je einmal ernsthaft zu Entschädigungsforderungen Anlass gegeben hätten. Im BGE 122 II 326, 335 f (Dietikon/ZH) wird ZH-PBG § 357 zwar im Zusammenhang mit der Entschädigungspflicht erwähnt; dies geschieht jedoch eher in umgekehrter Richtung, indem mit der Möglichkeit gerechnet wird, dass die Anwendung dieser Vorschrift gerade zum Entfallen einer Entschädigungspflicht führen könne (soweit «der Bestandesschutz greift»). Eine Entschädigung wurde meines Wissens wohl auch zB bezüglich der auf § 224 des AG-Baugesetzes von 1971 (jetzt abgelöst durch die für Bauaktive lockereren §§ 68–71 des Gesetzes von 1993) gestützten Verbote/Gebote nie ausgesprochen.

Zweiter Teil

Besonderer Teil

Erstes Kapitel
Die postfiniten Vorschriften des Kantons Zürich

Erster Abschnitt
Die postfiniten Vorschriften des PBG

Erster Unterabschnitt
Die globale postfinite Vorschrift PBG § 357

Zu den Vorläuferregelungen von PBG § 357

I. Zu § 57 der «Bauordnung» von 1863

A. Zum Wortlaut

Die erste formulierte Globalregelung[1] für die Änderung von Gebäuden und Bewerbungen findet sich im Kanton Zürich in § 57 des Gesetzes betreffend die Bauordnung für die Städte Zürich und Winterthur und für städtische Verhältnisse überhaupt vom 30. Brachmonat 1863[2]. Er lautete wie folgt:

> «Die Vorschriften der §§ 36–56 kommen mit Bezug auf schon bestehende Gebäude nur zur Anwendung, insoweit die Gebäude oder einzelne Bestandtheile derselben einem Umbau oder einer eingreifenden Veränderung unterzogen werden, (es wäre denn, dass überwiegende Gründe des öffentlichen Wohles deren sofortige Anwendung verlangen würden, in welch letzterem Falle von der Gemeinde das Gesetz über die Abtretung von Privatrechten in Anwendung gebracht werden kann)[3].»

Die erwähnten §§ 36–56 schrieben Gebäudehöhenmaxima, Treppen- und Korridorbreitensowie Zimmerhöhenminima, Erfordernisse bezüglich Brandmauern, weitere feuer- und gesundheitspolizeiliche Mindesterfordernisse sowie – bereits! – das Erfordernis der hinreichenden Zufahrt vor. Die Gebäudeabstandsminima waren in Abhängigkeit von den Gebäudehöhen bzw. diese in Abhängigkeit von den tatsächlichen Abständen zwischen den Gebäuden geregelt. Nicht zu den anwendbaren Vorschriften gehörten Grenzabstandsregelungen, weil diese damals noch rein privatrechtlich aufgefasst wurden.

---

[1] Zum Begriff der Globalregelung siehe Rz 801 ff.
[2] Offizielle Sammlung Zürcherischer Gesetze, Bd. XIII, S. 143 f. Es handelt sich hier trotz Verwendung des Wortes «Bauordnung» um ein kantonales Gesetz, welches allerdings nicht für den ganzen Kanton galt.
[3] Zu dem in Klammern gesetzten Passus (die Klammern stammen von mir) siehe Rz 1415.

B. Siedlungspolitische Situation

1414 Der Regierungsrat erklärte in seiner Weisung an den Grossen Rat zum Entwurf einer «Bauordnung» von 1863[4]:

> «Es wird kaum jemals gelingen, in der Stadt Zürich alle Übelstände zu beseitigen, die aus der jahrhundertelangen planlosen baulichen Entwicklung derselben hervorgegangen sind und die bekanntlich am grellsten zutage treten in dem Mangel an genügend hinlänglich grossen öffentlichen Plätzen, in der Menge von steilen, engen und krummen Strassen, in dem missbräuchlichen Aufeinandertürmen vieler Stockwerke, wodurch, abgesehen von den Gefahren, die dadurch den eigenen Bewohnern bereitet werden, wegen Entzuges von Licht und Luft die zu schmalen Strassen noch dunkler und die daran gebauten Häuser feucht und ungesund werden, in der schlimmen baulichen Beschaffenheit vieler Häuser älteren und neueren Ursprungs, endlich in dem für die Gesundheit der Bewohner und für die öffentliche Salubrität gleich sehr bedenklichen Zustande des Kloakenwesens. Aber sehr wesentliche Verbesserungen sind immerhin möglich.
>
> ...
>
> (Neben der Festsetzung von Vorschriften für Neubauten) wurde getrachtet, darauf hinzuwirken, dass bei schon bestehenden baulichen Anlagen vorhandene Übelstände nach und nach beseitigt werden, und so auch bei diesen wenigstens eine allmähliche Umgestaltung in bessere Zustände zu bewirken.»

1415 Im Weiteren sprach der Regierungsrat auch davon, es solle mit der neuen «Bauordnung» der «Sorglosigkeit und Habsucht von Grundeigentümern» sowie der «bösen Spekulation» ein Riegel geschoben werden (1863!).

Dies war die stimmungsmässige Ausgangslage, in welche hinein verlangt wurde, dass Missstände mittels Durchsetzung des neuen Rechtes zu überwinden sind, und in welcher das zürcherische postfinite Baurecht seinen Anfang nahm. Es ging hier nicht bloss um irgendein theoretisches Missbehagen wegen der Spannung zwischen dem pays réel und dem pays légal. Daran ist bei der Auslegung von Vorschriften des postfiniten Rechtes immer zu denken, auch heute noch.

C. Zur Praxis hiezu

1416 Heute ist es ohne übermässigen Zeitaufwand kaum noch möglich, sich ein genaues Bild über die Praxis zu dieser Regelung zu machen. Es darf jedoch angenommen werden, dass die Handhabung mehr oder weniger derjenigen entsprach, welche sich später aufgrund von § 116 des Baugesetzes von 1893 ergab. Siehe hiezu nachfolgend.

II. Zu § 116 des Baugesetzes in der Fassung von 1893[5]

A. Zum Wortlaut

1417 1. Die «Bauordnung» von 1863 wurde schon bald als unbefriedigend angesehen. Ein Revisionsentwurf des Regierungsrates vom 11. Februar 1889 nahm aber am Text von § 57 im Wesentlichen nur redaktionelle Änderungen vor. Allerdings wurde die «eingreifende Veränderung» als anpassungspflichtauslösend vorerst gestrichen. Der Passus wur-

---

[4] Zitiert nach Jakob Maag/Hans Müller, Kommentar, Vorbemerkungen.
[5] Offizielle Sammlung Zürcherischer Gesetze, Bd. XXIII, S. 177 ff.

de jedoch, wohl aufgrund der Beratungen im Kantonsrat, wieder in den definitiven Text des Baugesetzes für Ortschaften mit städtischen Verhältnisse vom 23. April 1893 aufgenommen, und zwar ergänzt mit dem Passus der Änderung der Bestimmung «zu einem wesentlich andern Zwecke». Es handelte sich jetzt um § 116. Dieser lautete damals wie folgt:

> «Die Vorschriften des dritten bis siebten Abschnittes finden auch Anwendung auf schon bestehende Gebäude, sofern dieselben oder einzelne ihrer Teile einem Umbau beziehungsweise einer eingreifenden Veränderung unterliegen oder zu einem wesentlich anderen Zweck bestimmt werden.»

Die Vorschriften des dritten bis siebten Abschnittes, gemeint waren diejenigen des Baugesetzes von 1893, betrafen nun praktisch das ganze Instrumentarium eines nach damaligen Vorstellungen modernen Baugesetzes, insbesondere zusätzlich allgemein die Beziehungen zum öffentlichen Grund der Strassen und Plätze, die Anforderungen an die Anlage der Bauten, wozu jetzt auch die Grenzabstands-, selbständige Gebäudeabstandsminima, Geschosszahlmaxima, viel detailliertere Erfordernisse an die Gestaltung des Gebäudeinnern gehörten, verschärfte gesundheitspolizeiliche Anforderungen sowie die «privatrechtlichen Bestimmungen»[6].

B. Zur siedlungspolitischen Lage

Die Stadt Zürich und die umliegenden Gemeinden befanden sich weiterhin in starker baulicher Entwicklung. Es waren die Jahre der Gründerzeit. Die aus früheren Jahrzehnten überkommenen «Übelstände» konnten aufgrund der «Bauordnung» von 1863 zwar teilweise beseitigt werden. Doch herrschte die Auffassung, das bisher Erreichte genüge, trotz der Fortschritte im «Kloakenwesen», noch nicht. Das Gesetz wurde in der Abstimmung vom 23. April 1893 bei einer Stimmbeteiligung von 76% mit 26'366 ja zu 20'497 nein und 16'984 Leereinlegern angenommen.

1418

C. Zur Praxis hiezu

Heinrich Stüssi sowie Jakob Maag/Hans Müller haben sich mit § 116 in der Fassung von 1893 eingehend auseinandergesetzt. Wer sich intensiv mit dem heute geltenden PBG § 357 beschäftigen will, sollte die Ausführungen dieser Autoren in ihren beiden Kommentaren konsultieren. Der grösste Teil der auch noch heute aktuellen Fragen kam schon damals zur Sprache, bisweilen sogar in klareren Worten als heute.

1419

---

[6] Bei diesen handelte es sich sowohl um rein zivilrechtliche Regelungen als auch um solche, welche sowohl dem Zivil- als auch dem öffentlichen Recht angehörten. Dementsprechend standen nebeneinander der Zivilweg über Bezirks- und Obergericht (das Inhibitionsverfahren) als auch der Administrativweg über den Bezirks- und den Regierungsrat offen. Es handelte sich hier um die sogenannten gemischtrechtlichen Regelungen (siehe hiezu Rz 2260 mit FN 2 und 3). Das ergab die – an sich naheliegende – Kuriosität, dass die gleiche Vorschrift von den zivilgerichtlichen und den administrativen Behörden verschieden angewendet wurden, und zwar gerade im postfiniten Baurecht. Rz 4150 mit FN 8. Anfänglich mussten der Bezirks- und der Regierungsrat den vom Gemeinderat rechtmässig erteilten Ausnahmebewilligungen nicht respektieren, die Zivilgerichte durften stets entscheiden, wie wenn nicht dispensiert worden wäre. Siehe hiezu: Heinrich Stüssi, Kommentar, zu § 116, N. 303 sowie Jakob Maag/Hans Müller, Kommentar, zu § 116, N. 8 (je zur Fassung von 1993). Nicht-Bauanwälte vermochten diese Rechtslage oft nur schwer oder gar nicht zu überblicken. Dieser rechtsstaatlich unfriedigende Zustand galt voll bis 1943, teilweise sogar bis 1976.

III. Zu § 116 des Baugesetzes in der Fassung von 1907[7]

A. Zur siedlungspolitischen Lage

1425 Schon wenige Jahre nach Inkrafttreten des Baugesetzes von 1893 machte sich ein Missbehagen über die Rechtslage im Gebäudehöhen- und Dachgeschossbereich und über den bisherigen BauG § 116 breit, war damals doch in der Stadt Zürich die Bautätigkeit als Folge der Gründerjahre sehr stark. Zwar war schon seit Beginn des 20. Jahrhunderts oft von einer Totalrevision des Baugesetzes die Rede. Viele Eigentümer von überbauten Liegenschaften wollten aber nicht so lange auf eine Milderung warten, bis das Baugesetz gesamthaft revidiert würde[8].

1426 Es kam deshalb eine Volksinitiative zustande, welche neben der Erhöhung der Geschosszahlmaxima und der Sonderregelungen für Räumlichkeiten im Dachbereich eine Revision von § 116 verlangte. Der von den Initianten hiefür vorgeschlagene Text fand grossenteils, aber modifiziert Aufnahme in den vom Kantonsrat gutgeheissenen und von den Stimmberechtigten am 28. Juli 1907 bei einer Stimmbeteiligung von 62% mit 38'133 ja gegen 14'569 nein, bei 11'156 Leereinlegern angenommenen Text.

B. Zum Wortlaut

1427 § 116 lautete von 1907 bis 1943 wie folgt:

> «Die Vorschriften des dritten bis siebten Abschnittes finden auch Anwendung auf schon bestehende Gebäude, wenn diese oder einzelne ihrer Teile durch Umbau einer eingreifenden Veränderung unterliegen oder zu einem wesentlich andern Zwecke bestimmt werden, mit folgenden Einschränkungen:
> a) Auch wenn das umzubauende Gebäude in andern Beziehungen dem Baugesetz nicht ganz entspricht, können Umbauten bewilligt werden, durch welche der Umfang eines Gebäudes nicht vergrössert wird und welche entweder für sich dem Baugesetze entsprechen oder doch die Beseitigung von Missständen in Bezug auf Sicherheit und Gesundheit bewirken.
> b) An Gebäuden, für die vor dem 23. April 1893 die Baubewilligung erteilt worden ist und die der Bauordnung vom 30. Juni 1863 entsprechen, dürfen Auf- oder Anbauten ausgeführt werden, wenn sie nur selbst dem jetzigen Baugesetze entsprechen.
> Mit Bezug auf Gebäude, die über die Baulinie hinausragen, bleibt § 120 vorbehalten.»

Der hier erwähnte § 120 regelt die Änderung von Gebäuden, welche von Baulinien betroffen sind (Rz 1751 f).

C. Zur Auslegung und Praxis hiezu

1428 Da § 116 in der Fassung von 1907 nie kommentiert worden ist und auch nur wenige Entscheide publiziert worden sind, wäre es heute ohne übermässigen Zeitaufwand kaum noch möglich, sich ein genaueres Bild über die Praxis zu dieser Regelung zu machen. Ich beschränke mich deshalb auf folgende Bemerkungen:

---

[7] Offizielle Sammlung Zürcherischer Gesetze, Bd. XXVIII, S. 48 f.
[8] Die Bemühungen um ein neues Baugesetz schleppten sich über Jahrzehnte hin. Regierungsrätliche Anträge hiezu ergingen 1913 und 1929. In den Jahren 1943 und 1958 gelangen bloss Teilrevisionen, allerdings solche von beachtlicher Tragweite. Zu einer wirklichen Totalrevision kam es erst 1975.

Gewisse Rückschlüsse zur Praxis sind aus den Materialien zur Teilrevision des Baugesetzes von 1943 möglich[9]. Sie lassen sich wie folgt charakterisieren: Die im ersten Absatz vor lit. a mit «Umbau» bezeichneten Vorkehrungen waren Umgestaltungen. Es galt eine Praxis, welche trotz den Lockerungen von 1907 gegenüber Änderungsvorhaben weiterum noch als zu wenig offen und/oder als zu kompliziert angesehen wurde.

Erstmals erscheinen hier im zürcherischen postfiniten Baurecht die folgenden vier Gedanken: erstens, dass für vor und nach einem bestimmten Datum bewilligte erstellte Gebäude verschiedene materielle Regelung gelten (vgl. Rz 2364 und 3233); zweitens, dass für die Gebäude, welche zwar nicht dem jetzigen, wohl aber dem vorherigen Recht entsprechen, eine besondere Ordnung gilt (Rz 452c; Altkriteriumsregelung); drittens, dass eine Änderung «nur selbst» bzw. «für sich» dem Gesetz entsprechen müsse (Rz 3193 f) und viertens, dass das für primäre Neubauten geltende Recht durch eine Generalklausel (zB Verbesserungserfordernis) ausgeschaltet wird (Rz 543 f).

IV. Zu den Texten der von 1907 bis 1943 erfolglos gebliebenen Versuche von Totalrevisionen

1. Im Antrag des Regierungsrates vom 20. November 1913 für die Totalrevision des Baugesetzes war in § 111 folgende Regelung für das postfinite Baurecht vorgesehen: 1429

> «Bei Änderungen an bestehenden Gebäuden, die nicht von der Baulinie angeschnitten sind und die dem Gesetze nicht in allen Teilen entsprechen, sind die bau-, feuer- und gesundheitspolizeilichen Bestimmungen in der Weise anzuwenden, dass Umbauten oder eingreifende Zweckänderungen nur zugelassen werden, wenn wesentliche Verbesserungen erzielt werden oder der Umfang des Gebäudes vermindert wird.
> An- oder Aufbauten dürfen gestattet werden, wenn sie für sich dem Baugesetze entsprechen.»

Das Neue an diesem Vorschlag war die weitergehende Ausschaltung des Neubautenrechtes durch eine Regelung eigener Art (Rz 543 f). Erfordernis des Nachher-Zustandes wäre hienach gewesen: entweder Erzielung einer wesentlichen Verbesserung oder Verminderung des Gebäudeumfanges (oder beides zusammen). Die Verkoppelung der Regelung mit den Daten der Vornahme baulicher Vorkehrungen und früherer Gesetzgebung fiel weg. Die Regelung hätte mit der ganzen Vorlage überall im Kanton, auch für «ländliche Gebiete», gelten sollen, wenn sie je zum Gesetz erhoben worden wäre.

Die angestrebte Totalrevision versandete jedoch im Nichts, möglicherweise auch wegen des Ausbruches des 1. Weltkrieges.

2. Bei dem einen Neuanlauf der Totalrevision versuchenden Antrag des Regierungsrates vom 28. November 1929 wurde in einem § 124 folgender Text vorgesehen: 1430

> «Umbauten oder eingreifende Zweckänderungen an bestehenden Gebäuden, die nicht von der Baulinie angeschnitten sind, aber dem Gesetze nicht in allen Teilen entsprechen, sind nur zulässig, wenn durch die Änderungen wesentliche Verbesserungen erzielt werden. Wegen ungenügender Grenz- und Gebäudeabstände darf die Bewilligung nicht verweigert werden, wenn wenigstens die Bestimmungen über Grenz- und Gebäudeabstände des Baugesetzes vom 23. April 1893 eingehalten sind.
> An- oder Aufbauten sind zulässig, wenn sie für sich dem Baugesetze entsprechen.»

---

[9] Insbesondere: Karl Frei, Zur Partialrevision des Zürcherischen Baugesetzes, in: ZBl 1942 S. 290, 299 ff. Die Weisung für die Vorlage von 1943 sagte jedoch nichts hiezu aus.

Der Unterschied dieses Textes gegenüber demjenigen von 1923 ist im Wesentlichen Folgender: Der Anspruch auf Geltung für den ganzen Kanton fiel dahin. Es wurden einerseits Umbauten (sowie An- und Aufbauten), anderseits eingreifende Zweckänderungen als anpassungspflichtauslösend hervorgehoben; ob Letztere nur in Verbindung mit baulichen Änderungen rechtlich relevant gewesen wären, gelangte aber weiterhin nicht zum Ausdruck. Beim alternativen Nachher-Zustandserfordernis «wesentliche Verbesserung» oder «Verminderung des Gebäudeumfanges» fiel Letzteres weg. Das hatte fürs Erste zwar eine Einengung für diejenigen zur Folge, welche ihr Gebäude ändern wollten, doch wäre dies dadurch ausgeglichen worden, dass bei Einhaltung der Grenzabstände gemäss Baugesetz von 1893 die Behörde die Bewilligung nicht wegen strengeren Grenz- und Gebäudeabständen hätte verweigern können[10]. Das traf wohl für Änderungen sowohl inner- als auch ausserhalb des direkt von Abstandsminima beschlagenen Gebäudeteiles zu[11].

Auch dieser Versuch einer Totalrevision versandete, möglicherweise auch wegen des Ausbruches des 2. Weltkrieges im Jahre 1939. Mit der Teilrevision von 1943 wurde jedoch Wichtiges daraus gerettet und ergänzt.

V. Zu § 116 des Baugesetz in der Fassung von 1943[12]

A. Zur siedlungspolitischen Lage

1431 Wegen des Ausbruches des 2. Weltkrieges im Jahre 1939 kam es in der Schweiz zu einem ausserordentlich starken Rückgang in der Errichtung von neuen und der Änderung von bestehenden Gebäuden. Zugleich wuchs infolge der Landesausstellung von 1939 das Verständnis für die Notwendigkeit einer Landesplanung. Man gab sich damals allerdings allzu romantischen Vorstellungen über die Weiterentwicklung nach Kriegsende hin, dies besonders hinsichtlich des Automobilverkehrs. Die Teilrevision von 1943 rief deshalb trotz einzelner kühner Neuerungen keiner grossen Opposition. Sie wurde am 6. Mai 1943 (mitten im 2. Weltkrieg) vom Volk bei einer Stimmbeteiligung von 50% mit 63'497 ja zu 24'978 nein und 18'272 Leereinlegern angenommen.

B. Zum Wortlaut

1432 Zu den Regelungen, welche nach dem Scheitern des Totalrevisionsversuches von 1929 in die Teilrevision von 1943 aufgenommen wurden, gehörte im Wesentlichen auch die Globalregelung des postfiniten Baurechtes mit nachstehendem Wortlaut:

> «Umbauten oder eingreifende Zweckänderungen an Gebäuden, die dem Gesetz nicht in allen Teilen entsprechen, sind zulässig, wenn durch die Änderungen angemessene Verbesserungen erzielt werden und nicht eine nach dem Baugesetz oder den Bauordnungen unzulässige vermehrte Ausnützung bezweckt wird.»

---

[10] Es hätte sich hier um eine Übernahmeinhaltsregelung gemäss Rz 452b gehandelt.
[11] Der Stadtrat von Zürich verlangte in seiner Vernehmlassung vom 7. März 1931 den Einbezug auch der Geschosshöhenminima des Baugesetzes in diese Sonderregelung sowie für Abstands- und Geschosshöhenminima das Abstellen auf die «Bauordnung» von 1863.
[12] Offizielle Sammlung Zürcherischer Gesetze, Bd. XXXVII, S. 46.

An- und Aufbauten sind zulässig, wenn sie für sich dem Baugesetz oder der Bauordnung entsprechen.
Mit Bezug auf Gebäude, die über die Baulinien hinausragen, bleibt § 120 vorbehalten.»

C. Zur Auslegung und Praxis

1. Der Zweck der Revision von § 116 bestand wesentlich in einer Lockerung für den Bauaktiven gegenüber dem Text von 1907. Das war aber nur möglich, wenn die Erfüllung der Erfordernisse «angemessene Verbesserung» und «keine unzulässige vermehrte Ausnützung» als solche genügte und nicht daneben auch noch die Erfordernisse für Neubauten eingehalten werden mussten, es also zu einer Ausschaltung des Neubautenrechtes im Sinne von Rz 543 f kam. Hiezu habe ich mich bereits vor Jahren in einem Aufsatz in ZBl 1959 S. 33 ff und 65 ff geäussert. Um Wiederholungen zu vermeiden, gestatte ich mir, hierauf zu verweisen. Das gilt insbesondere für die Erörterung der Begriffe «dem Gesetz nicht in allen Teilen entsprechen», der Erfordernisse «Erzielung einer angemessenen Verbesserung» und «keine Bezweckung einer nach dem Baugesetz oder den Bauordnungen unzulässigen vermehrten Ausnützung», ferner der Klausel «für sich dem Baugesetz oder der Bauordnung entsprechen». 1433

2. Ergänzend zitiere ich nur noch stichwortartig einige seither ergangenen Präjudizien: 1434

– Zur räumlichen Geltung: ZH-Verwaltungsgerichtsentscheid vom 1. April 1965 (ZBl 1966 S. 227).
– Zur Tragweite früher erteilter Ausnahmebewilligungen für die Annahme von Gesetzwidrigkeit: ZH-RRB 3951/1965.
– Zum Renovationen-Begriff: RB 1965 Nr. 89 (umfassender in: ZBl 1966 S. 53).
– Zum Umgestaltungs-Begriff: RB 1965 Nr. 20; bei Baudenkmälern: RB 1975 Nr. 114 (umfassender in: ZBl 1975 S. 464; Zürich-Fluntern, Vorderberg).
– Zum Begriff der eingreifenden Zweckänderung: ZH-Verwaltungsgerichtsentscheid vom 1. April 1965 (ZBl 1966 S. 224 f); RB 1969 Nr. 55.
– Zur Auswirkung des Vorhandenseins einer Brandmauer auf die Annahme von Baurechtswidrigkeit für das jenseitige Gebäude: RB 1975 Nr. 114 (umfassender in: ZBl 1975 S. 464; Zürich-Fluntern, Vorderberg).
– Zu den Änderungen bei vorher eigenmächtig geänderten Gebäuden: ZH-Verwaltungsgerichtsentscheid vom 1. April 1965 (ZBl 1966 S. 226) und RB 1969 Nr. 55.
– Zur (Nicht-)Beachtlichkeit der Wohnungsknappheit als angemessene Verbesserung: ZH-Verwaltungsgerichtsentscheid vom 1. April 1965 (ZBl 1966 S. 53).
– Zum massgeblichen Standpunkt für die Beurteilung des Vorliegens einer angemessenen Verbesserung: ZH-Verwaltungsgerichtsentscheide vom 5. März 1965 (RB 1965 Nr. 89, umfassender in: ZBl 1966 S. 53) und vom 1. April 1965 (ZBl 1966 S. 227).
– Zur Anerkennung von Verbesserungen ausserhalb des Umbauteiles: ZH-Verwaltungsgerichtsentscheid vom 17. November 1998 zu ZH-RRB Nr. 2266/2956 (BEZ 1999 Nr. 2).
– Zum Ungenügen einer Realisierung der Verbesserung erst nach Dienstbarkeitsablösung RB 1965 Nr. 89 (umfassender in: ZBl 1966 S. 54 f).

– Zur Kumulation der Erfordernisse «Fehlen unzulässiger Mehrausnützung» und «angemessene Verbesserung»: ZH-Verwaltungsgerichtsentscheid vom 1. April 1965, in: ZBl 1966 S. 226.
– Zum Zusammenhang zwischen Fehlen unzulässiger Mehrausnützung/Angemessenheit der Verbesserung einerseits und Dispenswürdigkeit anderseits ZH-Verwaltungsgerichtsentscheid vom 5. März 1965 (RB 1965 Nr. 89, umfassender in: ZBl 1966, S. 51).
– Zu Umbauten für Spielsalon: RB 1965 Nr. 89 (umfassender in: ZBl 1966 S. 53 f).
– Zur Umgestaltung in Appartementhäuser: Bericht des ZH-Regierungsrates an den Kantonsrat betreffend Motion von Ulrich Kägi über Vernichtung billigen Wohnraumes vom 22. März 1956, in: Amtsblatt, 1956, S. 505 ff, ZH-RRB Nr. 2757/1959 und 3504/1968.
– Zur Kognition des ZH-Verwaltungsgerichtes: Entscheide vom 5. März 1965 (RB 1965 Nr. 89 und ZBl 1966 S. 52 ff) sowie vom 1. April 1965, in: ZBl 1966 S. 226 (nur Überprüfung auf Ermessensmissbrauch und -überschreitung).
– Keine Auslösung einer materiellen Enteignung: Siehe Rz 1411 mit FN 59.

Wie altBauG § 116 zu verstehen war, ergibt sich indirekt auch aus zwei Vorschriften im achten Abschnitt des Baugesetzes mit der Überschrift «Änderungen an bestehenden Gebäuden», den §§ 119 und 121. Es ist nicht anzunehmen, dass diese eine Verschärfung gegenüber dem Regime von § 116 bezweckten; eher war eine Lockerung beabsichtigt:

> «§ 119
> Bestimmungen über die Stellung von Neubauten zur Baulinie finden auch dann Anwendung, wenn ein bestehendes Gebäude in seinem Umfang verändert werden soll.
> ...
> § 121
> Die Einrichtung neuer Wohnräume in bestehenden Gebäuden, deren Stockwerke nicht die in § 74 geforderte Mindesthöhe haben, ist unstatthaft. Umbauten zu Verkaufsmagazinen in solchen Gebäuden sind nur zulässig, wenn diese Magazine die Höhe von 2,4 m erhalten.»

Zur Auslegung dieser beiden Vorschriften siehe auch den Kommentar von Jakob Maag/Hans Müller, welche sich jedoch noch auf die strengere Fassung von 1893/1907 bezieht.

D. Gesamtwürdigung von § 116 in der Fassung von 1943

1435 Karl Frei charakterisierte[13] schon in der Vorbereitungsphase die Regelung, welche schliesslich im Jahre 1943 als § 116 neuer Rechtskraft erlangte, wie folgt:

> «Wir sehen hier eine eigenartige Wandlung einer Gesetzesbestimmung. Aus einer Vorschrift, welche die Anwendung des Gesetzes auf möglichst viele bestehende Gebäude bezweckte (sc. Fassung von 1893), wurde ein Paragraph, der für Umbauten an dem Gesetz nicht entsprechenden Bauten Erleichterungen vorsieht. Diese Entwicklung brachte eine erhebliche Erweiterung der Baufreiheit des Hausbesitzes. Sie entspricht aber auch den Interessen der öffentlichen Gesundheitspflege. Verbesserungen an hygienisch nicht einwandfreien Objekten lassen sich meist nicht durch Anwendung des Baugesetzes auf das bestehende Gebäude erreichen – was häufig einen Gesamtumbau bedingt, der unverhältnismässige Kosten verursacht und einem Abbruch gleichkommt –, sondern durch die Erleichterung der Umbauten bei Beseitigung oder Milderung bestehender Missstände.»

---

[13] Siehe FN 9.

Mir scheint rückblickend folgende Beurteilung am Platz: Ob es für den Bauaktiven zur Zeit der Geltung von § 116 in der Fassung von 1943 vorteilhafter war, das Gebäude als baugesetzmässig oder eher als baugesetzwidrig beurteilen zu lassen, ist schwierig zu sagen. Es kommt wohl auf die konkrete Situation an. Bei Bauaktiven und den Bauämtern sah man aber in § 116 I eher eine Verschärfung als eine Milderung gegenüber der Regelung für Bauvorhaben bei baugesetzmässigen Gebäuden[14]. § 116 in der Fassung von 1943 war auf jeden Fall in der Anwendung sehr flexibel. Er war zwar im Verhältnis zu seinen Vorläufern ein richtiger Schritt in die richtige Richtung: Die Anerkennung der Änderung bestehender Gebäude als ein von Neubauten wesentlich verschiedener, eine Sonderregelung verdienender Tatbestand. Er war aber auf jeden Fall nicht leicht zu handhaben.

Die Baugesetzrevision von 1959 betraf § 116 nicht.

---

[14] Das ZH-Verwaltungsgericht erklärte allerdings in seinen Entscheiden vom 5. März 1965 (RB 1965 Nr. 89, umfassender in: ZBl 1966 S. 51 ff) sowie vom 1. April 1965 (ZBl 1966 S. 279), durch die «Hinnahme» des Fortbestandes gesetzwidriger Gebäude und die Zulassung von Änderungen daran werde die Bestandesdauer dieser Gebäude verlängert; damit werde der Eigentümer «begünstigt»; deshalb müsse im Sinne eines «Ausgleichs» «wenigstens eine vom öffentlichen Interessen gebotene Verbesserung eintreten». Rz 829.

PBG § 357 in der Fassung von 1975

I. Zur siedlungspolitischen Situation

1465 Die siedlungspolitische Situation zur Zeit der Vorbereitung des neuen PBG unterschied sich von derjenigen von 1943 (Rz 1432) wesentlich dadurch, dass inzwischen ein wirtschaftlicher Aufschwung sondergleichen stattgefunden hatte. Immer mehr Menschen verfügten über ein eigenes Auto, welches es ihnen ermöglichte, auch von weit abseits der Produktions- und Dienstleistungszentren der Städte Zürich und Winterthur liegenden Wohnsitzen aus leicht den Arbeitsplatz zu erreichen. Diese Entwicklung, verstärkt durch die Errichtung des Flughafens Kloten und die mehrfachen Ausbauetappen, führte zu einer rasanten Expansion der Bautätigkeit rund um die Stadt Zürich herum, bis weit ins Limmat- und Glatttal hinaus. Abgesehen von ausgesprochen peripheren Kantonsteilen oder formell unter Naturschutz gestellten Gebieten wurden, trotz der Baugesetzrevison von 1959 (Rz 1464), praktisch überall Neubauten erstellt. Bereits bestehende Gebäude wurden auch damals schon oft geändert; die Auffassung, dass der hiefür geltende altBauG § 116 zu streng sei, war dabei verbreitet[1].

II. Zu den Gesetzgebungsmaterialien für PBG § 357 von 1975

A. Zum Vorentwurf der Baudirektion vom Dezember 1972

1466 In dem im Wesentlichen auf Walter Vollenweider zurückgehenden Vorentwurf der Baudirektion vom Dezember 1972 für die Totalrevision des Baugesetzes, also für das neue Planungs- und Baugesetz (PBG), war als Nachfolger für § 116 I des Baugesetzes in der Fassung von 1943 und in weitgehender Anlehnung an diese Regelung im 4. Titel mit der Überschrift «Das öffentliche Baurecht», 1. Abschnitt, mit der Überschrift «Die Bauvorschriften», Unterabschnitt F mit der Überschrift «Änderungen an bauvorschriftswidrigen Bauten», als § 272 mit dem Randtitel «Auf Veranlassung des Eigentümers» folgender Wortlaut vorgesehen:

> «Bauliche Massnahmen und baurechtlich beachtliche Nutzungsänderungen an Bauten, die den Bauvorschriften widersprechen, sind nur gestattet, wenn dadurch angemessene Verbesserungen erzielt werden und keine unzulässige Mehrausnützung entsteht.
> Mit der baurechtlichen Bewilligung kann verlangt werden, dass auch andere Verbesserungen gegenüber dem bestehenden Zustand vorgenommen werden, die im öffentlichen Interesse liegen und nach den Umständen zumutbar sind.»

---

[1] Allerdings nannte die vom ZH-Regierungsrat eingesetzte Kommission für die Reform des zürcherischen Bodenrechtes in ihrem Schlussbericht von 1972 bezüglich des postfiniten Baurechtes als dringlichen Revisionspunkt lediglich die Einführung eines an das Quartierplanverfahren angelehnten Verfahrens zur «Erneuerung überbauter Gebiete» (die spätere Gebietssanierung, Rz 3101 f); die Regelung gemäss altBauG § 116 wurde offenbar als in Ordnung befunden (vgl. S. 136–139 und 153–158). Charakteristisch für die damalige Zeit war, wie sehr eine gesamthafte Umstrukturierung von Altbaugebieten als im Allgemeininteresse gelegen angesehen und wie gering demgegenüber die Interessen der bisherigen Bewohner, insbesondere der bisherigen Mieter und der «Preis einer Vernichtung billigen Wohnraumes» eingesetzt wurden. Der Glaube an die Wünsch- und Machbarkeit ortsbaulicher Tabula-rasa-Projekte war damals noch verbreitet.

B. Zum Antrag des Regierungsrates an den Kantonsrat vom 5. Dezember 1973

Der Text gemäss Vorentwurf der Baudirektion vom Dezember 1972 erfuhr bereits im Antrag des Regierungsrates an den Kantonsrat vom 5. Dezember 1973[2] nach drei Seiten hin eine beachtliche Modifikation; die systematische Einordnung blieb jedoch noch gleich. Zu erwähnen sind folgende drei Modifikationen:

1467

- Das Zulässigkeitserfordernis bestand nicht mehr im Eintritt einer angemessenen Verbesserung und im Nichteintritt einer unzulässigen Mehrausnützung[3], sondern im Nichteintritt einer weiteren Verschlechterung und in der Nichtverletzung anderer öffentlicher Interessen; damit war eine für den Bauaktiven freiere Regelung als diejenige von 1943 bezweckt;
- während im Vorentwurf der Baudirektion im 2. Absatz noch gesagt wurde, dass mit der Baubewilligung «auch andere Verbesserungen» verlangt werden können, war jetzt nur noch davon die Rede, dass «Verbesserungen» verlangt werden können;
- infolge Einschiebung zusätzlicher Vorschriften weiter vorne wurde § 272 jetzt zu § 278.

C. Zu den Beratungen in der Kommission des Kantonsrates 1974/1975

1. Der Text des regierungsrätlichen Antrages vom 5. Dezember 1973 erfuhr in den Beratungen in der Kommission des Kantonsrates noch weiterreichende Modifikationen; auch kam es zu einer Umstellung in der Systematik. An solchen Modifikationen sind zu erwähnen[4]:

1468

- Die Regelung bezog sich nicht mehr nur auf «Bauten», sondern auf «Bauten», «Bauten und Anlagen» sowie «Betriebe»;
- es wurde nicht mehr zwischen Bauten unterschieden, welche den Bauvorschriften widersprechen und solchen die dies nicht tun, sondern es wurde, unter Zweiteilung des bisherigen ersten Absatzes folgende Dreiteilung vorgenommen: Bauten, welche den Bauvorschriften widersprechen (Abs. 1), Bauten und Anlagen, welche den Nutzungsvorschriften widersprechen (neuer Abs. 2 erster Teil), und Betrieben, welche den zonenbedingten Immissionsvorschriften widersprechen (neuer Abs. 2 zweiter Teil);
- als Zulässigkeitserfordernis wurde gewählt: für die Bauten der ersten Gruppe (kumulativ): keine Eintritt einer weiteren Verschlechterung und keine Verletzung eines anderen öffentlichen Interesses; für die Bauten und Anlagen der zweiten Gruppe: Fehlen eines entgegenstehenden, überwiegenden öffentlichen Interesses; für die Betriebe der dritten Gruppe: Einhaltung der allgemeinen Schranken der Eigentums- und Besitzesausübung[5];

---

[2] Weisung Nr. 1928 Kantonales Amtsblatt 1973 II S. 1649 ff.
[3] So noch in BauG § 116 in der Fassung von 1943 (Rz 1431 ff).
[4] Siehe Protokoll der vorberatenden Kommission des Kantonsrates der Sitzungen vom 31. Mai und 11. Juni 1974. Rz 1468.
[5] Es wurde hier sprachlich zwar nicht die Einhaltung dieser Schranken verlangt, sondern einfach das Diesen-Schranken-Unterstehen genannt. Das war aber wohl gleichbedeutend.

- der bisher als zweiter Absatz erscheinende Text wurde in den dritten Absatz verwiesen;
- die ganze Regelung wurde aus dem IV. Titel herausgenommen und neu in den VII. Titel mit der Überschrift «Einführungs- und Schlussbestimmungen», 3. Abschnitt mit der Überschrift «Übergangsbestimmungen», als (schliesslich) § 357 mit dem Marginale «D. Änderung an vorschriftswidrigen Bauten und Anlagen/I. Auf Veranlassung des Eigentümers» eingesetzt.

1469 2. Der Kantonsrat übernahm die von seiner vorberatenden Kommission vorgenommenen Modifikationen diskussionslos[6] und verabschiedete unter Leitung von Kantonsrat Fritz Honegger, dem nachmaligen Bundesrat, im Eilzugstempo am 14. April 1975, gerade noch rechtzeitig vor dem Ablauf der Legislaturperiode 1971–1975 den nachgenannten Text. Dieser wurde nach einer eher flauen Kampagne in der Volksabstimmung vom 7. September 1975 bei einer Stimmbeteiligung von 39% mit 104'067 ja zu 79'141 nein bei 9'476 Leereinlegern angenommen.

1470 3. Der nunmehrige Text[7] lautete mit Überschrift und Randtitel wie folgt:

«D. Änderungen an vorschriftswidrigen Bauten und Anlagen/I. Auf Veranlassung des Eigentümers
§ 357.
Bauliche Massnahmen und baurechtlich beachtliche Nutzungsänderungen an Bauten, die den Bauvorschriften widersprechen, sind nur gestattet, wenn keine weitere Verschlechterung eintritt und kein anderes öffentliches Interesse verletzt wird.

Umbauten und angemessene Erweiterungen an Bauten und Anlagen, die den Nutzungsvorschriften widersprechen, sind gestattet, wenn keine überwiegenden öffentlichen Interessen entgegenstehen; widersprechen bestehende Betriebe den zonenbedingten Immissionsvorschriften, so unterstehen sie lediglich den Vorschriften über die allgemeinen Schranken der Eigentums- und Besitzesausübung.

Die baurechtliche Bewilligung kann verlangen, dass Verbesserungen gegenüber dem bisherigen Zustand vorgenommen werden, die im öffentlichen Interesse liegen und nach den Umständen zumutbar sind.»

III. Zur Auslegung und Praxis

A. Zum ersten Absatz von PBG § 357 in der Fassung von 1975

1. Zur räumlichen und zeitlichen Geltung

1471 PBG § 357 I galt in der Fassung vom 7. September 1975 vom Februar 1976[8, 9] bis zum 31. Januar 1992, also 16 Jahre lang. Ursprünglich bestand die Auffassung, er gelte für

---

[6] Siehe Protokoll der vorberatenden Kommission, S. 500 und Protokoll des Kantonsrates 1971–1975, S. 9438 und 9542.
[7] OS, Bd. 45, S. 554.
[8] PBG § 357 I in der Fassung vom 7. September 1975 gehörte (wie auch die Abs. II und III) zu den wenigen Regelungen des neuen PBG, welche gemäss PBG § 361 und RRB vom 18. Februar 1976 Dispositiv Ziffer II (OS, Bd. 46, S. 46; vgl. auch Kreisschreiben der Baudirektion vom 3. Dezember 1975) «sofort», das heisst bereits mit der Publikation des ZH-RRB vom 18. Februar 1976, nicht erst am 1. April 1976 bzw. 1. Januar 1978 in Kraft traten.

den ganzen Kanton, also für Bau- und Nichtbauzonen. Mit dem Inkrafttreten des RPG kam es jedoch zu einer Einschränkung der Geltung auf die Bauzonen (Rz 3875 f).

2. Zu den «Bauten» und «Nutzungen» (Vorher-Zustand)

a) Auffallend an diesem ersten Absatz ist, dass er sich nicht auf «Gebäude», sondern auf «Bauten» bezieht; im zweiten Absatz, erster Satz, kommen dann noch die «Anlagen» und im zweiten Absatz, zweiter Satz, die «Betriebe» als Vorher-Zustand zur Sprache. M.E. ist es begrifflich verfehlt, «Bauten» und «Anlagen» einander gegenüberzustellen, wenn im einen oder anderen Wort auch «Gebäude» angesprochen werden sollen, es werden besser «Bauten» als Oberbegriff und «Gebäude» sowie «Anlagen» als Unterbegriffe verwendet. Ich begründe diese Kritik in Rz 50 ff näher. Dass hier «Gebäude» (zumindest auch, wenn nicht sogar allem voran) angesprochen werden, kann nicht zweifelhaft sein. Es handelt sich hier offenbar um eine von der kantonsrätlichen Kommission aus dem damals bereits im Entwurf vorliegenden Entwurf für das erste RPG (Rz 3252 ff) übernommene Terminologie. Was mit «Bauten» ausser «Gebäuden» und «Anlagen» auch noch gemeint sein kann, ist unerfindlich. Einfriedungen, Mauern, Reklameinstallationen, Antennen, Strassen, Wege, Brauchwasser-, Strom-, Abwasserleitungen, Parkplätze, Kinderspielplätze usw. lassen sich auf jeden Fall problemlos den «Anlagen» zurechnen. Das gilt auch für Werk- und Lagerplätze[10] sowie offene Schwimmbassins (BGE vom 2. Juni 1994, Küsnacht/ZH, in: ZBl 1995 S. 281 ff). Die Frage, ob sich PBG § 357 I auch auf eine «nichtbauliche Grundstücknutzung» bezieht[11], wird durch das Wort «Anlage» nicht beantwortet. 1472

b) Als Vorherzustand, auf welchen «bauliche Massnahmen und baurechtlich beachtliche Nutzungsänderungen» einwirken, sind im Text direkt nur «Bauten», nicht auch die Nutzungen bzw. Bewerbungen im Sinne von Rz 218 ff, erwähnt. «Bauten», insbesondere Gebäude, sind wegen ihres statischen Wesens aber etwas wesentlich anderes als «Nutzungen» bzw. Bewerbungen mit ihrem dynamischen Wesen, auch (und erst recht) wenn es sich um solche von Bauten, Gebäuden handelt. Auch ist die «Nutzungsänderung» etwas wesentlich anderes als die der Änderung unterworfene «Nutzung» selbst. Wahrscheinlich waren aber die Gesetzesredaktoren gleichwohl der Auffassunng, mit dem Ausdruck «Nutzungsänderungen» seien auch gerade die «Nutzungen», also Bewerbungen als Gegenstand, Vorherzustand der Änderungen gemeint. 1473

---

[9] PBG § 357 trat zeitlich vor dem RPG in Kraft. Gleichwohl wurde er anfänglich als Ausführungsregelung von RPG Art. 24 II aufgefasst. Schwierigkeiten ergaben sich hieraus erst später. Rz. 3875 f.
[10] Rekursentscheid des Regierungsrates, in: ZH-RRB Nr. 3182/1988 (BEZ 1988 Nr. 51), welcher aber einen Platz ausserhalb der Bauzone betraf. Siehe auch FN 11.
[11] In RB 1973 Nr. 67 für einen Ablagerungsbetrieb und eine Kiesgrube verneint, in RB 1993 Nr. 51 für einen Werk- und Lagerplatz auch als Möglichkeit in Betracht gezogen (Letzteres allerdings für einen Betrieb in der Reservezone und unter fragwürdiger Argumentation mit der Bestandesgarantie).

3. Zu den «Bauvorschriften», welchen das Gebäude bzw. der Bewerb «widerspricht»

a) Allgemeines

1474 α) Der erste Absatz von PBG § 357 in der Fassung von 1975 sollte nur bei «Bauten» zum Zuge kommen, welche den «Bauvorschriften» widersprachen. Demgegenüber sollte der zweite Absatz, erster Satz, der gleichen Vorschrift nur angewendet werden können, wenn die «Bauten und Anlagen» den «Nutzungsvorschriften» widersprachen. Im zweiten Satz des zweiten Absatzes ging es nochmals um einen anderen Widerspruch, denjenigen gegen die «zonenbedingten Immissionsvorschriften». Von Anfang an führte es zu Kopfzerbrechen, wenn man entscheiden musste, welche Regelungen mit dem ersten, welche mit dem zweiten und welche mit dem dritten Ausdruck gemeint waren. Das war insoweit nicht nur akademisch, als die Erfordernisse einer Zulassung zumindest verschieden konzipiert waren: Im ersten Fall durften «keine weitere Verschlechterung eintreten» und «keine anderen öffentlichen Interessen verletzt werden», im zweiten Fall durften «keine überwiegenden öffentlichen Interessen entgegenstehen», ferner musste «Angemessenheit (der Erweiterung)» vorliegen, und im dritten Fall mussten lediglich, aber immerhin, «die allgemeinen Schranken der Eigentums- und Besitzesausübung eingehalten werden».

1475 β) Weder aus den Materialien von 1971 bis 1975 noch aus der Gesetzessystematik noch aus den Präjudizien der Jahre 1976 bis 1992[12] ergibt sich eine klare Antwort auf die Frage, wo die Trennlinie zwischen den «Bauvorschriften» einerseits und den «Nutzungsvorschriften» anderseits zu ziehen war. Weil seit dem 1. Februar 1992 diese Unterscheidung nicht mehr gilt, beschränke ich mich hiezu auf die folgenden Bemerkungen:

1476 Das Bauen in einer Parzelle ist immer auch eine Nutzung derselben und zwar eine der wichtigsten davon. Am ehesten konnte man noch davon ausgehen, «Bauvorschriften (seien) jene Bestimmungen (gewesen), deren Sinn primär nicht darin liegt, zu regeln, wo was gebaut werden darf, sondern wie die aufgrund der Nutzungsvorschriften zulässigen Bauten ausgeführt werden dürfen»[13]. Klar war dies aber auch nicht[14]. Rz 1526 ff, 1612 f.

1477 b) PBG § 357 I in der Fassung von 1975 differenzierte, anders als noch altBauG § 116 (Rz 1435 f), nicht danach, ob ein Gebäude bzw. ein Bewerb «dem Gesetz» als solchem, d.h. hier (im Gegensatz zu PBG § 3) dem PBG ohne die ausführenden Erlasse,

---

[12] Entscheide des ZH-Verwaltungsgerichtes vom 2. Februar 1984 (RB 1984 Nr. 55), vom 5. Dezember 1986 (BEZ 1987 Nr. 5: Gebäude- und Firsthöhenmaxima: Bauvorschriften), vom 4. März 1988 (RB 1988 Nr. 75: Verbot störender Betriebe Nutzungsvorschrift; Ästhetikklausel: eher Bauvorschrift), vom 28. August 1989 (RB 1989 Nr. 78: Wohn- und Freiflächenanteilminimum: Nutzungsvorschrift; die hier besonders interessierenden Stellen sind nicht voll wiedergegeben). Vgl. aus späterer Zeit: RB 1992 Nr. 48, RB 1993 Nr. 48 und RB 1996 Nr. 76.
[13] So Peter Müller, in: ZBl 1983 S. 194, 208. Der Autor war zur Zeit der Ausarbeitung des PBG-Textes von 1975 Direktionssekretär der für die Ausarbeitung des PBG-Textes zuständigen kantonalen Baudirektion. Vgl. auch sein Votum anlässlich der Sitzung der kantonsrätlichen Kommission vom 31. Mai 1974 S. 248.
[14] Die Ausnützungsziffer beschränkt zwar das Bauvolumen ähnlich wie die Geschosszahl- und Abstandsminima; war sie deshalb aber, trotz ihrem Namen, keine Nutzungsvorschrift?

oder aber einer Bauordnung widersprach. Die Anwendbarkeit war in beiden Fällen gegeben.

c) Was hiess widersprechen? Den «Bauvorschriften widersprechen» war mehr oder weniger gleichbedeutend mit: die «Bauvorschriften verletzen», ihnen «entgegenstehen»[15]. Rz 412 f. 1478
Zu den Gründen des Entstehens von rechtswidrigen Gebäuden bzw. Bewerbungen allgemein siehe Rz 392 ff.

d) Zur Bedeutsamkeit der Stärke des Widerspruches: Fraglich war, ob jeder Widerspruch zu einer Vorschrift des massgeblichen Regelungskomplexes die Anwendbarkeit von PBG § 357 I (1975) auslöste oder nur derjenige, welcher eine gewisse Massivität aufwies[16]. 1479

e) Zum Thema Ausnahmebewilligungen: Fraglich war sodann, ob auch dort ein Widerspruch zum massgeblichen Regelungskomplex anzunehmen war, wofür die Baubehörde bei der Erstellung, bei einer früheren Änderung des Gebäudes eine Ausnahmebewilligung erteilt hatte oder sie dies später nachholte. Hiezu wird allgemein auf Rz 609 ff verwiesen. Die Baurekurskommission I nahm im Entscheid gemäss BEZ 1983 Nr. 13 wegen des Vorliegens eines Dispenses Baurechtgemässheit an. 1480

f) Das ZH-Verwaltungsgericht scheint in einem Entscheid vom 29. Januar 1988 (R. Ch. c. Steinmaur/ZH, nicht publiziert) der Auffassung zu sein, die Verletzung einer lokalisierbaren Vorschrift, zB Grenzabstandsminimum, löse die Anwendbarkeit von PBG § 357 nur gerade bezüglich der Stelle aus, wo die Verletzung vorliegt, nicht aber für das Gebäude als Ganzes. Eine solche Aufspaltung ist m.E. nicht gerechtfertigt. Ein Gebäude bildet eine Einheit. Siehe auch Rz 1615. 1480a

4. Zu den «baulichen Massnahmen»

a) Damit war jedes Bauen in, auf, neben oder unter einem bestehenden Gebäude gemeint, welches nicht zum Verlust der Identität dieses Gebäudes führte, also auf jeden Fall das Umbauen, (Dar-)Aufbauen, (Dar-)Anbauen und (Dar-)Unterbauen, wohl auch Renovationen im Sinne von Rz 177[17]. Von § 357 I nicht erfasst wurden offenbar Reparaturen im Sinne von Rz 176 und Montierungen im Sinne von Rz 178, wenn sie nicht mit 1481

---

[15] Vielleicht kommt es deshalb zu einer «milderen» Ausdrucksweise, weil die Regelung auch Anwendung findet, wo die Nichtübereinstimmung mit dem geltenden Recht dem Gebäudeeigentümer bzw. Bewerbträger nicht zum Vorwurf gemacht werden kann.
[16] Bemerkenswert war im Entscheid vom 5. Dezember 1986 (BEZ 1987 Nr. 5), dass sich das ZH-Verwaltungsgericht mit der Prüfung, ob durch den «Turm in der Nordostecke» das Gebäude- und Firsthöhenmaximum verletzt sei, für die Bejahung der Anwendbarkeit von PBG § 357 I in der Fassung von 1975 begnügte und nicht auch noch untersuchte, wie es mit dem Geschosszahlmaximum stehe.
[17] Erneuerung der Fassadenhaut in BEZ 1988 Nr. 48 mit blickfangbestimmter Bemalung bewilligt; in BEZ 1989 Nr. 26 mit Aluminiumelementverkleidung verweigert. Keiner dieser Entscheide bezieht sich allerdings auf PBG § 357. Die Argumentation erfolgt allein über PBG § 238.

den vorgenannten baulichen Vorkehrungen zusammen vorgenommen wurden[18]; sonst wäre die Regelung wohl zu streng gewesen (Rz 178). Ebenfalls nicht unter diese Regelungen fielen die sekundären Neubauten im Sinne von Rz 199 ff (Umgestaltungen[19, 20, 21], Repetierwiederbau, Differenzwiederbau, Anschlussbau[22], Dependenzbau und Dislokationsbau); hiefür wäre PBG § 357 I zu large gewesen. Das gilt sowohl wo Gebäude freiwillig abgebrochen als auch durch Elementarereignisse zerstört worden sind[22a].

1482 b) Die Baurekurskommission vertrat – unabhängig vom Bauzonenproblem – einen einschränkenden Kurs, indem sie nur geringfügige bauliche Veränderungen im Sinne von «Gebäudeunterhalt», «Renovationsarbeiten», «im öffentlichen Interesse liegende wohnhygienische Verbesserungen» und «nicht eingreifende allgemeine Umbauten» unter PBG § 357 I in der Fassung von 1975 subsumierte. Sie tendierte dahin, dass die auf der Wichtigkeitsskala zwischen diesen und den eindeutigen Umgestaltungen[23] liegenden baulichen Vorkehrungen ebenfalls den Umgestaltungen zugeschlagen werden. Das ZH-Verwaltungsgericht erklärte jedoch, dass «eine solche enge Betrachtungsweise ... weder im Gesetzeswortlaut noch in Sinn und Zweck der Bestimmung eine Stütze» finde[24, 25]. Es

---

[18] Als Montierungen kommen in Betracht: zB die Anbringung oder Änderung von Heizanlagen/Kaminen (BEZ 1988 Nr. 38), Reklamevorrichtungen (BEZ 1988 Nr. 42), Sonnenstoren (BEZ 1989 Nr. 34), Antennen (BEZ 1988 Nr. 47 und BEZ 1989 Nr. 36), Sonnenkollektoren (BEZ 1987 Nr. 47). In keinem dieser Entscheide wird mit PBG § 357 argumentiert.

[19] RB 1989 Nr. 76 (nur Leitsatz): «Kommen bauliche Massnahmen an einem bestehenden Gebäude einem Neubau gleich, so hat es wie ein solcher die Bauvorschriften einzuhalten; doch kann von diesen, wenn die Voraussetzungen erfüllt sind, dispensiert werden (PBG § 220, § 307 I, § 357 I).»

[20] ZH-Verwaltungsgerichtsentscheid vom 20. Dezember 1988 (BEZ 1989 Nr. 1): Herausbruch aller Zwischenwände mit neuem, anderem Grundriss, statt Einzelzimmern Einfamilienhaus mit Atelier und neuer Wendeltreppe bis ins Dachgeschoss, Versetzung des Treppenhauses, Tragkonstruktion umgeordnet, Teil der Decken erneuert, ganz andere Fenster, neuer Lift, statt Balkone Erker, neue Balkone, statt Zinne Dacheinschnitt bei Gebäuden an der Neptunstrassse 46 und 49 in Zürich 7; das ist, auch wenn die Geschossdecken teilweise erhalten bleiben sollen, eine Umgestaltung und keine durch PBG § 357 I (1975) «begünstigte» Massnahme.

[21] Baurekurskommission I in BEZ 1990 Nr. 9: In einem dem Wohnanteilplan (75%) widersprechenden Gebäude (vorhandener Wohnanteil 47%) sollten alle Trennwände (zwar alle nicht tragend) und alle sanitären Einrichtungen herausgebrochen, Fassaden, Dachhaut und Zugänge erneuert, aus Einzelzimmern zwei Wohnungen und Sauna-Büroräume gemacht werden; es war damit eine «Rückversetzung in den Rohbauzustand» vorgesehen. Das wurde als «neubauartige Umgestaltung» und deshalb nicht nach PBG § 357 PBG I und II (1975) zulässig bezeichnet. Bewilligt wurde jedoch mit der – angefochtenen, aber geschützten – Auflage, den Wohnanteil auf 75% zu erhöhen. Zur Argumentation mit der Besitzstandsgarantie siehe Rz 4335, 4481 f.

[22] ZH-Verwaltungsgerichtsentscheid vom 5. Dezember 1986, in: BEZ 1987 Nr. 5. Vgl. Rz 1483.

[22a] Zur besonderen Problematik beim Wiederbau freiwillig abgebrochener oder durch Elementarereignisse zerstörter nutzungsvorschriftswidriger Gebäude siehe Rz 1534a.

[23] Verschieben von Zwischenböden, Ersetzen der Umfassungsmauern, Erweiterung des Gebäudekubus durch Verschieben oder durch Aufbauten.

[24] RB 1986 Nr. 99 = BEZ 1987 Nr. 5: Gebäude in der Zürcher City (altrechtliche Kernzone, Alfred-Escherstrasse), welches den Grenz- und Gebäudeabständen widersprach und von einer Baulinie angeschnitten war; beabsichtigt war die Einrichtung einer Bankfiliale (mit Tresor im Untergeschoss) anstelle von Läden, Werkstätten und Wohnungen; baulich waren nur geringfügige Änderungen vorgesehen; der neue Bewerb als Bankfiliale widersprach der Zonenordnung nicht; zudem waren die Lärmimmissionen von aussen ohnehin stark. Das ZH-Verwaltungsgericht sah hierin keine Umge-

führte sodann weiter aus, dass «bauliche Massnahmen» an einer (bestehenden) Baute neben der Nutzungsänderung begrifflich alles umfassen, was nicht Neubau ist, nämlich Renovationen, Umbauten sowie An- und Aufbauten»; die baulichen Vorkehrungen dürften allerdings nicht «nach Art und Umfang einem Neubau gleichkommen», die dadurch «geschaffene innere Einteilung und Organisation oder Konstruktion des Gebäudes (müsse) als Verbesserung oder Anpassung des Vorhandenen verstanden werden können und das Bisherige (weiterhin) erkennnen lassen». Zudem wies das ZH-Verwaltungsgericht darauf hin, dass nach aBauG § 116 II An- und Aufbauten bereits zulässig gewesen seien, wenn sie «für sich» (Rz 1432) dem Baugesetz und der Bauordnung entsprochen haben und dass die Revision von 1975 eine Erleichterung habe bringen wollen; deshalb dürfe «gerade bei solchen Änderungen nicht leichthin auf neubauähnlichen Umgestaltungen geschlossen werden»[26].

c)   Die Frage, was ein Gebäude ist, was sind zwei oder mehr Gebäude sind, spielt **1483** insoweit für die Umschreibung der unter PBG § 357 I in der Fassung von 1975 fallenden baulichen Massnahmen eine Rolle, als der Umgestaltungsbegriff immer von einem Gebäude ausgeht und durch eine verhältnismässig grosse «Umfänglichkeit» gekennzeichnet ist. Wenn neben einem bestehenden baurechtswidrigen Gebäude mit einem Kubus von zB 1'800 m^3 ein Kubus mit zB 2'000 m^3 erstellt und beides mit einem verglasten Trakt verbunden wird, dann wäre an sich bei Annahme eines weiterhin einzigen und identisch bleibenden Gebäudes für das ganze Vorhaben PBG § 357 I massgeblich; erblickt man jedoch im Kubus von 2'000 m^3 ein anderes Gebäude, so löst die Baurechtswidrigkeit der Altbaute die Anwendbarkeit der gleichen Regelung auf den Kubus von 2'000 m^3 nicht aus, sondern höchstens auf allfällige bauliche Massnahmen im Altbau[27].

---

staltung (auch keine Umnutzung nach Rz 314). Betreffend Anschneidung durch Baulinie siehe PBG § 101, Rz 1751 f.

[25] Bezüglich der baulichen und bewerbsmässigen Eingriffe in den bisherigen Bestand von Altstadtgebäuden an der Augustinergasse in Zürich 1 zur Einrichtung eines Hotels gingen die Baurekurskommission I und das ZH-Verwaltungsgericht ohne weiteres davon aus, dass hier PBG § 357 I und II in der Fassung von 1975 nicht anwendbar seien, obwohl wahrscheinlich Verstösse gegen Bauvorschriften vorlagen. Es handelte sich hier nach der Terminologie von Rz 200 um eine Umgestaltung und/oder einen Wiederbau. Vgl. Baurekurskommission I, in: BEZ 1988 Nr. 10 (Aufhebung der erteilten Bewilligung) und ZH-Verwaltungsgerichtsentscheid hiezu vom 19. Mai 1988, in: BEZ 1988 Nr. 14 (stellt die Bewilligung wieder her; umstritten war hier allerdings lediglich, ob dieses Hotel als nach Wohnanteilplan zulässiger Bewerb gelte; das wurde bejaht).

[26] Das ZH-Verwaltungsgericht versuchte dies im Weiteren mit Hinweisen auf den Schutz der im Vertrauen auf die alte Ordnung getätigten Investitionen, auf die sich aus PBG § 357 I in der Fassung von 1975 ergebende «Privilegierung von Änderung des *Bestehenden*», auf den Zweck des Umgestaltungsbegriffes, den «Missbrauch» von PBG § 357 I zur «Rechtsumgehung» zu verhindern, und auf die «Bestandesgarantie» zu begründen. Zum Erstgenannten wird in Rz 1019, zum Zweitgenannten in Rz 810 und 986 f, zum Drittgenannten in Rz 202 mit FN 5 und zum Letztgenannten in Rz 4335 f Stellung bezogen.

[27] Im letzteren Sinn entschied sich das ZH-Verwaltungsgericht in dem am 5. Dezember 1986 beurteilten Fall (BEZ 1987 Nr. 5). Eigenartig war hier nur, dass das ZH-Verwaltungsgericht die Zulässigkeit des Neubaues allein damit begründete, dass die Voraussetzungen von PBG § 357 I («keine weitere Verschlechterung» und «keine Verletzung eines anderen öffentlichen Interesses») erfüllt seien. Spricht dies doch für die Anwendbarkeit von PBG § 357 I auf Anschlussbauten? Unbeantwortet blieb die Frage: Handelt es sich um ein oder um zwei Gebäude?

1484 d) Wo bei einem Gebäude im Laufe der Jahre eine, zwei oder mehr bauliche Änderungen vorgenommen worden sind und jetzt eine neue Änderung aktuell wird, stellt sich die Frage, auf welchem Zustand die Änderung zu beziehen sei. In Betracht kommen:
- Zustand im Zeitpunkt der Beurteilung;
- letzter bewilligter bzw. ohne Bewilligung zulässiger Zustand;
- Zustand, welcher bei Inkrafttreten der fraglichen Änderungsregelung bzw. bei Inkrafttreten der die Vorschriftswidrigkeit bewirkenden Grundregelung (zB verschärftes Geschosszahlmaximum) vorgelegen hat;
- Zustand in einem bestimmten zurückliegenden Datum (zB vor dem 1. Januar 1978 oder vor zehn Jahren).

Hiezu erklärte das ZH-Verwaltungsgericht in RB 1991 Nr. 69 (blosser Leitsatz): «Werden an einer baurechtswidrigen Baute verschiedene ... zeitlich gestaffelte bauliche Änderungen vorgenommen, so ist aufgrund einer Gesamtwürdigung zu entscheiden, ob der zulässige Rahmen baulicher Massnahmen gewahrt sei oder ob es sich um eine neubauähnliche Umgestaltung handle.»[28] Rz 188.

5. Zu den «baurechtlich beachtlichen Nutzungsänderungen»

1485 a) In Rz 219 wird dargelegt, warum ich hier nicht von «Nutzungs-», sondern von «bewerbsmässigen Änderungen» spräche.

1486 b) Auffällig ist hier, dass die «baurechtlich beachtlichen Nutzungsänderungen» in demjenigen Absatz erwähnt waren, welcher die Änderungen von Gebäuden bzw. Bewerbungen derselben regelte, die den «Bauvorschriften» (also nicht den «Nutzungsvorschriften» gemäss zweitem Absatz) widersprechen.

1487 c) Zur Einschränkung «baurechtlich beachtlich» ist Folgendes zu sagen: Hier wurde wohl an PBG § 309 Abs. 1 lit. b (Rz 2543) angeknüpft, wonach eine baurechtliche Bewilligung «für Nutzungsänderungen bei Räumlichkeiten und Flächen, denen baurechtliche Bedeutung zukommt», nötig ist. Das würde fürs Erste bedeuten, dass nur bewilligungsbedürftige «Nutzungsänderungen» unter PBG § 357 I fallen, nicht aber nicht bewilligungsbedürftige[29]. Indessen kann man sich nur schwer vorstellen, dass «Nutzungsänderungen», bei welchen eine weitere Verschlechterung eintritt oder ein anderes öffentliches Interesse verletzt wird, baurechtlich nicht von Bedeutung und damit nicht bewilligungsbedürftig waren. PBG § 309 I lit. b musste m.E. unter Beizug von PBG § 357 I in der Fassung von 1975 so auslegt werden, dass es zur Deckung kam.

Die Einschränkung der Anwendbarkeit auf *«baurechtlich beachtliche* Nutzungsänderungen» ist allerdings ein Verweis im Kreis herum. Vgl. analoge Bemerkungen in Rz 656.

---

[28] RB 1991 Nr. 69 (blosser Leitsatz) behandelt auch noch den Fall, dass es um verschiedene, konstruktiv voneinander unabhängige bauliche Änderungen geht. Die Beurteilung erfolgt analog.
[29] In diesem Sinne lauteten denn auch die Voten von Peter Wiederkehr, Peter Müller und Rudolf Friedrich in der vorberatenden kantonsrätlichen Kommission sowie der Beschluss der Letzteren, dem allerdings nachher keine Folge gegeben wurde. Vgl. Protokoll der Sitzung vom 11. Juni 1974 S. 501.

d) Die baurechtliche Beachtlichkeit begann m.E. dort, von wo an ich den Ausdruck **1488** «eingreifende bewerbsmässige Änderungen» verwenden würde. Der Übergang von den nichteingreifenden zu den eingreifenden bewerbsmässigen Änderungen hängt von folgenden vier Gesichtspunkten ab: Immissionsträchtigkeit, Gefahrenlage, Belastung der Erschliessungswerke (insbesondere Strassen/Wege, Brauchwasserversorgung und Abwasserentsorgung, allenfalls auch Stromversorgung, Rz 306 ff) und Zonencharakter vor und nach der beabsichtigten Änderung[30].

6. Zu «auf Veranlassung des Eigentümers»

Im Text des Paragraphen selbst findet sich kein Hinweis darauf, ob PBG § 357 I in der **1489** Fassung von 1975 nur auf «bauliche Massnahmen und ... Nutzungsänderungen» anwendbar sei, welche der Eigentümer bzw. Bewerbsträger selbst beabsichtigt hat, oder auch auf solche, bei welchen das Gemeinwesen Initiant ist. Dass Ersteres gilt, ergibt sich jedoch klar aus dem Randtitel zu dieser Vorschrift: «D. Änderungen an vorschriftswidrigen Bauten und Anlagen/I. Auf Veranlassung des Eigentümers». Dass PBG § 357 I aber auch für den eine Vorkehrung beabsichtigenden Nicht-Eigentümer gilt, dürfte klar sein. Daneben «haftet» aber immer auch der Eigentümer bzw. Bewerbsträger als Zustandsstörer (im Unterschied zum Verhaltensstörer, Rz 353), es wäre denn, Dritte würden die Vorkehrung ohne oder gegen dessen Wille vornehmen[31].

7. Zu «Eintritt keiner weiteren Verschlechterung»

Dieses Erfordernis ist (zusammen mit «keine Verletzung eines anderen öffentlichen Inte- **1490** resses») ein Regelungselement von extremer Unbestimmtheit. Weder die Materialien noch die Präjudizien aus der Zeit von 1976 bis 1992[32] geben eine klare Richtung an. Da PBG § 357 I in der Fassung von 1975 seit 1992 nicht mehr gilt, begnüge ich hier mit folgenden Bemerkungen:

Einen gewissen Fingerzeig dafür, was unter «keine weitere Verschlechterung» zu ver- **1491** stehen war, gibt das anschliessend genannte Erfordernis «keine Verletzung eines anderen öffentlichen Interesses» wegen des Wortes «andere». Man sagt kaum je: eine Kuh und ein anderes Pferd. Somit war bei der weiteren Verschlechterung ebenfalls an eine negativ

---

[30] Im nicht publizierten Teil des auszugsweise in RB 1989 Nr. 78 wiedergegebenen ZH-Verwaltungsgerichtsentscheides vom 28. August 1989 wurde die Verwendung des ganzen oberirdischen Teiles eines bisher als Lager und Kellerei beworbenen Gebäudes als künftiges Kultuszentrum «unabhängig von den baulichen Baumassnahmen» als eine die Anwendbarkeit der Neubauvorschriften auslösende «Umgestaltung» (eine Umnutzung im Sinne von Rz 314) aufgefasst.

[31] Dritte dringen zB in eine leerstehende Fabrik ein und beginnen hier zu wohnen oder Theater zu spielen (sogenannte Hausbesetzungen).

[32] Vgl. ZH-Verwaltungsgerichtsentscheide vom 6. Januar 1980 (RB 1980 Nr. 135), vom 21. Mai 1986 und vom 3. Juli 1986 (je RB Nr. 100), vom 5. Dezember 1986 (BEZ 1987 Nr. 5, in RB 1986 Nr. 99 nur verkürzt), vom 16. Mai 1991 (BEZ 1991 Nr. 11, in RB 1991 Nr. 68 nur verkürzt) und vom 3. Oktober 1991 (ZBl 1992 S. 184 f). Die in einem Teil dieser Entscheide vorgenommene Unterscheidung zwischen Verletzung von Rechtsnorm/Rechtsgut/Interesse hilft kaum weiter. Siehe auch: ZH-Verwaltungsgerichtsentscheid vom 11. Juli 1990 (BEZ 1990 Nr. 30) und RB 1991 Nr. 61 (umfassender in: BEZ 1991 Nr. 10) bezüglich des Verhältnisses zum Geschosszahlbegriff und zu PBG §§ 233 f.

bewertete Betroffenheit von öffentlichen Interessen zu denken. Zum Interessenbegriff allgemein siehe Rz 885 mit FN 1. Dabei stellte sich dann allerdings die Frage: An welche öffentlichen Interessen war beim Passus «keine weitere Verschlechterung» und an welchen beim Passus «keine Verletzung anderer öffentlicher Interesse» zu denken? Ohne dies hier im Einzelnen zu begründen, halte ich folgende Auslegung für angezeigt: Beim Passus «keine weitere Verschlechterung» war entweder an eine zusätzliche Verletzung der durch das bestehende Gebäude bzw. den bisher ausgeübten Bewerb bereits verletzten öffentlichen Interessen zu denken (durch Intensivierung oder räumliche Ausweitung), beim Passus «keine Verletzung anderer öffentlicher Interessen» war jedoch an diejenigen öffentlichen Interessen zu denken, welche bisher überhaupt noch nicht verletzt gewesen waren; oder aber es ging um den Gegensatz durch das PBG und die Bauordnung, um durch andere Rechtssätze geschützte Interessen, um den Gegensatz der Parzelle, in welcher das Gebäude steht, oder um Nachbarparzellen betreffende Interessen.

1492 Diese beiden negativen Erfordernisse mussten kumulativ erfüllt sein (RB 1980 Nr. 135).

Bei der Auslegung von PBG § 357 I in der Fassung von 1975 war immer zu berücksichtigen, dass damit eine für den Bauaktiven günstigere Regelung bezweckt wurde, als zuvor gemäss BauG § 116 in der Fassung von 1943 oder gar 1907 gegolten hatte.

8. Zum Erfordernis «keine Verletzung eines anderen öffentlichen Interesses»

1504 a) In Rz 1491 wurde dargelegt, weshalb ein «anderes öffentliches Interesse» wahrscheinlich ein Rechtsgut war, welches nicht durch eine bereits durch das bisherige Gebäude bzw. den bisherigen Bewerb verletzte Rechtsnorm geschützt war, also zB keine Verletzung des Rechtsgutes «hinreichende Erschliessung», wenn das bisherige Gebäude bzw. der bisherige Bewerb diesbezüglich problemlos war, jedoch Grenzabstandsminima unterschritt.

1505 In Betracht kamen dabei m.E. öffentliche Interessen folgender Art:

– Erhaltung zinsgünstiger Wohnungen für Familien, Einzelerziehende, Betagte, Invalide, weniger Begüterte;
– Erhaltung von gewerblichen Betrieben, deren Ansässigkeit im Quartier erwünscht ist;
– Erhaltung von guter Bausubstanz, ohne dass es sich gerade um denkmalschutzwürdige Gebäude handeln muss;
– Erhaltung von Baumbeständen, ohne dass es es sich gerade um naturschutzwürdige Gruppen handeln muss;
– Erhaltung von verkehrssicheren Schulwegen;
– Erhaltung von Freizeitgelegenheiten (zB Spazierwege, Jugendtreffpunkte, Schlittelwiesen usw.);
– Fernhaltung von Spielsalons, Nightclubs, Sex-Shops usw. in Wohngebieten[33];
– Erhaltung der Wohnlichkeit des Quartier im Allgemeinen;
– Schaffung von Eigenheimen.

Zu erwähnen sind auch noch weitere, in RPG Art. 1 und 3 aufgezählte bzw. hiedurch geschützte Interessen (zB die Schaffung und Erhaltung der räumlichen Voraussetzungen für die Wirtschaft).

---

[33] Vgl. jedoch: RB 1985 Nr. 104.

Verschiedene dieser erwähnten öffentlichen Interessen sind mehr von Bedeutung für das Umgelände der Parzelle, auf welcher das zur Änderung vorgesehene Gebäude bzw. der zur Änderung vorgesehene Bewerb vorkommt, als auf dieser Parzelle selbst. Auch werden verschiedene dieser Interessen primär nicht durch das PBG und dessen Erlasse, sondern durch andere Gesetze geschützt (Rz 3118 f, 3172 f, 4073 f, 4081 f, 4103 ff). 1506

b) Gemäss PBG § 357 I in der Fassung von 1975 genügte es für eine Bewilligung nicht, wenn bloss alternativ entweder keine weitere Verschlechterung eintritt oder keine anderen öffentlichen Interessen verletzt sind. Vielmehr mussten beide Erfordernisse kumulativ erfüllt sein[34]. 1507

9. Zu «sind ... nur gestattet»

In diesem Passus steht das Normativ. Es kommt zwar der Hinweis auf eine Gestattung vor. Doch ist dieser mit dem einschränkenden «nur» versehen; er bezieht sich damit sowohl auf eine Erlaubnis als auch auf ein Verbot. Dabei ist textlich offen, ob die Erlaubnis bei Erfüllung der Bedingungen schlechterdings gilt und oder ob die Baubehörde selbst bei Fehlen einer weiteren Verschlechterung oder der Verletzung eines anderen öffentlichen Interesses verweigern kann. M.E. musste die Behörde in diesem Fall bewilligen. Es handelte sich in diesem Fall um eine Muss-Vorschrift. 1508

10. Zu den weiteren Gesichtspunkten

a) Zum Verhältnis der Erfordernisse von PBG § 357 I (1975) zu altBauG § 116 I und II sowie zu PBG § 357 II erster und zweiter Satz (1975)

α) Aus der Weisung des Regierungsrates an den Kantonsrat vom 5. Dezember 1973 (Nr. 1928) S. 220 f (Amtsblatt 1973 II S. 1868) und aus der Vorlage für die Volksabstimmung vom 7. September 1975 S. 151 (Amtsblatt 1975 II S. 1975) geht eindeutig hervor (was auch nie von jemandem bestritten worden war, vgl. Peter Müller, in: ZBl 1983 S. 193 ff, 210), dass PBG § 357 den Bauaktiven eine «Milderung», «Erleichterung» gegenüber der vorher für die Änderung von baurechtswidrigen Gebäuden bzw. Bewerbungen geltenden Regelung gemäss altBauG § 116 bringen sollte. 1512

β) Es ist wohl wahrscheinlich, dass bei einer weiteren Verschlechterung oder der Verletzung eines anderen öffentlichen Interesses und erst recht bei beidem kaum je eine angemessene Verbesserung angenommen werden konnte und dass oft von einer unzulässigen Mehrausnützung auszugehen gewesen wäre. Umgekehrt war es nicht zwingend, dass das Fehlen einer angemessenen Verbesserung oder jede unzulässige Mehrausnützung oder beides kombiniert den ganzen Bereich der weiteren Verschlechterung und der Verletzung eines anderen öffentlichen Interesses abdeckte; Letzteres griff verbietend sprachlich eher weiter als Ersteres. Insoweit wies PBG § 357 I (1975) sogar Ansatzpunkte für eine – allerdings nicht gewollte – Verschärfung gegenüber altBauG § 116 auf. Dass es nicht hiezu kam, darauf war bei der Auslegung von PBG § 357 I (1975) zu achten. 1513

γ) Zum Verhältnis zu PBG § 357 II erster Satz: Man kann wohl davon ausgehen, dass bei «Eintritt einer weiteren Verschlechterung» oder bei «Verletzung eines anderen öffent- 1514

---

[34] So ausdrücklich das ZH-Verwaltungsgericht in einem Entscheid vom 6. Juni 1989 (RB 1980 Nr. 135).

lichen Interesses» auch «überwiegende öffentliche Interessen entgegenstehen» oder «Unangemessenheit» vorliegt. Und umgekehrt: Bei «Entgegenstehen überwiegender öffentlicher Interessen» oder von «Unangemessenheit» kann man auch den «Eintritt einer weiteren Verschlechterung» oder die «Verletzung eines anderen öffentliches Interesses» annehmen. Dass PBG § 357 I strenger ist als PBG § 357 II zweiter Satz, ist offenkundig (Rz 1563 f).

b) Zur Ausschaltung des Neubautenrechtes und zum Verhältnis zu Letzterem

1515 α) In Rz 1512 ist dargelegt, dass PBG § 357 (1975) für die Bauaktiven eine «Erleichterung», «Milderung» gegenüber der Regelung von altBauG § 116 brachte. Weil aber schon damals ein grundsätzliches Ausschalten des Neubautenrechtes galt (Rz 543), konnte die neue Regelung nicht darin bestehen, dass Vorkehrungen an bauvorschriftenwidrigen Gebäuden bzw. Bewerbungen nur zulässig geworden wären, wenn die von ihnen erfassten Gebäude bzw. Bewerbungen nachher nicht nur keine weitere Verschlechterung bewirkt und kein anderes öffentliches Interesse verletzt hätten, sondern wenn gleichzeitig auch die für Neubauten bzw. Erstbewerbungen geltenden Regelungen eingehalten worden wären. Sonst hätte sich hieraus nicht eine «Erleichterung», «Milderung» ergeben, sondern es wäre im Gegenteil gerade zu einer Verschärfung gekommen. Da solches aber nicht gewollt war und in PBG § 357 I in der Fassung von 1975 nur die Erfordernisse «Nichteintritt einer weiteren Verschlechterung» und «Nichtverletzung eines anderen öffentlichen Interesses», nicht aber auch die Übereinstimmung mit den für Neubauten bzw. Erstbewerbungen geltenden Regelungen erwähnt worden ist, lässt sich linguistisch, normlogisch, historisch und teleologisch gar kein anderer Schluss ziehen, als dass die für Neubauten bzw. Erstbewerbungen geltenden Regelungen wiederum grundsätzlich ausgeschaltet wurden.

1516 β) Das gleiche Problem stellt sich auch bei PBG § 357 I in der Fassung von 1991. Deshalb wird erst in Rz 1679 ff hiezu näher Stellung bezogen.

c) Zum Verhältnis Globalregelung zu Sektoralregelung

1517 Das PBG in der Fassung von 1975 enthielt neben der Globalregelung von PBG § 357 die folgenden Sektoralregelungen für das postfinite Baurecht:

§ 101 (ganz oder teilweise zwischen Baulinien gelegene Gebäude, Rz 1751 f), § 117 (Gebäude im Werkplanbereich, Rz 1842), § 127 (bestehende Gebäude im Quartierplanverfahren, Rz 3101 f), § 170 (Anpassung von Gebäuden an Quartierplanmassnahmen, Rz 3101 f), §§ 195 f (bestehende Gebäude im Gebietssanierungsgebiet, Rz 3101 f), § 203 ff (Baudenkmäler, Rz 1843 f), § 226 (Immissionen aus Bewerbung, Rz 1868 f), § 228 (Gebäudeunterhalt, Rz 1899 f), § 239 (energiesparender Betrieb, Rz 2082 f), § 243 (zusätzliche Autoabstellplätze bei baulichen Änderungen, die einen erheblichen Teil des Gebäudes erfassen oder eine wesentlich andere Nutzung als bisher ermöglichen, Schaffung oder Aufhebung bei fortbestehenden Gebäuden, Rz 2112 f), § 248 (zusätzliche Kinderspielplätze, Freizeitgärten usw. bei fortbestehenden Gebäuden, Rz 2215), § 249 (zusätzliche Kehrrichtsammelplätze bei wesentlichen Umbauten oder Zweckänderungen, Sonderabfallsammeleinrichtungen bei fortbestehenden Gebäuden, Rz 2228 f), § 289 (Verbauen von Öffnungen in Grenzfassaden, Rz 2416 f), § 291

(Änderungen an Brandmauern, Rz 2416 f), § 295 (Betrieb von Heizungen, Rz 2427), § 296 (Betrieb, Unterhalt und Anpassung von Beförderungsanlagen, Rz 2443 f) und § 307 (Wiederaufbau zerstörter Gebäude, Rz 2454 f).

Wo sich hier Besonderheiten ergaben, sind diese bei den jeweiligen Sektoralregelungen erörtert.

d) Zur Nichtaktualität von Ausnahmebewilligungen

Trifft die Auffassung zu, dass gemäss PBG § 357 I in der Fassung von 1975 die Vorschriften für Neubauten bzw. Erstbewerbungen grundsätzlich ausgeschaltet sind und sie nur, aber immerhin, ihrem Konzept nach, nicht aber mit ihren Maximal- und Minimalziffern gelten (Rz 1515 f), so ist damit auch gesagt, dass der Ruf nach Ausnahmebewilligungen hier verfehlt ist[35, 36], auch wenn der jetzige Dispensparagraph des PBG, § 220, im Unterschied zu seinem Vorläufer, BauG § 149, keine Einschränkung enthält, bezüglich welcher Regelungen Dispense in Betracht kommen[37]. Von Konzeptionen der Gesetzgebung darf nicht dispensiert werden, es braucht aber auch nicht dispensiert zu werden, um dem Einzelfall gerecht zu werden[38, 39]. Sektoralregelungen sind jedoch als solche zu beachten. Die wichtigeren von ihnen werden in Rz 1517 aufgeführt. Daneben sind die Beziehungen zu RPG Art. 24 gemäss Rz 3252 f, zum Gewässerschutzgesetz gemäss Rz 4073 f und zu UWG Art. 16–18 gemäss Rz 4081 f sowie zu weiteren, nicht zum PBG gehörenden Regelungen gemäss Rz 3118 f, 3172 f und 4103 f zu beachten.

1518

---

[35] In RB 1987 Nr. 81 lehnte das ZH-Verwaltungsgericht die Anrufung von PBG § 220 I ab, weil PBG § 357 I «abschliessend» sei. Zur Auffassung von Christoph Fritzsche/Peter Bösch siehe Rz 610 mit FN 14.

[36] Im Antrag des ZH-Regierungsrates vom 11. Oktober 1989 für die PBG-Revision von 1991 wurde gesagt, dass «§ 357 I (in der Fassung von 1975) die Anwendbarkeit von § 220 nicht mehr ausschliessen (soll)». Das bedeutet, dass der ZH-Regierungsrat Dispense bisher als nicht möglich ansah.

[37] In PBG § 220 war allerdings nur von «Bau-», nicht auch von «Nutzungsvorschriften» die Rede. Zu diesem Unterschied siehe Rz 1612 f.

[38] Bei Vorkehrungen im Interesse des Denkmalschutzes, zB bei ungenügenden Abständen, stellt man sich allerdings oft die Frage, ob zu deren erwünschten Zulassung dispensiert werden müsse. In der Fassung des Dispensparagraphen PBG § 220 von 1975 wurde dies dadurch suggeriert, dass dort im ersten Absatz in lit. b eine Befreiung von «Bauvorschriften» zugelassen wurde, «insbesondere wenn ... dadurch ein Objekt des Natur- und Heimatschutzes besser geschützt werden kann». Indessen hätte schon damals m.E. wie folgt überlegt werden müssen: Wenn das Vorhaben zu keiner weiteren Verschlechterung führte und kein anderes öffentliches Interesse verletzte, dann konnte es ohne Dispens bewilligt werden; führte das Vorhaben jedoch zu einer weiteren Verschlechterung oder verletzte es ein anderes öffentliches Interesse, so war der Dispens nicht gerechtfertigt.

[39] Nicht teilen kann ich die folgende, die m.E. überbetonte Negativbewertung der revisionsbedingten Baurechtswidrigkeit in einem Entscheid des AG-Verwaltungsgerichtes vom 25. September 1978 (ZBl 1979 S. 586) übernehmende Äusserung des ZH-Verwaltungsgerichtes (RB 1980 Nr. 135): «Nach der Zielsetzung von PBG § 357 sind diese Einschränkungen (nämlich: «kein Eintritt einer weiteren Verschlechterung» und «keine Verletzung eines anderen öffentlichen Interesses») streng zu handhaben; dies nicht nur im öffentlichen Interesse einer baldigen Anpassung des faktischen Baubestandes an die neuen Baurechtsnormen, sondern auch aus Gründen der Rechtsgleichheit, die eine ungerechtfertigte Privilegierung bestehender baurechtswidriger Bauten gegenüber den neuen Bauten, die sich von Anfang an das restriktivere neue Recht halten müssen, verbietet.» Dass Ersteres nicht überzeugt, wird im Abschnitt «Rechtswidrigkeit» in Rz 399 f, dass Letzteres nicht überzeugt, wird im Abschnitt «Rechtsgleichheit» in Rz 986 f dargelegt.

e) Zur Legiferierungskompetenz der Gemeinden bezüglich PBG § 357

1519 Die Gemeinden sind sodann gemäss Praxis befugt, in Kernzonen gestützt auf die in PBG § 50 III ausgesprochene Ermächtigung, in der Bauordnung «besondere Vorschriften über die Masse und die Erscheinung der Bauten» aufzustellen, also eine im Ergebnis PBG § 357 I modifizierende Regelung zu treffen[40]. Rz 640 f.

f) Zu den Gebäuden bzw. Bewerbungen, welche den Bauvorschriften nicht widersprechen

1520 Nach seinem Wortlaut findet PBG § 357 I in der Fassung von 1975 nur auf «Bauten» Anwendung, welche den Bauvorschriften «widersprechen». Wie es sich mit Gebäuden und Anlagen verhält, welche baurechtskonform sind, wird in Rz 4323 dargelegt.

g) Zur materiellen Enteignung

1521 Gemäss Rz 1411 mit FN 59 ist nicht mit dem Entstehen einer Entschädigungspflicht bei Verboten gestützt auf PBG § 357 I (Fassung von 1975) zu rechnen.

B. Zum zweiten Absatz, erster Satz von PBG § 357 in der Fassung von 1975

1. Zur räumlichen und zeitlichen Geltung

1524 Das in Rz 1471 Gesagte gilt auch hier.

2. Zu den «Bauten und Anlagen» (Vorher-Zustand)

1525 Was hiezu zu sagen ist, wurde bereits in Rz 1472 f ausgeführt. Es geht auch hier im Wesentlichen um «Gebäude»[41]. Es werden wohl aber auch die Bewerbungen miterfasst, denn wichtige Bewerbungen, welche nicht zur Land- und Forstwirtschaft gehören, kommen in unseren Breitengraden kaum je ohne Gebäude aus. Umgekehrt sind Gebäude fast immer von Bewerbungen begleitet. Längere Zeit leerstehende Gebäude bilden eine grosse Ausnahme.

3. Zu «den Nutzungsvorschriften widersprechen»

1526 a) Was von diesem Ausdruck als Gegenstück zu «den Bauvorschriften widersprechen» (Rz 1474) zu sagen ist, wird erst im Hinblick auf PBG § 357 I in der Fassung von 1991 in Rz 1612 f ausgeführt.

1527 b) Bestehende Gebäude bzw. Bewerbungen widersprechen «Nutzungsvorschriften» bisheriger Art nicht, wenn der dem Bauaktiven zur Verfügung gestellte Rahmen höchstens bis an den Rand ausgefüllt («ausgenützt») ist.

---

[40] RB 1987 Nr. 80 (Bauordnung Küsnacht Art. 6).
[41] Das ZH-Verwaltungsgericht verneinte in RB 1986 Nr. 99 (BEZ 1987 Nr. 5) die Anwendbarkeit von PBG § 357 II auf Änderungen an einer Bootshaabe auf einer Landanlage im Zürichsee.

c) Nichtlandwirtschaftliche Gebäude im übrigen Gemeindegebiet galten, solange altBauG § 68 c noch in Kraft war (Rz 3117 f), als den Nutzungsvorschriften widersprechend, dies obwohl es sich beim üG weder um eine Bauzone noch um eine Landwirtschaftszone, sondern einfach um einen «Rest – das übrige Gebiet mit noch unbestimmter Nutzung» handelte[42]. **1528**

d) Als den Nutzungsvorschriften widersprechend wurde erklärt: **1529**

– Altmateriallager und -handlung: in einer Parzelle mit einer Fläche von 4'518 m^2 befanden sich bereits Lagerhallen von 330 m^2 (zum Abbruch bestimmtes Provisorium) und von 1'020 m^2 in einer Wohn- und Gewerbezone mit Verbot von Industriebetrieben (geplant war eine weitere Lagerhalle mit einer Grundfläche von 1'400 m^2 als Anschlussbau)[43];
– Bauernhof in Wohnzone W2[44].

e) Als den Nutzungsvorschriften noch entsprechend wurde jedoch erklärt: **1530**

– Stall für wenige Haustiere (zwei Ziegen und ein Esel) in einer Wohnzone[45];
– zwei Pferdeboxen in einer Wohnzone[46];
– Stall für 40 Mutterschafe in einer Wohnzone[47].

f) Zur Gegenüberstellung von «Bau-» und «Nutzungsvorschriften». Hiezu ist Folgendes den Ausführungen in Rz 1612 f vorauszuschicken: Wenn bei den «Nutzungsvorschriften» nicht an Regelungen von der Art von Gebäudehöhen-, Geschosszahl-, Gebäudelängenmaxima, Abstandsminima, Verhältniszahlen zwischen überbauter Bodenfläche, Geschossfläche, Baukubusinhalt einerseits und Parzellenfläche anderseits usw. zu denken war, dann kamen eigentlich hiefür nur Regelungen in Betracht, welche in einer bestimmten Zone entweder Gebäude jeder Art[48] oder einer bestimmten Art[49] schlechthin verboten, welche für Betriebe einen Immissionspegel statuierten, der nicht überschritten werden durfte[50], oder welche Betriebe, die zu einer bestimmten planungsrechtlichen Kategorie gehörten[51], ausschlossen. **1531**

---

[42] RB 1981 Nrn. 115 und 116 (beide Zitate stammen aus dem gleichem Entscheid, umfassender in: ZBl 1982 134, 136).
[43] RB 1982 Nr. 128 (BEZ 1983 Nr. 4). Möglichweise handelte es sich hier zugleich um einen den zonengemässen Immissionsvorschriften widersprechenden Betrieb im Sinne von PBG § 357 II zweiter Satz in der Fassung von 1975. Rz 1568 f.
[44] ZH-Verwaltungsgerichtsentscheid vom 17. Mai 1983, in: BEZ 1983 Nr. 16.
[45] ZH-Verwaltungsgerichtsentscheid vom 25. Oktober 1979, in: ZBl 1980 S. 259.
[46] ZH-Verwaltungsgerichtsentscheid vom 17. Januar 1984, zitiert in: BEZ 1985 Nr. 4, problematisch.
[47] RB 1984 Nr. 78 = BEZ 1985 Nr. 4.
[48] ZB Gebäude in Landschaftsschutzzone.
[49] ZB nichtlandwirtschaftliche Gebäude in Landwirtschaftszonen, Wohn-, Dienstleistungs-, Lager-, Handelsgebäude in «reinen» Industriezonen.
[50] ZB bei Tag nicht mehr als 55 Dezibel (A), bei Nacht nicht mehr als 45 Dezibel (A).
[51] Unzulässig sind zB Betriebe, welche zur Kategorie der mässig störenden Betriebe gehören. Rz 504.

4. Zu den «Umbauten und ... Erweiterungen» (Nachher-Zustand)

1532 a) Unter «Umbauten» ist hier wohl dasselbe zu verstehen wie in Rz 179: bauliche Vorkehrungen, welche das Volumen des Gebäudes nicht verändern und nicht bloss Reparaturen (Rz 176), Renovationen (Rz 177) und Montierungen (Rz 178) sind.

1533 b) α) Der Begriff «Erweiterungen» umfasste demgegenüber m.E. vor allem Auf-, An- und Subbauten (Rz 180 f). Ich wüsste nicht, warum es sich hätte anders verhalten sollen. Nicht unter die Erweiterungen fielen jedoch ebenso sicher einerseits die Reparaturen (Rz 176) und Renovationen (Rz 177) und wohl auch anderseits die Umgestaltung (Rz 200 f), der Repetier- und der Differenzwiederbau (Rz 203 f)[52], der Anschlussbau (Rz 206)[53], der Dependenzbau (Rz 207) und der Dislokationsbau (Rz 208). Es stellte sich hier die Grundsatzfrage, ob unter «Erweiterung» nur solche baulichen Vorkehrungen verstanden werden können, welche ausgehend von einem vorhandenen Baukörper mit diesem durchwegs materiell, strukturell, kohärent verbunden sind und damit wortwörtlich zusammenhängen, oder ob auch davon räumlich abgesetzte, isolierte Vorkehrungen, zB die Erstellung einer freistehenden Neubaute, darunter fallen[54]. Das Wort «Erweiterung» hat in sich jedoch die Tendenz zu einer ölfleckartigen Verbreiterung seines Bedeutungsbereiches[55, 56].

---

[52] So im Prinzip auch RB 1981 Nrn. 115 und 116 (beide Zitate aus demselben Entscheid umfassender in: ZBl 1982 134, 136 f.) Ein baufälliges Wohnhaus im übrigen Gemeindegebiet von Gossau sollte abgebrochen und «einige Meter daneben» ein etwa gleich grosser Neubau erstellt werden. Dass die Wörter «Umbau» und «Erweiterung» nicht auch diesen Fall eines Differenz- oder gar Dislokationsneubaues umfassen, hat sprachlich einiges für sich. Doch wäre nicht schlechterdings ausgeschlossen, dass auch Letzteres noch im sprachlichen Dunstkreis des Wortes «Erweiterung» läge. Von einem «klaren Wortlaut der Bestimmung» kann jedoch keine Rede sein. Das ZH-Verwaltungsgericht begründete die Nichtanwendbarkeit von PBG § 357 II auf solche sekundären Neubauten damit, dass diese Vorschrift «im Interesse des Investitionsschutzes ein Bestandesprivileg» gewährleiste. Wo wurde aber schon festgelegt, dass PBG § 357 II nur «Investitionsschutz», nicht auch «Freiheitsgewährung» bezwecke? Zur Problematik des Ausdruckes «Bestandsprivileg» siehe Rz 986 f, 4528. Zudem: Was ist gewonnen, wenn das Erfordernis «kein Entgegenstehen überwiegender öffentlicher Interessen» gemäss PBG § 357 II erster Satz (1975) für Repetier- und Differenzwiederbauten nicht gilt, wo für diese keine Sonderregelung gilt? Zu beachten ist ferner, dass es sich hier um einen unter RPG Art. 24 fallenden Sachverhalt handelte.

[53] In dem in Rz 1529 zitierten Fall wurde die Erweiterung der Lagerhalle mit der Fläche von 1'020 m^2 um 1'400 m^2 nicht deshalb beanstandet, weil es sich um einen sekundären Neubau (Anschlussbau) handelte, sondern weil die Erweiterung nicht «angemessen» war (Versechsfachung des Baubestandes von 330 m^2 seit Eintritt des Widerspruches zu den Nutzungsvorschriften).

[54] RB 1974 Nr. 84 verneint Letzteres, allerdings noch nicht in Bezug auf PBG § 357, sondern auf eine kommunale Regelung für industrielle und gewerbliche Betriebe (unbekannt in welcher Gemeinde).

[55] Das ZH-Verwaltungsgericht erklärt im Entscheid vom 17. Mai 1983 (BEZ 1983 Nr. 16), unter Bezugnahme auf Peter Müller, in: ZBl 1983 S. 209, «nicht als ausgeschlossen», dass bei Landwirtschaftsbetrieben auch ein «Neubau» als «Erweiterung» gelten könne. Peter Müller geht bei seiner Aussage jedoch allein davon aus, dass «zwischen einer selbständigen Garage und einer Garagenanbaute kein wesentlicher Unterschied» bestehe. Hier ist der «Neubau» offensichtlich eine kleine Sekundärbaute.

[56] RB 1984 Nr. 78 umfassender in: BEZ 1985 Nr. 4. Fall der Dislokation (Verlegung) oder Dependenz eines als Stall für 40 Mutterschafe verwendeten, abgebrochenen und durch einen unbewilligten Unterstand ersetzten Hühnerhauses eines hauptberuflich als Camioneur, daneben aber auch landwirtschaftlich tätigen Eigentümers eines Bauernhauses in die bzw. in der Wohnzone. Unzulässig.

Das gilt insbesondere im Zusammenhang mit der Beurteilung landwirtschaftlicher Bauvorhaben[57, 58].

β) Zu den Erweiterungen gehörten zwar kaum die nichteingreifenden Bewerbsänderungen, wohl aber – eingreifende – bewerbsmässige Vorkehrungen (Rz 305) wie die Bewerbsausweitung (Rz 307). Gleiches gilt m.E. sodann für die Bewerbsintensivierung (Rz 307); auch dies ist eine Art «Erweiterung», und zwar an Ort und Stelle. Ich rechne sodann die Bewerbsauswechslung (Rz 307) zur «Erweiterung», wenn zwischen dem Vor- und Nachher-Zustand kein grosser, «leerer» zeitlicher Zwischenraum liegt (Rz 315), und zwar fürs Erste einmal gleichgültig, ob eine vorschriftsgemässe zu einer ebenfalls vorschriftsgemässen, eine vorschriftsgemässe zu einer vorschriftswidrigen, eine vorschriftswidrige zu einer vorschriftsgemässen oder eine vorschriftswidrige zu einer ebenfalls vorschriftswidrigen Bewerbung hinübergeführt werde. Aus der Sicht des oder der Bewerbsträger erfolgt die Bewerbsauswechslung ja immer allein deshalb, weil erwartet wird, daraus ergebe sich ein «Mehr». Das sind alles bewerbsmässige Änderungen, «Zweckänderungen» nach vorherrschender Terminologie. Die durchgängige Auffassung der Bewerbsauswechslung als «Erweiterung» entsprach zwar nicht der seinerzeitigen Praxis des Verwaltungsgerichtes; sie lässt sich aber wohl vertreten.

1534

c) Zum Wiederbau eines nicht standortgebundenen Gebäudes ausserhalb der Bauzone nach einem freiwilligen Abbruch einerseits und nach Zerstörung durch Elementarereignisse anderseits, zum Verwaltungsgerichtsentscheid hiezu in RB 1981 Nr. 115 f (BEZ 1981 Nr. 30, ZBl 1982 S. 134), zu der hiedurch ausgelösten kantonsrätlichen Motion Nr. 2036 und der regierungsrätlichen EV/RPG § 2 II sowie zur Einfügung eines neuen dritten Absatzes in PBG § 357 im Jahre 1984 siehe Rz 1595 f, 2493 f, 2520 f.

1534a

5. Zum Erfordernis «auf Veranlassung des Eigentümers»

Im Text selbst findet sich kein Hinweis darauf, ob PBG § 357 II in der Fassung von 1975 nur auf «Umbauten und ... Erweiterungen» anwendbar sei, welche der Eigentümer bzw. Bewerbsträger selbst beabsichtigt hat oder auch solche, von welchen das Gemeinwesen der Auslöser ist. Dass Ersteres gilt, ergibt sich jedoch klar aus dem Randtitel zu dieser Vorschrift: «D. Änderungen an vorschriftswidrigen Bauten und Anlagen/I. Auf Veranlassung des Eigentümers». Rz 1489.

1535

---

[57] Die Praxis zum Begriff der Erweiterung wurde später angerufen, um die Begriffe teilweise Änderung und Wiederaufbau gemäss PBG § 357 III in der Fassung von 1984 bzw. RPG Art. 24 II (1979) zu erläutern. Vgl. den ZH-Verwaltungsgerichtsentscheid vom 21. März 1989, in: BEZ 1989 Nr. 10 (RB 1989 Nr. 60, bloss Leitsatz).

[58] Die Baurekurskommission I versuchte in BEZ 1980 Nr. 9 dem Erweiterungsbegriff damit feste Konturen zu geben, dass sie nicht auf die «mittels bestandesgeschützter Einrichtungen ausgeübten Tätigkeiten», sondern auf den «Betrieb als wirtschaftliche Einheit» abstellte und dabei berücksichtigte, ob in einem Gebäude bisher nur ein einziger, zwei oder mehr Betriebe ansässig waren. Die inflationäre Bezugnahme auf die «Besitzstands-» und «Bestandesgarantie» in diesem Entscheid deutet daraufhin, dass der Versuch gescheitert ist. Rz 4521.

6. Zum Erfordernis «kein Entgegenstehen überwiegender öffentlicher Interessen»

1536 a) Dieser Ausdruck ist mehr oder weniger gleichbedeutend mit «(überwiegende) öffentliche Interessen nicht verletzen» oder ihnen «nicht widersprechen». Rz 1504 f.

1537 b) Die hier anvisierten öffentlichen Interessen sind wohl mehr oder weniger die gleichen wie die im ersten Absatz von PBG § 357 in der Fassung von 1975 gemeinten (Rz 1505).

1538 c) Die öffentlichen Interessen einer bestimmten Art (zB Erhaltung des Ortsbildes), allenfalls überwiegende Interessen, sind wohl entweder wiederum öffentliche, aber gegenläufige, zB Förderung des Wohnungsbaues, oder gegenläufige private Interessen, zB Erstellung eines rentablen Miethauses.

1539 d) Zur dreifachen Bedeutung des Begriffes der überwiegenden öffentlichen Interessen (Singular, Bestandteil einer Summe, Überschuss einer Summe über eine Summe mit gegenteiligem Vorzeichen) wird auf Rz 897 verwiesen.

1540 e) Das Erfordernis des Fehlens des Entgegenstehens überwiegender öffentlicher Interesse ist ungefähr das gleiche Erfordernis, welches nach RPG Art. 24 I lit. b in der Fassung von 1979 (Rz 3786) die Voraussetzung dafür ist, dass man Bauten und Anlagen, deren Zweck einen Standort ausserhalb der Bauzone erfordert, erstellen oder ändern darf. Dabei galt PBG § 357 II (wie auch der erste Absatz; Rz 1504 f) in der Fassung von 1975 (Rz 1540) zuerst sowohl in den Bauzonen als auch ausserhalb davon, bis dann das Bundesgericht, nach Inkrafttreten des RPG, das Ungenügen dieser Regelung für das Gebiet ausserhalb der Bauzonen feststellte (Rz 3875 f). Von da an galt PBG § 357 II in der Fassung von 1975 nur noch für das Gebiet innerhalb der Bauzonen. Berücksichtigt man diesen Unterschied, so darf ohne weiteres die Praxis im Kanton Zürich zu RPG Art. 24 I lit. b in der Fassung von 1979 für die Auslegung des Erfordernisses des Fehlens des Entgegenstehens überwiegender öffentlicher Interessen in PBG § 357 II in der Fassung von 1975 beigezogen werden.

1541 f) Gemäss PBG § 357 II erster Satz in der Fassung von 1975 genügte es für eine Bewilligung nicht, wenn bloss alternativ entweder keine überwiegenden öffentlichen Interessen entgegenstanden oder Angemessenheit der Erweiterung vorlag. Vielmehr mussten beide Erfordernisse kumulativ erfüllt sein[59]. Es war allerdings generell leichter zu sagen als im Einzelfall anzugeben, was noch zusätzlich nachgewiesen werden müsse, wenn erst keine überwiegenden öffentlichen Interessen entgegenstehen bzw. erst die Angemessenheit der Erweiterung vorlag.

1542 g) Was in Rz 1490 f und 1504 f bezüglich der Auslegung des Passus «kein Eintritt einer weiteren Verschlechterung» und «keine Verletzung eines anderen öffentlichen Interesses» im Verhältnis zur Ordnung von 1943 gesagt wurde, gilt auch für die Auslegung

---

[59] So ausdrücklich das ZH-Verwaltungsgericht in einem Entscheid vom 6. Juni 1989 (RB 1980 Nr. 135).

des Passus «kein Entgegenstehen überwiegender öffentlicher Interessen» in diesem Verhältnis.

Kasuistik:
– Ein Entgegenstehen überwiegender öffentlicher Interessen war wohl (auch) anzunehmen im Fall, welcher RB 1982 Nr. 128 zugrundelag (Altstoffhandel- und -lagerbetrieb)[60].
– Im nicht wiedergegebenen Teil des in RB 1989 Nr. 78 publizierten Entscheides vom 28. August 1989 verweigerte das ZH-Verwaltungsgericht die vorgesehene Vorkehrung, weil in «der Stadt Zürich angesichts der notorischen Wohnungsknappheit ein eminentes Interesse an der Einhaltung des Wohnanteilplanes» bestand[61]. Hier hätte ein bisher hauptsächlich als Kellerei beworbenes, den Wohnanteilplan nicht einhaltendes Gebäude in ein religiöses Kulturzentrum übergeführt werden sollen. Dass im Gebäude nur unter gleichzeitiger Vornahme erheblicher baulicher Änderungen hätten Wohnungen eingebaut werden können, wurde als unwesentlich angesehen (Rz 1659 f).
– Gemäss Baurekurskommission I (BEZ 1988 Nr. 41) standen der Umwandlung einer Wohnung im sechsten Geschoss eines schon den Wohnanteil nicht einhaltenden Gebäudes mit einer Bank in Büros (am Kreuzplatz, Forch-/Apollostrasse, in Zürich 8) trotz starker Lärmbelastung der Wohnung überwiegende öffentliche Interessen entgegen. Die Baurekurskommission bemerkte: «Ein überwiegendes privates Interesse könnte nur dann angenommen werden, wenn die Verweigerung der Nutzungsänderung eine Gefährdung der wirtschaftlichen Existenz oder den Verlust von einer erheblichen Zahl von Arbeitsplätzen mit sich bringen würde, was indessen von der Rekurrentin nicht geltend gemacht wird und angesichts der Art des Unternehmens – Filiale einer Grossbank – auch nicht ersichtlich ist.»

7. Zur Angemessenheit der Erweiterungen

a) Dem Begriff der Angemessenheit sind zwei gegenläufige Funktionen eigen: Entweder wird damit etwas über einem Durchschnitt Liegendes verlangt oder aber es wird damit gerade umgekehrt ein Zurückbleiben darunter hingenommen[62].   1543

b) Hievon abgesehen kommen zwei bezugspunktmässig verschiedene Gesichtspunkte für die Bestimmung der Angemessenheit in Betracht. Geht es hier eher um ein dimensionales Verhältnis zwischen der Kubatur vorher und nachher? Oder eher um die persönlichen Verhältnisse des Eigentümers bzw. Bewerbträgers? Nach allgemeinen baurechtlichen Grundsätzen müsste man eigentlich Ersteres annehmen. Dann wäre die zulässige   1544

---

[60] Siehe auch die Ausführungen zum Erfordernis «Angemessenheit der Erweiterung» in Rz 1543 f.
[61] Schon zuvor wurde von der Baurekurskommission I der Nutzungsvorschriftencharakter des Wohnanteiles in BEZ 1988 Nr. 41 ohne weiteres bejaht.
[62] Siehe auch den Entscheid der Baurekurskommission IV, in: BEZ 1987 Nr. 17. In RB 1974 Nr. 84 (bezogen auf eine Bauordnungsvorschrift) wurde gesagt: «Angemessen ist eine Erweiterung, die sich im Vergleich zum Gewerbebetrieb im Zeitpunkt des Inkrafttretens der Bauordnung nicht als übermässig erweist; einem zonenwidrigen Gewerbebetrieb sind insofern Schranken gesetzt. Diese Auslegung vermag das Überwuchern von alten privilegierten Gewerbebetrieben in Wohnzonen einzudämmen und eine Verteilung des Zonenzwecks zu vermeiden.» (typischer Zirkelschluss). Dieser Entscheid kommt auch in Rz 1048 mit FN 9a zur Sprache.

Erweiterung entweder als eine absolute, fix formulierte Vergrösserung gegenüber der bisherigen Gebäudehöhe, Geschosszahl, den bisherigen Abständen bzw. Verhältnissen zwischen überbauter Fläche, Geschossfläche, Baukubatur oder Freifläche zur Parzellenfläche festgelegt. Oder aber die zulässige Erweiterung wäre als eine relative, proportional formulierte Vergrösserung gegenüber der bisherigen Dimension festgelegt. Im letzteren Fall könnten grosse Gebäude bzw. ausgedehnte Bewerbungen mehr erweitert werden als kleine.

1545 c) Das ZH-Verwaltungsgericht erklärte in RB 1980 Nr. 136:

> «Da PBG § 357 Abs. 2 eine solche Erweiterung und die Umbaute auf die gleiche Stufe stellt, muss die Erweiterung an der Flächenausdehnung bzw. am Volumen der bisherigen Baute gemessen werden.»

Das bedeutet wohl: Weil für die Umbauten und die Erweiterung das gleiche Erfordernis des Nicht-Entgegenstehens überwiegender öffentlicher Interessen gilt und bei Umbauten begrifflich überhaupt keine Vergrösserung der überbauten Fläche bzw. des Bauvolumens vorkommt, bei radikalen Eingriffen innerhalb des gleichen Volumens jedoch keine Umbaute mehr, sondern eine das Neubautenrecht zum Zuge bringende Umgestaltung vorliegt, muss es sich bei der Erweiterung für das Vorliegen von Angemessenheit um eine verhältnismässig geringfügige Vergrösserung der überbauten Fläche bzw. des überbauten Bauvolumens handeln.

1546 Kasuistik:
– Das ZH-Verwaltungsgericht qualifizierte in RB 1980 Nr. 136 die Erstellung eines Garderobegebäudes mit einer Grundfläche von 100 m² neben einem bereits bestehenden Garderobegebäude mit einer solchen von bloss 27 m², wobei beide Gebäude mit einem gedeckten Vorplatz verbunden werden sollten, als nicht mehr angemessene Erweiterung[63].
– In einem von der Baurekurskommission II beurteilten Fall (BEZ 1981 Nr. 22) handelte es sich um den Anbau einer Remise mit einem Volumen von 440 m³ an ein bestehendes Gebäude mit einem solchen von 1'600 m³. Hier gelte die Vergrösserungsmöglichkeit von maximal 25% gemäss der Allgemeinen Gewässerschutzverordnung nicht. Trotzdem sei «eine strenge Praxis» gerechtfertigt. Begründet wird dies mit der Rechtsgleichheit. Die Erweiterung wurde gleichwohl als angemessen beurteilt. Auch diesem Text ist nicht zu entnehmen, was für einer Vorschrift das bereits bestehende Gebäude widersprach.
– Das ZH-Verwaltungsgericht erklärte in RB 1982 Nr. 128 (BEZ 1983 Nr. 4)[64] sodann: Was als angemessene Erweiterung zu gelten habe, könne entsprechend dem zu lösenden Konflikt (Interessen der Bauherrschaft, des Nachbarn und der Öffentlichkeit) «nicht nach schematischen Formeln (wie zB der Viertelregelung des Gewässerschutzgesetzes

---

[63] RB 1980 Nr. 136. Dabei liess das ZH-Verwaltungsgericht die Frage offen, ob es sich hier überhaupt um eine «Erweiterung» oder eher um einen Neubau (nach der Terminologie von Rz 206 um einen Anschlussbau als relativen Neubau) handelte. Dem Text lässt sich auch nicht entnehmen, was für einer Vorschriftenkategorie das bereits bestehende Gebäude widersprach.

[64] RB 1982 Nr. 128 = BEZ 1983 Nr. 4. Im gleichen Sinne äusserte sich das ZH-Verwaltungsgericht auch in BEZ 1985 Nr. 4. FN 56.

von 1979) entschieden werden». Eine obere Grenze ergebe sich indessen «aus der allgemeinen Überlegung, dass Erweiterung nur sein kann, was sich dem Bestehenden unterordnet, und zwar sowohl baulich als auch funktionell»; in diesem Rahmen seien «die konkrete Beeinträchtigung der geltenden Nutzungsordnung, die betrieblichen Bedürfnisse des Bauherrn, die Interessen der Nachbarn und eine mit der Erweiterung erzielbare Verminderung der Immissionen zu würdigen»[65, 66].

— In einem Entscheid vom 17. Mai 1983 (BEZ 1983 Nr. 16) hob zwar das ZH-Verwaltungsgericht die Baubewilligung für die Erstellung eines Stalles für 15 Kühe, drei Rinder und sechs Kälber mit Heustock und Silo in einer Wohnzone nur etwa 15 m von einem Wohnhaus entfernt auf, weil sich hieraus für den Nachbarn eine nicht hinzunehmende erhebliche Beeinträchtigung ergeben hätte. Gleichzeitig erklärte es aber, es sei dem Bauherrn «anheimgestellt, … die Störung durch bauliche und betriebliche Massnahmen so zu verringern, dass die Wohnnutzung des Nachbargrundstückes im Rahmen von PBG § 226 gewährleistet bleibt»[67].

d) Bei der Abklärung, ob eine Erweiterung angemessen sei oder nicht, stellt sich wie bei Änderungen überhaupt (Rz 188) oft die Frage, in Bezug auf welchen Zustand das Vorliegen einer solchen Erweiterung zu beurteilen sei. In Betracht kommen: 1547

— Zustand im Zeitpunkt des Vorschriftswidrigwerdens (also im Zeitpunkt des Inkrafttretens der die Vorschriftswidrigkeit bewirkenden Vorschrift);
— Zustand im Zeitpunkt der Einreichung oder Beurteilung des Gesuches für die Erweiterung;
— letzter bewilligter Zustand;
— bei schon sehr lange vorhandenen Zuständen, zB seit zehn Jahren.

Das ZH-Verwaltungsgericht sprach sich im Entscheid vom 25. November 1982[68] für die erstgenannte Möglichkeit als Fixpunkt aus, weil sonst etappenweise eine unbeschränkte Vergrösserung möglich wäre. Die «schleichende» Vergrösserung bestehender Betriebe 1548

---

[65] Die Bemerkung von Walter Vollenweider in der kantonsrätlichen Kommission, Sitzung vom 31. Mai 1974, die seit 1959 existierende Formel «angemessene Erweiterung» habe (bis 1974) «noch kaum zu grundlegenden Diskussionen geführt», war wohl etwas zu stark von Zweckoptimismus geprägt.
[66] Der Schluss dieses Passus deutet auf eine Anerkennung der Kompensierbarkeit von Verschlechterungen und Verbesserungen hin. Der ganze Abschnitt stellt eine Verschmelzung des Erfordernisses der Angemessenheit der Erweiterung mit demjenigen des Nichtentgegenstehens überwiegender öffentlicher Interessen dar. Das ZH-Verwaltungsgericht begründet im Übrigen seinen Entscheid ausser mit dem «Interesse der Eigentümer und der Allgemeinheit» an der Erhaltung der «in solchen Unternehmen verkörperten volkswirtschaftlichen Werte», dem «planerischen Interesse am möglichst raschen und umfassenden Wirksamwerden des neuen Rechtes» und dem Interesse der Nachbarn «an einer ungestörten zonengemässen Nutzung ihrer eigenen Grundstücke» primär aber mit einer Bezugnahme auf die «über die blosse Erhaltung des Bestehenden … hinaus(gehende), auch eine massvolle Erweiterung (garantierende) Besitzstandsgarantie». Dass Letzteres unbehelflich ist, wird in Rz 4496 ff dargelegt.
[67] Es ist unklar, was für einen «Neubau» das Verwaltungsgericht hiemit konkret meinte. Zur Bedeutung von PBG § 226 seit Inkrafttreten des UWG siehe Rz 1897 f.
[68] RB 1982 Nr. 128, verkürzt in: BEZ 1983 Nr. 4.

wurde schon in der vorberatenden kantonsrätlichen Kommission als ein schwer zu lösendes Problem erkannt[69].

1549 Wo es um die «Erweiterung» gegenüber einem eigenmächtig herbeigeführten Zustand/ Geschehen geht, bemisst sich der Umfang der «Erweiterung» unter Annahme des Nichtvorhandenseins der Eigenmächtigkeit; man geht also gewissermassen von null aus, es wäre denn, es liege noch weiter zurück Rechtmässigkeit vor; dann ist hievon auszugehen. Wo vom Stadium null auszugehen ist, spricht man allerdings besser nicht von Erweiterung, sondern von (sekundärem oder primärem) Neubau bzw. Bewerbaufnehmen[70].

1550 e) Ebenfalls im Entscheid vom 25. November 1982 betonte das ZH-Verwaltungsgericht[71], dass bei der Anwendung von PBG § 357 II in der Fassung von 1975 «strenge Anforderungen zu stellen» seien, «da zonenfremde Bauten und Betriebe durch ihren Weiterbestand und ihre Entwicklung die planerische Ordnung durchbrechen». Bezüglich der Immissionenregelung trifft dies voll zu, jedoch nur beschränkt bezüglich der Massvorschriften (Rz 395 f).

1551 f) Was in Rz 1512 f bezüglich der Auslegung des Passus «kein Eintritt einer weiteren Verschlechterung» im Verhältnis zur Ordnung von 1943 gesagt wurde, gilt auch für die Auslegung des Passus «keine Angemessenheit der Erweiterung».

8. Zu «gestattet sein»

1552 Dieses Passus ist, wie derjenige im ersten Absatz (Rz 1508), als ein «nur gestattet sein» zu verstehen. Er ist Ausdruck von teils Verbot, teils Erlaubnis. Es handelte sich um eine Muss-Vorschrift, wenn auch eine solche mit sehr unbestimmten Regelungselementen.

9. Zu den weiteren Gesichtspunkten

a) Zum Verhältnis der Erfordernisse von PBG § 357 II erster Satz (1975) zu altBauG § 116 I und II sowie zu PBG § 357 II zweiter Satz (1975)

1553 α) Die Gründe dafür, weshalb PBG § 357 II erster Satz (1975) für den Bauaktiven günstiger sein muss als altBauG § 116 I und II, sind in Rz 1512 f dargelegt.

1554 β) M.E. kann man davon ausgehen, dass bei Zulassung von etwas dem überwiegenden öffentlichen Interessen entgegenstehendem oder von etwa, das nicht angemessen ist (vgl. Abs. II erster Satz), meistens auch eine weitere Verschlechterung eintritt oder ein anderes öffentliches Interesse verletzt wird (Abs. I). Und umgekehrt: Wenn eine Zulassung zu einer weiteren Verschlechterung führt oder andere öffentliche Interessen verletzt werden, dann stehen dem auch überwiegende öffentliche Interessen entgegen oder es

---

[69] Protokoll der Sitzung vom 31. Mai 1974, Votum von Kantonsrat Eugen Spühler, S. 248. Erwähnt wurde eine Samenhandlung im übrigen Gemeindegebiet, welcher ein Silo zugefügt werden sollte. Letzteres war seit 1984 aber ein Fall von PBG § 357 III in der Fassung von 1984 und des zweiten Absatzes in der Fassung von 1991 sowie von RPG Art. 24 II.
[70] Siehe den in FN 56 erörterten Schafstall-Fall.
[71] RB 1982 Nr. 128 = BEZ 1983 Nr. 4.

liegt Unangemessenheit einer Erweiterung vor. Damit wurde der Mangel der Ununterscheidbarkeit von «Bau-» und «Nutzungsvorschriften» weitgehend neutralisiert (Rz 1474).

γ)   Zum Verhältnis von PBG § 357 II erster Satz zu PBG § 357 II zweiter Satz siehe Rz 1585.   **1555**

δ)   Wenn ein Baugesuch gemäss PBG § 357 II erster Satz (1975) verweigert wurde, dann war dies wohl selten wegen der Bejahung des Entgegenstehens überwiegender öffentlicher Interessen, sondern wegen des Nichterfülltseins des anderen Erfordernisses, desjenigen der Angemessenheit der Erweiterung[72]. Wenn es jedoch zu einer Bewilligung kam, dann war dies selten wegen der Verneinung des Entgegenstehens überwiegender öffentlicher Interessen, sondern meistens wegen der Betonung der Kleinheit der Erweiterung und der Angemessenheit.   **1556**

b)   Zur Ausschaltung des Neubautenrechtes und zum Verhältnis zu Letzterem

Hier ist aus den in Rz 1515 angeführten Gründen davon auszugehen, dass als einzige Erfordernisse der Zulassung gelten: «kein Entgegenstehen überwiegender öffentlicher Interessen» sowie «Angemessenheit einer (allfälligen) Erweiterung». Das bedeutet die grundsätzliche Ausgeschlossenheit des Neubautenrechtes. Weitere Erörterungen hiezu werden in Rz 1679 f gemacht.   **1558**

c)   Zum Verhältnis von Global- zu Sektoralregelungen

Bezüglich des Verhältnisses zwischen PBG § 357 II erster Satz in der Fassung von 1975 und den Sektoralregelungen des PBG sowie weiteren Regelungen gilt das in Rz 801 f, 1517 bezüglich PBG § 357 I in der Fassung von 1975 Gesagte analog.   **1559**

d)   Zur Nichtaktualität von Ausnahmebewilligungen

Dispensabilität kam m.E. aus den gleichen Gründen wie bezüglich des ersten Absatzes von PBG § 357 in der Fassung von 1975, in Rz 586 und 1518 dargelegt, ebenfalls nicht systematisch aber praktisch, nicht in Betracht[73, 74].   **1560**

e)   Zur Legiferierungskompetenz der Gemeinden bezüglich PBG § 357 II erster Satz (1975)

Das in Rz 635 f und 1519 Gesagte gilt hier ebenfalls.   **1561**

---

[72] RB 1980 Nr. 136.
[73] Kantonsrat Rudolf Friedrich bemerkte allerdings in der vorberatenden Kommission (Protokoll der Sitzung vom 31. Mai 1974, S. 248) hiezu: «Bei Abwägung der Interessen wird man realistischerweise mit Ausnahmebewilligungen rechnen müssen.»
[74] In RB 1984 Nr. 78 (BEZ 1985 Nr. 4, siehe FN 56) erklärte das ZH-Verwaltungsgericht «PBG § 357 II als spezielle ‹Ausnahme›-Vorschrift für nachträglich zonenwidrig gewordene Bauten und Anlagen geht (der) allgemeinen Ausnahmebestimmung (PBG § 220) vor.»

f) Nichtanwendbarkeit auf Gebäude und Bewerbungen, welche den Nutzungsvorschriften entsprechen.

1562 Hiezu wird auf Rz 4323 verwiesen.

C. Zum zweiten Absatz, zweiter Satz von PBG § 357 in der Fassung von 1975

1. Zum räumlichen und zeitlichen Geltungsbereich

1563 Das in Rz 1471 Gesagte gilt auch hier.

2. Zu den «bestehenden Betrieben»

1564 a) Unter dem Wort «Betrieb» ist hier etwa dasselbe zu verstehen wie in Rz 282: eine organisatorisch-unternehmerische Einheit von Bewerbungen zu Erwerbszwecken, unabhängig davon, ob es hier um den primären, den sekundären oder den tertiären Wirtschaftszweig geht[75]. Es gibt selbstverständlich Unterscheidungsschwierigkeiten zwischen Betrieben und Nichtbetrieben[76]. Bewerb ist Nutzung im Sinne des PBG. Ein Betrieb ohne
1565 Gebäude ist zwar denkbar, in unsern Breitengraden werden jedoch, mit Ausnahme der Land- und Forstwirtschaft, praktisch alle Betriebe in Gebäuden ausgeübt. Deshalb regelt der zweite Satz des zweiten Absatzes von PBG § 357 in der Fassung von 1975 an sich einen Wirklichkeitsausschnitt (Vorher-Zustand/Stamm), welcher meistens auch vom ersten Absatz erfasst ist. Damit stellt sich die Frage nach dem Verhältnis der verschiedenen Anforderungen zueinander. Rz 1585.
1566 Das ZH-Verwaltungsgericht sah in landwirtschaftlichen Betrieben insoweit eine Besonderheit, als sie diese «oft aus ganzen Liegenschaftenkomplexen bestehen, deren einzelne Bauten und Anlagen durch den Betriebsablauf funktionell miteinander verbunden sind».

1567 b) Nicht bestehende Betriebe können weder umgebaut noch erweitert werden. Wenn trotzdem von «bestehenden Betrieben» die Rede war, so kam es hiezu einfach deshalb, weil eine erste Fassung nur «gewerbliche Betriebe» erwähnt hatte. Daher wurde die Befürchtung geäussert, das könnte zu Unrecht als ein Gegensatz zu «industriellen Betrieben» aufgefasst werden. Hierauf wollte man offenbar nicht einfach das Wort «gewerblich» streichen, weshalb das allgemeinere Wort «bestehende» an seine Stelle gesetzt wurde[77]. Es ging hier selbstverständlich sowohl um gewerbliche als auch um industrielle – sowie landwirtschaftliche – Betriebe.

---

[75] Im Entscheid in FN 56 und 74 hätte die Auseinandersetzung knapper ausfallen können, wenn nicht das Stall-Präjudiz vom 17. Mai 1983 (Rz 1546) vorausgegangen wäre.
[76] Hierauf wurde in dem in FN 56 und 74 zitierten Entscheid hingewiesen.
[77] Protokoll der Kommission, Sitzung vom 31. Mai 1974, S. 248; Votum von Kantonsrat Rudolf Friedrich.

3. Zu den «den zonenbedingten Immissionsvorschriften widersprechenden» Betrieben

Sicher ist hier Folgendes:

a) Der Passus «den zonenbedingten Immisionsvorschriften widersprechend» ist mehr oder weniger gleichbedeutend mit diese Vorschriften «verletzen» oder ihnen «entgegenstehen». Rz 1474.   1568

b) Die Immissionsvorschriften sind nach der Terminologie des PBG wohl als eine besondere Art von «Nutzungsvorschriften», nicht als eine neben den «Bau-» und «Nutzungsvorschriften» stehende dritte Kategorie zu verstehen. Man beachte, dass der erste und zweite Satz des zweiten Absatzes von PBG § 357 in der Fassung von 1975 nur durch einen Strichpunkt voneinander getrennt waren.   1569

c) Das Wort «zonenbedingt» wurde wohl nur eingeführt, weil es in der Kategorie der «Nutzungsvorschriften» auch andere «Immissionsvorschriften» gibt als die «allgemeinen Schranken der Eigentums- und Besitzesausübung». Gedacht wurde in der vorberatenden kantonsrätlichen Kommission an die durch eine abstrakte Kategorienbildung charakterisierten planungs- oder zonenrechtlichen, nicht polizeirechtlichen Immissionsvorschriften (Rz 504). Bei Widersprüchen nur zu den planungs- oder zonenrechtlichen Immissionsvorschriften sollte eine Erlaubnis gemäss PBG § 357 II erster Satz auch in Betracht kommen. Das auszudrücken, war der Zweck von PBG § 357 II zweiter Satz.   1570

d) Die die Rechtsfolge gemäss diesem Vorschriftenteil auslösenden widersprochenen «Vorschriften» waren nicht dieselben wie diejenigen, welchen die Betriebe dann «unterstehen».   1571

e) Der Grund für diese, erst in den parlamentarischen Beratungen in das PBG aufgenommene, schwer verständliche Regelung war der Folgende[78]: Vertreter des Gewerbes und der Industrie befürchteten, dass die Regelungen zum Schutz des Wohnens in den Wohnzonen vor Immissionen aus den Industrie- und Gewerbezonen (PBG § 57), die Regelung für die Landwirtschafts-, Freihalte- und Reservezonen (PBG §§ 37, 40, 62 und 65) sowie die bereits erwähnte abstrakte Kategorienbildung für die Beurteilung der Zulässigkeit von Betrieben in Zonen mit Immissionsbeschränkungen[79] zu harten Einschränkungen für ansässige Betriebe, ja sogar deren Schliessung führen könnten. Mit der Formulierung des zweiten Satzes von Abs. II von PBG § 357 in der Fassung von 1975 wurde dieser Gefahr entgegengewirkt[80].   1572

---

[78] Vgl. das Protokoll der vorberatenden Kommission, Sitzung vom 31. Mai 1974, S. 248 f sowie vom 11. Juni 1974, S. 500 f sowie die detaillierten Ausführungen im Entscheid der Baurekurskommission IV, BEZ 1987 Nr. 17.

[79] Hienach konnten Betriebe, unabhängig vom in concreto tatsächlich zu erwartenden Störungspotential in die typisierten Kategorien nicht/nur leicht/mässig/stark störende Betriebe eingeteilt und entsprechend zugelassen oder verweigert werden. Rz 504 f. Vgl. RB 1982 Nr. 127 = BEZ 1983 Nr. 3.

[80] RB 1982 Nr. 127 (BEZ 1983 Nr. 3) sowie ZH-Verwaltungsgerichtsentscheid vom 17. Mai 1983, in: BEZ 1983 Nr. 16.

1573 f) Gemäss Entscheid der Baurekurskommission IV[81] befreite § 357 II zweiter Satz PBG die Betriebe gemäss Rz 1565 bei Um-, Auf-, An- und Subbauten sowie eingreifenden bewerbsmässigen Änderungen (mit Intensivierung, Ausweitung und Auswechselung) keineswegs von der Erfüllung der Erfordernisse «kein Entgegenstehen überwiegender öffentlicher Interessen» und «Angemessenheit einer Erweiterung». Diese waren – mit Ausnahme der in den planungsrechtlichen Immissionsvorschriften mit abstrakter Kategorienbildung (Rz 504 f) zum Ausdruck gelangenden Konzeption – bei solchen Massnahmen auch von Betrieben einzuhalten. Dass bei diesem Sachverhalt das Wort «lediglich» schlecht gewählt war, liegt auf der Hand.

1574 g) Als den zonenbedingten Immissionsvorschriften widersprechende Betriebe kamen in Betracht:

– der in Rz 1529 erwähnte Altmateriallager -und -handelsbetrieb in einer Wohn- und Gewerbezone[82];
– der in Rz 1546 mit FN 67 erwähnte Landwirtschaftsbetrieb in einer Wohnzone[83];
– Schreinerei in einer Wohnzone[84];
– ein Gastwirtschaftsbetrieb in einer ruhigen Wohnzone[85].

4. Zu «den Vorschriften über die allgemeinen Schranken der Eigentums- und Besitzesausübung»

1575 a) Dieser Passus ist gleichbedeutend mit: Es sind nur (aber immerhin) die Vorschriften über die allgemeinen Schranken der Eigentums- und Besitzesausübung einzuhalten; oder: Diese Vorschriften dürfen nicht «verletzt» werden, dürfen «nicht entgegenstehen».

1576 b) Doch was war unter diesen Schranken zu verstehen? Es war dies nach der Baurekurskommission IV der Verweis auf den das öffentlichrechtliche Pendant zu ZGB Art. 684 bildenden PBG § 226 (Pflicht zur Geringhaltung von Immissionen allgemein, Rz 1868 f), m.E. aber wohl auch noch auf PBG § 227 (Unzulässigkeit von zusätzlichen unzumutbaren Schwertransporten durch Wohngebiete) und PBG § 228 II (Unterhaltspflicht, Rz 1899 f), ferner auf die allerdings erst seit dem 1. Januar 1985 geltende Umweltschutzgesetzgebung (Rz 4081 f, ferner 1581).

1577 c) Dabei ist zu beachten, dass dem PBG § 226 seit der mit BGE 114 I b 214, 219 ff (Bassersdorf-ZH, betr. Betonaufbereitungsanlage Toggenburger AG) inaugurierten Rechtssprechung zur Umweltschutzgesetzgebung keine selbständige Regelungskraft bezüglich

---

[81] BEZ 1987 Nr. 17.
[82] RB 1982 Nr. 128 (BEZ 1983 Nr. 4).
[83] Entscheid des ZH-Verwaltungsgerichtes vom 17. Mai 1983 (BEZ 1983 Nr. 16).
[84] Entscheid der Baurekurskommission IV in: BEZ 1987 Nr. 17.
[85] RB 1988 Nr. 85. Das ZH-Verwaltungsgericht stellte hier auch klar, dass bei Umbau und Erweiterung von Gastwirtschaftsbetrieben die Baurekurskommission und es selbst über die Anwendung von PBG § 357 II (wie auch dessen Abs. I) in der Fassung von 1975 (inklusive PBG § 226; Rz 1868 f) befinden, obwohl bezüglich Immissionen bei Gastwirtschaftsbetrieben sonst die Finanzdirektion zuständig ist (Rz 3185).

Immissionen mehr zukommt; jetzt läuft alles, was nicht ortsbaulich bedingt ist, über das USG (Rz 1897 f, 4081 f). Die generelle Polizeiklausel wirkt ebenfalls als Schranke.

d) Bei wortwörtlicher Beschränkung der «Unterstellung» «lediglich» auf diese Regelungen hätten die von PBG § 357 II zweiter Satzteil in der Fassung von 1975 profitierenden Betriebe offensichtlich allzu frei schalten und walten können. Das wäre für sie eine Art Freipass zurück in Verhältnisse vor dem Ersten Weltkrieg gewesen, auch wenn man sich den privatrechtlichen ZGB Art. 684 noch öffentlichrechtlich verdoppelt vorstellen konnte. Es hätte sich hier um eine Regelung gehandelt, welche eine extrem weitgehende Lockerung gegenüber dem für Neubauten bzw. Erstbewerbungen geltenden Regime herbeigeführt hätte.

Wenn die Erfordernisse von PBG § 357 II erster Satz in der Fassung von 1975, nämlich «kein Entgegenstehen überwiegender öffentlicher Interessen» und «Angemessenheit einer Erweiterung», hier nicht gegolten hätten, dann wäre es praktisch zu einer baurechtsfreien Ordnung gekommen; es hätte dann für diese Betriebe eigentlich nur noch das gegolten, was schon vor Jahrzehnten gegolten hat: die allgemeinen Schranken der Eigentums- und Besitzesausübung. Ein solcher Rückfall in baurechtliche Urzeiten konnte aber im Jahre 1975 kaum mehr beabsichtigt sein.

1578

e) Es war deshalb richtig, dass die Baurekurskommission IV trotz des Wortes «lediglich» und entgegen der Auffassung der örtlichen Baubehörde erklärte, die im ersten Satzteil aufgeführten Erfordernisse des «Nichtentgegenstehens überwiegender öffentlicher Interessen» und der «Angemessenheit von Erweiterungen» gälten für Vorkehrungen von bestehenden gewerblichen Betrieben ebenfalls[86].

1579

f) Zudem betonte das ZH-Verwaltungsgericht im Entscheid vom 17. Mai 1983[87], dass dem PBG § 226 bei Anwendung «gestützt» auf PBG § 357 II zweiter Satz in der Fassung von 1975 eine «andere Tragweite» zukomme als sonst. Diese «andere Tragweite» wurde offenbar darin gesehen, dass die Bewilligung gemäss PBG § 226 (Rz 1868 ff) nicht mit Bedingungen und Auflagen erteilt werden durften, sondern verweigert werden musste, wenn die vorgesehene Änderung voraussichtlich zu einer übermässigen Störung führt.

1580

g) Überdies waren bei Umbauten und Erweiterungen von bestehenden Betrieben auch PBG § 101 bezüglich Betroffenheit durch Baulinien (Rz 1751 f) und PBG § 242 f bezüglich prekäre Parkierungsverhältnisse (Rz 2112 f) zu beachten.

1581

h) Trotz diesen Präzisierungen traf es aber kaum zu, wenn die Baurekurskommission IV im Entscheid BEZ 1986 Nr. 17 erklärte, PBG § 357 II zweiter Satzteil in der Fassung von 1975 sei neben dem ersten Satzteil «gesetzgeberisch nicht nötig» gewesen. Es bestand sehr wohl ein allerdings nur schwer präzisierbarer Unterschied zwischen den Bewerbsmöglichkeiten der Betriebe einerseits sowie demjenigen der übrigen Gebäude

1582

---

[86] BEZ 1986 Nr. 17.
[87] BEZ 1983 Nr. 16. FN 56. Desgleichen: RB 1984 Nr. 78 (umfassender in: BEZ 1985 Nr. 4).

und Bewerbungen anderseits. Ob diese Differenz sachlich gerechtfertigt war, ist allerdings eine andere Frage. Die Privilegierungsabsicht gegenüber den ansässigen Industrie- und Gewerbebetrieben war unverkennbar. Es stimmt allerdings auch, dass es «im Interesse der Eigentümer und der Allgemeinheit (liege), die in zonenwidrig gewordenen Unternehmen verkörperten volkswirtschaftlichen Werte zu erhalten» und dass «der blosse Fortbestand und die blosse Erneuerung von Bestehendem vielfach nicht aus(reicht), sondern ... unter Beachtung entgegenstehender Interessen Anpassungen an zeitgemässe Bedürfnisse in Form von angemessenen baulichen und betrieblichen Erweiterungen erforderlich sein» können. Zudem trifft es zu, dass die Nichtzulassung eines gemäss Kategorienbildung nach Rz 504 in einer Zone unzulässigen, neuen Betriebes ohne entsprechendes Störungspotential weniger hart ist als die Verweigerung einer Erweiterung eines hier bereits vorhandenen solchen Betriebes, welcher schon vor der kritischen Kategorienbildung bestanden hat. Die Anrufung der «Bestandesgarantie» hilft aber in beiden Fällen keinen Schritt weiter (Rz 4486 f).

1583 i)   Es ist mir kein Fall bekannt, in welchem das Fortbestehenlassen bzw. die Weiterausübung sowie Änderungen bei einem «den zonengemässen Immissionsvorschriften» widersprechenden Betrieb rechtskräftig «lediglich (gemäss) den Vorschriften über die allgemeinen Schranken der Eigentums- und Besitzesausübung» beurteilt worden wären. Vgl. den in Rz 1529 erwähnten Altmaterialhandel- und -lagerbetrieb.

5. Zum «lediglich (diesen Vorschriften) unterstehen»

1584 Aus dem hier erwähnten «unterstehen» ergab sich entweder die Erlaubnis oder das Verbot/Gebot der Vorkehrung. Das Wort «lediglich» war irreführend, weil auch bei Betrieben für eine Erlaubnis noch weitere Erfordernisse galten. Rz 1575 f.

6. Zu den weiteren Gesichtspunkten

a) Zum Verhältnis der Erfordernisse von PBG § 357 II zweiter Satz (1975) zu altBauG § 116 I und II

1585 PBG § 357 II zweiter Satz (1975) brachte für Betriebe eine wesentlich freiere Regelung gegenüber derjenigen von altBauG § 116 I und II. Im Übrigen siehe Rz 1512.

b) Zur Ausschaltung des Neubautenrechtes und dem Verhältnis zu Letzterem

1587 Hier ist aus den bereits in Rz 543 f, 1458, 1515, 1558 angeführten Gründen davon auszugehen, dass als einzige Erfordernisse der Zulassung gelten: «kein Entgegenstehen überwiegender öffentlicher Interessen» sowie «Angemessenheit einer (allfälligen) Erweiterung», und zwar zugunsten der Betriebe gelockert (Rz 1575). Das bedeutete die grundsätzliche Ausgeschlossenheit des Neubautenrechtes.

c) Zum Verhältnis von Global- zu Sektoralregelungen

1588 Bezüglich des Verhältnisses zwischen PBG § 357 II zweiter Satz (1975) und den Sektoralregelungen des PBG sowie weiteren Gesetzen gilt das in Rz 801, 1517 und 1559 bezüglich PBG § 357 I und II erster Satz (1975) Gesagte analog.

d) Nichtaktualität der Ausnahmebewilligung

Dispensabilität kam aus den gleichen Gründen wie bezüglich des ersten Absatzes sowie des zweiten Absatzes, erster Satz von PBG § 357 (1975) nicht in Betracht, weil nichts Besonderes verboten oder geboten war. Rz 568, 1518 und 1560. **1589**

e) Zur Legiferierungskompetenz der Gemeinden bei PBG § 357 II zweiter Satz (1975)

Das in Rz 635 f und 1519 Gesagte gilt hier ebenfalls. **1590**

f) Nicht geregelte Situationen

PBG § 357 II zweiter Satz (1975) enthielt, auch bei Ergänzung durch die Erfordernisse des ersten Satzes (Rz 1573), keinerlei Hinweise, wie in folgenden Fällen zu entscheiden war: **1591**

– bestehender Betrieb, welcher zwar den zonenbedingten Immissionsvorschriften entspricht, aber den übrigen Nutzungsvorschriften widerspricht, zB Dienstleistungsbetrieb in Industriezone ohne Zulässigkeit von Dienstleistungsbetrieben;
– bestehender Betrieb, welcher den zonenbedingten Immissionsvorschriften und den restlichen «Nutzungsvorschriften» entspricht, aber den Bauvorschriften widerspricht, zB nicht störender Betrieb in einer Wohnzone ohne Gewerbeverbot, jedoch mit ungenügendem Grenzabstand;
– bestehender Betrieb, welcher den «Bau-» und den «Nutzungsvorschriften» entspricht;
– bei allen nutzungsvorschriftswidrigen Betrieben: die Umgestaltung sowie der Repetier-, Differenzwieder-, Anschluss-, Dependenz- und Dislokationsbau, die Umnutzung, der Wiederbewerb nach langem Leerstehen, die Bewerbsexpansion, der Dependenzbewerb und der Dislokationsbewerb.

D. Zum dritten Absatz von PBG § 357 in der Fassung von 1975

Da dieser Absatz bei der Revision von 1984 (Rz 1595) zum vierten, bei derjenigen von 1991 (Rz 1598 f) wieder zum dritten wurde, ohne dass es dabei zu einer materiellen Modifikation gegenüber der Fassung von 1975 gekommen wäre und sein Inhalt somit auch heute noch gleich gilt, erörtere ich ihn nicht hier, sondern im Rahmen des jetzt geltenden dritten Absatzes von PBG § 357 in der Fassung von 1991 in Rz 1707 f. **1593**

PBG § 357: Zur Revision von 1983

1594 Mit der Annahme des kantonalen Energiegesetzes vom 19. Juni 1983[1] wurde dem PBG § 357 die nachstehende Regelung als vierter Absatz angehängt:

> «Bauvorschriften, die eine zweckmässige Anpassung bestehender Bauten und Anlagen an Vorschriften im überwiegenden öffentlichen Interesse nicht zulassen, können durch Verordnung entsprechend gemildert werden. Nachbarn dürfen nicht unzumutbar benachteiligt werden. Solange keine Verordnung darüber besteht, sind Anpassungen zulässig.»

Da der Absatz heute noch materiell gleich gilt, wenn auch nach Einordnung in den Jahren von 1983 bis 1984 in den vierten Absatz, von da an bis 31. Januar 1992 im fünften Absatz, seither wieder im vierten Absatz, er aber das Thema Änderung von Gebäuden und Bewerbungen nicht global, sondern nur für einen ganz speziellen Sektor regelt, wird er im Weiteren nicht hier, sondern in Rz 2932 f genauer erörtert.

---

[1] OS, Bd. 48, S. 757.

PBG § 357: Zur Revision von 1984

I. Zu § 2 der regierungsrätlichen Einführungsverordnung zum RPG vom 19. Dezember 1979/22. Dezember 1982

In dem eine Auseinandersetzung im Kanton Thurgau (Landschlacht) betreffenden BGE 107 Ib 236 wurde gesagt, dass vor Inkrafttreten des RPG festgesetzte kantonale Regelungen für die Erneuerung, teilweise Änderung und Wiederaufbau nicht ausreichten, um ausserhalb der Bauzonen die Regelung von RPG Art. 24 I für die Erneuerung, teilweise Änderung und den Wiederaufbau von Gebäuden auszuschalten und durch eine kantonale Regelung, welche entweder RPG Art. 24 II entspricht oder strenger ist, zu ersetzen (Rz 3872 ff). Das ZH-Verwaltungsgericht zeigte sich allerdings – zu Recht – von dieser Auffassung nicht überzeugt[2]. Im Kantonsrat wurde mit einer Motion (Nr. 2036) verlangt, die zur Behebung der durch den BGE entstandenen unbefriedigenden Rechtslage nötigen legislativen Schritte einzuleiten. Um schnell eine Regelung im Sinne von RPG Art. 24 II zum Zuge kommen zu lassen, revidierte der ZH-Regierungsrat am 22. Dezember 1982 die gestützt auf die Ermächtigung durch RPG Art. 36 II beschlossene kantonale Einführungsverordnung zum RPG vom 19. Dezember 1979 und setzte in § 2 II eine RPG Art. 24 II inhaltlich übernehmende Ersatzlösung fest[3]. Diese war von Anfang an nur als ein Provisorium gedacht. Sie lautete wie folgt:

> «Ausserhalb der Bauzonen dürfen Bauten und Anlagen, die weder zonengemäss noch standortgebunden sind, erneuert, teilweise geändert oder wieder aufgebaut werden, wenn dies mit den wichtigen Anliegen der Raumplanung vereinbar ist.»

II. Zur Volksinitiative «für eine einfache Planung und weniger Bürokratie» und zur Überführung ins Gesetzesrecht vom 20. Mai 1984

Bereits am 19. Juni 1981 war von Mitgliedern der FDP, SVP, CVP und dem LdU sowie nahestehenden Kreisen die Volksinitiative «für eine einfachere Planung und weniger Bürokratie» eingereicht worden. Obwohl diese Remedur gegenüber der Ordnung gemäss dem PBG von 1975 schaffen wollte, enthielt sie keinerlei Vorschläge zu einer Revision des postfiniten Baurechtes; es war dies eine Problematik, welche offenbar von den Initianten bei ihrem eher emotionalen und improvisierten Vorstoss nicht erkannt worden war. Der ZH-Regierungsrat liess zur Initiative einen Gegenvorschlag ausarbeiten, welcher das Vertretbare der Initiative in eine ausgewogenere Form brachte. Er nahm dies auch gerade zum Anlass, um die in Rz 1595 erwähnte provisorische Verordnungslösung in Gesetzesform hinüberführen zu lassen (Antrag vom 14. Juli 1982, Amtsblatt 1982, S. 989, 1009, 1013 ff). Der ZH-Kantonsrat empfahl die Initiative am 19. September 1983 zur Ablehnung[4] und verlangte gleichzeitig die (Weiter-)Ausarbeitung des Gegenvorschlages.

---

[2] RB 1981 Nr. 115 f (BEZ 1981 Nr. 30, ZBl 1982 S. 134).
[3] Kant. Amtsblatt 1982 S. 40. Die Inkraftsetzung erfolgte auf den 1. Februar 1983.
[4] Da die Initianten – klugerweise – die Initiative nachher zurückzogen, kam es zu keiner Volksabstimmung mehr hierüber.

Er stimmte am 12. Dezember 1983 dem regierungsrätlichen Gegenvorschlag mit geringen, nicht das postfinite Baurecht betreffenden Modifikationen zu. Damit wurde als neuer dritter Absatz in PBG § 357 der nachstehende Text eingefügt[5]:

> «Ausserhalb der Bauzonen dürfen Bauten und Anlagen, die weder zonengemäss noch standortgebunden sind, erneuert, teilweise geändert oder wieder aufgebaut werden, wenn dies mit den wichtigen Anliegen der Raumplanung vereinbar ist.»

1597 Diese Regelung wurde zusammen mit dem grösseren restlichen Teil des Gegenvorschlages in der Volksabstimmung vom 20. Mai 1984, bei einer Stimmbeteiligung von 39,9% mit 170'321 ja zu 116'732 nein sowie 31'462 Leereinlegern angenommen. Sie gilt noch heute. Da sie inhaltlich aber voll RPG Art. 24 II in der Fassung von 1979 (Rz 3848 ff) entspricht, erörtere ich weder hier noch im nächsten Abschnitt, was unter «inner- und ausserhalb der Bauzonen», «Bauten und Anlagen», «Zonengemässheit», «Standortgebundenheit», «Erneuerung», «teilweise Änderung», «Wiederaufbau» und «Vereinbarkeit mit den wichtigen Anliegen der Raumplanung» zu verstehen ist, sondern verweise hiezu vollumfänglich auf die Ausführungen zum RPG in Rz 3848 ff.

---

[5] Bei der Revision von 1991 wurde er, ohne materielle Modifikation, zum zweiten Absatz, als welcher er noch heute gilt.

PBG § 357 in der Fassung von 1991

I. Vorgeschichte

A. Zur siedlungspolitischen Lage

Die siedlungspolitische Lage Ende der Achtziger- und anfangs der Neunzigerjahre unterschied sich von derjenigen von 1975 (Rz 1465) im Wesentlichen durch Folgendes: Die bauliche Hochkonjunktur hatte ihren Höhepunkt bereits überschritten. Allerdings dehnte sich die Bautätigkeit immer noch kräftig weiter in die Landschaft hinaus, besonders infolge der Fertigstellung wichtiger neuer Strassenzüge, der Betriebsaufnahme der S-Bahn sowie der Erweiterung des Flughafens Kloten. Im Baugewerbe kam es aber immer häufiger zu Betriebsschliessungen, ja sogar Konkursen. Es wurden immer mehr Menschen arbeitslos. Der Zusammenbruch des «Realexistierenden Sozialismus» in der DDR und der sowjetisch-kommunistisch beherrschten Oststaaten seit 1989 führte weiterum zu Zweifeln an der Möglichkeit sinnvoller staatlicher Planung und viele erhofften sich von Deregulierungen und Privatisierungen Gutes. Der Ruf nach baulicher Verdichtung (zur Vermeidung der baulichen Ausuferung in die offene Landschaft hinaus und/oder zur Steigerung der Rendite an den Parzellen innerhalb der Bauzonen) ertönte überall. Für das postfinite Baurecht konnte dies alles nicht ohne Folgen bleiben. Vielfach wurde die Erleichterung der Schaffung von zusätzlichem Wohnraum, im Besonderen in Dach- und Untergeschossen bestehender Gebäude, verlangt.

B. Zur Einzelinitiative von Martin Steiger und Luzius Huber von 1987

Am 5. August 1987 reichten die Planer und Architekten Martin Steiger und Luzius Huber (Berater vieler Gemeinden) beim Büro des Kantonsrates eine Einzelinitiative ein, mit welcher sie die folgende Modifikation des zweiten Absatzes, erster Satz von PBG § 357 in der Fassung von 1975 beantragten:

> «Umbauten, Nutzungsänderungen – namentlich in Dach- und Untergeschossen – sowie angemessene Erweiterungen an Bauten und Anlagen, die den Nutzungsvorschriften widersprechen, sind gestattet, wenn sie vor dem 1. Januar 1987 entstanden sind und keine überwiegenden öffentlichen Interessen entgegenstehen. Die Gemeinden können in ihren Bau- und Zonenordnungen diesen Anspruch allgemein und für bestimmte Zonen näher regeln und für die Erneuerung der Gebäudesubstanz erweitern. Widersprechen bestehende ...»

Hienach sollte die Globalregelung von PBG § 357 nicht nur bezüglich eines einzelnen Teilaspektes, sondern auf weite Strecken ihres Geltungsbereiches revidiert werden. Die Initianten bezweckten damit einen Schritt in Richtung Schaffung einer notwendigen «Umbau-Ordnung». Es sollte ermöglicht werden, die vorhandene Baukubatur bedeutend mehr auszunützen, besonders in Dach- und Untergeschossen. In der bisherigen Rechtslage erblickten die Initianten einen Widerspruch zum Gebot des haushälterischen Umganges mit dem Boden. Auch beanstandeten sie, dass noch guterhaltene Gebäude abgebrochen werden, nur weil sie nicht nach den Vorstellungen des Eigentümers geändert werden können. Die Initianten suchten die Lösung vor allem in der Zuweisung grösserer Legiferierungskompetenzen an die Gemeinden. Der Vorstoss setzte den Hebel hiefür jedoch an der falschen Stelle an:

- Die Schwierigkeiten traten nicht nur bei der Änderung altrechtlich einwandfrei gewesener, jedoch neurechtlich vorschriftswidrig gewordener Gebäude, sondern ebenso sehr, wenn nicht sogar noch häufiger, bei der Änderung von bisher durchaus vorschriftsgemäss gewesenen Gebäuden auf, bei welchen für die gewünschten Änderungen kein genügender Freiraum vorhanden ist (Limitierungsaspekt gemäss Rz 364; ferner: Rz 1387 ff).
- Die Geschosszahl- und Gebäudehöhenvorschriften gehören sicher und die Ausnützungsziffern gehören sehr wahrscheinlich zu den «Bauvorschriften» und nicht zu den «Nutzungsvorschriften» (Rz 1612 f). Änderungen an Gebäuden, welche diesen Vorschriften widersprachen, waren deshalb nach PBG § 357 I und nicht nach dessen zweitem Absatz zu beurteilen.
- Es zwang nichts zur Annahme, dass Bewerbsintensivierungen und -ausweitungen (Mehrausnützungen) und Bewerbsauswechslungen nach PBG § 357 I und II verboten waren, wenn die Erfordernisse «keine weitere Verschlechterung», «keine Verletzung eines anderen öffentlichen Interesses» bzw. «kein Entgegenstehen überwiegender öffentlicher Interessen» und «Angemessenheit» erfüllt waren; diese Erfordernisse stiessen bei den Initianten aber kaum auf Ablehnung, sind Architekten doch im Gegenteil solchen Generalklauseln zugeneigt (Rz 546 f).
- M.E. hätte sich selbst mit dem damaligen PBG eine befriedigende «Umbau-Ordnung» verwirklichen lassen, wenn die Gerichte bereit gewesen wären, die in PBG § 357 in der Fassung von 1975 enthaltenen Möglichkeiten für eine sinnvolle Weiterentwicklung bestehender Quartiere voll auszuschöpfen. Voraussetzung wäre dabei allerdings gewesen, dass nicht jede ziffernmässige Unter- bzw. Überschreitung der für Neubauten bzw. Erstbewerbungen konzipierten Vorschriften von vornherein als eine «weitere Verschlechterung», eine «Verletzung eines anderen öffentlichen Interesses» bzw. als «überwiegenden öffentlichen Interessen entgegenstehend» und als «unangemessene Erweiterung» angesehen worden wäre, sondern dass die entsprechenden Zulässigkeitserfordernisse in ihrer ganzen Weite zum Zuge gekommen wären. Über diese Generalklauseln hätte m.E. jede sachlich begründete Auffassung darüber, was ortsbaulich dem öffentlichen Interesse entspricht, als Begründung für eine Bewilligung einfliessen können.
- Fragwürdig war der Vorschlag, den Gemeinden in dieser Materie vermehrte Legifierierungskompetenzen einzuräumen, weil man damit in einem wichtigen Bereich wieder in die Rechtszersplitterung zurückgefallen wäre, welche 1975 mit dem PBG überwunden werden sollte (Dutzende von verschiedenen «Umbau-Ordnungen»). Rz 635 f.

1600 Die Initiative wurde vom Kantonsrat zwar am 24. August 1987 vorläufig unterstützt sowie dem Regierungsrat zur Berichterstattung und Antragstellung überwiesen. Mit Bericht vom 1. Februar 1989 beantragte der Regierungsrat dem Kantonsrat jedoch, die Initiative im Hinblick auf die ohnehin bevorstehende PBG-Revision nicht definitiv zu unterstützen[1]. Der Kantonsrat beschloss so am 28. August 1989. Die Initiative hat aber gleichwohl einen zusätzlichen nützlichen Anstoss für die Überdenkung des postfiniten Baurechtes gegeben.

---

[1] Amtsblatt 1989 S. 400 ff.

C. Zu den Gesetzgebungsmaterialien für den Text von 1991

1. Bei der Beratung der zur Revision von 1984 führenden Vorlage (Rz 1596 f) verlangte der Kantonsrat am 7. März 1983 mit einer Motion, dass das PBG einer Totalrevision unterzogen werde. Ein Entwurf der Baudirektion vom Februar 1988 sah folgende neuen Vorschriften für das postfinite Baurecht vor:

«Bestehende Bauten und Anlagen, die Bauvorschriften widersprechen, dürfen umgebaut, erweitert und anderen Nutzungen zugeführt werden, wenn keine überwiegenden öffentlichen oder nachbarlichen Interessen entgegenstehen. Für neue oder weitergehende Abweichungen von Vorschriften bleiben die erforderlichen Ausnahmebewilligungen vorbehalten.
(Der bisherige zweite Absatz wird aufgehoben, der neue zweite Absatz ist gleichlaufend wie der dritte Absatz der Revision von 1984, damals dritter Absatz, Rz 1596, 1705, 3850 f.)
(Der dritte Absatz ist gleichlautend wie der dritte Absatz der Fassung von 1975, welcher aber bei der Revision 1984 zum vierten Absatz wurde und nun wieder in den dritten Absatz zurückkehrt, Rz 1596, 1706 f.)
(Der vierte Absatz ist gleichlautend wie der vierte Absatz der Revision von 1983, welcher aber bei der Revision von 1984 zum fünften Absatz wurde und nun wieder zum vierten Absatz zurückkehrt, Rz 1594, 1723, 2932 f.)»

Ferner empfahl die Baudirektion, im bisher aus nur einem einzigen Absatz bestehenden und den Regierungsrat zur Delegation der Dispenskompetenz an die Gemeinden ermächtigenden PBG § 221 folgenden zweiten Absatz anzufügen:

«Bei vor dem 1. Januar (Jahr noch offen gelassen) erstellten Gebäuden kann die Bau- und Zonenordnung die Erstellung und den Ausbau von Dachgeschossen über die zulässige Ausnützung hinaus gestatten.»

Die hier angesprochene Gestattung von etwas über das zulässige Maximum hinaus lässt fürs Erste einmal aufhorchen. Die Baudirektion bezeichnete diese Regelung als «eine dispensartige Sonderreglung für Altbauten, die nicht an die Schranken des Ausnahmerechts gebunden ist.» M.E. hätte es sich hier um eine ausdrückliche Ausschaltung des Neubautenrechtes gehandelt (Rz 543 f), allerdings beschränkt auf die Thematik «Ausnützung», was immer auch darunter zu verstehen gewesen wäre.

2. Nach Durchführung eines weit gestreuten Vernehmlassungsverfahrens unterbreitete der Regierungsrat dem Kantonsrat am 11. Oktober 1989 eine umfangreiche Revisionsvorlage[2]. In dieser erschien die Sonderregelung gemäss PBG § 221 II nicht mehr. Auch der bisherige Text von PBG § 221 in der Fassung von 1975 fiel weg. Der Grund für beide Kürzungen mochte darin liegen, dass die Ausnahmebewilligungskompetenz neu allgemein den Gemeinden übertragen werden sollte[3], kaum aber darin, dass die in PBG § 221 II vorgesehene Überschreitung der «zulässigen Ausnützung» Anstoss erregt hätte. Die Aktion hatte jedoch zur Folge, dass neben einer Ausweitung der kommunalen Dispenskompetenz in Fällen, in welchen nach PBG § 221 II die Bewilligung hätte erteilt werden müssen, deren Gewährung jetzt im gebundenen Ermessen der örtlichen Baubehörde lag.

---

[2] Amtsblatt 1989 S. 1713 ff, insb. S. 1743 und 1765.
[3] Dieser wichtige Wechsel trat nur indirekt in Erscheinung, indem die Zuständigkeit zur Dispenserteilung der Baudirektion in PBG § 2 lit. b in der Fassung von 1975 gestrichen wurde, womit sie über PBG § 318 «automatisch» der örtlichen Baubehörde «anwuchs», ein legislatorisch nicht gerade informatives Vorgehen.

1604 3. In den Kommissionsberatungen des Kantonsrates wurde in dem von der Baudirektion für den ersten Absatz vorgeschlagenen Text zwischen den Worten «und» und «anderen Nutzungen» der folgende Passus eingefügt:

> «... sofern sie (nämlich die «Bauten und Anlagen») sich für eine zonengemässe Nutzung nicht eignen ...»

Über die Frage, auf welche Vorkehrungen der revidierte PBG § 357 Anwendung finde und welche nicht, wurde in der vorberatenden Kommission offenbar nicht diskutiert[4].

Ferner kam es in der parlamentarischen Beratung bezüglich des postfiniten Baurechtes zu einer Modifikation von PBG § 275 II (Regelung der für Aufbauten und Bewerbsänderungen im Dachbereich wichtigen Kniestockhöhe, Rz 2351 f) sowie zu einer Verschiebung des «Sofern-Satzes»[5]. Der so ergänzten Vorlage stimmte der Kantonsrat am 22. April 1991 zu, die sozialdemokratischen und «grünen» Parlamentsmitglieder lehnten ab.

1605 4. Die Vorlage wurde in der Volksabstimmung vom 1. September 1991 mit 169'363 ja bei 28'686 nein und 10'549 Leereinlegern angenommen. Die vorausgegangene Abstimmungskampagne war ziemlich lau. Der neue Text von PBG § 357 lautete:

> «Bestehende Bauten und Anlagen, die Bauvorschriften widersprechen, dürfen umgebaut, erweitert und anderen Nutzungen zugeführt werden, sofern sie sich für eine zonengemässe Nutzung nicht eignen, wenn keine überwiegenden öffentlichen oder nachbarlichen Interessen entgegenstehen. Für neue oder weitergehende Abweichungen von Vorschriften bleiben die erforderlichen Ausnahmebewilligungen vorbehalten.
>
> Ausserhalb der Bauzonen dürfen Bauten und Anlagen, die weder zonengemäss noch standortgebunden sind, erneuert, teilweise geändert oder wieder aufgebaut werden, wenn dies mit den wichtigen Anliegen der Raumplanung vereinbar ist.
>
> Die baurechtliche Bewilligung kann verlangen, dass Verbesserungen gegenüber dem bestehenden Zustand vorgenommen werden, die im öffentlichen Interesse liegen und nach den Umständen zumutbar sind.
>
> Bauvorschriften, die eine zweckmässige Anpassung bestehender Bauten und Anlagen an Vorschriften im überwiegenden öffentlichen Interesse nicht zulassen, können durch Verordnung entsprechend gemildert werden. Nachbarn dürfen nicht unzumutbar benachteiligt werden. Solange keine Verordnung darüber besteht, sind Anpassungen im Einzelfall zulässig.»

Die Inkraftsetzung erfolgte grundsätzlich auf den 1. Februar 1992[6]. Vgl. allerdings die in Rz 1724 erwähnte stufenweise Inkraftsetzung gemäss Art. III vierter Absatz der Revisionsvorlage.

---

[4] Vgl. Kommissionsprotokoll, S. 353 ff, 618, 669 ff und RB 1992 Nr. 74.
[5] Die Redaktionskommission verschob den Passus nach hinten zwischen «zugefügt werden» und «wenn keine». Vgl. die Voten der Kantonsräte Kurt Sintzel und Markus Hünig, Protokoll des Kantonsrates, 1991–1995, S. 13874 f; den Verwaltungsgerichtsentscheid in: RB 1992 Nr. 75 und Rz 1659 mit FN 38.
[6] OS, Bd. 52, S. 48.

II. Zur Auslegung von PBG § 357 I (1991) und zur Praxis hiezu

A. Zum ersten Satz von PBG § 357 I

1. Zum räumlichen und zeitlichen Geltungsbereich

a) Räumlich: Wie bereits erwähnt, verfolgte die PBG-Revision von 1991 u.a. den Zweck, eine rechtsstaatlich ausreichende Harmonisierung mit RPG Art. 24 zu erreichen. Deshalb ist als selbstverständlich anzusehen, dass der erste Absatz in der Fassung von 1991 nur noch innerhalb der Bauzonen gilt. Ausserhalb davon kommt es allein auf den (jetzt) zweiten Absatz an. Das bleibt nicht ohne Auswirkungen auf den Bereich der für die Beurteilung des Überwiegens in Betracht zu ziehenden öffentlichen Interessen. Hievon abgesehen gilt PBG § 357 I für den ganzen Kanton gleich[7]. 1606

b) Zeitlich: PBG § 357 I erster Satz gilt seit dem 1. Februar 1992 (Rz 1724) ohne zeitliche Terminierung. 1607

2. Zu den «bestehende Bauten und Anlagen» (Vorher-Zustand)

a) In Rz 1474 ist dargelegt, dass es sich bei dieser Formulierung um eine verfehlte Übernahme der Terminologie des RPG handelt. Gemeint sind praktisch vor allem Gebäude und deren Bewerbungen, weniger aber Bauten, welche keine Gebäude, sondern Anlagen sind. 1608

Im BGE vom 2. Juni 1994 (Küsnacht/ZH, in: ZBl 1995 S. 281, 283 f) wurde die Verweigerung der Erneuerung der aus einem Wohnhaus herausführenden Beheizung eines privaten Freiluft-Schwimmbades gestützt auf PBG § 357 I bestätigt. Rz 1658. 1609

Das ZH-Verwaltungsgericht scheint in RB 1993 Nr. 51 die Auffassung zu vertreten, dass auch Änderungen bei Werk- und Lagerplätzen nach PBG § 357 I zu beurteilen seien (vgl. die Erwähnung dieser Vorschrift im Leitsatz). Es distanzierte sich damit von seiner in RB 1967 Nr. 67 vertretenen Auffassung, dass dies (altrechtlich) bei einer nicht baulichen Grundstücknutzung – im konkreten Fall ging es um einen Ablagerungsbetrieb – nicht zutreffe. Begründet wird dieser Umschwung mit der Bewilligungsbedürftigkeit solcher Anlagen gemäss PBG § 309 I lit. i, einem nicht publizierten BGE vom 19. Oktober 1993 (Kanton unbekannt) und anderseits mit der «Bestandesgarantie». Wenn man die Erwägungen des Verwaltungsgerichtes von ihrer Besitzstandsgarantie-Bezogenheit befreit, bleibt allerdings nichts an Substantiellem übrig als der Gedanke, von Menschen in Bauten und Bewerbungen investierte Arbeitsleistungen und Gelder seien fast immer etwas Erhaltenswertes. Rz 4522. 1610

b) Warum es der Gesetzgeber für nötig erachtet hat, gegenüber dem Text von 1975 jetzt neu von «bestehenden Bauten und Anlagen» zu sprechen, ist unerklärlich; es können ohnehin nur bestehende Objekte «umgebaut, erweitert und anderen Nutzungen zugeführt werden». Möglicherweise sollte damit zum Ausdruck gebracht werden, dass PBG 1611

---

[7] Ein Vorbehalt ist wegen Art. III f des Revisionsgesetzes von 1. September 1991 lediglich übergangsrechtlich anzubringen. Rz 1724.

§ 357 I nicht auf den Neubau von Gebäuden Anwendung finde, was an sich selbstverständlich ist[8].

3. Zu den «Bauten und Anlagen», «die Bauvorschriften widersprechen»

1612 a) Die Baudirektion bemerkte in den Erläuterungen zu ihrem Entwurf vom Februar 1988 (Rz 1601) auf S. 11:

> «Die Unterscheidung zwischen Bau- und Nutzungsvorschriften, die sonst nicht vorgenommen wird (vgl. §§ 218, 220, 307), hat zu Unklarheiten geführt und rechtfertigt sich nicht mehr, nachdem für die Bauten ausserhalb der Bauzonen in Ausführung des Bundesrechts eine besondere Regelung erfolgt ist.»

Die angegebene Begründung traf kaum das Wesentliche. Es ist zwar zu «Unklarheiten» gekommen, aber nicht wegen der Regelung für «Bauten ausserhalb der Bauzonen», sondern weil die Unterscheidung als solche schon nicht klar durchführbar ist. Rz 1474 ff, 1526 ff.

1613 b) Mit dem Wort «Bauvorschriften» (gleichgültig ob im PBG oder in den Bauordnungen stehend) werden jetzt alle Regelungen angesprochen, welche bereits bei PBG § 357 I in der Fassung von 1975 mit dem Wort «Bauvorschriften» gemeint waren[9]. Zu den Bauvorschriften gehören jetzt aber auch diejenigen Regelungen, welche 1975 mit dem Wort «Nutzungsvorschriften» gemeint gewesen sind: Noch nicht entschieden ist, was bei einem Gebäude bzw. Bewerb mit zu wenig oder zu viel Autoabstellplätzen oder mit Verstössen gegen die Feuerpolizei-, Gewässerschutz-, Wasserwirtschafts- und/oder Umweltschutzgesetzgebung gilt[10]. Geht es hier um «Bauvorschriften», welche bei Vorliegen eines Widerspruches zu ihnen die Regelung von PBG § 357 I in der Fassung von 1991 auslösen?

Gemäss RB 1993 Nr. 50 findet die Auffassung der Baurekurskommission I, wonach unter «Vorschriften» im Sinne von PBG § 357 I erster Satz in der Fassung von 1991 «nur geschriebene Bestimmungen des kommunalen und kantonalen Rechts zu verstehen seien, ... weder im Gesetzeswortlaut noch in den Gesetzesmaterialien eine Stütze»; die getroffene Unterscheidung zwischen geschriebenen Vorschriften und solchen, welche von

---

[8] Die Baurekurskommission II ging in BEZ 1992 Nr. 8 offenbar davon aus, dass Änderungen an einem erst im Rohbau befindlichen Gebäude PBG § 357 I nicht unterstellt sind; die Vorschrift ist im publizierten Text jedenfalls nicht erwähnt. Es handelte sich hier allerdings um einen Sonderfall: In einem voraussichtlich sonst unvermietbaren Gewerbebau in der Industriezone sollte eine zeitlich befristete Asylantenunterkunft eingerichtet werden.

[9] Das Verwaltungsgericht behandelte in einem Entscheid vom 19. Dezember 1995 (BEZ 1996 Nr. 3) die Nichteinhaltung der Strassen- und Wegabstandsregelung von PBG § 265 (für die Unterschreitung des Grenzabstandes durch eine Garagenanbaute mit darüber liegendem Sitzplatz lag eine Ausnahmebewilligung der Baudirektion vor, Rz 608 f) als ausreichenden Grund für die Anwendung von PBG § 357 I.

[10] Peter Bösch, S. 157, subsumiert diese Vorschriften nicht unter die «Bauvorschriften». Für die Beantwortung der Frage, ob überwiegende öffentliche und nachbarliche Interessen entgegenstehen, sind sie aber doch wohl auf jeden Fall bedeutsam. Siehe auch Rz 2187 mit FN 11a.

der Rechtspraxis entwickelt wurden, sei «sachfremd»; unter «Vorschriften» sei daher «die Gesamtheit baurechtlicher Normen zu verstehen, unabhängig davon, auf welchen Rechtsquellen diese beruhen»; bei den «ungeschriebenen Bestimmungen» sei in der Stadt Zürich insbesondere an die Praxis der Ermittlung der zulässigen Ausnützung durch ein Vergleichsprojekt, samt der Beschränkung der Bautiefe auf 20 m und dem Verbot des rückwärtigen Zusammenbauens in ihrer nutzungsbeschränkenden Funktion (vgl. RB 1981 Nr. 140 = BEZ 1981 Nr. 33) zu denken.

Gemäss Entscheid des ZH-Verwaltungsgerichtes vom 17. November 1998 (BEZ 1999 Nr. 2) gehört PBG § 239 IV bezüglich behindertengerechten Bauens (Rz 2099 ff) zu den Vorschriften, deren Nichteinhaltung zur Bauvorschriftswidrigkeit gemäss PBG § 357 I führt.

c) Wenn für die Unter-/Überschreitung eines Minimums/Maximums eine Ausnahmebewilligung erteilt worden ist, besteht auch nach der Praxis zum neuen PBG § 375 I kein Widerspruch mehr (Rz 609, 1480, Entscheid des Verwaltungsgerichtes vom 19. Dezember 1995, in: BEZ 1996 Nr. 3). Das Gleiche gilt wohl auch für fälschlich erteilte, aber rechtskräftig gewordene Baubewilligungen.

1614

d) Aus der – m.E. verfehlten – Neudefinition der Ausnützungsziffer gemäss Revision von PBG § 255 von 1991 folgert die Baurekurskommission II[11], dass die Einrichtung einer Einzimmerwohnung im Untergeschoss eines Gebäudes, welches auch nach neuer Definition «übernutzt» ist, nicht unter PBG § 357 I fällt. Diese Stellungnahme ist insoweit nicht zwingend, als die Frage der Übernutzung hinsichtlich Ausnützungsziffer das Ergebnis einer rechnerischen Teilung darstellt, mit den anrechnungspflichtigen Geschossflächen im Dividend und der anrechenbaren Parzellenfläche im Divisor. Das Ergebnis beschlägt deshalb konzeptionell das ganze Gebäude, nicht nur diejenigen Teile, wo anrechnungspflichtige Geschosse vorhanden sind. Daher müsste konsequenterweise die Einrichtung der Einzimmerwohnung ebenfalls nach PBG § 357 I beurteilt werden, auch wenn solche Wohnflächen im Untergeschoss gemäss PBG § 255 nicht anrechnungspflichtig sind. Zulässig wäre dann die Einrichtung nur, wenn ihr keine überwiegenden öffentlichen und nachbarlichen Interessen entgegenstehen. Ein solches Entgegenstehen liegt aber wohl meistens nicht vor. Aber das ist ein anderes Problem als die Frage, ob PBG § 357 I anwendbar sei oder nicht. Vgl. auch Rz 1480a.

1615

4. Zu «umbauen, erweitern» (Transformation, Nachher-Zustand)

a) Unter dem Umbauen ist wohl die in Rz 179 genauer erörterte, keine Volumenänderung bewirkende bauliche Änderung zu verstehen, mit Einschluss der Renovationen (Rz 177). Mit «Erweitern» sind m.E. an baulichen Vorkehrungen der Aufbau (Rz 180), der Subbau (Rz 181) und der Anbau (Rz 182) zu verstehen. Nicht hiezu gehören jedoch einerseits die Reparatur (Rz 176) und die Montierung (Rz 178), anderseits die Umgestaltung (Rz 200 ff), der Repetierwiederbau und Differenzwiederbau nach Abbruch, Elementarereignis, Ruin wegen Vernachlässigung oder kriminellem Eingriff (Rz 203 ff), der An-

1625

---

[11] BEZ 1992 Nr. 24.

schlussbau (Rz 206), der Dependenzbau (Rz 207) und der Dislokationsbau (Rz 208)[12]. Das deckt sich mit dem Anwendungsbereich von PBG § 357 I in der Fassung von 1975 (Rz 1532)[13, 14].

1626 Weiterhin ist für die Abgrenzung zwischen neubauähnlichen und nicht neubauähnlichen Vorhaben wichtig, «ob die innere Einteilung und Organisation oder Konstruktion des Gebäudes» (RB 1986 Nr. 99 = BEZ 1987 Nr. 5) beibehalten oder nicht beibehalten wird. In RB 1993 Nr. 22 bezeichnet das ZH-Verwaltungsgericht die vorher von der Baurekurskommission vertretene Auffassung, «die in altPBG § 357 II vorgesehenen angemessenen Erweiterungen an Bauten und Anlagen, die den Nutzungsvorschriften widersprechen, seien nach der Gesetzesrevision vom 1. September 1991 nicht mehr zulässig», als «unhaltbar».

1627 b) Es war allerdings kontrovers, ob PBG § 375 I (1991) bauliche Vorkehrungen, welche sein Vorgänger als sekundären Neubau, genauer als Anschlussbau (Rz 206) und daher nicht unter seine Geltung fallend betrachtete, jetzt als Anbau im Sinne von Rz 182 und damit unter PBG § 357 I fallend ansieht.

– Im Entscheid des ZH-Verwaltungsgerichtes vom 6. März 1992 (BEZ 1992 Nr. 12) ging es um ein Wohnhaus, an dessen bestehen bleibende Umfassungsmauer rückwärtig ein Baukubus mit selbständiger Umfassungsmauer und Dilatation sowie mit separatem Zugang für ein Lager und eine Garage angefügt werden wollte; der neue Kubus sollte die Stelle einer abzubrechenden Garage einnehmen und mit einem Durchgang

---

[12] Nach RB 1992 Nr. 30 ist «die Einrichtung von Büros im Erdgeschoss anstelle von gewerblichen Arbeits- und Lagerräumen mittels geringfügiger baulicher Massnahmen wie Einzug nichttragender Zwischenwände sowie die Anpassung von Fenstern im Erdgeschoss an das Fassadenbild der Obergeschosse» nicht neubauähnlich.

[13] In diesem Sinne der in BEZ 1993 Nr. 22 wiedergegebene, in RB 1993 Nr. 48 aber nur auszugsweise publizierte Teil des Entscheides des Verwaltungsgerichtes vom 25. Mai 1993. Siehe auch RB 1992 Nr. 74 = BEZ 1992 Nr. 14. Durch den Aufbau eines Attikageschosses sollte die Nutzfläche des Erdgeschosses um mehr als zwei Drittel vergrössert werden und die Gebäudeidentität mit dem bestehenden eingeschossigen Gebäude verloren gehen. Daher Nichtanwendbarkeit von PBG § 357 I. Siehe auch: RB 1986 Nr. 99 = BEZ 1987 Nr. 5.

[14] Verwaltungsgerichtsentscheid vom 19. Dezember 1995 (BEZ 1996 Nr. 3). Entscheid der Baurekurskommission II, Nr. 266 vom 8. Dezember 1992 (G.G c. Baukommission K. und S.S.; nicht publiziert): Die bisherige, nur 1,5 m vom Wohnhaus entfernte Garagen sollte fast ganz abgebrochen und auf einem 50 cm tieferen Niveau sowie direkt an das Wohnhaus anschliessend neu erstellt werden; es waren eigene Zugänge vorgesehen. Eine solche Garage bildet nach diesem Entscheid keine Einheit mit dem Wohnhaus und fällt als selbständiges Gebäude nicht unter PBG § 357 I. – Am Wohnhaus waren vorgesehen: der Abbruch einer Vorbaute, an der Fassade eine neue, symmetrisch angeordnete und von den dahinterliegenden Büros aus begehbare Veranda mit darüber liegender, dem Erdgeschoss dienender Terrasse, im 1. Ober- und im Dachgeschoss statt der bisherigen erkerartigen Vorbauten axial angeordnete, von der Fassade vorspringende verglaste Veranden; Veränderung der Fensteranordnungen und -formen, neue Räumlichkeiten im Untergeschoss, zusätzlicher Hauseingang; neue innere Raumeinteilung, Galerie im Estrich, vereinzelt Büros statt Wohnen. Die Baurekurskommission II erblickte hierin eine neubauähnliche Vorkehrung (Umgestaltung), auf welche PBG § 357 I und II nicht anwendbar sei. Der Entscheid wurde nicht ans Verwaltungsgericht weitergezogen. Dessen Entscheid vom 19. Dezember 1995 (BEZ 1996 Nr. 3) betraf ein anderes, aber ähnliches Vorhaben. Dieses bezeichnete das Verwaltungsgericht, im Gegensatz zur Baurekurskommission, als nicht neubauähnlich und daher unter PBG § 357 I fallend und diese Regelung einhaltend.

mit dem Treppenhaus des Wohnhauses verbunden werden. Da der neue Kubus auch bei einem allfälligen Abbruch des Wohnhauses ohne wesentliche Änderung seinen Verwendungszweck weiterhin erfüllen könne, bewertete das Verwaltungsgericht das Vorhaben als Neubau, obwohl dieser funktionell mindestens teilweise dem Wohnhaus zugeordnet sei[15]. Nur was mit dem «vorbestandenen Objekt eine Einheit bildet, fällt unter PBG § 357 I». Das sei hier nicht der Fall[16, 17, 18].

— In RB 1992 Nr. 74 (umfassender in: BEZ 1992 Nr. 14[19]) bemerkte das ZH-Verwaltungsgericht, dass wegen der Materialien zum neuen PBG § 357 und trotz der bisher zu seiner Praxis zu PBG § 357 in der Fassung von 1975 laut gewordenen Kritik[20] kein Anlass bestehe, hievon bezüglich des Anwendungsbereiches abzuweichen. Es ist also davon auszugehen, dass die Begriffe Umbauen und Erweitern auch nach 1991 den gleich weiten, oder wenn man will, den gleich engen Anwendungsbereich besitzen wie vorher.

— Der ZH-Verwaltungsgerichtsentscheid vom 9. Dezember 1998 (BEZ 1999 Nr. 1) betraf die Erstellung eines Bürogebäudes auf dem «Nachbargrundstück» des «Hauptsitzes» (Winterthur), also einen Dependenzbau und damit einen sekundären Neubau. Hier überrascht nun aber folgender Satz: «Ob das streitige Vorhaben im Rahmen der Anwendung von PBG § 357 I zu bewilligen wäre, wollte man annehmen, der bestehende Hauptsitz sei baurechtswidrig, kann offen bleiben.» Nach bisheriger Praxis fand PBG § 357 I von vornherein keine Anwendung auf sekundäre Neubauten.

— Ferner bestätigt das ZH-Verwaltungsgericht in diesem Entscheid, dass bei einer allenfalls nachfolgenden Änderung die vorgängige zur Beurteilung der Frage, ob eine neubauähnliche Vorkehrung vorliege, einzubeziehen wäre; denn «eine schrittweise Umgestaltung des ganzen Hauses käme sonst einer Umgehung der Zonenvorschriften bzw. der Anwendungsschranke von PBG § 357 I gleich» (RB 1991 Nr. 69). Siehe auch Rz 188. Eine ziffernmässige Fixierung der zulässigen Flächen- oder Kubus-Erweiterung,

---

[15] Das Verwaltungsgericht verwies dabei auf RB 1984 Nr. 111, wo die Unterscheidung Hauptgebäude – «Anbaute» (im Sinne von an einem anderen Baukubus angefügtes Subalterngebäude) und Nebenbaute allgemein erörtert wurde.

[16] Dass am Wohnhaus selbst auch bauliche Vorkehrungen vorgesehen waren, veranlasste das Verwaltungsgericht nicht, das Wohnhaus und den neuen Kubus als Einheit aufzufassen. Eigenartig ist höchstens, dass das Verwaltungsgericht die Anwendbarkeit von PBG § 357 I in Betracht gezogen hätte, wenn die zum Abbruch bestimmte Garage ihrerseits baurechtswidrig gewesen wäre, was aber nicht zutraf. Um die Richtigkeit dieser Auffassung zu beurteilen, müsste man wissen, wie sich die alte Garage und der neue Kubus grössenmässig zueinander verhalten haben.

[17] Nach dem gleichen Entscheid ist eine solche Einheit auch nicht vorhanden, «wenn längs einer Strasse ein Neubau seitlich an die Brandmauer eines nicht vorschriftskonformen Gebäudes angebaut oder in eine Lücke zwischen zwei normwidrigen Gebäuden gestellt wird». Beides sind in der Terminologie von Rz 199 ff ebenfalls sekundäre Neubauten, genauer Anschlussbauten (Rz 206).

[18] Bemerkenswert ist, dass das Verwaltungsgericht, welches sonst in PBG § 357 einen Ausfluss des «Bestandesprivileges» sieht, die Nichtanwendbarkeit dieser Vorschrift mit dem Interesse am Investitionsschutz begründet.

[19] Hier ging es um «die Einrichtung von Büros im Erdgeschoss anstelle von gewerblichen Arbeits- und Lagerräumen mittels geringfügiger baulicher Massnahmen wie Einzug nichttragender Zwischenwände sowie die Anpassung von Fenstern im Erdgeschoss an das Fassadenbild der Obergeschosse». Das wurde «nicht als neubauähnlich» betrachtet, weshalb PBG § 357 I zum Zuge kam.

[20] Diese behauptete eher, die Praxis sei trotz der seit 1980 eingetretenen Lockerung immer noch zu streng, als das Gegenteil davon.

wie früher mit dem Viertel im Gewässerschutzrecht (Rz 4076), wird weiterhin abgelehnt. Dass das noch zulässige Erweiterungsquantum «nur einmal konsumiert werden» dürfe[21], schliesst aber kaum eine mehrfache Konsumation aus, wenn die jeweiligen «Tranchen» gesamthaft in das zulässige Total hineinpassen.

1628 Wo ein bestehendes Gebäude zwar die maximal zulässige Geschosszahl und Gebäudehöhe nicht voll ausnützt, aber die gemäss Überbauungsziffer maximal zulässige Bodenfläche überschreitet, fragt sich, ob ein Aufbau (Aufstockung) bis zur maximal zulässigen Geschosszahl/Gebäudehöhe zulässig sei oder nicht. Die Antwort lautete schon: ja, wenn dadurch die gemäss den primären Bauvorschriften maximal mögliche Geschossfläche nicht überschritten wird, sonst aber nein; denn durch eine solche Überschreitung käme es zu einer «zusätzlichen Verletzung eines Rechtsgutes im Sinne von RB 1980 Nr. 135 (umfassender in: BEZ 1987 Nr. 5), RB 1986 Nr. 100»[22]. M.E. überzeugt diese Argumentation nicht, wo der kommunale Gesetzgeber eine frühere Ausnützungs- durch die Baumassenziffer ersetzt hat.

5. Zu «anderen Nutzungen zuführen» (Transformation, Nachher-Zustand)

a) Stellungnahme des Verwaltungsgerichtes

1629 α) Zu den anderen Nutzungen gehören von den eingreifenden Bewerbsänderungen, Bewerbsausweitungen und Bewerbsauswechslungen (Rz 207 f) vor allem die Letzteren sowie von den sekundären Neubewerbungen die Umnutzungen, allenfalls auch der Wiederbewerb nach langem Leerstehen und der Expansionsbewerb (Rz 314 f).

1629a β) Heikel ist dabei besonders die Bewerbsauswechslung bei vor- und nachheriger Zonenwidrigkeit.

α') Das ZH-Verwaltungsgericht erklärte am 2. Februar 1984 (RB 1984 Nr. 77):

«Soll dagegen eine zonenwidrige Nutzung zugunsten einer anderen, ebenfalls nicht zonengemässen aufgegeben werden, so liegen die Dinge etwas anders[23]. Wohl wird der Wert, den die bisherige Nutzung verkörpert, preisgegeben. Doch bleiben regelmässig Bauten und Anlagen bestehen, welche der Eigentümer der neuen Nutzung dienstbar machen will und deren Wert ohne Bestandesprivileg verloren ist, wenn sie für eine zonengemässe nicht verwendet werden können. Aus diesem Grund werden gelegentlich Zweckänderungen als zulässig erachtet, die zwar keine Übereinstimmung mit der neuen Zonenordnung, aber doch eine wesentliche Annäherung an das neue Recht zur Folge haben. (Pfister, a.a.O., S. 177).
PBG § 357 II sieht diese Möglichkeit nicht vor, sondern lässt an den Nutzungsvorschriften widersprechenden Bauten lediglich Umbauten und angemessene Erweiterungen, das heisst jedenfalls keine vollständigen Zweckänderungen[24] zu. Zwar sollten mit PBG § 357 Änderungen an vorschrifts-

---

[21] Peter Bösch, S. 157.
[22] Felix Huber/Erich Kull/Jürg Sigrist/Carmen Walker Späh, Die Bau- und Zonenordnung der Stadt Zürich, in: PBG aktuell 1997 Heft: S. 21 f. Keine Bedenken werden hier gehegt, wenn ein die Überbauungsziffer überschreitendes Gebäude innerhalb seines bisherigen Volumen umgebaut und/oder anders beworben wird. Beide Äusserungen beziehen sich auf die Überbauungsziffer gemäss aufsichtsrechtlicher Bauordnung der Baudirektion vom 9. Mai 1995. Rz 3048.
[23] Nämlich anders als Wiederbau nach Abbruch eines Gebäudes.
[24] Damit ist wohl das gemeint, was ich in Rz 314 als sekundären Erstbewerb, genauer als Umnutzung bezeichne.

widrigen Bauten gegenüber BauG § 116 erleichtert werden. BauG § 116 galt indessen nur für die den (Bau-)Vorschriften des Baugesetzes widersprechenden Bauten. Änderungen an Bauten, die den zur Hauptsache in den Bauordnungen der Gemeinden enthaltenen Nutzungsvorschriften widersprachen, waren nach den entsprechenden Bauordnungsvorschriften zu beurteilen. Direkt anwendbare kantonalrechtliche Nutzungsvorschriften bestanden nur für das übrige Gemeindegebiet, wobei BauG § 68 c lit. 1 lediglich eine angemessene Erweiterung bestehender Gewerbebetriebe zuliess und BauG § 116 mithin ebenfalls nicht anwendbar war. Die angestrebte Erleichterung gegenüber BauG § 116 konnte sich demnach nur auf den Bauvorschriften widersprechende Bauten beziehen, wo sie mit dem Verzicht auf das Erfordernis der Verbesserung des vorschriftswidrigen Zustandes auch erreicht worden ist (vgl. PBG § 357 I). Dagegen lässt PBG § 357 II für Bauten, die den Nutzungsvorschriften widersprechen, keine über den Umbau und die angemessene Erweiterung hinausgehenden Änderungen zu. Denn durch die Zulassung einer neuen zonenwidrigen Nutzung an Stelle der bisherigen würde der baurechtswidrige Zustand praktisch unbeschränkt fortgesetzt, und auch für die neue Nutzung könnte der Anspruch auf Umbau und angemessene Erweiterungen geltend gemacht werden. Diese Bevorzugung einer neuen zonenwidrigen Nutzung lässt sich allein durch den Bestand anderweitig nicht nutzbarer Gebäulichkeiten nicht rechtfertigen.»

Der auszugsweisen Wiedergabe dieses Verwaltungsgerichtsentscheides war im Rechenschaftsbericht 1984 Nr. 77 folgender Leitsatz vorangestellt:

«Die Bestandesgarantie erlaubt es nicht, eine den Nutzungsvorschriften widersprechende Baute einer ebenfalls zonenwidrigen anderen Nutzung zuzuführen. Art. 4, Art. 22ter BV, PBG § 357 II.»

Das Thema Auswechslung eines zonenwidrigen Bewerbes durch einen anderen, ebenfalls zonenwidrigen Bewerb kam sodann nochmals in einem Entscheid des ZH-Verwaltungsgerichtes vom 28. August 1989 zur Sprache, wo es um die Einrichtung eines «Kultuszentrums mit Andachtsraum, Sonntagsschul- und Büroräumen im I. Obergeschoss sowie Gemeinschaftsräumen und Kindergarten im Erdgeschoss» in einem Gebäude ging, dessen Räume bisher als Lager, Archiv sowie Abfüll-, Umschlag-, Versand- und Verkaufsflächen einer Kellerei dienten; das Gebäude verletzte die Grenzabstands- sowie die Wohnanteilsminima[25]. Die ausgesprochene Verweigerung wurde vom Verwaltungsgericht unter eingehender Bezugnahme auf RB 1984 Nr. 77 und unter Zurückweisung der vom Bauaktiven hiegegen vorgebrachten Einwände bestätigt. Das Verwaltungsgericht verneinte die Zulässigkeit in seinem Entscheid vom 28. August 1989 im Wesentlichen, da PBG § 357 II in der Fassung von 1975 lediglich «Umbauten und angemessene Erweiterungen», nicht aber, wie der erste Absatz, «die baurechtlich beachtliche Nutzungsänderung» vorsehe; gemäss PBG § 357 II liege bei der Zuführung eines zonenwidrigen Bewerbes zu einem anderen zonenwidrigen Bewerb «der Widerspruch zu den massgebenden Vorschriften bereits in der rechtswidrigen Nutzweise». Es scheint, dass das Verwaltungsgericht einen solchen Widerspruch, und daher Unerlaubtheit solange annimmt, als bloss eine «Annäherung», nicht aber eine volle «Übereinstimmung» an das neue Recht erfolgt, dies möglicherweise nicht nur bei einer radikalen Bewerbsauswechslung.

β') Ich werde nachfolgend zu diesen beiden Entscheiden ausführlicher Stellung beziehen, als es auf den ersten Blick für zwei Präjudizien gerechtfertigt erscheinen mag, die sich auf eine heute nicht mehr geltende Vorschrift (PBG § 375 I und II in der Fassung von 1975!) beziehen. Ich habe mich hiezu entschlossen, einerseits weil das Verwaltungsge-

---

[25] Dieser Entscheid ist zwar auszugsweise in RB 1989 Nr. 78 wiedergegeben, jedoch ohne diesen Beschrieb und ohne die nachfolgenden Ausführungen.

richt im Entscheid vom 28. August 1989 erklärte, es bestehe «kein Grund, von der Praxis von RB 1984 Nr. 77 abzuweichen, auch wenn offenbar Bösch (Der Wohnanteilplan der Stadt Zürich, DISP Nr. 83, 1986 S. 25) im Rahmen von PBG § 357 II Zweckänderungen von Bauten, die den Vorschriften über den Wohnanteilplan widersprechen, in weitergehendem Umfang zulasse und insbesondere darauf abstellen möchte, ob die Zweckänderung eingreifend sei»; anderseits besteht der Grund für die eingehende Auseinandersetzung darin, dass das in den beiden Entscheiden Gesagte auch unter der Herrschaft der Fassung von 1991 immer noch verwirrend hineinspielt. Dasselbe galt auch bei der RPG-Revision von 1998 (Rz 3919 ff).

1632 γ') Vermutlich gehen obige Aussagen auf die folgenden Voten in der vorberatenden kantonsrätlichen Kommission in der Sitzung vom 31. Mai 1974 zurück:

– Walter Vollenweider (der Verfasser des Vorentwurfes der Baudirektion von 1972; Protokoll der vorberatenden Kommission des Kantonsrates, Sitzung vom 31. Mai 1974, S. 248): «Die Formel ‹angemessene Erweiterung› existiert seit 1959 und führte noch kaum zu grundlegenden Diskussionen. Eine Umstrukturierung, selbst innerhalb der Branche, wäre zB nicht erlaubt; eine Schreinerei könnte nicht zu einer Fensterfabrik umgestaltet werden.»
– Peter Müller (damaliger Direktionssekretär der Baudirektion, Protokoll der vorberatenden Kommission des Kantonsrates, Sitzung vom 31. Mai 1975, S. 500): «Es geht um Änderungen bauvorschriftswidriger Bauten, die noch unter altem Recht erstellt worden sind. Die Änderung darf keinesfalls zu Mehrausnützung führen. Hingegen können Verbesserungen in zumutbarem Rahmen verlangt werden; dieser Fall kann eintreten, wenn ein Haus in ein Hotel verwandelt wird.»

Das Votum von Walter Vollenweider folgte auf die beiden nachstehenden konkreten Nennungen von Erweiterungen (je Protokoll, S. 248):

– Eugen Spühler: «Eine im übrigen Gemeindegebiet liegende Samenhandlung will ein Silo erstellen.»
– Rudolf Friedrich: «Eine im Wohngebiet von Winterthur liegende Brauerei wird an Ort und Stelle erweitert.»

b) Kritik

1633 Hiezu ist nun im Einzelnen Folgendes zu sagen[26]:

α) Die restriktive Stellungnahme des Verwaltungsgerichtes ist m.E. im Wesentlichen dadurch begründet, dass das Verwaltungsgericht die beiden folgenden wichtigen Fragen nicht genügend auseinanderhielt[27]: Erste Frage: Auf welche baulichen und bewerbsmässigen Vorher-Zustände findet eine Regelung Anwendung? Zweite Frage: Welche Erfordernisse stellt die Regelung an die Zulässigkeit der zum Nachher-Zustand führenden Vorkehrungen (Transformation) und an den Nachher-Zustand selber? Die erste Frage wird

---

[26] Hier trete ich nicht auf die an sich nichtssagenden Bezugnahmen auf das «Bestandesprivileg» und die «Bestandesgarantie» ein (siehe hiezu im Einzelnen Rz 4335 f).
[27] Das geschah dann allerdings deutlich in dem nur in BEZ 1992 Nr. 14 wiedergegebenen Teil des auch in RB 1992 Nr. 75 publizierten Teiles eines Verwaltungsgerichtsentscheides vom 7. Mai 1992.

bezüglich PBG § 357 I (1991) in Rz 1612 f, die zweite, ebenfalls bezüglich PBG § 357 I (1991), in Rz 1651 f beantwortet[28].

Wo eine Vorschrift nur die Änderung von Gebäuden bzw. Bewerbungen regelt, welche den Vorschriften eines bestimmten Komplexes von Vorschriften für Neubauten bzw. Erstbewerbungen widersprechen, kann es zwar sein, dass diejenigen Vorschriften, welche bei Vorliegen eines Widerspruchs zu ihnen die Anwendbarkeit der Vorschrift auslösen, zugleich auch diejenigen sind, welche die anwendbare Vorschrift bei der Änderung eingehalten haben will. Es muss jedoch nicht so sein, besonders nicht bei Ausschaltung des Neubaurechtes (Rz 543 f, 1679 f). **1634**

Es muss insbesondere dort *nicht* so sein, wo die jetzige Vorschrift für die Änderung erklärtermassen eine Milderung gegenüber der vorausgegangenen Ordnung bewirken will und bereits die vorausgegangene Ordnung ihrerseits anstelle der Einhaltung der Vorschriften für Neubauten eine solche auf Einhaltung einer auf den Einzelfall zugeschnittenen Regelung verlangte. Das ist aber genau bei PBG § 357 in der Fassung von 1975 im Verhältnis zu derjenigen von 1943 und bei PBG § 357 in der Fassung von 1991 im Verhältnis zu derjenigen von 1975 der Fall. Vgl. Rz 543 f, 1433, 1515, 1558 und 1678. Der Widerspruch zu den Neubauvorschriften kann hier nun aber «eben *nicht* bereits» eine vorgesehene Änderung rechtswidrig erscheinen lassen, wenn deren Ergebnis nicht den Neubauvorschriften entspricht; solches anzunehmen ist kurzschlüssig. **1635**

β)   Ich nehme nun im Weiteren zuerst zu den Argumenten Stellung, welche die Auffassung unterstützen sollen, dass das Hinüber-Gehen von einer zonenwidrigen zu einer anderen zonenwidrigen Bewerbung nicht unter die von PBG § 357 II in der Fassung von 1975 bzw. von PBG § 357 I in der Fassung von 1991 bewirkte «Bevorzugung» falle: **1636**

Zur Behauptung sinngemäss: «Es käme bei Zulässigkeit zu einer praktisch unbeschränkten Fortsetzung der Zonenwidrigkeit des Bewerbes.» Gegenargument: Es stimmt zwar, dass bauliche Investitionen – ohne solche kommen die wenigsten Bewerbsauswechslungen aus – tendenziell die Bestandesdauer eines Gebäudes verlängern. Indessen erweist sich die Befürchtung als grundlos, dass damit nach der ersten, einmal zugelassenen Änderung die «Bevorzugung» auch für eine zweite, dritte usw. Änderungen beansprucht werden könnte. Wo die Zulässigkeit einer Änderung vom Ausmass einer bestimmten Differenz zwischen einem Vorher- und einem Nachher-Zustand abhängt, lässt es sich ohne weiteres vertreten, für den Entscheid über die Zulässigkeit der letzten in Frage stehenden Änderung jeweils von demjenigen Zustand auszugehen, welcher vorlag, als die auf die Vorschriftswidrigkeit abstellende Änderungsregelung (hier PBG § 357 I in der Fassung von 1975) in Kraft trat. Anders verhielte es sich nur, wo die Vorschriftswidrigkeit erst durch eine spätere Revision der «Grundregelung» (zB der Geschosszahlregelung für Neubauten) bewirkt worden ist; dann wäre vom Zustand bei deren Inkrafttreten auszugehen. Es müssen immer alle vorherigen, seit Inkrafttreten der angewendeten Regelung bereits zugelassenen Änderungen zusammengerechnet werden. Rz 188, 1484.

Zur Behauptung sinngemäss: «Die durch die Revision von 1975 angestrebte Erleichterung ist auch ohne Zulässigkeit des Hinübergehens von einer zonenwidrigen Nutzung **1637**

---

[28] Dass in einem weiteren Schritt, aber erst in einem solchen, dann vielleicht nicht mehr alle zuerst in Betracht gezogenen Vorkehrungen zu berücksichtigen sind, weil die anwendbaren Erfordernisse für einzelne von ihnen zu streng wären, sei damit nicht bestritten. Das ist aber bereits etwas anderes (rekursives Verfahren).

zu einer anderen zonenwidrigen Nutzung erreicht worden.» Gegenbemerkung: Es stimmt zwar, dass auch ohne diese «Bevorzugung» eine Erleichterung für die Bauaktiven gegenüber 1943 eingetreten ist (Rz 1553, 1676). Die Frage lautet jedoch, ob die bei den «Nutzungsänderungen» erreichte Erleichterung ausreichend war. Ich verneine dies, weil «Nutzungsänderungen» stets dynamisch (Rz 295) sind und deshalb noch eher eine flexible Regelung erfordern als Änderungen durch «Umbau», «Erweiterung». Zudem geht eine «Nutzungsänderung» raumplanerisch relevant keineswegs immer über den Umbau und die Erweiterung «hinaus». Hievon abgesehen bezog sich altBauG § 116 keineswegs nur auf «Umbauten» sowie «An- und Aufbauten», sondern auch auf «eingreifende Zweckänderungen» (Rz 1432 f); der Ruf nach Erleichterung bezog sich daher auch hierauf.

1638 Zur Behauptung sinngemäss: «Nutzungsvorschriften waren zur Hauptsache in den Bauordnungen der Gemeinden enthalten; Gebäude und Bewerbungen, welche deren Vorschriften widersprachen, waren nach den entsprechenden Bauordnungsvorschriften zu beurteilen; kantonalrechtliche Nutzungsvorschriften gab es nur für das übrige Gemeindegebiet, wobei hier BauG § 68 I zweiter Satz in der Fassung von 1959 lediglich eine angemessene Erweiterung bestehender Gewerbebetriebe zuliess und BauG § 116 in der Fassung von 1943 mithin nicht anwendbar war.» Gegenbemerkung: Das Verwaltungsgericht berücksichtigte zu wenig, dass bei der Festsetzung von BauG § 116 im Jahre 1943 die (auch später nicht sinnvolle) Unterscheidung zwischen «Bauvorschriften» und «Nutzungsvorschriften» noch nicht üblich war. BauG § 116 verwendete sie auf jeden Fall nicht. Die Rechtslage vor 1975 war keineswegs so, dass man grundsätzlich von folgender Kompetenzaufteilung für das nicht zum übrigen Gebiet gehörende Gebiet hätte ausgehen können: «Bauvorschriften» gehören ins Ressort des Kantons, «Nutzungsvorschriften» in dasjenige der Gemeinde oder umgekehrt. Die von den Gemeinden in den Jahren 1943 bis 1975 in ihre Bauordnungen aufgenommenen Ausnützungsziffern gehörten, zwar nicht so sicher wie die Gebäude- und Geschosszahlmaxima und Abstandsminima, aber doch wohl eher zu den «Bau-» als zu den «Nutzungsvorschriften» (Rz 1612 f); hier lag der Hauptharst der infolge Revision vorschriftswidrig gewordenen Gebäude. Zu den «Nutzungsvorschriften» konnte man die Vorschriften rechnen, welche aus bestimmten Zonen bestimmte Gebäude oder bestimmte Immissionsgrade erzeugende Bewerbungen ausschlossen. Neben BauG § 68c I lit. b in der Fassung von 1959 (Rz 3117) bezüglich des übrigen Gemeindegebietes konnten auch BauG § 68 mit der Ermöglichung des Verbotes von Wohnungen in den immissionstoleranten Industrie- und Gewerbezonen, ferner die Immissionsregelung BauG § 96 (Rz 1868 f) als eine kantonalrechtliche «Nutzungsvorschrift» qualifiziert werden. Wie die hierauf bezüglichen Änderungen zu beurteilen waren, dafür fehlten weitgehend Vorschriften in den Bauordnungen (vgl. Rz 3191 f). Es konnte deshalb BauG § 116 in der Fassung von 1943 durchaus auch auf Gebäude und Bewerbungen angewendet werden, welche den «Nutzungsvorschriften» widersprachen. Die Annahme der Nichtanwendbarkeit von BauG § 116 in der Fassung von 1943 auf die Änderung nutzungsvorschriftswidriger Gebäude und Bewerbungen hätte bezüglich dieses Themas grosse Lücken ins Rechtssystem geschlagen.

1639 Zu den Voten von Walter Vollenweider: Letzterer hatte ursprünglich eine Regelung vorgeschlagen, welche Änderungen von vorschriftswidrigen Gebäuden an die beiden Erfordernisse «angemessene Verbesserung» und «keine unzulässige Mehrausnützung» anknüpfte (Rz 1466 f). Weder das eine noch das andere Erfordernis ging in den definitiven Text ein. Für seine Argumentation war aber doch wohl noch sein Konzept wegleitend.

Hier aber wurde eine Hinüberführung von einer zonenwidrigen Nutzung zu einer anderen zonenwidrigen Nutzung nicht von vornherein als unzulässig angesehen.

γ) Nun soll noch zu Gesichtspunkten Stellung bezogen werden, welche in der Argumentation des Verwaltungsgerichtes nicht angesprochen wurden: 1640

In Rz 1533 f wurde bereits dargelegt, wieso m.E. Bewerbsausweitungen (Rz 307) als «Erweiterungen» zu qualifizieren sind[29]. Ähnliches ist auch für Bewerbsintensivierung zu sagen: Hier kann es um eine Auswechslung eines Bewerbes mit geringerer Immissionserzeugung, Gefahrenschaffung oder Infrastrukturbelastung durch einen solche, wo dies mehr zutrifft, gehen; ob hier vorher und nachher Gleichheit oder Verschiedenheit der räumlichen Ausdehnung vorliegt, ist oft nur eine Ansichtssache; der Gedanke an eine Erweiterung ist auch hier nicht von vornherein verfehlt. 1641

Aufbauten und *Anbauten* (Rz 180 f) sind immer auch Erweiterungen gemäss PBG § 357 II in der Fassung von 1975 und PBG § 357 I in der Fassung von 1991[30]. Wo es nun aber zu Auf- oder Anbauten kommt, wird regelmässig bisheriger blosser Luftraum einem gleichen oder anderen Bewerb wie darunter/daneben, einer gleichen oder anderen Nutzung wie darunter/daneben zugeführt. Der neue Bewerb, die neue Nutzung ist regelmässig von höherem Rang als das Bisherige. Niemand erstellt Auf- oder Anbauten einzig zum Zweck, nachher den bisher offenen Luftraum durch Wände, Decken, ein Dach usw. eingeschlossen zu haben. Jeder Auf- oder Anbau ist deshalb mit einer bewerbsmässigen Änderung verbunden. An Ort und Stelle liegt, bezogen auf vorher, nachher immer ein anderer Bewerb, eine andere Nutzung, eine Bewerbsauswechslung vor; eine Bewerbsausweitung kommt dabei immer auch hinzu und eine Bewerbsintensivierung liegt oft auch vor. 1642

Wenn nun aber Auf- und Anbauten – trotz der mit ihnen immer verbundenen Bewerbsauswechslung – eindeutig zugelassen sind, sofern ihnen keine überwiegenden öffentlichen und nachbarlichen Interessen entgegenstehen, dann ist nicht einzusehen, wieso das Gleiche nicht auch für eine innerhalb der bereits vorhandenen Gebäudehülle stattfindende Bewerbsauswechslung überhaupt zutreffen soll, selbst wenn von einem zonenwidrigen Bewerb zu einem anderen zonenwidrigen Bewerb hinüber gewechselt worden sein sollte. Eher müsste man raumplanerisch argumentierend noch das Gegenteil annehmen: Zulässigkeit der Bewerbsauswechslung innerhalb der vorhandenen Gebäudehülle (selbst wenn vorher und nachher Zonenwidrigkeit besteht), jedoch Unzulässigkeit der Bewerbsauswechslung ausserhalb davon im Auf- oder Anbauteil, wenn nicht neu Zonengemässheit entsteht. Eine Bewerbsauswechslung braucht keineswegs, auch nicht unter baurechtlich relevanten Gesichtspunkten, über Auf-, An- oder Umbauten «hinauszugehen». Es widerspricht daher dem Rechtsgleichheitsgebot, Auf- und Anbauten bei vorschriftswidrigen Gebäuden zuzulassen, wenn ihnen keine überwiegenden öffentlichen Interessen entgegenstehen und kein weiteres öffentliches Interesse verletzt wird, von vornherein aber im 1643

---

[29] Der Übergang eines Betriebes (Rz 1564) vom Inhaber A auf den Inhaber B ist wohl als solcher eine nicht eingreifende Bewerbsänderung (Rz 134 mit FN 76, 258 f) und keine Bewerbsauswechslung. Deshalb kann PBG § 357 II nicht bereits bei einem blossen Inhaberwechsel Anwendung finden.

[30] Es wurde sogar schon die Frage aufgeworfen, ob auch Neubauten zu den Erweiterungen zählen könnten. Vgl. den Verwaltungsgerichtsentscheid vom 17. Mai 1983, in: BEZ 1983 Nr. 16. Das wurde übrigens bereits im Verwaltungsgerichtsentscheid in RB 1974 Nr. 84 (also noch bezogen auf BauG § 116) – zu Recht – verneint.

Bereich der Zonenwidrigkeit verbleibende Bewerbsauswechslungen zu verbieten, obwohl diese beiden Erfordernisse erfüllt sind (in maiore minus!). Es ist falsch, die Vorstellung einer mit einem Verbleib in der Zonenwidrigkeit verbundenen Zweckänderung mit der Vorstellung zusätzlicher Immissionen, Gefährungen oder Infrastrukturbelastung gleichzusetzen. Zu Letzterem kann es dabei kommen, muss es aber nicht. Auf jeden Fall muss es dann nicht immer dazu kommen, wenn man als Zweckänderung jede Änderung eines Zweckes (zB auch schon für die Auswechslung eines Anwaltsbüros durch eine Sprachschule) und nicht nur gravierende Überführungen (zB für die Auswechslung einer Bank durch ein Einkaufszentrum) im Auge hat[31].

1644 δ) Das bedeutet, dass zur Zeit der Geltung von PBG § 357 I und II (1975) Bewerbsauswechslungen immer zulässig waren, wenn weder eine weitere Verschlechterung eintrat noch ein anderes öffentliches Interesse verletzt wurde bzw. keine überwiegenden, öffentlichen nachbarlichen Interessen entgegenstehen, selbst wenn der Bewerb vorher und nachher zonenwidrig war[32]. War das Erfordernis «kein Entgegenstehen überwiegender öffentlicher Interessen» jedoch von einem Vorhaben nicht erfüllt, so war es unzulässig, selbst wenn an sich der neue Bewerb zonengemäss gewesen wäre, aber das Gebäude bzw. der Bewerb als Ganzes nach der Änderung anderen Bauvorschriften widersprochen hätte. Bewerbsauswechslungen waren keineswegs automatisch, eo ipso, verboten, auch dann nicht, wenn der Bewerb vorher und derjenige nachher zonenwidrig waren. Allerdings ist einzuräumen, dass die Erfüllung des Erfordernisses von PBG § 357 II in der Fassung von 1975 eher selten gewesen sein dürfte, wenn es darum gegangen war, eine zonenwidrige Nutzungsart einer anderen zonenwidrigen Nutzungsart zuzuführen. Ausgeschlossen wäre es jedoch nicht von vornherein gewesen. In diesem Sinn ist wohl auch Roman Sieber, S. 227 zu verstehen.

1645 An all dem wurde durch die Revision von 1991 nichts zum Nachteil des Bauaktiven anders. Im Gegenteil: Jetzt ist die Zuführung zu anderen Bewerbungen, «Nutzungen» bei Einhaltung der übrigen Erfordernisse textlich allgemein erlaubt, ohne dass der Umweg über den Erweiterungsbegriff genommen werden muss.

1646 Das ZH-Verwaltungsgericht bestätigte jedoch in RB 1992 Nr. 75 (BEZ 1992 Nr. 30) die bereits unter der Herrschaft von PBG § 357 in der Fassung von 1975 vertretene Unzulässigkeit der «Nutzungsänderung an Bauten, die den Nutzungsvorschriften widersprechen, in eine andere vorschriftswidrige Nutzung» (Rz 1629 f), allerdings mit der Einschränkung, dass neu Zulässigkeit gelte, wenn «sich das betreffende Gebäude für eine zonengemässe, das heisst gesetzlich erlaubte oder erwünschte Nutzung nicht eignet» (Rz 1659 f). Das Verwaltungsgericht fährt dann unter Bezugnahme auf die Gesetzesmaterialien[33] weiter: «Diese Einschränkung ... bezieht sich klarerweise nur auf die Umnutzung, nicht auch auf den Umbau und die Erweiterung zonenwidriger Bauten ohne Nutzungsänderung.» Damit wird aber die in Rz 1631 f kritisierte, durch die verwaltungsgerichtliche

---

[31] Werner Schmid-Lenz, S. 63, scheint die Zulässigkeit der Auswechslung des Bewerbes als Bürohaus durch einen solchen als Quartierzentrum zu bejahen. Er geht da vielleicht etwas weit.

[32] Es besteht m.E. kein Grund, diese Aussage auf den Fall zu beschränken, in welchem das Gebäude den Wohnanteilvorschriften widerspricht, wie es Peter Bösch, Der Wohnanteilplan der Stadt Zürich, DISP Nr. 83, 1986, S. 25, vorschlägt.

[33] Vgl. die Fassung vor und nach der Formulierung durch die Redaktionskommission des Kantonsrates gemäss Protokoll der vorberatenden Kommission, S. 671 und des Ratsplenums, S. 13476 f und 13874 f. Rz 1604 f.

Praxis begründete Rechtsungleichheit für einen weiten Bereich beibehalten, also nicht behoben. Allerdings geschieht diese Bestätigung wegen der Einschiebung des Passus «sofern sie (nämlich die «Bauten und Anlagen») sich für eine zonengemässe Nutzung nicht eignen» jetzt mit besserer Abstützbarkeit auf den Gesetzestext als in demjenigen von 1975³⁴.

Die Bemerkung des Verwaltungsgerichtes, dass sich die obgenannte Einschränkung «wohl auch aus dem letzten Nebensatz von PBG § 357 I erster Satz ableiten liesse», mag zwar einiges für sich haben, ist aber trotzdem nicht zwingend, weder bezüglich des Vorbehaltes der Nichteignung bei der Zuführung zu einer anderen Nutzung noch bezüglich dessen Nichtgeltung bei den Umbauten und Erweiterungen. 1647

Ich halte an meiner Kritik bezüglich des Kurzschlusses «Verbleib in der Zonenwidrigkeit bewirkt Unzulässigkeit der Änderung» in Rz 1644 f fest. Die Hinzuerwähnung der nachbarlichen Interessen im Gesetzestext (Rz 1653) und die Einschränkung der Geltung jener Annahme gemäss Rz 1646 ändern daran nichts Wesentliches. 1648

c) Weitere Bemerkungen

Die Auffassung, sowohl unter PBG § 357 von 1975 als auch unter PBG § 357 von 1991 sei die Auswechslung eines zonenwidrigen Bewerbes durch einen anderen zonenwidrigen Bewerb schlechterdings verboten gewesen bzw. noch verboten (bei «Eignung»), beruht m.E. einerseits auf dem *Irrtum,* das nicht ausdrücklich Erlaubte habe als schlechterdings verboten zu gelten; andererseits handelt es sich um eine *Verkennung* des Umstandes, dass für solche Vorhaben von 1976 bis zum 31. Januar 1991 lediglich die Erfordernisse «keine weitere Verschlechterung» und keine «Verletzung eines anderen öffentlichen Interesses» bzw. «kein Entgegenstehen überwiegender öffentlicher Interessen» und «Angemessenheit der Erweiterung» gegolten haben (unter Ausschaltung des Neubautenrechtes, Rz 1678 f), und dass ab dem 1. Februar 1992 (bei Nichteignung zur zonengemässen Nutzung) lediglich die Erfordernisse «kein Entgegenstehen überwiegender öffentlicher und nachbarlicher Interessen» gelten³⁵. 1649

6. Zu «auf Veranlassung des Eigentümers»

Im Text des Paragraphen selbst finden sich keine Hinweise darauf, ob PBG § 357 I in der Fassung von 1991 nur auf «umbauen, erweitern und anderen Nutzungen zuführen» anwendbar sei, welche der Eigentümer bzw. Bewerbsträger selbst beabsichtigt hat, oder auch auf solche, bei welchen das Gemeinwesen Initiant ist. Dass Ersteres gilt, ergibt sich jedoch klar aus dem Randtitel zu dieser Vorschrift: «D. Änderungen an vorschriftswidrigen Bauten und Anlagen/I. Auf Veranlassung des Eigentümers». Das Gemeinwesen hat sich deshalb nur dann nach dieser Vorschrift auszurichten, wenn der Eigentümer sich nicht an deren Erfordernisse halten will oder hält, insbesondere im Bewilligungs- und Rechtsmittel- sowie im Zwangsvollstreckungsverfahren. Dass PBG § 357 I aber auch für den eine Vorkehrung beabsichtigenden Nicht-Eigentümer bzw. Nicht-Bewerbsträger gilt, 1650

---

³⁴ Der Passus wäre sonst eher ins Leere gesprochen.
³⁵ Bei Eignung zur zonengemässen Wohnnutzung wäre allerdings zu dieser hinüberzuwechseln; doch wo besteht bei bisher zonenwidriger Nutzung schon diese Eignung, wenn es nicht um jetzige Büros geht, wo früher gewohnt wurde?

dürfte klar sein. Daneben «haftet» aber immer auch der Eigentümer bzw. Bewerbsträger, es wäre denn, Dritte würden die Vorkehrung ohne oder gegen dessen Willen vornehmen[36].

7. Zu «Nicht-Entgegenstehen überwiegender öffentlicher oder nachbarlicher Interessen»

1651 a) Die Baudirektion begründete in den Erläuterungen zu ihrem Entwurf vom Februar 1988 auf S. 11 den Verzicht auf die bisherigen Erfordernisse des «Nichteintrittes einer weiteren Verschlechterung» und der «Nicht-Verletzung anderer öffentlicher Interessen» wie folgt:

> «Das Kriterium der ‹weiteren Verschlechterung› vermischt Fragen der Bestandesgarantie mit solchen der Zulässigkeit neuer oder verstärkter Abweichungen von Vorschriften.»

In Rz 4481 f ist dargelegt, dass allzu viele Vorstellungen mit dem Wort «Bestandesgarantie» verbunden sind, als dass man «Vermischung» damit als besonderen Mangel bezeichnen könnte. Hier wird nicht eine «Vermischung» entmischt, sondern ein äusserst vages negatives Erfordernis durch ein anderes, ebenso vages negatives Erfordernis ersetzt. Im Einzelnen ist dazu Folgendes zu sagen:

1652 b) α) Zur dreifachen Bedeutungsmöglichkeit des Begriffes der überwiegenden Interessen (Singular, Bestandteil einer Summe, Überschuss einer Summe über eine Summe mit gegenteiligem Vorzeichen) verweise ich auf die Ausführungen in Rz 897.

1653 β) Gemäss PBG § 357 I in der Fassung von 1991 dürfen einem Vorhaben nicht nur keine überwiegenden öffentlichen Interessen entgegenstehen, sondern es dürfen auch keine überwiegenden nachbarlichen Interessen entgegenstehen. Dass sich das Wort «überwiegend» ausser auf die öffentlichen Interessen auch auf die nachbarlichen bezieht, ist wohl selbstverständlich; denn sonst vermöchte ja, wegen des Wortes «oder» das Entgegenstehen eines noch so «leichtgewichtigen» nachbarlichen Interesses die Zulassung zu blockieren. Das kann nicht gemeint sein. Bemerkenswert ist, dass hier von «nachbarlichen» und nicht von «privaten» Interessen die Rede ist. Das ist wohl so zu verstehen, dass es sich hier nicht, wie dies beim Handeln gemäss Gebot der umfassenden Interessenabwägung der Fall sein müsste (Rz 885 f), um Privatinteressen schlechthin, sondern nur um solche handelt, welche sich nicht primär auf die Parzelle beziehen, auf der das zur Änderung vorgesehene Gebäude steht bzw. sich die zur Änderung vorgesehene Bewerbung befindet, sondern welche die örtlichen Verhältnisse in den umliegenden Parzellen betreffen. Zu denken ist hier insbesondere an den Entzug von Besonnung, Belichtung, Durchlüftung, Aussicht[37], Belastung mit Lärm- und Geruchimmissionen, Überbeanspruchung gemeinsamer Zufahrten, Abwasser-, Brauchwasser- und Stromleitungen, dies alles jedoch immer nur soweit es auch für das Gemeinwesen relevant ist.

1654 γ) Das Erfordernis «kein Entgegenstehen überwiegender öffentlicher oder nachbarlicher Interessen» ermöglicht zwar eine Verweigerung allein wegen überwiegender öffent-

---

[36] Dritte dringen zB in eine leerstehende Fabrik ein und beginnen hier zu wohnen oder Theater zu spielen (sogenannte Hausbesetzungen).
[37] Zum Problem der Aussichtserhaltung siehe Rz 339, 478 mit FN 1. Verwaltungsgerichtsentscheid vom 29. September 2000 (BEZ 2000 Nr. 51).

licher Interessen, trotz dem Wort «oder» aber kaum allein wegen überwiegender nachbarlicher Interessen. Hier für eine gerechte Interessenabwägung zu sorgen, ist nicht Aufgabe des öffentlichen Rechtes, sondern des Zivilrechtes.

c)   Das Bewilligungserfordernis des Nicht-Entgegenstehens überwiegender öffentlicher Interessen gemäss PBG § 357 I erster Satz (Fassung von 1991), wie schon gemäss PBG § 357 II erster Satz (Fassung von 1975, Rz 1540) kam auch in RPG Art. 24 I lit. b (Fassung von 1975) und kommt auch in RPG Art. 24 lit. b (Fassung von 1998, Rz 3786 f) vor. Es ist kaum anzunehmen, dass sich für Ersteres eine von der Praxis zum RPG abweichende Handhabung entwickeln kann, auch wenn es sich im Kanton Zürich bei PBG § 357 I (Fassung von 1991) um einen Begriff für die Regelung in Bauzonen, beim RPG um einen solchen für die Regelung ausserhalb der Bauzonen handelt und wenn PBG § 357 I erster Satz (Fassung von 1991) neben den öffentlichen auch noch die nachbarlichen Interessen erwähnt und die Eignungsklausel (Rz 1659 f) sowie die Dispensmöglichkeit (Rz 1699 f) enthält. Zur näheren Erläuterung von PBG § 357 I (Fassung von 1991) wird deshalb auf die Ausführungen zu jener bundesrechtlichen Regelung in Rz 3786 f verwiesen. 1655

d)   Kasuistik

– Die Baurekurskommission II bewertete im Entscheid BEZ 1993 Nr. 20 die Anhebung des Daches um 70 cm mit Einbau von drei Lukarnen sowie untergeordneten Änderungen im Erd- und Obergeschoss eines die Strassen-, Grenz- und Gebäudeabstandsminima massiv unterschreitenden Gebäudes zwar als unter PBG § 357 I fallend, aber als unzulässig, weil dem Vorhaben nachbarliche Interessen entgegenstanden (Entzug von Sonnenlicht, störende Einblickmöglichkeit); dies, obwohl das Nachbarbäude ebenfalls viel zu nahe an der Grenze stand. Es herrschten hier engste räumliche Verhältnisse. 1656
– Im ZH-Verwaltungsgerichtsentscheid vom 19. Dezember 1995 (BEZ 1996 Nr. 3) wurde die Zulässigkeit eines Vorhabens damit begründet, dass dieses nicht inner-, sondern ausserhalb des in den minimalen Grenzabstand hinreichenden Gebäudeteiles erfolge. 1657
– Das Bundesgericht erklärte in einem Entscheid vom 2. Juni 1994 (J. c. Küsnacht/ZH, betr. Beheizung eines privaten Freiluft-Schwimmbades, in: ZBl 1995 S. 281, 283 f): «Nach der Praxis des Verwaltungsgerichts (besteht keine Zulässigkeit), wenn die durch die Umbauten geschaffene innere Einteilung und Organisation oder Konstruktion des Gebäudes nicht mehr als Verbesserung oder Anpassung bezeichnet werden können.» Diese Formulierung überrascht insoweit, als diese Erfordernisse weder in bisher publizierten Entscheiden noch in PBG § 357 I in der Fassung von 1991 so zu finden sind. Schon in der Fassung von 1975 war das Erfordernis der Verbesserung fallen gelassen worden (Rz 1467 f). Dieser Text entspricht nur demjenigen von § 116 des Baugesetzes von 1943 (Rz 1431 f). Bemerkenswert ist sodann der nachfolgende Passus, wonach die Beheizung von Freiluft- und Hallenbädern einen «nicht lebensnotwendigen Charakter» aufweist. Der Eigentümer durfte vor die Alternative gestellt werden: entweder Abhängung des Schwimmbades von der Ölheizung des Wohnhauses oder Schaffung einer Beheizung mit erneuerbarer Energie. Siehe auch Rz 1323. 1658

8. Zu «Bauten und Anlagen», die «sich für eine zonengemässe Nutzung nicht eignen» (Vorher- und Nachher-Zustand)

1659 a) Dieser Passus wurde, wie in Rz 1604 erwähnt, erst in der Kommission des Kantonsrates in den Abs. I eingefügt, und zwar zuerst zwischen den Wörtern «und» und «anderen Nutzungen», und wurde dann von der Redaktionskommission zwischen «werden» und «wenn keine» verschoben. Die Folge davon war eine Verunklärung, ob sich das Zulässigkeitserfordernis der Nichteignung nur auf die Zuführung zu einer anderen Nutzung oder auch auf das Umbauen und Erweitern bezog[38]. Gemeint war wahrscheinlich Ersteres (Rz 1646).

1660 b) Auch hier handelt es sich praktisch wiederum nur um Gebäude, nicht auch um Bauten, welche keine Gebäude, also Anlagen sind (vgl. allerdings Rz 1658).

Das Wort «Nutzung» kann hier ohne weiteres als «Bewerb» im Sinne von Rz 218 f verstanden werden.

1661 c) Ähnlich wie beim Wort «angemessen» in PBG § 357 II erster Satz in der Fassung von 1975 (Rz 1543) kann man an sich die Eignung eines Gebäudes zu einer zonengemässen Nutzung sowohl als Voraussetzung der Anwendbarkeit der Regelung als auch als ein weiteres Erfordernis der Regelung selbst neben «kein Entgegenstehen überwiegender öffentlicher oder nachbarlicher Interessen» auffassen. Zwar weist der Passus «zu etwas geeignet sein» einen typischen Bezug zwischen Jetzt und Zukunft (Rz 327) auf, wie dies auch bei den Begriffen Auf-, Anbau, Bewerbsausweitung usw. zutrifft, welche ich als Anwendungsvoraussetzung auffasse. Bei diesen jedoch stehen die quantitativen Aspekte im Vordergrund, während es sich bei der Eignung vor allem um Qualitatives handelt, wie dies auch beim «Angemessen-Sein» zutrifft.

1662 d) Die Funktion des Begriffes Eignung/Nichteignung besteht darin, dass mit ihm bestimmt wird, was bei Eignung verboten und was bei Nichteignung zulässig ist. Diese fürs Erste paradoxe Verknüpfung erklärt sich so, dass die Eignung in einem Zustand besteht, welcher dem Zweck entspricht, den das Gesetz fördern will, welcher Zustand aber in concreto nicht leicht erreichbar ist. Nur wegen dieser Verkehrung der Fronten kommt es zu einem Verbot bezüglich des Besseren und einer Zulassung bezüglich des weniger Guten.

1663 e) Gemäss der (m.E. nicht überzeugenden) Praxis des Verwaltungsgerichtes zu PBG § 357 II erster Satz in der Fassung von 1975 (Rz 1629) war jede Änderung eines bisher zonenwidrige Bewerbs («Nutzung») in einen anderen, ebenfalls zonenwidrigen Bewerb («Nutzung») unzulässig, sofern es sich nicht um eine Bewerbsausweitung oder -intensivierung handelte, soweit es also, in der Terminologie nach Rz 307, nicht um eine Bewerbsauswechslung ging, schlechthin unzulässig (Rz 1629 ff). Nach der in PBG § 357 I erster Satz in der Fassung von 1991 gegebenen Auslegung gilt hienach die Unzulässigkeit nur

---

[38] Kantonsrat Kurt Sintzel wies mit Nachdruck darauf hin; er fand aber die für einen Rückkommensantrag nötige Mehrheit nicht. Der Kommissionspräsident Markus Hünig hielt anschliessend «ausdrücklich fest», dass sich das Zulässigkeitserfordernis nur auf die Zuführung zu einer anderen Nutzung bezieht. Siehe Protokoll des Kantonsrates, 1991–1995, S. 13874 ff.

noch, wenn das Gebäude, welches der Änderung unterzogen wird, sich für einen zonengemässen Bewerb eignet; eignet sich das Gebäude jedoch für einen solchen nicht, so soll jetzt neu Zulässigkeit gelten. An sich kann ich diese Einschränkung des schlechthin Unzulässigen nur bejahen, weil sie ein ohnehin auf einer der Rechtsgleichheit widersprechenden Unterscheidung beruht. Für diejenigen Änderungen eines bisher zonenwidrigen Bewerbes in einen anderen, ebenfalls zonenwidrigen Bewerb betreffend Gebäude, welche sich für einen zonengemässen Bewerb eignen, gelten sie allerdings weiterhin.

f) Verwandt mit dem Begriff der Eignung/Nichteignung sind die Begriffe Verwendbarkeit/Nichtverwendbarkeit, Verwendetsein/Nichtverwendetsein (Dienen/Nichtdienen) und Bestimmtsein/Nichtbestimmtsein. Rz 327. 1664

g) Die hier angesprochenen Zonen sind wohl vor allem diejenigen, welche eine Verbotswirkung bezüglich der Erstellung von bestimmten Gebäudearten kennen. Also zB Wohnzonen, sofern in ihnen gewerbliche oder industrielle Betriebe kategorienmässig (Rz 504 ff) oder bei Überschreitung eines bestimmten Immissionspegels untersagt sind. Ferner Industriezonen, sofern in ihnen das Wohnen, Dienstleistungs-, Grosslagerungs- und Grosshandelsbetriebe verboten sind. Ferner Landwirtschaftszonen, sofern in ihnen Gebäude für nichtlandwirtschaftlich tätige Bewohner und für nicht landwirtschaftliche Betriebe verboten sind[39]. In Betracht kommen aber auch Zonen, welche bestimmte Gebäude bzw. Bewerbungen zwar nicht gerade verbieten, aber doch deutlich als weniger willkommen als andere erscheinen lassen. 1665

h) Die Frage nach der Eignung/Nichteignung des Gebäudes für einen bestimmten zonengemässen Bewerb ist gemäss Verwaltungsgericht aufgrund «einer umfassenden Gesamtbetrachtung aller für den zu beurteilenden Einzelfall erheblichen Umstände» zu beantworten[40]. Dabei spielen die Bausubstanz, die Architektur, die innere Struktur der Baute, aber auch die Lage und Umgebung ein Rolle[41]. 1666

Auszugehen ist vom arbeitsmässigen und finanziellen Aufwand, welcher nötig ist, um das bisherige Gebäude auf den für den künftigen zonengemässen Bewerb, insbesondere für das Wohnen, erforderlichen Standard zu bringen. Dieser Aufwand ist mit demjenigen zu vergleichen, welcher für den vom Gebäudeeigentümer beabsichtigten nicht-zonengemässen Bewerb erforderlichen Aufwandung erforderlich ist[42]. Es ist auf Verhältnismässigkeit zu achten. Solche Beschränkungen gelten selbstverständlich dort nicht, wo die Gebäudeeigentümer freiwillig mitwirken. Hierauf zurückgehende, ortsbaulich erfreuliche Beispiele setzen nicht den Massstab dafür, was noch verhältnismässig ist. 1667

---

[39] Kaum aktuell sind jedoch wohl nicht-öffentliche Gebäude in Zonen für öffentliche Gebäude mit Ausschluss nicht-öffentlicher Gebäude. Hier steht u.U. die rechtliche Haltbarkeit der Zonierung in Frage.
[40] RB 1992 Nr. 75, umfassender in: BEZ 1992 Nr. 75.
[41] Wo es um das Problem der Einhaltung/Nichteinhaltung des Wohnanteilplanes geht, darf gemäss Verwaltungsgericht die Berücksichtigung der Qualität des Grundstückes (hervorragende oder mindere Wohnlage), in welchem das Gebäude steht bzw. der Bewerb betrieben wird, aber nicht so weit gehen, dass «dies auf eine vorfrageweise Überprüfung des Wohnanteilplanes hinauslaufen würde». Wo kippt die Berücksichtigung der Lage und Umgebung aber hiezu um?
[42] Es stellt sich hier eine ähnliche Aufgabe wie bei der umfassenden Interessenabwägung.

1668 Eine Nichteignung eines gewerblichen Gebäudes zu Wohnzwecken in einer Wohnzone mit Verbot von Gewerbe dieser Art kann zB vorliegen, wenn das Gebäude Geschosshöhen, Korridore, Schächte, Fenster von einer Höhe oder Breite aufweist, welche einen extrem unwohnlichen Eindruck erwecken. An der Eignung fehlt es hier wohl immer, wenn die Anpassung an die durchschnittlichen Wohnbedürfnisse baulich eine Umgestaltung des Gebäudes nötig machen würde (Rz 200 f). Umgekehrt eignet sich ein Wohngebäude in einer Industriezone mit Wohnbauverbot kaum je für eine gewerbliche oder industrielle Bewerbung, wenn es Treppenhaus, Geschosshöhen, Zimmergrössen und Fenstereinteilungen üblicher Art aufweist.

1668a Die Eignungsfrage stellt sich verschieden, je nachdem, ob es um ein Gebäude geht, welches für einen ganz anderen als den Zonenzweck erstellt worden ist (zB eine Fabrik in einer heutigen Wohnzone), oder aber um ein Gebäude, welches zwar dem heutigen Zonenzweck entsprechend erstellt, aber später einem anderen Zweck zugeführt worden ist (zB Wohnhaus in einer Wohnzone mit hohem Wohnanteil wurde später – rechtmässig oder rechtswidrig – für Büros verwendet)[43, 44]. Hier ist die Rückführung zum Zonenzweck im Allgemeinen leichter möglich.

1669 i) Von Bedeutung ist im Weiteren, ob bei der Beschränkung der Änderungszulässigkeit auf Ungeeignetheit des Gebäudes für eine zonengemässe Nutzung jede nicht optimale Eignung oder nur die bloss noch mässige oder gar nur die schlechte Eignung zur Änderung ermächtige.

1670 Heikel ist die Antwort in Fällen folgender Art: Der Inhaber eines industriellen oder gewerblichen Betriebes in der Industriezone mit Dienstleistungsverbot will aus dem Gebäude wegziehen, weil er in diesem seine Erweiterungs- oder Rationalisierungspläne nicht wunschgemäss durchführen kann und er keine Gewerbetreibende findet, welche bereit wären, den von ihm verlangten Kaufpreis oder Mietzins zu bezahlen.

1671 Bei einer wegen Fehlens interessierter Käufer/Mieter/Pächter oder aus persönlichen Gründen oder mangels Rentabiliät nicht mehr in Betracht kommenden Weiterführung der bisherigen Bewerbung besteht an sich zwar die Alternative: Leerstehenlassen des Gebäudes oder eine nicht unter PBG § 309 I lit. b (Rz 2543) fallende Zurverfügungstellung zu einem minimalen Bewerb oder Abbruch. PBG § 357 will jedoch «gerade keine Beschränkung auf diese unbefriedigende Wahlmöglichkeit»[45, 46].

1672 k) Unbeantwortet ist mit Obigem die Frage, welche Regelung für Änderungen an Gebäuden gelte, welche sich für eine zonengemässe «Nutzung» eignen, aber den Bauvorschriften widersprechen. M.E. gilt hier ebenfalls das Zulässigkeitserfordernis des Nicht-Entgegenstehens überwiegender öffentlicher und nachbarlicher Interessen, nicht aber dasjenige der Nichteignung des Gebäudes für den zonengemässen Bewerb. Anderenfalls befände man sich vor folgender unerfreulichen Situation: Es bestünde (auch) hiefür keine geschriebene Regelung. Es gälte dann aber nicht von vornherein Unzulässigkeit, son-

---

[43] Beides ist in der Stadt Zürich häufig.
[44] In dem in Rz 40 erläuterten Entscheid handelte sich um Ersteres.
[45] RB 1992 Nr. 30.
[46] In der Sitzung vom 28. Juni 1990 der vorberatenden Kommission des Kantonsrates wurde eine solche Alternative als «unsinnig» bezeichnet (Protokoll, S. 670).

dern es wäre zur Klärung normativer Unklarheit zu argumentieren. Zu diesem Schluss besteht aber kein Anlass.

9. Zu «dürfen»

a) Im Wort «dürfen» konzentriert sich das Normativum der Regelung, sprachlich zwar nur als Ausdruck einer Erlaubnis, inhaltlich aber auch teilweise als ein solches eines Verbotes. 1673

Es gibt zwar bisweilen Entscheide, in welchen die Anwendbarkeit von PBG § 357 I in der Fassung 1991 (im Unterschied zu derjenigen seines Vorläufers) für Gebäude abgelehnt wird, obwohl diese gegen gewichtige Standard-Vorschriften (zB Abstandsminima, Ausnützungsmaxima) verstossen und obwohl Umbauten und/oder Zuführungen zu anderen Nutzungen stattfinden sollen[47]. Dabei ist oft nicht klar ersichtlich, ob die Anwendbarkeit deshalb verneint wird, weil keine baulichen Änderungen vorgesehen sind, welche unmittelbar auf die verletzte Vorschrift Auswirkungen haben (zB durch Akzentuierung oder Verbreiterung des Verstosses) oder einfach deshalb, weil beim Entscheiden selbst nicht mehr an die vorhandenen Verstösse gedacht wurde. 1674

b) Ob die Behörde bei Vorliegen der von PBG § 357 I in der Fassung von 1991 genannten Erfordernisse bewilligen muss oder ob es in ihrem gebundenen Ermessen steht, dies zu tun, ist auch in Rz 1508 als Frage aufgeworfen. Ich halte dafür, es handle sich um eine Muss-Vorschrift mit verfehltem Ausnahmebewilligungsbezug. Rz 1700. 1675

10. Zu den weiteren Gesichtspunkten

a) **Zum Verhältnis der Erfordernisse von PBG § 357 I (1991) zu denjenigen von PBG § 357 I und II erster und zweiter Satz (1975) sowie derjenigen von PBG § 357 I (1991) unter sich**

α) Der ZH-Regierungsrat erklärte in seinem Antrag an den Kantonsrat vom 11. Oktober 1989 (Nr. 3027 S. 52) zum Vorschlag für die Revision von PBG § 357 (Rz 1601 f): 1676

> «Der sachliche Umfang der zulässigen Massnahmen an bestehenden Bauten und Anlagen, die den Vorschriften – zumeist infolge der Änderung dieser Vorschriften – nicht mehr entsprechen, soll im Sinne der bisher in Abs. 2 enthaltenen Umschreibung *ausgedehnt* werden, damit – sofern keine überwiegenden öffentlichen oder nachbarlichen Interessen entgegenstehen – auch *weitergehende Umbauten als bisher* bewilligt werden können.»

Dabei brachte der Regierungsrat zum Ausdruck, dass unter der angestrebten Erleichterung nicht diejenige gemeint war, welche sich aus der Dispensiermöglichkeit ergab (Rz 1699 f). 1677

In der Vorlage des Kantons- und des Regierungsrates an die Stimmberechtigten zur Volksabstimmung vom 1. September 1991 heisst es auf S. 3 sodann:

> «Bauliche Massnahmen (Umbauten und Anbauten usw.) sowie Nutzungsänderungen bei Bauten und Anlagen, die nicht mehr den Vorschriften entsprechen, werden im Interesse einer sinnvollen weiteren Nutzung der bestehenden Bausubstanz und einer sparsameren Bodennutzung *erleichtert*.»

---

[47] So im Entscheid der Baurekurskommission II, Nr. 295 vom 15. Dezember 1992 (R.Sch. c. Baukommission K.; nicht publiziert).

Die Erfordernisse von 1991 sind somit für den Bauaktiven auf keinen Fall strenger als diejenigen von 1975. Eher führt die Anwendung der Regelungen von 1991 zu einem für den Bauaktiven günstigeren Ergebnis.

1678 β) Der Eignungspassus innerhalb von PBG § 357 I (1991) gemäss Rz 1659 f führt bei Vorliegen der Eignung zu einer Erschwerung für den Bauaktiven im Verhältnis zur Situation bei Nichteignung. Bei Vorliegen der Eignung besteht sodann eine Erschwerung für den Bauaktiven, wenn man von der von mir in Rz 1629 f vertretenen Auffassung von PBG § 357 II (1975) bezüglich Auswechslung einer zonenwidrigen Nutzung durch eine andere zonenwidrige Nutzung ausgeht, sonst aber besteht Gleichheit. Bei Nichteignung besteht Gleichheit, wenn man von der von mir in dieser Hinsicht vertretenen Auffassung von PBG § 357 II (1975) ausgeht, sonst aber besteht eine Lockerung dieser gegenüber.

b) Zur Ausschaltung des Neubautenrechtes und zum Verhältnis zu Letzterem

α) Erleichterte Erfordernisse als Auslegungsziel

1679 Das Ziel der Auslegung von PBG § 357 I (1991) muss wegen Rz 1676 eine Regelung sein, welche für den Bauaktiven eine Erleichterung, Lockerung, Milderung gegenüber der Rechtslage seit 1975 bietet. Bei Massgeblichkeit auch der für Neubauten und Erstbewerbungen geltenden ziffernmässigen Anforderungen hätte dieses Ziel aber nur erreicht werden können, wenn die generalkauselmässigen Erfordernisse von PBG § 357 I und II (1975) durch largere Erfordernisse ersetzt worden wären. Das ist aber nicht eingetreten.

1680 Zum Verhältnis der Erfordernisse von PBG § 357 I in der Fassung von 1991 zu denjenigen von § 357 I und II, erster und zweiter Satz, in der Fassung von 1975 ist Folgendes zu sagen:

α') Zum Verhältnis der Erfordernisse «keine weitere Verschlechterung und keine Verletzung eines anderen öffentlichen Interesses» (PBG § 357 I [1975], Rz 1490 f) einerseits und dem Erfordernis «kein Entgegenstehen überwiegender öffentlicher oder nachbarlicher Interessen» (PBG § 357 I [1991], Rz 1651 f) anderseits: Wo ein Vorhaben überwiegenden öffentlichen oder nachbarlichen Interessen entgegensteht, wäre bei seiner Verwirklichung wohl auch regelmässig eine weitere Verschlechterung oder eine Verletzung eines anderen öffentlichen Interesses oder gar beides in Betracht gekommen. Es ist zwar denkbar, dass ein Vorhaben eine weitere Verschlechterung und/oder die Verletzung eines anderen öffentlichen Interesses bewirkt hätte und deshalb verboten gewesen wäre, ohne dass ihm auch überwiegende öffentliche oder nachbarliche Interessen entgegengestanden hätten und das deshalb heute erlaubt ist. Doch ist solches eher unwahrscheinlich und es lässt sich nicht klar angeben, wo dies der Fall ist; es kann auch das Umgekehrte zutreffen; es fliesst hier alles regentropfenmässig ineinander.

Zum Verhältnis des Erfordernisses «Einhaltung nur der allgemeinen Schranken der Eigentums- und Besitzesausübung» nach PBG § 357 II zweiter Satz (1991, Rz 1575) einerseits und «kein Entgegenstehen überwiegender öffentlicher oder nachbarlicher Interessen» nach PBG § 357 I (1991, Rz 1651) anderseits: Für den mit einem bestehenden Betrieb verbundenen Bauaktiven war die Regelung von 1975 wegen der hier für ihn vorgesehenen Privilegierung zumindest tendenziell günstiger als diejenige von 1991; für andere Bauaktive spielte sie jedoch keine Rolle.

β') Das deutet eher darauf hin, dass die Erfordernisse von PBG § 357 I (1975) gesamthaft gesehen für die Bauaktiven ungefähr gleich anspruchsvoll sind, wie es diejenigen von PBG § 357 I und II erster und zweiter Satz (1975) waren, auf keinen Fall sind die Ersteren für ihn merklich larger als die Letzteren. Das heisst aber an sich zwingend: Wenn schon die Erfordernisse von PBG § 357 I und II (1975) unter Ausschluss der die Neubauten und Erstbewerbungen betreffenden Erfordernisse im Sinne von Rz 543 galten, dann muss Letzteres erst recht für die Erfordernisse von PBG § 357 I (1991) zutreffen. Sonst hätte es überhaupt zu keiner Erleichterung, Milderung, Lockerung kommen können, welche der Rede wert ist.

1681

γ') Dabei ist allerdings folgender Unterschied zu beachten: Bezüglich PBG § 357 I und II erster und zweiter Satz (1975) galt die Möglichkeit der Gewährung von Ausnahmebewilligungen (wenn auch mit unzutreffender Begründung) als ausgeschlossen (Rz 1518 f, 1560); für PBG § 357 I (1991) ist die Dispensierbarkeit jedoch vorgesehen, und zwar bereits im Gesetzestext. PBG § 357 I zweiter Satz (1991) rechnet ausdrücklich für «neue oder weitergehende Abweichungen von Vorschriften» mit der Erteilung von «Ausnahmebewilligungen» (Rz 1700 f). Das hat jedoch nur zufolge, dass man seit 1992 das Fehlen der Dispensmöglichkeit nicht mehr (wie bis 1992) als ein Argument zur Bejahung des Ausschlusses des Neubaurechtes verwenden kann; dieser Ausschluss ist aber auch ohnedies genügend begründet, weil es sonst nicht zur vom Gesetzgeber erstrebten Milderung käme.

1682

β) Zur Unausweichlichkeit der Annahme der Neurechtsausschaltung

So wenig in PBG § 357 I und II (1975) die beabsichtigte Erleichterung gegenüber 1943 erreichbar gewesen wäre, wenn neben den generalklauselhaften Erfordernissen auch noch die für die Neubauten und Erstbewerbungen gesetzten Erfordernisse, soweit aktuell, hätten eingehalten werden müssen, so wenig ist solches bei derjenigen von PBG § 357 I (1991) anzunehmen. Das Erfordernis von a + b für eine Erlaubnis ist immer strenger, als wenn bloss a vorzuliegen hat und b a nicht einschränkt (Rz 545). Gemäss Fassung von 1991 muss deshalb nur noch das Erfordernis «kein Entgegenstehen von überwiegenden öffentlichen und nachbarlichen Interessen» erfüllt werden, mit vorteilhafter Regelung für den Fall der Nichteignung des Gebäudes für einen zonengemässen Bewerb und Bejahung der Dispensmöglichkeit. Das Recht für Neubauten und Erstbewerbungen ist somit auch in der Fassung von 1991 als grundsätzlich ausgeschaltet zu betrachten, soweit es sich nicht unmittelbar um das neu Geschaffene selbst, unabhängig vom Umliegenden handelt. Was dies bezüglich der mit den Regelungen des präfiniten Baurechtes geschützten Rechtsgüter nicht bedeutet bzw. bedeutet, ist in Rz 569 f, 1684 dargelegt. Was sich für Konsequenzen daraus für die Ausnahmebewilligungspraxis ergeben, ist in Rz 1689 f näher besprochen.

1683

γ) Die Auswirkungen der Ausschaltung des Neubautenrechtes

α') *Keine Öffnung für Willkürakte*

Dass Änderungen von Gebäuden bzw. bereits ausgeübten Bewerbungen sich von der Erstellung von Neubauten bzw. von der Erstaufnahme von Bewerbungen sachlich wesentlich unterscheiden und deshalb auch eine abweichende Regelung rechtfertigen, ist in Rz 159 f und 295 f dargelegt. Dass aus der grundsätzlichen Ausschaltung der für Neubau-

1684

ten bzw. Erstbewerbungen geltenden Regelungen keine rechtsstaatlich bedenkliche Ordnung resultiert, ist in Rz 569 f erörtert. Dass mit dieser grundsätzlichen Ausschaltung keineswegs auch die bei der Aufstellung von Regelungen für Neubauten bzw. Erstbewerbungen vorgenommenen Bewertungen unbeachtlich werden, sondern im Rahmen des Gebotes der umfassenden Interessenabwägung zwar nicht mehr mit der starren Ziffer, aber der Konzeption nach weiterhin eine wichtige Rolle spielen, wird in Rz 1685 begründet. Daher dürfen auch bei Bejahung der Neubaurechtsausschaltung Bewilligungen mit Bedingungen und Auflagen versehen werden.

β') *Massgeblichkeit des Konzeptes der Regelung, nicht einer allfälligen Maximal- oder Minimalziffer*

1685 Die Ausschaltung der die Neubauten bzw. Erstbewerbungen betreffenden Regelungen für gewisse bauliche und bewerbsmässige Änderungen bewirkt im Ergebnis Folgendes: Es kommt für den Entscheid über Letztere einzig darauf an, ob bei der Gesamtbeurteilung der Änderung unter den Gesichtspunkten der Wohn- und Arbeitshygiene, der Sicherheit, der Erschliessung, des allgemeinen Quartiercharakters, der Siedlungspolitik usw. örtlich keine überwiegenden öffentlichen oder nachbarlichen Interessen entgegenstehen. Ist dies zu verneinen, so muss die Bewilligung erteilt werden, auch wenn das Vorhaben den sonst für Neubauten bzw. Erstbewerbungen geltenden Maximal- und Minimalziffern nicht entspricht, auch wenn die bisherige Bauvorschriftswidrigkeit ganz oder teilweise bestehen bleibt. Stehen jedoch wegen der Besonderheit der Örtlichkeit überwiegende öffentliche oder nachbarliche Interessen entgegen, so ist die Bewilligung zu verweigern, dies auch wenn die Ziffern des Neubaurechts an sich eingehalten wären. Die Auswirkungen auf die öffentlichen und nachbarlichen Interessen schlechthin, nicht die Einhaltung von Regelungen für Neubauten und Erstbewerbungen sind somit das Entscheidende.

1686 Bei alledem muss man sich Folgendes vor Augen halten:
Wegen der Absicht des Gesetzgebers von 1975, eine Milderung gegenüber 1943 herbeizuführen, durfte man nach 1975 nicht wieder durch die Hintertüre des Erfordernisses «keine weitere Verschlechterung und keine Verletzung eines anderen öffentlichen Interesses» die früheren Erfordernisse «angemessene Verbesserung» und «keine gemäss Baugesetz oder Bauordnung unzulässige vermehrte Ausnützung» einführen. Solches darf aber auch nicht bei der Anwendung von PBG § 357 I in der Fassung von 1991 über das Erfordernis «kein Entgegenstehen überwiegender öffentlicher oder nachbarlicher Interessen» geschehen. Somit muss auch jetzt jedes rein rechnerische Denken ausser Betracht fallen. Das bedeutet zB in einer Zone, welche für Neubauten maximal drei Geschosse zulässt, den Grenzabstand einschliesslich Mehrlängenzuschlag auf minimal 9,0 m festsetzt und die Ausnützung auf maximal 50% limitiert, dass ein zu einem vierten Geschoss oder zu einem Grenzabstand von nur 7,57 m oder zu einer Ausnützung von 54,3% führendes Änderungsvorhaben nicht von vornherein baurechtswidrig ist, dies auch dann nicht, wenn damit rechnerisch eine bereits bestehende Übernutzung akzentuiert oder verbreitert wird oder eine Übernutzung erstmals eintritt. Mehrausnützungen dürfen deshalb auch nicht einfach verweigert werden, weil sie erfolgen:

– in einem bereits überzähligen Geschoss;
– in einem bereits über die maximal zulässige Gebäudehöhe hinaus ragenden Gebäudeteil;

– in einem bereits in einen minimalen Grenz- oder Gebäudeabstand hineinreichenden Gebäudeteil;
– in einem Gebäude, das bereits länger ist, als die maximale Gebäudelänge dies zulässt;
– in einem Gebäude, das bereits die Überbauungs-, Baumassen-, Freihalteziffer überschreitet.

In allen diesen Situationen muss der Blick von den diese Vorschriften enthaltenden Zahlen weggelenkt und auf die dahinter stehenden, von diesen Vorschriften gewahrten öffentlichen Interessen, Rechtsgüter gerichtet werden. Dabei ist abzuklären, ob diese Interessen *in concreto* respektiert sind oder nicht. Das ist eine bedeutend freiere, aber auch gedanklich anspruchsvollere Beurteilungsweise als diejenige, welche bei der unmittelbaren Anwendung eben dieser Vorschriften ausreicht. Es genügte bei der Anwendung von PBG § 357 I und II erster und zweiter Satz in der Fassung von 1975 nie, einfach mit dem Massstab oder dem Taschenrechner zu arbeiten. Bei PBG § 357 I in der Fassung von 1991 verhält es grundsätzlich entsprechend.

γ) *Belanglosigkeit des Unterschiedes bei konzeptionell formulierten Grundanforderungen an Gebäude*

Wo eine Vorschrift von zentraler Bedeutung, eine Grundanforderung an Gebäude, im Gesetz bereits konzeptionell, also nicht unter Verwendung von Maximal- und Minimalziffern formuliert ist, dort ist die Frage, ob sie telquel oder nur dem Konzept nach zu befolgen sei, belanglos; denn in solchen Fällen dürfte es von vornherein klar sein, dass das in der gesetzlichen Vorschrift verwendete, als zentral anzusehende Konzept auch bei den Änderungen zum Zuge kommen muss, sonst ginge es ja nicht um eine Grundanforderung. Als Vorschriften von zentraler Bedeutung ohne Maximal- oder Minimalziffern zu werten sind insbesondere das Verbot der nachteiligen Beeinflussung noch fehlender planungsrechtlicher Festlegungen (PBG §§ 233 f)[48], das Gebot der hinreichenden Erschliessung (PBG §§ 236 f, 240 f), das Verbot der Verunstaltung der baulichen und landschaftlichen Umgebung (PBG § 238, Rz 2058a) und das Gebot der bestandes- und betriebssicheren Beschaffenheit (PBG § 239, Rz 2059). Diese Vorschriften nehmen den grössten Teil des mit der Überschrift «Grundanforderungen an Bauten und Anlagen» versehenen Abschnittes B des IV. Titels mit der Überschrift «Das öffentliche Baurecht» des PBG ein. Dass die ebenfalls in diesem Abschnitt vorkommenden Vorschriften über Fahrzeugabstellplätze (PBG §§ 242–247), Spiel- und Ruheflächen sowie Gärten (PBG § 248) und Kehrichtbeseitigung (PBG § 249) nicht gleichrangig zu behandeln sind, liegt wohl auf der Hand. Doch bestehen gerade hiefür durchwegs Sonderregelungen für das postfinite Recht. Rz 2112 f, 2215 f und 2228 f.

1687

---

[48] Eine nachteilige Beeinflussung wird bei den doch meistens zu den bescheideneren Vorhaben gehörenden baulichen und bewerbsmässigen Änderungen (also keine sekundären Neubauten und Erstbewerbungen!) ohnehin eher selten der Fall sein; denn auch Neubauvorhaben können nur bei einer gewissen Massivität der Abweichung von für die künftige planerische Entwicklung bedeutsamen Regelungen verweigert werden. Rz 2021 f. Siehe auch Rz 1984 und 1986 bezüglich RB 1990 Nr. 78 (BEZ 1990 Nr. 30) und RB 1991 Nr. 61 (BEZ 1991 Nr. 10).

δ') *Kompensierbarkeit von Verschlechterungen und Verbesserungen*

1688 Wenn Vorkehrungen nur bei Nichtentgegenstehen überwiegender öffentlicher oder nachbarlicher Interessen gestattet sind, so stellt sich die Frage, ob dies so zu verstehen sei, dass überhaupt keine im Sinne von Rz 897 überwiegenden öffentlichen oder nachbarlichen Interessen negativ tangiert werden dürfen (strenge Fassung); oder aber heisst dies, dass ein Verbot nur dort gilt, wo der Tangierung öffentlicher oder nachbarlicher Interessen keine mindestens gleich grossen Vorteile für die öffentlichen oder nachbarlichen Interessen gegenüberstehen, anders ausgedrückt, wo die Verschlechterungen die Verbesserungen per Saldo überwiegen (lockere Fassung). Es geht hier um das Problem der Kompensierbarkeit von Verschlechterungen durch Verbesserungen. Wegen der inhaltlichen Offenheit des Begriffes «Nichtentgegenstehen überwiegender öffentlicher oder nachbarlicher Interessen» kann man m.E. die Kompensierbarkeit bedenkenlos bejahen. Das Verwaltungsgericht entschied jedoch gegenteilig[49, 50].

ε') *Nicht-Aktualität von Ausnahmebewilligungen*

1689 Trifft die Auffassung zu, dass gemäss PBG § 357 I in der Fassung von 1991 die Vorschriften für Neubauten und Erstbewerbungen grundsätzlich ausgeschaltet sind und sie nur, aber immerhin, ihrem Konzept, nicht aber mit ihren Maximal- und Minimalziffern gelten, so ist auch klar, dass die Argumentation mit Ausnahmebewilligungen hier verfehlt ist. Von Konzeptionen der Gesetzgebung darf nicht dispensiert werden, es braucht aber auch nicht dispensiert zu werden, um dem Einzelfall gerecht zu werden[51].

δ) *Wie weit harmoniert diese Auffassung mit der verwaltungsgerichtlichen Praxis?*

1690 α') Die hier vertretene Auffassung wurde weder für PBG § 357 I und II in der Fassung von 1975 noch für PBG § 357 I in der Fassung von 1991 von den Baurekurskommissionen und/oder vom Verwaltungsgericht je einmal so klar zum Ausdruck gebracht. Ich bin jedoch der Auffassung, dass zumindest die vier folgenden Entscheide in ihrer Argumentation nur befriedigen, wenn man davon ausgeht, dass die für Neubauten bzw. Erstbewerbungen geltenden Vorschriften als solche grundsätzlich nicht gelten, dass sie nur mit ihrem Konzept, jedoch nicht mit ihren starren Ziffern zu beachten sind. Die Beachtung des Konzeptes erfolgt – von 1976 bis zum 31. Januar 1992 über die Begriffe des (Nicht-)Eintrittes einer weiteren Verschlechterung und der (Nicht-)Verletzung von anderen öffentlichen Interessen sowie des (Nicht-)Entgegenstehens überwiegender öffentlicher Interessen und der (Nicht-)Angemessenheit einer allfälligen Erweiterung bzw. sie erfolgt seit dem 1. Februar 1992 mittels des Begriffes des (Nicht-)Entgegenstehens überwiegender öffentlicher oder nachbarlicher Interessen.

---

[49] RB 1986 Nr. 100. Dieser noch auf PBG § 357 I in der Fassung von 1975 beruhende, Kompensierung ablehnende Entscheid war möglicherweise darauf zurückzuführen, dass das Verwaltungsgericht an der Umschreibung im Entscheid in RB 1980 Nr. 135 mit der Bejahung der Massgeblichkeit des Verstosses gegen «irgendein» Rechtsgut (Rz 1490 f) festhalten wollte. Allerdings fasste das Verwaltungsgericht Bagatellverletzungen nicht als Verschlechterung auf.

[50] Das Verwaltungsgericht vermengte in RB 1986 Nr. 100 m.E. die Erfordernisse «kein Eintritt einer weiteren Verschlechterung» und «keine Verletzung eines anderen öffentlichen Interesses».

[51] Siehe Rz 1518 mit FN 36.

- Im Fall RB 1980 Nr. 135 (vgl. Rz 1492) stellte sich die Frage, ob an einer die maximal zulässige Gebäudelänge überschreitenden Verkaufshalle noch ein um 7 m vorkragendes Vordach angefügt werden dürfe. Das ZH-Verwaltungsgericht erblickte hierin eine weitere Verschlechterung. Das wurde einerseits unter Hervorhebung der Zwecksetzung der Gebäudelängenmaxima (nicht mehr nur feuerpolizeiliche, sondern primär städtebaulich-ästhetische Motivierung) begründet, anderseits damit, dass die Verhinderung optisch dominierender, im Verhältnis zur Bauhöhe übermässig langer Gebäude in einer Wohn- und Gewerbezone «ihren guten Sinn» besitze; denn hier sei «vermehrt mit der Möglichkeit der Erstellung von Bauten zu rechnen, die ganz auf die betrieblichen Bedürfnisse des Eigentümers ausgerichtet sind und darum aus dem Rahmen der übrigen Überbauung fallen». Das Vordach würde «äusserst massiv wirken und den Eindruck einer überlangen Baute noch verstärken». Das Verwaltungsgericht hätte sich diese ganze Argumentation ersparen können, wenn es zahlenmässig direkt auf das Neubaurecht angekommen wäre; es hätte einfach erklären können: Die Bauordnung beschränkt die Gebäudelänge auf maximal x m; die Verkaufshalle füllt bereits ohne Vordach dieses Maximum aus bzw. überschreitet dieses Mass jetzt schon um y m und erst recht nach Anfügung des Vordaches von 7 m Länge in der Längsrichtung bzw. das Vordach sei mehr als x m lang[52].
- Im Fall RB 1986 Nr. 100 ergab sich ein dem Bauaktiven willkommener und den Nachbarn unwillkommener Entscheid. Hier bejahte das ZH-Verwaltungsgericht, ohne dass von der Erteilung einer Ausnahmebewilligung die Rede war, dass die lichte Höhe einer Räumlichkeit von 2,39 m um 1 bis 2 cm verkleinert werden dürfe, obwohl diese gemäss PBG § 304 2,40 m betragen müsste. Auch eine geringfügige Unterschreitung eines Minimums wäre rechtswidrig, wenn das Minimum wirklich gälte und keine Ausnahmebewilligung erteilt wurde.
- Sodann sehe ich in der Praxis des ZH-Verwaltungsgerichtes, wonach PBG § 357 auf die «Tragweite» von PBG § 226 einwirkt (vgl. Verwaltungsgerichtsentscheid vom 17. Mai 1983, in: BEZ 1983 Nr. 16, demgegenüber: RB 1979 Nr. 92 = ZBl 1980 S. 259 f) eine wenigstens teilweise Bestätigung, dass das für Neubauten geltende Recht ausgeschaltet oder zumindest modifiziert wird, auch wenn diese Praxis noch PBG § 357 II in der Fassung von 1975 betrifft (die Problematik ist die gleiche).
- In die gleiche Richtung deutet m.E. auch der ZH-Verwaltungsgerichtsentscheid vom 17. November 1998 (RB 1998 Nr. 124, BEZ 1999 Nr. 2) betr. Umbauten im Aula- und Mensagebäude der Kantonsschule X. Ausgegangen wurde dabei von der Annahme, dieses Gebäude genüge dem Gebot behindertengerechten Bauens gemäss PBG § 239 IV (Rz 2099 f) nicht und sei deshalb bauvorschriftswidrig im Sinne von PBG § 357 I. Hieraus wurde gefolgert, eine vom Bauaktiven selbst beabsichtigte «Verbesserung» (hier: die Schaffung nur gerade von behindertengerechten WC's in einem Untergeschoss ohne Rampe/Lift und Verbesserung der Entlüftung allgemein) *müsse nicht* dazu dienen, einen durch den Umbau oder die Erweiterung des Gebäudes verursachten oder verschärften Mangel (hier das Fehlen von Rampe/Lift und Verlängerung der «Lebensdauer» des nicht voll behindertengerechten Gebäudes durch die baulichen Vorkehrungen) zu beheben (hier: durch Erstellung auch noch einer Rampe oder eines Liftes);

---

[52] Bemerkenswert ist, dass im Auszug in RB 1989 Nr. 135 nicht einmal gesagt wird, auf welches Mass x die Bauordnung die Gebäudelänge beschränkt; PBG § 238 ist im Auszug nicht einmal erwähnt.

solches wäre hier unzumutbar (Rz 2109). Die «Verursachung» oder «Verschärfung eines Mangels» müsste jedoch verhindert werden, wenn eine Unzulässigkeit bewirkende Regelung gälte; weil dies aber nach Auffassung des Verwaltungsgerichtes nicht zu verhindern ist, muss hier die Ausschaltung der solches sonst bewirkenden Regelung angenommen werden.

1691 β') Hingegen kam es eher zu einer Verneinung des Ausschlusses des Neubaurechtes in den drei folgenden Fällen:
- Mit Entscheid vom 1. Oktober 1987 (Gemeinde K. und H.P.H. c. L.K; nicht publiziert) lehnte es das ZH-Verwaltungsgericht ab, bei einem vom Gemeinderat bewilligten, aber vom Nachbarn angefochtenen Umbau eines einen ungenügenden Strassenabstand aufweisenden Gebäudes, welches die Parzelle bisher mit 38,5% ausnützte, in einer Zone, in welcher die Ausnützung auf maximal 35% festgelegt ist, eine Erhöhung auf 44,2% (also um 15%) zuzulassen, obwohl am Äusseren des Gebäudes keine beachtliche Änderung eingetreten wäre[53]. Auffällig ist an diesem Entscheid allerdings, dass das Verwaltungsgericht nicht einfach auf die Einhaltung der Ausnützungsziffer pochte; das ist doch wieder ein gewisses Indiz für die Annahme einer Ausschaltung des Neubaurechtes.
- Gemäss Verwaltungsgerichtsentscheid vom 11. Juli 1990 (BEZ 1990 Nr. 30), ferner Verwaltungsgerichtsentscheid vom 16. November 1989 (VB 89/0125, nicht publiziert) sind PBG §§ 233 f auf Änderungen direkt anwendbar. Das bedeutet im Ergebnis, dass die nachteilige Beeinflussung einer noch fehlenden planungsrechtlichen Festlegung nicht als Argument für den Eintritt einer weiteren Verschlechterung oder die Verletzung eines anderen öffentlichen Interesses ins Feld geführt werden kann; dieser Gesichtspunkt beurteilt sich allein nach PBG §§ 233 f. Allerdings wäre die Rechtslage wohl die gleiche, wenn auch hier die PBG §§ 233 f als solche ausgeschaltet wären und nur ihrem Konzept nach in PBG § 357 I in der Fassung von 1975 eine Rolle hätten spielen können; denn in diesem Fall könnte man wohl nicht mit Fug behaupten, einer Vorkehrung, welche eine noch fehlende planungsrechtliche Festlegung nachteilig beeinflusse, führe weder zu einer Verschlechterung, noch verletze eine solche Vorkehrung ein anderes öffentliches Interesse – vorausgesetzt, dass wirklich eine solche nachteilige Beeinflussung angenommen werden müsste. Rz 1946 f.

1692 γ) Eher unklar wurde vom ZH-Verwaltungsgericht jedoch die Frage, ob PBG § 357 das Neubaurecht ausschalte oder nicht, in RB 1988 Nr. 75 beantwortet. Hier ging es um die Anwendbarkeit der Ästhetikklausel PBG § 238 II im Falle der Änderung eines baurechtswidrigen Gebäudes. Ob dabei PBG § 238 II als solcher oder nur seinem Konzept nach anzuwenden sei, blieb offen.

c) **Zum Verhältnis von Globalregelung und Sektoralregelungen**

1693 PBG § 357 I in der Fassung von 1991 ist eine Globalregelung im Sinne von Rz 801 f. Die in Rz 1517 und 1559 für 1975 aufgeführten Sektoralregelungen des postfiniten Baurech-

---

[53] Zu erwähnen ist hier, dass die Gemeinde K. in der Zwischenzeit die Ausnützungsziffer für den Fall eines Dachgeschossausbaues um 15% gegenüber dem normalen zonengemässen Maximum durch Aufnahme einer entsprechenden Regelung in der Bauordnung generell erhöhen wollte; der Regierungsrat versagte dem jedoch die Genehmigung (Rz 3237 f).

tes gelten im Wesentlichen auch 1991 weiter. Es sind allerdings vier Vorbehalte anzubringen:

- bezüglich der im Jahre 1983 als vierten Absatz in PBG § 357 eingegliederten, 1984 in den fünften Absatz verschobenen und 1991 in den vierten Absatz zurückverschobene Regelung des Energiesparens durch bauliche Vorkehrungen (Rz 2932 ff);
- bezüglich PBG §§ 242 f in der Fassung von 1975 und 1987, wo die Zahl der erforderlichen Autoabstellplätze bei «allgemeinen baulichen Änderungen, die einen erheblichen Teil der Baute oder Anlage erfassen» und «Nutzungsänderungen» geregelt wird (Rz 2112 f);
- bezüglich PBG § 275 II in der Fassung von 1991, welcher die für Aufbauten und vertikale Bewerbsausweitungen in der Dachpartie von Altbauten wichtigen Kniestockhöhe neu regelt (Rz 2351 f);
- bezüglich Art. III Abs. III und IV des Gesetzes zur Revision des PBG vom 1. September 1991[54] zur Ermittlung des Ausnützungsgrades bei Ausbau bestehender Dach- und Untergeschosse in vor dem 1. September 1991 erstellten Gebäuden und allgemein bezüglich der Nichtanrechnung der Aussenwandquerschnitte in der Zeit zwischen dem 1. Februar 1992 und dem Inkrafttreten einer dem PBG in der Fassung von 1991 angepassten Bauordnung, grundsätzlich längstens bis zum 1. Februar 1997 (Rz 1724)[55].

Die Beziehungen von PBG § 357 in der Fassung von 1983, 1984 und 1991 zu den wichtigeren dieser Sektoralregelungen werden, soweit es um postfinite Aspekte geht, bei der Erörterung der Letzteren behandelt.

d) Zur Nicht-Aktualität von Ausnahmebewilligungen

M.E. braucht von den Erfordernissen von PBG § 357 I erster Satz in der Fassung von 1991 nicht dispensiert zu werden, obwohl dies formal denkbar wäre (Rz 606 f, 1518, 1560, 1689). Wo allerdings kein Bedarf nach Ausnahmebewilligungen besteht, soll auch nicht dispensiert werden. Die Hinzufügung des Ausnahmbewilligungsvorbehaltes 1991 war verfehlt (Rz 1700 f). Wenn der Regierungsrat in den Erläuterungen erklärt: **1694**

> «Im Zusammenhang mit Altbauten sollen ... neue oder weitergehende Abweichungen von Vorschriften nach § 220 behandelt werden müssen und behandelt werden können. Diesbezüglich soll § 357 I die Anwendbarkeit von § 220 nicht mehr ausschliessen.»

so befürwortet er damit nicht nur Dispensabilität, wo es m.E. keine solche braucht, sondern er äussert sich damit indirekt auch gegen den hier vertretenen Standpunkt, dass neben dem Erfordernis «kein Entgegenstehen überwiegender öffentlicher oder nachbarlicher Interessen» das Neubaurecht als solches nicht auch noch gilt; und zwar äussert er sich vollständig dagegen; denn neben Bauvorschriften, von welchen neu oder weitergehend abgewichen werden kann, bleibt überhaupt keine Regelungen mehr übrig, von welchen zu dispensieren ein Bedürfnis bestehen könnte. Weil man aber bei der Aufrechterhaltung des Erfordernisses, dass von Neubauvorschriften nur bei Erteilung einer Ausnah-

---

[54] OS, Bd. 51, S. 817.
[55] Das ist nun allerdings eine «eigentliche Übergangsbestimmung»; vgl. Rz 1741. Sie galt grundsätzlich bis zum 1. Februar 1997. Vorübergehend bewirkte sie eine Lockerung für gewisse Änderungen gegenüber Neubauten und Erstbewerbungen (Rz 810).

mebewilligung abgewichen werden dürfe, das mit Nachdruck verkündete Ziel der Revision von 1991, Änderungen zu erleichtern, nicht widerspruchslos erreichen kann, sind diese Äusserungen m.E. unbeachtlich. Widersprüchliches kann nicht gleichzeitig gewollt sein.

e) Zur Legiferierungskompetenz der Gemeinden bezüglich PBG 357 I (1991)

1695 Rz 635 f, 1519 und 1561 gelten analog.

f) Nichtanwendbarkeit auf Gebäude und Bewerbungen, welche den Bauvorschriften entsprechen

1696 Nicht unter PBG § 357 I in der Fassung von 1991 fallen Gebäude und Bewerbungen, welche keinen Bauvorschriften widersprechen oder nur einer umfassenderen Verbotsvorschrift widersprechen, aber der hierauf bezogenen engeren Erlaubnisvorschrift entsprechen (Rz 4118, 4323)[56].

g) Prozessuales

α) Zur Aktivlegitimation

1697 Dem Bauaktiven, welcher mit der Behandlung seines Baugesuches nicht zufrieden ist, stehen die üblichen Rechtsmittel zur Verfügung. Dass der Nachbar zur Anfechtung einer ihm nicht genehmen Baubewilligung legitimiert ist, kann angesichts des Textes von PBG § 357 I (1991) mit seinem Verweis auf die nachbarlichen Interessen, PBG § 338a und RPG Art. 33 III, nicht zweifelhaft sein.

Bezüglich der Stellung der Gemeinde, deren Bauverweigerung oder auch -bewilligung auf Rekurs des Bauaktiven bzw. Nachbarn hin von der Baurekurskommission gestützt auf PBG § 357 I aufgehoben worden ist, gilt jedoch Folgendes: Gemäss einem vom Bundesgericht am 5. Dezember 1995 (Brütten/ZH, in: PBG aktuell 1996 Heft 1 S. 26, ZBl 1997 S. 260 ff) bestätigten Entscheid des Verwaltungsgerichtes kann der Gemeinderat hiegegen nicht Beschwerde erheben; hierin liege kein Verstoss gegen die Gemeindeautonomie vor.

β) Zur Beweislast

1698 Gemäss RB 1994 Nr. 87 trägt derjenige, welcher sich im Zusammenhang mit PBG § 357 I auf die Zulässigkeit der Weiterausübung einer durch eine Rechtsänderung zonenwidrig gewordenen Nutzung beruft, die Beweislast dafür, dass die Nutzung bereits vor der Rechtsänderung bestanden habe. Rz 722 f. Zur Argumentation des Verwaltungsgerichtes mit der «Besitzstandsgarantie» siehe Rz 4335 f.

---

[56] In diesem Sinne äussern sich Felix Huber/Erich Kull/Jürg Sigrist/Carmen Walker Späh, Die Bau- und Zonenordnung der Stadt Zürich, in: PBG aktuell 1997 Heft 2 S. 13 bezüglich Hauptgebäuden, welche in Quartiererhaltungszonen hofseitig über die sich aus der aufsichtsrechtlichen Bauordnung der Baudirektion vom 9. Mai 1995 ergebenden 14 m-Linie hinausreichen (Art. 18 f II zweiter Halbsatz).

γ) *Zur richterlichen Kognition*

Obwohl PBG § 357 I in der Fassung von 1991 voller unbestimmter Regelungselemente (unbestimmter Gesetzes-/Rechtsbegriffe) ist, handelt es sich um unmittelbar anwendbares Recht, dessen Anwendung der vollumfänglichen, nicht auf Willkür beschränkten Rechtmässigkeitskontrolle von Baurekurskommission und Verwaltungsgericht unterliegt; der Baurekurskommission steht auch die Zweckmässigkeitsprüfung zu, mit der gebührenden Zurückhaltung, wo es um Fragen ging, mit welchen die örtliche Behörde erfahrungsgemäss besser vertraut war.

1699

h) Zur materiellen Enteignung

Aus den in Rz 1410 f genannten Gründen, ist nicht damit zu rechnen, dass ein auf PGB § 357 I (1991) gesetztes Verbot die Entschädigungspflicht auslöst.

1699a

B. Zum zweiten Satz von PBG 357 I (1991): Zum Vorbehalt der «für neue oder weitergehende Abweichungen von Vorschriften ... erforderlichen Ausnahmebewilligungen»

1. Dieser Passus ist offensichtlich wegen der in Rz 1518 mit FN 35 f erwähnten regierungsrätlichen und verwaltungsgerichtlichen Aussagen in die Revisionsvorlage von 1989 (Rz 1601 f) aufgenommen worden, wonach von PBG § 357 I in der Fassung von 1975 grundsätzlich keine Ausnahmebewilligungen erteilt werden konnten; solche sollten nun ermöglicht werden. Bedeutet dies eine reale Verbesserung zugunsten derjenigen, welche ein Gebäude oder einen Bewerb ändern wollen?

1700

2. Bei der Revision von 1991 lag es dem Gesetzgeber fern, bezüglich der Änderung von vorschriftswidrigen Gebäuden und Bewerbungen eine Verschärfung zulasten derjenigen einzuführen, welche ihr Gebäude oder dessen Bewerbung ändern wollen. Es lag vielmehr im legislativen Blickwinkel, neben der Behebung des verfehlten Nebeneinanders des Verweises auf die «Bauvorschriften» und die «Nutzungsvorschriften» in PBG § 357 I und II in der Fassung von 1975, nochmals eine Lockerung einzuführen. Wenn es sich aber so verhielt, dann ist es nach Rz 1679 f ausgeschlossen, die für Neubauten und Erstbewerbungen festgesetzten Erfordernisse neben denjenigen des Fehlens des Entgegenstehens überwiegender öffentlicher oder nachbarlicher Interessen gelten zu lassen.

1701

3. Wenn die in Rz 1518 f vertretene Auffassung zutrifft, wonach einerseits von PBG § 357 I und II in der Fassung von 1975 Ausnahmebewilligungen an sich formell zulässig gewesen wären und anderseits für solche Dispense materiell gar kein Bedarf bestanden hätte (und die daher höchstens unter diesem Gesichtspunkt «unzulässig» gewesen wären), dann bedeutet dieser Vorbehalt keine Lockerung für die Genannten, sondern ist nichts anderes als eine Hand voll Luft.

1702

4. Trifft die in Rz 1518 vertretene Auffassung nicht zu, so kann man wohl von einer solchen Lockerung sprechen. Allerdings bleibt dann die Frage offen: Nach welchen Gesichtspunkten soll die Zulässigkeit eines Dispenses beurteilt werden? Gelten die gleichen

1703

Voraussetzungen wie für die Ausnahmebewilligungen nach PBG § 220, sei es in der Fassung von 1975, sei es in derjenigen von 1991, oder gelten andere Erfordernisse?

1704 Ich halte dafür, dass jetzt die Voraussetzungen von PBG § 220 in der Fassung von 1991 gelten. Das hiesse (Rz 607 mit FN 3): Voraussetzung der Befreiung von Bauvorschriften im Einzelfall ist das Vorliegen besonderer Verhältnisse, bei denen die Durchsetzung der Vorschriften unverhältnismässig erscheint; es darf dabei nicht gegen Sinn und Zweck der Vorschrift verstossen werden, von der sie befreien, und es dürfen auch sonst keine öffentlichen Interessen verletzt werden, es sei denn, es würde die Erfüllung einer dem Gemeinwesen gesetzlich obliegenden Aufgabe verunmöglicht oder übermässig erschwert; Nachbarn dürfen durch Ausnahmebewilligungen von Vorschriften, die auch sie schützen, nicht unzumutbar benachteiligt werden. Dabei könnten doch wohl die in PBG § 220 in der Fassung von 1975 unter «insbesondere» aufgezählten Rechtfertigungsgründe berücksichtigt werden: «dank Abweichung keine unzumutbare Härte», «dank Abweichung Erzielung einer wegen der örtlichen Gegebenheiten besseren Lösung», «Nahelegung der Abweichung durch Art, Zweckbestimmung oder Dauer des Gebäudes» sowie «dank Abweichung bessere Schützbarkeit eines Objektes des Natur- und Heimatschutzes». Damit wäre man dann allerdings praktisch wieder zum gleichen Beurteilungsrahmen gelangt, welcher ohnehin zur Beantwortung der Frage, ob der Bewilligung «überwiegende öffentliche oder nachbarliche Interessen entgegenstehen», beachtet werden müsste. Ein Unterschied bestünde dann nur, aber immerhin in Folgendem: Während gemäss PBG § 357 I und II in der Fassung von 1975 und gemäss PBG § 357 I in der Fassung von 1991 (aber ohne den Satz mit dem Vorbehalt der Ausnahmebewilligung) die Bewilligung erteilt werden müsste, «wenn keine weitere Verschlechterung eintritt und kein anderes öffentliches Interesse verletzt wird» bzw. «wenn keine überwiegenden öffentlichen oder nachbarlichen Interessen entgegenstehen» und «Angemessenheit einer Erweiterung» vorliegt, stünde es nach der anderen Auffassung jetzt nur noch im gebundenen Ermessen der Behörde, ob sie eine Bewilligung erteilen wolle oder nicht. Aus der Muss-Vorschrift wäre zum Nachteil desjenigen, der sein Gebäude oder dessen Bewerb ändern will, eine Kann-Vorschrift geworden.

1705 5. Bei der Auslegung des Erfordernisses des Nichtentgegenstehens überwiegender öffentlicher oder nachbarlicher Interessen im Sinne von PBG § 357 I in der Fassung von 1991 muss man sich immer Folgendes vor Augen halten: Der Gesetzgeber beabsichtigte 1991 dezidiert eine Erleichterung der Zulassung der Änderung von Gebäuden und Bewerbungen in den Bauzonen gegenüber der Ordnung von 1975. Deshalb muss das Erfordernis von 1991 immer so ausgelegt werden, dass ein Änderungsvorhaben allermindestens dann zulässig ist, wenn es in den Bauzonen nach der Ordnung von 1975 zulässig gewesen wäre; ja es müssen Änderungsvorhaben sogar darüber hinaus zulässig sein, dies auch wenn sie keine Betriebe betreffen. Das heisst: Es ist durchaus denkbar, dass keine angemessene Verbesserung und eine sonst unzulässige Mehrausnützung im Sinne von altBauG § 116 bewirkt wird, dass aber aufgrund der Ordnung von 1991 trotzdem bewilligt werden muss. Umgekehrt ist wohl aufgrund der Ordnung von 1991 immer zu bewilligen, wenn auch nach derjenigen von 1943 oder zumindest nach derjenigen von 1975 hätte bewilligt werden müssen. Insoweit bietet die Praxis zu altBauG § 116 (Rz 1431 f) weiterhin einen guten Orientierungspunkt bei der Anwendung von PBG § 357 in der Fassung von 1975, aber auch in derjenigen von 1991[57]. Wegen des Inkrafttretens von RPG Art. 24 im Jahre 1980 gilt dies allerdings nur für die Änderungsvorhaben in den Bauzonen. Ausserhalb der Bauzonen ist es durchaus möglich, dass die Ordnung von 1991 schärfer ist als diejenigen von 1975 und 1943. Vgl. den Verwaltungsgerichtsentscheid vom 28. Oktober 1999 (BEZ 1999 Nr. 31; Rz 3848 ff).

III. Zum zweiten Absatz von PBG § 357 (1991) und zur Praxis hiezu

Dieser Absatz (1984 als neuer dritter Absatz eingefügt, Rz 1595 f, wegen Ersetzung des ersten und zweiten Absatzes durch einen einzigen Absatz 1991 in den zweiten Absatz vorgerückt, Rz 1601) wird im Rahmen der Besprechung von RPG Art. 24 c II erläutert, weil nicht anzunehmen ist, dass der Absatz anders ausgelegt und gehandhabt werden darf, als wie dies gesamtschweizerisch der Praxis zu Art. 24 II (in der Fassung von 1979, Rz 3850 f) bzw. RPG Art. 24 c II in der Fassung von 1998 (Rz 3904 f) entspricht. **1706**

IV. Zum dritten Absatz von PBG § 357 (1991) und zur Praxis hiezu

A. Allgemeines

Der Stellenwert des jetzt wieder dritten, von 1984 bis 1992 vierten Absatzes von PBG § 357 (Rz 1596) springt nicht sofort in die Augen. Er erklärt sich daraus, dass von 1943 bis 1975 bestimmte vorschriftswidrige Gebäude und Bewerbungen nur geändert werden durften, wenn sie zu einer «angemessenen Verbesserung» führten (Rz 1432 f). Bei der Revision von 1975 schwächte der Kantonsrat dieses Erfordernis zu einem solchen des Nicht-Eintrittes einer weiteren Verschlechterung und desjenigen des Fehlens der Verletzung eines anderen öffentlichen Interesses ab (Rz 1467, 1490 f, 1504 f). Um den Gedanken des Verbesserungserfordernisses aber nicht ganz fallen zu lassen, hielt der Kantonsrat an ihm im Rahmen einer Kann-Vorschrift fest (vgl. hiezu auch den Vorentwurf der Baudirektion von 1972, Rz 1466). Nur ging es damals noch um eine Kann-Vorschrift bezüglich des Verlangens zusätzlicher, nicht bereits gemäss dem ersten Absatz erforderlicher, also anspruchsvollerer Verbesserungen. Seit der vom Kantonsrat vorgenommenen Formulierung geht es jedoch nur noch um gewöhnliche Verbesserungen, welche die Behörde anlässlich der Behandlung von Baugesuchen bei vorschriftswidrigen Gebäuden und Bewerbungen verlangen kann. **1707**

---

[57] Selbstverständlich sind auch Situationen denkbar, in welchen sowohl nach der Ordnung von 1943 als auch nach derjenigen von 1975 bewilligt bzw. verweigert werden musste.

B. Auslegung und Praxis

1. Zum räumlichen und zeitlichen Geltungsbereich

1708 Diese Regelung gilt, im Unterschied zum ersten Absatz von PBG § 357 in der Fassung von 1991, möglicherweise sowohl innerhalb als auch ausserhalb der Bauzonen[58]. Das heisst, die Bewilligung von «Erneuerungen, teilweisen Änderungen und Wiederaufbau» ausserhalb der Bauzonen können vom Einritt von Verbesserungen abhängig gemacht werden, welche nicht schon bereits deshalb zu erbringen sind, weil sonst eine Situation entstünde, welche nicht «mit den wichtigen Anliegen der Raumplanung vereinbar» wäre. Auf diesem Wege konnte es zu einer Verschärfung gegenüber der Regelung kommen,

1709 welche RPG Art. 24 II in der Fassung von 1979 den Kantonen als Minimallösung vorschrieb und im Kanton Zürich im (jetzt) zweiten Absatz von PBG § 357 in der Fassung von 1984/1991 übernommen worden ist. Auf jeden Fall ist aber für innerhalb der Bauzonen die in Rz 1676 f dargelegte Strenge-Schranke zu beachten. Zur Legiferierungskompetenz der Kantone gestützt auf das RPG seit der Revision von 1998 siehe Rz 3903.

2. Zu den beachtlichen widersprochenen Vorschriften

1710 Während der erste Absatz von PBG § 357 in der Fassung von 1991 nur auf Gebäude und Bewerbungen zur Anwendung gelangen soll, welche mehr oder weniger präzise genannten «Vorschriften widersprechen», kommt der dritte Absatz überall zum Zuge, wo «Verbesserungen gegenüber dem bestehenden Zustand» möglich sind. Auf voll baurechtgemässe Gebäude und Bewerbungen findet der Absatz allerdings kaum Anwendung. Beachtlich sind die gleichen Vorschriften wie die in Rz 1612 f aufgeführten.

3. Zu «umgebaut, erweitern und anderen Nutzungen zugeführt werden»

1711 PBG § 357 III ist anwendbar auf Um-, Auf-, Sub- und Anbauten, nicht aber einerseits auf Reparaturen und Renovationen sowie anderseits auf Umgestaltungen, den Repetierwiederbau, den Differenzwiederbau, den Anschlussbau, den Dependenzbau und den Dislokationsbau; ferner auf die Bewerbsintensivierung, Bewerbsausweitung und Bewerbsauswechslung, nicht aber einerseits auf die nichteingreifende Bewerbsänderung, anderseits auf die Umnutzung und den Wieder-, Anschluss-, Dependenz- und Dislokationsbewerb.

4. Zur «die baurechtliche Bewilligung»

1712 a) Die Einleitung dieses Absatzes mit den Worten «Die baurechtliche Bewilligung kann verlangen» bringt zum Ausdruck, dass die Regelung nur zum Zuge kommt, wo ein Gebäudeeigentümer bzw. ein Bewerbsträger eine Änderung vornehmen will; sonst wäre ja keine Baubewilligung erforderlich. Das Bedingtsein der Anwendung durch den Willen des Bauaktiven ist das unterscheidende Kriterium zu PBG § 358[59] (Rz 2971 f).

---

[58] RB 1986 Nr. 101.
[59] RB 1986 Nr. 101.

b)   Wenn auf einem Areal mehr als ein Gebäude steht und eines davon geändert werden soll, dann können nicht gestützt auf PBG § 357 IV Verbesserungen bei dem oder den anderen Gebäuden, für welche keine Änderungsabsicht besteht, verlangt werden[60].   1713

5. Zu «Verbesserungen gegenüber dem bisherigen Zustand ..., die im öffentlichen Interesse liegen»

Dass die Behörde anlässlich der Behandlung von Baugesuchen nur im öffentlichen Interesse gelegene Vorkehrungen verlangen kann, ist eine Selbstverständlichkeit, Rz 935 f. Der Passus «die im öffentlichen Interesse liegen» sagt nichts wirklich Zusätzliches zum Erfordernis der «Verbesserung» aus. Auch dass es sich um Verbesserungen «gegenüber dem bestehenden Zustand» handeln muss, bietet keine weitere Information[61]. Jede Verbesserung erfolgt wegen des stets vorhandenen Zeitpfeiles in solchen Betrachtungen «gegenüber einem bisherigen Zustand». Die Verbesserung kann sich zB auf die Gestaltung, Farbgebung, Materialwahl (Verwaltungsgerichtsentscheid vom 2. März 2000, in: BEZ 2000 Nr. 18), Bepflanzung oder Umgebung, aber auch auf die Zugänglichkeit für Behinderte beziehen (vgl. RB 1998 Nr. 124, BEZ 1999 Nr. 2, Rz 1690, 2099 f). Bei den zu beachtenden «öffentlichen Interessen» handelt es sich um die in Rz 935 f aufgeführten. Es gehören nicht nur die öffentlichen Interessen dazu, welche sich auf die Parzelle, auf der das zur Änderung vorgesehene Gebäude steht bzw. der zur Änderung vorgesehene Bewerb betrieben wird, sondern auch diejenigen, welche sich auf die Nachbarschaft beziehen. Nicht verlangt werden kann der vollständige Abbruch bzw. die vollständige Bewerbstillegung eines früher rechtskräftig bewilligten Gebäudes bzw. eines früher rechtskräftig bewilligten Bewerbes[62].   1714

6. Zu «(Verbesserungen), die ... nach den Umständen zumutbar sind»

Hiedurch wird die Kompetenz der Behörden, Verbesserungen zu verlangen, etwa gleich eingeschränkt, wie dies ohnehin durch das Gebot der Verhältnismässigkeit und von Treu und Glauben der Fall wäre[63]. Zum Verhältnis der gemäss PBG §§ 357 III und 358 verlangbaren Verbesserungen zueinander siehe Rz 3017, 3020.   1715

---

[60] RB 1986 Nr. 101. Das Verwaltungsgericht lehnte eine gegenteilige, «ganzheitliche Betrachtungsweise» unter Verweis auf die restriktive Praxis bezüglich Widerruf bereits ausgeübter Baubewilligungen (Rz 616 f) sowie auch deshalb ab, weil gemäss altBauG § 116 Verbesserungen nur bezüglich des zur Änderung vorgesehenen baurechtswidrigen Gebäudeteiles, nicht aber auch ausserhalb davon berücksichtigt werden konnten. Diese sich auf Hans Egger, S. 128, berufende Behauptung trifft jedoch nicht zu. Vgl. Rz 1434. Die Auffassung des Verwaltungsgerichtes steht zudem mit seiner Betrachtungsweise bei der Erweiterung (Rz 1627) in einem Gegensatz; hier wird auch über das einzelne Gebäude hinaus argumentiert.

[61] Der «bestehende Zustand», dem gegenüber Verbesserungen verlangt werden können, bezieht sich gemäss RB 1986 Nr. 101 nur auf jenes Gebäude, um dessen Änderung es geht, nicht auch noch auf andere Gebäude im gleichen Areal. Siehe FN 60.

[62] RB 1986 Nr. 101. Zu diesem Schluss kann man auch gelangen, wenn die Einhaltung eines solchen Befehls als unzumutbar angesehen wird. Es handelte sich um ein überdachtes Altpapierlager.

[63] In den Erläuterungen zum Antrag des Regierungsrates zum neuen PBG von 5. Dezember 1973, in welchem die entsprechende Regelung noch in § 278 platziert war (Amtsblatt 1973 II S. 1869, Rz 1467), hiess es: Zumutbar sind Verbesserungen «vor allem dann, wenn sie bei Gelegenheit des Umbaus vorgenommen werden können und die finanziellen Auswirkungen in einem ausgewogenen Verhältnis zu den auf dem Spiele stehenden öffentlichen Interessen stehen».

7. Zu «(die baurechtliche Bewilligung) kann verlangen»

1716 a) Die hier angesprochenen Vorkehrungen werden grundsätzlich nicht losgelöst von einem Baubewilligungsverfahren, sondern im Rahmen eines solchen statuiert. Soweit ein Widerruf oder eine nachträgliche Belastung einer Baubewilligung mit Bedingungen und Auflagen in Betracht kommt (Rz 616 f), können die Vorkehrungen wohl aber auch erst später verlangt werden.

1717 b) Vom ersten Absatz unterscheidet sich der dritte, wie bereits erwähnt, vor allem dadurch, dass es sich bei Letzterem nicht um eine Muss-, sondern um eine Kann-Vorschrift handelt (Rz 1675). Voller unbestimmter Regelungselemente (unbestimmter Gesetzes-/Rechtsbegriffe) sind allerdings alle vier Absätze von PBG § 357.

8. Zu den weiteren Gesichtspunkten

1718 a) Zum Verhältnis zwischen den Erfordernissen von PBG § 357 III und denjenigen von PBG § 357 I: Es handelt sich bei den Ersteren um eine im Ermessen der Baubehörde stehende Verschärfungsmöglichkeit zulasten des Gebäudeeigentümers bzw. Bewerbträgers. Sie kommt nur ergänzend zu PBG § 357 I, nicht aber selbständig zum Zuge.

1719 b) Zu Neubaurechtsausschaltung, Verhältnis Global-/Sektoralregelung, Nicht-Aktualität von Ausnahmebewilligungen, Legifierierungsmöglichkeit der Gemeinde, nicht geregelte Situationen und Prozessualem (Aktivlegitimation des Bauaktiven und der Gemeinde, Beweislast sowie richterliche Kognition) gilt das in Rz 1676 ff Gesagte analog, soweit es von Belang ist.

V. Zum vierten Absatz von PBG § 357 (1991) und zur Praxis hiezu

1723 Auch wenn diese Vorschrift, welche von 1983 bis 1984 im vierten Absatz, von 1984 bis 1991 im fünften Absatz und seit 1991 wieder im vierten Absatz von PBG § 357 stand bzw. steht, textlich viele Anklänge an den Rest von PBG § 357 aufweist, führte sie zu einer eigentlichen Überladung dieses Paragraphen. Sie gehört nicht hier hinein. Da es sich beim vierten Absatz nicht um eine Global-, sondern um eine Sektoralregelung des postfiniten Baurechtes mit Geltung allein für die energiemässigen Belange handelt, wird er nicht hier, sondern in Rz 2932 ff näher erläutert.

VI. Die übergangsrechtliche Regelung von Art. III vierter Absatz des PBG-Revisions-Gesetzes vom 1. September 1991

1724 Im Rahmen der PBG-Revision von 1991 (Rz 1601 f) wurde die Ausnützungsziffer (vgl. Rz 956) in PBG § 255 so neu definiert, dass fortan weder die Aussenmauerquerschnitte noch die mit Wohn- oder Arbeitsräumen belegten Flächen in Dach- und Untergeschoss angerechnet werden müssen[64]. Dabei war das Inkrafttreten dieser Regelung anfänglich erst auf den Zeitpunkt, da die Bauordnungen dem revidierten PBG angepasst waren, spätestens aber bis zum 1. Februar 1997 vorgesehen. Einzelne Mitglieder des Kantonsrates wollten aber bezüglich Umbauten und/oder Bewerbsauswechslung von Estrichen und Untergeschossen zu Wohnräumen in Gebäuden, welche vor dem 1. September 1991 erstellt worden waren, nicht so lange zuwarten. Sie vermochten das Ratsplenum zur Zustimmung zur sofortigen Anwendbarkeit des neuen PBG § 255 in diesem Falle zu gewinnen, mit Ausnahme von Ausnahmen von Ausnahmen. Das ist der Inhalt dieses Art. III vierter Absatz. Mit so ineinander verzahnten Tatbeständen sollte aber keine Gesetzgebung betrieben werden, unabhängig davon wie sachgerecht das Anliegen sein mag. Nun, dieser Sonderfall ist seit dem 1. Februar 1997 Vergangenheit. Bezüglich der Umbauten und Bewerbsauswechslungen im Dach- und Untergeschoss von vor dem 1. September 1991 erstellten Gebäuden handelte es sich um eine Lockerung für Änderungen im Verhältnis zu Neubauten bzw. Erstbewerbungen mit zeitlich beschränkter Wirkung (Rz 810)[65].

---

[64] Dabei ist vorbehalten, dass diese Flächen nicht «je Geschoss die Fläche überschreiten, die sich bei gleichmässiger Aufteilung der gesamten zulässigen Ausnützung auf die zulässige Vollgeschosszahl ergäbe»; sonst wäre auch hier anzurechnen.

[65] Obwohl seit dem 1. Februar 1997 gemäss PBG bezüglich der Dach- und Untergeschosse keine Differenzierung mehr in der Beurteilung von Änderungen einerseits und von Neubauten bzw. Erstbewerbungen anderseits mehr gilt und dieses Thema daher nicht direkt in den Rahmen dieser Arbeit gehört (Rz 1 ff), sei noch Folgendes bemerkt, weil es ein Beispiel für die von Christian Morgenstern so köstlich geschilderte Tendenz von Architekten bildet, aus einem Lattenzaun den Zwischenraum herauszunehmen und damit ein grosses Haus zu bauen: Die Neudefinition der Ausnützungsziffer brachte Bauaktive auf die Idee, die bei bereits bestehenden Gebäuden wegen der Nichtmehranrechenbarkeit der Aussenmauerquerschnitte und der Räumlichkeiten im Dach- und Untergeschoss «frei» gewordene Ausnützung nicht nur in diesem Gebäude selbst, sondern auch für die Erstellung eines Gebäudes daneben bzw. für den Erstbewerb eines Gebäudes daneben zu verwenden. Das Verwaltungsgericht erklärte dies jedoch in seinem Entscheid vom 28. Januar 1994 (BEZ 1994 Nr. 16) als nicht angängig. Hieraus geht allerdings nicht klar hervor, ob dieses Verdikt nur für die Zeit der Übergangsregelung (beachte die mehrmalige Verwendung des Wortes «sofort») oder auch noch nach dem 1. Februar 1997 gelten sollte. Vgl. Protokoll des Kantonsrates, 1987–1991, S. 13479 ff und Robert Wolf/Erich Kull, N. 116 ff. M.E. darf jetzt morgensternisch vorgegangen werden, ein weiterer Missgriff dieser Revision.

PBG § 357: Zu den Revisionsbegehren nach 1991

I. Zur Situation in den exklusiven Industrie- und Gewerbezonen

1725 1. Schon bald nach Inkrafttreten der Revision von 1991 machte sich erneut Unzufriedenheit mit der Regelung für die Änderung von Gebäuden und deren Bewerb bemerkbar. Dabei ging es allerdings keineswegs um Erscheinungen, welche erst infolge dieser Revision aktuell geworden wären, sondern um solche, welche schon seit Jahrzehnten bestanden, aber entweder nie voll Eingang in die Revisionsbemühungen gefunden hatten oder primär einem anderen Themenkreis als demjenigen einer globalen Regelung des postfiniten Baurechtes zugewiesen worden sind. Aber auch nach 1991 wurde ein Missbehagen nicht wegen Erscheinungen laut, welche dem ganzen bisherigen, globalen postfiniten Baurecht eigen waren: Man nahm auch jetzt weder an der extremen, rechtsstaatlich problematischen Generalklauselhaftigkeit von PBG § 357 Anstoss noch wurde das Fehlen von Regelungen für die Änderung baurechtgemässer Gebäude und Bewerbungen von solchen vermisst. Die Unzufriedenheit setzte vielmehr in einem Themenbereich an, in welchem das postfinite Baurecht früher nur eine ganz untergeordnete Rolle gespielt hatte: bei der Regelung für die Industrie- und Gewerbezonen mit einem Verbot der nicht im überkommenen Sinne produzierenden Bewerbungen, also mit einem Verbot für Dienstleistungs-, Lager- und Handelsbetriebe. Dabei konzentrierte sich bei den Dienstleistungsbetrieben die Auseinandersetzung in den Zeitungen, im Radio und im Fernsehen der Stadt Zürich und ihrer Umgebung, ausser auf die Bürobetriebe von Ingenieuren, Architekten, Banken, Versicherungen, Reiseunternehmungen, Beratungsfirmen, Kursorganisatoren usw., erstaunlicherweise auf die Tätigkeit der Unterhaltungsbranche, insbesondere auf die Aufführung von ernsten und amüsanten Theaterstücken und Konzerten[1], die Bereitstellung von Bowling-, Billard-, Squash-, Fitness- und sonstigen Fun-Installationen. Letzteres war deshalb zu einem die Öffentlichkeit ungemein beschäftigenden Thema geworden, weil einerseits viele dieser Tätigkeiten, dort wo für sie Platz vorhanden gewesen wäre, entweder Klagen aus der Nachbarschaft wegen störender Immissionen ausgelöst hätten oder wegen der Höhe des Mietzinses nicht rentabel gewesen wären, und weil andererseits wegen der allgemein in Gang gekommenen Umwälzung in den industriellen Produktionsmethoden und den damit zusammenhängenden Betriebsverlegungen nach auswärts immer mehr Fabrikhallen leerstanden, welche sich für die genannten Tätigkeiten bestens eigneten und billig zu mieten waren. In den Medien wurde es verschiedentlich als Seldwylerei oder gar als kultureller Skandal bezeichnet, dass die Einlogierung der genannten Tätigkeiten in den leerstehenden Fabrikhallen allein wegen des Festhaltens der Baubehörden an alten Vorschriften, welche ohnehin bald einmal revidiert werden müssten, verweigert werden.

---

[1] Es ging hier vor allem um die Aufführung von Andrew Lloyd Webber's Musicals sowie Disco- und Technoparties.

2. Dabei spielte aber auch die Ahnung mit, dass eine solche Revision noch etwelche 1726
Verzögerungen erleiden könnte, nicht weil die gesetzlichen Grundlagen für die Festsetzung
liberalerer Vorschriften fehlten (PBG § 56 bot sie durchaus), sondern weil die Stadt Zürich nicht bald eine von ihr Gebrauch machende neue Zonierung zu schaffen vermöge.

II. Zur Einzelinitiative von Robert Wolfer

1. Die vorstehend geschilderte Situation war der unmittelbare Auslöser dafür, dass 1727
Robert Wolfer mit einer Einzelinitiative an den Kantonsrat gelangte, welche dieser am
8. November 1993 vorläufig unterstützte. Robert Wolfer wollte damit aus einer nach damaliger Sicht noch lange andauernden rechtsstaatlichen Patt-Situation heraushelfen[2]. Dabei sagte sich Robert Wolfer offenbar, dass man den Gesetzgebungsapparat nicht einfach deshalb in Bewerbung setzen dürfe, um die Durchführung der genannten Tätigkeiten der Unterhaltungsbranche in einzelnen Industriebrachen der Stadt Zürich zu ermöglichen. Er formulierte deshalb den Gegenstand seines Vorstosses allgemeiner wie folgt:

> «§ 56 des Planungs- und Baugesetzes sei durch einen Absatz mit folgendem Wortlaut zu ergänzen:
> Vorbehältlich Abs. 4 sind zonenfremde Nutzungen in bestehenden Gebäuden befristet zu bewilligen, wenn keine überwiegenden öffentlichen Interessen entgegenstehen. Bauliche Massnahmen untergeordneter Natur, welche der Nutzungsänderung und ihrer Dauer entsprechen, sind gestattet.
> Eventuell sei diese Vorschrift an anderer Stelle des PBG einzufügen (nötigenfalls mit entsprechender Anpassung des Textes).»

Der erwähnte PBG § 56 regelt die Industriezonen; dessen vierter Absatz verbietet hier 1728
Wohnungen mit Ausnahme von solchen für standortgebundene Betriebsangehörige und provisorische Gemeinschaftsunterkünfte, während der dritte Absatz Handels- und Dienstleistungsgewerbe nur zulässt, wenn die Gemeinden solches in ihrer Bauordnung vorsehen; in der damals noch geltenden Bauordnung der Stadt Zürich fehlte aber eine solche Regelung.

Diese Einzelinitiative erhielt vom Kantonsrat am 8. November 1993 die vorläufige Unterstützung.

2. An sich nannte der vorgeschlagene Text kein anderes Erfordernis für die Zulas- 1729
sung der vor allem ins Auge gefassten neuen Bewerbungen, samt den «baulichen Massnahmen untergeordneter Natur, welche der Nutzungsänderung und ihrer Dauer entsprechen», als schon bereits in PBG § 357 I in der Fassung von 1991 enthalten war: «kein Entgegenstehen überwiegender öffentlicher Interessen»[3]. Hier stellt sich die Frage, weshalb dann

---

[2] Eine echte rechtsstaatliche Patt-Situation bestand allerdings kaum, weil m.E. aufgrund der noch auf BauG § 68 in der Fassung von 1943 beruhenden Bauordnung der Stadt Zürich 1963 gar keine gesetzliche Grundlage vorlag, um das Dienstleistungsgewerbe aus der Industrie- und Gewerbezone schlechterdings auszuschliessen. Deshalb hätten schon damals die genannten Tätigkeiten der Unterhaltungsbranche durchaus bewilligt werden können, wenn die Behörden gewollt hätte. Es hätte keineswegs zuerst das Inkrafttreten einer gestützt auf PBG § 56 II Dienstleistungsgewerbe zulassenden, neurechtlichen Industriezone abgewartet werden müssen. Das Bundesgericht hat allerdings die gegenteilige Auffassung der Stadt Zürich geschützt. Rz 227 f mit FN 10, ferner Rz 520 mit FN 48 sowie Rz 1075 mit FN 2.

[3] Die Nichterwähnung der nachbarlichen Interessen ist wohl belanglos, da sie ohnehin zu berücksichtigen sind. Rz 885 ff, 914 f.

trotzdem diese Ergänzung vorgeschlagen wurde. Ich kann mir dies nur so erklären: Robert Wolfer ging von der verwaltungsgerichtlichen Vorstellung (Rz 1629 ff) aus, die Auswechslung eines zonenfremden Bewerbes durch einen anderen zonenfremden Bewerb sei schlechterdings unzulässig, auch wenn dem keine überwiegenden öffentlichen Interessen entgegenstehen. Gemäss Rz 1629 f trifft dies m.E. wegen der auch bei PBG § 357 I in der Fassung von 1991 zum Zuge kommenden Ausschaltung des Neubaurechtes (Rz 1678 f) aber nicht zu. Also wäre diese Ergänzung auch nicht nötig, wo seitens der Behörde Bereitschaft zur Bewilligung bestünde. Anders verhielte es sich höchstens, wo diese Auffassung nicht geteilt wird und die Bereitschaft fehlt, die in PBG § 357 I zweiter Satz in der Fassung von 1991 vorgesehene Ausnahmebewilligung zu erteilen; denn dies wäre dann eine Kann-Vorschrift. Nach dem Text der Einzelinitiative läge jedoch eine Muss-Vorschrift vor.

1730   3.   Ein verhältnismässig neues Element, welches die Einzelinitiative von Robert Wolfer für das geschriebene postfinite Baurecht in die Diskussion einbringt, ist ein zeitliches: Die Bewilligung wird nur befristet erteilt und nur soweit es um bauliche Massnahmen geht, welche der «Dauer» der Bewerbsänderung, um deren Bewilligung nachgesucht wird, entsprechen. Es geht hier um ein dem Erfordernis der Angemessenheit vergleichbares Erfordernis. Allerdings war der Gesichtspunkt der nur provisorischen Bewilligung schon im Baugesetz von 1893 enthalten (§ 98) und kehrte dann erweitert in der Ausnahmebewilligungsregelung von PBG § 220 I lit. c in der Fassung von 1975 wieder; die dortige Aufzählung fiel jedoch beim Kahlschlag bezüglich dieser Regelung (Rz 606 ff) bei der Revision von 1991 aus dem sichtbaren Text heraus, war aber doch wohl weiterhin von Bedeutung für die Frage, ob eine Ausnahmebewilligung erteilt werden könne oder nicht.

III.   Zum zurückgewiesenen Revisionsantrag des Regierungsrates vom 24. Oktober 1995

A.   Zur Antragstellung

1731   Der Regierungsrat nahm verschiedene parlamentarische Vorstösse (Motionen und Postulate) sowie die Einzelinitiative Wolfer (Rz 1727 f) zum Anlass, um das Thema Änderung von Gebäuden und Bewerbungen derselben neu zu durchdenken[4]. Er beschränkte sich dabei weder auf die Industriezonen allgemein noch auch nur auf einen Vorschlag für die Zulassung neuer Bewerbungen der Unterhaltungsbranche in der Industriezone; er sprach vielmehr das Thema «Umnutzung bestehender Gebäude und ihres Umschwungs für nicht zonengemässe Zwecke samt damit zusammenhängenden baulichen Massnahmen untergeordneter Art», «wenn veränderte Verhältnisse eine Änderung der planungsrechtlichen Festlegungen über die Nutzweise nahelegen», allgemein, für alle Bauzonen an. Er beantragte dabei folgenden Text als neuen § 221 mit dem Marginale «Übergangsnutzungen»:

> «Wenn veränderte Verhältnisse eine Änderung der planungsrechtlichen Festlegung über die Nutzweise nahelegen, ist die Umnutzung bestehender Gebäude und ihres Umschwungs für nicht zonengemässe Zwecke samt damit zusammenhängenden baulichen Massnahmen untergeordneter Natur

---

[4] Amtsblatt 1995 S. 2308 ff, insbesondere S. 2321 f. Antrag Nr. 3473 vom 24. Oktober 1995.

zu bewilligen, sofern keine überwiegenden öffentlichen oder nachbarlichen Interessen entgegenstehen. Die örtliche Baubehörde hebt solche Bewilligungen innert einem Jahr nach Inkrafttreten der neuen planungsrechtlichen Festlegung auf, wenn sie ihr nicht entsprechen.»

B. Zum Inhalt des Antrages im Einzelnen

1. a)   Der Regierungsrat wiederholte dabei als Erfordernis für eine Zulassung die in PBG § 357 I in der Fassung von 1991 enthaltene Bedingung «kein Entgegenstehen überwiegender öffentlicher oder nachbarlicher Interessen». 1732

b)   Besonders zu erwähnen ist, dass im regierungsrätlichen Text nicht nur von «Gebäuden», sondern auch von ihrem «Umschwung» die Rede war. Dieser Zusatz ist wohl nur der Zufahrten und Autoabstellplätze wegen samt den damit verbundenen Sekundärimmissionen (Rz 344a, 354) hinzugefügt worden. 1733

c)   Wenn im regierungsrätlichen Text von «Umnutzungen» gesprochen wurde, dann ist dieses Wort weniger im Sinne von Rz 314 denn als eine Zusammenfassung von Bewerbsintensivierung, -ausweitung und -auswechslung nach Rz 307 f zu verstehen. 1734

2.   Wirklich neu gegenüber der Einzelinitiative Wolfer waren der einigermassen verschlüsselte Bezug auf eine möglicherweise bevorstehende Bauordnungsrevision, nach welcher ein jetzt noch verbotener neuer Bewerb erlaubt werden könnte[5], und die Umkehrung einer zeitlich befristeten Bewilligung in eine resolutiv bedingte Bewilligung: Die Baubewilligungen werden nach dem regierungsrätlichen Text an sich definitiv erteilt, die örtliche Baubehörde muss sie jedoch «innert einem Jahr nach Inkrafttreten der neuen planungsrechtlichen Festlegung aufheben, wenn sie ihr nicht entsprechen». Diese Jahresfrist wäre m.E. als Verwirkungs- und nicht als unterbrechbare Verjährungs- oder gar blosse Ordnungsfrist aufzufassen gewesen. Der neuen planungsrechtlichen Festlegung wäre dann nicht entsprochen worden, wenn die bei Erteilung der Baubewilligung über den weiteren Verlauf der Planung getroffene Annahme sich als falsch erweist. Es hätte sich hier um das Gegenstück des Verbotes der nachteiligen, negativen Präjudizierung noch fehlender planungsrechtlicher Festlegungen gehandelt: Es wäre hier um die Zulassung der positiven Präjudizierung solcher Festlegungen gegangen. Solche wurden bisher als nicht angängig angesehen (Rz 1975 f). Diese Akte «vorauseilenden Gehorsams» waren vielleicht verpönter, als es von der Sache her gerechtfertigt war. Die Gefahr ist allerdings gross, dass dabei rechtsstaatliche Grundsätze ins Rutschen geraten. 1735

---

[5]   Die Rede von den «veränderten Verhältnissen», die «eine Änderung der planungsrechtlichen Festlegung über die Nutzweise nahelegen» war reichlich nebulos. Es sind immer Menschen, nicht einfach irgendwelche «Verhältnisse», welche eine Revision von Regelungen «nahelegen», verlangen, fordern, begehren. Die Silbe «nahe-» soll wohl bewirken, dass nicht irgendwelche Revisionsbegehren von Menschen beachtlich sind, sondern nur solche, welche schon einen Grad erreicht haben, welcher das Inkrafttreten eines Tages zumindest als möglich erscheinen lässt (vgl. die analoge Überlegung in PBG § 234 in der Fassung von 1991; es muss die planungsrechtliche Festlegung zumindest «durch den Gemeinderat beantragt» sein; unbeachtlich sind bloss anhängige Volksinitiativen, Petitionen usw., Rz 1981 f).

1736 3. Das Marginale «Übergangsnutzungen» wäre für PBG § 221 verwirrend gewesen. Was hienach bewilligt worden wäre, dürfte meistens für immer fortbestanden haben bzw. weiterbetrieben worden sein. Es wäre weniger die «Nutzung», sondern das Recht im Übergang gewesen, nämlich vom Stadium der noch vollen Geltung über dasjenige der nur noch halbherzigen Regelung zu demjenigen der Überhaupt-nicht-mehr Geltung.

1737 4. Dass der vom Regierungsrat vorgeschlagene Text weder am PBG § 357 angehängt – noch in die Industriezonen – Regelung der PBG §§ 56–59 eingefügt worden wäre, sondern im Unterabschnitt «Allgemeine Bestimmungen» des Abschnittes «Die Bauvorschriften» als § 221 hätte erscheinen sollen, erachte ich als richtig, weil es um eine Globalregelung gegangen wäre. § 221 hätte damit wieder mehr oder weniger den Platz gefunden, welcher auch PBG § 357 zukam, bevor der Kantonsrat die verfehlte Verschiebung zu den Übergangsbestimmungen zu hinterst ins Gesetz vorgenommen hat[6]. Bedauerlich war dabei höchstens, dass damit die beiden Regelungen des postfiniten Baurechtes an weit auseinanderliegenden Stellen im PBG zu suchen gewesen wären.

1738 5. Alles in allem handelte es sich hier aber um einen interessanten Vorschlag.

C. Zur Zurückweisung

1739 Nachdem die Revisionsvorlage schon in den Kommissionsberatungen, insbesondere infolge von Vorstössen des Verbandes der Gemeindepräsidenten und der Stadt Zürich, kontrovers war, wurde vom Ratsplenum am 25. August 1997 zwar darauf eingetreten; nach kurzer Diskussion wurde sie jedoch mit 75 zu 0 Stimmen, unter Stimmenthaltung der «bürgerlichen» Parteien gelehnt[7]. Damit wurde auch der Vorschlag einer «Übergangsnutzung» gemäss PBG § 221 hinfällig.

---

[6] Dass es sich bei PBG § 357 «nicht um eine eigentliche Einführungsbestimmung handelt» und die Beibehaltung der bisherigen Anordnung (übrigens nicht im Abschnitt «Einführungsbestimmungen», sondern im Abschnitt «Übergangsbestimmungen») falsch ist, das bringt der Regierungsrat in seinem Antrag vom 11. Oktober 1989 auf S. 1764 f in den Erläuterungen selbst zum Ausdruck.

[7] Protokoll des Kantonsrates, Amtsdauer 1995–1990, S. 8786–8796.

PBG § 357: Gesamtwürdigung

I. Im Hinblick auf die siedlungspolitische Gesamtlage

1. Es erschallte schon in den Sechzigerjahren und erschallt bis heute landauf landab 1740
der Ruf, es müssten Mittel und Wege gefunden werden, um die vorhandene Bausubstanz besser zu nutzen, weil sich nur auf diesem Wege verhindern lasse, dass mehr als nötig Kulturland für Bauzwecke verloren geht, die Quartiere ihr vertrautes Bild verlieren und in der Stadt Zürich die Bevölkerungszahl abnimmt. Damit verbunden erging und ergeht meistens die Klage über die viel zu vielen und viel zu strengen, der Schaffung von Arbeitsplätzen und der Wirtschaftsentwicklung überhaupt abträglichen Vorschriften.

2. PBG § 357 I in der Fassung von 1975 war nun aber durchaus so konzipiert, dass 1741
damit das – allerdings verbesserungsbedürftige – Instrumentarium für eine in Richtung auf vermehrte Nutzung der vorhandenen Bausubstanz ohne generelle Heraufsetzung der Nutzungsziffern und ohne vorzeitigen Gebäudeabbruch hätte erbracht werden können. Hiezu hätte man nicht zuerst bisheriges Recht in grossem Umfang aufheben und neues schaffen müssen, wie es dann 1991 geschah. Man hätte «nur» bereits geltendes Recht fantasievoller anwenden müssen. Es war eine zu enge Sicht, wenn man in PBG § 357 I in der Fassung von 1975 nur eine «Bestandesgarantie» und nicht auch Freiheitsgewährung sah[1]. PBG § 357 I und II in der Fassung von 1975 wies einen durchaus brauchbaren Inhalt auf. Daran ändert nichts, dass dieser leider einerseits durch die verfehlte Unterscheidung zwischen «Bau-» und «Nutzungsvorschriften» (Rz 1474 f, 1526 f, 1612 f), durch die Versetzung in den Abschnitt «Übergangsbestimmungen» an eine vom Rechtsuchenden leicht zu übersehende Stelle am Schluss des PBG (Rz 1468)[1a] und seine spätere energierechtliche Überladung (Rz 1594, 2932 f) verdunkelt sowie anderseits eine Anpassung an RPG Art. 24 II in der Fassung von 1979 nötig wurde (Rz 1595 f). Es handelte sich hier nach wie vor um eine gute globale materielle Regelung des öffentlichen Baurechts. PBG § 357 in der Fassung von 1975 hätte bereits die im postfiniten Baurecht wichtige juristische Massschneiderei zugelassen. Insoweit hätte es die Revision von 1991 gar nicht gebraucht (Rz 1747).

II. Weder Privilegierung noch zu grosse Härte der Regelung von 1975

Bisweilen wurde bei der Regelung von PBG § 357 in der Fassung von 1975 von einer 1742
Privilegierung des Bauaktiven gesprochen[2]. Dieser Ausdrucksweise liegt wohl einerseits

---

[1] So die Baurekurskommission II in ihrem Entscheid in: BEZ 1987 Nr. 48.
[1a] Siehe zB BGE 107 I 127 (Zürich-Seefeld), wo trotz Vorliegen der Baurechtswidrigkeit weder altBauG § 116 noch PBG § 357 (1975) erwähnt werden. Trotz Wohnanteilwidrigkeit des Gebäudes schwieg auch RB 1989 Nr. 78 hiezu.
[2] So das ZH-Verwaltungsgericht in seinen Entscheiden vom 6. Juni 1980 (RB 1980 Nr. 135) und vom 5. Dezember 1986 (BEZ 1987 Nr. 5). Die Bewertung als Privilegierung steht allerdings in einem

die Vorstellung zugrunde, dass von einem allgemeinen Verbot der Änderung vorschriftswidriger Gebäude bzw. von einer allgemeinen Pflicht zur Behebung aller vorschriftswidrigen Zustände bei Änderungen (weite erfüllungsmässige Anpassungspflicht, Rz 450 f) auszugehen sei. Demgegenüber hätte PBG § 357 I und II erster Satz in der Fassung von 1975 allerdings eine wesentliche «Privilegierung», Lockerung gebracht. Doch galt im Kanton Zürich (anders als damals im Kanton Aargau mit altBauG § 224) jenes allgemeine Verbot, jene allgemeine Pflicht schon vor 1991 nicht. Anderseits lag der Annahme einer «Privilegierung» der Bauaktiven die Vorstellung zugrunde, dass PBG § 357 in der Fassung von 1975 eine vorteilhaftere Regelung sei als die Regelung für primäre Neubauten. Dies traf aber nur zu, wenn man einzelne Aspekte herausgriff (zB Zulässigkeit der Überschreitung der Geschosszahlmaxima oder Ausnützungsziffer); gesamthaft gesehen wog die Regelung von PBG § 357 in der Fassung von 1975 für die Bauaktiven aber nicht leichter als diejenige für Neubauten. Sie war vielmehr aus sachlichen Gründen einfach ganz anders konzipiert, eine Regelung sui generis (Rz 810 ff, 994 ff). Es sollte deshalb bei PBG § 357 in der Fassung von 1975 nicht von einer Privilegierung der Bauaktiven, aber auch nicht von einer Schlechterstellung oder Härte gesprochen werden.

III. Zum Vergleich der Fassung von 1975 und derjenigen von 1991

1743 1. Es gibt keine andere Vorschrift im zürcherischen Baurecht, welche so oft revidiert worden ist wie diejenige, welche die Änderung von Gebäuden und Bewerbungen derselben betrifft und vorgehend besprochen worden ist. Seit dem Jahre 1863 fanden sechs Revisionen statt: 1893, 1907, 1943, 1983, 1984 und 1991 und eine weitere lässt wohl trotz der Rückweisung des regierungsrätlichen Antrages von 1995 durch den Kantonsrat (Rz 1731 f) nicht lange auf sich warten. Man könnte versucht sein, zu sagen, es gibt keine andere Vorschrift im zürcherischen Baurecht, an welcher so oft herumlaboriert worden ist. Dabei nahm die Qualität umso mehr ab, je kürzer die Revisionen zeitlich zurückliegen; diejenige von 1991 war schlechter als diejenige von 1975 und diejenige von 1975 schlechter als diejenige von 1943; diejenigen von 1983 und 1984 betrafen nur Teilaspekte. Die folgenden fünf Hauptmängel der bisherigen Ordnungen blieben praktisch immer weiter bestehen:

– die rechtsstaatliche Problematik der Anhäufung von Generalklauseln in der Regelung der Änderung von Gebäuden und Bewerbungen derselben; Rz 549 f, 1063 f;

gewissen Gegensatz zu seinen Äusserungen im Entscheid vom 11. Juli 1990 (BEZ 1990 Nr. 30). Hier sprach das Verwaltungsgericht von «den strengen Anforderungen von § 357 Abs. 1 PBG» (in der Fassung von 1975). In RB 1992 Nr. 74 erklärte es, die im Jahre 1980 begründete, «strenge Praxis» sei zwar mit Entscheid in RB 1986 Nr. 100 «etwas gelockert» worden, doch hätten Kritiker weiterhin verlangt, «dass den Interessen der Bauherrn stärker Rechnung getragen werde»; das Verwaltungsgericht sei sich aber «darüber im Klaren, dass diese Rechtsprechung vom Grundeigentümer oft als hart empfunden werden; indessen halte es dafür, dass eine Lockerung oder Differenzierung ... Sache des Gesetzgebers sei»; gegenüber einer «Liberalisierung» meldete es Vorbehalte an, «weil in § 357 PBG eine gleichermassen wichtige wie komplizierte Abwägung gegenläufiger Interessen von Grundeigentümern, Nachbarn und Öffentlichkeit enthalten sei». Zur «Bestandesgarantie» allgemein siehe Rz 4335 f.

1. Kapitel   Erster Abschnitt   Erster Unterabschnitt   PBG § 357   493

– das weitgehende bis vollständige Schweigen bezüglich Regelung der Änderung von vorschriftsgemässen Gebäuden und Bewerbungen derselben; Rz 4146 ff, 4160 ff;
– das weitgehende bis vollständige Unbeantwortetsein der Frage, die Verletzung welcher Vorschriften grundsätzlich Vorschriftswidrigkeit bewirken kann und von welchem Verletzungsgrad an Vorschriftswidrigkeit im konkreten Fall vorliegt; Rz 399 ff, 1612 ff;
– das weitgehende bis vollständige Unbeantwortetsein der Frage, ob und wenn ja wie neben dem generalklauselmässig formulierten Erfordernis das Neubaurecht einzuhalten sei und ob hier eine Notwendigkeit nach Ausnahmebewilligungen bestehe; Rz 543 f, 606 ff, 1679 f, 1694;
– das weitgehende bis vollständige Schweigen bezüglich der Vorkehrungen, welche zwischen der Änderung von Gebäuden und Bewerbungen derselben sowie den primären Neubauten bzw. Erstbewerbungen stehen (Thema sekundäre Neubauten bzw. Erstbewerbungen); Rz 199 f, 313 f, 1625 ff.

2.   PBG § 357 I und II in der Fassung von 1975 war eine stark separierte deklarierte **1744** (Rz 842 f), globale (Rz 801 f) postfinite Regelung (gemäss Praxis) mit novenzentrierter Neubaurechtmassgeblichkeit und weiter annäherungsweiser Anpassungspflicht (Rz 450 f); dabei wurde die Annäherung an das Neubaurecht schon als genügend angesehen, wenn sie soweit erfolgte, dass die durch das Vorhaben bewirkten Beeinträchtigungen der öffentlichen Interessen zumindest wieder aufgewogen wurden; es handelte sich also um ein Verschlechterungsverbot in seiner schwächeren Ausgestaltung (mit Möglichkeit der Kompensation von Verschlechterungen durch Verbesserungen, Rz 1507, 1546 mit FN 66). In der Regelung von PBG § 357 II in der Fassung von 1975 gelangte die Anpassungsvorstellung zwar nicht mehr zum Ausdruck; es durften dem Bauvorhaben gemäss erstem Satz ausdrücklich, wohl aber auch nach dem zweiten Satz (hier stillschweigend), einfach keine überwiegenden öffentlichen Interessen entgegenstehen und eine allfällige Erweiterung musste angemessen sein; bei der Anwendung konnte es dabei indirekt aber auch teilweise zu einem Verbesserungsgebot und/oder zu einem Verschlechterungsverbot kommen. Die gleiche Qualifikation kommt m.E. aber auch den Regelungen von PBG § 357 I und II in der Fassung von 1991 zu. Worin soll dann die erklärtermassen bezweckte Erleichterung der Änderungen durch die Revision von 1991 liegen? Diese Frage stellt sich nicht nur in Bezug auf diese abstrakten Regelungskategorien, sondern auch, wenn man einander gegenübersetzt:

– einerseits die Erfordernisse «keine weitere Verschlechterung» und «keine Verletzung eines anderen öffentlichen Interesses» (bei Widerspruch zu «Bauvorschriften») bzw. «kein Entgegenstehen überwiegender öffentlicher Interessen» und «Angemessenheit einer allfälligen Erweiterung» (bei Widerspruch zu «Nutzungsvorschriften») gemäss der Fassung von 1975;
– anderseits das Erfordernis «kein Entgegenstehen von überwiegenden öffentlichen und nachbarlichen Interessen (bei Widerspruch zu irgendwelchen Bauvorschriften)» gemäss der Fassung von 1991.

Unbefangen muss man hier doch wohl sagen: Es geht bei beiden Fassungen um das glei- **1745** che Anliegen des Gesetzgebers, nur ist dieses mit verschiedenen Worten, gewissermassen von verschiedenen Seiten her formuliert. Bei beidseitig generalklauselhaften Formulierungen bezüglich des Vorher- und des Nachher-Zustandes ist immer Vorsicht am Platz, wenn ein unterschiedliches Ergebnis angestrebt wird. Sonst kommt es zu dem, was Ionesco in seinem Schauspiel mit dem Titel «Die Nashörner» mit dem Satz zum Ausdruck gebracht hat: Sie unterscheiden sich durch ihre frappante Ähnlichkeit.

1746 3. Die Zweifel, dass die Fassung von 1991 für die Bauaktiven tatsächlich günstiger sei als diejenige von 1975 kehren sich sogar teilweise ins Gegenteil, wenn man berücksichtigt, dass in derjenigen von 1975 eine eindeutige Begünstigung der Betriebe vorgesehen war (Rz 1575 f), welche in derjenigen von 1991 ganz fehlt. Wollte man zudem nicht gelten lassen, dass weiterhin das Neubaurecht als solches grundsätzlich ausgeschlossen sei (Rz 1678 f), so müsste gesamthaft gesehen eine Verschlechterung zulasten des Bauaktiven angenommen werden.

IV. Verpasste Chancen

1747 Meine Auffassung zu dieser wenig durchsichtigen Situation ist die Folgende: Wäre PBG § 357 I und II in der Fassung von 1975 von den Gerichten für den Bauaktiven nicht zu streng gehandhabt worden, so hätte die Fassung von 1991 überhaupt keine Erleichterung bewirkt. Nur weil die Gerichte PBG § 357 I und II in der Fassung von 1975 zu streng gehandhabt haben, führte die Revision von 1991 zu einer gewissen Erleichterung. Die zu strenge Handhabung durch die Gerichte lag darin, dass sie die Auswechslung eines nichtzonengemässen Bewerbes durch einen anderen, nicht-zonengemässen Bewerb (Rz 1629 f) als *schlechterdings* unzulässig und die Erteilung von Ausnahmebewilligungen zur Erreichung einer dem Einzelfall angemessenen Lösung zwar für nötig, aber *nicht möglich* erachtet haben. Beides wurde nun durch die Revision 1991 widerrufen. Jetzt steht fest, dass die Auswechslung eines nicht-zonengemässen Bewerbes durch einen anderen, ebenfalls nicht-zonengemässen Bewerb zulässig ist, *allerdings* – ausserhalb Auf- und Anbauten sowie Bewerbsausweitungen und -intensivierungen – *nicht*, wenn das Gebäude für eine zonengemässe «Nutzung» geeignet ist (Rz 1659 f). Ferner steht jetzt fest, dass Ausnahmebewilligungen *möglich* sind. Durch die Fassung von 1991 wurde nun zwar die gemäss bisheriger Praxis durchgängige *Un*zulässigkeit der Auswechslung eines nichtzonengemässen Bewerbes durch einen anderen nicht-zonengemässen Bewerb auf Gebäude, welche sich für einen zonengemässen Bewerb eignen, eingeengt, aber nicht ganz beseitigt (weiterhin Verbot bei Eignung für zonengemässen Bewerb) und die Auffassung, dass über die Erfordernisse von PBG § 357 keine dem Einzelfall gerecht werdende Lösung gefunden werden könne, dass also eine Ausnahmebewilligungskompetenz zur Ausschaltung des gesetzlichen Erfordernisses notwendig sein könne[3], indirekt festgeschrieben (sonst hätte es ja den zweiten Satz des ersten Absatzes von § PBG 357 nicht gebraucht). Beides ist aber m.E. falsch. Bezogen auf die richtige Anwendung von PBG § 357 I und II in der Fassung von 1975 bewirkt die Regelung von 1991 gesamthaft gesehen kaum eine Erleichterung für den Bauaktiven, auch wenn es sich nicht um Betriebe handelt – bei Betrieben aber erst recht nicht. Die einer generalklauselhaft formulierten Vorschrift eigenen Vorteile (Rz 549 f) wurden durch die Revision von 1991 weitgehend verscherzt.

---

[3] Es geht hier nicht um die Ausnahmebewilligungen, welche die Anwendbarkeitvoraussetzung «Vorschriftswidrigkeit» von Gebäude bzw. Bewerb im Sinne von Rz 609 f ausschalten. Das ist etwas wesentlich anderes.

V. Zur Rechtfertigung der Ausführlichkeit der Darstellung der globalen postfiniten Regelung

1. Mit PBG § 357 in der Fassung von 1991 wollte der Gesetzgeber «den sachlichen Umfang der zulässigen Massnahmen an bestehenden Bauten und Anlagen ausgedehnt» haben und erreichen, dass «weitergehende Umbauten als bisher bewilligt» werden können (Rz 1676 f). Die Regelung von 1975 wollte ihrerseits eine «Erleichterung» gegenüber der Regelung von 1943 bringen (Rz 1512 f). Die Regelung von 1943 wollte ihrerseits eine «günstigere Lösung» gegenüber der Regelung von 1907 schaffen (Rz 1431 f). Die Regelung von 1907 wollte ihrerseits «Härten» gegenüber der Regelung von 1893 beseitigen (Rz 1425 f)[4, 5]. Nun verwendeten aber alle diese Revisionen in hohem Mass unbestimmte Regelungselemente («unbestimmte» Gesetzes-/Rechtsbegriffe). Welches der Inhalt der je nachfolgenden, auf «Erleichterung», «Milderung» usw. ausgerichteten Revision war, lässt sich aber nur befriedigend beantworten, wenn man immer auch die Regelung berücksichtigt, gegenüber welchen diese Lockerungen angestrebt waren. So gelangt man aber zwangsläufig zurück bis zum Jahre 1893. Es scheint mir deshalb kein Luxus zu sein, sogar BauG § 116 in der Fassung aus dem letzten Jahrhundert genau unter die Lupe zu nehmen. Dies ist umso weniger überflüssig, als nur dieser «Urtext» je richtig kommentiert wurde (Rz 1417 f).

1748

1749

2. Zudem nehmen auch Entscheide aus der Zeit nach 1991 des Öfteren auf Präjudizien zu vorherigen Regelungen Bezug[6].

1750

Dies alles rechtfertigt es m.E., dass bei der Erörterung von PBG § 357 in der Fassung von 1991 in einem so grossen Umfang Texte und Entscheide aus vergangenen Zeiten geschildert werden, wie dies in der vorliegenden Arbeit geschieht.

---

[4] Nur mit der Regelung von 1893 wurde nicht primär eine Erleichterung gegenüber der vorausgegangenen Regelung, derjenigen von 1863, angestrebt. Hier ging es vor allem um eine «Modernisierung» und um die Verwirklichung fester Vorstellungen zum «öffentlichen Wohl» und zum «Charakter der Städte» (Rz 1417 f). Zu einem solchen Höhenflug vermochte sich der Gesetzgeber später bezüglich des postfiniten Baurechtes kaum mehr aufzuschwingen.

[5] Hier drängt sich bei Annahme die Frage auf: Wie kann eigentlich manchmal die «Härte» einer Regelung gemildert werden, ohne dass schliesslich überhaupt keine Verbots- oder Gebotswirkung mehr übrigbleibt?

[6] Ein Beispiel aus neuester Zeit bietet der Entscheid des ZH-Verwaltungsgerichtes vom 17. November 1998 (BEZ 1999 Nr. 2), wo für die Auslegung von PBG § 239 IV in der Fassung von 1991 (Rz 2099 ff), PBG 357 III in der Fassung von 1991 (Rz 1606 ff) und PBG § 358 (Rz 2971 ff) auf die Praxis zu altBauG § 116 in der Fassung von 1943 zurückgegriffen wird.

Zweiter Unterabschnitt
Die sektoralen deklariert postfiniten Vorschriften des PBG

PBG § 101: Zur Regelung der Änderungen bei von Bau- und Niveaulinien betroffenen Gebäuden

I. Allgemeines

A. Zu den Baulinien[1]

1. Der Zweck der Baulinien

1751 a) α) Durch die Festsetzung von Baulinien wird verhindert, dass Raumabschnitte, welche voraussichtlich später einmal für die Erstellung oder Erweiterung vor allem von Strassen, Wegen oder Plätzen benötigt werden, vorher durch die Erstellung von Gebäuden und anderen Bauten belegt werden oder dass bereits hier befindliche Gebäude in einer die Fortbestandswahrscheinlichkeit verlängernden und/oder den Gebäudewert erhöhenden Weise geändert oder sonstwie transformiert werden. Beides erschwert offensichtlich dem künftigen Ersteller, Erweiterer solcher Verkehrsanlagen die spätere Beseitigung der im wortwörtlichen Sinne im Wege stehenden Gebäude oder Gebäudeteile, sei es psychologisch, weil der Widerstand der Eigentümer um so grösser ist, je neuer, je länger brauchbar etwas, das weichen muss, noch ist, sei es finanziell, weil die vom Gemeinwesen für die Beseitigung zu bezahlende Entschädigung an sich um so höher ausfällt, je wertvoller das Gebäude ist (Rz 646a ff). Deshalb darf innerhalb von Baulinien grundsätzlich nur gebaut werden, was dem Zweck der Baulinien nicht widerspricht[2].

1752 β) Die Baulinien umreissen den für die Erstellung oder Erweiterung der Strassen, Wege oder Plätze erforderlichen Raum grosszügig. Man darf sie sich nicht einfach als auf dem Boden gezogene Linien vorstellen, sondern sie müssen als durch diese Linien gelegte Vertikalebenen gedacht werden. Sie werden meistens paarweise gelegt. Der dazwischen liegende Raum gilt als Bauverbotsraum. Er ist je nach Sicherungszweck verschieden breit; es kommen zB Breiten von 18 m, 24 m, 30 m, aber auch von mehr oder weniger vor. Die beschränkende Wirkung hört jedoch nicht hart an den beidseitigen Vertikalebenen nach aussen auf, sie wirkt auch noch nach auswärts, wenn auch abgeschwächt (Rz 1757 und 1811).

---

[1] Siehe hiezu und im Folgenden die über einen beeindruckenden Verweis- und Anmerkungsapparat verfügende, zweibändige Dissertation von Robert R. Flach, Baulinien im schweizerischen Recht, Winterthur 1979, ferner: Heinrich Stüssi, Baugesetz des Kantons Zürich 1898, zu § 120, Jakob Maag/Hans Müller, 1907, zu § 120, Hans Egger, 1958/1970, S. 48 ff, Bliss Schnewlin, 1961, S. 57, 77 f, Karl Sauter, 1961, S. 111, Leo Schürmann/Peter Hänni, 1981/1994, S. 185 f, Peter Dilger, 1982, S. 282, Walter Haller/Peter Karlen, 1989/1992, N. 353 ff, David Fries, 1990, Bd. 1, insb. S. 30 ff, 103 f, 230 ff, Christoph Fritzsche/Peter Bösch, 1992, S. 34 ff, Richard A. Koch, 1997, S. 99 ff.

[2] Vgl. ZH-PBG § 99 I.

Es gibt hinsichtlich Wirkung der Baulinien in der Horizontale und Vertikale verschiedenartige Baulinientypen[3].   1753

γ) Baulinien sind im Allgemeinen nicht erst zu ziehen, wenn die Strasse erstellt werden muss; vielmehr ist das aktuelle Bedürfnis für die Landsicherung schon dann gegeben, wenn ersichtlich ist, dass die Erstellung über kurz oder lang notwendig sein wird[4]. Vorhandene Gebäude erschweren eher die Baulinienziehung, als dass sie sie erleichtern. Das Einsetzen von Bautätigkeit ist oft der Auslöser für die Baulinienziehung.   1754

δ) Baulinien werden meistens von den kommunalen oder kantonalen Exekutivorganen – bisweilen auch durch Gemeindeabstimmungen und kommunale Parlamente – festgelegt und kartographisch ausgedrückt.   1755

ε) Innerhalb des Baulinienpaares gilt vielfach das Recht zur formellen Enteignung als für den Bedarfsfall im Sinne des Enteignungsgesetzes erteilt[5]. Das erfordert von vornherein wegen EMRK Art. 6, dass der Betroffene die Möglichkeit hat, die Baulinien durch ein Gericht mit umfassender Rechtskontrolle beurteilen zu lassen.   1755a

b) Auf diese Weise werden bisweilen nicht nur Bauvorhaben für Strassen, Wege und Plätze im engeren Sinne des Wortes geschützt, sondern auch noch[6]:   1756

– Spazierwege[7];
– Strassen begleitende Fahrzeugabstellplätze, Vorgärten, Lärmschutzanlagen und Grünzüge;
– Betriebsanlagen zu Verkehrsbauten (wie Parkhäuser, Grossparkierungsanlagen, Anlagen für Unterhalts-, Überwachungs- und Versorgungsdienste);
– Versorgungsleitungen;
– Anschlussgeleise;
– Bach- und Flusskorrektionen.

c) Neben dem Zweck, die künftige Erstellung oder Erweiterung solcher Anlagen nicht erschweren zu lassen, werden mit Baulinien oft auch noch andere Absichten verfolgt: Ermöglichung einer genügenden Besonnung und Durchlüftung des Quartiers, Ausrichtung der Gebäude beidseits der Verkehrsanlage auf eine bestimmte Front, Festlegung der hier maximal zulässigen Gebäudehöhe, geschlossene Bauweise usw.   1757

---

[3] Robert E. Flach, S. 91 ff, nennt 60 (!) verschiedene Arten.
[4] BGE 118 Ia 372, 375 (Bergstrasse in Männedorf/ZH). Gemäss NSG Art. 22 (SR 725.11) erfolgt die Baulinienfestsetzung allerdings erst zusammen mit dem Ausführungsprojekt. Voraus gehen u.U. Projektierungszonen nach Art. 14–18. Rz 4116.
[5] ZH-altBauG § 17, ZH-PBG § 110. Rz 3187.
[6] ZH-PBG § 96.
[7] BGE 118 Ia 394 ff (Thalwil/ZH, betr. Uferweg entlang Zürichsee) und BGE 118 Ia 406 ff (desgleichen in Kilchberg/ZH). Die Schützbarkeit künftiger Spazierwege wurde zwar bejaht, jedoch nur unter starker räumlicher Einengung des hiefür erforderlichen «Korridors».

2. Zum Erfordernis des öffentlichen Interesses und der Verhältnismässigkeit

1758 a) Sowohl das Verbot, innerhalb des Baulinienpaares Neubauten zu erstellen oder andere bauliche Vorkehrungen zu verwirklichen, als auch die Wegbedingung von Entschädigungspflichten bei erlaubterweise geänderten Gebäuden im Baulinienbereich sind öffentlichrechtliche Eigentumsbeschränkungen. Dass für Ersteres ein öffentliches Interesse besteht, wenn für die Baute selbst, zu deren Sicherung die Baulinien gezogen worden sind, ein öffentliches Interesse besteht, liegt auf der Hand[8]. Die Erstellung dieser Baute ist ja der Zweck, zu welchem das Bauverbot ein Mittel bildet, wenn auch ein negatives. Solange zwischen den Baulinien kein Gebäude steht, müssen zur Erstellung der Baute keine Investitionen zerstört werden und eine Enteignung von Gebäuden ist von vornherein nicht nötig (höchstens eine solche von Land)[9].

1759 b) Etwas schwieriger ist die Alternative Verweigerung oder Bewilligung unter Wegbedingung der Entschädigungspflicht bei geänderten Gebäuden im Baulinienbereich zu begründen[10]. Vgl. auch Rz 1837.

α) Man kann die Frage nach dem ausreichenden öffentlichen Interesse kaum einfach mit dem Argument in maiore minus abtun: Wenn schon ganz verweigert werden darf, dann ist es erst recht zulässig, unter der Bedingung, dass im Enteignungsfall keine höhere Entschädigung bezahlt werden muss, als wenn es zu einer Verweigerung der Änderung gekommen wäre, zu bewilligen. Sobald im Baulinienbereich bereits ein Gebäude steht, kommt nämlich das Gemeinwesen bei der Erstellung der durch die Baulinien gesicherten Baute gleich wenig um die Zerstörung des Gebäudes herum, ob dieses nun in der Zwischenzeit einmal geändert worden ist oder nicht; der Abbruchbagger muss in beiden Fällen auffahren; und um die Enteignung des Gebäudes kommt das Gemeinwesen oft auch nicht herum. Ist es auch da noch verhältnismässig, die Änderung des Gebäudes zu verbieten, wenn der Eigentümer im Voraus auf irgendwelche Entschädigungsansprüche verzichtet? Anders ausgedrückt: Hat das Gemeinwesen bezüglich der Baulinien-Thematik «alles» zu bewilligen, wenn der Bauaktive im Zeitpunkt der Erteilung der Baubewilligung auf jede weitere Entschädigung verzichtet und nichts zusätzlich vergütet haben will, als was auch ohne die Änderung zu entschädigen gewesen wäre? Gibt die Bereitschaft des Bauaktiven zur Hinnahme eines solchen umfassenden Reverses einen Anspruch auf Erteilung der Baubewilligung?

1760 β) Das Gemeinwesen versucht, die durch die Änderung bedingten finanziellen Belastungen bezüglich Änderungen mittels Reversen nach vier Richtungen hin in Griff zu bekommen[11]:

---

[8] Das wurde schon durch BGE II (1876) S. 97 und V (1879) S. 396 gesagt. Vgl. auch BGE 109 Ib 116 (Klosters-Serneus/GR).
[9] Nicht verhindert werden kann jedoch durch die Baulinienziehung die Teilnahme des hievon betroffenen Landes am allgemeinen Anstieg des Landpreises in der Umgebung.
[10] Dass ein öffentliches Interesse für das Verbot von Änderungen von von Baulinien betroffenen Gebäuden und für die Auferlegung eines Reverses (selbst wenn dieser zeitlich unbeschränkt gilt) vorliegt, wird in BGE 109 Ib 116 ff (Klosters-Serneus/GR) bejaht. Die Bezugnahme auf die Besitzstandgarantie stellt allerdings keine zusätzliche Begründung dar (Rz 4486).
[11] Siehe hiezu insbesondere: David Fries, S. 95 ff, 331 ff.

– bei Enteignung des ganzen Gebäudes oder eines Teiles davon ist der hier infolge der Änderung entstandene Mehrwert nicht zu entschädigen (eigentlicher Mehrwertsfall)[12];
– bei der Enteignung eines ganzen Gebäudes oder eines Teiles davon hat der Eigentümer den Abbruch selbst sowie auf eigene Kosten zu besorgen und erhält für die dabei untergehenden Teile keine Entschädigung (Abbruchfall);
– bei der Enteignung eines Gebäudeteiles sind die Anpassungskosten nicht zu entschädigen, welche beim nicht enteigneten Gebäudeteil höher ausfallen, als sie angefallen wären, wenn das Gebäude vorher keine Änderung erfahren hätte (Anpassungsfall);
– bei der Enteignung eines Gebäudeteiles ist derjenige Minderwert nicht zu entschädigen, welcher am nicht enteigneten Gebäudeteil infolge des Verlustes der durch die Änderung im Gebäude[13] bewirkten Möglichkeiten eintritt (Minderwertsfall).

Realistischerweise muss man nun aber auch bei Gebäudeeigentümern, welche im Stadium, da es um den Erhalt einer Bewilligung für die Änderung ging, klar und eindeutig den Verzicht auf die erwähnten Forderungen als selbstverständlich aussprechen, damit rechnen, dass sie vielleicht Jahre danach ihre seinerzeitige Zusage bereuen, wenn sie das Feld für die Erstellung der Baute räumen müssen; das trifft noch vermehrt zu, wenn derjenige, welcher damals um die Bewilligung der Änderung nachgesucht hat, infolge Handänderung oder Erbgang nicht mehr mit demjenigen identisch ist, welchem das Gebäude im Zeitpunkt der Wegweisung gehört. Es gibt viele Möglichkeiten, die dannzumal vom Gemeinwesen anerbotene Entschädigung als zu niedrig anzufechten (Rz 1837). **1761**

γ) Hinzu kommt aber noch ein weiteres Argument, welches gegen die Bewilligung unter Revers spricht: Wenn dem Gebäudeeigentümer die von ihm angestrebte Änderung des Gebäudes bewilligt wird, wenn auch unter Revers, dann sinkt die Wahrscheinlichkeit, dass er schon bald die Lust am Behalten des Gebäudes verliert. Damit aber wird der mit den Baulinien ebenfalls verfolgte Zweck, dass die Eigentümer der von Baulinien betroffenen Gebäude diese gelegentlich von sich aus, ohne weiteren behördlichen Zwang, abbrechen und durch eine die Baulinie einhaltende Neubaute ersetzen, vereitelt. Man spricht hier bildhaft von der «Lebensdauer» eines Gebäudes und sagt, die «natürliche bauliche Erneuerung» der störenden Überbauung werde durch solche Bewilligungen verhindert[14], auch wenn es hier mit «Leben» und «Natürlichkeit» nicht weit her ist. Die als destruktorisches Änderungsverbot[15] zu qualifizierenden Baulinienwirkungen werden dadurch illusorisch. **1762**

δ) Hievon abgesehen sind die die Entschädigungspflicht ausschliessenden Reverse weiterum verpönt, da es hier dem Gemeinwesen um die Schonung seiner Finanzen geht. Der Vorwurf des Fiskalismus ist in einem liberal-demokratisch-sozialen Rechtsstaat[16] **1763**

---

[12] Dass es hier um durchaus respektable Beträge gehen kann, ergibt sich aus BGE 109 Ib 116 ff (Klosters-Serneus/GR), wo ein Mehrwert in der Grössenordnung von Fr. 200'000.– zu gewärtigen war.
[13] Weil ein Gebäude eine Einheit bildet, spielte es an sich keine Rolle, ob die Änderung vor oder hinter der Baulinie stattfand.
[14] In diesem Sinne: ZH-RRB Nr. 2364 vom 27. Juni 1963 (Grundsätzlicher Entscheid 1963 Nr. 22 und ZBl 1963 S. 73 ff).
[15] Dieses ist vom konservierenden und vom limitierenden Änderungsverbot zu unterscheiden. Zu allem siehe Rz 364.
[16] Der Reiche kommt dabei wohl eher zu einer Bewilligung, weil ihn der Verlust von Entschädigungsansprüchen und das Belangtwerden mit Kosten weniger drückt.

schnell bei der Stelle[17]. Trotzdem sind solche Regelungen gerade im Baulinienrecht gemäss Gesetzestext und Praxis grundsätzlich zulässig. Dabei wird dann allerdings gesagt, es gehe hier nicht um Fiskalismus, sondern um Vermögensinteressen des Gemeinwesens. Die Begründung für die Nuancierung wird darin gesehen, dass der Revers einen selbständigen Charakter besitze, sein Zweck in der Durchsetzung der Baulinie liege und es allein auf die Zielsetzung des Werkes ankomme[18]. Wie weit diese Argumentation für sich allein überzeugt, bleibe dahingestellt. Im Ergebnis dürfte sie aber richtig sein.

1764 ε) Rein logisch oder theoretisch gesehen, sollte es zwar möglich sein, bei einer Bewilligung mit umsichtig formuliertem Revers jede spätere Verhinderung eines Planungszieles des Gemeinwesens durch in der Zwischenzeit noch hingenommene private Vorhaben zu verhindern. Doch ist «die faktische Präjudizierung durch solche Zwischenakte dennoch nicht zu übersehen, die grundsätzlich von jedem Bauvorhaben ausgeht, für das mehr oder weniger grosse Investitionen getätigt worden sind; dies weil die planende Behörde erfahrungsgemäss eher dazu neigen wird, einmal geschaffene Sachwerte zu erhalten.»[19]

1765 Eine Bewilligung mit Revers verschlechtert daher meistens die finanzielle und oft auch noch die ortsplanerische Lage des Gemeinwesens gegenüber der Situation bei Verweigerung schlechthin. Aber man kann dem Gemeinwesen weniger Sturheit vorwerfen. Das ist auch etwas wert. Gleichwohl ist bei der Erteilung von Baubewilligungen mit Revers statt einer Bauverweigerung seitens des Gemeinwesens Zurückhaltung angezeigt.

3. Zum Verhältnis zum Rechtsgleichheitsgebot

1766 Baulinien gehören zu denjenigen öffentlichrechtlichen Eigentumsbeschränkungen, bei welchen sich im konkreten Fall oft die Frage stellt, ob das Gemeinwesen hier dem Gebot der Rechtsgleichheit genügend gerecht wird, ja überhaupt gerecht werden kann (Rz 986 ff). Von den Eigentümern von nahe beieinander liegenden Parzellen werden die einen oft sehr hart, andere mässig, nochmals andere überhaupt nicht betroffen. Dabei können so scheinbar gleichgültige Umstände wie die Lage diesseits oder jenseits einer Strasse eine entscheidende Rolle spielen. Das führt unter Nachbarn oft zu unerquicklichen Parteiungen, bei welchen die einen die Baulinie mehr auf die eine Seite und die anderen in gerade umgekehrter Richtung verschoben haben möchten. Für viele Gebäudeeigentümer ist die Rechtslage dort besonders unbefriedigend, wo die Festsetzung der Baulinien nur in den Amtsblättern publiziert und nicht auch individuell mitgeteilt werden muss[20]; hier wird leicht die an sich möglichen Rechtsmittelergreifung verpasst.

4. Zur materiellen Enteignung

1767 a) Die Praxis des Bundesgerichtes zur materiellen Enteignung infolge des Bauverbotes zwischen Baulinien ist so, dass sich der betroffene Eigentümer kaum je Hoffnungen auf

---

[17] RB 1968 Nr. 55 (ZBl 1969 S. 399 ff). Siehe hiezu auch Hans Egger, S. 50.
[18] Vgl. BGE 41 I 482; ferner: BGE vom 7. März 1962 (Amriswil/TG) in: ZBl 1963 S. 7; BGE vom 6. September 1968 in: ZBl 1969 S. 399 f (Kanton Zürich, betr. Zentralheizungseinbau).
[19] ZH-BEZ 1981 Nr. 19. Dies wurde allerdings im Hinblick auf die Erweiterung eines Lagerplatzes in einem Quartierplanbereich gesagt.
[20] Im Kanton Zürich erfolgt die schriftliche Mitteilung mit Rechtsmittelbelehrung an die Eigentümer erst seit 1959 (vgl. altBauG § 15 I in der Fassung vom 24. Mai 1959; heute PBG § 108 II).

Entschädigung machen kann, und zwar auch dann, wenn das Vorhaben, dessentwegen die Baulinien festgesetzt worden sind, lange auf sich warten lässt[21, 22]. Einerseits erklärt das Bundesgericht für den Fall, dass es um die Erstellung von Neubauten geht, die Herabsetzung der Überbaubarkeit einer bisher überbaubar gewesenen Parzelle um einen Drittel sei im Allgemeinen noch nicht entschädigungspflichtig[23]; bei Baulinienziehungen sind jedoch grössere Beschlagungen eher die Ausnahme. Anderseits erklärt das Bundesgericht für den Fall, dass es um die Änderung eines bestehenden Gebäudes geht, bei Weitergeltung der Zulässigkeit von Reparaturen sowie kleineren Renovationen sei im Allgemeinen weiterhin ein wirtschaftlich vernünftiger und bestimmungsgemässer Gebrauch der Parzelle möglich und daher ebenfalls keine Entschädigungspflicht gegeben[24]. Überdies wird, wenn entgegen dem Regelfall eine materielle Enteignung eintritt, dem Eigentümer von den Kantonen oft das Heimschlagsrecht gewährt; damit können sie das Gemeinwesen verpflichten, ihnen die für sie nicht mehr interessante Parzelle gegen Entschädigung des Verkehrswertes abzunehmen[25, 26].

b)   Würde man die Mehrwerts-, Abbruch-, Anpassungs- und Minderwertsreverse als materiell enteignend ansehen, so wäre dies gleichbedeutend mit der Sinnlosigkeit und Unmöglichkeit der Wegbedingung; denn das, was das Gemeinwesen «wegnehmen» könnte, müsste es im Voraus geben. Die Praxis sieht die entschädigungslose Wegbedingung als zulässig an[27], m.E. zu Recht; denn mit dem Revers wird dem Eigentümer nicht eine Möglichkeit genommen, sondern eine zusätzliche eingeräumt: Anstatt Nichtändern gilt seinetwegen die Alternative Verzicht auf Ändern oder Ändern mit Verzicht auf Entschädigung bzw. Vergütung; man hat schon davon gesprochen, der Revers sei ein «Korrelat zu einer Vergünstigung, die dem Eigentümer in Form einer Baubewilligung zuteil wird». Bezüglich des Verhältnisses des Änderungsverbotes zur materiellen Enteignung wird im Einzelnen auf Rz 1387 f verwiesen. **1768**

---

[21] So im Ergebnis schon Jakob Maag/Hans Müller, zu § 120, N. 4. In ZH-altBauG § 12 wurde für den Fall, dass die Baulinie weiter zurückliegt als der Ausserkant der künftigen Strasse, im Hinblick auf die Zeit nach Realisierung des Projektes erklärt: «Dafür, dass dieser Streifen nicht überbaut werden darf, ist keine Entschädigung zu leisten.» Umso weniger war hienach eine Entschädigung für die Nichtüberbaubarkeit des von der neuen Strasse selbst beanspruchten Raumes geschuldet. Für extrem starke Belastungen verstiessen aber wohl diese Aussagen gegen die Eigentumsgarantie.
[22] Bisweilen besteht hier ein Heimschlagsrecht, so zB gemäss ZH-altBauG § 29 II FN 29; jetzt ZH-PBG §§ 103 f.
[23] BGE 93 I 343 ff (Meggen/LU) gerade in Bezug auf Baulinien. Allgemeiner: Rz 1251 mit FN 20.
[24] Karl Sauter, S. 111 ff.
[25] ZB ZH-PBG §§ 103 f. Das Heimschlagsrecht ist hier bei überbauten Parzellen auf den Fall beschränkt, dass es sich um ein «Abbruchobjekt» handelt. Bereits das Baugesetz von 1893 kannte in § 29 II ein Heimschlagsrecht wegen Baulinienbelastung, allerdings nur solange die Parzelle ungeteilt war und keine Handänderung stattgefunden hatte.
[26] Die Kantone dürfen aber den Eigentümer nicht vor die Alternative stellen: entweder Heimschlag oder Verzicht auf Entschädigung; vielmehr muss es sich um eine zum Entschädigungsanspruch hinzukommende Möglichkeit handeln. Vgl. BGE 102 Ia 243 ff (Basel, betr. Angensteinerstrasse 28/30).
[27] BGE vom 7. März 1962 (Amriswil/TG, in: ZBl 1963 S. 7 ff); ferner: BGE 41 I 482; ZH-Verwaltungsgerichtsentscheid vom 6. September 1968 (ZBl 1969 S. 400).

B. Zu den Niveaulinien

1769 1. Strassen im Siedlungsbereich dienen dazu, dass einerseits von ihnen aus zu den umliegenden Gebäuden und andererseits von diesen aus zu jenen gelangt werden kann. Im geneigten Gelände kommt es bei vor der Erstellung oder Erweiterung von Strassen errichteten oder geänderten Gebäuden oft dazu, dass deren Eingänge/Einfahrten nicht mehr zur neuen Strasse passen, weil ein Anschluss nur noch über zu steile Rampen oder Treppen möglich ist. Es müssen dann kostspielige bauliche Änderungen am Gebäude und Umschwung vorgenommen werden, es sei denn, die Strasse würde anders erstellt, erweitert, als eigentlich beabsichtigt worden ist. Sodann kann das Gebäudefundament durch einen für später vorgesehenen Strassenbau statisch gefährdet werden.

1770 2. Nach allgemeinen enteignungsrechtlichen Grundsätzen fallen die Mehrkosten der Anpassung zulasten des Erstellers/Erweiterers der Strasse. Dem wird bisweilen mit der frühzeitigen Ziehung von Niveaulinien gemäss PBG §§ 107–110a vorgebeugt. Damit werden diejenigen, welche vor der Erstellung/Erweiterung der Strasse ein Gebäude erstellen oder ändern wollen, verpflichtet, das Niveau des Einganges, der Zufahrt in einer von der Niveaulinie abhängigen Höhe zu realisieren[28]. altBauG § 61 verlangte deshalb, dass bei Bauten «auf» der Baulinie Eingänge, Korridore und Boden des Erdgeschosses nicht unter der Niveaulinie angelegt werden dürfen und der Sockel mindestens 15 cm unter derselben anzusetzen ist[29]. In den PBG §§ 106 f gelangt diese Funktion der Niveaulinie nur noch auf sehr allgemeine, fast nicht mehr erkennbare Weise zum Ausdruck. Sie gilt aber wohl im Kern immer noch.

3. Überdies dient die Niveaulinie bisweilen dazu, die Basiskote für die Messung der Gebäudehöhe zu liefern (vgl. PBG § 280 I in Verbindung mit den §§ 278 f)[30].

C. Zu den weiteren Ausführungen

1771 Nachfolgend kommen, entsprechend dem Gegenstand dieser Arbeit, weder die Festlegung und Änderung der Bau- und Niveaulinien als solche noch die Auswirkungen der

---

[28] Bei Lage auf deren Höhe kann bei jedem Abstand des Gebäudes von Strassenausserkant ohne weiteres für den guten Zusammenschluss gesorgt werden. Bei erheblich höherer oder tieferer Lage ist dies aber allenfalls nur möglich, wenn der Abstand vergrössert wird.

[29] Baulinien und Niveaulinien sind nicht gleichwertige Geschwister. Die praktische Bedeutung der Niveaulinie ist ungleich geringer als diejenige der Baulinie, einerseits weil heute schon die Baulinien meistens wegen des Einbezuges eines grosszügig bemessenen Vorgartens genügend Raum für den guten Zusammenschluss von Strasse und Gebäude freihalten, andererseits weil das genaue Niveau der Strassenachse meistens erst unmittelbar vor dem Strassenbau festsetzt wird und vorherige Annahmen oft überholt sind. Daher wird heute häufig auf die formelle Festlegung einer Niveaulinie verzichtet und im Voraus nur noch ein informativer, voraussichtlicher Strassenlängsschnitt der Baulinienvorlage beigefügt. Im baurechtlichen Alltag wird ein solcher oft nicht klar genug gegenüber einer formell festgesetzten Niveaulinie und dem Längsprofil eines Strassenbau-Ausführungsprojektes unterschieden.

[30] Christoph Fritzsche/Peter Bösch beurteilen auf S. 38 die Funktion der Niveaulinie m.E. zu eng, wenn sie diese nur im Hinblick auf die Messweise bei der Gebäudehöhe sehen.

Letzteren auf den primären Neubau von Gebäuden, sondern nur die Auswirkungen des Betroffenseins von bereits bestehenden Gebäuden durch Baulinien näher zur Sprache.

II. Zu den Vorläuferregelungen von PBG § 101

A. Zur Bauordnung von 1863

Im Gesetz betreffend eine Bauordnung für die Städte Zürich und Winterthur für städtische Verhältnisse überhaupt vom 30. Brachmonat 1863 (Rz 1413) fand sich im ersten Abschnitt mit der Überschrift «Von dem öffentlichen Grunde (Reichsboden) und den Beziehungen der Gebäude zu demselben» folgende Vorschrift als § 8:

> «An Gebäuden oder anderen Bauwerken, welche über die Baulinie hinausragen, dürfen ohne Bewilligung des Stadtrathes keinerlei Veränderungen oder andere Arbeiten vorgenommen werden, als solche, welche zur Unterhaltung nothwendig sind.»

Mit «Reichsboden» wurde damals der öffentliche Grund bezeichnet.

B. Zu altBauG § 120 von 1893

1. Das Baugesetz von 1893 (Rz 1417 ff) enthielt in seinem achten Abschnitt mit der Überschrift «Änderungen an bestehenden Gebäuden» in § 120 den folgenden Text:

> «An Gebäuden oder anderen Bauwerken, welche über die Baulinie hinausragen, dürfen ohne Bewilligung der Gemeindebehörde keinerlei Veränderungen oder andere Arbeiten vorgenommen werden als solche, die zum Unterhalt derselben notwendig sind. Weitergehende Veränderungen, wie Umbauten und Aufbauten, sollen nur ausnahmsweise bewilligt werden, zum Beispiel wenn die Baulinie erheblich hinter der Strassengrenze liegt oder das Gebäude nicht auffallend über die Baulinie hervorragt oder wenn die Durchführung der Baulinien noch lange Zeit nicht in Aussicht steht. An solche Bewilligungen ist jedoch der notarialisch zu fertigende Vorbehalt zu knüpfen, dass der durch die Veränderung entstehende Mehrwert bei einer späteren Erwerbung des Gebäudes durch die Gemeinde ausser Betracht fallen müsse.»

2. Zur Auslegung von altBauG § 120 und zur Praxis hiezu wird auf die in FN 1 zitierte Literatur verwiesen, soweit diese aus der Zeit vor 1975 stammt.

III. Zu PBG § 101[31]

A. Zum Text

1. Im Vorentwurf der Baudirektion vom Dezember 1972 (Rz 1466) fand sich im 2. Titel mit der Überschrift «Das Planungsrecht», im 3. Abschnitt mit der Überschrift «Die Ausführungsplanungen», im Unterabschnitt E. mit der Überschrift «Die Bau- und Niveaulinien», im Unterunterabschnitt E. mit der Überschrift «Die Baulinien» § 178 mit folgendem Text und Randtitel:

---

[31] Von den in FN 1 genannten Autoren setzen sich Walter Haller/Peter Karlen, Christoph Fritzsche/Peter Bösch und Richard A. Koch näher mit PBG § 101 auseinander.

> «C. Rechtswirkungen II. Änderungsverbot
> Baulinienwidrige Bauten und Anlagen im Baulinienbereich dürfen nur ordnungsgemäss unterhalten werden.
> Weitergehende Vorkehren sind nur zu bewilligen, wenn die Baulinie in absehbarer Zeit nicht durchgeführt werden soll und wenn mit sichernden Nebenbestimmungen zur baurechtlichen Bewilligung ausgeschlossen wird, dass das Gemeinwesen bei Durchführung der Baulinie den entstandenen Mehrwert bezahlen müsste.»

1802 2. Der Regierungsrat nahm in seinem Antrag an den Kantonsrat vom 5. Dezember 1973 (Rz 1467) nur eine redaktionelle Modifikation vor: Am Schluss des zweiten Absatzes der jetzt als § 170 bezeichneten Vorschrift ersetzte er den Passus «bezahlen müsste» durch «zu entschädigen hat». Gleichzeitig wechselte er die Überschrift des 3. Abschnittes von «Die Ausführungsplanungen» zu «Die Nutzungsplanung».

1803 3. Der Kantonsrat fand in seinen Debatten (Rz 1468) an der so modifizierten Fassung des ersten Absatzes nur beschränkt Gefallen. Statt dessen setzte er den jetzigen Text, indem er statt vom Verbot, mehr vorzukehren als ordnungsgemäss zu unterhalten, erlaubnisartig davon sprach, dass die Bauten «entsprechend dem bisherigen Verwendungszweck unterhalten und modernisiert werden» dürfen. Er nahm gleichzeitig den Unterabschnitt über den Quartierplan (gemäss regierungsrätlichem Antrag die §§ 92–164 umfassend) aus dem 3. Abschnitt «Die Nutzungsplanung» heraus, verschob ihn nach hinten und verselbständigte ihn zu einem neuen 4. Abschnitt mit der Überschrift «Der Quartierplan». Damit wurden die ursprünglichen §§ 165–188 über die Bau- und Niveaulinien, die (vom Kantonsrat neu geschaffenen) Ski- und Schlittellinien und die Landsicherung für öffentliche Werke zu den §§ 96–122.

1804 4. Im PBG von 1975 befindet sich nun im II. Titel mit der Überschrift «Das Planungsrecht», im 3. Abschnitt mit der Überschrift «Die Nutzungsplanung», im Unterabschnitt D. mit der Überschrift «Bau- und Niveaulinien», im Unterunterabschnitt I. mit der Überschrift «Die Baulinien» § 101 mit folgendem Randtitel und Text:

> «C. Rechtswirkungen II. Änderungsverbot
> Baulinienwidrige Bauten und Anlagen im Baulinienbereich dürfen entsprechend dem bisherigen Verwendungszweck unterhalten und modernisiert werden.
> Weitergehende Vorkehren sind nur zu bewilligen, wenn die Baulinie in absehbarer Zeit nicht durchgeführt werden soll und wenn mit sichernden Nebenbestimmungen zur baurechtlichen Bewilligung ausgeschlossen wird, dass das Gemeinwesen bei Durchführung der Baulinie den entstandenen Mehrwert zu entschädigen hat.»

B. Zur Auslegung von PBG § 101 und zur Praxis hiezu

1. Zum ersten Absatz

a) Zu «Bauten und Anlagen»

1805 Dass statt von «Bauten und Anlagen» besser von Bauten mit den Untergruppen Gebäude und Anlagen gesprochen würde, ist in Rz 50 ff dargelegt.
Nachfolgend konzentriere ich mich auf die Gebäude.

b) Zu «baulinienwidrig»

α) Baulinienwidrig sind Gebäude, welche entweder ganz oder teilweise zwischen Baulinien liegen. Bei Letzteren spricht man von von Baulinien «angeschnittenen» Gebäuden. Ein Gebäude ist jedoch nicht baulinienwidrig, wenn es nur mit den in PBG § 100 I geregelten «einzelnen oberirdischen Gebäudevorsprüngen» hinausragt und dies nicht weiter als 1,5 m geschieht[32]. Die Wirkung ist hier allerdings fast die gleiche, wie wenn nach PBG § 101 II zu urteilen wäre: Die hinausragenden oberirdischen Gebäudevorsprünge müssen entschädigungslos beseitigt werden, sobald die Ausführung des Werks oder der Anlage, wofür die Baulinie festgesetzt worden ist, dies erfordert. Beides ist wohl eine unter EMRK Art. 6 Ziff. 1 fallende Situation. 1806

β) Zur Tragweite von noch nicht rechtskräftigen Baulinien siehe Rz 1822. 1807

γ) Wenn bei einem Gebäude eine Änderung in der Annahme bewilligt wird, es komme zu keiner Überschreitung der Baulinie, hintennach aber eine solche vorliegt, sei es weil die Behörde zuerst von einem unzutreffenden Verlauf der Baulinie ausgegangen ist, sei es, weil sie das Vorhaben des Bauaktiven falsch gedeutet hat, so beurteilt sich das weitere Vorgehen wohl nach den Regeln, welche für die nachträgliche Belastbarkeit einer rechtskräftigen Bewilligung gelten. Rz 616 ff[33].

δ) Die Baulinienwidrigkeit eines Gebäudes ist auch ein Sonderfall von «den Bauvorschriften widersprechen» im Sinne von PBG § 357 I (Rz 1612 f). Damit stellt sich die Frage, welches das Verhältnis von PBG § 101 zu dieser Regelung sei. Handelt es sich um das Verhältnis einer lex specialis zu einer lex generalis, wenn ja, welche von beiden Vorschriften ist die lex generalis und welche die lex specialis? Oder handelt es sich um das Verhältnis einer lex specialis zu einer anderen lex specialis? 1808

Das Bundesgericht nahm am 10. April 1990 zu einem Entscheid des ZH-Verwaltungsgerichtes Stellung, welcher stark verkürzt in RB 1989 Nr. 77 wiedergegeben ist[34]. Das Bundesgericht vertrat folgende Auffassung: Obwohl PBG § 101 als eine PBG § 357 I vorgehende «Sondernorm» angesehen werden könne, ist es nicht willkürlich, den Umbau eines von Baulinien betroffenen, den Ausnützungsvorschriften widersprechenden Gebäudes auch nach PBG § 357 I zu beurteilen. Willkür fehle hier selbst dann, wenn die (weitere) Baurechtswidrigkeit mittelbar auf die Baulinienüberstellung zurückzuführen sei, wie dies bei der Ausnützungsbemessung gemäss einem Vergleichsprojekt zutreffend könne. Das bedeutet wohl: Wenn ein zur Änderung vorgesehenes, von Baulinien betroffenes Gebäude noch anderen Bauvorschriften widerspricht, ist das Vorhaben nur dann erlaubt, wenn sowohl die Voraussetzungen von PBG § 357 I erfüllt sind als auch durch Revers die Entschädigungspflicht für den Mehrwert, für die änderungsbedingten Mehr-

---

[32] Es geht hier nicht bloss um in den Luftraum auskragende Bauteile, wie Erker, Balkone, Vordächer, sondern auch um auf dem Boden liegende, wie Vortreppen, Gartenterrassen.
[33] Der ZG-Regierungsrat forderte am 19. November 1969 in einem solchen Fall die Stadt Zug auf, die Verlegung der Baulinie zu prüfen (ZBl 1969 S. 490).
[34] Es handelte sich hier um bewilligte Umbauten und um den eigenmächtigen Einbezug eines Abstellraumes in eine neue Maisonette-Wohnung (mit Einbau einer Wendeltreppe vom unteren zum oberen Stock) in einem Gebäude zwischen Baulinien in der Stadt Zürich (1P.34/1990).

kosten des Abbruches und der Anpassung sowie für die änderungsbedingte Erhöhung des Minderwert wegbedungen ist[35].

PBG § 101 kommt nur dann allein zur Anwendung, wenn die Baurechtswidrigkeit in nichts anderem als in der Baulinienwidrigkeit besteht.

c)   Zu «unterhalten und modernisiert werden»

1809   Mit Unterhalt ist wohl das in Rz 330 (hier in FN 4), ferner in Rz 1901 mit dem gleichen Wort Umschriebene und unter Modernisierung das in Rz 177 mit dem Wort Renovation Umschriebene zu verstehen[36]. Als handelnd gedacht sind hier – unausgedrückt – der Eigentümer und die ihm zuzurechnenden Menschen.

d)   Zu «entsprechend dem bisherigen Verwendungszweck (unterhalten und modernisiert werden)»

1810   Bei dieser Formulierung ist die eigenartige Vorstellung mit im Spiel, dass für das Gemeinwesen eine nicht unbeträchtliche Um-, Auf- oder Anbaute ohne Bewerbsauswechslung nach Rz 307 von vornherein eher in Kauf zu nehmen ist als eine Bewerbsauswechslung ohne beträchtliche Um-, Auf- oder Anbaute. Warum ich dies als fragwürdig ansehe, ist in Rz 1629 ff dargelegt[37]. Kombinationen von baulicher und bewerbsmässiger Änderung sind zwar nochmals etwas anderes; trotzdem ist m.E. dem Abstellen auf den Verwendungszweck bei der Renovation und Modernisation keine grosse Bedeutung beizumessen.

e)   Zu «im Baulinienbereich»

1811   Weil ein Gebäude an sich eine Einheit bildet, spielte es gemäss Praxis zu altBauG § 120 keine Rolle für die Beurteilung, ob die Änderung vor oder hinter der Baulinie stattfand,

---

[35]   In RB 1981 Nr. 108 (umfassender in: BEZ 1981 Nr. 2) erklärte das Verwaltungsgericht: «Für die Erhaltung des Besitzstandes notwendig sind ... nicht bloss eigentliche Unterhaltsarbeiten, die ein Gebäude vor dem Zerfall bewahren, sondern auch ... Modernisierungen, das heisst Massnahmen, welche die Zeitumstände gebieten, damit das Haus seinem bisherigen Zweck zu dienen geeignet bleibt. Darunter fallen etwa der Einbau zeitgemässer Sanitär- und Heizeinrichtungen, Gebäudeisolationen und dergleichen, nicht aber Vorkehrungen, die das Gebäude in einen höheren Rang aufrücken lassen, wie der Ausbau eines bisher nicht als Wohnraum genutzten Dachgeschosses, die Umwandlung eines Einfamilienhauses in ein Mehrfamilienhaus oder die totale Instandstellung eines unbewohnten Abbruchobjektes», ferner die Umwandlung eines geräumigen Einfamilienhauses in ein Zweifamilienhaus, mit Verlegung der Treppe, Einbau eines Badezimmers anstelle des alten Treppenhauses und einer Küche anstelle eines Estrichraumes. Siehe auch Richard A. Koch, S. 104.

[36]   Gemäss dem noch altBauG § 120 betreffenden RB 1968 Nr. 55 (ZBl 1969 S. 399 ff) «gilt diese Umschreibung im Steuerrecht für die abzugsfähigen Gebäudeunterhaltskosten (RB 1963 Nr. 62; 1964 Nr. 54) und kann auch bei Auslegung des Unterhaltsbegriffes im Sinne von BauG § 120 I übernommen werden». Demzufolge wurde der Einbau einer Zentralheizung mit Öltank in eine Räumlichkeit, welche vorher kein Heizraum war, reversbos bewilligt; denn es sei unzumutbar, dass sich jemand jahrelang mit einem einzigen heizbaren Raum in einer Wohnung begnügen müsse, «damit der Staat beim Strassenbau eine kleine Summe einsparen kann». Das Verwaltungsgericht bemerkte hiezu weiter, der Staat besitze keinen Anspruch darauf, im späteren Zeitpunkt der Enteignung ein in der Instandhaltung zurückgebliebenes, minderwertiges Gebäude zu erwerben.

[37]   Diese Formulierung geht nicht auf Walter Vollenweider bzw. den Vorentwurf der Baudirektion vom Dezember 1972, sondern auf die kantonsrätliche Kommission zurück. Rz 1801 f.

sofern nicht der hintere Teil statisch, funktionell und wirtschaftlich selbständig war[38]. Das gilt wohl auch bezüglich PBG § 101. Die «weitergehenden Vorkehrungen» sind entweder verboten oder können nur gegen Revers im Sinne von Rz 1834 bewilligt werden[39].

f) Zu «dürfen ... (unterhalten und modernisiert werden)»

Das Wort «dürfen» bringt das Normativum zum Ausdruck. Es wäre allerdings sinnvoller gewesen, schon im ersten Absatz zu sagen, was man nicht darf[40]. 1812

Wer über die Bewilligung oder Verweigerung des Baugesuches bei von Baulinien betroffenen Gebäuden befindet, gelangt in PBG § 101 nicht selbst zum Ausdruck. Es ist aber wohl bei den von kommunalen Baulinien betroffenen Gebäuden die kommunale örtliche Baubehörde zuständig; denn PBG § 2 sieht hier keine Ausnahme von der in PBG § 318 statuierten Allzuständigkeit der örtlichen Baubehörde vor. Letztere ist meistens die als Gemeinderat, in Städten mit Parlament auch mit Stadtrat bezeichnete Exekutive[41], bisweilen aber auch ein Ausschuss dieser Kollegialbehörden oder eine separate, unter dem Vorsitz eines Mitgliedes der Exekutive stehende Baukommission[42].

Bezüglich Bauvorhaben im Bereich von Baulinien von Staats- oder Nationalstrassen liegt die Zuständigkeit gemäss Bauverfahrensverordnung (LS 700.6) § 7/Anhang Ziffer 1.1) jedoch bei der Baudirektion.

g) Zu weiteren Gesichtspunkten

Wenn das Verbot von PBG § 101 I gelockert werden soll, dann kann dies vom Sinngehalt von PBG § 101 her gesehen nicht über PBG § 220, sondern nur über PBG § 101 II geschehen, obwohl PBG § 220 eigentlich hierauf anwendbar wäre. Eine Lockerung des Verbotes von PBG § 101 I ist auch nicht über eine grosszügige Handhabung von PBG § 100 III möglich[43]. 1813

2. Zum zweiten Absatz von PBG § 101

a) Allgemeines

Es empfiehlt sich m.E., den zweiten Absatz von PBG § 101 als zwei selbständige Regelungen aufzufassen, obwohl sie grammatikalisch nur in einem einzigen Satz in Erscheinung treten (Rz 1804). 1818

---

[38] Hans Egger, S. 49.
[39] In diesem Sinne auch: BGE vom 7. März 1962 (Amriswil/TG, in: ZBl 1963 S. 7).
[40] In diesem Sinne lautete noch der Vorentwurf der Baudirektion von 1972. Rz 1801.
[41] Gemeinderat heisst hier das Parlament.
[42] Siehe hiezu: H.R. Thalmann, Kommentar zum Zürcher Gemeindegesetz, S. 104 ff.
[43] Mit Entscheid vom 22. September 1994 (BEZ 1994 Nr. 23) wies das Verwaltungsgericht die Auffassung des Regierungsrates (bzw. der Baudirektion/Tiefbauamt) zurück, es könne gestützt auf PBG § 100 III bei Bedarf mit Revers auch ein die Baulinie überstellender Neubau als solcher bewilligt werden. In der Terminologie dieser Arbeit handelte es sich wohl um einen Differenzwiederbau (Rz 203 f); die Baustelle lag in der Kernzone (Rz 3022 f). Es ging dem kantonalen Tiefbauamt hier möglicherweise in erster Linie darum, die Mühen einer formellen Revision einer ortsbaulich überholten Baulinie zu vermeiden.

Die erste Regelung lautet dann sinngemäss (Rz 1819 ff):

> «Weitergehende Vorkehren sind nur zu bewilligen, wenn die Baulinie in absehbarer Zeit nicht durchgeführt werden soll und wenn (die Bewilligung) mit sichernden Nebenbestimmungen zur baurechtlichen Bewilligung (erteilt) wird.»

Die zweite Regelung lautet demgegenüber sinngemäss:

> «(Wird eine solche Bewilligung mit sichernden Nebenbestimmungen erteilt, so muss hiemit) ausgeschlossen (werden), dass das Gemeinwesen bei Durchführung der Baulinie den entstandenen Mehrwert zu entschädigen hat.»

b) Zur ersten Regelung

α) *Zu «weitergehende Vorkehren»*

1819 Mit diesem Passus sind diejenigen baulichen Vorkehrungen angesprochen, welche weder blosse Reparatur- oder kleine Renovationsarbeiten «entsprechend dem bisherigen Verwendungszweck» noch Umgestaltungen, Repetierwieder-, Differenzwieder-, Anschluss-, Dependenz- oder Dislokationsbauten, also sekundäre Neubauten im Sinne dieser Arbeit sind (Rz 199 ff). Ob auch die Reparatur- und kleinen Renovationsarbeiten selbst dann von der Möglichkeit der Bewilligung mit erfasst werden, wenn sie mit einer Bewerbsauswechslung verbunden sind, ist noch offen. Ich würde die Frage bejahen. Sicher fallen aber alle weiteren Vorkehrungen (sekundäre Neubauten) nicht unter die Bewilligungsmöglichkeit von PBG § 101 II.

Bezüglich Anbauten nahm die Praxis zu altBauG § 120 schlechterdings Unzulässigkeit an, wenn weiter in den Bauverbotsraum hineingebaut werden wollte; anders verhielt es sich, wenn ausserhalb des Bauverbotsraumes seitlich oder nach hinten angebaut werden sollte[44,45]. Nach PBG § 101 spielt diese Unterscheidung keine grundsätzliche Rolle mehr.

β) *Zu «wenn die Baulinie in absehbarer Zeit nicht durchgeführt werden soll»*

1820 Im Unterschied zum Vorläufer altBauG § 120 (Rz 1773) erscheinen der Fall, dass die Baulinie erheblich hinter der Strassengrenze liegt, und der Fall, dass das Gebäude nicht auffallend über die Baulinie hervorragt, nicht mehr als Grund für eine Bewilligung. Das bleibt aber wohl weiterhin von Belang[46]. Die Frage, wie lange der Zeitraum sein muss, damit man sagen kann, die Baulinie werde nicht in absehbarer Zeit durchgeführt (innerhalb welcher Spanne verweigert werden muss!), ist noch offen. Man kann aber wohl prospektiv sagen, die Baulinie werde nicht in absehbarer Zeit durchgeführt (weshalb eine Bewilligung unter Revers in Betracht kommt), wenn nach dem vorhandenen Projektierungsstand und nach der Finanzplanung des Gemeinwesens mit der Inangriffnahme der

---

[44] Jakob Maag/Hans Müller, Kommentar, zu § 120, N. 8, scheinen der Auffassung gewesen zu sein, Anbauten könnten auch mit Revers nicht bewilligt werden. Das war wohl zu wenig differenziert.

[45] Jakob Maag/Hans Müller, Kommentar, zu § 120, N. 3, hoben hervor, dass Gebäude auch dann nicht wiedergebaut werden durften, weder mit noch ohne Revers, wenn sie durch Brand ganz oder teilweise zerstört worden waren (dies im Gegensatz zu dem im Kommentar von Heinrich Stüssi aufgeführten Entscheid. Siehe auch die Ausführungen zu Brandstattrecht in Rz 2454 f.

[46] Vgl. hiezu und zum folgenden Richard A. Koch, S. 105 f.

Bauarbeiten innerhalb der nächsten zehn Jahre nicht gerechnet werden kann[47]. Eine Bauverweigerung kann dann angezeigt sein, wenn noch keine technischen Vorarbeiten für die Verwirklichung des Strassenbaues getroffen worden sind oder dieser nicht unmittelbar vor der Ausführung steht. Das im Gesetzestext vorkommende Wort «soll» hat kaum eine normative Bedeutung, sondern bringt nur die Unsicherheit zu Ausdruck.

Als weiteres Beispiel eines Bewilligungsfalles hätte das PBG denjenigen nennen können, in welchem die Baulinie noch zu einer Zeit festgelegt worden ist, da beidseitig mit möglichst in Reih und Glied stehenden Gebäudefluchten garnierte Strassenzüge als ortsbauliches Ideal galten (Avenuen, Boulevards à la Haussmann in Paris, Prospekte wie in St. Petersburg), man jetzt aber das Fortbestehen von historisch oder sonstwie wichtigen, aber nicht in der gleichen Flucht stehenden Gebäuden als eher im öffentlichen Interesse gelegen ansieht als die möglichst unbehinderte Verkehrsdurchschleusung. Vor Jahren war noch unvorstellbar, dass man dereinst zur Verkehrsberuhigung Schwellen und andere Hindernisse in die Fahrbahn einbauen würde[48]. 1821

Reicht ein zur Änderung vorgesehenes Gebäude räumlich in den Bereich hinein, welcher zwar nicht von rechtskräftigen, aber von projektierten, vielleicht sogar von schon beschlossenen, aber wegen pendenter Rechtsmittel noch nicht rechtskräftigen Baulinien beschlagen wird, so kommt an sich das Verbot der ungünstigen Beeinflussung noch fehlender planungsrechtlicher Festlegungen gemäss PBG §§ 233 f zum Zuge[49]. Dies gilt allerdings nur, wenn noch keine rechtskräftigen Baulinien vorhanden sind oder eine Revision auf Richtplanstufe vorgesehen ist. Rz 1975 f. Wie es sich dabei mit dem Erfordernis des Vorliegens eines Antrages des Gemeinderates verhält, ist noch ungewiss; denn Baulinien werden meistens vom Gemeinderat als Exekutive, nicht vom Parlament oder gar von den Stimmberechtigten festgesetzt. Richtigerweise müsste hier einstweilen eine Verweigerung ausgesprochen werden, mit der Folge von PBG § 235, dass der Einwand nach Ablauf einer Frist von drei Jahren dahinfällt, soweit nicht geltend gemacht werden kann, eine rechtzeitig erlassene Festlegung sei wegen Rechtsmitteln noch nicht in Kraft getreten. Die Praxis läuft allerdings wegen der den meisten Bauämtern eigenen Ablehnung von Entweder-Oder-Entscheidungen häufig anders: Weder Bewilligung schlechthin noch Verweigerung schlechthin, sondern Bewilligung unter Revers[50]; ein solcher soll dem Eigentümer, wenn sein Gebäude später von Baulinien rechtskräftig angeschnitten 1822

---

[47] BGE 109 Ib 116 (Kloster-Serneus/GR). Das Bundesgericht schützte gegen die Beschwerde der Eigentümerin einen Revers, welcher wegen Baulinien für ein nach behördlichen Angaben nicht vor zehn Jahren zur Durchführung gelangendes Strassenbauvorhaben auferlegt worden war. Dabei erklärte das Bundesgericht, dass bei einem wider Erwarten früheren Realisierungszeitpunkt die frühere «Zusicherung in einem Enteignungsverfahren nicht unbeachtlich» wäre. Was das praktisch bedeutet ist nicht ganz klar.

[48] Richard A. Koch erklärt auf S. 100 mit FN 7, «der gestalterische Gehalt von Baulinien (beruhe) höchstens darin, geradlinige Baufluchten zu schaffen, ein Effekt, der heutzutage eher verpönt ist und namentlich mit PBG § 238, der spezifischen Gestaltungsvorschrift, unvereinbar sein kann». Der «gestalterische Gehalt» der Baulinien geht allerdings noch weiter. Rz 1757.

[49] Unter der Herrschaft des alten Baugesetzes führte die Praxis zu dessen §§ 129 und 20 weitgehend zu einer ähnlichen Regelung. Vgl. Grundsätzlicher Entscheid des Regierungsrates, Geschäftsbericht 1939, Nr. 19, ferner: RB 1965 Nr. 91 und RB 1967 Nr. 57 sowie Rz 1958.

[50] Dieser Revers wird bisweilen als «Ausnützungsrevers» bezeichnet, ein nicht gerade aussagekräftiger Name.

wird, die Möglichkeit, hieraus etwas zu seinen Gunsten abzuleiten, entziehen[51] – fraglich mit welchem Erfolg.

γ) Zu «sind nur zu bewilligen»

1823 Zum «bewilligen» ist dasselbe zu sagen wie in Rz 1812.

1824 Unklar ist dabei, ob das zuständige Organ bei Vorliegen der Erfordernisse bewilligen muss (Gebot; Muss-Vorschrift) oder kann, darf (Erlaubnis; Kann-Vorschrift)[52]. Sicher ist nur, dass es den Verwaltungsakt, Gerichtsentscheid nicht bewilligend aussprechen darf, wenn die Erfordernisse nicht vorliegen, also dann verweigern muss. Gemäss Verwaltungsgericht ist die Baubehörde aber auch nicht befugt, die Bewilligung nur unter der Voraussetzungen auszusprechen, dass auch die Voraussetzung von PBG § 220 erfüllt sind.

Dabei können zB nachteilige Auswirkungen auf die Nachbarschaft oder auf den Bestand von natur- oder heimatschutzrechtlichen Schutzobjekten gegen eine Baubewilligung sprechen[53].

δ) Zu «mit sichernden Nebenbestimmungen zur baurechtlichen Bewilligung (erteilte Bewilligung)»

1825 Es geht hier um eine der in PBG § 321 I genannten Nebenbestimmungen, welche in einem Bewilligungsverfahren als «Anordnungen» zum Zuge kommen, wo «inhaltliche oder formale Mängel des Bauvorhabens» bestehen, welche «ohne besondere Schwierigkeiten behoben werden (können) oder (die) zur Schaffung oder Erhaltung des rechtmässigen Zustandes ... nötig sind». Gedacht wird in PBG § 321 I vor allem an Auflagen, Bedingungen, Befristungen. Hier steht jedoch die Anordnung im Vordergrund, mit welcher «ausgeschlossen wird, dass das Gemeinwesen bei Durchführung der Baulinie den entstandenen Mehrwert zu entschädigen hat». Da spielen Befristungen kaum eine Rolle.

ε) Weitere Gesichtspunkte

1826 Das Verbot von PBG § 101 II kann aus inneren Gründen nicht über PBG § 220 gelockert werden, obwohl PBG § 220 rein systematisch gesehen auf PBG § 101 II anwendbar wäre. Umgekehrt sind aber Bewilligungen gemäss PBG § 101 II auch zulässig, ohne dass PBG § 220 erfüllt ist.

1827 Der Problematik der Dispensierung von einer Spezialnorm (Ausnahmen von Ausnahmen) mass das Verwaltungsgericht (RB 1992 Nr. 52) bei der Beurteilung der Tragweite von PBG § 100 III Bedeutung zu, nachdem es in RB 1981 Nr. 107 noch bedenkenlos mit der allgemeinen Dispensregelung von PBG § 220 argumentiert hatte (auch wenn es dabei zu einer Verweigerung gelangt ist)[54].

---

[51] Vgl. Richard A. Koch, S. 110.
[52] Jakob Maag/Hans Müller, Kommentar, zu § 120, N. 6, waren bezüglich dieser Regelung der Auffassung, bei Zutreffen der «in Abs. 2 vom Gesetz vorgesehenen Ausnahmen» besitze «der Eigentümer den Rechtsanspruch darauf, dass ihm gegen Revers die Umbaute bewilligt wird». Dabei nannte § 120 II ausser Beispielfällen keine materiellen Erfordernisse.
[53] Vgl. Richard A. Koch, S. 109.
[54] Bereits in RB 1983 Nr. 85 (BEZ 1983 Nr. 36) versuchte das Verwaltungsgericht, diese Stellungnahme etwas zu korrigieren, indem es darauf hinwies, dass es damals um die Anwendung von PBG

Eine Lockerung des Verbotes von PBG § 101 II ist auch nicht über eine grosszügige Handhabung von PBG § 100 III möglich[55, 56].

c) Zur zweiten Regelung

α) *Zu «(es wird) mit sichernden Nebenbestimmungen ... ausgeschlossen), dass das Gemeinwesen bei Durchführung der Baulinie den entstandenen Mehrwert zu entschädigen hat»* 1834

Dies ist der Ausdruck eines Verbotes an die Behörden, Entschädigungsforderungen des Eigentümers bezüglich der Folgen der Änderung Vorschub zu leisten, bzw. eines Gebotes an die Behörden, solchen Forderungen entgegenzuwirken. 1835

Beim späteren Aktuellwerden der Enteignung, vielleicht viele Jahre nach der Erteilung der Baubewilligung, kommt es oft zu Auseinandersetzungen darüber, welchen Betrag sich der Gebäudeeigentümer gemäss Revers von demjenigen Betrage abziehen lassen müsse, welcher beim Fehlen des Reverses und gleichwohl erfolgender Bewilligung zu zahlen gewesen wäre (vgl. Rz 1759 f). Verschiedentlich wurde als Lösung vorgeschlagen, den «Mehrwert» bereits bei der Erteilung der Baubewilligung in dieser als Frankenbetrag, allenfalls verbunden mit einer Klausel zur Angleichung an den jeweiligen (Hoch-)Bauindex festzulegen; es wurde auch schon erwogen, die künftige Entschädigung als ein unter 100 liegender Prozentsatz des dannzumaligen Gesamtwertes zu fixieren. Dies geschah seitens der Baubehörden in der Hoffnung, bei Nichtanfechtung der Baubewilligung, bei Anmerkung des Reverses im Grundbuch, spätestens bei Ausübung der Baubewilligung werde diese Ziffer gegenüber dem Gebäudeeigentümer endgültig verbindlich. 1836

Das war jedoch eine Illusion[57], da den Verwaltungsbehörden jede Zuständigkeit fehlt, autoritativ den bei einer Enteignung als Entschädigung zu leistenden Betrag festzusetzen. Was sie in die Baubewilligung wertmässig hineinschreiben konnten, ist höchstens eine einseitige Schätzung des mutmasslichen künftigen Enteigners. Das trifft auch zu, wenn es um einen Abzugsbetrag von einer an sich zu leistenden Entschädigung geht. An dieser Rechtslage ändert sich nichts, wenn der Gebäudeeigentümer es unterlässt, den in der Baubewilligung genannten Mehrwertsbetrag anzufechten, oder er die Baubewilligung ausgeübt hat. Hieraus kann man keineswegs das Zustandekommen eines öffentlich- 1837

---

§ 100 III gegangen sei, welcher nicht sage, «wann und unter welchen Gesichtspunkten eine weitergehende und andersartige Beanspruchung des Baulinienraumes zulässig ist»; PBG § 101 II ist aber auch nicht viel aussagekräftiger. Das eher large Präjudiz in RB 1992 Nr. 52 steht in einem gewissen Gegensatz zum eher strengen Verwaltungsgerichtsentscheid vom 22. September 1994 (BEZ 1994 Nr. 23, betr. Baulinie in Kernzone).

[55] Siehe FN 43.
[56] Gemäss RB 1983 Nr. 85 und Walter Haller/Peter Karlen, S. 18, besteht bei PBG § 101 «kein Raum und Anlass für die zusätzliche Anwendung von § 220». Das ist insoweit richtig, als eine Bewilligung sicher nicht in Betracht kommt, «wenn die Baulinie in absehbarer Zeit ... durchgeführt werden soll», und bei einer Bewilligung sicher nicht vom Erfordernis eines Reverses dispensiert werden kann. Von diesen beiden Einschränkungen abgesehen steht in PBG § 101 aber nichts, wovon zu dispensieren überhaupt ein Interesse bestehen könnte. Das ist wohl der zutreffende Grund, warum kein Raum und Anlass für die zusätzliche Anwendung von PBG § 220 besteht.
[57] Das galt bezüglich der Anmerkung von vornherein, da eine solche ohnehin nur deklaratorische Bedeutung besitzt.

rechtlichen Vertrages mit Anerkennung des in der Baubewilligung genannten Betrages konstruieren. Hiezu ist bei Ausbleiben einer gütlichen Einigung zwischen dem Gebäudeeigentümer und dem Gemeinwesen allein die kantonale Schätzungskommission, im Rahmen eines Quartierplanverfahrens die Baurekurskommission und allenfalls das Verwaltungsgericht zuständig[58].

1838 Um bei einer Bewilligung mit Revers spätere unliebsame Auseinandersetzungen über die Höhe der vom Gemeinwesen nicht zu ersetzenden Positionen möglichst gering zu halten, bleibt den Gemeinden nichts anderes übrig, als sich von den Bauaktiven vor Baubeginn eine möglichst vollständige Dokumentation über den bisherigen Gebäudezustand und auf den Zeitpunkt des Abschlusses der bewilligten Änderungen eine ebensolche Auflistung über die ausgeführten Arbeiten und aufgelaufenen Kosten geben zu lassen[59]. Es ist dann Sache der kantonalen Schätzungskommission, allenfalls auch der Baurekurskommission und des Verwaltungsgerichtes gestützt auf diese Unterlagen den Wert des zu enteignenden Gebäudes mit den vorgenommenen Änderungen und unter Ausserachtlassung derselben zu ermitteln. Für die spätere Festlegung des Abzugsbetrages kann es auch dienlich sein, im Zeitpunkt der Erteilung der Baubewilligung den durch das Bauvorhaben entstehenden Mehrwert abzuschätzen, mit der Möglichkeit für beide Seiten, den Betrag im späteren Enteignungsverfahren anzufechten[60]. Dabei ist immer auch zu beachten, dass ein einmal geschaffener Mehrwert im Laufe der Zeit zu-, abnehmen oder sich gar in nichts verflüchtigen kann.

1839 Sofern ein Mehrwertsrevers für eine Änderung auferlegt wird, welche zum Teil auch aus Unterhalts- und Modernisierungsarbeiten besteht, darf sich die Wegbedingung der Entschädigungspflicht nicht auch hierauf beziehen. Die an sich richtige Aufschlüsselung dürfte in der Praxis auf etwelche Schwierigkeiten stossen.

1840 Obwohl in altBauG § 120 nur die Wegbedingung des durch die Änderung bewirkten Mehrwertes zur Sprache kam, war es schon früh Praxis, durch entsprechende Formulierung des Reverses auch die Last des Abbruches, Ansprüche betreffend änderungsbedingte Verteuerung der Beseitigungs- und Anpassungskosten sowie änderungsbedingte Erhöhung des Minderwertes der verbleibenden Bauteile auszuschalten. Auch PBG § 101 bringt nur den «Mehrwert» zur Sprache. Auch hier darf wohl, muss sogar der Revers so formuliert werden, dass er Forderungen wegen Beseitigungs- und Anpassungskosten sowie Minderwerten aufzufangen vermag.

---

[58] RB 1967 Nr. 57 (Festlegung von Bestand und genauer Höhe des Mehrwertes erfolgen «in einem anderen Verfahren»). Im BGE vom 7. März 1962 (ZBl 1963 S. 77) wurde allerdings für den Kanton Thurgau die Möglichkeit der Festlegung des Abzugsbetrages bereits durch die Verwaltung indirekt bejaht. Ob die Kommentatoren Jakob Maag/Hans Müller auch dieser Auffassung waren, lässt sich ihren Ausführungen zu § 120 in N. 7 nicht eindeutig entnehmen. Seit EMRK Art. 6 Ziff. 1 gilt, ist es ohnehin ausgeschlossen, dass allein auf dem Verwaltungsweg eine Entschädigung im Enteignungsfall beschränkt oder gar ganz aufgehoben wird.
[59] Richard A. Koch empfiehlt auf S. 108 f eine Erhebung und Archivierung von Plänen, Baubeschrieben, Fotos, Befundaufnahmen, Augenscheinprotokollen usw.
[60] Solches empfahl der Regierungsrat schon im Jahre 1910. Siehe ZBl 1911 S. 178 f.

β) *Zu «(das im übrigen in PBG §101 Gesagte gilt nur,) wenn (die Entschädigungspflicht des Gemeinwesens) (durch Anmerkung) vor Baubeginn im Grundbuch (ausgeschlossen wird)»*

Der ausserhalb der Klammern stehende Text ist mit Ausnahme des Wortes «wenn» nicht bereits in dieser Sektoralregelung für Baulinien enthalten. Dass «Nebenbestimmungen mit längerer zeitlicher Wirkung im Grundbuch anzumerken sind», ergibt sich aber nicht aus PBG § 101 selbst, sondern aus PBG § 321 II erster Satzteil[61, 62]. Dass ein Mehrwerts-, ein Abbruch- und Anpassungskosten- sowie ein Minderwertsrevers eine solche «Nebenbestimmung» ist, kann nicht zweifelhaft sein[63]. Nach herrschender Auffassung kommt Anmerkungen im Grundbuch nur eine deklaratorische, keine konstitutive Bedeutung zu; sie besitzen auch weder die negative Grundbuchwirkung noch den Gutglaubensschutz. Wenn die Wegbedingung der Entschädigungspflicht in einer Baubewilligung gesetzwidrig erfolgte, sind sie auch dann bedeutungslos, wenn die Baubewilligung rechtskräftig, der Revers angemerkt und die Baubewilligung ausgeübt wurde. Die Anmerkung des Reverses ist aber gleichwohl beachtlich: Der Erwerber einer mit einer solchen Anmerkung belasteten Parzelle kann hintennach kaum glaubhaft geltend machen, er habe um das Fehlen eines Entschädigungsanspruches bei Enteignung nicht gewusst[64].

1841

γ) *Zu weiteren Gesichtspunkten*

Gemäss Praxis zu altBauG § 120 kam es zu dem in einem Revers vorgesehenen Wegfall der Entschädigungspflicht bei einer späteren Enteignung des Gebäudes oder Gebäudeteiles nur dann, wenn es sich um die Enteignung für denjenigen Zweck handelte, dessentwegen die Baulinien festgesetzt worden sind; sonst war «normal» zu entschädigen[65]. Dabei war nicht gerade Identität der Zweckannahmen anlässlich der Baulinienfestsetzung mit derjenigen des unmittelbar zur Enteignung führenden Projektes erforderlich. Es musste aber zumindest eine «Verwandtschaft» bestehen[66]. Das Nicht-mehr-zum-Zuge-kommen

1841a

---

[61] Zum Grundbuch: ZGB Art. 962 und Art. 78 ff der Grundbuchverordnung (SR 211.432.1).
[62] Da das Grundbuch auch 88 Jahre nach Inkrafttreten des ZGB noch nicht im ganzen Kanton Zürich eingeführt ist, bleibt vielerorts nichts anderes als die Anmerkung im Grundregister übrig.
[63] Da sich die Anmerkbarkeit dieses Reverses aus dem Gesetz direkt ergibt, haben die Grundbuchführer keinen rechtsgenügenden Grund für ihre sich auf ZGB Art. 962 stützende Abneigung gegen die Anmerkung öffentlichrechtlicher Eigentumsbeschränkungen im Grundbuch (vgl. Hans-Peter Friedrich, Grundbuch und öffentliches Recht. Zur Darstellung öffentlich-rechtlicher Verhältnisse im Grundbuch, in: ZBGR 1970 Bd. 51 S. 193 ff).
[64] Grundbuchrechtlich können Reverse dort Probleme bieten, wo die Parzelle, bezüglich derer der Revers angemerkt ist, später parzelliert wird. Das gilt insbesondere für die Ausnützungsreverse bei Arealüberbauungen. Weniger heikel ist die Situation bei den Reversen gemäss PBG § 101 II zweiter Satz, weil hier wohl meistens einfach festzustellen ist, in welcher Parzelle bzw. in welchen Parzellen das fragliche Gebäude später steht und welche Fläche dazu gehört.
[65] Jakob Maag/Hans Müller, zu § 120, N. 4. BGE 99 Ia 482, 489 (Steinmaur/ZH) betreffend Beseitigungsrevers gegenüber Gartensitzplatz und Anbau wegen Baulinienplanung (altBauG § 129).
[66] Diese war nicht gegeben, wenn aufgrund der für einen Strassenbau festgesetzten Baulinien die Enteignung für eine Sportanlage vorgesehen war, wohl aber, wenn sie statt für eine «Hauptstrasse» für eine Quartierstrasse, allenfalls auch für eine Fussgängerverbindung, statt für eine Strasse mit breiten Vorgärten für eine breitere mit nur noch schmalen oder gar keinen Vorgärten, statt für eine Strasse ohne Anhaltebucht für Autobusse für eine solche mit dieser Anlage zum Zuge kommen sollte.

der Entschädigungslosigkeit gilt jetzt noch umso mehr, da seit 1992 die Eigentümer von Grundstücken, welche von Bau- und Niveaulinien betroffen sind, gemäss PBG § 110a einen Anspruch auf deren Überprüfung besitzen, wenn die Richtplanung den durch die Bau- und Niveaulinien gesicherten Ausbau nicht mehr vorsieht[67].

1841b Bewilligungen durften gemäss Praxis zu altBauG §120 nicht mit einem Revers erteilt werden, welcher textlich so abgefasst war, dass er für irgendwelche, im öffentlichen Interesse gelegenen Vorhaben hätte zum Zuge kommen können. Wo solche Bewilligungen trotzdem in Baubewilligungen hineingerieten, wurde der Revers als nicht geschrieben angesehen, ohne dass die bereits erteilte Bewilligung deswegen dahingefallen wäre; anders verhielt es sich allerdings, wo dem Eigentümer ein Handeln gegen Treu und Glauben vorgeworfen werden konnte. Gemäss PBG § 101 dürfte es sich gleich verhalten.

1841c Wurden Vorkehrungen mit Revers bewilligt, welche, weil sie als Umgestaltungen, Repetierwieder-, Differenzwieder- und Anschlussbauten bereits zu den (sekundären) Neubauten gehörten, überhaupt nicht hätten bewilligt werden dürfen (Problem der zu Unrecht erteilten Bewilligung), so war gemäss altBauG § 120 der im Revers ausgesprochene Entschädigungswegfall nichtig; anders verhielt es sich allerdings, wo dem Eigentümer ein Handeln gegen Treu und Glauben vorgeworfen werden konnte. Gemäss PBG § 101 dürfte es sich gleich verhalten.

1841d Voll wirksam wurden gemäss Praxis zu altBauG §120 Baulinien nur, wenn, wo und soweit sie paarweise angeordnet waren, das heisst, wenn es zu einem von einem Baulinienpaar seitlich abgegrenzten Raum, dem Bauverbotsraum kam. Das Gemeinwesen besass nur hierin das Enteignungsrecht[68]. Man konnte sich deshalb fragen, ob bei einer nicht paarweisen Festlegung von Baulinien Reverse gemäss altBauG § 120 überhaupt auferlegt werden durften; denn solche Reverse haben nur im Hinblick auf eine Enteignung praktische Bedeutung. Die Frage stellt sich auch unter der Herrschaft des PBG.

1841e Gemäss Praxis zu altBauG § 120 hatte der Bauaktive selbst bei Hinnahme eines umfassenden Reverses keinen Anspruch auf Bewilligung. Es wurde gesagt: «Der als Anweisung an die vollziehende Behörde formulierte zweite Absatz von § 120 des Baugesetzes steckt ... die äussersten Grenzen der Ermessensbetätigung bei der Gewährung von Ausnahmen ab. Auch in den vom Gesetz ausdrücklich genannten Fällen wird daher unter Mitberücksichtigung der gesamten Umstände zu prüfen sein, ob die Bewilligung eines Umbaues öffentliche Interessen, insbesondere die mit dem Institut der Baulinienziehung wahrgenommenen, nicht tangiere und daher entgegen dem grundsätzlichen Veränderungs-

---

[67] Verwaltungsgerichtsentscheid vom 30. April 1981 in: BEZ 1981 Nr. 2 mit Verweis auf RB 1961 Nrn. 111 und 112 = ZBl 1962 S. 291 f. In dem ebenfalls jenen Entscheid betreffenden RB 1981 Nr. 108 fehlt der entsprechende Passus.
[68] Heikel ist die Rechtslage, wo die beiden Baulinien des Paares nicht gleich lang oder seitlich verschoben sind, zB weil man noch nicht wusste, wie die Strasse einmal weiterverlaufen sollte, oder aus Verkennung der Rechtslage.

verbot hingenommen werden könne»[69]. Unter der Herrschaft von PBG § 101 gilt das Gesagte wohl gleich weiter[70].

---

[69] RRB vom 27. Juni 1963 (Grundsätzlicher Entscheid, Geschäftsbericht 1963, Nr. 22 und in: ZBl 1965 S. 73 ff).

[70] Dass der Bauaktive Stellungnahmen bezüglich Entschädigungsforderungen an gerichtliche Instanzen mit umfassender Rechtskontrolle weiterziehen können muss, steht seit BGE 118 Ia 372, 381 ff (Bergstrasse in Männedorf/ZH) gerade im Hinblick auf das Zürcher Baulinienrecht fest, und hier auch bezüglich Anwendung der §§ 100 f; soweit diese Möglichkeit nicht ohnehin schon bestand, empfahl das Bundesgericht dem Kanton Zürich nachdrücklich, die rechtlichen Voraussetzungen hiezu zu schaffen. Das ist mit der Revision des VRG vom 8. Juni 1997 (in Kraft seit dem 1. Januar 1998) geschehen. Das Erfordernis der gerichtlichen Beurteilbarkeit ergibt sich auch aus EMRK Art. 6.

PBG § 117: Zur Regelung der Änderungen von Gebäuden im Werkplanbereich

1842 Bis 1959 konnte nur auf dem Wege der formellen Enteignung verhindert werden, dass an oder in bestehenden (Privat-)Gebäuden Vorkehrungen vorgenommen werden, welche der künftigen Realisierung eines anderen öffentlichen Werkes oder einer anderen öffentlichen Anlage als eines Strassenbaues oder eines Quartierplanverfahrens (hiezu Rz 1946 ff), zB einer Kläranlage, hinderlich waren. Dem wurde bei der Revision des alten Baugesetzes von 1959 mit dem Rechtsinstitut des auf fünf Jahre befristeten Bauverbotes «für die Ausführung eines in Vorbereitung befindlichen öffentlichen Werkes» durch Einfügung eines neuen § 149a teilweise Abhilfe getroffen. Umfassende Vorsorge wurde jedoch erst durch das PBG von 1976 getroffen. Es gilt jetzt gemäss dem im II. Titel mit der Überschrift «Das Planungsrecht», im 3. Abschnitt mit der Überschrift «Die Nutzungsplanung», im Unterabschnitt F. mit der Überschrift «Die Landsicherung für öffentliche Werke», im 1. Unterunterabschnitt mit der Überschrift «I. Der Werkplan» folgender Text[1]:

«C. Rechtswirkungen II. Änderungsverbot
§ 117
Für Vorkehrungen an bestehenden Bauten und Anlagen im Werkplanbereich gelten sinngemäss die gleichen Beschränkungen wie für baulinienwidrige Bauten und Anlagen.»

Hier handelt es sich zwar um eindeutig deklariert postfinites Baurecht, und zwar ist dieses stark separiert (Rz 842). Wegen der Bezugnahme auf «die gleichen Beschränkungen wie für baulinienwidrige Bauten und Anlagen» begnüge ich mich hier jedoch mit einem Verweis auf die Ausführungen zu dem ebenfalls stark separiert deklariert postfiniten Baurecht in PBG § 101 in Rz 1751 ff. Besondere Schwierigkeiten ergeben sich hier wohl nur, wenn der Werkplanbereich nicht eindeutig festgelegt. Es genügt nicht, wenn im Werkplan nur geplante Gebäude, Leitungen, Installationen usw., aber keine Abgrenzung des zugehörigen «Umschwunges» nach aussen eingetragen ist. Analoges gilt auch für das vorsorgliche Bauverbot von PBG § 120.

---

[1] Sein Vorläufer im Antrag des Regierungsrates vom 5. Dezember 1973 (Rz 1466 f) war der abgesehen vom Wort «bestehenden» (hier zuerst «vorbestehenden») gleich lautende PBG § 183.

PBG §§ 203 lit. c, 204 und 207: Zum Baudenkmalschutz

I. Zum Gesetzestext

A. Ausgangslage

Es wird schon seit Beginn dieses Jahrhunderts als im öffentlichen Interesse gelegen angesehen, nicht nur einzelne besonders beachtliche Gebäude, sondern auch Ortskerne, Quartiere, Strassen, Plätze und Gebäudegruppen zu schützen, und zwar nicht nur, wenn diese einen volkswirtschaftlich wichtigen Räumlichkeitsbedarf, zB die Nachfrage nach zinsgünstigen Wohnungen und Werkstätten befriedigen, sondern auch wenn sie ideell bedeutsame Qualitäten aufweisen. Dass bereits bestehende Gebäude wesentliche Elemente dieser Wirklichkeitsausschnitte sein können, liegt auf der Hand. Der Schutz besteht, neben finanzierenden Massnahmen, im Wesentlichen darin, dass der Abbruch oder die Änderung von Gebäuden verboten, das Fortbestehenlassen des bisherigen Zustandes befohlen, vereinzelt auch (bei Restaurationen) partiell etwas abgebrochen und hinzugebaut werden muss. Das Heimatschutzrecht erweist sich damit als ein besonders wichtiger Teil des postfiniten Baurechtes. Dessen Ausgestaltung ist jedoch so vielfältig verästelt und derart reich an ausserordentlichen Fragestellungen (zB Schutzwürdigkeit, hieraus resultierende Pflichten, Inventarisierung, Unterschutzstellungsverfahren, Pflichten des Gemeinwesens bezüglich der in seinem Eigentum stehenden Schutzobjekte, materielle Enteignung, Zugsrecht, Übernahmeanspruch und Vorkaufsrecht des Gemeinwesens, Heimschlagsrecht des Gebäudeeigentümers, Anspruch auf Realersatz, Subventionierung usw.), dass ich hiezu im Folgenden nur fragmentarisch einzelne besondere Gesichtspunkte herausgreife, weil die vorliegende Arbeit sonst doppelt so umfangreich würde.

1843

B. Zur Regelung im alten Baugesetz

Das Baugesetz von 1893 enthielt, auch in seiner Fassung von 1943, keine Regelungen, welche im eigentlichen Sinne des Wortes den heimatschutzrechtlichen Schutz von Gebäuden, Orts- und Strassenbilder betrafen[1]. Solche Vorschriften fanden sich nur im Einführungsgesetz zum ZGB von 2. April 1911 als § 182 mit der Ermächtigung an den Regierungsrat, auf dem Verordnungsweg unter anderem «zum Schutz und zur Erhaltung von Altertümern», zur Sicherung der «Landschaften, Ortsbilder und Aussichtspunkte vor Verunstaltung» die nötigen Verfügungen zu treffen und Strafbestimmungen aufzustellen; das betraf selbstverständlich auch bestehende Gebäude. Sodann waren die regierungsrätliche Verordnung vom 9. Mai 1912 betreffend den Natur- und Heimatschutz sowie die gestützt hierauf festgesetzten Schutzverordnungen und Unterschutzstellungsverfügungen zu beachten[2].

1844

---

[1] Es wäre jedoch falsch zu sagen, das Baugesetz von 1893 sei bezüglich der Gebäudeästhetik absolut neutral gewesen. Heimatschutzrechtlich, wenn auch nicht auf Gebäude bezogen, sind sodann § 8b von 1943/1959 und die §§ 68 b und c von 1959 orientiert, wo es um die Erhaltung von Freiflächen geht. Siehe ferner § 56 (Rz 479 mit FN 4).

[2] Vgl. hiezu: Hans-Jörg Isliker, Eingriffe in das Grundeigentum aus Gründen des Heimatschutzes speziell nach kantonal-zürcherischen Verhältnissen, Zürich 1949; Karl Ebnöther, Der Heimatschutz als

C. Zu den Regelungen im PBG

1. Vorbemerkungen

1845 Einem schon mehrfach geäusserten Ruf entsprechend wurde bei der Vorbereitung des PBG von allem Anfang an darauf geachtet, dass das Heimschutzrecht nicht mehr wie bisher (abgesehen von EG/ZGB § 182) im Wesentlichen nur in Verordnungen, und Verfügungen sondern auf Gesetzesstufe geregelt werde[3].

2. Zum Text von 1975[4]

1846 a) Die Baudirektion schlug bereits in ihrem Vorentwurf vom Dezember 1972 (Rz 1466) in dieser Materie im 3. Titel mit der Überschrift «Der Heimatschutz» die §§ 186–196 vor. Hievon betrafen die folgenden das Abbrechen/Fortbestehenlassen und Ändern von Gebäuden unmittelbar; bei den anderen geht es primär um Verfahrensfragen und den Vollzug.

«A. Schutzobjekte
§ 186
Schutz geniessen:
...

lit. d) Orts-, Quartier-, Strassen- und Platzbilder, die als wichtige Zeugen einer politischen, wirtschaftlichen, sozialen oder baukünstlerischen Epoche erhaltenswürdig sind oder die ein Landschaftsbild wesentlich mitprägen,

lit. e) einzelne Gebäude oder unbewegliche und bewegliche Teile davon und sonstige Stätten, an die sich wichtige geschichtliche Erinnerungen knüpfen oder denen ein erheblicher kultureller oder baukünstlerischer Wert zukommt.

B. Bindung des Gemeinwesens
§ 187
Staat, Regionalverbände, Gemeinden sowie Zweckverbände und öffentlichrechtliche Körperschaften, Stiftungen und selbständige Anstalten des kantonalen Rechtes haben bei der Erfüllung ihrer Aufgaben dafür zu sorgen, dass Schutzobjekte geschont und, wo das öffentliche Interesse an ihnen überwiegt, ungeschmälert erhalten bleiben.»

1847 b) Der Regierungsrat beantragte dem Kantonsrat in seiner Vorlage vom 5. Dezember 1973 (Rz 1467) bezüglich der Überschrift des 3. Titels die Bezeichnung «Natur- und Heimatschutz», bezüglich Umschreibung der Schutzobjekte (nun § 189) die Zusammenlegung von lit. d) und e); damit fielen die Hinweise auf die «unbeweglichen und beweglichen Teile» der Gebäude sowie auf «die sonstigen Stätten, an die sich wichtige geschichtliche Erinnerungen knüpfen» weg.

---

polizeirechtliches Problem, Zürich 1956; Rudolf Kappeler, Die Unterschutzstellung im Zürcher Natur- und Heimatschutzrecht, in: SJZ 1959 Heft 2 und 3; Theodor Bühler, Der Natur- und Heimatschutz nach schweizerischen Rechten, Zürich 1973, Felix Bernet, Rechtliche Probleme der Pflege von Kulturdenkmälern durch den Staat, Zürich 1975; Elsbeth Wiederkehr Schuler, Denkmal- und Ortsbildschutz, Zürich 1999; Dominik Bachmann, Ausgewählte Fragen zum Denkmalrecht, in: PBG aktuell 2000 Heft 1 S. 5 ff.

[3] Das wurde durch ein am 25. Mai 1959 an den Regierungsrat überwiesenes Postulat von Kantonsrat Niklaus Rappold verlangt.

[4] Siehe hiezu allgemein: Jürg Hess, Der Denkmalschutz im zürcherischen Planungs- und Baugesetz, Entlebuch 1986.

In der Umschreibung der Bindung des Gemeinwesens (nun § 190) wurde einerseits der Hinweis auf die «Regionalverbände» und «Zweckverbände» weggelassen, anderseits der Passus «des kantonalen Rechtes» durch «des öffentlichen und privaten Rechtes» ersetzt.

c) In den kantonsrätlichen Beratungen (Rz 1468) wurde es als Mangel des Antrages des Regierungsrates befunden, dass das PBG darüber schwieg, welches wenigstens der grundsätzliche Inhalt der Schutzmassnahmen sei; man hatte dies offenbar bisher als zu selbstverständlich angesehen. Der Kantonsrat verabschiedete in der Folge, nach Vornahme von ein paar weiteren Retouchen, folgenden Text (Abweichungen gegenüber dem Antrag des Regierungsrates im Wesentlichen kursiv): 1848

«A. Schutzobjekte
§ 203
Schutzobjekte sind:
...
lit. c) Orts-, Quartier-, Strassen- und Platzbilder, Gebäudegruppen, Gebäude und Teile *sowie Zugehör* von solchen, die als wichtige Zeugen einer politischen, wirtschaftlichen, sozialen oder baukünstlerischen Epoche erhaltenswürdig sind oder die ein Landschaftsbild wesentlich mitprägen, *samt der für ihre Wirkung wesentlichen Umgebung;*
...
B. Bindung des Gemeinwesens
§ 204
Staat, Gemeinden sowie jene Körperschaften, Stiftungen und selbständigen Anstalten des öffentlichen und privaten Rechts, die öffentliche Aufgaben erfüllen, haben in ihrer Tätigkeit dafür zu sorgen, dass Schutzobjekte geschont und, wo das öffentliche Interesse an diesen überwiegt, ungeschmälert erhalten bleiben.
Soweit es möglich und zumutbar ist, muss für zerstörte Schutzobjekte Ersatz geschaffen werden.

C. Dauernde Schutzmassnahmen/II. Inhalt
§ 207
Die Schutzmassnahmen verhindern Beeinträchtigungen der Schutzobjekte, stellen deren Pflege und Unterhalt sicher und ordnen nötigenfalls die Restaurierung an. Ihr Umfang ist jeweils örtlich und sachlich genau zu umschreiben.
Übersteigen Anordnungen in unzumutbarer Weise die allgemeine Pflicht des Eigentümers, sein Grundstück zu unterhalten, so ist die Betreuung durch das anordnende Gemeinwesen zu übernehmen und vom Eigentümer zu dulden; vorbehalten bleiben abweichende Vereinbarungen des öffentlichen Rechts und der Übernahmeanspruch.»

d) Mit der Annahme des PBG in der Volksabstimmung vom 5. September 1975 erhielt dieser Text Gesetzeskraft. 1849

3. Zum Text von 1991

a) Die Baudirektion schlug in ihrem Entwurf vom Februar 1988 für die Teilrevision des PBG von 1991 (Rz 1601 f) für § 203 lediglich vor, die Erstellung von Inventaren zu regeln. 1850

b) Der Regierungsrat schlug in seinem Antrag an den Kantonsrat vom 11. Oktober 1989 (Rz 1603 f) in § 203 zusätzlich vor, den Passus «Orts-, Quartier-, Strassen- und Platzbilder» durch «Ortskerne, Quartiere, Strassen und Plätze» zu ersetzen. 1851

1852 c) Der Kantonsrat stimmte Letzterem zu, lehnte aber Ersteres ab. **1852**

1853 d) Mit der Annahme der grossen PBG-Teilrevision in der Volksabstimmung vom 1. September 1991 erhielt der folgende Text Gesetzeskraft (Abweichungen gegenüber dem regierungsrätlichen Antrag im Wesentlichen kursiv):

«A. Schutzobjekte
§ 203
Schutzobjekte sind:
...
lit. c) *Ortskerne, Quartiere, Strassen und Plätze,* Gebäudegruppen, Gebäude und Teile sowie Zugehör von solchen, welche als wichtige Zeugen einer politischen, wirtschaftlichen, sozialen oder baukünstlerischen Epoche erhaltenswürdig sind oder die Landschaften oder Siedlungen wesentlich mitprägen, samt der für ihre Wirkung wesentlichen Umgebung.
...

B. Bindung des Gemeinwesens
§ 204
Staat, Gemeinden sowie jene Körperschaften, Stiftungen und selbständigen Anstalten des öffentlichen und privaten Rechts, die öffentliche Aufgaben erfüllen, haben in ihrer Tätigkeit dafür zu sorgen, dass Schutzobjekte geschont und, wo das öffentliche Interesse an diesen überwiegt, ungeschmälert erhalten bleiben.
Soweit es möglich und zumutbar ist, muss für zerstörte Schutzobjekte Ersatz geschaffen werden.

C. Schutzmassnahmen/II. Inhalt
§ 207
Die Schutzmassnahmen verhindern Beeinträchtigungen der Schutzobjekte, stellen deren Pflege und Unterhalt sicher und ordnen nötigenfalls die Restaurierung an. Ihr Umfang ist jeweils örtlich und sachlich genau zu umschreiben.
Übersteigen Anordnungen in unzumutbarer Weise die allgemeine Pflicht des Eigentümers, sein Grundstück zu unterhalten, so ist die Betreuung durch das anordnende Gemeinwesen zu übernehmen und vom Eigentümer zu dulden; vorbehalten bleiben abweichende Vereinbarungen des öffentlichen Rechts und der Übernahmeanspruch.»

1854 e) Von der in PBG § 359 lit. o erwähnten Kompetenz zum Erlass der erforderlichen Verordnungen über den Natur- und Heimatschutz machte der Regierungsrat bisher in materieller Beziehung und im Hinblick auf Gebäude insoweit Gebrauch, als er am 20. Juli 1977 die Verordnung über den Natur- und Heimatschutz und überkommunale Erholungsflächen (LS 702.11) sowie am 15. Januar 1992 die Verordnung über Staatsbeiträge für den Natur- und Heimatschutz und für kommunale Erholungsgebiete (LS 701.3) festsetzte. In der erstgenannten Verordnung sind für das postfinite Baurecht insbesondere die §§ 23–28 wichtig, wo auch die für den Schutz wichtigen Bestandteile eines Gebäudes aufgezählt werden; am 8. Juli 1998 beantragte der Regierungsrat dem Kantonsrat die Genehmigung einer Revision dieses Erlasses (Amtsblatt 1998 II 861–865); die Raumplanungskommission beantragte jedoch Nichtgenehmigung (Amtsblatt 1998 II 1527); der Kantonsrat stimmte dann aber am 18. Januar 1999 gleichwohl zu[5].

---

[5] Protokoll des Kantonsrates, 1995–1999, S. 15191–15219.

II. Zur Auslegung dieser Vorschriften und zur Praxis hiezu

A. Vorbemerkungen

Ich beschränke mich hier im Wesentlichen im Sinne der Ausführungen in Rz 1843 auf die Zitierung von mir wichtig erscheinenden neueren Gerichtsentscheiden zu den genannten Paragraphen; dabei kommen aber nur Entscheide zur Sprache, welche sich direkt auf das Fortbestehenlassen, Ändern und Abbrechen von Gebäuden beziehen; Entscheide, welche das primäre Erstellen von Gebäuden sowie Kontinuität und Transformation von anderen Bauten als Gebäuden und von Nicht-Bauten (zB Heckengehölz, Riedflächen) betreffen, werden hier nicht berücksichtigt. Entscheide, welche sich zur Frage äussern, ob eine materielle Enteignung vorliege oder nicht, sind in Rz 1340 ff, 1387 ff aufgeführt.

1855

B. Zur Frage der Schutzwürdigkeit gemäss PBG §§ 203 und 207

1. a) Allgemeine Bemerkungen

– Für die Beurteilung der Schutzwürdigkeit ist zwar die Auffassung von Experten wichtig, sie beurteilt sich jedoch letzten Endes nicht nach dem «Interesse eines begrenzten Kreises von Fachleuten», sondern muss «von einem grösseren Teil der Bevölkerung bejaht werden»[6];
– schutzwürdig sind nicht nur bauliche Zeugen aus der entfernten Vergangenheit, sondern auch «Objekte aus neuerer Zeit und ... Gebäude, welche für ihre Entstehungszeit charakteristisch sind»[7];
– auch wenn ein Gebäude nur bei einer «Auskernung» für einen den heutigen Bedürfnissen entsprechenden Bewerb in Frage kommt, kann es noch als erhaltenswert gelten[8, 9].

1856

b) Zu einzelnen Gebäuden und Ortsteilen im Kanton Zürich:

1857

Kasuistik:
– Altstadt-Gebäude Winterthur (BGE vom 23. Dezember 1981, in: ZBl 1982, 177, 180): Die sich aus einer Verordnung mit Inventar ergebende Schutzwürdigkeit wurde bestätigt;

---

[6] BGE vom 2. Juli 1986 (Bern, betr. Konsummolkerei, Mattenhof, in: ZBl 1987 S. 538 ff); BGE vom 23. Juni 1995 (Fischerhäuserstrasse, Schaffhausen, in: ZBl 1996 S. 366, 370).
[7] BGE 91 I 340, 342 (AG-Denkmalschutzverordnung), BGE 109 Ia 257, 260 (Café Odéon, Zürich), BGE vom 2. Juli 1986 (Bern, betr. Konsummolkerei, Mattenhof, in: ZBl 1987 S. 538 ff), BGE 118 Ia 384, 389 (Basel, betr. Küchlin-Theater, BGE 120 Ia 270, 275, Basel, betr. Badischer Bahnhof), BGE 121 II 8, 15 f (Bern-Neuenburg-Bahn, Mühleberg, Gümmenen-Viadukt), BGE vom 23. Juni 1995 (Schaffhausen, betr. Fischerhäuserstrasse, in: ZBl 1996 S. 366, 369).
[8] Entscheid des ZH-Verwaltungsgerichtes vom 27. September 1996 (Gebäude «Wiesental» in Schwerzenbach/ZH, in: BEZ 1996 Nr. 23).
[9] Mit jedem alten Bauern-, Bürger- oder Patrizierhaus, welches abgebrochen wird, nimmt das kulturelle Interesse an den noch vorhandenen derartigen Häusern zu, dies selbst bei gleichbleibendem kulturellem Bewusstsein. Dies trifft aber noch in vermehrtem Masse zu, wenn das allgemeine kulturelle Sensorium im Laufe der Zeit durch Schule, Presse, Radio, Fernsehen, kulturelle Vereinigungen, Veranstaltungen, Ausstellungen geschärft wird. Vgl. Rudolf Kappeler, a.a.O., S. 17, 20. Mit ZH-PBG §§ 203 und 207 ff hat der Unterschutzstellungsbegriff im Kanton Zürich gegenüber der Zeit, da dieser Artikel geschrieben wurde, eine starke Institutionalisierung erfahren.

- Café Odeon am Bellevue, Zürich (BGE 109 Ia 257, 260): Obwohl es um das Gebäudeinnere geht und das Café, dessentwegen die Erhaltung erfolgt, nicht mehr betrieben wird, ist die Schutzwürdigkeit bejaht;
- Zürcher Altstadt (RB 1989 Nr. 66 = BEZ 1989 Nr. 12) ist in ihrer Gesamtheit ein Schutzobjekt;
- Reste der Zürcher Stadtmauer und der beim Neubau der Zentralbibliothek freigelegten Fundamente des alten Predigerklosters (Entscheid des ZH-Verwaltungsgerichtes vom 11. Juni 1991, in: ZH-BEZ 1991 Nr. 23 = ZBl 1991 S. 495 ff): Das Gericht rügte das Nichteintreten auf zwei Rekurse wegen Nichtunterschutzstellung und wies den Fall zur weiteren Beurteilung an die Vorinstanz zurück, «soweit der Bauvorgang solche Anordnungen nicht schon gegenstandslos gemacht hat»! Rz 739;
- Kreuzplatzhäuser, Zürich-Hottingen (Entscheid des ZH-Verwaltungsgerichtes vom 20. August 1992, in: BEZ 1992 Nr. 28, mit Wiedergabe der gegenteiligen Minderheitsauffassung): Der frühere, in einem Provokationsverfahren nach PBG § 213 ausgesprochene Verzicht auf Unterschutzstellung steht der Festsetzung einer späteren Schutzverordnung entgegen; deren Beurteilung nach den Grundsätzen für den Widerruf von Baubewilligungen wurde mit BGE 119 Ia 314 als vertretbar bezeichnet und die Aufhebung der Schutzverordnung durch das Verwaltungsgericht damit bestätigt; FN 11;
- Kino Seefeld, Zürich-Riesbach (BGE vom 18. November 1992, I. öffentlichrechtliche Abteilung, IP.660/1991, nicht publiziert): Die Schutzwürdigkeit der Fassade sowie des Kinosaales mit Deckenstukkaturen und Wandmalerei (aus dem Jahre 1922 stammend) wurde bestätigt;
- späthistorizistisches Gebäude Olgastrasse 10, Zürich Hottingen (RB 1995 Nr. 74 = BEZ 1995 Nr. 28): Aufhebung der Unterschutzstellung, weil Letztere unverhältnismässig sei, u.a. weil das Gebäude nahezu abbruchreif sei, ein Neubau fast gleich teuer wie denkmalschützerisch erforderliche bauliche Vorkehrungen zu stehen käme und das Gebiet ohnehin von der Kernzone Hohe Promenade erfasst werde (vgl. jedoch gegenteilige Argumentation im Fall Jakobsbrunnen/Winterthur);
- Gebäude Zehntenhausstrasse 10, Zürich-Oberaffoltern (RB 1995 Nr. 75): Schutzwürdigkeit verneint, weil von der Stadt zu wenig substantiiert (vgl. Rz 722 ff);
- Ehemaliges Bauernhaus «Wiesental» (Bohlenständerbau), Schwerzenbach (Entscheid des ZH-Verwaltungsgerichtes vom 27. September 1996, BEZ 1996 Nr. 23): Das der Reformierten Kirchgemeinde gehörende Gebäude darf nicht abgebrochen werden; Rz 726 mit FN 6;
- Arbeiterwohnhäuser Zürich-Oerlikon (Entscheid des ZH-Verwaltungsgerichtes vom 25. August 1997, BEZ 1997 Nr. 20): Schutzwürdigkeit bejaht, jedoch nur für Äusseres;
- ehemaliges Bauernhaus «Im Grüntal» in Gemeinde Benken (Entscheid des ZH-Verwaltungsgerichtes vom 28. August 1997, BEZ 1997 Nr. 21): Förmliche Unterschutzstellung bezüglich Äusserem und Eingangspartie bestätigt, trotz Zugehörigkeit zur Kernzone; Rz 3022 f; dgl. BGE vom 6. Mai 1998 (ZBl 2000 S. 99);
- Villa Jakobsbrunnen, Winterthur, bereits unter Schutz gestelltes Gebäude mit Garten (Entscheid der Baurekurskommission IV, in: BEZ 1998 Nr. 6), bestätigt durch das ZH-Verwaltungsgericht mit Entscheid vom 3. September 1997, mit Wiedergabe der Minderheitsauffassung, in: ZBl 1998 S. 336): Der Umstand, dass wegen materieller Enteignung entschädigt werden muss, ermächtigt, auch wenn die Zuweisung zu einer Quartiererhaltungszone (Rz 3066 f) vorgesehen ist, eine Gemeinde nicht, eine sachlich gerechtfertigte Unterschutzstellung zu widerrufen, um der – hohen – Entschädi-

gungspflicht zu entgehen, es wäre denn, die Gemeinde geriete sonst «in eine notstandsähnliche Bedrängnis»; das war hier nicht der Fall (Verweis auf BGE 107 Ia 240 ff, Gemeinde Churwalden/GR). Mit BGE vom 28. April 1998 (nicht publiziert, 1P.98/ 1998, Rz 1332, hier FN 42) wurde die gerichtliche Aufhebung des Widerrufes geschützt.

2. Zur Frage der Verhältnismässigkeit

Ob und wie weit ein Abbruch- bzw. Bewerbstilllegungsverbot, ein Hinzubau- bzw. Hinzubewerbgebot verhältnismässig ist (Rz 1008 f), hängt davon ab, wie schutzwürdig das Baudenkmal, Strassenbild, Ortsbild ist. 1858

Das Bundesgericht spricht in einem Baudenkmalschutzfall[10] Folgendes als «Grundsatz» (so bezeichnet) aus: 1859

> «Je schutzwürdiger eine Baute ist, desto geringer sind Rentabilitätsüberlegungen zu gewichten. So können sehr erhebliche finanzielle Interessen der Verfolgung eines wenig gewichtigen öffentlichen Interesses durchaus im Wege stehen. Hingegen müssen auch sehr grosse finanzielle Interessen der Grundeigentümer u.U. öffentlichen Interessen weichen, weil sonst das Gemeinwesen im Bereich der Innenstädte seine öffentlichen Interessen kaum mehr wahrnehmen und namentlich kaum noch Bauten unter Denkmalsschutz stellen könnte (nicht veröffentlichtes Urteil des Bundesgerichtes vom 18. November 1992 Erben G., E. 3e).»

Ich halte diese Aussage «im Grundsatz» für richtig[11]. Sie erscheint allerdings auf den ersten Blick hilfreicher, als sie tatsächlich ist. Sie lässt die vier folgenden Fragen offen:

– Angenommen, sowohl das öffentliche Interesse an der Erhaltung eines Gebäudes als auch dasjenige des Eigentümers am Abbruch liessen sich auf einer Skala A für die Baudenkmäler und auf einer Skala B für den Privaten eintragen und es gebe einen mehr oder weniger schlüssigen Umrechnungskurs (was zweifelhaft erscheint); hier fragt sich, auf welcher Marke der Punkt liege, an welchem das öffentliche Interesse und das ihm entgegenstehende private Interesse gleich gewichtig sind. Rz 885 ff.

– Eine weitere Frage: Um wieviele Punkte n muss das öffentliche Interesse an Baudenkmälern höher als das private Interesse am Abbruch sein, damit man von einem überwiegenden öffentlichen Interesse sprechen kann? Rz 896.

– Eine dritte Frage: Ist die Differenz n immer gleich gross, wie hoch auch die Marke für den Eintritt der Egalität liegt? Rz 896.

– Und die vierte Frage: Ist das «überwogene» Interesse für den weiteren Ablauf bedeutungslos? Rz 896.

Sodann wurde schon entschieden: Die Kosten für die Ermöglichung eines den heutigen Ansprüchen genügenden Bewerbes des geschützten Gebäudes sind insoweit für die Beur- 1860

---

[10] BGE vom 23. Juni 1995 (Schaffhausen, betr. Fischerhäuserstrasse, in: ZBl 1996 366, 372). Siehe auch: BGE 118 Ia 384, 393 (Basel, betr. Küchlin-Theater), BGE 109 Ia 257, 263 (Zürich, betr. Café Odeon), Entscheid des ZH-Verwaltungsgerichtes vom 27. September 1996 (Schwerzenbach/ZH, betr. Gebäude «Wiesental», in: BEZ 1996 Nr. 23).
[11] Sie deckt sich allerdings nicht ohne weiteres mit BGE 119 Ia 314 (Stadt Zürich, betr. Kreuzplatzhäuser), wo dem Umstand erhebliches Gewicht beigemessen wurde, dass die infolge der Schutzverordnung entstandenen Baukosten je m³ viel höher ausgefallen wären als diejenigen für einen Neubau und erst noch zu einem geringeren Komfort geführt hätten. Rz 1857.

teilung der Verhältnismässigkeit in Bezug auf die Kosten eines Neubaues nach Abbruch bedeutungslos, als sie auf die Unterlassung des gebotenen Unterhaltes zurückzuführen sind[12].

3. Zum Verhältnis zur Eigentumsgarantie

1861 Verbote/Gebote aus Heimatschutzrecht können eine materielle Enteignung, ein Zugsrecht, einen Übernahmeanspruch, ein Vorkaufsrecht des Gemeinwesens, einen Anspruch des Privaten auf Entschädigung, Heimschlag, Einleitung des formellen Verfahrens oder Realersatz auslösen (Rz 1363 ff).

1862 Es ist nicht zu verkennen, dass man von dem in Rz 1859 wiedergegebenen «Grundsatz» aus leicht zur Auffassung hinübergleiten kann, eine materielle Enteignung und damit die Entschädigungspflicht sei umso weniger schnell anzunehmen, je gewichtiger das mit der Eigentumsbeschränkung verfolgte öffentliche Interesse sei. Hier geht es um ein rechtspolitisch und juristisch besonders heisses Thema. Ich verweise auf die Ausführungen in Rz 1315.

– Villa B. in X. (RB 1982 Nrn. 133 f): Die Unterschutzstellung kann vom Eigentümer nicht mit der Begründung angefochten werden, die Massnahme bewirke eine materielle Enteignung und verschleudere damit öffentliche Gelder.
– Villa Jakobsbrunnen, Winterthur (Entscheide in Rz 1857): Unzulässige Aufhebung einer Unterschutzstellung.

1863 Wenn in der bundesgerichtlichen Praxis ein heimatschutzrechtlich motiviertes Verbot aufgehoben oder eingeschränkt wird, so geschieht dies regelmässig, weil die Schutzwürdigkeit als zu gering und der Eingriff in die Rechte des Privaten als zu gross angesehen wurden, also wegen des Fehlens des Elementes Verhältnismässigkeit im engeren Sinne. Rz 1008 f. Nie wurde das Vorliegen eines öffentlichen Interesses schlechthin verneint (Rz 935 ff); es kam auch nie zu einer Aufhebung wegen Weigerung des Gemeinwesens, eine Entschädigung zu leisten[13]. In den typischen Unterschutzstellungsfällen wurde auch immer das Vorliegen einer gesetzlichen Grundlage bejaht[14].

C. Zu den Pflichten des Gemeinwesens als Gebäudeigentümer gemäss PBG § 204

1864 1. Zu dieser in PBG § 204 geregelten Frage sind folgende Gerichtsentscheide zu erwähnen:

---

[12] Entscheid des ZH-Verwaltungsgerichtes vom 27. September 1996 (Schwerzenbach/ZH, betr. Gebäude «Wiesental», in: BEZ 1996 Nr. 23). Rz 1852. In gleichem Sinne: BGE vom 23. Dezember 1981 (Winterthur/ZH, betr. Gebäude in der Altstadt, in: ZBl 1982 S. 177, 180). Vgl. jedoch: Rz 1857 und FN 11 (Kreuzplatzhäuser) und Rz 1857 (Olgastrassehäuser).

[13] Eine besondere Situation lag vor, wo die Leistung einer Entschädigung abgelehnt wurde, weil sich der Eigentümer nicht auf den Heimschlagsweg verweisen liess (BGE 102 I 243 ff, Basel, betr. Angensteinerstrasse 28/30, Rz 1767 mit FN 26), und wo die letztinstanzliche Ablehnung nicht durch eine gerichtliche Instanz erfolgte (BGE 119 Ia 88, 96, Lausanne, betr. Kino Bel-Air-Métropole).

[14] Anders verhielt es sich bei den Versuchen von Gemeinden in den Vierziger- und Fünfzigerjahren, Grün-, Landwirtschafts- oder Freihaltezonen zu schaffen. Rz 950 ff.

- im Eigentum der katholischen Kirchgemeinde Oberrieden stehendes altes Bauernhaus (Entscheid der Baurekurskommission II, in: BEZ 1984 Nr. 18): Abbruch eines zwar nicht formell geschützten, aber schutzwürdigen Gebäudes ist unzulässig;
- im Eigentum des Kantons stehendes Gebäude in X. (Entscheid des ZH-Verwaltungsgerichtes vom 22. August 1985, in: BEZ 1986 Nr. 5): Die Gemeinde ist befugt, das Gebäude förmlich unter Schutz zu stellen;
- Synagoge der Israelitischen Cultusgemeinde an der Löwenstrasse in Zürich (Entscheid der Baurekurkommission I, in: BEZ 1987 Nr. 12): Das Gebäude fällt nicht unter PBG § 204; es handelt sich zwar um eine religiöse Gemeinschaft, aber nicht um eine im Sinne der Kirchengesetzgebung staatlich anerkannte;
- im Eigentum der Reformierten Kirchgemeinde Schwerzenbach stehendes Gebäude «Wiesental» (Entscheid des ZH-Verwaltungsgerichtes vom 27. September 1996, in: BEZ 1996 Nr. 23): Das Gebäude darf nicht abgebrochen werden, obwohl es sich in einem schlechten Zustand befindet: Diesen hat die Eigentümerin selbst zu verantworten.
- Vgl. jedoch den Entscheid betreffend Reste der Zürcher Stadtmauer und des Fundaments des ehemaligen Predigerklosters in Rz 1857.

2.   Wenn eine unter PBG § 204 fallende Körperschaft oder Anstalt ein ihr gehörendes schutzwürdiges Gebäude veräussern will[15], ist sie verpflichtet, dafür zu sorgen, dass der Schutz auch beim neuen Eigentümer weiter gilt. Das ist leicht zu bewerkstelligen, wenn es um die Veräusserung eines der politischen Gemeinde gehörenden Gebäudes von kommunaler Bedeutung oder eines dem Kanton gehörenden Gebäudes von überkommunaler Bedeutung geht; die Gemeinde bzw. der Kanton muss dann «einfach» die Veräusserung von einer Schutzverfügung begleiten lassen. Komplizierter ist die Situation, wo das Gebäude nicht dem gemäss PBG § 211 zuständigen Gemeinwesen gehört; hier ist eine gegenseitige Verständigung nötig. 1865

D. Zu den Pflicht des privaten Eigentümers und zu deren Übergang auf das Gemeinwesen nach PBG § 207

1.   PBG § 207 I statuiert mittels des Wortes «Beeinträchtigungen» Abbruch- und Hinzubauverbote, mittels der Wörter «Pflege», «Unterhalt» und «Restaurierung», aber auch in eher beschränktem Umfange Hinzubau-, ja sogar Abbruchgebote. Es geht hier an sich primär um Pflichten des Gebäudeeigentümers. Es handelt sich um eine typische Regelung eigener Art im Sinne von Rz 836 ff. 1866

2.   In PBG § 207 II geht jedoch eine Verpflichtung vom Privaten auf das Gemeinwesen über, und zwar nicht eine solche für ein Handeln im Zuge einer vollstreckungsrechtlichen Ersatzvornahme (Rz 733 f); denn es handelt sich hier ja um ein Tätigwerden aus einer die allgemeine Unterhaltspflicht des Eigentümers in unzumutbarer Weise übersteigenden und in keinen abweichenden Vereinbarungen ihre Stütze findenden Anordnungen heraus; dem Eigentümer kann hier nicht im eigentlichen Sinne des Wortes ein Vorwurf aus nicht genügender «Betreuung» gemacht werden. 1867

---

[15] Das ist bei den heutigen Privatisierungstrends nicht so selten.

PBG § 226: Zur Regelung der Immissionen

I. Zur Ausgangslage

1868 Bewerbungen im Sinne von Rz 218 ff sind ein Geschehen, welches vor allem im Zusammenhang mit bereits bestehenden Gebäuden rechtlich aktuell ist; es geht dabei um die Einwirkungen des Bewerbes auf die Umgebung (vgl. Rz 332 f, 1881). Deren Regelung gehört daher zum postfiniten Baurecht. Ein Bewerb stellt im Wesentlichen keinen abgeschlossenen Zustand, sondern ein ständig neues Tun und damit ein Geschehen dar. Hört dieses Tun während längerer Zeit auf, dann läuft der Bewerb nicht einfach von selbst weiter, er muss vielmehr weiter ausgeübt werden, sonst ist er nicht mehr da, stillgelegt, auch wenn später eine ähnliche Tätigkeit wieder aufgenommen wird; die gleiche Tätigkeit ist es auf keinen Fall mehr. Auch wenn ein Bewerb als solcher selbst nichts Festes, Greifbares ist[1] und auch wenn im Allgemeinen keine eigentlichen Missstände auftreten, besteht trotzdem seit jeher für das Gemeinwesen das Bedürfnis, im Voraus einen Rahmen für die Zulässigkeit zu setzen. Das geschieht mit der globalen Regelung der Aufnahme und Weiterausübung von Bewerbungen. Diese findet sich im PBG in § 226[2].

II. Zum Vorläufer von PBG § 226: altBauG § 96

A. Zum Text

1869 Dem heutigen PBG § 226 ist im Baugesetz von 1893 § 96 vorausgegangen. Sein Text lautet wie folgt:

> «Wenn die Art des Geschäftsbetriebes oder besondere Vorrichtungen in einem Gebäude Erscheinungen zur Folge haben, welche zwar der Gesundheit von Menschen und Tieren nicht direkt schädlich sind, aber doch den Nachbarn in erheblichem Masse lästig fallen, wie üble Ausdünstungen, starke Rauch- oder Staubentwicklung, heftiges Geräusch oder bedeutende Erschütterung des Bodens, so ist der Besitzer verpflichtet, diejenigen Vorkehrungen zu treffen, welche nach dem jeweiligen Stande der Technik geeignet sind, die Belästigung auf das geringste Mass zurückzuführen.
> Überdies sind die betreffenden Räume gegen die Umgebung so gut als möglich abzuschliessen. Für gewerbliche Feuereinrichtungen kann der Gemeinderat die Höhe der Kamine und das Anbringen geeigneter Vorrichtungen zur möglichen Verminderung der Raucherzeugung vorschreiben.»

B. Zur Auslegung von § 96 und zur Praxis hiezu

1870 Was Jahrzehnte später einmal das USG in Art. 16–18 vorschrieb (Rz 4081 f), war vom Text her gar nicht weit weg von altBauG § 96. Es kommt eben bei generalklauselhaft

---

[1] Etwas Festes, Greifbares sind nur die Instrumente für den Bewerb, dessen Begleiter, Spuren, Abklatsch usw.
[2] Im Unterschied dazu kommt die globale Regelung von PBG § 358 erst zum Zuge, wo Gefahren bereits «bestehen». Rz 2971 f.

formulierten Vorschriften viel eher darauf an, was die Behörden damit anfangen, als was darin steht[3].

III. Zu PBG § 226 selbst

A. Zum Text

1. Im Vorentwurf der Baudirektion vom Dezember 1972 (vgl. Rz 1466 f) war im 4. Titel mit der Überschrift «Das öffentliche Baurecht», im 1. Abschnitt mit der Überschrift «Die Bauvorschriften», im Unterabschnitt A. mit der Überschrift «Allgemeine Bestimmungen» § 203 mit folgendem Randtitel und Text enthalten: **1875**

> «E. Schranken der Eigentums- und Besitzausübung
> I. Allgemein
> Jedermann ist verpflichtet, bei der Eigentums- und Besitzausübung alle zumutbaren baulichen und betrieblichen Massnahmen zu treffen, um Einwirkungen auf die Umgebung möglichst gering zu halten; er hat diese Vorkehrungen in zeitlich und sachlich angemessener Weise der technischen Entwicklung anzupassen.
> Bei der Benützung von Bauten samt Anlagen, Ausstattungen und Ausrüstungen sowie Betriebsflächen darf nicht in einer nach den Umständen übermässigen Weise auf die Umwelt eingewirkt werden.
> Schärfere oder mildere planungsrechtliche Vorschriften, insbesondere für industrielle und gewerbliche Betriebe, bleiben vorbehalten.
> Die Absätze 1 und 2 gelten sinngemäss auch für die Ausführung von Hoch- und Tiefbauarbeiten.»

2. Der Regierungsrat nahm daran in seinem Antrag an den Kantonsrat vom 5. Dezember 1973 (Rz 1467) noch die zur heutigen Fassung der Absätze I bis IV führenden redaktionellen Retouchen vor. Bei der PBG-Revision von 1991 wurde der jetzige fünfte Absatz hinzugefügt. Mit Annahme des PBG in der Volksabstimmung vom 7. September 1975 bzw. der Revision vom 1. September 1991 erhielt folgende Fassung Gesetzeskraft: **1876**

> «E. Schranken der Eigentums- und Besitzausübung
> I. Schutz gegen Einwirkungen
> 1. Allgemein
> Jedermann ist verpflichtet, bei der Eigentums- und Besitzausübung alle zumutbaren baulichen und betrieblichen Massnahmen zu treffen, um Einwirkungen auf die Umgebung möglichst gering zu halten; er hat diese Vorkehrungen in zeitlich und sachlich angemessener Weise der technischen Entwicklung anzupassen.
> Bei der Benützung von Bauten, Anlagen, Ausstattungen und Ausrüstungen sowie Betriebsflächen darf nicht in einer nach den Umständen übermässigen Weise auf die Umwelt eingewirkt werden.
> Schärfere oder mildere planungsrechtliche Vorschriften, insbesondere für industrielle und gewerbliche Betriebe, bleiben vorbehalten.

---

[3] Zur Praxis bis 1907 siehe Jakob Maag/Hans Müller, Kommentar, zu § 96 sowie Heinrich Stüssi, Kommentar, zu § 96. Für die Zeit danach siehe Hans Egger, S. 119 f.
Obwohl es sich hier nicht um Fragen handelt, für welche das ZGB den Kantonen die Legiferierung im Zivilrecht klar belassen hatte, wie etwa bezüglich der Abstände in Art. 686, hatte altBauG § 96 nach verbreiteter Auffassung auch nach 1911 seinen privatrechtlichen Anteil beibehalten und war nicht nur auf dem Administrativ-, sondern gemäss § 104 lit. c auch auf dem Zivilweg anrufbar; insoweit handelte es sich um eine «gemischte» Norm. Die Argumentation erfolgte dabei stark zivilprozessual über die – bundesrechtlich problematische (vgl. Max Guldener, Schweiz. Zivilprozess, 3. Aufl., S. 73) – Inhibitionsfrist für die Einspracheerhebung. Rz 2260 mit FN 3.

Die Absätze 1 und 2 gelten sinngemäss auch für die Ausführung von Bauarbeiten.
Mit der Baubewilligung kann verlangt werden, dass der Baustellenverkehr über bestimmte Verkehrswege erfolgt. Auf Begehren einer voraussichtlich betroffenen Nachbargemeinde bedarf die Bewilligung insoweit der Genehmigung durch die Baudirektion.»

B. Zur Auslegung von PBG § 226 und zur Praxis hiezu bis zum 31. Dezember 1984

1. Vorbemerkungen

1877 a) PBG § 226 geht das Immissionenproblem, anders als ZGB Art. 684 und auch im Unterschied zu altBauG § 96, allein öffentlichrechtlich an, siehe PBG § 218 I. Er versucht, zweistufig dem Problem der unwillkommenen Einwirkungen beizukommen. In einer ersten Stufe wird verlangt, dass diese Einwirkungen, Immissionen oder – von der anderen Seite her betrachtet – die Emissionen (Rz 332 ff) bereits am Herkunftsort, an der «Quelle» so weit als möglich, «möglichst» vermieden, herabgesetzt, gedämpft, zurück-, geringgehalten werden; das verlangt der erste Absatz.

1878 In einer zweiten Stufe geht es dann darum, die trotz grösstmöglichen Herabsetzungs-, Dämpfungs-, Zurück-, Geringhaltebemühungen verbleibenden Immissionen zu verbieten, soweit sie übermässig sind; das verlangt der zweite Absatz[4].

1879 Diese an sich einleuchtende Zweiteilung bereitet allerdings bei einer konsequenten Durchführung Schwierigkeiten; denn einerseits hängt in der zweiten Stufe die «nach den Umständen übermässige Weise» der Einwirkung auf die Umwelt davon ab, was man bereits in der ersten Stufe als noch zumutbare Massnahme zur Geringhaltung der Einwirkungen auf die Umgebung als möglich ansieht, und anderseits hängt in der ersten Stufe das, was als noch zumutbare Geringhaltung der Einwirkung auf die Umgebung als möglich angesehen wird, davon ab, was man in der zweiten Stufe als mögliche Vorkehrung gegen eine übermässige Einwirkung auf die Umwelt bewertet.

2. Zum ersten Absatz erster Satz

a) Zum «(Treffen/Nichttreffen von baulichen und betrieblichen Massnahmen) bei der Eigentums- und Besitzausübung»

1880 Dass es dabei um Massnahmen im Hinblick auf «Bauten, Anlagen, Ausstattungen, Ausrüstungen und Betriebsflächen» geht, gelangt zwar im ersten Absatz nicht zum Ausdruck, wohl aber im zweiten (Rz 1888). Es geht hier nicht nur um das Verhalten von Eigentümern, sondern auch um dasjenige blosser Besitzer. Damit ist das Verhalten von Menschen ganz allgemein, auch mit allen Einwirkungen auf die Umwelt, angesprochen; nicht dazu gehört allerdings zB das Veräussern eines Betriebes an jemanden, welcher bezüglich der Einhaltung von PBG § 226 keine Gewähr bietet.

b) Zu «(den) baulichen und betrieblichen Massnahmen, um Einwirkungen auf die Umgebung möglichst gering zu halten»

1881 α) Jedes menschliche Verhalten hat in grösserem oder kleinerem Umfang «Einwirkungen auf die Umgebung» zur Folge (Rz 332 ff). Einwirkungen können durchaus

---

[4] Antrag des Regierungsrates an den Kantonsrat vom 5. Dezember 1973, S. 207 (Rz 1466 f).

auch etwas Willkommenes sein. Derartige Einwirkungen sind sicher nicht «möglichst gering zu halten». Dass sie gemäss erstem Absatz erster Satz aber «möglichst gering zu halten» sind, zeigt, dass hier Einwirkungen mit unwillkommenen Einwirkungen gleichgesetzt werden. Es überrascht, dass PBG § 226 im Unterschied zu altBauG § 96 keine weitere Konkretisierung der Unwillkommenheit oder zu schützenden Rechtsgüter vornimmt. Gleichwohl ist selbstverständlich, dass es auch hier um «üble Dünste, starke Rauch- oder Staubentwicklung, heftiges Geräusch oder bedeutende Erschütterung des Bodens», um Lärm[5] und noch andere Negativa sowie die polizeilichen Rechtsgüter Ruhe, Ordnung, Sicherheit, Gesundheit gehen kann. Die (lokal oder personal) bedeutsamen, als immaterielle oder ideelle Immissionen bezeichneten Einwirkungen fallen jedoch nach vorherrschender Auffassung[6] nicht unter PBG § 226 (Rz 341 ff).

β)   Die hier angesprochenen «baulichen und betrieblichen Massnahmen» beziehen sich wohl nicht auf dasjenige Verhalten des Gebäudeeigentümers bzw. Bewerbsträgers, welches dieser selbst ausüben möchte, wenn er frei schalten und walten könnte. Es geht hier vielmehr bereits um die den «Kern» seines eigenen Vorhabens flankierenden Verhaltensweisen, welche er sich mit Rücksicht auf die Nachbarn und die Allgemeinheit mehr oder weniger gerne auch noch auszuüben entschlossen hat; aus unternehmerischer Sicht geht es hier weniger um Investitionen als um blosse «Kostenstellen»[7]. 1882

c)   Zum «(Nicht-)Zumutbar-Sein» dieser Geringhalte-Massnahmen

Bauliche und betriebliche Massnahmen, um Einwirkungen auf die Umgebung möglichst gering zu halten, müssen, damit bei deren Nichtleistung die erforderlichen flankierenden Massnahmen geboten werden können, «zumutbar» sein. Zum Begriff der Zumutbarkeit siehe Rz 2959 f. 1883

d)   Zu «jedermann ist verpflichtet»

In diesem Passus liegt das Normativum des Satzes. Es geht hier um Verbote des Hinzubauens bzw. -bewerbens, aber auch um Gebote des Abbrechens bzw. Bewerbstilllegens, vielleicht aber auch um Gebote des Hinzubauens bzw. -bewerbens bzw. Verbote des Abbruches bzw. Bewerbstilllegens (Anpassungspflichten, Rz 450 ff). Diese Verbote/Gebote sind auch an Nicht-Gebäudeeigentümer gerichtet. 1884

3.   Zum ersten Absatz zweiter Satz

a)   Zum «(Anpassen/Nichtanpassen von) Vorkehren (an die) technische Entwicklung»

Mit «Vorkehren» ist hier sicher (auch) etwas gemeint, was als «Massnahme» bezeichnet werden kann. Wann Einwirkungen auf die Umgebung «möglichst gering» sind, beurteilt sich nicht nach einer früher einmal als die beste angesehene Methode, sondern nach der 1885

---

[5]   Der Lärm ist in altBauG § 96 noch nicht erwähnt! Lärm und Geräusch sind nicht identisch.
[6]   RB 1997 Nr. 100 (nur Leitsatz).
[7]   Zu den Schwierigkeiten der Unterscheidung, wie weit ein Verhalten frei und wie weit es unfrei sei, finden sich bei Georg H. von Wright, Norm, Wert und Handlung, auf S. 209–253 interessante Bemerkungen.

Methode, welche nach dem jetzigen Stand der Technik die beste ist, auch wenn die Anwendung der jetzigen Methode für den Verpflichteten teurer zu stehen kommt. Es ist jedoch nicht ausgeschlossen, dass damit auch der «Kern» seines eigenen Verhaltens im Sinne von Rz 1882 gemeint wird. Letzteres ist, wenn es um die Änderung eines bereits ausgeübten Bewerbes geht, eine Anpassung von etwas, das in seiner Art schon bisher lief bzw. vorhanden war; bei Ersterem geht es eher um eine Methodenwahl für etwas ganz Neues oder für das Neue infolge einer Änderung.

b) Zu «(nicht) in zeitlich und sachlich angemessener Weise»

1886 Das ist das Erfordernis der Angemessenheit im Verhältnis zum Verpflichteten, ähnlich wie schon das Erfordernis der Zumutbarkeit (Rz 1883). Es ist verwandt mit demjenigen der technischen und betrieblichen Möglichkeit und wirtschaftlichen Tragbarkeit in Art. 7 der Lärmschutzverordnung.

c) Zu «er hat ... anzupassen»

1887 In diesem Passus gelangt das Normativum als ein Gebot zum Ausdruck.

4. Zum zweiten Absatz

a) Zu «Bauten, Anlagen, Ausstattungen, Ausrüstungen und Betriebsflächen»

1888 Die wichtigsten Bauten sind nach der Terminologie von Rz 13 ff die Gebäude; die Anlagen sind nur eine Untergruppe der Bauten. Ausstattungen sind zB Autoabstellplätze, Kinderspielplätze, Ruheplätze, Sammelstellen für die Kehrichtabfuhr, Briefkästen usw.; Ausrüstungen sind zB Heizaggregate, Heizkessel, Lifte, Brandschutzinstallationen, mit dem Gebäude verbundene Motoren usw. Keine dieser Gegebenheiten, auch die «Betriebsflächen» nicht, erzeugt für sich allein Lärm, üble Dünste, Erschütterung usw. Solche kommen allein vom Bewerb derselben, insbesondere vom Laufenlassen von Motoren.

b) Zur «Benützung»

1889 Mit Benützung wird das von Menschen ausgehende Verhalten bezeichnet, welches ich in Rz 218 ff mit Bewerb benenne. Als «Benützer» kommt «jedermann», auch jede Frau, in Betracht.

c) Zu «(es wird/wird nicht) in einer nach den Umständen übermässigen Weise auf die Umwelt eingewirkt»

1890 α) Jedes menschliche Verhalten wirkt auf die Umwelt ein. Von Belang ist hier die «nach den Umständen übermässige Weise» der Einwirkung. In diesem Fall gilt ein Verbot. Leitend sei jedoch, sagt man, nicht das subjektive Empfinden des einzelnen, vielleicht besonders sensiblen Betroffenen, sondern dasjenige eines Durchschnittsmenschen. Bemerkenswert ist, dass hier im Unterschied zum ersten Absatz nicht von «Umgebung», sondern von «Umwelt» gesprochen wird. Möglicherweise soll damit der Horizont erweitert werden. Zu denken ist an einen Einbezug auch der Einwirkung auf die Qualität der Gewässer, des Bodens und der Luft allgemein, nicht nur auf diejenige der Nachbarschaft.

β) Wenn ein Bewerb bisher baurechtgemäss war und keine Änderung der Ausübung 1891
beabsichtigt ist, dann bedeutet dies in der Regel zugleich, es werde nicht übermässig
eingewirkt, es bestehe keine Notwendigkeit geringerer Einwirkung und es habe keine
Anpassung an eine technische Entwicklung zu erfolgen. Es ist jedoch auch an die folgenden Fälle zu denken:

- Die Erfahrung in den letzten Jahren an Ort und Stelle hat gezeigt, dass die Einwirkungen bisher zu gering prognostiziert worden sind;
- In der Zwischenzeit sind in der Nachbarschaft Bewerbungen aufgenommen worden, welche auf die vorhandenen Immissionen empfindlicher reagieren (zB Wohnen)[8];
- Neueste wissenschaftliche Untersuchungen haben die (vermehrte) Nachteiligkeit ergeben (zB bezüglich Verwendung von Spritzasbest);
- Die Menschen sind in der Zwischenzeit für die Nachteiligkeit allgemein sensibler geworden (zB bezüglich Lärm, Luft- und Wasserverschmutzung).

d)   Zu «(es) darf nicht (eingewirkt werden)»

In diesem Passus gelang das Normativum als ein Verbot zum Ausdruck. 1892

5.   Zum dritten Absatz

a)   Wo keine Erleichterung im Sinne von Rz 1679 ff angestrebt wird, liegt es an sich 1893
nahe, dass in einem Wirklichkeitsausschnitt, für welchen eine so generalklauselhaft formulierte Regelung wie PBG § 226 gilt, noch weitere Vorschriften zu beachten sind. Besonders vorbehalten zu werden braucht dies an sich nicht. Wenn hier nun aber ausdrücklich «schärfere oder mildere planungsrechtliche Vorschriften, insbesondere für industrielle und gewerbliche Betriebe», vorbehalten bleiben, dann geschieht dies, weil hier offenbar eng verwandte Regelungen aktuell sind, bei welchen sich die Frage stellt, welche davon nach dem Grundsatz von der «lex specialis derogat legi generali» die andere verdrängt: Verdrängt die andere Regelung den PBG § 226 oder verdrängt PBG § 226 jene andere Regelung oder gelten beide kumulativ? Es wird hier u.a. die Unterscheidung zwischen der Bekämpfung konkreter und abstrakter Gefahren bzw. zwischen polizeilichen und zonenbedingten Immissionsvorschriften[9] angesprochen[10].

b)   Die polizeilichen Immissionsvorschriften verbieten einen bestimmten Bewerb nur 1894
dann, wenn in concreto ein näher umschriebener Gefahrengrad bereits erreicht ist oder bald erreicht werden kann. Die zonenrechtlichen Immissionsvorschriften verbieten demgegenüber den Bewerb allein schon dann, wenn ein bestimmter Bewerb zu einer näher umschriebenen Kategorie von Betrieben gehört, welche im Allgemeinen einen solchen

---

[8]   Die Frage mag hier lauten: Wieso sind diese Bewerbungen denn gerade hier aufgenommen worden? Antwort: Weil die hinzugekommenen Bewerber die vorhandenen Immissionen zu optimistisch beurteilt oder nichts Geeigneteres zum Wohnen gefunden oder gehofft haben, sie würden wegen der Nichtgeltung eines Prioritätsprinzipes (Rz 907) die Immissionen dann schon rechtlich zurückdrängen können. Rz 425, 1326 mit FN 4.
[9]   Eine andere Bezeichnung ist: planungsrechtliche Immissionsvorschriften. Siehe hiezu auch den Antrag des Regierungsrates an den Kantonsrat zum PBG vom 5. Dezember 1973, S. 207 (Rz 1466 f).
[10]   Siehe hiezu Christoph Fritzsche/Peter Bösch, S. 78–80.

Gefahrengrad erreichen, sei es schon jetzt oder erst nach einer prognostizierbaren Entwicklung; das Verbot gilt hier auch dann, wenn bei dem betreffenden Bewerb – vielleicht wegen besonderer Umstände – diese Gefahr gerade nie eintreten wird[11]. Zur Problematik der sauberen Durchführung dieser Typisierung siehe Rz 504 ff. Hier soll nun gemäss dem dritten Absatz verboten werden können, obwohl die Erfordernisse an ein Verbot nach PBG § 226 I und II nicht erfüllt wären; der dritte Absatz wäre also insoweit für den Bauaktiven der «schärfere». Umgekehrt kann ein solcher Betrieb erlaubt werden, obwohl er, bestünde diese Vorschrift nicht, hier nach PBG § 226 verboten wäre; diese Vorschrift wäre hier also für den Bauaktiven die «mildere». Bei Letzterem ist insbesondere an stark störende Betriebe im Zusammenhang mit Industrie- und Gewerbezonen mit Wohnbauverbot zu denken, bei Ersterem an nicht oder nur leicht störende Betriebe im Zusammenhang mit «reinen» Einfamilien-/Landhauszonen.

6. Zum vierten Absatz

1895 Dass der erste und zweite Absatz sinngemäss auch für die Ausführung von Bauarbeiten gelten, bedeutet für das postfinite Baurecht, dass auch bei Reparaturen, Renovationen, Montierungen, Um-, Auf-, An- und Subbauten, Umgestaltungen, Repetier- und Differenzwiederbau, Anschlussbau, Dependenzbauten und Dislokationsbauten ebenfalls hierauf zu achten ist. Bauarbeiten gibt es nicht nur bei Neubauten[12].

7. Zum fünften Absatz

1896 Nachstehend wird der Baustellenverkehr nicht näher erörtert, obwohl seine Mitberücksichtigung dem Umstand Rechnung trüge, dass Bauvorhaben nicht nur punktuell für die Bauparzelle selbst und die unmittelbar daran anschliessenden Parzellen von Bedeutung sind, sondern wegen Zulieferung und Abtransport tentakelartig, zähl- und messbar, dynamisch weit ins Land hinaus greifen können. Diesem Umstand will auch PBG § 227 Rechnung tragen bezüglich Bewilligung von Betrieben, «die nach ihrer Zweckbestimmung auf dauernde und dicht aufeinanderfolgende Schwertransporte angewiesen sind, wenn ein solcher Verkehr durch vorwiegend zu Wohnzwecken beworbene Bauzonen führen muss und auf diese in unzumutbarer Weise einwirkt».

C. Zur Auslegung von PBG § 226 und zur Praxis hiezu seit dem 1. Januar 1985

1897 1. Alles bisher Gesagte hat nun allerdings gemäss Bundesgerichtspraxis seit Inkrafttreten des USG (Rz 4081 ff) am 1. Januar 1985 weitgehend an Bedeutung verloren[13],

---

[11] Zu den zonenrechtlichen Immissionsvorschriften gehören der frühere PBG § 294, bei der Revision von 1991 teilweise ersetzt durch §§ 52 und 57, sowie die zonenbezogenen Immissionsregelungen der Bauordnungen, Rz 2426a.
[12] Die kritischen Bemerkungen von Arthur Meier-Hayoz im Kommentar zum ZGB, Art. 684, N. 55, zur Legiferierungskompetenz der Kantone bezüglich «Bauarbeiten» würde ich als unberechtigt ansehen, wenn sie kantonale Regelungen solcher Art von vornherein ausschlössen, es sei denn, die Frage würde unter das USG fallen.
[13] BGE vom 17. Mai 1988 (Flüelen/UR, in: ZBl 1989 S. 225); BGE 114 Ib 222 f (Bassersdorf/ZH); BGE 117 Ib 147 ff (Opfikon/ZH); BGE 118 Ia 112 ff (Basel); RB 1994 Nr. 73; ZH-Verwa-

denn seither beurteilt sich die Zulässigkeit von zufügenden materiellen Immissionen (Rz 338) nach dem USG und hier bezüglich Lärm nach Art. 11 bzw. den gemäss Lärmschutzverordnung festgesetzten Empfindlichkeitsstufen; die Kantone sind hienach nur noch (aber immerhin) zur Regelung der übrigen Immissionsarten und der sonstigen ortsbaulichen Belange zuständig. Damit ist gerade der angestammte Teil des Anwendungsbereiches der Immissionsvorschriften der Kantone sowie der Gemeinden in ihren Bauordnungen und Polizeiverordnungen weggefallen. Dabei ist das Bundesgericht sogar der Auffassung, dass die Kantone und Gemeinden bezüglich Lärm nicht nur keine mildern, sondern auch keine schärferen Vorschriften aufstellen können, es wäre denn, diese wären ausdrücklich erlaubt (USG Art. 65) oder es würden damit ortsbauliche und verkehrspolitische Ziele verfolgt; als solche kämen nur noch in Betracht: Vorschriften zur Herbeiführung/Bewahrung eines bestimmten Quartiercharakters, zur Ordnung der Parkierungsverhältnisse, zur Sicherung des Fussgängerverkehrs usw. Die Auffassung, dass das USG als Auslegungshilfe für die Anwendung der als weitergeltend gedachten kantonalen und kommunalen Immissionsvorschriften gelte, lehnte das Bundesgericht in den Entscheiden gemäss FN 13 ausdrücklich ab[14].

2.   Nun hat sich aber PBG § 226 immer nur auf den Schutz vor zufügenden materiellen Immissionen bezogen; der Schutz vor (physisch oder psychisch) entziehenden oder entblössenden, wegnehmenden materiellen Immissionen sowie derjenige vor immateriellen (lokal oder und personal bedeutsamen) Immissionen jeder Art lag immer ausserhalb seines Geltungsbereiches (Rz 339, 1881). Somit hat PBG § 226 heute keinen Anwendungsbereich mehr. Die Immissionsbestimmungen der Kantone sind mit der neuen bundesgerichtlichen Praxis überhaupt weitgehend, wenn nicht vollständig ihres juristischen Gehaltes entleert worden, ist doch die Möglichkeit, allein gestützt hierauf zur Herbeiführung oder Erhaltung eines bestimmten Quartiercharakters, der Ordnung der Parkierungsverhältnisse, der Sicherung des Fussgängerverkehrs usw. Verbote/Gebote auszusprechen, sehr schmal. Das gilt nicht zuletzt deshalb, weil von beachtlicher Warte aus gesagt wird, dass selbst die als ortsbauliche und verkehrspolitische Regelung in Betracht kommenden Teile der kantonalen Immissionsbestimmungen nur dann neben dem USG weiteren Bestand haben, wenn sie «mit der nötigen Klarheit die Anliegen zum Ausdruck bringen, die aus besonderen, sachgerechten Erwägungen des Schutzes vor nachteiligen Einwirkungen zu solchen Festsetzungen führen»[15, 16]. Am ehesten sind solche Vorschriften noch als Hinweis für die Erteilung von Ausnahmebewilligungen nützlich, indem ein Dispens eher angezeigt ist, wenn er für Gebäude oder Bewerbungen nachgesucht wird, welche dem Quartiercharakter besser entsprechen, der Ordnung der Parkierungsverhältnisse besser dienen oder den Fussgängerverkehr besser sichern. Dasselbe gilt auch für die kommuna-

---

ltungsgerichtsentscheid vom 24. Januar 1997 (RB 1998 Nr. 65, nur Leitsatz, ausführlicher in: BEZ 1997 Nr. 1, betr. Massagesalon, Rz 519 ff).

[14] Die in BGE vom 24. Oktober 1947 (Dürnten/ZH, betr. Unterniveaugarage, in: ZBl 1998 S. 437 ff) vertretene Auffassung, der kantonale Gesetzgeber könne bezüglich der Anforderungen an Autoabstellplätze gemäss PBG § 244 (Rz 2112 f) das Vorsorgeprinzip des USG «konkretisieren», deckt sich allerdings nicht mit den starren Aussagen in einigen der in FN 13 zitierten Entscheiden.

[15] Alfred Kuttler, Orientierungspunkte zur Revision des Zürcher PBG, in: ZBl 1990 S. 289 ff, 300.

[16] Es geht hier um das Erfordernis einer eindeutigen gesetzlichen Grundlage. Rz 951.

len Immissionsbestimmungen[17]. Die Rechtslage ist hier noch auf weite Strecken nicht eindeutig. Vielleicht trägt die Tabelle am Ende von Rz 542b etwas zur Klärung bei.

---

[17] Die von der Baurekurskommission II (BEZ 1998 Nr. 18) bezüglich der Sonnenlichtreflexion durch verglaste Bauteile gemachte Aussage, die aus PBG § 226 entwickelte Rechtspraxis sei «wegweisend und anwendbar (BEZ 1990 Nr. 7)», weil USG Art. 11 II die zutreffenden emissionsbegrenzenden Massnahmen praktisch gleich umschreibe, ist mit den vorstehenden Ausführungen nicht ohne weiteres kongruent.

PBG § 228 I: Zur Regelung des Unterhaltes

I. Zur Ausgangslage

1. Im Allgemeinen werden die Gebäude von ihren Eigentümern schon allein deshalb ordnungsgemäss unterhalten, weil sonst der selbst angestrebte Bewerb der Räumlichkeiten im Laufe der Jahre erschwert und eine allgemeine Entwertung eintritt, mit Gefahr des späteren Zerfalls und Vermögensverlust.

Es gibt aber doch immer wieder Situationen, in welchen die Baubehörde kräftig nachhelfen muss, damit es zu den nötigen Vorkehrungen kommt. Das trifft besonders dort zu, wo es um gewerbliche und industrielle Betriebe geht, vor allem wenn diese ohnehin mit wirtschaftlichen Schwierigkeiten zu kämpfen haben oder Unterkunftsmöglichkeiten für Gastarbeiter zur Diskussion stehen.

2. Der Unterhalt soll verhindern, dass aus einem gehörigen baulichen Zustand infolge von Abnützung durch Bewerb, von Verwitterung, von sonstiger Einwirkung, von Naturkräften (Rz 145, hier FN 6–9) oder von unerlaubten oder gar kriminellen Eingriffen Dritter ein nicht mehr gehöriger Zustand wird und/oder bewirken, dass dort, wo bereits aus einem gehörigen ein ungehöriger Zustand geworden ist, wieder der vorherige Zustand herbeigeführt wird. Unterhalt ist jedoch nie die Herbeiführung von etwas, das überhaupt noch nie vorhanden war. Der Unterhaltbegriff umfasst sowohl rein bauliche Vorkehrungen, insbesondere Reparaturen, als auch rein bewerbsmässige Vorkehrungen (Rz 330).

II. Zum Vorläufer von PBG § 228 I: altBauG § 123

Das Baugesetz von 1893 enthielt in § 123 bis zur Aufhebung durch das PBG im Jahre 1976 folgende Vorschrift:

«Gebäude und Einfriedigungen sind in gehörigem baulichem Zustand zu halten.»

Für die Auslegung wird auf Jakob Maag/Hans Müller, Kommentar, zu § 123, verwiesen.

III. Zu PBG § 228 I

A. Zum Text

1. Im Vorentwurf der Baudirektion vom Dezember 1994 (Rz 1466) wurde im 4. Titel mit der Überschrift «Das öffentliche Baurecht», im 1. Abschnitt mit der Überschrift «Die Bauvorschriften», im Unterabschnitt A. mit der Überschrift «Allgemeine Bestimmungen» folgender Randtitel mit Text vorgeschlagen:

«II. Unterhalt (und Parzellierung)
§ 204 I
Grundstücke, Bauten, Anlagen, Ausstattungen und Ausrüstungen sind so zu unterhalten, wie ihre Benützung es erfordert und dass weder Personen noch Eigentum Dritter gefährdet werden.»

1904 2. Der Regierungsrat ersetzte in seinem Antrag an den Kantonsrat (Rz 1467) den Passus «so zu unterhalten, wie ihre Benützung es erfordert» durch den Passus «sind entsprechend ihrer Zweckbestimmung zu unterhalten» (jetzt § 208).
Der Kantonsrat (Rz 1468) strich auch noch den Verweis auf die «Zwecksetzung».

1905 3. Mit der Volksabstimmung vom 7. September 1975 erhielt somit folgende Fassung Gesetzeskraft:

«II. Unterhalt (und Parzellierung)
§ 228 I
Grundstücke, Bauten, Anlagen, Ausstattungen und Ausrüstungen sind zu unterhalten. Es dürfen weder Personen noch das Eigentum Dritter gefährdet werden.»

B. Zur Auslegung von PBG § 228 I und zur Praxis hiezu

1. Zu «Grundstücke, Bauten, Anlagen, Ausstattungen und Ausrüstungen»

a) Zu «Grundstücke»

1906 Es sind dies Parzellen und als solche eine rein normative, juristische Erscheinung (seitlich sowie nach oben und unten abgegrenzter Raumausschnitt) und kann als solche weder verkommen noch unterhalten werden. Nur wenn man «Bauten, Anlagen, Ausstattungen und Ausrüstungen» so versteht, dass sie nicht auch das Erdreich sowie den Umschwung von Gebäuden und anderen Bauten (Anlagen) umfassen (zB Garten, Autoabstellfläche), hat der Passus «Grundstücke» hier einen eigenen Anwendungsbereich.

b) Zu «Bauten, Anlagen»

1907 Nach der in Rz 50 ff verwendeten Terminologie geht es hier um Gebäude und Anlagen, welche zusammengefasst Bauten sind.

c) Zu «Austattungen, Ausrüstungen»

1908 Hier handelt es sich um Bestandteile und Zugehör von Gebäuden und Anlagen. Zu den Ausstattungen und Ausrüstungen siehe Rz 1888.

2. Zu «unterhalten»

1909 a) In Rz 1901 ist dargelegt, was unter diesem Wort zu verstanden werden muss.

1910 b) Um Unterhaltsarbeiten vorzubereiten oder gar auszuführen, ist es bisweilen nötig, diese von der Nachbarparzelle (vom «Nachbargrundstück») aus vorzunehmen. Für diesen Fall räumen PBG §§ 229 f dem Bauaktiven das Recht ein, die Nachbarparzelle zu betreten und vorübergehend zu benutzen. Rz 1929 f.

3. Zu «sind zu (unterhalten)»

1911 Im Wort «sind zu» ist das Normativum der Regelung enthalten. Es geht hier um ein Gebot, aber auch um ein Verbot; verboten ist, ein Gebäude in einen polizeilich misslichen

Zustand geraten zu lassen, ohne ihn nachher wieder zu beheben. Dass bei denkmalschutzwürdigen Gebäuden die Unterhaltspflicht weiter reicht als bei gewöhnlichen Gebäuden (Rz 1866), liegt wohl auf der Hand[1].

4. Zu «weder Personen noch Eigentum Dritter gefährdet werden»

Eine Gefährdung von Personen (Menschen) und Eigentum Dritter (Sachgüter Dritter) kann zB darin bestehen, dass Gebäudeteile herunterfallen oder das Gebäude als Ganzes einstürzt, dass feuergefährliche Situationen entstehen, dass es zu unhygienischen Verhältnissen kommt usw. Dieser Passus ist als Erfordernis an den Unterhalt zu verstehen. Er umschreibt das Minimum dessen, was verlangt ist. Denkbar ist, dass dies noch nicht genügt. 1912

5. Zu «dürfen weder ... noch»

Dieser Passus ist ein weiteres Normativum, und zwar ein Verbot, verbunden mit einem Gebot, keine Situation entstehen zu lassen, welche Menschen oder Sachgüter Dritter gefährdet, bzw. eine Situationen, in welcher Menschen oder Sachgüter Dritter bereits gefährdet sind, zu beheben. 1913

6. Zur Regelung, welche bezüglich des Unterhaltes von Gebäuden zum Zuge käme, wenn PBG § 228 I nicht gälte

Doch wie verhielte es sich, wenn PBG § 228 I nicht gälte? In diesem Fall wäre wohl zunächst einmal auf die folgenden Vorschriften des Strafgesetzbuches abzustellen: fahrlässige Verursachung einer Feuersbrunst (Art. 222), einer Explosion (Art. 223 Ziff. 2), einer Überschwemmung oder eines Einsturzes (Art. 227 Ziff. 2), einer Beschädigung von elektrischen Anlagen, Wasserbauten und Schutzvorrichtungen (Art. 228 Ziff. 2). Beachtlich wären aber auch die zivilrechtlichen Vorschriften, insbesondere über die Verantwortlichkeit des Grundeigentümers (ZGB Art. 679), ferner diejenige über die Werkeigentümerhaftung (OR Art. 58) sowie das Nachbarrecht hinsichtlich Art der Bewirtschaftung (ZGB Art. 684). Obwohl es hier nicht um öffentliches Recht geht, schlagen die erwähnten Regelungen auch im öffentlichen Baurecht so stark durch, dass man sagen darf, auch ohne entsprechende ausdrückliche Regelung im öffentlichen Recht sei es einem Eigentümer öffentlichrechtlich geboten, sein Gebäude so zu unterhalten, dass daraus für die sich im und um das Gebäude herum aufhaltenden Menschen sowie die dortigen Sachen Dritter keine Gefährdung resultiert. Insoweit besteht immer auch ein öffentlichrechtliches Unterhaltsgebot. Ob es sich hier um eine gewohnheitsrechtliche Verpflichtung oder um blosse Klärung normativer Unklarheit handle, bleibe dahingestellt. 1914

Unmittelbar öffentlichrechtlich von Belang wären sodann die aus der Gewässerschutzgesetzgebung (Rz 4073 f, 3176) resultierenden Unterhaltsgebote. Dass allgemeine Ästhetiknormen (wie im Kanton Zürich PBG § 238) beigezogen werden können, um einem Eigentümer zu gebieten, die Gebäudefassade, insbesondere die strassenseitige, in gewis- 1914a

---

[1] Als Beispiel einer von einer Gemeinde vernachlässigten Unterhaltspflicht bezüglich eines Denkmalschutzobjektes ist der Entscheid des ZH-Verwaltungsgerichtes vom 27. September 1996 (Schwerzenbach/ZH, betr. Gebäude «Wiesental», in: BEZ 1996 Nr. 23) zu erwähnen. Siehe auch die weiteren, in Rz 1864 aufgeführten, noch gravierenderen Fälle.

sen Zeitabständen oder wenn die Verputzabbröckelung einen bestimmten Grad erreicht hat, neu anzustreichen, neu zu verputzen, ist jedoch eher zweifelhaft. Solche im Wesentlichen ästhetisch motivierten Aktionen werden im Ausland bisweilen an Örtlichkeiten von gehobenem nationalem Interesse, zB in bestimmten Quartieren von Paris oder in einer sich auf eine Weltausstellung vorbereitenden Stadt, befohlen. In der Schweiz hing jedoch bisher die Ordentlichkeit des Gebäudeverputzes im Wesentlichen von der Einsicht des Eigentümers ab, aus eigenem Antrieb das Nötige vorzukehren. Wegen der ständig vorkommenden Sprayereien besteht hier allerdings die Gefahr eines Gesinnungswandels[2]. Lediglich bei denkmalschutzwürdigen Gebäuden kommt es bisweilen zu einem staatlichen Befehl der Fassadensanierung (vgl. im Kanton Zürich PBG §§ 204 und 207, Rz 1843 f).

1914b Für ein Gebot von Reparaturen, Renovationen und Unterhaltsarbeiten genügt wohl weitgehend Stillschweigen des Gesetzes. Ein gleichwohl ergehendes Gebot wird oft als unliberal-vormundschaftlich empfunden, wenn es nicht gewissermassen nur vollständigkeitshalber statuiert wird. Das Gebot, im normalen Umfang Reparaturen, Renovationen und Unterhaltsarbeiten vorzunehmen, ist auf keinen Fall ein starker Eingriff in das Eigentum und bedarf deshalb von vornherein keiner «eindeutigen gesetzlichen Grundlage» (Rz 951 f). Anders verhält es sich, wo das Gemeinwesen solche Vorkehrungen lediglich zur Aufpolierung von wichtigen Strassenzügen und Plätzen für Staatsempfänge und sonstige Festivitäten verlangen würde; hier wäre Ausdrücklichkeit erforderlich.

---

[2] Wenn nach jeder Fassadenrenovation neue Sprayereien verübt werden, dann verliert mit der Zeit die Mehrheit der Gebäudeeigentümer die Lust, das Haus ansehnlich zu erhalten.

PBG § 228 II: Zum Verbot baurechtswidriger Parzellierungen und Grenzverlegungen (Mutationen)

I. Ausgangslage

1. Das *Verhältnis zwischen Gebäude und Parzellengrenze* kann ein Doppeltes sein. Entweder wird ein Gebäude in einem bestimmten Abstand oder mit dem Abstand 0 m von der Parzellengrenze erstellt; im letzteren Fall kann man von Grenzbau sprechen. Oder eine Grenze wird neu in einem bestimmten Abstand von einem bereits bestehenden Gebäude oder entlang der Umfassungswand desselben gezogen. Man spricht m.E. besser von einem Gebäude an als von einem solchen auf der Grenze (Rz 2370 f). Die Parzellengrenzen gehören zu den wichtigsten Gegebenheiten, an welche die baurechtliche Ordnung anknüpft[1].

2. Es kommt immer wieder vor, dass im Laufe der Jahre am bisherigen Parzellenstand Modifikationen vorgenommen werden. Dabei gibt es zwei in dieser Arbeit interessierende Erscheinungsformen: erstens die *Parzellierung:* Der Eigentümer lässt eine mit einem Gebäude überbaute, meist grössere Parzelle in zwei oder mehr Abschnitte A, B, C usw. aufteilen; jeder Abschnitt wird zu einer selbständigen neuen Parzelle, sei es unter Verbleib des Eigentums beim bisherigen Eigentümer oder sei es unter Veräusserung an eine Drittperson. Oder zweitens die *Grenzverlegung:* Ein Gebietsabschnitt, welcher bisher zur Parzelle M gehört hat, wird der anstossenden, dem gleichen oder einem anderen Eigentümer gehörenden Parzelle N zugeschlagen[2].

3. Parzellierungen und Grenzverlegungen werden oft als *Mutationen* bezeichnet. Hiefür arbeitet der Nachführungsgeometer die Mutationsunterlagen aus und nachher werden die Parzellen mutiert. Mutation, mutieren kommt vom Lateinischen mutare, das bedeutet ganz normales Ändern. Dieses Fremdwort kommt mir gelegen, weil ich das Wort ändern in dieser Arbeit für Gebäude und Bewerbungen derselben reserviere (Rz 159 ff, 295 ff).

4. Zwar sind Mutationen im Grundbuch nur gestützt auf Mutationsunterlagen vollziehbar, welche vom zuständigen *Geometer* unterzeichnet sind[3]. Der Geometer ist immer vom *Grundbuchverwalter* unabhängig. Der Grundbuchverwalter ist seinerseits nie und der Geometer nur selten in die gleiche Behördenorganisation eingegliedert wie die *örtlichen Baubehörden*. Bei den Geometern handelt es sich häufig um Inhaber privater Ingenieurbüros, an welche die Gemeinde die Nachführung des Vermessungswerkes vertrag-

1915

1916

1917

1918

---

[1] Zum Problem der Durchschneidung von Gebäuden durch Parzellengrenzen siehe Rz 2371 mit FN 3.
[2] Der überbaute Abschnitt und die Parzelle, welcher ein unüberbauter Abschnitt zugeteilt wird, erhalten im Kanton Zürich regelmässig auch neue Katasternummern, ab und zu auch neue Grundbuchblätter. Ob man dann noch von einer gleichen Parzelle sprechen kann, scheint mir fraglich. Bezüglich der Begründung des Bauhandwerkerpfandrechtes ist dies nicht ganz ohne Bedeutung. Vgl. Rudolf Kappeler, Das Bauhandwerkerpfandrecht bei Gesamtüberbauungen, insbesondere die Dreimonatsfrist nach Art. 839 Abs. 2 ZGB, in: ZBGR 1976 Band 57 S. 257 ff, insbesondere S. 266 f.
[3] Verordnung über die amtliche Vermessung (SR 211.432.2) Art. 25.

lich delegiert hat; dass die Nachführung durch ein dem Bauamt zugeteiltes Vermessungsamt besorgt wird (wie zB in der Stadt Zürich), bildete bisher im Kanton Zürich eher die Ausnahme. Die Geometer fühlen sich von ihrem Berufsverständnis her, aber auch weil sie in das jeweilige Baubewilligungsverfahren nur einen fragmentarischen Einblick haben, oft nicht in der Lage, bei der Ausübung ihrer Aufgabe darauf zu achten, dass die infolge dieser Mutationen entstehenden neuen Parzellierungsverhältnisse dem geltenden Baurecht, zB hinsichtlich Grenzabstandsminima, Ausnützungsziffermaxima[4], hinreichender Zugangsverhältnisse, Beteiligungsreversen entsprechen. Weil die letzteren Erfordernisse dem kantonalen Recht angehören, das Vermessungs- und Grundbuchwesen jedoch einen Teil des Bundesrechtes bildet, ist das fugenlose Ineinandergreifen keine Selbstverständlichkeit. Eine gewisse Koordination lässt sich erreichen, wenn die Mutationen nur bei Vorliegen einer Bewilligung der örtlichen Baubehörde im Grundbuch vollzogen werden können. Auch so ist das Entstehen baurechtswidriger Verhältnisse nicht ausgeschlossen. Rz 2325 f.

II. Zur Regelung im Einzelnen

A. Zur Regelung im alten Baugesetz

1919 Bis zum Inkrafttreten des PBG von 1975 herrschte Unsicherheit, ob und wie weit der Geometer und der Grundbuchverwalter verpflichtet sind, bei der Ausarbeitung und dem Vollzug von Mutationen darauf zu achten, dass den baurechtlichen Anforderungen Rechnung getragen wird, und, wenn nein, ob sie die Ausarbeitung der Mutation bzw. der Vollzug verweigern dürfen oder gar müssen.

1919a Bis zum Inkrafttreten des PBG von 1975 war es streitig, ob die Parzellierung und Grenzverlegung baurechtlich bewilligungsbedürftige Vorkehrungen seien. Dies wurde für unüberbaute Parzellen meistens schon aus praktischen Gründen verneint: Parzellierungen und Grenzverlegungen erfolgen ja durch den oft ausserhalb der Baubehördenorganisation stehenden Nachführungsgeometer. Dabei entstehende Disharmonien zwischen Grenzverlauf und öffentlichrechtlicher Ordnung waren nachträglich meistens nur noch schwer wieder ins Lot zu bringen[5].

---

[4] RB 1988 Nr. 71, RB 1988 Nr. 72 (BEZ 1988 Nr. 34).
[5] Rudolf Friedrich/Karl Spühler/Ernst Krebs bezeichnen es in ihrem Kommentar zu § 6 in N. 6 als «umstritten, ob Parzellierungen (im Sinne von Mutationen schlechthin) ausgeführt werden dürfen, die gegen öffentlichrechtliche Vorschriften (namentlich BauG oder BO) verstossen». Das ist eine sowohl bau- als auch grundbuchrechtliche Frage. Dabei stellt sich das heikle kompetenzrechtliche Problem des Verhältnisses des kantonalen Rechtes zum Bundesrecht. Fraglich ist sodann, ob die Vornahme einer nachträglichen Grenzziehung unter das Mass des minimalen Grenzabstandes einen Verstoss gegen Vorschriften des öffentlichen Rechtes darstellten und daher dispensbedürftig wäre. Die Kommentatoren scheinen dies zu bejahen.

B. Zum PBG von 1975

1. Zum Text

a) Als in den Siebzigerjahren ein neues Baugesetz, das spätere PBG, ausgearbeitet 1920
wurde, schien es zweckmässig, sich auch dem Thema Parzellierung und Grenzverlegung
anzunehmen. Da – wie in Rz 1918 erwähnt – kantonales Baurecht und eidgenössisches
Sachen-/Grundbuchrecht ineinandergreifen, war dabei allerdings Zurückhaltung am Platz.
Die Baudirektion schlug in ihrem Vorentwurf vom Dezember 1972 (Rz 1466) im 4. Titel
mit der Überschrift «Das öffentliche Baurecht», im 1. Abschnitt mit der Überschrift «Die
Bauvorschriften», im Unterabschnitt A. mit der Überschrift «Allgemeine Bestimmungen» folgenden Text mit Randtitel vor:

«F. Schranken der Eigentums- und Besitzesausübung
II. Unterhalt und Parzellierung
§ 204
(erster Absatz: betrifft nur Unterhalt, Rz 1899 ff)
(zweiter Absatz:) Durch Unterteilung von Grundstücken dürfen keine den Bauvorschriften widersprechenden Verhältnisse geschaffen werden.»

b) Der Regierungsrat nahm in seinem Antrag an den Kantonsrat vom 9. Dezember 1921
1973 (Rz 1467) abgesehen von der Bezifferung keine Modifikationen vor (nun § 208 II),
desgleichen auch der Kantonsrat nicht (jetzt § 228 II).

c) Deshalb erhielt mit der Annahme des PBG in der Volksabstimmung vom 9. September 1975 der gleiche Text als PBG § 228 II Gesetzeskraft. 1922

Dass die Unterteilungsregelung im zweiten Absatz des gleichen Paragraphen steht, in
welchem die Unterhaltpflicht behandelt wird, deutet auf die Schwierigkeiten der systematischen Einordnung dieser Vorschrift hin. Diese Platzierung ist eine Verlegenheitslösung.

d) Die Vorlage des Regierungsrates an den Kantonsrat von 1989 und 1996 bezog 1923
PBG § 228 I nicht in die Revision ein.

2. Zur Auslegung von PBG § 228 II und zur Praxis hiezu

a) Die Besonderheit dieses Paragraphen besteht darin, dass der von ihm missbilligte 1924
Tatbestand von den Eigentümern nie allein, sondern immer nur unter Mitwirkung der von
Bund und Kanton eingesetzten Vermessungsgeometer und Grundbuchverwalter begangen werden kann. Adressaten von PBG § 228 I sind in erster Linie diese beiden.

b) Dass bei mit einem oder mehreren Gebäuden bestückten Parzellen oder bei solchen, für deren Überbauung bereits eine Baubewilligung erteilt worden ist, grundsätzlich 1925
eine Baubewilligung einzuholen ist, damit Parzellierungen und Grenzverlegungen zulässig sind, ergibt sich aus PBG § 309 lit. e (Rz 2554).

c) Wenn bei der örtlichen Baubehörde um Bewilligung einer Mutation nachgesucht 1926
wird, dann sind gemäss PBG § 228 diejenigen Bedingungen und Auflagen zu formulieren, welche sicherstellen, dass dem materiellen Baurecht auch nach Vollzug der Mutation

entsprochen wird. Beispielsweise ist festzuhalten, dass die für die Erteilung eines Grenzabstandsnäherbaurechtes oder eines Grenzbaurechtes erforderliche Zustimmung des Eigentümers der anstossenden Parzelle in ausreichendem Umfang vorliegt (Rz 2253 ff), dass die wegen der Abtrennung bei der Berechnung der Ausnützung fehlende Fläche durch Beizug von Fläche einer anderen Parzelle kompensiert wird[6] oder dass die überbaute Parzelle nicht von ihrer tatsächlich und rechtlich erforderlichen Verbindung zum öffentlichen Strassennetz abgeschnitten wird. Das gilt auch, wenn alle alten und neuen Parzellen weiterhin dem gleichen Eigentümer gehören; denn es ist mit späteren, nicht den ganzen Komplex umfassenden Handänderungen zu rechnen, für welche keine Bewilligungsbedürftigkeit mehr besteht. Das gilt besonders für zum späteren, parzellenweisen Verkauf bestimmten Arealüberbauungen. Die Sicherstellung geschieht am besten durch Anmerkung entsprechender öffentlichrechtlicher Eigentumsbeschränkungen im Grundbuch. Dabei sollte im Fall der Ausnützungsziffer die Anmerkung m.E. sowohl auf dem Grundbuchblatt der jetzt übernutzten als auch auf demjenigen der an sich noch nicht voll ausgenützten Parzellen erfolgen. Hiefür sprechen die gleichen Gründe wie in den Näherbaurechtsfällen (Rz 2283).

1927 d) Welch heikle zivilrechtliche Vorfragen dabei bisweilen von der örtlichen Baubehörde zu beantworten sind, kann man ermessen, wenn man sich das Urteil des ZH-Handelsgerichtes vom 27. Juli 1996 (BlZR 1997 Nr. 38) bezüglich Kauf eines Grundstückes mit einem Einfamilienhaus aus einer Gesamtüberbauung mit gemeinsamer Zufahrt, Tiefgarage, Heizung und Gemeinschaftsraum vor Augen hält.

1928 e) Der in BEZ 1995 Nr. 17 abgedruckte Entscheid der Baurekurskommission I betreffend Anerkennung der Gewährung von Näher- und Grenzbauzrechten (Rz 2271) darf nicht zu einer Laisser-aller-Haltung führen.

---

[6] Siehe die in FN 4 zitierten Entscheide.

PBG §§ 229 und 230: Zur Inanspruchnahme von Nachbarparzellen zu Bauarbeiten (Hammerschlagsrecht)

I. Zur Ausgangslage

Nicht nur die Erstellung eines Gebäudes, sondern auch Reparaturen, Renovationen, Umbauten, Aufmontierungen, Auf- und Anbauten daran, Umgestaltungen, Wiederbau und Anschlussbau sowie der bewerbsmässige Unterhalt sind Vorkehrungen, mit welchen der Bauaktive grundsätzlich auf seiner eigenen Parzelle den Rank finden muss. Doch gibt es immer wieder Situationen, in welchen die Arbeiten zweckmässigerweise von der Nachbarparzelle aus vorgenommen werden. Bisweilen sind sie ohne eine solche Inanspruchnahme überhaupt nicht möglich. Das gilt insbesondere dort, wo ein Gebäude unmittelbar an der Parzellengrenze steht oder von dieser nur einen sehr kleinen Abstand einhält.

II. Zur Regelung im alten Baugesetz

Wegen der in alten Stadt- und Ortsteilen engen räumlichen Verhältnisse war früher das Interesse eines Bauaktiven daran, die Nachbarparzelle für seine Vorkehrungen vorübergehend in Anspruch nehmen zu können, gross. Dafür gab es ein besonderes Rechtsinstitut, welches als Hammerschlagsrecht bezeichnet wurde; es galt aber auch für das Aufstellen von Gerüsten und Kranen. Allerdings war dieses zur Zeit des alten Baugesetzes nur privatrechtlich geregelt, nämlich in § 115 bzw. in den nicht dem Baugesetz nach § 1 I unterstellten Gebieten im Privatrechtlichen Gesetzbuch, seit Inkrafttreten des ZGB allgemein im EG zum ZGB §§ 162–164.

III. Zur Regelung im PBG

A. Zu den Materialien

1. Zum Text von 1975

a)   Die Baudirektion schlug in ihrem Vorentwurf vom Dezember 1972 (Rz 1466) im 4. Titel mit der Überschrift «Das öffentliche Baurecht», im 1. Abschnitt mit der Überschrift «Die Bauvorschriften», im Unterabschnitt A. mit der Überschrift «Allgemeine Bestimmungen», im Unterunterabschnitt G. mit der Überschrift «Inanspruchnahme von Drittgrundstücken», im I. Unterunterunterabschnitt den folgenden Text für eine öffentlichrechtliche Regelung vor:

> «(Inanspruchnahme)
> I. von Nachbargrundstücken
> 1. Umfang und Ausübung
> § 205
> Jeder Grundeigentümer ist berechtigt, Nachbargrundstücke zu betreten und vorübergehend zu benutzen, soweit es nötig ist für die Erstellung, die Veränderung oder den Unterhalt von Bauten und Anlagen, Vorbereitungshandlungen eingeschlossen, und soweit dadurch für den Betroffenen keine unzumutbaren Gefahren geschaffen werden.

Das Recht ist möglichst schonend und gegen volle Schadloshaltung auszuüben.
Die Inanspruchnahme ist dem Betroffenen genau, rechtzeitig sowie unter Hinweis auf die Einsprachemöglichkeit und die Einspracheinstanz persönlich mitzuteilen.

2. Verfahren
§ 206
Wer mit der Beanspruchung oder mit Art oder Umfang der angebotenen Schadloshaltung nicht einverstanden ist, hat binnen 20 Tagen seit der Mitteilung beim Gemeinderat Einsprache zu erheben.
Der Gemeinderat entscheidet über das Recht zur Beanspruchung in raschem Verfahren; sein Entscheid ist nur an die Baurekurskommission weiterziehbar.
Für Einsprachen gegen die angebotene Schadloshaltung finden die §§ 32 ff des Gesetzes über die Abtretung von Privatrechten Anwendung; doch hemmt diese Auseinandersetzung die Rechtsausübung nur dann, wenn der Ansprecher die von der Schätzungskommission festzusetzende Sicherheit nicht leistet.»

1932 b) Der Regierungsrat nahm in seinem Antrag an den Kantonsrat vom 5. Dezember 1973 (Rz 1467, jetzt §§ 209 f) die folgenden Modifikationen vor: Der dritte Absatz von § 209 wurde neu der erste Absatz von § 210; statt von der Schaffung von «Gefahren» wurde von «gefährdet oder beeinträchtigt werden» gesprochen; der Rest war redaktionell. Sodann wurden die Rechte des Nachbarn in dem bei Nichteinigung einzuschlagenden Verfahren ausgedehnt.

1933 c) In den kantonsrätlichen Beratungen (Rz 1468) wurde der Antrag des Regierungsrates im Wesentlichen übernommen (jetzt §§ 229 f).

1934 d) Mit der Annahme des PBG in der Volksabstimmung vom 7. September 1975 erhielt somit folgende Fassung Gesetzeskraft:

«(Inanspruchnahme von Nachbargrundstücken)
1. Umfang
§ 229
Jeder Grundeigentümer ist berechtigt, Nachbargrundstücke zu betreten und vorübergehend zu benutzen, soweit es, Vorbereitungshandlungen eingeschlossen, für die Erstellung, die Veränderung oder den Unterhalt von Bauten, Anlagen, Ausstattungen und Ausrüstungen nötig ist und soweit dadurch das Eigentum des Betroffenen nicht unzumutbar gefährdet oder beeinträchtigt wird.
Dieses Recht ist möglichst schonend und gegen volle Entschädigung auszuüben.

2. Verfahren
§ 230
Die Inanspruchnahme ist den Betroffenen vom Ansprecher genau und rechtzeitig schriftlich mitzuteilen.
Stimmt der Betroffene innert 30 Tagen seit der Mitteilung nicht zu, entscheidet auf Begehren des Ansprechers die örtliche Baubehörde in raschem Verfahren über die Zulässigkeit des Begehrens.
Einigen sich die Beteiligten über die Entschädigung nicht, wird darüber auf Begehren des Ansprechers im Verfahren nach dem Gesetz betreffend die Abtretung von Privatrechten befunden; doch hemmt diese Auseinandersetzung die rechtskräftig bewilligte Inanspruchnahme nur dann, wenn der Ansprecher die vom Obmann der Schätzungskommission festzusetzende Sicherheit nicht leistet.»

2. Zum Text von 1991

1935 Bei der Revision von 1991 (Rz 1601 f) erhielt PBG § 230 folgende verkürzte Fassung:

«2. Verfahren
§ 230
Die Inanspruchnahme ist den Betroffenen vom Ansprecher genau und rechtzeitig schriftlich mitzuteilen.
Stimmt der Betroffene innert 30 Tagen seit der Mitteilung nicht zu oder einigen sich die Beteiligten über die Entschädigung nicht, entscheidet auf Begehren des Ansprechers die örtliche Baubehörde in raschem Verfahren über die Zulässigkeit des Begehrens und über die Entschädigung.»

B. Zur Auslegung der §§ 229 und 230 und zur Praxis hiezu

Es geht hier um eine Durchbrechung des Grundsatzes, dass das Tätigwerden des Eigentümers einer Parzelle an deren Grenze aufhören muss. Hier wird für gewisse Zwecke in einem beschränkten Umfang nach Absolvieren eines bestimmten Verfahrens ein «Übermarchen» gestattet. Bei der Revision von 1991 fiel die Zuständigkeit der Schätzungskommission zur Beschleunigung des Verfahrens weg. Ein Weiterzug an die Baurekurskommission ist aber weiterhin möglich; diese entscheidet als einzige Instanz (PBG § 330 lit. c). Hier stellen sich im präfiniten und im postfiniten Baurecht die gleichen Fragen, weshalb nicht näher darauf eingetreten wird. Erwähnt sei jedoch: Die Baurekurskommission I hob mit Entscheid Nr. 587 vom 25. Mai 1984 (nicht veröffentlicht) eine Verfügung des Bauvorstandes II der Stadt Zürich auf, weil damit ohne Anhörung des betroffenen Nachbarn die Ermächtigung zu Grabungen entlang der gemeinsamen Grenze im Zusammenhang mit einem Wiederbau erteilt worden war.

1936

PBG § 232: Zu den Montierungen des Gemeinwesens an Gebäuden

I. Ausgangslage

1937 Das Gemeinwesen, insbesondere die kommunalen Verkehrsbetriebe, die Vermessungsämter sowie die für die Strassenbenennung und Hausnumerierung zuständigen Ämter, die Elektrizitätswerke, ferner die Telefonverwaltung sind daran interessiert, ohne vorherige lange Auseinandersetzungen mit dem Eigentümer an Gebäuden Befestigungen für Leitungsdrähte für Trams und Trolleybus, Vermessungszeichen, Strassentafeln, Schilder für die Polizei- und Versicherungsnummern, Halterungen für Beleuchtungskörper, Verteiler für Telefonleitungen usw. zu montieren. Kommt es hiezu, so liegt eine öffentlichrechtliche Eigentumsbeschränkung vor, allerdings kaum je eine solche, welche eine Entschädigungspflicht entstehen lässt. Kritischer wird die Situation, wenn der Eigentümer später sein Gebäude ändern will und die Aufmontierung dem im Wege steht. Siehe auch Rz 1085 mit FN 9 bezüglich Mobilfunkantennen.

II. Zur Regelung im alten Baugesetz

1938 Das alte Baugesetz traf für das in Rz 1937 erörterte Anliegen keine normative Vorsorge. Hingegen stand im Einführungsgesetz zum ZGB in § 183: «Die Grundeigentümer sind gehalten, den Vermessungsbeamten das Betreten ihrer Grundstücke zum Zweck der Vornahme von Vermessungsarbeiten jeder Art zu gestatten. – Ebenso haben die Grundeigentümer das Anbringen öffentlicher Vermessungszeichen zu gestatten. – Der Schaden ist zu ersetzen.»

III. Zur Regelung in PBG § 232

A. Zu den Materialien

1939 1. Als in den Siebzigerjahren ein neues Baugesetz, das spätere PBG, ausgearbeitet wurde, erachtete es die Baudirektion als wünschenswert, in ihren Vorentwurf vom Dezember 1972 (Rz 1466) im 4. Titel mit der Überschrift «Das öffentliche Baurecht», im 1. Abschnitt mit der Überschrift «Die Bauvorschriften», im Unterabschnitt G. mit der Überschrift «Inanspruchnahme von Drittgrundstücken» den folgenden Text mit Randtitel aufzunehmen:

«(Inanspruchnahme)
III. Von privaten Grundstücken durch das Gemeinwesen
§ 208
Das Gemeinwesen ist berechtigt, auf Grundstücken und an Bauten Dritter unentgeltlich Zeichen und Einrichtungen öffentlichen Interesses anzubringen, wie namentlich Vermessungszeichen, Strassentafeln, Verkehrssignale, Vorrichtungen für Beleuchtung und Fahrleitungen sowie Hydranten; es hat dabei auf die Interessen der Betroffenen billige Rücksicht zu nehmen.
Die vorgesehene Beanspruchung ist den Betroffenen persönlich mitzuteilen.

Streitigkeiten entscheidet bei staatlichen Zeichen und Einrichtungen der Regierungsrat, in den anderen Fällen die Baudirektion als einziges Organ.»

2. Der Regierungsrat übernahm den Vorschlag der Baudirektion in seinem Antrag an den Kantonsrat vom 9. Dezember 1973 (Rz 1467) im Wesentlichen (als § 212). Er wollte jedoch neben den «Bauten» auch die «Anlagen» erwähnt haben. Hingegen erachtete er die «Namentlich-Aufzählung» als überflüssig. Im dritten Absatz ersetzte er den Passus mit den Streitigkeiten ganz durch die Aussage, das Gemeinwesen habe auf seine Kosten Anpassungen oder Verlegungen vorzunehmen, wenn Änderungen am Grundstück oder an Bauten und Anlagen es gebieten und keine wichtigen öffentlichen Interessen beeinträchtigt werden. 1940

3. Der Kantonsrat (Rz 1468) schloss sich dem vom Regierungsrat vorgelegten Text im Wesentlichen an; er ersetzte jedoch den Passus «Zeichen und Einrichtungen öffentlichen Interesses» durch «im öffentlichen Interesse liegende Einrichtungen von geringfügiger Einwirkung auf die Grundstücknutzung» und weitete die Mittteilungspflicht aus. 1941

4. So modifiziert erhielt mit der Annahme des PBG in der Volksabstimmung vom 7. September 1975 der folgender Text Gesetzeskraft: 1942

«(Inspruchnahme)
III. Von privaten Grundstücken durch das Gemeinwesen
§ 232
Das Gemeinwesen ist berechtigt, auf Grundstücken sowie an Bauten und Anlagen Dritter im öffentlichen Interesse liegende Einrichtungen von geringfügiger Einwirkung auf die Grundstücknutzung unentgeltlich anzubringen; es hat dabei auf die Interessen des Betroffenen billige Rücksicht zu nehmen.
Die vorgesehene Beanspruchung ist den Betroffenen genau und rechtzeitig schriftlich mitzuteilen.
Das Gemeinwesen hat auf seine Kosten Anpassungen oder Verlegungen vorzunehmen, wenn Änderungen am Grundstück oder an Bauten und Anlagen es gebieten und keine wichtigen öffentlichen Interessen beeinträchtigt werden.»

Dieser Text erfuhr bei den Teilrevisionen von 1984 und 1991 keine Modifikation.

B. Zur Auslegung von § 232 und zur Praxis hiezu

1. Es handelt sich hier – etwas dramatisch gesprochen – um ein Verbot des unveränderten Fortbestandes eines Gebäudes. Das Besondere liegt darin, dass nicht der Gebäudeeigentümer etwas abbrechen oder hinzubauen muss oder will, sondern dass er ein vom Gemeinwesen vorgenommenes Hinzubauen dulden muss. Im Augenblick, da der Gebäudeeigentümer etwas ändern will, dem die Montierung in den Weg kommt, muss das Gemeinwesen entweder abbrechen oder verlegen, und zwar grundsätzlich auf seine Kosten. Anders verhält es sich nur, wenn einem weiterbestehenden öffentlichen Interesse sonst nicht Genüge getan werden kann. Was so montiert wird, ist Bestandteil des Gebäudes, allerdings mit sachenrechtlich nicht eindeutiger Qualifikation. 1943

2. Es ist dies eine Regelung, welche eine gewisse Analogie zur nachbarrechtlichen Regelung von ZGB Art. 693 betreffend Durchleitungen besitzt. 1944

1945 3. Wo es sich um Montierungen für elektrische Schwach- oder Starkstromanlagen sowie Telefonleitungen handelt, gelangt das Bundesgesetz betreffend die elektrischen Schwach- und Starkstromanlagen (SR 734.0) zur Anwendung (vgl. Art. 6, 42 f, Rz 4123). Bezüglich Vermessungszeichen siehe auch die regierungsrätliche Verordnung über die Durchführung der Grundbuchvermessung und die Kostentragung für die Einführung des Grundbuches (LS 254 § 8).

PBG § 233 II in Verbindung mit § 233 I sowie den §§ 234 und 235:
Zum Verbot der nachteiligen Beeinflussung noch fehlender planungsrechtlicher Festlegungen

I. Ausgangslage

Zum Widerstreit der Interessen

Zwischen der Verwirklichung von privaten Bauvorhaben und der Festsetzung von eigentümerverbindlichen Planungen auf der Stufe der Ausführungsplanung des Gemeinwesens, der «Nutzungsplanung», besteht bisweilen ein Wettlaufverhältnis[1]. Die Bauaktiven versuchen ihr Vorhaben noch zu realisieren, bevor die neuen, strengeren Regelungen anwendbar sind und das Gemeinwesen versucht, seine Ausführungsplanung rechtskräftig werden zu lassen, noch bevor die Bauaktiven ein bauliches Fait accompli geschaffen haben. In Betracht kommen als Ausführungsplanungen in erster Linie künftige Bauordnungsregelungen als Text mit oder ohne Zonenplan (Rz 3022 f, 3206 f), Baulinienpläne (Rz 1751 f), Werkpläne (Rz 1842), Quartierpläne (Rz 3101 f), Unterschutzstellungsverfügungen (Rz 1843 ff). Wird beim Privaten eine unerwünschte Planungsabsicht des Gemeinwesens oder wird beim Gemeinwesen ein unerwünschtes Vorhaben des Privaten ruchbar, so ist die Wahrscheinlichkeit gross, dass wegen des grossen Zeitbedarfes des behördlichen Planfestsetzungsverfahrens der Private vor dem Gemeinwesen ans Ziel gelangt. Das ist allein schon deshalb oft der Fall, weil der «Nutzungsplanung» die Grundlagenplanung, die «Richtplanung» vorausgehen sollte; sodann kommt es vielfach aus politischen Gründen zu einer Verzögerung. Das Gemeinwesen hat dann meistens das Nachsehen. Um dem vorzubeugen, wird seit langem nach rechtlichen Möglichkeiten gesucht, um private Bauvorhaben, welche Planungsverfahren des Gemeinwesens nachteilig beeinflussen, präjudizieren können, schon in den Griff zu bekommen, bevor die Planungen «volle» Rechtskraft erlangt hat.

1946

II. Zur Regelung im alten Baugesetz

1. a) Das Baugesetz in den Fassungen von 1893 und 1943 war bezüglich der Verhinderung der nachteiligen Beeinflussung noch fehlender Ausführungsplanungen, «Nutzungsplanungen» bedeutend weitsichtiger, als dies gemeinhin angenommen wird. Es war seit Beginn dieses Jahrhunderts ständige Praxis des Regierungsrates Bauvorhaben für unzulässig zu erklären, welche eine nachteilige Beeinflussung, anders ausgedrückt, eine negativen Präjudizierung der Bebauungs- oder der Quartierplanung bewirkten. Der Bebau-

1958

---

[1] Vgl. zum Folgenden: Walter Haller/Peter Karlen, S. 67 ff. Christoph Fritzsche/Peter Bösch, S. 24 f und 83 f. Robert Wolf/Erich Kull, S. 104 ff. Marcelle Thommen, Zur Problematik der sogenannten Vorwirkung, insbesondere im öffentlichen Baurecht, Diss., Basel 1949. Markus Siegrist, Die Bausperre unter besonderer Berücksichtigung des aargauisches Rechts, Diss., Bern 1988.

ungsplan gemäss altBauG §§ 5 ff war ein nicht eigentümerverbindlich gedachter Strassenverkehrslinienplan und insoweit ein Tiefbauplan, kein den Hochbau als solchen regelnder Plan. Zu dem zur Baureifmachung von noch nicht voll erschlossenem und/oder für eine Überbauung ungünstig parzelliertem Land dienenden Quartierplan wird auf die Ausführungen in Rz 3101 f verwiesen. Eine nachteilige Beeinflussung der Bebauungsplanung wurde angenommen, wo ein Bebauungsplan entweder überhaupt noch fehlte, wo er zwar vorhanden war, aber die Baulinien an den im Bebauungsplan vorgesehenen Strassen noch fehlten, wo zwar vorhanden war, sich aber in Revision befand, oder wo Baulinien vorhanden waren, diese aber in einer Art in Revision gezogen wurden, welche einer Bebauungsplanrevision gleichkam, und dem ein Bauvorhaben in die Quere kam. Die Verbote wurden auf altBauG § 129 abgestützt; es war dies eine Vorschrift, welche die Möglichkeit der Verhinderung nachteiliger Beeinflussung zwar nur mangelhaft ausdrückte, die aber vom Verwaltungs- wie auch vom Bundesgericht als gesetzliche Grundlage anerkannt wurde. Eine nachteilige Beeinflussung des Quartierplanes lag vor, wenn ein Bauvorhaben eine für die zweckmässige Überbauung in Betracht kommende Führung der Erschliessungsstrassen und/oder eine hiefür in Betracht kommende Neugestaltung der Parzellenverhältnisse nachteilig beeinflusste. Das Verbot wurde auf altBauG § 20 abgestützt.

1959 Die Praxis des Regierungsrates, seit 1959 diejenige des Verwaltungsgerichtes, schuf hiemit ein Planungsinstrumentarium, welches bei geschickter Handhabung den Gemeinden fast eine gleich zeitgemässe Ortsplanung ermöglichte, wie dies seit 1976 aufgrund des PBG möglich war. Tüchtigen Gemeindeorganen gelang es mit den §§ 129 sowie 20 (ergänzt durch § 46 betreffend hinreichende Erschliessung), die Gefahr einer unguten Verhäuselung der Landschaft bis an die Waldränder hinaus in den Griff zu bekommen; sie wurden hierin, wenn sie nur den nötigen Mut hiezu aufbrachten, von den Gerichten trotz Kritik weitgehend geschützt. Man ahnt noch heute bei einer Fahrt durch den Kanton Zürich, wo früher weitsichtige Politiker am Werk waren und wo nicht.

1960 Hinzu kam seit 1959, gestützt auf altBauG §149a, noch die Möglichkeit, dass die Baudirektion ein auf fünf Jahre befristetes Bauverbot «für Grundstücke, die zur Ausführung eines in Vorbereitung befindlichen Werkes benötigt werden», festsetzen konnte.

1961 b) Die altBauG §§ 129 und 20 ermöglichten zwar eine weitgehende Verhinderung der nachteiligen Beeinflussung der Hauptstrassenplanung sowie der lokalen Erschliessungsmassnahmen, hingegen konnten sie von der Gemeinde nicht angerufen werden, wenn es darum ging, eine bevorstehende Bauordnung, inbesondere bezüglich Geschosszahl-, Gebäude- und Firsthöhe- und Gebäudelängenmaxima, Abstandminima und Ausnützungsziffermaxima sowie offener Bauweise vor der negativen Präjudizierung zu schützen[2]. Eine Ausnahme galt nur für Bauvorhaben im übrigen Gemeindegebiet (§ 68 c I d, Rz 3117). Sonst aber war eine Verhinderung deretwegen auch nicht durch ein Verbot gemäss Baulinienrecht (altBauG §§ 9 ff, altStrassengesetz §§ 31a und 31b [je in der Fassung von 1963], Rz 3179), Werkvorbereitungsverbot (altBauG § 149a), Quartierplanbann und Enteignungsbann (Abtretungsgesetz § 26, Rz 3187) möglich.

---

[2] RRB Nr. 3497/1958, RRB Nr. 4166/1962. RB 1967 Nrn. 85 f (ZBl 1966 S. 185 ff, betr. vorgesehene Freihaltezone in der bisherigen stadtzürcherischen Zone W $2^1/_3$ 17%). An einschlägigen Entscheiden seien genannt: BGE 100 Ia 147 (Locarno/TI), 100 Ia 157 (Chiasso/TI), 103 Ia 176 (Ibach/SZ), 103 Ia 468 (Lugano/TI), BGE vom 16. Februar 1994 (St. Moritz/GR, in: ZBl 1995 S. 182).

2. Eine nachteilige Bebauungs-/Quartierplanbeeinflussung durch ein privates Bauvorhaben wurde fast nur angenommen, wo es sich um einen (primären) Neubau handelte. Doch wurde es als durchaus möglich angesehen, dass Umgestaltungen, Wiederbauten und Anschlussbauten, ferner Um-, Auf- und Anbauten auch zu einer negativen Präjudizierung führen konnten. Verneint wurde dies jedoch für «Umbauten, die keiner Baubewilligung bedürfen, wie namentlich für Unterhalts- und Reparaturarbeiten»[2a].

III. Zur Regelung im PBG

A. Zu den Materialien

1. Zum Text von 1975

a) Als anfangs der Siebzigerjahre ein neues Baugesetz, das künftige PBG, ausgearbeitet wurde, war man sich im Klaren, dass die bisherigen, bewährten Möglichkeiten der Verhinderung einer negativen Präjudizierung der übergeordneten Strassenplanung und der lokalen Erschliessungsmassnahmen ungeschmälert ins neue Recht übergeführt und durch die Möglichkeit der Verhinderung der negativen Präjudizierung einer bevorstehenden Bauordnung erweitert werden sollten[3]. Die Baudirektion schlug deshalb in ihrem Vorentwurf vom Dezember 1972 (Rz 1466) im 4. Abschnitt mit der Überschrift «Das öffentliche Baurecht», im 1. Abschnitt mit der Überschrift «Die Bauvorschriften», im Unterabschnitt B. mit der Überschrift «Grundanforderungen an Bauten und Anlagen» den folgenden Text mit Randtitel vor:

> «A. Grundsatz
> § 209
> Bauten und Anlagen dürfen nur auf Grundstücken erstellt werden, die tatsächlich und rechtlich baureif sind oder deren Baureife auf die Fertigstellung oder, wo die Verhältnisse es erfordern, bereits auf den Baubeginn hin gesichert ist.
> Diese Vorschrift gilt auch für Umbauten oder Nutzungsänderungen, durch welche von den bisherigen Verhältnissen wesentlich abgewichen wird.»

Wie der zweite Absatz hinsichtlich des Verbotes der nachteiligen Beeinflussung noch fehlender planungsrechtlicher Festlegungen zu verstehen ist, ergibt sich erst aus dem folgenden Paragraphen. Er lautete wie folgt:

> «B. Baureife/Begriff
> § 210
> Baureif ist ein Grundstück,
> a) wenn es den planungsrechtlichen Festlegungen entspricht, von keinen weitern planungsrechtlichen Massnahmen erfasst werden muss oder diese durch die Ausführung des Bauvorhabens nicht nachteilig beeinflusst werden;
> b) wenn es überdies erschlossen ist.»

[2a] ZH-Verwaltungsgerichtsentscheid vom 6. September 1968 (ZBl 1969 S. 399). RRB Nr. 3959/1955: Die Anwendbarkeit auf Umbauten wurde grundsätzlich bejaht, eine Verweigerung sei jedoch nicht gerechtfertigt, wenn eine hohe Wahrscheinlichkeit für ein nicht tangierendes Projekt spreche; dann sei unter Revers zu bewilligen.
[3] Vgl. ZH-Verwaltungsgerichtsentscheid vom 28. Juni 1985 (BEZ 1985 Nr. 20 S. 7).

Im erläuternden Bericht der Baudirektion heisst es auf S. 26 hiezu: «(Es ist) auf Grund dieser Bestimmung durchaus möglich, sofern in einem bestimmten Gebiet eine Wohnschutzplanung anhängig ist, die Umwandlung von Wohnungen in Büros oder gar Geschäftsneubauten zu verbieten.»

1964 b) Der Regierungsrat übernahm in seinem Antrag an den Kantonsrat vom 5. Dezember 1973 (Rz 1467) den Vorschlag der Baudirektion für § 209 (neu § 213) im Wesentlichen. Er formulierte jedoch § 210 lit. a (jetzt § 214 lit. a) bezüglich planungsrechtlicher Baureife wie folgt neu:

«Begriff
§ 214
Baureif ist ein Grundstück,
a) wenn es den planungsrechtlichen Festlegungen entspricht und diese nicht infolge eines behördlichen Beschlusses in Abänderung stehen und wenn es von keinen weitern planungsrechtlichen Massnahmen erfasst werden muss; Baureife liegt jedoch vor, wenn planungsrechtliche Massnahmen durch die Ausführung des Vorhabens nicht nachteilig beeinflusst werden können;
b) (unverändert).»

1965 c) In den Beratungen des Kantonsrates (Rz 1468 f) wurde bei § 213 (jetzt § 233) der Passus «tatsächlich und rechtlich baureif» unbegreiflicherweise auf «baureif» verkürzt. § 214 (jetzt § 234) erhielt folgende Fassung:

«§ 234
Baureif ist ein Grundstück,
a) wenn es von allen für eine Überbauung erforderlichen planungsrechtlichen Festlegungen erfasst ist und keine davon in Änderung steht. Baureife liegt indessen auch dann vor, wenn noch fehlende oder in Änderung stehende planungsrechtliche Festlegungen durch die Ausführung eines Bauvorhabens nicht nachteilig beeinflusst werden;
b) (unverändert).»

Dass der Kantonsrat diese Formulierung verlangt hat, überrascht, da sie für den Bauaktiven eher strenger war als der Text gemäss Vorentwurf der Baudirektion und gemäss Antrag des Regierungsrates (Rz 1964). Sodann verlangte der Kantonsrat die folgende, wesentliche Ergänzung: Es sollte verhindert werden, dass die Gemeinden unter Anrufung der negativen Präjudizierung Bauvorhaben auf Jahre hinaus blockieren konnten, ohne dass es mit der Planung richtig vorwärts geht. Zu diesem Zweck nahm er folgende neue Vorschrift mit dem Randtitel auf:

«III. Planungsrechtliche Baureife im besondern
§ 235
Der Hinderungsgrund fehlender planungsrechtlicher Baureife fällt für das fragliche Grundstück dahin, wenn innert fünf Jahren seit seiner rechtskräftigen Geltendmachung im baurechtlichen Verfahren nicht die erforderlichen Festlegungen dem ohne allfällige Urnenabstimmung zuständigen Organ beantragt oder, bei Zuständigkeit der Baubehörde, beschlossen worden sind. Bei Nachweis besonderer Umstände gilt eine Frist von acht Jahren.
Diese Regelung gilt nicht, wo der betroffene Grundeigentümer selbst die Möglichkeit hat, die Festlegung beziehungsweise Änderung der planungsrechtlichen Grundlagen der Baureife zu verlangen.
Ein Anspruch auf Zuteilung des Grundstückes zu einer Bauzone kann aus der fehlenden planungsrechtlichen Baureife nicht abgeleitet werden.»

d) Mit der Annahme des PBG in der Volksabstimmung vom 7. September 1975 erhielt der so modifizierte Text Gesetzeskraft. **1966**

2. Zum Text von 1984

a) Verweigerungen von Bauvorhaben gestützt auf die §§ 233 ff waren einer der Hauptangriffspunkte der Volksinitiative «Für einfachere Planung und weniger Bürokratie» vom 19. Januar 1981, auch wenn diese Vorschriften in den sieben Grundsätzen der Initiative nicht erwähnt wurden. Es lag deshalb auf der Hand, dass der Regierungsrat in seinem Antrag an den Kantonsrat vom 14. Juli 1982 auch hier Modifikationen vorschlug. Er beschränkte sich dabei allerdings auf folgende Punkte: In § 234 lit. a empfahl er verfehlterweise, um zu «vereinfachen und zu verkürzen», als neue Formulierung: **1967**

«§ 234 lit. a
wenn durch seine (des «Grundstückes») Überbauung keine noch fehlende planungsrechtliche Festlegung nachteilig beeinflusst wird»[4].

Von einer Änderung der planungsrechtlichen Festlegungen war nicht mehr die Rede. Das war der Anfang einer langandauernden Konfusion (Rz 1970 f). Sodann schlug der Regierungsrat für § 235 vor, dass «planungsrechtliche Festlegungen, deren Fehlen einem Bauvorhaben entgegengehalten wird, ... innert längstens fünf Jahren zu erlassen (seien); nach Ablauf dieser Frist (dürfe) die fehlende planungsrechtliche Baureife nur noch geltend gemacht werden, soweit die rechtzeitig erlassene Festlegung wegen Rechtsmitteln noch nicht in Kraft gesetzt werden kann.»

b) Der Kantonsrat erachtete diese Modifikationen damals als grundsätzlich genügend. Er formulierte lediglich § 234 neu, indem er einerseits den Passus «seine Überbauung» mit «bauliche Massnahmen» ersetzte und anderseits das Erschlossenheitserfordernis demjenigen des Fehlens einer nachteiligen Beeinflussung noch fehlender planungsrechtlicher Festlegung, unter gleichzeitiger Weglassung der Kennzeichnung mit lit. a und b, voranstellte. Mit Ersterem wurde – unbewusst? – dem Umstand Rechnung getragen, dass nicht nur Neubau-, sondern auch Umbauvorhaben unter das Verbot der negativen Präjudizierung fallen. Mit Letzterem kam aber vielleicht auch eine bereits damals festzustellende Planungsverdrossenheit zum Ausdruck. Über den Verlauf der Diskussion in der vorberatenden Kommission des Kantonsrates enthält der Entscheid des ZH-Verwaltungsgerichtes vom 28. Juni 1985, abgedruckt in: BEZ 1985 Nr. 20[5], nähere Ausführungen. Der Kantonsrat war sich in der Kommission offensichtlich nicht darüber einig, ob der bisherige materielle Rechtsstand beibehalten werden solle oder nicht[6]. Im Ratsplenum kam es zu keinen weiteren Wortmeldungen hiezu. **1968**

c) Die so modifizierte Fassung erhielt mit der Annahme der kleinen Teilrevision in der Volksabstimmung vom 20. Mai 1984 (Rz 1597) Gesetzeskraft. **1969**

---

[4] Amtsblatt, 1982, S. 1012.
[5] Dieser Entscheid erscheint auch in RB 1985 Nr. 105, jedoch auf einen Leitsatz verkürzt.
[6] Vgl. das Protokoll der vorberatenden Kommission, S. 49, 75, 204 f.

3. Zum Text von 1991

1970 a) Wie dem bereits zitierten Entscheid des ZH-Verwaltungsgerichtes vom 28. Juni 1985 zu entnehmen ist, liess die Revision von § 234 im Jahre 1984 Zweifel entstehen, ob nur die erstmalige planungsrechtliche Festlegung, nicht aber deren Revision vor nachteiliger Beeinflussung geschützt werden kann[7]. Das wurde als planungsrechtlich unbefriedigend empfunden[8]. Die Baudirektion schlug aber in ihrem Entwurf von 1988 (Rz 1601) im Wesentlichen nur die Einschiebung des Passus «oder in Änderung stehende (planungsrechtliche Festlegung)» nach «keine noch fehlende» vor.

1971 b) Der Regierungsrat schloss sich in seinem Antrag an den Kantonsrat vom 11. Oktober 1989 (Rz 1603) dem Vorschlag der Baudirektion an. Zusätzlich empfahl er im Wesentlichen nur noch, die Fünfjahresfrist von § 235 auf eine solche von drei Jahren herabzusetzen

1972 c) Die vorberatende Kommission des Kantonsrates (Rz 1604 f) begnügte sich mit diesen Modifikationen. Im Ratsplenum missfiel jedoch die Einschiebung des Passus «oder in Änderung stehende» in § 234 lit. a. Der Kantonsrat stimmte am 22. April 1991 aufgrund eines erst in der zweiten Lesung eingebrachten Antrages der Ersetzung mit «oder durch den Gemeinderat beantragte (planungsrechtliche Festlegung)» zu[9]. Die ausdrückliche Bezugnahme auf die «Änderung» von planungsrechtlichen Festlegungen war damit wieder verloren gegangen, obwohl dies kaum gewollt war. Auf zuständigkeitsmässige Besonderheiten bezüglich planungsrechtlichen Festlegungen in den Gemeinden (Zuständigkeit der Gemeindeversammlung mit und ohne Urnenabstimmung, des Parlamentes vorbehältlich Referendum an die Gemeinde oder ohne eine solche Möglichkeit; des Gemeinderates oder einer selbständigen Kommission) wurde dabei nur teilweise Rücksicht genommen.

1973 d) Mit der Annahme der grossen Teilrevision in der Volksabstimmung vom 1. September 1991 erhielt der folgende Text Gesetzeskraft:

> «A. Baureife/Grundsatz
> § 233
> Bauten und Anlagen dürfen nur auf Grundstücken erstellt werden, die baureif sind oder deren Baureife auf die Fertigstellung oder, wo die Verhältnisse es erfordern, bereits auf den Baubeginn hin gesichert ist.
> Diese Vorschrift gilt auch für Umbauten oder Nutzungsänderungen, durch welche von den bisherigen Verhältnissen wesentlich abgewichen wird.

---

[7] Das ZH-Verwaltungsgericht erklärte: «Zwar lässt sich vorausschauend nicht sagen, es ‹fehle› eine Planung, weil die bestehende revisionsbedürftig sei. Umgekehrt kann man sich aber rückblickend auf den Standpunkt stellen, ein nunmehr geschaffenes Planungsinstrument habe vorher gefehlt.»
[8] Die vom Regierungsrat in seinem Bericht zum Antrag an den Kantonsrat vom 11. Oktober 1989 auf S. 46 hiezu angegebene Begründung («weil der Erlass von Planungszonen den stärkeren Eingriff darstellt») überzeugt allerdings nicht voll. Bei Planungszonen ist höchstens das Verfahren komplizierter und die Breitenwirkung der Sperre weniger flottant (Rz 2614 f).
[9] Protokoll des Kantonsrates, 1991–1995, S. 13855–13859.

II. Begriff

§ 234

Baureif ist ein Grundstück, wenn es erschlossen ist und wenn durch die bauliche Massnahme keine noch fehlende oder durch den Gemeinderat beantragte planungsrechtliche Festlegung nachteilig beeinflusst wird.

III. Planungsrechtliche Baureife im besondern

§ 235

Planungsrechtliche Festlegungen, deren Fehlen einem Bauvorhaben entgegengehalten wird, sind innert längstens drei Jahren zu erlassen. Nach Ablauf dieser Frist darf die fehlende planungsrechtliche Baureife nur noch geltend gemacht werden, soweit die rechtzeitige Festlegung wegen Rechtsmitteln noch nicht in Kraft gesetzt werden kann.»

e) Im Revisionsantrag des Regierungsrates an den Kantonsrat vom 24. Oktober 1995 waren bezüglich der §§ 233–235 keine Modifikationen vorgesehen.   **1974**

B. Zur Auslegung und Praxis zu PBG § 233 II in Verbindung mit §§ 233 I und 234

(bezüglich Verbot der nachteiligen Beeinflussung planungrechtlicher Festlegungen)

1. a) Die Vorschriften, auf welche der stark deklariert postfinite PBG § 233 II bezüglich Verbot nachteiliger Beeinflussung verweist, sind einerseits PBG § 233 I, anderseits PBG §§ 234 sowie 235–237, welche selbst keine postfinite Deklaration aufweisen (Rz 845). Statt von nachteiliger Beeinflussung spricht man auch von negativer Präjudizierung. Von der Vorstellung einer positiven Präjudizierbarkeit künftiger planungsrechtlicher Festlegungen wird abgeraten. Es ist keineswegs als «positiv» zu qualifizieren, wenn das zuständige Organ später wegen vorher erteilten Bewilligungen nicht mehr so entscheiden kann, wie es eigentlich möchte.   **1975**

b) M.E. sollten dort, wo es um die nachteilige Beeinflussung noch fehlender planungsrechtlicher Festlegungen geht, als gesetzliche Grundlage immer sowohl PBG § 233 als auch § 234 genannt werden, weil § 233 zwar ein Verbot statuiert, dieses aber an ein rein gedankliches Gebilde anknüpft, nämlich an die Baureife. Dieser Begriff erhält, auf jeden Fall für den Laien, erst Struktur, wenn man mindestens noch die Umschreibung der Baureife in § 234 beizieht; an sich gehören auch noch die PBG §§ 235–237 dazu. Nur § 234 als gesetzliche Grundlage einer Verweigerung zu nennen, empfiehlt sich deshalb nicht, weil diese Vorschrift textlich nur eine Definition der Baureife, nicht aber eine eigene Verbots-, Gebots- oder Erlaubnisaussage enthält.   **1976**

2. Seit dem PBG von 1975 steht fest, dass nicht nur (primäre) Neubauten (diese allerdings vor allem), sondern auch «Umbauten» (wohl im Sinne von Um-, Auf- und Anbauten, ferner Umgestaltungen, Wieder-, Anschluss-, Dependenz- und Dislokationsbauten, kaum aber Reparaturarbeiten, blosse Renovationen sowie Montierungen, Rz 167 ff, 200 ff) sowie «Nutzungsänderungen, durch die von den bisherigen Verhältnissen wesentlich abgewichen wird» (wohl im Sinne von eingreifende bewerbsmässige Änderungen [Intensivierung, Ausweitung, Auswechslung], Umnutzung, Wiederaufnahme nach langem Leerstehen, Expansions-, Dependenz- und Dislokationsbewerbungen, kaum aber nicht ein-   **1977**

greifende bewerbsmässige Änderungen, Rz 306 ff, 314 ff) grundsätzlich unter das Verbot der negativen Präjudizierung fallen.

1978 3. Wie eine Parzelle («Grundstück») nicht «baureif» sein kann, wenn sich darin bereits ein Gebäude befindet, leuchtet nicht auf den ersten Blick ein. Die Erklärung liegt darin, dass Baureife dort, wo bereits ein Gebäude vorhanden ist, nicht ein Begriff im absoluten Sinne – entweder baureif oder nicht – ist, sondern dass sie einen Bezug zum dortigen Gebäude bzw. Bewerb hat; hier kann für das eine Gebäude bzw. den einen Bewerb Baureife vorliegen, für einen anderen nicht. Das spielt dann für die Zulässigkeit/Unzulässigkeit einer Änderung eine Rolle.

1979 4. Planungsrechtliche Festlegungen werden «nachteilig beeinflusst», wenn faktisch oder normativ etwas geschieht, das zuerst wieder aus der Welt geschafft werden muss (oder müsste), damit die planungsrechtliche Festsetzung wie vorgesehen verwirklicht werden kann (oder könnte).

1980 5. Vorgesehene planungsrechtliche Festlegungen (dazu gehörten aber kaum auch vorgesehene Unterstellungen unter das ehemalig WEG, Rz 3118 ff) können (konnten) mittels PBG §§ 233 f vor nachteiliger Beeinflussung geschützt werden:
– sowohl solche mit im engeren Sinne planerischem Inhalt als auch solche mit eher baupolizeilichem Inhalt (zB Geschosszahl-/Gebäudehöhenmaxima, vgl. den Entscheid des ZH-Verwaltungsgerichtes vom 7. Juli 1989, in: BEZ 1989 Nr. 25; Baumassenziffer, vgl. den Entscheid der Baurekurskommission IV, in: BEZ 1994 Nr. 3);
– sowohl solche zur erstmaligen Schaffung der vom PBG/RPG verlangten Ordnung als auch solche, welche erst nachher aktuell werden;
– sowohl solche zur erstmaligen Festsetzung als auch solche zur Revision einer bereits festgesetzten Ordnung.

1981 6. Voraussetzung des Schutzes ist, dass die vorgesehene planungsrechtliche Festlegung:
– bereits einen einigermassen umreissbaren Inhalt angenommen hat; bei behördlich in Gang gesetzter Revision planungsrechtlicher Festlegungen und Zuständigkeit der Gemeinde(-versammlung) muss bereits ein Antrag der Exekutive an die Gemeinde vorliegen (RB 1985 Nr. 105, umfassender in: BEZ 1985 Nr. 20; Entscheid der Baurekurskommission II, in: BEZ 1985 Nr. 12, und Entscheid des ZH-Verwaltungsgerichtes vom 28. Juni 1984, in: BEZ 1985 Nr. 20); bei durch Volksinitiative ausgelöster Revision: RB 1985 Nr. 106; RB 1999 Nr. 113, auch in: PBG aktuell 1999 Heft 4 S. 38; Christoph Fritzsche/Peter Bösch, S. 84;
– eine Chance des späteren Inkrafttretens besteht;
– nicht bloss nebensächliche Aspekte besitzt;
– durch die zur Verweigerung in Betracht kommende faktische oder normative Vorkehrung erheblich behindert würde.

1982 7. PBG §§ 233 f ist eine Muss-, nicht bloss eine Kann-Vorschrift. Ausnahmebewilligungen können hievon keine erteilt werden.

8. Die Beurteilung der nachteiligen Beeinflussung hat aus der im Zeitpunkt des Entscheides möglichen Sicht der Weiterentwicklung zu erfolgen. Mit verfahrensmässig separierten Übergangsbestimmungen kann die Zeit zwischen erstem Aktuellwerden und Inkrafttreten der letzten Endes vorgesehenen, planungsrechtlichen Festlegung überbrückt werden[10]. 1983

9. Zum Verhältnis zu PBG § 357 I äusserte sich das ZH-Verwaltungsgericht in seinem Entscheid vom 11. Juli 1990 (RB 1990 Nr. 78, ausführlicher wiedergegeben in: BEZ 1990 Nr. 30, S. 33). Dem Entscheid ist jedoch keine klare Aussage zu entnehmen. PBG § 357 I in der Fassung von 1975 verbot eine bewerbsmässige Änderung nicht, wenn sie «erheblich stärker beeinträchtigt», sondern wenn «keine weitere Verschlechterung eintritt», oder ein «anderes öffentliches Interessen verletzt wird»; für PBG § 357 I in der Fassung von 1991 gilt: Es darf «kein überwiegendes öffentliches oder nachbarliches Interesse entgegenstehen» (Rz 1598 ff). Ob vorliegendenfalls diese Voraussetzungen erfüllt waren oder nicht, kann dem publizierten Text nicht schlüssig entnommen werden. Wegen der Weite der Vorstellung der genannten Voraussetzungen ist es aber durchaus möglich, die nachteilige Beeinflussung einer fehlenden planungsrechtlichen Festlegung darunter zu subsumieren. Gelangt man jedoch zum Ergebnis, es liege keine nachteilige Beeinflussung vor, so kann auch nicht gestützt auf PBG §§ 233 f verweigert werden; gestützt auf PBG § 357 I könnte dann jedoch verweigert werden, wenn aus anderen Gründen als einer nachteiligen Beeinflussung einer planungsrechtlichen Festlegung ein überwiegendes öffentliches oder nachbarliches Interesse entgegenstünde. Die beiden Vorschriften schliessen sich also gegenseitig nicht aus. Das ZH-Verwaltungsgericht argumentierte m.E. zu Unrecht mit der nach altem Baugesetz und neuem PBG unterschiedlichen Geschosszahldefinition. Siehe auch die den gleichen Entscheid betreffenden Ausführungen in Rz 1986. 1984

10. Der Schutz gemäss PBG §§ 233 f und derjenige gemäss Planungszone im Sinne von PBG § 346 (Rz 2598) hat weitgehend denselben Gegenstand (vgl. RB 1983 Nr. 93). 1985

11. Kasuistik

Eine Beurteilung gemäss PBG § 233 II in Verbindung mit §§ 233 I und 234 wurde bezüglich Änderung und sonstige Transformation von Gebäuden und Bewerbungen derselben bejaht in: 1986

– Entscheid des Regierungsrates Nr. 4285/1982 (BEZ 1983 Nr. 9): Der Rekurs gegen den mit der Bewilligung verbundenen Beseitigungs- und Minderwertsrevers für den Umbau bzw. die Umgestaltung einer Scheune zu einem Tonstudio und einer Einzimmerwohnung sowie für den Umbau einer Remise zu einem Bad und WC bei einem Wohnhaus im Bereich projektierter Baulinien wurde abgewiesen. Begründet wurde der Revers mit PBG § 234 unter Beizug von PBG §§ 100 f («als minus zu einer Bauverweigerung»).

---

[10] Vgl. den Antrag des Stadtrates Zürich an den Gemeinderat vom 8. Mai 1996 für eine neue Bauordnung, Art. 82a (beschränkt auf die Dachgeschosse zur Ermöglichung einer frühen Anwendbarkeit der im Haupttext vorgesehenen Lockerung bei Rekurs gegen den übrigen Teil der Bauordnung). Vgl. BGE 89 I 481 f (Niederrohrdorf/AG).

– Im RB 1983 Nr. 95 wurde ein Bauvorhaben, welches in einem Gebiet, für das der bereits beschlossene, aber noch nicht rechtskräftige Wohnanteilsplan einen Wohnanteil von mindestens 90% verlangte, verweigert, weil durch die vorgesehene Verwendung der Zweizimmerwohnung im Erdgeschoss als Büros der bisherige Wohnanteil von 84% auf 75,5% gesunken wäre.
– Gemäss RB 1984 Nr. 95 kann für einen Neu- und Umbau am Bleicherweg in der Stadt Zürich aufgegeben werden, den Wohnanteil von 20% auf 40% zu erhöhen, weil der vom Gemeinderat bereits beschlossene, aber wegen Rekursen noch nicht rechtskräftige Wohnanteilplan einen solchen Anteil verlangt.
– Gemäss Entscheid der Baurekurskommisison II (BEZ 1985 Nr. 12) kann in einem gemäss kommunalem Siedlungs- und Landschaftsplan als «landschaftlich empfindliche Lage»[11] bezeichneten Gebiet, wo bisher eine Ausnützungsziffer von 40% galt, eine besondere Planungskommission jedoch eine solche von 30% vorschlägt, eine zu einer Ausnützung von 39,6% führende bauliche Erweiterung verweigert werden.
– Im RB 1990 Nr. 78 (BEZ 1990 Nr. 30) ging es gemäss Begründung nur darum, ob in einem bisher bloss als Estrich beworbenen zweiten Dachgeschoss neu gewohnt werden dürfe, obwohl die damals erst als stadträtlicher Antrag vorliegende neue Bauordnung der Stadt Zürich hier nur noch ein einziges Dachgeschoss zuliess. Das ZH-Verwaltungsgericht bejahte dies, da – im Unterschied zu altBauG § 69 – PBG §§ 275 f (Rz 2351 f) die anrechenbaren Geschosse nicht mehr danach bestimmten, ob darin gewohnt oder gearbeitet werde, sondern allein nach ihrer Konstruktionsweise (ZH-Verwaltungsgerichtsentscheid vom 28. Oktober 1987, VB 112/198 und Antrag des Regierungsrates vom 5. Dezember 1973 für das PBG 1975, in: Amtsblatt, 1973, S. 1861); insoweit beeinflusse der vorgesehene Wohnbewerb als solcher das künftige Recht nicht wirklich «nachteilig»; nicht er, sondern die bereits inkraftgetretene Neudefinition des Geschossbegriffes führe zur Baurechtswidrigkeit[11].
– RB 1991 Nr. 61 (umfassender in: BEZ 1991 Nr. 10): Ein noch nicht zur Bewohnbarkeit führender Ausbau eines Estrichraumes, eines Abstellraumes und einer Waschküche in einem bereits bestehenden zweiten Dachgeschoss, für welches der Bauordnungsentwurf nur ein einziges Geschoss zulässt, kann nicht gemäss PBG §§ 233 f mit der Begründung verweigert werden, der allfällige spätere Einbau von Wohnraum würde das künftige Recht nachteilig beeinflussen. Eine geringfügige Überschreitung der künftig erlaubten Gebäudehöhe genügt für eine Verweigerung nicht; das Gebäude muss vielmehr «übergeschossig» in Erscheinung treten. Die Verweigerung bei Übergeschossigkeit ist angezeigt, wo es um Voll- und Dachgeschosse mit ausnützungsmässig anrechnungspflichtigen Räumen geht; daraus ergibt sich eine Vergrösserung des Bauvo-

---

[11] Lässt man das Präjudizierungsthema auf der Seite, so bleibt m.E. immer noch die Frage: Führte(n) nicht die Aufnahme des Wohnbewerbes im Dachgeschoss (und damit möglicherweise verbundene bauliche Änderungen) als solche zu einer weiteren Verschlechterung oder zur Verletzung eines anderen öffentlichen Interesses im Sinne von PBG § 357 I (Fassung von 1975, Rz 1471 f)? Das gilt, auch wenn man nicht so weit geht, in jeder Bewerbsintensivierung in einem baurechtswidrigen Gebäudeteil solche Negativerscheinungen zu sehen. Zu denken wäre etwa an die öffentlichen Interessen bezüglich Feuersicherheit, Hygiene, Erschliessung, Ästhetik. Darüber schweigt sich der Entscheid aus, zumindest im publizierten Text.

lumens und der Baudichte, womit eine Mehrbelastung der Infrastruktur und der Immissionen einhergeht[12].
– RB 1994 Nr. 82: Die Erweiterung einer Zwei- zu einer Fünfzimmerwohnung schafft keine neuen Verkehrsbedürfnisse und kann deshalb nicht gemäss PBG §§ 233 f verweigert werden.
– Entscheid des Verwaltungsgerichtes vom 6. Juli 2000, in: BEZ 2000 Nr. 38: Zur Tragweite noch nicht rechtskräftiger Planung in einem Rechtsmittelverfahren betr. Baubewilligung; «sogenannte Intertemporalität».

12. Es ist irreführend, von einer «Vorwirkung» oder «Voranwendung» der durch PBG §§ 233 f geschützten, noch nicht rechtskräftig verabschiedeten, normativen planerischen Festsetzungen zu sprechen. Rechtlich wirksam und angewendet werden können immer nur die rechtskräftigen PGB §§ 233 f im Hinblick auf diese möglichen künftigen Festsetzungen. **1987**

---

[12] Die Bemerkung, dass mit der Einrichtung einer Waschküche im zweiten Dachgeschoss «eine Zunahme von Wohnimmissionen … (nicht in Frage steht)», überrascht allerdings.

PBG § 233 II in Verbindung mit den §§ 233 I, 234, 236 und 237: Zum Erschliessungserfordernis

I. Ausgangslage

2045 Nicht nur die Erstellung, die Änderung und der Abbruch eines Gebäudes belasten die zur Standortparzelle zu- und von ihr wegführenden Strassen und Leitungen, sondern als belastend fällt auch und sogar noch vermehrt der nachfolgende Bewerb des Gebäudes in Betracht. Ursprünglich wurde es ausserhalb der Baugebiete weitgehend dem Bauaktiven und späteren Bewerber überlassen, ob er für sein Vorhaben die zu- und wegführenden Strassen als genügend, hinreichend ausgebaut ansehe oder nicht. Tat er dies für Anlagen, welche bei objektivem Urteil als Zu- und Wegfahrt nicht geeignet waren, so gab dies zwar oft Anlass zu Streiterreien[1], doch überliess es das Gemeinwesen weitgehend den von solchen Unzukömmlichkeiten betroffenen Dritten, etwas dagegen vorzukehren. Mit der Zunahme des Motorfahrzeugverkehrs wurden einwandfreie Zu- und Wegfahrtsverhältnisse aber immer mehr zu einem Anliegen auch des Gemeinwesens.

II. Zur Regelung im alten Baugesetz

2046 1. Bereits das Gesetz betreffend eine Bauordnung für die Städte Zürich und Winterthur und für städtische Verhältnisse überhaupt vom 30. Brachmonat 1863 (Rz 1413) enthielt folgende Vorschrift:

> «§ 38
> Gebäude dürfen nur auf Grundstücken errichtet werden, welche von einer öffentlichen Strasse oder einem öffentlichen Platz eine hinreichende Zufahrt haben.»

2047 2. Im Baugesetz vom 23. April 1893 (Rz 1417) erschien diese Regelung wiederum, jedoch wie folgt erweitert:

> «§ 46
> Gebäude dürfen nur auf Grundstücken errichtet werden, welche von einer öffentlichen Strasse oder einem öffentlichen Platze eine hinreichende Zufahrt haben. Eine solche Zufahrt darf nicht in einer ihrem Zweck beeinträchtigenden Weise benützt werden.»

Die Wichtigkeit der Bestandesphase eines Gebäudes mit dessen Bewerb für das Zufahrtserfordernis kam hier deutlich zum Ausdruck. § 46 gehörte zusammen mit den §§ 129 und 20 zu den wichtigsten Regelungen des alten Baugesetzes, mit einer ausserordentlich reichen Praxis[2]. Mit diesem Trio konnten geschickte Gemeinderäte Raumplanung avant la lettre durchführen (Rz 1958), vorausgesetzt, ihre Gemeinde unterstand dem alten Baugesetz gemäss dessen § 1 I oder II.

---

[1] Vgl. aus der griechischen Sage das unheilvolle Zusammentreffen des Fussgängers Ödipus mit dem Wagen des Laios, dem von ihm nicht erkannten Vater, auf einem schmalen Pfad.
[2] Siehe hiezu: Hans Egger, S. 89, und Bliss Schnewlin, S. 57 f.

III. Zur Regelung im PBG

A. Zu den Materialien

1. a) Als es um die Schaffung des neuen Baugesetzes, dem künftigen PBG, ging, konnte das Erfordernis der hinreichenden Zufahrt gemäss der zur Zeit der Geltung des alten Baugesetzes entwickelten Praxis weitgehend übernommen werden. Dabei sollte lediglich einer Tendenz entgegengetreten werden, die Anforderungen an die Zu- und Wegfahrten in Wohnquartieren (mit Kostenfolge für die Bauaktiven) immer höher hinaufzuschrauben. Der Vorentwurf der Baudirektion vom Dezember 1972 für das künftige PBG (Rz 1466) trug dem Redimensionierungsbemühungen, ausgehend vom damals neu ins Zürcher Recht eingeführten, neben der Erschlossenheit auch die planungsrechtliche Baureife umfassenden Begriff der Baureife (§§ 209 f) Rechnung. In § 211 wurden die allgemeinen Erfordernisse der Erschlossenheit (mit Ersetzung des Erfordernisses der hinreichenden *Zufahrt* durch dasjenige der *Zugänglich*keit, jedoch mit Ausweitung auf die ausreichende Wasser- und Energieversorgung sowie Abwasser- und Abfallstoffbeseitigung, mit Massgeblichkeit auch schon, wenn vorerst nur einzelne Parzellen überbaut werden) präzisiert. Ferner wurde in § 212 das Erfordernis der Zugänglichkeit näher umschrieben: Neben dem bisherigen Erfordernis der Verkehrssicherheit für jedermann galt neu die Ermächtigung an den Regierungsrat zur Festsetzung von «Normalien», die Ermöglichung der Auflage der Trennung von Fussgänger- und Fahrverkehr und der Verweisung des Letzteren unter den Boden sowie im vierten Absatz die folgende Umschreibung des rechtlichen Status:

2048

> «Zugänge müssen öffentlich sein, im unselbständigen Miteigentum stehen oder unbefristet grunddienstbarkeitlich gesichert sein; bei privatrechtlichen Zugängen sorgt die örtliche Baubehörde durch die Anmerkung öffentlichrechtlicher Eigentumbeschränkungen im Grundbuch dafür, dass sie ihrem Zwecke nicht entfremdet werden.»

b) Der Regierungsrat brachte hierauf in seinem Antrag an den Kantonsrat vom 5. Dezember 1973 (Rz 1467) in § 211, neu § 215, zum Ausdruck, dass für Gebäude im ungezonten Gebiet kein Erschliessungsanspruch bestehe und dass etappenweise erschlossen werden könne. § 212 IV (neu § 216 IV) wurde durch eine Formulierung ersetzt, wonach privatrechtlich geordnete Zugänge ohne Zustimmung der örtlichen Baubehörde weder tatsächlich noch rechtlich verändert oder aufgehoben werden dürfen und diese Beschränkung im Grundbuch anzumerken ist. Das ist zwar knapper, leider aber auch weniger aussagekräftig[3].

2049

c) Der Kantonsrat (Rz 1468) stimmte diesem Antrag mit Vornahme nur unwesentlicher Modifikationen zu; neu handelte es sich um die PBG §§ 233, 234, 236 und 237. So erhielten sie in der Abstimmung vom 7. September 1975 Gesetzeskraft.

2050

---

[3] Hierin ist postfinites Baurecht für Gebäude zu erblicken, wenn man die Zufahrt dem Gebäude als Bestandteil oder als tentakelartig in die Umgebung ausgreifende Zugehör zurechnet.

2051 2. a) PBG § 234 erhielt 1984 und 1990 die in Rz 1967 erwähnten Modifikationen, welche praktisch nur den planungsrechtlichen Teil betreffen. Hingegen führte die Revision von 1991 (Rz 1601 f) in PBG § 236 dazu, dass das Erschliessungserfordernis jetzt nur noch für «das Grundstück selbst», nicht auch für «die darauf vorgesehenen Bauten und Anlagen» statuiert ist. Der Kantonsrat verlangte ferner für PBG § 237 die Einfügung, dass «bei grösseren Überbauungen überdies die Erreichbarkeit mit dem öffentlichen Verkehr gewährleistet sein (müsse)» und dass «bei Bauten und Anlagen mit grossem Güterverkehr … Gleisanschlüsse zu verlangen (seien), wo dies technisch möglich und zumutbar ist».

2052 b) Mit der Annahme in der Volksabstimmung vom 1. September 1991 erhielten die PBG §§ 236 f den folgenden Text:

«IV. Erschliessung
1. Im allgemeinen
§ 236
Erschlossen ist ein Grundstück, wenn es für die darauf vorgesehenen Bauten und Anlagen genügend zugänglich ist, wenn diese ausreichend mit Wasser und Energie versorgt werden können und wenn die einwandfreie Beseitigung von Abwässern und weiteren Abfallstoffen gewährleistet ist.
Wo entsprechende Pläne bestehen, sind sie für Art, Lage, Ausgestaltung und Leistungsvermögen der Erschliessungs- und Versorgungsanlagen sowie Ausstattungen und Ausrüstungen auch dann verbindlich, wenn beabsichtigt ist, vorerst nur einzelne Grundstücke entsprechend zu nutzen; wo das Planungsrecht und die Verhältnisse es gestatten, ist jedoch unter sichernden Nebenbestimmungen die etappenweise Erstellung zuzulassen.

2. Zugänglichkeit
§ 237
Genügende Zugänglichkeit bedingt in tatsächlicher Hinsicht eine der Art, Lage und Zweckbestimmung der Bauten oder Anlagen entsprechende Zufahrt für die Fahrzeuge der öffentlichen Dienste und der Benützer. Bei grösseren Überbauungen muss überdies die Erreichbarkeit mit dem öffentlichen Verkehr gewährleistet sein. Bei Bauten und Anlagen mit grossem Güterverkehr sind Gleisanschlüsse zu verlangen, wo dies technisch möglich und zumutbar ist.
Zufahrten sollen für jedermann verkehrssicher sein. Der Regierungsrat erlässt über die Anforderungen Normalien.
Wo ein Bedürfnis besteht, die Verhältnisse es gestatten und es wirtschaftlich zumutbar ist, insbesondere bei grösseren Überbauungen, soll der Fussgänger- vom Fahrzeugverkehr getrennt werden, und es kann, sofern das öffentliche Interesse entgegenstehende private Interessen wesentlich überwiegt, der Fahrverkehr unter den Boden gewiesen oder die Überdeckung der Fahrbahn verlangt werden.
Privatrechtlich geordnete Zugänge dürfen ohne Zustimmung der örtlichen Baubehörde wer tatsächlich noch rechtlich verändert oder aufgehoben werden; diese Beschränkung ist im Grundbuch anzumerken.»

B. Zur Auslegung und Praxis zu PBG § 233 II in Verbindung mit den §§ 233 I, 236 und 237

2053 (bezüglich Verbot der nachteiligen Beeinflussung der Erschliessung)

1. So wie die stark deklariert postfinite Vorschrift PBG § 233 II bezüglich der hierin nicht ausgedrückten planungsrechtlichen Baureife auf die nicht deklariert postfinite Vorschrift PBG § 233 I und diese auf die ebenfalls nicht deklariert postfinite Vorschrift PBG § 234 (ursprünglich lit. a, jetzt ab dem zweiten Satzteil) und diese auf den ebenfalls nicht

deklariert postfiniten PBG § 235 verweist, so verweist PBG § 233 II bezüglich des Erschlossenheitserfordernisses auf PBG § 233 II und dieser auf PBG § 234 (ursprünglich lit. b, jetzt erster Satzteil) und dieser auf die ebenfalls nicht deklariert postfiniten PBG §§ 236 f.

2. Die Begriffe erschlossen und nicht erschlossen sind – wie die Begriffe baureif oder nicht baureif – keine absoluten Begriffe, sondern immer relativ in Bezug auf ein bestimmtes Gebäude und dessen Bewerb[4]. Sie spielen auch in RPG Art. 22 II (Rz 3674 ff) eine wichtige Rolle. Trotzdem wird hier der wichtigen Frage «erschlossen oder nicht erschlossen»[5] wegen der Ausrichtung der vorliegenden Arbeit auf das postfinite Baurecht nicht besonders nachgegangen; es finden sich hier auch keine Angaben darüber, wie breit eine Strasse sein sollte, ob ein Trottoir nötig wäre, wie der Strassenkörper gebaut werden müsse, wie die Ein- und Ausfahrten zu gestalten seien usw.; denn dort, wo die vorhandenen Erschliessungsanlagen dem bisherigen Gebäude bzw. Bewerb – wenn vielleicht auch nur schlecht und recht – genügt haben, gilt wohl Gleiches meist auch noch nach der Vornahme von baulichen und/oder bewerbsmässigen Änderungen (nicht sekundäres Neubauen bzw. Neubewerben!). Erschliessungsanlagen weisen oft noch eine kleine Reserve auf, sodass das Hinzukommen einer Änderung nicht selbst das Fass zum Überlaufen bringt, oder man will dies nicht wahr haben oder man glaubt mit zusätzlichen verkehrspolizeilichen Massnahmen (Einbahnverkehr, Parkierungsverbot, nur Zubringerdienst gestattet, Anbringung von Sichtspiegeln, Aufmalen von Gelbstreifen zur Reservation für die Fussgänger usw.), allenfalls auch noch mit primitiven zusätzlichen baulichen Vorkehrungen (zB teilweiser Beseitigung von Gartenzäunen, Büschen, Schaffung von Ausweichbuchten usw.) genügend für Ordnung sorgen zu können. Der Verbreiterung von Strassen und Wegen in bereits mit Häusern und Gärten bestückten Parzellen gehört zu den dornenvollsten Aufgaben der Bauämter, insbesondere wenn die Massnahmen wegen Bauvorhaben eines einzelnen nötig werden. PBG §§ 236 II und 237 I zweiter Satz und III zweiter und dritter Satz werden bei den alltäglichen Bauvorhaben kaum je aktuell. Wichtig ist jedoch auch bei Ein-, Zwei- und Mehrfamilienhäusern, dass von Anfang an für die grundbuchliche Sicherung der hinreichenden Zugänglichkeit gesorgt wird und jene nicht nachträglich verloren geht.

3. a) Die in PBG § 237 II vorgesehenen «Normalien über die Anforderungen an Zugänge» wurden vom Regierungsrat erstmals am 19. Dezember 1979 festgesetzt[6] und sind am 9. Dezember 1987 total revidiert worden; sie heissen kurz «Zugangsnormalien» (LS 700.5). Sie enthalten, ausser der Definition, wonach Zugänge «Verbindungen von Grund-

2054

2055

---

[4] Der Titel des in FN 2 zitierten Aufsatzes von Bliss Schnewlin drückt das dabei zu lösende Problem bestens aus.
[5] Walter Haller/Peter Karlen, N. 592 f, Christoph Fritzsche/Peter Bösch, S. 83 f. Ferner Richard A. Koch, S. 135 (ganz aus tiefbaulicher und strassenhoheitlicher Sicht, welche bei Architekten oft zu kurz kommt).
[6] Vgl. hiezu den Entscheid des ZH-Verwaltungsgerichtes vom 30. April 1981 (RB 1981 Nr. 130 [nur Leitsatz], umfassender in: BEZ 1981 Nr. 1 und ZBl 1981 S. 463, betr. Doppelgarage mit zusätzlichem Abstellplatz neben bereits bestehendem Gebäude, Anschluss- oder Dependenzbau, Rz 206 f): Die Beurteilung erfolgt «nach den Verhältnissen des einzelnen Falles. Den Normalien des Regierungsrates kommt dabei richtunggebende Bedeutung zu.»

stücken und darauf *bestehenden* oder vorgesehenen Bauten und Anlagen mit dem hinreichend ausgebauten Strassennetz der Groberschliessung» sind, kein deklariert postfinites Baurecht. Trotzdem sei für einen Sonderaspekt kurz auf diesen rechtlichen Zwitter[7] zwischen Vollzugsverordnung und blosser verwaltungsinterner Anweisung eingegangen.

2056 b) Die von den «Zugangsnormalien» verlangten Dimensionierungen hängen von der Zahl der an die Strassen bzw. den Weg angeschlossenen «Wohneinheiten» ab (zB bis zehn Wohneinheiten minimale Breite 3,00–3,50 m, bis 30 Wohneinheiten 4,00–4,75 m usw.). Der Ausdruck «Wohneinheit» ist jedoch nicht definiert. Gemäss Praxis hängt die Zahl der Wohneinheiten in einem Gebäude weder von der Zimmerzahl, der Geschossfläche noch der Kubatur eines Gebäudes ab, sondern es gilt stets eine Wohnung als eine Wohneinheit, ob es sich nun um eine Wohnung gewöhnlicher Art in einem Mehrfamilienhaus, um ein Einfamilienhaus kleinerer oder grösserer Art oder gar um eine Villa handelt. Es wird nicht «gewichtet» (RB 1992 Nr. 65 = BEZ 1992 Nr. 11; RB 1994 Nr. 82). Das ist zwar eine einfache, aber kaum sachgerechte Praxis. Zudem wird bei Gebäuden zwischen zwei Strassen bzw. Wegen oder zwischen einer Strasse und einem Weg für die Zurechnung des Gebäudes nicht darauf abgestellt, auf welche Anlage der Haupthauseingang und die Briefkästen, sondern darauf, auf welche die Garagen ausgerichtet sind (Entscheid des ZH-Verwaltungsgerichtes vom 29. Oktober 1997, VB 97.00073/0007, in einem Quartierplanverfahren). Wenn ältere Villen oder grössere Einfamilienhäuser zu Gebäuden mit zwei oder mehr Wohnungen umgebaut oder wenn später Garagen auf der Gegenseite des Hauseinganges erstellt werden, kann dies zu einem «Umkippen» von der genügenden zu einer nicht genügenden Zufahrt führen.

2057 c) Das ZH-Verwaltungsgericht erklärte allerdings in RB 1997 Nr. 83 (nur Leitsatz): «Nicht jede zusätzliche Wohneinheit führt zu einer wesentlichen Änderung der bisherigen Verhältnisse im Sinne von PBG § 233 II, welche die genügende Zugänglichkeit des Baugrundstückes erneut in Frage zu stellen vermöchte.»[8] Dass es aber zu heikeln Grenzfällen kommen kann, steht fest, solange an der problematischen Ausserachtlassung der Zimmerzahl/Geschossfläche/Kubatur eines Gebäudes sowie der Belanglosigkeit der Ausrichtung des Haupthauseinganges bei der Ermittlung der Zahl der Wohneinheiten festgehalten wird.

2058 4. Ich bezweifle, dass gestützt auf PBG § 236 I allein ein Bauvorhaben verweigert werden könnte, wenn sich der Bauaktive auf den Standpunkt stellt, er komme ohne Anschluss an die allgemeine Wasser- und/oder Energieversorgung aus (mittels eigener Quelle, Beschränkung auf Holzfeuerung, Solarzellen usw.). Es müsste sich aus einem solchen Verzicht schon ein polizeilich nicht hinnehmbarer Zustand ergeben. Bezüglich Abfallbeseitigung und der vom Kantonsrat (Rz 2051) zusätzlich erwähnten Erreichbarkeit mit dem öffentlichen Verkehr verhält es sich ähnlich. Insoweit ist die über das Erfordernis der hinreichenden Zugänglichkeit und einwandfreien Abwasserbeseitigung hinausgehende

---

[7] Vgl. zur Problematik allgemein: Giovanni Biaggini, Die vollzugslenkende Verwaltungsverordnung, Rechtsnorm oder Faktum? Reflexionen über ein juristisches Chamäleon, in: ZBl 1997 S. 1 f.
[8] Diese Aussage überrascht, da es um die «Erweiterung» eines Gebäudes für eine Zweizimmerwohnung zu einem solchen mit einer Fünfzimmerwohnung ging.

Aufzählung juristisch kaum griffig. Den sich stellenden Problemen sollte bereits auf der Stufe der Zonierung Rechnung getragen werden.

PBG § 238: Zu den ästhetischen Anforderungen

I. Zur Ausgangslage

2058a Das Strassen-, Orts- und Landschaftsbild, Baudenkmäler, naturschutzwürdige Landschaften usw. werden nicht nur durch Neubauten, sie können auch durch bauliche und bewerbsmässige Änderungen beeinträchtigt werden.

II. Zu den Materialien

A. Zur Regelung im alten Baugesetz

2058b Dieses Gesetz war zwar ästhetisch nicht neutral (Rz 479). Der Satz «Jeder baut nach seinem Sinn und keiner kommt und zahlt für ihn» gab schon damals die Rechtslage nicht zutreffend wieder. Jedoch enthielt das alte Baugesetz selbst keine Regelung zum Natur- und Heimatschutz. Hiezu äusserten sich nur das Einführungsgesetz zum ZGB vom 2. April 1911 mit den hierauf gestützten Verordnungen (Rz 3183).

B. Zur Regelung im PBG

2058c Im Vorentwurf der Baudirektion vom Dezember 1972 (Rz 1466) war im 4. Titel mit der Überschrift «Das öffentliche Baurecht», im 1. Abschnitt mit der Überschrift «Die Bauvorschriften», im Unterabschnitt A. mit der Überschrift «Grundanforderungen an Bauten und Anlagen» folgende Regelung vorgesehen:

> «C. Gestaltung
> § 213
> Bauten und Anlagen sind für sich und in ihrem Zusammenhang mit der baulichen und landschaftlichen Umgebung im ganzen und in ihren einzelnen Teilen so zu gestalten, dass eine befriedigende Gesamtwirkung erreicht wird; diese Anforderung erstreckt sich auch auf Materialien und Farben. Auf Objekte des Heimatschutzes ist besonders Rücksicht zu nehmen; sie dürfen auch durch solche Nutzungsänderungen und Unterhaltsarbeiten nicht beeinträchtigt werden, für die keine baurechtliche Bewilligung nötig ist.
> Wo die Verhältnisse es zulassen, kann mit der baulichen Bewilligung verlangt werden, dass Bäume gesetzt werden und fortbestehen bleiben.»

Der Regierungsrat übernahm in seinem Antrag an den Kantonsrat vom 5. Dezember 1973 (Rz 1467) diese Formulierung im Wesentlichen als § 217, erwähnte jedoch im ersten Absatz auch die «Umschwünge» und im zweiten Absatz vor den Objekten des Heimatschutzes noch diejenigen des «Naturschutzes».

Der Kantonsrat stimmte dem mit geringen redaktionellen Retouchen zu; dem dritten Absatz gab er die heute geltende Formulierung. Mit der Annahme des PBG in der Volksabstimmung vom 7. September 1975 erhielt deshalb die folgende Fassung Gesetzeskraft:

> «C. Gestaltung
> § 238
> Bauten, Anlagen und Umschwung sind für sich und in ihrem Zusammenhang mit der baulichen und landschaftlichen Umgebung im ganzen und in ihren -einzelnen Teilen so zu gestalten, dass eine

befriedigende Gesamtwirkung erreicht wird; diese Anforderung erstreckt sich auch auf Materialien und Farben.
Auf Objekte des Natur- und Heimatschutzes ist besonders Rücksicht zu nehmen; sie dürfen auch durch solche Nutzungsänderungen und Unterhaltsarbeiten nicht beeinträchtigt werden, für die keine baurechtliche Bewilligung nötig ist.
Wo die Verhältnisse es zulassen, kann mit der baulichen Bewilligung verlangt werden, dass vorhandene Bäume bestehen bleiben, neue Bäume und Sträucher gepflanzt werden sowie der Vorgarten als Grünfläche hergerichtet wird.»

Diese Regelung blieb bis heute unmodifiziert in Kraft.

III. Zur Auslegung von PBG 238 und zur Praxis hiezu

1. Der erste Absatz nimmt textlich weder auf Neubauten noch auf Änderungen und sonstige Transformationen Bezug; es handelt sich deshalb hier nicht eigentlich um deklariert postfinites Baurecht im Sinne von Rz 842 ff. Indessen liegt der Gedanke nahe, dass, wenn «eine befriedigende Gesamtwirkung erreicht» werden muss, auch dafür zu sorgen ist, dass diese Wirkung nicht nachher durch bauliche Änderungen, bewerbsmässige Vorkehrungen (zB die Anbringung störender Tafeln, Fahnen, Lichteffekte usw.) und Unterlassung des Unterhaltes (Rz 1899) wieder verloren geht. Sodann rechtfertigt der zweite Absatz mit seiner direkt postfiniten Formulierung (auch wenn sie sich nicht wie sonst an den Eigentümer des «Objektes», sondern reflexmässig an dritte Bauaktive wendet) die Miterwähnung des ersten Absatzes, weil jener sich an diesen sprachlich anlehnt. Gleichwohl wird die im ersten Absatz enthaltene sogenannte Ästhetikklausel hier nicht kommentiert. Siehe immerhin die Bemerkungen in Rz 341 f und 503, ferner den Entscheid des Verwaltungsgerichtes vom 2. März 2000, in: BEZ 2000 Nr. 18, betr. Dachziegelfarbe.

2058d

2. Funktion des zweiten Absatzes ist diejenige Verschärfung der Anforderungen des ersten Absatzes. Vgl. RB 1982 Nr. 144 (BEZ 1983 Nr. 5), RB 1986 Nr. 923 (BEZ 1987 Nr. 3), RB 1995 Nr. 76, RB 1996 Nr. 78. Diese Verschärfung gilt auch für bewerbsmässige Änderungen und Unterhaltsarbeiten und ausdrücklich selbst dort, wo es sich nicht um bewilligungsbedürftige, also eher alltägliche Vorkehrungen handelt. Das ist kein innerer Widerspruch (Rz 655). Es handelt sich hier um besondere Aspekt des Natur- und Heimatschutzrechtes. Rz 1843 f.

2058e

3. Bezüglich Vorgärten und Fällen von Bäumen siehe Rz 898 mit FN 22, 2597.

2058f

PBG § 239 I, II erster Satz/erster Teil und III erster Satz: Zum Verbot von Gefährdung und gesundheitlicher Beeinträchtigung durch den Gebäudebestand

I. Ausgangslage

2059 Die Unversehrtheit von Menschen, Tieren, Pflanzen und Gegenständen kann nicht nur durch den Bewerb von Gebäuden, deren Ersterstellung, Änderung, Abbruch und sekundäres Neubauen, sondern auch durch den blossen Fortbestand derselben gefährdet werden. Der Fortbestand von Gebäuden ist als Fortbestehenlassen durch den Menschen aufzufassen. Die Gefährdung hiedurch kann erfolgen, indem das Gebäude zusammenbricht, in den Untergrund einsinkt, umkippt[1] oder ins Rutschen gerät[2], sich Gebäudeteile lösen und herunterfallen, das Gebäudematerial schädliche Partikel abgibt (zB Fasern von Asbestbeschichtungen), Gebäudeteile, welche leicht zugänglich sind, vor einem Abstürzen oder Eingeklemmtwerden nicht schützen (zB fehlende oder zu niedrige Brüstungen bei Balkonen und Terrassen, Gitterstäbe in Treppenhäusern und auf Balkonen, zwischen welche Kleinkinder den Kopf stecken und dann hängen bleiben können); in extremen Fällen in Betracht zu ziehen ist aber auch die Gefährung durch Entzug der Besonnung und Durchlüftung.

II. Zur Regelung im alten Baugesetz

2059a Im Baugesetz von 1893 bis 1975 war keine derartige globale Vorschrift zu dieser Gefährdungsart enthalten, stand aber gedanklich im Hintergrund vieler Regelungen, besonders im fünften Abschnitt über die «Ausführung der Bauten». Die Gemeinden formulierten aber regelmässig in den Baubewilligungen zB Auflagen bezüglich der Gestaltung von Brüstungen, oft auch bezüglich der Gitterstäbe[3]. Das war – zu Unrecht – ein beliebter Gegenstand des Spottes von auf ein möglichst freiheitliches Bauen eingeschworenen Architekten.

III. Zur Regelung im PBG

A. Zu den Materialien

2060 1. Bereits im Entwurf der Baudirektion vom 5. Dezember 1972 (Rz 1466) für ein neues Baugesetz, das PBG, kam die obige Gefährdung im 4. Titel mit der Überschrift

---

[1] Vgl. Schiefer Turm von Pisa! AltBauG § 118 verlangte ausdrücklich bei einer späteren Erhöhung eines Gebäudes, dass die Mauern «die erforderliche Stärke besitzen».
[2] Vgl. Feriensiedlung Falli-Hölli im Kanton Freiburg, 1994. Siehe auch Beatrice Weber-Dürler, Staatshaftung im Bauwesen, in: Dokumentation der Baurechtstagung, Freiburg 1997, Band II, S. 58 ff.
[3] Das geschah oft unter ziffermässiger Bezugnahme auf als «Besondere Baubedingungen» bezeichnete, der Baubewilligung beigefügte Formulare. Als gesetzliche Grundlage kam hiefür nur die polizeiliche Generalklausel in Betracht (Rz 954).

«Das öffentliche Baurecht», im Abschnitt B. mit der Überschrift «Grundanforderungen an Bauten und Anlagen», im Unterabschnitt D. mit der Überschrift «Sonstige Beschaffenheit» mit folgendem Text und Randtitel zur Sprache:

«§ 214
C. Sonstige Beschaffenheit
Bauten und Anlagen müssen nach Fundation, Konstruktion und Material den anerkannten Regeln der Baukunde entsprechen; weder bei der Erstellung noch durch ihren Bestand dürfen Personen oder Sachen gefährdet werden.
Bauten haben nach aussen und im Innern den Geboten der Wohn- und Arbeitshygiene zu genügen.
Bauten in Holz, Fachwerk oder in anderer nicht massiver Konstruktionsweise sind nur in Gebieten mit ländlicher Bauweise, in Zonen niedriger oder weiträumiger Bauweise sowie im ungezonten Gebiet zulässig, sofern sie mehr als zwei Geschosse haben und nicht landwirtschaftlichen Zwecken dienen.»

2. Der Regierungsrat liess in seinem Antrag an den Kantonsrat vom 5. Dezember 1973 (Rz 1467) den dritten Absatz weg, übernahm jedoch den ersten und den zweiten Absatz unmodifiziert (jetzt § 218). 2061

3. Der Kantonsrat (Rz 1468) brachte an diesem Text nur redaktionelle Retouchen an (neu § 239). 2062

4. Mit der Annahme des PBG in der Volksabstimmung vom 7. September 1975 erhielt deshalb der folgende Text Gesetzeskraft: 2063

«§ 239
C. Sonstige Beschaffenheit
Bauten und Anlagen müssen nach Fundation, Konstruktion und Material den anerkannten Regeln der Baukunde entsprechen. Sie dürfen weder bei der Erstellung noch durch ihren Bestand Personen oder Sachen gefährden.
Bauten haben nach aussen wie im Innern den Geboten der Wohn- und Arbeitshygiene sowie des Brandschutzes zu genügen ...»

5. Diese Vorschriften blieben von den PBG-Revisionen von 1983, 1984 und 1991 unbetroffen; sie wurden materiell auch nicht in die Revisionsvorlage von 1995 (Rz 1601) einbezogen. Doch bei der Einfügung eines neuen Absatzes zwischen dem bisherigen ersten und zweiten bei der Revision von 1991 betreffend Entsorgung von Abbruchmaterial (Rz 2073 ff) kam das Thema der gesundheitlichen Beeinträchtigung durch verwendete Materialien nochmals zur Sprache (Rz 2069 f). Der bisherige zweite Absatz war jetzt neu der erste Satz des neuen dritten Absatzes. 2064

B. Zur Auslegung von PBG § 239 I, II erster Satz/erster Teil sowie III erster Satz und zur Praxis hiezu

1. Diese Vorschriften gehören wegen ihres Bezuges auf den «Bestand» von Gebäuden zum (schwach separiert) deklariert postfiniten Baurecht. 2065

2. Die Vorschriften sind wegen des das Recht beherrschenden Grundsatzes «neminem laedere» (niemanden verletzen!) und wegen der allgemeinen Polizeiklausel auf jeden Fall ein Element des Baurechtes, wenn dieses der Gerechtigkeit, der Zweckmässigkeit 2066

und der Sicherheit dienen soll[4]. Insoweit sind sie ratio scripta (geschriebene Vernunft). Ein Ausschnitt des gleichen Gedankens gelangt bezüglich des verwendeten Materiales nochmals in PBG § 239 II erster Satz/erster Teil, ferner in PBG § 239 III erster Satz zum Ausdruck.

2067   Es handelt sich bei diesen Vorschriften um einen Regelungstypen von der Art desjenigen, zu welchem auch die Immissionsverbote gehören. Es geht hier um Regelungen, welche etwas verbieten, nicht weil dieses zu einem nicht im öffentlichen Interesse liegenden Zustand oder Geschehen *führen könnte* (zB Gebäude mit mehr als fünf Geschossen; ungenügend isoliertes Gebäude), sondern weil das Verbotene schon selbst, direkt schlecht *ist*.

2068   3.   Es handelt sich trotz der Unbestimmtheit der Elemente dieser Vorschrift um unmittelbar anwendbares Recht; die sich aus ihr ergebenden Pflichten gelten, ohne dass zuvor ein Verwaltungsakt hierüber ergangen ist[5]. Zu den Wörtern «Bauten und Anlagen» siehe Rz 50, zu «gefährden» siehe Rz 2070. «Personen» sind Menschen. Bei den «anerkannten Regeln der Baukunde» ist insbesondere an diejenigen zu denken, welche im Normenwerk des Schweizerischen Ingenieur- und Architektenvereins (SIA), aber auch der Fachverbände der Sanitär-, Elektro- und weiterer Branchen enthalten sind. Das Abstellen auf Normen, welche private Vereinigungen aufgestellt haben ist rechtsstaatlich nicht unproblematisch.

2068a   4.   PBG § 239 I, II erster Satz/erster Teil und III erster Satz spielen trotz ihrer zum Teil im wortwörtlichen Sinne grundlegenden Bedeutung in den öffentlichrechtlichen Rechtsmittelverfahren nur eine geringe Rolle[6]. Das mag mit ihrem im Text verwirrlich verstückelten und jedesmal etwas anders formulierten Auftreten zusammenhängen. Hingegen wird auf sie im Zusammenhang mit zivilrechtlichen Haftungsansprüchen bisweilen Bezug genommen. Es geht hier um Fragen des technischen Ermessens, welche das Verwaltungsgericht gemäss VRG § 50 nicht frei überprüfen kann. Nach Fertigstellung eines Gebäudes kann auch PBG § 358 (Rz 2971 f) zum Zuge kommen. Bei Vorliegen einer einschlägigen Gefahr kann eine unbedingte Anpassungspflicht im Sinne der Behebung gelten.

---

[4] Vgl. Franz Bydlinski, S. 221 ff, 263 ff, 325 ff.
[5] RB 1993 Nr. 43: Droht die Gefahr, dass ein Bauvorhaben zu Schäden an Nachbarliegenschaften führt, so hat der Bauaktive geeignete Sicherheitsmassnahmen zu treffen; eine Bauverweigerung ist dagegen in der Regel nicht gerechtfertigt; der Entscheid betrifft allerdings einen Neubau. RB 1986 Nr. 98: feuerpolizeiliche Anforderungen an die Gestaltung des Fluchtweges, wo die Baubewilligung schweigt. Rz 3174. RB 1988 Nr. 84: Die Baubehörde ist auch ausserhalb eines Baubewilligungsverfahrens berechtigt und verpflichtet, die zum Schutz der polizeilichen Güter nötigen Massnahmen zu treffen (hier Abklärungen betreffend Gesundheitsgefährdung durch Asbestverkleidung). Es handelt sich hier um eine unbedingte Anpassungspflicht.
[6] Vgl. etwa RB 1984 Nr. 115: PBG § 239 I ist nicht anwendbar auf Schiessanlagen; die Beurteilung erfolgt nach eidgenössischem Militärrecht. RB 1994 Nr. 97 erklärt, allerdings im Hinblick auf die Frage, ob die Gebäudeversicherungsanstalt entschädigen müsse: «Für die Beurteilung der Tauglichkeit eines Baumateriales im allgemeinen und der Bruchfestigkeit im besonderen ist der Zeitpunkt der Bauausführung massgebend. Demnach ist der Grundeigentümer jedenfalls so lange nicht verpflichtet, ein Gebäude dem Fortschritt der Technik anzupassen, als die Gebrauchstauglichkeit erhalten bleibt und nicht besondere Verhältnisse dazu zwingen.» Eigenartigerweise wird in diesem Zitat PBG § 239 I nicht erwähnt, dafür aber Peter Gauchs zivilrechtliches Opus «Werkvertrag»!

PBG § 239 II erster Satz/zweiter Teil und zweiter Satz: Zum Gebot der einwandfreien Entsorgung des beim Abbruch anfallenden Materiales

I. Zur Ausgangslage

1. Bei Neubau und Änderungen von Gebäuden ist immer daran zu denken, dass kein Gebäude ewig Bestand hat, sondern eines Tages vom Eigentümer oder Dritten abgebrochen wird, oder dass andere Ursachen zu seiner Zerstörung führen können. Deshalb sollte nicht nur darauf geachtet werden, dass die verwendeten Materialien für den späteren Fortbestand und Bewerb vorteilhaft sind, sondern auch, dass sie sich beim Untergang des Gebäudes ohne Schaden für die Umwelt beseitigen lassen.

2. Als Material, welches Menschen, «Personen», gefährdet, erwiesen sich in den Siebzigerjahre die bis dahin als feuerpolizeilich besonders empfohlenen asbesthaltigen Spritzbeläge. Hier kommt es jetzt wegen der erst später erkannten kanzerogenen Eigenschaften des Asbestes landesweit zu einer aufwendigen Entfernung der mit Spritzasbest behandelten Gebäudeteile, insbesondere bei Gebäuden mit grossem Publikumsverkehr.

II. Zur Regelung im alten Baugesetz

Die möglichst umweltschonende Beseitigung von Gebäudetrümmern war bis in die Sechzigerjahre, als infolge der baulichen Hochkonjunktur Gebäudeabbrüche immer häufiger wurden, noch kein Anliegen des Gemeinwesens. Dementsprechend fand sich im alten Baugesetz hiezu auch keine Vorschrift.

III. Zur Regelung im PBG

A. Zu den Materialien

1. Zum Text von 1975

Die Baudirektion schlug in ihrem Vorentwurf vom Dezember 1972 (Rz 1466) und der Regierungsrat in seinem Antrag an den Kantonsrat vom 5. Dezember 1973 (Rz 1467) noch nichts bezüglich Beseitigung von Abbruchmaterial vor. Auch der Kantonsrat beschloss damals hiefür keine Regelung (Rz 1468).

2. Zum Text von 1991

a) Auch für die grosse Teilrevision von 1991 schlug die Baudirektion in ihrem Entwurf vom Februar 1988 noch keine Regelung bezüglich der Beseitigung von Abbruchmaterial vor (Rz 1601).

b) Als Folge des Vernehmlassungsverfahrens beantragte der Regierungsrat jedoch seinerseits dem Kantonsrat am 11. Oktober 1989 (Rz 1602) im 4. Titel mit der Überschrift «Das öffentliche Baurecht», im 1. Abschnitt mit der Überschrift «Die Bauvorschriften», im Unterabschnitt D. mit der Überschrift «Anforderungen an Gebäude und Räume», im I. Unterunterabschnitt mit der Überschrift «Allgemeines», in § 239 mit dem Randtitel «C. Sonstige Beschaffenheit» folgende Einschiebung als zweiten Absatz vorzunehmen (dadurch wurde der bisherige zweite neu zum dritten Absatz):

> «Die verwendeten Materialien dürfen zu keinen gesundheitlichen Beeinträchtigungen führen und müssen einwandfrei entsorgt werden können. Beim Abbruch von Bauten und Anlagen sind die Materialien im Hinblick auf eine einwandfreie Entsorgung zweckmässig zu trennen. Der Regierungsrat erlässt hierüber Richtlinien.»

2075 c) Dieser Antrag erhielt unmodifiziert die Zustimmung des Kantonsrates (Rz 1604). Die Eingliederung dieses Textes in PBG § 239 führte zu einer normativen Überladung der hievon geregelten Materie; das hätte in einen eigenen Paragraphen gehört.

2076 d) Mit der Annahme der grossen Teilrevision des PBG in der Volksabstimmung vom 1. September 1991 erhielt der obige Text Gesetzeskraft.

3. Zum Text von 1994

2077 Mit dem Inkrafttreten des Gesetzes über das Abfallwesen vom 25. September 1994 (LS 712.1, Rz 3178) wurde der dritte Satz des zweiten Absatzes gestrichen. Statt der ehemals hier vorgesehen regierungsrätlichen Richtlinien ist jetzt auf die Abfallgesetzgebung abzustellen. Sonst blieb der Absatz gleich.

B. Zur Auslegung von § 239 II erster Satz/zweiter Teil sowie zweiter Satz und zur Praxis hiezu

2078 1. Wegen des Passus «Abbruch» handelt es sich um eine mittelstark separiert deklariert postfinite Vorschrift, allerdings nur von sektorieller Bedeutung (Rz 801).

2079 2. Mit «Abbruch» wird wohl nicht nur der Vorgang am vollständigen Ende der Existenz eines Gebäudes, sondern auch derjenige angesprochen, welcher bei einem fortbestehen bleibenden Gebäude im Voraus erfolgt, um einen Um-, Auf- oder Anbau vornehmen zu können, die Ausspitzung bzw. bei einem Rückbau um die Abbruchstellen nachher zu versiegeln. Rz 217.

2080 3. Das jetzt für die Materie primär massgebliche Abfallgesetz verlangt in § 17 II, dass Bauabfälle an Ort und Stelle mindestens nach den Kategorien unverschmutzter Aushub, Bauschutt, Bausperrgut und Sonderabfälle zu trennen sind; gemäss § 17 III können die Gemeinden eine weitergehende Trennung auf der einzelnen Baustelle verlangen. Bei alledem ist selbstverständlich auch das Umweltschutzgesetz des Bundes zu beachten, ferner die Bemühungen der SUVA zur Verhütung von Unfällen und Berufskrankheiten[1].

---

[1] Vgl. Art. 50 II der Verordnung des Bundesrates vom 19. Dezember 1983 über die Verhütung von Unfällen und Berufskrankheiten (SR 832.30) sowie die hierauf gestützte Verordnung des Eidgenössischen Departementes des Inneren vom 27. März 1996 (SR 832.324.13). Wie weit diese Verordnun-

4. Bei Grossbauten, wie zB Kernkraftwerken, ist eine gesetzliche Grundlage für die **2081** Aufnahme einer Bedingung in die Bewilligung erwünscht, dass vor Baubeginn ein Betrag deponiert werden muss, welcher mit Zins und Zinseszins ausreicht, die Kosten der Stilllegung und des Abbruches bei Zulässigkeitsablauf zu decken. Rz 4131.

gen wirklich über den Bereich der SUVA-Fälle hinaus Verbindlichkeit für sich beanspruchen können, ist fraglich. Es ist deshalb nützlich, dass das PBG hier vom kantonalen Recht her noch zu Hilfe kommt.

PBG § 239 III zweiter Satz/erster Teil: Zum Gebot der ausreichenden Gebäudeisolierung um Energie zu sparen

I. Zur Ausgangslage

2082 Die Sorge um einen möglichst sparsamen Umgang mit den Energieträgern Kohle, Erdöl, Erdgas und Elektrizität (bei den ersten drei u.a. wegen der Abgase und Beschränktheit der Fundstellen im Boden, beim Letztgenannten zur Vermeidung der weiteren Inanspruchnahme der Landschaft mit Wasserkraftwerken, Staubecken und Hochspannungsleitungen sowie des Angewiesenseins auf den Bezug von Atomenergie) ist erst seit kurzem ein öffentliches Anliegen. Man war sogar früher vielerorts froh, wenn möglichst viel Strom bezogen wurde (vgl. Gebührentarife mit Degression für Grossbezüger).

II. Zur Regelung im alten Baugesetz

2083 Das alte Baugesetz hat, was nicht überrascht, dem in Rz 2082 erwähnten Sparanliegen noch in keiner Weise Rechnung getragen. Nur vereinzelt wurde bei der Erteilung von Dispensen und Bewilligungen für Arealüberbauungen hierauf geachtet.

III. Zur Regelung im PBG

A. Zu den Materialien

Zum Text von 1975

2084 a)   Die Baudirektion schlug in ihrem Vorentwurf vom Dezember 1972 (Rz 1466) für das künftig PBG zu dieser Materie noch nichts vor. Bezüglich Wärme hatte sie nur die «schädlichen Temperatureinflüsse» (§ 264), also wohl vor allem zu kalte und feuchte, nicht aber zu aufwendig beheizte Räumlichkeiten im Auge. Auch der Antrag des Regierungsrat an den Kantonsrat vom 5. Dezember 1973 (Rz 1467) äusserte sich hiezu nicht anders (§ 269).

2085 b)   In Kantonsrat (Rz 1468) wurde jedoch die Regelung «Sonstige Beschaffenheit» (damals § 218) im zweiten Absatz, welcher bisher nur mit folgendem Text vorgeschlagen war:

> «Bauten haben nach aussen wie im Innern den Geboten der Wohn- und Arbeitshygiene sowie des Brandschutzes zu genügen.»

durch den folgenden Passus ergänzt:

> «Sie sind im Hinblick auf einen möglichst geringen Energieverbrauch ausreichend zu isolieren.»

2086 c)   Der so ergänzte Text erhielt als PBG § 239 II mit der Annahme des PBG in der Volksabstimmung vom 5. September 1975 (Rz 1470) Gesetzeskraft. Bei der Revision von 1991 wurde er in den dritten Absatz verschoben.

B. Zur Auslegung von § 239 III zweiter Satz/erster Teil und zur Praxis hiezu

1. a) Wegen des Passus «im Hinblick auf einen möglichst geringen Energieverbrauch» handelt es sich hier um eine (schwach separiert) deklariert postfinite Bauvorschrift, allerdings nur von sektorieller Bedeutung. Der Rest des Absatzes ist vor allem auf das präfinite Baurecht ausgerichtet. 2087

b) Aus PBG § 239 III erster Satz lässt sich ein – unausgesprochenes – Gebot der Beheizung von Wohn- und Arbeitsräumen ableiten, welches sonst im PBG ausser indirekt in PBG § 300 nirgends antreffen ist, für unsere Breitengrade jedoch eine Notwendigkeit darstellt. Dabei muss aber gleichzeitig der vergeuderischen Erfüllung des Heizgebotes gegengesteuert werden. 2088

2. Ergänzend ist auch das kantonale Energiegesetz (LS 730.1, Rz 3175) zu berücksichtigen. Es verlangt allerdings im postfiniten Bereich des Baurechts nur, dass für zentral beheizte Gebäude mit mehr als fünf Wärmebezügern bei Vorhandensein der erforderlichen messtechnischen Messeinrichtungen ein überwiegender Teil der Wärmekosten unter Berücksichtigung des tatsächlichen Verbrauchs dem einzelnen Bezüger belastet werden muss (§ 10). 2089

Eine unbedingte Anpassungspflicht für bestehende Gebäude ohne solche messtechnischen Messeinrichtungen fehlt. Der Regierungsrat kann aber wohl in gestützt auf § 9 festgesetzten Vorschriften über die Ermittlung des Wärmeverbrauchs verlangen, dass bei Aktuellwerden von baulichen Änderungen eine Anpassung erfolgt. Die Schwierigkeiten, welche sich bei einem Vollzug ergeben, gelangen im Antrag der kantonsrätlichen Kommission für Energie, Verkehr und Umwelt vom 14. November 2000 betreffend Aufhebung des Obligatoriums der verbrauchsabhängigen Heizkostenabrechnung bei Altbauten (kant. Amtsblatt vom 24. November 2000, S. 1363 f) zum Ausdruck. Wichtig ist der vom Regierungsrat festgesetzte, die Luftreinhaltung betreffende Teilmassnahmenplan Feuerung vom 19. Juni 1996 (LS 713.111), insbesondere Ziffer II.2, welcher die Sanierung bestehender Feuerungsanlagen fristenmässig regelt. Ferner sind die §§ 42–44 der Besonderen Bauverordnung I (LS 700.21) zu beachten. 2090

3. Damit die vom Eigentümer angestrebte Behebung einer fehlenden Isolation nicht an Abstands- und Höhenmaxima scheitere, führte der Gesetzgeber 1983 die in Rz 2932 f besprochene Regelung in PBG § 357 ein. 2091

4. Kasuisitik: BGE vom 2. Juni 1994 (ZBl 1995 S. 281, 283 ff) betreffend Beheizung eines privaten Freiluft-Schwimmbades in Küsnacht/ZH: Das strengere kantonale Recht geht hier dem eidgenössischen Recht vor; das teilweise Auswechseln einer Beheizungsanlage kann ohne Willkür gleich einem Ersatz der Anlage bewilligungsbedürftig erklärt werden. 2092

PBG § 239 III zweiter Satz/zweiter Teil: Zum Gebot des fachgemässen Betriebes von Ausstattungen und Ausrüstungen

I. Zur Ausgangslage

2093 Was unter Ausstattungen und Ausrüstungen zu verstehen ist, wird in der Besonderen Bauverordnung (LS 700.21) dargelegt. Zu den Ausstattungen gehören wohl auch Autoabstellplätze, ferner Kinderspielplätze, Freizeit- und Ruhegärten, Abstellplätze für das Abfuhrgut sowie Briefkästen. Die ersten drei sind aber gemäss PBG §§ 242 ff (Rz 2112 f), 248 (Rz 2215 f) und 249 (Rz 2228) zu beurteilen. Eine besonders wichtige Ausrüstung ist die Heizung. Hiezu äussere ich mich in Rz 2427 f. Ferner sind die Liftinstallationen gemäss PBG § 296 (Rz 2443 f) zu erwähnen.

II. Zur Regelung im alten Baugesetz

2094 Das alte Baugesetz kannte die Begriffe Ausstattung und Ausrüstung nicht und sprach deshalb auch nicht von fachgemässem Erstellen und Betreiben.

III. Zur Regelung im PBG

A. Zu den Materialien

2095 1. Erst als anfangs der Achtzigerjahre die Festsetzung eines Energiegesetzes (Rz 1594, 3175 f) aktuell wurde, beantragte der Regierungsrat dem Kantonsrat am 12. August 1981 in den Schlussbestimmungen § 17 (später § 19) eine Ergänzung von PBG § 239 II zweiter Satz (Fassung von 1975) in dem Sinne, dass verlangt wurde, Ausstattungen und Ausrüstungen seien fachgerecht zu erstellen und zu betreiben.

2096 2. Der Kantonsrat stimmte dieser Ergänzung ohne Modifikation zu.

2097 3. Mit der Annahme des Energiegesetzes in der Volksabstimmung vom 19. Juni 1983 erhielt PBG § 239 III mit folgendem Wortlaut Gesetzeskraft:

> «C. Sonstige Beschaffenheit
> § 239
> (Abs. III)
> Bauten müssen nach aussen wie im Innern den Geboten der Wohn- und Arbeitshygiene sowie des Brandschutzes genügen. Im Hinblick auf einen möglichst geringen Energieverbrauch sind Bauten und Anlagen ausreichend zu isolieren sowie Ausstattungen und Ausrüstungen fachgerecht zu erstellen und zu betreiben.»

B. Zur Auslegung von § 239 III zweiter Satz/zweiter Teil und zur Praxis hiezu

Wegen des Passus «zu betreiben» handelt es sich hier um eine (schwach separiert) deklariert postfinite Bauvorschrift, allerdings nur von sektorieller Bedeutung (Rz 801). Wo es sich nicht um das Isolieren handelt, ist der Rest des Absatzes allerdings vor allem auf das präfinite Baurecht ausgerichtet. Der erste Satz wiederholt für einen Teilaspekt ein Anliegen, welches im ersten Absatz (Rz 2063) allgemeiner angesprochen wird; er gibt nur andere Aspekte des Gleichen an. Was «fachgemäss» ist, ergibt sich aus den Regeln der Baukunde und Empfehlungen der jeweiligen Fachverbände. Da sich die Heizungen nach Rz 2427 ff beurteilen, sind im Rahmen von PBG § 239 III wohl vor allem die Empfehlungen der Sanitär- und der Elektrobranche bedeutsam.   2098

PBG § 239 IV: Zum Gebot der Rücksichtnahme auf die Behinderten und Gebrechlichen bei dem Publikum zugänglichen Gebäuden

I. Zur Ausgangslage

2099 Es gehört für Behinderte und Gebrechliche, seien sie alt oder jung, zum Bedrückendsten, wenn sie sich wegen Schwellen, Treppen, schmalen Eingängen usw. in ein für das Publikum zugängliches Gebäude nur sehr mühsam oder ohne Dritthilfe überhaupt nicht hineinbegeben können.

II. Zur Regelung im alten Baugesetz

2100 Das alte Baugesetz nahm auf das in Rz 2099 erwähnte Ärgernis überhaupt nicht Bezug.

III. Zur Regelung im PBG

A. Zu den Materialien

1. Zum Text von 1975

2101 a) Im Vorentwurf der Baudirektion vom Dezember 1972 für das künftige PBG (Rz 1466) war dem Anliegen auch noch nicht Rechnung getragen.

2102 b) Hingegen schlug der Regierungsrat (Rz 1467) in Berücksichtigung der Ergebnisse des Vernehmlassungsverfahrens in seinem Antrag an den Kantonsrat vom 5. Dezember 1973 als dritten Absatz des damaligen § 218 folgende Vorschrift vor:

«Bauten und Anlagen, die dem Publikum zugänglich sind oder bei denen ihrer Zweckbestimmung nach sonst ein Bedarf besteht oder die das Gemeinwesen durch Beiträge unterstützt, sind so zu gestalten und auszurüsten, dass sie den Bedürfnisse von Behinderten und Gebrechlichen genügen.»

2103 c) Der Kantonsrat (Rz 1468) übernahm diesen Vorschlag im Wesentlichen, gab ihm jedoch die nachstehende Fassung in PBG § 239, wegen der Einschiebung gemäss Rz 2085 jetzt als vierten Absatz (die wesentlichen Abweichungen sind *kursiv* gedruckt):

«*Bei* Bauten und Anlagen, die dem Publikum zugänglich sind, bei denen nach ihrer Zweckbestimmung sonst ein Bedarf besteht oder die das Gemeinwesen durch Beiträge unterstützt, sind *hinsichtlich Gestaltung und Ausrüstung* die Bedürfnisse von Behinderten und Gebrechlichen *angemessen zu berücksichtigen*.»

2104 d) Mit der Annahme des PBG in der Volksabstimmung vom 7. September 1975 (Rz 1470) erhielt diese Fassung Gesetzeskraft.

2. Zum Text von 1991

a) Der Regierungsrat liess in seinem Antrag an den Kantonsrat vom 11. Oktober 1989 (Rz 1603) gegenüber dem bisherigen Text das Wort «angemessen» weg; sonst aber sah er hier keine Modifikation vor. In den Beratungen in der kantonsrätlichen Kommission wurde das Wort «angemessen» wieder eingefügt. Im Ratsplenum entspann sich über das Pro und Contra dieses Passus eine engagierte Diskussion (Protokoll des Zürcher Kantonsrates, 1987–1991, vom 11. März 1991, S. 13405–13411); er wurde schliesslich weggelassen. Sodann wurden die Ersetzung von «Behinderte und Gebrechliche» durch «Behinderte und Betagte» sowie der Einbezug der «Wohnüberbauungen und Geschäftshäuser» verlangt. Der Kantonsrat stimmte dem zu.

b) Mit der Annahme der Revisionsvorlage in der Volksabstimmung vom 1. September 1991 (Rz 1605) erhielt somit der folgende Text Gesetzeskraft (Modifikationen gegenüber 1975 sind *kursiv gedruckt,* Auslassung durch ° markiert):

> «(Abs. IV)
> Bei Bauten und Anlagen, die dem Publikum zugänglich sind, bei denen nach ihrer Zweckbestimmung sonst ein Bedarf besteht oder die das Gemeinwesen durch Beiträge unterstützt, sind hinsichtlich Gestaltung und Ausrüstung die Bedürfnisse von Behinderten und *Betagten* ° zu berücksichtigen. *In Wohnüberbauungen und Geschäftshäusern sind die Bedürfnisse von Behinderten und Betagten angemessen zu berücksichtigen.*»

Die in Frage kommenden Bauten wurden in §§ 34 f der Besonderen Bauverordnung I (LS 700.21) näher umschrieben (bei den privaten Bauten: Hotels, Restaurants, Theater, Kinos, Spitäler, Verkaufsläden, Sportanlagen, Verkehrsbauten und öffentliche Parkierungsanlagen; Wohnüberbauungen mit mehr als 20 Wohnungen, Geschäftshäuser mit mehr als 1'000 m^2 anrechnungspflichtiger Geschossfläche) und der Regierungsrat hat gestützt auf PBG §§ 359 f unter anderem die Norm SN 521 500, Behindertengerechtes Bauen, als Richtlinie bzw. Normalie bezeichnet.

IV. Zur Auslegung von § 239 IV und zur Praxis hiezu

1. Wegen des Passus «zugänglich» handelt es sich hier um (sehr schwach separiert) dekiariert postfinites Baurecht; denn die Zugänglichkeit stellt ein Erfordernis dar, welches vor allem für die Zeit nach der Erstellung eines Gebäudes von Bedeutung ist.

2. Der Unterschied zu der von PBG §§ 236 f (Rz 2046 f) verlangten Zugänglichkeit besteht darin, dass sich diejenige gemäss PBG § 239 IV nicht nur auf die Strecke vom öffentlichen Strassennetz bis zur Grenze der Parzelle mit dem Gebäude, sondern darüber hinaus und vor allem auch auf die Strecke von hier bis zum Gebäude selbst und in diesem bis zu den dem Publikum geöffneten Räumen, auch in den oberen und unteren Stockwerken bezieht. Das erfordert nicht nur Rampen statt Treppen, sondern auch die Vermeidung von hohen Schwellen, Türen von genügender Breite für Rollstühle, Liftanlagen, Behindertentoiletten usw.

3. Es besteht wohl keine Verpflichtung, bereits bestehende, für Behinderte und Betagte nicht oder nur schwer zugängliche Gebäude für sie zugänglich zu machen, ohne

dass bauliche Änderungen stattfinden. Es gilt m.E. auch dann nur eine bedingte annäherungsweise Anpassungspflicht (Rz 450 ff), dies besonders nach der vom Kantonsrat vorgenommenen Modifikation am Text des Regierungsrates vom 5. Dezember 1973 (Rz 2103). Zudem galt hienach die Vorschrift praktisch nur für «dem Publikum zugängliche» Gebäude, zB Amtshäuser, Museen, Theater, Kinos, Kirchen usw., gleichgültig in wessen Eigentum sie stehen, ferner für vom Gemeinwesen subventionierte Gebäude. Mit der Revision von 1991 (Rz 2105) wurde jedoch der Anwendungsbereich wesentlich erweitert. Der Passus «Wohnüberbauungen» will wohl zum Ausdruck bringen, dass die Pflicht nicht auch für einzeln erstellte Wohnhäuser gilt[1].

Das ZH-Verwaltungsgericht entschied am 17. November 1998 (RB 1998 Nr. 124, BEZ 1999 Nr. 2) bezüglich Umbauarbeiten (für bessere Lüftungseinrichtungen, ferner für eine behindertengerechte WC-Anlage im Untergeschoss im Aula- und Mensagebäude der Kantonsschule X.): Es kann in der Baubewilligung auflageweise verlangt werden, dass zur (ohnehin) geplanten WC-Anlage ein behindertengerechter Zugang geschaffen werde; ein direkter Sachzusammenhang zwischen den ohnehin vorgesehenen Arbeiten und der vom Bauaktiven selbst angestrebten Verbesserung sei nicht erforderlich, sofern die Mehrkosten zumutbar seien; dies sei hier der Fall (Bauvorhaben von insgesamt 1,2 Mio. Franken); nicht verlangt werden könne jedoch bei diesem Bauvorhaben die Rollstuhlgängigmachung des ganzen Gebäudes.

2110 4. Die engagierte Diskussion um die Wiedereinfügung oder Weglassung des Wortes «angemessen» vor dem Wort «berücksichtigen» im Kantonsrat (Rz 2105) brachte kaum eine Klärung über dessen eigentliche Bedeutung. Das überrascht bei der Zweideutigkeit des Ausdruckes nicht; es kann sich hier sowohl um einen anspruchsvolleren als auch um einen bescheideneren Standard gegenüber dem handeln, was normalerweise gewährt wird. Rz 1448, 1543 f.

2111 5. In der neuen Bundesverfassung wird im Rechtsgleichheitsartikel Art. 8 IV verlangt, dass das Gesetz Massnahmen zur Beseitigung von Benachteiligungen der Behinderten vorzusehen hat. In der parlamentarischen Beratung wurden weitergehende, die Rollstuhlgängigkeit von Gebäuden anstrebende Begehren abgelehnt. Diese Vorstösse sind damit jedoch noch nicht endgültig ausser Diskussion, da im Juni 1999 von Behindertenorganisationen eine hierauf zielende Volksinitiative eingereicht worden ist. Ob die Zürcherische Gesetzgebung BV Art. 8 IV, wie er jetzt in Rechtskraft steht, im Bauwesen schon genügt, ist noch offen.

---

[1] Überraschenderweise ist das ZH-Verwaltungsgericht der Auffassung, der dritte Absatz von PBG § 357 in der Fassung von 1975 sei heute der vierte Absatz. Das wäre nur dann der Fall, wenn die durch die Revision von 1991 (Zusammenlegung der früheren Absätze I und II, mit Weiterbehandlung des 1984 eingefügten dritten Absatzes als zweiter Absatz) geschaffene Leerstelle mitgezählt würde.

PBG §§ 242 und 243: Zum Fahrzeugabstellplatzerfordernis

I. Ausgangslage

1. Seit dem zweiten Weltkrieg verfügen immer mehr Menschen über ein Motorfahrzeug, sei es ein Automobil, sei es ein Motorrad. Dessen Anschaffung erfolgt meistens, ohne dass sich der Käufer Gedanken darüber macht, wo er/sie sein/ihr Fahrzeug abstellen soll, wenn er/sie nicht damit fährt. Anfänglich wurde es als selbstverständlich angesehen, dass er/sie dieses, falls nicht über einen geeigneten Platz in der eigenen Parzelle, sei es im Freien oder in einer Garage, verfügt wurde, auf der Strasse selbst abstelle, parkiere, sei es während Stunden, Tagen, Wochen usw. Die Folge davon war, dass der Fahrzeugverkehr auf den Strassen selbst immer mehr von hier abgestellten Motorfahrzeugen, insbesondere durch die im Unterschied etwa zu Zweiradmotorfahrzeugen doch recht voluminösen Automobile (Rauminanspruchnahme 15 m^3 und mehr), behindert wurde. Das war anfänglich der Hauptgrund des Unbehagens. Immer mehr wurde es aber auch als störend empfunden, dass die auf der Strasse parkierten Motorfahrzeuge den Fussgänger in seiner Bewegungsfreiheit einschränkten und überdies oft eine Beeinträchtigung des Strassen-, Orts- und Landschaftsbildes bewirkten.

2. Das waren Erscheinungen, welche lange so schicksalhaft und ohne rechtliche Relevanz hingenommen wurden wie Regen und Sonnenschein. Die Beeinträchtigung wurde jedoch Ende der Fünfzigerjahre so gross, dass versucht wurde, zuerst mittels Bedingungen und Auflagen in Baubewilligungen, insbesondere für Arealüberbauungen, ferner bei der Erteilung von Dispensen die unwillkommensten Auswirkungen in den Griff zu bekommen; vereinzelt setzten auch Gemeinden, in der Bauordnung oder separat, Vorschriften fest, welche die Schaffung von Abstellflächen sicherstellen sollten. Bald zeigte es sich jedoch, dass eine Regelung auf gesetzlicher Grundlage unumgänglich war. Im Kanton Zürich erfolgte ein wesentlicher Schritt in diese Richtung mit der Revision des Baugesetzes vom 24. Mai 1959. Das Problem hat in der Zwischenzeit nichts an Aktualität verloren, im Gegenteil, es wurde immer noch störender. Teilweise bildete sich geradezu eine Art «Klassenkampf» zwischen Nichtautobesitzern und Ladeninhabern, obwohl im Grunde genommen fast alle Mitverursacher sind.

II. Zum Vorläufer von PBG §§ 242 f: altBauG § 60a

A. Zu den Materialien

1. Im Zuge der ohnehin fällig gewesenen Revision des alten Baugesetzes von 1893/ 1907/1943 (Rz 1465 f) schlug der Regierungsrat dem Kantonsrat am 15. August 1957 folgende neue Regelung zur Aufnahme in den 4. Abschnitt mit dem Titel «Die Anlage der Bauten» vor[1]:

---

[1] Kantonales Amtsblatt, 1957, S. 765 ff (Weisung Nr. 662).

«§ 60a
Wo das Bedürfnis es erfordert und die Verhältnisse es zulassen, ist der Gemeinderat berechtigt, bei der Bewilligung von Neubauten und eingreifenden Umbauten vom Bauherrn die Herrichtung einer angemessenen Fläche zum Parkieren von Fahrzeugen auf privatem Grund zu verlangen. Unterlässt es der Bauherr, für den Bedarf der Hausinsassen Einstellgaragen sicherzustellen, so sind die Parkierungsflächen entsprechend zu vergrössern. Dabei ist Vorsorge zu tragen, dass bei der späteren Inanspruchnahme dieser Flächen für die Errichtung von Einstellgaragen die Grenz- und Gebäudeabstände dieses Gesetzes eingehalten werden können.

Die Gemeinden sind befugt, nähere Vorschriften aufzustellen; diese unterliegen der Genehmigung des Regierungsrates.»

2115   2.   In den Beratungen der kantonsrätlichen Kommission vom 9. und 10. November 1957 wurde diesem Vorschlag im Wesentlichen zugestimmt, wenn auch mit Bedenken seitens der Vertreter des Haus- und Grundeigentümerverbandes; diese befürchteten, die Gemeinden, insbesondere die Stadt Zürich, könnten hier wegen der Schwammigkeit des Textes übermarchen. Zu wesentlicheren Modifikationen kam es aber nur in den nachgenannten beiden Punkten:

– Infolge einer Eingabe des Stadtrates von Zürich wurde im Einvernehmen mit der Baudirektion neu in den Text aufgenommen, dass die Erstellung der Abstellplätze von Anfang an hinter der Baulinie verlangt werden könne, damit es bei einer späteren Erweiterung der Strasse nicht zum Verlust derselben komme; bei fehlender Aktualität eines solchen Vorhabens sollten allerdings auch vor der Baulinie liegende Abstellplätze genügen können.
– Der vom Regierungsrat verwendete Ausdruck «Fläche(n) zum Parkieren von Fahrzeugen» wurde durch «Abstellflächen für Fahrzeuge» ersetzt[2].

Erwogen wurde auch, ob die Verpflichtung zur Schaffung von Abstellflächen bei bereits bestehenden Gebäuden nicht auch sollte verlangt werden können, ohne dass es zu eingreifenden Umbauten kommt (unbedingte annäherungs- oder erfüllungsweise Anpassungspflicht nach Rz 450 f). Doch wurde der Gedanke schliesslich als zu harter Eingriff fallen gelassen. Auf Widerstand stiess sodann teilweise die Forderung, es sei bei der Schaffung der Abstellplätze Vorsorge zu treffen, dass bei der späteren Inanspruchnahme dieser Flächen für die Errichtung von Einstellgaragen die Grenz- und Gebäudeabstände eingehalten werden können. Es wurde aber auf eine Streichung verzichtet.

2116   3.   Vom Kantonsrat verabschiedet und vom Volk in der Abstimmung vom 24. Mai 1959 mit 109'476 ja zu 30'752 nein bei 21'685 Leereinlegern angenommen wurde schliesslich folgender Text (wesentliche Neuerungen gegenüber dem ursprünglichen Text sind *kursiv* gedruckt):

«§ 60a
Wo das Bedürfnis es erfordert und die Verhältnisse es zulassen, ist der Gemeinderat berechtigt, bei der Bewilligung von Neubauten und eingreifenden Umbauten vom Bauherrn auf privatem Grund die Herrichtung angemessener *Abstellflächen* für Fahrzeuge *auch hinter der Baulinie* zu verlangen.

---

[2]   Das Wort Parkfläche oder Parkplatz ist an sich von bitterer Ironie, denn solche Flächen weisen kaum je einen Parkaspekt auf; die nachträgliche Herrichtung von Abstellplätzen zerstört sogar oft Grünflächen (Vorgartentod).

Unterlässt es der Bauherr, für den Bedarf der Hausinsassen Einstellgaragen *in geeigneter Lage und genügender Grösse dauernd* sicherzustellen, so sind die Abstellflächen entsprechend zu vergrössern. Dabei ist Vorsorge zu tragen, dass bei der späteren Inanspruchnahme dieser Flächen für die Errichtung von Einstellgaragen die Grenz- und Gebäudeabstände dieses Gesetzes eingehalten werden können.
Die Gemeinden sind befugt, *hierüber* nähere Vorschriften aufzustellen; diese unterliegen der Genehmigung des Regierungsrates.»

B. Zur Auslegung von altBauG § 60a und zur Praxis hiezu

AltBauG § 60a bezog sich ausdrücklich sowohl auf «Neubauten» als auch auf «eingreifende Umbauten», dies aber nur bezüglich der «Abstellflächen für Fahrzeuge». Es handelte sich also, vom postfiniten Baurecht aus gesehen, in der Terminologie nach Rz 832 ff um eine schwach separiert deklarierte, sektorielle Regelung. 2117

Für die Auslegung von § 60a und die Praxis hiezu wird auf Hans Egger, S. 85 ff, ferner auf Folgendes zur Zeit seiner Geltung verwiesen: 2118

– Grundsätzliche Entscheide des Regierungsrates im jeweiligen Geschäftsbericht:
 1961 Nr. 28
 1969 Nr. 15
– Verwaltungsgerichtsentscheid:
 RB 1969 Nr. 54 (nur Leitsatz)
– Zur Normsetzung in der Stadt Zürich vom 4. März 1960 und 21. September 1967 siehe Rz 2207.

Zum ersten Absatz, dritter Satz: Es handelte sich hier um einen nicht auf den ersten Anhieb verständlichen Sachverhalt. Der Grund seiner Regelung bestand darin, zu verhindern, dass jemand zuerst die Parzelle unter (weitgehender) Ausschöpfung der Minimalabstände für Gebäude überbaut und später statt der vorerst offenen gedeckten Abstellplätze haben möchte, was u.U. nicht ohne Dispense und schliesslicher Übernutzung der Parzelle möglich wäre. Es ging hier darum, einen Bauaktiven zu zwingen, dass er bereits bei der Erstellung eines Gebäudes auf seine erfahrungsgemäss später einmal auftauchenden Erweiterungswünsche Rücksicht nehme, indem er nicht bereits zu Beginn voreilig bauliche Möglichkeiten ausschöpft, sondern auch an seinen künftigen Bedarf denkt. Das ist ein recht singulärer Inhalt von Bauvorschriften. 2119

III. Zu PBG § 242 in der Fassung von 1975[3]

A. Zur Ausgangslage

1. Dass altBauG § 60a der seit 1959 weiterhin stark angestiegenen Zahl der Motorfahrzeuge nicht mehr genügte, war so offensichtlich, dass sich bei der Vorbereitung des PBG eine Neustrukturierung und Erweiterung der Vorschriften über die Thematik Abstell- 2139

---

[3] Siehe hiezu allgemein: Fritz Frey, Die Erstellung von Abstellflächen für Motorfahrzeuge nach zürcherischem Recht, Diss., Zürich 1987; Walter Haller/Peter Karlen, S. 145; Christoph Fritzsche/Peter Bösch, S. 93 ff und Robert Wolf/Erich Kull, N. 84 ff.

plätze geradezu aufdrängte. Wesentlich neu war 1975 der Gedanke, es könne in gewissen Situationen die Schaffung von Gemeinschaftsanlagen sowie die Leistung von Ersatzabgaben für den Fall verlangt werden, dass im konkreten Fall die an sich erforderlichen Abstellplätze weder mittels Errichtung durch den Bauaktiven selbst noch durch dessen Beteiligung an einer Gemeinschaftsanlage möglich sind.

2140　2.　Es ist dies allerdings weitgehend eine Problematik, welche, anders als bei den Neubauten, für die Änderung von Gebäuden und Bewerbungen im Allgemeinen nur eine untergeordnete Rolle spielt. Es werden deshalb nachfolgend, dem Zweck dieser Arbeit entsprechend, die folgenden Fragen weitgehend ausser Betracht gelassen:

a) Welches ist die Bezugsgrösse für das Fahrzeugabstellplatzerfordernis und wie ermittelt man gestützt hierauf das Ausmass der erforderlichen Abstellfläche allgemein? Vgl. PBG § 243 I und II (Fassung von 1975). Siehe immerhin Rz 2187 und 2213.
b) Wie ist die räumliche Anordnung (zB ober-/unterirdisch; neben-/hintereinander, Ansässigen-/Besucherabstellplätze) der erforderlichen Abstellfläche allgemein zu bestimmen? Vgl. PBG §§ 244 und 245 I (Fassung von 1975). Siehe immerhin Rz 2213.
c) Welches ist der Umfang der den Gemeinden zustehenden Kompetenz zur Aufstellung «näherer Vorschriften» in dieser Thematik allgemein gesehen? Vgl. PBG § 243 III. Siehe immerhin Rz 2188 und 2203.

Sodann bleiben unbehandelt: die Gemeinschaftsanlagen (PBG § 245 II und III [Fassung von 1975]), die Ersatzabgabe (PBG § 246) und die Schaffung eines hiemit gespeisten Fonds zur Schaffung von Abstellflächen (PBG § 247).

Ich bin mir bewusst, dass mit dieser Beschränkung die Darstellung des Fahrzeugabstellplatzerfordernisses in dieser Arbeit fragmentarisch wird.

B. Zu den Materialien

2141　1.　Im Vorentwurf der Baudirektion vom Dezember 1972 zu einem neuen PBG (Rz 1466) findet sich im 4. Titel mit der Überschrift «Das öffentliche Baurecht», im Abschnitt B. mit der Überschrift «Grundanforderungen an Bauten und Anlagen», im Unterabschnitt F. mit der Überschrift «Fahrzeugabstellplätze» in § 217 folgender Vorschlag für den Randtitel und den Text der hier weiter interessierenden Fragen:

«I. Erstellungspflicht
§ 217
Abstellplätze für Verkehrsmittel, namentlich Motorfahrzeuge, sind zu schaffen:
a) bei Neuerstellung von Bauten und Anlagen, die Verkehr auslösen;
b) bei baulichen Änderungen, die einen erheblichen Teil der Baute oder Anlage erfassen oder dank denen eine wesentlich stärkere Nutzung als bisher ermöglicht wird;
c) bei Nutzungsänderungen, die für das Grundstück voraussichtlich einen wesentlich stärkeren Verkehr auslösen.
Bei bestehenden Bauten und Anlagen kann ohne Zusammenhang mit Änderungen die Schaffung von Abstellplätzen verlangt werden, wenn der bisherige Zustand regelmässig Verkehrs- oder Ruhestörungen oder andere Übelstände bewirkt und die Verpflichtung nach den Umständen technisch und wirtschaftlich zumutbar ist.»

1. Kapitel   Erster Abschnitt   Zweiter Unterabschnitt   PBG § 243

Auf diesen § 217 folgte die nachstehende Regelung:

«II. Zahl und Lage
1. Zahl
§ 218
Die Zahl der Abstellplätze richtet sich nach den örtlichen Verhältnissen sowie nach der konkreten Ausnützung und Nutzweise des Grundstückes; die Zahl soll so festgelegt werden, dass die Fahrzeuge der Benützer einer Baute oder Anlage im Normalfalle ausserhalb des öffentlichen Grundes aufgestellt werden können.
Eine angemessene Anzahl Plätze an leicht zugänglicher Lage ist für wechselnde Benützer freizuhalten.»

§ 217 war bezüglich Fahrzeugabstellplatzerfordernis die einzige – direkte – deklariert postfinite Regelung des PBG im Vorentwurf der Baudirektion vom Dezember 1972. Das traf auch für den ihm entsprechenden § 221 im Antrag des Regierungsrates an den Kantonsrat vom 5. Dezember 1973 (Rz 1467) bzw. in dem ihm entsprechenden PBG § 242 der in der Volksabstimmung vom 7. September 1975 (Rz 1469) angenommenen Fassung zu. Keiner von ihnen enthielt einen Verweis auf andere Vorschriften, wie dies zB in PBG § 233 II zutrifft (Rz 1975 ff). Wenn ich nachfolgend trotzdem auch § 218 gemäss Vorentwurf der Baudirektion 1972 bzw. § 222 im regierungsrätlichen Antrag bzw. PBG § 243 im Text von 1975 aufgeführt habe, dann besteht der Grund in der in Rz 2158 erwähnten, vom Kantonsrat in den Beratungen für die Revision von 1991 vorgenommenen «Umkehrung» der Reihenfolge: Heute ist PBG § 243, was früher PBG § 242 entsprach, und PBG § 242 ist heute, was früher PBG § 243 entsprach. Mit der Zitierung auch des je anderen soll der Zusammenhang gewahrt bleiben. Materiell erörtert wird hier aber nur PBG § 242 von 1975 und der ihm entsprechende PBG § 243 von 1991.

2. Der Regierungsrat übernahm diesen Text fast unverändert[4] in seinen Antrag vom 5. Dezember 1973 an den Kantonsrat (Rz 1467); hier handelte es sich allerdings neu um § 221 bzw. § 222; zudem fügte er in § 222 II den Passus bei: 2142

«Der Regierungsrat kann darüber Richtlinien erlassen.»

3. Der Kantonsrat (Rz 1468) nahm seinerseits keine anderen Modifikationen vor, als dass er die «wechselnden Benützer» durch «Besucher» ersetzte, anstelle der regierungsrätlichen Richtlinienkompetenz die Gemeinden zur Regelung der Einzelheiten durch Verordnung ermächtigte (vorbehältlich Genehmigung durch den Regierungsrat) und die §§ 221 f wegen Umstellungen jetzt nach PBG §§ 242 f (aber im gleichen Titel, Abschnitt und Unterabschnitt) verlegte.   2143

4. Der vom Volk in der Abstimmung vom 7. September 1975 (Rz 1469) gutgeheissene Text lautete somit wie folgt (neuer Text gegenüber dem Vorschlag des Regierungsrates im Wesentlichen *kursiv*):   2144

---

[4] Das Wort «auslösen» wurde in § 217 lit. c (nur hier!) durch «nach sich ziehen» ersetzt und der Hinweis auf die «Ruhe-»(störungen) im zweiten Absatz wurde gestrichen.

«I. Erstellungspflicht

§ 242

Abstellplätze für Verkehrsmittel, namentlich Motorfahrzeuge, sind zu schaffen:
a) bei Neuerstellung von Bauten und Anlagen, die Verkehr auslösen;
b) bei baulichen Änderungen, die einen erheblichen Teil der Baute oder Anlage erfassen oder dank denen eine wesentlich stärkere Nutzung als bisher ermöglicht wird;
c) bei Nutzungsänderungen, die für das Grundstück voraussichtlich einen wesentlich stärkeren Verkehr nach sich ziehen.

Bei bestehenden Bauten und Anlagen kann ohne Zusammenhang mit Änderungen die Schaffung von Abstellplätzen verlangt werden, wenn der bisherige Zustand regelmässig Verkehrsstörungen oder andere Übelstände bewirkt und die Verpflichtung nach den Umständen technisch und wirtschaftlich zumutbar ist.

II. Anforderungen
1. Zahl

§ 243

Die Zahl der Abstellplätze richtet sich nach den örtlichen Verhältnissen sowie nach der konkreten Ausnützung und Nutzweise des Grundstückes.

Sie sollen so festgelegt werden, dass die Fahrzeuge der Benützer der Baute oder Anlage im Normalfall ausserhalb des öffentlichen Grundes aufgestellt werden können; eine angemessene Anzahl Plätze an leicht zugänglicher Lage ist für die Besucher vorzusehen.

Die Gemeinden regeln die Einzelheiten durch Verordnung, die der Genehmigung bedarf.»

C. Zur Auslegung von PBG §§ 242 f in der Fassung von 1975 und zur Praxis hiezu

2145   1.   Zur Trennlinie zwischen Vorkehren mit Verpflichtung zur Schaffung von Abstellplätzen und Vorkehren ohne solche Verpflichtung allgemein siehe den Entscheid des ZH-Verwaltungsgerichtes vom 16. Juni 1989 (BEZ 1989 Nr. 27). Rz 2169.

2146   2.   Zur Auslegung der Erfordernisse «Erfassung eines erheblichen Teiles der Baute oder Anlage» sowie «Ermöglichung einer wesentlich stärkeren Nutzung als bisher durch allgemeine bauliche Änderungen» in PBG § 242 I lit. b in der Fassung von 1975 sind zu erwähnen:

- RB 1986 Nr. 94 (BEZ 1986 Nr. 19) betreffend Wechsel von Vorhanggeschäft zu Arztpraxis. Hiezu wird erst bei PBG § 243 I lit. b in der Fassung von 1991 in Rz 2170 näher Stellung bezogen.
- Faustregel der Rechtsprechung gemäss Fritz Frey, S. 24. Sie wird erst in Rz 2172 wiedergegeben.

2146a   3.   Zur Auslegung des Erfordernisses «voraussichtliches Nachsichziehen eines wesentlich stärkeren Verkehrs» in PBG § 242 I lit. c in der Fassung von 1975 sind zu erwähnen:

- Entscheid der Baurekurskommission III (BEZ 1985 Nr. 35) betreffend Einrichtung eines Kinos mit 420 Sitzplätzen im Untergeschoss eines fünfgeschossigen Gebäudes. Hiezu wird erst bei PBG § 243 I lit. c in der Fassung von 1991 in Rz 2170 und 2176 näher Stellung bezogen.
- Entscheid der Baurekurskommission III (BEZ 1989 Nr. 20).
- Faustregel der Rechtsprechung gemäss Fritz Frey, S. 27. Sie wird erst in Rz 2172 wiedergegeben.

4. Zu PBG § 242 II in der Fassung von 1975 (nachträgliche Anordnungen) ist RB 1984 Nr. 109 zu erwähnen. Hiezu wird erst in Rz 2203 bezüglich PBG § 243 II in der Fassung von 1991 näher Stellung bezogen. 2147

5. Zu PBG § 243 III in der Fassung von 1975 (direkte Anwendbarkeit von PBG §§ 242 f vor Festsetzung einer Verordnung) siehe RB 1982 Nr. 146 betreffend direkte Anwendbarkeit des PBG. Hiezu und zur Legiferierungskompetenz der Gemeinden wird auch für 1975 bis 1987 bzw. 1992 erst in Rz 2188 Stellung bezogen; zur Lage in der Stadt Zürich siehe Rz 2207 f. 2148

6. a) Zur Frage, wie weit allgemeine Gestaltungs- und Einordnungsvorschriften der Schaffung von Abstellflächen zwischen einem bestehenden Gebäude und der Strasse, im sogenannten Vorgartengebiet, entgegenstehen können, äussert sich RB 1979 Nr. 93 (ZBl 1980 S. 75). Zu ihm wird erst in Rz 2179 näher Stellung bezogen. 2149

b) Zu den Abstellplätzen vor der Baulinie wird erst in Rz 2180 näher Stellung bezogen. 2150

IV. Zu den PBG §§ 242 f in der Fassung von 1987[5]

A. Zur Ausgangslage

Während es anfänglich unbestreitbar im öffentlichen Interesse zu liegen schien, dass die Bauaktiven soviel Autoabstellplätze wie nur möglich in ihren Parzellen anlegten, trat in den Achtzigerjahren in den Städten teilweise eine Kehrtwendung ein: Es wurde erkannt, dass in den Innenstädten umso mehr Motorfahrzeuge zirkulieren, je mehr Autoabstellplätze hier vorhanden sind, mit all den nachteiligen Folgen für die Luftqualität, die Wohnlichkeit und das Stadtbild. Das führte allmählich zum Ruf, dass für die Zahl der Abstellplätze nicht nur ein Minimum, sondern auch ein Maximum festgesetzt werden sollte. Gemäss einem ZH-Verwaltungsgerichtsentscheid vom 22. Oktober 1981 (RB 1981 Nr. 134) war Letzteres gestützt auf das PBG in der Fassung von 1975 nicht möglich. 2151

B. Zu den Materialien

1. Der Stadtrat von Zürich gelangte deshalb mit einer Behördeninitiative vom 20. März 1984 an den Kantonsrat, in welcher er beantragte, es sei das PBG dahingehend zu revidieren, dass die Erstellung von privaten Fahrzeugabstellplätzen nicht nur verlangt, sondern zum Schutz der Wohngebiete, aber auch von zentralen Quartieren, also aus raumplanerischen Gründen, gebietsweise untersagt bzw. beschränkt werden könne. Der Regierungsrat beantragte zwar Ablehnung dieser Initiative, schlug jedoch seinerseits, wenn auch widerwillig, den Einschub eines weiteren Absatzes in den damaligen PBG § 243 2152

---

[5] Siehe hiezu allgemein: Fritz Frey, Die Erstellung von Abstellflächen für Motorfahrzeuge nach zürcherischem Recht, Diss., Zürich 1987, insb. S. 20–27; Walter Haller/Peter Karlen, S. 145; Christoph Fritzsche/Peter Bösch, S. 93 ff und Robert Wolf/Erich Kull, N. 84 ff.

(als neuer zweiter Absatz unter gleichzeitiger Zusammenfassung des bisherigen ersten und zweiten Absatzes in einen einzigen Absatz) mit folgendem Inhalt vor[6]:

> «Besteht ein überwiegendes öffentliches Interesse, insbesondere des Verkehrs oder des Schutzes von Wohngebieten, Natur- und Heimatschutzobjekten, Luft und Gewässern, können die Gemeinden die Zahl der erforderlichen Abstellplätze tiefer ansetzen und die Schaffung zusätzlicher Abstellplätze untersagen.»

2153   2. Hierauf zog die Stadt Zürich ihre Behördeninitiative zurück. Der Regierungsrat beantragte jedoch Ablehnung des obigen Textes. Der Kantonsrat hiess den Letzteren jedoch gut, wenn auch knapp. Das Volk stimmte ihm seinerseits am 21. Juni 1987 zu.

2154   3. Das war die einzige Änderung, welche 1987 zur Diskussion stand; im Übrigen blieben die PBG §§ 242 f damals gleich.

C. Zur Auslegung von PBG §§ 242 f in der Fassung von 1987 und zur Praxis hiezu

2155   Da sich diese Vorschriften nur in der Einschiebung gemäss Rz 2152 von denjenigen gemäss Fassung von 1975 unterscheiden und diese Einschiebung voll in PBG § 243 II in der Fassung von 1991 übernommen worden ist, stimmt die Rechtslage während den Jahren 1975 bis 1991 mit der in Rz 2156 f erörterten Rechtslage überein. Ich verzichte deshalb hier auf eine gesonderte Auslegung und Erörterung der Praxis.

V. Zu PBG §§ 242 f in der Fassung von 1991

A. Zur Ausgangslage

2156   Der Text von PBG §§ 242 f in der Fassung von 1987 war nach verbreiteter Auffassung zu wenig auf die in der Zwischenzeit aktivierte Förderung des öffentlichen Verkehrs abgestimmt und passte auch sonst nicht richtig zur restlichen Regelung der Autoabstellplatzproblematik. Bezüglich Veloabstellfläche war überhaupt keine Vorsorge getroffen.

B. Zu den Materialien

2157   1. Deshalb empfahl der Regierungsrat, als er ohnehin eine weitreichende Revision des PBG in Gang setzte (Rz 1598 ff), in seinem Antrag an den Kantonsrat vom 11. Oktober 1989 (Rz 1602) in PBG § 243[7] das «Angebot des öffentlichen Verkehrs» (Bedienung eines Gebietes mit Tram, Bus und Schnell-Bahn) bei der Bemessung der Zahl der erforderlichen Abstellplätze ebenfalls zu berücksichtigen, nicht nur «die örtlichen Verhältnisse» und die «konkrete Ausnützung und Nutzweise des Grundstückes» gemäss damaligem PBG § 243 I.

---

[6] Kantonales Amtsblatt 1986 S. 673.
[7] Kantonales Amtsblatt 1989 S. 1713 ff.

2. Die kantonsrätliche Kommission wollte ihrerseits bei der Ausnützung und Nutzweise des Grundstückes die «Bewohner, Beschäftigten und Besucher» und die Möglichkeit des Verbotes zusätzlicher Abstellplätze besonders erwähnt haben; die «Einzelheiten» sollten nicht mehr einfach durch «Verordnung» der Gemeinden, sondern in der «Bau- und Zonenordnung» geregelt werden. Ferner strich die kantonsrätliche Kommission bei der Regelung der die Erstellungspflicht bewirkenden Vorhaben bei der «Neuerstellung von Bauten und Anlagen» in lit. a den Zusatz «die Verkehr auslösen», bei den «allgemeinen baulichen Änderungen» in lit. b wurde der Passus «stärkere Nutzung» durch «andere Nutzung» ersetzt und bei den «Nutzungsänderungen» in lit. c wurde der Passus «voraussichtlich einen wesentlich stärkeren Verkehr nach sich ziehen» durch «voraussichtlich wesentlich andere Verkehrsbedürfnisse schaffen» ausgewechselt. Im Weiteren schlug die Kommission vor, dass auch bei einer erheblichen Überschreitung der für die Beschäftigungsparkplätze festgesetzten Gesamtzahl die Möglichkeit eines Aufhebungsbefehles bestehe. Schliesslich empfahl sie – überflüssigerweise – eine Umkehrung der Reihenfolge der (modifizierten) bisherigen PBG §§ 242 f. Der Kantonsrat stimmte alldem oppositionslos zu.

2158

3. In Ausführung dieser Gesichtspunkte erhielten die früheren PBG §§ 242 f den folgenden, in der Volksabstimmung vom 1. September 1991 (Rz 1605) gutgeheissenen Wortlaut (neuer Text gegenüber Fassung von 1975/1987 im Wesentlichen *kursiv*):

2159

«E. Fahrzeugabstellplätze
I. Zahl
§ 242
Die Bau- und Zonenordnung legt die Zahl der Abstellplätze für Verkehrsmittel, *insbesondere Motorfahrzeuge*, fest, die nach den örtlichen Verhältnissen, *nach dem Angebot des öffentlichen Verkehrs* sowie nach Ausnützung und Nutzweise des Grundstückes *für Bewohner, Beschäftigte und Besucher* erforderlich sind.
Im Normalfall soll die Zahl der Abstellplätze so festgelegt werden, dass die Fahrzeuge der Benützer einer Baute oder Anlage ausserhalb des öffentlichen Grundes aufgestellt werden können. Besteht ein überwiegendes öffentliches Interesse, insbesondere des Verkehrs oder des Schutzes von Wohngebieten, Natur- und Heimatschutzobjekten, Luft und Gewässern, kann die Zahl der erforderliche Plätze tiefer angesetzt und *die Gesamtzahl begrenzt werden*.

II. Erstellungspflicht
§ 243
Abstellplätze sind im gebotenen Ausmass zu schaffen
a) bei Neuerstellung von Bauten und Anlagen;
b) bei allgemeinen baulichen Änderungen, die einen erheblichen Teil der Baute oder Anlage erfassen oder durch die eine wesentlich *andere* Nutzung als bisher ermöglicht wird;
c) bei Nutzungsänderungen, die voraussichtlich wesentlich *andere Verkehrsbedürfnisse schaffen*.
Bei bestehenden Bauten und Anlagen kann ohne Zusammenhang mit Änderungen die Schaffung oder Aufhebung von Abstellplätzen verlangt werden, wenn der bisherige Zustand regelmässig Verkehrsstörungen oder andere Übelstände bewirkt *oder die Beschäftigtenparkplätze die festgesetzte Gesamtzahl erheblich überschreiten*. Die Verpflichtung muss nach den Umständen technisch und wirtschaftlich zumutbar sein.»

Entsprechend der Zwecksetzung der vorliegenden Arbeit werden wie bereits erwähnt (Rz 2140) die jetzigen PBG §§ 242 f nur insoweit erörtert, als sie für das postfinite Baurecht von besonderer Bedeutung sind. Ich beschränke mich nachfolgend im Wesentlichen auf die Besprechung von PBG § 243 in der Fassung von 1991.

2160

C. Zur Auslegung von PBG § 243 in der Fassung von 1991 und zur Praxis hiezu

1. Zum ersten Absatz

a) Zu «Bauten und Anlagen» sowie «Nutzungen»

2161 α) Zur Terminologie «Bauten und Anlagen» siehe Rz 50. Es handelt sich hier vorwiegend um Gebäude und um den Bewerb von solchen nach Rz 218 ff, seltener um Autoabstellplätze und Freiluft-Märkte. Im Unterschied zu altBauG § 60a können auch Bewerbungen einen Vorher-Zustand des Tatbestandes bilden («bisheriger Zustand»).

2162 β) Es gibt Gebäude und Bewerbungen, welche über die von PBG § 242 in der Fassung von 1991 verlangte und zugelassene Abstellfläche verfügen, und solche, welche zu wenig oder – seltener – zu viel davon besitzen. Bei Vorhandensein der gebotenen Fläche handelt es sich um bauvorschriftsgemässe, im zweiten Fall um bauvorschriftswidrige Gebäude oder Bewerbungen. Für beide Arten gilt an sich die gleiche Regelung, es wäre denn, die Überzahl bzw. das Defizit wäre so gross, dass dies «regelmässig Verkehrsstörungen oder andere Übelstände bewirkt» oder es handle sich um eine erhebliche Überschreitung «der festgesetzten Gesamtzahl der Beschäftigtenparkplätze» (Rz 2195 f). Je mehr dies der Fall ist, umso strenger ist die Vorschrift zu handhaben.

2163 γ) M.E. sind PBG §§ 243 I und 357 I kumulativ anzuwenden, wenn Bauvorschriftswidrigkeit sowohl wegen eines Defizites bzw. einer Überzahl an Abstellflächen als auch aus anderen Gründen (zB zu geringe Abstände, überzählige Geschosse) vorliegt. Das heisst: Es dürfen der vorgesehenen Vorkehrung auch keine überwiegenden öffentlichen und nachbarlichen Interessen entgegenstehen (Rz 1598 ff). Es darf sich auch nicht um eine Bewerbsauswechslung zu einem anderen Bewerb als einem zonengemässen handeln, es wäre denn, das Gebäude eigne sich für den zonengemässen Bewerb nicht (Rz 1659 f). Es handelt sich um eine novenzentrierte Neubaurechtmassgeblichkeit mit annäherungs- oder erfüllungsweiser, von der Änderungsabsicht des Gebäudeeigentümers bzw. Bewerbsträgers abhängige Anpassungspflicht (Rz 450 ff). Ausserhalb der Bauzonen ist nach RPG Art. 24 (Fassung von 1998) zu urteilen (Rz 3760 f). Das Gesagte gilt wohl auch, wenn die vorgesehene Vorkehrung lediglich in der Schaffung von zusätzlichen Abstellflächen besteht.

b) Zu «Neuerstellung von Bauten und Anlagen», «allgemeine bauliche Änderungen», «Nutzungsänderungen»

2164 α) Die Ziehung der Trennlinie zwischen «allgemeine bauliche Änderung» und «Neuerstellung» verläuft m.E. so wie zwischen baulichen Um-, Auf-, An- und Subbauten einerseits sowie Umgestaltung, Repetierwieder-, Differenzwieder-, Anschluss-, Dependenz- und Dislokationsbau nach Rz 174 ff und 199 ff. Weil das PBG jedoch für die beiden Kategorien selbst keine sprachlich verschiedenen Anforderungen stellt, ist das fürs Erste einmal belanglos. Immerhin löst nicht jede «bauliche Änderung» eine Abstellplatzherrichtungspflicht aus.

2165 β) Es ist nicht unmittelbar einsichtig, warum hier vor dem Wort «bauliche» das Wort «allgemein» verwendet wird. Bedeutet dies eine Beschränkung auf Änderungen, welche sich mehr oder weniger über alle Teile des Gebäudes erstrecken, unabhängig wie tief sie an den einzelnen Stellen eingreifen, zB eine Grossrenovation? M.E. ist die Frage zu verneinen, weil ja daneben ohnehin von einem «erheblichen Teil der Baute oder Anlage» die Rede ist. Es geht hier wohl bloss um ein anderes Wort für «relevant».

γ) Die Ziehung der Trennlinie zwischen der relevanten und der nichtrelevanten «Nutzungsänderung» verläuft wohl so wie in Rz 300 ff zwischen den nicht eingreifenden und eingreifenden bewerbsmässigen Änderungen einerseits und Umnutzung oder Wiederaufnahme von Bewerbung nach langem Leerstehen, Expansions-, Dependenz- oder Dislokationsbewerb nach Rz 313 ff anderseits. **2166**

c) **Zu «(bauliche Änderungen) die einen erheblichen Teil der Baute oder Anlage erfassen oder durch die eine wesentlich andere Nutzung als bisher ermöglicht wird» (erster Absatz lit. b)**

α) Das Erfordernis «Erfasstsein eines erheblichen Teiles der Baute oder Anlage» gilt alternativ zum Erfordernis «Ermöglichung einer wesentlich anderen Nutzung». Also selbst wenn nur das eine oder andere erfüllt ist, kommt die Abstellplatzherstellpflicht zum Zuge. **2167**

β) Bauliche Änderungen schaffen an sich, nachdem sie vollzogen sind und kein Baustellenverkehr mehr nötig ist, keinerlei Immissionen; solche entstehen nur durch den Bewerb im geänderten Gebäude und um dieses herum (Rz 332 ff). Im Baugesuch ist jedoch anzugeben, zu welchem künftigen Bewerb das geänderte Gebäude vorgesehen ist; besteht zwischen dieser Angabe und der offensichtlichen Verwendbarkeit zum genannten Zweck ein Widerspruch (Rz 326 ff), so ist auf Letztere abzustellen. Von hier aus wird dann beurteilt, ob mit einer «wesentlich anderen Nutzung als bisher» zu rechnen ist. Fritz Frei spricht auf S. 24 von der Objektivierung der Betrachtungsweise. **2168**

γ) α') Das ZH-Verwaltungsgericht versuchte in einem – noch zur Zeit der Geltung von PBG § 242 I lit. b in der Fassung von 1975 ergangenen – Entscheid vom 16. Juni 1989 (BEZ 1989 Nr. 27) allgemein die Trennlinie zwischen keine Verpflichtung zur Schaffung von Abstellflächen auslösenden Vorkehrungen und solchen zu ziehen, welche diese Verpflichtung auslösen. Es ging hier um einen Umbau und einen Anbau mit einer Fläche von 50 m^2, dies alles aber ohne Eingriff in die tragende Struktur. Das Verwaltungsgericht erklärte: **2169**

> «Die erforderliche Eingriffsintensität liegt ... nicht zwischen blossem Unterhalt ... einerseits sowie Umbau anderseits, sondern zwischen Unterhalt ... und weiteren baulichen Änderungen einerseits sowie eingreifenden Umbauten anderseits ... Das Interessen an ausreichender Parkfläche spricht dafür, nicht allzu hohe Anforderungen an das Ausmass des baulichen Eingriffs zu stellen, an den die Pflicht zur Herrichtung von Abstellplätzen anknüpft. Dies gilt namentlich dann, wenn ein Objekt schon vor dem Umbau über eine zu geringe Parkfläche verfügt.»

Dieser Entscheid lässt allerdings unerwähnt, dass eine Abstellplatzherrichtungspflicht auch gelten kann, wenn die bauliche Änderung nicht «einen erheblichen Teil der Baute oder Anlage erfasst», sondern nur eine (vor 1991) «stärkere» bzw. eine (nach 1991) «andere Nutzung» ermöglicht. Er trifft insoweit wohl auch nach PBG § 243 I lit. b in der Fassung 1991 noch zu.

Blosse Reparaturen und Renovationen, ferner bauliche Änderungen, welche nur einen Teil eines Unter-[8] oder Erdgeschosses oder nur das Dachgeschoss erfassen, lösen hiernach kaum eine Abstellplatzherrichtungspflicht aus.

Der leitende Gedanke ist dabei wohl der folgende: Je mehr bauliche Änderungen der Gebäudeeigentümer schon von sich aus vornimmt, umso eher ist es zumutbar, dass er zusätzliche Abstellflächen schafft.

2170 β') Ein weiterer, wichtiger Entscheid ist der folgende, obwohl auch er noch zur Zeit der Geltung von PBG § 242 I lit. b in der Fassung von 1975 ergangen ist: Das ZH-Verwaltungsgericht bewertete in RB 1986 Nr. 94 (BEZ 1986 Nr. 19) den mit einem Umbau verbundenen Wechsel vom Bewerb eines Gebäudeteiles als Vorhanggeschäft (wobei sich das Hauptgeschäft [Möbel-Pfister] in der Nachbarschaft befand) in eine Arztpraxis (mit 1 Empfangsbüro, 1 Wartezimmer, 1 Sprechzimmer, 2 Behandlungsräumen, 1 Röntgenraum, 1 Laborraum mit Dunkelkammer, 1 Raum mit 2 WC's und 1 Aufenthaltsraum) nicht als eine Änderung, welche die Pflicht zur Schaffung von Abstellflächen auslöste, dies obwohl bisher keine Abstellplätze vorhanden waren; denn es sei aus «Gründen der «Praktikabilität»[9] eine «Schematisierung» gestützt auf «Objektklassen» und «Zugehörigkeit zu einer bestimmten Nutzungskategorie» gerechtfertigt; hienach seien vorher und nachher gleich viel Abstellplätze erforderlich gewesen; dass hier überhaupt keine Abstellplätze vorhanden waren, bildete für das Verwaltungsgericht offenbar für sich allein keinen ausreichenden Grund, die Schaffung von solchen zu verlangen.

Die präjudizielle Bedeutung dieses Entscheides für die Jahre nach 1991 ist allerdings wegen der Auswechslungs des Kriteriums «stärkere Nutzung» durch «andere Nutzung» fraglich. Von Gleichheit zwischen Vorhanggeschäft und Arztpraxis kann auch kaum gesprochen werden.

2171 γ') Zu erwähnen ist sodann der ebenfalls noch zur Zeit der Geltung von PBG § 243 I lit. b in der Fassung von 1975 ergangene Entscheid der Baurekurskommission III (BEZ 1989 Nr. 20): In einem Gebäude in der Reservezone (unbekannt wie bisher beworben) wurde eigenmächtig ein Autospenglereibetrieb mit den zugehörigen Installationen eingerichtet. Der Bauaktive sah nur sechs Abstellplätze vor. Hievon benötigte er zwei bis drei für die Aufstellung von zur Reparatur gebrachten Autos; sodann ist mit der Aufstellung eines Transporters, von Unfallautos und von noch nicht abgeholten oder zum Wiederverkauf bestimmten Autos zu rechnen. Weil es dann keinen Platz mehr für den Betrieb selbst übrig hat, wurde der Stilllegungsbefehl bestätigt.

2172 δ') Gemäss Fritz Frey, S. 24, gilt in der Rechtsprechung als «Faustregel, dass eine Nutzungssteigerung jedenfalls dann wesentlich ist, wenn der Abstellplatzbedarf der nunmehr möglichen Nutzung denjenigen der bisherigen Nutzung nach den Richtzahlen um mehr als 50% übersteigt». Das gilt im Grundsatz wohl auch nach 1991, trotz der Auswechslung des Wortes «stärkere» durch «andere».

---

[8] Siehe allerdings den Entscheid der Baurekurskommission I (BEZ 1985 Nr. 35), wo die Einrichtung eines Kinos mit 420 Sitzplätzen in einem Untergeschoss zu beurteilen war.
[9] Unter Bezugnahme auf Beatrice Weber-Dürler, Verwaltungsökonomie und Praktikabilität im Rechtsstaat, in: ZBl 1986 S. 199.

δ) Zum Verhältnis zwischen dem Erfordernis «Ermöglichung einer wesentlich anderen Nutzung» und 2173

– «Ermöglichung einer wesentlich stärkeren Nutzung» (Fassung von 1975): Es kann zu einer solchen kommen, einfach indem in der gleichen Branche rationeller gearbeitet wird; auch die stärkere Nutzung ist in einem gewissen Sinne eine andere Nutzung; es kann aber auch von einer anderen Nutzung gesprochen werden, wenn ein Branchenwechsel eintritt ohne dass vermehrte Immissionen entstehen, ohne dass es zu mehr Verkehr kommt oder ohne dass die Infrastruktur mehr belastet wird. Ein Branchenwechsel allein kann aber kaum ein ausreichender Auslöser für die Pflicht zur Schaffung zusätzlicher Abstellplätze sein.
– «Nachsichziehen wesentlich anderer Verkehrsbedürfnisse» (PBG § 243 I lit. c): Ein stärkerer Verkehr (Fassung von 1975) zieht immer andere Verkehrsbedürfnisse nach sich, aber nicht umgekehrt; es ist denkbar, dass der nachherige Bewerb keinen stärkeren Verkehr nach sich zieht und die Branche die Gleiche bleibt, aber trotzdem andere Verkehrsbedürfnisse entstehen (zB Verbreiterung des Lichtraumprofiles, der Brückenbelastbarkeit).

Durch die Revision von 1991 wurden m.E. die Fälle des Entstehens einer Abstellplatzherstellungspflicht gegenüber 1975 erweitert.

d) Zu «(Nutzungsänderungen) die voraussichtlich wesentlich andere Verkehrsbedürfnisse schaffen» (erster Absatz lit. c)

α) Dieser Passus bezweckt wohl, dass grundsätzlich auch «reine» Bewerbsänderungen, also solche, welche mit gar keinen oder nur geringfügigen baulichen Vorkehrungen verbunden sind, als Auslöser der Abstellplatzherrichtungspflicht in Betracht kommen können. 2174

β) Bei der Schaffung wesentlich anderer Verkehrsbedürfnisse wird wohl an den Wechsel zwischen vorwiegend Fussgängerverkehr und erheblichem Motorfahrzeugverkehr, an denjenigen zwischen wenigen und vielen zu- bzw. wegfahrenden Fahrzeugen, an denjenigen zwischen Personen- und Lastwagenverkehr sowie an denjenigen zwischen vorwiegend kleinen und vielen grossen Lastwagen (28-Tönner und mehr) gedacht, und zwar immer nur in der Richtung vom Harmloseren zum Gravierenderen. Hier ist eine Prognose anzustellen aufgrund von Erfahrungswerten für Bewerbungen von der Art, wie sie im Baugesuch angegeben werden oder sonst in Betracht kommen. 2175

Zu denken ist etwa an die inskünftig ständige Aufführung von Theaterstücken und Konzerten in bisherigen Fabrikhallen.

γ) Zur Auslegung des Erfordernisses «voraussichtliches Nachsichziehen eines wesentlich stärkeren Verkehrs» in PBG § 243 I lit. c in der Fassung von 1991 sind zu erwähnen: 2176

– Die Baurekurskommission I erklärte in einem allerdings noch zur Zeit der Geltung von PBG § 243 I lit. c ergangenen Entscheid (BEZ 1985 Nr. 35): Die Nebenbestimmung, wonach wegen Einrichtung eines Kinos mit 420 Sitzplätzen in einem bisherigen Lagerraum eines Untergeschosses eines fünfgeschossigen Gebäudes, welches noch zwei andere Kinos aufweist, mindestens 26 Abstellplätze zu schaffen sind, ist in Ordnung und liegt sogar an der unteren Grenze des Verlangbaren. Die «technische und wirtschaftliche Zumutbarkeit nach den Umständen» ist nur in den Fällen von PBG

§ 242 II (Fassung von 1975) ein Erfordernis, nicht aber bei PBG § 242 I (Fassung von 1975). Es ist kaum vorstellbar, dass das Kino ohne bauliche Änderungen hätte realisiert werden können; die Baurekurskommission I erwähnte aber gleichwohl nur PBG § 243 I lit. c.
Dieser Entscheid entspricht auch noch der Rechtslage nach 1991.

2177 – Gemäss Fritz Frey, S. 27, galt in Bezug das PBG von 1975 in der Rechtsprechung als «Faustregel, dass eine Nutzungssteigerung jedenfalls dann einen wesentlich stärkeren Verkehr nach sich zieht, wenn der Abstellplatzbedarf der nunmehr möglichen Nutzung denjenigen der bisherigen Nutzung nach den Richtzahlen um mehr als 50% übersteigt». Das dürfte auch noch aufgrund des PBG von 1991 gerechtfertigt sein.

2178 – Der Passus «voraussichtlich wesentlich» bringt die Crux jeder Abstellplatzherrichtungsverpflichtung zum Ausdruck: Eine solche muss sich zwangsläufig auf einen erst künftigen Verkehr ausrichten. Dabei ist man einerseits auf blosse Prognosen angewiesen, welche sich später als falsch erweisen können, anderseits kann man die Verpflichtung nicht bei jeder Änderung der Sachlage zum Zuge kommen lassen. Auch die Auswechslung des Elementes «stärkerer Verkehr» von 1975 durch dasjenige von «andere Verkehrsbedürfnisse» im Jahre 1991 hat nichts geklärt. Hier kommt u.U. PBG § 243 II (Fassung von 1991) zum Zuge (Rz 2195).

e) **Zu «Abstellflächen [für Verkehrsmittel, insbesondere Motorfahrzeuge] sind (zu schaffen/nicht zu schaffen)»**

2179 α) Zur Frage, wie weit allgemeine Gestaltungs- und Einordnungsvorschriften der Schaffung von Abstellflächen zwischen einem bestehenden Gebäude und der Strasse, im sogenannten Vorgartengebiet, entgegenstehen können, äusserte sich das ZH-Verwaltungsgericht noch unter der Herrschaft des PBG in der Fassung von 1975 in RB 1979 Nr. 93 (ausführlicher in: ZBl 1980 S. 75). Das Verwaltungsgericht bejahte hier zwar die Anwendbarkeit der Ästhetikregelung auch auf den Bau von Autoabstellplätzen im Garten eines älteren Wohnhauses; seines Erachtens überwog jedoch im konkreten Falle (Zürich-Enge) das Interesse an der Schaffung von Abstellflächen auf Privatgrund jenes an der Erhaltung des Vorgartens als Grünfläche. Es ist fraglich, ob dieser Entscheid auch nach Inkrafttreten von PBG § 243 III (Fassung von 1987) bzw. PBG § 242 II zweiter Satz ein schlüssiges Präjudiz ist. Bemerkenswert ist folgende Formulierung: Es ist zu entscheiden, welches Interesse den «Vorrang» hat und «auf welche Weise auch dem unterliegenden Interesse bestmöglich Rechnung getragen werden» kann; also keine Alles-oder-nichts-Lösung! Rz 898.

2180 β) Obwohl das PBG von 1975/1987/1991 die Einschränkungen für Abstellplätzen vor der Baulinie anders als altBauG § 60a (Rz 2128) nicht besonders erwähnt, sind solche wohl weiterhin möglich. Das ergibt sich bereits aus PBG § 244 II mit der Verpflichtung zur Berücksichtigung eines künftigen, verkehrssicheren Strassenbaues.

2181 γ) Das PBG von 1975/1987/1991 erblickte, anders als altBauG § 60a, zu Recht im Umstand, dass später offene Abstellplätze durch Garagen ersetzt werden wollen und es dann Schwierigkeiten betreffend Minimalabstände geben könne (Rz 2119), kein der Regelung durch den Gesetzgeber würdiges Problem mehr.

δ) Dass es um die Schaffung von Abstellflächen für «Verkehrsmittel, insbesondere 2182
Motorfahrzeuge» geht, ergibt sich aus PBG § 242 I (Fassung von 1975/1987/1991). Neben Flächen für Automobile und Motorräder sind auch, besonders seit 1991, solche für Velos gemeint.

Es ist gemäss den Entscheid des ZH-Verwaltungsgerichtes vom 10. Februar 1993 (BEZ 2183
1993 Nr. 3) an angelegte, deutlich ausgeschiedene, abgegrenzte, klar erkennbare, aber nicht unbedingt einen festen Boden aufweisende Abstellflächen[10], nicht einfach an einen flottant zur Verfügung stehenden Teil der Parzelle zu denken.

ε) Es ist dem Gebäudeeigentümer freigestellt, ob er die Abstellplätze den Bewohnern 2184
seines Gebäudes und den hier Beschäftigten samt Besuchern gratis oder mietweise zur Verfügung stellen wolle. Er ist grundsätzlich nicht einmal gehalten, die Abstellplätze den in seinem Gebäude Wohnenden oder Beschäftigten zur Verfügung zu stellen; er muss sie aber auch den nicht den Bewohnern benachbarter Gebäude und den dort Beschäftigten samt Besuchern oder gar einem weiteren Publikum offenhalten. Hingegen stellt sich die Frage, ob der Gebäudeeigentümer Garagenplätze an solche Dritte vermieten darf, ohne die Bewohner des eigenen Gebäudes, die hier Beschäftigten samt Besuchern anzuhalten, ihre Autos in der Garage einzustellen, und ob er gar den Bewohnern seines Gebäudes, den hier Beschäftigten samt Besuchern das Einstellen ihrer Autos auch gegen Entgelt vorenthalten darf (Frage des Bestehen eines Vormietrechtes), beides mit der Folge, dass diese ihre Autos auf der Strasse parkieren. Das ist eine Schwachstelle der Abstellplatzherstellungspflicht: Viele Automobilhalter könnten abseits des öffentlichen Grundes parkieren, wollen aber nicht, und viele wollen, können aber nicht.

f) Zu «(Abstellflächen) sind im gebotenen Ausmass (zu schaffen)»

α) Hier gelangt die Normativität zum Ausdruck. Gemäss den noch unter der Herr- 2185
schaft von PBG in der Fassung von 1975 ergangenen ZH-Verwaltungsgerichtsentscheiden RB 1979 Nr. 93 (ZBl 1980 S. 75) und RB 1982 Nr. 146 waren die Vorschriften über die Schaffung von Fahrzeugabstellplätzen direkt anwendbar, auch wenn die nach PBG § 242 III (Fassung von 1975) zu erlassende kommunale Verordnung noch ausstand. Das trifft wohl auch nach 1991 weiterhin zu.

β) Die Möglichkeit der Erteilung von Ausnahmebewilligungen gemäss PBG § 220 2186
erscheint systematisch zwar nicht von vornherein ausgeschlossen. Da aber die PBG § 232 ff derart formuliert sind, dass vom Inhalt her eine «Überforderung» kaum möglich ist (vgl. den analogen Fall bei PBG § 357, Rz 1694), sind die Voraussetzungen hiezu wohl kaum je gegeben.

γ) Welches Ausmass «geboten» ist, ergibt sich nicht aus PBG § 243 (Fassung von 2187
1991), sondern aus dem in dieser Arbeit nicht näher besprochenen PBG § 242 (Fassung von 1991). Aber auch hieraus ist das «gebotene Ausmass» nicht bereits direkt, sondern nur unter Beizug allfällig vorhandener kommunaler Abstellplatzvorschriften zu ermitteln.

Hier stellt sich allgemein die Frage: Welches ist die Bezugsgrösse zur Ermittlung des «gebotenen Ausmasses» der Abstellfläche? Sicher ist es die Geschossfläche. Ist dies aber

---

[10] Auch Rasengittersteine können genügen.

die bisherige Geschossfläche oder die jetzt zusätzlich geschaffene Geschossfläche oder die gesamte nach Abschluss der Transformation vorhandene Geschossfläche? Dabei wird angenommen, dass die Berechnung mehr oder weniger gleich erfolge wie dort, wo es um die Frage geht: Zählt ein horizontaler Gebäudeabschnitt als ein Geschoss gemäss Geschosszahlmaxima mit oder nicht (Rz 2351 f)? Zählt eine Geschossfläche bei der Ermittlung des zulässigen Masses gemäss Ausnützungsziffer mit oder nicht? Oder sind einfach «diejenigen Flächen in die Bedarfsrechnung einzubeziehen, welche von den baulichen Massnahmen direkt oder in der nutzungsmäsigen Auswirkung erfasst werden»[11]? Es geht bei der Änderung bestehender Gebäude m.E. wiederum nur um die Differenz zwischen dem Vorher- und dem Nachher-Zustand. Die Bau- und Zonenordnungen, welche nach PBG § 242 I (Fassung von 1991) «die Zahl der Abstellplätze festlegen» sollten, sagen hierüber selten etwas[12].

2188 δ) Verschiedene Gemeinden haben von der Zuständigkeit gemäss PBG § 243 III (Fassung von 1987; identisch mit derjenigen von 1975) bzw. PBG § 242 I (Fassung von 1991) Gebrauch gemacht, teils durch Aufnahme der auf die Abstellplatz-Problematik bezüglichen Vorschriften in die Bauordnung, teils durch davon gesonderte Verordnungen. Die separate Festsetzung wird trotz der Formulierung von PBG § 242 I (Fassung von 1991: «Die Bau- und Zonenordnung legt ... fest ...») zu Recht auch nach 1991 nicht als Mangel angesehen, weil sonst die Legiferierung in dieser Materie für die Gemeinden noch mühsamer würde, als sie ohnehin schon ist. Allerdings muss die Festsetzung durch das gleiche Organ erfolgen, welches gemäss Gemeindeordnung auch zur Festsetzung der Bauordnung zuständig ist, also durch die Gemeindeversammlung bzw. Urnenabstimmung oder, sofern vorhanden, durch das Gemeindeparlament bzw. Referendumsabstimmung der Stimmberechtigten. Deklariert postfinites Baurecht findet sich in diesen Rechtsakten allerdings entweder nicht oder nur wenig[13].

ε) *Weitere Gesichtspunkte*

2189 Bis zum Oktober 1997 war die «Wegleitung zur Ermittlung des Parkplatz-Bedarfes» der Direktion der öffentlichen Bauten des Kantons Zürich vom Juni 1990 zu beachten[14]. In

---

[11] So ausdrücklich Art. 4 der in Rz 2208 erwähnten Normalien des Stadtrates von Zürich von 1960.
[12] Auch bei baulichen Änderungen sind die sich aus PBG § 242 II zweiter Satz ergebenden Limitierungen zu beachten (RB 1999 Nr. 117). Rz 2151.
[13] Nicht genau erkennbar ist, ob die Erwähnung der regierungsrätlichen Verordnungskompetenz bezüglich der «Zahl» der Abstellplätze in PBG § 359 lit. h angesichts der Zuständigkeit der Gemeinden zur Aufstellung der «näheren Vorschriften» hiezu in PBG § 243 II (Fassung von 1975/1987) bzw. PBG § 242 I (Fassung von 1991) als ein legislatorisches Versehen bewertet werden soll; es ist nicht ersichtlich, was den Gemeinden noch an Legiferierungskompetenz übrig bleibt, wenn der Regierungsrat die Zuständigkeit gemäss PBG § 359 lit. h ausübt; oder soll der Regierungsrat nur dort aktiv werden dürfen, wo die Gemeinden nicht legiferieren?
[14] Diese Wegleitung war weder eine regierungsrätliche Verordnung nach PBG § 359 lit. h noch eine Bau- und Zonenordnung nach PBG § 242 I (Fassung von 1991). PBG § 359 lit. h kam als gesetzliche Grundlage nicht in Betracht, da er die Zuständigkeit zu Verordnungen über «die erforderliche Zahl von Fahrzeugabstellplätzen» dem Regierungsrat, nicht einer Direktion zuweist. Der Wegleitung konnte nur (aber immerhin) rechtliche Relevanz zuerkannt werden, wenn man mit Giovanni Biaggini, Die vollzugslenkende Verwaltungsverordnung; Rechtsnorm oder Faktum? Reflexionen über ein juristisches Chamäleon, in: ZBl 1997 S. 1 ff, die Aufsichtsbehörden allgemein zur Aufstellung von solchen Richtlinien, Anweisungen usw. ermächtigt ansieht.

ihr wurden Angaben über die «Bestimmung des Normbedarfes (Grenzbedarf)» gemacht; ferner versuchte die Wegleitung, der PBG-Revision von 1987 durch Herabsetzung des minimalen Bedarfes je nach der Bedienungsqualität der jeweiligen Haltestellen des öffentlichen Verkehrsmittel und deren Erreichbarkeit für Fussgänger gerecht zu werden, ohne aber die Abstellplatzzahl schon klar zu maximieren; sie erwähnte auch die Gemeinschaftsanlagen, die Ersatzabgaben, den damit gespeisten Fonds sowie die Zweiradabstellplätze, enthielt aber kein deklariert postfinites Baurecht. Im Oktober 1997 hob die kantonale Baudirektion diese Verlautbarung auf und gab neu eine «Wegleitung zur Regelung des Parkplatz-Bedarfs in kommunalen Erlassen» heraus. Die Baudirektion erblickt jetzt die «betreffende Grundlage im Luft-Programm 1996» wegen dessen Disp. II Ziff. 3 lit. b Abs. 2. Vgl. Rz 2200. Neu wird zwischen Gemeinden mit Zielverkehr und übrigen Gemeinden unterschieden; es wird jetzt deutlich den Gemeinden empfohlen, in kritischen Gebieten die herabgesetzten Bedarfszahlen zum zulässigen Maximum zu erklären; soweit der Grenzbedarf durch wesensmässig nicht gleichzeitig aktuell werdende Bewerbungen (zB solche, welche nur zur üblichen Arbeitszeit stattfinden, und solche, welche nur in den üblichen «Freizeiten» stattfinden) ermittelt wird, sind Doppelbelegungen zu berücksichtigen; es wird auch näher für Veloabstellplätze vorgesorgt[15].

2190 Diese Äusserungen sind stark durch die Richtlinien der «Vereinigung Schweizerischer Strassenfachmänner» (SN 641 000) beeinflusst. Das ist allerdings ein privatrechtlicher Verein. Viele Gemeinden nehmen jedoch auf die Formulierungen der Vereinigung in ihren Rechtsakten direkt Bezug. Diese Richtlinien enthalten keine Hinweise auf die postfinite Problematik.

2191 Bisweilen werden von den Bauaktiven zur Erfüllung der Abstellplatzverpflichtung Flächen angeboten, welche nicht im oder beim die Verpflichtung auslösenden Gebäude selbst liegen. Hier stellt sich die Frage, was unter dem Passus «in nützlicher Entfernung» in PBG § 244 I zu verstehen sei[16].

2192 Ob die vorgesehene bzw. vorhandene Abstellfläche baurechtgemäss ist oder nicht, entscheidet primär die örtliche Baubehörde nach PBG § 318, allenfalls die Baurekurskommission bzw. das Verwaltungsgericht. Die Zuständigkeitsausübung erfolgt durch Verwaltungsakt, allenfalls Gerichtsentscheid, welcher je nachdem, was vorliegt, eine Bewilligung oder eine Verweigerung bezüglich des Bauaktiven enthält.

2193 Die Festlegung der Höhe von Ersatzabgaben gemäss PBG §§ 246 f fällt aber weder in die Zuständigkeit der örtlichen Baubehörde noch der Baurekurskommission, wohl aber in diejenige des Verwaltungsgerichtes, dies aber nur nach dem abtretungsgesetzlich (Rz 3187) geforderten Umweg über die kantonale Schätzungskommission[17].

---

[15] Die in FN 12 f geäusserten Bedenken bezüglich der gesetzlichen Grundlage der Wegleitung treffen weiterhin zu. Indem diese jetzt betonter als eine «Empfehlung» an die Gemeinden, ihr Recht an deren Inhalt «anzupassen», konzipiert erscheint und keine «Weisung» sein will, wird die rechtliche Fragwürdigkeit des Vorgehens zwar etwas entschärft.

[16] Entscheid der Baurekurskommission III (BEZ 1988 Nr. 12): Zwei von einer im Zentrum von Uster gelegenen Umbaustelle 400 m entfernte Abstellplätze wurden noch anerkannt. Der Zugehör-Begriff ist hier sehr weit ausgelegt.

[17] In dem in BEZ 1996 Nr. 21 publizierten Entscheid der Baurekurskommission I stand die Einforderung einer Ersatzabgabe im Zusammenhang mit einer Umbaute zur Beurteilung. Dieses Thema wurde aus grundsätzlichen, für Neubauten gleicherweise bedeutsamen Überlegungen ganz auf das Verfahren gemäss Abtretungsgesetz verwiesen. Die Frage, ob und, wenn ja, wie hohe Ersatzabgaben bei eigent-

2194 Adressat des Verbotes/Gebotes ist der Eigentümer des die Abstellplatzherstellungspflicht auslösenden Gebäudes. Polizeirechtlich ist er der Zustands- und meistens auch der Verhaltensstörer (Rz 443). Auch wenn vorwiegend die nicht Eigentümerqualität aufweisenden Bewohner, Beschäftigten und Besucher (blosse Verhaltensstörer) am Verkehrsaufkommen beteiligt sind, steht dies der Inpflichtnahme des Gebäudeeigentümers nicht im Wege[18].

2. Zum zweiten Absatz von PBG § 243 in der Fassung von 1991

a) Zum ersten Satz

2195 Dieser Absatz enthält einerseits wegen des Hinweises auf die «Aufhebung» von Abstellflächen ein im Ermessen der örtlichen Baubehörde (PBG § 318) stehendes partielles Bewerbstillegungsgebot nach Rz 360. Er enthält aber auch anderseits wegen des Hinweises auf die «Schaffung zusätzlicher Abstellplätze» ein im Ermessen der örtlichen Baubehörde (PBG § 318) stehendes partielles Hinzubau- oder Hinzubewerbsverbot gemäss Rz 361[19].

α) Zu «bestehende Bauten und Anlagen»

2196 Zu diesem Ausdruck siehe Rz 50 f. Es geht hier im Wesentlichen um Gebäude, vielleicht auch einmal um einen Freiluft-Markt oder auch um Autoabstellplätze.

β) Zu «der bisherige Zustand bewirkt (nicht) regelmässig Verkehrsstörungen oder andere Übelstände»

2197 Zu beurteilen, was als regelmässige und was als nicht regelmässige Verkehrsstörung zu qualifizieren ist, bleibt weitgehend dem Ermessen überlassen. Bei den anderen Übelständen ist möglicherweise an die Belästigung durch Lärm, Luft- und Gewässerverschmutzung zu denken. Das ist ein der Bauvorschriftswidrigkeit ähnlicher Fall[20].

2198 Das ZH-Verwaltungsgericht hat sich in RB 1984 Nr. 109 hiezu, zwar noch bezogen auf PBG § 242 II in der Fassung von 1975, geäussert; da jedoch jene Vorschrift in PBG § 243 II in der Fassung von 1991 voll enthalten ist, gelten die dortigen Aussagen weiterhin: Gemäss Verwaltungsgericht stellt PBG § 242 II (Fassung von 1975) «einen Spezialfall der polizeilichen Generalklausel dar». Gestützt auf sie kann jederzeit die Zahl der Parkplätze so festgelegt werden, «dass der polizeiliche Zustand nicht mehr fortbesteht». Weder bedeutet dies «eine unzulässige Abänderung einer früheren, im Zusammenhang

---

lichen baulichen Änderungen (also nicht bei sekundären Neubauten nach Rz 199 f) zu leisten sei, ist meines Wissens noch offen. Vgl. hiezu jedoch BGE 97 I 792, 806 ff (Stadt Zug), wo sich das Bundesgericht direkt zur Höhe der Ersatzabgabe äusserte.

[18] BGE 97 I 792, 797 (Stadt Zug); anders allerdings noch: BGE 85 I 234 E. 2.
[19] Im BGE vom 18. Januar 1990 (Winterthur/ZH, in: ZBl 1990 S. 354) ging es um Folgendes: Die städtische Baubehörde bewilligte umfangreiche Bauarbeiten (Umgestaltung gemäss Rz 200) in der aus dem Jahr 1790 stammenden Baronenschür unter der Bedingung der Aufhebung von Autoabstellplätzen; die Baurekurskommission IV hob diese Bedingung auf, das ZH-Verwaltungsgericht stellte die Bedingung wieder her, was das Bundesgericht bestätigte.
[20] Nach Fritz Frey, S. 35, hat allerdings der «andere Übelstand» neben den «Verkehrsstörungen» keine selbständige Bedeutung. Das scheint mir zu eng.

mit baulichen Massnahmen erlassenen Verfügung» noch bestehe eine Beschränkung auf «sachbezogene» Umstände. «Damit können grundsätzlich zusätzlich Parkplätze auch dann verlangt werden, wenn die Bewohner eines Hauses eine Vielzahl von Autos halten und dadurch Verkehrsstörungen verursachen.»

Eine stark von sonstigen baurechtlichen Konzeptionen abweichende Äusserung! 2199
Fritz Frey, S. 37, sieht in PBG § 242 II (Fassung von 1975) auch einen Spezialfall von PBG § 358 (Rz 2971 f).

Für einen Befehl nach PBG § 242 II (Fassung von 1975) reicht es nach Fritz Frey, S. 34, nicht aus, dass in unmittelbarer Nähe eines nicht über genügend Abstellplätze verfügenden Grundstückes Motorfahrzeuge regelmässig in einer verkehrsstörenden Art und Weise abgestellt werden.

Ein Befehl nach PBG § 243 II (Fassung von 1975) kommt nach Fritz Frey, S. 35 mit FN 51, auch nicht in Betracht, «wenn in der Nachbarschaft des betreffenden Grundstückes öffentliche, der freien Benutzung zugängliche Abstellplätze vorhanden sind und wenn diese von den Bewohnern, Benützern oder Besuchern des betreffenden Grundstückes auch tatsächlich in rechtlich zulässiger Weise benützt werden».

γ) *Zu «die Beschäftigtenparkplätze (überschreiten/überschreiten nicht) die festgesetzte Gesamtzahl erheblich»*

Hier hat die kantonsrätliche Kommission im Gesetzestext nun doch wieder den Ausdruck 2200 «Parkplatz» eingeführt, welcher 1975 bewusst gemieden worden ist (Rz 2116 mit FN 2).

Diese Regelung will erreichen, dass die Beschäftigten von Unternehmungen, statt mit dem eigenen Auto zur Arbeitsstätte zu fahren, das öffentliche Verkehrsmittel benützen. Bei der «festgesetzten Gesamtzahl» ist wohl nicht nur an eine allfällig statuierte Begrenzung der maximal zulässigen Zahl, sondern auch an das an sich geforderte Minimum zu denken. Insoweit handelt es sich notwendigerweise um einen Fall von Baurechtswidrigkeit. Es ist mir noch kein hierüber ergangener Entscheid bekannt. Hingegen verwies das ZH-Verwaltungsgericht in RB 1996 Nr. 89 (ausführlicher in: BEZ 1996 Nr. 11, Richti-Wallisellen) betreffend Neubauvorhaben auf die spätere Anwendbarkeit von PBG § 243 II. Hier wird auch gesagt, dass weder die Wegleitung der Baudirektion (Rz 2189) noch der auf Art. 31 der Luftreinhalteverordnung (SR 814.318.142.1) gestützte Massnahmenplan Lufthygiene vom 25. April 1990 (Rz 4081 ff), welcher zudem in P 8 lediglich die Reduktion der Beschäftigtenparkplätze «anstrebt», eine gesetzliche Grundlage bilden könne.

δ) *Zu «ohne Zusammenhang mit Änderungen»*

Es spielt für den Befehl gemäss PBG § 243 II (Fassung von 1991) keine Rolle, ob ein 2201 Zusammenhang mit Änderungen vorliegt, ob ein solcher fehlt oder ob es nur um eine Renovation geht. Zum Aufhebungsbefehl kann es auch kommen, wenn sich das im Zeitpunkt der Bewilligung angenommene, künftige Verkehrsaufkommen später als unzutreffend erweist.

Es handelt sich hier um eine unbedingte, nicht von der Absicht des Gebäudeeigentümers bzw. Bewerbsträgers abhängige Anpassungspflicht. Es geht hier, je nach Sachverhalt, um eine erfüllungsweise oder um eine nur annäherungsweise Anpassungspflicht (Rz 446), ähnlich wie dies in PBG § 358 PBG der Fall ist (Rz 2971 f).

ε)   Zu «(es) kann ... die Aufhebung oder Schaffung von Abstellplätzen verlangt werden»

2202 Es geht bei der Schaffung um eine Anlegung gemäss PBG § 244 II. Statt einer Aufhebung von Abstellplätzen genügt bisweilen auch die blosse Verlegung oder die Anbringung einer Signalisation.

2203 Als Normierer kommen hier primär die Gemeinde, hier die örtliche Baubehörde nach PBG § 318, allenfalls auch Rechtsmittelinstanzen in Betracht, was im Text aber nicht zum Ausdruck gelangt.

Die Normierung besteht, wenn die vorhandene Abstellfläche in Ordnung ist bzw. nicht in Ordnung ist, in der Ausfällung eines Verwaltungsaktes, allenfalls eines Gerichtsentscheides, welcher die Vergrösserung/Verkleinerung der Abstellflächen oder eine bestimmte räumliche Anordnung verlangt. Wenn zu wenig Abstellfläche vorhanden ist, deren Schaffung an Ort und Stelle aber ortsbaulich schlecht ist, kann jedoch kaum die Verpflichtung zur Leistung einer Ersatzabgabe bei Nichterhöhung bzw. Nichtbeteiligung an einer Gemeinschaftsanlage ergehen.

2204 Das Wort «kann» bringt zum Ausdruck, dass das Ausfällen des Befehles im Ermessen des zuständigen Organes liegt. Es handelt sich um eine Kann-, nicht um eine Muss-Vorschrift.

b)   Zum zweiten Satz von PBG § 243 II in der Fassung von 1991

α)   Zu «die Verpflichtung (ist) nach den Umständen technisch und wirtschaftlich (nicht) zumutbar»

2205 Fritz Frey, S. 35 f, erklärte, zwar noch zu PBG § 242 II in der Fassung von 1975/1987, welche sich aber in dieser Beziehung nicht von PBG § 243 II in der Fassung von 1991 unterscheidet: Dieses Erfordernis gälte auch, ohne dass es hier stünde, bereits in direkter Anwendung des Verhältnismässigkeitsgrundsatzes; ob technische und wirtschaftliche Zumutbarkeit vorliege, sei «ausschliesslich» nach «objektive(n), grundstückbezogene(n) Kriterien» zu beurteilen; das bedeute «insbesondere, dass die subjektive wirtschaftliche Leistungsfähigkeit des betroffenen Erstellungspflichtigen nicht berücksichtigt werden darf. Würde beispielsweise von einem Grundeigentümer verlangt, einen Teil eines bestehenden Gebäudes abzureissen, um einen Abstellplatz zu schaffen, wäre diese Verpflichtung wirtschaftlich somit auch dann unzumutbar, wenn sie die finanzielle Leistungsfähigkeit des Grundeigentümers nicht übersteigen würde.» Das ist alles «im Grundsatz» richtig. Im baurechtlichen Alltag bestehen jedoch grosse Schwierigkeiten in der Abgrenzung zwischen objektiven und subjektiven Gesichtspunkten. Kaum Schwierigkeiten bestehen jedoch bei der Abgrenzung zwischen technischer Möglichkeit und technischer Unmöglichkeit. Fritz Frey erklärt hiezu zu Recht: Weil heute technisch fast alles möglich ist, falle die technische Unzumutbarkeit regelmässig mit der finanziellen zusammen.

Zur Klärung dieses unbestimmten Passus kann wohl die Praxis zum USG Art. 11 (SR 814.01) beigezogen werden (Rz 4081 f).

β)   Zu «(die Verpflichtung) muss (zumutbar sein)»

2206 Das Wort «muss» bringt zum Ausdruck, dass der Verwaltungsakt/Gerichtsentscheid über die Anwendung von PBG § 243 II nicht im freien Ermessen der Behörde steht.

Anhang

Zur Regelung der Abstellplätze in der Stadt Zürich

1. Zur Ausgangslage

Die Knappheit von Autoabstellflächen war im Kanton Zürich in der Stadt Zürich schon früh ein lokalpolitisches Thema ersten Ranges. Unmittelbar nach Inkrafttreten der Revision des Baugesetzes vom 24. Mai 1959 (Rz 2114 f) unternahm die Stadt Zürich Schritte zu dessen juristischen Bewältigung. Sie hatte allerdings grosse Mühe, hiezu den richtigen Weg zu finden.

2. Zu den Materialien

a) Die Stadt Zürich setzte erstmals am 4. März 1960, mit Revision vom 21. September 1967, also beides noch zur Zeit der Geltung von altBauG § 60a (Rz 2114 ff), Regelungen über die Abstellplätze fest[21]. Deren rechtliche Verbindlichkeit war aber prekär: Einerseits wurden sie nur vom Stadtrat statt von dem gemäss Gemeindeordnung wohl zuständigen Gemeinderat festgesetzt; anderseits holte der Stadtrat hiefür nie die regierungsrätliche Genehmigung gemäss § 60a II, zweiter Satz ein. Ausdruck dieser Prekarietät war wohl auch der Umstand, dass dieses normative Produkt mit dem Wort «Normalien» bezeichnet wurde. Eine Äusserung zum postfiniten Baurecht befand sich hier in Art. 4 wie folgt:

> «Bei Umbauten sind diejenigen Flächen in die Bedarfsberechnung einzubeziehen, welche von den baulichen Massnahmen direkt oder in der nutzungsmässigen Auswirkung erfasst werden.»

b) Mit Beschluss vom 28. März 1984, also bereits unter der Herrschaft von PBG § 243 III (Fassung von 1975), hob der Stadtrat von Zürich einerseits die «Normalien» von 1960/1967 auf und legte dem Gemeinderat einen Antrag für eine Verordnung über Fahrzeugabstellplätze vor; gleichzeitig erklärte er wesentliche Teile dieses Antrages als «Normalien» bis zum Inkrafttreten der Verordnung (AS Bd. 38 S. 408). Der Gemeinderat hiess den Antrag stark modifiziert am 8. Januar 1986 gut; der Regierungsrat stimmte am 4. November 1987 (also bereits nach der PBG-Revision von 1987) weitgehend zu, verweigerte jedoch die Genehmigung für die Herabsetzung des Abstellplatzbedarfes im Gebiet A (Altstadt) auf null. Die neuen Normalien bzw. die Verordnung enthielten, im Unterschied zu ihrem Vorgänger, kein deklariert postfinites Baurecht.

c) Am 11. Mai/26. Oktober 1988 unterbreitete der Stadtrat dem Gemeinderat einen Antrag zur Neufassung des nichtgenehmigten Teiles der Verordnung vom 8. Januar 1986 und zur stärkeren Berücksichtigung des Erschliessungsgrades durch öffentliche Verkehrsmittel und der Möglichkeit der Abstellplatzplafonierung gemäss PBG-Revision von 1987 (vgl. BEZ 1990 Nr. 29 zur Beachtlichkeit gemäss PBG §§ 233 f, Rz 1946 ff). Der Antrag wurde erst nach einer mühsamen politischen Auseinandersetzung im Gemeindeparlament am 20. Dezember 1989 gutgeheissen (AS Bd. 41 S. 200).

---

[21] AS Bd. 31 S. 23 und AS Bd. 33 S. 289. Bereinigte Sammlung Bd. 2 S. 448.

2211 d) Die regierungsrätliche Genehmigung erfolgte erst am 29. Dezember 1993, also bereits unter der Herrschaft von PBG §§ 242 f (Fassung von 1991) und nach Vorliegen der «Wegleitung» der Baudirektion vom Juni 1990 (Rz 2189). Die Verordnung ist seit dem 12. März 1994 in Kraft. Damit erhielt die Stadt Zürich erstmals eine baurechtliche Abstellplatzregelung, welche juristisch vollwertig war.

2212 e) Am 11. Dezember 1996 kam im Gemeinderat (Parlament) die Vorlage für eine neue Parkplatzverordnung zur Sprache. Damit sollte PBG §§ 242 f in der Fassung von 1991 (Berücksichtigung der öffentlichen Verkehrsmittel, Plafonierung der Abstellplatzzahl, Veloabstellplätze) noch vermehrt Rechnung getragen werden. Die Verordnung wurde gleichentags angenommen, wurde vom Regierungsrat am 20. April 1999 genehmigt und trat am 31. Januar 1998 in Kraft (AS Bd. 43 S. 1 ff).

3. Zur Auslegung und Praxis zur Verordnung vom 11. Dezember 1996

2213 Hierauf ist hier nur insoweit einzutreten, als die Verordnung den Abstellplatzbedarf stark bewerbsabhängig regelt und, was auch bezüglich der Änderung von Bewerbungen von Belang ist, nicht nur zwischen Wohn- und gewerblichem/industriellem Bewerb unterscheidet, sondern auch innerhalb des Letzteren eine Auffächerung vornimmt. Es wird hier in Art. 4 für die folgenden Bewerbsarten grundsätzlich je ein Abstellplatz pro genannte Bruttogeschossfläche verlangt[22]:

Wohnen	50–100 m^2
Büros, Labors, Praxen wenn kleiner als 500 m^2: 120 m^2, sonst: 210 m^2	120–210 m^2
Läden wenn kleiner als 200 m^2: 100 m^2, sonst: 160 m^2	100–160 m^2
Restaurants, Cafés, Bars	40 m^2
Fabrikations- und Lagerräume	350 m^2
Spezielle Nutzungen (Spitäler, Alterswohnungen, -heime, Schulhäuser, Hotels, Sportanlagen usw.)	von Fall zu Fall unter Berücksichtigung der VSS-Norm SN 641400 festzulegen

Diese Werte sind zwar als Minimalerfordernisse gedacht. Doch werden sie in Art. 5 für einzelne Stadtgebiete differenziert herabgesetzt; gleichzeitig wird auch die Zahl der Abstellplätze nach oben beschränkt, ebenfalls differenziert nach Stadtgebieten, zudem in Abhängigkeit vom NO_2-Gehalt der Luft.

In Art. 11 wird die Verwendung von Besucher- und Kundenparkplätzen als Dauerparkplätze, deren Vermietung an Dritte und sowohl die rechtliche als auch tatsächliche Aufhebung von Parkplätzen geregelt.

---

[22] Ähnlich differenzierten schon die «Normalien» von 1960/1967 (Rz 2208), ferner die nie rechtskräftig gewordene Parkplatzverordnung vom 8. Januar 1986 (Rz 2209); allerdings liessen sie aufgrund bedeutend niedrigerer Flächen die Anstellplatzherstellungspflicht zum Zuge kommen, waren also insoweit anspruchsvoller.

In der Verordnung wird sodann festgelegt, ein wie grosser Anteil der Pflichtabstellplätze für Besucher und Kunden zu reservieren und markieren sei.

Kaum ein Teil des Baurechtes zeigt so stark die Verschlungenheit von Gebäude und Bewerb (Rz 326) wie die Vorschriften über die Autoabstellplätze. **2214**

PBG § 248: Zu den Kinderspielplätzen, Freizeit- und Pflanzgärten sowie Ruheflächen

I. Zur Ausgangslage

2215 Je mehr in Siedlungen die unüberbauten Flächen zwischen den Gebäuden verschwinden, desto weniger finden die Kinder Stellen, wo sie sich frei tummeln können; aber auch für Betagte wird es immer schwieriger, einen ruhigen Ort im Freien zu finden; auch «Pflanzblätze» für Hobby-Gärtner werden immer rarer.

II. Zur Regelung im alten Baugesetz

2216 Das alte Baugesetz hatte noch nichts zur Bremsung dieses immer grösser werdenden Mangels vorgekehrt. Das Einzige, was in dieser Richtung vorgekehrt werden konnte, war das – rechtsstaatlich nicht immer einwandfreie – Verknüpfen von Ausnahmebewilligungen und Arealüberbauungsbewilligungen mit der Bedingung und/oder Auflage der Schaffung von Kinderspielplätzen.

III. Zur Regelung im PBG

A. Zu den Materialien

1. Zum Text von 1975

2217 a) Die Baudirektion schlug in ihrem Vorentwurf vom Dezember 1972 (Rz 1466) in dieser Materie im 4. Titel mit der Überschrift «Das öffentliche Baurecht», im 1. Abschnitt mit der Überschrift «Die Bauvorschriften», im Unterabschnitt B. mit der Überschrift «Grundanforderungen an Bauten und Anlagen» den folgenden Text vor:

> «G. Spielplätze
> § 222
> Bei Überbauungen mit zwölf oder mehr Wohnungen von wenigstens drei Zimmern sind an verkehrssicherer Lage gut besonnte und zweckmässig ausgerüstete Spielplätze anzulegen und dauernd zu unterhalten; ihre Grösse soll in der Regel 20% der betreffenden Brutto-Geschossfläche betragen.»

2218 b) Der Regierungsrat (Rz 1467) beantragte dem Kantonsrat in seiner Vorlage vom 5. Dezember 1973 (jetzt § 227) weitgehend den gleichen Text, jedoch unter Ausweitung der Platzschaffungspflicht auf «Ruheflächen» sowie auf alle Fälle, «wo nach der sonstigen Zweckbestimmung der Gebäude ein Bedarf besteht». Im Weiteren wurde das Erfordernis «an verkehrssicherer Lage gut besonnt» durch den Passus «an geeigneter Lage» ersetzt. Hier handelt es sich noch nicht um deklariert postfinites Baurecht.

2219 c) In den kantonsrätlichen Beratungen (Rz 1468) erfuhr der Text (jetzt PBG § 248) die folgenden Modifikationen:

Die Pflicht zur Schaffung von Spiel- und Ruheflächen wurde nicht mehr an «Überbauungen mit zwölf oder mehr Wohnungen von wenigstens drei Zimmern», sondern an die «Erstellung von Mehrfamilienhäusern» angeknüpft; die Verknüpfung der Grösse der Plätze mit der Bruttogeschossfläche der Gebäude wurde fallen gelassen; an deren Stelle trat im zweiten Absatz die Verweisung auf die Bau- und Zonenordnung sowie im dritten Absatz diejenige auf den Erlass von Richtlinien. Das Erfordernis der «verkehrssicheren» Lage wurde im ersten Absatz wieder aufgenommen (anstelle der «geeigneten» Lage). Gleiches sollte für Anlagen der genannten Art auch «bei bestehenden Bauten verlangt werden können, wenn dafür ein Bedürfnis vorhanden und die Verpflichtung technisch und wirtschaftlich zumutbar ist». Damit ist wurde der Bezug zum postfiniten Baurecht deklariert.

d) Der so modifizierte Text erhielt mit der Annahme des PBG in der Volksabstimmung vom 5. September 1975 (Rz 1469 f) Gesetzeskraft. 2220

2. Zum Text von 1991

a) Die Baudirektion schlug in ihrem Entwurf vom Februar 1988 (Rz 1601) für die grosse Teilrevision des PBG von 1991 noch keine Modifikation von PBG § 248 vor. 2221

b) Weil im Vernehmlassungsverfahren Begehren um eine Ausweitung der Verpflichtung gemäss PBG § 248 laut geworden waren, schlug der Regierungsrat in seinem Antrag an den Kantonsrat vom 11. Oktober 1989 (Rz 1602) auch die Freizeit- und Pflanzgärten in die Kategorie der verlangbaren Ausstattungen vor; der Passus «technisch und wirtschaftlich» vor dem Wort «zumutbar» wurde gestrichen. Ferner fiel der dritte Absatz mit der Erwähnung des Richtlinienerlasses weg. 2222

c) In den kantonsrätlichen Beratungen (Rz 1604) kam es zu keinen weiteren Modifikationen. 2223

d) Mit der Annahme der grossen PBG-Teilrevision in der Volksabstimmung vom 1. September 1991 (Rz 1605) erhielt der folgende Text Gesetzeskraft: 2224

«F. Spiel- und Ruheflächen; Gärten
§ 248
Bei der Erstellung von Mehrfamilienhäusern sind in angemessenem Umfang verkehrssichere Flächen als Kinderspielplätze, Freizeit- und Pflanzgärten oder, wo nach der Zweckbestimmung der Gebäude ein Bedarf entsteht, als Ruheflächen auszugestalten. Gleiches kann bei bestehenden Bauten, verlangt werden, wenn dafür ein Bedürfnis vorhanden und die Verpflichtung zumutbar ist.
Die Bau- und Zonenordnung kann ergänzende Bestimmungen enthalten.»

B. Zur Auslegung von PBG § 248 und zur Praxis hiezu

1. Wegen des ersten Absatzes zweiter Satz handelt es sich hier um (mittelstark separiert) deklariert postfinites Baurecht von sektorieller Tragweite (Rz 801). 2225

2. Kinderspielplätze, Frei- und Pflanzgärten sowie Ruheflächen sind Ausstattungen im Sinne der Allgemeinen Bauverordnung §§ 3 f (LS 700.2). Die Frage, ab Gebäuden mit wie viel Wohnungen von Mehrfamilienhäusern gesprochen werden kann, ist noch offen. Mir scheint, ab zehn Wohnungen sind solche Anlagen zu schaffen. 2226

2227 3. Der erste Absatz zweiter Satz stellt einen Fall von im Sinne von Rz 450 f unbedingter Anpassungspflicht dar: Bei bestehenden Gebäuden können solche Anlagen auch verlangt werden, ohne dass der Eigentümer selbst bauliche oder bewerbsmässige Änderungen vorsieht. Der zweite Satz ist ein Verweis auf den ersten.

2227a 4. PBG § 248 ist selbstverständlich nicht eingehalten, wenn die erforderlichen Kinderspielplätze, Freizeit- und Pflanzgärten sowie Ruheflächen nur zur Zeit der Fertigstellung der Neubauten vorhanden sind, aber nachher verkommen. Der Eigentümer muss diese Anlagen fortbestehenlassen sowie reinigen, reparieren usw. (unterhalten) – und auch benützen lassen! Keine Pflicht besteht allerdings, sie auch zu benützen.

Mir sind keine Gerichtsentscheide zu PBG § 248 bekannt. Es bleibt abzuwarten, wie weit dieser Regelung bei den Bauaktiven Folge geleistet wird, welche nicht von einer besonderen sozialen Verpflichtung getragen sind.

PBG § 249: Zu den Abstellplätzen für die Kehrichtbeseitigung

I. Zur Ausgangslage

Je grösser die Bevölkerungszahl wird und je mehr beim Konsum Abfall entsteht, desto eher wächst die Gefahr, dass dieser an unerwünschten Stellen weggeworfen wird. Längst genügt die Bereitstellung von gewarteten Deponieplätzen nicht mehr zur Lösung des Problems. Systematisches Einsammeln der Abfälle bei den Erzeugern mit nachheriger zentraler Verbrennung oder Kompostierung ist jedoch teuer. Der Kostentiefhaltung dient es offensichtlich, wenn die Abfallerzeuger den zum Wegtransport bestimmten Kehricht nicht wo es ihnen gerade passt, sondern so deponieren, dass ihn das Abfuhrwesen möglichst leicht einsammeln kann.

II. Zur Regelung im alten Baugesetz

Im alten Baugesetz war dem Thema Kehrichtbeseitigung noch in keiner Weise Rechnung getragen. Die Gemeinden behalfen sich fürs Gröbste damit, dass sie in Baubewilligungen für Grossüberbauungen als Auflage statuierten, dass für die Abholung des Kehrichts durch ihren Sammeldienst geeignete Standplätze errichtet werden müssen.

III. Zur Regelung im PBG

A. Zu den Materialien

1. Zum Text von 1975

a) Die Baudirektion schlug in ihrem Vorentwurf vom Dezember 1972 (Rz 1466) in dieser Materie im 4. Titel mit der Überschrift «Das öffentliche Baurecht», im 1. Abschnitt mit der Überschrift «Die Bauvorschriften», im Unterabschnitt B. mit der Überschrift «Grundanforderungen an Bauten und Anlagen» den folgenden Text vor:

> «H. Kehrichtbeseitigung
> § 223
> Bei Neubauten und wesentlichen Umbauten oder Zweckänderungen sind ausserhalb des Strassengebietes in geeigneter Grösse und Lage Abstellplätze für Kehrichtsäcke und -behälter zu schaffen. Mit der Baubewilligung für grössere Gebäude kann überdies verlangt werden, dass in oder bei den Gebäuden offene oder geschlossene Räume für Kehrichtbehälter erstellt werden.»

b) Der Regierungsrat beantragte dem Kantonsrat in seiner Vorlage vom 5. Dezember 1973 (Rz 1467) im ersten Absatz die Einschiebung des Passus «wo die Verhältnisse es gestatten». Der Passus «für Kehrichtsäcke und -behälter» wurde durch «für die Kehrichtabfuhr» ersetzt. Im zweiten Absatz hiess es neu statt «offene oder geschlossene Räume» «geeignete Räume» (jetzt § 228).

2232 c) In den kantonsrätlichen Beratungen (Rz 1468) erfuhr der Text keine materiellen Modifikationen (jetzt PBG § 249).

2233 d) Mit der Annahme des PBG in der Volksabstimmung vom 7. September 1975 (Rz 1470) erhielt der vom Regierungsrat vorgelegte und vom Kantonsrat verabschiedete Text Gesetzeskraft.

2. Zum Text von 1991

2234 a) Die Baudirektion schlug in ihrem Entwurf vom Februar 1988 für die grosse Teilrevision des PBG von 1991 (Rz 1601) als dritten Absatz in PBG § 249 vor, die Gemeinden zu ermächtigen, weitere Bestimmungen über Einrichtungen für die zweckmässige Abfallbeseitigung und die Kompostierung aufzustellen.

2235 b) Der Regierungsrat übernahm diesen Text in seinem Antrag an den Kantonsrat vom 11. Oktober 1989 (Rz 1602).

2236 c) Im Kantonsrat (Rz 1604) wurde ergänzend als vierter Absatz beschlossen, dass bei neuen und bestehenden Bauten und Anlagen, die Sonderabfälle oder grosse Mengen von Abfall verursachen, wie Warenhäuser und Einkaufszentren, Sammeleinrichtungen zu erstellen und zu betreiben seien, die auch Kunden zur Verfügung stehen.»

2237 d) Mit der Annahme der PBG-Teilrevision in der Volksabstimmung vom 1. September 1991 erhielt der folgende Text Gesetzeskraft (Abweichungen gegenüber 1997 im Wesentlichen *kursiv*):

> «G. Kehrichtbeseitigung
> § 249
> Bei Neubauten und wesentlichen Umbauten oder Zweckänderungen sind, wo die Verhältnisse es gestatten, ausserhalb des Strassengebiets in geeigneter Grösse und Lage Abstellplätze für das Abfuhrgut zu schaffen.
> Die baurechtliche Bewilligung für grössere Gebäude kann überdies verlangen, dass in oder bei den Gebäuden geeignete Räume für Kehrichtbehälter erstellt werden.
> *Die Gemeinden können weitere Bestimmungen über Einrichtungen für die zweckmässige Abfallbeseitigung und die Kompostierung aufstellen.*
> *Bei neuen und bestehenden Bauten und Anlagen, die Sonderabfälle oder grosse Mengen von Abfall verursachen, wie Warenhäuser und Einkaufszentren, sind Sammeleinrichtungen zu erstellen und zu betreiben, die auch Kunden zur Verfügung stehen.»*

B. Zur Auslegung von PBG § 249 und zur Praxis hiezu

2238 1. Wegen des Passus «bei wesentlichen Umbauten oder Zweckänderungen» im ersten Absatz, «bestehend» im vierten Absatz und weil Kehricht vor allem nach Fertigstellung eines Gebäudes anfällt, handelt es sich hier um (schwach separiert) deklariert postfinites Baurecht, allerdings mit nur sektorieller Tragweite.

2239 2. Abstellplätze für die Kehrichtbeseitigung sind Ausstattungen im Sinne der Allgemeinen Bauverordnung §§ 3 f (LS 700.2).

3. Die Verpflichtung im ersten Absatz zur Erstellung von Abstellplätzen für das Abfuhrgut ist eine bedingte Anpassungspflicht, diejenige für Sammeleinrichtungen im vierten Absatz ist eine unbedingte Anpassungspflicht im Sinne von Rz 454. In materieller Hinsicht wird auf das Abfallgesetz (LS 712.1, Rz 3178) verwiesen. 2240

4. Diese Regelung ist selbstverständlich nicht eingehalten, wenn die erforderlichen Abstellplätze nur zur Zeit der Fertigstellung der Neubauten vorhanden sind, aber nachher verkommen. Der Eigentümer muss diese Anlagen fortbestehen lassen sowie reinigen, reparieren usw. (unterhalten) – und auch benützen lassen! Eine Pflicht, sie auch zu benützen, besteht zwar, aber nur indirekt über die Abfallgesetzgebung. 2241

An Gerichtsentscheiden zu PBG § 249 ist zu nennen: RB 1990 Nr. 120 (Zuständigkeit der örtlichen Baubehörde, nicht der Gesundheitsbehörde). 2242

PBG § 274 in Verbindung mit § 270 III: Zum ausserordentlichen Gebäudeabstand gegenüber Hauptgebäuden mit ungewöhnlich nahem Abstand von der Grenze und zum Näherbaurecht

I. Zur Ausgangslage

2243 Das räumliche Verhältnis zwischen Gebäuden und Parzellengrenzen kann von zwei Seiten her betrachtet werden:

- entweder man geht von den Parzellengrenzen als etwas Gegebenes aus und fragt dann, wie nahe daran Gebäude gestellt werden;
- oder man geht von den Gebäuden als etwas Gegebenes aus und fragt dann, wie nahe daran Parzellengrenzen gezogen werden.

2244 Im Baurecht ist die erste Betrachtungsweise die häufigere und zentralere; die zweite Betrachtungsweise kommt aber auch vor.

2245 In beiden Fällen ist mit der Möglichkeit zu rechnen, dass Gebäude und Parzellengrenzen näher beieinander liegen, als dies ordentlicherweise erlaubt ist. Die Gründe können vielfältig sein. Die wichtigsten Entstehensgründe sind:

a) Heraufsetzung der Minima nach Erstellung des Gebäudes durch Gesetzes- oder Bauordnungsrevision;
b) Erteilung eines Grenzabstands-Näherbaurechtes (Rz 2254 ff);
c) Ziehung einer Grenze innerhalb des sich aus einer ordentlichen Grenzabstandsregelung ergebenden Mass (Rz 2328 ff);
d) Erteilung einer Ausnahmebewilligung (Rz 606 ff);
e) fehlerhafte Erteilung einer Baubewilligung;
f) Auswechslung eines abstandsmässig privilegierten Bewerbes durch einen abstandsmässig nicht privilegierten ohne Baubewilligung;
g) eigenmächtiges Bauen.

2246 Ein Gebäude kann zwar den ordentlichen Grenzabstand einhalten, jedoch dem Gebäudeabstand nicht genügen. In Betracht kommen von den vorgenannten Möglichkeiten a), d), e), f) und g), ferner die Einräumung eines Gebäudeabstandsnäherbaurechtes (Rz 2259).

2247 Es geht hier um die Frage nach den ordentlichen und den ausserordentlichen (minimalen) Grenzabständen.

2248 Die unternormale Distanz zwischen Gebäuden und Parzellengrenzen ist unter anderem dort von Bedeutung, wo Gebäude gegenüber anderen Gebäuden einen bestimmten minimalen Abstand einhalten müssen und dieser ordentlicherweise als Summe zwischen den von beiden Gebäuden ordentlicherweise einzuhaltenden Grenzabständen definiert ist. Hier kann ein Bedürfnis nach einer Reduktion dieses Abstandes, nach einem ausserordentlichen Gebäudeabstand bestehen.

2249 Was immer auch der Grund für den unternormal grossen Abstand zwischen Gebäude und Parzellengrenze oder Gebäuden unter sich sein mag, so wirkt sich dieses Minus auf die Baumöglichkeiten bezüglich der anstossenden Parzellen nachteilig aus, wenn für Bauvorhaben in Letzteren das gleiche ordentliche Gebäudeabstandsminimum eingehalten werden muss wie gegenüber einem Gebäude mit einem Abstand von ordentlicher Grösse.

Die Bauaktiven versuchen des Öfteren zur Optimierung der Ausnützung ihrer Parzelle ein Gebäude entweder möglichst nahe an einer vorhandenen Parzellengrenze zu erstellen oder eine Parzellengrenze möglichst nahe an ein bereits bestehendes Gebäude heran zu verlegen. Wo und solange sich das Eigentum beidseitig in der gleichen Hand befindet, ergeben sich hieraus keine besonderen Schwierigkeiten; andernfalls ist eine Einigung mit dem Nachbarn erforderlich. 2250

Diese Thematik steht einerseits mit der Frage im Zusammenhang, ob die Abstandsminima zwingendes oder dispositives Recht seien und, wenn Letzteres zutrifft, unter welchen Bedingungen Näherbaurechte eingeräumt werden können; andererseits steht die Thematik mit der Frage im Zusammenhang, ob die Parzellengrenzen starr sind oder frei gezogen werden können, und wenn Ersteres zutrifft, welche Bedingungen für die Ziehung neuer Parzellengrenzen einzuhalten sind. 2251

Diesen beiden Fragen wird nachstehend in Rz 2253 f bezüglich Näherbaurecht ja/nein und in Rz 2325 f bezüglich Parzellengrenzen frei ziehbar ja/nein, je besonders im Hinblick auf die Gebäudeabstandsminima, nachgegangen. Zur intertemporalen Geltung der Grenzabstandsminima siehe Rz 445a ff. 2252

II. Was gilt bei infolge Näherbaurecht ungewöhnlich naher Lage eines Gebäudes an der Grenze? PBG § 274 I und II erster Teil

A. Vorbemerkung

1. Die in PBG § 274 II erster Teil geregelte Frage (nämlich ob die in PBG § 274 I vorgesehene «Begünstigung» bezüglich Gebäudeabstandsminimum gelte oder nicht, je nachdem ob «der Eigentümer ... die Erklärung abgegeben (oder nicht abgegeben) hat, er habe Kenntnis davon, dass er ... selber einen grösseren Grenzabstand werde einhalten müssen»), setzt voraus, dass Nachbarn einander überhaupt Näherbaurechte einräumen können; sonst geht die Aussage ins Leere. Deshalb beginne ich nicht mit der Erörterung des PBG § 274, sondern mit derjenigen von PBG § 270 III, wo das Näherbaurecht geregelt ist: Rz 2262 f[1]; die Erörterung von PBG § 274 II erster Teil erfolgt erst in Rz 2295 f. 2253

2. Von einem Näherbaurecht sollte man nur sprechen, wenn dessen Ausübbarkeit von der *Zustimmung des Nachbarn* abhängt, nicht aber auch, wo für ein Vorhaben bereits gesetzlich nur ein kleinerer Abstand verlangt wird (zB bei Verzicht auf ein mögliches Geschoss, bei gewerblichen Gebäuden, bei Vorliegen eines Subalterngebäudes [Rz 2392 f], bei Montierung einer Aussenisolation [Rz 2932 ff]) als sonst. 2254

---

[1] Dies geschieht hier allerdings ohne postfinite Deklaration. Deshalb erörtere ich PBG § 270 III nur «eingeschachtelt» in PBG § 274 II.

3. Es gibt folgende Arten von *Grenzabstandsnäherbaurechten*:

2255 a) Das bauvorhabenbezogene und das nicht bauvorhabenbezogene Grenzabstandsnäherbaurecht. Das Erstere kommt zB nur zum Zug für das gerade jetzt aktuelle Vorhaben, nicht aber für allfällige Nachfolgevorhaben, oder nur für Gebäude mit bestimmten Dimension (etwa nur für ein höchstens dreigeschossiges, 12 m langes Gebäude) oder mit bestimmten Bewerbsarten (etwa nur für Wohnen, nicht aber für industrielle und gewerbliche Betriebe). Der Bezug auf das Bauvorhaben kann textlich oder in einem Plan präzisiert werden. Näherbaurechte können auch für bereits bestehende Gebäude eingeräumt werden.

2256 b) Das lokal uneingeschränkte und das lokal eingeschränkte Grenzabstandsnäherbaurecht. Ersteres gilt für jedes dem öffentlichen Baurecht entsprechende Vorhaben. Bei Letzterem darf hievon zB nur auf einem bestimmten Abschnitt der gemeinsamen Grenze oder nur in einem bestimmten Umfang davon Gebrauch gemacht werden.

2257 c) Das mit weiteren normativen Gegebenheiten verbundene Grenzabstandsnäherbaurecht und das nicht hiemit verbundene. Die Verbindung kann sich beziehen auf:

2258 – das Eingehen der Verpflichtung des Näherbaurechtgebers, bei späterem eigenem Bauen selbst um soviel wegzurücken, als ein Näherrücken gestattet worden ist;
– das blosse Grenzabstandsnäherbaurecht und das kombinierte Grenz- und Gebäudeabstandsnäherbaurecht; für den Empfänger eines Näherbaurechtes ist Letzteres das wertvollere, für den Geber jedoch das belastendere;
– das vom Vorliegen einer Grenzverschiebung zwischen Bau- und Nachbarparzelle abhängige und das hievon nicht abhängige Näherbaurecht (Rz 2325 ff);
– das einseitige und das gegenseitige Grenzabstandsnäherbaurecht; Letzteres nützt nur etwas, wenn kein grösserer minimaler Gebäudeabstand gilt;
– das von der Zustimmung der Baubehörde abhängige und das hievon unabhängige Grenzabstandsnäherbaurecht;
– das grundbuchlich durch Dienstbarkeit/Anmerkung gesicherte Grenzabstandsnäherbaurecht und das grundbuchlich nicht gesicherte.

2259 d) Die analogen Unterscheidungen lassen sich zum Teil auch bezüglich des *Gebäudeabstandsnäherbaurechtes* machen.

2260 e) α) Es gibt überdies Grenz- und Gebäudeabstandsminima von nur *privatrechtlichem*, solche von nur *öffentlichrechtlichem* und solche von *gemischtrechtlichem* Charakter. Nur privatrechtlich war der von § 151 des ZH-Einführungsgesetzes zum ZGB von 1911 statuierte Grenzabstand von minimal 2,5 m; damit war auch der Gebäudeabstand nur privatrechtlich geregelt; nur öffentlichrechtlich sind die Grenz- und Gebäudeabstandsminima des PBG in den §§ 269–274². Gemischtrechtlich waren die kantonalen und kommunalen

---

[2] Siehe PBG § 218: «Die Bauvorschriften dieses Gesetzes sind öffentliches Recht; sie begründen keine Privatrechte. Sie sind einer für die Baubehörden verbindlichen privatrechtlichen Regelung nur zugänglich, wo es ausdrücklich vorgesehen ist.» Letzteres ist in PBG § 270 III der Fall.

Grenz- sowie Gebäudeabstandsminima der altBauG §§ 55–59 sowie der früheren Bauordnungen gemäss altBauG § 104 lit. c und d[3].

β) Dass von privatrechtlichen Regelungen abgewichen werden kann, wenn sich die davon Betroffenen einigen, dass es sich also um dispositives Recht handelt, ist zwar eine typische Eigenschaft des Privatrechtes. Doch ist es nicht ausgeschlossen, dass Gleiches oder Ähnliches auch bezüglich öffentlichrechtlicher Regelungen geschehen kann. 2261

f) Da der Ausdruck «Näherbaurecht» ganz verschiedene Erscheinungen bezeichnen kann, ist es wichtig, dass bei seiner Begründung feststeht, was gelten soll (Rz 2271 ff)[4]. 2262

B. Zur Regelung des Näherbaurechtes in PBG § 270 III

1. Zu den Materialien

a) Zur Regelung im alten Baugesetz

a) Unter der Herrschaft des Baugesetzes von 1893/1943/1959 stand von Anfang an fest, dass Nachbarn unter sich keine Herabsetzung des zum öffentlichen Recht gehörenden «Teiles» des Gebäudeabstandsminimums gemäss dessen § 58 (zwei Drittel der grösseren Gebäudehöhe) bzw. §§ 55 f (7 m) vereinbaren konnten. 2263

Weniger eindeutig war die Situation bei den Grenzabstandsminima; doch herrschte auch hier schliesslich die Auffassung vor, dass es sich nicht um dispositives, sondern um zwingendes Recht handle[5, 6]. 2264

β) Daneben waren aber auch die Grenz- und Gebäudeabstandsminima in den von den Gemeinden gestützt auf altBauG §§ 68 und 68a festgesetzten Bauordnungen zu berücksichtigen. Diese waren regelmässig bedeutend höher als die kantonalrechtlichen, bildeten aber nicht weniger öffentliches Recht als die kantonalrechtlichen Abstandsminima. Doch war es Praxis, Vereinbarungen zwischen den Nachbarn über das Grenzabstandsnäherbaurecht unter Vorbehalt der kantonalrechtlichen Minima öffentlichrechtlich zu beachten, wenn sich der Nachbar bei der Abgabe der Zustimmung zum Näherbau ausreichend verpflichtete, bei einem späteren Bauen um so viel von der Parzellengrenze mehr abzurücken, als er dem darum Ersuchenden gestattet hatte, näher an die Grenze heranzurücken, der geforderte minimale Gebäudeabstand also erhalten blieb. Verschiedentlich wurde diese Möglichkeit in den Bauordnungen noch besonders geregelt. Meistens wurde festgelegt, dass die Wegrückverpflichtung im Grundbuch als öffentlichrechtliche Eigentumsbeschränkung angemerkt oder als Grunddienstbarkeit (mit Anmerkung des Zustimmungserfordernisses der Baubehörde bei einer allfälligen Aufhebung) eingetragen wer- 2265

---

[3] Zur Problematik der gemischtrechtlichen Regelungen im Baurecht allgemein siehe: Alfred Kuttler, in: ZBl 1966 S. 265 f. Ferner: Arnold Marti, Zusammenlegung von privatrechtlichem und öffentlichrechtlichem Rechtsschutz bei Verwaltungsjustizbehörden und Spezialgerichten, in: ZBl 2000 S. 169 ff, sodann: Rz 1417 mit FN 6.
[4] Der in BEZ 1995 Nr. 17 abgedruckte Entscheid der Baurekurskommission I ist dem Bemühen um eine umfassende Klarstellung nicht förderlich. Siehe Rz 2284.
[5] Jakob Maag/Hans Müller, Kommentar, zu § 55, I. Allgemeines, N. 2 und 4.
[6] Anders verhielt es sich nur in den dem Baugesetz nicht voll unterstellten Gebieten.

den müsse. Auf diese Weise wurde dem Nachbarn jeweils deutlich vor Augen geführt, dass es mit der Zustimmung zum Näherbau auf der Parzelle gegenüber für ihn nicht sein Bewenden habe, sondern dass ihm der Wechsel zur Einlösung präsentiert werde, wenn er selbst einmal bauen wolle. Diese Lockerungsregelung kam aber nur für die kommunalen Grenzabstandsminima in Frage; die (meistens aus der Summe der jeweiligen Grenzabstandsminima gebildeten) Gebäudeabstandsminima mussten immer die gleichen bleiben; sie konnten nur anders auf die aneinanderstossenden Parzellen «verteilt» werden, als es im Normalfall zutraf. Dementsprechend kam es damals nur selten zu voll wirksamen Näherbaurechten. Viele sich für Routiniers haltende Architekten und Immobilienhändler griffen trotzdem mit der gleichen Selbstverständlichkeit nach einem «Näherbaurecht», wie in Wildwestfilmen beim Auftauchen von Schwierigkeiten der Cowboy den Colt zückt. Ein Grossteil der hierüber getroffenen Vereinbarungen war aber juristischer Leerlauf.

b) **Zur Regelung im PBG**

α) *Zur Fassung von 1975*

2266 Es steht nicht eindeutig fest, ob die Möglichkeit der Einräumung von Näherbaurechten im Vorentwurf der Baudirektion vom Dezember 1972 (Rz 1466) von dieser und auch vom Regierungsrat in seinem Antrag an den Kantonsrat vom 5. Dezember 1975 (Rz 1467) einfach vergessen oder bewusst durch Stillschweigen verneint worden ist. Auch der Kantonsrat (Rz 1468) kam auf dieses Thema nicht zu sprechen. Dabei war das Grenzabstandsnäherbaurecht in den damaligen kommunalen Bauordnungen regelmässig anzutreffen. Fest steht auf jeden Fall, dass aufgrund des PBG von 1975 (Rz 1469) keine Näherbaurechte bezüglich der vom PBG verlangten minimalen Grenz- und Gebäudeabstände vereinbart werden konnten. Für die kommunalen Grenzabstände war dies allerdings weniger eindeutig.

β) *Zur PBG-Revision von 1984*

2267 Auch im Zusammenhang mit der Revision von 1984 kam das Thema Näherbaurecht nicht zur Sprache. Das überrascht insoweit, als diese durch die auf mehr Freiheit für die Bauaktiven ausgerichtete Volksinitiative «Für eine einfachere Planung und weniger Bürokratie» ausgelöst worden war. Es bestand also damals immer noch keine Möglichkeit der Begründung von Näherbaurechten bezüglich der PBG-Minimalgrenz- und Gebäudeabstände.

γ) *Zur PBG-Revision von 1991*

2268 α') Die Baudirektion schlug nun in ihrem Entwurf vom Februar 1988 vor, im 4. Titel mit der Überschrift «Das öffentliche Baurecht», im 1. Abschnitt mit der Überschrift «Die Bauvorschriften», im Unterabschnitt C. mit der Überschrift «Die zulässigen baulichen Grundstücknutzungen», im III. Unterunterabschnitt mit der Überschrift «Die Abstände», im 3. Unterunterunterabschnitt mit der Überschrift «Grenzabstände von Nachbargrundstücken» folgenden Text mit Randtitel einzufügen:

«Andere Gebäude
§ 270
(Abs. I: ordentlicher minimaler Grenzabstand mindestens 3,5 m)
(Abs. II: Zuschlag bei Mehrhöhe des Gebäudes über 12,0 m)

(Abs. III:) Durch nachbarliche Vereinbarung kann ein Näherbaurecht begründet werden, sofern die Einhaltung des Gebäudeabstandes gesichert ist.»

β') Der Regierungsrat folgte diesem Vorschlag unmodifiziert in seinem Antrag an den Kantonsrat vom 11. Oktober 1989[7].

γ') In den Kommissionsberatungen des Kantonsrates wurde vorerst schlankweg die Streichung des Gebäudeabstandsvorbehaltes vorgesehen, nachher jedoch aufgrund besserer Einsicht dessen Ersetzung durch den Vorbehalt «einwandfreier wohnhygienischer und feuerpolizeilicher Verhältnisse» befürwortet[8]. Letzteres wurde vom Kantonsrat nach kurzer Erläuterung gutgeheissen[9].

δ') Mit der Annahme der Revision in der Volksabstimmung vom 1. September 1991 erhielt PBG § 270 III mit folgender Formulierung Gesetzeskraft:

«Andere Gebäude[10]
§ 270
(Abs. I: ordentlicher minimaler Grenzabstand 3,5 m)
(Abs. II: Zuschlag bei Mehrhöhe des Gebäudes über 12,0 m)
(Abs. III:) Durch nachbarliche Vereinbarung kann unter Vorbehalt einwandfreier wohnhygienischer und feuerpolizeilicher Verhältnisse ein Näherbaurecht begründet werden.»

c) Zur Verordnungsrevision von 1992

Der Regierungsrat revidierte am 5. August 1992 § 27 II Allgemeine Bauverordnung (LS 700.2) durch Aufnahme der folgenden Regelung:

«Die Bau- und Zonenordnung kann bestimmen, dass die für die Berechnung des Mehrlängenzuschlages massgeblichen Fassadenlängen von benachbarten Hauptgebäuden zusammengerechnet werden, wenn der Gebäudeabstand ein bestimmtes Mass unterschreitet.»

Auf diese Weise kann bewirkt werden, dass bei Unterschreitung des ordentlichen Gebäudeabstandsmasses die Näherbaumöglichkeit am erhöhten Grenzabstand scheitert, der wegen der Zusammenrechnung der Fassadenlängen zu beachten ist. Es ist dies ein recht eigenartiger Versuch zur Milderung der Nachteile, welche die Gesetzesrevision von 1991 für die öffentlichen Belange bewirkt hat. Robert Hadorn sagt hiezu, dass «die gesetzliche Regelung des Näherbaurechtes durch eine Norm auf Verordnungsstufe teilweise unterlaufen» werde[11]. Der Regierungsrat hat m.E. mit dieser gutgemeinten Ergänzung die ihm zustehende Verordnungskompetenz überschritten[12].

---

[7] Weisung 3027, S. 48, Amtsblatt 1989 II S. 1732.
[8] Kommissionssitzungen vom 21. Dezember 1990, Protokoll, S. 610 und vom 11. Januar 1991, Protokoll, S. 656. Protokoll des Kantonsrates, 1987–1991, S. 13'434.
[9] Protokoll des Kantonsrates, 1987–1991, S. 13'434.
[10] Diese anderen Gebäude bilden den Normalfall von Gebäuden.
[11] In: PBG aktuell 1995 Heft 3 S. 28–31.
[12] Die Überlegungen, welche die Baurekurskommission I in ihrem Entscheid vom 14. Juli 1993 dazu bewegten, den vom Regierungsrat am 5. August 1992 zur Milderung der Nachteile aus der Nichtmehranrechnung der Dach- und Untergeschosse bei der Ausnützungsziffer revidierten ABV § 9 als gesetzwidrig zu erklären (siehe: Carmen Walker Späh, Akzessorische Überprüfung von § 9 ABV in bezug auf die Unterscheidung von mehrheitlich über und unter dem gewachsenen Terrain liegenden Untergeschossen zum übergeordneten PBG § 255, in: PBG aktuell 1995 Heft 3 S. 24 ff) gelten wohl auch hier.

2. Zur Auslegung von PBG § 270 III und zur Praxis hiezu

a) Zu «(es kann)ein Näherbaurecht begründet werden»

α) Heute steht fest, dass mit nachbarlicher Vereinbarung sowohl Grenz- als auch Gebäudeabstandsminima, seien es nun kantonal- oder kommunalrechtliche Regelungen[13], unterschritten werden dürfen. Für die Gebäudeabstandsmaxima ist dies keineswegs selbstverständlich; denn PBG § 270 III steht im Abschnitt für die Grenzabstände und weder in demjenigen für die Gebäudeabstände noch in den «Gemeinsamen Bestimmungen». Ebenfalls ist heute unbestritten, dass Grenz- und Gebäudeabstandsminima gestützt auf PBG § 270 III auch zwischen Parzellen, welche dem gleichen Eigentümer gehören bzw. zwischen Gebäuden auf der gleichen Parzelle bzw. zwischen Gebäuden auf verschiedenen, aber dem gleichen Eigentümer gehörenden Parzellen unterschritten werden dürfen[14].

β) Die Ermächtigung zur Begründung von Näherbaurechten bedeutet eine Delegation von Normierungskompetenzen an die Eigentümer von Parzellen, durch welche die ordentlichen Abstandsminima in Einzelfällen ausser Geltung gesetzt werden können.

b) Zu «durch nachbarliche Vereinbarung»

α) Zur psychologischen Ausgangslage

Die von der Baurekurskommission II im Entscheid BEZ 1992 Nr. 34 vertretene Auffassung, dass bei Vorliegen eines bloss einseitigen Näherbaurechtes «grundsätzlich davon auszugehen (sei), dass der Gebäudeabstand gewahrt werden soll», dass also nur von der Erteilung eines Grenzabstandsnäherbaurechtes auszugehen sei, widerspricht dem normalen Lauf der Dinge. Es ist gerade das Gegenteil anzunehmen, zumindest seit Inkrafttreten von PBG § 270 III: Dort wo der Eigentümer einer Parzelle dem Nachbarn ein Näherbaurecht einräumt, geht der Nicht-Baujurist nach der allgemeinen Lebenserfahrung als selbstverständlich davon aus, er erleide deswegen keine Verschlechterung in den eigenen Baumöglichkeiten, ja er nimmt sogar oft an, weil er dem Nachbarn das Bauen näher an die gemeinsame Grenze gestattet habe, gelte Gleiches dereinst auch für ihn. Was letzten Endes zutrifft, kann jeweils – oft schwer genug – nur unter Rückgriff auf die Entstehungsgeschichte des «Näherbaurechtes» entschieden werden. Bisweilen gibt der Umstand, dass das «Näherbaurecht» gratis bzw. gegen Entgelt eingeräumt worden ist, einen Fingerzeig für die Auslegung bzw. Lückenfüllung. Wo allerdings Schreiben, Quittungen, Protokolle, Pläne usw. fehlen, befindet man sich in einem Beweisnotstand (Rz 722 ff). Hier ist auf jeden Fall vom normalen Lauf der Dinge, von der Lebenserfahrung und nicht von irgendeiner Fiktion auszugehen. Fest steht eigentlich nur, dass ein für ein Projekt erteiltes Näherbaurecht nicht auch für Änderungsvorhaben davon gelten. Es ist von Vorteil, wenn die Baubehörde bei der Beurteilung des Genügens eines Näherbaurechtes nicht nur gerade an die Grenzabstandsproblematik beim Jetzt-Bauenden denkt,

---

[13] Entscheid der Baurekurskommission II (BEZ 1992 Nr. 34). ZH-Verwaltungsgerichtsentscheid vom 22. Dezember 1992 (RB 1992 Nr. 69, nur Leitsatz, ausführlicher in: BEZ 1993 Nr. 5).
[14] ZH-Verwaltungsgerichtsentscheid vom 22. Dezember 1992 (BEZ 1993 Nr. 5), FN 19.

auch wenn jetzt nebenan noch kein Gebäude steht; ein solches kommt meist früher oder später[15].

β)   *Zum Gültigkeitserfordernis der Schriftlichkeit*

α')   Was als «nachbarliche Vereinbarung» in Betracht kommt, steht nicht ohne weiteres fest. Es wird die Aufgabe der Rechtsprechung sein, dafür zu sorgen, dass die Unklarheiten, welche der Kantonsrat durch seine zu wenig durchdachte Einfügung des dritten Absatzes in PBG § 270 ohnehin schon geschaffen hat, nicht noch durch die Praxis verschlimmert werden. Dabei scheint mir wichtig zu sein, dass gewisse inhaltliche und formelle Erfordernisse zu erfüllen sind, damit Abmachungen zwischen Nachbarn bezüglich Gewährung von Näherbaurechten als ausreichend anerkannt werden müssen (im Verhältnis zum Bauaktiven) bzw. dürfen (im Verhältnis zu den Nachbarn). Felix Huber und Niklaus Schwendender machen in ihrem Artikel über «Strittige Näherbaurechte gemäss § 270 Abs. 3 PBG» (PBG aktuell 1999 Heft 1 S. 27 ff, wertvolle Ausführungen darüber, wie zu überlegen ist, wenn «das Näherbaurecht später in Frage gestellt» wird. Das ist in der Tat ein Problem (Rz 2285 ff). Wichtig ist auch, von Anfang an dafür zu sorgen, dass die Wahrscheinlichkeit einer solchen späteren In-Frage-Stellung möglichst gering ist. Hier sollten die Baubehörden m.E. strenger sein, als es diese Autoren zu befüworten scheinen. Ein Näherbaurecht von nur obligatorischer Wirkung kann m.E. nicht genügen.   2272

β')   In der Judikatur und Rechtsliteratur (Robert Wolf/Erich Kull, N. 189 ff; Felix Huber/Niklaus Schwendener, a.a.O., S. 27 f) besteht Einigkeit darüber, dass eine Abmachung gemäss PBG § 270 III nur dann genügt, wenn Schriftlichkeit vorliegt; diese Auffassung gilt, obwohl das Gesetz solches nirgends sagt. Es herrscht jedoch Unsicherheit bezüglich der Frage, ob Schriftlichkeit bereits eine hinreichende Bedingung sei, oder ob noch weitere Bedingungen erfüllt sein müssen. Es trifft m.E. Letzteres zu, denn ein Näherbaurecht mit Wegrückverpflichtung ist ein Gebilde eigener Art: Nicht derjenige, welcher ein Recht erhält, verpflichtet sich zum Ausgleich, sondern derjenige, welcher das Recht erteilt, nimmt noch eine Verpflichtung auf sich.   2273

---

[15] Allerdings heisst es im Entscheid der Baurekurskommission I (BEZ 1995 Nr. 17): «Steht nur dem Erstbauenden ein Näherbaurecht zu, so braucht sich die Baubehörde vorderhand nicht darum zu kümmern, welche Konsequenzen sich hinsichtlich künftiger Bauten auf dem Nachbargrundstück ergeben. Es ist primär Sache der Grundeigentümer, die Näherbaurechte im Rahmen des öffentlichrechtlich Zulässigen zu stipulieren. Dabei hat der ein Näherbaurecht einräumende Zweitbauende zu bedenken, dass er dereinst ... allenfalls weiter von der Grenze abrücken müssen wird, als es nach den privatrechtlichen Abmachungen zulässig wäre ... Es muss demnach bei der nur einseitigen Einräumung eines Näherbaurechtes hingenommen werden, dass der Zweitbauende den reduzierten Gebäudeabstand gemäss § 274 I PBG beanspruchen kann.» Das Ganze scheint mir noch als zu wenig durchdacht, abgesehen davon, dass es hier nicht nur um Privatrechtliches geht und ein Weiter-von-der-Grenze-Wegrücken immer «zulässig» ist, sofern flächenmässig möglich. Es besteht hier m.E. eine ungute Tendenz, die Lösung der Probleme der Nachwelt zu überlassen. Das hat sich in einem Fall gezeigt, welcher im nicht publizierten Entscheid des ZH-Verwaltungsgerichtes vom 6. Dezember 1990 (Konsortium X. c. Bausektion II der Stadt Zürich) zu beurteilen war (vom Bundesgericht mit Urteil der I. öffentlichrechtlichen Abteilung vom 9. September 1992 bestätigt).

γ') *Zum Erfordernis der leichten Feststellbarkeit des Inhaltes des Schriftstückes*

2274 Nicht jedes Schriftstück ist ein PBG § 270 III genügendes Schriftstück. Es geht hier um Verhältnisse mit Langzeitwirkung; im Laufe der Jahre können Handänderungen stattgefunden haben und andere Leute ins Bauamt eingetreten sein, welche nicht mehr aus eigener Erfahrung wissen, wie alles damals «gemeint» gewesen ist. Deshalb dürfen m.E. von den Baubehörden Schriftstücke nur als genügend akzeptiert werden, wenn deren Inhalt leicht feststellbar ist und ihre Auslegung ein mehr oder weniger unzweifelhaftes Resultat ergibt (vgl. Alfred Kölz, Kommentar VRG, zu § 1, N. 55, ferner: RB 1981 Nr. 129 und ausführlicher in: ZBl 1981 S. 464, bezüglich analoger Problematik bei Erschliessungsregelungen).

2275 Eine Näherbaurechtserteilung durch blosse Unterzeichnung der Baupläne des das Näherbaurecht beanspruchenden Bauaktiven durch den betroffenen Nachbarn reicht nicht aus. Die Bauämter begnügen sich oft als Beweis für das Vorliegen eines Näherbaurechtes mit der blossen Anbringung der Unterschrift des Nachbarn auf den Baugesuchsplänen des das Näherbaurecht beanspruchenden Bauaktiven. Das entspricht aber kaum PBG § 270 III, weil diese Unterschrift allein noch nichts darüber aussagt, welches die Auswirkungen der Näherbaurechtserteilung auf die Parzelle des Näherbaurechtgebers sind: Muss dieser bei einem späteren Bauen umso viel mehr von der Parzellengrenze wegrücken, als er ein Näherbaurecht erteilt hat? Das ist ein Mangel. Die Baurekurskommission I vertritt m.E. in dem in FN 15 zitierten Entscheid eine zu large Praxis.

2276 δ') Es ist zur Deutung des Schriftstückes auch das weitere Umfeld der Abmachung zwischen den Nachbarn zu berücksichtigen. Es wurde schon gesagt: «Liegt eine nach Massgabe von § 270 Abs. 3 PBG einwandfreie nachbarrechtliche Vereinbarung vor, ist die Bewilligung zu erteilen.» Das ist eine Selbstverständlichkeit. Es kommt jedoch allein darauf an, wann die Vereinbarung «einwandfrei» ist. Das ist sie nicht schon dann, wenn sie schriftlich formuliert ist und darin von der Erteilung eines Näherbaurechtes gesprochen wird. Der Umstand, dass in der Literatur eine «einfache Erklärung» in «Schriftlichkeit» als genügend angesehen wird, heisst selbstverständlich nicht, dass die Baubehörden ungeachtet des Stellenwertes, welchen die Parteien dem Schriftstück gegeben haben und ungeachtet der darin enthaltenen Bedingungen für das Wirksamwerden der Erklärung diese als gemäss PBG § 270 III ausreichend ansehen dürfen. Die Baubehörden sind auf jeden Fall zu einer kritischen Prüfung verpflichtet. Sie dürfen den unterschrittenen Grenzabstand *nicht* als genügend anerkennen,

– wenn sich aus der Erklärung ergibt, dass noch keine definitive Abmachung, sondern erst eine vorvertragsähnliche, noch durch weitere Pläne oder Abmachungen zu ergänzende Abmachung vorliegt;
– wenn sich aus der Erklärung nicht klar ergibt, ob im Fall, dass der Näherbaurechtgeber auch einmal bauen will, er das gleiche Näherbaurecht für sich beanspruchen kann (Gegenseitigkeit), oder ob er dann den ordentlichen Grenzabstand, oder einen vergrösserten Abstand als Reflex der Gebäudeabstandsmessung nach PBG § 271 einhalten muss (Einseitigkeit);
– wenn sich aus der Erklärung ergibt, dass der oder die Eigentümer der vom Näherbaurecht betroffenen Parzellen dessen Eintrag im Grundbuch verlangen, aber der Eintrag noch nicht erfolgt ist;

− wenn die örtliche Baubehörde noch vor der definitiven Regelung des Näherbaurechtes, vor dem Eintritt aller Bedingungen, vor dem Eintrag im Grundbuch vernimmt, dass die belastete Partei nicht einverstanden ist oder wenn bei der Behörde Zweifel auftauchen müssen und sie diese nicht durch Rückfrage beim Belasteten klären kann;
− wenn der Näherbauberechtigte auf das Näherbaurecht verzichtet hat.

Bis zum Inkrafttreten der Revision des PBG von 1991 war es in Gemeinden mit Bauordnungen mit der Möglichkeit der Einräumung von Näherbaurechten (Rz 2265) üblich, dass die Bauämter ein Formular besassen, ohne dessen Unterzeichnung durch den Nachbarn ein Bauaktiver ein Näherbaurecht nicht geltend machen konnte; darin waren Klarstellungen über die rechtlichen Konsequenzen der Einräumung formuliert[16]. Diese Praxis sollte unter der Herrschaft des revidierten PBG entsprechend angepasst wieder aufgenommen werden.

γ)   *Zu den fünf weiteren Gültigkeitserfordernissen*

α')   *Zum Erfordernis der Dauergeltung des Näherbaurechtes*

Das Näherbaurecht, welches einem Bauaktiven vom Nachbarn eingeräumt wird, genügt nur dann PBG § 270 III, wenn die Einräumung grundsätzlich zeitlich unbefristet und unwiderruflich geschieht. Der einzige zulässige Vorbehalt ist m.E. das Inkrafttreten einer späteren gesetzlichen Revision, welche zu einer Lockerung der Abstandserfordernisse führt. Einem «nunmehrigen» Bauaktiven sollen die für ihn günstigeren neuen Vorschriften nicht einfach deshalb vorenthalten werden, weil er früher einmal ein Näherbaurecht mit Wegrückverpflichtung erteilt hat. Die Einfügung von PBG § 270 III war eine solche lockernde Revision.

Es sind durchaus Situationen denkbar, in welchen der Näherbauberechtigte bereit ist, auf das bereits erhaltene Näherbaurecht zu verzichten (Rz 2312). Steht das Gebäude dann aber bereits mit dem zu kleinen Grenz- oder Gebäudeabstand da, dann ist die Folge des Verzichtes das Baurechtswidrigwerden des Gebäudes. Das muss das Gemeinwesen durch geeignete Vorsorge zu verhindern trachten. Das Mittel dazu ist, dass der Grundbuchführer die auf das Näherbaurecht lautende Anmerkung oder Eintragung im Grundbuch nur mit Zustimmung der Baubehörde löschen darf. Bei Anmerkungen zugunsten der Gemeinde ist dies selbstverständlich, bei Grunddienstbarkeiten aber nur, wenn bezüglich dieser das Erfordernis der Zustimmung der Baubehörde als öffentlichrechtliche Eigentumsbeschränkung angemerkt ist.

β')   *Zum Erfordernis des Erfülltseins der in der nachbarlichen Abmachung genannten Bedingungen für den Baubeginn*

Auch wenn eine Rz 2271 ff genügende Bewilligung vorliegt, müssen für eine Baufreigabe zumindest alle diejenigen Bedingungen erfüllt sein, welche im Schriftstück im Zusammenhang mit der Näherbaurechtserteilung genannt werden. Um das Erfülltsein dieser Bedingungen zu ermitteln, braucht es u.U. eine Auslegung. Dabei steht nicht einmal fest, ob die unter Bedingungen erfolgte Erteilung von Näherbaurechten überhaupt PBG § 270 III genügen kann (ich würde dies eher verneinen).

---

[16] In der Stadt Zürich sprach man hier vom «grünen Formular».

γ) *Zum Erfordernis der Ausdrücklichkeit der behördeseitigen Anerkennung des Näherbaurechtes*

2281 Näherbaurechte sind, wie bereits erwähnt, Rechte mit Langzeitwirkung; sie sind nicht nur für die Zeit der Einholung der Baubewilligung bedeutsam. Deshalb steht allein schon das Gebot eines geordneten Verwaltungsganges der Erteilung der Baubewilligung ohne ausdrückliche Bezugnahme auf ein zur Baurechtskonformität erforderliches Näherbaurecht entgegen. Aber auch der Nachbar hat ein grosses Interesse daran, dass hier von Anfang an Klarheit herrscht und nicht erst vielleicht viele Jahre später, beim Aktuellwerden eines Bauvorhabens in seiner Parzelle. Man muss jetzt schon wissen, ob der «nunmehrig» Bauende den gleichen Grenzabstand für sich beanspruchen dürfe, wie ein solcher seinerzeit dem vom Näherbaurecht Begünstigten eingeräumt worden ist (1. Möglichkeit), ob für ihn derjenige massgebend sei, welcher sich aus PBG § 274 I ergibt (2. Möglichkeit)[17] oder ob er gar auf den ordentlichen Gebäudeabstandes gemäss PBG § 271 zurückweichen müsse (3. Möglichkeit).

2282 Es geht hier insbesondere um das Thema einseitiges oder gegenseitiges Näherbaurecht. Darüber darf schon allein wegen PBG § 274 II nicht leichtfertig hinweggegangen werden, ist es doch hienach für den Umfang der der Gegenseite zustehenden Baumöglichkeiten von entscheidender Bedeutung, ob «der Eigentümer der nunmehrigen Bauparzelle gegenüber der Baubehörde die Erklärung abgegeben hat, er habe Kenntnis davon, dass er wegen des nachbarlichen Näherbaurechtes selber einen grössern Grenzabstand werde einhalten müssen» oder ob keine solche Erklärung vorliegt. Je nachdem finden dann in der nachbarlichen Parzelle auf Änderungen am Gebäude, welches zur Zeit der Einräumung des Näherbaurechtes bereits bestanden hat, die Vorschriften über Änderungen an baurechtskonformen oder baurechtswidrigen Gebäuden, mit je verschiedenem Beurteilungsausgang (vgl. insbesondere PBG § 357), Anwendung.

2283 So gut eine Baubewilligung für ein Bauvorhaben, welches nur auf dem Wege der Erteilung einer Ausnahmebewilligung zugelassen werden kann, rechtlich nur dann in Ordnung ist, wenn eine solche auch ausdrücklich vorliegt, nicht aber auch dann schon, wenn zwar eine Ausnahmebewilligung hätte erteilt werden dürfen, aber nicht erteilt worden ist (zu den stillschweigenden, latenten Dispensen siehe Rz 607g), so gut ist die Baubewilligung für ein Bauvorhaben, welches nur gestützt auf ein Näherbaurecht (oder eine Ausnahmebewilligung) zugelassen werden kann, nicht in Ordnung, wenn zwar eine an sich genügende schriftliche Erklärung des Nachbarn vorliegt, die Baubehörde aber in der Baubewilligung nicht zum Ausdruck bringt, dass sich diese auf ein Näherbaurecht stützt.

δ') *Zum Erfordernis der Herauslesbarkeit des wesentlichen Inhaltes der Baurechtsbeziehung aus der Baubewilligung*

2284 Damit die behördenseitige Anerkennung des der Baubewilligung zugrunde liegenden Näherbaurechtes PBG § 270 III entspricht, muss ferner verlangt werden, dass das das Näherbaurecht zum Ausdruck bringende Schriftstück aus der Baubewilligung selbst (sei es wortwörtlich, sei es in einer Kurzfassung) herausgelesen werden kann. Es soll nicht zuerst in weiteren Akten nachgeforscht werden müssen, wieso es zu diesem Näherbaurecht

---

[17] Die 3. Möglichkeit unterscheidet sich dann von der 2., wenn ein Näherbaurecht für einen unter dem «kantonalrechtlichen Mindestgrenzabstand» liegenden Abstand eingeräumt worden ist, zB für 3 m.

gekommen ist und worauf es sich bezieht. Wo in der Baubewilligung vom Näherbaurecht überhaupt nicht die Rede ist, dort ist dessen Tragweite von vornherein daraus auch nicht herauslesbar, und damit die Baubewilligung mangelhaft.

ε') Zum Erfordernis der genügenden Publizität der Näherbaurechtsbeziehung

Damit die behördenseitige Anerkennung des der Baubewilligung zugrundeliegenden Näherbaurechtes PBG § 270 III entspricht, muss m.E. aus Gründen der Rechtssicherheit die Tragweite des Näherbaurechtes genügend publik gemacht werden. Zwar gelangt im PBG im Unterschied zu vielen früheren Bauordnungen leider nicht mehr direkt zum Ausdruck, dass bei Berücksichtigung von Näherbaurechten durch den Eintrag entsprechender Grunddienstbarkeiten und/oder Anmerkungen von öffentlichrechtlichen Eigentumsbeschränkungen gegen das spätere «Vergessenwerden», «Untergehen» vorgesorgt werden muss, damit nicht in späteren Jahren Bauaktive, Nachbarn und Behörden gegen illusionäre Vorstellungen über die baulichen Möglichkeiten und Unmöglichkeiten anzukämpfen haben. Ich halte trotz dem Schweigen des PBG, allein schon wegen des Rechtssicherheitsgebotes (Rz 1061 f), aber auch wegen PBG § 321 II, dafür, dass die Baubehörde bei Erteilung einer Bewilligung mit Näherbaurecht stets die Anmerkung einer öffentlichrechtlichen Eigentumsbeschränkung sowohl auf dem Grundbuchblatt der durch das Näherbaurecht belasteten als auch auf demjenigen der hievon begünstigten Parzelle verlangen muss. In diesem Sinne lautet möglicherweise auch der Entscheid der Baurekurskommission II (BEZ 1992 Nr. 34). 2285

Es ist deshalb irreführend oder zumindest missverständlich, wenn die Baurekurskommission I im Entscheid BEZ 1995 Nr. 17 (siehe auch FN 15) sagt: 2286

«Die Baubehörde darf sich angesichts dieser öffentlichrechtlichen Regelungen ohne weiteres auf eine Prüfung des jeweils gerade zur Beurteilung stehenden konkreten Vorhabens beschränken. Es drängen sich mithin keine Regelungen im Hinblick auf künftige Bauten auf den Nachbargrundstücken auf. Steht nur dem Erstbauenden ein Näherbaurecht zu, so braucht sich die Baubehörde vorderhand nicht darum zu kümmern, welche Konsequenzen sich hinsichtlich künftiger Bauten auf dem Nachbargrundstück ergeben.»

Richtig ist daran seit der Revision von 1991 nur so viel: Wenn ein Näherbaurecht eingeräumt wird, dann darf die Baubehörde dieses nicht deshalb als ungenügend erklären, weil der Nachbar nicht gleichzeitig darauf festgelegt wird, bei seinem Bauen weiter von der Grenze abzurücken, als der Empfänger des Näherbaurechtes seinerzeit an diese heranrücken durfte. Unverzichtbar ist jedoch m.E. bereits jetzt die Klarstellung, welche Abstandsverhältnisse später bei einem «nunmehrigen» Bauen jenseits der Grenze gelten werden. Im Zeitpunkt der Einräumung des Näherbaurechts lassen sich diese Fragen noch verhältnismässig leicht regeln; geschieht das erst nach Jahren oder gar im Verhältnis zu neu hinzugetretenen Eigentümern, so ist das Entstehen eines Streites wahrscheinlich. 2287

Wo in der Baubewilligung vom Näherbaurecht überhaupt nicht die Rede ist, dort kann von vornherein auch nicht für dessen Publizität gesorgt werden. 2289

c) **Zum «Vorbehalt einwandfreier wohnhygienischer und feuerpolizeilicher Verhältnisse»**

Hier stellt sich die Frage: Was sind das wohl für Bauaktive, welche Gebäude so nahe beieinander erstellen wollen, dass nicht einmal «einwandfreie wohnhygienische und feuerpolizeiliche Verhältnisse» entstehen? Eine echte Schanke von Belang kann ich in dieser 2290

Klausel nicht erblicken, wenn es hier der Praxis nicht gelingt, die Herabsetzbarkeit vorsichtiger zu umschreiben. Zum Erfordernis von Vergleichsprojekten siehe BEZ 1996 Nr. 122.

d) Zu weiteren Gesichtspunkten

α) Zur Regelung bei Einheit des Eigentums

2291 Wo es um Näherbaurechte bezogen auf dem gleichen Eigentümer gehörende Parzellen oder zwischen Gebäuden auf der gleichen Parzelle geht, kommt keine Vereinbarung zwischen Nachbarn in Betracht. Hier braucht es dann nicht eine «Vereinbarung», sondern eine der Bestellung einer Eigentümerdienstbarkeit[18] vergleichbare Erklärung gegenüber der örtlichen Baubehörde und dem Grundbuchverwalter. Eine besondere Erklärung zuhanden der Baubehörden scheint mir jedoch sofort, nicht erst bei einer gesamthaften oder teilweisen Veräusserung, auch hier nötig zu sein[19], wenn man nicht in Kauf nehmen will, dass bei einer späteren Veräusserung einer oder mehrerer Parzellen aus dem «Landpaket» nach erfolgter Überbauung das Bewusstsein der Zusammengehörigkeit verloren geht und unerwünschte Baurechtswidrigkeiten entstehen, wo keine vorliegen müssten.

β) Es geht im Verhältnis zu den Baubehörden ausschliesslich um öffentliches Recht

2292 Die Baurekurskommission II erklärte in einem nicht publizierten Entscheid vom 16. Dezember 1997 (Nrn. 299, 300 und 301) unter Vernachlässigung des Unterschiedes zwischen dem ausseramtlichen Ablauf der allenfalls zu einem Näherbaurecht gemäss PBG § 270 III führenden Verhandlung der Nachbarn unter sich einerseits und der Anerkennung des Ergebnisses dieser Verhandlungen durch die Baubehörde anderseits: «Vereinbarungen betreffend Näherbaurechte zwischen benachbarten Grundeigentümern sind privatrechtlicher Natur.» Das sind sie aber, zumindest seit Inkrafttreten des PBG, *nicht* mehr allein. In diesem Sinne äussern sich auch Felix Huber und Niklaus Schwendener in ihrem in Rz 2272 erwähnten Artikel auf S. 29 f. Es wird auf PBG § 218 und die umfangreiche, in BlZR 1989 Nr. 26 zitierte Literatur gewiesen.

2293 Die Baurekurskommission II führte sodann aus:

> «Die von dem (Nachbarn) erhobenen Einwände ... können von der Baurekurskommission II nicht geprüft werden ... Im öffentlichrechtlichen Verfahren können komplexe obligationen- bzw. sachenrechtliche Fragen, die im nachhinein gegen die Gültigkeit bzw. das Zustandekommen der Vereinbarung aufgerufen werden, nicht vorfrageweise beurteilt werden. Der (Nachbar) ist an die dafür zuständigen Zivilgerichte zu verweisen.»

2294 Dass diese Auffassung falsch ist, wurde schon in RB 1963 Nr. 102 in einem analogen Fall deutlich gesagt:

> «Wenn die Baupolizeibehörde die Erteilung einer ... Bewilligung von einer Bedingung, nämlich der Zustimmung des Nachbarn abhängig macht, so muss sie selbst prüfen und entscheiden, ob diese Bedingung erfüllt ist. Sie kann diesen Entscheid nicht dem Zivilrichter zuschieben. Nur die Baupoli-

---

[18] Peter Liver, Kommentar, ZGB, zu Art. 733, N. 1 ff.
[19] Die gegenteilige Meinung wird vom ZH-Verwaltungsgericht mit Entscheid vom 22. Dezember 1992 (BEZ 1993 Nr. 5) sowie in: Baudirektion (Amt für Raumplanung), PBG-Revision vom 1. September 1991, Hinweise zur Einführung, S. 1 sowie, Robert Wolf/Ernst Kull, N. 182, vertreten.

zeibehörde konnte darüber befinden, ob das Näherbaurecht die Zustimmung des Nachbarn zur ausnahmsweisen Unterschreitung des bauordnungsgemässen Grenzabstandes einschliesse.»

Es geht hier zudem für die Baubehörden nicht um eine «obligationen- bzw. sachenrechtliche Frage», weder um eine komplexe noch eine einfache, sondern darum, ob das vorgelegte Schriftstück den rein öffentlichrechtlichen Anforderungen genügt, welche PBG § 270 III an die Begründung von Näherbaurechten «durch nachbarliche Vereinbarung» stellt. Auch handelt es sich hier nicht um eine «vorfrageweise» Beurteilung, sondern um einen Entscheid in der Sache selbst.

C. Zur Unbeachtlichkeit von Näherbaurechten gemäss PBG § 274 II erster Teil

1. Zu den Materialien

a) Zur Regelung gemäss altem Baugesetz

Wie bereits erwähnt (Rz 2263 ff), waren gemäss Baugesetz von 1893/1907/1943/1959 sowohl die gesetzlichen Grenz- als auch die gesetzlichen Gebäudeabstandsminima nicht dispositiv. Deshalb gab es auch keine Gebäude, welche gestützt auf ein jetzt noch gültiges Näherbaurecht ungewöhnlich nahe an der Grenze standen, und deshalb war auch nicht gegen ein störendes Zurückdrängen des Eigentümers, dessen Parzelle an eine Parzelle mit einem ungewöhnlich nahe an der Grenze stehenden Gebäude anstiess, aus gesetzlicher Sicht Vorsorge zu treffen. Es waren in den dem Baugesetz gemäss dessen § 1 I unterstellten Gebieten stets die von altBauG §§ 55–58 verlangten Grenz- und Gebäudeabstände einzuhalten[20]. 2295

Daneben war aber auch an die Grenz- und Gebäudeabstände gemäss den Bauordnungen zu denken (Rz 2265). 2296

b) Zur Regelung im PBG

α) Als in den Siebzigerjahren ein neues Baugesetz, das PBG, ausgearbeitet wurde, galt es als selbstverständlich, dass sowohl die Grenz- als auch die Gebäudeabstandsminima der kantonalen Gesetzgebung wiederum als nicht disponibel und daher als nicht mittels Näherbaurecht herabsetzbar ausgestaltet werden sollten; die auf den Bauordnungen beruhenden Näherbaurechte wurden dabei vorerst einmal etwas auf der Seite gelassen. Daher bestand für den Gesetzgeber auch kein Anlass, besondere Vorsorge dagegen zu treffen, dass der Nachbar wegen eines gestützt auf ein Näherbaurecht ungewöhnlich nahe an der Grenze stehenden Gebäudes in Zukunft eine unbillige Belastung erleiden könne. Zudem versuchte man, das Problem des Gebäudeabstandes gegenüber ungewöhnlich nahe an der Grenze stehenden Gebäuden allgemein zu lösen, indem gegenüber solchen Gebäuden grundsätzlich stets ein reduzierter Gebäudeabstand zum Zuge kommen sollte. Man sprach hier – etwas verkürzt – oft von *Altbautenregelung*. Es bestand die Auffassung, dass daher grundsätzlich auch für den Näherbaurechtsfall keine zusätzliche Milderung nötig sei. 2297

---

[20] Jakob Maag/Hans Müller, Kommentar, zu § 58 sowie §§ 56 f.

2298 Zudem wurde berücksichtigt, dass es Eigentümer oder Rechtsvorgänger dieser Eigentümer von Parzellen gab, welche aufgrund der Bauordnung selbst früher dem Nachbarn ein Näherbaurecht mit der Verpflichtung gegenüber der Gemeinde eingeräumt hatten, bei einer späteren Überbauung der eigenen Parzelle entsprechend weiter wegzurücken; die Eigentümer solcher Parzellen sollten nun nicht diese Verpflichtung unter Anrufung der Altbautenregelung abschütteln können. Insoweit vergass der kantonale Gesetzgeber 1976 die kommunalen Näherbaurechte doch nicht ganz; er wollte – in einem allerdings rechtlich neuen Umfeld – gewissermassen dem Grundsatz pacta sunt servanda Geltung verschaffen.

2299 Daher empfahl die Baudirektion in ihrem Vorentwurf vom Dezember 1972 (Rz 1466) im 4. Titel mit der Überschrift «Das öffentliche Baurecht», im 1. Abschnitt mit der Überschrift «Die Bauvorschriften», im Unterabschnitt C. mit der Überschrift «Die zulässigen baulichen Grundstücknutzungen», im II. Unterunterabschnitt mit der Überschrift «Abstände», im 4. Unterunterunterabschnitt mit der Überschrift «Gebäudeabstände» den folgenden Text mit Randtitel:

«C. Erleichterungen
II. Gegenüber bestehende(n) Bauten
§ 239
Steht eine nachbarliche Baute näher an der Grenze, als sie nach den Bauvorschriften dürfte, so genügt als Abstand die Summe aus dem Grenzabstand, den das neue Bauvorhaben benötigt, und dem Grenzabstand nach § 235 Absatz 1[21].
Diese Begünstigung gilt nicht, wenn das bestehende Gebäude seinerzeit mit Zustimmung des Eigentümers des nunmehrigen Baugrundstückes in Kenntnis dessen erstellt worden ist, dass er wegen des nachbarlichen Näherbaues selber einen grösseren Grenzabstand werde einhalten müssen.»

Es handelte sich hier um eine intertemporalrechtliche Regelung in dem Sinne, dass die unter einem früheren Recht vereinbarten Näherbaurechte auch unter dem jetzigen Recht ihre Geltung voll beibehalten sollten.

2300 β) Der Regierungsrat (Rz 1467) folgte dem Grundgedanken dieser Regelungen in seinem Antrag an den Kantonsrat vom 5. Dezember 1973 (als § 245), nahm daran jedoch die folgenden Modifikationen vor:
In § 245 war neu von «Gebäuden» statt von «Bauten» die Rede, der frühere Hinweis auf § 235 I wurde hier durch «kantonalrechtlichen Mindestgrenzabstand» ersetzt. Im zweiten Absatz wurde klargestellt, dass die «Zustimmung» in der Abgabe der «Erklärung gegenüber der Baubehörde» bestehen müsse. Zudem wurde an den zweiten Satzteil die Aussage geknüpft, dass die vorausgehende Regelung auch gelte, «wenn durch eine nachträgliche Grenzänderung ein vorher ausreichender Abstand ungenügend geworden ist».

2301 γ) Der Kantonsrat (Rz 1468) übernahm die so modifizierte Formulierungen, von einer anderen Bezifferung sowie geringfügigen redaktionellen Retouchen abgesehen, vollumfänglich.

2302 δ) Mit der Annahme des PBG in der Volksabstimmung vom 9. September 1975 (Rz 1469) erhielt der so modifizierte Text Gesetzkraft:

---

[21] Hierin wurde der Minimalgrenzabstand auf 3,5 m festgesetzt; er war allenfalls je nach Gebäudehöhe zu vergrössern.

> «C. Erleichterungen
> II. Gegenüber bestehenden Gebäuden
> § 274
> Steht ein nachbarliches Gebäude näher an der Grenze, als es nach den Bauvorschriften zulässig ist, so genügt als Abstand die Summe aus dem Grenzabstand, den das neue Bauvorhaben benötigt, und dem kantonalrechtlichen Mindestgrenzabstand.
> Diese Begünstigung gilt nicht, wenn der Eigentümer des nunmehrigen Baugrundstücks gegenüber der Baubehörde die Erklärung abgegeben hat, er habe Kenntnis davon, dass er wegen des nachbarlichen Näherbaues selber einen grössern Grenzabstand werde einhalten müssen, oder wenn durch eine nachträgliche Grenzänderung ein vorher ausreichender Abstand ungenügend gemacht worden ist.»

ε) Diese Regelung blieb bei der Revision von 1984 sowie bei derjenigen von 1991 unmodifiziert. Sie ist auch nicht in den Revisionsvorschlag des Regierungsrates von 1995 (Rz 1601) einbezogen worden. — 2303

2. Zur Auslegung von PBG § 274 II erster Teil und zur Praxis hiezu

a) Zum ersten Absatz

α) *Zum «nachbarlichen Gebäude»*

Dieses besteht bereits in der Nachbarschaft der Parzelle, für welche nun ein Bauvorhaben zu beurteilen ist; die letztere Parzelle ist das im zweiten Absatz erwähnte «nunmehrige Baugrundstück». — 2304

β) *Zum Gebäude, welches «näher an der Grenze (steht), als es nach den Bauvorschriften zulässig ist»*

Was damit gemeint ist, ergibt sich aus Rz 2243 ff. Unzulässigkeit bildet hier – eher singulär – die Voraussetzung für die Anwendbarkeit einer dem Bauaktiven willkommenen Regelung; allerdings ist dieser das Gegenüber desjenigen, welchem die Unzulässigkeit zuzurechnen ist. — 2305

γ) *Zum «Grenzabstand, den das neue Bauvorhaben benötigt»*

Das ist derjenige Grenzabstand, welcher vom PBG und der Bauordnung für Gebäude von der hier zur Diskussion stehenden Art verlangt wird. — 2306

δ) *Zum «kantonalrechtlichen Mindest(grenz)abstand» und zur «Summe»*

Ersterer beträgt gemäss PBG § 270 I 3,5 m und vergrössert sich bei Gebäude-Mehrhöhen über 12 m gemäss PBG § 270 II. — 2306a

Die Summe wird in Addition vom «Grenzabstand, den das neue Bauvorhaben benötigt» gemäss Rz 2306, und dem «kantonalrechtlichem Mindest(grenz)abstand» gebildet.

ε) *Zu «genügt»*

Das ist die normative Markierung für die Erlaubnisaussage. — 2307

b) Zum zweiten Absatz

α) Zur «Begünstigung»

2308 Der zweite Absatz hat die Funktion, die im ersten Absatz gewährte «Begünstigung», gemeint ist die Herabsetzung des ordentlichen Gebäudeabstandes gemäss PBG § 271, gegenüber einem – hier wegen eines Näherbaurechtes – ungewöhnlich nahe an der Grenze stehenden Gebäude, also den in PBG § 274 I geregelten ausserordentlichen Gebäudeabstand, teilweise einzuschränken. Es geht also um die Ausnahme einer Ausnahme von einer Regel. Das sind normativ immer heikle Konstruktionen.

β) Zur «Erklärung des Eigentümers des nunmehrigen Baugrundstückes gegenüber der Baubehörde, er habe Kenntnis davon, dass er wegen des nachbarlichen Näherbaues selbst einen grösseren Grenzabstand werde einhalten müssen»

2309 Der Eigentümer des nunmehrigen Baugrundstückes kann auch Rechtsnachfolger desjenigen sein, welcher das Näherbaurecht eingeräumt hat.

2310 Die inhaltlichen und formellen Anforderungen an die Erklärung, damit die Baubehörde dem Eigentümer des «nunmehrigen Baugrundstückes» auf die Respektierung des ordentlichen Gebäudeabstandes pochen, die «Begünstigung» gemäss PBG § 274 I vorenthalten kann, sind die gleichen inhaltlichen und formellen Anforderungen wie diejenigen, welche erfüllt sein müssen, dass die Baubehörde die Behauptung des Bauaktiven, es liege eine Vereinbarung betreffend Näherbaurecht vor, berücksichtigen muss/darf (Rz 2271 f).

2311 Der hier erwähnte «grössere Grenzabstand» ist kein Grenzabstand im juristischen Sinne, sondern einfach ein Abstand von der Grenze, welcher sich reflexweise wegen eines minimalen (ausserordentlichen) Gebäudeabstandes ergibt.

γ) Zu «gilt nicht»

2311a Das ist die normative Markierung der Einschränkung der Regelung von PBG § 274 I.

δ) Zu den weiteren Gesichtspunkten

α') Zur Rückgängigmachung und zum sonstigen Dahinfallen der Erklärung

2312 Möglicherweise stört es den von einem Näherbaurecht nachteilig betroffenen Eigentümer einer Parzelle später, wenn der Eigentümer der vom Näherbaurecht profitierenden Parzelle so nahe an die Grenze heranbauen darf und/oder er selbst wegen des Näherbaurechtes so weit von der Grenze wegrücken muss; auch ist denkbar, dass dem Eigentümer der vom Näherbaurecht profitierenden Parzelle nicht mehr viel daran liegt. Ersterer ist vielleicht sogar bereit, sich die Abschwächung oder Aufhebung des Näherbaurechtes des anderen etwas kosten zu lassen, und/oder Letzterer hofft, u.U. aus der Abschwächung oder Aufhebung seines eigenen Näherbaurechtes einen Erlös erzielen zu können. Grundsätzlich kommt hier wegen PBG § 270 III der Abschluss einer den beiden besser konvenierenden neuen Vereinbarung in Betracht. Es ist aber auch mit der Möglichkeit zu rechnen, dass ein einmal eingeräumtes Näherbaurecht später privatrechtlich infolge Anfechtbarkeit oder Nichtigkeit dahinfällt, auch wenn es ursprünglich unbefristet, unwiderruflich, unkündbar war.

Öffentlichrechtlich sind Abschwächung und Wegfall des Näherbaurechtes jedoch nur von Bedeutung, wenn zuvor ein Baugesuch für ein Gebäude ohne Näherbaurecht bzw. ein solches ohne Wegrückverpflichtung des Nachbarn eingereicht und bewilligt wird. Bei Dahinfallen infolge Anfechtung/Nichtigkeit kommt dies allerdings nicht in Betracht. Dementsprechend heikel ist dann auch die Regelung der öffentlichrechtlichen Folgen[22]. Schon allein aus diesem Grund ist es wichtig, dass die Baubehörden nur nachbarliche Vereinbarungen für die Näherbaurechtseinräumung als genügend anerkennen, bei welchen die Wahrscheinlichkeit eines späteren Dahinfallens infolge Kündigung oder Fristablauf ausgeschlossen und diejenige des späteren Dahinfallens wegen Anfechtung/Nichtigkeit möglichst gering ist. 2313

β') *Zur Frage der Dispensierbarkeit bei fehlender Vereinbarung*

Bisweilen wird die Auffassung vertreten, dass infolge der Anfügung von PBG § 270 III in der Revision von 1991 keine Möglichkeit zur Erteilung von Ausnahmebewilligungen gemäss PBG § 220 vom Grenz- und Gebäudeabstandsminimum mehr bestehe; entweder erteile der Nachbar seine Zustimmung zur Unterschreitung, dann könne nach PBG § 270 III vorgegangen werden, oder er erteile sie nicht, dann müsse es beim verlangten Grenz- und/oder Gebäudeabstandsminimum bleiben. Ich schliesse mich hier jedoch der Auffassung von Robert Hadorn[23] an, wonach an der Möglichkeit, gestützt auf PBG § 220 zu dispensieren, mit der Revision von 1991 nichts grundsätzlich anders geworden ist. Allerdings ist Folgendes zu beachten: Bereits PBG § 274 I statuiert eine Lockerung gegenüber dem ordentlichen Gebäudeabstandsminimum von PBG §§ 271 und 274 II enthält eine weiter ins Detail gehende Aussage darüber, wann die Lockerung von PBG § 274 I nicht zum Zuge kommen solle. Da ist der Rahmen von vornherein eng gezogen, wenn es um die Frage geht, ob eine sogar über PBG § 274 I hinausgehende «Begünstigung» gewährt werden soll. 2314

γ') *Zum baurechtlichen Status der Parzellen auf beiden Seiten*

Es ist zu unterscheiden, ob bei der Einräumung des Näherbaurechtes eine Wegrückverpflichtung vorerwähnter Art eingegangen worden ist oder ob die Einräumung ohne eine solche erfolgte. Dabei ist verschieden zu urteilen, je nachdem, ob es sich um die Parzelle mit dem aufgrund des Näherbaurechtes bereits erstellten Gebäude oder aber um die Parzelle handelt, deren Eigentümer das Näherbaurecht eingeräumt hat und bei welcher «nunmehrig» ein Bauvorhaben aktuell ist. 2315

α") *Zum baurechtlichen Status der Parzelle mit dem – aufgrund des Näher-*
    baurechtes – erstellten Gebäude

Bei Vorliegen einer Wegrückverpflichtung ist das Gebäude trotz seiner Lage ungewöhnlich nahe an der Grenze wohl baurechtgemäss (wenn kein anderweitiger Verstoss vorliegt; Rz 472 ff, 1612 ff). 2316

---

[22] Hiezu äussern sich Felix Huber/Niklaus Schwendener, Strittige Näherbaurechte gemäss § 270 Abs. 3 PBG, in: PBG aktuell 1999 Heft 1 S. 27 ff, eingehend.
[23] Robert Hadorn, Sind die Vorschriften über Abstände durch die Einführung des Näherbaurechtes in § 270 Abs. 3 PBG dispensfeindlich geworden?, in: PBG aktuell 1995 Heft 3 S. 28 f.

Änderungen sind deshalb nicht nach PBG § 357 I zu beurteilen. Zur Frage, was dann gelte, siehe Rz 4323. RPG Art. 24c II (Rz 3848 ff) bleibt vorbehalten.

Kommt es zu einer Umgestaltung oder einem Abbruch mit Wiederbau, so ist der ordentliche Grenzabstand einzuhalten. U.U. spielt PBG § 307 (Recht der freien Hofstatt, Rz 2454 f) eine Rolle.

2317 Fehlt jedoch eine Wegrückverpflichtung, so halte ich dafür, dass zumindest seit der PBG-Revision von 1991 trotz ungewöhnlich naher Lage an der Grenze ebenfalls Baurechtgemässheit vorliege.

β") Zum baurechtlichen Status des «nunmehrigen Baugrundstückes»

2318 Wurde seinerzeit eine Wegrückverpflichtung eingegangen und steht innerhalb des ordentlichen Gebäudeabstandes noch kein Gebäude, so ist die Erstellung eines solchen hier grundsätzlich verboten. Die Erstellung ist jedoch grundsätzlich erlaubt, wenn sie ausserhalb des ordentlichen Gebäudeabstandes erfolgt.

Ein sich innerhalb des ordentlichen Gebäudeabstandes befindliches Gebäude ist baurechtswidrig. Änderungen an ihm beurteilen sich gemäss PBG § 357 I. RPG Art. 24c II (Rz 3848 ff) bleibt vorbehalten.

Steht das Gebäude innerhalb des ordentlichen Gebäudeabstandes, so ist eine Umgestaltung oder nach Abbruch ein Wiederbau grundsätzlich verboten. U.U. spielt PBG § 307 (Recht der freien Hofstatt, Rz 2454 f) eine Rolle. RPG Art. 24c II (Rz 3848 ff) bleibt vorbehalten.

2319 Wurde jedoch seinerzeit *keine* Wegrückverpflichtung eingegangen, so darf ein Gebäude zwar nicht innerhalb des ausserordentlichen Gebäudeabstandes, jedoch ausserhalb desselben und innerhalb des ordentlichen Gebäudeabstandes und erst recht ausserhalb desselben errichtet werden.

Ein sich innerhalb des ausserordentlichen Gebäudeabstandes befindliches Gebäude ist baurechtswidrig. Änderungen an ihm beurteilen sich innerhalb der Bauzone in jedem Fall gemäss PBG § 357 I. Ein sich ausserhalb des ausserordentlichen Gebäudeabstandes, aber noch innerhalb des ordentlichen Gebäudeabstandes befindliches Gebäude ist baurechtgemäss (wenn keine anderen Verstösse vorliegen) und darf entsprechend geändert werden (Rz 3848 ff); das gilt erst recht für ein ausserhalb des ordentlichen Gebäudeabstandes befindliches Gebäude. RPG Art. 24c II (Rz 3848 ff) bleibt vorbehalten.

Kommt es zu einer Umgestaltung oder einem Abbruch mit Wiederbau, so gilt innerhalb des ausserordentlichen Gebäudesabstandes, ausserhalb des ausserordentlichen, aber innerhalb des ordentlichen Gebäudeabstandes und ausserhalb des ordentlichen Gebäudeabstandes die gleiche Regelung, wie wenn hier noch kein Gebäude vorhanden gewesen wäre. U.U. spielt jedoch PBG § 307 (Recht der freien Hofstatt, Rz 2454 f) eine Rolle.

δ') Zur Aktivlegitimation des Mieter

2320 Christoph Fritzsche/Peter Bösch vertreten auf S. 114 f die Auffassung, wenn ein Näherbaurecht hinsichtlich Wohnhygiene (PBG § 226, Rz 1868 f) problematisch sei, könne der Mieter des Gebäudes, dessen Eigentümer das Näherbaurecht erteilt hat, die Baubewilligung gleichwohl anfechten, allenfalls unter Vorlegung eines Schattendiagrammes.

D. Allgemeine Kritik

1. Der Kantonsrat hat mit der Einfügung des dritten Absatzes in PBG § 270 voreilig einen ortsbaulich und für die Rechtssicherheit folgenschweren, m.E. sogar verfehlten Entscheid getroffen. Ohne vorher sorgfältige Abklärung über die Auswirkungen anzustellen, hat das Parlament zu rasch – beeindruckt vom Ruf nach baulicher Verdichtung – eine Kehrtwendung gegenüber einer jahrzehntelangen Praxis vorgenommen. Zudem hätte es konsequenterweise auch PBG § 274 II aufheben müssen[24]. 2321

2. Die für das Siedlungsbild abträglichen Auswirkungen dieses legislatorischen Missgriffs versucht die Praxis jetzt u.a. dadurch zu mildern, dass zur behördlichen Anerkennung von Näherbaurechten gemäss PBG § 270 III ein die maximal zulässige Baumasse bestimmender Ausnützungsvergleich aufgrund der ordentlichen primären Bauvorschriften verlangt wird; denn, heisst es im Entscheid des ZH-Verwaltungsgerichtes vom 19. April 1996 (BEZ 1996 Nr. 12), in Zonen, in denen das zulässige Mass der Ausnützung nicht mittels Nutzungsziffern, sondern Abständen, Grösse und Stellung der Baukörper usw. festgelegt wurde (vor allem in Kernzonen), käme sonst das vom Gesetz unverzichtbar vorgeschriebene Ausnützungsmass abhanden; die Folge davon sei, dass mit Näherbaurechten lediglich die Anordnungsfreiheit, nicht aber das Mass der baulichen Ausnützung beeinflusst werden könne. Ob für diese Auslegung trotz Preisgabe des Rechtsinstitutes des Vergleichsprojektes gemäss PBG § 251 II anlässlich der Revision von 1991 noch eine ausreichende gesetzliche Grundlage bestehe, bezweifle ich. 2322

3. Hier stellt sich die Frage, ob die Gemeinden in ihren Bauordnungen, so wie sie zu niedrige kantonalrechtliche Grenzabstandsminima erhöhen können, auch zuständig sind, die Tragweite der sich aus PBG § 270 III ortsbaulich verfehlten Möglichkeiten, ausser auf dem Wege gemäss Rz 2269, zu beschränken. Ich würde dies grundsätzlich bejahen. Allerdings könnte es dabei zu einer unerwünschten Vielfalt kommunaler Regelungen kommen (Rz 635 f). 2323

4. Wegen dieser ortsplanerisch unerfreulichen Ausgangslage ist es wichtig, dass bei der behördlichen Anerkennung von Abmachungen zwischen Nachbarn bezüglich des Näherbaues Vorsicht waltet. Die sich hier stellenden Fragen werden in Rz 2271 ff erörtert. Nachbarn sind im Allgemeinen rasch bereit, sich gegenseitig ein Näherbaurecht einzuräumen, und die Baubehörden anerkennen solche Abmachungen oft ohne Zögern als genügend. Die wenigsten sind sich dabei aber bewusst, was für Überraschungen sie sich für die Zukunft dabei einhandeln, wenn dies nur summarisch geregelt wurde[25]. 2324

---

[24] Siehe auch: Felix Huber/Erich Kull/Jürg Sigrist/Carmen Walter Späh, Die Bau- und Zonenordnung der Stadt Zürich, in: PBG aktuell 1997 Heft 2 S. 16.
[25] Siehe auch den Entscheid der Baurekurskommission II, in: BEZ 1994 Nr. 29, betreffend Schwierigkeiten bei einem Näherbaurecht aus dem Jahr 1914 sowie den Entscheid der Baurekurskommission II, in: BEZ 1992 Nr. 34: Hier herrschte Unklarheit, ob ein ein- oder gegenseitiges Näherbaurecht gelte.

III. Was gilt bei infolge Grenzänderung ungewöhnlich naher Lage eines Gebäudes an der Grenze gemäss PBG § 274 I und II zweiter Teil?

A. Zur Ausgangssituation

2325 Obwohl das Baurecht weitgehend von dem durch die Parzellengrenzen wie mit einem Raster über das ganze Land gelegten Gitter aus konzipiert ist (Rz 1915 ff, 2371 mit FN 3, 2554 ff), wird den Parzelleneigentümern weitgehend Freiheit im Entscheid gelassen, wie sie die Parzellengrenzen ziehen wollen. Grössere Einschränkungen gibt es nur dort, wo in einer Parzelle bereits ein Gebäude steht oder wo es sich um von der Landwirtschaftsgesetzgebung (Rz 4109) erfasste Parzellen handelt. Trotzdem sind grundsätzlich Abstandsminima, Nutzungsziffermaxima usw. von den gerade jetzt vorhandenen Parzellengrenzen aus zu rechnen, wie immer es auch hiezu gekommen ist. Es gibt allerdings Ausnahmen; PBG § 274 II zweiter Teil bewirkt eine solche.

B. Zu den Materialien

1. Zur Regelung im alten Baugesetz

2326 Hier wurde nichts bezüglich solcher Vorkehrungen vorgesehen. Hingegen fanden sich Ansätze in kommunalen Bauordnungen.

2. Zur Regelung im PBG

2327 Bei der Ausarbeitung des PBG wurde dem Thema im Entwurf der Baudirektion von 1972 (Rz 1466) noch nicht Rechnung getragen, wohl aber im Antrag des Regierungsrates an den Kantonsrat vom 5. Dezember 1973 (Rz 1467). Es wurde eine Regelung gleichzeitig mit derjenigen für die wegen Näherbaurechten ungewöhnlich nahe an der Grenze stehenden Gebäude, also in PBG § 274 II (Rz 2263 ff), getroffen, wohl inspiriert durch Art. 15 III der Stadtzürcher Bauordnung von 1963 (Rz 3245a).

C. Zur Auslegung von PBG § 274 zweiter Teil und zur Praxis hiezu

1. Zum ersten Absatz

2328 Das bezüglich des Näherbaurechtsfalles in Rz 2253 ff Gesagte gilt hier analog.

2. Zum zweiten Absatz zweiter Teil: Zur Unbeachtlichkeit von Grenzänderungen

a) Zur «Grenzänderung»

2329 α) Hier ist von einem festumrissenen Raumausschnitt auszugehen, in welchem bereits mindestens ein Gebäude steht. Entweder ist der Raumausschnitt in zwei oder mehr Parzellen unterteilt, wobei zumindest in einer dieser Parzellen ein Gebäude steht, oder der Raumausschnitt ist – noch – ungeteilt. Wenn im erstgenannten Fall die Grenzen zwischen diesen Parzellen verschoben werden, dann kann man von einer Grenzverlegung sprechen; wenn im zweiten Fall erstmals eine Unterteilung erfolgt, dann kann man von Parzellierung sprechen. Grenzverlegungen und Parzellierungen können auch gemeinsam vorkommen. Die neuen Grenzen verlaufen entweder normal, das heisst unter Einhaltung der ordentlichen Grenzabstände gegenüber dem oder den bereits vorhandenen Gebäuden, oder ungewöhnlich nahe an dem oder den Gebäuden, das heisst unter Unterschreitung der ordentlichen Grenzabstände.

β)   Eine Grenzänderung ist an sich erst vom Augenblick an vorhanden, da die sie vorsehende Mutation im Grundbuch «angemeldet», vollzogen ist, nicht schon, wenn der Nachführungsgeometer die Mutationsunterlagen ausgefertigt hat. Da die Baubehörden diesen Zeitpunkt wegen der heute geltenden Bewilligungsbedürftigkeit von «Grenzänderungen» (Rz 2554 f) im Auge behalten müssen und können, kommt der Schlusspassus von PBG § 274 II heute, wenn die Baubehörde ihren Verpflichtungen nachkommt, nur zum Zuge, wo es um vor dem Inkrafttreten des PBG (1. April 1976) vorgenommene «Grenzänderungen» geht. Die Beschaffung der zum Beweis des damaligen Geschehens nötigen Dokumente dürfte hier oft schwierig sein (Rz 722 ff).   **2330**

b)   Zur «Ungenügendmachung eines vorher ausreichenden Abstandes (durch die Grenzänderung)»

Der Abstand eines Gebäudes von einer Grenze war bei einer Grenzverlegung «vorher ausreichend», wenn die Grenze mindestens so weit vom Gebäude entfernt war, wie der ordentliche Grenzabstand verlangte, die neue Grenze dann aber näher verläuft. Für die Parzellierung stimmt diese Formulierung nicht, wenn man nicht an die vorher noch einzigen Aussengrenzen denkt; innen war ja vorher noch keine Grenze vorhanden. Hier geht es nicht um die Ungenügendmachung eines vorher ausreichenden Abstandes durch eine Grenzverlegung, sondern um die erstmalige Ziehung einer Grenze ungewöhnlich nahe am Gebäude.   **2331**

c)   Zur «Nachträglichkeit der Grenzänderung»

Das Wort «nachträglich» kann sich hier auf verschiedene Zeitpunkte beziehen. In Betracht kommen etwa: Zeitpunkt der Fertigstellung des Gebäudes, des Baubeginnes desselben, der rechtskräftigen Bewilligung des Gebäudes, der Einreichung des Baugesuches, des privaten Entschlusses zu bauen. M.E. kommt es als Stichtag auf den Zeitpunkt des Baubeginnes an; denn bis dahin kann die Baubehörde eine bereits erteilte Baubewilligung meistens ohne grössere Probleme widerrufen (Rz 616 f), wenn sie von einer unzulässigem Grenzänderung hört. Erst von jetzt an ist die Grenzänderung «nachträglich», mit der allfälligen Folge der Nichtanrufbarkeit der «Begünstigung».   **2332**

d)   Zu «die Begünstigung gilt nicht»

Rz 2308 ff trifft hier analog zu.   **2333**

e) Zu den weiteren Gesichtspunkten

α) Zum baurechtlichen Status der Parzellen auf beiden Seiten

2334 Der baurechtliche Status ist sowohl für die Parzelle mit dem zuerst erstellten Gebäude als auch für das «nunmehrige Baugrundstück» verschieden, je nachdem, ob die Grenzänderung vor oder nach der Erstellung des zuerst erstellten Gebäudes erfolgte (zum Stichtag siehe Rz 2332). Entsprechendes gilt auch für die hier befindlichen Gebäude. Die Frage, ob ein hier vorgesehener Neubau, eine hier vorgesehene Änderung eines bestehenden Gebäudes zulässig sei oder nicht, beantwortet sich weitgehend ähnlich wie in Rz 2315 ff, wenn auch eher noch komplizierter. Man gerät dabei an die Grenzen der Praktikabilität. Auf die Darstellung der verschiedenen Möglichkeiten wird hier verzichtet.

β) Zur Zulässigkeit von Ausnahmebewilligungen

2335 Hier stellt sich die Frage, ob die Baubehörde dort, wo die Grenzänderung erst nach Erstellung des zuerst erstellten Gebäudes erfolgt ist, also die «Begünstigung» gemäss PBG § 274 I nicht zum Zuge kommt, diese dispensweise doch gewähren könne. Rz 2314 gilt analog[26].

γ) Zur Aktivlegitimation des Mieters

2336 Rz 2320 gilt analog.

IV. Was gilt bei aus anderen Gründen ungewöhnlich naher Lage eines Gebäudes an der Grenze?

2337 Steht ein Gebäude aus anderen Gründen als wegen eines Näherbaurechtes oder einer Grenzänderung ungewöhnlich nahe an der Grenze – in Betracht kommen hier insbesondere die Erteilung einer Ausnahmebewilligung (Rz 606 ff), eine nach Erstellung des Gebäudes erfolgte Verschärfung der Grenzabstandsvorschriften, eine fehlerhaft erteilte, nicht mehr widerrufbare Baubewilligung (Rz 616 ff) oder eine nicht mehr rückgängigmachbare Eigenmacht (Rz 788 f) –, so kommt bei der Erstellung eines Gebäudes oder bei der Änderung eines Gebäudes je ihm gegenüber vorbehaltslos die «Begünstigung», der herabgesetzte, ausserordentliche Gebäudeabstand gemäss PBG § 274 I zum Zuge. Die Ausführungen in Rz 2295 f und 2308 f gelten hier analog.

---

[26] Da die Grenzänderung wesentlich ein zeitlich punktueller Vorgang ist (Rz 2330), kann man den Fall, dass diese zum Teil vor, zum Teil nach der Erstellung des zuerst erstellten Gebäudes stattgefunden hat, auf der Seite lassen, es wäre denn, man wollte als Grenzänderung den Bereich zwischen der Ausfertigung der Mutationsunterlagen und dem grundbuchlichen Vollzug ins Auge fassen.

PBG § 275: Zur Dachgeschossdefinition

I. Zur Ausgangslage

1. Die Regelung der Zahl der horizontalen Gebäudeabschnitte, welche in einem Gebäude höchstens übereinanderliegen dürfen, gehört zu den wichtigsten Eigentumsbeschränkungen des öffentlichen Baurechtes. Der Ausdruck horizontaler Gebäudeabschnitt ist mehr oder weniger synonym mit Geschoss und Stockwerk; allerdings schwingt beim Wort Geschoss oft schon eine bestimmte juristische Bewertung im Sinne von auf ein Maximum oder Minimum anrechnungspflichtigem horizontalem Gebäudeabschnitt mit. 2351

2. Es wird bei diesen Regelungen oft zwischen Vollgeschoss-, Dachgeschoss und Untergeschoss unterschieden, wobei hier nur die beiden Ersteren weiter interessieren. Erdgeschosse sind die untersten Vollgeschosse. Dachgeschosse liegen entweder ganz oder teilweise mit ihrer lichten Höhe in dem bereits vom geneigten Dach eingefassten Raumausschnitt. Vollgeschosse lassen dem Bewerber mehr Bewegungsfreiheit als Dachgeschosse; daher können sie auch teurer verkauft oder vermietet werden, auch wenn man vom Dachgeschoss aus oft eine schönere Aussicht geniesst als vom obersten Vollgeschoss. Es kommt meistens ohnehin zu einer vollen Konsumation der maximal zulässigen Vollgeschosszahl, während bezüglich der Dachgeschosszahl oft noch Reserven vorhanden sind. Der Bauaktive hat deshalb in der Regel ein Interesse daran, dass ein horizontaler Gebäudeabschnitt eher als Dach- denn als Vollgeschoss bewertet wird. Bei Gebäuden mit Flachdächern gibt es keine Dachgeschosse. Siehe auch die Bemerkungen zum kommunalen Recht in Rz 3232 ff. 2352

II. Zur Regelung im alten Baugesetz

Das Baugesetz von 1893/1907/1943/1959 unterschied ziffernmässig nicht zwischen Voll- und Dachgeschossen; Letztere waren nur feuerpolizeilich von besonderem Belang. Als anrechnungspflichtig galt hienach einfach jeder mit Wohn-, Schlaf- oder Arbeitsräumen belegte horizontale Gebäudeabschnitt[1]. Der Unterschied zwischen Voll- und Dachgeschoss war hier deshalb hinsichtlich des zulässigen Bauvolumens nicht von besonderer Wichtigkeit. Allerdings änderte sich dies, als immer mehr kommunale Bauordnungen dieses durch die Festsetzung der Zahl der maximal zulässigen Geschosse, Vollgeschosse und Dachgeschosse zu regeln begannen. Dabei wurde jedoch keinerlei Definitionsaufwand betrieben. Das führte sicher da und dort zu Auslegungsschwierigkeiten; doch geschah dies weitgehend abseits der juristischen Welt. 2353

---

[1] Vgl. den Antrag des Regierungsrates an den Kantonsrat für ein neues Baugesetz vom 5. Dezember 1973, in: Amtsblatt 1973 S. 1861, RB 1990 Nr. 78 (BEZ 1990 Nr. 30), und die Bemerkungen hiezu in Rz 1984 und 1986.

III. Zur Regelung im PBG

A. Zu den Materialien

1. Zum Text von 1975

2354 a) Im Vorentwurf der Baudirektion vom Dezember 1972 (Rz 1466) findet sich erstmals die folgende Geschosszahldefinition, und zwar im 4. Titel mit der Überschrift «Das öffentliche Baurecht», im 1. Abschnitt mit der Überschrift «Die Bauvorschriften», im Unterabschnitt C. mit der Überschrift «Die zulässigen baulichen Grundstücknutzungen», im III. Unterunterabschnitt mit der Überschrift «Geschosse, Gebäude- und Firsthöhen», im 1. Unterunterunterabschnitt mit der Überschrift «Geschosse»:

> «Begriff
> § 240
> Als anrechenbares Geschoss gilt jeder horizontale Gebäudeabschnitt, der ganz oder mehrheitlich über dem gewachsenen Boden liegt oder der Wohn-, Schlaf- oder Arbeitsräume enthält.»

In diesem Text deutete sich wegen des Passus «anrechenbar» bereits ein Wandel im Geschosskonzept an[2].

2355 b) Im Antrag des Regierungsrates an den Kantonsrat vom 5. Dezember 1973 (Rz 1467, jetzt § 246) wurde nach «über dem gewachsenen Boden» der Passus «und unter dem Dach» eingeschoben, ferner der folgende Text neu als zweiter Absatz angehängt:

> «Dachgeschoss sind horizontale Gebäudeabschnitte, die über der Schnittlinie zwischen Fassade und Dachfläche und unter der für die Bestimmung der Firsthöhe massgebenden Ebene liegen.»

2356 c) In den Beratungen des Kantonsrates (Rz 1468) wurde der Passus «anrechenbares Geschoss» in § 246 (neu PBG § 275) durch «Vollgeschoss» ersetzt. Zudem wurden in PBG § 276 alle Vollgeschosse und Dachgeschosse als «anrechenbare Geschosse» bezeichnet; das war verwirrlich. Im Absatz über das Dachgeschoss wurde – zu Recht – die Bezugnahme auf die «für die Bestimmung der Firsthöhe massgebende Ebene» weggelassen.

2357 d) Mit der Annahme des PBG in der Volksabstimmung vom 5. September 1975 (Rz 1469) erhielt folgender Text Gesetzeskraft:

---

[2] Der Ausdruck «anrechenbar» ist hier wie an anderen Stellen im Baurecht sprachlich falsch; denn anrechenbar ist etwas, das man anrechnen kann, aber nicht muss. Damit wird das Problem der «Kann-Vorschriften» angeschnitten. Geht man davon aus, dass materielle Bauvorschriften primär aus der Sicht des Bauaktiven verstanden werden sollen, dann ist ein Geschoss nie «anrechenbar», sondern der Bauaktive muss sich dessen Anrechnung gefallen lassen; es steht aber auch der Baubehörde nie frei, ob sie ein Geschosscharakter aufweisendes Geschoss anrechnen will oder nicht. Differenzierter ist die Anrechenbarkeit bei der Ausnützungsziffer (AZ) zu beurteilen: Die Grundstücksflächen sind anrechenbar, weil der Bauaktive entscheiden kann, ob er eine die gesetzlichen Erfordernisse erfüllende Grundstücksfläche im Teiler der AZ in das Bauvorhaben einbeziehen will oder nicht. Diese Freiheit besteht aber bezüglich der (im Nenner der AZ stehenden) Geschossflächen nicht. Rz 956.

«Begriffe
§ 275
Vollgeschosse sind horizontale Gebäudeabschnitte, die über dem gewachsenen Boden und unter der Schnittlinie zwischen Fassade und Dachfläche liegen.
Dachgeschoss sind horizontale Gebäudeabschnitte, die über der Schnittlinie zwischen Fassade und Dachfläche liegen.
(Abs. III betrifft nur die Untergeschosse)
...
Anrechenbarkeit
§ 276
Als anrechenbare Geschosse gelten alle Vollgeschosse, Dachgeschosse und mehrheitlich über dem gewachsenen Boden liegende Untergeschosse, die andern Untergeschosse ...»

Bei dieser Definition des Dachgeschosses wurde übersehen, dass in unseren Gegenden wegen der Witterungsverhältnisse die meisten geneigten Dächer in ein über die Fassade auskragendes, diese vor Regen und Schnee schützendes Vordach auslaufen. In diesem Fall zählt aber jeder wenn auch nur teilweise mit dem Fussboden unter der Höhe der Schnittlinie zwischen Fassade und Dachfläche liegende horizontale Gebäudeabschnitt trotz seines durch die Dachneigung eingefassten Lichtraumprofiles bereits als ein Vollgeschoss. Daraus folgt aber, dass, wenn man ein solches Geschoss erstellen will, daneben nicht auch noch die in der Bauordnung als maximale Vollgeschosszahl genannte Zahl möglich ist. Damit stand der Bauaktive vor der Alternative: entweder Bauen ohne Vordach oder Verzicht auf die volle Realisierung der an sich möglichen Geschosszahl. Weder das eine noch das andere befriedigte. Bei Flachdächern stellte sich allerdings dieses Problem nicht. Doch war und ist diese Bauweise ästhetisch und/oder isolationsmässig nicht von vornherein willkommen[3].

2. Zum Text von 1984

a) Es wurden aus den in Rz 2352 genannten Gründen schon früh Rufe laut, die Geschossdefinition müsse revidiert werden, und zwar in dem Sinne, dass bei nur teilweise im Dach liegenden horizontalen Gebäudeabschnitten das Vorhandensein eines Kniestockes bis zu einer gewissen Höhe nicht zur Anrechnung des horizontalen Gebäudeabschnittes als Vollgeschoss führe. Der Kniestock (oder Drempel) ist die beim Satteldach traufseitig über den Dachboden hinaus hochgezogene Umfassungsmauer[4]; er bildet die auf der Decke des – bis dahin – obersten Geschosses angebrachte Stütze der Dachneigung. Flachdächer haben keinen Kniestock.

2358

b) Diese Thematik wurde im Antrag des Regierungsrates an den Kantonsrat vom 14. Juli 1982 betreffend Volksinitiative «Für einfachere Planung und weniger Bürokratie» (Rz 1596) noch nicht angesprochen.

2359

---

[3] Es gab eine Zeit, da waren Flachdächer geradezu verfemt, dann folgte eine solche, in welcher diese geradezu als Voraussetzung eines guten modernen Hausbaues galten. Jetzt ist wegen der vielen Fälle von Undichtigkeit eine starke Ernüchterung eingetreten.
[4] Vgl. ZH-Verwaltungsgerichtsentscheid vom 16. April 1996 in BEZ 1997 Nr. 7 und das dort zitierte «Bilderbuch der Architektur», 2. Aufl., Stuttgart 1985, S. 105 ff von Hans Koepf.

2360 c) Hingegen ergab die Beratung der regierungsrätlichen Vorlage im Kantonsrat (Rz 1601), dass Gebäudeabschnitte mit einer Kniestockhöhe von höchstens 0,5 m als Dachgeschosse zu gelten hatten.

2361 d) Mit der Annahme der Revision in der Volksabstimmung vom 20. Mai 1984 erhielt folgende Regelung Gesetzeskraft:

«§ 275
(Abs. II)
Dachgeschosse sind horizontale Gebäudeabschnitte, die über der Schnittlinie zwischen Fassade und Dachfläche liegen. Gebäudeabschnitte mit einer Kniestockhöhe von höchstens 0,5 m gelten als Dachgeschosse.»

3. Zum Text von 1991

2362 a) Im Entwurf der Baudirektion vom Februar 1988 für die Revision von 1991 (Rz 1601) war keine Modifikation der Kniestockregelung, hingegen die folgende Neuformulierung von § 276 vorgesehen:

«§ 276
Als anrechenbare Geschosse gelten Vollgeschosse, Dach- und Untergeschosse mit Wohn-, Schlaf- oder Arbeitsräumen sowie andere Untergeschosse, die mehrheitlich über dem gewachsenen Boden liegen.
(Abs. II sei aufzuheben)
In allen Bauzonen können Vollgeschosse durch Dach- oder Untergeschosse ersetzt werden; zusammengerechnet dürfen sie jedoch die erlaubte Zahl der Vollgeschosse nicht überschreiten.»

2363 b) Der Regierungsrat beantragte dem Kantonsrat am 11. Oktober 1989 (Rz 1602), wohl beeinflusst durch das Vernehmlassungsverfahren, eine Erhöhung der Kniestockhöhe auf 1 m, allerdings jetzt ohne Verwendung des Wortes «Kniestock», sondern durch Definition der Dachgeschosse als horizontale Gebäudeabschnitte, deren Fussboden höchstens 1 m unter der Schnittlinie zwischen Fassade und Dachfläche liegt. Ferner übernahm er im Wesentlichen den Antrag der Baudirektion für die Neufassung von PBG § 276; gestrichen werden sollte lediglich das Wort «anrechenbare» im ersten Absatz.

2364 c) Verschiedene Bauaktive beurteilten den regierungsrätlichen Vorschlag als immer noch zu wenig weitgehend, unter anderem deshalb, weil auch nach der neuen Definition in vielen älteren Gebäuden mit einem technisch ohne weiteres ausbaubaren Dachstock ein Ausbauvorhaben wegen der Geschosszahlregelung nicht realisierbar schien.
Der Kantonsrat beschloss deshalb am 18. März 1991 (Rz 1604) nach einer lebhaften Diskussion, dass Dachgeschosse über der Schnittlinie zwischen Fassade und Dachfläche liegende Gebäudeabschnitte seien, dass jedoch Gebäudeabschnitte mit einer Kniestockhöhe von höchstens 0,9 m, gemessen 0,4 m hinter der Fassade[5], als Dachgeschosse gälten. Sodann legte der Kantonsrat buchstäblich in letzter Stunde fest, als ihm bereits der Antrag der Redaktionskommission vom 1. Februar 1991 vorlag (22. April 1991), abwei-

---

[5] Dort hat es aber gemäss Definition überhaupt keinen Kniestock mehr, wenn die Umfassungsmauer nicht breiter als 0,4 m ist und keine Attikabauweise vorliegt. Hier wird also gemessen, wo es das zu Messende gar nicht gibt; vorhanden ist nur lichte Höhe.

chend von dieser, dass bei vor dem 1. Juli 1978 bewilligten Gebäuden die bestehende Kniestockhöhe bis 1,3 m betragen dürfe[6].

d) Mit der Annahme der Revision in der Volksabstimmung vom 1. September 1991 (Rz 1605) erhielt der nachstehende Text Gesetzeskraft:

2365

> «Begriffe
> § 275
> Vollgeschosse sind horizontale Gebäudeabschnitte, die über dem gewachsenen Boden und unter der Schnittlinie zwischen Fassade und Dachfläche liegen.
> Dachgeschosse sind horizontale Gebäudeabschnitte, die über der Schnittlinie zwischen Fassade und Dachfläche liegen. Gebäudeabschnitte mit einer Kniestockhöhe von höchstens 0,9 m, gemessen 0,4 m hinter der Fassade, gelten als Dachgeschosse. Bei vor dem 1. Juli 1978 bewilligten Gebäuden darf die bestehende Kniestockhöhe bis 1,3 m betragen.
> (Abs. III betrifft nur Untergeschosse)
> …
> Anrechenbarkeit
> § 276
> Als anrechenbare Geschosse gelten Vollgeschosse, Dach- und Untergeschosse mit Wohn- Schlaf- oder Arbeitsräumen sowie andere Untergeschosse, die mehrheitlich über dem gewachsenen Boden liegen.
> (Abs. II ist aufgehoben)
> In allen Bauzonen können Vollgeschosse durch Dach- oder Untergeschosse ersetzt werden; zusammengerechnet dürfen sie jedoch die erlaubte Zahl der Vollgeschosse nicht überschreiten.»

Damit erhielt PBG § 275 als geltendes Recht erstmals den Charakter einer (stark separiert) deklariert postfiniten Regelung des Baurechtes. Das Datum vom 1. Juli 1978 wurde gewählt, weil ab diesem Datum das PBG vollumfänglich in Kraft stand.

B. Zur Auslegung von PBG § 275 und zur Praxis hiezu

1. PBG § 275 I und II sind rein definitorische Regelungen. Die beiden Absätze erhalten erst im Zusammenhang mit weiteren Vorschriften des PBG und insbesondere der Bauordnungen normativen Gehalt. Daran ändert der Umstand, dass in PBG § 275 II zweiter Satz das Wort «darf» steht, nichts. Das ist kein echtes Dürfen, denn vor dem 1. Juli 1978 erstellte Gebäude sind auch dann erlaubt, wenn sie einen höheren Kniestock aufweisen als einen solchen von 1,3 m; doch muss der horizontale Gebäudeabschnitt dann als Vollgeschoss angerechnet werden. Direkt ergibt sich dies allerdings nicht aus dem Text. Dieser hätte besser zwischen den folgenden drei Geschosskategorien unterschieden: horizontale Gebäudeabschnitte, welche ganz unter der Schnittlinie zwischen Fassade und Dachfläche liegen, solche, welche ganz darüber liegen, und solche welche teils darüber, teils darunter liegen; bei den Letzteren wäre noch zu unterscheiden zwischen horizontalen Gebäudeabschnitten, welche mit mehr und solche welche mit weniger als 0,9 m bzw.1,3 m über der Schnittlinie liegen.

2366

---

[6] Vgl. Protokoll des Kantonsrates, 1987–1991, vom 18. März 1991, S. 13'437–13'440 und vom 22. April 1991, S. 13'865–13'867.

2367 2. Die Problematik, welche PBG § 275 regelt, ist, abgesehen von dessen zweitem Absatz zweiter Satz, genau die gleiche, ob es sich nun um einen Neubau oder um die Änderung eines Gebäudes handelt; bei Gebäuden mit unregelmässigem Verlauf der Umfassungsmauern können sich erhebliche Auslegungsschwierigkeiten ergeben. Sie kommen aber entsprechend Rz 1 hier nicht näher zur Sprache. Erwähnt seien jedoch die beiden folgenden Entscheide:

- Entscheid des ZH-Verwaltungsgerichtes vom 16. April 1997 (RB 1997 Nr. 98, ausführlicher in: BEZ 1997 Nr. 7, betr. Aufbau eines auskragenden Geschosses, Umgestaltung).
- Entscheid der Baurekurskommission II (BEZ 1997 Nr. 19, betr. Umgestaltung eines Gebäudes, Abbruch eines Satteldaches, darauf Erstellung eines Attikageschosses mit Tonnendach und Terrasse).

2368 3. Zu PBG § 275 II zweiter Satz sind mir keine Entscheide bekannt. Es handelt sich hier – im Verhältnis zum Neubautenrecht – um eine Lockerungsregelung für bestehende Gebäude (Rz 810 ff), allerdings nicht für alle bestehenden Gebäude, sondern nur für diejenigen, welche schon vor dem 1. Juli 1978 bewilligt worden sind. Gemeint ist damit wohl die rechtskräftige Bewilligung; der Baubeginn spielt kaum eine Rolle.

2369 4. Es handelt sich hier m.E. um Fragen, welcher besser gestützt auf PBG § 359 lit. d in der Verordnung über die nähere Umschreibung der Begriffe und Inhalte der baurechtlichen Institute sowie über die Mess- und Berechnungsweisen (Allgemeine Bauverordnung vom 22. Juni 1977, mehrfach revidiert, LS 700.2; siehe dort auch die Skizze auf S. 22) geordnet worden wären statt im PBG selbst[7].

---

[7] ZH-Verwaltungsgerichtsenteid vom 16. April 1997 in: BEZ 1997 Nr. 6.

PBG §§ 286 und 287: Zum Grenzbau und zum Grenzbaurecht bei Hauptgebäuden

I. Ausgangslage

1. Der Grenzbau kann als die Erstellung eines Gebäudes mit dem Grenzabstand 0,0 m aufgefasst werden. Das Grenzbaurecht ist ein Näherbaurecht, mit welchem dem Eigentümer der anstossenden Parzelle erlaubt wird, bis hart an die gemeinsame Grenze heranzubauen[1]. Ähnlich wie beim Näherbaurecht (Rz 2253 ff) sollte man von einem Grenzbaurecht nur sprechen, wo und soweit das Bauen an die Grenze nur mit Zustimmung des Eigentümers der anstossenden Parzelle gestattet ist, nicht aber einfach dort, wo bereits das Gesetz das Bauen an die Grenze[2] zulässt oder gar verlangt. Es ist durchaus möglich, dass entlang ein und derselben Grenze auf eine gewisse Strecke ohne Zustimmung des Nachbarn und auf eine gewisse andere Strecke nur mit dessen Zustimmung an die Grenze gebaut werden darf. Sodann kann das Grenzbaurecht ein- oder gegenseitig sein.

2. Insoweit unterscheiden sich aber der Grenzbau vom Bauen mit Abstand von der Grenze, das Grenzbaurecht vom Grenzabstandsnäherbaurecht:

– Die Umfassungsmauer eines an der Grenze stehenden Gebäudes darf im Allgemeinen keine Öffnungen wie Türen, Fenster usw. aufweisen, damit bei einem Brandausbruch das Feuer möglichst wenig auf die Nachbarparzelle hinübergreifen kann. Die Umfassungsmauer ist deshalb meistens als Brandmauer auszugestalten (vgl. PBG §§ 289–291, Rz 2416 f). Solange gegenüberliegend kein Gebäude an der Grenze oder keines im kritischen Bereich steht, spielt dieser Gesichtspunkt allerdings keine praktische Rolle. Indessen ist hier damit zu rechnen, dass meistens früher oder später im kritischen Bereich gebaut wird. Dann ist es schwierig, nachträglich die Schliessung der Öffnungen in der an der Grenze stehenden Umfassungsmauer des Altbaues durchzusetzen. Deshalb gilt das Verbot von Öffnungen in Umfassungsmauern an der Grenze meistens unabhängig davon, ob auf der Nachbarparzelle ein Gebäude im kritischen Bereich steht oder nicht.
– Gebäudehohe, öffnungslose Umfassungsmauern sind für das Ortsbild abträglich. Man spricht von «hässlichen Brandmauern».
– Gebäude unmittelbar an der Parzellengrenze beeinträchtigen die Interessen des Nachbarn im Allgemeinen stärker als Gebäude, welche von der Grenze einen Abstand einhalten, auch wenn dieser gering ist. Zudem können an der Grenze stehende Gebäude von der Grenzseite her nur von der Nachbarparzelle aus baulich unterhalten werden. Vgl. Rz 1929 ff betr. Hammerschlagsrecht.
– Es ist eine zwar schwer belegbare, aber gleichwohl zutreffende Grundvorstellung im Baurecht, dass ein Gebäude sich auf den Raumausschnitt innerhalb der Grenzen einer

---

[1] Als noch weitergehender Fall ist allerdings derjenige des Überbaurechtes aufzufassen. Vgl. altBauG §§ 50 (bezüglich des öffentlichen Grundes) und 109 (bezüglich privater Parzellen). Vgl. auch Arthur Meier-Hayoz, Kommentar ZGB, zu Art. 674, N. 1–23 und 35–37.
[2] Nicht: «auf die Grenze».

Parzelle beschränken soll³. Ausnahmen werden nur für geringfügige Vorsprünge und Umfassungsmauerteile, nie aber für begehbare Gebäudeteile gemacht. Diese Betrachtungsweise deckt sich mit dem Gedanken, dass an der Grenze stehende Umfassungsmauern keine Türen und Fenster aufweisen dürfen; denn diese stellen in einem gewissen Sinne einen Teil der begehbaren Raumausschnitte darf.

2372 Aus diesen Gründen ist ein Grenzbau, sofern ein solcher überhaupt zulässig ist, oft von einer Reihe von Voraussetzungen abhängig.

2373 3. Wenn für ein Gebiet die offene Bauweise vorgeschrieben ist, dann bedeutet dies meistens, dass ein Grenzbau für Hauptgebäude nicht gestattet ist. Hingegen ist der Grenzbau in Gebieten, in welchen die geschlossene Bauweise gestattet ist, das Übliche. Für Subalterngebäude (auch als Sekundärgebäude bezeichnet) gilt meistens eine Sonderregelung (Rz 2392 f).

II. Zur Regelung im alten Baugesetz

2374 1. Das Baugesetz von 1893/1907/1943/1959 liess durchwegs die geschlossene Bauweise, also das Bauen an die Grenze, zu, wo ein Gebäude an die Baulinie gesetzt werden wollte und auf der Nachbarparzelle schon ein Gebäude an der Grenze oder mindestens 7,0 m davon entfernt stand (altBauG §§ 56 und 57). Der Abstand von 7,0 m erklärte sich so, dass diese Breite für die Erstellung eines die Brandmauer des zuerst erstellten Gebäudes schliesslich abdeckenden Gebäudes als ausreichend angesehen wurde. Gleichwohl war aber die seitliche Umfassungsmauer zu verputzen und mit einer gefälligen Farbe zu versehen, wahrscheinlich aus Angst davor, dass allzu lange auf die Abdeckung der Brandmauer gewartet werden müsse⁴.

2375 2. Die Abkehr von der grundsätzlich allgemeinen Zulässigkeit des Grenzbaues bei Gebäuden an der Baulinie erfolgte erst in den kommunalen Bauordnungen. In diesen war

---

[3] Als Beleg für diese Betrachtungsweise siehe etwa den ZH-Verwaltungsgerichtsentscheid vom 19. Februar 1987 (BEZ 1987 Nr. 2): «Der Bestand der Parzellarordnung und die Pflicht für Behörden wie Private, diese zu beachten, wird im Gesetz nirgends ausdrücklich verankert, jedoch stillschweigend vorausgesetzt. Dem gesamten Planungs- und Baurecht liegt die Tatsache zu Grunde, dass der zur baulichen Nutzung bestimmte Boden (in) Grundstücke unterteilt ist. So baut beispielsweise das Quartierplanrecht auf dieser Grundlage auf ... Im Baupolizeirecht knüpfen besonders evident Abstandsvorschriften an die Parzellarordnung an. Unter diesen Umständen lässt sich sagen, dass die Pflicht zur Beachtung dieser Ordnung einen ungeschriebenen, insbesondere auch im Baubewilligungsverfahren massgeblichen öffentlichrechtlichen Grundsatz darstellt.» (Das Verwaltungsgericht machte diese «fundamentalen» Aussagen allerdings nicht in einem Streit bezüglich eines Hauptgebäudes, sondern in einem solchen bezüglich eines Brotofens.) Im gleichen Sinne: Entscheid der Baurekurskommission III, in: BEZ 1991 Nr. 6 (Garage mit Traufe). Zur Problematik des Parzellenrasters als baurechtliche Grundlage siehe allgemein: Rudolf Kappeler, in: ZBl 1989 S. 49 ff. Ferner Rz 1915 ff, 2554 ff.

[4] AltBauG § 56 zweiter Satz ist wohl die erste formulierte ästhetische Anforderung an ein Gebäude in einem Baugesetz aus der Zeit des 19. Jahrhunderts; Jakob Maag/Hans Müller, zu §§ 55–58.

die offene Bauweise ausserhalb der (altrechtlichen) Kernzonen die Regel und geschlossen, also an die Grenze, durfte nur unter erschwerten Bedingungen gebaut werden[5].

III. Zur Regelung im PBG

A. Zu den Materialien

1. Zur Fassung von 1975

a) Die Baudirektion schlug in ihrem Vorentwurf vom Dezember 1972 (Rz 1466) bezüglich des Bauens an die Grenze im 4. Titel mit der Überschrift «Das öffentliche Baurecht», im Abschnitt C. mit der Überschrift «Die zulässigen baulichen Grundstücknutzungen», im IV. Unterabschnitt mit der Überschrift «Offene und geschlossene Bebauung» folgenden Text mit Randtitel vor: 2376

«A. Grundordnung
§ 249
Gebäude sind in offener Bebauung zu erstellen, wo nichts anderes vorgeschrieben oder erlaubt ist. Vorgeschrieben wird die geschlossene Bebauung samt der dabei zulässigen Anbautiefe und Gesamtlänge durch die Bau- und Zonenordnung, durch Sonderbauvorschriften und Gestaltungspläne, durch den Quartierplan oder durch den Baulinienplan.
Erlaubt ist die geschlossene Bebauung
a) innerhalb bestehender Häuserzeilen, längs Strassen in Kern- und Zentrumszonen und beim Anbauen an ein bestehendes Gebäude, alles wenn die Ausführungsplanungen nicht entgegenstehen;
b) wo und soweit das Gemeinderecht sie zulässt.

B. Grenzbau
I. Hauptgebäude
§ 250
Der vorgeschriebene Grenzbau unterliegt keinen weiteren Beschränkungen.
Voraussetzungen des erlaubten Grenzbaues sind dagegen noch

---

[5] Bauordnung der Stadt Zürich von 1946, vgl. Art. 27 II, später detaillierter in der Bauordnung von 1963 Art. 12 I: «An die Grenze gestellte Gebäude haben zu den quer zu ihr verlaufenden Grenzen den Höchstabstand (nämlich inkl. maximalen Mehrlängenzuschlag) einzuhalten, sofern nicht aus öffentlichrechtlichen Gründen ausgeschlossen ist, dass durch ein späteres Zusammenbauen die diesem Höchstabstand entsprechende Gebäudelänge erreicht werden kann.» Die Singularität dieser Regelungsweise besteht darin, dass damit einer künftigen Auseinandersetzung vorgebeugt werden soll. Art. 33 I und 40 II (für Zonen niederer bzw. weiträumiger Bebauung): «Die Erstellung eines Gebäudes an der Seitengrenze ist zulässig, wenn der Nachbar gleichzeitig anbaut. Die Freihaltung einer Brandmauer ist nicht gestattet. Ein allfälliger Um- oder Neubau des einen oder anderen Gebäudes soll so an die Brandmauer anschliessen, dass sie nicht in Erscheinung tritt.» Die Bauordnung 1963 liess die Unterscheidung zwischen offener und geschlossener bzw. hoher, niedriger und weiträumiger Überbauung ganz fallen. Art. 20 III und IV: «In den Zonen A bis D ist bei Beachtung von Art. 12 sowie der Höchstgebäudelänge ... das Bauen auf die Grenze zulässig, sofern der Gebäudeabstand von Art. 15 I gewahrt bleibt oder an ein Nachbargebäude angebaut wird; bei Gebäudetiefen über 12 m, von der Baulinie bzw. der sich (gegenüber dem öffentlichen Grund) ergebenden Linie aus gemessen, ist jedoch die schriftliche Zustimmung des Nachbarn erforderlich.» (In der Zone E war diese Zustimmung ausser bei Anbauen an ein Nachbargebäude immer nötig.) Siehe hiezu: Hans Egger, S. 88–90. Laut Bauordnung der Stadt Zürich vom 24. November 1999, Art. 7, ist keine nachbarliche Zustimmung erforderlich «im Ausmass, in dem an ein bestehendes Gebäude angebaut werden kann». Siehe auch Rz 3245.

a) dass keine Verletzung kantonalen und gemeindlicher Mindestabstände eintritt;
b) dass die nach der Bau- und Zonenordnung zulässige Baubreite nicht überschritten wird, es wäre denn, der betreffende Nachbar stimme schriftlich zu; ist nichts anderes bestimmt, so beträgt die zustimmungsfreie Anbaubreite in Zentrums- und Industriezonen 20 m, in den andern Zonen 14 m, im Seitenverhältnis gemessen ab Baulinie bzw. sonstige Baubegrenzungslinie, im rückwärtigen unter Beachtung von lit. c;
c) dass beim rückwärtigen Grenzbau für den Nachbarn nach Lage, Beschaffenheit und Zonenzugehörigkeit seines Grundstückes ein gleicher Anbau möglich ist.»

2377 b)   Der Regierungsrat nahm zwar in seinem Antrag an den Kantonsrat vom 5. Dezember 1973 (Rz 1467) erhebliche Umstellungen an dem von der Baudirektion vorgeschlagenen Text vor, desgleichen der Kantonsrat an dem vom Regierungsrat vorgeschlagenen Text. Die Unterschiede sind jedoch für die Zwecke der vorliegenden Arbeit nicht derart, dass sie besonders erörtert werden müssten.

2378 c)   Der vom Kantonsrat (Rz 1468) verabschiedete Text erhielt mit der Annahme des PBG in der Volksabstimmung vom 9. September 1975 Gesetzeskraft, jetzt als PBG §§ 286 f (Rz 1469):

«A. Grundordnung
§ 286
Gebäude sind in offener Überbauung zu erstellen, soweit nicht die geschlossene Überbauung vorgeschrieben oder erlaubt ist.
Die geschlossene Überbauung kann samt der dabei zulässigen Bautiefe und Gesamtlänge durch die Bau- und Zonenordnung, durch Sonderbauvorschriften und Gestaltungspläne, durch den Quartierplan oder durch den Baulinienplan vorgeschrieben werden.
Die geschlossene Überbauung ist erlaubt, wo die Bau- und Zonenordnung sie zulässt. Fehlt darüber eine Regelung, so ist sie innerhalb bestehender Häuserzeilen, längs Strassen und Plätzen, in Kern- und Zentrumszonen und beim Anbauen an ein bestehendes Gebäude gestattet. Voraussetzung ist in allen Fällen, dass keine andern planungsrechtlichen Bestimmungen entgegenstehen.

B. Grenzbau
I. Hauptgebäude
§ 287
Der erlaubte Grenzbau setzt voraus,
a) dass keine Verletzung kantonaler oder kommunaler Mindestabstände eintritt;
b) dass die nach der Bau- und Zonenordnung zulässige Bautiefe nicht überschritten wird, es sei denn, der betreffende Nachbar stimme schriftlich zu; ist nichts anderes bestimmt, beträgt die zustimmungsfreie Bautiefe in Zentrums- und Industriezonen 20 m, in den andern Zonen 14 m, im seitlichen Verhältnis gemessen ab Verkehrsbaulinie oder sie ersetzender Baubegrenzungslinie, im rückwärtigen unter Beachtung von lit. c;
c) dass beim rückwärtigen Grenzbau für den Nachbarn nach Lage, Beschaffenheit und Zonenzugehörigkeit seines Grundstücks der Anbau eines Hauptgebäudes möglich ist.»

2. Zur Revision von 1984

2379 Die Revision von 1984 erfasste PBG §§ 286 f nicht.

3. Zur Revision von 1991

2380 a)   Die Baudirektion sah in ihrem Vorschlag für die Teilrevision vom Februar 1989 (Rz 1601) keine Modifikation bezüglich dieser beiden Vorschriften vor.

b)   Der Regierungsrat (Rz 1602) empfahl jedoch in seinem Antrag an den Kantonsrat 2381
vom 11. Oktober 1989, zur Vereinfachung den die geschlossene Bauweise erlaubenden
dritten Absatz von PBG § 286 aufzuheben und dessen zweiten Absatz so zu formulieren,
dass damit die geschlossene Bauweise sowohl «vorgeschrieben» als auch «erlaubt» werden kann; im ersten Absatz sollte nur noch gesagt werden, dass Gebäude in offener Bauweise zu erstellen sind, «sofern nichts anderes bestimmt ist».

c)   Der Kantonsrat (Rz 1604) stimmte dieser Umformulierung zu. 2382

d)   Mit der Annahme der Teilrevision des PBG in der Volksabstimmung vom 1. September 1991 (Rz 1605) erhielt folgender Text Gesetzeskraft (Modifikationen gegenüber 2383
dem Text von 1975 sind *kursiv*).

«A. Grundordnung
§ 286
Wo nichts anderes bestimmt ist, sind Gebäude in offener Überbauung zu erstellen.
Die geschlossene Überbauung kann samt der dabei zulässigen Bautiefe und Gesamtlänge durch die Bau- und Zonenordnung, durch Sonderbauvorschriften und Gestaltungspläne, durch den Quartierplan oder durch den Baulinienplan vorgeschrieben *oder erlaubt* werden.

B. Grenzbau
1. Voraussetzungen
§ 287
Der erlaubte Grenzbau setzt voraus,
a) dass keine Verletzung kantonaler oder kommunaler Mindestabstände eintritt;
b) dass die nach der Bau- und Zonenordnung zulässige Bautiefe nicht überschritten wird, es sei denn, der betreffende Nachbar stimme schriftlich zu; ist nichts anderes bestimmt, beträgt die zustimmungsfreie Bautiefe in Zentrums- und Industriezonen 20 m, in den andern Zonen 14 m, im seitlichen Verhältnis gemessen ab Verkehrsbaulinie oder sie ersetzender Baubegrenzungslinie, im rückwärtigen unter Beachtung von lit. c;
c) dass beim rückwärtigen Grenzbau für den Nachbarn nach Lage, Beschaffenheit und Zonenzugehörigkeit seines Grundstücks der Anbau eines Hauptgebäudes möglich ist.»

B.   Zur Auslegung der PBG §§ 286 f und zur Praxis hiezu

1.   Das geltende PBG enthält nur mehr im Passus vom Möglichbleiben des Anbaues 2384
eines Hauptgebäudes in PBG § 287 lit. c deklariert postfinites Baurecht, wenn auch nur
indirekt. Solches war jedoch wegen des Passus in dem jetzt aufgehobenen PBG § 286 II
«Anbauen an ein bestehendes Gebäude» bzw. «Anbau eines Hauptgebäudes» in PBG
§ 287 lit. c im PBG von 1976 bis 1991 noch vermehrt der Fall. Aus diesem Grund sowie
wegen des zeitlichen Bezuges erst-/zweiterstelltes Hauptgebäude, Änderung an einem
oder beiden derselben sowie sekundärer Neubau hievon kommen hier die PBG §§ 286 f
gleichwohl zur Sprache (zum Teil aus analogen Überlegungen wie in Rz 2243 ff). Hier
interessiert aber im Wesentlichen nur die Frage nach dem baurechtlichen Status (baurechtgemäss/baurechtswidrig) sowohl eines erst- als auch des zweiterstellten Hauptgebäudes an der Grenze, ferner des Status eines in der anstossenden Parzelle bereits bestehenden Gebäudes bei einer Änderung oder einer dortigen sekundären Neubaute.

2385 2. Das PBG verblieb bei der offenen Bauweise als Regel und der geschlossenen als Ausnahme, dies auch nach der Revision von 1991, bei welcher die verdichtete Bauweise ein erklärtermassen angestrebtes Ziel war.

2386 3. Zum Passus «wo nichts anderes bestimmt ist»: Damit wird wohl stillschweigend vorausgesetzt, dass die Gemeinden zuständig sind, den Grenzbau und das Grenzbaurecht für Hauptgebäude anders zu formulieren.

2387 4. Wann liegt eine ausreichende schriftliche Zustimmung des Nachbarn vor? Es stellen sich hier ähnliche Fragen wie beim Näherbaurecht (Rz 2271 ff). Die Zustimmung des Nachbarn zu einem Grenzbau ist jedoch m.E. nur dort als genügend anzuerkennen, wo in seiner Parzelle kein Gebäude innerhalb des ordentlichen Gebäudeabstandes steht.

In RB 1983 Nr. 103 entschied das ZH-Verwaltungsgericht, dass die Zustimmung zu einem Grenzbau (hier allerdings für ein Subalterngebäude) an gewisse Bedingungen, zB Bewerb nur zu einem bestimmten Zweck, geknüpft werden könne; solange eine solche Einschränkung bei der erstmaligen Einräumung des Grenzbaurechtes unterbleibe, könne jedoch angenommen werden, der Nachbar habe sich mit der Existenz des Gebäudes als solches und mit jedem bauordnungsgemässen Bewerb einverstanden erklärt; daher brauche es bei einer Bewerbsänderung keine neue Zustimmung. Offen bleibt dabei die Frage, in welchem volumenmässigen Umfang und auf welchem Abschnitt der gemeinsamen Grenze dem Grenzbau zugestimmt worden ist. Die Baurekurskommission I äussert sich hiezu in einem in BEZ 1999 Nr. 38 publizierten Entscheid wie folgt: Der Nachbar kann sein Gebäude insoweit an die Grenze bauen, als dieses horizontal und vertikal an das Gebäude nebenan anschliesst.

2388 5. Das gleichzeitige Bauen an der gemeinsamen Grenze und das Zusammenbauen sind nicht identische Begriffe. Im erstgenannten Fall kommt es zwar immer zu einem Zusammenbauen; man spricht jedoch von Zusammenbauen auch, wo zuerst nur auf der einen Seite ein Gebäude an die Grenze gestellt wird und das Gebäude auf der anderen Seite später nachfolgt. Das ist jedoch insoweit ästhetisch unerfreulich, als dabei oft jahrelang eine Brandmauer sichtbar bleibt (Rz 2374 mit FN 4). Daher ist im Allgemeinen das Zusammenbauen nur bei gleichzeitigem Bauen an der gemeinsamen Grenze erlaubt.

2389 6. Früher sprach man beim Zusammenbauen an der gemeinsamen Grenze oft vom «Anlehnen» des einen Gebäudes an das andere[6]. Diese Sprechweise ist jedoch nur dort gerechtfertigt, wo das eine Gebäude eine so starke Brandmauer aufweist, dass diese für das Mittragen des anderen Gebäudes ausreicht und der Eigentümer des einen Gebäudes dem anderen diese Inanspruchnahme seiner Brandmauer gestattet[7,8].

2390 7. Wo ein Bauen an die Grenze voraussetzt, dass auf der anderen Parzelle auch gebaut wird oder schon gebaut worden ist, handelt es sich um einen Fall, in welchem die

---

[6] So auch noch in PBG § 288 I lit. a (Rz 2406).
[7] Vgl. das römischrechtliche ius tigni immittendi, allenfalls auch die servitus oneris ferendi, Tramrecht (Peter Liver, Kommentar zum ZGB, Art. 741, N. 57 ff).
[8] Das alte Baugesetz nahm in den §§ 82 f und 113 hierauf Bezug. Rz 2416 f.

baulichen Möglichkeiten in einer Parzelle nicht nur (wie im Regelfall) von deren Inhalt selbst, sondern auch vom Inhalt der Parzelle nebenan bzw. vom Tätigwerden des Eigentümers nebenan abhängen.

8. Welches ist der rechtliche Status des gestützt auf ein Grenzbaurecht erstellten Gebäudes bei seiner späteren Änderung, derjenige des Gebäudes auf der Nachbarparzelle bei seiner späteren Änderung und welcher Neubau ist dort später möglich[9]?

2391

Das aufgrund der gesetzlichen Regelung, also ohne Zustimmung des Nachbarn in der Parzelle A an die Grenze stellbare und gestellte Gebäude kann m.E. trotz fehlendem Grenzabstand (oder nur 0,0 m) später nach den Vorschriften für baurechtgemässe Gebäude geändert werden. Für das diesem Gebäude in der Nachbarparzelle B gegenüberstehende, von der Grenze abgesetzte Gebäude trifft m.E. dergleichen jedoch nur zu, wenn dieses mindestens um das Mass des ordentlichen Gebäudeabstandes von der gemeinsamen Grenze entfernt steht (also nicht nur 0,0 m + ordentlicher Grenzabstand für dieses Gebäude). Wenn auf der Nachbarparzelle eine Neubaute errichtet wird, gilt m.E. ebenfalls das letztere Mass; es kommt also nicht PBG § 274 I zum Zuge, wohl besteht aber Möglichkeit der Begründung eines Näherbaurechtes gemäss PBG § 270 III (Rz 2253 ff).

Wenn jedoch in der Parzelle B wegen des gegenüber an der Grenze stehenden Gebäudes in der Parzelle A an die Grenze gebaut werden darf oder gar muss, dann geht diese Regelung dem Gebäudeabstandsminimum vor. Steht jedoch das Gebäude in der Parzelle A an der Grenze, ohne dass der Nachbar die nötige Zustimmung dazu erteilt hat und ohne dass es abgebrochen werden muss, so beurteilen sich spätere Änderungen an diesem Gebäude m.E. nach den Vorschriften für baurechtswidrige Gebäude.

---

[9] Zum Begriff des einen sekundären Neubau darstellenden Anschlussbaues siehe Rz 206.

PBG § 288 (aufgehoben): Zu den Abstandsvorschriften für Subalterngebäude

I. Zur Ausgangslage

2392   1.   Die von den wichtigeren Grenz- und Gebäudeabstandsvorschriften verlangten Minimalmasse sind auf Gebäude von üblicher, normaler, durchschnittlicher Grösse ausgerichtet. Es ist deshalb damit zu rechnen, dass sie für Gebäude mit kleineren Dimensionen allgemein oder bisweilen höher angesetzt sind, als das öffentliche Interesse es gebietet. Deshalb werden verschiedentlich für diese kleineren Gebäude niedrigere Minima festgesetzt[1]. Bei solchen an der Grenze stehenden Gebäuden wird oft der Anschluss eines weiteren solchen Gebäudes aktuell. Die Gebäude können dem gleichen oder verschiedenen Eigentümern gehören.

2393   2.   Kleine Gebäude gemäss Rz 2392 werden oft als kleine oder niedrige An- und Nebenbauten oder besondere Gebäude bezeichnet. Ich vermeide den Ausdruck «Anbauten» in diesem Zusammenhang wegen seiner Doppeldeutigkeit bezüglich Zugehörigkeit zum prä- oder zum postfiniten Baurecht (Rz 182, hier FN 54) und spreche statt von «An- und Nebenbauten» zusammenfassend von Subalterngebäuden[2]. Diese umfassen ausser den primären und sekundären Annexbauten auch die Nebenbauten; Letztere sind dadurch gekennzeichnet, dass sie räumlich vom Hauptgebäude getrennt sind.

II. Zur Regelung im alten Baugesetz

2394   1.   Die Abstandsproblematik der Subalterngebäude wurde im Baugesetz von 1893/ 1907/1943/1959 mittels des Begriffes des «Hintergebäudes» in § 59 geregelt. Hienach durfte ein freistehendes Hintergebäude, dessen grösste Höhe mit Einschluss des Daches 5 m nicht übersteigt, unter Vorbehalt der Zutrittsmöglichkeit zur Nachbarparzelle in Notfällen, sowohl seitlich als rückwärts an die Parzellengrenze gesetzt werden, sofern nicht auf der anstossenden Parzelle ein Gebäude mit weniger als 3,5 m Abstand von der Grenze vorhanden war. Für den Begriff des Hintergebäudes war, ausser seiner Lage, wesentlich, dass es dem Vordergebäude untergeordnet war, eine dienende Funktion besass. Hiezu bestand eine umfangreiche Praxis[3].

2395   2.   Die Gemeinden entwickelten in ihren Bauordnungen eine vielfältige legislatorische Tätigkeit bezüglich der Abstandsverhältnisse bei Subalterngebäuden. Kaum eine Gemeinde regelte diese Fragen gleich wie eine andere. Auf diesen «Reichtum» kann hier nicht eingetreten werden. Rz 644 f.

---

[1] Solches geschieht auch für gewisse unterirdische Gebäude: vgl. PBG § 269 (wenn sie den gewachsenen Boden höchstens um 50 cm überragen und keine Öffnungen gegen Nachbarparzellen aufweisen, braucht überhaupt kein Abstand eingehalten zu werden).
[2] Ich meide den Ausdruck Sekundärgebäude, weil ich das Wort «Sekundär» bei Gebäuden für die sekundären Neubauten (Rz 199 ff) reserviere.
[3] Jakob Maag/Hans Müller, Kommentar, zu § 59.

3. Der besondere postfinite Bezug der Vorschriften für die Subalterngebäude beschränkt sich weitgehend auf die Regelung des Anbauens an bereits bestehende Gebäude, also auf das Anbauen im Sinne von Rz 182 und das Anschlussbauen im Sinne von Rz 206. 2396

III. Zur Regelung im PBG

A. Zu den Materialien

1. Zur Fassung von 1975

a) Als in den Siebzigerjahren ein neues Baugesetz, das PBG, ausgearbeitet wurde, schien es zweckmässig, für Subalterngebäude weiterhin verminderte Abstandsmaxima vorzusehen, jedoch das üppige Wuchern der kommunalen Legiferierung in dieser Materie etwas zurückzubinden. Daher empfahl die Baudirektion in ihrem Vorentwurf vom Dezember 1972 (Rz 1466) im 4. Titel mit der Überschrift «Das öffentliche Baurecht», im 1. Abschnitt mit der Überschrift «Die Bauvorschriften», im Unterabschnitt C. mit der Überschrift «Die zulässigen Grundstücknutzungen», im II. Unterunterabschnitt mit der Überschrift «Gebäudeabstände», im IV. Unterunterabschnitt mit der Überschrift «Die offene und die geschlossene Überbauung» die beiden folgenden Texte mit Randtitel aufzunehmen: 2397

«A. Erleichterungen
I. Besondere Gebäude
§ 238
Ein Abstand von 3,5 m genügt zwischen Bauten und Bauteilen, die nicht für den dauernden Aufenthalt von Menschen bestimmt sind, und deren grösste Höhe 5 m nicht übersteigt.
...
II. Andere Bauten
§ 251
Wo nichts anderes bestimmt ist, dürfen Bauten und Bautenteile, die nicht für den dauernden Aufenthalt von Menschen bestimmt sind und deren grösste Höhe 5 m nicht übersteigt, seitlich wie rückwärtig an die Grenze gestellt werden,
  a) wenn sie an eine bestehende Baute angebaut werden oder nicht mehr als einen Drittel der nachbarlichen Grenze beanspruchen;
  b) wenn sie überdies den Mindestgebäudeabstand wahren.
Nachbarliche Vereinbarungen dürfen den Anbau solcher Bauten erleichtern, doch bleiben die öffentlichen Interessen, insbesondere des Brandschutzes, vorbehalten.»

b) Der Regierungsrat (Rz 1467) nahm in seinem Antrag an den Kantonsrat vom 5. Dezember 1973 an beiden Vorschlägen (jetzt § 244 bzw. § 257) ausser der Herabsetzung des Höhenmaximums auf 4 m keine für diese Arbeit bedeutsamen Modifikationen vor. 2398

c) Der Kantonsrat (Rz 1468) übernahm diese Texte materiell unmodifiziert. 2399

d) Die sich so ergebende Fassung erhielt mit der Annahme des PBG in der Volksabstimmung vom 9. September 1975 (Rz 1469) Gesetzeskraft: 2400

«A. Erleichterungen
I. Besondere Gebäude
§ 273
Gebäude, die nicht für den dauernden Aufenthalt von Menschen bestimmt sind und deren grösste Höhe 4 m nicht übersteigt, können in einem Abstand von 3,5 m von anderen Gebäuden errichtet werden.
...
B. Grenzbau/Besondere Gebäude
§ 288
Wo nichts anderes bestimmt ist, dürfen Gebäude und Gebäudeteile, die nicht für den dauernden Aufenthalt von Menschen bestimmt sind und deren grösste Höhe 4 m nicht übersteigt, seitlich wie rückwärtig an die Grenze gestellt werden, wenn sie
a) gleichzeitig gebaut werden oder an ein bestehendes Gebäude anlehnen oder nicht mehr als einen Drittel der nachbarlichen Grenze beanspruchen und
b) überdies den Mindestgebäudeabstand wahren.
Nachbarliche Vereinbarungen dürfen den Grenzbau erleichtern, doch bleiben die öffentlichen Interessen, insbesondere des Brandschutzes, vorbehalten.»

2. Zur Revision von 1984

2401 Diese Texte wurden von dieser Revision nicht erfasst.

3. Zur Revision von 1991

2402 a) Die Beschneidung der kommunalen Legifierierungskompetenz bezüglich der Abstände von Subalterngebäuden wurde im Laufe der Jahre als nachteilig empfunden. Deshalb schlug die Baudirektion in ihrem Entwurf vom Februar 1988 (Rz 1601) vor, PBG § 288 aufzuheben und PBG § 273 nur zum Zuge kommen zu lassen, «sofern die Bauordnung nichts anderes bestimmt». Ferner empfahl sie, den im II. Titel mit der Überschrift «Das Planungsrecht», im 3. Abschnitt mit der Überschrift «Die Nutzungsplanung», im Unterabschnitt B. mit der Überschrift «Die Bau- und Zonenordnung», im Unterunterabschnitt mit der Überschrift «Die Bauzonen» eingegliederten PBG § 49 durch folgenden dritten Absatz zu ergänzen:

«Für Gebäude oder Gebäudeteile, die nicht für den dauernden Aufenthalt von Menschen bestimmt sind und deren Höhe 4 m, bei Schrägdächern 5 m, nicht übersteigt, kann in den Bauordnungen von den kantonalen Mindestabständen abgewichen und der Grenzbau erleichtert werden.»

2403 b) Der Regierungsrat (Rz 1602) schloss sich in seinem Antrag an den Kantonsrat vom 11. Oktober 1989 diesem Vorschlag im Wesentlichen an.

2404 c) Dasselbe tat der Kantonsrat (Rz 1604).

2405 d) Mit der Annahme der Revision in der Volksabstimmung vom 1. September 1991 (Rz 1605) fiel PBG § 288 rechtskräftig dahin, wurde PBG § 273 revidiert und erhielt PBG § 49 einen zusätzlichen Absatz; dies wie folgt (Modifikationen gegenüber dem Text von 1975 im Wesentlichen *kursiv*):

«II. Zulässige Bauvorschriften
1. Allgemeines
§ 49
(Abs. I: allgemeine Zuständigkeitserklärung)
(Abs. II: Aufzählung der Regelungsarten)
(Abs. III:) *Für Gebäude oder Gebäudeteile, die nicht für den dauernden Aufenthalt von Menschen bestimmt sind und deren grösste Höhe 4 m, bei Schrägdächern 5 m, nicht übersteigt, kann von den kantonalen Mindestabständen abgewichen und der Grenzbau erleichtert werden.*
...
A. Erleichterungen
I. Besondere Gebäude
§ 273
Wo die Bau- und Zonenordnung nichts anderes bestimmt, dürfen Gebäude, die nicht für den dauernden Aufenthalt von Menschen bestimmt sind und deren grösste Höhe 4 m, *bei Schrägdächern 5 m*, nicht übersteigt, in einem Abstand von 3,5 m von anderen Gebäuden errichtet werden.
...
§ 288
(jetzt leer)»

e) Der Regierungsrat legte sodann in der Verordnung über die Verschärfung oder die Milderung von Bauvorschriften für besondere Anlagen vom 26. August 1981, Besondere Bauverordnung genannt (LS 700.22), in § 18 II detaillierte, nur auf die Subalterngebäude Gartenhaus, Schopf und offene Gartensitzplätze anwendbare Regelungen bezüglich Grenzabstand (inkl. Grenzbau) und Gebäudeabstand fest. 2406

4. In die regierungsrätliche, vom Kantonsrat zurückgewiesene Revisionsvorlage von 1995 sind diese Vorschriften nicht einbezogen (Rz 1731). 2407

B. Zur Auslegung des (aufgehobenen) PBG § 288 und zur Praxis hiezu

1. Das geltende PBG enthält kein deklariert postfinites Baurecht für Subalterngebäude mehr. Solches war jedoch wegen des Passus in dem 1991 aufgehobenen PBG § 288 I lit. a «oder an ein bestehendes Gebäude anlehnen» im PBG von 1976 bis 1991 enthalten. Aus diesem Grunde sowie wegen des zeitlichen Bezuges (erst-/zweiterstelltes Subaltern-/Hauptgebäude, Änderung an einem oder beiden derselben sowie sekundärer Neubau hievon) kommt das Thema hier gleichwohl zur Sprache. Hier interessiert aber im Wesentlichen nur die Frage nach dem baurechtlichen Status (baurechtgemäss/baurechtswidrig) sowohl für das Subalterngebäude an der Grenze sowie für ein in der anstossenden Parzelle bereits stehendes Haupt-/Subalterngebäude, bei seiner Änderung oder bei einer dortigen Neubaute. Obwohl PBG § 288 aufgehoben wurde, bleiben die Fragen weiterhin. 2408

2. a) Während der Geltung von PBG § 288 war die Zuständigkeit der Gemeinden, eine eigene Grenzbau- und Abstandsregelung für Subalterngebäude festzusetzen, stark beschränkt. Das führte zu einer merklichen «Entrümpelung» und Straffung des Bauordnungsinhaltes. 2409

b) Bis jetzt ist von den Gemeinden von der durch PBG § 49 III wiedererhaltenen Kompetenz noch nicht stark Gebrauch gemacht worden. Es ist zu hoffen, dass die legis- 2410 latorische Fantasie in Zukunft nicht übermarcht (Rz 640 ff). Die Probleme sind für das prä- und das postfinite Baurecht ähnlich. Solche Vorschriften besitzen zwar für die nachbarlichen Beziehungen oft eine eigene Brisanz und stellen verschiedene knifflige juristische Fragen, aber raumplanerisch gesehen sind sie doch von eher untergeordneter Bedeutung.

2411   3.   PBG § 288 galt sowohl für den Gebäudeabstand zwischen Subalterngebäuden unter sich als auch zwischen Subaltern- und Hauptgebäuden (in der gleichen Parzelle oder auf anstossenden Parzellen) als auch für Anschluss eines Subalterngebäudes an ein Subalterngebäude als auch für den Anschluss eines Subalterngebäudes an ein Hauptgebäude jenseits der Grenze.

2412   4.   Bezüglich des in PBG § 288 I lit. a erwähnten «Anlehnens an ein bestehendes Gebäude» gilt das in Rz 2389, bezüglich des im ersten Absatz lit. b erwähnten «Mindestgebäudeabstandes» das in Rz 2391 Gesagte. Bezüglich des Unterschieds zwischen Grenzbau und Grenzbaurecht wird auf Rz 2370 verwiesen, bezüglich desjenigen des gleichzeitigen Bauens und des Zusammenbauens auf Rz 2388.

2413   5.   Bezüglich Gartenhäuschen, Schöpfen und offenen Gartensitzplätzen ist § 18 der Besonderen Bauverordnung II (LS 700.22) mit verschiedenen Erleichterungen zu beachten.

2414   6.   Die in PBG § 288 II formulierten Erfordernisse an die Erleichterung des Grenzbaues durch «nachbarliche Vereinbarungen» (Vorbehalt der «öffentlichen Interessen, insbesondere des Brandschutzes») waren zwar ähnlich konzipiert wie diejenigen für das Näherbaurecht gemäss PBG § 270 III (Rz 2305 ff). Wegen der geringeren ortsbaulichen Bedeutung der Unterschreitungen bei den Subalterngebäuden waren jene aber – im Unterschied zu diesen – durchaus angemessen.

2415   7.   Infolge der Aufhebung von PBG § 288 und der Verweisung von dessen Materie in die blosse Kompetenznorm von PBG § 49 III ist es seit dem 1. Februar 1992 nur noch reduziert zulässig, Subalterngebäude an die Grenze zu stellen und verkleinerte Abstände zu vereinbaren, sofern nicht die Gemeinden eine Regelung in diesem Sinne treffen (RB 1997 Nr. 86). Das war kaum die Absicht des Gesetzgebers.

PBG §§ 289, 290 und 291: Zu den Grenzfassaden und Brandmauern

I. Zur Ausgangslage

Wo einem Bauaktiven das Bauen an die Grenze gestattet ist, kommt es zu einem besonders konfliktträchtigen Verhältnis zum Nachbarn; zudem ist die Gefahr des Übergreifens eines in der einen Parzelle ausbrechenden Brandes auf die Nachbarparzelle besonders gross (Rz 2370 ff). Es stellen sich deshalb folgende Fragen: Wie ist die an der Grenze stehende Mauer auszugestalten? Dürfen darin Öffnungen angebracht werden? Wie verhält es sich, wenn auf der Nachbarparzelle gleichzeitig gebaut wird? Darf dann eine gemeinsame Mauer erstellt werden? Wie verhält es sich, wenn zuerst nur auf der einen Parzelle gebaut wird? Welche eigentums-, dienstbarkeits- und obligationenrechtlichen Regelungen sind dabei zu treffen?

Das Verhindern des Übergreifens des Feuers von dem einen Gebäude auf das damit zusammengebaute ist aber auch dort ein Anliegen, wo beide Gebäude dem gleichen Eigentümer gehören. In beiden Fällen besteht ein Bedürfnis nach Brandmauern.

II. Zur Regelung im alten Baugesetz

Im alten Baugesetz war die Grenz- bzw. Brandmauerthematik sowohl öffentlich- als auch privatrechtlich geregelt; denn nicht nur war wegen der häufigen Brände in früheren Zeiten die Sorge gross, dass das Feuer von der einen auf die andere Parzelle übergreifen könne, auch herrschten in den alten Städten und Ortsteilen räumlich beengte Verhältnisse, weshalb man einen Bodenverschleiss durch unnötigen Mauerbau vermeiden wollte. Die öffentlichrechtliche Regelung befand sich in altBauG §§ 82–85 und 117 f, die privatrechtliche in altBauG § 113 und EG/ZGB § 160.

Es handelte sich dabei teilweise um ein interessantes Ineinandergreifen von öffentlichem und privatem Recht[1]. Es geht hier allerdings überwiegend um Regelungen, welche für Neubauten und Änderungen gleicherweise galten und deshalb hier nicht näher zur Sprache kommen. Deklariert separiertes postfinites öffentliches Baurecht waren dabei jedoch die folgenden Stellen:

> «§ 83
> Können sich zwei Nachbarn über die Ausführung einer gemeinsamen Brandmauer nicht verständigen, so hat derjenige, welcher zuerst an die Eigentumsgrenze baut, gleichwohl eine Brandmauer, die den Anforderungen einer gemeinsamen Brandmauer genügt, auf seinem eigenen Grunde aufzuführen. Diese soll 2,5 m unter die Niveaulinie reichen und in ihrem unteren Teil in der Regel mindestens 60 cm dick sein. Dem Gemeinderat bleibt vorbehalten, eine geringere Dicke zu gestatten, wenn besondere Umstände eine Ausnahme rechtfertigen.

---

[1] Hier wurde besonders deutlich, dass es im Baurecht in erheblichem Umfang unmöglich ist, diese beiden Materien streng auseinanderzuhalten. Vgl. Rz 1417 mit FN 6.

Der Nachbar ist sodann, wenn er an die Brandmauer anbaut, verpflichtet, dem Eigentümer derselben die Hälfte des Schatzungswertes der dafür verwendeten Bodenfläche zu bezahlen und die Hälfte der Erstellungskosten zu ersetzen, wogegen die Mauer samt der Bodenfläche in das unausgeschiedene Miteigentum der beiden Anstösser übergeht. Bevor die Zahlung geleistet ist, hat derjenige, auf dessen Land die Brandmauer erstellt wurde, die Anlehnung eines Gebäudes nicht zu dulden.
...
§ 85
Gegen den Willen des Nachbarn dürfen an einer auf der Grenze stehenden Umfassungsmauer keine Fenster oder Türen (angebracht oder) später ausgebrochen werden.
...
§ 117
Beim Wiederaufbau eines abgebrochenen Gebäudes und bei solchen Hauptreparaturen, bei welchen zwar die Umfassungsmauern beibehalten werden, aber das Innere grösstenteils neu aufgeführt wird, sind insbesondere die Vorschriften der §§ 82 und 84 über die Brandmauern zu beobachten; dasselbe gilt bei der Erhöhung eines bestehenden Gebäudes mit Bezug auf den neu aufzuführenden Teil.

§ 118
Bestehende Gebäude dürfen nicht erhöht werden, solange die Mauern, auf welchen der Aufbau erstellt werden soll, nicht die erforderliche Stärke besitzen.»

2420 Bemerkenswert an altBauG § 83 II war einerseits, dass ein Privater verpflichtet wurde, beim Bauen für sich einen später einem anderen zugute kommenden Gebäudeteil zu errichten, und zwar vorläufig auf seinem eigenen Land und auf eigene Kosten, und dass der Nachbar sich erst einkaufen musste, wenn er seinerseits bauen wollte. Das war eine Regelung, wie sie sonst im Hochbau kaum vorkommt und im Übrigen ganz auf den Bau von Quartierstrassen beschränkt ist.

III. Zur Regelung im PBG

A. Zu den Materialien

1. Zum Text von 1975

2421 Der Vorentwurf der Baudirektion vom Dezember 1972 (Rz 1466) schlug im 4. Titel mit der Überschrift «Das öffentliche Baurecht», im 1. Abschnitt mit der Überschrift «Die Bauvorschriften», im Unterabschnitt C. mit der Überschrift «Die zulässigen baulichen Grundstücknutzungen», im IV. Unterunterabschnitt mit der Überschrift «Die offene und die geschlossene Überbauung» den folgenden Text vor (nur soweit separiertes postfinites Baurecht betreffend):

«III. Brandmauern
1. Baupflicht
§ 252
Werden Gebäude aneinandergebaut oder wird ein Gebäude an die Grenze gestellt, so ist eine Brandmauer zu erstellen.
Wo ein wirksamer Brandschutz es erfordert, sind bei Gebäudelängen von mehr als 40 m Zwischenbrandmauern zu errichten; bei Gebäuden mit erhöhtem Brandrisiko kann dieses Mass verkürzt werden.
Öffnungen in Brandmauern oder deren Weglassung in einzelnen Geschossen sind zulässig, wenn dies durch die Nutzweise bedingt ist oder ein den Umständen angemessener Brandschutz gewährleistet ist.

2. nachbarliche Verträge
§ 253
Über die gemeinsame Erstellung einer Brandmauer und der Stellung zur gemeinsamen Grenze können privatrechtliche Verträge geschlossen werden; andernfalls hat jeder Bauende selbst für die hinreichende Brandmauer auf eigenem Grunde zu sorgen.
Über eine gemeinsam benützte Brandmauer darf mangels entgegenstehender privatrechtlicher Regelung jeder Beteiligte nach den anerkannten Regeln der Baukunde verfügen, namentlich sie unterfangen, erhöhen, vertiefen oder verlängern, wenn dadurch die Zweckbestimmung der Mauer, Gebäude zu scheiden und zu sichern, nicht beeinträchtigt wird; für das Verfahren gelten die Bestimmungen über die Inanspruchnahme von Nachbargrundstücken.

IV. Öffnungen in Grenzfassaden
§ 254
Öffnungen in Grenzfassaden bedürfen der Bewilligung der Baubehörde und des betreffenden Nachbarn.
Der Nachbar ist mangels abweichender privatrechtlicher Regelung nicht gehindert, solche Öffnungen seinerseits zu verbauen, es wäre denn, das bisherige Recht habe einen Anspruch auf deren Fortbestand gegeben.»

Für das Verfahren bei Streitigkeiten wurde auf dasjenige für die Inanspruchnahme von Nachbarparzellen zu Bauarbeiten (Rz 1929 f) verwiesen.

2. Im Antrag Regierungsrates an den Kantonsrat vom 5. Dezember 1973 (Rz 1467) kam es nur zu redaktionellen Modifikationen in § 254 (statt «Bewilligung der Baubehörde und des betreffenden Nachbarn» neu: «baurechtliche Bewilligung der Baubehörde und … Zustimmung des betreffenden Nachbarn»). **2422**

3. In den kantonsrätlichen Beratungen (Rz 1468) kam es zu keinen wesentlichen Modifikationen. **2423**

4. Mit der Annahme des PBG in der Volksabstimmung vom 5. September 1975 (Rz 1469) erhielt folgender Text Rechtskraft: **2424**

«B. Grenzbau
II. Öffnungen in Grenzfassaden
§ 289
Öffnungen in Grenzfassaden bedürfen der baurechtlichen Bewilligung der Baubehörde und der Zustimmung des Nachbarn.
Der Nachbar kann mangels abweichender privatrechtlicher Regelungen solche Öffnungen seinerseits verbauen, es sei denn, das bisherige Recht habe einen Anspruch auf deren Fortbestand gegeben.

C. Brandmauern
1. Baupflicht
§ 290
Werden Gebäude aneinandergebaut oder wird ein Gebäude an die Grenze gestellt, so ist eine Brandmauer zu erstellen.
Wo ein wirksamer Brandschutz es erfordert, sind Zwischenbrandmauern zu erstellen.
Öffnungen in Brandmauern oder deren Weglassung in einzelnen Geschossen sind zulässig, wenn dies durch die Nutzweise bedingt ist oder andere Verhältnisse es rechtfertigen und ein genügender Brandschutz gewährleistet bleibt.

2. Nachbarliche Verträge
§ 291
Kommt zwischen Nachbarn kein privatrechtlicher Vertrag über die Erstellung einer gemeinsamen Brandmauer zustande, hat jeder auf eigenem Grund eine hinreichende Brandmauer zu errichten.
Über eine gemeinsame Brandmauer darf mangels entgegenstehender privatrechtlicher Regelung jeder Beteiligte nach den anerkannten Regeln der Baukunde verfügen, insbesondere sie unterfangen, erhöhen, vertiefen oder verlängern, wenn dadurch die Zweckbestimmung der Mauer, Gebäude zu scheiden und zu sichern, nicht beeinträchtigt wird. Für das Verfahren gelten die Bestimmungen über die Inanspruchnahme von Nachbargrundstücken.»

PBG § 290 regelt die Brandmauern allgemein für Neubauten und Änderungen undeklariert und wird deshalb hier nicht näher verfolgt.

B. Zur Auslegung von PBG §§ 289 und 291 und zur Praxis hiezu

2425   1.   Im Unterschied zur Regelung vor 1975 fördert der Gesetzgeber jetzt nicht mehr direkt das Entstehen gemeinsamer Brandmauern. Der Grund für diesen Wandel mochte darin liegen, dass gemeinsame Brandmauern in späteren Jahren oft zu Streitigkeiten führen, insbesondere wenn eines der beiden aneinanderstossenden Gebäude umgebaut oder umgestaltet wird, wenn dort nach einem gewillkürten Abbruch ein Wiederbau entstehen soll oder wenn aus anderen Gründen statische Schäden auftreten.

Den PBG §§ 289 und 291 ist kein Hinweis zu entnehmen, wonach bereits bestehende Gebäude ohne Brandmauern oder ohne genügende Brandmauer auch ohne Aktuellwerden von Änderungen mit einer genügenden Brandmauer oder ähnlich wirkenden Sicherungsvorkehrungen versehen werden müssten.

2426   2.   Öffnungen in Grenzfassaden (vor allem die Anbringung von Fenstern und Türen bei einem Neubau, aber auch später) würden auch dann eine baurechtliche Bewilligung erfordern, wenn dies hier nicht besonders gesagt wäre (Rz 2526 f). Die Besonderheit der Vorschrift liegt im Erfordernis der nachbarlichen Zustimmung und der grundsätzlichen Ermöglichung des späteren Verbauens solcher Öffnungen trotz erteilter Zustimmung. Beim «bisherigen Recht», welches «einen Anspruch auf deren Fortbestand» gab, ist wohl an altBauG § 85 (Rz 2418) zu denken; das ist selbst bei Altbauten eine recht ungewöhnliche Weiterbeachtlichkeit aufgehobenen Rechtes, vergleichbar mit der Übernahmeregelung in Rz 452b.

PBG § 294 (aufgehoben): Zur Regelung der Nutzweise der Gebäude

I. Ausgangslage

In Rz 326 f ist die gegenseitige Abhängigkeit von Gebäuden und Bewerbungen dargelegt. In der Sprache des PBG geht es hier um die «Nutzweise». Dabei handelt es sich um Erscheinungen, deren voll Tragweite erst nach Erstellung eines Gebäudes bzw. erst nach der Erstaufnahme eines Bewerbes zu Tage tritt. Insoweit gehört deren Regelung auch zum postfiniten Baurecht, ja sogar zum deklariert postfiniten Baurecht. Diese Thematik kann hier aber gleichwohl nicht umfassend dargelegt werden.

2426a

II. Zur Regelung im alten Baugesetz

Im Baugesetz von 1893 in der Fassung von 1943 war zwar von Wohnzonen, Industrie- und Gewerbezonen mit Bauverbot für Wohnbauten, Bauten, die nicht im Zusammenhang mit der land- und forstwirtschaftlichen Nutzung stehen, von Wohn- und Schlafzimmern, Küchen, Abtritten, Waschküchen, Glättezimmern für den Hausgebrauch, Arbeitsräumen, Gewerbebetrieben, Geschäftsbetrieben, Fabriken, Werkstätten, Büros, Verkaufsläden, Wirtschaftsräumen, Theatern, Konzertlokalen, Gartenhäusern, Trinkhallen, Kegelbahnen usw. die Rede (§§ 68, 68a und 68c sowie verschiedene Paragraphen des fünften Abschnittes). Als einheitliches Thema zusammengefasst trat die Nutzweise jedoch nicht in Erscheinung.

2426b

III. Zur Regelung im PBG

1. Bereits in dem – auch um Verbesserung des Systematik bemühten – Vorentwurf der Baudirektion vom Dezember 1972 (Rz 1466) war im 4. Titel mit der Überschrift «Das öffentliche Baurecht», im 1. Abschnitt mit der Überschrift «Die Bauvorschriften», im VI. Unterabschnitt mit der Überschrift «Nutzweise» folgende Vorschrift enthalten:

2426c

> «§ 257 Beschränkungen
> Bestimmt die Bau- und Zonenordnung nichts anderes, so gelten als zulässige Nutzweise:
> a) in Kern-, Zentrums- und allgemeinen Bauzonen: Wohnungen, Büros, Ateliers und Praxen, Läden, mässig störende Gewerbe;
> b) in Einfamilienhauszonen und in Wohnzonen niedriger Bebauung: Wohnungen, Büros, Ateliers und Praxen, kleinere Läden, nichtstörende Gewerbe;
> c) in Industriezonen: industrielle und gewerbliche Betriebe, einschliesslich zugehöriger Verwaltungs-, Forschungs- und technischer Räume, Wohlfahrtseinrichtungen, Wohnungen für standortgebundenes Personal, provisorische Gemeinschaftsunterkünfte für vorübergehend angestellte Arbeitskräfte.»

Der Regierungsrat übernahm in seinem Antrag an den Kantonsrat vom 5. Dezember 1973 (Rz 1467) im Wesentlichen diesen Text, liess jedoch die Erwähnung der Einfamilienhauszonen sowie in lit. c die provisorischen Gemeinschaftsunterkünfte weg, ergänzte jedoch die lit. c für ausgedehnte oder abgelegene Industriezonen mit dem Einbezug kleiner Läden für den täglichen Bedarf und sonstige, den Beschäftigten nützliche Dienstleistungsgewerbe (jetzt § 263). Der Kantonsrat (Rz 1468) nahm daran nur noch geringe materielle Modifikationen vor (zB Weglassung des Hinweises auf die Wohnzonen niedriger Bebauung und die Wohnungen für das standortgebundene Personal). So erhielt die Regelung (jetzt PBG § 294) mit der Annahme in der Volksabstimmung vom 7. September 1975 (Rz 1470) Gesetzeskraft.

2426d 2. Im Entwurf der Baudirektion vom Februar 1988 (Rz 1601) war für die Revision von 1991 PBG § 294 noch nicht erfasst. Hingegen sah der Regierungsrat in seinem Antrag an den Kantonsrat vom 11. Oktober 1989 dessen Aufhebung und Überführung der die Kern-, Zentrums- und Wohn- sowie die Industriezone betreffenden Regelungen in den «Hauptsitz» der jeweiligen Zonen (§§ 50–52 und 56) vor (Rz 1602). Der Kantonsrat stimmte dem zu (Rz 1604). Damit ist nun zwar seit der Annahme der Revision in der Volksabstimmung vom 1. September 1991 (Rz 1605) das PBG um einen Paragraphen gekürzt, aber es ist damit auch eine Gesamtschau der Nutzweisen im Sinne von Rz 2426a verloren gegangen.

PBG § 295: Zu den mit «Brennstoffen ..., die Luftverschmutzungen bewirken», betriebenen Heizungen

I. Zur Ausgangslage

Das Störende an den Heizungen[1], die mit «Brennstoffen betrieben (werden), die Luftverschmutzungen bewirken», sind nicht nur die damit allenfalls verbundene geruchlich, substanziell und optisch unerfreuliche Rauchentwicklung (sowie Brandgefahr), sondern auch die folgenden, ihnen anzulastenden Übel: In der Atmosphäre die Verdichtung der CO_2-Schicht mit dem klimatisch gefährlichen Treibhauseffekt sowie die Zerstörung der vor übermässiger Ultraviolett-Strahlung schützenden Ozonschicht. Das sowie der Umstand, dass Kohle und Erdöl in der Natur nicht unerschöpflich vorkommen, trat erst in den Siebzigerjahren ins allgemeine Bewusstsein.

2427

II. Zur Regelung im alten Baugesetz

Das alte Baugesetz enthielt für Heizungen nur insoweit Vorschriften, als es um die Bekämpfung der Brandgefahr und der Rauchentwicklung ging: Ersteres, abgesehen von den Vorschriften über die Brandmauern, in altBauG §§ 77–85 (Rz 2416 ff), Letzteres in altBauG § 96 (Rz 1869 ff). Eine wesentliche Ergänzung der Vorschriften zur Bekämpfung der Brandgefahr bildete die recht umfangreiche feuerpolizeiliche Gesetzgebung (Rz 3174). Vorschriften zum sonstigen Schutz der Umwelt fehlten aber bis zur Schaffung des PBG weitgehend.

2428

III. Zur Regelung im PBG

A. Zu den Materialien

1. Zur Fassung von 1975

a) Im Vorentwurf der Baudirektion vom Dezember 1972 (Rz 1466) wurde im 4. Titel mit der Überschrift «Das öffentliche Baurecht», im 1. Abschnitt mit der Überschrift «Die Bauvorschriften», im Unterabschnitt D. mit der Überschrift «Anforderungen an Gebäude und Räume», im I. Unterunterabschnitt mit der Überschrift «Allgemeines» folgender Text vorgeschlagen:

2429

> «Heizungen
> § 260
> Werden Heizungen mit Brennstoffen eingerichtet, die Luftverschmutzungen bewirken können, so ist die Überbauung mit einer oder mehreren Heizzentralen auszurüsten.
> Die Hauseigentümer können verpflichtet werden, ihre Liegenschaft an das Leitungsnetz öffentlicher Fernheizungsanstalten anzuschliessen, nötigenfalls mittels einer auf Kosten der Eigentümer zu er-

---

[1] Diese «Feuerungsanlagen» dienen nicht nur der Beheizung von Gebäuden, sondern auch der Warmwassererwärmung.

stellenden Nebenleitung; für den Anschluss bestehender Häuser sind angemessene Fristen einzuräumen.»

2430 b) Der Regierungsrat übernahm diese Fassung in seinem Antrag an den Kantonsrat vom 5. Dezember 1973 (Rz 1467) weitgehend (jetzt § 264); die Modifikationen waren abgesehen davon, dass vor das Wort «Heizzentralen» der Passus «standortgerechten» eingeschoben wurde, nur redaktionell.
Der Regierungsrat bemerkte hiezu in den Erläuterungen auf S. 218:

> «§ 264 PBG greift einen Missstand auf, der einer dringenden Sanierung bedarf. Die Luftverschmutzung durch private Feuerungsanlagen hat ein Ausmass erreicht, das nicht mehr hingenommen werden darf. Sie übertrifft über ein grösseres Gebiet gesehen bei weitem die Immissionen aus industriellen und gewerblichen Betrieben. Dabei treten die Einzelheizungen von Gebäuden besonders nachteilig in Erscheinung, weil bei Kleinanlagen dem Einbau von Apparaturen zur Rauchgasreinigung schon aus wirtschaftlichen Gründen Grenzen gesetzt sind und sie überdies die Schadstoffe in niedriger Höhe ausstossen. Da der Aufbau einer Fernwärmeversorgung dichte Überbauungen voraussetzt und, wo er möglich ist, längere Zeit in Anspruch nehmen wird, verlangt § 264 Abs. 1 PBG, dass Überbauungen je nach ihrer Grösse und der konkreten Verhältnisse mit einer oder mehreren standortgerechten Heizzentralen ausgerüstet werden. Diese können mit den notwendigen Filteranlagen versehen und an einem Orte errichtet werden, wo sie möglichst geringe Einwirkungen auf die Umgebung nach sich ziehen. Wo hingegen ein Fernwärmenetz besteht, sieht § 264 Abs. 2 PBG eine Anschlusspflicht vor. Die Fristen für den Anschluss bestehender Häuser sind unter Abwägung der öffentlichen und privaten Interessen im Einzelfall festzusetzen. So besteht zum Beispiel ein grundlegender Unterschied, ob ein Grundstück mit einer modernen oder mit einer sanierungsbedürftigen Heizungsanlage ausgerüstet ist.»

2431 c) In den Beratungen des Kantonsrates (Rz 1468) wurden im ersten Absatz der Passus «eingerichtet» durch «betrieben» sowie im zweiten Absatz «Hauseigentümer» durch «Grundeigentümer», ferner «Fernheizungs-» durch «Fernwärmeversorgungsanstalten» ersetzt. Sodann wurde zum Ausdruck gebracht, dass die Verpflichtung «durch Staat oder Gemeinde» erfolgen könne.

2432 d) Der so modifizierte Text erhielt mit der Annahme des PBG in der Volksabstimmung vom 7. September 1975 (Rz 1470) wie folgt Gesetzeskraft:

> «Heizungen
> § 295
> Werden Heizungen mit Brennstoffen betrieben, die Luftverschmutzungen bewirken, so sind die Übebauungen mit standortgerechten Heizzentralen auszurüsten.
> Die Grundeigentümer können durch Staat oder Gemeinde verpflichtet werden, ihr Grundstück an das Leitungsnetz öffentlicher Fernwärmeversorgungsanstalten anzuschliessen, nötigenfalls mittels einer auf Kosten der Eigentümer zu erstellenden Nebenleitung; für den Anschluss bestehender Häuser sind angemessene Fristen einzuräumen.»

2. Zur Revision von 1983

2433 a) Im Antrag des Regierungsrates an den Kantonsrat vom 12. August 1981 für die Revision von 1984 war bezüglich Brennstoffen und Heizungen ausser der Revision von PBG §§ 239 (Rz 2082 f, 2093) und 357 IV (Rz 2932) keine Modifikation am PBG vorgesehen.

1. Kapitel   Erster Abschnitt   Zweiter Unterabschnitt   PBG § 295

b)   In den kantonsrätlichen Beratungen des Energiegesetzes wurde jedoch PBG § 295   2434
II gestrichen, obwohl die vom Regierungsrat 1973 (Rz 2430) dargestellte kritische Lage
in der Zwischenzeit kaum an Aktualität verloren hatte.

c)   Mit der Annahme des Energiegesetzes in der Volksabstimmung vom 19. Juni 1983   2435
(LS 730.1) lautet PBG § 295 nur noch wie folgt:

> «Heizanlagen
> § 295
> Werden Heizungen mit Brennstoffen betrieben, die Luftverschmutzungen bewirken, so sind die Überbauungen mit standortgerechten Heizzentralen auszurüsten.»

d)   Daneben sind selbstverständlich auch die Vorschriften des Gesetzes über die Feuer-   2436
polizei und das Feuerwehrwesen vom 24. September 1978 (mehrfach revidiert; LS 861.1,
Rz 3174), die regierungsrätlichen Verordnungen über den allgemeinen Brandschutz vom
18. August 1993 (LS 861.12), über den baulichen Brandschutz vom 27. Juni 1979 (LS
861.13) sowie über die ordentlichen technischen und übrigen Anforderungen an Bauten,
Anlagen, Ausstattungen und Ausrüstungen (Besondere Bauverordnung I) vom 6. Mai
1981 (mehrfach revidiert; LS 700.21), hier insbesondere die §§ 21–28 sowie 42–44, zu
beachten. Deklariert postfinites Baurecht findet sich hier nur insoweit, als die Montierung gewisser Messinstrumente verlangt, Änderungen für bewilligungsbedürftig erklärt,
Kontrollgänge durch Beamte oder beigezogene, private examinierte Fachleute, auch durch
den Kaminfeger, sowie unbedingte und bedingte, erfüllungs- und annäherungsweise Anpassungspflichten statuiert werden. Wichtig ist auch der vom Regierungsrat festgesetzte,
die Luftreinhaltung betreffende Teilmassnahmenplan Feuerung vom 19. Juni 1996 (LS
713.111), insbesondere Ziffer II.2, welcher die Sanierung bestehender Feuerungsanlagen
fristenmässig regelt.

3.   Zur Revision von 1991

Der Regierungsrat hatte in in seinem Antrag für die Revision von 1991 (Rz 1601 f) noch   2437
keine Modifiaktion bezüglich Brennstoffen und Heizung vorgesehen. Der Kantonsrat
beschloss jedoch auf Antrag der vorberatenden Kommission (Rz 1604) im Hinblick auf
die bereits angelaufene Revision des Energiegesetzes vorwegnehmend folgende Ergänzung von PBG § 295 *(kursiv),* welche mit der Volkabstimmung vom 1. September 1991
Gesetzeskraft erhielt (Rz 1605):

> «Heizanlagen
> § 295
> Werden Heizungen mit Brennstoffen betrieben, die Luftverschmutzungen bewirken, so sind die Überbauungen mit standortgerechten Heizzentralen auszurüsten, *die auch Abwärme und Energie aus erneuerbaren Quellen nutzen können.*»

4.   Zur Revision von 1995

Anlässlich der Revision des Energiegesetzes vom 19. Juni 1983 erhielt am 25. Juni 1995   2438
PBG § 295 folgenden zweiten Absatz:

> «Wenn eine öffentliche Fernwärmeversorgung lokale Abwärme oder erneuerbare Energien nutzt und
> die Wärme zu technisch und wirtschaftlich gleichwertigen Bedingungen wie aus konventionellen

Anlagen anbietet, kann der Staat oder die Gemeinde Grundeigentümer verpflichten, ihr Gebäude innert angemessener Frist an das Leitungsnetz anzuschliessen und Durchleitungsrechte zu gewähren.»

B. Zur Auslegung von PBG § 295 und zur Praxis hiezu

2439   1.   Im Text von 1975 handelte es sich wegen der im zweiten Absatz statuierten Verpflichtung zum «Anschluss bestehender Häuser» (Rz 2432) um stark separiert deklariert postfinites Baurecht. In der Fassung von 1983 (Rz 2433 ff) liegt deklariert postfinites Baurecht nur noch wegen des Wortes «betrieben» vor (und zwar schwach separiert). In der Fassung von 1995 (Rz 2437) liegt deklariert postfinites Baurecht wiederum wegen der Pflicht «innert angemessener Frist ... anzuschliessen» vor; damit kann nur der Anschluss bereits bestehender Gebäude gemeint sein. Zum Begriff der Separierung im deklariert postfiniten Baurecht siehe Rz 842 f.

2440   2.   Bei den Heizungen handelt es sich um einen Gebäudebestandteil (Rz 75 ff), in der Sprache des PBG und der Besonderen Bauverordnung (LS 700.21, §§ 21 ff) auch um eine Ausrüstung. Eine Pflicht, Gebäude mit Heizungen auszurüsten, ergibt sich aus PBG §§ 300 (Pflicht, die Räume fachgerecht gegen «schädliche Temperatureinflüsse» zu schützen) und 239 (Rz 2093 ff). Gegen eine verschwenderische Beheizung richten sich PBG §§ 239 III (Rz 2082 ff) und 357 IV (Rz 2932 f).

2441   3.   Aufgrund der Entstehungsgeschichte von PBG § 295 in der Fassung von 1983 stand bis zur Revision von 1995 fest, dass diese Regelung keine ausreichende Handhabe bietet, um die Eigentümer von bereits bestehenden Gebäuden, und seien es Grossüberbauungen, zum Anschluss an eine zentrale Heizanlage zu verpflichten. Daran änderte der Umstand nichts, dass in PBG § 295 mit dem Passus «Abwärme und Energie aus erneuerbaren Quellen» indirekt die Verwendung von Holz, Wasserkraft-, Sonnen- und Windenergie derjenigen von Kohle und Erdöl vorgezogen wurde. Durch die Einfügung des zweiten Absatzes sind die Eigentümer bereits überbauter Parzellen jetzt aber vermehrt in Pflicht genommen. M.E. gilt die Verpflichtung aber auch für diejenigen, welche einen Neubau erstellen wollen. Um sich ein genaues Bild über die Gesamtregelung machen zu können, sind auch das kantonale Energiegesetz (Rz 3175) und die eidgenössische Energiegesetzgebung (Rz 4126 f) beizuziehen[2].

2442   4.   Eine besondere Erwähnung verdient die Möglichkeit der Verpflichtung zur Gewährung von Durchleitungsrechten. Dies ist eine u.U. einen weiteren Kreis von Parzelleneigentümern als denjenigen der beheizten Parzellen treffende Eigentumsbeschränkung. Das sind Anordnungen, wie sie sonst nur im Quartierplan- und formellen Enteignungsverfahren (Rz 3101 f, 3187) vorkommen. Sie sind öffentlichrechtlicher Natur und deshalb etwas anderes als das Durchleitungsrecht gemäss ZGB Art. 691.

---

[2] Vgl. hiezu auch: Entscheid der Baurekurskommission II (BEZ 1995 Nr. 25) zum zeitlichen Intervall, in welchem die Kaminreinigung vorzunehmen ist; Entscheid der Baurekurskommission I (BEZ 1995 Nr. 20) zur Sanierung von Feuerungsanlagen; Rekursentscheid des Regierungsrates (BEZ 1988 Nr. 38) zur Heizungssanierung. Siehe ferner: RB 1999 Nr. 123 mit Hinweis auf Altbauten.

PBG § 296: Zu den Beförderungsanlagen

I. Zur Ausgangslage

Es liegt auf der Hand, dass Beförderungsanlagen bei den Benützern und beim Betriebspersonal zu Unfällen führen können. Deren Verhinderung durch gesetzgeberische Massnahmen liegt sicher im öffentlichen Interesse.

2443

II. Zur Regelung im alten Baugesetz

Mit der Baugesetzrevision von 1943 wurde im fünften Abschnitt mit der Überschrift «Ausführung der Bauten» die folgende Regelung aufgenommen:

2444

> «§ 98a
> Der Regierungsrat erlässt über die Erstellung und den Betrieb von Beförderungsanlagen für Personen und Waren (zum Beispiel für Aufzüge, Rolltreppen, Rollrampen, Transportbänder und dergleichen) Vorschriften und Strafbestimmungen, in denen er für die Zuwiderhandlung Haft oder Busse oder beides zusammen androhen kann. Diese finden im ganzen Kantonsgebiet Anwendung.»

Gemäss den Ausführungen des Regierungsrates zur Abstimmungsvorlage scheint es gerade in den vorausgegangenen Jahren öfters zu Unglücksfällen bei den Benützern und dem Bedienungspersonal der Beförderungsanlagen gekommen zu sein. Der Ernst der Lage wurde mit einer für das alte Baugesetz aussergewöhnlichen Anordnung unterstrichen. AltBauG § 98a galt nicht nur für die dem Baugesetz in der einen oder anderen Art unterstellten Gebiete, sondern für den ganzen Kanton; eher unüblich war für die damalige Zeit auch, dass der Gesetzgeber den Regierungsrat gerade mit der Statuierung von speziellen Vorschriften und Strafbestimmungen betraute. Eine erste Verordnung über Personen- und Warenaufzüge wurde vom Regierungsrat am 30. Dezember 1943 festgesetzt, es folgten dann Revisionen vom 22. Januar 1953 und 11. Mai 1967.

III. Zur Regelung im PBG

A. Zu den Materialien

1. Im Vorentwurf der Baudirektion vom Dezember 1972 (Rz 1466) wurde im 4. Titel mit der Überschrift «Das öffentliche Baurecht», im 1. Abschnitt mit der Überschrift «Die Bauvorschriften», im Unterabschnitt D. mit der Überschrift «Anforderungen an Gebäude und Räume», im I. Unterunterabschnitt mit der Überschrift «Allgemeines» folgender Text vorgeschlagen:

2445

> «Beförderungsanlagen
> § 261
> Beförderungsanlagen für Personen und Waren müssen einwandfrei erstellt, betrieben, unterhalten und nötigenfalls der technischen Entwicklung angepasst werden.»

2446 2. Im Antrag des Regierungsrates an den Kantonsrat vom 5. Dezember 1973 (Rz 1467) erschien die Regelung als § 265 wie folgt (wesentliche Abweichungen *kursiv*):

«Beförderungsanlagen
§ 265
Aufzüge, *Rolltreppen und andere Beförderungsanlagen* für Personen und Waren müssen *zweckgerecht sein;* sie sind einwandfrei zu erstellen, zu betreiben, zu unterhalten und, *wo die Sicherheit es verlangt,* der technischen Entwicklung anzupassen.»

2447 3. In den kantonsrätlichen Beratungen (Rz 1468) kam es nur zu redaktionellen Modifikationen: Das Wort «einwandfrei» wurde durch «fachgemäss» ersetzt.

2448 4. Mit der Annahme des PBG in der Volksabstimmung vom 5. September 1975 (Rz 1469) erhielt der folgende Text Gesetzeskraft (Abweichungen *kursiv*):

«Beförderungsanlagen
§ 296
Aufzüge, Rolltreppen und andere Beförderungsanlagen für Personen und Waren müssen zweckgerecht sein; sie sind *fachgemäss* zu erstellen, zu betreiben, zu unterhalten und, wo die Sicherheit es verlangt, der technischen Entwicklung anzupassen.»

B. Zur Auslegung von PBG § 296 und zur Praxis hiezu

2449 1. Wegen des Passus «zu betreiben, zu unterhalten» bzw. «der technischen Entwicklung anzupassen» handelt es sich hier um (schwach separiert) deklariert postfinites Baurecht (Rz 842 f).

2450 2. Es handelt sich bei den Beförderungsanlagen um einen Gebäudebestandteil, in der Sprache des PBG und der Besonderen Bauverordnung (LS 700.21, §§ 31 ff) um «Ausrüstungen». Ihre Besondernheit besteht darin, dass sie einerseits mit dem Gebäude fest verbunden und doch verschiebbar sein müssen (Rz 13 f). Abgesehen von der Rücksichtnahme auf Behinderte und Betagte in Publikumsgebäuden gemäss PBG § 239 IV (Rz 2099) besteht keine Pflicht zur Erstellung von Liften. Wenn aber solche installiert werden, dann sind sie fachgemäss zu unterhalten und zu betreiben und nötigenfalls der technischen Entwicklung anzupassen.

2451 3. Es geht hier offensichtlich sowohl um die Erstellung von Beförderungsanlagen gleichzeitig mit einem Neubau als auch um die Installation in einem bereits bestehenden Gebäude als auch um die Änderung bereits installierter Beförderungsanlagen. Zusätzlich geregelt wird die Thematik in der Verordnung über die ordentlichen technischen und übrigen Anforderungen an Bauten, Anlagen, Ausstattungen und Ausnützungen (Besondere Bauverordnung) vom 6. Mai 1981 (LS 700.21, mehrfach revidiert). In Letzterer ist deklariert postfinites Recht enthalten in den §§ 31–33a mit der Statuierung von Kontrollgängen durch beamtete oder private examinierte Fachleute und mit unbedingter oder bedingter erfüllungs- oder annäherungsweiser Anpassungspflicht, allenfalls auch Betriebseinstellung. Die Konkretisierung der Anpassungspflicht kann aber wohl nur durch die ordentlichen Organe des Gemeinwesens ausgesprochen werden. Durch die Besondere Bauverordnung I wurde die aus dem Jahre 1943 stammende, mehrfach revidierte Verordnung über Personen- und Warenaufzüge aufgehoben.

4. Es handelt sich um eine Anpassungspflicht, welche unabhängig von Bauabsichten **2452** des Gebäudeeigentümers zum Zuge kommen kann, also um eine unbedingte Anpassungspflicht; sie kann erfüllungs- oder annäherungsweise ausgestaltet sein. Sie beschränkt sich aber wohl immer auf den Bereich der Beförderungsanlage als solchen und erfasst nicht auch andersartige Mängel (Rz 450 ff).

5. Im Unterschied zu altBauG § 98a ermächtigt PBG § 296 den Regierungsrat nicht **2453** mehr selbst zur Legiferierung. Diese Kompetenz steht ihm aber selbstverständlich über PBG § 359 lit. h («Ausrüstungen») weiterhin zu. Hievon wurde denn auch Gebrauch gemacht (Rz 2451). Dabei ist auch die bundesrätliche Verordnung über die Sicherheit von Aufzügen vom 23. Juni 1999 (SR 819.13) zu beachten (Rz 4138b).

PBG § 307: Zum «Wiederaufbau»

I. Zur Ausgangslage

2454 1. a) Wie schon in Rz 203 ff dargelegt wurde, erfolgt der «Wiederaufbau» an einer Stelle, wo vor nicht allzu langer Zeit ein anderes, inzwischen untergegangenes Gebäude gestanden hat, also nie «auf der grünen Wiese». Dabei gibt es zwei grundsätzlich verschiedene Arten des «Wiederaufbaues»: derjenige, welcher an der Stelle eines Gebäudes erfolgt, das durch Brand, Naturereignis (zB Windsturm, Steinschlag, Lawine, Überschwemmung, Erdbeben), Explosion, statische Mängel, Verwitterung, Pilzbefall, Tierfrass usw. untergegangen ist, und derjenige, welcher an der Stelle eines Gebäudes erfolgt, das wegen eines aus freiem Entschluss des Gebäudeeigentümers erfolgten Abbruchs untergegangen ist. Bei Letzterem kann man von einem gewillkürten Untergang sprechen[1].

2455 b) α) Die Bezeichnung «Brandstattrecht» bezieht sich nur auf den nicht gewillkürten Untergang, sei es allein auf denjenigen bei einem Untergang durch Brand oder auch noch auf denjenigen bei einem Untergang durch Naturkatastrophe, Explosion usw. Die Bezeichnung «Recht der freien Hofstatt», «Hofstattrecht» bezieht sich demgegenüber entweder auf jede Untergangsart oder nur auf den gewillkürten Untergang. Damit man von Brandstatt- und Hofstattrecht sprechen kann, gehört noch etwas weiteres dazu: Es muss für den «Wiederaufbau» eine Regelung gelten, welche eine Lockerung gegenüber der für primäre Neubauten bzw. Neubewerbungen geltenden Regelung bietet.

2456 β) Die Bezeichnungen «Brandstatt-» und «Hofstattrecht» werden vorweg im Bereich des Privatrechtes verwendet[2]. Dafür spricht an sich die Silbe «-recht», welche auf ein subjektives Recht hindeutet, das im Privatrecht eine wichtigere Rolle spielt als im öffentlichen Recht. Indessen besteht, wenn man überhaupt diese altertümlichen Ausdrücke weiter verwenden will, kein zwingender Grund, nicht auch im öffentlichen Recht von «Brandstatt-» und «Hofstattrecht» zu sprechen, wenn die Voraussetzungen hiefür erfüllt sind (Rz 2496).

2457 2. a) In früheren Jahrzehnten und Jahrhunderten konnte in Wohnhäusern und Werkstätten nur mit Feuer in offenen Brandstellen, Herden, Einzelöfen usw. gekocht und geheizt werden. Die Gebäude waren grossenteils oder sogar ganz aus Holz. Die Feuerwehr verfügte, sofern überhaupt vorhanden, nur über bescheidene Löschmöglichkeiten. Brandversicherungen waren noch nicht verbreitet. Daher kam es häufig vor, dass einzelne Gebäude oder ganze Ortsteile abbrannten, was den dort Ansässigen, auch wenn keine Menschenleben zu beklagen waren, meist grossen wirtschaftlichen Schaden brachte.

---

[1] Wie der durch kriminelle Akte und durch Krieg bewirkte Untergang von Gebäuden zu qualifizieren sind, lasse ich offen.

[2] Peter Dilger, S. 147, umschreibt das Hofstattrecht wie folgt: «Dasselbe verleiht dem Eigentümer eines zerstörten oder wegen Baufälligkeit oder Überalterung abgetragenen Gebäudes die Befugnis, dieses auf der alten Hofstatt im früheren Umfang wieder aufzubauen, auch wenn es inzwischen erlassenen neuen Vorschriften des privaten Baurechtes widerspricht.»

b) Bei dieser Ausgangslage war es nur recht und billig, dass der von einer nicht durch ihn verschuldeten Feuersbrunst betroffene Eigentümer eines Gebäudes, auch wenn dieses den jetzt geltenden Vorschriften nicht mehr entsprochen hatte, dieses an der bisherigen Stelle und in der bisherigen Grösse wieder aufbauen durfte, selbst wenn der Nachbar damit nicht einverstanden war. Es war dies eine Art von begrenzter Schadensverteilung auf die Schultern mehrerer.

c) Allerdings gab es im Bauwesen damals an öffentlichrechtlichen Vorschriften, sofern zu jener Zeit die Unterscheidung zwischen öffentlichem und privatem Recht überhaupt sinnvoll war, fast nur solche über die Feuerpolizei und den Schutz bestehender und künftiger Strassen und Wege vor baulicher Inanspruchnahme durch die Anstösser. Der ganze Rest an Vorschriften war nur von Bedeutung, soweit Nachbarn sie vor dem Zivilrichter anrufen konnten, wenn sie also zum «Privatrecht» gehörten. Die erwähnte begrenzte Schadensverteilung auf die Schultern mehrerer funktionierte so, dass die Nachbarn ihre an sich gegen vorschriftswidriges Bauen bestehenden Abwehransprüche nicht geltend machen konnten, wenn der von der Feuersbrunst Betroffene innert einer bestimmten Frist mit dem «Wiederaufbau» begann; zudem besass Letzterer oft das Recht, innert einer bestimmten Frist gegen Neubauten in den Nachbarparzellen Einspruch zu erheben, wie wenn sein Gebäude noch vorhanden wäre.

d) Je mehr das Kochen und Heizen mit offenem Feuer verschwand, je mehr die Verwendung von Holz beim Bauen zurückging, je bessere Löschmethoden der Feuerwehr zur Verfügung standen und je verbreiteter der Versicherungsschutz bei Katastrophen wurde, desto weniger rechtfertigte es sich, den von einer Brandkatastrophe Betroffenen aus Kommiserationsgründen besondere Erleichterungen beim «Wiederaufbau» eines untergegangenen Gebäudes zu gewähren. Zudem betrafen Feuersbrünste immer mehr fast nur noch alte Stadt- oder Dorfteile, wo ohnehin nicht das übliche Neubauten- und Neubewerbsrecht, sondern Denkmalschutznormen galten. Es entsprach dem modernen Lebensgefühl, dass Naturkatastrophen als etwas angesehen wurden, das man im Griff hatte. Damit erschienen das Brandstattrecht und im Sog davon auch das Hofstattrecht immer mehr als etwas, das aus vergangenen Zeiten stammt[3].

II. Zur Vorläuferregelung im alten Baugesetz und im Einführungsgesetz zum ZGB

1. In den dem Baugesetz von 1893 voll (das heisst im Sinne von § 1 I) unterstellten Gebieten des Kantons galt die folgende, im siebten Abschnitt mit der Überschrift «Privatrechtliche Bestimmungen» stehende Regelung des Baugesetzes als dessen § 107:

---

[3] Peter Karlen, Das abgebrannte Badehäuschen – Besitzstandsgarantie und materielle Enteignung bei der Frage des Wiederaufbaues, in: Recht, 1991, S. 102 f, berücksichtigt m.E. diese Entwicklung in seiner Kritik an BGE 107 Ib 233 (Egnau/TG) und BGE vom 10. Mai 1986 (ZBl 1987 S. 543) zu wenig. Ich erachte die Verweigerung des «Wiederaufbaues» und einer Entschädigung in diesem Fall als gerechtfertigt. Rz 1401.

> «Wenn ein bestehendes Gebäude durch höhere Gewalt oder durch Zufall zerstört oder in seinem Umfang vermindert wird, so hat der Eigentümer drei Jahre lang ohne Rücksicht auf die durch Gesetz begründeten privatrechtlichen Baubeschränkungen das Recht, jenes in dem früheren Umfang wieder herzustellen sowie gegen Neubauten seiner Nachbarn Einsprache zu erheben, wie wenn sein Gebäude noch vorhanden wäre.
> Die Frist gilt als eingehalten, wenn innerhalb derselben die Wiederherstellung des Gebäude begonnen wird.»

2462 Diese Regelung lehnte sich inhaltlich an das Privatrechtliche Gesetzbuch für den Kanton Zürich § 604 (Fassung von 1854) bzw. § 174 (Fassung von 1887) an, welche auch nach 1893 für den restlichen Kanton weiter galt. Das Einführungsgesetz zum ZGB vom 2. April 1911 übernahm diese Regelung, abgesehen von der Fristenregelung, mehr oder weniger gleich als § 157.

2463 2. Infolge Wortlaut, Entstehungsgeschichte und systematischer Stellung von § 107 des alten Baugesetzes stand fest, dass es sich hier um eine ausschliesslich privatrechtliche, somit für die örtlichen Baubehörde grundsätzlich unbeachtliche Regelung handelte. Das galt auch für EG/ZGB § 157.

2464 3. a) Im Kanton Zürich fehlte bis zum Inkrafttreten des PBG im Jahre 1976 eine dem vorerwähnten Brandstatt- oder Hofstattrecht vergleichbare Regelung öffentlichen Rechtes. Das heisst: Wenn unter der Geltung der Baugesetzes von 1893 ein Gebäude durch Brand, Naturkatastrophe, Explosion usw. unterging oder vom Eigentümer aus freiem Entschluss abgebrochen wurde, so waren an sich beim «Wiederaufbau» alle für primäre Neubauten bzw. Neubewerbungen geltenden Regelungen voll einzuhalten (weder Lokkerung noch Regelung eigener Art)[4].

2465 Dies traf auch dann zu, wenn beabsichtigt gewesen wäre, den «Wiederaufbau» in der gleichen Höhe, Länge und Breite wie das untergegangene Gebäude (Repetier-Wiederbau, Rz 203) oder sogar kleiner zu erstellen und wenn kein Nachbar dagegen opponiert hätte.

2466 b) Man war sich damals durchaus bewusst, dass die Massgeblichkeit der Regelungen für primäre Neubauten bzw. Neubewerbungen für den «Wiederaufbau» auch in Fällen eines durch Brand, Naturkatasprophe, Explosion usw. untergegangenen Gebäudes bis-

---

[4] Es galt insbesondere auch die Baulinienregelung gemäss altBauG § 120 (Rz 1751 ff; Jakob Maag/ Hans Müller, Kommentar, zu § 107, N. 2). Für Gebäude, welche den strassengesetzlichen Abstand nicht einhielten, wurde die Massgeblichkeit des für Neubauten geltenden Abstandes in § 32 I des Strassengesetzes vom 20. August 1893 noch besonders ausgedrückt. Rz 1401 mit FN 53, 3179. Vgl. ferner den ZH-Verwaltungsgerichtsentscheid vom 30. Mai 1969 (ZBl 1970 S. 332 f): Das Verbot des Wiederbaues eines abgebrannten Wochenendhauses, welches in den kommunalen minimalen Waldrandabstand hineinreichte und weder über eine genügende Trinkwasserversorgung noch eine solche Abwasserentsorgung verfügte, wurde bestätigt; der Umstand, dass die private Gebäudeversicherung die Versicherungssumme nur ausbezahlt hätte, wenn der Wiederbau auf der gleichen Parzelle erfolgt wäre, «berührt den Entscheid über die Baubewilligung nicht». BGE 99 Ia 482, 487 (Steinmaur/ZH): «Die frühere Existenz eines freiwillig abgebrochenen Hausteils verleiht dem Grundeigentümer … keinen Anspruch darauf, die betreffende Stelle überhaupt wieder oder unter den gleichen rechtlichen Voraussetzungen neu zu überbauen.»

weilen zur Unzulässigkeit eines «Wiederaufbaues» führen konnte. Man zog auch die Möglichkeit in Betracht, dass dem Eigentümer hieraus ein Entschädigungsanspruch gegen das Gemeinwesen erwachsen könnte, wenn man auch dessen Verwirklichung als gering ansah[5]. Rz 1401.

III. Zur Regelung von PBG § 307 in der Fassung von 1975

A. Zu den Materialien

1. Die dem früheren öffentlichen Recht des Kantons Zürich, im Unterschied etwa zu demjenigen der Kantone Bern und Aargau, eigene Härte gegenüber dem «Wiederaufbau» nach Brand, Naturereignis und Abbruchentschluss des Eigentümers untergegangener Gebäude wurde oft kritisiert. Dies führte dazu, dass im Vorentwurf der Baudirektion von 1972 (Rz 1466) im 4. Titel mit der Überschrift «Das öffentliche Baurecht», im I. Abschnitt mit der Überschrift «Die Bauvorschriften», im Unterabschnitt E. mit der Überschrift «Brandstattrecht» folgender Randtitel und Text aufgenommen wurde:

2467

«Inhalt
§ 271
Die Bauvorschriften gelten auch für den Wiederaufbau eines ganz oder teilweise zerstörten Gebäudes.
Entscheide der Baubehörden darüber, ob und inwieweit das zerstörte Gebäude an der alten Stelle und im alten Umfange wieder aufgebaut werden darf, sind nachbarrechtlich nicht anfechtbar, wenn sie innert zweier Jahre nach der Zerstörung zugestellt werden.
Während der nämlichen Frist kann der Eigentümer des zerstörten Gebäudes gegenüber Bauvorhaben Dritter Rechtsmittel ergreifen, wie wenn sein Gebäude noch stünde, es wäre denn, dessen Wiederaufbau sei inzwischen rechtskräftig verweigert worden; tritt die Rechtskraft später ein, so entfällt das Rechtsmittel insoweit nachträglich.»

Der Regierungsrat übernahm diesen Text, abgesehen von redaktionellen Modifikationen, in seinen Antrag an den Kantonsrat vom 3. Dezember 1973 (Rz 1467) neu als § 277. Die kantonsrätliche Kommission und das Ratsplenum (Rz 1467) stimmten ihm weitgehend zu, ersetzten aber die Überschrift «Brandstattrecht» des Unterabschnittes E. durch den Passus «Wiederaufbau zerstörter Gebäude».

2. In der Volksabstimmung vom 7. September 1975 (Rz 1469) wurde folgender Text (die Modifikationen gegenüber dem Vorentwurf der Baudirektion vom Dezember 1972 sind *kursiv* gedruckt) angenommen:

2468

«Wiederaufbau zerstörter Gebäude
§ 307
Die Bauvorschriften gelten auch für den Wiederaufbau eines ganz oder teilweise zerstörten Gebäudes.

---

[5] Jakob Maag/Hans Müller, Kommentar, zu § 107, N. 2. Bemerkenswert ist § 32 II des in FN 4 erwähnten Strassengesetzes. Dieses erklärte: «Wird die Neubaute innerhalb fünf Jahren ausgeführt, so ist der Eigentümer für die Baubeschränkung angemessen zu entschädigen. Diese Entschädigung ist bei Strassen I. und II. Klasse von dem Staate, bei Strassen III. Klasse von der Gemeinde zu tragen.» Vgl. ferner das Heimschlagsrecht wegen Baulinienbetroffenheit gemäss altBauG § 29.

Entscheide der Baubehörden darüber, ob und inwieweit das zerstörte Gebäude an der alten Stelle und im alten Umfange wieder aufgebaut werden darf, *können von Dritten nicht angefochten werden,* wenn *ihre Zustellung* innert zweier Jahre nach der Zerstörung *erfolgt.*
Während der nämlichen Frist kann der Eigentümer des zerstörten Gebäudes gegenüber Bauvorhaben Dritter Rechtsmittel ergreifen, wie wenn sein Gebäude noch stünde, es *sei* denn, dessen Wiederaufbau sei inzwischen rechtskräftig verweigert worden; tritt die Rechtskraft später ein, so entfällt das Rechtsmittel insoweit nachträglich.»

B. Zur Auslegung von PBG § 307 in der Fassung von 1975 und zur Praxis hiezu

1. Allgemeines

2469 a) Bei PBG § 307 bestand kein Zweifel: Hier handelte es sich um öffentliches Recht. Das ergab sich nicht nur aus dem Wortlaut und der systematischen Stellung der Vorschrift, sondern auch aus PBG § 218 I. Rz 2496.

Mit dem Inkrafttreten des PBG verlor nicht nur altBauG § 107, sondern auch EG/ZGB § 157 seine Geltung.

2470 b) Beim «Wiederaufbau» eines baurechtswidrig gewesenen Gebäudes stehen sich einerseits die Interessen des Eigentümers des untergegangenen Gebäudes und anderseits diejenigen der Nachbarn derselben sowie des Gemeinwesens gegenüber. Das Problem kann primär von der Seite des erst noch im Einzelnen zu ermittelnden Bestandes von materiellen Regelungen oder aber von der Seite der Aktivlegitimation her angegangen werden, d.h. eher prozessual von der Frage her, wer die Nichteinhaltung eines gegebenen Bestandes von Regelungen geltend machen könne[6]. PBG § 307 in der Fassung von 1975 ging das Problem von beiden Seiten her an: im ersten Absatz von der Seite des zu ermittelnden Regelungsbestandes und im zweiten und dritten Absatz von der Seite der Aktivlegitimation her.

2471 c) Da nach PBG § 307 I ausdrücklich «die Bauvorschriften auch für den ‹Wiederaufbau› eines ganz oder teilweise zerstörten Gebäudes» gelten und wegen der starken Ausrichtung von PBG § 307 auf das Problem der Aktivlegitimation handelte es sich bei PBG § 307 in der Fassung von 1975 um kein eigentliches Brandstatt- oder Hofstattrecht, ja sogar um eine eher gegenläufige normative Erscheinung[7]. Die Ersetzung des Ausdruckes «Brandstattrecht» in der Überschrift des Unterabschnittes E. durch das neutrale «Wiederaufbau zerstörter Gebäude» (Rz 2467) war deshalb gerechtfertigt. Damit erfolgte auch textlich eine Loslösung von der Einschränkung auf den Brandfall.

---

[6] Ganz bedeutungslos ist der je andere Ansatzpunkt wegen der gegenseitigen Abhängigkeit von Aktivlegitimation und geltendem materiellem Recht aber nie.
[7] Vgl. RB 1987 Nr. 80 (Küsnacht/ZH, betr. Bauordnung in der Kernzone, Art. 6 I, Rz 3053): «Es wäre schwer zu verstehen, dass ein Ersatzbau unter leichteren Bedingungen zulässig wäre als eine blosse Umbaute.»

2. Zum ersten Absatz

a) Zu «(ein) ganz oder teilweise zerstörtes Gebäude»

Diese Regelung bezog sich auf jedes ganz oder teilweise zerstörte Gebäude, ob dieses nun aus freiem Entschluss des Eigentümers durch Abbruch oder infolge von Elementarereignissen zerstört worden ist, ob es baurechtsgemäss oder -widrig war oder (bis 1980) ob es inner- oder ausserhalb einer Bauzone lag. 2472

b) Zu «für den Wiederaufbau»

Die geregelte Transformation bestand im «Wiederaufbau», das heisst in der Hinüberführung des faktischen Vorher-Zustandes (ganz oder teilweise zerstörtes Gebäude) in den Zustand nach der Transformation durch den Gebäudeeigentümer. Das musste wohl nicht durch dieselbe Person geschehen, welche im Zeitpunkt der Zerstörung des Gebäudes Eigentümerin war. 2473

c) Zu «Die Bauvorschriften gelten»

α) Gemeint waren die Regelungen, welche undeklariert oder deklariert für primäre Neubauten und Neubewerbungen festgesetzt worden sind (zum Unterschied deklariert/undeklariert siehe Rz 842 f) und welche als Sektoralregelung den gerade aktuellen Fall betreffen (zum Unterschied Global-/Sektoralregelung siehe Rz 801 f). Dabei ging es um alle diese Regelungen, nicht nur um die «Bauvorschriften» im Unterschied zu den «Nutzungsvorschriften» nach Rz 1612, auch nicht nur um die Vorschriften des PBG. Das Wort «gelten» bedeutete, dass bei einem «Wiederaufbau» diese Regelungen eingehalten werden mussten. Was dies allerdings bedeutet, lässt sich nicht immer leicht ausmachen (Rz 4142 ff). Wo noch Teile des zerstörten Gebäudes bestehen, konnte es zu erfüllungsweisen Anpassungspflichten kommen (Rz 450 f). 2474

β) Normativ kam es dabei zu einem Verwaltungsakt, allenfalls zu einem Gerichtsentscheid mit Bewilligung des «Wiederaufbaues», wenn die in Rz 2474 genannten Regelungen eingehalten wurden, sonst zu einem solchen mit Verweigerung. 2475

γ) Der Eintritt einer materiellen Enteignung bei Unzulässigkeit jeden «Wiederaufbaues» nach Gebäudeuntergang infolge Elementarereignissen war zwar nicht von vornherein ausgeschlossen, jedoch angesichts der schon seit 1975 geltenden bundesgerichtlichen Praxis hiezu unwahrscheinlich[8]. Von vornherein ausgeschlossen war jedoch wohl der Eintritt einer materiellen Enteignung nach einem gewillkürten Gebäudeuntergang. 2476

3. Zum zweiten Absatz

a) Zu «ob und inwieweit das zerstörte Gebäude an der alten Stelle und im alten Umfang (nicht) wieder aufgebaut (wird)»

α) Hier ist an die Unterscheidung zwischen Repetier-«Wiederaufbau» und Differenz-«Wiederaufbau» nach Rz 203 zu denken. 2477

---

[8] Es wird hiezu auf Rz 1400 f mit den dortigen Entscheiden verwiesen.

2478 β) Der Fall, dass nicht «an der alten Stelle» und/oder nicht «im alten Umfang» wiedergebaut werden wollte, war grundsätzlich nach denselben materiellen Regelungen zu beurteilen, nämlich nach den in Rz 2474 genannten. Es spielte deshalb materiell keine Rolle, was unter diesen beiden Elementen zu verstehen war. Von Belang war dies erst bezüglich des Ausschlusses von Rechtsmitteln Dritter (Rz 2482 ff). Ein «Wiederaufbau» erfolgte wohl auch dann noch «an der alten Stelle», wenn Ausserkant der Umfassungsmauer/-wände des «Wiederaufbaues» in einzelnen Abschnitten über Ausserkant der Umfassungsmauern/-wände des «Wiederaufbaues» hinausreichten, sicher aber nicht, wenn jene ganz oder grösstenteils ausserhalb dieser verliefen. Nimmt der «Wiederaufbau» die vom vorherigen Gebäude eingenommene «Hülle» nicht voll ein, ist er in diesem Sinne kleiner, so durfte dies wohl dem «Wiederaufbau» «im alten Umfang» gleichgesetzt werden; dasselbe galt wohl auch, wenn nur kleinere Aufbauten, Anbauten oder Montierungen diese «Hülle» durchstiessen.

b) Zu «(es) darf (in diesem Sinne wiederaufgebaut/nicht wiederaufgebaut werden)»

2479 α) Die Fügung «darf + Verb im Infinitiv» markierte den normativen Gehalt des Satzes mit Statuierung einer Erlaubnis oder eines Verbotes.

2480 β) Es durfte dann «wiederaufgebaut» werden, wenn die örtliche Baubehörde bewilligte und weder ein Dritter ein Rechtsmittel dagegen ergriff noch eine Aufsichtsbehörde die Bewilligung aufhob oder wenn zwar ein Dritter ein Rechtsmittel ergriff, dieses aber rechtskräftig abgewiesen wurde, sei es, weil die Regelungen gemäss Rz 2474 eingehalten waren, sei es, weil noch innert der Sperrfrist rekurriert wurde und es sich um ein Vorhaben «an der alten Stelle und im alten Umfang» handelte; im gegenteiligen Fall hätte auch innert der Sperrfrist rekurriert werden können.

c) Zu «Entscheide der Baubehörden darüber (ob wiedergebaut werden dürfe)»

2481 Angesprochen war hiemit die örtliche Baubehörde gemäss PBG § 318 (Gemeinderat/Ausschuss in Gemeinden ohne Parlament, Stadtrat/Ausschuss in Gemeinden mit Parlament). Mit den Entscheiden war die Bewilligung oder die Verweigerung des «Wiederaufbaues» gemeint. Der Dritte konnte im Allgemeinen nur dann ein Interesse an einer Anfechtung haben, wenn es zu einer Baubewilligung kam.

d) Zu «(solche Entscheide) können von einem Dritten (während der Zeit gemäss Rz 2484 f) nicht angefochten werden»

2482 α) Entscheide können von vornherein nur angefochten werden, wenn sie bereits ergangen sind, nicht aber schon, wenn sie erst in Vorbereitung sind.

2483 β) Der Eigentümer des zerstörten Gebäudes hatte seinerseits, wegen der in Rz 2484 f erwähnten Befristung des Ausschlusses von Rechtsmitteln Dritter, ein Interesse daran, möglichst bald nach der Zerstörung des Gebäudes ein Gesuch für einen «Wiederaufbau» einzureichen, und zwar nicht irgend ein Schnell- oder Fantasiegesuch, sondern ein solches, welches nach Strich und Faden den Anforderungen an ein Gesuch für einen «Wiederaufbau» «an der alten Stelle und im alten Umfang» entsprach. Es war ja auch so noch mit der Möglichkeit zu rechnen, dass die örtliche Behörde – unbefugterweise – verweigerte und er sich sein Recht vor Rechtsmittelinstanzen erst noch erkämpfen musste; dann wurde es auf jeden Fall zeitlich mit der Erhältlichkeit einer Baubewilligung innerhalb zweier Jahre seit der Zerstörung des Gebäudes knapp, insbesondere wenn sich erst die Rechtsmittelinstanz zugunsten einer Bewilligung aussprach und die Akten zum Neuentscheid an die Vorinstanz zurückgewiesen wurden; hier musste diese zuerst noch die Baubewilligung erteilen. Tat sie dies später als 20 Tage *vor* dem Ablauf der Zweijahresfrist nach der Zerstörung des Gebäudes, so konnte der Nachbar wieder frei anfechten[9]. Dies alles galt auf jeden Fall dann, wenn die Rechtsmittelbehörden nicht nach dem zur Zeit des bei der Behandlung des Baugesuches durch die örtliche Behörde, sondern nach dem zur Zeit des Entscheides geltenden Rechtes urteilt.

e) **Zu «Zustellung (dieser Entscheide erfolgte/erfolgte nicht) innert zwei Jahren nach der Zerstörung»**

α) Die Zerstörung von Gebäuden durch Elementarereignisse ist selten ein sich auf wenige Augenblicke oder einen einzigen Tag beschränkendes Ereignis. Massgeblich war wohl der Zeitpunkt der Erreichung des Endzustandes des Unterganges. 2484

β) Ein Entscheid über ein Gesuch für den «Wiederaufbau» eines durch ein Naturereignis zerstörten Gebäudes kann selbstverständlich erst erfolgen, nachdem das Gebäude zerstört worden ist, und eine Zustellung desselben kann ebenso selbstverständlich erst erfolgen, nachdem der Entscheid ausgefällt ist. Die Zustellung konnte deshalb allerfrühestens am Tag der Entscheidausfällung erfolgen. 2485

γ) Die Frist von zwei Jahren war als kalendermässig fixer Termin anzusehen und entsprechend OR Art. 77 I Ziffer 3 zu bestimmen. Der Starttermin (dies a quo) war weder die Einreichung des Baugesuches für den «Wiederaufbau» noch die Entscheidfällung hierüber noch die Zustellung des Entscheides hierüber, sondern allein die Zerstörung des Gebäudes. Für die Zustellung war an sich an zwei Termin-Möglichkeiten zu denken: an diejenige der Zustellung an den Eigentümer des zerstörten Gebäudes und an diejenige der Zustellung an den Dritten, sofern dieser gemäss PBG § 315 darum ersucht hat. Traf die Baubewilligung zu verschiedenen Zeiten beim Bauaktiven und seinen Nachbarn ein, so kam es für die Einhaltung der Zweijahresfrist wohl auf das Eintreffen beim Nachbarn an; bei Unzustellbarkeit oder bei Verweigerung der Annahme war gemäss den postrechtlichen Vorschriften zu entscheiden. 2486

δ) Wenn der von einem Elementarereignis betroffene Eigentümer ein Neubauprojekt wegen der Massgeblichkeit von PBG § 307 in der Fassung von 1975 zur Zeit als zu wenig verlockend ansah und er deshalb überhaupt nicht oder nicht umgehend einen «Wiederaufbau» vornahm, so verlor er unter Umständen einen Teil seiner ihm gemäss dem Gesetz über die Gebäudeversicherung (LS 862.1, §§ 60 f und 64) sonst zustehenden Ansprüche an die kantonale Gebäudeversicherung (Rz 3188). 2487

---

[9] Allerdings traf dies nur zu, sofern der Dritte bei Ausschreibung des Wiederbaugesuches ein Begehren um Zustellung des Baubescheides gemäss PBG § 315 eingereicht hatte.

2488 ε) Der Dritte hatte seinerseits ein Interesse daran, dass der Entscheid über das Gesuch für den «Wiederaufbau» erst zu einem Zeitpunkt erging, welcher später als 20 Tage vor Ablauf von zwei Jahren seit der Zerstörung liegt; dann konnte auch die Zustellung nicht früher erfolgen und der Dritte konnte im spitzesten Fall gerade noch am ersten Tag nach Dahinfall der Sperre fristgemäss rekurrieren (das war der letzte Tag der 20-tägigen Rekursfrist, wenn der Entscheid 20 Tage vor Ablauf der Sperrfrist von zwei Jahren seit der Zerstörung abgesandt wurde, mit Eintreffen beim Nachbarn am folgenden Tag).

f) Zur allgemeinen Kritik dieser Regelung

2489 α) PBG § 307 II (Fassung von 1975) bewirkte an sich keine von der Regel abweichende materielle Regelung, sondern eine Einschränkung der Aktivlegitimation des Nachbarn von Parzellen mit durch Abbruch oder Elementarereignisse zerstörten Gebäuden. Dies geschah mit der Statuierung einer zeitlichen Sperre für Rechtsmittel Dritter.

2490 β) Diese prozessuale Aussperrung führte nur dort zu einem anderen normativen Ergebnis, als was ohnehin gegolten hätte, wo die örtliche Baubehörde für ein Gesuch des Eigentümers des zerstörten Gebäudes für den «Wiederaufbau» materiellrechtlich falsch eine Bewilligung erteilte, wo eine Verweigerung angezeigt gewesen wäre. Wenn nicht die Aufsichtsbehörde die Bewilligung aufhob und auch der Dritte sich nicht dagegen wehren konnte, dann stand auch eine rechtwidrige Baubewilligung endgültig fest. PBG § 307 II (Fassung von 1975) war das Eingeständnis des Gesetzgebers der ohnehin bekannten Tatsache, dass die Behörden ihrer Aufgabe nicht immer voll nachkommen; er wollte aber offensichtlich auch nicht, dass Private oder ideelle Vereine – wie sonst möglich – in die Lücke springen; statt dessen versuchte er mit einer Hick-Hack-Regelung doch noch etwas Ordnung zu schaffen.

Hier zeigt sich deutlich, wie der Gehalt eines Rechtes und dessen prozessuale Geltendmachbarkeit letzten Endes Aspekte ein und derselben normativen Erscheinung sind.

2491 γ) Das ZH-Verwaltungsgericht bezeichnete deshalb am 5. Februar 1982 (RB 1982 Nr. 16) PBG § 307 II als gegen die Umschreibung der Rechtsmittelbefugnis gemäss RPG Art. 33 III lit. a verstossend und damit als bundesrechtswidrig, soweit es um die «sich auf dieses Gesetz und seine kantonalen und eidgenössischen Ausführungsbestimmungen stützenden Verfügungen und Nutzungspläne» ging (siehe hiezu BGE 125 II 10, 16 [Stäfa/ZH]). Die Invalidierung durch Repulsion erfolgte somit nur teilweise. Es war aber gleichwohl angezeigt, den hievon nicht betroffenen normativen Teil nicht weiter gelten zu lassen und den zweiten Absatz ganz aufzuheben, wie dies dann 1991 geschah (Rz 2495).

4. Zum dritten Absatz

2492 Hiezu wird auf die Erörterung des im Wesentlichen gleichen PBG § 307 II in der Fassung von 1991 in Rz 2513 verwiesen.

IV. Die Regelung von PBG § 307 in der Fassung von 1984

A. Zu den Materialien

Im Kantonsrat wurde schon am 5. Oktober 1981 der Regierungsrat als Folge von den «Wiederaufbau» abgebrochener, nicht standortgebundener, nutzungsvorschriftswidriger Gebäude ausserhalb von Bauzonen ohne Volleinhaltung der Regelung für Neubauten nicht gestattenden Verwaltungsgerichtsentscheiden mit einer Motion (Nr. 2036) aufgefordert, das «PBG mit Bestimmungen zu ergänzen, die den Wiederaufbau von Gebäuden im Sinne von Art. 24 Abs. 2 RPG zulassen». **2493**

Im Zusammenhang mit der durch die Volksinitiative «Für eine einfachere Planung und weniger Bürokratie» vom 19. Juni 1981 ausgelösten Teilrevision vom 20. Mai 1984 (Rz 1596 f) nahm der Regierungsrat die Gelegenheit wahr, die in dieser Motion verlangte, ferner die wegen der bundesgerichtlichen Praxis zu RPG Art. 24 II (Fassung von 1979; Rz 3900 f) sowie wegen RPG Art. 33 II und III (Rz 2491) nötig gewordene Anpassung des PBG sowohl bei PBG § 357 als auch bei PBG § 307 einzuleiten[10]. Er schlug dem Kantonsrat einerseits die Aufnahme eines RPG Art. 24 II (Rz 3849 f) entsprechenden, die Regelung auf blosser Verordnungsstufe (Rz 1595 f) ablösenden dritten (später zweiten) Absatzes in PBG § 357 (Rz 1706) für die Gebiete ausserhalb der Bauzonen, anderseits die Streichung des zweiten Absatzes von PBG § 307 (Fassung von 1975) vor.

Der Kantonsrat und nachher das Volk in der Abstimmung vom 20. Mai 1984 hiessen folgenden Text gut:

> «Wiederaufbau zerstörter Gebäude
> Inhalt
> § 307
> Die Bauvorschriften gelten auch für den Wiederaufbau eines ganz oder teilweise zerstörten Gebäudes.
> Der Eigentümer kann innert zwei Jahren nach der Zerstörung seines Gebäudes gegenüber Bauvorhaben Dritter Rechtsmittel ergreifen, wie wenn sein Gebäude noch stände, es sei denn, dessen Wiederaufbau sei rechtskräftig verweigert worden.»

Es handelt sich hier materiell um die gleiche Regelung wie 1975 (Rz 2468), jedoch mit dem Unterschied, dass der zweite Absatz ganz wegfiel und im dritten Absatz der zweite Satz gestrichen wurde.

B. Zur Auslegung von PBG § 307 in der Fassung von 1984 und zur Praxis hiezu

Hiezu ist nichts Weiteres zu sagen, als was zu den noch erhalten gebliebenen Teilen (Rz 2493) von PBG § 307 (Fassung von 1975) in Rz 2469 ff ausgeführt worden ist. Auch nach der Revision von 1984 lag weder ein Hofstatt- noch ein Brandstattrecht, sondern eher das Gegenteil davon vor. Es wurde daher gegen diese Fassung wieder Kritik laut (Rz 2495). Die Stellungnahme hiezu erfolgt erst in Rz 2496 f. **2494**

---

[10] Kantonales Amtsblatt, 1982, S. 989, 1009, 1013 f.

V. Zur Regelung von PBG § 307 PBG in der Fassung von 1991

A. Zu den Materialien

2495 In Rz 2471 wurde dargelegt, weshalb die Bezeichnung Brandstatt- oder Hofstattrecht für PBG § 307 in der Fassung von 1975 (und damit auch in derjenigen von 1984) nicht berechtigt war. Es war deshalb begreiflich, dass die Befürworter eines solchen Rechtes dessen Aufnahme in die Revision von 1991 anstrebten. Im Entwurf der Baudirektion vom Februar 1988 (Rz 1601) war allerdings noch nichts in dieser Richtung vorgesehen. Hingegen fand sich im Antrag des Regierungsrates an den Kantonsrat vom 11. Oktober 1989 (Rz 1602) bereits ein entsprechender Vorschlag, vermutlich zurückgehend auf die Eingaben im Vernehmlassungsverfahren zum Entwurf der Baudirektion. Er lautete wie folgt (die Abweichungen gegenüber der Fassung von 1984 sind *kursiv* gedruckt):

> «Wiederaufbau zerstörter Gebäude
> *Brandstattrecht*
> § 307
> *Der Wiederaufbau von Gebäuden, welche durch Brand oder andere Katastrophen ganz oder teilweise zerstört wurden, ist gestattet, wenn keine wesentlichen öffentlichen oder nachbarlichen Interessen entgegenstehen und das Baugesuch innert drei Jahren seit der Zerstörung eingereicht wird. Der Ersatz hat dem zerstörten Gebäude hinsichtlich Art, Umfang und Lage zu entsprechen, sofern nicht durch eine Änderung eine Verbesserung des bisherigen Zustandes herbeigeführt wird.*
> Der Eigentümer kann innert drei Jahren nach der Zerstörung seines Gebäudes gegenüber Bauvorhaben Dritter Rechtsmittel ergreifen, wie wenn sein Gebäude noch stände, es sei denn, dessen Wiederaufbau sei rechtskräftig verweigert worden.»

Der Regierungsrat bemerkte hiezu auf S. 50 seiner Weisung:

> «Die bisherige Regelung verbietet in den Bauzonen (ausserhalb der Bauzonen gilt § 357 Abs. III) den unveränderten Wiederaufbau und die Weiterführung der bisherigen Nutzung von Gebäuden, die durch Brand oder andere Katastrophen zerstört worden sind, wenn diese Gebäude oder deren Nutzung den geltenden Vorschriften nicht mehr entsprechen. Dies führt bei Katastrophen zu einer erheblichen Benachteiligung gegenüber dem Normalfall, in welchem der Fortbestand samt der laufenden Erneuerung vorschriftswidrig gewordener Gebäude gesichert ist. Da in § 357 Abs. I die Schranken der zulässigen Massnahmen gelockert werden sollen, drängt es sich um so mehr auf, inskünftig auch den Wiederaufbau von durch Katastrophen zerstörten Gebäuden im gleichen Rahmen zuzulassen.»

Die vom Regierungsrat vorgeschlagene neue Fassung erfuhr im Kantonsrat (Rz 1604) im Wesentlichen nur insoweit eine Modifikation, als der Passus «wenn keine wesentlichen öffentlichen oder nachbarlichen Interessen entgegenstehen» durch «wenn keine *überwiegenden* öffentlichen oder nachbarlichen Interessen entgegenstehen» ersetzt wurde[11]. Mit der Annahme der Revisionsvorlage in der Volksabstimmung vom 1. September 1991 (Rz 1605) erhielt somit folgende Fassung Gesetzeskraft (Abweichung vom Antrag des Regierungsrates *kursiv):*

---

[11] Protokoll des Kantonsrates, 1987–1991, S. 13446. Hiefür wurde vom Kommissionssprecher Markus Hünig vorgebracht, das sei «besser», damit sei «die Interessenabwägung vom Gesetz her vorgegeben».

«Wiederaufbau zerstörter Gebäude
Brandstattrecht
§ 307
Der Wiederaufbau von Gebäuden, welche durch Brand oder andere Katastrophen ganz oder teilweise zerstört *worden sind,* ist gestattet, wenn keine *überwiegenden* öffentlichen oder nachbarlichen Interessen entgegenstehen und das Baugesuch innert drei Jahren seit der Zerstörung eingereicht wird. Der Ersatz hat dem zerstörten Gebäude hinsichtlich Art, Umfang und Lage zu entsprechen, sofern nicht durch eine Änderung eine Verbesserung des bisherigen Zustandes herbeigeführt wird.
Der Eigentümer kann innert drei Jahren nach der Zerstörung seines Gebäudes gegenüber Bauvorhaben Dritter Rechtsmittel ergreifen, wie wenn sein Gebäude noch stände, es sei denn, dessen Wiederaufbau sei rechtskräftig verweigert worden.»

B. Zur Auslegung von § 307 in der Fassung von 1991 und zur Praxis hiezu

1. Allgemeines

a) Bei PBG § 307 in der Fassung von 1991 besteht ebenfalls kein Zweifel, dass es sich hier um öffentliches Recht handelt. Das ergibt sich nicht nur aus dem Wortlaut und der systematischen Stellung der Vorschrift, sondern auch aus dem weiterhin geltenden PBG § 218 I, welcher verkündet: «Die Bauvorschriften dieses Gesetzes sind öffentliches Recht; sie begründen keine Privatrechte.» 2496

b) Wie bereits in Rz 2470 erwähnt, steht fest, dass sich beim «Wiederaufbau» eines baurechtswidrig gewesenen Gebäudes einerseits die Interessen des Eigentümers des untergegangenen Gebäudes und anderseits diejenigen der Nachbarn derselben sowie des Gemeinwesens gegenüberstehen. PBG § 307 in der Fassung von 1991 geht das Problem des Interessenausgleiches wiederum sowohl von der Seite des noch zu ermittelnden Bestandes von Regelungen (erster Absatz) als auch von der Seite der Aktivlegitimation, allerdings nur noch derjenigen des Eigentümers des zerstörten Gebäude (Zulassung der Als-Ob-Argumentation im zweiten Absatz gemäss der Fassung von 1991), aber nicht mehr von derjenigen der Aktivlegitimation des Nachbarn (zweiter Absatz gemäss der Fassung von 1975) her an. Der Interessenausgleich von der Seite des Regelungsbestandes aus geschieht nun für die Zerstörung infolge Elementarereignisses unter weitgehender Ausschaltung von der Verpflichtung des Eigentümers des zerstörten Gebäudes, beim «Wiederaufbau» das auch für Neubauten bzw. Neubewerbungen geltende Recht einzuhalten (Rz 543 f). 2497

c) Hier handelt es sich deshalb erstmals wieder um ein eigentliches, auch auf andere Elementarereignisse als Feuersbrunst erweitertes Brandstattrecht. Hingegen liegt grundsätzlich kein Hofstattrecht vor, weil die Regelung dort nicht gilt, wo das Gebäude infolge freiwilligen Abbruchentschlusses des Gebäudeeigentümers untergegangen ist; bezüglich der verschiedenen Rechtslagen innerhalb und ausserhalb der Bauzone siehe jedoch Rz 2522b/c. 2498

2. Zum ersten Absatz

a) Zum ersten Satz

α) *Zu «Gebäude, welche durch Brand oder andere Katastrophen ganz oder teilweise zerstört worden sind»*

2499   Wenn ein Gebäude zerstört worden ist, weil sich sein Eigentümer zu dessen Abbruch entschlossen und diesen durchgeführt hat, dann ist ein «Wiederaufbau» nach PBG § 307 I (wie schon in den Fassungen von 1975 und 1984 auch in der Fassung von 1991) ohne volle Einhaltung des einschlägigen, für Neubauten und Neubewerbungen geltenden Rechts sowie der den Fall betreffenden Sektoralregelungen (Rz 2474) nicht erlaubt. Zulässigkeit gilt aber grundsätzlich auch dann, wenn das Gebäude wegen eines anderen Elementarereignisses als einer Feuersbrunst zerstört worden ist. Belanglos erscheint, ob das zerstörte Gebäude baurechtswidrig ist oder nicht. Bei fehlender Baurechtswidrigkeit stellen sich allerdings bei einem «Wiederaufbau» «an der alten Stelle und im alten Umfang» auch keine besonderen Probleme.

β) *Zu «der Wiederaufbau von Gebäuden»*

2500   Unter «Wiederaufbau» ist fürs Erste einmal das bezeichnet, was in Rz 203 ff als Wiederbau beschrieben wird. Der «Wiederaufbau» muss nicht durch dieselbe Person erfolgen, welche im Zeitpunkt der Zerstörung des Gebäudes dessen Eigentümer war.

γ) *Zu «(es stehen/stehen nicht) überwiegende öffentliche oder nachbarliche Interessen entgegen»*

2501   Hier geht es wohl weitgehend um das gleiche Erfordernis wie in PBG § 357 I in der Fassung von 1991 (Rz 1651 f) sowie in RPG Art. 24 I lit. b in der Fassung von 1979 (Rz 3786 f) und Art. 24 lit. b in der Fassung von 1998 (Rz 3760 f), obwohl in Letzteren die nachbarlichen Interessen nicht erwähnt sind. Es kann wohl nie ein ausreichendes Interesse für eine Dispensierung von diesem Erfordernis geltend werden (Rz 606 f und 1518)[12].

δ) *Zu «das Baugesuch (wird/wird nicht) innert drei Jahren seit der Zerstörung eingereicht»*

2502   Beachtlich ist nur ein formal den üblichen Anforderungen entsprechendes Baugesuch (Rz 651 f). Dessen Einreichung besteht in der persönlichen Übergabe oder postalischen Zustellung der erforderlichen ausgefüllten Formulare und unterzeichnen Pläne an die lokale Baubehörde.

2503   Die Zerstörung von Gebäuden durch Elementarereignisse ist selten ein sich auf wenige Augenblicke oder einen einzigen Tag beschränkendes Ereignis. Massgeblich ist wohl der Zeitpunkt der Erreichung des Endzustandes des Unterganges. Die Frist von drei Jahren ist als kalendermässig fixer Termin anzusehen und entsprechend OR Art. 77 I Ziffer 3 zu bestimmen.

---

[12] Aus dem nur als Leitsatz zitierten RB 1989 Nr. 76 ist nicht ersichtlich, wieso hier im Zusammenhang mit PBG § 307 I die Dispensmöglichkeit erwähnt wird.

ε) *Zu «(der Wiederaufbau) ist (unter bestimmten Bedingungen) gestattet»*

In der Fügung «ist + gestatten als Perfektpartizip» befindet sich die normative Markierung des Satzes als Erlaubnis bezüglich der örtlichen Baubehörden und Rechtsmittelinstanzen. Die Erteilung der Bewilligung liegt nicht im Ermessen derselben. Es ist eine Muss-, keine Kann-Vorschrift. 2504

Meistens trifft der Gesetzgeber eine materielle Regelung, weil er sie als in der jeweiligen Situation als allgemein richtig ansieht, und nicht, weil ihr Adressat sie früher oder später geltend macht. Gemäss dem Text kann ein Bauaktiver aber die «Wiederaufbau»-zulässigkeit für ein durch Elementarereignisse zerstörtes Gebäude nur während dreier Jahren seit Zerstörung desselben und nur bei Einreichung des «Wiederaufbau»-Baugesuches in dieser Zeit anrufen. Diese Regelung hängt einerseits mit der folgenden Überlegung zusammen: Wenn jemand nicht bald nach der Zerstörung seines Gebäudes mit dem «Wiederaufbau» beginnen will, dann kann sein Interesse an der Wiederausübbarkeit des im zerstörten Gebäude möglich gewesenen Bewerbes nicht besonders gross sein. Sodann kann die folgende Überlegung für die Befristung eine Rolle spielen: Die Beachtlichkeit der gemäss dem jetzt zweiten Absatz während der gleichen Zeit möglichen Als-Ob-Argumentation (Rz 2515a) ist etwas so Ausserordentliches, dass man sich sagt: Wenn schon etwas zur Zeit in der eigenen Parzelle Nichtexistierendes wegen der Möglichkeit seiner späteren Realisierung daselbst und die dannzumalige Beeinträchtigung des hier Realisierten durch ein Vorhaben in der Nachbarparzelle beachtlich sein sollen, dann darf der an der Verhinderung dieser Beeinträchtigung Interessierte gegenüber der Nachbarparzelle nicht allzu lange mit dem Nachweis zuwarten können, dass es ihm mit der Realisierung des zur Zeit Nichtexistierenden in seiner Parzelle ernst ist. 2505

b) Zum ersten Absatz, zweiter Satz

α) *Zum ersten Halbsatz*

α') *Zu «der Ersatzbau (entspricht/entspricht nicht) dem zerstörten Gebäude hinsichtlich Art, Umfang und Lage»*

Als ein entsprechender «Wiederaufbau» kommt sowohl ein Repetier-«Wiederaufbau» als auch ein nur geringfügige Differenzen aufweisender Differenz-«Wiederaufbau» (Rz 203) in Betracht. Das ist der Hauptfall (zur Ausnahme siehe Rz 2509). 2506

Die Baurekurskommission IV beurteilte in BEZ 1998 Nr. 8 (Dinhard, Rz 2508, 2524) einen Fall, in welchem sie die verlangte Entsprechung des «Wiederaufbaues» zum zerstörten Gebäude nicht als gegeben erachtete, weil Kubatur und Dachform wesentlich verschieden und die Ausnützung bedeutend höher waren (umgestaltungsähnlicher Fall).

β') *Zu «(der Ersatzbau) hat (so zu entsprechen)»*

Die Fügung «hat zu + entsprechen im Infinitiv» markiert den normativen Gehalt dieses Satzes als Gebot. 2507

β) Zum zweiten Halbsatz

α') Zu «es wird (k)eine Verbesserung herbeigeführt»

2508   Die hier angesprochene «Verbesserung» (vgl. altBauG § 116 in der Fassung von 1943, Rz 1431 f) ist die Bedingung für eine Ausnahme von der Beschränkung des «Wiederaufbaues» auf reine Repetier-«Wiederaufbauten» oder auf Differenz-«Wiederaufbauten» mit nur geringfügigen Differenzen. Wenn eine Verbesserung des bisherigen Zustandes unter Beschränkung auf solche Änderungen möglich ist, dann sind nur solche zulässig, und auch dies nur, wenn keine überwiegenden öffentlichen oder nachbarlichen Interessen entgegenstehen.

Gemäss dem Entscheid der Baurekurskommission IV in BEZ 1998 Nr. 8 befreien nicht «beliebige Gründe», «Zweckmässigkeitsüberlegungen» oder die «Wirtschaftlichkeit» von der Beschränkung auf blosse Repetier- oder Differenz-«Wiederaufbauten» mit nur geringfügigen Differenzen, wenn dadurch bestehende Baurechtswidrigkeiten des zerstörten Gebäudes beim Wiederaufbau behoben oder gemildert werden.

β') Zu «(der Ersatzbau hat dem zerstörten Gebäude so zu entsprechen) sofern nicht (eine Verbesserung herbeigeführt wird)»

2509   In Bezug auf Repetier-«Wiederaufbauten» ist das einschlägige, nicht deklarierte sowie präfinit deklarierte Baurecht ausgeschaltet (Rz 543 ff); statt dessen gilt nur (aber immerhin) das Verbot, eine Situation herbeiführen, in welcher entgegenstehende öffentliche oder nachbarliche Interessen überwogen werden (bzw. das Gebot, keine solche Situation herbeizuführen), sonst aber gilt eine Erlaubnis. In diesem Rahmen kann es sich durchaus ergeben, dass beim «Wiederaufbau» Bauteile und Bewerbsaspekte streckenweise wieder entstehen, welche beim zerstörten Gebäude vorhanden waren, aber den für primäre Neubauten und Neubewerbungen geltenden Vorschriften widersprachen bzw. widersprechen. Das Aussergewöhnliche an dieser Regelung ist keineswegs, dass nur gerade das Überwiegen entgegenstehender öffentlicher oder nachbarlicher Interessen verboten ist (das ist auch bei PBG § 357 I in der Fassung von 1991 der Fall); vielmehr ist das Aussergewöhnliche daran, dass diese Sonderregelung nur für eine beschränkte Zeit zum Zuge kommt, nämlich nur während drei Jahren seit der Zerstörung des Gebäudes und auch dies nur, wenn innert dieser Zeit der Eigentümer des zerstörten Gebäudes das Baugesuch eingereicht hat. Die Begründung hiefür ist in Rz 2505 gegeben.

2510   Normierer ist primär die örtliche Baubehörde nach PBG § 318, allenfalls eine gerichtliche Rechtsmittelinstanz. Die Normierung besteht darin, dass ein bewilligender oder verweigernder Verwaltungsakt, allenfalls ein Gerichtsentscheid ergeht, und zwar ergehen muss. Es handelt sich hier nicht um eine Kann-, sondern um eine Muss-Vorschrift.

2511   Dass im Falle einer Verweigerung des «Wiederaufbaues» eine Entschädigung wegen materieller Enteignung zu leisten wäre, ist seit der im Jahre 1991 erfolgten Revision von PBG § 307 zu einem erweiterten Brandstattrecht nach der geltenden bundesgerichtlichen Praxis zur materiellen Enteignung innerhalb und ausserhalb der Bauzonen wohl ausgeschlossen, dies selbst dann, wenn es sich um ein Gebäude ausserhalb der Bauzone handelte, welches infolge Brand, Naturkatastophe, Explosion usw. untergegangen ist. Dies gilt erst recht, wenn der «Wiederaufbau» nach einem gewillkürten Untergang ausser- oder innerhalb der Bauzone verweigert wird. Etwas differenzierter ist die Situation wohl zu beurteilen, wenn es sich um die Verweigerung des «Wiederaufbaues» eines infolge

Brand, Naturereignis, Explosion usw. untergegangenen Gebäudes in der Bauzone handelt[13].

Dürfte der Eigentümer des zerstörten Gebäudes zwar «wiederaufbauen», kann er sich jedoch nicht hiezu entschliessen, so reduzieren sich seine Ansprüche gemäss Gesetz über die Gebäudeversicherung (LS 862.1, §§ 61 f, Rz 3188). Ist wegen öffentlichrechtlichen Vorschriften des Kantones oder der Gemeinde ein «Wiederaufbau» am bisherigen Standort nicht mehr möglich, so wird gemäss § 64 die Totalschaden-Vergütung ohne Abzug des Wertes der Baureste ausbezahlt (mit Rückgriffsrecht der Gebäudeversicherung auf das Gemeinwesen, welches das Verbot zu vertreten hat)[14]. 2511a

3. Zum zweiten Absatz

a) Zum ersten Teilsatz

α) *Zu «der Eigentümer (des zerstörten Gebäudes) kann ... gegenüber Bauvorhaben Dritter Rechtsmittel ergreifen»*

α') Bis zur Revision von 1991 konnte der Eigentümer des zerstörten Gebäudes nur während zwei Jahren eine rechtliche Sonderstellung für sich beanspruchen. Die Verlängerung um ein Jahr wurde wohl als Kompensation für den Wegfall des Ausschlusses von Nachbarrechtsmitteln (während zwei Jahren) bei der Revision von 1984 (Rz 2493) gewährt, vielleicht auch zum Ausgleich dafür, dass rechtswidrige Bewilligungen an den Eigentümer des zerstörten Gebäudes jetzt von Dritten überhaupt im üblichen Rahmen gerügt werden können. 2512

β') Ein Rechtsmittel kann man nur gegen bereits ergangene, nicht gegen erst in Vorbereitung stehende Verwaltungsakte/Gerichtsentscheide ergreifen. Das heisst: Wenn die örtliche Baubehörde erst nach drei Jahren seit der Zerstörung des Gebäudes über das Bauvorhaben des Nachbarn befindet, dann nützt dem Eigentümer des zerstörten Gebäudes die ihm durch PBG § 307 II (Fassung von 1991) gegebene Möglichkeit nichts mehr. Die Folge davon ist, dass der Eigentümer des zerstörten Gebäudes daran interessiert ist, dass, 2513

---

[13] Es wird hiezu auf Rz 1400 ff mit den dortigen Entscheiden verwiesen.
[14] Die wohl auf die Baulinien bezogene Auffassung von Richard A. Koch, S. 105, FN 38 (Wenn die Gebäudeversicherung bei öffentlichrechtlicher Nichtwiederüberbaubarkeit der Parzelle mit dem abgebrannten Gebäude gemäss § 64 I die volle Entschädigung auszubezahlen habe, müsse ihr gemäss § 64 II nicht das Gemeinwesen, welches die die Nichtwiederüberbaubarkeit bewirkende «Vorschrift» festgesetzt habe, sondern dasjenige, welches die zur Nichtwiederüberbaubarkeit führende «Anordnung» getroffen habe, den Wert der Baureste vergüten), überzeugt nicht. Der Kanton ist hier nie aus dem Spiel, auch nicht, wenn es sich um von der Gemeinde festgesetzte Baulinien handelt; denn diese werden immer im Rahmen eines grösseren kantonalen Konzeptes, der Richtplanung, festgelegt und bedürfen zudem der Genehmigung durch den Regierungsrat. War die Nichtwiederüberbaubarkeit die Folge einer Falschanwendung der Vorschrift durch die Gemeinde, so kommt es meistens zu einer Anfechtung bei der Baurekurskommission, allenfalls beim Verwaltungsgericht, in beiden Fällen also bei kantonalen Organen; entweder bestätigen diese die Nichtwiederüberbaubarkeit, dann ist der Kanton ebenfalls mit im Spiel, oder aber sie heben sie auf, dann stellt sich das Problem nicht. Ob die Vorschrift vorerst richtig oder falsch angewendet wurde, ist belanglos. M.E. ist das Problem analog zum Rückgriffsrecht gemäss EG/ZGB § 183bis II zu lösen. Im Übrigen beziehen sich die Äusserungen von Richard A. Koch wohl noch auf PBG § 307 in der Fassung von 1984.

wenn schon einmal nebenan gebaut wird, der Nachbar möglichst früh ein Baugesuch einreicht bzw. die örtliche Baubehörde nach einer Einreichung möglichst rasch entscheidet, ob sie bewilligen will. Für den Nachbarn verhält es sich jedoch gerade umgekehrt. Zudem besteht folgender Unterschied: Der Nachbar hat die Lenkung des Verfahrensablaufes (niemand kann ihn zwingen, früher als von ihm gewollt ein Baugesuch einzureichen) weitgehend in seiner Hand, nicht aber der Eigentümer des zerstörten Gebäudes.

β) *Zu «(der Eigentümer kann ein Rechtsmittel ergreifen,) wie wenn sein Gebäude noch stände»*

2514 α') Wo das Verhältnis zwischen Nachbarn zu beurteilen ist und Regelungen zur Diskussion stehen, bei welchen nicht feststeht, ob sie nur das jeweilige bestehende Gebäude und seine Beziehung zu benachbarten, zur Zeit der Beurteilung ebenfalls bestehenden Gebäuden oder das jeweilige Gebäude (bestehend oder nicht bestehend) auch in seiner Beziehung zu etwas erst später in der Nachbarschaft Entstehendem betreffen, so liegen hier entweder Vorschriften mit auf dem Auslegungswege nicht weiter präzisierbaren unbestimmten Elementen vor oder es handelt sich um eine Ermächtigung zur Ermessensbetätigung, um eine Lücke oder eine Vorschriftenkollision. Der Entscheid, was gilt, müsste aufgrund einer umfassenden Interessenabwägung getroffen werden (Rz 853 ff). In diese normative Unbestimmtheit hinein ist PBG § 307 II (Fassung von 1984 und 1991) bzw. PBG § 307 III (Fassung von 1975) gesprochen.

2515 β') Der Eigentümer des zerstörten Gebäudes kann hienach innert drei Jahren[15] seit der Zerstörung seines Gebäudes zB geltend machen, die vom Nachbarn projektierte Neubaute unterschreite den minimalen Gebäudeabstand gegenüber seinem zur Zeit nicht bestehenden Gebäude bzw. überschreite die maximale Gebäudehöhe gegenüber diesem, ohne dass dem entgegnet werden kann, zum sonst für die Entscheidfällung massgeblichen Zeitpunkt befinde sich gegenüber der projektierten Neubaute des Nachbarn überhaupt kein Gebäude mehr, also könne auch keine Gebäudeabstands- bzw. Gebäudehöhenvorschrift von ihm, dem Nachbarn verletzt werden.

2516 γ') Es scheint hier fürs Erste, dass wegen PBG § 307 II (Fassung von 1984 und 1991) bzw. PBG § 307 III (Fassung von 1975) die Rechtsmittelbehörden während einer Dauer von drei bzw. zwei Jahren seit der Zerstörung des Gebäudes gewisse fiktive Argumente des Eigentümers desselben anhören und beachten müssen, wie solche von ihnen sonst als prozessuale Zumutung zurückgewiesen werden dürften. Genau gesehen handelt es sich hier jedoch nicht nur um eine prozessuale Bindung der Behörden an eine Als-Ob-Argumentation, sondern um die vorübergehende Massgeblichkeit eines anderen materiellen Baurechtes mittels einer Interessenabwägungsanweisung im Sinne von Rz 907. Dabei geht es vor allem um Gebäudeabstandsminima und Vorschriften, welche die Geschosszahl oder Höhe des einen Gebäudes von der Geschosszahl und Höhe eines anderen abhängig machen[16]. Dieses materielle Recht gilt während diesen drei Jahren im Verhältnis zwischen dem Eigentümer des zerstörten Gebäudes und seinen Nachbarn so, dass Gebäudeabstandsminima, Gebäudehöhenmaxima usw. nicht nur im Verhältnis zwischen zwei zur

---

[15] Gemäss PBG § 307 III (Fassung von 1975 bzw. 1984) galten erst zwei Jahre.
[16] Das eine Gebäude darf zB nicht höher als das andere sein.

Zeit der Gesuchsbehandlung real vorhandenen, sondern auch im Verhältnis zwischen einem erst als «Wiederaufbau» für ein zerstörtes Gebäude projektierten Gebäude und einem vom Nachbarn projektierten Gebäude gelten; dies gilt selbst dort, wo in Paragraphen, Artikeln Hinweise fehlen, dass die Minima bzw. Maxima auch bei Gebäude der letzteren Art gelten, und selbst dort, wo der Bauordnungstext (zB durch Beschränkung auf «bestehende» Gebäude) bzw. die zu diesem in der Gemeindeversammlung oder im Parlament vorgebrachten Voten sogar das Gegenteil aussagen[17].

δ') Dabei ist wohl davon auszugehen, dass auch der Eigentümer des zerstörten Gebäudes an die Fristen von PBG § 315 für das Begehren um Zusendung des Baubescheides innert 20 Tagen nach der Publikation des Bauvorhabens sowie die Rechtsmittelfristen für den Weiterzug missliebiger Baubewilligungen nach Verwaltungsrechtspflegegesetz § 22 gebunden ist; er kann damit auf keinen Fall bis drei Jahre seit der Zerstörung zuwarten. Sollte später noch das Gebäude eines anderen Nachbarn durch Elementarereignisse zerstört werden, so kann der Eigentümer des zuerst zerstörten Gebäudes gegenüber dem anderen kaum auch die Als-Ob-Argumentation geltend machen.

2517

b) Zum zweiten Teilsatz des zweiten Absatzes

α) Zu «der Wiederaufbau (ist/ist nicht) rechtskräftig verweigert worden»

Mit dieser rechtskräftigen Verweigerung ist diejenige des «Wiederaufbaues» des zerstörten Gebäudes, nicht diejenige der Rechtskraft der Verweigerung des nachbarlichen Bauvorhabens angesprochen.

2518

β) Zu «es sei denn ...»

Dieser Passus bringt eine Ausnahme von der Massgeblichkeit der Rechtslage «wie wenn ein Gebäude noch stände» zum Ausdruck. Es wird hier aber nicht gesagt, was vom Zeitpunkt an gelte, da der «Wiederaufbau» rechtskräftig verweigert ist. Es liegt jedoch nahe, dass von diesem Augenblick an im Verfahren betreffend ein noch pendentes Rechtsmittel des Eigentümers des zerstörten Gebäudes gegen das Baugesuch des Nachbarn die Rechtslage «wie wenn das Gebäude noch stände» (Rz 2514 ff) belanglos ist. Insoweit kommt es dann zu einer Abweisung des Rechtsmittels, aber nur insoweit; über die übrigen Argumente ist weiterhin zu befinden[18]. Wird der «Wiederaufbau» jedoch rechtskräftig bewilligt, dann ist dieser Umstand unverzüglich der Gesuchsbehandlung über das Bauvorhaben des Nachbarn und dem Verfahren betreffend das Rechtsmittel des Eigentümers des zerstörten Gebäudes gegen das Bauvorhaben des Nachbarn zugrundezulegen, auch wenn der «Wiederaufbau» noch nicht erstellt ist.

2519

---

[17] Wegen des geringen Interesses der Politiker an solchen Fragen und wegen der Kürze der Bauordnungstexte dürfte dies aber kaum je zutreffen. Rz 4175.
[18] Dies gelangte in PBG § 307 III zweiter Satz (Fassung von 1975) zum Ausdruck. Rz 2467. Dass bei der Revision von 1984 dieser Passus wegfiel und bei derjenigen von 1991 nicht wieder eingefügt wurde, war kein Mangel.

VI. Zum Verhältnis von PBG § 307 zu anderen Vorschriften

A. Zum Verhältnis zu PBG § 357 und RPG Art. 24 f

1. Bis zum 1. Januar 1980

2520 a) Entweder hörte damals die Geltung von PBG § 357 I und II in der Fassung von 1975 dort auf, wo diejenige von PBG § 307 in der Fassung von 1975 begann; das schloss eine Kollision aus. Oder aber PBG § 357 I und II regelte fürs Erste auch einmal den von PBG § 307 geregelten Wirklichkeitsausschnitt; an sich ist auch ein «Wiederaufbau» eine «bauliche Massnahme und baurechtlich beachtliche Nutzungsänderung»; die dabei entstandene Normkollision wurde nach dem Grundsatz «lex specialis derogat legi generali» gelöst. Eher war PBG § 307 die lex specialis als PBG § 357[19]. In beiden Fällen galt das Verbot des «Wiederaufbaues» schlechthin (sei die Zerstörung nun auf einen freiwilligen Abbruch oder auf ein Elementarereignis zurückzuführen), sofern nicht das für Neubauten bzw. Neubewerbungen gleichermassen geltende Recht eingehalten wurde.

2520a b) Für Gebiete inner- und ausserhalb der Bauzone galt die gleiche Regelung.

2. Vom 1. Januar 1980 bis 1982/1984

2521 a) Mit dem Inkrafttreten des RPG erhielt jedoch die Unterscheidung Bauzone/Nichtbauzone Bedeutung.

Ausserhalb der Bauzone wurde PBG § 357 I und II (Fassung von 1975) verdrängt, soweit ein «Wiederaufbau» gemäss RPG Art. 22 II, 24 I oder 24 II (Rz 3675 f) verboten war. Das spielte jedoch nur dann eine Rolle, wo davon auszugehen war, dass PBG § 357 I und II (Fassung von 1975) an sich auch den von PBG § 307 (Fassung von 1975) betroffenen Wirklichkeitsausschnitt umfasste. Die Normkollision wurde hier jedoch nicht mehr nur nach dem Satz von der lex specialis, sondern auch dem Satz «Bundesrecht bricht kantonales Recht» gelöst. Nun war aber PBG § 307 (Fassung von 1975) derart restriktiv, dass es kaum einen «Wiederaufbau» gab, welcher hienach erlaubt, jedoch gemäss RPG verboten gewesen wäre; eher traf das Umgekehrte zu.

Da nach der bundesgerichtlichen Praxis (BGE 107 Ib 235 [Landschlacht/TG]) vor Inkrafttreten des RPG gesetzte Vorschriften nicht als kantonales Ausführungsrecht nach RPG Art. 24 II in Betracht kamen (Rz 3900 f) und es sich hier nur um eine Legislativ- und nicht um eine Einzelfallregelung handelte (Rz 3850 ff), konnten weder PBG § 357 I und II noch § 307 (beide in der Fassung von 1975) in ein solches umgedeutet werden. Somit galten ausserhalb der Bauzonen für den «Wiederaufbau» jetzt ausschliesslich die strengen Regelungen von RPG Art. 22 II und 24 I (RB 1981 Nr. 116, in: ZBl 1982 S. 134 f, BEZ 1981 Nr. 30) mit entsprechendem politischem Missbehagen (Rz 2493): Es war nur der «Wiederaufbau» von zonengemässen oder standortgebundenen Gebäuden zulässig, auch wenn das andersartige Gebäude durch ein Elementarereignis zerstört worden ist.

---

[19] Es kam bei einem Wiederaufbau somit nicht darauf an, wie hart für den Bauaktiven PBG § 357 I und II (Fassung von 1975) sei, sondern wie stark ihn PBG § 307 (Fassung von 1975) einschränkte, dies entgegen RB 1981 Nr. 116 (BEZ 1981, ZBl 1982 S. 134). Dieser Entscheid erwähnte jedoch – zumindest in seinen publizierten Teilen – PBG § 307 nicht einmal.

b)   Innerhalb der Bauzonen galt PBG § 357 I und II (Fassung von 1975) unverändert; dasselbe traf für PBG § 307 (Fassung von 1975) zu: Ein «Wiederaufbau» eines bau-/nutzungsvorschriftswidrigen Gebäudes war ohne Einhaltung des für Neubauten bzw. Neubewerbungen gleicherweise geltenden Rechts (Rz 2520) nur bei Zerstörung infolge Elementarereignisses, nicht auch nach einem freiwilligen Abbruch erlaubt. Die Härte dieser Einschränkung trat politisch viel weniger ins Bewusstsein als die gleichartige ausserhalb der Bauzonen. 2521a

3.   Von 1982/1984 bis zum 1. Februar 1992

a)   Ausserhalb der Bauzone: Es ist nicht anzunehmen, es werde systematisch unmittelbar neben einer überall geltenden Regelung neu eine andere Regelung getroffen, welche ausdrücklich für ausserhalb der Bauzonen gilt, ohne dass dabei die Geltung der ersterwähnten Regelung auf die Gebiete innerhalb der Bauzonen einschrumpft. Von jetzt an stand fest, dass PBG § 357 I und II (Fassung von 1975) ausserhalb der Bauzonen nicht mehr gelte: Weniger eindeutig war die Rechtslage für PBG § 307 (Fassung von 1975); zwar wurde auch diese Vorschrift 1984 revidiert, textlich jedoch nur in prozessrechtlicher Hinsicht (Rz 2493 f). Das spielte aber keine praktische Rolle, da wie bereits erwähnt RPG Art. 22 II sowie 24 I und II keinen «Wiederaufbau» verbieten, welcher von PBG § 307 (Fassung von 1975) zugelassen worden wäre. 2522

Es hätte sowohl 1982 dem Regierungsrat als auch 1984 dem Gesetzgeber nach der bundesgerichtlichen Praxis freigestanden, für den «Wiederaufbau» eine Regelung zu treffen, welche PBG § 357 I und II (Fassung von 1975) entsprach oder im Verhältnis hiezu für den Bauaktiven lockerer oder strenger oder sonstwie anders konzipiert[20] gewesen wäre, sofern diese Legiferierung sich an den Rahmen von PBG Art. 24 II (Fassung von 1979) gehalten hätte. Insbesondere bestand kein Anlass, bei der für den Bauaktiven strengen Auslegung zu verbleiben, welche das ZH-Verwaltungsgericht (RB 1981 Nr. 116) PBG § 357 I und II (Fassung von 1975) gegeben hatte. Aber nichts deutet in den Materialien darauf hin, dass jenes versucht worden wäre. Vielmehr spricht alles dafür, dass damals sowohl beim Regierungsrat als auch beim Kantonsrat keine andere Absicht einer Modifikation von PBG § 357 I und II oder § 307 (beide in der Fassung von 1975) bestand, als die in RPG Art. 24 II (Fassung von 1979) vorgezeichnete Regelung zu «übernehmen»[21].

Deshalb galt jetzt für den «Wiederaufbau» ausserhalb der Bauzonen das Gleiche wie für die Erneuerung und teilweise Änderung: Erlaubtheit bei Vereinbarkeit mit den wichtigen Anliegen der Raumplanung, unabhängig davon, worauf die Zerstörung zurückzuführen ist[22, 23].

---

[20] ZB auch durch Ausweitung des Geltungsbereiches des largeren PBG § 357 I und II (Fassung von 1975) in denjenigen des strengeren PBG § 307 (Fassung von 1975) hinein.
[21] Von einer «Übernahme» kann man allerdings allein sprechen, wenn RPG Art. 24 II (Fassung von 1979) nicht nur eine Legiferierungs-, sondern auch eine Einzelfallregelung ist (Rz 3851 ff). Sonst geht es um die Ausübung der Kompetenz gemäss RPG Art. 24 II (Fassung von 1979), ohne Setzung eigener normativer Zutaten oder Abstriche.
[22] Der Regierungsrat erklärte zwar in der Weisung an den Kantonsrat zur Revision von 1984: «Der Regierungsrat erachtet es als angebracht, die erwähnte Bestimmung des Planungs- und Baugesetzes (nämlich PBG § 357) durch einen Absatz zu ergänzen, der von der bundesgesetzlichen Ermächtigung im vollen Umfang Gebrauch macht. Dies entspricht auch der vom Kantonsrat überwiesenen

2522a b) Innerhalb der Bauzone blieb es auch nach der regierungsrätlichen Verordnung von 1982 und der PBG-Revision von 1984 bei der Regelung von Rz 2520.

Die kuriose Folge davon war, dass ab jetzt ausserhalb der Bauzone für den «Wiederaufbau» zugunsten des Bauaktiven die lockerere Regelung galt (beschränktes Hofstattrecht) als für denjenigen innerhalb der Bauzone (weder Hof- noch Brandstattrecht). Vgl. die Argumentation im BGE 113 Ia 119 f (Vernier/GE).

4. Vom 1. Januar 1992 bis zum 1. Januar 2001

2522b a) Ausserhalb der Bauzone: 1991 hätte es dem Gesetzgeber (wie zuvor 1984) wiederum freigestanden, für den «Wiederaufbau» eine Regelung zu treffen, welche PBG § 357 I und II (Fassung von 1975) entsprochen hätte oder im Verhältnis hiezu für den Bauaktiven lockerer, strenger oder anders konzipiert gewesen wäre, sofern der Rahmen von PBG Art. 24 II (Fassung von 1979) eingehalten worden wäre. Insbesondere bestand wieder kein Anlass, bei der für den Bauaktiven strengen Auslegung zu verbleiben, welche das ZH-Verwaltungsgericht (RB 1981 Nr. 116) PBG § 357 I und II (Fassung von 1979) gegeben hatte (Rz 2493). Aber in den Materialien deutet wiederum nichts darauf hin, dass Derartiges angestrebt worden wäre[24].

Deshalb gilt jetzt für den «Wiederaufbau» ausserhalb der Bauzonen das Gleiche wie für die Erneuerung und teilweise Änderung: Erlaubtheit bei Vereinbarkeit mit den wichtigen Anliegen der Raumplanung (Rz 3822, 3942), unabhängig davon, worauf die Zerstörung des Gebäudes zurückzuführen war.

2522c b) Innerhalb der Bauzone gilt ebenfalls die bisherige Regelung weiter. Allerdings ist die Kuriosität, dass der Wiederaufbau für den Bauaktiven innerhalb der Bauzone strenger geregelt ist als ausserhalb, jetzt weniger schockierend, denn die gesetzlichen Anforderungen «kein Entgegenstehen überwiegender öffentlicher oder nachbarlicher Interessen» (PBG § 307 in der Fassung von 1991) einerseits und «Vereinbarkeit mit den wichtigen Anliegen der Raumplanung» anderseits kommen nahe aneinander heran[25].

Motion Nr. 2036 vom 5. Oktober 1981.» (Kantonales Amtsblatt, 1982, S. 1010) Zu dieser Motion siehe Rz 2493. Es sei von der Ermächtigung «voll» Gebrauch gemacht worden, bedeutet hier keineswegs, es seien alle rechtlich möglichen Verschärfungs- oder Lockerungsmöglichkeiten wahrgenommen worden, sondern lediglich, es seien alle mit den Anliegen der Raumplanung zu vereinbarenden Erneuerungen, teilweisen Änderungen und Wiederaufbauten zugelassen worden.

[23] Nach der Baurekurskommission hätte auch EV/RPG § 2 im Sinne eines verschärften Wiederaufbauverbotes ausgelegt werden müssen, was das ZH-Verwaltungsgericht jedoch mit dem Entscheid RB 1984 Nr. 91 ablehnte.

[24] PBG § 357 I und II in der Fassung von 1991 (vgl. Rz 1606 f) unterscheidet sich zwar wegen der Weglassung des Kriteriums «Nutzungsvorschriftswidrigkeit» (Rz 1612 f) und Hinzunahme des Kriteriums «zonenmässige Nichteignung» (Rz 1747 f) erheblich von PBG § 357 I–III in der Fassung von 1975 (Rz 1471 f), doch die Auswirkungen der Abweichungen auf die Regelung des Wiederaufbaues sind materiell gering. Es ist kaum anzunehmen, dass wegen dieser Modifikationen dem seit 1980/1982/1984 auf die Bauzonen beschränkten Geltungsbereich von PBG § 357 I und II mit der Revision von 1991 der ursprüngliche Geltungsbereich zurückgegeben worden sei.

[25] Rz 3922. Allerdings sind auch noch die Erschwerungen für den Bauaktiven infolge der Befristung gemäss Rz 2477 f, 2492 f zu beachten. Der Bericht des Regierungsrates zum Antrag für die Revision vom 11. Oktober 1989 (S. 50) ist hier unklar.

5. Ab dem 1. Januar 2000

Es bleibt abzuwarten, ob RPG Art. 24, 24b, 24c II und 24d (alle in der Fassung von 1998) den Kantonen noch einen Legiferierungsbereich bezüglich des «Wiederaufbaues» bauvorschriftwidriger Gebäude ausserhalb der Bauzone belassen (Rz 3903 am Ende). Falls dies zu verneinen ist, bleibt es bei der Regelung von Rz 2522b f, bis eine weitere RPG-Revision kommt. Im anderen Fall bleibt es bei dieser Regelung, bis der Kanton zusätzlich legislatorisch tätig wird. 2522d

B. Zum Verhältnis zu den ästhetischen Anforderungen

1. Einem der Ästhetikklausel PBG § 238 (Rz 2058a ff) nicht genügenden «Wiederaufbau» würden wohl auch überwiegende öffentliche und nachbarliche Interessen entgegenstehen, so dass sich die Frage nicht stellt, ob PBG § 238 zusätzlich gelte oder nicht. 2523

2. Zu den auf die Ortsbilderhaltung ausgerichteten, kommunalen Kernzonenvorschriften äusserte sich die Baurekurskommission IV im Entscheid Nr. 121/1997 (BEZ 1998 Nr. 8, betr. Dorfbild von Dinhard/ZH, Rz 2506, 2508). Dabei wurde die Auffassung vertreten, PBG § 307 komme nur dort zum Zuge, wo er sich für den Bauaktiven «günstiger» erweise als die auf die Ortsbilderhaltung ausgerichtete, kommunale Kernzonenvorschrift. Letzteres wurde für den beurteilten Fall verneint. M.E. ist hier die Frage unter einem schiefen Blickwinkel angegangen. Die erste Frage muss hier lauten: Sind die Gemeinden befugt, in ihren Kernzonenvorschriften die von PBG § 307 getroffene Regelung bezogen auf den Bauaktiven zu verschärfen, zu lockern oder sowohl zu verschärfen als auch zu lockern? Ich halte dafür, dass nur eine Verschärfung in Betracht kommt. Deshalb hätte die erste Frage im beurteilten Fall lauten müssen: Stellt die anzuwendende Kernzonenvorschrift eine Verschärfung dar und wenn ja, welche? Im Ergebnis bejaht die Baurekurskommission IV die Frage nach dem Ob m.E. zu Recht. Es entsteht damit eine Parallelität zum Verhältnis zwischen PBG § 357 I (Fassung von 1991) und den kommunalen Kernzonenvorschriften (Rz 3038). 2524

VII. Gesamtbeurteilung

Es ist an sich eindrücklich, mit welcher Beharrlichkeit man sich schon im Kanton Zürich – und auch anderswo – um die Wiedereinführung des (erweiterten) Brandstattrechtes auf öffentlichrechtlicher Basis bemüht hat. Allerdings scheint es mir, dass der hiefür eingesetzte geistige und zeitliche Aufwand besser zuerst auf die Regelung anderer offener Themata des positiven Baurechtes gelenkt würde (Rz 4148 ff). Das Brandstattrecht betrifft heute fast nur noch Situationen, in welchen ohnehin primär nach denkmalschutz- oder einordnungsrechtlichen Überlegungen entschieden werden muss (Gebäude in historischen Ortsteilen) oder und wo die Erteilung einer Ausnahmebewilligung naheliegt. PBG § 307 ist eine der komplexesten Vorschriften des PBG. 2525

PBG § 309 I lit. a–d und l–n: Zur Bewilligungsbedürftigkeit von Änderungen und anderen Transformationen bei Gebäuden

I. Vorbemerkungen

2526 In Rz 647 ff wurde dargelegt, was zum Wort «Bewilligungspflicht», zum Wesen der Bewilligungsbedürftigkeit und zum Bewilligungsverfahren (mit Planeinreichung, Aussteckung, Ausschreibung, Unterteilung in ordentliches, vereinfachtes und Anzeigeverfahren) allgemein zu sagen ist. Die hierauf bezüglichen Fragen, welche sich bei der Anwendung von PBG § 309 erheben, kommen grundsätzlich nicht mehr zur Sprache.

Im Weiteren gelangt PBG § 309 entsprechend der Zwecksetzung dieser Arbeit nur insoweit zur Sprache, als es sich um Gebäude bzw. Bestandteile und Zugehör von Gebäuden sowie um den Bewerb von Gebäuden handelt, und auch dies nur bezüglich baulicher Änderungen (Rz 159 ff), Abbruch (Rz 154 ff) sowie sekundärem Neubau (Rz 199 ff) sowie bewerbsmässigen Änderungen (Rz 295 ff), Bewerbseinstellung (Rz 293 f) sowie sekundärem Neubewerb (Rz 313).

II. Zur Regelung im alten Baugesetz

2527 Das Baugesetz von 1893[1] äusserte sich im 10. Abschnitt mit der Überschrift «Baubewilligung und Aufsicht» wie folgt zum hier interessierenden Thema:

> «§ 125
> Wer ein neues Gebäude errichten oder ein bestehendes in seiner äusseren Gestalt verändern will, ist verpflichtet, dem Gemeinderat die Pläne über den Bau einzureichen und ein Gespann aufzustellen, durch welches die künftige Gestalt des Gebäudes möglichst genau dargestellt wird.
> Diese Vorschriften gelten auch für bloss provisorische Bauten sowie für die nachträgliche Erstellung von Kaminen, welche von aussen sichtbar werden.
> Zu Änderungen der inneren Einteilung eines bestehenden Gebäudes ist unter Vorlegung der nötigen Pläne die Bewilligung des Gemeinderates einzuholen.»

Auf den altBauG §§ 68 und 68a beruhende kommunale Bauordnungen erklärten oft Aussenrenovationen sowie Mauern, Einfriedigungen, Terrainbewegungen, Materialaufstapelungen und Aussenantennen als bewilligungsbedürftig. Rz 3204.

---

[1] Schon das Gesetz betreffend eine Bauordnung für die Städte Zürich und Winterthur und für städtische Verhältnisse überhaupt vom 30. Brachmonat 1863 statuierte in den §§ 27–32 eine vergleichbare Regelung. Rz 1413.

III. Zur Regelung im PBG

A. Zu den Materialien

1. Zur Fassung von 1975

a) Unter der Herrschaft des alten Baugesetzes beruhte die Bewilligungsbedürftigkeit von Bauvorhaben auf weite Strecken auf keiner ausdrücklichen gesetzlichen Basis. Die Baudirektion schlug deshalb in ihrem Vorentwurf zum künftigen PBG vom Dezember 1972 (Rz 1466) zur Frage der Bewilligungsbedürftigkeit im 4. Titel mit der Überschrift «Das öffentliche Baurecht», im II. Abschnitt mit der Überschrift «Das baurechtliche Verfahren», im Unterabschnitt A. mit der Überschrift «Das Baugesuch» folgenden Text und Randtitel vor:

2528

> «§ 274
> Bewilligungspflicht
> Eine baurechtliche Bewilligung ist nötig für bauliche oder die Erscheinung des Grundstückes oder einer Baute sonst beeinflussende Massnahmen, namentlich für
> a) die Erstellung neuer oder die bauliche Veränderung bestehender Gebäude und sonstiger Bauwerke;
> b) Nutzungsänderung bei Räumlichkeiten und Flächen, welchen baurechtliche Bedeutung zukommt;
> c) den Abbruch von Gebäuden in den vom Gesetz vorgesehenen Fällen;
> d) Einrichtungen, Ausrüstungen und Anlagen, die zu Gebäuden oder andern Bauwerken gehören und in diesem Gesetz geordnet sind;
> e) Aussenrenovationen von Gebäuden;
> f) (Unterteilung von Parzellen; siehe dazu Rz 2554 f);
> g) Geländeänderungen, auch soweit sie der Gewinnung von Bodenschätzen oder der Wiederauffüllung von Gruben dienen;
> h) Änderungen der Bewirtschaftung oder Gestaltung von Grundstücken in der Freihaltezone;
> i) Mauern und Einfriedigungen jeder Art;
> k) Werk-, Lager- und Deponieplätze;
> l) Reklameanlagen.
> (Abs. II: Genehmigung von Strassen- und Gewässerprojekten)
> (Abs. III: Massnahmen geringfügiger Art).»

b) Der Regierungsrat modifizierte in seinem Antrag an den Kantonsrat vom 5. Dezember 1973 (Rz 1467) Absatz I wie folgt (jetzt § 274): Die Aufzählung der bewilligungsbedürftigen Vorhaben in den lit. a ff war nicht mehr nur «namentlich», beispielhaft, sondern – unter Weglassung des Passus «für bauliche oder die Erscheinung des Grundstückes oder einer Baute sonstwie beeinflussende Massnahmen» abschliessend zu verstehen (nötig/nicht nötig). In lit. a wurde «sonstige Bauwerke» durch «gleichgestellte Bauwerke» ersetzt; in lit. d «Einrichtungen» durch «Anlagen» ausgewechselt und redaktionell umgestellt. Die Aussenrenovation von Gebäuden (lit. e) wurde aus der Aufzählung gestrichen. Der Hinweis in lit. g (neu lit. f) auf «Bodenschätze» und «Wiederauffüllung von Gruben» wurde durch «Gewinnung oder Ablagerung von Materialien» ersetzt (neu lit. f). In lit. h wurde die «Felderwirtschaft» von der Bewilligungsbedürftigkeit ausgenommen (neu lit. g). In lit. i wurde der Passus «jeder Art» gestrichen (neu lit. h). In lit. k wurden die «Deponieplätze» nicht mehr besonders erwähnt (neu lit. i). Neu zur Bewilligungsbedürftigkeit vorgeschlagen wurden jedoch «Seilbahnen und andere Transportanlagen

2529

sowie Freileitungen, soweit sie nicht dem Bundesrecht unterstehen» (neu lit. k) und «Aussenantennen» (neu lit. l).

2530 c) Der Kantonsrat stimmte dem vom Regierungsrat unterbreiteten Text im Wesentlichen zu (Rz 1468, jetzt PBG § 309); von der Bewilligungsbedürftigkeit ausgenommen wurden jedoch unwesentliche Geländeänderungen, der «Gartenbau» und «Freileitungen», neu erwähnt jedoch «Fahrzeugabstellplätze».

2531 d) Mit der Annahme des PBG in der Volksabstimmung vom 7. September 1975 (Rz 1469) erhielt der so modifizierte Text Gesetzeskraft: Er stimmt mit PBG § 309 lit. a–m in der Fassung von 1991 überein (Rz 2537).

2532 e) Der Regierungsrat beschloss sodann zur näheren Ausgestaltung der von den PBG §§ 318 ff und 325 vorgesehenen Dreiteilung des Bewilligungsverfahrens in das ordentliche, das vereinfachte und das Anzeigeverfahren am 19. April 1978 (LS 700.6) die Verordnung über das baurechtliche Verfahren. Zum Inhalt siehe Rz 657 mit FN 12, 679 mit FN 20, 710 mit FN 39 und 2538 f.

2. Zur Revision von 1984

2533 Obwohl die Revision von 1984 durch die Volksinitiative «Für eine einfachere Planung und weniger Bürokratie» (Rz 1595) ausgelöst worden war, wurde PBG § 309 von ihr nicht erfasst.

3. Zur Fassung von 1991

2534 a) Im Entwurf der Baudirektion vom Februar 1988 (Rz 1601) war bezüglich PBG § 309 noch keine Modifikation vorgesehen.

2535 b) Gemäss Antrag des Regierungsrat an den Kantonsrat vom 11. Oktober 1989 (Rz 1602) wurde jedoch bezüglich PBG § 309 I die Beschränkung der Bewilligungsbedürftigkeit von Abbrüchen auf solche «in Kernzonen» und die Ausdehnung der Bewilligungsbedürftigkeit auf «Anlagen, Ausstattungen und Ausrüstungen» schlechthin vorgeschlagen.

2536 c) Der Kantonsrat (Rz 1604) lehnte einen Antrag auf Aufhebung der vom Regierungsrat vorgeschlagenen Beschränkung der Bewilligungsbedürftigkeit der Abbrüche auf die Kernzone (also Antrag auf Bewilligungsbedürftigkeit für das ganze Gemeindegebiet) ab[2] und verlangte, dass auch «das Fällen von Bäumen» bewilligungsbedürftig erklärt werde, allerdings nur bei solchen «aus den in der Bau- und Zonenordnung bezeichneten Baumbeständen».

2537 d) Seit der Annahme des PBG in der Volksabstimmung vom 7. September 1991 (Rz 1605) besitzt deshalb der folgende Text Gesetzeskraft:

---

[2] Protokoll des Kantonsrates, 1997–1991, S. 13446–13448.

«Bewilligungspflicht
§ 309
Eine baurechtliche Bewilligung ist nötig für:
a) die Erstellung neuer oder die bauliche Veränderung bestehender Gebäude und gleichgestellter Bauwerke;
b) Nutzungsänderungen bei Räumlichkeiten und Flächen, denen baurechtliche Bedeutung zukommt;
c) den Abbruch von Gebäuden in Kernzonen;
d) Anlagen, Ausstattungen und Ausrüstungen;
e) (die Unterteilung von Grundstücken; siehe dazu Rz 2554);
f) wesentliche Geländeänderungen, auch soweit sie der Gewinnung oder Ablagerung von Materialien dienen;
g) Änderungen der Bewirtschaftung oder Gestaltung von Grundstücken in der Freihaltezone, ausgenommen Felderbewirtschaftung und Gartenbau;
h) Mauern und Einfriedigungen;
i) Fahrzeugabstellplätze, Werk- und Lagerplätze;
k) Seilbahnen und andere Transportanlagen, soweit sie nicht dem Bundesrecht unterstehen;
l) Aussenantennen;
m) Reklameanlagen;
n) das Fällen von Bäumen aus den in der Bau- und Zonenordnung bezeichneten Baumbeständen.
Die Genehmigung von Projekten für Bau oder für Veränderung von Verkehrsanlagen und Gewässern im Sinne des Gesetzes betreffend die Abtretung von Privatrechten oder in einem vergleichbaren Verfahren (Quartierplan, Güterzusammenlegung und dergleichen) durch das zuständige Organ schliesst die baurechtliche Bewilligung ein. Dies gilt auch für die mit dem Projekt verbundenen notwendigen Anpassungsarbeiten an privatem Grundeigentum.
Massnahmen geringfügiger Bedeutung sind durch Verordnung von der Bewilligungspflicht zu befreien.»

e) Anlässlich der Revision der Bauverfahrensverordnung (LS 700.7, Rz 657 mit FN 12, 679 mit FN 20, 710 mit FN 39) am 3. Dezember 1997 wurden das vereinfachte Verfahren fallen gelassen und neu das Anzeigeverfahren weiter geführt (§§ 13–19). Beim Anzeigeverfahren entfällt die Notwendigkeit von Aussteckung und Ausschreibung. Der Entscheid kann hier an ein einzelnes Mitglied des Kollektivorganes der Exekutive[3] oder an einen sachkundigen Beamten, zB den Bausekretär, delegiert werden. In den unter das Anzeigeverfahren fallenden Vorhaben kommt es nur zu einer behördlichen Bestätigung des Einganges der Unterlagen; das Vorhaben darf ausgeführt werden, wenn nicht innert 30 Tagen nachher ein abschlägiger Bescheid ergeht. Das Anzeigeverfahren ist nur zulässig, wenn glaubhaft gemacht wird, «dass keine weiteren Dritten anfechtungsberechtigt sind».

Nach der Bauverfahrensverordnung sind gerade bauliche und bewerbsmässige Änderungen sowie Parzellierungen wichtige Anwendungsfälle des Anzeigeverfahrens. § 14 deklariert postfinit das Anzeigeverfahren für zum Zuge kommend bei (der nachträglichen Anbringung von) «Dachflächenfenstern, Dachaufbauten, wie Lukarnen, Gauben und dergleichen sowie Dacheinschnitte»[4], «unwesentlichen Verkleinerungen des Gebäudegrundrisses und des Baukubus», «Veränderung einzelner Fassadenöffnungen, insbeson-

2538

2539

---

[3] Meistens der Gemeinderat, in grösseren Gemeinden auch Stadtrat geheissen.
[4] Für diese Bauteile genügt das Anzeigeverfahren nur, «sofern sie zusammen mit den bereits bestehenden nicht mehr als $1/20$ der betreffenden Dachfläche beanspruchen; ausgenommen sind Vorhaben in Kernzonen und Quartiererhaltungszonen.» Dies ist eine der seltenen Vorschriften, welche sich zu dem in Rz 4148 f angeschnittenen Problem äussern.

dere von Türen und Fenstern», «Verschieben oder Einziehen innerer Trennwände», «Änderung der Zweckbestimmung einzelner Räume ohne Änderung der Nutzweise» sowie «Einrichtung und Umbau von Heizungen sowie Öltanks für das bediente Gebäude».

Zur Frage, wie bei Gesuchen um die Bewilligung von baulichen und bewerbsmässigen Änderungen sowie sekundären Neubauten und Neubewerbung in den Baugesuchsplänen der bisherige und der neue Zustand darzustellen sei (schwarz: Bleibendes; gelb zum Abbruch/zur Einstellung Vorgesehenes; rot: Neues), wird auf Rz 711 verwiesen[5].

2540   4.   In der vom Kantonsrat zurückgewiesenen Revisionsvorlage des Regierungsrates vom 24. Oktober 1995 (Rz 1731 f) war bezüglich der Umschreibung der Bewilligungsbedürftigkeit keine Modifikation vorgesehen.

B.   Zur Auslegung von PBG § 309 und zur Praxis hiezu

2541   Es kommen nur diejenigen Lettern zur Sprache, welche zu Gebäuden einen engeren Bezug haben.

1.   Zu lit. a

Für den Kanton Zürich darf man sagen, dass seit 1863, und insbesondere seit 1893 und 1943, ausgehend von den Städten Zürich und Winterthur, im Laufe der Jahrzehnte immer weitere Gebiete von der Bewilligungsbedürftigkeit der Errichtung und Änderung von Gebäuden erfasst wurden, so dass seit den Sechzigerjahren dieses Erfordernis praktisch im ganzen Kanton galt. Seit Inkrafttreten des RPG am 1. Januar 1980 besteht wegen Art. 22 I zumindest bei den Gebäuden für die Phase der Errichtung und Änderung in der ganzen Schweiz Bewilligungsbedürftigkeit (Rz 3667 f). Schon vorher kam es aber wegen der Gewässerschutzgesetzgebung gesamtschweizerisch zu einer starken Ausweitung der Bewilligungsbedürftigkeit (Rz 4073 f). Chronologisch stimmt es trotzdem nicht genau, wenn Christian Mäder, S. 96, sagt, PBG § 309 I lit. a «wiederhol(e)» das in RPG Art. 22 I verankerte Bewilligungserfordernis. Die Reihenfolge ist zeitlich eher umgekehrt.

Reparaturen und Renovationen waren unter der Herrschaft des alten Baugesetzes nicht bewilligungsbedürftig und sind es auch jetzt nicht, da der Regierungsrat 1975 die Aussenrenovationen aus der Aufzählung der bewilligungsbedürftigen Bauvorhaben gestrichen hatte (Rz 2529), wobei es seither blieb, auch bei Aussenrenovationen, ausser solchen in ästhetisch und/oder denkmalschützerischer Beziehung wichtigen Gebäuden.

2542   Vgl. auch Rudolf Friedrich/Karl Spühler/Ernst Krebs, zu § 1, N. 11. Die Entscheide des ZH-Verwaltungsgerichtes in BEZ 1988 Nr. 48 (lustige Fassadenmalerei) und in BEZ 1989 Nr. 26 (Vorhängung von Aluminium an Fassade) äussern sich nur zur materiellrechtlichen Seite der Verunstaltung (eine solche wurde im ersten Fall verneint, im zweiten jedoch bejaht). Die nie in Kraft getretene Stadtzürcher BauO 1991 Art. 42 sah in den (auch ästhetisch motivierten) Kernzonen die Bewilligungsbedürftigkeit bei Fassaden-

---

[5] Der ZH-Kantonsrat lehnte am 26. Oktober 1998 die Überweisung eines Postulates von Kurt Bosshard ab, welches verlangte, dass Bauten, welche mehr als zehn Jahre unangefochten und unbewilligt bestanden haben, nicht mehr bewilligungsbedürftig sind – und offenbar auch bei Baurechtswidrigkeit fortbestehen dürfen.

änderungen bezüglich Materialwahl, Bearbeitungsart und Farbgebung vor. Das galt wohl auch bei Fassadenänderungen, welche keinen Aussenumbau darstellen.

2.   Zu lit. b

Zum Begriff der eingreifenden bewerbsmässigen Änderung bzw. eingreifenden Zweckänderung siehe Rz 305 ff, ferner Rz 705 ff. Im Kanton Zürich ist deren Bewilligungsbedürftigkeit schon unter der Herrschaft des alten Baugesetzes bejaht worden. Im die Bewilligungsbedürftigkeit regelnden altBauG § 125 waren bewerbsmässige Änderungen allerdings nirgends auch nur andeutungsmässig erwähnt. Der Regierungsrat ging jedoch von den Dreissigerjahren an (zB RRB 1650/1938, Hans Egger, S. 13) auch hier von der Bewilligungsbedürftigkeit aus. In RB 1967 Nr. 59 wurde denn auch gesagt, die Praxis gehe «etwas über den Gesetzeswortlaut hinaus. Sie beruht dennoch (!) auf einer Gesetzesauslegung, der beizutreten ist.» Rz 1483.

Gesetzgebungstechnisch nicht unproblematisch ist PBG § 309 lit. b mit seiner Anknüpfung der Bewilligungsbedürftigkeit an Nutzungsänderungen bei Räumlichkeiten und Flächen, «denen baurechtliche Bedeutung zukommt» (Rz 656 f). Welcher baurechtliche Laie kann Letzteres schon beurteilen?
Kasuistik:
– Gemäss RB 1973 Nr. 69 bedeutet in einer Wohnzone W3 die Einrichtung einer Spenglerei, wo bisher eine Zimmerei betrieben worden ist, eine bewilligungsbedürftige Zweckänderung, obwohl Zimmereien und Spenglereien zu der – heute allerdings nur noch beschränkt bedeutsamen – Kategorie «mässig störender Gewerbe» gehören. Rz 504 f.
– Gemäss RB 1982 Nr. 152 war das ordentliche Bewilligungsverfahren durchzuführen, als in einem Gebäude, in welchem vor Jahren eine Schreinerei betrieben worden war, das dann aber lange nur noch als Möbellager diente, wieder eine Schreinerei eingerichtet werden wollte.
– Gemäss dem Entscheid des ZH-Verwaltungsgerichtes vom 6. Februar 1992 (BEZ 1992 Nr. 1) ist bewilligungsbedürftig das Hinüberwechseln von der Verwendung eines Gebäudes als Gewächshaus zu einer solchen als Räumlichkeit für gelegentliche gesellige Zusammenkünfte. Rz 705 mit FN 34.
– Gemäss RB 1984 Nr. 90 (BEZ 1985 Nr. 1, ZBl 1985 S. 159) ist die Einrichtung einer Pflegestation für Drogenabhängige in einem bisher als Villa bewohnten Gebäude bewilligungsbedürftig.
– Gemäss dem Entscheid des ZH-Verwaltungsgerichtes vom 29. Januar 1998 (BEZ 1998 Nr. 3) ist der Wechsel vom Bewerb eines Gebäudes als «Gartenhaus» zu einem solchen als «Gästehaus» bewilligungsbedürftig (RPG-Art. 24-Fall).
– Gemäss einem Entscheid der Baurekurskommission I (BEZ 1995 Nr. 8, betr. Einrichtung eines Gassenhotels für Drogenabhängige als «Pension» am Steinwiesplatz in Zürich-Hottingen) kommt bei «Nutzungsänderungen ... der aussagekräftigen Umschreibung des Vorhabens in der Publikation besondere Bedeutung zu, weil es hier zu keiner Aussteckung kommt». Weil die Ausschreibung zu wenig eindeutig war, wurde die Bewilligung aufgehoben und musste das Verfahren nochmals durchgeführt werden.
– Die Aufnahme des Bürobewerbes (vorbehältlich PBG § 52: «Arbeitsräume, die mit einer Wohnung zusammenhängen und in einem angemessenen Verhältnis zur eigentlichen Wohnfläche stehen») in Wohnungen ist in der Stadt Zürich auch nach Aufhebung

des Wohnerhaltungsgesetzes (Rz 3118 f) bewilligungsbedürftig. In den anderen Gemeinden gilt Letzteres ebenfalls.
- Die Einstellung eines Bewerbs ohne Aufnahme eines anderen Bewerbes ist nicht bewilligungsbedürftig. Rz 4063 f.
- Bisweilen gibt die Frage zu Diskussionen Anlass, ob eine neue Bewilligung erforderlich sei, wenn in einem Gebäude ein Bewerb wieder aufgenommen werden will, welcher früher einmal ausgeübt, dann aber stillgelegt worden ist, und das Gebäude seither lange leerstand (Rz 315). Die Antwort lautet wohl im Allgemeinen: ja.
- Handänderungen sind nicht bewilligungsbedürftig, auch wenn die Befürchtung besteht, dass der neue Eigentümer für Baurechtswidrigkeiten anfällig ist.

3. Zu lit. c

2547 Siehe auch: Rz 696 ff. Die Fassung von 1975 sprach noch wenig aussagekräftig vom «Abbruch in den in diesem Gesetz vorgesehenen Fällen», dachte aber wohl primär an das Beeinträchtigungsverbot für Denkmalschutzgebäude gemäss PBG § 208.

Der Abbruch ist zwar seit der Revision von 1991 nur in der Kernzone bewilligungsbedürftig; die Statuierung der Bewilligungsbedürftigkeit in Unterschutzstellungsverfügungen ist aber wohl trotzdem auch für Gebäude ausserhalb der Kernzone möglich und weiterhin gültig.

2548 Kaum ein Eigentümer wird ein Gebäude von beachtlichem Wert abbrechen, nur um nachher an seiner Stelle einen Garten anzulegen, einen Rasen anzupflanzen. Wenn er abbricht, wird er dies meistens tun, um nachher hier ein neues, seinen Bedürfnissen besser entsprechendes Gebäude zu errichten. In der Regel wartet der Eigentümer mit dem Abbruch so lange zu, bis er weiss, dass er bald mit dem Neubau beginnen kann[6]. Verzögert sich aber der Eintritt der Rechtskraft der Bewilligung, so hat der Eigentümer meistens ein Interesse an einer Zwischennutzung der Brache; als solche kommen in Betracht: Autoabstellflächen, Materiallager, Werkplatz usw. Zu deren Schaffung braucht es aber nach PBG § 309 lit. f und i eine Baubewilligung. Somit kommt der Eigentümer meistens auch ausserhalb von Kernzonen und Unterschutzstellungen nicht ohne eine der Bewilligung für den Wiederbau vorgängige Baubewilligung aus, zwar ohne eine solche für den Abbruch, nicht aber ohne eine solche für die Zwischennutzung zwischen den beiden Gebäudebeständen[7].

Wo keine besondere Abbruchbewilligung erforderlich ist, kann nach Einreichung des Baugesuches für den Wiederbau die hiefür erteilte Baubewilligung auch als – sprachlich selten ausformulierte – Abbruchbewilligung gedeutet werden[8].

2549 M.E. sollte, wie es im Kantonsrat bei der Beratung der Revision von 1991 von F. Müller beantragt worden ist (Rz 1604), bereits im PBG jeder Gebäudeabbruch, unabhängig, wo er erfolgt und gleichgültig ob eine Unterschutzstellung vorliegt, bewilligungsbedürftig erklärt werden. Sonst kommt es dazu, dass Gebäude in einer Nacht- und Nebelaktion noch rasch vor Einreichung eines Baugesuches abgebrochen werden, um unwill-

---

[6] Besondere Konstellationen bleiben hier ausser Betracht. Rz 1402.
[7] Zudem muss sich der Eigentümer vor dem Abbruch meistens mit dem Wasser-/Gas-/Elektrizitäts-/Kanalisationswerk wegen des Abhängens der Leitungen in Verbindung setzen.
[8] Zur Zeit der Geltung des Wohnerhaltungsgesetzes war bei Gebäuden mit Familienwohnungen eine separate Bewilligung erforderlich (Rz 3118 ff).

kommenen Bedingungen und Auflagen im Bewilligungsverfahren (insbesondere betreffend Wiederinstandstellung der ehemaligen Gebäudefläche) zu entgehen. Die Gemeinden selbst können in ihren Bauordnungen kaum eine befriedigende Regelung statuieren. Wenn für Abbrüche keine Bewilligungsbedürftigkeit statuiert wird, dann bleibt die Durchsetzung der Pflichten, die Abbruchmaterialien im Hinblick auf eine einwandfreie Entsorgung zu trennen (PBG § 239 II zweiter Satz, Rz 2069 f) und für den Baustellenverkehr Verkehrswege mit möglichst geringem Störungspotenzial zu verwenden (PBG § 226 V, Rz 1868) prekär.

4. Zu lit. d

Gemäss den Entscheiden des ZH-Verwaltungsgerichtes vom 5. März 1965 (ZBl 1966 S. 53) bzw. vom 6. September 1968 (ZBl 1969 S. 399) waren «die Änderung einer bestehenden Heizanlage», im Allgemeinen auch der «Einbau einer Zentralheizung an Stelle einer veralteten Ofenheizung» nicht bewilligungsbedürftig; die Bewilligungsbedürftigkeit wurde jedoch für den Fall bejaht, dass damit die «Erstellung eines Heizraumes mit Öltank verbunden» ist. Rz 2093 f, 2427 f.

2550

Zu «Ausrüstungen»: Im Rahmen der Energiegesetzgebung stellt sich die Frage, wie weit die Installation von Elektroheizungen bewilligungsbedürftig sei Rz 2093 f 3175.

5. Zu lit. e

Zu «Parzellierungen» siehe Rz 2554 ff.

2550a

6. Zu lit. i

Zu Fahrzeugabstellplätzen siehe Rz 2112 ff.

2550b

7. Zu lit. l

Aussenantennen und Parabolspiegel können zwar auch abseits von Gebäuden oder in direktem Zusammenhang mit Neubauten erstellt werden. Insoweit gehören sie nicht zum Gegenstand dieser Arbeit. Da sie jedoch meistens erst einige Zeit nach der Erstellung eines Gebäudes aufgestellt werden, gehören sie als Montierungen doch hiezu. Es gilt Bewilligungsbedürftigkeit gemäss PBG § 309 lit. l; dies trifft in der Praxis allerdings nur zu, soweit die Antennen, Parabolspiegel ein gewisses Mass überschreiten. Zum Thema Informations-, Empfangs- und Sendefreiheit siehe Rz 1085.

2551

Als 1998 für die Ausweitung des Mobil-Funk-Netzes gesamtschweizerisch etwa 2000 neue Antennenmasten geplant wurden, behandelten die Baubehörden im Kanton Zürich – in zu grosser Willfährigkeit gegenüber den Gesuchstellern – die entsprechenden Eingaben zuerst im blossen Anzeigeverfahren. Die Opposition aus den jeweiligen Nachbarschaften war jedoch so gross, dass bald die Unhaltbarkeit dieses Vorgehens eingesehen wurde. Siehe auch Urs Walker, Baubewilligung für Mobilfunkantennen, bundesrechtliche Grundlagen und ausgewählte Fragen, in: BR 2000 S. 3 ff sowie Simon Schaltegger, Die neue NIS-Verordnung und der Versorgungsaufwand der Mobilfunkkonzessionärinnen, in: PBG aktuell 2000 Heft 4 S. 27 ff. Entscheid der Baurekurskommission I in: BEZ 2000 Nr. 14.

Entscheid des ZH-Verwaltungsgerichtes vom 27. September 1988 (BEZ 1988 Nr. 47, betr. Arn, im Bundesinventar der schützenswerten Ortsbilder der Schweiz aufgeführt);

die Publikation äussert sich nur zu PBG § 238. Dieser wird als verletzt angesehen. Im Entscheid vom 3. Oktober 1989 (BEZ 1989 Nr. 36, Dübendorf/ZH) wird jedoch die Einhaltung von PBG § 238 unter starker Bezugnahme auf die Informationsfreiheit bejaht (Rz 1085 f).

8. Zu lit. m

2552 Reklameanlagen können zwar auch abseits von Gebäuden oder in direktem Zusammenhang mit Neubauten erstellt werden. Insoweit gehören sie nicht zum Gegenstand dieser Arbeit. Da sie jedoch meistens erst einige Zeit nach der Erstellung eines Gebäudes aufgestellt werden, gehören sie als Montierungen doch hiezu. Es gilt Bewilligungsbedürftigkeit gemäss PBG § 309 lit. m; dies trifft in der Praxis allerdings nur zu, soweit die Reklameanlagen ein gewisses Mass überschreiten.

Zur Unterscheidung zwischen Schaufensterauslagen und dortige Aussenwerbung erklärte der Stadtrat von Zürich am 9. Juni 1999 in einer Interpellationsantwort: Reklamen hinter dem Glas gelten als Auslage, solche davor als Aussenwerbung; sie sind bewilligungsbedürftig, wenn sie mehr als einen Viertel Quadratmeter einnehmen und nicht lediglich eine Folie oder Bemalung sind. Das zeigt, in welche Subtilitäten sich die Thematik verästelt, sobald man nicht nur den «Kern» von kritischen baulichen Vorhaben bewilligungsbedürftig erklären will.

9. Zu lit. n

2553 Das Fällen von Bäumen betrifft zwar nicht direkt Gebäude. Ein Zusammenhang besteht aber dort, wo ein Gebäude nicht erstellt oder geändert werden kann, ohne dass zuvor im Wege stehende Bäume gefällt werden. Hier erhebt sich dann die Frage, wie weit das Fällen der Bäume schon bereits einen Baubeginn darstelle und das Vorliegen einer rechtskräftigen Baubewilligung voraussetze. Rz 2597.

10. Zum Verfahren

Siehe auch Rz 710–721.

PBG § 309 I lit. e: Zur Bewilligungsbedürftigkeit von Grenzänderungen

I. Ausgangslage

In Rz 1915 ff ist dargelegt, was in dieser Arbeit unter Grenzänderungen (Parzellierungen als Ziehung von einer, zwei oder mehr neuen Grenzen im Inneren einer Parzelle, Grenzverlegungen als Verschiebung von Grenzen zwischen bereits vorhandenen Parzellen) bzw. dem Vollzug von Mutationen zu verstehen ist und zu was für bauvorschriftswidrigen Zuständen es dabei kommen kann, ohne dass an Gebäuden oder Bewerbungen derselben das geringste geändert wird. Solche Inkongruenzen können weitgehend verhindert werden, wenn Mutationen nur nach Vorliegen einer Bewilligung der Baubehörde im Grundbuch vollzogen werden dürfen. Weil der Parzellenraster die Ausgangsbasis für die Planung des Gemeinwesens bildet (Rz 2371 mit FN 3 und 2325), ist dessen präventive Kontrolle über Grenzänderungen gerechtfertigt. Trotzdem vorkommende Verstösse können allerdings nie vom Privaten allein begangen werden; es braucht hiezu immer die Mitwirkung des Nachführungsgeometers und des Grundbuchverwalters. Letztere müssen deshalb auch als Adressaten der Bewilligungsbedürftigkeit angesehen werden. Dabei ergeben sich allerdings Schwierigkeiten daraus, dass das Vermessungs- und Grundbuchrecht dem Bundesrecht angehört, während die baurechtlichen Anforderungen im Wesentlichen dem kantonalen Recht unterstehen. Dieser Problematik wird hier nicht nachgegangen. 2554

II. Zur Regelung im alten Baugesetz

Bis zum Inkrafttreten des PBG von 1975 war es streitig, ob Parzellierungen und Grenzverlegungen bzw. deren Mutationen wegen deren Auswirkungen auf die Grenzabstände, die Ausnützungs-/Überbauungs-/Baumassen-/Freihalteziffern, die Erfordernisse der hinreichenden Zugänglichkeit eine baurechtlich bewilligungsbedürftige Vorkehrung seien. Es herrschte hier wegen des in Rz 1918 dargelegten Ineinanderwirkens von Bundes- und kantonalem Recht sowie infolge der Aufgabenaufteilung zwischen Baubehörde, Nachführungsgeometer und Grundbuchverwalter eine grosse Unsicherheit[1]. 2555

III. Zur Regelung im PBG

A. Zu den Materialien: Zur bis heute geltenden Fassung von 1975

1. Als in den Siebzigerjahren ein neues Baugesetz, das spätere PBG, ausgearbeitet wurde, schien es zweckmässig, sich auch dem Thema Bewilligungsbedürftigkeit von Grenzänderungen (Parzellierung und Grenzverlegung) anzunehmen. Die Baudirektion schlug in ihrem Vorentwurf vom Dezember 1972 (Rz 1466) im 4. Titel mit der Über- 2556

---

[1] Siehe das Zitat von Rudolf Friedrich/Karl Spühler/Ernst Krebs in Rz 1919, hier FN 5.

schrift «Das öffentliche Baurecht», im 2. Abschnitt mit der Überschrift «Das baurechtliche Verfahren», im Unterabschnitt A. mit der Überschrift «Das Baugesuch» folgenden Text mit Randtitel vor (voller Text in Rz 2537):

«Bewilligungspflicht
§ 274
Eine bauliche Bewilligung ist nötig für bauliche oder die Erscheinung des Grundstückes oder einer Baute sonst beeinflussende Massnahmen, namentlich für:
...
f) Unterteilung von Grundstücken nach erfolgter Überbauung, ausgenommen Zwangsabtretungen.»

2557 2. Der Regierungsrat übernahm in seinem Antrag an den Kantonsrat vom 5. Dezember 1973 (Rz 1467) den Vorschlag des Baudirektion im Wesentlichen: In § 274 lit. f, jetzt § 281 lit. e wurde jedoch die Bewilligungsbedürftigkeit auf die Unterteilung von Parzellen ausgeweitet, welche zwar noch unüberbaut waren, für welche aber bereits eine «baurechtliche Bewilligung erteilt» war.

2558 3. Der Kantonsrat (Rz 1468) übernahm seinerseits diese Formulierungen unmodifiziert.

2559 4. Mit der Annahme des PBG in der Volksabstimmung vom 9. September 1975 (Rz 1469) erhielt die folgende Fassung Gesetzeskraft:

«Bewilligungspflicht
§ 309
Eine baurechtliche Bewilligung ist nötig für:
...
e) die Unterteilung von Grundstücken nach Erteilung einer baurechtlichen Bewilligung oder nach erfolgter Überbauung, ausgenommen bei Zwangsabtretung.»

2560 5. Diese Formulierung blieb bei den Revisionen von 1984 und 1991 unmodifiziert. Sie war auch nicht von der Revisionsvorlage vom 24. Oktober 1995 (Rz 1731 ff) erfasst.

B. Zur Auslegung von PBG § 309 I lit. e und zur Praxis hiezu

2561 1. Zu «nach Erteilung einer baurechtlichen Bewilligung oder nach erfolgter Überbauung».

a) Grenzänderungen von Parzellen, welche unüberbaut sind und für welche weder eine Baubewilligung erteilt ist noch ein reversmässiger Einbezug in die Überbauung in einer anderen Parzelle stattgefunden hat, können nach wie vor bewilligungsfrei vorgenommen werden.

2562 b) Wenn bei der Baubehörde um Bewilligung einer Grenzänderung nachgesucht wird, dann sind gemäss PBG § 228 II (Rz 1924 f) diejenigen Bedingungen und Auflagen zu formulieren, welche sicherstellen, dass dem materiellen Baurecht nach Vollzug der Mutation entsprochen wird. Beispielsweise ist festzuhalten, dass die für die Erteilung eines Grenzabstandsnäherbaurechtes, auch für diejenige eines Grenzbaurechtes erforderliche Zustimmung des Eigentümers der anstossenden Parzelle in ausreichendem Umfang vorliegt (Rz 2270 ff, 2387), dass die wegen der Abtrennung fehlende Fläche durch Beizug von Fläche einer anderen Parzelle kompensiert wird oder dass die überbaute Parzelle nicht von ihrer tatsächlich und rechtlich erforderlichen Verbindung zum öffentlichen Strassennetz abgeschnitten wird usw.

c)   Welch heikle zivilrechtliche Vorfragen dabei bisweilen bei der Beurteilung von Grenzänderungsgesuchen von der Baubehörde zu beantworten sind, kann ermessen werden, wenn man sich das Urteil des Handelsgerichtes vom 27. Juli 1996 (BlZR 1997 Nr. 38) bezüglich Grundstückkauf eines Einfamilienhauses aus einer Gesamtüberbauung mit gemeinsamer Zufahrt, Tiefgarage, Heizung und Gemeinschaftsraum vor Augen hält. 2563

d)   Wer Grenzänderungen beabsichtigt, holt mit Vorteil (Kostenersparnis und Zeitgewinn) die erforderliche baupolizeiliche Bewilligung hiefür nicht erst nach Vorlage der vom Nachführungsgeometer fachgemäss ausgefertigten Mutationsunterlagen, sondern bereits aufgrund eines Entwurfes hiefür ein. 2564

2.   Zu «Zwangsvollstreckungen»: Darunter sind diejenigen aufgrund des SchKG und der Verordnung über die Zwangsverwertung von Grundstücken (SR 281.1 und SR 281.42) zu verstehen. Dass hier in den grundsätzlich bewilligungsbedürftigen Grenzänderungsfällen die Bewilligungsbedürftigkeit entfällt, hat seinen Grund wohl eher darin, Versteigerungen nicht zu komplizieren, als dass sich hier Klärungen im Sinne von Rz 2562 in der Regel erübrigen würden; Letzteres ist selbstverständlich häufig nicht der Fall. 2565

PBG § 319 I: Zu den Fristen für die Behandlung von Baugesuchen

I. Ausgangslage

2566 Seit Jahren werfen Bauaktive den Baubehörden vor, die Zeitspanne zwischen der Einreichung eines Baugesuches und dessen Beurteilung durch die Baubehörde sei zu lang. Grund für solche Rügen sind einerseits die Komplexität der Materie und zu geringe Personalbestände bei den Bauämtern, anderseits oft ungenügend durchdachte Projekte der Bauaktiven. Illusionäre rechtliche Vorstellungen bilden zusätzlich den Ausgangspunkt für manche Kritik.

II. Zur Regelung im alten Baugesetz

2567 Hier hiess es im zehnten Abschnitt mit der Überschrift «Baubewilligung und Aufsicht»:

«§ 130
(Abs. I: Allgemeines)
Der Entscheid des Gemeinderates soll spätestens binnen vier Wochen, bei blosser Änderung der inneren Einteilung binnen zwei Wochen nach Einreichung der Pläne erfolgen.
Vor Erteilung der Baubewilligung darf mit der Baute nicht begonnen werden.»

III. Zur Regelung im PBG

A. Zu den Materialien

1. Zur Fassung von 1975

2568 a) Zur Berücksichtigung der Kritik bezüglich der zu langen Behandlungsfristen schlug die Baudirektion in ihrem Vorentwurf vom Dezember 1972 (Rz 1466) für ein künftiges PBG im 4. Titel mit der Überschrift «Das öffentliche Baurecht», im 2. Abschnitt mit der Überschrift «Das baurechtliche Verfahren», im Unterabschnitt C. mit der Überschrift «Der baurechtliche Entscheid» folgenden Text und Randtitel vor:

«Verfahrensgang
§ 284 I
Die Baubehörden treffen den in ihre Zuständigkeit fallenden Entscheid innert angemessener Frist, diejenigen der Städte Zürich und Winterthur in der Regel innert dreier Monate, die übrigen Behörden und Instanzen innert zweier Monate seit der Vorprüfung.»

2569 b) Der Regierungsrat übernahm diesen Vorschlag in seinem Antrag an den Kantonsrat vom 5. Dezember 1973 (Rz 1467) abgesehen von redaktionellen Retouchen unmodifiziert (jetzt § 291 I).

2570 c) Der Kantonsrat (Rz 1468) verlangte jedoch eine strengere Fassung (jetzt PBG § 319 I).

d) Diese erhielt mit der Annahme des PBG in der Volksabstimmung von 7. September 1975 (Rz 1469) mit folgendem Text Gesetzeskraft: 2571

> «§ 319
> Verfahrensgang
> Die Baubehörden der Städte Zürich und Winterthur treffen ihren Entscheid innert vier Monaten, die übrigen innert zwei Monaten seit der Vorprüfung. Bedingen besondere Umstände die Verlängerung dieser Fristen, ist dies dem Gesuchsteller mitzuteilen.
> (Abs. II: bei Zuständigkeit mehrerer Instanzen)
> (Abs. III: Information der anderen Instanzen)»

Hier handelte es sich noch nicht um deklariert postfinites Baurecht.

2. Zur Revision von 1984

Obwohl die Revision von 1984 durch die Volksinitiative «Für eine einfachere Planung und weniger Bürokratie» ausgelöst worden war, betraf sie nicht auch PBG § 319 (Rz 1595). 2572

3. Zur Fassung von 1991

Hingegen schlug der Regierungsrat in seinem Antrag an den Kantonsrat vom 11. Oktober 1989 (Rz 1601) eine strengere Fassung für die Städte Zürich und Winterthur vor. Der Kantonsrat stimmte dieser zu[1]. Mit der Annahme der PBG-Revision vom 1. September 1991 erhielt folgender Text Gesetzeskraft: 2573

> «Verfahrensgang
> § 319 I
> Die Baubehörden treffen ihren Entscheid innert zwei Monaten seit der Vorprüfung; für die erstmalige Beurteilung von Neubau- und grösseren Umbauvorhaben in den Städten Zürich und Winterthur steht eine Zeitspanne von vier Monaten seit der Vorprüfung zur Verfügung.»

4. Zur Fassung von 1997

a) Nicht im Zusammenhang mit einer Revision des PBG, sondern des Verwaltungsrechtspflegegesetzes (VRG) schlug der Regierungsrat in seinem Antrag an den Kantonsrat vom 3. Mai 1995 vor, in PBG § 319 I statt nur von «Baubehörden» von den «kantonalen und kommunalen Behörden» zu sprechen. 2574

b) Der Kantonsrat verlangte dann aber, dass die Zeitspanne für die erstmalige Beurteilung von Neubau- und grösseren Umbauvorhaben von vier Monaten (statt nur zwei) den Behörden des ganzen Kantons zur Verfügung stehe und strich deshalb den Passus «in den Städten Zürich und Winterthur». 2575

c) Mit der Annahme der VRG-Revision in der Volksabstimmung vom 8. Juni 1997 erhielt deshalb der folgende Text Gesetzeskraft: 2576

---

[1] Protokoll des Kantonsrates, 1987–1991, S. 13'450–13'451.

«§ 319 I
Verfahrensgang
Die Baubehörden treffen ihren Entscheid innert zwei Monaten seit der Vorprüfung; für die erstmalige Beurteilung von Neubau- und grösseren Umbauvorhaben steht eine Zeitspanne von vier Monaten seit der Vorprüfung zur Verfügung.»

5. Zur Zeit nach 1997

2577 Das Thema «Beschleunigung des Baubewilligungsverfahrens» war aber mit der Revision von 1997 noch keineswegs von der Traktandenliste des Kantonsrats für einige Zeit verabschiedet. Auf gesamtschweizerischer Ebene hatte bereits die RPG-Revision vom 6. Oktober 1995 Art. 25a I^{bis} (Rz 4067) durch den generellen Auftrag an die Kantone zur Fristsetzung eine Beschleunigung des Bewilligungsverfahrens, auch bei «Änderungen», zu erreichen versucht. Am 26. Oktober 1998 überwies der Kantonsrat dem Regierungsrat – gegen dessen Widerstand – eine Motion von Bruno Dobler, welche eine Herabsetzung der Frist für die erstmalige Beurteilung von Neu- und grösseren Umbauten auf drei Monate verlangt.

B. Zur Auslegung von PBG § 319 I und zur Praxis hiezu

2578 1. Wegen des Hinweises auf die grösseren Umbauvorhaben handelt es sich hier um eine (schwach separiert) deklariert postfinite Vorschrift mit sektorieller Tragweite. Ihre normative Besonderheit besteht darin, dass als Adressaten nur die administrativen und gerichtlichen Organe – und indirekt die in ihnen tätigen oder untätigen Menschen, seien es nun Mitglieder der kommunalen und kantonalen Exekutiven oder Richter und deren Beamte, nie aber eigentliche Private in Betracht kommen.

2579 2. Ob es sich um eine «grösseres» oder ein sonstiges Umbauvorhaben handelt, beurteilt sich wohl aufgrund des Umfanges der Bauarbeiten und der geschätzten Kosten derselben. Auch Auf- und Anbauten (Rz 180 f) können hiezu gerechnet werden. Umgestaltungen sowie Wieder-, Anschluss-, Dependenz- und Dislokationsbauten (Rz 200 f) gehören wohl zu den Neubauten und nicht zu den grösseren Umbauten, was aber materiell bedeutungslos ist. Für die erstmalige Errichtung von Subalterngebäuden im Sinne von Rz 2392 f (Annex- und Nebengebäuden) gilt wohl überall die Frist von zwei Monaten.

2580 3. a) Wie schon altBauG § 130 stellt wohl auch PBG § 319 I nur eine Ordnungsfrist dar.
Für die 1975 vorgeschlagene Fristenregelung erklärte der Regierungsrat in seinem Antrag den Kantonsrat vom 5. Dezember 1973 (Rz 1467)[2]:

«Die Fristen des Absatzes 1 sind nur Ordnungsfristen. Eine andere Lösung wäre unrealistisch und würde die Baubehörden, die im Rahmen eines Baubewilligungsverfahrens schwierige Fragen abzuklären haben, lediglich veranlassen, im Zweifelsfalle eine Bauverweigerung auszusprechen. Die verlängerte Frist für die Städte Zürich und Winterthur ist schon durch ihren erheblich grösseren Verwaltungsapparat, aber auch durch die rechtlich und tatsächlich ungleich schwierigeren Verhältnisse begründet.»

---

[2] Kantonales Amtsblatt, 1995, S. 1501, 1550.

b) Im Antrag des Regierungsrates an den Kantonsrat für die Revision von 1997 (Rz **2581**
2574) erklärte der Regierungsrat[2]:

«Die Behandlungsfristen für Gesuche (§ 319 Abs. I PBG) gelten ausdrücklich nicht nur für die kommunalen Baubehörden, sondern auch für die beteiligten kantonalen Behörden. Die Behandlungsfristen sind aber nach wie vor Ordnungsfristen. Das bedeutet, dass ihre Einhaltung immer angestrebt werden muss und im Regelfall auch möglich ist, aber nicht geradezu gewährleistet werden kann. Es wäre administrativ mit vertretbarem Aufwand nicht möglich, die Einhaltung zwingender Fristen zu garantieren.»

4. Die Differenzierung der Fristen zwischen den Städten Zürich und Winterthur so- **2582**
wie den übrigen Gemeinden war je länger desto weniger gerechtfertigt, da einerseits heute auch ausserhalb dieser beiden Städte je länger desto komplexere Bauvorhaben zu beurteilen sind und anderseits auch andere Gemeinden gut organisierte Bauämter besitzen. Indem der Kantonsrat 1991 den Passus «in den Städten Zürich und Winterthur» einfach strich (Rz 2575), beschleunigte er hier aber das Baubewilligungsverfahren überhaupt nicht und für die übrigen 169 Zürcher Gemeinden eröffnete er sogar längere Behandlungsfristen als bisher.

PBG § 322 I: Zur Gültigkeitsdauer der Baubewilligung, beginnend bei Abbruch

I. Zur Ausgangslage

2583 Da eine Baubewilligung u.a. die behördliche Feststellung ist, dass dem Bauvorhaben zum Zeitpunkt der Beurteilung des Gesuches hiefür keine öffentlichrechtlichen Eigentumsbeschränkungen entgegenstehen, die faktischen und rechtlichen Verhältnisse aber im Laufe der Zeit wechseln, wäre es nicht sinnvoll, die Bewilligung für die Ausführung des Bauvorhabens «ewig» gelten zu lassen. Eine zeitliche Befristung hiefür, insbesondere für den Beginn der Realisierung, drängt sich deshalb geradezu auf. Eine andere Frage ist, ob eine seinerzeit für ein jetzt vorhandenes Gebäude erteilte Baubewilligung ihre rechtliche Wirkung nach Ablauf einer Frist je einmal verlieren soll (Rz 686).

II. Zur Regelung im alten Baugesetz

2584 Das alte Baugesetz erklärte hiezu im zehnten Abschnitt mit der Überschrift «Baubewilligung und Ausführung» lediglich:

> «§ 133
> Jede rechtliche Wirkung der Baubewilligung und des Baugespannes hört auf, wenn die Baute nicht binnen eines Jahres vom Tage der endgültigen Bewilligung oder in streitigen Fällen vom Tage der Rechtskraft des gerichtlichen Entscheides an begonnen und sodann ohne erhebliche Unterbrechung durchgeführt wird.»

Was als Baubeginn zu betrachten ist, wurde nicht gesagt. Genau gesehen hört auch nach Ablauf der Frist nicht «jede rechtliche Wirkung der Baubewilligung auf», denn das Vorliegen der Baubewilligung ist bisweilen bedeutsam für die Frage, ob das Gebäude baurechtgemäss oder baurechtswidrig sei (Rz 392 f). Bei der «Rechtskraft des gerichtlichen Entscheides» konnte 1893 nur ein Entscheid eines Zivilgerichtes gemeint sei, weil vor 1960 Instanzen fehlten, welche Baubewilligungen öffentlichrechtlich beurteilten und als gerichtliche Behörde zu deuten gewesen wären. Zum Problem der gemischtrechtlichen Normen siehe Rz 2260 f.

III. Zur Regelung im PBG

A. Zu den Materialien

1. Zur Fassung von 1975

2585 a) Da das Stillschweigen des alten Baugesetzes zur Frage, was als Baubeginn zu werten sei, als Mangel empfunden wurde, schlug die Baudirektion in ihrem Vorentwurf vom Dezember 1972 (Rz 1466) im 4. Titel mit der Überschrift «Das öffentliche Baurecht», im 2. Abschnitt mit der Überschrift «Das baurechtliche Verfahren», im Unterabschnitt C. mit der Überschrift «Der baurechtliche Entscheid» folgenden Text und Randtitel vor:

«Gültigkeit der Bewilligung
§ 290
Baurechtliche Bewilligungen erlöschen nach zwei Jahren, wenn nicht vorher mit den Arbeiten begonnen worden ist; bei Neubauten gilt der Aushub als Baubeginn. Vorbehalten bleibt der Widerruf nach allgemeinen verwaltungsrechtlichen Grundsätzen.
(Abs. II: bei mehr als einer erforderlichen Bewilligungen)
(Abs. III: bei Anfechtung)
(Abs. IV: bei Nebenbestimmungen)»

b)   Der Regierungsrat übernahm diesen Vorschlag in seinem Antrag an den Kantonsrat vom 5. Dezember 1972 (Rz 1467) im Wesentlichen, fügte jedoch im ersten Absatz noch den «Abbruch einer bestehenden Baute», «wo er vorausgesetzt ist», als Baubeginnsfall auf (jetzt § 294). 2586

c)   Der Kantonsrat (Rz 1468) stimmte der so modifizierten Fassung grundsätzlich zu (jetzt PBG § 322), strich jedoch den zweiten Satz mit dem Vorbehalt bezüglich Widerruf. 2587

d)   Mit der Annahme des PBG in der Volksabstimmung vom 7. September 1975 (Rz 1469) erhielt diese Fassung Gesetzeskraft. 2588

2.   Zur Revision von 1984

Obwohl die Revision von 1984 durch die Volksinitiative «Für eine einfachere Planung und weniger Bürokratie» (Rz 1595) ausgelöst worden war, blieb hievon PBG § 322 unberührt. 2589

3.   Zur Fassung von 1991

a)   Die Baudirektion schlug in ihrem Entwurf vom Februar 1988 (Rz 1601) noch keine Modifikation bezüglich PBG § 322 I vor. Desgleichen schwieg der Regierungsrat hiezu in seinem Antrag an den Kantonsrat vom 11. Oktober 1989 (Rz 1602). 2590

b)   Der Kantonsrat (Rz 1604) verlangte jedoch eine Verlängerung der Gültigkeitsfrist auf drei Jahre[1]. 2591

c)   Mit der Annahme der PBG-Revision in der Volksabstimmung vom 7. September 1991 erhielt die folgende Fassung Gesetzeskraft (Rz 1605): 2592

«Gültigkeit der Bewilligung
§ 322
Baurechtliche Bewilligungen erlöschen nach drei Jahren, wenn nicht vorher mit den Arbeiten begonnen worden ist; bei Neubauten gilt der Aushub oder, wo er vorausgesetzt ist, der Abbruch einer bestehenden Baute als Baubeginn.
(Abs. II: bei mehr als einer erforderlichen Bewilligungen)
(Abs. III: bei Anfechtung)
(Abs. IV: bei Nebenbestimmungen)»

---

[1]   Protokoll des Kantonsrates, 1997–1991, S. 13451.

B. Zur Auslegung von PBG § 322 I und zur Praxis hiezu

2593 1. Wegen des Passus betreffend Abbruch besitzt diese Vorschrift einen (mittelstark separiert) deklariert postfiniten Charakter von sektorieller Tragweite (Rz 842 f, 801 f). Hier geht es um den Wiederbau, «Wiederaufbau» im Sinne von Rz 203 f.

2594 2. Unter «Aushub» ist wohl das Auffahren der Aushubmaschinen verbunden mit erstem Schaufelschlag zu verstehen.

2595 3. Unter «Abbruch» ist wohl bereits das «Abhängen» der Wasser-, Strom-, Gasversorgungs- und Abwasserleitungen, ferner das Abdecken des Daches, Herausbrechen der Fenster usw. zu verstehen. Bei Änderungen ist dieser Zeitpunkt oft nicht so leicht feststellbar.

2596 4. Einmal begonnen sollte mit den Bauarbeiten nicht mehr längere Zeit aufgehört werden, sonst kommt PBG § 328 zum Zuge.

5. Kasuistik

2597 In der Stadt Zürich behandelte die Baupolizei während Jahren das Fällen von Bäumen, welche einem Neubau weichen mussten, als Baubeginn. Das hatte wegen PBG § 326, welcher den Baubeginn vor Vorliegen einer Baubewilligung verbietet, zur Folge, dass nach der Einreichung des Baugesuches für den Neubau diese Bäume nicht mehr gefällt werden durften, solange keine rechtskräftige Baubewilligung vorlag; ein Fällen war jedoch paradoxerweise erlaubt, bevor ein Baugesuch anhängig war und keine Unterschutzstellung erfolgt war. Das Stossende an diesem Standpunkt war, dass derjenige, welchen die Bäume im Hinblick auf sein Bauvorhaben störten, diese einfach vor Einreichung des Baugesuches fällen musste. Diese Praxis wurde jedoch vom ZH-Verwaltungsgericht mit Entscheid vom 15. Juni 1994 (Spross/Zürich-Höngg) als gesetzwidrig erklärt (ZH-RB 1994 Nr. 88, vom Bundesgericht am 28. Februar 1995 bestätigt).

PBG § 327 I: Zur Anzeigepflicht bei Abbrüchen

An sich sind Abbrüche ausserhalb der Kernzonen grundsätzlich nicht bewilligungsbedürftig; sie stellen auch keinen Baubeginn dar, wenn kein Baugesuch für eine Nachfolgebaute pendent ist (Rz 2547 f). Bisweilen werden aber Gebäude unversehens abgebrochen, um die Baubehörden damit vor ein Fait-accompli zu stellen. Das schafft bei erhaltenswürdigen Gebäuden in der Bevölkerung Unmut. Deshalb fügte der Kantonsrat in PBG § 327 I die folgende Regelung in den Antrag des Regierungsrates vom 5. Dezember 1973 (Rz 1467 f) ein:

«Baubeginn, Bauvollendung und die wesentlichen Zwischenstände sind der örtlichen Baubehörde rechtzeitig anzuzeigen, dass eine Überprüfung möglich ist; dies gilt sinngemäss für den Abbruch einer Baute ohne nachfolgenden Neubau.»

PBG § 346: Zur Planungszone

I. Ausgangslage[1]

2598   1.   In Rz 1946 ff ist dargelegt, wieso die Verhinderung der nachteiligen Beeinflussung noch ausstehender planungsrechtlicher Festlegungen durch Bauvorhaben im öffentlichen Interesse liegt. Dieses Ziel kann einerseits erreicht werden, indem die Baubehörde bei jedem eingehenden Baugesuch abklärt, ob das Vorhaben in einem Gebiet realisiert werden soll, in welchem die in Betracht kommenden planungsrechtlichen Festlegungen entweder noch nie stattgefunden haben, sei es, dass überhaupt noch keine Vorbereitungen in dieser Richtung getroffen worden sind, sei es, dass solche zwar an die Hand genommen worden, aber noch zu keinem rechtskräftigen Abschluss gelangt sind, oder sei es, dass rechtskräftige planungsrechtliche Festlegungen schon vorliegen, aber revisionsbedürftig sind. Hier ist dann jeweils entweder von Null an abzuklären, ob das Bauvorhaben die vorgesehene planungsrechtliche Festlegung nachteilig beeinflusst, oder aber die Abklärung kann unter Verwendung bereits vorhandener Unterlagen zur Vorbereitung der erstmaligen oder revisionsmässigen planungsrechtlichen Festlegung erfolgen. Dieses Vorgehen von Fall zu Fall beruht auf keinem besonderen Plan. Es gilt seit jeher im Kanton Zürich (im alten Baugesetz gemäss den §§ 129 und 20, im PGB gemäss den §§ 233 und 234, Rz 1958 f).

2599   2.   Daneben gibt es aber noch eine andere Möglichkeit der Verhinderung der nachteiligen Beeinflussung planungsrechtlicher Festlegungen durch Bauvorhaben: Es wird für ein «genau bezeichnetes Gebiet», in welchem man davon ausgeht, es fehle die fragliche planungsrechtliche Festlegung entweder noch ganz oder es sei eine solche zwar vorhanden, aber revisionsbedürftig, ein grundsätzliches Bauverbot statuiert. Es geschieht dies meistens mittels Einzeichnung in einer topographischen Karte (zB Massstab 1:1'000 oder 1:2'500), bisweilen auch durch Nennung von Punkten oder Linien im Gelände. Die so ausgeschiedenen Geländeteile sind, wenn es um die Sicherung künftiger Strassen oder Wege und Leitungen geht, strang-, band-, streifenförmig, wie im Allgemeinen die zwischen Baulinien gelegenen Geländeabschnitte (Rz 1751 ff), oder sie sind bei der Sicherung künftiger Wasserfassungs- und Abwassereinigungsanlagen, Schulhäuser, Spitäler, Friedhöfe usw. eher block-, klumpenförmig, wie im Allgemeinen die von einem Werkplan erfassten Geländeabschnitte (Rz 1842). Man kann hier ohne weiteres von der Schaffung einer besonderen Zone sprechen.

2600   3.   Der Vorteil der Von-Fall-zu-Fall- gegenüber der zonenmässigen Sicherungsmethode besteht für das Gemeinwesen darin, dass es das Verweigerungspotential je nach Bedürfnis quallenartig räumlich ausdehnen oder zurücknehmen kann; der Nachteil be-

---

[1] Zum Rechtsinstitut der Planungszone allgemein: Walter Haller/Peter Karlen, S. 80 ff; Christoph Fritzsche/Peter Bösch, S. 24 f; Heinz Aemisegger, Leitfaden, S. 108 f; Robert Wolf/Erich Kull, N. 262 ff, 310; Markus Sigrist, Die Bausperre unter besonderer Berücksichtigung des aargauischen Rechts, Aarau 1988.

steht darin, dass jedesmal wieder eine räumlich umfassende Beurteilung zu erfolgen hat. Der Vorteil der zonenmässigen Sicherungsmethode besteht für das Gemeinwesen darin, dass nicht jedesmal wieder eine räumlich umfassende Beurteilung stattzufinden hat, sondern dass man sich mehr oder weniger darauf beschränken kann, zu beurteilen, ob das Vorhaben inner- oder ausserhalb der Zone erfolgen soll; der Nachteil besteht jedoch darin, dass bei Weiterentwicklung der Planungsvorstellungen ausserhalb der Zone stattfindende nachteilige Beeinflussungen nicht verhindert werden können, obwohl hienach auch ein Bedürfnis besteht. Aus der Sicht des Bauaktiven eignet der planlichen Beurteilung der Vorteil, dass er im Voraus klarer sieht, was er zu gewärtigen hat. Ob ihm aber im Ergebnis die Von-Fall-zu-Fall- oder die zonenmässige Beurteilung mehr bauliche Möglichkeiten offen lässt, ist nicht allgemein zu beantworten.

II. Zu den Materialien

A. Zum Bundesrecht

1. Der Vorläufer von PBG § 346 liegt nicht im zürcherischen, sondern im Bundesrecht. Die zonenmässige Beurteilung ist die zuerst im Bundesgesetz über die Nationalstrassen (SR 725.11) von 1960 in den Art. 14–18 mit dem als Projektierungszone bezeichneten Rechtsinstitut verwendete Methode zur Verhinderung einer nachteiligen Beeinflussung (Rz 4116 f). Dem folgte dann Art. 36 des Bundesgesetzes über die Raumplanung vom 4. Oktober 1974 (gegen welches das fakultative Referendum ergriffen worden ist, mit nachfolgender Verwerfung in der Volksabstimmung vom 13. Juni 1976, Rz 3252 f) mit dem als Planungszone bezeichneten Rechtsinstitut. 2601

Art. 36 des verworfenen Raumplanungsgesetzes lautete mit dem Randtitel «Planungszonen» wie folgt:

«Die nach kantonalem Recht zuständige Behörde kann bis zum Erlass oder während der Revision von Gesamtrichtplänen oder Nutzungsplänen für genau bezeichnete Gebiete Planungszonen festlegen, innerhalb derer keine baulichen Veränderungen oder sonstigen Vorkehren getroffen werden dürfen, die der im Gange befindlichen Planung widersprechen.
Die zuständigen Behörden des Bundes können nach Anhören der Kantone Planungszonen festlegen, um die Erfüllung der Aufgaben des Bundes, die Koordination zwischen den Kantonen und die Berücksichtigung interkantonaler Interessen zu sichern.
Die Planungszonen dürfen für längstens fünf Jahre verfügt werden. Soweit nötig, kann die Frist um drei Jahre verlängert werden.»

2. Im Bundesgesetz über die Raumplanung vom 22. Juni 1979 (Rz 3258 ff) wurde für die Verhinderung einer nachteiligen Beeinflussung noch ausstehender planungsrechtlicher Festlegungen wiederum die zonenmässige Beurteilung gewählt, dies im Sinne einer Minimalvorschrift für die ganze Schweiz: 2602

«Planungszonen
Art. 27
Müssen Nutzungspläne angepasst werden oder liegen noch keine vor, so kann die zuständige Behörde für genau bezeichnete Gebiete Planungszonen bestimmen. Innerhalb der Planungszonen darf nichts unternommen werden, was die Nutzungsplanung erschweren könnte.
Planungszonen dürfen längstens für fünf Jahre bestimmt werden; das kantonale Recht kann eine Verlängerung vorsehen.»

Hier fehlt der Passus «bauliche Veränderungen oder sonstige Vorkehren». Insoweit handelt es sich hier nicht um deklariert postfinites Baurecht; jedoch ist im Wort «nichts» (= nicht etwas) doch ein solcher, wenn auch sehr weiter Bezug vorhanden.

2603   3. Für diese Planungszonen gelten die allgemeinen Erfordernisse an öffentlich-rechtliche Eigentumsbeschränkungen: Erfordernis des gesetzlichen Grundlage, des ausreichenden öffentlichen Interesses, der Verhältnismässigkeit und – bei Vorliegen einer materiellen Enteignung – die Entschädigungspflicht. Wie es sich mit den drei erstgenannten Erfordernissen verhält und dass sie im Allgemeinen erfüllt sind, gelangt in BGE 105 Ia 223 ff (Josef Müller, Erlenbach/ZH) sowie BGE 113 Ia 362 ff (Silvaplana/GR) zum Ausdruck.

B. Zur Regelung im zürcherischen Recht

1. Zur Regelung im alten Baugesetz

2604   Aus den Ausführungen in Rz 2601 ergibt sich, dass die zonenmässige Beurteilung der Verhinderung der nachteiligen Beeinflussung bevorstehender Planungsfestlegungen im Kanton Zürich (abgesehen vom Nationalstrassenrecht nach 1960) unbekannt war. Dem Anliegen wurde, soweit rechtlich zulässig, von Fall zu Fall Rechnung getragen. Rz 1958 ff.

2. Zur Regelung im PBG

a) Zur Fassung von 1975

2605   α) Als die Baudirektion ihren Vorentwurf für ein neues Baugesetz, das spätere PBG, vom Dezember 1972 (Rz 1466) vorlegte, ging sie davon aus, dass entsprechend dem Antrag des Bundesrates für das neue eidgenössische Raumplanungsgesetz die Frage der Verhinderung der nachteiligen Beeinflussung bevorstehender Planungen materiell gesamtschweizerisch geregelt werde. Die Baudirektion beschränkte sich deshalb darauf, in PBG § 26 II für die Festlegung der «bundesrechtlichen Planungszonen» die Baudirektion für zuständig vorzuschlagen.

2606   β) Der Regierungsrat tat das Gleiche, als er dem Kantonsrat am 5. Dezember 1973 seinen Antrag vorlegte (Rz 1467), jetzt allerdings im Sammelparagraph für die Zuständigkeiten § 1 lit. b. Daneben erklärte er in PBG § 314 II, dass, wenn die Fristen für die Aufstellung der Gesamtrichtpläne nicht eingehalten werden und ihre Erstreckung abgelehnt wird, «die ausstehenden Planungen durch bundesrechtliche Planungszonen zu sichern» seien.

2607   γ) Als jedoch nach der Verabschiedung des RPG in der Bundesversammlung am 4. Oktober 1974 hiegegen das Referendum ergriffen worden war und sich dabei die Kritik unter anderem auch gerade gegen die Planungszonen richtete, ergänzte der Regierungsrat seinen Antrag vom 5. Dezember 1973 für das künftige PBG (Rz 1467) durch den Einbezug von Art. 36 der RPG-Vorlage vom 4. Oktober 1974 (Rz 2601). Es geschah dies mit dessen Aufnahme als PBG § 346 in den VII. Titel mit der Überschrift «Einführungs- und Schlussbestimmungen», im 1. Abschnitt mit der Überschrift «Einführungsbestimmungen». Inhaltlich unterschied sich diese Vorschrift von RPG Art. 36 nur im zweiten Absatz, wo für die Festlegung der Planungszonen der Staat (gleich Kanton) zuständig erklärt wurde; gleichzeitig verpflichtete PBG § 346 den Staat, «begründeten Festlegungsbegehren untergeordneter Planungsträger zu entsprechen». Daneben wurde empfohlen in § 314 II (jetzt PBG 342 II) das Wort «bundesrechtlich» zu streichen. Der Kantonsrat (Rz 1468) folgte dem Antrag des Regierungsrates vollumfänglich.

δ) Diese Regelung erhielt mit der Annahme des PBG in der Volksabstimmung vom 9. September 1975 (Rz 1469) Gesetzeskraft. In der gesamtschweizerischen Volksabstimmung vom 13. Juni 1976 wurde das RPG vom 1974 verworfen. PBG § 346 wie auch § 342 wurden hievon aber nicht betroffen. 2608

b) Zur Fassung von 1984

α) Im Hinblick auf die Revision von 1984 beantragte der Regierungsrat dem Kantonsrat am 14. Juli 1982 (Rz 1595), die Möglichkeit der Verlängerung der Geltung der Planungszone von fünf auf acht Jahre so einzuschränken, dass «nach Ablauf der Frist … die fehlende planungsrechtliche Baureife nur noch geltend gemacht werden (kann), soweit die rechtzeitig erlassene Planungsmassnahme wegen Rechtsmitteln noch nicht in Kraft gesetzt werden kann». Der Zweck dieser Modifikation war die Anpassung an die neue Regelung betreffend die Von-Fall-zu-Fall-Verweigerungsmöglichkeit der PBG §§ 233–235 (Rz 1965 ff). 2609

β) Der Kantonsrat schloss sich diesem Antrag vorbehaltslos an. Deshalb erlangte er mit der Annahme der Revision in der Volksabstimmung vom 24. Mai 1984 Gesetzeskraft. 2610

c) Zur Fassung von 1991

α) Die Baudirektion sah in ihrem Entwurf vom Februar 1988 (Rz 1601) noch keine Modifikationen bei PBG § 346 vor. Hingegen erachtete es der Regierungsrat in seinem Antrag an den Kantonsrat vom 11. Oktober 1989 (Rz 1602) für angezeigt, wahrscheinlich infolge des inzwischen durchgeführten Vernehmlassungsverfahrens, die ordentliche Geltungsdauer der Planungszonen, ähnlich wie in PBG § 235 (Rz 1965 f), von fünf auf drei Jahre herabzusetzen; eine Verlängerung sollte nur noch um zwei (statt bisher drei) Jahre möglich sein; nach Ablauf der Frist sollte die fehlende planungsrechtliche Reife wiederum nur noch geltend gemacht werden dürfen, «soweit die rechtzeitig erlassene Planungsmassnahme wegen Rechtsmitteln noch nicht in Kraft gesetzt werden kann». Der Kantonsrat stimmte dem Antrag des Regierungsrates vorbehaltslos zu. 2611

β) Mit der Annahme der Revision in der Volksabstimmung vom 1. September 1991 (Rz 1605) erhielt der folgende Text Gesetzeskraft: 2612

«C. Planungszonen
§ 346
Bis zum Erlass oder während der Revision von Gesamtrichtplänen oder Nutzungsplänen können für genau bezeichnete Gebiete Planungszonen festgesetzt werden, innerhalb deren keine baulichen Veränderungen oder sonstigen Vorkehrungen getroffen werden dürfen, die der im Gang befindlichen Planung widersprechen.
Für die Festlegung von Planungszonen ist der Staat zuständig. Er hat begründeten Festlegungsbegehren untergeordneter Planungsträger zu entsprechen.
Die Planungszonen dürfen für längstens drei Jahre festgesetzt werden. Soweit nötig, kann die Frist um zwei Jahre verlängert werden.
Nach Ablauf der Frist darf die fehlende planungsrechtliche Baureife nur noch geltend gemacht wer-

den, soweit die rechtzeitig erlassene Planungsmassnahme wegen Rechtsmitteln noch nicht in Kraft gesetzt werden kann.»

2613 γ) In der Revisionsvorlage des Regierungsrates vom 24. Oktober 1995, zurückgewiesen gemäss Rz 1731 f, wurde für PBG § 346 lediglich die Neubezifferung des Randtitels vorgesehen (vorgeschlagen war «3.» statt «C.»)

III. Zur Auslegung von PBG § 346 und zur Praxis hiezu

A. Zu den schützbaren Planungen

2614 1. Die PBG §§ 233 und 234 wollen zwar die «nachteilige Beeinflussung künftiger planungsrechtlichen Festlegungen», PBG § 346 aber «Widersprüche zu im Gang befindlichen Planungen» verhindern. Sie verfolgen aber den gleichen Schutzzweck. Es verhält sich weder so, dass das eine Rechtsinstitut nur die «Richt- und Nutzungsplanung», das andere nur das «Baupolizeirecht» noch das eine Rechtsinstitut nur die PBG/RPG-Einführungs-, das andere nur die nachfolgende Phase noch das eine Rechtsinstitut nur die erstmalige Festsetzung das andere nur spätere Revisionen hievon vor einer nachteiligen Beeinflussung schützen soll (RB 1983 Nr. 93, Rz 1980). Es handelt sich vielmehr, obwohl PBG § 346 im Abschnitt mit der Überschrift «Einführungsbestimmungen» steht, um ein durchgängiges Nebeneinander in dem Sinne, dass mit Planungszonen «Gebiete», also eher weit gefasste Raumausschnitte, mit den PBG §§ 233 f eher nur einzelne «Grundstücke», also eher enger gefasste Raumausschnitte erfasst werden sollen. An dieser Ausgangslage sollte auch die vom Regierungsrat dem Kantonsrat für die Revision von 1984 (Rz 1967 f) beantragte Neufassung von PBG §§ 233 f nichts Neues bringen; Zweck hievon war lediglich, die Vorschrift zu «vereinfachen und (zu) kürzen»[2,3].

2615 2. Die Baudirektion erklärte in einem Kreisschreiben an die Gemeinden und Regionalplanungsgruppe vom 16. Mai 1987 (also nach der Revision von 1984, aber noch vor derjenigen von 1991) auf S. 26 f:

> «Mit der Inkraftsetzung der Bestimmungen über die planungsrechtliche Baureife[4] entfällt weitgehend die Notwendigkeit, zur Planungssicherung Planungszonen festzusetzen. Wann und unter welchen Voraussetzungen dennoch zum Instrument der Planungszone gegriffen werden soll, wird im Einzelfall zu entscheiden sein. Allgemein kann festgehalten werden, dass die Anordnung einer Planungszone vor allem dann zweckmässig sein dürfte, wenn die ausstehende Planung ein flächenmässig ausgedehntes Gebiet erfasst, schon geringfügige Bauvorhaben die Ausgestaltung der Planung nachhaltig zu beeinflussen vermögen und im fraglichen Gebiet ein grösserer Baudruck herrscht. Bei Erfüllung dieser Voraussetzungen dürfte es sich in der Regel als dienlich erweisen, wenn sofort und für das ganze Planungsgebiet abgeklärt wird, ob und wie weit die beabsichtigte Planung durch einstweilige Eigentumsbeschränkungen gesichert werden könnte.»

---

[2] Amtsblatt, 1982, S. 1012.
[3] Nicht mehr so eindeutig war jedoch die Rechtslage seit dem sich 1984 aus den Beratungen im Kantonsrat ergebenden Text. Rz 1967 ff.
[4] PBG §§ 233 und 234 galten seit 1. Januar 1978, PBG § 346 jedoch schon seit dem 1. April 1976.

3. Der Regierungsrat bezeichnete in RRB Nr. 3878/1980 (BEZ 1981 Nr. 6) die Festsetzung einer Planungszone zur Sicherung der Auszonung in einer zu gross dimensionierten Bauzone als geeignet. 2616

Gemäss RRB Nr. 3877/1994 (BEZ 1995 Nr. 5) scheint die Sicherung einer vorgesehenen Quartiererhaltungszone durch eine Planungszone möglich zu sein. Vgl. allerdings den Fall Jakobsbrunnen/Winterthur in FN 6.

B. Zu den schützbaren Gebieten

Es wurde schon die Auffassung vertreten, die Festsetzung von Planungszonen nach PBG § 346 über grob erschlossene Parzellen sei unzulässig. Gemäss BGE 105 Ia 223 ff, 233 (Josef Müller, Erlenbach/ZH) können jedoch Planungszonen über überbaute, baureife, groberschlossene und noch nicht erschlossene Parzellen festgesetzt werden. 2617

C. Zum erforderlichen Entwicklungsstand der schützbaren Planung

Gemäss RB 1984 Nr. 97 gilt die für die PBG §§ 233 f geltende Voraussetzung, dass die vorgesehene Änderung der planungsrechtlichen Festlegung in ihren groben Zügen erkennbar sein muss (Rz 1981), für die Verweigerung von Vorhaben innerhalb der Planungszone nicht; «hier ist das Bauverbot die Regel, und eine Baubewilligung darf nur bei Vorliegen bestimmter Umstände erteilt werden.» 2618

D. Zu den verhinderbaren Vorkehrungen

1. Weil PBG § 346 an die «baulichen Veränderungen und sonstigen Vorkehren» anknüpft, könnte man fürs Erste meinen, es gehe hier vor allem um eine deklariert postfinite Vorschrift. Es ist aber doch wohl selbstverständlich, dass hiermit vor allem primäre Neubauten erfasst werden sollen, bauliches und bewerbsmässiges Ändern sowie sekundäres Neubauen erst in zweiter Linie[5]. 2619

2. Kleine Um-, Auf- und Anbauten sowie eine geringfügige Intensivierung, Ausweitung von Bewerbungen oder Auswechslung einer solchen werden zwar im Allgemeinen weniger der Festlegung einer im Gange befindlichen Planung widersprechen; ganz ausgeschlossen ist das Entstehen eines Widerspruches aber trotzdem nicht. Zu einem solchen kann es insbesondere dann kommen, wenn für das Gebiet die vollständige Freihaltung von Gebäuden und anderen Bauten, zB eine Freihaltezone, oder eine Zone mit besonders niedrigem Immissionspegel vorgesehen ist. Hier geht es immer um die Verhinderung eines faktischen Verhaltens. 2620

3. Der Regierungsrat erklärte es aber auch als zulässig, mittels einer Planungszone ein Quartierplanverfahren (Rz 3101 f) über ein Gebiet gegen den Willen der Eigentümer 2621

---

[5] Das Wort «Veränderung» wird hier ausnahmsweise so verwendet, dass es sowohl die Änderung bestehender Gebäude als auch deren erstmalige Erstellung erfasst. Die «Veränderung» ist hier auch als eine solche gegenüber dem Zustand des Nichtüberbautseins zu verstehen. Vgl. die Vorstellung von «Eingriffe» in Rz 215 f.

zu sistieren, wenn das Quartierplanverfahren einer vorgesehenen Auszonung widerspricht (Geschäftsbericht 1977, Grundsätzlicher Entscheid Nr. 13, RRB 5228/1977). Eingeschränkt wird hier ein normatives Geschehen (Quartierplanverfahren).

E. Zur (Nicht-)Wiederholbarkeit von Planungszonen gemäss PBG § 346

2622 Die Baurekurskommission I lehnte im Entscheid BEZ 1986 Nr. 14 eine Wiederholung, «Kumulation» von Planungszonen zur Verlängerung der Bausperre ab. Das ZH-Verwaltungsgericht nahm jedoch in RB 1992 Nr. 64 differenzierter hiezu Stellung: «Die Planungspflicht der Gemeinden, die ständigen Veränderungen in den Auffassungen von Politikern und Planern, andere Bedürfnisse, neue Umweltbelastungen, gewandelte Wertvorstellungen der Bevölkerung, revidierte übergeordnete Planungen usw. (sprechen) gegen eine zu enge Auslegung von § 346 IV PBG.» Verhindert werden soll lediglich, dass einem Bauaktiven über die Frist von PBG § 346 hinaus fehlende planungsrechtliche Baureife «aufgrund des Sachverhaltes entgegengehalten wird, der zur Festlegung der Planungszone geführt hatte».

F. Zur Verweigerung gemäss PBG §§ 233 und 234 nach Ablauf der Planungszone gemäss PBG § 346

2623 Gemäss dem Entscheid der Baurekurskommission III in BEZ 1986 Nr. 15 darf auch nach Ablauf einer Planungszone ein Bauvorhaben wegen nachteiliger Beeinflussung eines noch nötigen Quartierplanverfahrens (Rz 3101 f) verweigert werden; die Planungszone diene nur öffentlichen Interessen (vor allem der Sicherung von Auszonungen, Umzonungen, Änderungen der Bauvorschriften und Festsetzung von Gestaltungsplänen); das Quartierplanverfahren wahre jedoch auch die privaten Belange der benachbarten Grundeigentümer; diese sind durch PBG §§ 233 und 234 (Rz 1975 f) schützbar.

G. Zur Dauer der Bausperre nach PBG § 346, insbesondere bei Vorkommen von Bausperren aus anderen Gründen

2624 Von 1976 bis 1984 konnte eine Bausperre fünf Jahre, bei Verlängerung acht Jahre gelten, von 1984 bis 1991 grundsätzlich nur noch fünf Jahre, darüber hinaus nur bei Pendenz von Rechtsmitteln gegen rechtzeitig festgesetzte Planungsmassnahmen, seither kann sie nur noch drei Jahre, bei Verlängerung fünf Jahre, darüber hinaus ebenfalls nur bei Pendenz von Rechtsmitteln gegen rechtzeitig festgesetzte Planungsmassnahmen gelten (Rz 1975 f).

Der Regierungsrat erklärte die Verlängerung der Geltungsdauer einer Planungszone über fünf Jahre hinaus als zulässig, obwohl die Parzellen früher der Schutzzone I gemäss Bundesbeschluss über dringliche Massnahmen auf dem Gebiete der Raumplanung (Rz 3253, 3772 mit FN 8) zugewiesen waren (RRB Nr. 179/1983, BEZ 1983 Nr. 7 [vor der Revision von 1984!]). Der Gedanke der Anrechnung der früheren Bausperre auf die Maximalfrist wurde also abgelehnt.

H. Zum Verhältnis von PBG § 346 zu RPG Art. 27

Während PBG § 346 auf alle «baulichen Veränderungen oder sonstigen Vorkehrungen» anwendbar ist, trifft dies für RPG Art. 27 für alles zu, «was die Nutzungsplanung erschweren könnte». 2625

Dass der als Minimalvorschrift des Bundes für das kantonale Recht zu bewertende RPG Art. 27 einen umfassenderen Anwendungsbereich als PBG § 346 aufweist, ist unwahrscheinlich; eher trifft wohl das Gegenteil zu.

I. Zum Verhältnis zu den bereits erteilten Baubewilligungen

Nach Auffassung des Regierungsrates kann eine früher erteilte Baubewilligung auch nach der Festsetzung einer Planungszone ausgeübt werden (Geschäftsbericht 1978, Grundsätzlicher Entscheid Nr. 10, RRB Nr. 4219/1978). 2626

K. Planungszone nach PBG § 346 und Natur- und Heimatschutzmassnahme

Gemäss dem Entscheid des Verwaltungsgerichtes vom 27. November 1997 (ZBl 1998 S. 336, 340) ist die Planungszone nach PBG § 346 «grundsätzlich keine Massnahme des Natur- und Heimatschutzes im Sinne von § 205 PBG»[6]. 2627

L. Zur Zuständigkeit

Während eine Bausperre gemäss PBG §§ 233 und 234 erstinstanzlich durch die örtliche Baubehörde ausgesprochen wird, steht die Festsetzung einer Planungszone erstinstanzlich in der alleinigen Kompetenz der Baudirektion (PBG § 2 lit. b). In ein bis zum Bundesgericht geführtes Verfahren gibt BGE 105 Ia 223 ff (Josef Müller, Erlenbach/ZH) interessante Einblicke. 2628

M. Zum Entzug der aufschiebenden Wirkung

Es ergibt sich aus Sinn und Zweck des Institutes der Planungszone, dass die verhängte provisorische Eigentumsbeschränkung sofort wirksam werden muss, auch wenn ihre Berechtigung auf dem Rechtsmittelweg von einzelnen Eigentümern bestritten wird, es 2629

---

[6] Das wurde vom ZH-Verwaltungsgericht in einem Entscheid vom 27. November 1997 als weiteres Argument dafür vorgebracht, dass die Unterschutzstellung der Liegenschaft Jakobsbrunnen zu Unrecht vom Stadtrat Winterthur aufgehoben worden sei; der Stadtrat hatte zur Vermeidung der auf die Stadt zukommenden Entschädigungsverpflichtung etwa gleichzeitig die Festsetzung einer Planungszone beantragt; dies geschah allerdings im Hinblick auf die Einführung einer Quartiererhaltungszone; dieser sprach das Verwaltungsgericht jedoch eine denkmalschützerische Zielsetzung ab (Rz 3101 f). Das Bundesgericht, I. öffentlichrechtliche Abteilung, wies mit Entscheid vom 28. April 1998 (1P.98/1998) die staatsrechtliche Beschwerde des Stadtrates hiegegen ab. In PBG aktuell 1998 Heft 4 S. 16 ff besprochen von Thomas Dreifuss, ferner von Andreas Kaiser in: PBG aktuell 1999 Heft 2 S. 5 ff. Rz 1384 mit FN 41.

wäre denn, die planungsrechtliche Festlegung, welche mit der Planungszone geschützt werden soll, sei offensichtlich unzulässig (Geschäftsbericht des Regierungsrates 1978, Grundsätzlicher Entscheid Nr. 11, RRB Nr. 485/1978, bestätigt durch das Bundesgericht, Staatsrechtliche Kammer, Entscheid vom 22. Mai 1978, in: BlZR 1978 Nr. 56).

N. Zur Frage der materiellen Enteignung

2630 Die Festlegung einer auf eine Geltungsdauer von fünf Jahren (ja sogar wie vor 1984 auf acht Jahre) beschränkten Planungszone dürfte kaum je zu einer materiellen Enteignung Anlass geben[7]. Das gilt erst recht, wo es nur um die Verweigerung von baulichen und bewerbsmässigen Änderungen geht (Rz 1319 mit FN 32 f).

PBG § 357 I–III: Zur globalen, stark separiert deklariert postfiniten Regelung

Hiezu wird auf die Ausführungen in Rz 1413–1748 verwiesen. 2931

PBG § 357 IV: Zu den Energiesparvorkehrungen

I. Ausgangslage

1.　Ende der Sechzigerjahre und in den Siebzigerjahren nahm, wie schon in Rz 2082 2932 und 2427 angedeutet, in der Öffentlichkeit das Bewusstsein stark zu, dass mit den vorhandenen Energiequellen haushälterischer umgegangen werden müsse als bisher, nicht nur um die Ressourcen auch für die Nachwelt zu sichern, sondern auch um die Luft, das Wasser und den Boden vor Verunreinigung zu schützen und einer Zerstörung der die Erde umgebenden, für das Klima wichtigen Ozon- bzw. einer Verdichtung der CO_2-Schicht (Treibhauseffekt!) vorzubeugen. Verschiedentlich entschlossen sich Eigentümer, ihre Gebäude zur Einsparung von Erdöl und/oder Strom bei der Beheizung und Warmwasserzubereitung besser gegen den Wärmeverlust zu isolieren und die Sonnenenergie zweckmässig einzusetzen. Dazu sind Vorkehrungen nötig wie: Anbringung einer zusätzlichen Isolationsschicht an den Umfassungsmauern und sowie auf oder in der Dachhaut von Gebäuden; Einglasung bisher offener Gebäudeteile wie Balkone, Veranden, Vorplätze; Anbringung von Sonnenkollektoren.

2.　Nach der Terminologie von Rz 142 f handelt es sich hier entweder um Renovationen 2933 (Rz 177) oder um Montierungen (Rz 178) oder – bei der Einglasung von Balkonen, Veranden Vorplätzen usw. – um An-, eventuell auch Aufbauten (Rz 190 f).

Wo die Isolations-, Sonnenenergieverwertungs- und weiteren Vorkehrungen bestehende Gebäude betreffen, welche bereits auf den letzten Zentimeter die Grenz- und Gebäudeabstandsminima bzw. die Gebäudehöhen-, Firsthöhen- und Gebäudelängenmaxima bzw. die Maxima der Überbauungs-, Ausnützungs- oder Baumassenziffern ausschöpfen oder gar unter- bzw. überschreiten, weil bei ihnen zur Zeit der Erstellung noch lockerere Vorschriften galten, dort ist für die Realisierung der erwähnten Vorkehrungen, selbst unter Beanspruchung von Toleranzen, oft kein freier Raum mehr vorhanden. Vielleicht wird durch die Isolationen und die Installation von Sonnenkollektoren auch das Strassen-, Orts- oder Landschaftsbild beeinträchtigt (PBG § 238, Rz 2058a).

3.　Nun haben offenbar verschiedentlich Baubehörden Gesuche um Bewilligung sol- 2934 cher Isolations-, Sonnenenergieverwertungs- und weiteren Vorkehrungen unter Anwendung der vorerwähnten Maxima und Minima verweigert oder es haben Nachbarn nach erteilter Baubewilligung diese wegen Verletzung der Minima bzw. Maxima angefochten. Auf jeden Fall erscholl in der Folge bei den Bauaktiven und in den Medien verschiedentlich der Ruf nach einer Revision des Baurechts in dem Sinne, dass juristische Erschwernisse für die Realisierung von solchen Energiesparmassnahmen zu beseitigen seien. Es ging dabei aber nicht nur darum, den Eigentümern bestehender Gebäude zur Realisierbarkeit ihrer Vorhaben zu verhelfen, sondern auch darum, diejenigen, welche Neubauten errichten wollten und zu solchen Vorkehrungen bereit waren, nicht dadurch zu «bestrafe»[1], dass sie entsprechend weniger Wohn- und Arbeitsflächen erstellen konnten.

II. Zu den Materialien

2935   1.   Diese Ausgangslage führte schliesslich dazu, dass der Regierungsrat dem Kantonsrat am 12. August 1981 die Festsetzung eines Gesetzes über die Energieversorgung (Energiegesetz, Rz 3175 f) beantragte[2].

Aus diesem Antrag interessieren im Zusammenhang mit der vorliegenden Arbeit zwei das PBG betreffende Revisionsvorschläge in ursprünglich § 18, später § 19 der Schlussbestimmungen.

Hienach sollte einerseits PBG § 239 II zweiter Satz (Fassung von 1975, Rz 2082 f) in dem Sinne ergänzt werden, dass es jetzt zusätzlich heisst (neuer Text *kursiv*)[3]:

> «*Im Hinblick auf einen möglichst geringen Energieverbrauch sind Bauten und Anlagen ausreichend zu isolieren sowie* Ausstattungen und Ausrüstungen fachgerecht zu erstellen und zu betreiben.»

2936   Anderseits war folgende Einschiebung in PBG § 357 (Fassung von 1975) als vierter Absatz beantragt[4]:

> «Bauvorschriften, die eine zweckmässige Anpassung bestehender Bauten und Anlagen an Vorschriften im überwiegenden öffentlichen Interesse nicht zulassen, können durch Verordnung entsprechend gemildert werden. Nachbarn dürfen nicht unzumutbar benachteiligt werden. Solange keine Verordnung darüber besteht, sind Anpassungen im Einzelfall zulässig.»

Der Regierungsrat erklärte hiezu, dass mit den Vorschriften im überwiegenden öffentlichen Interesse «zB Energiesparvorschriften» zu verstehen seien. Weiter hiess es dann nur noch: «Im übrigen bedürfen die Schlussbestimmungen keiner besonderen Erläuterung.» In der parlamentarischen Beratung gab § 18 bzw. neu § 19, im Unterschied zu mehreren anderen Regelungen, wie meistens bei den Schlussbestimmungen, zu keinen Diskussionen und Modifikationen mehr Anlass. Er wurde mit der Volksabstimmung vom 19. Juni 1983 zum definitiven Text[5].

2937   2.   Nach der Annahme des Energiegesetzes (und damit der Revision des PBG in den §§ 239 und 357) ergänzte der Regierungsrat gestützt auf PBG § 309 lit. h die Verordnung über die ordentlichen technischen und übrigen Anforderungen an Bauten, Anlagen, Aus-

---

[1]   Das ist die übliche Redeweise in solchen Situationen. Mit einer Bestrafung hat dies allerdings nichts zu tun, wenn man den Begriff der Strafe nicht ungebührlich auf jede unwillkommene Regelung ausweiten will.
[2]   Kantonales Amtsblatt, 1981, S. 1397 ff.
[3]   Bei der PBG-Revision von 1991 wurde der zweite zum dritten Absatz.
[4]   Kantonales Amtsblatt, 1981, S. 1410. Infolge der RPG-bedingten Einschiebung eines weiteren Absatzes in PBG § 357 bei der Revision von 1984 (Rz 1595) nach dem bisherigen zweiten Absatz wurde dieser Absatz vorübergehend zum fünften Absatz. Infolge der Streichung des zweiten Absatzes (Fassung von 1975) bei der Revision von 1991 kehrte der Absatz wieder an seine frühere Stelle als vierter Absatz zurück.
[5]   Offizielle Sammlung, Band 48, S. 757, LS 730.1. Vgl. auch Energieverordnung vom 6. November 1985 (LS 730.11). Rz 1594.

stattungen und Ausrüstungen, kurz Besondere Bauverordnung I geheissen, vom 6. Mai 1981 (LS 700.21, mehrfach revidiert), in den §§ 15–18 (Wärmedämmung), 23 und 42–49 (energierechtliche Bestimmungen); diese beziehen sich für Gebäude im Wesentlichen auf die Verpflichtung, bei der Erstellung von Gebäuden und wohl auch bei grösseren baulichen Änderungen den «Wärmeleistungsbedarf» zu bestimmen (§ 23) sowie auf die individuelle Heizkostenabrechnung mit Pflicht zur Installation von Geräten zur Erfassung des individuellen Wärmeverbrauchs und den Abrechnungsmodus.

3.   Diese Ergänzungen erfolgten sieben Jahre vor der Aufnahme des Energieartikels Art. 24^{octies} in die Bundesverfassung gemäss Abstimmung vom 23. September 1990 (Rz 3175). Obwohl diese neue bundesrechtliche Regelung den sparsamen Energieverbrauch zu ihrem Hauptgegenstand hat, mehr als eine blosse Grundsatzgesetzgebungskompetenz wie BV Art. 22^{quater}, neu BV Art. 75, bezüglich Raumplanung darstellt und im vierten Absatz dritter Satz erklärt: «Massnahmen betreffend den Verbrauch von Energie in Gebäuden werden vor allem von den Kantonen getroffen», halte ich dafür, dass weiterhin sowohl PBG § 239 III und § 357 IV Regelungen sind, welche unmittelbar auf der kantonalen «Souveränität» beruhen und nicht Ausführungsrecht des Bundes bilden.

2938

III. Zur Auslegung von PBG § 357 IV in der Fassung von 1983/1991 und zur Praxis hiezu

A.   Allgemeines

Es war falsch, die in Rz 2935 zitierte Regelung im Sog des neuen Energiegesetzes in PBG § 357 einzufügen, ohne im Text auch nur den geringsten Hinweis anzubringen, um was für eine Materie es sich im Einzelnen handelt[6]. Wer einfach PBG § 357 IV liest, erfährt nicht, dass die Regelung durch das Energiegesetz eingeführt wurde. Weder der Paragraph selbst noch sein Kontext enthalten den geringsten Hinweis darauf, dass es sich hier um die Thematik des Energiesparens handelt. Es könnte hier gerade so gut um Milderungen der Bauvorschriften zur Förderung der Brandsicherheit, des Gewässerschutzes, der Lärmbekämpfung, des Baues von Alterswohnungen, des Denkmalschutzes, des Ausbaues des öffentlichen Verkehrs, zur Schaffung von Arbeitsplätzen, der Unterstützung der Exportindustrie usw. gehen. All dem können Bauvorschriften ebenfalls hinderlich sein. Rz 2950.

2939

B.   Zum ersten Satz

1.   Allgemeines

Im ersten Satz von PBG § 357 IV handelt es sich noch nicht um Verbote und Gebote an Bauaktive, sondern um die *Festlegung des Zuständigkeitsrahmens für das mit der Verordnungskompetenz ausgestattete Organ*. Verbote und Gebote ergeben sich erst auf dem

2940

---

[6]   Dass durch diese Einschiebung der ohnehin verwirrende PBG § 357 noch undurchsichtiger wurde, ist in Rz 1741 dargelegt.

Umweg über eine festgesetzte Verordnung (Rz 2962 f), also von PBG § 357 IV dritter Satz, § 239 III zweiter Satz (Rz 2082 ff), § 295 (Rz 2427 ff), die Allgemeine Bauverordnung (Rz 2948 mit FN 7), die Besondere Bauverordnung I (Rz 2952 mit FN 9) sowie die Energiesparvorschriften des Bundes (Rz 4126).

2. Zu den «bestehenden Bauten und Anlagen»

2941 a) Hiezu verweise ich fürs Erste auf Rz 1472 f. Es handelt sich hier doch wohl nur um Gebäude. Ich sehe nicht, wie zB bei beheizten offenen Schwimmbädern ein Bedürfnis nach Milderung der «Bauvorschriften» aus Energiespargründen bestehen könnte.

2942 b) PBG § 357 IV ist wegen des Passus «bestehend» nicht auf die Errichtung von Neubauten anrufbar. Es handelt sich hier um eine Lockerungsregelung nach Rz 810.

2943 c) Es kann sich hier um Gebäude handeln, welche nur gerade den Anforderungen an die Isolation und Fachgemässheit von Ausstattungen und Ausrüstungen gemäss PBG § 239 III zweiter Satz sowie der auf PBG § 359 lit. d und h und Energiegesetz § 17 abgestützten Verordnungen und deshalb auch im Sinne von PBG 357 I den «Bauvorschriften widersprechen». Es kann sich aber auch um Gebäude handeln, welche darüber hinaus weiteren Bauvorschriften widersprechen. Nicht anwendbar ist m.E. die Regelung auf Gebäude, welche bereits genügend isoliert sind und fachgemäss erstellt worden sind und jetzt fachgemäss betrieben werden, wenn der Bauaktiv nur noch eine weitere Perfektionierung oder Erprobung von alternativen Energiequellen anstrebt (Rz 2949) oder er frei werdende Ausnützbarkeit herausholen will. Dies geht m.E. auch dann nicht, wenn der Nachbar dadurch nicht unzumutbar benachteiligt würde.

– Das ZH-Verwaltungsgericht erklärte allerdings in seinem Entscheid vom 16. Mai 1991 (BEZ 1991 Nr. 11 = Nr. 21, unter Weglassung des sich auf die Besitzstandsgarantie beziehenden Teiles (!) verkürzt auch in RB 1991 Nr. 68 wiedergegeben), PBG § 357 V (jetzt IV) beziehe sich nicht in erster Linie auf bereits bauordnungswidrige Bauwerke, sondern vielmehr auf rechtmässige Objekte, bei denen irgendeine Bauvorschrift dem Anbringen einer Aussenisolation entgegenstehe; so gesehen gehöre die Vorschrift gesetzessystematisch nicht in den Zusammenhang mit den Absätzen I–IV, die sich im Einklang mit dem Randtitel («Änderungen an vorschriftswidrigen Bauten und Anlagen») auf rechtsverletzende Bauwerke beziehen. Diese Argumentation befriedigt aber deshalb nicht, weil auch die PBG § 239 III zweiter Satz nicht entsprechenden Gebäude baurechtswidrig sind (siehe allerdings Rz 1613). Fraglich ist jedoch, ob auch Isolationsvorkehrungen an Gebäuden, welche dieser Vorschrift entsprechen, in den Genuss der Milderung gelangen. Perfektionisten und Bastler können immer noch mehr isolieren wollen, als das Gesetz verlangt. Hier hört m.E. die Anwendbarkeit von PBG § 357 IV auf.

2944 d) Dasselbe gilt wohl auch für die Anbringung von Sonnenkollektoren, da deren Fehlen nicht als ein Mangel im Sinne von PBG § 357 IV gedeutet werden kann. Etwas anders mag es sich mit der Verglasung bisher unverglaster Balkone, Veranden und Vorbauten (FN 7) verhalten.

e) Wenn bei einem ungenügend isolierten oder mit unfachgemäss erstellten oder betriebenen Ausstattungen und Ausrüstungen versehenen Gebäuden auch noch andere Bauvorschriftswidrigkeiten vorliegen, dann bewirkt die Bereitschaft zur besseren Isolierung und Fachgemässmachung m.E. nicht, dass auch noch alle oder ein Teil der anderen Bauvorschriftswidrigkeiten angepasst werden müssen.   2945

3. Zu den «Bauvorschriften, die eine zweckmässige Anpassung an Vorschriften ... nicht zulassen»

a) Es geht hier weder um die Bauvorschriften, welchen das Gebäude allenfalls im Sinne von PBG § 357 I widerspricht, noch um die «Vorschriften im überwiegenden öffentlichen Interesse», sondern um diejenigen, welche eine Anpassung an die Letzteren behindern.   2946

b) Man kann bei «Bauvorschriften» und «Vorschriften im überwiegenden öffentlichen Interesse» so lange vom «Nicht-zulassen» einer zweckmässigen Anpassung sprechen, als die vorgesehene Isolation und/oder die Vorkehrungen zur Sonnenwärmeverwertung die «Bauvorschriften» nicht einhalten, wenn sie die «Vorschriften im überwiegenden öffentlichen Interesse» einhalten und umgekehrt. Zwei inhaltlich kollidierende Normen können nicht gleichzeitig eingehalten werden. Damit bei der vorgesehenen Isolation und/oder Sonnenwärmeverwertung «eine zweckmässige Anpassung» erfolgen kann, muss die eine oder die andere Vorschrift oder es müssen beide einen Teil ihres Geltungsanspruch preisgeben. Im Vordergrund steht hier die Preisgabe des Geltungsanspruches der die Isolierung oder Sonnenwärmeverwertung behindernden «Bauvorschriften».   2947

c) Dabei ist wohl grundsätzlich fürs Erste von denjenigen auszugehen, welche an die Gebäude und deren Bewerb nicht allgemeine planerische, sondern gestalterische Anforderungen stellen; der Unterschied zwischen Bau- und Nutzungsvorschriften (Rz 1612), obwohl er noch bei Einfügung des vierten Absatzes in PBG § 357 galt, ist hier m.E. belanglos. Nicht dazu gehören m.E. ausserhalb des PBG und seiner Verordnungen befindliche Regelungen. Als Bauvorschriften, welche die erwähnte Anpassung nicht zulassen, kommen vorweg die Grenz- und Gebäudeabstandsminima, die Gebäude- und Firsthöhe- sowie Gebäudelängemaxima, ferner die Überbauungs-, Ausnützungs-[7], Baumassenziffermaxima, die Strassen- und Wegabstandsminima im PBG und in den Bauordnungen in Betracht, möglicherweise aber auch das Baulinienrecht (insbesondere PBG § 100, Rz 1805 ff) und das Erfordernis der befriedigenden ästhetischen Gesamtwirkung (insbesondere PBG § 238, Rz 2058a). Da das Bauordnungsrecht im Allgemeinen strengere Abstands-, Höhen-, Längen- Nutzungsziffervorschriften enthält als das PBG, ist wohl vor allem eine Kollision mit dem kommunalen Recht aktuell.   2948

---

[7] Wo es sich um die Einglasung von Balkonen, Veranden und Vorbauten (zB Windfänge bei Hauseingängen) ohne heiztechnische Installationen zu Energiesparzwecken handelt, muss die Verordnung gemäss PBG § 357 IV bezüglich Ausnützungsziffermaxima nichts mehr vorkehren; denn die Allgemeine Bauverordnung vom 22. Juni 1977 (mehrfach revidiert, LS 700.2) befreit in § 10 lit. c bereits weitgehend von der Pflicht zur Anrechnung der Geschossfläche. Dies trifft allerdings nicht auch bezüglich der Abstände zu.

– Das ZH-Verwaltungsgericht warf in einem Entscheid vom 5. Dezember 1986 (BEZ 1987 Nr. 3) die Frage auf, ob eine zur besseren Isolation vorgenommene Erhöhung der Dachhaut nicht auch bei gestalterischem Ungenügen zugelassen werden müsste, «weil der Vorteil einer energiesparenden und umweltschonenden Bauweise höher zu bewerten wäre». Die Frage blieb dann aber offen, weil in concreto eine befriedigende Einordnung vorlag; das Ausmass der Erhöhung der Dachhaut betrug 20 cm. Ich betrachte es als bedauerlich, wenn man von vornherein aus Umweltschutzgründen die Interessen am Ortsbildschutz in den Hintergrund drängt[8].

2949 d) Mit dem Passus «eine *zweckmässige* Anpassung» wird wohl zum Ausdruck gebracht, dass nicht in jedem Fall die hundertprozentige Erfüllung der Energiesparnormen verlangt wird, sondern dass u.U. eine blosse Annäherung an diese genügt. Die Milderung muss nur so weit gehen.

4. Zu den «Vorschriften im überwiegenden öffentlichen Interesse»

2950 a) Dass weder aus dem Text selbst noch aus dem Kontext eindeutig hervorgeht, um welche «überwiegenden öffentliche Interessen» es sich handelt, in deren Dienst die fraglichen «Vorschriften» stehen, wurde in Rz 2939 gesagt. Damit lässt sich dem Text aber auch nicht genau entnehmen, welches «die Vorschriften im überwiegenden öffentlichen Interesse» sind. Aus der Einfügung des vierten Absatzes durch das Energiegesetz und aus der in Rz 2936 zitierten Äusserung des Regierungsrates ist allerdings zu schliessen, dass an das Energiesparen gedacht wird. Offenbar geht es hier aber nicht nur um diese Thematik allein, sonst wäre nicht von «zB» die Rede.

2951 Unklar bleibt, ob das Energiesparen als das hauptsächlich gemeinte öffentliche Interesse oder als ein öffentliches Interesse unter mehreren anderen aufzufassen ist, ferner welches die anderen auch noch in Betracht kommenden öffentlichen Interessen sind, welche die Milderung von hinderlichen «Bauvorschriften» auf dem Verordnungsweg bzw. durch Einzelakt rechtfertigen können. Bis heute ging es meines Wissens «nur» um Massnahmen im Interesse des Energiesparens.

2952 b) Als «Vorschriften im überwiegenden öffentlichen Interesse», an welche eine Anpassung der bestehenden Bauten und Anlagen wegen «Bauvorschriften» nicht «zugelassen» ist, kommt vor allem PBG § 239 III in der Fassung von 1983 in Betracht, welcher eine ausreichende Isolierung im Hinblick auf einen möglichst geringen Eneregieverbrauch

---

[8] Erfreulich ist in dieser Hinsicht der Entscheid des BL-Verwaltungsgerichtes vom 14. Januar 1981 (ZBl 1981 S. 224 ff), in welche die Verweigerung der Montierung eines Sonnenkollektors auf dem Dach eines Gebäudes im Ortskern von Muttenz aus ästhetischen Gründen bestätigt wurde. Im Kanton Basel-Landschaft galt allerdings keine PBG § 357 IV entsprechende Regelung. – Sonnenkollektorenfreundlicher war allerdings das Bundesgericht in seinem Entscheid vom 12. Dezember 1979 (ZBl 1980 S. 215 f) bezüglich des Ortskernes von Maschwanden/ZH. Doch ging es hier lediglich um die Anwendung von Art. 4 der Vollziehungsverordnung des Bundesrates vom 29. März 1972 zum Bundesbeschluss über dringliche Massnahmen auf dem Gebiete der Raumplanung; PBG § 357 IV galt damals noch nicht. Das Bundesgericht warf die Frage auf, ob eine Abwägung zwischen dem Interesse an der Erhaltung des Daches eines schützenswerten Gebäudes und demjenigen an der Erprobung alternativer Energiequellen zulässig sei; die Frage wurde dann aber wegen Nichtbeeinträchtigung des Ortsbildes offengelassen.

sowie die fachgerechte Erstellung und den fachgerechten Betrieb von Ausstattungen und Ausrüstungen verlangt (Rz 2082 ff, 2093 ff). Dabei ist die Präzisierung dieser unbestimmten Erfordernisse durch die auf PBG § 359 lit. d und h und Energiegesetz § 17 gestützte Allgemeine Bauverordnung (LS 700.2), durch die ebenfalls hierauf gestützte Besondere Bauverordnung I (LS 700.21)[9], ferner durch den eidgenössischen Energienutzungsbeschluss vom 14. Dezember 1991 (Rz 4126), gültig gewesen bis 31. Dezember 1998 (SR 730.0) samt zugehöriger Verordnung (SR 730.01) und später einmal durch das eidgenössische Energiegesetz (wenn dieses je einmal Rechtskraft erlangt), zu berücksichtigen. Auch die Empfehlungen von Fachverbänden sind zu beachten.

c) Öffentlichrechtliche Vorschriften, welche weder gegenläufige öffentliche noch private Interessen überwiegen, verstossen m.E. gegen das Erfordernis des öffentlichen Interesses für Eigentumsbeschränkungen (Rz 935 f). Beim Passus «Vorschriften im überwiegenden öffentlichen Interesse» ist kaum bloss an diese allgemeine Vorstellung des Überwiegens zu denken. Es geht hier vielmehr um das Überwiegen der die «Vorschriften im überwiegenden öffentlichen Interesse» stützenden öffentlichen Interessen gegenüber den die «Bauvorschriften» stützenden öffentlichen Interessen. 2952a

5. Zur «Milderung (der eine Anpassung nicht zulassenden Bauvorschriften) durch Verordnung»

a) Der Setzer der mildernden Verordnung ist – hier nicht ausgedrückt – das allgemein zur Festsetzung von Verordnungen zuständige Gemeinwesen/Organ. Das ist zumindest bezüglich der PBG-Vorschriften allein der Kanton, hier der Regierungsrat (§ 2 lit. a), bezüglich der Bauordnungsvorschriften daneben vorläufig vielleicht auch die entsprechende Gemeinde, hier der Gemeinderat im Sinne von Exekutive. 2953

b) Eine Verordnung im Sinne von PBG § 357 IV erster Satz ist bis heute nur partiell ergangen, indem mit Regierungsratsbeschluss vom 4. Februar 1987 (vom Kantonsrat am 9. März 1987 genehmigt) die folgende Regelung in die Allgemeine Bauverordnung (LS 700.2) als § 33a eingefügt wurde: 2954

> «Das Anbringen einer Aussenisolation an vor dem 1. Januar 1987 erstellten Gebäuden gilt als eine zweckmässige Anpassung im Sinne von § 357 Abs. V PBG. Dadurch darf der nach Gesetz und Bauordnung massgebliche Abstand bis zu 15 cm unterschritten werden. (In gleichem Umfang fällt die Vergrösserung der Bruttomasse gemäss § 255 PBG für die Ausnützungsziffer ausser Betracht.)[10]»

Gemäss Erläuterungen zum Genehmigungsantrag des Regierungsrates an den Kantonsrat ging es hier nur darum, «einen Hauptanwendungsfall (von § 357 Abs. 5 PBG) im Sinne eines Beispieles ... ausdrücklich zu regeln»[11]. Das ZH-Verwaltungsgericht zog aus dieser etwas eigenartigen Formulierung den Schluss, «die Textfassung von § 33a aBauV

---

[9] In die ebenfalls auf PBG § 359 lit. d und h abgestützte Besondere Bauverordnung II (LS 700.22), welche gemäss ihrem Titel «die Verschärfung oder die Milderung von Bauvorschriften für besondere Bauten und Anlagen» betrifft, wurden bisher keine Milderungsregelungen gemäss PBG § 357 IV eingefügt; der in Rz 2954 zitierte § 33a hätte auch hier gut hineingepasst.
[10] Der in Klammern wiedergegebene Satz wurde vom Regierungsrat am 25. September 1991 wegen der PBG-Revision von 1991 aufgehoben.
[11] Kantonales Amtsblatt, 1987, S. 160). Vgl. auch BEZ 1991 Nr. 11 = Nr. 21, auch in RB 1991 Nr. 68.

(habe) deswegen keine allzu grosse Bedeutung» und argumentierte dann entgegen der Systematik von PBG § 357 mit Sinn und Zweck von Energiegesetz §§ 1 lit. b und 9 ff weiter[12]. Die Besondere Bauverordnung I mit ihren energierechtlichen Regelung enthält keine die «Bauvorschriften» mildernden Regelungen, sondern nur materielle und Bewilligungsanforderungen, die Besondere Bauverordnung schweigt hiezu ganz (FN 9). Dem Vernehmen nach ist auch keine separate Verordnung in Vorbereitung. Das ist allerdings, abgesehen von der Rechtssicherheit, wegen PBG § 357 IV dritter Satz (Rz 2962 f) ziemlich belanglos.

2955 c) Die Aufhebung von durch die kantonalen oder kommunalen Legislativen festgesetzten Vorschriften durch die kantonale (allenfalls auch kommunale) Exekutive ist rechtsstaatlich nicht unproblematisch, auch wenn solche auf bestimmte Materien bezogene Abweichungen von den sonst üblichen Festsetzungs- und Aufhebungszuständigkeiten in anderen Bereichen des Verwaltungsrechtes verschiedentlich vorkommen[13]. Im Falle von PBG § 357 IV kann man allerdings sagen, dass auf dem Verordnungswege nur noch das ausgeführt wird, was der Gesetzgeber ohnehin im Grundsatz schon vorher gelten lässt, ist ja die «Milderung» nicht vom Erlass der Verordnung abhängig. Der Gesetzgeber mildert also schon selbst, wenn auch ohne jede Präzisierung. Es geht hier um eine Verordnung, wozu der Regierungsrat auch gemäss PBG § 359 lit. d und h schon zuständig ist[14].

6. Zum «Mildern-Können»

2956 a) Ob mittels einer Verordnung das zur Milderung der «Bauvorschriften, die eine zweckmässige Anpassung ... nicht zulassen», zuständige Organ tätig werden soll, steht in dessen Ermessen. Das gelangt durch das Wort «können» zum Ausdruck. Es handelt sich hier um eine Kann-, nicht um eine Muss-Vorschrift.

2957 b) Zu entscheiden, ob die durch eine Verordnung erfolgende Milderung ihrerseits durch eine Muss- oder eine Kann-Vorschrift mit Ermessensbetätigung bzw. Ermächtigung zur Dispensation stattfinden soll, ist wohl dem zur Verordnungssetzung zuständigen Organ überlassen[15].

C. Zum zweiten Satz

1. Allgemeines

2958 Hier geht es wie im ersten Satz um die Zuständigerklärung zur Setzung einer Verordnung, nicht um direkte Verbote/Gebote/Erlaubnisse an die Bauaktiven. Zuständig erklärt sind die gleichen Gemeinwesen/Organe wie in Rz 2953.

---

[12] RB 1991 Nr. 68 (BEZ 1991 Nr. 11). Es ging hier primär um die Frage, ob trotz Vorhandenseins von § 33a der Allgemeinen Bauverordnung so zu entscheiden sei, wie wenn überhaupt keine Verordnung im Sinne von PBG § 357 IV vorläge. Rz 2954.
[13] ZB Nationalstrassengesetz Art. 61 II (SR 725.11). Rz 4116.
[14] Hievon abgesehen ist die Aufzählung in PBG § 359 nur exemplifikativ, vgl. das Wort «insbesondere».
[15] Den in Rz 2954 zitierten § 33a verstehe ich als eine Muss-Vorschrift: Bei Vorliegen der Tatbestandselemente muss bewilligt werden.

2. Zur «Nichtbenachteiligung, zur nicht unzumutbaren Benachteiligung und zur unzumutbaren Benachteiligung der Nachbarn»

a) Bei der Benachteiligung der Nachbarn ist an den Fall zu denken, dass durch die Isolationen und Vorkehrungen der Sonnenwärmeverwertung die in Rz 2946 f erwähnten Minima unter- und die dortigen Maxima überschritten werden; vielleicht wird dadurch auch der Ästhetikparagraph PBG § 238 betroffen. 2959

b) Bezüglich der Frage, welchen Verordnungsinhalt zu setzen das zuständige Gemeinwesen/Organ befugt sei, wird nichts anderes gesagt als: «Nachbarn dürfen nicht unzumutbar benachteiligt werden»; daher stellt sich die weitere Frage, ob die Verordnung zusätzliche Bedingungen erfüllen muss und wenn ja, welche. Dass weitere Bedingungen erfüllt sein müssen, ist wahrscheinlich. Wegleitend muss dabei m.E. PBG § 239 III zweiter Satz sein: Es dürfen die «Bauvorschriften» soweit «gemildert» werden, dass die Gebäude und Bewerbungen «einen möglichst geringen Energieverbrauch» aufweisen und dass «Ausstattungen und Ausrüstungen fachgerecht» erstellt und betrieben werden können. Ferner sind die in Rz 2950 ff erwähnten Präzisierungen zu beachten. Dass die Milderung nicht gerade bis zu einer maximalen Erreichung der beiden Ziele erfolgen muss, wurde in Rz 2949 gesagt. 2960

– Das ZH-Verwaltungsgericht erklärte in seinem bereits zitierten Entscheid vom 16. Mai 1991 (BEZ 1991 Nr. 11 = Nr. 21), es bestehe «ein sehr gewichtiges Interesse der Öffentlichkeit wie auch des privaten Grundeigentümers an einem möglichst grossen Spielraum für die nachträgliche Anbringung bzw. Sanierung der Gebäudeaussenisolationen. Demgegenüber ist das Interesse des unmittelbaren Anstössers an der Einhaltung der Grenz- und Gebäudeabstände bzw. daran, dass diese nicht weiter verkürzt werden, als eher gering einzustufen. Dies gilt zumindest dann, wenn die neue Fassadenverkleidung ... höchstens 15 cm stark ist und somit gewöhnlich kaum wahrgenommen werden kann. Weil PBG § 357 eine Abwägung von öffentlichen Anliegen sowie solcher von Bauherrn und Nachbarn vornimmt, muss letzterem ... allerdings der Nachweis offenbleiben, dass sein Interessen aufgrund ganz besonderer Verhältnisse doch überwiegen. Dies ist etwa dann der Fall, wenn Grenz- und/oder Gebäudeabstände massiv unterschritten sind und die Aussenisolation objektiv betrachtet geringen Nutzen bringt.» Im entschiedenen Fall wurde Letzteres verneint, obwohl der Grenzabstand nur 2 m betrug; denn der Gebäudeabstand mass 13 m[16].

Das «Mehrgewicht» der durch PBG § 239 III zweiter Satz geschützten öffentlichen Interessen gegenüber den durch andere «Bauvorschriften» geschützten Interessen wird hier etwas gar stark betont.

3. Zum «Nicht-Benachteiligen-Dürfen»

Durch diesen Passus gelangt zum Ausdruck, dass es keineswegs im Ermessen des zur Verordnungssetzung zuständigen Organes liegt, durch die in der Verordnung geregelte 2961

---

[16] Das ZH-Verwaltungsgericht nahm hier im Weiteren auf einen nicht publizierten Entscheid vom 14. Juni 1990 Bezug, in welchem es die Zulässigkeit einer 10 cm dicken Isolation an einer einen Abstand von 4 m statt 5 m einhaltenden Fassade bejahte.

Milderung die Nachbarn zu benachteiligen oder nicht zu benachteiligen. Es fehlt vielmehr diesem Organ die Zuständigkeit, auf dem Verordnungswege die Interessen des Nachbarn unzumutbar denjenigen des Bauaktiven und des Energiesparens hintanzustellen. Die Interessenabwägung darf nicht von vornherein zum Nachteil der Nachbarn erfolgen. Das gilt aber ohnehin (Rz 885 f).

D. Zum dritten Satz

1. Allgemeines

2962 Hier geht es nicht um eine Zuständigerklärung eines Gemeinwesens/Organes zur Setzung einer Verordnung, sondern um die Umschreibung, wie die zum Verwaltungsakt/ Gerichtsentscheid zuständigen Gemeinwesen/Organe die Gesuche um Bewilligung von Isolationen und Vorkehrungen zur Sonnenwärmeverwertung bei Fehlen einer Verordnung behandeln sollen.

2. Zu «Solange keine Verordnung darüber besteht»

2963 a) Auszugehen ist von einer Situation gemäss Rz 2933: Die vorgesehenen Isolationen und Vorkehrungen der Sonnenwärmeverwertung unterschreiten die Minima bzw. überschreiten die Maxima; vielleicht wird dadurch auch der Ästhetikparagraph PBG § 238 betroffen; oder aber dies alles ist nicht der Fall.

2964 b) Gemeint ist bei der nicht bestehenden Verordnung eine Verordnung, welche die «Bauvorschriften» «mildert», «die eine zweckmässige Anpassung der (Gebäude bzw. Bewerbungen) an (die) Vorschriften im überwiegenden öffentlichen Interesse nicht zulassen».

3. Zur «(Zulässigkeit der) Anpassungen im Einzelfall»

2965 a) Der Normierer ist die örtliche Baubehörde (PBG § 318), allenfalls die Rechtsmittelinstanz.

2966 b) Die Normierung besteht in der Erzeugung eines Verwaltungsaktes/Gerichtsentscheides. Es geht hier entweder um die Auslegung einer Vorschrift mit unbestimmten Regelungselementen, um Ermessensbestätigung, um Lückenfüllung, um die Lösung einer Normkollision oder um eine Ausnahmebewilligung (Dispens, Rz 606 f); Letzteres trifft m.E. zu, weil die nicht eingehaltenen, auch die Nachbarn schützenden «Bauvorschriften» zwar nicht generell aufgehoben, aber in ihrer Geltung für die spezielle Situation ausgeschaltet werden. Je nachdem kommt es zu einer Bewilligung oder Verweigerung.

2967 c) Dabei handelt es sich hier nicht um eine Muss-, sondern um eine Kann-Vorschrift; das gelangt durch den Passus «sind ... zulässig» zum Ausdruck. M.E. gelten auch hier PBG § 310 I zweiter Satz, wonach derjenige, der eine Ausnahme beansprucht, dem Baugesuch eine Begründung beizufügen hat, ferner PBG § 220 III zweiter Teilsatz, wonach Ausnahmebewilligungen nicht von der Zustimmung des Nachbarn abhängig gemacht werden dürfen.

d) Indem der Regierungsrat mit Beschluss vom 25. September 1991 § 33a in die Allgemeine Bauverordnung eingefügt hat (Rz 2954), klärte er zwar die Rechtslage bezüglich der Milderung im Verhältnis zu den Abstandsregelungen, erhellte sie aber kaum im Verhältnis zu allen anderen hinderlichen «Bauvorschriften» im Hinblick auf die folgende Frage: Sind jetzt Milderungen hievon als Fälle ohne oder mit Verordnung gemäss PBG § 357 IV erster Satz zu beurteilen? Ein Unterschied liegt allerdings eher in der einzuschlagenden Methode als im Ergebnis (Rz 4169). 2968

e) Das Wort «Anpassung» wird m.E. hier nicht genau gleich verwendet wie in PBG § 357 IV erster Satz. Dort geht es allein um die «Anpassung» von Gebäuden an gegebene «Vorschriften», also um einen baulichen oder bewerbsmässigen Vorgang im Hinblick auf bestimmte Regelungen; im dritten Satz jedoch geht es wohl primär um die «Anpassung» von «Bauvorschriften» an andere Vorschriften, nämlich an die «Vorschriften im überwiegenden öffentliche Interesse» im Sinne einer Milderung der Zuerstgenannten; hier handelt es sich um einen Eingriff in die normative Geltung mittels Dispens (Rz 606 f); die Anpassung der Gebäude an die Vorschriften im überwiegenden öffentlichen Interesse ist hier erst in zweiter Linie gemeint. 2969

E. War die Einfügung von PBG § 357 IV rechtlich notwendig?

Die Promotoren von PBG § 357 IV waren 1983 offensichtlich der Auffassung, in den in Rz 2933 f beschriebenen Fällen wäre die Anbringung von Isolationen sowie von Vorkehrungen zur Verwertung von Sonnenwärme nach bisher geltendem Recht unzulässig gewesen. 2970

In Rz 1558 f, 1679 f wurde jedoch versucht darzulegen, dass die Montierung von energiesparenden Isolationen sowie das Fachgemässmachen von Ausstattungen und Ausrüstungen bei diesbezüglich bisher mangelhaften Gebäuden, selbst wenn dabei «Bauvorschriften»-Minima unter- und -Maxima überschritten werden, schon aufgrund von PBG § 357 I und II (Fassung von 1975) unter gewissen Voraussetzungen hätte als zulässig angesehen werden können[17]. Sodann wurde in Rz 606 f gezeigt, dass u.U. mittels der Dispenskompetenz von PBG § 220 eine befriedigende Lösung erzielbar wäre. Daher stellt sich die Frage: Brauchte es die Einfügung des vierten Absatzes in PBG § 357 überhaupt? Die Frage ist juristisch zu bejahen, wenn man einerseits die grundsätzliche Ausschaltung des ziffernmässigen Neubautenrechtes durch PBG § 357 I und II (Fassung von 1975), wie sie in Rz 1558 f, 1679 f befürwortet wird, nicht teilt und wenn man anderseits Dispense gemäss PBG § 220 nur für Situationen zulässt, welche durch eine relative Einmaligkeit gekennzeichnet sind, sich also nicht in einer grossen Zahl ähnlich wiederholen und damit nicht den Gesetzestext «kalt» revidieren. Letzteres ist jedoch – zu Recht – ständige Praxis und überwiegende Lehre (Rz 606 f). Zudem kam man mit dieser Einschiebung dem Bestreben entgegen, die genannten Vorkehrungen möglichst von juristischem Gezänk zwischen Nachbarn freizuhalten. Überdies ging es bei der Einfügung

---

[17] Das gelangte beschränkt auch in dem nur in BEZ 1991 Nr. 11 = Nr. 21 voll publizierten ZH-Verwaltungsgerichtsentscheid vom 16. Mai 1991 zum Ausdruck; der hier interessierende Teil fehlt in RB 1991 Nr. 68. Es handelte sich hier jedoch noch um PBG § 357 I in der Fassung von 1975.

des vierten Absatzes in PBG § 357 um einen über das Juristische hinausgehenden, vor allem psychologische Wirkungen bezweckenden Akt[18]: Die Wichtigkeit des Energiesparens sollte in der Öffentlichkeit möglichst wirkungsvoll proklamiert werden. Beide Ziele hätten allerdings besser formal angesteuert werden können.

---

[18] Vgl. Norbert Achterberg, Influenizierende Normen als Normkategorie, in: Rz 3043, hier FN 10.

PBG § 358: Zum Befehl der Missstandsbehebung

I. Zu den Vorläufern im Baugesetz von 1893

A. Zu den Texten

1. Das Baugesetz von 1893 enthielt im achten Abschnitt mit der Überschrift «Änderungen an bestehenden Gebäuden» einen § 122 mit dem folgenden Text:

    «Erheischen Gründe des öffentlichen Wohles, dass ein bestehendes Gebäude gemäss den für Neubauten geltenden Vorschriften umgestaltet oder abgebrochen werde, so kann die Gemeinde dies verlangen und nötigenfalls das Gesetz über die Abtretung von Privatrechten in Anwendung bringen.»

2. a) Ferner enthielt das Baugesetz von 1893 im neunten Abschnitt mit dem Titel «Unterhalt der Gebäude» einen § 124 mit dem folgenden Text:

    «Steht der Einsturz eines Gebäudes zu befürchten oder droht von demselben Gefahr, so hat der Gemeinderat sofort die im Interesse der öffentlichen Sicherheit nötigen Vorsichtsmassregeln zu treffen und dem Eigentümer die gründliche Herstellung oder, wenn diese technisch unzulässig ist, den Abbruch anzubefehlen.
    Wird dem Befehle keine Folge gegeben, so kann das Gebäude zum Abbruch versteigert werden, sofern nicht die Pfandgläubiger innerhalb der ihnen durch den Gemeinderat anzusetzenden Frist die Herstellung oder den Abbruch selbst übernehmen. Aus dem Erlös werden zunächst die Kosten der von dem Gemeinderat getroffenen Massregeln bestritten; der Überrest fällt den grundversicherten Gläubigern und ein allfälliger Rest dem Gebäudeeigentümer zu.»

B. Zur Auslegung von altBauG §§ 122 und 124 sowie zur Praxis hiezu

Diese Vorschriften regelten die Zwangsvollstreckung sehr detailliert. Rz 733 f. Auf der Seite der Sanktionen der Rechtsfolge kam es zu einer ganzen Kaskade von Verwaltungsakten. Es handelte sich dabei durchwegs um Übelzufügung, und zwar vor allem in der Gestalt einerseits von Mahnungen und Vollstreckungsbefehlen, andererseits einer Rechtsentziehung zur Weiterverwendung durch Dritte. Es scheint dies zu Beginn des 20. Jahrhunderts sehr aktuell gewesen zu sein. Auch heute wäre eine etwas speziellere Regelung der Vollstreckung im Gesetz kein Luxus.

Hiezu wird im Einzelnen auf die Ausführungen im Kommentar von Jakob Maag und Hans Müller zum alten Baugesetz verwiesen[1].

---

[1] Bliss Schnewlin, a.a.O., S. 110, strapazierte wohl altBauG § 122, wenn er gestützt auf diese Vorschrift die Eigentümer von vorzeitig und reverslos bewilligten, ein Quartierplanverfahren behindernden Gebäuden zu deren Abbruch verpflichten wollte. Siehe allerdings bezüglich PBG § 358: RB 1999 Nr. 105.

II. Zum jetzt geltenden PBG § 358[1a]

A. Zum Text von 1975

3001 1. Im Vorentwurf der Baudirektion für ein neues Baugesetz vom Dezember 1972 (Rz 1466) findet sich als § 273 und im Antrag des Regierungsrates für das neue PBG vom 5. Dezember 1973 (Rz 1467) im 4. Titel mit der Überschrift «Das öffentliche Baurecht», im Abschnitt F. mit der Überschrift «Änderungen an bauvorschriftswidrigen Bauten» als § 279 folgender Randtitel und Text:

> «Von Amtes wegen
> Verbesserungen können unabhängig von Änderungsbegehren des Grundeigentümers angeordnet werden, wenn dadurch erhebliche polizeiliche Missstände beseitigt werden.»

3002 2. Die kantonsrätliche Kommission (Rz 1468) nahm am Text selbst keine Modifikationen vor, verschob ihn jedoch zusammen mit PBG § 357 in den VII. Titel mit der Überschrift «Einführungs- und Schlussbestimmungen», im 3. Abschnitt mit der Überschrift «Übergangsbestimmungen» als PBG § 358 mit dem Randtitel «D. Änderungen an vorschriftswidrigen Bauten und Anlagen II. Von Amtes wegen». Diese Umstellung war verfehlt.

3003 3. In dieser Fassung wurde PBG § 358 vom Kantonsrat und in der Volksabstimmung vom 7. September 1975 (Rz 1469) angenommen. Er gilt auch heute noch unmodifiziert.

B. Zur Auslegung von PBG § 358 und zur Praxis hiezu

1. Zu «vorschriftswidrige Bauten und Anlagen»

3004 Nicht aus dem Text von PBG § 358 selbst, sondern aus dem Randtitel «D. Änderungen an vorschriftswidrigen Bauten und Anlagen» lässt sich entnehmen, dass es hier um «vorschriftswidrige Bauten und Anlagen» geht. Im Vordergrund stehen doch wohl Gebäude. Denkbar wäre auch die Anwendung auf Stütz- und Futtermauern, welche einsturzgefährdet sind oder von welchen Menschen, insbesondere Kinder herunterstürzen können, sowie auf (unhygienische oder brandanfällige) Hinterhöfe, Schächte usw.

2. Zu «(es liegen) erhebliche polizeiliche Missstände (vor)»

3005 a) Die altBauG §§ 122 und 124 setzten die Schwelle, von welcher an ein Eingreifen der Behörde möglich war, wohl etwas höher an als PBG § 358. Eindeutige Unterschiede sind allerdings nicht auszumachen.

3006 b) Es muss sich immer um Bauten, hier besonders interessierend, um Gebäude handeln, bei welchen ein oder mehrere polizeiliche Missstände vorliegen. Ein polizeilicher Missstand ist etwas Unwillkommeneres, Gravierenderes als ein blosser Widerspruch zu einer Vorschrift, eine Verletzung derselben, ein Verstoss dagegen. Es muss sich immer um eine Gefahr für Leib und Leben oder für bedeutende Sachgüter handeln.

[1a] Siehe hiezu allgemein: Urs Beeler, insb. S. 94 ff.

Bei den Gefahren für Leib und Leben ist zu denken an:
- die Gefahr von Krankheiten: zB infolge Gewässerverschmutzung, Kehrichtablagerung sowie Lärm, üble Dünste, Erschütterung usw. aus dem Bewerb von Bauten, Feuchtigkeit, Schmutz, ungenügende Besonnung und Belüftung;
- die Gefahr von Unfällen: zB infolge herunterstürzender Bauteile (verursacht durch ungenügende Statik, übermässige Abnützung, Natureinwirkung [Felssturz, Lawinen, Überschwemmung, Pilzbefall, Tierfrass usw.], unerlaubte oder gar kriminelle Einwirkung Dritter), Feuer, Stromschlag, Explosion, Vorhandensein gefährlicher Materialien, krass unübersichtliche Verkehrssituation, Lage in Katastrophengebiet, Abstürzen von Menschen ab hohen Bauteilen.

Zu den Gefahren für Sachgüter: Wo eine Unfallgefahr besteht, sind oft auch Sachgüter gefährdet. 3007

Ob auch eine gravierende Verunstaltung durch ein seinerzeit rechtmässig erstelltes, an sich genügend unterhaltenes Gebäude als ein polizeilicher Missstand aufgefasst werden kann, ist eher zweifelhaft. 3008

Gemäss dem ZH-Verwaltungsgerichtsentscheid vom 17. November 1998 (BEZ 1999 Nr. 2) kann eine wenig behindertengerechte Bauweise (PBG § 239 IV, Rz 2099 f) eines bestehenden Gebäudes noch nicht als «erheblicher polizeilicher Missstand» bezeichnet werden.

c) Die Behebung der vorgenannten Situationen richtet sich weitgehend nach dem Bundesgesetz über den Schutz der Gewässer gegen Verunreinigung (Rz 4073 ff), dem Bundesgesetz über den Umweltschutz samt zugehörigen Verordnungen (Rz 4081 ff) sowie der kantonalen Feuer- und Gesundheitspolizeigesetzgebung (Rz 3174 f). Für PBG § 358 bleiben heute als Anwendungsfälle eigentlich nur Vorkehrungen betreffend Gebäude und sonstige Bauten übrig, welche infolge statischer Mängel oder schlechten Unterhaltes von einem Einsturz bedroht sind oder sonst eine gefährliche Situation darstellen. 3009

d) Als man in den Achtzigerjahren entdeckte, dass der in Gebäuden zum Feuerschutz angebrachte Spritzasbest für die sich darin längere Zeit aufhaltenden Menschen ein erhebliches Krebsrisiko aufwies, wurde behördlicherseits zur Durchsetzung der Beseitigung der so behandelten Bauteile (insbesondere in Gebäuden mit grossem Publikumsverkehr und in Schulhäusern), neben PBG § 239 II (Rz 2069 ff) und SUVA-Vorschriften (Rz 4120 f), PBG § 358 angerufen[2]. 3010

3. Zu «(es werden polizeiliche Missstände) beseitigt(/nicht beseitigt)»

Es geht hier darum, dass «polizeiliche Missstände», welche vorher vorhanden sind, nach der Transformation nicht mehr vorhanden sind. Das kann durch bauliche Vorkehrungen wie Abbruch, Umbau, Renovation, Reparatur geschehen[3]. Es sind aber auch bewerbsmässige Vorkehrungen in Betracht zu ziehen, zB in unhygienischen Räumlichkeiten die Auswechslung des Wohnbewerbes durch einen solchen zu blossen Lagerzwecken oder 3011

---

[2] Vgl. RB 1988 Nr. 84.
[3] Umgestaltungen kommen wohl nur in Ausnahmefällen vor.

die Stilllegung eines Betriebes, welcher immer wieder zu Belästigungen der Nachbarschaft Anlass gibt.

4. Zu «(es finden) Verbesserungen (statt/nicht statt)»

3012 Es geht auch hier darum, dass ein vorheriger «polizeilicher Missstand» nach der Transformation nicht mehr oder nicht mehr ganz vorhanden ist. Das ist dann die «Verbesserung». Es handelt sich hier um den positiven Zweck jeder Regelung, ohne Nennung irgend einer Konkretisierung. Ob es dabei gerade zu einer erfüllungsweisen oder nur zu einer annäherungsweisen Anpassung an das für Neubauten und Neubewerbungen gleichermassen geltende Recht kommen muss (Rz 450 ff), wird nicht gesagt. Doch ist wohl Letzteres anzunehmen, sofern dies für die Beseitigung des «polizeilichen Missstandes» genügt. Im Allgemeinen reicht PBG § 358 nur als gesetzliche Grundlage zur Realisierung von Minimalvorkehrungen. Es kommt darauf an, ob das Verhältnismässigkeitsgebot eingehalten ist.

5. Zu «(Verbesserungen) können angeordnet werden»

3013 a) Im Passus «können + Verb im Passiv» gelangt das Normativum zum Ausdruck. Es geht hier um eine Zuständigerklärung, Ermächtigung, Erlaubnis an das gemäss Gemeindeordnung in einer Gemeinde zum Anordnen von Verbesserungen als Vollstreckung eingesetzte Organ. Die Anordnung ist ein Vollstreckungsakt, beginnend mit Mahnung, dann nötigenfalls weiterfahrend mit Vollstreckungsbefehl, Ersatzvornahme, Zwangsausübung, Rechtsentzug, Realakt, vielleicht sogar Bestrafung. Die Bestrafbarkeit ergibt sich aus PBG § 340 (Verstoss gegen «ausführende Verfügungen»).

3014 b) Obwohl hier von einem «können» die Rede ist, nähert sich diese an die Organe des Gemeinwesens gerichtete Erlaubnis, Zuständigerklärung umso mehr einem Gebot, je misslicher der polizeiliche Missstand ist. Umso weniger steht der Entscheid im Ermessen des Organes.

3015 c) Es wird zwar nicht gesagt (auch im Randtitel nicht), wer hier zur individuell-speziellen Normierung, zur Setzung des entsprechenden Verwaltungsaktes zuständig ist. Doch dürfte dies die örtliche Baubehörde gemäss PBG § 318 sein. Betroffen wird hievon der Gebäudeeigentümer bzw. Bewerbsträger.

3016 d) Ein Rechtsentzug durch Ausschreibung des Gebäudes zur Versteigerung mit Verpflichtung des Erwerbers, für die Instandstellung bzw. den Abbruch zu sorgen, ist in PBG § 358 – im Unterschied zu altBauG § 124 (Rz 2972) – nicht vorgesehen und m. E. auch nicht möglich. Will das Gemeinwesen die Rechte am polizeiwidrigen Gebäude dem Eigentümer entziehen, ohne dass es auf dem Weg der Ersatzvornahme das Gebäude oder Teile davon abbricht und damit auch die daran bisher bestandenen Sachenrechte in Nichts aufgehen lässt, so ist enteignungsrechtlich vorzugehen[4].

---

[4] Vgl. ZH-Gesetz betreffend die Abtretung von Privatrechten vom 30. November 1879 mit seitherigen Änderungen (GS 781; Rz 3187). In den Fällen, in welchen schnell gehandelt werden muss, kann das Enteignungsrecht wohl bereits gemäss § 4 als erteilt angesehen werden.

6. Zu «(es wird) von Amtes wegen», «unabhängig von Änderungsbegehren des Grundeigentümers (angeordnet)»

a) Sowohl aus dem Randtitel «II. Von Amtes wegen» zu PBG § 358 als auch aus dem Passus «unabhängig von Änderungsbegehren des Grundeigentümers» ergibt sich, dass es hier nicht primär um ein Handeln des Gebäudeeigentümers bzw. Bewerbsträgers, schon gar nicht um eine primäre Absichtsverwirklichung von ihm, sondern um ein Handeln der Organe des Gemeinwesens geht. Allerdings ist dies so zu verstehen, dass bis unmittelbar vor dem Handeln der Letzteren der Gebäudeeigentümer bzw. Bewerbsträger immer noch die Möglichkeit besitzt, die «polizeilichen Missstände» selbst zu beseitigen, die angeordnete «Verbesserung» selbst zu verwirklichen (Rz 733 ff). Das Handeln der Organe des Gemeinwesens bleibt in diese Sinne subsidiär. 3017

b) PBG § 358 ist der typische Fall einer unbedingten Anpassungspflicht, dies im klaren Unterschied zu PBG § 357, insbesondere PBG § 357 III in der Fassung von 1991, wo es sich nur um eine bedingte Anpassungspflicht handelt. Siehe hiezu allgemein Rz 450 ff. 3018

c) Von Bedeutung sind ferner etwa Fragen des Vorgehens bei der Vergabe der Ersatzvornahmearbeiten an Unternehmer, der Eintreibung der aufgelaufenen Kosten und die Bestellung eines Grundpfandrechtes. Den Gemeinden steht gemäss EG/ZGB §§ 194 lit. b und 195 für die feuerpolizeilichen Massnahmen ein unmittelbares gesetzliches Grundpfandrecht und gemäss EG/ZGB § 197 lit. c ein mittelbares gesetzliches Grundpfandrecht für die Kosten sonstiger solcher Vollstreckungsmassnahmen zu. Es besteht hier für die Gemeinde eine gewisse Analogie zu den Sicherungsbefugnissen des Grundpfandgläubigers nach ZGB Art. 808 III und 810 II. 3019

d) Zum Verhältnis von PBG § 358 zu dem ebenfalls das Wort «Verbesserungen» enthaltenden PBG § 357 III (Rz 1707, 1714 f), ist Folgendes zu sagen: Gestützt auf PBG § 357 III können nur «Verbesserungen» verlangt werden, welche mit dem zur Bewilligung eingegebenen Vorhaben eine enge Beziehung aufweisen; fehlt es an einer solchen und wird ein Umstand vom Gemeinwesen gleichwohl als behebungsbedürftig angesehen, so kann eine entsprechende Verbesserung nur dann als Bedingung oder Auflage aufgegeben werden, soweit der jetzige Zustand als polizeilicher Missstand qualifizierbar ist, dies dann gestützt auf PBG § 358[5]. 3020

C. Gesamtwürdigung

Die Eigenart von PBG § 358 besteht darin, dass es sich um eine Spezifizierung zum Vollstreckungsrecht im Allgemeinen (Rz 733 ff) handelt. Dieses ist von grosser normativer Unbestimmtheit, auch wenn man VRG §§ 29–31 miteinbezieht; eine Spezifizierung ist hier kein Luxus. Allerdings geht diese bedeutend weniger weit, als es bei altBauG §§ 122 und 124 der Fall gewesen ist (Rz 2973). 3021

---

[5] Entscheid des ZH-Verwaltungsgerichtes vom 17. November 1998 (BEZ 1999 Nr. 2). Ferner: RB 1986 Nr. 101. Siehe auch den Entscheid des Verwaltungsgerichtes vom 17. Februar 2000 (in: BEZ 2000 Nr. 18) betreffend Belästigung durch individuell betriebene Prostitution.

Dritter Unterabschnitt
Zu den die Organe des Gemeinwesens betreffenden Ermächtigungsregelungen des delariert postfiniten Baurechtes

Zur Regelung der Kernzone gemäss PBG § 50

I. Ausgangslage

3022 Im Laufe der Jahre nach dem Zweiten Weltkrieg, als immer mehr Gebäude abgebrochen wurden, welche das bisherige Ortsbild optisch geprägt hatten, wuchs in der Bevölkerung das Sensorium dafür, dass nicht nur Baudenkmäler im eigentlichen Sinne des Wortes für das Sich-zuhause-Fühlen wichtig sind, sondern dass Gleiches auch für ganz gewöhnliche Baugruppen zutreffen kann. Die Beschränkung auf die typischen Unterschutzstellungsvorkehrungen im Sinne des Natur- und Heimatschutzrechtes wurde je länger desto mehr als ein Mangel empfunden.

II. Zur Regelung im alten Baugesetz

3023 Das Baugesetz von 1893 kannte, auch nach seinen Revisionen von 1943 und 1959, noch kein besonderes Rechtsinstitut zur Wahrnehmung des in Rz 3022 dargelegten öffentlichen Interesses. Zwar sprach man schon damals in den kommunalen Bauordnungen von «Kernzonen». Doch handelte es sich dabei lediglich um diejenigen Zonen, welche die grössten, höchsten und längsten Gebäude mit den geringsten Abständen zuliessen. Jeder Gedanke an die Erhaltung der vorhandenen Bausubstanz lag dieser Zonierung fern.

III. Zur Regelung im PBG

A. Zu den Materialien

1. Zum Text von 1975

3024 a) Bei der Ausarbeitung des Vorschlages für ein neues Baugesetz, das PBG, war die Zeit reif, eine Regelung für die Erhaltung und Weiterentwicklung der nicht den Status von Baudenkmälern erreichenden Ortsteile zu schaffen. Dementsprechend schlug die Baudirektion in ihrem Vorentwurf vom Dezember 1972 (Rz 1466) hiezu im 2. Titel mit der Überschrift «Das Planungsrecht», im 2. Abschnitt mit der Überschrift «Die Grundplanung», im 3. Unterabschnitt mit der Überschrift «Die Ausführungsplanungen», im Unterunterabschnitt mit der Überschrift «Die Bau- und Zonenordnung», im II. Unterunterunterabschnitt mit der Überschrift «Das Baugebiet», nach dem die verschiedenen Zonenarten aufzählenden PBG § 49, folgenden Text mit Randtitel vor:

«II. Kernzonen

§ 50

Kernzonen umfassen Altstadt- und Dorfkerne, deren Erhaltung, Erneuerung und Erweiterung im öffentlichen Interesse liegt.

Die Bau- und Zonenordnung kann das Bauen auf die Strassengrenze, die Baulinie oder bestehende Baufluchten und an die seitlichen Grundstückgrenzen vorschreiben oder erlauben, eine Bautiefe von mehr als 14 m gestatten und die Stellung der Bauten sonst näher ordnen.

Die Bau- und Zonenordnung kann Vorschriften über die Erscheinungsform der Bauten enthalten.

Die Bau- und Zonenordnung kann vorschreiben, dass ein bestimmter Nutzflächenanteil Wohnzwecken dienen muss.»

Diese Kernzone hat mit der früheren nur noch den Namen gemeinsam, ist aber ganz anders konzipiert.

b)   Der Regierungsrat beantragte dem Kantonsrat in seiner Vorlage vom 5. Dezember 1973 (Rz 1467) weitgehend den gleichen Text (jetzt als § 45). Anstelle des ersten Absatzes wollte er jedoch gesagt haben, dass die Kernzonen «Altstädte[1] und Dorfkerne, die in ihrer Eigenart erhalten oder erweitert werden sollen», umfassen. Im zweiten Absatz beantragte er, klarzustellen, dass das Bauen an die Grundstückgrenze nur «unter Wahrung schutzwürdiger nachbarlicher Interessen» vorgeschrieben oder erlaubt werden kann. Im dritten Absatz ersetzte er den Passus «Erscheinungsform» durch «Erscheinung». Für den vierten Absatz empfahl er zu sagen, die Bauordnung könne «für die ganze Zone, gebietsweise oder für bestimmte Geschosse die Nutzung zu Wohnzwecken vorschreiben oder beschänken und für geeignete Lagen bestimmen, dass im Erdgeschoss nur Läden und Gaststätten zulässig sind». Der Regierungsrat bemerkte hiezu auf den S. 168 f der Erläuterungen zum Geschäft 1928:

«§ 45 Abs. 4 PBG gibt den Gemeinden die Möglichkeit, Verödungen durch ein Überhandnehmen von Bürobauten und dergleichen zu verhindern ... Es versteht sich von selbst, dass (Läden und Gaststätten) nur an geeigneten Lagen verlangt werden dürfen, an welchen sowohl für die Eigentümer als auch für den Geschäftsinhaber eine wirtschaftlich tragbare Nutzung der Räumlichkeiten möglich ist. Auf Grund der unterschiedlichen Verhältnisse im Kanton besteht jedoch kein Anlass, die Gemeinden zur näheren Ordnung der Nutzweise zwingend anzuhalten.»[2]

c)   Aus den kantonsrätlichen Beratungen (Rz 1468, Protokoll des Kantonsrates, 1971–1975, S. 9195) ging folgender Text hervor (Abweichungen vom Antrag des Regierungsrates im Wesentlichen *kursiv*):

«§ 50

Kernzonen umfassen Altstädte *sowie Stadt-* und Dorfkerne, die in ihrer Eigenart erhalten oder erweitert werden sollen.

---

[1] Man fragt sich hier, an welche «Altstädte» ausser denjenigen von Zürich und Winterthur der Regierungsrat gedacht haben mag.
[2] Diesen Vorschlag nahm der Stadtrat von Zürich zum Anlass, im Entwurf für die Bauordnung 1991 eine entsprechende Regelung in den Kernzonen Altstadt, City, Enge und Langstrasse zu beantragen. Sie geriet dann aber ins Kreuzfeuer der Parteien. Die Bauordnung wurde mit dieser Regelung am 17. Mai 1992 vom Volk angenommen. Dass dieses normative Produkt im Rechtsmittelverfahren dann weitgehend von der Baurekurskommission I und dem Regierungsrat aufgehoben wurde, war u.a. auch auf diese Erdgeschossregelung zurückzuführen.

Die Bau- und Zonenordnung kann das Bauen auf die Strassengrenze, die *Verkehrs*baulinie oder bestehende Baufluchten und, unter Wahrung schutzwürdiger nachbarlicher Interessen, an die Grundstückgrenze vorschreiben, *das Bauen auf die Strassengrenze und* eine Bautiefe von mehr als 14 m gestatten sowie die Stellung der Bauten sonst näher ordnen. *Ausnützungs-, Überbauungs- und Freiflächenziffern sind nur zulässig, soweit sie dem Zonenzweck nicht zuwiderlaufen.*

Die Bau- und Zonenordnung kann besondere Vorschriften über *die Masse und* die Erscheinung der Bauten enthalten*; dabei sind, soweit und sofern die Eigenart der bestehenden Überbauung es rechtfertigt und die Verhältnisse es gestatten, unter Vorbehalt der Bestimmung über die höchstzulässige Gebäudehöhe Abweichungen von den kantonalrechtlichen Vorschriften über die Grenz- und Gebäudeabstände sowie über die Gebäudehöhe erlaubt.*

Die Bau- und Zonenordnung kann für die ganze Zone gebietsweise oder für bestimmte Geschosse die Nutzung zu Wohnzwecken vorschreiben oder beschränken und für geeignete Lagen bestimmen, dass im Erdgeschoss nur Läden und Gaststätten zulässig sind.»

Dieser Text erhielt mit der Annahme des PBG in der Volksabstimmung vom 5. September 1975 (Rz 1469) Gesetzeskraft.

2. Zum geltenden Text von 1991

3027 a) In die Revision von 1984 (Rz 1595) wurde die Kernzonenregelung nicht einbezogen. Hingegen schlug die Baudirektion in ihrem Entwurf vom Februar 1988 (Rz 1601) für die Revision von 1991 vor, im ersten Absatz statt von «Altstädten sowie Stadt- und Dorfkernen» von «schutzwürdigen Überbauungen wie Stadt- und Dorfkernen» zu sprechen. Die Begründung für diesen Vorschlag lag darin, dass das Bundesgericht in einem (nicht publizierten) Entscheid vom 6. November 1991 den Standpunkt der Eigentümer und der Baurekurskommission I geschützt hatte, wonach PBG § 50 als gesetzliche Grundlage für die Schaffung einer Kernzone nicht genüge, wo es sich nicht um einen Stadt- oder Dorfkern handelt[3]. Zum zweiten Absatz schlug die Baudirektion vor, auch die Regelung der «Höhenlage» zu erwähnen und den Verweis auf die «Ausnützungs-, Überbauungs- und Freihalteziffern» durch den zusammenfassenden Begriff «Nutzungsziffern» zu ersetzen. Der vierte Absatz wurde zur ersatzlosen Aufhebung empfohlen.

3028 b) Der Regierungsrat übernahm diese Vorschläge in seinem Antrag an den Kantonsrat vom 11. Oktober 1989 (Rz 1602) vollständig.

3029 c) Auch der Kantonsrat (Rz 1604) stimmten diesem Text mit Ausnahme des ersten Absatzes zu, wo er den Passus «schutzwürdige Überbauungen wie Stadt- und Dorfkerne» durch «schutzwürdige Ortsbilder, wie Stadt- und Dorfkerne oder einzelne Gebäudegruppen» ersetzte[4].

---

[3] Dieses Urteil (1P 652/1989 und 1P 677/1989) betraf das bereits ausserhalb der historischen Stadtmauern der Stadt Zürich gelegene Gebiet Hohe Promenade; die hier beurteilte Kernzone war Bestandteil einer von den Stimmberechtigten gutgeheissenen Sonderbauordnung; aufgrund eines Rekurses von Eigentümern hob die Baurekurskommission I die Kernzone auf, aufgrund eines Rekurses der Stadt stellte sie der Regierungsrat wieder her, worauf dann das kassierende Urteil des Bundesgerichtes erging.

[4] Von einer «Erweiterung» des Ortsbildes kann man allerdings kaum sprechen.

d) Mit der Annahme der Revision in der Volksabstimmung vom 1. September 1991 **3030**
(Rz 1605) erhielt der folgende Text Gesetzeskraft (Abweichungen vom regierungsrätlichen
Antrag *kursiv):*

«III. Kernzonen
§ 50
Kernzonen umfassen *schutzwürdige Ortsbilder, wie* Stadt- und Dorfkerne *oder einzelne Gebäudegruppen,* die in ihrer Eigenart erhalten oder erweitert werden sollen.
Die Bau- und Zonenordnung kann das Bauen auf die Strassengrenze, die Verkehrsbaulinie oder bestehende Baufluchten und, unter Wahrung schutzwürdiger nachbarlicher Interessen, an die Grundstückgrenze vorschreiben, das Bauen bis auf die Strassengrenze gestatten sowie die Stellung und Höhenlage der Bauten sonst näher ordnen. Nutzungsziffern sind nur zulässig, soweit sie dem Zonenzweck nicht zuwiderlaufen.
Die Bau- und Zonenordnung kann besondere Vorschriften über die Masse und die Erscheinung der Bauten enthalten; dabei sind, soweit und sofern die Eigenart der bestehenden Überbauung es rechtfertigt und die Verhältnisse es gestatten, unter Vorbehalt der Bestimmung über die höchstzulässige Gebäudehöhe Abweichungen von den kantonalrechtlichen Vorschriften über die Grenz- und Gebäudeabstände sowie über die Gebäudehöhe erlaubt.»

B. Zur Auslegung von PBG § 50 und zur Praxis hiezu

1. Wie bereits erwähnt (Rz 3027), war anfänglich umstritten, ob gestützt auf PBG **3031**
§ 50 nur zentral gelegene Ortsteile zur Kernzone erklärt werden können. Seit der Revision von 1991 steht jedoch fest, dass auch ausserhalb des Bereiches der Stadt Zürich des 18. Jahrhunderts gelegene Quartiere (zB Hohe Promenade in der Stadt Zürich), Aussenquartiere des 19. und 20. Jahrhunderts, Aussenwachten usw. hiezu in Betracht kommen. Es ist jedoch einerseits das Vorhandensein einer eigentlichen Baudenkmalschutzwürdigkeit nicht nötig; anderseits kann nicht ein Ortsteil der Kernzone zugeteilt werden, welcher keine erhaltenswürdige Eigenart aufweist[5]. Der Umstand, dass einem Gebiet «Pförtnerwirkung» beim Dorfeingang zukommt, aber sonst Uneinheitlichkeit und ästhetische Beeinträchtigung herrscht, reicht für die Schaffung einer Kernzone nicht aus[6].

2. Zur Dimensionierung der Kernzonen für Weiler im Sinne des Berichtes zum kan- **3032**
tonalen Gesamtplan, 1978, S. 12 ff, also für Gebietsabschnitte, welche gemäss kantonalem Siedlungs- und Landschaftsplan im Landwirtschaftsgebiet liegen (jetzt ist der Plan von 1995 massgeblich; vgl. Rz 4023), heisst es im Entscheid der Baurekurskommission II Nr. 199/1982 (BEZ 1982 Nr. 45), dass sich die Zonengrenzziehung eng an die vorhandenen Gebäude, insbesondere an die siedlungsstrukturell massgeblichen Wohnhäuser anschmiegen müsse; unüberbaute Grundstücke dürften nur in aussergewöhnlichen Fällen miteingezont werden, dies etwa dann, wenn damit eine Lücke zwischen bereits überbau-

---

[5] Darin unterscheidet sich die Kern- von der Zentrumszone gemäss PBG § 51.
[6] BEZ 1988 Nr. 8 (RRB Nr. 3476/1987, Gemeinde X.): Als nicht kernzonenwürdig wurden vier Liegenschaften erklärt, obwohl ihnen die Gemeinde eine gewisse Pförtnerwirkung am Dorfeingang zuschrieb. Auf der ersten Liegenschaft steht in der zweiten Bautiefe ein in neuerer Zeit erstelltes Gebäude mit grossem offenem Abstellplatz, auf der zweiten ein Gebäude mit überdimensionierten Dachfensterflächen, auf der dritten ein Bauernhaus mit einer weisslichen Eternithaut, auf der vierten eine als Autoreparaturwerkstätte beworbene Scheune; rundum sind Autos und Autobestandteile gelagert.

ten Parzellen geschlossen werde. In diesem Sinne lautet auch der ZH-Verwaltungsgerichtsentscheid vom 10. Februar 1991 in BEZ 1993 Nr. 1, allerdings bezüglich eines Neubauvorhabens nach vorherigem Teilabbruch eines Gebäudes in der Kernzone.

3033 3. Die bauliche Verdichtung darf nicht übermässig zugelassen werden[7].

3034 4. Welche Regelungen gestützt auf PBG § 50 die Gemeinden in den Kernzonen im Einzelnen treffen können, ergibt sich weitgehend bereits aus dem Text von PBG § 50 (Vgl. auch Rz 3052 f), ferner aus § 301 II bezüglich Fensterorientierung sowie alt § 286 III bezüglich geschlossener Bauweise (Rz 2376). Von allgemeiner Tragweite sind die folgenden Fragen:

a) Gemäss RB 1984 Nr. 106 (Maschwanden) und RB 1985 Nr. 82 (= BEZ 1986 Nr. 2 = ZBl 1986 S. 141 f) können die Gemeinden in der Kernzone strengere Gestaltungsvorschriften als PBG § 238 (Rz 2058a) aufstellen und zB eine «herkömmliche» Umgebungsgestaltung verlangen.

3035 b) PBG § 50 erwähnt nirgends die Festlegung von von einer Überbauung freizuhaltenden Gebietsabschnitten in den Kernzonen. Gemäss BEZ 1986 Nr. 13 (Baurekurskommission III) sind die Gemeinden aber gleichwohl hiezu zuständig; denn es handle sich um ein Minus gegenüber der eindeutig zulässigen Verpflichtung, an die Baulinie, Bauflucht, Strassengrenze, Parzellengrenze zu bauen, einen bestimmten Grundriss, eine bestimmte Stellung, Überbauungs-, Freiflächenziffern einzuhalten usw. Aus ähnlichen Gründen sind gemäss BEZ 1987 Nr. 43 (Baurekurskommission IV) auch Hofbaulinien zulässig.

3036 c) Gemäss Praxis und Rechtsliteratur kann mit Kernzonenregelungen keine Bausubstanzerhaltung betrieben werden, auch nicht dadurch, dass im Kernzonenplan hinsichtlich Erhaltung des bisherigen Zustands und Abweichungsmöglichkeiten differenzierte Regelungen gelten. Will man Substanzerhaltung betreiben, sind eigentliche Unterschutzstellungen nötig. Sonst dürfen Gebäude in der Kernzone an sich abgebrochen werden[8].

---

[7] Entscheid des ZH-Verwaltungsgerichtes vom 10. Februar 1993 (BEZ 1993 Nr. 1, betr. Weiler T. in der Gemeinde X.). Hier verlief die Kernzonengrenze 13 m von der Fassade des äussersten Gebäudes entfernt; nach dessen teilweisem Abbruch sollte ein bis an die Zonengrenze reichender Neubau erstellt werden; dadurch wäre die Ausnützung fast verdoppelt worden; diese hätte einer städtischen Überbauung entsprochen; aus Rechtsgleichheitsgründen hätten entsprechende Bewilligungen auch anderen Eigentümern erteilt werden müssen; infolge davon wäre es zu einer Überschreitung der angestrebten Einwohnerzahl und zu einem Ungenügen der Erschliessungsverhältnisse gekommen. Die Verweigerung wurde zu Recht bestätigt.

[8] Vgl. ZH-Verwaltungsgerichtentscheid vom 17. März 1989 (betr. die Verordnung zum Schutze der Zürcher Altstadt, in: BEZ 1989 Nr. 12), ferner den Entscheid des ZH-Verwaltungsgerichtes vom 28. August 1997, in: BEZ 1998 Nr. 21, und RB 1999 Nr. 116 sowie Jürg Hess, S. 192. Die in diesem Zusammenhang auch oft erwähnten BEZ 1994 Nr. 4 (Baurekurskommission IV), RB 1993 Nr. 37 (Seuzach/ZH, betr. Entlassung eines Gebäudes aus dem Inventar) und RB 1994 Nr. 80 (Bassersdorf/ ZH, betr. Provokationsbegehren) passen m.E. nicht recht hiemit zusammen, wenn nach der Kernzonenregelung ein Abbruch nicht schlechterdings verboten, sondern gestattet ist, wenn die «Erstellung des Ersatz- oder Neubaues» gesichert ist und damit keine «das Ortsbild beeinträchtigende Bau-

Zweifel an der Richtigkeit dieser Auffassung weckt allerdings Folgendes: Bauordnungen werden regelmässig von der Gemeindeversammlung, vom Gemeindeparlament bzw. in einer Urnenabstimmung der Stimmberechtigten beschlossen. Das ist das demokratisch am besten legitimierte Organ; auf jeden Fall ist es nicht weniger demokratisch legitimiert als das im Allgemeinen für Unterschutzstellungen zuständige Organ, nämlich des Gemeinderates. Es ist nicht einzusehen, wieso nicht auch «das Volk» in der Bauordnung speziellen Denkmalschutz mit substanzerhaltender Wirkung soll betreiben können.

Zur Frage, welche Voraussetzungen erfüllt sein müssen, damit in der Kernzone für ein der Kubenerhaltungspflicht unterworfenes Gebäude eine Unterschutzstellung wegen seiner prägenden Wirkung auf das Ortsbild gerechtfertigt ist, äussert sich das ZH-Verwaltungsgericht in RB 1997 Nr. 73; hier kommt es auch auf die besondere Gestaltung und Erscheinung bezüglich Fassaden, Fenster, Dachflächen usw. an. 3037

d) Die Gebäude in den Kernzonen sind häufig baurechtswidrig und fallen damit eigentlich auch unter PBG § 357 (erster und zweiter Absatz in der Fassung von 1975, Rz 1465 ff; erster Absatz in der Fassung von 1991, Rz 1606 ff). Damit stellt sich die Frage, ob die Gemeinden zuständig sind, in den Kernzonen von PBG § 357 (als lex generalis) abweichende Änderungsvorschriften (als leges speciales) aufzustellen. Gemäss dem ein schwarz markiertes Gebäude in der Kernzone der Gemeinde Küsnacht betreffenden RB 1987 Nr. 80 können die Gemeinden Anforderungen setzen, welche im Verhältnis zu PBG § 357 sowohl strenger als auch milder sind. Strenger können die kommunalen Anforderungen sein, indem sie zB bei Änderungen die Einhaltung der durch das bisherige Gebäudeprofil gebildeten Masse bzw. die Übernahme von Standort, Stellung, Form und Volumen des Altbaues verlangen; milder können sie sein, indem sie auch den Wiederbau («Ersatzbau») nach gewolltem Abbruch (vgl. Rz 2495 ff) zulassen, wenn dabei das bisherige Gebäudeprofil eingehalten wird, allenfalls sogar bei Abweichung davon, wenn der Wiederbau der Zonenordnung entspricht und die Funktion des Altbaus im Ortsbild ebensogut wahrnimmt. Erst recht gilt dies, wenn die Abweichungen nur geringfügig sind, wie dies voraussetzungsgemäss bei den Umbauten (Rz 179) und bei geringfügiger Anhebung des Dachfirstes (nach der Terminologie von Rz 180 eine kleine Aufbaute) zutrifft. 3038

e) Gemäss dem Entscheid der Baurekurskommission IV Nr. 121/1997 (BEZ 1998 Nr. 8, Gemeinde Dinhard/ZH) beurteilt sich der «Wiederaufbau eines abgebrannten Gebäudes in der Kernzone ... jedenfalls dann nach der kommunalen Kernzonenregelung über den Ersatzbau, wenn diese für den Grundeigentümer günstiger ist als die generelle kantonalrechtliche Norm über das Brandstattrecht, § 307 PBG». Damit ist indirekt bejaht, dass die Gemeinden zuständig sind, in den Kernzonen gegenüber PBG § 307 eine lockere Regelung zu treffen. Rz 2524. 3039

f) So minutiös auch bisweilen die Kernzonenvorschriften formuliert werden, stellt sich immer wieder die Frage, ob die Gemeinden zuständig sind, zur Ermöglichung von Abweichungen eine besondere, sich nicht auf die Fälle von PBG § 220 beschränkende Dispenskompetenz zu statuieren. In RB 1985 Nr. 83 (= BEZ 1985 Nr. 23) war die Ant- 3040

lücke» entsteht. Substanzerhaltungspflicht, Abbruchverbot und Nichtentlassung aus dem Inventar stehen auf jeden Fall eng nebeneinander.

wort bejahend; das ZH-Verwaltungsgericht fasste eine Kernzonenvorschrift der Gemeinde Illnau-Effretikon als neben PBG § 220 «eigenständig» auf (Rz 607 mit FN 8).

3041 g) Wenn eine Gemeinde eine Kernzone festsetzt, aber von der Möglichkeit, «Abweichungen von den kantonalrechtlichen Vorschriften über die Grenz- und Gebäudeabstände sowie die Gebäudehöhe» zu erlauben, nicht Gebrauch macht, in einem Gesuchsfall jedoch ein abweichendes Gebäude bewilligen will, dann stellt sich die Frage nach der Zuständigkeit zur Dispenserteilung. Der Regierungsrat vertrat in dem in BEZ 1988 Nr. 20 publizierten Beschluss Nr. 1401/1988 die Auffassung, die Gemeinde habe hier, trotz Fehlens einer eigenen Regelung, die «kantonale Regelung materiell übernommen», weshalb die Dispenserteilung der örtlichen Baubehörde und nicht der Baudirektion zustehe.

3042 h) Zu den Bewerbsarten ist Folgendes zu sagen:

– Gemäss dem Entscheid der Baurekurskommission III Nr. 69/1987 (BEZ 1987 Nr. 27) ermächtigt PBG § 50 die Gemeinden nicht, in den Kernzonen «gemäss Unterhaltungsgewerbegesetz bewilligungspflichtige Unterhaltsbetriebe», zB Spielsalons, generell zu verbieten; solches könne auch nicht gestützt auf die 1987 noch gültig gewesene Regelung über die Nutzweise und die Beschränkungen derselben in PBG § 294 (Rz 2426a) festgesetzt werden, weil es sich hier um keine Norm zur Ermächtigung zur Legiferierung handle; eine Differenzierung nach anderen Kriterien als nach dem Immissionsgrad sei unzulässig; diese Aussage geht m.E. zu weit.
– RB 1986 Nr. 81 erklärt, in Kernzonen seien Gartenwirtschaften zonenkonform, «soweit die Bau- und Zonenordnung nichts anderes bestimmt»; damit wird wohl indirekt ausgedrückt, dass (Garten-)Wirtschaften generell verboten werden können.
– Gemäss dem Leitsatz zu RB 1997 Nr. 65 (ausführlich in: BEZ 1997 Nr. 1, mit BGE vom 26. November 1997 bestätigt) ist es unter dem Gesichtspunkt der Zonenkonformität «jedenfalls vertretbar», «wenn die Stadt Zürich in Kernzonen mit einem Wohnanteil von über 50% Bordellbetriebe, Massagesalons oder ähnlicher Formen sexgewerblicher Nutzung generell ausschliesst» (Rz 518 ff, 535 ff).

Dass in der Fassung von 1991 der vierte Absatz der Fassung von 1975 nicht mehr erscheint (Rz 3027 f), schliesst m.E. nicht aus, dass die Gemeinden in den Kernzonen weiterhin «gebietsweise oder für bestimmte Geschosse die Nutzung zu Wohnzwecken vorschreiben oder beschränken und für geeignete Lagen bestimmen (können), dass im Erdgeschoss nur Läden und Gaststätten zulässig sind».

3043 i) M.E. können Kernzonenregelungen als Verbote, Gebote und Erlaubnisse, allenfalls auch als Influenzierungsnormen[9], mit Erleichterungs-, Verschärfungs-, Gleichstellungs- und eigenständigen Regelungen (Rz 804 ff) charakterisiert werden. Ob die bisherigen Gebäude bzw. Bewerbungen baurechtgemäss oder baurechtwidrig (Rz 302 ff) sind, spielt keine entscheidende Rolle. Die Eigenständigkeit der Regelungen tritt in der

---

[9] Vgl. Norbert Achterberg, Influenzierende Normen als Normenkategorie, in: Theorie der Normen, hrsg. von Werner Krawietz u.a., Festgabe für Ota Weinberger zum 65. Geburtstag, Berlin 1984, S. 487–502.

Statuierung von Anpassungspflichten, meist durch die Bauabsicht des Gebäudeeigentümers bedingten (Rz 446 f), erfüllungs- oder nur annäherungsweisen, engen oder weiten Anpassungspflicht (Rz 450 ff), in Erscheinung.

k)	Gemäss PBG § 309 lit. c ist im ganzen Kanton in den Kernzonen der Abbruch von Gebäuden bewilligungsbedürftig (Rz 2537, 2547). Die Gemeinden brauchen dies in ihren Bauordnungen nicht noch besonders zu sagen. RB 1994 Nr. 80 (Bassersdorf/ZH): Wenn «durch einen ersatzlosen Abbruch (eines Gebäudes) in der Kernzone eine das Ortsbild beeinträchtigende Baulücke (entstünde), kommt ein Abbruch nur in Betracht, wenn die Erstellung des Ersatz- oder Neubaues gesichert ist, was nur anhand eines entsprechenden Projektes geprüft werden» kann. Robert Imholz, Heimatschutz, S. 19 f, bezeichnet die Regelung für die Kernzonen in PBG § 50 II als ungenügend, weil sie keine Vorschriften zur Verhinderung von Abbrüchen enthalte. 3044

l)	Die Zuweisung einer Parzelle zur Kernzone stellt gemäss RB 1993 Nr. 64 (mit BGE vom 23. Mai 1995, ZBl 1997 S. 179 ff, Männedorf/ZH, bestätigt) in der Regel keine materielle Enteignung dar[10]. 3045

IV. Zur Anwendung der Kompetenzvorschriften bezüglich Kernzonen

A. Vorbemerkungen

1.	Welche Ortsteile zu Kernzonen gemäss PBG §§ 48 II lit. a und 50 erklärt und welche Regelungen hiefür von den Gemeinden in ihren Bauordnungen beschlossen werden können, ist in Rz 3031 ff dargelegt. 3046

2. a)	Es gibt Gemeinden, welche nur eine einzige Kernzonenart, allenfalls aufgeteilt auf verschiedene Ortsteile, kennen[11], und solche, welche zwei und mehr Zonenarten unterscheiden[12]. Nachfolgend soll kurz dargelegt werden, in welcher Weise die Gemeinden bisher von dieser Zuständigkeit Gebrauch gemacht haben. Dabei ist jedoch Folgendes vorauszuschicken: Nicht nur haben bereits sehr viele Gemeinden Kernzonen festgesetzt, sie taten dies in ihren Bauordnungen jeweils auch sehr wortreich, und zwar fast jede 3047

---

[10] In dem in Rz 1385 besprochenen und das Vorliegen einer materiellen Enteignung bejahenden Wädenswiler-Fall handelte es sich allerdings um eine in der Kernzone gelegene frühere Villa mit Garten. Auslöser für die Entschädigungspflicht war jedoch nicht die Zuweisung zur Kernzone, sondern die sieben Jahre später und erst nach einer Handänderung erfolgte Unterschutzstellung. In diesem Entscheid wurde m.E. die bereits beim früheren Eigentümer eingetretene Minderung der Eigentumsrechte bei der Beurteilung, wie weit die Unterschutzstellung eine (zusätzliche) Eigentumsbeschränkungen bewirke, zu wenig berücksichtigt.
[11] ZB Wädenswil und Küsnacht.
[12] ZB Egg: Kernzonen I und II; Kilchberg: Kernzone Obere Dorfstrasse und Kernzone Bendlikon; Uster: Kernzone Kirchuster K3, Kernzone Kirchuster K4, Kernzone Ober-/Niederuster K3; Winterthur: Zone I für die Altstadt, Zone II für die Wartstrasse, Zone III für die Dorfkerne und Zone IV für die übrigen Kernzonen.

Gemeinde wieder mit etwas anderen Formulierungen[13]. Wo Architekten und Planer die Führung bei der Ausarbeitung von Bauordnungstexten inne haben, feiert die Normierungsfreude bei den Kernzonen Urständ (mehr als bei den Juristen). Seit dem Inkrafttreten des PBG bezieht sich weit herum der Hauptteil des Normierungstextes von Bauordnungen auf die Kernzone; die Normierung der übrigen Zonen und allgemeiner Belange nimmt meistens nur noch kleine Abschnitte des Bauordnungsbüchleins ein. Die heutigen Zürcher Bauordnungen sind daher quantitativ gesehen in erster Linie Kernzonen-Bauordnungen und nur noch zweitrangig auch Ordnungen für die weitaus grösseren restlichen Gemeindegebiete. Eine vollständige Wiedergabe aller Kernzonenregelungen im Kanton Zürich würde deshalb den Rahmen dieser Arbeit von vornherein sprengen. Ich beschränke mich deshalb im Wesentlichen auf die Kernzonenregelungen der Städte Winterthur, Uster und Wädenswil sowie die mir näher bekannten «Landgemeinden» Kilchberg, Egg und Küsnacht.

3048 b) Die Stadt Zürich versuchte schon in der Bauordnung von 1991/1992, indem sie 15 bis 16 verschiedene «Gebietscharaktere» in den Kernzonen unterschied und hiefür je eine eigene Ordnung traf, einen eigenständigen Weg zu beschreiten[14]. Wegen der gegen diese Bauordnung ausgelösten Rekurslawine gerieten aber auch die Kernzonenvorschriften ins Stocken[15]. Die von der kantonalen Baudirektion aufsichtsrechtlich festgesetzte Notbauverordnung vom 9. Mai 1995 liess die Kernzonenregelungen (im Unterschied zu den Wohnzonen mit Zentrums- und Dienstleistungsfunktion) allerdings unberührt; die Baurekurskommission I hat lediglich einzelne Vorschriften aufgehoben (FN 2); der Rest wurde vom Gemeinderat mit Beschluss vom 24. November 1999 reaktiviert; er wird aber nicht in die Erörterung einbezogen, weil er zu umfangreich ist und sich zudem politisch noch zu viel im Fluss befindet. Detailliert hiezu jetzt Felix Christen, in: PBG aktuell 2000 Heft 4 S. 16 ff.

3049 c) Mehr Glück als die Stadt Zürich hatte die Stadt Winterthur; obwohl auch sie umfangreiche Kernzonenregelungen kennt (Art. 3–30) und ähnlich wie die Stadt Zürich mit «Gebietscharakteren» arbeitet, verfügt sie bereits über eine rechtskräftige Bauordnung. Bei Winterthur beschränke ich mich jedoch gleichwohl auf die Allgemeinen Bestimmungen zu den Kernzonen (Art. 3–6a).

3050 Aber auch die Kernzonenregelungen der fünf weiteren Gemeinden werden, entsprechend der Zielsetzung der vorliegenden Arbeit, nicht vollumfänglich besprochen, sondern grundsätzlich nur soweit, als es sich um deklariert postfinites Baurecht handelt und auch dies nur auszugsweise.

3051 d) Die nachstehenden Ausführungen können nur einen fragmentarischen Eindruck davon vermitteln, was alles beim Fortbestehenlassen, Abbrechen, Reparieren, Renovie-

---

[13] Sie lesen sich oft wie Sätze aus einem Leitfaden für den Hobby-Architekten mit dem Titel «Wie baue ich ein schönes Haus».

[14] Von den 83 Artikeln der Bauordnung von 1992 bezogen sich die Art. 25–80 allein auf die Kernzonen (inkl. fünf Artikel für Hofrandgebiete mit etwas unklarem Zonenstatus). Siehe hiezu auch: BGE vom 23. Dezember 1999 bezüglich Gebiet Theaterstrasse, in: PBG aktuell 2000 Heft 1 S. 21 ff.

[15] Frühere Kernzonen bildeten die «Vorschriften für die Kernzone Höngg» vom 21. Oktober 1981 (vgl. hiezu: RB 1982 Nr. 30) und die «Bauvorschriften für die Kernzone Hohe Promenade» vom 23. Mai 1984 (vgl. hiezu: BGE vom 6. November 1991, erwähnt in Rz 3027).

ren, Montieren, Um-, Auf-, Sub-, Anbauen, Umgestalten, Wieder-, Anschluss-, Dependenz- und Dislokationsbauen (Rz 151–208), beim Weiterausüben und Stilllegen von Bewerbungen, bei den bewerbsmässigen Änderungen (Intensivieren, Ausweiten, Auswechseln), beim Umnutzen, Wiederbewerben nach langem Leerstehen, bewerbsmässigem Expandieren, Dependenz- und Dislokationsbewerben (Rz 291–319) in der Kernzone gilt.

B. Zu einigen auf PBG § 50 gestützten kommunalen Regelungen

1. Allgemeine Ausrichtung am bisherigen Gebäudebestand

a) Vorbemerkungen

Während in den Bauzonen im Allgemeinen für alle Gebäude in einer bestimmten Zone die gleichen Maxima für Geschosszahlen, Gebäudehöhen, -längen usw., Minima der Abstände zur Strassen- und Parzellengrenze, ziffernmässige Anforderungen an die Gestaltung des Daches sowie der vorspringenden Gebäudeteile usw. gelten, und dies immer bezogen auf einen bestimmten Parzellenraster, herrscht *zwischen den Parzellen in ein und derselben Kernzone grosse normative Vielfalt*. Der Rechtsgleichheitsgedanke tritt hier ganz in den Hintergrund (Rz 986, 989 f). Im Wesentlichen bilden nicht derartige Masse und Grenzen den Massstab dafür, wie hier gebaut werden darf, sondern Richtschnur ist der bisher vorhanden gewesene Bestand an Gebäuden. Diese können höher und niedriger, länger und kürzer, näher an der Strasse/Grenze oder weiter davon entfernt sein, aber grundsätzlich ist auf ihre Dimensionen und Stellung zu achten. Der *Parzellenraster* als Grundlage wird damit *weitgehend verlassen* (Rz 2371 mit FN 3). 3052

b) In den Kernzonen werden bis zu vier Hauptkategorien von Gebäuden unterschieden. Es geht dabei regelmässig meistens um die Regelung der Renovationen, Montierungen, Um-, Auf- und Anbauten, der Umgestaltungen, des Wieder- und des Anschlussbaues (Rz 177–206) sowie diejenigen der bewerbsmässigen Änderungen, Umnutzungen, Wiederbewerb nach langem Leerstehen und Expansionsbewerb (Rz 305–316), weniger um Reparaturen (Rz 176). Die vier Kategorien werden in den Zonenplänen, welche für die Kernzonen meistens noch in einer gesonderten Ausfertigung vorhanden sind, oft durch die Farben braun, gelb, rot, schwarz, blau oder aber mittels Schraffierung oder negativ durch Nichtmarkierung gekennzeichnet. Es handelt sich hier um die folgenden vier Hauptkategorien[16, 17]: 3053

α) Gebäude mit Profilerhaltungspflicht für Nachfolgebaute

– Wädenswil, Art. 15.1: «(Diese Gebäude, hier braun markiert) dürfen nur unter Beibehaltung des Profiles und der Erscheinung umgebaut oder ersetzt werden. Geringfügige

---

[16] Der Gemeinderat von Kilchberg versuchte mit Beschluss vom 25. März 1985, die generell gehaltenen Vorschriften für die verschiedenen Gebäudearten mittels «Richtlinien» näher auszulegen. Wo es aber nicht einfach um die Wiederholung bzw. die etablierte Auslegung des Bauordnungstextes ging, wurden diese Richtlinien von der Baurekurskommission II mit Entscheid vom 5. Dezember 1989 bestätigt durch das ZH-Verwaltungsgericht im (nicht publizierten) Entscheid vom 8. März 1992 als blosse Dienstanweisung und damit für Private unbeachtlich erklärt.

[17] Bezüglich Abweichung vom bisherigen Erscheinungsbild allgemein: Entscheid des ZH-Verwaltungsgerichtes vom 24. November 1999, in: BEZ 2000 Nr. 2 (Wohnhaus anstelle von Scheune).

Abweichungen können bewilligt oder angeordnet werden, wenn sie durch die Zweckbestimmung des Gebäudes begründet sind oder im Interesse des Ortsbildes oder der Wohnhygiene liegen.» Art. 15.4: «Anbauten sind zulässig, sofern dadurch der Charakter der Gebäude nicht beeinträchtigt wird.» (bezüglich materielle Enteignung siehe Rz 1385 betr. Wädenswil)
- Egg, Art. 9 (nur für Kernzone I): «Bestehende Gebäude dürfen nur unter Beibehaltung der Gebäudegrundfläche, kubischen Gestaltung, Fassaden- und Dachgestaltung umgebaut und ersetzt werden. Geringfügige Abweichungen können bewilligt werden, wenn dies im Interesse der Hygiene oder des Ortsbildes liegt.»
- Kilchberg, Art. 3.2.1 (nur bei blau markierten Gebäuden): «Bestehende Gebäude oder Gebäudeteile dürfen nur unter Beibehaltung des bisherigen Gebäudeprofils (Lage, Grundriss, kubische Gestaltung, Dachform und Firstrichtung) umgebaut oder ersetzt werden. Geringfügige Abweichungen können bewilligt oder angeordnet werden, wenn dies im Interesse der Wohnhygiene, der Verkehrssicherheit oder des Ortsbildschutzes liegt.»
- Küsnacht, Art. 6 I: «Für Um- und Ersatzbauten der im Zonenplan schwarz eingetragenen Gebäude gelten unter Vorbehalt von verkehrspolizeilichen oder wohnhygienischen Anordnungen die durch das bisherige Gebäudeprofil gebildeten Masse; Standort, Stellung, Form und Volumen solcher Gebäude sind zu wahren oder zu übernehmen.» (vgl. RB 1987 Nr. 80)
- Winterthur, Art. 6 I und III: «Die im Kernzonenplan rot eingezeichneten Gebäude dürfen nur verändert oder bei gesichertem Wiederaufbau abgebrochen werden, wenn die nachfolgenden Voraussetzungen erfüllt sind: a) Die baulichen Massnahmen haben sich an das bisherige Gebäudeprofil zu halten. Geringfügige Abweichungen sind unter Wahrung schutzwürdiger nachbarlicher Interessen und unter Einhaltung der Vorschriften über die Bauweise für die einzelnen Kernzonen gestattet; sie können aus Gründen des Ortsbildschutzes oder zur Verhinderung baupolizeilicher Missstände auch angeordnet werden. b) Die wesentlichen gestalterischen Elemente sind zu übernehmen oder zu verbessern .... Über die bestehende Vollgeschosszahl hinaus sind im Rahmen des bestehenden Gebäudeprofils allgemein zwei Dachgeschosse unter Schrägdächern zulässig.»

Aufbauten (Rz 180) sind hier grundsätzlich nicht gestattet. Es handelt sich meistens um die Verpflichtung auf einen Repetierwiederbau gemäss Rz 203 f, allenfalls mit bedingter weiter oder enger Anpassungspflicht (beim Passus «oder angeordnet»). Die Regelung enthält jedoch möglicherweise entgegen den Erwartungen der Urheber der Regelungen weder ein Abbruchverbot noch ein Abbruchgebot. Ein Abbruchverbot besteht hier gemäss Praxis nur bei Hinzutreten einer entsprechenden Unterschutzstellungsverfügung. Vgl. jedoch Rz 3036. Fassadenrenovationen stehen hier ebenfalls unter einem verschärften ästhetischen Regime. Bewerbsmässige Änderungen sind wohl dann unzulässig, wenn sie Auswirkungen zeitigen, welche für das Ortsbild und den Ortscharakter nachteilig sind.

β) Gebäude mit Stellenwerterhaltungspflicht für Nachfolgebaute

3054 - Wädenswil, Art. 15.2. «(Bei diesen Gebäuden, hier gelb markiert) können bei Ersatzbauten grössere Abweichungen vom heutigen Zustand bewilligt werden, wenn dies im Interesse der Wohnhygiene liegt, die Abweichung für die Zweckbestimmung des Gebäudes nötig ist und das Ortsbild dadurch nicht nachteilig beeinflusst wird.» Art. 15.4:

«Aufbauten sind zulässig, sofern dadurch der Charakter der Gebäude nicht beeinträchtigt wird.»
- Küsnacht, Art. 6 I zweiter Satz: «Von dieser Regelung (nämlich von der Profilerhaltungsverpflichtung für Nachfolgebauten) abweichende Ersatzbauten können zugelassen werden, sofern sie der Zonenordnung entsprechen und die Funktion des Altbaus im Ortsbild ebensogut wahrnehmen.» (vgl. RB 1987 Nr. 80)
- Winterthur, Art. 5 II und III: «Auch nicht bezeichnete Hauptgebäude dürfen innerhalb des bisherigen Gebäudeprofils baulich verändert oder wiederaufgebaut werden, sofern sich bereits der Altbau gut in das gewachsene Ortsbild eingefügt hat oder wenn der Neubau für das Ortsbild wesentliche Verbesserungen bringt: Solche bauliche Vorkehren haben ebenso den Anforderungen von Absatz 1 zu entsprechen. Über die bestehende Vollgeschosszahl hinaus sind im Rahmen des bestehenden Gebäudeprofils allgemein zwei Dachgeschosse unter Schrägdächern zulässig.»

Es besteht hier bedingt die Möglichkeit eines Differenzwiederbaues (Rz 203 f). Was bezüglich bewerbsmässiger Änderungen in Rz 3042 gesagt wurde, gilt auch hier.

γ) *Gebäude mit besonderen ästhetischen Anforderungen an Nachfolgebauten*

- Wädenswil, Art. 15.3: «(Für Gebäude, hier nicht besonders markiert) sind Um- und Ersatzbauten nur zulässig, sofern sich solche Gebäude gut ins Ortsbild einordnen; andernfalls gelten die Vorschriften für Neubauten.» **3055**

Es handelt sich hier um eine verschärfte Ästhetikklausel. Das «andernfalls» bedeutet nicht, dass für solche Neubauten keine verschärfte Ästhetikklausel gilt; es kommt aber nur etwa die Regelung gemäss PBG § 238 II (Rz 2058e) zum Zuge.

δ) *Gebäude ohne besondere Anforderungen*

Das sind alle übrigen Gebäude. Hier gilt PBG § 238 (Rz 2058d). **3056**

2. Weitere materielle Anforderungen an Änderungen und sekundäre Neubauten bzw. Erstbewerbungen

Hier sind stichwortartig zu erwähnen: **3057**

a) Allgemeine Einordnungsanforderungen

ZB Wädenswil, Art. 14 I, Kilchberg, Art. 3.1., Küsnacht, Art. 7 I, Uster, Art. 8 I, Winterthur, Art. 3. Siehe auch RB 1999 Nr. 116.

b) Anforderungen an Fassaden und vorspringende Gebäudeteile

ZB Wädenswil, Art. 17.1, Egg, Art. 11 und 14, Kilchberg, Art. 3.1., Küsnacht, Art. 7 II, Uster, Art. 9 I. **3058**

c) Anforderungen an Dächer

ZB Wädenswil, Art. 18, Egg, Art. 5, 6 und 13 I, Kilchberg, Art. 3, Küsnacht, Art. 8, Uster, Art. 10. **3059**

d) Anforderungen an von aussen sichtbare Montierungen (Reklamen, Sonnenkollektoren)

3060   ZB Wädenswil, Art. 19, Kilchberg, Art. 3.1, Küsnacht, Art. 9 f, Winterthur, Art. 6a.

e) Anforderungen an Umschwunggestaltung

3061   ZB Wädenswil, Art. 17.3 und 20, Egg, Art. 7, Kilchberg, Art. 3.1, Küsnacht, Art. 6 II und 9, Uster, Art. 8 II und 15.

f) Anforderungen an Bewerb

3062   ZB Wädenswil, Art. 16.5, Egg, Art. 4 II, Kilchberg, Art. 3.1. und 3.2.

3. Materielle Anforderungen an Abbrüche

3063   ZB Wädenswil, Art. 21.2, Egg, Art. 8, Küsnacht, Art. 11 II, Uster, Art. 11 II, Winterthur, Art. 4.

4. Erweiterung der Bewilligungsbedürftigkeit

3064   ZB Wädenswil, Art. 23.1 und 23.3, Egg, Art. 8, Kilchberg, Art. 3.1.8, Küsnacht, Art. 11 II, Uster, Art. 11 II, Winterthur, Art. 4 erster Satz und 5.

5. Die weit ausholende postfinite Regelung der Stadt Uster

3065   Die Stadt Uster besitzt eine eigenständige, weit ausholende Regelung für die hier allerdings unter dem Oberbegriff «Ortsbildschutzzonen» stehenden Kernzonen:

«1. Allgemeine Bestimmungen
Um- und Ersatzbauten 1. mit Privileg
Art. 5
Der Umbau eines bestehenden Gebäudes oder dessen Ersetzung durch einen Neubau ist ohne Beachtung der bauordnungsgemässen und kantonalrechtlichen Masse innerhalb des bisherigen Gebäudeprofiles gestattet, wenn folgende Voraussetzungen erfüllt sind:
a) der Altbau entspricht in seiner Erscheinungsform im wesentlichen der herkömmlichen Bauweise, prägt das Ortsbild durch seine Stellung und seinen Kubus oder gehört sonst zur traditionellen Bausubstanz;
b) das Bauvorhaben erhält oder verbessert die wesentlichen gestalterischen Elemente des Altbaus, weist eine sorgfältige architektonische Durchbildung des Baukörpers und Gliederung der Fassaden auf und verwendet angepasste Materialien und Farben;
c) das Bauvorhaben schafft auch gegenüber benachbarten Gebäuden keine erheblichen Missstände hinsichtlich Wohn- und Arbeitsräumen;
d) der Altbau und das Bauvorhaben weisen überdies keinen Widerspruch zu den Zielsetzungen der Kernzone auf.
Geringfügige Abweichungen vom bisherigen Gebäudeprofil sind unter angemessener Wahrung schutzwürdiger nachbarlicher Interessen gestattet.

3066   2. ohne Privileg
Art. 6
Für Um- oder Ersatzbauten, welche die Voraussetzungen von Art. 5 nicht erfüllen oder mehr als geringfügig vom bisherigen Gebäudeprofil abweichen, gelten die Bestimmungen dieser Bauordnung und des PBG's uneingeschränkt.

Ersetzt ein Neubau ein Gebäude, das den bauordnungsgemässen Abstand gegenüber einem privilegierten Gebäude auf demselben Grundstück unterschreitet, so gilt als Gebäudeabstand die Summe aus dem Grenzabstand, den das neue Gebäude benötigt, und der Hälfte des bestehenden Abstandes; Voraussetzung ist, dass der Neubau hinsichtlich Grösse nur unwesentlich abweicht.
...
Art. 16 (für die Dorfzone D2)
Die in Art. 5 gewährten Erleichterungen für Um- und Ersatzbauten gelten für alle bestehenden Gebäude.»

C. Schlussbemerkungen

Ich habe über mehrere Seiten fast kommentarlos Kernzonenvorschriften von sechs Gemeinden reproduziert, um zu zeigen, wie in keiner der behandelten Materien eine voll übereinstimmende Regelung gilt. Die Vielfalt würde nur noch grösser, wenn auch die Bauordnungen weiterer Gemeinden beigezogen würden. Zwar enthält keine Vorschrift etwas Unvernünftiges, auch lauten die meisten der Spur nach ähnlich, sind aber doch fast nie wenigstens materiell identisch, geschweige denn auch formell. Ich bin zwar ein Freund der Gemeindeautonomie; auch schätze ich das grosse Bemühen, die Ortskerne der Zürcher Gemeinden schön zu erhalten. Hier lässt der Kanton aber m.E. den einzelnen Gemeinden bzw. deren Beratern aus der lokalen Beamtenschaft und aus privaten Architekten- und Planerbüros bei der Festlegung der Regelungen zu freie Hand. Auf dieser Basis kann sich keine feste Rechtsprechung und Doktrin – und dementsprechend auch keine volle Rechtssicherheit – entwickeln. Siehe auch die Bemerkungen zur Frage nach der Zweckmässigkeit der kommunalen Legiferierung im postfiniten Baurecht allgemein in Rz 635, 644 f.

Zur Regelung Quartiererhaltungszone gemäss PBG § 50a

I. Ausgangslage

3068 Der bereits in Rz 3022 erörterte Gesinnungswandel in weiten Kreisen der Bevölkerung schritt in den Achtzigerjahren noch weiter, als die Neubautätigkeit ausgehend von den Zentren der Städte und Dörfer nach den Siedlungsrändern ausgriff. Es wurde immer mehr als im öffentlichen Interesse gelegen angesehen, dass nicht nur eigentliche Baudenkmäler oder Altstadt-, Dorf- und Ortskerne, sondern auch gewöhnliche Quartiere, in welchen man bisher angenehm wohnen und günstig handwerklich tätig sein konnte, in ihrer baulichen Struktur erhalten bleiben. «Konservative» und «Progressive» begannen sich in diesem Bereich immer mehr die Hand zu reichen, zum Missfallen vieler Bauaktiver.

II. Zur Regelung im alten Baugesetz

3069 Im Baugesetz von 1893/1943/1959 haben Bestrebungen im Sinne von Rz 3068 noch keinen Niederschlag gefunden. Nur der Vollständigkeit halber sei bemerkt: Das im Kanton Zürich seit Jahrzehnten bekannte Quartierplanverfahren hat nichts mit diesen Quartiererhaltungszonen gemeinsam. Das Quartierplanverfahren dient in erster Linie der Baureifmachung von bisher noch unüberbautem Land (Rz 3101 f).

III. Zur Regelung im PBG[1]

A. Zum geltenden Text von 1991

3070 1. Auch bei Ausarbeitung des PBG von 1975 bildete die Erhaltung der nicht als Baudenkmäler oder Kerne bewertbaren Stadt- und Dorfteile noch kein öffentliches Anliegen (vgl. Rz 1466 ff).

3071 2. a) Noch nicht einmal im Entwurf der Baudirektion vom Februar 1988 (Rz 1601) und auch nicht im Antrag des Regierungsrates an den Kantonsrat vom 11. Oktober 1989 für die grosse Teilrevision des PBG war die Quartiererhaltung ein Thema (Rz 1603 f).

3072 b) Die Quartiererhaltungszone kam erst in der vorberatenden Kommission des Kantonsrates (Rz 1604) zur Sprache. Es wurde dabei an zwei Institute aus dem Antrag des Stadtrates von Luzern vom 10. Februar 1993 zu einem neuen Bau- und Zonenreglement für die Stadt Luzern angeknüpft: an das Erfordernis der Volumenerhaltung und an den Begriff des Baubereiches; dabei war man sich bewusst, dass es in Luzern um kommunales, beim PBG aber um kantonales Recht geht (vgl. Protokolle der Kommission, S. 514 ff, 540 ff und 565 f). Die kantonsrätliche Kommission schlug die Erwähnung der Quartier-

---

[1] Umfassend hiezu: Andreas Keiser, Die Quartiererhaltungszone – ein neues Instrument der Zürcherischen Ortsplanung, in: PBG aktuell 1994 Heft Nr. 1 S. 5 f.

erhaltungszone in PBG § 48 als lit. b und die Einfügung des folgenden neuen Paragraphen vor:

> «III.a Quartiererhaltungszonen
> § 50a
> Quartiererhaltungszonen umfassen in sich geschlossene Ortsteile mit hoher Siedlungsqualität, die in ihrer Nutzungsstruktur und/oder baulichen Gliederung erhalten oder erweitert werden sollen.
> Die Bau- und Zonenordnung kann die nämlichen Regelungen treffen wie für die Kernzonen.»

Das Ratsplenum stimmte diesem Antrag fast unverändert zu. Ersetzt wurde lediglich das «und/oder» durch «oder»[2].

Mit der Annahme der Revision des PBG in der Volksabstimmung vom 1. September 1991 (Rz 1605) erhielt diese Fassung Gesetzeskraft.

B. Zur Auslegung von PBG § 50a und zur Praxis hiezu

1. Zum ersten Absatz

a) Anfänglich bestand eine gewisse Unsicherheit darüber, welche Gebietsabschnitte für die Schaffung von Quartiererhaltungszonen in Betracht kommen. Die Baurekurskommission IV erklärte im Entscheid Nr. 157/1993 (BEZ 1994 Nr. 4) zu einer Quartiererhaltungszone für einen Gebietsabschnitt von rund 250 m x 120 m mit nur acht Gebäuden Folgendes: Die Kleinheit des erfassten Gebietes, der Umstand, dass man dieses im Allgemeinen kaum als ein «Quartier» bezeichnet, stehe der Schaffung einer Quartiererhaltungszone an sich nicht entgegen, nicht zuletzt auch deshalb nicht, weil PBG § 50a ausser im Zonennamen das Wort «Quartier» nicht verwendet, sondern von «Ortsteilen» spricht. «Quartiere» seien hier einfach «kleinere zusammenhängende Bereiche, die einerseits von ihrer Nutzung und der Art der Zugänglichkeit her und anderseits aufgrund ihrer Topographie bzw. ihren architektonischen Gegebenheiten eine gewisse Einheit bilden»[3].

3073

b) Zum Erfordernis «in sich geschlossene Ortsteile mit hoher Siedlungsqualität»: Nach einer strengeren Auslegung kommt es hier vornehmlich auf die Stellung der Bauten zueinander sowie auf Kubatur- und Baumassen-Verteilung an; von Bedeutung sei hiebei eine «besondere Nutzungsstruktur», welche «in der Durchmischung und allenfalls ... in der Anordnung verschiedener Nutzungen, ferner aber auch in einer besonders einheitlichen oder einer gleichmässigen Nutzungsintensität (zB besonders geringe Ausnützung und damit verbunden grosse Gebäudeumschwünge)» liege. Nicht erforderlich seien jedoch «Schutzwürdigkeit im Sinne eines Kernzonengebietes» oder Annäherung daran. Es muss sich aber um bauliche Gliederungen oder Nutzungsstrukturen handeln, die «qualitativ deutlich über dem Durchschnitt sonstiger Überbauungen liegen, indem sie sich etwa durch ein erkennbares einheitliches Konzept auszeichnen»; es genüge aber nicht das Fehlen von Durchgangsverkehr und das Vorhandensein eines kleinen Waldstückes, von vielen, eine «Talsicht» gewährenden, zum Teil als Terrasse ausgestalteten Flachdächern und einer

3074

---

[2] Protokolle des Kantonsrates, 1991–1995, S. 13229, 13311 und 13340 (insbesondere die Voten von Andreas Keiser).
[3] BEZ 1994 Nr. 4 in Rz 3073.

für das Bauen vor 20 bis 30 Jahren typischen Architektur; daran ändere auch die behauptete bisherige Unternutzung der Parzellen nichts[4].

Als weniger streng erweist sich jedoch die folgende Umschreibung in dem in BEZ 1995 Nr. 5 publizierten Rekursentscheid des Regierungsrates (Nr. 3877/1994): «Der Erlass einer Quartiererhaltungszone setzt nicht voraus, dass ein Siedlungsbereich hohe architektonische oder andere herausragende Ansprüche erfüllen muss. Es genügt, wenn ein Ortsteil ‹geschlossen› ist und eine ‹bauliche Gliederung› aufweist, die ihn, meist unter Berücksichtigung der Aussenraumgestaltung, einheitlich (oder vielfältig) erscheinen lässt …[5] Zusätzliches wird nicht verlangt.»[6]

3075　Es gibt wohl manche Gebiete im Kanton Zürich, welche ebensogut einer Kern- wie einer Quartiererhaltungszone zugeteilt werden können.

3076　c)　Die Legiferierung darf sich bei Quartiererhaltungszonenvorschriften, anders als Kernzonenvorschriften, nicht damit begnügen, zu verlangen, dass die vorhandene Überbauung nach ihrer Erscheinung und ihrem architektonischen Ausdruck erhalten werde und dass Vergrösserungen in einem angemessenen Verhältnis zum heutigen Bauvolumen stehen müssen[7]; es sei bezüglich Geschosszahl und Gebäudehöhe ein «Minimum an Vorschriften» zu setzen.

3077　d)　In den Quartiererhaltungszonen kann nach RB 1996 Nr. 78 nicht ohne weiteres eine besonders gute Einordnung verlangt werden. Für das Erscheinungsbild der Gebäude kommt es nach dem Entscheid der Baurekurskommission IV in BEZ 1994 Nr. 4 auf PBG § 238 I (Rz 2058a) und nicht auf dessen zweiten Absatz an. Es können aber wie in Kernzonen über PBG § 238 hinausgehende Gestaltungsvorschriften festgelegt werden[8].

3078　e)　Mehrfach wird betont[9], dass die Quartiererhaltungszone keine Heimatschutzzone sei; wenn man einen Schutz in dieser Richtung wolle, sei eher die Kernzone am Platze, welche allerdings auch keine Heimatschutzzone darstellt[10]. Quartiererhaltungszonen bezwecken die Erhaltung und Förderung der Siedlungsqualität, die Erhaltung der ungefähren Volumetrie, nicht aber der Bausubstanz. Die vorhandene Baumasse soll dach- und untergeschossmässig vermehrt genutzt werden können; damit lasse sich eine «Abrisswelle» verhindern. Zur Substanzsicherung brauche es Unterschutzstellungsverfügungen (kritisch hiezu Rz 3036).

---

[4]　Gleich wie FN 3.
[5]　Das ist nach Auffassung des Regierungsrates offenbar schon der Fall, wenn Vorgärten vorhanden sind und Annexbauten («Anbauten», Rz 182 mit FN 54) fehlen.
[6]　Der Entscheid bezieht sich allerdings primär auf die Anwendung der Bausperre gemäss PBG § 346 zur Sicherung einer voraussichtlichen Quartiererhaltungszone (Rz 2598).
[7]　Gleich wie FN 3.
[8]　RB 1984 Nr. 106, RB 1985 Nr. 82 = BEZ 1986 Nr. 2.
[9]　ZB RB 1996 Nr. 78; ZH-Verwaltungsgerichtsentscheid vom 27. November 1997 (ZBl 1998 S. 336, 340 betr. Widerruf der Unterschutzstellung von Gebäude und Park Jakobsbrunnen in Winterthur im Hinblick auf die vorgesehene Quartiererhaltungszone, Rz 1384 mit FN 41; BEZ 1994 Nr. 4 in Rz 3073.
[10]　In diesem Sinne wohl auch Andreas Keiser, S. 8.

f) Es können Hofbaulinien festgelegt[11] und bestimmte Abschnitte zu Freiflächen erklärt werden[12]. Die Verhinderung einer baulichen Verdichtung könne jedoch nicht das Ziel einer Quartiererhaltungszone sein. 3079

g) Spielsalons sind in Quartiererhaltungszonen wohl eher generell verbietbar als in den Kernzonen[13]. Fraglich ist, ob in Ersteren Gartenwirtschaften generell verboten werden können (Rz 3042). 3080

h) Ob die Gemeinden ermächtigt sind, in den Quartiererhaltungszonen die Erlaubnis baulicher Vorkehrungen grundsätzlich von anderen Voraussetzungen abhängig zu machen als denjenigen von PBG § 357, ist noch nicht entschieden. M.E. besteht zu einer Abweichung von PBG § 357 kein Anlass (Rz 1740). 3081

i) Im Unterschied zur Kernzone wird in PBG § 309 lit. c der Abbruch für die Quartiererhaltungszone nicht als bewilligungsbedürftig erklärt (Rz 2547). Die Nichterwähnung der Quartiererhaltungszone ist hier m.E. auf eine Nachlässigkeit des Gesetzgebers bei der erst im Kantonsrat (Rz 3071) erfolgten Einfügung dieser Zone zurückzuführen. M.E. können die Gemeinden Abbrüche in den Quartiererhaltungszonenregelungen für bewilligungsbedürftig erklären und analog Rz 3063 regeln. 3082

k) Welcher Art Regelungen für Quartiererhaltungszonen nach Auffassung der kantonalen Baudirektion ungefähr sein dürfen, kann wohl der von ihr für die Stadt Zürich am 9. Mai 1995 aufsichtsrechtlich verfügten Notbauordnung entnommen werden. Diese Regelungen werden in Rz 3088 ff näher erörtert. 3083

l) Die Regelungen der Quartiererhaltungszonen können als Verbote, Gebote und Erlaubnisse, allenfalls auch als Influenzierungsnormen[14], mit Gleichstellungs-, Lockerungs-, Verschärfungs- und eigenständigen Regelungen charakterisiert werden (Rz 804 f). Ob die bisherigen Gebäude bzw. Bewerbungen baurechtgemäss oder baurechtswidrig (Rz 302 ff) sind, spielt keine entscheidende Rolle. 3084

m) Es wird als ein Vorteil der Quartiererhaltungszone angesehen, dass sie «die Möglichkeit (bietet), den durch frühere Rechtsgrundlagen geprägten, qualitativ hochwertigen Altbestand auf einfache Art in die neue planungsrechtliche Ordnung überzuführen, und zwar ohne dass die bestehenden Bauten rechtswidrig werden»[15]. Dabei fragt sich allerdings, warum es zu einer Gesetzesrevision kam, wenn die früheren Rechtsgrundlagen einen qualitativ hochwertigen Altbestand zu prägen vermochten. Das Nicht-baurechtswidrig-Werden stellt bei Richtigkeit der in Rz 1740 f vertretenen Auffassung zu PBG § 357 allerdings für den Bauaktiven keinen grossen Vorteil dar. 3085

---

[11] BEZ 1987 Nr. 43 (Baurekurskommission IV).
[12] BEZ 1986 Nr. 13 (Baurekurskommission III).
[13] BEZ 1987 Nr. 27 (Baurekurskommission III).
[14] Vgl. Norbert Achterberg, zitiert in Rz 3043, hier in FN 9.
[15] So Andreas Keiser, S. 15.

3086 n) Quartiererhaltungszonen bewirken wohl wie die Kernzonen (Rz 3045) in der Regel keine materielle Enteignung[16].

2. Zu PBG § 50a II

3087 Die Baurekurskommission IV bringt im Entscheid BEZ 1994 Nr. 4 zu Recht eine Kritik am kantonalen Gesetzgeber an. Sie erklärt, der «generelle Verweis in § 50a Abs. 2 PBG auf die bei der Kernzone möglichen Regelungen ... (ist) zu pauschal und mit Sinn und Zweck der Norm nur beschränkt vereinbar».

IV. Zu den Quartiererhaltungszonen im Einzelnen

A. In der Stadt Zürich im Besonderen

1. Zur Situation gemäss Bauordnung von 1991/1992

3088 Obwohl die Bauordnung der Stadt Zürich vom Gemeinderat erst am 23. Oktober 1991, also bereits nach Annahme der die Quartiererhaltungszonen ermöglichenden PBG-Revision vom 1. September 1991 durch die Stimmberechtigten des Kantons Zürich (Rz 1605), verabschiedet worden war und die Stimmberechtigten der Stadt Zürich diese Bauordnung erst am 19. Mai 1992, also bereits nach Inkrafttreten diese PBG-Revision am 1. Februar 1992, angenommen hatten, erhielt diese Vorlage keine Zonen mit dem Namen «Quartiererhaltungszone». Stattdessen war von Wohnzonen mit Zentrumsfunktion und Wohnzonen mit Dienstleistungsfunktion die Rede. Dieses zeitlich unglückliche Nebeneinanderlaufen der beiden Legiferierungen war mit ein Grund für das damalige Bauordnungsdebakel in der Stadt Zürich[17].

---

[16] Dgl. wohl auch Andreas Keiser, S. 15.

[17] Dabei spielte m.E. auch eine ungute Polarisierung zwischen rechts und links im Gemeinderat der Stadt Zürich und in den Parteileitungen der entsprechenden Fraktionsangehörigen mit hinein. Es gibt einen römischrechtlichen Grundsatz, der auch im heutigen Schweizerischen Obligationenrecht seinen Niederschlag gefunden hat, aber eine allgemeine Tragweite besitzt: falsa demonstratio non nocet: Wenn ein Rechtsgeschäft von den Parteien rechtlich falsch benannt wird, es aber klar ist, was sie wollen, dann bewirkt die falsche Qualifikation keine Ungültigkeit des Rechtsgeschäftes (vgl. Andreas von Tuhr/Arnold Escher, Allg. Teil des Schweiz OR, Band I, S. 288 bei FN 20). M.E. hat die Baurekurskommission I in ihrem Entscheid in BEZ 1994 Nr. 20 die PBG-Konformität der Zonen W5Z, W6Z und W6D zu stark disqualifiziert, weil im PBG die Zonennamen «Wohnzonen mit Zentrumsfunktion» und «Wohnzone mit Dienstleistungsfunktion» nicht vorkommen. Das hätte vielleicht nach dem PBG in der Fassung von 1975/1984 mit seiner starken Einengung der kommunalen Legalisierungskompetenz im Bauordnungsrecht noch als Argument genügt, nicht mehr aber nach der den Gemeinden grössere Zuständigkeit einräumenden Fassung von 1991 (Rz 534).

2. Zu den Quartiererhaltungszonen gemäss Notbauordnung der kantonalen Baudirektion von 1995

a) Kommunales oder kantonales Recht?

Wenn die Qualifikation von Regelungen als einem bestimmten Gemeinwesen zugehörig bedeutet, dass eben dieses Gemeinwesen die Regelung festgesetzt habe, dann ist die Aussage, die Notbauordnung vom 9. Mai 1999 sei kommunales Recht[18], falsch. Diese Notbauordnung ist allein von der kantonalen Baudirektion festgesetzt worden, wenn auch aufsichtsrechtlich. Dass es sich hier nur um eine «vorläufige Regelung nach § 344 PBG» handelt, bezüglich derer die Stadt Zürich selbst beförderlich eine Ablösungsregelung treffen sollte (vgl. Rubrum der Verfügung und Dispositiv Ziffer II), ändert daran nichts. Die erwähnte Aussage bedeutet wohl nur, dass die Kognition von Baurekurskommission und Verwaltungsgericht, obwohl es sich auch hier um kantonales Recht handelt, so ist, wie wenn es sich um kommunales Recht handeln würde; das heisst, die Rechtsmittelbehörden sollen sich bei der Überprüfung von Zweckmässigkeits- und Ermessensfragen Zurückhaltung auferlegen[19].

3089

b) Zur Differenzierung der Zonen

In der Notbauordnung der Baudirektion vom 9. Mai 1995 für die Stadt Zürich werden fünf Quartiererhaltungszonen unterschieden: QH3, QH4, QH5, QH5Z und QH6Z (Art. 18d I). Die Ziffern beziehen sich auf die für Hauptgebäude maximal zulässige Vollgeschosszahl. Der Buchstabe Z bedeutet Zentrum und erklärt sich dadurch, dass die Baurekurskommission I und der Regierungsrat die von der Stadt Zürich in der Bauordnung von 1992 vorgesehene fünf- sowie sechsgeschossige «Wohnzone mit Zentrumsfunktion» W5Z bzw. W6Z und die ebenfalls hier vorgesehene sechsgeschossige «Wohnzone mit Dienstleistungsfunktion» W6D als nicht PBG-konform bewerteten, die Baudirektion in ihrer Notbauordnung aber doch den darin zum Ausdruck gelangten Grundgedanken soweit angängig respektieren wollte. Das führte dann dazu, dass sie diese Zonen W5Z, W6Z und W6D auf weite Strecken als QH5, QH5Z und QH6Z übernahm.

3090

c) Zu den Regelungen im Einzelnen

α) Zur Regelung der Gebäudehöhe, Geschosszahl und Gebäudelänge

Es ist höchstens ein anrechenbares Untergeschoss zulässig. Bei den Dachgeschossen wird unterschieden, ob es sich um ein Gebäude mit Schräg- oder Flachdach handelt: Im ersteren Fall sind zwei, im letzteren ein anrechenbares Dachgeschoss gestattet. Hofgebäude dürfen durchwegs höchstens zwei Vollgeschosse und ein Untergeschoss aufweisen. Das erleichtert Umbauten und Bewerbsausweitungen in bereits bestehenden Gebäuden.

3091

---

[18] So gemäss dem Entscheid der Baurekurskommission I in BEZ 1997 Nr. 4 (betr. Neugasse/Luisenstrasse, Zürich 4).
[19] In der Begründung der Verfügung der Baudirektion vom 9. Mai 1995 betreffend Notbauordnung wird (soweit publiziert) mit keinem Wort auf die Quartiererhaltungszone Bezug genommen.

β) Zu den Fassaden und vorspringenden Gebäudeteilen

3092 Art. 18d IV: «Wird die erlaubte Zahl der Vollgeschosse erreicht, ist ein anrechenbares Untergeschoss nur gestattet, wenn dazu keine wesentlichen Abgrabungen oder Aufschüttungen erforderlich sind.» Art. 18f III: «Strassenseitig sind die vorherrschenden Traufhöhen zu übernehmen[20]. Die Fassadengestaltung ist auf den Gebäudecharakter des Gevierts abzustimmen.»[21] Art. 18f IV: «Die geschlossene Überbauung ist uneingeschränkt gestattet; beim Ersatz von Hauptgebäuden ist sie im bisherigen Umfang vorgeschrieben[22]. Hofgebäude dürfen mit Hauptgebäuden zusammengebaut und verbunden werden.»

3093 *γ) Zum Dach:* ausser der Traufhöhenregelung von Art. 18f III nichts besonderes.

3094 *Zu den von aussen sichtbaren Installationen:* nicht besonderes.

δ) Zur Regelung der Abstände und Zahlenverhältnisse

3095 Der minimale Grenzabstand beträgt 3,5 m (Art. 18d I). Nutzungsziffern gelten keine (Art. 18d II). Der Wohnflächenanteil wird offenbar nicht als Nutzungsziffer angesehen, da solche wohl auch in den Quartiererhaltungszonen nur beschränkt in Betracht kämen (vgl. den Verweis von PBG § 50a II auf PBG § 50 II, Rz 3087). «Die Hauptgebäude sind strassenseitig auf die Baulinie zu stellen oder, wo die Flucht der bestehenden Überbauung abweichend davon verläuft, auf diese Bauflucht auszurichten».

ε) Zum Umschwung und den Höfen

3096 Art. 18d III: «Die nicht mit Hauptgebäuden überbaubare Hoffläche darf höchstens zu einem Drittel mit Hofgebäuden überbaut werden[23]. Art. 18f II: «Hofseitig dürfen sie (nämlich die Hauptgebäude) unter Vorbehalt der Abstandsvorschriften die Linie nicht überschreiten, die 14 m hinter der Baulinie bzw. strassenseitigen Bauflucht verläuft[24, 25]; beim

---

[20] Entscheid gemäss FN 18: Der Begriff der Traufhöhe ist nicht identisch mit jenem der Gebäudehöhe; Letztere bestimmt sich wie die zulässige Geschosszahl nach PBG § 278 ff. Die Frage, welche Traufhöhe vorherrschend ist, sei einzelfallweise zu beurteilen.

[21] Entscheid gemäss FN 18: Es handelt sich um eine reine Gestaltungsvorschrift. Gestützt hierauf kann, wie bei PBG § 238, höchstens eine geringe Herabsetzung der Gebäudehöhe, können aber nicht weitergehende Reduktionen der Gebäudehöhe oder gar die Weglassung eines Vollgeschosses verlangt werden.

[22] Entscheid gemäss FN 18: Diese (Lockerungs- oder eigenständige) Regelung rechtfertigt es nicht, bei der Erstellung einer (primären) Neubaute auf dem Dispensweg nach PBG § 220 eine entsprechende Regelung zum Zuge kommen zu lassen.

[23] Entscheid der Baurekurskommission I in BEZ 1997 Nr. 5: Die Drittelsregelung kommt nur insoweit zur Anwendung, als das Hofgebäude ausserhalb der 14 m-Linie steht.

[24] Entscheid gemäss FN 18: Hofseitige Fassaden sind auch auf Eckgrundstücken als rückwärtig (und nicht etwa als seitlich) im Sinne von PBG § 270 II zu qualifizieren. Der Mehrhöhenzuschlag ist hier nicht ausgeschaltet.

[25] Entscheid der Baurekurskommission I in BEZ 1997 Nr. 5: Genügt ein hofseitig gestelltes Gebäude den Anforderungen von Art. 18d I, so ist es auch dann als ein Hofgebäude einzustufen, wenn es an ein Hauptgebäude angefügt ist und teilweise innerhalb der 14 m-Linie von Art. 18f II steht. Dementsprechend darf das Hofgebäude diese Linie überschreiten.

Umbau oder Ersatz bestehender Hauptgebäude, die diese Linie überschreiten, darf der bisherige Grundriss beibehalten werden.» Art. 18f V: «Mindestens die Hälfte der nicht mit Gebäuden überbaubaren Hoffläche muss begrünt werden; ein der Art der Überbauung entsprechender Teil ist als Spiel- oder Ruhefläche oder als Freizeitgarten herzurichten. Diese Flächen können innerhalb des Gevierts verlegt werden.»

ζ) *Zum Bewerb*

Art. 18e I: «Zulässige Nutzungen sind das Wohnen sowie in den Zonen QH5Z und QH6Z nicht und mässig störende gewerbliche und Dienstleistungsnutzungen. In den Zonen QH3, QH4 und QH5 sind mässige störende Nutzungen nur zulässig, soweit ein Wohnanteil unter 90% liegt[26] ... Für Hofgebäude gilt kein Wohnanteil.» 3097

η) *Zum Abbruch:* ausser Art. 18f IV erster Satz, zweiter Satzteil nichts besonderes. 3098
Zur Erweiterung der Bewilligungsbedürftigkeit: nichts besonderes. 3098a
Weitere Regelungen: nichts besonderes. 3098b

3. Zu den Quartiererhaltungszonen vom 7. Juni 2000

Der Gemeinderat der Stadt Zürich beschloss am 7. Juni 2000 die Einfügung eines Abschnittes E[bis] mit der Überschrift «Quartiererhaltungszonen» als Art. 24b–m in die politisch verunglückte Fassung der Bauordnung vom 23. Oktober 1991/17. Mai 1992. Deren Inhalt lehnt sich einerseits an die Vorschriften der Notbauordnung der Baudirektion (Rz 3089) und anderseits an diejenigen für die Hofrandgebiete gemäss Bauordnung von 1992 an (Rz 3048). Es ging hier um das mühselige Aufräumen in einem juristischen Trümmerfeld, auf welches hier nicht weiter eingegangen wird. Im November 2000 war dieser Teil der Revisionsvorlage noch nicht rechtskräftig. Detailliert hiezu jetzt Felix Christen, in: PBG aktuell 2000 Heft 4 S. 30 ff. 3099

B. Zu Quartiererhaltungszonen in weiteren Gemeinden

Siehe den in FN 9 zitierten und vom Bundesgericht bestätigten ZH-Verwaltungsgerichtsentscheid bezüglich Villa und Park Jakobsbrunnen in Winterthur (sowie Rz 1384 und hier FN 41), ferner den in Rz 3073 f erörterten Entscheid der Baurekurskommission IV. 3100

---

[26] Es ist dies meines Wissens das erste Mal, dass der maximal zulässige Immissionspegel derart mit dem Wohnanteil verknüpft wird.

Zum Quartierplan gemäss PBG §§ 123 ff

I. Ausgangslage

3101   1.   Der Quartierplan nach dem Baugesetz aus dem Jahre 1893[1] diente während Jahrzehnten dazu, in einem zur Überbauung bestimmten Gebiet geordnet die nötigen Strassen und Wege sowie Werkleitungen (für Wasser, Abwasser, Elektrizität, Gas, Telefon usw.) zu erstellen und Parzellen mit einer für eine Überbauung ungünstigen Form zu arrondieren. Es liegt auf der Hand, dass dieses Ziel am besten erreicht werden kann, wenn überhaupt noch kein Gebäude oder höchstens Abbruchobjekte vorhanden sind. Gelingt es nicht, diese zu beseitigen, so ist die Folge davon oft, dass mit einer weniger günstigen Strassen-, Weg- oder Leitungsführung oder Parzelleneinteilung vorlieb genommen werden muss. Daneben erwiesen sich immer häufiger Erschliessungs- und Parzellierungsverhältnisse in den Quartieren, welche noch vor dem Ersten Weltkrieg entstanden waren, also bereits stark überbaute Gebiete, als sanierungsbedürftig. Hier ertönte oft der Ruf nach einer «Zonenexpropriation»[2].

3102   2.   Das Quartierplanverfahren leistungsfähiger, vor allem speditiver und für bereits überbaute Gebiete besser anwendbar zu gestalten, war eines der Hauptanliegen des PBG von 1975. Bereits der Vorentwurf der Baudirektion vom Dezember 1972 (Rz 1466) enthielt umfangreiche Neuerungsvorschläge. Der Regierungsrat übernahm diese weitgehend in seinem Antrag an den Kantonsrat vom 5. Dezember 1973 (Rz 1467). Der Kantonsrat ergänzte diese vor allem, indem er zum Schutze der Interessen der bisherigen Eigentümer und Bewohner von Sanierungsgebieten detailliertere Regelungen einfügte (Rz 1468). Die so verabschiedete Fassung erhielt mit der Annahme des PBG in der Volksabstimmung vom 5. September 1975 Gesetzeskraft (Rz 1470). Am 18. Januar 1978 setzte der Regierungsrat gestützt auf PBG § 359 lit. c die Verordnung über den Quartierplan (LS 701.13) fest. Bei der PBG-Revision von 1991 (Rz 1601 ff) erfuhr das Quartierplanrecht verschiedene Modifikationen, welche aber für das postfinite Baurecht ohne besondere Bedeutung sind. Da das Quartierplanrecht von Peter Müller, Peter Rosenstock, Peter Wipfli und insbesondere Werner Zuppinger kommentiert worden ist (allerdings erst in der Fassung von 1975 und auch hier ohne die Vorschriften über die Gebietssanierung), begnüge ich mich im Folgenden mit der Wiedergabe der seit dem 1. Februar 1992 in Kraft stehenden Paragraphen mit deklariert postfinitem Inhalt.

---

[1]   Siehe hiezu: Peter Wiederkehr, Das zürcherische Quartierplanrecht, Zürich 1972; ferner aus der Frühzeit der Baugesetzgebung: Jakob Maag/Hans Müller, Kommentar zum Baugesetz (§§ 18–27), Zürich 1907, und die detaillierte Monographie von Hans Maag-Hongler, Das moderne Baurecht und der zürcherische Quartierplan, Zürich 1911.

[2]   Das war eine ungünstige Bezeichnung, denn es sollten selbstverständlich nicht Zonen, sondern Parzellen innerhalb eines grösseren Gebietes Gegenstand der Enteignung bilden, welche mit dem Umfang einer Zone identisch sein können, aber nicht müssen.

II. Text gemäss PBG von 1991

Im II. Titel mit der Überschrift «Das Planungsrecht», im 4. Abschnitt mit der Überschrift «Der Quartierplan» wurden die folgenden Regelungen eingefügt[3]:

«A. Der Quartierplan
§ 127
Schutzobjekte; bestehende Gebäude
Auf Baudenkmäler ist Rücksicht zu nehmen.
Die Beseitigung von Gebäuden oder Gebäudeteilen, die nicht befristet oder auf Widerruf bewilligt worden sind, darf ausserhalb der Gebietssanierung nur vorgesehen werden, wenn sie den Wert des Grundstücks nicht entscheidend mitbestimmen und wenn ihr Fortbestand die zweckmässige Ausgestaltung des Quartierplans hindert. Diese Einschränkung gilt nicht, wenn der betroffene Eigentümer zustimmt und wenn dadurch nicht andere Beteiligte unverhältnismässig belastet werden werden.
...
§ 139 II
Grundsatz
Bestehende Bauten, die beim Vollzug des Quartierplans nicht beseitigt werden müssen, sind in der Regel den bisherigen Eigentümern zuzuweisen.
...
§ 170
Grundeigentümer
Die Eigentümer überbauter Grundstücke haben Bauten und Erschliessungsanlagen mit deren Umgebung dem Quartierplan auf eigene Kosten anzupassen.
Vorbehalten bleiben weitergehende Verpflichtungen aus baurechtlichen Bewilligungen[4].
...
B. Die Grenzbereinigung
...
C. Die Gebietssanierung
I. Voraussetzungen
§ 186
Grundsatz
In überbauten Ortsteilen, deren Zustand im öffentlichen Interesse einer Erneuerung bedarf, kann die Gebietssanierung durchgeführt werden.
Vorbehalten bleiben Anordnungen zur Behebung polizeilicher Missstände gemäss den Bauvorschriften dieses Gesetzes.

§ 187
Öffentliches Interesse im besondern
Ein öffentliches Interesse an der Erneuerung liegt vor, wenn die bestehende Überbauung
a) zu den Zielen der Bau- und Zonenordnung in einem starken Missverhältnis steht und dadurch entweder die erwünschte Entwicklung erheblich gefährdet oder eine mit andern Mitteln nicht korrigierbare schwerwiegende Fehlentwicklung fördert oder
b) hinsichtlich der Hygiene, der Erschliessung, der Ausstattung der Ausrüstung oder der ortsbaulichen Gestaltung erhebliche Missstände aufweist, die nicht auf andere Weise beseitigt werden können.

---

[3] Gemäss dem Vorentwurf der Baudirektion und dem Antrag des Regierungsrates, waren diese Regelungen noch im 3. Abschnitt mit der Überschrift «Ausführungsplanungen bezüglich Nutzungsplanung» aufgeführt. Das Quartierplanverfahren soll nun offenbar nicht mehr zu Letzteren gehören!

[4] Zu den sich hier stellenden Fragen äussern sich: RB 1970 Nr. 72, 1972 Nr. 78 (ZBl 1972 S. 360, BIZR 71 Nr. 51), 1973 Nr. 60 (ZBl 1974 S. 170, BIZR 73 Nr. 62) 1974 Nr. 75, 1978 Nr. 118, 1981 Nr. 109, BGE vom 14. März 2000 (in: PBG aktuell 2000 Heft 3 S. 20); siehe auch Rz 428 mit FN 36 und 2972 mit FN 1.

§ 188
Gebiet
Dem Verfahren ist jeweils ein Gebiet zu unterwerfen, dessen Erneuerung innert vernünftiger Frist möglich ist und das hinsichtlich der ortsbaulichen und architektonischen Gestaltung, der Erschliessung, der Ausstattung oder der Ausrüstung eine sinnvolle Einheit darstellt.
...
§ 193
Sozialbericht
Bei Gesamterneuerungen ist mit dem Quartierplan ein Bericht über die Auswirkungen auf Grundeigentümer, Mieter und Pächter des erfassten Gebiets im Zeitpunkt der Verfahrenseinleitung sowie auf die nähere Umgebung auszuarbeiten.
Der Bericht ist bei der Festsetzung des Quartierplans angemessen zu berücksichtigen.
Der Bericht ist dem Quartierplan beizulegen.
Fünf Jahre nach Durchführung der Gesamterneuerung ist der Bericht mit den tatsächlichen Auswirkungen zu vergleichen, der Baudirektion ist das Ergebnis bekanntzugeben.

§ 194
Schutz der Quartierversorgung
Bei Gesamterneuerungen sind, soweit es die Verhältnis zulassen, für Betriebe, die der Versorgung des Quartiers dienen und deren Inhaber beabsichtigen, später in die Neuüberbauung einzuziehen, während der Bauzeit provisorische Ersatzräume zur Verfügung zu stellen; die Ordnung der Ersatzbeschaffung ist Bestandteil des Quartierplans.
Verzichtet der Betriebsinhaber auf den Einzug, hat er die dem Unternehmen erwachsenden Kosten zu ersetzen.

§ 195
Schutz der Mieter
Führt die Erneuerung zum Abbruch bestehender Wohn- oder Geschäftsräume, hat das Unternehmen alle zumutbaren Anstrengungen zur Beschaffung oder Vermittlung von geeigneten Ersatzräumen für die betroffenen Eigentümer, Mieter und Pächter im Zeitpunkt der Planfestsetzung vorzukehren; der Nachweis dafür ist spätestens vor Baubeginn zu erbringen.
Bei der erstmaligen Vermietung sind die neuerstellten Wohn- oder Geschäftsräume vorab den bisherigen Mietern oder Pächtern anzubieten.

§ 196
Bestehende Gebäude
Gebäude, deren Beseitigung wegen ihres Zustands und ihrer Lage wirtschaftlich nicht verantwortet werden kann, sind in ihrem Bestand zu erhalten, wenn ihre Eigentümer es begehren.
Hingegen können Anpassungen solcher Gebäude samt Nebenanlagen an den Quartierplan angeordnet werden; die Kosten dafür trägt das Unternehmen, wenn nicht aufgrund der seinerzeitigen baurechtlichen Bewilligung eine Anpassungspflicht des Eigentümers besteht.»

3104 Die Regelung der Gebietssanierung hat bis heute kaum die Erwartungen erfüllt, welche der Kantonsrat 1974/1975 gehegt hatte. Wenn grosse Gebiete baulich erneuert werden, geschieht dies meistens nach vorherigem Aufkauf aller benötigten Parzellen durch private Bauaktive. Tabula-rasa-Lösungen sind heute bei der Bevölkerung nicht mehr beliebt.

Zu weiteren Ermächtigungen des PBG zur Setzung von deklariert postfinitem Baurecht

1. Vollständigkeitshalber seien nachfolgend, jedoch ohne Erörterung im Einzelnen, diejenigen kantonalen Ermächtigungsregelungen zusammengestellt, welche neben PBG §§ 50 zur Kernzone (Rz 3022 ff), 50a zur Quartiererhaltungszone (Rz 3068 ff) und 123 ff zum Quartierplan (Rz 3101 f) zur Setzung von generellen oder individuellen Regelungen mit deklariert postfinitem Inhalt ermächtigen, sei es, dass dies sprachlich bereits in der Ermächtigungsregelung selbst zum Ausdruck gelangt, sei es, dass einzelne, gestützt auf die Ermächtigungsregelung gesetzte Regelungen einen deklariert postfiniten Bezug haben. 3115

2. Aus dem alten Baugesetz seien hier lediglich erwähnt: altBauG §§ 68, 68a, 68b und 68c sind Vorläufer von PBG §§ 45 ff). Sie ermächtigten die Gemeinden zur Setzung von Bau- und Zonenordnungen. Damit wurden die in Rz 3193 f aufgeführten, generellen kommunalen Regelungen ermöglicht. Hievon sei lediglich altBauG § 68c voll zitiert, weil es sich hier um einen orginellen, verhältnismässig bestimmt abgefassten Vorläufer von RPG Art. 24 in der Fassung von 1979 (Rz 3848 f) u.a. zur Regelung des Problems der bestehenden Gebäude und bereits ausgeübten Bewerbungen ausserhalb der Bauzonen im Kanton Zürich handelte; er lautete wie folgt: 3116

> «In den Bauordnungen der Gemeinden können noch vorwiegend land- und forstwirtschaftlich genutzte Gebiete von der Einteilung in eine Zone gemäss §§ 68 und 68b ausgenommen werden. In diesen Gebieten dürfen Bauten, die nicht im Zusammenhang mit der land- und forstwirtschaftlichen Nutzung oder einer angemessenen Erweiterung eines bestehenden Gewerbebetriebes stehen, nur bewilligt werden,
> a) wenn dem Gemeinwesen aus dem Bau keine eigenen Aufwendungen erwachsen;
> b) keine erhebliche Störung der land- und forstwirtschaftlichen Nutzung des umliegenden Landes zu erwarten ist;
> c) das Quartierplanverfahren durchgeführt und der Quartierplan vom Regierungsrat genehmigt worden ist und
> d) keine wesentlichen Nachteile für eine spätere Entwicklung der Bauordnung zu befürchten sind.
> Die Bauordnungen können bestimmen, dass Bauten in diesen Gebieten, soweit sie nicht der Land- und Forstwirtschaft oder einem bestehenden Gewerbebetrieb dienen, nicht an das öffentliche Wasserversorgungs- und Kanalisationsnetz angeschlossen werden dürfen. Vorbehalten bleiben die übrigen gesetzlichen Baubeschränkungen.»[1]

3. Aus dem PBG sind zu erwähnen: PBG §§ 96 ff und 106 ff (Bau-/Niveaulinien, Rz 1751 ff), 114 ff (Werkpläne, Rz 1842), 203 ff (Unterschutzstellungen, Rz 1843 ff), 219 (Bauvorschriftenverschärfung für ungewöhnlich beworbene Bauten), 237 II (Zugangsnormalien, Rz 2052 ff), 244 (Fahrzeugabstellplätze, Rz 2112 ff), 248 III (Kinderspitalplätze, Rz 2217 ff), 357 IV (energiesparende Vorkehrungen, Rz 2933 ff), 359 f (regierungsrätliche Normierungskompetenz, Rz 2106, 2269, 2537 ff, 2953). 3117

---

[1] OS, Bd. 40, S. 521 ff.

Zweiter Abschnitt
Das übrige deklariert postfinite Baurecht des Kantons Zürichs

Zum (aufgehobenen) Gesetz über die Erhaltung von Wohnungen für Familien[1]

I. Ausgangslage

3118 1. In städtischen Agglomerationen besteht des Öfteren Knappheit an zinsgünstigem Wohnraum für Familien und Alleinerziehende mit bescheidenem Einkommen[2].

Diesem Mangel kann an sich das Gemeinwesen selbst abhelfen, indem es in eigener Regie für die Erstellung solcher Wohnungen sorgt oder solche im Sinne von Art. 34^{sexies} BV, neu Art. 108, des Bundesgesetzes über Massnahmen zur Förderung des Wohnungsbaues (SR 842) samt Ausführungserlassen sowie der kantonalen Gesetzgebung, im Kanton Zürich des Gesetzes über die Förderung des Wohnungsbaues und des Wohneigentums (LS 841, Rz 3184) mit Ausführungserlassen, durch Subventionen, Gewährung zinsgünstiger oder gar unverzinslicher Darlehen, Bürgschaftsleistung usw. unterstützt. Weiter könnte der Wohnungsknappheit dadurch beigesteuert werden, dass für die Privaten eine Pflicht zum Bau von preisgünstigen Wohnungen statuiert würde. Das ist aber politisch kaum realisierbar. Als direktes Förderungsmittel kommt deshalb praktisch nur die Ausscheidung von Gebieten in Betracht, in welchen nur Wohnhäuser erstellt werden dürfen (reine Wohnzonen) oder in welchen bei Erstellung von Gebäuden ein Mindestanteil an Wohnungen geschaffen werden muss (Wohnanteilsregelung in gemischten Zonen). Hier fehlt es zwar an einer eigentlichen Verpflichtung zur Schaffung von Wohnungen. Doch streben die meisten Parzelleneigentümer danach, die aus ihrem Eigentum fliessenden Vorteile zu maximieren und die damit verbundenen Nachteile zu minimieren. Das führt dann doch meistens dazu, dass der Parzelleneigentümer eher ihm nicht zusagende Wohnungen erstellt, als dass er seine Parzelle unüberbaut lässt.

3119 2. Dem Mangel an Wohnungen kann aber auch begegnet werden, indem das Gemeinwesen wenigstens eine Verkleinerung der Menge des vorhandenen, tatsächlich zur Verfügung stehenden Wohnraumes verhindert; damit gelangt man mitten in den Bereich des postfiniten Baurechtes. Die Verhinderung dieser Verkleinerung kann in Gebieten, in welchen Wohnungen vorhanden sind, indirekt geschehen, indem hier zwar das Bauen nicht schlechthin verboten wird, aber anstelle von Wohnbauten nur Arten von neuen Gebäuden

---

[1] LS 703.2.
[2] Der Bundesrat setzte während des zweiten Weltkrieges Massnahmen gegen die Wohnungsnot fest, mit Ermöglichung der Requisition unterbenutzter Wohnräume zur Einquartierung obdachloser Personen und Familien. Vgl. BRB vom 15. Oktober 1941 (AS 57, 1158). Zur Verfassungsmässigkeit von Gesetzen, welche den Abbruch oder Umbau von Wohnhäusern verbieten, um die Wohnungsnot zu bekämpfen siehe BGE 89 I 460 ff (Kanton Genf). Siehe auch FN 8.

und Bewerbungen zugelassen sind, welche der jeweilige Bauaktive nicht wünscht (zB ausschliesslich industrielle Bauten). In solchen Fällen wird der Parzelleneigentümer meistens, eher als dass er ein ihm nicht zusagendes Gebäude errichtet, die vorhandenen Wohnungen fortbestehen lassen. Allerdings führt dies dann häufig zu einer Verlotterung und Verslumung der Gebäude. Es ist aber wohl doch direkter und mit besserem Erfolg wirksam, wenn Vorhaben, welche mit und ohne bauliche Vorkehrungen Wohnungen durch andere Bewerbsarten auswechseln, ganz oder teilweise verboten werden. So weit dieser Eingriff reicht, so deckt er doch nicht alle Fälle ab, wo es zu einer Verkleinerung des tatsächlich zur Verfügung stehenden Wohnraumes kommt. Der Eingriff wirkt dort nicht, wo der Parzelleneigentümer gar nicht im Sinn hat, ein Gebäude abzubrechen oder etwas baulich oder bewerbsmässig Neues zu realisieren, sondern wo er Wohnungen nach dem Auszug der letzten Bewohner zumindest einstweilen leerstehen lassen will (Stilllegung des Wohnbewerbes). Da die meisten Parzelleneigentümer es vorziehen, einen wenn auch nur niedrigen Mietertrag als überhaupt keine Einnahmen mehr zu erzielen, ist dies zwar eine eher seltene Erscheinung. Sie kommt aber vor (Rz 1408). Ihr könnte nur mit einem Verbot des Leerstehenlassens von Wohnungen, allenfalls verbunden mit Einquartierung von Wohnungssuchenden oder gar Enteignung leerstehenden Wohnraumes begegnet werden.

3.   Obwohl im Kanton Zürich die Weitergeltung des diese Zielsetzung verfolgenden Wohnerhaltungsgesetzes (WEG) in der Volksabstimmung vom 27. September 1998 verworfen worden ist (Rz 3130), stelle ich dieses nachfolgend verhältnismässig eingehend dar; denn dieses Gesetz zeigt anschaulich, zu welchen, vom traditionellen Baurecht aus gesehen ausserordentlichen Massnahmen man gelangt, wenn man dem Mangel an zins- bzw. preisgünstigen Wohnungen nicht einfach mit Zonierungsvorschriften üblicher Art beikommen will. 3120

II.   Zu den Materialien[3]

A.   Zum Gesetz vom 30. Juni 1974

1.   Eine von der Sozialdemokratischen Partei des Kantons Zürich veranlasste, am 13. Juli 1971 eingereichte Volksinitiative für ein Gesetz zur Erhaltung von Wohnraum in städtischen Gebieten[4] verlangte für die Städte Zürich und Winterthur von vornherein sowie für weitere Gemeinden auf deren Beschluss hin Vorschriften zur Minderung der Wohnungsnot und zur Verhinderung hoher Mietzinse, des Bevölkerungsrückganges infolge Wohnraumverdrängung durch Büros sowie der durch Zersiedelung entstehenden Folgekosten für Verkehrsinvestitionen. Abbruch, Umbau und Zweckänderung von baulich nicht abbruchwürdigen oder nicht einmal sanierungsbedürftigen Wohnbauten sollten grundsätzlich verboten werden, wenn nachher nicht sofort Wohnraum zu tragbaren Mietzinsen entsteht. Hiefür wurde allgemein die Einführung der Bewilligungsbedürftigkeit von Abbrüchen verlangt. Ferner wurde die Enteignung von Liegenschaften gefordert, wenn durch 3121

---

[3] Siehe hiezu und zum Folgenden insbesondere Kaspar Schläpfer, a.a.O.
[4] Kantonales Amtsblatt, 1973, S. 978 ff.

das Vorhaben nicht mindestens gleich viel Wohnraum zu tragbaren Mietzinsen erstellt bzw. erhalten bleibt. Für die Vollziehungsverordnung des Regierungsrates wurde die Genehmigung durch den Kantonsrat verlangt.

3122 2. Die mit dieser Initiative befasste vorberatende Kommission des Kantonsrates arbeitete hiezu einen Gegenvorschlag aus[5]. Dieser fand als Gesetz über die Erhaltung von Wohnungen für Familien, kurz WEG genannt (LS 703.2), die Zustimmung des Ratsplenums und nachher in der Volksabstimmung vom 30. Juni 1976, während die Initiative knapp verworfen wurde. Der Gegenvorschlag unterschied sich in folgenden Punkten von der Initiative:

– die Initiative verlangte ein Gesetz, welches für alle Gemeinden gilt, die «im Verhältnis zur Nachfrage und zur Zahl der Arbeitsplätze kein ausgewogenes Angebot an Wohnungen für Familien aufweisen»; das WEG gelangte jedoch überall, auch in den Städten Zürich und Winterthur, nur zur Anwendung, wenn überdies die Gemeinden eine Unterstellung beschlossen; das war jeweils für eine Dauer von höchstens fünf Jahren möglich (§ 1 I und II), mit Einräumung einer zeitlich beschränkten Notverordnungskompetenz an die Gemeindeexekutive (§ 1 III); die Unterstellung bedurfte der Genehmigung durch den Regierungsrat (§ 3)[6];
– die Initiative sah die Geltung für «Wohnbauten» vor; das WEG war aber auf «Wohnungen», und zwar nur auf solche «für Familien», anwendbar (§ 4); damit entfielen die Schwierigkeiten der Zuordnung von Gebäuden mit sowohl Wohnungen als auch anderen Bewerbungen oder anderen Zwitterbauten;
– die Initiative statuierte nur wenige Freigaben und Ausnahmebewilligungsmöglichkeiten, das WEG sah jedoch von vornherein oder aufgrund einer Dispenskompetenz ein Entgegenkommen an Bauaktive vor für Vorkehrungen im öffentlichen Interesse (§§ 5 lit. a, b, f und 6 lit. b), Wohnbauvorhaben für Familien oder Betagte (§§ 5 lit. e, f und 6 lit. a), Änderungen in als Eigenheim bewohnten Einfamilienhäusern (§ 5 lit. c) sowie in luxuriösen Wohnungen (§ 5 lit. d), Eigenbedarf der Eigentümer von Parzellen mit Betrieben (§ 6 lit. c) und unumgängliche Renovationen mit unverhältnismässig hohen Kosten (§ 6 lit. d);
– die Initiative betraf, im Unterschied zum WEG (§§ 5 lit. e und 6 lit. a), nicht auch den Wohnraum für «Betagte»;
– die Initiative wollte mit dem Begriff «tragbare Mietzinsen» operieren; das WEG verwendete jedoch den Begriff des «preisgünstigen Wohnraumes» (§§ 5 lit. f und 6 lit. a); bei der Tragbarkeit der Mietzinsen wäre ein subjektives Element hineingekommen,

---

[5] Kantonales Amtsblatt, 1974, S. 77 ff.
[6] Zu einer Unterstellung der Stadt Zürich kam es erstmals 23. Oktober 1974; sie wurde dann jeweils, meistens nach grösseren politischen und juristischen Auseinandersetzungen, auch infolge von – gegen den Willen des Gemeinderates – erfolgreichen Einzel- bzw. Behördeninitiativen immer wieder verlängert; ein wichtiges Datum war dabei der 1. Oktober 1978. Letztmals erfolgte eine Verlängerung am 1. Dezember 1996 in einer Referendumsabstimmung für weitere fünf Jahre. Die Verlängerungen erfolgten anfänglich in der Hoffnung, mit dem Anwendbarwerden des Wohnanteilplanes (WAP; inkraft seit dem 12. Februar 1986 gemäss Bauordnung der Stadt Zürich) erübrigten sich weitere Verlängerungen; dem war dann aber nicht so. In der Stadt Winterthur war eine Unterstellung beantragt, wurde jedoch in der Gemeindeabstimmung vom 2. Juni 1991 verworfen.

welches bereits von der bundesrechtlichen Mieterschutzregelung[7] erfasst wird und daher nach Auffassung des Regierungsrates zuständigkeitsmässig problematisch war[8];
– die Initiative äusserte sich nicht dazu, wie der Nachweis der geltend gemachten Bewilligungsgründe zu erfolgen habe; gemäss WEG mussten diese durch besondere Akten belegt werden (§§ 7 f);
– die Initiative sah keine Abweichung vom allgemeinen Instanzenzug vor; bereits gemäss WEG wurde jedoch der Bezirksrat als Rekursbehörde ausgeschaltet, mit direkter Anrufbarkeit des Regierungsrates und dann des Verwaltungsgerichtes; die Initiative äusserte sich nicht zur Aktivlegitimation der Mieter; diese sind im WEG ausdrücklich als legitimiert erklärt (§ 10); die Initiative äusserte sich nicht zur Frage der aufschiebenden Wirkung; das WEG regelt sie jedoch besonders (§ 2);
– die Initiative sah keine Strafnorm vor; eine solche ist aber im WEG vorgesehen (§ 11);
– die Initiative sah die Möglichkeit einer Enteignung von leerstehendem Wohnraum vor; eine solche fehlt im WEG.

In formaler Beziehung war das WEG der Initiative vom 13. Juli 1974 eindeutig überlegen. Letztere war ein zu wenig durchdachter Schnellschuss von mit der Rechtsordnung zu wenig vertrauten Politikern. Das Volk gab zu Recht dem WEG den Vorzug vor der Initiative.

3. Der Regierungsrat erliess bereits am 25. September 1974 eine Verordnung zu diesem Gesetz (LS 703.21). Aus deren § 1 – nicht bereits aus dem WEG – ergab sich, dass als Familienwohnungen alle Wohnungen mit mindestens 2½ Zimmern gelten (§ 1). Ferner wurde definiert, was als halbes Zimmer gelte (§ 1 II), was Abbruch, Umbau und Zweckänderung sei (§ 2), wann preisgünstiger Wohnungsbau vorliege (§§ 3 f), wie die Bruttogeschossflächen zu berechnen seien (§ 5), wo ein (überwiegendes) öffentliches Interesse bestehe (§ 8), wann eine Wohnung luxuriös sei (§ 9), wann wesentlich mehr Wohnraum gebaut werde (§ 10). Wenn für die Bewilligung die Schaffung von Wohnraum für Betagte geltend gemacht wurde, dann war dies im Grundbuch als öffentlichrechtliche Eigentumsbeschränkung anzumerken (§ 6 II).

3123

B. Bestrebungen um Revision des WEG von 1974 bis 1991

Das WEG stiess von Anfang auf Kritik. Von «linker» Seite her ertönte der Vorwurf der ungenügenden Griffigkeit, auf «bürgerlicher» Seite hiess es, das Gesetz behindere erwünschtes Bauen oder und sei überflüssig.

3124

1. Am 20. März 1980 wurde eine Volksinitiative für ein Gesetz zum Schutz von preis- und mietzinsgünstigem Wohnraum, die sogenannte Wohnschutzinitiative, eingereicht, welche eine Verschärfung des WEG bezweckte. Der Regierungsrat beantragte dem Kantons-

---

[7] Damals Bundesbeschluss über Massnahmen gegen Missbräuche im Mietwesen vom 30. Juni 1972, jetzt Art. 269 ff OR.
[8] Das Bundesgericht sah hierin jedoch gemäss BGE 99 Ia 604 ff, 621 ff (Kanton Genf) und 101 Ia 502, 507 f (Kanton Waadt) keine besonderen Schwierigkeiten. Die GE-Gesetzgebung regelte die Enteignung von leerstehenden Wohnungen und Mietzinskontrollen.

rat am 9. September 1981 Nichtunterstützung[9]; dem folgte der Kantonsrat. In der Volksabstimmung vom 26. September 1982 wurde die Initiative mit 104'767 ja zu 112'398 nein abgelehnt.

3125   2.   Ende der Achtzigerjahre verlangten Mitglieder des Kantonsrates in einer Motion, das WEG sei so revidieren, dass die Verwendung von leerstehendem Wohnraum durch die Gemeinde innerhalb einer kurzen Frist und wenigstens für die Dauer der Unterstellung der entsprechenden Gemeinde unter das WEG bei nachgewiesenem Bedarf zugunsten einer bedürftigen Benützergruppe ermöglicht wird; ferner sollte bei Absinken des Leerwohnungsstandes unter einen bestimmten Prozentsatz automatisch die Unterstellung unter das WEG erfolgen. Die Überweisung der Motion wurde jedoch vom Kantonsrat am 29. Januar 1990 abgelehnt.

3126   3.   Damals trat auch ins allgemeine Bewusstsein, dass in der Stadt Zürich verhältnismässig viel Wohnraum ohne Bereitschaft der Eigentümer zur Vermietung oder zum Verkauf leerstand oder unternutzt war. Deshalb verlangte der Gemeinderat von Zürich mit einer Behördeninitiative vom 25. Oktober 1989 in der Form einer allgemeinen Anregung, eine Ergänzung des WEG in folgendem Sinne:

– Ermöglichung der Enteignung von mehr als ein Jahr leerstehendem (nicht aber von unterbenutztem) Wohnraum aus Gründen der Wohnerhaltung;
– Bewilligungsbedürftigkeit für die Umwandlung preisgünstiger Miet- und Eigentumswohnungen sowie für die Nutzung der Wohnung als Zweitwohnung;
– als Familienwohnung gelten Wohnungen mit mindestens drei Zimmern;
– Erleichterung des preisgünstigen Umbaues von zwei 3-Zimmer-Wohnungen zu einer Gross- und einer 2-Zimmer-Alterswohnung.

Der Regierungsrat beantragte jedoch dem Kantonsrat am 3. Juli 1991, diese Initiative nicht definitiv zu unterstützen[10]. Der Kantonsrat entschied aber anders und seine Kommission unterbreitete am 14. September 1992 einen Gegenvorschlag auf Einfügung einer zusätzlichen Vorschrift mit folgendem Text und Randtitel[11]:

«§ 10a
Melde- und Vermietungspflicht
Steht eine Wohnung in einem Abbruch- oder Umbauobjekt mehr als 180 Tage leer, setzt die Gemeinde dem Eigentümer eine Frist von 30 Tagen an, um die Wohnung bis zum Vorliegen einer rechtskräftigen Baubewilligung befristet weiterzuvermieten oder die Wohnung für die gleiche Zeit dem kommunalen Büro für Notwohnungen zur Vermietung zur Verfügung zu stellen. Kommt der Eigentümer dieser Aufforderung nicht nach, ist die Gemeinde berechtigt, die Vermietung der Wohnung anstelle des Eigentümers vorzunehmen.
Dem Eigentümer ist es untersagt, vor dem Vorliegen einer rechtskräftigen Abbruch- oder Baubewilligung Eingriffe im Mietobjekt vorzunehmen, die dessen Bewohnbarkeit schmälern. Handelt der Eigentümer dieser Vorschrift zuwider, ist die Gemeinde berechtigt, auf dessen Kosten die nötigen Instandstellungen vorzunehmen.»

---

[9] Kantonales Amtsblatt, 1981, S. 1561 ff.
[10] Kantonales Amtsblatt, 1991, S. 1681 ff.
[11] Kantonales Amtsblatt, 1992, S. 1391 f.

Der Gegenvorschlag der Kommission wurde schon im Kantonsrat, die Behördeninitiative der Stadt Zürich in der Volksabstimmung vom 6. Juni 1993 abgelehnt.

C. Die Motionen auf Liberalisierung bzw. Aufhebung des WEG von 1995

1. Am 21. April 1993 reichte Jean E. Bollier eine Einzelinitiative ein. Er verlangte eine Ergänzung von WEG § 5 mit folgendem Text als lit. g: 3127

> «(Die Bewilligung muss erteilt werden, wenn) Familienwohnungen von vier und mehr Zimmern erstellt werden, deren Bruttofläche mehr als der Hälfte der Bruttofläche der bisherigen Wohnungen entspricht.»

Der Kantonsrat unterstützte diesen Vorstoss am 11. Oktober 1993 vorläufig. Der Regierungsrat erstattete hiezu am 29. März 1995 seinen Bericht mit dem Antrag, die Initiative nicht definitiv zu unterstützen, weil sie unzweckmässig sei[12]. Der Kantonsrat folgte dem. am 30. Oktober 1995.

2. Ebenfalls am 30. Oktober 1995 reichten Kantonsrätin Susanne Bernasconi-Aeppli und Mitunterzeichner eine Motion ein, welche verlangte, es sei dem Rat eine Vorlage auf Aufhebung des WEG zu unterbreiten. Diese Motion wurde dem Regierungsrat zum Antrag überwiesen. Bericht und Antrag datierten vom 23. Oktober 1996; sie lauten auf vollumfängliche Aufhebung[13]. Der Kantonsrat folgte dem. Zum Ausgang der Volksabstimmung vom 27. September 1998 siehe Rz 3130. 3128

D. Die Wohnschutz-Initiative von 1996

Bereits am 28. Oktober 1996 war beim Kantonsrat von der Vereinigung Zürcher Mieterinnen- und Mieterverbände eine mit dem Namen «Wohnschutz-Initiative» bezeichnete Volksinitiative eingereicht worden. Damit wollten die Initianten nicht nur dem pendenten Begehren um Aufhebung des WEG entgegenwirken, sondern es sollten auch gerade noch verschiedene Regelungen ins geltende Recht eingeführt werden, welche schon vor Inkrafttreten des WEG zur Diskussion standen, die aber im Kantonsrat und vor dem Volk nicht die nötige Mehrheit gefunden hatten (Rz 3121 f). Erwähnt seien insbesondere die folgenden Punkte: Anwendbarkeit des WEG von Gesetzes wegen in allen Gemeinden mit mehr als 5000 Einwohnern, solange nicht der Leerwohnungsstand im ganzen Kanton (also nicht nur in der jeweiligen Gemeinde) während zweier Jahre 2% übersteigt; Sicherung eines Angebotes von Wohnraum, welcher bezüglich Art, Preis oder Mietzins den Bedürfnissen des überwiegenden Teiles der Bevölkerung entspricht; Bewilligung für Abbrüche und Umbauten nur dann, wenn Mietzinse oder Kaufpreise bestimmte Höchstwerte nicht überschreiten; Beschwerderecht von Verbänden, welche seit mindestens zehn Jahren die Mieter- und Vermieter-Interessen wahren; Bereitstellung eines Krediten von höchstens 10 Mio. Franken jährlich für zinslose Darlehen für bauliche Erneuerung. Der Regierungsrat beantragte dem Kantonsrat in seinem Bericht vom 23. Juli 1997[14], den 3129

---

[12] Kantonales Amtsblatt, 1995, S. 977 f.
[13] Kantonales Amtsblatt, 1996, S. 1993 f.
[14] Kantonales Amtsblatt, 1997, Nr. 33 S. 830 ff.

Stimmberechtigten die Initiative ohne Gegenvorschlag zur Verwerfung zu empfehlen. Der Kantonsrat folgte dem am 23. März 1998. Zum Ausgang der Volksabstimmung vom 27. September 1998 siehe Rz 3130.

E. Zur Volkabstimmung vom 27. September 1998

3130 In dieser Abstimmung wurde die Aufhebung des WEG mit 215'925 ja gegen 104'265 nein gutgeheissen, die Volksinitiative jedoch mit 214'382 nein gegen 108'372 ja verworfen.

III. Zur Auslegung des WEG und zur Praxis hiezu

A. Zum Zweck und zur Eigenart des WEG

3131 1. Das WEG wollte nicht die «städtebauliche Substanz» schützen (RB 1976 Nr. 99, ZBl 1978 S. 130). Man kann aber doch wohl sagen, dass es den vorzeitigen Abbruch noch gut dienlicher Bausubstanz verhindern sollte. Damit bestand eine gewisse Verwandtschaft zum Denkmalschutzrecht, zum seinerzeitigen Bundesbeschluss über Massnahmen zur Stabilisierung des Baumarktes vom 20. Dezember 1972 (AS 1291, 3049, Rz 4141), ja sogar auch zum Mieterschutzrecht und zum Subventionierungsrecht bezüglich Erneuerung von Wohnbausubstanz, mit allen politischen Angriffspunkten, welche diese Vorschriften bieten oder boten. Es handelte sich weitgehend um konservatorische Verbote (Rz 364) des Abbruches, der Umbauten, der Umgestaltungen, der Wiederbauten, der Bewerbsauswechslung und der Umnutzung. Ob man mit Karl Schläpfer, S. 99 f, auch gerade sagen kann, das WEG habe die Erhaltung «städtebaulich wertvoller Gebäude», eine «gute Nutzungsdurchmischung» und eine «ausgewogene Bevölkerungsstruktur» (Junge und Alte, Familien und Einzelpersonen, Wohnen und Arbeiten) bezweckt, bezweifle ich eher.

3132 2. Mit seinem starken Abstellen auf die Baukosten und die künftigen Mietzinse sowie mit der subjektbezogenen Ausrichtung des WEG (im Gegensatz zu einer Objektbezogenheit)[15], insbesondere wenn man auch die Verordnung hiezu sowie die Praxis berücksichtigt, war ein neuer, und zwar jetzt massiver Einbruch in das überlieferte und auch vom PBG aus dem alten Baugesetz übernommene Begriffssystem erfolgt. Es hat damit – vorübergehend – eine lange Reihe von oft unbestimmten Kriterien in das Zürcherische Baurecht Eingang gefunden, welche hier bisher, aber auch im kurz darauf in Kraft gesetzten PBG fehlten. Zu erwähnen sind aus dem WEG selbst die Begriffe:

– «Wohnungen für Familien» (Titel, passim);
– «Wohnungen für Betagte» (§§ 5 lit. e und 6 lit. a);
– die Gemeinde weist «im Verhältnis zur Nachfrage und zur Zahl der Arbeitsplätze kein ausgewogenes Angebot an Wohnungen für Familien» auf (§ 1);
– es musste «preisgünstig» und unter Einhaltung einer «Kostengrenze» gebaut werden (§§ 5 lit. e und 6 lit. a);

---

[15] Vgl. auch Karl Schläpfer, S. 83.

– es kam darauf an, ob «wesentlich mehr Wohnraum» gebaut wird (§ 6 lit. e);
– es kam darauf an, ob die neue «Bruttofläche insgesamt mindestens derjenigen der bisherigen Wohnungen» entspricht (§§ 5 lit. f und 6 lit. a);
– «als Eigenheim bewohntes Einfamilienhaus» (§ 5 lit. c);
– «luxuriöse Wohnungen» (§ 5 lit. d);
– der «Eigentümer» will «auf dem Grundstück Räumlichkeiten seines Handels-, Fabrikations oder eines anderen von ihm geführten Betriebes einrichten» (§ 6 lit. c);
– «unumgängliche Renovation», welche «unverhältnismässig hohe Kosten» verursacht (§ 6 lit. d);
– «Mieter», «Mietobjekt» (§ 10 III).

Diese starke Personenbezogenheit und weitgehende Unbestimmtheit der Regelungsmerkmale war der Grund dafür, dass in «bürgerlichen» Kreisen das WEG als das trojanische Pferd zu einer unerwünschten Weiterentwicklung des Baurechtes angesehen wurde. 3133

B. Hauptstreitpunkte

1. Wie bereits angedeutet (Rz 3124), war das WEG von Anfang an Gegenstand der Kritik. Einerseits wurde von «linker» Seite bemängelt, es bestehe weder Gewähr dafür, dass Wohnungen für Familien auch tatsächlich Familien und Einzelerziehenden mit Kindern zur Verfügung stehen und nicht unterbelegt sind, noch dafür, dass solche Wohnungen nicht leerstehen. Von der politischen Gegenseite jedoch wurde geltend gemacht, das WEG fördere nicht nur den Bau von Familienwohnung nicht, sondern behindere ihn und die bauliche Erneuerung älterer Gebäude geradezu; das treffe insbesondere für den Umbau von Kleinwohnungen in solche für Wohnungen mit vier und mehr Zimmern zu; solche seien aber von Familien besonders begehrt, jedoch sehr knapp; das WEG verhindere die Aufhebung planerisch unerwünschter Wohnungen in der Industriezone; seit Inkrafttreten des PBG, zumindest seit demjenigen des Wohnanteilplanes (WAP), brauche es das WEG zur Wahrung schutzwürdiger Interessen überhaupt nicht mehr; seither bestehe eine ungute Doppelspurigkeit. 3134

2. Die von Karl Schläpfer auf den S. 135–137 vor 20 Jahren vorgenommene «Zusammenfassende Beurteilung» trifft auch heute im Wesentlichen noch zu. Mängel liessen sich im WEG weniger darin finden, dass es die Bauaktiven zu stark einschränkte, als dass es in mancher Beziehung zu wenig griffig war. 3135

C. Verhältnis des WEG zum PBG und zum Wohnanteilplan (WAP)

1. Das PBG vom 7. September 1975 ist zwar die – um wenige Wochen jüngere – lex posterior gegenüber dem WEG vom 30. Juni 1975. Doch kam Ersterem deswegen nicht der Vorrang zu; «ihm ist nicht zu entnehmen, dass es den Geltungsbereich des WEG relativieren will»[16]: im Gegenteil! Das WEG repellierte das PBG in gewissen Fällen, in welchen nach diesem Zulässigkeit gälte. 3136

---

[16] So BGE vom 22. März 1989 (ZBl 1989 S. 451, 456).

2. Zur sachspezifischen Kritik am WEG ist Folgendes zu sagen:

3137 a) Dass weder das WEG noch das PBG noch der Wohnanteilplan (WAP) eine gesetzliche Grundlage bildete bzw. bilden, um zu erwirken, dass Wohnungen für Familien auch tatsächlich von Familien und Alleinerziehenden mit Kindern bewohnt werden oder überhaupt bewohnt werden, also nicht leerstehen, trifft zu. Hier zeigt sich, wie rechtlich schwierig es allgemein ist, unerwünschte bewerbsmässige Änderungen, welche nicht mit baulichen Änderungen verbunden sind und deren Nachher-Zustand sich hinsichtlich Immissionen, Gefährlichkeit und Belastung der Infrastruktur nicht auffällig vom Vorher-Zustand unterscheidet, in den Griff zu bekommen. Es gilt erst recht, wo es um das Zusammenleben oder Nichtzusammenleben von Menschen oder um eine bestimmte Lebensweise geht. In einem liberal-demokratisch-sozialen Rechtsstaat ist es wohl das Äusserste an der Vertretbarkeit von Verboten, wenn gegen das längere Leerstehenlassen von Wohnungen eingeschritten wird. Aber auch Regelungen, wie sie die kantonsrätliche Kommission am 14. September 1992 vorschlug und der Kantonsrat unterstützte (Rz 3126), sind noch heikel, weil sie in ihrer Wirkung die Vertragsfreiheit tangieren und eine Enteignung von Verfügungsmöglichkeiten bedeuten können[17].

3138 b) Zum Vorwurf, das WEG habe die Umwandlung von Kleinwohnungen in Wohnungen, welche eine für Familien mit zwei und mehr Kindern genügende Grösse aufweisen (Rz 3126), erschwert, ist Folgendes zu sagen: Der generalklauselhaft Ausnahmebewilligungen ermöglichende § 6 enthielt keineswegs eine abschliessende Aufzählung der Dispenstatbestände (vgl. auch § 11 der Verordnung). Er liess bei einer sinngemässen Handhabung solche Änderungen ohne weiteres zu, auch wenn gemäss § 11 der Verordnung kein Anspruch auf Erteilung einer Bewilligung bestand. Die in Rz 3127 erwähnte Einzelinitiative von Jean Bollier wurde deshalb vom Kantonsrat zu Recht nicht unterstützt.

3139 c) Dass es zwischen dem WEG und dem Wohnanteilplan (WAP)[18] insoweit zu «Widersprüchen» kommen konnte, als Wohnungen mit 2½ und mehr Zimmern in Industriezonen mit Wohnbauverbot bestehen, trifft zu. Hier dürfte es aber, wo es sich nicht um Wohnungen für betriebsnotwendig an den Standort gebundenes Personal gehandelt hat, um seltene Restbestände aus früheren Zeiten mit meistens ungenügender räumlicher oder hygienischer Beschaffenheit gehen; hier konnte ebenfalls gestützt auf § 6 eine befriedigende Lösung erzielt werden. Nicht als widersprüchlich sehe ich jedoch an, dass das WEG auf Wohnungen in Gebieten anwendbar war, für welche der Wohnanteilplan keinen Wohnanteil verlangt[19]. Es ist im Baurecht nichts Aussergewöhnliches, wenn auch von Politikern gerne als Zielscheibe ihres Spottes verwendet, dass etwas nach der einen

---

[17] Grundsätzlich bejahend, wenn nicht zum Schutz bestimmmter Wirtschaftsgruppen und -formen sondern zur Stütze der sozial schwächeren Bevölkerungsteile erfolgend: Jörg P. Müller, Grundrechte und Vertragsautonomie contra Mietpolitik: Verfassungsmässigkeit der Bewilligungspflicht für den Verkauf von Mietwohnungen, an welchen Mangel herrscht, in: Baurecht 1988 Heft Nr. 3 S. 60.
[18] Die Verfassungsmässigkeit des WAP wurde bestätigt in BGE 111 Ia 93, 99 f (Schweiz. Kreditanstalt c. Stadt Zürich) und 112 Ia 270 (Stadt Zürich c. Regierungsrat).
[19] So der Regierungsrat gemäss BGE vom 22. März 1989 (ZBl 1989 S. 451 f).

Regelung zulässig, nach einer anderen jedoch verboten ist (vgl. das Verhältnis der Grenzabstandsminima zu den Überbauungs-, Ausnützungs- und Baumassenziffern).

3. An der Sache vorbei ging sodann die Behauptung, das WEG habe die für Familienwohnungen erforderliche Mindestzimmerzahl mit 2^1/$_2$ zu niedrig angesetzt. Diese Ziffer stand nicht im Gesetz, sondern nur in der Verordnung und hätte deshalb auch bei unveränderter Weitergeltung des WEG leicht heraufgesetzt werden können. 3140

D. Zu den Tatbeständen

Da das WEG samt zugehöriger Verordnung heute nicht mehr gilt, verzichte ich darauf, die Elemente seiner Tatbestände im Einzelnen zu erläutern. Immerhin seien orientierungshalber einige hierauf bezügliche Präjudizien aufgelistet. 3141

- RRB Nrn. 5542/1975 (betr. Einrichtung von Geschäftsräumen), 5299/1975 (betr. Eigenheimprivileg) und 5298/1975 (betr. einzelzimmerweise Vermietung) im Geschäftsbericht von 1975, Grundsätzliche Entscheide, Nrn. 10, 11 und 12;
- RB 1976 Nr. 99 (ZBl 1977 S. 186, Abbruchbewilligung für Bau komfortabler Wohnungen);
- RB 1977 Nrn. 95 (ZBl 1978 S. 130, betr. abgeschlossene Einheit), 96 (betr. Verzicht auf Vermietung), 97 (betr. Zumutbarkeit einer Renovation), 98 (betr. Umbau für Betriebseröffnung) und 99 (betr. überhöhter Erwerbspreis);
- RB 1981 Nr. 147 (betr. Treuwidrigkeit des Mieters);
- RB 1982 Nr. 13 (betr. Legitimation der Gemeinde);
- BGE vom 22. März 1989 (ZBl 1989 S. 451, 455, betr. Verhältnis Wohnanteilplan zu WEG);
- RB 1990 Nr. 92 (betr. zimmerweise Vermietung), luxuriöse Wohnung, siehe BGE vom 9. Dezember 1991 in: ZBl 1992 S. 326 und 94 (Kognitionsbefugnis);
- RB 1992 Nr. 81 (Abhängigkeit vom nötigen Sanierungsaufwand); 82 (dgl.) und 83 (nach gewerblicher Stilllegung).

Im Jahre 1977 war die Frage, ob alte Wohnhäuser in der Zürcher Altstadt in ein Erstklasshotel umgestaltet werden dürfen, von politischer Brisanz (RB 1977 Nr. 95 ZBl 1978 S. 130).

IV. Schlussbemerkungen

Das WEG ist jetzt zwar aufgehoben. Seine Zielsetzung wird aber wohl die Öffentlichkeit bald wieder beschäftigen. Bei der Wohnungsknappheit handelt es sich in den grösseren Agglomerationen um einen sozialen Dauerbrenner. Allerdings sieht man beim WEG, dass ein auch noch so gerechtfertigter und bescheidener Eingriff in das «freie Spiel der Marktes», etwas despektierlich ausgedrückt, fast zwangsläufig einen Rattenschwanz von weiteren Erscheinungen nach sich zieht, welche im Verhältnis zum Bisherigen als rechtliche Abnormitäten wirken; sonst klappt die Aktion von vornherein nicht. Das gilt erst recht, wenn es nicht um die Frage geht, wie Gebäude, also etwas Statisches, dimensioniert werden soll, sondern wo und wie ein menschliches Verhalten, das Bewerben (Rz 218 ff), stattfinden dürfe. 3142

Zum weiteren kantonalen, deklariert postfiniten Baurecht

I. Allgemeines

3172 Auf Gebäude und deren Bewerb bezügliches deklariert postfinites Baurecht enthalten – ausser dem PBG und dem WEG – noch einige weitere kantonale Erlasse, allerdings nur nebensächlich. Die wichtigsten von ihnen seien hier – in Beschränkung auf die deklariert postfiniten Paragraphen – gleichwohl erwähnt. Auffällig ist das teilweise weite Auseinanderliegen der von ihnen geregelten (Haupt-)Materien, der «Wesen», wenn man von ihrem spärlichen, hier als Verbindungsglied wirkenden, aber kaum erwähnenswerte Besonderheiten aufweisenden, das postfinite Baurecht betreffenden (Neben-)Inhalt absieht.

II. Zu den einzelnen Materien

A. Kantonale Gesundheitsgesetzgebung

3173 Auszugehen ist vom Gesetz über das Gesundheitswesen vom 4. November 1962 (OS, Bd. 41, S. 291, LS 810.1) mit den §§ 76–78 (Vorschriften über die Wohn- und Arbeitsräume) sowie von der Verordnung über allgemeine und Wohnhygiene vom 20. März 1967 (OS, Bd. 42, S. 666, LS 710.3) mit den §§ 19–41 (Vorschriften über die Wohnräume)[1], 42 (über die Wochenend- und Ferienhäuser), 43 (über die Wohnwagen), 44 f (über Zeltplätze), 46 (über andere Unterkünfte zum vorübergehenden Aufenthalt) und 47 f (über den Bezug neuerstellter Wohn- und Arbeitsräume). Hinzu kamen die Ausführungsvorschriften der Gesundheitsdirektion vom 9. Juni 1978 (OS, Bd. 42, S. 720, LS 710.31) in den §§ 15–23 über die Zeltplätze und in den §§ 24–32 über den Bezug neuerstellter Wohn- und Arbeitsräume. Mit Ausnahme der Vorschriften über die Zeltplätze sind alle diese Vorschriften aufgehoben worden, zum Teil unter Aufnahme mit gleichem oder revidierten Inhalt ins PBG sowie in die Allgemeine Bauverordnung (LS 700.2) und die Besonderen Bauverordnungen I (LS 700.21) und II (LS 700.22). Die Vorschriften über den Bezug neuerstellter Wohn- und Arbeitsräume sind durch Richtlinien der Baudirektion ersetzt worden. Der deklariert postfinite Gehalt dieser Unmenge von Vorschriften ist gering und wird hier nicht näher erörtert.

B. Kantonale Feuerpolizeigesetzgebung

3174 Zu den gestützt auf das Gesetz über die Feuerpolizei und das Feuerwehrwesen vom 24. September 1978 (LS 861.1) festgesetzten Verordnungen über den allgemeinen Brandschutz vom 18. August 1993 (LS 861.12), über den baulichen Brandschutz vom 18. August 1993 (LS 861.13) und über den Gebäudeblitzschutz vom 21. August 1974 (LS 861.131) sind bereits bezüglich PBG §§ 239 (Rz 2059 f) und 295 (Rz 2427 f) Ausführungen gemacht worden, auf welche hier verwiesen sei[2]. Von den Vorschriften der Verord-

---

[1] Vgl. RB 1977 Nr. 95 (ZBl 1978 S. 130, betr. Hotel in der Zürcher Altstadt).
[2] Vgl. Peter Vogel, Anleitung zum Brandschutz-Nachweis für das Baubewilligungsverfahren, in: PBG aktuell 1997 Heft 4 S. 33 (aus der Sicht des technischen Praktikers dargestellt).

nung über den baulichen Brandschutz ist an deklariert postfinitem Baurecht § 58 mit seiner Anpassungspflicht besonders zu erwähnen:

«Bestehende Bauten
§ 58
Bestehende Gebäude, Anlagen und Einrichtungen sind *an die Brandschutz-Vorschriften anzupassen,* wenn:
a) die Voraussetzungen der §§ 357 und 358 des Planungs- und Baugesetzes erfüllt sind, oder
b) *wesentliche bauliche oder betriebliche Veränderungen, Erweiterungen oder Nutzungsänderungen* vorgenommen werden, oder
c) die Gefahr, vor allem für Personen, besonders gross ist.
Die *Anpassung* vermindert die Gefahr auf das vertretbare Mass. In diesem Rahmen wird schützenswerte Bausubstanz geschont.»

Diese Umschreibung der Anpassung – und indirekt ihrer Verneinung – entspricht wohl mehr oder weniger der Unterscheidung zwischen erfüllungsweiser und annäherungsweiser Anpassungspflicht in Rz 450 ff.

Dass hier drei Alternativregelungen angeboten werden, beruht kaum auf einer realen Notwendigkeit. Die PBG §§ 357 f vermöchten ohne weiteres den ganzen Bereich erforderlichen behördlichen Handelns abzudecken. Die besondere Erwähnung von PBG § 358 lässt sich nur so rechtfertigen, dass es hier einerseits um unmittelbare Gefahren für Leib und Leben geht und andererseits in den grösseren Gemeinden eine Zweiteilung der Behördenorganisation existiert, wobei jeder Teil nur mit dem ihr eigenen Vorschriftenbereich richtig vertraut ist: die Baubehörde mit dem PBG, die Feuerpolizei mit den auf die Feuerpolizeigesetzgebung gestützten Vorschriften[3]. Heute gilt allerdings das Koordinationsgebot.

C. Kantonale Energiegesetzgebung

Das kantonale Energiegesetz vom 19. Juni 1983 (LS 730.1), revidiert am 25. Juni 1995, kommt, soweit es um deklariert postfinites Baurecht geht, bei der Erörterung von PBG §§ 239 III zweiter Satz zweiter Teil (Rz 2093 ff), 295 (Rz 2427 ff) sowie 357 IV (Rz 2931 ff) zur Sprache. 3175

D. Kantonale Wassergesetzgebung

1. Da Gewässerverschmutzungen zu einem wesentlichen Teil aus dem Bewerb von Gebäuden entstehen, ist das kantonale Einführungsgesetz zum Gewässerschutzgesetz vom 8. Dezember 1974 (LS 711.1) eigentlich ein Erlass von hoher postfiniter baurechtlicher Bedeutung. Gleichwohl findet sich in ihm nur wenig deklariert postfinites Baurecht. 3176

2. a) Aus dem kantonalen Einführungsgesetz zum Gewässerschutzgesetz besonders zu erwähnen ist: 3177

«Unmittelbarer Zwang
§ 11
Zur Behebung einer bestehenden oder unmittelbar drohenden Gewässerverschmutzung sind neben oder anstelle der Ersatzvornahme die erforderlichen unmittelbaren Zwangsmassnahmen, wie

---

[3] Vgl. den Entscheid der Baurekurskommission IV (BEZ 1998 Nr. 26) betreffend Kaminerhöhung.

Ausserbetriebsetzung der betreffenden Anlagen, Entfernung defekter Einrichtungen, Boden- oder andere Untersuchungen, *Wohn- oder Bewerbungsverbot* usw. zu verfügen. Solche Zwangsmassnahmen sind auf die Dauer der Verunreinigung oder der Gefährdung zu beschränken. Allfällige Kosten sind von den für die Verunreinigung oder Gefährdung Verantwortlichen zu tragen.»

Es ist dies m.E. die einzige Stelle im zürcherischen Baurecht, wo derart direkt ein «Wohn- und Bewerbungsverbot» ausgesprochen wird. Sonst ist jeweils nur die Beseitigung von Bauteilen geboten. Hier umfasst das Wort «Bewerbung» offenbar nicht auch das Wohnen. Der zweite Satz ist nichts anderes als Ausdruck des Verhältnismässigkeitsgebotes (Rz 1008 f). Auf das Verhältnis der im dritten Satz ausgedrückten Kostentragungspflicht zur Regelung von Sicherungs- und Behebungsmassnahmen in Art. 54 des eidg. Gesetzes über den Schutz der Gewässer (Gewässerschutzgesetz) vom 24. Januar 1991 (SR 814.20) wird hier nicht näher eingegangen[4].

3177a b) Lediglich auf Geschehnisse auf und in sogenanntem Landanlageland bezogen ist der auf das kantonale Wasserwirtschaftsgesetz vom 2. Juni 1991 (LS 724.11) abgestützte § 26 der Konzessionsverordnung zu diesem Gesetz vom 21. Oktober 1992 (LS 724.211)[4a]:

«Für neue private Bauten und Anlagen zu Lasten von Gewässergebiet werden in der Regel keine Konzessionen erteilt. Für *geringfügige Erweiterungen* können Ausnahmen gewährt werden.»

E. Kantonale Abfallgesetzgebung

3178 Das Gesetz über die Abfallwirtschaft vom 25. September 1994 (LS 712.1) bezieht sich nicht nur auf die beim Bewerb von Gebäuden, sondern auch auf die bei primären und sekundären Neubauten sowie bei baulichen Änderungen entstehenden Abfälle (§ 17 bezüglich verschmutzten und unverschmutzten Aushub, Bauschutt, Bausperrgut und Sonderabfälle)[5]. Siehe ferner PBG § 239 II (Rz 2069 ff).

F. Kantonale Strassengesetzgebung[6]

3179 1. Aus dem Gesetz über den Bau und Unterhalt der öffentlichen Strassen (Strassengesetz) vom 27. September 1981 (LS 722.1) ist lediglich § 19 zu erwähnen. Er lautet wie folgt:

«Die Betroffenen haben schadenmindernde Massnahmen an ihren Grundstücken, wie den *Einbau von Schallschutzfenstern,* zu dulden, soweit es ihnen nach den Umständen zugemutet und dadurch eine Schadenminderungspflicht vermieden oder erheblich vermindert werden kann.»

Schallschutzfenster sind Bestandteile von Gebäuden. Das Einbauen ist ein Umbauen (Rz 179) und/oder Montieren (Rz 178). Es geht hier um den aus neuen oder baulich veränder-

---

[4] Vgl. den BGE vom 9. Januar 1996 (ZBl 1997 S. 280 f, betr. Chemische Reinigungsfirma, Langstrasse/Zürich).
[4a] Vgl. den Entscheid Baurekurskommission II in BEZ 1999 Nr. 29.
[5] Durch dieses Gesetz wurde das sich allerdings nicht auf Gebäude beziehende, aber gleichwohl einen wichtigen Landschaftsaspekt betreffende Gesetz über die Beseitigung von ausgedienten Fahrzeugen und Schrott vom 4. März 1973 (ZG 712.2) aufgehoben.
[6] Siehe hiezu: Richard A. Koch, Das Strassenrecht des Kantons Zürich, Zürich 1997.

ten Strassen resultierenden Schaden, insbesondere denjenigen der Belästigung durch den vom Verkehr hierauf ausgehenden Lärm (Rz 225 f, 426). Es handelt sich hier um die Regelung eines Sonderfalles aus dem Enteignungsrecht und damit der Eigentumsgarantie. Diese Vorschrift hat seit Inkrafttreten des USG am 1. Januar 1985 wohl keinen selbständigen Anwendungsbereich mehr (Rz 4095 ff).

Es handelt sich hier primär um ein an den Gebäudeeigentümer bzw. Betriebsträger gerichtetes Gebot des duldenden Unterlassens. Sekundär geht es um eine Erlaubnis an die Gemeindeorgane[7].

2. § 4 der Verordnung zum Einführungsgesetz zum Nationalstrassengesetz vom 12. April 1965 (LS 722.21, Rz 4116) statuiert: 3180

«Die Gemeindebehörden haben ohne Bewilligung in Angriff genommen Neubauten oder *wertvermehrende Umbauten* sowie allfällige weitere, vom Bundesrat der Bewilligungspflicht unterstellte Verfügungen des Grundeigentümers über sein Grundeigentum innerhalb der Projektierungszonen unverzüglich einzustellen und der Direktion der öffentlichen Bauten Bericht zu erstatten. Die Baudirektion trifft die weiteren Anordnungen.»

Es handelt sich hier primär um ein an die Organe der Gemeinde gerichtetes Gebot, bezogen auf Mahnung und Ersatzvornahme (Rz 733 ff). Es kommt nur, aber immerhin, beim Vorliegen von nationalstrassengesetzlichen Projektierungszonen vor (Rz 4116 f), kaum aber in den Fällen von PBG §§ 233/234 (Rz 1946 ff). Überraschend ist die Beschränkung auf «wertvermehrende Umbauten». Auch nicht wertvermehrende Umbauten können für den Nationalstrassenbau behindernd sein.

G. Kantonale Landwirtschafts- und Waldgesetzgebung

1. Das kantonale Gesetz über die Landwirtschaft vom 2. September 1979 (LS 910.1) enthält in den §§ 123–126 Vorschriften über bauliche Verbesserungen landwirtschaftlicher Heimwesen im Berggebiet und in der voralpinen Hügelzone sowie über abgelegene Heimwesen im Flachland als Hofsanierung, über die Verbesserung von Alpgebäuden, ferner Gebäuderationalisierungen, insbesondere bei Ökonomiegebäuden sowie über den «Einbau von Altenteilen und die Verbesserung der sanitären Einrichtungen, sofern der Fortbestand des Betriebes gewährleistet ist». Da es sich hier allein um subventionsrechtliche Regelungen handelt (analog zu Rz 3184), wird hierauf nicht näher eingetreten. 3181

2. Gestützt auf das kantonale Gesetz betreffend das Forstwesen vom 28. Juli 1907 (LS 921.1) fasste der Regierungsrat am 9. Mai 1935 folgenden Beschluss: 3182

«Der Neubau, der *Ausbau* und die *Erweiterung* von Klubhütten, Wochenendhäuschen sowie von Bauten jeglicher Art, die für Wohnzwecke eingerichtet oder geeignet sind, sind in Waldgebieten ohne vorherige Rodungsbewilligung des Regierungsrates untersagt. Die Baubewilligung darf erst nach der Rodungsbewilligung erteilt werden.»

---

[7] Das Strassengesetz von 1893 setzte in § 31 I den Abstand der Gebäude von der Strassengrenze «für neue Gebäude sowie alle Anbauten an bestehende Gebäude» auf 3,0 m fest. In § 32 I wurde statuiert: «Wird ein Gebäude, welches nicht den in diesem Gesetz vorgeschriebenen Abstand von der Strassengrenze hat, in seinen Hauptbestandteilen zerstört, so muss ein an dessen Stelle tretender Neubau auf die gesetzliche Entfernung zurückgesetzt werden.» (Rz 2466 mit FN 5).

Dieser Beschluss wurde durch die regierungsrätliche Verordnung über Bauten im Wald vom 12. Juli 1962 (OS, Bd. 41, S. 222, LS 921.3) aufgehoben. Hier ist statuiert:

> «§ 1 I
> Im Wald sowie auf Waldlichtungen und Waldblössen, die nicht als Kulturland genutzt werden, sind verboten:
> a) die Errichtung, der *Ausbau* und *die Erweiterung* von Hütten und anderen Gebäuden.
> ...
> § 2 lit. e
> Bei Jagdhütten wird die Bewilligung (nämlich für die Erstellung von Hütten) nur für solange erteilt, als der Bewilligungsinhaber die Jagd im betreffenden Pachtrevier ausübt. Nach Ablauf der Bewilligung hat der bisherige Bewilligungsinhaber die Hütte *abzubrechen und den Standort aufzuräumen* oder sie unter Vorbehalt der Bewilligung durch die Volkswirtschaftsdirektion dem Waldeigentümer als Waldarbeiterhütte oder dem nachfolgenden Jagdpächter zu einem durch die Parteien zu vereinbarenden Kaufpreis zu übergeben.»

Wie so vieles im Forstrecht ist auch diese primär an die Organe des Kantones gerichtete Regelung in ihrer starken Personenbezogenheit und mit ihrer ungewöhnlichen Verfügungsbeschränkung von durchaus singulärem Charakter. Es wäre allerdings auch im übrigen Baurecht von Vorteil, wenn bei der Erteilung von Baubewilligungen vermehrt etwas darüber gesagt wird, was zu geschehen habe, wenn der Gesuchsteller später einmal am Gebäude nicht mehr interessiert ist.

3182a 3. Das kantonale Gesetz von 1907 ist durch das Waldgesetz vom 7. Juni 1998 (LS 921.1) abgelöst worden. Es ist am 1. April 1999 in Kraft getreten und enthält folgende Vorschrift:

> «Nicht forstliche Kleinbauten und -anlagen
> § 9
> Es ist verboten, nichtforstliche Kleinbauten und -anlagen im Wald zu errichten, *zu erweitern* oder *ihrem Zwecke zu entfremden*.
> Für standortgebundene Einrichtungen kann eine Ausnahmebewilligung erteilt werden.»

H. Kantonale Denkmalschutzgesetzgebung

3183 Bis zum Inkrafttreten des PBG befand sich die einzige gesetzliche Regelung für den Denkmalschutz im **Einführungsgesetz zum ZGB** vom 2. April 1911 in dessen § 182; das war eine blosse Ermächtigungsnorm. Alle weiteren Vorschriften befanden sich in der regierungsrätlichen Verordnung betreffend den Natur- und Heimatschutz vom 9. Mai 1912 sowie in kommunalen Schutzverordnungen. Seit dem 1. April 1976 gelten jedoch für den Denkmalschutz PBG §§ 203–217. Es wird hiefür allgemein auf Rz 1843 ff sowie bezüglich der Entschädigungsfrage auf Rz 1363 ff verwiesen.

I. Kantonale Gesetzgebung zur Förderung des Wohnungsbaues und des Wohnungseigentums

3184 Gemäss § 8 des Gesetzes über die Förderung des Wohnungsbaues und des Wohnungseigentums (LS 841) und der Verordnung hiezu (LS 841.1) müssen die «Benützung der Gebäude zu Wohnzwecken durch Bewohner», welche bestimmte Erfordernisse erfüllen, und der Verzicht auf Gewinnzielung bei einem Verkauf grundbuchlich sichergestellt werden. Das kann dazu führen, dass beim Übergang zu einer anderen Bewerbsart früher empfangene Subventionen, Darlehen dem Gemeinwesen zurückzuzahlen sind bzw. dass ein Kaufs- bzw. Vorkaufsrecht zum Zuge kommt. Es bestehen auch Vorschriften über den Unterhalt und die Änderung unterstützter Gebäude. Hier wird darauf nicht näher eingegangen, so wichtig die sich dabei stellenden rechtlichen Fragen im Einzelfall auch sein mögen.

K. Kantonale Gastwirtschaftsgesetzgebung

Im Gesetz über das Gastgewerbe und den Klein- und Mittelverkauf von alkoholhaltigen Getränken (Gastgewerbegesetz) vom 21. Mai 1939 und in der zugehörigen Verordnung vom 6. März/21. Mai 1939 (OS, Bd. 36, S. 138 f; ZG, Bd. 3, S. 185 f) waren nicht nur Vorschriften über den Betrieb, sondern auch solche über die bauliche Gestaltung von Gastwirtschaftsstätten enthalten (insbesondere in den §§ 40–53 der Verordnung). Bereits das Gastgewerbegesetz vom 9. Juni 1985 und die zugehörige Verordnung vom 20. November 1985 wie auch das Gastgewerbegesetz vom 1. Dezember 1996 (LS 935.11) und die zugehörige Verordnung vom 16. Juli 1997 (LS 935.12) beschränken sich jedoch auf die Regelung des Bewerbes als Gastwirtschaft; für das Bauliche enthalten jetzt allein das PBG, die Besondere Bauverordnung II und die Umweltschutzgesetzgebung, insbesondere die Lärmschutzverordnung, die massgeblichen Regelungen[8]. Ein wesentlicher Unterschied zwischen der jetzigen und der früheren Gesetzgebung besteht sodann darin, dass jetzt die Bedürfnisklausel fehlt und für die Ausübung des Wirteberufes keine Prüfung mehr abgelegt werden muss.

3185

L. Kantonale Gesetzgebung für das Unterhaltungsgewerbe

Das Gesetz über das Unterhaltungsgewerbe vom 27. September 1981 (LS 935.32) enthält zwar keine eigenen baulichen Vorschriften. Die folgende, allein den Bewerb betreffende Regelung hat jedoch auch für das Baurecht eine grundsätzliche Tragweite (Rz 522 bezüglich ideeller Immissionen):

3186

«Schutz der Allgemeinheit
§ 2
Ein Unterhaltungsgewerbe darf die öffentliche Sicherheit und Ordnung weder *stören* noch *gefährden*.
Jede übermässige Einwirkung ideeller oder materieller Art auf die Nachbarschaft ist unzulässig.»

M. Kantonale Enteignungsgesetzgebung

Gemäss § 13 II lit. d des Gesetzes betreffend die Abtretung von Privatrechten vom 30. November 1879 (LS 781) sind in einem Enteignungsverfahren bei der Bemessung der für das abzutretende Recht zu leistenden Entschädigung für mittelbaren Schaden die *«Umzugskosten»* zu berücksichtigen und getrennt zu behandeln. Bei diesem «Umzug» steht

3187

---

[8] Vgl. den Entscheid der Baurekurskommission III (BEZ 1997 Nr. 25) betreffend Erweiterung eines Gasthofes durch eine Gartenterrasse.

ein bisheriger Wohn- oder sonstiger Bewerb in einem Gebäude im Vordergrund; es handelt sich hier um eine nicht vom Willen des Eigentümers/Mieters/Pächters abhängige Bewerbsstilllegung an einem Ort, gefolgt von deren Weiterausübung an einem anderen Ort; eventuell, nicht unbedingt, liegt dort ein Dislokationsbewerb vor (vgl. Rz 318). Entschädigungspflichtig ist der Enteigner, also meistens das Gemeinwesen.

N. Kantonale Gesetzgebung über die Gebäudeversicherung

3188 1.   Das Gesetz über die Gebäudeversicherung vom 2. März 1975 (LS 862.1) statuiert für den Beginn der Prämienzahlungspflicht und der Versicherungsdeckung:

«Beginn der Versicherungspflicht
§ 15
Neubauten und *wesentliche Änderungen an bestehenden Bauten und Anlagen* sind auf Beginn der Bauarbeiten zum steigenden Wert zu versichern.
Bei *unwesentlichen baulichen Änderungen* beginnt die Versicherungspflicht, sobald die Bauarbeiten vollendet sind.
...
Erlöschen von Versicherungspflicht und Versicherung
§ 17 I
Versicherungspflicht und Versicherung erlöschen bei Totalschaden oder bei *Abbruch des Gebäudes*.
...
d) bei ... *wesentlichen Änderungen* an bestehenden Bauten
§ 28 II
Bei *wesentlichen Änderungen* an bestehenden Bauten gelten die Baukosten unter Abzug des Wertes der abgebrochenen Teile als Versicherungswert des geänderten Gebäudes.»

3189 2.   Die Verordnung über die Gebäudeversicherung vom 21. Mai 1975 (LS 862.1) definiert:

«*Wesentliche Änderungen* an bestehenden Gebäuden
§ 17
Änderungen an bestehenden Bauten gelten als *wesentlich,* wenn sie den Betrag von Fr. 50'000.– übersteigen oder mehr als 50% des Versicherungswertes betragen.»

Diese frankenmässige Abtrennung der wesentlichen von den unwesentlichen Änderungen mag im Versicherungsbereich und in einer Verordnung gerechtfertigt sein, sonst aber kaum.

Zur Bedeutsamkeit der versicherungsmässigen Regelung beim Wiederbau siehe Rz 2511a.

O. Kantonale Steuergesetzgebung

3190 Ob Kosten, welche dem Gebäudeeigentümer bei baulichen Vorkehrungen anfallen, steuerlich von den mit einem Gebäude zusammenhängenden Einkünften abziehbar sind oder nicht, hängt nach bisherigen § 25 lit. c, neu § 30 II, des Gesetzes über die direkten Steuern (Steuergesetz, LS 631.1) davon ab, ob es sich um *Kosten für den Unterhalt von Liegenschaften* handle oder nicht. Was hierunter zu verstehen sei, wurde bisher in der Dienstanleitung zum Steuergesetz Ziffer 168 lit. a näher ausgeführt. Hier wird auch der Begriff *«Modernisierung»* verwendet, als was zB Massnahmen zur Verbesserung der Wärmeisolation und zur Einsparung von Energie, für die Einrichtung zeitgemässer Heiz- und

Waschanlagen, der Schwemmkanalisation sowie von Antennen für Radio und Fernsehen gelten. Neu sind nach § 30 II und IV abziehbar Investitionen, die dem Energiesparen und dem Umweltschutz dienen, soweit sie bei der direkten Bundessteuer abziehbar sind, ferner Kosten denkmalpflegerischer Arbeiten. Im Allgemeinen dürfte sich der steuerliche Unterhaltsbegriff mit dem in Rz 330 mit FN 4 sowie 1899 ff Dargelegten decken und vor allem Reparaturen und Renovationen umfassen. Abweichungen sind jedoch denkbar wegen der steuerrechtlichen Praxis, grössere Renovationen jeweils in wertvermehrende und nicht wertvermehrende Aufwendungen aufzuspalten und nur Letztere abziehen zu lassen (vgl. Ziffer 172 lit. a. der bisherigen Dienstanweisung mit den Begriffen «*Neueinrichtungen*» und «*Verbesserungen*»). Dabei kommt es zu Pauschalisierungen des Unterhaltsanteiles (vgl. Ziffer 170 der bisherigen Dienstanweisung, neu Steuergesetz § 30 V). Wollte ich noch mehr in die Details gehen, würde die vorliegende Arbeit vollends ausufern. Mit dem Verzicht auf die Erörterung wird allerdings – auch hier – entgegen der Erkenntnis gehandelt, dass alles mit allem zusammenhängt[9].

P. (Aufgehobene) Verordnung vom 29. November 1972 zum Bundesbeschluss über dringliche Massnahmen auf dem Gebiete der Raumplanung vom 17. März 1972

Es geht hier um die vom Regierungsrat zum Bundesbeschluss gemäss Rz 3252 und 4141 gesetzte Verordnung (Amtsblatt, 1973, S. 361 f). Hierin wurde in § 4 I für die Zone III Ortsbilder (Einzelobjekte) «für alle Massnahmen, die eine Veränderung des Ortsbildes oder einzelner Schutzobjekte bewirken», eine Bewilligung für erforderlich erklärt. Einer solchen bedurften im Besonderen «der Abbruch von Bauten – Neu- und Umbauten aller Art – Renovationen, Änderung der Farbgebung». Im zweiten Absatz wurde bestimmt, dass «in den Städten Zürich und Winterthur ... sich diese Bewilligungspflicht auf den Abbruch oder die Veränderung aller vor 1920 erstellten Bauten» erstreckt. Diese pauschale zeitliche Terminierung, zudem räumlich beschränkt auf zwei Gemeinden, vereinfachte zwar das Verfahren, war aber kaum sachgerecht.

3190a

Q. (Aufgehobene) Einführungsverordnung zum RPG vom 19. Dezember 1979/22. Dezember 1982

Siehe Rz 1595.

3190b

---

[9] Das zeigte sich drastisch bei dem mit der Steuergesetzrevision vom 8. Juni 1997 bewirkten Übergang von der Vergangenheits- zu der Gegenwartsbesteuerung und dem sich hieraus ergebenden «Leerjahr 1998». Dieser Wechsel missfiel dem Baumeisterverband, weil er befürchtete, die Hauseigentümer würden Unterhaltarbeiten vermehrt auf das Jahr 1999 aufschieben, wodurch das Ende der Stagnation in der Baubranche noch länger auf sich warten liesse. Um diesen Effekt zu vermeiden, traf der Regierungsrat 1998 eine ad-hoc-Regelung.

R. Verwaltungsrechtspflegegesetz vom 24. Mai 1959 §§ 43 II lit. b und 44 lit. b
(beide Paragraphen wurden aufgehoben)

3190c Hienach konnte bis zum 1. Januar 1998 beim Verwaltungsgericht «in Streitigkeiten über Erteilung, Verweigerung, Nichterneuerung oder Entzug» einer sich auf «die Errichtung und Änderung von Gebäuden» beziehenden behördlichen Bewilligung Beschwerde eingereicht werden; ferner beurteilte das Verwaltungsgericht im Beschwerdeverfahren die sich aus dem öffentlichen Recht ergebenden Streitigkeiten über Auflagen, «Gebäude oder Gebäudeteile zu ändern, zu unterhalten oder zu beseitigen, sowie über Verbote, diese frei zu nutzen». Das war mittelstark separiertes postfinites Baurecht, und zwar formellrechtlicher Art (Rz 842 ff). Die Zuständigkeiten in diesem Bereich gelten seit dem 1. Januar 1998 gemäss der Generalklausel § 41 (jetzt undeklariert postfinites Baurecht formellrechtlicher Art).

Zweites Kapitel
Das deklariert postfinite Baurecht der Zürcher Gemeinden

Die deklariert postfiniten Vorschriften in den Bauordnungen[1]

I. Vorbemerkungen

Die in diesem Paragraphen zur Sprache kommenden Vorschriften stehen heute grösstenteils nicht mehr in Kraft. Wenn ich sie hier trotzdem verhältnismässig ausführlich erörtere, so geschieht dies darum, weil in ihnen von ganz verschiedenen Standpunkten aus Themata angesprochen werden, welche im postfiniten Baurecht auch heute noch zu beachten sind. 3191

II. Zu den globalen, deklariert postfiniten Vorschriften der Bauordnungen

A. Allgemeines

Im früheren kommunalen Recht fanden sich einige wenige deklariert globale Vorschriften des postfiniten Baurechtes. Fundorte waren dabei vorwiegend die Bauordnungen. 3192

B. Beispiele

1. Die Für-sich-Regelungen

a) Vorbemerkung

α) Ich spreche hier von globalen «Für-sich-Regelungen», weil in ihnen oft der Passus «für sich» vorkommt. Es konnte aber auch «nur selbst» oder «neue Teile» stehen. Die Regelungen bezeichne ich als global, weil sie einen verhältnismässig umfassenden Anwendungsbereich (im Unterschied etwa zu den sektoralen Vorschriften gemäss Rz 801 f, 3206 ff) besitzen. 3193

β) Diese Vorschriften bewirken, dass bei der Beurteilung eines Um-, Auf- oder Anbaues bzw. einer bewerbsmässigen Änderung ausschliesslich oder vorwiegend auf die Gebäudeteile abzustellen ist, welche direkt durch die Änderung entstehen bzw. in welchen die Änderung unmittelbar stattfindet, nicht oder nur beschränkt auch noch auf die bereits bestehenden Gebäudeteile darum herum. Dabei waren zwei Arten der Für-sich-Regelung zu unterscheiden. Einerseits die *engere Art:* Sie liess innerhalb des bereits vorhandenen Gebäudes alles ausserhalb des jetzigen Um- Auf- oder Anbaues bzw. der jetzigen bewerbsmässigen Änderung unbeachtet, auch wenn dort die gleichen Eigenschaften 3194

---

[1] Zum Begriff der deklariert postfiniten Regelung siehe Rz 842 ff.

vorlagen; es kam also zu keiner Addition der Eigenschaften von alt und neu beim Entscheid, ob die Änderung ein Maximum bzw. ein Minimum einhalte. Nach der *weiteren Art* der Für-sich-Regelung wurden anderseits jedoch die Eigenschaften der Gebäudeteile, welche sowohl inner- als auch ausserhalb der Änderung vorkommen, mitberücksichtigt, addiert; ausser Betracht blieben nur die andersartigen Eigenschaften. Es wird hiefür auf die in Rz 4150 f erörterten Fälle des Minimalgrenzabstandes mit Mehrlängen- oder Mehrhöhenzuschlag verwiesen. Ferner ist an die in Rz 4152 f erörterten Fälle von Umbauten sowie bewerbsmässiger Intensivierung, Ausweitung und Auswechslung in Gebäuden zu denken, welche Abstandsminima unter-, Geschosszahl-, Höhen- oder Längenmaxima überschreiten, sei es, dass sie nur im überschüssigen Teil, sei es, dass sie nur im an sich als regelkonform bewertbaren Teil, sei es, dass sie in beiden stattfanden.

3195 γ) Derartige Vorschriften waren Regelungen ganz eigener Art; denn sie stellten nicht selbst ein positives oder negatives Erfordernis auf, sondern sie gaben nur an, unter welchem formellen Blickwinkel bei der Ermittlung des Sachverhaltes vorzugehen sei, an dem eine andere Regelung anknüpft.

b) Fundorte

α) Bauordnung Stadt Zürich 1946 Art. l III

3196 Diese Vorschrift lautete wie folgt:

«An Gebäuden, die dieser Bauordnung nicht entsprechen, dürfen Um-, An- oder Aufbauten vorgenommen werden, sofern die *neuen Teile* diesen Vorschriften genügen.»

Sie war offensichtlich vom kantonalen Recht inspiriert. Eine Für-sich-Regelung fand sich meines Wissens erstmals in altBauG § 116 I in der Fassung von 1907 (Rz 1425 f); eine ähnliche Regelung kehrte sodann in altBauG § 116 II in der Fassung von 1943 (Rz 1431 f) wieder, wo An- und Aufbauten als zulässig erklärt wurden, «wenn sie *für sich* dem Baugesetz oder der Bauordnung entsprechen».

Diese dem kantonalen Recht zwar nachgeformte Vorschrift war jedoch keine blosse Wiederholung desselben, weil das kantonale Recht die Für-sich-Regelung allein bei baugesetz-, nicht aber auch bei bauordnungswidrigen Gebäuden zum Zuge kommen liess.

3197 Aus der Für-sich-Formulierung ist der legislatorische Wille zu einer gewissen Einengung des Beurteilungsblickwinkels zu entnehmen auf das, was zum schon bestehenden Gebäude bzw. zum schon getätigten Bewerb als «neuer Teil» hinzukommt. Das konnte an sich bei jenen Regelungen für den Bauaktiven von Vorteil sein, wo Maxima nicht überschritten werden dürfen; nämlich dann, wenn die bereits im Bisherigen vorhandenen Teile nicht anzurechnen sind, wenn es darum geht, zu ermitteln, ob neu das Maximum überschritten werde (zB insbesondere Gebäudelänge, maximierende Gebäudeflächen-, Ausnützungs-, Baukubenziffer). Gerade umgekehrt verhielt es sich jedoch, wo eine Regelung das Vorhandensein eines Minimums vorschreibt (zB minimaler Wohnflächenanteil), konnte doch hier die bereits im Bisherigen vorhandene «Vorleistung» zur Erreichung des Genügens eher nicht eingeworfen werden.

3198 Mir scheint jedoch, dass aus solchen Fassungen nicht viel mehr als das herausgelesen werden darf: Es handelt sich hier typischerweise durchwegs um Aussagen über Änderungen von baurechtswidrigen Gebäuden bzw. Bewerbungen (Rz 159 ff, 295 ff). Die in Rz 3196 f erwähnte Einschränkung des Beurteilungsblickwinkels bezog sich allein auf die

Frage, ob bei Realisierung der Änderung baurechtswidrige Teile beseitigt bzw. Bewerbungen stillgelegt werden mussten, ganz oder teilweise. Die Antwort lautete wohl: nein! Nur die neuen Teile mussten dem neuen Recht voll entsprechen, genügen, das Bisherige durfte fortbestehen bzw. weiter ausgeübt werden, es war auch nichts hinzuzubauen bzw. hinzuzubewerben.Was das heissen konnte, ist in Rz 3194 erörtert. Es handelt sich hier weitgehend nur um eine – unklare – Unbetroffenheitsregelung für Gebäude, Gebäudeteile und Bewerbungen davon, soweit diese infolge Gesetzesrevision gesetzwidrig geworden sind.

Die Vorlage des Stadtrates an den Gemeinderat vom 29. September 1961 zur Totalrevision der Bauordnung von 1946 enthielt keine entsprechende Regelung mehr. Eine solche wurde auch später nicht mehr ins stadtzürcherische Recht aufgenommen. Diese Weglassung beruhte m.E. auf einer Verkennung der rechtlichen Tragweite der Regelung. Man erblickte wohl in ihr nur einen Passus, welcher etwas Selbstverständliches ausdrückt. Das trifft aber keineswegs zu, ist doch nur bei ihrem Vorhandensein von vornherein klar, wie in den in Rz 4148 f aufgeführten Fällen entschieden werden muss: keine Abschrotung des in den Minimalabstand hineinreichenden, nach dem Willen des Bauaktiven nicht von der Änderung erfassten Gebäudeteiles, Zulässigkeit des An- bzw. Aufbaues; Zulässigkeit der bewerbsmässigen Intensivierung, Ausweitung, Auswechslung innerhalb des bisherigen Gebäudekubus, vorbehältlich entgegenstehende Ausnützungsziffern und geschossbezogene Bewerbsbeschränkungen. **3199**

β)   Bauordnung Stadt Winterthur 1968 § 2

Die Vorschrift lautete wie folgt: **3200**

> «An bestehenden Gebäuden, die dieser Bauordung nicht entsprechen, sind Änderungen zulässig, sofern die neuen Teile den von ihr gestellten Anforderungen genügen. Um-, An- und Aufbauten dürfen jedoch keine Mehrausnützung über das Mass hinaus zur Folge haben, das in der betreffenden Zone erlaubt ist.
> Vorbehalten bleibt die Sonderregelung für bestehende zonenfremde Betriebe und Bauten (§§ 35, 51 Abs. 3, 65 Abs. 4 und 68 Abs. 3).
> Für bestehende Gebäude, welche dem Baugesetz nicht entsprechen, richtet sich die Zulässigkeit von Änderungen nach §§ 116 ff BauG.»

Für die Kommentierung dieser heute nicht mehr geltenden Vorschrift verweise ich auf Rudolf Friedrich/Karl Spühler/Ernst Krebs, Kommentar, zu § 2. Diese Regelung ist bedeutend differenzierter als die vorerwähnte der Stadt Zürich. **3201**

2.   Zu den globalen Mehrausnützungsverboten

Der in Rz 3220 zitierte § 35 II der Bauordnung der Stadt Winterthur von 1968 ist zugleich ein Beispiel für eine weitere Möglichkeit einer kommunalen, globalen postfiniten Regelung: mit grundsätzlicher Änderungszulässigkeit bauordnungswidriger Gebäude bei Fehlen einer Mehrausnützung. Inspiriert war diese Regelung offensichtlich durch BauG § 116 I in der Fassung von 1943 ff (Rz 1431 ff). Es wurde jedoch eine mildere Lösung getroffen: Es genügte, dass keine unzulässige «vermehrte Ausnützung» bezweckt wurde, es musste nicht auch noch zu einer angemessenen Verbesserung kommen. **3202**

3. Zur Erweiterung der Dispenskompetenz

3203 In Rz 608 ist dargelegt, weshalb das Vorhandensein eines Gebäudes an sich keinen Dispensgrund darstellt. Vereinzelt wird aber dieser Sachverhalt gleichwohl zur Rechtfertigung einer Ausnahmebewilligung anerkannt. Als Beispiel kann der sich allerdings nur auf den Wohnflächenanteil beziehende Art. 53a der Bauordnung der Stadt Zürich von 1963/1976 genannt werden. Er lautete in den hier interessierenden Teilstücken wie folgt:

> «Von den materiellen Vorschriften des IV. Abschnittes und von Art. 58a dürfen Ausnahmebewilligungen nur erteilt werden, wenn die Einhaltung der Vorschriften ein stossendes Ergebnis herbeiführen würde.
> Die Ausnahmewürdigkeit im Sinne von Abs. 1 kann insbesondere bejaht werden,
> a) wenn der Eigentümer eines vor Inkrafttreten der Bauordnungsrevision erstellten Gebäudes, der zugleich Inhaber eines Kleinbetriebes ist, für die Weiterführung seines Betriebes zusätzliche Geschossfläche dringend benötigt;
> b) wenn ein Betrieb der Quartierversorgung dient oder standortgebunden ist, und wenn an seiner Einrichtung oder Erweiterung ein öffentliches Interese besteht;
> c) wenn ein Gebäude Verkehrsimmissionen ausgesetzt ist, welche für Wohnungen unzumutbar sind.»

Absatz II lit. a wurde vom Regierungsrat mit Beschluss Nr. 292/1978 aufgehoben, da er PBG § 357 I in der Fassung von 1975 widerspreche. Man könnte wohl auch sagen: Er stellte eine gewerbeschutzpolitische Massnahme dar, wozu der städtische Gesetzgeber nicht zuständig ist (Rz 1075 f). In lit. b erscheint der Begriff der Standortgebundenheit in einem ungewöhnlichen Umfeld: innerhalb der Bauzonen für Betriebe, welche kaum als zonenfremd charakterisiert werden können. Obwohl in lit. c nichts davon gesagt wurde, dass es sich um bereits bestehende Gebäude handelt, ist solches aus dem Kontext wohl anzunehmen.

Der vorerwähnte Art. 53a wurde als Teil der von der Notbauordnung der Baudirektion vom 9. Dezember 1995 (Rz 3048, 3089 f mit FN 11 und 12) aufgehobenen Bauordnung der Stadt Zürich von 1963 ebenfalls ausser Kraft gesetzt. Weder die Bauordnung der Stadt Zürich von 1992 noch die Notbauordnung noch der Gemeinderatsbeschluss vom 24. November 1999 hat hiefür einen anderen Ersatz als die allgemeine Dispensregelung von PBG § 220 vorgesehen.

4. Zu den Auflistungsregelungen

3204 a) Verschiedentlich wurde früher in den Bauordnung einleitend gesagt, diese finde Anwendung auf Neu-, Um-, Auf- und Anbauten, vielleicht auch noch auf Aussenrenovationen und Zweckänderungen[2]. Als Beispiele seien erwähnt: Bauordnung Stadt Zürich 1963 Art. 1 I:

> «Die Bauordnung gilt unter Vorbehalt von Art. 2[3] für Neu-, Um-, An- oder Aufbauten jeder Art im Gebiet der Stadt Zürich.»

---

[2] Daneben wurden vielfach auch noch hier nicht weiter interessierende Bauten wie Einfriedigungen, Futter- und Stützmauern, Aussenreklamen, Antennen, Materialstapelungen, Terrainbewegungen usw. genannt.
[3] Dieser betraf das Recht des Bundes und des Kantons.

Bei der Revision von 1976 wurde folgender Passus angehängt:

> «Ebenso müssen Zweckänderungen den Bauordnungsvorschriften entsprechen.»

§ 1 II der Bauordnung der Stadt Winterthur von 1968 lautete, nach dem den räumlichen Geltungsbereich regelnden ersten Absatz wie folgt:

> «Ihre Vorschriften beziehen sich auf Neu-, Um-, An- und Aufbauten jeder Art sowie auf Aussenrenovationen.»

b)   Der zweite Absatz von Art. 1 der Bauordnung der Stadt Zürich von 1963/1976 zeigt die Unsicherheit bei der normativen Charakterisierung solcher einleitender Vorschriften. Handelt es sich hier um eine Vorschrift mit eigener rechtlicher Gestaltungskraft oder geht es nur darum, einen kurzen Überblick über den Gegenstand der Vorschriften der Bauordnung zu geben[4]?

Der Zusatz von 1976 spricht eigentlich wegen des Passus «Ebenso müssen ... entsprechen» für eine Vorschrift mit eigener rechtlicher Gestaltungskraft. Es bestand wohl die Auffassung, Zweckänderungen würden sonst nicht von der Bauordnung erfasst. Das war aber wohl falsch, wenn man unter Zweckänderungen auch eingreifende bewerbsmässige Änderungen versteht, denn von Baugesetzes wegen gehörten die eingreifenden bewerbsmässigen Änderungen dazu (Rz 1434, 1485 f). Die Auffassung ginge aber wohl ins Leere, wenn man darunter auch nicht eingreifende bewerbmässige Änderungen verstünde, denn zu deren Regelung fehlt es von vornherein an einem öffentlichen Interesse (Rz 935 f).

Wenn jedoch Art. 1 I und II der Bauordnung der Stadt Zürich von 1963/1976 eine rechtlich gestaltende Kraft zuerkannt werden sollte, dann würde sich fragen: Worin bestand diese Kraft? Für Neubauten muss von vornherein nichts Zusätzliches gesagt werden, denn sie bilden auf jeden Fall den Ausgangspunkt für die baurechtliche Regelung. Für die Um-, An- und Aufbauten wäre aber nicht ersichtlich, in welcher Richtung hier eine – an sich durchaus erwünschte – Präzisierung erfolgen sollte. Art. 1 I spricht sich zB weder für noch gegen eine «Für-sich-Regelung» im Sinne von Rz 3193 f aus. Der Zweck von Art. 1 I und II der Bauordnung der Stadt Zürich von 1963 kann auch nicht darin bestehen, neue Bewilligungspflichten zu statuieren, denn für Neu-, Um-, An- oder Aufbauen und eingeifende Zweckänderungen gilt eine solche ohnehin schon (Rz 2543).

Ich halte deshalb dafür, dass derartige einleitende Regelungen nichts anderes als eine knappe Auflistung der baulichen Geschehensarten bedeuteten, welche von der Bauordnung geregelt werden[5].

3205

---

[4]   Die Kommentatoren Rudolf Friedrich/Karl Spühler/Ernst Krebs äussern sich bezüglich § 1 II der Bauordnung der Stadt Winterthur von 1968 in N. 4 nicht eindeutig.
[5]   Das ZH-Verwaltungsgericht entschied dem Sinn nach in RB 1969 Nr. 55 (siehe FN 13) «ungeachtet des Wortlautes» einer solchen Auflistungsregelung.

III. Zu den sektoralen Vorschriften der Bauordnungen

A. Zu den zonenfremden Gebäuden bzw. Bewerbungen samt Änderung und sonstiger Transformation derselben

1. Zu den Begriffen zonenfremd und zonengemäss

3206 a) In einem weiteren Sinne kann man als zonenfremde Gebäude bzw. Bewerbungen jedes Gebäude bzw. jeden Bewerb bezeichnen, welches/welcher nicht alle für diese Zone typischen Vorschriften einhält. Gilt nur für eine bestimmte Zone eine bestimmte maximale Geschosszahl, Ausnützungsziffer usw. oder ein bestimmter minimaler Abstand und werden diese Maxima/Minima vom Gebäude nicht eingehalten, so kann man zwar auch allein deshalb von einem zonenfremden Gebäude und von dem in diesem Gebäude stattfindenden Bewerb, Betrieb von einem zonenfremden Bewerb, Betrieb sprechen. Zonenfremd bedeutet dann mehr oder weniger das Gleiche wie rechtswidrig (Rz 392 ff). Nachfolgend geht es jedoch um einen engeren Begriff der Zonenfremdheit: Nachstehend werden unter zonenfremden Gebäuden, Bewerbungen, Betrieben nur gerade jene verstanden, deren Art in der Zone des Standorts schlechthin, auch nicht bei Einhaltung gewisser Masse, ausgeschlossen ist (zB Wohnungen in reiner Industriezone) oder wo dies nur bei Vorliegen bestimmter Eigenschaften zutrifft (zB mässig störende Betriebe in einer Zone, in welcher nur höchstens leicht störende Betriebe zulässig sind) oder welche zwar nicht verboten aber nicht der «Zonenbestimmung» gemäss, unerwünscht sind[6].

3207 b) Nach einer verbreiteten – m.E. allerdings verfehlten – Terminologie könnte man sagen: Zonenfremde Gebäude bzw. Bewerbungen sind solche, welche zwar den Bauaber nicht den Nutzungsvorschriften oder beiden nicht entsprechen (Rz 1612 ff).

2. Beispiele

a) Für zonenfremde Betriebe in der Wohnzone

3208 Es ist dies an sich der wichtigste Fall von Gebäuden bzw. Bewerbungen, welche im Sinne von Rz 3206 als zonenfremd bezeichnet werden. Dieses Thema gelangt deshalb in Rz 3216 f separat zur Sprache.

b) Zonenfremde Gebäude bzw. Bewerbungen in der Industrie- und Gewerbezone

α) Bauordnung Stadt Zürich

3209 Bauordnung von 1946 Art. 11:
Diese für die Industriezonen J I, J II und J III geltende Vorschrift lautete wie folgt:

«In diesen Zonen ist die Erstellung und Vergrösserung von Bauten, die nicht Zwecken der Industrie oder des Gewerbes dienen, wie Wohngebäude oder Wohn- und Schlafräume in bestehenden Gebäuden, unzulässig. Von diesem Verbot sind ausgenommen Wohnungen für Abwarts- und Betriebsperso-

---

[6] Während im ersten und zweiten Fall die Zuweisung zur Kategorie der Baurechtswidrigkeit eindeutig erscheint, ist die Zugehörigkeit des dritten Falles oszillierend.

nal, dessen ständige Anwesenheit aus Betriebsrücksichten erforderlich ist. Auf Zusehen hin können Bauten zugelassen werden, die lediglich landwirtschaftlicher Nutzung und nicht Wohnzwecken dienen.»

Bauordnung von 1963 Art. 40: 3210
Dieser die Vorschriften für die Industrie- und Gewerbezone einleitende Artikel lautete im ersten bis dritten Absatz wie folgt:

> «Gebäude dürfen unter dem Vorbehalt der Absätze 2 und 3 nur für Zwecke der Industrie und des Gewerbes erstellt, erweitert oder umgebaut werden.
> Solche Gebäude dürfen die für den Betrieb erforderlichen Büroräumlichkeiten, Kantinen und ähnlichen Wohlfahrtseinrichtungen sowie Wohnungen für Personen enthalten, deren dauernde Anwesenheit betriebsbedingt ist.
> Als Provisorien zulässig sind Gemeinschaftsunterkünfte für ausländische Arbeitskräfte.»

Diese Regelung diente weitgehend als Vorbild für PBG § 56 in der Fassung von 1975. Siehe auch Art. 26 der Bauordnung der Stadt Zürich von 1963. Rz 3217 f.

Die Bauordnung von 1963 sollte durch die vom Gemeinderat am 23. Oktober 1991 verabschiedete und in der Referendumsabstimmung vom 19. Mai 1992 angenommene Bauordnung ersetzt werden. Bezüglich der Industrie- und Gewerbezone war politisch die Frage heiss umstritten, ob diese Zone auch für Handels- und Dienstleistungsgewerbe «geöffnet» werden sollte. Mangels einer solchen Öffnung in der neuen Bauordnung, wegen der Wohnzonen mit Zentrums- und Dienstleistungsfunktion und auch aus weiteren Gründen hob die Baurekurskommission I wesentliche Teile davon auf (Rz 3088 mit FN 17). Mit Verfügung vom 9. Mai 1995 entzog sodann die Baudirektion sowohl der Bauordnung von 1963 als auch der neuen Bauordnung von 1991/1992 aufsichtsrechtlich grösstenteils jede rechtliche Verbindlichkeit und setzte gemäss PBG § 344 an deren Stelle eine bis zum Erlass einer modifizierten Bauordnung geltende Notverordnung (vgl. Rz 3090 mit FN 12). Weder diese noch die vom Stadtrat am 28. Februar 1998 dem Gemeinderat unterbreitete und am 24. November 1999 teilweise verabschiedete Revisionsvorlage enthält hiezu deklariert postfinites Recht von der hier interessierenden Art. 3211

β) *Bauordnung Stadt Winterthur 1968 § 60 III*

Diese Vorschrift lautete für die Industrie- und Gewerbezone je wie folgt: 3212

> «Bestehende Gebäude, die mit dem Zonenzweck nicht vereinbar sind, dürfen unterhalten und renoviert, dagegen nicht erweitert und baulich vermehrt ausgenützt werden.»

Für diese heute nicht mehr geltende Vorschrift verweise ich auf den Kommentar von Rudolf Friedrich/Karl Spühler/Ernst Krebs[7].

c) Zonenfremde Gebäude bzw. Bewerbungen in der Freihaltezone

α) *Bauordnung Stadt Zürich*

Bauordnung von 1946 Art. 52: 3213
Diese für die Grünzone (frühere Bezeichnung für Freihaltezone) geltende Regelung lautete wie folgt:

---

[7] Das gilt allgemein zu den hier und nachfolgend aus der Winterthurer Bauordnung zitierten Paragraphen.

> «An bestehenden privaten Gebäuden, die in der Grünzone liegen und keinem öffentlichen Interesse dienen, sind Um-, An- und Aufbauten unter Beachtung des Art. 53 gestattet. Eine Vergrösserung ist nur bis zu einem Ausmass zulässig, das die vorher geltende Bauordnung zugelassen hätte, höchstens jedoch um ein Viertel des Bauvolumens, das beim Inkrafttreten dieser Bauordnung vorhanden war.»

Art. 53 war die allgemeine Ästhetik-Regelung. Selbstverständlich waren in diesem Rahmen bauliche Vorkehrungen auch an öffentlichen Gebäuden und privaten Gebäuden, welche einem öffentlichen Interesse dienen, zulässig. Die Bindung des Änderungsvolumens an das «vorher geltende Recht», also an eigentlich aufgehobenes Recht, war eine früher bisweilen anzutreffende Rechtsfigur (Rz 1427 [Übernahmeregelung], 452b). Die hier statuierte Beschränkung des Ausbauvolumens auf einen Viertel war möglicherweise inspirierend für die spätere Regelung im Gewässerschutzgesetz (Rz 4076).

Eine ähnliche Regelung galt auch als Art. 46 für die Land- und Forstwirtschaftszone, welche allerdings nie Rechtskraft erlangt hatte (Rz 959 mit FN 26).

3214 Bauordnung von 1963 Art. 51:
Diese Vorschrift sah für die Freihaltezone die folgende Regelung vor:

> «Gebäude dürfen oberirdisch nur erstellt, erweitert oder umgebaut werden, soweit sie der Bewirtschaftung oder Bewerbung der Freiflächen dienen und dem Zonenzweck nicht widersprechen.
> Diese Gebäude unterliegen den Vorschriften der Wohnzone E.»

Bemerkenswert an dieser Vorschrift war die – allerdings nicht ganz einleuchtende – Beschränkung ihrer Geltung auf oberirdische Bauten. Ein Privater kam schon damals kaum je auf die Idee, nur unterirdisch zu bauen, abgesehen von Leitungen. Etwas anders mochte es sich für Elektrizitäts- und Gaswerke mit ihrem Transformatoren- und Druckregulierungssystemen verhalten. Bezüglich der Unterscheidung zwischen Bewirtschaftung und Bewerb siehe Rz 219. Mit dem Inkrafttreten des PBG 1975 fiel diese Regelung dahin. Das PBG enthielt jedoch für zonenfremde Gebäude in der Freihaltezone im Besonderen keine (postfinit-sektorale) Regelung[8].

β) Bauordnung Stadt Winterthur von 1968

3215 § 65 IV sah in der Freihaltezone für zonenfremde Gebäude (nicht Betriebe!) die gleiche Regelung vor wie § 60 III in der Industrie- und Gewerbezone für zonenfremde Gebäude (Rz 3212). Mit dem Inkrafttreten des PBG 1975 fiel die kommunale Freizonenregelung dahin.

B. Zu den Betrieben im Besonderen

1. Bauordnung Stadt Zürich

3216 a) Die Bauordnung von 1946 äusserte sich in Art. 56 wie folgt hiezu:

> «Die Bausektion II ist berechtigt, Neubauten sowie die Einrichtung oder die Benützung von bestehenden Bauten für industrielle oder gewerbliche Zwecke zu verhindern, wenn deren Zweckbestimmung der Art der Zone widerspricht und eine Belästigung der Nachbarschaft durch Staub, Rauch, Geräusch, Erschütterungen, Ausdünstungen usw. erwarten lässt.»

---

[8] PBG § 40 II, welcher verlangt, dass Änderungen in der Bewirtschaftung oder sonstigen Gestaltung der Grundstücke mit dem Zonenzweck vereinbar sein müssen, bezieht sich wohl allein auf den Boden samt Bepflanzung.

Beim Widerspruch zur «Zweckbestimmung» war wohl an den Widerspruch des bestehenden, also zonenfremden Betriebs zu denken. An sich handelte es sich hier um eine Vorschrift, welche für alle Zonen galt (Rz 515 ff, 536 ff). Von besonderer Bedeutung war sie jedoch für die Wohnzonen. Bemerkenswert ist die Formulierung als Kann-Vorschrift («ist berechtigt»). Der Passus «Einrichtung» bezog sich wohl auf die erstmalige Aufnahme eines Bewerbes in einem Gebäude zu einem bestimmten gewerblichen Zweck. Nicht erwähnt waren Reparaturen, Renovationen, Um-, Auf- und Anbauten und bewerbsmässige Änderungen; sie waren aber wohl in kleinerem Umfang trotzdem gestattet.

b) Die Bauordnung von 1963 äusserte sich in dem an die Stelle von Art. 56 von 1946 (Rz 3216) tretenden Art. 26 – hier nur noch mit Geltung für die Wohnzonen – wie folgt: **3217**

> «Durch die Einrichtung neuer oder die Erweiterung industrieller und gewerblicher Betriebe darf die Nachbarschaft in den Zonen D und E nicht und in den Zonen A, B und C nicht erheblich belästigt werden.»

Neu gegenüber der Bauordnung von 1946 war hier einerseits die Formulierung als Muss- (bzw. Darf-nicht-)Vorschrift, anderseits der bewusste Blick über die Zonengrenze hinaus mit, allerdings nicht ausgedrückter, Unterscheidung zwischen Quell- und Belästigungsort. Es nützte hier einem Betrieb nichts mehr, wenn ihm der Nachweis gelang, dass er die Immissionsregelung der Zone seines Standortes einhalte, wenn der von ihm ausgehende Schall, Rauch usw. den zulässigen Pegel in der Zone nebenan überschritt.

Sodann lautete der für die (altrechtliche) Kernzone geltende Art. 38 wie folgt:

> «Durch die Einrichtung neuer industrieller und gewerblicher Betriebe darf die Nachbarschaft nur mässig gestört werden.»

Auch hier war wohl nicht nur an die Einrichtung solcher Betriebe in Neubauten, sondern auch an diejenige in bereits bestehenden Gebäuden zu denken. Es durfte hienach vermutlich auch ausserhalb der Kernzone in den Wohnzonen keine mehr als mässige Störung eintreten; wenn der Immissionspegel dort niedriger festgesetzt war sogar nur in diesem Umfang.

c) Diese Vorschriften galten gleicherweise für zonenfremde und zonengemässe Betriebe bzw. Gebäude. Doch war hiemit, im Unterschied zur Winterthurer Regelung (Rz 3222 f), für Betriebe bzw. Gebäude, abgesehen von immissionsrechtlichen Erfordernissen, von vornherein keine andere materielle Ordnung statuiert, weder eine direkt noch eine über eine Dispenskompetenz zum Zuge kommende; hinsichtlich der immissionsrechtlichen Erfordernisse blieb es aber wohl bei der Aussage, dass bereits existierende Betriebe selbst bei Zonenfremdheit grundsätzlich unverändert fortbestehen dürfen; für die «Einrichtung» und «Erweiterung» galt jedoch die gleiche Regelung wie für primäre Neubewerbungen bzw. Neubauten. **3218**

d) Heute wird diese Problematik einerseits durch PBG § 357, hier von 1975 bis zum 31. Januar 1992 durch den zweiten Absatz (Rz 1563 ff), seither durch den ersten Absatz (Rz 1606 ff), anderseits durch das Umweltschutzgesetz geregelt (Rz 4081 f)[9]. **3219**

---

[9] Vgl. auch den Vermerk in der von der Baupolizei an das Publikum abgegebenen Textausgabe bei Art. 26.

2. Bauordnung Stadt Winterthur

3220 a) § 35 der Bauordnung von 1966 lautete wie folgt[10]:

«Industrie-, Gewerbe- und Landwirtschaftsbetrieben im Sinne von § 34 Abs. 3[11], die sich beim Inkrafttreten der Bauordnung in einer Wohnzone befinden, werden Fortbestand und im Rahmen von Abs. 2 Erneuerung und angemessene Erweiterung zugesichert, wenn ihre Auswirkungen auf die Nachbarschaft erträglich sind oder doch durch Massnahmen im Sinne von § 96 BauG erträglich gemacht werden.
Auf Erneuerungs- und Erweiterungsbauten bestehender Industrie- sowie zonengemässer und zonenfremder Gewerbe- und Landwirtschaftsbetriebe sind alle Vorschriften über die Baupolizei sowie über die ästhetischen Anforderungen an die architektonische Gestaltung anwendbar. Von den Vorschriften über Gebäudehöhe, Geschosszahl und Ausnützung können Ausnahmen zugestanden werden, wenn ihre Anwendung für den Bauherrn in Anbetracht der besonderen Umstände eine Härte bedeuten würde und die Erweiterungsbauten einem betrieblichen Bedürfnis entsprechen. Die Bewilligung setzt voraus, dass sie für die Nachbarn keine unzumutbare Beeinträchtigung zur Folge hat, den öffentlichen Interessen nicht zuwiderläuft und sich mit dem Zweck der Zonenordnung vereinbaren lässt.»

3221 Für diese heute nicht mehr geltende Vorschrift (vgl. RB 1982 Nr. 128) verweise ich ganz besonders auf die ausführliche Kommentierung durch Rudolf Friedrich/Karl Spühler/Ernst Krebs.

3222 Bemerkenswert ist der folgende Hinweis der Kommentatoren (N. 2) auf den primär nicht statischen, sondern dynamischen Charakters der Betriebe (Rz 220 f); ob der Betrieb beim Inkrafttreten der Bauordnung bereits bestanden habe,

«… beurteilt sich nicht nach dem baulichen Bestand, sondern nach den betrieblichen Gegebenheiten (gleicher Inhaber oder Rechtsnachfolger, gleiche Branche usw.). Der Betrieb als solcher – und nicht nur seine Bauten – muss bereits beim Inkrafttreten der BO bestanden haben; allerdings ist ein absolut statischer Zustand nicht erforderlich, vielmehr ist bei der Beurteilung … den wirtschaftlichen Erfordernissen nach Änderung der Produktionsmethoden, der Betriebsführung, der Organisation und der rechtlichen Form sowie nach Anpassung der Produkte angemessen Rechnung zu tragen. Ein Unternehmen darf sich in bestehenden Gebäuden nur bei Einhaltung (bestimmter immissionsrechtlicher) Voraussetzungen neu ansiedeln.»[12]

3223 Ob die Erweiterung «angemessen» war, beurteilte sich nach folgenden Gesichtspunkten (N. 3.3; siehe auch: Rz 1543 ff mit FN 62):

– Es muss «eine gewisse Subordination zwischen dem alten Bestand und Umfang der Erweiterung» bestehen.
– Die Beurteilung «darf nicht in erster Linie unter dem Gesichtswinkel des Bauherrn … betrachtet werden».
– Es ist «die Gesamtheit der Inkonvenienzen für die Nachbarschaft zu berücksichtigen».

---

[10] Siehe hiezu Rz 1047.
[11] Dieser Absatz verbot an sich Industriebetriebe sowie andere, dem Ortsbild abträgliche oder immissionsmässig nachteilige Betriebe.
[12] Die Kommentatoren Rudolf Friedrich/Karl Spühler/Ernst Krebs betonen in N. 3.1, dass sich die Gewährleistung des Fortbestandes nicht auf die Gebäude, «sondern auf den Betrieb als solchen (bezieht). Das Recht auf Fortbestand ist selbstverständlich, denn es sind nicht die Bauten, die … unzulässig sind, sondern es ist deren Bewerbung.» Zur gegenseitigen Beeinflussung von Gebäude und Bewerbung siehe jedoch Rz 326 ff.

- Vorteilhaft ist, «wenn bisher im Freien ausgeführte Arbeitsvorgänge in Gebäude verlegt werden».
- Der Vergleich ist «im Verhältnis zum Bestand bei Inkrafttreten der BO ... und nicht im Verhältnis zum Bestand vor einer ... Betriebsvergrösserung» vorzunehmen.

Es handelt sich in § 35 um einen besonders sorgfältigen Versuch, zum heiklen Problem der Erweiterung bereits bestehender Betriebe im Stadtgefüge Stellung zu beziehen; für die Stadt Winterthur war dies aus nahelegenden Gründen notwendig. Die gedankliche Arbeit, welche damals hiezu geleistet worden ist, fand offensichtlich bei der Beratung des PBG von 1975 im Kantonsrat ihren Niederschlag, wohl nicht zuletzt deshalb, weil ein Mitautor des Kommentars von 1970, Rudolf Friedrich, Mitglied der vorberatenden kantonsrätlichen Kommission war. Das bleibt lobenswert, auch wenn die Überführung der Winterthurer Lösung in PBG § 357 von 1975 nicht ganz geglückt ist (Rz 1543 ff, 1740 f). 3224

3. Regelungen weiterer Gemeinden

Viele weitere Gemeinden hatten in ihre Bauordnungen vor dem Inkrafttreten des PBG 1975 Vorschriften aufgenommen, welche die Einrichtung, Erweiterung und Erneuerung industrieller und gewerblicher Betriebe in Bauzonen zuliessen, wenn, je nach Zonencharakter, höchstens eine leichte, allenfalls höchstens eine mässige Störung der Nachbarschaft zu erwarten war (ähnlich wie Art. 26 der Bauordnung der Stadt Zürich von 1963; Rz 3217; vgl. ferner RB 1974 Nr. 84). Derartige Vorschriften waren oft das Ergebnis heftiger gemeindepolitischer Auseinandersetzungen, wobei man sich oft nicht ganz im Klaren war, wozu die Regelung eigentlich gut war oder nicht[13]. Mit dem Inkrafttreten des PBG und dem Umweltschutzgesetz verloren diese Regelungen ihre Geltung, sofern ihnen nicht ein ortsbaulicher Charakter zuerkannt werden konnte (Rz 523 ff). 3225

C. Zum Dachstockausbau

1. Vorbemerkungen

In früheren Jahrzehnten wurden nicht nur fast alle Gebäude mit geneigten Dächern (Sattel-, Walm-, Mansardendächern usw.) erstellt, sondern es wurde auch der von der Dachhaut umschlossene Raum häufig nur als Estrich, «Winde», zum Abstellen von zur Zeit nicht gebrauchtem Hausrat verwendet. In der Neuzeit scheint der Bedarf an solchen – praktischen – Räumlichkeiten kleiner geworden zu sein. Deshalb wurde immer mehr versucht, diese Gebäudeteile zu eigentlichen Wohn-, Schlaf- oder Arbeitszwecken zu verwenden. Doch scheiterte dieses Anliegen oft daran, dass damit entweder ein überzähliges oder über die maximal zulässige Gebäudehöhe hinausreichendes Geschoss geschaffen worden wäre. Entsprechend dem Ruf nach der Ermöglichung «verdichtetem Bauens» 3237

---

[13] Gestützt auf eine solche Regelung hiess das ZH-Verwaltungsgericht gemäss RB 1969 Nr. 55 (mit BGE vom 8. Oktober 1969 bestätigt) die Verweigerung der Benützung einer Einstellgarage in einem Mehrfamilienhaus durch einen Lastwagenbetrieb gut; diese war für 24 Personenwagen unter der Auflage bewilligt worden, dass hier keine Betriebe eingerichtet werden, deren Zweckbestimmung Immissionen erwarten liessen. Dass die Garage von Anfang an für das Einstellen von Lastwagen gebaut worden war, wurde als bedeutungslos erachtet.

kam es deshalb seit den Siebzigerjahren immer häufiger zu Regelungen nachfolgender Art. Siehe auch die Bemerkungen zu PBG § 275 in Rz 2351 ff.

2. Beispiele

3233 a) In der Stadt Zürich wurde die Bauordnung von 1963 mit Gemeinderatsbeschluss vom 4. Februar 1976 durch folgende Vorschrift ergänzt:

> «2. Sonderfälle
> Art. 7a
> Bei Gebäuden mit Steildächern, die vor dem 1. Januar 1975 errichtet und bezugsfähig erklärt worden sind, darf das Dachgeschoss in allen Wohnzonen voll ausgebaut werden, selbst wenn die zonengemässe Vollgeschosszahl überschritten ist.
> Die nach Absatz 1 ausgebauten Dachgeschossflächen dürfen nur zu Wohnzwecken oder als Künstlerwerkstätten benützt werden.
> § 69 und § 148 des Baugesetzes bleiben vorbehalten.»[14]

3234 Es handelt sich hier um ein Beispiel, wonach die geltende materielle Regelung für spätere Änderungen verschieden ist, je nachdem, ob ein Gebäude als solches vor oder nach einem bestimmten Zeitpunkt entstanden ist (hier mit dem Datum der Bezugsfähigerklärung als Stichtag). Das Datum des 1. Januar 1975 wurde gewählt, um zu verhindern, dass vom Bekanntwerden der Revisionsabsicht an besonders klevere Bauaktive noch schnell ein Gebäude mit einem unausgebauten Dachstock erstellen, welches bei Gleichzeitigkeit des Stichtages und des Inkrafttretens der neuen Regelung in den Genuss derselben gekommen wäre (vgl. die analoge Situation in Rz 3246).

Klar und deutlich gelangt im ersten Absatz zum Ausdruck, dass für einen Sonderfall etwas ermöglicht wird, was nach den Neubauvorschriften unzulässig wäre. Es ist dies eine typische Lockerungsregelung gemäss Rz 810 ff.

Mit der Zulassung auch von «Künstlerwerkstätten» im zweiten Absatz wurde eine Regelung zur Förderung eines typisch persönlich-kulturellen Bedürfnisses geschaffen. Ob das Baurecht dazu geeignet ist, scheint fraglich, auch wenn man kulturellen Bemühungen Sympathie entgegenbringt[15].

Art. 7a hatte in der vollständig ins Rutschen geratenen Bauordnung von 1992 keinen Nachfolger gefunden. Mit der Aufhebung der Bauordnung von 1963 durch die Notbauverordnung der kantonalen Baudirektion vom 9. Mai 1995 (Rz 3211) fiel auch dieser Art. 7a dahin. Letztere enthielt hiefür ebenfalls keinen Ersatz. Die Revisionsvorlage von 1998 bzw. 1999 sieht auch nichts in dieser Richtung vor.

3235 b) Um die im städtischen Bauordnungsrecht durch die Notbauverordnung der Baudirektion geschlagene Bresche rasch wenigstens bezüglich der Dachgeschossproblematik zu beheben, schlug der Stadtrat dem Gemeinderat mit Weisung vom 8. Mai 1996 im Hinblick auf die künftige Bauordnung folgende neue Vorschrift vor:

---

[14] Es handelte sich hier um die allgemeine Geschosszahlregelung, in welcher die maximal zulässige Gebäudehöhe mit dem Baulinienabstand der Strasse, an welcher das Gebäude stand, verkoppelt war.
[15] Das ZH-Verwaltungsgericht nahm in dem mit BGE vom 6. Oktober 1988 (ZBl 1989 S. 535) bestätigten Entscheid RB 1988 Nr. 80 zur Frage Stellung, ob ein Architekturatelier als Künstlerwerkstätte qualifiziert werden könne; die Antwort lautete: nein!

> «Art. 82
> Übergangsbestimmung Dachgeschoss
> Bis zur Ablösung durch die vollständige oder teilweise Inkraftsetzung dieser Bau- und Zonenordnung gilt folgende Übergangsregelung:
> Soweit diese Bau- und Zonenordnung ein Dachgeschoss zulässt, darf dieses Recht sofort in Anspruch genommen werden.
> Anrechenbare Räume in Dachgeschossen, die aufgrund dieser Übergangsbestimmung ausgebaut oder erstellt werden, müssen vollumfänglich dem Wohnen dienen. Ausgenommen sind Grundstücke, für die kein Wohnanteil festgelegt ist.»

Hier handelt es sich um eine echte, intertemporalrechtlich motivierte Übergangsregelung. Der Gemeinderat stimmte am 3. September 1997 diesem Antrag grundsätzlich zu, strich dabei lediglich im dritten Absatz das Wort «vollumfänglich».

c) Die Gemeinde Kilchberg beschloss am 31. Januar 1985, in ihre Bauordnung den folgenden Text aufzunehmen: **3236**

> «In den Zonen W3A und B, W2, W2E, W1, W1E, WG3 und WG2 darf das Dachgeschoss von Gebäuden, die vor dem 1. April 1976 bezogen wurden und nicht mehr als drei Wohnungen enthalten, voll ausgebaut werden, auch wenn die gemäss Zonenplan vorgesehene Vollgeschosszahl überschritten und die bestehende Ausnützungsziffer um maximal 15% erhöht wird.»

Der Regierungsrat verweigerte jedoch mit Beschluss Nr. 3853/1985 dieser Vorschrift die nötige Genehmigung, nicht weil bezüglich der Berechnungsweise für die Erhöhung um 15% Auslegungsschwierigkeiten bestanden hätten, sondern weil «für Altbauten ... keine höhere Ausnützung zugelassen werden (könne) als für Neubauten». Diese Begründung überzeugt m.E. nicht (Rz 810 ff). In der Bauordnung vom 4. April 1995 wurde kein Versuch mehr unternommen, eine solche Sonderregelung zu treffen.

D. Zur Befreiung von den Beschränkungen der Einrichtung von Wohn- und Arbeitsräumen sowie Freihalteziffern

In der Bauordnung der Stadt Winterthur von 1986 Art. 33 IV für die Wohnzonen (örtlich mit Gewerbeerleichterung) steht: **3237**

> «Vor dem Inkrafttreten der Revisionsvorlage (23. Januar 1997) erstellte Bauvolumen können ohne Ausnützungsbeschränkungen zu Wohn- und Arbeitsräumen ausgebaut werden.»

Es handelt sich hier um eine Lockerungsregelung (Rz 810 ff). Dasselbe gilt gemäss Art. 44 II für die Arbeitsplatzzonen:

> «Bei Umbauten kann von der Freiflächenziffer abgewichen werden, wenn zwingende betriebliche Gründe dies erfordern.»

Vgl. auch die in Rz 3236 erwähnte Ausnützungszifferregelung der Gemeinde Kilchberg für das Dachgeschoss.

E. Zur Einhaltung der Wohnanteilsregelung

1. Vorbemerkungen

Seit der ab den Sechzigerjahren herrschenden Hochkonjunktur wurden in der Stadt Zürich nach verbreiteter Auffassung in einer dem öffentlichen Interesse zuwiderlaufenden **3238**

Art immer mehr Wohnhäuser abgebrochen und durch Bürogebäude ersetzt oder es wurde in zu Wohnzwecken erstellten Gebäuden der Wohn- durch einen Bürobewerb ausgewechselt. Dieser Entwicklung steuerte zwar kantonalrechtlich bereits die Festsetzung des 1998 aufgehobenen Gesetzes über die Erhaltung von Wohnungen für Familien vom 30. Juni 1974 entgegen (Rz 3118 ff). Die Stadt Zürich wurde jedoch für ihr Gebiet auch noch mit Gemeinderatsbeschluss vom 4. Februar 1976 aktiv und setzte in Art. 39a–h Vorschriften über den Wohnflächenanteil fest. Letztere stellten insoweit nicht eine blosse Doppelspurigkeit zum Wohnerhaltungsgesetz dar, als es bei ihnen im Wesentlichen darum ging, dafür zu sorgen, dass bei Neu-, Um-, Auf- und Anbauten, auch wo bisher keine Wohnfläche vorhanden war, solche geschaffen wurde; ob dies mit «Familienwohnungen» oder durch Kleinwohnungen, luxuriöse oder zinsgünstige geschah, spielte dabei keine Rolle. Welches demgegenüber die Zielsetzung des Wohnerhaltungsgesetzes war, wird in Rz 3118 ff näher dargelegt.

2. Im Einzelnen

3239 a) Von den neuen Vorschriften über den Wohnflächenanteil war Art. 39f deklariert (sektorales) postfinites Baurecht. Er lautete wie folgt:

> «6. Bestehende Gebäude
> Art. 39f
> Entspricht ein bestehendes Gebäude dem Art. 39a[16] nicht, so darf der bisherige Wohnflächenanteil flächenmässig nicht vermindert werden.
> Hat der Umbau eines Gebäudes eine Zunahme der Geschossfläche zur Folge, so muss ein dem Zuwachs entsprechender Geschossflächenanteil solange Wohnzwecken zugeführt werden, als das Gebäude dem Art. 39a nicht entspricht.
> Art. 39e, Absätze 3 bis 5[17], bleiben vorbehalten.»

Es handelte sich hier um eine Regelung für Änderungen von infolge einer legislativen Revision baurechtswidrig gewordenen Gebäuden, bei Änderungsabsicht des Gebäudeeigentümers bzw. Bewerbsträgers. Eine Verminderung der Wohnfläche (Bewerbauswechslung) war hienach unzulässig, sowohl wenn schon das bestehende Gebäude zu wenige Wohnfläche aufwies, als auch wenn dieses das Minimum einhielt, die Wohnfläche infolge der Änderung aber darunterfiele.

3240 Der Regierungsrat hielt in seinem Genehmigungsbeschluss Nr. 2421/1978 für die Bauordnungsrevision vom 4. Februar 1976 fest, dass bei der Auslegung des Begriffs der «Wohnzwecke» PBG § 52 I zu berücksichtigen sei, wonach der Wohnnutzung auch Räume zugerechnet werden, die mit einer Wohnung in Zusammenhang stehen, einer freiberuflichen Tätigkeit des Inhabers dienen und nach ihrer Fläche in einem angemessenen Verhältnis zur eigentlichen Wohnfläche stehen[18].

---

[16] Dieser Artikel verwies auf den vom Bauordnungszonenplan getrennt festgesetzten Wohnanteilsplan (WAP), welcher parzellenscharf angibt, wo ein wie grosser Prozentsatz der gesamten Geschossfläche zu Wohnzwecken beworben werden müsse.

[17] Dieser Artikel regelt, wie weit in einem Gebäude überprozentual vorhandene Wohnfläche zur Erzielung einer prozentual genügenden Wohnfläche auf ein anderes Gebäude mit unterprozentual vorhandener Wohnfläche verlegt werden dürfe. Das ist eine Regelung, welche baurechtlich weitgehend ein Novum zur Frage darstellt: Was kann als eine Gebietseinheit behandelt werden?

[18] Die Einschränkung auf die freiberufliche Tätigkeit gilt seit der PBG-Revision von 1984 nicht mehr.

Seit Inkrafttreten des PBG am 1. April 1976 ging der Anwendung von Art. 39f die globale Änderungsregelung von PBG § 357 vor; auch hierauf wurde im regierungsrätlichen Genehmigungsbeschluss Nr. 2421/1978 hingewiesen. Das bedeutet, dass Art. 39f überhaupt nie voll Geltung erlangte[19]. Weder die Bauordnung von 1992 noch die Notverordnung von 1995 noch die Revisionsvorlage von 1998/1999 enthielten bzw. enthalten eine analoge Regelung.

b)　Am 5. November 1986 reichten im Gemeindeparlament der Stadt Zürich Elisabeth Schröder und sechs Mitunterzeichner die folgende Motion ein, welche dann allerdings am 26. August 1987 nur als Postulat überwiesen wurde: **3241**

> «Der Stadtrat wird beauftragt, in die Vorschriften über den Wohnflächenanteil in der Bauordnung folgende Präzisierung aufzunehmen:
> Bei nicht für Wohnzwecke genutzten Geschossflächen in Wohnhäusern erlischt die Bestandesgarantie, wenn ein Betrieb aufgegeben wird. Es kann für einen Betrieb mit anderer Nutzungsart keine Bestandesgarantie in Anspruch genommen werden.»

Nach dieser Formulierung gälte die gleiche Regelung in Zonen mit Zulässigkeit nur von höchstens leicht störenden Immissionen und solchen mit Zulässigkeit nur von höchstens mässig störenden Immissionen. In beiden Fällen wäre nach Beendigung eines Nicht-Wohnbewerbes kaum ein Leerstehenlassen, sondern nur noch eine Auswechslung mit einem Wohnbewerb gestattet.

Das Postulat hat weder in der Bauordnung von 1992 noch in der Notverordnung von 1995 noch in der Revisionsvorlage von 1998/1999 einen textlichen Niederschlag gefunden. Siehe auch Rz 4432.

c)　Art. 39f gehörte zwar auch zur Bauordnung, welche durch die Notbauordnung der Baudirektion von 1995 grundsätzlich aufgehoben worden ist. Indessen hat die Notverordnung selbst in Art. 14 den Wohnanteil gemäss dem Zonenplan von 1992 in ihre eigene Ordnung übernommen. Insoweit gilt Art. 39f weiter. **3242**

F.　Zur Einhaltung der Nutzungsziffern bei Parzellierungen

Wenn von einer überbauten Parzelle ein Teilstück abparzelliert wird, so kann der Fall eintreten, dass das darauf stehende Gebäude, welches bisher die Überbauungs-/Ausnützungs-/Baukubenziffer eingehalten hat, auf einmal gegen diese verstösst, ohne dass im Gebäude selbst die geringste bauliche oder bewerbsmässige Änderung stattgefunden hat (Rz 1915 ff, 2554 ff). Um dem vorzubeugen, sahen früher einzelne Bauordnungen eine besondere Regelung vor, so zB die (aufgehobene) Bauordnung der Stadt Winterthur von 1966 in § 24. Er lautete wie folgt: **3243**

---

[19] Kaspar Schläpfer, S. 188 f, vertritt allerdings, m.E. zu Recht, die Auffassung, dass die Vergrösserung der Geschossfläche ohne entsprechende Schaffung neuer Wohnflächen im Sinne von PBG § 357 I überwiegenden öffentlichen Interessen entgegenstehe, daher nach PBG § 357 I ebenfalls unzulässig sei und dass daher kein Widerspruch zwischen Art. 39f und PBG § 357 bestanden habe.

«Der Stadtrat ist berechtigt, zur Sicherung der maximalen Ausnützung die Auflage zu machen, dass vor Baubeginn im Grundbuch eine öffentlich-rechtliche Eigentumsbeschränkung angemerkt wird.
Eine öffentlich-rechtliche Eigentumsbeschränkung muss zu Lasten des von einem bebauten Grundstück abzutrennenden Teils im Grundbuch angemerkt werden, wenn sich auf dem Restland die Ausnützung durch die Abtrennung über das zonengemässe Mass erhöht.
Eine Fläche, die bereits einmal für die Einhaltung der Ausnützungsziffer erforderlich war, darf nicht noch einmal in Anspruch genommen werden.»

3244   Derartige Vorschriften waren schwer durchzusetzen, solange Abparzellierungen vielenorts mehr oder weniger in eigener Regie von Nachführungsgeometer und Grundbuchverwalter stattfinden konnten. Heute verhält es sich anders, da gemäss PBG § 309 lit. e «die Unterteilung von Grundstücken nach Erteilung einer baurechtlichen Bewilligung oder nach erfolgter Überbauung, ausgenommen bei Zwangsabtretung,» einer Bewilligung der Baubehörde bedarf (Rz 2554 ff); die Anmerkbarkeit ergibt sich jetzt aus PBG § 321 II. Die Kommentatoren Rudolf Friedrich/Karl Spühler/Ernst Krebs weisen zu § 24 in N. 4 darauf hin, dass diese Regelung auch bei Gebäuden galt, welche schon vor Inkrafttreten der Bauordnung gebaut bzw. bewilligt worden sind (zum Thema Rückwirkung siehe Rz 1041 ff). Sie sagen ferner, «der Ausnützungsrevers (sei) zulasten des unüberbauten Grundstückes anzumerken». M.E. sollte Gleiches immer aber auch auf dem Grundstückblatt für die Parzelle mit dem bereits vorhandenen Gebäude geschehen; denn dieses wird nur dann infolge der Abparzellierung nicht baurechtsrechtwidrig, wenn feststeht, dass inskünftig rechnerisch eine Fläche ausserhalb der Standortparzelle beigezogen werden darf und kann (Rz 948)[20].

G. Zur Abstandsregelung

3245   1.   Bisweilen trifft man im Bauordnungsrecht auf Regelungen, welchen folgende Überlegung zugrunde liegt: Wenn der Grenzabstand von der Länge eines Gebäudes abhängt und für das Gebäude ein Grenzbau selbst dann gestattet ist, wenn nicht gleichzeitig jenseits der Grenze ein Gebäude anschliessend an das erstgenannten Gebäude erstellt wird (Rz 2370 ff), dann stellt sich die Frage, was grenzabstandsmässig zu geschehen habe, wenn dort so gebaut wird; das kann zu heiklen Auseinandersetzungen führen. Die drei grundsätzlich möglichen Varianten sind in Rz 4150 f dargelegt. Für einen solchen Fall erklärte in die Bauordnung der Stadt Zürich von 1963:

«Art. 12
Grenzbauten
An die Grenze gestellte Gebäude haben zu den quer zu ihr verlaufenden Grenzen den Höchstabstand nach Art. 10 Absatz 1 einzuhalten, sofern nicht aus öffentlich-rechtlichen Gründen ausgeschlossen ist, dass durch ein späteres Zusammenbauen die diesem Höchstabstand entsprechende Gebäudelänge erreicht werden kann.
Vorbehalten bleiben die Erhöhungen nach Art. 10 Absatz 3 bzw. Herabsetzungen nach Art. 11.»

---

[20] Zu den Nutzungsziffern allgemein vgl. Rudolf Kappeler, Die Ausnützungsziffer, Versuch einer Bilanz, in: ZBl 1989 S. 49 f.

Art. 10 I legte den Mehrlängenzuschlag fest.

Diese Regelung war insoweit aussergewöhnlich, als sie vom Eigentümer einer Parzelle verlangte, diese im Hinblick auf künftige Bauvorhaben des Eigentümers der Nachbarparzelle weniger stark zu überbauen, als es eigentlich zulässig wäre.

2. Zur Abstandsmessung bei Grenzverlegungen enthielt die Bauordnung von 1963 in Art. 15 III die folgende postfinit baurechtlich relevante Regelung.

3246

> «Art. 15 III
> Bei Grenzänderungen zugunsten des Baugrundstückes, die nach dem 15. Dezember 1961 vorgenommen wurden, ist ... auf die Grenzverhältnisse vor diesem Datum abzustellen; der Gebäudeabstand braucht jedoch nicht grösser als nach Absatz 1 (nämlich Summe der entsprechenden Grenzabstände) zu sein.»

Ein Pendant hiezu findet sich in PBG § 274 II zweiter Teil (Rz 2325 ff).

H. Zum Gebäudeabbruch

Gelegentlich wird in der Bauordnung für denkmalschützerisch bedeutsame Ortsteile der Abbruch näher geregelt, damit nicht dem geschlossenen Ortsbild abträgliche Lücken entstehen. Vgl. die Bauordnung der Stadt Winterthur von 1984 in Art. 32c für die Zentrumszone:

3247

> «Der Abbruch von Gebäuden oder Gebäudeteilen ist bewilligungspflichtig. Er ist zu bewilligen, wenn die Gebäude bzw. Gebäudeteile nicht unter Denkmalschutz gestellt werden und wenn durch den Abbruch die zukünftige Überbauung nicht negativ präjudiziert wird.»

Heute gilt in allen Zonen gemäss PBG § 322 I der Gebäudeabbruch als Baubeginn für das als Nachfolger vorgesehene Neubauvorhaben, dies zumindest vom Zeitpunkt an, da das Baugesuch für das Neubauvorhaben eingereicht ist (Rz 2583 ff, 2597). Ist nach dem Abbruch kein Neubau vorgesehen, so besteht für den Abbruch eine Anzeigepflicht gemäss PBG § 327 I lit. a. In Kernzonen ist der Abbruch von Gesetzes wegen bewilligungsbedürftig.

I. Zur Erleichterung von Änderungen bei Denkmalschutzobjekten

Die Bauordnung der Stadt Winterthur von 1984 enthält in Art. 32b II und III für die Zentrumszone bei der Regelung der Gestaltungsplanpflicht folgende Regelung:

3248

> «Die Umnutzung von Schutzobjekten unter Berücksichtigung der denkmalpflegerischen Anliegen ist von der vorgängigen Gestaltungsplanpflicht ausgenommen. Solcherart umgenutzte Bauten sind in spätere Gestaltungspläne zu integrieren.
> Zwischennutzungen bestehender Bauten sind zulässig.»

J. Zu den Kernzonen- und Quartiererhaltungszonenvorschriften

In Rz 3022, 3052 ff bzw. 3068, 3088 ist dargelegt, welche Art von Regelungen von Gemeinden gestützt auf PBG § 50 bzw. 50a in diesen Zonen als deklariert postfinites Baurecht schon statuiert worden sind.

3249

Zu kommunalen, deklariert postfiniten Vorschriften ausserhalb der Bauordnungen

3250 1.   Auch ausserhalb der Bauordnungen kommt im kommunalen Baurecht bisweilen postfinites Baurecht vor. Zu erwähnen sind hier insbesondere die kommunalen Verordnungen, welche das Verhältnis kommunaler Werke, zB die Wasserversorgungsanlagen, Elektrizitäts-, Gaswerke, Abwasserreinigungsanlagen (ARA, früher «Kläranlage») zu den bedienten Gebäuden und ihren Bewerbern regeln. Ein Schlüsselwort ist hier der Begriff «Anschluss». Es ist dies ein schillernder Ausdruck, denn er umfasst einerseits die baulichen Vorkehrungen, welche nötig sind, dass es zu einer Verbindung zwischen den Leitungen ausserhalb und innerhalb des Gebäudes kommt (zB Aufgraben des Bodens, Herausspitzen von Gebäudeteilen für den Durchlass eines Rohres oder für das Einfügen eines solchen in das zuführende Wasser- oder ein wegführende Abwasserrohr, Einlegen der Rohre, Leitungen, Installation von Vorrichtungen zum Messen des Verbrauches, der Inanspruchnahme usw.); das ist gebäudeseitig ein Sonderfall von Aufmontierung (Rz 178); andererseits bezieht er sich auch auf das nachfolgende, über lange Zeit andauernde Angeschlossensein, mit Bezug von Wasser, Strom, Gas bzw. mit der Ableitung von Abwasser.

3251 2.   Hier bilden nun die Gebäude, welche bereits bestehen, wenn erstmals eine solche Anschlussmöglichkeit besteht, eine oft zu Diskussionen Anlass gebende Kategorie. Müssen die Eigentümer dieser Gebäude diese unverzüglich oder innert einer bestimmten Frist «anschliessen» bzw. «anschliessen lassen»? Müssen sie anschliessen, auch wenn sie selbst keine Änderung bezüglich ihres Gebäudes bzw. der Bewerbung desselben vornehmen wollen oder nur, wenn sie solche Änderungen selbst beabsichtigen? Wenn Letzteres zutrifft, welche Änderungen lösen die Anschlusspflicht aus? Wie steht es mit der von ihnen zu erbringenden finanziellen Leistungen (Einmalleistung als sogenannte «Anschlussgebühr», jährlich wiederkehrende Leistung, bei der Wasserverorgung oft als «Wasserzins», bei den Abwassereinigungsanlagen als «Benützungsgebühr» bezeichnet, Abhängigkeit von Gebäudekubatur, Gebäudewert, gemessenem Verbrauch usw.). Gilt für sie der gleiche finanzielle Ansatz wie für Neubauten? Auf welche Grösse wird bei dem die Leistungspflicht auslösenden Sachverhalt abgestellt? Es geht hier um ein sehr weites Feld von Fragen, welche in diesem Aufsatz nicht auch nur annäherungsweise erörtert werden können[1].

---

[1] Siehe immerhin zu den finanziellen Leistungen bezüglich Abwassereinigungsanlagen: Rudolf Kappeler, Die Festsetzung der Abwassergebühr, in: ZBl 1968 S. 463 ff, 487 ff.

Drittes Kapitel
Das deklariert postfinite Baurecht des Bundes

Erster Abschnitt
Die deklariert postfiniten Vorschriften des Raumplanungsgesetzes

Zu den Materialien des RPG

I. Zur Ausgangslage

Als der Bundesgesetzgeber in Erfüllung des ihm durch die Annahme von Art. 22^{quater} der Bundesverfassung in der Volksstimmung vom 14. September 1969 erteilten Auftrages zur Aufstellung von «Grundsätzen für eine durch die Kantone zu schaffende, der zweckmässigen Nutzung des Bodens und der geordneten Besiedlung des Landes dienende Raumplanung» schritt, musste er sich auch der Frage widmen, wie die bereits bestehenden Gebäude und mit diesen verbundene Bewerbungen inskünftig zu behandeln seien, ob die Eigentümer die Gebäude fortbestehenlassen und ändern bzw. die Bewerbungen weiterausüben und ändern dürfen, wenn sie nicht der im RPG vorgesehenen Aufteilung des Landes in Bau- und Nichtbauzonen und den sonstigen Zonenvorschriften entsprechen. Der Bundesgesetzgeber nahm sich denn auch diesem Problem an, wenn auch nicht besonders gründlich.

3252

II. Zu dem vom Volk am 4. Oktober 1974 verworfenen RPG

1. a) In einem departementsinternen Entwurf I vom 8. August 1969 zum RPG kam noch mit keinem Wort zum Ausdruck, was mit bereits bestehenden Gebäuden bzw. bereits in Ausübung befindlichen Bewerbungen zu geschehen habe, wenn sie mit der vorgesehenen Ordnung nicht übereinstimmen oder auch sonst. Gleich verhielt es sich mit dem von der Bundesversammlung am 17. März 1972 zur notrechtmässigen Verhinderung gravierender raumplanerischer Fehlenentwicklungen bis zum Vorliegen eines eidgenössischen Raumplanungsgesetzes verabschiedeten Bundesbeschluss über dringliche Massnahmen auf dem Gebiete der Raumplanung[1]. Hingegen wurde in Art. 6 I der zugehörigen Verordnung vom 29. März 1972[2] zu den vom Beschluss erfassten, als «Werke des Hochbaues» definierten «Bauten» erklärt, dass «sie ... die Neuerstellung von Bauwerken und die von

3253

---

[1] Vgl. hiezu die Botschaft in: BBl 1972 I S. 501 ff; AS 1972 S. 644 ff. Der zweimal verlängerte Beschluss wurde mit dem Inkrafttreten des RPG aufgehoben. Rz 4141.
[2] AS 1972 S. 644 ff.

aussen wahrnehmbaren Änderungen (umfassen)»[3]. Als weitere, dem RPG vorausgegangene, aber ordentliches eidgenössisches Recht bildende Festsetzungen mit postfinit baurechtlichem Inhalt sind insbesondere zu nennen: Art. 16 des Bundesgesetz über den Natur- und Heimatschutz vom 1. Juli 1966 (SR 451; Rz 4104 f) und die Art. 18–20 des Bundesgesetzes über den Schutz der Gewässer gegen Verunreinigung vom 8. Oktober 1971 (SR 814.2) mit den Art. 24–27 der zugehörigen Verordnung (Rz 4073 f), welche lange als Lückenbüsser für die fehlende bundesgesetzliche Zuständigkeit im Raumplanungsrecht fungierten.

3254 b) Der Bundesrat unterbreitete, gestützt auf einen von einer verwaltungsexternen Expertenkommission unter dem Vorsitz von Professor Leo Schürmann ausgearbeiteten Vorschlag, der Bundesversammlung am 31. Mai 1972 Botschaft und Entwurf zu einem nun als Dauerrecht gedachten Bundesgesetz über die Raumplanung[4]. Dieser enthielt noch kein deklariert postfinites Baurecht.

3255 c) Aufgrund der parlamentarischen Beratungen wurde im zweiten Teil mit der Überschrift «Inhalt der Raumplanung», im 3. Titel mit der Überschrift «Inhalt der Raumplanung», im 1. Kapitel mit der Überschrift «Nutzungspläne» Art. 29 mit dem folgenden, deklariert postfiniten Bezug im dritten Absatz ergänzt:

> «Art. 29
> Rechtswirkungen
> Die Nutzungspläne enthalten die für jedermann verbindlichen Anordnungen über die zulässige Nutzung des Bodens.
> Ausserhalb der Bauzonen dürfen Bauten und Anlagen nur bewilligt werden, wenn sie dem Zweck der Nutzungszone entsprechen. Überlagern sich verschiedene Zonen, so sind widersprechende Zwecke gegeneinander abzuwägen.
> Veränderungen, Erweiterungen und Wiederaufbau von Bauten und Anlagen können ausserhalb der Bauzone bewilligt werden, obwohl sie dem Zweck der Nutzungszone nicht oder nur teilweise entsprechen, sofern der Gesuchsteller ein sachlich begründetes Bedürfnis nachweist und keine überwiegenden öffentlichen Interessen entgegenstehen. Unter den gleichen Voraussetzungen können ausnahmsweise auch neue Bauten und Anlagen bewilligt werden.
> Die Bestimmungen des Absatzes 3 gelten sinngemäss auch für das übrige Gebiet; jedoch ist jede Erschliessungsmassnahme für die Besiedlung zu unterlassen.
> Bewilligungen gemäss den Absätzen 3 und 4 bedürfen der Zustimmung der zuständigen kantonalen Behörde, wenn es sich um neue Bauten und Anlagen, um Wiederaufbauten, um Veränderungen der Nutzung oder um wesentliche Erweiterungen handelt.»

3256 d) Mit dieser Fassung wurde das RPG von den Räten am 4. Oktober 1974 verabschiedet und dann, nach Ergreifung des Referendums in der Volksabstimmung vom 13. Juni 1976 mit 654'233 nein zu 626'134 ja, bei einer Stimmbeteiligung von 34,6% verworfen. Art. 29 gehörte dabei kaum zu denjenigen Vorschriften, gegen welche sich der politische Widerstand gerichtet hatte.

3257 2. Rückblickend ist zu sagen: Dieser Art. 29 unterschied sich von den Art. 22–24 II gemäss dem RPG von 1979 (Rz 3667 ff, 3850 ff) materiell nur in Folgendem: Die Bewil-

---

[3] Zu der vom ZH-Regierungsrat hiezu gesetzten Vollziehungsverordnung vom 29. November 1972 siehe 3190a.
[4] BBl 1972 I 1453 f.

ligung für Erneuerungen, teilweise Änderungen und Wiederaufbauten bezüglich Gebäuden und Bewerbungen ausserhalb der Bauzonen war nur in einer Kann-, nicht in einer Muss-Vorschrift niedergelegt, welcher Unterschied allerdings nicht sehr bedeutsam ist (Rz 3802). Das vom Gesuchsteller nachzuweisende «sachlich begründete Bedürfnis» war aus der eidgenössischen Gewässerschutzgesetzgebung rezipiert und mehr oder weniger eine Vorwegnahme des späteren Erfordernisses der Standorte ausserhalb der Bauzone (Standortgebundenheit; Rz 3772 f).

III. Zur Fassung von 1979[5]

1.   Schon am 16. Juni 1976 wurde von Nationalrat Keller und Mitunterzeichnern eine Motion eingereicht und in der Folge für erheblich erklärt[6], welche die Vorlage eines den Einwänden im Abstimmungskampf Rechnung tragenden neuen Vorschlages verlangte. Am 30. Juni 1977 schickte das Eidgenössische Justiz- und Polizeidepartement einen Entwurf mit Erläuterndem Bericht zu einem redimensionierten RPG in die Vernehmlassung.   **3258**

2.   Die überarbeitete Vorlage gelangte am 27. Februar 1978 zusammen mit der Botschaft des Bundesrates an die Bundesversammlung[7]. Der Bundesrat übernahm dabei den Text des Eidgenössischen Justiz- und Polizeidepartementes weitgehend. Die Vorlage enthielt hinsichtlich des postfiniten Baurechtes folgende materiellen Vorschriften, eingeordnet im 2. Titel mit der Überschrift «Massnahmen der Raumplanung», im 3. Kapitel mit der Überschrift «Nutzungspläne», im 2. Abschnitt mit der Überschrift «Wirkungen»:   **3259**

«Art. 17
Landwirtschaftszonen umfassen Land, das
a) sich für die landwirtschaftliche Nutzung eignet und
b) im Gesamtinteresse landwirtschaftlich genutzt werden soll.
Soweit möglich werden grössere zusammenhängende Flächen ausgeschieden.
…
Art. 23
Bewilligung von Bauten und Anlagen
Bauten und Anlagen dürfen nur mit behördlicher Bewilligung errichtet oder geändert werden.
Die Bewilligung wird nur erteilt, wenn
a) die Bauten und Anlagen dem Zweck der Nutzungszone entsprechen und
b) das Land erschlossen ist.

Art. 24
Ausnahmen ausserhalb der Bauzonen
Abweichend von Artikel 23 Absatz 2 Buchstabe a können Bewilligungen erteilt werden, Bauten und Anlagen zu errichten oder ihren Zweck zu ändern, wenn
a) der Zweck der Bauten und Anlagen einen Standort ausserhalb der Bauzonen erfordert und

---

[5]   EJPD, Erläuterungen, S. 72 f, Heinz Aemisegger, Leitfaden, S. 1 f, Peter Ludwig, Constructions hors des zones à bâtir, in: BR 1980 S. 8, Leo Schürmann/Peter Hänni, S. 165 f, Walter Haller /Peter Karlen, 2. Aufl., N. 738 ff, 784 f, 3. Aufl., N 700 ff.
[6]   Sten. Bull. NR 1976 S. 965; Sten. Bull. StR 1976 S. 636.
[7]   BBl 1978 I 1006 ff. Zu den Beratungen im Ständerat: Sten. Bull. StR 1978 S. 437 ff, (468–471); 1979 (S. 188–190), 269 ff, (272 f), 295, 314; im Nationalrat: Sten. Bull. NR 1979 S. 292, 334, (335–338), 665 ff, (669–670), 716 ff, (717), 822, 871. Die in Klammern gesetzten Seiten beziehen sich auf Art. 24.

b) keine überwiegenden Interessen entgegenstehen.

Das kantonale Recht kann gestatten, Bauten und Anlagen teilweise zu ändern oder dem bisherigen Zweck und Umfang entsprechend wieder aufzubauen, wenn wichtige Anliegen der Raumplanung wie die landwirtschaftliche Nutzung oder die Erhaltung einer hinreichenden Dauerbesiedlung dies erfordern.

Art. 25 (entspricht voll Art. 25 des definitiven Textes, Rz 3260)
...
Art. 35 (entspricht materiell voll Art. 34 des definitiven Textes, Rz 3260)»

3260 3. Im National- und Ständerat gab RPG Art. 24 II Anlass zu längeren Auseinandersetzungen. Dabei fielen das Erfordernis «dem bisherigen Zweck und Umfang entsprechend» beim Wiederaufbau und die beipielhafte Nennung der «landwirtschaftlichen Nutzung» sowie der «Erhaltung einer hinreichenden Dauerbesiedlung» weg; sodann wurde das Wort «erfordern» durch eine «Vereinbar-sein»-Konstruktion ersetzt (Rz 3849 ff, 3952 ff); neu eingeführt wurde die Vorkehrung «erneuern» (Rz 3915 ff)[8]. Über die Debatten berichtet Heinz Aemisegger, Leitfaden, S. 93, ausführlich.

Die Räte stimmten am 22. Juni 1979 der folgenden Fassung zu (Abweichungen gegenüber dem bundesrätlichen Antrag im wesentlichen *kursiv*, Kürzungen sind mit ° markiert):

«Art. 16
Landwirtschaftszonen umfassen Land, das
a) sich für die landwirtschaftliche Nutzung oder den Gartenbau eignet oder
b) im Gesamtinteresse landwirtschaftlich genutzt werden soll.
Soweit möglich werden grössere zusammenhängende Flächen ausgeschieden.
...
Art. 22
Baubewilligung
Bauten und Anlagen dürfen nur mit behördlicher Bewilligung errichtet oder geändert werden.
Voraussetzung einer Bewilligung ist, dass
die Bauten und Anlagen dem Zweck der Nutzungszone entsprechen und
das Land erschlossen ist.
Die übrigen Voraussetzungen des Bundesrechts und des kantonalen Rechts bleiben vorbehalten.

Art. 23
Ausnahmen innerhalb der Bauzonen
Ausnahmen innerhalb der Bauzonen regelt das kantonale Recht.

Art. 24
Ausnahmen ausserhalb der Bauzonen
Abweichend von Artikel 22 Absatz 2 Buchstabe a können Bewilligungen erteilt werden, Bauten und Anlagen zu errichten oder ihren Zweck zu ändern, wenn
der Zweck der Bauten und Anlagen einen Standort ausserhalb der Bauzonen erfordert und
keine überwiegenden Interessen entgegenstehen.
Das kantonale Recht kann gestatten, Bauten und Anlagen *zu erneuern,* teilweise zu ändern und °
wieder aufzubauen, wenn *dies mit den wichtigen Anliegen der Raumplanung vereinbar ist.*

Art. 25
Kantonale Zuständigkeit
Die Kantone ordnen Zuständigkeiten und Verfahren.

---

[8] Sten. Bull. NR 1979 S. 871 Sp. 2; StR 1979 S. 314 Sp. 2.

Ausnahmen von Artikel 24 werden durch eine kantonale Behörde oder mit deren Zustimmung bewilligt.
...
Art. 34
Bundesrecht
Die Verwaltungsgerichtsbeschwerde an das Bundesgericht ist zulässig gegen Entscheide letzter kantonaler Instanzen über Entschädigungen als Folge von Eigentumsbeschränkungen (Art. 5) und über Bewilligungen im Sinne von Artikel 24.
Kantone und Gemeinden sind zur Beschwerde berechtigt.
Andere Entscheide letzter kantonaler Instanzen sind endgültig; vorbehalten bleibt die staatsrechtliche Beschwerde an das Bundesgericht.»

Hiegegen wurde das Referendum nicht mehr ergriffen. Das Gesetz trat am 1. Januar 1980 in Kraft.

IV. Zu den RPG-Verordnungen von 1981, 1986 und 1989

1. Zum RPG von 1979 setzte der Bundesrat eine mit dem 26. August 1981 datierte Verordnung fest (SR 700.1)[9]. Diese wurde ihrerseits durch eine vom 26. März 1986 datierte Verordnung abgelöst[10]. Beide enthielten einen Hinweis darauf, dass das «Verändern» von «Bauten und Anlagen» von Bund, Kantonen und Gemeinden eine raumwirksame Tätigkeit sei (Art. 1 II); sodann fand sich in der Verordnung von 1986 – neben der wichtigen Einführung des Begriffes der Fruchtflächenfolge – die auf die Verpflichtung zur gesonderten Publikation von Ausnahmebewilligungen gemäss deren Art. 16 II bezogene Verfahrensvorschrift von Art. 16 III; hienach konnten «bei der Erneuerung bestehender Bauten und Anlagen ... die Kantone auf die Veröffentlichung verzichten, wenn keine wesentlichen öffentlichen Interessen betroffen sind».

3261

2. Die Verordnung von 1986 wurde später durch diejenige vom 2. Oktober 1989 ersetzt[11]. Letztere ist bereits stark durch die Vorschläge der verwaltungsexternen, von Ständerat Riccardo Jagmetti geleiteten Expertenkommission für die Revision des RPG geprägt. In der Verordnung von 1989 sind zwei neue, deklariert postfinite Regelungen enthalten. In Art. 23 wird mit folgenden Worten ein neuer Zonentyp vorgesehen:

3262

«Art. 23
Kleinsiedlungen ausserhalb der Bauzonen
Zur Erhaltung bestehender Kleinsiedlungen ausserhalb der Bauzonen können besondere Zonen nach Art. 18 RPG (wie Weiler- oder Erhaltungszonen) bezeichnet werden, wenn der kantonale Richtplan (Art. 8 RPG) dies in der Karte oder im Text vorsieht.»

(Rz 646g und 4072) und in Art. 24 werden die Erneuerung, teilweise Änderung und der Wiederaufbau von Gebäuden, Anlagen und Bewerbungen ausserhalb der Bauzonen geregelt. Hiezu finden sich einerseits bei der Wiedergabe von Art. 24 der Verordnung in der Fassung von 1996 in Rz 3263, anderseits erst bei der Erörterung von RPG Art. 24 (Rz 3760 f), Art. 24a (Rz 3814 f), Art. 24b (Rz 3822 f), Art. 24c (Rz 3848 f) und Art. 24d (Rz

---

[9] AS 1981 S. 1410.
[10] AS 1986 S. 626.
[11] AS 1989 S. 1985 (in Kraft seit dem 20. Oktober 1989).

3974 f), alle in der Fassung von 1998, nähere Ausführungen. Art. 16 der Verordnung von 1986 wurde zum Art. 25; neu wurde in dessen viertem Absatz die Anmerkung von Zweckänderungsverboten bei Bewilligungen für Bauvorhaben ausserhalb der Bauzonen verlangt.

V. Zur ersten Revision des RPG (1995)

3263   Schon bald nach Inkrafttreten des RPG wurde geklagt, dessen Regelungen seien in den Gebieten ausserhalb der Bauzonen für die landwirtschaftlichen und sonstigen Bauaktiven zu restriktiv; zudem habe das RPG innerhalb der Bauzonen die Wartedauer auf eine Baubewilligung nicht nur nicht verkürzt, sondern sogar noch verlängert (eine auch sonst oft gehörte Klage, Rz 2566 ff); in den häufigen Fällen, in welchen mehr als eine einzige Bewilligung nötig sei, fehle es an der Koordination zwischen den Behörden; auch sei es immer noch zu schwierig, unerschlossenes Land baureif zu machen. Veranlasst durch die Motion von Ständerat Ulrich Zimmerli vom 3. Oktober 1990 setzte der Bundesrat eine Expertenkommission unter dem Vorsitz von Nationalrat Adalbert Durrer ein. Deren Bericht wurde am 30. Juni 1994 in die Vernehmlassung geschickt; das Echo war kontrovers. Um das, was aus dem Beanstandungspaket verhältnismässig schnell besser regelbar schien, bald in Kraft treten zu lassen, entschloss sich der Bundesrat zu einem zweistufigen Vorgehen. In einer ersten Etappe sollte lediglich für Folgendes gesorgt werden: Förderung der Erschliessung durch Private, Verpflichtung der Behörden zur beschleunigten Behandlung der Baugesuche und Verbesserung der Koordination unter den Behörden bei der Gesuchsbehandlung. Vgl. hiezu die Botschaft des Bundesrates an die Bundesversammlung vom 30. Mai 1994[12]. In der Bundesversammlung führten die Beratungen am 6. Oktober 1995 zur Revision bzw. Einfügung von Art. 19 II erster Satz und III (Erschliessung durch die Eigentümer), 25 I^{bis} (Aufforderung zur Fristsetzung bei der Gesuchsbehandlung auch für die «Änderung von Bauten und Anlagen»), 25a II (Koordinationspflicht, ausdrücklich auch bei «Änderungen von Bauten und Anlagen») und 33 IV (Zusammenfassung des Rechtsmittelweges). Dagegen wurde kein Referendum ergriffen. Der Inhalt ist jedoch, abgesehen davon, dass die Behandlungsfristen und die Koordinationspflicht ausdrücklich auch die «Änderung von Bauten und Anlagen» erfassen müssen, ohne besondere Bedeutung für das deklariert postfinite Baurecht und wird deshalb hier nicht weiter erörtert. Darauf kann umso eher verzichtet werden, als Art. 25 I^{bis} bereits mit der Revision von 1998 überholt worden ist (Rz 4067).

VI. Zur Verordnung von 1996

3264   Der Bundesrat strich sodann am 22. Mai 1996 die 1986 eingeführte Verpflichtung zur gesonderten Publikation von Ausnahmebewilligungen gemäss Art. 25 II; damit wurde die Ermächtigung der Kantone gemäss Art. 25 III, bei der Erneuerung bestehender Bauten und Anlagen auf die gesonderte Anzeige von Bewilligungen zu verzichten (Rz 3261 f), hinfällig. Ferner wurde die aus der Verordnung von 1989 stammende Verpflichtung zur

---

[12]   BBl 1994 III 1075 ff.

Anmerkung von Zweckänderungsverboten gemäss Art. 25 IV aufgehoben, an dessen Stelle trat der neue, allgemeiner gefasste Art. 25. Mit der Revision vom 22. Mai 1996 wurde sodann Art. 24 der Verordnung neu gefasst (dies ohne Zusammenhang mit der RPG-Revision von 1995; Rz 3262). Er lautet jetzt wie folgt (Neuformulierungen gegenüber der Verordnung von 1986 sind *kursiv* Auslassungen mit ° gekennzeichnet):

> «Art. 24
> Ausnahmen ausserhalb der Bauzonen
> In Gebieten mit traditioneller Streubauweise °, in denen die Dauerbesiedlung im Hinblick auf die anzustrebende räumliche Entwicklung gestärkt werden soll, können die Kantone als standortgebunden (Art. 24 Abs. 1 Bst. a RPG) bewilligen:
> a. die Änderung der Nutzung bestehender Gebäude mit Wohnungen zu landwirtschaftsfremden Wohnzwecken, wenn das Gebäude nach der Änderung ganzjährig bewohnt wird;
> b. die Änderung der Nutzung bestehender Gebäude oder Gebäudekomplexe mit Wohnungen zu Zwecken des örtlichen Kleingewerbes (wie Käsereien, holzverarbeitende Betriebe, mechanische Werkstätten, Schlossereien, Detailhandelsläden, Wirtshäuser); der Gewerbeanteil darf nicht mehr als die Hälfte des bestehenden Gebäudes oder Gebäudekomplexes beanspruchen.
> *Die Kantone können die Änderung der Nutzung bestehender, als landschaftsprägend geschützter Gebäude als standortgebunden bewilligen, wenn:*
> *a. Landschaft und Bauten als Einheit schützenswert sind und im Rahmen der Nutzungsplanung unter Schutz gestellt wurden;*
> *b. der besondere Charakter der Landschaft vom Bestand der Bauten abhängt; und*
> *c. die dauernde Erhaltung der Bausubstanz nur durch eine Umnutzung sichergestellt werden kann.*
> *Die Kantone können zudem auch die Änderung der Nutzung bestehender, nicht landschaftsprägender Bauten und Anlagen als standortgebunden bewilligen, wenn:*
> *a. diese schützenswert sind und von der zuständigen Behörde unter Schutz gestellt werden; und*
> *b. die dauernde Erhaltung der Bausubstanz nur durch eine Umnutzung sichergestellt werden kann.*
> Bewilligungen setzen voraus, dass:
> a. die Gebiete nach Absatz 1° im kantonalen Richtplan (Art. 8 RPG) *räumlich* festgelegt sind;
> b. *der kantonale Richtplan die Kriterien enthält, nach denen die Schutzwürdigkeit von Landschaften bzw. Bauten und Anlagen nach den Absätzen 2 und 3 zu beurteilen ist;*
> c. das Gebäude für die landwirtschaftliche Nutzung nicht mehr benötigt wird;
> d. die äussere Erscheinung und die bauliche Grundstruktur des Gebäudes im wesentlichen unverändert bleiben;
> e. die Änderung keine zusätzliche Verkehrserschliessung erfordert;
> f. keine überwiegenden Interessen entgegenstehen (Art. 24 Abs. 1 Bst. b RPG).»

VII. Zur zweiten Revision des RPG (1998)

1. Der Bundesrat unterbreitete nach Durchführung eines rege benützten Vernehmlassungsverfahrens mit kontroversem Ausgang in der Botschaft vom 22. Mai 1996[13] der Bundesversammlung seine Anträge für diejenigen anstehenden RPG-Revisionspunkte, welche nicht bereits im Vorjahr verabschiedet worden waren (Rz 3263). Es handelte sich insbesondere um die Neuregelung der Landwirtschaftszone mit Ermöglichung der Zulassung der bodenunabhängigen Produktion (Art. 16, 16a und 36 IIbis), das Bewerbsverbot bei Aufhören der landwirtschaftlichen «Benutzung» und Fehlen einer anderen zulässigen

3265

---

[13] BBl 1996 III 513 ff. Siehe auch: Ulrich Zimmerli, Bauen ausserhalb Bauzonen, in: BR 1997 S. 107–112.

Bewerbsmöglichkeit (Art. 16b), die Errichtung und die Änderung von Gebäuden ausserhalb der Bauzonen (Art. 24 und 24a), einzelne verfahrensrechtliche Neuerungen (Art. 25 II und 34 I) und die Teilrevision der Landwirtschaftsgesetzgebung. Hievon gehörten zum deklariert postfiniten Baurecht die folgenden Vorschriften[14]:

«Art. 16
Landwirtschaftszonen
Landwirtschaftszonen umfassen Land, das:
a) sich für die landwirtschaftliche oder gartenbauliche Bewirtschaftung eignet und zu diesen Zwecken benötigt wird; oder
b) das im Gesamtinteresse landwirtschaftlich bewirtschaftet werden soll.
Soweit möglich werden grössere zusammenhängende Flächen ausgeschieden.
Die den Landwirtschaftszonen zugewiesenen Flächen dienen der Sicherung der Ernährungsbasis des Landes, der Erhaltung der Landschaft und des Erholungsraumes oder dem ökologischen Ausgleich.
Die Kantone tragen in ihren Planungen den verschiedenen Funktionen der Landwirtschaftszone angemessen Rechnung.

Art. 16a
Zonenkonforme Bauten und Anlagen in der Landwirtschaftszone
Zonenkonform sind Bauten und Anlagen, die zur landwirtschaflichen oder gartenbaulichen Bewirtschaftung nötig sind.

Art. 16b
Benutzungsverbot
Bauten und Anlagen, die nach dem Wegfall der landwirtschaftlichen oder gartenbaulichen Verwendung keiner anderen Nutzung zugeführt werden können (Art. 24 und 24a), dürfen nicht mehr benutzt werden; dieses Benutzungsverbot entfällt, sobald sie wieder zonenkonform genutzt werden können.
...
Art. 24
Bundesrechtliche Ausnahmen für Bauten und Anlagen ausserhalb der Bauzonen
Abweichend von Artikel 22 Absatz 2 Buchstabe a können Bewilligungen erteilt werden, Bauten und Anlagen zu errichten oder ihren Zweck zu ändern, wenn:
a. der Zweck der Bauten und Anlagen einen Standort ausserhalb der Bauzonen erfordert; und
b. keine überwiegenden Interessen entgegenstehen.
Vollständige Zweckänderungen bestehender Bauten und Anlagen für betriebsnahe gewerbliche Zwecke sind zudem standortgebunden, wenn das dadurch erzielbare Ergänzungseinkommen zur langfristigen Erhaltung des landwirtschaftlichen oder gartenbaulichen Betriebs erforderlich ist.
Der gewerbliche Nebenbetrieb untersteht dem Realteilungs- und Zerstückelungsverbot nach Art. 58 des Bundesgesetzes vom 4. Oktober 1991 über das bäuerliche Bodenrecht und darf nur vom Bewirtschafter des landwirtschaftlichen oder gartenbaulichen Betriebs genutzt werden. Diese Eigentumsbeschränkung ist im Grundbuch anzumerken.
Der Bundesrat erlässt die erforderlichen Ausführungsbestimmungen.

Art. 24a
Kantonsrechtliche Ausnahmen für Bauten und Anlagen ausserhalb der Bauzonen
Das kantonale Recht kann gestatten, Bauten und Anlagen zu erneuern, teilweise zu ändern oder wieder aufzubauen, wenn dies mit den wichtigen Anliegen der Raumplanung vereinbar ist.
Das kantonale Recht kann in gut erhaltenen landwirtschaftlichen Wohnbauten landwirtschaftsfremde Wohnnutzungen zulassen.

---

[14] Art. 16a, 25 und 36 IIbis enthalten an sich keine deklariert postfinite Vorschrift. Wegen ihres engen Zusammenhanges mit den nachgenannten eindeutig deklariert postfiniten Vorschriften führe ich sie hier gleichwohl auf.

Das kantonale Recht kann überdies die vollständige Zweckänderung schützenswerter Bauten und Anlagen zulassen, wenn:
a. diese von der zuständigen Behörde unter Schutz gestellt worden sind; und
b. ihre dauernde Erhaltung nicht anders sichergestellt werden kann.
Bewilligungen nach den Absätzen 2 und 3 dürfen nur erteilt werden, wenn:
a. die Baute oder Anlage für den bisherigen Zweck nicht mehr benötigt wird und für die vorgesehene Nutzung geeignet ist;
b. die äussere Erscheinung und die bauliche Grundstruktur im wesentlichen unverändert bleiben;
c. höchstens eine geringfügige Erweiterung der bestehenden Erschliessung notwendig ist und sämtliche Infrastrukturkosten, die im Zusammenhang mit der vollständigen Zweckänderung der Bauten und Anlagen anfallen, auf den Eigentümer überwälzt werden;
d. keine überwiegenden Interessen entgegenstehen.

Art. 25
Kantonale Zuständigkeit
Die Kantone ordnen Zuständigkeiten und Verfahren.
Sie setzen für alle Verfahren zur Errichtung oder zur Änderung von Bauten und Anlagen erforderlichen Verfahren Fristen und regeln deren Wirkungen[15].
Die zuständige kantonale Behörde entscheidet bei allen Bauvorhaben ausserhalb der Bauzonen, ob sie zonenkonform sind oder ob für sie eine Ausnahmebewilligung erteilt werden kann.
...
Art. 34 I
Die Verwaltungsgerichtsbeschwerde an das Bundesgericht ist zulässig gegen Entscheide letzter kantonaler Instanzen über Entschädigungen als Folge von Eigentumsbeschränkungen (Art. 5), über die Zonenkonformität von Bauten und Anlagen ausserhalb der Bauzonen sowie über Bewilligungen im Sinne der Art. 24 und 24a.
...
Art. 36 IIbis
Solange keine Planung vorliegt, die den verschiedenen Funktionen der Landwirtschaftszone angemessen Rechnung trägt, sind die Kantonsregierungen verpflichtet, jene Gebiete zu bezeichnen, in denen Bauten und Anlagen für die überwiegend bodenunabhängige Produktion unzulässig sind.»

2. Es handelte sich hier weitgehend um Regelungen, welche materiell schon in Art. 24 der Verordnung von 1996 vorkommen (Rz 3262). Die dortige Unterscheidung zwischen «Gebieten mit traditioneller Streubauweise, in denen die Dauerbesiedlung im Hinblick auf die anzustrebende räumliche Entwicklung gestärkt werden soll» und anderen Gebieten sowie zwischen «landschaftsprägenden» und anderen schutzwürdigen Gebäuden wurden jedoch fallen gelassen (Rz 3992).

3266

3. National- und Ständerat nahmen in einem zeitlich aufwendigen Differenzbereinigungsverfahrens am bundesrätlichen Text tiefgreifende Umstellungen und Modifikationen vor, dies vor allem, um das bisherige, weitgehende Verbot des Änderns von Gebäuden und Bewerbungen in der Landwirtschaftszone zu lockern (Ständerat: 12./13. März 1997, 10. Dezember 1997, 12. und 20. März 1998; Nationalrat: 30. September/1. Oktober 1997, 10. und 20. März 1998). Die Bundesversammlung beschloss am 20. März 1998 die Texte, welche nachfolgend in Rz 3814 (Art. 24a), 3822 (Art. 24b), 3848 (Art. 24c), 3974 (Art. 24d), 4071 (Art. 37a), ferner 4011 (Art. 16), 4024 (Art. 16a), 4057 (Art. 16b),

3267

---

[15] Der erste Absatz entspricht dem Text von 1979, der zweite Absatz demjenigen infolge der Revision von 1995 (Rz 3263).

4065 (Art. 25), 4067 (Art. 25a), 4068 (Art. 34) und 3957 (Art. 37a) wiedergegeben sind. Art. 36 IIbis fand keine direkte Aufnahme[16] (Rz 4054 f).

3268 4. Hiegegen wurde das Referendum ergriffen. Landschaftsschutzkreise, einzelne Gewerbetreibende und Kleinbauerngruppen standen dieser Revision ablehnend gegenüber. Die heutige Wirtschaftslage wirkte jedoch eher im Sinne des obigen Textes. In der Abstimmung vom 7. Februar 1999 wurde der Revision mit 952'482 ja gegen 750'130 nein, bei einer Stimmbeteiligung von 37,96% angenommen. Die Inkraftsetzung erfolgte auf den 1. Januar 2000.

VIII. Zur Verordnung vom 28. Juni 2000

3269 Auch wenn die Verordnung von 1996 die Ergebnisse der RPG-Revision von 1998 streckenweise «vorwegnahm», so liegt es trotzdem auf der Hand, dass sie dem RPG in seiner Fassung von 1998 angepasst werden musste. Das Bundesamt für Raumplanung sandte deshalb am 2. September 1999 einen Entwurf hiefür in die Vernehmlassung. Das Ergebnis des Verfahrens fand in der vom Bundesrat am 28. Juni 2000 festgesetzten Verordnung (SR 700.1, AS 2000 2047, im Folgenden kurz als Verordnung 2000 bezeichnet) ihren Niederschlag. In Kraft getreten ist sie auf den 1. September 2000. Hiezu besteht ein erläuternder Bericht des Bundesamtes für Raumentwicklung vom Juni 2000; er wird im Folgenden im Zusammenhang mit der Verordnung 2000 mit «Erläuterungen» zitiert.

---

[16] Siehe hiezu allgemein: Amtl. Bull. StR 1997 S. 185 ff, 205 ff, 1178 ff; 1998 S. 316 ff; Amtl. Bull. 1997 S. 1825 ff, 1845 ff; 1998 S. 499 ff, 810 f.

Zu RPG Art. 22 I

Seit 1979 steht im RPG folgende Regelung als Art. 22 I (zu seiner Vorgeschichte siehe Rz 3252 f)[1]:

> «Art. 22 I
> Baubewilligung
> Bauten und Anlagen dürfen nur mit behördlicher Bewilligung errichtet oder geändert werden.»

I. Zum Tatbestand des Textes[2]

A. Zu «Bauten und Anlagen»

1. Es geht hier um Bauten, welche im Sinne von Rz 50 f in die Gruppen Gebäude und Anlagen aufgeteilt werden können[3]. «Nach der Rechtsprechung gelten als ‹Bauten und Anlagen› jedenfalls jene künstlich geschaffenen und auf Dauer angelegten Einrichtungen, die in bestimmter Beziehung zum Erdboden stehen und die Nutzungsordnung zu beeinflussen vermögen, weil sie entweder den Raum äusserlich erheblich verändern, die Erschliessung belasten oder die Umwelt beeinträchtigen.»[4] Ob das Gebäude oder die Anlage inner- oder ausserhalb einer Bauzone, ober- oder unterirdisch, inner- oder ausserhalb von Gewässern liege[5], ist jedoch belanglos; «dazu gehören auch Fahrnisbauten, welche über nicht unerhebliche Zeiträume ortsfest verwendet werden»[6]. Ein Vorbehalt ist allerdings für die allein dem Bundesrecht unterstehenden «Bauten und Anlagen» anzubringen, zB für die Militärbauten[7].

2. Dabei wird nur das im Wesentlichen statische Element der Baute, nicht aber auch das im Wesentlichen dynamische Element des Bewerbes erwähnt. Das ist wohl damit zu erklären, dass der Gesetzgeber von der Vorstellung ausgeht, es gebe praktisch keine Änderung von Bewerbungen, welche ohne die Errichtung oder Änderung von Bauten auskommt und sich trotzdem auf «Raum, Erschliessung und Umwelt» auswirken. Absolut zwingend ist dies allerdings nicht[8]. Auch reine bewerbsmässige Änderungen können unter RPG Art. 22 I fallen. Das lässt sich auch mit der Erwähnung der Zweckänderung in

---

[1] Alexander Ruch, Kommentar RPG, zu Art. 22 I, N. 23–69; Walter Haller/Peter Karlen, 3. Aufl., N. 512 ff.
[2] Vgl. hiezu und zum Folgenden auch: EJPD, Erläuterungen, zu Art. 22, Rz 1–35.
[3] Eine nähere Umschreibung findet sich in: BGE 120 Ib 379, 383 f (Basel, betr. Ciba-Geigy, mit weiteren Zitaten).
[4] BGE 120 Ib 379, 383f (Basel, betr. Ciba-Geigy).
[5] Bezüglich ober-/unterirdisch: BGE 114 Ib 317 ff (Gemeinde X./AG). Bezüglich Bauten in Gewässern: BGE 114 Ib 81 ff (Wasserskianlage und Sprungschanze im Zugersee/Chamer Bucht/ZG), BGE vom 18. November 1985 (Seehafenanlage Vitznau/LU, ZBl 1986 S. 397 ff); ZH-RB 1986 Nr. 85 (Zürich, betr. Limmat-Parking).
[6] BGE 123 II 260 E. 3 (Hergiswil/NW, betr. Pilatusbeleuchtung).
[7] Nicht hiezu gehören Zivilschutzbauten (BGE 118 Ib 570, 576, Stettbach-Zürich).
[8] Man denke an auf einer Wiese regelmässig durchgeführte, nur mit leicht demontierbaren Zelten auskommende Grosscampings, Festivals usw.

RPG Art. 24 I begründen (Rz 3762). Zudem wäre es kaum begründbar, bewerbsmässige Änderungen (Zweckänderungen, genauer: Realisierungen von Zweckänderungen ohne bauliche Vorkehrungen) wegen ihrer Nichterwähnung als grundsätzlich unzulässig anzusehen, handelt es sich doch bei vielem hievon um Bagatellen.

Ich erwähne jedoch meistens nur die Gebäude und deren Bewerb, nicht aber die Anlagen[9]. Dabei ist, etwa im Unterschied zu ZH-PBG § 357 (Rz 1471 f, 1521, 1563, 1606 f), gleichgültig, ob das Gebäude bzw. der Bewerb im Vorher-Zustand dem Zweck der Zone entspricht oder nicht, hinreichend erschlossen ist oder nicht, die übrigen Voraussetzungen des Bundesrechts und des kantonalen Rechts eingehalten sind oder nicht.

3669 3. «Das kantonale Recht darf den Kreis der nach dieser Bestimmung bewilligungspflichtigen Bauten und Anlagen nicht einschränken.»[10] Die Kantone haben den Begriff «Bauten und Anlagen» so zu übernehmen, wie er vom Bundesrecht vorgezeichnet ist. Den Begriff weiter zu fassen, kann ihnen aber kaum versagt werden. Rz 3671.

B. Zu «errichtet oder geändert werden»

3670 1. Die unter RPG Art. 22 I fallende faktische Transformation besteht in der Errichtung von (noch nicht vorhandenen) Gebäuden und Anlagen oder im Ändern von bereits vorhandenen Gebäuden und Anlagen. Dazu gehört nach den Ausführungen in Rz 3668 bisweilen auch die Änderung von Bewerbungen ohne bauliche Vorkehrungen. Unter RPG Art. 22 I fallen an sich Reparaturen, Renovationen, Montierungen, Um-, Auf-, An- und Subbauten (Rz 176 ff), Umgestaltungen, Wieder-, Anschluss-, Dependenz- und Dislokationsbauten (Rz 200 ff) sowie eingreifende Bewerbsänderungen (Intensivierungen, Ausweitungen und Auswechslungen, Rz 305 ff), Umnutzungen, Bewerbswiederaufnahmen nach langem Leerstehen, Expansions-, Dependenz- und Dislokationsbewerbungen (Rz 314 ff).

---

[9] Einige wichtige unter RPG Art. 22 und 24 fallende Anlagen, über welche das Bundesgericht in neuerer Zeit entschieden hat, sind: Lehmgrube bei Einsiedeln/SZ (BGE 108 Ib 364), Beleuchtungsanlage Pilatusgipfel in Hergiswil/NW (BGE 123 II 256), Sonnenkollektoren in Sagogn/GR (BGE vom 3. September 1997, in: ZBl 1998 S. 332 ff), Richtstrahlantenne PTT auf Höhronen/SZ (BGE 115 Ib 131, 136 f), Verbauungen gegen Hochwasser am Thur-Flusslauf im Kanton Zürich (BGE 115 Ib 472, 484 f), Walderschliessungsstrasse in Walchwil/ZG (BGE 114 Ib 272), Wasserskianlage mit Sprungschanze im Zugersee/Chamer Bucht (BGE 114 Ib 87), Erschliessungsstrasschen für Überbauung in Alpnach/OW (BGE 118 Ib 500), Schiessanlage in Gemeinde Y./VS (BGE 112 Ib 48), in Bitsch/VS (BGE 114 Ib 125), in Risch/ZG (BGE 119 Ib 463), Armbrust-Schiessstand in Echarlens/FR (BGE 117 Ib 102), Betonaufbereitungsanlage in Unterägeri/ZG (BGE 113 Ib 317), Golfplatz in Morschach/SZ (BGE 114 Ib 312), Seehafenanlage im Vierwaldstättersee in Vitznau/LU (BGE vom 18. November 1985, in: ZBl 1986 S. 397 ff), Kiesabbau in Kerzers/FR (BGE 112 Ib 26), Lagerplatz für Altmaterialien in Pfäffikon/SZ (BGE 112 Ib 278 f), Deltafliegerlandeplatz in Hopfreben Ingenbohl/SZ (BGE 119 Ib 223), Motocrosstrainingsgelände (nicht veröffentlichtes Urteil vom 22. April 1988, erwähnt in: BGE 119 Ib 227), Deponie Chrüzlen in Egg/ZH (BGE 116 Ib 53 ff), Plastik als Kennzeichen für Aschenbeisetzungsplatz/Alp Spielmannda/FR (BGE 119 Ib 445), Drahtmaschenzaun auf Betonsockel in Ueberstorf/FR (BGE 118 Ib 49 f).

[10] BGE 120 II 379, 383 (Basel, betr. Ciba-Geigy). BGE 120 II 379, 383 (Basel, betr. Ciba-Geigy). Das St. Galler Verwaltungsgericht erklärte in einem Entscheid vom 17. August 1999 (in ZBl 2000 S. 423) die Aufstellung eines Bienenwanderwagens in einer Wohnzone gemäss RPG Art. 22 als bewilligungsbedürftig (und wegen Belästigung durch Bienen als nicht zonenkonform).

Nicht dazuzurechnen sind jedoch Abbrüche und Bewerbsstilllegungen[11], ferner Handänderungen.

2. Die Kantone müssen den Begriff «Errichten und Ändern» so übernehmen, wie er vom Bund vorgezeichnet ist (es handelt sich hier um einen «bundesrechtlichen Begriff»[12]); diese dürfen weder mehr noch weniger als Errichten oder Ändern behandeln, sagt man. Das ist wegen der Unbestimmtheit der beiden Wörter allerdings eine wenig gesicherte Behauptung. 3671

II. Zur Rechtsfolge im Text

A. Zu «behördliche Bewilligung»

Auf das für die Rechtsfolge sorgende Organ wird sprachlich nur mit dem Wort «behördlich» hingewiesen; wer es sei, wird also hier ganz offen gelassen. Es können Verwaltungsorgane (im Kanton Zürich: örtliche Baubehörde, Baudirektion, Regierungsrat) oder gerichtliche Organe (im Kanton Zürich: Baurekurskommissionen, Verwaltungsgericht, sodann das Bundesgericht) sein. 3672

B. Zu «dürfen nur»

In diesem Passus kommt die normative Markierung als Verbot/Erlaubnis zum Ausdruck. RPG Art. 22 I begründet die Bewilligungsbedürftigkeit (schlechter Ausdruck: «Bewilligungspflicht»; Rz 647 ff). Allerdings schreibt das RPG den Kantonen kaum irgendwo die Festlegung einer Bewilligungsbedürftigkeit vor, wo eine solche nicht ohnehin schon gilt. Auf jeden Fall verlangt das RPG im Kanton Zürich nirgends eine Bewilligung, wo nicht auch das PBG oder das kantonale Energiegesetz (Rz 2093 ff, 2427 ff, 3175) eine solche fordert; eher verlangt der Kanton für mehr Vorhaben eine Bewilligung (BGE vom 2. Juni 1994 [Küsnacht/ZH, betr. Beheizung von Freiluft-Schwimmbad, Rz 1397c und 1658]). 3673

III. Zum Aussertextlichen

Das Verhältnis zwischen RPG Art. 22 I und den kantonalen Vorschriften über die Bewilligungsbedürftigkeit ist m.E. nicht dasjenige zwischen Basis- und Ausführungsnorm. Vielmehr handelt es sich bei den Letzteren weiterhin um direkt auf der kantonalen «Souveränität» gemäss BV Art. 2 beruhendes Recht, da dem Bund ja «nur» die Grundsatzgesetzgebungskompetenz zusteht[13]. Allerdings sind die Kantone gestützt hierauf verpflichtet, die Bewilligungsbedürftigkeit zu statuieren, soweit sie es noch nicht getan haben und das RPG es als nötig erachtet. Im Ergebnis kommt es auf das gleiche heraus, die Begründung ist aber verschieden. 3673a

---

[11] EJPD, Erläuterungen, zu Art. 22, Rz 14 lit. a. Siehe auch Rz 4057 ff bezüglich RPG Art. 16b.
[12] BGE 110 Ib 264–266 (Gemeinde X./GR).
[13] Analoges trifft m.E. auch für das Erschliessungserfordernis zu. Rz 3747 f.

Zu RPG Art. 22 II und III

3674 Seit 1979 steht im RPG als Art. 22 II und III folgende Regelung (zu den Materialien siehe Rz 3252 f):

> «Art. 22
> Baubewilligung
> (Abs. I siehe Rz 3666)
> (Abs. II:)
> Voraussetzung einer Bewilligung ist, dass
>   a) die Bauten und Anlagen dem Zweck der Nutzungszone entsprechen und
>   b) das Land erschlossen ist.
> (Abs. III:)
> Die übrigen Voraussetzungen des Bundesrechts und des kantonalen Rechts bleiben vorbehalten.»

I. Zum zweiten Absatz lit. a: Zur Bewilligungsvoraussetzung «dem Zweck der Nutzungszone entsprechen»[1]

A. Vorbemerkungen

1. Beschränkung auf das postfinite Baurecht

3675 Das Erfordernis der Zonenentsprechung wird hier nur erörtert, soweit es um die Entsprechung eines bereits bestehenden Gebäudes bzw. eines bereits ausgeübten Bewerbes sowie seiner Änderung und sonstigen Transformation geht, nicht also um die Zonenentsprechung bei primären Neubauten und Neubewerbungen. Statt von Zonenentsprechung kann man auch von Zonengemässheit oder Zonenkonformität sprechen. Es sei daran erinnert: Die präfiniten Aspekte werden in dieser Arbeit nur erörtert, wo sie für die postfinite Problematik von Bedeutung sind (Rz 1 ff). Entspricht das Gebäude bzw. der Bewerb schon im Vorher-Zustand dem Zweck der Zone und wird hievon durch die Änderung/Transformation nicht abgewichen, so entspricht selbstverständlich auch der Nachher-Zustand dem Zonenzweck. Keine Zonenentsprechung liegt jedoch mehr vor, wenn, wo vorher dem Zonenzweck entsprochen wurde, durch die Änderung/Transformation vom Zonenzweck abgewichen wird, ferner wo schon der Vorher-Zustand dem Zonenzweck nicht entsprochen hat und der Nachher-Zustand ebenfalls nicht, handle es sich nun um die gleiche oder eine verschiedene Zweckverfolgung. Hingegen liegt Entsprechung dort vor, wo der Vorher-Zustand dem Zonenzweck nicht entsprach, wohl aber infolge der Änderung/Transformation der Nachher-Zustand. Es geht bei alldem um diejenigen baulichen und bewerbsmässigen Änderungen und sonstigen Transformationen, für welche nach RPG Art. 22 I Bewilligungsbedürftigkeit gilt (Rz 3666 ff).

---

[1] Vgl. hiezu und zum Folgenden auch Alexander Ruch, Kommentar zum RPG, zu Art. 22, N. 70 f. Ferner: Walter Haller/Peter Karlen, N. 545 ff.

2. Zum Zweck der Zonen im Allgemeinen

Der Gesetzgeber und die gestützt auf Gesetze tätigen Organe verfolgen selbstverständlich bei jeder Zonierung einen bestimmten Zweck. Zonenentsprechung verlangt «einen positiven, funktionalen Zusammenhang zwischen Bauvorhaben und Zonenzweck; sie ist nicht schon damit erwiesen, dass das Bauwerk dem Zonenzweck – besonders was Immissionen angeht – nicht entgegensteht.»[2]

3676

Was der Zone nicht entspricht, bezeichnet man oft als zonenwidrig oder zonenfremd[3]. Zur Tragweite des Ausdruckes «die Zone ist bestimmt für ...» und von Zonenbezeichnungen (zB Landhauszone, Industriezone) in Bauordnungen vor und nach Inkrafttreten des RPG siehe Rz 529.

3677

3. Zur Einreihung der zitierten Präjudizien

a) Es ist eine Eigenart der bisherigen Präjudizien zu den RPG Art. 22 II und 24, dass bei den eine bauliche oder bewerbsmässige Vorkehrung zulassenden Entscheiden oft nicht bis ins Letzte klar ist, ob das Gericht die Zulassung schliesslich damit begründen will, dass es Zonengemässheit bejaht oder dass es diese zwar verneint, jedoch Standortgebundenheit und das Fehlen entgegenstehender überwiegender Interessen bejaht, oder es weder Zonengemässheit noch Standortgebundenheit, wohl aber eine Erneuerung/teilweise Änderung/Wiederaufbaute mit Vereinbarkeit mit den wichtigen Anliegen der Raumplanung annimmt. Umgekehrt ist bei den die Vorkehrung verweigernden Entscheiden oft nicht bis ins Letzte klar, ob das Gericht die ablehnende Haltung damit begründen will, dass es zwar Vereinbarkeit mit den wichtigen Anliegen der Raumplanung (bei Annahme von Zonenwidrigkeit und fehlender Standortgebundenheit) bejaht, aber von einer grösseren Vorkehrung als einer blossen Erneuerung/teilweisen Änderung/Wiederaufbaute ausgeht, oder ob bei Bejahung von Standortgebundenheit (und Zonenwidrigkeit) das Entgegenstehen überwiegender Interessen angenommen wird (was dann wohl auch meist Nichtvereinbarkeit mit den wichtigen Anliegen der Raumplanung bedeutet).

3678

b) Oft stehen in Entscheiden lange Ausführungen darüber, ob es sich um eine Erneuerung/teilweise Änderung/Wiederaufbaute handle oder nicht bzw. ob Vereinbarkeit mit den wichtigen Anliegen der Raumplanung vorliege oder nicht, wobei gleichzeitig betont wird, RPG Art. 24 II (Fassung von 1979) sei eine rein legislatorische Kompetenzregelung (Rz 3841 f), ohne aber (zumindest im publizierten Text) zu sagen, ob der betreffende Kanton Ausführungsrecht erlassen habe oder nicht, und wenn ja, welches. Fehlt solches, so können derartige Erörterungen an sich nur insoweit von Belang sein, als der Charakter der Erneuerung/teilweisen Änderung/Wiederaufbaute bzw. der Vereinbarkeit mit den wichtigen Anliegen der Raumplanung gleichzeitig belegt, dass Standortgebundenheit vorliege bzw. keine überwiegenden Interessen entgegenstehen.

3679

---

[2] Leo Schürmann/Peter Hänni, S. 163. Entscheid des OW-Verwaltungsgerichtes vom 21. Dezember 1982 (ZBl 1983 S. 457); Entscheid des AG-Verwaltungsgerichtes vom 2. Mai 1983 (ZBl 1983 S. 465).
[3] Zum Unterschied zwischen zonengemäss/-widrig im weiteren und im engeren Sinne siehe Rz 3206 f. Zu einem möglichen Unterschied zwischen «rechtswidrig» Vorschriften «verletzen» und dem Zonenzweck oder anderen Vorschriften «nicht entsprechen» siehe Rz 395 f.

3680 c) Dementsprechend flottant ist deshalb nachfolgend auch die Einreihung der Präjudizien bei RPG Art. 22 II, 24 I (Fassung von 1979) bzw. 24 II (Fassung von 1979), 24 (Fassung von 1998) und 24c II (Fassung von 1998). Ich folge dabei dieser Regel: Wo nicht eine eindeutige und ausschliessliche Aussage nur zu Art. 24 II (Fassung von 1979) vorliegt, reihe ich den Entscheid bei Art. 24 I (Fassung von 1979) bzw. Art. 24 (Fassung von 1998) ein, sofern er hiezu eine eindeutige und ausschliessliche Aussage enthält, sonst bei Art. 22 II. Es empfiehlt sich aber immer, auch die Kasuistik zu den jeweils anderen Artikeln bzw. zum anderen Absatz anzusehen.

4. Zu einigen vor allem bei den Nicht-Wohnzonen vorkommendem Kriterien für den Entscheid erlaubt/verboten.

3681 a) Wenn RPG Art. 22 II Zonengemässheit verlangt, so wird zwar oft nur an die Frage nach der Zonengemässheit in der Landwirtschaftszone gedacht. Das Erfordernis von RPG Art. 22 II gilt jedoch für alle Zonen. Dass ein zur ständigen, zur Hauptwohnung bestimmtes Wohngebäude in einer Wohnzone, ein Gebäude für die industrielle Produktion in einer Industriezone, ein Gebäude für die bodenabhängige, durch den Selbstbewirtschafter besorgte Produktion von primären Lebens- und Futtermitteln in einem Bauernhof (also nicht deren Weiterverarbeitung) in einer Landwirtschaftszone der Zone entspricht, dies zumindest, wenn auch die für die jeweilige Zone geltenden dimensionalen Maxima und Minima, Vorschriften zur Wahl der Materialien, Konstruktionsweise und Erscheinungsart, Immissionsbegrenzungen, Anforderungen an die Erschliessung und das Gebot der ästhetischen Einordnung eingehalten sind, liegt auf der Hand. Schon heikler wird der Entscheid jedoch bei Gärtnereien oder in den Wohnzonen, wenn es sich um Ferien- oder Zweitwohnungen handelt (Rz 3732 f, 3738 f), oder in den Industriezonen, wenn es sich um reine Dienstleistungs- und Handelsbetriebe (Rz 227) oder um ein eher hobbymässiges Tun (Rz 3686, 3741) handelt. Besonders knifflig sind die Unterscheidungen in der Landwirtschaftszone. Rz 3692 ff.

3682 b) Wo es sich nicht um Wohnzonen handelt, kommen im Zusammenhang mit der Frage nach der Zonengemässheit oft folgende acht, nicht branchenspezifischen Erfordernisse (meistens notwendige, aber nicht hinreichende Bedingungen) zur Sprache. Es hat allerdings keiner dieser Gesichtspunkte bereits im RPG von 1979 oder in der Verordnung von 1989/1996 seinen textlichen Niederschlag gefunden. Verschiedene Ansätze hiezu finden sich jedoch im RPG von 1998.

α) Erfordernis des Selbstbewirtschafters

Dieses Erfordernis bedeutet, dass der Bauaktive den Bewerb auf eigene Rechnung tätigen muss. Es geht hier praktisch um den Ausschluss von Bewerbungen durch juristische Personen sowie des hobbymässigen Bewerbes. Als allgemeines baurechtliches Erfordernis kommt dasjenige des Selbstbewirtschafters nur in der Landwirtschaftszone vor (Rz 3822, 3834 f). Vgl. auch die Auswirkungen des Bundesgesetz über das bäuerliche Bodenrecht (Rz 3401 f).

β) Erfordernis der Existenzsicherheit

3683 Damit ist gemeint, dass ein Betrieb entweder bereits in seiner bisherigen Art oder doch zumindest nach Realisierung des zu beurteilenden Vorhabens in seiner Fortdauer gesichert sein müsse, damit Zulässigkeit gilt. Das Erfordernis der Existenzsicherheit spielt schon seit längerem über ZGB Art. 619 im bäuerlichen Erbrecht eine Rolle[4]. Dieses Erfordernis kommt als allgemeines RPG-Erfordernis nur in der Landwirtschaftszone vor[5], hier allerdings mit einem eigenartigen Ausweitungseffekt (Rz 3822 f). Die Sicherung der Weiterexistenz von etwas ist nicht dasselbe wie dieses weiterexistierende Etwas selbst. Trotzdem fand der Gedanke im Laufe der Siebzigerjahre immer mehr Anklang, dass nicht nur Landwirtschaft traditioneller Art in einer Landwirtschaftszone zonengemäss sei, sondern auch derjenige Bewerb, welcher die Weiterexistenz eines solchen Landwirtschaftsbetriebes durch Einbezug einer für sich allein gesehen zonenwidrigen Bewerbsart (zB bodenunabhängige Produktion, Wohnungsvermietung an nicht landwirtschaftlich Tätige, landwirtschaftsfremder, aber betriebsnaher Nebenerwerb, ja sogar örtliches Kleingewerbe Dritter) zu sichern vermöge. Es war dies ein rechtlich weittragender Schritt.

γ) *Erfordernis der angemessenen Grösse*

In den Bauzonen hat dieses Erfordernis insoweit keine eigenständige Bedeutung, als ein Vorhaben nicht deshalb verweigert werden kann, weil es überdimensioniert sei, es wäre denn, es würden die hier geltenden dimensionalen Maxima und Minima verletzt oder es kommt zu einer Verunstaltung. Ausserhalb der Bauzonen gilt das Erfordernis aber wohl unabhängig hievon; es darf keine Überdimensioniertheit vorliegen (Rz 4014). 3684

δ) *Erfordernis des aktuellen Bedürfnisses*

Dass die Angemessenheit der Grösse eines Vorhabens nicht im Hinblick auf eine in ferner Zukunft liegende Entwicklung, sondern nach dem heute aktuellen Stand der Situation beurteilt werden muss, ist ebenfalls ein allgemeines Erfordernis ausserhalb der Bauzonen. Die Angewiesenheit auf den Standort muss dem «aktuellen und tatsächlichen Bedarf» entsprechen (BGE vom 4. Oktober 1983, Mollis/GL, ausserhalb Bauzone, in: ZBl 1984 S. 81). 3685

ε) *Erfordernis der Ausübung zu Erwerbszwecken*

In der Landwirtschaftszone kann der Umstand, dass das Anpflanzen und Ernten von Gemüse, Kartoffeln und Obst sowie das Halten von Tieren als Hauptberuf, nicht bloss als Nebenberuf oder gar bloss als ein Hobby, ausgeführt wird, ein Erfordernis der Zulassung sein (Rz 4017, vgl. auch Rz 3724 ff [Gutsherr]). Sonst aber ist das Kriterium der Beruflichkeit, des Erwerbszweckes belanglos. Wo dieses Erfordernis gilt, entstehen Schwierigkeiten bei einem späteren Berufswechsel. Siehe Verordnung 2000 Art. 40 bezüglich Nebenbetriebe. 3686

ζ) *Erfordernis der Stelle, an welcher die Störung am geringsten ist*

Auch wenn Zonengemässheit besteht, heisst dies nicht von vornherein, dass jede Stelle innerhalb dieser Zone für eben dieses Vorhaben in Betracht kommt. Innerhalb der Bau- 3687

---

[4] Vgl. hiezu Marco Hauser, in: Festschrift für Arthur Meier-Hayoz, S. 74, ferner: Meinrad Huser, Die bauliche Nutzung im Nichtbaugebiet, in: BR 1999 Heft 2 S. 35.
[5] Die Eignung zur Erhaltung oder Sanierung eines landwirtschaftlichen Betriebes bildete erstmals im BE-Baugesetz von 1985 Art. 81 eine Voraussetzung für die Erlaubnis von Wohnraum für Nichtlandwirtschaftlich-Tätige ausserhalb der Bauzonen (Rz 3899).

zonen spielt dies allerdings praktisch keine Rolle. Grundsätzlich muss aber das ausserhalb der Bauzone überhaupt Zulässige an der Stelle realisiert werden, an welcher es am wenigsten stört. Zur Prüfung gehört aber auch die Abklärung der Frage, ob sich das Vorhaben nicht ebensogut in der Bauzone verwirklichen liesse. Siehe Rz 4023.

Kasuisitik (ausserhalb Bauzone):
BGE 108 Ib 362 (Bonvard-Choulex/GE, betr. Halle für Bretterlager);
BGE 123 II 499, 507 (Reinach/AG, betr. forstliche Baute im Wald; das Gleiche gelte auch für landwirtschaftliche Bauten in der Landwirtschaftszone).

η) *Kein notwendiges Erfordernis: einzig infrage kommende Stelle*

3688 Wenn Zonengemässheit besteht, darf ein Vorhaben auch an einer Stelle realisiert werden, welche nicht die einzige hiefür in Betracht kommende ist. Nicht erforderlich ist, dass es sich um den einzigen möglichen Standort handelt.

ϑ) *Keine hinreichenden Gründe*

3689 Belanglos ist der Umstand, dass dem Bauaktiven *subjektiv* eine bestimmte Stelle am besten gefällt, er sie als die bequemste oder kostengünstigste bewertet. Dass jemand in der Bauzone keine geeignete Parzelle zu erschwinglichem Preis findet, ist für die Zonengemässheit ohne Bedeutung[6]. «Auf subjektive Vorstellungen und Wünsche des Einzelnen kann es ebensowenig ankommen wie auf die persönliche Zweckmässigkeit und Bequemlichkeit.»

Kasuistik (alles ausserhalb Bauzone):
BGE 108 Ib 367 (Einsiedeln/SZ, betr. Lehmausbeutung: zonengemäss);
BGE 110 Ib 264 (Gemeinde X./GR, betr. Maiensäss/Ferienhaus; zonenwidrig);
BGE 112 Ib 277–280 (Freienbach/SZ, betr. Einstellhalle für Altmaterial: zonenwidrig);
BGE 113 Ib 407 (Allschwil/BL, betr. Wohnung für Gärtnerei: zonengemäss);
BGE vom 26. Mai 1988 (zitiert in: BGE vom 17. Juni 1994, siehe unten: zonenwidrig, obwohl für Gärtnerei als Neubau);
BGE 115 Ib 299 (Giswil/OW, betr. Wohnhaus zu bodenunabhängiger Schweinemast: zonenwidrig, weil auch in der Industriezone möglich);
BGE 116 Ib 230 (Schlossrued/AG, betr. Stöcklibau: zonengemäss);
BGE 117 Ib 267 (Churwalden/GR, betr. fünf Angestelltenzimmer für das Bergrestaurant Alp Stätz der Stätzerhorn Ski- und Sessellift AG: zonenwidrig);
BGE 117 Ib 281 (Steinen/SZ, betr. Geflügelmast: zonengemäss);

---

[6] Walter Haller/Peter Karlen weisen in N. 718 darauf hin, «dass sich die Frage der betrieblichen Notwendigkeit einer technischen Anlage und damit der Standortgebundenheit (RPG Art. 24 I lit. a) letztlich kaum von der Interessenabwägung (RPG Art. 24 I lit. b) trennen lässt». In BGE 123 II 499 ff (Reinach/AG) betreffend Zulässigkeit forstlicher Bauten im Wald wurde jedoch versucht, die beiden Erfordernisse auseinanderzuhalten.

BGE 117 Ib 383 (Wislikofen/AG, betr. Schweinemast: zonengemäss);
BGE 118 Ib 19 (Mosnang/SG, betr. Käserei: zonengemäss);
BGE vom 17. Juni 1994 (ZBl 1995 S. 376 ff, Geuensee/LU, betr. Gärtnerei: zonengemäss, weil kein Neubau, sondern nur Änderung eines bestehenden Gebäudes).

Belanglos ist der Umstand, dass der Bauaktive *anderswo keine Möglichkeit* zur Realisierung seines Vorhabens gefunden hat. Vgl. die vorstehenden Entscheide. Wenn allerdings für eine polizeilich an sich unbedenkliche Aktivität überhaupt an keiner Stelle in einem weiten Gebiet (zB in einer grossen Stadt) eine geeignete Zone gefunden werden kann, dann fragt sich, ob die Zonenordnung durchwegs richtig ist. 3690

Belanglos sind *vorgeschobene Absichten* (bedeutsam für einen Widerruf einer Bewilligung nach Entdeckung der Täuschung Rz 616 ff). 3691

Kasuistik (alles ausserhalb Bauzone):
BGE 108 Ib 133 (Maladers/GR, betr. Heubarge);
BGE 111 Ib 217 (Gontenschwil/AG);
BGE 113 Ib 141 (Wangen-Brüttisellen/ZH, betr. Grossgärtnerei);
BGE 115 Ib 299 (Giswil/OW, betr. Wohnhaus zu bodenunabhängiger Schweinemast);
BGE 116 Ib 230 (Schlossrued/AG, betr. Stöcklibau).

B. Zur Zonengemässheit in der Landwirtschaftszone im Allgemeinen

1. Zu den verschiedenen ländlichen Bewerbsarten

a) Es empfiehlt sich, in der Landwirtschaftszone vom ertragsorientierten landwirtschaftlichen Bewerb der zu einer landwirtschaftliche Betriebseinheit gehörenden Felder, Äcker, Wiesen, Gärten und Gebäude durch den Betriebsleiter und seine Familie selbst, ohne dass diese auswärts ein Einkommen erzielen, auszugehen; deren Produkte, Erzeugnisse sind pflanzliche und tierische Nahrungsmirttel und Rohstoffe; grundlegender Prozess ist die Gewinnung organischer Substanz durch Photosynthese mit Tageslicht; der Boden wird dabei nicht einfach zur Platzierung von Hallen, Gewächshäusern usw. verwendet. Das kann man als den im traditionellen Sinne landwirtschaftlichen Bewerb bezeichnen; dazu gehört auch das Wohnen derjenigen Leute, welche für einen solchen Betrieb tätig und nötig sind (mit Einschluss der Schreib- und buchhalterischen Arbeiten, welche damit zusammenhängen): Betriebsleiter/-leiterin mit Gattin/Gatte, unmündige Kinder sowie allfällige Knechte/Mägde. Das Gesagte gilt auch für gärtnerische Betriebe (hier bezüglich Produktion von Zierpflanzen, Kräutern, versetzbaren Bäumen und Sträuchern usw.). 3692

b) Daneben sind aber, ohne dass damit bereits eine Aussage über die Zulässigkeit in der Landwirtschaftszone gemacht wird, auch noch folgende Gruppen von Bewerbungen, insbesondere in bestehenden landwirtschaftlichen Gebäuden zu unterscheiden: 3693

α) *Arten weiterer gewerblicher Tätigkeiten*

– bodenunabhängige Mast und Zucht von Rindern, Schweinen, Geflügel usw.; bodenunabhängige (hors sol-)Produktion von Lebens- und Futtermitteln, Zierpflanzen, Kräutern usw.;

– Führung eines nicht landwirtschaftlichen, aber einem landwirtschaftlichen Betrieb nahen, zB die hier gewachsenen Produkte verarbeitenden Gewerbes (Molkerei, Käserei, Müllerei, Grastrocknerei, Sägerei, Reparaturwerkstätte für landwirtschaftliche Maschinen) entweder durch den landwirtschaftlichen Betriebsleiter selbst oder durch Mieter/Pächter;
– Führung eines örtlichen Kleingewerbes entweder durch den landwirtschaftlichen Betriebsleiter selbst oder durch Mieter/Pächter.

β) *Die Arten des Wohnens*

3694 Gewohnt wird entweder von landwirtschaftlich tätigen Menschen oder von nicht landwirtschaftlich tätigen Menschen. Letzteres Wohnen lässt sich aufgliedern in:

– ganzjähriges oder nicht ganzjähriges Wohnen[7];
– personell alternierendes oder nicht alternierendes Wohnen;
– Bewohnen eines ganzen Hauses oder nur eines Teils davon;
– Wohnen im Eigentum oder nur mietweise.

3695 Aus der Vielzahl der beim Wohnen nicht landwirtschaftlich tätiger Menschen möglichen Kombinationen sind die folgenden raumplanerisch besonders wichtig:

– ganzjähriges, personell nicht alternierendes Wohnen mit Wohnsitznahme (Hauptwohnung);
– ganzjähriges, personell alternierendes Wohnen ohne Wohnsitznahme, Rz 3732, 3984;
– nicht ganzjähriges, personell nicht alternierendes Wohnen ohne Wohnsitznahme (Ferienhaus, -wohnung von Städtern, Zweitwohnung, Rz 3738, 3984);
– nicht ganzjähriges, personell alternierendes Wohnen ohne Wohnsitznahme (zeitweises Vermieten zu Ferienzwecken, Ferien auf dem Bauernhof, Bed and Breakfast, Rz 3738, 3984).

3696 Daneben gibt es noch einen Übergangsbereich zwischen den Kategorien Wohnen landwirtschaftlich Tätiger – nicht landwirtschaftlich Tätiger:

– Wohnen der abtretenden landwirtschaftlichen Generation (Stöckli, Rz 3707);
– Wohnen des landwirtschaftlichen Betriebsleiters, welcher auswärts einem Nebenerwerb nachgeht (Rz 3713 f);
– Wohnen von Verwandten des Betriebsleiters, welche – ausser der Jugendzeit – nie im Betrieb tätig gewesen sind (Rz 3721);
– Wohnen des Eigentümers eines landwirtschaftlichen Betriebes, welcher zu dessen Führung einen Pächter/Betriebsleiter mit Familie angestellt hat (Rz 3724);
– Wohnen desjenigen, welcher weiterhin landwirtschaftlich tätig sein will, aber sein landwirtschaftliches Wohnhaus verkauft oder Parzellen, in welchen früher einmal ein Bauernhaus stand, gekauft hat (Rz 3728).

---

[7] Die Bewohnung beschränkt sich oft auf die Sommermonate und die Wintersportzeit, im Tessin auf Frühling, Sommer und Herbst mit entsprechend geschlossenen Läden und Nichtbeanspruchung der Wasser- und Stromversorgung sowie Kanalisation in der restlichen Zeit. Rz 3984.

γ) *Arten uneigentlicher landwirtschaftlicher Tätigkeiten*

– sozial-medizinische Therapie mit Landwirtschaft in Wohngemeinschaft (Rz 3740); **3697**
– hobbymässige Pflanzenproduktion (Rz 3741);
– Reitpferde- und sonstige Liebhabertierhaltung (Rz 3742);
– Pflege von Golfrasen (Rz 3743).

2. Zum Verhältnis der Zonengemässheit zur Standortgebundenheit und anderen Erfordernissen

a) Im BGE 121 II 307, 310 (Arni/BE, Rz 3715 f) und BGE 125 II 278, 281 (Boppelsen/ **3698** ZH, betr. Kräuterproduktion) wird erklärt: «Bei Landwirtschaftsbetrieben stimmt der Begriff der Zonengemässheit im Sinne von Art. 16 Abs. 1 RPG im wesentlichen mit demjenigen der Standortgebundenheit gemäss Art. 24 Abs. 1 überein.» Das ist richtig. Eine Auseinanderhaltung ist jedoch im Ansatz möglich, wenn man wie folgt überlegt: Zwar sind sowohl Zonengemässheit als auch Standortgebundenheit Zweckbegriffe und daher inhaltlich weit geöffnet; indessen geht es bei der Zonengemässheit um die Übereinstimmung eines baulichen bzw. bewerbsmässigen Geschehens bzw. eines Ergebnisses davon mit dem Zweck von etwas ganz ausserhalb davon Liegendem, nämlich mit dem Zweck, dem Sinn, der Bestimmung der Zonenfestlegung; bei der Standortgebundenheit geht es jedoch um die Übereinstimmung eines baulichen bzw. bewerbsmässigen Geschehens bzw. eines Ergebnisses davon, genauer um diejenige des Zweckes, des Sinnes, der Bestimmung eben dieses baulichen oder bewerbsmässigen Vorganges, Zustandes mit der geographischen Eignung der Örtlichkeit hiefür. Dieser Zweck wird dann allerdings wieder im Lichte des Zonenzweckes bewertet. Damit kommt es schlussendlich doch wieder fast zu ein und derselben Vorstellung (Bild der an einer Fensterscheibe ineinanderfliessenden Regentropfen, Rz 4323).

b) Es gibt zwischen der Zonengemässheit und der Standortgebundenheit eines bauli- **3699** chen bzw. bewerbsmässigen Geschehens oder Ergebnisses davon an sich folgende Kombinationsmöglichkeiten:

– sowohl Zonengemässheit als auch Standortgebundenheit: Was zonengemäss ist, erfüllt aus der Logik jeder Zonierung heraus immer auch das Erfordernis der Standortgemässheit. Hier gilt für die Zulässigkeit primär RPG Art. 22 II und III, ergänzend RPG Art. 24 und 24a–d;
– Zonengemässheit, aber keine Standortgebundenheit: wie vorstehend, problemlos;
– keine Zonengemässheit, aber Standortgebundenheit: Hier gilt für die Zulässigkeit primär RPG Art. 24 (Fassung von 1998; Art. 24 I in der Fassung von 1979), ergänzend RPG Art. 22 II und III und 24a–d;
– weder Zonengemässheit noch Standortgebundenheit: Hier gilt für die Zulässigkeit primär RPG Art. 24c II (Fassung von 1998, Art. 24 II in der Fassung von 1979), ergänzend RPG Art. 22 II und III, 24, 24a, (24b) und 37a.

Analoges ist zum Verhältnis zwischen Zonengemässheit und Nichtentgegenstehen über- **3700** wiegender Interessen sowie Vereinbarkeit mit den wichtigen Anliegen der Raumplanung zu sagen: Hier geht es durchwegs um einen ganz ausserhalb eines baulichen bzw. bewerbsmässigen Geschehens bzw. eines Ergebnisses davon liegenden Zweck (nicht wie bei der Standortgebundenheit); diese Zwecke sind jedoch im Unterschied zum Zweck der

Zonengemässheit von viel umfassenderer, beinahe universeller Art. Allerdings wird auch der Zweck der Zonengemässheit im Lichte dieser höheren Zwecke bewertet.

3701 c) Im BGE vom 6. August 1997 (l.A.403/1996, nicht amtlich publiziert, gemäss NZZ, Wängi/TG, betr. Masthallen, Rz 3987) gelangte die Problematik der Beurteilung der bodenunabhängigen Produktion unter dem Gesichtspunkt der Standortgebundenheit statt Zonengemässheit zum Ausdruck; es wurde jedoch einstweilen von einer Überprüfung der Praxis abgesehen, «weil die massgeblichen Gesetzesbestimmungen ... ohnehin revidiert werden sollen». Das ist in jenen Fällen eine fragwürdige Begründung, wo die Beurteilung zu einer Verneinung der Zonengemässheit führt, aber mit der Möglichkeit zu rechnen ist, dass keine überwiegenden öffentlichen Interessen entgegenstehen[7a].

3. Zu Bauvorhaben für im traditionellen Sinne landwirtschaftliche/ gärtnerische Zwecke (Rz 3692)

3702 Hiezu wird auf die Ausführungen zu RPG Art. 16 in der Fassung von 1998, 16a und 16b (Rz 4011–4064) verwiesen.

C. Zu den Bauvorhaben für drei atypische ländliche Produktionsarten in der Landwirtschaftszone

1. Zu den Bauvorhaben für die bodenunabhängige Produktion zur Existenzsicherung

3703 Hiezu wird auf die Ausführungen zu RPG Art. 16a in Rz 4024 f verwiesen.

2. Zu Bauvorhaben für zwar nicht landwirtschaftliche, aber dem Landwirtschaftsbetrieb nahe Gewerbe zur Existenzsicherung

3704 Hiezu wird auf die Ausführungen zu RPG Art. 24b in Rz 3822 f verwiesen.

3. Zu den Bauvorhaben für örtliches Kleingewerbe

3705 Hier wurde lange Zonenwidrigkeit angenommen.
Der Zweck, «die Bevölkerung ausserhalb der Bauzone mit den notwendigen Gütern und Leistungen zu versorgen», bildete erstmals im BE-Baugesetz von 1985 Art. 82 einen Erlaubnisgrund für das Bauen ausserhalb der Bauzonen (Rz 3899).
Es kam zur gleichen Entwicklung wie in Rz 3743b, und zwar ohne dass das örtliche Kleingewerbe der Erzielung des für die Existenzsicherung von Landwirtschaftsbetrieben erforderlichen Einkommens zu dienen hatte. Befördert wurde diese Entwicklung durch den Wortlaut von Art. 24 I lit. b der Verordnung von 1989/1996 mit seiner Erwähnung des örtlichen Kleingewerbes (Rz 3264) und schliesslich durch die Verordnung 2000 (Rz 4006 f). Allerdings gilt Letzteres nur für «bestehende Gebäude oder Gebäudekomplexe mit Wohnungen» in «Gebieten mit traditioneller Streubauweise, (die von Abwanderung betroffen sind und) in denen die Dauerbesiedlung im Hinblick auf die anzustrebende

---

[7a] Im BGE 125 II 278 (Boppelsen/ZH, betr. Kräutergärtnerei) wird eine «Vorwirkung» der damals bereits angenommenen RPG-Revision von 1998 abgelehnt.

räumliche Entwicklung gestärkt werden soll», und auch dies nur dann, wenn die Kantone solches zusätzlich generell beschlossen hatten sowie in der Richtplanung entsprechend Vorsorge getroffen war. Bei alledem ist zu berücksichtigen, dass sich die Verordnung zum RPG *nicht* anheischig machte, die Zonengemässheit, sondern die Standortgebundenheit zu präzisieren (Rz 3779 mit FN 12).

4. Kasuistik

— Mit dem ZH-Verwaltungsgerichtsentscheid vom 5. Juni 1984 (BEZ 1984 Nr. 26) wurde das Verbot betreffend umfangreiche bauliche Vorkehrungen (detailliert beschrieben) bestätigt; es sollte damit aus einem landwirtschaftlichen Schopf ein Lager- und Garagengebäude gemacht werden. Ob der Bauaktive (kein Landwirt!) darin sein Installationsgeschäft verlegen will, wurde als unerheblich bezeichnet; «entscheidend ist die objektive Eignung (nämlich: des Nachher-Zustandes), die klarerweise weit über die bisherigen Nutzungsmöglichkeiten hinausgeht.» 3706

— Mit dem BGE vom 28. September 1988 (Oberiberg/SZ, in: ZBl 1989 S. 537–542) wurde das Verbot, in einer Alpstallung einen Kiosk mit Verpflegungsmöglichkeit einzurichten, bestätigt, obwohl in der Umgebung mehrere ähnliche Einrichtungen bewilligt oder eigenmächtig vorgenommen worden waren; denn die Behörden erklärten sich bereit, in Zukunft für die ordnungsgemässe Anwendung von RPG Art. 24 besorgt zu sein. Es handelte sich hier zwar um Kleingewerbe, aber solches nicht für die Ortsansässigen, sondern für Touristen. Siehe Rz 997 und 4006 ff.

— Im BGE 113 Ib 303–306 (Richterswil/ZH, Vorläufer von RB 1986 Nr. 88, hier nur Leitsatz) wurde die Verweigerung des Umbaues eines infolge landwirtschaftlicher Lenkungsmassnahmen (Rz 4109 f) stillgelegten, im Jahre 1968 bewilligten Schweinestalles in einen Lagerraum, mit Vermietung an einen Handelsbetrieb für Dentalgegenstände und Geschenkartikel bestätigt. Das war kein örtliches Kleingewerbe. Siehe Rz 3991 f und 4006 ff.

D. Zu den Bauvorhaben für acht atypische Wohnarten in der Landwirtschaftszone

1. Zu Bauvorhaben für das Wohnen der abtretenden landwirtschaftlichen Generation (Altenteil, Stöckli)

a) Im BGE vom 24. November 1978 (Ruswil/LU, in: ZBl 1979 S. 480, gesetzliche Grundlage war noch das eidg. Gewässerschutzgesetz; dgl. BGE vom 10. November 1978, Küssnacht/SZ, in: ZBl 1979 S. 355; siehe Rz 4015) und im BGE 116 Ib 228, 231 (Schlossrued/AG, gesetzliche Grundlage ist das RPG) heisst es: 3707

> «Es kann einem betagten Bauern nicht zugemutet werden, seinen Hof im Hinblick auf die Aufgabe der landwirtschaftlichen Tätigkeit zu verlassen. Im übrigen kann dadurch die bäuerliche Sozialstruktur aufrechterhalten bleiben, zu der auch das Verbleiben des abtretenden Landwirts auf dem Hof gehört. Dieser kann weiterhin wertvolle Dienste für die Bewirtschaftung des Hofes leisten, sei es mit Besorgung, mit Ratschlägen in Zeiten grosser Arbeitsbelastung oder angesichts besonderer Umstände wie Krankheit oder Militärdienst.»

Dass durch ein Bauvorhaben ausserhalb der Bauzone für einen Landwirtschaftsbetrieb der «Generationenwechsel erleichtert» werde, bildete im geschriebenen Recht erstmals 3708 im BE-Baugesetz von 1985 Art. 81 einen Erlaubnisgrund (Rz 3899). Zum Ausdruck «abtretende Generation» allgemein siehe Rz 4019.

3709   b)   Diese Überlegung gilt, ob nun für die «abtretende Generation» neben dem bestehenden Gebäude ein Stöckli gebaut werde oder ob umgekehrt die den Landwirtschaftsberuf weiterhin ausübenden Nachkommen das bestehende Gebäude der «abtretenden Generation» überlassen, aus diesem ausziehen und für sich nebenan in angemessenem Umfang neue Räumlichkeiten erstellen; man könnte hier von einem umgekehrten Stöckli sprechen (je Dependenzgebäude gemäss Rz 207).

3710   c)   Anstatt eines Neubaues kommen auch Um-, Auf- und Anbauten (Rz 179 ff), sei es für die «abtretende Generation», sei es für die weiterhin landwirtschaftlich tätigen Nachkommen, in Betracht. Es braucht hier den Nachweis des «Nicht-Entgegenstehens überwiegender Interessen» nach RPG Art. 24 I lit. b (Fassung von 1979) bzw. Art. 24 lit. b (Fassung von 1998) oder denjenigen der «Vereinbarkeit mit den wichtigen Anliegen der Raumplanung» nach RPG Art. 24 II (Fassung von 1979) bzw. Art. 24c II (Fassung von 1998) m.E. überhaupt nicht, wenn das Vorhaben baulich nicht überdimensioniert ist oder nicht statt eines Neubaues nebenan objektiv ein Um-, Auf- oder Anbau auch genügt[8].

3711   d)   Ob man hier sagen will, solche Bauvorhaben seien erlaubt, weil sie dem Zonenzweck entsprechen, oder ob man eher mit dem Vorliegen der Gebundenheit an einen Standort ausserhalb der Bauzonen argumentieren will, ist weitgehend Ansichtssache (Rz 3698 f).

3712   e)   Die Verordnung von 1989/1996 und die RPG-Revision 1998 äusserten bzw. äussern sich zum Stöckliproblem nicht.
Gemäss Verordnung 2000 Art. 34 III Schlusspassus und den Erläuterungen hiezu (S. 25) ist Wohnraum für die «abtretende Generation, die ein Leben lang in der Landwirtschaft gearbeitet und in der Landwirtschaftszone gewohnt hat», zonengemäss. Letztere hat allerdings nur dort Anspruch auf einen Neubau, wo die allgemeinen Voraussetzungen der Zonenkonformität für Wohnbauten erfüllt sind; der in diesem Sinne erforderliche Wohnbedarf ist vorab innerhalb der bestehenden Gebäudevolumina zu befriedigen; soweit die Voraussetzungen erfüllt sind, kann auf dem Betrieb allenfalls auch für drei Generationen Wohnraum geschaffen werden. Der Raumbedarf für die abtretende Generation wird dabei in der Regel kleiner sein als jener der Betriebsleiterfamilie.

2. Zu Bauvorhaben für den zur Existenzsicherung einen auswärtigen Nebenerwerb ausübenden Leiter des Landwirtschaftsbetriebes

3713   a)   Auch solche Bauvorhaben waren anfänglich in der Landwirtschaftszone als zonenwidrig einzustufen. Mit der grundsätzlichen Anerkennung der der Existenzsicherung dienenden inneren Aufstockung als zonengemäss (und/oder standortgebunden, Rz 4024) wurde aber auch diese Beurteilung grundsätzlich hinfällig.

---

[8] Solches traf in dem mit BGE 116 Ib 228, 233 f (Schlossrued/AG) beurteilten Fall zu, weshalb die Bewilligung für den vorgesehenen Neubau verweigert wurde; es handelte sich hier aber nicht um eine Landwirtschaftszone gemäss RPG, sondern um ein kommunales Landwirtschafts- und Forstgebiet (Rz 3744).

Mit dem BGE 116 Ib 228–235 (Schlossrued/AG) wurde zwar das Verbot des Wiederbaues anstelle eines vor mehr als 20 Jahren abgebrochenen Wohngebäudes unter Bezugnahme auf Erich Zimmerlin, 1985, § 224, N. 4d bestätigt, es wurde aber als möglich bezeichnet, den Wohnbedarf des auch auswärts erwerbstätigen landwirtschaftlichen Betriebsleiters durch Umbauten in einem bestehenden Gebäude zu befriedigen.

3714

b) Die eigentliche Wende geschah aber erst durch den BGE 121 II 307–316 (Arni/BE). Diese ist insbesondere in Verbindung mit dem bezüglich Anerkennung von Gebäuden für bodenunabhängige landwirtschaftliche Produktion sowie für nicht landwirtschaftliche, aber betriebsnahe Gewerbe zur Existenzsicherung wichtigen BGE 117 Ib 270, 282 (Steinen/SZ, Rz 4031) zu sehen.

3715

Hier kam erstmals in einem publizierten Entscheid das Kriterium der Existenzsicherung durch innere Aufstockung[9] eines landwirtschaftlichen Betriebs im Hinblick auf Bauvorhaben für das Wohnen des im Nebenberuf auswärts tätigen, landwirtschaftlichen Betriebsleiters samt Familie zur Sprache. Als Anknüpfungsmöglichkeit für den Praxiswechsel diente auch hier das Bundesgesetz über das bäuerliche Bodenrecht, Art. 7 I, in Kraft seit dem 1. Januar 1994 (BGBB, SR 211.412.11). Rz 4109.

3716

Da hier der Landwirtschaftsbetrieb (Fläche nur 4,5 ha; trotzdem kein Zwergbetrieb?) mit einem Wohngebäude (in welchem die früher hier voll landwirtschaftlich tätig gewesenen Eltern des jetzigen Betriebsleiters ein lebenslanges Wohnrecht haben) zur bodenabhängigen Produktion mindestens die halbe Arbeitskraft einer bäuerlichen Familie (also mindestens 2'100 Arbeitsstunden im Jahr) beansprucht, aber für sich allein nur etwa Fr. 21'000.– oder 41% des auf Fr. 51'200.– bezifferten Existenzbedarfes einer solchen Familie sicherstellt, gestattete das Bundesgericht grundsätzlich die Schaffung zusätzlicher Wohngelegenheiten für den Sohn, welcher der Leiter des Landwirtschaftsbetriebes ist, aber nur im Nebenberuf landwirtschaftlich tätig ist (Hauptberuf: Bundesbeamter, Gattin: Kinderschwester). Allerdings verweigerte das Bundesgericht die Zustimmung zum vorgesehen Wohnhausneubau; es verlangte, dass noch geprüft werde, ob der Betrieb nicht «sinnvollerweise von einer nahen Bauzone oder einem landwirtschaftlichen Weiler aus bewirtschaftet» würde[10], ob «eine dauernde Anwesenheit des Betriebsleiters gar nicht erforderlich ist» und ob Vereinbarkeit mit den wichtigen Anlagen der Raumplanung bestehe[11]. Zur Verhinderung von «allfälligen Missbräuchen» sind zweckmässige Bedingungen und Auflagen, wie etwa das Abparzellierungs-, Realteilungs und Zerstückelungsverbot in die allfällige Bewilligung aufzunehmen.

3717

Hier wird die Lockerung für Wohnbedürfnisse eines zwar echt landwirtschaftlich, aber nicht hauptberuflich, auch anderswo zu Erwerbszwecken tätigen Betriebsleiters gewährt;

3718

---

[9] Beim Ausdruck «innere Aufstockung» wird zwar vorerst an dasjenige zusätzlichen Einkommen gedacht, welches der landwirtschaftliche Betriebsleiter im Hof selbst dadurch erzielt, dass er auch bodenunabhängige Produktion betreibt, ein nicht landwirtschaftliches, dem Landwirtschaftsbetrieb nahes Gewerbe führt. Es steht jedoch nichts dagegen, dass man auch die Erzielung eines Nebeneinkommens durch auswärtige Tätigkeit oder durch Vermietung an Dritte hiezu zählt.

[10] Das ist ein Gedanke, welcher bereits in BGE 121 II 67 (Biologischer Landbau in der Gemeinde X./ZH) anzutreffen ist.

[11] Dieser Hinweis überrascht im Zusammenhang mit der Abklärung der Zonengemässheit, welche ja ein Erfordernis von RPG Art. 22 II lit. b darstellt, während die Vereinbarkeit mit den wichtigen Anliegen der Raumplanung zu RPG Art. 24 II gehört. Die Erklärung liegt wohl in Rz 3952 f.

optisch macht sich dies auf dem Hof nicht besonders bemerkbar. Bei den übrigen Aufstockungsarten verhält es sich wohl anders.

3719 Voraussetzung ist dabei immer, dass das aus der bodenabhängigen Produktion ziehbare Einkommen grösser bleibt als das Einkommen aus der Erwerbstätigkeit anderswo bzw. aus den sonstigen, nicht landwirtschaftlichen Tätigkeiten auf dem Hof. Das traf allerdings im BGE 121 II 307 ff (Arni/BE) gerade nicht zu. Der Stöckli-Gedanke wirkte hier verunklärend. Siehe Rz 3707 f.

3720 Es steht jedem Mann, jeder Frau frei, irgendeinem Erwerb nachzugehen, auch ausserhalb des Wohnsitzes; das gilt auch für diejenigen, welche daneben oder hauptsächlich noch einen landwirtschaftlichen Beruf ausüben. Das heisst aber nicht, dass auch überall gewohnt werden darf. Ein allfälliges Verbot wird jedoch etwas gelockert, wenn der landwirtschaftliche Beruf einen verhältnismässig grossen Anteil am Gesamterwerb ausmacht.

3. Zu Bauvorhaben für das Wohnen von nicht landwirtschaftlich tätigen Familienangehörigen des jetzigen oder früheren Leiters des Landwirtschaftsbetriebes

3721 Ursprünglich galten solche Vorhaben, wenn sie gerichtlich zu beurteilen waren, als zonenwidrig und daher unzulässig. In dem allerdings noch auf die Gewässerschutzgesetzgebung abgestützten BGE vom 24. November 1978 (Ruswil/LU, in: ZBl 1979 S. 480, 484) handelte es sich um den landwirtschaftlichen Betrieb des Fridolin M. sen. mit zwei Wohnhäusern und Ökonomiegebäuden; im einen Haus (mit zwei Wohnungen) wohnte zuerst Fridolin M. sen., später F.M. jun. (nach Übereignung auf ihn), im andern (mit drei Wohnungen) wohnten der Sohn Franz M., welcher eine Schweinezucht betrieb, die Tochter U. Z.-M., welche mit einem Mechaniker verheiratet war, und später auch Fridolin M. sen. Die Gemeinde bewilligte Fridolin M. sen. die Aufstockung eines Ökonomiegebäudes zur Schaffung einer Wohnung für den Sohn Niklaus M., welcher den Hof als Pächter führte. Das Bundesgericht hob die Bewilligung auf Beschwerde einer Nachbarin hin auf; es bestehe kein sachlich begründetes Bedürfnis, «wenn Nachkommen des früheren oder gegenwärtigen Betriebsinhabers mit ihren Familien auf dem elterlichen Hof Wohnraum beanspruchen, ohne dass sie selbst in der Landwirtschaft tätig sind»[12].

3722 Diese Regelung zeigt: Es gibt kein allgemeines Recht, überall zu wohnen, weder für diejenigen, welche keiner verwandtschaftliche Beziehungen zu Landwirten haben, noch für diejenige, welche solche haben, auch nicht bezüglich des Gebäudes, in welchem deren Eltern und sonstige Verwandte zu Recht wohnen oder einmal gewohnt haben.

3723 Auch hier kam es zu den normativen Auswirkungen gemäss Rz 3743b. Zu den realen Auswirkungen der Revision von 1998 siehe Rz 3974.

4. Zu Bauvorhaben für den persönlichen Bedarf des nicht landwirtschaftlich tätigen Eigentümers des Landwirtschaftsbetriebes, welchen jener durch einen Pächter/Betriebsleiter führen lässt

3724 a) Es geht hier um Situationen, in welchen jemand, der einen nicht landwirtschaftlichen Hauptberuf ausübt (Rz 3682 f) und/oder wohlhabend ist, als Gutsherr sein Leben

---

[12] Die Folge, dass die Familie der Tochter ausziehen musste, wurde als zumutbar erachtet. Das war ein harter Entscheid.

führen will. Bauvorhaben für dessen persönlichen Bedarf werden als nicht zonengemäss und daher unzulässig bewertet.

Im BGE 112 Ib 259–263 (Gemeinde X./VD, kommentiert von Peter M. Keller, in: BR 1988 Heft 1 S. 7–10) handelte es sich um Folgendes: Die Baudirektion verweigerte einem Ingenieur, das eine von zwei Wohnhäusern seines grossen Landwirtschaftsbetriebes (65 ha) zu dessen Alterssitz umzugestalten; die kantonale Rekurskommission hob die Verweigerung auf, das Bundesgericht bestätigte jedoch die Verweigerung; die erforderliche Beaufsichtigung des Betriebes erfolge durch den von ihm angestellten, im anderen Gebäude wohnenden Betriebsleiter mit Familie, seine eigene ständige Anwesenheit sei nicht nötig. Wie stünde es im «umgekehrten Fall» (der nichtlandwirtschaftliche Eigentümer hat hier ein geräumiges Wohnhaus, er braucht Wohnunterkünfte für die landwirtschaftlich tätigen Personen)? Es gälte wohl Analogie zu BGE vom 24. November 1978 (Ruswil/LU, in: ZBl 1979 S. 480). 3725

Dass Bauvorhaben für den persönlichen Bedarf des nicht landwirtschaftlich tätigen Eigentümers des Landwirtschaftsbetriebes, welch Letzteren jener durch einen Pächter/Betriebsleiter führen lässt, inzwischen, insbesondere seit der RPG-Revision von 1998, zulässig geworden wären, ist aber kaum anzunehmen. 3726

b)   Es will allerdings kaum jemand das Leben eines Gutsherrn führen, welcher weder früher selbst einmal als Landwirt tätig war noch dies heute sein will noch Eigentümer der Hofes ist. Die rechtliche Erfassung von Situationen, in welchen solches aktuell wird, lässt sich deshalb am leichtesten über die Regelung des BGBB (SR 211.412.11) Art. 61 ff bezüglich des Erwerbes von landwirtschaftlichen Gewerben oder Grundstücken durch Nicht-Selbstbewirtschafter in den Griff bekommen. Der Nichtselbstbewirtschafter ist hiernach grundsätzlich vom Erwerb ausgeschlossen. Rz 4109 f. 3727

5. Zu Bauvorhaben für den weiterhin landwirtschaftlich Tätigen, welcher sein landwirtschaftliches Wohnhaus verkauft hat

a)   Im BGE 103 Ib 110 ff (Gattikon/ZH, noch gewässerschutzgesetzlicher Fall) wollte der Eigentümer, welcher den väterlichen Landwirtschaftsbetrieb übernommen hatte, nach Verkauf des Bauernhauses, Einbezug seines Landes in ein Quartierplanverfahren mit nachheriger Überbauung des Landes in der Bauzone auf dem ihm verbliebenen Land ausserhalb der Bauzone ein grösseres Wohnhaus mit Rindermast erstellen; das Bundesgericht bestätigte die Verweigerung. Im BGE vom 24. November 1978 (Ruswil/LU, in: ZBl 1979 S. 480) wurde als obiter dictum erklärt: «Ein Landwirt kann sich nicht dadurch einen Anspruch auf Bewilligung eines neuen Wohnhauses ausserhalb der Bauzone verschaffen, dass er die der Betriebsgrösse angepassten Gebäulichkeiten in der Absicht veräussert, auf einem nicht verkauften Teil seiner Liegenschaft neue Gebäude zu erstellen.» Offen ist beim ersterwähnten Entscheid, auf wie weit zurückliegende Verkäufe dieses «Eingefrieren» wirkt. Wie verhält es sich im umgekehrten Fall: Ein Landwirt verkauft aus gesundheitlichen oder Altersgründen sein Gut ohne das Wohnhaus an einen Landwirt. Hat der Käufer Anspruch auf Bewilligung eines Wohnhauses auf dem Kaufland? Wohl eher ja[12a]. 3728

[12a] Der ZH-Regierungsrat bestätigte mit Beschluss Nr. 1519/1991 (BEZ 1992 Nr. 4) das Verbot für einen Dislokationsbau ausserhalb der Bauzone für ein in der Bauzone verkauftes Gebäude.

3729 Im BGE 107 Ib 40 (Gemeinde X./SZ) ging es zwar nicht um ein Bauvorhaben von jemandem, welcher sein Wohnhaus verkauft hatte, sondern um jemanden, dessen Rechtsvorgänger vor 60 Jahren ein landwirtschaftliches Heimwesen abgebrannt war und welcher nun zur «Reaktivierung» der Landwirtschaft (Schaf- und Ziegenhaltung, aber kein Rindvieh) hier ein Wohnhaus neu bauen wollte. Die Verweigerung wurde bestätigt.

3730 Weder die Praxis zum Existenzsicherungszweck von Vorkehrungen gestützt auf das BGBB (Rz 3713 f) noch die Verordnung von 1989/1996 (Rz 3261 und 3264) noch die RPG-Revisionsvorlage von 1995 (Rz 3263) boten bzw. bieten hier Ansatzpunkte für eine Lockerung zugunsten des Bauaktiven. Dasselbe gilt wohl auch für RPG-Revision von 1998 (Rz 3265 f).

3731 b) Das Vorstehende zeigt: Es gibt kein Recht, überall zu wohnen, weder für diejenigen, welche nie landwirtschaftlich tätig gewesen sind, noch für diejenigen, welche noch landwirtschaftlich tätig sind, wenn sie früher einmal einen Hof besessen, diesen aber verkauft haben.

6. Zu Bauvorhaben für ganzjährigen Aufenthalt von nicht landwirtschaftlich tätigen, nicht mit dem landwirtschaftlichen Betriebsleiter verwandten Menschen

3732 a) Der ganzjährige Aufenthalt erfolgt entweder nicht alternierend durch ein und dieselben Menschen (mit Wohnsitznahme, Rz 3694 ff) oder durch eine Mehrzahl von sich ablösenden Menschen (ganzjährig wochenweise vermietete Ferienwohnung, Bed and Breakfast, ohne Wohnsitznahme).

3733 Solche Vorhaben galten vom Inkrafttreten des RPG an zumindest bis zum Inkrafttreten der Verordnung von 1989 in der Landwirtschaftszone als zonenwidrig und waren daher verboten, soweit sie nicht als Erneuerung oder teilweise Änderung gemäss RPG Art. 24 II in Betracht kamen (Rz 3850 f).

3734 Der Umstand, dass ein Bauvorhaben den Zweck hat, «der einheimischen Bevölkerung Raum für das dauernde Wohnen in ihrer angestammten Umgebung zu bieten» oder «den im Gebiet dauernd hauptberuflich Tätigen Wohnraum in ihrem hauptberuflichen Tätigkeitsgebiet zu verschaffen», bildete erstmals im BE-Baugesetz von 1985 Art. 82 eine Voraussetzung für die Erlaubnis von zusätzlichem Wohnraum ausserhalb der Bauzonen (Rz 3899 f); Ersteres sollte der Verhinderung von Abwanderung, Letzteres der Förderung erwünschter Ansiedelung (zB Tierarzt, Lehrer in einem abgelegenen Schulhaus usw.) dienen. «Einheimisch» war hier nicht identisch mit «landwirtschaflich tätig».

3735 b) Das Erfordernis des ganzjährigen Aufenthaltes der nicht landwirtschaftlich Tätigen (Art. 24 der Verordnung von 1986/1996) zeigt deutlich die innere Widersprüchlichkeit der Überlegungen, welche zu dessen Statuierung geführt haben. Entweder verstösst der Aufenthalt von nicht landwirtschaftlich Tätigen in dieser Zone gegen das öffentliche Interesse; dann ist der ganzjährige Aufenthalt eher – nach dem allerdings fragwürdigen Schluss a fortiori – abzulehnen als der zeitlich beschränkte. Der Grund für die Gegenteiligkeit ist komplex: Der bloss temporäre Aufenthalt von zur Familie oder zum Bekanntenkreis des Eigentümers gehörenden Menschen kann polizeilich überhaupt nicht erfasst werden und derjenige von nicht hiezu gehörenden kann höchstens über Meldepflichten des Gastgewerbsgesetzes oder des Kurtaxenrechtes erfasst werden; das wird nicht als ein raumplanerisch genügender Aufhänger angesehen. Sodann wird befürchtet, dass die Kapazität der Wasser- und Stromversorgung sowie der Abwasserentsorgung auf den Spitzenbedarf während der touristischen Hochsaison ausgerichtet werden muss und während des restlichen Jahres weitgehend brachliegt. Zudem gibt fast nur der ganzjährige, nicht alternierende Aufenthalt der Gemeinde Anspruch auf die Erhebung von Einkommenssteuern. Ästhetisch unerwünscht, aber kaum als solches verbietbar, ist auch, dass bei Ferienwohnungen während eines grossen Teiles des Jahres die Fensterläden geschlossen bleiben. Siehe auch BGE 112 Ia 65 ff (Bever/GR).

c) **Zur rechtlichen Durchsetzbarkeit**

Das Gemeinwesen bekommt den Übergang von der Bewohnung eines Gebäudes durch landwirtschaftlich Tätige zur Bewohnung durch nicht landwirtschaftlich Tätige nur in den Griff, wenn entweder mit dem Übergang bauliche Änderungen verbunden sind (Rz 329 f) oder aber der Übergang als solcher erfasst wird, sei es, weil für Eigentumsübertragungen, sei es, weil für Vermietungen die Bewilligungsbedürftigkeit statuiert wird. Solche Bewohnungswechsel gehen zwar wegen des meist bescheidenen Komfortes der bisherigen Räumlichkeiten selten ohne bauliche Vorkehrungen ab, doch handelt es sich in vielen Fällen nur um nicht bewilligungsbedürftige Reparaturen und Renovationen (vgl. auch Rz 3984). Für die Übergabe durch blosse Vermietung fehlte bisher jede Bewilligungsbedürftigkeit. Diese gilt baurechtlich aber auch für den wichtigeren Fall der Eigentumsübertragung. Doch kommt es hier insoweit zu einer weitgehenden Kontrolle, als Art. 61 des Bundesgesetzes über das bäuerliche Bodenrecht (SR 211.412.11, Rz 4109) anwendbar ist, welcher den Eigentumserwerb von landwirtschaftlichen Gebäuden durch Nicht-Selbstbewirtschafter massiv einschränkt. Weil diejenigen, welche sich ganzjährig oder auch sonst häufig in einem ehemaligen Bauernhaus aufhalten wollen, dies meistens nur tun, wenn sie auch Eigentümer werden können, bekommt das Gemeinwesen diese Fälle der landwirtschaftlichen Entwidmung heute doch recht häufig in den Griff.

3736

d) **Kasuistik**

– Entscheid des AG-Verwaltungsgerichtes vom 6. April 1983 (Merenschwand/AG in: ZBl 1983 S. 458–462): Das Verbot, das zweite Obergeschoss eines Bauernhauses zu einer zur (ganzjährigen?) Vermietung an Dritte bestimmten Vierzimmerwohnung umzubauen, wurde bestätigt; ein zuvor eingereichtes Gesuch zum Umbau der unteren Gebäudeteile zu zwei zur (ganzjährigen?) Vermietung an Dritte bestimmten Wohnungen war jedoch bewilligt worden; dass der 14- und/oder der 15-jährige Sohn möglicherweise später einmal den Hof übernehmen und dann hier wohnen wollten, spielte keine Rolle. «Die Schaffung von neuen, selbständigen und in sich geschlossenen Wohneinheiten bildet ein zutreffendes und praktisches Kriterium für die Beurteilung der Frage, wann bauliche Massnahmen die Grenzen von Unterhalt- und Erneuerungsvorkehren überschreiten.»[13]

3737

---

[13] Diese Aussage wurde noch zur Zeit der Geltung des strengen AG-altBauG § 224 gemacht. Der Kanton Aargau hatte damals noch keine nach Bundesgerichtspraxis beachtlichen Ausführungsvorschriften zu RPG Art. 24 II (Fassung von 1979) festgesetzt (Rz 3900 f). Alexander Ruch bezeichnet in einer redaktionellen Note den Entscheid im Ergebnis als richtig, die Begründung vermöge aber «nicht ganz zu befriedigen», insbesondere wegen der Überschätzung der dem Kanton gemäss RPG Art. 24

- Im BGE 108 Ib 53–56 (Meiringen-Unterbäch/BE) wurde das Verbot bestätigt, ein aus Wohn- und Ökonomieteil mit Stall bestehendes, älteres Wohnhaus so zu ändern, dass das Gebäudevolumen vergrössert wird, desgleichen die bisherige Wohnfläche; das Bauernhaus würde zu einem reinen Wohnhaus; von der Wahrung der Identität könnte keine Rede mehr sein. Über die «Auslegungsformel» des BE-Verwaltungsgerichtes (Rz 3897) zu dem mit RPG Art. 24 II nahezu übereinstimmenden, damaligen bernischen Ausführungsrecht (noch nicht Fassung von 1985, Rz 3899!) geht das Bundesgericht hinweg; es will weiterhin RPG Art. 24 II «weniger starr interpretieren».
- Im BGE 108 Ib 130–136 (Maladers/GR) hatte der Regierungsrat die Einrichtung eines Schlafraumes mit Kochgelegenheit in einer bisher unbewohnten Heubarge verboten, das GR-Verwaltungsgericht hob die Verweigerung auf; das Bundesgericht bestätigte das Verbot.
- BGE vom 15. Juni 1982 (Feusisberg/SZ, in: ZBl 1984 S. 77–79): Die (vom Regierungsrat und Verwaltungsgericht ausgesprochene) Aufhebung des von der kantonalen Justizdirektion ausgesprochenen Verbotes der Errichtung eines Zweifamilienhauses mit angebautem Garage- und Lagertrakt (für eine in Pfäffikon/SZ befindliche Schmiede- und Installationswerkstätte) anstelle eines landwirtschaftlichen Wohnhauses mit angebautem Schweinestall (Differenzbau, Rz 203 ff; Dislokations-/Dependenzbau, Rz 208 f) wurde aufgehoben; es blieb also beim Verbot. Das Gebäudevolumen wäre von 910 m^3 um 150 m^3 und die Geschossfläche um wenigstens 723 m^2 erweitert worden.
- Mit dem BGE 110 Ib 264–266 (Gemeinde X./GR) wurde das Verbot, ein ursprünglich rein landwirtschaftliches Maiensäss-Gebäude in ein Ferienhaus hinüberzuführen, bestätigt.
- Mit dem BGE vom 1. Mai 1985 (Gemeinde X./GR, Information, RP 1985 Heft 3 S. 13) wurde das Verbot, ein Maiensäss-Gebäude statt wie bewilligt an Ort und Stelle in einer Entfernung von 80–100 m vom bisherigen Standort wiederzubauen, bestätigt (Dislokationsbau, Rz 208); auch bei Standortbedingtheit besteht keine Standortwahlfreiheit; die Zonengemässheit war zudem schon bisher fraglich, weil die Hütte während eines Teiles des Jahres an Feriengäste vermietet wurde (Rz 3687).
- Mit dem BGE 116 Ib 228–235 (Schlossrued/AG) wurde das Verbot des Wiederbaues anstelle eines vor mehr als 20 Jahren abgebrochenen Wohngebäudes unter Bezugnahme auf Erich Zimmerlin, 1985, § 224, N. 4d bestätigt. Siehe auch: Rz 3714[14].
- ZH-Regierungsratsrekursentscheid Nr. 1240/1993 (BEZ 1993 Nr. 23): Der Einbau einer betrieblich nicht notwendigen Wohnung in eine Scheune ist verboten; es ist belanglos,

---

II zur Verfügung stehende Lockerungsmöglichkeiten. Die erste und zweite Bauetappe wären auf jeden Fall «zusammengerechnet» zu beurteilen gewesen und hätten dann nicht mehr als bloss teilweise Änderung behandelt werden können (Rz 186 ff, 3926); es war 1983 noch nicht üblich, mit einer «innern Aufstockung» zu argumentieren.

[14] Peter Dilger, S. 255 f, bezeichnet an sich zu Recht die beiden hier vorkommenden Kriterien (bei Abbruch noch bestimmungsmäss möglich gewesene Nutzbarkeit des Gebäudes [keine «Ruine»] und Dahinfall des Interesses am Wiederbau in der Zwischenzeit) als nicht überzeugend; in der Tat ändert weder das Vorliegen das geringste am Vorliegen oder Nichtvorliegen von Zonengemässheit oder, was eigentlich allein in Art. 24 I bedeutsam ist, bezüglich Standortgebundenheit. Hier spielt wohl einfach die Frage der individuellen Zumutbarkeit des Verbotes eine Rolle. Bei einer «Ruine» und einem Verstreichen von 20 Jahren liegt wohl ein Indiz für Zumutbarkeit des Verbotes vor.

dass die Familie des Bauaktiven bis 1969 einen Landwirtschaftsbetrieb geführt hatte. Auch nach der RPG-Verordnung und der RPG-Revision von 1998 ist die Vorkehrung kaum zulässig, wenn es sich nicht um ein schützenswertes Gebäude handelt (Rz 3974 f).
– ZH-Verwaltungsgerichtsentscheid vom 30. November 1995 (RB 1995 Nr. 66; BEZ 1996 Nr. 4): Die Umgestaltung (detailliert beschrieben) eines alten Bauernhauses in ein Dreifamilienhaus ist verboten; es ist belanglos, dass damit zusätzlicher Wohnraum geschaffen wird; es handelte sich zudem um ein als kommunales Schutzobjekt inventarisiertes Gebäude und es wäre mit mehr Motorfahrzeugverkehr zu rechnen.
– BGE 124 II 538 (Maladers/GR): Die von der Vorinstanz unabhängig von baulichen Änderungen vorgenommene zeitliche Beschränkung der Bewohnbarkeit eines «Ersatzferienhäuschens für eine alte Maiensässhütte» wird mangels gesetzlicher Grundlage aufgehoben.

7. Zu Bauvorhaben für nicht ganzjähriges Wohnen von nicht landwirtschaftlich tätigen Menschen

Solche Vorhaben führten in der Landwirtschaftszone bis zur RPG-Revision von 1998 zu einem zonenwidrigen Zustand, auch wenn die Vermietung als Ferien-, Wochenend- oder Zweitwohnung, Gewährung von Bread and Breaktfast zur nötigen Erhöhung des Einkommens des landwirtschaftlichen Betriebsleiters führte oder es nur um eine Unterkunft während des Heuet oder der Jagdzeit ging. Siehe die Kasuistik in Rz 3737. 3738

Der oft gehörte Satz «*Wohnen bleibt Wohnen (wer immer auch wohnt)*» hat bis 1998 nur mit Vorbehalt gegolten, wenn damit die Zulässigkeit einer im Wohnbereich verbleibenden bewerbsmässigen Änderung ausgedrückt werden sollte. Es gab damals einen Wechsel vom Wohnen zum Wohnen, welcher mehr als eine bloss teilweise Änderung darstellte. Das Bundesgericht nahm allerdings schon in einem – nicht publizierten – Entscheid vom 27. Mai 1992 (Scuol/GR) und Walter Haller/Peter Karlen nahmen in N. 734 Zulässigkeit einer Auswechslung der Wohnart an, weil eine nur teilweise Änderung vorliege; Mario Barblan sprach jedoch auf S. 212 ff von einer mehr als teilweisen Änderung. 3739

Die PBG-Revision von 1998 hat hier wohl eine Lockerung zugunsten des Bauaktiven bewirkt. Rz 3974 f.

8. Zu Bauvorhaben für das Wohnen von sonstigen Menschen, deren Anwesenheit landwirtschaftlich nicht nötig ist

Siehe Rz 4014.

E. Zu Bauvorhaben für ungewöhnliche ländliche Zwecke in der Landwirtschaftszone

1. Zu Bauvorhaben für sozial-medizinische Therapie mit Einbezug landwirtschaftlicher Tätigkeit in Wohngemeinschaften

– Im BGE vom 13. April 1983 (Bäretswil/ZH, in: ZBl 1983, S. 453–455) ging es um Folgendes: Die von der Gemeinde erteilte Bewilligung, um 150 m von einem im übrigen Gemeindegebiet (Rz 3744 f) gelegenen Heim für Pflegebedürftige entfernt ein Heim für dessen «Senioren» zu errichten (Dependenzbau, Rz 207), wurde von der Baurekurskommission aufgehoben; das ZH-Verwaltungsgericht und das Bundesge- 3740

richt bestätigten die Aufhebung trotz Unterstützung der Bewilligung durch die Baudirektion; dass der Entwurf des Gesamtplanes der Region Zürcher Oberland eine Erweiterung des bestehenden Heimes vorsah, war ohne Belang.
- Das ZH-Verwaltungsgericht bestätigte jedoch in RB 1984 Nr. 980 (ZBl 1985 S. 159, Zürich- Höngg) gegen die Opposition von Nachbarn die Bewilligung einer Drogenentzugsstation für ca. 25 Patienten in einer herrschaftlichen Villa in der Freihaltezone (Umnutzung, Rz 314); es liege «Wesensverwandtschaft» zum früheren Bewerb vor; es sei nicht mit viel Publikumsverkehr zu rechnen.
- Das Bundesgericht bestätigte in BGE 112 Ib 99–105 (Stallikon/ZH, betr. Stiftung Puureheimet Brotchorb) gegen den Widerstand von Nachbarn die Bewilligung, anstelle einer abgebrannten Scheune im übrigen Gemeindegebiet (Rz 3744 f) unter Einbezug eines noch bestehenden Wohnhauses eine landwirtschaftliche Siedlung (Differenzwiederbau, Rz 203 f; Umgestaltung, Rz 200 ff) zu erstellen, um entwurzelten Menschen zu einer Rehabilitierung und Resozialisierung zu verhelfen; wesentlich war dabei, dass es sich hier um arbeitsfähige Leute handelte, ohne dass eine ständige Pflege erforderlich war, und dass die Landwirtschaft ernsthaft unter der Leitung eines ausgebildeten Landwirts erfolgte.
- Das Bundesgericht bestätigte jedoch mit BGE 121 II 67–72 (Gemeinde X./ZH) das Verbot, zusätzlich zu einem Wohnhaus eines nach biologisch-dynamisch geführten Landwirtschaftsbetriebes in der Landwirtschaftszone, in welchem auch aus sozialtherapeutischen Gründen angestellte Menschen mitarbeiteten, zur Deckung des Wohnraumbedarfes zwei Wohnwagen aufzustellen; «Bauten zur Wahrnehmung sozialer Aufgaben sind in der Landwirtschaftszone ... von vornherein nicht zonenkonform»; sie sind höchstens standortgebunden; die Situation sei mit BGE 112 Ib 99–105 nicht vergleichbar.

2. Zu Bauvorhaben für hobbymässigen Pflanzenanbau

3741
- Mit dem BGE 112 Ib 404–409 (Allschwil/BL) wurde das vom BL-Verwaltungsgericht aufgehobene Verbot der Gemeinde, ein eigenmächtig erstelltes Gerätehäuschen (grösser als eine blosse Gerätekiste) fortbestehen zu lassen, aufgehoben (also Verbot). Es fehle Standortgebundenheit und es stünden überwiegende öffentliche Interessen entgegen; die Landwirtschaftszone soll nicht zu einem Schrebergartengebiet werden; zudem hat die Gemeinde eine besondere Zone für Familiengärten. Die unterschiedliche Behandlung von ertragsorientierter/kostendeckender und rein hobbymässiger Landwirtschaft sei gerechtfertigt. Rz 3682.
- (Unveröffentlichter) BGE vom 23. März 1994 (Ebikon/LU, betr. Gartenhaus eines Hobbygärtners, erwähnt in: BGE 121 II 307, 315, Arni/BE): Ob ein Bewerb als beruflich/professionell oder amateur-/hobbymässig ausgeübt wird, scheint hienach grundsätzlich für die Frage der Zonengemässheit belanglos zu sein; eine wichtige Ausnahme besteht aber wohl für das Anpflanzen und Ernten von Gemüse und Obst geschieht dies in Ausübung des Berufes als Landwirt, so ist m.E. der Bereich der Zulässigkeit bedeutend grösser als bei bloss hobbymässiger Betätigung. Rz 3682.

Gemäss Art. 33 IV des Verordnungsentwurfs von 1999 und den Erläuterungen hiezu (S. 21) wären Tätigkeiten, «Betriebe» höchstens dann zonenkonform gewesen, wenn mindestens ein Arbeitsbedarf für 0,3 Standard-Arbeitskräfte (im Sinne der Verordnung vom 7. Dezember 1998 über die Direktzahlungen an die Landwirtschaft, SR 910.13) besteht. Zur Regelung inder Verordnung 2000 und den Erläuterungen hiezu siehe Rz 4017.

3. Zu Bauvorhaben für die Reittier- und sonstige Liebhabertierhaltung

- Gemäss den Entscheid des ZH-Verwaltungsgerichtes vom 17. Januar 1984 (Richterswil/ ZH, ZBl 1984 S. 368–372, auch in: BEZ 1984 Nr. 1) sind im übrigen Gemeindegebiet oder in der Reservezone (Rz 3744 f) die für die Pferdehaltung erforderlichen Ställe mit Futterräumen, Sattelkammer, Umkleideräume usw.) bewilligungsfähig, nicht aber Hallenbauten; geplant war ein Reitsportzentrum. 3742
- Im BGE vom 16. Mai 1989 (X./Y., RP-Information 1989 Heft 4 S. 31) wurde eine Reithalle als nicht zonengemäss und nicht standortgebunden erklärt.
- Im BGE vom 16. Juni 1989 (Wangen/SO, ZBl 1990 S. 187) wurde das Verbot der Erstellung von 40 Hundehütten für Huskies bestätigt, weil diese nicht zonengemäss seien und als Neubauten nicht unter RPG Art. 24 II fielen; negative Standortbedingtheit liege zwar vor, doch es stünden überwiegende Interessen entgegen (kantonale Schutzzone, Lärmimmissionen). Siehe auch den Entscheid des BE-Verwaltungsgerichts vom 29. Juni 1970 (ZBl 1971 S. 286), mit dramatischer Ersatzvornahme. Ferner: BGE vom 5. April 1994 (Rothrist/AG, in: ZBl 1995 S. 166), siehe Rz 3775.
- Mit einem BGE vom 15. Oktober 1993 (Kienberg/SO, ZBl 1994 S. 81–89) wurde das Verbot, ein Gebäude für Pferde- und Pony-Zucht (im Nebenerwerb, ohne ausreichende eigene Futterbasis) zu erstellen, dessen Vorläuferbaute (eine Feldscheune) hätte einfach saniert werden dürfen (unter der Auflage des Nichtabbruches), unter Anwendung der kantonalen RPG-Verordnung bestätigt; es fehle Zonengemäss- und Standortgebundenheit. «Wenn ein Gebäude ... bereits vorbesteht, so heisst dies nicht, dass jede mögliche Nutzung als standortgebunden zu betrachten wäre.» (Rz 3778) Indessen besassen die Rechtsbrecher einen Anspruch auf Wiedererwägung, weil nach Abschluss des kantonalen Verfahrens möglicherweise eine lockerere Regelung eingeführt wurde (Rz 739).
- Mit einem BGE vom 28. März 1995 (Galgenen/SZ, ZBl 1995 S. 178 f) wurde die Bewilligung an einen Landwirt, in einem bestehenden Gebäude seines Betriebes mit genügend eigener Futterbasis einen Pferdestall einzurichten, bestätigt, obwohl diese Pferdehaltung auch einen hobbymässigen Charakter hat.
- BGE 122 II 160–164 (Wittenbach/SG): Ein Landwirt erstellte eigenmächtig neben seinem Wohnhaus in einer alten Scheune vier Pferdeboxen, was die Gemeinde nachträglich bewilligte; Regierungsrat, Verwaltungsgericht und Bundesgericht bestätigten die Bewilligung, weil die Haltung von vier Pensionspferden auf einem Landwirtschaftsbetrieb zonenkonform sei, wenn das auf dem Betrieb bodenabhängig produzierte Futter für die Ernährung der landwirtschaftlichen Nutztiere und der zusätzlichen Pensionspferde ausreicht.
- ZH-Verwaltungsgerichtsentscheid vom 29. Januar 1998 (BEZ 1998 Nr. 2): Dient die Haltung von zwei Pferden keinem Landwirtschaftsbetrieb, sondern nur einem Nebenerwerb eines Nichtlandwirtes, so liege Zonenwidrigkeit der hiefür vorgesehenen Bauten vor; eine Bewilligung nach RPG Art. 24 sei hier nicht angebracht.

Gemäss der Verordnung 2000 Art. 34 und den Erläuterungen hiezu (S. 23/24) ist die Haltung von Pensionspferden zonenkonform, wenn das auf dem landwirtschaftlichen Betrieb produzierte Futter für die Ernährung der landwirtschaftlichen Nutztiere und der

Pensionspferde ausreicht; zudem wird hienach die Vermietung eigener Pferde an Dritte wie auch die Pferdepension über die eigene Futterbasis hinaus, nicht aber ein eigentlicher Reitbetrieb mit einer entsprechenden Infrastruktur als nichtlandwirtschaftlicher Nebenbetrieb im Sinne von RPG Art. 24b (Rz 3823 f) anerkannt. Der Minderheit in der nationalrätlichen Kommission (Amtl. Bull. NR 1997 S. 1845 ff), welche der Landwirtschaftszone auch Land für die Aufzucht und Haltung von Einhufern (Pferde und artverwandte Tiere) zusammen mit der erforderlichen Infrastruktur zuweisen wollte, wird jedoch auch nicht auf dem Umweg über die Verordnung das Wort geredet.

4. Zu Bauvorhaben für die Pflege von Golfrasen und sonstige Sportanlagen

3743 – Gemäss dem BGE 114 I 312 (Morschach/SZ, betr. Meinrad Camenzind) sind Golfsportanlagen in einer Landwirtschaftszone zonenfremd.

F. Zur Zonengemässheit in landwirtschaftszonenähnlichen Zonen und Nicht-Bauzonen

3744 1. Gemäss den BGE 109 Ib 125 ff (Peist/GR), 116 Ib 226 (Schlossrued/AG) und 117 Ib 379 ff (Wislikofen/AG) wurden bauliche und bewerbsmässige Vorkehrungen selbst bei den im bisherigen Sinne landwirtschaftlichen Betrieben (Rz 3692) in kantonal als Land- und Forstwirtschaftzonen oder ähnlich bezeichneten Zonen (zB aargauische Land- und Forstwirtschaftsgebiete gemäss Baugesetz von 1971 § 129) oder in Zonen, welche vorrangig für die Land- und Forstwirtschaft bestimmt sind (zB sogenanntes übriges Gemeindegebiet im Kanton Zürich gemäss altBauG von 1959 § 68c, Rz 3116) nicht nach RPG Art. 22 II, sondern nach RPG Art. 24 I (Fassung von 1979) bzw. Art. 24 II (Fassung von 1979) beurteilt. Das überrascht fürs Erste insoweit, als RPG Art. 22 II eine Regelung von allgemeiner, keineswegs auf Landwirtschaftszonen beschränkter Tragweite ist. Die Stellungnahme des Bundesgerichtes erklärt sich wohl aus Folgendem: Unter Zonen gemäss RPG Art. 22 II sind, sofern es sich nicht um Bauzonen handelt, hier solche zu verstehen, welche nichtlandwirtschaftliche Vorhaben nicht nur zweitrangig behandeln, sondern ganz ausschliessen, also echte Landwirtschaftszonen sind; solche zu schaffen ist den Kantonen jedoch nach vorherrschender Auffassung erst seit Inkrafttreten des RPG möglich (Art. 16, Rz 4011 ff). Damit erhält RPG Art. 22 II einen intertemporalrechtlichen Charakter: Er gilt für als «Landwirtschaftszone» bezeichnete Zonen, soweit diese erst aufgrund des RPG zulässig sind, nur wenn sie erst nach dessen Inkrafttreten geschaffen worden sind[15].

3745 2. Die Landwirtschaftszonen sind nicht identisch mit den Gebieten ausserhalb der Bauzonen. Auch sind Letztere nicht immer Landwirtschaftszonen. Bei den Gebieten ausserhalb der Bauzonen ist auch zu denken an: Natur-, Landschafts- und Ortsbildzonen

---

[15] Gemäss dem BGE 109 Ib 125 ff (Peist/GR) stellt das GR-Baugesetz seine Landwirtschaftszonen denjenigen gemäss RPG Art. 16 gleich; deshalb ist hier nach RPG Art. 22 II zu urteilen. Im Übrigen gilt hier eine ähnliche Argumentation, wie sie das Bundesgericht bezüglich des kantonalen Ausführungsrechtes gemäss RPG Art. 24 II (Fassung von 1979) vertreten hat (Rz 3850 f).

nach RPG Art. 17, weitere Zonen und Gebiete gemäss RPG Art. 18, zB Reservezonen, Materialabbauzonen usw., kantonalrechtliche Land- und Forstwirtschafts- oder ähnlich bezeichnete Zonen sowie «übrige Gebiete», welche noch nicht den Anforderungen des RPG entsprechen. Landwirtschaftliche Bauvorhaben können in bloss landwirtschaftszonenähnlichen Zonen und in Nicht-Bauzonen nicht einfach als «dem Zweck der Nutzungszonen entsprechend» qualifiziert werden oder gar als erlaubte Bauvorhaben gelten; für sie ist deshalb RPG Art. 24 I und II (Fassung von 1979) bzw. Art. 24 (Fassung von 1998) ebenfalls wichtig.

G. Zur Zonengemässheit in den Bauzonen[16]

Hiezu ist vor allem an Wohnzonen, ferner an Wohn- und Gewerbezonen, an Industrie- und Gewerbezonen, an Geschäftshauszonen usw. zu denken. Dabei spielen die für die Zone geltenden Maxima und Minima sowie sonstigen masslichen Erfordernissen eine wichtige Rolle. Von erheblicher Bedeutung sind aber auch die Vorschriften des USG bezüglich der Empfindlichkeitsstufen (Rz 4081 f) für die von einem Bewerb erzeugten materiellen Immissionen (Rz 338 f) sowie die kommunalen Zonenordnungen bezüglich der ideellen, lokal bedeutsamen, quartier-/zonencharakterbezogenen Immissionen (Rz 341 f, 495 f). In Industriezonen ist oft die Abgrenzung zwischen sachgüterproduzierenden und dienstleistungserbringendem Gewerben entscheidend für Erlaubnis oder Verbot (Rz 227, 228 mit FN 10, 527 mit FN 48, 1075 mit FN 2).

3746

II. Zum zweiten Absatz lit. b: Zur Bewilligungsvoraussetzung «Land erschlossen»[17]

1. Dieses im präfiniten Baurecht eine kapitale Bedeutung besitzende Erfordernis spielt im postfiniten Baurecht eine weniger wichtige Rolle, weil ein wenigstens minimales Strassen-, Weg-, und Leitungsnetz praktisch immer schon im Hinblick auf das bisherige Gebäude, die bisherige Anlage bzw. den bisherigen Bewerb vorliegt. Es stellt sich hier nur noch, aber immerhin, die Frage, ob die Infrastruktur auch für den Nachher-Zustand genüge. Objektiv betrachtet reicht die vorhandene Infrastruktur fast immer auch noch hiefür aus, wenn es nur um Reparaturen, Renovationen, Montierungen, kleinere Um-, An- oder Aufbauten (Rz 176 ff) bzw. um nicht eingreifende bewerbsmässige Änderungen geht (Rz 2054). Anders verhält es sich bei grösseren Um-, An- und Aufbauten (Rz 190 ff) sowie eingreifenden bewerbsmässigen Änderungen (Intensivierung, Ausweitung, Auswechslung, Rz 305 ff) und erst recht bei den sekundären Neubauten (Rz 200 ff) und Neubewerbungen (Rz 314 ff).

3747

2. Ob ein Gebäude hinreichend erschlossen ist, kann vom Kanton bereits gestützt auf seine «Souveränität» (BV Art. 2) generell geregelt werden; es brauchte dazu, weil dem Bund «nur» die Grundsatzkompetenz zusteht, keine Ermächtigung durch RPG Art. 22 II

3748

---

[16] Vgl. Alexander Ruch, Kommentar zum RPG, Art. 22, N. 70 f.
[17] Siehe hiezu und zum Folgenden auch: Alexander Ruch, Kommentar zum RPG, zu Art. 22, N. 83. Ferner: Walter Haller/Peter Karlen, 3. Aufl., N. 564 ff.

und III. Aber jetzt gilt das Erfordernis der Erschlossenheit, auch wenn ein Kanton hiefür keine Regelungen aufgestellt haben sollte, was aber kaum zutrifft. Für den Kanton Zürich ist dieses Erfordernis in PBG §§ 233, 236 und 237 (Rz 2046 f) geregelt.

Es ist mir kein Entscheid bekannt, in welchem es ausserhalb der Bauzonen bei Zonengemässheit einer Vorkehrung nur wegen fehlender Erschlossenheit zu einer Verweigerung gekommen wäre. Das Erschliessungserfordernis gilt hier aber selbstverständlich ebenfalls (ZH-RB 1999 Nr. 107).

III. Zum dritten Absatz: «Vorbehalt der übrigen Voraussetzungen des Bundesrechts und des kantonalen Rechts»[18]

3749 In diesem Zusammenhang ist sowohl an das deklariert postfinite Baurecht (Rz 1413 ff) als auch an das nicht deklarierte (Rz 4142 ff) zu denken. Dieser Vorbehalt stellt klar, dass es hier, etwa im Unterschied zu PBG § 357 I in der Fassung von 1975/1991 (Rz 1515, 1679 ff), nicht um eine Ausschaltung des Neubautenrechtes geht. Die darin enthaltenen Dispensmöglichkeiten gelten aber ebenfalls.

IV. Zu den weiteren Gesichtspunkten

3750 1. Vom Erfordernis der Erschlossenheit nach RPG Art. 22 II lit. b können von der Konzeption her (Rz 1518, 1689) «Ausnahmen» weder im Sinne von Dispensen noch durch Rückgriff auf andere, für den Bauaktiven günstigere Regelungen noch im Planungsrevisionsverfahren erteilt werden.

3751 Wie weit Ausnahmen vom Erfordernis der Zonengemässheit möglich sind, lässt sich nicht einheitlich beantworten. Von der Zonengemässheit als solcher kann allerdings wohl ebenfalls nicht dispensiert werden. Es kann aber sein, dass für die für die Zonengemässheit konstituierenden Vorschriften eine Dispensmöglichkeit besteht[19].

3752 2. Trotz der Unbestimmtheit der Elemente von RPG Art. 22 II handelt es sich hier um unmittelbar anwendbares Recht. Es ist zur Anwendung zusätzliches kantonales Recht weder nötig noch schlechthin statuierbar.

3. Verfahrensrechtliches

3753 a) RPG Art. 22 gehört zwar nicht zu den Vorschriften, für deren Überprüfung RPG Art. 34 den Gemeinden den Weiterzug an das Bundesgericht öffnet. Eine behauptete oder wirkliche Verletzung von RPG Art. 22 besteht meistens darin, dass es dabei um die richtige oder falsche Anwendung von RPG Art. 24, 24a–d (und 37a) geht. Hiezu wird deshalb auf Rz 3812 ff verwiesen. Letzteres gilt auch für die Anfechtung durch den Bauaktiven.

---

[18] Siehe hiezu auch: Alexander Ruch, Kommentar zum RPG, zu Art. 22, N. 86 f.
[19] Es stellt sich hier eine ähnliche Frage wie bei ZH-PBG § 357 bezüglich der Dispensierbarkeit von der Baurechtswidrigkeit (Rz 610 f, 1518, 1694).

b) Nachbarn können ihres Erachtens unter Verletzung von RPG Art. 22 von der Gemeinde erteilte Bewilligungen im Kanton Zürich an die Baurekurskommission weiterziehen und deren Bewilligungsbestätigung beim Verwaltungsgericht mit Beschwerde anfechten. Sodann besteht die Möglichkeit des Weiterzuges an das Bundesgericht mit Verwaltungsgerichtsbeschwerde durch den Nachbarn. Entsprechendes gilt, wenn dort, wo die Gemeinde zuerst verweigert hat, die Baurekurskommission und/oder das Verwaltungsgericht verlangen, dass die Gemeinde die Bewilligung erteilen. RPG Art. 33 II und III. **3754**

4. Eine sich aus RPG Art. 22 II und III ergebende Verweigerung eines Änderungsvorhabens oder einer Umgestaltung, eines Wiederbaues, eines Anschlussbaues usw. bewirkt wohl grundsätzlich keine materielle Enteignung, selbst wenn sich weder aus RPG Art. 24 noch aus 24a–d noch aus 37a eine Bewilligungsmöglichkeit ergibt. **3755**

Zu RPG Art. 23

I. Zum Text[1]

3756 Seit 1979 steht im RPG als Art. 23 folgende kurze Vorschrift:

> «Art. 23
> Ausnahmen innerhalb der Bauzonen
> Ausnahmen innerhalb der Bauzonen regelt das kantonale Recht.»

3757 Dieser erst in der parlamentarischen Beratung (vgl. Rz 3259 und 3260) in das Gesetz aufgenommene Artikel enthält kein deklariert postfinites Baurecht und auch kein deklariert präfinites. Er gehört deshalb nicht zu den Vorschriften, welche Gegenstand der vorliegenden Arbeit sind (Vorwort, S. VII). Wegen seiner «Einbettung» zwischen den eindeutig deklariert postfinites Baurecht enthaltenden RPG Art. 22 und 24 und wegen seines Hinweises auf «Ausnahmen» sowohl im sprachlich formulierten Text als auch im Randtitel scheinen mir die folgenden Ausführungen als Exkurs angezeigt.

II. Zur Auslegung

3758 1. Hält man sich vor Augen, dass vom RPG für die Bauzonen grundsätzlich nur ein dem «Zweck der Nutzungszone Entsprechen» und «Erschlossenheit» verlangt sind (vgl. RPG Art. 22 II, Rz 3675 f), dass «Ausnahmen» von Ersterem gemäss Bundesgericht entweder überhaupt nicht zulässig sind (wenn sie die Trennung zwischen Bauzone und Nicht-Bauzone als solche in Frage stellen) oder nicht nötig sind, weil die Kantone bereits gestützt auf ihre «Souveränität» gemäss BV Art. 2 und entsprechend RPG Art. 19, die Anforderungen im Inneren der Bauzonen vorbehältlich Erschlossenheitserfordernis frei gestalten können und dass «Ausnahmen» von diesem Erschlossenheitserfordernis nicht in Frage kommen (Rz 3747), dann wirkt es eher kurios, lediglich zu sagen: «Ausnahmen innerhalb der Bauzonen regelt das kantonale Recht.»[2] Das sieht so aus, als wären die Kantone im Raumplanungswesen[3] nur eine Dispensationsinstitution. Aussagekräftiger wäre es gewesen, zu sagen: «Die Kantone regeln die Errichtung und Änderung von Gebäuden und Anlagen sowie den Bewerb derselben in den Bauzonen grundsätzlich frei; es dürfen jedoch nur bei Erschlossenheit Bewilligungen erteilt werden.»[4] Mit der Aufnahme von Art. 23 ins RPG wollte der Gesetzgeber möglicherweise klarstellen, dass nicht nur ausserhalb der Bauzonen im Bereich der Bundeskompetenz, sondern auch innerhalb derselben im Bereich der kantonalen Kompetenz Ausnahmen gewährt werden können[5].

---

[1] Umfassend hiezu: Alexander Ruch, Kommentar zum RPG, zu Art. 23.
[2] Zur Dispenskompetenz allgemein siehe Rz 606 f.
[3] Dem Bund steht im Raumplanungswesen «nur» die Grundsatzgesetzgebungskompetenz zu.
[4] Allerdings würde sich bei dieser Formulierung die Frage stellen: Warum wird bundesrechtlich nur gerade die Erschlossenheitsfrage herausgegriffen?
[5] So Nationalrat Rudolf Friedrich gemäss Heinz Aemisegger, Erläuterungen, S. 89. Siehe auch: Rz 4438.

2.   Es ist schon die Auffassung vertreten worden, RPG Art. 23 verpflichte die Kantone, das Institut der Ausnahmebewilligung in ihrem Recht vorzusehen[6]. Ich sehe jedoch nicht, wieso der Bund die Kantone generell zur materiellen Normierung ermächtigt ansieht und sie (vorbehalten bleibt der Grundsatz der Verhältnismässgkeit, Rz 1008 f) gleichzeitig verpflichten sollte, Abweichungen von dieser Normierung zu ermöglichen. So eine normative Aufweichung wäre zwar rechtlich möglich, aber kaum sinnvoll.

3759

---

[6] So Heinz Aemisegger, Leitfaden, S. 88. Unbestimmt in dieser Hinsicht: Leo Schürmann/Peter Hänni, S. 165.

Zu RPG Art. 24

I. Zum Text

3760 Seit 1979 steht im RPG als Art. 24, und zwar als erster Absatz (zu den Materialien siehe Rz 3258 f), welcher dann allerdings bei der Revision von 1998 wegen der Verschiebung des damaligen zweiten Absatzes in RPG Art. 24c (Rz 3848 ff) zum einzigen Absatz wurde, folgende Regelung:

> «Art. 24
> Ausnahmen ausserhalb der Bauzonen
> Abweichend von Artikel 22 Absatz 2 Buchstabe a können Bewilligungen erteilt werden, Bauten und Anlagen zu errichten oder ihren Zweck zu ändern, wenn
> a) der Zweck der Bauten und Anlagen einen Standort ausserhalb der Bauzonen erfordert und
> b) keine überwiegenden Interessen entgegenstehen.»

II. Zur Auslegung[1]

A. Zu «Bauten und Anlagen»

3761 Diese Formulierung ist dieselbe wie diejenige in RPG Art. 22; sie ist auch gleich zu verstehen. Rz 3667.

Hievon werden an sich nur dem Zweck der Zone nicht entsprechende Gebäude und Anlagen sowie Bewerbungen erfasst. Gleichgültig ist, ob die Gebäude und Anlagen sowie Bewerbungen von Anfang an der Zone nicht entsprachen, aber gleichwohl bewilligt oder zu Recht oder zu Unrecht ohne Bewilligung erstellt wurden, oder ob sie erst nachträglich, zB wegen Revision der Zonenordnung oder Umstrukturierungen in der Nachbarschaft der Zonenordnung nicht mehr entsprachen. RPG Art. 24 I gilt sodann sowohl für standortgebundene als auch nichtstandortgebundene, sowohl für hinreichend erschlossene als auch nicht hinreichend erschlossene Gebäude, ferner für Gebäude, welchen keine überwiegenden Interessen entgegenstehen und solche, bei welchen Letzteres zutrifft. Wichtig ist jedoch die Unterscheidung zwischen den der Planungspflicht unterstehenden und den ihr nicht unterstehenden «Bauten und Anlagen». Erstere können nicht gemäss RPG Art. 24 bewilligt werden; hier ist ein vorgängiges Planungsverfahren gemäss RPG Art. 14 ff nötig. Rz 3805.

---

[1] Bei der Revision von 1998 passierte Art. 24 (= Art. 24 I in der Fassung von 1979) diskussionslos in den Räten (Amtl. Bull. StR 1997 S. 213, NR 1997 S. 1856). Einen Überblick über die bundesgerichtliche Praxis der Jahre 1980–1985 zu RPG Art. 24, sowohl bezüglich erstem als auch zweitem Absatz, gibt die Publikation des Eidgenössischen Justiz- und Polizeidepartementes/Bundesamt für Raumplanung mit dem Titel «29 x 24, 29 Bundesgerichtsentscheide zu Art. 24 RPG». Ferner sind heute ausser den Standardwerken von Leo Schürmann/Peter Hänni, S. 165 ff, und Walter Haller/Peter Karlen, N. 700–719, wichtig die Dissertationen von Christoph Bandli, Mario Barblan, Peter Heer und Thomas Müller, sodann die Artikel von Stefano Ghiringhelli (RDAT 1982 S. 340 ff, 1984 S. 253 ff), Thomas Merkli (BR 1982 S. 69 ff), Karl Spühler (ZBJV 1989 S. 337 ff), Jean-Albert Wyss (in: François Zürcher [Hrsg.], L'aménagement du territoire en droit fédéral et cantonal) und Ulrich Zimmerli, Was darf in der Landwirtschaftszone gebaut oder umgebaut werden? (in: Blätter für Agrarrecht, 1991, Heft 1, S. 2–19).

B. Zu «errichten» sowie zu «ihren Zweck ändern»

Eigenartigerweise bezieht sich sprachlich das Wort «errichten» eher nur auf «Bauten und Anlagen», während dies beim Wort «ändern» eher nur auf «ihren Zweck» der Fall ist. Der Ausdruck «errichten» ist trotzdem ziemlich eindeutig: Es geht um Neubauten, sowohl um primäre als auch sekundäre (Rz 199 ff). Dass neben dem «Errichten von Gebäuden und Anlagen» nur vom «Ändern ihres Zweckes» die Rede ist, stellt wohl eine sprachliche Ungenauigkeit dar. Sicher fallen unter RPG Art. 24 I sowohl das Errichten als auch das Ändern von Gebäuden und Anlagen, ob nun dabei der Zweck geändert wird oder nicht. Die Hervorhebung des Zweckes ist aber ein Argument dafür, dass die in RPG Art. 22 I nicht erwähnten bewerbsmässigen Änderungen auch dort beachtlich sein können (Rz 3670). Der Ausdruck «Ändern» ist wohl gleich zu verstehen wie in Rz 160 ff (baulich) und Rz 295 ff (bewerbsmässig).

3762

C. Zur Lage «ausserhalb der Bauzonen»

1. Dieses Erfordernis der Anwendbarkeit von RPG Art. 24 gelangt sprachlich nicht in dessen eigentlichem Text, sondern nur im Randtitel zum Ausdruck.

3763

2. Unter Gebieten «ausserhalb der Bauzonen» sind solche zu verstehen, welche ausserhalb der zur Zeit der Anwendung der Regelung gültig ausgeschiedenen Bauzonen liegen, gleichgültig, ob diese dimensionsmässig RPG Art. 15 entsprechen oder einen (noch) zu weiten Umfang aufweisen. Es geht hier vor allem um die Landwirtschafts-, Reserve- und Schutzzonen sowie um die als landwirtschaftszonenähnlich angesehenen «übrigen Gebiete» (Rz 3744).

3764

3. Fehlen rechtskräftig ausgeschiedene Bauzonen (also Festlegungen in der «Nutzungs-», nicht bloss in der «Richtplanung») überhaupt und damit auch ein eigentliches «Ausserhalb», findet die Regelung ausserhalb des «weitgehend überbauten Gebietes» nach RPG Art. 36 III Anwendung, ausser das kantonale Recht umschreibe Bauzonen vorläufig in anderer Weise. Dasselbe gilt, wenn und wo die hergebrachten Bauzonen nicht zeitgerecht, das heisst, nicht spätestens bis zum 1. Januar 1988 dem RPG angepasst worden sind (RPG Art. 36 III in Verbindung mit Art. 35). Diese Guillotine bescherte mancherorts ein böses Erwachsen[2].

3765

Ganz von Bauzonen umgebene, der Quartiergliederung dienende Grün-/Freihaltezonen liegen nicht «ausserhalb der Bauzone»; hier werden Vorkehrungen somit nicht nach RPG Art. 24 beurteilt. BGE 114 Ib 344 (Schaffhausen, betr. Herrenacker), 116 Ib 377 f (Genf, betr. Promenade Saint-Antoine). ZH-RB 1999 Nr. 108. Siehe auch Alfred Kuttler in: Art. 24 RPG, S. 342 f.

4. a) Die Praxis nimmt es im Allgemeinen streng mit der *Zonengrenze;* das ist nicht einfach ein Band, Anordnungsspielraum oder Unschärfenbereich, sondern eine Linie bzw. Vertikalebene im geometrischen Sinne, ohne jede seitliche Ausdehnung. Die Bauzone

3766

---

[2] BGE vom 28. März 1994 (Galgenen/SZ, in: ZBl 1995 S. 178 f); die bisherige Zonierung tritt damit allerdings nicht als solche ausser Kraft, sondern nur in ihrer Umschreibung als Bauzone.

erstreckt sich bis satt an die Zonengrenze heran und gerade jenseits beginnt die Nicht-Bauzone[3].

3767 b)   Man spricht hier oft von parzellenscharf (vgl. den Ausdruck messerscharf). Es geht hier jedoch weniger um den Gegensatz von scharfen/unscharfen Parzellen, sondern um denjenigen von innerhalb und ausserhalb einer ganz bestimmten Parzelle. Der Ausdruck parzellenscharf ist insoweit nicht genau, als die Zuweisung von Parzellen zu Zonen zwar meistens, aber nicht immer die ganze Parzelle erfasst. Zerschneidungen führen zwar zu Komplikationen, sind aber nicht immer zu vermeiden.

3768 c)   Ein Gebäude wird samt allfälliger Zugehör (wie insbesondere Zufahrt, Autoabstell-, Containerstandplatz, Schwimmbassin) in weitaus den meisten Fällen entweder ganz innerhalb oder ganz ausserhalb einer Bauzone liegen. Doch kommt es ab und zu auch zu einer Zerschneidung durch die Grenze zwischen Bauzone und Nicht-Bauzone. Es sind folgende Hauptmöglichkeiten zu erwähnen:

– das Gebäude ohne Zugehör liegt teilweise in der Bau-, teilweise in der Nicht-Bauzone[4];
– bei Gebäuden mit Zugehör:
  – das Gebäude liegt ganz in der Bau- bzw. Nicht-Bauzone, die Zugehör liegt ganz in der anderen Zone[5];
  – das Gebäude liegt ganz in der Bauzone, die Zugehör liegt teilweise in der Bau-, teilweise in der Nicht-Bauzone;
  – das Gebäude liegt teilweise in der Bau-, teilweise in der Nicht-Bauzone, die Zugehör liegt ganz in der Bau- bzw. Nicht-Bauzone;
  – das Gebäude und die Zugehör liegen je teilweise in der Bau- und teilweise in der Nicht-Bauzone.

3769 Hier stellen sich bezüglich des «Errichtens»/«Änderns» von Gebäuden sowie Komplexen von Gebäuden und Zugehör einige heikle Fragen[6].

Dabei ist zu unterscheiden, je nachdem in welchem der in Rz 3768 erwähnten Teile der durchschnittenen Gebäude bzw. Komplexe die Vorkehrung stattfindet, im Bauzonen- oder Nicht-Bauzonenabschnitt. Sodann ist auch noch an folgende Situationen zu denken: Ein Gebäude, welches erneuert, teilweise geändert oder wiederaufgebaut wird, liegt zwar bisher (allenfalls samt Zugehör) ganz innerhalb einer Bauzone, es kommt jedoch zu einem

---

[3] Die Grenzen zwischen den Bauzonen und Nicht-Bauzonen nach RPG sind also anders konzipiert als etwa diejenigen gemäss der eidg. Produktionskatasterverordnung (SR 912.1). Hienach wird für die Abgrenzung zwischen Bergzone I–IV, voralpine Hügelzone, Übergangszone, erweiterte Übergangszone und Ackerbauzone zwischen «verbindlichen» und «lediglich wegleitenden» Zonengrenzen unterschieden.
[4] Wenn die Zonengrenze durch eine Parzellengrenze gedoppelt ist, kommt es zu den die in Rz 2371 (hier insbesondere in FN 3) erörterten Problemen.
[5] Vgl. BGE 114 Ib 317 ff (Gemeinde X./AG): Wohnhaus ausserhalb Bauzone, Garage und Schwimmbassin in Bauzone; im Streit lag die Errichtung eines unterirdischen Durchganges vom Wohnhaus zu Garage/Schwimmbassin (Anschlussbau im Sinne von Rz 206). Die Standortgebundenheit wurde verneint.
[6] Es geht hier jedoch kaum je um Fragen eines Bauzonenabstandes. Ein solcher gilt nur selten.

über die Bauzonengrenze Hinausgreifen durch Anbauen in die Nicht-Bauzone; oder umgekehrt: Es kommt bei einem ganz ausserhalb der Bauzone, aber hart an der Zonengrenze liegenden Gebäude zu einem Anbau, welcher sich ganz auf die Bauzone beschränkt.

Hier gibt es die folgenden drei, grundsätzlich verschiedenen Aussagen zum räumlichen Geltungsbereich von RPG Art. 24:

– Die Vorkehrungen werden bezüglich jedes Teiles des Komplexes (Gebäude oder Gebäude und Zugehör) nach derjenigen Zonenordnung beurteilt, in welcher sie stattfinden, also die Vorkehrungen in der Bauzone nach deren Vorschriften, diejenigen in der Nicht-Bauzone nach RPG Art. 24. Der Nachteil dieser Regelung besteht darin, dass auf die gleiche Einheit zwei verschiedene Ordnungen angewendet werden.
– Die Vorkehrungen werden nach derjenigen Zonenordnung beurteilt, in welchem der wichtigere Teil des Komplexes liegt und/oder wo die wichtigeren Vorkehrungen stattfinden. Der Nachteil dieser Regelung besteht darin, dass es dabei zu einer verdeckten Verschiebung der Zonengrenze kommen kann.
– Die Vorkehrungen werden bezüglich jedes Teiles des Komplexes primär nach derjenigen Zonenregelung beurteilt, in welcher sie stattfinden; sie werden jedoch insoweit modifiziert, als bei den Vorkehrungen innerhalb der Bauzone bei der Anwendung der Vorschrift, welche eine gute Einpassung an die Umgebung verlangt (Rz 2058a f), dem Umstand, dass daneben eine Nicht-Bauzone gilt, besonderes Gewicht beigemessen wird; bei den Vorkehrungen ausserhalb der Bauzone wird jedoch bei der Anwendung des Erfordernisses der Vereinbarkeit mit den wichtigen Anliegen der Raumplanung (Rz 3942 f) der Eigenart der daneben befindlichen Bauzone besonders Rechnung zu tragen, insbesondere hinsichtlich der Immissionen. Hier findet im Grenzbereich im Grunde genommen weder die Regelung der Bauzone noch diejenige von RPG Art. 24, sondern eine in Anlehnung an diese Vorschriften neu gebildete Vorschrift Anwendung[7].

Den stossenden Auswirkungen der Zerschneidung durch eine Bauzonengrenze kann an sich nicht mit einer Ausnahmebewilligung begegnet werden, weil das RPG hiefür keine solche Möglichkeit vorsieht. Doch kann man wohl meistens mit der letztgenannten Regelung eine befriedigende Lösung erzielen.

D. Zur Voraussetzung «der Zweck (der Bauten und Anlagen) erfordert einen Standort ausserhalb der Bauzonen»[8] gemäss lit. a

1. a) Für diesen schwerfälligen Ausdruck wird oft als Kürzel das Wort «Standortgebundenheit» oder «Standortbedingtheit» verwendet. Das ist vertretbar, doch muss man sich

---

[7] ZH-RB 1994 Nr. 84 erklärt (allerdings nicht für die Überstellung der Grenze zwischen Bau- und Nichtbauzonen, sondern zwischen verschiedenen Bauzonen): Das «Bauvorhaben ... muss die Vorschriften beider Zonen einhalten»; enthält ein zweites Dachgeschoss nur im Bereich der einen Zone für die Bestimmung der Geschosszahl anrechenbare Räume, so gilt dieses Geschoss auch in der anderen Zone als anrechnungspflichtig; hier wurde die Anrechnungspflicht vermutlich für beide Zonen gleich geregelt. Siehe auch Thomas Müller, S. 63, allerdings nur mit der Aussage, was hier nicht gilt.
[8] Das Gewässerschutzgesetz vom 8. Oktober 1971 Art. 20 (mit dem Erfordernis des sachlich begründeten Bedürfnisses), die allgemeine Gewässerschutzverordnung vom 19. Juni 1972/rev. 1974 Art. 27 II (mit dem Erfordernis «Standort ausserhalb der Bauzone bedingt», Rz 4076) sowie der Bundes-

vor Augen halten, dass die Vorstellung von Standortgebundenheit nicht auf die Gebiete ausserhalb der Bauzonen beschränkt ist; auch innerhalb der Bauzonen kann von Standortgebundenheit gesprochen werden; ein Bäckerei- und Milchladen, ein Primarschulhaus sind durchaus auf einen Standort in der Bauzone, insbesondere in einer Wohnzone angewiesen. Rz 3202.

3773 b) Die allgemeinen Gesichtspunkte, welche bei der Unterscheidung zwischen Zonengemässheit und -widrigkeit eine Rolle spielen (Rz 3681 f) sind auch bei der Unterscheidung zwischen Standortgebundenheit und Nicht-Standortgebundenheit zu beachten. Man kann zwischen positiver und negativer sowie absoluter und relativer Standortgebundenheit unterscheiden.

3774 2. a) *Positive* Standortgebundenheit (abgekürzt: p.St.) bedeutet objektives, geographisches Angewiesensein auf eine bestimmte Lage, was sich aus technischen, betriebswirtschaftlichen oder aus Gründen der Bodenbeschaffenheit ergeben kann. Typische Fälle sind: die Errichtung von Bergbahnstationen, Bergrestaurants, Hochgebirgsunterkünften, Militärbauten, Zollbauten, Bauten zur Gewinnung von Mineralien. «Auf subjektive Vorstellungen und Wünsche des Einzelnen kann es ebensowenig ankommen wie auf die persönliche Zweckmässigkeit und Bequemlichkeit.»

Die in Rz 3689 und 3691 für die Frage zonengemäss/zonenwidrig aufgeführten Entscheide sind auch hier für die Frage standortgebunden ja/nein zu konsultieren (Rz 3678).

3775 b) Von *negativer* Standortgebundenheit (abgekürzt: n.St.) kann gesprochen werden, wenn «sich die geplante Nutzung nicht in einer Bauzone verwirklichen lässt», zB wegen Immissionsträchtigkeit einer Tierhaltung oder Schiessanlage, weil es sich um die Herstellung/Lagerung gefährlicher Güter handelt.

- Entscheid des ZH-Verwaltungsgerichtes vom 17. Januar 1984 (Richterswil/ZH, in: ZBl 1984 S. 369 f, betr. Reitsportzentrum, n.St. verneint);
- BGE 111 Ib 218 (Gontenschwil/AG, n.St. verneint);
- BGE vom 16. Juni 1989 (Wangen/SO, in: ZBl 1990 S. 188, betr. Hunde/Huskies, n.St. bejaht, aber Entgegenstehen überwiegender öffentlicher Interessen);

beschluss über dringliche Massnahmen auf dem Gebiete der Raumplanung vom 17. März 1972 Art. 4 III mit zugehöriger Verordnung Art. 7 (ebenfalls mit dem Erfordernis der Standortbedingtheit und der Definition: Standortbedingt sind «Bauten ..., die zur Wahrnehmung besonders schutzwürdiger Interessen erstellt werden müssen und die, um diese Interessen wahrnehmen zu können, an einen bestimmten Ort gebunden sind» (Rz 4141) bildeten die Vorlage hiefür. Die Bundesgerichtspraxis hiezu wurde anfänglich auch zur Auslegung von RPG Art. 24 beigezogen, wenn auch im Laufe der Jahre immer weniger. Vgl. BGE 115 Ib 300 (Giswil/OW), 108 Ib 362 (Choulex-Bonvard/GE) und 108 Ib 133 (Maladers/GR). Gerade nach 1980 waren jedoch die landwirtschaftlichen Gebäude ausserhalb der Bauzonen der Hauptfall der «Ausnahmebewilligung»; heute braucht es für dort eine solche nur noch bei Zonenwidrigkeit. Standortgebundenheit und Zonenkonformität sind verschiedene Begriffe. Leo Schürmann/Peter Hänni, S. 171. Vgl. BGE 114 I b 131 ff (Villars-sous-Yens/VD). Rz 3682 ff.

3. Kapitel   Erster Abschnitt   839

- BGE 115 Ib 300   (Giswil/OW, betr. Wohnhaus bei bodenunabhängiger Schweinemast, n.St. verneint, Letztere könne auch in einer Industriezone betrieben werden);
- BGE 118 Ib 19   (Mosnang/SG, betr. Käsereigenossenschaft; die Bewilligung eines bodenunabhängigen Schweinemaststalles für 450 Tiere als Ersatz für einen baufälligen sowie landwirtschafts- und tierschutzgesetzlich [Rz 4109a] stillgelegten Betrieb im Dorf wurde die n.St. bejaht und geschützt; Dislokationsbau gemäss Rz 208; siehe auch Rz 4057 f);
- BGE vom 15. Oktober 1993 (Kienberg/SO, in: ZBl 1994 S. 84, betr. Pferde/Ponies, n.St. verneint);
- BGE vom 5. April 1994   (Rothrist/AG, in: ZBl 1995 S. 166, betr. Tierheim für Hunde und Katzen, n.St. bejaht).

Die Bejahung der n.St. bedeutet keinen Freibrief für den Bauaktiven. Dieser Begriff darf nicht dazu führen, dass die Gebiete ausserhalb der Bauzonen zum «Abfallkübel» der übrigen Zonen werden[9]. Es dürfen nie überwiegende öffentliche Interessen entgegenstehen.

c)   Eine *absolute* Standortgebundenheit liegt dort vor, wo ein Vorhaben überhaupt nur   3776
an einer einzigen Stelle sinnvoll möglich wäre. Es genügt aber immer die *relative* Standortgebundenheit

d)   Bisweilen wird von einer *abgeleiteten* Standortgebundenheit gesprochen, wenn   3777
«ein besonderes, aus dem (bereits bestehenden) Hauptbetrieb hergeleitetes betriebswirtschaftliches oder technisches Bedürfnis, diese Baute am vorgesehenen Ort zu erstellen, und zwar in der geplanten Dimension» zu bejahen ist (BGE 124 II 252, 256 f, Mühleberg/BE, betr. Reststoffverfestigungsanlage im Bereich einer Reststoffdeponie). Das Bundesgericht bezeichnet diese Vorstellung als «nicht unproblematisch», insbesondere wenn mit ihr ein Planungsverfahren gemäss RPG Art. 2 und 14 mit weiteren Mitwirkungsrechten aller Betroffenen unterlaufen würde, welches bei einer isolierten Betrachtung zum Zuge käme. Der abgeleiteten Standortgebundenheit kann man die *direkte* Standortgebundenheit gegenüberstellen.

3.   Es ist an sich selbstverständlich, dass eine bauliche Änderung bei einem Gebäude   3778
nur dort stattfinden kann, wo das Gebäude unmittelbar steht und im engen Bereich darum herum; der Fall, dass ein Gebäudeteil, zB ein dekoratives Element, herausgelöst wird, um dieses anderenorts zu bearbeiten und nachher wieder zurückzubringen, lässt sich hier praktisch vernachlässigen. Somit ist eigentlich die Änderung eines Gebäudes par excellence standortgebunden. Trotzdem ist es herrschende Auffassung, dass der Umstand der Änderbarkeit eines Gebäudes nur an Ort und Stelle für sich allein noch an keinen Stand-

---

[9]   Wie gemäss einem BGE vom 14. März 1990 das AI-Kantonsgericht (ZBl 1991 S. 174) träf bemerkt hat.

ort gebunden ist, noch keine Standortbedingtheit zu bewirken vermag[10]. Siehe auch: Rz 3769. Hiezu ist immer noch ein anderweitiger, besonderer Bezug des zur Änderung bestimmten Gebäudes zu einer bestimmten Stelle erforderlich. Worin dieser Bezug zu bestehen hat, ist jedoch gar nicht leicht auszumachen. Mir scheint, dass die Schutzwürdigkeit einer Baute Standortgebundenheit bezüglich der zu deren Erhaltung notwendigen Vorkehrungen bewirkt[11].

3779 4. a) Die RPG-Verordnung (Fassung von 1989/1996) gab an, was «als standortgebunden» bewilligt werden könne. Es handelte sich hier grossenteils um dasselbe wie das, welches in RPG Art. 24d und in der Verordnung 2000 Art. 39 (Rz 4003 ff) auch so bezeichnet wird[12-16].

b) Zur gesetzlichen Grundlage der RPG-Verordnung

3780 α) RPG-Verordnung Art. 24 (sowohl in der Fassung von 1989 als auch von 1996) bezog sich textlich nur auf das Erfordernis der Standortgebundenheit (FN 12). Damit konnte RPG-Verordnung Art. 24 wohl weder als direkte Präzisierung der Zonengemässheit gemäss RPG Art. 22 II noch als eine solche von Erneuerung/teilweiser Änderung/«Wiederaufbau» und Vereinbarkeit mit den wichtigen Anliegen der Raumplanung gemäss RPG Art. 24 II (Fassung von 1979), sondern nur als eine solche von RPG Art. 24 I lit. a (Fassung von 1979) verstanden werden; nur hier war direkt von Standortgebundenheit die Rede.

3781 Es ist nicht zu ersehen, aus welchem RPG-Artikel der Bundesrat die Ermächtigung zu dieser Präzisierung hernahm. Die allgemeine Vollziehungskompetenz des Bundesrates gemäss BV Art. 102 Ziff. 5, neu Art. 182, deckt kaum den Inhalt des RPG-Verordnung Art. 24 (Fassung von 1989/1996) ganz ab; es wäre denn, man ginge davon aus, allgemeine Vollzugskompetenzen gäben dem Bundesrat auch gerade die Legitimation zur Präzisierung materiellrechtlicher Generalklauseln, was aber gewagt wäre.

3782 Die Situation liegt doch wohl wesentlich anders als bei der Auslegung der Ausdrücke «raumwirksame Tätigkeiten» in RPG Art. 1 I und «sich für die Landwirtschaft eignen» in RPG Art. 6 II lit. a, wozu sich der Bundesrat in RPG-Verordnung Art. 1 f sowie 16 f, hier

---

[10] Im BGE vom 17. Juni 1994 (Geuensee/LU, ZBl 1995 S. 376, Gärtnerei) wurde allerdings gerade dem Umstand, dass es sich bei der Einrichtung von Wohnungen um solche in einem bestehenden Gebäudes handelte, das ausschlaggebende Kriterium dafür gesehen, dass hier zu bewilligen war, während es im BGE vom 26. Mai 1988 (nicht publiziert) um einen Neubau gegangen sein soll.

[11] Insoweit brauchen m.E. die Bedenken wegen Verfassungs-/Gesetzmässigkeit von RPG-Verordnung Art. 24 nicht überall gleich gross zu sein. Rz 3782 f.

[12] RPG-Verordnung Art. 24 bezieht sich also textlich keineswegs auf RPG Art. 24 II (Fassung von 1979; Vereinbarkeit), auch nicht auf RPG Art. 22 (Zonengemässheit).

[13] Das Wort «als» tönt so, als ginge es hier um die Einleitung einer Definition oder halbauthentischen Interpretation.

[14] Zu den Unterschieden bezüglich Wohnungen und örtlichem Kleingewerbe in alleinstehenden Gebäuden und Gebäudekomplexen siehe Rz 4010a ff.

[15] Zu den Unterschieden bezüglich landschaftsprägenden und landschaftstypischen Bauten siehe Rz 3991 f.

[16] Die RPG-Revision von 1998 spricht nur noch von «schützenswerten Bauten und Anlagen». Siehe Rz 3991 f, bezüglich Verordnung 2000 hier FN 7.

bezüglich Fruchtfolgeflächen, geäussert hat. Dass der Bund zu Letzteren räumlich bezogen viel Präzisierendes zu sagen hat, ergibt sich aus der Landwirtschaftsgesetzgebung. Es fällt auch auf, dass der Bundesrat in der RPG-Verordnung nur gerade den Ausdruck der Standortbedingtheit näher präzisierte, nicht aber denjenigen des «dem Zweck der Nutzungszone Entsprechens» nach RPG Art. 22 II lit. a, denjenigen des «kein Entgegenstehen überwiegender Interessen» gemäss RPG Art. 24 I lit. b (Fassung von 1979) und denjenigen der «Vereinbarkeit mit den wichtigen Anliegen der Raumplanung» gemäss RPG Art. 24 II (Fassung von 1979). Auch diese Ausdrücke sind alles andere als klar[17].

β) In diesem Zusammenhang stellen sich zwei Fragen:

Erste Frage: Wären auch die Kantone zuständig gewesen, für ihr Gebiet über die Ermächtigung gemäss RPG Art. 24 II (Fassung von 1979, Rz 3872 ff) hinausgehend diejenigen materiellrechtlichen Regelungen zu setzen, welche der Bundesrat – innerhalb seiner verfassungsmässigen und gesetzlichen Kompetenz – in der Verordnung von 1989/1996 gesetzt hat? Weil der Bund nur die Grundsatzgesetzgebungskompetenz im Raumplanungswesen besitzt, würde ich dies bejahen. Insoweit hätte eine konkurrenzierende Zuständigkeit des Bundes bestanden, allerdings mit Verdrängung der kantonalen Zuständigkeit, soweit der Bund normiert. Siehe auch: Rz 3876. **3783**

Zweite Frage: War der Bundesrat zuständig, generelle Regelungen in demjenigen Bereich zu setzen, in welchem die Kantone gemäss RPG Art. 24 II (Fassung von 1979) hiezu kompetent waren? Da dem Bund im Raumplanungswesen nur die Grundsatzgesetzgebungskompetenz zusteht, konnte dies m.E. ausserhalb blosser Vollzugsfragen nur soweit der Fall sein, als die Kantone nicht legifiert haben. Hier hatte dann eine konkurrierende Zuständigkeit des Bundes mit Vortritt der Kantone gegolten. Die Folge davon wäre gewesen, dass der Inhalt der Legifierungskompetenz der Kantone gemäss RPG Art. 24 II (Fassung von 1979; Rz 3872 f) auch für die Verordnungskompetenz des Bundesrates gegolten hätte. **3784**

γ) Es handelte sich bereits bei RPG-Verordnung Art. 24 in der Fassung von 1989 und dann noch vermehrt in derjenigen von 1996 wohl weitgehend um eine auf Drängen von Politikern und Verbänden zustandegekommene Vorwegnahme von Regelungen vor der Schaffung der hiefür nötigen gesetzlichen Grundlage; diese ist weitgehend erst mit der Revision von 1998 nachgeschoben worden (Rz 3267). Die Verfassungs- und Gesetzmässigkeit beachtlicher Teile von RPG-Verordnung Art. 24 war zumindest bis 1998 fraglich[18, 19]. Dass bei der Formulierung von RPG-Verordnung Art. 24 (Fassung von 1989/ **3785**

---

[17] Für den Ausdruck «Erschlossenheit» ist ebenfalls keine Präzisierung durch die RPG-Verordnung vorgesehen, allerdings auch nicht erforderlich, weil er in RPG Art. 19 näher ausgeführt wird.

[18] So Leo Schürmann/Peter Hänni, S. 175, FN 541. Walter Haller/Peter Karlen qualifizieren in N. 754 (2. Auflage) das durch RPG-Verordnung Art. 24 Zugelassene als «klarerweise über den Begriff der teilweisen Änderung nach Art. 24 II RPG hinausgehend» und «das Erfordernis der positiven Standortgebundenheit, wie es die Bundesgerichtspraxis versteht, nicht (erfüllen)»; «dass für solche ‹Abweichungen von Art. 24 RPG› Festlegungen in den kantonalen Richtplänen verlangt werden», betrachten die beiden Autoren kaum als salvierend; sie erklären deutlich: «Der Verordnungsgeber hat dadurch seine Kompetenz überschritten, und eine einwandfreie Lösung des Problems kann nur auf dem Wege der Gesetzesrevision gefunden werden.» Eine solche ist nun weitgehend erfolgt. Als «nicht über alle Zweifel erhaben» wird RPG-Verordnung Art. 24 II auch von Peter Hänni, in: BR 1996 S. 18, Nr. 18, qualifiziert; dass der in BVR (JAB 1995 S. 353) publizierte Entscheid von den Bewil-

1996) sehr differenziert[20] und zurückhaltend[21] vorgegangen worden ist, ändert am Gesagten nichts.

E. Zur Voraussetzung «kein Entgegenstehen überwiegender Interessen» gemäss lit. b

3786 1. a) Allgemein ist zu diesem Erfordernis der Zulässigkeit einer Bewilligung Folgendes zu sagen: Die Vorstellung von Gewichten und der Abwägung gegenläufiger Interessen ist in Rz 885 ff und diejenige des Überwiegens von Interessen in Rz 896 ff näher dargelegt[22].

3787 b) Die Anweisung zum Abstellen auf die überwiegenden Interessen, welche nicht entgegenstehen dürfen, enthält zugleich eine Aufforderung zur umfassenden Interessenabwägung. Das Koordinationsgebot von RPG Art. 25a kommt hier voll zum Zuge[23].

---

ligungserfordernissen der Aufnahme in den Richtplan und der formellen Unterschutzstellung absehen will, bezeichnet er als zu weitgehende Auslegung einer Ausnahmebestimmung. Eine verordnungsfreundlichere Auffassung vertreten Christoph Bandli/Lukas Bühlmann/Françoise Nicati/Pierre Tschannen in ihrem Artikel mit dem Titel «Zur neuen Raumplanungsverordnung des Bundes», in: BR 1990 S. 23 ff. Vgl. auch die Bemerkungen betr. Standortgebundenheit der Änderung schutzwürdiger Gebäude in Rz 3778.

[19] Bei der Beratung der RPG-Revision von 1998 kam dies klar zum Ausdruck: Amtl. Bull. StR 1997 S. 203 (Arnold Koller) und S. 217 (Gian-Reto Plattner). Unabhängig von der Legalitätsfrage konnten im Kanton Zürich bis zum 31. Januar 1995 die durch RPG-Verordnung Art. 24 für die Bauaktiven bezweckten Erleichterungen für landwirtschaftsfremdes Wohnen und örtliches Kleingewerbe nicht zum Zuge kommen, weil es der Kantonsrat am 21. Januar 1991 abgelehnt hatte, im kantonalen Richtplan Gebiete mit traditioneller Streubauweise festzulegen. Walter Haller/Peter Karlen bemerken deshalb in N. 755 (2. Auflage) zu Recht, dass das Problem leerstehenden und langsam zerfallenden Gebäudevolumens in den ZH-Berggebieten nun allein mit planerischen Mitteln habe gelöst werden können. Hiezu kam es mit dem Beschluss des Kantonsrates vom 31. Januar 1995 im Rahmen der Revision des «kantonalen Richtplanes» (vgl. Bericht, Ziff. 3.2.4).

[20] Vgl. insbesondere die Unterscheidungen zwischen «Gebieten mit traditioneller Streubauweise, (die von Abwanderung betroffen sind und) in denen die Dauerbesiedlung im Hinblick auf die anzustrebende räumliche Entwicklung gestärkt werden soll» sowie den anderen Gebieten, ferner zwischen «Landschaften mit schützenswerten Bauten und Anlagen» sowie den anderen Gebieten; ferner zwischen «Gebäuden mit Wohnungen» und sonstigen «Gebäuden und Gebäudekomplexen mit Wohnungen», zwischen «ganzjährig» und nicht ganzjährig bewohnten Gebäuden, zwischen den «Zwecken des örtlichen Kleingewerbes» und sonstigen Zwecken, zwischen «landschaftsprägenden» und sonstigen schützenswerten, «landschaftstypischen Bauten und Anlagen».

[21] Für den Bauaktiven bestand nur dann ein gelockertes Regime, wenn zusätzlich kantonale, generelle Vorschriften ergangen sind und/oder eine entsprechende Gebietsbezeichnung im kantonalen Grundlagen-(«Richt-»)plan erfolgt ist und/oder eine formelle Unterschutzstellung im Rahmen der Durchführungs-(Nutzungs-)planung stattgefunden hat; vgl. ferner die Beschränkung der teilweisen Änderung beim örtlichen Kleingewerbe auf «die Hälfte des bestehenden Gebäudes oder Gebäudekomplexes».

[22] Es handelt sich beim Erfordernis «kein Entgegenstehen überwiegender Interessen» um ein solches, welches im ZH-Recht in PBG § 357 I (Fassung von 1991, hier mit Hervorhebung der öffentlichen und nachbarlichen Interessen, Rz 1651 ff) sowie in anderem Zusammenhang in PBG § 357 IV (Fassung von 1991, hier mit Hervorhebung nur der öffentlichen Interessen, Rz 2932, 2950 f) vorkommt.

[23] Bisweilen wird von einer analogen Anwendung von RPG Art. 24 I lit. b (Fassung von 1979) gesprochen, wenn und weil für den Entscheid über die Zulässigkeit einer Zonenplanänderung zur gezielten

2. a) Im Zusammenhang mit RPG Art. 24 II lit. b (Fassung von 1979) ist vorweg an die **3788** in RPG Art. 1 und 3 formulierten Ziele und Grundsätze[24] oder konkreter an die folgenden Interessen zu denken:

- an die Förderung der Landwirtschaft allgemein;
- an die Sicherung erwünschter landwirtschaftlicher Nutzung, wo diese allein den Bewirtschaftern kein ausreichendes Auskommen gewährleistet;
- an die Förderung des Verbleibens der einheimischen Bevölkerung am bisherigen Wohnort mit Schaffung von Nebenverdienstmöglichkeiten;
- an die Erhaltung von bewahrenswerten Ortsbildern (kein Verfall);
- an die Erhaltung einer ansprechenden offenen Flur (keine Vergandung von Wiesen und Weiden);
- an die Erhaltung örtlich unentbehrlicher Versorgungsmöglichkeiten für den Alltag;
- an die Erhaltung örtlich unentbehrlicher Arbeitsplätze.

Beachtlich sind aber auch Interessen daran, dass gewisse Erscheinungen nicht eintreten, wie zB:

- Unterwanderung der klaren Trennung zwischen Bau- und Nicht-Bauzone;
- Beeinträchtigung von Natur und Landschaft sowie Ortsbildern;
- übermässiger Erschliessungsaufwand;
- Gefährdung durch Naturgewalten;
- Präjudizien, welche andere aus Gründen der Rechtsgleichheit zum raumplanerischen Nachteil anrufen können (Rz 986 ff).

b) Auch nicht zum Raumplanungswesen gehörende öffentliche Interessen können **3789** eine Rolle spielen. Sodann sind die Interessen der Nachbarn zu beachten. Im Nationalrat wurde zwar eine Einschränkung auf die öffentlichen Interessen verlangt, eine solche jedoch abgelehnt[25].

c) Soweit für einzelne Aspekte der allgemeinen Interessenabwägung positives Ver- **3790** fassungs- und Gesetzesrecht (wie das Gewässerschutzgesetz, das Natur- und Heimatschutz- sowie das Umweltschutzgesetz) gilt, sind «Bauvorhaben vorweg nach diesen Sondernormen zu prüfen; erst wenn diese nicht gegen das Projekt sprechen, ist die Abwägung aller für und wider das Vorhaben sprechenden öffentlichen und privaten Interessen gemäss Art. 24 Abs.1 lit. b RPG vorzunehmen» (BGE 114 Ib 272, Walchwil/ZG; wegweisend sind insbesondere BGE 116 Ib 56 ff, Egg/ZH, betr. Chrüzlen I und 117 Ib 31, Samnaun/GR). Für das postfinite Baurecht ist Letzteres zwar im Einzelfall meist nicht von zentraler Bedeutung, aber gleichwohl wichtig.

d) Welche Interessen allenfalls gegeneinander abzuwägen sind und wie dabei vorzu- **3791** gehen ist, davon geben BGE 112 Ib 103 (Stallikon/ZH, betr. Stiftung Puureheimet Brot-

---

Verwirklichung eines konkreten Projektes eine umfassende Interessenabwägung stattzufinden hat. Vgl. den BGE 114 Ib 125 f (Bitsch/VS, betr. Gemeindeschiessanlage).

[24] BGE vom 17. Juni 1994 (Geuensee/LU, in: ZBl 1995 S. 376).
[25] EJPD, Erläuterungen, S. 298, hier insbesondere FN 580. Heinz Aemisegger, Leitfaden, S. 92. BGE 118 Ib 23 (Mosnang/SG), BGE 116 Ib 231 (Schlossrued/AG).

chorb) und BGE 115 Ib 131 (Feusisberg/SZ, betr. Richtstrahlantenne) eine Vorstellung.
Verbote bestimmter Bewerbungen und damit auch der ihnen dienenden Gebäude und Gebäudeteile bezwecken sieben voneinander wesentlich verschiedene Ziele:

- gesundheitspolizeiliche: Verbot von Betrieben, welche bestimmte Immissionsgrenzwerte überschreiten (zB Verbot von luftverunreinigenden oder lärmigen Betrieben);
- infrastrukturelle: Verbot von Betrieben, welche Strassen und Wege und/oder Versorgungs- oder Entsorgungsanlagen übermässig belasten (zB Verbot von Supermärkten und anderen Publikumsmagneten);
- entwicklungsstrategische: Verbot von Bewerbsarten, welche die Entfaltung der Betriebe, für die eine bestimmte Zone ausersehen ist (deren Destinatäre), wegen der bei Zulassung der erstgenannten allenfalls polizeilich einzufordernden Rücksichtnahme der Zonendestinatäre der Zone behindern würde (zB Verbot von nichtstandortgebundenen Wohnungen, allenfalls auch Dienstleistungsbetrieben in Industrie- und Gewerbezonen);
- ästhetische: Verbot von ausgestorben wirkenden Gebäuden, zB weil deren Fensterläden während grossen Teilen des Jahres geschlossen sind (zB Verbot von Zweit- und Ferienwohnungen);
- gesamtwirtschaftliche: Verhinderung unwirtschaftlicher Investitionen in die Infrastruktur (zB Überdimensionierung von Strassen und Kanälen zur Deckung des saisonalen Spitzenbedarfes für die Benützer von Zweit- und Ferienwohnungen, statt Sanierung sanierungsbedürftiger Ortsteile);
- wettbewerbspolitische: Ausschaltung zahlungskräftiger Dritter (zB Ersteller von Bürogebäuden, Zweit- und Ferienwohnungen usw.), welche sich als Käufer, Mieter oder Pächter für die gleiche Parzelle wie die als schutzwürdig angesehenen Personen (zB Einheimische, Gewerbetreibende) interessieren;
- steuerpolitische: Verhinderung der Beschränkung des Steuersubstrates auf den Vermögens- und Eigenmietwert eines Gebäudes ohne Einbeziehbarkeit des Erwerbseinkommens des Eigentümers, wenn dieser hier nur eine Zweit- oder Ferienwohnung besitzt.

3792 Die gesundheitspolizeiliche und die wettbewerbs-/steuerpolitische Zielsetzung können einander entgegengesetzt sein: Aus einer Wohnung, welche nur während eines Teiles des Jahres benützt wird, gehen in der Regel weniger Immissionen aus als von einer ganzjährig benützten. Das Erfordernis der ganzjährigen Bewohnung verfolgt praktisch nur (aber immerhin) ästhetische, gesamtwirtschaftliche sowie wettbewerbs- und steuerpolitische Zielsetzungen. Um zu verhindern, dass letzten Endes das Gebäude doch nicht ganzjährig benutzt wird, braucht es von Zeit zu Zeit behördliche Kontrollen. Durch Anmerkung der Eigentumsbeschränkung im Grundbuch, also mit einem sogenannten Revers, kann erschwert werden, dass diese bei späteren Handänderungen vergessen geht. Die Durchsetzung bleibt aber auch so heikel. Es fragt sich, ob die wettbewerbs- und steuerpolitischen Zielsetzungen nicht besser ausserhalb des Baurechtes geregelt würden. Siehe auch: Rz 3735.

3793 3. a) Der Erstellung eines eigentlichen oder umgekehrten Stöcklis in der Landwirtschaftszone im Sinne von Rz 3708 ff stehen wohl selten überwiegende Interessen entgegen. Indessen braucht es die Erfüllung dieses Erfordernisses gar nicht, wenn Zonengemässheit angenommen wird. Heikler ist die Situation bezüglich der Zulassung von Bauten für die bodenunabhängige Produktion (Rz 4057 f), für nicht-landwirtschaftliche, allerdings landwirtschaftsnahe Nebenbetriebe (Rz 3822 f), für örtliches Kleingewerbe (Rz 4009 f), für Wohnraum für einen ausserhalb des Hofes ein Nebeneinkommen erzielenden Betriebsleiter (Rz 3713 ff), für die nicht-landwirtschaftlich tätigen Familienangehörigen des früheren oder jetzigen Betriebsleiters (Rz 3721 f), für Nicht-landwirtschaftlich-Tätige zum ganzjährigen oder nur temporären Wohnen (Rz 3724 f, 3728 f, 3732 f).

b) M.E. bildet hier die RPG-Verordnung sowohl in der Fassung von 1989 als auch in derjenigen von 1996 eine Strecke weit eine – wenn auch nicht unproblematische – (halb-) authentische Auslegung (analog zu Rz 3782 f) zur Frage, wo ein überwiegendes Interesse entgegenstehe und wo nicht; denn die Verordnung könnte nicht etwas als standortgebunden und für zulässig erklären, wenn sie das Zugelassene als überwiegenden Interessen entgegenstehend bewerten wollte. So darf man deshalb davon ausgehen: Es stehen grundsätzlich, bei genügender Abklärung und Sicherung, keine überwiegenden Interessen entgegen, in einem bestehenden Bauernhaus ganzjährig zu wohnen und die hiefür nötigen baulichen Vorkehrungen vorzunehmen (gleichgültig, ob ein Landwirt noch einem auswärtigen Nebenerwerb nachgeht oder ob der Bewohner überhaupt noch Landwirtschaft betreibt) oder in einem Bauernhaus, einer zugehörigen Scheune ein örtliches, nicht mehr als die Hälfte des bisherigen Gebäudes beanspruchendes Kleingewerbe zu betreiben und die hiefür nötigen Vorkehrungen vorzunehmen oder in einem schutzwürdigen, von der Landwirtschaft nicht mehr benötigten, anders nicht erhaltbaren Gebäude zu wohnen und die Erscheinung sowie die Struktur im Wesentlichen unverändert belassende, keine zusätzliche Verkehrserschliessung erfordernde bauliche Vorkehrungen vorzunehmen.

3794

c) Im BE-Baugesetz von 1985 Art. 81 (Rz 3899) wurde versucht, überwiegende Interessen als verletzt zu definieren, wenn das Bauvorhaben die Landschaft beeinträchtigt oder sich baulich nicht gut einordnet, den landwirtschaftlichen Interessen zuwiderläuft oder einen wesentlichen öffentlichen Erschliessungsaufwand verursacht. Das alles gilt «in der Regel». Aus RPG Art. 22 und 24 (Fassung von 1979) lässt sich jedoch keine solche Legiferierungskompetenz der Kantone entnehmen.

3794a

4. Ob ein Bewerb zu Erwerbszwecken oder hobbymässig ausgeübt wird, ist grundsätzlich für die Frage des Nicht-Entgegenstehens überwiegender Interessen belanglos; eine wichtige Ausnahme besteht allerdings für das Anpflanzen und Ernten sowie das Halten von Tieren; geschieht dies in Ausübung des Berufes als Landwirt, so ist wohl der Bereich der Zulässigkeit bedeutend grösser als bei bloss hobbymässiger Betätigung (Rz 3741 f, 4017 f).

3795

5. Vom Erfordernis «Nicht-Entgegenstehen überwiegender Interessen» gibt es keine Ausnahmen irgendeiner Art, und zwar aus der Sache heraus. Es wäre geradezu eine Verneinung der Rechtsidee, wenn auf rechtlich geregelte Weise etwas zugelassen werden könnte, was überwiegenden Interessen entgegensteht. Es besteht auch kein Bedürfnis nach einer Korrekturnorm zur Sicherung der Gerechtigkeit im Einzelfall in der Gestalt des Zumutbarkeitserfordernisses; eine Verweigerung wegen Entgegenstehens überwiegenden Interesses kann voraussetzungsgemäss nie unzumutbar sein.

3796

3797 6. Zum Verhältnis zwischen dem «Nicht-Entgegenstehen überwiegender Interessen» einerseits und «Standortgebundenheit» sowie «Vereinbarkeit mit den wichtigen Anliegen der Raumplanung» anderseits finden sich Ausführungen in Rz 3698 ff (zur Standortgebundenheit) sowie Rz 3952 f (zur Vereinbarkeit). Was zonengemäss ist und auch die sonstigen, einschlägigen Regelungen einhält, dem stehen definitionsgemäss rechtlich nie überwiegende Interessen entgegen. Walter Haller/Peter Karlen weisen in N. 718 darauf hin, «dass sich die Frage der betrieblichen Notwendigkeit einer technischen Anlage und damit der Standortgebundenheit (RPG Art. 24 I lit. a) letztlich kaum von der Interessenabwägung (RPG Art. 24 I lit. b) trennen lässt».

F. Zum Passus «abweichend von Artikel 22 Absatz 2 Buchstabe a» bzw. zum Erfordernis der Erschlossenheit

3798 Am Passus «abweichend von Artikel 22 Absatz 2 Buchstabe a» fällt Folgendes auf: Von lit. b von Art. 22 II soll offenbar nicht abgewichen werden. In lit. b ist das Erfordernis der Erschlossenheit niedergelegt. Das lässt den Schluss zu, dass nach RPG Art. 24 die Errichtung und Änderung von Gebäuden bzw. die Erstaufnahme und Änderung von Bewerbungen (Rz 3762) nicht schon zulässig ist, wenn Standortbedingtheit vorliegt und keine überwiegenden Interessen entgegenstehen, sondern nur, wenn zumindest auch noch Erschlossenheit vorhanden ist. Situationen, in welchen der Vornahme von Änderungen bei einem nicht hinreichend erschlossenen Gebäude überwiegende Interessen entgegenstehen, dürften eher selten sein[26]. Zur Frage, was unter Erschlossenheit zu verstehen sei, werden in Rz 3747 f sowie aus zürcherischer Sicht in Rz 2045 ff weitere Ausführungen gemacht.

G. Zum Vorbehalt der «Voraussetzungen des Bundesrechts und des kantonalen Rechts» (durch Verweis von RPG Art. 24 auf Art. 22 III)

3799 Die Errichtung und Änderung von Gebäuden bzw. die Erstaufnahme und Änderung von Bewerbungen ist auch bei Zonengemässheit nach RPG Art. 22 nicht schon zulässig, wenn Erschlossenheit vorliegt, sondern nur, wenn auch «die Voraussetzungen des Bundesrechtes und des kantonalen Rechts» eingehalten werden (Rz 3752). Durch den Passus «abweichend von Artikel 22 Absatz 2 Buchstabe a» wird dieser Vorbehalt mit RPG Art. 24 I aber so wenig ausgeschlossen, wie dies bezüglich des Erfordernisses der Erschlossenheit der Fall ist (Rz 3798). Das bedeutet wohl, dass Bewilligungen für standortgebundene Vorhaben, auch wenn ihnen keine überwiegenden Interessen entgegenstehen, nach RPG Art. 24 nur in Betracht kommen, wenn auch das (übrige) Bundesrecht und das kantonale Recht eingehalten wird. Was dies bedeutet, ist in Rz 3752 dargelegt. Es gilt insbesondere kein Ausschluss des Neubautenrechtes wie bei ZH-PBG § 357 (Rz 1515, 1678 ff). Allerdings dürften die Erfordernisse des vorbehaltenen Bundesrechtes und des kantonalen Rechts meistens im Erfordernis «kein Entgegenstehen überwiegender Interessen» aufgehen.

---

[26] Vgl. etwa den Fall einer Hütte in den Alpen, mit welcher eine so geringe Wartung verbunden ist (zB vollautomatische Messstation), dass es nichts ausmacht oder sogar für die Umwelt vorteilhaft ist, wenn man nur auf einem Maultierpfad oder mit dem Helikopter dorthin gelangen kann.

H. Zu «(es) können Bewilligungen erteilt werden»

1. Weil RPG Art. 24 als «Ausnahme» im Verhältnis zu RPG Art. 22 aufgefasst wird (siehe Randtitel, Rz 3260) und Letzterer schon von einem «Dürfen (nur) mit behördlicher Bewilligung» (Rz 3672) ausgeht, fand der Gesetzgeber nicht mehr den Einstieg, direkt zum Ausdruck zu bringen, was dem Privaten verboten, geboten oder erlaubt sei. Er sagt deshalb nur, unter welchen Bedingungen Bewilligungen erteilt werden können; damit sind sprachlich eigentlich nur die Behörden Adressaten von RPG Art. 24. Da es sich hier jedoch um den Bereich der Polizeiverbote mit Erlaubnisvorbehalt handelt, kann gewissermassen reflexweise doch aus RPG Art. 24 herausgelesen werden, was der Private tun dürfe und was nicht. 3800

2. Das die Bewilligung oder Verweigerung aussprechende Organ ist in keiner Weise erwähnt, nicht einmal durch einen Hinweis auf eine Behördlichkeit der Bewilligung wie in RPG Art. 22 I (Rz 3672). Es sind aber nicht durchwegs die gleichen Organe, welche gemäss RPG Art. 22 I erstmalig entscheiden, denn RPG Art. 25 II verlangt, dass «Ausnahmen nach Artikel 24 ... durch eine kantonale Behörde oder mit deren Zustimmung bewilligt» werden. Es kann also u.U. die örtliche Baubehörde als bewilligendes Organ ganz ausfallen; wo dies nicht zutrifft, muss ein kantonales Administrativorgan als konstitutiv genehmigende Behörde hinzutreten[27]. Im Kanton Zürich gilt die letztere Regelung; zuständig ist die Baudirektion, sofern es sich nicht um Wald handelt; in diesem Fall liegt die Zuständigkeit bei der Volkswirtschaftsdirektion[28]. Hier sind dann auch die Baurekurskommissionen als Rechtsmittelinstanz ausgeschaltet; als solche wirkt zuerst der Regierungsrat, bevor der Weiterzug an das Verwaltungsgericht möglich ist (VRG § 47). 3801

3. Wenn nicht alle drei Erfordernisse des Tatbestandes gemäss Rz 3772 ff, 3786 ff erfüllt sind[29], dann darf das zuständige Organ die Bewilligung nicht erteilen. Sind jedoch alle drei Erfordernisse erfüllt, so steht trotz des Wortes «können» nicht eindeutig fest, ob die Bewilligung erteilt werden kann oder ob deren Erteilung immer noch im Ermessen der Behörde liegt. Rz 3803 f. 3802

I. Zu «Ausnahmen»

1. Der als Satz strukturierte Text von RPG Art. 24 (Fassung von 1998) spricht zwar nirgends von «Ausnahme», «Ausnahmebewilligung» oder «Dispens», doch kommt das Wort «Ausnahme» im Randtitel vor: «Ausnahmen ausserhalb der Bauzonen». 3803

2. Ob man die Bewilligung gemäss RPG Art. 24 als eine Ausnahmebewilligung bezeichnen will[30], darüber kann man verschiedener Auffassung sein, je nachdem, ob man 3804

---

[27] Leo Schürmann/Peter Hänni, S. 167: «... um ... den lokalen Behörden damit nicht ein Hintertürchen für die baubewilligungspflichtige Tätigkeit ausserhalb der Bauzone offenzuhalten».
[28] ZH-Bauverfahrensverordnung Anhang Ziffer 1.2 (LS 700.6).
[29] BGE 118 Ib 19 (Käsereigenossenschaft Mosnang/SG, betr. Schweinestall).
[30] Im Unterschied dazu kommt in RPG Art. 23 das Wort «Ausnahmen» sowohl im als Satz strukturierten Text als auch im Randtitel vor (Rz 3757 ff). Sodann ist in RPG Art. 24a II (Rz 3814) von

die Bezeichnung «Ausnahmebewilligung» auf die gestützt auf eine Kann-Vorschrift erteilten Bewilligungen beschränkt (wie zB im Kanton Zürich bezüglich PBG § 220, Rz 607 mit FN 5) oder nicht. Wenn man sich für Ersteres entscheidet und man davon ausgeht, dass bei Standortgebundenheit und fehlendem Entgegenstehen überwiegender öffentlicher Interessen sowie Erschlossenheit und Einhaltung des übrigen Bundes- und Kantonalen Rechts die Bewilligung erteilt werden müsse (Rz 3800 f), dann handelt es sich hier nicht um eine Ausnahmebewilligung.

3805 Anders verhielte es sich nur, wenn man diesen Begriff weiter fassen wollte, so dass auch diejenige generelle Regelung hiezu gehört, welche für den Bauaktiven im Verhältnis zu einer anderen generellen Regelung günstiger ist (gleichgültig, ob die Kompetenz zur Dispensierung auf einer Kann-Vorschrift beruht oder nicht). Es geht dann hier weniger um Ausnahmebewilligungen als um das Verhältnis von Global- zu Sektoralregelungen mit für den Bauaktiven günstigen Möglichkeiten (Rz 801 ff; so Peter Karlen, in: ZBJ 1994 S. 126 f mit FN 47). Im letzteren Fall stellt RPG Art. 24 im Verhältnis zu RPG Art. 22 II eine Ausnahme dar; weiter kann RPG Art. 24c II mit den Begriffen «Erneuerung/ teilweise Änderung/massvolle Erweiterung/Wiederaufbau» sowie mit dem Erfordernis «Vereinbarkeit mit den wichtigen Anliegen der Raumplanung» im Verhältnis zu RPG Art. 24 als Ausnahme bezeichnet werden. Das ist wohl die Auffassung, welche im Randtitel zu RPG Art. 24 zum Ausdruck gelangt. Ein nochmals anderer Blickwinkel gilt, wenn eine Bewilligung gemäss RPG Art. 24 im Verhältnis zur Planungspflicht nach RPG Art. 14 ff, welche eine Planrevision nötig macht, gesehen wird[31, 32].

Bis 1998 soll es in der ganzen Schweiz jährlich zu rund 10'000 «Ausnahmebewilligungen» gemäss RPG Art. 24 gekommen sein[33]. Wenn das stimmt, war eindeutig etwas nicht in Ordnung.

K. Weitere Gesichtspunkte

1. Zur Regelung der Änderung nicht zonenkonformer, aber standortgebundener Gebäude/Anlagen

3806 a) RPG Art. 24 (Fassung von 1998) enthält wie schon RPG Art. 24 I und II (Fassung von 1979) weder im Text noch im Randtitel einen Hinweis darauf, auf Gebäude/Anlagen (im Vorher-Zustand) welcher Art er anzuwenden sei[34]. Dass ein Gebäude oder eine Anla-

---

«Ausnahmebewilligung» die Rede. Ferner verwendet RPG Art. 25 III das Wort «Ausnahmebewilligungen» (siehe Rz 4065 ff). Thomas Müller stellt seine Dissertation gesamthaft unter den Titel: «Die erleichterte Ausnahmebewilligung».

[31] Von der Häufigkeit aus beurteilt, müsste man dann allerdings eher das Vorgehen gemäss Planungspflicht als dasjenige gemäss RPG Art. 24 als «Ausnahme» bezeichnen.

[32] Walter Haller/Peter Karlen scheinen in N. 789 (2. Auflage) unter einer «Ausnahme» nochmals etwas anderes zu verstehen, nämlich diejenige Lockerung für den Bauaktiven, welche nicht infolge der sogenannten «Besitzstandsgarantie», sondern deswegen zum Zuge kommt, weil das Gebäude früher gestützt auf eine Ausnahmebewilligung erstellt worden ist. Vgl. hiezu Rz 4434 ff.

[33] Vgl. Christoph Bandli, S. XVII f.

[34] Darin unterscheidet sich RPG Art. 24 von Art. 24c II (je Fassung von 1998). Bei Letzterem ergibt sich aus Text und Randtitel, dass es im Vorher-Zustand um «zonenwidrige» Gebäude/Anlagen (Randtitel) bzw. um solche geht, «die nicht mehr zonenkonform sind». Rz 3938 f.

ge ausserhalb der Bauzone liegt, sagt an sich noch nichts Definitives über die Rechtmässigkeit aus. Hier stellte sich bis 1998 die Frage, ob ausserhalb der Bauzonen für «Erneuerung», «teilweise Änderung» und «Wiederaufbau» von Gebäuden/Anlagen, welche nicht zonenkonform, aber im Sinne von RPG Art. 24 I lit. a (Fassung von 1979) standortgebunden sind, Art. 24 II (Fassung von 1979) ebenfalls gelte (sei es als legislatorische, sei es als einzelfallweise Regelung; Rz 3851 ff). Die Antworten waren nicht eindeutig[35]. Hiezu ist zu beachten, dass RPG Art. 24 I (Fassung von 1979) an die Bauaktiven strengere Anforderungen als RPG Art. 24 II (Fassung von 1979) und dass RPG Art. 22 II an die Bauaktiven strengere Anforderungen als RPG Art. 24 I (Fassung von 1979) stellte. Fand nun aber RPG Art. 24 II (Fassung von 1979) auf zwar nicht zonenkonforme, aber standortgebundene Gebäude/Anlagen keine Anwendung, durfte also ein Bauaktiver diese nicht «erneuern, teilweise ändern oder wiederaufbauen», obwohl solches «mit den wichtigen Anliegen der Raumplanung vereinbar ist», so läge entweder eine auszufüllende Lücke vor, wenn RPG Art. 24 I (Fassung von 1979) hier ebenfalls nicht gälte, oder aber die Anwendbarkeit käme, wenn die Folge davon eine Verweigerung wäre, wegen Verstosses gegen das Erfordernis des öffentlichen Interesses bei Eigentumsbeschränkungen, gegen dasjenige der Verhältnismässigkeit oder gegen die Eigentumsgarantie nicht zum Zuge; dann ergäbe sich insoweit ebenfalls eine Lücke, diesmal infolge Normkollision. In beiden Fällen hätte mittels umfassender Interessenabwägung die Lücke gefüllt werden müssen.

b)   Für die Annahme, dass bei zwar nicht zonenkonformen aber standortgebundenen Gebäuden gegenüber dem Erfordernis der «Vereinbarkeit mit den wichtigen Anliegen der Raumplanung» eine Abweichung angezeigt sei, besteht jedoch keinerlei Anlass. Eine Verschärfung wäre ohnehin verfehlt, aber auch für eine Lockerung ist kein Grund ersichtlich; denn das Erfordernis «Vereinbarkeit mit den wichtigen Anliegen der Raumplanung» lässt selbst schon eine vertretbare Regelung zu, soweit Vorkehrungen an zwar zonenwidrigen, aber standortgebundenen Gebäuden eine andere Ordnung nahelegen als für zonenwidrige nicht standortgebundene. Das heisst, es hätte bei (supponierter) Nichtanwendbarkeit von RPG Art. 24 I und II (Fassung von 1979) und 22 II bzw. bei deren (supponierter) Kollision mit dem Gebot des öffentlichen Interesses bzw. mit demjenigen der Verhältnismässigkeit bzw. mit der Eigentumsgarantie keine «gescheitere» Ausfüllung der Lücke gegeben als diejenige mit Zulässigkeit von Erneuerung/teilweiser Änderung/Wiederaufbau bei Vereinbarkeit mit den wichtigen Anliegen der Raumplanung[36]. Hier ist zudem immer auch das in Rz 4323 Gesagte zu bedenken.

3807

---

[35] ZB Heinz Aemisegger, Leitfaden, S. 90, unter Hinweis auf Sten. Bull. NR 1979 S. 336. EJPD, Erläuterungen, Art. 24, N. 24 und 29; Leo Schürmann/Peter Hänni, S. 166; Peter Dilger, S. 249. Die Kritik von Walter Haller/Peter Karlen, N. 793 (2. Auflage) an ZH-PBG § 357 II (Fassung von 1991, Rz 1601 f) lässt darauf schliessen, dass sie RPG Art. 24 II (Fassung von 1979) grundsätzlich auch auf zonengemässe und -widrige, standortgebundene Gebäude anwendbar sehen. Gegen die Anwendbarkeit von RPG Art. 24 II (Fassung von 1979) auf zwar zonenwidrige aber standortgebundene Gebäude und Anlagen äusserte sich offenbar der BE-Regierungsrat in Entscheiden von 1985 und 1986. Aldo Zaugg, Kommentar 1987, zu Art. 83, N. 2, und Thomas Müller, S. 61, bejahen die Anwendbarkeit jedoch eindeutig. Dgl. wohl auch das ZH-Verwaltungsgericht in: RB 1994 Nr. 71.

[36] Die Argumentationsweise ist ähnlich derjenigen in Rz 3856 ff bezüglich der Frage, was für Erneuerung/teilweise Änderung/Wiederaufbau bis 1998 in Kantonen gegolten habe, in welchen kein Aus-

3808 c) M.E. galt RPG Art. 24 II (Fassung von 1979) legislatorisch, wohl auch einzelfallregulierungsweise, für «Erneuerung/teilweise Änderung/Wiederaufbau» von nicht zonenkonformen, aber standortgebundenen Gebäuden grundsätzlich ebenfalls. Das heisst: Auch diese Vorkehrungen konnten vom kantonalen Recht zugelassen werden bzw. waren zulässig, wenn sie mit den wichtigen Anliegen der Raumplanung vereinbar waren. Anders hätte es sich nur verhalten, wo kantonales Recht etwas anderes festgelegt hätte. Damit galt diese Regelung für «Erneuerung/teilweise Änderung/Wiederaufbau» sämtlicher Gebäude ausserhalb der Bauzone.

3809 d) Seit der Revision von 1998 gilt nun allerdings RPG Art. 24 I und II (Fassung von 1979) nicht mehr unverändert. Nicht nur fehlt in den «Nachfolgeregelungen» RPG Art. 24 und 24c II (je Fassung von 1998) eine legislatorische Ermächtigung an die Kantone (Rz 4010e), sondern auch textlich eignet sich RPG Art. 24c II (Fassung von 1998) weniger als 24 II (Fassung von 1979), um einer Anwendung auf zwar nicht zonenkonforme, aber standortgebundene Gebäude/Anlagen als argumentative Stütze zu dienen[37]. Ich halte jedoch wegen Rz 3807 trotzdem dafür, dass, wenn nicht direkt, auf jeden Fall indirekt, der Konzeption von RPG Art. 24 und 24c II (je Fassung von 1998) nach, Erneuerung/teilweise Änderung/Wiederaufbau, jetzt zusätzlich auch angemessene Erweiterung, von zwar nicht zonenkonformen, aber standortgebundenen Gebäuden/Anlagen, bei Vereinbarkeit mit den wichtigen Anliegen der Raumplanung bzw. Nicht-Entgegenstehen überwiegender Interessen zulässig sind. Siehe auch Rz 3956c und d.

2. Unmittelbar anwendbares Recht

3810 RPG Art. 24 stellt trotz der Unbestimmtheit seiner Tatbestandselemente unmittelbar anwendbares Recht dar. Ergänzendes kantonales Recht ist nicht erforderlich, teilweise sogar nicht einmal möglich.

3. Zum Erfordernis des Planungsverfahrens

3811 Es gilt nicht einfach folgende Reihenfolge in der Argumentation: wenn RPG Art. 22 II erfüllt ist dann Erlaubnis; sonst grundsätzlich Erlaubnis nur, wenn RPG Art. 24 (Fassung von 1998) erfüllt ist, es wäre denn, RPG Art. 24a, b, c oder d sei erfüllt; dann ebenfalls Erlaubnis. Vielmehr kommt es bei Nichterfüllung von RPG Art. 22 II zu einer Aufspaltung des Verfahrensweges in Vorhaben mit erheblichen räumlichen Auswirkungen und sonstige Vorhaben. Bei den Ersteren kommt eine Erlaubnis nur in Betracht, wenn zuvor ein *Planungsverfahren* gemäss RPG Art. 2 und 14, zB eine Revision des Zonenplans oder die Festsetzung einer Sonderbauordnung stattgefunden hat und deren Ergebnis eine Erlaubnis ermöglicht[38]. Es ist dies ein Erfordernis, welches nicht direkt dem Text des RPG,

---

führungsrecht zu RPG Art. 24 II (Fassung von 1979) vorhanden war, wenn es sich hier nicht auch um eine einzelfallweise geltende Regelung gehandelt hätte.

[37] Bei Zonengemässheit und Standortgebundenheit besteht keinerlei Bedürfnis nach einer Lockerung. Die Kombination Zonengemässheit und Standortwidrigkeit ist unrealistisch.

[38] BGE 114 Ib 312–317 (Morschach/SZ, betr. Meinrad Camenzind, Golfplatz), 116 Ib 131, 139 (Wangen-Brüttisellen, betr. Grossgärtnerei), 124 II 252, 256 (Mühleberg/BE, siehe Rz 3777); vgl. auch BGE 113 Ib 371–375 (Vitznau/LU, betr. Bootshafen).

sondern nur aus dessen Konzept entnommen werden kann. Im Rahmen dieses Planungsverfahrens ist regelmässig auch eine Umweltverträglichkeitsprüfung (UVP) nach USG vorzunehmen[39].

4. Prozessuales

a) Zur Aktivlegitimation

α) Gemäss RPG Art. 34 (Rz 4068) und Praxis des ZH-Verwaltungsgerichtes[40] können die Gemeinden, wenn eine von ihnen gestützt auf RPG Art. 24 ausgesprochene Bewilligung (zB in Bejahung der Standortbedingtheit und Nichtentgegenstehen überwiegender Interessen) auf Rekurs eines Nachbarn von der Baurekurskommission als unzulässig erklärt worden ist, deren Entscheid an das Verwaltungsgericht weiterziehen; eine vom Verwaltungsgericht bestätigte Aufhebung bzw. eine erst von ihm ausgesprochene Anweisung zur Verweigerung kann von der Gemeinde mit Verwaltungsgerichtsbeschwerde an das Bundesgericht weitergezogen werden. Dasselbe gilt, wenn dort, wo die Gemeinde zuerst eine Verweigerung ausgesprochen hat, die Baurekurskommission und/oder das Verwaltungsgericht die Erteilung einer Baubewilligung verlangen. **3812**

β) Nachbarn können ihres Erachtens unter Verletzung von RPG Art. 24 von der Gemeinde erteilte Bewilligungen an die Baurekurskommission weiterziehen und deren Bewilligungsbestätigung beim Verwaltungsgericht mit Beschwerde anfechten. Sodann besteht die Möglichkeit des Weiterzuges an das Bundesgericht mit Verwaltungsgerichtsbeschwerde durch den Nachbarn. Entsprechendes gilt, wenn dort, wo die Gemeinde zuerst verweigert hat, die Baurekurskommission und/oder das Verwaltungsgericht verlangen, dass die Gemeinde die Bewilligung erteilt. **3812a**

b) Zur Beweislast

In allgemeiner Beziehung wird auf Rz 722 verwiesen. Mit einem BGE vom 17. Juni 1994 (ZBl 1995 S. 376, 381 f, Geuensee/LU, betr. Gärtnerei) hiess das Bundesgericht die Beschwerde des Bauaktiven gegen die mit (bestrittener) Nichtexistenzfähigkeit des Betriebes begründete Verweigerung gut, weil die kantonalen Instanzen «weitergehende Sachverhaltsabklärungen hätten veranlassen können, um die Existenzfähigkeit des Betriebes besser einzuschätzen, wie dies beispielsweise im Kanton Zürich für die Ansiedlung kleinerer Landwirtschaftsbetriebe verlangt wird (BEZ 1994 Nr. 1. Erw. 2)». **3812b**

---

[39] Bisweilen wird versucht, auf dem Wege des Planungsverfahrens eine Zulassung zu erwirken, wo von der räumlichen Bedeutsamkeit her gesehen ein solches nicht nötig wäre, wenn die Erfordernisse von RPG Art. 24 erfüllt sind. Wo dies nicht zutraf und die Baubehörde die Einrichtung eines Pferdestalles verweigerte, obwohl eine neunköpfige Familie geltend machte, sie benötige den Stall zur Sicherung ihres Einkommens (vgl. Rz 4039), griffen Interessierte zu einer Initiative auf Revision des Zonenplanes (gemäss NZZ vom 28. Juni 1997).

[40] RB 1981 Nr. 8. Die bezüglich des Erschlossenheitserfordernisses restriktive Praxis überzeugt insoweit nicht, als durch die Formulierung von RPG Art. 24 I (Fassung von 1979) bzw. 24 (Fassung von 1998) dieses Element auch in RPG Art. 24 einbezogen (nicht ausgeschlossen wie die Standortgebundenheit, Rz 3798) und die Erschlossenheit auch in RPG Art. 24d ausdrücklich erwähnt ist. Vgl. sodann auch den restriktiven RB 1981 Nr. 9 (BEZ 1981 Nr. 1, ZBl 1981 S. 463).

c) Zur Kognition

3812c Obwohl RPG Art. 24 sehr unbestimmte Tatbestandselemente enthält, beansprucht das Bundesgericht volle Kognition.

d) Zur Vollstreckung

3812d Bei Baubeginn vor oder ohne Vorliegen einer rechtskräftigen Baubewilligung kann es separat zu Mahnungen, Vollstreckungsbefehlen, Ersatzvornahmen, Zwangsanwendungen, Rechtswegnahmen, Realakten und Strafen kommen (Rz 733 ff).

5. Zur Frage der materiellen Enteignung

3813 Eine sich aus RPG Art. 24 (Fassung von 1998) ergebende Verweigerung eines Vorhabens bewirkt wohl kaum je eine materielle Enteignung, selbst wenn sich auch aus RPG Art. 24, 24a–d und 37a keine Zulässigkeit ergibt (Rz 1320h ff).

6. Zur kantonalen Legiferierungskompetenz

3813a RPG Art. 24 (Fassung von 1998) bildet m.E. ebenso wenig eine gesetzliche Grundlage für die Legiferierung durch die Kantone und die Verordnungsgebung durch den Bundesrat, wie dies bei RPG Art. 24 I (Fassung von 1979) der Fall war. Es wird hiezu auf Rz 3780 ff verweisen.

Zu RPG Art. 24a

I. Zum Text

Dieser bei der Revision von 1998 (Rz 3265 ff) ins RPG eingefügte Artikel lautet wie folgt:

> «Art. 24a
> Zweckänderungen ohne bauliche Massnahmen ausserhalb der Bauzonen
> Erfordert die Änderung des Zwecks einer Baute oder Anlage ausserhalb der Bauzonen keine baulichen Massnahmen im Sinne von Artikel 22 Absatz 1, so ist die Bewilligung zu erteilen, wenn
> a) dadurch keine neuen Auswirkungen auf Raum, Erscheinung und Umwelt entstehen; und
> b) sie nach keinem anderen Bundeserlass unzulässig ist.
> Die Ausnahmebewilligung ist unter dem Vorbehalt zu erteilen, dass bei veränderten Verhältnissen von Amtes wegen neu verfügt wird.»

Dieser Artikel hatte im bundesrätlichen Antrag (Rz 3265) keinen direkten Vorgänger. Zur Debatte im Stände- und Nationalrat wird verwiesen auf: Amtl. Bull. StR 1997 S. 211 ff, 1178; NR 1997 S. 1856.

II. Zur Auslegung[1]

A. Zum ersten Absatz

1. Zu «es erfordert die Änderung des Zwecks einer Baute oder Anlage ausserhalb der Bauzonen keine baulichen Massnahmen im Sinne von Artikel 22 Absatz 1»

Bisher wurde dem Umstand, dass es bewerbsmässige Änderungen, «Zweckänderungen» sowohl mit als auch ohne bauliche Änderungen gibt, weder im RPG- noch im ZH-PBG-Text Beachtung geschenkt. Die bewerbsmässige Änderung ohne bauliche Änderung wurde offenbar – allerdings zu Unrecht – als nicht der gesetzlichen Erwähnung würdig erachtet. Sie ist aber sogar eine besonders heikle baurechtliche Erscheinungsform (Rz 295 f). Es wird hier nicht zwischen vollständiger und teilweiser Änderung des Zweckes unterschieden. Allerdings kommen vollständige Zweckänderungen kaum je ohne bauliche Massnahmen aus. Siehe auch Rz 3762. Zu «Baute oder Anlage» siehe Rz 3761. Zu «ausserhalb der Bauzonen» siehe Rz 3763 ff.

2. Zu «es entstehen (durch diese Zweckänderung) keine neuen Auswirkungen auf Raum, Erscheinung und Umwelt»

Dieser Passus entspricht dem von der Gerichtspraxis herausgearbeiteten Kriterium für die Unterscheidung zwischen bewilligungsbedürftigen und nicht bewilligungsbedürftigen Bauten (Rz 706). Siehe zB BGE 108 Ib 264 (Gemeinde X./GR).

---

[1] Siehe: Walter Haller/Peter Karlen, N. 720–722.

3. Zu «(diese Zweckänderung) ist nach keinem anderen Bundeserlass unzulässig»

3817 Dieser Passus zeigt, dass durch RPG Art. 24a das übrige Recht nicht ausgeschaltet wird (im Unterschied etwa zu Rz 1515 f, 1678 ff). Zu denken ist insbesondere an das Gewässerschutz- und das Umweltschutzgesetz (Rz 4073 f und 4081 f), ferner an die weiteren, in Rz 4103–4141 aufgelisteten Bundeserlasse sowie an die in Rz 3172–3190 erwähnten kantonalen Gesetze.

4. Zu «die Bewilligung ist zu erteilen»

3818 Bei Erfüllung dieser Bedingungen ist die Baubehörde verpflichtet, eine Bewilligung zu erteilen. Es handelt sich um eine Muss-Vorschrift. Eine Bewilligung wäre zwar auch nach RPG Art. 22 möglich, soweit das Vorhaben als zonengemäss zu qualifizieren ist und Erschlossenheit vorliegt (allerdings eher als Kann-Vorschrift), im Fall von RPG Art. 24 (Fassung von 1998) aber nur bei Standortgebundenheit und Nicht-Entgegenstehen überwiegender Interessen, im Fall von RPG Art. 24 II (Fassung von 1979) nur bei Vereinbarkeit mit den wichtigen Anliegen der Raumplanung (ob Muss- oder Kann-Vorschrift ist unsicher, siehe Rz 3802). Zweckänderungen ohne «bauliche Vorkehrungen im Sinne von Artikel 22 Absatz 1» sind wohl im Allgemeinen Bewerbesintensivierungen, -ausweitungen und -auswechslungen im Sinne von Rz 305 f. Umnutzungen gemäss Rz 314, Wiederbewerb nach langem Leerstehen gemäss Rz 315 oder Expansions-, Dependenz- und Dislokationsbewerb gemäss Rz 316 ff sind jedoch kaum damit gemeint; denn durch sie würden wohl meistens «neue Auswirkungen auf Raum, Erscheinung und Umwelt entstehen». Damit lässt RPG Art. 24a mehr oder weniger das zu, was schon RPG Art. 24 II (Fassung von 1979) zugelassen hat (zumindest sofern kantonales Ausführungsrecht ergangen ist, oder aber, wenn Art. 24 II [Fassung von 1979] auch ohne dies materiell galt, Rz 3851 f). RPG Art. 24a lässt damit aber auch mehr oder weniger das zu, was jetzt gestützt auf RPG Art. 24c II (Rz 3904 ff) zulässig ist. Allerdings besteht folgende Verschärfung bei RPG Art. 24a: Hienach gilt die in Rz 3821 erwähnte erleichterte Widerrufsmöglichkeit.

Zu alldem ist immer auch noch RPG Art. 37a bezüglich vorbestandener Gewerbebetriebe zu beachten (Rz 3957).

B. Zum zweiten Absatz

1. Zur «(Erteilung der) Ausnahmebewilligung»

3819 Im Unterschied zur Fassung von 1979 erscheint nun hier (wie auch in RPG Art. 25 II, Rz 4065) erstmals das Wort «Ausnahmebewilligung» (nicht nur «Ausnahme»!) im RPG. Nach dem in Rz 3803 ff vertretenen Verständnis, handelt es sich hier um keine Ausnahmebewilligung, wenn sie erteilt werden muss, sofern die Bedingungen hiezu vorliegen.

2. Zu «ist zu erteilen»

3820 Es handelt sich hier wohl nicht um eine Kann-, sondern um eine Muss-Vorschrift. Allerdings wäre denkbar, dass sich das «ist zu» nur auf die Aufnahme des Vorbehaltes bezieht, wenn die Behörde eine Ausnahmebewilligung erteilen will.

3. Zum «Vorbehalt, dass bei veränderten Verhältnissen von Amtes wegen neu verfügt wird»

Es geht hier um den Widerruf einer erteilten Baubewilligung, aber auch um deren zusätzliche Belastung mit Bedingungen und Auflagen (Rz 616 f). Bemerkenswert ist die ausdrückliche Hervorhebung dieser an sich immer bestehenden Möglichkeit. Das gibt wohl der Baubehörde mehr Möglichkeiten des Widerrufes und der nachträglichen Belastung als die sonstige Praxis bezüglich Widerruf und nachträglicher Belastung[2]. Es ist kein Antrag aus der Nachbarschaft nötig. Die Baubehörde muss von Amtes wegen handeln. Der Vollzug stellt kaum andere Schwierigkeiten als das Bauen ohne Bewilligung oder in Überschreitung einer solchen.

3821

---

[2] Das wurde in der parlamentarischen Debatte kritisiert (Amtl. Bull. NR 1997 S. 1856 [Votum Dorle Vallender]).

Zu RPG Art. 24b

I. Zum Text

3822 Dieser bei der Revision von 1998 (Rz 3265) ins RPG eingefügte Artikel lautet wie folgt:

> «Art. 24b
> Nichtlandwirtschaftliche Nebenbetriebe ausserhalb der Bauzonen
> Können landwirtschaftliche Gewerbe ohne eine zusätzliche Einkommensquelle nicht weiterbestehen, so können bauliche Massnahmen zur Einrichtung eines betriebsnahen nichtlandwirtschaftlichen Nebenbetriebes in bestehenden Bauten und Anlagen bewilligt werden. Die Anforderung nach Artikel 24 Buchstabe a muss nicht erfüllt sein.
> Der Nebenbetrieb darf nur vom Bewirtschafter des landwirtschaftlichen Gewerbes geführt werden.
> Die Existenz des Nebenbetriebs ist im Grundbuch anzumerken.
> Nichtlandwirtschaftliche Nebenbetriebe bilden Bestandteile des landwirtschaftlichen Gewerbes und unterstehen dem Realteilungs- und Zerstückelungsverbot nach den Artikeln 58–60 des Bundesgesetzes vom 4. Oktober 1991 über das bäuerliche Bodenrecht.
> Die Bestimmungen des Bundesgesetzes vom 4. Oktober 1991 über das bäuerliche Bodenrecht betreffend die nichtlandwirtschaftlichen Nebenbetriebe finden auf die Nebenbetriebe keine Anwendung.»

Dieser Artikel entspricht weitgehend Art. 24 II, III und IV des bundesrätlichen Antrags (BBR 1996 III 537 ff). Zur Debatte im Stände- und Nationalrat wird verwiesen auf: Amtl. Bull. StR 1979 S. 214 f, 1178 f; NR 1979 S. 1856 ff.

II. Zur Auslegung[1]

A. Zum ersten Absatz

1. Zum ersten Satz

a) Zu «landwirtschaftlichem Gewerbe»

3823 Die in Art. 40 der Verordnung 2000 und den Erläuterungen hiezu (S. 35) zum Ausdruck gelangende Auffassung, dass nur Betriebe in den Genuss von RPG Art. 24b kommen, welche ein landwirtschaftliches Gewerbe im Sinne von Art. 7 des Bundesgesetzes über das bäuerliche Bodenrecht (SR 211.412.11, Rz 4109) sind, ist wohl gesetzeskonform. Es muss sich somit um eine «Gesamtheit von landwirtschaftlichen Grundstücken, Bauten und Anlagen, die als Grundlage der landwirtschaftlichen Produktion dient und die mindestens die halbe Arbeitskraft einer bäuerlichen Familie beansprucht», handeln. Letzteres ist nur der Fall, wenn für die Bewirtschaftung jährlich mindestens 2'100 Arbeitsstunden aufgewendet werden müssen. Entsprechendes gilt für gärtnerische Betriebe. Bei einer bäuerlichen Familie wird von einer Gemeinschaft von zwei Erwachsenen und (mindestens) zwei Kindern ausgegangen. Zwergartige Haupt- und Nebenerwerbsbetriebe gelangen nicht in den Genuss von RPG Art. 24b.

---

[1] Siehe Walter Haller/Peter Karlen, N. 723–727.

b) Zu «(dieses Gewerbe kann) ohne eine zusätzliche Einkommensquelle nicht weiterbestehen»

α) Seit den Siebzigerjahren können immer weniger Landwirtschaftsbetriebe befriedigend weiterexistieren, ohne dass den hier Tätigen die Möglichkeit gegeben wird, auf dem Hof ergänzend auch ein zwar nicht eigentlich landwirtschaftliches, aber einem landwirtschaftlichen Betrieb nahes Gewerbe auszuüben. Dabei stellte sich bisher immer die Frage, ob Bauvorhaben zu ihrer Realisierung noch durch den Zweck der Landwirtschaftszone gedeckt seien oder nicht (Rz 3676 f, 4011 ff). Hierzu gab weder der Text des RPG von 1979 noch derjenige der RPG-Verordnung von 1989/1996 Anhaltspunkte für eine Antwort. 3824

Ursprünglich waren solche Nebenbetriebe eindeutig zonenwidrig. Aus den gleichen Gründen, aus welchen schliesslich in beschränktem Umfang auch bodenunabhängige Produktion (Rz 4024 ff) sowie das Wohnen zwar landwirtschaftlich, aber nicht allein landwirtschaftlich Tätiger (Rz 3713 f) in der Landwirtschaftszone zugelassen wurde, galt Gleiches später auch für zwar nicht landwirtschaftliche, aber dem Landwirtschaftsbetrieb nahe Gewerbe, wenn das Gewerbe durch den landwirtschaftlichen Betriebsträger oder seine Familienangehörigen ausgeübt wurde und der Existenzsicherung diente. Die Begründung für diese Öffnung war aber meistens eher sibyllinisch. 3825

– ZH-RB 1994 Nr. 71: Die Erlaubnis an einen Landwirt, einen Teil seiner Scheune in eine Räumlichkeit für die Wartung und Reparatur eigener Geräte und solcher von Drittlandwirten zu ändern, um sich eine Nebenverdienstquelle zu beschaffen, wäre an sich vertretbar, hingegen nicht die Änderung in eine Autospenglerei (diese war nicht betriebsnah); siehe auch: Rz 3928.

Schliesslich wurden aber derjenige Nebenbetrieb und die hiefür erforderlichen baulichen Vorkehrungen zugelassen, welche nötig sind, um das Gesamteinkommen der auf dem Hofe Tätigen auf ein landesübliches Mass zu erhöhen. Rechtlich unbestreitbar war diese Stellungnahme allerdings nicht, finden sich doch im RPG keinerlei Hinweise auf eine solche Deutung; man muss sogar im Gegenteil sagen: Die Zulassung von baulichen Vorhaben einfach deshalb, weil sonst der Betriebsinhaber kein ausreichendes Einkommen erzielen kann, widerspricht dem beinahe den Charakter eines Dogmas aufweisenden baurechtlichen Grundsatz, dass für die Antwort auf die Frage von Bewilligung/Verweigerung nicht auf die subjektiven Eigenheiten des Gesuchstellers abgestellt werden darf. 3826

β) Seit der RPG-Revision von 1998 ist nun aber eine Bewilligung auch von Bauvorhaben für Nebenbetriebe zulässig, soweit ein landwirtschaftliches Gewerbe ohne ein durch sie erzieltes zusätzliches Einkommen nicht weiterexistieren kann. Die wichtigste weitere Möglichkeit der Erzielung eines zusätzlichen Einkommens ist diejenige der Aufnahme von bodenunabhängiger Produktion im Sinne von Rz 4024 ff. Ferner kommt in Betracht: die Vermietung von Räumen für Wohnen an Verwandte oder Dritte (Rz 3721 f, 3732–3739). Es geht hier um langfristige «Überlebenshilfen», um die Verschaffung eines «zweiten Standbeines» (Erläuterungen zur Verordnung 2000, S. 35). Die Vorkehrungen sollten gemäss der Auffassung des Bundesrates (BBl 1996 III 531, 538) aller Voraussicht nach zumindest für etwa 15–25 Jahre ihren Zweck erfüllen können[2]. 3827

---

[2] RPG-Verordnung von 1989/1996 Art. 24 I lit. b (Öffnung auch zu Zwecken des örtlichen Kleingewerbes [wie Käsereien, holzverarbeitenden Betrieben, mechanischen Werkstätten, Schlossereien,

3828 γ) Dem RPG ist nicht zu entnehmen, auch in seiner Fassung von 1998 und in der Verordnung nicht, ein wie hohes Einkommen aus einem landwirtschaftlichen Gewerbe erarbeitbar sein muss, damit man sagen darf, das Gewerbe könne «ohne ein zusätzliches Einkommen weiterbestehen». Auch schweigt sich das RPG über das Verhältnis zwischen dem aus dem «landwirtschaftlichen Gewerbe» erzielbaren Einkommen und demjenigen aus der «zusätzlichen Einkommensquelle» aus. An sich kann auch ein landwirtschaftliches Gewerbe, welches nur einige tausend Franken abwirft, weiterbestehen, wenn aus der zusätzlichen Einkommensquelle einige zehntausend Franken dazu kommen. Auch hier ermöglicht, sichert der Ertrag aus der «zusätzlichen Einkommensquelle» in einem weiten Sinne das «landwirtschaftliche Gewerbe». Allerdings kommt es dabei wohl zu einer Auswechslung der Identität des Gewerbes. Letzteres tritt nur dann nicht ein, wenn der Ertrag aus dem «landwirtschaftlichen Gewerbe» denjenigen aus der «zusätzlichen Einkommensquelle» überwiegt[3]. Es sind jedoch weder das Sichern eines «landwirtschaftlichen Gewerbes» noch ein solches Überwiegen in RPG Art. 24b vorkommende Begriffe, auch die Vorstellung einer Identität des Gewerbes nicht.

3829 Von welchem Prozentsatz an Einkommenserzielung aus dem landwirtschaftlichen Gewerbe diejenige aus dem Nebenbetrieb nicht mehr überwiegt, ist nicht leicht zu bestimmen. Die Vorstellung einer Sicherung der Existenz von A durch B schliesst im Allgemeinen die Vorstellung ein, B sei weniger wichtig als A. Wenn B wichtiger ist, dann liegt eine Ungereimtheit vor; sind beide gleich wichtig, dann kann man überhaupt nicht von einem Überwiegen sprechen, sondern es liegt ein Gleichgewicht vor. M.E. «kippt» die Waage nicht erst dann, wenn der vom landwirtschaftlichen Gewerbe stammende Ertrag auf weniger als 50% des Gesamtertrages aus dem Betrieb herabsinkt, sondern schon einiges vorher. Der Bundesrat erklärte in seiner Botschaft zur RPG-Revision, eine «gewerbliche Aufstockung (dürfe) ... keinesfalls zur Haupteinnahmequelle» werden (BBl 1996 III 538).

3830 δ) Ein wichtiger Richtwert ist das Einkommen, welches eine bäuerliche Familie mit zwei bis drei Kindern (siehe Rz 3823) benötigt, um ein mit dem Niveau der übrigen erwerbstätigen Bevölkerung der Region vergleichbares Leben führen zu können.

3831 Ein landwirtschaftliches Gewerbe kann nur dann weiterbestehen, wenn aus dem landwirtschaftlichen Gewerbe bei landesüblicher Bewirtschaftung ein solches Einkommen langfristig erzielbar ist, und zwar überwiegend, zu mehr als 50%, aus bodenabhängiger Produktion. Man kann allerdings nicht gewissermassen «auf Vorrat» RPG Art. 24b anrufen. In den Genuss dieser Regelung kommen weder Kleinstbetriebe («Zwergbetriebe»; Erläuterungen zur Verordnung 2000, S. 35), welche sich «nur knapp über Wasser halten lassen», noch «reiche Talbauern». Rz 3832, 4037.

3832 Als ein für den Weiterbestand genügendes Einkommen wurde in der parlamentarischen Beratung 1997/1998 (Amtl. Bull. StR 1997 S. 212 und 214) ein Erlös aus dem landwirtschaftlichen Gewerbe von etwa Fr. 70'000.– genannt. Darunter ist wohl der gesamte Er-

---

Detailhandelsläden, Wirtshäusern], wo der Gewerbeanteil nicht «mehr als die Hälfte des bestehenden Gebäudes oder Gebäudekomplexes mit Wohnungen beansprucht»), fand textlich keinen Niederschlag in der RPG-Revision von 1998. Im Parlament wurden die solches anstrebenden Anträge sogar ausdrücklich abgelehnt (Amtl. Bull. StR 1998 S. 1181, 1859 f, NR 1997 S. 1857, 1862 f). Sie fand jedoch über die Verordnung 2000 Art. 39 Ib in den Streusiedlungsgebieten gleichwohl wieder Eingang. Rz 3956b, 4008.

[3] Zur Vorstellung des Überwiegens vgl. die Ausführung in Rz 897 f bezüglich Interessen.

trag abzüglich alle Aufwendungen für den Betrieb, Kosten des baulichen Unterhaltes sowie eine angemessene Amortisation, Eigenkapitalverzinsung und Rückstellung für bauliche Neuerungen zu verstehen. Die Wohnkosten sind eher durch die Fr. 70'000.– zu decken.

Unter dem Gesichtspunkt des Erfordernisses klarer gesetzlicher Grundlagen für eingreifende Eigentumsbeschränkungen (Rz 959 ff) ist dies alles noch reichlich vage.

ε) Wenn ein Betriebsleiter einmal von der Möglichkeit von baulichen Vorkehrungen für einen Nebenbetrieb im Sinne von RPG Art. 24b Gebrauch gemacht hat, ist es durchaus denkbar, dass er später das Bedürfnis nach weiteren derartigen baulichen Vorkehrungen oder nach solchen gemäss RPG Art. 24d (Rz 3974 f) verspürt, sei es, weil der Nebenbetrieb so gut rentiert, sei es, weil er nicht so gut wie erwartet rentiert und deshalb eine weitere «Aufstockung» angestrebt wird. Siehe hiezu Rz 3956b. **3833**

c) **Zu «bauliche Massnahmen zur Einrichtung eines betriebsnahen nichtlandwirtschaftlichen Nebenbetriebes in bestehenden Bauten und Anlagen»**

α) Als nichtlandwirtschaftliche Nebenbetriebe, welche als «betriebsnah» qualifiziert werden, gelten etwa: Kleinkäsereien, Kleinmüllereien, Kleingrastrocknereien, Kleinsägereien, kleine Reparaturwerkstätten für landwirtschaftliche Geräte, Maschinen und Fahrzeuge anderer Landwirte, kleinere Schreinereien, Vermietung für Ferien auf dem Bauernhof (Rz 3704, 4010d), ferner Vermietung von Pferden an Dritte, Pferdepensionen, nicht aber ein eigentlicher Reitbetrieb mit entsprechender Infrastruktur (Rz 3742); aber auch eine chemische Reinigung, eine Metallverzinkerei oder eine Abfallentsorgungsanlage gehört nicht dazu. In der parlamentarischen Beratung kann auch die Tätigkeit eines Bauern, welcher in seinem Gebäude Software für die Landwirtschaft (zB Programme für die Aussaat, Düngerkontrolle, Zuchtbuchhaltung, Marktbeobachtung und -kontrolle) herstellt, als zulässiger Nebenbetrieb zur Sprache (Amtl. Bull. StR 1997 S. 212; ferner StR 1997 S. 1181 und NR 1997 S. 1858, 1865 und 1867 allgemein bezüglich EDV). **3834**

β) Wegen des Passus «in bestehenden Bauten und Anlagen» dürfen für die Einrichtung von nichtlandwirtschaftlichen betriebsnahen Nebenbetrieben, auch wenn sie zur Existenzsicherung nötig sind, keine Neubauten im Sinne von Dependenzbauten (Rz 207) errichtet werden. Das Vorwort «in» schliesst aber wohl kleinere Auf- und Anbauten nicht aus. Zulässig dürfte es sein, derartige nichtlandwirtschaftliche Betriebe in bisherigen Scheunen, ferner in den Tenn-(Schütti-), Stall- und Brügiteilen des Zürcher Dreisässenhaustyps einzurichten. **3835**

γ) Ursprünglich wurde das Erfordernis «betriebsnah» nur branchenmässig, sachlich aufgefasst. Da sich in den parlamentarischen Beratungen gezeigt habe, dass dies zu Abgrenzungsschwierigkeiten führe, versteht Art. 40 der Verordnung 2000 mit den zugehörigen Erläuterungen (S. 36) betriebsnah nun auch geographisch, örtlich: Es kommen nur gewerbliche Tätigkeiten hiefür in Betracht, «die im Betriebszentrum liegen, d.h. dort wo sich das Wohnhaus und die Mehrzahl der Ökonomiegebäude befinden ... Es darf nicht sein, dass isoliert stehende Bauten, die keine räumliche Beziehung zum landwirtschaftlichen Hauptbetrieb aufweisen, zu gewerblichen Zwecken umgenutzt werden.» Der Nebenbetrieb muss innerhalb des Hofbereiches liegen; der Hofcharakter hat im Wesentlichen unverändert zu bleiben; der unbefangene Dritte soll beim Betrachten des Nachher- **3836** zustandes weiterhin den Eindruck erhalten, es handle sich um einen Bauernhof, nicht um einen eigentlichen Gewerbebetrieb.

Die gewerbliche Tätigkeit darf nicht mit einer regelmässigen, länger dauernden Ortsabwesenheit verbunden sein und die Erbringbarkeit der 2'100 Arbeitsstunden für den Landwirtschaftsbetrieb (über das ganze Jahr gesehen) nicht infrage stellen.

d) Zu «(solche bauliche Massnahmen) können bewilligt werden»

3837 Dieser Passus bringt eher zum Ausdruck, dass es sich hier nicht um eine Muss-, sondern nur um eine Kann-Vorschrift handelt. Vgl. allerdings Rz 3802. Dabei ist auch darauf zu achten, dass der Nebenbetrieb zu keiner Verunstaltung des Hofes und seiner Umgebung, zB durch Lagerplätze, Deponien, führt. Es sind sodann die gleichen gewerbepolizeilichen, umweltschutzrechtlichen oder gesundheitspolizeilichen Vorschriften einzuhalten, welchen die Gewerbebetriebe in der Bauzone unterliegen (so Art. 40 III der Verordnung 2000 und Erläuterungen hiezu [S. 36]). Es darf zu keinen Wettbewerbsverzerrungen kommen. Rz 1075 f. Es gilt kein Sonderstatus für solche Nebenbetriebe[4].

2. Zum ersten Absatz, zweiter Satz

Zu «die Anforderung nach Artikel 24 Buchstabe a muss nicht erfüllt sein»

3838 α) Auch die zur Existenzsicherung erforderlichen Vorhaben sind nur erlaubt, wenn lit. b von RPG Art. 24, welcher als Grundsatz – und daher vorbehältlich der Sektoralregelungen – als allgemein gültige Norm zu betrachten ist, eingehalten wird, also wenn keine «überwiegenden öffentlichen Interessen» gemäss lit. b entgegenstehen. Die Standortgebundenheit gemäss Rz 3772 f darf jedoch fehlen.

3839 β) Dieser Passus ist nur notwendig, wenn die zur Sicherung der Weiterexistenz eines Landwirtschaftsbetriebes erforderlichen Vorhaben weder als zonengemäss noch als standortgebunden und auch nicht als überwiegenden öffentlichen Interessen entgegenstehend angesehen werden; er wäre jedoch überflüssig, wenn Zonengemässheit oder wenigstens Standortgebundenheit ohne Entgegenstehen überwiegender öffentlicher Interessen vorliegen.

3840 Die Antwort hierauf hängt davon ab, ob man den Inhalt von RPG Art. 24b als authentische Interpretation der Zonengemässheit und/oder Standortgebundenheit ohne Entgegenstehen überwiegender öffentlicher Interessen oder aber als einen hievon unabhängigen Bewilligungstatbestand qualifizieren will. Es handelt sich wohl um Letzteres; sonst wäre die Regelung in der Nähe von RPG Art. 16 und nicht in derjenigen von RPG Art. 24 eingefügt worden.

---

[4] Die Haltung der gewerblichen Organisationen gegenüber RPG Art. 24b scheint von Ablehnung bis Zustimmung gegangen zu sein (siehe Amtl. Bull. StR 1997, S. 212, NR 1997 S. 1850, 1859, 1866 f).

B. Zum zweiten Absatz

Zum Erfordernis der «(Führung des Nebenbetriebes) vom Bewirtschafter des landwirtschaftlichen Gewerbes»

1. Gemäss Art. 40 IV der Verordnung 2000 und den Erläuterungen hiezu (S. 36 f) bedeutet dies, «dass der Betriebsleiter oder der Ehegatte selbst die notwendige fachliche Qualifikation zur Führung des Nebenbetriebes mitbringen muss. In dieser Beziehung kann er weder durch Dritte noch durch andere Familienangehörige vertreten werden.» Die «Anstellung von Personen, die überwiegend (der Verordnungsentwurf sprach in Art. 38 noch von «ausschliesslich») für den nichtlandwirtschaftlichen Nebenbetrieb tätig sind», ist unzulässig. «Die Mithilfe von Familienangehörigen oder Angestellten des landwirtschaftlichen Gewerbes ist indessen solange nicht ausgeschlossen, als sie nur aushilfsweise im Nebenbetrieb mitarbeiten. Die Mitarbeit der Angestellten des landwirtschaftlichen Gewerbes darf zudem nur insoweit in Frage kommen, als diese für dessen Führung dauerhaft erforderlich ist. Auf der anderen Seite muss es zulässig bleiben, dass Personen für zeitlich befristete Arbeitseinsätze – beispielsweise in nebenbetrieblich geführten Restaurationsbetrieben – angestellt werden dürfen.» 3841

2. Gemäss Art. 40 V der Verordnung 2000 und den zugehörigen Erläuterungen (S. 37) fällt die Bewilligung dahin, sobald die Bewilligungsvoraussetzungen nicht mehr erfüllt sind. Das ist theoretisch eine Selbstverständlichkeit; die Durchsetzung in praxi dürfte allerdings schwierig sein. Siehe hiezu Rz 4064. 3842

   Die Bewilligung fällt insbesondere dahin, wenn die landwirtschaftliche, gärtnerische Tätigkeit aufgegeben wird oder wenn nicht mehr der landwirtschaftliche Betriebsleiter den Nebenbetrieb führt oder wenn Letzterer Dimensionen annimmt, welche den Landwirtschaftsbetrieb vollständig in den Hintergrund drängen. Nicht ausgeschlossen ist, dass dann ein Bewilligungstatbestand nach RPG Art. 24c II (Rz 3848 f) oder 24d (Rz 3974) in Betracht kommt. Trifft dies nicht zu, so ist der Betrieb einzustellen. Die grundsätzlichen Aspekte dieser Regelung werden zusammen mit RPG Art. 16b (Rz 4060 ff) erörtert.

3. Mit dieser Verpflichtung gelangt die in Rz 3826 erwähnte Subjektivierung des Baurechtes einstweilen auf den Höhepunkt. Sie ist allerdings bei der vom Gesetzgeber eingeschlagenen Marschroute praktisch unvermeidlich, wenn man für Dauerhaftigkeit der Regelung sorgen will. Bezüglich Selbstbewirtschaftung siehe Rz 3682, 4017. 3843

4. Diese Regelung verunmöglicht es nichtlandwirtschaftlich Tätigen, welche ihr Landgut durch einen Pächter oder angestellten Betriebsleiter nach der Art eines Gutsherrn bewirtschaften lassen (Rz 3724 ff), ausserhalb der Bauzonen zu bauen, um sich an Ort und Stelle noch eine zusätzliche Einkommensquelle (zB Weinhandel, Bildergalerie, Antiquitätenhandel) zu sichern. 3844

5. Die grosszügige Übertragung der Praxis des Bundesgerichtes zum Bundesgesetz über das bäuerliche Bodenrecht betreffend Existenzsicherung auf RPG Art. 24 I und II (Fassung von 1979, Rz 3683, 4030 f), ferner die den gesetzlichen Rahmen eher strapazierende RPG-Verordnung von 1989/1996 (Rz 3780, 4109 f) und die «Voranwendung» der RPG-Revisionsvorlage von 1996 (Rz 3701) führten bezüglich RPG Art. 22 II und III, 24 3845

I und II (je Fassung von 1979) zu einer normativen Auflösungserscheinung. Ohne die Gesetzesrevision von 1998 wäre diese Praxis kaum auf die Länge haltbar gewesen[5].

C. Zum dritten Absatz

Zur Anmerkung des Nebenbetriebes im Grundbuch

3846 Es geht hier um die Anmerkung einer öffentlichrechtlichen Eigentumsbeschränkung. Die Anmerkung hat vor Baubeginn zu erfolgen (siehe hiezu die Debatte im Parlament, Amtl. Bull. StR 1997 S. 215). Eine solche dient auch der Aufmerksammachung von Geldgebern und Kaufinteressen, dass es sich nicht um einen «normalen» Gewerbebetrieb handelt.

D. Zum vierten und fünften Absatz

3847 Diese materielle «Ausstrahlung» der Raumplanungsmaterie in das bäuerliche Bodenrecht hinein war bei der von der Revision von 1998 getroffenen Regelungsweise wohl unverzichtbar, wenn man die damit verfolgten Ziele wirklich erreichen will. Die RPG-Revision von 1998 erforderte deshalb gleichzeitig eine solche des Bundesgesetzes über das bäuerliche Bodenrecht in den Art. 10 und 60 lit. e (Rz 4109). Hierauf wird hier nicht eingetreten. Es sei hier lediglich auf eine besonders wichtige Folge der Massgeblichkeit des Landwirtschaftsrechtes hingewiesen: Für die finanzielle Einschätzung der aufgestockten Betriebe ist allein der landwirtschaftliche Ertragswert wegleitend. Das ist bei Erbteilungen und für die Hypothezierung wichtig[6].

---

[5] Allerdings stellt sich auch für die Jahre zwischen dem BGE 117 Ib 270 f (Steinen/SZ) und dem Inkrafttreten der Revision von 1998 (1. Januar 2000) die Frage, ob es rechtsstaatlich haltbar war, dass das Bundesgericht, gewissermassen im Vorgriff auf künftiges Recht (BGE vom 6. August 1997 von Wängi/TG, Rz 3701), so entschied.

[6] Amtl. Bull. StR 1997 S. 214 (Votum Bruno Frick).

Zu RPG Art. 24c und 37a

I. Zum Text

1. Diese bei der Revision von 1998 (Rz 3265) in das RPG als Art. 24c eingefügte Vorschrift lautet wie folgt: **3848**

> «Art. 24c
> Bestehende zonenwidrige Bauten und Anlagen ausserhalb der Bauzonen
> Bestimmungsgemäss nutzbare Bauten und Anlagen ausserhalb der Bauzonen, die nicht mehr zonenkonform sind, werden in ihrem Bestand grundsätzlich geschützt.
> Solche Bauten und Anlagen können mit Bewilligung der zuständigen Behörde erneuert, teilweise geändert, massvoll erweitert oder wiederaufgebaut werden, sofern sie rechtmässig erstellt oder geändert worden sind. In jedem Fall bleibt die Vereinbarkeit mit den wichtigen Anliegen der Raumplanung vorbehalten.»

Dieser Artikel entspricht im zweiten Absatz weitgehend Art. 24a I des bundesrätlichen Antrages. Der erste Absatz wurde von der nationalrätlichen Kommission beantragt. Zur Debatte im Stände- und Nationalrat wird verwiesen auf: Amtl. Bull. StR 1997 S. 215, 1178; 1998 S. 316 f; NR 1997 S. 1860 ff; 1998 S. 499 ff.

2. Die Vorgängerin dieser Regelung im RPG von 1979 stand in RPG Art. 24 II und lautete wie folgt: **3849**

> «Das kantonale Recht kann gestatten, Bauten und Anlagen zu erneuern, teilweise zu ändern und wieder aufzubauen, wenn dies mit den wichtigen Anliegen der Raumplanung vereinbar ist.»

Zu den Materialien dieser Regelung siehe Rz 3258.

II. Zur Auslegung und Praxis zum Text von 1979 bis 1998

A. Fragestellungen

Bei RPG Art. 24 II in der Fassung von 1979 stellten sich die folgenden Fragen: **3850**

1. Handelte sich hier einzig und allein um eine Ermächtigung der Kantone zur legislatorischen Normierung oder auch um eine unmittelbar auf den Einzelfall anwendbare Regelung? Rz 3851 f.
2. Auf welchen Sachbereich bezog sich die Zuständigkeit zur legislatorischen Normierung und zur Einzelfallregelung? Rz 3872 f.
3. Welche Beschränkungen für die legislatorischen und die einzelfallweise Zulassung ergeben sich aus dem Erfordernis der Vereinbarkeit mit den wichtigen Anliegen der Raumplanung? Rz 3882.
4. Welches waren die Besonderheiten der Setzung solcher legislatorischen Regelungen? Rz 3886 f.
5. Kamen auch vor Inkrafttreten des RPG gesetzte kantonale Vorschriften als legislatorische Normierung in Betracht oder nur solche, welche nach dem 1. Januar 1980 gesetzt worden sind? Rz 3900 f.

B. Zur Frage «Nur Legiferierungs- oder auch Einzelfallregelung?»

1. Allgemeines zum Problem

3851 a) Nach der einen, vorherrschenden Auffassung stellte RPG Art. 24 II lediglich eine die Kantone zur Erzeugung genereller Regelungen zuständig erklärende Vorschrift, eine «Ermächtigungskompetenz» im Sinne einer Legiferierungsregelung dar[1]. Diese Auffassung wurde durch Folgendes gestützt: Indem RPG Art. 24 II nicht die «Kantone» als solche, sondern «das kantonale Recht» dazu ermächtigte, die «Erneuerung», «teilweise Änderung» usw. zu «gestatten», gelangte wohl zum Ausdruck, dass die Kantone administrative und gerichtliche Akte, abweichend von RPG Art. 24 I bzw. 22, nur vornehmen lassen durften, wenn sie generelles Recht oder zumindest Allgemeinverfügungen dazwischengeschaltet hatten. Die kantonalen Exekutiven und Gerichte durften hienach also eine «Erneuerung», eine «teilweise Änderung», einen «Wiederaufbau» nicht bereits dann gestatten, «wenn diese mit den wichtigen Anliegen der Raumplanung vereinbar sind», sondern bei Nichterfüllung der Erfordernisse der RPG Art. 24 I bzw. 22 nur dann, wenn hiezu ein solcher kantonaler Akt vorlag.

3852 b) Nach der anderen, allerdings nur vereinzelt vertretenen Auffassung handelte es sich bei RPG Art. 24 II überdies auch noch um eine im Einzelfall direkt auf Bauvorhaben Privater anwendbare Vorschrift, um eine «Bewilligungsnorm»[2]. Hier konnte man von einer gemischten Vorschrift sprechen. Während sich im Fall gemäss Rz 3851 die Vorschrift nur an die in den Kantonen zur Erzeugung genereller Regelungen oder Allgemeinverfügungen in Betracht kommenden Organe (Volk, Parlament, Exekutive) richtete, betraf die Regelung nach dieser Auffassung auch die Privaten (und die Behördenmitglieder als Menschen) mit der Aufforderung zur Befolgung, im Weiteren die kommunalen, kantonalen und eidgenössischen Verwaltungs- und gerichtlichen Organe mit der Aufforderung zur einzelfallweisen Anwendung (örtliche Baubehörde, kantonale Baurekurskommission, Baudirektion, Regierungsrat, Verwaltungsgericht, Bundesgericht).

3853 c) Seit 1989 stellte sich wegen RPG-Verordnung Art. 24 IV (Rz 3262) die Frage, ob teilweise auch das Dazwischenschalten eines Aktes auf der Stufe der kantonalen

---

[1] Für diese Auffassung: BGE 107 Ib 233, 236 (Egnach/TG, betr. Wiederbau eines abgebrannten Badehäuschens); 108 Ib 359 ff (Bonvard-Choulex/GE, betr. Dependenzbau für Schreinerei); 108 Ib 499 (Alpnach/OW, betr. Verlegung einer Strasse); 113 Ib 303 (Richterswil/ZH, betr. Schweinemästerei wird Lagergebäude); 113 Ib 314 (Unterägeri/ZG, betr. Werkhof erhält Betonaufbereitungsanlage, Wiederaufbau); BGE vom 20. Mai 1987 (Informationsheft, RPG 1987 Heft 4 S. 14, Gemeinde X./AG); 115 Ib 482 (Sanierung der Thur/ZH); BGE vom 15. Oktober 1993 (Kienberg/SO, betr. Umgestaltung einer Scheune, Differenzwiederbau, ZBl 1994 S. 85). Ferner: Heinz Aemisegger, Leitfaden, S. 100; EJPD, Erläuterungen, S. 302, N. 33; Leo Schürmann/Peter Hänni, S. 167; Walter Haller/Peter Karlen, N. 786 (2. Auflage), differenziert (Rz 3861); Peter Dilger, S. 254 N. 85; Christoph Bandli, S. 80; Mario Barblan, S. 68, 184. In diesem Sinne lauteten auch die Voten des Berichterstatters im Ständerat, Gian-Reto Plattner, und von Bundesrat Arnold Koller bei der Beratung der RPG-Revision von 1998 (Amtl. Bull. StR 1997 S. 218 f, NR 1997 S. 1862).

[2] Peter Heer, S. 39. Kritisch äussern sich sodann aus kompetenzrechtlichen Gründen Klaus A. Vallender und Thomas Müller, S. 52 f. Siehe auch: Walter Haller/Peter Karlen, FN 1.

Grundlagenplanung («Richtplanung») durch Festlegung der «Gebiete mit traditioneller Streubauweise, in denen die Dauerbesiedlung im Hinblick auf die anzustrebende räumliche Entwicklung gestärkt werden soll» (Rz 4010) bzw. durch Festlegung der «Kriterien, nach denen die Schutzwürdigkeit von Landschaften bzw. Bauten und Anlagen ... zu beurteilen ist» bzw. seit 1996 auf der Stufe der Ausführungsplanung («Nutzungsplanung») durch Unterschutzstellungsakt «der für Ortsbild- und Landschaftsschutz zuständigen [kantonalen oder kommunalen] Behörde» (Rz 4010b mit FN 20) für die einzelfallweise Anwendung von RPG Art. 24 II durch die administrativen und gerichtlichen Behörden genüge.

d) Geht man davon aus, bei RPG Art. 24 II habe es sich um eine gemischte Vorschrift gehandelt, so waren hier zwei Regelungen mit einem Tatbestand und zwei Rechtsfolgen anzunehmen[3]. 3854

Wenn RPG Art. 24 II neben einer reinen Legiferierungsregelung zur generellen Normierung auch eine einzelfallweise direkt auf die «Erneuerung», die «teilweise Änderung» oder den «Wiederaufbau» von zonenwidrigen, nicht standortgebundenen «Bauten und Anlagen» anwendbare Regelung enthielt, dann präsentierte sich diese in Tatbestand und Rechtsfolge ungefähr wie folgt: Die zuständige Behörde konnte einzelfallweise gestatten, dass ausserhalb der Bauzonen zonenwidrige, nicht standortgebundene «Bauten und Anlagen erneuert, teilweise geändert oder wiederaufgebaut» werden, wenn dies mit den wichtigen Anliegen der Raumplanung vereinbar war.

e) Wo ein Kanton ein Gesetz oder eine Verordnung zu RPG Art. 24 II gesetzt hatte, waren auch die über das Erfordernis der Vereinbarkeit mit den wichtigen Anliegen der Raumplanung hinausweisenden RPG-konformen Elemente dieses Aktes zu beachten. Um was es sich dabei handelte, kann aus Rz 3872 f geschlossen werden. Das war jedoch nur dort aktuell, wo sich der Kanton nicht einfach mit der Übernahme des materiellen Gehaltes von RPG Art. 24 II begnügt hatten, wie das zur Zeit zB im Kanton Zürich mit PBG § 357 II (Fassung von 1991) der Fall war (Rz 1595). 3855

2. Zur Regelung bei fehlendem kantonalem Ausführungsrecht

a) Es ist durchaus denkbar, dass die «Erneuerung», die «teilweise Änderung» oder der «Wiederaufbau» eines zonenwidrigen, nicht standortgebundenen Gebäudes trotz dieser beiden Eigenschaften sowohl mit den wichtigen Anliegen der Raumplanung vereinbar ist (dies im Sinne von RPG Art. 24 II [Fassung von 1979]) als auch dass jenen Vorkehrungen keine überwiegenden Interessen entgegenstehen (dies im Sinne von RPG Art. 24 I lit. b [Fassung von 1979]). Immerhin ist aber auch mit der Möglichkeit zu rechnen, dass gegen das eine oder das andere oder beide Vorstellungen verstossen wird. 3856

b) In Rz 3851 ist dargelegt, dass die Auffassung, RPG Art. 24 II habe neben einer Zuständigkeitserklärung an die Kantone zur generellen Rechtsetzung (allenfalls einer Allgemeinverfügung) auch unmittelbar, ohne Dazwischenschaltung kantonaler genereller Normen, einzelfallweise auf die Privaten anwendbares Recht enthalten, von den meisten 3857

---

[3] Kaum denkbar war: RPG Art. 24 II enthielt allein eine einzelfallregulierende Regelung.

Autoren, abgelehnt wird. Im Folgenden wird nun fürs Erste davon ausgegangen, dass diese Auffassung richtig sei und dass der in Betracht gezogene Kanton keine Vorschriften gemäss RPG Art. 24 II (Fassung von 1979) gesetzt habe. Hierfür wird nun gefragt:

> Was gilt für die «Erneuerung», die «teilweise Änderung» und den «Wiederaufbau» von zonenwidrigen, nicht standortgebundenen Gebäuden, wenn die Vorkehrung mit den wichtigen Anliegen der Raumplanung vereinbar ist, sei es, dass ihr überwiegende Interessen entgegenstehen, sei es, dass ihr keine überwiegenden Interessen entgegenstehen[4]? Gilt hier ein Verbot oder eine Erlaubnis?

3858   Ich bin mir bewusst, dass die Prämisse «keine kantonalen Vorschriften gestützt auf RPG Art. 24 II» heute keine grosse praktische Bedeutung mehr besitzt, da schon die meisten (alle?) Kantone inzwischen von der Kompetenz gemäss RPG Art. 24 II (Fassung von 1979) in grösserem oder – meist – kleinerem Umfang Gebrauch gemacht haben (Rz 3896 f). Zudem gehört RPG Art. 24 II zu denjenigen Vorschriften, welche 1998 revidiert worden sind[5]. Wenn ich trotzdem nachfolgend von der Annahme des Fehlens kantonaler Vorschriften zu RPG Art. 24 II (Fassung von 1979) aus argumentiere, so geschieht dies deshalb, weil sich m.E. so ein für das postfinite Baurecht wichtiges Problem von allgemeiner Tragweite, nämlich der Entscheid bei Unklarheit infolge eines Nebeneinanders von Vorschriften mit unbestimmten Elementen (insbesondere Generalklauseln), Ermessensoffenheit, Lücken und Vorschriftenkollisionen, exemplarisch darstellen lässt. Rz 4171.

3859   c) α) Wenn RPG Art. 24 II (Fassung von 1979) einzig und allein eine Ermächtigung an die Kantone zur generellen Rechtsetzung enthielt und kantonales Ausführungsrecht im konkreten Fall fehlte, dann war es eigentlich selbstverständlich, dass Baugesuche nach RPG Art. 24 I, allenfalls RPG Art. 22, zu beurteilen waren; denn dann galt die «Ausnahme» von RPG Art. 22 (RPG Art. 24 I), allenfalls die «Ausnahme» von der «Ausnahme» (RPG Art. 24 II [Fassung von 1979]), nicht und es kam RPG Art. 24 I, allenfalls RPG Art. 22, zum Zuge[6].

3860   β)   Dass hier die auch einen Bestandteil der Eigentumsgarantie bildenden Erfordernisse «Vorliegen eines ausreichenden öffentlichen Interesses» (Rz 935 ff) und «Verhältnismässigkeit» (Rz 1008 f) zu beachten sind und diese u.U. ein Verbot ausschliessen können, wo ein solches nach dem blossen Wortlaut von RPG Art. 24 I, allenfalls RPG Art. 22, zum Zuge käme, liegt auf der Hand. Allerdings dürfte es schwierig sein, überzeugend zu begründen, wieso ein solches Verbot in Kantonen ohne Vorschriften zu RPG Art. 24 II (Fassung von 1979) des ausreichenden öffentlichen Interesses ermangeln oder unverhältnismässig sein sollte, nicht aber in Kantonen mit solchen Vorschriften. Der Umstand, dass in einem föderalistisch verfassten Staat durchaus verschiedene Regelungen für ein

---

[4] Zur Möglichkeit oder Unmöglichkeit eines solchen Entgegenstehens bei Vereinbarkeit mit den wichtigen Anliegen der Raumplanung siehe FN 7.

[5] Dabei blieb der «Kerngehalt» der RPG Art. 22 und 24 unangetastet. Hier stellt sich allerdings die Frage, ob und wie weit das gestützt auf RPG Art. 24 II gesetzte Ausführungsrecht zu revidieren sei, damit es auch nach der RPG-Revision von 1998 noch gilt.

[6] So ausdrücklich Heinz Aemisegger, Leitfaden, S. 89 f; Peter Dilger, S. 254, N. 85; Leo Schürmann/Peter Hänni, S. 167; EJPD, Erläuterungen, S. 302, N. 33: gilt nur für «teilweise Änderung» und «Wiederaufbau».

und dieselbe Interessenkonstellation gelten können, genügt hier kaum auf Anhieb als Erklärung, denn die auf RPG Art. 24 II (Fassung von 1979) gestützten kantonalen Vorschriften vermögen ja nur geringfügig interessenmässig bedeutsame Substanz nachzuschieben. Vielmehr verhält es sich doch wohl so, dass ein Verbot der «Erneuerung», der «teilweisen Änderung» oder des «Wiederaufbaues» zonenwidriger, nicht standortgebundener Gebäude, welche mit den wichtigen Anliegen der Raumplanung vereinbar sind, des ausreichenden öffentlichen Interesses ermangelt, unverhältnismässig sein kann, gleichgültig, ob der Kanton Vorschriften zu RPG Art. 24 II (Fassung von 1979) festgesetzt hat oder nicht.

γ) Mit der Möglichkeit, dass ein Verbot gemäss RPG Art. 24 I bzw. 22 wegen Eigentumsgarantie/Unverhältnismässigkeit nicht gelten kann, sondern einer Erlaubnis weichen muss, rechnen denn auch die folgenden Autoren, und zwar zum Teil ohne erkennbare Bezugnahme auf das Vorhandensein oder Nichtvorhandensein kantonaler Vorschriften gemäss RPG Art. 24 II (Fassung von 1979). **3861**
Eidgenössisches Justiz- und Polizeidepartement, Erläuterungen, S. 302, N. 33:

> «Auf Erneuerungen bestehender Bauwerke ... gibt die Eigentumsgarantie einen verfassungsmässigen Anspruch; dafür braucht es kein ausführendes Recht der Kantone. Freilich muss auch eine Erneuerung mit den wichtigen Anliegen der Raumplanung vereinbar sein.»

Die gleiche Auffassung vertritt auch Peter Dilger, S. 254, N. 85.

Alfred Kölz, in: ZSR 1983 II 101 ff, 194 ff, nimmt einen ähnlichen Standpunkt bezüglich Wiederbau nach Zerstörung (bei zonenwidrigen, nicht standortgebundenen Gebäuden und fehlenden Vorschriften gemäss RPG Art. 24 II [Fassung von 1979]) ein (zu seiner Argumentation mit der Besitzstandsgarantie siehe Rz 4423, 4436).

Walter Haller/Peter Karlen, N. 786, bejahen unter Bezugnahme auf Alfred Kölz und auch auf die Besitzstandsgarantie «unter Umständen» ein Recht «zur Erneuerung bzw. zum Wiederaufbau».

Karl Spühler bezeichnet bei der Besprechung der ersten Auflage des Werkes von Walter Haller/Peter Karlen, in: ZBl 1990 S. 372, diese Auffassung der soeben genannten Autoren als «interessant».

Christoph Bandli, S. 197, behält gegenüber Verweigerungen die «Besitzstandsgarantie» vor (Rz 4428).

Mario Barblan, S. 184, bezeichnet die Gleichstellung der «Erneuerung», der «teilweisen Änderung» und des «Wiederaufbaues» mit den Fällen von RPG Art. 24 I in Kantonen ohne Vorschriften zu Art. 24 II (Fassung von 1979), unter Hinweis auf die Praxis im Kanton Baselland bei teilweiser Änderung, als unverhältnismässig.

Peter Heer äussert sich auf S. 39 f eingehend zugunsten der Zulässigkeit der Erneuerung von zonenwidrigen, nicht standortgebundenen Gebäuden auch dort, wo der Kanton gestützt auf RPG Art. 24 II (Fassung von 1979) nicht tätig geworden ist. Er erklärt auch, es wäre «verfassungswidrig, für die Erhaltung und die gleichartige Weiterbenutzung die Einhaltung der strengeren Voraussetzungen von Art. 24 I RPG zu verlangen». Das ist zwar richtig, jedoch könnte ein Bezug auf das (unveränderte) Fortbestehenlassen von Gebäuden und Weiterausüben von (bisherigen) Bewerbungen nur indirekt darin gesehen werden, dass Gebäude, welche nie «erneuert» werden im Laufe der Jahrzehnte untergehen.

3862 d) Wenn man nun aber RPG Art. 22 und 24 I sowie 24 II (je Fassung von 1979; Letzterer als reine Kompetenzregelung aufgefasst) einer Vorschrift gegenübergestellt, welche sich ausdrücklich auf Erneuerungen, teilweise Änderungen und Wiederaufbauten von zonenwidrigen, nicht standortgebundenen «Bauten und Anlagen» bezieht, die mit den wichtigen Anliegen der Raumplanung vereinbar sind, und man die Frage beantworten muss, ob solche Vorkehrungen verboten oder erlaubt seien, wenn sie wegen Fehlens der Zonengemässheit nach RPG Art. 22 und der Standortgebundenheit nach RPG Art. 24 I verboten wären, so wird man sich Folgendes sagen müssen:

α) Die Regelung, welche die «Erneuerung», die «teilweise Änderung» oder den «Wiederaufbau» unter der genannten Bedingung erlaubt, gibt zwar eine direkte Antwort auf die gestellte Frage, aber sie kann sprachlich weder direkt aus RPG Art. 24 I noch aus Art. 22 herausgelesen werden. Wollte man die Regelung trotzdem auf die eine oder die andere Vorschrift zurückführen, so müsste darüber hinweggesehen werden, dass das sprachlich direkt ausgedrückte Erfordernis der Standortgebundenheit nach RPG Art. 24 I lit. a bzw. dasjenige der Zonengemässheit nach RPG Art. 22 II lit. a fehlt.

3863 β) Die Regelung, welche die «Erneuerung», die «teilweise Änderung» oder den «Wiederaufbau» unter der genannten Bedingung erlaubt, kann demgegenüber zwar sprachlich auch nicht direkt RPG Art. 24 II (Fassung von 1979) entnommen werden, wenn man sprachlich hierin nur die Ermächtigung zur Setzung generellen Rechtes sieht. Wollte man die Regelung jedoch als einzelfallregelnd ansehen, so müssten die Augen nicht davor geschlossen werden, dass die Erfordernisse der Zonengemässheit und Standortgebundenheit nicht erfüllt sind, denn keines dieser beiden Erfordernisse gelangt in RPG Art. 24 II (Fassung von 1979) sprachlich direkt zum Ausdruck[7].

3864 γ) Das Zwischenergebnis lautet somit: Auf die in Rz 3851 f gestellte Frage passen sprachlich weder RPG Art. 24 II (Fassung von 1979; wenn man hierin lediglich eine Ermächtigung zur Setzung genereller Regelungen sieht) noch Art. 24 I noch Art. 22 als Antwort genau. Es bleibt also eine durch eine umfassende Interessenabwägung (Rz 885 ff) zu klärende, normative Unklarheit.

3865 e) α) Angenommen, man gelange aufgrund einer umfassenden Interessenabwägung in concreto zur Auffassung, richtig sei die Regelung: «Die Erneuerung, die teilweise Änderung und der Wiederaufbau zonenwidriger, nicht standortgebundener Gebäude sind nur (aber immerhin) zulässig, wenn sie mit den wichtigen Anliegen der Raumplanung vereinbar sind.» Das ist sicher keine abwegige Ansicht. Sucht man hiefür eine weitere Legitimation, so bestehen an sich die folgenden vier Möglichkeiten:

– Rückführung auf die Auslegung der unbestimmten Vorschriftselemente der Standortbedingtheit (RPG Art. 24 I lit. a) bzw. Zonengemässheit (RPG Art. 22 II lit. a);
– Rückführung auf die Ermessensbetätigung im Bereich der Ermessensoffenheit von RPG Art. 24 I lit. a und b bzw. 22 II lit. a;

---

[7] Das Erfordernis des Nichtentgegenstehens überwiegender Interessen gemäss RPG Art. 24 I lit. b spielt keine grosse Rolle, weil bei Vereinbarkeit mit den wichtigen Anliegen der Raumplanung meistens auch keine überwiegenden Interessen entgegenstehen, es sei denn, man denke an die Interessen der Nachbarn. Rz 3786 ff. und 3952 ff.

– Rückführung auf die Ausfüllung der infolge Widerspruch von RPG Art. 24 I lit. a und b bzw. 22 zum Verhältnismässigkeitsgebot bestehenden Lücke[8];
– Rückführung auf die Lösung einer Kollision zwischen RPG Art. 24 I bzw. 22 und einer anderen Vorschrift, zB der «Besitzstandsgarantie».

β) M.E. war es rechtstaatlich durchaus hinzunehmen, bei Zonenwidrigkeit und fehlender Standortgebundenheit von Gebäuden die Zulassung der «Erneuerung», der «teilweisen Änderung» und des «Wiederaufbaues» nur (aber immerhin) bei Vereinbarkeit mit den wichtigen Anlagen der Raumplanung im Einzelfall direkt auf RPG Art. 24 II (Fassung von 1979) abzustützen. Dabei soll man sich nicht dadurch stören lassen, dass diese Vorschrift sprachlich wohl eher die Zuständigkeit der Kantone zur generellen Rechtsetzung (Rz 3851), jedoch keine bereits auf Vorhaben Privater im Einzelfall anwendbare Norm ausdrückt; diese Vorschrift zeigte immerhin, in welche Richtung der administrative oder richterliche Entscheid zu erfolgen hat; denn das «kantonale Recht» hätte hier nicht zur generellen Gestattung des «Erneuerns», des «teilweisen Änderns» und «Wiederaufbaues» ermächtigt gewesen sein können, wenn es diese Vorkehrungen nicht hätte grosso modo zulassen dürfen. Der Schluss, die erwähnten Vorkehrungen seien nur (aber immerhin) unter der Bedingung «Vereinbarkeit mit den wichtigen Anliegen der Raumplanung» zulässig, auch wenn der Kanton keine generellen Vorschriften gesetzt hat, scheint mir rechtstaatlich auf jeden Fall viel weniger bedenklich gewesen zu sein, als wenn man die erwähnte Zulassung hätte legitimieren wollen: 3866

– (als Auslegung unbestimmter Vorschriftselemente) etwa mit einer Differenzierung von Verbot und Erlaubnis gestützt auf eine im Gesetz nicht vorkommende Unterscheidung zwischen einem engeren und einem weiteren Begriff von Zonengemässheit bzw. Standortgebundenheit oder
– (als Ermessensbetätigung bei Ermessensoffenheit) trotz Fehlens von Hinweisen im Gesetz auf die Möglichkeit einer Ermessensbetätigung zusätzlich zur Kann-Formel oder
– (als Lückenfüllung) mit Anwendung des Verhältnismässigkeitsgebotes auf die geschlagene Lücke (FN 8) oder
– (als Lösung von Kollisionen) unter Invalidierung einer Vorschrift wegen einer ihr gar nicht gegenüberstehenden Regelung («Besitzstandsgarantie» im Sinne von Rz 4481 f.).

γ) Schliesst man sich der in Rz 3866 vertretenen Auffassung an, so hat Peter Heer (Rz 3862 mit FN 2) recht: RPG Art. 24 II (Fassung von 1979) enthielt – auch – eine unmittelbar anwendbare Regelung. Diese besagte, dass – unabhängig davon, ob der Kanton gestützt hierauf Vorschriften festgesetzt hat oder nicht – die «Erneuerung», die «teilweise Änderung» und der «Wiederaufbau» nur (aber immerhin) gestattet waren, wenn dies mit den wichtigen Anliegen der Raumplanung vereinbar war. Was unter diesen Erfordernissen im Einzelnen zu verstehen ist, ergibt sich aus Rz 3882 und 3942 f. 3867

f) α) Allgemein ist Folgendes zu sagen: Man sollte bei der Sichtung des vorgegebenen Vorschriftenbestandes zwar die Auslegung nicht strapazieren, aber auch nicht voreilig 3868

---

[8] Man kann sich allerdings fragen, ob das Verhältnismässigkeitsgebot überhaupt in der Lage ist, Lücken zu füllen; es dient eher der Korrektur bereits gesetzten Rechtes. Rz 1008 f. und 4172.

davon ausgehen, es liege eine Ermächtigung zur Ermessensbetätigung vor oder allgemeine Rechtsgrundsätze hätten im angesprochenen Bereich von Vorschriften Lücken geschlagen; man soll auch nicht Vorschriftenkollisionen annehmen, wo gar keine kollidierende Vorschrift gegenübersteht. Sprachliches bleibt immer in erheblichem Umfang unklar (Rz 979 f). Trotzdem muss im Recht eine Lösung gefunden werden.

3869 β)   Untersucht man die BGE und die Publikationen derjenigen Autoren, welche sich entgegen der in Rz 3866 f vertretenen Auffassung dafür aussprechen, dass RPG Art. 24 II nur eine Ermächtigungsnorm («Legiferierungsnorm», «Kompetenznorm») und nicht auch noch eine Einzelfallregulierungsnorm («Bewilligungsnorm») ist, dann fällt auf, dass bei ihnen die mit den Ausdrücken «Erneuerung», «teilweise Änderung» und «Wiederaufbau» bezeichneten Vorkehrungen nie im Abschnitt über RPG Art. 24 I, sondern nur in demjenigen über RPG Art. 24 II (Fassung von 1979) erörtert werden, ohne aber dies in Bezug auf den Zuständigkeitsbereich der Kantone zur Setzung genereller Vorschriften zu tun[9].

3870   Die hier vorkommenden Ausführungen zu den Ausdrücken «Erneuerung», «teilweise Änderung» und «Wiederaufbau» wären aber beim Vorliegen einer blossen «Ermächtigungsnorm» und gleichzeitigem Fehlen kantonalen Ausführungsrechtes überflüssig; denn unabhängig davon, ob Letzteres vorliegt oder nicht, wäre es dann in jedem Fall nur darauf angekommen, ob die als umfassender zu denkenden Elemente «Bauten und Anlagen errichten oder ihren Zweck ändern» gemäss RPG Art. 24 I erfüllt sind oder nicht. Weil aber – mit Ausnahme des blossen Fortbestehenlassens bzw. Weiterausübens und Abbrechens – jede hier interessierende Vorkehrung als ein Errichten von Bauten und Anlagen im Sinne von Ändern oder sekundärem Neubauen (Rz 160 ff, 199 ff) oder ein Ändern ihres Zweckes, mit Einschluss der sekundären Neuaufnahme eines Bewerbens (Rz 305 f, 313 f), aufgefasst werden kann, lässt sich mit solchen globalen Ausdrücken innerhalb des postfiniten Baurechtes überhaupt nicht argumentieren. Da aber nicht davon auszugehen ist, dass diese Autoren etwas Überflüssiges ausdrücken wollten, ist anzunehmen, dass sie «irgendwie» doch auch der Auffassung sind, RPG Art. 24 II (Fassung von 1979) habe zusätzlich eine einzelfallregulierende Regelung enthalten. Alle diese Autoren behandelten das Thema denn auch bezeichnenderweise unter dem Etikett «Ausnahmebewilligung» und nicht unter demjenigen der Legiferierungszuständigkeit. Eine «Ausnahmebewilligung» ist aber nie eine generelle Regelung und darf auch keine solche sein. Rz 606 ff.

3871 γ)   Dass RPG Art. 24 II (Fassung von 1979) sowohl eine Ermächtigungs- als auch eine Einzelfallregelung enthielt, wird sodann rückblickend indirekt durch die RPG-Revision von 1998 bestätigt. Der Nachfolger jener Vorschrift ist RPG Art. 24c II. Diese Vor-

---

[9]   Eine Bezugnahme auf kantonale Vorschriften findet sich allerdings in BGE 108 Ib 55 (Unterbach-Meiringen/BE, Rz 3897) sowie in dem in Rz 3985 zitierten BGE von 16. September 1998 bezüglich Bündner RPG, sodann bei Walter Haller/Peter Karlen bezüglich Zürich und Wallis, Aldo Zaugg, Kommentar 1987, zu Art. 83, bezüglich Bern (FN 10, 11, 16) und Karl Spühler, leeres Gebäudevolumen, S. 347 ff bezüglich Freiburg, Appenzell-Innerhoden und Graubünden; bei den in Rz 3841 mit FN 1 genannten Autoren bei Peter Dilger, S. 253 (hier auf einen Entwurf der RPG-Verordnung des Kantons Nidwalden bezogen) sowie bei Leo Schürmann/Peter Hänni, S. 176, FN 542 (hier auf den «Beschluss des Walliser Staatsrates vom 22. Dezember 1993 über die Erhaltung der Bausubstanz ausserhalb der Bauzonen» bezogen).

schrift ist eindeutig eine Einzelfallregelung (Rz 3904 ff); ob sie daneben auch noch eine Ermächtigungsregelung ist, steht jedoch nicht fest (Rz 4010 f).

C. Zur Legifierierungskompetenz der Kantone

1. Zum Umfang dieser Kompetenz

a) Die Kantone waren durch RPG Art. 24 II (Fassung von 1979) zur Setzung genereller Regelungen im Bereich von Erneuern, teilweisem Ändern und Wiederaufbauen von Bauten und Anlagen ermächtigt, soweit dies mit den wichtigen Anliegen der Raumplanung vereinbar war. Was hierunter zu verstehen war, wird im Einzelnen erst in Rz 3904 ff näher dargelegt, obwohl es dort bereits um RPG Art. 24c II (Fassung von 1998) geht. Nachfolgend kommen hiezu nur einige allgemeine Überlegungen zur Sprache. 3872

b) Zweck von RPG Art. 24 II (Fassung von 1979) war es offensichtlich, den Kantonen die Möglichkeit zu geben, die strengen Anforderungen von RPG Art. 22 (Rz 3674 f) generell nochmals etwas weiter zu *lockern,* als dies bereits durch RPG Art. 24 I (Fassung von 1979, Rz 3760 f) geschehen war. 3873

Dabei mussten die Kantone die Begriffe «erneuern, teilweise ändern und wiederaufbauen» nach RPG Art. 24 II (Fassung von 1979), «dem Zweck der Nutzungszone entsprechen» nach RPG Art. 22 II lit. a (Rz 3675 f), «erschlossen sein» nach RPG Art. 22 lit. b (Rz 3747 f), «Einhalten des übrigen Bundes- und kantonalen Rechtes» nach RPG Art. 22 III (Rz 3752), «Standortgebundenheit» nach RPG Art. 24 lit. a (Rz 3772 f), «kein Entgegenstehen überwiegender Interessen» nach RPG Art. 24 lit. b (Rz 3786 f) und «Vereinbarkeit mit den wichtigen Anliegen der Raumplanung» nach RPG Art. 24c II (Rz 3882) grundsätzlich unangetastet lassen[10]. Was innerhalb dieses Rahmens materiell noch zu legifierieren blieb, ist allerdings ungewiss. 3874

c) An sich wäre es das Nächstliegende, zur Bestimmung des kantonalen Zuständigkeitsbereiches gemäss RPG Art. 24 II (Fassung von 1979) auf die Praxis der Gerichte bezüglich Bestätigung oder Aufhebung hierauf gestützter kantonaler Ausführungsvorschriften zurückzugreifen. Doch sind mir keine solchen Entscheide bekannt[11]. Solche, welche über die Anwendung kantonaler Ausführungsvorschriften ergangen sind, trifft man jedoch nur selten (vgl. etwa BGE 108 Ib 237–241, Flims/GR, und BGE 108 Ib 55, Meiringen-Unterbach/BE, Rz 3897). 3875

d) Da dem Bund im Raumplanungswesen, von blossen Vollzugsfragen abgesehen, «nur» die Grundsatzgesetzgebungskompetenz zusteht und das RPG vor 1998 den Bun- 3876

---

[10] Ob der Kanton Bern mit seiner Umschreibung (Rz 3899) der teilweisen Änderung in Art. 81 sowie des Erfordernisses der Vereinbarkeit mit den wichtigen Anliegen der Raumplanung in Art. 83 seine Legifierierungskompetenz durchwegs eingehalten hat, lässt sich nicht eindeutig beantworten. Vgl. FN 11 und 16.

[11] Interessant wäre es gewesen, wenn sich zB das Bundesgericht auf Grund einer staatsrechtlichen Beschwerde zur Verfassungs- und Gesetzmässigkeit des BE-Baugesetzes von 1985 Art. 81, 82 und 83 (Rz 3899) hätte aussprechen müssen. Aldo Zaugg bemerkt in seinem Kommentar auf Seite 422 nachsichtig, der Kanton Bern habe den ihm zustehenden «Freiraum mit dem neuen Baugesetz bewusst so weit als möglich ausgeschöpft.» Vgl. FN 10 und 16.

desrat nirgends zur generellen Regelung materieller oder formeller Fragen ermächtigt hat, konnte es den Kantonen m.E. nicht grundsätzlich verwehrt sein, selbst generell zu regeln, wo der Bundesrat hiezu legitimiert war (Rz 3783). Diese Kompetenz durfte den Kantonen umso weniger vorenthalten werden, als das RPG den Kantonen ausdrücklich eine Legiferierungskompetenz von erheblicher Tragweite (Art. 24 II [Fassung von 1979], Rz 3851 f) zugesprochen hatte, dem Bundesrat aber nur die auf den Vollzugsbereich beschränkte[12]. Insoweit kann seine Verordnung von 1989/1996 zur (halbauthentischen) Auslegung der damaligen kantonalen Legiferierungskompetenz dienen. Allerdings ist fraglich, ob der Bundesrat in RPG-Verordnung Art. 23 f seinen Zuständigkeitsbereich nicht überschritten hat (Rz 3782)[13].

3877 e) Die Kantone waren nach RPG Art. 24 II (Fassung von 1979) einerseits in einem rein materiellen Bereich, das heisst bezüglich der baulichen und bewerbsmässigen Verhaltensweisen der Bauaktiven als solche, und anderseits in einem organisatorischen Bereich zur Legiferierung ermächtigt. Die Frage, worum es sich hier in materiellrechtlicher Beziehung handeln konnte, besass eine gewisse Verwandtschaft mit dem Problem, was als «Ausführungsbestimmungen» im Sinne von RPG Art. 33 in Betracht komme (zB nicht die Regelungen zu Baustatik, Verkehrssicherheit, Hygiene, Erschliessung; BGE 125 II 10, 16 [Stäfa/ZH]).

α) *Zum verhaltensrechtlichen Zuständigkeitsbereich*

α') Allgemein

3878 Die Kantone waren wohl zur Legiferierung in folgendem Sinne ermächtigt:

– Erneuerungen sind nur zulässig, wenn in den letzten x Jahren noch keine baulichen Massnahmen erfolgt sind;
– teilweise Änderungen sind nur zulässig, wenn das Volumen/die Geschossfläche nicht oder höchstens um 1/x der bisherigen Grösse vergrössert wird;
– ein Wiederaufbau ist ohne Volleinhaltung des Neubaurechtes nur bei Untergang des Gebäudes infolge Naturereignis zulässig; oder nur wenn der Wiederaufbau innert y Jahren nach der Zerstörung erfolgt; oder es gelten für den Wiederbau prozessuale Besonderheiten;

---

[12] Der die Standortgebundenheit betreffende RPG Art. 24 I (Fassung von 1979) enthielt keine Legiferierungsermächtigung an den Bundesrat, dies obwohl RPG-Verordnung Art. 24 sich einzig und allein anheischig machte, die Standortgebundenheit zu präzisieren (Rz 3782 f). Letzteres geschieh auch noch in der Verordnung 2000 Art. 39 I. Siehe Rz 3996 und 4010 f.

[13] Es fragt sich insbesondere, ob die Lockerung für den Fall der nichtlandwirtschaftlichen, ganzjährigen Bewohnung (vgl. Rz 3732 f), des örtlichen Kleingewerbes und der Schutzwürdigkeit auf dem Wege einer bunderätlichen Verordnung ins geltende Recht eingeführt werden durfte. Bisher kam der Gedanke der Ferien-, Wochenend- oder Zweitwohnungsverbote nur im kantonalen bzw. kommunalen Recht (siehe BGE 112 Ia 65 ff, Bever/GR, und 117 Ia 141 f, Sils i.E./GR), ferner im Bundesgesetz über den Erwerb von Grundstücken durch Personen im Ausland, Art. 9 Ic und II (Rz 4137a) sowie in der Vollziehungsverordnung zum Bundesbeschluss über dringliche Massnahmen auf dem Gebiete der Raumplanung Art. 7 II (Rz 4141) zum Ausdruck. Peter Karlen, ZBJV 1994 S. 132 f (hier in FN 61 und 73) bezeichnet es als «gesetzwidrigen Eingriff», dass der Bundesrat die weiteren in RPG-Verordnung Art. 23 f statuierten Lockerungen davon abhängig machte, dass sie in der «Richtplanung» bzw. «Nutzungsplanung» örtlich enthalten waren.

- solche baulichen Vorkehrungen sind nur zulässig, wenn sie der Existenzsicherung eines Betriebes, seiner Erhaltung, Sanierung oder der Erleichterung des Generationenwechsels dienen; oder nur wenn sie zur Erfüllung einer Aufgabe des Gemeinwesens nötig sind;
- Wohnbewerb ist nur bei Ganzjährigkeit oder gerade umgekehrt nur bei Nicht-Ganzjährigkeit erlaubt;
- solche Vorkehrungen sind nur im traditionellen Streusiedlungsgebiet zulässig;
- die materiellen Regelungen lassen sich als «Kann-» oder als «Muss-Vorschriften» konzipieren.

Hingegen konnten ursprünglich die Kantone nicht innert bestimmter örtlicher Grenzen besondere «Umbauzonen» (also Gebiete, in welchen Ausnahmen allgemein zugestanden werden oder in welchen Um-, Auf- und Anbauten regelmässig zugelassen sind) schaffen (siehe Erläuterungen des EJPD, S. 307, N. 307). RPG-Verordnung Art. 23 von 1989, welcher «zur Erhaltung bestehender Kleinsiedlungen ausserhalb der Bauzonen» die «Bezeichnung» «besonderer Zonen nach Art. 18 (wie Weiler- oder Erhaltungszonen)» zulässt, «wenn der kantonale Richtplan (RPG Art. 8) dies in der Karte oder im Text vorsieht» (Rz 646a und 3262), bedeutet gegenüber dieser Betrachtungsweise eine Ausweitung der kantonalen Kompetenzen. 3879

Indem die Kantone es jedoch sind, welche die «Nutzungszonen» festsetzen, kam ihnen hier dennoch seit jeher indirekt eine weichensstellende Funktion bezüglich Zonengemässheit, Nichtentgegenstehen überwiegender Interessen und Vereinbarkeit mit den wichtigen Anliegen der Raumplanung zu. 3880

Obwohl der Begriff der Erschlossenheit heute weitgehend als bundesrechtlich geregelt zu gelten hat, bestimmen letzten Endes faktisch auch die Kantone in ihren Baugesetzgebungen und Programmen für den Strassenbau sowie die Legung von Wasserversorgungs-, Abwasser- und Stromversorgungsleitungen (im Rahmen des Wohnbau- und Eigentumsförderungsgesetzes, Rz 4133) frei die Details in der Frage, welche Bauvorhaben als erschlossen und welche als nicht erschlossen zu gelten haben. 3881

Gemäss dem BGE vom 24. April 1991 (Gemeinde B./VS, in: ZBl 1995 S. 174) kann eine Gemeinde die Zulässigkeit von Änderungen nicht auf die Gebäude von «Bürgern» oder von mindestens fünf Jahre «mit Erststeuersitz» Ansässigen beschränken.

β') *Zum Erfordernis Vereinbarkeit mit den wichtigen Anliegen der Raumplanung*

Was im Einzelfall nicht mit den wichtigen Anliegen der Raumplanung vereinbar war, konnte wohl auch nie generell zugelassen werden. Nicht eindeutig zu beantworten ist die Frage, ob auch die Kantone gestützt auf RPG Art. 24 II (Fassung von 1979) zuständig gewesen wären, das Erneuern, teilweise Ändern und Wiederaufbauen weder zonengemässer noch standortgebundener Gebäude und Bewerbungen selbst dann zu verbieten bzw. durch Nichteinbezug in die kantonalen Ausführungsvorschriften verboten zu belassen, wenn der Vorkehrung keine wichtigen Anliegen der Raumplanung entgegengestanden hätten. Hätten die Kantone also das Regime auch gegenüber demjenigen von RPG Art. 22 und 24 *verschärfen* können? Die Antwortet lautet m.E. eher nein, nicht weil derartiges vom Wortlaut von RPG Art. 24 II nicht gedeckt gewesen wäre, sondern weil es dabei möglicherweise am erforderlichen öffentlichen Interesse gefehlt hätte. Soweit RPG Art. 24 II (Fassung von 1979) als eine legislatorische Regelung anzusehen war, kam aus der Sache heraus eine Ausnahmebewilligung nicht in Betracht. Für eine gleichwohl gerecht- 3882 fertigte Bewilligung musste mit allgemeinen Rechtsgrundsätzen (insbesondere dem Verhältnismässigkeitsgrundsatz, Rz 1008 f) und den Regeln der Klärung unklarer normativer Situationen argumentiert werden.

3883 Im BE-Baugesetz von 1985 Art. 83 IV (Rz 3899) wurde versucht, Nichtvereinbarkeit mit den wichtigen Anliegen der Raumplanung bei «Änderungen und Wiederbauten» zu umschreiben.

3884 Das Erfordernis der Vereinbarkeit mit den wichtigen Anliegen der Raumplanung kommt bei RPG Art. 24c II in Rz 3942 f zur Sprache.

β) *Zum verfahrensrechtlichen Zuständigkeitsbereich*

3885 Hiezu waren die Kantone wohl in folgender Hinsicht ermächtigt:

- Möglichkeit vorzuschreiben, dass eine Bewilligung nicht nur erteilt werden darf, sondern muss, wenn es um eine «Erneuerung», eine «teilweise Änderung» oder einen «Wiederaufbau» geht und dieser mit den wichtigen Anliegen der Raumplanung vereinbar ist;
- die Einsetzung eines anderen Organes für die Bewilligung/Verweigerung gemäss Vorschriften nach RPG Art. 24 II (Fassung von 1979) als die ordentliche Baubehörde oder die Unterwerfung dieser Behörde unter die Genehmigungskompetenz einer anderen, meistens kantonalen Behörde;
- die Verpflichtung zur besonderen Ausschreibung solcher Baugesuche und/oder Bewilligungen;
- die Einsetzung eines besonderen Rechtsmittelweges;
- die Erweiterung oder Einschränkung des kantonalen Bereiches der Aktivlegitimation;
- die Verpflichtung, Bewilligungen durch Anmerkung im Grundbuch als öffentlichrechtliche Eigentumsbeschränkung (Revers) besonders zu bezeichnen.

2. Welches waren die verfahrensmässigen Besonderheiten der Setzung solcher genereller Regelungen?

a) Zu «das kantonale Recht»

3886 α) Es handelte sich bei der Setzung generellen kantonalen Rechtes um die Betätigung eines nach der kantonalen Gesetzgebung und/oder nach der dringlichkeitsrechtlichen Kompetenz gemäss RPG Art. 36 II zur Setzung genereller Regelungen zuständigen Organes (kantonales Volk, Parlament, Exekutive). Diese Tätigkeit musste auf ein normatives Ergebnis ausgerichtet sein, welches die «Erneuerung», die «teilweise Änderung» und den «Wiederaufbau» von «Bauten und Anlagen» betrifft und «mit den wichtigen Anliegen der Raumplanung vereinbar» ist.

3887 β) Geht man davon aus, dass RPG Art. 24 II (Fassung von 1979) auch eine einzelfallregelnde Vorschrift gewesen sei, dann muss man im Passus «das kantonale Recht» einen pauschalen Hinweis auf das oder diejenigen kantonalen Organe erblicken, welche gemäss verfassungs- und gesetzlicher Ordnung im Einzelfall entscheiden können. Rz 3851.

Die zuständige administrative Behörde ist im Kanton Zürich die örtliche Baubehörde (Gemeinderat [in grösseren Gemeinden oft als Stadtrat bezeichnet], ein Kollegium oder Ausschuss davon [in der Stadt Zürich als Bausektion des Stadtrates bezeichnet] oder ein selbständiges [meist als Baukommission bezeichnetes] Gremium), die kantonale Baudirektion, der Regierungsrat, allenfalls auch die gerichtliche Behörde (im Kanton Zürich die Baurekurskommissionen, das Verwaltungsgericht, sodann das Bundesgericht).

b) Zu «gestatten»

α) Es ging hier um das generelle Zulassen (innert bestimmter Bedingungen) von etwas, was gemäss RPG Art. 22 und 24 I (Fassung von 1979) verboten war. 3888

β) Wenn im Einzelfall alle Elemente des Tatbestandes erfüllt waren, dann kam als Rechtsfolge eine Bewilligung in Frage, mit allfälliger Zulässigkeit des Baubeginnes. Wenn nicht alle Elemente des Tatbestandes erfüllt waren, dann kam als Rechtsfolge nur eine Verweigerung in Betracht, mit Unzulässigkeit des Baubeginnes. 3889

c) Zu «kann» gestatten

Die Kantone waren wegen des Wortes «kann» frei, ob sie solche generellen Regelungen setzen wollten oder nicht. 3890

d) Zur Genehmigungsbedürftigkeit

Es handelte sich bei den generellen kantonalen Vorschriften nach RPG Art. 24 II (Fassung von 1979) nicht um «Richtpläne und ihre Anpassung» gemäss RPG Art. 11; somit war für sie keine Genehmigung durch Bundesorgane erforderlich. Doch sollten die Kanton dem Bund von den gestützt auf RPG Art. 24 II beschlossenen Gesetzen oder Verordnungen gleichwohl Kenntnis geben. Das verlangt schon RPG Art. 2, aber auch die allgemeine Pflicht der Kantone zu bundestreuem Verhalten. Ebenfalls nicht genehmigungsbedürftig war das unterschutzstellungsmässige Vorgehen[14]. 3891

3. Beispiele für kantonales Ausführungsrecht

Das seit dem 1. Januar 1980 gesetzte kantonale Ausführungsrecht zu RPG Art. 24 II (Fassung von 1979) beschränkt sich meistens auf folgende Punkte: 3896

– Übernahme des materiellen Inhaltes von RPG Art. 24 II (ZH-PBG § 357 III [Fassung von 1984] bzw. II [Fassung von 1991, Rz 1595 f und 1706]);
– Versuch einer Ausweitung oder Einengung des materiellen Rahmens erlaubter Änderungen;
– Festsetzung einer Verwirkungsfrist, innerhalb welcher ein Wiederbau erfolgen muss, damit der Bauaktive von den durch RPG Art. 24 II gebotenen Erleichterungen Gebrauch kann (ZH-PBG § 307, Rz 2454 ff);
– Zuweisung der Entscheidkompetenz über Bewilligung/Verweigerung an eine bestimmte Behörde;
– Grundbuchliche Sicherung der Bedingungen und Auflagen der Bewilligung.

Kein eigentliches kantonales Ausführungsrecht zu RPG Art. 24 II (Fassung von 1979), sondern eine gemäss BGE 108 I b 55 (Meiringen-Unterbach/BE) vom BE-Verwaltungs- 3897

---

[14] Beachte auch die richtplanrechtlichen Erfordernisse im Fall von RPG-Verordnung Art. 24 II–IV (Fassung von 1996; Rz 3264).

gericht ausgesprochene «Auslegungsformel», war, was immer man auch darunter verstehen möge, der folgende Text:

> «– Wird eine in der Landwirtschaftszone gelegene Liegenschaft einheitlich aber zonenfremd genutzt, so gilt eine Erweiterung des Gebäudes im Regelfall solange als ‹teilweise Änderung›, als sich der Ausbau ungefähr im Rahmen eines Viertels des bisherigen Bauvolumens hält und keine neue Nutzungseinheit geschaffen wird;
> – dient ein in der Landwirtschaftszone gelegenes Gebäude dagegen mehreren zonenfremden Nutzungen, so kann solange von einer ‹teilweisen Änderung› gesprochen werden, als keine neue Nutzungsart oder Nutzungseinheit hinzukommt und das Gebäudevolumen in der Regel nicht verändert wird. Unter einer Nutzungseinheit sind die zur fraglichen Nutzung bestimmten Räume zu verstehen, die über einen eigenen Zugang verfügen sowie hinsichtlich Ver- und Entsorgung (Wasser, Elektrizität, WC, Bad, Küche usw.) autonom sind.»[15]

3898 In BGE 108 Ib 237–241 (Flims/GR) kam eine vom Regierungsrat gestützt auf RPG Art. 36 provisorisch gesetzte Vorschrift zur Sprache. Die definitive Regelung wurde vom Grossen Rat am 26. November 1986 mit der Raumplanungsverordnung verabschiedet. Hievon sind für das postfinite Baurecht besonders bemerkenswert:

> Art. 7 erklärt, dass «bei einer Erneuerung ... demontierbare Bauteile zerlegt und wieder zusammengesetzt werden» dürfen (Rz 3778). Ob «eine Erweiterung massvoll und eine Zweckänderung geringfügig» (Rz 3929 f) sei, bestimmt sich gemäss Art. 8 I «nach dem rechtmässigen Zustand vor Erteilung der ersten Ausnahmebewilligung» (Rz 611 f). Art. 9 umschreibt detailliert, was als «Wiederaufbau» (Rz 3931 ff) bewilligt werden könne; u.a. verlangt er den Nachweis, «dass schonendere Erneuerungs- oder Umbauvarianten mit einem unverhältnismässigen technischen oder finanziellen Aufwand verbunden wären». Allgemein erleichtert der Umstand, dass das Neue dem bisherigen «entsprechend» realisiert wird, die Erteilung einer Bewilligung. Es gilt aber eine Beschränkung auf «höchstens eine neue Wohneinheit». Ein «Umbau reiner Stallbauten zu Wohnzwecken ist unzulässig». Siehe auch Rz 3984.

3899 Am detailliertesten (und bis zur RPG-Revision von 1998 am gewagtesten) war das Ausführungsrecht des Kantons Bern in den Art. 81–83 seines Baugesetzes von 1985[16]. Diese lauteten wie folgt (offensichtlich liessen sich die Autoren von RPG-Verordnung Art. 24 von 1986/1991 stark von dieser Regelung inspirieren, mit Auswirkungen auch auf die Gesetzesrevision von 1998):

> «Art. 81
> (Abs. I: entsprechend RPG Art. 24 I)
> (Abs. II:) In landwirtschaftlichen Wohngebäuden kann zusätzlicher Wohnraum bewilligt werden, insbesondere wenn damit ein landwirtschaftliches Gewerbe erhalten oder saniert oder der Generationenwechsel erleichtert werden kann und das Erfordernis der haushälterischen Nutzung des Bodens berücksichtigt wird. Der Regierungsrat erlässt darüber nähere Vorschriften.

---

[15] Das Bundesgericht bemerkte hiezu: «Das Bundesrecht steht einer solchen Schematisierung nicht entgegen, wenn sie in Anwendung des *kantonalen* Rechts von der hiefür zuständigen kantonalen Instanz geschaffen wird. Sie dient dem Interesse der rechtsanwendenden Behörden, über Ausnahmebewilligungsgesuche rasch und klar entscheiden zu können.» Eine solche ausreichende gesetzliche Grundlage wurde im Kanton Bern inzwischen geschaffen: Rz 3899.

[16] Siehe hiezu die eingehende Erörterung durch Aldo Zaugg im Kommentar zum BE-Baugesetz von 1985 (Der Kanton Bern habe den ihm zustanden «Freiraum mit dem neuen Baugesetz bewusst so weit als möglich ausgeschöpft.») und die bezüglich Zuständigkeit kritischen Bemerkungen von Klaus A. Vallender, S. 81, Peter Müller, S. 206, Peter Karlen und anderen Autoren, in: ZBJV 1994 S. 138, hier FN 94.

(Abs. III:) Überwiegende Interessen gelten in der Regel als verletzt, wenn das Bauvorhaben
a) die Landwirtschaft beeinträchtigt oder sich baulich nicht gut einordnet;
b) landwirtschaftlichen Interessen zuwiderläuft;
c) einen wesentlichen öffentlichen Erschliessungsaufwand verursacht.
(Abs. IV: betr. Sicherungsvorkehrungen mit Anmerkung im Grundbuch)

Art. 82
In den traditionellen Streubaugebieten ohne wesentliches Wachstum ... gelten auch Bauvorhaben als standortgebunden, die den Zweck haben
a) der einheimischen Bevölkerung Raum für das dauernde Wohnen in ihrer angestammten Umgebung zu bieten;
b) den im Gebiet dauernd hauptberuflich Tätigen Wohnraum in ihrem hauptsächlichen Tätigkeitsgebiet zu verschaffen;
c) die Bevölkerung ausserhalb der Bauzone mit den notwendigen Gütern und Leistungen zu versorgen.
In Gebieten mit Stützpunkten dürfen die neuen Bauten in der Regel nicht ausserhalb eines Stützpunktes liegen. Unter ‹Stützpunkt› wird ein Siedlungsansatz verstanden, der im Regelfall aus einer Häusergruppe mit einem oder mehreren Dienstleistungsbetrieben besteht.

Art. 83
(Abs. I: entsprechend RPG Art 24 II)
(Abs. II:) Eine Änderung ist teilweise, wenn Umfang, Erscheinung und Zweck der Baute oder Anlage in den wesentlichen Zügen gewahrt bleiben. Unter dieser Voraussetzung gelten als teilweise Änderung insbesondere:
a) Umbauten innerhalb des bestehenden Bauvolumens und die Zweckänderung von Gebäudeteilen;
b) die massvolle Erweiterung von Bauten und Anlagen im Interesse des zeitgemässen Wohnens oder eines bestehenden Gewerbes.
(Abs. III:) Wiederaufbauten sind zulässig, wenn seit der Aufgabe der bestimmungsgemässen Nutzung nicht mehr als fünf Jahre verstrichen sind. Massgebend ist der Zeitpunkt der Gesuchseinreichung.
(Abs. IV:) Nicht vereinbar mit den wichtigen Anliegen der Raumplanung sind Änderungen und Wiederaufbauten, die wesentliche nachteilige Auswirkungen auf Nutzungsordnung, Erschliessung oder Umwelt haben.
(Abs. V: Sicherungsvorkehrungen mit Anmerkung im Grundbuch)»

4. Zu den vor dem RPG entstandenen kantonalen Regelungen

a) Gemäss BGE 107 Ib 233 f (Egnach/TG) kamen als Ausführungsrecht zu RPG Art. 24 II nur solche Vorschriften in Betracht, welche *nach* Inkrafttreten des RPG, also nach dem 1. Januar 1980, von den Kantonen festgesetzt worden waren. Deshalb wurden die aus dem Jahre 1975 stammenden ZH-PBG § 307 (Fassung von 1975) bezüglich Wiederbau zerstörter Gebäude (Rz 2454 ff) und § 357 I und II (Fassung von 1975, Rz 1465 ff), welche baulichen und bewerbsmässigen Änderungen an Bauten und Anlagen, die den Bau-/Nutzungsvorschriften widersprechen, nur unter besonderen Bedingungen zulassen, nicht als Ausführungsrecht zu RPG Art. 24 II (Fassung von 1979) anerkannt, obwohl ihr Inhalt auch bezüglich des Gebietes ausserhalb der Bauzonen durchaus RPG-verträglich gewesen wäre; die Nichtanerkennung als Ausführungsrecht gemäss RPG Art. 24 II hatte nach der herrschenden Auffassung zur Folge, dass vorerst durchwegs die strenge Regelung gemäss RPG Art. 24 I bzw. 22 zum Zuge kommen musste (Rz 3859 ff). Dem wirkte der ZH-Regierungsrat zunächst mit der Aufnahme einer dem materiellen Gehalt von RPG Art. 24 II entsprechenden Vorschrift in die kantonale RPG-Verordnung gestützt auf RPG

3900

Art. 36 (Rz 1595) entgegen; bei der PBG-Revision von 1984 wurde diese Regelung als neuer PBG § 357 III ins Gesetzesrecht hinübergeführt (Rz 1596)[17].

3901 b) Die Auffassung, als kantonales Recht, welches RPG Art. 24 II (Fassung von 1979) genügte, könnten nur Vorschriften gelten, welche nach Inkrafttreten des RPG festgesetzt worden sind, wurde von verschiedenen Autoren abgelehnt[18]. Sie widersprach m.E. dem Umstand, dass dem Bund im Raumplanungswesen «nur» die Grundsatzgesetzgebungskompetenz zusteht. Dass die Kantone dabei ihr früheres Recht, soweit es RPG-kompatibel war, materiell gleich neu festsetzen durften, wie es der Kanton Zürich tat, ändert am Gesagten nichts Wesentliches. Das ZH-Verwaltungsgericht schloss sich jedoch der Auffassung des Bundesgerichtes mit einem Entscheid vom 12. Dezember 1984 an (RB 1984 Nr. 91; gegenteilig lautete noch: RB 1981 Nrn.115 f bezüglich «Wiederaufbau» [Rz 2522], ausführlicher in: ZBl 1982 S. 134, 136 f). Heute ist das Problem nicht mehr aktuell.

5. Zur allgemeinen Würdigung der Legiferierungskompetenz der Kantone gemäss RPG Art. 24 II (Fassung von 1979)

a) Zum Umfang

3902 Es ist nicht leicht, auszumachen, ob man sagen soll, RPG Art. 24 II (Fassung von 1979) habe den Kantonen einen weiten oder aber nur einen engen Bereich zur Legiferierung überlassen. Aldo Zaugg bezeichnet in seinem Kommentar diesen Zuständigkeitsbereich auf S. 422 Ziff. 3 als «eher gering». Nach einer redaktionellen Anmerkung von Ulrich Zimmerli zu BGE 112 Ib 277 f (Freienbach/SZ, in: BR 1988 S. 39 Nr. 33) steht «dem kantonalen Gesetzgeber bei der Ausführungsgesetzgebung zu Art. 24 Abs. 2 RPG (jedoch) ein verhältnismässig grosser Gestaltungsspielraum zur Verfügung ..., der im Hinblick auf die Erfassung der vielseitigen raumplanerischen Verhältnisse in unserem Land auch genutzt werden sollte». Das dürfte aber doch wohl eine – zur Stützung des recht eigenständigen BE-Ausführungsrechtes, BauG Art. 81 ff (Rz 3899) – eher optimistische Beurteilung sein. Es kommt nicht von ungefähr, dass das Eidgenössische Justiz- und Polizeidepartement in den Erläuterungen zu RPG Art. 24 II den Kantonen in N. 49 nur die Ausarbeitung von blossen «Richtlinien» nahelegte[19].

b) Zur Opportunität

3903 Wenn sich ein Kanton entschloss, in seinem auf RPG Art. 24 II (Fassung von 1979) gestützten Recht lediglich die in dieser Vorschrift enthaltene bzw. durchscheinende materielle Regelung zu wiederholen und auf eigene legislatorische Kreativität zu verzichten,

---

[17] Bei der Revision von 1991 wurde dieser Absatz zum zweiten (Rz 1598 ff).
[18] Heinz Aemisegger, Leitfaden, S. 95, Thomas Müller, S. 54.
[19] Die einzigen kantonalen, auf RPG Art. 24 II abgestützten generellen Vorschriften, welche von Leo Schürmann/Peter Hänni und Walter Haller/Peter Karlen in ihren Werken besonders erwähnt werden, beurteilen diese Autoren als unglücklich formuliert oder fragwürdig: ZH-PBG § 357 II (Walter Haller/Peter Karlen, N. 793), BE-Baugesetz vom 9. Juni 1985 Art. 81/82 (Walter Haller/Peter Karlen, N. 753), Beschluss des VS-Staatsrates vom 22. Dezember 1993 über die Erhaltung der Bausubstanz ausserhalb der Bauzonen (Leo Schürmann/Peter Hänni, S. 176, FN 542). Das zeigt die Tücken dieser Legiferierung.

so hatte dies einerseits den Vorteil, dass die administrative und gerichtliche Praxis zum Thema «Erneuerung», «teilweise Änderung» und «Wiederaufbau» sowie «Vereinbarkeit mit den wichtigen Anliegen der Raumplanung» als Teilaspekt der RPG Art. 24 I und II bzw. 22 landesweit mehr oder weniger gleich lauten konnte. Anderseits wurde damit der viel angerufenen Notwendigkeit, auf die Besonderheit der verschiedenen Siedlungsstrukturen in den verschiedenen Landesteilen der Schweiz Rücksicht zu nehmen (vgl. Peter Heer, S. 40), nicht Rechnung getragen. Der Verzicht auf eigene legislatorische Kreativität wurde jedoch anfänglich in Planerkreisen eindeutig befürwortet. Seit der RPG-Revision von 1998, in welcher der zweite Absatz von RPG Art. 24 gestrichen wurde (Rz 3265), besitzen die Kantone m.E. eine Zuständigkeit zur generellen Regelung im materiellen Bereich nur mehr bezüglich RPG Art. 24d (Rz 3974 f), beschränkt auch bezüglich RPG Art. 16a III (Rz 4024 f).

III. Zur Auslegung des Textes von 1998

(zu den nichtgewerblich genutzten Bauten)

A. Zum ersten Absatz

1. a) Zu «bestimmungsgemäss nutzbare Bauten und Anlagen»

Nicht ohne weiteres ersichtlich ist, weshalb der Absatz nur für «bestimmungsgemäss nutzbare Bauten und Anlagen» gelten soll (Rz 1662). Es kommt doch wohl darauf an, wie die Gebäude und Anlagen jetzt beworben, verwendet, genutzt werden, ob dies nun der bei der Erstellung oder früheren Änderung gewählten Bestimmung noch entspricht oder nicht, ist gleichgültig. Möglicherweise wird mit bestimmungsgemässer Nutzung aber eher an objektive Eignung gedacht. Es darf sich nicht mehr nur um einen «Steinhaufen» oder eine Ruine, aber auch nicht um ein Gebäude handeln, welches konstruktionsmässig dem Luftdurchzug offen ist oder praktisch nicht isoliert ist.

3904

b) Zu «ausserhalb Bauzonen»

Siehe Rz 3763 ff.

c) Zu «nicht mehr zonenkonform»

Siehe Rz 3938.

d) Zu «werden in ihrem Bestand grundsätzlich geschützt»

Das heisst, das Fortbestehenlassen bzw. Weiterausüben ist erlaubt, wenn nicht besondere Gründe dagegen sprechen.

3905

2. Der erste Absatz ist eine Regelung, welche mit «Bestandesgarantie» gemäss Rz 4451 bezeichnet werden könnte[20]. Ich betrachte es jedoch als richtig, dass diese Etikette

---

[20] Dies geschieht denn auch im Erläuternden Bericht zum Verordnungsentwurf von 1999 (Rz 3269) bei Art. 41 und durch Walter Haller/Peter Karlen, N. 728 (3. Auflage).

im deutschen Text nicht verwendet wird (Rz 4496 f). Im französischen Text ist allerdings von «garantie de la situation acquise» die Rede.

B. Zum zweiten Absatz erster Satz

1. Kategoriales

3906 Während in RPG Art. 24 II (Fassung von 1979) feststand, dass die Vorschrift die Kantone zur Legiferierung ermächtigte, und nur unsicher war, ob auch einzelfallweise gestützt darauf geurteilt werden durfte (Rz 3851 f), verhält es sich mit RPG Art. 24c II (Fassung von 1998) gerade umgekehrt; jetzt steht fest, dass einzelfallweise gestützt darauf geurteilt werden darf, hingegen ist unsicher, ob hierin auch eine Ermächtigung zur Legiferierung an die Kantone enthalten sei. Siehe hiezu: Rz 3956 f und 4010 f.

2. Zu «Bauten und Anlagen»

3907 Hiezu ist dasselbe zu sagen wie bezüglich RPG Art. 22 (Rz 3667 f) und damit auch RPG Art. 24 (Fassung von 1998; Rz 3761 f).

3. Zu «erneuern, teilweise ändern, massvoll erweitern oder wieder aufbauen»

a) Gemeinsames

3908 α) Da RPG Art. 24c II erst seit dem 1. Januar 2000 in Kraft steht, ist es zur Zeit der Niederschrift des Folgenden noch nicht möglich, eine hiezu entwickelte Praxis darzustellen. Es bleibt hier deshalb nichts anderes übrig, als von dem auszugehen, was die Praxis und Lehre zu den Anknüpfungselementen Erneuern, teilweise Ändern und Wiederaufbauen von Bauten und Anlagen sowie zum Erfordernis der Vereinbarkeit mit den wichtigen Anliegen der Raumplanung in RPG Art. 24 II (Fassung von 1979) und der Bundesrat in Art. 24 seiner Verordnung von 1989/1996 (Rz 3261 f) sowie in Art. 42 der Verordnung 2000 ausgeführt hat, ferner von den Erläuterungen des Bundesamtes für Raumentwicklung hiezu auf den Seiten 37–41.

3909 Dabei ist aber aus folgenden sechs Gründen Vorsicht bei der Übertragung der Erkenntnisse für RPG Art. 24 II (Fassung von 1979) aus der Zeit vor dem Jahre 2000 auf RPG Art. 24c II (Fassung von 1998) am Platze:

– die Aussagen vor 2000 basieren primär auf der Annahme, es handle sich um eine Ermächtigungs-, nicht um eine Einzelfallregelung (Rz 3851 f);
– vor 2000 kannte das RPG nur die Dreiteilung erneuern, teilweise ändern und wiederaufbauen, nicht aber auch noch massvoll erweitern (Rz 3849);
– vor 2000 war die Vereinbarkeit mit den wichtigen Anliegen der Raumplanung nicht in einem selbständigen Satz, sondern in einem hypothetischen Nebensatz als Erfordernis statuiert (Rz 3849);
– vor 2000 waren die Erfordernisse von RPG Art. 24a (Änderung ohne bauliche Vorkehrungen, Rz 3814 f), 24b (existenzsichernder Nebenbetrieb, Rz 3822 f), 24d (landwirtschaftliche Wohngebäude, schutzwürdige Gebäude, Rz 3974 f) und 37a (vorbestandene Gewerbebetriebe, Rz 3957 f) noch nicht geschriebenes Recht;

– vor 2000 wurde im geschriebenen Recht noch nicht unterschieden, ob die Zonenwidrigkeit die Folge einer nicht rechtmässigen Erstellung/Änderung oder auf etwas anderes zurückzuführen sei;
– vor 2000 konnte allenfalls die RPG-Verordnung von 1989/1996 zur Auslegung von RPG Art. 24 II (Fassung von 1979) beigezogen werden (obwohl sich die Verordnung nur auf die Standortgebundenheit bezog, Rz 3876); das ist vom Jahr 2000 an für RPG Art. 24c II wohl nicht mehr angängig[21].

Sodann ist bei der Übernahme von Äusserungen aus der Zeit vor 2000 immer auch Folgendes zu berücksichtigen: Weder bedeutet die Bejahung der Zulässigkeit einer Vorkehrung immer, dass in concreto bloss eine Erneuerung, eine teilweise Änderung oder ein teilweises Wiederaufbauen, je vereinbar mit den wichtigen Anliegen der Raumplanung anzunehmen war: 3910

– denn die Zulässigkeitsaussage konnte auch davon herkommen, dass von vornherein von Zonengemässheit und Erschlossenheit oder zwar von Zonenwidrigkeit aber Standortgebundenheit und einem Fehlen entgegenstehender überwiegender Interessen auszugehen war.

Die Verneinung der Zulässigkeit, also die Bejahung des Verbotenseins einer Vorkehrung bedeutete aber auch nicht immer, dass in concreto keine Erneuerung und keine teilweise Änderung und kein teilweises Wiederaufbauen anzunehmen war: 3911

– denn die Verbotsaussage konnte auch daher kommen, dass zwar von einem blossen Erneuern, einem blossen teilweisen Ändern oder einem Wiederaufbauen auszugehen war, aber Nichtvereinbarkeit mit den wichtigen Anliegen der Raumplanung angenommen wurde;
– die Verbotsaussage konnte sodann auch daher kommen, dass zwar von einem blossen Erneuern, einem blossen teilweisen Ändern oder einem Wiederaufbauen und Vereinbarkeit mit den wichtigen Anliegen der Raumplanung angenommen wurde, aber der Kanton kein Ausführungsrecht statuiert hatte (was als Voraussetzung der Anwendbarkeit angesehen wurde, Rz 3851 f)[22].

In diesen Fällen geht die Bejahung oder Verneinung des Vorliegens einer Erneuerung, einer teilweisen Änderung oder eines «Wiederaufbaues» oft ununterscheidbar in derjenigen der Bejahung oder Verneinung der Erfordernisse Zonengemässheit, Standortgebundenheit, Nichtentgegenstehen überwiegender Interessen oder Vereinbarkeit mit den wichtigen Anliegen der Raumplanung über. Zulässige «Wiederaufbauten» sind zudem die radikalste Form der «teilweisen Änderung». Hier liegt auch der Grund für die in Rz 3678 f erwähnten Schwierigkeiten bei der Zuscheidung von Präjudizien zu einem Artikel.

---

[21] Kaum ein wesentlicher Unterschied zwischen RPG Art. 24 II (Fassung von 1979) und Art. 24c II (Fassung von 1998) besteht wohl hinsichtlich der Frage, ob es sich hier um eine Kann- oder eine Muss-Vorschrift handelt, wenn man RPG Art. 24 II (Fassung von 1979) gemäss Rz 3851 f auch als eine Einzelfallregelung auffasst.
[22] Es konnte aber auch sein, dass ein Kanton Ausführungsrecht statuiert hatte, dabei aber nicht alle Möglichkeiten der Zulässigerklärung wahrgenommen hat, so etwa der Kanton Zürich mit PBG § 357 III (1985) bzw. § 357 II (Fassung von 1991). Rz 1598 f.

3912 β) BGE 108 Ib 264 (Gemeinde X./GR, betr. Maiensäss-/Ferienhaus) erklärte: «Ob eine Baumassnahme unter Art. 24 Abs. 2 RPG fällt, beurteilt sich ausschliesslich nach dieser bundesrechtlichen Vorschrift»; dabei «handelt es sich um bundesrechtliche Begriffe; sie bilden die Grenze für Bewilligungen nach Art. 24 Abs. 2 RPG.»[23, 24]

3913 γ) Es ist wohl auch hier eine sprachliche Ungenauigkeit, dass die *bewerbsmässigen* Änderungen in RPG Art. 24c II (wie in RPG Art. 22 [Rz 3667 f] und 24 II [Fassung von 1979]) mit keinem Wort erwähnt werden. Erneuern, teilweises Ändern, massvolles Erweitern oder Wiederaufbauen von Bauten und Anlagen hat mit Bewerb vordergründig nichts zu tun; die Begriffe weisen primär auf Bauliches hin. Bewerbsmässige Änderungen werden von RPG Art. 24c II (wie auch von RPG Art. 22 I und II, Rz 3667) aber wohl ebenfalls erfasst (eher mit Verbotswirkung, wenn sie eingreifend sind, eher mit Erlaubniswirkung, wenn sie nicht eingreifend sind).

3914 δ) Die Ausdrücke erneuern, teilweise ändern, massvoll erweitern und wiederaufbauen entsprechen wohl dem Grundmuster der Vorstellungen, welche in Rz 160 f als Änderung von Gebäuden sowie in Rz 305 f als Änderung des Bewerbes derselben sowie in Rz 199 f als sekundäres Neubauen und in Rz 313 f als sekundäres Neubewerben aufgeführt sind, auch wenn die dortigen Begriffe nur metajuristisch zu verstehen sind (Rz 198). Hier aber geht es um unbestimmte Regelungselement («unbestimmte Gesetzesbegriffe»). Das (unveränderte) Fortbestehenlassen von Gebäuden und die unveränderte Weiterausübung von Bewerbungen werden hievon kaum erfasst. Auch die Umgestaltung (Rz 200 f), der Anschlussbau (Rz 206), der Dependenzbau (Rz 207) und der Dislokationsbau (Rz 208) sowie die Umnutzung (Rz 314), der Expansionsbewerb (Rz 316), der Dependenz- und der Dislokationsbewerb (Rz 318) fallen kaum hierunter, auf jeden Fall aber höchstens mit Verbots-, nie mit Erlaubniswirkung.

3915 ε) Peter Karlen befürwortete in ZBJV 1994 S. 117 f, 137 f wegen der planerischen Starrheit der Einteilung Bauzone/Nicht-Bauzone eine zugunsten des Bauaktiven verhältnismässig grosszügigere Handhabung von RPG Art. 24 in Berücksichtigung des «planerischen Gesamtzusammenhanges», allerdings ohne hierunter auch gerade noch «allgemeine Gründe ... wie Förderung eines bestimmten Wirtschaftszweiges (Landwirtschaft, Gewerbe, Tourismus) und die Besserstellung der einheimischen Bevölkerung» zu verstehen. Wie weit dabei das von Peter Karlen gestellte Erfordernis des «besonderen Bezuges des Vorhabens zu den räumlichen Gegebenheiten» vor einem Uferloswerden der Bewilligungstatbestände bewahrt hätte, kann heute dahingestellt bleiben, nachdem seit dem 1. Januar 2000 eine neue detailliertere Ordnung gilt.

---

[23] Solches traf erst recht zu, wenn es sich um ein Zulässigkeitserfordernis nicht einer (materiellen) Einzelfalls-, sondern in einer (formellen) Legiferierungsregelung handelte.

[24] Gemäss den Erläuterungen zur Verordnung 2000, S. 40, wird durch RPG Art. 24c II «das Mass der zulässigen Veränderungen vom Bundesrecht verbindlich vorgeschrieben. Eine strengere Praxis ist daher grundsätzlich nicht mehr möglich, eine grosszügigere aber auch nicht.» Ob eine Praxis strenger oder grosszügiger ist, hängt allerdings weniger von den Begriffen erneuern, teilweise ändern, massvoll erweitern und wiederaufbauen, sondern eher von dem ab, was unter Vereinbarkeit mit den wichtigen Anliegen der Raumplanung verstanden wird.

b) Im Einzelnen

α) Zum Erneuern

Zum Erneuern ist sicher das zu rechnen, was in Rz 176 als Reparatur und in Rz 177 als Renovation bezeichnet worden ist. Vielleicht umfasst das Erneuern auch noch ein klein wenig von dem, was in Rz 178 Montieren und in Rz 179 kleiner Umbau heisst. Vom bewerbsmässigen Ändern gehören allenfalls auch noch jene Unterhaltsweisen dazu, welche mit einer bescheidenen Modernisierung zusammenhängen (Rz 184). 3916

Man sagt bisweilen: Erneuern ist der ordentliche Unterhalt, welcher «den baulichen Status quo schützt», ohne das Gebäude über die «normale Lebensdauer» hinaus zu erhalten. Ein ordentlich unterhaltenes Gebäude kann aber Jahrhunderte überdauern.

Wo die Trennungslinie zwischen dem Erneuern und – gewissermassen nach oben – dem teilweisen Ändern verläuft, spielt an sich keine Rolle, weil RPG Art. 24 II für beides gleichermassen gilt. 3917

– Gemäss einem Entscheid des AG-Verwaltungsgerichtes vom 6. April 1983 (Merenschwand/AG, ZBl 1983 S. 458–462) fallen unter Unterhalts- und zeitgemässe Erneuerungsarbeiten «nicht allein Vorkehrungen zur Erhaltung, sondern auch solche zur Modernisierung der Baute. Der Eigentümer darf nicht lediglich kleinere Schäden an Innen- und Aussenwänden, Fenstern, Türen und Böden beheben; er kann vielmehr auch bestehende unbefriedigende technische Einrichtungen verbessern und die Baute dem modernen Wohnstandard anpassen. Es mag nicht ausgeschlossen sein, die Wohnfläche in unbedeutender Weise zu vergrössern, etwa um eine moderne Toilette anzubringen.»

Es fragt sich hier allerdings, ob diese Vorkehrungen heute nicht eher als teilweise Änderung bewertet werden müssten. 3918

– Das Eidgenössische Justiz- und Polizeidepartement erklärt in den Erläuterungen, S. 275, N. 14: «Die Erneuerung umfasst bauliche Vorkehren, welche Bauten und Anlagen instandhalten, instandstellen oder an die Erfordernisse der Zeit angleichen, ohne dass Umfang, Erscheinung und Bestimmung des Werkes verändert werden.»

Ebenfalls gemäss dem Eidgenössischen Justiz- und Polizeidepartement, Erläuterungen, S. 275, N. 14, kommt Folgendes nicht mehr als solches Erneuern in Betracht: Erheben «Arbeiten ein Gebäude über die allgemeine Entwicklung der Ansprüche in einen höheren Rang, so liegt eine Änderung vor».

β) Zum teilweisen Ändern

α') Es geht hier sowohl um das bauliche als auch um das bewerbsmässige Ändern (Rz 160 ff und 305 ff). Das teilweise Ändern wird sich räumlich meistens nicht auf das ganze Gebäude bzw. den ganzen Bewerb beziehen; doch ist nicht ausgeschlossen, dass auch bei gesamthafter Erfassung eine blosse teilweise Änderung vorliegt. Zum teilweisen Ändern gehören das Renovieren (Rz 177), Montieren (Rz 178) sowie sicher auch das kleine und mittelgrosse Um-, Auf- und Anbauen (Rz 179 ff), ferner das kleine und mittelstarke Intensivieren, Ausweiten und Auswechseln des Bewerbes (Rz 305 ff). Zwischen dem Ändern und dem «Wiederaufbauen» besteht insoweit eine scharfe Zäsur, als Letzteres nur dort vorliegt, wo ein Gebäude bereits vollständig oder doch grösstenteils untergegangen 3919 ist (infolge Abbruch, Feuersbrunst, Explosion oder Naturereignis)[25]. Das schliesst nicht aus, dass ein Vorhaben, welches nicht als teilweise Änderung qualifizierbar ist, als «Wiederaufbau» bewilligt werden muss.

3920 Gemäss bundesgerichtlicher Praxis ist der Ausdruck «teilweise Änderung» als «geringfügige Änderung» zu verstehen[26]. Eine Schematisierung zB mit Begrenzung auf ein Viertel der bisherigen Geschossflächen/Volumina wie in der seinerzeitigen Gewässerschutzgesetzgebung (Rz 4076) wird abgelehnt; es sei «nach allen sachgerechten Kriterien» zu urteilen; der quantitative Gesichtspunkt bleibt aber auch so bedeutsam[27, 28]. Es soll nicht gegenüber der Praxis gemäss Gewässerschutzgesetz eine Lockerung bewirkt werden.

3921 Das Eidgenössische Justiz- und Polizeidepartement erklärt in den Erläuterungen, zu Art. 24, N. 35: «Eine Änderung ist eine ‹teilweise› wenn a) Umfang, Erscheinung und Bestimmung (also die ‹Identität›) des Bauwerkes in den wesentlichen Zügen gewahrt bleiben und b) keine wesentlich neuen Auswirkungen auf Nutzungsordnung, Erschliessung oder Umwelt schafft. Ist der eine oder andere Punkt nicht erfüllt, fällt das Vorhaben unter Abs. 1.» In diesem Sinne äussern sich auch BGE 107 Ib 241 (Vaz-Obervaz-Lenzerheide/GR, betr. Sporthotel La Riva), 108 Ib 55 (Unterbach-Meiringen/BE) und 110 Ib 264 (Gemeinde X./GR, betr. Maiensässgebäude); ZH-RB 1994 Nr. 71 argumentiert mit der «Wesensgleichheit», allerdings mit einer problematischen Zweiteilung des Tatbestandes in quantitative und qualitative Aspekte gemäss Rz 3928.

3921a Gemäss Verordnung 2000 Art. 42 I und II sowie den zugehörigen Erläuterungen (S. 40) liegt eine teilweise Änderung (wie auch eine angemessene Erweiterung [Rz 3929 f] und ein «Wiederaufbau» [Rz 3931]) nur vor, «wenn die Identität der Baute oder Anlage einschliesslich ihrer Umgebung in den wesentlichen Zügen», «im wesentlichen gewahrt bleibt». Diese Ausdrucksweise ist ein Pleonasmus, weil die Identität einer Einheit (das Gebäude) nur entweder gewahrt oder nicht gewahrt werden kann; Rz 167. Ob eine Identitätswahrung zutrifft, «ist unter Würdigung der gesamten Umstände zu beurteilen»; es wird eine «Gesamtbetrachtung» verlangt. Dabei ist auch an das Erscheinungsbild, die Erschliessungserweiterung, die Komfortsteigerung, die Bepflanzung um das Gebäude herum und die Baukosten zu denken. Die Identität ist nicht gewahrt, wenn «die zonenwidrig genutzte Fläche um mehr als 30% erweitert wird; Erweiterungen innerhalb des bestehenden Gebäudevolumens werden nur zur Hälfte angerechnet.» Hier ist nicht nur an

---

[25] Im BGE 100 Ib 86 ff (Udligenswil/LU) spricht das Bundesgericht allerdings von einem «Ersatzbau», wo das Gebäude, welches ersetzt werden soll, noch einige Zeit stehen bleiben konnte, nachdem der Neubau schon errichtet gewesen ist.

[26] Leo Schürmann/Peter Hänni, S. 168.

[27] Karl Spühler betont, in: ZBJV 1989, S. 337, 343 f, die Notwendigkeit einer gesamtheitlichen Betrachtungsweise und fordert, dass das quantitative Argument – auch bei der Beurteilung der Identität der Baute – bei Erweiterungen innerhalb des bestehenden Gebäudevolumens etwas zurücktrete. Auch Peter Karlen, in: ZBJV 1994 S. 136, spricht sich eher gegen die quantitative Betrachtungsweise aus. Die RPG-Verordnung von 1996 und die RPG-Revision von 1998 verliefen in der von diesem Autor befürworteten Richtung. Die Verordnung 2000 verwendet allerdings in Art. 39, 42 und 43 wiederum das quantitative Kriterium. Rz 4009 ff.

[28] Soweit quantitativ argumentiert wird, muss für den Zustand vor und nachher der gleiche Massstab zum Zuge kommen (zB kubische Berechnung gemäss SIA oder Gebäudeversicherung). Das hebt der Entscheid des ZH-Verwaltungsgerichtes (BEZ 1999 Nr. 31) hervor.

die Bruttogeschossfläche, sondern an irgendeine vom Bauaktiven beworbene Fläche inner- oder ausserhalb des Gebäudes zu denken. Die maximal zulässige Erweiterung beträgt 100 m². Im Verordnungsentwurf von 1999 Art. 41 II erster Satz war diese Erweiterungsmöglichkeit noch auf einen Drittel beschränkt, allerdings ohne Sonderregelung für das Gebäudeinnere. Die Limite von 100 m² hätte hienach nur für Gebäude mit einer zonenwidrigen Fläche von mehr als 300 m² gegolten. «Massgeblicher Vergleichszustand für die Beurteilung der Identität ist der Zustand, in dem sich die Baute oder Anlage im Zeitpunkt der Erlass- oder Planänderung befand.» Im Verordnungsentwurf von 1999 Art. 41 II zweiter Satz waren hier der «1. Juli 1972 oder (der) Zeitpunkt der Änderung der Nutzungsplanung» genannt. Der Passus «Erlass- und Planänderung» erfasst kaum etwas anderes als die «Änderung der Nutzungsplanung»; mit «Erlass» wird wohl eher die textliche und mit «Plan» eher die kartographische Seite der «Nutzungsplanung» (Ausführungsplanung) angesprochen. Damit wird erstmals das Thema der Etappierung von Änderungen (Rz 188 und 3926) im geschriebenen Recht geregelt; je nach der noch vorhandenen «Reserve» kann zB. zusätzlich eine Wohnung eingebaut werden oder nicht. «Verbesserungen gestalterischer Art sind immer zulässig.»

β') *Kasuistik zum baulichen teilweisen Ändern (ohne Fälle von «Wiederaufbauten»)*

a") *Bewilligung als baulich teilweises Ändern rechtmässig*
– Entscheid des ZH-Verwaltungsgerichtes vom 21. März 1989 (BEZ 1989 Nr. 10, in RB 1989 Nr. 60 steht nur der Leitsatz): Die Bewilligung der Unterteilung eines herrschaftlichen Landhauses in zwei selbständige Einfamilienhäuser, wobei das äussere Erscheinungsbild nur eine geringfügige Änderung und die nutzbare Fläche nur eine Erhöhung um 18,3% erfuhr, wurde gegen die Opposition der Nachbarn bestätigt; **3922**
– Rekursentscheid des ZH-Regierungsrates Nr. 2261/1994 (BEZ 1994 Nr. 27): Eine getrennt von einer Hauptbaute zu errichtende Nebenbaute könne als eine teilweise Änderung betrachtet werden, wenn ein funktioneller Zusammenhang besteht. Dieser liege bei einer zu einem Wohnhaus gehörenden Einzelgarage vor; daher sei deren Erstellung erlaubt. Bei dieser Beurteilungsweise ist zu berücksichtigen, dass hier die Garage an die Stelle eines Blechgeräteschopfes (Differenzwiederbau) trat; im Wohnhaus selbst hatte es keinen Platz für einen Abstellplatz[29].

β") *Bewilligung als baulich teilweises Ändern rechtswidrig (ohne Fälle von zwar teilweiser Änderung, aber Unvereinbarkeit mit den wichtigen Anliegen der Raumplanung; siehe hiezu Rz 3942 ff)*
– BGE 107 Ib 237–243 (Vaz-Obervaz-Lenzerheide/GR): Die Gemeinde verweigerte dem Sporthotel La Riva das Vorhaben, anstelle einer offenen Terrasse einen eingeschossigen unterkellerten Anbau zu erstellen; das Verwaltungsgericht hiess jedoch den Rekurs des Eigentümers gut; das Bundesgericht bestätigte aber auf Beschwerde der Gemeinde die Verweigerung. «Eine teilweise Änderung darf ... gemessen an der bestehenden Baute nur von untergeordneter Bedeutung sein.» Diese Voraussetzung sei hier nicht erfüllt, **3923**

---

[29] Da das Wohnhaus bereits 1991 umgebaut worden war, scheint es allerdings zweifelhaft, ob die damaligen Vorkehrungen zusammen mit der jetzigen Erstellung der Garage noch als teilweise Änderung behandelt werden durften.

weil die Restaurationsfläche um rund einen Drittel vergrössert würde. Die Standortgebundenheit sei auch nicht gegeben;
- Entscheid des ZH-Verwaltungsgerichtes vom 13. Mai 1981 (BEZ 1981 Nr. 31): Es ist verboten, auf dem Flachdach eines an eine Scheune angebauten Werkstattgebäudes eine Sechszimmerwohnung zu erstellen; das ergäbe ein «neues Erscheinungsbild» und eine «völlig neue Nutzungsweise»; es sei belanglos, dass kein Kulturland beansprucht würde;
- BGE 108 Ib 264 (Gemeinde X./GR): Hienach kann eine Änderung «sowohl in einer Vergrösserung oder inneren Umgestaltung[30] als auch in einer Zweckänderung bestehen. Sie ist als teilweise zu betrachten, soweit die Wesensgleichheit einer Baute gewahrt wird und keine wesentlich neuen Auswirkungen auf die Nutzungsordnung, Erschliessung und Umwelt geschaffen werden.» Ersteres sei hier nicht der Fall, Letzteres treffe jedoch zu; Standortgebundenheit fehle; dementsprechend wurde ein Verbot der Umgestaltung eines Maiensässgebäudes in ein Ferienhaus bestätigt;
- BGE 108 Ib 361 (Bonvard-Choulex/GE): Das vom Verwaltungsgericht in Aufhebung einer Baubewilligung ausgesprochene Verbot der Erstellung einer 370 m² grossen Halle zur Lagerung von Brettern der bereits nebenan ansässigen Zimmerei/Schreinerei wurde bestätigt. Dependenzbau, Rz 207. «L'existence d'une construction non conforme à l'affectation de la zone ne permettait pas, en tant que telle, de considérer que l'implantation hors de la zone à bâtir d'une nouvelle construction appartenant à la même exploitation fût imposée par la destination.» Siehe auch: Rz 3778.
- BGE 112 I b 94–96 (Malix/GR): Der Regierungsrat hatte betreffend eines Ferienhauses (mit einer Bruttogeschossfläche von 69 m²) einen Anbau mit 17 m² Geschossfläche und weiteren Räumlichkeiten verweigert; das Verwaltungsgericht hob die Verweigerung auf. Das Bundesgericht stellte sie wieder her (Vergrösserung um rund einen Drittel nicht mehr geringfügig);
- BGE vom 20. Mai 1987 (Ort unbekannt, Informationsheft, RP 1987 S. 14 f): Das Verbot des Anbaues einer 35 m² grossen Doppeleinstellhalle an ein gewerblich genutztes Gebäude wird bestätigt. Der Kanton hatte damals noch kein Ausführungsrecht zu RPG Art. 24 II. Die Standortgebundenheit wurde verneint: «Ein bestehender, zonenfremder Bau als solcher kann die Standortbedingtheit im Sinne von Art. 24 Abs. 1 RPG für Erweiterungs- und Neubauten nicht begründen.» Siehe auch: Rz 3778.
- BGE 113 Ib 303 f (Richterswil/ZH): Der Gemeinderat hatte die Einrichtung von Lagerräumen und zwei Büros (für Dentalgegenstände und Geschenkartikel) in einem Gebäude verweigert, in welchem früher (vor der Stilllegung infolge einer landwirtschaftsrechtlichen Lenkungsmassnahme) bodenunabhängige Schweinezucht und -mast betrieben wurde. Das wurde vom Bundesgericht bestätigt;
- BGE vom 28. September 1988 (Alpstallung sollte Touristenkiosk werden, Hochybrig/SZ, in: ZBl 1989 S. 538 ff); die Verweigerung wird bestätigt; betreffend Rechtsgleichheit im Unrecht siehe: Rz 997;
- BGE 117 Ib 266–270 (Churwalden/GR): Das Verbot der Schaffung von fünf Angestelltenzimmern für das Bergrestaurant Alp Stätz der Stätzerhorn Ski- und Sessellift AG wurde bestätigt; es liege keine Standortgebundenheit vor;

---

[30] Das Wort Umgestaltung wird hier anders verwendet als in Rz 200 f.

- Entscheid des JU-Verwaltungsgerichtes vom 6. Februar 1995 (BR 1996 S. 18 Nr. 19, RJJ 1995 S. 34): Das Verbot, ein Mobilhome um ca. 20% zu verlängern, unter Anbringung von Isolierfenstern, Lavabo, Dusche und WC, wurde bestätigt;
- Entscheid des ZH-Verwaltungsgerichtes vom 29. Januar 1998 (BEZ 1998 Nr. 3): Die Verweigerung der Umgestaltung eines Garten- in ein Gästehaus wurde bestätigt. Rz 4479a;
- BGE vom 17. März 1999 (1A.66/1995, Dürnten/ZH, in: PBG aktuell 1999 Heft 2 S. 25): Der Gemeinderat hatte (entgegen dem Antrag der kant. Denkmalpflegekommission) die Unterschutzstellung abgelehnt und das nachstehende Bauvorhaben bewilligt. Das ZH-Verwaltungsgericht hob die Baubewilligung auf; dieser Entscheid wurde vom Bundesgericht bestätigt: an der Nordfassade eines Bauernhauses zwei Laubengänge, vorspringender Anbau, Hebung des Daches, Bau eines Dacherkers; der Charakter des Doppelhauses würde damit «entfremdet».

γ) *Kasuistik zum bewerbsmässigen teilweisen Ändern*[31]

α") *Bewilligung als bewerbsmässig teilweises Ändern rechtmässig*
- bisher bewohnter Teil eines Gebäudes wird zu einem Nicht-Wohnteil, dessen Bewerb sich von demjenigen des schon vorhandenen Nicht-Wohnteiles nicht wesentlich unterscheidet (zB Betriebswohnung muss neuen Produktionsräumen weichen);
- bisher ganzjährig unbewohntes Gebäude wird einem Bewerb zugeführt, welcher dem bisherigen Bewerb nahesteht (zB Umwandlung einer Scheune in einen Einstellraum für Landmaschinen);
- landwirtschaftlich beworbenes Gebäude wird teilweise einem nichtlandwirtschaftlichen Bewerb zugeführt, damit der Eigentümer-Landwirt sein Einkommen auf eine für die Weiterexistenz seines Betriebes nötige Höhe bringen kann[32] (Rz 3822 f, 3981 f);
- gelegentliches Überlassen von Forsthütten zur Durchführung von Anlässen nicht forstlicher Gruppen; der Aufenthalt Dritter in Alphütten, Maiensässen usw. während der Jagdzeit;
- Entscheid der ZH-Baurekurskommission III (BEZ 1987 Nr. 35): Die Bewilligung, ein über hundert Jahre altes Gebäude, welches ursprünglich ein Ökonomiegebäude war, dann aber gewerblich genutzt wurde (mit Unterbruch von nur einigen Monaten nach der Liquidation des letzten Betriebes bis zur Einreichung des Baugesuchs), einem anderen Gewerbe zuzuführen, wurde gegen die Opposition der Nachbarn bestätigt;
- Entscheid des TI-Verwaltungsgerichtes vom 30. Oktober 1990 (BR 1991 S. 68 Nr. 110, RDAT 1991 Nr. 81): Die Bewilligung, ein Gebäude, welches bisher teilweise dem Autoverkauf gedient und eine Tankstelle aufgewiesen hatte, die aber aus polizeilichen Gründen geschlossen werden musste, fortan durchgängig für den Verkauf von Autos zu verwenden, wurde bestätigt;

3924

---

[31] Ich betrachte jedes bewerbsmässige Ändern definitionsgemäss (Rz 218 f, 295 f) als eine Zweckänderung; bei beidem kann man zwischen wesentlich und unwesentlich bzw. eingreifend und nicht eingreifend unterscheiden.
[32] BGE 117 Ib 282 (Steinen/SZ), 117 Ib 384 (Wislikofen/AG), 117 Ib 505 (betr. B). Leo Schürmann/Peter Hänni sprechen an sich zu Recht auf S. 148, insbesondere in FN 388 (siehe auch S. 172), von einer «Aufweichung der Zonenkonformität und der Standortgebundenheit». Der «Keim» hiefür liegt allerdings schon in diesen Wörtern selbst.

– Militärunterkunft wird zivile Lagerstätte (Erläuterungen zur Verordnung 2000, S. 39, Rz 3956e).

β") Bewilligung als ein bewerbsmässig teilweises Ändern rechtswidrig

3925 – bisher ganzjährig bewohntes, landwirtschaftliches Gebäude wird ganz einem nichtlandwirtschaftlichen Bewerb zugeführt;
– bisher ganz unbewohntes Gebäude wird einem Bewerb mit wesentlichen neuen Auswirkungen zugeführt (zB Einstellraum für Landmaschinen wird Werkhof einer Bauunternehmung);
– BGE vom 25. November 1981 (Ort unbekannt, Informationsheft, RP 1982 S. 26): Hier wurde das Verbot, in einem Gebäude, welches früher zu einer Gaststätte gehört hatte und in dem später die Buchhaltung einer Fuhrhalterei geführt worden war, eine Autoreparaturwerkstätte einzurichten, bestätigt;
– Entscheid des ZH-Verwaltungsgerichtes (RB 1994 Nr. 71): Das Verbot der Einrichtung einer Einstellhalle für landwirtschaftliche Geräte als Autospenglerei wird bestätigt; siehe Rz 3928;
– Entscheid des ZH-Verwaltungsgerichtes (RB 1998 Nr. 123): «Die Aufhebung einer Nebenbestimmung, wonach das zu einer Villa gehörende Ateliergebäude in der Landwirtschaftszone nicht als ständiger Wohnsitz genutzt werden darf, führt zu einer freieren, intensiveren und qualitativ andersartigen Verwendung des Wohnhauses; eine solche Nutzungsänderung sprengt den Rahmen einer teilweisen Zweckänderung.»
– Militärbunker wird Disco (Erläuterungen zur Verordnung 2000, S. 39, Rz 3956e).

δ') Kasuistik betreffend Etappierung

3926 Wenn an sich geringfügige Änderungen zeitlich aufeinander folgen, dürfen sie gesamthaft das noch als geringfügig geltende Mass nicht überschreiten; es ist also zusammenzurechnen; eine Salamitaktik ist unbehelflich (Rz 186 ff). In diesem Sinne auch: Erläuterungen zur Verordnung 2000, S. 41.

– BGE 112 Ib 277–280 (Freienbach/SZ): Die vom Regierungsrat ausgesprochene und vom Verwaltungsgericht bejahte Bewilligung, für einen 1978 noch gemäss Gewässerschutzgesetz bewilligten Altmaterialbetrieb (mit Kran, Kranbahn, kleiner Metallschere, sechs Boxen und Muldenplatz) eine Einstellhalle zu erstellen, wurde aufgehoben. «Die Möglichkeit, zonenwidrige Bauten und Anlagen ausserhalb der Bauzonen in bescheidenem Umfang zu vergrössern, (darf) nur einmal benützt werden.» Der Betrieb gehöre in eine Industrie- und Gewerbezone. Dass dort nicht ohne weiteres eine passende Parzelle gefunden werden konnte, sei belanglos; es liege trotz der Bewilligung von 1978 kein Verstoss gegen Treu und Glauben vor.
– BGE 113 Ib 219–224 (Hundwil/AR): Die Baudirektion hatte für einen neben einem Wohnhaus vorgesehenen Remisen-Neubau die Bewilligung nur für eine reduzierte Kniestockhöhe und nur für zwei statt drei Garagen erteilt; auf den Rekurs des Eigentümers hin verlangte der Regierungsrat jedoch eine Bewilligung gemäss ursprünglichem Gesuch. Hiegegen erhob das Bundesamt für Raumplanung Beschwerde. Nach der Feststellung, dass der Eigentümer im Wohnhaus bereits im Jahre 1978 ohne Bewilligung ein Spenglerei- und Sanitärgeschäft eingerichtet hatte, hob das Bundesgericht die Bewilligung auf (reformatio in peius). «Es ist zwar nicht unzulässig, gestützt auf Art. 24 Abs. 2 RPG mehrere zeitlich getrennte Änderungen an einem Objekt vorzunehmen. Diese

dürfen indessen insgesamt das unter dem Gesichtspunkt dieses Gesetzesartikels zulässige Änderungsmass nicht überschreiten.» Die Änderung von 1978 hat das (maximal) «zulässige Änderungsmass ... zumindest annähend erreicht», auch wenn sie damals noch unter das Gewässerschutzgesetz von 1971 (Rz 4073 ff) fiel. Jetzt blieb kein konsumierbarer Rest mehr übrig. Bewerbsauswechslung und Dependenzbau gemäss Rz 207 und 307.

ε') *Verschiedenes*

α") Obwohl RPG Art. 24 II bezüglich der «Erneuerung», der «teilweisen Änderung» und des «Wiederaufbaues» bei zonenwidrigen, nicht standortgebundenen Gebäuden grundsätzlich die Regelung von Art. 19 f des eidgenössischen Gewässerschutzgesetzes vom 8. Oktober 1971 übernommen hat (Rz 4073 f), kann die Regelung von Art. 25 der zugehörigen Verordnung vom 19. Juni 1972 in der Fassung vom 6. November 1974 (Zulässigkeit der Vergrösserung oder Zweckänderung einer zonenfremden Baute ausserhalb der Bauzonen bis zu einem Viertel ohne Nachweis der Standortgebundenheit, Rz 4076) nicht als weiterhin wegleitend angesehen werden[33]. Die Vergrösserung um ein Viertel konnte durchaus weniger oder mehr ausmachen, als das, was nach RPG Art. 24 II (Fassung von 1979) erlaubt war. 3927

β") Gemäss dem ZH-RB 1994 Nr. 71 (in einem Teil einer Scheune neu Autoreparaturwerkstatt) umfasst RPG Art. 24 II bzw. PBG § 357 II (Fassung von 1991, Rz 1706) im Passus «teilweise Änderung» «zwei unterschiedliche Tatbestände der Änderung, nämlich einerseits die bauliche und/oder nutzungsmässige Änderung von Gebäuden, die baurechtskonform errichtet, jedoch aufgrund einer späteren Änderung der Nutzungsordnung zonenwidrig geworden sind als ‹erweiterte Besitzstandsgarantie›, und anderseits die (teilweise) Zweckänderung von unter neuem Recht zonenkonform genutzten oder standortgebundenen Gebäuden» als «echte Ausnahmeklausel». Für diese beiden Tatbestände soll gemäss dem Verwaltungsgericht nicht die gleiche Rechtsfolge gelten; während beim Tatbestand «erweiterte Besitzstandsgarantie» eine «Zweckänderung» schon erlaubt sein soll, wenn sie bestimmte quantitative Erfordernisse erfüllt (lockerere Praxis, weil der Nachweis genügt, dass nicht mehr als ein bestimmter Prozentsatz der bisherigen «Nutzung» geändert wird, zB 10%), komme es beim Tatbestand «echte Ausnahmeklausel» primär auf qualitative Gesichtspunkte an (strengere Praxis, weil eine bestimmte Beschaffenheit der künftigen «Nutzung» vorliegen müsse bzw. nicht vorliegen dürfe, unabhängig davon, ein wie kleiner Prozentsatz der bisherigen «Nutzung» betroffen wird). Ich betrachte diese Argumentation nicht als schlüssig, auch wenn sie in concreto zu einem richtigen Ergebnis (Verweigerung der Autospenglerei) führte. Das Quantitative lässt sich nie scharf vom Qualitativen trennen. Bezüglich der nichtssagenden Anrufung der Besitzstandsgarantie wird auf Rz 4486 f verwiesen, bezüglich der Frage, ob es sich wirklich um eine «echte Ausnahmeklausel» handle, auf Rz 3803 f. Zudem überzeugt es nicht ohne weiteres, dass Änderungen eines (heute) zonengemässen, aus der Zeit vor oder nach Inkrafttreten des RPG stammenden Gebäudes grundsätzlich strenger beurteilt werden sollen als die Änderungen (heute) zonenwidriger Gebäude. 3928

---

[33] Vgl. Heinz Aemisegger, Leitfaden, S. 98–101.

γ) Zum massvollen Erweitern

3929 Dieser Ausdruck erscheint im RPG erstmals infolge der Revision von 1998 (Rz 3260). Grösseres Auf- und Anbauen (nicht aber Umgestaltungen in Form einer Aufstockung [Rz 200 ff] und Anschlussbau [Rz 206]) sowie Bewerbsausweitung (nicht aber in der Form eines Dependenzbaus [Rz 207]) werden, je einzeln oder gesamthaft, wenn die Summierung nicht ein zu grosses Ausmass erreicht, wohl eher als Erweiterung denn als teilweise Änderung bezeichnet.

3930 Das in Rz 3921a Gesagte gilt hier ebenfalls. Die Unterschiede zwischen einer «massvollen» und einer «angemessenen Erweiterung», von welch Letzterer ZH-PBG § 357 II (Fassung von 1975) spricht (Rz 1543), dürften gering sein.

δ) Zum «Wiederaufbau»

3931 α') Dem «Wiederaufbau»[34] geht grundsätzlich eine das Gebäude vollständig oder grösstenteils ergreifende Zerstörung voraus. Alles was darauf als Gebäude folgt, könnte an sich als Wiederaufbau bezeichnet werden, bedingt durch Abbruch, Vernachlässigung des Unterhaltes, kriminellen Eingriff oder Naturereignis (Rz 203 ff). Gemeint ist in RPG Art. 24 II jedoch, was aus dem Wort allein allerdings nicht hervorgeht, nur ein Wiederbau, welcher örtlich mehr oder weniger an der Stelle des untergegangenen Gebäudes und ungefähr in dessen Grösse sowie mit gleichem Bewerb stattfindet, also ein Repetierwiederbau nach Rz 203 ff und kein Differenzwiederbau oder gar ein Dislokationsbau nach Rz 207. Der Wiederbau muss zwar keine genaue Kopie des vorherigen Gebäudes sein, doch müssen die Unterschiede polizeilich oder ästhetisch begründet oder minim sein[35].

β') Gemäss Verordnung 2000 Art. 42 und den zugehörigen Erläuterungen (S. 41) liegt ein Wiederaufbau (wie auch eine teilweise Änderung und eine massvolle Erweiterung) nur vor, wenn die Identität das Gebäudes einschliesslich ihrer Umgebung gewahrt bleibt. Siehe hiezu Rz 3940.

Nicht zulässig gemäss RPG Art. 24c II ist wohl die Gebäudeerrichtung entfernt vom bisherigen Standort (Dislokationsbau). Aber auch nicht jede Gebäudeerrichtung an der Stelle des untergegangenen Gebäudes wird von RPG Art. 24 II zugelassen: Kein «Wiederaufbau» sind der Differenzwiederbau nach Rz 203 ff sowie der Wiederbau anstelle eines im Laufe der Jahre wegen Vernachlässigung der Unterhalt zur Ruine zerfallenen Gebäudes.

3932 Gemäss Verordnung 2000 Art. 42 und den zugehörigen Erläuterungen (S. 41) darf «eine Baute oder Anlage nur wiederaufgebaut werden, wenn sie im Zeitpunkt der Zerstörung oder des Abbruchs noch bestimmungsgemäss nutzbar war und an ihrer Nutzung ein ununterbrochenes Interesse besteht. Sofern dies objektiv geboten erscheint, darf der Standort der Ersatzbaute oder -anlage von demjenigen der früheren Baute oder Anlage geringfügig abweichen.» Es darf deshalb gemäss den Erläuterungen zur Verordnung 2000 (S. 41) ein Gebäude, welches durch eine Lawine zerstört worden ist, nicht an irgendeiner ande-

---

[34] Ich setze dieses Wort in Anführungszeichen, weil ich hier von Wiederbau sprechen würde, da die Silbe «auf» die Vorstellung von Aufbau weckt, welches Wort in dieser Arbeit anders verwendet wird. Rz 203 f.

[35] Vgl. die Bemerkungen zu ZH-PBG § 307 in Rz 2454, insbesondere 2520 f.

ren Stelle wieder neu errichtet werden. Diese Formulierung bringt zum Ausdruck, dass die Regelung auch für ein freiwillig zerstörtes Gebäude gilt. Verbesserungen gestalterischer Art sind aber immer erlaubt.

γ) *Kasuistik*

α") *Bewilligung als Wiederbau rechtmässig (ohne Fälle von Zonengemässheit und Standortgebundenheit)*

— BGE 109 Ib 125 (Peist/GR): Das Departement verweigerte den Bau eines neuen Stalles nach vorherigem Abbruch eines alten Stalles; das Verwaltungsgericht hob die Verweigerung auf; hiegegen erhob der Regierungsrat mit Befürwortung durch das Bundesamt für Raumplanung Beschwerde an das Bundesgericht; dieses sprach sich für eine Bewilligung aus;

3933

— Entscheid des ZH-Verwaltungsgerichtes vom 12. Dezember 1984 (RB 1984 Nr. 91): Die Auffassung der Baurekurskommission, dass PBG § 307 (Rz 2469 ff, 2494 ff) in der Fassung von 1975 Ausführungsrecht zu RPG Art. 24 II sei und damit ein Wiederbau ausserhalb der Bauzone nur nach Untergang eines Gebäudes durch ein Elementarereignis, nicht aber nach gewillkürtem Abbruch gestattet gewesen sei (so noch RB 1981 Nrn. 115 f), wird wegen BGE 107 Ib 233, Egnach/TG) abgelehnt (Rz 3900). Der Ersatzbau war zu bewilligen;

— Entscheid der ZH-Baurekurskommission I (BEZ 1985 Nr. 34): «Ein Wiederaufbau ... darf ... dort, wo das kantonale Recht die bundesrechtliche Regelung vollumfänglich übernimmt und keine engeren Schranken setzt, insbesondere den Wiederaufbau auch nicht von der Einhaltung von Bauvorschriften (etwa im Sinne von PBG § 307 Abs. 1 [Fassung von 1975/1984]) abhängig macht, im Umfange der bundesrechtlichen Regelung und unabhängig von sonst geltendem kantonalem und kommunalem Recht erfolgen.» Obwohl der Wiederbau (nach vorheriger «Zerstörung») das Neubautenrecht wiederum nicht einhielt, sprach sich die Baurekurskommission für die Bewilligung aus[36];

— Entscheid des ZH-Verwaltungsgerichtes (RB 1987 Nr. 80): «Es wäre schwer zu verstehen, dass ein Ersatzbau unter leichteren Bedingungen zulässig wäre als eine blosse Umbaute.»

— BGE vom 23. April 1999 (BR 1999 Heft 3 S. 99 Nr. 133): Die Wiederherstellung einer 200 Jahre alten Maiensäss-Hütte, welche für einen 3,25 ha grossen Landwirtschaftsbetrieb im Tal benötigt wird (daher zonengemäss), ist erlaubt, obwohl hier nur während 77 Tagen zu landwirtschaftlichen Zwecken gewohnt wird. Die «strengen Anforderungen von Art. 24 RPG» sind «auf zonenwidrige Bauten zugeschnitten». «Der Gefahr einer nichtlandwirtschaftlichen Nutzung kann zB damit begegnet werden, dass die Verbesserung der Isolation untersagt wird.» Rz 3985;

— Entscheid des ZH-Verwaltungsgerichtes vom 28. Oktober 1999 (BEZ 1999 Nr. 31): Die Verweigerung des Wiederbaues eines Stalles/Schopfes mit einer Gebäudefläche von 113,5 m^2 und einem Volumen von 405 m^3 zu einem ebensolchen Gebäude mit einer Gebäudefläche von 114,7 m^2 und einem Volumen von 517 m^3 wurde aufgehoben, obwohl das Gebäude «seit langem nicht mehr benutzt» wurde.

---

[36] Diese Auffassung ist derjenigen ähnlich, welche in Rz 543 ff, 1558, 1587 und 1678 ff mit Ausschaltung des Neubautenrechtes durch PBG § 357 I und II in der Fassung von 1975/1991 bezeichnet wird.

β") Bewilligung als Wiederbau rechtswidrig (inkl. Fälle des Vorliegens einer Wiederbaute, aber Unvereinbarkeit mit den wichtigen Anliegen der Raumplanung)

3934
- BGE 107 Ib 233–236 (Egnach/TG): Das Verbot des Wiederbaues eines durch eine Feuerbrunst zerstörten zonenwidrigen Gebäudes im Seeuferbereich wird bestätigt[37]. Siehe auch BGE vom 17. September 1987 (ZBl 1989 S. 543 ff) in der gleichen Sache bezüglich materielle Enteignung, kommentiert durch Peter Karlen, in: Recht 1991 S. 102 ff); siehe auch: Rz 1401;
- Entscheid des ZH-Verwaltungsgerichtes vom 30. September 1981 (Gossau/ZH, RB 1981 Nrn. 115 f, ausführlicher in: BEZ 1981 Nr. 30 und ZBl 1982 S. 123): Das Verbot, im übrigen Gemeindegebiet (Rz 3744) nach Abbruch eines baufälligen Wohnhauses ein neues zu errichten, wird bestätigt; siehe jedoch RB 1984 Nr. 91!
- Entscheid des AG-Verwaltungsgerichtes vom 12. Januar 1982 (ZBl 1982 S. 447 ff): Die Verweigerung, ein schon seit vielen Jahren leerstehendes Bauernhaus in ein Gebäude mit einer Sechszimmerwohnung und Garage herrichten zu lassen, wird bestätigt. Dieser Entscheid stützte sich allerdings viel eher auf AG-altBauG § 224 als auf das RPG (noch vor BGE 107 Ib 233 ff, Egnach/TG);
- BGE 108 I 53 ff (Meiringen-Unterbach/BE): Die Verweigerung der Erstellung eines Anbaues anstelle eines eigenmächtig abgebrochenen Teiles des Ökonomietraktes wurde bestätigt. Rz 3897;
- BGE vom 5. März 1982 (Court/BE, gemäss dem Heft 29 x 24): Das Verbot des Wiederbaues eines abgebrannten Chalets wird bestätigt, weil dieses (zuvor) landschaftlich gestört habe. Der Umstand, dass die Bürgergemeinde von Court für das Chalet ein bis zum Jahre 1995 geltendes Baurecht erteilt hatte, spielte keine Rolle; siehe Rz 1025 ff;
- BGE 110 Ib 141–144 (Landschlacht/TG): Das Verbot, zum Ersatz für den Abbruch stilistisch fragwürdiger Anbauten an ein klassizistisches Herrschaftshaus in 35 m Entfernung ein Ferieneinfamilienhaus (nach Ausmass, Erscheinungsform und Stil völlig verschieden) zu errichten, wurde bestätigt, obwohl das Vorhaben das gesamte Sanierungsprojekt zu fördern vermocht und im Volumen nicht einmal die Hälfte der vom Altbau abzubrechenden Anbauten ausgemacht hätte;
- Entscheid des ZH-Verwaltungsgerichts vom 23. April 1985 (RB 1985 Nr. 101): An den Begriff des Wiederaufbaues standortfremder Bauten seien strenge Anforderungen zu stellen. Der Wiederaufbau sei nur zulässig, wenn zwischen dem ursprünglichen und dem neuen Gebäude Übereinstimmung hinsichtlich Standort, Bauvolumen und Zweckbestimmung besteht. Geringfügige Abweichungen seien nur insoweit hinzunehmen, als sie noch als teilweise Änderungen im Sinne von RPG Art. 24 II bezeichnet werden können;
- Entscheid des ZH-Verwaltungsgerichts (RB 1994 Nr. 72): Das Verbot des Wiederbaues «verfallener, technisch abbruchreifer Gebäude», welche «nicht ohne umfangreiche und kostspielige Eingriffe in dessen Grundsubstanz wieder zu Wohnzwecken verwendet werden können», wurde bestätigt; dies umso mehr, wenn dabei «mit höheren Kosten gerechnet werden (müsste) als wenn an gleicher Stelle ein Neubau errichtet würde» (sofern überhaupt zulässig!). Unter Bezugnahme auf die damalige AG-Praxis (siehe

---

[37] Es fehlte kantonales Ausführungsrecht. Rz 3875. Es hätte aber wohl auch bei solchem gleich entschieden werden müssen. Rz 3846 f.

oben und Rz 4330) war «Abbruchreife ... dann anzunehmen, wenn ein Gebäude nicht mehr bestimmungsgemäss nutzbar ist ... Wo die Grenze zu ziehen ist, ist nicht einfach zu sagen. Jedenfalls dürfen nicht alle Elemente einer bestehenden Baute durch neue ersetzt werden, um die Funktionsfähigkeit zu erreichen. Es kommt letztlich darauf an, ob eine mit dem Boden verbundene, wesentliche Investition vorhanden ist, zu der die beabsichtigte bauliche Änderung in einem untergeordneten Verhältnis steht. Kriterien können etwa sein das Alter bzw. die Altersentwertung des betreffenden Gebäudes, seine Bewohnbarkeit, sein Allgemeinzustand, allenfalls auch das Verhältnis zwischen den Umbaukosten und dem vorhandenen Bauwert bzw. den Neubaukosten. Jedenfalls muss noch die Grundsubstanz eines Gebäudes vorhanden und weiter nutzbar sein.» Dazu gehören insbesondere die Aussenmauern, die Dachkonstruktion, die horizontale Balkenlage sowie die Böden und Decken. Grössere Teile der alten Gebäudeteile waren hier schon eigenmächtig ersetzt, der Rest befand sich in einem nicht mehr weiter verwendbaren Zustand[38];

– Rekursentscheid des ZH-Regierungsrats Nr. 1294/1995 (BEZ 1996 Nr. 5, Rz 4480): Die nach Abbruch eines zerstörten Häuschens erfolgte Erstellung eines Gerätehäuschens wurde verboten; es handelte sich zudem um eine Moorlandschaft; es liege am Bauaktiven, «zu beweisen, dass die vorherige Baute nicht zerfallen war ... (Er hat) die Folgen der Beweislosigkeit zu tragen.» (Rz 722 ff).

ε)   *Zu den Dislokationsbauten bzw. -bewerbungen im Besonderen*

Wenn sich ein Eigentümer aus freien Stücken dazu entschliesst, von seinem bisherigen Gebäude räumlich getrennt für sich an einem andern Ort ein Gebäude zu errichten und das bisherige Gebäude preiszugeben (Dislokationsbau Rz 208), dann ist es wohl selbstverständlich, dass dieses neue Gebäude zwar erlaubt ist, wenn es den an der Stelle seiner Wahl geltenden Regelungen entspricht, sonst aber nicht. Das gilt unabhängig davon, ob das erste Gebäude inner- oder ausserhalb der Bauzone liegt, zonengemäss oder zonenwidrig ist, standortbedingt oder nicht standortbedingt ist. Deshalb ist es auch selbstverständlich, dass bei einem ausserhalb der Bauzone liegenden Gebäude ebenfalls noch ausserhalb der Bauzone grundsätzlich kein Gebäude errichtet werden darf, welches weder zonengemäss noch bei Zonenwidrigkeit standortbedingt ist. Dasselbe gilt mutatis mutandis bezüglich der Bewerbungen. Dislokationsbauten bzw. -bewerbungen fallen offensichtlich nicht in den Geltungsbereich von RPG Art. 24c.

3935

Zu Diskussionen Anlass geben jedoch bisweilen jene Situationen, in welchen der Entschluss zum Bauen, Bewerben an einer andern Stelle mehr oder weniger direkt durch rechtlichen Zwang bestimmt ist. Zum Beispiel: weil das Gebäude, der Bewerb am bisherigen Ort bereits in ein Enteignungsverfahren einbezogen worden ist[39] oder der Einbezug

---

[38] Dieser Entscheid quillt förmlich über von – überflüssigen – Bezugnahmen auf die Besitzstandsgarantie. Rz 4522 ff. Der hier beurteilte Wiederbau ist wohl allein deshalb rechtswidrig, weil sein Ergebnis nicht neubautenrechtkonform gewesen wäre. Siehe Rz 407.

[39] Vgl. den allerdings noch aus der Zeit vor dem RPG stammenden ZH-Verwaltungsgerichtsentscheid RB 1975 Nrn. 110/112 (umfassender in ZBl 1975 S. 459 ff). Der Nationalstrassenbau machte enteignungsrechtlich den Abbruch von zwei Personalhäusern für Schichtarbeiter einer Textilfabrik in einer Industriezone mit Wohnbauausschluss nötig; es wurde jedoch verboten, auf dem verbleibenden Areal in der Industriezone zwei neue Wohnblöcke zu errichten.

bevorsteht, oder weil aus sicherheits-, verkehrs- oder immissionsrechtlichen Gründen dem Gebäude, dem Bewerb an der bisherigen Stelle starke Einschränkungen auferlegt worden sind oder bevorstehen[40]; oder weil neue Bauvorschriften eine Erweiterung verunmöglichen, oder weil bei einer landwirtschaftlichen Melioration eine Aussiedlung angezeigt erscheint[41].

4. Zu «sofern (die Gebäude) rechtmässig erstellt oder geändert worden sind»

3936 a) Dieses Zulässigkeitserfordernis gelangte weder im RPG von 1979 noch in der RPG-Verordnung von 1989/1996 zum Ausdruck. Es war jedoch mehr oder weniger in der Praxis bereits enthalten. Rz 392 ff. Art. 41 der Verordnung 2000 bringt dies nochmals separat zum Ausdruck.

b) Es ist grundsätzlich richtig, dass bei der Zulassung von baulichen und bewerbsmässigen Änderungen ein freierer Kurs eingehalten wird, wenn es sich um Gebäude handelt, welche seinerzeit rechtmässig erstellt oder nach einer rechtmässigen oder unrechtmässigen Erstellung rechtmässig geändert worden, dann aber infolge Vorschriftsrevision baurechtswidrig geworden sind, als wo es sich ganz um eigenmächtig geschaffene Situationen handelt. Der Fall einer zwar materiell rechtswidrigen, aber zu Unrecht bewilligten oder dispensweise zugelassen Erstellung oder Änderung ist wohl dem Fall der rechtmässigen Erstellung/Änderung gleichzustellen. Das gilt m.E. auch dort, wo ein Gebäude zwar materiellrechtlich einwandfrei, aber ohne die nötige Bewilligung erstellt oder geändert worden ist.

5. Zu «zonenwidrig»/«nicht mehr zonenkonform» und Anwendbarkeit auf nicht zonenkonforme, aber standortgebundene Gebäude

3937 a) Gebäude können wegen Rechtsänderungen folgender Art zonenwidrig werden:

α) vor dem 18. März 1972/1. Juli 1972 erstellte Gebäude,

– in Kantonen, in welchen das kantonale Recht schon vor dem Bundesbeschluss über dringliche Massnahmen auf dem Gebiet der Raumplanung vom 17. März 1972 (siehe hier provisorische Schutzgebiete gemäss Art. 4, Rz 3190a, 3253 und 3772 mit FN 8) und vor dem eidgenössischen Gewässerschutzgesetz vom 8. Oktober 1971 (als erstmals in der ganzen Schweiz eine strenge Trennung von Bau- und Nicht-Baugebiet eingeführt worden ist, Rz 4073 ff) ähnliche Schutzgebiete bzw. eine konsequente Trennung zwischen Bau- und Nichtbaugebiet kannte: mit dem Inkrafttreten solcher Schutzgebiete bzw. der Zuweisung der Gebiete zum Nichtbaugebiet; siehe Rz 3744 f;

---

[40] BGE vom 26. Januar 1977 (Davos-Wolfgang/GR) in: ZBl 1977 S. 319: Der bisherige Standort des Gebäudes wurde als lawinengefährdet deklariert. BGE 99 Ib 150 ff (Verlegung einer Autoreparaturwerkstätte aus Wohngebiet mit schwierigen Verkehrsverhältnissen in Brunau-Zürich nach Horgen ins übrige Gemeindegebiet ausserhalb des Generellen Kanalisationsprojektes): Die Verweigerung wurde noch gestützt auf das Gewässerschutzgesetz von 1971 bestätigt, Rz 1405a.

[41] Vgl. BGE 118 Ib 17 ff (Mosnang/SG, betr. Schweinemästerei vorher im Dorf, siehe auch Rz 3775). ZH-Verwaltungsgerichtsentscheid vom 28. September 1993, in: BEZ 1995 Nr. 1. BGE vom 22. Dezember 1995 (Wangen-Brüttisellen/ZH) in: ZBl 1997 S. 130.

– landesweit wegen dieses Bundesbeschlusses oder des eidgenössischen Gewässerschutzgesetzes: mit dem Inkrafttreten des Bundesbeschlusses am 17. März 1972 bzw. der gestützt hierauf festgelegten provisorischen Schutzgebiete bzw demjenigen dieses Gesetzes am 1. Juli 1972;

> (Auf eine weitere Kategorie für zwischen dem 17. März und dem 1. Juli 1972 erstellte Gebäude wird hier verzichtet, da nicht anzunehmen ist, dass inzwischen eine beachtliche Zahl von Bewilligungen erteilt worden ist, welche dem Bundesbeschluss widersprochen hätten. Insoweit spielen hinsichtlich Zonenwidrigwerden zusätzlich nur noch Gebäude eine Rolle, welche bereits vor dem 18. März 1972 erstellt oder geändert worden sind, aber Erfordernissen des Bundesbeschlusses nicht genügten, ohne dass eine Kollision mit kantonalem Recht vorgelegen hätte.)

β) nach dem 1. Juli 1972 erstellte Gebäude: wegen Zuweisung von bisherigem Baugebiet in Nichtbaugebiet: mit dieser Zuweisung (Auszonung/Nichteinzonung).

Dabei kommt für nach dem 1. Juli 1972 erstellte Gebäude nur noch die Zuweisung gemäss β) für das Zonenwidrigwerden in Betracht (Erläuterungen zur Verordnung 2000 Art. 41, S. 37 ff). Das gilt alles auch für Bundes-, zB militärische Bauten (Rz 3956d).

b) Da in RPG Art. 24c II (Fassung von 1998) in Marginale und Text, im Letzteren mit dem Wort «solche» im zweiten Absatz durch Verweis auf den ersten, von «nicht mehr» zonenkonformen Gebäuden/Anlagen die Rede ist, können die Erleichterungen gemäss RPG Art. 24c II nicht ohne weiteres auf die Änderung von zwar nicht zonenkonformen, aber standortgebundenen Gebäuden/Anlagen angewendet werden. Hierzu passt auch der Wortlaut von Art. 41 der Verordnung 2000 nicht. 3938

> Gemäss den Erläuterungen zur Verordnung 2000 (S. 37 f) hat die parlamentarische Redaktionskommission den ursprünglich in RPG Art. 24c II vorhanden gewesenen Ausdruck «zonenwidrig geworden» in «nicht mehr zonenkonform» geändert. Dabei sei unbeachtet geblieben, dass es rechtmässig zu einer die Unterscheidung zonenkonform/-widrig noch kennenden Zeit erstellte Gebäude gebe; diese Verunklärung sei nun mit der Verordnung rückgängig gemacht worden. Dabei fragt sich allerdings, ob dieser Korrektur nicht ein allzu enger Zonenbegriff zugrunde gelegt worden ist. Unter einer Zone verstehe ich nichts anderes als eine Regelung, welche nicht für das ganze Territorium des Gemeinwesens gilt, das die Regelung gesetzt hat. Zumindest im Kanton Zürich gab es schon lange vor dem 1. Juli 1972 praktisch in allen Gemeinden Regelungen, welche in diesem Sinne eine Zonierung bewirkten.

c) Was für zwar zonenwidrige, aber standortgebundene oder für zonengemässe Gebäude gilt, wird in Rz 3956d näher erläutert. 3939

6. Zu «ausserhalb der Bauzonen»

Welches diese Gebiete sind, ergibt sich aus Rz 3763 f. 3940

7. Zu «können mit Bewilligung der zuständigen Behörde»

Hierin liegt die normative Markierung des Satzes. Der Passus bedeutet, dass ohne Bewilligung Gebäude und Anlagen weder erneuert noch teilweise geändert und auch weder massvoll erweitert noch wiederaufgebaut werden dürfen, selbst wenn Vereinbarkeit mit den wichtigen Anliegen der Raumplanung besteht, solange keine – rechtskräftige – behördliche Bewilligung vorliegt. Für die Bewilligung kommen die in Rz 3671 genannten 3941

Behörden in Betracht. Bemerkenswert ist hier wiederum, wie sehr die Formulierung nicht explizit den Bauaktiven anspricht, sondern dies nur auf dem Umweg über die erforderliche behördliche Bewilligung tut.

C. Zum zweiten Absatz, zweiter Satz
Zum «in jedem Fall» geltenden Vorbehalt «Vereinbarkeit mit den wichtigen Anliegen der Raumplanung»

1. Zur Formulierung als Vorbehalt

3942 Bemerkenswert an dieser Formulierung ist, dass es nicht einfach heisst, die im ersten Satz genannten Vorkehrungen müssten mit den wichtigen Anliegen der Raumplanung vereinbar sein, sondern dass diese Vereinbarkeit in jedem Fall «vorbehalten» bleibt. Das ist aber wohl gleichbedeutend und heisst nicht, die Behörde dürfe zwar auch bei Unvereinbarkeit bewilligen, doch stehe es in ihrem Ermessen, in diesem Fall zu verweigern (kein Kann-Vorschrift, weder für eine Bewilligung noch für eine Verweigerung).

2. Zu den wichtigen und nicht wichtigen Anliegen

3943 a) Der Gesetzgeber geht hier offensichtlich davon aus, dass es «wichtige» und nicht wichtige Anliegen der Raumplanung gebe. Nur das Verhalten, welches mit «den» wichtigen Anliegen nicht vereinbar ist, kann als verboten angesehen werden. Der Gesetzgeber will wohl nicht sagen: Die Anliegen der Raumplanung sind immer wichtig oder gar die wichtigeren. Wo der Trennstrich zwischen den wichtigen und den nicht wichtigen Anliegen der Raumplanung verläuft, ist nicht leicht auszumachen, geht es hier doch um eine Gesamtschau. Sicher betrifft diese die in RPG Art. 1 und 3 genannten Planungsgrundsätze und Ziele umfassend. Statt von «Anliegen» könnte man wohl auch von Interessen sprechen (siehe Rz 885 ff); der Ausdruck «Anliegen» lässt jedoch das Gefühl etwas mehr mitschwingen und ist mehr als blosser Egoismus.

3944 b) Bei den «wichtigen Anliegen der Raumplanung» wird zB gedacht
- an die Trennung von Bau- und Nicht-Baugebiet;
- an die Sicherung bodenabhängiger landwirtschaftlicher Nutzung, wo diese allein den Bewirtschaftern kein ausreichendes Auskommen gewährleistet;
- an die Förderung des Verbleibens der einheimischen Bevölkerung am Ort mit Schaffung von Nebenverdienstmöglichkeiten;
- an die Verhinderung des Verfalles von bewahrenswerten Ortsbildern;
- an die Verhinderung der Vergandung von Wiesen und Weiden;
- an die Erhaltung örtlich unentbehrlicher Arbeitsplätze[42].

---

[42] Im bundesrätlichen Antrag für RPG Art. 24 II (Fassung von 1979) waren als Beispiele die landwirtschaftliche Nutzung und Erhaltung einer hinreichenden Dauerbesiedlung genannt (Rz 3259). In der parlamentarischen Debatte wurde dies gestrichen, weil der Hinweis «verwirrend und sehr störend» sei. Wegen dieser Kürzung wirkt nun allerdings der – erst bei der Schlussredaktion eingefügte – bestimmte Artikel «den» reichlich unvermittelt. Es wäre besser das Wort «alle» eingesetzt worden. In diesem Sinne äusserte sich denn auch im Nationalrat Rudolf Friedrich (Amtl. Bull. StR 1979 S. 272 f; NR 1979 S. 670, 717). Sie auch Heinz Aemisegger, Leitfaden, S. 97.

3. Zur Vereinbarkeit

a) Es reicht für die Vereinbarkeit nicht aus, dass wenigstens mit einzelnen, wichtigen Anliegen Vereinbarkeit vorliegt. Diese muss vielmehr mit allen wichtigen Anliegen vorhanden sei. Das ergibt sich aus dem bestimmten Artikel «den». 3945

b) «Vereinbar» mit den wichtigen Anliegen ist ein Verhalten, welches diese nicht verletzt, nicht behindert, nicht beeinträchtigt, nicht gefährdet, nicht gegen sie verstösst, ihnen nicht zuwiderläuft, nicht entgegensteht, ihnen entspricht, gerecht wird, mit ihnen harmoniert. Weder liegt aber die Vereinbarkeit erst vor, wenn die wichtigen Anliegen der Raumplanung das Verhalten «erfordern», noch liegt sie bereits vor, wenn das Verhalten die wichtigen Anliegen der Raumplanung nicht «ausschliesst»[43]. Es genügt nicht, wenn ein Vorhaben keine Auswirkungen auf Raum, Erschliessung und Umwelt gemäss RPG Art. 24a (Rz 3814 f) nach sich zieht. Mit den wichtigen Anliegen der Raumplanung «vereinbar» ist aber nicht nur, was diese geradezu fördert; das Vorhaben kann im Verhältnis hiezu auch neutral sein[44]. 3946

c) Man sagte auch schon: Vereinbarkeit kann angenommen werden, wenn das Verhalten mit den wichtigen Anliegen der Raumplanung «gleichzieht»; Bauvorhaben ziehen gleich, «wenn sie mit ihrer beabsichtigten räumlichen Wirkung … einen Schritt zu ihrer Verwirklichung tun, wenn die wichtigen Anliegen der Raumplanung auf Veränderung abzielen, oder sofern sie zur Festigung der Lage beitragen, wenn die wichtigen Anliegen der Raumplanung einen bestimmten Zustand erhalten wollen»[45]. Siehe auch Rz 3956b. 3947

d) Ob ein Bewerb zu Erwerbszwecken oder hobbymässig ausgeübt wird, ist m.E. grundsätzlich für die Frage der Vereinbarkeit mit den wichtigen Anliegen der Raumplanung belanglos; eine wichtige Ausnahme besteht allerdings für das Anpflanzen und Ernten von Gemüse und Obst sowie das Halten von Tieren; geschieht dies in Ausübung des Berufes als Landwirt, so ist der Bereich der Zulässigkeit bedeutend grösser als bei bloss hobbymässiger Betätigung (Rz 3686). 3948

e) M.E. legt Art. 42 der Verordnung 2000, in dem gesagt wird, wo die Kantone Vorkehrungen an weder zonengemässen noch standortgebundenen Gebäuden zulassen können, auch gerade aus, was sowohl als «Erneuerung/teilweise Änderung/massvolle Erweiterung/Wiederaufbau» als auch als «vereinbar mit den wichtigen Anliegen der Raumplanung» zu verstehen sei. Das heisst nicht, dass dies die einzige Möglichkeit von Vereinbarkeit mit den wichtigen Anliegen der Raumplanung sei, aber es ist immerhin ein wich- 3949

---

[43] Wegen dieser Wörter «erfordern», «ausschliessen» und «vereinbar sein» kam es bei der Beratung von RPG Art. 24 II zwischen dem National- und Ständerat zu einer langen Auseinandersetzung. Es obsiegte schliesslich das von der Bundesverwaltung in die Debatten eingeworfene Wort «vereinbar sein». Siehe hiezu Sten. Bull. StR 1978 S. 468 ff, 1979 S. 272 f, NR 1979 S. 325, 669 (717) eingehend Heinz Aemisegger, Leitfaden, S. 93 f. Ferner EJPD, Erläuterungen, S. 307, N. 592–594.

[44] Peter Dilger, S. 256, N. 90.

[45] EJPD, Erläuterungen, S. 307, N. 48.

tiger Fall⁴⁶. Ähnlich wie bezüglich Standortgebundenheit und Nicht-Entgegenstehen überwiegender Interessen kommt dem Art. 42 der Verordnung 2000 auch die Funktion einer halbauthentischen Auslegung für die erwähnte Vereinbarkeit zu. Rz 3876.

3950   Gemäss Alfred Kuttler⁴⁷ kann ein Begehren um Erneuerung, Änderung oder Wiederaufbau eines bestehenden, zonenfremden Betriebes, der den Anforderungen des Umweltschutzrechtes nicht entspricht und der auch nicht gemäss den Vorschriften über die Sanierungspflicht saniert werden kann (USG Art. 16 ff, Rz 4084 ff), auch bei Anwendung von kantonalem Recht nicht bewilligt werden.

3951   f)   Von einer noch vorzunehmenden Interessenabwägung ist hier nicht direkt die Rede. Vermutlich unterblieb eine Anweisung hiezu, weil davon ausgegangen wurde, eine solche habe bereits im Zusammenhang mit der Festlegung stattgefunden, was als wichtige Anliegen der Raumplanung zu gelten habe und was nicht. Das Koordinationsgebot von RPG Art. 25a kommt auf jeden Fall auch hier durchwegs zum Zuge. Welche Interessen allenfalls gegeneinander abzuwägen sind und wie dabei vorzugehen ist, davon geben ZH-Verwaltungsgerichtsentscheid vom 28. November 1985 (Drogenentzugsaktion Zürich, in: ZBl 1985 S. 159 ff), BGE 112 Ib 103 (Stallikon/ZH, betr. Stiftung Puureheimet Brotchorb), 114 Ib 272 (Walchwil/ZG, betr. Walderschliessungsstrasse), 115 Ib 131 (Feusisberg/SZ, betr. Richtstrahlantenne), 116 Ib 56 ff (Chrüzlen I/ZH, betr. Grossabfalldeponie, besonders wichtiger Entscheid) und 117 Ib 31 (Samnaun/GR, betr. Parabolantenne) eine Vorstellung, auch wenn es sich grösstenteils nicht um bestehende Gebäude handelt und primär die Beurteilung nach RPG Art. 24 I (Fassung von 1979) erfolgt.

4.   Vergleich mit RPG Art. 24 lit. b

3952   «Interessen» und «Anliegen» bezeichnen ungefähr das Gleiche (Rz 3943). Dass alle von RPG Art. 24c II angesprochenen Anliegen der Raumplanung öffentliche Interessen sind, steht wohl fest; das gälte auch für die nicht wichtigen Anliegen der Raumplanung. Statt von einem Nichtentgegenstehen von Interessen könnte man auch von einem Nichtverletzen derselben sprechen. Zum Wort «Vereinbarsein» siehe Rz 3946. Ebenfalls dürfte als unbestritten gelten, dass mit den überwiegenden Interessen, welchen gemäss RPG Art. 24 I lit. b etwas nicht entgegenstehen darf, alle öffentliche Interessen, aber auch private, im Sinne von nachbarliche Interessen gemeint sind (Rz 3789 mit FN 25).

3953   M.E. enthält der Ausdruck «Vereinbarkeit mit den wichtigen Anliegen der Raumplanung» grundsätzlich nur Erforderniselemente, welche auch im Ausdruck «kein Entgegenstehen überwiegender Interessen» vorkommen. Dieser enthält jedoch darüber hinaus wohl auch Erforderniselemente, welche im erstgenannten Ausdruck nicht vorkommen.

3954   Daraus ist der Schluss zu ziehen, dass alles, was gemäss RPG Art. 24c II (Fassung von 1998) nicht mit den wichtigen Anliegen der Raumplanung vereinbar ist, auch gemäss RPG Art. 24 lit. b (Fassung von 1998) überwiegenden Interessen entgegensteht, dass aber etwas gemäss RPG Art. 24 lit. b überwiegenden Interessen entgegenstehen kann, das nach Art. 24c II mit «den wichtigen Anliegen der Raumplanung vereinbar ist». Es ist

---

⁴⁶ Gemäss Werner Schmid-Lenz, S. 65, hat «die bundesrechtliche Ordnung zur Erhaltung bestehender planwidriger Gebäude ... in der revidierten Verordnung über die Raumplanung klaren Ausdruck gefunden (Art. 23 und 24)».

⁴⁷ Alfred Kuttler, Umweltschutz und Raumplanung, ZBl 1988 237, 240.

hier an den Fall zu denken, dass eine Unvereinbarkeit nur bezüglich unwichtiger Anliegen der Raumplanung oder der Nachbarinteressen vorliegt. Das wäre bei der Interessenabwägung für die Beurteilung, ob überwiegende Interessen entgegenstehen, als negativ einzusetzen; das könnte dann gerade das «Umkippen» von der Zulässigkeit zur Unzulässigkeit bewirken. Allerdings ist dabei zu beachten: Der Geltungsbereich von Generalklauseln wie denjenigen mit den hier besprochenen Erfordernissen fliesst bei der geringsten Erschütterung regentropfenartig ineinander, wenn man nicht für eine unnatürliche Separierung sorgt. Rz 4323.

Dieser Befund steht aber trotzdem damit in Einklang, dass RPG Art. 24 (Fassung von 1998) bauliche und bewerbsmässige Vorkehrungen vollumfänglich erfasst, auch solche, welche primäre und sekundäre Neubauten bzw. Erstaufnahmen von Bewerbungen betreffen, während Art. 24c II nur die Änderungen (Reparatur, Renovation, Montierung, Um-, Auf- und Anbau [aber auch diese nicht vollumfänglich, «teilweise ändern»!]) sowie von den sekundären Neubauten nur den «Wiederaufbau» (diesen jedoch ohne den Differenzwiederbau) erfasst. Hier geht es meistens um weniger gravierende Eingriffe in die bisherige Landschaft. Das rechtfertigt es auch, hierfür Bewilligungen erleichtert vorzusehen. 3955

Thomas Dreifuss berichtet in ZH-BEZ 1999 Heft 3 S. 30 über einen BGE vom 16. Juli 1999, mit welchem eine vom Verwaltungsgericht geschützte, mit Befristung versehene Bewilligung der Baudirektion aufgehoben worden ist, weil die bloss zur Verhinderung der nachteiligen Beeinflussung künftiger planerischer Vorkehrungen vorgenommene Terminierung die Behörde nicht davon befreie, zu prüfen, ob auch sonst Vereinbarkeit mit den wichtigen Anliegen der Raumplanung vorliege. Es sei an «befristete Ausnahmen» grundsätzlich (derselbe) Prüfungsmassstab anzulegen wie bei unbefristeten. Es handelte sich hier allerdings nicht um ein Gebäude, sondern um einen Lagerplatz. 3956

5. Kasuistik

a) Das Erfordernis der Vereinbarkeit mit den wichtigen Anliegen der Raumplanung gilt für das Erneuern, teilweise Ändern, massvolle Erweitern und «Wiederaufbauen» gleichermassen. Das gelangt m.E. im Entscheid des ZH-Verwaltungsgerichtes vom 28. Oktober 1999 (BEZ 1999 Nr. 31) zu wenig zum Ausdruck. 3956a

b) In den Erläuterungen zur Verordnung 2000 wird auf Seite 39 die Auffassung vertreten, dass ein Einfamilienhaus, welches ursprünglich in einer Bauzone gelegen und die damals geltende Ausnützungsziffer voll konsumiert habe, in der jetzigen Landwirtschaftszone nicht erweitert werden dürfe. Diese intertemporalrechtlich interessante Auffassung lässt sich so deuten, dass das Ausnützungsmass in der früheren Bauzone die Beantwortung der Frage, ob in der jetzigen Nichtbau- Zone ein Vorhaben mit den wichtigen Anliegen der Raumplanung vereinbar sei, präjudiziere (das ist eine Übernahmeregelung nach Rz 452b eigener Art). 3956b

D. Wo ist RPG Art. 24 c nicht anwendbar?

1. Im Entwurf von 1999 für die neue RPG-Verordnung wurde in Art. 39 ein Erweiterungsverbot statuiert und dieses in den zugehörigen Erläuterungen (S. 29) als «ausserordentlich wichtig» bezeichnet. Sodann wurde in Art. 40 umschrieben, wo RPG 3956c

Art. 24c nicht anwendbar sei (Erläuterungen, S. 29 f). In der Verordnung 2000 kommen die beiden Artikel nicht mehr vor, weil das Erweiterungsverbot schon «von Gesetzes wegen» gelte; es ergebe sich «ohne weiteres» aus den Art. 24b bzw. 24d; es könne angesichts der Aussagen in der Botschaft zum RPG (vgl. BBl 1996 III 537) «darauf verzichtet werden»; es könne «klarerweise daraus nicht abgeleitet werden, dass Erweiterungen der gestützt auf die in Frage stehenden Bestimmungen umgenutzten Bauten und Anlagen möglich wären». Dabei wird mit der Vorstellung eines «Änderungspotenziales» argumentiert, jedoch wohl zu wenig berücksichtigt, dass sich die Äusserungen in der Botschaft noch auf in wichtigen Punkten andere Regelungen bezogen haben (Rz 3267).

3956d 2. Gemäss den Erläuterungen zur Verordnung 2000 (S. 37 ff) findet RPG Art. 24c auf folgende Gebäude in der Landwirtschaftszone keine Anwendung:

a) landwirtschaftliche Gebäude und solche für den Gemüse- und produzierenden Gartenbau gemäss RPG Art. 16 und 16a, gleichgültig, wann sie erstellt worden sind;
b) Gebäude, deren Bewerb gemäss RPG Art. 16 b eingestellt worden ist, bei Wiederaufnahme eines Bewerbes;
c) zonenwidrige, aber standortgebundene Gebäude gemäss RPG Art. 24, wenn diese nach dem 1. Juli 1972 erstellt worden sind;
d) Gebäude, in welchen ein landwirtschaftsfremder betriebsnaher Nebenbetrieb gemäss RPG Art. 24b eingerichtet worden ist;
e) gewerbliche Gebäude, bei welchen Änderungen gemäss RPG Art. 37a bzw. Verordnung 2000 Art. 43 vorgenommen worden sind;
f) Gebäude, in welchen Änderungen gemäss RPG Art. 24d I (nichtlandwirtschaftliches Wohnen), II (schutzwürdige und geschützte Gebäude) oder gemäss Verordnung 2000 Art. 39 (Wohnen oder örtliches Kleingewerbe oder sonstiger Bewerb im Streusiedlungsgebiet) vorgenommen worden sind.

3956e 3. Bei diesen sechs Kategorien müssen weitere Änderungen grundsätzlich wiederum den Artikeln genügen, welche die vorherige Änderung ermöglicht haben. Ein Hinüberwechseln von einem bodenunabhängigen Betrieb gemäss RPG Art. 16a in einen landwirtschaftsfremden, aber betriebsnahen Nebenbetrieb gemäss RPG Art. 24b ist aber wohl zulässig. Während es in den Erläuterungen zum Verordnungsentwurf von 1999 auf S. 29 bezüglich Gebäuden, welche gemäss RPG Art. 24d geändert worden sind, unter Bezugnahme auf BBl 1996 III 541 noch allgemein hiess: «Die Schaffung von Wohnungen im Ökonomietrakt ist ... ausgeschlossen», erklären die Erläuterungen zur Verordnung 2000 auf S. 33 für die Streusiedlungsgebiete: «Das Hineinwachsen von Wohnnutzung in den Ökonomieteil ist hier möglich» (Rz 3980). Dabei muss es sich wohl um einen unter dem gleichen Dach befindlichen Ökonomieteil handeln.

Bezüglich Änderungen bei zonenwidrigen, aber standortgebundenen nach oder vor dem 1. Juli 1972 erstellten Gebäuden siehe jedoch Rz 3806 ff (Standortgebundenheit), 3939 (RPG Art. 24c) und 4323 ff.

In den Erläuterungen zur Verordnung 2000 wird auf S. 39 als Beispiel für die Änderung eines standortbedingten Gebäudes eine vor dem 1. Juli 1972 erstellte SAC-Hütte mit einer Fläche von 100 m^2 und einem Erweiterungsbedarf um 100 m^2 erwähnt. Wenn dieser durch den Bau einer weitern Hütte nebenan (Dependenzbau, Rz 208) befriedigt wird, kann nicht später auch noch unter Bezugnahme auf RPG Art. 24c und Verordnung 2000 Art. 42 III a die alte Hütte um 30 m^2 erweitert werden. Unzulässig ist gemäss den Erläuterungen auch die Einrichtung einer Disco in einem ehemaligen Armee-Bunker, offenbar weil das in Betracht kommende Änderungspotenzial (Rz 3956c) schon durch den blossen Wandel vom militärischen zum zivilen Bewerb ausgeschöpft sei. Noch als zulässige teilweise Änderung erwähnt wird die Änderung einer vor dem 1. Juli 1972 erstellten militärischen Unterkunft in eine zivile Lagerhalle. Vgl. hiezu auch den noch vor Inkrafttreten des RPG ergangenen BGE 101 Ia 314 f (Ingenbohl/SZ) betreffend Verwendung einer früheren Militärbaracke als zivile Einstellhalle.

Ebenfalls nicht nach RPG Art. 24c sind Änderungen an zonenwidrigen Gebäuden zu beurteilen, welche eigenmächtig erstellt oder geändert worden sind (vgl. auch Erläuterungen zur Verordnung 2000, S. 49). Das gilt selbst, wenn die Wiederherstellung des rechtmässigen Zustandes wegen Unverhältnismässigkeit oder Zeitablaufes nicht mehr durchgesetzt werden kann (Erläuterungen zur Verordnung 2000, S. 38, ferner Rz 392 ff, 413, 739 ff). Hier stellt sich dann allerdings die Frage: Was gilt denn hier, wenn nicht RPG Art. 24c? Die Antwort lautet wohl: Es gilt ein umfassendes Änderungsverbot, verbunden mit dem Gebot, vorhandene Missstände zu beheben (Rz 360 f). Eine Bewilligung für die Änderung eines rechtswidrig erstellten Gebäudes «heilt» m.E. die Rechtswidrigkeit von eigenmächtig erstellten Gebäuden.

Wo in einem Gebäude lediglich nichtbauliche Änderungen gemäss RPG Art. 24a vorgenommen worden sind (Rz 3814 ff), fällt jede weitere Änderung unter RPG Art. 24c, wobei die vorherige nichtbauliche und die neue Änderung als Einheit zu beurteilen sind (Rz 3926).

4. Da in RPG Art. 24c (aber auch in RPG Art. 22, 24 I und II [Fassung von 1998], 24a, 24b sowie 24d) eine ähnliche Ermächtigung zur Legiferierung an den Bundesrat wie in RPG Art. 37a fehlt, keine allgemeine Abstützungsmöglichkeit auf die Landwirtschaftsgesetzgebung wie bei den Art. 26–30 (Fruchtfolgeflächen), 36–38 und 40 der Verordnung 2000 vorliegt und die Regelungen gemäss Verordnung 2000 Art. 42 keine typischen Vollzugsthemen betreffen, stellt sich für diese Regelung die Gesetzmässigkeitsfrage. Rz 4010 f gilt hier analog. **3956f**

IV. Zu den vor dem 1. Januar 1980 erstellten gewerblich genutzten Bauten gemäss RPG Art. 37a

A. Zum Text

Was vorstehend ausgeführt wurde, gibt insoweit kein abschliessendes Bild darüber, welche Erneuerungen, teilweisen Änderungen, angemessenen Erweiterungen und «Wiederaufbauten» erlaubt oder verboten sind, als es sich um «Zweckänderungen gewerblich genutzter Bauten und Anlagen …, die vor dem 1. Januar 1980 erstellt wurden oder seither als Folge von Änderungen der Nutzungspläne zonenwidrig geworden sind» ausserhalb der Bauzonen im Sinne von RPG Art. 37a handelt. Dieser bei der Revision von 1998 erst in den parlamentarischen Beratungen (siehe Rz 3267, Amtl. Bull. NR 1997 S. 1860–1862, StR 1997 S. 1179, NR 1998 S. 499–506, StR 1998 S. 317) ins RPG eingefügte Artikel lautet wie folgt: **3957**

> «Art. 37a
> Zonenfremde gewerbliche Bauten und Anlagen ausserhalb von Bauzonen
> Der Bundesrat regelt, unter welchen Voraussetzungen Zweckänderungen gewerblich genutzter Bauten und Anlagen zulässig sind, die vor dem 1. Januar 1980 erstellt wurden oder seither als Folge von Änderungen der Nutzungspläne zonenwidrig geworden sind.»

Es handelt sich hier um eine lex specialis vor allem zu RPG Art. 24c (Rz 3848 f), aber auch zu Art. 24a (Rz 3814) und 24d (Rz 3974 f).

B. Zur Ausgangslage

3958 Die Frage, ob für die Änderung gewerblicher Betriebe bzw. der ihnen dienenden Gebäude und Anlagen baurechtlich die gleichen materiellen Anforderungen gelten sollen wie für die Änderung im Bereich des Wohnbewerbes, ist seit eh und je ein politisch kontroverses Thema (Rz 821). Die einen sehen in Lockerungen zugunsten des Gewerbes eine ungerechtfertigte Privilegierung, die anderen eine aus der Besonderheit der Situation geforderte Regelung. Dementsprechend schwankend ist auch die administrative und gerichtliche Praxis. Art. 37a nimmt nun hiezu, für das RPG erstmals[48], Stellung, und zwar im folgenden Sinne: Für «Zweckänderungen gewerblich genutzter Bauten und Anlagen» ist eine besondere Regelung angezeigt. Damit ist noch nicht gesagt, dass diese besondere Regelung für den gewerblichen Bauaktiven freier sein soll als diejenige im Wohnbereich.

C. Zur Auslegung

1. Zu «Zweckänderungen gewerblich genutzter Bauten und Anlagen (ausserhalb der Bauzonen)»

3959 a) Zu «Bauten und Anlagen»: Darunter ist dasselbe zu verstehen wie in Rz 3667.

3960 b) Dass es hier um Gebäude und Anlagen «ausserhalb der Bauzonen» geht, ergibt sich nur aus dem Randtitel. Was unter «ausserhalb der Bauzonen» zu verstehen ist, wird in Rz 3763 f geschildert.

3961 c) Zu «Zweckänderungen»: Bemerkenswert an dieser Formulierung ist, dass nur von den «Zweckänderungen gewerblich genutzter Bauten und Anlagen», nicht aber auch von den baulichen Änderungen der zu den gewerblichen Betrieben gehörenden Gebäuden und Anlagen die Rede ist. Es ist dies Ausdruck einer ungenügenden gedanklichen Auseinanderhaltung des Baulichen (Rz 1 f, 13 f) und des Bewerbsmässigen (Rz 218 ff). Zu einem Betrieb gehörende Gebäude können durchaus baulich geändert werden, ohne dass man sagen kann, dieser Betrieb verfolge nun einen anderen Zweck, es wäre denn, man wolle auch die Intensivierung und die Ausweitung des den Betrieb konstituierenden Bewerbes bei gleichbleibendem Zweck (Rz 307 ff) als Zweckänderung auffassen. M.E. bezieht sich RPG Art. 37a auch auf die Änderung von zu einem gewerblichen Betrieb gehörenden Gebäuden bei gleichbleibendem Zweck des Betriebes. Dass neben «Zweckänderungen» auch «Erweiterungen», nicht aber «Wiederaufbauten», unter RPG Art. 37a fallen, ergibt sich erst aus Verordnung 2000 Art. 43 und den zugehörigen Erläuterungen (S. 41 f).

---

[48] Im kantonalen und kommunalen Baurecht sind abweichende Behandlungen für gewerbliche Betriebe schon seit langem verbreitet. Rz 810 ff, 1564 ff., 3216 ff.

d) Zu «gewerblich genutzt»: Man kann sich fragen, ob unter gewerblichen Betrieben nur produzierende oder auch nicht produzierende Betriebe, im Sinne von Dienstleistungsbetrieben, zu verstehen seien, ferner ob nur kleine und mittlere oder auch grosse Betriebe, im Sinne von Industriebetrieben, darunter fallen. Mir scheint die weitere Auffassung die massgebliche. **3962**

2. Zu «vor dem 1. Januar 1980 erstellt worden»

a) Dieser Stichtag ist das Datum des Inkrafttretens des RPG von 1979. Im Nationalrat erklärte Adalbert Durrer, m.E. zu Recht, man hätte «in guten Treuen» auch den 1. Juli 1972, das Datum des Inkrafttretens des eidg. Gewässerschutzgesetzes (Rz 4073 ff), als Stichtag wählen können. **3963**

b) Bei der Wahl dieses Stichtages spielte wohl die Erwartung hinein, mit diesem Datum würden vor dem 1. Januar 1980 von Gewerbetreibenden begangene baurechtliche Verstösse einer Vollstreckung endgültig entzogen, auch wenn eine solche nicht am Verhältnismässigkeitsgebot oder am Gebot von Treu und Glauben scheitert (Rz 1008 f und 1019 f[49]. Daraus ergäbe sich aber eine Unstimmigkeit im Verhältnis zur Regelung gemäss Art. 24c II, wo Rechtmässigkeit der Erstellung bzw. Änderung ausdrücklich verlangt und eine Art Freipass für ältere Betriebe abgelehnt wird. Siehe hiezu im Weiteren Rz 3971c. **3964**

3. Zu «seither als Folge von Änderungen der Nutzungspläne zonenwidrig geworden»

a) RPG Art. 37a stellt gewerblich genutzte Bauten und Anlagen, welche «als Folge von Änderungen der Nutzungspläne zonenwidrig geworden sind», denjenigen gegenüber, welche nicht «als Folge von Änderungen der Nutzungsplänen» zonenwidrig geworden sind[50]. Beide Gegenüberstellungen erfolgen textlich für das RPG erstmals. An welche Arten von eine Zonenwidrigkeit bewirkenden Nutzungszonenplanänderungen zu denken ist, ist in Rz 3937 erörtert. **3965**

Was bewilligungsbedürftig war, wird dabei immer nur so weit berücksichtigt, als eine Bewilligung vorliegt.

b) Mit den Nutzungsplänen sind hier für den Kanton Zürich die Bauordnungen mit ihren Zonenplänen, mit Einschluss der Gewässerabstands- und Waldabstandslinienpläne, ferner Gestaltungspläne und Sonderbauordnungen gemeint, kaum aber die Bau-, Niveaulinien- und Quartierpläne (Rz 1751 ff, 3101 ff). **3966**

---

[49] Im Nationalrat erklärte Toni Brunner am 10. März 1998, es gehe bei RPG Art. 37a nur um bereits gewerblich genutzte Bauten, die seinerzeit rechtmässig erstellt worden sind, inzwischen aber zonenwidrig geworden sind. Amtl. Bull. NR 1998 S. 502. Siehe auch Votum von Nationalrat Andreas Herczog.

[50] In Rz 412 f ist gesamthaft dargelegt, was für Möglichkeiten des anderweitigen Zonenwidrigwerdens bestehen.

4. Zu den «Voraussetzungen des Zulässig-Seins»

3967 Hier gelangt die Auffassung zum Ausdruck, dass es sich um eine Norm handelt, deren Rechtsfolge (Zulässigkeit) durch einen bestimmten Tatbestand bedingt ist. Statt von Voraussetzungen könnte auch von Bedingungen oder Erfordernissen der Zulässigkeit gesprochen werden.

5. Zu «der Bundesrat regelt»

3968 a) Offenbar bestand die Auffassung, dass (juristisch oder politisch oder beides) die Vollziehungsverordnungskompetenz des Bundesrates gemäss BV Art. 102 Ziff. 5 (Sitz der Materie in der neuen BV: Art. 182) nicht dazu ausreicht, um diejenigen Regelungen zu treffen, an welche bei RPG Art. 37a zu denken ist; sonst hätte es diese Sonderermächtigung nicht gebraucht.

3969 b) Dass die Erschwernis, welche aus der Zonenwidrigkeit infolge «Änderung der Nutzungspläne» resultiert, für den Bauaktiven hart sein kann, ist denkbar, wenn die im Einzelfall eintretende Erschwernis auch oft zu dramatisch gesehen wird. Nehmen wir jedoch im Folgenden an, bei Nichtgeltung von RPG Art. 37a wäre die Erschwernis wirklich beachtlich. Dann ist aber jetzt erstens RPG Art. 24c zu berücksichtigen (Rz 3848 ff), welcher bereits «für bestehende zonenwidrige Bauten und Anlagen ausserhalb der Bauzonen», «sofern sie rechtmässig erstellt oder geändert worden sind» eine Sektoralregelung (Rz 801 f) enthält. Hienach sind Vorkehrungen an gewerblichen Betrieben, wie an «Bauten und Anlagen» allgemein, nur dann verboten, wenn sie weder als eine «Erneuerung» noch als eine «teilweise Änderung» und auch weder als eine «massvolle Erweiterung» noch als ein «Wiederaufbau» qualifiziert werden können oder wo eine solche Qualifikation zwar in Betracht kommt, aber die Vorkehrung mit den wichtigen Anliegen der Raumplanung nicht vereinbar ist. Ferner ist zweitens auch RPG Art. 24a (Rz 3814 f) zu beachten, welcher «Zweckänderungen ohne bauliche Massnahmen» erlaubt, wenn dadurch weder «neue Auswirkungen auf Raum, Erschliessung und Umwelt entstehen» noch nach einem «anderen Bundeserlass» Unzulässigkeit gilt.

3970 c) Hier stellt sich deshalb die Frage: Was soll der Bundesrat bezüglich «Zweckänderungen gewerblich genutzter Bauten und Anlagen» in materiellrechtlicher Hinsicht eigentlich regeln? Soll er etwa hiefür auch vollständige Änderungen statt nur «teilweise», auch nicht massvolle Erweiterungen statt nur «massvolle» zulassen? Oder soll er blosse Erneuerungen, teilweise Änderungen, massvolle Erweiterungen und Wiederaufbauten auch dann zulassen, wenn sie mit den wichtigen Anliegen der Raumplanung nicht vereinbar sind? Oder sollen Zweckänderungen ohne bauliche Massnahmen gestattet werden, auch wenn durch sie «neue Auswirkungen auf Raum, Erschliessung und Umwelt entstehen», unabhängig von deren Qualität[51] oder wenn sie nach einem «anderen Bundes-

---

[51] Bundesrat Arnold Koller nannte als Beispiel einer Zweckänderung mit bedeutend einschneidenderen Auswirkungen als die teilweise Verwendung eines bisher rein landwirtschaftlichen Gebäudes für städtisches Wohnen: die Transformation eines stillen Möbellagers in einen Produktionsbetrieb (Bewerbsauswechslung nach Rz 307 oder Umnutzung nach Rz 314). Amtl. Bull. NR 1998 S. 504.

erlass unzulässig» sind? Das kann doch nicht gewollt sein[52]. Auch ist es kaum sinnvoll, zu statuieren, dass bei gewerblichen Betrieben auf ein Einschreiten gegen frühere Eigenmacht selbst in einzelnen, nicht bereits vom Verhältnismässigkeitsgebot oder dem Gebot von Treu und Glauben geforderten Fällen verzichtet werden soll.

Bundesrat Arnold Koller skizzierte den möglichen Inhalt einer Verordnung gemäss RPG Art. 37a im Parlament wie folgt: Am sachgerechtesten wäre wohl die sinngemässe Anwendung von RPG Art. 24a IV, jetzt ungefähr Art. 24d III (Amtl. Bull. StR 1998 S. 317, NR 1998 S. 504).

d) Die Verordnung, welche der Bundesrat schliesslich am 28. Juni 2000 beschlossen hat, sieht in Art. 43 der Verordnung 2000 eine weniger weit gehende räumliche Beschränkung vor als deren Art. 42 für nicht gewerbliche Gebäude (Rz 3921a). Die zonenwidrig genutzte Fläche darf zwar ebenfalls nur zu 30% erweitert werden (ebenfalls mit Anrechnung der Erweiterung innerhalb des Gebäudes nur zur Hälfte). Das Mass von 100 m^2 wird jedoch nur als «Richtwert» angesehen; Erweiterungen darüber hinaus dürfen bewilligt werden, «wenn die Erweiterung für die Fortführung des Betriebes erforderlich ist». Hier ist an Gewerbebetriebe zu denken, welche einem «sehr starken Strukturwandel unterworfen sind» (zB Käsereien und Grastrocknungsanlagen, Erläuterungen zur Verordnung 2000, S. 43). Von dieser dimensionsmässigen Lockerungsmöglichkeit abgesehen gilt aber im Wesentlichen dasselbe wie für Gebäude nach RPG Art. 24c (bzw. Verordnung 2000 Art. 42).

3971a

e) Begreiflicherweise grösser ist der Unterschied von Art. 43 der Verordnung 2000 im Verhältnis zu RPG Art. 24d. In der Ersteren fehlt das Erfordernis der landschaftlichen Schutzwürdigkeit und des in diesem Sinne Geschütztseins. Was Verordnung 2000 Art. 39 I lit. b nur für Streusiedlungsgebiete erlaubt, ist nach Art. 43 überall möglich. Sonst aber gilt für gewerbliche Gebäude mehr oder weniger dasselbe wie für die unter Art. 24d I fallenden Gebäude. Die in der Verordnung 2000 Art. 43 fehlenden Erfordernisse des Nichtmehrbenötigtwerdens für den bisherigen Zweck sowie der Eignung erübrigen sich bei gewerblichen Gebäuden, weil man hier getrost diese beiden Fragen dem Bauaktiven zur Beantwortung überlassen kann; das fehlende Erfordernis der Nichtgefährdung der landwirtschaftlichen Bewirtschaftung wird weitgehend durch dasjenige des Fehlens wesentlicher neuer Einwirkungen auf Raum, Erscheinung und Umwelt aufgefangen und zwischen den Erfordernissen des Nichtentgegenstehens überwiegender Interessen und demjenigen des Nichtentgegenstehens wichtiger Anliegen der Raumplanung ist ein Unterschied nur schwer auszumachen. Es wird hiezu auch auf Rz 4323 und 4325 verwiesen.

3971b

---

[52] Im Nationalrat nannte Peter Baumberger als Rechtfertigung von RPG Art. 37a, dass ohne diese Regelung zB in einer bisherigen Sägerei keine Kunstschlosserei oder in einer bisherigen Milchsammelstelle kein Mineralwasserdepot eingerichtet werden dürfte (Amtl. Bull. NR 1998 S. 502). Wäre es aber sinnvoll, diese Bewerbsauswechslungen zu erlauben, wenn sie «mit den wichtigen Anliegen nicht vereinbar» sind? Gegenteiligenfalls können sie gestützt auf RPG Art. 24c, aber auch 24b und 24d bewilligt werden. Die Unterschiede zwischen dieser Vereinbarkeit und dem Nicht-Entgegenstehen überwiegender Interessen (RPG Art. 24d III lit. e, Votum von Bundesrat Arnold Koller, Amtl. Bull. NR 1998 S. 317) bzw. wichtigen Anliegen der Raumplanung (Art. 43 I lit. f der Verordnung 2000) ist juristisch kaum fassbar. Siehe Rz 3952 ff.

3971c f) Ob das Erfordernis der Rechtmässigkeit der Erstellung bzw. Änderung für vor dem 1. Januar 1980 erstellte oder geänderte als Folge einer Revision der Nutzungspläne zonenwidrig gewordene gewerbliche Bauten und Anlagen auch gelte, steht nach dem Gesetzeswortlaut nicht von vornherein fest. In den parlamentarischen Beratungen äusserten sich bejahend: die Kommissionsmehrheit (Amtl. Bull. NR 1997 S. 1860) sowie Adalbert Durrer (NR 1997 S. 1862 und 1988 S. 500). Die Geltung des Erfordernisses gelangte jedoch erst in Verordnung 2000 Art. 43 I lit. a klar zum Ausdruck. Ohne dieses Erfordernis ergäbe sich eine Rechtsungleichheit (Rz 3964).

D. Gesamtwürdigung

3972 1. Bei der parlamentarischen Beratung der RPG Art. 24c und 37a spielte die Unterscheidung zwischen «teilweiser» und «vollständiger Zweckänderung» eine wichtige Rolle (vgl. insbesondere die Voten von Nationalrat Peter Baumberger, Bundesrat Koller, Nationalräten Andreas Herczog, Toni Brunner, Ständerat Renzo Respini), obwohl weder der eine noch der andere Artikel im definitiven Text so differenziert. Von «vollständiger Zweckänderung» ist im geltenden Recht (anders noch im bundesrätlichen Antrag zum damaligen Art. 24 II, Rz 3265) nur in RPG Art. 24d II die Rede (Rz 3993). Trotzdem bestand die Auffassung, bei gewerblichen Gebäuden sei nach RPG Art. 24c höchstens eine teilweise Zweckänderung erlaubt, weil hienach ja auch nur eine teilweise Änderung gestattet sei[53], deshalb brauche es RPG Art. 37a, wenn man bei gewerblichen Gebäuden auch vollständige Zweckänderungen erlauben wolle (ohne damit für die vor dem 1. Januar 1980 bzw. l. Juli 1972 erstellten Gewerbebetriebe zum Grundsatz «Gewerbe bleibt Gewerbe» hinüberzuschwenken[54]. Nicht beachtet wurde hier jedoch folgendes: im positiven Erfordernis «Vereinbarkeit mit den wichtigen Anliegen der Raumplanung» (RPG Art. 24c II) und im negativen Erfordernis «Kein Entgegenstehen überwiegender Interessen» (RPG Art. 24d III lit. e) ist u.a. das Verbot störender materieller Immissionen, ungenügender Erschliessung und landschaftsverunstaltender Wirkung enthalten. Wenn man aus der Differenz zwischen teilweiser und vollständiger Zweckänderung diese drei Gesichtspunkte ausscheidet, dann ist der Rest meistens rein quantitativer Art, sachlich praktisch leer. Das heisst: Es fehlt insoweit ein öffentliches Interesse an einem Verbot. Ich stelle deshalb die Behauptung auf: für eine Erlaubnis kommt es nicht darauf an, ob die Zweckänderung teilweise oder vollständig sei, sondern ob die erwähnte Vereinbarkeit vorliege bzw. ob das erwähnte Entgegenstehen fehle.

---

[53] Der Zweckbegriff ist allerdings stets stark vom Bewerb aus zu sehen (Rz 220); er bezeichnet daher selbst nur einen Ausschnitt aus einem Ganzen. Deshalb könnte sprachlich auch eine vollständige Zweckänderung eine teilweise Änderung gemäss RPG Art. 24c II sein.

[54] Dabei wurden als vollständige und daher nach RPG Art. 24c II verbotene Zweckänderungen angesehen: vorallem die Einrichtung von Wohnraum in bisher unbewohnten Gebäuden, sodann auch diejenige einer Kunstschmiede oder eines «Depots» in einer ehemaligen Sägerei, einer Mineralwasserhandlung in einer ehemaligen Milchsammelstelle, vielleicht auch das weitere Bewohnen eines Bauernhauses durch den bisherigen Betriebsleiter und seine Familie, nachdem dieser seinen Beruf als Landwirt aufgegeben hat (BBl 1996 III 541). Siehe auch Rz 3980.

2. Dadurch, dass die Bundesversammlung Art. 37a in die RPG-Revision von 1998 aufgenommen hat, wurde zwar für den Eigentümer von vor dem 1. Januar 1980 rechtmässig erstellten oder seither als Folge von Änderungen von Zonenplänen zonenwidrig gewordenen gewerblichen Gebäuden der Freiraum zwar tendenziell etwas vergrössert. Doch lässt sich kaum angeben, um wie viel die Rechtslage für ihn vorteilhafter ist, als wenn RPG Art. 37a nicht gälte. Das ist ein juristisch unerquickliche Situation. Es handelt sich hier um einen typischen parlamentarischen Formelkompromiss ohne klaren Inhalt. Es war dies der Tropfen Öl, um für die Gesetzgebungsmaschinerie die Zustimmung der vorwiegend gewerblich orientierten Parlamentarier und Stimmberechtigten zu gewinnen. **3973**

Zu RPG Art. 24d

I. Zum Text

3974 Dieser bei der Revision von 1998 (Rz 3265 f) ins RPG eingefügte Artikel lautet wie folgt:

«Art. 24d
Kantonsrechtliche Ausnahmen für Bauten und Anlagen ausserhalb der Bauzonen
Das kantonale Recht kann in landwirtschaftlichen Wohnbauten, die in ihrer Substanz erhalten sind, landwirtschaftsfremde Wohnnutzungen zulassen.
Das kantonale Recht kann überdies die vollständige Zweckänderung von als schützenswert anerkannten Bauten und Anlagen zulassen, wenn
a. diese von der zuständigen Behörde unter Schutz gestellt worden sind; und
b. ihre dauernde Erhaltung nicht anders sichergestellt werden kann.
Bewilligungen nach den Absätzen 1 und 2 dürfen nur erteilt werden, wenn
a. die Baute oder Anlage für den bisherigen Zweck nicht mehr benötigt wird, für die vorgesehene Nutzung geeignet ist und keine Ersatzbaute zur Folge hat, die nicht notwendig ist;
b. die äussere Erscheinung und die bauliche Grundstruktur im wesentlichen unverändert bleiben;
c. höchstens eine geringfügige Erweiterung der bestehenden Erschliessung notwendig ist und sämtliche Infrastrukturkosten, die im Zusammenhang mit der vollständigen Zweckänderung der Bauten und Anlagen anfallen, auf deren Eigentümer überwälzt werden;
d. die landwirtschaftliche Bewirtschaftung des umliegenden Grundstücks nicht gefährdet ist;
e. keine überwiegenden Interessen entgegenstehen.»

Dieser Artikel entspricht weitgehend Art. 24a II–IV des bundesrätlichen Antrags (BBl 1996 III 537 f, 540 ff, Rz 3265). Zur Debatte im Stände- und Nationalrat wird verwiesen auf: Amtl. Bull. StR 1997 S. 216 ff, 1180 ff und 1998 S. 316, NR 1997 S. 1862 ff, 1998 S. 504 ff.

II. Zur Auslegung

A. Zum ersten Absatz

1. Zu den «landwirtschaftlichen Wohnbauten»

3975 a) Das sind solche Gebäude, in welchen bisher ausschliesslich oder überwiegend Menschen gewohnt haben, welche ausschliesslich oder überwiegend landwirtschaftlich tätig gewesen sind (samt ihren Kindern), sei es, dass diese weiterhin landwirtschaftlich tätig sind, sei es, dass sie diese Tätigkeit aufgeben. Letzteres bedeutet eine nicht bewilligungsbedürftige Zweckänderung (Amtl. Bull. StR 1997 S. 216). Eine landwirtschaftliche Wohnbaute ist auch ein Gebäude, welches nicht einzig dem Wohnen, sondern unter dem gleichen Dach auch der Unterbringung von Tieren im Stallteil, von Heu, Getreide, Feldfrüchten usw. im Scheunenteil (im Zürcher Dreisässenhaus mit Tenn, Schütti und Brügi) dient.

3976 b) Es geht hier wohl nicht nur um Gebäude, welche bei Inkrafttreten der Revision von 1998 schon bestanden haben; auch solche, welche erst nachher erstellt worden sind, fallen darunter. Hingegen gilt ein neben einem solchen Gebäude stehendes, anderes Gebäude ohne Wohnteil nicht auch als landwirtschaftliche Wohnbaute.

2. Zum «in ihrer Substanz erhalten Sein» (Vorher-Zustand)

a) Es gibt offensichtlich landwirtschaftliche Gebäude, welche genügend unterhalten sind, und solche, bei welchen dies nicht der Fall ist; dabei braucht die Trennlinie nicht gerade zwischen Abbruchobjekten und Nicht-Abbruchobjekten durchzugehen. Das ist insbesondere bei landwirtschaftlichen Wohnbauten eine wichtige Unterscheidung. 3977

b) In den Debatten im National- und Ständerat nahm die Diskussion darüber, welches der Zustand einer landwirtschaftlichen Wohnbaute sein müsse, damit eine Bewilligung erteilt werden dürfe, viel Zeit in Anspruch. Dabei war man sich einig, dass schon für die Annahme einer landwirtschaftlichen Wohnbaute (also Vorher-Zustand) nicht zu hohe Komfortansprüche gestellt werden dürfen[1]. Das ergibt sich daraus, dass die RPG-Revision von 1998 wesentlich durch die vielen Maiensässen und Rustici abseits der Bauzonen in Gang kam, welche schon seit einigen Jahren Ferienwohnungen enthalten. Man bezeichnete deshalb RPG Art. 24d oft auch als Rustici-Artikel[2]. 3978

c) Im bundesrätlichen Antrag (BBl 1996 III 532) war nur die Rede davon, dass die zu öffnenden landwirtschaftlichen Wohnbauten «gut erhalten» sein müssen. Im Laufe der parlamentarischen Debatte wurde dann aber dem Passus «in der Substanz erhalten» der Vorzug gegeben. Folgendes steht fest: Ein Maiensäss, ein Rustico oder ein ähnliches Gebäude im Berggebiet aus früheren Zeiten fällt nur dann unter die neue Regelung, wenn es sich um weit mehr als einen «Steinhaufen», eine Ruine handelt; die statisch wichtigen Teile wie Fundament, Böden, Umfassungswände und Dachkonstruktion müssen erhalten sein, das Gebäude muss in seiner tragenden Form, in der Gebäudehülle noch brauchbar sein und ohne grossen Aufwand zum Wohnen noch taugen. Siehe in Rz 3934 ZH-RB 1994 Nr. 72. Es braucht aber zurzeit nicht bewohnt zu sein. Siehe auch Rz 1405. 3979

3. Zu «landwirtschaftsfremde Wohnnutzungen zulassen» (Nachher-Zustand)

a) Gemäss dem RPG in der Fassung von 1979 war die Einrichtung von Wohnungen für landwirtschaftsfremde Zwecke in landwirtschaftlichen Wohnbauten, zB als Haupt- oder Ferien-, Wochenend- oder Zweitwohnung von nicht landwirtschaftlich Tätigen, anfänglich weder zonengemäss noch standortgebunden; ihr standen nach verbreiteter Auffassung überwiegende Interessen entgegen; auch wurde sie mit den wichtigen Anliegen der Raumplanung als nicht vereinbar betrachtet. Offen blieb dabei jeweils die Frage, wie sich die Baubehörden verhalten sollen, wenn sie davon Kenntnis erhielten, dass ein Landwirt seinen Beruf aufgegeben hat oder «Städter» in das Bauernhaus eingezogen sind, ohne dass es dabei zu baulichen Änderungen kommt. Jetzt gilt «Wohnen bleibt Wohnen»; das heisst, dass diese Bewerbsauswechslungen grundsätzlich bewilligungsfrei erlaubt sind; es handelt sich bei jenem Spruch je nach Betrachtungsweise um eine Selbstverständlich- 3980

---

[1] Im Nationalrat wurde dies u.a. mit der Bescheidenheit der Toggenburger Bevölkerung (Toni Brunner) und mit der Attraktivität von Abbruchobjekten für «Hausbesetzer», «Squatters» (John Dupraz) bejahte (Amtl. Bull. NR 1997 S. 1866, 1869).

[2] Maiensässen und Rustici können auch schützenswerte Gebäude im Sinne von RPG Art. 24d II (Rz 3961 f) sein, müssen es aber nicht.

keit oder um eine Fiktion. Siehe auch Rz 3972 mit FN 55, ferner: Stephan K. Scheidegger, Neue Spielregeln für das Bauen ausserhalb der Bauzonen, in: BR 2000 S. 81, 86.

3981 b) Ein «Hineinwachsen» des Wohnteiles in den Ökonomieteil ist (ausserhalb des Streubauweisegebietes, Rz 4009 ff) nicht gestattet. Soweit sich beide unter dem gleichen Dach befinden, dürfte allerdings eine Lockerung angezeigt sein. Die Öffnung ist jetzt nicht mehr von der Ganzjährigkeit des Wohnens (und damit vom Fehlen von Ferien-, Wochenend- oder Zweitwohnungen) abhängig, wie dies noch gemäss der RPG-Verordnung von 1989/1996 der Fall war (Rz 3262, vgl. 3732 f, 3738 f)[3].

3982 c) In der Revision von 1998 erscheint auch nicht mehr die erstmals in der RPG-Verordnung von 1989/1996 statuierte Öffnung von bestehenden Gebäuden oder Gebäudekomplexen mit Wohnungen (Rz 3262 und 3264) «zu Zwecken des örtlichen Kleingewerbes (wie Käsereien, holzverarbeitende Betriebe, mechanische Werkstätten, Schlossereien, Detailhandelsläden, Wirtshäuser)». Solche Transformationen werden in Art. 39 I lit. b der Verordnung 2000 näher geregelt (Rz 4010d).

3983 d) Wenn ein Eigentümer einmal von der Möglichkeit von baulichen Vorkehrungen gemäss RPG Art. 24d I Gebrauch gemacht hat, ist es durchaus denkbar, dass er später das Bedürfnis nach weiteren derartigen baulichen Vorkehrungen oder nach solchen gemäss RPG Art. 24d II (Rz 3991 ff) oder 24b (Rz 3822 f) oder 24c (Rz 3904 ff) verspürt. Wie hier zu entscheiden ist, wird in Rz 3956c erörtert.

4. Zum zugelassenen Ausbaustandard (Nachher-Zustand)

3984 Eine andere Frage ist jedoch, welchen Ausbaustandard das Gebäude nach der Transformation zur Einrichtung von landwirtschaftsfremdem Wohnen aufweisen dürfe. Darf das ursprüngliche Gebäude nur bis zu einem sehr bescheidenen Ausbaustandard «angehoben» oder auch so geändert werden, dass es landläufigen Ansprüchen an einen sogar ganzjährigen Gebrauch genügt[4]? In einem mit BGE 124 II 538 ff beurteilten Fall wollte der Eigentümer eines 1972 als Ersatz für ein Maiensäss bewilligten Ferienhauses im Kanton Graubünden einen Naturkeller als Anbau an dieses erstellen und die Sickerleitung verlegen; dabei gab er im Baugesuch an, das Gebäude solle «dauernd bewohnt» werden; der Regierungsrat bewilligte zwar Ersteres, verbot jedoch die «Umwandlung von einer Temporärwohnung in eine Dauerbaute (Zweckänderung)»[5]. Das Bundesgericht erklärte

---

[3] Bezüglich Auswirkungen von Ferien-, Wochenend-, Zweitwohnungen einerseits und ganzjährigen Wohnungen anderseits auf die Örtlichkeit siehe Rz 3735.

[4] Das Kriterium des Ausbaustandards und dasjenige der Bewohnungsdauer fliessen leicht ineinander, auch wenn sie grundsätzlich auseinanderzuhalten sind. Die RPG-Verordnung von 1989/1996 verwendete das Ausbaustandard-Kriterium nicht. An sich ist die Anhebung des Wohnstandards nur bis zu einem einfachen Niveau als Ausdruck einer bloss teilweisen Änderung deutbar. Vgl. jedoch FN 5.

[5] Dieser BGE zeigt einerseits, dass es eine Illusion ist, zu glauben, durch Beschränkung der zulässigen Bauvorhaben auf einen einfachen Standard könne die Schwächung der Trennung zwischen Baugebiet/Nichtbaugebiet namhaft verhindert werden; auch ein einfacher Ausbau kann zu einer ganzjährigen Bewohnung führen und so der Trennung entgegenwirken. Anderseits passt die Zurückdrängung der Ganzjährigkeit ausserhalb der Bauzonen nicht ohne weiteres zur Zurückdrängung der Ferienwohnungen in den Bauzonen. Rz 3734, 3737.

dieses Verbot jedoch als nach dem RPG unzulässig, auch wenn nach dem GR-RPG Art. 9d II (vgl. Rz 3898) für Gebäude ausserhalb der Bauzonen nur ein bescheidener Ausbaustand bewilligt werden könne und deshalb in der Regel nur ein zeitlich beschränkter Bewerb zu Ferienzwecken aktuell sei; denn auch ein sehr einfaches Ferienhaus könne durch eine Summierung aufeinanderfolgender, kurzfristiger Vermietungen ganzjährig genutzt werden, wenn das massgebliche Recht nicht Ganzjährigkeit «ausdrücklich» verbiete. Letzteres vorzusehen liegt nach Auffassung des Bundesgerichtes offenbar in der Zuständigkeit der Kantone[6].

5. Zu «das kantonale Recht»

a) Voraussetzung einer Bewilligung landwirtschaftsfremden Wohnens in landwirtschaftlichen Wohnbauten ist, dass das kantonale Recht die Öffnung für solches Wohnen vorsieht. Die Regelung gilt also nicht von RPG-wegen. Gemeint ist die Öffnung durch einen generellen kantonalen Akt, nicht einzelfallweise. Nicht verlangt ist dabei eine «örtliche bzw. räumliche Festlegung im kantonalen Richtplan», damit solche Bewilligungen möglich sind. Die Festlegung kann auch auf dem Gesetzgebungsweg selbst erfolgen. 3985

b) Nicht der Text von RPG Art. 24d, sondern nur sein Marginale spricht von «kantonalrechtlichen Ausnahmen für Bauten und Anlagen ausserhalb der Bauzonen». Zur Frage, ob und wie weit diese Ausdruckweise gerechtfertigt ist, wird auf Rz 3804 und 3820 verwiesen. 3986

6. Zu «kann zulassen»

Dieser Passus bringt zum Ausdruck, dass es den Kantonen freigestellt ist, ob sie Recht im Sinne von Rz 3985 f setzen wollen oder nicht. Es handelt sich also nicht um eine Muss-Vorschrift. 3987

7. Weitere Bemerkungen

a) Die Revision von 1998 lässt drei Deutungen zu: Entweder sind die gemäss Art. 24d I zugelassenen Wohnungen trotz ihrem landwirtschaftsfremdem Charakter als zonengemäss oder zonenwidrig, aber standortgebunden oder aber als weder zonengemäss noch standortgebunden, aber als Erneuern, teilweises Ändern, massvolles Erweitern, «Wiederaufbauen», welches mit den wichtigen Anliegen der Raumplanung vereinbar sei (authentische Auslegung) zu qualifizieren, oder es handelt sich hier um einen zusätzlichen Bewilligungstatbestand. Es trifft wohl eher Letzteres zu. 3988

b) RPG Art. 24d I bezieht sich nicht auf nichtlandwirtschaftliche Wohnbauten. Ob und wie weit hier zusätzlicher Wohnraum («eine zweite Wohnung») eingerichtet werden darf, beurteilt sich nach RPG Art. 24c (Rz 3929). 3989

---

[6] Gemäss einem Entscheid des ZH-Verwaltungsgerichtes vom 23. Januar 1985 (BEZ 1985 Nr. 2) ist ein Revers zulässig, welcher verhindern soll, dass eine umgebaute Scheune später als Ferienwohnung benützt wird. Dgl. Thomas Müller, S. 159 ff.

3990 c)   Ein Antrag, ausdrücklich kleingewerbliche Nutzung (wie Tierarztpraxis, Fotostudio, Durchführung von Webkursen, Coiffeursalon) zuzulassen (Amtl. Bull. StR 1997 S. 1181, Votum von Helen Leumann; NR 1997 S. 1862, 1865, Votum von Samuel Schmid) wurde abgelehnt; Rz 4010b und c).

B. Zum zweiten Absatz

1. Zu «als schützenswert anerkannte Bauten und Anlagen»

3991 a)   Die hier vorgesehene Öffnung gilt nicht für irgendwelche bestehende Gebäude ausserhalb der Bauzonen, sondern nur für solche, welche als «schützenswert anerkannt» sind. Mit dieser Regelung wird den in Rz 830 geäusserten Bedenken bezüglich Untergang schützwürdiger Gebäude Rechnung getragen und dem Verschwinden entgegengesteuert. Die RPG-Revision von 1998 bringt weitgehend das zum Ausdruck, was bereits in RPG-Verordnung Art. 24 II (Fassung von 1989/1996), wenn auch auf einer diskutablen gesetzlichen Grundlage, vorgesehen war.

3992 b)   Die in RPG-Verordnung Art. 24 II von 1989/1996 verwendete, an sich interessante, aber subtile Unterscheidung bezüglich der Schutzwürdigkeit zwischen «landschaftsprägenden»/«nicht-landschaftsprägenden» (Fassung von 1996) bzw. «landschaftstypischen»/«nicht- landschaftstypischen» (Fassung von 1989/1996), schützenswerten Gebäuden mit je besonderen Zulässigkeitserfordernissen für die Beurteilung der Zulässigkeit der Transformation ist bei der RPG-Revision von 1998 fallen gelassen worden[7].

2. Zur «vollständigen Zweckänderung»

3993 a)   Es handelt sich hier meistens um die Auswechslung eines früheren, typisch landwirtschaftlichen oder traditionellen kleingewerblichen Bewerbes (zB Maiensäss, Rustico, Getreidespeicher, Käse-/Weinkeller, Molkerei, Trotte, Mühle, Schmitte usw.) durch einen nicht landwirtschaftlichen Wohn- oder Arbeitsbewerb.

3994 b)   Wenn hier von einer «vollständigen Zweckänderungen» die Rede ist, dann bedeutet dies wohl kaum, dass der Absatz nur zum Zuge komme, wenn mit der bewerbsmässigen Änderung keine baulichen Vorkehrungen verbunden sind, wie dies in RPG Art. 24a (Rz 3814 f) der Fall ist. Die wenigsten hier in Betracht kommenden Gebäude lassen sich nachher ohne bauliche bzw. ohne über blosse Reparaturen und Renovationen hinausgehende Vorkehrungen zum vorgesehenen neuen Zweck bewerben.

3995 c)   Wenn ein Eigentümer einmal von der Möglichkeit von baulichen Vorkehrungen gemäss RPG Art. 24d II Gebrauch gemacht hat, ist es durchaus denkbar, dass er später

---

[7]   Ein Gebäude war hienach landschaftsprägend, wenn Landschaft und Bauten als Einheit schützenswert sind und der besondere Charakter der Landschaft vom Bestand der Bauten (zB Maiensässen, Rustici) abhängt, jedoch nicht landschaftsprägend, aber gleichwohl schützenswert (= landschaftstypisch), wenn Landschaft und Bauten weniger als Einheit, aber gleichwohl schützenswert sind, zB wegen ihrer kulturhistorischen Eigenart. Der Begriff «landschaftsprägend» kehrt allerdings in der Verordnung 2000 in Art. 39 wieder.

das Bedürfnis nach weiteren derartigen baulichen Vorkehrungen oder nach solchen gemäss RPG Art. 24a (Rz 3814 f), 24b (Rz 3822 f) oder 24c (Rz 3904 ff) verspürt. Wie hier zu entscheiden ist, wird in Rz 3956c erörtert.

3. Zur «Unterschutzstellung von der zuständigen Behörde»

Es geht hier um den nach dem Recht des jeweiligen Kantones als Unterschutzstellung in Betracht kommenden Rechtsakt. Das kann auf dem Verfügungsweg oder in einem Planungsverfahren geschehen, sei es auf der Ebene der kantonalen oder kommunalen Behörden[8]. In der Verordnung 2000 wird in Art. 39 II gesagt, dass die Kantone bei Vorliegen der dort genannten Bedingungen die Änderung der Nutzung von Bauten und Anlagen bestehender, als landschaftsprägend geschützter Bauten «als standortgebunden» bewilligen können. Es ist nicht recht ersichtlich, was diese – ähnlich bereits in der Verordnung 1989/1996 Art. 24 vorkommende – Bezugnahme auf die Standortgebundenheit bezwecken soll. Dem Bundesrat fehlt m.E. die Zuständigkeit zur näheren Bestimmung der Standortgebundenheit, wenn sich dies nicht anderswoher ableiten lässt (Rz 3782 f, 4010 f). Die Schweizerische Bausekretärenkonferenz hat deshalb in ihrer Vernehmlassung zum Verordnungsentwurf von 1999 zu Recht die Streichung dieses Zusatzes vorgeschlagen, jedoch ohne Erfolg.

3996

4. Zu «(es) kann ihre dauernde Erhaltung nicht anders sichergestellt werden»

Dieser im Wesentlichen aus RPG-Verordnung Art. 24 II (Fassung von 1989/1996) übernommene Passus ist reichlich vage. Es gäbe daneben immer noch mindestens ein anderes Mittel zur Erhaltung, nämlich dasjenige der Vornahme der zur dauernden Erhaltung nötigen baulichen Vorkehrungen mit Leerstehenlassen des Gebäudes. In weitaus den meisten Fällen wäre die Vornahme solcher Vorkehrungen aber für den Eigentümer zeitlich und finanziell unzumutbar; auch das Gemeinwesen wird meistens nicht bereit sein, dafür aufzukommen[9]. Würde aber dafür gesorgt, und sei es auch nur durch Dritte, zB Heimatschutzorganisationen oder Freundeskreise, so könnte immer noch der gesamtwirtschaftliche Einwand erhoben werden, das nötige Geld liesse sich sinnvoller einsetzen; auch wäre an den ästhetischen Einwand zu denken, das Ergebnis wirke trotz bestem Bemühen unecht, es entstünden Potemkinsche Dörfer. Anders verhält es sich höchstens in den Ausnahmefällen, wo die Attraktivität eines Gebäudes so gross ist, dass ein musealer Weiterbewerb in Betracht kommt (zB Ballenberg bei Brienzwiler/BE, hier allerdings nach Verfrachtung der Gebäude von anderswoher).

3997

5. Zu «das kantonale Recht»

Wesentlich ist, dass die Regelung auch hier nur zum Zuge kommt, wo «das kantonale Recht» die Regelung von RPG Art. 24d II für anwendbar erklärt und überdies die für den

3998

---

[8] Siehe Amtl. Bull. NR 1997 S. 1863–1869.
[9] In den neuen Ländern der deutschen Bundesrepublik trifft man in denkmalschutzwürdigen Stadtteilen oft auf Tafeln, welche ankündigen, dass die Stadt zur Verhinderung des Verfalles eines Gebäudes Erhaltungsmassnahmen trifft.

Ortsbild- und Landschaftsschutz zuständige kantonale Behörde eine Unterschutzstellung vorgenommen hat; Letztere allein reicht für die Zulassung nicht aus. Die Regelung gilt also nicht schon von RPG-wegen. Gegenüber RPG-Verordnung Art. 24 II und IV (Fassung von 1989) wurde jedoch darauf verzichtet, örtliche Festlegungen der Schutzwürdigkeit im «kantonalen Richtplan», zu verlangen; gegenüber RPG-Verordnung Art. 24 II lit. a (Fassung von 1996) wurde sodann darauf verzichtet, eine Unterschutzstellung «im Rahmen der Nutzungsplanung» und die Umschreibung der Schutzwürdigkeitskriterien im «kantonalen Richtplan» zu verlangen. Die Verordnung 2000 enthält allerdings in Art. 39 II wieder eine solche Regelung.

6. Zu «kann ... zulassen»

3999 Dieser Passus bringt zum Ausdruck, dass der Kanton im Entscheid, ob er Recht gemäss Rz 3985 setzen will oder nicht, frei ist. Es handelt sich um eine Kann-, nicht um eine Muss-Vorschrift.

7. Weitere Bemerkungen

4000 a)   Die Revision von 1998 (Rz 3265) lässt analog zu RPG Art. 24d I drei Deutungen zu: siehe Rz 3988.

4001 b)   Das in der RPG-Revision von 1998 nicht erwähnte örtliche Kleingewerbe (wie Käsereien, holzverarbeitende Betriebe, mechanische Werkstätten, Schlossereien, Detailhandelsläden, Wirtshäuser) kann m.E. vom «kantonalen Recht» ausserhalb der Bauzonen nur zugelassen werden in «als schützenswert anerkannten Bauten und Anlagen», «deren Erhaltung nicht anders sichergestellt werden kann» und auch dies nur unter der Erfordernissen von Abs. 3 lit. a–d. Allerdings sind hier auch RPG Art. 37a (Rz 3957 ff) sowie die Verordnung 2000 Art. 39 und 43 (Rz 4010d) zu beachten.

C. Zum dritten Absatz

1. Zu «Bewilligungen nach den Absätzen 1 und 2 dürfen ... nur erteilt werden, wenn»

4002 a)   Diese Regelung gilt für die Aufnahme landwirtschaftsfremder Wohnbewerbungen in in ihrer Substanz erhaltenen landwirtschaftlichen Wohnbauten und für vollständige Zweckänderungen in als schutzwürdig anerkannten Gebäuden. Der Text spricht eher dafür, dass die Erteilung einer Bewilligung nicht voll im freien Ermessen der Behörde steht. Weder darf bei Nichtvorliegen aller Bedingungen des dritten Absatzes bewilligt werden, noch gibt das Vorliegen Bedingungen von lit. a–d wegen des Passus «dürfen ... nur» ohne weiteres einen Anspruch auf eine Bewilligung. Wenn sämtliche Bedingungen erfüllt sind, dürfte eine Verweigerung allerdings meistens gegen das Erfordernis des öffentlichen Interesse und/oder das Verhältnismässigkeitsgebot verstossen.

4003 b)   Hier werden weitgehend diejenigen Erfordernisse wiederholt, welche bereits in RPG-Verordnung Art. 24 III (Fassung von 1989/1996; Rz 3264) aufgeführt waren:
– das Gebäude wird für die bisherige landwirtschaftliche Nutzung nicht mehr benötigt; wenn ein Eigentümer eines bis vor kurzem landwirtschaftlich beworbenen Gebäudes

sich dazu entschliesst, dessen Räumlichkeiten inskünftig landwirtschaftsfremd zu nutzen, so ist dies, zumindest aus der Sicht dieses Eigentümers, bereits ein genügender Beweis dafür, dass das Gebäude nicht mehr für die landwirtschaftliche Nutzung benötigt wird, sonst würde er sich ja nicht zu dieser Änderung entschliessen; indessen geht es hier nicht nur um einen subjektiven, individuellen Entscheid, sondern um einen solchen von einer mit kollektiven, mini-planwirtschaftlichen Bedürfnissen argumentierenden Warte aus; selbst wenn der Eigentümer nie mehr Vieh, Heu, landwirtschaftliche Geräte usw. in eine Scheune einzustellen, zu lagern gedenkt und auch seine Nachkommen nichts derartiges wollen, kann es trotzdem sein, dass das Gebäude, objektiv gesehen, weiterhin für die landwirtschaftliche Nutzung benötigt wird, zB weil ein nachbarlicher Landwirt das Gebäude hiezu gebrauchen könnte; es ist dies die gleiche Zielsetzung, welche auch im Bundesgesetz über das bäuerliche Bodenrecht (siehe Rz 4109 f) Art. 42 und 47 beim Vorkaufsrecht des selbstbewirtschaftenden Verwandten oder Pächters wiederkehrt[10];

— neu gegenüber der Verordnung wird jedoch verlangt, dass das Gebäude für die vorgesehene Nutzung «geeignet» sei[11] und «keine Ersatzbaute zur Folge hat, die nicht notwendig ist» (lit. a)[12]; 4004

— die äussere Erscheinung und die bauliche Grundstruktur des Gebäudes bleiben im Wesentlichen unverändert (lit. b); das kann bei Auf- und Anbauten, aber auch bei Aussenumbauten und -renovationen, ferner bei Umgestaltungen, Wieder- und Anschlussbauten (Rz 159 f), kaum aber bei Neugliederung der inneren Raumeinteilung, kritisch werden; problematisch ist auch die Anbringung von stilwidrigen Fenstern, Sonnenstoren, Parabolantennen, Fahnenstangen, Autoabstellplätzen, Schwimmbassins, Einzäunungen usw.; 4005

In der parlamentarischen Beratung wurde beantragt, dass die Bereitstellung von Wohnraum nur in Gebäuden erlaubt werde, welche «bereits über einen Wohnanteil verfügen» (Amtl. Bull. StR 1997 S. 219 [Willy Loretan] sowie NR 1997 S. 1864 [Silva Semadeni]) und dass gleichzeitig mit der Bewilligung «Massnahmen des Landschaftsschutzes» zu verlangen seien (Amtl. Bull. StR 1997 S. 1182 [Pierre Aeby] sowie NR 1997 S. 1865 [Lili Nabholz]); beide Begehren wurden jedoch abgelehnt, das erstgenannte mit der Begründung, bei Einhaltung der übrigen Erfordernisse könne kaum aus

---

[10] Siehe auch Rz 4057 ff.
[11] Dass man es nicht dem Bauaktiven überlassen will, ob er in einem Gebäude, welches zu dem von ihm verfolgten Zweck ungeeignet ist, ein Vorhaben mit diesem Zweck gleichwohl realisieren will (Rz 327) hat seinen Grund wohl darin: Es soll verhindert werden, dass in zur Änderung freigegebenen, schützenswerten Gebäuden einen grossen Publikumsverkehr auslösenden Bewerbungen realisiert wird. Überlegungen gemäss Rz 39.
[12] Auf diesen Passus legte der Nationalrat grosses Gewicht (Amtl. Bull. 1997 S. 1863). Im Ständerat wurde er zwar, «vorsichtig gesagt, als eher unnötiger Zusatz» qualifiziert, doch entschied sich der Rat, ihn «laufenzulassen» (Amtl. Bull. StR 1997 S. 1182). Mit dem Zurfolgehaben einer «Ersatzbaute, die nicht notwendig ist», wird wohl die Situation angesprochen, dass der Leiter eines Landwirtschaftsbetriebes oder die in diesem tätigen Familienangehörigen ihren bisherigen Wohnraum nicht landwirtschaftlich Tätigen überlassen und dann für sich neuen Wohnraum nebenan in einem Neubau beanspruchen; deren Hoffung auf Erhalt einer Bewilligung hiefür wird durch diesen Passus durchkreuzt. Rz 3728. Die Überlassung einer Scheune, welche schon bisher für die Bedürfnisse des Landwirtschaftsbetriebes nicht mehr genügte und ohnehin durch einen Neubau hätte ersetzt werden müssen, ist jedoch erlaubt.

einem bisher unbewohnten ein bewohnbares Gebäude geschafften werden (Amtl. Bull. NR 1997 S. 1879, Bundesrat Arnold Koller), und das zweitgenannte mit der Begründung, im Gesetz lasse sich nicht klar genug umschreiben, was vorzukehren wäre; im Bewilligungsverfahren könnten zudem ohnehin die nötigen Auflagen statuiert werden; gedacht wurde dabei an die Pflege von Heckenpflanzen, Feldgehölzen und Waldsäumen sowie an die Verhinderung der Vergandung von Wiesen und Alpen;

4006 — die Änderung erfordert entweder keine oder höchstens eine geringfügige Erweiterung der Erschliessung; dabei müssen sämtliche Infrastrukturkosten, die im Zusammenhang mit der vollständigen Zweckänderung anfallen, auf den Eigentümer des Gebäudes oder der Anlage überwälzt werden (lit. c)[13];

4007 — es dürfen keine überwiegenden Interessen entgegenstehen (lit. e); der Unterschied zur Vereinbarkeit mit den wichtigen Anliegen der Raumplanung ist juristisch kaum fassbar (Rz 3952 ff).

4008 Erst vom Parlament eingeführt wurde das Erfordernis lit. d, das verlangt, dass durch die Vorkehrung «die landwirtschaftliche Bewirtschaftung des umliegenden Grundstückes nicht gefährdet ist»[14, 15].

Zum vorstehend Gesagten ist immer auch noch RPG Art. 37a bezüglich vorbestandener Gewerbebetriebe zu beachten (Rz 3957 ff).

D. Zum Verhältnis der Verordnung 2000 Art. 39 zu RPG Art. 24d

4009 1. Art. 39 der RPG-Verordnung 2000 (Rz 3269) liest sich fürs Erste wie eine leicht umgestellte Wiederholung von RPG Art. 24d, ergänzt um Elemente, welche in der Verordnung 1996 (Rz 3264) enthalten waren, dann aber nicht in die RPG-Revision von 1998 aufgenommen worden sind[16].

4010 2. Art. 39 der Verordnung 2000 schafft für Gebiete mit traditioneller Streubauweise, in denen die Dauerbesiedlung im Hinblick auf die räumliche Entwicklung gestärkt wer-

---

[13] In den Erläuterungen zur Verordnung 2000 (S. 34 f) wird erklärt, dass «neben quantitativen Aspekten – zu denken ist hier etwa an das Ausmass der Verlängerung der Erschliessungsstrasse – auch den qualitativen Gesichtspunkten, wie beispielsweise dem Grad der Beeinträchtigung der Landschaft, gebührend Rechnung getragen werden muss».

[14] Amtl. Bull. StR 1997 S. 1180 ff, NR 1998 S. 504 ff. Statt von Gefährdung wäre hier wohl besser von Beeinträchtigung gesprochen worden. Zu denken ist an Klagen von Ferienhausbesitzern wegen Geräusch von Heutrocknern, Arbeiten früh morgens, über Mittag, abends, Kuhglockengeläute, Jaucheaustragen, Misthaufen usw. (Amtl. Bull. NR 1998 S. 500 [Adalbert Durrer]).

[15] Aus der parlamentarischen Debatte ergibt sich klar, dass die Bewilligung von landwirtschaftsfremden Bewerbungen nicht mit der Auflage der Leistung eines Mehrwertsbeitrages verknüpft werden darf (Amtl. Bull. NR 1997 S. 1861 f, 1866 ff).

[16] Weder in RPG Art. 24d noch in Verordnung 2000 Art. 39 wurde die heikle Gegenüberstellung landschaftsprägende und nicht landschaftsprägende, aber gleichwohl schützenswerte (= landschaftstypische) Gebäude aus der Verordnung 1996 (genauere Umschreibung siehe FN 7) übernommen. In RPG Art. 24d II und III fehlen beide Begriffe, in Verordnung 2000 Art. 39 II kommt nur noch «landschaftsprägend» vor. Sodann werden in lit. a «Landschaft und Baute als Einheit schützenswert» und in lit. b die Abhängigkeit des «besonderen Charakters der Landschaft vom Bestand der Bauten» als Erfordernis für eine Bewilligung gesetzt.

den soll (nachfolgend kurz als Streusiedlungsgebiete bezeichnet), ein Sonderregime gegenüber der Ordnung für die übrigen Landesteile. Dabei handelt es sich um ein Kriterium, welches zwar in den Verordnungen von 1989[17] und 1996, aber weder im RPG von 1979[18] noch in demjenigen von 1998 vorgekommen ist bzw. vorkommt. Es scheint jedoch, dass der Gesichtspunkt «Streusiedlungsbauweise» bei der RPG-Revision von 1998 im Laufe der Beratung unbeabsichtigt etwas aus den Augen verloren worden ist, was durch die Verordnung 2000 wieder zu «korrigieren» war. Streusiedlungsgebiete sind dabei nicht einfach solche Gebiete, in welchen verteilt über die Gegend verhältnismässig viele Gebäude ziemlich weit auseinander liegen, sondern nur solche, in welchen diese Bauweise auf einer örtlichen Tradition beruht und wo die Gebiete die in einem kantonalen Richtplan festgelegt sind.

3. a) Ausserhalb Bauzonen sind gemäss RPG Art. 24d I «in landwirtschaftlichen Wohnbauten, die in ihrer Substanz erhalten sind», *landwirtschaftsfremde Wohnnutzungen* an sich überall zulässig, wenn zulassendes kantonales Recht vorliegt (Rz 3998) und die Bedingungen lit. a–e von RPG Art. 24d III (Rz 4002 ff) erfüllt sind[19]. Hievon kehrt das Zum-Zuge-kommen-Lassen durch das kantonale Recht in der Verordnung 2000 Art. 39 kaum wieder (FN 20 und Rz 4010e). Von den Bedingungen lit. a–e in RPG Art. 24d III fehlt in der Verordnung 2000 Art. 39 die Eignung für den vorgesehenen Zweck, was allerdings nicht besonders ins Gewicht fällt. Hingegen wird die Zulässigkeit auf Gebäude beschränkt, welche «nach der Änderung ganzjährig bewohnt werden» (Art. 39 I lit. b). Dabei wird ein «Hineinwachsen der Wohnnutzung in den Ökonomieteil» als «möglich» angesehen (Erläuterungen hiezu S. 33; Rz 3956e).

4010a

b) Andere Bewerbsauswechslungen (Rz 307) und Umnutzungen (Rz 324) sowie Wiederbewerb nach langem Leerstehen (Rz 325), Expansions- (Rz 316), Dependenz- (Rz 317) und Dislokationsbewerb (Rz 318) oder «vollständige Zweckänderungen» in der Terminologie des RPG, mit dem Ziel der Schaffung von ganzjährig oder nur temporär bewohnten Gebäuden, von Räumlichkeiten für das örtliche Kleingewerbe oder von solchen für sonstige Bewerbungen sind nur, aber immerhin, gestattet, wenn zunächst einmal die Bedingungen von dessen Art. 24d II (Zum-Zuge-kommen-Lassen durch das kantonale Recht [Rz 3998], *Schutzwürdigkeit* [3991], *Unterschutzstellung* [Rz 3996] sowie *Unmög-*

4010b

---

[17] Rz 3261. Hier noch ergänzt um den Passus «(Gebiete) ... die von Abwanderung betroffen sind». Im Kanton Zürich legte der Kantonsrat im Hinblick auf die RPG-Verordnung von 1989 in einer engagierten Debatte im «kantonalen Richtplan» vom 31. Januar 1995, Ziff. 3.2.4 (Zürcher Gesetzessammlung, Bd. 53, S. 111) Gebiete mit traditioneller Streubauweise fest (Teile des Oberlandes und des Zimmerberges). Diese Festlegung ist wohl trotz der Nicht-Erwähnung der Streubauweise in der RPG-Revision von 1998 noch bedeutsam (allerdings kaum mehr im Sinne der Unzulässigkeit von temporärem Wohnen innerhalb dieser Gebiete). Vgl. auch den Antrag des ZH-Regierungsrates vom 25. August 1999 (Amtsblatt 1999, S. 1056 f) betreffend Revision des Landschaftsplanes.

[18] Rz 3258 f. Ein ähnliches Anliegen kam zwar noch im Antrag des Bundesrates für das RPG von 1979 im damaligen Art. 24 II zur Sprache, ging dann aber nicht in den definitiven Text ein: «Erhaltung einer hinreichenden Dauerbesiedlung» als Bedingung für die Ermöglichung einer Bewilligung (Rz 3259).

[19] Das trifft zu, ohne dass das Gebäude schutzwürdig und geschützt sein muss und ohne dass die Erhaltung auf andere Weise nicht möglich sein darf.

lichkeit der Erhaltung auf andere Weise [Rz 3997]) erfüllt sind; hievon kehren das Zweit- und Drittgenannte wohl sinngemäss in der Verordnung 2000 in Art. 39 II lit. a und b wieder; hingegen fehlt hier das Viertgenannte ganz; das Erstgenannte ist wiederum unklar; sodann fehlt von den Bedingungen lit. a–e von RPG Art. 24d III (Rz 4004) in der Verordnung 2000 Art. 39 wiederum die Eignung für den vorgesehenen Zweck, was hier vielleicht von einigem Gewicht sein kann[20, 21].

4010c c) α) Die Änderung eines Gebäudes ohne bisherigem landwirtschaftlichem Wohn- oder sonstigem landwirtschaftlichem Bewerb, ohne Schutzwürdigkeit und Unterstellung oder hiemit, aber mit Möglichkeit der Erhaltung auf andere Weise oder mit Erfüllung aller dieser positiven und negativen Bedingungen, aber ohne Zum-Zuge-kommen-Lassen durch das kantonale Recht, kann gestützt auf RPG Art. 24d überhaupt nicht, und wohl auch nicht gestützt auf RPG Art. 16a, 24, 24a, 24b und 24c bewilligt werden. An zulässigen «Änderungen» kommt hier (vorbehältlich Standortgebundenheit, Rz 3772 ff) somit nur die Stilllegung in Betracht (RPG Art. 16b, Rz 4057 ff). Auch Art. 39 der Verordnung 2000 bewirkt hier keine Lockerung, weder ausser- noch innerhalb des Streusiedlungsgebietes.

4010d β) Anders verhält es sich aber im Streusiedlungsgebiet für die Einrichtung von *örtlichem Kleingewerbe* (gleiche Beispiele wie in Verordnung 1989/1996 Art. 24 I lit. b, Rz 3982), wenn die Voraussetzungen der Verordnung 2000 Art. 39 I lit. b und III erfüllt sind. Hienach kann eine Bewilligung in Betracht kommen. Dabei ist im Unterschied zu Art. 39 I lit. a nicht von «Bauten, die Wohnungen enthalten», sondern von «Bauten oder Gebäudekomplexen, die Wohnungen enthalten», die Rede. Hienach ist örtliches Kleingewerbe in Gebäudekomplexen, welche überhaupt keine Wohnungen aufweisen, unzulässig. Örtliches Kleingewerbe darf jedoch in einer Scheune, neben einem Wohnhaus eingerichtet werden. Im Unterschied zu RPG Art. 24d gilt hier eine dimensionale Beschränkung; gemäss Art. 39 I lit. b zweiter Satzteil muss die Erweiterung eines Gewerbebaus in der Regel auf die Hälfte der Baute oder Gebäudekomplexes beschränkt bleiben. Mit dem «in der Regel» wird eine Ausnahmebewilligungskompetenz angesprochen. Im Weiteren gelten die

---

[20] Ob ein Unterschied besteht, und wenn ja, welcher, zwischen dem Erfordernis «im Rahmen der Nutzungsplanung unter Schutz gestellt», wobei der «kantonale Richtplan die Kriterien (enthält), nach denen die Schutzwürdigkeit der Landschaften und Bauten zu beurteilen ist» (Verordnung 2000 Art. 39 II lit. a und d, eine Formulierung, welche ähnlich schon in Verordnung 1996 Art. 24 IV lit. b vorkam), einerseits und dem Erfordernis «von der zuständigen Behörde unter Schutz gestellt» (RPG Art. 24d II lit. a) anderseits, ist mir nicht klar. Ersteres kann auch kaum als Einbezug des kantonalrechtlichen Zum-Zuge-kommen-Lassens von RPG Art. 24d II aufgefasst werden (siehe hiezu im Weiteren Rz 4010e). Belanglos ist wohl, dass RPG Art. 24d III lit. d die landwirtschaftliche Bewirtschaftung im «umliegenden Grundstück», Verordnung 2000 Art. 39 III lit. e jedoch «im restlichen Parzellenteil und in den angrenzenden Parzellen» vor Gefährdung verschont haben will. Die weiteren Erfordernisse von RPG Art. 24d III kommen, stärker unterteilt, in Verordnung 2000 Art. 39 III (lit. a–d, f) fast textgleich vor.

[21] Die «vollständige Zweckänderung» in RPG Art. 24d II dürfte der «Umnutzung» in Verordnung 2000 Art. 39 II lit. c und III lit. b einigermassen entsprechen.

gleichen Bedingungen wie in Rz 4010a[22]. Der Bundesrat versuchte damit, den im National- und Ständerat verlangten Ausschluss einzelner Arten von örtlichem Kleingewerbe in bisherigen landwirtschaftlichen und wohl auch sonstigen Wohnbauten (Rz 3990) zu temperieren. Wie weit hier RPG Art. 37a (Rz 3957 ff) zur Legitimation angerufen werden kann, lasse ich offen.

4. Die ohnehin schon heikle Abgrenzung des Anwendungsbereiches von RPG Art. 24c II gegenüber 24d ist durch die Verordnung 2000 Art. 39 nochmals komplizierter geworden. **4010e**

Wenn in der Verordnung 2000 Art. 39 I und II davon die Rede ist, dass «die Kantone bewilligen» können, dann ist damit wohl die Normierung auf dem Wege der Legiferierung und nicht bereits der individuell adressierte Entscheid oder die Unterschutzstellung durch die im jeweiligen Kanton zuständigen Organe angesprochen. Siehe auch FN 20.

Mit dieser Regelung greift Art. 39 der Verordnung 2000 in den Streusiedlungsgebieten aber nicht nur der kantonalen Legiferierungskompetenz gemäss RPG Art. 24d vor; er stellt auch die Interessen des Nachbarn daran, dass das Gebäude gegenüber nur im Einklang mit RPG Art. 24d bzw. mit dem vom Kanton hiezu gesetzten Recht geändert werden darf, hinter diejenigen des Eigentümers eben dieses Gebäudes zurück; ferner stellt es die Interessen desjenigen, welcher ein Gebäude nur temporär bewohnen will, hinter das öffentliche Interesse an der Wahl zwischen ganzjähriger und temporärer Bewohnung zurück. Diese Differenzen werden in den Erläuterungen zur Verordnung 2000 (S. 34) bagatellisiert, wo es heisst:

> «(Es sei) gerechtfertigt, nicht hinter das zurückzugehen, was nach heutigem Recht zulässig ist. Dies umso mehr, als die Einflussmöglichkeiten des Bundes dank des Richtplanerfordernisses ... besser sind, als im Anwendungsbereich von Art. 24d RPG, wo ihm bloss die Möglichkeit offen steht, im konkreten Einzelfall gegen Entscheide letzter kantonaler Instanzen Verwaltungsgerichtsbeschwerde zu führen.»[23]

Es ist dies eine gewagte Auffassung über die Zulässigkeit von Erfordernisverschiebungen sowie «Verrechnung» von Beschränkungen und Lockerungen auf dem Verordnungsweg.

Ich bezweifle, dass eine derart differenzierte Regelung in der Praxis durchgehalten werden kann.

5. Da RPG Art. 24d (wie auch RPG Art. 22, 24 [Fassung von 1998], 24a, 24b und 24c) keine Ermächtigung zur Legiferierung an den Bundesrat enthält wie RPG Art. 37a[24], keine Abstützungsmöglichkeit auf die Landwirtschaftsgesetzgebung wie bei Art. 26–30 (Fruchtfolgeflächen) sowie 36–38 und 40 der Verordnung 2000 vorliegt und sich die **4010f**

---

[22] Ob Maiensässe, Rustici und ähnliche Gebäude sich zur Einrichtung für das örtliche Kleingewerbe eignen, ist fraglich; allerdings verzichtet ja Verordnung 2000 Art. 39 auf das Erfordernis der Eignung. Siehe Erläuterungen zur Verordnung 2000, S. 34.
[23] Von einem «Zurückgehen» hinter das, «was nach heutigem Recht zulässig ist», könnte allerdings nur insoweit gesprochen werden, als die Verordnung 1996 selbst gesetzeskonform war. Rz 3779 f.
[24] Zur Legiferierung sind in RPG Art. 24d an sich nur die Kantone ermächtigt. Eine Art. 24 IV gemäss Antrag des Bundesrates in der Botschaft (BBl 1996 III 540 und 553; Rz 3265) entsprechende Delegationsnorm fehlt im Text von 1998.

Regelungen gemäss Verordnung 2000 Art. 39 nicht auf typische Vollzugsthemen beschränken, ist betreffend Verordnung 2000 Art. 39 – wie bezüglich deren Art. 42 (Rz 3956f) – die Gesetzmässigkeit nicht über alle Zweifel erhaben. Diese kann nur bejaht werden, wenn man der Exekutive allgemein auch die Zuständigkeit zuerkennt, Regelungen mit unbestimmten Elementen generell zu veranschaulichen, zu präzisieren, auszugestalten, zu konkretisieren. Das steht in einem liberal-demokratischen Rechtsstaat aber keineswegs fest (Rz 959 ff, 4160 ff und 4319 ff). Zweifel bestehen bei Verordnung 2000 Art. 39 umso mehr, als das RPG von 1998 den Begriff Streusiedlungsgebiet nicht enthält (Rz 4010).

Zu den weiteren deklariert postfiniten Vorschriften des RPG

I. Zu RPG Art. 16

A. Zum Text

Dieser bei der Revision von 1998 (Rz 3265) ins RPG eingefügte Artikel lautet wie folgt: **4011**

> «Art. 16
> Landwirtschaftszonen
> Landwirtschaftszonen dienen der langfristigen Sicherung der Ernährungsbasis des Landes, der Erhaltung der Landschaft und des Erholungsraumes oder dem ökologischen Ausgleich und sollen entsprechend ihren verschiedenen Funktionen von Überbauungen weitgehend freigehalten werden. Sie umfassen Land, das
> a) sich für die landwirtschaftliche Bewirtschaftung oder den produzierenden Gartenbau eignet und zur Erfüllung der verschiedenen Aufgaben der Landwirtschaft benötigt wird; oder
> b) im Gesamtinteresse landwirtschaftlich bewirtschaftet werden soll.
> Soweit möglich werden grössere zusammenhängende Flächen ausgeschieden.
> Die Kantone tragen in ihren Planungen der verschiedenen Funktion der Landwirtschaftszone angemessen Rechnung.»

Dieser Artikel entspricht abgesehen von der Nennung des Zieles (weitgehende Freihaltung von Überbauungen) und redaktionellen Umstellungen im Wesentlichen Art. 16 des bundesrätlichen Antrages (BBl 1996 III 527 ff). Zur Debatte im Stände- und Nationalrat wird verwiesen auf: Amtl. Bull. StR 1997 S. 205 ff; NR 1997 S. 1845 ff.

B. Bemerkungen hiezu

1. Die Realisierung des Zweckes, zu welchem die Landwirtschaftszonen bestimmt **4012** sind, findet zu einem weit überwiegenden Teil nicht nur ausserhalb von Gebäuden, sondern auch in beachtlicher Entfernung hievon statt. Daher gehört die Erörterung von RPG Art. 16 nicht eigentlich zum Gegenstand dieser Arbeit (Vorwort, S. VII). Zwar geht es dabei, soweit dennoch die Landwirtschaft in Gebäuden oder gerade darum herum erfolgt, vor allem um die Zeit nach Erstellung dieser Gebäude und damit um postfinite baurechtliche Aspekte. Indessen ist die Landwirtschaft so stark durch eine Eigengesetzlichkeit bestimmt, dass es für einen Nicht-Landwirtschaftsrechtler vermessen wäre, hier Vollständigkeit der Erörterung anzustreben. Gemäss dem BGE vom 28. März 1994 (Galgenen/ SZ, in: ZBl 1995 S. 178) wirkt RPG Art. 16 «nicht unmittelbar grundeigentümerverbindlich; er beinhaltet ... lediglich Planungsgrundsätze.» Siehe auch: Entscheid des ZH-Verwaltungsgerichtes vom 5. Juni 2000 (in: ZH-BEZ 2000 Nr. 37) bezüglich Landwirtschaftsfördergebiete im Richtplan. Zur Abgrenzung zonengemäss – zonenfremd siehe im Einzelnen: Rz 3962 ff.

2. Immerhin sei allgemein auf die Ausführungen bezüglich RPG Art. 22 II und III in **4013** Rz 3692–3743 sowie auf Folgendes verwiesen:

a) Während sich das RPG von 1979 bei der Umschreibung des landwirtschaftlichen Bewerbes ausschliesslich an der Produktionsweise (Ausschöpfung der natürlichen Bedingungen des Bodenertrages) orientiert hat, wird jetzt vermehrt auch auf das Produkt abgestellt. Man spricht von einem Übergang vom Produktions- zum Produktemodell (BBl 1996 III 515, 523 f). Siehe auch Rz 4027. Der im Text von 1979 vorkommende Ausdruck «Nutzung» wurde gemäss BBl 1996 III 527 durch «Bewirtschaftung» ersetzt, weil Ersterer zu eng sei; denn er umfasse nicht auch «naturschützerische Hege- und Pflegemassnahmen». Noch umfassender wäre allerdings m.E. der Ausdruck «Bewerb» gewesen. Siehe Rz 219. Auch wenn ein Vorhaben vom Bauaktiven allein dazu bestimmt ist, der bodenabhängigen Produktion im Sinne von Rz 3692 durch einen Selbstbewirtschafter zu dienen, es sich also um ein eigentliches landwirtschaftliches bzw. gärtnerisches Vorhaben handelt, ist es deswegen nicht von vornherein zonengemäss. Siehe nachfolgend Rz 4014.

4014 b) Von den in Rz 3682 f aufgeführten allgemeinen Gesichtspunkten sind bei im bisherigen Sinne landwirtschaftlichen bzw. gärtnerischen Betrieben die Folgenden besonders wichtig:

α) Es darf keine Überdimensioniertheit (Rz 3684) vorliegen; das Vorhaben muss «angemessen», den «besoins objectifs de cette activité» angepasst sein, insbesondere mit Bezug auf Grösse, Standort und Zweckbestimmung. Das Vorhaben muss «für die in Frage stehende Bewirtschaftung nötig» sein (so auch Verordnung 2000 Art. 34 IV lit. a).

Überdimensioniertheit wurde in dem mit BGE vom 25. März 1981 (Lommis/TG, ZBl 1981 S. 374) beurteilten Fall angenommen. Hier wurde das Verbot der Aufstellung einer anderswo abgebrochenen Scheune als Betriebsgebäude einer Baumschule (Dislokationsbau, Rz 208) bestätigt.

In BGE 112 Ib 270–277 (Allschwil/BL, kommentiert von Peter M. Keller, Die Zulässigkeit der Errichtung von Wohnbauten in der Landwirtschaft, in: BR 1988 Heft 1 S. 7–11) wurde allerdings sogar noch die Errichtung von zwei Wohnhäusern für einen Gärtnereibetrieb in der Landwirtschaftszone als zonengemäss erklärt, weil die auf Blumen spezialisierte Gärtnerei nur auf ca. 29% der gesamten Anbaufläche in bodenunabhängigen Glaskulturen ganzjährig Schnittblumen und Topfpflanzen anbieten will; die beiden Häuser dienten dem Personal, dessen ständige Anwesenheit nötig sei.

Im gleichen Sinne lautete der BGE vom 17. Juni 1994 (Geuensee/LU, ZBl 1995 S. 378, siehe auch FN 4), wo zusätzlich für die Bewilligung angeführt wurde: Der Bauaktive beabsichtigt «nicht, einen Neubau zu erstellen, sondern er will die Nutzung eines bestehenden Gebäudes verändern» (Schaffung einer 7-Zimmerwohnung mit Wohnküche in bisherigem Pferdestall)[1].

Das Erfordernis der Nicht-Überdimensioniertheit bedeutet, dass ein Vorhaben nicht zu mehr Wohnraum und Arbeitsstätte führen darf, als die Menschen, welche den jeweiligen Landwirtschafts- oder Gärtnereibetrieb besorgen (mit Einschluss der Familienangehörigen), hiezu nach landesüblichen Vorstellungen benötigen. Besonders bei Gärtnereibetrieben[2] kommt jedoch ein weiteres Erfordernis dazu: Wohnraum als «Folge» landwirtschaft-

---

[1] Diese Fragen seien bei dem mit BGE 114 Ib 131, 133 f (Villars-sous-Yens/VD) beurteilten, vorinstanzlich bewilligten Vorhaben («hangar») zu wenig abgeklärt worden, weshalb eine Rückweisung erfolgte.

[2] Bei landwirtschaftlichen Betrieben ist dieser weitere Gesichtspunkt weniger von Bedeutung. Siehe immerhin den in FN 1 zitierten Entscheid, wo das bisherige Bauernhaus in der Landwirtschaftszone für den Wohnbedarf der Menschen, deretwegen abseits ein «hangar» mit Wohnhaus erstellt werden sollte, ausreichte.

licher oder gärtnerischer Nutzung «kann nur dann bewilligt werden, wenn für ein ordnungsgemässes Bewirtschaften des Bodens ein längeres Verweilen am betreffenden Ort erforderlich ist und dieser von der nächstgelegenen Wohnzone weit entfernt liegt» (BGE 112 Ib 270–277, Allschwil/SO, betr. Gärtnerei; BGE 113 Ib 138, 142, Wangen-Brüttisellen/ZH, betr. Grossgärtnerei; BGE 115 Ib 295 ff, Giswil/OW, betr. Schweinemast; BGE 116 Ib 228, 230, Schlossrued/AG; BGE vom 17. Juni 1994, Geuensee/LU, betr. Gärtnerei, ZBl 1995 S. 376, 378; BGE 121 II 307, 310, Arni/BE).

β) Auch muss der Landwirtschaftsbetrieb existenzsicher (Rz 3683, 3822 ff, 4024 f) sein, wenn es sich bei den Vorkehrungen nicht bloss um den Ersatz von baufälligen Gebäuden handelt: **4015**

– BGE 103 Ib 110 f (Gattikon/ZH, noch gewässerschutzgesetzlich, Rz 4073 ff): Bauten für einen neuen Landwirtschaftsbetrieb sind nur zulässig, wenn dieser voraussichtlich existenzsichernd/rentabel ist; etwas anders kann es sich bei bereits bestehenden, nicht existenzsicheren Landwirtschaftsbetrieben verhalten;
– mit einem BGE vom 10. November 1978 (Küssnacht/SZ, ZBl 1979 S. 355–359) wurde die Bewilligung, neben einem alten Bauernhaus ein Einfamilienhaus zu erstellen, bestätigt, weil der Landwirtschaftsbetrieb in seiner Existenz gesichert sei und die Übernahme des Betriebs durch einen Familienangehörigen des Bauaktiven erfolge oder bevorstehe[3];
– im BGE 107 Ib 40 (Gemeinde X./SZ) wurde die Verweigerung eines zur «Reaktivierung» der Landwirtschaft (Schaf- und Ziegenhaltung, aber kein Rindvieh) vorgesehenen Neubaues eines Wohnhauses anstelle eines vor etwa 60 Jahren abgebrannten landwirtschaftlichen Heimwesens jedoch bestätigt;
– zum BGE 109 Ib 125–129 (Peist/GR): Der Regierungsrat verbot, anstelle eines alten Stalles einen neuen Stall zu erstellen; das Verwaltungsgericht hob das Verbot auf, das Bundesgericht erklärte jedoch eine Bewilligung für angezeigt (obwohl es sich noch um keine eigentliche Landwirtschaftszone handelt, Rz 3744 f). Die Ersetzung war also erlaubt;
– im BGE 120 Ib 266–275 (Boppelsen/ZH; siehe für den gleichen Betrieb auch BGE 125 II 278 f) wurde das vom Regierungsrat und Verwaltungsgericht bestätigte Verbot für eine grösstenteils bodenabhängig produzierende Kräutergärtnerei, nach Abbruch von zwei Plastikgewächshäusern zehn neue zu erstellen, aufgehoben; es bestehe Zonengemässheit wegen Ausrichtung des Betriebskonzeptes auf eine Freilandgärtnerei (anders als in BGE 116 Ib 131–140, Wangen-Brüttisellen/ZH; vgl. hiezu die Bemerkungen von Florence Meyer Stauffer, in: BR 1995 Heft 1 S. 8–10);
– ZH-Verwaltungsgerichtsentscheid vom 28. September 1993 (Dislokationsbau/Aussiedlung, BEZ 1994 Nr. 1). Nicht nötig für die Annahme der gesicherten Existenz sei, dass sich aus dem Betrieb eine nach kaufmännischen Grundsätzen ausreichende Eigenkapitalrendite ergibt.

Gemäss Verordnung 2000 Art. 34 IV lit. c ist in der Landwirtschaftszone nur derjenige Betrieb zonengemäss, welcher «voraussichtlich längerfristig bestehen kann». In den Er- **4016**

---

[3] In einer redaktionellen Note sagt – im Hinblick auf die auch vom Bundesgericht erwähnte «Gefahr eines Missbrauches» – Hans Peter Moser: «Das Urteil darf ... nicht Schule machen!» Es handelt sich allerdings noch um einen Entscheid gemäss Gewässerschutzgesetz. Siehe Rz 4073 ff.

läuterungen hiezu heisst es auf S. 26: «Soweit die Bewilligung grösserer Bauvorhaben in Frage steht, kann es sinnvoll sein, das Vorliegen dieser Voraussetzung im Lichte eines vom Gesuchsteller beizubringenden Betriebskonzeptes zu überprüfen ... (Es ist sicherzustellen), dass in einer Zone, die von Überbauungen weitgehend freigehalten werden sollte ..., nicht unnötig neue Bauten ... bewilligt werden, die – infolge Betriebsaufgabe – schon nach kurzer Zeit wieder leer stehen.» Siehe auch: Verordnung 2000 Art. 40 I dritter Satz (auf die Zulassung nichtlandwirtschaftlicher Nebenbetriebe bezogen).

4017 γ) Das Erfordernis der Selbstbewirtschaftung und der Hauptberuflichkeit für Zonengemässheit (Rz 3682 und 3686) wurde vor dem Inkrafttreten des RPG von 1979 grossenteils abgelehnt (vgl. bezüglich Hauptberuflichkeit: BGE 100 I 86, 92, Udligenswil/LU, allerdings noch ein gewässerschutzrechtlicher Fall, Rz 4073 ff; wegen idealistischer Verkäufer-Käufer-Beziehung atypisch). Die Selbstbewirtschaftung ist im RPG von 1998 direkt nur bezüglich des zur Existenzsicherung zugelassenen betriebsnahen Nebenbetriebs verlangt (RPG Art. 24b, Rz 3841). Indirekt kommt die Hauptberuflichkeit aber wegen des Erfordernisses, dass die nebenbetriebliche Tätigkeit zeitlich nicht einen Einsatz des Betriebsleiters von mindestens 2'100 Stunden über das ganze Jahr hindurch für die Landwirtschaft in Frage stellt, zum Zuge (bisher gemäss Praxis, Erläuterungen zur Verordnung 2000, S. 36).

4018 Bauten und Anlagen für die Freizeitlandwirtschaft gelten in der Landwirtschaftszone ausdrücklich nicht als zonenkonform (Verordnung 2000 Art. 34 V, BGE 112 Ib 404, 406, Allschwil/BL). Indizien dafür, dass bloss Freizeitlandwirtschaft vorliegt, sind das Nichterreichen gewisser Mindestgrössen, fehlender Anspruch auf Direktzahlung, gemessen an Standardarbeitskräften oder Standardarbeitstagen, geringer Arbeitsbedarf (Erläuterungen hiezu S. 26).

4019 c) Gemäss BGE 121 II 307, 311 (Arni/BE) bleibt das «Recht, ausserhalb der Bauzone zu wohnen, einem relativ kleinen Personenkreis vorbehalten. Dazu zählen nur Leute, die als Betriebsinhaber oder Hilfskräfte unmittelbar in der Landwirtschaft tätig sind sowie die Familienangehörigen und die abtretende Generation, welche ein Leben lang in der Landwirtschaft tätig war.»[4] Das Problem der Rechtsgleichheit (Rz 986 f) stellt sich hier wegen der heutigen Instabilität der Wahl des Berufes als Landwirt. Siehe auch: Rz 3707 f und 4039.

Der Ausdruck «abtretende Generation» geht zwar leicht über die Lippen. Die Schweizerische Bausekretärenkonferenz wies jedoch in ihrer Vernehmlassung vom 17. November 1999 zum Verordnungsentwurf darauf hin, dass es hier nicht nur um den Wohnbedarf des Betriebsleiters gehe, welcher abgetreten ist, sondern auch um denjenigen von anderen Personen, welche während längerer Zeit auf dem Betrieb gearbeitet haben, und dass das Wort «abtretend» einen Moment und keinen Zustand bezeichne. Ihr Vorschlag, deswegen «abtretende Generation» durch «abgetretene Personen» zu ersetzen, befriedigt jedoch sprachlich nicht.

---

[4] Vgl. schon BGE 112 Ib 259–263 (Gemeinde X./VD, betr. Alterssitz, Rz 3725), 117 Ib 270, 282 (Steinen/SZ, betr. Geflügelmasthalle), 120 Ib 266, 272 (Gemeinde Boppelsen/ZH, betr. Kräutergärtnerei), BGE vom 17. Juni 1994 (Geuensee/LU, betr. Gartenbaubetrieb; ZBl 1995 S. 376 f, siehe Bemerkungen von Florence Meyer-Stauffer, in: BR 1995 Heft 1 S. 8–10), 121 II 67 (Gemeinde X./ZH, betr. biologischer Landbau).

d)   Gemäss Verordnung 2000 Art. 34 II und Erläuterungen hiezu (S. 22 ff) sind die   **4020**
Aufbereitung, die Lagerung und der Verkauf von verwertbaren Erzeugnissen aus Pflanzenbau und Nutztierhaltung zonenkonform, «wenn a) die Produkte in der Region und zu mehr als der Hälfte auf dem Standortbetrieb oder auf den in einer Produktionsgemeinschaft zusammengeschlossenen Betrieben erzeugt werden, b) die Aufbereitung, die Lagerung oder der Verkauf nicht industriell-gewerblicher Art ist und c) der landwirtschaftliche oder gartenbauliche Charakter des Standortbetriebes gewahrt bleibt». Der nicht selbst produzierte Anteil darf nicht von Betrieben stammen, welche «zu weit von einander entfernt liegen»; es muss sich um «lokal hergestellte Produkte» handeln, damit nicht lange Transportstrecken zurückgelegt werden müssen. Wer keine Reben anpflanzt, darf keine Gebäude zur Kelterung, wer keine Milch produziert, darf keine Gebäude für eine Käserei erstellen (BBl 1996 III 533).

Die Aufbereitung muss sich dabei wohl auf einfache Handreichungen wie Abfüllen in   **4021**
Säcke, Harasse, Kelterung mit Abfüllung in grossen Flaschen beschränken. Es darf dabei aber nicht zu einer Wertschöpfung, einer Veredelung kommen. Nicht zonenkonform sind «eigentliche Verarbeitungsbetriebe oder Lagerhäuser» (zB zur Verarbeitung von Kartoffeln zu Pommes-Chips), da diese in die Industrie- und Gewerbezone gehören. Im BGE 125 II 278 f (Boppelsen/ZH, betrifft den gleichen Betrieb wie BGE 120 Ib 266 f) wurde die von der Baudirektion, dem Regierungsrat und dem Verwaltungsgericht (hier unter Beschränkung der importierten Kräuter auf die Hälfte der gesamthaft umgesetzten Kräuterproduktion) bejahte Zonenkonformität eines Betriebsgebäudes verneint, welches dazu gedient hätte, sowohl die auf dem Gelände der Kräutergärtnerei angebaute als auch die importierten Kräuter konsumgerecht zu verpacken und zu etikettieren; dieser Entscheid beruhte auf dem bisherigen Recht[5].

e)   Bei der Beurteilung, ob dem Vorhaben überwiegende Interessen entgegenstehen   **4022**
(Verordnung 2000 Art. 34 IV lit. b), kommt dem Aspekt des Ortsbild- und Landschaftsschutzes eine besondere Bedeutung zu (Erläuterungen hiezu S. 25). Neue Bauten sind deshalb nicht fernab von Höfen, sondern möglichst an bestehende Ökonomiegebäude anzuschliessen. Die Behörde kann bei Vorhandensein einer für die Platzierung eines Gebäudes (primärer Neu-, Dependenz- oder Dislokationsbau, Rz 207 und 208) unter dem Einordnungsaspekt besser geeigneten Stelle in dem dem Bauaktiven gehörenden Land verlangen, dass jene für die Verwirklichung des Vorhabens gewählt werde (Rz 3687).

f)   RPG Art. 16 gilt (wie auch Art. 16a, Rz 4024 ff) nicht nur für Landwirte, welche   **4023**
ihren Hof zusammen mit ihren Angehörigen für sich allein betreiben, sondern auch für solche, welche dies in einer Betriebs- und Tierhaltungsgemeinschaft im Sinne der landwirtschaftlichen Begriffsverordnung vom 7. Dezember 1998 (SR 910.91) tun. Die Verordnung 2000 sieht diese Möglichkeit bezüglich gemeinschaftlicher Stallbauten in Art. 35, ferner für Produktionsgemeinschaften in Art. 34 II lit. a vor (Erläuterungen hiezu S. 27, ferner S. 24 f). Damit es hier nicht zur Umgehung von quantitativen Obergrenzen durch Pseudogemeinschaften kommt, sind verschiedene Sicherungsmöglichkeiten vorgesehen, auf welche hier aber nicht näher eingetreten wird.

---

[5]   Die im BGE zitierten Autoren Ulrich Zimmerli, Peter Markus Keller und Erich Zimmerli verlangen lediglich einen direkten und engen Zusammenhang des Verarbeitungs- oder Verwertungsvorganges mit der Bodennutzung des jeweiligen Betriebes. Christoph Bandli, S. 179, lehnt dies ab.

II. Zu RPG Art. 16a

A. Zum Text

4024 Dieser bei der Revision von 1998 (Rz 3265) ins RPG eingefügte Artikel lautet wie folgt:

> «Art. 16a
> Zonenkonforme Bauten und Anlagen in der Landwirtschaftszone
> Zonenkonform sind Bauten und Anlagen, die zur landwirtschaftlichen Bewirtschaftung oder für den produzierenden Gartenbau nötig sind. Vorbehalten bleibt die engere Umschreibung der Zonenkonformität im Rahmen von Artikel 16 Absatz 3.
> Bauten und Anlagen, die der inneren Aufstockung eines landwirtschaftlichen oder eines dem produzierenden Gartenbau zugehörigen Betriebs dienen, bleiben in jedem Fall zonenkonform.
> Bauten und Anlagen, die über eine innere Aufstockung hinausgehen, können als zonenkonform bewilligt werden, wenn sie in einem Gebiet der Landwirtschaftszone erstellt werden sollen, das vom Kanton in einem Planungsverfahren dafür freigegeben wird.»

Dieser Artikel weicht konzeptionell vom Antrag des Bundesrates (BBl 1996 III 531 ff) ab; zur Debatte im Stände- und Nationalrat wird verwiesen auf: Amtl. Bull. StR 1997 S. 205 ff, 1178; NR 1997 S. 1846 ff.

B. Zur Ausgangssituation

4025 1. Seit den Sechzigerjahren können immer weniger Landwirtschaftsbetriebe befriedigend weiterexistieren, ohne dass den hier Tätigen die Möglichkeit gegeben wird, ergänzend in einem nicht traditionell landwirtschaftlichen Bereich einem Erwerb nachzugehen. Die Zahl der landwirtschaftlichen Betriebe, bei welchen es auch unter vollem Einsatz des Betriebsträgers und seiner Angehörigen unmöglich wird, auf die Dauer aus dem eigenen und hinzupachtbaren Boden den für einen landesüblichen Lebensunterhalt einer Familie genügenden Ertrag herauszuwirtschaften, nimmt zu. Das Vorhandensein von Landwirtschaftsbetrieben, welche in ihrer Existenz gesichert sind, liegt im öffentlichen Interesse.

4026 2. Die Vorkehrungen, welche für die Erzielung eines ausreichenden Einkommens der auf einem Hof Tätigen zusätzlich nötig sind, bezeichnet man als Aufstockung[6]. Die wichtigste Aufstockungsart ist diejenige der Aufnahme von bodenunabhängiger Produktion mittels Zucht-/Masttierhaltung und/oder Gemüsegartenbau (Hors-sol-Produktion). Als weitere Möglichkeiten sind zu nennen: die Aufnahme eines zwar landwirtschaftsfremden, aber betriebsnahen Nebengewerbes im Hof, und in geringerem Umfang die Vermietung von Räumlichkeiten im Hof an Verwandte und Dritte, sei es ganzjährig oder temporär. Die bodenunabhängige Produktion kommt gerade nachfolgend, das landwirtschaftsfremde, betriebsnahe Nebengewerbe bei der Erörterung von RPG Art. 24b in Rz 3822 f und die Vermietung bei der Erörterung von RPG Art. 24d in Rz 3974 ff näher

---

[6] Das Wort Aufstockung ist für das Raumplanungswesen insoweit nicht gut gewählt, als dieses hier einen ganz bestimmten baulichen Vorgang bezeichnet, nämlich den über bereits bestehenden Geschossen erfolgenden Aufbau zur Schaffung eines weiteren «Stockes» im Sinne von Geschoss. Rz 180, 200 und FN 13.

zur Sprache. Als weitere Möglichkeit der Existenzsicherung, allerdings ohne Ausübung im Hof selbst, ist die Aufnahme einer entgeltlichen Beschäftigung von geringerer zeitlicher Beanspruchung durch den Leiter des Landwirtschaftsbetriebes andernorts (Rz 3713 f) zu nennen.

3. a) Bei der bodenunabhängigen Produktion werden Tiere[7] gezüchtet und zur Schlachtung oder zum Verkauf gemästet und es werden Lebensmittel[8] oder Zierpflanzen produziert, ohne dass hiefür eigener oder gepachteter Boden bearbeitet wird. Dieser dient dabei nur der Plazierung der benötigten Gebäude. Hiefür sind Zucht- und Masthallen für Tiere und Gewächshäuser für Pflanzen typisch. Die Pflanzen wurzeln dabei nicht im gewachsenen Boden, sondern hängen an einem Gitter oder an Stecken in einer Nährlösung (Erläuterungen zur Verordnung 2000 S. 31). Siehe auch Rz 4013. **4027**

b) Es gehörte lange zur Standardaussage, dass Bauvorhaben für die bodenunabhängige Produktion von Lebensmitteln sowie Zierpflanzen in der Landwirtschaftszone zonenwidrig seien. **4028**

- BGE 113 Ib 140 f (Wangen-Brüttisellen/ZH, betr. Gartenbau, Zonengemässheit verneint, vgl. BGE 116 Ib 131 f);
- BGE 113 Ib 312 (Gemeinde X./VD, betr. Baumschule mit Wohnhaus, hier Zonengemässheit bejaht);
- BGE 114 Ib 133 f (Villars-sous-Yens/VD, betr. Gartenbau, Zonengemässheit verneint, vgl. Rz 4072 mit FN 1);
- BGE 115 Ib 297 (Giswil/OW, betr. Wohnhaus bei Schweinemaststall, Zonengemässheit verneint, Rz 3689 f);
- BGE 116 Ib 131–140 (Wangen-Brüttisellen/ZH, betr. Gartenbau, prozentuales Argumentieren abgelehnt, gesamtheitliche Beurteilung erforderlich, Zonengemässheit verneint, vgl. BGE 113 Ib 140 f).
- BGE 120 Ib 266 ff (Boppelsen/ZH, betr. Kräutergärtnerei, hier Zonengemässheit bejaht; vgl. auch den auf den gleichen Betrieb bezüglichen BGE 125 II 278 f, Rz 4015).

Dass dort, wo ein landwirtschaftlicher Betrieb auch mit der Zulassung subsidiärer bodenunabhängiger Produktion und/oder nichtlandwirtschaftlicher, betriebsnaher Nebenbetriebe nicht weiter existieren kann, auch bauliche Vorkehrungen für solche Vorhaben nicht gestattet sein sollten, darüber war man sich einig. Um zu entscheiden, ob dies der Fall ist, braucht es aber eine behördliche, gewissermassen vormundschaftliche Prüfung des Betriebes. Schwierigkeiten kann die Frage verursachen, welcher Ertrag erreicht werden müsse, damit ein Betrieb existenzsicher sei. **4029**

c) α) Eine Wende wurde bezüglich der Zulassung der bodenunabhängigen Produktion bereits durch den BGE vom 14. März 1990 (Bezirk Appenzell/AI, ZBl 1991 S. 174–180) eingeleitet. Hier wollte ein Landwirt, welcher bisher in traditioneller Batteriehaltung etwa 5'900 Legehennen hielt, einen modernen, tierschutzgerechten Stall (Rz 4113a) für 3'500 Legehennen erstellen; alle kantonalen Instanzen wiesen jedoch das Gesuch ab, was vom **4030**

---

[7] Insbesondere Rinder für die Milch- und Fleischproduktion, ferner Schweine, Schafe und Geflügel.
[8] Getreide, Gemüse, Kartoffeln, Obst usw.

Bundesgericht bestätigt wurde. Dabei wurde durchaus anerkannt, dass der Betrieb zur Existenzsicherung auf zusätzliche Einnahmen aus bodenunabhängiger Produktion angewiesen sei und sich die Legehennenhaltung (mit $^1/_3$ des erforderlichen Gesamtertrages) hiezu eignen würde; auch handle es sich hier um ein Gebiet mit traditioneller Streusiedlung und drohender Abwanderung; es sei daher auch eine wirtschaftlich Kräftigung nötig[9]. Die Verweigerung wurde jedoch gleichwohl bestätigt, allerdings weil sich der entstehende «Bauklotz nicht in das harmonische Gepräge Appenzells» eingefügt hätte.

4031 β) Im BGE 117 Ib 270, 282 (Steinen/SZ, betr. Beschwerde des WWF) wurde das Kriterium der Existenzsicherung erstmals direkt eingesetzt, um damit in concreto die Zulässigkeit, also Zonengemässheit (und/oder Standortgebundenheit ohne Entgegenstehen überwiegender Interessen) zusätzlicher Bauten für eine bodenunabhängige Trutenmast im Sinne einer inneren Aufstockung zu bewirken.

Als Anknüpfungsmöglichkeit für den Praxiswechsel diente Art. 7 I des Bundesgesetzes über das bäuerliche Bodenrecht vom 4. Oktober 1991, in Kraft seit 1. Januar 1994 (BGBB, SR 211.412.11, Rz 4109 f). Hienach wird als landwirtschaftliches Gewerbe ein Betrieb anerkannt, welcher zur Bewirtschaftung «mindestens die halbe Arbeitskraft einer bäuerlichen Familie beansprucht». Dabei ergab sich aus den Beratungen im Parlament, dass damit ein Arbeitsaufwand von 2'100 Stunden jährlich gemeint sei (vgl. BGE 121 III 274, Gemeinde X./SZ); es wurde gesagt, dass ein Betrieb nur dann in seiner Existenz gesichert sei, wenn die Betriebsleiterfamilie langfristig ein für eine landesübliche Lebenshaltung genügendes Einkommen erwirtschaften kann. Es sei dabei aber nicht «schematisch» auf die erforderlichen Arbeitsstunden und das erzielbare Einkommen gemäss BGBB abzustellen; es spielten – so wurde gesagt – nach dem RPG «eine Vielzahl weiterer Gesichtspunkte, namentlich auch der Betriebstyp, die Betriebsgrösse, die Betriebslage (in geographischer und topographischer Hinsicht, namentlich Standort in einem Abwanderungs- bzw. Entleerungsgebiet, im Mittelland, in Agglomerationsnähe, im Voralpengebiet, Berggebiet usw.) sowie die konkreten örtlichen Verhältnisse eine wichtige Rolle».

Im Fall Steinen/SZ stand nun fest, dass an sich ein existenzfähiger landwirtschaftlicher Kleinbetrieb vorliegt, dessen Besorgung etwa 2'200 Arbeitsstunden jährlich benötigt und dessen Weiterexistenz auf die Dauer nur bei Erzielung eines zusätzlichen Einkommens in der Grösse, wie es aus der beabsichtigten bodenunabhängigen Trutenmast erzielbar ist, gesichert werden kann; auch nach Realisierung dieses Vorhabens entfallen noch mindestens 60–65% des Gesamteinkommens aus dem Landwirtschaftsbetrieb auf die bodenabhängige Produktion. Das erforderliche Gesamteinkommen wurde mit Fr. 50'000.– beziffert.

4032 γ) Im gleichen Sinne lauten:

– BGE 117 Ib 379–386 (Wislikofen/AG), wo es sich um die Errichtung einer Halle samt Jauchegrube für weitgehend bodenunabhängige Schweinemast und -zucht und ein für die Existenzsicherung erforderliches Einkommen von Fr. 85'000.– handelte[10, 11];

---

[9] Der Entscheid erwähnt den diese Kriterien verwendenden RPG-Verordnung Art. 24 I (Fassung von 1989) nicht; möglicherweise aus intertemporalrechtlichen Gründen.

[10] Der Betrag von Fr. 85'000.– ist die der Stallbauverordnung vom 13. April 1988 (SR 916.016, Rz 4109 f) entnommene Maximallimite. Es handelte sich hier allerdings nicht um eine Landwirtschaftszone nach dem RPG (Rz 3697 f).

– im BGE 117 Ib 502–507 vom 26. November 1991 (Gemeinde X./FR) wurde die Bewilligung, in der Nähe des Landwirtschaftsbetriebes eine Halle Typ Optigal für eine bodenunabhängige Geflügelzucht (5'500 poulets de chair) zu erstellen (Dependenzbau, Rz 207), analog zu BGE 117 Ib 379–386 (Wislikofen/AG), bestätigt. «Il ne pourrait pas être exigé que la halle d'engraissement, nécessaire pour assurer le maintien de l'exploitation, soit édifiée à un emplacement plus éloignée des bâtiments existants; en effet, cette activité nécessite la présence d'un personnel de surveillance.»
– im BGE vom 6. August 1997 (1A.403/1996, Wängi/TG, unveröffentlicht, gemäss NZZ, Rz 3701) bewilligte die Gemeinde neben Wohnhaus, Stöckli, Laufstall für 30 Kühe und Masthalle für 5'000 Hühner eine Geflügelmasthalle für zusätzliche 7'000 Legehühner (Dependenzbaute, Dependenzbewerb, Rz 316 f); das Departement verweigerte jedoch auf Rekurs des WWF die Bewilligung; das Verwaltungsgericht hob die Verweigerung auf und das Bundesgericht stellte dies wieder her, weil mehr als $1/4$ bis $1/3$, nämlich 40%, des Gesamteinkommens bodenunabhängig gewonnen würde. Die Argumentation erfolgte allerdings wegen bei diesem hohen Anteil fehlender Standortgebundenheit; das Argument der Existenzsicherung wurde deshalb nicht geprüft;
– siehe auch: BGE 112 Ib 273 (Allschwil/BL, betr. Gärtnerei mit 29% Gewächshaus, Rz 4014).

d) Würdigung

Die anfänglich sehr restriktive Praxis des Bundesgerichtes ist verständlich. Rechtlich unbestreitbar war die Zonengemässheit der bodenunabhängigen Produktion gemäss RPG Art. 16 und 22 II (Fassung von 1979) zumindest bis zum Inkrafttreten des Landwirtschaftsgesetzes (Rz 4109 f) nie, auch wenn sie nur zur Existenzsicherung zugelassen wurde; denn es finden sich im RPG keinerlei Hinweise auf eine solche Deutung; man muss sogar im Gegenteil sagen: Die Zulassung von baulichen Vorhaben einfach deshalb, weil sonst der Betriebsinhaber kein ausreichendes Einkommen erzielen kann, widerspricht dem beinahe den Charakter eines Dogmas aufweisenden baurechtlichen Grundsatz, dass für die Antwort auf die Frage von Bewilligung/Verweigerung nicht auf die subjektiven Eigenheiten des Gesuchstellers abgestellt werden darf (Rz 907a). Das gilt auch bei quantitativer Beschränkung der Zulassung des existenzsichernden Vorhabens. Anders verhielte es sich nur, wenn die Sicherung von etwas mit dem damit Gesicherten eine Einheit bildete, was aber nicht zwingend der Fall ist. Das Zu-Sichernde ist etwas anderes als das Sichernde.

4033

Die Einführung der Kriterien «für die langfristige Existenzsicherung eines Landwirtschaftsbetriebes erforderliches Einkommen» sowie «der Erzielung dieses Einkommens dienende bauliche und bewerbsmässige Vorkehrungen» hat ausserordentlich weitreichende Konsequenzen für das Raumplanungswesen. Sie tragen den Keim der Uferlosigkeit in

4034

---

[11] Im BGE 121 II 307, 321 (Arni/BE, Rz 3715 f) wurde von einem Existenzbedarf von Fr. 51'500.– ausgegangen; nur 41% waren hievon ortsüblich aus dem Betrieb zu erwirtschaften. Das war mit ein Grund für die Rückweisung der Akten zur weiteren Abklärungen an die Vorinstanz. Hier ging es allerdings nicht um die Zulassung eines Bauvorhabens für die bodenunabhängige Produktion, sondern für den Wohnbedarf des ausserhalb des Hofes einer Nebenbeschäftigung nachgehenden Betriebsleiters.

sich, welchem man mit Unterscheidungen wie quantiative und qualitative Zweckänderung, (erweiterte) Besitzstandsgarantie, Ausnahmeklausel usw. nicht beikommt (vgl. ZH-RB 1994 Nr. 71 in Verbindung mit Nr. 70, Rz 3928).

4035 Die Argumentation mit den zur Existenzsicherung eines Landwirtschaftsbetriebes erforderlichen Bauten stellt an sich einen weiteren Einbruch in die «freie Marktwirtschaft» dar. Die verfassungsmässige und gesetzliche Grundlage hiefür findet sich jedoch in BV Art. 31bis III lit. a und b und BV Art. 31^{octies} (Sitz der Materie in der neuen BV Art. 27 und 94 f sowie RPG Art. 1, insbesondere lit. a–d, ferner RPG Art. 3, insbesondere Abs. II lit. a und b sowie III lit. b und d).

C. Zur Auslegung

1. Zum ersten Absatz, erster Satz

a) Zu «Bauten und Anlagen, die zur landwirtschaftlichen Bewirtschaftung oder für den produzierenden Gartenbau nötig sind»

α) Zu «Bauten und Anlagen»

4036 Siehe im Übrigen Rz 3667. Das Besondere an diesem Passus besteht darin, dass er nicht nur die baulichen und bewerbsmässigen Änderungen und sonstigen Transformationen qualifiziert, welche an Gebäuden/Anlagen als Objekt ausgeführt werden, sondern auch definiert, was als zonenkonforme Gebäude/Anlagen zu gelten hat. Wenn Letztere nicht «nötig» sind, zB bei Überdimensionierung, erweisen sie sich als nicht zonenkonform.

β) Zur «landwirtschaftlichen Bewirtschaftung»

4037 Es geht hier um die in RPG Art. 16 umschriebene Tätigkeit (Rz 3692 ff). Weder hat das RPG von 1979 (samt zugehörigen Verordnungen) den Ausdruck «bodenabhängige/-unabhängige Produktion» verwendet noch geschieht dies seit der Revision von 1998 im Gesetz; deshalb kann es auch nicht von einem Überwiegen der bodenabhängigen Produktion sprechen. Der Bundesrat verzichtete in seiner Botschaft zur RPG-Revision bewusst auf die im Vernehmlassungsverfahren noch zugrundegelegte Unterscheidung zwischen bodenabhängiger und -unabhängiger Produktion, u.a. wegen «Abgrenzungsschwierigkeiten» (BBl 1996 III 531). Diese beziehen sich jedoch mehr auf die Frage, wo und bis zu welchem Anteil eine bodenunabhängige Produktion noch als zonenkonform bzw. standortgebunden gelten könne. Erst das Parlament gab diesem Kriterium wieder erhöhte Bedeutung, ohne es allerdings in den Gesetzestext aufzunehmen[12]. Die Anknüpfung hiefür ist das Landwirtschaftsgesetz von 1998 (Rz 4109 f) mit seiner Abkehr vom Produktionsweisemodell samt Übergang zum Produktemodell und mit seinem Bemühen um Existenzsicherung nachhaltig wirtschaftender und ökologisch leistungsfähiger landwirtschaftlicher Betriebe[13]. Im Begriff der «inneren Aufstockung»/«darüber hinausgehende

---

[12] Es wäre allerdings kein legislatorischer Luxus gewesen, wenn dieses wichtige Begriffspaar im RPG selbst einen textlichen Niederschlag gefunden hätte. Dies gilt insbesondere, wenn man von einem strengen Verständnis des Erfordernisses der eindeutigen gesetzlichen Grundlage für einschneidende Eigentumsbeschränkungen ausgeht. Rz 951 f. Dabei ist immer auch an Interessen der Nachbarn zu denken.

[13] Vgl. die Botschaft des Bundesrates zur RPG-Revision, in: BBl 1996 III S. 515 f.

Bauten und Anlagen» ist (aus abstimmungspolitischen Motiven?) verschlüsselt die Vorstellung eines durchschnittlichen Einkommensbetrages enthalten, unterhalb welchem eine Weiterexistenz ohne eine «Aufstockung», ohne eine «zusätzliche Einkommensquelle» als nicht möglich angesehen wird. Allerdings ist dies nicht schon dem Wort «Aufstokkung» selbst zu entnehmen, denn Aufstocken kann man an sich bis zum Geht-nicht-mehr. Indem aber über die innere Aufstockung hinausgehende Vorkehrungen gemäss RPG Art. 16a III nur erlaubt sind, wenn zuvor durch den Kanton eine Freigabe in einem – meistens doch eher mühsamen – Planungsverfahren nach RPG Art. 14 stattgefunden hat, gelangt indirekt zum Ausdruck, dass dem, was mit innerer Aufstockung gemeint wird, eine ohne besondere Umständlichkeit zukommende Förderungswürdigkeit zuerkannt wird; in deren Genuss können nur Betriebe kommen, deren Ertragskraft sich innerhalb einer bestimmten Bandbreite bewegt: weder Betriebe von reichen Talbauern noch solche mit nur ein paar Hektaren Land (Zwergbetriebe; Rz 3832).

γ)   *Zum «produzierenden Gartenbau»*

Den Kantonen ist es überlassen, zu bestimmen, ob sie den produzierenden Gartenbau grundsätzlich in der ganzen Landwirtschaftszone oder nur in einzelnen Teilen davon zulassen wollen. In Verordnung 2000 Art. 37 wird vor dem produzierenden Gartenbau der Gemüsebau erwähnt. In landschaftlich empfindlichen Gebieten stört der produzierende Gartenbau regelmässig. 4038

δ)   *Zum «Nötig-Sein»*

Der Passus «nötig» bringt hier den bereits in der Praxis zu RPG Art. 22 II und 24 I (Fassung von 1979) entwickelten Gedanken zum Ausdruck, dass es für die Zonengemässheit nicht genüge, wenn für die Wahl des Standortes subjektive Gründe wie eine Liebhaberei, Bequemlichkeit oder Kostenersparnis sprechen (Rz 3689). «Nötig-Sein» ist mehr als bloss «Erwünscht-Sein» oder «Geeignet-Sein». Der Verordnungsentwurf von 1999 sprach noch in Art. 33 III lit. a von «erforderlich». Objektiv nötig sind sicher diejenigen Räumlichkeiten in Gebäuden, welche für das Wohnen des Betriebsleiters/der Betriebsleiterin und seiner/ihrer Familie bestimmt sind; das trifft auf jeden Fall für diejenigen Menschen zu, welche sich der Landwirtschaft oder dem Gemüse- bzw. Gartenbau in Bodenabhängigkeit widmen; wenn die Voraussetzungen für die bodenunabhängige Produktion erfüllt sind trifft dies auch für den Wohnbedarf der hiefür Tätigen zu. Ferner gehört auch der Wohnbedarf der Eltern, allenfalls auch Grosseltern derselben (Stöckli für die «abtretende Generation» im Sinne von Rz 3708 ff sowie 4019) dazu, aber auch der Wohnbedarf des Betriebsleiter/der Betriebsleiterin, welcher/welche auswärts einem Nebenerwerb nachgeht, vorausgesetzt, er/sie widme sich weiterhin genügend dem landwirtschaftlichen Betrieb (Rz 3713, 4017 f). 4039

Hingegen können diejenigen Wohnräumlichkeiten nicht als nötig gelten, welche gebraucht würden von

– denjenigen Angehörigen des Betriebsleiters/der Betriebsleiterin, welche zwar in der Jugend auf dem Hof gearbeitet haben, seither aber nicht mehr hier landwirtschaftlich tätig sind (Rz 3721 ff);
– den nach der Art eines Gutsherrn nicht landwirtschaftlich tätigen Eigentümern eines Hofes, welcher die landwirtschaftlichen Arbeiten durch einen Pächter ausüben lassen (Gentlemen farmers, Rz 3724 ff);

– den sich hier ganzjährig oder temporär, insbesondere ferienhalber oder an Wochenenden, hier Aufhaltenden, ohne hier Landwirtschaft, Gemüse- oder Gartenbau zu betreiben (Rz 3738 ff).

Ebenfalls nicht als nötig gelten die Räumlichkeiten für

– örtliches Kleingewerbe (Rz 3705 f);
– sozialmedizinische Therapien (Rz 3740);
– Hobbygärtnerei (Rz 3741);
– Reitsport und sonstige Liebhabertierhalterei (Rz 3742); Reithallen gehören auch dann nicht in die Landwirtschaftszone, wenn sie mit einer Pferdezucht verbunden sind (BBl 1996 III 532);
– Golfsport und andere Sportarten (Rz 3743).

Bei all dem Genannten kann jedoch mit einer Erlaubnis gerechnet werden, wenn die Voraussetzungen der RPG Art. 24b (mit Verordnung 2000 Art. 40, Rz 3822 ff) oder 24d (mit Verordnung 2000 Art. 39, Rz 3975 ff) erfüllt sind.

b) Zu «zonenkonform»

4040 Dieser Passus ist gleichbedeutend mit zonengemäss und rechtmässig in Bezug auf die jeweilige Zonierung. In RPG Art. 16a I zweiter Satz wird noch ein zusätzlicher Begriff der engeren Zonengemässheit angesprochen. Rz 4041.

2. Zum ersten Absatz, zweiter Satz

a) Zum «Vorbehalt der engeren Umschreibung der Zonenkonformität im Rahmen von Artikel 16 Absatz 3»

4041 Es handelt sich hier um die Fälle, in welchen die Landwirtschaftszone in weitere Zonen unterteilt wird, zB Zone für die bodenunabhängige Produktion, den produzierenden Gartenbau, für Schrebergärten usw. bzw. Zonen mit deren Ausschluss. Rz 4038.

3. Zum zweiten Absatz

a) Zu «Bauten und Anlagen, die der inneren Aufstockung eines landwirtschaftlichen oder eines dem produzierenden Gartenbau zugehörigen Betriebs dienen»

4042 α)   Zu «Bauten und Anlagen» siehe Rz 3667 f.

β)   Zur «inneren Aufstockung»

4043 α')   Unter einer «inneren Aufstockung» werden «Fälle subsumiert, in denen einem überwiegend bodenabhängig geführten Betrieb Bauten und Anlagen für die bodenunabhängige Produktion von landwirtschaftlichen Erzeugnissen angegliedert werden, um auf diese Weise die Existenzfähigkeit zu sichern» (Erläuterungen zur Verordnung 2000 S. 28)[14]. Es kommt dabei meistens zu einem Dependenzbau (Rz 207) und einem Depen-

---

[14] Das BE-Baugesetz von 1985 führte in Art. 81 die Erhaltung oder Sanierung von landwirtschaftlichen Gewerben als Grund für die Zulassung von Änderungen in landwirtschaftlichen Wohngebäuden auf.

denzbewerb (Rz 317). In der Verordnung 2000 werden zwei Hauptarten der inneren Aufstockung unterschieden: diejenige im Bereich der Tierhaltung (Verordnung 2000 Art. 36) und diejenige im Bereich des Gemüse- und Gartenbaues (Verordnung 2000 Art. 37). Man kann auch bei der Realisierung eines Nebenbetriebes gemäss RPG Art. 24b (Rz 3822 ff) und einer Vermietung von Räumen an das Kleingewerbe (Rz 3705, 4010d) sowie Dauer- oder Feriengäste (Rz 3738) von einer inneren Aufstockung sprechen; doch ist Letzteres weniger üblich. Eine Kombination von innerer Aufstockung und Nebenbetrieb gemäss RPG Art. 24b (Rz 3822 ff) ist möglich; Voraussetzung ist dabei jedoch, dass «der Hofcharakter im Wesentlichen unverändert bleibt» (Verordnung 2000 Art. 40 II lit. c).

Wie bereits erwähnt (Rz 4037) verwenden weder das RPG noch die Verordnung 2000 das Wort «überwiegend» bezüglich der bodenabhängigen bzw. -unabhängigen Produktion; hier wird mit der Limite zwischen grösser und kleiner argumentiert. Die Verordnung 2000 äussert sich hiezu verschieden für die Tierhaltung einerseits (Rz 4044) und den Gemüse-/Gartenbau (Rz 4046) anderseits. Innere Aufstockung liegt auf jeden Fall nur insoweit vor, als die Vorkehrung zur Existenzsicherung des Betriebes nötig ist und die Existenz damit auch gesichert werden kann. Vor dem Untergang stehende Zwergbetriebe dürfen nicht aufgestockt werden (Rz 4037).

β') Für die *Tierhaltung* werden alternativ zwei Methoden der Ermittlung des Überwiegens zugelassen: Die eine ist einkommensbezogen (entsprechend der bisherigen bundesgerichtlichen Praxis, hier allerdings noch mit einer Limite von 25–35% für den Anteil der bodenunabhängigen Produktion, Rz 4030), die andere futtermittelberzogen. 4044

Ein überwiegend bodenabhängig produzierender Betrieb im Tierhaltungsbereich ist *einkommensbezogen* ein solcher, bei welchem der aus der bodenunabhängigen Produktion stammende Deckungsbeitrag kleiner ist als der aus der bodenabhängigen. Der Deckungsbeitrag ist die Differenz zwischen Ertrag (Leistung) und variablen Kosten eines Betriebszweiges. Der Deckungsbeitrag muss die fixen Kosten abdecken. Als fix gelten jene Kosten, deren Höhe nicht von der Produktionsmenge abhängt. Die Strukturkosten fallen dabei ausser Betracht. Es geht hier weder um das Betriebseinkommen noch um das landwirtschaftliche Einkommen als solches.

Futtermittelbezogen ist ein überwiegend bodenabhängig produzierender Betrieb mit einer Tierhaltung ein solcher, bei welchem das Verhältnis der Trockensubstanzproduktion (derjenige Teil eines pflanzlichen Ausgangsproduktes, welcher bei vollständigem Entzug des Wassers zurückbleibt) mindestens 70% des Gesamtbedarfs (-verzehrs) an Trockensubstanz des Tierbestandes ausmacht.

Dabei werden weder der Deckungsbeitrag und der gesamthaft erwirtschaftete Betrag noch die Produktion und der Bedarf an Trockensubstanz im jeweiligen Einzelfall ermittelt, sondern es wird der Vergleich zur Erzielung einer einheitlichen Praxis in der ganzen Schweiz nach standardisierten Vorgaben errechnet, welche das Forschungsinstitut für biologischen Landbau, der Service romand de vulgarisation agricole und die landwirtschaftliche Beratungsstelle Lindau gemeinsam ausgearbeitet haben, dem *Deckungsbeitragskatalog* (Verordnung 2000 Art. 36 II). 4045

Rz 3899. Der Begriff der Aufstockung fand – auf eher unorthodoxe Weise – über die Stallbauverordnung (Rz 4111) Aufnahme ins geltende Recht. Siehe auch FN 5.

In den Erläuterungen zum Verordungsentwurf von 1999 wurde die Übertragung von Trockenproduktionspotenzial von einem Betrieb auf einen anderen als unzulässig erklärt; in den Erläuterungen zur Verordnung 2000 fehlt jedoch ein solcher Satz.

Eine Sonderregelung gilt aus gewässerschutzrechtlichen Überlegungen dort, wo das Deckungsbeitragskriterium zu einem höheren Aufstockungspotenzial führt als das Trockensubstanzkriterium (Verordnung 2000 Art. 36 III).

4046 γ') Ein überwiegend bodenabhängig produzierender Betrieb im *Bereich des Gemüse- und Gartenbaues* ist demgegenüber ein solcher, bei welchem die bodenunabhängige Anbaufläche nicht mehr als 35% der gesamten Anbaufläche ausmacht; in keinem Fall darf die bodenunabhängige Produktion eine Fläche von mehr als 5'000 m^2 beanspruchen (Verordnung 2000 Art. 37). Zur bodenunabhängigen Anbaufläche zählen alle Unterglasflächen, ferner Heiz- und Tankanlagen usw. Nicht zur bodenabhängigen Anbaufläche zählen die landwirtschaftlich beworbenen Flächen.

4047 γ) Zu «landwirtschaftlicher Betrieb» siehe Rz 3692 f, 4037 f.

4048 δ) Zu «dem produzierenden Gartenbau zugehöriger Betrieb» siehe Rz 4038.

ε) Zu «dienen»

4049 Dieses Erfordernis ist rein sprachlich an sich für den Bauaktiven weniger anspruchsvoll als dasjenige des Nötig-Seins (Rz 327). Es kann aber hier kaum eine Abschwächung beabsichtigt sein. Alfred Kuttler stellt in seinem Artikel zu RPG Art. 24 diesen zweiten Absatz von RPG Art. 16 bei seinen Bedenken hinsichtlich voller Verfassungsmässigkeit der Revision von 1998 in den Vordergrund (siehe S. 351 ff).

b) Zu «bleiben in jedem Fall zonenkonform»

4050 α) Zonenkonform ist gleichbedeutend mit zonengemäss. Rz 4040.

4051 β) Wären «Bauten und Anlagen» nur als Änderung oder sonstige Transformation zu verstehen, so wäre das Wort «bleiben» unverständlich. Dieses bringt zum Ausdruck, dass zonengemässe Gebäude und Anlagen zonengemäss bleiben, sowohl wenn an ihnen keine Änderungen als auch wenn an ihnen Vorkehrungen der inneren Aufstockung vorgenommen werden. Nicht nur diese selbst sind somit zonengemäss, sondern auch das Gebäude, die Anlage bezüglich welcher sie stattfinden.

4. Zum dritten Absatz

a) Zu «Bauten und Anlagen, die über die innere Aufstockung hinausgehen»

4052 α) Zu «Bauten und Anlagen» siehe Rz 3667 f.

4052a β) Zur Frage, von welcher Limite an über eine innere Aufstockung hinausgegangen wird, siehe Rz 4043 ff. Es ist wohl von demjenigen Betrag auszugehen, welcher nach Abzug der allgemeinen Aufwendungen des Betriebes, der Unterhaltskosten für die Gebäude sowie einer angemessenen Verzinsung des Eigenkapitals und Amortisation übrigbleibt[15].

---

[15] Amtl. Bull. StR 1997 S. 214 (Bruno Frick).

b) Zu «Bauten und Anlagen, die erstellt werden sollen»

α)   Zu «Bauten und Anlagen» siehe Rz 3667.   4053

β)   Zu «erstellt werden sollen»

Vor allem angesprochen ist hier der primäre Neubau. Gebäude traditioneller landwirt-   4053a
schaftlicher Art kommen selten zur Umfunktionierung in Räumlichkeiten für bodenunabhängige Produktion in Betracht, es sei denn auf dem Wege des Differenzwiederbaues (Rz 203 ff), des Dependenzbaues (Rz 207) und des Dislokationsbaues (Rz 208). Änderungen, wie sie in Rz 160 ff verstanden werden, sind hier wohl weniger aktuell.

c) Zu den «Gebieten der Landwirtschaftszone, die vom Kanton in einem Planungsverfahren dafür freigegeben werden»

α)   *Zur Freigabe im Planungsverfahren*

Es handelt sich hier um einen Akt der Ausführungs-(«Nutzungs-»)planung nach RPG   4054
Art. 14. Damit kommt es bei der Landwirtschaftszone nach RPG zu einer Zweiteilung in Gebiete, in welchen bodenunabhängige Produktion sowie «Bauten und Anlagen» hiezu (weiterhin) verboten sind, wenn mehr als subsidiär mit ihnen ein über die Existenzsicherung des Betriebes hinausgehender Ertrag aus bodenunabhängiger Produktion angestrebt wird, und in Gebiete, wo «Bauten und Anlagen» für das Anstreben eines solchen Ertrages grundsätzlich gestattet sind.

Gemäss Verordnung 2000 Art. 38 und den Erläuterungen hiezu (S. 32) kann sowohl   4055
auf dem Wege der Positivplanung (Festlegung der Gebiete, wo über die innere Aufstockung hinausgehende Vorkehrungen erlaubt sind) als auch auf demjenigen der Negativplanung (Festlegung, wo solche Vorkehrungen verboten sind) vorgegangen werden. Das kann sowohl durch eine entsprechende Regelung im Baugesetz als auch in der Richtplanung geschehen. Der Bundesrat schlug in seiner Botschaft für die Revision von 1998 vor, dass bis zum Vorliegen einer den verschiedenen Funktionen der Landwirtschaftszone angemessenen Planung die Kantonsregierungen verpflichtet sind, die Gebiete festlegen, in welchen die bodenunabhängige Produktion unzulässig ist (damaliger Art. 36 IIbis, Rz 3265). Die Bundesversammlung lehnte dies jedoch ab (Amtl. Bull. StR 1997 S. 221 und NR 1997 S. 1871).

β)   *Zur Freigabe durch den «Kanton»*

Ich halte dafür, dass die Gemeinden nur dann eine solche Gebietszweiteilung nach Rz   4056
4054 vornehmen können, wenn sie auch vom Kanton selbst, sei es vom kantonalen Volk, vom kantonalen Parlament oder von der kantonalen Regierung, statuiert wird.

III. Zu RPG Art. 16b

A. Zum Text

4057 Dieser bei der Revision von 1998 (Rz 3265) ins RPG eingefügte Artikel lautet wie folgt:

> «Art. 16b
> Benutzungsverbot
> Bauten und Anlagen, die nicht mehr zonenkonform verwendet werden und für die eine Nutzung im Sinne der Artikel 24–24d nicht zulässig ist, dürfen nicht mehr benutzt werden. Dieses Verbot entfällt, sobald sie wieder zonenkonform genutzt werden können.»

Dieser Artikel entspricht nur teilweise Art. 16b des bundesrätlichen Antrages (BBl 1996 III 535 f, Rz 3265). Zur Debatte im Stände- und Nationalrat wird verwiesen auf: Amtl. Bull. StR 1997 S. 209 ff; NR 1997 S. 1849 ff, 1853.

B. Zur Ausgangssituation

4058 1. Es kommt in der Landwirtschaftszone immer häufiger vor, dass der Eigentümer eines Gebäudes den Willen, die Bereitschaft, die Lust, die Fähigkeit verliert, das bisher landwirtschaftlich beworbene Gebäude weiterhin so zu bewerben, dass er sich aber auch nicht in der Lage sieht, das Gebäude zu dem Zustand zu ändern, hier denjenigen Bewerb auszuüben, welcher gemäss Gesetz gestattet wäre. Die Gründe können vielfältig sein: zB zu grosse Mühsal, zu geringe Gewinnchancen, zu geringes soziales Ansehen bei vollem Einsatz in der Landwirtschaft. Hier stellt sich dann die Frage: Muss ein solcher Eigentümer vor die Alternative gestellt werden, das Gebäude entweder leerstehen zu lassen oder es abzubrechen? Bei Ersterem ist zu bedenken, dass ein Gebäude, auch wenn es leersteht, allmählich schadhaft und zu einer Gefahr für Mensch, Tier und Sachen wird oder verunstaltet; das zu verhindern, erfordert den Einsatz von Arbeit und Geld. Letzteres trifft aber auch für einen Abbruch zu.

4059 2. Die Haltung der Behörden war in dieser Beziehung bisher eher schwankend, denn weder die Abbruch- noch die Leerstehenlassen-Lösung befriedigt voll. Wer kommt für die Kosten des Unterhaltes bzw. eines Abbruches samt Urbarisierung auf, wenn der Eigentümer nicht handelt? Verstösst das Leerstehenlassen von Gebäuden nicht gegen das Gebot des haushälterischen Umganges mit dem Boden? Zudem kann der Untergang eines Gebäudes einen denkmalschützerischen Verlust bedeuten. Hier bezieht nun RPG Art. 16b erstaunlich klar Stellung: Solche Gebäude dürfen nicht mehr benutzt werden, sie müssen also leerstehen, in der Hoffnung, es melde sich eines Tages ein landwirtschaftlicher Interessent.

C. Zur Auslegung

1. Zum ersten Satz

a) Zu «Bauten und Anlagen»

4060 Diese Formulierung ist dieselbe wie diejenige in RPG Art. 22; sie ist auch gleich zu verstehen, siehe Rz 3667.

b) Zu den «nicht mehr zonenkonform verwendeten (Bauten und Anlagen)»

In Rz 4058 ist dargelegt, wieso es zu solchen Situationen kommen kann. **4061**

c) Zu den «(Bauten und Anlagen), für die eine Nutzung im Sinne von Artikel 24–24d nicht zulässig ist»

Siehe hiezu Rz 3760, 3814, 3822, 3848, 3974. **4062**

d) Zu «(Bauten und Anlagen) dürfen nicht mehr benutzt werden»

Es ist dies der seltene Fall eines Hinzubewerbverbotes nach freiwilliger Bewerbstilllegung (Rz 363), bezogen auf einen nicht mehr landwirtschaftlichen Bewerb. Es bleibt abzuwarten, welches seine rechtliche Zukunft ist. Siehe auch Rz 4064. **4063**

2. Zum zweiten Satz

Zum «Dahinfall» des Verbotes, «sobald (die Bauten und Anlagen) wieder zonenkonform genutzt werden können»

Es ist dies eine recht singuläre Form des Erlöschens eines Verbotes (das Pendant zu Rz 4063). Zwischen RPG Art. 16b und Verordnung 2000 Art. 40 V, welcher besagt: **4064**

> «Die Bewilligung (nämlich für einen Nebenbetrieb nach RPG Art. 24b) fällt dahin, sobald die Bewilligungsvoraussetzungen nicht mehr erfüllt sind. Die zuständige Behörde stellt dies durch Verfügung fest.»

besteht eine gewisse Verwandtschaft (siehe auch: Erläuterungen hiezu S. 37). Beide Vorschriften sind Ausdruck der normativ naheliegenden Situation, dass bei nur unter Bedingungen zulässigen Verhaltensweisen im Bereiche von Art. 24b (Rz 3822 ff) der «Nebenbetrieb» und in demjenigen von Art. 16a (Rz 4011 ff) der Bewerb, die «Nutzung» schlechthin eingestellt und allfällig hiefür geschaffene Vorkehrungen durch Abbruch, Urbarisierung usw. rückgängig gemacht werden müssen, sobald diese Bedingungen nicht mehr erfüllt sind. Ein beachtlicher Unterschied besteht nur insoweit, als es ausser dem «Nebenbetrieb» noch andere Bewerbsarten gibt, welche der Eigentümer ausüben kann und – wahrscheinlich auch – will: die eigentliche landwirtschaftliche Betätigung. Wenn der Eigentümer aber nicht mehr landwirtschaftlich oder gemüse-/gartenbaulich tätig sein will, dann gibt es für ihn rechtlich überhaupt keine zulässigen Bewerbsarten, Nutzungen mehr. Das ist natürlich dramatischer; denn die Lebenserfahrung zeigt, dass die allermeisten Eigentümer mit ihrer Parzelle irgendetwas anfangen wollen. Damit ist die Einstellung des landwirtschaftlichen Bewerbs meistens so etwas wie die Ouvertüre zu einer neuen Oper. Der Gedanke wäre deshalb nicht von vornherein verfehlt, die Einstellung des landwirtschaftlichen Bewerbes sei bewilligungsbedürftig (Rz 707 und 2543). Verfahren, welche nicht entweder in einer Verweigerung oder einer Bewilligung, sondern nur in einem von beidem ausgehen können, sind aber nicht sinnvoll (Rz 657). Nun fehlt aber im Recht des Kantons Zürich und wohl auch der übrigen Kantone in diesem Bereich eine Verpflichtung zur Weiterbetätigung. Somit könnte ein Bewilligungsverfahren immer nur mit einer Zulassung der Einstellung enden. Das wäre aber administrativer Leerlauf. Es scheint mir deshalb nicht richtig, zu sagen, dass bei Dahinfall der Bewilligungsvoraussetzungen «ein neuer Bewilligungstatbestand geschaffen» werde (so: Erläuterungen, S. 37). Man kann sich höchstens fragen, ob nicht eine Meldepflicht für den Fall statuiert werden sollte, da ein Landwirt seinen Betrieb einstellen will.

Im Parlament wurde RPG Art. 16b zweiter Satz heftig kritisiert. Er sei «un excès de juridisme», «de paperasse», «ridicule», «inopérant» (vgl. Amtl. Bull. 1997 NR S. 1852 f, Votum John Dupraz). RPG Art. 16b zweiter Satz ist aber durchaus in Ordnung, wenn man es als richtig ansieht, dass in gewissen Gebieten der Schweiz nur Landwirtschaft erlaubt ist. Dieser Passsus ist aber rein juristisch gesehen auch nicht «indispensable pour la sécurité de droit». Es ist höchstens naiv, zu glauben, dass die meisten Landwirte, welche ihren Beruf aufgeben, bevor sie im Hof irgend etwas Neues unternehmen und ohne dass ihnen «malhonnêteté» vorgeworfen werden kann, bei Fehlen einer Meldepflicht sich mit der Baubehörde in Verbindung setzen. Dies werden allerdings auch bei Vorhandensein einer Meldepflicht nicht alle tun. Dass eine allenfalls rechtswidrige neue Situation im Kommen oder schon eingetreten ist, erfahren die Behörden dann eher zufällig bei Inspektionsgängen oder infolge Anzeige von dritter Seite. Insoweit ist die Verwirklichung von Verordnung 2000 Art. 40 V zweiter Satz, wonach die zuständige Behörde den Dahinfall der Bewilligung «durch Verfügung» feststellt (Rz 3842), eher unsicher.

> Die Schweizerische Bausekretärenkonferenz beantragte am 7. November 1999 in ihrer Vernehmlassung zum Verordnungsentwurf von 1999 die Streichung des dritten Satzes des jetzigen Art. 40 V, wonach «auf Gesuch hin in einem neuen Verfahren zu entscheiden sei», ob bewilligt werden könne, weil «neue Gesuche nicht nur hier, sondern immer möglich und immer zu behandeln» sind. Letzteres stimmt. Der Vorschlag verkennt aber, dass in dieser Regelung eher ein verdeckter Rat zum weiteren Vorgehen an den Betroffenen zu erblicken ist. In der gleichen Richtung ist auch RPG Art. 16b zweiter Satz mit seinem Hinweis auf den Dahinfall des Verbotes zu verstehen. Dies bedeutet in keiner Weise, dass eine neue Bewilligungsbedürftigkeit eingeführt werde oder dass schon bei der Einstellung der zonenkonformen Verwendung ein Verbot in Gestalt eines Verwaltungsaktes vorgesehen sei oder gar ergehen müsse. Hiemit soll nur beratend das Offensein für andere Bewerbsarten signalisiert werden.

Der Bundesrat bemerkte in seiner Botschaft zur RPG-Veränderung (BBl 1996 III 536 f), die Kantone könnten das Enteignungsrecht erteilen, wo ein Eigentümer weder bereit ist, selbst zu einem anderen zonengemässen Bewerb hinüberzuwechseln, noch das Gebäude einem Nachbarn zur Nutzung zur Verfügung stellen will. Das RPG begründet jedoch selbst keinen Kontrahierungszwang.

IV. Zu RPG Art. 25

A. Zum Text

4065 Dieser bei der Revision von 1998 (Rz 3263) revidierte Artikel lautet wie folgt:

> «Art. 25
> Kantonale Zuständigkeiten
> Die Kantone ordnen Zuständigkeiten und Verfahren.
> Sie legen für alle Verfahren zur Errichtung, Änderung oder Zweckänderung von Bauten und Anlagen Fristen und deren Wirkungen fest.
> Die zuständige kantonale Behörde entscheidet bei allen Bauvorhaben ausserhalb der Bauzonen, ob sie zonenkonform sind oder ob für sie eine Ausnahmebewilligung erteilt werden kann.»

Der dritte Absatz entspricht dem bundesrätlichen Antrag; der zweite Absatz geht auf die Revision von 1995 zurück, wurde allerdings 1998 durch den Hinweis auf die Zweckänderung ergänzt. Siehe Amtl. Bull. 1997 NR S. 1870, StR 1997 S. 221, 1184. Der erste Absatz stammt von 1979.

B. Zur Auslegung

Da es hier um eine rein organisatorisch-prozessuale Regelung geht, wird auf eine detaillierte Erörterung verzichtet, obwohl hier von «Änderung oder Zweckänderung von Bauten und Anlagen» die Rede ist. Nachfolgend sei lediglich bemerkt: 4066

Der zweite Absatz wiederholt die bereits bei der RPG-Revision von 1995 erfolgte Einschiebung in RPG Art. 25 (Rz 3263). Damals betraf der neue Absatz textlich allerdings nur die Fristen und deren Wirkungen «für alle zur Errichtung oder zur Änderung von Bauten und Anlagen erforderlichen Verfahren». Mit der Revision von 1998 ist es zu einer ausdrücklichen Ausweitung dieser Regelung auf die für «Zweckänderungen» erforderlichen Verfahren gekommen. Dabei ist wohl insbesondere an «Zweckänderungen ohne bauliche Massnahmen» im Sinne von RPG Art. 24a (Rz 3814 f) zu denken.

Der dritte Absatz ist Ausdruck der Befürchtung, dass die kommunale Baubehörde aus Gefälligkeit gegenüber lokalen Bekannten ein Vorhaben zulassen könnte, wo eine Verweigerung am Platz ist (vgl. Rz 930 und 3801 mit FN 27). Zum Wort «Ausnahmebewilligung» siehe Rz 3803 ff.

V. Zu RPG Art. 25a

Dieser bei der Revision von 1995 (Rz 3263) eingefügte Artikel lautet wie folgt: 4067

> Art. 25a
> Grundsätze der Koordination
> (Abs. I:) Erfordert die Errichtung oder Änderung einer Baute oder Anlage Verfügungen mehrerer Behörden, so ist eine Behörde zu bezeichnen, die für ausreichende Koordination sorgt.
> (Abs. II und III enthalten Anweisungen für die Koordination, Abs. III erklärt die Grundsätze auf das Nutzungsplanungsverfahren sinngemäss anwendbar)»

Auf eine detaillierte Erörterung wird aus den gleichen Gründen wie in Rz 4066 verzichtet. Der Aufsatz von Carmen Walker Späh und Katharina Seiler Germanier, Das Wichtigste der neu(st)en Bauverfahrensverordnung, in: PBG aktuell 1999 Heft 4 S. 30 f, enthält zu den Koordinationsproblemen aus zürcherischer Sicht interessante Hinweise.

VI. Zu RPG Art. 34

A. Zum Text

Dieser bei der Revision von 1998 (Rz 3265) revidierte Artikel lautet wie folgt: 4068

> «Art. 34
> Bundesrecht
> Die Verwaltungsgerichtsbeschwerde an das Bundesgericht ist zulässig gegen Entscheide letzter kantonaler Instanzen über Entschädigungen als Folge von Eigentumsbeschränkungen (Art. 5) und über

die Zonenkonformität von Bauten und Anlagen ausserhalb der Bauzonen sowie über Bewilligungen im Sinne der Artikel 24–24d.
Kantone und Gemeinden sind zur Beschwerde berechtigt.
Andere Entscheide letzter kantonaler Instanzen sind endgültig; vorbehalten bleibt die staatsrechtliche Beschwerde an das Bundesgericht.»

Der erste Absatz entspricht dem bundesrätlichen Antrag (Rz 3265), allerdings mit bereinigten Zifferverweis. Der zweite und dritte Absatz gelten seit 1979. Im Parlament passierte die Regelung diskussionslos.

B. Zur Auslegung

4069 Da es hier um eine rein organisatorisch-prozessuale Regelung geht, wird auf eine detaillierte Erörterung verzichtet, obwohl hier auf die postfinit bedeutsamen RPG Art. 24–24d Bezug genommen wird. Hiezu sei lediglich bemerkt:

1. Im Kanton Zürich können die Gemeinden eine ihnen unwillkommene, auf die Art. 24–24d gestützte Kassierung einer Baubewilligung (auf Anfechtung durch den Nachbarn oder ideelle Organisationen hin) oder einer Verweigerung (auf Anfechtung durch den Bauaktiven hin) durch die Baurekurskommission an das Verwaltungsgericht, bei Bestätigung der «Umkehrung» durch dieses allenfalls an das Bundesgericht weiterziehen. Das Gleiche gilt für eine solche «Umkehrung» erst durch das Verwaltungsgericht für den Weiterzug mit Verwaltungsgerichtsbeschwerde an das Bundesgericht. Weniger aussichtsreich ist für sie die staatsrechtliche Beschwerde, weil es sich hier kaum um die Gemeindeautonomie handelt.

4070 2. Das in Rz 4069 Gesagte gilt analog, wo der erstinstanzliche Entscheid durch den Regierungsrat oder den Vorsteher eines seiner Departemente erfolgt. Das ist aktuell bei den Entscheiden der «zuständigen kantonalen Behörde ... bei Bauvorhaben ausserhalb der Bauzonen» zur Frage, ob das Bauvorhaben «zonenkonform (sei) oder ob (dafür) eine Ausnahmebewilligung erteilt werden kann».

VII. Zu RPG Art. 37a

4071 Diese Vorschrift, welche sich auf Gewerbebetriebe bezieht, welche schon vor dem 1. Januar 1980 bestanden haben, wird in Rz 3957 ff ausführlich erörtert, weil es sich hier um eine lex specialis zu RPG Art. 24c (aber auch zu RPG Art. 24a) handelt und der Bezug zu RPG Art. 24c sehr eng ist.

VIII. Zu Verordnung 2000 Art. 33

4072 Diese Vorschrift, deren Vorläufer in der Verordnung von 1989/1996 in Art. 23 stand, wird in Rz 646g näher erörtert, wo dargelegt wird, dass das Vorhandensein bestimmter Gebäude die Voraussetzung der Schaffung einer Weiler- oder Erhaltungszone bildet.

Zweiter Abschnitt
Das übrige deklariert postfinite Baurecht des Bundes

Das deklariert postfinite Baurecht des Gewässerschutzgesetzes

I. Zu den Materialien

1.   Ein wichtiger Teil des postfiniten Baurechtes findet sich im Bundesrecht über den Schutz der Gewässer. Die verfassungsmässige Grundlage hiezu befand sich ursprünglich in dem am 6. Dezember 1953 von Volk und Ständen angenommenen BV Art. 24^{quater}. Später galt der am 7. Dezember 1975 angenommene BV Art. 24bis als solche. Ein erstes Bundesgesetz über den Gewässerschutz (kurz GSchG) datiert vom 16. März 1955[1]. 4073

2. a)   Hierauf folgte das Gewässerschutzgesetz vom 8. Oktober 1971 (AS 1972 950 ff), insbesondere Art. 18, 19 und 20 mit der zugehörigen Verordnung vom 19. Juni 1972/6. November 1974 (AS 1972 967 ff, 1974 S. 1810 ff). Diesem kam vom 1. Juli 1972 an, zusammen mit dem Bundesbeschluss über dringliche Massnahmen auf dem Gebiete der Raumplanung vom 17. März 1972 (Rz 3253), bis zum Inkrafttreten des RPG am 1. Januar 1980, geradezu die Rolle eines Mini-RPG für den planungsrechtlichen Notbedarf zu[2]. 4074
Der Sitz der Materie befindet sich jetzt in BV Art. 76.

b) α)   Im Gesetz von 1971 war folgendes, deklariert postfinites Baurecht enthalten: 4075

«Art. 18
Sammlung und Behandlung der Abwässer
Im Bereiche der öffentlichen und der öffentlichen Zwecken dienenden privaten Kanalisationen sind alle Abwässer an diese anzuschliessen. Ausnahmsweise kann für Abwässer, die für die zentrale Reinigung nicht geeignet sind oder die für diese aus andern wichtigen Gründen nicht angezeigt sind, die zuständige kantonale Behörde besondere Arten der Behandlung und Ableitung anordnen.
Die Inhaber solcher Kanalisationen sind verpflichtet, die Abwässer abzunehmen und der zentralen Reinigung zuzuführen. Abwässer mit schädlichen Wirkungen für die Abwasseranlagen sind vor der Einleitung in die Kanalisationen durch den Verursacher vorbehandeln zu lassen.
Können bestehende Bauten und Anlagen aus zwingenden Gründen nicht an die Kanalisation angeschlossen werden, so hat die zuständige kantonale Behörde eine den Verhältnissen entsprechende andere zweckmässige Behandlung und Beseitigung der Abwässer zu verfügen.

Art. 19
Baubewilligungen
a) Innerhalb des generellen Kanalisationsprojektes
Bewilligungen für den Neu- und Umbau von Bauten und Anlagen aller Art innerhalb der Bauzonen oder, wo solche fehlen, innerhalb des im generellen Kanalisationsprojekt abgegrenzten Gebietes

---

[1] Siehe hiezu die Referate am Juristentag 1965 von Henri Zurbrügg, Aspects juridiques du Régime des Eaux en Suisse, in: ZSR 1964 S. 201 ff, und Dietrich Schindler, Rechtsfragen des Gewässerschutzes in der Schweiz, in: ZSR 1965 S. 379 ff; ferner: Felix Bendel, Probleme des Gewässerschutzes in der Schweiz, 1970.
[2] Vgl. BGE 100 Ib 86 ff (Udligenswil/LU).

dürfen nur erteilt werden, wenn der Anschluss der Abwässer an die Kanalisation gewährleistet ist. Für kleinere Gebäude und Anlagen, die aus zwingenden Gründen noch nicht angeschlossen werden können, kann die zuständige Behörde mit Zustimmung der kantonalen Fachstelle für Gewässerschutz ausnahmsweise Baubewilligungen erteilen, sofern die Voraussetzungen für den Anschluss kurzfristig geschaffen werden und für die Zwischenzeit eine andere befriedigende Art der Abwasserbeseitigung sichergestellt ist. Vorbehalten bleiben ferner die Ausnahmen gemäss Artikel 18 Absatz 1.

Art. 20
b) Ausserhalb des generellen Kanalisationsprojektes
Baubewilligungen für Gebäude und Anlagen ausserhalb des im generellen Kanalisationsprojekt abgegrenzten Gebietes dürfen nur erteilt werden, sofern der Gesuchsteller ein sachlich begründetes Bedürfnis nachweist. Die Baubewilligung darf erst erteilt werden, wenn die Ableitung und Reinigung oder eine andere zweckmässige Beseitigung der Abwässer festgelegt ist und die Zustimmung der kantonalen Fachstelle für Gewässerschutz vorliegt.»

4076 β) In der Allgemeinen Verordnung zum Gewässerschutzgesetz vom 19. Juni 1972 (SR 814.201) war folgendes, deklariert postfinites Baurecht enthalten:

«Art. 24
Bestehende Bauten und Anlagen
Bei bestehenden Bauten und Anlagen innerhalb des Kanalisationsbereiches nach Artikel 18[3], die noch nicht an das Kanalisationsnetz angeschlossen werden können, ist als Übergangslösung das Abwasser in geeigneten Gruppen oder Einzelreinigungsanlagen zu behandeln. Bestehende abflusslose Gruben können als Übergangslösung belassen werden.
Bei bestehenden Bauten und Anlagen ausserhalb des Kanalisationsbereiches nach Artikel 18 ist das Abwasser in geeigneten Gruppen- oder Einzelreinigungsanlagen zu behandeln. Sofern der Abwasseranfall gering und kein geeigneter Vorfluter zur Aufnahme des gereinigten Abwassers vorhanden ist, können abflusslose Gruben in Betrieb bleiben.

Art. 25
Umbauten
(Fassung von 1972:) Als Umbauten im Sinne der Artikel 19 und 20 des Gesetzes gilt jede baupolizeilich wesentliche Veränderung an Bauten und Anlagen, die eine Vergrösserung des Nutzraumes, eine Erhöhung der Anzahl Wohnungen oder eine andere Art von Gebrauch oder Nutzung bezweckt.
(Fassung vom 6. November 1974:) Bauliche Veränderungen gelten als Umbau im Sinne der Artikel 19 und 20 des Gesetzes, wenn dadurch die einer bestimmten Nutzung (Wohnen, Landwirtschaft, Gewerbe und dergleichen) dienenden Räumlichkeiten um mehr als einen Viertel vergrössert werden oder im gleichen Verhältnis anders genutzt oder gebraucht werden.

Art. 26
Neu- und Umbauten innerhalb des GKP
(Abs. I, Fassung von 1972:) Sofern innerhalb der Bauzonen bzw. des durch das GKP abgegrenzten Gebietes der Anschluss eines Gebäudes oder einer Anlage an das Kanalisationsnetz aus zwingenden Gründen noch nicht möglich ist, darf eine Bewilligung für den Neu- oder Umbau nur erteilt werden, wenn der zu erwartende Abwasseranfall zwölf Einwohnergleichwerte nicht überschreitet, der Anschluss an die Kanalisation innert drei Jahren sichergestellt * ist und als Übergangslösung eine geeignete Einzelreinigungsanlage erstellt ist.
(Fassung von 1974, Einschiebung an der mit * markierten Stelle:) ‹oder, falls bis dahin die zentrale Abwassereinigungsanlagen noch nicht in Betrieb steht, bis spätestens zur Inbetriebnahme der zentra-

---

[3] Art. 18, Kanalisationsbereich: Zum Bereich der öffentlichen und der öffentlichen Zwecken dienenden privaten Kanalisationen im Sinne von Art. 18 des Gesetzes gehören das durch das GKP abgegrenzte Gebiet sowie die ausserhalb desselben bestehenden Bauten und Anlagen, soweit deren Anschluss an das Kanalisationsnetz zweckmässig und zumutbar ist.

len Abwasserreinigungsanlage gewährleistet›.
(Abs. II:) Strengere Vorschriften der kantonalen Baupolizeigesetzgebung bleiben vorbehalten.

Art. 27
Neu- und Umbauten ausserhalb des GKP
(Abs. I, Fassung 1972:) Das Bedürfnis für einen Neu- oder Umbau ausserhalb der Bauzonen bzw. des durch das GKP abgegrenzten Gebietes gilt als sachlich begründet °, wenn der Gesuchsteller auf das geplante Gebäude oder eine Anlage dringend angewiesen ist und deren abgelegener Standort durch ihre Zweckbestimmung bedingt oder im öffentlichen Interesse erwünscht ist. Die Anschlussmöglichkeit an eine Kanalisation begründet in keinem Fall ein sachliches Bedürfnis.
(Fassung 1974, ab der mit ° markierten Stelle:) ‹…, wenn dessen Zweckbestimmung den beanspruchten Standort ausserhalb der Bauzonen bzw. des GKP bedingt und dem Bauvorhaben keine überwiegenden öffentlichen Interessen entgegenstehen. Für einen Umbau kann das sachliche Bedürfnisse auch dann anerkannt werden, wenn allein dadurch ein Gebäude, dessen Erhaltung im öffentlichen Interesse erwünscht ist, sinnvoll weiterverwendet werden kann. Die Anschlussmöglichkeit an eine Kanalisation ersetzt in keinem Fall die vorgenannten Erfordernisse für die Anerkennung des sachlichen Bedürfnisses.›
(Abs. II:) Als Bauten oder Anlagen, für die ein sachlich begründetes Bedürfnis im Sinne von Artikel 20 des Gesetzes bestehen kann, gelten insbesondere: – Landwirtschaftsbetriebe, Freilandgärtnereien, – Bergbahnstationen, Bergrestaurants, Hochgebirgsunterkünfte, – Sanatorien, – Militär-, Zivilschutz- und Zollanlagen, – Anlagen zur Erschliessung von Rohstoffen, Anlagen zur Herstellung oder Lagerung gefährlicher Güter, – Schiessanlagen.
(Abs. III:) Zur Behandlung des Abwassers ist eine geeignete Gruppen- oder Einzelreinigungsanlage zu erstellen, wenn der Anschluss an eine zentrale Reinigungsanlage nicht zweckmässig oder zumutbar ist. Sofern der Abwasseranfall gering ist und kein geeigneter Vorfluter zur Aufnahme des gereinigten Abwassers vorhanden ist, können abflusslose Gruben erstellt werden.
(Abs. IV:) Bei Landwirtschaftsbetrieben kann die Neuerstellung von abflusslosen Gruben für häusliches Abwasser auch an Stelle von Gruppen- oder Einzelreinigungsanlagen gestattet werden.

Art. 28
Neu- und Umbauten ohne Bauzone und GKP
In Gemeinden, die weder über Bauzonen noch über ein GKP verfügen, dürfen Baubewilligungen nach Artikel 19 des Gesetzes nur innerhalb des engeren Baugebietes, welches das erschlossene und vor der Erschliessung stehende Land umfasst, erteilt werden.»

c) Auch wenn die damalige Praxis zum GschG heute noch für die Handhabung von RPG Art. 24 bedeutsam ist (Rz 3772 mit FN 8)[4], würde es den Rahmen dieser Arbeit sprengen, wenn ich auch nur den Hauptteil dieser Vorschriften voll mitberücksichtigen wollte. Chemisch-physikalisch-biologisch-technische Fragen stehen hier jetzt, nachdem der raumplanerische Gehalt der eidgenössischen Gewässerschutzgesetzgebung im Wesentlichen in das RPG überführt worden ist, im Vordergrund[5].

4077

d) Durch das Gewässerschutzrecht von 1971/1972/1974 hat einerseits die wichtige Differenzierung der Bauvorhaben danach, ob sie in nicht abgelegenen oder abgelegenen Gebieten bzw. innerhalb oder ausserhalb der Bauzonen bzw. der durch das Generelle Kanalisationsprojekt abgegrenzten Gebieten stattfinden sollen, erstmals für die ganze Schweiz Geltung erlangt. Ferner waren die folgenden, generalklauselhaften Erfordernis-

4078

---

[4] Mario Barblan, S. 86–89.
[5] Die Verordnung von 1972/1974 gilt zwar als solche heute noch; deren Art. 24–28 sind jedoch bei Inkrafttreten des RPG aufgehoben worden.

se, welche im Raumplanungsrecht im Text und in der Praxis der weiteren Jahre eine erhebliche, wenn auch oft eher unklare Rolle spielen, bereits im Kern oder voll ausgebildet vorhanden:

- Nachweis eines sachlich begründeten Bedürfnisses;
- dringendes Angewiesensein des Gesuchstellers;
- Bedingtstein des beanspruchten Standortes durch die Zweckbestimmung;
- Erwünschtheit des beanspruchten Standortes im öffentlichen Interesse;
- kein Entgegenstehen überwiegender öffentlicher Interessen;
- im öffentlichen Interesse erwünschte Erhaltung/sinnvolle Weiterverwendung allein so möglich;
- besonders schutzwürdige Interessen;
- Vergrösserung um einen Viertel als Maximum der Zulässigkeit (im RPG fallen gelassen, Rz 3927).

Der Ausdruck «Standortgebundenheit» kam hier jedoch noch nicht vor.

Sodann kam es mit dem Gewässerschutzrecht erstmals zum Erfordernis der Zustimmung einer kantonalen Fachstelle.

3. Zum Gewässerschutzgesetz von 1991

4079 Die Bundesversammlung beschloss am 24. Januar 1991 eine gründliche Überholung des Gewässerschutzgesetzes von 1971 (SR 814.20). Deklariert postfinites Baurecht findet sich hier im zweiten Titel mit der Überschrift «Verhinderung und Behebung nachteiliger Einwirkungen», im 3. Abschnitt mit der Überschrift «Abwassertechnische Voraussetzungen für die Erteilung von Baubewilligungen». Hier geht es um die Art. 17 und 18:

«Art. 17
Grundsatz
Baubewilligungen für Neu- und Umbauten dürfen nur erteilt werden, wenn
  a) im Bereich öffentlicher Kanalisationen gewährleistet ist, dass das verschmutzte Abwasser in die Kanalisation eingeleitet wird ... oder landwirtschaftlich verwertet wird ...;
  b) ausserhalb des Bereichs öffentlicher Kanalisationen die zweckmässige Beseitigung des verschmutzten Abwassers durch besondere Verfahren gewährleistet [ist?] ...; die kantonale Gewässerschutzfachstelle ist anzuhören;
  c) gewährleistet ist, dass Abwasser, das sich für die Behandlung in einer zentralen Abwasserreinigungsanlage nicht eignet, zweckmässig beseitigt wird ...

Art. 18
Ausnahme
Für kleine Gebäude und Anlagen, die sich im Bereich öffentlicher Kanalisationen befinden, aber aus zwingenden Gründen noch nicht an die Kanalisation angeschlossen werden können, darf die Baubewilligung erteilt werden, wenn der Anschluss kurzfristig möglich ist und das Abwasser in der Zwischenzeit auf eine andere befriedigende Weise beseitigt wird. Bevor die Behörde die Bewilligung erteilt, hört sie die kantonale Gewässerschutzfachstelle an.
Der Bundesrat kann die Voraussetzungen näher umschreiben.»

II. Zur Auslegung und Praxis

Das GschG und das RPG gehen zwar wie das RPG und das USG juristisch verschiedene Wege, doch ist beim GschG die Diskrepanz zum RPG bei weitem nicht so gross wie beim USG (Rz 4081 f). Das mag zum Teil darauf zurückzuführen sein, dass von Anfang an, wie im Kanton Zürich, die für den Gewässerschutz zuständigen Dienstabteilungen öfters dem gleichen Departement zugeteilt waren wie die primär mit der Baugesetzgebung und dem RPG befassten Stellen. Beim USG wurde die Vorarbeit jedoch oft von gesundheitspolizeilich ausgerichteten Ämtern geleistet. Zudem war lange zwischen den für das RPG und den für das USG tätigen, von Naturwissenschaftlern unterstützten Beamten eine gegenseitige Geringschätzung festzustellen. Dies ist oft der Fall, wo Leute zusammenwirken müssen, von welchen die einen überzeugt sind, dass sie etwas Wohlbewährtes, wenn auch Verbesserungsbedürftiges vertreten, und die anderen ebenso sehr sicher sind, sie allein verhülfen etwas zu lange Vernachlässigtem zum Durchbruch. Rz 4082. **4080**

Auf die Auslegung der vorgenannten Artikel und auf die Praxis hiezu kann hier nicht eingetreten werden.

Das deklariert postfinite Baurecht des Umweltschutzgesetzes

I. Allgemeines

4081   1.   Ein besonders wichtiger Teil des postfiniten Baurechtes des Bundes ist im Umweltschutzgesetz (USG) vom 7. Oktober 1983 (SR 814.01), in Kraft seit dem 1. Januar 1985, und in den hierauf gestützten Verordnungen enthalten[1]. Die verfassungsmässige Grundlage befindet sich in dem von Volk und Ständen am 6. Juni 1971 angenommenen BV Art. 24[septies]; der Sitz der Materie ist in der neuen Bundesverfassung in Art. 74. Es würde jedoch den Rahmen dieser Arbeit sprengen, wenn ich auch nur den Hauptteil dieser Vorschriften voll berücksichtigen wollte. Dies würde nicht zuletzt deshalb zu einer grossen Ausweitung führen, weil – leider – das USG im Wesentlichen unabhängig vom Konzept der kantonalen Baugesetzgebungen und des RPG (in seiner Fassung von 1974 und 1979) ausgearbeitet worden ist. Um auch das postfinite Baurecht des USG einigermassen ausreichend zu behandeln, müssten zuerst die beiden Gesetzgebungen gewissermassen auf den gleichen juristischen Nenner gebracht werden. Der zeitliche Aufwand hiefür wäre gross.

4082   2.   Die beiden Gesetzgebungen samt Praxis liefen lange wie auf verschiedenen Gleisen (Rz 4080). Das hing nicht nur damit zusammen, dass die Raumplanung «flächenbezogen» arbeitet und einen «umfassenden Gestaltungs- und Koordinationsauftrag» erfüllen will, während der Umweltschutz einwirkungsbezogen agiert und von Haus aus polizeilich denkt. Pierre Tschannen thematisierte dies an einer Tagung der Vereinigung für Umweltrecht im Sommer 1998 in Solothurn mit den Sätzen: «Der Umweltschutz behindert die Raumplanung – Die Raumplanung lässt den Umweltschutz im Stich.» Die Zweigleisigkeit war aber auch psychologischer Art: Die mit der Raumplanung einerseits und die mit dem Umweltschutz anderseits befassten Leute fühlten sich oft wie Angehörige verschiedener Rechtskulturen oder Konfessionen; es spielt auch eine zwischen Vertretern des noch über den Reiz des Neuen Verfügenden (Umweltschutzrecht) und denjenigen des schon lange Geübten (Baugesetz/PBG) öfters anzutreffende Rivalität mit. Dies hat sich erst in neuester Zeit unter dem Druck der seit dem Chrüzlen-I-BGE (116 Ib 59, Egg, Oetwil/ZH) allgemeiner ins Bewusstsein getretenen Koordinationspflicht gebessert.

4083   3.   In dieser Arbeit kommt deshalb nur gerade der als postfinites Baurecht deklarierte Teil des USG zur Sprache, und auch dies nur summarisch. Diese Beschränkung rechtfertigt sich insoweit, als das «herausragende» Teilstück des Baurechtes, die Regelung der Wohngebäude, bezüglich USG (abgesehen von der Abfallproduktion beim Wohnbewerb, USG Art. 30), nur auf der «Passivseite» (mit Blick auf das Beeinträchtigtwerden) steht, da Wohnlärm vom USG kaum erfasst wird (vgl. den Entscheid des ZH-Verwaltungsge-

---

[1] Siehe hiezu im Detail: Kommentar zum Umweltschutzgesetz, hrsg. von der Vereinigung für Umweltrecht, Zürich 1996. Die einschlägigen Vorschriften sind in ständiger Ausweitung begriffen. In SJZ 1999 S. 498 f findet sich eine von Heribert Rausch und Christoph Wille verfasste, eindrückliche Zusammenstellung der seit dem 1. Januar 1998 eingetretenen Entwicklung.

richtes vom 3. Oktober 1991, in: BEZ 1991 Nr. 32, betr. Spiel-Weinfass). Bei der «Aktivseite» (mit Blick auf die Bewirkung von Beeinträchtigungen) von gewerblich-industriellen Bauten und Bewerbungen geht es vor allem um die Art. 16–18 im zweiten Titel mit der Überschrift «Begrenzung der Umweltbelastungen», im 1. Kapitel mit der Überschrift «Luftverunreinigung, Lärm, Erschütterungen und Strahlen», im 3. Abschnitt mit der Überschrift «Sanierungen», um Art. 20 im 4. Abschnitt mit der Überschrift «Zusätzliche Vorschriften für den Schutz von Lärm und Erschütterungen» sowie um Art. 30 im 2. Titel, im 4. Kapitel mit der Überschrift «Abfälle», im 1. Abschnitt mit der Überschrift «Vermeidung und Entsorgung von Abfällen».

Zum Nachfolgenden sind auch die Bemerkungen zu den Immissionsverboten allgemein in Rz 478 f, sowie zum ZH-PBG § 226 insbesondere in Rz 1868 f zu berücksichtigen.

II. Zu den genannten Artikeln

A. Zu USG Art. 16

1. Dieser Artikel mit dem Randtitel «Sanierungspflicht» statuiert im ersten Absatz: 4084

«Art. 16
Anlagen, die den Vorschriften dieses Gesetzes oder den Umweltvorschriften anderer Bundesgesetze nicht genügen, müssen saniert werden.»

Unter «Anlagen» sind, soweit es um Gebäude geht, insbesondere die Ausrüstung der Gebäude mit Heizungs-, Warmwasserzubereitungs- und Klimatisierungsvorrichtungen (Rz 2093 ff, 2427 ff) sowie Liften (Rz 2443 ff), ferner die sonstigen, in den Gebäuden für den Bewerb festinstallierten oder hier aufgestellten Maschinen zu verstehen. Zur Problematik des Anlagebegriffes des USG siehe Rz 60 f.

2. a) Bei den «Umweltvorschriften anderer Bundesgesetze» ist insbesondere an die Gewässerschutzgesetzgebung zu denken. 4085

b) Das erwähnte Ungenügen ist als Rechtswidrigkeit im Sinne von Rz 392 ff aufzufassen, sei es nun ein Zustand, welcher von Anfang an bestanden hat oder erst später, zB wegen mangelhaftem Unterhalt oder übermässiger Inanspruchnahme, entstanden ist; es kann sich aber auch um Zustände/Geschehnisse handeln, welche heute noch so sind wie zur Zeit, als sie geschaffen wurden, und zwar solche, die damals rechtmässig geschaffen wurden, wenn in der Zwischenzeit neue Vorschriften in Kraft getreten oder bereits vorhandene verschärft worden sind oder die Sensibilität für eine Beeinträchtigung in der Öffentlichkeit seither gewachsen ist. Zum Emissions-/Immissionenbegriff allgemein siehe Rz 332 ff und 478 ff. 4086

c) Die hier statuierte Sanierungspflicht ist als eine Anpassungspflicht, und zwar als eine unbedingte im Sinne von Rz 446 ff, 450, 455 ff aufzufassen. Sie kommt also nicht nur dann zum Zuge, wenn der Gebäudeeigentümer bzw. der Bewerbsträger von sich aus beabsichtigt, das Gebäude bzw. den Bewerb zu ändern, sondern auch dann, wenn der Gebäudeeigentümer bzw. der Bewerbsträger das Gebäude, dessen Ausrüstung, die in ihm installierten Maschinen oder deren Bewerb möglichst unverändert belassen möchte. Die 4087

Unterscheidungen zwischen enger und weiter sowie annäherungs- und erfüllungsweiser Anpassung sind hier ebenfalls nützlich. Der Anwendungsbereich von USG Art. 16 I ist aber wohl auf die besonders sanierungsbedürftigen «Anlagen» beschränkt, sonst gilt USG Art. 18 I (Rz 4094). Die Abgrenzung ist allerdings nicht leicht vorzunehmen.

4088 d) Der zweite Absatz von Art. 16 verpflichtet den Bundesrat zur Festsetzung von «Vorschriften über die Anlagen, den Umfang der zu treffenden Massnahmen, die Fristen und das Verfahren». Der dritte Absatz verlangt, dass «vom Inhaber der Anlage Sanierungsvorschläge» eingeholt werden. Der vierte Absatz schafft Recht für dringende Fälle; es kann auch notfalls die Stilllegung des Bewerbs verfügt werden.

4089 3. Der Lärm ist einer der wichtigsten Emissionen aus Gebäuden bzw. aus den Bewerbungen derselben. Art. 8 der Lärmschutzverordnung (SR 814.41) enthält zu USG Art. 16 I wichtige Präzisierungen für neue und bereits bestehende «Anlagen», für primäre Neubauten und Änderungen. Deren Art. 13bis und 20 regeln die Sanierungen genauer. Art. 8 der Verordnung lautet wie folgt:

> «Art. 8
> Emissionbegrenzungen bei geänderten ortsfesten Anlagen
> Wird eine bei Inkrafttreten dieser Verordnung bereits bestehende ortsfeste Anlage geändert, so müssen die Lärmimmissionen der neuen oder geänderten Anlageteile nach den Anordnungen der Vollzugsbehörde so weit begrenzt werden, als dies technisch und betrieblich möglich sowie wirtschaftlich tragbar ist.
> Wird die Anlage wesentlich geändert, so müssen die Lärmimmissionen der gesamten Anlage mindestens so weit begrenzt werden, dass die Immissionsgrenzwerte nicht überschritten werden.
> Als wesentliche Änderungen ortsfester Anlagen gelten Umbauten, Erweiterungen und vom Inhaber der Anlage verursachte Änderungen des Betriebs, wenn zu erwarten ist, dass die Anlage selbst oder die Mehrbeanspruchung bestehender Verkehrsanlagen wahrnehmbar stärkere Lärmimmissionen erzeugen. Der Wiederaufbau von Anlagen gilt in jedem Fall als wesentliche Änderung.
> Wird eine bestehende ortsfeste Anlage geändert, die nach Inkrafttreten der Verordnung errichtet worden ist, so gilt Artikel 7.»

Der soeben erwähnte Art. 7 der Verordnung lautet wie folgt:

> «Art. 7
> Emissionsbegrenzung bei neuen ortsfesten Anlagen
> Die Lärmimmissionen einer neuen ortsfesten Anlage müssen nach den Anordnungen der Vollzugsbehörde so weit begrenzt werden:
> a) als dies technisch und betrieblich möglich sowie wirtschaftlich tragbar ist und
> b) dass die von der Anlage allein erzeugten Lärmimmissionen die Planungswerten nicht übersteigen.
> Die Vollzugsbehörde gewährt Erleichterungen, soweit die Einhaltung der Planungswerte zu einer unverhältnismässigen Belastung für die Anlagen führen würde und ein überwiegendes öffentliches Interesse an der Anlage besteht. Die Immissionsgrenzwerte dürfen jedoch nicht überschritten werden.»

4090 Gemäss BGE 123 II 325 ff (Murten/FR, betr. Tea-Room) ist für die Unterscheidung Altanlage/neu errichtete Anlage entgegen der Lärmschutzverordnung nicht auf den hier genannten 1. April 1987, sondern auf das Inkrafttreten des USG am 1. Januar 1985 als Stichtag abzustellen; insoweit ist die Verordnung gesetzwidrig.

4091 In diesen beiden Artikeln wird auf interessante Weise versucht, rechtlich differenziert zur Regelung bei Um-, Auf- und Anbauten, Umgestaltungen, Wiederaufbauten und

Anschlussbauten sowie Umnutzungen, unter Berücksichtigung des Errichtungsdatums Stellung zu beziehen.

Kasuistik hiezu: **4092**
- BGE 115 Ib 456 ff (Schmitten/FR, betr. Schreinereibetrieb);
- ZH-Verwaltungsgerichtsentscheid vom 14. Oktober 1990 (BEZ 1990 Nr. 27, Werkplatz und Ausbau des Schopfes neue oder alte Anlage?);
- BGE 119 Ib 480 ff (Schwerzenbach/ZH, Erfordernis eines Massnahmenplans, wenn bei einem Differenzwiederbau von 203 vorgesehenen Autoabstellplätzen 66 verweigert werden sollen);
- BGE 120 Ib 456 (Hägendorf/SO, betr. Erweiterung einer Schulanlage: Für die Ausarbeitung einer Lärmprognose darf keine Aufspaltung in Altbaute und neue Anlage vorgenommen werden);
- Entscheid des AG-Regierungsrates vom 5. Dezember 1994 (betr. Installierung einer neuen Druckmaschine, ZBl 1996 S. 119 f: Es ist nicht auf die Emissionsfracht unmittelbar nach Vornahme einer Änderung, sondern auf diejenige der maximal zu erwartenden der erweiterten Anlage abzustellen).

B. Zu USG Art. 17

Dieser Artikel mit dem Randtitel «Erleichterungen im Einzelfall» statuiert im ersten Abschnitt: **4093**

> «Art. 17
> Wäre eine Sanierung nach Artikel 16 Absatz 2 im Einzelfall unverhältnismässig, gewähren die Behörden Erleichterungen.»

Es ist dies eine Art Ausnahmebewilligungskompetenz, allerdings nicht als Kann-, sondern als Muss-Vorschrift gebildet. Indem sie an die Unverhältnismässigkeit anknüpft, statuiert sie eigentlich nichts, was nicht von Verfassungs wegen gälte (Rz 1008 ff). Doch hat dies der Gesetzgeber kaum genau so gemeint; er wollte wohl noch zusätzliche Erleichterungen gewährt haben. Im zweiten Absatz wird dann allerdings eine Limite dafür gesetzt, wie weit dabei gegangen werden darf: Die Immissionsgrenzwerte für die Luftverunreinigung und Erschütterungen sowie der Alarmwert für Lärmimmissionen dürfen nicht überschritten werden. Es wird zwischen folgenden drei Werten unterschieden: Planungswert, Immissionsgrenzwert und Alarmwert; Letzterer ist der höchste.

C. Zu USG Art. 18

Dieser Artikel mit dem Randtitel «Umbau und Erneuerung sanierungsbedürftiger Anlagen» statuiert im ersten Absatz: **4094**

> «Art. 18
> Eine sanierungsbedürftige Anlage darf nur umgebaut oder erweitert werden, wenn sie gleichzeitig saniert wird.»

Was unter «Anlage» zu verstehen ist, ergibt sich aus Rz 4084. Auch hier ist die «Sanierungsbedürftigkeit» eine Rechtswidrigkeit nach Rz 302 ff. Der Umbaubegriff umfasst wohl die in Rz 179 dargelegten, aber auch die zu keiner kubischen Vergrösserung führende Umgestaltung nach Rz 200 ff; «Erweiterungen» umfassen Auf-, An- und Subbauten nach Rz 180 ff sowie zu kubischen Vergrösserungen führende Umgestaltungen, Wiederauf-, Anschluss-, Dependenz- und Dislokationsbauten nach Rz 200–208.

Im Unterschied zu USG Art. 16 I (Rz 4084 ff) geht es hier um die bedingte Anpassungspflicht im Sinne von Rz 446 ff, 450 ff, wohl ebenfalls als enge und weite, annäherungs- und erfüllungsweise im Sinne von Rz 455 ff. USG Art. 18 I reduziert die Aussage von USG Art. 16 I keineswegs von einer unbedingten zu einer bedingten Anpassungspflicht. Vielmehr ist er auf die zwar ebenfalls, aber weniger dringend sanierungsbedürftigen «Anlagen» zugeschnitten. Daneben gilt für alles, was der Gebäudeeigentümer bzw. der Bewerbsträger von sich aus neu machen will, das Vorsorgeprinzip im Sinne von USG Art. 11 II: Unabhängig von der bestehenden Umweltbelastung sind Emissionen im Rahmen der Vorsorge so weit zu begrenzen, als dies technisch und betrieblich tragbar ist. Es ist dies ein Fall einer weitreichenden Gleichstellung mit dem Neubewerbsrecht im Sinne von Rz 805 f.

Im zweiten Absatz von Art. 18 wird die Gewährung der in USG Art. 17 ermöglichten Erleichterungen für den Gebäudeeigentümer bzw. den Bewerbsträger wieder etwas zurückgenommen.

D. Zu USG Art. 20

4095 1. Dieser Artikel mit dem Randtitel «Schallschutz bei bestehenden Gebäuden» statuiert:

«Art. 20
Lassen sich die Lärmimmissionen auf bestehende Gebäude in der Umgebung von bestehenden Strassen, Flughäfen, Eisenbahnanlagen oder anderen öffentlichen oder konzessionierten ortsfesten Anlagen durch Massnahmen bei der Quelle nicht unter den Alarmwert herabsetzen, so werden die Eigentümer der betroffenen Gebäude verpflichtet, Räume, die dem längeren Aufenthalt von Personen dienen, mit Schallschutzfenstern zu versehen oder durch ähnliche bauliche Massnahmen zu schützen.
Der Eigentümer der lärmigen ortsfesten Anlagen tragen die Kosten für die notwendigen Schallschutzmassnahmen, sofern sie nicht nachweisen, dass zum Zeitpunkt der Baueingabe des betroffenen Gebäudes:
a) die Immissionsgrenzwerte schon überschritten wurden, oder
b) die Anlageprojekte bereits öffentlich aufgelegt waren.»

4096 2. a) Es handelt sich hier nur, aber immerhin, um Lärm, nicht auch um üble Gerüche, Gase usw.

Als «Quelle» kommen in Betracht: stark befahrene Strassen, Flughäfen, Eisenbahnanlagen und «andere öffentliche oder konzessionierte ortsfeste Anlagen», zB Seilbahnen, Skilifte, Bergwerke.

Unter «Räumen, die dem längeren Aufenthalt von Personen dienen», sind Lokalitäten zu verstehen, in welchen gewohnt oder zu Erwerbszwecken gearbeitet wird.

Im Vordergrund steht die Anbringung von Schallschutzfenstern. Bei den erwähnten «ähnlichen baulichen Massnahmen» ist wohl in erster Linie an Schallschutzwände zu denken.

4097 b) Hier handelt es sich um eine Vorschrift, welche im Baurecht kaum ein Vorbild hat. Ihre Eigenart besteht darin, dass bauliche Massnahmen vom Eigentümer eines Gebäudes vorgenommen werden müssen, welches baulich und hinsichtlich Bewerb jetzt zwar sanierungsbedürftig und damit rechtswidrig ist, dies aber weder die Folge irgendeiner eigenen Übertretung noch einer Revision von Gesetzen oder Verordnungen ist, sondern allein darauf zurückgeführt werden kann, dass in der «Umgebung», Nachbarschaft das Gemeinwesen oder ein von diesem konzessionierter Bauaktiver eine Anlage erstellt hat oder erstellen will, von welcher übermässige Lärmimmissionen ausgehen (Rz 478). Darüber, wer die Kosten der baulichen Massnahmen trägt, ist damit noch nicht gesagt. Bezüglich der Begriffe «Störer» und «Gestörter» siehe Rz 353 und 443 f.

Im Regelfall muss im Baurecht derjenige, welcher der Eigentümer des zu ändernden Gebäudes ist und eine bauliche Vorkehrung vorzunehmen hat, auch deren Kosten tragen. Hier gilt jedoch, nach dem Verursacherprinzip, dass grundsätzlich der «Eigentümer der lärmigen ortsfesten Anlage» die Kosten tragen muss. Dies trifft jedoch dann nicht zu, wenn der von der Pflicht, Schallschutzfenster oder ähnliche Massnahmen anzubringen, betroffene Gebäudeeigentümer die missliche Lage selbst verschuldet hat, indem er das Gebäude erstellen liess, obwohl hier die Immissionsgrenzwerte schon überschritten und/oder obwohl das Anlageprojekt bereits öffentlich aufgelegt war. Hier stellen sich dann Fragen der Beweislast (Rz 722 ff). 4098

c) An Entscheiden über die Tragung der Kosten der Anbringung von Schallschutz- 4099
fenstern sind zu nennen:

– Entscheid des ZH-Verwaltungsgerichtes vom 8. Oktober 1992 (BEZ 1993 Nr. 4);
– BGE 122 II 33–46 (Grenchen/SO, entlang bestehenden Strassen).

Die Mehrkosten wegen Anbringung von Schallschutzfenstern bei Neubauten gehen jedoch zulasten des Bauaktiven, zumindest einstweilen (BGE 1.A.33/1993, nicht publiziert).

E. Zu USG Art. 30

Dieser Artikel mit dem Randtitel «Grundsatz» lautet wie folgt: 4100

> «Art. 30
> Die Erzeugung von Abfällen soll soweit möglich vermieden werden.
> Abfälle müssen soweit möglich verwertet werden.
> Abfälle müssen umweltverträglich und, soweit es möglich und sinnvoll ist, im Inland entsorgt werden.»

Weitere Regelungen zu diesem Thema folgen in den Art. 30a–h sowie 31–32e samt zuge- 4101
hörigen Verordnungen.

Abfälle werden nicht nur bei jedem Bauen und Abbrechen von Gebäuden, sondern auch während des Bewerbes derselben laufend erzeugt. Insoweit gehört diese Regelung auch zum deklariert postfiniten Baurecht. Genauere Vorschriften hiezu enthält die Technische Verordnung über Abfälle vom 10. Dezember 1990 (SR 814.015). Ein Abfall besonderer Art ist der Aushub von Erdreich, wo früher mit Erdöl, Benzin, giftigen Stoffen gearbeitet worden ist und diese in den Boden eingedrungen sind (sog. Altlasten).

Zum Zürcher Recht siehe auch die Bemerkungen bezüglich Abfallgesetz in Rz 3178, 4102
bezüglich Abfällen bei Abbrüchen gemäss PBG § 239 in Rz 2069 f sowie bezüglich Abstellplätzen für die Kehrichtbeseitigung gemäss PBG § 249 in Rz 2228.

Weiteres deklariert postfinites Baurecht des Bundes

I. Geltendes Recht

A. Allgemeines

4103 Ausser im RPG und in der Gewässerschutz- und Umweltschutzgesetzgebung findet sich verstreut auf verschiedene Stellen des Bundesrechtes noch weiteres deklariert postfinites, Gebäude und deren Bewerb betreffendes Baurecht. Im Unterschied zum RPG sowie Gewässerschutz- und Umweltschutzgesetz beziehen sich diese Vorschriften aber nicht auf alle Gebäude in der ganzen Schweiz oder doch im weitaus grössten Teil davon (ausserhalb der Bauzonen), sondern nur auf einzelne Arten von ihnen oder nur auf einzelne Elemente davon, zB nur auf Gebäude an besonderen Stellen (zB Eisenbahngesetz auf Gebäude im Bereich von Eisenbahnanlagen [Rz 4114]; Nationalstrassengesetz auf Gebäude im Bereich von Nationalstrassen [Rz 4116], Zivilschutzbautengesetz auf Gebäude in nicht von der Baupflicht ausgenommenen Gemeinden [Rz 4118]; Enteignungsgesetz auf Gebäude im Bereich des freihändig nicht erwerbbaren Landes für öffentliche Werke [Rz 4134]), mit besonderen Eigenschaften (Natur- und Heimatschutzgesetz auf Gebäude von denkmalschützerischen Wert [Rz 4104], Landwirtschaftsgesetz auf Gebäude zum Zwecke der Landwirtschaft [Rz 4109 f]; Arbeitsgesetz auf Gebäude zum Zwecke von Industrie, Gewerbe und Handel [Rz 4120], Beseitigung der baulicher Benachteiligung von Behinderten [Rz 4138]) oder auf besondere Elemente von Gebäuden (Schwach- und Starkstromgesetz auf die elektrischen Installationen in Gebäuden [Rz 4123], Energienutzungsbeschluss [Rz 4126], Postverordnung [Rz 4136]) oder auf Bauten ganz eigener Art (Atomgesetz [Rz 4131], Wohnbau- und Eigentumsförderungsgesetz [Rz 4133], Luftfahrtsgesetz [Rz 4135], Lebensmittelgesetz [Rz 4137]). Tierhaltung (Rz 4113a), Liftanlagen (Rz 4138), Grundstückerwerb durch Personen im Ausland (Rz 4138a).

B. Zu den einzelnen Gesetzen

1. Zum Bundesgesetz über den Natur- und Heimatschutz vom 1. Juli 1966

4104 a) Gemäss dem auf BV Art. 24^{sexies} (Sitz der Materie in der neuen BV Art. 78) abgestützten Bundesgesetz über den Natur- und Heimatschutz vom 1. Juli 1966, mehrfach revidiert[1], Art. 15 und 16, kann der Bund bzw. das Eidgenössische Departement des Inneren «Naturlandschaften, geschichtliche Stätten oder Natur- und Kulturdenkmäler von nationaler Bedeutung», worunter auch Gebäude fallen können, «vertraglich oder wenn dies nicht möglich ist, auf dem Weg der Enteignung erwerben oder sichern» bzw. «durch befristete Massnahmen unter den Schutz des Bundes stellen und die nötigen Sicherungen (zur) Erhaltung anordnen», wenn «unmittelbare Gefahr» droht. Dabei sind die zugehörige Verordnung vom 16. Januar 1996 sowie die weitere Verordnung über das Bundesinventar

---

[1] SR 451. Peter M. Keller/Jean-Baptiste Zufferey/Karl Ludwig Fahrländer, Kommentar hiezu.

der schützenswerten Ortsbilder der Schweiz (ISOS) vom 9. September 1981², beide mehrfach revidiert, zu beachten.

b) Wichtig sind hier vor allem Abbruch- und Hinzubauverbote. Die Gründe, welche in Rz 1843 f im Hinblick auf das zürcherische Natur- und Heimatschutzgesetz für den Verzicht auf eine detaillierte Darstellung angegeben wurden, treffen auch hier zu.   4105

c) Einer unter dem Gesichtspunkt des deklariert postfiniten Baurechtes besonderen Erwähnung bedarf hier jedoch der durch die sogenannte Rothenturm- oder Moorschutz-Initiative veranlasste, mit ihrer Annahme in der Abstimmung vom 6. Dezember 1987 in die Bundesverfassung eingefügte *Art. 24^{sexies} V* wegen der zugehörigen *Übergangsbestimmung*³ (Sitz der Materie, allerdings nur in reduziertem Umfang, in der neuen BV Art. 78 V); diese lautet wie folgt: 4106

> «Anlagen, Bauten und Bodenveränderungen, welche dem Zweck der Schutzgebiete widersprechen und nach dem 1. Juni 1983 erstellt werden, insbesondere in der Moorlandschaft von Rothenthurm auf dem Gebiet der Kantone Schwyz und Zug, müssen zu Lasten der Ersteller abgebrochen und rückgängig gemacht werden. Der ursprüngliche Zustand ist wieder herzustellen.»

Diese Regelung bezieht sich auch auf Gebäude. Es handelt sich hier um eines der seltenen Fälle von Verboten des Fortbestehenlassens rechtmässig erstellter Gebäude. Rechtmässig erstellt sind aber nicht nur diejenigen, welche vor dem 1. Juni 1983, sondern auch diejenigen, welche zwischen diesem Datum und der Abstimmung vom 6. Dezember 1987 errichtet worden sind; denn diesem Verfassungszusatz kommt keine Verbotswirkung als solche auf die Zeit vor seiner Annahme zu. Durchgreifender geht es nun wirklich nicht mehr. Das Gebot der umfassenden Interessenabwägung (Rz 885 f) kann auch hier nicht einfach ausgeschaltet werden⁴.

d) Eng mit dieser Problematik verbunden und zudem das Problem der Vollstreckung gegenüber baurechtswidrigen Gebäuden (Rz 738 f) detailliert regelnd sind sodann die drei folgenden, mit der Revision vom 24. März 1995 in das Bundesgesetz eingeführten Vorschriften; sie gelangen deshalb hier wörtlich zur Wiedergabe.   4107

---

² SR 451.1 und 451.12. Siehe ferner bezüglich Landschaften, Naturdenkmälern, Auengebieten, (Hoch-, Flach- und Übergangs-) Mooren und Moorlandschaften SR 451.11, 451.31, 451.32, 451.33, 451.35.
³ Siehe hiezu: Bernhard Waldmann, Der Schutz von Mooren und Moorlandschaften, Diss., Freiburg 1997, sowie derselbe mit gleichem Titel in BR 1994 S. 95 ff.
⁴ BGE 123 II 252 Erw. 3 (Rossboden-Oberägeri/ZG) lehnt allerdings eine Abwägung zwischen dem Moorschutzinteresse und den Eigentümerinteressen grundsätzlich ab, weil bereits die Bundesverfassung die Abwägung vorgenommen habe. Alfred Kölz scheint gemäss NZZ vom 17. Januar 1997 in einem Gutachten sogar von einem hier geltenden Verbot der Interessenabwägung zu sprechen. Peter Karlen, Raumplanung und Umweltschutz. Zur Harmonisierung zweier komplexer Staatsaufgaben, ZBl 1998 S. 143, 155 f und FN 46, bemerkt aber m.E. zu Recht, dass wegen der hier vorkommenden, «unbestimmten Rechtsbegriffe ... doch gewisse Ermessensspielräume, in deren Rahmen auch andere räumliche Interessen Berücksichtigung finden, (verbleiben)»; die Absolutsetzung des Moorschutzes wird von Peter Karlen abgelehnt. Siehe auch BGE vom 26. Februar 1999 (Hochmoor Finsterwald, in: ZBl 2000 S. 430 ff).

Im Abschnitt 3a mit der Überschrift «Moore und Moorlandschaften von besonderer Schönheit und von nationaler Bedeutung»:

«Art. 23d
Gestaltung und Nutzung der Moorlandschaft
Die Gestaltung und die Nutzung der Moorlandschaften sind zulässig, soweit sie der Erhaltung der für die Moorlandschaften typischen Eigenheiten nicht widersprechen.
Unter der Voraussetzung von Absatz 1 sind insbesondere zulässig:
a) die land- und forstwirtschaftliche Nutzung;
b) der Unterhalt und die Erneuerung rechtmässig erstellter Bauten und Anlagen;
c) Massnahmen zum Schutz von Menschen vor Naturereignissen;
d) die für die Anwendung der Buchstaben a–c notwendigen Infrastrukturanlagen.»

Im 5. Abschnitt mit der Überschrift «Strafbestimmungen»:

«Art. 24c
Wiederherstellung des rechtmässigen Zustandes
Wer ein aufgrund dieses Gesetzes geschütztes Natur- oder Kulturdenkmal, eine geschützte geschichtliche Stätte, eine geschützte Naturlandschaft, ein geschütztes Biotop oder geschützte Ufervegetation beschädigt, kann unabhängig von einem Strafverfahren verpflichtet werden:
a) die widerrechtlich getroffenen Massnahmen rückgängig zu machen;
b) die Kosten zu übernehmen, die aus der Beseitigung des Schadens entstehen;
c) angemessenen Ersatz zu leisten, wenn die Wiederherstellung nicht möglich ist.»

Im 6. Abschnitt mit der Überschrift «Schlussbestimmungen»:

«Art. 25b
Wiederherstellung von Mooren und Moorlandschaften
Die Kantone bezeichnen die Anlagen, Bauten und Bodenveränderungen, die nach dem 1. Juni 1983 innerhalb von Mooren und Moorlandschaften von besonderer Schönheit und von nationaler Bedeutung erstellt wurden, den Schutzzielen widersprechen und nicht gestützt auf Nutzungszonen, welche dem Raumplanungsgesetz entsprechen, rechtskräftig bewilligt worden sind.
In der Moorlandschaft von Rothenthurm bezeichnen die Kantone Schwyz und Zug die Anlagen, Bauten und Bodenveränderungen, welche nach dem 1. Juni 1983 erstellt wurden und unter die Übergangsbestimmung von Artikel 24^{sexies} Absatz 5 der Bundesverfassung fallen.
Die Wiederherstellung des ursprünglichen Zustandes wird von derjenigen kantonalen oder eidgenössischen Behörde verfügt, die für den Entscheid über die Bewilligung oder die Ausführung entsprechender Vorhaben zuständig wäre. Bei der Wiederherstellung des ursprünglichen Zustandes ist das Prinzip der Verhältnismässigkeit zu beachten.»

4108 Der Bundesgesetzgeber ist mit diesen Artikeln der ihm von der Bundesverfassung gesteckten Aufgabe nicht voll gerecht geworden, was allerdings wegen BV Art. 113 III (Sitz der Materie in der neuen BV Art. 191) rechtlich keine Konsequenzen hat[5].

2. Zum Bundesgesetz über die Landwirtschaft vom 24. April 1998 und zum Bundesgesetz über das bäuerliche Bodenrecht vom 4. Oktober 1993

4109 a) Das erstgenannte Gesetz (SR 910.1) ist auf BV Art. 31bis, 31^{octies}, 32 und 64bis abgestützt, das zweitgenannte (SR 211.412.11) auf BV Art. 22ter, 31^{octies} und 64 (in der neuen

---

[5] Bernhard Waldmann, S. 283 ff. Siehe auch BGE 117 Ib 243 f (Zweckverband Wasserversorgung Rothenthurm, Biberbrugg) und 123 II 248, 252 f (Rossboden-Oberägeri/ZG, anstelle Stall Wiederbau von Scheune zu Wohnzwecken).

BV Art. 103 f und 122). Letzteres ist weitgehend ein «Rechtsverkehrgesetz». Beide zusammen bilden etwas wie eine Magna Charta für den schweizerischen Bauernstand[6]. Das vorherige Landwirtschaftsgesetz vom 3. Oktober 1951 und das jetzige enthalten nur wenig deklariert postfinites Baurecht. Zu erwähnen ist der am 22. Juni 1979 eingefügte und am 19. Dezember 1986 revidierte Art. 19d des früheren Landwirtschaftsgesetzes, welcher wie folgt lautete:

> «Der Bundesrat kann die Erstellung neuer sowie den Umbau und die Erweiterung bestehender Ställe (Stallbauten) für bestimmte Tierarten der Bewilligungspflicht unterstellen. Stallbauten für kleine Tierbestände sind davon befreit. Diese Bestimmungen gelten auch für die Umstellung der Tierhaltung in bestehenden Ställen, wie der Wechsel von der Milch- auf die Fleischproduktion oder von der Aufzucht zur Masttierhaltung.»

Aus dem jetzigen Landwirtschaftsgesetz ist zu erwähnen:

> «Art. 96
> Landwirtschaftliche Gebäude
> Der Bund gewährt pauschale Beiträge für den Neubau, Umbau und die Verbesserung der landwirtschaftlichen Gebäude.
> Beiträge für einzelbetriebliche Ökonomiegebäude werden gewährt, wenn der Eigentümer oder die Eigentümerin das landwirtschaftliche Gebäude selbst bewirtschaftet.
> Beiträge an Ökonomie- und Alpgebäude können auch Pächtern und Pächterinnen gewährt werden, wenn ein Baurecht begründet wird. Der Bundesrat legt die Voraussetzungen fest.»

Beim Landwirtschaftsgesetz geht es zum weitaus grössten Teil um einen ausserhalb von Gebäuden stattfindenden Bewerb. Doch bezieht es sich auch auf das Wohnen der Landwirtschaft Betreibenden (Wohnraum), die Unterbringung von Tieren (Ställe), die Lagerung landwirtschaftlicher Produkte (Scheunen), die bodenunabhängige Produktion in Gebäuden. Hier trifft man auf Spezifizierungen, wie sie im Baurecht in einem so hohen Differenzierungsgrad in diesem Umfang sonst nirgends vorkommen. Es geht um Tatbestandselemente wie Tierarten und -zahl, Milch- und Fleischproduktion, Aufzucht und Masttierhaltung, Ackerbau, Eier- und Futterproduktion, Stallgestaltung (Rz 4113a), rationelle Betriebsführung, Nebenverdienst, ausreichendes Einkommen, langfristige Existenzsicherung, längerfristige Bedarfsgrösse, Aufstockungswürdigkeit, bäuerliche Klein- und Mittelbetriebe, ferner um Rechtsfolgeelemente wie Abgabepflichten, Subventionen, Änderung der Voraussetzungen, unter welchen bewilligt worden ist usw. Es könnten hieran fast sämtliche Sorgen und Probleme des schweizerischen Landwirtschaftsrechtes, aber auch des postfiniten Baurechtes abgehandelt werden. Auf deren auch nur andeutungsweise Darstellung muss verzichtet werden. 4110

b) Wegen der bleibenden Bedeutung, welche die vom Bundesrat am 13. April 1988, in Revision einer älteren Verordnung festgesetzte Verordnung über die Bewilligung von Stallbauten (AS 1977 2391, 1979 2084, 1988 649, SR 916.016) später für die Klärung der Ausdrücke «Zonengemässheit» und «Standortgebundenheit» «Aufstockung» im RPG erlangt hat (Rz 3822 f, 3981 f), sei noch kurz hierauf eingetreten, auch wenn sie am 4111

---

[6] Vorläufer des zweitgenannten Gesetzes war das Bundesgesetz über die Erhaltung des bäuerlichen Grundbesitzes vom 12. Juni 1951. Siehe auch Meinrad Huser, Die bauliche Nutzung im Nichtbaugebiet, ein Beitrag zur Schnittstelle zwischen Raumplanungsrecht und bäuerlichem Bodenrecht, in: BR 1999 Heft S. 38.

31. Dezember 1994 ausser Kraft getreten ist und bis jetzt noch keinen Nachfolger gefunden hat. Bemerkenswert ist für die vorliegende Arbeit die Definition der Ausdrücke «Reparatur», «Umbau» und «Ersatzbau» in Art. 3, «bisher gehaltener Tierbestand» in Art. 5, «Aufstockung» in Art. 6, «Umstellung der Tierhaltung» in Art. 7 und «Betriebseinkommen» in Art. 9. Ferner ist Art. 13 baurechtlich wichtig, wo die Voraussetzungen für die Erlaubnis einer «Aufstockung» aufgezählt werden. Kriterien sind hiebei die «Einkommensgrenze» (seit 1993 Fr. 130'000.– jährlich) sowie die «Struktur des Betriebseinkommens» (mindestens 50% aus bodenabhängigen Produktionszweigen; bis 1988 kam es auch noch darauf an, ob ein «zumutbarer Anteil offener Ackerfläche» vorlag).

4112   Das Verhältnis zwischen dem Landwirtschaftsgesetz und dem RPG ist ausserordentlich komplex, nicht zuletzt wegen der Auswirkungen bezüglich des Bundesgesetzes über das bäuerliche Bodenrecht. Vereinfacht ausgedrückt geht es beim Landwirtschaftsgesetz vor allem um das Was des Bewerbes, während beim RPG das Wo desselben im Vordergrund steht. Eine eingehende Erörterung findet sich in dem in FN 6 zitierten Artikel von Meinrad Huser.

4113   Bemerkenswert ist die – allerdings noch zur Zeit der Geltung des früheren Landwirtschaftsgesetzes ergangene – Äusserung in BGE 113 Ib 303, 305 (Richterswil/ZH, aus einem Gebäude für Schweinezucht wurde ein solches mit Lagerräumen und Büro), wonach «zwischen dem Landwirtschaftsgesetz und dem Raumplanungsgesetz ... keinerlei Hierarchie (besteht)».

Zum Landwirtschaftsrecht des Kantons Zürich siehe Rz 3181.

3.   Zum Tierschutzgesetz vom 9. März 1978

4113a   Es geht hier (SR 455 und 455.1) um die artgerechte Haltung von Rindern, Schweinen und Hühnern in Ställen. Hieraus können sich indirekt Abbruch-, Hinzubau-, Fortbestehenlassensgebote und -verbote ergeben[7].

4.   Zum Eisenbahngesetz vom 20. Dezember 1957

4114   a)   Dieses auf BV Art. 26 (Sitz der Materie in der neuen BV Art. 87) abgestützte Gesetz (SR 725.11) regelt in Art. 18 «die Erstellung und Änderung von Bauten und Anlagen», «die ganz oder überwiegend dem Bahnbetrieb dienen» sowie in Art. 18b «die Erstellung und Änderung von anderen Bauten und Anlagen». Hier geht es jedoch in erster Linie um Anlagen und nicht um Gebäude, schon gar nicht um gewöhnliche Gebäude, wie Wohngebäude, landwirtschaftliche Gebäude usw., sondern höchstens um Bahnhofgebäude, Stellwerkgebäude usw. Hierauf wird deshalb nicht näher eingetreten. Vgl. allerdings die politisch hochbrisante Einrichtung von Läden in Bahnhöfen, eine typische Bewerbsthematik. Man denke an die Auseinandersetzung um die Ladenöffnungszeiten[8].

4115   b)   Um Wohngebäude, landwirtschaftliche Gebäude usw. geht es jedoch in den Art. 18c I und 18f im 4. Abschnitt mit der Überschrift «Planung, Bau und Betrieb»:

---

[7]   Siehe die differenzierte Regelung der Anpassung bestehender Ställe an das neue Recht in Art. 73–77 der Verordnung (vgl. den Entscheid des AG-Regierungsrates vom 2. Juli 1997, ZBl 1998 S. 583).

[8]   Siehe bezüglich Stadt Zürich: Hauptbahnhof und Stadelhofen: BGE 116 Ib 344 f und 122 II 265 ff.

«Art. 18c
Wirkung (nämlich von Projektierungszonen)
(Abs. I:) Es dürfen keine baulichen Veränderungen in den Projektierungszonen vorgenommen werden, die deren Zweck widersprechen. Ausgenommen sind Vorkehren, die dem Unterhalt oder der Beseitigung von Gefahren und schädlichen Einwirkungen dienen. In Ausnahmefällen können weitergehende Vorkehren gestattet werden, wenn der Eigentümer auf jede spätere Entschädigung des entstandenen Mehrwertes verzichtet.»

Es handelt sich hier um eine Regelung, zu welcher im Wesentlichen dasselbe zu sagen ist wie im Zürcher Recht zu PBG § 346 (Planungszonen, Rz 2598 f).

«Art. 18f
Wirkung (nämlich der Baulinien)
(Abs. I:) Zwischen Baulinien sowie zwischen Baulinie und Bahnanlage dürfen keine baulichen Veränderungen oder sonstigen Vorkehrungen vorgenommen werden, die dem Zweck der Baulinie widersprechen. Ausgenommen sind Vorkehren, die dem Unterhalt oder der Beseitigung von Gefahren und schädlichen Einwirkungen dienen. In Ausnahmefällen können weitergehende Vorkehren gestattet werden, wenn der Eigentümer auf jede spätere Entschädigung des entstandenen Mehrwertes verzichtet.»

Es handelt sich hier um eine Regelung, zu welcher im Wesentlichen dasselbe zu sagen ist wie im Zürcher Recht zu PBG § 101 (Baulinien, Rz 1751 f).

5. Zum Bundesgesetz über die Nationalstrassen vom 8. März 1960

Dieses auf BV Art. 36bis (Sitz der Materie in der neuen BV Art. 83) abgestützte Gesetz (SR 725.11) regelt in erster Linie die Erstellung des Strassenkörpers und die Änderungen desselben. Das gehört nicht zum Gegenstand der vorliegenden Arbeit. Auf Gebäude und den Bewerb derselben beziehen sich in postfiniter Hinsicht jedoch die Art. 15 f im 2. Abschnitt mit der Überschrift «Bau der Nationalstrassen», im Unterabschnitt A. mit der Überschrift «Planung und generelle Projektierung» und Art. 23 f im Unterabschnitt B. mit der Überschrift «Ausführungsprojekte»[9]:

4116

«Art. 15
Wirkungen (nämlich der Projektierungszonen)
Innerhalb der Projektierungszonen dürfen ohne Bewilligung keine Neubauten oder wertvermehrenden Umbauten ausgeführt werden. Der Bundesrat kann weitere, den künftigen Landerwerb erschwerende oder verteuernde Verfügung über das Grundeigentum der Bewilligungspflicht unterstellen. Unabhängig von der Einleitung oder dem Ausgang eines Strafverfahrens können die Kantone auf Kosten des Widerhandelnden die nötigen Massnahmen zur Wiederherstellung des rechtmässigen Zustandes treffen.

Art. 16
Gründe zur Erteilung von Baubewilligungen, Zuständigkeit
Bauliche Massnahmen innerhalb der Projektierungszonen können bewilligt werden, wenn sie den Strassenbau nicht erschweren oder verteuern und die Festlegung der Baulinien nicht beeinträchtigen. Über Baugesuche entscheiden unter Vorbehalt von Absatz 3 die von den Kantonen bezeichneten Behörden. Die Baubewilligung bedarf zu ihrer Gültigkeit der Genehmigung des Eidgenössischen (Verkehrs- und Energiewirtschafts-)departementes.
Über Baugesuch von Bundesstellen und Eisenbahnen befindet der Bundesrat.»

---

[9] Diese Vorschriften sind weitgehend durch das kantonale Recht inspiriert.

4117 Es handelt sich hier um eine Regelung, zu welcher im Wesentlichen dasselbe zu sagen ist wie im Zürcher Recht zu PBG § 346 (Planungszonen, Rz 2598 f).

> «Art. 23
> Wirkungen (nämlich der Baulinien)
> Zwischen den Baulinien dürfen ohne Bewilligung weder Neubauten erstellt noch Umbauten vorgenommen werden, auch wenn diese von der Baulinie nur angeschnitten werden. Bauarbeiten, die zum Unterhalt eines Gebäudes notwendig sind, gelten nicht als Umbauten im Sinne dieser Bestimmung.
> (Abs. II wie in Art. 15)
>
> Art. 24
> Gründe zur Erteilung von Baubewilligungen, Zuständigkeit
> Bauliche Massnahmen innerhalb der Baulinien sind unter Vorbehalt strengerer Bestimmungen des kantonalen Rechts zu bewilligen, wenn die gemäss Artikel 22 zu wahrenden öffentlichen Interessen[10] nicht verletzt werden.
> (Abs. II und III wie in Art. 16)»

Es handelt sich hier um Regelungen, zu welchen im Wesentlichen dasselbe zu sagen ist wie im Zürcher Recht zu PBG § 101 (Baulinien, Rz 1751 f).

6. Zum Bundesgesetz über die baulichen Massnahmen im Zivilschutz vom 4. Oktober 1963

4118 Dieses auf BV Art. 22bis (Sitz der Materie in der neuen BV Art. 61) abgestützte Gesetz (SR 520.2) enthält, wie schon sein Vorläufer, eine eigene Welt von Baurecht von erheblicher finanzieller Tragweite für die Bauaktiven und die Gebäudeeigentümer[11]. Dass deren Vorschriften nicht nur bei primären Neubauten, sondern auch bei baulichen Änderungen sowie bei sekundären Neubauten zum Zuge kommen, und zwar nicht nur novenbezogen, sondern auch mit (enger und weiter annäherungs- und erfüllungsweiser) Anpassungspflicht, ferner bezüglich Unterhalt und Bewerb steht fest. Sprachlich gelangt Ersteres jedoch nur ziemlich unüblich zum Ausdruck, nämlich indem von «wesentlichen Anbauten» (vgl. Gesetz Art. 2 II, Verordnung Art. 2), «Anbau von Spitälern» (Gesetz Art. 3 I) gesprochen wird. Weder Um-, Auf-, Subbauten noch Umgestaltungen, Wieder-, Dependenz- oder Dislokationsbauten sind aber erwähnt.

4119 Die Kantone können Gemeinden von der sich aus diesem Gesetz ergebenden Baupflicht befreien, wenn Bedeutung und Lage der Gemeinde eine solche Ausnahme rechtfertigen. Es handelt sich hier vorwiegend um Hinzubaugebote, und zwar in der Gestalt von bedingten (engen und weiten, annäherungs- und erfüllungsweisen) Anpassungspflichten. Dies ist eine im Baurecht sonst nur bezüglich der Pflicht zur Erstellung von Autoabstellplätzen vorkommende Regelung (Rz 2112 f), nämlich diejenige der Möglichkeit der Befreiung von der Pflicht durch Leistung einer Ersatzabgabe. Hierauf wird hier nicht im Einzelnen eingetreten.

---

[10] Namentlich «die Anforderungen der Verkehrssicherheit und der Wohnhygiene sowie ... die Bedürfnisse eines allfälligen künftigen Ausbaues der Strasse».

[11] Siehe auch die Verordnung vom 27. November 1978 (SR 520.21).

3. Kapitel Zweiter Abschnitt

7. Zum Bundesgesetz über die Arbeit in Industrie, Gewerbe und Handel (Arbeitsgesetz) vom 13. März 1964

In diesem auf BV Art. 34 (Sitz der Materie in der neuen BV Art. 110) abgestützte Gesetz (SR 822.11) wird statuiert[12]:

4120

«Art. 7
Plangenehmigung und Betriebsbewilligung
Wer einen industriellen Betrieb errichten oder umgestalten will, muss bei der kantonalen Behörde um die Genehmigung der geplanten Anlage nachsuchen. Diese holt den Bericht des Eidgenössischen Arbeitsinspektorats und durch dessen Vermittlung den Mitbericht der Schweizerischen Unfallversicherungsanstalt ein. Die im Bericht und Mitbericht ausdrücklich als Weisungen bezeichneten Anträge werden von der kantonalen Behörde als Auflagen in die Plangenehmigung aufgenommen. Entspricht die geplante Anlage den Vorschriften, so genehmigt die kantonale Behörde die Pläne, nötigenfalls mit der Auflage, dass besondere Schutzmassnahmen zu treffen sind.
Vor der Aufnahme der betrieblichen Tätigkeit muss der Arbeitgeber der kantonalen Behörde um die Betriebsbewilligung nachsuchen. Die kantonale Behörde holt den Bericht des Eidgenössischen Arbeitsinspektorats ein und erteilt die Betriebsbewilligung, wenn Bau und Einrichtung des Betriebs der Plangenehmigung entsprechen.»

Bemerkenswert ist die Verpflichtung, die im Bericht und Mitbericht einer anderen Amtsstelle als «Weisung» bezeichneten Anträge als Auflagen in die Plangenehmigung aufzunehmen.

4121

In der zugehörigen Verordnung 1[13] heisst es:

«Art. 28
Umgestaltung innerer Einrichtung
Die Plangenehmigung und Betriebsbewilligung im Sinne von Artikel 8 des Gesetzes sind auch für die Umgestaltung innerer Einrichtungen des Betriebs nachzusuchen, wenn sie eine wesentliche Änderung des Arbeitsverfahrens zur Folge hat oder wenn erhöhte Gefahren für Leben oder Gesundheit der Arbeitnehmer oder schädliche oder lästige Einwirkungen auf die Umgebung vorauszusehen sind.

Art. 29
Nachträglich festgestellte Übelstände
Hat der Betrieb seine Tätigkeit aufgenommen und wird festgestellt, dass die Anlage den Vorschriften des Bundes und der Kantone nicht entspricht, so haben die Vollzugs- und Aufsichtsorgane den Arbeitgeber darauf aufmerksam zu machen und ihn aufzufordern, innert einer bestimmten Frist den vorschriftsgemässen Zustand herzustellen.
Kommt der Arbeitgeber dieser Aufforderung nicht nach, so ist nach den Artikel 51 und 52 des Gesetzes[14] vorzugehen.
Ein Doppel der Aufforderung ist der Schweizerischen Unfallversicherungsanstalt zuzustellen, sofern sie die Verhütung von Unfällen und Berufskrankheiten betrifft.»

---

[12] Auf das komplexe Verhältnis zum kantonalen Recht wird hier nicht eingetreten.
[13] SR 822.111. Die stark in die baulichen Details gehende Verordnung 4 (SR 822.114) spricht das Thema der baulichen Änderung nur in Art. 2 besonders an: «Der Arbeitgeber muss einen Dritten auf die Anforderungen der Plangenehmigung ausdrücklich aufmerksam machen, wenn er ihm den Auftrag erteilt, für seinen Betrieb Einrichtungen zu planen, herzustellen, zu ändern oder instand zu setzen.»
[14] Es handelt sich hier um Fristansetzungen für Mahnungen, Ersatzvornahmen, Betriebseinstellungen und Bestrafungen.

4122 Es geht hier vor allem um Abbruch- und Hinzubaugebote sowie Abbruch- und Hinzubauverbote, oft in Gestalt von (engen und weiten, annäherungs- und erfüllungsweisen) Anpassungspflichten. Das Besondere an diesem Gesetz ist der Einbezug vieler Ämter ohne Bauamtscharakter in den Entscheidungsvorgang und einer Versicherung in Gestalt der SUVA.

8. Zum Bundesgesetz über elektrischen Schwach- und Starkstromanlagen vom 24. Juni 1902

4123 Dieses Gesetz (SR 734.0) ist auf BV Art. 24bis (in der neuen BV Art. 91) abgestützt. Es enthält teilweise als deklariert postfinites Baurecht auffassbare Vorschriften. Doch handelt es sich hier fast nie um Regelungen für Gebäude als solche, sondern wenn überhaupt mit Bezug auf Gebäude, nur (aber immerhin) um die Zuführung elektrischer Energie oder dann aber für Anlagen. Bei den Gebäuden steht die Errichtung von Neubauten im Vordergrund des Interesses, aber auch Änderungen werden erfasst. Es geht hier vor allem um Abbruch- und Hinzubaugebote sowie Abbruch- und Hinzubauverbote, oft in Gestalt von (engen und weiten, annäherungs- und erfüllungsweisen) Anpassungspflichten bezüglich elektrischer Installationen. Besonders erwähnt sei hier der im Abschnitt «Allgemeine Bestimmungen» stehende Art. 3 IV, welcher wie folgt lautet:

> «Diese Vorschriften (nämlich diejenigen, welche der Bundesrat in Ausführung des Gesetzes festsetzt) sind bei der Erstellung neuer elektrischer Anlagen im ganzen Umfange zur Anwendung zu bringen. Für die Durchführung derselben gegenüber bereits bestehenden Anlagen kann der Bundesrat angemessene Fristen bestimmen und Modifikationen bewilligen.»

4124 Von der Erstellung neuer elektrischer Anlagen kann sowohl im Zusammenhang mit primären Neubauten als auch bei der Montierung in bereits bestehenden Gebäuden gesprochen werde, werden diese nun geändert oder nicht. Soweit es sich nicht um novenzentrierte Jetztrechtmassgeblichkeit handelt (Rz 451), geht es um die Statuierung einer von der Bauabsicht des Eigentümers abhängigen, erfüllungs- oder annäherungsweisen, engen oder weiten Anpassungspflicht (Rz 455 f).

4125 Das Besondere dieser Gesetzgebung ist die weitgehende Beschränkung der Ausführbarkeit von Vorkehrungen auf konzessionierte Unternehmer sowie der starke Einbezug einer privatrechtlichen Vereinigung in die Kontrollbefugnisse: derjenigen des Schweizerischen Elektrotechnischen Vereines (SEV), einer frühzeitigen «Privatisierung» amtlicher Tätigkeiten. Weil es hier um eine Materie geht, in welcher besondere technische Spezialkenntnisse nötig sind, sehe ich davon ab, diese Vorschriften auch nur im Ansatz zu erörtern, obwohl sie für den Bauaktiven und Gebäudeeigentümer erhebliche bauliche Erschwerungen bewirken und ihn finanziell stark belasten können.

9. Zu BV Art. 24^{octies} IV, dritter Satz, Energiegesetzgebung

4126 a) Er wurde in der Abstimmung vom 23. September 1990 angenommen; in der neuen BV ist Art. 89 der Sitz der Materie. Jener Artikel lautete wie folgt:

> «Massnahmen betreffend den Verbrauch von Energie in Gebäuden werden vor allem von den Kantonen getroffen.»

Zu erwähnen ist ferner der in seiner Geltung bis zum 31. Dezember 1998 beschränkt gewesene *Bundesbeschluss für eine sparsame und rationelle Energienutzung vom 14.*

Dezember 1990[15]. Verbrauch von Energie geschieht durch Bau und Bewerb. Der im Abschnitt mit der Überschrift «Schlussbestimmungen» stehende Art. 25 II (Randtitel: «Übergangsrecht») des Bundesbeschlusses lautete wie folgt:

> «Zentral beheizte bestehende Gebäude mit mindestens fünf Wärmebezügern sind spätestens sieben Jahre nach Inkrafttreten des Beschlusses mit den nötigen Geräten zur Erfassung und Regulierung des Wärmeverbrauchs (Heizenergie) auszurüsten, soweit dies technisch und betrieblich möglich und der Aufwand verhältnismässig ist.»

Im Vordergrund stand hier der Bewerb von Gebäuden, insbesondere deren Beheizung, die Warmwasserversorgung und die Kühlung, unter Verwendung von Heizöl, Elektrizität, Gas und Kohle, Solar- und Windenergie sowie Erdwärme (Rz 2082 f, 2427 f, 2932 f). Es handelte sich hier um einen der seltenen Fälle eines nicht von Bauabsichten des Eigentümers abhängigen Hinzubaugebotes, wenn auch eines zeitlich aufgeschobenen. Geboten war eine Montierung von Zählgeräten; betroffen sind hievon allerdings nur die Eigentümer zentral beheizter Gebäude, also nur ein verschwindend kleiner Bruchteil aller Gebäudeeigentümer[16, 17]. 4127

Gemäss dem BGE vom 2. Juni 1994 (Küsnacht/ZH, betr. Beheizung eines privaten Freiluft-Schwimmbades, ZBl 1995 S. 281, 283 f) war materiell und bezüglich Bewilligungsbedürftigkeit die Regelung im Kanton Zürich strenger als das damalige Bundesrecht (Rz 2092). 4128

b) Bei der Beratung des Entwurfes für ein Energiegesetz im Nationalrat am 11. Juni 1998 gehörte, neben der schon zuvor in einen separaten Beschluss ausgegliederten Lenkungsabgabe für nicht erneuerbare Energie, die Frage, ob eine individuelle Heizkostenabgabe nicht nur für Neubauten, sondern auch für schon bestehende Gebäude sowie die Bewilligungsbedürftigkeit von Elektroheizungen eingeführt werden sollte, zu den Hauptstreitpunkten. Der Nationalrat lehnte beides ab. Der Ständerat war demgegenüber für das Energiesparen aufgeschlossener. Der Nationalrat hielt jedoch in der Differenzenberatung am 11. Juni 1998 an seinem Standpunkt fest. 4129

In Art. 9 des *Energiegesetzes vom 26. Juni 1998* (SR 730.0) werden die Kantone für den Gebäudebereich («Neubauten und bestehende Gebäude») beauftragt, günstige Rahmenbedingungen für die sparsame und rationelle Energienutzung sowie die Nutzung erneuerbarer Energie zu schaffen und Vorschriften hiezu zu erlassen, insbesondere auch über die verbrauchsabhängige Heiz- und Warmwasserkonsumabrechnung[18]. 4130

---

[15] SR 730.0 mit Verordnung vom 22. Januar 1992 (SR 730.1).
[16] Eine bedeutend weiter gefasste Montierungspflicht ist in Art. 6 des Entwurfes des Bundesamtes für Energiewirtschaft vom 23. April 1994 für ein künftiges Energiegesetz vorgesehen; er lautete: «Der Wärmeschutz und die haustechnischen Anlagen müssen bei Neubauten, erheblichen Umbauten oder Umnutzungen von Gebäuden, die geheizt oder gekühlt werden, dem Stand der Technik entsprechen. – Bei anderen Umbauten müssen die vom Umbau betroffenen Bauteile energietechnisch dem Stand der Technik entsprechen.»
[17] Im ersten Absatz der Regelung gemäss FN 16 war eine von der Bauabsicht des Gebäudeeigentümers abhängige, erfüllungsweise weite Anpassungspflicht gemeint; im zweiten Absatz war Letztere jedoch wohl nur eng gemeint.
[18] Die Solarinitiative, welche in der eidgenössischen Abstimmung vom 24. September 2000 verworfen worden ist, hatte wegen ihres Hinweises auf überbaute Flächen, Anpassungsfristen und Subventionierung bestehender Anlagen einen deklariert postfiniten Bezug (Rz 843 f).

Zum Energierecht des Kantons Zürich siehe Rz 3175.

10. Zum Bundesgesetz über die friedliche Verwendung der Atomenergie vom 23. Dezember 1959

4131 Dieses Gesetz (SR 732.0) war auf BV Art. 24^{quinquies} (in der neuen BV Art. 78 V) abgestützt. Nach dessen Art. 4 ist «die Erstellung und der Betrieb sowie jede Änderung des Zwecks, der Art und des Umfangs einer Atomanlage» bewilligungsbedürftig. Ferner ist *Art. 11 des Bundesbeschlusses zum Atomgesetz vom 6. Oktober 1978*[19] mit dem Randtitel «Stilllegungsfonds» zu erwähnen; Letzterer lautet wie folgt:

> «Zur Sicherstellung der Kosten für die Stilllegung und einen allfälligen Abbruch ausgedienter Anlagen leisten deren Inhaber Beiträge an einen gemeinsamen Fonds. Die Beiträge sind so zu bemessen, dass die Kosten gedeckt werden können.
> Der Fonds hat das Recht der Persönlichkeit. Er wird unter der Aufsicht des Bundesrates durch eine von diesem ernannte Kommission von höchstens elf Mitgliedern geleitet. Diese bestimmt im Einzelfall den Beitrag an den Fonds und dessen Leistungen.
> Der Bundesrat regelt die Einzelheiten; er kann dem Fonds nötigenfalls Vorschüsse gewähren.»

4132 Die Atomgesetzgebung interessiert in dieser Arbeit an sich nicht. Wenn der Stilllegungsfonds gleichwohl hier erwähnt wird, dann geschieht dies nur deshalb, weil er eine Problematik anspricht, welche sich bei allen grösseren gewerblich-industriellen Bauvorhaben in ferner Zukunft einmal stellen kann, wenn im Verfallszeitpunkt niemand vorhanden ist, welcher für Ordnung sorgt[20].

11. Wohnbau- und Eigentumsförderungsgesetz vom 4. Oktober 1974

4133 Dieses Gesetz (SR 843) war samt zugehöriger Verordnung (SR 843.1) auf BV Art. 34^{sexies} (in der neuen BV Art. 108) abgestützt. Es enthält insoweit deklariert postfinites Baurecht, als Gebäude, deren Erstellung in seinem Sinne finanziell unterstützt worden ist, später nur unter erschwerten Bedingungen dem Wohnbewerb entzogen werden können und auch ein Kaufs- bzw. Vorkaufsrecht des Gemeinwesens gilt (Gesetz Art. 46, Verordnung Art. 15 ff); sodann können die in diesem Gesetz vorgesehenen finanziellen Unterstützungsmöglichkeiten ausdrücklich auch der Erneuerung bestehender Wohnungen zugute kommen (Gesetz Art. 43, Verordnung Art. 62). Das Besondere dieser Regelungen besteht darin, dass in ihnen in ausgedehntem Umfange die persönlichen Eigenschaften der Ersteller und Bewohner, die Baukosten- sowie Mietzinshöhe sowie die Veräusserungsbeschränkungen eine grosse Rolle spielt. Hierauf wird in dieser Arbeit aber nicht weiter eingetreten. Für das Baurecht ist derartiges wegen seiner grundsätzlich nicht auf Persönliches abstellenden Struktur bisher aussergewöhnlich, hier aber naheliegend: Wer vom Gemeinwesen eine finanzielle Unterstützung für sich beansprucht, muss auch bereit sein, gewisse Einschränkungen auf sich zu nehmen.

Zum Wohnbauförderungsrecht des Kantons Zürich siehe Rz 3184.

---

[19] SR 732.01. Wichtig ist hier vor allem das Rechtsinstitut der «Rahmenbewilligung».
[20] Deklariert postfinites Baurecht, ebenfalls beschränkt auf Atomkraftwerke, hätte die Volksinitiative «für den Ausstieg aus der Atomenergie» geschaffen, wenn sie in der Abstimmung vom 23. September 1990 nicht verworfen worden wäre. Sie erklärte im dritten Absatz, zweiter Satz: «Die bestehenden Anlagen dürfen nicht erneuert werden. Sie sind so rasch als möglich stillzulegen.»

12. Zum Bundesgesetz über die Enteignung vom 20. Juni 1930, mit Verordnungen

Dieses Gesetz (SR 711) war auf BV Art. 23 (in der neuen BV Art. 81) abgestützt. Es enthält, soweit es für bestehende Gebäude und den Bewerb derselben zum Zuge kommt, postfinites Baurecht; allerdings handelt es sich hier nicht um deklariert postfinites Baurecht. Die Enteignung bestehender, nicht abbruchreifer Gebäude ist für die betroffenen Gebäudeeigentümer, deren Familienangehörige und deren Mieter allerdings oft ein schwerer Schicksalsschlag, welcher auch mit gerechten Verkehrswertbemessungen, Minderwertentschädigungen, Verdienstausfallentschädigungen, Umzugs- und Mehrkostenvergütungen sowie Unfreiwilligkeitszuschlägen nicht aus der Welt geschaffen werden kann. Aber auch für manche die Enteignung durchführende Beamte und Organe stellt die Enteignung von Gebäuden oft eine psychische Belastung dar.

4134

Zum Enteignungsrecht des Kantons Zürich siehe Rz 3187.

13. Zum Bundesgesetz über die Luftfahrt vom 21. Dezember 1948

Dieses Gesetz (SR 748) war samt Verordnungen über die Lärmzonen der Flughäfen Basel-Mülhausen, Genf-Cointrin und Zürich und über die Lärmzonen der konzessionierten Regionalflugplätze auf BV Art. 37ter (in der neuen BV Art. 87) abgestützt. Es enthält insoweit deklariert postfinites Baurecht, als es seit dem 1. Januar 1974 in Art. 42 I den Bundesrat ermächtigt, durch Verordnung u.a. vorzuschreiben, dass Gebäude in einem bestimmten Umkreis von öffentlichen Flugplätzen nur «nur noch benützt oder neu erstellt werden dürfen, soweit sich ihre Ausführung und Bestimmung mit der Fluglärmbelastung vereinbaren lassen (Lärmzonen)». In Art. 9 II der erstgenannten Verordnung heisst es sodann, dass «bei Umbauten von Gebäuden in den Lärmzonen ... die Massnahmen zur zusätzlichen Schallisolation im Einzelfall abzuklären und den ... Vorschriften so weit als möglich anzupassen (seien)». In Art. 5 IV der zweitgenannten Verordnung steht: «Beim Umbau von Gebäuden in den Lärmzonen sind die für Neubauten geltenden Vorschriften soweit als möglich einzuhalten. Die zuständige Behörde legt die Schallschutzmassnahmen im Einzelfall fest.»

4135

Bemerkenswert ist das im Gesetz angesprochene Verbot der Weiterbenützung/Gebot der Stilllegung des Bewerbes von Gebäuden. Die vorgesehenen Anpassungspflichten sind sonst aber nur bedingte im Sinne von Rz 450 ff (eng und weit, annäherungs- und erfüllungsweise). Es handelt sich hier um einen Sonderaspekt der Umweltschutzgesetzgebung (Rz 4095 ff, Schallschutz).

14. Zur Verordnung des Eidg. Departementes für Umwelt, Verkehr, Energie und Kommunikation zur Postverordnung vom 29. Oktober 1997

Letztere (SR 783.011) ist auf das Postgesetz vom 30. April 1997 (SR 783.0) abgestützt, welches seinerseits auf BV Art. 36 (Sitz der Materie in der neuen BV Art. 92) beruhte. Die Verordnung vom 29. Oktober 1997 enthält in den Art. 10–16 Vorschriften über die Anbringung von Briefkasten und Zustellanlagen bei Gebäuden. Für die vorliegende Arbeit verdient die folgende stark separiert deklariert postfinite Vorschrift Erwähnung:

4136

> «Art. 15
> Briefkasten bei vor 1. Juni 1974 erstellten Bauten
> Bei den vor dem 1. Juni 1974 erstellten Bauten kann der Briefkasten an der bisherigen Stelle beibehalten werden, wenn der Weg zwischen dem bisherigen und dem neu vorgeschriebenen Standort weder mehr als 10 Meter beträgt, noch über mehr als zehn Treppenstufen führt und der Briefkasten den Anforderungen von Artikel 16 genügt.»

Der 1. Juni 1974 ist das Datum, ab welchen schon vorher postrechtliche Vorschriften für Briefkasten galten. Art. 16 regelt die Mindestmasse. Hier gilt eine unbedingte, jedoch nur annäherungsweise, auf die Briefkasten bezogene Anpassungspflicht, nicht wegen irgend eines Gefahrenzustandes, sondern um den Postboten ihren Dienst zu erleichtern.

15. Zum Bundesgesetz über Lebensmittel und Gebrauchsgegenstände vom 9. Oktober 1902

4137 Dieses Gesetz (SR 817.0) bezieht sich in Art. 17 wie folgt auf Schlachthäuser:

> «Art. 17
> (Abs. III:) Die Pläne für die Errichtung oder Veränderung von Grossschlachtanlagen müssen vom Bund, die Pläne für die Errichtung oder Veränderung der übrigen Schlachtanlagen vom Kanton genehmigt werden.
> (Abs. IV:) Wer eine Schlachtanlage betreibt, braucht eine Betriebsbewilligung des Kantons.»

16. Zu BV Art. 8 IV, Rücksichtnahme auf Behinderte

4138 Für den Rechtsgleichheitsartikel Art. 8 der neuen Bundesverfassung war im Nationalrat zuerst folgende Einfügung gutgeheissen worden:

> «Der Zugang zu Bauten und Anlagen oder die Anspruchnahme von Einrichtungen und Leistungen, die für die Öffentlichkeit bestimmt sind, ist soweit zumutbar gewährleistet.»

Dieser «Zugang» ist vor allem für die Zeit des Bestandes von Gebäuden und für deren Bewerb, also in der postfiniten Phase, wichtig[21].

Aus dem Differenzenbereinigungsverfahren ergab sich dann aber der folgende Text als vierter Absatz von Art. 8, welcher weit über das Bauliche hinausgeht und keinerlei postfinit-baurechtlichen Bezug mehr hat:

> «Art. 8 IV
> Das Gesetz sieht Massnahmen zur Beseitigung von Benachteiligungen der Behinderten vor.»

Zum kantonal zürcherischen Recht vgl. ZH-PBG § 239 IV (Rz 2099).

---

[21] Diese Zugangsregelung wäre neben der Eigentumsgarantie die einzige grosse relative Garantie im Sinne von Rz 1276 mit postfinit baurechtlich relevanter Bedeutung in der Bundesverfassung gewesen; insoweit wäre hier – ausnahmsweise – die Bezeichnung «Bestandesgarantie» am Platze gewesen, allerdings in ganz anderer Hinsicht, nämlich nicht zugunsten des Bauaktiven oder Gebäudeeigentümers, sondern zugunsten der Benützer der Gebäude desselben.

3. Kapitel   Zweiter Abschnitt

17. Zum Bundesgesetz über den Erwerb von Grundstücken durch Personen im Ausland vom 16. Dezember 1983

Dieses Gesetz (SR 211.412.41) bezieht sich in Art. 10 auf «Zweitwohnungen» sowie auf «zu erneuernde Hotels» im Stockwerkeigentum («Apparthotels»). Als verfassungsmässige Grundlage wird u.a. der Zivilrechtsartikel BV Art. 64 (Sitz der Materie in der neuen BV Art. 122) angenommen. 4138a

18. Zur Verordnung über die Sicherheit von Aufzügen vom 23. Juni 1999

Deren, u.a. auf das Bundesgesetz über die Sicherheit von technischen Einrichtungen und Geräten (SR 819.1) gestützter, dritter Abschnitt und dortiger Art. 12 (SR 819.13) lautet wie folgt: 4138b

«Art. 12
Umbauten oder Erneuerungen, welche die Sicherheit des Aufzuges bzw. des Sicherheitsbauteils wesentlich betreffen, unterliegen als solche den sicherheitstechnischen, jedoch nicht den formellen Anforderungen an das Inverkehrbringen neuer Aufzüge und Sicherheitsbauteile. Nicht als Erneuerung gilt der Ersatz von Bauteilen im Rahmen von Unterhaltsarbeiten.
Bei Aufzügen, denen aus denkmalpflegerischer Sicht historische Bedeutung zukommt, sind die technischer und gestalterischen Merkmale zu wahren. Verbleiben nach dem Umbau oder der Erneuerung besondere Risiken, so sind für die Benützung die erforderlichen Massnahmen zu treffen, um die Sicherheit und die Gesundheit von Personen zu gewährleisten.»

Es wäre erwünscht, dass sich der Gesetzgeber in weniger peripheren Materien um eine ebenso umsichtige Regelung bemüht hätte.

19. Zur Verordnung über explosionsgefährliche Stoffe vom 26. März 1990

In dieser auf das Sprengstoffgesetz (SR 941.41) gestützten Verordnung (SR 941.411) findet sich in Art. 39 eine detaillierte Regelung zur Anpassungspflicht bei bestehenden Herstelllagern. Es geht hier sowohl um feuerpolizeiliche Sicherheitsvorkehrungen als auch um solche gegen Einbruch. 4138c

II. Vorschriften mit deklariert postfinitem Baurecht, welches früher gegolten hat

A. Dringlicher Bundesbeschluss über die Bekämpfung der Teuerung durch Massnahmen auf dem Gebiete der Bauwirtschaft vom 13. März 1963 mit Verordnung und dringlicher Bundesbeschluss zur Stabilisierung des Baumarktes vom 25. Juni 1971/ 20. Dezember 1972, je mit Verordnung[22, 23, 24]

1. Diese auf BV Art. 31^{quinquies} und 89bis (Sitz der Materie in der neuen BV Art. 100 und 165) abgestützt gewesenen Vorschriften statuierten ein Abbruchverbot für Wohn- 4139

---

[22] AS 1964 S. 218 und 234, mehrfach verlängert, ausser Kraft getreten am 17. März 1967.
[23] AS 1971 S. 961 und 967, ausser Kraft getreten am 30. Juni 1974.

und Geschäftshäuser, die Bewilligungsbedürftigkeit für Bauvorhaben in einem Kostenbetrag von über Fr. 300'000.– bzw. bei Ferien- und Wochenendhäusern von Fr. 200'000.– sowie eine Ausführungssperre für die Bauvorhaben mit höherem Kostenbetrag. Ihr Zweck war weder mit demjenigen der Abbruchverbote zur Erhaltung preis-/mietzinsgünstiger Wohn- und Gewerberäumlichkeiten (Rz 1357 f, 3118 f) noch mit demjenigen zur Erhaltung von denkmalschutzwürdigen Gebäuden (Rz 1363 f, 3183) zu vergleichen; die Ausführungssperre wollte auch in keiner Weise einen Abbruch befördern (kein destruktorisches Änderungsverbot nach Rz 364). Der Zweck dieser Vorschriften war einzig und allein, zu bewirken, dass – «in einer Zeit überhitzter Baukonjunktur» – die Preise der Baubranche wegen des marktwirtschaftlichen Konnexes zwischen Angebot und Nachfrage und dem vorhandenen Nachfrageüberhang nicht noch mehr anstiegen[25].

4140 2. Es erwies sich als ein Mangel der dringlichen Bundesbeschlüsse, dass diese zwar Verbote für die Inangriffnahme von Bauarbeiten im Kostenbetrag von über Fr. 300'000.– bzw. Fr. 200'000.– bei Ferien- und Wochenendhäusern sowie für Abbrüche statuierten, aber darüber schwiegen, zu welcher Kategorie das Herausbrechen einzelner Gebäudeteile mit nachfolgenden Bauarbeiten im Kostenbetrag von – zusammen mit den Kosten dieses Herausbrechens – über Fr. 300'000.– bzw. Fr. 200'000.– gehörten. Es fehlte hier eine Unterscheidung zwischen vollständigem und teilweisem Abbruch. Der Bundesrat erklärte dann in seinen Verordnungen hiezu, ein Abbruch liege vor, wenn an einem bestehenden Gebäude wesentliche Elemente entfernt wurden und es dadurch zu einer Verunmöglichung der bisherigen Nutzung kommt. Die Praxis interpretierte das so, dass das Herausbrechen einzelner Gebäudeteile, und sei es auch nur der Ausbruch einer nicht tragenden Zwischenwand oder einer Kücheninstallation, bei einer damit verbundenen Zweckänderung unabhängig von der Baukostenhöhe als Abbruch zu qualifizieren und daher zu verbieten sei, wenn dabei Familienwohnungen aufgehoben würden. Dies wurde, weil es sich um eine Überschreitung der ohnehin auf Notrecht gemäss BV Art. 89bis basierenden dringlichen Bundesbeschlüsse handelte, als verfassungswidrig erklärt[26].

B. Bundesbeschluss über dringliche Massnahmen im Gebiete der Raumplanung vom 17. März 1972 mit Verordnung vom 29. März 1972[27]

4141 Hiezu wird auf Rz 3253 und 3772 (FN 8) verwiesen.

---

[24] Hans Gstrein gibt in seinem Aufsatz «Das eidgenössische Gebäudeabbruchverbot», in: SJZ 1973 S. 333–342, eine detaillierte und auch heute noch für die Problematik des postfiniten Baurechtes wichtige Darstellung der damaligen, ziemlich komplizierten Rechtslage.

[25] Dass der Bundesrat auf dem Verordnungsweg versuchte, nebenbei auch für die Erhaltung preis-/zinsgünstiger Wohn- und Geschäftsräumlichkeiten zu sorgen, wird von Hans Gstrein, S. 338 ff, als verfassungswidrig bezeichnet. Zum Unterschied zwischen preis- und mietzinsgünstig siehe Rz 3122 mit FN 8.

[26] Die heiklen, sich hier stellenden Zuständigkeitsfragen werden von Hans Gstrein, S. 338 ff, anschaulich dargelegt. Eine Bezugnahme auf die Besitzstandsgarantie fehlt dabei – richtigerweise – vollständig.

[27] AS 1972 S. 644 ff, später revidiert und verlängert bis zum Inkrafttreten des RPG am 1. Januar 1980.

3. Kapitel   Zweiter Abschnitt 967

C. Bundesbeschluss über die Sperrfrist für die Veräusserung nicht-landwirtschaftlicher Grundstücke und die Veröffentlichung von Eigentumsübertragungen von Grundstücken vom 6. Oktober 1989

Zu diesem 1993 aufgehobenen Beschluss (SR 211.437.1) wird auf Rz 190 mit FN 61 verwiesen.   **4141a**

Dritter Teil

Die normative Unklarheit

Erstes Kapitel
Zum undeklariert postfiniten Baurecht

I. Allgemeines

1. In Rz 842 f wurde der Unterschied zwischen deklariert und undeklariert postfinitem Baurecht erörtert. So wie das postfinite Baurecht deklariert und undeklariert postfinit sein kann, ist solches auch bezüglich des präfiniten Baurechtes möglich. Undeklariert postfinites Baurecht umfasst alle jene Vorschriften, welche das Fortbestehenlassen von Gebäuden bzw. das Weiterausüben von Bewerbungen derselben, das Ändern und Abbrechen von Gebäuden bzw. das Ändern und Stilllegen von Bewerbungen, das sekundäre Neubauen von Gebäuden bzw. das sekundäre Neubewerben von Gebäuden global oder sektoral regeln, dies jedoch, ohne dass textlich auch nur eine dieser Phasen unmittelbar oder durch Verweis oder sonstige textliche Zusammengehörigkeit ausgedrückt wird; dabei wird vorausgesetzt, dass es sich nicht auch gerade um eine deklariert präfinite Regelung handelt.

2. a) Das undeklariert postfinite und das undeklariert präfinite Baurecht kann man zusammenfassend als das neutrale Baurecht bezeichnen. Dessen Vorschriften stellen den Normalfall des Baurechtes dar. Darüber dürfen die langen Ausführungen vorstehend unter Rz 1413–4141a zum deklariert postfiniten Baurecht nicht hinwegtäuschen. Folgendes sind einige typische Vorschriften des undeklariert (post- oder präfiniten) neutralen Baurechtes:

– «Der Grenzabstand bei Fassadenlängen bis zu 12,0 m beträgt 5,0 m.»[1]
– «Ein Gebäude darf mit Einschluss von Erd- und Dachgeschoss nicht mehr als fünf Geschosse mit Wohn-, Schlaf- und Arbeitsräumen enthalten.»[2]

b) Bei keiner dieser Vorschriften wird gesagt, ob sie sich nur auf Neubauten oder nur auf das Fortbestehenlassen und Ändern von Gebäuden oder auf all dies zusammen beziehen. Sind sie nun gleichermassen auch beim Fortbestehenlassen und Ändern von Gebäuden zu beachten oder nicht? Mancher wird spontan denken: Dumme Frage, selbstverständlich muss die Vorschrift beim Neubauen und bei der Änderung gleicherweise angewendet werden, wenn die Voraussetzungen zu deren Anwendung gegeben sind; die Änderung eines Gebäudes sei schliesslich das Minus im Verhältnis zum Neubau als dem Maius; wenn ein Neubau zugelassen ist, dann gelte dies unter den gleichen Bedingungen auch für die Änderung; wenn der Neubau eines Gebäudes verboten ist, dann gelte dies auch für die Änderung (oder doch nicht?). Dann stellt sich aber auch die Frage: Darf der Eigentümer eines seinerzeit rechtmässig erstellten, heute gegen diese Vorschriften verstossenden Gebäudes dieses fortbestehenlassen oder muss er es abbrechen? Wenn jemand nicht auf die Besitzstands-/Bestandesgarantie eingeschworen ist (Rz 4335 f), dann fällt es gar nicht

4142

4143

4144

---

[1] Stadtzürcher Bauordnung 1963 Art. 9.
[2] ZH-aBauG 1 69 I.

so leicht, ein Ja oder Nein zu begründen. Es wird hier auf die Ausführungen zu Rz 445a ff verwiesen. Bei den Bewerbungen ist alles noch weniger sicher.

4145 Aber auch dort, wo mehr oder weniger feststeht, dass die Vorschrift sowohl beim Neubauen als auch beim Ändern von Gebäuden, nicht aber bei derselben Fortbestehen-Lassen gilt, stellen sich Zweifel ein: Was bedeutet es, wenn gesagt wird, eine Vorschrift gelte für Neubauten, Änderungen und sonstige Transformationen gleicherweise, sie sei in beiden Fällen gleich anzuwenden?

II. Besonders in Betracht kommende Regelungen

4146 1. Als Grobauflistung des undeklariert postfiniten (materiellen) Baurechtes mögen die folgenden 14 Gruppen dienen (Rz 401 f):

– Geschosszahlmaxima/-minima;
– Gebäudehöhen-/Firsthöhenmaxima/-minima;
– Gebäudelängen-/breitenmaxima/-minima;
– Verbote/Gebote betreffend Dachgestaltung;
– Verbote/Gebote betreffend vorspringende Gebäudeteile;
– Grenz-/Gebäude-/Gewässer-/Waldrandabstandesminima;
– Nutzungsziffernmaxima/-minima;
– Verbot ungenügender Erschliessung;
– Autoabstellplatzgebot;
– Verbot der ungeordneten Ableitung von Abwässern;
– Verbot übermässiger Immissionen;
– Gebot der ästhetischen Einordnung;
– Verbot der ungünstigen Beeinflussung bevorstehender Planung.

4147 2. Ohne dass auf irgendeinen (neuen) allgemeinen Rechtsgrundsatz zurückgegriffen werden muss, sondern allein gemäss dem Ergebnis einer umfassenden Interessenabwägung, wird man in den meisten Fällen hier Gleichstellung von Neubau bzw. Neubewerb und Änderung im Sinne von Rz 805 f annehmen dürfen (vgl. allerdings Rz 4148 ff).

III. Sonderfälle

4148 1. Auch wenn sich eine Vorschrift klar für die Gleichstellung von Neubau bzw. Erstbewerbung und Kontinuität/Änderung ausspricht oder wenn man der Auffassung ist, dass dies bei der Auslegung unbestimmter Regelungselemente («Gesetzesbegriffe»), der Ermessensbetätigung, der Ausfüllung von Lücken oder der Behebung von Vorschriftenkollisionen grundsätzlich die richtige Lösung sei, bleiben immer noch Zweifel offen, was eigentlich Gleichsetzung bedeute und was nicht (Rz 805 f).

2. a) Verhältnismässig einfach ist die Situation zwar bezüglich Regelungen, welche für **4149** das Bauvolumen ein Maximum statuieren[3] oder sich auf eine klare Graduierung[4] beziehen: Es steht die noch nicht konsumierte Differenz zur Verfügung, aber nur diese[5].

b) Heikler ist die Antwort in den folgenden Fällen:

α) Angenommen, es gelte folgende Vorschrift für Neubauten und Änderungen: Der **4150** Grenzabstand muss mindestens 5,0 m zuzüglich eines Drittels der Mehrlänge der Fassade über 12,0 m betragen; es gehe nun um die Frage, wie an ein Gebäude mit einem Grenzabstand von 5,0 m und einer Gebäudelänge von 12,0 m eine 6,0 m lange Anbaute angefügt werden dürfe. Ist dies Gleichstellung oder eigenständige Regelung (Anpassungspflicht, Rz 450 f)? Muss der 5,0 m an die Grenze heranreichende alte Bauteil abgebrochen werden, und hat das ganze Gebäude inskünftig den Abstand von $(5,0 + {}^1\!/_3$ von $[18,0$ m ./. 12,0] =) 7,0 m einzuhalten[6]? Oder ist dies Gleichstellungs- oder Lockerungsregelung? Gilt für den Anbau der um den Mehrlängenzuschlag (berechnet auf der neuen Gesamtlänge von 18,0 m) vergrösserte Grenzabstand von 7,0 m? Darf der alte Bauteil jedoch unverändert bestehen bleiben? Oder gar: Muss nur der neue Anbau den Grenzabstand von 5,0 m einhalten, weil er selbst nur 6,0 m lang ist? Oder gilt sogar folgende Lockerung: Darf der neue Anbau in gleicher Front weitergeführt werden wie der Altbau? Der Verzicht auf Abbruch verbunden mit dem Erfordernis der Einhaltung des Abstandes von 7,0 m für den Anbau scheint mir das Angemessene[7].

---

[3] ZB Normalfall der Regelung der Geschosszahl, Gebäude-/Firsthöhe, Gebäudelänge/-breite, Überbauungs/Ausnützungs-/Baumassenziffer.
[4] ZB nicht störend – leicht störend – mässig störend – stark störend.
[5] Wenn ein Gebäude zB 24,0 m lang ist und das Gebäudelängenmaximum 30,0 m beträgt, dann ist sicher noch eine Anbaute von 6,0 m zulässig. Wie verhält es sich aber im Fall eines Anschlussbaues (Rz 206) von 12,0 m Länge an ein bereits bestehendes Gebäude von 20,0 m Länge? Das Wort Gebäudelänge gibt keine Auskunft darüber, ob das Maximum je Gebäude oder auch Gebäudegruppen gelte, da das Wort «Gebäude» für den Singular und den Plural gleich lautet.
[6] Wenn das bestehende Gebäude den minimal erforderlichen Grenzabstand nicht einhält, dann gibt es noch eine strengere oder eine mildere Regelung: Abbruch bis auf den um den Mehrlängenzuschlag vergrösserten Grenzabstand oder nur auf den Grund-Grenzabstand.
[7] In ZH-RB 1974 Nr. 82 (leider nur Leitsatz) verlangte das ZH-Verwaltungsgericht bezüglich Bauordnung 1963 der Stadt Zürich, dass der selbst den minimalen ordentlichen kommunalen Grenzabstand unterschreitende alte Bauteil auf den infolge des Anbaues wegen des Mehrlängenzuschlages notwendig werdenden Grenzabstand (also nicht nur auf den minimalen ordentlichen kommunalen Grenzabstand) zurückversetzt werde (also strengste Regelung, FN 6); allerdings empfahl das Verwaltungsgericht gleichzeitig die Erteilung einer Ausnahmebewilligung durch die kommunale Baubehörde. Die Bauordnung von 1963 enthielt keine Vorschrift mehr, wonach Anbauten an bauordnungswidrige Gebäude die Bauordnungsvorschriften nur «für sich» einhalten müssen. Rz 3193 f. Parallel zu diesem öffentlichrechtlichen Verfahren lief ein privatrechtliches Einspracheverfahren (diese Möglichkeit besteht seit 1976 nicht mehr ohne weiteres). In diesem wurde vom ZH-Obergericht die Notwendigkeit der Rückversetzung des alten Bauteiles auf den minimalen ordentlichen oder gar auf den um den Mehrlängenzuschlag erhöhten Grenzabstand verneint, jedoch verlangt, dass der Anbau den minimalen ordentlichen Grenzabstand zuzüglich den aus der Länge von altem Bauteil und Anbau resultierenden Mehrlängenzuschlag einhalte. Siehe die Bemerkungen zu Rz 2260 mit FN 2 und 3.

4151 Angenommen, es gelte für Neubauten und Änderungen die Regelung, wonach der minimale ordentliche Grenzabstand 3,5 m betrage und um die Mehrhöhe eines Gebäudes über 12,0 m zu vergrössern sei[8]; ein 12,0 m hohes und den Grenzabstand von 3,5 m einhaltendes Gebäude soll um 3,0 m erhöht werden. Ist es Gleichstellungs- oder eigenständige Regelung, wenn die Umfassungsmauer abgebrochen werden muss, damit das ganze erhöhte Gebäude den Abstand von (3,5 m + 3,0 m =) 6,5 m einhält? Oder ist es Gleichstellungs- oder Lockerungsregelung, wenn nur die Aufbaute entsprechend der Mehrhöhe zurückversetzt werden muss? Oder gilt gar die folgende Lockerung: Darf der Aufbau in der Front des Altbaues weiter hinaufgeführt werden? Der Verzicht auf den Abbruch, verbunden mit dem Erfordernis, dass der Aufbau den Abstand von 6,5 m einhält, erscheint mir das Angemessene. Ob eine solche Abtreppung baustatisch möglich ist, bleibt allerdings abzuklären.

4152 β)   Angenommen, es gelten Gebäudehöhen-, Geschosszahl- oder Gebäudelängenmaxima oder Abstandsminima und ein Gebäude über- bzw. unterschreite diese Limiten. Bedeutet die Zulassung einer bewerbsmässigen Intensivierung, Ausweitung oder Auswechslung innerhalb der bisherigen Gebäudekubatur eine Gleichstellungs- oder eine Lockerungsregelung, sei es, dass die Zulässigkeit für irgendeinen Gebäudeteil gilt, sei es, dass sie nur für den nicht «überschüssigen» Gebäudeteil[9], im Übrigen aber ein Verbot gilt? Oder bedeutet das Verbot einer bewerbsmässigen Intensivierung innerhalb der bisherigen Gebäudekubatur eine Gleichstellungs- oder eine Verschärfungsregelung, sei es, dass das Verbot für irgendeinen Gebäudeteil gilt, sei es, wenn es nur für den «überschüssigen» Gebäudeteil gilt? Die Zulässigkeit der bewerbsmässigen Intensivierung sowohl in den überschüssigen als auch in den nicht überschüssigen Gebäudeteilen erscheint mir das Angemessene. Vorausgesetzt ist dabei, dass damit nicht Geschosszahl-, Geschossflächenausbau- oder Ausnützungsziffermaxima überschritten werden und es weder zu einem erheblichen Anstieg der Immissionen noch der Belastung der Infrastruktur kommt.

4153 γ)   Angenommen, es gelte die Regelung, wonach die Gebäudehöhe, die Geschosszahl und/oder die Baumassenziffer vom gewachsenen Boden aus gerechnet werden muss. Bei der Erstellung eines Gebäudes durch A bietet sich die Möglichkeit, preisgünstig im Hinblick auf einen späteren Anschlussbau den Hang breiter abzugraben, als dies für das jetzige Bauvorhaben nötig wäre. A wird die dabei entstehende Ebene einstweilen als Lagerplatz verwenden. Kommt es dann Jahre später zum Anschluss- oder Dependenzbau, stellt sich die Frage nach der Berechnung ab dannzumaligem Niveau oder ab gewachsenem Boden bei der seinerzeitigen Erstellung des Gebäudes. Ist auf das dannzumal vorhandene Niveau abzustellen, bedeutet dies eine Gleichstellungs- der eine Verschärfungsregelung? Ist auf den Verlauf des gewachsenen Bodens beim erstmaligen Bauen abzustellen, bedeutet dies Lockerungs- oder Gleichstellungsregelung? Angemessen scheint

---

[8]   ZB § 55 ZH-aBauG: Grenzabstand = minimal 3,5 m zuzüglich Mehrhöhe über 12,0 m.
[9]   Bei Gebäudehöhen- und Geschosszahlmaxima sowie bei Abstandsminima steht wohl von vornherein fest, welches der «überschüssige» Gebäudeteil ist: der zu hohe bzw. der in die Abstandsminima hineinreichende Gebäudeteil. Bei Gebäudelängenmaxima weiss man jedoch nicht ohne weiteres, von welcher Seite aus die Überschüssigkeit beurteilt werden soll.

mir das Abstellen auf den seinerzeitigen Verlauf des gewachsenen Bodens, sofern sich dieser noch einwandfrei ermitteln lässt (Rz 722 f)[10, 11].

δ) Angenommen, bei der Erstellung eines Neubaues sei wegen seiner besonderen gestalterischen Qualitäten in ähnlicher Weise, wie dies nach heutigem Recht im Rahmen einer Arealüberbauung möglich ist, ein Dispens gewährt worden; später will der Eigentümer das Gebäude ändern. Ist es eine Gleichstellungs- oder eine Verschärfungsregelung, wenn erhöhte gestalterische Anforderungen gestellt werden, oder wäre es eine Lockerungsregelung, wenn Letztere nicht verlangt würde[12]. **4154**

Angenommen, der Eigentümer eines mit einem anderen Gebäude zusammengebauten Gebäudes will Ersteres ändern. Die Baubehörde verlangt von ihm eine andere Dachgestaltung, als er selbst wählen möchte und welche bei primärem Neubauen erlaubt wäre, damit beide Gebäude ästhetisch weiterhin zusammenpassen. Ist dies eine Gleichstellungs- oder eine Verschärfungsregelung[13]?

ε) Angenommen, in einem Gebiet mit Wohnanteilpflicht will der Bauaktive an ein Gebäude ohne Wohnfläche einen Anschlussbau (Rz 206) anfügen. Müssen hier die erforderlichen Wohnräume nur dem Betreffnis gemäss diesem Gebäude oder demjenigen gemäss beiden Gebäuden genügen? Gemäss Thomas Pfisterer, S. 459, ferner dem Entscheid des ZH-Verwaltungsgerichtes, RB 1998 Nr. 111, Rz 4474a, gilt Ersteres zumal, wenn Alt- und Neubau ihre Selbständigkeit bewahren. Ist dies dann Gleichstellung oder Lockerung? **4155**

Angenommen, es liege eine gestützt auf die Arealbauweiseregelung erstellte Überbauung vor. Bei Ausnützungsreserven in Bewilligungen hiefür ergeben sich bei der späteren Beurteilung von Änderungen Probleme, wenn das Areal inzwischen parzelliert und stückweise verkauft worden ist. Die Arealbauweise wird zwar regelmässig gewählt, um maximal ausnützen zu können. Bisweilen bleiben aber trotzdem Reste von Ausnützbarkeit übrig, sei es, weil der Bauaktive aus finanziellen Gründen nicht das ganze ursprüngliche Vorhaben realisiert, sei es, weil später das Ausnützungsmaximum ziffernmässig oder durch eine für den Bauaktiven günstigere Definition ersetzt wird (zB indem neu die Dach- und Untergeschossflächen und/oder die Aussenmauerquerschnitte nicht mehr angerechnet werden müssen – wie gemäss ZH-PBG § 255 in der Fassung von 1991, eine verfehlte Regelung sondergleichen). Kann hier nach dem Motto «Wer zuerst kommt, mahlt zuerst» verfügt werden? Das würde das gute Einvernehmen unter den Nachbarn wohl stören – **4155a**

---

[10] Im Entscheid des ZH-Verwaltungsgerichtes, I. Kammer, vom 30. November 1995 (Wädenswil/ZH, E. vs. J.E., nicht publiziert) wird dies als Gleichstellung angesehen. Rz 807 mit FN 9. Siehe auch den Entscheid der ZH-Baurekurskommission II in ZH-BEZ 2000 Nr. 12.

[11] Entscheid des ZH-Verwaltungsgerichtes und BGE (ohne Ort und Datum), erwähnt in ZH-PBG aktuell 1996 Heft 4 S. 30: «Eigentümer von Doppel-Einfamilienhäusern (müssen) weitergehende Einschränkungen ihrer Baufreiheit in Kauf nehmen als Eigentümer alleinstehender Bauten und von ersteren (kann) ein gewisses Mass an Rücksichtnahme und bauliche Abstimmung auf den bestehenden Zustand verlangt werden.» Ähnlich Entscheide des ZH-Verwaltungsgerichtes sind: RB 1962 Nr. 109 (Montagehallenanbau bei Werkstatt in Wohnzone mit gewerblich-industriellem Einschlag) und RB 1963 Nr. 103 (Garagenanbau an Einfamilienhaus).

[12] ZH-RB 1986 Nr. 92 bejahte die Möglichkeit, erhöhte gestalterische Anforderungen zu stellen.

[13] In diesem Sinne lautet der Entscheid der ZH-Baurekurskommission II, BEZ 1988 Nr. 40 (Aufstockung auf Flachdach).

Gemäss einem Entscheid der ZH-Baurekurskommission III (BEZ 1992 Nr. 35) sind infolge der Nichtmehranrechnungspflichtigkeit von Aussenmauerquerschnitten entstandene Ausnützungsreserven bei einer Arealüberbauung den einzelnen (für sich unter- oder übernutzten) Parzellen ohne weiteres im Ausmass der daselbst vorhandenen Aussenwandquerschnitte zuzuschlagen. Erfahrungsgemäss gelingt es nur selten, alle Eigentümer, welche Parzellen, Gebäude oder Gebäudeteile (Stockwerkeigentum) aus einer Areal-Überbauung erworben haben, später zu einer einvernehmlichen Regelung der Verteilung von übrig gebliebenen oder neu angefallenen Reserven zu bewegen. Die Bedingung, deren Konsumierung von der Vorlage einer allseitig unterzeichneten Vereinbarung abhängig zu machen, ist zwar verständlich, aber hart. Die von der Baurekurskommission III vereinbarungsunabhängige Lösung ist, bezogen auf die Folgen der Neudefinition im Jahre 1991, für alle Beteiligten zumutbar. Liegt hier Gleichstellung, Lockerung oder eine Regelung eigener Art vor?

Der Gesetzgeber sollte es wegen diesen Unsicherheiten gesetzestechnisch nie einfach bei der Annahme bewenden lassen, es gelte Gleichstellung. Zumindest wäre zu klären, ob die «neuen Teile für sich» dem neuen Recht entsprechen müssen und ob eine Anpassung der alten Teile vorzunehmen sei und wenn ja, in welchem Umfange.

4156 3. Bezüglich der Frage, ob und wenn ja, wie weit eine neutrale Vorschrift das Fortbestehenlassen eines nur infolge Verschärfung der Bauvorschriften baurechtswidrig gewordenen Gebäudes bzw. die Weiterausübung eines jetzt nicht mehr baurechtgemässen Bewerbes eines Gebäudes gestattet, wird auf die Ausführungen in Rz 445a ff verwiesen.

4157 4. Die Beispiele in Rz 4148 f zeigen, dass es falsch ist, die Problematik der Regelungen für Fortbestehenlassen/Änderung/sekundäres Neubauen von Gebäuden bzw. Weiterausüben/Ändern/sekundäres Neubewerben nur bei baurechtswidrigen Gebäuden (Rz 392 f) zu sehen. Ein Grossteil der in Rz 4148 f aufgeführten Gebäude kann vor der Änderung baurechtskonform sein.

IV. Zum deklariert präfiniten Baurecht

4158 1. Obwohl in dieser Arbeit grundsätzlich nur das postfinite Baurecht zur Sprache kommt (Vorwort, S. VII), sei auf folgende präfiniten Vorschriften hingewiesen: Es kommt bisweilen vor, dass eine Bauvorschrift aus der 13er-Reihe von Rz 4146 zwar deklariertes Recht darstellt, die Deklaration aber bezüglich des präfiniten Bauens erfolgt: Die Vorschrift bezieht sich textlich nur auf den Neubau bzw. den Neubewerb von Gebäuden[14]. Hier stellt sich dann die Frage, ob der Inhalt trotzdem auch für Änderungen zum Zuge komme. Die Antwort muss m.E. vorerst einmal lauten: nein. Die Bezogenheit des Baurechtes auf Neubauten ist allgemein so selbstverständlich, dass sie nicht noch besonders zum Ausdruck gebracht werden muss. Wenn aber einmal nur auf Neubauten, nicht aber auch auf Änderungen Bezug genommen wird, dann geschieht dies wohl meistens in der

---

[14] ZB «Baubewilligungen für neue Gebäude, die dem längeren Aufenthalt von Personen dienen, werden ... nur erteilt, wenn die Immissionsgrenzwerte nicht überschritten werden.»

Absicht, zu bestimmten, dass die Vorschrift nur für Neubauten, nicht auch für Änderungen gilt[15].

2. Indessen ist mit dieser Folgerung nur ein Zwischenergebnis erreicht: Man hat damit erst erkannt, dass bezüglich der von der deklarierten Neubautenvorschrift geregelten Materie hinsichtlich Änderungen eine Lücke vorliegt. Diese muss jedoch geschlossen werden. Nach den für die Lückenfüllung massgeblichen Grundsätzen ist in der bei dieser vorzunehmenden Interessenabwägung (Rz 885 f) die ganze Wertung einzubeziehen, welche zu den Regelungen des Umfeldes der Lücke geführt hat. Dazu gehört aber u.a. auch die deklarierte Neubautenvorschrift. Insoweit ist diese auch für das postfinite Baurecht beachtlich. Deshalb müsste sich eine wirklich vollständige Darstellung des postfiniten Baurechtes in eine Darstellung fast des ganzen Baurechtes ausweiten. Das ist aber für diese Arbeit zu viel.

[15] Anders verhält es sich, wenn der Gesetzgeber bei der Formulierung aus einem zu engen Blickwinkel heraus nur an Neubauten und nicht auch daran gedacht hat, dass einmal Änderungen aktuell werden können (Rz 4168).

Zweites Kapitel
Zur Entscheidung bei Unklarheit im postfiniten Baurecht

§ 1 Zu den Besonderheiten des Entstehens normativer Unklarheit im postfiniten Baurecht

I. Zur Ausgangslage

Wie auch in anderen Rechtsbereichen sind im postfiniten Baurecht oft Interessenkollisionen zu regeln, für welche es an klaren Vorschriften mit einer Vorwegentscheidung fehlt. Im postfiniten Baurecht sind solche normativen Ratlosigkeitssituationen, Aporien, aber besonders häufig.

4160

Der Grund hiefür liegt einerseits darin, dass der Gesetzgeber den sich im postfiniten Baurecht stellenden Interessenkollisionen viel weniger Aufmerksamkeit widmet als denjenigen im präfiniten Baurecht (Rz 6 ff), andererseits sind die sich im postfiniten Baurecht stellenden Interessenkollisionen überdurchschnittlich stark situationsgebunden und sonstwie konkret differenziert. Werden diese von generell gefassten Vorschriften geregelt, so wird zwar mehr oder weniger der ganze Streubereich davon eingefangen, doch das Wie des Entscheides ist weitgehend offen; wird jedoch mit speziell gefassten Vorschriften geregelt, so lassen diese mit Sicherheit grosse Wirklichkeitsausschnitte aus, welche auch erfasst werden sollten.

II. Zu den vier Erscheinungsformen normativer Unklarheit

Man kann folgende vier Arten von normativer Unklarheit unterscheiden[1]:

4161

– unbestimmte Vorschriftselemente («unbestimmte Gesetzesbegriffe»);
– Ermessensoffenheit[2];
– Lücken[3];
– Vorschriftenkollision[4].

---

[1] Walther Burckhardt, Methode, S. 276 ff, sowie: derselbe, Die Lücken in Gesetzen und Gesetzesauslegung; Arthur Meier-Hayoz, Kommentar ZGB, zu Art. 1, N. 132 ff, 140 ff, 179 ff; Ulrich Häfelin/Walter Haller, S. 22 ff; Ernst A. Kramer, Juristische Methodenlehre, Bern 1998; Karl Larenz, S. 312 ff; Franz Bydlinski, S. 428 f, 436 f, 442, 449, 453, 467 ff; François Zürcher, S. 219–246. Ferner: Emil Zeller gemäss der Rezension von Hans Merz, in: SJZ 1990 S. 311.

[2] Oskar A. Germann, S. 343 f. Ulrich Häfelin/Walter Haller, N. 348 f.

[3] Die Existenz von Lücken im Verwaltungsrecht wurde von Zaccaria Giacometti, S. 209 f, verneint. Kritisch bis ablehnend zur Existenz äusserten sich: Walther Burckhardt, Lücken, S. 8; Max Imboden/René A. Rhinow, Nr. 123 B IIIb; Ulrich Häfelin/Walter Haller, S. 38; Edward E. Ott (in: SJZ 1981), S. 381 ff, derselbe (in: SJZ 1987; siehe: FN 7 in Rz 4327), S. 193 ff. BGE 97 I 355 (Aarau, betr. Hochhaus AG im Baupolizeirecht «kaum denkbar»). Jedoch bejahend: BGE 100 Ib 157 (Basel-Stadt, betr. Stiftungsaufsicht), 112 Ib 46 (Gemeinde Y./VS, betr. Schiessplatz); ferner: Oskar A. Ger-

4162 Um hier trotz normativer Unklarheit entscheiden zu können, sind nötig: Auslegung (grammatikalische, historische, systemorientierte und teleologische Interpreation), pflichtgemässe Ermessensbetätigung, Lückenfüllung und Kollisionslösung. All dem hat eine umfassende Abwägung sämtlicher in Betracht kommenden öffentlichen und privaten Interessen vorauszugehen (Rz 885). M.E. sollten in der Juristerei dabei die Erkenntnisse der Hermeneutik[5], Linguistik[6] und deontischen Logik[7] vermehrt berücksichtigt werden.

III. Gründe für das Zustandekommen normativer Unklarheit

4163 Zu normativen Unklarheiten im Baurecht kommt es insbesondere aus drei Gründen: wegen Unausweichlichkeit, Absicht und Unbedachsamkeit.

4164 1. Unausweichlich ist die normative Unklarheit wegen der fast bei allen sprachlichen Äusserungen anzutreffenden Unmöglichkeit, eine eindeutige Trennungslinie zwischen den von ihnen sicher, nur vielleicht und sicher nicht erfassten Sachverhalten zu ziehen. Es geht hier um die Abtrennung der verschiedentlich mit den Wörtern Begriffskern, Begriffshof und Fremdbereich einer sprachlichen Äusserung bezeichneten Erscheinungen (Rz 979 f). Das ist der Bereich, in welchem die Auslegung zum Zuge kommt. Dabei steht keineswegs fest, ob sie bis zur nötigen Klärung vordringen kann.

---

mann, insb. S. 126–134; Arthur Meier-Hayoz, Kommentar ZGB, Art. 1, N. 266 ff, 288 ff; Karl Larenz, S. 370 ff, 402 f; Franz Bydlinski, S. 472 f; Silvan Hutter, Die Gesetzeslücke im Verwaltungsrecht, Zürich 1989.

[4] Zum Begriff der Normkollision: Walther Burckhardt, S. 258 f, Karl Larenz, S. 266 f und 404, Franz Bydlinski, S. 329 sowie Arthur Meier-Hayoz, Kommentar ZGB, zu Art. 1, N. 417 f. Siehe ferner aus normlogischer Sicht: Georg H. von Wright, Norm und Handlung, S. 143, 149 und 197 f. Derselbe in: Normen, Werk, Handlungen, S. 29 f, 47 ff, 56 f, 62 f, 72 f sowie in der Festschrift für Ota Weinberger, S. 447, 452 f. Zygmunt Ziembinski, Kinds of Discordance of Norms, ebenfalls in dieser Festschrift, S. 473 f.

[5] Siehe hiezu die stark von Emilio Betti und Hans Georg Gadamer beeinflusste Arbeit von Hans Hinderling mit dem Titel «Rechtsnorm und Verstehen», Bern 1971, insbesondere S. 3 ff, 33 ff. Ferner: Ulrich Schroth, Philosophische und juristische Hermeneutik, in: A. Kaufmann/W. Hassemer (Hrsg.), S. 306–331, insb. S. 318 f. Folgende Erkenntnisse der Hermeneutik sind von besonderer Bedeutung: Dem Gegenstand der Auslegung ist eine vom Willen seines Urhebers unabhängige Existenz (Objektivität) zuzuerkennen; jede Auslegung steht unter dem Gesichtspunkt der Brauchbarkeit oder Nichtbrauchbarkeit heute (Applikation); bei der Auslegung muss alles Reale mitberücksichtigt werden (Realität). Das Herausgreifen einzelner Teile einer schriftlich fixierten Lebensäusserung ist falsch und verkennt den wirklichen Sinn; der Blick muss immer auf das Ganze gerichtet bleiben; die Wertbeurteilung muss zusammen stimmen. Richtiges Verstehen ist immer gekennzeichnet durch spezifische Offenheit für alles Massgebliche. Das verbietet die Ausscheidung einer oder mehrerer der üblichen Auslegungsmethoden, die Beschränkung auf eine oder mehrere Argumentationen, auf eine Vorrangstellung einer derselben.

[6] Vgl. Dietrich Busse, Juristische Semantik, Grundfragen der juristischen Interpretationstheorie in sprachwissenschaftlicher Hinsicht, Berlin 1992, S. 270.

[7] Vgl. insbesondere: Georg H. von Wright, Norm und Handlung, S. 94, Franz von Kutschera, Einführung in die Logik der Normen, Werte und Entscheidungen, Freiburg i.B./München 1973, S. 28 ff, Ota Weinberger, Norm und Institution, S. 192.

2. Beabsichtigt ist normative Unklarheit dort, wo der Gesetzgeber bewusst von einer abschliessenden Stellungnahme abgesehen hat, weil er diese zur Ermessensbetätigung durch den Normanwender im Einzelfall offen lassen will. 4165

3. Auf Unbedachtsamkeit sind vorallem folgende Situationen zurückzuführen; hier fehlt entweder eine Regelung (Lücke) oder es sind zwei oder mehr sich widersprechende Vorschriften gesetzt (Kollision). Das ist der Bereich, in welchem allein eine Interessenabwägung weiterhilft. Es lassen sich insbesondere die folgenden zehn Unnklarheitsquellen unterscheiden: 4166

a) Spezialitätenfalle

Es wird für einen Sonderfall von Gebäude- bzw. Bewerbsarten oder Existenzphasen davon eine Vorschrift statuiert, ohne dass sich der Gesetzgeber genügend überlegt, welche Regelung für die davon sprachlich nicht erfassten Fälle gilt.

– zB hinsichtlich Gebäude- bzw. Bewerbsarten: Vorschrift nur für landwirtschaftliche Gebäude; nur für nach dem 1. Januar 1978 erstellte Gebäude; nur für baurechtswidrige Gebäude; nur für zonengemässe oder zwar zonenwidrige, aber standortgebundene Gebäude; nur für zonengemässen Bewerb;
– zB hinsichtlich Existenzphasen: Vorschriften nur für das Neubauen, nicht aber für das Ändern; nur für das Umbauen, nicht aber für das Auf- und Anbauen; nur für das primäre Neubauen und Ändern, nicht aber für das sekundäre Neubauen.

b) Zu enge Modellvorstellung

Es wird von einem materiell zu einfachen Sachverhalt ausgegangen. Es wird zB eine Vorschrift aufgestellt, welche gleicherweise für das Neubauen und das Ändern gelten soll, ohne dass sich der Gesetzgeber genügend überlegt, ob beim Ändern nicht Probleme auftreten können, welche beim Neubauen nicht denkbar sind, zB die Anwendung des Mehrlängen- oder Mehrhöhenzuschlages bei den Grenzabstandsvorschriften (Rz 4150). Oder es wird eine Vorschrift aufgestellt, bei welcher nur an rechteckige Gebäudegrundrissformen (Chlötzlibauweise), nicht aber auch an andere gedacht wird. Oder es wird bei Zonierungen nicht berücksichtigt, dass Gebäude Einheiten sind, welche rittlings auf der Zonengrenze stehen können (Rz 3766 f). 4167

c) Vernachlässigung des Zeitmomentes

Es wird *retrospektiv* nicht berücksichtigt, dass viele Sachverhalte, welche nach dem neuen Recht verboten sind, unverändert von früheren Zeiten her fortdauern (zB Gebäude, welche bei ihrer Erstellung vollumfänglich erlaubt waren, aber nach dem jetzigen Recht verboten werden müssten, ohne dass inzwischen bauliche Änderungen vorgenommen oder Unterhaltspflichten vernachlässigt worden wären oder sich das nachbarliche Umfeld umstrukturiert hätte; Rz 445a ff). Oder: *Prospektiv* wurde mit einem später vorkommenden Sachverhalt (zB Gefährlichkeit) oder einem künftigen Wertewandel bei der Festsetzung der Vorschrift überhaupt noch nicht gerechnet. 4168

d) Legiferierungsversäumnis

4169 Es wird eine zur Legiferierung ermächtigende Vorschrift aufgestellt, ohne dass auch eine einzelfallregulierende Vorschrift vorgesehen wird, weil der Gesetzgeber annimmt, es werde mit dem Legiferieren unverzüglich begonnen, was aber nicht der Fall ist. Beispiele: RPG Art. 24 II (Fassung von 1979), wenn dieser nur eine legislatorische Regelung enthält (Rz 3841 ff) oder USG Art. 13, bevor der Bundesrat die hier erwähnten Grenzwerte festgesetzt hat (BGE 112 Ib 40, Gemeinde Y./VS, betr. Schiessplatz, Rz 4081 f).

e) Schachspielvergleich

4170 Es wird dem bisherigen Vorschriftenbestand eine Vorschrift hinzugefügt oder daraus gestrichen, ohne dass sich der Gesetzgeber genügend Rechenschaft gibt, dass dies am bisherigen bzw. am Restbestand der Vorschriften zu Modifikationen führen kann. Beispiel: Die landwirtschaftsgesetzliche Umschreibung dessen, was noch als Bauernbetrieb gelte, hat Auswirkungen auf RPG Art. 22 und 24 ff (Rz 4031 f). Die Situation mit der Hinzufügung einer Vorschrift kann aber auch als Vorschriftenkollision aufgefasst werden.

Ferdinand de Saussure und Ludwig Wittgenstein vergleichen normative Systeme mit einem Schachspiel. Hier ändert jede Wegnahme, Verschiebung und Hinzufügung einer Figur den weiteren Spielverlauf. Franz Bydlinski, S. 581, spricht hier vom «Phänomen der Fernwirkung» von Rechtsänderungen kraft systematischer Interpretation». Es geht hier vor allem um das Problem des Ausmasses einer Revision, sodann um das Problem des Bekanntwerdens einer Revisionsabsicht, jedoch vor Inkrafttreten der neuen Regelung, mit vielen Zwischenstufen, Problem der «positiven» Präjudizierung. Zur Bedeutung geplanter Gesetzesrevisionen: Arthur Meier-Hayoz, Kommentar ZGB, Art. 1, N. 395 f. Aufschlussreich ist in dieser Beziehung der BGE vom 6. August 1997 (gemäss NZZ vom 4./5.10.97) betreffend innere Aufstockung eines Landwirtschaftsbetriebes in Wängi/TG (Rz 3701 und 4032).

f) Doppelklicksituation

4171 Der Gesetzgeber setzt in einer Materie für zwei eng miteinander verwandte, aber nicht von einander klar trennbare Wirklichkeitsausschnitte zwei verschiedene Vorschriften fest; in beiden von ihnen umschreibt er den Nachher-Zustand des Tatbestandes generalklauselmässig; dabei ist nicht eindeutig auszumachen, wie weit der Generalklauselinhalt auseinanderliegt, sich überschneidet oder gar deckt.

Beispiele:
- Einerseits PBG § 357 I in der Fassung von 1975 (Rz 1465 ff): Tatbestand Vorher-Zustand «den Bauvorschriften widersprechende Gebäude», Transformation: «bauliche Massnahmen und baurechtlich beachtliche Nutzungsänderungen», Nachher-Zustand: «(kein) Eintritt einer weiteren Verschlechterung und/oder (keine) Verletzung anderer öffentlicher Interessen»; Rechtsfolge: Verbot (bzw. Erlaubnis); anderseits PBG § 357 II in der Fassung von 1975 Tatbestand Vorher-Zustand: «Bauten und Anlagen, die den Nutzungsvorschriften widersprechen»; Transformation «Umbauten und angemessene Erweiterungen», Nachher-Zustand: «(keine) überwiegenden Interessen stehen entgegen»; Rechtsfolge: Verbot (bzw. Erlaubnis). Rz 1471 ff.

Oder:
- Einerseits RPG Art. 24 I (Fassung von 1979) und 24 (Fassung von 1998): Tatbestand Vorher-Zustand: «Bauten und Anlagen ausserhalb der Bauzone»; Transformation «sie errichten oder ihren Zweck ändern», Nachher-Zustand: «(keine) überwiegenden Interessen stehen entgegen»; Rechtsfolge: Verbot (bzw. Erlaubnis), anderseits RPG Art. 24 II (Fassung von 1979) und 24c II (Fassung von 1998): Tatbestand Vorher-Zustand: derselbe, Transformation «erneuern, teilweise ändern oder wieder aufbauen», Nachher- Zustand: «mit den wichtigen Anliegen der Raumplanung (nicht) vereinbar sein»; Rechtsfolge: Verbot (bzw. Erlaubnis). Rz 3838 ff.

Die Situation kann auch als Vorschriftenkollision aufgefasst werden.

g) Prinzipienschlaglochsituation

Wo eine gesetzliche Vorschrift gegen allgemeine Rechtsgrundsätze verstösst – in Betracht kommen im postfiniten Recht vor allem das Rechtsgleichheitsgebot (Rz 986 f), das Verhältnismässigkeitsprinzip (Rz 1008 f) und das Gebot von Treu und Glauben Rz 1019 f –, entsteht fürs Erste einmal eine Lücke, da allgemeine Rechtsgrundsätze nur Normierungen aufheben (Derogation) bzw. nicht in Kraft treten lassen (Repulsion, Rz 573c), aber ebenso wenig eine klare Anweisung geben können, was positiv gelten soll, wie dies die Verpflichtung des Gesetzgebers auf Gerechtigkeit, Zweckmässigkeit und Rechtssicherheit zu geben vermag (vgl. Franz Bydlinski, S. 474, bei FN 153). 4172

Die Situation kann auch als Vorschriftenkollision aufgefasst werden.

h) Vollstreckungssituation

Während die in Rz 4166–4172 erörterten Situationen Lücken auf dem Weg der Suche nach dem im konkreten Fall geltenden Recht sind, gibt es auch Lücken bei der Vollstreckung dessen, was primär als Recht gefunden worden ist. Hier treten Fragen auf, welche eine Überdenkung des Letzteren nötig machen. Es wird hiefür auf Rz 733 ff verwiesen. Darum kümmert sich der Gesetzgeber im Allgemeinen wenig. Walther Burckhardt, Organisation, S. 119, sieht in der dürftigen Regelung der Vollstreckung einen Mangel, welcher das Wesen der Rechtsordnung betrifft. 4173

Bei der Vollstreckung sind im Baurecht die beiden folgenden Situationen zu unterscheiden:

- Die Rechtswidrigkeit beruht nicht auf Eigenmächtigkeit oder Unterlassung, sondern darauf, dass die Gesetzgebung seit Erstellung des Gebäudes/Gebäudeteiles verschärft worden ist und/oder im Umfeld eine Umstrukturierung stattgefunden hat.
- Die Rechtswidrigkeit beruht auf Eigenmächtigkeit oder Unterhaltsvernachlässigung.

i) Tendenz normativer Äusserungen schlechthin

Normativen Äusserungen und damit auch Rechtssätzen ist die folgende Tendenz eigen: 4174
Wenn ein Verbot für den Wirklichkeitsbereich A ausgesprochen wird, dann hat dies die Tendenz, dass für den unmittelbar an A anschliessenden Nicht-A-Bereich Erlaubnis gilt. Meistens stellt sich erst ausserhalb dieses Bereiches wieder die Frage, ob auch hier ein Verbot, eine Erlaubnis oder aber neu normative Neutralität gelte. Anders verhält es sich

nur, wo die Verbotsaussage in den Bereich eines umfassenderen Verbotes hinein gesagt wird oder schon durch eine Erlaubnis vorgespurt ist.

Wenn eine Erlaubnis für den Wirklichkeitsbereich A ausgesprochen wird, dann hat dies die Tendenz, dass für den unmittelbar an A anschliessenden Nicht-A-Bereich ein Verbot gilt. Meistens stellt sich erst ausserhalb dieses Bereiches wieder die Frage, ob auch hier eine Erlaubnis, ein Verbot oder aber neu normative Neutralität gelte. Anders verhält es sich nur, wo die Erlaubnisaussage in den Bereich einer umfassenderen Erlaubnis hinein gesagt wird oder schon durch ein Verbot vorgespurt ist.

k) Psychologische Erscheinungen

4175 Viele normative Unklarheiten sind so dann schlicht und einfach darauf zurückzuführen, dass die mit der Normsetzung befassten Menschen zu müde waren oder keine Lust mehr verspürten, um noch weiter zu differenzieren, weil sie endlich zu einem Abschluss gelangen wollten, sei es, weil andere Geschäfte zur Behandlung drängten, sei es, weil die Angelegenheit noch vor einem Termin abgeschlossen sein musste. In einzelnen Teilen des postfiniten Baurechtes des ZH-PBG finden sich hiefür Anzeichen. Rz 1740 f.

§ 2 Zehn Thesen zur Klärung bei normativer Unklarheit

I. Erfordernis des Bewusstseins der normativen Rolle, welche eine Regelung spielt

1. Wenn eine Aussage im postfiniten Baurecht auf eine Erlaubnis, ein Verbot oder ein Gebot lautet, sollten immer die folgenden vier Fragen deutlich auseinandergehalten werden: 4319
   – Gilt diese Regelung, weil sie in einer – zitierbaren – Vorschrift steht? Oder:
   – Gilt die Regelung nur, wo eine klare Vorschrift fehlt, Ermessensoffenheit besteht, eine Lücke vorliegt oder Regelungen kollidieren? Oder:
   – Gilt die Regelung auch dort, wo eine zitierbare Vorschrift etwas Gegenteiliges aussagt? Oder:
   – Wird dabei von geltendem Recht (lex lata) oder bloss von wünschenswertem Recht (lex ferenda) gesprochen?

   Es ist ein häufiges Versäumnis, dass sich die Verfasser von Entscheiden hierüber nicht klar Rechenschaft geben oder diese nicht zum Ausdruck bringen.

2. Selbstverständlich ist auch immer wichtig, zu wissen, ob die Verwaltungs- oder Gerichtsbehörde eine Aussage auf das bereits geltende Recht (de lege lata) oder auf ein für die Zukunft erwünschtes Recht (de lege ferenda) bezieht. Unklares Recht ist von dort an, wo auch nach einer «zünftigen» Auslegung ein Rest an Unbestimmtheit zurückbleibt, Ermessen gilt, eine Lücke besteht, eine Vorschriftenkollision vorliegt, weder bereits gesetztes Recht noch bereits geltendes Recht. Ob die bejahten Regelungen je einmal in diesem Sinne zum gesetzten, geltenden Recht werden, ist ungewiss; das hängt allein von der Überzeugungskraft der vorgebrachten Argumente ab. Aber wenn sie einmal zum geltenden Recht würden, hiesse dies zugleich, dass sie schon bisher zwar nicht gesetztes, aber geltendes Recht gewesen seien, aber nicht aus irgendeinem Paragraphen oder Artikel, sondern aus der Rechtsidee heraus. 4320

II. Notwendigkeit der Zuweisung des Unklarheitsbereiches zu einem bestimmten Rechtskreis

1. Besteht ein Unklarheitsbereich bei einer Vorschrift mit unbestimmten Elementen, einer Ermessensermächtigung, einer Lücke oder einer Vorschriftenkollision, so fragt sich, welchem Rechtskreis der Entscheid in diesem Bereich zuzurechnen sei. Bei Unklarheit im Zusammenhang mit Vorschriften mit unbestimmten Elementen und Ermessensermächtigungen dürfte es zwar selbstverständlich sein, dass der Entscheid zu demjenigen Rechtskreis gehört, welchem die Vorschrift mit den unbestimmten Elementen bzw. die Ermessensermächtigung angehört. Schwieriger ist die Situation aber schon beim Unklarheitsbereich infolge Kollision von Vorschriften; gehören die kollidierenden Vorschriften dem gleichen Rechtskreis (Bund-Kanton-Gemeinde) an, so ist es zwar wohl selbstverständlich, dass auch der Entscheid im dortigen Unklarheitsbereich zu deren Rechtskreis gehört. Anders verhält es sich jedoch dort, wo kollidierende Vorschriften verschiedenen 4321

Rechtskreisen angehören und Sätze wie «Bundesrecht bricht kantonales Recht», «kantonales Recht bricht kommunales Recht» nicht weiterhelfen. Erst recht besteht Unsicherheit in der Zuordnungsfrage, wo überhaupt eine Lücke besteht. Das kann für den Weiterzug von hiemit argumentierenden Entscheiden von Belang sein.

4322   2.   Insoweit gehören Ausführungen bezüglich Entscheidung bei Unklarheit infolge Lücken und Kollision von Vorschriften verschiedener Rechtskreise sowohl zum besonderen postfiniten Baurecht des Bundes bzw. des jeweiligen Kantones, der jeweiligen Gemeinde als auch zum allgemeinen Teil des postfiniten Baurechtes. Deshalb weise ich in dieser Arbeit dem ganzen Kapitel eine auf den besonderen Teil des deklariert oder undeklariert postfiniten Rechtes erst folgende Stelle, d.h. nach Rz 4141a.

III. Relativ geringe Bedeutung von Einschränkungen in erlaubenden Generalklauseln

4323   Gelangt man bei der Auslegung einer postfinit-baurechtlichen, generalklauselartigen, eine Erlaubnis ausdrückenden Vorschrift zum Ergebnis, sie sei auf eine bestimmte bauliche Vorkehrung nicht anwendbar, sei es, weil sie die Rechtsfolge an einen Tatbestand mit einer anderen baulichen Kategorie als der jetzt zur Diskussion stehenden anknüpft (zB «Umbauten», nicht aber «Auf- und Anbauten»), sei es, weil sie nur baurechtswidrige Gebäude bzw. Bewerbungen nennt, es sich aber jetzt um baurechtgemässe Gebäude bzw. Bewerbungen handelt oder umgekehrt, und hierauf keine andere Vorschrift anwendbar ist, so befindet man sich im Lückenbereich. In Rz 885 ff wurde dargelegt, dass hier aufgrund einer umfassenden Interessenabwägung zu entscheiden sei. In Rz 909 ff wurde jedoch gesagt, dass bei einer solchen Abwägung die in der Rechtsordnung zum Ausdruck gelangenden Wertungen sowie die von ihr für analoge Situationen ausgesprochenen Erlaubnisse, Verbote oder Gebote mitzuberücksichtigen seien (ähnlich wie in Rz 560 ff, 569 ff). Damit kommt die Regelung, deren Nichtanwendbarkeit man soeben festgestellt hat, doch wieder zum Zuge, wenn auch nur indirekt. Enthält Letztere überdies selbst nur unbestimmte Elemente mit einem Inhalt, welchen kein vernünftiger, anständiger Mensch ablehnen kann[1], so ist das Ergebnis praktisch das Gleiche, wie wenn in der eingangs erwähnten Vorschrift keine Einengung vorgelegen hätte[2].

---

[1]   Es dürfen zB keine überwiegenden öffentlichen und nachbarlichen Interessen entgegenstehen (Rz 1651 f); es darf zu keiner Verschlechterung kommen (Rz 1490 f); es dürfen keine öffentlichen Interessen verletzt werden (Rz 1504 ff). Das sind alles Zitate aus ZH-PBG § 357 in der Fassung von 1975/1991 (Rz 1465 f). Wer könnte dem schon entgegenrufen: «Doch, das darf geschehen!» Er würde sich ja blossstellen, wenn sein Einwand nicht dahin ginge, zu behaupten, dass in concreto kein solches Interesse betroffen sei.
[2]   Vgl. RPG Art. 24 II in der Fassung von 1979 und Rz 3856 ff bezüglich der Einschränkung «Setzung kantonalen Ausführungsrechtes». Vgl. die Bedeutsamkeit der auf die Änderung baurechtswidriger Gebäude zugeschnittenen Vorschriften auf solche baurechtsgemässer Gebäude.

IV. Möglichkeit der Nichtgeltung von Neubautenvorschriften für Änderungen

Im postfiniten Baurecht muss man immer die Möglichkeit offenhalten, dass die für Neubauten unbestrittenerweise geltenden dimensionalen, abstands- und nutzungsziffermässigen Maxima und Minima und sonstigen Festlegungen für bauliche und bewerbsmässige Änderungen *nicht* gelten[3], und dies, *ohne* dass von den Ersteren vorher eine Ausnahmebewilligung erteilt worden ist, einfach aus der für bestehende Gebäude aktuellen Interessenlage heraus. Nähere Ausführungen hiezu finden sich im Paragraphen über die Ausschaltung des Neubautenrechtes in Rz 543 ff.

4324

V. Selbstkorrektur harter postfiniter Vorschriften

1. Vergleicht man die Kantone, welche die Änderung baurechtswidriger Gebäude nur sehr restriktiv zulassen (zB AG-Baugesetz von 1971 bis 1994) mit denjenigen, welche hier einen lockeren Kurs einhalten (zB Kanton Zürich), so zeigt sich im Laufe der Zeit immer eine weitgehende Angleichung in der Praxis. In den ersterwähnten Kantonen besteht eine starke Tendenz, möglichst viele bauliche Vorkehrungen aus dem Umbaubegriff, wie er in Rz 179 umschrieben ist, auszuscheiden; nicht nur Reparaturen, Renovationen und Montierungen, sondern auch die kleineren Um-, Auf- und Anbauten; oder aber es werden die zu einem Verbot führenden Bedingungen eng und die zu einer Erlaubnis führenden Bedingungen (insbesondere das Vorliegen besonderer Verhältnisse, privilegierter Gebäudetypen, von Zonengemässheit, Standortgebundenheit) weitherzig ausgelegt. Genau die umgekehrte Tendenz findet sich in den Kantonen, welche hier einen lockeren Kurs einhalten: Bei ihnen werden rasch Renovationen den Umbauten zugerechnet, sobald es sich hier nicht um nur kleinräumig wirksame Vorkehrungen handelt; oder die zu einem Verbot führenden Bedingungen (insbesondere Fehlen besonderer Verhältnisse, kein privilegierter Gebäudetyp, keine Zonengemässheit, keine Standortgebundenheit) weit, die zu einer Erlaubnis führenden Bedingungen jedoch zurückhaltend ausgelegt. Die Folge davon ist die Einpendelung der meisten Kantone auf ein überall mehr oder weniger gleich strenges postfinites Baurecht, eine gesamtschweizerische baurechtliche Koiné[4, 5]. Es ist ausserordentlich schwierig, dieses Fluktuieren textlich eindeutig zu erfassen.

4325

2. Bei der Festsetzung von postfiniten Bauvorschriften ist immer auch an Folgendes zu denken: Wenn der Gesetzgeber gegenüber baulichen und bewerbsmässigen Änderun-

4326

---

[3] Hier wird *nicht* auch an die bei normativer Unklarheit im Rahmen der umfassenden Interessenabwägung zu berücksichtigen Erlaubnisse, Verbote und Gebote für *analoge* Situationen gedacht.
[4] Insoweit ist die an sich falsche Tendenz, Präjudizien aus anderen Kantonen leichtfertig zu übernehmen (Rz 4330), grob gesehen doch wieder nicht so irreführend.
[5] Der Kanton Aargau hat diese Entwicklung im Baugesetz von 1993 in den §§ 68–71 nachvollzogen, indem er hier den überstrengen Kurs des Gesetzes von 1971 (§ 224) zugunsten des Bauaktiven stark gelockert hat.

gen einen sehr harten Kurs verfolgt[6], dann ist die Folge meistens nicht die volle Durchsetzbarkeit dieser Vorschriften, sondern das Entstehen eines Grauzustandes.

VI. Argumentation mit der Klärungsanweisung oft einziges Deutungsmuster

4327 Wenn eine Verwaltungs- oder Gerichtsbehörde im postfiniten Baurecht im Unklarheitsbereich von Vorschriften mit unbestimmten Elementen, im Ermessensbereich, bei Lücken oder bei Vorschriftenkollisionen ein Verbot, ein Gebot oder eine Erlaubnis ausspricht und dies nicht nach Durchführung einer umfassenden Interessenabwägung geschieht[7], dann steht man beim Versuch einer rationalen Begründung dieses Entscheides vor der folgenden Alternative: Entweder «begründet» man den Entscheid im Sinne des Dezisionismus mit dem bei jedem Entscheid vorzunehmenden letzten Sprung oder man erblickt hierin die Anwendung einer auf die Interessenabwägung bezogenen Klärungsanweisung gemäss Rz 907. Lehnt man den Dezisionismus als Deutungsmuster ab[8], so bleibt nichts anderes übrig, als die Geltung solcher Klärungsanweisungen zu bejahen oder aber einräumen, der Entscheid sei mangelhaft begründet.

VII. Berücksichtigung der Kognitionsbefugnis der Rechtsmittelinstanzen

4328 1.   Wenn Rechtsmittelinstanzen[9] mit Entscheiden der Gemeinden im Bereiche von Vorschriften mit unbestimmten Vorschriftelementen, Ermessensoffenheit, Lücken oder Vorschriftenkollisionen befasst sind, stellt sich die Frage, wie weit sie die ihres Erachtens nicht perfekte Auslegung bzw. Klärung der nach erfolgter Auslegung verbleibenden Unklarheit, Ermessensbestätigung, Lückenfüllung oder Kollisionslösung korrigieren dürfen. Grundsätzlich gilt hier Folgendes: Würde die Rechtsmittelinstanz in jedem Fall der ihr genehmen Lösung zum Obsiegen verhelfen, so käme es damit zu einer teilweisen Rücknahme der durch den Gesetzgeber übertragenen Befugnis zur erstinstanzlichen Anwendung der Vorschriften mit unbestimmten Vorschriftelementen bzw. zur erstinstanzlichen Ermessenbetätigung; dass die Gemeinden hier einen Beurteilungspielraum besitzen, ist vom Gesetzgeber gewollt. Die allseitige Durchsetzung der der Rechtmittelinstanz genehmen Lösung wäre dort besonders stossend, wo es um die Auslegung von Vorschriften geht, deren Festsetzung in die Zuständigkeit der Gemeinde fällt, also hier um diejenige von kommunalem Recht. Zudem würde die Rechtsmittelinstanz, wenn sie eine richterli-

---

[6] ZB, indem er praktisch für alles die Einholung einer Bewilligung verlangt oder Änderungen nur bei vollständiger Anpassung baurechtswidriger Gebäude an das jetzt für Neubauten geltende Recht gestattet.
[7] Eine solche fehlt nach Edward E. Ott, Gedanken zu Art. 1 ZGB und seiner Anwendung in der Bundesgerichtspraxis, in: SJZ 1987 S. 193, 197, vorgängig häufig.
[8] In diesem Sinne äussert sich überzeugend Franz Bydlinski, S. 157. Vgl. auch Ernst Kramer, Juristische Methodenlehre: Bern 1998.
[9] Im Kanton Zürich insbesondere die Baurekurskommission, das Verwaltungsgericht, ferner der Regierungsrat. Im Bund vor allem das Bundesgericht, ferner der Bundesrat.

che ist, dabei dem Umstand zu wenig Rechnung tragen, dass sie zwar über eine rechtsstaatlich besondere Weihe verfügt, dass die diesbezüglich bescheideneren Gemeindeorgane dafür aber mit den Verhältnissen an Ort und Stelle besser vertraut sind und meistens auch über leistungsfähiges technisches Personal verfügen. Was Letzteres betrifft, ist die planerische Ausrüstung der Gerichte, organisationsrechtlich bedingt, von einer nicht zu überbietenden Dürftigkeit[10]. Das ist gerade im Bauwesen, vor allem wo es um die Ortsplanung geht, bedeutsam.

2. Es ist deshalb zu Recht Praxis der Rechtsmittelbehörden, dass sie in der Aufhebung von Entscheiden, welche die Gemeinden bei der Handhabung von Vorschriften mit unbestimmten Vorschriftelementen, bei Ermessensbetätigung, bei der Lückenfüllung oder bei Kollisionslösungen getroffen haben, Zurückhaltung an den Tag legen[11]. Eine vollumfängliche Kognition wird im Allgemeinen nur dort beansprucht, wo es um besonders starke Eingriffe in die Eigentumsgarantie, allgemeine Rechtsgrundsätze und Freiheitsrechte geht oder wo es wichtig ist, dass eine für den ganzen Kanton bzw. die ganze Schweiz geltende Vorschrift mit unbestimmten Vorschriftelementen einheitlich für den ganzen Kanton bzw. die ganze Schweiz angewendet wird.

4329

VIII. Warnung zur Vorsicht bei der Übernahme von Präjudizien aus anderen Kantonen

1. Für den Bereich des postfiniten Baurechtes kann nicht genügend betont werden, dass die Antwort auf die Frage, ob man ein Gebäude fortbestehenlassen, ändern, abbrechen bzw. einen Bewerb weiter ausüben, ändern, stilllegen dürfe, immer in erster Linie davon abhängt, was die Rechtsordnung im jeweiligen Kanton, in der jeweiligen Gemeinde hiezu sagt. Zu allererst sind immer die hierauf ausdrücklich bezüglichen Vorschriften zu konsultieren und in üblicher Weise auszulegen, gelten diese Vorschriften nun für Neubauten und Änderungen oder nur für Letztere oder sind sie mehr oder weniger bestimmt formuliert. Es ist durchaus möglich, dass in einem Kanton, in der einen Gemeinde eine normative Unklarheit besteht, wo andernorts Klarheit herrscht. Daran hat auch das für die ganze Schweiz geltende RPG nichts Wesentliches geändert, auf jeden Fall dort nicht, wo es um das Bauen in einer Bauzone geht. Apodiktische Aussagen darüber, was in der ganzen Schweiz gelten, sind gefährlich (vgl. allerdings Rz 4325). Daher ist vor voreiligen Kurzschlüssen aus Präjudizien anderer Kantone und Gemeinden zu warnen. Das gilt insbesondere im Verhältnis zwischen den Kantonen Zürich und Aargau. Letzterer verfügt in der Kommentierung der Baugesetzgebung durch Erich Zimmerlin, im Unterschied zum Kanton Zürich, über eine wahre Fundgrube von Präjudizien. Die Versuchung von Verwaltungen und Gerichten zu unbedachten Rezeptionen ist gerade hier besonders gross.

4330

---

[10] Über ortsplanerisch einigermassen fundierte Kenntnisse verfügen bei den Gerichten, von – äusserst selten – beigezogenen Gutachtern abgesehen, höchstens Richter/Richterinnen und Sekretäre/Sekretärinnen, welche früher einmal in einem Bauamt, einer Baudirektion gearbeitet oder eine Ausbildung am Institut für Orts-, Regional- und Landesplanung genossen haben. Die Ausstattung der Rechtmittelinstanzen mit einem eigenen technischen Stab wäre aber rechtsstaatlich verfehlt.

[11] ZBl 1969 S. 330 ff (Entscheid des SG-Verwaltungsgerichtes).

Präjudizienverwendung über die Kantonsgrenzen hinweg ist im Baurecht trotz Rz 4325 oft eine riskante Angelegenheit[12].

4331 2. Bei alldem ist immer auch zu berücksichtigen, ob ein Entscheid des Bundesgerichtes in Ausübung seiner vollen Kognition oder nur im Rahmen der Willkürprüfung nach BV Art. 4, Sitz der Materie im der neuen BV Art. 9 (siehe auch Rz 999 ff), ergangen ist. Wenn in einem Entscheid der letzteren Art eine Erlaubnis, ein Verbot, ein Gebot des Kantons A bestätigt worden ist, heisst dies noch keineswegs, dass solches auch für die Organe des Kantons B gelte, welche ja ihr Recht genau, ohne allenfalls von den Rechtsmittelinstanzen zu tolerierenden Abweichungen zum Zuge kommen lassen müssen[13]. Dasselbe gilt im Verhältnis zu Entscheiden eines kantonalen Verwaltungsgerichtes bezüglich der Gemeinde M für die Tätigkeit der Behörden der Gemeinde N.

IX. Zur demokratischen Aufweichung des postfiniten Baurechtes

4332 1. Das postfinite Baurecht wird in der Schweiz zum weitaus überwiegenden Teil von Leuten angewendet, welche keine oder doch keine universitäre oder sonstwie volle juristische Ausbildung absolviert haben. Zu denken ist hier vor allem an die Bausekretäre, Gemeindeschreiber, vom Volk gewählten Vorsteher der Bauämter in den Landgemeinden. Die erstinstanzlich über die Baubescheide der kommunalen Behörden befindenden Rechtsmittelinstanzen (im Kanton Zürich die Baurekurskommissionen, Baudirektion, Regierungsrat, in Sonderfällen auch Bezirksrat) sind zumindest überwiegend Nichtjuristen, ihre Bestellung erfolgt häufig unter ausgesprochen politischen Gesichtspunkten («freiwilliger Parteienproporz»), auch wenn dabei von ihnen meistens Erfahrung im Bauwesen verlangt wird. Sogar die Angehörigen des Verwaltungsgerichtes, ja sogar des Bundesgerichtes müssen gemäss Gesetz über keine juristische Ausbildung verfügen, wenn sie auch meistens ein solche besitzen, und zwar eine vollwertige.

4333 2. Dieses typisch schweizerische Organisationsmodell kann nicht ohne Auswirkung auf die Trennlinie zwischen Vorschriften mit nur bestimmten und solchen mit unbestimmten Vorschriftelementen, zwischen dem Geltungsbereich von Ermessensermächtigungen und dem nicht mehr hiezu gehörenden Bereich, zwischen geregeltem und Lückenbereich sowie zwischen den Bereichen inner- und ausserhalb einer Vorschriftenkollision bleiben. Es kann hier vielfach nicht ernsthaft mit einem Verständnis für diese normativen Besonderheiten geregelt werden; alles ist hier nur soweit von Bedeutung, als es grosso modo einsichtig ist. Es wird sogar stolz darauf gepocht, dass man für juristische Haarspaltereien kein Verständnis habe, wobei jeweils bei Unterscheidungen schon recht schnell eine solche angenommen wird. Die gleiche Vorschrift hat deshalb in einem Land mit breitflächiger, intensiver demokratischer Tradition wie der Schweiz einen anderen Gel-

---

[12] In Zürcher Entscheiden finden sich oft Zitate aus dem Kanton Aargau, welche bei genauem Hinsehen für die Zürcherischen Verhältnisse keine Aussagekraft haben, weder positiv noch negativ, auch wenn sie für den Kanton Aargau richtig sind.

[13] Im Grunde genommen gilt diese Verpflichtung auch für die nach einem solchen BGE ergehenden Entscheide der Organe des Kantons A weiterhin.

tungsbereich, als sie in einem Land mit durchwegs juristisch ausgebildeten Berufsbeamten und -richtern an den entscheidenden Stellen hätte. Das gemahnt auch zur Vorsicht gegenüber der Übernahme von Präjudizien aus Deutschland oder Frankreich durch schweizerische Gerichte.

X. Empfehlung zur vollen Ausschöpfung der in der notwendigen Interessenabwägung liegenden Möglichkeiten

Wo Regelungen mit unbestimmten Elementen, Ermessensoffenheit, Lücken oder Regelungskollisionen bestehen und eine umfassende Interessenabwägung unabdingbar ist, sollte hievon konsequent Gebrauch gemacht werden. Es wäre bei allem Verständnis für die rechtsstaatliche Problematik bedauerlich, wenn dabei durch voreilige Fixation auf in den Vorschriften für Neubauten enthaltenen Ziffern und sonstigen Festlegungen die Erlaubnismöglichkeiten eingeschränkt und die Verbotsmöglichkeiten ausgeweitet würden[14]. Bei kollidierenden Vorschriften sollte nicht von vornherein auf die für den Bauaktiven schärfere Regelung abgestellt werden. Dabei dürfen nie die Interessen der Nachbarn vergessen werden. Auch sollte nicht bei jedem unbefriedigenden Gerichtsentscheid nach einer weiteren Gesetzesrevision gerufen werden.

4334

---

[14] Eine solche Gefahr bestand im Kanton Zürich bei der Anwendung von PBG § 357 I und II in der Fassung von 1975 und besteht weiterhin bei der Anwendung von PBG § 357 I in der Fassung von 1991. Vgl. Rz 1629.

Anhang
Zu den Wörtern Besitzstands- und Bestandesgarantie

> «... was die Jurisprudenz mit den gegebenen
> Mitteln und Begriffen zuwegbringen kann,
> dafür soll sie keine neuen schaffen.»
> (Rudolf von Jhering)[1]

§ 1 Allgemeines

I. Zum Wort Besitzstandsgarantie

1. Das Wort Besitzstandsgarantie erscheint seit einigen Jahren immer häufiger im Zusammenhang mit Regelungen über das Fortbestehenlassen und die Änderung von Bauten sowie über die Weiterausübung und die Änderung des Bewerbes derselben[2]. Ich konzentriere mich aber auch hier im Folgenden bei den Bauten auf deren wichtigste Untergruppe, die Gebäude, und lasse die anderen Arten von Bauten, die Anlagen, auf der Seite (Rz 50 f), obwohl sich hier eine ähnliche Thematik stellt[3].

Das Vorgehen bei der Benennung einer Regelung als Besitzstandsgarantie entspricht demjenigen, bei dem man zB die Regelung, welche für das Verhältnis der Geschosszahlflächen zu der dem Gebäude zuzurechnenden Parzellenfläche ein Maximum setzt, als «Ausnützungsziffer» bezeichnet, oder bei dem man die Regelung, welche dem Eigentümer einer durch öffentliche Eigentumsbeschränkungen belasteten Parzelle die Möglichkeit einräumt, vom Gemeinwesen die Übernahme der Parzelle gegen Entschädigung des Verkehrswertes zu verlangen, als «Heimschlagsrecht» bezeichnet. Bisweilen werden die Ausnützungsziffer und das Heimschlagsrecht auch als ein Rechtsinstitut bezeichnet. Das geschieht vereinzelt auch bei der Besitzstandsgarantie (Rz 4493).

2. a) Bis zu Beginn der Siebzigerjahre des 20. Jahrhunderts wurde das Wort Besitzstandsgarantie fast nie anders als im Zusammenhang mit altrechtlichen Besoldungen und Renten, akademischen Titeln, Fähigkeitszeugnissen, Stipendien usw. im Fall der Revision der Regelungen hierüber verwendet. Es handelte sich hier um eine Materie, welche mit dem Baurecht überhaupt nichts zu tun hatte[4].

4335

4336

---

[1] Rudolf von Jhering, Geist des römischen Rechts, III,1, §§ 56–58, Die juristische Ökonomie, S. 242; zitiert nach Hans Merz, Vertrag und Vertragsschluss, Freiburg i.Ü. 1988, S. XV.
[2] Dazu, warum ich nicht von Nutzung spreche, siehe Rz 219.
[3] Man denke an Strassen und Wege, Werkleitungen, Eisenbahnen, Luftseilbahnen, Skilifte, Autoabstellplätze, Einfriedungen, Landeplätze usw.
[4] Bezogen auf Besoldungen und Renten findet sich das Wort Besitzstandsgarantie in BGE 112V 388, 396. Auch bei Fahrnis wird bisweilen von der Bestandesgarantie gesprochen (vgl. BGE 124 IV 313, Sarnen/OW, betr. Spielautomaten).

4337 b) Bezeichnend ist Folgendes: Weder Paul Reichlin, 1947, noch Willfried Schaumann, 1950, verwendeten in ihren Werken das Wort Besitzstandsgarantie. Es fehlt auch bei Erich Zimmerlin, als er im Jahre 1960 seinen Kommentar zur Bauordnung der Stadt Aarau herausgab, obwohl die Regelung von Fortbestehenlassen und Ändern von Gebäuden sowie Weiterausüben und Ändern von Bewerbungen auf den S. 23–25 eingehend zur Sprache kam. Selbst noch im Jahre 1969, als Erich Zimmerlin in der Zeitschrift für schweizerisches Recht seinen Artikel mit dem Titel «Zum Problem der zeitlichen Geltung im Baupolizei- und Polizeirecht» erschienen liess (ZSR 1969 S. 429 f), kam er ganz ohne das Wort Besitzstandsgarantie aus. Dabei hätte sich dieses von der Thematik her doch geradezu aufgedrängt, wenn es hier um einen wesentlichen Begriff gegangen wäre[5].

4338 3. a) Meines Wissens taucht das Wort Besitzstandsgarantie im Zusammenhang mit der Regelung der Kontinuität/Transformation von Gebäuden bzw. Bewerbungen erstmals im Jahre 1971 bei Aldo Zaugg im Kommentar zum Baugesetz des Kantons Bern von 1970 auf, und zwar sowohl im Text als auch im alphabetischen Sachregister. Hier erklärte Aldo Zaugg bei der Erläuterung des die baulichen Massnahmen im übrigen Gemeindegebiet regelnden Art. 23 III, wonach «bestehende nichtlandwirtschaftliche Gebäude ... im Rahmen der bisherigen Zweckbestimmung umgebaut oder erneuert werden (dürfen)», in Note 4: «Art. 23 Abs. 3 hat die Bedeutung einer Besitzstandsgarantie für landwirtschaftsfremde Bauten und Betriebe, die auf Grund bisherigen Rechts auf nunmehr dem übrigen Gemeindegebiet zugerechneten Boden erstellt werden.» Bemerkenswert ist hier der unbestimmte Artikel «eine» vor dem Wort Besitzstandsgarantie. Offenbar ging Aldo Zaugg hier davon aus, dass damit noch nichts fest Umrissenes bezeichnet werde[6].

4339 b) An gewichtiger Stelle kam in der Folge das Wort Besitzstandsgarantie zur Anwendung, als im Nationalrat das erste, in der Referendumsabstimmung vom 13. Juni 1976 abgelehnte Raumplanungsgesetz vom 4. Oktober 1974 behandelt wurde (Rz 3253 f). Bundesrat Kurt Furgler erklärte hier bei der Diskussion der auf das Fortbestehenlassen und die Änderung von Gebäuden sowie der Weiterausübung und Änderung des Bewerbes bezüglichen Regelungen, «dass Bauten und Anlagen, die einmal rechtmässig erstellt wurden, auch unter dem neuen Recht, dem sie eventuell widersprechen, fortbestehen dürfen. Sie geniessen die sogenannte Besitzstandsgarantie»[7, 8].

4340 c) Bereits achtmal findet sich das Wort Besitzstandsgarantie dann aber, wohl angeregt durch den Entscheid des Aargauer Verwaltungsgerichtes vom 11. Juli 1975[9] in der

---

[5] Auch als ich im Jahre 1958 meinen Artikel über die Änderung bestehender Gebäude (ZBl 1961 S. 33 ff, 65 ff) schrieb, stiess ich noch nirgends auf dieses Wort; auch sah ich keinen Grund, es zu verwenden.
[6] Mit dem Wort «erstellt werden» meint Aldo Zaugg hier offensichtlich nicht den (primären) Neubau, sondern die baulichen Änderungen, allenfalls auch sonstige Transformationen.
[7] Amtl. Bull. NR 1974 S. 108.
[8] Bundesrat Kurt Furgler verwies dabei auf das damalige Baugesetz des Kantons Appenzell-Ausserrhoden, Art. 2 III, und das damalige Baugesetz des Kantons Schwyz, Art. 49 I, welch beide aber das Wort Besitzstandsgarantie nicht verwendeten. Interessant ist der Gebrauch des Wortes «sogenannt» gleichsam als Entschuldigung für den Gebrauch eines noch nicht allgemein üblichen Begriffes.
[9] AGVE 1975 S. 222–234 (ZBl 1976 S. 152–157). Rz 4349 und 4389.

ersten Auflage des Kommentars von Erich Zimmerlin zum Baugesetz des Kantons Aargau von 1975 bei der sich über sechs Seiten erstreckenden Besprechung des die Wirkung neuer Vorschriften auf bestehende Bauten behandelnden § 224 II. Hier heisst es zu § 224 N. 4:

> «Auch wenn sie (bestehende Bauten, die bei ihrer Vollendung formell und materiell legal waren) neuen Vorschriften nicht oder nicht restlos entsprechen und ihre Anpassung an das neue Recht erwünscht wäre, können sie grundsätzlich weiterbestehen. Man spricht von Besitzstandsgarantie, auch von Bestandesprivileg.»

Das war im Jahre 1976. Ob Erich Zimmerlin dabei die Terminologie von Aldo Zaugg aufnehmen wollte oder ob es sich um eine spontane Parallelschöpfung handelt, ist mir nicht bekannt.

4. Zu einem eigentlichen Durchbruch des Wortes Besitzstandsgarantie kam es im Baurecht jedoch meines Wissens erst, nachdem die Berner Dissertation von Martin Pfisterer mit dem Titel «Die Anwendung neuer Bauvorschriften auf bestehende Bauten und Anlagen, insbesondere die Besitzstandsgarantie» im Jahre 1979 im Buchhandel erschienen war. Seither vergeht bis heute (2000) kaum ein Jahr, in welchem in einschlägigen Entscheiden und Publikationen nicht mehrfach das Wort Besitzstandsgarantie vorkommt. Im Kommentar zum Baugesetz des Kantons Aargau, 1985, von Erich Zimmerlin trifft man auf den sechs, den zweiten Absatz von § 224 besprechenden Seiten mindestens 22-mal auf das Wort Besitzstandsgarantie; es kommt auch im Sachregister vor. Im Kommentar von 1987 von Aldo Zaugg zum Baugesetz des Kantons Bern von 1985 findet sich dieser Bezug an zwölf Stellen bei der Erörterung des direkt die Bestandesgarantie behandelnden Art. 3 sowie im Sachregister. 4341

II. Zum Wort Bestandesgarantie

1. Das Wort Bestandesgarantie bezeichnete bis zur Mitte der Sechzigerjahre, soweit es nicht um die Bestandesgarantie für die Kantone und die Gemeinden bzw. ihr Territorium ging[10], einzig eine der drei Schutzrichtungen der Eigentumsgarantie, nämlich die neben der Institutsgarantie einerseits und der Wertgarantie anderseits stehende Garantie des konkreten Weiterbestandes von Vermögensrechten[11] (Rz 1218 f, 1228 f). 4342

2. Seit Mitte der Sechzigerjahre trifft man jedoch plötzlich auch auf die Verwendung des Wortes Bestandesgarantie in baurechtlichen Zusammenhängen. Bei den Vorschriften über Kontinuität/Transformation von Gebäuden bzw. Bewerbungen geht es jedoch meistens nicht um Eingriffe in den rechtswirksamen Weiterbestand von Vermögensrechten; diese werden vielmehr fast immer als weiterexistierend vorausgesetzt. Bei einer solchen Verwendung des Wortes Bestandesgarantie kann man von einer baurechtlichen Bestandes- 4343

---

[10] So etwa BGE 104 Ia 387 E. 1, 109 Ia 175 E. 2, Fritz Fleiner/Zaccaria Giacometti, S. 48 ff.
[11] Arthur Meier-Hayoz, Die kantonalzürcherische Initiative gegen die Bodenspekulation vom Jahr 1962, in: ZBl 1964, insb. S. 8–16 und 33–36; Ulrich Häfelin/Walter Haller, 1988, N. 5, 1355–1372, Ulrich Häfelin/Georg Müller, 1990, N. 1576–1599; Georg Müller, Kommentar zur BV, Art. 22ter, N. 12 ff.

garantie, dies im Unterschied zur zuerst erwähnten allgemein- oder verfassungsrechtlichen Bestandesgarantie, sprechen. Erstmals findet sich das Wort Bestandesgarantie im baurechtlichen Sinne meines Wissens in einem Rekursentscheid des Zürcher Regierungsrates (RRB Nr. Nr. 4927 vom 30. November 1967, Grundsätzlicher Entscheid im Geschäftsbericht 1967 Nr. 17). In der Folge verwendet ihn auch der Kommentar von Rudolf Friedrich/Karl Spühler/Ernst Krebs zur Bauordnung der Stadt Winterthur von 1970 auf den S. 95 und 97. Hier ist bei der Erörterung von § 35, welcher die industriellen Betriebe regelt, davon die Rede, dass in diesem Paragraphen «die Voraussetzungen der Bestandes-, Erneuerungs- und Erweiterungsgarantie umschrieben werden».

4344 3. Während die Ausdrücke Erneuerungs- und Erweiterungsgarantie später eher nur vereinzelt verwendet werden, kommt – wie auch das Wort Besitzstandsgarantie – das Wort Bestandesgarantie immer häufiger vor[12, 13, 14, 15].

III. Besitzstandsgarantie und Bestandesgarantie als Synonyma

4345 1. Bisweilen scheint es, dass die baurechtliche Bestandesgarantie insoweit nicht deckungsgleich mit dem Wort Besitzstandsgarantie sei, da Letztere, entsprechend dem Wort «Besitz», mehr etwas Faktisches, Erstere aber mehr etwas Rechtliches betreffe. Es würde dann, sprachlich auf den gleichen Nenner gebracht, der «Besitzstandsgarantie» die baurechtlich aufgefasste «Rechtsbestandsgarantie» gegenüberstehen. Da jedoch bei den Regelungen des Fortbestehenlassens und der Änderung von Gebäuden sowie der Weiterausübung und der Änderung des Bewerbes von Gebäuden alles Faktische auch einen rechtlichen und alles Rechtliche auch einen faktischen Bezug hat, scheint mir diese Unterscheidung nicht viel zu nützen.

4346 2. Ich halte deshalb dafür, dass die Wörter Besitzstandsgarantie und baurechtliche Bestandesgarantie die gleiche Bedeutung besitzen[16]. Die (baurechtliche) Bestandesgarantie ist wohl einfach die verkürzte Form des Wortes Besitzstandsgarantie. Man findet denn auch des Öfteren Formulierungen wie «die Besitzstands- oder Bestandesgarantie»[17]. Nicht

---

[12] Martin Pfisterer hält die allgemeinrechtliche Bestandesgarantie (S. 72 ff) und die Besitzstandsgarantie (S. 93 ff) noch deutlich auseinander und verwendet für die Erstere nie das Wort Besitzstandsgarantie.

[13] Das Wort Erweiterungsgarantie kommt auch vor bei Erich Zimmerlin, Kommentar, 1985, zu § 224 N. 4a und 5. In ZH-RB 1994 Nr. 71 spricht das ZH-Verwaltungsgericht von «erweiterter Besitzstandsgarantie».

[14] Eine zwar raumplanerische, aber singuläre Verwendung des Wortes Bestandesgarantie kommt im Text einer Motion von Nationalrat Ulrich Fischer vor. Er verlangt eine solche für bestehende Nutzungspläne, um seines Erachtens zu häufigen Revisionen vorzubeugen (vgl. NZZ vom 18. Dezember 1995).

[15] Bezogen auf Fahrnis wird in BGE 124 IV 313 f (Sarnen/OW, betr. Spielautomaten) von Bestandesgarantie gesprochen. Eine ausgefallene Verwendung dieses Wortes findet sich in BlZR 1992/1993 Nr. 17 betreffend das Recht des Anwaltes, ihm vom Gericht ausgehändigte Akten dem Klienten vorzulegen; er muss offenbar für den unversehrten Weiterbestand der Akten garantieren.

[16] Allerdings scheint mir Besitzstandsgarantie terminologisch weniger schlecht als Bestandesgarantie.

[17] ZH-RB 1982 Nr. 152, 1984 Nr. 77, Verwaltungsgerichtsentscheid vom 21. März 1989, in: BEZ 1989 Nr. 13.

selten wird im gleichen Aufsatz oder im gleichen Entscheid das eine Mal von Besitzstandsgarantie und das andere Mal von Bestandesgarantie gesprochen, ohne dass ein Grund für das Hin- und Herpendeln vorläge[18]. Daher gehe ich im folgenden davon aus, dass die Wörter Besitzstandsgarantie und Bestandesgarantie Synonyma sind.

3. Es lässt sich nicht eindeutig ausmachen, in welchen Kantonen und Zusammenhängen mehr von Besitzstandsgarantie und in welchen mehr von Bestandesgarantie gesprochen wird. Das Wort «Bestandesgarantie» scheint jedoch früher baurechtlich verwendet worden zu sein als «Besitzstandsgarantie» (Rz 4343). 4347

IV. Fundstellen

A. In der Literatur

Wie bereits erwähnt, sind die Wörter Besitzstandsgarantie und Bestandesgarantie, baurechtlich verstanden, anfänglich eher in der juristischen Literatur, als in Entscheiden oder gar Gesetzestexten aufgetreten. Ich beginne deshalb mit der Nennung der Fundstellen in der Literatur. Die Wörter Besitzstandsgarantie und Bestandesgarantie finden sich, ausser in den bereits zitierten Werken von Aldo Zaugg (Rz 4338), Martin Pfisterer (Rz 4341), Rudolf Friedrich/Karl Spühler/Ernst Krebs (Rz 4343) und Erich Zimmerlin (Rz 4346) auch in den nachgenannten, in der Zeitfolge ihres Erscheinens aufgeführten Publikationen: 4348

- Heinz Aemisegger, Leitfaden zum Raumplanungsgesetz, Schriftenfolge der Schweizerischen Vereinigung für Landesplanung Nr. 25 (1980) auf S. 95;
- Eidgenössisches Justiz- und Polizeidepartement/Bundesamt für Raumplanung, Erläuterungen zum RPG (1981). Diese Publikation verwendet zwar die Wörter Besitzstands- und Bestandesgarantie im Text nicht, wohl aber im Sachregister mit Hinweis auf die Kommentarstellen zu Art. 24, N. 29–49, insbesondere 32;
- Hermann Geissbühler, Raumplanungsrecht, Eigentumsordnung und Verfassungsrevision (1981), auf S. 107;
- Peter Dilger, Raumplanungsrecht der Schweiz (1982), auf S. 254 (auf S. 284 ist von «Bestandesprivileg» die Rede);
- Peter Müller, Aktuelle Fragen des eidgenössischen und kantonalen Raumplanungsrechts, in: ZBl 1983, auf S. 212;
- Alfred Kölz, Intertemporales Verwaltungsrecht, in: ZSR 1983 II, auf S. 191 ff;
- Leo Schürmann/Peter Hänni, Bau- und Planungsrecht, 2., erweiterte Auflage (1984), auf S. 71 und 181, N. 55 (im Sachregister ist jedoch nur von «Besitzstand» die Rede);
- Urs Beeler, Die widerrechtliche Baute (1984), auf S. 12;
- Felix Huber, Die Ausnützungsziffer (1986), auf S. 168 f;
- Jörg P. Müller, Grundrechte und Vertragsautonomie contra Mietpolitik: Verfassungsmässigkeit der Bewilligungspflicht für den Verkauf von Wohnungen, an welchen Mangel herrscht, in: BR 1988, auf S. 61;

---

[18] BGE vom 7. Mai 1987, in: Information, RP S. 14 f. Erich Zimmerlin (1969), S. 441, (1976), § 224, N. 4, Peter Dilger, S. 284, David Fries, S. 309.

- Christoph Bandli, Bauen ausserhalb der Bauzonen (Art. 24 RPG; 1989), auf S. 193 f;
- Karl Spühler, Die Nutzung leeren Gebäudevolumens ausserhalb der Bauzonen, in: ZbJV 1989, auf S. 348;
- Walter Haller/Peter Karlen, Raumplanungs- und Baurecht nach dem Recht des Bundes und des Kantons Zürich (1990), im Text nur in § 15 N. 63, auf S. 160, aber im Sachregister (mit Verweis auf § 15 N. 61 ff und N. 42 ff), in der 2. Auflage (1992) N. 784 f, 874 f. In N. 493 ist jedoch nur von einem «Recht auf Besitzstandswahrung» die Rede; in der 3. Auflage kommt das Wort in N. 465, 728 ff, 812, 817 ff vor (gemäss Register);
- Werner Schmid-Lenz, Zur Besitzstandsgarantie baurechtlicher Gebäude in Bauzonen, in: BR 1990, auf S. 60–66 (das Wort kommt hier 32-mal vor);
- Max Imboden/René Rhinow, Schweizerische Verwaltungsrechtsprechung. Bis und mit der 6. Auflage (1986) findet sich keine Erwähnung der Besitzstands- und (baurechtlichen) Bestandesgarantie. Erst im Ergänzungsband von René Rhinow/Beat Krähenmann von 1990 trifft man auf S. 238 und besonders auf S. 369, ferner im alphabetische Sachregister darauf;
- Karl Spühler, in der Besprechung von Walter Haller/Peter Karlen, Raumplanungs- und Baurecht nach dem Recht des Bundes und des Kantons Zürich, in: ZBl 1991, auf S. 375;
- David Fries, Reverse in der zürcherischen Baurechtspraxis (1990), auf den S. 150 und 308–311 (achtmal, daneben auch mehrfach «Bestandesprivileg»);
- Enrico Riva, Hauptfragen der materiellen Enteignung (1990), auf S. 278 f und im Sachregister;
- Mario Barblan, Bewilligungserfordernis und Zulässigkeitsvoraussetzungen für Zweckänderungen von Bauten ausserhalb der Bauzonen nach dem Recht des Bundes und der Kantone (1991), auf den S. 67 ff (15-mal);
- Bundesamt für Konjunkturfragen, Rechtliche Aspekte der Siedlungsplanung, Bern (1991), auf den S. 15, 85 ff und 141;
- Martin Lendi, DISP. 106 Institut ORL/ETH, Die bestehende Baute, 1991, auf S. 21;
- Christian Mäder, Das Baubewilligungsverfahren, Zürich (1991), in Rz 221, 345, 355 ff, 366 ff, 480, 424, 623, 628, 665 (häufig);
- Christoph Fritzsche/Peter Bösch, Zürcher Planungs- und Baurecht (1992), auf S. 157;
- Georg Müller verwendet das Wort Besitzstandsgarantie im Kommentar zur Bundesverfassung (1995) in N. 17 zu Art. 4 zweimal im Zusammenhang mit der verfassungsrechtlichen Bestandesgarantie, allerdings ohne direkten Bezug auf diese, sondern nur zum Verhältnismässigkeitsprinzip und zum Gebot von Treu und Glauben. Im Sachregister zum Kommentar erscheint das Wort nicht. Es kommt auch in der Einleitung zu den Grundrechten von Jörg P. Müller sowie in der Kommentierung von BV Art. 22ter von Georg Müller und in derjenigen von Riccardo Jagmetti von BV Art. 22^{quater} nicht vor;
- Botschaft des Bundesrates zur Revision RPG 1996, S. 517. Zur parlamentarischen Debatte hiezu siehe: Amtl. Bull. StR 1998 S. 316 (Renzo Respini), 317 (Arnold Koller, Bundesrat), NR 1997 S. 1861 (Peter Baumberger) 1998 S. 502 (Samuel Schmid);
- Richard Koch, Strassenrecht des Kantons Zürich (1997), auf S. 48.

Ganz ohne Verwendung des Wortes Besitzstands-/Bestandesgarantie kommen aus (obwohl vom Zusammenhang her ein «Sog» hiezu in Betracht käme):

- Thomas Pfisterer, Entwicklungen und Perspektiven der bundesgerichtlichen Rechtsprechung zur materiellen Enteignung, in: ZBl 1988 S. 469 ff;

– Robert Wolf/Erich Kull, Das revidierte Planungs- und Baugesetz des Kantons Zürich, 1992.

Die folgenden der vorgenannten Autoren haben längere Abschnitte ihrer Arbeit mit einer die Wörter Besitzstands- und/oder Bestandesgarantie verwendenden Überschrift versehen: Christoph Bandli, S. 67 f, Hermann Geissbühler, S. 107, Felix Huber, S. 168, Thomas Müller, S. 8 ff sowie Roman Sieber, S. 215 (gut differenzierend). Die 265 Seiten aufweisende Dissertation von Martin Pfisterer (Rz 4341) trägt sogar als ganzes einen Titel mit dem Wort Besitzstandsgarantie.

B. In Entscheiden

1. Der erste, mir bekannte nicht-zürcherische Entscheid, welcher das Wort Besitzstandsgarantie verwendet, ist ein Entscheid aus dem Kanton Wallis, der Entscheid RVJ 1973 S. 415, 420. Darauf folgen ein Entscheid aus dem Kanton Basel-Stadt, der Entscheid BJM 1974 S. 274, 276, und ein solcher aus dem Kanton Aargau, der Entscheid des Verwaltungsgerichtes, 3. Kammer, vom 1. März 1974 (AGVE 1974 S. 271, 274). Die Zeitschrift der aargauischen verwaltungsgerichtlichen Entscheide bleibt über alle die kommenden Jahre hinweg ein ergiebiger Fundort für Entscheide mit den Worten Besitzstandsgarantie und Bestandesgarantie (mit im Durchschnitt etwa vier Entscheiden jährlich; in AGVE 1975 S. 222 ff (= ZBl 1976 S. 152 ff) erscheint das Wort Besitzstandsgarantie 19-mal.

4349

Publizierte Entscheide mit den Wörtern Besitzstands- und Bestandesgarantie folgen sodann aus den Kantonen:

– Graubünden (seit PVG 1976 S. 161 f);
– Sankt Gallen (seit SGGVP 1976 S. 104, 111);
– Luzern (seit LGVE 1977 II. S. 153, 155);
– Schaffhausen (seit ABSH 1978 S. 66, 80);
– Bern (seit BVR 1978 S. 22, 29, seit 1987 besonders häufig);
– Zug (seit ZGGVO 1979 S. 181, 183).

Im Kanton Zürich erscheint das Wort Bestandesgarantie im baurechtlichen Kontext meines Wissens erstmals in dem in Rz 4343 erwähnten Entscheid von 1967. In den jährlichen Rechenschaftsberichten des Verwaltungsgerichtes bin ich auf dieses Wort erstmals in einem Entscheid vom 12. September 1974 gestossen. Dieser ist wiedergegeben in RB 1974 Nr. 84; allerdings kommt das Wort hier nicht im Text selbst, sondern nur im Leitsatz vor. Sodann trifft man seit dem Jahre 1982 die Wörter Besitzstandsgarantie und Bestandesgarantie auch im alphabetischen Sachregister des jährlichen Rechenschaftsberichtes des Verwaltungsgerichtes[19], seit dem Jahre 1990 auch in demjenigen der Baurechtlichen Entscheide Zürich (BEZ). Im Verwaltungsgerichtsentscheid vom 27. Mai 1994 (RB 1994 Nr. 72) erscheint das Wort neunmal. Als Beispiele aus neuester Zeit seien erwähnt: die Verwaltungsgerichtsentscheide vom 29. Januar 1998 (BEZ 1998 Nr. 3), vom 7. Juli 1998 (RB 1998 Nr. 111), vom 17. November 1998 (RB 1998 Nr. 124, BEZ 1999 Nr. 2, besprochen in Rz 2109) und vom 2. März 2000 (BEZ 2000 Nr. 18).

---

[19] Dabei steht 1982 allerdings unter «Besitzstandsgarantie» nur «vgl. Bestandesgarantie».

4350 2. Erstmals in einem publizierten BGE verwendet sind die Wörter Besitzstandsgarantie oder Bestandesgarantie, baurechtlich verstanden, meines Wissens in BGE 106 Ia 262 vom 17. Dezember 1980 (Regensdorf/ZH, betr. Autofriedhof). Im alphabetischen Inhaltsverzeichnis für die Bände 111 f findet sich erstmals ein Hinweis auf die Besitzstandsgarantie[20]. An publizierten BGE, welche das Wort Besitzstandsgarantie oder Bestandesgarantie (baurechtlich) verwenden, seien hier im Weiteren ohne Anspruch auf Vollständigkeit genannt:

- BGE 109 Ib 119 (Klosters-Serneus/GR);
- BGE 112 Ib 535 (Stiftung «die neue zeit» c. Schweiz. Eidgenossenschaft);
- BGE 113 Ia 119 (Vernier/GE): Dieser französischsprachige Entscheid verwendet mehrfach die Wörter protection de la situation acquise und setzt dabei in Klammern Besitzstandsgarantie;
- BGE vom 20. Mai 1987 (Infoheft, RP 1987 S. 15);
- BGE vom 22. März 1989 (Stadt Zürich, ZBl 1989 S. 453);
- BGE vom 18. Januar 1990 (Winterthur/ZH, ZBl 1990 S. 356);
- BGE 119 Ib 380–389 (Walzenhausen/AR, mit ständigem Schwanken zwischen Besitzstands- und Bestandesgarantie).

Es ist unverkennbar, dass die beiden Wörter in den letzten Jahren auch zu höchstrichterlichen Ehren gelangt sind[21].

4351 3. Erwähnt sei hier, dass Swisslex auf die Termini Besitzstandsgarantie oder Bestandesgarantie befragt für die Jahre 1973 bis 1999 insgesamt 241 Entscheide nennt, wobei die das Baurecht betreffenden Entscheide stark überwiegen.

C. In Gesetzestexten

4352 1. Im kantonalen Gesetzesrecht ist das Wort Besitzstands-/Bestandesgarantie im Jahre 1983 insoweit «kanonisiert» worden, als im SG-Baugesetz seit der Revision vom 6. Januar 1983 der Randtitel zu den Art. 77bis und 77ter lautet: «Bestandes- und Erweiterungsgarantie»[22]. Sein ursprünglicher Text lautete, soweit es um Gebäude und Bewerbungen innerhalb der Bauzone geht (Art. 77bis), wie folgt:

> «Bestand und Erneuerung zonenfremder Bauten und Anlagen innerhalb der Bauzonen sind gewährleistet.
> Eine angemessene Erweiterung bestehender zonenfremder Betriebe ist zulässig, wenn die nach dem Stand der Technik möglichen und zumutbaren Immissionsschutzmassnahmen getroffen werden, die Erweiterung mit den wichtigen Anliegen der Raumplanung vereinbar ist und die Vorschriften über die Nutzungsintensität und die Regelbauweise eingehalten werden.»

Im BE-Baugesetz vom 9. März 1985 steht neben Art. 3 der Randtitel «Besitzstandsgarantie»; dieser lautet wie folgt:

---

[20] Hier steht nur «s. auch Art. 22ter BV».
[21] Bisweilen wird bereits der BGE vom 5. Mai 1971 (Eschenz/TG, betr. Uferschutz, auszugsweise abgedruckt in: ZBl 1971 S. 481–485), als Beleg für die Annahme einer Besitzstandsgarantie genannt. Hier steht aber noch kein solcher Hinweis.
[22] Am 1. Dezember 1996 wurden diese Paragraphen revidiert und zu den §§ 77bis–77[quinquies] erweitert.

«Auf Grund des bisherigen Rechts bewilligte oder bewilligungsfreie Bauten und Anlagen werden in ihrem Bestand durch neue Vorschriften und Pläne nicht berührt.
Sie dürfen unterhalten, zeitgemäss erneuert und, soweit dadurch ihre Rechtswidrigkeit nicht verstärkt wird, auch umgebaut oder erweitert werden.
An Gebäuden, die eine Baulinie überragen, sind Arbeiten gemäss Absatz 2 gestattet, wenn diese dem Zweck der Baulinie nicht widersprechen.
Vorbehalten bleiben die in besonderen Erlassen vorgesehenen Anpassungs- und Sanierungspflichten sowie Gemeindevorschriften, welche die Besitzstandsgarantie für besondere Fälle des Gebäudebaurechtes regeln.»

Im Baugesetz des Kantons Appenzell-Ausserrhoden vom 28. April 1985 steht neben dem Art. 4 ebenfalls der Randtitel «Bestandesgarantie».

Im LU-Baugesetz von 7. März 1989 sind die §§ 178–183 in einem Abschnitt mit der Überschrift «Bestandesgarantie und neue zonenfremde Bauten und Anlagen ausserhalb der Bauzonen» zusammengefasst.

Ähnliches gilt jetzt auch für Randtitel oder Überschrift für die Revision des Baugesetzes des Kantons Solothurn vom 29. Januar 1992 bezüglich Art. 34bis, für das Baugesetz des Kantons Aargau vom 19. Januar 1993 bezüglich §§ 68–71, für das Baugesetz des Kantons Thurgau vom 16. Mai 1995 bezüglich der §§ 81 f und für das Baugesetz des Kantons Schaffhausen vom 15. März 1998 bezüglich Art. 48.

Im zur Zeit neuesten Baugesetz, demjenigen des Kantons Zug (vom Kantonsrat am 26. November 1998 verabschiedet und in der Referendumsabstimmung vom 2. Februar 1999 angenommen) findet sich folgende Regelung in den «Übergangs- und Schlussbestimmungen»:

«§ 72
Bestandesgarantie
In den Bauzonen dürfen rechtmässig erstellte, zonenfremd gewordene Bauten und Anlagen erhalten, angemessen erweitert, umgebaut oder in ihrem Zweck teilweise geändert werden, wenn keine nachteiligen Einwirkungen auf die Nachbarschaft zu erwarten sind.
Soweit die Bauten und Anlagen der Zone entsprechen, nicht aber den Bauvorschriften, dürfen sie unterhalten und angemessen erneuert werden.
Ausserhalb der Bauzonen gelten für die Bestandesgarantie das Bundesgesetz über die Raumplanung und § 10 Absatz 2 des vorliegenden Gesetzes.»[23, 24]

Auf Bundesebene haben jedoch meines Wissens die Wörter Besitzstandsgarantie und Bestandesgarantie im baurechtlichen Sinne bisher weder in die Gesetzgebung noch in das Verordnungsrecht Eingang gefunden. In RPG Art. 24c I (Fassung von 1998) ist allerdings im französischen Text von «garantie de la situation acquise» die Rede. Auch die Erläuterungen zur RPG-Verordnung 2000 sprechen auf S. 39 von der Besitzstandsgarantie. Siehe auch: Rz 3904 f.

---

[23] Dieser Absatz lautet wie folgt: «Die Erneuerung, teilweise Änderung oder Erweiterung sowie der Wiederaufbau von Bauten und Anlagen ausserhalb der Bauzonen, welche nicht dem Zweck der Zone entsprechen, ist gestattet, sofern keine wichtigen Anliegen der Raumplanung entgegenstehen. Erweiterungen, An- und Aufbau von Bauten und Anlagen, welche vor 1972 erstmals rechtskräftig bewilligt wurden, bleiben grundsätzlich auf 30% beschränkt. Besondere Verhältnisse sind jedoch zu berücksichtigen». Vgl. hiezu allgemein: Hans Hagmann, Kommentar zur Bauordnung der Stadt Zug, Zürich 1998.

[24] Insoweit ist heute die Bemerkung von Erich Zimmerlin (1987), § 224, N. 4c, wonach «nicht im positiven Recht, aber in der Rechtsprechung und Lehre von Besitzstandsgarantie gesprochen wird», überholt.

4353 2. Verschiedene Autoren oder Gerichtsentscheide bezeichnen eine oder mehrere Paragraphen/Artikel der Baugesetzgebung als Besitzstands-/Bestandesgarantie, auch ohne dass das Gesetz selbst diese Etikette verwendet. Es ist dies vor allem bezüglich der nachgenannten Vorschriften der Fall; die Erläuterung der Besitzstands-/Bestandesgarantie deckt sich hier mit der Auslegung eben dieser Vorschriften:

- RPG Art. 24 (1979), insbesondere dessen zweiter Absatz: Werner Schmid-Lenz, S. 60 ff; Christoph Bandli, S. 193; Christoph Barblan, S. 67 f; ZH-Verwaltungsgerichtsentscheid vom 21. März 1989 (BEZ 1989 Nr. 131);
- USG Art. 16, 18: Werner Schmid-Lenz, S. 60 ff;
- ZH-PBG § 101: Richard Koch, S. 99 FN 2: «§ 101 PBG bringt ..., positiv formuliert, die Besitzstandsgarantie hinsichtlich baulinienwidriger Objekte zum Tragen ...»;
- ZH-altBauG § 116: Werner Schmid-Lenz, S. 60 ff; David Fries, S. 309; ZH-RB 1982 Nr. 152, RB 1984 Nr. 77, RB 1986 Nr. 99;
- ZH-PBG § 357: Werner Schmid-Lenz, S. 60 ff, David Fries, S. 309, Richard Koch, S. 99 FN 2, Jürg Ruf, in: PBG aktuell 1996 Heft 1 S. 26. Nach Christoph Fritzsche/Peter Bösch, S. 157, geht PBG § 357 Abs. 1 allerdings über eine «reine Bestandesgarantie» hinaus; in BGE vom 5. Dezember 1995 (Brütten/ZH, ZBl 1997 S. 260–266) wird PBG § 357 I als die «zürcherische Ausprägung des bundesrechtlichen Institutes der Bestandesgarantie» bezeichnet. Das ZH-Verwaltungsgericht spricht in einem Entscheid vom 25. Mai 1993 (BEZ 1993 Nr. 22) von der in PBG § 357 I ausgedrückten Bestandesgarantie. Vgl. auch: RB 1984 Nr. 77 und ZH-RB 1986 Nr. 99;
- BE-BauG von 1970 Art. 23 III: Aldo Zaugg, Kommentar, zu Art. 23;
- BE-BauG von 1985 Art. 3 I: Werner Schmid-Lenz, S. 63;
- SZ-BauG Art. 49: Bundesrat Kurt Furgler, in FN 8;
- GL-BauG Art. 33: Martin Pfisterer, S. 105;
- BS-Hochbaugesetz § 1 Abs. 1 Ziff. 4: Werner Schmid-Lenz, S. 60 ff;
- AR-BauG Art. 2 III: Bundesrat Kurt Furgler, in FN 8;
- SG-BauG Art. 77[bis]: Dokumentation Baurechtstagung 1993, Bd. I, S. 10; BGE 112 Ib 535 (Bernhardzell/SG);
- AG-altBauG § 135: Entscheid des AG-Verwaltungsgerichtes, in: ZBl 1976 S. 71; AG-altBauG § 224; Entscheid des AG-Verwaltungsgerichtes, in: ZBl 1982 Nr. 448 f;
- TG-altBauG § 108 II: Martin Pfisterer, S. 105; Werner Schmid-Lenz, S. 60 f;
- Stadt Bern, Bauordnung vom 22. März 1979 Art. 3 und 4, bezüglich Altstadt: Werner Schmid-Lenz, S. 60 ff, Art. 140 I; bezüglich Mehrfamilienhäuser: Felix Huber, S. 170 FN 130.

V. Unbestimmtheit der mit dem Wort verbundenen Vorstellungen

4354 1. Aus den nachfolgenden Ausführungen wird sich noch und noch ergeben, dass die mit den Wörtern Besitzstandsgarantie und Bestandesgarantie verbundenen Vorstellungen in ihren Umrissen uneinheitlich, unbestimmt, unklar, undeutlich, vage, oszillierend, flottant, verschwommen usw. sind.

Martin Pfisterer spricht euphemistisch von «terminologischen Unklarheiten» (S. 90), von einer «verhältnismässig weiten» Fassung (S. 111) und vom Fehlen eines «einheitlichen Begriffs» (S. 109), Alfred Kölz etwas griffiger[25] von «sibyllinischen Formulierungen» (S. 135) und von einer «Allerweltsformel» (S. 137).

2. Als Gründe für diese Situation werden etwa von Martin Pfisterer genannt: Die Materie «entzieht sich praktisch jeglicher Systematisierung» (S. 111), es «fehlt eine umfassende dogmatische Durchdringung», zumal in der Schweiz (S. 94 f), das Wort «ist im positiven Recht (noch) nicht gebräuchlich» (S. 93 f, 109). Alfred Kölz weist seinerseits darauf hin, dass eine «höchstrichterliche Praxis weitgehend fehlt» (S. 196), die Praxis «wenig konsolidiert ist» (S. 135) und eine «unübersichtliche Kasuistik besteht» (S. 137). Auch Werner Schmid-Lenz beklagt, dass «nur wenige Präjudizien» vorliegen (S. 60), es «schwer fällt, gefestigte Regeln in Ergänzung des geschriebenen Rechts» aufzustellen (S. 60), und alles «fallbezogen» sei (S. 66).

4355

VI. Notwendigkeit der Auseinandersetzung mit den beiden Wörtern

Bei dieser grossen Verbreitung der beiden, die Vorstellung von Garantie, also von etwas Beachtlichem (Rz 1125 ff), weckenden Wörtern Besitzstandsgarantie und Bestandesgarantie rechtfertigt es sich, genauer zu untersuchen, ob sie eine Bereicherung der juristischen Terminologie oder eine unnütze Worthülse deutschschweizerischer Provenienz bilden. Die entsprechende französischsprachige Bezeichnung lautet lediglich protection de la situation acquise; im Italienischen wird von protezione della situazione acquista gesprochen; von Garantie ist hier keine Rede[26].

4356

VII. Zur Ausdrucksweise in dieser Arbeit

Kritik an Unbestimmtem ist immer heikel. Man läuft ständig Gefahr, dass einem entgegengehalten wird, so sei es gar nicht gemeint gewesen. Ich bitte deshalb schon im Voraus die Autoren von zitierten Literatur- und Entscheidstellen um Nachsicht, wenn ich ihre Äusserungen in eine von ihnen nicht ins Auge gefasste Regelungskategorie einweisen sollte. Doch gestatte man mir dann immer die Frage: Wenn es nicht so gemeint war, was sollte die Aussage dann bedeuten? Dass die Aussage einfach als Leerformel gedacht war, ist kaum anzunehmen.

4357

---

[25] Bezüglich des das Wort «Besitzstandsgarantie 16-mal verwendenden Entscheides des AG-Verwaltungsgerichtes, 3. Kammer, vom 12. Januar 1982 (AGVE 1982 S. 231 ff, ZBl 1982 S. 447).
[26] Siehe zB BGE 113 Ia 119 (Vernier/GE). Im Italienischen wird zwar auch von garanzia del mantenimento gesprochen.

§ 2 Zur Problemstellung

I. Einleitende Bemerkungen

4389 1. Gemäss einer meines Wissens erstmals vom Aargauer Verwaltungsgericht in einem Entscheid vom 11. Juli 1975[1] geäusserten und später von anderen Gerichten und in der Literatur oft wiederholten Auffassung[2] geht es bei der Besitzstandsgarantie, Bestandesgarantie, beides zusammen im Folgenden kurz als B.garantie bezeichnet, um die folgende «Konfliktsituation»:

> «Es stehen sich das private, unter Umständen auch öffentliche Interesse am Fortbestand der Baute und das öffentliche, namentlich planerische Interesse an deren Beseitigung, anders ausgedrückt die Interessen an der Rechtssicherheit und der Aufrechterhaltung des bestehenden Zustandes einerseits und an der umfassenden raschen Durchsetzung des neuen Rechts anderseits gegenüber. In diesem Spannungsfeld will die Besitzstandsgarantie einen Ausgleich schaffen. Dem im Hinblick auf die getätigten Investitionen berechtigten Vertrauen des Privaten in die Kontinuität der bisherigen Ordnung soll dadurch Rechnung getragen werden, dass er seine Baute ungeachtet ihrer Rechtswidrigkeit grundsätzlich weiter bestehen lassen darf; das gegenläufige Interesse spiegelt sich im Verbot, in die Baute mehr zu investieren, als Unterhalt und zeitgemässe Erneuerung erfordern.»

Martin Pfisterer hat sich auf den S. 109 und insbesondere 112–122 mit dieser Äusserung eingehend auseinandergesetzt. Er betrachtet es zusätzlich als wesentlich, dass sich die B.garantie an der «Idee der Gerechtigkeit» orientiert; sie sei nicht starr wie der Widerruf, schonungsvoller als dieser und sie durchbreche nicht das geltende Recht wie die Ausnahmebewilligung.

4390 2. Auch wenn diese Äusserung m.E. nicht das ganze Feld der mit dem Wort B.garantie bezeichneten Situationen abdeckt, so eignet sie sich doch gut zu deren Darstellung. Ich unterscheide hier vier Elemente:

– Wirklichkeitsausschnitte Bauten (Gebäude) und Bewerbungen hinsichtlich Kontinuität/Änderung, vereinzelt auch Identitätswechsel (Rz 4391 f);
– Zulässigkeit, vereinzelt auch Unzulässigkeit (Rz 4396 f);
– Spannungsfeld und Ausgleich (Rz 4399 f);
– nicht erfasste Gesichtspunkte (Rz 4412 f).

---

[1] Siehe AGVE 1975 S. 222–234, ZBl 1976 S. 152–157 (betr. bauliche und bewerbsmässige Vorkehrungen an einem über hundert Jahre alten, seit rund fünfzig Jahren nicht mehr bewohnten Gebäude ausserhalb der Bauzone). Siehe auch: Rz 4487.
[2] Die Auffassung kehrt zB wieder bei Erich Zimmerlin, Kommentar 1976, zu § 224, N. 4; Martin Pfisterer, S. 109 ff; Alfred Kölz, S. 191; Martin Lendi, DISP, S. 21 im Kästchen.

Anhang § 2

II. Kritik

A. Zum angenommenen Wirklichkeitsausschnitt

1. Bauten (Gebäude) und Bewerbungen

a) Mit der Umschreibung der B.garantie im Sinne von Rz 4389 wird ausdrücklich an 4391
Bauten gedacht. Um den Umfang dieses Kapitels nicht zu sehr anschwellen zu lassen,
beschränke ich mich bei den Bauten auf die Gebäude. In geldmässiger Verkürzung wird
auch statt von Bauten von Investitionen gesprochen.

b) In der Umschreibung nach Rz 4389 sind Bewerbungen nicht besonders erwähnt. 4392
Doch steht fest, dass an vielen anderen Stellen bei der Verwendung des Wortes B.garantie
auch an den Bewerb gedacht wird.

2. Beibehaltung, Änderung, vereinzelt auch Identitätsauswechslung

a) Bei der Umschreibung im Sinne von Rz 4389 wird ausdrücklich an den «Fort- 4393
bestand» von Gebäuden und an den «Unterhalt» sowie die «zeitgemässe Erneuerung»
gedacht; dabei ist wohl an die Wahrung der Identität der Bauten zu denken. Bauliche
Vorkehrungen, welche darüber hinausgehen, sowie wie bereits erwähnt die bewerbsmässigen Vorkehrungen überhaupt, sind grundsätzlich nicht erwähnt.

b) Das Fortbestehenlassen von Gebäuden, der Unterhalt und die zeitgemässe Erneue- 4394
rung sind aber nur ein Teil der mit dem Wort B.garantie verbundenen Vorstellungen.
Dazu gehört auch das Renovieren, Montieren, Um-, Auf-, Sub-, Anbauen von Gebäuden,
ferner das Weiterausüben und das Ändern von Bewerbungen (Intensivieren, Ausweiten,
Auswechseln), wenn solches in kleinerem Umfang geschieht.

c) Bisweilen bezieht sich das Wort B.garantie auch auf grössere Änderungen, ja so- 4395
gar auf Vorkehrungen, bei welchen das Gebäude bzw. der Bewerb vor der Vorkehrung
eine andere Identität aufweist als nach der Vorkehrung. Anders ausgedrückt: Es liegt
nach der Vorkehrung ein anderes Gebäude bzw. ein anderer Bewerb vor als vorher; es
handelt sich nicht mehr um das gleiche Gebäude bzw. den gleichen Bewerb, man hat die
Identität des Gebäudes bzw. des Bewerbes gewechselt (Rz 167 f, 318). Zu denken ist hier
an folgende Vorkehrungen: in baulicher Beziehung: Umgestaltung, Wieder-, Anschluss-,
Dependenz-, Dislokationsbau; in bewerbsmässiger Beziehung: die Umnutzung, die
Bewerbsaufnahme nach langem Leerstehen, die Bewerbsexpansion, der Dependenz- und
der Dislokationsbewerb.

Diese dominospielartige Erweiterung der mit dem Wort B.garantie verbundenen Vorstellungen tritt ein, sobald man das Wort Bestand, Besitzstand nicht statisch, sondern
dynamisch auffasst. Rein sprachlich besteht hiezu allerdings kein Anlass (Rz 4487 f).

B. Zur angenommenen Zulässigkeit, vereinzelt auch Unzulässigkeit

1. In der Umschreibung der B.garantie gemäss Rz 4389 «darf» der Private gewisse 4396
Arten der Kontinuität/Transformation von Gebäuden bzw. Bewerbungen vornehmen. Da-

mit präsentiert sich die B.garantie als eine Erlaubnisregelung. Allerdings wird am Schluss der Umschreibung auch der Verbotsbereich angesprochen, jedoch nur reflexweise, sekundär. Eine solche Ausweitung der B.garantie findet sich bisweilen auch in anderen Präjudizien und in der Literatur.

4397 2. Sofern nach dem liberal-rechtstaatlichen Grundsatz alles erlaubt ist, was nicht verboten wurde, handelt es sich bei diesen Aussagen solange um eine Selbstverständlichkeit, als nicht ein Verbot entgegensteht. Sobald ein solches vorliegt, lautet die entscheidende Frage aber: Beeinflusst die B.garantie die andere Regelung, ja oder nein? Die Antwort bleibt in Gerichtsentscheiden und in der Literatur oft offen.

4398 3. Es lassen sich m.E. neun verschiedene mit dem Wort B.garantie bezeichnete Regelungen unterscheiden, nämlich die folgenden, in Rz 4422–4495 näher erörterten Regelungen: die B.garantie als

– Aspekt der Eigentumsgarantie (Rz 4422 f);
– Aspekt allgemeiner Rechtsgrundsätze (Rz 4426 f);
– zuständigkeitsbedingte Ungültigkeitsaussage (Rz 4432 f);
– Dispensationsermächtigung (Rz 4434 f);
– Widerrufserschwerung (Rz 4440 f);
– gewöhnliche materielle Regelung (Rz 4451 f);
– Klärungsanweisung (Rz 4455 f);
– blosse Beweisregelung (Rz 4477 f);
– neuer eigenständiger Rechtsgrundsatz (Rz 4481 f).

Ob diese Regelungen zu Recht oder zu Unrecht als geltend angesehen werden, bleibt für die Auswahl vorderhand belanglos.

C. Zum angenommenen Spannungsfeld und Ausgleich

1. Zum Spannungsfeld

4399 a) Bei dem in Rz 4389 ausgedrückten «Spannungsfeld», «Konflikt» handelt es sich offensichtlich um eine normative Erscheinung. Ausgangspunkt sind gegenläufige private und öffentliche «Interessen». Ein Interesse kann unter anderem darin bestehen, dass eine absolut oder relativ willkommene Situation nicht durch eine absolut oder relativ unwillkommene Situation ersetzt wird oder dass eine absolut oder relativ unwillkommene Situation durch eine absolut oder relativ willkommene Situation ersetzt wird. Diese Interessen können, müssen aber nicht gegenläufig sein. Hier wird nur der erstgenannte Fall weiterverfolgt. In diesem Fall kommt es zu einem «Spannungsfeld», «Konflikt», welcher nach einem Ausgleich, einer Vermittlung ruft.

4400 b) Bei dem in Rz 4389 ausgedrückten «Spannungsfeld», «Konflikt» bilden die Interessen des Privaten den einen und die Interessen des Gemeinwesens den anderen Pol der Spannung, je bezogen auf Kontinuität/Transformation von Gebäuden bzw. Bewerbungen. Der von der B.garantie erwartete Ausgleich, die durch sie bewirkte Vermittlung steht darüber und bildet die dritte Ecke einer Dreiecksbeziehung. Entweder sind die Interessen noch von keiner Regelung begleitet, geschützt oder es trifft dies nur für eine von beiden oder aber für beide zu.

2. Ausgleich im Spannungsfeld als Einwirkung auf Regelungen

a) Bei dem in Rz 4389 erwähnten «Ausgleich» im «Spannungsfeld» sind insbesondere die folgenden drei Situationen zu unterscheiden: 4401

α) Weder die Interessen des einen noch diejenigen des andern «Poles» sind bisher von Regelungen begleitet, geschützt gewesen. Besteht die Auffassung, die B.garantie sage hier aus, was zu gelten habe, so ist dies die Auffassung der B.garantie als Unklarheitsbehebung im Fall von normativen (echten) Lücken (Rz 4455 f).

b) *Es sind nur die Interessen des einen «Poles» von einer Regelung geschützt, begleitet*

α') Handelt es sich bei den durch eine Regelung geschützten, begleiteten Interessen allein um diejenigen des Privaten und besteht weiter die Auffassung, die B.garantie sage hier aus, was zu gelten habe, so bejaht man deren Höherrangigkeit gegenüber der erwähnten Regelung. Das ist der Fall, wenn man in der B.garantie entweder einen Aspekt der Eigentumsgarantie (Rz 4422 f), einen Aspekt eines allgemeinen Rechtsgrundsatzes (Rz 4426 f), eine sonstwie höherrangige materielle Regelung (Rz 4481 f) oder einen Aspekt des Erfordernisses der Zuständigkeit des regelnden Organes (Rz 4432 f) sieht. Soweit es um eine Regelung mit unbestimmten Regelungselementen oder mit Ermessensoffenheit geht, ist in der Auffassung, die B.garantie gehe dieser Regelung vor, oft auch mitgedacht, die B.garantie enthalte eine Anweisung für die Klärung unbestimmter Regelungselemente oder zur Ermessensbetätigung (Rz 4455 f). Es handelt sich hier um eine teleologische Reduktion eines Verbotes/Gebotes zugunsten des Privaten. 4402

β') Handelt es sich bei den durch eine Regelung geschützten, begleiteten Interessen allein um diejenigen des Gemeinwesens und besteht die Auffassung, die B.garantie sage hier aus, was zu gelten habe, so trifft an sich das soeben Gesagte analog zu. In einem liberaldemokratischen Rechtsstaat wird man aber wohl schneller annehmen, dass die B.garantie durch teleologische Reduktion des Verbotes/Gebotes den Schutz der Interessen des Gemeinwesens zugunsten des Privaten schmälere, als dort, wo es um die teleologische Reduktion der die Interessen des Privaten schützenden Erlaubnisse zugunsten des Gemeinwesens geht, sofern es hier überhaupt zu einer solchen kommen kann. 4403

γ) Es ist aber auch möglich, dass für die Interessen beider Pole je eine Regelung gilt, welche hier voraussetzungsgemäss als widersprüchlich angesehen werden und daher nicht gleichzeitig gelten können; hier besteht normativ ein «Loch». Ist man der Auffassung, die B.garantie bringe hier zum Ausdruck, was inskünftig gelten solle, so sieht man in der B.garantie eine Klärungsanweisung für den Fall von Normenkollisionen (Rz 4455 f). 4404

b) α) Bei dem in Rz 4389 ausgedrückten «Ausgleich», bei der dortigen «Vermittlung» geht es m.E., soweit die Interessen von Regelungen begleitet, geschützt sind und es sich nicht um die B.garantie als Beweisregelung geht (Rz 4477 f), um einen Sonderfall der normativen Beeinflussung des Regelungsbestandes. Die Beeinflussung kann in der Setzung oder in der Aufhebung (Invalidierung) oder in der Klärung einer Regelung bestehen. 4405

4406 β) α') Bei der Setzung einer Regelung handelt sich hier um die normale Weiterbildung des Rechtes durch den Richter. Diese wird allerdings als das Finden einer bereits geltenden Norm gedeutet.

4407 β') Die Aufhebung der Regelung kann sein: global oder partiell, definitiv oder vorübergehend, derogierend oder repellierend, vom gleichen oder von einem anderen Gemeinwesen ausgehend.
Die mit B.garantie bezeichnete Regelung kann zu einer Aufhebung führen,

– wenn die mit B.garantie bezeichnete Regelung die ranghöhere Regelung[3] bildet[4]; das ist meistens der Fall bei der B.garantie als Eigentumsgarantieaspekt (Rz 4422 f) und als Aspekt eines allgemeinen Rechtsgrundsatzes (Rz 4426 f), sodann bei Auffassung der B.garantie als neuem eigenständigem Rechtsgrundsatz (Rz 4481 f), ferner bei der B.garantie als gewöhnlicher materieller Regelung von Gesetzesrang gegenüber Verboten/Geboten, die bloss Verordnungsrang haben (Rz 4451 f);
– wenn die Voraussetzungen für die Anwendbarkeit der die Aufhebung eines Verbotes/Gebotes ermöglichenden Regelung erfüllt sind; das ist von Bedeutung bei der B.garantie als zuständigkeitsbedingter Ungültigkeitsaussage (Rz 4432 f), als Dispensationsermächtigung (Rz 4434 f) oder als Widerspruchserschwerung (Rz 4440 f).

4408 γ') Die mit B.garantie bezeichnete Regelung kann sodann zu einer normativen Klärung führen (Rz 4455 f). Die Klärung kann sich auf die Auslegung einer Vorschrift, auf die Ermessensbetätigung, auf die Füllung einer normativen Lücke oder auf die Lösung einer Vorschriftenkollision beziehen.
Bei dieser Klärung ist aber nicht an die übliche grammatische, logisch-systemorientierte historische oder teleologische Auslegung zu denken. Diese kommt, aus Gründen der Hermeneutik von selbst überall zum Zuge (Rz 4410). Zu denken ist vielmehr an Anweisungen zu hievon abweichenden Auslegungen, Ermessensbetätigungen, Lückenfüllungen oder Kollisionslösungen.

4409 γ) Die Aufhebung und Klärung von Regelungen kann sich auf Vorschriften beziehen, welche bei der Erstellung des Gebäudes bzw. bei der Aufnahme des Bewerbes schon voll in Kraft gestanden haben, oder aber auf solche, welche erst im Laufe der Existenz des Gebäudes bzw. des Bewerbes in Kraft getreten sind.

4410 δ) Die Trennlinie zwischen Setzung, Aufhebung und Klärung einer Regelung sowie innerhalb der Klärung durch Auslegung, Ermessensbetätigung, Lückenfüllung und Lösung von Vorschriftenkollisionen ist nicht so scharf, wie es scheinen könnte.

4411 c) Wo wegen der B.garantie die Auffassung besteht, es komme ihretwegen eine bestimmte Art der Beweisregelung zum Zuge (Rz 4477 f), geht es an sich nicht um eine normative (hermeneutische oder politische) Beeinflussung des Regelungsbestandes, sondern um die (heuristische) Ermittlung des zu beurteilenden Sachverhaltes, um zu wissen, welcher Tatbestand erfüllt oder nicht erfüllt ist.

---

[3] Stufenfolge: Verfassung – Gesetz – Verordnung – Planungsakt – Einzelakt; (internationale Gemeinschaft –) Bund – Kanton – Gemeinde.
[4] Die Beziehungen von lex prior zu lex posterior und von lex generalis zu lex specialis bleiben hier ausser Betracht.

D. Nicht erfasste Gesichtspunkte

1. Die mit dem Wort B.garantie bezeichneten Regelungen sind meistens auf Sachverhalte beschränkt, bei welchen die Intertemporalität und/oder die Wohlerworbenheit eine Rolle spielt. 4412

a) Auslassung von Situationen ohne intertemporale Problematik

α) Die mit dem Wort B.garantie verbundenen Vorstellungen sind meistens auf den Umstand zurückzuführen, dass Gesetze und Verordnungen praktisch immer, Verfassungen weitgehend revidiert werden können (Rz 1271 f). Da solche Revisionen für den Gebäudeeigentümer und Bewerbsträger nicht nur Erleichterungen, sondern auch Verschärfungen und Regelungen sui generis (Rz 836 f) bewirken können, ist mit der Möglichkeit zu rechnen, dass Gebäude und Bewerbungen, welche bei ihrer Erstellung bzw. bei ihrem Erstbewerb rechtmässig waren und immer gleich geblieben sind, den revidierten Vorschriften nicht mehr entsprechen. Hier stellt sich dann die intertemporalrechtliche Frage: Darf man solche Gebäude gleichwohl unverändert fortbestehen lassen? Darf man solche Bewerbungen gleichwohl unverändert weiterausüben? Oder ist eine Anpassung an die neuen Vorschriften nötig? Rz 445a ff. 4413

β) Vereinzelt kommen mit der B.garantie auch noch folgende Situationen ohne intertemporale Problematik zur Sprache: 4414

α') Ein rechtmässig erstelltes Gebäude bzw. ein rechtmässig aufgenommener Bewerb wird aus den in Rz 412d, 420 f geschilderten Gründen rechtswidrig;

oder

β') ein die geltenden Maxima/Minima gerade satt oder noch nicht vollständig konsumierendes Gebäude würde bei den interessierenden Um-, Auf-, Sub-, Anbauten diese Limiten überschreiten. 4415

γ) Der Kreis der mit dem Wort B.garantie wachgerufenen Fragen ist aber, wenn man ihn schon verwenden will, auch auf diese Fälle zu beziehen, wo es seit der Erstellung des Gebäudes bzw. seit der Aufnahme des Bewerbes zu keiner Revision der einschlägigen Vorschriften gekommen ist. Rz 4148 f. 4416

δ) Intertemporalrechtlich und übergangsrechtlich werden bisweilen als Synonyme verwendet. Das trifft jedoch nicht ganz zu. Die Vorstellung von einer Übergangsordnung gehört nur in einem weiteren Sinn zum intertemporalen Gesichtspunkt. Sie entspringt der – richtigen – Auffassung, die für primäre Neubauten und Neubewerbungen geltenden Regelungen träfen nicht von vornherein das Richtige für die Änderungen an bereits vorhandenen Gebäuden und Bewerbungen. Das ganze deklariert postfinite Baurecht, wie in Rz 1413–4141a verstanden, kann als eine solche Übergangsordnung aufgefasst werden. 4417

b) Zur Auslassung der Situationen ohne Wohlerworbenheit

α) Die mit dem Wort B.garantie bezeichneten Regelungen beziehen sich meistens auf Gebäude, welche rechtmässig erstellt worden sind, bzw. auf Bewerbungen, welche rechtmässig aufgenommen worden sind, sei es, weil vor der Erstellung, Aufnahme die erforderliche Bewilligung eingeholt worden ist, sei es, weil hiefür keine Bewilligung 4418 nötig war und das materielle Recht eingehalten war. Ob man hier von Wohlerworbenheit sprechen soll, ist Ansichtssache. Rz 675.

4419 β) Als unter die B.garantie fallend werden bisweilen auch noch Situationen betrachtet, bei welchen die Erstellung bzw. die Bewerbsaufnahme zeitlich so weit zurückliegt, dass keine klare Kunde mehr darüber besteht, welche Regelung damals hinsichtlich Bewilligungsbedürftigkeit gegolten habe bzw. ob eine Bewilligung erteilt worden sei oder nicht. Es geht hier um die Unvordenklichkeit.

4420 γ) Daneben ist aber auch noch an andere, regelungsbedürftige Situationen zu denken, auf welche sich die mit dem Wort B.garantie bezeichneten Regelungen meistens nicht beziehen:

– unter Beanspruchung der Dispenskompetenz bewilligte Sachverhalte;
– materiell fälschlich bewilligte Sachverhalte;
– materiell rechtmässige, aber ohne die erforderliche Bewilligung verwirklichte Sachverhalte;
– materiell unrechtmässig verwirklichte, später aber infolge Revision materiell rechtmässig gewordene, nochmals später allenfalls wieder unrechtmässig gewordene Situationen;
– ohne Bewilligung und materiell rechtswidrig verwirklichte Situationen, bei welchen die Behörde aber die Möglichkeit, einzuschreiten, verwirkt hat.

c) Folgerungen

4421 Wenn man, wie ich in Rz 4520 f, den Begriff B.garantie als juristisch überhaupt nutzlos ansieht, dann lässt sich nichts Grundsätzliches dagegen einwenden, dass die in Rz 4358 wiedergegebene Umschreibung der B.garantie weder den Bewerb noch die über «Unterhalt und zeitgemässe Erneuerung» hinausgehenden baulichen Vorkehrungen und auch weder die nicht intertemporalrechtlichen Situationen noch alle nicht «wohlerworbenen» Situationen miterfasst. Wenn man jedoch, sprachlich allerdings verfehlt, mit B.garantie die allgemeine baurechtliche Problematik bezeichnen will, die sich *nach* Erstellung eines Gebäudes bzw. *nach* Aufnahme des ersten Bewerbes desselben ergibt, wenn man also mit B.garantie das postfinite Baurecht mit Erlaubnischarakter als Gesamtheit meint, dann sind alle diese Auslassungen ein Mangel; denn auch diese Bereiche bedürfen der juristischen Regelung.

§ 3 Die verschiedenen Auffassungen von der Besitzstands-/ Bestandesgarantie

I. Die Besitzstands-/Bestandesgarantie als Aspekt von Regelungen von bundesverfassungsrechtlichem Rang

A. Als Aspekt der Eigentumsgarantie

1. Die häufigste Deutung der im Baurecht angesprochenen Besitzstands-/Bestandes- 4422
garantie (kurz: B.garantie) ist wohl diejenige, es handle sich hier um einen Aspekt, eine Erscheinungsform, einen Bestandteil/Teil der Eigentumsgarantie gemäss BV Art. 22ter, Ort der Materie in der neuen BV Art. 26, sie sei in dieser enthalten usw. In diesem Sinne äussern sich etwa:
– Entscheid des AG-Verwaltungsgerichtes in AGVE 1974 S. 272;
– Aldo Zaugg, 1987, zu Art. 3, N. 1;
– Hermann Geissbühler, S. 107 (er spricht nur von Bestandesgarantie).

2. Oft ist nicht ganz klar, ob gesagt werden wolle, die B.garantie sei ein Bestandteil 4423
der Eigentumsgarantie als Ganzes oder nur der darin verfassungsrechtlich enthaltenen Bestandesgarantie (Rz 1228 f) und/oder der Wertgarantie (Rz 1233 f) oder ein einzelnes Element der als Summe von Eingriffsvoraussetzungen aufgefassten Eigentumsgarantie (Rz 1207 f), und wenn Letzteres gemeint ist, um welches Element es sich dabei handle.
   Die Aussage, ein bestimmtes Verbot oder Gebot bezüglich Kontinuität/Transformation von Gebäuden bzw. Bewerbungen halte die B.garantie ein, verletzte sie nicht, läuft oft parallel mit der Aussage, es liege keine materielle Enteignung vor. Wo Letztere angenommen wird, ist es aber eher Zufall, ob dabei ein Hinweis auf die B.garantie gemacht wird oder nicht.
   Nach Alfred Kölz, S. 135, 191 und 196–199, folgt die B.garantie jedoch nicht aus der Eigentumsgarantie, sondern es ist jene nach ihm ein Aspekt von Treu und Glaube (Rz 1019 f, 4428).
   Nach Georg Müller, Kommentar BV, Art. 22ter, Rz 17, kann die B.garantie entweder aus der Eigentumsgarantie oder aus dem Vertrauensschutzprinzip hergeleitet werden. Ob die Zuordnung zum einen oder anderen erfolge, sei «nicht entscheidend; es kommt in beiden Fällen auf die Abwägung zwischen den Interessen am Fortbestand der Rechtsposition und an der Durchsetzung des neuen Rechtes an.» In diesem Sinne äussert sich auch Mario Barblan, S. 67.
   Werner Schmid-Lenz, S. 63, legt jedoch Gewicht darauf, dass die B.garantie auf die Eigentumsgarantie und nicht (bloss) auf das Vertrauensprinzip abgestützt werden kann, um damit die Zulässigkeit von «Unterhalt und Erneuerung» zu fundieren.

3. Oft heisst es auch einfach, die B.garantie folge, fliesse aus der Eigentumsgarantie, 4424
ergebe sich aus ihr, leite sich aus ihr ab, her, sei aus ihr ab-, hergeleitet, gründe, basiere, beruhe auf ihr, stütze sich auf sie, sei auf sie gestützt, sei in ihr verankert. In diesem Fall müsste man eigentlich annehmen, die B.garantie sei etwas ausserhalb der Eigentumsga-

rantie Liegendes; denn was aus einem See fliesst, ist kein See, was auf einem Fels steht, kein Fels. Ohne zu diesem Schluss zu gelangen, aber mit jenen Worten äussern sich:
- Entscheid des AG-Verwaltungsgerichtes vom 12. Januar 1982, in: ZBl 1982 S. 448;
- BGE 113 Ia 119–126, 122 (Vernier/GE): «La jurisprudence a déduit ... de la garantie de la propriété (art. 22ter Cst.) ... une protection de la situation acquise (Besitzstandsgarantie)» (dies alles in Fettdruck);
- Entscheid des ZH-Verwaltungsgerichtes vom 21. März 1989 (BEZ 1989 Nr. 13): «Dem Grundsatz nach fliesst die Bestandesgarantie aus der in Art. 22ter der Bundesverfassung ... verankerten Eigentumsgarantie»[1];
- ZH-Verwaltungsgerichtsentscheid vom 16. Mai 1991 (BEZ 1991 Nrn. 11 und 21);
- ZH-Verwaltungsgerichtsentscheid vom 7. Mai 1992 (BEZ 1992 Nr. 14);
- ZH-Verwaltungsgerichtentscheid vom 29. Januar 1998 (BEZ 1998 Nr. 3);
- Christoph Bandli, a.a.O., S. 194;
- David Fries, a.a.O., S. 150, 308;
- Felix Huber, a.a.O., S. 169 («Ausfluss der Bestandesgarantie»);
- Werner Schmid-Lenz, a.a.O., S. 60 ff;
- Mario Barblan, a.a.O., S. 67 ff.

4425 4. Bemerkenswert ist, dass Martin Pfisterer, welcher mit seiner Dissertation von 1979 dem Wort «Besitzstandsgarantie» zu grosser Verbreitung verholfen hatte (Rz 4341 f), kaum je direkt die B.garantie auf die Eigentumsgarantie (oder den Vertrauensgrundsatz) zurückführt, sondern erklärt, «für die Bildung des Begriffes der Besitzstandsgarantie (sei) ... in erster Linie vom kantonalen Gesetzesrecht auszugehen» (S. 93 f). Eine gleiche Zurückhaltung findet sich auch bei Erich Zimmerlin, sowohl im Kommentar von 1976 zu § 224 als auch noch in demjenigen von 1984, trotz hier reichlicher Verwendung des Wortes.

B. Als Aspekt eines allgemeinen Rechtsgrundsatzes

1. Als Aspekt des Rechtsgleichheitsgebotes

4426 Bisweilen wird die B.garantie als ein Aspekt des Rechtsgleichheitsgebotes (Rz 986 f) aufgefasst. Diese Vorstellung schimmert indirekt im Entscheid des AG-Verwaltungsgerichtes vom 18. Mai 1982 (ZBl 1982 S. 447, 454) durch: «Bauherren besitzstandgeschützter Bauten dürfen nicht besser als solche zonenkonformer Bauten gestellt werden.»

2. Als Aspekt des Verhältnismässigkeitsgrundsatzes

4427 Bisweilen wird die B.garantie als ein Aspekt des Verhältnismässigkeitsgrundsatzes (Rz 1008 f) aufgefasst. Diese Vorstellung dürfte wohl auch den Ausführungen von Martin Pfisterer auf den S. 112–123 über die Beziehungen zwischen der B.garantie einerseits

---

[1] Der hier zur Bestätigung dieser Aussage zitierte BGE 109 Ib 114 f (Gemeinde X./ZH) äussert sich allerdings nicht so.

sowie dem Widerruf und der Ausnahmebewilligung anderseits zugrundeliegen, obwohl hier der Ausdruck Verhältnismässigkeitsgrundsatz nirgends fällt[2]. Vgl. auch das Zitat von Alfred Kölz in Rz 4428 in FN 3.

3. Als Aspekt des Vertrauensschutzprinzips

Es wird direkt oder indirekt die Auffassung vertreten, die B.garantie sei ein Aspekt des Vertrauensschutzsprinzipes (Rz 1019 f), stehe unverkennbar in dessen Nähe, sei mit ihm verwandt, setze jedoch keine besondere Vertrauenssituation voraus, erfülle eine Ersatzfunktion für das Vertrauensprinzip, es handle sich nicht um die herkömmliche, konkrete Bedeutung von Treu und Glauben, sondern um allgemeines, abstraktes Vertrauen, das auch vom Gesetzgeber gewahrt werden müsse[3]. In diesem Sinne äussern sich: 4428

– ZH-RB 1984 Nr. 90: «Die Besitzstandsgarantie ... (bezweckt) den Schutz der im Vertrauen auf das frühere Recht gemachten Investitionen»;
– ZH-RB 1986 Nr. 99 (auch BEZ 1987 Nr. 5) «der Zweck der Bestandesgarantie, nämlich der Schutz der im Vertrauen auf die alte Ordnung getätigten Investitionen»;
– Entscheid des ZH-Verwaltungsgerichtes vom 23. November 1994 (BEZ 1994 Nr. 22, S. 6 f): Bezüglich befristet bewilligter Gebäude «greift zum vornherein kein Vertrauensschutz ein»;
– Alfred Kölz, 1983, S. 135, 191, 196–199 (unter dezidierter Ablehnung der Annahme, dass die B.garantie aus der Eigentumsgarantie folge; sie folge aus dem Vertrauensgrundsatz);
– Nach Georg Müller, Kommentar BV, Art. 22ter, Rz 17, kann die B.garantie jedoch entweder aus der Eigentumsgarantie oder aus dem Vertrauensschutzprinzip hergeleitet werden;
– Mario Barblan, S. 67 (Eigentumsgarantie und Vertrauensschutzprinzip);
– Werner Schmid-Lenz, S. 63 (Eigentumsgarantie und Vertrauensschutzprinzip, aber Ersteres ist wichtiger).

4. Als Aspekt des Grundsatzes der Nichtrückwirkung

Vereinzelt wird die B.garantie als Aspekt des Gebotes der Nichtrückwirkung von Verwaltungsrechtssätzen (Rz 1041) bezeichnet. In diesem Sinne äussert sich zB: 4429

– BGE 113 Ia 119–126, 122 (Vernier/GE): «La jurisprudence a déduit ... du principe de la non-rétroactivité des lois une protection de la situation acquise (Besitzstandsgarantie)»;
– ZH-Verwaltungsgerichtsentscheid vom 29. Januar 1998 (BEZ 1998 Nr. 3);
– für David Fries, S. 150 ff, 308, «fliesst (die B.garantie) aus dem Rückwirkungsverbot» (zum «Fliessen aus» siehe Rz 4424 f);
– Felix Huber, S. 170, bemerkt, dass wenn eine der Voraussetzungen der Rückwirkung

---

[2] Siehe auch S. 128, 135, 137, 160 f, 224 und 226.
[3] Diese Formulierungen sind Alfred Kölz, S. 127 ff, entnommen; er verwendet sie allerdings nicht in Bezug auf die Besitzstands-/Bestandesgarantie, sondern im Hinblick auf das Rechtssicherheitsgebot. Sie passen aber auch hier.

fehle, diese unzulässig sei; die Situation geniesse dann den «Schutz der Besitzstandsgarantie».

5. Als Aspekt des Rechtssicherheitsgebotes

4430 Martin Pfisterer, S. 97, 111, erklärt: Der Zweck der B.garantie bestehe «in der richtigen Durchsetzung des objektiven Rechtes ohne Verletzung der Rechtssicherheit», sie betreffe «das Spannungsfeld Rechtssicherheit – umfassende Durchsetzung des neuen Rechtes» und bezwecke hier einen «Ausgleich» (Rz 4389 f).

C. Als Aspekt weiterer Regelungen von bundesverfassungsrechtlichem Rang?

4431 Aussagen, wonach die B.garantie ein Aspekt von anderen bundesverfassungsrechtlichen Regelungen wie den Freiheitsrechten (insbesondere der Handels- und Gewerbefreiheit, Rz 1075) oder weiteren allgemeinen Rechtsgrundsätzen (Erfordernis des öffentlichen Interesses, Rz 885 f; einer gesetzlichen Grundlage, Rz 942 f oder des Willkürverbotes, Rz 999 f) sei, sind mir keine bekannt.

II. Die Besitzstandsgarantie als Sicherung gegen unzuständigerweise festgesetzte Eigentumsbeschränkungen

4432 1. Bisweilen, wenn auch selten, wird die B.garantie als Sicherung dagegen aufgefasst, dass unzuständige Gemeinwesen, Organe einen Gebäudeigentümer bzw. Bewerbsträger mit generellen oder speziellen Eigentumsbeschränkungen belasten.

– In dieser Richtung äussert sich der Entscheid des AG-Verwaltungsgerichtes vom 11. Juli 1975 (Kiesgruben in Oftringen, ZBl 1976 S. 64–73, 71)[4].
– In diesem Sinne verlief auch im stadtzürcherischen Parlament («Gemeinderat») die Diskussion, als hier eine von Elisabeth Schröder und sechs Mitunterzeichnern eingereichte Motion am 26. August 1987 zur Sprache kam und in der Folge (nur) als Postulat an die städtische Exekutive («Stadtrat») überwiesen wurde (Text siehe Rz 3241).

Dieser Vorstoss bezweckte eine Einengung des sachlichen Geltungsbereiches der «Bestandesgarantie» für gewerbliche Betriebe. Die Kritik im Rat war dagegen gerichtet, dass bei der Festsetzung einer solchen Regelung durch die Stadt u.U. etwas verboten werden müsste, was gemäss PBG § 357 (Rz 1465 f) zu erlauben wäre; so etwas zu statuieren, sei die Stadt nicht zuständig (Rz 635d). Täte sie es dennoch, würde die Bestandesgarantie verletzt, sagte man[5].

4433 2. Dass eine von einem unzuständigen Gemeinwesen, Organ festgesetzte Regelung ungültig ist, stellt eine Selbstverständlichkeit dar. Insoweit bringt die Auffassung der

---

[4] Der Entscheid enthält auch interessante, aber diskutable Ausführungen zu dem als Negativum aufgefassten Begriff der Grube und demjenigen der Erweiterung derselben. Rz 48.
[5] Daneben stiess auch die Unklarheit des Begehrens auf Widerspruch.

Anhang § 3

B.garantie als Sicherung gegen unzuständigerweise festgesetzte Eigentumsbeschränkungen nur etwas zum Ausdruck, was ohnehin gilt.

III. Die Besitzstands-/Bestandesgarantie als zusätzliche Dispensregelung

A. Inhalt

Das Wort B.garantie wird bisweilen für Dispensregelungen verwendet, welche unter bestimmten Bedingungen, vor allem beim Vorliegen besonderer Härten, eine Abweichung von den an sich für die Kontinuität/Änderung von Gebäuden bzw. Bewerbungen geltenden Verboten/Geboten gestatten, wo eine Abweichung gestützt auf die ausdrücklichen globalen oder sektoralen Dispenskompetenzen (Rz 606 f) nicht möglich wäre. Es geht hier also um eine zusätzliche Dispenskompetenz[6]. 4434

B. Belegstellen

Als Belegstellen für die Auffassung der B.garantie als Sonder-Dispensregelung bezüglich Kontinuität/Änderung von Gebäuden bzw. Bewerbungen kommen m.E. in Betracht: 4435

1. BGE vom 18. Januar 1990 (Winterthur/ZH, betr. Baronenscheune, ZBl 1990 S. 358). Das Bundesgericht sprach hier im Zusammenhang mit der B.garantie von «der im Baurecht allgemein bekannten Härteklausel», in Anwendung welcher «eine Ausnahmebewilligung erteilt werden müsste», wenn «die getroffene Anordnung zufolge besonderer Umstände unverhältnismässig wäre». Die Frage wurde dann aber nicht weiter geprüft, weil dieser Gesichtspunkt von der Bauherrschaft nicht geltend gemacht worden sei[7]. Vgl. auch BGE 107 Ib 116, 119 (Gemeinde X./TG, betr. Anschlusspflicht), wo obiter gesagt wurde, im öffentlichen Baurecht stelle die Ausnahmebewilligung «ein allgemeines Rechtsinstitut» dar. Das alles ist wohl kaum einfach als statistische Angabe zu verstehen.

2. Alfred Kölz, Intertemporales, sagt auf S. 193: «In Fällen ..., wo das Vertrauen der Betroffenen schwer verletzt würde, muss der Gesetzgeber von Verfassungs wegen dies mit der Schaffung einer Besitzstandsgarantie vermeiden; hat er dies versäumt, so haben die rechtsanwendenden Organe im Einzelfall eine Besitzstandsgarantie zu statuieren.» Mir scheint jedoch, dass Alfred Kölz nicht primär die bei «Säumnis» des Gesetzgebers vom rechtsanwendenden Organ im Einzelfall statuierte Regelung als solche als B.garantie 4436

---

[6] Als globale Dispensregelung kommen in Betracht: ZH-PBG § 220, AG-altBauG § 155; als sektorale Dispensregelung sind zu nennen: ZH-PBG § 101 bezüglich Gebäuden, welche von Baulinien angeschnitten sind (Rz 1751 f); AG-altBauG § 137 und 139.
[7] In Sachen Rothenturm-Biberbrugger Moorschutz bringt BGE 117 Ib 243 ff (ZBl 1992 S. 271) die hier erwogene Möglichkeit der Gewährung von Ausnahmebewilligungen vom «Veränderungsverbot» von BV Art. 24^{sexies}, Ort der Materie in der neuen BV Art. 78 V, (Rz 4104) und der Ausführungsverordnungen – eher positiv überraschend, aber nicht zu beanstanden – nicht mit der B.garantie in Zusammenhang.

bezeichnet, sondern dass er an eine ohnehin geltende Regelung denkt, wonach bei «Säumnis» des Gesetzgebers die rechtsanwendenden Organe im Einzelfall eine Ausnahme vom Verbot/Gebot zu gewähren haben bzw. gewähren dürfen, auch ohne dass dies irgendwo steht; in diesem Fall wäre dann diese Ermächtigung zur Dispensierung die B.garantie[8].

4437 3. Felix Huber weist auf S. 168 f darauf hin, dass durch neue generelle Verbote bewirkte Härten nicht bereits von der Eigentumsgarantie gemildert werden, da diese grundsätzlich keinen Schutz gegen Rechtsänderungen biete. Hierauf fährt er wie folgt weiter: «Im Institut der Besitzstandsgarantie wird ... ein Instrument gesehen, mit dem wenigstens gewisse Härten ausgeschlossen werden können.» Sodann heisst es: «Die Besitzstandsgarantie ... gilt in allen Kantonen, auch wenn diese eine solche nicht ausdrücklich in ihrem Baurecht verankert haben.»

4438 4. Thomas Fleiner spricht auf S. 92, allerdings ohne Bezugnahme auf die B.garantie, davon, dass dort, wo «die gesetzliche Lösung offensichtlich zu Ungerechtigkeit führt», in Ausnahmefällen im Einzelfall eine angemessene Lösung zu treffen ist. In diesem Sinne äussern sich auch Peter Müller, S. 213 f, und Walter Haller/Peter Karlen, N. 672, wo von der Systemnotwendigkeit dieses Korrekturmittels gesprochen wird. Es geht hier um die Einzelfall-Theorie.

4439 5. Martin Pfisterer ist derjenige Autor, welcher sich am eingehendsten zum Verhältnis B.garantie – Ausnahmebewilligungskompetenz geäussert hat (S. 118–122). Er sieht zwar eine Gemeinsamkeit in den beiden Begriffen darin, dass gemäss beiden unter gewissen Bedingungen ein «Abweichen» von den sonst geltenden Bauvorschriften, also eine Dispensation ermöglicht wird. Hingegen vertritt er die Auffassung, dass die B.garantie gerade keine Regelung bilde, gemäss welcher nach der für die Ausnahmebewilligungskompetenz typischen Art vom sonst geltenden Recht abgewichen werden könne; er sieht hierin insoweit etwas Besonderes. Genannt werden von Martin Pfisterer die folgenden sechs Unterschiede:

a) Zum Gegensatzpaar: Abweichung vom geltenden Recht auf alle Zeiten hinaus oder langfristige Erhaltung des geltenden Rechts

4439a Nach Martin Pfisterer führt die Ausnahmebewilligungskompetenz zu einer Abweichung vom geltenden Recht «auf alle Zeiten hinaus», «ohne zeitliche Beschränkung», zu einer «Durchbrechung», «Verdrängung» desselben; die B.garantie hingegen, so wie sie von

---

[8] Dem entspricht allerdings kaum, was Alfred Kölz, S. 133 f mit FN 89, zwar nicht zur B.garantie, sondern für die Behandlung der Übergangsproblematik durch den Verhältnismässigkeitsgrundsatz sagt: Wenn das aufgrund des Verhältnismässigkeitsgrundsatzes gefundene Mittel, obwohl es das Mildeste zur Erreichung des gesteckten Zieles ist, für den Betroffenen unzumutbar ist, muss «unter Bewertung der Vertrauenslage der Betroffenen zunächst ehrlicherweise das gesetzgeberische Ziel herabgeschraubt und anschliessend das entsprechende verhältnismässige Mittel gefunden werden». Das muss durch den «formellen Gesetzgeber» geschehen und kann nicht «einzelfallweise» durch die Verwaltung getan werden; etwas anderes wäre «mit dem Grundsatz der Gesetzmässigkeit der Verwaltung nicht vereinbar.»

ihm verstanden wird, strebe demgegenüber «langfristig die Erhaltung der geltenden Ordnung» (S. 121), «die richtige Durchsetzung des objektiven Rechts» (S. 115) an.

Wenn aber die Ausdrücke «Durchbrechung», «Verdrängung» des geltenden Rechts etwas entdramatisiert werden, so bewirken die verschiedenen Arten der mit B.garantie bezeichneten Erscheinungen und die Ausnahmebewilligungskompetenz eine durchaus ähnliche Abweichung vom sonst geltenden Recht für Neubauten. Wenn man auf die Häufigkeit der bewirkten Abweichungen abstellt, dann sind die durch die B.garantie im Sinne der Auffassung von Martin Pfisterer bewirkten Abweichungen vom Neubautenrecht vielleicht sogar häufiger und dadurch radikaler als die durch die üblichen globalen/sektoralen Ausnahmebewilligungskompetenzen bewirkten.

Wenn man, wie es meistens zutrifft, mit B.garantie nicht den Verbots-, sondern den Erlaubnisbereich einer Regelung bezeichnet (Rz 4365 f), dann kann man bei der B.garantie nicht eher von der «Einhaltung der geltenden Ordnung» sprechen als bei der Ausnahmebewilligungskompetenz. Auch die B.garantie im Sinne von Martin Pfisterer bewirkt primär eine Abweichung von einem sonst geltenden Verbot/Gebot, eine «Verfestigung neurechtswidriger Zustände».

Hievon abgesehen sind durchaus auch Ausnahmebewilligungen denkbar, welche nicht «auf alle Zeiten hinaus», sondern mit «zeitlicher Beschränkung» eine Abweichung von einem sonst geltenden Verbot/Gebot ermöglichen. Zu erwähnen sind hier insbesondere die Provisoriumsbewilligungen.

b) Zum Gegensatzpaar Bezogenheit auf Einzelfall oder Erfassung aller rechtmässig erstellten Gebäude

Das Ausnahmebewilligungsrecht bezieht sich nach Martin Pfisterer auf den «Einzelfall»; es ist «nicht dazu gegeben, als Mittel für ein generelles Abgehen von den Bauvorschriften zu dienen. Führt die Anwendung des Baurechts für ganze Fallgruppen von Bauten zu unbefriedigenden Lösungen, so muss das Recht geändert werden.» Die B.garantie gemäss Martin Pfisterer umfasst demgegenüber «grundsätzlich alle rechtmässig bestehenden Altbauten» (S. 120); es komme ihr «Regelcharakter» zu (S. 122). Martin Pfisterer wendet sich in diesem Zusammenhang deutlich gegen die Auffassung, wonach die für die Rechtmässigkeit einer Ausnahmebewilligung geltende Bedingung des Vorliegens besonderer Verhältnisse generell als erfüllt zu betrachten sei, wenn es um die Änderung bestehender Gebäude geht, welche dem jetzigen Recht infolge zwischenzeitlicher Revision nicht mehr entsprechen. Diese Kritik hat einiges für sich (Rz 606 f).

4439b

Indessen ist zu dieser Argumentation gesamthaft Folgendes zu sagen:

Wenn man die Ausnahmebewilligung und die B.garantie im Sinne von Martin Pfisterer einander gegenüber stellt, dann darf man dies nicht tun, indem man im einen Fall die auf dem Wege der Ausnahmebewilligung geschaffene spezielle Regelung ins Auge fasst, im anderen jedoch die als B.garantie bezeichnete generelle Regelung. Vielmehr muss man auch bei der Ausnahmebewilligung von der generellen Regelung, das ist die Umschreibung der Ausnahmebewilligungskompetenz, ausgehen (Rz 606). Dann stehen sich ebenfalls Regelcharakter und Regelcharakter gegenüber.

c) Zum Gegensatzpaar Erfordernis einer ausdrücklichen Vorschrift oder Geltung auch ohne eine solche

4439c Eine Ausnahmebewilligung darf nach Martin Pfisterer «nur erteilt werden, wenn sie sich auf eine ausdrückliche Vorschrift stützt»; bei der B.garantie sei dies jedoch nicht der Fall.

Dass eine Ausnahmebewilligung nur erteilt werden dürfe, wenn sie sich auf eine ausdrückliche Vorschrift stützt, ist zwar eine vielfach geltende und in einem liberal-demokratisch-sozialen Rechtsstaat vernünftige Maxime (Rz 607 mit FN 6). Zwingend ist sie jedoch keineswegs. Es wurde schon die Auffassung vertreten, kantonale und kommunale Baurechtskomplexe seien von Willkür behaftet, wenn die Möglichkeit der Gewährung von Ausnahmebewilligungen schlechthin ausgeschlossen werde.

d) Zum Gegensatzpaar Übergangsrechtlichkeit oder Nichtübergangsrechtlichkeit

4439d Eine Ausnahmebewilligung ist nach Martin Pfisterer nicht «auf den übergangsrechtlichen Bereich beschränkt»; demgegenüber liege eine solche Beschränkung bei der B.garantie vor.

Dass die Ausnahmebewilligung keinen intertemporalrechtlichen Bezug hat, stimmt zwar, doch gibt es auch Auffassungen von der B.garantie, wo dieser Bezug nicht wesentlich ist.

Gebäude und Bewerbungen bedürfen hinsichtlich Kontinuität/Transformation keineswegs nur insoweit einer Regelung, als während ihrer Existenz einmal ein Rechtswechsel stattgefunden hat; eine solche Regelung braucht es auch, wenn von Anfang bis zum Schluss immer die gleiche Vorschrift gegolten hat, oder zwar ein Rechtswechsel eingetreten ist, das Gebäude bzw. der Bewerb aber sowohl dem alten als auch dem neuen Recht oder zumindest dem neuen entspricht. Man denke zB an ein Gebäude, das zwar den durch die Gebäudehöhen-, Geschosszahl-, Abstands- und Ausnützungsziffervorschriften gesteckten Rahmen vollständig ausfüllt, ohne diesen bisher überschritten zu haben. Die Regelung der Frage, ob neben ein solches Gebäude ohne Anpassung noch eine Anbaute, auf ein solches noch eine Aufbaute, in einem solchen noch eine ausnützungsziffermässig relevante Mchrausnützung erlaubt sei oder nicht, gehört genau gleich zum Komplex der mit B.garantie bezeichneten Vorstellungen, sofern man dieses Wort überhaupt als sinnvoll erachtet (Rz 4148, 4413).

e) Zum Gegensatzpaar Erfordernis einer Härte oder Fehlen einer solchen

4439e Eine Ausnahmebewilligung darf nach Martin Pfisterer nur erteilt werden, «wenn ein wirklicher Härtefall vorliegt»; bei der B.garantie aber mache es keinen «Unterschied, ob im Einzelfall eine besondere Härte im Sinne des Ausnahmerechtes vorliegt oder nicht» (S. 120).

Hiezu ist zu sagen: Weder sind Ausnahmebewilligungen gemäss geltendem Recht nur zulässig, wenn eine besondere Härte vorliegt – häufig genügt das Vorliegen besonderer Verhältnisse (zB ZH-PBG § 220) – noch liegt der Gedanke an die Vermeidung von Härten bei der B.garantie gemäss Martin Pfisterer einfach fern. Willkürlich darf auch hier die Abweichung von einem Verbot/Gebot nicht sein; das bedeutet aber doch weitgehend, dass die Abweichung vom Neubautenrecht auch bei der B.garantie durch einen sonst eintretenden, mehr oder weniger lästigen Umstand begründet sein muss.

f) Zum Gegensatzpaar Starrheit oder Offenheit

Nach Martin Pfister ist die Möglichkeit zur Erteilung einer Ausnahmebewilligung «starr»; die B.garantie sei demgegenüber für die Abweichung «offen». 4439f

Bei dieser Gegenüberstellung lässt Martin Pfisterer unbeachtet, dass, auch wenn man die B.garantie in seinem Sinne auffasst, die damit ausgesagte Erlaubnis nicht einfach frei zum Zuge gelangen kann, sondern an das Vorliegen ganz bestimmter Regelungsmerkmale gebunden ist.

Gemäss dem Entscheid des AG-Verwaltungsgerichtes vom 28. Mai 1982 (ZBl 1982 S. 454) ermächtigt die B.garantie nie zu einer Befreiung von den baurechtlichen «Grundanforderungen» wie die minimale Erschliessungsvoraussetzung (AGVE 1976 S. 262, AGVE 1975 S. 251). Dass die B.garantie nicht von der Verpflichtung zur Erstellung von Abstellplätzen befreit, gelangt in AGVE 1977 S. 514 sowie bei Erich Zimmerlin, 1985, § 224, N. 5a, zum Ausdruck. Aldo Zaugg, 1987, Art. 3, N. 1, weist darauf hin, dass die B.garantie nicht vom Bewilligungserfordernis dispensiert.

Die hier vorkommenden Regelungen sind weitgehend mit ähnlich unbestimmten Regelungselementen formuliert wie die üblichen Ausnahmekompetenzregelungen. Für die Exekutive und die Gerichte wäre deshalb bei der B.garantie im Sinne von Martin Pfisterer und den üblichen Ausnahmebewilligungskompetenzen beim Entscheiden ähnlich viel «offen» und «starr».

g) **Zusammenfassend** ist somit zu sagen: Es besteht kein grundsätzlicher Anlass, die üblichen, zur Erteilung von Ausnahmebewilligungen ermächtigenden Vorschriften in Baugesetz und Bauordnung durch eine B.garantie im Sinne von Martin Pfisterer ergänzt zu denken; wenn die Dispensvorschriften nicht genügen, dann sollen diese entsprechend revidiert werden. 4439g

IV. Die Besitzstands-/Bestandesgarantie als Widerrufserschwerung

A. Bedeutung

Gelegentlich bedeutet das Wort B.garantie im Baurecht eine Regelung, wonach Einzelrechtsakte[9], welche demjenigen, der sein Gebäude fortbestehen lassen oder ändern bzw. der seinen bisherigen Bewerb weiterausüben oder ändern möchte, willkommen sind, insbesondere Baubewilligungen, nicht (mehr) widerrufen oder zusätzlich belastet werden können, wenn nicht bestimmte Bedingungen erfüllt sind. Das ist die Formulierung vom Erlaubnisbereich der Regelung aus. Erfolgt die Formulierung jedoch vom Verbots-/Gebotsbereich der Regelung aus, was seltener der Fall ist, so liesse sich sagen: Solche Einzelrechtsakte können nur (aber immerhin) widerrufen bzw. zusätzlich belastet werden, wenn die vorgenannten Bedingungen erfüllt sind. Mit B.garantie wird also nicht die Regelung bezeichnet, welche infolge des Eintritts oder Nichteintritts des Widerrufes gilt, sondern diejenige, welche hiezu ermächtigt. Zum Widerruf allgemein siehe Rz 616 ff. 4440

---

[9] Verwaltungsakte, Gerichtsentscheide über öffentlichrechtliche Fragen, Allgemeinverfügungen, öffentlichrechtliche Verträge.

B. Belegstellen

4441 1. Gemäss BGE 109 Ib 116, 119 (Klosters-Serneus/GR) können «mit Baulinien belastete Bauten ... *dank* der Besitzstandsgarantie bestehen bleiben». Dieses «dank» bringt wohl zum Ausdruck, dass die B.garantie eine Weitergeltung der seinerzeit für das Gebäude erteilten Baubewilligung (allenfalls auch der Erlaubnis bei Unvordenklichkeit) gegen ein an sich denkbares, aus den Baulinien resultierendes Verbot des Fortbestehenlassens sichert; insoweit wird die Baubewilligung durch die B.garantie unwiderruflich erklärt[10, 11].

4442 2. Gemäss dem ZH-Verwaltungsgerichtsentscheid vom 21. März 1989 (BEZ 1989 Nr. 13) sichert die B.garantie «schützenswertes Vertrauen, nämlich die Erwartung, dass Bestand und Nutzung vorhandener, rechtmässig geschaffener Sachwerte *trotz* möglicher *künftiger abweichender* Vorschriften fortdauern könne. Sie gewährleistet namentlich die bisherige Nutzungsmöglichkeit, von der tatsächlich Gebrauch gemacht worden ist, vor allem bei bereits überbauten Grundstücken, die *nachträglich* mit einem Bauverbot belastet worden sind (BGE 101 Ia 226).»[12] Insoweit wird also Unwiderruflichkeit angenommen.

4443 3. Alfred Kölz fasst zwar die B.garantie nicht direkt als Regelung der Unwiderruflichkeit auf, erklärt aber auf S. 193 Folgendes: «Die Besitzstandsgarantie steht ... in einem engen Zusammenhang mit Aspekten des nichtwiderrufbaren Verwaltungsaktes, indem es bei beiden Instituten um den Schutz gutgläubig getätigter Dispositionen geht (vgl. statt vieler BGE 100 Ib 97).»[13]

4444 4. Der ZH-Regierungsrat bemerkte zu einer Motion bzw. zu einem Postulat betreffend Beschleunigung des Baubewilligungsverfahrens[14]: «Ist ein ordentliches Verfahren rechtskräftig abgeschlossen, ist die Bauherrschaft vor weiteren Angriffen gegen das Vorhaben bzw. die von ihr erstellten Bauten und Anlagen geschützt, diese geniessen Besitzstandsgarantie.» Insoweit wird Letztere also mit der Unwiderruflichkeit in Zusammenhang gebracht.

---

[10] Zum Verhältnis zu den wohlerworbenen Rechten siehe Rz 675.
[11] Andere Deutungsmöglichkeiten wären die Folgenden: Die B.garantie invalidiert als höherrangige Regelung (Eigentumsgarantie/allgemeiner Rechtsgrundsatz [Rz 4422 f], neuer allgemeiner Rechtsgrundsatz [Rz 4481 f]), zusätzliche Dispensierungskompetenz (Rz 4434 f), klärt den Unbestimmtheitsbereich der einen oder anderen oder beider Regelungen bzw. löst eine zwischen ihnen bestehende Kollision (Rz 4455 f) mit dem Ergebnis, dass das Gebäude fortbestehen darf.
[12] Sprachlich bezieht sich dieses Zitat zwar eher auf die Eigentumsgarantie als auf die B.garantie als Widerrufserschwerung. Vgl. den Entscheid des AG-Verwaltungsgerichtes vom 12. Januar 1982 (ZBl 1982 S. 447 f). Der im Zitat genannte BGE 101 I 226 (Altenrhein-Rheinspitz-Thal/SG) äussert sich nicht genau in diesem Sinne; hier geht es um die Umschreibung der materiellen Enteignung. Bezieht man jedoch das Zitat auf die Eigentumsgarantie, so ist es zu wenig differenziert; es widerspricht der Eigentumsgarantie keineswegs schlechthin, dass künftige Vorschriften ein Fortdauern von Gebäuden verbieten oder dass ein überbautes Grundstück nachträglich mit einem Bauverbot belastet wird.
[13] Zu diesem Entscheid ist allerdings zu sagen, dass er kein Gebäude, sondern ein Tanklager (Zell/LU) betrifft und weder von «Besitzstands-» noch von «Bestandesgarantie» spricht.
[14] ZH-Amtsblatt vom 12. September 1997, S. 941.

5. a) α) Martin Pfisterer ist derjenige Autor, welcher sich bisher am eingehendsten mit   4445
dem Verhältnis zwischen B.garantie und Unwiderruflichkeit bzw. Widerruflichkeit von
Baubewilligungen befasst hat. Martin Pfisterer sagt auf S. 116, es werde mitunter der
B.garantie die Zielsetzung zugeschrieben, «*auf sehr lange Sicht* das geltende objektive
Recht umfassend durchzusetzen»[15]. Er erklärt dann weiter, diese Auffassung der B.garantie
«vereinfacht … die tatsächlichen Unterscheidungsmerkmale, wie sie namentlich aus der
Natur bestehender Bauwerke hervorgehen, in sachlich unzulässiger Weise».

β)   Diese negative Beurteilung kommt bei Martin Pfisterer daher, dass er nicht damit   4446
einverstanden ist, wenn dabei «an die natürliche Zerfallszeit von Bauwerken gedacht»
wird. Seines Erachtens ist «der naturgemäss auf kürzere Zeiträume ausgerichteten Rechtsanwendung … mit einer derartigen Darstellung nicht gedient». Wenn die B.garantie eine
Regelung bedeutet, wonach ein Gebäude, an welchem keine Änderungen vorgenommen
werden, so lange fortbestehen darf, bis es von selbst untergeht, wird der Widerruf in der
Tat erst aktuell, wenn es für das Fortbestehenlassen keine Bewilligung mehr braucht,
weil nichts von Belang mehr, sondern nur noch ein baufälliges Gebäude oder gar nur
noch eine Ruine da ist. In dieser Grenzfallsituation spricht man aber wohl besser überhaupt nicht mehr von einem Widerruf.

γ)   Diese Aussagen sind jedoch für sich allein genommen von der «verkehrten Seite»   4447
her formuliert, denn sie bringen die B.garantie nur mit etwas in Zusammenhang, was
dem Bauaktiven regelmässig unwillkommen ist (Rz 1268): die umfassende Durchsetzung des geltenden objektiven Rechtes, welchem sein Gebäude bzw. Bewerb nicht entspricht.

b) α) Nach Martin Pfisterer ist die B.garantie «im Grunde genommen … nichts anderes   4448
denn ein zeitlich gemässigter, schonungsvoller Widerruf». Aber auch Martin Pfisterer
nimmt m.E. die Formulierung immer noch stark von der «verkehrten Seite» aus in Angriff. Hier ist wohl folgende Umdeutung angezeigt: Im Vordergrund steht der Passus
«nichts anderes». Dieser kann sich bei Martin Pfisterer nur auf «zeitlich-gemässigt», «schonungsvoll» beziehen. Der Gedanke von Martin Pfister würde deshalb besser nicht von
der Widerrufs-, sondern von der Nichtwiderrufsseite her ausgedrückt: Die B.garantie ist
– nach Martin Pfisterer – im Grunde genommen nichts anderes als die Regelung, wonach
für einen Einzelakt Unwiderruflichkeit gilt, solange die Aufhebung zeitlich unmässig,
nicht schonungsvoll wäre.

β)   Wenn das Wesentliche der von der B.garantie gemäss Martin Pfisterer angetönten   4448a
Widerruflichkeit im «Zeitlich-gemässigt-», «Schonungsvoll-Sein» bestehen soll, dann
gibt es daneben offenbar auch eine andere Unterscheidung zwischen Widerruflichkeit
und Unwiderruflichkeit. M.E. kommt hier als ein Gegenüber nur die von der bundesgerichtlichen Praxis und der Rechtslehre ohne Bezug auf die B.garantie vorgenommene
Unterscheidung zwischen unwiderruflichen und widerruflichen Rechtsakten in Betracht.
Wie das Bundesgericht und die Rechtslehre den Trennstrich zwischen Unwiderruflichkeit
und Widerruflichkeit ziehen, ist in Rz 622 ff im Einzelnen dargelegt.

---

[15]   Wer sich so äussert, das sagt Martin Pfisterer allerdings nicht.

4449 c) Martin Pfisterer beurteilt das Verhältnis zwischen der von ihm befürworteten Unterscheidung gemäss B.garantie und der bundesgerichtlichen Unterscheidung gemäss Unwiderruflichkeit/Widerruflichkeit im Hinblick auf vier Gegensatzpaare.

α)   Zum Gegensatzpaar Starrheit – Offenheit

α')   Interessenabwägung

4449a Das Eigenschaftspaar starr – nicht starr bezieht sich bei Martin Pfisterer auf die Art und Weise, wie der Konflikt zwischen dem öffentlichen Interesse an der richtigen Durchsetzung des neu geltenden objektiven Rechts und dem privaten Interesse an der Weitergeltung der bisher erlaubt gewesenen Situation gelöst werden soll. Nach Martin Pfisterer hat bei der bundesgerichtlichen Unterscheidung das öffentliche Interesse «den klaren Vorrang», und zwar sei ihm «grundsätzlich sofort» durch Aufhebung zu entsprechen; es komme hier nur der Widerruf in Betracht; dieser sei vorgegeben; daher sei diese Art der Konfliktlösung «starr». Bei der von ihm befürworteten Beurteilung nach der B.garantie sei der Konflikt jedoch «nur unter Berücksichtigung aller massgebenden rechtlichen und tatsächlichen Umstände des Einzelfalles» zu lösen; hier werde versucht, «den Konflikt im Rahmen eines offenen Ausgleiches der sich entgegenstehenden Interessen zu bereinigen»; man sei «nicht auf eine bestimmte Lösungsart festgelegt»; es werde «der rechtsanwendenden Behörde nicht die Lösung des Konfliktes (vorgegeben) ..., sondern bloss der Weg (angezeigt,) auf welchem zur Lösung zu gelangen ist»; es bestehe hier somit Offenheit.

Es mag bei dieser Qualifikation allerdings zutreffen, dass nach der bundesgerichtlichen Unterscheidung von Widerruflichkeit/Unwiderruflichkeit ein Widerruf denkbar ist, wo nach Martin Pfisterers Auffassung der B.garantie eine Erlaubnis in Betracht kommt. Insoweit setzt die bundesgerichtliche Abgrenzung von Widerruflichkeit/Unwiderruflichkeit das neu geltende objektive Recht umfassender durch als diejenige nach der Abgrenzung von Besitzstandsgeschütztheit/-nichtgeschütztheit nach Auffasung von Martin Pfisterer. Indessen muss auch der B.garantie gemäss Martin Pfisterer, ob sie nun eine Erlaubnis bewirkt oder nicht, die grundsätzlich richtige Durchsetzung des objektiven Rechts «angelastet» werden. Nicht zustimmen kann ich sodann der Auffassung, dass bei der bundesgerichtlichen Auffassung des Widerrufes das öffentliche Interesse «den klaren Vorrang» besitze und nur bei der B.garantie nach Martin Pfisterer alle massgebenden rechtlichen und tatsächlichen Umstände des Einzelfalles zu berücksichtigen seien, nur hier ein «offener Ausgleich der sich entgegenstehenden Interessen» erfolge. Dies alles hat auch im Rahmen der bundesgerichtlichen Auffassung des Widerrufes wegen der Allgemeingültigkeit des Verhältnimässigkeitsgebotes und der bei dessen Anwendung vorzunehmenden Interessenabwägung (Rz 1008 f) zu geschehen.

β')   Wahl des Zeitpunktes des Widerrufes

4449b Wenn Martin Pfisterer sodann festzustellen glaubt, dass nach der bundesgerichtlichen Auffassung des Widerrufes die Konfliktlösungsart vorgegeben, bei derjenigen gemäss B.garantie nach Martin Pfisterer diese jedoch noch offen sei, so frage ich mich, ob hier nicht eine Vermengung zwischen den Voraussetzungen einer Rechtsfolge, dem Tatbestand, und der Rechtsfolge selbst vorliege. Selbstverständlich darf es bei Vorliegen der Voraussetzungen für den Widerruf nach bundesgerichtlicher Auffassung immer zu einem Widerruf kommen, und ist bei Vorliegen der Voraussetzungen für die B.garantie kein

Widerruf gestattet. Wenn aber Letztere fehlen, kommt auch gemäss B.garantie im Sinne von Martin Pfisterer keine Erlaubnis, sondern nur ein Verbot/Gebot in Betracht. Das ist alles nur eine Frage des Blickwinkels. Auch sind beide Umschreibungen der Unwiderruflichkeit ungefähr gleich generalklauselhaft formuliert.

γ')   Abhängigkeit vom Verhalten des Bauaktiven

Einen grundsätzlichen Unterschied in der Art und Weise der Konfliktlösung sehe ich zwischen der bundesgerichtlichen Unterscheidung von Unwiderruflichkeit/Widerruflichkeit einerseits und der B.garantie im Sinne von Martin Pfisterer anderseits höchstens in zeitlicher Beziehung, nämlich insoweit als der Widerruf im erstgenannten Fall «sofort» erfolgt, wenn die Behörde die Voraussetzungen als erfüllt betrachtet, während sich die B.garantie auch auf Fälle beziehen kann, wo ein neubautenrechtswidriger Gebäudeteil erst beseitigt werden muss, wenn grössere Änderungen vorgenommen werden. Solche werden vielleicht überhaupt nie aktuell.   4449c

δ')   Bei fehlender Baubewilligung

Ob man die normative Erscheinung «Pflicht zur Beseitigung baurechtswidriger Teile bei Vornahme gewisser Änderungen» (bedingte Anpassungspflicht, Rz 450 f) als Widerruf qualifizieren will, hängt bei der bundesgerichtlichen Auffassung des Widerrufes und derjenigen der B.garantie durch Martin Pfisterer davon ab, wie man die vorgängige Baubewilligung auffasst. Man kann hierin entweder einen Rechtsakt sehen, der nur gerade die Erstellung des Gebäudes bzw. die Aufnahme des Bewerbes freigeben will und nach deren Realisierung bedeutungslos wird; ein den Inhalt der Baubewilligung festhaltendes Papier braucht es nachher nur noch, damit man später beweisen kann, dass das Gebäude mit der erforderlichen Bewilligung erstellt bzw. der Bewerb mit der erforderlichen Bewilligung aufgenommen worden ist. Oder aber man erblickt in der Baubewilligung einen Rechtsakt, der auch nach der Realisierung des Gebäudes bzw. nach Aufnahme des Bewerbes noch als solcher seine Bedeutung besitzt, sei es zeitlich unbeschränkt oder beschränkt auf eine fixe Dauer oder bis zum Abbruch des Gebäudes bzw. bis zur Stilllegung des Bewerbes (vgl. Rz 682 f). Nur im zweitgenannten, allerdings näherliegenden Fall (Rz 684) kann man die normative Erscheinung Pflicht zur Beseitigung baurechtswidriger Teile bei Vornahme gewisser Änderung als Widerruf qualifizieren. Aber auch in diesem zweiten Fall ist diese Qualifikation nicht voll gerechtfertigt, wenn es um Gebäude bzw. Bewerbungen geht, welche noch bewilligungsfrei realisiert werden konnten, bei welchen Unvordenklichkeit besteht oder bei welchen es eigenmächtig zu einer Realisierung kam, die Behörden aber die Möglichkeit zu einem Einschreiten verwirkt haben.   4449d

β)   Zum Gegensatzpaar «das objektive Recht ohne Verletzung der Rechtssicherheit durchsetzend» – «das objektive Recht nicht oder nur unter Verletzung der Rechtssicherheit durchsetzend»

Martin Pfisterer bejaht die erstgenannte Eigenschaft sowohl für die Unterscheidung gemäss Bundesgericht von Widerruflichkeit/Unwiderruflichkeit als auch für diejenige von Besitzstandsgeschütztheit/-nichtgeschütztheit durch Martin Pfisterer. Also besteht insoweit kein Unterschied.   4449e

γ) *Zum Gegensatzpaar «zeitlich gemässigt, schonungsvoll» – «zeitlich nicht gemässigt, nicht schonungsvoll»*

4449f Martin Pfisterer ist der Auffassung, dass der gemäss B.garantie mögliche Widerruf zeitlich gemässigt, schonungsvoll sei; dieser Vorteil sei jedoch dem bundesgerichtlichen Widerruf weniger eigen. Ein Unterschied liegt an sich im Zeitpunkt des Widerrufes. Die Differenz ist jedoch nicht gross. Rz 4505 f.

δ) *Zum Gegensatzpaar «intertemporalrechtlich» – «nicht intertemporalrechtlich»*

4449g Martin Pfisterer sagt zu Recht: Der bundesgerichtliche Widerruf erfasst «grundsätzlich Verfügungen, die in falscher Rechtsanwendung ergangen sind, wie auch solche, die gestützt auf früheres Recht erlassen wurden»; mit ihm werden auch Rechtsakte aufgehoben, welche «mit dem Gesetz nicht mehr vereinbar sind», wo eine «nachträglich geänderte Rechtslage» vorliegt. Der bundesgerichtliche Widerruf hat damit sowohl intertemporalrechtliche als auch nicht intertemporalrechtliche Tragweite. Beim Vorgehen gemäss B.garantie im Sinne von Martin Pfisterer verhält es sich jedoch gleich, auch wenn im Allgemeinen der interemporalrechtliche Aspekt der B.garantie wichtiger ist; er wird allerdings oft überbetont (Rz 4412 f).

4450 d) Zusammenfassend ist somit zu sagen, dass die Garantiertheit/Nichtgarantiertheit gemäss B.garantie im Sinne von Martin Pfisterer gegenüber der bundesgerichtlichen Unterscheidung zwischen Widerruflichkeit und Nichtwiderruflichkeit keine wesentlichen Vorteile aufweist, weder für den Bauaktiven noch für das Gemeinwesen noch für die Nachbarn. Gemäss Martin Pfisterer geben denn auch – eher zu seinem Bedauern – die zwischen der B.garantie und dem Widerruf bestehenden, «grundlegenden Gemeinsamkeiten … in der Praxis oft Anlass dazu, gewisse Grundsätze der Rechtsprechung zum Widerruf in analoger Weise auch im Rahmen von Besitzstandsfällen zur Anwendung zu bringen» (S. 115). Das ist aber kaum zu bedauern[16].

V. Die Besitzstands-/Bestandesgarantie als Etikett für andere Regelungen

A. Allgemeines

4451 Bisweilen wird mit dem Wort B.garantie einfach eine einen beachtlichen Erlaubnisbereich statuierende, materielle Regelung bezüglich Kontinuität/Transformation von Gebäuden bzw. Bewerbungen bezeichnet. Ein beachtlicher Erlaubtheitsbereich liegt auch vor, wo Kontinuität/Transformation «nur» erlaubt ist, wo Bedingungen mit leicht erfüllbarem Inhalt (zB keine polizeilichen Missstände), bzw. wo sie «nur» verboten ist, wo Bedingungen mit einem allgemein als schlecht qualifizierten Inhalt (zB weitere Verschlechterung) gesetzt sind. Damit ist oft die Vorstellung von Grundsätzlichkeit, Wichtigkeit, Maximenhaftigkeit der anvisierten Regelung verbunden.

---

[16] Martin Pfisterer hatte sich offensichtlich im Laufe der Arbeit an seiner Dissertation in deren Thema verliebt, was an sich eine positve Erscheinung ist.

B. Fundstellen

1. Artikel, Paragraphen von Gesetzen, welche von diesen selbst als B.garantie charakterisiert werden, sei es in ihrem Texte selbst, sei es in einem Randtitel, sei es in der Überschrift des Abschnittes, zu welchem sie gehören, sind in Rz 4352 erwähnt. 4452

2. Mehrere Artikel, Paragraphen von Gesetzen, welche in der juristischen Literatur und/oder in Gerichtsentscheiden als B.garantie bezeichnet werden, obwohl im jeweiligen Gesetz selbst eine solche Charakterisierung fehlt, sind in Rz 4353 erwähnt. 4453

3. Regelungen, welche in der juristischen Literatur und/oder in Gerichtsentscheiden als B.garantie bezeichnet werden, ohne dass dabei ein direkter Zusammenhang mit bestimmten Artikeln, Paragraphen eines Gesetzes zu bestehen braucht, sind in Rz 4496 aufgelistet. 4454

VI. Die Besitzstands-/Bestandesgarantie als Anweisung zur Klärung unklarer normativer Situationen

A. Allgemeines

1. Umschreibung

Bisweilen wird die B.garantie – mehr oder weniger eindeutig – als Regelung aufgefasst, welche bezüglich Fortbestehenlassen/Ändern/sonstiger Transformation von Gebäuden bzw. Weiterausübung/Ändern/sonstiger Transformation von Bewerbungen eine Anweisung enthält, wie in Fällen von Interessenkollisionen und/oder von normativer Unklarheit zu einem Entscheid zu gelangen sei. Die B.garantie wird damit eine Anweisung zur Interessenabwägung und/oder zur Klärung bei Vorschriften mit unbestimmten Elementen, mit Ermessensoffenheit, mit Lücken und bei Vorschriftenkollisionen bezüglich Kontinuität/Transformation von Gebäuden bzw. Bewerbungen aufgefasst. Ersteres kann man als politische, Letzteres als hermeneutische Klärungsanweisung bezeichnen. Das ist etwas wesentlich anderes als der Ausdruck einer aus der allgemeinen Lebenserfahrung geschöpften Faustregel, Maxime im Sinne von Rz 910. 4455

2. Klärung im Normalfall der Unklarheit

Bei den Vorschriften mit unbestimmten Elementen hat eine grammatische, logisch-systemorientierte, historische und/oder objektiv-teleologische Auslegung zu erfolgen. Führt die Anwendung dieses Kanons zu keinem befriedigenden Ergebnis und kommt auch weder eine Ausnahmebewilligung noch ein Widerruf in Betracht, so hat für den durch Auslegung nicht klärbaren Teil der Regelung die Normfindung durch eine umfassende Abwägung der Interessen des privaten Bauaktiven, des Gemeinwesens und des privaten Nachbarn stattzufinden. Entsprechendes gilt für die Ermessensbetätigung bei Ermessensoffenheit, die Lückenfüllung bei Lückenhaftigkeit und die Kollisionslösung bei Vorschriftenkollisionen. Bei alldem sind die Wertungen in Vorschriften zu analogen Sachverhalten mitzuberücksichtigen. 4456

4457 In Rz 889 ff ist dargelegt, dass voraussetzungsgemäss diese Aufgabe letzten Endes nicht durch irgendeine Vorschrift, sondern durch die Rechtsidee als Selbstverständlichkeit aufgetragen ist; es handelt sich hier deshalb auch nicht um Rechtssätze im eigentlichen Sinne des Wortes, sondern um metajuristische Normen.

3. Möglichkeiten des Inhaltes einer besonderen Klärungsanweisung

4458 a)   Wenn die B.garantie als Anweisung für den Entscheid bei Interessenkollision und/oder normativer Unklarheit aufgefasst wird, dann sind an sich zwei Möglichkeiten denkbar: Entweder wird damit diejenige Anweisung, welche ohnehin gälte, für einen Sonderfall wiederholt, also zB die Anweisung, bei der nach der Auslegung von Vorschriften mit unbestimmten Elementen verbleibenden Unklarheit, bei Ermessensoffenheit, Lücken und Vorschriftenkollisionen eine umfassende Interessenabwägung vorzunehmen. Oder aber: Mit der B.garantie wird eine Anweisung zu einer hievon abweichenden Interessenabwägung bzw. Auslegung erteilt.

4459 b)   Handelt es sich bei der Anweisung um eine Wiederholung der ohnehin auf umfassende Interessenabwägung lautenden Anweisung, liegt auch hier keine eigentliche Regelung vor. Andernfalls ist jedoch eine solche anzunehmen; bezüglich Rang der Regelung wird auf Rz 4463 verwiesen.

4. Inhalt abweichender Klärungsanweisungen

4460 Allgemein ist zu sagen, dass dort wo die B.garantie als Anweisung zu einer Abweichung von der umfassenden Interessenabwägung bei Unklarheit zu verstehen ist, Anordnungen zum Vorgehen sich auf Aussagen wie die Folgenden beschränken: Eingreifende Eigentumsbeschränkungen müssten auf einer eindeutigen gesetzlichen Grundlage beruhen, für eine solche Regelung sei Ausdrücklichkeit erforderlich (Rz 951 f)[17], im Zweifel sei für die Freiheit zu entscheiden (in dubio pro libertate). Bei Letzterer wird der Umstand, dass es nicht nur um die Freiheit des Bauaktiven, sondern auch um diejenige der Nachbarn geht, meistens überhaupt nicht ins Auge gefasst. Weitere Anweisungen sind in Rz 907 f erwähnt.

5. Zur rechtlichen Qualifikation einer besonderen Klärungsanweisung

4461 a)   Sollte ein Bedürfnis bestehen, dass in gewissen Situationen für den nach der üblichen Auslegung verbleibenden Rest an Unklarheit bei Vorschriften mit unbestimmten Elementen, mit Ermessensoffenheit, bei Lücken oder bei Vorschriftenkollisionen bei der Interessenabwägung gewisse Interessen stärker oder schwächer als aus ihnen selbst heraus gerechtfertigt gewichtet werden oder dass dabei gewisse, für einen Analogieschluss an sich in Betracht kommende Erlaubnisse/Verbote/Gebote ausser Betracht fallen, so er-

---

[17] Erich Zimmerlin, Kommentar, 1976, S. 642, N. 4 f, 1985, S. 567, N. 4e, verlangt für die Statuierung der Anpassungspflicht (Rz 450 f) eine «ausdrückliche Rechtsnorm». Gemäss dem Entscheid des AG-Verwaltungsgerichtes vom 12. Januar 1982 (ZBl 1982 S. 447 ff) gilt das Erfordernis der Ausdrücklichkeit aber auch bezüglich der Möglichkeit des Bauaktiven, über AG-altBauG § 135b bzw. 224 II hinaus Erweiterungen vorzunehmen bzw. anstelle eines alten, freiwillig abgebrannten Gebäudes einen Wiederbau vorzunehmen, welcher dem geltenden Recht widerspricht.

gäbe sich eine Anweisung hiezu nicht bereits aus der Rechtsidee, aber auch nicht aus den jeweiligen Vorschriften mit unbestimmten Elementen, der Vorschrift mit Ermessensoffenheit oder den kollidierenden Vorschriften[18]. Die Anweisung müsste von einer daneben stehenden, gleich- oder einer darüber stehenden, höherrangigen Regelung kommen.

b)   Wäre eine solche besondere Anweisung ihrerseits unklar, so käme es einer Münchhauseniade gleich, wollte man die Klärung unter Rückgriff auf die von ihr verkündete Methode selbst vornehmen. Hier bliebe nichts anderes übrig, als wiederum nach dem üblichen Auslegungskanon, aufgrund einer umfassenden Interessenabwägung, unter Beachtung der für eine analoge Anwendung in Betracht kommenden Vorschriften zu klären. Damit wäre der Kreis dann wieder geschlossen. 4462

c)   An sich könnten die rechtsetzenden Organe aller 26 Kantone die Anweisung zu einer bestimmten Auslegung oder Interessenabwägung gleich statuiert haben. Das Vorkommen eines solchen spontanen Rechtsparallelismus ist aber bei der ohnehin geringen Lust kantonaler Gesetzgeber, sich mit allgemeinen Rechtsfragen zu befassen, unwahrscheinlich. Wenn man trotzdem davon ausgehen wollte, es gebe eine in der ganzen Schweiz geltende Anweisung für eine abweichende Auslegung oder Interessenabwägung unter Berücksichtigung analoger Vorschriften[19], dann müsste man sie konsequenterweise als Bundesrecht auffassen. Wegen BV Art. 3 wäre solches aber nur verfassungskonform, wenn sich die besondere Anweisung letzten Endes auf die Bundesverfassung zurückführen liesse. Allenfalls läge sogar als ein mit der staatsrechtlichen Beschwerde beim Bundesgericht einklagbares verfassungsmässiges Recht vor. Insoweit wäre dann allerdings die Bezeichnung der als Anweisung zu Auslegung und/oder Interessenabwägung oder Berücksichtigung analoger Vorschriften aufgefassten B.garantie als Garantie gerechtfertigt (Rz 1269 ff). 4463

6. Belegstellen

a)   Es lassen sich kaum Fundorte in der juristischen Literatur und in Gerichtsentscheiden nennen, wo bei Interessenkollision und/oder bei normativer Unklarheit bezüglich Kontinuität/Transformation von Gebäuden bzw. Bewerbungen direkt gesagt wird, die B.garantie verlange für Regelungen, bei welchen es zu schwerwiegenden Eingriffen kommt, Ausdrücklichkeit des Gesetzes bzw. sie fordere eine die Interessen des privaten Bauaktiven generell stärker als diejenigen des Gemeinwesens und der privaten Nachbarn berücksichtigende Interessenabwägung bzw. sie schliesse eine Berücksichtigung analoger Vorschriften, insbesondere zum Nachteil des Bauaktiven (in malam partem), aus. 4464

---

[18] Dass sich eine solche Anweisung auch nicht aus einer auf eine Kollision zurückzuführenden Lücke («Urlücke») ergeben kann, ist wohl selbstverständlich.
[19] Felix Huber, S. 169: «Die Besitzstandsgarantie ... gilt in allen Kantonen, auch wenn diese eine solche nicht ausdrücklich in ihrem Baurecht verankert haben.» Soweit die B.garantie einfach ein allgemeiner Rechtsgrundsatz oder ein Aspekt der Eigentumsgarantie ist, wird damit eine Selbstverständlichkeit ausgedrückt, sonst aber ist die Aussage fragwürdig.

4465 b) Indessen erlaube ich mir, auch die folgenden Argumentationsketten in der juristischen Literatur und in Gerichtsentscheiden als Ausdruck einer als Klärungsanweisung verstandenen B.garantie anzusehen:

α) Es wird ohne vorherige Anwendung des Auslegungskanons, ohne vorherige Interessenabwägung und ohne Erörterung der für einen Analogieschluss in Betracht kommenden Erlaubnisse/Verbote/Gebote, direkt oder indirekt vom Vorliegen einer Vorschrift mit unbestimmten Elementen, einer Ermessensbetätigung bei Ermessensoffenheit vorsehenden Vorschrift, einer Lücke oder einer Vorschriftenkollision ausgegangen bzw. es geschieht dies alles nur summarisch;

β) sodann wird, auf das Erlaubt-Sein der beurteilten Vorkehrung des Bauaktiven erkannt;

γ) dabei erfolgt der Schritt von α) zu β) ohne Bezugnahme auf den Auslegungskanon, ohne die Gegenüberstellung der in Betracht kommenden Interessen und ohne analogieweisen Beizug von Vorschriften, auch ohne Bezugnahme auf eine liberal-rechtsstaatliche Grundnorm, oder nur mit summarischem Bezug hierauf [20].

Ein solches Vorgehen ist aber bei Zugrundelegung der Annahme, dass nicht bloss intuitiv, allein aufgrund dezisionistischer richterlicher Eigenwertung, sondern rational argumentiert wird, nur möglich, wenn entweder eine besondere Klärungsanweisung oder aber ein neuartiger, eigenständiger allgemeiner Rechtsgrundsatz vorliegt. Zu Letzterem werden in Rz 4481 f weitere Ausführungen gemacht. In diesem Abschnitt kommt nur die besondere Klärungsanweisung zur Sprache.

4466 c) α) Das Vorstehende soll zunächst anhand von BGE 119 Ib 380 ff (Walzenhausen/AR, siehe auch Rz 4479) näher erörtert werden. Dieser Entscheid verwendet im publizierten Text das Wort Bestandesgarantie neunmal und das Wort Besitzstandsgarantie dreimal; ein inhaltlicher Unterschied ist dabei nicht zu erkennen; daneben ist noch einmal von «Erweiterungsgarantie» die Rede. Der Sachverhalt ist zwar komplex, auch bezieht sich der Entscheid auf Art. 4 II des Einführungsgesetzes zum AR-RPG, welcher soweit hier interessierend folgenden Text aufweist:

> «Bei bestehenden Bauten, die der Nutzungsordnung widersprechen, kann eine Zweckänderung und angemessene Erweiterung bewilligt werden, wenn die Bauvorschriften eingehalten werden, keine wesentlichen öffentlichen Interessen verletzt sind und die Immissionen zumutbar bleiben.»

4467 Dieser Artikel ist im Einführungsgesetz zum AR-RPG mit dem Randtitel «Bestandesgarantie» versehen.

Zu beurteilen war das Vorhaben eines privates Schulungszentrums, die in der Ein- und Zweifamilienhaus-Reservezone gelegenen, ungenügend erschlossenen, über zu wenig Autoabstellplätze verfügenden und dem Umweltschutzrecht nicht genügenden Gebäude mit drei Doppelmehrfamilienhäusern, einer Zufahrtstrasse und einem Autounterstand zu ergänzen. Die Gemeinde und der Kanton bewilligten (unter Bedingungen/Auflagen), der Nachbar wehrte sich dagegen bis vor Bundesgericht, welches sich aber auch für eine Erlaubnis aussprach.

---

[20] Wenn Edward E. Ott, in: SJZ 1987 S. 193, recht hat, dann ist man versucht, zu sagen, dass solche abrupten Folgerungen den Normalfall bilden.

Es standen im Vorher-, Nachher- oder in beiden Zuständen Verstösse gegen die folgen- **4468**
den Verbote/Gebote zur Diskussion:

– Es sind in der hier massgeblichen Zone im Wesentlichen nur Ein- und Zweifamilienhäuser, aber keine Gebäude mit Bewerbungen von der Art eines privaten Schulungszentrums erlaubt; Letzteres ist daher «offenkundig» verboten (Gemeindebauordnung/Sonderbauvorschriften/Quartierplan);
– ungenügend erschlossene Gebäude sind verboten; es ist für eine genügende Erschliessung zu sorgen (RPG Art. 22 II lit. b);
– Gebäude mit zu wenig Autoabstellplätzen und Abstellplätze ausserhalb des Bereiches C und mehr als zu 50% oberirdisch sind verboten; es ist für genügend Autoabstellplätze im Bereich C zu sorgen; diese dürfen höchstens zu 50% oberirdisch sein (Sonderbauvorschriften/Quartierplan);
– umweltschutzmässig ungenügende Bauten sind verboten; es ist für ein umweltschutzmässiges Genügen zu sorgen (USG Art. 11 II).

Anderseits galt für den Nachher-Zustand die folgende Erlaubnis:

– eine Zweckänderung und eine angemessene Erweiterung der bestehenden Gebäude ist erlaubt, wenn die Bauvorschriften eingehalten werden, keine wesentlichen Interessen verletzt sind und die Immissionen zumutbar sind, sofern die Baubehörde entsprechend der Kann-Vorschrift bewilligt.

β) Das Verhältnis jener Verbote/Gebote zu dieser Erlaubnis kann auf drei Arten gese- **4469**
hen werden:

– entweder als Unklarheitsbereich infolge unbestimmter Regelungselemente auf der Seite der Verbote/Gebote (Unsicherheit ob Geltung nur für neue oder auch für bereits bestehende Gebäude; ob Zufahrt, Autoabstellplätze, umweltschutzrechtliche Situation genügend/ungenügend), auf der Seite der Erlaubnisse (Unsicherheit ob angemessen, wesentliche öffentliche Interessen verletzend, Zumutbarbleiben der Immissionen) oder auf beiden Seiten;
– oder als Ermessensoffenheit («kann bewilligt werden»);
– oder (teilweise) als Vorschriftenkollision.

Im erstgenannten Fall müssen in grösserem oder kleinerem Umfang unbestimmte Regelungselemente geklärt, im zweiten die Ermessensbetätigung geregelt und im dritten eine Kollision aufgelöst werden.

Hier könnte man nun versucht sein (und die Vorinstanzen erlagen denn auch dieser **4470**
Versuchung), die Unklarheit, Ermessensoffenheit, Kollision unter Rückgriff auf den das Marginale «Bestandesgarantie» tragenden Art. 4 II des Einführungsgesetzes zum AR-RPG zu beheben. Das wäre aber ein Kurzschluss; denn das hiesse, dass Art. 4 II des Einführungsgesetzes zum AR-RPG die oben erwähnten Verbote zu verdrängen vermöchte. Das wäre aber nur insoweit möglich, als Art. 4 II des Einführungsgesetzes zum AR-RPG eine Regelung höheren Ranges wäre. Das ist er aber nicht; im Verhältnis zur umweltschutzrechtlichen Regelung ist er es von vornherein nicht, da es sich hier ja um Bundesrecht handelt; aber auch im Verhältnis zum Erschliessungserfordernis gemäss RPG Art. 22 II lit. b ist er es nicht; die Erfordernisse Ein- und Zweifamilienhäuser sowie Autoabstellplätze haben zwar ihre volle Geltung erst durch das kommunale Recht erhalten (durch entsprechende kommunale Zonierung bzw. Nennung der Zahl der Autoabstellplätze), sie

sind aber deswegen nicht als mindergeltend zu qualifizieren, weil auch sie durch den kantonalen Gesetzgeber gedeckt sind. Daher kann die «Bestandesgarantie» gemäss Art. 4 II des Einführungsgesetzes zum AR-RPG nicht ihrerseits zur Klärung beigezogen werden; eine Regelung kann sich, wie bereits erwähnt, nie à la Münchhausen am eigenen Schopf aus der Unklarheit herausziehen. Eine Klärung kann nur durch eine Regelung höheren Ranges geschehen, wenn man sich nicht einfach mit der umfassenden Interessenabwägung und der Berücksichtigung analoger Vorschriften begnügen will. Durchgängige Höherrangigkeit kommt hier nur dem kantonalem Verfassungsrecht, dem Bundesverfassungsrecht oder allgemeinen Rechtsgrundsätzen zu. Die Annahme von einer der zweit- und drittgenannten Regelungsarten ist schon allein deshalb unabdingbar, weil man hier auch gegenüber dem eidgenössischen Umweltschutzrecht und dem RPG eine Abgrenzung vornehmen muss.

4471 Wenn man nun BGE 119 Ib 380 ff durchliest, dann sieht man, dass hier zwar Interessen gegeneinander abgewogen werden, doch das ist nicht der letzte Akt vor dem Entscheid bis zur hier gemachten Aussage, das Vorhaben sei erlaubt. Vielmehr wird vorher noch die B.garantie als solche angerufen. Das ist aber nicht und kann auch nicht, wie bereits gesagt, die in Art. 4 II des Einführungsgesetzes zum AR-RPG niedergelegte kantonalgesetzliche Regelung sein. BGE 119 Ib 380 f vermag deshalb nur dann eine überzeugende Argumentation bieten, wenn man davon ausgeht, das Bundesgericht bejahe die Geltung einer überkantonalrechtlichen, mit B.garantie bezeichneten Regelung, wonach bei solchen Unklarheitsfällen nicht einfach eine umfassende Interessenabklärung mit Berücksichtigung aller analogen Vorschriften, sondern dass die Klärung aufgrund einer hievon abweichenden Anweisung vorzunehmen sei. Dass diese inhaltlich gleich oder fast gleich wie Art. 4 II des Einführungsgesetzes zum AR-RPG lautet, schliesst in keiner Weise aus, dass jene B.garantie normativ einen höheren Rang als Letztere aufweist oder sogar aufweisen muss, wenn das gesetzte Ziel der normativen Klärung erreicht werden soll. Es ist dies die Auffassung der B.garantie als Anweisung zur Klärung unklarer normativer Situationen.

4472 Das Bundesgericht gelangte allerdings nur auf Umwegen zu dieser Bejahung. Es geschah dies von der Negativseite her: Das Bundesgericht lehnte mit eingehender Begründung die Auffassung des Nachbarn und des Regierungsrates ab, wonach die Eigentümer der Privatschule auf die B.garantie «verzichtet» hätten, weil von ihnen die baldige Verlegung (Dislokation) der Privatschule nach Kehrsatz/BE beabsichtigt gewesen sei; das habe «keine Auswirkungen auf die Besitzstandsgarantie», weil die «Nutzung der bestehenden Bauten ... auch nach einem Verkauf im Rahmen der bisherigen Zwecksetzung vom neuen Eigentümer weitergeführt werden» könne. Das heisst: Gemäss Bundesgericht kommt es für die Argumentation weiterhin auf die B.garantie im Sinne einer höherrangigen Regelung an. Die Ausführungen hiezu sind dann allerdings so, dass man meinen könnte, es gehe hier bloss um die Anwendung von Art. 4 II des Einführungsgesetzes zum AR-RPG. Das kann aber nach den Ausführungen in Rz 4470 f *nicht* zutreffen. Daher bleibt nur die Auffassung von der B.garantie als Anweisung zur Klärung normativer Unklarheit (Unbestimmtheit von Regelungselementen, Ermessensoffenheit, (Ur-)Lücken, Vorschriftenkollisionslücken) durch eine sowohl über den kommunalen und kantonalen als auch dem eidgenössischen Umweltschutzvorschriften stehenden Regelung. Ob hier die Klärungsanweisung inhaltlich Art. 4 II des Einführungsgesetzes zum AR-RPG entspreche (ohne formell mit diesem Artikel identisch zu sein), ob mit seinerseits eine umfassende Interessenabwägung das Bundesgericht Berücksichtigung aller analogen Vorschriften verlange (wie dies ohnehin gälte) oder ob etwas anderes verlangt sei, geht aus dem publizierten Text nicht hervor.

d) Eine Bejahung der Geltung einer als B.garantie bezeichneten Klärungsanweisung bei normativer Unklarheit findet sich sodann m.E. auch in den beiden folgenden Präjudizien: 4473

α) Im BGE 113 Ia 122 (Vernier/GE, betr. Isolation eines Gebäudes mit «travaux d'entretien très importants») werden folgende Aussagen über den materiellen Inhalt einer solchen Klärungsanweisung gemacht:

> «(La) protection de la situation acquise (Besitzstandsgarantie [sic!]) ... postule que de nouvelles dispositions restrictives ne puissent être appliquées à des constructions autorisées conformément à l'ancien droit que si un intérêt public l'exige et si le principe de la proportionnalité est respecté (arrêt non publié Achermann du 14 juillet 1982 consid. 4 et de la doctrine citée).»

Bemerkenswert (wohl als Ausdruck von terminologischer Unsicherheit) ist der Umstand, dass hier die B.garantie nicht als ein Aspekt des Verhältnismässigkeitsgrundsatzes (Rz 4427), sondern dieser gerade umgekehrt als Teil-Inhalt der B.garantie erklärt wird. Auffällig ist auch, dass nicht bloss verlangt wird, die Vorkehrung habe im öffentlichen Interesse zu liegen, sondern dass solches von diesen gefordert («exigée») sein müsse.

β) Im BGE 117 Ib 243 ff (Biberbrugg-Rothenturm/SZ, betr. Moorgebiet) standen sich die Interessen des Zweckverbandes Wasserversorgung Horgen, Thalwil, Rüschlikon und Kilchberg am Unterhalt, Betrieb und Ausbau seiner Anlagen einerseits und diejenigen gemäss BV Art. 24^{sexies} (Moorschutz), Ort der Materie in der neuen BV Art. 78 V, und NHG Art. 16 (Rz 4104 f) anderseits gegenüber. Hiezu erklärte das Bundesgericht: 4474

> «(Nach der) Besitzstandsgarantie ... dürfen neue Eigentumsbeschränkungen auf nach altem Recht rechtmässig erstellte Bauten nur angewendet werden, wenn ein gewichtiges öffentliches Interesse dies verlangt und das Gebot der Verhältnismässigkeit eingehalten ist (BGE 113 Ia 122 E. 2.a).»

Bemerkenswert ist hier zunächst wiederum, dass die B.garantie nicht als Aspekt des Erfordernisses des öffentlichen Interesses oder des Verhältnismässigkeitsgebotes, sondern dieses als Teil davon angesehen wird, ferner dass die Vorkehrung vom öffentlichen Interesse gefordert («verlangt») sein müsse. Zu beachten ist aber auch, dass hienach die B.garantie die Anwendung der neuen Eigentumsbeschränkungen auf nach altem Recht rechtmässig erstellte Bauten nur zulässt, wenn dies ein «gewichtiges» öffentliches Interesse verlangt. Das tönt so, als wäre nicht jedes öffentliche Interesse als solches beachtlich, sondern so, als wären dies nur besonders qualifizierte. Es stellen sich hier die gleichen Schwierigkeiten ein wie bei RPG Art. 24 II, wo nicht einfach von den Anliegen, sondern von den wichtigen Anliegen der Raumplanung die Rede ist (Rz 3882, 3942 f)[21, 22].

---

[21] Wie sich aus Rz 4473 ergibt, sagt BGE 113 Ia 122 E. 2a auf Französisch nicht genau das, was in BGE 117 Ib 243 f auf Deutsch steht.

[22] Die Erwähnung der Besitzstandgarantie erfolgte hier keineswegs, um eine Erlaubnis an den Zweckverband zu legitimieren, sondern nur, weil dieser dieselbe offenbar angerufen hat, jedoch vergeblich; es blieb beim Verbot. Rz 4045.

4474a γ) Im Entscheid des ZH-Verwaltungsgerichtes (RB 1998 Nr. 111, auch in Rz 4155a erwähnt) war für ein Gebiet mit Wohnanteilpflicht die Anfügung eines «Neubaues» an einen «Altbau» ohne Wohnanteil zu beurteilen. Dabei wurde einleitend die Praxis bestätigt, dass die Wohnanteilpflicht «für das einzelne Gebäude» zu ermitteln sei, und anderseits begründet, wieso es sich bei diesem Projekt trotz verschiedener Verbindungen neu um zwei selbständige Gebäude handeln werde. Bei Richtigkeit dieser Annahme wäre eigentlich genügend begründet gewesen, dass das Bauvorhaben weder verlange, dass im «Neubau» der im «Altbau» fehlende Wohnanteil realisiert werden, noch dass im «Altbau» selbst hiefür gesorgt werden müsse. Nun heisst es aber im Weiteren: «Da der Altbau die Selbständigkeit bewahrt hat, kommt er ... in den Genuss der Bestandesgarantie ... und braucht daher keinen Wohnanteil einzuhalten.» Diese Aussage wäre an sich nach den vorherigen Überlegungsschritten überflüssig; aber sie ist offensichtlich nicht als überflüssig gedacht. Ich kann sie dann aber nur als Bejahung einer Klärungsanweisung mit dem Etikett Bestandesgarantie folgenden Inhaltes deuten: Es herrscht an sich bezüglich der Anwendbarkeit der Wohnanteilpflicht bei der «Erweiterung» bestehender Gebäude normative Unklarheit, ob der Wohnanteil nur vom «Neubau» oder vom gesamten Block, sei es gesamthaft (mit Anrechenbarkeit des Wohnanteils bzw. des Mankos im «Neubau» oder «Altbau» im je anderen Abschnitt) oder je einzeln, zu realisieren sei. Die Bestandesgarantie bewirkt hienach folgende Klärung: Es muss der Wohnanteil nur im «Neubau» eingehalten werden, und zwar nur in dem Umfang, welcher für diesen Abschnitt selbst verlangt ist. Zum gleichen Ergebnis käme man aber auch – ohne die Bezugnahme auf die Bestandesgarantie –, wenn gesagt würde: Das Interesse des Gemeinwesens (und der Nachbarn) an der Einhaltung der Wohnanteilpflicht (mit unklarem Geltungsanspruch) über den ganzen Block gesamthaft oder gar für jeden Teil davon einzeln wird bei einem Anschlussbau als geringer bewertet als das Interesse des Bauaktiven, im «Neubau» nur gerade soviel Wohnanteil, als diesem Blockabschnitt entspricht, und nicht im «Altbau» auch noch zusätzlichen Wohnanteil realisieren zu müssen. Zugegeben, das ist nur eine Behauptung, welche auch gegenteilig lauten könnte; aber dazu muss im Bereich normativer Unklarheit die entscheidende Behörde stehen, und sie darf sich nicht hinter dem Wort «Bestandesgarantie» verbergen.

4475 e) Interessant ist sodann die Bemerkung von Martin Pfisterer, S. 115: Die Besitzstandsgarantie verlange im Hinblick auf die Lösung des Konfliktes zwischen dem Rechtsverwirklichungsinteresse und Zustandserhaltungsinteresse «nach einer umfassenden Interessenabwägung, soweit dem Recht keine entsprechenden ausdrücklichen Normen zu entnehmen sind».

Hienach braucht es im Unklarheitsbereich «ausdrückliche Normen», nur damit es zu keiner «umfassenden Interessenabwägung» kommen muss. Hier fragt sich, an was für Abweichungen vom Gebot der umfassenden Interessenabwägung Martin Pfisterer denkt; vermutlich an solche mit grundsätzlicher Bevorzugung der Interessen des Bauaktiven vor denjenigen des Gemeinwesens.

4476 7. Die Auffassung der B.garantie als Anweisung zur Klärung bei Interessenkollision und/oder normativer Unklarheit entspringt dem Bedürfnis, den letzten Sprung von der Auslegung von Vorschriften und/oder der Klärung von normativer Unklarheit durch Interessenabwägung und Berücksichtigung aller analogen Vorschriften über eine weitere Norm zu legitimieren und diesen Sprung nicht der Intuition zu überlassen. Das Problem der Unklarheit einer solchen Regelung stellt sich allerdings auch hier wieder Der letzte Sprung bleibt immer eine Frage der Intuition, wenn man sich nicht mit Münchhauseniaden zufrieden geben will.

VII. Zur Besitzstands-/Bestandesgarantie als Beweislastregelung zugunsten des Bauaktiven

A. Inhalt

Vereinzelt wird die B.garantie mit einer Regelung im Bereich des Beweisrechtes bezüglich Kontinuität/Transformation von Gebäuden bzw. Bewerbungen zusammengesehen. Dies geschieht allerdings mehr von Seiten der privaten Bauaktiven als von Seiten der Behörden her. Es geht hier darum, dass bei einer mit B.garantie bezeichenbaren Regelung für den Beweis des Vorhandenseins der Elemente einer Vorschrift eine bestimmte Verteilung der Beweislast gelte. Es gelangt dabei die folgende Vorstellung zum Ausdruck: Wenn es für die rechtliche Beurteilung von Kontinuität/Transformation von Gebäuden bzw. Bewerbungen auf den Zeitpunkt der Erstellung eines Gebäudes oder Gebäudeteiles bzw. auf denjenigen der Aufnahme eines Bewerbes oder eines Bewerbsaspektes ankommt, dann muss nicht der Bauaktive beweisen, dass sein Gebäude bzw. dessen Bewerb bereits vor dem Inkrafttreten einer strengeren Vorschrift erstellt bzw. aufgenommen worden ist, sondern es muss umgekehrt das Gemeinwesen, allenfalls auch der Nachbar, beweisen, dass das Gebäude bzw. der Bewerb erst nach dem Inkrafttreten der strengeren Vorschrift erstellt bzw. aufgenommen worden ist. Dass diese Auffassung richtig sei, wird damit nicht im Geringsten gesagt.

4477

Zur Frage der Beweislast allgemein siehe Rz 722 f.

B. Belegstellen

1. Das ZH-Verwaltungsgericht erklärte in einem Entscheid vom 11. Mai 1994 (RB 1994 Nr. 87, nur Leitsatz):

4478

> «Wer sich auf die Bestandesgarantie für eine durch eine Rechtsänderung zonenwidrig gewordene Nutzung beruft, trägt die Beweislast dafür, dass diese Nutzung bereits vor der Rechtsänderung bestanden hat. Art. 8 ZGB, § 357 Abs. 1 PBG.»

Das Pronomen «wer» bezieht sich hier wohl immer auf den Bauaktiven. An die in Rz 4477 wiedergegebene Auffassung der B.garantie ist damit eine Absage erteilt.

2. Im BGE 119 Ib 383f (Walzenhausen/AR) ging es um den schon in Rz 4466 ff besprochenen Fall: Der Nachbar machte, wie dort erwähnt, geltend, der Bauaktive habe auf die B.garantie bereits verzichtet, weil er nach einem anderen Ort dislozieren wolle; er offerierte hiefür den Beweis; der Regierungsrat nahm diesen jedoch nicht ab und bestätigte die Bewilligung im Wesentlichen; vor Bundesgericht machte der Nachbar geltend, der Regierungsrat habe damit die Beweisregeln von ZGB Art. 8 und des kantonalen Prozessrechtes sowie den Anspruch auf rechtliches Gehör verletzt. Der Nachbar war offenbar der Auffassung, das Gemeinwesen oder der Bauaktive hätte wegen der B.garantie den Beweis für das Fehlen einer Dislokationsabsicht erbringen müssen, wenn man schon

4479

ihn nicht das Vorhandensein beweisen lasse. Das Bundesgericht sah jedoch in der Dislokationsabsicht keinen Verzicht auf die B.garantie; daher habe sich die Beweisabnahme erübrigt und liege keine Verletzung des rechtlichen Gehörs vor.

4479a 3.   Das ZH-Verwaltungsgericht hatte sich in einem Entscheid vom 29. Januar 1998 (BEZ 1998 Nrn. 2 und 3) mit der Frage auseinanderzusetzen, ob ausserhalb der Bauzone ein Gartenhaus, ferner ein befestigter Platz und ein Drahtmaschenzaun, wie der Eigentümer behauptete, bei Inkrafttreten von altGSchG Art. 20 bzw. RPG Art. 24 II (Fassung von 1979) schon bestanden hätten, und zwar in einem rechten Zustand. Der Eigentümer konnte hiefür keine Beweise erbringen; Bauakten fehlten. Das Verwaltungsgericht erklärte: «Wer sich ... auf die B.garantie einer bisherigen, rechtswidrigen Nutzung [gemeint ist offenbar: eine rechtmässig aufgenommene, aber infolge Revision der Rechtsordnung baurechtswidrig gewordene Nutzung] beruft, hat den Nachweis für den früheren rechtmässigen Bestand dieser Nutzung zu erbringen (RB 1994 Nr. 87). Misslingt der Nachweis, so ist zum Nachteil des Bauaktiven vom Nichtbestand einer solchen Nutzung auszugehen.» Darin ist m.E. ebenfalls eine Absage an die Auffassung der B.garantie als einer für den Bauaktiven vorteilhaften Beweislastregelung zu erblicken.

4480 4.   In dem vom ZH-Regierungsrat mit Beschluss Nr. 1294/1995 beurteilten Rekursfall (BEZ 1996 Nr. 5, Rz 3933) hatte der Pächter eigenmächtig ein möglicherweise von Dritten zerstörtes Riethäuschen in der Moorschutzzone wiederaufgebaut. Auf den Abbruchbefehl hin berief er sich auf die «Besitzstandsgarantie». Weil nicht mehr festzustellen war, «ob die alte Bausubstanz intakt war», hatte der Rekurrent die Folgen der Beweislogikeit zu tragen.

VIII. Die Besitzstands-/Bestandesgarantie als eigenständiger, neuartiger allgemeiner Rechtsgrundsatz

A.   Allgemeines

Umschreibung

4481 Die B.garantie wird bisweilen als eigenständige, materielle Regelung mit der Fähigkeit, gesetzliche Verbote/Gebote im Bereiche von Kontinuität/Transformation von Gebäuden bzw. Bewerbungen unverbindlich zu machen und damit eine Erlaubnis zu bewirken, aufgefasst. Die Eigenständigkeit besteht darin, dass sie weder bloss ein Aspekt der Eigentumsgarantie/etablierter allgemeiner Rechtsgrundsätze noch blosser Ausdruck der Unzuständigkeit zur Setzung von Verboten/Geboten, weder eine zusätzliche Dispenskompetenz noch eine Unwiderruflicherklärung, weder eine materielle, einen erheblichen Erlaubnisbereich offenlassende Vorschrift des postfiniten Baurechtes noch eine Klärungsanweisung und auch keine besondere Beweisregelung ist. Spricht man ihr die Fähigkeit zu, gesetzliche Verbote/Gebote unverbindlich zu machen und damit eine Erlaubnis zu bewirken, muss man ihr auch zumindest Gesetzesrang zuerkennen. Soweit Geltung in der ganzen Schweiz angenommen wird[23], muss man wohl sogar von einem bundesverfassungsrecht-

---

[23] Siehe FN 19.

lichen Rang ausgehen, denn sonst könnte sie von vornherein nicht in allen 26 Kantonen gelten; die Möglichkeit eines sich über alle 26 Kantone und den Bund erstreckenden spontanen Rechtsparallelismus wäre irreal.

B. Möglichkeiten einer eigenständigen, materiellen Regelung von verfassungsrechtlichem Rang

1. Wäre die B.garantie im Sinne von Rz 4481 eine eigenständige, materielle Regelung mit der Fähigkeit, in der ganzen Schweiz gesetzliche Verbote/Gebote aufzuheben, so würde sie damit zumindest in die Nähe der allgemeinen Rechtsgrundsätze gemäss Rz 848 f rücken; die B.garantie würde damit vielleicht sogar zum neunten im Bunde der allgemeinen Rechtsgrundsätze. Allerdings könnte sie sich dabei als noch ungeschriebenes Recht wohl erst dem Grundsatz der Nichtrückwirkung (Rz 1041 f) und dem Rechtssicherheitsgebote (Rz 1061 f) beigesellen, welche, ebenfalls noch ungeschriebenes Recht bildend, nach vorherrschender Auffassung noch kein gemäss OG Art. 84 I lit. a mit der staatsrechtlichen Beschwerde geltend machbares, verfassungsmässiges Recht darstellen[24]. Da sie einen bundesverfassungsrechtlichen Rang besässe, wäre sie gegen zuwiderlaufende Bundesgesetze (vorbehältlich BV Art. 113 III, Sitz der Materie in der neuen BV Art. 191) und kantonale Regelungen schlechthin resistent. Sie trüge dann die Bezeichnung als Garantie zu Recht (Rz 1264), und zwar im Sinne einer Minimalgarantie des Umfanges der dem Gebäudeeigentümer bzw. Bewerbsträger zustehenden baulichen und/oder bewerbsmässigen Möglichkeiten bezüglich Kontinuität/Änderung/sonstiger Transformation von Gebäuden bzw. Bewerbungen. 4482

2. Bezüglich des Inhaltes einer wie vorstehend aufgefassten B.garantie ist Ähnliches zu sagen wie in Rz 4455 ff zu einer als Klärungsanweisung aufgefassten B.garantie: Es bestehen hierüber nur vage Vorstellungen. Diese knüpfen durchwegs an die Komponenten «Bestand-», «Besitz-», «Besitzstand-» der Wörter Besitzstandsgarantie und Bestandesgarantie an. Bereits mit den Silben «-stand», «-sitz» wird eher eine statische als eine dynamische Vorstellung geweckt; der statische Eindruck wird noch durch das Präfix «Be-» betont. Ein Hinausgreifen der die B.garantie bildenden Regelung über den derzeitigen Bestand, Besitz, Besitzstand hinaus ist daher von vornherein nicht zwingend anzunehmen. Es mag zwar vertretbar sein, zu sagen, eine als eigenständige, materielle Regelung von bundesverfassungsrechtlichem Rang aufgefasste B.garantie vermöge selbst dort – repellierend oder derogierend – die Erlaubnis von Reparaturen sowie kleinen Renovationen, allenfalls auch kleinen Montierungen, kleinen Um-, Auf- oder Anbauten zu bewirken, wo Gesetze des Bundes oder kantonale Regelungen schlechthin ein Verbot/Gebot statuieren. Es ist aber zumindest gewagt, zu sagen, dass Gleiches auch bezüglich grösserer Renovationen, Um-, Auf- und Anbauten, Erweiterungen zutreffe. Geradezu 4483

---

[24] Die Ausgangslage ist hier vergleichbar mit dem Satz «In dubio pro reo», welcher bis vor kurzem einfach eine Maxime der (frei und umfassend vorzunehmenden) Beweiswürdigung, nun aber gemäss Urteil des Kassationshofes des Bundesgerichtes vom 6. November 1991, Urteil 6, S. 279/1991 (siehe Wiedergabe von Roberto Bernhard, in: SJZ 1992 S. 222) den Rang eines allgemeinen, auch aus der BV und EMRK Art. 6 Ziff. 2 ableitbaren, mit staatsrechtlicher Beschwerde rüg- und frei überprüfbaren Rechtsgrundsatzes erlangt hat.

verfehlt ist es jedoch, mit den Wörtern Bestand, Besitz, Besitzstand eine Erlaubnis für den Wiederbau eines im Laufe der Jahre zur Ruine gewordenen Gebäudes oder für die Wiederaufnahme eines schon vor langer Zeit aufgegebenen Bewerbes verwenden zu wollen. Hier ist der Faden zum früheren Bestand, Besitz, Besitzstand endgültig gerissen[25].

4484 3. Vereinzelt trifft man auf die Auffassung, die B.garantie stelle eine zugunsten des Gebäudeeigentümers bzw. des Bewerbsausübers modifizierte Eigentumsgarantie dar[26]. Es geht hier nicht um eine als Aspekt der – unmodifizierten Eigentumsgarantie – aufgefasste B.garantie wie in Rz 4422, sondern es läge im Grunde genommen eine andere, in gewisser Hinsicht verstärkte Eigentumsgarantie vor. Es könnte sich aber auch um eine Eigentumsgarantie handeln, welche nicht nur Sachenrechte und obligatorische Rechte an Sachen, sondern jede mit Gebäuden und/oder ihrem Bewerb zusammenhängende, für einen Privaten vorteilhafte Interessenlage umfasst, welche schon bisher während langer Zeit bestanden hat oder sehr wahrscheinlich in nächster Zukunft mit Aussicht auf langen Bestand eintreten wird. Es ginge hier um eine Ausweitung der Vorstellung der Wohlerworbenheit (Rz 675, 4418). Hiezu besteht jedoch kaum Anlass.

C. Belegstellen

1. Allgemeines

4485 Dass die B.garantie ein eigenständiger, allgemeiner Rechtsgrundsatz mit der Fähigkeit sei, gesetzliche Verbote/Gebote unverbindlich zu machen, wird zwar meist nur indirekt gesagt, doch spielt m.E. diese Auffassung bei Sätzen, welche das Wort B.garantie enthalten, meistens mehr oder weniger mit. Verhielte es sich anders, so müsste man sich oft die Frage stellen: Was wollte der Autor denn sonst damit aussagen, wenn nichts von dem in den vorherigen Kapiteln (Rz 4422–4480) Gesagten damit gemeint ist? Dass er einfach eine leere Worthülle einfliessen liess, ist doch wohl, bis zum Vorliegen eines Gegenbeweises, kaum anzunehmen. Eine solche vorherige Annahme wäre besonders bei den apodiktisch wirkenden Anrufungen der B.garantie gewagt.

4486 2. Als Belegstellen für die Verwendung des Wortes B.garantie als eigenständiger, allgemeiner Rechtsgrundsatz kommen etwa in Betracht:

a) M.E. schwingt dort, wo von der Gewährleistung, Sicherung durch die B.garantie die Rede ist oder wo gesagt wird, die B.garantie erlaube, gestatte, bewirke (etwas Normatives), ermächtige zu etwas, decke etwas ab, sie öffne eine gewisse Dynamik usw., oft

---

[25] Die Erfassung des doch hauptsächlich dynamisch zu verstehenden Bewerbes (Rz 4379, FN 11), sei es als Weiterausüben oder Ändern desselben, durch die primär statischen Wörter Bestand, Besitz, Besitzstand ist ohnehin fragwürdig. Es gibt denn auch Stimmen, welche bei grundsätzlicher Bejahung der B.garantie diese nicht auf die Bewerbsaspekte beziehen.

[26] ZB mit folgenden Modifikationen: gesetzliche Grundlage nur ausreichend, wenn eindeutig, ausdrücklich, bundesrechtlich; öffentliches Interesse nur genügend, wenn erheblich überwiegend; Entschädigung auch erforderlich, ohne dass eine materielle Enteignung vorliegt, Erfordernis des Realersatzes.

Anhang § 3   1037

vage die Vorstellung mit, dass die B.garantie gegenteiligen Verboten/Geboten vorgehe, diese in ihrer Geltung allgemein oder im Einzelfall einschränke (Repulsion/Derogation). Sollte dies zutreffen und wäre damit nicht einfach ein Aspekt der Eigentumsgarantie und/oder des Verhältnismässigkeitsgrundsatzes gemeint, so wäre diese eine Bejahung der B.garantie als eigenständiger, neuartiger allgemeiner Rechtsgrundsatz; die B.garantie besässe dann auf jeden Fall einen normativ erhöhten Rang[27].

b)   In dem schon mehrfach erwähnten Entscheid des AG-Verwaltungsgerichtes vom **4487**
11. Juli 1975 (AGVE 1975 S. 222–234, ZBl 1976 S. 152–157, Rz 4389) kam folgender Fall zur Sprache: An einem über 100 Jahre alten, seit 50 Jahren nicht mehr bewohnten, baufälligen Gebäude auf einer unerschlossenen Parzelle ausserhalb des Baugebietes und des generellen Kanalisationsprojektes, innerhalb des minimalen Waldabstandes (wieviel?) wollte der Bauaktive mit «Renovationsarbeiten ... das Haus wieder bewohnbar machen»; es war auch die Einrichtung eines Badezimmers und die Erstellung einer Jauchegrube sowie die Erneuerung der Riegel vorgesehen. Der Gemeinderat verweigerte die Bewilligung; hiegegen gelangte der Bauaktive an das Verwaltungsgericht. Das Vorhaben widersprach offensichtlich folgenden Vorschriften: Art. 20 des eidg. Gewässerschutzgesetzes (wegen Fehlens eines sachlich begründeten Bedürfnisses für das Bauvorhaben), altBauG § 165 betreffend Waldabstand und altBauG § 224 I, soweit es sich um mehr als «Unterhalt oder zeitgemässe Erneuerung» handelte; innerhalb dieses Bereiches allerdings wäre das Vorhaben erlaubt. Hiezu erklärte das Verwaltungsgericht: «In diesem Spannungsfeld will die Besitzstandsgarantie einen Ausgleich schaffen.» (Rz 4389) Hierauf folgte eine detaillierte Aufzählung der tangierten öffentlichen und privaten Interessen, dargestellt anhand von Gebäuden mit verschieden gutem Baubestand (gut erhalten [bewohnt oder bewohnbar] – baufällig – technisch abbruchreif[28] – Bauruine). Sodann hiess es, um über die Zulässigkeit oder Unzulässigkeit der vorgesehenen Vorkehrungen zu entscheiden, müsse «auf den Sinn der Bestandesgarantie zurückgegriffen und die darin enthaltene Interessenabwägung des Gesetzes im Einzelfall nachvollzogen werden». Was die Aussage, in der B.garantie seien Interessenabwägungen des Gesetzes enthalten, bedeuten soll, ist allerdings unklar; die B.garantie kann in dieser Interessenabwägung höchstens mit allgemeinen Überlegungen weiterhelfen. Das deutet, da hier weder von einem Dispens noch von einer Wohlerworbenheit die Rede ist, am ehesten darauf hin, dass die B.garantie als eine eigenständige, materiellrechtliche Regelung mit der Fähigkeit, gesetzliche Ver-

---

[27] Werner Schmid-Lenz schreibt zwar der B.garantie nicht direkt einen normativ erhöhten Rang zu, doch lobt er auf S. 63 die «systematische Voranstellung», welche im BE-Recht der B.garantie im Verhältnis zu den übrigen Regelungen des postfiniten Baurechtes eingeräumt wird.
[28] Hievon sei die wirtschaftliche Abbruchreife zu unterscheiden; eine solche liegt vor, wenn sich ein Gebäudeabbruch technisch/kostenmässig noch nicht aufdrängt, das Gebäude aber «einem wesentlich gewinnbringenderen Neubau» im Wege steht. Das Verwaltungsgericht erklärte weiter: «Kein Kriterium bildet in diesem Zusammenhang ... die Bewohnbarkeit einer Baute; auch ein zurzeit unbewohnbares Gebäude, das sich aber auf der bestehenden Grundstruktur ohne Umbau wieder zu einem Wohnhaus herrichten lässt, kann erhaltenswürdig sein. Es soll lediglich verhindert werden, dass für jedes Gemäuer, das von einem verfallenen Haus noch übriggeblieben ist, die Besitzstandsgarantie beansprucht werden kann.»

bote/Gebote unverbindlich zu machen, aufgefasst wird[29]. Allgemein ist bei diesem Entscheid zu beachten, dass er noch vor Inkrafttreten des RPG, aber zur Zeit der Geltung des Bundesbeschlusses über dringliche Massnahmen auf dem Gebiete der Raumplanung ergangen ist.

4488 c)   Bereits unter der Herrschaft des RPG erging ein Entscheid des AG-Verwaltungsgerichtes vom 12. Januar 1982 (ZBl 1982 S. 447 f), allerdings betreffend den Umbau des Dachgeschosses einer Industriebaute in der Industriezone. Die maximal zulässige Ausnützung wurde dabei überschritten. Das Verwaltungsgericht bestätigte jedoch die vom Gemeinderat erteilte Baubewilligung unter einer ähnlich zu qualifizierenden Anrufung der B.garantie wie in Rz 4487. Zwar war hier von einer Ausnahmebewilligung die Rede; solche wurden jedoch gemäss Erich Zimmerlin, Kommentar, 1976, S. 390 f, wenn überhaupt, damals nur sehr zurückhaltend zugestanden; es liegen keine Anzeichen dafür vor, dass gerade hier eine solche erteilt worden ist.

4489 d)   Im Entscheid des ZH-Verwaltungsgerichtes gemäss RB 1982 Nr. 152 (BEZ 1982 Nr. 4), ferner demjenigen gemäss RB 1984 Nr. 77 steht:

> «Die aus der Eigentumsgarantie abgeleitete Bestandes- oder Besitzstandsgarantie gilt – auch ohne besondere gesetzliche Regelung – als allgemeiner verwaltungsrechtlicher Grundsatz.»[30]

4490 Die gleichzeitige Aussage, dass die Besitzstandsgarantie aus der Eigentumsgarantie abgeleitet sei und einen allgemeinen, verwaltungsrechtlichen Grundsatz darstelle, und zwar auch ohne gesetzliche Grundlage, bedeutet nicht lediglich eine historische Information, wonach zeitlich zuerst die Vorstellung der Eigentumsgarantie existiert habe, worauf dann durch blosse Entfaltung von deren Inhalt die Vorstellung der Besitzstandsgarantie gewonnen worden sei, welche Letztere jetzt auch ohne gesetzliche Grundlage als allgemeiner, verwaltungsrechtlicher Grundsatz gelte. In der erwähnten Aussage ist vielmehr auch eine normative Information zu erblicken.

4491 Wenn eine Regelung aus einer anderen «abgeleitet» ist, kann dies normativ ein Doppeltes bedeuten: entweder, die eine Regelung sei nur ein Bestandteil, Aspekt der anderen, also nichts Eigenständiges; oder aber, man anerkennt zwar eine Verwandtschaft der beiden Regelungen, betont jedoch zugleich die Eigenständigkeit (Rz 4424). Da die Eigentumsgarantie zumindest im Zeitpunkt des Entscheides auf einer verfassungsmässigen Grundlage, und zwar einer ausdrücklichen (BV Art. 22ter, Sitz der Materie in der neuen BV Art. 26), beruht und die B.garantie offenbar «auch ohne besondere gesetzliche Regelung» gelten sollte, geht es hier m.E. um die B.garantie als eigenständige, von der Eigentumsgarantie verschiedene Regelung.

---

[29] Allerdings sind auch folgende Deutungen nicht ausgeschlossen: Klärungsanweisung zur Betätigung des Ermessens oder zur Lösung einer Vorschriftenkollision. Eigenartig war die Bemerkung: «Die geringfügige Unterschreitung des Waldabstandes fällt nicht ins Gewicht.» Auch ist nicht bis ins Letzte deutlich, ob hier überhaupt eine normative Spezifikation vorliegt oder ob die Ausführungen nur als eine Auflistung von Argumenten gemeint sind, welche bei einer umfassenden Interessenabwägung ohnehin beachtet werden müssen.

[30] Dabei wird als Belegstelle angegeben: Verwaltungsgerichtsentscheid vom 29. April 1975, in: ZBl 1975, S. 76, 462. Diese spricht jedoch nicht von Bestandesgarantie, sondern von Bestandesprivileg.

Diese eigenständige Regelung der B.garantie wird allerdings hier nicht als «allgemei- **4492**
ner Rechtsgrundsatz», sondern als «allgemeiner verwaltungsrechtlicher Grundsatz» bezeichnet. Ich sehe in den beiden Formulierungen keinen Unterschied von Belang.

e) Dass mit dem Wort B.garantie an einen eigenständigen, allgemeinen Rechts- **4493**
grundsatz gedacht wird, schimmert m.E. auch dort durch, wo gesagt wird, die B.garantie sei ein «Rechtsinstitut». Solche Formulierungen finden sich zum Beispiel bei Martin Pfisterer, S. 98, 116 und 121, Felix Huber, S. 168 f und Alfred Kölz, S. 193; ZH-BEZ 1991 Nr. 11.

Der Gebrauch des Wortes «Rechtsinstitut» ist nicht einheitlich. Vielfach wird damit einfach ein die Normierung eines bestimmter Problembereiches gesamthaft, zB des Fragenkreises, welcher sich bezüglich Kontinuität/Änderung/sonstige Transformation von Gebäuden bzw. Bewerbungen stellt, gedacht. Oder aber es sind mit dem Wort «Rechtsinstitut» gewisse Kernsätze solcher Regelungen gemeint, welche nicht aufgehoben werden können, ohne dass die Rechtsordnung ihre Aufgabe verpasst. Diese Vorstellung weist dann eine gewisse Verwandtschaft zu derjenigen der Institutsgarantie nach Rz 1220 f auf. Doch kann sie nicht einfach auf einen Aspekt derselben reduziert werden. Der Charakter eines eigenständigen, allgemeinen Rechtsgrundsatzes überwiegt doch wohl.

f) Was Zaccaria Giacometti, S. 291, und Alfred Kölz, S. 129, bezüglich des Rechts- **4494**
sicherheitsgebotes sagen, kann man auch für die B.garantie sagen: So wie dieses Wort bisweilen angewendet wird, liegt hier «ein allgemeiner Rechtsgrundsatz der Verwaltung» vor, muss die Regelung als «selbständiges, ungeschiebenes Verfassungsprinzip angesehen werden». Dazu, ob zu Recht oder zu Unrecht so gesprochen wird, siehe Rz 4516 f.

3. Wenn die Auslegung oder die Interessenabwägung für die Klärung der Vorschriften **4495**
mit unbestimmten Elementen bzw. für die Ermessensbetätigung bei Ermessensoffenheit bzw. für die Lückenfüllung bzw. für die Normkollisionslösung in einem Gerichtsurteil vorzeitig abgebrochen wird[32] und dann zur Legitimierung der Erlaubnis auf die B.garantie gegriffen wird, gibt es drei Möglichkeiten: Entweder man deutet dies einfach als argumentative Bequemlichkeit oder Unvermögen des Urteilenden oder man geht davon aus, dieser sei der Auffassung, das behauptete Ergebnis werde von einer Auslegungs-/Interessenabwägungsanweisung (Rz 4455) oder einem eigenständigen, allgemeinen Rechtsgrundsatz verlangt oder aber man bezeichne mit dem Wort B.garantie lediglich den bei jeder Anwendung einer Regelung auf den Einzelfall unvermeidlichen und nicht weiter begründeten Sprung in der Argumentation. Anders verhielte es sich nur, wenn aus einem anderen Grund eine Legitimation zum kurzen Prozess bestünde, zB weil ein Verbot von einem ohnehin unzuständigen Organ ausgegangen wäre (vgl. Rz 4432 f).

---

[31] Die rechtliche Thematik von Kontinuität/Änderung von Gebäuden bzw. Bewerbungen spielt allerdings auch im Privatrecht eine Rolle. Vgl. zB Robert Haab, Zürcher Kommentar zum ZGB, Art. 674, N. 6. Er spricht vom Prinzip der Erhaltung der einmal geschaffenen Werte.

[32] Anzeichen hiefür bestehen dort, wo von den Parteien geltend gemachte Interessen entweder gar nicht berücksichtigt oder offensichtlich über- bzw. unterbewertet werden, ferner dort, wo Interessen, welche zwar keine Partei geltend macht, auf welche die Behörde aber bei einigem Nachdenken von selbst stossen sollte, ausser Acht gelassen werden.

§ 4 Gesamtbeurteilung

I. Zusammenzug

4496 1. Wenn im Bereich von Kontinuität/Änderung/sonstige Transformation von Gebäuden bzw. Bewerbungen von der Besitzstandsgarantie/Bestandesgarantie, nachfolgend wird beides kurz mit B.garantie bezeichnet, die Rede ist, so bedeutet das fast immer eine der folgenden acht Möglichkeiten.
Es geht hier um einen bunten Haufen von Vorstellungen, nämlich um:

a) zwei Aspekte von bundesverfassungsmässigem Rang, nämlich der Eigentumsgarantie (Rz 4422 f) oder einen der etablierten, allgemeinen Rechtsgrundsätze (Rz 4426 f);
b) die Aussage, dass ein von einem unzuständigen Organ stammendes Verbot/Gebot unverbindlich sei (Rz 4432 f);
c) eine Regelung, wonach eine Behörde unabhängig von den üblichen Ausnahmebewilligungskompetenzen von einem Verbot/Gebot dispensieren kann bzw. muss (Rz 4434 f);
d) eine Regelung, wonach bestimmte, vorher ergangene, willkommene Verwaltungsakte, Gerichtsurteile oder Vertragsinhalte nicht widerrufen werden können (Rz 4440 f);
e) eine gewöhnliche materielle Vorschrift des postfiniten Baurechtes mit einem erheblichen Erlaubnisbereich (Rz 4451);
f) eine Anweisung zu einer vom üblichen Auslegungskanon abweichenden Auslegung und/oder zu einem von der umfassenden Interessenabwägung abweichenden Vorgehen bei der Klärung der nach erfolgter Auslegung verbleibenden Unklarheit von Vorschriften mit unbestimmten Elementen bzw. bei der Ermessenbetätigung bei Vorschriften mit Ermessensoffenheit, bei der Lückenfüllung oder bei der Lösung von Vorschriftenkollisionen (Rz 4455);
g) eine vom sonstigen Beweisrecht abweichende Beweisregelung bezüglich des Zeitpunktes der erstmaligen Realisierung einer baulichen oder bewerbsmässigen Situation (Rz 4477);
h) ein von den lit. a–g verschiedener, neuartiger allgemeiner Rechtsgrundsatz mit der Fähigkeit, gesetzliche Verbote/Gebote unverbindlich zu machen (Rz 4481).

Dass die aufgezählten Vorstellungen auch wirklich gelten, ist damit noch in keiner Weise gesagt.

4497 2. Weitere, im Baurecht mit dem Wort B.garantie verbundene, normative Vorstellungen habe ich keine gefunden[1,2]. Ich hoffe, dass ich dabei keinem Gericht, keinem Autor eine Auffassung in den Mund gelegt habe, welche das Gegenteil von dem ausgedrückt, was ausgedrückt werden sollte. Es ist allerdings schwierig, etwas genau zu beschreiben, von dessen Existenz man nicht überzeugt ist.

---

[1] Den im Privatrecht verschiedentlich vorkommenden Prioritätsgrundsatz (prior tempore potior iure) habe ich Zusammenhang mit der B.garantie nirgends ausgesprochen oder angedeutet gefunden. Er könnte jedoch bei der Anweisung zu einem von der umfassenden Interessenabwägung abweichenden Vorgehen bei normativer Unklarheit eine Rolle spielen (Rz 4455 f).

[2] Denkbar wäre auch noch, dass die B.garantie als ein Topos im Sinne der juristischen Topik von Theodor Viehweg aufgefasst würde. Vgl. Franz Bydlinski, S. 141 f.

Anhang § 4   1041

3. Wenn man bei der B.garantie im Bereich von Kontinuität/Änderung/sonstige Trans- **4498**
formation von Gebäuden bzw. Bewerbungen von Garantie spricht, dann geht es um die
Einhaltung der Pflicht der Organe des Gemeinwesens zur Setzung und Belassung rechtmässiger normativer Situationen. Dabei soll die Einhaltung garantiert werden. Von den in
Rz 1248–1264 erörterten, mit dem Wort Garantie verbundenen Vorstellungen kommen
bei den in Rz 4422–4495 dargelegten, mit dem Wort B.garantie verbundenen Vorstellungen m.E. nur die folgenden drei vor:

– Garantie als Verpflichtung zur Ersatzleistung bei Nichterfüllung von primären Pflich-
  ten (Rz 1248 f): bei der B.garantie als Aspekt der Eigentumsgarantie, wenn man die
  Entschädigung bei materieller Enteignung als eine solche Ersatzleistung ansieht;
– Garantie als Leistungsverpflichtung eines Dritten (Rz 1254) bei allen acht Arten der
  B.garantie, soweit man die Pflicht zum Einschreiten von kantonalen Behörden gegen
  kommunale Falschanwendungen bzw. diejenige zum Einschreiten von eidgenössischen
  Behörden gegen kantonale Falschanwendungen als Leistungsverpflichtung eines Dritten
  ansieht;
– Garantie als erschwerte Revisionsmöglichkeit (Rz 1257 f): bei der B.garantie als Aspekt
  der Eigentumsgarantie (Rz 4422), von etablierten, allgemeinen Rechtsgrundsätzen (Rz
  4426), als neuer, eigenständiger, allgemeiner Rechtsgrundsatz (Rz 4481) sowie bei
  den weitern sechs Arten der B.garantie (Rz 4432 f, 4434 f, 4440 f, 4451 f, 4455 f, 4477
  f), soweit man hierin Regelungen von Bundesverfassungs- oder Gesetzesrang sieht.

Hingegen habe ich nirgends Anzeichen dafür gefunden, dass bei den mit dem Wort **4499**
B.garantie verbundenen Vorstellungen diejenige einer Garantie als Ahndung (Rz 1255),
Erschwerung der Verjährung/Verwirkung von Einschreitensrechten der Behörde (Rz
1257 f), Kontrollgänge der Behörde (Rz 1268), Zustimmungserfordernis der Behörde
(Rz 1261), Weiterziehbarkeit von Entscheiden (Rz 1262), Speditivität des Streitent-
scheidungsverfahrens (Rz 1263) oder Zuweisung des Entscheides an ein besonders hohes
Organ (Rz 1264) eine Rolle spielen würden.

4. In der Bundesverfassung findet sich nirgends eine Vorschrift, welche direkt besa- **4500**
gen würde, dass bestimmte Arten von Kontinuität/Änderung/sonstige Transformation von
Gebäuden bzw. Bewerbungen erlaubt sein müssten[3]. Auch in den Kantonsverfassungen
findet sich kaum eine solche Vorschrift; auf jeden Fall fehlt eine solche in der Verfassung
des Kantons Zürich. Wenn die B.garantie gleichwohl verfassungsrechtlichen Rang besitzen soll, dann kann dies somit nur der Fall sein, entweder wenn die B.garantie einen
Bestandteil einer Regelung von bundesverfassungsrechtlichem Rang (Rz 4422 f) oder sie
einen ungeschriebenen, eigenständigen, neuartigen allgemeinen Rechtsgrundsatz (Rz
4481) bildet. Die B.garantie würde in diesem ersten Fall gewissermassen einen besonderen
Aspekt, eine besondere Facette dieser Regelungen bedeuten, der bzw. die zur leichteren
Greifbarkeit und Darstellbarkeit in der Verwaltungs- und Gerichtspraxis, im Rechts-
unterricht oder in der politischen Diskussion, also eigentlich aus didaktischen oder mne-

---

[3] Die Übergangsbestimmung zum Moorschutzartikel BV Art. 24^{sexies}, Ort der Materie in der neuen
BV Art. 78 V, bezieht sich zwar auf die Kontinuität von Gebäuden, die nach dem 1. Juni 1983 erstellt
worden sind, dies aber gerade in umgekehrter Richtung: durch Statuierung der Abbruchpflicht. Rz
4104 ff.

motechnischen Gründen, verselbständigt, wenn nicht geradezu hochstilisiert, institutionalisiert, verabsolutiert, hypostasiert worden ist.

II. Gesamtkritik

A. Nicht weiterführend Redeweise

4501 Die Rede von einer *B.garantie* ist nach den Ausführungen in Rz 1248 ff zwar in denjenigen Fällen richtig, in welchen die damit bezeichnete Regelung den Rang von Bundesverfassungs- oder Gesetzesrecht besitzt oder bei der Festsetzung eines Verbotes/Gebotes vom Gemeinwesen eine Entschädigung geleistet werden muss. Das trifft aber von vornherein nur in beschränktem Umfang zu.

Wenn eine Vorschrift auf die Kontinuität/Änderung/sonstige Transformation von Gebäuden bzw. Bewerbungen anwendbar ist[4], bei richtiger Anwendung der Befund auf Erlaubnis lautet und eine Bewilligung erfolgt, dann ist es an sich nicht falsch zu sagen:

– die Bewilligung hält die B.garantie ein, verletzt sie nicht usw.;
– die B.garantie ist jedoch durch eine Verweigerung verletzt, nicht eingehalten usw.

Und es ist an sich auch nicht falsch, zu sagen, wenn bei richtiger Anwendung der Befund auf Verbot/Gebot lautet und eine Verweigerung erfolgt:

– die B.garantie ist durch die Verweigerung nicht verletzt, trotz Verweigerung eingehalten usw.[5]

Ferner ist es auch vertretbar, in diesem Fall bei Fehlen einer materiellen Enteignung trotz Nichtentschädigung zu sagen, die B.garantie sei nicht verletzt, oder eine Enteignung verletze bei Ausrichtung einer vollen Entschädigung die B.garantie nicht.

Indessen: Was ist mit einer solchen Redeweise an Erkenntniswert gewonnen?

B. Beschränkte terminologische Reichweite der Vorstellungen von «Bestand» und «Besitz»

4502 1. An sich kann man jedem Wirklichkeitsausschnitt, auch einem nicht bestehenden, einen Namen geben. Es entbehrt deshalb nicht überhaupt jeder Berechtigung, die in Rz 4481 aufgezählten neun normativen Vorstellungen mit der Bezeichnung B.garantie zu benennen. Doch sollte man sich zumindest in der Fachsprache darum bemühen, Namen zu wählen, welche das Gemeinte möglichst klar ausdrücken. Letzteres ist aber bei der Benennung der normativen Erscheinungen gemäss Rz 4481 mit dem Wort B.garantie, abgesehen von der Garantiethematik, nur teilweise der Fall.

4503 2. a) Die Inhalte der mit B.garantie bezeichneten, normativen Vorstellungen knüpfen durchwegs am Wortteil «Bestand-», «Besitz-» oder «Besitzstand-» an. Sobald von

---

[4] ZB ZH-PBG § 357 I. Wortlaut siehe Rz 1598 ff.
[5] Wenn bei richtiger Anwendung der Befund auf Unzulässigkeit lautet und trotzdem eine Bewilligung erfolgt, bleibt die B.garantie im Allgemeinen ausser Betracht, es sei denn, einer behauptete fälschlich, die B.garantie verlange diese Bewilligung.

B.garantie gesprochen wird, geht oft ein gewisses Vorverständnis in die ins Auge gefasste Problematik ein, indem – allein vom Wortsinn her – das Interesse des Gemeinwesens am Nichtvorhandensein, an einer Nicht-Transformation am Status quo tendenziell zurückgedrängt wird[6].

b) Zwar ist alles Bestehende nicht nur das Gerade-jetzt-sich-Selbst, sondern im Sinne von Ernst Blochs überschiessender Existenz auch noch das, was es werden kann. Trotzdem lässt sich hier durchaus vertreten, dass mit den drei Wortteilen «Bestand-», «Besitz-», «Besitzstand-» die derzeitige und nicht eine erst in Zukunft vorhandene Existenz eines Gebäudes bzw. eines Bewerbes, der Besitz eines derzeitigen und nicht eines erst in Zukunft existierenden Gebäudes bzw. der derzeitige und nicht ein erst in Zukunft ausgeübter Bewerb usw. gemeint wird. Die Silbe «be-» betont noch das Fertig-Sein der Situationen «stehen» und «sitzen». Wenn aber damit nur das Derzeitige angesprochen wird, dann bezieht sich wohl auch die Garantie nur auf das blosse Fortbestehenlassen eines Gebäudes bzw. die blosse Weiterausübung eines Bewerbes. Ein Greifen einer Garantie darüber hinaus in die Zukunft des Gebäudes bzw. des Bewerbes kommt dabei wohl fürs Erste nur gerade für Reparaturen (Rz 176), kleine Renovationen (Rz 177), Montierungen, kleine Um-, Auf- oder Anbauten, nicht aber auch für etwas darüber hinaus in Betracht (Rz 179 f).

4504

c) Allerdings ist in der Praxis ein gewisses Ausufern des mit den Wortteilen «Bestand-», «Besitz-», «Besitzstand-» Bezeichneten in Richtung eines weiteren Einbezuges von erst in Zukunft vorhandenen, eintretenden Fakten festzustellen. Das wird dann etwa mit der Bemerkung begründet, eine Sache, ein Besitz daran sei nicht nur gerade das, was sie, er jetzt ausmacht, sondern auch das was damit gemacht werden könne. Eine solche «Dynamisierung» ist besonders deutlich, wo es sich um gewerbliche oder industrielle Betriebe handelt (vgl. Rz 3220 f). Hieraus folgt dann oft die Aussage, dass die B.garantie bis zu einem gewissen Grade auch die Möglichkeit der Änderung von Gebäuden bzw. Bewerbungen umfasse, eine «erweiterte Besitzstandsgarantie» sei[7], ja sogar eine Erweiterungsgarantie bilde, dass eine solche auch als Bestandteil der B.garantie oder als eine zusätzliche Garantie[8] gelte. Dabei wird diese Erweiterungsgarantie jedoch nie je als räumlich unbeschränkt gewährt angesehen; sonst könnte ja von bereits bestehenden Gebäuden bzw. von bereits ausgeübten Bewerbungen aus das Baurecht weitgehend aus den Angeln gehoben werden; es müsste immer nur in Gestalt eines bereits bestehenden Gebäudes bzw. eines bereits ausgeübten Bewerbes, ein geeigneter Kristallisationspunkt, eine geeignete Keimzelle zum Auswuchernlassen gefunden werden. Psychologisch bemerkenswert ist, wie die Abtrennung der erlaubten von der unerlaubten Änderung bzw. Erweiterung bisweilen mit einer fast kultisch-magischen Vorstellung im Sinne der Weitergabe eines Rechtes durch direkte Berührung eine Rolle spielt: So wird zB gesagt, die B.garantie gelte, soweit der Bestand, Besitz nie oder höchstens für kurze Zeit unterbrochen worden

4505

---

[6] Alfred Kölz, S. 130, stellt solches bei der Verwendung des Wortes «Rechtssicherheitsgebot» fest.
[7] So ZH-RB 1994 Nr. 71.
[8] In der deutschen juristischen Literatur wird hier vom übergreifenden Bestandesinteresse, Bestandesschutz gesprochen. Siehe Klaus Finkelnburg/Karsten Michael Ortloff, S. 14 ff, und Michael Kloepfer, S. 34 ff, FN 119.

sei; sie gelte aber nicht, wenn ein Unterbruch von längerer Dauer stattgefunden habe; auch wird bisweilen allein unter Anrufung der B.garantie die Regelung begründet, dass der Wiederbau eines zu einer Ruine zerfallenen Gebäudes bzw. die Wiederaufnahme eines früheren, inzwischen eingestellten Bewerbes bei Widerspruch zum jetzigen Recht unzulässig sei.

4506 Hier sollten jedoch zwei Gesichtspunkte auseinandergehalten werden: derjenige, welcher an der Antwort auf die Frage interessiert ist: Welche Regelung wird sinnvollerweise wie bezeichnet? und derjenige, bei welchem es um die Frage geht: Welche Regelung gilt ohnehin oder sinnvollerweise? Zum ersten, rein terminologischen Gesichtspunkt ist zu sagen: Änderungen, Erweiterungen sind etwas anderes als ein Bestand, ein Besitz; das Typische davon ist ja gerade, dass es hier um das Verlassen eines bisherigen Zustandes geht; dafür passt die Bezeichnung B.garantie aber nicht. Das heisst in keiner Weise, dass Erweiterungen nicht auch erlaubt sein sollen; aber man soll das nicht mit dem Wort B.garantie bezeichnen. Zur Legitimierung der als erlaubniswürdig angesehenen Erweiterung muss die Begründung dann anderswo gesucht werden. Es ist durchaus möglich, hier fündig zu werden.

4507 3. Somit erfasst man mit B.garantie gerade diejenigen normativen Situationen nicht, bei welchen eine Klärung besonders wichtig wäre: die Frage nach der Erlaubnis der über Reparaturen sowie kleinere Renovationen, Montierungen, kleinere Um-, Auf- und Anbauten hinausgehenden Änderungen von Gebäuden, ferner diejenige nach der Erlaubnis der eingreifenden Bewerbsänderungen (Intensivierung, Ausweitung, Auswechslung)[9].

C. Falsche Hemmung, etwas beim Namen zu nennen

4508 1. Wenn man sich in der juristischen Diskussion nicht einfach mit der Aussage, trotz Fehlens klarer normativer Anweisung hält das ausgesprochene Verbot/Gebot rechtlich stand, ist eine Erlaubnis auszusprechen/nicht auszusprechen, begnügen will, sondern man bei der Begründung tiefer schürfen möchte, dann sagt man doch am besten gleich, die Verweigerung ist mit der Eigentumsgarantie oder einem, zwei oder mehreren der acht etablierten, allgemeinen Rechtsgrundsätze vereinbar bzw. nicht vereinbar; oder es fehlt die Zuständigkeit des verbietenden/gebietenden Organes; oder die Unklarheit darf (nicht) durch die und die Auslegungsmethode, durch Gegenüberstellung und Bewertung dieser und dieser Interessen, durch Beizug dieser und dieser analogen Vorschrift geklärt werden. Alles andere ist nur die Einschaltung eines unnötigen Zwischengliedes, ein unnötiger Umweg in der Argumentationskette infolge einer unangebrachten Scheu vor der direkten sprachlichen Nennung. Das Wort B.garantie trägt nicht im Geringsten etwas zur Abgrenzung zwischen Vorhandensein/Nichtvorhandensein von materieller Enteignung, öffentlichem Interesse, gesetzlicher Grundlage, Verhältnismässigkeit, Rechtsgleichheit, Willkür, Verhalten nach Treu und Glauben, Rückwirkung, Rechtssicherheit bei. Sie helfen auch keinen Schritt weiter, wenn es darum geht, zu entscheiden, ob ein Um-, Auf-, An- oder Subbau, ein sekundärer Neubau oder eine bewerbsmässige Änderung, ein sekundärer

---

[9] Werner Schmid-Lenz, S. 61, unterscheidet denn auch zwischen der «Besitzstandsgarantie» und dem «Recht zur angemessenen Erweiterung».

Neubewerb noch zu den erlaubten oder bereits zu den verbotenen/gebotenen Vorkehrungen gehöre.

2. Enrico Riva sagt zwar auf S. 261, dass BV Art. 22ter III, Ort der Materie in der neuen BV Art. 26, betreffend Entschädigungspflicht nur «wenig normativen Gehalt» aufweise und «in hohem Masse» konkretisierungsbedürftig sei; damit man nicht zu einer «Kasuistik einzelner Billigkeitsentscheide» gelange, müsse «das Gebot in Unterregeln umgebrochen werden, die bei geringerer Reichweite einen höheren Konkretisierungsgrad aufweisen». J.P. Müller, Elemente, S. 89, verspricht sich jedoch hievon nicht viel: «Jeder Versuch, den Schutzbereich eines Grundrechtes begrifflich festzulegen, läuft Gefahr, neu auftauchende Sachverhalte und nicht voraussehbare Probleme vom Wirkungsbereich des Grundrechtes auszuschliessen, ungeachtet neuer Schutzinteressen.» Auch Enrico Riva weist auf S. 244, N. 55, auf dieses Zitat hin und erklärt bezüglich der Abgrenzung entschädigungspflichtige/nicht entschädigungspflichtige, öffentlichrechtliche Eigentumsbeschränkungen: «Das Problem der Abgrenzung kann nicht mit Formeln bewältigt werden. Zu Unrecht geben solche Formeln vor, Anleitungen zu einer gleichsam deduktiven Lösung des Entschädigungsproblemes zu geben. Sie verkürzen damit die Wirklichkeit in unzulässiger Weise.» In diesem Sinne, aber allgemeiner, äussert sich auch Kurt Eichenberger; siehe das Zitat bei Rz 910 FN 48.

D. Unklarheit bezüglich normativer Wirkungsweise

Sodann steht keineswegs überall fest, ob es wegen der mit B.garantie bezeichneten Regelung nur zu einer Erlaubnis kommt, wenn keine gegenteiligen Verbote/Gebote gelten, ob solche, falls an sich geltend, durch die als B.garantie bezeichnete Regelung verdrängt würden oder ob solche nur im normativen Unklarheitsbereich zum Zuge komme, sonst aber bedeutungslos bleiben (Rz 4319). Das ist eine besonders kritische Frage, wo mit dem Wort B.garantie eine einen erheblichen Erlaubnisbereich aufweisende, materielle Regelung des postfiniten Baurechtes bezeichnet wird.

E. Unnötige inhaltlichen Abweichungen von etablierten Regelungen

1. Zur Besitzstands-/Bestandesgarantie als zusätzliche Dispensmöglichkeit

Aus den Ausführungen in Rz 4434 f ergibt sich, dass neben den üblichen Dispensregelungen kein Bedürfnis nach einer einschlägigen B.garantie besteht.

2. Zur Besitzstands-/Bestandesgarantie als Widerrufserschwerung

Aus den Ausführungen in Rz 4440 f ergibt sich, dass neben der bundesgerichtlichen Regelung der Widerruflich-/Unwiderruflichkeit kein Bedürfnis nach einer einschlägigen B.garantie besteht.

3. Zur Besitzstands-/Bestandesgarantie als Anweisung zur Klärung normativer Unklarheit in Abweichung vom Auslegungskanon und/oder ohne umfassende Interessenabwägung (Rz 4455 ff)

a) Auflistung/Anweisung

4513 Es besteht ein wesentlicher Unterschied zwischen den beiden folgenden Situationen. Erster Fall: Es kommt zu einer Erlaubnis bezüglich Kontinuität/Änderung/sonstige Transformation von Gebäuden bzw. Bewerbungen, weil die Behörde unter Berücksichtigung der in einer blossen Check-Liste aufgeführten Interessen des Bauaktiven, Gemeinwesens, Nachbarn (Rz 910 f) nach freier Abwägung derselben zum Ergebnis gelangt, die Interessen des Bauaktiven an seinem Vorhaben würden diejenigen des Gemeinwesens und/oder der Nachbarn überwiegen bzw. die Interessen des Bauaktiven würden nicht oder wenn überhaupt nur unwesentlich von den Interessen des Gemeinwesens, Nachbarn am Unterbleiben des Vorhabens überwogen. Zweiter Fall: Die Behörde gelangt zu einer Erlaubnis, weil in der Rechtsordnung eine besondere, die Auslegung/Interessenabwägung auf eine Erlaubnis hinlenkende Klärungsanweisung enthalten ist. In diesem Fall kann eine mit dem Streit befasste Rechtsmittelinstanz tendenziell weniger leicht statt einer Erlaubnis ein Verbot/Gebot aussprechen als im erstgenannten. Ob dies erwünscht ist oder nicht, lässt sich nicht allgemein beantworten.

b) Kein Bedürfnis nach anderer Klärungsmethode

4514 α)   Es ist jedoch nicht einzusehen, wieso gerade bezüglich Kontinuität/Änderung/sonstige Transformation von Gebäuden bzw. Bewerbungen Vorschriften anders als nach dem üblichen Kanon ausgelegt werden sollten, die nach Anwendung desselben verbleibende Unklarheit bei Vorschriften mit unbestimmten Elementen anders geklärt, gesetzlich gewolltes Ermessen anders betätigt, Lücken anders ausgefüllt und Vorschriftenkollisionen anders aufgelöst werden sollten als mit einer umfassenden Interessenabwägung unter Berücksichtigung der von der Rechtsordnung für analoge Situationen getroffenen Wertungen und hieraus gezogenen normativen Schlüsse (Verbot/Gebot/Erlaubnis). Das Vorgehen nach diesen drei Arten befriedigt auch im postfiniten Baurecht vollauf. Rz 901 f.

4515 β)   Franz Bydlinski setzt sich, ausgehend vom österreichischen Recht, in seinem Werk «Juristische Methodenlehre und Rechtsbegriff» auf den S. 592–605 eingehend mit der Frage der Wünschbarkeit besonderer Methodenlehren für die einzelnen Rechtsgebiete oder für verschiedene Normentypen auseinander. Er weist zwar darauf hin, dass die üblichen Klärungsmethoden, nämlich der Auslegungskanon und die Anweisung zur umfassende Interessenabwägung unter Berücksichtigung der von der Rechtsordnung für analoge Situationen getroffenen Wertungen und hieraus gezogenen Schlüsse, für das Zivilrecht entwickelt worden sind, gelangt aber zum Ergebnis, dass diese, vernünftig gehandhabt, durchaus als «Rahmenmodell» für die Behebung von Vagheiten, Unklarheiten in irgend einem Teil der Rechtsordnung genügen; um den Besonderheiten der einzelnen Rechtsgebiete oder verschiedenen Normentypen (auch des Verfassungs-, Straf-, Steuer-, Arbeits-, Sozialrechtes) auf befriedigende Weise beizukommen, reiche es aus, an diesem allumfassenden «Rahmenmodell» einzelne «Subtraktionen» oder «Akzentsetzungen» vorzunehmen; ein absolut neues Klärungsvorgehen sei aber nicht nötig und es gebe für die Wünschbarkeit eines solchen auch noch keine gesicherten Anzeigen; das im Strafrecht geltende Analogieverbot spreche keineswegs gegen diese These; denn erstens gelte das

Anhang § 4   1047

Verbot nur zum Nachteil des Angeschuldigten (in malam partem), nicht auch zu dessen Vorteil, zweitens könne auch in den übrigen Rechtsgebieten, in welchen Eingriffe in «personenkernnahe Güter» in Betracht kommen, aufgrund des üblichen Auslegungskanons und/oder der umfassenden Interessenabwägung zu einem Ausschluss des analogen Beizuges von Verboten/Geboten kommen.

γ)   Im Hinblick auf das postfinite Baurecht der Schweiz kann ich diese Aussage nur bestätigen. Auch die (baurechtliche) «Besitzstandsgarantie», die (baurechtliche) «Bestandesgarantie» legt keinen anderen Schluss nahe. Es sei hier an die Ausführungen zum Erfordernis eindeutiger gesetzlicher Grundlagen bei harten Eingriffen (Rz 951 f) verwiesen. 4516

4. Zur Besitzstands-/Bestandesgarantie als eigenständige Beweisregelung (Rz 4477 f)

Auch wenn das postfinite Baurecht, wie das Verwaltungsrecht überhaupt, für die Ermittlung des unter einen Tatbestand, eine Rechtsfolge fallenden Sachverhaltes von der Untersuchungsmaxime beherrscht ist, besteht kein Anlass, dort wo es überhaupt sinnvoll ist, von einem Beweisverfahren zu sprechen, andere Regelungen für die Beweislast, die zulässigen Beweismittel und die Beweiswürdigung aufzustellen, als die sich aus analoger Anwendung von ZGB Art. 8 ergebenden. Damit erscheint die als besondere Beweislastregelung aufgefasste B.garantie von vornherein als überflüssig oder sogar als störend. Rz 722 f. 4517

5. Zur Besitzstands-/Bestandesgarantie als neuartiger, eigenständiger, allgemeiner Rechtsgrundsatz (Rz 4481 f)

a)   Überflüssigkeit

Zur Vorstellung einer als eigenständige, materiellrechtliche Regelung von bundesverfassungsrechtlichem Rang oder gar als allgemeiner Rechtsgrundsatz aufgefassten (baurechtlichen) «Besitzstandsgarantie», (baurechtlichen) «Bestandesgarantie» lässt sich, fast mit den gleichen Worten, aber bezogen auf eine normativ etwas niedrigere Stufe, das wiederholen, was Georg Müller für die Instituts- und Wesensgehaltsgarantie im Verhältnis zur Eigentumsgarantie in «Privateigentum», S. 97 ff, gesagt hat: Die mit der Vorstellung «B.garantie» verbundene, minimale Garantie vor dem Zugriff des Gesetzgebers sowie der Exekutiv- und Justizbehörden ist nicht nötig, denn diese Organe werden schon dadurch gehindert, dieses Minimum zu unterschreiten: 4518

- dass sie am Begriff des Eigentums, an der bestehenden Eigentumsordnung, insbesondere an den im Streitfall zur Diskussion stehenden Regelungen anknüpfen müssen;
- dass sie die für das Eigentum relevanten Verfassungswerte harmonisieren müssen;
- dass sie die sich aus den Zusammenhängen zwischen der Eigentumsgarantie einerseits sowie aus den anderen Verfassungsnormen und verwandten Regelungen niedrigerer Stufe ergebenden Gesichtspunkte anderseits berücksichtigen müssen und
- dass sie die Funktionen, die das Eigentum in der Verfassungsordnung erfüllen soll, zum Tragen bringen müssen.

Wenn das die unbestimmten Regelungselemente der einschlägigen Vorschriften zu Kontinuität/Änderung/sonstige Transformation von Gebäuden bzw. Bewerbungen «richtig» 4519 auslegende/ergänzende bzw. das das Ermessen «richtig» betätigende bzw. das die Lücken «richtig» ausfüllende bzw. das die Vorschriftenkollisionen «richtig» auflösende Organ gar nicht in Versuchung gerät, die B.garantie zu verletzen, so kann diese auch keinen zusätzlichen Massstab für ihr Handeln bilden; sie vermag aber auch nicht vor einem normativ unrichtigen Tätigwerden der Behörden zu schützen, wo diese Gefahr besteht. Die B.garantie hat bei einer solchen Betrachtungsweise lediglich deklaratorische oder repetierende Bedeutung; sie ist nur ein anderer Ausdruck dafür, dass das entscheidende Organ des Gemeinwesens die Vorschriften mit unbestimmten Elementen nicht unter Überbewertung des öffentlichen Interesses ausgelegt, das Ermessen nicht falsch betätigt, Lücken nicht falsch ausgefüllt, Vorschriftenkollision nicht falsch aufgelöst hat, sondern dass sie die divergierenden Wertungen, Interessen derart aufeinander abgestimmt hat, dass alle mit den geringsten Einbussen verwirklicht werden können. Der B.garantie kommt damit keine eigenständige Bedeutung zu, weil sie bloss einen Extremfall unrichtiger Rechtsanwendung verbietet, der bei sachgerechter Herstellung praktischer Konkordanz gar nicht eintreten kann. An die Stelle der starren Sperrwirkung der «Minimalgarantie» tritt das an die handelnden Organe gerichtete Gebot der Harmonisierung, und zwar durch alle Phasen der Rechtsanwendung hindurch, nicht erst am Schluss der Argumentationskette. Die als eigenständige, materiellrechtliche Regelung mit bundesverfassungsrechtlicher Tragweite oder gar als neuartiger, allgemeiner Rechtsgrundsatz verstandene B.garantie vermag hiezu nichts beizutragen; sie ist als solche überflüssig. Die etablierten, allgemeinen Rechtsgrundsätze (Rz 853–1074) reichen durchaus.

b) Bei der Anerkennung zusätzlicher allgemeiner Rechtsgrundsätze ist Zurückhaltung geboten

4520 α) Es ist an sich ein positiv zu wertender Vorgang, wenn ein rechtsethisches Prinzip, welches zuerst nur ganz vereinzelt und vage in Gerichtsentscheiden auftritt, allmählich immer mehr in die Rechtswelt Eingang findet und man schliesslich den Eindruck hat, es handle sich um einen allgemeinen Rechtsgrundsatz, der eigentlich schon immer irgendwie gegolten habe[10]. Es wäre auch falsch, gewissermassen von einem numerus clausus für allgemeine Rechtsgrundsätze auszugehen. Gleichwohl empfiehlt sich, bei der Anerkennung neuer allgemeiner Rechtsgrundsätze Zurückhaltung und Sparsamkeit zu üben. Nichts entwertet die Vorstellung von allgemeinen Rechtsgrundsätzen stärker, als wenn es zu einer Inflation von solchen Annahmen kommt.

4521 β) Zur Erzielung einer für die individuell-sektorale Situation passenden Regelung sollten verfassungsmässige Prinzipien von Rechtsgleichheit, Verhältnismässigkeit sowie Treu und Glauben erst angerufen werden, wenn hiezu die Ausnahmebewilligungskompetenz nicht genügt; es soll aber auch nicht diese angerufen werden, wenn hiezu eine vertretbare Auslegung von unklaren Vorschriften genügt. Dass innerhalb der Handhabung der Ausnahmebewilligungskompetenz und der Unwiderruflichkeitsregelung, bei der Auslegung und Interessenabwägung die in den Prinzipien der Rechtsgleichheit, der Verhältnismässigkeit sowie von Treu und Glauben angesprochenen Werte beachtet wer-

---

[10] Vgl. hiezu Karl Larenz, S. 421.

den müssen, ist selbstverständlich. Das ist aber etwas anderes als die Anrufung dieser Prinzipien von ausserhalb her. Erst recht soll man keine so fragwürdigen «Prinzipien» wie die (baurechtliche) B.garantie voreilig anrufen. Es muss deshalb folgende Reihenfolge gelten:

- zuerst die Anwendung der einschlägigen Vorschriften;
- wenn das Ergebnis nach deren Auslegung nicht befriedigt: Ausnahmebewilligung, soweit möglich;
- erst wenn auch eine Ausnahmebewilligung nicht möglich ist: Rückgriff auf allgemeine Rechtsgrundsätze und eine umfassende Interessenabwägung.

F. Illusionen weckender Wortlaut

Die Bezeichnung einer Regelung mit dem Wort B.garantie nur bezüglich eines Aspektes der Eigentumsgarantie (Rz 4422 f) oder etablierter, allgemeiner Rechtsgrundsätze (Rz 4426 f) ist zwar vorbehaltlos richtig, aber trotzdem nicht ratsam. Sie ist sodann bezüglich der Auffassung der B.garantie als zusätzliche Dispensermächtigung (Rz 4434 f), zusätzliche Nichtwiderruflichkeit (Rz 4440 f), Klärungsanweisung in Abweichung vom Auslegungskanon und/oder ohne umfassende Interessenabwägung, besondere Beweisregelung (Rz 4455) und neuartiger, allgemeiner Rechtsgrundsatz (Rz 4420) in den folgenden Fällen nicht nur einfach ungenau, sondern sie weckt auch falsche Hoffnungen, wenn mit dem Wort B.garantie ausgesagt werden soll, es gelte im Bereich von Kontinuität/Änderung/sonstige Transformation von Gebäuden bzw. Bewerbungen allgemein eine, zwei oder mehrere der folgenden Regelungen: 4522

- es gibt immer eine Behörde, welche von einem Verbot/Gebot dispensieren kann, auch wenn es an einer dies aussagenden Vorschrift fehlt oder wenn die Dispensation nicht die Folge der Anwendung des Verhältnismässigkeitsgebotes ist;
- wenn bereits willkommene Verwaltungsakte, Gerichtsurteile oder Vertragsregelungen ergangen sind, dann gelten diese und nicht spätere Verbote/Gebot, auch wenn es an einer dies aussagenden Vorschrift fehlt oder wenn die Weitergeltung nicht die Folge der Anwendung des Grundsatzes von Treu und Glauben ist;
- wenn Vorschriften mit unbestimmten Elementen, mit vorgesehener Ermessensoffenheit, Lücken oder Vorschriftenkollisionen vorliegen, dann braucht es für das weitere Vorgehen bei der Klärung der nach Anwendung des üblichen Auslegungskanons verbleibenden Unklarheit, bei der Ermessensbetätigung, bei der Lückenfüllung sowie bei der Auflösung der Vorschriftenkollision keine umfassende Interessenabwägung, auch wenn es an einer dies aussagenden Vorschrift fehlt;
- wenn eine Erlaubtheit nur in Betracht kommt, sofern die erstmalige Realisierung eines Gebäudes, Gebäudeteiles bzw. eines Bewerbes, eines Bewerbsaspektes vor einem bestimmten Zeitpunkt stattgefunden hat, dann muss das Gemeinwesen beweisen, dass die Realisierung erst nach dem kritischen Zeitpunkt stattgefunden hat, auch wenn eine dies aussagende Vorschrift fehlt;
- gemäss einem von den lit. a–g gemäss Rz 4496 verschiedenen, allgemeinen Rechtsgrundsatz sind bestimmte Änderungen von Gebäuden bzw. Bewerbungen in jedem Fall erlaubt.

Das Wort B.garantie weckt in allen diesen fünf Fällen nur Illusionen, weil es keine solchen Regelungen gibt.

G. Die Besitzstands-/Bestandesgarantie als blosse Leerstelle in juristischen Argumentationen

4523   1.   Ein Wort, welches derart verschiedene und zum Teil nicht einmal geltende Regelungen, einen so bunten Haufen bezeichnet und erst noch illusionäre Vorstellungen weckt, ist von vornherein von geringem wissenschaftlichem Wert. Was Alfred Kölz, S. 127, 129 und 130, zum sogenannten Gebot der Rechtssicherheit (Rz 1061 f) sagt, nämlich, dass es von «inhaltlicher Unbestimmtheit», «diffus» und «wenig konturiert» sei, dass seine Rechtsnatur «immer noch offen» stehe, dass es «wegen der inhaltlichen Vieldeutigkeit problematisch» sei, lässt sich ohne irgendeinen Vorbehalt auch für die (baurechtliche) B.garantie sagen. Auch hier trifft zu: «Für die Lösung materieller Rechtsänderungsprobleme liefert das Wort kaum Anhaltspunkte, ja es erschwert infolge seiner Ambivalenz ... eine solche sogar.» Wenn Martin Pfisterer, a.a.O., S. 92, erklärt, «der Begriff Besitzstandsgarantie habe im schweizerischen Schrifttum keine umfassende dogmatische Durchdringung erfahren», ferner auf S. 98, Anm. 3, es gebe «terminologische Unklarheiten» sowie auf S. 111, «die sich im schweizerischen Recht herausbildende Besitzstandsgarantie entbehr(e) praktisch jeglicher Systematik», so gilt dies auch heute noch. Als mildernder Umstand für diese Aporie ist allerdings zum Teil folgende Tatsache anführbar: Wie Werner Schmid-Lenz, S. 66, richtig (vielleicht aber doch etwas gar nachsichtig) hervorhebt, ist es «wegen der ganz verschiedenen tatsächlichen und rechtlichen Gegebenheiten ... nicht möglich, baurechtswidrige Gebäude schematisch zu beurteilen: Der äussere und der innere Zustand eines Bauwerks, sein Kubus sowie die Beziehung zu den benachbarten Häusern und Strassen, eventuell die städtebauliche oder die Bedeutung für das Ortsbild sind vorgegeben und erschweren rechtssatzgemässe, generell-abstrakte Lösungen.»

2.   Der Verwendung des Wortes B.garantie erfolgt meistens eher zufällig und mehr aus Verlegenheit. Häufig geben sich seine «Anwender» weder darüber Rechenschaft, ob die damit bezeichnete Regelung überall gelte, selbst wo ein Gesetz etwas Gegenteiliges statuiert, oder nur dort, wo eine normative Unklarheit vorliegt, noch darüber, ob es um Aussagen über das geltende Recht (de lege lata) oder um ein rechtpolitischen Postulat (de lege ferenda) gehe[11]. Man wird beim Auftreten des Wortes B.garantie oft an den Satz von Goethe im Faust I erinnert, wo Mephistopheles in der Schülerszene, Vers 1995 ff, sagt: «Denn eben wo Begriffe fehlen, da stellt ein Wort zur rechten Zeit sich ein.» Wenn man einen administrativen oder gerichtlichen Entscheid in Sachen Kontinuität/Änderung/sonstige Transformation von Gebäuden bzw. Bewerbungen, welcher das Wort B.garantie verwendet, auf die Tragfestigkeit seiner Begründung überprüfen will, dann streicht man am besten vorerst einmal alle Stellen mit diesem Passus heraus und schaut dann, ob die rechtliche Begründung auch so noch überzeugt. Tut sie dies nicht, so würde sie auch

---

[11] Schon Zaccaria Giacometti, S. 406 f, hat auf diese beim Reden über «allgemeine Rechtsgrundsätze», «Prinzipien» usw. häufige Ungewissheit hingewiesen. Es ist auch ein grosser Unterschied, ob man die B.garantie als eine Feststellungsfrage (gilt sie?) oder als eine Festsetzungsfrage (ist sie zweckmässigerweise als geltend anzunehmen?) auffasst.

nicht ausreichen, wenn man das Wort stehen gelassen hätte. Das Wort B.garantie umschreibt häufig nur mittels eines Knüppel-aus-dem-Sack-Arguments ein Tummelfeld von Nichtjuristen. Es bietet keinen Kniff zur Lösung heikler Probleme à la Münchhausen, welcher es einem gestatten würde, sich am eigenen Schopf aus dem Sumpf ungenügender Begründung herauszuziehen. Statt eines juristischen Begriffes handelt es sich hier eher um einen juristischen Missgriff im Baurecht. Die Juristen sollten sich zumindest nicht von dem im kaufmännischen Alltag üblichen inflationären Gebrauch des Wortes Garantie anstecken lassen (Rz 1240 FN 1, hier Ernst Schneebeli, in: SJZ 1979 S. 74). Deshalb erörtere ich das Wort «B.Garantie» auch nur im Anhang der vorliegenden Arbeit. Überall dort, wo nicht bereits das geschriebene Recht das Wort B.garantie verwendet, vermeidet man dieses am besten. Dieser Ausdruck taugt für sich allein nichts; er ist beim Argumentieren ein gefährliches Ruhekissen, ein wertloses Füllsel. Dieses nicht existente Rechtsinstitut bedarf keiner weiteren Herausbildung in der Doktrin. Es ist vielmehr darauf zu achten, dass sich das Wort B.garantie nicht wie ein Ölfleck im Baurecht ausbreitet. Was bei den Interessenabwägungen nötig ist, was aber auch genügt, ist, dass alle baulichen Situationen als das berücksichtigt werden, was sie sind: als unmittelbare Lebenswelt sowie als Erzeugnisse und Beziehungen des Tuns und Sorgens von Eigentümern, aber auch von Dienstbarkeitsberechtigten, Grundpfandgläubigern, Mietern und Pächtern sowie von den Angehörigen derselben. Das, was eine Frau oder ein Mann entweder selbst geschaffen, von jemand anderem erworben oder geerbt hat und das, was er oder sie bald auch noch damit machen möchte, verdient auf jeden Fall auch bei Gebäuden und Bewerbungen den Respekt des Gemeinwesens und der Nachbarn[12]. Wenn man will, kann man hier von einem «Gebot» an den Gesetzgeber, besser wohl von einer Maxime sprechen, «die unter der bisherigen Ordnung geschaffenen Werte (namentlich Bauten), deren Rückgängigmachung nur unter erheblichen Verlusten möglich wäre, auch unter der neuen Regelung zu achten, welche diese Art der Eigentumsausübung nicht mehr zulassen würde». Kommt diese Maxime «in einem konkreten Fall nicht zum Tragen, sei es, weil der Gesetzgeber sie nicht durchgehend berücksichtigt hat, sei es, weil die Anwendung des Gesetzes sonstwie zur Aufhebung einer bereits verwerteten Eigentumsbefugnis führt, schafft die Entschädigung den nötigen Ausgleich» (Enrico Riva, S. 278 f). Im Übrigen geht es nur, aber immerhin, darum, zu sagen, ob eine bestimmte (andere) Regelung eingehalten ist oder nicht[13, 14].

---

[12] Das ist wohl auch einer der Gedanken, welche Thomas Pfisterer, Entwicklung und Perspektiven der bundesgerichtlichen Rechtssprechung zur materiellen Enteignung, in: ZBl 1988 S. 469 f, 517 f, insbesondere 479, 530, 532, für die Bestimmung der Entschädigungspflicht für leitend ansieht.

[13] Diese negative Bewertung des Wortes B.garantie bedeutet selbstverständlich in keiner Weise eine Geringschätzung der hievon handelnden Dissertation von Martin Pfisterer aus dem Jahre 1979. Diese bietet nach wie vor die umfassendste Auseinandersetzung mit der hier interessierenden Thematik. Verdienstlich bleiben auch weiterhin die hochinteressanten Abschnitte auf den S. 191–196 über die B.garantie in der die Monographie von Alfred Kölz zum Intertemporalen Recht aus dem Jahre 1983 und der Artikel von Werner Schmid-Lenz aus dem Jahre 1990 sowie die S. 212–233 in der Dissertation von Roman Sieber. Solche Studien sind heute besonders notwendig, gehört doch eine befriedigende Regelung der Änderung bestehender Gebäude und bisheriger Bewerbungen zu den Hauptaufgaben des modernen Baurechtes.

[14] Ich sehe deshalb in Sätzen wie «bestehende Gebäude bzw. ausgeübte Bewerbungen geniessen die B.garantie» oder «Abbruchobjekte, Ruinen usw. geniessen nicht den Schutz der B.garantie» nichts

III. Andere Ausdrucksweise

4524   1. a)   Nach den Ausführungen in Rz 4422 f sollte der Jurist im Baurecht das Wort B.garantie grundsätzlich meiden; er sollte statt dessen direkt angeben, welche (andere) geschriebene oder ungeschriebene Regelung er meint und dann nur diese als eingehalten oder nicht eingehalten, als anzustreben oder nicht anzustreben erklären. Wie soll sich der Jurist aber ausdrücken, wenn es ihm um eine Kurzformel geht?

        An sich kann jeder Wirklichkeitsausschnitt mit irgendeinem Wort bezeichnet werden. Man kann in einem gewissen Sinn sogar Nichtexistierendes mit einem Wort benennen. Gleichwohl sollte der Jurist immer um den träfsten Ausdruck bemüht sein und bei der Begriffbildung sparsam vorgehen. Dessen ungeachtet, wäre es falsch, ein Wort für die Bezeichnung von Vorstellungen preiszugeben, bevor nicht ein besserer Ausdruck gefunden worden ist.

4525   b)   Wenn man es für nötig erachtet, für die acht in Rz 4496 mit dem Wort B.garantie angesprochenen Regelungen gesamthaft oder teilweise einen einwandfreien Ausdruck zu finden, so mögen die folgenden Überlegungen wegleitend sein:

Das neue Wort soll:

– Gebäude und deren Bewerb betreffen;
– Fortbestehenlassen/Weiterausübung und Änderung betreffen;
– niemandem eine willkommenere, normative Situation vorspiegeln, als wirklich gilt;
– textlich knapp sein.

Dabei ist zwischen den durch eine Regelung wahrgenommenen Interessen einerseits und diesen Regelungen selbst anderseits zu unterscheiden.

4526   2. a)   Nach diesen Kriterien befriedigen die Wörter Bestand oder Besitz und die damit zusammengesetzten Wörter, wie bereits in Rz 4502 f dargelegt, nicht, weil sie zu stark auf die Gebäude und das Statische (Kontinuität) ausgerichtet sind und zu wenig an Bewerbungen und das Dynamische (Änderungen) denken lassen. Besser sind hier die Ausdrücke Interessen an «Beibehaltung und Änderung», «Kontinuität/Transformation von Gebäuden bzw. Bewerbungen».

4527   b)   Es ist dem Wort Bestandesgarantie im Baurecht zudem der Mangel eigen, dass mit der gleichen Laut- und Buchstabenfolge in der Bundesstaatsrechtslehre eine Vorstellung bezeichnet wird, welche sich auf etwas ganz anderes als Kontinuität/Änderung/sonstige Transformation von Gebäuden bzw. Bewerbungen bezieht, nämlich auf den Bestand von Kantonen und Gemeinden (Rz 1228).

---

    anderes als die Aussage, in den meisten Fällen stelle es (k)einen Eingriff in die aus dem Eigentum fliessenen wesentlichen Befugnisse, (k)ein unzumutbares Sonderopfer dar, sei es (nicht) unverhältnismässig, bedeute es (k)einen Verstoss gegen Treu und Glauben, wenn grössere Renovationen, Um-, Auf- und Anbauten verboten werden; es könne sich aber durchaus auch anders verhalten. Das ist dann aber nichts anderes als eine mit statistischen Mutmassungen operierende Erfahrungstatsache. Als solche hat sie mit einer Garantie überhaupt nichts zu tun.

Anhang § 4

3. a) Dass das Wort Garantie für einzelne der in Rz 4496 aufgeführten Regelungen zu 4528
stark ist, ergibt sich aus den Ausführungen in Rz 4481 f. Zudem ist am Wort Bestandesgarantie schlecht, dass damit schon seit langem eine der drei Schutzwirkungen der Eigentumsgarantie bezeichnet wird (Rz 1218 ff). Statt «Garantie» wird verschiedentlich das Wort Privileg verwendet[15]. Auch diese Terminologie (zB Bestandesprivileg) lehne ich ab, weil Privilegien nach dem liberaldemokratischen Staatsverständnis im öffentlichen Recht etwas Anrüchiges an sich haben; zudem sind Fälle von Besserstellungen von Kontinuität und Änderungen gegenüber dem Neubauen meistens nicht als Bevorzugung der Ersteren, sondern als das Ergebnis einer der konkreten Situation angemessenen Interessenabwägung aufzufassen (Rz 810 ff).

Zutreffender scheinen mir die Ausdrücke Prinzip oder Maxime. Für die Bundesver- 4529
fassungsrang besitzenden Regelungen (Rz 4424 f, 4426 f) mag der damit ausgedrückte normative Gehalt zwar etwas schwach erscheinen, für die Klärungsanweisungen (Rz 4455 f) und blosse Interessenauflistungen (Rz 910 f) jedoch eher zu stark. Hier wäre es eher angezeigt, von blosser Regel oder gar nur von Faustregel zu sprechen. Das brächte besser zum Ausdruck, dass es hier weitgehend um eine statistische Aussage über die Häufigkeit eines Vorkommens geht.

b) Man kann allerdings sprachlich den Gedanken an die normative Erscheinung auch 4530
ganz in den Hintergrund treten lassen und sich allein der Wirkung derselben, dem Schutz, zuwenden[16]. Sein und Sollen fliessen hier auf eigenartige Weise ineinander. Das ist der Weg, wie in der französisch- und italienischsprachigen Schweiz die in der deutschsprachigen Schweiz mit dem Wort B.garantie vorrangig ausgedrückten Vorstellungen bezeichnet werden: protection de la situation acquise, protezione della situazione acquista (vgl. BGE 113 Ia 119, Vernier/GE, Rz 4356).

4. a) Als Sammelbezeichnung für die Interessen, welche von den in Rz 4422–4495 erör- 4531
terten Regelungen wahrgenommen werden, eignen sich deshalb m.E. am ehesten die folgenden Ausdrücke:

– Fortbestehenlassens-, Weiterausübens- und Änderungsinteresse (bezüglich Gebäuden und Bewerbungen);
– Kontinuitäts- und Transformationsinteresse (bezüglich Gebäuden und Bewerbungen).

An sich denkbar wäre auch noch der Ausdruck «dynamisches Bestandesinteresse bei Gebäuden und Bewerbungen», mit welchem die Blickrichtung auf die Statik zurückgedrängt würde; doch weiss man bei solchen Ausdrücken nie, ob sich das Eigenschaftswort auf den ersten oder den zweiten Teil des zusammengesetzten Wortes bezieht. Eher abzulehnen wäre auch der Ausdruck «übergreifendes Bestandesinteresse», weil damit im deutschen Recht auch an die Dependenz- und Dislokationsneubauten gedacht wird und zudem das Wort «übergreifen» eher auf eine Rechtswidrigkeit als auf etwas Erlaubtes hin-

---

[15] Vgl. das ZH-Verwaltungsgericht in RB 1975 Nr. 114 (ZBl 1975 S. 459–464); ZH-RB 1981 Nr. 115 (BEZ 1981 Nr. 33); Peter Müller/Peter Rosenstock/PeterWipfli/Werner Zuppinger, Kommentar PBG, § 127, N. 3.a.aa; Peter Müller, a.a.O., S. 211.
[16] BGE 122 II 326–336, insbes. 335 (Dietikon/ZH) spricht von «Bestandesschutz» von zonenfremden Gebäuden in Industriezonen im Zusammenhang mit RPG Art. 24, ZH-PBG §§ 40, 62 und 357.

deutet. Die Bezeichnung «Besitzesinteresse» würde ich meiden, weil dem Begriff «Besitz» vom Sachenrecht her bereits eine eigenständige Bedeutung zukommt.

b)   Als Sammelbezeichnung für die in Rz 4422–4495 erörterten Regelungen eignen sich m.E. am ehesten die folgenden Ausdrücke:

– Regelungen des Fortbestehenlassens, Weiterausübens und der Änderung (für Gebäude und Bewerbungen);
– Kontinuitäts- und Transformationsregelung (für Gebäude und Bewerbungen).

4532 Das ist zwar schwerfällig, aber knapper geht es nicht, wenn man das Gemeinte genügend ausdrücken will, es sei denn, man spreche einfach von gebäudeerhaltungs- und bauaktivenfreundlichem, postfinitem Baurecht. Nicht ratsam sind ebenfalls aus den in Rz 4531 genannten Gründen die Ausdrücke dynamischer Bestandesschutz, übergreifender Bestandesschutz und Besitzesschutz. Das Wort B.garantie ist für den Baurechtler, französisch ausgedrückt, ein «faux ami».

***

Der letzte Satz in Ludwig Wittgensteins Tractatus logico-philosophicus (Ziffer 7) lautet: «Wovon man nicht sprechen kann, darüber muss man schweigen.» Ich hoffe, dass ich diesen Satz nicht zu oft vernachlässigt habe.

Sachregister

Die Zahlen hinter den Stichwörtern beziehen sich auf die Randziffern

A

Abbruch 216, 696, 2498, 2547, 2597a, 3247, 4140
– Anzeigepflicht beim 2597a
– Entsorgung des beim – anfallenden Materials 2069
– Gebot 1321
– Verbot 1340
  – das Äussere und Innere des Gebäudes betreffend 1374
  – Entschädigungspflicht bei 1357, 1363
Abbruchobjekt 1767, 3977
Abbruchreife 3934, 4487
Abfall 4101
Abfallgesetzgebung 3178
Abfallproduktion
– beim Wohnbewerb 4083
Abhängigkeit
– vom Charakter eines Quartiers/einer Zone 518
Absicht, vorgeschobene 3691
Abstandsregelung 3245
abtretende landwirtschaftliche Generation 3707
Abwehrrecht 916
Achtung: Die Schweiz 8
allgemeine(r)
– Auflistung – Erfahrungssätze 910
– Rechtsgrundsätze
  – formelle 848
  – materielle 850
Altbaute 202
Altbautenregelung 2297
alte Stelle 2477
Altenteil 3707
alter Umfang 2477
Altkriteriumsregelung 452c
Altlast 4101
Analogieschluss 974
Analogieverbot 4515
Anbau 182, 695
– grosser 1398
– kleiner 1397, 2393
– niedriger 2393

Änderung(en)/Ändern 688
– eingreifende bewerbsmässige 2543
– Etappierung von 3921a
– Möglichkeit der Nichtgeltung von Neubautenvorschriften für 4324
– teilweise 3919
Änderungsarten 172
Änderungsphasen 159
Änderungspotenzial 3956c
Änderungsverbot
– destruktorisches 1762, 4139
– konservierendes 1762
– limitierendes 1762
Anforderung
– ästhetische 2058a
  – besondere 3055
– gestalterische 4154
angemessen(en) 2110
– Erfordernis der – Grösse 3684
Angreiferprinzip 728
Anlage 50, 1525, 3667, 4084
– bestehende 1608, 2941
– bestimmungsgemäss nutzbare 3904
– elektrische
  – Schwachstrom- 4123
  – Starkstrom- 4123
Anliegen 3943, 3952
Anmerkung 1841
– einer öffentlichrechtlichen Eigentumsbeschränkung 3846, 3885
Annex 182
Anpassung, zweckmässige 2946
Anpassungspflicht 450
– annäherungsweise 458
– erfüllungsweise 458
– interne 459
– externe 459
– totale 462
– partielle 462
– bedingte(n) 454, 4094
  – Entschädigungspflicht bei der 1410
– unbedingte 454, 4087
anrechenbar 2354
Anschluss 3250
Anschlussbau 206, 703, 1403

Anschlussmöglichkeit 3250, 3251
Anspruch
– auf Dispensierung 607
Antennenverbot 1085
Anwendungsbestimmung(en)
– von der Art der im ZGB Schlusstitel Art. 1 genannten 954
Äquivalenzprinzip 954
Arbeit in Industrie, Gewerbe und Handel 4120
Arbeitsraum
– Beschränkung der Einrichtung von 3237
Arealüberbauung 646c, 4154
Asbest 1055, 2059
Ästhetikklausel 479, 503, 954, 2058a, 2058d
Ästhetikvorschriften 503
Atomenergie 4131
Aufbau 180, 182, 695
– kleinerer 1397
– grösserer 1398
Aufenthalt, ganzjähriger 3732
Auflistungsregelung 3204
Aufstockung 180, 4026, 4111
– innere 4043
Aufweichung, demokratische 4332
Aufzug 2443, 4138b
Ausbaustandard 3984
Ausfüllung von Lücken 4148
Aushöhlung 200
Auskernung 200
Auslegung unbestimmter Regelungselemente (Gesetzesbegriffe) 4148
Auslegungsanweisung 901
Ausnahme 3758
Ausnahmebewilligung(en) 433, 606, 1700, 4488
– früher erteilte 611
– für Künftiges 615
– Kompetenz 954
– nachträglich erteilte 614
– Nichtaktualität von 1518, 1560, 1589, 1694
Ausnahmeklausel, echte 3928
Ausnützung
– keine zulässige vermehrte 1433
Ausnützungsreserve 4155a
Ausnützungsziffer 956, 1724
Ausrüstung
– fachgemässer Betrieb der 2093
Ausschaltung des Neubautenrechts 543, 1433, 1515, 1557, 1587, 1679
– teilweise 568

– vollumfängliche 568
Ausschreibung 714
Aussenantenne 2527, 2551
Aussenmauerquerschnitt 4155a
Aussenrenovation 2527
Aussenumbau 694
äussere Einflüsse 20
Äusserungen
– Tendenz normativer – schlechthin 4174
Aussicht 478, 1653
Ausstattung
– fachgemässer Betrieb der 2093
Aussteckung 713
Ausübung
– Erfordernis der – zu Erwerbszwecken 3686
Auswechslung, bewerbsmässige 4152
Ausweichklausel 406
Ausweitung
– bewerbsmässige 4152
– des den Betrieb konstituierenden Bewerbs 3961
Auszonung 3937
Autoabstellflächen
– Knappheit von 2207

B

Bauaktive(n/r)
– Bauwillen des 446
– bösgläubiger 1010
– Verhalten des 4449c
Baubeginn 699, 2597
Baubewilligung 2583
– fehlende 4449d
– fehlerhaft erteilte 432
– für ein bestehendes Gebäude 954
Baudenkmalschutz 1363, 1843
– Erfordernis der Entscheidreife 1374
– Möglichkeit einer bestimmungsgemässen, wirtschaftlich guten und sinnvollen Nutzung 1370
bauen 13
– hinzubauen 216
  – Gebot 1333
  – Verbot 1387
– sprachgeschichtlich 13
Bauernhaus 3980
Baugespann 713
Baugesuch 2566
Baulinie(n) 1751
– Hofbaulinie 3079

– materielle Enteignung infolge Bauverbot zwischen 1767
Baumarkt(s)
– Stabilisierung des 4139
Bäume(n) 2058f
– Fällen von 699, 2553, 2597
Bauordnung
– der Stadt Zürich 1986
– einleitende Regelung 954
Baurecht
– neutrales 4142
– postfinites 4
  – deklariert 4142
  – undeklariert 4142
– präfinites 2, 4142
  – deklariert 4158
Baurechtgemässheit
– Wechsel von der Baurechtswidrigkeit zur 437
Baurechtswidrigkeit
– anderweitig zu verantwortende 420
– vom Bauaktiven bzw. dessen Rechtsvorgänger zu verantwortende 413
– Wechsel von der – zur Baurechtgemässheit 437
Baute 50, 1472, 1525, 3667
– bestehende 1608, 2941
– bestimmungsgemäss nutzbare 3904
– Identität der 3921a
Bautenbegriff 13
Bauvorschrift(en) 2474, 2947
– Widerspruch gegen 1474, 1612
Bauzone 3986
Bebauung
– offene und geschlossene 2376
Bedürfnis(ses)
– Erfordernis des aktuellen 3685
Beeinträchtigung, gesundheitliche
– durch den Gebäudebestand 2059
Beförderungsanlage 2443, 4138b
Behebung
– von Vorschriftenkollisionen 4148
Beherbergungsbetrieb 542b
Behinderte
– Rücksichtnahme auf 2099, 4138
Benachteiligung
– unzumutbare – der Nachbarn 2959
Beschluss
– des kommunalen Volkes 954
– notrechtlicher 954

Beschränkung
– der Einrichtung von Wohn- und Arbeitsräumen 3237
Beschwerde
– von Organisationen mit ideeller Zwecksetzung 931
Besitzausübung
– Vorschriften über die allgemeinen Schranken der 1575
Besitzstandsgarantie
– als Anweisung zur Klärung unklarer normativer Situationen 4455
– als Dispensationsklausel 4434
– als Etikett für andere Regelungen 4451
– als neuartiger allgemeiner Rechtsgrundsatz? 4518
– als Widerrufserschwerung 4440
– als Zuständigkeitserfordernis 4432
– Aspekt
  – der Eigentumsgarantie 4422
  – des Grundsatzes der Nichtrückwirkung 4429
  – des Rechtsgleichheitsgebots 4426
  – des Rechtssicherheitsgebots 4430
  – des Verhältnismässigkeitsgrundsatzes 4427
  – des Vertrauensschutzprinzips 4428
– erweiterte 3928, 4505
– Wort 4335
Bestandesgarantie (siehe auch unter Besitzstandsgarantie) 1228
– im baurechtlichen Zusammenhang 1228, 4343
– strukturrechtliche (Kantone, Gemeinden) 1228
– verfassungsrechtliche 4343
– vermögensrechtliche 1228
Bestandesinteresse, übergreifendes 4531
Bestandesphase 151
Bestandesprivileg 4528
Bestimmungsgemässheitsformulierung
– landwirtschaftliche Nutzung 1311
– ökonomische Bedeutung der Einbussen 1307
– Staatsverständnis 1309
– Überprüfbarkeit 1310
– Verhältnis zur Viererblockformulierung 1303
– Wertgarantie 1308
Bestimmungsvorstellung 1304, 1306
Bestrafung 2934

Betrachtungsweise
- Funktionalisierung der 515
- ganzheitliche 1713
- Objektivierung der 509
- quartierbezogene 518
- zonencharakterbezogene 518

Betrieb
- bestehender 1564
- des Handels 542b
- fachgemässer
  - der Ausrüstung 2093
  - der Ausstattung 2093
- in der Wohnzone 3208
- Kategorisierung 504
- Klassenbildung 504
- der Lagerung 542b
- der Produktion 542b
- Spartenbildung 504
- stiller 349
- Typisierung 504
- zonenbedingten Immissionsvorschriften widersprechender 1563
- zonenfremder 3216

Beurteilung
- durch den Richter 743

Beweis
- prospektiver 726
- retrospektiver 722

Beweislast 722, 727, 4098, 4477

Bewerb(s)/bewerben/Bewerbung 218 f, 221
- aktive Seite 224
- Änderung 295, 705
  - Arten der 223, 300
  - Bewerbsauswechslung 307, 1406, 4152
    - bei fortdauernder Zonenwidrigkeit 1629a
  - Bewerbsausweitung 307, 1406
  - Bewerbsintensivierung 307, 1406, 3961, 4152
  - eingreifende 307
- Ausübung 291
- Auswechslung 4152
- Ausweitung 3961, 4152
- Dependenz 708, 1409
- Dislokation 708, 1409
- Erstaufnahme 289
- Existenzphasen von 677
- Expansion 708, 1409
- hinzubewerben 312
  - Gebot 1333
  - Verbot 1387
- Intensivierung 4152
- passive Seite 225
- sprachgeschichtlich 219
- Stilllegung 293, 312, 707
  - Gebot 1321
  - Verbot 1340
- Entschädigungspflicht bei 1357, 1363
- Weiterausübung 704
- Wiederbewerb nach langem Leerstehen 315, 708, 1408
- zonenfremde
  - in der Freihaltezone 3213
  - in der Industrie- und Gewerbezone 3209

Bewilligungsbedürftigkeit 647, 2526
Bewilligungspflicht 647, 2526
Billigkeitsentscheid 4509
Bindungsregelung 359 f
- Abbruch- bzw. Bewerbstilllegungs-
  - gebot 360
  - verbot 362
- Hinzubau- bzw. Hinzubewerbs-
  - gebot 361
  - verbot 363

Boden
- gewachsener 4153
- haushälterischer Umgang mit dem 1599

Bodenrecht, bäuerliches 4109
Brandmauer 2416
Brandstattrecht 2455, 2498, 3039
Briefkasten 4136
Briefmarkenzone 646g
Bundesrat(s)
- Vollziehungskompetenz des 3968

Bundesrecht bricht kantonales Recht 2521
Busse, Dietrich 979

D

Dach 21
Dachfläche 4155a
Dachgeschoss 1724, 2351
Dachkonstrukt 180
Dachstockausbau 3237
Dauerdelikt 443
Delegation der Legiferierung 972
de lege ferenda 4320
de lege lata 4320
demokratische Aufweichung 4332
Denkmalpflege 184
Denkmalschutzgesetzgebung 3183
deontische Logik 4161

Dependenzbau 207, 703, 1404
Dependenzbewerb 317
Deregulierung 1598
Derogation 4172, 4486
Dienstleistung
– öffentliche 542b
– private 542b
Dienstleistungsbetrieb 975, 1725, 3962
– in der Industrie- und Gewerbezone 227
Differenzwiederbau 203, 703
Dislokation
– freiwillige 1405a
– unfreiwillige 1405b
Dislokationsbau 208, 703, 1405
Dislokationsbewerb 317a
Dispens(es) 606 ff
– negative Voraussetzung des 607
– ohne textliche Grundlage 607
– positive Voraussetzung des 607
– stillschweigender 607
Dispenserfordernis 560
Dispensfeindlichkeit 607
Dispensierung
– Anspruch auf 607
Dispenskompetenz 3040
– Erweiterung der 3203
Dispensregelung, zusätzliche 4434
Doppelklicksituation 4171
Drittelsregelung 1234, 1307
Durchschnittsmenschen 500

E

Ehefreiheit 1083
Eigenheiten
– subjektive – des Gesuchstellers 4033
Eigentum
– persönliches 1293
– unpersönliches 1293
Eigentumsausübung
– Vorschriften über die allgemeinen Schranken der 1575
Eigentumsbeschränkung 1294
– Anmerkung einer öffentlichrechtlichen 3846
– Entschädigungspflicht des Gemeinwesenes 1294
– Sicherung gegen unzuständigerweise festgesetzte 4432
Eigentumsförderung 4133

Eigentumsgarantie
– als Summe von Voraussetzungen 1207 ff
– als Zusammenfassung von Instituts-, Bestandes- und Wertgarantie 1218 ff
Eignung
– Begriff 1662
Einbruch
– Sicherheitsvorkehrungen gegen 4138c
Einflüsse, äussere 20
Einführungsbestimmungen 10, 1737, 2607
Einführungsgesetz zum ZGB 2461
Eingriff 215
Einkommensquelle, zusätzliche 3824, 3828
Einschränkung
– in erlaubenden Generalklauseln 4323
Einzelinitiative
– von Martin Steiger und Luzius Huber 1599
– von Robert Wolfer 1727
Eisenbahn 4114
Emission 332
Emissionsfracht 4092
Empfangsfreiheit 1085, 2551
EMRK
– Art. 6 358, 743, 1755a, 1806, 1837, 1841e, 4482
– Art. 7 1052
Energie
– Lenkungsabgabe für nicht erneuerbare 4129
Energiegesetzgebung 3175
Energienutzung 4126
Energiesparvorkehrungen 2931
Enteignung 4134
– materielle
  – Entschädigung bei 1239
  – Folge 1239
  – Voraussetzung 1239
  – infolge Bauverbot zwischen Baulinien 1767
– von Verfügungsmöglichkeiten 3137
Enteignungsgesetzgebung 3187
Enteignungsrecht
– des Gemeinwesens 954
Entschädigungserfordernis
– Verhältnis zum Revisionserfordernis 1287
Entschädigungspflicht
– Abhängigkeit von
  – allgemeiner Rechtsanschauung? 1320e
  – der bedingten Anpassungspflicht 1410
  – Dringlichkeit oder Befristung 1318

- Einbruch in gefestigten Verkehrswert 1312
- Finanzkraft des Gemeinwesens 1320b
- finanzieller Lage des Betroffenen 1320d
- formeller Enteignung 1320f
- Gewicht des öffentlichen Interesses 1315
- polizeilicher Charakter? 1313
- Umschreibung ausgehend von RPG Art. 24 ff 1320h
- Zahl der Betroffenen 1320a

Entsorgung
- des beim Abbruch anfallenden Materials 2069

Entstehungsphase 148
Entweder-Oder-Methode 898
Erfahrungssätze, allgemeine
- Auflistung 910

Erfordernis
- des aktuellen Bedürfnisses 3685
- der angemessenen Grösse 3684
- der Ausübung zu Erwerbszwecken 3686
- der Existenzsicherheit 3683
- der Gesamtbeurteilung 890
- der Gesetzmässigkeit 950
- der klaren, eindeutigen gesetzlichen Grundlage 959
- des öffentlichen Interesses 935
- des Selbstbewirtschafters 3682
- der Stelle, an welcher die Störung am geringsten ist 3686
- der Zumutbarkeit 1008, 3796

Erhaltungszone 646g, 3879, 4072
Ermessensoffenheit 4148, 4161
Erneuern 3916
Erneuerungsgarantie 4344
Erpressereinsprache 292
Ersatzabgabe(n) 2139, 2194, 4119
Erscheinung, psychologische 4175
Erschliessungserfordernis 2045
Erschlossenheit 3881
Erstmalsregelung 452b
Erweiterung 184, 1532 f, 1625, 1641
- angemessene 1543, 3930
- massvolle 3929 f

Erweiterungsgarantie 4344, 4505
Erweiterungsverbot 3956c
Erwerb
- von Grundstücken durch Personen im Ausland 4138a

Erwerbszweck(en)
- Erfordernis der Ausübung zu 3686

Estrich 1724, 1986, 3237
Etappierung von Änderungen 3921a
Existenz, überschiessende 4504
Existenzphasen
- von Bewerbungen 677
- von Gebäuden 142, 677

Existenzsicherheit
- Erfordernis der 3683, 4015

Expansionsbewerb 316
explosionsgefährliche Stoffe 4138c

F

Fabrikhalle 1725
fachgemässer Betrieb
- der Ausrüstung 2093
- der Ausstatttung 2093

Fahrzeugabstellplatzerfordernis 2112
Familienangehörige 3721
ferienhalber 4039
Ferienhaus/-wohnung 3791, 3980, 4140
- von Städtern 3695

Feuerpolizeigesetzgebung 3174
Formelkompromiss, parlamentarischer 3973
Fortbestehenlassen 215
- von Gebäuden 682

Fortbestehenlassenserlaubnis 365
freie(n) Hofstatt
- Recht der 2455

Freihalteziffern 3237
Freihaltezone 3765
- Bewerb in der 3213
- zonenfremde Gebäude in der 3213

Freiheit, persönliche 492, 1086
Freiheitsrechte 1075 ff
Freiregelung 359
- Abbrucherlaubnis 365
- Bewerbstilllegungserlaubnis 365
- Hinzubauerlaubnis 365
- Hinzubewerbserlaubnis 365

Freizeitgarten 2215
Freizeitverhalten 542b
Funktionalisierung
- der Betrachtungsweise 515

Für-sich-Regelung 3193
Fussgängerverkehr(s)
- Sicherung des 1898

G

Ganzjährigkeit 3878, 3981, 3984, 4039
Garantie
- absolute 1276
- Ahndung 1255
- als Wortteil 1240 f
- Begriff(s)
  - Systematik des 1271
  - einfache finanzielle 1276
- Entscheid durch höchste Instanzen 1264
- Erschwerung der Verjährung oder Verwirkung des Rechtes der Behörden, einzuschreiten 1256
- Kontrollgänge der Behörde 1260
- Mehrstufigkeit des Streitentscheidungsverfahren 1262
- relative 1276
- Revisionserschwerung 1257
- speditive Streitentscheidung durch den Richter 1263
- Verpflichtung
  - des primär Verpflichteten zu Zusatz- bzw. Ersatzleistungen 1248
  - von Dritten 1254
- Zustimmungserfordernis der Behörde 1261

Garantieähnlichkeit, blosse 1276
Gastwirtschaftsbetrieb 542b
Gastwirtschaftsgesetzgebung 3185
Gebäude 50
- Abbruch 3247
- Bestandesphase der 148, 151
- Entstehungsphase der 148
- Erhaltung denkmalschutzwürdiger 814
- Existenzphasen von 142, 677
- Fortbestehenlassen 682
- ganz oder teilweise zerstörtes 2472
- langes Leerstehenlassen 2546
- Nutzweise der 2426a
- Untergangsphase der 148, 154
- zonenfremde
  - in der Freihaltezone 3213
  - in der Industrie- und Gewerbezone 3209
- zusammengebaute 435, 2388

Gebäudeabstandsnäherbaurecht 2259
Gebäudebegriff(s) 13
- zusätzliche Elemente des 15

Gebäudebestand
- Gefährdung und gesundheitliche Beeinträchtigung durch den 2059

Gebäudedefinition 30

Gebäudeeigentümer(s)
- Abbruchentschluss des 2498
- Gemeinwesen als 1864

Gebäudeisolierung
- um Energie zu sparen 2082

Gebäudeversicherung 3188
Gebiet
- weitgehend überbautes 3765

Gebietssanierung 3104
Gebot(s)
- teleologische Reduktion des 4403

Gebrauch, künftiger 1346
Gebrechliche
- Rücksichtnahme auf 2099

Gefahr
- gebäudespezifische 402
- konkrete 501

Gefährdung
- durch den Gebäudebestand 2059

Gemeinde(n)
- Legiferierungskompetenz der 1519, 1561, 1590, 1695
- Zuständigkeit der 525, 642

Gemeinschaftsanlagen
- Schaffung von 2139

Gemeinwesen(s)
- als Gebäudeeigentümer 1864
- Enteignungsrecht des 954
- Montierung des 1937

Generalklausel(n)
- Einschränkung in erlaubenden 4323
- polizeiliche 954, 2059a, 2198

Generalklauselhaftigkeit 1725
Generation
- abtretende landwirtschaftliche 3707

Geometer 1918, 2554
Gesamtbetrachtung 3921a
Geschossbegriff 1986, 2351
Geschosszahl 3770
geschriebene Vernunft siehe ratio scripta
Gesetz
- ausgearbeiteter Entwurf 954

Gesetzesbegriff, unbestimmter 4161
Gesetzeslücke 974
Gesetzesrevision, geplante 4170
Gesetzmässigkeit
- Erfordernis der 950

Gesuchsteller(s)
- subjektive Eigenheiten des 4033

Gesundheitswesen 3173

Gewässer
– Schutz der 4073
Gewerbe
– Arbeit im 4120
– landwirtschaftliches 3523
– nichtlandwirtschaftliches, aber dem Landwirtschaftsbetrieb nahes 3825
– örtliches Kleingewerbe 3705, 3982, 4001
Gewerbefreiheit 228, 493, 1075
Gewerbezone 975, 1725, 1727
– mit Dienstleistungsverbot 949, 1727
– zonenfremde Gebäude bzw. Bewerb in der 3209
Gewissensfreiheit 492, 1078
Gewohnheitsrecht 954
Glaubensfreiheit 492, 1078
Gleichsetzungsregelung 804 f
Globalregelung 801, 1517, 1559, 1588, 1693
Golfrasen
– Pflege von 3743
Grenzabstandsnäherbaurecht 2255
Grenzänderung 2325, 2329, 2554, 2561
Grenzbau 2370
Grenzbaurecht 2370
Grenzfassade 2416
Grenzverlegung 1915 f, 2554
Grösse
– Erfordernis der angemessenen 3684
Grube 4432
Grundbuch
– Anmerkung im 3885
Grundbuchverwalter 1918, 2554
Grundbuchwirkung, negative 1841
Grundlage, gesetzliche(n)
– Erfordernis der klaren, eindeutigen 959
Grundnorm/-satz, liberal-rechtsstaatliche(r) 907, 954, 4397, 4465
Grundstück
– Veräusserung nicht-landwirtschaftlicher 4141a
Grünzone 3765
Güter, personenkernnahe 4515
Gutglaubensschutz 1841
Gutsherr 3724, 3844, 4039

H

Haarspalterei, juristische 4333
Hammerschlagsrecht 1929
Handänderung 1641, 1767, 3792, 4472

Handel
– Arbeit im 4120
Handelsbetrieb 542b, 1725
Handelsfreiheit 228, 493, 1075
Handlungsstörer 443
Hauptberuf(lichkeit) 3686, 4017
Hauptwohnung 3695, 3980
Hauptgliederung
– der Regelungen des materiellen postfiniten Rechtes 355 ff
Haus 43
Hausbesetzung 1408, 1651
Heimatschutz 4104
Heimatschutzrecht 1843
Heimschlagsrecht 1767
Heizanlage 2550
Heizkonsumabrechnung, verbrauchsabhängige 4130
Heizkostenabgabe 4129
Heizung
– mit Luftverschmutzung bewirkenden Brennstoffen betriebene 2427
Hermeneutik 4161
hinzubauen siehe unter bauen
hinzubewerben siehe unter Bewerb
Hobby 3686
– -Gärtner 2215
– hobbymässiger Pflanzenanbau 3741
Hofbaulinie 3079
Hofstatt
– Recht der freien 2455
Höhe, lichte 17

I

Identität 4395
– der Baute 3921a
– Problem der 167, 210
im Zweifel
– für die Freiheit siehe in dubio pro libertate
– ist gegen den Verfasser des Textes auszulegen siehe in dubio contra stipulatorem
Immission(en) 332, 1868
– ideelle 229, 341
  – lokal bedeutsame 342
    – das Ortsbild betreffende 487
    – den Quartier-/Zonencharakter betreffende 495
      – Kompetenz von Exekutive und Richter 535
– Legifierierungskompetenz 495

– personal bedeutsame 344
  – leiblicher Standard 344
  – Moralvorstellung 344
  – Nichtverbietbarkeit von 492
  – Sozialstandard 344
  – Straffälligkeit 344
  – weltanschauliche Vorstellungen 344
– materielle 224, 338
  – entblössende 339
  – entziehende 339
  – wegnehmende 339
  – zufügende 338
– negative 339
– Nichtverbietbarkeit von 478
– primäre 354
– sekundäre 354
– Verbietbarkeit von 478
Immissionsregelung
– planungsrechtliche 501
– polizeiliche 501
Individualrechtsgarantie 1236
– nicht-pekuniärer Aspekt 1236
– pekuniärer Aspekt 1236
in dubio contra stipulatorem 907
in dubio pro libertate 907, 927, 954
Industrie
– Arbeit in der 4120
Industriezone 975, 1725, 1727, 1731
– Dienstleistungsbewerb in der 336
– mit Dienstleistungsverbot 949, 1670, 1727
– zonenfremde
  – Bewerb in der 3209
  – Gebäude in der 3209
Informationsfreiheit 2551
Initiative
– Einzelinitiative
  – von Martin Steiger und Luzius Huber 1599
  – von Robert Wolfer 1727
– Moorschutz- 4106
– Rothenthurm- 4106
– Volksinitiative für eine einfache Planung und weniger Bürokratie 1596
Innenumbau 691
Institutsgarantie 1220, 4493
Intensivierung 3961
– bewerbsmässige 4152
Interesse(en/s) 3943, 3952, 4389
– des Mieters 3129
– des Vermieters 3129
– Erfordernis des öffentlichen 935

– gegenläufige private und öffentliche 4399
– kein Entgegenstehen überwiegender 3780
  – öffentlicher oder nachbarlicher 1536, 1651
– keine Verletzung eines anderen öffentlichen 1504
– kollidierendes
  – von Bauaktiven und Nachbarn 914
  – fiskalisches Interesse des Gemeinwesens 936
– überwiegendes 896
  – Begriff des 1652
  – nachbarliches 2501
  – öffentliches 2501
    – Vorschriften im 2947
  – Verbesserung im öffentlichen 1714
Interessenabwägung 4449a
– Anweisung zur 901 f
– Ausschöpfung der Möglichkeiten der 4334
– Gebot der umfassenden 885
Interessenabwägungsanweisung 2516
Interessenlage 465
Interessenlenkung 907
intertemporale Problematik
– Situation ohne 4413
Intertemporalität 4412
– sogenannte 1986
intertemporalrechtlich(e) 3956b, 4417, 4449g
– Regelung 2299
Invalidierung
– als Derogation (im weiteren Sinne) 606
iura novit curia 730

J

Jetztrechtmassgeblichkeit 452
juristische Haarspalterei 4333

K

Kann-Vorschrift 607, 1704, 1707, 1729, 1824, 2511, 2956, 2967, 3257, 3802, 3818, 3820, 3837, 3878, 3890, 3942, 3999, 4002, 4093
Kanton(e)
– Zuständigkeit der 635
Kehrichtbeseitigung
– Abstellplatz für die 2228
Kernzone 3022

Kinderspielplatz 2215
Klärungsanweisung
– oft einziges Deutungsmuster 4327
Kleingewerbe, örtliches 3705, 3982, 4001
Kleinwohnung 3134
Knappheit
– von Autoabstellflächen 2207
Kniestock 2358
Kognitionsbefugnis
– einer Rechtsmittelinstanz 4328
Koiné, baurechtliche 4325
Konkurrent 527
Koordination 4067
Koordinationsgebot 3787, 3951
Kostendeckungsprinzip 954
Kultusfreiheit 1078
Kumulation
– des Neubautenrechts 543

L

Ladenöffnungszeiten
– in Bahnhöfen 4115
Lage, siedlungspolitische 1414, 1418, 1426, 1431, 1465, 1740
Lagerbetrieb 542b, 1725
landschaftsprägend 3992
landschaftstypisch 3992
Landwirtschaft 4109
landwirtschaftliches Gewerbe 3523
Landwirtschaftsgesetzgebung 3181
Lärmprognose 4092
Lärmzone 4135
Lebenserfahrung
– allgemeine 4455
– Grundsätze der 954
Leerstehenlassen 312
– langes – eines Gebäudes 2546
– Stillegung des Wohnbewerbs 3119
Legiferierung
– Delegation der 972
– Zuständigkeit zur 635
Legiferierungsversäumnis 4169
Lenkungsabgabe
– für nicht erneuerbare Energie 4129
lex specialis derogat legi generali 2520
liberal-rechtsstaatliche(r) Grundnorm/-satz 907, 954, 4397, 4465
lichte Höhe 17
Liebhabertierhaltung 3742
Lift 2443, 4138b

Linguistik 4161
Lockerungsregelung 804, 810 ff
Logik, deontische 4161
Lücke(n) 4159, 4161
– Ausfüllung von 4148
Luftfahrt 4135

M

Maiensäss 3978
Mansardendach 3237
Massnahmeplan 4092
Massstäbe
– Objektivierung der 907a
Mehrausnützungsverbot 3202
Mehrhöhe 4151
Mehrlänge 4150
Meldepflicht 3126
metajuristisch 3914
Mieter(s) 907, 926, 1465, 2320
– Interesse des 3129
Mietverhältnis
– Hauseigentümer und Mieter 926
– Mieter und Pächter 907
Mietzins 3122
Milderung durch Verordnung 2953
Mischzone 536
Missstand, erheblicher polizeilicher 3005
Missstandsbehebung 2971
Modellvorstellung, zu enge 4167
Montierung 690, 1397
– Beschichtung 178
– Beständerung 178
– durch das Gemeinwesen 1937
– Werkanschliessung 178
Moore/Moorlandschaften 4107
Moorschutz 4474
– -Initiative 4106
Morgenstern, Christian 1724
Münchhauseniade 4462, 4470, 4476, 4523
Muss-Vorschrift 607, 1508, 1675, 1729, 1824, 2511, 2956, 2967, 3257, 3802, 3818, 3820, 3837, 3878, 3987, 3999, 4093
Mutation 1915, 2554

N

Nachbar(n) 2387, 3789
– Anfechtung durch 742
– unzumutbare Benachteiligung der 2959

Nachbareinsprache 928
Nachbarparzelle 1929
Nachbarschaftscharakter 343
Nachführungsgeometer 2554
Nachher-Zustand 1532, 1625, 3980, 3984
nachteilige Beeinflussung noch fehlender planungsrechtlicher Festlegungen 1946
– altBauG § 20 1958
– altBauG § 129 1958
Näherbaurecht 2243, 2253
– Gebäudeabstandsnäherbaurecht 2259
– Grenzabstandsnäherbaurecht 2255
– gemischtrechtlicher Charakter 2260
Nationalstrasse 4116
Naturschutz 4104
Nebenbau
– kleiner 2393
– niedriger 2393
Nebenberuf 3686
Nebenbetrieb 3827
– betriebsnaher nichtlandwirtschaftlicher 3834
Nebenerwerb 3713
neminem laedere 889, 2066
– Erfordernis der Gesamtbeurteilung 890
Neubaute
– sekundäre 209
– primäre 209
Neubautenrecht(s)
– Aussschaltung des 543, 1433, 1515, 1557, 1587, 1679
  – teilweise 568
  – vollumfängliche 568
– Kumulation des 543
Neubautenvorschriften
– Möglichkeit der Nichtgeltung von – für Änderungen 4324
Neubewerb
– primäre 319
– sekundäre 313 f, 319
neue Stadt 8
neutrales Baurecht 4142
New Public Management 993
Nicht-Abbruchobjekt 3977
Nicht-Bauzone 3746
Nichteignung
– Begriff 1662
Nichteinzonung 3937
Nicht-Dauerdelikt 443
Nicht-Ganzjährigkeit 3878

Nichtgeltung von Neubautenvorschriften für Änderungen
– Möglichkeit der 4324
Nichtrückwirkung
– Gebot der 741, 1041
Nichtübergangsrechtlichkeit 4439d
Niederlassungsfreiheit 492, 1083
niemanden schädigen siehe neminem laedere
Nightclub 1505
Niveaulinie(n) 1769
Normalien 2209
normative
– Rolle einer Regelung 4319
– Unklarheit 49
Normkollision 2520 f
Notbauverordnung
– der Baudirektion für die Stadt Zürich 3235
Noven 455
novenzentrierte Neubauten- bzw. Neubewerbsmassgeblichkeit 457
Nutzung/nutzen/nützen (siehe auch unter Umnutzung) 219, 1472, 1660
– anderer – zuführen 1629
– kleingewerbliche 3990
– landwirtschaftliche 1311
– Nichteignung für zonengemässe 1659
– sexgewerbliche 3042
– Wort 219
Nutzungsvorschriften
– Widerspruch gegen 1526
Nutzungsziffern
– bei der Parzellierung 3243
Nutzungszone
– dem Zweck der – entsprechen 3675
Nutzweise
– der Gebäude 2426a

O

oberirdisch 23
Objektivierung
– der Betrachtungsweise 509
– der Massstäbe 907a
Ortsbild 231, 342
Ortsbildschutz 2948
Ortsgestalt 342
Ortsteil(e) 3073
– Erhaltung denkmalschutzwürdiger 814

P

Pächter 3844, 4039
Parabolspiegel 2551
Parkplatz 2116, 2200
Parkierungsverhältnisse 1898
Parzellenraster 2371, 2554
parzellenscharf 3767
Parzellierung 1915 f, 1919a, 2554, 4155a
– Nutzungsziffern bei der 3243
Personen im Ausland
– Erwerb von Grundstücken durch 4138a
persönliche Freiheit 492
Pfisterer, Martin 4341
Pflanzgarten 2215
Pflanzenanbau, hobbymässiger 3741
Plan 2598
– erforderlicher 711
Planung
– ausgearbeiteter Entwurf 954
Planungsmehrwertsbeitrag 1293
Planungspflicht 3761, 3805
Planungsverfahren 3777, 3811, 4037
Planungszone 646b, 2598
Polizeierlaubnis 672
Polizeiverbot mit Erlaubnisvorbehalt 673
Popularbeschwerde 933
postfinites Baurecht 4
– deklariert 4142
– undeklariert 4142
präfinites Baurecht 2, 4142
– deklariert 4158
Präjudizien aus anderen Kantonen
– Übernahme von 4330
Präjudizierbarkeit, positive 1975
Präjudizierung
– negative 1975
– positive 1735, 4170
Präjudizierungsverbot 646b
Prävention 651, 1045
Praxisänderung 997
Pressefreiheit 1080
Prinzipienschlaglochsituation 4172
prior tempore potior iure 907
Prioritätsprinzip 907, 1891, 4497
Privatisierung 1598
Privileg(ierung) 822, 1742, 3958
Produktemodell 4013, 4037
Produktionsbetrieb 542b
Produktions(weise)modell 4013, 4037
Profilerhaltungspflicht 3053

Programmnorm 954
Projektierungszone 646b
Proportionalitätsmethode 898
psychologische Erscheinung 4175

Q

Quartier 3073
Quartiercharakter 343, 1898
quartiercharakterbezogene Betrachtungsweise 518
Quartiererhaltungszone 3068
Quartierplanrevers 426
Quartierzerfall 528

R

ratio scripta 2066
Raumplanung
– Vereinbarkeit mit den wichtigen Anliegen der 3942
Recht
– der freien Hofstatt 2455
– geschriebenes 909
– intertemporales 1059
– wohlerworbenes 612, 675
Rechtsbegriff, unbestimmter 4104
Rechtsgleichheit 493
– Gebot der 524, 738, 986
  – im Planungswesen 991
– im Unrecht 997
Rechtsgrundsätze, allgemeine
– formelle 848
– materielle 850
Rechtsinstitut 4335, 4493
Rechtsmittelinstanz
– Kognitionsbefugnis einer 4328
Rechtsnorm
– Bestimmtheit der 968
Rechtsparallelismus, spontaner 4463, 4481
Rechtssicherheitsgebot 1061 ff
– Erkennbarkeitsaspekt 1063
– Praktikabilitätsaspekt 1066
– Stabilitätsaspekt 1062
Rechtsstaatlichkeitsprinzip 968
rechtswidrige(n) Situation
– Deutung der Zulässigkeit des Andauerns einer 445a
Rechtswidrigkeit 392
– Nebeneinanderdeutung 445b

- Einschlussdeutung 445c
- infolge Sanierungsbedürfigkeit 4094
Regelung
- einleitende
  - in Baugesetzen 954
  - in Bauordnungen 954
- deklarierte 845
  - direkt 846
  - indirekt 846
  - separiert
    - stark 845
    - mittel 845
    - schwach 845
- eigenständige 804, 836
- Für-sich- 3193
- gemischtrechtliche 1415
- intertemporalrechtliche 2299
- normative Rolle einer 4319
- sui generis 804, 836
- übergangsrechtliche 1724
- undeklarierte 843
Regelungselemente (Gesetzesbegriffe)
- Auslegung unbestimmter 4148
Regelungsweise, generalklauselhafte 549
Reichlin, Paul 4337
Reittierhaltung 3742
Reklameanlage 2552
Renovation 177, 689, 1396
Reparatur 176, 688, 1396
Repetierwiederbau 203, 703
Repression 651
Repulsion 4172, 4486
Reservezone 3764
Revers 1811, 1822, 1836, 3792
- Abbruch- 1841
- Anpassungskosten- 1841
- Mehrwert- 1836, 1839, 1841
- Minderwerts- 1841
Revision
- von Gesetzen oder Verordnungen 420
Revisionserfordernis 1283
- Verhältnis zum Entschädigungserfordernis 1287
Richter
- Beurteilung durch den 743
Richtlinie 954
Rolle, normative
- einer Regelung 4319
Rothenthurm-Initiative 4106
Rückbau 183
Rückführung 305

Rückwirkung
- Verständnis der
  - engstes 1045
  - mittleres 1046
  - weites 1047
Ruhefläche 2215
Ruine 202, 1408, 3737, 3904, 3931, 3979, 4446, 4483, 4487, 4505
Rustici-Artikel 3978

S

Sachverhaltsermittlungsanweisung 901
Sanierung 184, 3878
Sanierungsbedürftigkeit
- als Rechtswidrigkeit 4094
Sanierungspflicht 4084
Sanitär- und Elektrobranche
- Empfehlungen der 2098
Satteldach 3237
Schachspielvergleich 4170
Schädigung 346
Schallschutz 4095
Schallschutzfenster/-isolation 4099, 4135
Schaumann, Willfried 4337
Schlachthaus 4137
Schlussbestimmungen 10, 1060, 2607, 4107, 4352
Schutz
- der Gewässer 4073
- von Sachen 19
Schutzwürdigkeit 1856, 3778
Schutzzone 3764
Schwachstromanlage, elektrische 4123
Schweizerischer Elektrotechnischer Verein (SEV) 4125
Sektoralregelung 801, 1517, 1559, 1588, 1693
Selbstbewirtschafters
- Erfordernis des 3682, 4017
Sendefreiheit 1085, 2551
Sexbetrieb/-shop 519, 1505, 3042
Sich selbst Tragen 22
Sicherung
- des Fussgängerverkehrs 1898
Sicherheitsvorkehrungen
- gegen Einbruch 4138c
Sicherungsmethode
- von-Fall-zu-Fall 2600
- zonenmässige 2600

siedlungspolitische Lage 1414, 1418, 1426, 1431, 1465, 1740
Situation
– ohne intertemporale Problematik 4413
– ohne Wohlerworbenheit 4418
Sonnenkollektoren 3060
Spannungsfeld 4389
Spezialitätenfalle 4166
Spielsalon 1505, 3042, 3080
Sportanlage 3743
Sprayereien 1914a
Staat, weniger 676
Staatsverständnis 1309
Stadt Zürich 2207
– Bauordnung der 1986
– Notbauverordnung der Baudirektion für die 3235
Städter(n) 3980
– Ferienhaus/-wohnung von 3695
Stall(baute) 4109, 4111, 4113a
Standardregelung, baurechtliche 954
Standortbedingtheit 3772
Standortgebundenheit 3772
– abgeleitete 3777
– absolute 3776
– direkte 3777
– negative 3775
– positive 3774
– statt Zonengemässheit 3701
Starkstromanlage, elektrische 4123
Stelle
– alte 2477
– Erfordernis der –, an welcher die Störung am geringsten ist 3686
Stellenwerterhaltungspflicht 3054
Steuergesetzgebung 3190
Stichtag
– USG 4090
– Verordnung 4090
Stilllegung des Wohnbewerbs
– Leerstehenlassen 3119
Stilllegungsfonds 4132
Stöckli 3707, 3793
Stockwerk 2351
Stoffe, explosionsgefährliche 4138c
Störer 4097
Störung
– leichte 347
– keine 346
– übermässige 348
Strafrecht 443, 4515

Strassengesetzgebung 3179
Streusiedlungsgebiet, traditionelles 3878
Subalterngebäude 2392 f
Subbau 181, 695
– kleinerer 1397
– grösserer 1398
Substanz
– Erhaltung der 3977
Substanzsicherung 3078
SUVA 4122

T

Tabula-rasa-
– Mentalität 1071, 3104
Talbauern, reiche 3831, 4037
teleologische Reduktion des Gebots/Verbots 4403
temporär 4039
Tendenz normativer Äusserungen schlechthin 4174
Teuerung
– Bekämpfung der – in der Bauwirtschaft 4139
Themata des materiellen Baurechts
– sieben Standardgruppen 401
Therapie, sozial-medizinische 3740
Tierschutz 4113a
Topos 4497
Transformation 216, 1625
Treu und Glauben
– Gebot von 740, 1019, 1026
– Verstoss gegen – von Seiten
  – des Gesetzgebers 1026
  – des Privaten 1038
  – der Verwaltung 1030, 1038
Trockensubstanzproduktion 4044

U

Überdimensioniertheit 4014
Übergangsbestimmung(en) 10, 452b, 1059 f, 1693, 1724, 1737, 1983, 4106, 4352, 4417, 4439d
Übergangsgerechtigkeit 1059
Übergangsregelung 452b, 1724
Übermassverbot 1008
Übernahmeregelung 452b, 1059, 3956b
überwiegend 4043

Umbau 179, 1532, 1625
– Ausbau 179
– Einbau 179
– grösserer 1398
– Innenumbau 179
– kleinerer 1397
– Ordnung 1599
Umbauzone 3879
Umfang, alter 2477
Umgestaltung 200, 703, 1399
Umnutzung 314, 708, 1408, 1629, 1734
Umschreibung
– mit der bestimmungsgemässen Wirtschaftlichkeit 1302
– Verhältnis der Bestimmungsgemässheits- zur Viererblockformulierung 1303
Umschwung 1733, 3096
Umweltschutz 4081
Unberührtheitsklausel 1060
ungenügend erschlossen 4467
Unklarheit, normative 49
Unklarheitsbereich(es)
– Zuweisung des – zu einem bestimmten Rechtskreis 4321
Untergangsphase 154
Untergeschoss 1724
Untergeschossfläche 4155a
Unterhalt 330, 1899
– ordentlicher 3916
Unterhaltungsbranche/-gewerbe 1725, 1731, 3186
Unterkellerung 181, 695
Unternehmer, konzessionierter 4125
unwillkommen 335
Unverhältnismässigkeit 4093
Unvordenklichkeit 436
Unwiderrufbarkeit 624
unzumutbare Benachteiligung der Nachbarn 2959
Unzumutbarkeit 954

V

Verbesserung 2508, 3012
– angemessene 1433
– die im öffentlichen Interesse liegt 1714
– Kompensierbarkeit einer 1688
Verbot(s)
– konservatorisches 3131
– teleologische Reduktion des 4403

Vereinbarkeit
– mit den wichtigen Anliegen der Raumplanung 3942
Vereinbarung, nachbarliche 2271
Vereinsfreiheit 1081
Verfahren
– Anzeige- 710
– Melde- 710
– ordentliches 710
– vereinfachtes 710
Verhaltensstörer 353, 443, 1489, 2194
Verhältnismässigkeit
– Gebot der 739, 900
– Bösgläubigkeit 739
– Nachbarinteresse 739
– rechtliches Gehör 739
– Schwierigkeiten bei der Vollstreckung 739
– zivilrechtliche Involviertheit 739
– Grundsatz der 1008
– Gebot des geringstmöglichen Eingriffs 1008
– Übermassverbot 1008
– Zumutbarkeitserfordernis 1008
Vermieter(s)
– Interesse des 3129
Vermietungspflicht 3126
Vernunft, geschriebene siehe ratio scripta
Verordnung
– ausgearbeiteter Entwurf 954
– Milderung durch 2953
Versammlungsfreiheit 1081
Verschärfungsregelung 804, 827
Verschlechterung
– Eintritt keiner weiteren 1490
– Kompensierbarkeit einer 1688
Versprechen 1032
Vertrag, öffentlichrechtlicher 954
Vertragsfreiheit 1075, 3137
Verursacherprinzip 428
Verwaltungsbehörde
– Auskunft der 1031
Viererblockformulierung
– Schwereblock 1296, 1321, 1346, 1389
– Sonderopferblock 1297, 1334a, 1353, 1364, 1391
– Baumöglichkeitsblock 1298, 1354, 1392
– Wahrscheinlichkeitsblock 1301, 1355, 1395
– Verhältnis zur Bestimmungsgemässheitsformulierung 1303

Vollstreckung 733 f, 4107
– Bestrafung 734
– Ersatzvornahme 734
– Mahnung 734
– Realakt 734
– Rechtsentzug 734
– Vollstreckungsbefehl 734
Vollstreckungssituation 4173
Vollziehungskompetenz
– des Bundesrats 3968
Volk(s)
– Beschlüsse des kommunalen 954
Volksinitiative
– für eine einfache Planung und weniger Bürokratie 1596
Voranwendung 1987
Vorentscheid 1033
Vorgarten 2058f
Vorgartentod 2116, 2200
Vorher-Zustand 1472, 1525, 1608, 3977
Vorherrechtsmassgeblichkeit 452
Vorschriften
– im überwiegenden öffentlichen Intresse 2947
– Selbstkorrektur harter positiver 4325
– über die allgemeinen Schranken der Eigentums- und Besitzausübung 1575
Vorschriftenkollision(en) 4161
– Behebung von 4148
Vorschriftselement, unbestimmtes 4161
Vorwirkung 1987

W

Wahrscheinlichmachung 726
Waldgesetzgebung 3181
Walmdach 3237
Wand 21
Warmwasserkonsumabrechnung, verbrauchsabhängige 4130
Wassergesetzgebung 3176
Wechsel
– von der Baurechtswidrigkeit zur Baurechtgemässheit 437
weichenstellende Funktion der Baurechtswidrigkeit 404
Weilerzone 646g, 3879, 4072
Weiterausübungserlaubnis 365
Werk
– kommunales 3250
– öffentliches 1842

Werkbegriff 13
Werkplan 1842
Wertgarantie 1233, 1308
Wettbewerbsverzerrung 3837
Widerruf(barkeit) 616 ff, 622, 3818
– dem – ähnliche Situationen 627
Wiederaufbau 2473, 3931
Wiederbau 203
– Differenz- 203
– nach freiwilliger Zerstörung (Abbruch) 1400
– nach unfreiwilliger Zerstörung 1401
– Repetier- 203
Wiederbewerb
– nach langem Leerstehen siehe unter Bewerb
Willkür 524, 536
– behördliche 570
Willkürverbot(s) 493, 999
– abgeschwächte Bedeutung eines 991
Wirtschaftlichkeit
– allgemein 1304
– bestimmungsgemässe(n)
 – Umschreibung mit der 1302
Wochenendhaus/-wohnung 3980, 4039, 4140
Wohlerworbenheit 4412, 4484, 4487
– Situation ohne 4418
Wohnanteilpflicht 4155, 4474a
Wohnanteilplan (WAP) 3134, 3238
Wohnbauförderung 4133
Wohnbewerb
– Abfallproduktion beim 4083
Wohneinheit 2056
Wohnen(s)
– Arten des 3694
– bleibt Wohnen 3980
– nicht ganzjähriges 3738
Wohnnutzung, landwirtschaftsfremde 3980
Wohnung(en)
– für Familien
 – Erhaltung von 3118
– Kleinwohnung 3134
Wohnungsbau(es)
– Förderung des 3184
Wohnungsbestandesschutz 1357
Wohnungseigentum(s)
– Förderung des 3184
Wohnraum
– Beschränkung der Einrichtung von 3237

Wohnzone
– Betrieb in der 3208
Wortlautgrenze 960
Wortsinn 960, 970

Z

Zählgerät für Heizungen 4128
Zeitmoment(s)
– Vernachlässigung des 4168
ZGB
– Einführungsgesetz zum 2461
Ziel
– ästhetisches 3791
– entwicklungsstrategisches 3791
– gesamtwirtschaftliches 3791
– gesundheitspolizeiliches 3791
– infrastrukturelles 3791
– steuerpolitisches 3791
– wettbewerbspolitisches 3791
Zielnorm 954
Zimmerlin, Erich 4337, 4340
Zivilschutz 4118
Zone 2599, 3938
– landwirtschaftszonenähnliche 3744
Zonencharakter 343, 518
Zonenexpropriation 3101
zonenfremd(e) 3206
zonengemäss 3206
Zonengemässheit
– Standortgebundenheit statt 3701
Zonengrenze 3766
Zonenwidrigkeit
– Bewerbsauswechslung bei 1629a

Zonierung 989
Zugänglichkeit
– zu Läden und Gaststätten 344a
Zugangsnormalien 2055
Zugehör 3768
Zulässigkeit
– Bedingungen 3967
– Erfordernisse 3967
– Voraussetzungen 3967
Zumutbarkeit 954, 1008, 3796
zusammengebaute Gebäude 435, 2388
Zuständigkeit
– des Bundes 635, 637
– der Gemeinden 642
– der Kantone 635
– zur Legiferierung 635
Zustandsstörer 353, 443, 1489, 2194
Zweck
– ausersehen/bestimmt/gewidmet 327
– benutzbar/brauchbar/verwendbar 327
– dem – der Nutzungszone entsprechen 3675
– dienend/dienstbar 327
– erforderlich/nötig 327
– geeignet 327
Zweckänderung 705, 3815, 3959, 3975, 4066
– eingreifende 2543
– vollständige 3994
Zweckparagraph 954
Zweitwohnung 3695, 3791, 3980
Zwergbetrieb 3831, 4037, 4043